全球通史

亚洲

上

A HISTORY OF All Nations 1

ASIA

SAMUEL GOODRICH
[美] 塞缪尔·古德里奇 著

冷惠玲 译

天地出版社 | TIANDI PRESS

编者的话

从提升我们认识和了解世界、提高对现实世界的理解与思考，以及满足我们的好奇心与求知欲，提升思考与思辨能力的角度而言，美国著名作家塞缪尔·古德里奇（Samuel Goodrich，1793—1860）的《全球通史》（全六册）是一套在19世纪出版的、非常出色的历史书。

一

塞缪尔·古德里奇，美国作家、出版商，以笔名“彼得·帕利”（Peter Parley）而闻名。他出生于康涅狄格州的里奇菲尔德，是一名牧师的儿子；天资聪颖，自学成才，生活经历也非常丰富。他先在康涅狄格州丹伯里的一家乡村商店做店员，后来又在康涅狄格州哈特福德的一家商店做了三年售货员，最后成为哈特福德的一名书商和出版商，并因此而发迹。33岁时，他移居波士顿。40岁时，他在缅因州的罗克斯伯里附近买了45英亩的土地，并在现在马萨诸塞州波士顿的牙买加平原上建了一所房子。

古德里奇系列作品的出版始于1827年，均以“彼得·帕利”为笔名，作品涉及历史、地理、传记、科学和各种各样的故事。他在1857年写道，他是大约170卷、销售700万册作品的作者和编辑。他的作品极受欢迎，曾被广泛模仿，在英国出版界就有七个“彼得·帕利”。英国作家乔治·莫格里奇也用了“彼得·帕利”这个名字，引起了古德里奇的抗议。

古德里奇通过写作和出版变得富有。发迹后，他积极参与辉格党的政治活动，并于1836年当选为马萨诸塞州众议员，1837年当选为州参议员。1851年至1853年，古德里奇担任美国驻巴黎领事。他在巴黎一直待到1855年。1860年，古德里奇在纽约去世，葬在康涅狄格州的索斯伯里。

在19世纪上半期，“彼得·帕利”在美国是一个家喻户晓的名字，在波士顿和康涅狄格州，影响尤其大。波士顿有彼得·帕利路、帕利大道和帕利谷，康涅狄格州有彼得·帕利街、帕利路和帕利巷以及一间“彼得·帕利”教室，都是为了纪念他。著名作家詹姆斯·乔伊斯（James Joyce，1882—1941）在他的小说《一个青年艺术家的肖像》（*A Portrait of The Artist As A Young Man*）第一章结尾就提到了彼得·帕利的名字。

需要特别指出的是，古德里奇所处的时代，正是美国独立后不久至南北战争爆发的前夕，那时的美国正从筚路蓝缕的初创期到逐步兴起、不断扩张、开始进入工业化的时期，每个美国人都怀揣“美国梦”，希望从无到有，实现自己的梦想。古德里奇本身，刚好就是一个从不名一文的穷小子到拥有财富、名望、权力的上流社会成员的励志典范。

二

美国独立后，开始不断扩张自己的领土。1803年从拿破仑手中收购了路易斯安那；1819年从西班牙手中夺取了佛罗里达；1845—1853年通过美墨战争收购了得克萨斯、新墨西哥、俄勒冈和加利福尼亚；1867年从俄罗斯手中购买了阿拉斯加。在不断扩张领土的同时，美国还十分重视保持自身的独立性。通过被称为“美国第二次独立战争”的1812年战争，美国保卫了领土的完整和国家安全，确立了经济的自主权和政治上的独立，缓和了国内政治斗争，并在国际上赢得了极高的声誉，这为美国不断加强与世界其他地区和国家的往来与交流，以及逐渐成为世界政治舞台上一支举足轻重的力量，奠定了坚实的基础。美国与当时世界上的主导力量欧洲有着密切的联系，本身又是一个比当时欧洲开放的社会，这些促使它在19世纪20年代中期出现了移民潮，让美国的人口数量快速增加，促进了教育制度的发展，大学、自然科学院和专业设置的增加与完善，带动了妇女、黑人教育在一定程度上发展。可以说，在这样的内外环境下，美国或者说美国人急需了解整个世界以及自己在这个世界的位置。《全球通史》（全六册）这套书便应运而生，很好地满足了美国人的这一需求。

这套书是一部真正的全球通史，通过7大版块507章的内容将自人类诞生至19世纪中期的全球历史做了生动的梳理和描述，不但涉及全球各个地区的历史，更是以一种“大历史观”讨论历史的起承转合。在全书的开篇，塞缪尔·古德里奇首先便探讨了“历史是什么，它有什么用”的问题，随后介绍历史与其他学科的关系以及阅读本书的方法等，然后再进一步从空间角度如天文学、地理学探讨历史的基础要素，让读者全面、从容、自然地了解关于历史，尤其是世界历史的一切。本书无论从深度、广度、可读性诸方面看，都当得起“全球”和“通史”的称号。

这套书以世界七大洲——亚洲、欧洲、美洲、非洲、大洋洲（南极洲和北极洲分别融于欧洲、美洲和大洋洲中）进行划分，将当时每个大洲已知国家或地区的历史娓娓道来。而这与一般性的世界通史只介绍亚洲的古巴比伦、古印度、中国、巴勒斯坦、波斯、阿拉伯，非洲的古埃及、迦太基，欧洲的希腊、罗马及近代以来兴起的葡、西、荷、英、法、德、俄、意等强国，美洲的美国、加拿大等地区不同，它真正囊括当时已知世界的所有地区，如亚洲的帕尔米拉、亚美尼亚、小亚细亚诸小国、高加索诸国、日本、朝鲜、越南、泰国、缅甸等，非洲的努比亚、埃塞俄比亚、努米底亚、毛里塔尼亚、利比亚等，欧洲的匈牙利、瑞典、挪威等，美洲的墨西哥、危地马拉、秘鲁等，真正做到了通览全球。

这套书材料翔实，是前人研究成果的集大成之作。历史叙事之外，作者还从细节入手，对所述地区的社会文化、经济生活、风俗习惯、名人、城市、古迹、当地人民的性格特点都做了生动的介绍，在增加读者知识的同时，更提高了作品的可读性和趣味性。书中还配有1 000多幅版画插图，再现历史的原貌，让历史不是干巴巴的记录，而是生动可感的形象。在大文明区历史叙述完结后，末尾都会附带这一地区的君主列表，将历史线索单独做一个梳理。本书不但是一部见识开阔的历史著作，也是一部包罗万象的百科全书。

虽然成书很早，但塞缪尔·古德里奇的史观却相当先进，对历史的评论极有见地，如对英格兰人的评价：“英格兰人……是强烈的民族主义者，因此几乎不会完全公正地对待其他国家。……英格兰人也许受人尊敬……几乎全世界的人都厌恶这个民族，即使英格兰人拥有美德、智慧和良好的制度，也无法获得人们的赞许。……或许整个欧洲没有任何一个国家的人比英格兰人更坚定地按原则办事，但同时也没有任何一个国家有这么多人习惯性、公然地违反所有的原则，而且还频繁地蔑视法律条例。……”

在19世纪中期大英帝国臻于极盛之时，塞缪尔·古德里奇却预言了它的衰落：“对于一个只看表面的观察者来说，大英帝国所展示出的雄伟气势在全世界可谓独占鳌头。这个国家拥有无数殖民地、庞大的商业、惊人的军事力量和海上霸权、华丽的宫廷以及杰出的贵族阶级，数不清的艺术、学术、宗教和慈善机构——这一切必然会在旁观者心中激起一种尊敬和赞赏的情感。我们中间有许多人被事物的这种外在方面迷惑，他们认为，大英帝国在宗教、政府、法律、社会等方面的模式在全世界范围内都堪称伟大。但进一步审视，我们就会发现，在这种国家荣耀的展示之下，隐藏着或许是人类历史上绝无仅有的大量苦难、不公正和腐败。……大英帝国对整个国家和殖民地政府和权力实施的中央集权化正在招致殖民地的反感，其中一些殖民地似乎已经下定决心摆脱依赖宗主国的枷锁；因此，构建大英帝国财富和权力结构的主要手段可能很快就遭遇失败。”

他在评价古希腊人的宗教时说：“希腊人的宗教是想象力而不是理性的产物，与道德修养的提升没有任何关系，但在很大程度上满足了人们的幻想。”“尽管这种民族宗教有放纵的色彩，但在诗人手中，则变得高雅迷人。”

本书不但史观独到，而且在对历史脉络的梳理、对材料的选择、对历史事实的陈述、对语言文字的运用等方面，也都展现了极高的水准。虽然本书成书于19世纪60年代，但无论从哪个方面看，现在读起来感觉它都不过时，作为一部特点鲜明的全球通史，其所涉及内容的丰富、全面、有趣、深刻，是市面上大多数同类作品所无法比拟的。

三

读史，从“通史”入手是最佳的。

首先，读通史可以让我们了解世界各个民族、国家或地区的发展过程。当今世界的格局，不是一蹴而就的，而是由历史发展而形成的。这个历史发展过程，在不同的民族、国家或地区是有着差异的，甚至这种差异是非常大的。因此，从过程的角度去了解、认识这种差异，才能更好地“通古今之变”，让我们从全球历史的角度了解当今世界的一个重要侧面。当然，每一本通史都会以不同视角去展现世界的历史发展过程，以及这个过程中的不同特点，而这些，会帮助我们从全球和历史的角度了解我们身处的世界。

其次，读通史可以让我们意识到标准的重要性。不论哪位作者在写通史时，都会在一定程度上展现世界各个民族、国家或地区的发展过程，虽然在讲述具体的历史事件时不会十分详细，但作者却会用一个标准对历史事件进行阐述，起到贯穿全书的作用，甚至用这个标准来对历史事件进行评价。这个标准的选择，往往与作者所处的时代、身处的文化背景、价值取向，以及作者的心态等密切相关。作者一旦选定了标准，就会严格应用这个标准去贯穿通史。而我们每个人在日常生活中，往往都会忽视对标准的选择和确定，或者说忘记了思考和生活中都是有“标准”的。

再次，读通史可以培养我们的历史感和整体观。通俗地讲，历史感就是对历史事件的前因后果、发展过程，以及对历史人物的活动、情感和生活方式有着符合当时历史环境的认知、了解和判断。而历史事件又是历史人物行为的集中展现。所以，换句话说，通过阅读历史材料和历史作品，我们可以了解在历史环境中的历史人物的活动、情感、选择，可以理解历史环境中的历史人物的生活方式，进而对历史人物和事件，以及不同历史时代间的差异有一些相对敏锐、清晰、适当、准确的感受和认知。当有了一定的历史感时，我们再反观自己所处的时代，就会在一定程度上有一个较好的、相对明确的认知、定位和责任感。而这就培养了我们具有整体观，也就是要从整体、全局上去思考问题、分析问题的观念和能力。整体观可以让我们更加全面、系统、理性地去分析所面临的思想或是生活中的各种问题，还可以帮助我们在面对问题的纷繁复杂的各种条件时去抓住主要矛盾和矛盾的主要方面。当我们知道了标准的重要，以及有了历史感和整体观，我们也就具有了独立思考能力的核心要素。

然后，读通史会帮助我们在当今时代给自己找到更好的定位。但凡写作通史，作者都会有一定的立场，以固定的视角和一个标准，通过重要的历史人物和事件来讲述世界历史的发展，并适当地加以评论。这就在让我们了解世界历史的同时，也为我们提供了更多的视角去了解全球历史的发展过程，也让我们对自己所处的时代的来源与形成，有了一定程度的了解。了解了当今时代的形成过程，也就会对当今时代有一个整体的观念。那么，我们就可以更好地在大时代的背景下，为国家、民族，为社会、文化、政治等发展，为个人的价值与奋斗等，找到更好的定位。这就不会让我们在社会生活中感到迷茫和无助，并为个人的努力奋斗和人生价值注入一定的目标和动力。

再后，读通史可以促使我们把历史知识逐渐转化为生活中的智慧。所谓“读史使人明智”，并不是读了历史就能变得聪明。其中，至少要经过三层蜕变，人才能变得聪明和智慧。第一层，是读出历史人物和事件的经验教训，也就是通过历史了解人性和学会分析事件。第二层，是读出视野与思路，也就是前文提到的标准、历史感、整体观等，这会让我们有良好的独立思考能力。第三层，是要在实际生活中去实践，经过实践后形成自己为人处世的智慧，为自身发展助力，并努力为社会做贡献。缺少了第一层，往往会人云亦云，把历史变成谈资。缺少了第二层，多会陷于个人利益的得失，斤斤计较。缺少了第三层，大概多是流于空谈，而于个人和社会发展助益不大。读通史，既可以让我们从整体上了解世界历史的发展，又可以让我们深入了解某位历史人物或某段历史，可谓益处多多。

最后，就本套书而言，虽成书于19世纪60年代，但其视角独特，线索清晰，文字简练，满足了美国人在当时了解整个世界以及自己在世界中的位置这一需求。对今天的中国读者而言，随着经济全球化这一社会发展不可避免的进程，我们的生活会越来越与世界各国密切接触，这就需要我们通过了解世界各个民族和国家的历史，进而去了解他们的文化、需求，让双方的沟通更加顺畅，也让我们的生活更加美好。同时，在我们自身的发展过程中，了解世界历史的发展，对增加我们的自信，也是非常有帮助的。从这个角度讲，本套书是可以抛砖引玉的。

四

虽然本书的内容极具阅读价值，而且极具向普通读者推荐的必要，但本书毕竟是一部100多年前的作品了，在出版过程中，为了适应当今读者的需要，我们对作品做了必要的技术处理：

第一，本书作者的视野虽然开阔，见识也很深刻，但受成书时代的限制，尤其是测量技术和手段的限制，本书采用的一些测量数据在精确性上，与现在相比有一定的偏差。如天体的大小、距离，大江大河的长度，湖海的面积、深浅，山体的高度等，与当今权威数据相比，显得更为笼统和粗略。还有，作者写作的资料来源庞大而繁复，处理起来很不容易，加之资料本身的时代限制，让作者对某些资料的采纳，如年份、记载上，产生了以讹传讹等问题。

针对这些问题，从保留原作风貌、不生枝蔓的方面考虑，书中涉及的疆域面积、人口数等数据都以成书年代为准，不再添加现在的数据加以解释。即使不少国家和地区的名称、范围等与现在有较大的差异，如非洲部分，本书仍尊重原文的内容，在出版时不涉及作品出版以后的情况。针对原书中山川河流的长度和高度与现在不一致的问题，我们直接采用现代的数据，以便于读者理解，因为原书中的原始数据对读者理解作品并没有太大的意义。

对原书中采用的英制/美制的计量单位，我们会做一个脚注，表明它与公制的换算关系，在一些必要的地方，我们会直接用小括号注以公制数据。

第二，作者作为19世纪的人，他的思想意识总是免不了其时代局限性，这是任何一位作家都无法避免的。如作者在“第18章　地质年代（二）”中提到煤是“取之不尽用之不竭”的，这与当下煤不可再生、终有枯竭的一天的观念是相悖的。针对这类问题，我们会在相关位置加脚注予以说明，进行提醒。

第三，除了时代的局限，作者也免不了地域的局限性。作为一位西方作家，作者“西方中心论”的情绪在书中时有流露，虽然作者已经很克制、很包容地对待其他种族和文明了，但这种根深蒂固的观念还是偶尔出现在叙述中，如说亚洲和非洲某些地区“专制”“野蛮”等。关于这一点，我们既需要了解作者产生这观念的原因，同时要批判地、客观地看待这个问题，不要被先入为主的观念所限制。这样，才能让我们的思想得到更大的解放。针对这类问题，我们会对个别词句斟酌删减，让作品的主观色彩不那么明显，让作品作为通史经典的客观性更加凸显。

第四，原著为了让全书的时间线索保持清晰和连贯，会在各章节标题下面标注历史事件发生的时间范围。但标题只是一种概括，标题包含的内容可能不会严格与标题下的时间线索对应，而是大致的对应，这样既不会让时间段之间有空档，又能保持主题的突出。如《欧洲》（下）第388章“从亚历山大二世到班诺克本战役”标注的起止时间为“1214—1314”，第389章的标注的时间为了连贯，便将起始时间定为1314年，而第389章的标题为“大卫二世统治时期的苏格兰”，大卫二世在位的时间范围则是1329—1371，标题对应的历史事件只是标注的时间范围内的事情。再如同册的第396章“从丹麦人入侵爱尔兰到德莫特·麦克默罗被驱逐”，标题下面标注的时间为“432—1166”，但正文的开头便是“8世纪早期，丹麦人或者北欧人入侵了爱尔兰”，并没有从432年开始讲，因为那个时间点发生的事情或没有历史资料加以记载或没有叙述价值，因此本章便以8世纪初的丹麦人的入侵为开始。章节标题与标注时间的情况大致如此，请读者阅读时稍加留意。

第五，本书成书年代相对较早，涉及的领域又特别的广阔和复杂，因此免不了会出现一些不被现代读者所理解的问题。针对这些问题，我们都在特定的地方加了注释。同时，作者在书中也有些自己的注释，为了方便区分，我们在译者或编者的注释后添加“译者注”或“编者注”，作者的注释则添加“原注”。

第六，此外，因为语境的差异，对正文词语的一些运用，我们需要做一些说明。如“现代”一词，原文的定义是“最好的安排是将公元476年也就是西罗马帝国灭亡的那一年之前的历史作为古代史，之后的历史作为现代史”。因此，正文中涉及“现代”一词，便以此定义为准。正文以外，如注释及“编者的话”中涉及“现代”一词，则指我们的时代。诸如此类，请读者在阅读时，稍加留意。

第七，在书的最后，我们把书中具有参考价值或相对重要的人名、地名以及专有名词提取出来，做成一份“重要词汇英汉对照表”。这无论对专业的历史研究者，还是业余的历史爱好者，都具有重要的参考价值。“重要词汇英汉对照表”中的词汇，以出现的频次和重要程度进行收录。那些在正文出现次数较少且不常见的词汇，因为篇幅和精力有限，酌情收录。

尽管存在这样或那样一些局限性，但本书的重要价值让这些局限性成为白璧上的微瑕，而我们针对这些局限性所做的订正和弥补工作，也有让这些微瑕变得愈发不起眼的预期。

作为现代读者，我们既重视这部作品的重要价值，又能对作品的不足加以辨别，从而更客观、更理性地看待历史，那么，编者出版这部作品的目的也就达到了。

由于学识、材料、能力上的限制，本书在编辑的过程中，难免会出现一些疏漏及错讹，欢迎广大读者批评指正。

编者

目录

巴比伦

古代波斯

巴勒斯坦

引言

第1章

历史是什么？它有什么用？[①]

就其一般意义而言，历史是对人类认知范围内发生的一些引人注目的事实的叙述，这些事实按时间顺序排列，包括这些事实发生的起因，以及我们所知道的它们产生的各种影响。历史这个词源于希腊语，在它的原始用法中，这个词的字面意思就是对新奇事物的探究，或者是一种对我们已经看到的这样一些事物的理解和复述的渴望。但是现在这个术语的含义要广泛得多，对从别人那里获得的知识，以及从我们自己的观察中获得的知识，我们都会运用历史这个词。

① 因为本书成书年代相对较早，为了便于现代读者理解，我们会对一些内容进行注释。原书作者也有自己的注释，为原文的一部分，为了区分，我们会在译者或编者的注释后添加“译者注”或“编者注”，作者的注释则加“原注”。为了本书的内容流畅，不生枝蔓，原书中的各种数据都以成书年代为准，不再添加现在的数据加以解释，请读者自行参考。——编者注

今天，历史被认为是典雅文学一个非常重要的分支。准确了解不同国家的历史知识，可以说是最有价值的研究成果；几乎没有任何一部文学作品会比历史佳作更受推崇。研究历史可能带来的好处，是多方面而且重要的。它对流行思想和哲学思想来说同样具有吸引力：前者的兴趣在于新奇的刺激，后者的兴趣在于从历史记载的事实中推导出的一般原则的有用性和重要性。它提高了人类最优秀的能力，并为人类提供了最重要的知识。

通过对历史的研究，我们不仅为我们的记忆提供了一个直观的事件目录，而且还获得了关于社会机制的知识，以及民族性格、法律和政府互相间的影响，也了解了公民和宗教自由以及科学和文学的各个分支，在产生和推进或者破坏和阻碍的过程中起作用的那些原因和环境。它引导我们了解人类的社会关系，并展示了不同的政治体制和制度对人类幸福的不同影响。

历史还有一个更高级的用途，那就是增进理解并加强判断。通过探究事件的原因和结果，可以使洞察力变得更加敏锐，思维的注意力变得集中，理解能力也大大增强。从这个源头，人们获得了快速和准确的辨别能力。认为历史的目的只是启发人们对那些与大共同体的福祉有关的主题作出判断，这是一个巨大而普遍的错误。历史同样能够为个体效用和个人舒适提供几乎同等程度的智慧教训。

在这方面，书面历史带来的好处要比我们从自己个人的观察和经验中所获得的好处重要得多。原因是，尽管后者给我们留下的印象可能更为生动，也可能更加持久，但是从书面历史中获得的知识更为正确，因此也能更好地指导我们与世界交流。书面历史提供的例子一般都是完整的，展现在我们面前的是全貌。然而在现实生活中，每一个场景都是慢慢展开的，所以我们每次都只能看到一小部分。因此，我们对人和事的估计很容易受到误导。

我们可以很容易地判断出学习历史对于获得常识，特别是获得政治知识的重要性。我们可以反思一下，最高等的理解力不过是一种从已知事实和经验中得出结论并形成行为准则的能力。人的头脑本身必然缺乏这些知识的素材，它们只能通过经验来获得。但是从某一个人或者某一个时代的经验中所获得的智慧，必定是非常匮乏和代价高昂的。某个时代的人们可以通过某种记载事实的方法了解到他们祖先所掌握的知识，而在这种方法发明之前，人类在智慧的进步和所有方面的改进上必定缓慢无比啊！

第2章

历史跟道德与哲学有什么关系?

“历史，”西塞罗说，“是真理之光。”——这种高贵的表达，也反映出作者纯洁正直的心灵所展现出的荣耀。对于这种明亮而稳定的光芒而言，它的全部价值在于指引我们透过晦暗的历史迷雾看到人类生活中那些非常艰难的篇章。我们只能根据我们所知道的信息进行推理，但如果没有真相，我们虚构出的知识比无知还要糟糕。

哈利卡那索斯的狄奥尼修斯以同样真实和有力的语言指出：“历史是哲学教学的实例。”只要人们继续了解人类知识中这一学科的真正性质和作用，这一说法就很可能被反复提及。

但问题马上就出现了，历史应该教给我们什么样的哲学？其效用是什么？其主要对象应该是什么？答案很简单——应该教给我们美德，目的是人的道德进步，主要对象是人在道德上的职责的性质和范围，以及将来使其幸福的合适的方法。这些并不是历史作家和读者应该牢记的唯一目标，但肯定是首要且最高的目标。

从这个意义上来说，历史被伟大的古罗马演说家塔西佗称为“生活的不幸”，他还这样说道：“历史学家有一项需要注意的特殊职责，那就是不要让美德在沉默中被忽略，而要通过世事表现出来。这样，人们就会害怕做坏事或者恶言恶语，因为他们害怕在子孙后代的心中留下骂名！”

对历史的热爱似乎与人类的天性密不可分，因为这与我们对自己的尊重是分不开的。在这种情况下，同样的原则引领我们向未来的时代前进，也引领我们向过去的时代回溯。我们认为，影响我们的事物一定也会影响子孙后代。这种情感贯穿整个人类，从尤利乌斯·恺撒到地方法官，莫不如此。我们喜欢尽可能地保存我们自己的冒险经历，或我们自己的时代和之前时代的冒险经历。为了达到这一目的，没有文字和文明艺术的那些民族曾经垒起粗糙的石堆，还创作了十分原始的颂歌。几乎所有的野蛮民族[①]都有这样的习俗，在节日和其他场合，人们会歌唱关于狩猎和战争的历史悠久的歌谣。

所有的历史都是不确定的，这是一种很常见的说法；如果这种观点是完全正确的，那么试图证明那些无法确定的东西的价值就没有什么意义了。尽管许多事件并不确定，或者更确切地说，这些事件的具体情况是不确定的，但历史最有价值的部分是留在那些纪念

① 作者在本书用“野蛮”一词加在某个民族或种族前面时，并非是一种西方中心论的表现，就像作者在本册160页中对“野蛮民族”的定义一样，它指的是已经从未开化状态中走了出来，却没有达到一种真正的文明状态。——编者注

碑上面的文字，而这些文字都是清晰的，不存在不确定的问题。每一个文明国家实在的制度，其法律和文献都是有记载的事实，这些事实具有丰富的指导意义，更不用说无数其他的事实了，它们也都是确凿无疑而且令人满意的证据。

另外，有人认为对历史的主要兴趣来自人类的罪恶和愚蠢。这纯粹是无稽之谈。这种错误理解的根源可能与一个事实有关，那就是好奇心或者对知识的模糊的渴望是人类最根深蒂固的欲望之一，这和人类头脑中那些最有用和最必要的倾向是一样的。因此，我们常常被一种不加区别的胃口引领着，狼吞虎咽地吃下与我们历史相关的任何东西。我们希望看到故事的结局，无论这个故事讲述的是苦难还是欢乐，也不管这是一个罪恶胜利或者美德被摧残和压抑的故事。但我们也不能说人类对恶人的同情比对好人的同情更强烈；相反，我们在阅读历史的时候，从那些展现爱国主义、自我奉献、慷慨大度以及任何能使人高尚和提升人的品质的杰出事例中所获得的乐趣，都要远胜于那些充斥着卑鄙的阴谋诡计、各种自私和腐败的伎俩的故事。

一个伟大帝国的衰落和灭亡，与它的起源和发展具有同样的教育意义。历史给我们带来的坚实而持久的乐趣不在于它对罪恶和愚蠢的高度渲染，也不在于它对稀奇古怪事件的夸大和夸张；而在于它所描述的真善美和高尚的情操，在于它简单自然的叙述方式，毫无矫揉造作，在于那些纷繁复杂的细节都关系着一个普遍的问题，它们彼此之间相互阐明，它们都说明了人类心灵的微妙活动，说明了社会原则和制度的影响以及上帝在这个世界上的伟大计划和法则。

因此，历史过去一直是，而且将来永远是人类知识中最重要和最令人愉快的部分，其中的原因十分清晰。渴望了解过去，确定现在的事物是如何变成现在的样子，并理解事物发展的连续步骤，是我们的智力和道德构成的一项积极原则。凡是涉及人的问题，都能引起全人类的普遍同情，当然，一个社会群体的命运也是所有其他社会群体都感兴趣的问题。

一个国家的历史如果得到适当的定义，就可以按时间顺序来叙述构成该国家的社会是如何组织和建立起来的各种活动和事件。如果这样的叙述构思巧妙，其本身就会展示那些时常影响社会状况的一般原则。但是，由于历史的主要主题是社会制度的进步发展，因此在指出每一个阶段中能代表这种进步发展特征的事件时，哪一位历史学家表现出的洞察力最敏锐，那么他创作的著作也将最接近哲学完美的标准。

第3章

历史从哪来？（上）

我们不仅可以通过口头传说和书面历史的方式来了解过去事件和事物的状况，也可以通过其他各种方法来获得这些信息。

史诗和民谣对于研究原始时代的历史，特别是研究半野蛮民族的历史，具有重要的意义。因此，荷马创作的史诗《伊利亚特》和《奥德赛》口头流传了好几个世纪，至今仍是历史信息的丰富来源，展示着那些在公元前就繁荣了近1 500年的民族的风俗习惯和观念。它们还出人意料地证明了《旧约》中早期记录的真实性，因为它们描绘了某些奇特的风俗习惯，与《旧约》中对同一时期的描述很相似。

还有一种保存传统的方法，甚至比史诗更为普遍，可以在看得到的历史纪念碑上找到，如柱子、大型建筑、石堆等，这些都是在发生重大事件的时候建造的。这些纪念碑吸引了后来者的注意，无疑会让人们对它们展开调查，以了解它们的起源和用途，也会

马拉松平原上的古墓

长期保存它们所涉及的事情的知识。因此，我们就知道希伯来人渡过约旦河侵入迦南之地的时候，他们用12块石头垒起了一个石堆作为纪念（见《圣经·旧约·约书亚记》）。

当希腊人在马拉松击败入侵他们国家的波斯军队时，他们也在马拉松平原的战场上垒起了一个很大的坟堆，以此纪念这场胜利。直到今天，我们还可以看到这处历史遗迹。

纪念历史上的重大事件，民族风俗也具有同样的性质。如犹太人举行逾越节晚餐；雅典人每年都会派一艘船前往提洛岛；英格兰人每年11月5日那天都会把做成盖伊·福克斯①样子的假人投入火中焚烧②；等等。

一个民族的语言对历史学家来说也是一个重要的指南，无论是追溯他们的起源，还是探究其他重要环境的状态，都和语言有关。比如殖民者会说他们祖国的语言，除非某些事件促使他们与不同语言的人通婚变得更自由而且更频繁，甚至与外国人通婚的比例在某种程度上也可以通过语言转变的程度来估量。我们还可以补充一

① 盖伊·福克斯（1570—1606），企图在国会大厦炸死英王詹姆士一世的“火药阴谋”的策划者。——译者注

② 每年11月5日，英国都会举行篝火节，是为纪念粉碎1605年11月5日盖伊·福克斯密谋炸毁国会、炸死英王詹姆士一世这一事件。——编者注

点，语言从使用它的民族的民政政策、风俗习惯、雇佣关系和审美中提炼出了一种独特的提取物，因此，一个睿智的观察者能够从中找到很多有趣的发现。

一个国家的法律必然与这个国家的一切都息息相关，所以要想了解一个国家的历史，全面了解其法律方面的知识是必不可少的。因为每一项新法律的制定都是为了消除社会上存在的一些不便，所以直到今天，法律本身都是在其颁布之前事物状态的一种非常可靠的真实证据。“任何人都不应该在没有做出陈词的情况下被定罪”，当读到法国国王克洛泰尔一世制定的这一项法律时，我们可以肯定一点，那就是在6世纪时，法国的司法行政非常不规范，而且人们的自由、财产和生命几乎得不到保障。

但还有更多关于历史的奇特材料存在于硬币和纪念章上，它们可以被看作是一种很小的历史遗迹。古代的纪念章上记载了各种五花八门的事件，古董收藏家和学者们在收集和保存这些东西上付出了巨大努力，这些古物为历史研究提供了重要线索。它们证实了古代作家的一些陈述的真实性，澄清了可疑之处，也提供了被遗漏的部分。这种作用是非凡的，例如巴勒贝克①和帕尔米拉②这两座宏伟的城市在历史上几乎没有被提及，但这两座城市的遗迹现在非常著名；事实上，除了铭文和纪念章上的信息，我们对这两座城市知之甚少。一段被遗忘的历史就是通过这种方法得以恢复的。一组为数不多的纪念章给了我们一段关于叙利亚王国（也称大马士革王

① 位于今天黎巴嫩境内。——编者注

② 位于今天叙利亚境内。——编者注

提图斯征服犹大的勋章（复制品）

国）完整的编年史，而这段历史没有任何一位古代作家提到过。

罗马元老院曾颁发了一枚勋章来纪念韦帕芗①和提图斯②征服犹大的事迹，这枚勋章现存于大英博物馆。左上的插图就是这枚勋章的复制品。

阿帕米亚纪念章

左面的插图是阿帕米亚纪念章，现存于巴黎国家图书馆。这枚纪念章可以帮我们确定一个有趣的事实，那就是大洪水的传说从远古时期就一直流传在小亚细亚地区。

阿帕米亚是弗里吉亚的一个内陆城市，位于马西亚斯河的源头，离米安德不远。这个城市最初的名字是基波托斯，意思就是方舟。这枚纪念章上面描述了大洪水的历史。方舟浮在水面上，从一个敞口可以看到一男一女，那个女人蒙着面纱。一只鸽子停在顶上，还有一只正抓着一根树枝飞向方舟。方舟前面还有两个人，从他们的样子看来，好像是刚刚从方舟上离开。方舟上刻着很明显的字母，可以认出是希腊语的人名挪亚。图案周围还有一圈铭文：

① 韦帕芗（9—79），罗马帝国第九位皇帝，弗拉维王朝第一位皇帝，在位期间积极与罗马元老院合作，致力于改革内政，恢复社会秩序。——编者注

② 提图斯（39—81），韦帕芗之子，罗马帝国第十位皇帝，弗拉维王朝第二位皇帝。他在位期间以主将的身份，于70年攻破耶路撒冷，大体上终结了犹太战争。——编者注

“这枚纪念章是在马库斯·奥勒利乌斯·亚历山大第二次担任阿帕米亚大主教时获得的。”

展示古代腓尼基人船只外形的纪念章

右面的插图是大英博物馆里另一枚非常有趣的纪念章，这枚年代久远的纪念章似乎诞生于提尔，其中一面展示了古代腓尼基人船只的外形。

这些稀奇古怪的古代文物不仅保存了关于历史上主要事件的知识，而且向我们传递了许多重要的信息，比任何书面描述都要准确。因此，我们在纪念章上能找到很多风俗习惯的线索，还能看到古代建筑、工具器械和服装的样貌，这些信息非常突出地展示了当时的技术发展水平。

历史学家们忽视了许多有趣的事情，因为他们认为这些事情太司空见惯了，不值得注意；或者因为他们相信后来的人们也不可能对这些事情感兴趣。然而幸运的是，这些信息都保存在硬币上，我们在上面可以看到不同年代的人们穿着不同的服饰，他们的文化和宗教习俗也不同，比如祭祀、凯旋式等。通过硬币，我们了解到第一位蓄着胡须、骑马时踩着马镫的罗马皇帝；我们还在一些硬币上看到了尼禄和他的七弦琴，以及康茂德和他的狮子皮。在一些至今保存完好的硬币上，我们还可以看到古罗马最宏伟建筑的平面图。仅从硬币这个来源就可以形成一个展示古代建筑遗迹完整信息链的画廊。值得注意的是，硬币上描绘的建筑物和其他物体都是正面的平面图，而不能透视——古人对这门艺术知之甚少。

古罗马硬币

第4章

历史从哪来？（下）

研究刻在石头、金属等材料制成的纪念碑上的铭文，对历史研究也有很大的实用价值。这些古代遗迹非常丰富，被认为是公众和当代的纪念碑，它们构成了一种高度可信的历史证据。

自文艺复兴以来，人们对发现、收集、出版和解释铭文的工作给予了极大的关注。这些铭文出现在圆柱、祭坛、坟墓、花瓶、雕像、庙宇和其他建筑物上。它们的目的是记录一些值得纪念的事件，或者是指出刻有铭文的那些东西的用途和意义。铭文大多是散文形式，但有时也有诗歌。希腊铭文以其统一的美感、简单明了的表达和充满活力而著称。已知最古老的铭文无疑是刻在埃及庙宇、陵墓和纪念碑上的文字。这些都是象形文字，在很长一段时间里，睿智的学者都无法理解这些神秘的文字。但最近，通过托马斯·杨和商博良的过人智慧和辛勤劳动，埃及象形文字已经被破译了，这些铭文为古埃及的历史提供了极好的线索。其中一些铭文据说可以追溯到公元前3000年。

如果是真的，最古老的希腊铭文就是在希腊的阿米克莱发现的铭文。上面包含当地阿波罗神庙女祭司的名单，年代是公元前1000年左右。人们还在奥林匹亚发现了刻在青铜板上的埃里亚铭文，上面用埃里亚方言写着埃里亚人和古希腊人之间的盟约，年代应该是公元前615年左右。

人们还在一块大理石上发现了西格安铭文，这块大理石被认为是一座雕像的基座。铭文上很清楚地记载着法诺迪库斯制作了3个茶具作为礼物赠送给西格翁的地方长官，时间应该是公元前6世纪。这则铭文使用了一种非常古老的书写方式，希腊人把它叫作“牛耕式转行书写法”，也就是第一行从左到右书写，第二行由右至左书写，下一行又是从左到右，如此交替书写，就像牛犁地一样。下面的插图是这个非常奇特的文物的摹本。

下面这段文字是它的译文：

我是普罗科尼西亚人赫摩克拉底之子法诺迪库斯，这是我的雕像。我送来一个杯子、一个茶托和一个滤盆，让他们在议事厅里好生保管。西格安人，这个雕像属于你们，如果遇到任

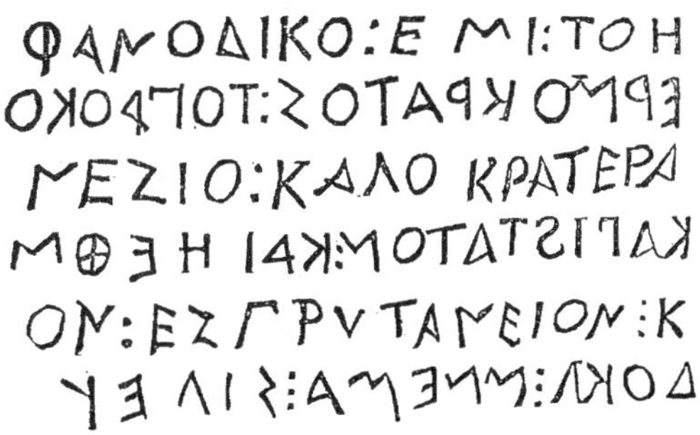

西格安铭文

何意外，你们要好生修缮。这个雕像是伊索和他同胞的作品。

公元前5世纪的提奥斯铭文写的是地狱之神，上面说无论什么人反抗他们的长官，掠夺他们的领土，或者阻止外国人向他们供应粮食，就会伤害到这个城镇的人民，而地狱之神就会降祸于这些坏人。

所有希腊铭文中最有趣也最重要的是《帕罗斯编年史》。这段铭文刻在一块大理石上，现存于英国牛津大学。在17世纪早期，阿伦德尔伯爵雇了一个人帮他收集古董，这个人在士麦那得到了不少大理石古董，其中就有这一块。在英国内战期间，这些被命名为“阿伦德尔大理石”的藏品遭到破坏，有的表面被损毁，有的已经破碎了。其中一些被当作建筑材料来修复阿伦德尔的房子，而刻有《帕罗斯编年史》的大理石被砌成了烟囱。

这块大理石保存完好，上面按时间顺序记载了希腊历史上长达1 318年的一段时期的主要事件。上面难以辨认的部分被学者们的聪明才智修复了。这份编年史应该是在公元前268年左右写成的。为了满足读者的好奇心，我们从这段非常有趣的历史记录中摘录了几段：

前面，我已经叙述从雅典第一位国王刻克洛普斯开始到帕罗斯的执政官阿斯提亚那克斯和雅典的狄奥涅托斯的事迹。

自刻克洛普斯统治雅典以后，这个国家就被称作西哥罗佩，而这个国家的原名是阿提卡，源自一位土著阿克塔约斯。距今1 318年。

丢卡利翁的都城在吕科雷亚的帕尔纳索斯山，而刻克洛普斯的都城在雅典。距今1 310年。

阿伦德尔大理石上的铭文

大洪水发生在丢卡利翁的时代，丢卡利翁躲过了暴雨，逃过了降雨，从吕科雷亚来到雅典见到克兰纳奥斯，修建了宙斯奥林匹斯神庙，并为自己的幸免于难向神献祭。克兰纳奥斯统治雅典。距今1 268年。

因为战神阿瑞斯和海神波塞冬争夺过雅典，而且雅典和波塞冬的儿子有关，所以这个地方又被称为战神山。克兰纳奥斯统治雅典。距今1 263年。

薛西斯在赫勒斯滂建造了一座舟桥，并在阿索斯山下挖通了运河，和希腊人在温泉关展开了一场大战，然后又和希腊人在萨拉米斯展开了海战，希腊人赢得了胜利。卡利亚德斯是雅典的执政官。距今217年。

罗塞塔石碑上的铭文最近引起了人们极大的兴趣，它代表了古埃及文物研究的最重要发现。这块石碑是拿破仑·波拿巴在1799年左右远征埃及时发现的。当时有一队法国士兵正在罗塞塔这个地方建造一座堡垒，他们在挖地基的时候挖出了一块巨大的刻有三段铭文的黑色玄武岩。这块石碑后来落入英国人手中，现存于伦敦的大英博物馆。上面的铭文是埃及祭司为了纪念托勒密五世而颁布的一种法令，日期是托勒密五世亲政的那一年，也就是公元前192年。铭文记载了这位年幼君主的善政，并明确说明将在每座神庙为托勒密五世竖立一座雕像。这项法令用三种不同的文字刻在石碑上，分别是古埃及象形文字、古埃及通俗文字和古希腊文。人们可以很清楚地辨认希腊文的铭文，也为破译另外两种文字提供了可靠的方法，从而第一次找到了关于古埃及象形文字字母的线索，而这正是古文物研究者长期以来一无所获的研究领域。

另外，人们从大量古代遗迹中也收集到了很多古罗马的铭文。下面介绍的是其中最有趣的一部分铭文。

在罗马的舰首纪念柱的底座上刻有一段铭文。舰首纪念柱是用来装饰战舰船头的。这个纪念柱是公元前261年罗马人在战胜了迦太基人之后建造的，上面的铭文是为了纪念他们的执政官杜伊利乌斯。在第二次布匿战争期间，这个纪念柱被闪电击中，后来直到1560年，人们才在罗马广场上发现了纪念柱的遗迹。这段铭文被认为是迄今为止发现的最古老的拉丁文或者罗马文字的古代遗迹。

在西庇阿的墓碑上发现的铭文，在年代上几乎与杜伊利乌斯纪念柱同样久远。其中一则是1780年在西庇阿家族的墓穴中发现的，铭文雕刻在一个漂亮的石棺上，现存于梵蒂冈。另一则铭文是在一块从坟墓里搬出来的大理石板上发现的。

1640年，人们在那不勒斯王国阿布鲁佐省发现了一段关于元老院酒神节法令的铭文。铭文刻在一个铜制的盘子上，其真实性得到了罗马历史学家李维的充分证实，李维说明了这项法令的背景和主旨。该法令颁布于公元前186年，内容是禁止夜间在罗马领土上举行酒神节的庆典仪式。

印章上的文字也可以作为历史事实的证据。圆形印章在古代很常见，在很多情况下，印章上都刻有与历史事件或传说有关的象征

各式各样的古代印章

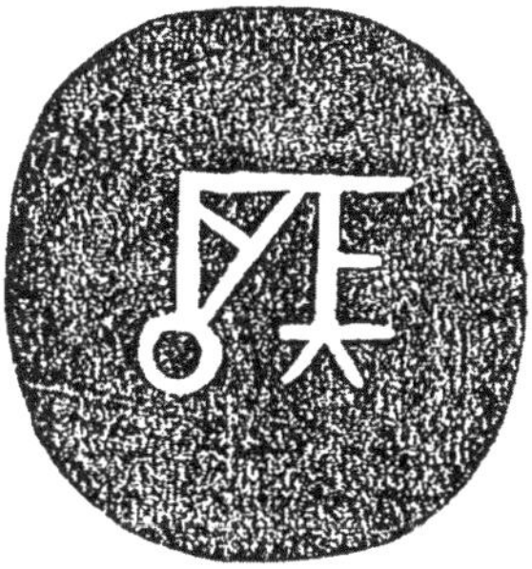

埃及托勒密王朝某位国王的一枚印章

性字符。人们发现了古代的印章。这些印章被确认为已知历史人物的财产，因为上面都带有这些人物的名字。下图是埃及托勒密王朝某位国王的一枚印章。那是一种花押字，或者说是把很多字母组合在一个图案里。这枚印章上的图案就是一组希腊字母的组合“ΠΤΟΛΕΜΑΙΟΥ”。

在这方面，我们应该注意到塞浦路斯的书法雕刻石印，其中有非常古老的用红色石榴石制成的样本。克拉克博士见过一个这样的红玛瑙石印，上面有一个铭文，结合了腓尼基人和伊特鲁里亚人的字母。克拉克博士从这一点推断出一个有趣的历史事实，那就是腓尼基人和伊特鲁里亚人原本是同一个民族。

修昔底德的半身像

古代雕像常常被作为确定年代的工具，此外，也被用于确定某段历史的结束。这些雕像通常是为了纪念重大事件而建造的，同时也为了纪念那些参与其中的人。

埃及国王塞索斯特里斯三世的肖像

现存的古代雕像数量非常多，这让我们对历史上提到的人物的外貌有了一些了解。右侧插图是修昔底德的半身像，我们展示的是一幅临摹图片，但毫无疑问，它与原作非常相似。在古代的雕像中，人们发现许多罗马皇帝的面部表情与当时的作家所描绘的人物特征惊人的一致。通过这种方式，历史的伟大价值得到了确认。有一个至今仍保存完好的雕像展示着罗马历史上最重要的事件之一：一个奴隶偷听到布鲁图斯的两个儿子和他们的同伙密谋要帮助傲慢者塔克文复辟，随后揭露了这个阴谋，从而拯救了罗马共和国。这个奴隶一边磨刀，一边听着阴谋者的谈话。这个雕像被认为是古代雕像中最杰出的作品之一。

在埃及卢克索的废墟中有一个巨大的头颅雕像，它被认为是埃及国王塞索斯特里斯三世的肖像。据此我们有理由相信，我们已经知道了历史上一位著名君主的真实外貌，虽然他所生活的年代距今如此遥远。

一幅陵墓壁画，表现的是古埃及的出行方式

古代的图画也可以被看作是历史的材料和证明，它们通常表现的都是真实的事件。有时它们也会描绘与历史事件密切相关的风俗习惯，也会经

常表现历史和神话传说。最有趣的古代图画是在埃及的地下陵墓和神庙中发现的。我们发现，这些图画中最细微和最奇特的

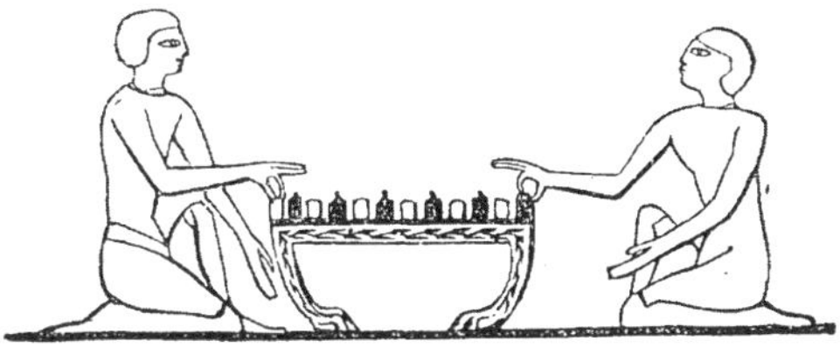

一幅陵墓壁画，表现古埃及的棋手在对弈

细节不仅展示了民族风俗、职业、服饰和建筑，还栩栩如生地表现出了一些非常重要的历史事件。其中包含如此丰富的细节，所以这些图画不存在被误读的问题。古埃及国王的历史通过这个国家的神庙和陵墓的壁画得到了精彩的展现。因此，这些图画所展现出的细节使我们更加了解生活在3 000年前的古埃及人的习俗，对他们的了解甚至超过我们对金雀花王朝时期英格兰状况的了解——而金雀花王朝距今不过500多年而已。

德国学者洪堡在墨西哥发现了一幅古老的图画，这幅画描绘的似乎是《旧约》中亚当和夏娃被蛇引诱而堕落，以及亚伯被他的兄长该隐谋杀的故事。下面的插图是这个奇特文物的复刻版画，虽然这幅画也许与人们猜测的主题并无关联，但它仍然提供了一个实例，证明这些文物对阐明一些历史主题应该是有用的。

古墨西哥图画

古代遗址

最后，我们还应该在历史的来源和证据中加上古代遗址。这些遗址经常会用一种不同寻常的方式证实古代历史学家的记载，有时候还是我们所能找到的一些非常重要事件的唯一证据。埃及、巴勒斯坦、小亚细亚、希腊、意大利等地都有大量的古代遗址。在美洲，人们发现了奇特的古代城市遗址，这些遗址是我们了解当时居住在这些城市里的人们的发展水平以及民政情况仅有的材料。从某种程度上来说，这些遗址揭示了程度较高的文明社会的存在，它们曾经崛起、兴盛然后灭亡，而除了这些遗址我们对此一无所知。这些城市遗址分布于墨西哥的帕伦克、尤卡坦的乌斯马尔和危地马拉的科潘。

古代最著名的历史学家是下面这几位：希罗多德，他活跃在公元前450年左右；修昔底德，活跃在公元前430年左右；克特西亚斯，活跃在公元前415年左右；色诺芬，活跃在公元前400年左右。他们都是希腊本土人。关于远古时代的历史，我们首先要感谢他们的著述。波利比乌斯活跃在公元前240年左右，他用拉丁文写作。狄奥多罗斯在公元前50年左右编纂了一部通史，但这部作品的权威性不是很高。

伟大的罗马历史学家有撒路斯提乌斯，他活跃在公元前50年左右；李维，活跃在公元前20年左右；塔西佗，活跃在75年左右。

除了这些作家常规的历史论著，我们还有许多权威性很高的附带资料，包括关于《圣经》中最古老的年代资料。从《圣经》中得来的历史被称为神圣纪事，有别于其他那些被称为世俗纪事的历史。除了这些权威资料，还有其他一些古代著作，也大大丰富了我们的历史知识储备。然而，正如我们将在后面看到的那样，这些著作常常出现分歧，因此，人类早期的历史总是会陷入不确定和争论的尴尬境地。当我们进入离现代[①]更近的时代，权威资料成倍增加，而历史的资源终于达到充足和令人满意的地步。

从上述角度出发，我们明显可以看出历史作为一门科学，必须不断进步，从新增的事实获得新的历史材料，通过学者们的发现破译那些至今难以辨认的古代手稿和铭文，并且通过比较年代日期和权威性来仔细筛查所谓的事实。

① 这里的现代指作者所处的时代。——编者注

第5章

历史是怎样写出来的?

历史作品可以分为三类：诗歌类、哲学类和纯史学类。一部历史作品中多余的诗意精神会把作品变成单纯的寓言故事，但是一位优秀的历史学家应该具备诗人身上的很多特质。事实上，我们只有通过想象才能理解我们没有亲眼所见的场景或者活动；只有诉诸想象力，历史才会变得有趣。我们回想一下历史上最令我们吃惊的那些片段，通常会发现其中并不包含长篇幅的慎重描述；然而即使是一个简单的诗意表达，也能描绘出这一场景，并表明作者经过深思熟虑，就像他身临其境一样。关于伟大的道德真理，应该具有对强大的力量和美的描述。

历史的哲学精神在某种程度上与诗意精神是对立的。诗意精神考虑的主要是可见的形式，而哲学精神探究的是抽象的存在法则。前者倾向于兴奋和热烈，转入纯粹想象的领域；而后者倾向于落入冷静而空洞的概括性推测。在古代，诗意精神被抬高到一个错误的极端；而在我们这个时代，历史的哲学部分也被高估了。一部优秀的历史作品应该适度地将两者结合起来。哲学不过是一种追溯因果关系的尝试，试图发现一般原则在特定活动中所起的作用，从多样性中理解不变的常态，进而从不变的常态中预见一切。哲学是根，诗意是花；一个存在于黑暗和艰难之中，而另一个则在美和灿烂的光明中生长。

毫无疑问，纯粹的历史精神应该在历史写作中占据主导地位，但它本身并不足以构成一个历史学家所需要具备的特质。过去有很多编年史作家以最严谨的忠实态度记录了他那个时代所发生的事情，甚至还表现出对收集信息的狂热以及对传播这些信息的自豪，这本身值得高度赞扬。但这些作品还配不上历史之名，因为它们既没有什么指导意义，也不适合娱乐消遣。热爱真理是历史学家的首要职责，但这并不是他的全部职责。当他把过去发生的事情展现在我们面前的时候，他必须用强有力的描述来推动和激发我们的情感，他必须通过适当地评论事件的原因和后果来锻炼我们反思的能力。

历史写作的一般方式是叙述事件发生的经过，简短地交代背景状况，概述主要人物的性格特征，对人类事务变化深入地进行共同的道德反思，在叙述中穿插赞扬和谴责，只要作者的能力在一般范围之内，以这样的方式来写作，可能是一项相对容易的任务。但是，要想成为真正伟大的历史学家，所需要的也许是最罕见的智力上的差异。许多科学著作在同类作品中堪称完美；许多诗歌几乎可以说没有任何瑕疵；许多修辞作品如此优秀，任何人都不具备修改它们的技巧，改动只会降低作品的水平。但是从来没有哪一部历史作品可以用完美来形容，甚至接近完美的历史作品也不存在。

造成这种情况的原因很容易找到。文学的领域既存在于理性的领域，也存在于想象的领域；它有时是虚构，有时是推测。一个完美的历史学家必须拥有足够强大的想象力，才能使他的叙述生动感人；然而他必须绝对地控制自己的想象力，使作品完全以他所发现的真实史料为基础，并避免通过增加自己的想象来弥补真实史料的不足。他还必须是一个深刻而且具有独创性的推理家，然而他又必须具备足够的自制力，绝不能歪曲事实来支持某种假设。有些人身上具备构成历史学家所需要的其他条件，但是他们之中几乎没有人能同时将这两种能力结合起来。

第6章

古代历史作家（上）

在古代，历史最初仅仅被认为是一种从普通、庸俗的事件记忆中编造出有趣故事的艺术。通过对史料的深入研究，早期的作家们无疑被排除在外，因为他们的作品中几乎没有留下任何早期事件的线索。但是，对于古代历史学家们所叙述的事件最显著的原因来说——政府的状况，以及与这些事件有关的民间社会状况，他们似乎很少关注，或者根本没有概念。他们告诉我们一个民族如何对另一个民族发动了战争，然后诸如此类的事件和描述接踵而来；但是这些事情所提供的指导意义却很快被一笔带过了。

直到很多历史作品问世之后，历史作家才开始展示事件中的政治事务的细节；展示各个国家是如何被引导走向其现实利益的，以及它们又是如何走入歧途而偏离这些利益的，它们在为自己谋求福祉的计划中受到误导的主要情况是什么，它们是如何为自己的错误所累，又是如何认识到政府和社会制度的真正目标的。通过这些描

希罗多德半身雕像

述，历史作家学会了为他们的作品赋予新的价值。

希罗多德被称为“历史之父”。考虑到他写作的年代，他的写作构思所展示出的艺术水平和判断力堪称非凡。他以希腊人和波斯人的战争作为自己的作品——《历史》这部伟大著作的基础，通过追溯这两个国家的最早的已知资料，希罗多德把各种各样的事件联系在一起。因此，他先后介绍了吕底亚人、米底人、巴比伦人、埃及人、斯基泰人和印度人的历史。在这之后，希罗多德又回到了他的主题，并以他的希腊同胞在萨拉米斯和温泉关这两场重大战役中取得辉煌胜利作为自己的作品的结尾。他是所有诗意派历史学家或者浪漫主义历史学家的先驱，也是最优秀的一位。他的生动活泼、他思无邪的亲切柔和、他在描写和对话方面的杰出天赋以及他纯净甜美的流畅语言，使他成为历史作家中的佼佼者。

然而从更严格的意义上来说，希罗多德的《历史》并不能称为一部好的历史作品。这部作品的作者与其说是历史学家，不如说是发明家。尽管他写的这本书无与伦比，但是只能当作一个有趣的小说故事集，它缺乏真实性。这本书中不仅充斥着显而易见的杜撰成分，而且整个叙述也带有浪漫和虚构的色彩，让最聪明的读者陷入怀疑，不知道自己该相信什么，不该相信什么。希罗多德的作品中有很长的片段都是用戏剧化的方式来叙述的，几乎和莎士比亚的历史剧中的事件一样戏剧化。毫无疑问，这些重大事件的确是如实地联系在一起的；但是对于书中许多较小的事件来说，我们无法确定到底有哪些事件是忠于事实的。希罗多德的缺点来自他单纯而充满想象力的头脑。他的写作方式是一种自然而然的方式。他的作品是为一个敏感而好奇的活泼民族而设计的，这个民族对新奇和刺激的追求近乎贪婪：他们在艺术上已经达到了卓越的高度，而哲学还处于萌芽阶段。

希罗多德时代的希腊人刚刚开始注重散文写作，他们的公共事务一般都是用诗歌和韵文来记录的。因此，那些最早的历史学家可能会沉醉于享受诗人所享有的自由，而不必担心被责难。希罗多德好奇而轻信的同胞们很容易被宗教的敬畏和爱国热情所感动。他们正是那种听到新奇事物就会很高兴的人，都喜欢听怪兽、怪鸟和奇异的植物，喜欢听小矮人、巨人和食人族，喜欢听说出来就是不敬的神祇的名字，喜欢听留下了超越后世所有作品的遗迹的古代王朝，喜欢听宏伟的城市、城墙、庙宇和金字塔，喜欢听预言应验，喜欢听梦和预兆以及亡者的警告，喜欢听婴儿从刺客的匕首下神奇地活下来并完成崇高使命的故事。

希罗多德的《历史》中充满了这样的奇迹，随着其中的故事接近这部作品写作的时间，它的趣味变得更加吸引人。书中包含了波斯人与希腊人之间伟大冲突的故事，而欧洲正是从这场冲突开始确立了它在知识和政治上的霸权地位——即使发生在如此遥远的年代，这个故事仍然可以说是人类历史上最不可思议也是最感人的故事。希腊历史中的这一部分充满了狂野和美妙，充满了伤感和生气，充满了无限财富和专制权力翻云覆雨般的巨大变化，充满了智慧、美德和勇气的伟大奇迹。希罗多德告诉他的同胞们，河里的水一天之内就被入侵的军队喝光了，他们一顿饭就会吃光很多地方的食物，波斯人开凿了一条穿过高山的通道来让船只通行，在海上铺开了供军队通行的道路，希腊城邦和联盟都被波斯人一路横扫。希罗多德讲述着焦虑和恐惧，讲述着困惑和绝望；他描写了骄傲而固执的心灵面对极端邪恶的考验，描写了付出许多生命的昂贵代价，以及希腊人被解救的标志和他们无情的报复。无论是什么东西，只要能给这样一个精心策划的故事增添一种强烈的现实感，来点燃人们的激情并能迎合民族自豪感，就一定会受到好评。因此，我们很容易在我们所提到的最古老的希腊历史中发现这些特征的根源。

第7章

古代历史作家（下）

希罗多德之后是修昔底德，这是一位风格和写作方式都与希罗多德不一样的作家，二者的区别犹如画布上的写实肖像与想象场景那么大。修昔底德是一个充满智慧而且善于思考的人，从不放纵自己的想象力。他的历史作品表现了对真相最严格的忠诚以及最精确的坚守。他的风格紧凑有力，他的思想敏锐而且富有辨别力。他写的是他所处时代的历史以及那些亲身经历的事件。他借鉴了希罗多德的手法，假借文中主要人物的口说出自己要说的话；但是他很诚实地告诉我们，这些话中有一些纯属虚构。虽然他留给我们的是关于事实的文字记录，不过他通过巧妙的选择和安排，在没有过度虚构的情况下影响了我们的想象。

人们通常认为色诺芬拥有与希罗多德和修昔底德同等的地位。希罗多德行文松散，有时候会出现轻微的偏题；修昔底德则是极端严谨，色诺芬刚好介于二者之间。他的风格既纯粹又令人感到愉

色诺芬

快，很显然，他是一个品位高雅且和蔼可亲的人，他与外界交往广泛。然而，他的作品并没有展现出强大的思想力量。

波利比乌斯是一位非常忠于事实的历史学家。他不厌其烦地提醒谨慎对待自己所写的主题，这就是对他作品真实性的最好保证。为了获取汉尼拔进军意大利的准确信息，他亲自翻越了阿尔卑斯山，走遍了高卢的大部分地区。因为担心自己会遗漏西庇阿在战斗中的一些细节，他走遍了整个西班牙去调查和研究这个国家的地形。他甚至利用西庇阿的权力征用船只在大西洋上航行来进行他的研究。

波利比乌斯出生于希腊，不过他学习了拉丁语，而且对罗马的法律、风俗习惯和古代文物有着全面的了解。在获得元老院的许可后，他仔细搜查了罗马的朱庇特神庙，孜孜不倦地查阅了各种记录，并将他需要的资料翻译成了希腊语。

然而波利比乌斯并不是一个学识广博的人，也不具备以有趣的方式讲述故事的能力。他欠缺口才和文采，他的历史作品具有说教和实用性倾向。他的创作目的不是写一部纯粹的娱乐性作品，而是追溯事件的起因，并从中推导出对读者有益的实用性准则。他所追求的并不是读者的欢迎，而且他非常蔑视同时代的那些修辞家矫揉造作的文风。

提图斯·李维在拉丁历史学家中首屈一指。他的作品堪称记录祖国荣耀的一座丰碑，不过他对历史的真相没有表现出批判性的尊

李维

重态度。他的叙述所展示出的生动和优美无与伦比，人们无法想象出比他的描述更加栩栩如生的画面。李维的作品中呈现出的那些丰富有趣的情感和绝妙的意象令人叹为观止。除了展现罗马的辉煌，他的目标似乎就是表现恢宏、壮丽和生动的形象。李维是一位特别具有罗马特色的作家——他是共和国一位自豪的公民，虽然这个共和国已经失去了自由的本质，但还是神圣地保留着共和国的形式。这个国家实际上属于一位专制君主。在这位君主看来，他就是世界的主人，其余上百个国王都要对他俯首称臣，只有众神才能位居他之上。

虽然李维生活在奥古斯都统治时期，但他却有勇气对庞培、西塞罗、布鲁图斯和卡西乌斯这些人物作出公正的评价。古人一致认为这是一位作家高尚、公正最充分的证明。为了增加他的历史作品的严肃性，李维在作品中抓住每一个机会来插入一些有关预兆和奇迹的叙述。不过，这些都不能作为作者轻信的证据，而应该被看成必要的细节，旨在表明那个时代的风俗和迷信。

当然，在称赞这位伟大作家诸多优点的同时，我们也必须指出他的作品缺乏真实性。他更希望写出一部气势恢宏的作品而不是描述准确的历史，他的笔力着眼于展示修辞水平和冠冕堂皇地赞美罗马，而不是耐心地探究事实。李维很少使用他所接触的铭文和官方文书，满足于追随前辈历史学家走过的老路。当发现他的认知与别人意见相左时，他并不会去仔细研究证据，而是承认存在困难并将

撒路斯提乌斯

其忽略，或者不假思索地选择支持自己喜欢的一方。他有时候会不必要地重复之前说过的话，甚至在某些情况下还会自相矛盾。

撒路斯提乌斯的作品不像李维那么庄重，不过他的表达方式展现出一种独特的简洁清晰，而且充满活力，显得乐在其中。在当时的罗马，偏见和党派精神无疑非常普遍且强大，而他最大的优点是不偏不倚。他的历史著作中引入的记载极为详细，但是对于叙述而言，这种引述的篇幅有时候实在是过于冗长。事实上，这些长篇大论都是作者有意用来展示自己的口才，而不是说明主题的。

塔西佗一向被视为最深刻的历史学家，他对人物的刻画是无与伦比的。他在历史作品中描述的重要角色栩栩如生，就像我们曾与他们一起生活过一样。“哲人史学家”这一美称，塔西佗当之无愧。他洞悉人性，尤其是对坏情感的来源和活动有着犀利而深刻的洞察。他为人忠实庄重，同时又非常严苛。他的历史作品的主题展现了人类编年史上最令人震惊的邪恶景象；在这种情况下，真相必须具备所有讽刺文学的尖锐性。然而塔西佗的写作风格本身存在缺陷，在某些方面尤其不适合历史作品的创作。他对效果的热爱远

塔西佗

远超出了适当的限度。他可以妙笔生花地把一个很好的故事讲得很精彩，却不能很平实地把一个普通的故事讲明白。如果把他写的那些精彩片段从他的著作中摘录出来会非常引人注目，但是将它们放在原文中和前后内容联系起来读，则会失色不少。

第8章

近代历史作家（上）

关于历史哲学，今天的人们已经远远走在了古人的前面。实验性科学通常都处于发展前进的状态，而政治学就是其中之一，在当代比在古代更容易被理解。同样，印刷术不仅广泛地传播了知识，也引发了古代社会对所不知道的知识传播过程中的精确性和明确性的思考，因为当时大部分信息是人们口口相传的。此外，古代两大民族的精神具有明显的排他性。

希腊人和罗马人只欣赏自己或者彼此欣赏。他们从不寻求自身以外的东西；他们不去借鉴什么，也不去抄袭什么，也不去翻译什么。对与他们欣赏习惯不同的思维方式和表达方式，希腊和罗马的文人们总是带着傲慢和厌恶。其结果是思想的狭隘和千篇一律。古人对人做过很多公正的观察，他们以某种特定的社会状态作为基础来看待人；而对政府，他们则看作是世界上某个特定地区的存在。但是，关于把人作为人来看待，把政府作为政府来看待，他们所知甚少，由此进行的推断更是少之又少。历史哲学因此而停滞不前。

但是，基督教对异教的胜利最终摧毁了旧的道德体系，同时也摧毁了大部分旧的形而上学体系。这给演说家带来了新的演讲题目，给逻辑学家带来了新的争论点，而且将新的行动准则引入人类社会的每一个角落。罗马帝国的覆灭带来了更大的变化。人类的第二种文明是在这样一种环境下开始的，这种环境提供了一种强有力的保障，使人类永不倒退，永不停滞。欧洲成为一个伟大的联邦共同体。众多的国家因为国际法和共同的宗教而紧密团结在一起。他们的制度、语言、风俗习惯以及文学品位都大不相同；但是他们之间的联系是密切的，可以互相观察，也可以互相防范，使彼此之间的距离不致近到破坏民族意见和民族感情的程度。

因此，文明世界得以保存下来，避免了文明的同一性——这种同一性对一切进步来说都是致命的。文明世界的每一部分都会被其他部分所反射出的光芒照亮，彼此相得益彰。历史学家有机会目睹的道德科学实验数量之多，已经到了无法计算的地步。社会和人性不会再从某个单一的角度出现在历史学家眼前，而是从千百不同的视角展示在他面前。历史学家通过观察周围国家的风俗习惯，研究周围国家的文学作品，并通过与自己的国家和古代那些共和国的情况进行比较，他就能纠正古代最敏锐的作家们由于史料贫乏而犯的那些推理错误。因此，总的来说，现代作家远远超过了古代作家。

然而，现代历史学家也有他们自己的缺点。他们之中最优秀的人会被真理所诱惑，不是因为他们的想象力，而是因为他们的理性。他们从事实中推断出一般原则的艺术，远远胜过他们的前辈；但不幸的是，他们犯了歪曲事实以符合一般原则的错误。他们通过观察一些现象来构建一个理论框架，并对剩下的现象加以限制或者缩减来支持这一理论。

每个人的性格和行为中都存在善与恶的混合。历史学家稍微夸张一点儿，稍微抑制一点儿，稍微带点儿模棱两可的风格，对一方面的证据稍微怀疑一点儿，对另一方面又稍微轻信一点儿，这些都有可能在某件事情上涂上一层完全错误的色彩，同时不必迫使历史学家为了达到这一目的而说出一个字面上的绝对谎言。这种失实陈述可以在现代历史学家的一些著名作品中找到。

许多评论家都认为休谟的《英国史》是历史文学方面堪称一流的作品，这部著作的优缺点众所周知。这本书写得既轻松又生动，同时又展现出作者的深思熟虑和哲学风格；但是，由于明显的偏袒、歪曲和缺乏准确性，这本书也遭到诟病。作者懒于对原始文献进行大量的研究，而且他的这门学科的知识储备也不够，无法说明英国宪法是如何逐步形成的。

休谟

他深受保守党原则的影响，对清教徒深恶痛绝。只要涉及这些问题，他的文字就不值得信任。他关于查理一世的统治以及英联邦的全部描述都是一种精心编造的篡改。尽管休谟有众所周知的缺点，然而他的叙事技巧和写作风格的魅力——轻松而不软弱，简单而又优雅流畅——将使他永远受到欢迎。

第9章

近代历史作家（下）

吉本的《罗马帝国衰亡史》是一部庞大而准确的研究著作，也是一部扩大化的哲学思想著作。这本书所展示出的细节和博学，不仅支持着书中所记载事实的真实性，而且使作者能够讨论许多相关主题和附带主题。通过讨论这些主题，作者阐明了他所研究的不同历史时期的风俗习惯、法律和社会状况，也阐明了在今天已经成为欧洲主要国家特征的那些制度。吉本这部著作的主题也许是整个历史长河中最辉煌也最令人难忘的。世界上有史以来最强大帝国的覆灭，古代文明的衰落和崩溃，现代欧洲社会制度的诞生

吉本

和构建，这位历史学家用他的如椽大笔一手将所有这些不同的元素铸成了一个宏伟的整体。在所有现代伟大的历史著作中，《罗马帝国衰亡史》获得了最广泛的声誉，似乎没有任何作品能与其竞争并动摇其高高在上的地位。吉本的风格庄重而典雅，但显得有些华而不实，他缺乏休谟的那种优美与简约。使吉本受到严厉的谴责的原因，是他对基督教的攻击。

罗伯逊在史学上的地位与休谟、吉本不相上下，尽管他没有把自己的声誉维持得那么好。他擅长雄辩和庄重的风格，对史料的编排巧妙而清晰。他对因果关系的发展、对公共人物和事务的判断，都表现得非常睿智。他的作品展示出一种特别的坦率和公正，这缘于他那种受知识启发、受原则指导的冷静性格。从文学上的表现来看，他的历史著作应该会始终保持很高的地位；但是在敏锐的洞察力和天赋的全面性上，不得不说罗伯逊远远不及休谟和吉本。此外，他并没有完全熟悉自己所写的全部主题，现在我们可以看到他的作品中存在许多重大的错误和不足之处。

罗伯逊

除了上述三位伟大的英国历史学家，我们不妨再说一说米特福德。他所著的《希腊史》是一部渊博学识和耐心研究结合而成的著作，但这本书糟糕的风格和严重的偏袒，使其价值大打折扣。米特福德对共和政府的强烈偏见几乎使他的这部历史著作中的每一页都违背了事实。在更近代的英国历史学家中，地位较高的是哈勒姆、艾利森、特纳、麦金托什、林加德和麦考莱。

伏尔泰

在欧洲大陆的现代历史学家中，伏尔泰是名气最大的一位。他的作品显示了高超的文学技巧，具有迅捷的力量，但穿透力略显不够。他的作品常常以人道主义和开明哲学作为指导，但也常常受到强烈偏好的误导。伏尔泰对既定观点和社会形式一贯存有敌意，而且这种敌意远远超出了正常范围，在这种情况下，他毫不犹豫地运用了歪曲事实的手法。然而，人们总是可以从伏尔泰的历史作品中找到趣味，对一个具备甄别能力的读者来说，他的作品可能是很有用的。

法国作家雅克-奥古斯图·德·图（有时也被称为图阿纳斯），他用拉丁文创作了一部关于他那个时代的历史作品，这是一部被认为值得与古典时代的历史作品相比较的著作。维尔托和雷纳尔都写过非常有趣的历史作品，但是人们认为这两位作家在修饰艺术上用力过度。丹尼尔、米泽雷和韦利都写过关于法国历史的作品，但他们的作品只不过是对历史事实的简单搜集。西斯蒙第远远超过了这几位作家，他的著作显示了他广博的学识，也展现出他值得称赞的公正、良好的判断，以及最自由和最开明的精神。在近代法国历史学家中，梯也尔、米涅、拉马丁等人享有很高的声望。

在现代意大利人中，马基雅维利是第一个以哲学精神对待历史问题的人。意大利人认为圭恰迪尼的历史作品是一部完备的文学

马基雅维利

作品。吉安诺尼是一位博学而且敏锐的历史学家。穆拉托里用编年史的写法创作的作品为人们提供了海量的事实记录。本蒂沃利奥、保罗神父、达维拉和博塔在意大利历史学家中也享有较高地位。

马里亚纳是西班牙首屈一指的历史学家，人们认为他的作品很接近古典作品的典范。苏里塔、孔代、索利斯和埃雷拉也用西班牙语创作过较有价值的历史作品。若奥·德·巴罗斯是葡萄牙历史学家中的领袖人物。在德意志，历史作品创作的发展和成功应该归功于莫斯海姆、席勒、尼布尔、两位穆勒以及其他许多表现出渊博学识和非凡批判智慧的人。

最后还要提及一点，美国也为这一重要的文学分支作出了贡献。美国所有的老州都有自己的历史学家，虽然他们之中的大多数人并没有创作出水准很高的作品，但仍然形成了一些极有历史价值的文集。马歇尔和拉姆塞以公平公正的态度书写了美国革命的历史；普雷斯科特、欧文、班克罗夫特和惠顿这几位作家通过他们的历史作品，不仅在他们自己的国家赢得了当之无愧的声誉，而且在欧洲也备受赞誉。

第10章

怎样读这本书？

我们在前文中对历史作品的起源和发展进行了全面的概述。这幅人类的历史画卷，拥有与人类相同的命运。它同样经历了婴儿期一般的神话阶段，青春期一般的诗歌阶段，以及成年期一般的思索、领悟和反思阶段；而且有时候它也衰退到一个迟钝、衰老、偏执和野蛮的老年期。

野蛮人的头脑和婴儿的头脑一样，充满了一种好奇、困惑和不确定的混乱。一旦他们超越了兽性欲望和满足的影响，并且开始反思过去和憧憬未来，就会立刻触摸到理想世界的边缘；而在理想世界里，虚幻和实体如此不可思议地交织在一起，我们很难把它们区别开来。因此，那些极少数具备足够精神能量，能感受到或者假装感受到来自更高级别的精神鼓舞的人，很快就会被当作圣人，人们会把他们所说的话奉为神谕。他们模糊的思想在更加模糊的语言中被表达出来，而他们那些迷惑不解的听众若有若无地捕捉着其中的含义。梦境、幻想和精神错乱本身就是构成传说的实质元素，所以这种狂野的吟诵中当然也会充满着存在于混乱想象中的各种幻象。

所有世俗历史的开端都是神话。那些传说中的存在被赋予神、半神、英雄等身份，在某些情况下，他们似乎是大自然伟大力量——暴风雨、龙卷风、洪水和烈焰的化身。在这些人格化形象中，有些代表太阳、月亮和行星，而另一些则是具有非凡力量和本领的人——战士、国王、征服者、导师、伪先知和创造奇迹的人。这些超自然存在的虚构行为，通常会与真实历史事件及碎片混杂在一起，还与创世记和大洪水以及早期的纯真状态和堕落的模糊传说混杂在一起。当神话作者掌握了艺术和文字的时候，他们创作的神话故事就会成倍地增加并且变得丰富多彩。他们虚构出新的帷幕，将其蒙在真相之上。他们讲的是神话故事，但确实能被人们所理解。他们用象形文字书写，而这种符号被误认为是精确的图画。最后，诗人为祭司提供了帮助，用诗歌的魅力和丰富的想象力使这些神奇的传说变得更加丰满。

到了更晚的时期，历史学家成为真实事件的叙述者，在以事实为基础进行陈述的同时，他仍然会认为从自己讲述的故事中推断出智慧的教训也是他的职责之一。我们正是在这种历史观的指导下开始了当前的史学工作。毋庸置疑，历史学家为当今读者创作的作品应该以现代文明自由和开明的精神作为指导。战争和征服，以及野心获得成功的例子，长久以来一直都是人类盲目崇拜的对象。很明显，对于单纯的军事声望的价值，整个世界的认知正在变得越来越公正。我们相信，从今往后，历史颂扬的对象将不再是那些人类的压迫者，真正应该被历史颂扬的是那些证明自己真正有恩惠于人类的人们。

我们简单地介绍一下本书编写所遵循的计划。在主题的安排上，我们采用叙述清晰以及细节规律和完整相结合的顺序，这对于激发一般读者的兴趣来说是非常有效的。我们会单独叙述每一个国家和民族的历史，通过地理描述来概括性地介绍国家领土的物理特征，并说明这些特性如何经常对人类种族的道德品质产生重要影响，从而也影响着国家的命运。

这种安排可以被称为民族志，即把不同民族或种族的历史单独分开来看，区别于按时间顺序、事件顺序从一个连续角度贯穿始终来对整个人类历史进行排序的编年体；但是为了帮助读者形成一般性的观点，我们会在适当的地方给出一些章节来展示整个世界的状态和发展。相信这种方法可以为一般读者带来很多好处。我们首先会给出细节，这样就能为适当的概括提供材料。我们希望帮助入门读者把握整个历史领域，让他们即使在对这门学科的任何部分都还不熟悉的情况下，也可以试图去理解这门学科的特征和一般方面，这样的安排特别能够帮助青年人免于陷入令人困惑的历史迷宫。

人们常常把历史分为古代和现代两个部分。有些作家把耶稣的诞生作为分界点；但这种分野是武断的，因为它本身并无根据。最好的安排是将476年也就是西罗马帝国灭亡的那一年之前的历史作为古代史，之后的历史作为现代史。在此之前，古代精神在全世界盛行；这个时期之后，发生了一系列事件，导致了新的社会和政治制度的发展。因此，西罗马帝国的灭亡是古代文明的终结，形成了古代历史与现代历史里程碑式的分水岭。

根据性质和主题的不同，我们应该对历史专著中所使用的不同术语做个简要的说明。如果一部作品是专门针对某一类特定的历史事实，例如那些与教会有关的内容，那么它就是专门史；如果一部作品声称包含所有的主题，那么它就是通史；如果一部作品仅限于一个国家的历史，例如法国史或美国史，则可称为地方史；如果一部作品从一开始就给出了一个关于人类历史的观点，那就是世界史。本书就是一部世界通史。

有必要多说一句，本书的阅读对象是普通大众。本书的目的不是展示新的发现，也不是提出新的组合和归纳。作者的目标是用一种愉快而简单的方式忠实地汇集前人的研究成果，通过有趣的细节和恰当的插图，使这本书尽可能兼具趣味性和教育性。

第11章

历史的标尺：年代学

古迹

从字面上来讲，年代学是对时间的计算。虽然历史学认为事件与事件之间是相互联系的，但年代学只是根据日期来排列整理历史事件。一般的年代学体系始于人类历史上最早的时期。

从观察自然现象并考虑它们所遵循的一般规律来看，我们无法得出关于宇宙开始存在的确切时期的任何结论性推断，甚至连似是而非的推论也没有。围绕太阳运行的不同行星以及其他恒星到底是在同一个时期出现的，还是在不同时期分别出现的，我们不仅没有答案，而且对找到答案不抱任何希望。我们的地球比她的姐妹行星更古老还是更年轻，我们无法从大自然的面貌中找到任何信息来回答这个问题。

对于地球的年龄，历史远不是决定性的论断。在不少古代作家的笔下，也有许多关于人类社会起源的论述。但这些说法各不相同，而且相互矛盾。柏拉图曾提到一个叫作亚特兰蒂斯的岛屿，并相信这个岛屿在他写作的年代之前9 000年就沉入了海底。柏拉图断言埃及的祭司对亚特兰蒂斯非常熟悉，而且和他同时代的阿提卡居民也都知道这个地方。然而，关于亚特兰蒂斯的整个故事现在都被认为是虚构的。中国人认为这个世界的历史有几十万年。印度人所宣称的历史同样是难以想象的漫长。迦勒底人的天文记录将人类社会的起源追溯到了47.3万年以前。这些说法都是有证据支持的。

我们想要了解的是，有什么可靠的方法可以确定那些年代久远的历史事件的日期。就像印刷的书籍一样，古代手稿的准确性也是靠不住的。因此，古代手稿上所记载的日期也很容易被质疑。所以在这一点上，天文事实是最重要的。在十分偶然的情况下，一些古代作家以一种间接的方式使我们能够确定事件的日期，他们所提到的天象可以帮助我们得出最清楚而且最令人满意的结论，没有比这更好的方法了。

天体运动的规律性和恒常性保证我们在任何时代对天体运动的观测都能保持一致。在这个方面，现代的年表体系很大程度上要归功于迷信。古人很注意天象中的那些不同寻常的现象。人类注意这些现象首先是因为幻想天体运动带有不祥预兆的本质，人们恐惧这些现象会带来无法得知的影响。正是由于这个原因，古代历史学家注意天体运动现象的原因并不是其可以作为哲学研究的恰当主题，也不是其在年代学上有什么用处。

对我们来说，幸运的是关于日食记载的目录——非常完整——不是用哲学的眼光来观察，而是被迷信的俗人所注视。历史学家的国家编年史上记录了许多引人注目的革命和重大时期，伴随着这些内容，他们也将这些事件之前或者同期发生的信息，通过天文计算轻松地确定它们发生的年代和具体日期。考虑到日食出现的时间、地点以及程度这三种情况各不相同，我们不需要怀疑以日食记载为背景的两个事件会彼此混淆。

为了使读者对这一有趣的观点感到满意，我们可以来注意一下历史学家所提到的一些重大的日食现象，任何一个熟悉天文计算的人都可以很容易地加以证实。公元前585年5月28日，泰勒斯预测的日食发生了，这一现象导致了米底人和吕底亚人之间停战讲和。公元前522年1月10日发生了月食，随之而来的是波斯国王冈比西斯二世的死亡。公元前481年4月19日，波斯国王薛西斯从萨迪斯离开的时候发生了日食。公元前463年也发生了一次日食。公元前431年8月31日发生了一次日全食，次年雅典暴发了大瘟疫。公元前413年8月27日发生了一次月全食，当时雅典将军尼西亚斯在锡拉库扎全军覆没。公元前394年8月14日发生了日食，雅典将军科农在克尼多斯附近大败斯巴达海军。公元前168年6月21日发生了一次月全食，第二天，马其顿国王珀尔修斯被罗马执政官埃米利乌斯·保卢斯击败。59年4月30日发生了日食，被认为和罗马皇帝尼禄杀死了母亲小阿格里皮娜有关。306年7月27日发生了日食，君士坦提乌斯一世皇帝去世。840年5月4日发生了一次大日食，接着法兰克国王路易一世离世。1009年发生了日食，萨拉森人占领耶路撒冷。

如果某一段历史中记载了足够数量的天文现象，那就为检验其真实性提供了最可靠的方法。中国历史的可信度几乎全部源于天文现象的记载。天文学家证实，历史中所提到的日食确实发生在指定的时间。

纪元来自普遍认可的值得纪念的重大历史事件，后面的年份都是以它的名称来命名。古希伯来人没有固定的纪元。希腊人在很长一段时间里也没有纪元，后来，他们用奥林匹亚年来纪年。古希腊人为了纪念宙斯而举行奥林匹克运动会，而奥林匹克运动会每四年举行一次，这四年的周期就是奥林匹亚年。这个纪元开始于公元前776年的仲夏。罗马人最初用当时执政官的名字来命名他们的年代；后来他们以罗马城的建立年份，也就是公元前753年开始纪年。有些历史是以巴比伦国王纳巴那沙的年代来计算的，据说他的统治开始于公元前747年。希腊人统治下的犹太人以公元前312年塞琉古占领巴比伦开始纪年，这一年有时也称为“契约之年”。

基督徒最早是以罗马皇帝戴克里先的统治期来纪年，这缘于284年戴克里先对基督徒的迫害。直到大约一个世纪后，我们现在所知道的基督纪元才在文本记载中被采纳。俄罗斯人把他们的纪元追溯到创世时代。古老的西班牙纪元是从公元前38年算起的，也就是罗马人征服西班牙的时期，这样的算法直到1333年才停止使用。伊斯兰教徒的纪元是从“圣迁”，也就是穆罕默德从麦加逃亡开始的，即622年。他们的一年为12个阴历月，只有354天，比公历短。因此，伊斯兰教的历法与季节是不一致的，它的新年日也是不固定的。按照公历来看，它的新年日每33年会在公历月各个月份中循环一次。

在纪年和历法的问题上，我们还应该考虑其他诸多方面的因素。例如学者们对埃及文物的最新研究成果，以及在波斯和美索不达米亚（意为“两河之间的土地”）的最新发现，表明人们普遍接受的《圣经年表》中将创世年定为耶稣诞生前的4004年这一说法是错误的。

第12章

宇宙的起源

古生物图

人类探求自己居住世界的起源以及天体的起源，是一件很自然的事情。我们发现，古往今来的哲人们都在为解决这些重大问题而努力。没有任何一门学科能像创世论一样产生如此多相互矛盾的理论和体系。所有古代哲学家都认为凭空产生一个物质实体是根本不可能的事情；根据他们的信仰，就算是神自己，没有物质材料也是无法工作的。因此，他们中的一些人，包括亚里士多德，都断言世界是永恒的，无论是物质还是形态都是永恒的。另一些人尽管认为是神创造了世界的形态，但关于构成世界的物质材料，他们仍然认为从一开始就是永恒的。

各种各样的宇宙学说，或者说是创世的历史，都是由古代作家构建的。摩西的作品无疑是极为古老的，就算没有其他原因让我们格外关注，但仅仅因为年代久远也会引起我们的关注。这段历史非常简单明了。它首先告诉我们，上帝创造了天和地，然后继续提到各种各样的创造物是如何按顺序被创造然后存在的。最开始的时候，上帝创造了构成未来宇宙的物质材料。这些东西混杂在一起，古人称之为“混沌”，他们相信这些东西是永恒的存在，但摩西断定是上帝的力量创造了这些东西。这些物质要么被水溶解，要么漂浮在水中，要么沉入水中。由于上帝之灵的原因，它们在水面上渐渐成形。“光”是第一个明确的创造对象，“鱼”是最早的生物，而“人”在创造的顺序中是最后出现的。

我们不认为这种说法是有科学根据的；然而，我们可以注意到，就创造的顺序而言，地质学研究已经提供了一些惊人的巧合。在后面关于地质学的章节中，我们将进一步谈论这个话题。①

在古代，桑楚尼亚松的宇宙论通常排在摩西的作品之后。这位作家是腓尼基人，生活在特洛伊战争时期。他宣称要从自己的同胞中收集关于世界最初年代的观点、传说和历史。这些内容与希腊的

① 本书作者采用的各种科学理论及对历史年代的判断，都是根据当时最先进和最科学的数据和资料分析整理而来的，随着科学技术和考古技术突飞猛进的发展，当时的数据与现在的数据有些出入，但作者科学的态度及严谨的措辞，让本书的内容具有极高的参考价值。——编者注

传说非常相似，也许桑楚尼亚松的作品就源于希腊传说。根据这些说法，混沌和一种“灵”或者说一种“气”是万物的起源。不过创造开始的方式并没有被清楚地描述出来。我们被告知，“灵”爱上了自己的本源，就这样，万物都产生了。就我们对这个体系的理解而言，它似乎是无神论的；至少它的目的似乎是要表明，诸神和其他一切事物一样，都是从某种自然的必然性中诞生的。

公元前500年，阿那克萨戈拉对创世这一主题有了相当准确的认识，他是希腊人中第一个了解这一概念的人。他相信智慧的心灵在混沌物质的安排中发挥着作用。这些观点逐渐在希腊人中间确立起来，并从希腊人那里传到罗马人那里，尽管卢克莱修不接受这些观点。卢克莱修用庄严的拉丁诗句来表达伊壁鸠鲁的对立学说并试图让大众接受，但罗马人还是普遍接受了阿那克萨戈拉的观点。奥维德收集了希腊人和罗马人关于这一主题的主流正统思想，并在他创作的《变形记》一书的第一卷中以不同寻常的优雅方式表达出来。他的叙述和摩西的叙述存在最惊人的巧合，看到下面的《变形记》摘录，读者很可能会认为奥维德是在翻译摩西的《创世记》。

在海洋和陆地的球体，以及覆盖一切的天穹诞生之前，
是大自然的面孔，
如果这也算一张面孔的话，
那也只是一团粗糙而且杂乱无章的东西，
这些不稳定不和谐的种子叫作混沌恰如其分，
没有太阳照亮这个世界，
没有月亮展现圆缺，

天空中也没有地球的存在，地球本身也未成形，

海洋和海岸都不存在，

土地、空气和水混沌一体，

那时候空气中没有光，大地也不稳定，水都是无法通过的黑暗深渊，

没有哪一种形式能留下印象，

一切都混乱不堪，一切都互相扰乱，

冷与热原是一体，软与硬、轻与重也是如此，

而当上帝和自然为此争论的时候，这些内部的不协调就宣告结束了，

于是从天上创造大地，从地上创造海洋，

浊重的空气从天上下沉，

就这样它们不再纠缠，各就各位，

相邻的同类彼此拥抱连续在一起，

非同类则被远远分开，

火光首先上升到高处，并待在苍穹之上，

接着是空气，亮度仅次于火，

这些元素从稳定的大地中离开，

大地慢慢下沉，伴随着厚厚一层笨重的种子，

汹涌的波涛怒吼着拍打在海岸上，巨浪甚至高过山脊侵蚀着海岸，

总之就是上帝创造了一切，

使万事万物各就各位，使所有部分都合乎他的规则，

他将土地塑造成了广袤的地球，

他吹了一口气，于是有了风，
他命令聚集在一起的水开始流动。

在古代印度的著作中，有许多关于创世这一主题的崇高思想，它们包含着各种各样的叙述，与摩西的历史颇有相似之处。在这些文献里，我们得知宇宙最初只存在于神的思想中，唯一的自我存在的力量扩展了这一思想，使世界以五种元素和其他自然法则的形式得以展现。然后，那个只有心灵才能感知的神，那个本质上躲避外在感官的神，那个没有可见部分的神，那个永恒存在的神，那个没有人能理解的神，那个作为所有生灵灵魂的神，才在人类身上闪耀出灿烂的光芒。这个神创造了一切。然后这个拥有不可思议力量并创造了这个宇宙的神，再次沉浸到精神世界，从活动的状态又进入静止的状态。

如果把迦勒底人的宇宙论中的神话形式剥离，那似乎就相当于——黑暗和水是永恒的存在；名为贝尔的神把潮湿的混沌物质分开，创造了万物；人类的思想来自神性的展现。

在古代波斯人的宇宙论中，存在两个永恒的本源：一个是善神，叫作阿胡拉·马兹达或者奥尔穆兹德；另一个是恶神，叫作阿里曼。这两个本源在创世和治理世界中是相互矛盾的。他们各自都有自己的管辖范围，都想努力扩大自己的疆域，而光明之神密特拉作为调停者缓和他们的冲突。

根据普鲁塔克的记载，埃及人的宇宙论与桑楚尼亚松的理论有很大的相似之处。在埃及人的体系中，存在着一种永恒的混沌，还有一种与之相结合的永恒的精神，它们的力量使不和谐的物质最终变得有序，并产生了可见的宇宙系统。《俄耳甫斯篇》肯定了一切都存在于上帝之中，并由上帝创造而来。这一学说可以概括为泛神论，即暗示宇宙就是上帝。

柏拉图认为世界是由神创造的，是神把永恒不变的思想或者形式统一到可变的物质上。亚里士多德没有提出什么合适的宇宙论，因为他认为世界是无始无终的。根据斯多葛派的学说，神性作用于物质，首先产生了水分，然后产生了其他可以相互转化的元素。伊壁鸠鲁认为，宇宙是由原子聚合而成的，并没有什么神圣造物主的干预。

北方野蛮民族的宇宙论可以从冰岛诗集《埃达》中窥见一斑，他们认为在世界形成之前就存在一种永恒的本源。

这些叙述很有趣，也很有价值，因为它们显示了人类在研究宇宙论时所遇到的困难，以及由于遵循错误的哲学体系或者相信更容易引起幻觉的幻想而导致的错误和荒谬。现代社会所取得的进步不仅在于掌握真相，同时也要在获取知识的同时对科学发展的现状建立起一个简要的概念，我们会在下文中向读者介绍天文学、地质学、地理学等方面的一些知识。

第13章

天文学

关于天文学的历史，我们不可能追溯到这门科学最早的萌芽状态。也许这门科学和人类社会本身一样古老，我们或许可以把牧民对天象的原始观察看作是天文学发展中的一个步骤。天文学作为一门科学不是被某一个民族发明出来的，它在久远的时代出现于不同的古老民族之中，如迦勒底人、埃及人、中国人和印度人。至少可以肯定的是，这些民族是天体运动和天文现象的早期观察者，他们记录了某些事件，并通过一些方法测算出这些现象再

父亲指导孩子观察夜幕下的天空

次出现的时间。这是这门科学最粗糙、最不完美的时期。

希伯来人的《旧约》是现存最古老的著作之一，描述了宇宙中肉眼可见的物体。地球被描绘成一个平面，它坐落在“永不移动的地基”上。人们说太阳、月亮和星星只不过是悬挂在高处的灯，它们的光束射向地球。天空被描述为一个穹顶，把上面的水和下面的水分开，雨水从穹顶的开口或者窗户里落在地上。显然，希伯来人并没有把天文学当作一门科学。

迦勒底人似乎在有文字记载的历史开始前就对日食进行了观察。他们对太阳和月亮的最初概念是，这些发光体的一边是熊熊燃烧的火焰，另一边则是黑暗的，日食和月食是由它们偶尔的转身造成的。另一种说法是，这些天体乘坐战车绕着天空运行，周围都是封闭着的，只有一个圆洞朝外面散发着光芒，而全食和偏食是由于这个圆洞被完全挡住或者部分挡住造成的。

在这门科学于希腊人中诞生之前，埃及人对一年的时长就有了一些正确的概念，他们在了解黄赤交角方面取得了一定的进展，不过他们仍然应该对米利都的泰勒斯心存感激，因为正是他的方法帮助埃及人用影子的长度来测量金字塔的高度。据说中国人在公元前2000年以前就预测过日食。但是关于中国人当时对天文学的总体概念，我们一无所知。

泰勒斯被希腊人视为天文学的奠基人。他生活在公元前600年左右。他认为星星是火焰，月亮从太阳那里接收了光。他知道地球是圆的，但他认为地球应该位于宇宙的中心。在他的体系中，天空被分成五个圆圈——赤道、两条回归线、北极圈和南极圈。他把一年的长度定为365天。据说泰勒斯还预言了一场著名的日食，这场日食结束了米底人和吕底亚人之间的战争。

泰勒斯的后继者是阿那克西曼德、阿那克西美尼和阿那克萨戈拉，他们在泰勒斯那个时代的一个世纪内，对天文学的发展作出了很大的贡献。阿那克萨戈拉认为月球是可以居住的，由山丘、山谷和水组成，就像地球一样。毕达哥拉斯活跃的时期在公元前540年左右，他对天文学的贡献极大。他认为宇宙由四种元素组成，太阳位于宇宙的中心；地球是圆的，上面有对跖点；月亮发光是因为反射了太阳光；星星是由土壤、空气和以太组成的世界；月球上面也有人居住，和地球一样；彗星是在宇宙中漫游的星星，当它处于其运行轨道的下部时就可以看见，而处于上部时就看不见。他把银河呈现出的白色归因于大量小恒星发光。他认为地球与月球以及其他行星之间的距离有一定的调和比例。他是第一个确定金星既是晨星又是昏星的观察者。

希帕克斯活跃于公元前200年左右，他把天文学发展到了更高的高度。他把一年的长度定为365天5小时53分钟，和真实时长相差不过4分3秒。他发明了一种用球面三角工具计算天文数据的方法，并创立了太阳运动理论。一颗新星在他那个时代出现了，这使他想到制作一份恒星目录的计划，以便使未来的天文学家能够确定天空的总体情况是否始终保持不变。

2世纪，托勒密在埃及亚历山大城建立了一套天文学理论，这套理论至今仍以他的名字命名。他认为地球是不动的，太阳和其他星球都绕着地球旋转。天文学在希腊人那里发展到了顶峰，然后开始衰落。大约在7世纪中叶，萨拉森人攻占了亚历山大城，驱散了科学家，并摧毁了城里很多图书馆。之后的天文学是这些萨拉森人在居住下来以后继续发展起来的。

欧洲天文学的复兴要追溯到哥白尼时代，不过在哥白尼之前也有一些人作出了伟大的贡献，他们通过保存和研究黑暗时代遗留下来的著作，避免了古希腊和阿拉伯科学的最后痕迹被彻底抹去。哥白尼出生于15世纪后半叶。他认为太阳应该位于旋转的行星的中心，并提出了那些被认为是太阳系真正基础的一般性原理。

1610年，伽利略发明了望远镜，在这个仪器的帮助下，他首次发现了木星的卫星。他还发现了金星的相位。长期以来，天主教会一直以狭隘的托勒密体系顽固地为自己辩护，并迫使伽利略放弃了自己的观点。但是科学的进步并不会被这种迫害所阻碍。

1781年，英国天文学家赫歇尔发现了一颗新的行星，起初以他自己的名字命名行星，后来又以乔治亚姆·西达斯的名字命名，但这颗行星现在被称为天王星。科学家们在1801年到1847年的不同时期发现了一些小行星。最引人注目的天文发现是海王星，这颗行星是我们太阳系中已知最远的行星①。1846年，法国人勒维耶和英国人亚当斯进行了一系列数学计算，证明了海王星的存在，不过更普遍的说法是，这一发现的荣誉归于法国人勒维耶。天文学的发展尤其值得我们注意，因为它向我们的心灵提供了最壮观的思考对象，还可以使我们提高对造物主赋予我们能力的估量。此外，对这一主题进行一个简单的概述很适合作为研究人类历史的开端，因为它指出了人类与宇宙的关系，并显示出在宇宙系统不可估量的范围中，所有个体都是这个系统的一个组成部分。

① 19世纪50年代的天文学发现。——译者注

第14章

太阳系

大行星的相对大小

太阳系由太阳以及围绕其公转的行星组成。宇宙中还有很多类似太阳的恒星，周围也有一组组行星围绕着它们转动。太阳系目前是我们最感兴趣的星系，因为我们地球就是太阳系众多行星中的一颗，和太阳系的其他星球是姊妹星球。

太阳系的中心是太阳，它是一个巨大的发光体，周围是一些相对较小的天体，包括行星和彗星等，它们以不同的周期围绕着太阳旋转。这些天体的相对大小，以及它们彼此的距离，可以用下面的描述来估算。在平地上放一个直径2英尺[①]的球体来代表太阳。水星就如同一粒荠菜子，在直径为164英尺的轨道上运行；金星就像一粒豌豆，在直径为284英尺的轨道上运行；地球就像一粒稍微大一些的豌豆，在直径为430英尺的轨道上运行；火星就像一个大头钉的钉头，在直径为654英尺的轨道上运行；婚神星、谷神星、灶神星和智神星等小行星就像沙粒，它们在直径为1 000至1 200英尺的轨道上运行；木星就像一个橘子，在直径约为半英里[②]的轨道上运行；土星就像一个很小的橘子，在直径约4/5英里的轨道上运行；天王星就像一颗樱桃，在直径超过1.5英里的轨道上运行。我们接下来会对太阳系的这些成员做一个更详细的介绍。

用望远镜观察太阳时，你会看到一个巨大的火球，这个火球经常处于剧烈的震动或者沸腾状态。太阳表面有太阳黑子，肉眼很难看到这些不规则形状的黑斑，有时候太阳黑子会在14天左右的时间里经过太阳的圆面；1779年，赫歇尔爵士对一块太阳黑子进行了测量，发现其宽度为3万英里。太阳黑子最开始会出现在太阳圆面东部边缘的区域，它看起来像一条线，然后宽度逐渐扩大，当它到达太阳圆面中部时，又开始收缩，最终消失在西部边缘的区域。在一些罕见的情况下，太阳黑子会在太阳圆面东部再次出现，甚至这种现象会持续两到三次；但通常情况下，太阳黑子都会在几天之内发生变化，然后消失。

天文学家告诉我们，有时候太阳表面会同时出现50个太阳黑

① 1英尺≈0.30米。——编者注

② 1英里≈1.61千米。——编者注

子。从1611年到1629年，太阳表面几乎总有太阳黑子；然而，从1650年到1670年，几乎没有人看到过太阳黑子。人们经常注意到这种不规律的天文现象。1827年10月，科学家观察到太阳表面同时出现了150个太阳黑子。

有时候，几个较小的太阳黑子会合并成一个大一些的黑子，然后大的太阳黑子又会分裂成几个小的太阳黑子，最后这些小的太阳黑子很快就消失了。这些现象让赫歇尔认为太阳有一个坚实而且黑暗的核心，外面被广阔的大气层所包围，几乎总是充满了发光耀眼的云，偶尔会打开并露出里面不透明的物质。

法国科学家拉普拉斯的推测则完全不同：他把太阳想象成一个巨大的火球，从太阳表面上看到的那些猛烈的沸腾和爆炸的现象，是它内部形成的弹性流体的相互作用而引起的，而太阳黑子是巨大的洞口，就像我们地球上的火山口。然而，大多数学者普遍接受的是赫歇尔的理论。

这颗巨大的发光天体的体积远远超出了我们的想象。太阳的直径是88万英里①；它的周长为276.46万英里②；它的表面积有24 328亿平方英里③，是地球陆地面积的1.235万倍，几乎是地球上所有可居住部分面积的5万倍。如果把太阳的中心放在地球上，它将占据月球的整个运行轨道，而且其半径还要超过月球运行轨道的半径20

---

① 经过现代的天文学仪器测量，太阳的直径为864 000英里，约相当于1 390 473.22千米。——编者注

② 经过现代的天文学仪器测量，太阳的周长约为2 715 396英里，约相当于4 370 006千米。——编者注

③ 1平方英里≈2.59平方千米。——编者注

万英里。如果一个人要在太阳表面旅行，要走过上面每平方英里的话，他每天走30英里，则需要2.2亿年才能完成这个任务。

太阳的体积是地球的130万倍，是木星的1 000倍，木星是太阳系中最大的行星。太阳比整个太阳系中所有其他的行星、卫星和彗星加起来还要大500多倍，尽管有些行星、卫星和彗星也非常大。虽然太阳的密度只比水略大，但它的质量是土星的3 360倍，是木星的1 067倍，是地球的32.9万倍，是水星的200万倍，而水星的密度比太阳大得多。

太阳最明显的运动是，似乎早晨从东方升起，向西穿过天空，最后消失在地平线下。但是我们现在都很清楚，太阳是静止不动的，我们所描述的这种表面上的运动是由于地球每天自转所导致的。但是，尽管太阳固定在太阳系行星系统的中心，它似乎也像其他天体一样绕着它的轴自转，并且会用25天10小时来完成一次完整的自转。太阳赤道上的每一部分都以每小时4 352英里的速度运动。人们也认为，太阳有可能和太阳系的行星群一起，在太空中浩瀚地旅行，但是运行轨道是一条直线还是一个巨大的圆圈，现在仍然不得而知。

水星距离太阳3 700万英里，是目前发现的离太阳最近的行星。用肉眼很少能看到水星，它每天的自转周期是24小时5分20秒。它围绕太阳公转的周期是87天23小时。当你用望远镜观察水星时，它会呈现出类似月球的不同月相的样子，就像从新月渐渐变成满月一样。

水星的直径是3 200英里。它的表面积有3 200万平方英里。它的大小差不多是地球的1/15。在绕太阳公转的过程中，它的运动速度比太阳系任何其他行星都要快，达到每小时10.98万英里，平均每分钟1 830英里，每秒钟的运动距离都超过30英里。200万个水星的质量加起来才等于一个太阳的质量。

除了太阳和月亮，金星是太阳系最明亮的天体。它就像一盏在夜空中的微光里闪烁的明灯；而且，在特定季节的黎明和黄昏时分都可以看见金星。但这是用肉眼观察的情况。如果我们用天文学家的望远镜来观察金星，它就会变得更加有趣。金星会显现出和月球月相一样的样子，也是从新月到满月，它的表面还有几个黑点。它自转的周期是23小时20分。人们在金星上发现了几座山，其中一座山的高度差不多有20英里，是钦博拉索山的5倍。它的大气层可能有3英里厚，应该有一颗卫星，不过这并非是确定无疑的。

金星的直径是7 800英里，比地球小一些，上面似乎没有多少水。它的光量大约是地球的两倍。金星的公转周期是224天16小时，运行轨道是4.338亿英里。它到太阳的距离是6 800万英里；它离地球最近的时候，大约距离地球2 700万英里。构成金星的物质的密度比地球略小。

第15章

行星

虽然在我们看来，地球比所有的天体都要大，但在浩瀚的宇宙中，它可以说是极小的。地球和宇宙中很小的天体属于同一级别。虽然地球在我们眼中是静止不动的，但它存在两种运动——一种是绕着它自身的自转，另一种是绕着太阳的公转。通过公转，地球带着地球上所有的大陆、海洋和王国一起，以每分钟1 000英里以上的速度运动。

这颗行星和其他所有的天体一样，都是球形的；但它并不是一个完美的球体，地球的两极是被稍稍压扁的。通过南北两极的直径比通过赤道的直径小34英里。这个有趣的事实是通过一个实验而被发现的。科学家发现在巴黎的钟摆每天摆动的次数比在法属圭亚那卡宴的钟摆少140次。通过进一步的观察发现，这种变化是均匀的，钟摆的位置从赤道向北移动，摆动的次数会有规律地减弱。这引起了科学家们的好奇心，他们展开了许多调查研究，结果证明了我们上面提到的关于地球形状的有趣事实。

如果从天上的某个点来看地球——比如从月亮上来看——地球的样子会和我们在地球上看到的月亮差不多。地球上的海洋、大陆和岛屿之间的区分会显示得很清楚，并且可以在地球的表面上看见一些或明或暗的斑点。大陆会显得明亮一些，因为海洋会把大部分照射在上面的阳光吸收掉。

我们对地球表面相当熟悉，但对其内部结构的了解却非常有限。最深的矿井也只能深入距离地表1英里多的地方[①]；与地球的直径相比，这样的深度不过像是用一根针在地球仪的表面留下一道划痕而已。以人类的力量而言，探知地球内部的物质结构恐怕是一件比登上月球还要艰难的任务。然而我们有理由推断，虽然地壳是由岩石构成的框架，与土壤和水混合在一起，但中心应该是由大量处于热熔状态的物质组成的。

地球的总体密度，估计应该是水的5倍，所以地球的质量差不多是5个大小相同的水星的质量。地球自转的周期是23小时56分钟。这就产生了白天和黑夜；植物和动物的活动都是根据大自然的这种安排来调整的。地球绕着太阳公转一周的时间是365天5小时45分51秒。这就使地球上产生了春夏秋冬四季，这些季节循环往复，使地球呈现出多样化的面貌。在南半球的一些地方，例如布宜诺斯艾利斯、好望角等，每年的12月、1月和2月是夏季；而在北半球，这几个月则是冬季，天气最冷，白天也最短。

① 根据最新数据，南非有一个世界最深的矿井，已深入地下达4 000多米。——编者注

地球到太阳的平均距离是9 500万英里。地球在其公转轨道上每年运行的距离大约为5.67亿英里，速度约为每分钟1 000英里，或每秒17英里。

月球是地球的卫星。在所有的天体中，我们对它最了解。月球的表面有许多山，几乎都是圆形或尖头形的，较大的那些山的底部绝大多数是平的，然后从中间升起一座小而陡的圆锥形山。它们展现出了最完美的火山形态，就像我们在维苏威火山的火山口看到的那样。在月球上一些主要的山上，有连续喷发的物质沉积而形成的火山分层的明确标志，可以用高倍天文望远镜清楚地观察到这些特征。

此外，在月球地质学中有一个奇特的事实，那就是虽然在月球上看不到什么像水一样的东西，但月球上有大片区域是完全平坦的，而且很明显是冲积而成的。月球上的山脉因其阴影而为人所知。当这些山脉靠近月球上光亮区域的边缘，或者当太阳位于月球的地平线上时，阴影清晰可见，而且很长；当山脉与月球上光亮区域的边缘垂直，或者当太阳在山脉正上方时，这些阴影就消失了。

人们普遍认为月球要么没有大气层，要么空气非常稀薄，只有极小的密度。由此我们可以推断，月球表面没有液体——因为如果有的话，一定会通过蒸发而形成大气层。没有空气和水，月球上似乎就不可能有人居住；或者，就算那里存在生命，也不可能以我们自己星球上的任何形式出现。月球上的一昼一夜的长度各为14.75天左右；即使植物可以在月球上存活，而不断交替出现的极度炎热和极度严寒也会使人类无法存活。

月球和我们看到的其他天体一样，似乎也是从东方升起，在地平线的西边落下。然而，它的实际运动方向正好相反，即从西向东，或者说与所有行星围绕太阳运动的方向相同。它是一个黑暗的天体，它的光来自太阳，偶尔也有微弱的光来自地球反射出的太阳光。它离地球中心约24万英里，以每小时2 300英里的速度绕着地球运行。它绕着地球公转的周期为29天12小时44分。一个奇怪的事实是，月球自转与绕着地球公转的周期是相等的。因此，我们在地球上总是只能观察到月球的一面，永远看不到它的背面。

在我们眼里，月球看起来几乎和太阳一样大；但是，月球的大小只有地球的1/15，需要6 300万个月球才能组成一个太阳那么大的天体。

当地球位于太阳和月球的连线中间时，地球的影子会投射到月球上，这种现象被称为月食。当月球运行到地球和太阳的连线中间时，月球会切断太阳射向地球的光线，这种现象被称为日食。月食总是在满月的时候发生，而日食总是发生在新月的时候。过去，这些令人敬畏的现象是迷信、恐惧和不祥预言的源泉，但现在却成了最精确计算的对象，而且就像日出和日落这种常见的事件一样，不再具有任何神秘的性质。这是科学的一个伟大胜利。

火星

地球在太阳系中位于金星和火星的公转轨道之间。火星距离太阳约1.45亿英里。火星距离地球最近的距离是5 000万英里，最远的距离则是2.4亿英里。这一事实也解释了一个大多数人已经注意到的现象，也就是为什么火星这颗行星在某些时期几乎难以察觉，而在另一时期却似乎可以在大小和亮度上与木星相匹敌。火星自转的周期是24

日食现象

火星在天文望远镜里呈现出的景象

小时39分29秒。它绕着太阳公转的轨道周长是9亿英里，公转周期是1年零322天。它的运动速度是每小时5.46万英里，比炮弹的最高速度还要快100多倍。

通过望远镜观察，这颗行星呈现出各种各样的黑点和暗带，它们的形状和色调都不尽相同。人们还在火星上发现了光点和光带，它们经常改变自己的外观，一会儿消失，一会儿又重新出现。根据科学家的推测，火星上面的光点和光带可能是雪形成的，而黑点和暗带是由于火星表面分布的陆地和水域引起的，火星表面有大约1/3的区域是水①。通过天文望远镜观测到的火星表面上多样性的外观，可以推断那可能是火星上的云层所造成的结果。

火星上也有各种不同的季节，与地球差不多。它和地球的相似性超过了任何其他行星。它的直径约为4 200英里，比地球直径的一半略大。目前还没有在火星附近发现它的卫星。

谷神星、智神星、婚神星和灶神星

火星和木星轨道之间的巨大间隔曾使天文学家猜测，可能还有一颗相当大的行星存在于这一间隔当中。但最近的发现表明，这里存在的不是一颗行星，而是谷神星、智神星、婚神星和灶神星四颗小行星。1801年1月1日，意大利天文学家皮亚齐在西西里岛宣布发现了谷神星；1802年3月，德国天文学家奥伯斯发现了智神星；1804

① 根据现代科技手段的考察与探测，火星表面是没有什么液态水的，书中的记载可能为技术限制所导致的错觉。——编者注

年9月，德国天文学家哈丁发现了婚神星；1807年3月，奥伯斯又发现了灶神星。

这四颗行星肉眼是看不见的，因此，我们要感谢天文望远镜帮助我们知道了它们的存在。根据科学家的推测，这四颗行星曾经是结合在一起的一颗行星，由于某种强大的力量，它们分裂开来，形成了四颗行星，并被抛入目前各自的轨道。这种推测不无道理。它们的直径尚未被精确地确定。赫歇尔估计四颗行星中最大的一颗周长也不会超过500英里。

木星是行星系统中最壮观的行星之一。木星距离太阳4.95亿英里，其轨道周长为31.1亿英里。它绕这一轨道运行一周的时间是11年零315天，速度约为每小时3万英里。木星离地球最近的距离是6亿英里。从地球上向木星发射一颗炮弹，以每小时500英里的速度飞行，差不多要100年的时间才能到达。木星自转的周期是9小时59分49.5秒。它的周长是27.86万英里。它的密度比水的密度略大，约为地球密度的1/5。木星是我们太阳系中最大的行星，比地球大1 400倍。

土星在很多方面都可以说是行星系统中最壮观、最有趣的天体。考虑到它的卫星和土星环，它的表面积甚至比太阳系中最大的行星——木星还要大。土星那宏伟壮观的土星环构成了迄今为止我们在宇宙中发现的最奇特、最惊人的现象。

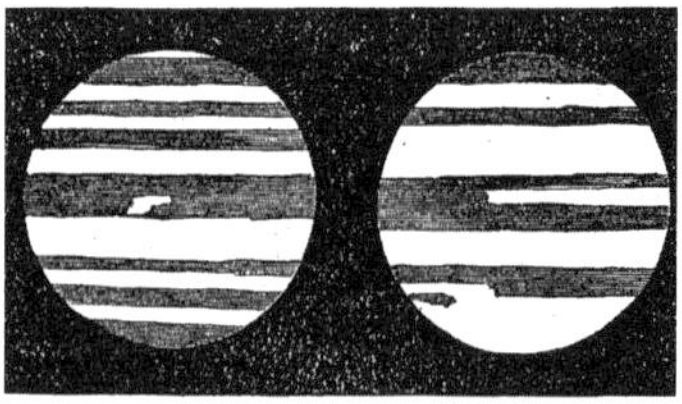

木星在天文望远镜里呈现出的景象

土星距离太阳约9.06亿英里，几乎是木星与太阳距离的两倍，地球与太阳距离的10倍。它绕着太阳公转的轨道周长是56.95亿英里。土星离地球最近的距离是8.11亿英里。如果一辆蒸汽机车以每小时20英里的速度从地球向土星行驶，差不多需要4 629年才能到达。

这颗行星围绕太阳公转的周期大约是29.5年。它的运动速度是每小时2.2万英里。土星自转的周期是10小时29分17秒。土星的自转垂直于土星光环的平面。它接收的太阳光是我们地球接收到的1/90。它的直径为7.9万英里，几乎是地球的1 000倍。当我们用望远镜观察土星时，可以发现其表面呈现出与木星相似的带状结构，并与土星环平行排列。这些带状结构都是永久性的，而且很可能表明土星地貌的多样性，可能有陆地，也可能有水，或者还有一些我们不熟悉的物质。土星的形状类似于球体，两极比地球扁得多。

土星的两个土星环所呈现出的景象格外引人注目。其中外环的外径是17.9万英里，内环的外径是15.2万英里。两个光环之间的黑暗地带的宽度是1 800英里，和月球差不多大小的物体可以穿过这个间隙。外环的宽度是7 200英里，内环的宽度是2万英里。土星环的厚度应该不超过100英里。当土星环平行于我们的视线时，只能用高倍望远镜才能观察到它们。土星环并不是完美的圆形，而是略呈椭圆形。科学家确定它以很快的速度绕着土星旋转，转动一周的时间大约是10.5小时。土星环外缘的周长是55万英里，以每分钟超过1 000英里的速度移动。

土星有很多颗卫星，它们都在土星环外绕着土星旋转。最近的卫星距离土星环外缘1.8万英里，最远的卫星距离土星229.7万英里，绕着土星运行一周大约需要79.5天。土星最大的卫星应该和火星的大小差不多，直径约为4 200英里。

我们之前提到的天王星，是赫歇尔于1781年3月首次发现的。它距离太阳大约18亿英里；它与地球最近的距离接近18亿英里。这颗行星围绕太阳公转一周的时间大约是84年。天王星是太阳系中移动速度最慢的行星，但仍以每小时1 500英里的速度在轨道上运行。它的周长为11万英里[①]，比地球大81倍。天王星接收到的太阳光是地球接收到的1/360，但是它的亮度并不低于地球上经常出现的多云天气时的天空亮度。它的密度几乎和水的密度相等。天王星可能有6颗卫星，但是关于它们更详细的情况尚未得到确定。

我们之前提到过，海王星是在1846年被一个年轻的法国人勒维耶发现的，大约在同一时间，一个叫亚当斯的英国人也发现了这颗行星。虽然也有很多其他天体位于肉眼能够发现的范围之外，但人们可以通过望远镜发现它们，然而海王星却仅仅是通过数学计算发现的。由于在土星的运动过程中出现了某些不规则现象或者扰动，因此数学家推断在那个区域应该还有一颗行星，正是这颗行星造成了土星运动的偏差。勒维耶和亚当斯这两位数学家把这些土星运行中出现的扰动记录了下来，并结合其他事实一起作为计算的要素，进行了极其细致和艰苦的计算，经过很长时间的努力，终于确定了这颗行星在宇宙中的精确位置。当我们把望远镜对准天空中这一区域的时候，那里有一颗无法用眼睛看见的新行星，然而我们知道它确实存在！我们完全可以想象得到这种惊奇和满足交织在一起的奇妙感受。海王星似乎是一颗八等星，是我们已知的太阳系中最遥远的行星。我们有理由假设在我们的视野之外还有其他行星存在；其中一些可能还有待发现，而另一些则可能是数学家的研究和望远镜

① 经现代科学测量，天王星的直径约为31 763.25英里。——编者注

的观察永远都无法解决的难题。

在太阳系中，除了我们已知的12颗星球，还有一些属于太阳系的天体，它们被称为彗星。在任何时代，人们都对这些在天空中飘过的神秘光球充满了好奇，而且经常会对它们产生迷信的恐惧。人们想象彗星预示着战争、瘟疫、饥荒和君主的死亡，或者想象彗星是那些离开守护天使照顾的亡魂前往天堂时乘坐的交通工具；人们还会认为洪水也是彗星引起的，彗星会加强太阳的光和热，还会把大行星分成小行星，带来地球上各地气候的变化，引发传染病的流行。总之，彗星的出现就是一种可怕的危险，最终将彻底毁灭我们的地球。

关于彗星这种天体的性质，人们在很长一段时间里普遍认为它们是流星经过地球大气层时形成的短暂现象。当然，这样的假设在某些情况下还是有一定道理的。在很多时候，彗星的出现和消失都是突然发生的。它的尾部是透明的，自身的密度明显很小。但是有准确的观测表明，一些彗星出现的位置远超地球到月球的距离，它们显然不是流星经过地球大气层时产生的气化物，也证明迦勒底人自古以来所持的观点，同时也是古罗马学者塞涅卡支持的观点，很可能是正确的。他们认为彗星和我们太阳系的行星一样，都是永久存在的天体，并且在它们特殊的轨道上运行，会在固定的时间周期里再次出现。

然而，彗星很可能只是由气体或者气化物组成的物体，没有任何固体物质。我们已经多次观察到一些彗星最厚实的部分。因此，地球与彗星碰撞时所产生的机械效应并不会超过一座山与云层相接触的程度；这种碰撞的结果将是一些气态物质与地球大气层混合在一起；也许会导致气压计的平均指数永久性升高；另外，如果这些气态物质的冷凝程度足以使其下降到地球大气层的较低区域，那就会对地球上动植物的生态产生某些或许有益也或许有害的影响。事实上，地球可能曾多次处于彗星的尾部，但没有留下任何明显的痕迹。

彗星的直径从30英里到3 000英里不等；有一些彗星已经完全看不到尾部了，而另一些的尾部则长达1亿英里。它们沿着狭窄的椭圆轨道运动，有时候会运行到离太阳系非常远的地方，而当它们返回时，在大多数情况下都比太阳系的任何行星更接近太阳。有3颗彗星的公转周期已经被确定。恩克彗星的公转周期为3.5年；比拉彗星的公转周期为6.75年；哈雷彗星的公转周期为77.5年，这颗彗星在1865年出现过。1843年，有一颗彗星造访了地球，它的尾部非常罕见，但是核心部分却几乎看不见。1680年出现过一颗巨大的彗星，在它的近日点，或者说离太阳最近的时候，它与太阳的距离只有太阳直径的1/6；因此，它所受的热是地球的2.75万倍——温度如此之高，足以把我们所熟悉的地球上的一切物质都变成气化物。在18世纪，地球轨道上已经出现过140颗彗星，但之后再也没有出现过。如果我们假定这些彗星公转周期的平均值为1 000年，那么根据概率论可以计算出，在地球轨道范围内的彗星总数肯定是1 400个。但是天王星的轨道比地球轨道大20倍，所以在我们已知的太阳系范围内可能至少存在1 120万颗彗星。

彗星总是沿着与太阳相反的方向运行。彗星的特点和这种现象产生的原因尚未找到令人满意的解释。科学家推测彗星的核心是一个水球，当太阳光穿过它的时候，会把折射出的光线投射到更远的地方，所以导致彗星出现尾巴这种结果。

第16章

恒星、星云

以上就是对太阳系的简要描述，直到19世纪初，太阳系几乎构成了天文学的全部。在此之前，太阳系行星的轨道似乎囊括了人类肉眼能观察到的所有空间，实际上成了限制科学家进行系统研究的界限；而天文学家也像那些没有受过教育的大众一样，用模糊而缺乏好奇心的目光注视着更遥远的天空，满足于欣赏它们的美丽并承认它们的神秘，而没有把他们的研究深入更遥远的宇宙深处。然而，这样的蒙昧状态因为两件事的发生而变得不同，而且这两件事如果没有结合在一起，也不会产生如此重要的结果！

首先是望远镜，人类原先的探测范围非常有限，因为望远镜的出现而具备了探测浩瀚太空的能力；然后是掌握了这种新力量的人具备足够的天赋来创造出最大的机会。赫歇尔爵士的一生标志着现代天文学的新纪元，也标志着天文学最伟大的时代。他是一流的发现者；科学上的大胆和公正、谦逊的人品在他身上融合得恰到好处，他非常渴望通过对现有知识进行一丝不苟的研究来推导出天文学的总体面貌，他正是一个要离开熟悉而安全的老路并引导我们走向幽暗遥远的宇宙深处的人，而在宇宙深处，只有理性才是指路明灯。

赫歇尔向全世界首次证明，除了我们自己的太阳系，宇宙中还存在其他有序的天体系统。他对银河系以及星云的构成展开了令人惊叹的思索和推测，这使我们第一次对宇宙形成了真正的概念，我们之前所谓的宇宙只是真正宇宙中无穷无尽的类似构造中的很小一部分而已。

本书的篇幅不足以让我们来详细地讨论这个话题，只能简略地介绍一下恒星或者太阳系所属的恒星天穹。我们用肉眼可以看到大约2 000颗恒星；但是当我们用望远镜观察天空的时候，它们的数量似乎就无穷无尽了，只是我们不够完美的观测仪器限制了我们的发现。赫歇尔爵士用望远镜观测过天空中一片角度宽度为2° 的区域，据他估计，一小时之内就有5万颗恒星出现在他的望远镜视野之中。

据计算，在望远镜的观测范围内，整个天空中有大约1亿颗恒星。这些恒星是根据它们的外观亮度来分类的；那些肉眼可见的最引人注目的恒星，都被非常精确地确定下来，并形成了一个目录。有记录的恒星总数约为20万颗。

这些恒星离我们的距离实在太远，所以展现出来的并不是一个圆形。在非常精密的望远镜里，它们看起来就像单纯的光点。它们闪烁的光芒是由于空气折射率的突然变化，如果它们像其他行星一样是圆形，用肉眼也是无法察觉的。因此我们不可能通过恒星的外观直径来计算它们与地球之间以及它们彼此之间的相对距离；但是由于这些恒星在地球沿着公转轨道从一端运行到另一端的过程中似乎并没有发生位置上的变化，所以很明显，可以推断出最近的一颗恒星离我们至少也有2亿英里。然而很多恒星离地球的距离一定更远，因为在两颗看起来很近的恒星中，有一颗很可能比另一颗远得多，位于遥远的宇宙深处。根据赫歇尔爵士的观察，天狼星的亮度比六等星的亮度高324倍。

我们并不知道恒星的绝对大小，但是从很多恒星发出的光的量级来看，它们一定比太阳大得多。天狼星的大小几乎是太阳的4倍，而许多恒星的大小肯定比天狼星还要大得多。有时候我们会发现某些恒星会从天空中消失，而且永远不会再出现在我们的视线中，古典神话中失落的昴星团就是其中之一。根据天文学家的记载，最后一次恒星的消失出现在1828年。有时候恒星也会突然出现在天空，并发出明亮的光芒，然后又变得无影无踪。这种现象在125年发生了一次，而这个值得注意的事件也促使希帕克斯编写了第一个恒星目录，就像我们之前提到过的一样。

恒星在天空中的分布非常不规则。在某些地方，它们挤在一起；而在另一些地方，它们却分布得非常稀疏。有些恒星会紧密地聚在一起，形成一些非常美丽的天体，我们用肉眼也能看见，其中昴星团和后发座就是最引人注目的例子。但是更多这样的星团在肉眼看来就像稀薄的云层或者水汽，例如银河系，正如赫

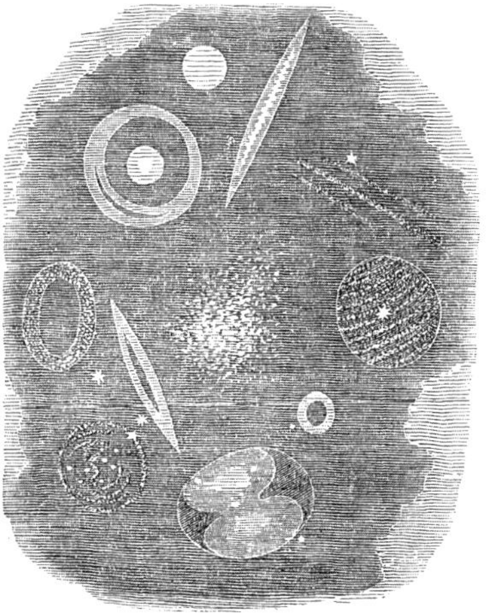

恒星在天空的分布

歇尔爵士所证明的那样，它的亮度来自构成它的无数恒星发出的漫射光。因为距离非常遥远，所以这些恒星中的大多数看起来都极其微小。

除了这些恒星，人们还通过望远镜在天空中发现了一些光点和光斑，这些光点和光斑被称为星云。它们呈现出各种不同的形态，也引起了各种各样的猜测。有些人认为，它们是由宇宙形成的过程中所产生的大量无序物质组成的发光物体；而另一些人则认为它们只是一群恒星，就像银河系一样，因为它们离我们非常遥远，所以无法用望远镜把这些恒星一一区分识别。后一种观点来自科学家最近对其中一个星云的解析，他们通过一架新式高倍望远镜分辨出了星云中的恒星。

第17章

地质年代（一）

从最早的时代起，人类的注意力就一直集中在地球表面所呈现出的景象上，人们提出了无数的理论来解释它的起源以及它形成的过程。现在我们已经知道，其中有一些内容或许与真理稍微沾边，但大部分被认为是徒劳的猜测，人们要么已经遗忘，要么对这些理论不屑一顾。然而，由于人性中的夸张有时候既能提供娱乐，又有教育意义，因此我们将举几个关于地球的古怪理论的例子，而这些理论都是由那些有学问、有天赋的人提出的。

关于这个话题，我们暂且抛开早期人物不谈，先来了解一下约翰尼斯·开普勒，他是迄今为止最伟大的天文学家和数学家之一。1619年，开普勒出版了一部著作，他在这部著作中非常严肃地证明地球是一种巨大的动物。这个动物通过火山口或者大峡谷朝外面呼出风，这些火山口或者大峡谷就是地球的嘴巴和鼻孔。他说地球上的狂风和暴风雨就是来自宇宙中其他星球的问候，星球与星球之间都可以本能地感知到对方的位置。

柏拉图和斯多葛学派曾提出过类似的理论，开普勒也持同样的观点，他们认为地球是一种有生命的生物，通过肺部的巨大起伏在地球上形成了潮汐。除了提出证明地球是有生命的其他论据，他还指出，在比利时安特卫普的斯海尔德河上，有一次一整天都没有出现潮汐，因为当时地球处于昏厥状态。另外，地球可能在1550年咳嗽过，因为当时在泰晤士河口的那片海域，潮水在24小时内涨落了好几次。

其他一些采纳了开普勒观点的作家和这位伟大的天文学家一样，认为地球本身拥有生物的功能。根据他们的理论，地球内部有生机勃勃的体液在循环；和生物的机体一样，地球也进行着吸收的过程；它的每一个粒子都是活的；地球本身具有本能和意志，甚至连其中最基本的分子也是如此，这些分子既相互吸引又相互排斥。每一种矿物都有将大量物质转化为自身一部分的能力，就像我们将食物转化为血肉一样。山脉是地球的呼吸器官，而片岩则是地球的分泌器官。地球正是通过这些分泌器官才把海水分解，从而产生火山喷出的物质。地球的岩脉是腐烂的溃疡，矿物都是脓肿，而金属都是地球溃烂和疾病的产物，这就是为什么几乎所有的金属都有如此难闻的气味。

威廉·惠斯顿是英国的一位神学家和数学家，他在1708年出版了一本著作《关于地球的一个新理论》。他在书中断言，地球起源于彗星大气层的凝结，大洪水是由另一颗彗星接近地球而引发的。在这位理论家所进行的大胆推测中，地球起源的理论基本是以他自己的想象为根据提出的，但是最近有研究表明，威廉·惠斯顿关于地球起源的理论存在很大的可能性。他设想地球里面存在着一个中央核心，当它还是一颗彗星的时候，由于接近太阳而温度变得非常高，但自从它获得高温以后，就一直保存着大部分热量。这种地球核心高温而整体逐渐冷却的学说后来得到了傅里叶男爵的有力支持，另外一些作家也提出了许多事实来支持这一学说。威廉·惠斯顿认为，地球已经经历了十分漫长的冷却过程，因为1680年有一颗彗星经过了太阳附近，根据天文学家的计算，它的温度肯定会升高到烧红的铁的2 000倍以上，然后需要1.5万年才能冷却下来。因此，如果地球曾经是一颗彗星，它的核心应该仍然在燃烧；而人们认为它曾经接近太阳的年代距今不超过6 000年。

曾担任法国驻埃及领事的贝努瓦·德·马耶写过一些哲学著作，也是关于地球的起源，他与威廉·惠斯顿有着不同的思考。大约在18世纪中叶，他出版了一部著作，其中包含一些地质学理论。这些理论极其大胆和夸张，但值得注意，因为它们的确是建立在对现有现象进行准确而广泛的观察基础上的。这位先生在旅行途中注意到，最高的山峰上出现了贝壳以及其他海洋生物的遗骸，于是他推测：现在的大陆完全是从水面以下形成的，而水面原先一定覆盖着整个地球；自从浩瀚的海洋中首次出现岛屿以后，海水就一直在逐渐减少。为了证明他的观点，贝努瓦·德·马耶举出了埃及尼罗河三角洲形成的例子，以及世界上其他类似地带的形成的例子。他认为这种海平面的逐渐下降仍在继续，到目前为止，已经有很多地质学家接受了他的观点。

贝努瓦·德·马耶不仅设想整个地球千万年来都被大水覆盖着，而且他还进一步断言，这水是逐渐退去的，所有陆地动物最初都是海洋里的居民，人类最开始就是鱼。为了支撑他的这些幻想，贝努瓦·德·马耶还提到了塞壬女妖、美人鱼、海王、森林之神等诸如此类的神怪故事，甚至还断言，即使在现在，也能从海洋里找到半人半鱼的动物，但它们的后代迟早会成为完美的男人和女人。

虽然这些推测既新奇又前后矛盾，但理论家们最近又在这个基础上进行了延伸并注入了新的活力。他们认为，地球最初是液态的，原始的液态为动物提供了生存条件，而最初的动物只是最简单的种类，例如单细胞动物、纤毛虫和其他微生物物种。随着时间的推移，由于动物形成了不同的习性，于是动物的种类变得复杂起来，最终动物呈现出我们现在所看到的各式各样的形式和特征。通过这些不同种类的动物，一部分海水逐渐变成了石灰质的土壤。至于植物，关于它们的起源和演化，这些理论家只是说植物和动物一样把一部分海水变成了黏土。这两种土壤在失去生命所赋予它们的特性之后，进一步变成了硅石。因此，年代最久远的山脉比其他山脉的含硅量更高。所以地球上所有的固体部分都曾经以生命的形式存在，如果没有生命，现在的地球将仍然是完全液态的。

另一些理论家把地球的起源归因于陆续从天上掉下来的陨石或者流星的碎片，从而解释了为什么地球上会出现各种奇怪的生物遗骸，他们认为这些怪物是来自未知世界的居民。

还有一位大胆的理论家设想地球是空心的，中间有一个有磁力的地核，由于彗星的引力，这个地核会在地球南北两极之间运动，同时带着地心引力的中心和地球表面大量的水一起移动，因而交替淹没地球的两个半球。

几年前，一位名叫西姆斯的美国人断言，地球不仅是空心的，而且内部是可居住的，或者至少是可以进去的。因为他声称在北半球的某个地方存在着一个通向地心的入口，而且他已经提议去探索这个入口。

1680年，德国科学家莱布尼茨提出了一个大胆的假设。他认为地球最初是一个燃烧状态的发光物体，在逐渐冷却的过程中产生了原始的岩石，先是形成了坚硬的地壳，然后由于不规则的收缩，地壳开始破裂，碎片落入由地球表面的水蒸气凝结而成的浩瀚海洋中。他开始研究因为洪水、地震等自然现象而形成的各种沉积岩或层状岩。根据他的观察，莱布尼茨认为原始物质应该有两种来源：第一是通过火山喷发物冷却后产生，第二是通过水溶液的再结晶产生。英国地质学家科尼比尔这样说道："至此，我们已经清楚地阐明了关于对每一种岩层科学分类的重要基础。"

后来陆续出现了很多学者，他们把注意力集中在与这一主题相关的特定课题上，并作出了有益的贡献，例如地震和火山的成因及现象、河口三角洲或河口低洼地带的形成、矿物地层的实际结构和位置、植物的起源以及对动物化石的研究等。很多科学家通过发展地球理论概论为科学事业作出了重要贡献，来自英国爱丁堡大学的詹姆斯·赫顿博士和来自德意志弗赖堡大学的维尔纳教授是其中的重要人物。

爱丁堡大学的普莱费尔教授精彩地阐述了赫顿博士的理论，并提供了有力的支持，而默里、柯万、德吕克等人则对其理论进行了抨击。支持维尔纳学说和支持赫顿学说的学者之间一直存在激烈的争论：前者被称为"岩石水成论派"，因为他们认为所有岩石的形成都应该归因于水；而后者被称为"岩石火成论派"，因为他们认为所有岩石的形成都应该归因于火。有一段时间，支持“岩石水成论”的人更多；但是人们终于在辩论的过程中发现，这两种学说的猜测都超出了现有信息所能证明的范围。尽管维尔纳的理论和赫顿的理论都无法对所有的现象作出合理解释，也都无法达到接近完美的程度，但是这两位科学家的研究和观察在很多方面仍然对我们知识的扩展和科学的进步作出了重要贡献。

一位雄辩的学者这样说道：“当我们把过去30年的观察结果与前3个世纪的观察结果相比较时，我们不由得会怀着最乐观的期待来展望地质学所能达到的卓越程度，即使这是通过我们这一代人的努力才获得的成果。”也许，除了天文学，从来没有任何一门科学在同样短的时间内揭示出如此之多、新奇而令人意想不到的事实，推翻过这么多先入为主的观点。

长久以来，我们的感觉都告诉我们地球处于静止状态，直到天文学家揭示出地球始终以不可思议的速度在太空中运行。同样地，我们一直认为这颗行星的表面自从诞生以来就没有发生过变化，直到地质学家证明它是一个不断上演着各种变化的剧场，这个剧场唯一的剧目就是缓慢但永不停歇的起伏波动。在无边无际的太空中发现其他天体系统是天文学的辉煌成就；地质学研究的乐趣在于通过各种变化来追溯同一系统——我们观察着地球在各个年代，在不同的丘陵、山谷、湖泊和海洋以及人类的共同点缀之下所呈现出的样子；几何学家测量了宇宙的区域和天体之间的相对距离；地质学家不是通过数学计算，而是通过一系列的物理事件——通过生物界和物质界中出现的一系列现象——来测算出数不清的年代。这些现象向我们的心灵传递了比数字所能表达的更明确的一个概念，即时间的无限。

“地质学一词出现在我们语言中的时间虽然很短，但是通过这门新科学的各种发现，我们认识到上帝的力量在地球上的表现并不局限于人类存在的这几千年。地质学家用最清晰的方式解释了他们的工作所揭示出的现象，并告诉我们，我们的地球已经经历了巨大的物理转变。他们计算地球年代的方式不是根据天体的周期，而是根据在地球本身的坚实框架中找到的表征。地质学家看到了一长串的印迹，每一个印迹都可能需要漫长的岁月来雕琢。他们按时间顺序来排列这些印迹，观察生命的技能和智慧在上面留下的标志，并在其中发现地球上远古居民的坟墓。地质学家发现，在每一个漫长的时期里，地球上有机生命的形态和模式都发生着不可思议的奇特变化。他们将这些变化追溯至每一个连续的时代，直到完全无法找到可对应的印迹，而有机生物的种类也彻底看不到了。然后地质学家进入了大自然历史的黑暗时代，朝着地球记录下的古老篇章走近。”这一段叙述可以说真实无误，几乎用不着任何比喻修辞。

第18章

地质年代（二）

我们已经提到过这样一种假设，太阳曾经是围绕其轴心旋转的星云的核心或者中心，然后物质变得越来越密集，行星相继从中心天体被抛出。这个理论认为地球最初是气态的，类似于彗星。它的热量渐渐散发并辐射到太空中，结果粒子凝结了，但仍处于热熔状态。冷却的过程一直在进行，直到地球的外壳变得坚硬，最后变成我们现在所看到的构成它的固体物质为止，但它的中心部分可能仍然处于一种炽热状态。

这一理论并不被认为是完全成立的，但它可能是到目前为止最正确的理论。我们无从知道这一过程是从什么时候开始的，也无从得知这一过程迄今为止已经结束了多久；但是我们有理由相信那肯定是几百万年前的事情了，而且人类的想象力不足以测算出我们的星球作为一个行星运行以来已经逝去的时间。我们认为从地球变成现在的形态开始，我们目前所看到的正在改变地球表面的那些惊人力量就已经在起作用了，而这些力量正是导致一系列变化和突变的工具。

这些变化的确切顺序我们无法追踪，但我们完全掌握了它们的总体特征和趋势。最开始的时候，地球的地壳在冷却的过程中可能是支离破碎的，因而呈现出在望远镜中所看到的月球表面那种崎岖不平的面貌。压抑在里面的火焰会寻找出口，火山会把里面的东西喷发出来，地震会震动大地和海洋，并使它们发生错位。雨水和风暴也开始登场，泥土颗粒从山上分离出来，被洪水冲到山谷里，然后形成可以生长植被的土壤。

但是，在这个由大量热熔物质产生的世界里，没有任何种子——没有可以使植物或者动物生命诞生的源头。上帝的创造性行为现在是创建有机王国的必要条件。种子被创造出来，被扔进为它们准备的土地里。一开始，它们是海边丛生的藻类。这些植物的生长和腐烂，以及它们的后代形成了肥沃的土壤，这样的土壤能为以后将被创造的更高等的植物提供养分。

在早期，也许就是在植物开始出现后不久，地球上最低等的动物也被创造出来了。水里有很多植虫类动物①，水生甲壳类动物也开始大量繁殖；很多甲壳动物出现了；海洋里有无数三叶虫类动物；蜥鱼亚目的鱼类和鲨鱼成功登上了生命的舞台——当这些创造在水中一步步进行的时候，开花植物也开始在大地上陆续出现。此时便是志留纪和寒武纪。

① 按照以前的分类体系，海绵动物、腔肠动物和棘皮动物，特别是营固着而非运动性的动物常常称为植虫类动物，被认为是介于植物和动物的中间型。——编者注

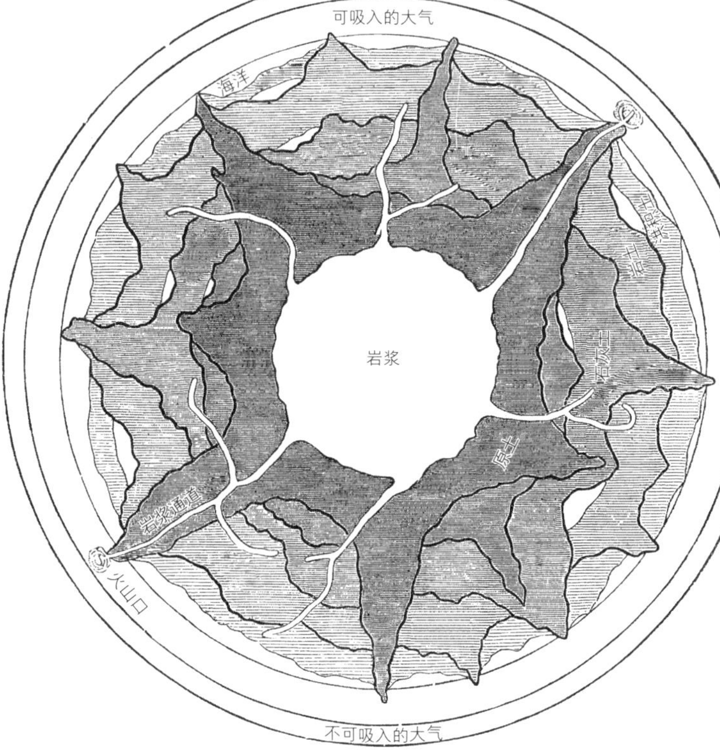

地球的地质剖面图（在这幅图中，地壳部分有很大程度的放大，以便更清楚地展示地壳物质喷射出的形状）

然后，情况发生了变化。大陆和岛屿沉入海底，新的大陆从海洋的深处升起。一个新的地球出现了，新的生命成为地球上的居民。新形态的鱼类在水中游动，陆地上和海洋里出现了蝎子、蜘蛛等各种昆虫。这时候，淡水里开始出现各种水生甲壳类动物，陆地上覆盖着一层广袤的植被。松树的枝干向上伸展，直插云霄；山上和山谷里生长着茂密的棕榈树；漫山遍野都是五颜六色的开花植物和灌木。

在这个时期，地球上的气候与现在不同。整个地球似乎都是热带气候，现在几乎找不到动物和植物的极地地区，这时似乎也都生长着繁茂的热带植物，现在只生活在热带地区的动物当时也都在极地周围温暖的水域里活动。此时是石炭纪，在这个丰富多产的时期，大量植物在地球上生长并被掩埋，然后形成了那些取之不尽用之不竭的煤①。在之后的岁月里，正是这些煤为人类的文明作出了重要贡献，驱动着工厂里旋转的纺锤，驱动着炼铁厂里的大铁锤，使蒸汽船在水中前进，使蒸汽机车在轨道上奔跑。

地球上还出现了另一种变化——陆地和水域发生着新的分布。无数已经存在的生物灭绝了，而新的生物获得了成功。通过阅读关于这个时期的记录，如观察在红砂岩上永久保存着的那些树叶化石，我们还看到了这一时期地球上居住着巨大的青蛙和鸟类，它们的体形惊人。鱼龙、蛇颈龙以及其他奇特而又巨大的爬行动物奇妙地结合了不同生物种属的力量，栖息在水里或水边，与此同时，新的植物形式也出现在地球各处。

然后又出现了另一种变化——有袋类动物出现了，鳄鱼和乌龟也登上了地球这个大舞台；还出现了新的鱼类、昆虫和新的甲壳类动物，新的植物也从土壤中生长出来。此时是三叠纪。

接着是侏罗纪。这个时代出现了一种大型的恐龙——禽龙。禽

---

① 现代勘探技术表明，煤属于不可再生资源，也是可以开采枯竭的。作者认为它“取之不尽用之不竭”，一方面可能是使用了修辞手法，另一方面也可能受时代的局限。——编者注

龙是一种大得惊人的爬行类动物，而就在不久之前，我们根本想象不到这种生物的存在。用弥尔顿的诗句来形容它们非常合适：

它的头上涌起海浪，
它的眼睛闪闪发光，
所到之处便会引发洪水。
它就像一个巨大的十字架漂浮在水面，
如同一艘巨轮行驶在海上。
它像巨人泰坦，
又像传说中与朱庇特作战的百臂巨人布里阿瑞俄斯和恶魔之王提丰，
抑或是上帝创造的最大的生物——巨大的海兽利维坦。

关于这一时期，我们可以想象出这样的画面：现在到处都是人类、牛、马、橡树和栗子树的不列颠群岛，当初却是另一番模样——强大的爬行动物在海里纷纷攘攘，会飞的爬行动物在天空中翱翔，沼泽里都是鳄鱼和乌龟在活动，多得数不清的各种蜥蜴和鱼类在水里翻起层层波浪。然而，这一切痕迹现在都被岁月完全抹去。

然后到了白垩纪，地球上又出现了新的变化。新的生命形式占据了地球，沧龙和其他种类的爬行动物登上了舞台，还有新的昆虫和鱼类、已灭绝的甲壳类动物和禽龙等，在已经存在的植物周围还发现了一些新的植物。

接着是第三纪，这一时期的生命遗迹比以往任何时期都要丰富得多。许多新的动物和植物陆续登场。例如古兽马、脊齿貘和恐象

禽龙等已灭绝的动物

这些现在已经灭绝的物种，都在第三纪的化石中被发现了。曾经大量生活在第三纪的动物有一些至今仍然存在。人们找到了蝙蝠、狼、狐狸、浣熊、松鼠、猫头鹰、鲸、大象、牛、鹿等动物的化石，其中还有一些现在不为人知的动物骨骼化石。人们同时发现了许多已经灭绝的甲壳类动物和其他至今仍然存在的甲壳类动物的化石；在那些已经从地球上消失的植物物种留下的化石中，我们也发现了和现在一样的杨树、柳树、梧桐树和榆树的化石。就这样，我们在一个共同的坟墓中发现了各种新的和旧的、过去的和现在的、完全绝迹的和仍然存在的物种留下的痕迹，它们杂乱地堆积在一起。这一切形成了我们称之为“第三纪”的那个时期。

但是这时候还没有发现人类的踪迹。迄今为止，世界已经完成了它的变革，各个历史时期也已经一页页翻了过去，各种变化纷至沓来，无数种生物在地球上生存然后消失。四季往复循环，各种元素也都完成了它们的使命，而这一切都是人类没有看到的事情。地质学告诉了我们关于火山和地震的情况，让我们认识了禽龙和蛇颈龙，让我们了解到那些逝去的年代和消失的物种；地质学为历史翻开了一页页全新的精彩篇章，揭示了许多本来会永远湮没在历史长河中的事件；然而，它却没有告诉我们任何关于我们自己这个物种的事情。人类的历史仅仅是新近的那一部分历史，人类的存在与地球的年龄相比，简直不值一提。我们在那些远古的岩石里无法找到属于人类的化石，人类这个物种在这些古老的地球档案中没有留下任何痕迹。只有在冲积期的化石中，我们才能找到一些人类的踪迹，而这一年代与宗教记录、世俗历史所记载的日期几乎吻合。

第19章

地质年代（三）

关于地球的表面也就是地壳的研究，就人类目前对地球上固体物质的勘察能力而言，哪怕从最高的山峰到任何天然或者人为的地下最深处——也不过是10英里的范围而已。由于地球的直径差不多有8 000英里[①]，所以迄今为止，人类所勘察的全部地层，与地球的大小相比，可以说是微不足道。这种对比，跟一张纸与一个直径1英尺的地球仪的对比差不多，地球仪表面上不光滑或者有纹路缝隙的地方，按照对应的比例就跟地球上最高的山峰和最深的山谷一样。

因为可被人类观察到的所有地层的厚度，加起来还不到100英里，所以我们可以完全相信，即使来自深度为地质勘察范围10倍的地方发生地质运动所导致的地表扰动，也不会对地球的整体情况造成任何影响。如果我们充分考虑这些事实，那么人类的思想就要准

① 地球的直径为7 926.38英里，约为12 756千米。——编者注

备接受现代地质学中最令人吃惊的一个论断——地球上最高的山峰曾经是海底，它们是被地底下的地质运动抬高到现在的高度的——这些过程有一些很缓慢，也有一些非常突然；但是从地质学的角度来说，这一切都发生在相对较近的时期。

地球表面的地壳由无数层土壤物质组成，其中铁、石灰、硅石或燧石的混合物占很大的比例，硅石可能占45%左右。最近沉积的地层具有明显的机械成因标志，看起来是年代更久远的岩石的水蚀遗迹。当我们继续往下走的时候，会发现密度较大的物质，在这些物质中也能找到受水蚀作用影响的证据；但是，当到达勘探范围内最低处的岩石层时，我们发现了普遍存在着的一种晶体结构；在较新的地层中，发现了丰富的树木、贝壳以及其他动植物的化石，而在最古老的岩石中，却没有任何有机形式的痕迹。

下页的插图可以说明地球表面各层的分布情况。读者可以参考第18章地质部分的内容，也会有助于形成对这个问题的正确概念。

我们已经简单提到过关于化石的问题，在地质学中，与化石遗迹有关的分支最具吸引力。它似乎开启了世界历史的新篇章，揭开了那些湮没在历史长河中不为人知的档案。关于这个有趣的话题，我们只能做一个简要的概述。我们只能说，在地球的地层中，埋藏着各种植物遗迹，各种昆虫、鸟类、鱼类和四足动物的化石遗迹，而这些物种大多数已经灭绝了，我们只能通过化石来认识它们。这的确是非常神奇的事情。此外，动物和植物的化石在气候与这些物种习性相冲突的地区也能找到。例如，只适应热带气候的动植物的化石在北冰洋沿岸也有大量的发现。

在这些动物化石中，有一种叫作恐象的四足食草动物，身长约

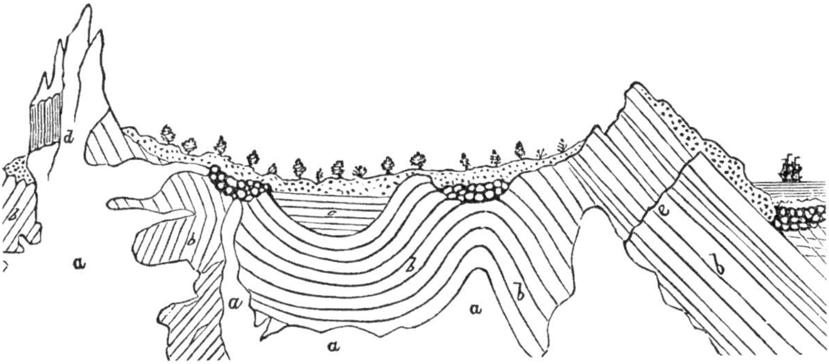

岩层构造图

a.原生岩层，已经向上隆起，从而推动着上面的次生岩层并与之结合在一起。
b.次生岩层，由于原生岩层的隆起，呈现出倾斜和曲线的形态。
c.第三纪地层，沉积在由次生岩层扰动所形成的凹陷中。
d.玄武岩层。
e.地层中的断层和阻断处。
图中的圆圈表示巨砾石或者脱落的岩石，在水中移动时形成圆形的外观，并沉积在由水形成的空洞里。
图中的点表示砂砾石层，它们就在地表土壤的下面。

18英尺，介于貘和乳齿象之间；还有一种属于树懒目的大地懒，它们像犰狳一样，全身覆盖着一层骨质护甲，体形比犀牛还大；鱼龙是一种和海豚类似的动物，有些体长能达到30英尺；蛇颈龙的颈部像蛇，长着蜥蜴的头，鳄鱼的牙齿，四足动物的尾巴，骨架像变色龙，它们在海里像鲸鱼一样划水；翼龙的颈部像鸟，翅膀像蝙蝠，身体像蜥蜴；还有禽龙，它其实是一种巨大的蜥蜴，我们前面已经描述过。

这些是在更古老地层中发现的神奇动物的化石。在较新时期形成的地层中发现的化石里，我们还找到了猛犸象和乳齿象，各种类似于啄木鸟、鹌鹑、鸬鹚、猫头鹰和秃鹰的鸟类，以及数以千计的鱼类，还有数不清的千姿百态的贝壳。

我们地球表面发生过许多次连续的破坏和修复，这是地质学中最有事实依据的概念。我们很容易这样想象，地球上所有重要的变革很可能都是突然而猛烈的，而且其中一些是毫无疑问的。摩西就记载了这方面的一个例子，而且，考虑到那些已经发生的重要变革和世界呈现出的新面貌，用“造物”这个词来形容地球上的变革应该是很恰当的。但是总的来说，我们有理由相信，地球在一系列时期中所发生的突变和变化都是伟大而强有力的力量发挥作用的结果，这种力量仍然在持续，而所发生的突变和变革也仍然在继续完成着更替和变革的使命。

自然界有两种强大、对立的力量——水和火。它们的作用都是可见的，而且无时无刻不在发生。例如泉水、河流、潮汐、霜冻和雨水都属于水的力量，经常会导致岩石的崩解，也会使土壤剥蚀或者变得平整；火山爆发和地震就是由于火的作用而导致的，它们都会引起地球表面的变化。

这两种力量是密不可分的，而且它们产生的原因也是一样的。火山爆发主要局限于某些特定的地理范围之内，有些是周期性的，而另一些则处于不断活动的状态。利帕里群岛中有一座斯特隆博利岛，这座岛上的火山在2 000多年的时间里从未停歇过；维苏威火山和埃特纳火山只是偶尔喷发，还有其他一些火山已经休眠多年。

在安第斯山脉冰雪覆盖的地区，火山爆发的影响十分可怕；因为它不仅会带来喷涌而出的熔岩，而且山上的冰雪也会被高温融化，从而导致洪水泛滥。洪水夹杂着火山灰、砂石和岩石席卷而下，带着毁灭一切的暴怒冲到山下的平原。冰岛完全是由火山活动形成的，火山活动是如此的剧烈，以致赫克拉火山有时候会连续6年一直处于喷发状态，使整座岛屿震动不已，并使其表面发生巨大的变化。

陆地火山喷发

火山爆发所导致的惊人影响几乎超出了人们的想象，巍峨的高山在一天之内就能拔地而起，成为地球上永久存在的高丘。1759年，墨西哥的华鲁罗火山在短短两个月的时间里就堆积出了好几个很高的山峰——中间的主峰海拔高达1 600英尺。40年后，德国地理学家洪堡考察了这个地方，发现那一大片熔岩依然很热，他甚至能在几英寸[①]深的地方点燃雪茄。在火山爆发的过程中，有两条小溪消失了，后来，在离小溪很远的地方喷出了温泉。火山爆发的威力大得惊人，科多帕希火山就以喷发出的巨大岩石而闻名。这些岩石的重量超过了100吨，可以落到9英里远的地方。

火山的活动也不局限于陆地上，它们有时也会在海里喷发，冲开海水，并将岛屿的海拔抬高到100英尺的高度。

地震活动的范围之广是十分引人注目的。1822年，智利发生了大地震，从北向南1 200英里的范围内都有震感。地震发生时，地面像沸腾的液体一样起伏波动，海面会像发生暴风雨一样波涛汹涌，高楼大厦顷刻间变成一片废墟，巨大的岩石碎片从山体上脱落下来。

① 1英寸=2.54厘米。——编者注

海洋火山喷发

有时候，整座城市在几分钟内就被地震吞噬了，繁荣富饶的大片土地突然变成了可怕的废墟。

由于化学作用，地球内部产生了巨量的热能，这些热能所带来的效应可以解释地震这种令人敬畏又十分可怕的现象。当热能把大量的岩石熔化成岩浆时，沸腾的液体就会寻找出路，并把一切阻挡它前进的东西都撕成碎片，直到喷出地面。我们有理由相信，地球的所有部分都曾在一个连续的时期里被水覆盖；而地球上现在的山脉，甚至包括安第斯山脉和阿尔卑斯山脉，都是从海底隆起的。

北半球过去和现在气温的差异，在地质学上是一个非常有趣的话题。北半球过去的气温比现在热得多，这是毫无疑问的事实。人们在欧洲北部各处都发现了一些植物和动物的化石，而这些化石类似于目前仅存在于热带地区的物种。为了解释这种明显的气候变化，人们提出了各种各样的理论。但是，最有可能的原因是地球上的海洋和陆地曾经有过与现在完全不同的分布方式，而且在过去的某个时期，从热带地区流出的洋流，以及其他一些影响气温的因素，使后来变得寒冷的那些地区在当时的气候很温和。

为了用地质学原理来解释大洪水，人们做了各种各样的尝试。有人认为，海底的隆起和相应的山脉的降低，使得地球表面几乎变成了一个水平面，于是地球上积存的水就能漫过整个地球。但这种假设似乎与《圣经》中的说法不一致。大洪水意味着地球上的水会大量增加，由于我们不能确定到底是什么自然原因导致大洪水的发生，所以我们应该归因于那个伟大的神的神奇力量，它可以创造出我们的地球，能制造大洪水自然也不足为奇。

第20章

《圣经》中的地理学

最古老的地理记载出现在《圣经》中，然而我们在该书中找不到任何类似于有规律的地理学体系的内容。那些希伯来作家专注于更高的目标，甚至连提都没有提到过当时存在的任何一门学问，包括地理学。很明显，他们从未试图建立任何一种关于地球结构的科学理论。通过《圣经》，我们发现所有未受过教育的人都有一个共同的观念——大地是一个平面，天空像一个穹隆或者帷幕覆盖在上面。

人们认为大地下面的地方是一个深渊，那里是黑暗和死亡的所在。我们在《圣经》中找到一段展现出一幅大地宏伟景象的文字，它被描绘为“悬在虚无之上”；但是在其他地方，却反复提到“大地的支柱”，有时候还提到“天空的支柱”。

很显然，每一个希伯来《圣经》的作者都是从这些宏伟天体的外部视角出发，在他的理智和想象中形成了这样的概念，而不是试图把它们纳入任何有规律的体系。但是，尽管这些人从不会花时间来思考地理，但在他们的著作中还是可以找到大量描写地形地貌的例子，而这些细致入微的描写都是出于一些实用目的。

就他们所掌握地理知识的最远限度而言，希伯来作家描写的地点总是这些地方：他施、俄斐、群岛、示巴、底但、大河、歌革和玛各以及北地。其中第一个地方——他施，一直是一个争论不休的主题。有人认为他施就是奇里乞亚的塔尔苏斯，也有人认为是西班牙的塔特索斯，或者迦太基的加的斯，还有人认为他施的意思就是大海。

在希伯来人看来，俄斐就是黄金之地。这个地方可能是阿拉伯半岛的多法，也可能是非洲东海岸的苏弗拉，或者是印度的某个地方。在这一点上，地理学家们意见不一。

关于“群岛”这个地名，希伯来作家应该指的是欧洲的南部海岸，包括岛屿和大陆部分。示巴毫无疑问是阿拉伯半岛的费利克斯地区。底但被认为是波斯湾的一个港口。大河就是幼发拉底河。歌革和玛各以及北地通常是指生活在极北之地民族的所在，也指斯基泰和萨尔马提亚居民的住地，或许还包括亚美尼亚和高加索地区的山地。

因此，最早期的以色列人①似乎只知道他们自己国家的边界，

① 希伯来人主要用于称呼从亚伯拉罕到大卫时期的古犹太人；以色列人指雅各（以色列）的后裔，也就是12个支派；犹太人则指所有皈依犹太教的人（宗教意义）以及由犹太母亲所生的人（民族意义）。三者是不同时期对犹太民族不同的叫法，但并无非常严格的区分。可以说希伯来人是犹太人的祖先，也可以泛指古代的犹太人；以色列人可以泛指犹太人；犹太人则是统称。本书则是根据不同的历史时期和场合，采用相应的称呼。——译者注

埃及的土地，以及介于地中海和幼发拉底河之间的地区，对其他地方知之甚少。腓尼基人或提尔人，以及西顿人，从他们航行的范围来看，他们在对地球的认识方面超过了以色列人。这个民族是第一批进行航海探索的航海家，他们的活动范围超过了任何其他民族。

早在公元前1000年的时候，他们就探索了整个地中海以及黑海，并在这些地方的海岸上建立了殖民地。后来，他们的航线经过了直布罗陀海峡（也被称为海格力斯之柱），然后沿着欧洲和非洲的西海岸航行；据说他们中的一群人曾为埃及法老尼科效力，完成了环绕埃及大陆的航行。

希腊人和希伯来人一样，对地球的真实形状几乎一无所知。他们认为大地是一片辽阔的平原，周围环绕着未知的海洋。地底下是传说中的天堂和地狱，天堂是极乐世界，地狱是惩罚恶人的深渊。天空中矗立着巨大的天穹，而天穹就置于大地上最高的山峰之上。他们认为太阳、月亮和星星都是从海里升起，然后又从天空中落入海里的。希腊人相信，住在遥远西边的人可以在傍晚时分听到太阳沉入海里时发出的嗞嗞声，太阳就像是一团炽热的金属。

第21章

古希腊的地理学

在荷马的诗歌中，我们发现地球被描述为完全被水包围着。然而，这位诗人的地理学知识实际上非常有限。他对希腊南部和小亚细亚西海岸非常熟悉，但除此之外，一切都显得模糊不清而且令人存疑。在这种模糊不清中，我们依稀可以辨认出一些遥远地方的显著地理特征，但这些特征由于无知和迷信而被夸大和歪曲了。底比斯是埃及帝国鼎盛时期的强大首都，这座当时世界上最大的城市以拥有100座城门和无数能征善战的勇士而闻名于世。更远的地方有埃塞俄比亚人，他们被认为是最遥远的人类，居住在地球上最遥远的边缘，那是宙斯划定的边界，埃塞俄比亚人在那里举行一年一度的节日。

在同一大陆的西部，阿特拉斯山的巨大山脊在希腊人的想象中产生了一个巨大的崇拜对象——大力士神阿特拉斯，他们相信就是这个巨人支撑着天空。再往西走，是著名的海格力斯之柱，这个通向大西洋的海峡以及两岸的岩石都在向人们诉说着希腊神话中伟大的半神英雄赫拉克勒斯的漫游之旅和丰功伟绩。在东方，荷马提到了科尔基斯，这个城市在早期因财富和商业而闻名。人们认为它是一个海洋城市，也是太阳神的宫殿所在。太阳神夜间让他的骏马在那里休息，到了早上，他就在那里驾驶他的战车驶向天空。因此，荷马认为科尔基斯一定位于世界的最东边。

在北方，罗多彼山脉（乌拉尔山脉）就像一条延绵不断的山链，把世界的最北端封闭起来。然而荷马听过斯基泰人的一种含糊不清的传闻，说那里有一个以马奶为食的民族。在史诗中，运送希腊军队前往特洛伊的船只显然都是大船，所有远途的航行，或者说水手们看不见陆地的那些航行，都被认为是险象环生的极端冒险。只有被暴风雨刮走的时候，船只才会到达非洲或者西西里岛，倘若还能安然无恙地返回，那简直就是奇迹。关于西西里岛，荷马确实在很大程度上表达了他的想法，使之成为尤利西斯漂泊和苦难的主要发生地。在充分考虑诗歌自由想象的同时，我们也能在那些从险恶海域返回的航海家身上清楚地看到他们激动和惊恐的精神状态。各种奇形怪状的巨大怪物等待着船队的覆灭，然后吞噬那些因恐惧而浑身发抖的船员；蛊惑人心的女妖塞壬会使那些被她引诱的水手走向死亡；还有邪恶的巫师，他们会把人变成野兽。这些骇人听闻的传说或许只是从那些蛮荒的海岸返回的少数幸存者口中的可怕谣言，这些反复出现的故事都是极其夸张的。

在人类心灵的某些情绪中，关于阴森的黑暗，甚至关于死亡的印象，总是与遥远而又模糊不清的形象联系在一起的。这种影响导致了关于辛梅里安人不实传闻的产生，荷马将他们描述为永远生活在黑暗中的民族，明媚的阳光永远都不会照耀到他们身上。他们的主要居住地应该在亚速海口的海峡附近，那里可能是史诗时代传说的世界最北端，它被称为辛梅里安·博斯普鲁斯。来自荷马作品中其他一些神话般的创作，一直在古代地理学中占有一席之地。西西里岛上住着独眼巨人；在印度边境和非洲最遥远的地方也有独眼巨人；俾格米人也就是矮人族，他们和长颈族有过激烈的战斗，据说他们住在小亚细亚、利比亚、印度和欧洲北部。

希罗多德《历史》中所涵盖的地理学体系，在他所能搜集到的资料的范围内是最完整的。这个体系是希罗多德所知道的关于人类定居点全部信息的一个概括性总结。他的知识不仅来自书本，还来自旅行。事实上，在那个时代，旅行是获得完整地理知识的唯一途径。他向我们保证，他曾访问过波斯、亚述、埃及、色雷斯和斯基泰，以及他所描述的所有遥远的地方。然而，他只是把这些地方看作是大片土地或者属于许多部落的居住地，而没有把它们合并成任何真正地理学意义上的体系。

在希罗多德的时代，地球分成三个部分也就是三块大陆的概念已经完全形成。欧洲和亚洲已经有了我们现在使用的名称。非洲被称为利比亚，直到罗马人的时代，“非洲”这个指代迦太基所在很小一片区域的名称才开始扩张，直到它最终成了整个大陆的名字。希罗多德宣称，欧洲的面积比亚洲和利比亚加起来还要大。很明显，他对亚洲的了解非常有限。他对印度东部、中国、西伯利亚一无所知，而这些地方占据了大半个亚洲大陆。关于非洲，除了埃及，希罗多德也一无所知。他认为里海以北的所有亚洲地区都属于欧洲。

似乎是米利都和萨摩斯的天文学派第一次尝试把地理学形成一

个系统，并用天文学来说明它。这两个城市以及小亚细亚的一些其他城市，在早期的商业活动中享有很高的地位，它们在地中海和黑海的很多地方都建立了殖民地。它们保持独立的时候，都非常富裕、繁荣，这些城市的公民以极大的热情发展科学并获得了成功。对一个商业民族来说，一定对实用数学，尤其是那些与地理和航海有关的学科特别感兴趣。泰勒斯、阿那克西曼德、阿那克西美尼和毕达哥拉斯被他们的同胞誉为伟大的发明家，他们发明了计算自然现象的所有方法。用来确定太阳在南北回归线之间运行过程的日晷，以及确定特定地区的纬度，并将一年分为365天和4个季节，都被认为是希腊天文学学派的创造。然而，这些发明和发现究竟是希腊人独自探索的结果，还是从埃及人和迦勒底人那里借鉴来的，一直难有定论，毕竟在那些古老而朦胧的传说中，埃及人和迦勒底人在天文观测方面的名望是首屈一指的。

气候的差异似乎是划分地球地理的第一个基础，而某个地区的动物和植物分布则是判定气候类型的一个重要标志。黑人、犀牛和大象被认为是热带地区的特征。这种很不精确的方法很快就被另一种方法所取代，新的方法则是按照各地最长和最短的日照时间划分气候类型。要做到这一点，只需要在某个水平面的位置上安装一个日晷，并根据日影的长短来确定太阳在地平线上的高度。

我们有理由相信，最早使用这种简单仪器的是埃及人；甚至有人认为金字塔就是一个巨大的日晷。然而，毫无疑问，泰勒斯和他的后继者对他们从埃及人那里学到的天文学知识做了大量的补充。据说泰勒斯本人写了两本书，一本是关于南北回归线的，另一本是关于昼夜平分点的。泰勒斯通过这种方式获得的知识使他得出一个流行的错误概念——地球不是球形的。阿那克西曼德认为地球是一个圆柱体，有些人认为它的形状像一艘船，还有人把它比作一座高山。毕达哥拉斯的宇宙结构学认为太阳是宇宙的中心，地球绕着太阳运动。这些知识后来遗失了很多年，直到人类科学到达更高级的阶段时才恢复过来。

第22章

希腊化时期与古罗马的地理学

航海中的希腊人

起初的时候，希腊人的地理只不过是军事路线的地形图而已；而且，由于他们从来没有认真研究过数学科学，所以即使是这些很有限的材料，也没能形成一个系统的形式。亚历山大的远征在很大程度上扩展了人类的思想。这位君主的征服生涯一直延伸到被当时的人认为最偏远的地区。就这样，希腊人熟悉了印度北部和邻近的地区。亚历山大的海军将领尼阿库斯最先使他的同胞们将目光投向了印度洋。大约在同一时间，马西利亚有一个叫皮西厄斯的希腊人从加德斯（今天的加的斯）航行到了图勒（极北之地），那里是古人所知最北边的地方，应该是冰岛或者挪威。

公元前230年，在埃及托勒密王朝的帮助下，埃拉托色尼被允许查阅由亚历山大、他的将军和继任者们收集到的所有资料，以及亚历山大城图书馆中收藏的大量文件，最终将地理学简化为一个科学体系。到了这个时候，埃拉托色尼学派所开展的天文观察已经足以证明地球是球状的。从这一原则出发，他开始研究如何适应地球所有已知的特征。

公元前128年，希帕克斯进一步发展了这一体系，并将整个地理学置于天文学原理之下。他为星星编号，并按它们在天空中的位置进行排列，这在古人看来是不可思议的。普林尼对此推崇备至，他认为这是一项伟大的成就，因为即使对神来说，这也是一项艰巨的任务。希帕克斯似乎首先提出了将观测到的恒星纬度和经度对应到地球表面的概念，从而以一种前所未有的精度确定了后者。

但是，地理学家们在试图描绘已知世界的轮廓，特别是各大洲的轮廓时，仍然处在模糊不清和怀疑的状态。荷马和希罗多德所描述的环绕大地的浩瀚海洋，仍然存在于地理学家的体系之中。毫无疑问，这一观点在很大程度上得到了事实的支持，但它在应用上基本还只是一种假设。埃拉托色尼把当时已知世界的大小与地球的周长做了比较，发现只有1/3的空间是被陆地填满的。他绞尽脑汁地猜测这片辽阔的未知区域到底是什么样子，他认为这片区域要么由一个大洋（他称这个大洋为大西洋）组成，要么由向西航行时可能发现的陆地和岛屿组成。罗马地理学家从来没有在科学的数学分支上获得过较高的建树，因此，罗马人并没有试图把他们所掌握的材料组合在一起来构成一个协调的系统，也没有试图以只有天文观测才能达到的精确程度来确定他们的位置。然而，在实际调查方面，罗马人是最勤奋的民族，不过罗马人对地理的研究严格地服从于他们雄心勃勃征服世界的计划。因此，这些实际调查结果所展现出的唯一形式就是行程表或者路线图。

根据维吉提乌斯的说法，当罗马人准备向任何国家发动战争时，他们首先要考虑的是获得一套完整的路线方案，并将其交给军队的将军。这些路线不仅包括从一个地方到另一个地方的距离，而且包括道路的质量、周围的物体以及山脉、河流等，这些都会被精确地描绘出来。这些内容不仅要用语言准确地描述出来，而且还要画出来，于是指挥官们就可以像亲眼看到他们前进的方向一样。就这样，罗马人成为世界的勘测者，同时也成为世界的征服者。

他们所参加的每一场新的战争，他们所取得的每一次新的胜利，都为地理学家提供了新的资料。即使在一个国家被罗马人征服之后，精确勘测也不会停止。这个帝国长期处于纯粹的军事占领状态。在适当距离之间设立的军事营地被那些耐用的优质道路连接在一起，其中许多道路至今保留着。对于罗马人来说，想要维持他们对被征服的广袤领土的统治，准确了解这些营地的位置和间隔，以及营地之间地区的自然状况都是至关重要的事情。

当尤利乌斯·恺撒成为罗马共和国的统治者之后，他立即下令对罗马所有领土进行全面勘测。这项任务花了25年的时间，或许由于这位独裁者被暗杀后爆发的内战而有所耽搁，但是，这项浩大的勘测工作所遵循的具体原则，直到现在也没有任何一位作家提到过。庞波尼乌斯·梅拉和老普林尼在1世纪写过地理学著作。庞波尼乌斯·梅拉采用了埃拉托色尼学派的主要原则，并将罗马征服所带来的一些新内容加入其中。他似乎并没有理解地球是球形这一概念，而且坚信大地周围环绕着海洋这一陈旧观点。他把世界含糊地划分为东、西、北三个部分，又分为五个地带，其中两个温带、一个热带、两个寒带。他认为只有东部和西部是适合人类居住的地方，而北部过于寒冷，南方处于热带地区，都是人类难以接近的地方。

然而，庞波尼乌斯·梅拉似乎对跖点有一种非常混乱的概念。在谈及欧洲的西海岸以及与之毗邻的“浩瀚无垠的大海”时，他用夸张的语言来形容潮汐现象，而地中海地区的人对潮汐一无所知。潮汐是一种强大的自然活动，海水时而前进，时而后退，淹没了大地，使汹涌的河流往回流去，把陆地上最强壮的动物卷走。他对潮汐的成因有一个非常奇特的猜测。他认为地球可能是一种巨大的动物，它起伏的呼吸引发了这种交替的运动；或者地球上可能有一些极深的洞穴，这些洞穴交替地吸收和排出海水。

普林尼是罗马最有学问的作家，他拥有十分丰富的真实地理资料，这些资料似乎比以前的作家都要多。他编撰的《自然史》这部著作中的内容来自多达2 500位不同的作者。这部著作中有两卷是专门讨论地理问题的。但他并没有使用天文学元素，似乎也没有费心去构建一个有规律的体系。他的总体思想是建立在与庞波尼乌斯·梅拉相同的基础上的。

托勒密是古代最后一位也是最伟大的地理学家，大约生活在2世纪中叶。他对这门学科进行了彻底的改革，并着手把它从所有与之混在一起的虚假成分中净化出来。虽然作为一位天文学家，托勒密关于整个宇宙的理论从本质上来说是错误的，但是他所采用的原理是完全正确的，在两个非常重要的方面，他已经发现了真理，那就是地球是球状的，天体是旋转的。托勒密是第一位把前人的所有正确观点结合起来，并在其基础上形成正确而且协调的论述的地理学家。

他拒绝接受那种认为地球被四周的海洋所包围的陈旧理论。商队的活动，尤其是在亚洲东部的活动，已经大大超过了旧理论中认为是东大洋海岸的那条边缘线。因此，在托勒密的地图中，所谓的东大西洋和北大洋都被划掉了，世界的边界被一大片未下定义的未知领土所取代。他认为非洲是无限向南延伸的大陆，甚至认为非洲与亚洲东部是连接在一起的，中间形成了一个巨大的盆地，也就是印度洋。在亚洲，托勒密已经对印度和中国有了一些初步的了解。在欧洲，他对不列颠群岛的描述相对准确，但他认为波罗的海是一个开放的海洋，并将其命名为萨尔马提亚海。

第23章

中世纪的地理学

在中世纪，地理学被交到新的后继者手中。有一段时间，萨拉森人[1]是最博学的民族。当科学的外衣从希腊和罗马的圣哲们身上滑落下来的时候，它落在了另一个民族——阿拉伯人身上。这个游牧部落在穆罕默德的指引下，从南方炎热的沙漠地带冲了出来，除了《古兰经》和刀剑，他们没有其他任何法律。然而，当他们征服了已知世界的一半，在东方和西方都建立起强大而辉煌的君主政体之后，萨拉森人中出现了一群贵族，这些人具有仁慈的性情和优雅的举止，他们试图重新点燃那几乎已经熄灭的科学之灯。

阿拉伯作家在地理学的研究上投入了极大的热情。特别值得一提的是9世纪和10世纪的伊本·胡尔达兹比赫和马苏迪，以及12世纪

① 萨拉森原指今天叙利亚到沙特阿拉伯之间的沙漠阿拉伯游牧民族，广义上则指中古时代所有的阿拉伯人。——编者注

和14世纪的伊德里西[1]和阿布尔·菲达。数学，尤其是天文学，是最受巴格达宫廷欢迎的学科之一。833年，哈里发马蒙在库法城和帕尔米拉沙漠设立了观测点，通过观测纬度来测量地球的周长，在所有穆斯林国家，都记录了大量的观测结果，尽管这些观测结果并不总是完全正确，但至少看起来都是真实的。许多之前不为人知或者未开化的地方都被阿拉伯人探索过，从某种程度上来说，穆斯林的武力扩张使这些地方变得有所开化。

奥克苏斯河（又名阿姆河）和贾沙特斯河（又名锡尔河）流域原本是属于古代亚洲斯基泰人[2]的领土，后来被游牧民族占领，穆斯林在那里建立起了巨大而繁荣的城市，撒马尔罕就是其中之一。这座城市后来成为一个帝国的首都，这个帝国的疆域覆盖了半个亚洲。萨拉森人领土的另一端是毛里塔尼亚，罗马人曾认为那里属于人类社会存在的界限之外，现在变成了一个繁荣的王国，而且在菲斯建立起了一所著名的学校。萨拉森人甚至还派人去探索那些在他们统治范围之外的偏远地区，无论是东方还是西方。

然而，尽管阿拉伯地理学家们掌握了一些新的事实材料，他们还是把自己的学术与那些古代理论紧密地联系在一起。他们恢复了大地四周环绕着海洋这种早期的概念。根据一种自然的感觉，他们将其描述为“黑暗之海”，这是一个通常用来称呼大西洋的名称；但是欧洲和亚洲北边的海洋使他们产生了更为神秘和黑暗的概念，

① 伊德里西（1100—1166），12世纪阿拉伯著名地理学家。——编者注

② 斯基泰人是公元前8世纪至公元前3世纪位于中亚和南俄草原上印欧语系和东伊朗语之游牧民族。——编者注

那里被称为“漆黑之海”。伊德里西想象陆地漂浮在海面上，只有一部分露出水面，就像一座冰山。与此同时，他把地球上的海域分成7个海，与他将地球分成的7种气候相匹配。

在阿拉伯人的地理学中，新的发现大大扩展了亚洲的疆界。中国已经很清楚地出现在他们的记载中，那片地域一部分被称为“赛里斯”，还有一部分被称为“契丹”。赛里斯这一称谓可能还包括印度东部。他们还提到一个名叫拉梅里的岛屿，那里盛产樟脑、黄金、象牙和染料木，毫无疑问，那里就是苏门答腊。另一个被称为阿尔·贾瓦的岛屿我们不难认出就是爪哇。在阿拉伯人的地理学中，第一次比较准确地描述了东鞑靼和西鞑靼。在这片大陆上，至今还无法到达的地方，许多重要的位置都是通过天文观测来确定的，而关于生活在北部海洋沿岸的人们，阿拉伯人似乎也获得了一些虽然模糊但也积极的认识。

有一个非常奇特的情况与萨拉森人的地理发现有关。他们好奇探究的主要对象是歌革和玛各。东方人把这些想象中的人物幻想成两种巨人，这些巨人在斯基泰的边界上建起了一座坚不可摧的城堡。为了追寻这些虚构的传说，巴格达宫廷付出了极其特殊的努力。

萨拉森人寻找歌革和玛各城堡的第一次探险，是希望在里海岸边的某个地方找到它。但是，萨拉森人的征服很快席卷整个里海沿岸地区，却没有发现关于这个巨大堡垒的任何线索，于是他们把搜寻的目光投向了更南部的布哈拉。当萨拉森人在布哈拉也一无所获后，巴格达宫廷便陷入了困惑之中。最后，一位哈里发派出探险队继续去搜寻这个神秘的城堡，并严令他们务必找到，否则不许返回。

根据伊德里西的描述，这些人首先沿着里海海岸前进，穿过了一片广阔的沙漠，很可能是吉尔吉斯人的领土。然后他们到达了一片延绵不绝的巨大山脉，那里一定是阿尔泰山脉。他们在阿尔泰山脉有所发现，要么就是假装有所发现，然后断定这就是歌革和玛各的城堡。也许那是一个古老的建筑物或者纪念碑，沿着阿尔泰山脉旅行的人们都见过。

探险队非常高兴能找到这样一个貌似合理的借口，使自己摆脱了寻找神秘城堡这样一个十分棘手的任务。他们把这个建筑物画了下来，这幅画与东方的审美高度一致。墙看起来是铁做的，用黄铜铸合在一起，上面有一扇门，高50腕尺①，被巨大的门闩和横木牢牢锁住。就这样，阿拉伯人的好奇心得到了满足，在他们后来绘制的所有地图以及对亚洲的描述中，都能看到高耸入云的歌革和玛各的城堡矗立在最远处。

① 腕尺一般指自肘至指尖的长度，这一术语广泛用于埃及，也用于希腊和罗马，并作为测量单位。一个希腊腕尺近似于18.22英寸（约46.38厘米），而一个罗马腕尺则约为17.47英寸（约44.37厘米）。——编者注

第24章

近代的地理学

在罗马帝国被推翻之后的这段时期里，欧洲被野蛮的洪流所淹没，人文科学的培养几近断裂。它被划分为几个野蛮的国家，这些国家对彼此的状况只有一些模糊的认识。在黑暗时代，欧洲的修道院为所有遗留下来的古代知识提供了避难所。为了使那些北方异教徒皈依而进行的传教任务成为获得地理知识的主要手段。

传教士们一开始并没有试图越过欧洲大陆的边界，而是把他们的努力放在使那些占领波兰、普鲁士和利沃尼亚的斯拉夫部落的皈依上。其中一些修道士似乎已经越过俄罗斯内陆地区进入了白海，并到达了挪威海岸一带。奥索和安斯加访问了瑞典和丹麦。尽管传教士们为丰富欧洲的地理学做了一些事情，但有足够的证据表明，他们在地理学方面基本上都是极其无知的，他们之中的许多人甚至不知道自己国家的首都，也不知道邻近城市的名字。

查理大帝和阿尔弗雷德大帝的杰出之处在于，他们努力把这个时代从这种极度的无知中拯救出来。查理大帝制作过一张巨大的银质桌子，上面画着他所知道的整个世界。不幸的是，这些材料对他来说太昂贵了，所以这个银质世界地图后来被熔化了，用来供给国家的需要。阿尔弗雷德大帝根据当时能够收集到的最好的资料，建立了一座描述欧洲北部状况的纪念碑，这个纪念碑更有价值，上面的资料至今仍是那个时代地理知识的最好记录。

丹麦人和挪威人也被称为北欧人，他们对北欧的沿海地区有着相当多的了解。他们非常熟悉波罗的海沿岸的国家。北欧人四处探险，并征服了奥克尼群岛、设得兰群岛、赫布里底群岛和爱尔兰西海岸。他们发现了冰岛和格陵兰岛，并在那里建立了殖民地。在南部，他们的舰队甚至到了意大利和西西里的海岸。在西部，他们发现了美洲大陆的一部分，并将其命名为文兰。然而，这是一个地理学家们争论不休的话题。

十字军东征以一种特殊的方式促进了地理学的研究。这些远征活动引起了一系列事件，唤醒了欧洲人沉睡的思想，使其不再局限于欧洲的范围，并将目光投向另一个大陆的各个地区。圣地，包括埃德萨和十字军建立的耶路撒冷王国，以及属于萨拉森人和土耳其人所建立帝国的广袤领土都成了地理学的研究对象。

现代学者对古代地理学家的著作进行了研究，也许从萨拉森作家那里得到了一些启发。13世纪，一位名叫萨努多的威尼斯人绘制了一幅世界地图，耶路撒冷被置于世界的中心，作为所有地方的参照点。在这幅地图上，世界被描绘成一个被海洋环绕的圆形。波斯的位置是正确的，而印度却很混乱，在不同的地方被混淆重复。印度河被定义为亚洲的东部边界。在北方，歌革和玛各的城堡矗立在群山之巅，人们认为那里曾经是亚历山大大帝囚禁鞑靼人的地方。里海与格鲁吉亚、赫卡尼亚和阿尔巴尼亚接壤，几乎位于地球上可居住区域的北部边界。非洲南部有一片海，据说由于太过炎热而无法到达。

12世纪和13世纪，成吉思汗和他的继任者率领鞑靼人进行了一系列征服活动，吸引了欧洲人将目光投向中亚。教皇派遣使节出访那些遥远的国家，通过这种方式探索了亚洲的大部分地区，而这些地区之前都是不为欧洲人所知的地方。马可·波罗是威尼斯人，他是第一个向欧洲人传播中国准确信息的人。13世纪，他在一次商业探险中经由陆路到达中国，然后经由印度群岛返回。他在返回过程中访问了苏门答腊、马拉巴尔海岸和科罗曼德。马可·波罗获得了大量的地理信息，但是他对中国的描述在很长一段时间里都被认为是不可信的，不过这些信息被后来的人们证实了。

现在，地理学呈现出一种新的面貌，以前未知的世界也将被纳入它的研究范围。15世纪末，哥伦布发现了美洲大陆，瓦斯科·达·伽马发现了经由非洲好望角通往印度的航线。几年之后，麦哲伦探索了太平洋，他完成了环绕地球的航行，沿着东印度群岛的航线返回欧洲。科学家们已经有一段时间不再质疑地球的球形结构，而环球航行彻底证明了这一事实。关于之后各个时期的一些较小的地理发现，我们将在后面的章节加以说明。

我们的地球

第25章

自然地理

16世纪，地理学家们提出了把所有已知的陆地分成三大区域的想法。第一部分是旧世界，包括欧洲、亚洲和非洲；第二部分是新世界，也就是美洲；第三部分是南方世界或者南方大陆；之后又加

从月球上看到的地球

上了北极地区。后来人们对太平洋的认识变得越来越丰富，但是南方大陆或者南极大陆的概念仍然盛行，澳大利亚这一名称被提议用来命名新荷兰及其周围的群岛，分散在太平洋上的群岛被称为波利尼西亚，所谓的南方大陆被称为麦哲伦尼亚。最后，地理学家们同意将太平洋上的岛屿世界看作是第三个大陆，名为大洋洲。

根据这种分类方法，我们把地球的陆地划分为3个大陆，也叫3个世界，它们彼此之间都被环绕的海洋完全隔开。

1.旧世界，细分为欧洲、亚洲和非洲。

2.新世界，细分为北美洲和南美洲。

3.海洋世界，也就是大洋洲，细分为马来西亚、澳大利亚和波利尼西亚。

关于全球陆地的面积，历来都有不同的估计，最新也是最准确的计算结果是5 020万平方英里，分布如下：

旧世界	**3 123万平方英里**
欧洲	372.4万平方英里
亚洲	1 615.2万平方英里
非洲	1 135.4万平方英里
新世界	**1 480万平方英里**
北美洲	800万平方英里
南美洲	680万平方英里
海洋世界（大洋洲）	**417万平方英里**

最近发现的南极大陆面积未知。

在海洋上航行的大船

虽然海洋呈现出的是一种苍凉而无用的面貌，在人类技术发展的初期，被海洋隔开的民族之间的交往似乎也因为海洋的存在而变得无法实现；但在哲学家眼中，海洋却是一个巨大的水库，是滋养河流、滋养大地的源泉。对于具有一定文明程度的人类来说，海洋就是连接世界上最遥远地区的康庄大道。海洋里蕴藏着取之不尽的食物，相对稳定的温度使它成为热带炎热气候中清凉的源泉，在远离赤道、气候非常寒冷的地区则是温暖的源泉。

海洋，包括所有的内陆海湾和近海，面积约为1.478亿平方英里，约占地球表面积的3/4。拉普拉斯根据太阳和月球对地球的影响计算出，海洋的深度不会超过2.65万英尺。如果我们假定海洋的平均深度约为2英里，那么它的体积约为3亿立方英里。

海洋实际上形成了一整个巨大的流体团，围绕着陆地，并从陆地上无数的凹陷处渗入其中。但是地理学家通常把海洋分成五大海盆。

1.太平洋，东西长约1.1万英里，南北长约8 000英里，面积约为5 000万平方英里。

2.大西洋，南北长约8 600英里，东西长约1 800~5 400英里，面积约为2 500万平方英里。

3.印度洋，位于南纬40°至北纬25°之间，长约4 500英里，宽约4 500英里，面积约为1 700万平方英里。

4.南冰洋，环绕着南极，在南纬40°与印度洋相连，在南纬50°与太平洋相连，面积约为3 000万平方英里，其中包括南极大陆。

5.北冰洋，环绕着北极，位于亚洲和美洲的北部，周长约为8 400英里，面积可能为800万平方英里，其中包括可能存在的面积未知的陆地。

气候——这个术语表达了温度和湿度的特定组合，是指任何特定地方的大气特征。一般来说，我们大致可以把不同的温度和湿度的组合也就是气候分为6种，不过它们在程度上却是千差万别。我们划分的6种气候分别是炎热潮湿、炎热干燥、温和潮湿、温和干燥、寒冷潮湿和寒冷干燥。

有9种显著的环境因素决定了气候的特征：

1.太阳对大气的作用。

2.地球的温度。

3.地面的海拔高度。

4.地面的总体坡度及其特定的朝向和方位。

5.山脉的位置和方向。

6.附近大面积水域的相关情况。

7.土壤的性质。

8.耕种程度和人口密度。

9.盛行风。

季节——热带地区只有两个季节：一个是旱季，也就是干燥季节；另一个是雨季，也就是潮湿季节。雨季是热带地区盛行的季节，太阳在雨季时是垂直照射的，然后当太阳退到赤道的另一边时，旱季就接踵而至了。雨季的降雨是由太阳直射的强大作用而产生的，它通过蒸发迅速在空中积聚水蒸气，然后变成雨水落下来；这是一种充满智慧的现象，使大地在阳光的强烈照射下获得了一些庇护。有些地区一年会有两个雨季，不过其中一个比另一个的时间短得多。

我们所区分的四季只有在温带地区才为人所知，只有在温带地区才能感受到春天和秋天的各种魅力，那里的夏天不会太炎热，冬天的寒冷也是有益于健康的。与热带地区接壤的温带地区的气候与热带地区类似，只有在纬度40°到60°之间的地区才会四季分明，季节的更替最为规律和明显。

纬度60°以上的地区只有两个季节，漫长的寒冬过后就会突然出现令人难以忍受的酷暑。尽管阳光照射是倾斜的，但它仍能产生强烈的效果，因为白昼的时间很长，有利于热量的积聚，冰雪3天后就会融化，花儿立即开始绽放。

植物的地理分布——每种植物一般都有最适宜生长的特定气候；在其他一些气候条件下，尽管不那么有利于生长，但也能存活；然而气候条件超出一定的限度之后，植物就完全停止生长了。目前已知的植物物种数量大约有5万种，但据估计，现有的植物物种数量可能是10万种。

苔藓、地衣和草是结构最简单的植物，它们构成了最低等的植物物种，在地球上的分布最广泛；而更高级植物的分布通常会局限于某些特定的地区，例如黎巴嫩雪松只会生长在一个特定的山区或者地区。

没有哪种植物是寒带地区所特有的，因为热带地区的山脉，从山底到山顶之间分布着各种不同的气候，所以温带和寒带的所有植物都能找到适合生长的地方。

寒带地区的植物种类较少，越靠近南北两极，树木就变得越稀少和矮小，直到看不见任何树木。但是苔藓、地衣、蕨类植物、蔓生植物和一些结浆果的小灌木，可以在寒带短暂的夏天里茁壮成长。

高纬度地区有松树和冷杉，它们在严冬里也保持着青翠。越往赤道附近，树木越多，有橡树、榆树、山毛榉、酸橙树和其他树木。有好几种果树在高纬度地区生长得比较好，其中包括苹果树、梨树、樱桃树和李子树；而靠近热带地区生长得比较好的有橄榄树、柠檬树、橘树、无花果树、雪松、柏树和栓皮栎。

纬度在30°到50°之间的地区适合葡萄树和桑树的生长，小麦可以在纬度60°的地区生长，而燕麦和大麦可以在纬度更高一点儿的地区生长，玉米和水稻在较低纬度的地区更为常见。

热带地区是大自然提供水分和热量最丰富的地方，热带植物的繁茂和多样性是最引人注目的。最多汁的水果和最强烈的香料，最丰产和最大的果实，都能从热带植物中生长出来。那里的土地出产甘蔗、咖啡树、棕榈树、面包树、巨大的猴面包树、枣椰树、可可

猴面包树

树、肉桂树、肉豆蔻树、胡椒树、樟树等，还有很多染料木和药用植物。不同海拔高度的热带土壤里，除了热带独有的植物物种，还生长着地球上其他地区拥有的几乎所有植物。

第26章

人类的种族

自然学家们一直认为，不同种类动物的群体被某些自然屏障限制在与地球其他地方相隔离的地区是有机生物地理分布的普遍规律。发现美洲之后，人们在美洲找到了一种美洲特有的四足动物，这种动物完全不同于旧世界已知的任何一种动物；而且在新大陆完全找不到我们所知道的大象、犀牛、河马、长颈鹿、单峰驼、水牛、马、驴、狮子、老虎、猩猩和狒狒，以及其他很多种

主要四足动物的大小比例

哺乳动物；同样，新大陆上很多种类的动物在旧大陆也从未出现过，例如貘、羊驼、西猯、美洲虎、美洲狮、刺豚鼠、无尾刺豚鼠、长鼻浣熊和树懒。

如前所述，在考察地壳时，人们发现地壳中充满了不同的有机物、动物和植物的化石，这些都是地球表面发生演化留下的记忆，也是那些早已灭绝的物种留下的唯一痕迹。自然学家们对这些有趣的遗迹进行了研究和分类，结果表明，尽管有许多属于现存生物种属中已经灭绝的物种，但也有许多属于已经完全灭绝的生物种属，没有任何现存的物种。它们存在于地质学家所划分的不同时期的地层中，这也使得科学研究者能够确定，这些物种在哪个时期对目前被我们所占据的这个不断变化的地球大舞台起到了不同的作用——

农场上的生活图景

今后也许还会有无穷无尽的新物种出现在地球上。

在所有动物中，人类在出生时是最无助的，而且人类似乎也是最容易受到自然灾害影响的动物；然而，人类却是地球上分布最广也是最独立的动物。人类天生具有非凡的理性和语言能力，与单纯的动物本性有着天壤之别；然而从自然法则来看，人类只是动物王国的首领。人类只是一个单独的物种，但是其身体上的差异却表现出种类上的多样性。

人种的分类

在试图根据身体差异来对人类进行分类时，最杰出的哲学家们都同意把人类看作是人属中的单一物种，然后再根据差异将人类细分为几个人种。著名的法国自然科学家居维叶把人归为3个主要的分类：第一类，白种人或者高加索人种；第二类，黄种人或者蒙古人种；第三类，黑种人或者埃塞俄比亚人种。布鲁门巴赫又把这些主要的分类扩大到5种，我们将在这里简要地介绍一下。

一、高加索人种。主要特征是皮肤白皙，脸颊发红；浓密的头发柔软飘垂，通常是卷发或者波浪形头发，胡须浓密；椭圆形的脸小而直，五官轮廓明显；前额宽大，颅骨大而高，鼻子较窄，嘴巴较小。这个种族孕育出了古代和现代文明程度极高的民族，并以相当完美的方式展示了人性的道德和智慧的力量。这个种族之所以被称为高加索人种，是缘

高加索人种

于里海和黑海之间的高加索山脉，因为传统上认为这片地区是这个种族的发源地。高加索人种不同的分支在不同的时期从这一地区向不同的方向发展；即使在今天，我们也能在这一地区的格鲁吉亚人和切尔克斯人身上找到高加索人种特有的那种相当完美的形体特征。

高加索人种包含几个分支，以语言的类别来区分：

1.叙利亚语系分支，包括：

迦勒底人；

亚述人；

腓尼基人；

犹太人；

阿拉伯人；

埃及人（科普特人）；

阿比西尼亚（阿拉伯人的殖民地）人。

从这个向南发展的高加索人种分支中，诞生出了被证明是生命最持久而且在西方传播最广的几种宗教。

2.印欧语系分支，包括：

印度人；

波斯人；

希腊人；

罗马人；

凯尔特诸民族（古高卢人、凯尔特人、不列颠人、威尔士人、爱尔兰人、苏格兰高地人等）；

日耳曼诸民族（德国人、丹麦人、瑞典人、挪威人、荷兰人、英格兰人等）；

斯拉夫诸民族（俄罗斯人、波兰人、塞尔维亚人、克罗地亚人、波希米亚人、斯洛伐克人等）；

罗马诸民族（法国人、西班牙人、葡萄牙人、意大利人、比利时人、瓦拉几亚人等）。

高加索人种这个分支中的民族推动哲学、科学和艺术达到了高度完美的水准，而且3 000多年以来，他们都是知识的保存者和守护者。

3.斯基泰语系或者鞑靼语系分支，包括：

斯基泰人；

帕提亚人；

突厥诸民族（乌兹别克人、土库曼人、吉尔吉斯人、奥斯曼土耳其人等）；

乌拉尔民族（芬兰人、匈牙利人或马扎尔人、爱沙尼亚人、拉普兰人等）。

这些游牧部落习惯了在亚洲广袤的大草原上四处游荡，过着掠夺性的生活，他们似乎注定要摧毁比他们更优秀的那些同胞的遗产，颠覆他们的文明制度。

蒙古人种

二、蒙古人种。他们的肤色不是白皙的，而是橄榄黄的颜色；头发较为稀疏，而且又粗又直，胡须很少或者没有胡须；脸部宽而平，五官并拢在一起；低矮的前额显得较小，颧骨较为方正，鼻子又宽又小，眼睛稍斜，嘴唇较厚。他们的身材比高加索人种要小。

这个种族的分布从高加索人种斯基泰分支所在的地区向东一直延伸到太平洋沿岸地带，他们大都过着游牧民族的流浪生活。蒙古人种似乎起源于阿尔泰山脉，正是在那里，他们在阿提拉、成吉思汗和帖木儿的率领下，三次带着令人恐惧的威名席卷了大半个旧世界。中国人也属于这个种族，他们被认为是世界上最早开化的文明民族。

蒙古人种包括：

1.中国人；

2.朝鲜人；

3.日本人；

4.通古斯人（严格意义上的通古斯人在西伯利亚）；

5.蒙古人（蒙古人、卡尔梅克人等）；

6.缅甸人；

7.安南人（南圻人、北圻人）；

8.暹罗人；

9.萨摩耶德人，以及其他许多西伯利亚部落；

10.爱斯基摩人①（有些学者认为他们属于美洲人种）。

三、美洲人种。他们的皮肤较黑，而且或多或少显得发红；结实的头发又黑又直，胡须比较稀疏；脸部和头颅都和蒙古人种很像，但

① 即因纽特人。“爱斯基摩人”是旧称，现渐趋弃用。考虑成书时间，保留原貌。——编者注

是脸没那么平，眼窝凹陷，前额较低，鼻子和其他部位有些突出。

这个种族的道德和智力素质接近蒙古人种，而且一直保持不变，他们在发展到一个远低于亚洲种族水平的层面时就完全停滞不前了。墨西哥和秘鲁的古代帝国现在已经绝迹，它们或许可以与中国和印度的帝国相提并论，这些古老的帝国也展示了这两个种族已经达到的文明顶点；但是，艺术、科学和所有那些在一定程度上属于亚洲人的智力天赋，似乎都没有在美洲人中间有所发展。

美洲人种

四、埃塞俄比亚人种。他们的皮肤黝黑；头发短而黑，和羊毛一样卷曲；颅骨两侧扁平，并向前方伸长；又低又窄的前额向后倾斜，颧骨非常突出；同样突出的下颌使上门牙变得倾斜；眼睛突出，鼻子又宽又平，嘴唇非常厚，尤其是上嘴唇。这个种族的不同分支几乎遍及整个非洲大陆，除了那些与撒哈拉沙漠北部和东部接壤的地区，那里已经被高加索人种的叙利亚语系分支占据，黑人留下的所有痕迹已经消失不见。

埃塞俄比亚人种

对这个种族不加以细分似乎

是武断的，而且对非洲种族更正确的划分应该可以使我们更好地了解这个大陆。事实上，尼格罗人、柏柏尔人、霍屯督人以及卡非人之间并没有什么共同之处。埃塞俄比亚人种包括下面几个主要的分支：

1.霍屯督人（纳马人、布希曼人等，以及开普殖民地和奥兰治河流域的其他部落）；

2.卡非人（科萨人、茨瓦纳人等，他们分布在从纳塔尔港向北延伸到不确定距离的地区）；

3.尼格罗人，除了东海岸的一些地区，他们占据着非洲大陆从北纬20°到南回归线的所有地区，还包括很多其他国家的大家族；

4.盖拉人（由无数游牧部落组成，他们征服了阿比西尼亚和周边一些国家的大部分地区）；

5.柏柏尔人（包括北非的土著部落、柏柏尔人、图亚里克人等，以及阿特拉斯山周围地区的土著部落；东部地区还有努比亚人、舒埃斯人、达尔富尔人、索马里人等）。

埃塞俄比亚人种一直处于一种相对蒙昧的状态，他们的城市只不过是一些聚集在一起的小屋，他们的法律只不过是作为统治者的酋长的专制想法。他们不停地忙于战争和狩猎，从不寻求使自己的信仰永存，他们没有自己的书面语言，阿拉伯文是非洲唯一使用的文字。尽管他们的生活必需品还算充足，但在与文明国家交往了几个世纪之后，他们的生活状况仍然没有改变。让我们期待他们会有一个更好的命运。

五、马来人种。这个种族的肤色不尽相同，从浅茶色到深褐色到接近黑色的皮肤都有；浓密乌黑的头发或多或少有些卷曲，头部较窄，面部骨骼大而突出；鼻子丰满，几乎和嘴唇一样宽。很多作

马来人种

家都是这样描述马来人种的。这个种族在整个大洋洲都有分布，从亚洲的马六甲到非洲的马达加斯加岛都能找到他们，其中包括很多体质和道德品质都很不相同的民族。

我们可以把马来人种分为马来人、巴布亚人或美拉尼西亚人。马来人肤色较浅，头发较长，面部略呈椭圆形。这个种族的一些民族很早以前就拥有字母表，并在文明上取得了长足的进步，而另一些民族则处于较低的水平。巴布亚人有着和黑人一样的黑皮肤和羊毛般的头发，他们处于最原始的社会状态，靠捕鱼或者大地上的自然产物为生。他们不穿衣服，不建茅屋，甚至没有武器，只有一些最原始的建筑。他们是澳大利亚群岛上唯一的居民，大洋洲其他主要岛屿的内陆地区也能找到他们，而在这些岛屿上，马来人通常都是统治民族。

马来人分支，包括：

1.爪哇人；

2.马来人（生活在苏门答腊、婆罗洲、马六甲、摩鹿加群岛等地）；

3.巴塔克人和亚齐人（生活在苏门答腊）；

4.布吉人、望加锡人等（生活在西里伯斯岛[1]）；

---

① 苏拉威西岛的旧称。——编者注

5.达雅人（生活在婆罗洲）；

6.塔加路人、棉兰老岛人等（生活在菲律宾群岛）；

7.卡罗林人；

8.新西兰人；

9.斐济人；

10.桑威奇岛①人；

11.社会群岛人；

12.有爱群岛人。

巴布亚人分支，包括：

1.新荷兰岛人；

2.新几内亚岛和巴布亚岛的居民，在其他很多岛屿上还有和马来人混居在一起的巴布亚人。

一直以来，人类不同种族的起源一直是诸多研究的主题。《圣经》把人类不同种族都追溯到同一个源头，这一观点得到了科学研究的证实。假定我们在人类身上所发现的肤色、体形和品格的多样性都来自很多种不同的创造者，那么我们就会得出这样的结论——这些不同的创造者数量成千上万。

例如印度，千百年来，那里的人一直都被视为同一个民族，但是那里的人们有各种各样的肤色，身材、体格和品性也都不一样，无论是身体方面还是精神方面都体现出多样性。那么，这些种族各自的始祖都是上帝直接创造出来的吗？这样的假设在历史上找不到支持；相反，所有的历史，无论是传说还是信史，都反对这种

① 埃法特岛的旧称。——译者注

假设。

另外，人类大家族中种族的多样性可以从我们自己所观察到的事实中得到解释。真正的白人诞生于黑人和阿拉伯人之中，与现在的白人种族的关系十分遥远。众所周知，生活方式、食物和气候会使人类家庭和部落的所有成员整个身心都发生彻底的变化。因此，我们可以得出这样的结论，大自然本身就为人类的多样性提供了必要条件，从而使人类适应每一个地区和每一种气候，并显示出大自然创造者所拥有的“从一开始就看到了结局”的这种智慧。

第27章

西半球

范围和人口——美洲大陆的范围从北纬74°到南纬54°，从西经35°到西经168°。它的最大长度约为9 000英里，包括岛屿，总面积约为1 500万平方英里。人口约为5 000万人，包括2 400万白人、1 000万印第安人、800万黑人，以及800万混血人（白人和黑人的混血、白人和印第安人的混血、黑人和印第安人的混血等）。其中约有2 360万人说英语，1 250万人说西班牙语，760万人说印第安语，460万人说葡萄牙语，140万人说法语，还有30万人说丹麦语、荷兰语和瑞典语。

山脉——安第斯山脉的名字可能适用于美洲大陆的整个山脉体系，它有不同的名字，从北冰洋一直延伸到麦哲伦海峡，距离为1万英里。安第斯山脉的非凡之处在于它的长度、矿藏、火山的数量和高度。美洲大陆的山脉从北向南延伸，而东半球的巨大山脉则是从东向西延伸。美洲大陆主要的高山有：

大陆	山名	高度（英尺）
南美洲	阿空加瓜山	22 841
	奥霍斯德尔萨拉多山	22 608
	钦博拉索山	20 577
	科多帕希火山	19 347
	皮钦查火山	15 695
北美洲	德纳里山（原名麦金莱山）	20 318
	波波卡特佩特火山	17 717
	圣伊利厄斯山	19 850
	洛根山	19 524

火山——安第斯山脉形成了地球上一个巨大的火山带，从智利一直到俄属美洲，整个山脉范围内都有火山。在南纬27°至南纬46°的范围内，已知的火山有20座；另外，秘鲁有2座，赤道地区有5座，新格拉纳达有6座，危地马拉有21座，墨西哥有8座。南设得兰群岛和扬马延岛各有一座火山，西印度群岛和冰岛也有几座。

气候——我们知道，北美洲的气候比欧洲要冷一些，气候类型也更丰富一些。北美洲几乎没有属于热带的陆地这一事实可以解释这一点，同时大片土地在寒带地区延伸得很宽也是原因之一。山脉的南北走向，使得这片大陆的大部分暴露在来自北极的寒风的侵袭之下，同时积雪覆盖的山脉使极地天气几乎延伸到了热带地区，那里的季节似乎只有严冬和酷夏的交替。西海岸地区由于有落基山脉的保护，较少受到来自北极的寒风的影响，气候较为温和，和欧洲类似。

由于南美洲的地理特征，迥然不同的气候密切地交织在一起，热带植物和温带植物紧密相邻，而海拔高的地区却是一层层的高山植物和终年不化的冰雪。

土著民族——在美洲可以找到两个独特的民族：爱斯基摩人和美洲印第安人。爱斯基摩人可能属于蒙古人种，美洲印第安人就是美洲人种。

爱斯基摩人有3个主要的分支：格陵兰人、占据拉布拉多东北海岸地区的东爱斯基摩人以及西爱斯基摩人。他们在以麦肯齐河和铜矿河为边界的地区过着流浪生活。爱斯基摩人从本质上来说是一个海洋民族，他们从不居住在离海岸很远的地方，他们的生活依赖于捕鱼而不是打猎。狗是他们唯一驯养的动物，他们的制造技能基本上仅限于制作独木舟。

美洲印第安人包括美洲所有其他的土著部落，与爱斯基摩人有本质上的不同。尽管这些印第安人在身体特征和道德状况上表现出极大的差异，但他们通常被认为是同一个民族。根据巴尔比的研究，1 000万美洲印第安人所说的语言超过了438种，包括2 000种以上的方言。我们对他们的了解有限，甚至都无法说出他们部落的名字，尽管这个民族普遍在衰落，但是仍然有非常多的部落生活在美洲大陆上。

第28章

东半球

范围和人口——东半球包括欧洲、亚洲和非洲三大区域，加上澳大利亚，形成了地球表面最大规模的陆地。不算岛屿，东半球的范围从北纬78°延伸到南纬35°，从西经17°延伸到东经160°，陆地面积约为3 100万平方英里，人口约9.25亿人。大洋洲也应该属于东半球，如果加上大洋洲，东半球的陆地面积将达到3 450万平方英里。面积和人口的分布为：

大陆	面积（平方英里）	人口
亚洲	1 615万	5.8亿
非洲	1 135万	0.65亿
欧洲	372.4万	2.8亿

岛屿（包括马来西亚、澳大利亚等），面积为350万平方英里，

人口为2 000万人。

山脉——东半球和西半球的陆地主要走向完全不同，西半球是南北走向，而东半球则是东西走向。东半球大陆两端的最长距离是从佛得角到白令海峡，长约1.1万英里；西半球大陆两端最长的距离是从麦哲伦海峡到北冰洋，长约9 000英里。山脉的方向与陆地的大致方向相对应，美洲大陆的山脉南北延伸，而旧大陆的山脉则是东西延伸。欧洲的阿尔卑斯山脉、亚洲的喜马拉雅山脉和高加索山脉以及其他山脉都是如此，非洲中部的山脉似乎也是如此。东半球主要的高山有：

大陆	山名	高度（英尺）
亚洲	喜马拉雅山	29 028
	高加索山	18 510
	阿勒山（又译作亚拉拉特山）	16 945
欧洲	阿尔卑斯山	15 781
	比利牛斯山	11 168
	埃特纳火山	10 902
	喀尔巴阡山	8 711
	乌拉尔山	6 217
非洲	锡门山	15 157

土壤——据估计，在构成东半球大陆的3 100万平方英里土地中，可耕种的土地比例不到1/3，甚至这些可耕种的1/3土地中还有一部分很贫瘠；而在构成美洲大陆的1 390万平方英里的土地中，有

1 000万平方英里是可以耕种的。美洲的很大一部分土地都位于温暖的地区，那些地方拥有热度和湿度的综合优势，可耕种土地上的产出比旧世界丰饶的多。

植物——根据洪堡的说法，东半球植物物种的数量目前已知的是4.4万种，其中6 000种是隐花植物，另外3.8万种是开花植物；洪堡对植物地理学尤其关注，他研究了世界上植物的分布，具体如下：

大陆	植物物种数量
亚洲	6 500种
欧洲	7 000种
非洲	3 000种
大洋洲	5 000种
美洲	17 000种

我们还观察到，在旧大陆，大片的土地常常完全被一种单一的群居植物所占据，其他一切植物都被排除在外；而在新大陆，一个特定的空间可以包含更丰富的植物种类。

火山带

东半球大陆广阔的地区分布着一些活火山，这些火山通常呈现出一种线性的排列。有充分证据表明，火山在地下的活动从未停止。地震活动时常使地面剧烈震动，让土地释放出水蒸气，温泉的水温很高，大地上充满火山爆发时喷出的类似物质。

1.从阿留申群岛到摩鹿加群岛的火山带呈一条连线。首先从阿留申群岛自东向西延伸约1 000英里，然后向南，经过堪察加群岛、千岛群岛、日本群岛和菲律宾群岛，再经过西里伯斯岛的东北端，最后经过特尔纳特岛和蒂多雷岛延伸到摩鹿加群岛。在这里，有一条自东向西的大横线，西面穿过上面有38座大型火山的爪哇岛以及苏门答腊岛，东面经过婆罗洲、西里伯斯岛、班达、新几内亚、新不列颠，然后展开到波利尼西亚的大部分地区。整个赤道太平洋就是一个火山活动的大舞台，上面提到的许多群岛都是由火山岩组成的，活跃的火山口星罗棋布。

2.东半球另一个巨大的火山带，则从里海东岸的亚洲中部地区延伸到亚速尔群岛，两端的距离约4 000英里，从北纬35°延伸到45°。它的北部边界是高加索山脉、喀尔巴阡山脉和阿尔卑斯山脉、塞文山脉和比利牛斯山脉，南部边界包括阿拉伯沙漠和北非的一部分。在这片广阔的土地上，我们可以找到许多火山爆发、温泉和气体喷发等现象，在过去的3 000年里，几乎所有地方都受到过地震的影响。

3.除了这些连绵不断的火山带，在东半球还有几个分散的火山群，其地理范围还不是十分清楚。波旁岛属于一个火山带，马达加斯加岛可能也是其中的一部分。波斯湾入口附近就是恰巴哈尔火山，而与印度接壤的地区也经常发生地震。

据估计，全世界有518个火山口，其中很多只是冒烟，也有很多是死火山。分布如下：

大陆	火山口数量
欧洲	14个
亚洲	100个

（续表）

大陆	火山口数量
非洲	31个
美洲	202个
大洋洲	171个

北极地区

在北冰洋，航海家们已经深入航行到北纬84° 30′ 的地方。俄罗斯还在位于北纬80° 的斯匹茨卑尔根群岛建立了一个狩猎站，这是世界上已知的最北端的人类居住地。1553年，休·威洛比发现了新地岛。1596年，荷兰人发现了斯匹茨卑尔根群岛，格陵兰可能也是一个岛屿，还有冰岛。北乔治亚群岛位于巴罗海峡以北，巴罗海峡以南还有众多岛屿，这些地方是北极地区的主要陆地。

这些寒冷荒凉的地方看不到树木的影子，苔藓和一些矮小的灌木是那里仅有的植被。这里是雾、霜和暴风雪的中心，一年四季几乎都是严冬。北极地区早在8月的时候就开始下雪；到了9月，地上就会有好几英尺深的积雪。从这时起直到次年6月，这里就是一个冰封的世界。每年5月，雪开始融化，冰也会破裂，但是这时候的浓雾会使天空变得昏暗，直到7月和8月的几个星期里，才能感受到阳光照耀的温暖力量。

北极图景

在北极，每年大约有4个月的时间太阳不会从地平线上升起，但是断断续续闪耀着灿烂光芒的北极光减轻了极夜这一景象的恐怖程度。还有几个月的时间，太阳不会落下。极昼、极夜是南北两极特有的现象。

驯鹿向北最远可到达北纬80°的地方，但每年10月会迁徙到南方；还有北极熊以及一些狼和狐狸等北极动物，这些就是仅有的能抵御北极严寒并在这种气候下生存的动物。在温暖的季节里，海洋里到处都是水鸟，鲸、海豹和海象也吸引着渔民去追逐它们身上的脂肪、皮毛和牙。露脊鲸，也就是格陵兰鲸，主要生活在北极海域，抹香鲸则生活在南极海域。

南极地区

地理学家和自然学家一直认为南北两个半球的陆地分布应该是均衡的，而已知的陆地在南北半球的分布却是不均衡的。18世纪中叶，他们根据这个情况推断出南极周围还应该存在一个大陆，这样才能对应北极的陆地而保持平衡。他们将这个大陆命名为南方大陆、澳大利亚或者麦哲伦尼亚。库克和后来的航海家们在航行中没有发现南极大陆的存在，反驳了这一假设，但是在1840年，一支由威尔克斯船长率领的美洲探险队发现了一大片陆地，他们把这片陆地命名为南极大陆。它位于南极圈和南纬70°之间。①

麦哲伦群岛目前是地球最南端的人类居住地，航海家们向南到

① 经过100多年的探测，人们对南极大陆已经有了一个比较全面和清晰的了解，现在我们都知道，南极大陆的面积比本书成书时的面积大得多，它跨越360个经度，位于南纬66.5°以南的地区。——编者注

达的最高纬度是南纬76° 16′。1821年发现的彼得一世岛和亚历山岛大约位于南纬70°，是南极海的最远端。

其他已知的岛屿还包括威廉·史密斯于1819年发现的南设得兰群岛，位于南纬61°至63°之间；1657年发现的南乔治亚岛，位于南纬54° 30′，那里一年中的大部分时间由于冰冻而难以抵达；维德尔于1822年发现的南奥克尼群岛，位于西经50°，南纬60° 45′，只有捕猎鲸和海豹的渔船才会来到这些寒冷荒凉的地区。

其他航海家的航行使我们了解了大片的陆地，其界线和范围尚不清楚；比斯克船长于1831年发现了恩德比地，位于东经50°，南纬67°；格雷厄姆地位于西经60°至70°之间，南纬67°。

第29章

人口、国家与宗教

自然地理学认为地球是由各种自然元素构成的，而政治地理学则是从人类社会容量的角度来考虑人类，包括人类划分的国家和民族，以及不同的政府制度、法律和宗教，也包括与文明有关的社会状况。我们会像介绍世界上几个地区那样，依次介绍人类在各个国家中的分布情况，并且适当地介绍每一个国家的大致状况。

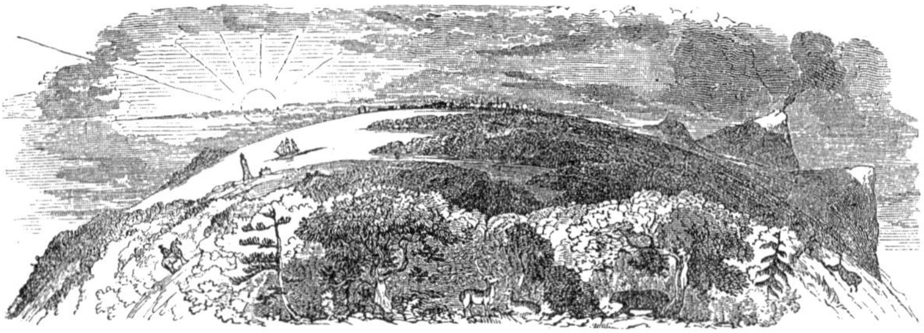

地表景象

语言

有些学者致力于将人类部落按照其语言的关系来划分种类或族属，将那些语言在语法结构或者词根词源上联系紧密的民族归于某一个族属。德语、瑞典语、丹麦语、荷兰语和英语之间有很大的相似之处，因此说这些语言的民族被视为有血缘关系的部落，形成一个被称为日耳曼语系的民族大家庭。世界上已知语言的总数约为2 000种，其中被广泛使用或者使用人数众多的语言有15种：汉语、阿拉伯语、突厥语、波斯语、希伯来语、梵语、德语、英语、法语、西班牙语、葡萄牙语、俄语、希腊语、拉丁语和马来语。

世界人口

全球总人口的统计存在很大的差异，只有少数几个国家进行过定期的人口统计，而且有些国家总人口的统计只计算已知的男性人数，或者能够参军的人数，又或者有投票权的纳税者人数。但是很多国家连这样的数据也没有，而且世界上还有许多我们完全不知道的地区。因此，近期的一些学者在这个问题上所做的最可靠的估算存在很大分歧，一些人计算出人类总人口大约为10亿人，而另一些人则估计是7亿或者8亿人。假定世界人口略多于8亿人，我们对世界五大洲人口分布的估计如下：

旧世界	7.75亿人，其中亚洲4.85亿人，欧洲2.3亿人，非洲0.6亿人
新世界	0.5亿人
大洋洲	0.25亿人

政府

政府最重要的权力是制定法律，也就是立法权；在具体案件中解释和应用法律，也就是司法权；执行法律，也就是行政权。在许多国家，这三项权力都被分别委托给一个单独的机构，因此政府被分为3个独立的部门：立法机关、司法机关和行政机关。

政府的形式是多种多样的，根据政府权力由少数人掌握或者由很多人掌握，以及不同部门的组织结构，政府的性质和名称也各不相同。

1.君主政府，是一种由个人行使最高权力的政体。如果君主是通过继承来获得君主的权力，那就是世袭君主制；如果君主是由国家或者某些特权阶级，又或者权贵集团来选举，那就是选举君主制。

当君主除了自己的意志没有任何法律的约束，并且能够随意处置臣民的生命、人身和财产时，那就是独裁政体；如果君主把所有

英国女王出行的盛况

权力集于一身，但又受到法律的约束，那就是君主专制政体。

2.共和政府，是一种最高权力掌握在全体人民手中或者由主要公民行使最高权力的政体。前一种情况被称为民主政体或者民主共和；后一种情况被称为贵族政体或者贵族共和。

无论是哪一种政府形式，根据主权者头衔的不同，国家也会有不同的称谓。因此，根据皇帝、国王、公爵、侯爵、选帝侯、伯爵等不同的头衔，一个君主政体也会被称为帝国、王国、公国、侯国、选侯国、伯爵领地等不同的名称。

值得注意的是，一个政府的形式通常也决定了它的精神。如果权力掌握在一个人的手中，或者掌握在少数人的手中，那么其权力很可能是根据一个人或者少数人的愿望、利益和感情行使的。在一个专制的国家里，如果统治者是一个好战的人，那么他很可能使他的王国卷入战争，以及随之而来的一切苦难中；如果他是一个软弱、自私或者邪恶的人，那么他的政府一定会受到其品格的影响，并因此给他的人民带来不幸。相反，如果政府托付给人民，或者统治者直接对人民负责，那么这个政府在管理国家的时候很可能会考虑大多数人的利益，而不是只关心少数人的利益。

然而，尽管这些都是事实，但我们仍然要考虑到，即使是在专制国家，人民在智力方面的特征和整个世界的文明发展状况对专制政府也会产生一种修正性的影响。因此在现代，尤其是在欧洲，我们已经看到某些国家旧有的专制政权以一种更温和的精神来管理人民，并更认真地对待人民的愿望和利益。

殖民地

殖民地是由国家或者个人出于商业等目的在国外建立的机构，

服从母国的权威。代理点是在国外建立的贸易站。通过流放已经定罪的罪犯建立起的殖民地被称为流放地。

宗教

不同国家所信奉的各种宗教体系可以归结为两大类：其中一类承认至高无上的智慧存在，例如上帝、造物主、保护者和一切事物的统治者，另一类则不承认至高无上的智慧存在。

1.拜物教和拜星教——是指在那些比较原始的部落中盛行的各种迷信形式。拜物教是对物的崇拜，即对各种各样的自然生物或者无生命物体的崇拜，例如基本元素、河流、火、树木等，以及那些被赋予了善与恶力量的任何东西，所有这些都可以成为崇拜者感恩、恐惧和崇拜的对象。在非洲的黑人部落，澳大利亚、波利尼西亚以及亚洲和美洲的一些地区，盛行着各种不同形式的拜物教。

多种形式的崇拜

拜星教将太阳、月亮和星星这些天体作为崇拜的对象，这是一种古老的宗教信仰，但现在已不再广泛流行了。

2.犹太教——这个宗教只承认摩西和先知对希伯来人的启示。犹太人是希伯来人的后裔，尽管他们散落在世界各地，但仍然保留着自己的宗教信仰和仪式。他们的宗教经典是《旧约》，最初是用希伯来语写的。他们至今依然盼望着他们的先知所应许的弥赛亚也就是救世主的降临，并将每周的第七天定为安息日。因为他们分散在世界各处，所以现在已经不再按照教义的规定献祭，而且用拉比，也就是犹太教学者来代替祭司和利未人在犹太教堂来阐述律法。

犹太教有几个教派。塔木德派，也就是正统派，这个称呼是因为他们以《塔木德》作为自己的经典。《塔木德》是关于犹太人经书的传说和注解的合集；改革派则反对《塔木德》一书中的荒谬传说及愚昧的迷信；居住在麦加附近绿洲的犹太教徒只接受《旧约》中的早期著作；还有撒玛利亚人，他们还保留着在基利心山上献祭的传统。

3.基督教——尽管基督教建立在犹太教的基础之上，也起源于犹太人；但基督教的教义认为，犹太先知所应许的弥赛亚已经降临，并给人类带来了新的启示，而这个弥赛亚就是耶稣。《新约》一书中就包括了耶稣这位神圣导师的启示。

和其他所有宗教一样，基督教的信徒也因为他们各自独特的教义而划分为不同的教派。这些教派可以分为三类：罗马天主教，教徒承认罗马教皇为他们的领袖；东正教，教徒承认大牧首为他们的领袖；新教，教徒被细分为数百个较小的支派。

4.伊斯兰教——创立伊斯兰教的穆罕默德是阿拉伯人，伊斯兰教承认摩西和耶稣的神圣使命，承认《旧约》和《新约》的神圣性，并宣称从上帝那里获得了新的启示。伊斯兰教的教义规定，教徒每天要祈祷五次，要经常斋戒沐浴，而斋月期间必须斋戒。每年要按个人财产的1/40捐赠一次。要去麦加朝圣，以及参加一些其他宗教仪式。伊斯兰教的庙宇被称为清真寺，教徒每个星期五都会在里面举行礼拜仪式。

伊斯兰教的圣书是《古兰经》，是用阿拉伯语写的。伊斯兰教主要的教派是逊尼派和什叶派，前者承认《古兰经》中某些传说和注释的权威，后者则反对这些传说。雅兹迪教派的宗教体系是基督教和伊斯兰教的混合体。瓦哈比教派是18世纪兴起的一个阿拉伯教派，主张通过净化人类的腐败，恢复伊斯兰教的原始质朴，努力推动伊斯兰教的改革。

5.婆罗门教——婆罗门教承认一种至高无上的智慧梵天的存在，认为梵天通过无数下属的神灵来统治着这个世界。主神有梵天，他是创造神，掌管着大地；毗湿奴是保护神，掌管着水；湿婆是破坏神，掌管着火。然而这三个神其实是一个神，他们组成了印度教的三位一体。信奉这种信仰的印度人有一些用梵文写成的圣书，叫作《吠陀经》，这些经书构成了他们的宗教和哲学准则。经书中讲到了灵魂的轮回或者转世重生，以及灵魂的不朽，并规定了大量的斋戒、忏悔和宗教仪式。朝圣、自愿死亡、自我折磨、斋戒沐浴等行为都是十分常见的；对属于两个高等种姓的女性还有一种极端的要求，那就是当她们的丈夫去世的时候，她们要在丈夫的尸体上自焚殉葬。

6.佛教——佛教在很多方面都与婆罗门教很类似。在安南、锡兰、缅甸和中国的西藏，佛教都是很盛行的宗教；在中国内地、朝鲜和日本也有一部分人信仰佛教。佛教的教义称：宇宙中有几种不同层次的存在，一部分是物质的，一部分是精神的，可以通过不断的轮回上升到更高程度的存在，直到达成纯粹的精神存在。这种存在就是佛，也就是觉者。这些神圣的存在从古到今以人的形式降临到这个世界上，在人们中间维持正道；已经有四位佛来到人间，最后一位是释迦牟尼。

7.锡克教——锡克教是锡克人在15世纪创立的一种宗教，是伊斯兰教和婆罗门教的混合体。锡克人崇拜一个神，他们相信未来的善报和恶报，拒绝使用偶像作为崇拜的对象；他们接受把《吠陀经》和《古兰经》作为圣书，但是认为印度人的宗教体系已经因为他们使用偶像而变得堕落了。

8.儒家学说——儒家学说有时也被称为儒教，是中国、安南和日本受过教育的阶层所信奉的宗教。儒教不使用偶像，也没有祭司，仪式都是由各地的文职行政长官来主持。对上天、星辰、高山、河流、鬼和死者亡灵的祭祀仪式，只被视为一种民间的制度。

9.祆教——祆教即琐罗亚斯德教，信仰一个至高无上的存在，也就是祖尔宛或者永恒，在永恒之下是善神奥尔穆兹德和恶神阿里曼。恶神阿里曼发动了一场长期的战争，许多较低等的神和鬼怪都参加了这场战争，而善神奥尔穆兹德将会最终获胜。琐罗亚斯德教的圣书是《阿维斯陀》。仪式主要包括净化、斋戒沐浴和其他仪式，这些仪式都会在象征原始生命的圣火前面进行。因此，信仰琐罗亚斯德教的人也被错误地称为“拜火者”。

每一种宗教的信徒人数大致如下：

宗教	信徒人数
基督教	2.61亿人，其中罗马天主教1.39亿人， 东正教0.62亿人，新教0.6亿人
犹太教	0.04亿人
伊斯兰教	0.96亿人
婆罗门教	0.6亿人
佛教	2.2亿人
其他宗教	2.1亿人

从历史的观点来看，宗教是人类最重要的主题之一，因为宗教上的敌对是过去1 200年来所发生的大多数战争的起因，而这些战争给整个世界带来了巨大的灾难；也因为几乎每一个王国和帝国都把宗教作为支撑国家的主要工具，凡是有国教的地方，祭司在很大程度上就成了专制统治的工具。因此，历史已经向我们展示，某些特定信仰的最伟大的推动者，同时也是最严厉而且最血腥的暴君之一。

与文明有关的社会状态——在研究历史的过程中，有一点非常重要，我们必须牢记，那就是人类的民族分为三大类或者三种状态：未开化状态、野蛮或者半文明状态和文明状态。

未开化是指那些没有文字、艺术的民族，他们模糊而不稳定的思想只依附于那些可以触动他们感官的东西。野蛮民族已经从他们之前的未开化状态中走了出来，但是还没有达到一种真正的文明状态。处于文明状态的民族会把自己的知识以科学的形式积累起来，他们会从事高水平的艺术，拥有书籍和文学，已经建立了固定的立法和政策体系。

第30章

世界编年史

人类的文明历史大约有6 000年。根据《圣经》上的年表，我们可以把人类历史开始的时间定为公元前4004年，而摩西的时代距离那个时期已经过了大约2 000年。

从创世到大洪水之间的历史约为1 656年，这是根据《圣经》得出的结论。这就是所谓的史前时代，也就是大洪水之前的时代。大洪水过后，挪亚和他的后代在幼发拉底河流域定居下来，那里气候宜人、土壤肥沃，人类的大家庭迅速壮大起来。

一些人留下来建立王国和建造城市，而另一些人则迁徙到了其他地方。亚洲首先出现了人类，社会和文明就在这里开始了。

然而，人类很早就进入了非洲，埃及在智识和艺术方面处于领先地位。

又过了许多个世纪，也就是在公元前2 000多年，大批移民到达了欧洲；后来，亚洲和非洲的文明传到了希腊；不久之后，希腊在学术和哲学上的进步就超过了世界上的其他地方。欧洲的其他地区也开始有人居住，而当亚洲和非洲几乎停滞不前的时候，欧洲逐渐成为地球上的文明中心。古代世界对美洲一无所知。

第31章

古代的地理学

我们可以理解，地理学是一门一直在进步的科学。在公元元年的时候，罗马帝国正处于鼎盛时期，不仅美洲大陆不为人知，就连亚洲、欧洲和非洲的大部分地区也没有被人探索过。要了解古代的历史，不仅要考虑当时地理知识的范围，还要考虑当时世界上的政治划分以及当时的地名。

作为一种初步的看法，古人所知道的世界，大体上包括了非洲北部、除了北极地区的整个西亚、欧洲南部和中部地区。在古代地理学中，“亚洲”和“非洲”这两个词的应用范围要比现在小得多。

自然地理的样貌千百年来都是一样的，即使发生了一些变化，从总体上来说也是大致吻合的。因此，海洋、山脉、河流和海岸，以及地图上所包含的那些地貌，在今天所呈现出的样子和恺撒、大卫和摩西所处的时代具有相同的特点。在许多情况下，除了政治边界的变动、人类社会的变化和革命，世界上的特定地区在今天和古代都有着相同的名字。下面的表格可以为读者在阅读本书后面的部分时提供一些参考。

古代亚洲的划分

古代名称	现代名称
小亚细亚	安纳托利亚，属于奥斯曼土耳其帝国
叙利亚	叙利亚
腓尼基	叙利亚的一部分
阿拉伯半岛	阿拉伯半岛
亚美尼亚	亚美尼亚
亚述	库尔德斯坦
巴比伦尼亚	伊拉克的一部分
米底	伊拉克的一部分
波斯	波斯
帕提亚	鞑靼的一部分
阿里亚	呼罗珊
格德罗西亚	俾路支斯坦
斯基泰	鞑靼
印度	印度斯坦
赛里斯	中国的一部分
秦尼	交趾支那

古代非洲的划分

古代名称	现代名称
埃及	埃及
埃塞俄比亚	努比亚和阿比西尼亚
努米底亚	阿尔及利亚的一部分
毛里塔尼亚	菲斯、摩洛哥和阿尔及利亚的一部分
迦太基	迦太基——已被毁灭，邻近突尼斯
非洲	突尼斯
加图利亚	布莱德·埃尔杰里德
利比亚	巴卡
利比亚沙漠	撒哈拉沙漠
埃塞俄比亚内陆	埃塞俄比亚
费赞尼亚	费赞

古代欧洲的划分

古代名称	现代名称
希腊	希腊
意大利	意大利
西斯班尼亚	西班牙和葡萄牙
高卢	法国
不列颠	不列颠
海伯尼亚	爱尔兰
喀里多尼亚	苏格兰

（续表）

古代名称	现代名称
德意志	德意志
赫尔维西亚	瑞士
萨尔马提亚	波兰和俄罗斯的一部分
斯堪的纳维亚	挪威、瑞典和丹麦
比利时	佛兰德斯
巴达维亚	荷兰
西西里	西西里

除了这些地区，还有一些较小的地区，这里不再详细列举。

亚洲史

第32章

引言

古代所有历史，无论是书面记录下来的历史，还是口头流传下来的历史，都认为亚洲是人类开始其生涯的地方。人类最早的祖先在此居住，城市、王国和民族最早在此建立，这里也发生了很多有记载的精彩事件。总体而言，无论是从历史方面还是从地理方面，亚洲都展示了它最突出的特征。

亚洲幅员辽阔，领土面积几乎相当于欧洲和非洲的总和。亚洲大部分地区被海水环绕，北面是北冰洋，东面是太平洋，南面是印度洋。它西邻红海、苏伊士地峡（连接亚洲与非洲）、地中海和欧洲。长约6 000英里，宽4 000英里，面积为1 600万~1 700万平方英里，人口约4亿~5亿人，可能相当于世界其他地区人口的总和。

亚洲的土地从北极延伸到赤道，拥有寒、温、热三种气候带。俄罗斯领地，也就是西伯利亚地区，属于极寒气候；独立鞑靼（中亚）、中国和日本，属于温带气候；亚洲南部地区，气候炎热，属于热带气候。总体来说，亚洲的气候种类丰富、齐全。

柏树

亚洲植物种类繁多，从北方贴在地面的地衣到赤道地区硕大的果实，应有尽有。许多在欧洲和美洲种植的最优质的水果都发源于此。森林里出产有用的木材，有远近闻名的黎巴嫩雪松、柚木和柏树等；芳香植物和树木中，有肉桂、樟脑、桂皮等；水果中，除了有美洲也出产的水果，还有橘子、无花果、柠檬、石榴、酸角果等。美国花园里最上等的花卉，大部分也来自亚洲。葡萄、甘蔗、棉花、小麦、黑麦、燕麦、小米等也都是亚洲的原产物种，被大面积种植。茶叶只产于亚洲，世界上最优质的咖啡产于阿拉伯地区。

亚洲动物种类也繁多。这里不仅有欧洲常见的野兽和鸟类，还有大象、犀牛、老虎、牦牛、印度大羚羊、羚羊、鸵鸟等本地物种。这里也是马、骆驼、野鸡、孔雀以及美国谷仓家禽的老家。

亚洲的地貌雄伟壮观。中心地带是广袤辽阔的高原，由光秃秃的高山、巨大的岩石、一望无际的沙漠和平原组成。这些隆起的地带是大江大河的发源地，这些河流有的向北流入北冰洋，有的向南流入印度洋，还有的向东流入太平洋。

亚洲还有一些主要山脉，它们构成了一道巨大的天然屏障，并由此衍生出其他山脉，绵延千里。这些山脉包括北部的阿尔泰山脉、西部的高加索山脉和南部的喜马拉雅山脉。

下表展示的是亚洲主要的高山及其高度。

名称	高度（英尺）
喜马拉雅山	29 028
阿尔泰山	14 350
亚拉拉特山	16 945
黎巴嫩山	10 131
德马峰	18 606
塔博尔山	1 601
西奈山	7 497
西高止山	8 842
高加索山	18 510
乌拉尔群山	6 217

下表展示的是亚洲主要的河流及其长度。

名称	长度（英里）
叶尼塞河	3 442
鄂毕河	3 362
勒拿河	2 734
印度河	1 988
恒河	1 569
锡尔河	1 374

（续表）

名称	长度（英里）
幼发拉底河	1 740
布拉马普特拉河	1 802
伊洛瓦底江	1 686
湄公河	2 982
长江	3 915
黄河	3 395
黑龙江	2 759

里海是个巨大的咸水湖，长746英里，低于海平面320英尺；咸海也是个咸水湖，长250英里；东亚还有大戈壁沙漠。这些都是极为奇特而又令人震撼的自然景观。

前面已经说过，亚洲是人类大家族的摇篮，人类各民族都是从这里迁徙到世界各个地方的。非洲、欧洲和美洲的人都来自亚洲，今天亚洲的居民比其他任何地方的居民都更为多元。这里有游牧的阿拉伯人，有马背上的鞑靼人，有迷信的印度人，有凶狠的马来人，有灵巧的中国人，有彬彬有

亚拉拉特山的远景

亚洲的君主

礼的日本人，有猎熊能手堪察加人，有吃鱼的萨摩耶德人，等等，不一而足。

我们发现，亚洲有大量城市，到处聚集着人群，如同蜂箱里的蜜蜂一样。大量的人过着游牧生活，赶着牛群，从一处迁徙到另一处。有的以狩猎和垂钓为生，还有的则以抢劫和盗窃为生。

亚洲的政府是专制的。游牧民族中盛行族长制，类似家庭里的父亲家长制。在弱肉强食的部落中，最勇敢的领导者担任大酋长。在已确定的王国里，统治者大都宣称君权神授。他们周围充斥着过度的奢华，对臣民的生活、财产以及良知拥有绝对的统治权。

古代婆罗门教神庙

亚洲是所有大众宗教的发源地。基督教、犹太教、伊斯兰教、婆罗门教、佛教等宗教，全部发源于亚洲，而且这些宗教目前都或多或少存在于这片地区。伊斯兰教盛行于西亚，婆罗门教盛行于南亚，佛教盛行于东亚，而犹太教只限于犹太人，基督教在亚洲限于土耳其帝国中很少一部分人。

亚洲人的风俗习惯独特，与众不同。他们的衣服往往宽松而飘逸，男人的胡子任其长长，作为受敬之物。亚洲各地都崇尚珠宝和华丽耀眼之物。一夫多妻较为普遍，妇女的社会地位比较低下。亚洲人极为尊崇祖先留下的习俗，他们现在的服饰、习惯、观念等都与几千年前几乎一样。

他们一般不戴帽子而戴头巾，脚上拖着凉鞋。进屋或表达敬意时，我们的做法是摘下帽子，而他们是脱下凉鞋。椅子、餐桌、刀叉或汤匙在他们那里都无用武之地。吃饭时，他们盘腿坐在地上，把饭盛在大木碗里，放在中间，碗里装的不是我们这里的大块烤肉，而是炖煮食物或甜食。这道饭菜由大家共食，每个人都不客气地伸手去抓，把饭菜送到嘴里。吃完后，他们非常仔细地将手洗净。

他们没有床，或者说至少不是我们所说的床。东方人睡觉时，就是在地上铺张垫子，整理好衣服，躺下就睡。他们的家具也极为简单。房间里只有铺满地板的地毯以及围绕地毯的几张长椅，但地毯和长条椅都极为精美。

他们的着装打扮也很简单。富人的衣服材料考究，而且用大量珠玉宝石加以装饰。他们的武器和马具也都极为讲究，被刻意地修饰得很华丽。

亚洲人的性格和脾气也表现出了鲜明的特点。他们表情庄重、严肃，喜欢独处。他们没有舞会，没有剧院，没有大型聚会。他们认为，欧洲人热衷的社交活动轻浮。他们除非受到强烈鼓动，否则只会放松地躺在长椅上。他们认为，那些四处寻欢作乐之人无异于疯子。他们对家庭非常依恋，对祖先也极为崇敬。他们的举止通常温文尔雅，行动也表现出大度与仁慈。

亚洲人对待女性的态度和行为有相当大的问题。实行一夫多妻制自然而然导致对女性的禁锢，女性被排斥于社会之外。印度人禁止女性读书、写字，禁止她们参加宗教仪式，这些做法显然是将女性创造力的等级降低到较低水平的整体系统的一部分。

亚洲有两大信仰分支体系：一支是伊斯兰教，通过它的信徒以及征服中亚鞑靼人的武力，传遍了整个亚洲西部乃至印度河流域。它甚至在几百年的时间里是印度的统治宗教，尽管不是印度主体民族的宗教。另一支是印度教，它又分为两大派，分别是婆罗门教和佛教。婆罗门教的信徒遍布印度，佛教的信徒主要分布在东亚。

实用艺术在亚洲帝国中也得到了某种程度的精心培育。农业上，尽管技术和机械都不及欧洲精细和先进，但他们也付出了巨大的辛劳和心血。投入到牲畜养殖的资本大大少于投入到土地上的。耕种者几乎能跳脱于农民阶级之外。农业大多投入在灌溉上，因为在所有的热带地区，大量庄稼的种植仅需要水即可。亚洲也有一些制造业，尽管资金投入少，机械简陋，但就其产量和美观程度而言，世界其他地方无法与之媲美。欧洲集所有工艺和资金都无法模仿出波斯的地毯、印度的细平布、中国的瓷器和日本的漆器。商业尽管受到统治者的限制，但整体上仍然非常活跃。欧洲的商业主要是海上贸易，非洲的商业主要是内陆交易，亚洲为两者的结合。亚洲内陆的骆驼商队贸易量很大，虽然欧洲的这一供应渠道在被奥斯曼帝国切断后被削弱。亚洲东南部沿海的本地海运贸易也相当活跃，但是对外贸易，特别英国与印度、中国的贸易现在也处于相当重要的地位。

亚洲的语言分为7个语系：1.闪米特语系；2.高加索语系；3.波斯语系；4.印度语系；5.恒河以东地区语系；6.鞑靼语系；7.西伯利亚地区语系。①

① 与最新的语系划分略有不同。——译者注

第33章

亚洲简史

亚洲的历史始于人类在伊甸园的历史。我们有理由相信，大洪水以前的人口仅限于这一地区。最早的大帝国也始于并终于亚洲。这里也是文明和艺术的发源地，并盛极一时，后传于其他大陆。所有盛行的主要宗教，如基督教也发源于此。

探讨亚洲古代史的主要话题包括：亚述（以及建立在其废墟上的帝国，如第一个地跨亚欧非、强盛一时的波斯帝国），犹太人（以亚伯拉罕建立犹太民族始，以耶路撒冷被征服最后失去国土终），腓尼基人（海上贸易的开创者）以及小亚细亚的各个王国（尽管文明程度不那么高，却为历史提供了有趣的素材）。蒙古势力在中世纪的崛起和发展，是这一地区极为重要的历史事件。现在的大国，如中国、印度和阿拉伯国家，在远古的历史上都没有引起特别的注意。

从很早的时候起，位于中亚巨大山脉之南的地区，土地富饶，

想象中的伊甸园

人口众多。在这片不足现在美国领土面积1/4的地方，发生了许多重大事件，这些都记录在《旧约》里。此处有亚述的兴起、强盛和衰落，此处也是塞米勒米斯、居鲁士和冈比西斯帝国的中心。此处还有一些富饶的王国，先后成为亚历山大大帝以及后来罗马征服者的战利品。

希腊和罗马的地理学家对西亚的这部分地区非常熟悉，但他们对印度知之甚少，对整个东亚和北亚几乎一无所知。罗马帝国时期著名的地理学家托勒密应该知道幼发拉底河、底格里斯河、奥克苏斯河、贾沙特斯河、印度河、恒河、黄河，但他很可能不知道其他的大河。托罗斯山脉、高加索山脉、兴都库什山脉、阿尔泰山脉、乌拉尔山脉和喜马拉雅山脉等是古人所知的主要山脉。喜马拉雅山脉是现在世界最高的山脉，但当时的希腊和罗马地理学家并不知晓。对于印度这样的国家，当时的亚历山大大帝也是在征服它之后才知道其存在的。亚历山大大帝以及其后的几代继承者完全不知道恒河以东的印度以及中国、日本、西伯利亚和鞑靼的大部分地区。

在亚洲，帝国的沉浮以及各王国和国家发生的朝代更替比世界其他任何地方都更加迅速、突然，也更加异乎寻常。这些沉浮变迁将在随后详加叙述。为清晰起见，我们首先对亚洲进行划分，对每一个国家的地理状况进行简单的介绍。

土耳其的亚洲部分

面积45万平方英里，生活着1 200万居民，平均每平方英里27人。宗教为伊斯兰教。这片土地包括了历史上一些非常著名的地区，它们是：（1）小亚细亚，包括古代特洛阿斯（也称特洛伊）、卡里亚、利西亚、米西亚、弗里吉亚、迈欧尼亚、爱奥尼亚、吕底亚、帕加马、本都、卡拉曼尼亚、比提尼亚、帕夫拉戈尼亚、潘菲利亚和皮西迪亚、加拉提亚以及卡帕多西亚。（2）叙利亚，包括帕尔米拉、腓尼基等。（3）巴勒斯坦，先是非利士人的国家，而后是犹太人的国家；包括以东，曾是一个古老的王国，现在是一片荒野。（4）亚美尼亚。（5）幼发拉底河畔诸省，包括美索不达米亚，这里是巴比伦城的所在地，而巴比伦城是亚述、巴比伦尼亚、波斯等大帝国的首都；这里还有阿拔斯王朝[1]的首都巴格达。

阿拉伯

面积100万平方英里，人口1 000万人，每平方英里10人。宗教为伊斯兰教。先知穆罕默德生于这里，他建立了萨拉森人的帝国。

---

① 阿拔斯王朝为阿拉伯帝国的第二个世袭王朝，古代中国史籍中称之为黑衣大食。——编者注

伊斯兰教圣地麦加就位于阿拉伯。

波斯

面积48万平方英里，人口1 200万人，每平方英里25人。宗教为伊斯兰教。现代的波斯只占有居鲁士所建帝国的一小部分。

印度

面积110万平方英里，人口1.3亿人，每平方英里118人，是亚洲人口最为稠密的国家。宗教为婆罗门教和佛教。这个国家现在分裂成几个王国，尽管所有的国家有时会臣服于单个统治者。目前，英国人是这片土地上大部分地区的主人。

印支半岛

面积90万平方英里，人口2 000万人，每平方英里22人。宗教为佛教。我们对它的早期历史知之甚少，现在的缅甸、暹罗、安南等王国都建于近代。

中国

面积540万平方英里①，人口2.8亿~3.4亿人，是全球人口最多、领土最广的一个王国，每平方英里22人。宗教为佛教等。

日本

日本帝国由三个岛屿②组成，面积为12万平方英里，人口1 200万人，每平方英里100人，人口密度仅次于印度。宗教为佛教。

阿富汗和俾路支

都是近代建立的王国，面积45万平方英里，人口为1 000万人，

---

① 按本书的记载，当时中国的领土面积约1 400万平方千米。——编者注

② 当时的日本还没有完全征服北海道，因此北海道未被计入。——译者注

每平方英里22人。宗教为佛教和婆罗门教。

独立鞑靼

面积70万平方英里，人口700万人，每平方英里10人。这个国家目前由不同部落组成，为历史研究提供了诸多热点话题。

俄罗斯的亚洲部分

主要是西伯利亚，占地510万平方英里，人口700万人，每平方英里只有1人多一点儿。

世界上其他任何地方的城市，都不像亚洲城市一样拥有如此众多的人口，甚至至今尚存的城市都无法与古巴比伦、尼尼微和波斯波利斯①的壮观相媲美。下列表格展示的是亚洲的重要城市和主要的贸易集散地。

地名	所属地区	人口
阿斯特拉罕	俄罗斯的亚洲部分	7万
托博尔斯克	俄罗斯的亚洲部分	2万
阿勒颇	土耳其的亚洲部分	15万
士麦那	土耳其的亚洲部分	12万
大马士革	土耳其的亚洲部分	10万
巴格达	土耳其的亚洲部分	6万
耶路撒冷	土耳其的亚洲部分	2万
萨那	阿拉伯	2万

① 波斯帝国阿契美尼德王朝的第二个都城。——译者注

（续表）

地名	所属地区	人口
麦加	阿拉伯	3万
马斯喀特	波斯	1万
伊斯法罕	波斯	20万
德黑兰	波斯	5万
希瓦	独立鞑靼	——①
布哈拉	独立鞑靼	16万
坎大哈	阿富汗	10万
喀布尔	阿富汗	6万
白沙瓦	阿富汗	10万
卡拉特	俾路支	2万
加尔各答	印度	50万
苏拉特	印度	50万
马德拉斯	印度	35万
德里	印度	30万
孟买	印度	22万
克什米尔	印度	17万
贝拿勒斯	印度	20万
曼谷	印度支那	5万
阿瓦②	印度支那	15万

① 没有准确数据。——编者注

② 阿瓦王朝的都城，在今缅甸德达乌县境内。——译者注

（续表）

地名	所属地区	人口
北京	中国	200万
广州	中国	90万
南京	中国	50万
江户	日本	130万
京都	日本	30万

以下是我们讨论亚洲历史主题的顺序：

1.大洪水以前的时代。

2.族长时代。

3.亚述。古代第一个大帝国。这片土地目前归属土耳其，名为库尔德斯坦。

4.巴比伦尼亚（又名迦勒底）。早期是亚述的一个行省，后来成为一个大帝国。这片土地目前归属于土耳其，是伊拉克省的一部分。

5.米底。起初分为许多部落，后来组成了一个国家，随后臣服于亚述，再与巴比伦尼亚合并，征服了亚述。之后国力大增，征服了埃兰（波斯）。最后，将其势力向西扩张至小亚细亚的哈吕斯河。米底的历史与亚述和波斯的历史紧密相关。这片土地目前归属波斯帝国。

6.古代波斯。波斯在早些时候是亚述的一个行省，后来征服了邻国，定都于巴比伦。领土一度极为辽阔，将整个中亚和西亚都囊括其中。这一部分的话题将包括亚历山大大帝建立的大帝国，虽然它只维持了很短的一段时间。

7.现代波斯。领土面积相对较小，只包括古代波斯帝国的几个中心行省。

8.巴勒斯坦。包括犹太人的历史。现在隶属于土耳其。

9.以东，又名以土买。是一个古老的王国，曾被犹太人征服，现为土耳其亚洲领土的一部分。

10.腓尼基。现为叙利亚的一部分。

11.叙利亚。包括阿萨辛派的历史。

12.帕尔米拉。

13.亚美尼亚。

14.小亚细亚。现在的安纳托利亚，隶属于土耳其。小亚细亚包括多个古代的国家，是历史研究的热点。

15.阿拉伯半岛。后面的叙述中将包括穆罕默德和萨拉森帝国。

16.土耳其的亚洲部分。包括土耳其人（又名奥斯曼人）的历史，以及土耳其统治下的几个亚洲省份的近代史。土耳其人在欧洲征服的历史将在拜占庭帝国的历史中详加叙述。

17.高加索国家。包括古代科尔基斯、伊比利亚和阿尔巴尼亚，以及近代建立的切尔克西亚和格鲁吉亚。

18.帕提亚。包括赫卡尼亚、巴克特里亚和索格狄亚那。帕提亚地区现为独立鞑靼的一部分。

19.独立和中属鞑靼，包括古代斯基泰，这里是匈奴人、突厥人等的起源地。我们将对这些人以及其他鞑靼部落进行简单叙述。

20.蒙古或蒙古帝国。这一话题将包括蒙古人的历史，他们在中世纪征服了亚洲大部分地区。

21.中国。

22.日本。

23.朝鲜。

24.阿富汗。一个近代建立的王国，是古代阿里亚的一部分。

25.俾路支。一个近代建立的王国，古代又名格德罗西亚。

26.印度。本章节将顺带叙述葡萄牙、法国和英国在这里的活动。

27.印度支那。包括缅甸、安南、暹罗、马六甲和英国的领地。

28.西伯利亚。包括亚洲的萨尔马提亚以及多个部落，如哥萨克人、卡尔梅克人、萨摩耶德人、堪察加人等。

上古时代

第34章

蒙昧时代

（前4004—前3074）

创世时代和大洪水时代以前的历史，我们现在基本上依靠《旧约》的记载。“最开始，”摩西说，“上帝创造了天和地。”根据地质学和天文学的研究成果，学者们认为，这里所说的“开始”，其实不是构成我们所在世界物质存在的开始，而是一个时代的开始，即万物新秩序时代的开始。最初，万物处于一片混沌状态，但是经过连续巨变后，自然秩序建立了起来——太阳照耀大地，陆地从大水中显露出来，植物生长，雾气散去，星星出现；以前不为人知的动物（就是我们现在看到的动物）被创造了出来。最终，上帝最后的杰作——人类出现了。这样的描述虽然并不具有哲学思辨性，但却符合科学发展的进程。

圣经史学家认为，创造人类是上帝最重要的行为，甚至是上帝行动最主要的目的。于是在众多的创世之说中，有一个更加夸大的

蒙昧时代图景

说法，即上帝根据自己的形象创造了人类。这样我们就可以理解，历史学家所了解的人类最初状态与他所设想的上帝具有非常明显的相似之处。上帝先创造了男人，然后用男人的肋骨创造了女人。亚当和夏娃就是这两个人类始祖的名字。

人类由此被创造出来，分为男性和女性，他们被安排在“东方伊甸的一座花园里”。有许多地方都讲到“伊甸园”这个名字，但伊甸园（或称为乐园）的真正所在，从摩西的叙述中无法确定，因为《旧约》中对其地理位置的描述模糊不清。东方国家普遍认为亚洲有4个乐园。第一个在叙利亚的大马士革附近，第二个在迦勒底，第三个在波斯，第四个在锡兰岛上。锡兰岛上有座高山，名叫亚当峰。当地人认为，亚当从伊甸园被逐出后葬在这座山的下面。穆斯林则认为，亚当所在的伊甸园不在陆地上，而在七座天堂中的其中一座上，他从那里被扔到锡兰岛上，而后死在锡兰岛。

也有不同的权威学者认为伊甸园位于欧洲、非洲，甚至美洲。这个名字似乎被用于各种以美著称的环境中，通过许多代人以及所有国家的流传，人们永久地保留了关于这座最初乐园的美好记忆。“乐园”这一名字同样被普遍使用。然而，无论我们遵从传统还是科学研究，我们都有可靠的理由相信，人类发源于中亚或者南亚的高耸之地。

关于人类始祖在伊甸园的历史，圣经史学家几乎没有提供详细的资料。亚当被允许吃花园里所有树上的果子，除了其中的一棵。为了让亚当获得社交能力，他受命给不同的生物命名，以此锻炼他的语言能力。这些都是他们在被逐出之前在伊甸园里的主要活动。我们不知道这种纯真的状态持续了多久，但最终，亚当和他的妻子违反了造物主的命令，偷吃了禁果。作为对这一罪行的惩罚，他们被逐出了乐园。

第35章

大洪水前的时代

（前3074—前2348）

至于亚当被逐出伊甸园之后的生活情况，摩西的记载中也只有以下内容：亚当和夏娃生了许多孩子之后，于930岁时去世。该隐和亚伯是所有孩子中年龄最大的两个，他们从事不同的劳动。该隐务农，亚伯牧羊。该隐和亚伯的品性大不相同，该隐邪恶贪婪，亚伯正直善良。他们把各自的出产献给上帝，但是受到上帝不同的对待。万能的上帝接受了亚伯的供物而拒绝了该隐的。该隐对此发了怒，杀了他的弟弟。之后，该隐四处流浪漂泊，直到在挪得定居，此地被认为是波斯的苏锡安那省。他生下了一个儿子，取名以诺。该隐建了一座城，也命名为以诺。关于该隐的其他细节，我们了解得很少，我们只知道他的第五代孙拉麦，娶了两个妻子，一个叫亚大，另一个叫洗拉。亚大生了两个儿子。一个叫雅八，他是最早住在帐篷里的放牧人；另一个叫犹八，他发明了音乐。洗拉生了一个儿子，叫土巴，土巴掌握了打造金属器具的技艺。

亚当的另一个儿子塞特生了以挪士，以挪士生了该南，该南生了玛勒列，玛勒列又生了雅列。我们知道后来人类开始繁衍。地球上充满了暴力，出现了一个巨人族。《旧约》的译者对此处“巨人”的说法持不同意见，有些译者将此译为“狂暴残酷之人”，另外一些译者将此译为“如同劫掠者扑向猎物一样的人”。我们在此不是要澄清这些模糊之处，而是想说明，在这段历史时期，甚至在此后很长的一段时间里，政治权力与身体力量是紧密结合的。凡是碰到野兽并将其杀死的人，清除国内有害动物的人，或者能在战争中消灭大部分敌人的人，都会被同伴视为最适合作为他们的王和统帅的人。由此，宁录①从一个“力大无比的猎人”变成了一个伟大的王。

到目前为止，我们采用的都是摩西的叙述，但是关于大洪水之前的特定历史事件，他几乎没有给我们留下片言只语。犹太人以及其他东方国家丰富的传说，对这段历史做了大量的补充。根据这些传说，亚当死后，他的儿子塞特带着全家离开了放荡的该隐一族，把埋葬亚当的那座山作为栖息地。该隐一族依然住在山下，就是亚伯被杀的那个平原。塞特一家生活极其纯朴、圣洁，每天都到山顶拜祭上帝，每天都去瞻仰亚当的遗体。

在山上，他们开始观察天体，学会了天文学的一些基本原理。由于担心其子孙后代忘掉这些科学知识，就建了两根柱子。一根用砖，一根用石头，柱子上面刻上了他们在天文学上的发现。他们的

---

① 宁录，美索不达米亚传说中的君主，传说中的天下共主。——编者注

这一做法缘于亚当的一个预言，即所有的一切都将被毁灭，一次是被大火毁灭，一次是被大水毁灭。他们想，如果砖建的柱子被这样的灾难摧毁的话，则希望石头建的柱子能保存下来。犹太历史学家约瑟夫斯讲述这个故事时，认为其中一根柱子在他生活的年代依然屹立不倒，位于当时的西里亚德之地。然而，这个地方在哪里，他没有告诉我们。有些人认为此地就是上埃及①。

从古代作家保留下来的关于大洪水之前时代的其他传说中，我们可能会提及迦勒底历史学家贝罗苏斯，他在亚历山大大帝时期声名远播，曾列举了在大洪水暴发前统治迦勒底的10位国王。在这些国王中，第一个名叫阿诺努斯，据说跟亚当是一个人；最后一个国王名叫基苏特拉斯，对应挪亚。根据他的记载，在世界诞生的第一年，从红海里跳出了一种奇怪的动物，叫作奥安尼斯。这个动物的身子像条鱼，但鱼头下面是另一种动物的头。脚和声音都像人类。这种动物白天跟人类交谈，教给人类知识和各种技能，教导人类群居在城市里，并教给他们如何建造神殿、如何制定法律、如何收集种子和水果以及其他推进科学和文明的事情。太阳落山的时候，他就回到海里，整晚待在海里。其他作家也讲过这个故事，他们说奥安尼斯著书立说，讲述万物的起源和政治经济学。

我们还得到一些其他关于大洪水之前时代的故事，是由前面提到的腓尼基作家桑楚尼亚松留存下来的。根据桑楚尼亚松的说法，最初的两个凡人名字叫普罗托格诺斯和伊恩，他们的两个孩子名叫

① 上埃及，埃及南部地区，主要是农业区，包括开罗南郊以南直到苏丹边境的尼罗河各地。——编者注

基诺斯和基尼阿，住在腓尼基，崇拜太阳。后来又生下了3个孩子，分别取名为光、火和焰，他们掌握了用木片相互摩擦生火的技艺。他们后来又生了一些儿子，这些儿子壮硕高大，他们用其所拥有的山，如黎巴嫩山和这片地区的其他高山为儿子们命名。

这些后代中有个名叫希普里亚努斯的人，住在提尔，他会用芦苇和纸莎草茎建造小草房，而他的弟弟乌索斯会用野兽皮做衣服。有一次来了一场风暴，暴风中树枝相互碰擦，着了火，烧毁了树木。由此，希普里亚努斯造了一艘船，也可以说是一个木筏，大胆地驶入大海，他成了第一个水手。

尽管许多讲述这些故事的作家看似或多或少地知道摩西的著作，但是这些故事并非没有真实的基础。埃及人不愿意把这些古典之事传到其他国家，于是在他们的史册中装模作样地记录了几个大洪水之前的国王。

有关大洪水之前时代的风俗习惯、政策以及其他一些情况，我们只能借助推测。关于他们的宗教仪式，我们所知道的唯一一件事是，他们用地上出产的水果和动物进行祭祀。在艺术和科学方面，我们只能说知之甚少。在大洪水之前，人类很可能学会了很多实用知识，如农业、建筑和冶金学的首要因素，尽管不够完善，这些技艺毫无疑问都在运用。大洪水之前时代的人似乎都处于慵懒和奢侈中，这主要是由土地的丰产富饶造成的，他们无须发现和改进，这与后世大不相同。

关于他们的政治制度，几乎没有任何东西供我们进行猜测。最开始，很可能是族长制的政府形态。毫无疑问，当暴政和压迫开始广泛盛行时，它最先被取代。当时可能出现了社区[1]，但是为数不多，也可以说，不确定是否存在着具有明显差别的公民社会，是否存在着类似现在的不同政权形式。更有可能的是，所有人类似乎组成了一个庞大国家，拥有共同的语言、共同的风俗习惯。应该就是这些情况造成了普遍的腐败，不久这个政权就被推翻了。

对于上古时期的人口数量，现在有不同的猜测。当时人的寿命比现在长得多，前期人口增长速度显然比后期快得多。据估计，在环境有利的情况下，大洪水时代之前，人口很可能达到了4 000亿人[2]，但是所有的这些计算数据只是假设而已。我们有理由相信，当时地球某个地区的人口一定非常稠密，但是稠密的程度我们不得而知。

大洪水以前的非凡时代令许多研究者好奇，他们做了大量的调研工作，以探寻那段历史。《旧约》中记载，玛士撒拉活了969岁，其他族长也都活了好几百岁。许多生理学家认可《旧约》记载的正确性，他们设法从各方面对此进行解释。有些人认为，上古时期人类长寿是因为饮食的严格节制和简朴；还有一些人认为，当时的人元气充沛，身体构造完美，现在的人无法企及。然而，这些理由都无法解释清楚这些问题。如果我们认为古代的人体结构比现在更完善，那么问题依然存在：这种更加完善的身体结构原因何在？有些人随意篡改历史年鉴，认为年代数字有错，应该把月份理解成年

① 在本书中，社区指在一定地域形成的社会生活共同体，与我国城镇按地理位置划分的居民区有着较大的不同，请读者稍加留意。——编者注

② 作者采用的资料数据或许过于夸张，现在看来，以当时的生产力水平，地球上似乎不可能生活那么多人。——编者注

代。我们不想调和这些不同观点，也不想解释那些无法解释之处。我们要诚实地承认，这一切都缘于我们的无知，我们无法获得澄清问题的途径。

父系时代

第36章

大洪水

（前2348—前2300）

根据《旧约》的描述，人类在大洪水之前时代后期出现了行为的普遍堕落，这也就为大洪水泛滥的巨大灾难开辟了道路。这是历史上最重要的时代，世俗作家关于这一时期所有被证明是真实的记载，据说都发生过。这场大洪水在很多国家的传说里都留下了记忆。根据一般的推算，大洪水泛滥发生在公元前2348年。除挪亚和他的家人，大地上所有的栖息之物均被毁灭。

挪亚作为族长，在整个堕落环境中，深得上帝偏爱。挪亚得知洪水要到来，便按照神谕建造了一艘大船，即挪亚方舟，打算载上他和他的家人，以及当时已有的动物雌雄各一。挪亚方舟的形状如同一个大箱子，载重量为4万吨，比现代的轮船还大。洪水到来时，方舟已建好，装上了预先确定好的一切。大洪水淹没大地40天。（学者们对洪水淹没的范围有不同看法。有些学者认为，大洪水淹没了整个地面；另一些学者认为，大洪水只淹没了大地的部分地区，即有人居住之地。这一问题无法确认，还有一些其他问题无法解释清楚，也没必要解释清楚。历史上总有这种情况发生。）除了挪亚方舟里的生物，其余的人类和动物悉数灭亡。

方舟一直在水上漂流，直至年尾的时候，陆地重新出现，方舟在此停靠。这里就是亚拉拉特山。挪亚和他的家人以及方舟上的动物走出方舟。大地再次变得适宜居住，挪亚的后裔也在此地繁衍，而挪亚成为人类的始祖。大洪水过后，挪亚又活了300多年，见证了他子孙后代的繁衍生息，子孙数量多如海中沙。

有猜测认为，挪亚迁到东方，建立了中国。

他有三个儿子，分别是闪、含和雅弗。他的第一代子孙似乎定居在示拿，也就是迦勒底大平原边上。这些子孙不断繁衍，就是现在所谓的闪族人或闪米特人，他们中的亚述人、米底人和波斯人都是挪亚的长子闪的最早后代。含被认为定居在印度，也有一说是在埃及。雅弗的后代来到了小亚细亚，从这里，他的后代散布整个欧洲。这些分支的说法，尽管有些非常独到的支撑依据，但很大程度上都是猜测之说。

亚伯拉罕是闪这一支的后裔，亚伯拉罕的后代在东方历史上非常重要，因此值得格外关注。同所罗门一样，亚伯拉罕在东方各国中非常著名。由他开始，衍生了四个民族，分别是以东人（也称作以土买人）、犹太人、阿拉伯人和定居在叙利亚东部地区的部落及民族。以东人是东方的红色人种，是亚伯拉罕孙子以扫的后代；犹太人的祖先是亚伯拉罕之孙雅各；阿拉伯人是亚伯拉罕与埃及女子夏甲的儿子以实玛利的后代；而定居在叙利亚东部地区的部落和民族则是亚伯拉罕与基土拉所生最后一个孩子的后代。

居住在亚洲和非洲最早的古代文明民族，似乎是来自含这一脉。与圣经史关系最为密切的民族来自闪这一脉，而雅弗较早一支脉的后裔发展昌盛，在公元后的人类历史中一直处于重要地位，尤其在近现代，其文明和社会进步的程度，远超古代世界的任何一个文明。

含的4个儿子分别叫古实、麦西、迦南和雅弗，根据希伯来地理文献，他们的名字可能被认为代表了埃塞俄比亚、埃及、利比亚和迦南这4个地区及其祖先。

古实是埃塞俄比亚，也可以说是东非，从麦罗埃到上埃及，沿着红海，延伸到印度洋。埃塞俄比亚土著和古犹太人都能证明这一点。据说埃塞俄比亚居民从印度河岸迁徙而来。

麦西的后代在埃及建立了殖民地，那些古代宗教作家都把埃及称作麦西，这个名字甚至沿用到约瑟夫斯生活的年代。麦西的一个儿子将这一族发扬光大，并命名为非利士。对以色列人而言，这个民族非常可怕。他们占据了犹大和地中海间叙利亚的部分地区。

迦南是腓尼基人的祖先，据说西顿是迦南的长子，而以西顿命名的城市是东方最古老、最显赫的城市之一。迦南这一脉沿着地中海和内陆散布在西顿至加沙一带，远达死海。

雅弗应该是古、现代欧洲以及上亚细亚主要民族的祖先。他似乎就是伊阿珀托斯。根据希腊和罗马诗人及神话作家的传说，伊阿珀托斯是人类的祖先。根据摩西的记载，雅弗有7个儿子和众多孙子，突厥人、鞑靼人和蒙古人都声称伊阿珀托斯是他们的祖先。雅弗的两个儿子玛代和雅完应该代表米底人和希腊人。歌篾是雅弗的另一个儿子，被认为是辛梅里安人的始祖。还有一个儿子玛各，约瑟夫斯认定他就是斯基泰人的祖先，每当《旧约》提到这个名字时，都明显指的是现在所谓的鞑靼地区。

就这样，挪亚的子孙通过一代一代不断繁衍，最后遍布整个古代世界。然而，我们没有记载挪亚离开方舟时，整个大地是否已干，没有必要去加以考证，只要有一小块地是干的就足以让他和他的家人维持生存。随着人类和动物不断增多，就需要更多的陆地来居住，而且如果大洪水退却的面积相当于大洪水淹没的面积，那么就有足够的陆地让他们居住。这种地质学观点，在地球的历史上非常重要。因为在很多地方，从岩石可以明显看出，有些开阔地区在水下的时间明显长于其他地区。大洪水退却后，大地再次变得适合居住是一个逐渐变化的过程，在很多地区，这一过程持续了好几个世纪，因为人口增长的速度有些缓慢。

亚洲最先养育了新生的人类。然而，尽管人口的分布是从亚洲大陆的高山到平原，但欧洲的大部分地区可能还淹没在水下。人们认为，欧洲大陆在许多年里都是由一望无际的无数湖泊或内海构成的，它们都位于大山的斜坡之间。人类逐渐分散开来，动物也开始遍布各地，这些很可能都是由当地的环境决定的，目前，我们对此无法作出恰当的判断。

亚述帝国

第37章

两河流域

幼发拉底河周边及广大腹地在古代被称为“东方”。这个称谓流传到了周边领地，一直传到我们这个时代。以下是诗人拜伦对这一地区的描述[1]——受到自然如此眷顾，却又如此堕落。

你可知道有一个地方，柏树和桃金娘
是那片土地上所作的事迹的征象?
在那儿，兀鹰的躁怒和海鳖的爱情
一会儿化为悲哀，一会儿促成暴行!
你可知道那生长杉木和藤蔓的地方，

① 引文内容节选自《拜伦诗歌精选·阿比多斯的新娘》，查良铮译，北岳文艺出版社，2010年第3版第1次印刷。《阿比多斯的新娘》由拜伦于1813年创作。——译者注

那儿花朵永远盛开，太阳永远闪亮；
西风的轻盈翅膀为沉香所压低，
在玫瑰盛开的园中逐渐沉落、偃息；
在那儿，香橼和橄榄是最美的水果，
夜莺终年歌唱，她的歌喉从不沉默；
那儿的土地和天空尽管颜色不同，
但各有各的美丽，它们相互争胜，
而海洋的紫色却那么深，那么浓；
少女有如她们摘下的玫瑰一样温柔，
一切充满了神异，只有人的心如旧。
呵，那是东方，那是太阳居住的地方——
他能否对他子女的行为微笑、赞赏？

这些领地，从东部的波斯边境一直延伸到西部的希腊群岛，现在臣服于君士坦丁堡苏丹的统治之下，是土耳其的亚洲部分的一部分。我们以后还将详细描写土耳其的亚洲部分，此处提到这片地区只为对亚述、巴比伦尼亚等国家的历史进行介绍。

库尔德斯坦在古代被称为亚述，这里曾建立起历史上第一个大帝国，而且一直繁荣了几个世纪。东边的扎格罗斯山脉将这片地区与波斯分开，北临亚美尼亚，西面和南面的底格里斯河将它与美索不达米亚分开。亚述所处的纬度与佐治亚州[①]的纬度相同，气候也相似。土地面积1.8万平方英里，约相当于马萨诸塞州的两倍。南部

① 佐治亚州及下文的马萨诸塞州等均为近代美国的州名。——编者注

分布着起伏不平的平原，北部分布着崎岖的高山和丘陵。

较平坦的地区现在被迦勒底人、阿拉伯人和其他一些民族占据，而他们依然处于未开化状态，生活的城镇和乡村破烂不堪。北面由一个凶猛的部落后裔占领，这个部落在古代被称为卡杜客亚人，他们的名字也是库尔德斯坦名字的来源。这些人所住的城堡，其实是城镇，由于周边全被岩石和峭壁包围，看起来如同城堡。酋长都是各个氏族的首领，他们凶悍、骄傲，具有掠夺性，与过去的苏格兰酋长非常相似。他们对自己的纯正血统感到骄傲，将自己的血统追溯到挪亚，他们忠于自己的国家，痛恨外族人，对外族人既不人道也无善意。库尔德斯坦这一地区的现代城镇主要有穆什、塞尔特和贝特利斯，最后这个城镇被认为是都城。

这里的古代城镇全都消失了。这个帝国最值得骄傲的都城尼尼微变成了底格里斯河东岸的一堆废墟，对面便是现在的摩苏尔城。它的东面是阿尔比勒和高加米拉，亚历山大大帝就是在高加米拉附近打败了波斯军队，成为亚洲的主人。它的南面有苏美尔、俄庇斯、德米特里厄斯等城镇。这些地方随着他们建设者的消失而消失。古城废墟之上新建的城镇和乡村随处可见。位于这片土地南部的巴格达，一直是萨拉森各朝代的都城，现在依然是一座大城。

位于底格里斯河和幼发拉底河之间的大片区域有过很多不同的名字，如巴比伦尼亚、迦勒底和美索不达米亚等。这片地区现在的名字是伊拉克。这片土地最宽处约为100英里，面积为2.3万平方英里，相当于纽约州的一半大，位于开阔平坦的平原上。下游地区由于常年被幼发拉底河淹没，土地极其肥沃。中游地区天然荒芜贫瘠，但在古代，由于灌溉，物产也很丰富，此时的居民不重视农业。古代的城镇都已消失。巴比伦——这座由宁录在遥远的古代创建的城市，其财富和壮观程度在很长时间里一直是世界的奇观，现在已风光不再，成为丘墟之地。曾经从这片土地流经的幼发拉底河现在抛弃了它，而它已变成了一堆难看的砖块、泥土和石头，四周被沼泽包围，破败不堪，一片凄凉。

在波斯湾附近，幼发拉底河和底格里斯河交汇在一起，形成了一条河，名为阿拉伯河。河的西岸是巴士拉，这里是波斯和幼发拉底河流域各国之间的商业中心。美索不达米亚这一区域是古代迦勒底本土，目前土地依然十分肥沃。

以上就是这些久负盛名的国家目前的状况。历史告诉我们，人类最早的大帝国从这里兴起，这里是人类文明最先达到了相当发达程度的地方。环绕亚述本土，北边是亚美尼亚，东边是米底，南边是苏锡安那，西边是美索不达米亚。

亚述的历史不仅与这些周边的地区连在一起，而且也与印度和埃及之间的所有地区联系在一起。亚述帝国的边界一度向东达到了米底和波斯，向南达到了美索不达米亚和苏锡安那，向西达到了叙利亚、巴勒斯坦和部分小亚细亚。

这些地区的大部分处于北纬30°至40°之间，气候与佐治亚州和南、北卡罗来纳州很相似，但北部山区的气候要更冷一些。在亚述，靠近亚美尼亚的边境地带，冬天的雪下得很厚。整个地区被认为是一片丰产富饶的土地，主要出产小麦、黑麦、大麦、芝麻和小米，还有葡萄及其他各种各样的水果。在这种气候下，只需要灌溉就足以种植大量庄稼，这在古代被广泛推广。为了便于灌溉，历代君主都大力兴建运河、堤坝和水库等，这一开明政策的实行，使得整个地区的粮食产量大大提高。现在，这里的气候和土壤如同往昔，然而由于君主制度的压迫和破坏，这片区域曾经的大部分肥土良田呈现出一片贫困、荒芜和堕落的景象。

在美索不达米亚的古代城市中，除了巴比伦，还有沃洛吉西亚、亚历山大城和塞琉西亚。近代值得引起注意的城镇有摩苏尔、迪西比斯、马尔丁、乌尔和迪亚巴克尔。①

据推测，亚述帝国和巴比伦帝国的创立者延续了族长时期的某些文明。古代亚述人性格开朗，天赋极高。巴比伦人也称作迦勒底人，与亚述人出于同一族群，后来与亚述人混合为一体。

两大帝国在幼发拉底河河谷兴起，变得繁荣强盛，成为讲究艺术、高雅和奢侈之地；而与此同时，北部地区被帕提亚人以及斯基

① 美索不达米亚北部的几座近代城市都颇令人感兴趣。摩苏尔位于底格里斯河河畔，对面是尼尼微古城的废墟。街道因为与河水齐平，经常被淹。人口约3.5万人，包括基督徒、犹太人、阿拉伯人和库尔德人。部分住房建在尼尼微废墟上。城墙的石板处于破败状态。清真寺、咖啡店、客栈、集市等建筑风格优美。希腊的基督徒拥有九座教堂和一座多明我会修道院。过去，这里的贸易非常发达，如今已经衰落。摩苏尔被一个独立的帕夏（总督）统治，他可以任性专制地行使自己的权力。

乌尔是这一地区最好的城市之一。它就是古代埃德萨，还被认为是迦勒底的吾珥城，亚伯拉罕去哈兰前曾居住在这里。这座城市建于山坡上，城市周长约4英里。街道狭窄，但铺设整齐。房屋都是用石头建造的，非常结实。在这座城市的尽头，一处湖泊的周围，坐落着亚伯拉罕清真寺，这是土耳其的亚洲部分最壮观的建筑。城市的每一处要地无不留下与亚伯拉罕这位犹太民族祖先的关联。乌尔的居民有良好的教养，彬彬有礼，这座城市被认为是土耳其领土内最适宜居住之地。

马尔丁坐落于岩石峭壁之上，如同一座城堡。迪亚巴克尔，即古代的阿米达，为帕夏管区的中心。人口约6万人，贸易比较发达。——原注

摩苏尔城图景

泰人所占领。米底在亚述东部，尽管最初是亚述帝国的一个行省，但在早期就已非常强大，后来推翻了亚述。波斯也位于亚述东部，与米底结盟，后来成为征服者，让印度河到马尔马拉海的整片地区都臣服于它的统治之下。阿拉伯古代的状况跟现在差不多，巴勒斯坦是犹大王国和以色列王国所在地。犹大王国的都城是耶路撒冷，以色列王国的都城是撒玛利亚。叙利亚和小亚细亚在公元纪元前的许多个世纪里，人口一直非常稠密，听说在很早的时期就有亚述君主入侵它们的领地。

下表展现了从巴比伦到各地的距离，非常便于下文的阅读，尤其是与亚述、巴比伦、米底和波斯有关的章节。

起点	终点	距离（英里）
巴比伦	尼尼微（亚述）	250
巴比伦	波斯波利斯（波斯）	400
巴比伦	苏萨城（波斯）	200
巴比伦	印度河（印度）	1 500
巴比伦	恒河河口（印度）	2 600
巴比伦	埃克巴坦那（米底国都）	250
巴比伦	巴克特拉（巴克特里亚国都）	1 200
巴比伦	耶路撒冷（犹太人的都城）	420
巴比伦	孟菲斯（埃及）	850
巴比伦	大马士革（叙利亚）	360
巴比伦	安条克（叙利亚）	420
巴比伦	拜占庭（现在的君士坦丁堡）	1 000
巴比伦	希腊	1 500
巴比伦	罗马城	2 500

第38章

古代亚述

（前2221—前2000）

亚述似乎是世上最早有人居住的地区之一，根据所有的历史记载，亚述也是最古老的君主制国家之一。由于与政府、艺术和文明的起源联系在一起，所以，亚述较早地受到了历史学家的关注。

然而，无论亚述多么古老、多么强大，对于亚述最早期的历史，我们仍一无所知。早期的编年史学家受到了迷信和传说的过多影响，而对帝国的记载，即使存在过真实记载，也早已在时间的沉浮破坏中消失

古代亚述遗迹

殆尽。希腊人荒谬的虚荣心，让他们忽略他国的历史，或者依赖本国历史学家的想象而不是更有价值的证明文献，让这一话题陷入绝望的黑暗之中。

从希腊作家的作品中，我们了解到，早期亚述的历史都是跟传说相差无几的英雄故事。传说在早先某个不确定的时代，那些男女英雄在底格里斯河和幼发拉底河沿岸的旷野中建起了一个王国。这些传说据说没有年代数据标识先后，却能展示东方常见的夸大的特点。在摩西的文字里，亚述是一个独特的征服民族，征服者们创建了一个帝国。然而，这段历史也仅限于对亚述人和希伯来人之间战争的不经意描述。希腊历史学家希罗多德对亚述人这一话题只是简单地描述，但是他的叙述证实了《旧约》中的记载。所有这些早期的历史都非常模糊，而且有些重要的记载内容相互矛盾，因此无法勾勒出无可争议、确定无疑的相关历史图景。一般而言，人们普遍认为亚述帝国同巴比伦城一样古老，这是一个比较保险的推测。希腊哲学家卡利斯提尼斯曾跟随亚历山大大帝征服东方，根据他的说法，巴比伦人认为他们从建城到被亚历山大占领经历了1 903年的时间，而这个时间正好符合厄舍尔年表中亚述开始建立[①]的时间为大洪水过后114年。

① 一般认为，亚述帝国建立于公元前2221年，也就是大洪水后127年。古代历史显示，在这一时期，有大量人口众多的民族，而且在一段非常短暂的时间之后，成千上万的军人开进了战场。城市也建了起来，数量庞大，惊人地壮观。这些事实可以证实厄舍尔年表存在错误，在亚述建国和大洪水之间相当长的时间里存在大量空白，与一般的推算有出入。这一观点获得认可，由此可知，海尔年表比厄舍尔年表更加准确。——原注

毫无疑问，亚述是大洪水后建立的第一个大帝国。据说，大洪水退去后，方舟停靠在亚拉拉特山脉。这条山脉位于亚美尼亚，而亚美尼亚与随后崛起的亚述帝国所在的地区交界。圣经史学家对挪亚及其家人离开方舟后人类的去向几乎没有留下什么详细记载。有一群人去了东方，到了示拿，应该是迦勒底。到了这里之后，他们重操旧业——建了一座城市和一座塔。根据文献的记载，塔的高度直与天齐。对这一做法的动机有各种各样的说法：有些人认为，这样做是担心会再来一场大洪水；另外一些人认为，这样做是要立个标志，在很远的地方就能看到，因为人们赶着牛羊四处游牧，看到塔就能聚回到一起；还有一些人认为，这样做是为了显示野心和贪求名望，一旦无法控制，将走向犯罪的深渊。对此，我们除了猜测，别无奉告。我们仅有的一点与此相关又与众不同的信息是，这个塔的设计使万能的神不悦，为了阻止其完工，神“搅乱了他们的语言，使他们半途而废”，他们因此四处散开。为了纪念这一大事，这座建筑被命名为“巴别塔”，为“混乱”之意。据说，巴比伦此后就建在这里。

东方许多传说都提到了这一重大的事件。约瑟夫斯引用了一个古代女预言家西比尔的预言，宣称人类曾经说同一种语言，还建了一座极高的塔，要攀到天上。众神刮起了一股风把塔给吹倒了，还让每个人都说一种不同的语言，由此有了巴比伦之名。迦勒底历史学家阿比德纳斯也提出了一个类似的说法，为了确定这一事件发生的日期，他说“然后，克洛诺斯和泰坦之间的战争便开始了”。这个说法没有什么疑问，如果剥去历史的诗性装饰，就会发现，这个关于巨人们对抗上天之战的著名神话即源于这一事件。

无论对这一话题形成了何种观点，我们都有理由认为，亚述帝国是由阿舒尔创建的。根据摩西的记载，巴别塔的混乱事件之后，阿舒尔来到示拿，在那里建立了尼尼微和其他城市。阿舒尔统治期间没有发生任何大事件。在他之后，还提到了宁录，宁录是一个野心勃勃的统治者。据说，他是“上帝面前的非凡猎人”。这个说法可能指的是他热衷于征服和统治。同贝拉斯也就是巴力一样，宁录此后也很可能被当作神来崇拜。记载中还有，巴比伦城是宁录的儿子尼诺斯（然而，有些作家认为这两个人是同一人）统治时期一个王国的都城。亚述历史中的这一部分比较混乱，无论怎样推测都理不出头绪。我们只是根据材料尽力整理出一个相对清晰的记叙。

我们所能知道的，尼诺斯推行的第一项措施是与阿拉伯国王结成联盟，借助阿拉伯国王的帮助，他在很大程度上完成了自己伟大的征服计划。他们的联军纵横于埃及到印度和巴克特里亚的广阔土地上。巴比伦国王成了尼诺斯的阶下囚，他与他的孩子全部死于尼诺斯的剑下。尼诺斯也征服了亚美尼亚和米底，将米底王室的所有成员全部处死。据说在凯旋途中，尼诺斯于尼尼微修建了他的宫廷，在整座城市建起了富丽堂皇的高楼。根据作家（无论是圣经作家还是世俗作家）的记载，这都是一个辉煌宏伟的时期。希腊历史学家狄奥多罗斯说：“他（尼诺斯）是想将尼尼微设计成世界上最庞大、最宏伟的城市，前无古人，后无来者。”

尼诺斯对他的都城进行了扩建、加固和美化，使其变得极为壮观。然后，他集结了一支强大的军队，向巴克特里亚人发动了一场战役。如果希腊人克特西亚斯（他撰写了亚述和波斯的历史）的话可信，那么，这支军队包括170万步兵、20万骑兵和1.6万辆由长镰刀武装的战车。毫无疑问，这一切被夸大了。尼诺斯攻占了众多城市，将巴克特里亚首都巴克特拉重重包围。在这里，如果没有塞米勒米斯的帮助，尼诺斯可能要前功尽弃。塞米勒米斯是他某一个宰相的妻子，是历史上最非凡的女性之一。

第39章

塞米勒米斯

（前2000年左右）

塞米勒米斯被某些人认为是一个神话般的存在，然而从她生平的细节来看，她并非是一个神话人物。神话却与她真实的历史融为一体。据说，她是德塞托女神的女儿（叙利亚的亚实基伦附近为德塞托女神建了一座神庙）。根据传说，德塞托女神跳进了一条河里，想淹死自己，结果瞬间变成了一条鱼。她的孩子被一群鸽子所抚养，鸽子给幼儿喂奶，用翅膀为幼儿遮风挡雨。后来鸽子用奶酪喂这个幼儿，而奶酪是鸽子从附近牧羊人那里偷来的。这些牧羊人发现了这个幼儿，一个名叫西玛的牧羊人总管收养了她。这个弃婴被取名为塞米勒米斯，在叙利亚语中，为“鸽子”之意。我们引用这个传说，目的是想说明这个故事跟罗慕路斯和雷穆斯的故事很像。然而，塞米勒米斯的神话故事更古老一些。

根据传说，塞米勒米斯天赋异禀，美貌动人。亚述国王的管家米努吐斯被派去清查王室的牛群和羊群时，在西玛家里看到了她。他说服她和他一起去尼尼微城，在那里，塞米勒米斯成了他的妻子。据说，她对丈夫拥有绝对影响力，她的丈夫也在她明智而谨慎的劝告下越来越有权势和名望。

围困巴克特拉时，塞米勒米斯应丈夫的召唤来到营帐。她指出，国王在错误的位置对敌人的工事发动进攻，随后主动提出带一队士兵去突袭城堡。城堡被攻克后，国王成了巴克特拉的主人。塞米勒米斯非凡的功绩使得尼诺斯想将其占为己有，就恳求塞米勒米斯的丈夫放弃妻子，但是毫无结果。国王被她丈夫的坚持所激怒，残酷地迫害他，最后这个不幸的男人自杀了。塞米勒米斯随后变成了亚述王国的王后。这些事件发生的日期难以确定，而且不同的作者给出的时间也不一样，从公元前2100年至公元前1200年的都有。

根据某些记载，尼诺斯被他的新王后暗杀了。也有其他记载说，尼诺斯在儿子出生后平静地死去，他的儿子叫尼倪阿斯。塞米勒米斯在她儿子未成年期间担任摄政王，她决定要通过着手某件大事开始她的统治，让她的名字流芳百世，让人类忘记她出生时的卑微。她集合了帝国各省之力，动用了200多万人兴建了巴比伦城。[①]巴比伦城的富丽堂皇在随后的各个时期都令人叹为观止。人类的自然习性，尤其是当时处在遥远和极其迷信的时代，让我们对古代作家大肆渲染的场景或多或少地存疑。然而，巴比伦不同，我们之后还要对其加以描述。有充分证据表明，作家们对古巴比伦的渲染叙述并未超出事实。

① 历史文献是这样记载的，然而，她很可能只是扩建和美化了巴比伦，这一事件很可能是发生在几个世纪前。——原注

第40章

塞米勒米斯的征服及死亡

（约前2000年）

尽管建造和装饰巴比伦这样一座巨大的城市似乎是一辈子的工作，但我们听说，塞米勒米斯又在底格里斯河沿岸兴建了好几座大型的城市。和平而辛苦的工作并没有让这位非凡的女人止步，她雄心勃勃，难以停息。她集结了一支庞大的军队，开进了米底，沿途建造了许多美丽的花园，花园里竖立了雕塑和纪念碑，想以此留下对她的永久纪念。从米底，她又一路进发，来到了波斯，所到之处大兴宫殿，兴建城镇，平整山丘，建设道路。据说，她从亚洲一直进军至埃及以及利比亚沙漠。受好奇心驱使，她参观了著名的阿蒙神庙，想在那里求得自己还能活多久的神谕。神谕的回答是，她儿子尼倪阿斯密谋反对她之时正是她的大限之期，她在死后将受到神一般的崇拜。

返回巴比伦途中，新计划又燃起了她的勃勃雄心，她即刻快速将其实现。她听说，印度有大量财富，土地肥沃，幅员辽阔，于是决心征服这个国家。她从帝国各省调集了一支大军，并从腓尼基、叙利亚和塞浦路斯雇用造船匠造船，打算从陆路运输至港口，用它们渡过宽阔的印度河。另外，她听说印度人主要依靠大象作战，便决定模仿这些动物。她命令屠杀30万头公牛，将牛皮披在骆驼身上，使骆驼看起来如大象一样高大。她所做的这一切都是要让敌人陷于惊恐之中。

如此大张旗鼓地备战不可能不引起印度国王的注意。印度国王斯塔布罗巴特斯集结了一支军队，迎战侵略者。同时，他还集结了一支海军，装备了4 000只用竹子造的船供他在河上调遣。双方进行了一些打破敌对局面的谈判，然而塞米勒米斯的傲慢使得双方难以达成和解。她带领强大的军队，浩浩荡荡向印度河进军，试图用她的船开辟出一条通道。双方的舰队匆匆相遇，展开激战，在一段时间内相持不下。最终塞米勒米斯冲到了战斗最激烈的地方，扭转了战局，赢得了胜利。印度有1 000只战船被击沉，大量的人被俘虏。

塞米勒米斯继续向印度领土纵深推进，追赶狼狈逃跑的敌军。根据某些记载，印度人撤退是个计谋，目的是引诱亚述军队进入埋伏区。假扮的大象开始时确实让敌军受到惊吓，然而，这种惊吓很快散去，因为有些亚述逃兵把这种欺骗的消息传了出去。因此，印度人敢于直面敌人，发起了第二场战斗。亚述人开始时占有一定优势，然而，印度人很快集结起来，并且有象兵的加入，勇敢地持续战斗。假扮大象最终毫无用处，很快造成了巨大伤亡，亚述败下阵来。

现在，双方军队的首领单枪匹马迎战对方。印度国王打伤了塞米勒米斯，后者发现战斗局势不可逆转，注定失败，于是落荒而逃，同她的逃兵一起，再次蹚过印度河，而前不久她还是在一片胜利者的喊声中蹚过这条河进入敌境的。她损失了2/3的军队，向亚述撤退，这是她伟大壮举的终结。

塞米勒米斯由此结束了她的荣耀，而随后也结束了她的一生。她发现，宫廷里有反对她的密谋，便自愿将象征王权的权杖交给了她的儿子尼倪阿斯，隐退幕后。她死的时候62岁，在位42年，统治了亚洲的大片地区。据说，她是以一只鸽子的形状告别这个世界的。此后，亚述人开始崇拜鸽子，给予鸽子神的荣耀。

女王一生的事迹是历史上最不确定的部分之一。赋予她的超凡行动似乎与当时的军事科学状况不相匹配。希腊历史学家很可能把许多亚述君主的事迹合并到她一个人身上，把本该更广阔历史跨度的显赫与荣耀集于一人之身。这样做可能出于无知和误读，也可能出于对这位杰出女性的热爱。无论如何，真正的塞米勒米斯显然具有男人的气魄与强大的性格。瓦莱里乌斯·马克西穆斯说过，仅仅是她的出现就足以平息巨大的暴乱。据说，有一天，她在着装打扮之时，有人报告说城中出现骚乱。当时她的头发刚梳了一半，她一听说此事，立刻出发。她当众严正陈词，平息了骚乱，遣散了人群。为了纪念这一非凡的成就，人们竖立了一座雕像，展现女王向民众讲话的形象。

第41章

亚述第一帝国的终结

（前2000—前876）

尼倪阿斯继承了母亲的王位后，慵懒无为，生活奢侈。为了纵情而又不被公事干扰，他故意离开臣民的视线，将自己关在王宫里，整日与宦官和女色为伴。每年年底他都会把军队解散，然后更换新的军队，而这种行为每次都要花费大量的时间。他这样做的目的是想阻止所有针对他的阴谋。他的一生毫无建树，他的死也并不令人惋惜。在他之后长达1 200年的时间里，后续30任君主都以他为榜样，以至于他们在位时的历史被完全湮没。我们找不到任何一个被记录下来的大事件作为这一时期的标志。这看似令人难以置信，但古代作家确实都是这样向我们讲述的。

这一血统的最后一位君主是萨尔丹纳帕勒斯，他于约公元前900年登上王位。他在性格上展现出了彻底的懒惰、堕落和邪恶。像开创了这个娘娘腔朝代的前任一样，他成天闭门不出，在宫殿里穿上女人的裙装，模仿女人的声音和举动，涂脂抹粉，手持纺纱杆等，完全自暴自弃，陷入各种愚蠢和堕落之中，直到他的行为成为整个帝国的耻辱和丑闻。他的行为激怒了米底总督阿拔士，后者决心重塑国威，推翻这个可耻的暴君。为此，他与巴比伦总督贝勒西斯结盟，鼓动米底人、波斯人和巴比伦人反叛，将阿拉伯国王卷进这一计划，这样，他们借此控制军队，立即揭竿而起。

萨尔丹纳帕勒斯突然从美梦中惊醒，在这危急关头，他集结了所有继续听命于他的军队，勇敢地与背叛他的藩臣作战。在接连三场战役中，他都大获全胜。他说，谁能杀死阿拔士或贝勒西斯，谁就能得到200塔兰同金子的奖励；如果能活捉，就得到双倍数量的奖励。然而，这些奖励并没有产生什么效果。贝勒西斯是迦勒底的一名祭司，还是一名伟大的占星家，每晚都求教于星星（我们所得的信息就是这样）。在第三场战役之后，他向军队庄严承诺，上天将在他们的武器上降下祥瑞。与此同时，对取得最终胜利信心满满的萨尔丹纳帕勒斯正全身心地安排祭祀和庆祝活动，准备在军队大获全胜后，进行隆重的庆祝。

他让必胜的信心冲昏了头脑，认为没有必要亲自上阵督战，而是将军队的指挥权交给了他的妻弟，并把自己关在尼尼微的王宫里，似乎让人觉得，他还大权在握。起义军袭击了这座城市，消灭了萨尔丹纳帕勒斯的大部分军队，然后将他重重包围。此时，他还存有一丝幻想，想起了古代的一句预言：“只要底格里斯河不成为这座城市的敌人，尼尼微就永远不会被占领。”因为城中有充足的物质供应，起义联军在城墙外苦攻两年，也没有迫使城中的居民投降。然而，一次突如其来的洪流导致底格里斯河河水暴涨，冲毁了两英里多长的城墙。起义军从缺口处拥入，占领了尼尼微城。萨尔丹纳帕勒斯立刻意识到了自己的危险，而他最后的一线希望也因此破灭。他逃进王宫，想以一个伟大君主的体面结束自己的生命。他命人在宫殿里堆起一个巨大的葬堆，把他所有珍贵的财宝都放到上面，财宝的数额惊人。他让宫中的妻妾、宦官和仆人坐到宝藏上面，自己则坐到他们中间。他点燃了葬堆，让自己和所有人及财宝都在熊熊烈焰中化为灰烬。

据说，这个君主曾命人在他的纪念碑上刻两行字，大意是他带走了一切所爱之物，留下其他的一切。亚里士多德说，这个碑文适合一头猪。普鲁塔克说，萨尔丹纳帕勒斯的雕塑呈现出一名舞者的姿态，而碑文感觉是国王对旁观者说的话，这些话是："吃、喝、享乐，其他一切都毫无意义。"

萨尔丹纳帕勒斯的死结束了亚述第一个君主政体，帝国也随之瓦解。据说，征服者彻底摧毁了尼尼微城。如果这种说法是事实的话，此地一定是得到了重建，因为，此后这里仍是一座巨大的城市。

我们无法有把握地确定发生在人类早期历史上这些大事件的日期，因为大多数学者和严谨的作家对这些事件的时间顺序的说法差别很大。根据古希腊作家希罗多德的说法，整个亚述帝国存在的时间只有520年（举足轻重的厄舍尔也同意这种说法），而希腊历史学家克特西亚斯和狄奥多罗斯及罗马历史学家庞培·特罗古斯都认为帝国存在了1 450年（一大批近代作家同意这种说法）。帝国结束的时间比开始的时间更加明确，普遍的说法是亚述帝国亡于公元前876年，有些作家说是公元前888年，还有一些作家说是公元前821年。

在亚述帝国的废墟上建立了三大王国，它们是米底王国（由主谋者阿拔士统治）、巴比伦尼亚（由贝勒西斯统治，也称巴比伦亚述）和尼尼微亚述（近期发现表明，由普勒统治）。尼尼微亚述也被称为亚述第二帝国，我们将对它进行简单介绍，但同时也将说明，我们对这一部分的历史有许多不明之处。我们只能把我们认为最有可能的观点呈现出来。

第42章

亚述第二帝国

（前876—前606）

《旧约》中除了对亚述帝国的建立提供概括性的描述，没有给我们留下其他历史资料。一直到普勒（他是神圣纪事中提到的第一位亚述国王）统治时期，才有了对亚述帝国的描述。这些细节主要来自希腊作家。现在我们要说的是亚述第二帝国，它的历史与以色列历史联系在一起，而且对以色列的描述恰巧涉及亚述第二帝国。由此，我们获得了可靠、连贯的历史资料。

在继续这个话题之前，最好先关注一下周边国家的情况，尤其是当时在亚述编年史中崭露头角的那些国家。

西边与亚述相邻的是迦南，然而当时，大卫王和所罗门王的辉煌时代已经一去不复返了。希伯来民族分裂成了两个王国：一个是犹大王国，都城为耶路撒冷；另一个是以色列王国，都城为撒玛利亚。这些地区北边是腓尼基两座商业发达的城市——提尔和西顿。

紧邻这两座城市的是人口稠密的叙利亚王国，它的首都大马士革是亚洲最大的商业中心之一。小亚细亚人口稠密，那里有好几个繁荣富庶的重要王国。亚述的北边是亚美尼亚——那也是一个人口众多的国家。再往北的广阔地区属于凶猛的斯基泰人。亚述的东边是米底和波斯，再往东是印度和中国，中间有大片地区，在当时几乎都是人口稠密之地。

以上就是当时亚洲中部和南部各民族的大致情况，埃及达到了它的鼎盛时期，在知识和艺术方面甚至超过了亚述。迦太基开始了它的航海事业，通过直布罗陀海峡，将它的航路从地中海通到了大西洋。在欧洲，希腊正朝着它的辉煌鼎盛时期前进。罗马——这个未来世界的王者，正沿着台伯河两岸筑起城墙。这就是亚述第二帝国繁荣昌盛的两个多世纪里发生的事情。下面就回到我们叙述的主线上。

从萨尔丹纳帕勒斯被推翻到普勒即位，中间经历了多长时间，现在仍无法确定；阿拔士统治的是由他主导建立的亚述新帝国还是仅限于米底，目前无法确定。① 我们所能确定的是，在古亚述帝国被推翻后大约一个世纪里，普勒作为一位独立的君王登上了新帝国的王位，他不仅能够稳固自己的王位，还通过征服扩大了国家的领土。当时，以色列王国的米拿现似乎通过参与谋杀上一任君主沙龙而夺取了王位，亚述王普勒便率领庞大的军队入侵了以色列。米

① 有些作家认为，亚述仍是一个大帝国，而米底和巴比伦尼亚是亚述的两个行省。按照这个说法，阿拔士就是亚述的国王，而贝勒西斯是巴比伦尼亚的总督，并不是一个独立的君王。阿拔士的继任者是曼达乌西斯，他与上文中的普勒被认为是同一个人。——原注

拿现向入侵者贡献了1 000塔兰同银子，从而使自己避免了致命的打击。因为这一进贡，他的王位得到保证，也得到了亚述君主保护他的承诺。普勒回到了首都尼尼微城，他不仅让以色列成为附庸，还获得进军途中其他几个国家的效忠。这一时期是亚述新帝国大肆扩张之时，也是以色列人遭受亚述君主蹂躏的开始。

从历史的最早期开始，似乎就出现了合法地随意处置战俘的现象。有俘获者利用战俘为他们自己谋取利益，甚至仅为满足自己反复无常的劫掠欲望。战俘如果对其征服者进行反抗，就会被报复性地处死或折磨，他们发出的喊叫或所遭受的痛苦成为征服者娱乐的来源。有的战俘被割掉舌头，变成了哑巴，成为奴隶；有的战俘被阉割，变成了王宫中的宦官；还有一些战俘被挖眼，随后被弃之不顾。经常有整个部落或整个民族被迁徙到另一个国家，他们原有的城镇无人居住，变得荒凉孤寂。被俘的国王、王公贵族们成了征服者凯旋式游行队伍中的装饰。

关于这些风俗，尽管有些细微的改动，但在亚述人中非常普遍，在古代犹太人、埃及人和希腊人中也非常普遍。在亚述历史的第二个时期里，希伯来两个王国（犹大王国和以色列王国）的人民深受连年征服和俘虏之苦，这些在他们的历史中都可以找到。

从这些事实中，我们可以明显地看出，在我们所写的这些遥远的时代，我们现在司空见惯的人道主张，在当时是不为人所知的，至少是不被认可的。对待他人像对待自己的邻居一样，让人人都享有平等的权利，这条金科玉律并未实施。撒玛利亚人的历史还没有作为一个权威的例子摆在世人面前。尽管人类沐浴在文明、仁慈的光辉中已有18个世纪，然而，仍然可以发现许多古代野蛮行为的蛛丝马迹，将一个民族变成另一民族的俘虏并随意驱遣是合法的。人类迈向真正文明的进程竟如此缓慢，如此困难重重！

公元前745年，普勒的长子提格拉·帕拉萨登上王位，与此同时，他的小儿子纳巴那沙成为巴比伦国王。巴比伦王国此时似乎臣服于亚述，或者至少可以说，向亚述进贡。提格拉·帕拉萨东征西讨，大大拓展了王国的疆界。他向叙利亚进军，攻占了首都大马士革，杀了国王利汛，叙利亚王国灭亡，那里的人被迁徙到米底的基尔。在提格拉·帕拉萨统治时期，犹大国王被迫向亚述缴纳沉重的贡赋，还正式承认自己是亚述帝国的封臣。

公元前727年左右，提格拉·帕拉萨去世，萨尔玛那萨尔继位，他在《旧约·列王记》中被称为撒缦以色。以色列国王何细亚一直想摆脱亚述的奴役，为了达到这个目的，他与埃及结盟。萨尔玛那萨尔便向以色列王国大举进军，很快征服了以色列王国的大部分国土，将其首都撒玛利亚团团围困。就在这时，萨尔玛那萨尔去世，他的弟弟萨尔贡二世继位，继续围困撒玛利亚。何细亚顽强抵抗了3年，最终被活捉，戴上镣铐，在牢狱中度过余生。他解救自己国家的努力，不但没有达到目的，反而导致了它的灭亡。10个支派的人都做了俘虏，以色列王国从此消失无闻。以色列王国存在了250年，最终灭亡。而犹大王国又延续了一个半世纪，最终被尼布甲尼撒征服。

萨尔贡二世征服以色列王国以后，又降服了除了提尔的腓尼基各城市。他围困了提尔5年，却不能将其攻克。公元前705年，辛那赫里布继位。因为犹大国王希西家拒绝按照规定进贡，他率大军进攻犹大王国。希西家受先知以赛亚的启示，拒绝撤离耶路撒冷。同时，埃及和埃塞俄比亚大军正前来救援。辛那赫里布率军迎击，与埃及和埃塞俄比亚联军激战。他打败了他们的军队，并一路追到他们的国家，在那里大肆掳掠，劫走了大量的财富。辛那赫里布凯旋之后，又向耶路撒冷进军。在这危急时刻，希西家乞求上帝的援助，先知以赛亚回答说："亚述王攻不破城，射不进箭，甚至无法依靠盾牌接近城池，也无法筑垒对抗。他从哪里来，还将原路回到哪里去。"这就是这件事的始末。当晚，辛那赫里布的大军中暴发瘟疫，18.5万人殒命。

一[1]

亚述王来了，像突袭羊群的一只狼，
他的大军闪着紫色和金色的光，
他们矛戟的闪烁像是海上的星星，
当加利利的蓝色的波涛在夜里翻腾。

二

在日落的时候，看那大军遍野的旗帜，
有如绿色的盛夏时森林的叶子，
呵，有如森林的叶子，当秋风萧萧吹起，
次日一早，那大军已枯萎地横陈一地。

① 引文内容节选自《拜伦诗歌精选·西拿基立的覆亡》，查良铮译，北岳文艺出版社，2010年第3版第1次印刷。——译者注

三

因为死神在这狂澜上展开了翅翼，
它飞翔着，对着敌人的脸轻轻吹嘘，
那些垂死人的眼睛于是木然变冷，
他们的心只跳了一下，便永远沉静。

四

战马也躺在地上，大大张着鼻孔，
但已没有骄傲的呼吸在里面流动；
由喘息所发的白沫还留在青草上，
冰冷的，像是泼溅在岩石上的波浪。

五

那骑马的壮士也躺着，苍白而曲扭，
他的眉头凝着露珠，铠甲生了锈；
军帐静悄悄的，旗帜没有人理会，
矛枪没有人举起，军号也没有人吹。

辛那赫里布返回尼尼微城。然而，就像现代的那位征服者一样——他的大军在俄罗斯的冰天雪地里覆亡，亚述大军也在瘟疫中损失殆尽。然而辛那赫里布并没有因为不幸而变得温和，相反，怨恨和报仇之心一直占据着他，他将这一切发泄到臣民身上，尤其是那些被俘的犹太人和以色列人，他们被肆意屠杀。最后，辛那赫里布被他的两个儿子所杀，当时，他正跪在尼斯洛克[1]神坛前。

辛那赫里布的另一个儿子阿萨尔哈东于公元前681年继位。当时，向亚述进贡的米底人和巴比伦人似乎要趁着亚述被辛那赫里布的厄运削弱之际宣告独立。新王阿萨尔哈东便向这两个王国发动战争。他对米底的战争虽然失败，但彻底征服了巴比伦。他还征服了叙利亚，削弱了犹大王国，给其国王玛拿西戴上镣铐，带到了他宫廷所在的巴比伦。他于公元前668年去世，死后两个儿子亚述巴尼拔和沙马舒姆金分别继承了亚述和巴比伦的统治权。

亚述巴尼拔于公元前653年率领一支强大的军队进攻米底，打败了米底人，擒获了逃亡的米底国王普拉欧尔铁斯，并背信弃义地将其杀害。他回到都城尼尼微后，在凯旋的荣耀中大肆宴请得胜的将士，宴会整整持续了120天。接下来，他派大将荷罗孚尼去惩罚那些在亚述征讨米底时拒绝提供援助的附庸国。荷罗孚尼完成了部分使命后，又继续进攻犹太人。在攻打伯修利亚时，荷罗孚尼死于犹滴之手。亚述军队仓皇逃跑，途中被敌人追击，伤亡惨重。

亚述巴尼拔国王于公元前631年立他的儿子亚述-埃提尔-伊兰尼为王，自己于4年后去世。亚述-埃提尔-伊兰尼也在同年去世，他的弟弟辛沙里施昆继位。

辛沙里施昆是一个软弱的君主，这一点似乎向野心勃勃的巴比伦总督那波帕拉萨尔发出了可以取而代之的信号。那波帕拉萨尔联合了米底国王基亚克萨雷斯。基亚克萨雷斯为了报仇，曾向亚述人发动过战争，并在一场激战中打败了亚述军队。米底和巴比伦联军

① 亚述人崇奉的战神鹰头神。——译者注

包围了尼尼微城。公元前612年，尼尼微被巴比伦和米底联军攻破，城市被大火烧为平地。亚述第二帝国由此灭亡，其强有力统治者的精彩大戏永远退出了历史舞台。

尼尼微城的灭亡是毁灭性的，也是决定性的。两个世纪后，周围的人已经无法说出这座城市的所在了。2 500年来，这座古城的遗迹一次次被堆积的垃圾掩埋，呈现出一片萧条破败的景象。然而，令人高兴的是，近几年的挖掘让古代宫殿遗迹重见天日，这些我们将在后面的章节中进行讲述。

巴比伦

第43章

巴比伦帝国

（前876—前538）

前面已经提及，巴比伦尼亚位于幼发拉底河流淌到入海口两岸的土地上，也被称作迦勒底。这里位于示拿的平原地带，在历史的早期，人口众多，为建造巴别塔提供了充足的劳力。因此，甚至有可能在阿舒尔建立亚述帝国前（阿舒尔在人类共同的语言被变乱后来到此地），巴比伦尼亚就已经有《旧约》中的力士猎人宁录建立的政府。由此，有些作家认为，早在公元前2236年，这里已经建立了王国。而且，还有人推测，首都巴比伦城正好建在巴别塔的起点上。这个国家似乎很快臣属于亚述，而且此后一直作为亚述王国的一个行省存在。在随后的几个世纪里，它的名声湮没，它几乎被遗忘。尼尼微城的名气一度超过了巴比伦城，直到塞米勒米斯重建巴比伦后，巴比伦的壮观和雄伟才遮住了尼尼微的荣耀。

然而，历史公认巴比伦帝国开创其业绩的年份约在公元前876

巴别塔图景

年，那时贝勒西斯协助阿拔士推翻了亚述帝国，分得了这片土地。至于他是一个独立的君主还是给亚述的阿拔士进贡，仍然不是十分清楚。过了一个多世纪后，我们看到纳巴那沙登上了巴比伦王位。纳巴那沙统治期间，采用了埃及阳历年，发明了准确计算时间的方法，这一开始时间是公元前767年，也被称为纳巴那沙时代。他之后的三任国王没有留下任何值得记载的事迹。米罗达・巴拉但于公元前721年登上王位，《旧约》里提到他给犹大王希西家写信，祝贺他病后康复。

略过多位国王的名字后，我们讲到那波帕拉萨尔。他于公元前626年开始其统治。他野心勃勃，将统治范围扩大到了地中海沿岸。他与米底国王联手，进攻亚述，推翻了亚述帝国，帝国的古老都城尼尼微被彻底摧毁。

埃及法老尼科看到巴比伦帝国内部纷争，趁机入侵。他诱使腓尼基和叙利亚的总督们发动叛乱，但是，那波帕拉萨尔又通过不懈的努力重新在这些地区树起了自己的权威。那波帕拉萨尔的事业，有自己的儿子尼布甲尼撒辅佐。尼布甲尼撒将巴比伦帝国推至辉煌的顶点。他与埃及国王尼科在卡尔基米什进行了一场大战，取得了辉煌的胜利，于是他准备乘胜追击，入侵埃及。然而，就在这时，他的父亲去世了，尼布甲尼撒不得不返回巴比伦，并于公元前605年继位。

尼布甲尼撒征服了犹大王国，把它的几位王子带到巴比伦囚禁了起来。这些王子中，有先知但以理。这一事件发生不久，一群来自北边的鞑靼人——当时被称为斯基泰人入侵了巴比伦帝国的领土。犹太人抓住这个机会，宣布独立。尼布甲尼撒率领一支庞大的军队向犹太人发动进攻，占领了耶路撒冷，并将其洗劫一空。犹大国王被屠杀，王子被带到巴比伦囚禁起来，征服者重新任命了附庸的犹太人国王。

后来，在埃及人承诺援助的激励下，犹太人又一次发动反叛，然而又一次被征服，并遭到残酷的镇压。城市被摧毁，土地被废弃，绝大部分居民成了俘虏。尼布甲尼撒又进一步去征服腓尼基，腓尼基屈服了；之后，尼布甲尼撒又入侵埃及，洗劫了这个国家北部的所有地区。在返回途中，尼布甲尼撒在杜拉平原上为自己竖立了一座金像，命令所有臣民向它下跪并朝拜。

在统治晚期，尼布甲尼撒常常突发疯癫。圣经史学家告诉我们，尼布甲尼撒深受其苦，他“吃草如牛，身上披满上天降下的露水，头发长得像老鹰的翅膀，指甲长得像鸟的爪子”。在公元前562年，尼布甲尼撒去世，他的儿子、《旧约》里称以未米罗达的王子继位。以未米罗达继位不久，就被姐夫涅里格利沙尔谋杀。小王子伯沙撒被从谋反者手中救出，在经历了几年的隐匿之后，最后继承了巴比伦的王位。

巴比伦史上这一时期的历史比较混乱。多年来，我们一直试图对这些事件进行清晰而连贯的叙述，然而，一切都徒劳无功。据说，在伯沙撒年少时，王国事务由王太后尼托克丽斯一手主持。尼托克丽斯是一位富有才干和进取心的女人。她将尼布甲尼撒时期留下的许多未完的巨大公共工程建成完工。巴比伦城中心横跨幼发拉底河的大桥，以及河下的隧道是她统治时期完成的两个著名工程。河下隧道这个工程，通过在实施过程中建造人工湖和运河，将河水引入一条新的水道之中，才得以完工。这位著名的王太后就是尼布甲尼撒的女儿、伯沙撒的母亲。她被葬于巴比伦城100个大门之中的某一个的城墙之中。

当伯沙撒独自掌握大权后，他遗弃了尼托克丽斯挽救摇摇欲坠王国所实施的明智举措。他沉溺于放荡的享乐之中，还激起了当时强大的波斯人的敌意。双方开战，巴比伦城被波斯国王居鲁士围困。居鲁士已被证明是一位杰出的战士，他率领一支庞大的军队，以征服者的气势进攻巴比伦。

伯沙撒坚信巴比伦城墙坚不可摧，嘲笑敌人的不自量力。敌人还在不断地进攻之时，这位糊涂的君主正在准备举行盛大的庆功宴，他认为终会将攻城者打散。居鲁士闻讯，利用巴比伦人的自负，派遣一队人马打开了通向尼托克丽斯统治时期所挖人工湖的运河，并命令自己的军队，一旦河水从河床流入湖中，他们就要从这个干涸的运河穿过城墙开进城里。

正当盛宴在午夜进行到高潮时分，居鲁士的大军潜入城内，在狂欢大殿里闪烁灯光的指引下，潜入巴比伦城的中心地带，对守护王宫的卫兵发动进攻。宫殿里的客人被武器的撞击声吓倒，匆忙打开殿门，以了解门外骚乱的起因。敌人趁机攻入宫殿。在此绝望时刻，伯沙撒表现出王者的气度和体面。他拔出剑，站在几个朋友前面，企图击退敌人。然而，他的挣扎是徒劳的，双方的力量对比过于悬殊，最后，伯沙撒在自己的宫殿之上被杀死，时间为公元前539年。

伯沙撒连同他的帝国一起灭亡了。居鲁士灭掉了西亚最后一个强国，建立了自己的庞大帝国。

第44章

亚述与巴比伦尼亚的商业与贸易

从前面的记述中似乎可以看出，尽管亚述和巴比伦尼亚是两个不同的君主政体，然而，它们早期曾融合为一个王国，而且在许多不同时期都由同一个政府进行管理。由于彼此相邻，气候也几乎相同，从两个王国的人民的性情和制度上看，我们可以把这两个政体视为同一个民族；然而，区分它们文明所处的两个时代，使之与他们的历史时期相对应是恰当的。最近在尼尼微城的发现不仅可以支持以下观点（这也是现在普遍采纳的观点），即存在亚述第一帝国和亚述第二帝国，而且也让我们对古代亚述历史中的风俗习惯有了更多的了解。由此，我们应该首先关注后一个时期的社会状况，那时巴比伦被作为亚述文明的代表。然后，我们再对这个古代帝国的社会状况加以概述，这些可以根据尼尼微这个古代大都市的遗迹加以佐证。

尼布甲尼撒统治时期，以及在此前和此后相当长的一段时期内，巴比伦似乎不仅是一个帝国宫廷的所在地、一个庞大军队的驻扎地，还是一个商业大都会。巴比伦人心灵手巧、吃苦耐劳，穿的衣服都是自己劳动和艺术创造的产品。他们身上的长袍都是精细的亚麻面料，一直拖到脚上。他们也穿羊毛面料的短袍，一般会在外面披上一件白色的斗篷。他们头上包着头巾，或者戴着精心编制的麻布冠。房屋的地面上铺两三层色彩鲜亮的地毯，墙上挂着漂亮的布，这是一种东方国家的国王们都很喜欢的布，国王们用这种布制作自己的朝服。巴比伦的织布机，还有附近城镇波尔西帕的织布机，制造工艺上乘，使用广泛，用棉布、亚麻和羊毛为原料，为整个王国提供上等面纱、帷幔以及服饰和家具。

从巴比伦人使用的众多物品中，我们发现了来自遥远国度的各种商品。大量的香料被用于私人的享受和对神灵的迷信崇拜之中，他们在香料上的开支，似乎比古代其他民族大得多。每年一度的安努主神节，巴比伦人要在这位神明的圣坛上烧掉25吨乳香。在香料之下，使用最多的贵重物品是金子，他们用于雕塑和装饰上的金子，数量之大，令我们大为惊叹。巴比伦人也很喜欢宝石，据说，在重要场合上，每个人都要佩戴一块雕琢过的宝石作为图章。最常见的宝石有缟玛瑙、蓝宝石和翡翠。他们也喜欢用香水，当然这在当时其他地方也很普遍。

巴比伦人与东面的波斯和印度的北部地区有着大量的贸易来往。从这些港口，他们得到金子、宝石、各种染料以及其他贵重物品。他们从坎大哈和克什米尔获取优质羊毛披肩（现在已极为贵重）。他们还从巴克特里亚沙漠获取翡翠、碧玉以及其他稀有的宝石。他们主要依靠商队与这些国家和地区进行贸易往来。

巴比伦城也进行大量的海上贸易。巴比伦城靠近大海和大河，由此可以深入亚洲腹地。它的地理位置极其优越，连接海上和陆上交通。再加上商业盟友腓尼基人的帮助，巴比伦人能够参与到印度洋的贸易当中。希伯来的先知说，迦勒底人（也就是巴比伦人）的喜怒哀乐都在船上；然而，他们除了拥有河上的船队，几乎不可能拥有自己的海军。幼发拉底河可以通航的里程有300多英里，距离河口约200英里处有一座商业重镇格尔拉城，那里是阿拉伯和印度商品的最大集散地，那里的人都极其富有。当地居民生活的奢华程度堪与王公贵族比肩。他们住的房子饰以金银，闪亮夺目；屋顶和柱廊上冠以花瓶，镶嵌珠宝；大厅里到处摆满了雕刻的三足桌和其他以金子、象牙和宝石作为制作材料的家庭装饰品。

巴比伦人在印度洋的贸易，主要是在波斯湾、印度西海岸和锡兰岛之间进行。巴比伦人从这些国家进口各种木料、甘蔗、肉桂皮和珍珠。从很早的时候起，他们就跟波斯湾的巴林各岛屿建立了商贸关系，得到了大量的优质珍珠，因为波斯湾沿岸遍布珍珠牡蛎。上述各个岛屿上拥有大量的棉花种植园，出产的棉花品质远超印度。

印度狗深得巴比伦人的喜爱，他们把豢养这种狗作为一种奢侈的象征。他们对这种宠物的热情如此高涨，以至于所有的行省都不再进贡其他的物品，而把所有的钱都节省下来豢养这种狗，留待向王室进贡。据说，这种狗是狗和虎的杂交品种，具有两种动物的特性。威尼斯旅行家马可·波罗13世纪时在印度北部发现了这种身形高大、力量惊人的狗，他把这种狗比作狮子。这种狗能够捕捉野兽，很可能非常受东方国王和总督们的喜爱，他们最喜欢的娱乐活动就是狩猎。

巴比伦的商队还穿过叙利亚沙漠，来到地中海岸的腓尼基贸易场，与西方保持着活跃的贸易往来。除了这条贸易路线，还有一条更远、更长的路线，它被称为“皇家大道”——经过小亚细亚的北部地区到达欧洲的东部边境。希腊殖民地在很早的时期就在攸克辛海[1]的北岸建立起来。通过这些商业媒介，萨尔马提亚和斯基泰的大量动物毛皮被运到了巴比伦，然后流通到了亚洲中部地区。与此同时，东方的香料也流通到了欧洲。繁荣的贸易催生了著名的城市帕尔米拉。

巴比伦人也跟腓尼基人的红海商贸货栈保持商业交往，这里离埃塞俄比亚矿区较近，矿的开采在早期就开始了。腓尼基人也向巴比伦人打开了通向俄斐的商贸大门。据说，俄斐就是索法拉，位于非洲东海岸[2]，这一贸易带来了大量财富。

---

① 攸克辛海，黑海音译名称。——编者注

② “不管‘俄斐’是在靠近中国海的马六甲半岛上，还是在非洲东海岸的索法拉，都令人质疑。我于1824年乘坐过女王陛下的舰船‘列文’号和‘巴拉库塔’号去过索法拉，也于1844年乘坐女王陛下的舰船‘怨恨’号去过马六甲。我赞成马六甲是真正的俄斐。那里有座大山以此命名，离马六甲海岸很近，盛产金子。晚上航行靠近那里时，可以闻到空气中弥漫的香料的味道。这个地方物产丰富，有很多稀有物种。而索法拉不同，那里地势低，潮湿，看不到山；砂金倒是有，但来自内地；没有香料，也没有乳香和没药。当地纬度不适宜这些物产，而马六甲却特别适合出产这些物产。犹太人经过马六甲，沿着海岸线到达中国是很容易的，而中国人也确实到过红海和波斯湾。大约在1160年，来自西班牙图德拉的拉比·本杰明多次到过东方诸国，专为查证一些消失部落的居住地。本杰明在撒马尔罕、中国发现了他的许多教友，在撒马尔罕还发现了5万名以色列人。”——引自马林的《以色列人》。——原注

第45章

后期亚述和巴比伦尼亚的政府、宗教、风俗习惯

亚述帝国和巴比伦帝国为君主政体，推行严酷的独裁统治。君主的意愿即是法律。没有书面的法典对君主的专断进行制约，甚至连古代留下的惯例也被置之不理。君主既是国家领袖，也是宗教领袖，掌握国家的祭祀大权。他的宫廷里妻妾成群，这些妻妾都是由他自己挑选出来的，再由大量的太监监护。太监是一群不幸的人，最早出现在亚述。祭司的职位似乎是世袭的。宗教是一种被称为塞巴的偶像崇拜，崇拜的对象为太阳、月亮和星星。后期又加上了一些被神化的凡人，他们认为这些人来到了天上，或者说与天上的某些权威发生了联系。如今的东方君主还持有这种信仰，称自己是太阳和月亮的兄弟。

这些神灵中的最高神为贝拉斯（贝尔或巴力），他就是“上帝”。希腊人将他等同于宙斯。亚述和巴比伦的许多宗教仪式以污

秽和残酷而闻名，人被用来当作祭品。他们的宗教跟现代的婆罗门教有许多相似的荒谬之处。他们的神灵被赋予可怕的形体组合，他们的偶像长出许多头，人和牲畜肢体以一种怪诞的方式结合在一起。起初，这些都可能具有象征意义，祭司们从传统中沿袭了下来，却小心不让大多数人知晓。

希腊人曾在巴比伦最繁盛的时期拜访过这个国家。巴比伦男女之间自由交往，这与不善于交际的许多亚洲国家大不相同，也让希腊人大为吃惊。然而，如果巴比伦妇女享受更多的自由，她们就比邻国的妇女更堕落。男人没有权力决定自己女儿的婚姻大事。姑娘到了成年，就要被安排在市场进行买卖，谁出价最高就嫁给谁。当然，长相最漂亮的价格最高，那些外貌不好看的就找不到买家。然而，娶了不好看姑娘的男人可以从最美丽的姑娘拍卖的所得中获取资金补偿，因此，每个姑娘都能找到丈夫。这种风俗虽然奇特，但是对保持男女比例的平衡来讲，也算是一种公平做法。

根据希罗多德的记载，在巴比伦，人生病后被抬到广场和公共场所，以便路过的人能够看到他，从而从路过的人那里获得治疗方法，这种做法在商人往来频繁的城市里可能奏效。巴比伦人在机械制造技术和数学方面取得了很大进步。他们还熟悉天文学，但是他们的天文知识因为占星术的荒谬而丧失了很多价值。在巴比伦，纺织和冶金的技艺也较常见，石脑油和原油为熔炉提供了极好的燃料。对金属加工技术的描述表明，他们有很多巧妙的发明，弥补了石头和木料的不足。

巴比伦是最早使用字母书写的国家之一，至于他们是字母的最初发明者，还是从腓尼基人那里沿用下来的，无法得到证实。他们的语言属于闪米特语系。希伯来语、阿拉伯语、叙利亚语也是闪米特语的分支。在巴比伦废墟发现的许多砖块上都刻有古代文字，这些文字被称为箭头文字（楔形文字）。法国人一直在尝试发现这种语言的来源，据说取得了可喜进展。如果可以破译和解读这些文字，就可以解开许多历史谜团。巴比伦城墙和建筑物上使用的黏土不仅数量庞大，而且持久耐用，用它做的砖头，其留存至今的残片依然像岩石一样坚硬。最初被发现时，砖面上的文字依然清晰可见，虽然过了2 500年，但仍如当初被刻上的一样。巴比伦人就在这种黏土做的土板和柱子上写字，从当时的制造技术水平来看，巴比伦不能生产可供造纸的材料，巴比伦人很可能没有书籍。

上述有关巴比伦人的许多习惯观点同样也适用于同一时期尼尼微的亚述人，而这一时期指的则是亚述第二帝国时期。单单古代作家的描述，还不足以让我们对这一话题的讨论有太多信心，我们现在通过其他方面得知，这两个国家在生活方式上有非常多的相似之处。我们对尼尼微的描述来自狄奥多罗斯的《希腊史》。根据狄奥多罗斯的记载，尼尼微是古代世界最大、最壮观的城市。他说尼尼微城绵延20英里，周长60英里，他的这一说法被人怀疑过于夸张。然而，据说现在日本的江户城就是这样的规模。在他的描述中，尼尼微的城墙有200英尺

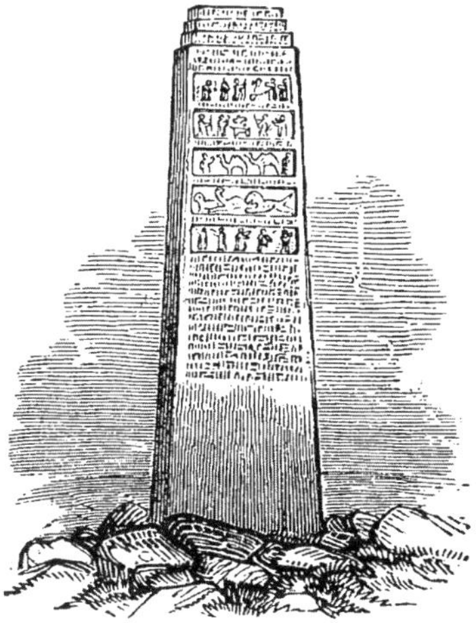

从尼尼微废墟中发掘出的方尖碑

方尖碑上的绘画

高，据说城墙之厚可以让3辆双轮马车并排驱驰。城墙上建有1 500座塔楼用于防御。这种描述可以理解为亚述第二帝国鼎盛时期的景象。

尼尼微城和巴比伦城占地面积虽然庞大，然而，我们有足够理由相信，这两座城市的城墙内围进了一些空地。道路两旁的房屋也不是鳞次栉比，在许多区域，房屋之间都隔有一段距离。还有一些区域的房屋被花园、公园和农场包围，房屋面积大小依主人地位高低和富有程度而不同。从这一方面来看，两座城市占地面积广大也就不足为奇了。此外，居民的生活条件一定会有差异，居住环境自然也有很大的反差。有人住在豪华宫殿里，也有人住在附近破烂的小草棚里。目前，在东方，许多城市依然呈现出这样的特点。

然而，尽管如此，尼尼微依然是一座巨大的城市。最近，它的废墟引起了广泛的关注。据说，尼尼微废墟的发掘印证了《圣经》上的描述，即绕着尼尼微城走一圈大约需要3天时间。一些废墟的碎片最近被带到伦敦，放在大英博物馆里，其中包括一些雕塑。这些雕塑以一种意想不到的方式揭示了古代尼尼微的服饰、住所、战争、艺术、私人生活习惯等谜团。①

① 在三处地方发现了尼尼微城的有趣遗址，都位于底格里斯河东岸：一处在现在摩苏尔城的对面，另一处在摩苏尔北部的豪尔萨巴德，还有一处在摩苏尔南几英里外的尼姆鲁德。法国领事保罗·埃米勒·鲍发现了豪尔萨巴德遗址，将其中有价值的雕

刻带到了巴黎，并对这些雕刻进行了仔细研究，有望获得重要发现。莱亚德先生在尼姆鲁德为英国大英博物馆开展了研究工作。这些似乎都是最古老的遗址，也是最受关注之地。莱亚德先生的研究成果刚被发表（1849），从历史角度看，具有重大价值。

目前存放在大英博物馆的尼尼微遗迹包括各种雕刻。其中有个方尖碑，碑身有雕刻，被置于几个不同的方格之中。第一个方格代表伟大的国王。他手持两支箭，由他的太监和留着胡须的护卫首领服侍，接受一个刚被征服的行省的效忠。笔直站在他面前的那个人是被任命的这个省的总督。国王似乎在授予弓箭，作为入职的象征。在背面高处，国王和总督之间有两个突出的徽章，一个像古埃及人带翅膀的球，另一个是一个圆圈绕着一颗星。其他雕刻上也出现过相同的徽章。第二个方格里包括相同数量的人物，位置安排类似。所不同的是，国王后面的太监手里举着一把伞，在总督的位置上立着一个人，他一手托着杯子，一手拿着拂尘。第三个方格里有两个人，每人牵着一头双峰驼。头上缠束发带，身着短袍，脚上没有穿靴子，也没穿便鞋。第四个方格里展示的是山间的一片森林，里面有鹿群和狼群，是碑上故事的一个片段，暗示尼尼微国王的广大统治区域，不仅统治人，还统治只有野兽出没的森林和高山。正如《但以理书》所言："凡世人所住之地的走兽，并天空的飞鸟，他都交付你手，使你掌管这一切。"第五个方格展示的是一个留着短胡须的民族，他们身穿长袍，脚着靴子，头上戴顶大帽子，像个袋子一样，帽子尾部可以转到后面，不会倒向前面，如同弗里吉亚人的帽子一样。他们拿着木棍、金属条、装有水果的篮子、袋子和一捆捆的东西等。

其他遗迹还有石块、石板等，上面刻有浮雕。其中有一块非常吸引人，展示当时的兵法和纪律。不同级别的士兵被柳条胸墙遮护，士兵前面有个带轮子的作战用投石机，由一悬挂物遮挡，被推至一座堡垒的墙下，堡垒立在一处陡峭高坡上，高坡上有一座城，还有一条平整的大道，显然是为了攻城所修。投石机上的两把长矛，在一座塔楼上打开了一个缺口，塔楼顶上站着一个人，张开双手，似乎在向敌人求饶。前面，在市民视野范围之处，有三个被刺中的人，向被围困者发出恐吓警示。浮雕的象征意义与提图斯围困耶路撒冷一系列事件间的关联，几个世纪后依然令人吃惊。

另一处浮雕展示的是一场攻城行动。城外有两堵坚固城墙，矮的那堵比一棵成年枣树要高一些。有一座可移动的城堡，里面有弓箭手，他们趴在墙上，双方正处于酣战状态，士兵战死后掉到了下面的水沟里。远处的城里，可以看到士兵拿着长矛和盾牌，一边砍伐枣树，一边向前行进。

在一块遗迹碎片上可以看到对战场屠杀的记录。还有一块浮雕，上面刻着国王和他的盟军正在渡过一条河。士兵脱下了衣服和装备，连同战车一起装在船上。战马也同样卸下了身上的缰套，由河中游泳的人牵着。船靠皮囊支撑，他们一边行进一边向皮囊吹气。——原注

第46章

尼尼微的最新发现

可以说，后期在底格里斯河东岸挖掘的遗址证实了古代对亚述的记载。这些遗址清楚表明亚述帝国有两个明显的历史时期。第一个时期至少始于公元前2000年，延续了八九个世纪，即延续到萨尔丹纳帕勒斯时期；第二个时期从萨尔丹纳帕勒斯时期延续到尼尼微毁灭，以及公元前605年帝国彻底灭亡。从这些发掘中，可以明显推断，第一个时期的许多艺术，在许多方面要比第二个时期更先进。由此表明，早期亚述人比他们的后代在艺术方面更为精湛，或者说，比他们的后代更具有创造天赋。

亚述有许多雕刻与古代埃及的雕刻非常相像，因此，我们认为，埃及借鉴了亚述的许多艺术，这两个国家很可能在许多观点上有过交流，特别是在后期。此外，希腊似乎也从亚述学习到一些高雅设计。据推测，特洛伊居民原为亚述人的一个分支，两者在早期艺术和智识上的交流通过小亚细亚进行。

关于尼尼微城的面积，根据希腊作家的描述，似乎没有可疑之处。城市周长为20英里，包括摩苏尔对面的遗址在内，这些遗址通常被认为是尼尼微所在地的标志。南到尼姆鲁德遗址，北到豪尔萨巴德遗址，在这几个地方，有大片遗址埋在地下。毫无疑问，这里是国王的王宫所在。在中间的地带，现在上面覆盖着废弃建筑的残砖碎片，当是平民的住处。狄奥多罗斯描述的城墙高度，除了靠近王宫附近的城墙，实际上可能没有那么高。

尼姆鲁德，应该是尼尼微的最初所在地，位于底格里斯河东岸，底格里斯河与扎卜河在此交汇。发掘现场发现了几处大型建筑的墙壁，有些建筑的年代属于古代亚述时期。对这些残垣断壁的研究，我们可以在大脑中重构已经消失的国王宫殿，勾勒出这里古代的居民，想象走进他们的宫殿，观看那些辉煌时期的震撼景象。

从眼前这些雄伟的建筑墙壁上留下的雕刻和彩绘遗迹，我们可以依稀读出曾经发生在帝国的一切——那些发生过的战斗、攻城、征服与凯旋。我们还能看到宗教信仰者留下的巨幅画像，他们以如此庞大而又逼真的画面，来表达他们心中对神的理解。我们还可以看到至少30个世纪前盛极一时的帝王的外貌，他们身着国服，身处宏大的战争场景——除了追逐厮杀，还主持庄严的宗教仪式。

猎狮的国王

我们从这些画面前一一走过，逐渐了解当时的家庭生活习俗、家中摆放的家具、匠人所用的工具等，还有他们的农耕方式、农民种植的作物等。

总之，萨尔丹纳帕勒斯时期，或许还有塞米勒米斯时期，当时的人都从事哪些职业、都有哪些娱乐方式，这些曾经模糊神秘的面纱在我们面前被一一揭开。

莱亚德先生有幸发现了这些遗址。他说，亚述王宫内的一切展现了帝国最昌盛时期的状态，第一次走进的陌生人定会感到从未有过的震撼。他被人从王宫正门带入，门口有巨大的石狮和雪白石膏砌成的公牛把守。在第一层大殿里，他发现四周都是雕刻，墙上和石膏上刻着战斗、攻城、凯旋等画面，以及追逐厮杀、宗教盛典等，色彩夺目，生动地记录了帝国的历史。每幅雕刻下面都刻有碑文，对画面进行说明，文字笔画间填充着黄铜，闪闪发光。

雕刻上面还以彩绘表现其他事件。例如，展现国王的画面时，他的身边簇拥着太监和勇士，或正在接受俘虏投降，或正在与同盟国君主签约，抑或正在举行宗教祭典。这些画面四周都饰以彩边，设计精巧典雅。

在众多彩绘中，可以明显看到一棵极具代表性的大树、长着翅膀的公牛和怪兽。大厅尽头，在至高无上的神像前有一尊巨大的国王雕像，正在接受太监呈上的圣杯。他被佩带武器的勇士们和或许在主持宗教盛典的祭司们簇拥着。从他和随从身穿的礼袍上，我们可以看到一簇簇形象的彩绘，有动物、鲜花等，色彩鲜艳，栩栩如生。

有陌生人踩在石膏板上，每块板上都刻了字，记录了头衔、宗谱以及国王的功绩等。门口通道上摆放着长翅膀的巨大狮子或公牛，又或是护卫的神明。每条通道都通向其他房屋，而这些房屋又

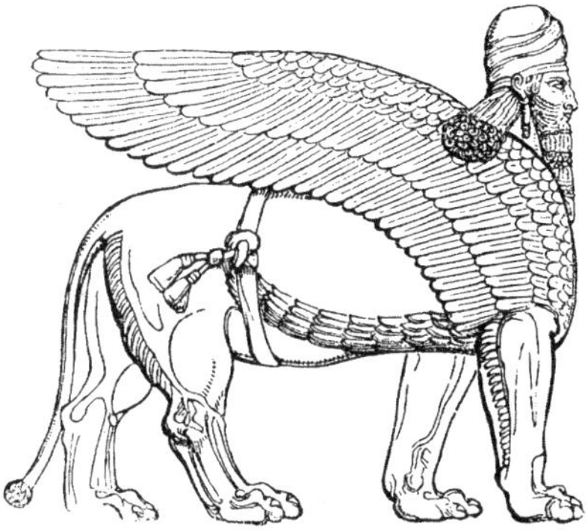

长着翅膀的人面狮子像

通向距离更远的大厅，每个大厅里都有雕刻。

有些大厅的墙上刻着行进中的人物，体形巨大，有跟随国王的武装人员和太监，有满载战利品而归的勇士。有些勇士身后跟着战俘，有些勇士拿着祭祀诸神的祭品。另外一些墙上画着长翅膀的祭司，有的在主持宗教祭祀活动，有的则站在圣树前面。

头顶上的天花板，分成一块一块的方格，上面画着鲜花和动物。有些镶嵌在象牙中，每个方格都有精美饰边。房梁和房屋的门框都镀了金和银，有的还加设了金银护板。木料中有上等的雪松木。房间内的天花板上有方形开口，白天用于透光。布满雕刻的墙上投下温馨的影子，给守卫门口具有人类特征的庞然大物增添了威严色彩。通过这些孔隙，我们可以看到一片蔚蓝的东方天空被圈进了框架里，里面画着带有翅膀的彩色圆圈，生动形象，周围有精致的装饰和优雅的动物。

这些宏伟的建筑都是国家珍贵的历史文物，建筑墙上有雕刻，有字母，这些都是对帝国历史的记录。谁走进来就会读到这里的历史，了解这里的荣耀和所取得的成就。与此同时，这些建筑还是对那些曾经在此欢庆节日、参加宗教庆典者的长久纪念，它们见证了祖先的事迹，见证了诸神的权力和威严。这就是君主的住处，同时兼作宫殿、神殿，他在此召见先知，礼待祭司。

尼尼微的废墟上没有发现埃及那样的墓地。布满彩绘的房间紧闭，没有遭到严重毁坏，多少个世纪后，我们仍能感受到古代建筑者的思想、情感和观念。所有遗迹都是四处散乱的砖块，一般上面都有碑文、雕刻和浮雕。最令人关注、最有价值的是石板，来自神殿内的墙面。房屋似乎都是用砖建造的，所以经过时间的洗礼后变成了碎块。神殿用石头建造，部分保留了下来，尽管被埋在废墟下有2 000多年之久。在亚历山大大帝时期，已无人知道尼尼微城。甚至在此前一个世纪，当色诺芬从废墟上经过时，当地居民也没人知道它的名字。

尼尼微城的古代建筑上似乎没有窗户，光线从木质的屋顶透进来。宫殿内每个房间的地面下都有一个用陶管制成的排水管道。墙上的碑文是古代箭头字符。这些宫殿似乎只传达出一个故事，但跨度很大。没有发现普通人住处的遗迹，虽不足为奇，但可以肯定，即使都住在尼尼微城墙以内，但有些人仍住在帐篷里。城墙内可能还有花园、果园，或许还有农田。

从雕刻上可以看出，尼尼微城的拱门似乎很常见。建筑物上看不到柱子，宫殿外墙的墙面很可能是石头或者大理石雕刻的石板，而且是彩色的。整片区域地势平坦，很可能从远处望去一览无遗，而且毫无疑问地看后令人震撼。普通建筑物的主要材料是砖。这里泥土丰富，容易用来制成砖建造城墙。根据古代历史学家的记载，古代国王就是用这些材料来建造庞大建筑物的。整片区域看不到大树，宫殿里用的是雪花石膏、大理石和玄武岩。这些材料似乎也很丰富。

亚述人在雕刻和绘画方面非常先进。许多著名雕刻上面的绘画精致、高雅。这一切都显示出了他们的品位。建筑设计方面，装饰使用的花和动物，组合形式丰富多彩，精美绚丽。国王的礼袍非常华丽，上面饰以丰富的刺绣、饰边和流苏。穿的便鞋有木质和皮质两种，男人的帽子和女人的头饰都是丝质的。

许多家具物件非常精致。桌子有木质和铁质的，四周镶嵌着象牙，桌腿精雕细刻，摆放在富人家里。使用的篮子似乎也很精致，大量使用装饰，如流苏、花边、项链、护身符、搭扣、耳环等，形状各异，做工优雅。酒器有金质酒器和银质酒器，处处彰显出当时对精巧夺目的装饰的热爱。废墟中还发现了玻璃瓶和花瓶的玻璃碎片。石头上也有精巧的篆刻，如同纹章上的篆刻一样。他们拥有金、银、铅、锑和铁等矿产，用来铸造和锻件，品位高雅，技艺高超。他们的剑用铜铁合金打造。他们还把铁炼成了钢，但是没有发现硬币。

在纺织方面，亚述人也表现出色。他们在织物中使用彩色金线和金织布料作为装饰，使用靛蓝染料、棉花和真丝，用量很大。有权有势的人身着布满人物形象的华丽长袍，男人则看似非常珍惜他们的胡子，一般都留着非天然卷的长胡子。

农业方面，除了犁，目前没有发现其他农具。此外，灌溉相当普及。家庭饲养的动物包括牛、马、驴、骡、绵羊、山羊、骆驼和狗等，没有大象。雄鹿、羚羊、狮子、老虎、野牛都是猎人狩猎的目标。浮雕中可以看到鳗鱼、螃蟹、鳄鱼等形象。食物主要有芝麻、小米、谷物；此外，还有其他多种物产。

他们的宗教是拜星教。大厅和房间里摆放着带翅膀的狮子、公牛等；此外，还摆放了其他器具。这些似乎说明，他们的日常生活和宗教分不开，所做的一切似乎都与敬神有关。在这一点上，亚述人与犹太人、埃及人一样。房间里常用的家具如椅子、桌子、沙发等，上面都刻着狮子、公牛、公羊的头，这些都是神圣的动物。

看起来亚述人似乎很喜欢娱乐活动，这些活动场面盛大又豪华。金银器皿随处可见，葡萄酒应有尽有，还有鲜美的水果和丰富的美食。女人（即便是主人的妻子们）也可以在观众面前裸体跳舞，用弦乐器伴奏，增添节日气氛。除了众多精致的美食，还有蜂蜜、熏香和蜜枣。

尽管主要为陆路交易，亚述人的商业却很发达，后期海路交易也占有重要地位。他们仿造了腓尼基人的大船，大船的形象在时代更近的雕刻中被展现出来。亚述人最初的船看起来是圆形的，制造龙骨的材料是大柳树枝，再在上面包裹着兽皮。船既无船首，也无船尾，其实就是河上使用的小艇，尽管尺寸和承载力大到可以载牛。

在武器装饰方面，现代的希腊人跟亚述人很像。剑柄和匕首柄用金雕镂，形状精美；鞘尖饰以鸟喙。战争用的主要武器是弓箭，通常精雕细刻。战车为两轮战车，木质结构，造价昂贵，以丰富的彩绘加以装饰。战车后面敞开，车身两侧有金属嵌板加以固定。车上装备有弓、箭袋、标枪、盾牌、手斧和战斧。有时3匹马并轭拉着战车，其中一匹备用。车轮有6根轮辐。挽具和马饰极其丰富、精致，包括彩带、流苏、玫瑰花结等，五彩缤纷。马头、脖子和两侧是装饰重点。马笼头用金银点缀装饰，马背上有时盖着带有花边的袍子。

驾驶战车的车手和骑马的骑手在亚述战争中起着重要作用。荷罗孚尼与犹大国的战役中，他手下的弓箭手不下1 200人。攻城时，

战车

各种器械齐上，包括攀登用的梯子和摧毁城墙用的排炮。战士一般身着毛毡或皮革的短袍，外穿铁质鳞甲。兵团不同，制服也不同。帽子和头盔各式各样，有些非常精致。盾牌为圆形，用于防御的一面为圆锥状突出，装饰华丽。驾驶战车的人手持旗帜，国王和统帅持弓，身边的侍从负责传箭。弓箭手把弓臂拉到耳朵边，这一点跟萨克森人和美国印第安人很像，不像希腊人把弓臂拉到胸前。战争似乎是国王们的主要荣耀，它伴随着华丽的幻想所能暗示的一切盛况，或者无限的财富供应。

国王是权力的来源和中心，他是王国里至高无上的权威，是臣民精神和肉体的主宰。他行使权力毫不犹豫，恩威并用，毫无顾忌。他大肆挥霍臣民用苦力换来的财富，牺牲他们的幸福，挥洒他们的鲜血，如同我们对待家禽一样——饲养、宰杀。我们对这些古代君主的评价也不必过于苛刻，因为在一个更光明的时代，我们也很容易找到类似的人物。如同辛那赫里布侵略犹大王国一样，拿破仑远征俄罗斯也牺牲了无数生命；就在此时此刻，英国正对印度发动战争，其残酷程度不亚于尼布甲尼撒和提格拉·帕拉萨三世所发动的历次战争；而美国白人对塞米诺尔人的征服和驱逐，同亚述国王对犹太人的行径如出一辙。

乘坐战车的国王

以上内容主要源自尼尼微废墟上最新发现的研究成果。很显然，古代亚述人的风俗习惯同巴比伦人非常相似，我们对此已有描述。我们发现，在早期的历史中，他们有着相同的政体、宗教和文明，这些发现为我们补充了相关知识。而且，如果伦敦和巴黎收藏的砖块和石板上的文字得到破译的话，将会为历史作出更加令人瞩目的贡献。届时，迄今为止不为人知的一代代国王，将露出真面目；那些历史记载中留下的巨大空白将得以填补；对亚述历史的纷纭众说和重重矛盾，将在清晰、连续的叙述中得以澄清。

第47章

这样的巴比伦

巴比伦曾是巴比伦尼亚的首都，后来是亚述帝国的首都，其后又是各大帝国的大都市。它占地广阔，建筑富丽堂皇，拥有巨大的财富，是古代历史的一大奇观。希腊人留下的文字对这一城市的描述，对于普通读者来讲，似乎太过夸大；然而，这些描述有据可查，而且事实连续完整，对其真实性无须怀疑。希罗多德大约在公元前450年到过巴比伦，他对巴比伦的描述非常详尽。

巴比伦城横跨幼发拉底河两岸，处于一片广袤平原的中心。呈正方形，长宽各15英里，城墙周长为60英里。城墙高350英尺，厚87英尺。城墙用砖砌成，沥青胶合加固。墙外有条宽阔的护城河，河里充满了水。城市每侧均有25扇坚固的铜门，城垛上竖起100座高高的塔楼。城内道路笔直，道路相交处均为直角。因此，城内有676个广场，每个广场周长为2.25英里。幼发拉底河由北向南从城中穿过，两边各有一个码头，厚度与城墙厚度相同。码头上建有铜门，

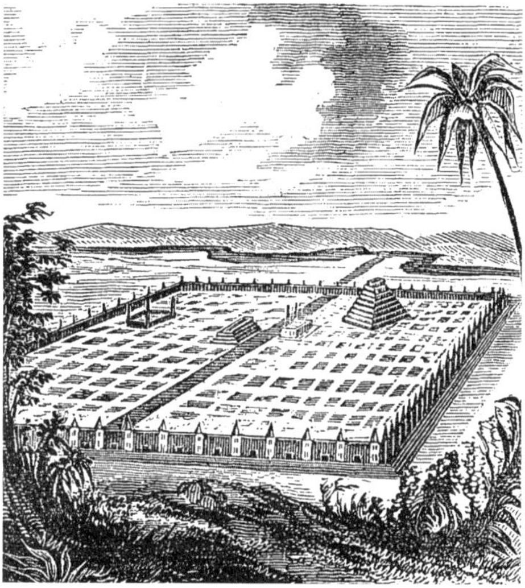

古巴比伦城平面图

台阶通到河岸。

城中心有座桥，横跨幼发拉底河，桥长1/8英里。桥拱用石头砌成，用铁铅合金夹具加固。由于亚美尼亚山冰雪融化，幼发拉底河河水定期泛滥，因此，巴比伦人开凿了两条运河，将河水引入底格里斯河，而底格里斯河两岸都建起了大堤坝。城西有个人工湖，面积40平方英里，深35英尺，以备引入河水。

桥的两端各有一座王宫，河底有条隧道，连通两座王宫。两座中较大的一座，围墙周长足有7英里。最外层墙内还有两层围墙，一层套一层，三层围墙上都有雕刻，代表不同的动物和狩猎场景，令人称奇。宫殿内有许多宏伟壮观的建筑，其中有3个铜造的大厅，上下叠加，用一个令人称奇的精巧机械装置打开，专为某些节日庆典而设计。

巴比伦城附近矗立着由塞米勒米斯建造的贝拉斯神庙。神庙有8层高，一层叠一层，最后达到600英尺。每层内都有宽敞的大厅，天花板由柱子支撑。神庙的顶端是座天文观测台。建筑内各处都有小祭堂，用来拜祭贝尔神和其他诸神。每个祭堂里都有大量珍贵的宝藏，包括雕像、香炉、圣杯和其他供神器皿，都是花费巨资打造而成的。在最上层塔楼的顶端有3座金光闪闪的神像，希腊人称为宙斯、赫拉和瑞亚。宙斯神像高40英尺；赫拉神像按比例缩小，她坐在金灿灿的御座上，膝边分别有只狮子，还有两条银质蟒蛇；瑞亚神像的高度同宙斯相当，她右手紧握一条蟒蛇，左手拿着权杖，上面嵌满了宝石。与这些神像放在一起的是一张贴着金箔的桌子，长40英尺，宽15英尺，桌上放着高脚杯和花瓶，上面的彩绘极为丰富。据估算，神庙内的财富价值约为6亿美元。这些财富都是巴比伦的历代国王从邻国掠夺而来的。

空中花园是巴比伦城的奇观之一。尼布甲尼撒的妻子在米底山区长大，她想在巴比伦看到家乡的景象，国王为了满足她的要求，就大兴土木修建了这些花园。花园里建有大型拱形露天平台，一层层向上堆砌。在最高平台的顶部，先是铺上大块石板，石板之上铺一层搅拌着沥青的芦苇，再上面是一层砖，用水泥加固。最上面由铅板浇铸，上面培上种植土。土层很厚，大树也能扎根。上面栽种各种树木、灌木和花草；另外还建有凉亭，从凉亭上可以看到最美的景色。

巴比伦的雄伟壮观令人惊叹，无人质疑。然而，许多人想知道居民的饮食是如何供应的，他们对此百思不得其解。从古代作家的叙述中，我们从未听说过人口众多的东方国家经常出现的饥荒情况。相反，巴比伦人生活富足，而且上等人生活奢侈。这可以解释为巴比伦尼亚土地肥沃。加上由于兴修水利，土地得以灌溉，不仅比其他国家单产要高，而且庄稼接续较快——同一季节收获的天然物产一种接着一种。巴比伦人也像南亚居民一样，靠土地上直接出产的简单作物为生。众所周知，靠谷物和根茎作物为生的民族，人口往往稠密，而这对于依靠动物肉类生存的民族来说几乎难以想象。在巴比伦尼亚的干旱地带，多年的农作物可能会被安全地储藏起来。我们有大量历史证据表明，这种预防粮食短缺的权宜之计确实被巴比伦尼亚人所采纳。

亚历山大征服后，几乎没有关于巴比伦这一城市的记载。它曾经是塞琉古一世的国都，但很快他便将都城迁到了安条克。据说有个帕提亚将军，约在公元前127年夺取了巴比伦城，摧毁了其中的公共建筑，带走了大批居民，把他们变成奴隶。奥古斯都统治时期，巴比伦城几乎被废弃。一段时期后，犹太人因为遭到卡利古拉的残酷迫害，到这里避难。在4世纪初，巴比伦的城墙被波斯国王用来围护猎物。5世纪中叶，只有不多的犹太人居住在巴比伦城。当时，幼发拉底河改变了河道，不再流经这座城市，而那里只有一个小运河。在此之后，我们就再也没有听说过巴比伦城，我们所知道的只是一堆废墟而已。现在这里一片荒芜，正应验了以赛亚的预言——当时的巴比伦城还处于鼎盛时期："巴比伦素来为列国的荣耀，为迦勒底人所矜夸的华美，必像神所倾覆的索多玛、蛾摩拉一样，只有旷野的走兽卧在那里，咆哮的兽满了房屋，鸵鸟住在那里，野山羊在那里跳舞。"（见《以赛亚书》）

第48章

亚述和巴比伦的名人

宁录是古实的儿子，含的孙子，挪亚的曾孙，《旧约》上称他为“英勇的猎户”。他有两个人生目标：第一个是拯救人们，使人们不受野兽伤害，获得人们的爱戴；第二个是带领大批年轻人练习狩猎，训练他们吃苦耐劳的精神。他还教会他们使用武器，训练他们遵守纪律，服从指挥，最终建立了一支军队。这支军队不仅仅是为了打猎，更是为了远大的目标。

我们在古代作家的作品中发现了一些对宁录训练技法的记载。狄奥多罗斯提到过宁录，但是名字用了另外一个写法。他说：“宁录是历史记载中最早的亚述国王，大有作为。他生性勇猛，追求荣耀。他训练了一批年轻人，这些人数量庞大，跟他一样勇敢、强壮。他长期训练他们，训练他们吃苦耐劳，适应战争的劳累，能够持续作战，而且勇敢地面对危险。”

塞米勒米斯或许被认为是历史上最杰出的女性之一，尽管许多人认为，记载里的那些事迹不应该是她个人的事迹，而是汇集了许多其他君王的事迹，然而，我们所了解的塞米勒米斯足以说明她的精神和性格，雄心远大、热爱荣耀显然是塞米勒米斯最突出的性格特点。她不考虑他人是否幸福，而是一心沉醉于对他国的征服，一心只想成就伟业，让她的美名传遍世界最遥远的角落，传给子孙后代。无论冒怎样的风险，无论付出怎样的代价，无论遇到怎样的困难，她都要成就辉煌，尽管结果都是虚的。她的名字的确被记入了史册，伟大的行为也被归于她的名下。然而，这些卓越的事迹却被埋没于无名之中，几乎没人认为它们是塞米勒米斯的作为。而且，理智不断彰显出光芒，真相不断呈现，迎接这些作为的不是掌声，而是谴责。

贝勒西斯是巴比伦尼亚总督，迦勒底的一名祭司。他似乎诡计多端，因为他在征服亚述时欺骗了他的盟友阿拔士。贝勒西斯从尼尼微的大火得知王宫里有大量财宝，于是就假装跟阿拔士说，他向他的主贝拉斯发誓说，要将尼尼微的灰烬带到巴比伦。虔诚的贝勒西斯的确把尼尼微的灰烬带到了巴比伦，而且还把灰烬进行了细致的筛选。他的诡计后来被发现，他受到了谴责。然而，阿拔士却非常慷慨，让他继续拥有王位。阿拔士说：“他的功绩可以遮挡他的罪过。”又有人说，贝勒西斯名声败坏，憎恨阿拔士。阿拔士瞧不起他的软弱无能，于是，派一位使臣去巴比伦责难他。然而，贝勒西斯却对使臣多次使用诱骗手段，导致使臣忘记了自己的使命。贝勒西斯最后变得更加堕落不堪。

尼布甲尼撒因为完成了父亲筹划的伟业而显示了他的卓越才能。他巩固了自己的王位，扩大和巩固了他的帝国疆土后，就开始着手改善和美化都城。巴比伦在他的手里变得规模宏大、雄伟壮观，在之后的几个世纪里一直备受颂扬。我们必须将这座城市里伟大辉煌的一切都归功于尼布甲尼撒，包括防御的围墙、花园、湖水等；然而，有些作家将这一切归功于塞米勒米斯。我们的这个说法与《旧约》上对尼布甲尼撒豪迈自夸的记载相符。他从王宫的阳台上俯瞰整座城市，自夸道："这伟大的巴比伦，不正是我用大能大力建造的都城，以彰显我威严的荣耀吗？"

如果我们仅仅依靠对几个人物的简单描述就想获得对亚述君主的整体评价，那我们就该为知识的不足和从传闻中获得的细节而感到尴尬了。我们缺少更多的真实史料。虽有这些顾虑，但我们还是可以在这些古代政权的政策和影响方面得出某些重要结论。

我们可以肯定，古代的亚述和巴比伦尼亚曾经人口众多，有肥沃的土地和成群的家畜，粮食丰饶，手工业发达，还有广泛的商业交往，这些都为民众提供了工作机会和生活来源。这里城市发达，储存着大量的财富，生活奢侈；这里还是贸易、艺术和文明中心。我们还可以肯定，这些地区现在一片荒芜，土地无法生长粮食，居民寥寥无几。这里现在的地貌跟古代没有任何不同，山还是那些山，河还是那些河，自然界的这些伟大地标跟古代没有任何不同。然而，究竟是什么造成了这片土地上古代和现代在道德和政治上如此惊人的差别呢？

答案可以说明一切。我们必须将所有这一切显著差异归因于政府治理。在社会形成之初，亚述和巴比伦尼亚的统治者们，那些宁录们和阿舒尔们，都是毫无疑问的军事将领，并具有政治家的雄才伟略。他们建立规范的政府，确保社会安宁，保证生活繁荣稳定。

有了这样的保障，手工业得以发展，人民的才能得以发挥，土地得以耕种，商业得以发展；他们适时开采矿山，而劳动促进了工艺的改革创新，这一切都孕育了一个兴旺发达的民族。

我们虽然承认亚述帝王们实行残暴的统治，然而，我们也得出结论——他们善于治理国家，至少在一个相当长的时间里，他们表现出了才干和智慧。这些帝王似乎自私自利，他们的残暴行为在个人记载里留下了污点。他们也沉溺于酒色，犯下罪行。然而，他们许多人都是具有远见卓识的政治家。如果我们不能称他们为爱国主义者，我们至少可以认为，他们抱负远大，为国家建功立业，创造了辉煌。我们不仅从历史记载上，还可以用运河、水渠、堤坝、大桥等遗址来证明古代帝王们实行的开明政策，促进了国内改进，发展了农业、商业和艺术。

我们从政府明智的鼓励政策，探寻亚述人和巴比伦人繁荣昌盛的来源。帝王们向外发动战争，在某些时期，的确可能给他们的都城带来辉煌。然而，毫无疑问，战争并没有增强王国的繁荣，而是让王国失去了繁荣。由于对其他国家的掠夺，这两个王国随后便生活奢华。我们可以认为，由此出现了腐败，败坏了政府和民众的声誉，为随后出现的社会彻底瓦解做了前期准备。在这种条件下，亚述和巴比伦尼亚沦为穆斯林的征服对象。

第49章

米底帝国

（前700—前549）

米底由里海以南的大片地区组成，现属于波斯，被称为波斯伊拉克，以区别于巴比伦伊拉克。它构成了现在波斯王国的中心区域。绵长光秃的山脉横贯其中，山脉之间是肥沃的山谷。这片土地上可以看到零散分布的城市、高架渠、花园和道路的废墟，而它们的建造者们早已消失在历史的篇章之中。

上面说的是米底本土。然而在历史上，无法确定米底的边界，因为在不同的历史时期，它的边界也不一样。对亚述最早期诸王的记载里，已经提及米底。据说，塞米勒米斯曾经带领一支庞大的军队到过此地，这说明当时的米底人口众多，国力强盛。据说，她在沿途建了许多纪念牌，现在残存下来的城市和花园废墟可以证明。

古代米底人似乎拥有一种强力果断的性格，非常擅长骑术。他们的国家山峰林立，河谷纵横，适合养马，单单尼萨平原曾一次放

古代米底军队

养15万匹马。此外，这个国家物产丰富，千百年来米底民族都似乎占据比波斯民族更重要的地位。在以后的时代，米底变得更广为人知时，据说整个国家分成了大米底（都城为埃克巴坦那，即现在的哈马丹）和小米底（都城为加沙，即现在的费博里斯）。

亚述和巴比伦尼亚早期的历史比较混乱，米底早期的历史也一样。克特西亚斯是希腊的一名医生，阿尔塔薛西斯二世统治时期他在波斯宫廷生活了17年。他讲了一个故事，希罗多德也讲了一个故事。这两个故事完全不一致，但他们的前提是每个故事都遗漏了大部分历史，而且一个故事所讲的那些朝代，在另一个故事里完全被忽略了。

我们在黑暗中摸索前行，只能说服自己，上述事实与米底遥远的编年史有关。毫无疑问，除了从亚述和巴比伦尼亚相关记载中透露出的零碎细节，国王和朝代基本完全缺失。希罗多德提到过，迪奥塞斯是一个非常古老国王世系的建立者，然而，我们对他们一无所知。在这之后，到了公元前8世纪，米底成了亚述的一个行省，阿拔士是行省总督。他因对娘娘腔的萨尔丹纳帕勒斯极为反感，便联合巴比伦尼亚总督贝勒西斯一起，于公元前876年推翻并瓜分了亚述帝国。阿拔士成为米底国王，统治了28年。克特西亚斯记载说，阿拔士所开创的朝代出现了8位国王。

希罗多德还记载了另一个完全不同的迪奥塞斯。他认为迪奥塞斯是米底帝国的真正建立者。他可能是阿拔士的一个后继者，他将自己的统治扩张到整个米底。他征服了独立部落，让整片国土成为一个统一的帝国。最初，迪奥塞斯只是一介平民，但他极具天赋，做事谨慎。当时，由于政府无能，全国上下一片混乱，急需一个强有力的政府。迪奥塞斯由于在自己的村子里拥有较高的威信，被推选为村长。担任村长期间，他行事果断，取得了很大的成功，使村民过上了安定的生活。其他仍处于动乱、困苦之中的社区成员看到迪奥塞斯治理下的良好秩序和繁荣稳定景象，开始向他寻求帮助，让他做他们的仲裁者。

迪奥塞斯处事公正，声名远播，在国内的影响力也很快让其他人黯淡无光。现在，他想出了一个正式而简练的方法来确立自己的权威。为了达到目的，他从公共事务中退出，假借事务过于繁重，应接不暇。人们迫切需要他的建议和权威，于是他毫不费力地说服大家选举他为国王。据说，此事发生的时间约在公元前728年。

迪奥塞斯以这种方式获得权力后，决心在自己身上打上所有尊严和权力的印记，以唤起人们对君主的尊敬。他命令臣民为其建造一座宏伟壮观的宫殿，加以森严的防卫。在他的寝宫里，安排了大批护卫、侍从、仆人等。加强了个人安全以后，他开始教化米底人，让他们养成冷静、守规矩的习惯。在他执政之前，这些米底人过着野蛮人的生活，居无定所。迪奥塞斯决心建造一座大城市，作为塑造人民新的、永久性格的手段。

他挑选了一个地点，标出了围墙的路径。人民都乐意帮助他将计划付诸实施，也非常赞赏他的智慧。所有一切完成以后，整座城市有七道围墙，层层包围，里面的围墙高于外面的围墙，这样，在外面就能够看到里面每一层的居住状况。城址的选择与这样的设计非常契合，因为地面为坡形，且四面每个坡面的高度都相同。第七道墙内矗立着王宫，里面藏着财富。王宫外面一层住着官员，其余各层住着普通人。他将整座城市命名为埃克巴坦那，据说，这座城市就是现代的伊斯法罕，尽管此处很可能靠近现在的哈马丹。

迪奥塞斯为米底政府制定了良好的法律。然而，也许是由于担心出现阴谋，也许是想给自己罩上神秘的外衣，让臣民对他产生敬畏，他一生大多时间都在宫内，民众很难看到他的身影。臣民们始终对他怀有顺从和恭敬之心，他的统治也在平静中度过，既没有国内叛乱，也没有外敌入侵。他死于公元前675年。

迪奥塞斯死后，他的儿子普拉欧尔铁斯继位。普拉欧尔铁斯雄心勃勃，不满足于只统治米底，便入侵波斯人的领土。他在一次激战中打败了波斯人，征服了他们。他将波斯军队和米底军队联合起来，形成大军进攻周边的国家。他征服了许多国家，最后开始攻打亚述人，还与来自攸克辛海北部沿岸的斯基泰人结盟。

斯基泰人拥有一支强大的军队，不久之前，在国王马地奥斯的率领下将辛梅里安人驱逐到了欧洲。他们穷追不舍，继续向西进军。辛梅里安人找到了摆脱敌人的方法，而斯基泰人一直追到了米底。斯基泰人虽然与米底结盟，但趁着普拉欧尔铁斯围攻尼尼微时，背叛了盟友，入侵了米底。

斯基泰人入侵的消息传到了普拉欧尔铁斯那里，当时他正在尼尼微城前安营扎寨。普拉欧尔铁斯立即解除了对尼尼微的围攻，调动所有的军队，全力抵抗这支给亚洲文明地区带来重大威胁的强大军队。然而，亚述人又反过来与斯基泰人联合，夹击米底军队。米底人被彻底打败，亚述人和斯基泰人一路追击，占领了埃克巴坦那，大肆劫掠，抢光了王宫里的所有财宝，甚至连王宫的装饰都不放过。普拉欧尔铁斯逃到了山中，亚述人和斯基泰人依然穷追猛赶，在追上他后，用标枪将他射杀。

随后，斯基泰人变成了米底人和所有周边国家的主人。之后，斯基泰人又向埃及发动进攻，但是埃及法老普萨美提克一世通过贿赂，将斯基泰人变成了朋友。斯基泰人后来又蹂躏了巴勒斯坦，抢掠了位于亚实基伦的巴拉女神庙，那是供奉巴拉女神最古老的神庙。一部分斯基泰人在贝桑城永久地住了下来。贝桑城是一座属于玛拿西支派的城市，它由此得名斯基桑波利（又译为西古提波利）。

在29年的时间里，斯基泰人一直是米底、亚美尼亚、卡帕多西亚、本都、科尔基斯和伊比利亚的主人，也就是说他们在这些国家横行无忌，所到之处都变作一片荒凉。

米底人发现无法用武力将斯基泰人从他们的土地上驱逐出去，便使用计谋。米底人假装要跟斯基泰人加强联盟，通过摆鸿门宴谋杀了斯基泰的大多数上层统治者。米底人随即对斯基泰人发动进攻，重新夺回了失去的土地。

基亚克萨雷斯一世是历史上记载的下一任米底国王，他是普拉欧尔铁斯的儿子。据说，他开始自己统治的时间为公元前625年。他重建了米底王国，通过新的征服扩大疆界。当时，米底的疆界一直向西延伸到小亚细亚的哈吕斯河畔，这是西方历史上记载的他们最古老的疆域边界。

接下来，基亚克萨雷斯一世向亚述开战，为埃克巴坦那所遭受的劫掠报仇雪恨。第一场战役中，他打败了亚述军队，将亚述人赶回他们的首都尼尼微；紧接着乘胜追击，与巴比伦的军队一起包围了这座城市。公元前612年，尼尼微陷落。公元前605年，亚述帝国彻底灭亡。米底和巴比伦尼亚遂瓜分了亚述帝国。

扩张的米底王国与亚洲西北部日渐崛起的吕底亚王国发生冲突，两国自然而然地发生了战争。双方在5年间发生了多次战斗，均未取得决定性的结果。公元前582年，发生了一个重大的事件。在一次战役中，当两国军队正要开战时，忽然出现了日食。参战双方看到了这种现象都极为震惊，认为这是上天震怒的迹象，于是立即停止了战斗。随后，两国国王签订了和约，终止了相互间的敌对状态。这次出现的日食，虽然出乎米底人和吕底亚人的意料，因为他们对天体的运行规律一无所知，但是米利都的天文学家泰勒斯却早就向希腊人预言过。

为了让两国间的和平更加牢固和神圣，两国君主决定联姻。阿律阿铁斯将他的女儿阿里埃尼司嫁给了基亚克萨雷斯的长子、现在的米底国王阿斯提阿格斯。他们结盟的仪式值得一提，在他们举行的与希腊人相同的仪式中，有一个仪式是双方割破自己的胳膊，舔对方伤口上的血。

阿斯提阿格斯于公元前585年继位。他应该就是《旧约》上提到的君主亚哈随鲁。他的统治时间比较长，直至亡国。他有两个孩子，儿子基亚克萨雷斯和女儿芒达妮。芒达妮嫁给了波斯国王居鲁士一世的儿子冈比西斯王子（后来的冈比西斯一世）。婚后，他们生下了居鲁士二世（居鲁士大帝）。米底帝国建立后，波斯一直是米底的附属国。公元前559年，居鲁士二世成为波斯国王。他统一了波斯各部落，于公元前553年起兵反抗米底。公元前550年，居鲁士二世灭掉米底，建立了波斯帝国。有关这个著名君主此后的历史将在波斯的相关章节中讲述。

第50章

古代的米底

前面已经提及，巴比伦人和亚述人虽然很相近，但还是有差别的，米底人与这两个民族之间的差别比这两个民族之间的差别大得多。虽然居鲁士时代的米底人变得柔弱奢靡，但最初的米底人却是非常凶猛的。米底人的奢靡被指责破坏了波斯人的淳朴。米底人擅长使用弓箭，骑在马背上战斗。据说，他们的箭上涂了一种浸过沥青的毒酒，能将人的皮肉烧焦，用水不但不能降温，反而能让温度升高，只有沙土能减轻它的灼烧。一位古代作家的记载曾被尤西比乌斯引用，说米底人养了一种狗，当朋友、父母和亲人即将死亡时，就让狗吃掉他们，因为米底人认为人死在床上或者死后放在地上都不体面。然而，我们没有从其他可信的作者那里找到依据证实这种奇怪的记载。

一夫多妻制对家庭的幸福损害极大，米底人却大力推行。根据古罗马历史学家斯特拉波的记载，米底人甚至通过立法强制推行一夫多妻制。米底人以庆祝生日、区分等级、规定打招呼的礼节，以及热衷于外国的时尚而闻名。艺术和科学在他们的生活当中并不占有重要地位。有些人认为，基亚克萨雷斯是第一位铸造金币的国王。这些人所说的金币很可能就是后来被称作大流克[①]的金币，因为据说大流士一世是首位锻造这种金币的人。

米底人非常敬重预言者和占卜师，而且非常痴迷于对吉凶之兆的预测。祭司可以随意拿走战利品中任何他们想要的东西，借口把它献给神。米底人举行宗教祭祀活动，不借助神庙、祭坛和雕像；他们也不像其他的古代民族一样，因为他们不相信神诞生于人类。他们在山顶上向太阳、月亮、大地以及火、水和风献祭。

米底政府从阿拔士统治时期开始就是专制的，尽管他们声称自己几乎等同于神明，但他们也无权废除自己的法令。因此，《旧约》上说，米底人和波斯人的法律是不可更改的。君主独自行使司法权，为了能够具备执行该项事务的能力，他们对子孙的法律教育极为重视。米底人中存在奴隶制，但严格的法律减轻了这一制度的残酷性。

名人——如果传下来的记载可信，那我们可以认为，米底的几代国王都具有非凡的品行。普拉欧尔铁斯集精明、温和、智慧于一身，远远超出了那些一般民族中野心勃勃、血腥残暴的帝国创建者。阿拔士似乎是一名骁勇善战的战士、一位开明的政治家和一个胸怀博大的人。基亚克萨雷斯一世毫无疑问是个超凡的君主。然

① 大流克，古波斯帝国金币名，公元前6世纪末为波斯大流士一世所铸，因而得名。——编者注

而，一想到不同的作者对这些人物记载的时间、名字和作为都各不相同时，我们对这些问题调研的价值似乎就不大了。

古迹——米底早期的历史也许鲜为人知，然而，现有证据表明，在非常遥远的古代，米底是一个人口大国。它的每个区域现在都留下了城市、高架渠和城墙的遗迹，其中有些极其古老。在德黑兰附近，保存有古代拉吉①的遗迹，犹太人被巴比伦人俘获后迁到了这里，《托比特书》里有相关的记载。城市的周长在3英里以内，随处都可以看到被焚烧的砖块、土堆、破落的城墙、塔楼和墓地等。

哈马丹建立的时间更晚一些，据说位于古代埃克巴坦那之地，或者在其附近。这里留下了大量被毁城市的遗迹。这一地区有块巨大的岩石，名为百石吞，它的一面被切割光滑，像个罩棚一样罩着大路。在一处几乎无法到达的地方，可以看到一组表现古代游行队伍的雕像，除此还有其他引人注目的发掘和雕塑。这块岩石被认为是名为巴吉思塔农的山，在塞米勒米斯一节里有提及。据说，塞米勒米斯在此处建了一座花园，命人在岩石上凿了她的雕像，雕像身边雕有100个护卫。上面这些都是这一地区属于米底时期的古迹。其他的古迹时代更晚一些，而且那时米底已经是（现在仍然是）波斯的一个重要行省，这些古迹被记载在波斯帝国的历史里。

---

① 拉吉是犹大平原南部的一个城镇，不仅是由非利士进入犹大的必经之地，同时也扼守着从迦南通往埃及的要道，是军事交通重镇。——编者注

古代波斯

第51章

波斯是一个什么样的地方？

现在的波斯王国，也就是伊朗，北临鞑靼和里海，东临阿富汗和俾路支，南临波斯湾，西临土耳其的亚洲部分。面积48万平方英里，相当于美国国土面积的1/4，人口为1 200万人。

现代波斯包括波斯本土、古代米底、苏锡安那和卡拉曼尼亚；古代波斯不仅包括上述地区，还包括赫卡尼亚、帕提亚、格德罗西亚、阿里亚、巴克特里亚和索格狄亚那。波斯本土现在称为法尔斯或法尔西斯坦。根据《旧约》的记载，这个民族的祖先是埃兰，埃兰是闪的儿子。波斯是个古老的民族，根据历史记载，波斯的第一位国王生活在亚伯拉罕时代。卡雅尼德斯是一个贵族，著名的贾姆希德就是他们的后代。作为祭司的麻葛，教导民众祭拜火，把火看作是神明的象征。琐罗亚斯德对这一宗教进行了改革。在居鲁士大帝的征服之后，袄教几乎取代了巴比伦尼亚和亚述的拜星教。拜星教徒祭拜物象，而麻葛则认为这是偶像崇拜。因此，这两种古老的信仰方式间产生了强烈对立。波斯人摧毁了所有被征服民族的偶像。现代拜火教徒保存了祆教的信条，但是保存下来的数量很少。

波斯本土到处都是崎岖的山岭和沙漠地带，两种地形之间则分布着肥沃的谷地。最初，这里的人吃苦耐劳，刚强勇敢，因此，能够征服周边的地区。

米底——现在的伊拉克省，这里有两座城市，分别是伊斯法罕和德黑兰。伊斯法罕曾经是波斯王国的首都，现在的国王把他的宫廷设在德黑兰。米底人和波斯人被认为发源于同一个民族。

苏锡安那——现在被称为胡泽斯坦，面积不大，但是土地极其肥沃。斯特拉波说，这里谷物的产量是其他地区的200倍。北部是山区，南部地势平坦。这里的居民据说是古实的后代，长久以来都以箭术闻名。苏锡安那的首府是苏萨。

卡拉曼尼亚——现在的克尔曼省，一大片沙漠将这里与波斯本土分开。这个名字在叙利亚文里是葡萄藤的意思，而这里正好盛产优质葡萄。

葡萄

以上地区构成了现在的波斯王国。它们位于北纬25°至28°间，南部气候与佐治亚州和佛罗里达州相近，北部气候与弗吉尼亚州相似。大部分土地都被干旱的沙漠和荒芜的高山所覆盖。然而，这里有世上最美的山谷，如设拉子、伊

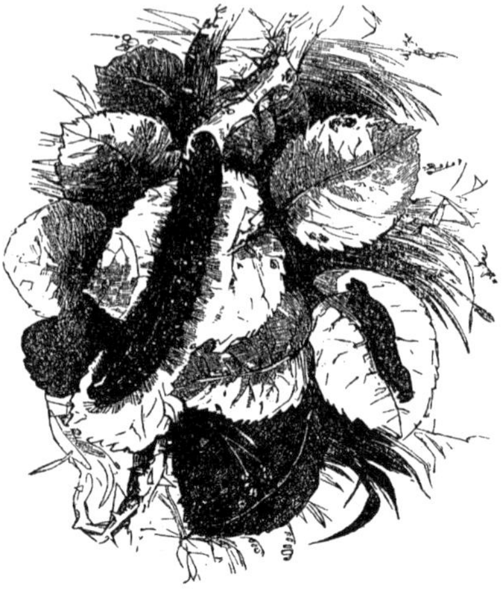
蚕与桑叶

斯法罕的山谷。这里的玫瑰是世上最优质的玫瑰。丝绸极为丰富，大量出口以及用于织造业。这里还出产谷物、水果、葡萄酒和上等药材。许多水果在欧洲很受欢迎，如杏、葡萄和石榴，品质为世界最佳。波斯人把石榴称作天堂果。设拉子山谷的收获季节从5月开始，到6月初结束。羚羊为当地物种，随处可见，它们多愁善感的眼神为诗人的创作提供了良好的素材。

格德罗西亚是现在的俾路支，由干旱的高山和沙土平原构成。塞米勒米斯和居鲁士大帝的大军穿越这些沙漠时几乎全军覆没。这里炎热的气候和水源的匮乏也让亚历山大和他的军队备受煎熬。

阿里亚幅员辽阔，包括现代的阿富汗和鞑靼的一部分。这里在古代时分为三部分：中部是阿里亚，北部是马尔吉亚那，南部是阿拉霍西亚。这里的人被称为阿列欧伊人，与米底人和波斯人为同一民族。据说，波斯后来以伊朗命名即缘于这些人。这一地区被东西走向的山脉分开，这条山脉在古代被称为帕罗帕米苏斯，现在被称为厄尔布尔士山。

帕提亚位于北边，这里的居民与斯基泰人或鞑靼人为同一民族，骁勇善战，善于在马背上打仗。帕提亚在早期虽然部分臣服于波斯，然而从未被彻底征服过。波斯帝国灭亡后，帕提亚变成了一个强大的王国。这个国家的历史将在下文详述。帕提亚现在是独立鞑靼的一部分。

赫卡尼亚位于里海东南边境，以老虎和蛇出名。南部地区土地肥沃，盛产葡萄、无花果和橄榄。当地居民是斯基泰人后裔。波斯帝国灭亡后，这个国家臣服于帕提亚。赫卡尼亚构成了现代波斯的北部地区，被称为马赞德兰和吉兰。

巴克特里亚位于帕罗帕米苏斯北麓，是独立鞑靼的一部分，现在称为昆都士。这个国家土地肥沃，早期是一个重要的文明王国。这里先被居鲁士大帝征服，后被亚历山大大帝征服。

古都巴克特拉被称为城市之母，这是个雄伟壮丽的地方。现在的名字叫巴尔赫，但已经名不见经传了。

索格狄亚那位于奥克苏斯河和贾沙特斯河之间，是个美丽的国度，现在的名字是大布哈拉，首都是马拉坎达（撒马尔罕），现在的居民是乌兹别克鞑靼人。

我们在后面将对某些国家的历史进行更加详细的描述。

以上是构成早期波斯帝国中心地区的一些国家，后来增加了亚述和巴比伦，首都也迁到了巴比伦。随后，波斯帝国一路向西，势力扩张至欧洲，将埃及和小亚细亚也纳入它庞大的版图之中。波斯帝国向西征服的浪潮持续了一两个世纪，而后浪潮席卷回来，整个波斯帝国被希腊碾碎。

第52章

早期的波斯

（前1000—前800）

亚洲历史上兴起的所有强大帝国中，波斯帝国最为著名。波斯帝国（包括现代波斯王国）几经兴衰荣辱，在2 500多年的时间里，经历了一系列几乎无与伦比的变迁。它曾被外敌轮流统治，也曾被内部的动荡所摧残，也遭受过残暴专制的统治，时而达到繁荣昌盛的顶峰，时而陷入苦难堕落的低谷。

波斯——这个辉煌的王国，尽管它的信史是从巴比伦陷落后居鲁士的统治开始，然而，波斯本土的历史要追溯至更遥远的古代。

关于波斯这个国家的历史，我们可以获得丰富多样的资料来源，这一点不同于我们关注过的其他国家。同其他国家的历史一样，波斯早期的历史充满了传说和晦涩。然而，我们要研究一个民族的兴起与发展，就不会完全否定那些蕴含着一个民族起源的神话故事。当然，在使用这些资料时，我们一定要区分哪些是自古代保存下来的纯粹史料记载，哪些是后来才流传下来的不那么可靠的传说，不能盲目接受。关于波斯更遥远时代的历史，我们所拥有的可靠材料有3个来源：第一，犹太人《旧约》的记载；第二，希腊历史学家的记载；第三，波斯人自己的记载。在波斯人自己的记载中，我们重点关注《阿维斯陀》和《列王纪》。

《阿维斯陀》是古波斯圣典的合集。这部经典包括波斯的早期传说、宗教体系和波斯伟大的立法者琐罗亚斯德制定的道德准则。这部圣典现在依然是拜火教教徒使用的圣典。

《列王纪》①也称《王书》，是一部伟大的史诗，作者是菲尔多西。菲尔多西被称为波斯的荷马。本书成书的时间大约在10世纪中叶。它是在模糊的传说和少量的古波斯文献片段的基础上编撰而成的。这些古波斯文献片段是从希腊人和帕提亚人破坏的波斯国家档案中保存下来的，也是从最早穆斯林征服者的手中保存下来的。波斯早期历史中所谓的事实充斥着大量的虚构成分——这是诗人的发明，因此，叙事中哪些是事实，哪些是虚构，难以区分。菲尔多西的诗几乎囊括了亚洲作家在穆斯林征服以前所能创作的关于波斯历史主题的所有作品。

波斯的首任君主是凯尤莫尔滋，他的血统可以追溯到挪亚，据

① 尽管《列王纪》被称为是一部史书，然而，它还作为一部诗集而闻名。与大量的其他作品相比，它用更纯正的波斯语写成，直到今日，还被受过良好教育的波斯人广为阅读和欣赏。现在保存下来的抄本似乎被严重损毁，残缺不全。没有任何两个版本的20个偶句诗行内的顺序和遣词保持一致，整篇整篇的诗句佚失，诸多诗行让人无法理解，而且，有些抄本保留下来的诗行还不足4万行，而最初的诗集包含6万行诗句。这部作品的一个样本记载了亚历山大的生平，他被称作斯坎德尔。在其他方面，亚历山大的历史有一定的可信度。——原注

出行中的波斯国王

说，他在公元前八九世纪时极为辉煌。他是皮西达德王朝的开创者，或者说是正义的早期传播者。他所做的一切被夸大成一系列奇迹，他的敌人被认为是魔鬼或巫师，他的战友是森林里的狮子和老虎。他成就了一系列辉煌的业绩之后，隐退到自己的都城巴尔赫，在此寿终正寝。王位传给了他的儿子胡山。胡山是一位品德高尚的国王，发明了许多实用技艺，其中包括敲击燧石取火、灌溉农田等。

贾姆希德是该王朝第四任国王，波斯所有超凡英雄中最著名的一位。他的权力和财富是波斯无数历史学家和传奇作家书写的主题。在他们的笔下，他被颂扬为所在时代最伟大的改革家。长期的繁荣使他变得骄傲自负，结果招致了叙利亚君王佐哈克的入侵。佐哈克打败了贾姆希德并将他处死。

第53章

早期的历史传说

（前800—前600）

佐哈克赢得胜利后，成了波斯的君主。有的作家认为他是阿拉伯人，另外一些则认为他是《旧约》里的宁录。之所以会出现这种分歧，是因为历史上对这些事件没有明确的记载。

但在所有记载中，佐哈克都被描述成暴君的代表，以血腥屠杀为乐事。有个叫卡维的铁匠勇敢地让整个民族摆脱了佐哈克的暴虐统治。卡维为了救注定要成为佐哈克暴政牺牲品的儿子们，拿起武器，号召同胞起义，他把自己打铁用的围裙当作旗帜，最终推翻并诛杀了这个暴君，把法里东这个合法王子推上了王位。

在这些记载中，我们看到一线真实的曙光冲破了笼罩在波斯早期历史上虚构的面纱。卡维得到伊斯法罕这座城市及其属地作为回报，他因此而成了一名封建诸侯。为了纪念这场巨变，他的围裙被放在了波斯国王的国库中，上面缀满了价值连城的宝石。它一直被作为波斯王室的标志，直到早期的穆斯林征服，它被作为战利品送到了哈里发欧麦尔那里。这一非凡的战利品为早期的传说提供了一个有力的论据。

波斯的历史学家们热情洋溢地赞扬法里东国王的公正、智慧和荣耀。他的美德和功绩为他赢得了“福王”的美名。到他孙子统治时期，波斯出现了著名的民族英雄鲁斯塔姆。鲁斯塔姆是波斯的赫拉克勒斯①，他神秘的出生和超凡的功绩成了《列王纪》最受喜爱的主题。英雄鲁斯塔姆是扎尔的儿子。扎尔是锡斯坦的诸侯。扎尔出生时，已是满头白发，他的父亲随后给他起名为“扎尔”，意思是“老家伙”。扎尔的父亲萨姆是波斯的丞相。他认为这个白发婴儿不是自己的儿子，而是一个巫师的后代，于是把他放在了厄尔布尔士山顶上。

根据诗意的传说，扎尔被放在山上后，一只狮鹫前来喂养他。过了一段时间，他的父亲得到上天的告诫，便把他带回了家，在波斯宫廷中养大。扎尔长大后，跟随父亲去了喀布尔和锡斯坦，因为萨姆被任命为这些地区的总督。一天，扎尔在林中打猎时来到了一座塔前，看到一位优雅貌美的年轻女子站在塔楼的一角。他们四目相对，一见钟情。然而，着迷的扎尔却无法爬到塔楼上。经过多次尴尬的失败之后，这位女子想到了一个办法，她散开自己乌黑漂亮的长发，让长发垂到了塔底。这样，年轻的英雄就顺着头发爬到了美女跟前。这位美女名叫鲁达巴，是喀布尔国王迈赫拉布的女儿。

---

① 赫拉克勒斯是古希腊神话中最伟大的英雄，是主神宙斯和阿尔克墨涅之子。他神勇无比，力大无穷。——编者注

这场奇遇最终让他们结为夫妻。他们生下了鲁斯塔姆。

鲁斯塔姆一出生，7个奶妈被派来给他喂奶，然而，他还吃不饱饭。后来赶来了一群奶羊，才喂饱了这个能吃的婴儿。这就是对这个波斯英雄出生时的神奇记载。鲁斯塔姆的行为被诗人夸大成了奇迹，他的历史也由此被裹上了一层神奇的色彩。当然，我们毫无理由怀疑他是一个真正的历史人物。

他指挥波斯军队迎战图兰的鞑靼人，这些鞑靼人在国王阿夫拉西阿卜的指挥下，渡过奥克苏斯河，入侵波斯。鲁斯塔姆从他父亲手中接过爷爷萨姆的棍棒。这个一直让波斯的敌人心惊胆战、威力无比的武器，很快让鞑靼人长了见识。

阿夫拉西阿卜询问这个给他的军队带来灾难的男孩是谁，他的一个随从回答道："您没看到他挥舞着强力萨姆的大棒吗？虽然他年幼，但那个大棒却很有名。"

阿夫拉西阿卜全然没有把他的敌人放在眼里，迅速向他进攻。鲁斯塔姆看出他的意图，并观察到他几乎没有使用武器后，便把大棒扔到一边，冲上去迎战。经过短暂激烈的打斗后，这个波斯英雄抓住了这个国王，拉住他的腰带将他拉下马鞍。

然而，拉着的腰带断了，阿夫拉西阿卜摔到了地上，他的士兵蜂拥而至保护他。由于人多势众，鲁斯塔姆无法再次抓住他。但是，鞑靼国王贵重的王冠和腰带仍然在胜利者鲁斯塔姆手中，他通过彻底击败敌人而获得自己的胜利。

如果我们相信波斯作家们的说法，那么鲁斯塔姆在这场战斗中一共徒手杀死了1 160人。

在鲁斯塔姆的有生之年，凯卡乌斯曾统治波斯。凯卡乌斯虚荣自负，似乎一直处于不幸的困境之中，而这些不幸的源头则是他的能力不足以撑起他的野心。

鲁斯塔姆的一生与1 000个传奇事件联系在一起，这些事件在菲尔多西的诗中产生了重大影响。其中的一个故事，讲的是鲁斯塔姆与自己的儿子苏赫拉布之间的战斗。在这场战斗中，鲁斯塔姆获得了让他悔恨终生的胜利。

菲尔多西开始讲这段故事时，说它是一个充满泪水的故事。年轻的苏赫拉布是鲁斯塔姆的私生子，但鲁斯塔姆不知道。苏赫拉布的母亲写信告诉鲁斯塔姆，说自己生了个女儿，因为她担心事情一旦泄露，她将失去这个孩子。苏赫拉布长大后，离开了母亲，在阿夫拉西阿卜麾下追求功名。他确实威名远播，超越了当时所有的英雄，除了自己的父亲鲁斯塔姆。他把恐惧和死亡带到波斯军队之中，让他们最勇敢的战士闻风丧胆。最后，鲁斯塔姆决心用一个假名与他一决高低。

他们交手三次。第一次，尽管苏赫拉布占了上风，但还是同意撤兵再战。第二次交战，苏赫拉布获胜，但他饶了这个老将的性命——他不知道对方就是自己的父亲。第三次交手，苏赫拉布受了致命伤，倒下了。

在死前的痛苦挣扎中，他提醒这个打败他的人，要避开他父亲的报仇，因为他的父亲是强大的鲁斯塔姆。听完这番话，鲁斯塔姆瞬间知道自己杀死了儿子苏赫拉布。这些话如同要了这位老英雄的命。鲁斯塔姆从震惊中清醒后，要求苏赫拉布出示证据，证明他所说的话。奄奄一息的年轻人扯开自己的铠甲，出示了母亲套在他胳膊上的信物。母亲让他带着这个信物去寻找父亲，以便相认。

亲眼看到信物，鲁斯塔姆几乎要疯掉了。他诅咒自己，企图了却自己的性命，但是奄奄一息的儿子阻止了他。苏赫拉布死后，鲁斯塔姆烧毁了自己的帐篷和其他物品，带着儿子的尸体去了锡斯坦，把儿子埋葬在那里。苏赫拉布的母亲听到这个灾难性的消息后，放火烧了自己的宫殿，意欲与大火同归于尽。然而，身边的侍从阻止了她。她变得疯疯癫癫，唯一让她快乐的事就是穿上儿子留下的血衣，亲吻儿子最钟爱的战马的额头，拉儿子的弓箭，挥舞儿子的长矛、利剑和权杖。最后，如诗中所说："她死了，死后她的灵魂飞到了英雄的儿子那里。"

第54章

居鲁士大帝

（前600—前529）

古什塔斯普统治的名声要归功于他统治期间波斯皈依了拜火教。据说，琐罗亚斯德让这个国家的宗教发生了变化。他被称为先知，也有人说他是个骗子，对他生平事迹的描述源自古波斯和穆斯林的记载。古波斯的作家称他是一个极为神圣、见识卓绝的人；而穆斯林作家则认为他是一个占星家，受到了魔鬼的欺骗，开始传授亵渎性的新教义。

但是两种来源的所有作家一致认为，琐罗亚斯德生活在古什塔斯普时代。他通过施展魔法和展现神迹，让古什塔斯普成为他教义的崇拜者和权威传播者。王室的偏执狂们不仅在王国各地建立拜火教神庙，还迫使臣民们前去祭拜。琐罗亚斯德的教义迅速传遍全国，国王命令把1.2万张牛皮仔细烘烤，并把新信仰的准则写在上面。这些牛皮纸文献被存放在波斯波利斯岩石下的拱顶之下。圣洁高尚之人被派去保护这些经典，要求亵神者一律远离这些神圣的文献。

宗教改变带来的第一个后果是与鞑靼国王阿尔贾斯普的战争。阿尔贾斯普给古什塔斯普写了一封信，警告他不要陷入错误的深渊，并且威胁说，如果古什塔斯普不回到祖先的宗教，就要攻打他的国家。波斯国王收到信后非常气愤，两国间立刻发生了战争。古什塔斯普的儿子伊斯方狄亚尔指挥波斯大军彻底打败了鞑靼人。然而，伊斯方狄亚尔被卷入宫廷反叛的阴谋之中，被自己的父亲关进了监狱。鞑靼国王听到此事后，再次起兵，入侵波斯，打败了古什塔斯普，并且俘获了他的女儿。

面对这次的失败，古什塔斯普非常绝望。他不仅让伊斯方狄亚尔重获自由，还答应他，如果他能把妹妹救回来，就把王位让给他。王子答应了这些条件，召集了一支军队，打败了阿尔贾斯普。他想趁机追赶到鞑靼首都铜城，因为这座城市的城墙异常坚固。有3条路通向这座城市，最短的路要经过一片荒无人烟、寸草不生的沙漠，走这条路有可能会遭受猛兽和毒蛇的攻击，因而从未有人走过。然而，伊斯方狄亚尔决定走这条路。他只挑选了60人与他一起探路，还派遣了一名将领带着军队和辎重走长一点儿的那条路。他们的计划是，等伊斯方狄亚尔到达鞑靼的都城，探好了路，便点火为号，这位将领便立即率军发动进攻。

伊斯方狄亚尔和他的60个随从打扮成商人的模样，随身携带一些贩卖的商品。他们安全地穿过了沙漠，进入了鞑靼的都城而没有引起任何怀疑。他们让人传话，说有个有钱的商人，带着一些朋友，逃离了古什塔斯普的暴政，来到了这里。

像他设想的一样，这些话很快传到鞑靼国王的耳朵里，国王派人把伊斯方狄亚尔带到宫廷，想看看他带了些什么货。这个扮成商人的王子来到宫廷，拿出珍贵的珠宝献给阿尔贾斯普，获得了他的欢心和保护，而没有受到任何怀疑。

最后，伊斯方狄亚尔看到波斯军队接近了城墙。在夜晚的黑暗之中，他发出了信号。波斯军队立刻攻城，而王子和他的随从迅速袭击了王宫。一切来得太突然，鞑靼人毫无防备，城内一片混乱。伊斯方狄亚尔来到了鞑靼国王面前，大喊："你这个可恶的鞑靼佬，我就是波斯王子伊斯方狄亚尔。"鞑靼国王一听到这个名字，吓得立刻逃跑，但很快被追上杀死了，国王的兄弟也是同样的下场。伊斯方狄亚尔的妹妹被放了出来，送回到父亲身旁。凯旋的王子也把阿尔贾斯普的王位交给了他的父亲，此外还带回了一大堆战利品。

伊斯方狄亚尔的功绩在波斯的传奇故事中被高度美化。据说伊斯方狄亚尔在去往鞑靼国都的路上闯了七关。第一关遇到了两只野狼，第二关是两只凶猛的狮子，第三关遇到了一条七头龙，第四关是个食尸鬼，第五关是狮鹫，第六关是无限高的永久喷泉，而第七关是一个四周被巍峨群山环绕的巨大湖泊。

这些传说可以让读者对古代波斯历史有个大致的了解，因为这些都是波斯本土作家写的，希腊人的著作中找不到这些记载。在亚历山大时代以前，希腊人对波斯的了解似乎非常匮乏和模糊。居鲁士大帝的征服，开创了波斯民族重大的历史时代之一。希罗多德在叙述居鲁士的时候，曾试图与菲尔多西《列王纪》中的凯霍斯鲁的记载协调一致。

被菲尔多西称为凯哥巴德的波斯君主，曾被认为与米底的迪奥塞斯为同一人。而菲尔多西笔下的凯卡乌斯应该就是基亚克萨雷斯或阿斯提阿格斯；然而，诗人对这段历史的天才虚构令人困惑，从而导致一切都模糊不清。凯哥巴德与阿斯提阿格斯的巧合之处在于一个事实，即日食的出现，时间是米底人和吕底亚人交战之时。根据菲尔多西的说法，这个与凯卡乌斯的军队在跟马泽德兰巫师战斗时突遇黑暗讲的应该是同一件事。

我们暂时无法肯定《列王纪》中的哪位国王是希腊人所说的居鲁士大帝。根据古希腊人的记载，波斯人最初是一个生活于高地的民族，过着游牧生活。他们分为10个部落，其中帕萨尔加德是统治群体。他们是父权式政府，这种政府形式的残存贯穿于波斯的整个历史时期。

居鲁士大帝引发的巨变与亚洲其他大多数重要的变动一样。一个过着游牧生活的伟大民族，为必需性所驱使，寻求更好的生活环境，放弃自己的土地，寻求更加宁静、长久的住所，并赶走了早期强大的入侵者。居鲁士很可能是帕萨尔加德的一位酋长，被选为波斯民众的领导者，在他们的支持下，成为一个强大的征服者。当时，米底王国和巴比伦王国正处于衰落时期。在这两个强大王国的废墟上，居鲁士建立了波斯帝国，帝国极速扩张，他的统治范围从地中海扩大到印度河和奥克苏斯河。

希腊历史对居鲁士的记载主要源自希罗多德和色诺芬。按照柏拉图的说法，色诺芬在自己作品中传达的是一种“什么才是正义君主”的概念，而不是对居鲁士大帝进行真实的记载。西塞罗也证实，色诺芬的著作可以看作是明确地给出了一个政府模式，而不是提供真实的历史。希罗多德在米底的废墟上建起了波斯帝国，而色诺芬则在征服巴比伦的过程中，将米底人和波斯人融为一体。这两位作家的记载中还有其他不一致的地方。在这些相互矛盾的观点中，我们所能肯定的只有某些主要事实。

米底人对波斯诸国的最高统治地位应该是在凯卡乌斯统治时期建立的，也就是公元前6世纪早期。凯卡乌斯的儿子、他的继承者阿斯提阿格斯（有几个其他东方君主也用这个名字）把女儿嫁给了冈比西斯一世（帕萨尔加德一个王室部落的首领），使波斯人友好地接受他的权威。联姻的结果是，居鲁士二世（即霍斯鲁，波斯语意为“太阳”，也就是居鲁士大帝）出生。在米底与巴比伦的战争中，年轻的居鲁士曾率领波斯军队为米底作战，夺取了巴比伦的重镇哈兰。

公元前559年，居鲁士统一了波斯的10个部落。6年之后，也就是公元前553年，居鲁士起兵反抗米底。公元前550年，居鲁士攻入米底都城埃克巴坦那，米底灭亡。居鲁士建立了波斯帝国。公元前546年，居鲁士大帝攻入吕底亚都城萨迪斯，吕底亚灭亡。公元前539年，居鲁士大帝攻入巴比伦城，巴比伦帝国灭亡。波斯帝国继续扩大征服，边境从东面的印度河直达西面的希腊。

居鲁士大帝征服巴比伦后，他发现巴比伦城关押了许多犹太人。在这些犹太人当中，有一位叫作但以理的先知。居鲁士大帝对他很尊敬，以礼相待。先知以赛亚远在居鲁士大帝出生前就提到过他，说居鲁士大帝注定要完成上天的最高目标。下文可能就是《旧约·以赛亚书》中关于居鲁士的内容。

> 我必在你面前行，修平崎岖之地。

我必打破铜门，
砍断铁闩。
我要将暗中的宝物，和隐秘的财宝赐给你，
使你知道提名召你的，就是我耶和华以色列的神。

居鲁士大帝似乎知道以赛亚关于他的预言。他征服巴比伦后不久就下令释放犹太人，让他们回到自己的国家，然而不允许他们重建圣殿。直到70年后，大流士一世赐予了他们重建圣殿的权利。

公元前530年，居鲁士大帝向马萨革泰人发动战争。马萨革泰人是一个生活在亚洲北部的民族。最后，居鲁士大帝战败，被女王托米丽司指挥的马萨革泰人杀死。这位盛怒的女王命人砍下了征服者的头颅，把它装到了一个充满人血的皮革袋子里，说道："尽管我还活着，而且征服了你，然而你夺走了我儿子的性命，让我痛苦不堪。我要给你足够的血，让你得到满足。"她的这段话看似凶残，但依然可以看出一个母亲的柔情和对征服者的公正评价。任何时代的征服者都一样——他们的丰功伟绩中都充斥着杀戮和血腥。

居鲁士大帝被认为是波斯历史上的伟大英雄，他的名字一直被传颂至今。据说，为了纪念他，在波斯波利斯都城附近的帕萨尔加德为他建造了一座陵墓。居鲁士大帝死后200年，亚历山大大帝来到了陵墓前祭拜。他打开陵墓，希望能发现巨大的宝藏，却只发现了一副腐烂的盾牌、两张斯基泰人的弓和一把波斯弯刀。墓穴里刻有以下文字："啊，无论你是谁，无论你为什么来到这里，我是居鲁士，波斯帝国的开创者，不要嫉妒覆盖在我身体上的这一抔泥土。"

第55章

冈比西斯

（前529—前521）

居鲁士大帝死后留下两个儿子：冈比西斯（冈比西斯二世）和巴尔迪亚。冈比西斯继承了父亲的王位。冈比西斯登上王位后就向埃及发动战争。他率领一支强大的军队入侵埃及，攻陷了培琉喜阿姆。在一个希腊逃兵的帮助下，他获得了当地情报，推翻了埃及法老普萨美提克三世，征服了整个国家。冈比西斯对从父亲那里继承下来的祭司阶层非常仇视，于是迫害埃及祭司，埃及祭司出于报复，把他描述成最坏的暴君。征服埃及后，冈比西斯决定入侵埃塞俄比亚。他派间谍到埃塞俄比亚，授予他们使者的身份。这些间谍带着冈比西斯的礼物，被指示探查神奇的“太阳之地”。据说，这是一个靠近埃塞俄比亚主要城市的平原。埃塞俄比亚人在平原上堆起高达几英尺的烤肉，所有动物的肉都有，人人都可以免费吃。有些古代地理学家称这种现象是“上天的馈赠”。

埃塞俄比亚君主很轻松地看穿了这些假使者的计谋，让他们带回一则消息，劝告冈比西斯要满足于已有的版图，不要再觊觎其他领土。他还让他们带回自己的弓，作为回赠冈比西斯的礼物，并捎话说："冈比西斯如果能像我一样，拉开这个弓，就让他来攻打我。"冈比西斯听后勃然大怒，立即命令他的大军出发，尽管他还没有为这次远征做好充分准备。希罗多德说："从未想过他要去世界的尽头。"他带走了自己所有的军队，只留下了希腊辅助军，靠这些辅助军保持埃及对他权威的敬畏。到达上埃及的底比斯后，冈比西斯分派5万人讨伐阿蒙人，命令他们夷平阿蒙人的国家，烧毁阿蒙神庙。

在向导的指引下，波斯大军从底比斯行进了7天到达了锡瓦绿洲城，之后发生了什么不得而知。希罗多德从阿蒙人那里听来的故事是，波斯大军离开绿洲城后，停下就餐，此时正好刮来一股强劲的南风，把他们掩埋在一座巨大的沙丘下。也许是为他们构筑防御工事的埃及人，把他们引到了荒无人烟的利比亚，并且趁着夜色抛下了他们。他们找不到走出沙漠的路，因为炎热饥渴而死。还有一种说法是，冈比西斯率领大军继续向埃塞俄比亚挺进。很快，他就发现了仓促进军的致命错误。携带的粮草本来就不多，现在已经消耗精光。军队吃掉驮着物资的牲畜后，只能吃地上有限的树根和野草。然而，冈比西斯还轻率地挥军前进，而他的军队越来越少，艰难地在沙漠中跋涉。大军发生严重饥荒，被严重削弱，实在没有办法可想，他便让每10人一组抽签，中签者被同伴杀死充饥。最后，冈比西斯发现无法继续前进，只能带着残余的军队返回，他们连敌人的影子都没见着就败下阵来。

冈比西斯接下来的打算是率领军队向西非进军，进攻迦太基人。然而，为他运输军队的腓尼基海员拒绝与自己视为同胞的民族为敌。

为了保住王位，冈比西斯曾采取残酷手段，将弟弟巴尔迪亚处死。然而，他听说有个篡位者以巴尔迪亚的名头为号召，夺取了他的王位。冈比西斯大为震惊，立刻命令军队向波斯进发。就在他上马的时候，剑却从剑鞘滑落，割伤了他的大腿，伤势严重到致命。他于公元前522年死于叙利亚的埃克巴坦那。

这个夺取王位的假巴尔迪亚，受到波斯祭司阶层的拥戴，当了一段时间的波斯国王。然而，大贵族欧塔涅斯怀疑有诈，便通过自己的女儿去探查一番。他的女儿是冈比西斯的妻子，被篡位者扣留在后宫里。欧塔涅斯把探听到的情报传给了其他6位大贵族，他们便合谋推翻了这个冒名顶替者，并将他与支持他的大批祭司全部处死。这些密谋者反复筹划最合理的政府治理形式，最后认为最好的形式是推举一个拥有绝对权威的君主。于是这7人商定，在日出时分骑马在城外相会，谁的马先嘶叫，谁就是下一任波斯国王。

大流士是7人之一，他的马夫极为聪明灵巧，在7人一到约会地点时就让大流士的马发出嘶鸣。于是，其他人立刻推举大流士为波斯国王，也就是大流士一世，时间为公元前522年。

第56章

大流士一世和他的远征

（前522—前486）

大流士一世长期而成功的统治，以许多对波斯命运产生了重大影响的事件为特点。他是一位征服者，更是一位立法者。他把整个帝国划分成23个行省，每个行省都要缴纳一定数量的赋税。行省的长官总督最初职责似乎是收税、改善农业和执行皇帝的命令，总督只是文职管理者；然而，后面他们滥用职权，获得了军事指挥权。大流士一世推行了一种有效的制度，对这些官员加以限制。定期有皇家特派员到各行省巡视，有时是国王本人亲自巡视。他还建立了驿站制度，从而可以向帝国各个角落传送命令。军队按照十进制的原则组成各级军事单位，实行分级管理，这个机制从此便沿用下来。希腊雇佣兵需要支付报酬，而遇到重大战争时，则施行普遍的征兵制。

巴比伦人发动了反对大流士一世的叛乱，并期望国王快速出兵前来镇压。大流士一世一听到反叛的消息就立即召集军队。巴比伦人为长期的围城做好了准备，并采取了一种可怕的策略。根据希罗多德的记载："每个男人除了留下母亲和家中的另一女性操持家务，其余的女人均被集中到一起勒死。"国王率领大军出发，包围了这座城市。巴比伦人已做好充分的准备，躲在坚固城墙内，对围城者不屑一顾。他们甚至在城墙上跳舞取乐。大流士一世在城外围困了一年半以后，发现徒劳无功，开始对攻城不再抱有希望，就在此时，他的一个高级军官佐普鲁斯献了一计，最终攻克了巴比伦城。

佐普鲁斯把自己的鼻子和耳朵割了下来，用极其残忍的方式自残。然后，他逃到巴比伦人那里，假装因为劝大流士一世撤围而受到了大流士一世的虐待。巴比伦人看到他被摧残成这个样子，毫不犹豫地相信了他的话。他们接纳了佐普鲁斯，并且给了他一支军队。佐普鲁斯带领这支军队，突袭出城，攻击波斯军队，按照事先与大流士一世商定的计划，消灭了几个波斯小分队。他以此种方式逐渐取得了巴比伦人的信任，他的威信越来越得以巩固，巴比伦人把所有的军队都交给他指挥。整座城市完全掌握在他的手中，他用计把消息传给了大流士一世。巴比伦因此第二次落入敌人之手。3 000名最重要的人物被残酷杀害，城墙被推倒，城门被拆毁。巴比伦人从此被禁止携带武器，只被鼓励在唱歌、弹琴和其他女人从事的职业中消磨时间。

巴比伦的反叛被镇压以后，大流士一世打着为米底复仇的旗号讨伐斯基泰人。大流士一世的大军据说达到70万人。他到达博斯普鲁斯海峡附近的卡尔西顿（拜占庭的对面，拜占庭是现在君士坦丁堡所在地），在这里，来自萨摩斯岛的曼德罗克勒斯早已用自己的

大流士一世在小亚细亚竖立两根长方体柱子，以纪念他的胜利

聪明才智为他的军队架起了一座桥。在桥的附近，大流士一世命人竖起了两根长方体柱子。一根柱子上用亚述文，另一根柱子上用希腊文，刻上了向他臣服的国家名字。据说，他还在其他地方竖起了两根大圆柱，在上面刻上字，言辞浮夸，把他描述成所有活着的人中最优秀、最帅气的男人。一支由600艘战舰组成的舰队护卫着军队，渡过色雷斯和斯基泰的大河。

第57章

薛西斯一世

（前485—前465）

大流士一世带着庞大的军队穿越博斯普鲁斯海峡后，向东穿过斯基泰，到了塔奈斯河（现在的顿河）。大流士一世的军队向前推进，斯基泰的军队则根据波斯军队的前进有规律地撤退，与敌人保持一天的路程。他们填平水井，毁坏庄稼，把家人和牲畜提前送到北部边境。大流士一世渡过塔奈斯河，深入推进到绿洲（应该是伏尔加河流域）。他在这里筑起了8个要塞，这些要塞的遗迹到了希罗多德时代还可以看到。大流士一世要求斯基泰人向他这个“伟大的王”臣服，按照常规的投降仪式献上土和水。斯基泰人对大流士一世的命令不屑一顾。他们派了个信使，带着一只鸟、一只老鼠、一只青蛙和五支箭这样不可思议的礼物送给他。这些礼物的含义是：“波斯人，除非你们能像鸟儿一样飞翔，像老鼠一样在地下打洞，像青蛙一样在水里游走，否则逃不掉斯基泰人的利箭。”大流士一世被斯基泰人雄辩的言辞所感动，而且他发现自己的物资几乎耗尽，军队疲惫不堪，萎靡不振，于是被迫放弃他的草率行动，撤军回国。

大流士一世在东方的军事行动要成功得多。他命令在印度河畔的卡司帕杜罗斯城装备一支舰队，交由希腊卡里亚的一个名叫西拉克斯的水手指挥，命令他沿着印度河一路航行入海，向西航行至波斯。西拉克斯完成了前人从未尝试过的航行。他沿着印度河一直航行到了阿拉伯海，横穿波斯湾，沿着荒凉的阿拉伯海岸，到达曼德海峡，再驶入红海。经过了30个月的航行，最终抵达埃及。在这次航行中，他获得了大量的情报。这些情报诱使大流士一世率领大军入侵印度，让印度最富裕的几个地区纳入帝国的版图。

与此同时，小亚细亚的希腊人发动叛乱。大流士一世迅速镇压了叛乱，并严惩叛乱的城市。米利都被完全摧毁，国王决心进一步对联合起来对抗他权威的希腊人进行报复。他召集了一支强大的海军和陆军，让他的女婿马铎尼斯指挥。波斯军队渡过了赫勒斯滂①，穿过色雷斯，抵达马其顿。马其顿成为波斯的一个行省，而周边国家都被征服。然而，波斯舰队在绕过阿索斯山时遭遇风暴而沉没，陆军随后出其不意地受到色雷斯野蛮部落的攻击，许多士兵被杀死，马铎尼斯本人也受了重伤。大流士一世又派了第二支远征军，在达提斯和阿尔塔费尼斯的指挥下向希腊进军。他们夺取了一条通往希腊北部的通道，威胁雅典。然而，他们却被米提亚德率领的雅典人在马拉松一战中彻底击败，时间是公元前490年。这场具有

① 现在的达达尼尔海峡。——译者注

历史意义的战役将在希腊历史部分详加叙述。

为了报仇雪耻，大流士一世决心亲自率兵入侵希腊。然而此时，埃及人发动了叛乱。而且，他的儿子们就王位继承问题发生了争执，由此延误了他为战争所做的准备。就在差不多准备好，即将出征的时候，他忽然驾崩，征讨希腊的计划只得作罢。

这位波斯君主对犹太人表现出了极大的偏爱，他帮助犹太人重建了耶路撒冷，恢复了圣殿里曾被尼布甲尼撒劫走的圣器。约瑟夫斯对此记载道："希斯塔斯帕之子大流士，还是个列兵时，就向上帝发过誓，如果他做了国王，他一定要把在巴比伦的上帝圣器都带回耶路撒冷圣殿。他还命令叙利亚和腓尼基的统治者，把黎巴嫩的雪松砍下来运回耶路撒冷，同时让他们一起建设这座城市。他还命令所有回到犹大的犹太人都恢复自由，禁止下属和总督向犹太人征税。他送回了圣器，以及居鲁士大帝曾打算为耶路撒冷恢复的一切。"

大流士一世死后，薛西斯于公元前485年继承了王位。他继位后的第一件大事就是镇压埃及的反叛，镇压这次叛乱后，波斯对埃及的控制比冈比西斯的征服更为彻底。然后，薛西斯用了3年时间准备，随后入侵希腊。他的大军，如果希罗多德记载可信的话，达到了500万人。希罗多德还对士兵的服装和武器描述如下：波斯人头戴羊毛冠，身上穿着杂色短袍，挂着如同鱼鳞一样的铁片。他们手里拿着盾牌和短矛。弓很大，所用之箭为芦苇制成。身体右侧佩带匕首。亚述人头戴黄铜头盔，形态粗野。他们的武器和埃及人的类似。他们也手持带有铁头的短棒，胸甲为亚麻制成，用以抵挡刀锋。阿拉伯人穿着长的折叠背心。他们的弓比较长，有韧性，可弯曲。埃塞俄比亚人穿着豹皮和狮皮，他们的弓用棕榈树做成，约4腕尺长。他们使用的短箭，由芦苇制成。箭尖不是铁的，而是石头制成。他们使用装配山羊角的矛，形状如同铁质长矛；他们的武器还有多节棍棒。这些人打仗时，习惯上把一半身体涂上石膏，另一半涂上朱砂。

这支军队包括8万骑兵，此外还有骆驼兵和战车兵。希罗多德对其中的一支军队的描述为："撒伽尔提欧伊人共有8 000人，这些人过着游牧生活，原为波斯人的后裔，说波斯语。他们除了匕首，没有其他攻击性武器。他们打仗时依靠的是兽皮结成的绳索。这些绳索的两端各有一个套索，绳索甩出去，套住敌人，很容易将其置于死地。"这种巧思妙想跟南美人用套索套牛完全一样。

除了庞大的陆军，薛西斯一世还有一支由1 200只战舰组成的舰队。薛西斯一世的兵力胜过了以往记载过的军队规模，他在赫勒斯

薛西斯一世在渡过赫勒斯滂前检阅他的军队

湾附近的阿拜多斯对全部的军事力量进行了审查。他的白色大理石御座被放在一座山顶上，他坐在上面检阅他的庞大军队和战舰。此外，他还观看了一场海军对抗演习，西顿的腓尼基人获得了胜利，他颇为满足。看到自己统治下如此强大的兵力，看到眼前如此壮观的场面，这位大王的第一感觉是骄傲。然而，转念一想，他的大脑很快清醒过来，眼里涌出了泪水。他想到，没有一个拥有一切的人可以活过100岁。

他已下令在赫勒斯滂上搭起一座浮桥。这座浮桥是用结实的绳索将几只船连在一起构成的，然而刚搭起来就被一场风暴给摧毁了。希罗多德说，薛西斯一世勃然大怒，他命令士兵抽打海水，并把一副镣铐扔到海里，还把所有搭桥工人的头都砍了下来。然后，桥再次被搭建起来，这次搭得更加牢固，所有的士兵都过了桥。他们穿过色雷斯，当地居民都臣服于薛西斯一世。与陆军一同行进的舰队无法绕过阿索斯山岬角，便开凿出一条穿过地峡的运河作为行军通道。这项工作据说花了3年时间。波斯人一路上没有遭遇什么大的障碍，直到踏入希腊领土，在温泉山关隘，薛西斯一世的大军遭受重挫，被斯巴达国王列奥尼达指挥的为数不多的希腊联军击退。然而，希腊人中的叛徒最终让波斯人进入了希腊的中心地带。入侵的具体细节将在希腊历史里讲述。现在我们有足够证据证明，薛西斯一世的庞大军队曾在萨拉米斯、米卡尔和普拉提亚遭受希腊人的重创。波斯大王薛西斯一世则被迫乘坐一艘小渔船撤回赫勒斯滂，而他在不久前还意气风发地渡过这道海峡。希腊人乘胜追击，迫使波斯人撤离地中海，让在小亚细亚各行省的波斯人闻风丧胆。

薛西斯一世在萨迪斯听到这些战败的消息后，立即逃离这座城市，并下令摧毁小亚细亚所有的希腊神庙，这要么是出于对祆教的狂热，要么是出于对希腊人的报复。公元前465年，薛西斯一世被他的一个卫兵队长暗杀。令人不可思议的是，除了希罗多德，波斯的历史学家没有一人提到过这位君主，也几乎不知道任何一件与他有关的事情。希罗多德对薛西斯一世和他远征希腊的描述，充满了诸多不可思议之处，我们应该谨慎对待。当然，我们也没有理由期望，一个易轻信的希腊爱国者在讲述傲慢自大的敌人时能给出不偏不倚、详细准确的真实历史。无论希罗多德关于薛西斯一世的记载是否公正，是否大力歪曲事实[1]，总之，他所传递下来的薛西斯一世，在后代人眼里，代表的是鄙视而不是仰慕。从未有人像薛西斯一世的名字一样被频繁地用来“提供一个道德的教训和润色一个故事”。

① 无论我们是否对希罗多德叙述的精确性产生怀疑，但有充分证据可以让我们对他给出的这一部分历史细节抱有信心。他写作的时间，离事件发生的时间不是太远，而且似乎可以看出他很在意真相。即使在给出波斯军队的人数（虽然数目过于庞大，令人生疑）时，他也给出细节支持他的观点。他对陆军力量也加以详细讲述，告诉我们人数可以确定，但不是数出来的，而是根据他们开进场地内的情况而计算得来。他告诉我们海军的数量，先告诉我们船只的数量，再算出每只船上的人数。凡是搞学问的人，根据前面的相关资料，都可以相信希罗多德所叙述的这段历史，即使其中的细节看起来不可思议，然而总体还是值得相信的。——原注

第58章

从阿尔塔薛西斯一世到色诺芬与万人大撤退

（前465—前334）

公元前465年，薛西斯一世死后，阿尔塔薛西斯一世继位，他以公正、仁慈的施政措施而著称。然而，他的努力并没有阻止波斯帝国的衰落。他在位时，帝国各处都开始表现出衰落的迹象。经过无数的屈辱之后，阿尔塔薛西斯一世签下了耻辱的和约，根据这个和约，他承认亚洲的希腊殖民地独立。国内战争不断，叛乱时有发生，皇家军队经常遭遇败绩，帝国处于一种混乱的状态。阿尔塔薛西斯一世于公元前425年去世。

我们的讲述会略过一些君主，因为他们没有留下什么值得特别关注的东西。现在讲一下阿尔塔薛西斯二世。他于公元前404年登上王位。然而，他的弟弟小居鲁士反对他的统治。小居鲁士的行动得到了王太后的支持，他还拥有一支希腊雇佣军，这是他通过斯巴达人的关系招募起来的军队。

公元前401年，小居鲁士在小亚细亚的萨迪斯召集起他的军队。这支军队由1.3万希腊人和10万其他民族的人组成。他带着军队开始向波斯首都苏萨城进发，以夺取王位。在行进至巴比伦尼亚的库那克萨时，小居鲁士与阿尔塔薛西斯二世据说数量达90万的大军遭遇。双方展开激战。小居鲁士被杀，他的军队四散溃逃。希腊人[①]在他们的战场上打了胜仗。

战后，阿尔塔薛西斯二世要求他们放下武器。希腊人听后非常气愤，虽然他们被敌人包围，但是他们毫不犹豫地拒绝了阿尔塔薛西斯二世的要求。他们要决一死战，决不投降。但是，他们受到了波斯人的欺骗，被引诱停战，然而他们的将领被谋杀，这让他们的处境极为艰难。

波斯人这种背信弃义的行为，先是令希腊人震惊与恐惧，继而让他们感到绝望。希腊人离家乡将近2 000英里，又被强大的敌人所包围，除非穿越崎岖陡峭的山峰、湍急的河流、一望无际的沙漠，否则难以撤退；而且在这期间每走一步都要面临饥饿、敌人和背叛。他们只能靠利剑获取所需，途经的任何一个国家都对他们充满敌意；他们一旦征服一个敌人，另一个会立即站出来反对他们。没有骑兵能够摆脱随时出现在他们前面、两侧和后面的那些野蛮人。在这种情况下，胜利似乎毫无希望，全军覆没恐怕不可避免。

① 在相当长的一段时期里，亚洲君主国都习惯雇用希腊士兵作为雇佣兵。这些人就像现在的瑞士人和黑森人一样，谁出高价就为谁打仗。在大流士三世与亚历山大的战争中，大流士三世主要依靠希腊的雇佣军来打仗。——原注

面临所有的恐惧，希腊人决定杀出一条回家的血路。色诺芬在一次战争会议中，号召军队不要消沉、泄气，因此被选为统帅。随后他们开始撤退，攻击也从四面八方袭来，希腊人一路上不断地战斗。我们只能展示冒险的一部分内容，它们几乎都来自色诺芬自身的讲述，他成了这次远征的史学家。

与敌人遭遇了无数次的战斗，又穿过了一片沙漠之后，希腊人非常疲惫。最终，他们来到了靠近亚美尼亚的幼发拉底河源头。他们渡过了水深齐胸的幼发拉底河。之后，他们又走了3天，穿过了一个覆盖着厚厚积雪的平原。最后一天的行程极其艰难，呼呼的北风吹打在他们脸上。其中一名祭司建议他们给风献祭，献祭完成后，狂风似乎减弱。然而大雪足有6英尺深，许多奴隶和驮运物资的马匹被冻死，被冻死的还有大约30名士兵。夜晚，他们生起篝火，生火

色诺芬领导的万人大撤退

的地方因积雪融化而出现一些大坑，从而看到了地面。这样，他们知道了雪的深度。

休息之后，第二天希腊人继续在雪地前进。然而，就在此时，有许多人患上了贪食症，他们倒了下来，无力前进。

行进中，彻里索弗斯率领的一队士兵在天黑时来到了一个村庄。他们发现有些妇女和女孩子在一处泉水旁提水。这些女人询问他们的身份，翻译用波斯语回答说："他们奉国王之命来见地方长官。"这些女人回答说："长官不在村内，在附近某个地方。"天色已晚，他们跟这些女人来到城镇拜访地方长官。在这里，彻里索弗斯跟所有能跟上来的人搭了帐篷住了下来。其余无法继续行进的人，风餐露宿，还无法生火取暖，一些人因此丧生。后方还有一支敌军在追赶他们，俘获了他们掉队的驮马。还有一些人因为大雪而失明，或者因为脚趾被冻伤，落在了后面。那些暂时失明的人在戴上一块黑布后，症状得到了缓解，他们机械地挪着步子前进。

他们受尽了折磨，有些人坐了下来，不想继续行进。色诺芬使用了权力范围内的所有手段劝他们不要落在后面，告诉他们大批敌人就在后面，即将到来。最后，色诺芬非常生气，然而那些人说如果他愿意，可以杀了他们，他们确实一步也走不动了。至此，色诺芬决心吓唬一下那些追赶他们的人，这样他们就不会攻击那些无法前行的人。正值夜晚，色诺芬听见接近的敌人为了争夺战利品而出现了一阵骚乱。就在此时，负责殿后的希腊卫兵跳了起来，向他们冲去，而那些精疲力尽的希腊人也用尽力气大喊，用长矛敲击盾牌。敌人大惊失色，穿过雪地冲到了一个山谷里，就再也听不见他们的动静了。

色诺芬带着剩下的队伍离开，他向伤病的人保证，第二天会有人过来接他们。然而，他们还没走上半英里的路程，就发现另一些人躺在雪地里，身边也没有安排护卫。色诺芬强迫这些人起来，然后得到先头队伍停下来的消息。色诺芬听后，要求队伍继续前行，同时派遣最勇敢的持盾士兵前去查看情况。他们带来消息说，全军都停下来在雪地休息。色诺芬和他的部下安排好护卫后，就地休息，他们没有生火，也没有食物。到了黎明时分，他派其中最年轻的士兵去催促伤员起来，继续行进。

与此同时，彻里索弗斯派出一队人马从村里出发，去打听后方的情况。后方的队伍看到他们后非常高兴，把病号送到帐篷后，他们也来到了村里。彻里索弗斯仍然在他的驻扎地，其余的军队则分散在村庄各处休整。

有位叫波利克拉特斯的雅典队长，带着一支轻武器部队，突袭了邻近的一个村庄。他们抓住了当地的村民以及跟村民在一起的地方长官。这支希腊军队还发现了17头雄马驹，那是村民给国王的贡马。跟地方长官在一起的还有他的女儿，她大约9天前结婚，丈夫外出打野兔去了，因而没能抓到他。村民的房屋都建在地下，入口处如同一口井，但里面非常宽敞。里面有条通道供牛通过，村民用梯子下到地下。这些房子里有山羊、绵羊、牛和家禽等，牛饲养在屋内；他们还发现了小麦、大麦和豆类作物，还有一坛坛啤酒。啤酒上漂浮着麦芽，甚至都浮在坛沿上。坛子里还装着大小不等的芦苇管，上面没有结节。有人渴了，就拿出一根芦苇管放在嘴里吸。酒很烈，但是喝习惯的人觉得很爽口。

色诺芬邀请地方长官小酌，让他放心，自己不会带走他的孩子。而且，希腊人离开时，从村民家中带走的粮食和其他物品会付钱给他，但有个条件，他要给他们做向导，直到他们到了另一个国家为止。地方长官答应了色诺芬的条件，为了证明他的友好，还告诉他们家里地下埋着葡萄酒。士兵们当晚大喝一顿，然而，席间还是小心地提防着地方长官和他的孩子们。

第二天，色诺芬带着地方长官一起，去找彻里索弗斯，顺路去村庄里看看。到了村里，他发现士兵们正在大吃大喝，狂欢作乐。这些士兵还逼他坐下，跟他们一起吃喝。每张桌子上都摆着小羊羔肉、小山羊肉、猪肉、小牛肉和家禽肉等，以及一堆堆的小麦面包和大麦面包。如果谁想给朋友敬酒，就把他带到酒坛前，让他弯下腰，像牛喝水一样饮酒。这一队人到了彻里索弗斯的所在地时，发现彻里索弗斯的人也在大吃大喝，而且头上戴着用干草编的花环，让亚美尼亚男孩在一旁伺候他们。他们跟这些人说话，像聋哑人一样打手语。彻里索弗斯和色诺芬让翻译问地方长官这是哪个国家，地方长官回答说是亚美尼亚。

军队又开始行进，他们来到了陶基安人的国家。在这里，他们发现粮食供应不足。当地人都住在要塞里，他们走进去寻求帮助。最终，希腊人到了一处没有任何房屋的坚固哨所，那里聚集了大量的人员和牛群。彻里索弗斯向哨所发动进攻，一队人进攻受阻后，另一队立刻跟上。这里被悬崖峭壁所包围，难以从四面同时发动进攻。

色诺芬率领重装后卫部队跟了上来，与彻里索弗斯商讨计策，重新鼓舞士气，攻克了这个地方。可是，此时发生了一件可怕的怪事。守军中的女人先是把她们的孩子从悬崖上扔下来，然后自己纵身跳下。女人跳完后，男人也跟着跳了下来。希腊军队的一名队长看到有个人跳下来时，便想去接住他，结果两人一同摔下，变成了肉饼。

军队又穿越卡里比安人的领地。卡里比安人是他们见过的最勇敢的人，他们身穿亚麻胸甲，胸甲上垂下的是打结的绳子而不是流苏，手持的长矛有15腕尺长。希腊人经过的时候，他们待在镇上不出来，等到希腊人走后，他们就尾随并不断骚扰。尽管遇到这些阻碍，希腊人依然继续前进，很快来到哈帕索斯河，这条河的河面有400英尺宽。

他们从这里穿过斯基泰人的国家，走了4天多，来到一座大城市吉姆尼亚斯。这个地区的长官给希腊人派了一名向导，向导许诺说，5天就带他们看到大海，如果看不到大海，他宁愿被处死。在第五天的时候，他们果然看到了大海。希腊人都高声欢呼，色诺芬和后面的部队听到了叫喊声，以为前面的军队受到攻击。然而，欢呼声越来越大，色诺芬想到一定发生了什么特别的事情。他骑上马，快速行进。他听到了士兵大喊："大海！大海！"他们欢呼着互相祝贺，互相拥抱，眼里涌出了泪水。他们知道离家不远了。出于感激，他们收集了一大堆石头，搭起了石堆，把从敌人手中夺取的盾牌、棍棒和防护板等堆在上面。他们告别了向导，赠给他一匹马、一只银杯、一件波斯服和10个大流克金币。

古代斯基泰人

希腊人看到的大海是攸克辛海。他们又行进了几天，到达了特拉裴苏斯，即中世纪特拉布宗帝国的所在，当时是希腊位于黑海沿岸的一个殖民地。到这时，他们已经行进了1 000多英里，横穿了大片自然条件极为艰苦而又处处充满敌意的地区。然而，令人惊奇的是，他们只遭受了极小的损失。

他们继续西行，很快到达另一座希腊城市樱桃城。他们集合部队，清点人数，发现最开始携带重装武器出征的1万人，活下来的还有8 600人。他们继续前行，一部分走陆路，一部分走水路，最终到达了拜占庭，即现在的君士坦丁堡。这场花费了将近一年时间、充满险阻和艰辛的大撤退，终于取得了成功。这一切都归功于希腊人的统帅色诺芬出色的指挥和能力。

完成撤退后，人们都认为他们很可能会走最近的路线回到各自的国家，然而，他们并没有这样做。也许是习惯了战争和冒险生活，他们先在色雷斯的一个君主手下服役，后来又加入了爱奥尼亚斯巴达军队。

第59章

阿尔塔薛西斯二世、阿尔塔薛西斯三世、大流士三世

（前400—前336）

我们必须再回头讲一讲阿尔塔薛西斯二世。在他统治后期，他成了母亲的傀儡。他的母亲积怨已久，对所有她怀疑造成她儿子小居鲁士之死的人怀恨在心，整个王宫都笼罩在杀戮和密谋中。当波斯帝国的宫廷在阴谋中失去荣耀时，斯巴达国王阿格西劳斯与亚洲的希腊人联合起来，迅速征服了波斯帝国的西部地区。如果不是波斯利用大量黄金在希腊制造混乱迫使阿格西劳斯回国，他很可能会肢解这个庞大的帝国。

阿尔塔薛西斯二世最小的儿子奥库斯于公元前358年继承了王位，即阿尔塔薛西斯三世。为了获得继承权，他谋杀了自己的兄长；而且，为了巩固权力，他处死了不少于80名皇室成员。小亚细亚总督阿尔塔巴左斯想利用人们对国王的血腥行为的不满，趁机夺

取王位，然而他的反叛失败了。阿尔塔薛西斯三世在打败阿尔塔巴左斯后，进而讨伐反叛的腓尼基人，而他们的叛乱得到了塞浦路斯人和埃及人的支持。然而，腓尼基人首领对自己同胞的背叛，让阿尔塔薛西斯三世轻而易举地取得了胜利。腓尼基人绝望至极，铤而走险。西顿人把他们的城市付之一炬，大火烧毁了一切，他们的妻儿等居民共计4万人也一起化为灰烬。

阿尔塔薛西斯三世平息了一切抵抗他的叛乱后，又继续他父亲征服埃及的行动。他率领大军，大举进犯埃及，但在途经腓尼基与尼罗河河口之间的塞波尼斯大沼泽时遭遇灾难。南风不停地刮，吹起大量泥沙，落在沼泽的危险地带，让波斯大军分不清哪里是陆地，哪里是沼泽。没有向导的波斯人，在泥沼中找不到出口，大批人员困于其中。阿尔塔薛西斯三世带着残余部队，最终到达了埃及。埃及人无力抵抗阿尔塔薛西斯三世的大军，他因此掠夺了大片领土，带着大量战利品回到波斯。

此次征战的成功让阿尔塔薛西斯三世志得意满，他完全沉浸在喜悦之中。他把管理政府的事务交给手下的两名官员门托耳和巴戈阿斯。巴戈阿斯是个埃及宦官，对国王掠夺埃及神庙和杀死神牛阿匹斯的做法积怨颇深。他认为国王的这些行为是人类犯下的最恶劣的罪行。他毒死了自己的主人。之后，他还不解气，把国王的尸体砍成碎片，用肉喂猫，用骨头做成剑柄。后来，他把阿尔塔薛西斯三世最小的儿子扶上了王位，即阿尔塔薛西斯四世，希望以这个名义来管理帝国。

公元前336年，他又杀死了这个孩子，扶持王室旁支科多曼登上王位，即大流士三世。巴戈阿斯发现大流士三世不像自己所希望的那样服从自己，于是也准备将他毒死。他的邪恶计划暴露后，大流士三世逼迫这个可恶的宦官喝下了毒药。巴戈阿斯被毒死，大流士三世巩固了王位，然而，波斯帝国的灭亡却近在咫尺。马其顿的亚历山大即将出场，这个亚洲大帝国很快要迎来一位新的主人。

第60章

亚历山大进军波斯

（前334—前333）

按照波斯作家的说法，波斯有一位名叫达拉卜一世的君主，与亚历山大之父腓力是同一时代的人。据说，在两位国王的一场战争中，腓力陷于巨大的困境。为了摆脱这种困境，他愿意把女儿嫁给达拉卜，而且每年上贡1 000颗纯金蛋。然而，继位的达拉卜二世身体畸形，思想堕落，执政能力低下，为亚历山大的成功铺平了道路。腓力之子亚历山大拒绝上贡金蛋，波斯国王和马其顿国王之间发生了争吵。达拉卜二世派遣使者按例取回贡品时，亚历山大回答道："下蛋的鸟飞到另一个国家了。"

达拉卜二世又派遣了一位使者，使者随身携带了一个球和球棒，以及一袋种子。球和球棒是用来嘲笑亚历山大的幼稚，那一袋种子是用来代表无数的波斯军队。亚历山大拿过球棒，说："这是我的力量，我要用这个球棒击垮你们国王统治的这个球。"说完，他命令把种子喂鸟，说：“这只鸟将说明，你们的军队对我们来说，微不足道。”接下来，亚历山大拿了一个生瓜给使者，让他告诉他的国王，尝尝这个瓜就知道等待他的是苦涩的命运。尽管这个故事浪漫又神奇，但可以肯定的是，这种具有象征意义的口信在东方君主中并不少见。

亚历山大对波斯发动战争的真正原因确实要比这个趣闻体现的原因深刻得多。渴望成就一番军事上的功绩和名望，忘不了波斯对希腊的不义，还有，一想到这个富有但脆弱的波斯帝国，就激起了他的征服欲望，这些才是这个年轻气盛的君主要完成他大胆计划的真正动机。

亚历山大先制服了北部边境的野蛮部落，他不想在其身后留下麻烦。然后，他又摧毁了底比斯，给难以制服的希腊人一个教训，让他们怀有畏惧之心。亚历山大于公元前334年春天出发，开始了他对亚洲的远征。他手中的钱很少，军队也只有3万步兵和5 000骑兵。其中，希腊为他提供了1.2万步兵，其中5 000人是雇佣兵。马其顿自身有1.2万步兵，其他的似乎主要来自色雷斯和伊利里亚。马其顿、塞萨利和色雷斯为他的骑兵提供了战马，这些地区的战马一直优于希腊的战马。但亚历山大的军队装备齐全，步兵手持盾牌、长矛和铁质战斧。骑兵除有类似的装备，还有头盔和胸铠的防护。所有军官都有佩剑。波斯人的装备也类似，然而许多部队都使用弓箭。相对而言，亚历山大的军队装备更好，训练得更好，体格也更好。

我们现在必须暂停，来回顾一下强大的波斯帝国。在西部，它吞并了亚述、巴比伦以及爱琴海中的希腊诸邦，在东部吞并了印度。它的领土绵延近3 000英里长，是地球上土地最肥沃、人口最多的地区之一。国力如此强大、资源如此丰富的波斯帝国，在大约150年前派出了包括随从人员在内的500万人[①]前去征服希腊，而现在形势逆转，希腊人转过来征服这个庞大的帝国，为这股傲慢自大的政治势力画上句号。

大流士三世是一个软弱、自大的君主，无法应付即将到来的这场战争。他的处境同现在的土耳其苏丹非常相似。波斯国王虽然统治了诸多的民族，但是波斯人的数量相对来说却是很少的。帝国的收入来自附庸国君主的进贡，以及行省总督们的敲诈勒索。帝国境内民族众多，要时刻警惕，让各地保持臣服。因为亚洲军队作战水平低下，所以，大流士三世沿用了历代国王的做法——豢养了大量的希腊变节者作为士兵。

大流士三世得知亚历山大的计划后，立即派出了一支大军向西行进，他自己也进军至叙利亚，在那里等待他的敌人。亚历山大渡过普罗彭提斯，也就是现在的马尔马拉海后，很快就到了小亚细亚和波斯的领土。他一登岸，就去了《伊利亚特》中记载的著名的伊利昂，那里是特洛伊城被围困10年之久的特洛伊战场所在地。他给阿喀琉斯坟墓上的柱子涂上油，然后与他的朋友一起，按照当时广为流行的习俗，围着坟墓裸跑。他还在坟墓上放上一个花圈，形状如同皇冠。他举行这些仪式，应该是想让他人相信他是阿喀琉斯的后裔，他一直这样标榜自己的。

与此同时，波斯将军们正在向西进军，最后驻扎在格拉尼库斯

① 作者采用的数据资料有过于夸大之嫌，这样的军队规模，以当时的生产力条件，是难以想象的。——编者注

河两岸。格拉尼库斯河是一条现在被叫作昌柴河的小河，流入马尔马拉海。亚历山大率领大军和马跳进河里，向河对岸的敌人冲去。他带着13人，迎着纷纷飞来的箭，冲在最前面。尽管被急流冲倒，又被骑兵林立的陡峭堤岸所阻挡，但他还是以不可抗拒的力量和魄力强行渡河。他的军队站在泥泞的山坡上，必须猛烈进攻，近身肉搏，足不旋踵。波斯军队占有有利地形，高呼着向前冲去，投掷标枪，标枪像雪花一样落在马其顿人身上。亚历山大独特的防护板和插着白色羽毛的羽冠非常显眼，成了特殊的攻击目标。他胸甲的连接处被一根标枪刺中，但他并没有受伤。现在，有两个显赫的敌军大将向他袭来，他躲开一个，迎战另一个。一番激烈战斗后，他的羽冠被削掉，头盔裂开，露出了头发。他杀死其中一名将领，然而，自己也陷入危险之中。危急时刻，他的朋友克利图斯赶来，杀死另一名敌将，救了亚历山大。

亚历山大的骑兵战得正酣，马其顿方阵和步兵也过了河，投入与敌人的战斗。领导者的榜样从未带来如此明显的效果，亚历山大所表现出的英雄气概，激发每一位士兵成为英雄。他们打起仗来一往无前，忘记了一切，唯一的目标就是消灭敌人。一些波斯人开始弃械逃跑，而他们雇

格拉尼库斯河战役中的亚历山大

佣的希腊兵还在勇敢作战，杀死了亚历山大的坐骑，所幸死的不是他的爱马比塞弗勒斯。“当希腊人遇上希腊人时，战争变得难解难分。”战斗异常激烈，最终亚历山大获得了胜利，可以说是大获全胜。波斯战死了2.5万人，而马其顿的损失还不到50人。

亚历山大现在穿过了亚洲的大门，进入了敌人的领地。他休整了一段时间，向战死的士兵表示最后的敬意，他给每一个战死的士兵都竖了由利西普斯雕刻的铜像。他把缴获的武器分发给军队，并命人刻下碑文：“亚历山大战胜了亚洲的野蛮人。”①

很快，亚历山大又向东方进发，在地中海东北角的伊苏斯湾，也就是现在的伊斯肯德伦湾与大流士三世遭遇。一场大战爆发，时间为公元前333年。大流士三世被打败，10多万人战死。大流士三世仓皇逃窜，抛下了他的营帐以及妻子、女儿。战斗结束后，亚历山大来到了大流士的营帐。对于不太了解东方奢华与精美的马其顿国王来说，这个营帐让他大开眼界。他驻足观看大流士三世的豪华浴盆，以及花瓶、箱子、脸盆和其他的瓶瓶罐罐，这些都是黄金做成的。他闻了闻那些迷人的香水，看了看那些艳丽的蚕丝褶皱垂帘和精美的家具，然后他带着轻蔑的语气惊叫一声：“看看，这似乎就是国王的象征。”从他的语气里，我们可以得出这样的结论：如果

① 我们认为，拿破仑似乎模仿了这位马其顿征服者的做法。他向俄罗斯进军时，命人在莱茵河畔科布伦茨城的一个石头喷泉上刻上如下文字：“1812年，纪念攻打俄罗斯。”

拿破仑倒台后，俄军指挥官带着军队路过科布伦茨时，命人在那行字下刻上“俄罗斯指挥官在科布伦茨看到并同意，1814.1.1”。

诚然，马其顿征服者没有等到这样快速的反转。他必须要做一件事，不久之后，这件事就为他骄傲的生涯画上了句号。——原注

这一切的奢华代表了君王身份，那么国王这个头衔只配得到轻蔑与不屑。

就在亚历山大沉浸在这一切时，有人告诉他，大流士三世的妻子和女儿也成了他的俘虏。大流士三世的王后是世上最美的女人之一，他们的女儿也是漂亮至极。亚历山大被告知她们的美貌后，传下话，告诉她们无须害怕，她们会得到最精心的照顾。他在他的权力范围内尽量保持克制，不招致她们的厌恶，尊重女性的情感，由此显示一个绅士、一个男人的高尚与风度。2 000多年来，征服者的这段逸事而不是伊苏斯的那场胜利，给他的名字带来了更多的荣耀。而且，只要他的名字出现在历史记载上，就会一直受到颂扬。

第61章

亚历山大帝国

（前333—前323）

历史学家认为亚历山大在这一时期的爱好和习惯都很简单。饮食克制，饮酒也非常适度。如果他在桌边久坐的话，那一定是在聊天，这一点他非常擅长，尽管多是吹嘘他的军事成就。如果有要事处理，他一定不会耽搁。没事的时候，早上起来的第一件事是向诸神献祭，然后坐下吃早餐。一天中的其他时间，他都要打猎或者解决军队中的分歧，又或者阅读、写作。有时他会练习射箭、投掷标枪、驾驶战车，有时还忙里偷闲，猎捕野禽和狐狸。晚餐是他一日的主餐，他半躺在长椅上进餐，朋友们都围在他的身边。他对美味佳肴的兴趣不大，尽管餐桌上总是摆放这些东西，他也总是送给其他人吃。这就是在征服亚洲的早期亚历山大的生活习惯，但很快，一切都迥然不同。

在一系列的军事行动后，亚历山大开始向腓尼基进军。西顿很快投降；但提尔坚决抵抗，然而在被围困了7个月后，也被攻占，8 000人被屠杀，3万人被卖作奴隶。加沙被围困了两个月后，也被攻陷。亚历山大大举向耶路撒冷进军，要惩罚那里的人，因为他们拒绝向他提供人力和金钱的支持。祭司长若杜斯去见征服者，祭司们和当地民众以犹太教的方式对他表现出无比的敬仰与拥戴。亚历山大看到这个场面后大为震动，他原谅了这些人，并对上帝表现出了尊敬，还按照若杜斯的指点到圣殿献祭。祭司长把《但以理书》拿给他看，指着其中的一页告诉他，早有预言说希腊的国王将会战胜波斯国王。亚历山大听后心情大悦。①

征服者现在调转攻势，向埃及进发，埃及不战而降。公元前331年，亚历山大在比较宽松的基础上建立了一个新政府后，就去攻打波斯国王。大流士三世已经逃回波斯，在那里集结了100万大军等着他。就在这个时候，大流士三世给他送来一封信，波斯国王在信中提议，以和平和未来的友谊为条件，将付给亚历山大1万塔兰同赎回自己的家小，同时把幼发拉底河以西的所有地区都割给他，还把女儿嫁给他。在与朋友们讨论这些和平条件时，老将帕曼纽说："如果我是亚历山大，我会接受这些条件。"亚历山大说："如果我是帕曼纽，我也会接受。"亚历山大给大流士三世的回信是：如果大流士三世亲自来归降，他将受到最好的礼遇；如果他不来，亚历山大一定会去找他，直到抓住他为止。从这件逸事可以看出，帕曼纽是个更善良的人，而亚历山大是个更伟大的征服者。

① 亚历山大历史上的这则逸事，是某些作家根据不可信的资料流传下来的。——原注

宣布自己的条件后，亚历山大立即启程。然而，他收到了大流士三世被俘的王后死亡的消息，他后悔出发得这样急迫。王后是难产而死的。亚历山大对此非常忧虑，他失去了一次表现仁慈的机会。他所能做的就是调转战车，以最高礼遇将其埋葬。

亚历山大征服了与他作对的各个地方之后，便开动大军进攻大流士三世。他发现大流士三世在亚述的阿贝拉城附近的布马杜斯河两岸驻扎了大量的兵力，亚历山大迅速接近，准备发动战斗。他们在夜晚向敌人靠近，发现波斯大军的低语竟如同大海的咆哮之声。亚历山大的一个朋友大惊失色，建议他趁夜进攻。亚历山大回答道："我不会靠偷袭取得胜利。"

那天晚上，尽管预测第二天将是一场可怕而不可确定的战斗，亚历山大在做好了准备后，呼呼大睡。第二天早上，他来到战场。他身着贴身扎紧的短袍；外面套上结实的亚麻胸铠，这是他在伊苏斯战役中穿过的；他的头盔由抛光的铁做成，闪耀着银光；颈甲固定在头盔上，上面镶嵌着宝石；他的剑很轻，却有最好的韧度；他的腰带极佳，那是罗德岛居民为了表示敬意送给他的。他骑上他的爱马比塞弗勒斯（检阅和训练时他都舍不得骑）。他坐上马背，就是开战的信号。

军中卜者亚里斯坦德骑马走在亚历山大一侧，他身穿白袍，头戴金冠，抬头望向天空，突然喊道，有只雄鹰从头顶飞过，并指向敌人的方向。军队看到这只圣鸟后，认为是个好兆头，于是潮涌般冲向敌人。然而，他们遭到了顽强的抵抗。亚历山大和他的军队如山崩般逼近，向大流士三世的营帐冲去。路上堆满了尸体，挡住了他们的去路。他们的战马也被奄奄一息的波斯士兵阻遏，这些将死的人用手抓住希腊人的马腿，在垂死的痛苦中拼命反抗。在危急关头，大流士三世转身逃跑，然而他的战车陷入尸体之中。他不得不抛弃战车，登上一匹快马，逃到了巴克特里亚，而在那里，他被奸诈邪恶的总督贝苏斯杀死。

亚历山大正式成为亚洲之王。尽管他的荣耀看起来达到了顶峰，他的品行却开始堕落。他俨然一副东方君主的样子，沉迷于放荡之中。但是他又继续他的征服。他向巴比伦进军，而后者为他打开了大门，接纳了他的征服。他继续向波斯波利斯进军，后者被他一举拿下。在波斯波利斯期间，有次亚历山大举行盛宴，招待他的朋友们，他们像往常一样开怀畅饮。在准许入席的女人当中，有一个叫泰伊丝的蒙面女人，她是阿提卡人，当时是一位高级妓女，后来成为埃及国王托勒密的情妇。在宴会期间，她用尽所有巧妙的手段去取悦这位伟大的征服者，宴会快要结束时，她用欢快的语气对亚历山大说，因为薛西斯曾放火烧毁雅典，如果允许她（尽管蒙着面）亲手烧掉薛西斯的宫殿，那将是她的无上荣光。这样全世界都会知道，追随亚历山大远征亚洲的女人，狠狠地报复了给希腊人带来诸多灾难的波斯人，这些连为希腊而战的海陆将军们都无法做到。在座的人听了后，都鼓掌称赞。亚历山大立刻站了起来——他的头上戴着花冠，手里拿着火把，走向前，开始实施这一惊人的行动。所有人都高喊着跟在他身后，他们围着宫殿，又唱又跳。其他马其顿人听到吵闹声后，手里举着点火的木棒，蜂拥而至，各处点火。很快，亚历山大就对自己的所作所为感到后悔，便下令灭火，但一切都太晚了，整座宏伟的宫殿化为了一堆灰烬。

他进军帕提亚，遇到了一位美丽的女子，名叫罗克珊娜，是巴克特里亚一个贵族的女儿。亚历山大爱上了她，娶她为妻。

过了一段时间，亚历山大怀疑帕曼纽之子菲罗塔斯对他不忠，便下令折磨菲罗塔斯，直到死去。后来，亚历山大又下令将菲罗塔斯的父亲帕曼纽——一个曾在腓力二世手下出生入死的忠诚老将处死。

这种可怕的事情很快又发生了，而且更加可怕。在酒精的刺激下，亚历山大与在格拉尼库斯河战役中救了他性命的勇将克利图斯发生了冲突。两人都异常激动，互相谩骂嘲笑。亚历山大压制不住愤怒，就朝克利图斯的脸上扔了一个苹果，然后又四处找他的剑，一个朋友明智地将剑拿走了。克利图斯被赶出了房间，但他很快又返回来，重复着欧里庇得斯的话，说这些话正适合亚历山大：

> 这些都是你的习惯？
> 难道不是希腊对他们战斗英雄的奖赏？
> 一个人如何能独吞
> 上千人缴获的战利品？

征服者（亚历山大）完全失控了，他夺过一个侍卫手中的长矛，朝着克利图斯猛刺过去。长矛穿透了克利图斯的身体，克利图斯应声倒下，发出一声痛苦的呻吟，然后死去。亚历山大的怒气很快消退下来，看到站在身边惊魂未定的朋友们，他迅速拿起长矛，朝着自己的喉咙刺去。身边的护卫阻止了他，强行把他带回房间。亚历山大回到自己的房间后，阵阵悔恨袭上心来，泪水止不住地流淌。接着是一片悲哀的沉寂，只听到偶尔发出的痛苦呻吟。他的朋友设法安慰他，但都无济于事。过了很长时间，他才从痛苦与悲伤中恢复过来。

亚历山大决定把战争带到印度。印度是当时世界上最富有的国家，这里不仅有最多的黄金，还有最多的珍珠和宝石。印度人佩戴这些金银珠宝，让自己看起来更加奢侈，而非优雅。亚历山大听说印度人的剑都是用金子和象牙做的。他认为自己是世界上最伟大的君主，于是决定超越其他所有君主的排场。他命人把士兵的剑镀上一层银，给马套上金笼头，用金银装饰铠甲。他打算率领12万人出征，全部配上最华丽的装备。

一切准备就绪，亚历山大还想趁此机会实现他长久的夙愿，即获得神的荣耀。他身边不缺献媚奉承之人，这些人夸赞这个虚伪可笑的自命不凡之人。这些宫廷的蛀虫，比敌人的武器更加危险。亚历山大安排了一场庆典，随后举行了一场盛大的宴会。他邀请宫廷里最尊贵的人参加自己的宴会，其中包括马其顿人和希腊人，也包括波斯人中的杰出之士。宴会开始后，他只陪宾客们坐了一会儿，便起身离开了。

他刚起身离开，一个名叫克里昂的奉承者，按照之前商量好的，开始不厌其烦地颂扬这位伟大的国王。克里昂详细罗列了亚历山大对在座宾客的恩情，而且他认为他们应该对亚历山大感恩戴德，给予回报。这个回报不需花费太多，只需供上两炷香而已。既然他们如此信任亚历山大，就应该毫无顾忌地为亚历山大献香，就像献给神灵一样。他还引用了波斯人的例子说道，万一有人不愿如此公正地对待亚历山大的丰功伟绩，他愿为他们作出榜样，即让亚历山大回到大厅里，他向亚历山大祭拜。他说，这样做是他们的义务，特别是那些宣称有智慧的人更应如此。这样做是给其他人树立一个榜样，对待像亚历山大这样伟大的君主就应该如此。

显然，他最后的这番话指向卡利斯提尼斯。他是亚里士多德的亲戚，是亚里士多德把他推荐给自己的学生亚历山大的，希望他在波斯战争中侍奉在这位君主左右。因为他的智慧和稳重，他被认为是最合适的人，他可以给亚历山大一些有益的忠告，以防他因为年轻气盛而采取鲁莽的行动。这位哲学家看到每个人都继续保持沉默，而且大家的眼睛都落在他身上，就对克里昂说了下面的一番话：

“假如国王在场，听到你这番疯话，无须我们回应，国王自会打断你，不会任你摆布，去做这种野蛮人才会做的事情，不会因你的阿谀奉承给他个人及他的荣耀带来损害。既然他不在场，那我就代他回答你。我认为亚历山大值得拥有所有凡人所能得到的荣耀，但是对神的崇拜和对人的崇拜并不一样。崇拜神需要神庙、祭坛、祷告、祭品，而崇拜人有赞颂和崇敬就够了。

“我们必不能把神降为凡人，也不能把凡人升为神，二者不可混为一谈。如果把献给神的颂词给了人，亚历山大会由此而受到伤害，因为它会激怒众神。我们的君主是最伟大的国王，是最光辉的征服者。然而，他是人，而非神。我们现在以波斯人为榜样，模仿他们的做法，他们才臣服多久就为胜利者立法了吗？难道我们忘记了，亚历山大穿越赫勒斯滂，不是让希腊臣服于亚洲，而是要让亚洲臣服于希腊吗？”

卡利斯提尼斯在说这番话的时候，大家都静静地听着，这说明在某种程度上，他说的也是众人的心声。他在说的时候，国王一直在帷幔后站着，听到了一切。国王命人去告诉克里昂，不要再僵持下去，只需要让波斯人按照他们的惯例跪倒即可。过了一小会儿，他进来了，假装有要事要处理，波斯人立即向他跪倒，表示崇拜。站在他身边的波利伯孔发现其中一人头垂得很低，下巴都触到了地上，便大声吩咐那人，用下巴撞地面撞得更用劲一些。国王被这种玩笑冒犯，将波利伯孔打入大牢。至于卡利斯提尼斯，亚历山大决心除掉他，于是给卡利斯提尼斯编造了一个罪名，将他打进地牢，戴上铁链，极尽折磨，逼他认罪。然而，卡利斯提尼斯直到最后都坚持自己无罪，被折磨而死。

卡利斯提尼斯所受的不公对待与残酷折磨，不仅让亚历山大名声蒙羞，而且他的可怕行为剥夺了所有高尚之人为其进尽忠言的机会。自此之后，无人再敢向其大胆进言，甚至连真正热衷于国家利益、对亚历山大怀有个人好感的那些人，都认为无须向他讲出真相。亚历山大听到的一切都是阿谀奉承，满脑子灌满了权力的想法，完全堕落下去。曾经被拥戴的高尚之人，如今陷入狂妄之中，名誉大损，确实罪有应得。塞涅卡说：“对这位哲学家的谋杀属于犯罪，完全抹去了征服者其他行为所带来的荣耀。”

此后，亚历山大开始攻打印度。在取得了一系列辉煌的胜利后，他来到现在被称为旁遮普或“五河之地”的地区。在成功地降服一位印度国王后，他在首都塔克西拉休整军队。之后，他继续向海达斯佩斯河[①]两岸进军，在这里与印度的一位国王波鲁斯相遇。波鲁斯率领着庞大的军队，其中还有数量众多的战象。一场血战就此展开，亚历山大取得了最终的胜利，波鲁斯被俘。亚历山大问

① 就是现在的杰赫勒姆河。1849年1月，英国军队与锡克人在昔日亚历山大和波鲁斯大战的战场附近展开了一场血腥的战斗。——译者注

道："你希望我如何对你？"这位不幸的君主回答："像一位国王一样。"话语简短，但意味深长。亚历山大满足了他的要求，恢复了他的统治，并进一步扩大了他的领土，使其成为自己的一个附属国。

征服者（亚历山大）并不满足，还希望继续向恒河推进，但是他的军队不想再前进了，他被迫返回。在返回的路上，他去看了大海，并与当地民族发生了战斗，他受了重伤，几乎丧命。在海边，他和同伴第一次看到大海的潮涨潮落，以前他们完全没有注意到这种现象。在这次征战中，亚历山大的军队遭受严重的损失。军队向印度出发时，有15万大军，回来的时候只剩下1/4。

到达一个土地肥沃的地区后，亚历山大暂停下来，让军队稍做休整，并招募新兵。随后，他继续行进，整支军队就像节日里狂欢的游行队伍一样。他的战车由8匹马拉着，上面搭个大台子，他和朋友在上面日夜狂欢。战车后面跟着一行人，有些人披着深紫色的绸缎，另一些人披着新鲜的树枝。他们中有头戴花冠的将军，喝得醉态百出。庞大的队伍中，看不到长矛、头盔和圆盾，取而代之的是帽子、酒壶和酒杯。空旷的乡间回荡着笛声、单簧管和快乐的歌声。队伍里还加入了狂舞和嬉戏的女人。整支队伍就这样狂放不羁地行进了7天。

到达波斯的都城苏萨后，亚历山大为他的许多朋友娶了波斯姑娘。他自己娶了大流士的女儿斯塔蒂拉，还把斯塔蒂拉的妹妹许配给了他最亲密的朋友赫菲斯提安。他为这些新婚之人举行了盛大的婚宴，参加婚礼的有9 000人，每人都被赏了一只金杯。

在返回巴比伦的途中，亚历山大决定把巴比伦作为他的住所和都城。他着手制订各项计划，并付诸实施。然而，他的脑海里始终无法摆脱一些迷信的恐惧，发生的每件事都被认为是邪恶的预兆。宫廷里挤满了祭品和占卜者，但君主的心神始终无法得到安宁。最后，他似乎得到了缓解。后来，他接受麦迪亚斯的邀请，参加了一场酒宴，狂饮不止，直到倒地不起[①]才停了下来。不久，他发起了高烧，然而，一切为时已晚，他的病情不断加重，任何药物都不起作用，30天后，一代大帝英年早逝，时为公元前323年。

他的妻子罗克珊娜在佩尔狄卡斯的帮助下，谋杀了斯塔蒂拉和她的妹妹，大征服者的帝国被他的4名将军瓜分了。

亚历山大的伟大成就，在于他征服了波斯帝国，这个大帝国像一个沉重的包袱，压在印度河和攸克辛海之间众多民族身上；同时，它还阻断了亚洲和欧洲之间的交流。他所取得的这一成就，比现在要去推翻奥斯曼帝国，让这个帝国统治下的各个部落和民族获得独立更为伟大。我们不能认为，他是出于一种良好的动机，因为从整个过程看，他与其他的征服者一样，无论行动的开始还是终

---

① 这个时期的亚历山大似乎常常沉溺于酒色。一次，亚历山大邀请了几个朋友和高级军官共进晚餐，席间他提议谁喝酒最多就奖励一克朗（一克朗相当于一塔兰同）金币。结果普罗马克斯胜出，他喝下了14杯，相当于18~20品脱（1品脱≈473.17毫升）的酒。他拿到奖金后，才享受了3天就死了。其余的客人中，有40人因纵酒无度而死亡。

亚历山大在那次导致他死亡的狂欢酒宴上，向在座的客人一一敬酒，祝他们身体健康。在面对一个名叫普罗提阿斯的马其顿人时，亚历山大要来了赫拉克勒斯的酒杯，这种酒杯很大，他斟了满满一杯酒，一饮而尽。随后，他提议再来一杯，同样满满一杯，也是一饮而尽。他刚喝完就摔倒在地。塞涅卡描述此次狂醉的致命结果时说：“无数长途跋涉的辛劳没有打垮的英雄，经历了无数围城和战场的厮杀，经历了极寒与极热的残酷考验都没有倒下。然而，他倒在了这里，被纵酒无度所征服。赫拉克勒斯的酒杯要了他的命，让他倒地不起。”亚历山大因此高烧不退，没多久就去世了。——原注

结，都出于他自身。然而，我们必须承认，他的征服使欧洲人从东方获得了一种智力上的提升，在某种程度上，欧洲此后的文明进步要归功于这一点。

我们下面还会讲到亚历山大，所以，对他性格的评价得等到他的历史结束时再做总结。这里要说的是，我们对他远征亚洲的简单描述，只是对他的众多军事行动勾勒出一个简单的线条，远不足以展现全貌。他于公元前334年穿过普罗彭提斯，于公元前323年去世，其间共11年。在33岁时，他以看似极为弱小的力量，掀翻了古代最强大的帝国。他的功绩不仅仅在于出征了多少次，包围了多少城池，打了多少仗，还在于他无论走到哪里，都带着改良计划，这体现了他作为政治家的开明精神和广阔眼界。

第62章

亚历山大帝国的分裂

（前321—前280）

现在，我们有必要在这位马其顿征服者去世时，对他的庞大帝国稍做回顾。前面已经提及，亚历山大帝国东起印度河，西至马其顿和希腊。它囊括了当时世界上人口最多的国家和世界上最文明的民族。帝国的人民来自不同民族，说不同的语言，肤色不同，遍布亚洲、非洲和欧洲。帝国内有上百个国家，人口可能在1亿人以上。

亚历山大去世前，采取了多种有效措施确保其庞大松散统治区域的稳定。每征服一个国家后，他都根据实际情况实行合适的政府管理形式。在小亚细亚的希腊人中，他实行了共和制；在有些地方他保留了现有政府，让总督为其进贡。他思想活跃，通过商业往来将统治的欧洲和亚洲地区联系起来。他选择合适的位置建立商业集市。我们可以通过一个强有力的证据来证明他的决策力，那就是当初建立的贸易集散地现在仍然是主要的贸易中心。

正当亚历山大大刀阔斧地实行这些大型启蒙计划时，他的死亡令它们戛然而止。他对此毫无预见，也没有为帝国的未来做好准备，他甚至都没有指定继承人。然而，在弥留之际，他把戒指给了一个名叫佩尔狄卡斯的马其顿贵族，这体现了他的愿望。佩尔狄卡斯是赫菲斯提安之后深得亚历山大喜爱的人。

佩尔狄卡斯拥有已故君主那样的热情，同时，他克己自律，谨慎精明，在所有将军中，他似乎是亚历山大所要求的能巩固其强大帝国最合适的继承者。但是，马其顿贵族拥有一种不同于封建贵族的傲慢和躁动。他们形成不同帮派，阴谋违抗已故君主一生的追求。他们跟随已故君主征战沙场，赢得已故君主的慷慨赏识，因此不愿服从不久前还与自己地位平等之人。佩尔狄卡斯刚刚成为摄政王，马其顿的步兵就在墨勒阿革洛斯的煽动下，拥立亚历山大无能的兄长阿瑞笛乌斯为他们的君主。内战一触即发，在这危急关头，阿瑞笛乌斯退位。因为他的无能很快臭名昭著，各方力量都同意另做安排。最后的结果是，佩尔狄卡斯担任摄政王，阿瑞笛乌斯作为王室的象征而被保留下来，并确定亚历山大遗孀罗克珊娜未出生的孩子作为未来的君主。马其顿的将军们瓜分了以前由波斯总督行使大权的一些主要行省。

各方只顾纷争，无暇埋葬亚历山大的遗体，直到两年后，他才入土为安。[①]他的追随者们对他仍然表现出尊敬，为了纪念他，让

① 亚历山大的遗体被托勒密带到了埃及，安放在一个黄金棺材里，给予这位已故英雄神圣的荣誉。贝尔佐尼从埃及带到伦敦的雪花石棺上面有亚历山大的名字，然而这种说法没有足够的证据。——原注

软弱的阿瑞笛乌斯留在王位上，而且阻止佩尔狄卡斯娶腓力三世之女克利奥帕特拉为妻，防止他借此登上王位。

然而，摄政王一直盘算着这门婚姻。为了破坏他的计划，贵族们秘密组成了一个帮派，并且风暴来临之快，让摄政王毫无准备。亚历山大攻打大流士三世时，曾同意接受小亚细亚北部各省名义上的臣服。亚历山大去世后，这些省份急于宣布独立，并拥立阿里阿拉特为他们的首领。佩尔狄卡斯派欧迈尼斯前去镇压，欧迈尼斯此前一直以秘书的身份履行和平的职责。佩尔狄卡斯还向西亚的两位总督安提柯和列昂纳托斯发布命令，让他们率领所有的军队参加远征。然而，安提柯和列昂纳托斯拒绝执行命令，佩尔狄卡斯被迫亲自率军攻打叛军。他轻而易举地打败了这些纪律涣散的军队，然而镇压手段过于残酷，败坏了胜利者的名声。

返回途中，佩尔狄卡斯召见安提柯和列昂纳托斯前来受审，对他们的抗命行为作出解释。安提柯发现危险后，与埃及总督托勒密、马其顿总督安提帕特以及其他贵族结成联盟，意图摧毁摄政王。佩尔狄卡斯让欧迈尼斯防守下亚细亚，自己则率王室军队的精锐去攻打托勒密，因为托勒密的能力让佩尔狄卡斯对他极为忌惮。安提帕特和克拉特鲁斯早早来到了战场上。他们率领驻防马其顿的大军穿越了赫勒斯滂，登岸后，与弗里吉亚总督涅俄普托勒摩斯的军队会合。新成立的联盟通知马其顿的首领们，欧迈尼斯的军队纪律涣散，不堪一击。由于受到这条错误信息的诱导，新联盟兵分两路，安提帕特仓促穿过弗里吉亚追赶佩尔狄卡斯，而克拉特鲁斯和涅俄普托勒摩斯前去攻打欧迈尼斯，并在特洛伊平原与欧迈尼斯遭遇，被欧迈尼斯彻底打败。战斗刚开始，涅俄普托勒摩斯就被杀死。克拉特鲁斯身受重伤，躺在成堆的士兵尸体中间，奄奄一息。欧迈尼斯听说后前去救他，看到他在死亡线上挣扎，想到昔日的朋友变成了悲哀的敌人，非常难过。

取得大胜后，欧迈尼斯立即将消息传给佩尔狄卡斯。然而，在传信兵到达佩尔狄卡斯营帐的两天前，摄政王已经被杀了。他的军队因为长时间围攻培琉喜阿姆，疲惫不堪，滋生了不满情绪。他们反叛的意图受到了托勒密密使的暗中鼓动。培松以前曾经受摄政王的指挥残忍杀害了违抗军令的希腊雇佣兵，现在他又生出了一个阴谋——将佩尔狄卡斯谋杀于营帐中，时间为公元前321年。如果欧迈尼斯胜利的消息早些送达的话，佩尔狄卡斯的性命也许会保住。然而，在这之后，胜利的消息只会招致那些谋反总督的怨恨。

各方争夺统治权之战持续了20年之久，上演了最令人震惊的密谋、背叛和血腥场面。最终，公元前301年，各方在弗里吉亚伊普苏斯进行了一场大战，以之前一直占优势的安提柯的失败而告终。接下来，他们对各行省进行了瓜分，成立了4个独立的王国，亚历山大4个主要的将领分别登上了4个王国的王位。

托勒密成了埃及国王，除了埃及，他的领土还包括相邻的部分亚洲领土。托勒密王朝共历13位国王，延续了290年，直到埃及被罗马征服为止。

利西马科斯得到了色雷斯，他的领土还包括小亚细亚北方各省。

卡山德占领了马其顿和希腊，以及最富有的奇里乞亚行省。

塞琉古获得了上亚细亚的统治权。巴比伦位于上亚细亚的中心，他曾在这里定都一段时间。之后他扩大了自己帝国的范围，据说，他的领土最后包括了从弗里吉亚一直到印度河亚历山大征服的所有国家。巩固了帝国之后，塞琉古把时间和精力投入推进文明进步的事业中去。他在叙利亚、塞琉西亚和巴比伦附近建了几座城市，最著名的当属安条克。为了让人们在这些城市定居，他给了犹太人很多特权。

从这时开始，塞琉古的历史便被归于叙利亚了，因为他把首都迁到了安条克，把叙利亚看作帝国的中心地带。公元前281年，在82岁时，塞琉古被托勒密·克劳诺斯刺杀。托勒密曾从埃及前来投奔他，而他热情地收留了托勒密。塞琉古之后，他开创的王朝共历21任君主，这个王朝也被称为塞琉古王朝，统治着叙利亚。公元前65年，叙利亚被罗马大将庞培征服。

古代作家对塞琉古多有赞扬。他具有非凡的能力和勇气，性格也似乎慷慨大度。他作为将军的能力、作为政治家的智慧，都是杰出的，这让他成为亚历山大后继者中的佼佼者。

从前文的叙述可以看出，亚历山大的庞大帝国在他自己手里持续了10年左右的时间。在他之后，帝国支离破碎，最终在他贪婪的后继者手中毁掉。这些后继者，竟然容不下一个帝国开创者的后代。唯有以他名字命名的亚历山大城，留下了其统治的永久纪念。

除了前文讲到的被瓜分的亚历山大帝国主体部分，在我们的作品中，几个小王国在西亚兴起也具有重大的历史意义。这些小王国包括帕加马、比提尼亚、帕夫拉戈尼亚、本都、卡帕多西亚、大亚美尼亚和小亚美尼亚。此外，商业之国佩特拉和罗德岛共和国也被包括其中。我们将在相关章节讲述这些国家的历史。

第63章

萨珊王朝（上）

（前280—272）

我们暂且把亚历山大后继者们的历史放一放，先回到波斯。塞琉古王朝在波斯的统治持续了半个多世纪而未被打扰，直到约公元前250年，帕提亚人最先想从他们的手中夺走权杖。帕提亚贵族阿尔沙克率先举起义旗，将马其顿人从帕提亚驱逐出去，正式获得国王的头衔。然而刚取得胜利，他就受了重伤，危在旦夕。阿尔沙克留下遗嘱，死后将王位传给其弟梯里达底，而他的名字则成为帕提亚王朝的名字，即阿尔沙克王朝。关于这个王朝的历史我们将择章讲述。

帕提亚人在波斯的统治维持了近500年[①]。在东方的历史文献

① 帕提亚帝国，又名安息帝国，是亚洲西部伊朗高原地区古典时期的奴隶制王国。——编者注

中，这段漫长的统治时期并不比一片空白好多少。然而，我们翻看罗马作家的记载，就会发现其中充满了一个勇敢民族足以引以为豪的诸多事件。帕提亚君主的名字在他们国家的历史中已经无法找到了，只有罗马人的武力给他们留下了长久的印象。但毫无疑问，这并不是因为帕提亚人的军事技能和勇气不足，而是在于其他原因。正是这个国家的性质和独特的作战方式，使得他们面对纪律严明的罗马军团时，屡屡占有优势。在罗马帝国的记载中，帕提亚王国疆界从里海一直延伸到波斯湾。帕提亚境内分布着崇山峻岭、大江大河和广阔的沙漠，罗马军团无论从哪个方向进军，看到的都是一片荒芜。帕提亚士兵可以准确地打击敌人，然后骑马快速逃离，这种作战方式让罗马人的战术技巧和英勇无畏无计可施。而且，即使是罗马帝国最勇敢的老兵，一听到他们的首领说要与帕提亚人作战时，都嘟嘟囔囔，牢骚满腹。

波斯萨珊王朝始于224年，在波斯历史上开创了一个新的时代。萨珊王朝的君主们一直与罗马帝国打仗，罗马历史学家对这些事件的记载，让我们可以校正东方作家的记载。萨珊王朝是由伊斯方狄亚尔之孙萨珊的后代阿尔达希尔一世开创的。他在服侍帕提亚国王期间迅速出人头地，他思想活跃，富有梦想，而且，英雄后裔所特有的雄心壮志让他意气风发。他被逐出宫殿后，受到了法尔斯行省贵族们的热烈拥戴。帝国军队的衰弱鼓舞了他夺取王权的决心。波斯人聚集在它的旗帜之下，当时的国王阿尔达班率军攻占法尔斯，意欲平息叛乱。双方的军队在奥尔米兹达甘平原相遇并展开激战，阿尔达班大败，丢掉了王冠和性命。阿尔达希尔一世就在胜利的战场上获得了“诸王之王”的称号。以后的波斯君主都沿用了这个称号。

阿尔达希尔一世乘胜追击，不仅征服了帕提亚王国的残余势力，还扩大了征服的范围。如果波斯作家的记载可信的话，他将征服的范围一边扩大到幼发拉底河，而在另一边，他把疆域扩大到呼罗珊。阿尔达希尔一世名声大振，帝国周边的所有小国都主动臣服。东西方的大国君主也都前来示好。他是波斯历史上最英明的君主之一。他在当时的状况下掀起的革命是极为了不起的，结束了帕提亚帝国几个世纪以来动荡不安、四分五裂的状况，建立了一个强固的帝国。“帕提亚”是亚历山大死后西方作家给这个帝国起的名字，随着阿尔达希尔一世即位，这个名字不再使用，他创建的这个王国被承认为“波斯”。

波斯作家保留了一些有关阿尔达希尔一世国王的记载，显示了他的仁慈与智慧。他曾经说过：“无军队则无国力，无财富则无军队，无农业则无财富，无正义则无农业。”他常说：“国王的苛政虽猛于狮，但不及连年的战争害处大。”他还说：“国王可用藤条之时绝不用剑。”也就是说，国王不可行暴君之事，如果臣民犯罪，可以施行比处死更轻一点儿的惩罚，绝不可以夺人性命。

阿尔达希尔一世执政的一个主要特点是极力保留古代宗教，而帕提亚王朝的君主们却忽视这一点。他为后代制定政策，也要为后代留下信仰。他把王国各地的祭司都召集起来，帮助他实行宗教改革。这件事至今也被认为是个重大事件，甚至在琐罗亚斯德教的历史上也是个重大事件。根据菲尔多西的记载，阿尔达希尔一世给儿子的遗嘱里体现了他的宗教观点，也体现了他对君主应承担的义务与责任的积极观点。

阿尔达希尔一世死后，他的儿子沙普尔一世继承王位。沙普尔一世率军攻入罗马领土，罗马皇帝瓦勒良带兵迎战。罗马军队大败，瓦勒良被俘。许多有名的故事都以这位被俘的皇帝为主题。据说，波斯君主将其示众，以展示伟大罗马的衰落；还有的说，波斯君主把他的脖子当作脚凳，供上马时使用。几经折磨，可怜的瓦勒良最终被活活剥皮，而且皮被填充后作为战利品保存在帝国的主要神庙里。这些叙述虽然都没有得到充分的证实，但也可以看出罗马皇帝被俘后的悲惨无助。帕尔米拉国王奥登纳图斯以及之后的罗马皇帝奥勒良都曾大败波斯军队，报仇雪耻。沙普尔一世建了多座城市，又征服了多个行省后，于272年去世，他的儿子霍尔木兹一世继位。

波斯历史曾记载霍尔木兹一世继承王位前一次超凡的冒险经历。他父亲任命他为呼罗珊行省总督，他在那里获得了极高的威信。然而，他的能力也惹来嫉妒，一些人开始设计陷害他，在沙普尔面前挑拨离间。霍尔木兹一世很快得知敌人的所作所为，决定采取冒险行动。他砍下了自己的一只手派人送给父亲，以此证明自己的忠心。沙普尔对儿子的鲁莽行为感到震惊，而这一切都是因为自己的怀疑造成的。沙普尔把霍尔木兹一世召回宫中，自此以后完全信任他。这位品德高尚的君主在位只有一年。他以自己的名字建了一座城，每年到了建城的这一天，当地人都会展示据说由他栽种的橘树，由此可以看出他受到普遍的爱戴。

第64章

萨珊王朝（下）

（273—579）

巴赫拉姆一世的统治，因处死摩尼教创始人摩尼而引人注目。摩尼融合琐罗亚斯德的教义、印度教的转世说以及基督教的信条，建立了一套新的宗教准则。沙普尔统治时期，摩尼被逐出波斯；巴赫拉姆一世统治时期，摩尼又冒险回到波斯。巴赫拉姆一世借口聆听他的指教，抓住了他，将他处死，并命人把他那填满稻草的人皮挂在都城的城门上。

巴赫拉姆五世品德高尚，多才多艺。他英勇顽强、宽容大度，执政温和而坚毅，这些都是波斯历史学家最喜欢谈论的话题。他实行简单的族长制统治，更像一位阿拉伯酋长，而不像一位专制的君主。他太过喜爱狩猎，有一天在平原上追赶一头野驴，但是那里沼泽众多，他只顾追赶，不小心连人带马陷入沼泽里，再也没有出来。在他统治期间，首次将音乐和乐师从印度引进波斯。据说，有一天，巴赫拉姆五世发现有一群人在高兴地跳舞，却没有音乐伴奏。他前去询问原因，得到的回答是："我们支付100枚金币到处聘请乐师，但毫无结果。"国王听后，立刻命人从印度邀请了1.2万名乐师和歌手前来。他死于438年。

库思老一世于531年继位。他的名字不仅被所有东方国家的历史学家充满热情和敬意地频繁提起，而且至今被每个波斯人称颂。这个名字已经成为智慧、正义与宽容的象征。他在帝国内进行重大改革，大力兴建商队客栈、集市、桥梁和其他公共设施等，开办中小学和大学教育，鼓励学术研究，而且还在宫廷引进希腊哲学家。他向君士坦丁堡的希腊帝国发动战争，迫使查士丁尼一世皇帝每年进贡3万枚金币换取和平。他征服叙利亚，将帝国边界从费西斯河畔扩展到地中海沿岸。然而，他在西部的征服被东罗马帝国大将贝利撒留的军事天才所遏制。库思老一世征服叙利亚后，将安条克的居民迁徙到底格里斯河沿岸，并在泰西封附近按照安条克城的设计模式建了一座一模一样的城市。两座城市的相似度如此之高，以至于安条克人到达新城后，并没有离开安条克的感觉！

历史学家用了大量笔墨讲述一些重要王朝与库思老一世建立友谊的盛况，其中最著名的就是中国和印度的皇帝。他们送给波斯君主的礼物被描述得极其罕见和珍贵。东方君主喜欢在他们派遣的使节中展示自己的财富与气派，当然，这种做法不是为了虚荣而是出于良好的动机。

尽管库思老一世朝乾夕惕，公正行事，但是依然无法阻止政府官吏的腐败与暴政。在他统治后期，鞑靼沙漠出现了大量的胡狼，它们袭扰波斯北部各行省，当地人对它们可怕的嚎叫极为恐惧。消息传到了宫廷，浸淫于迷信时代的国王也不能免俗，他向大祭司征求意见。大祭司给出了回答，他的回答说明他是一个品德高尚的大臣，而且他的回答也令人满意。库思老一世尽管拥有伟大品质，然而，他是一个刚愎自用的人，很多时候只能婉言进谏。这位大祭司说：“根据我对过去历史的了解，当民心不平的时候，野兽就会在王国内横行。”库思老一世听后，明白其中的意思，立即任命一干密使，授予全权，派他们到帝国各行省暗访，调查腐败官吏的行为。调查发现，大量官吏滥用职权，有24名职位较低的地方官员因为做事不公、滥用职权被处决。

无论库思老一世为促进臣民的幸福所作的努力取得了怎样的成功，毫无疑问，就个人而言，他是正义的朋友。有一名罗马使者带着丰厚的礼品出使波斯。有一天，他从泰西封皇宫的窗户往外看，正欣赏窗外的绮丽风光时，发现一处凹凸不平的地方，便询问原因。一名波斯贵族回答道：“那是一位老妇人的财产，她拒绝出卖这个地方，而国王宁愿大煞风景，也不愿对她做出不公之事。”罗马使者答道：“那个不平的地方，因正义而神圣，它比周边的景致更加美丽。”东方历史上有许多类似的关于公正者库思老一世的佳话。这位君主高尚与坚毅的性格不受周围奢靡之风的影响，他既不放纵自己，也不允许别人放纵。这位波斯君主在他年迈去世的前夕，还带领军队征战，英勇活跃的状态一点儿也不逊于当年。

库思老一世于579年去世。他的辉煌统治可以看作是古代波斯史的终结。[①]他在自己的统治时期，发现帝国急速衰落，于是极力挽

① 在前面的波斯历史中，我们忽略了几个君主，因为他们的统治没有值得探讨的价值。——原注

救。他取得了前所未有的成功，以自己超凡的才干止住了帝国的衰落趋势。然而，从他去世的那一刻起，波斯帝国的气运发生了彻底的变化，帝国的历史由一个之前不为人所知的人物开启。

第65章

古代波斯

我们已在前文简单介绍过波斯帝国昌盛时期的疆域。这里我们只需增加一些关于中心行省的细节就可以了。它最初在埃兰或法尔斯的领土是比较狭小的，帝国建立以后，便从这里迁到了巴比伦尼亚。巴比伦尼亚是一个中央行省，东边与之毗邻并被底格里斯河分开的地区是苏锡安那。苏萨城，即“城中城”，为苏锡安那的中心城市。科阿斯佩斯河从苏萨城流过，尽管这座城市没有城墙，但因为有个名为“门农”的城堡而坚不可摧。亚历山大向印度进军时，在这里发现了价值5万塔兰同的金币，以及大量的银币和宝石。据说，先知但以理死在这里，当地人遂称这里有他的纪念碑。此地也是王后以斯帖说服波斯国王亚哈随鲁[1]赦免犹太人之地，而亚哈随鲁的宠臣哈曼曾劝他杀掉这些犹太人。还是在此地，亚历山大娶了

① 《旧约》中的亚哈随鲁可能指的是薛西斯一世。——译者注

大流士三世的女儿，1万名马其顿老兵娶了1万名波斯女人。胡泽斯坦是苏锡安那的现代名称，旧名逐渐被现代名所取代。

波斯本土，现代波斯的中心地区，当时仅是帝国的一个行省而已。我们前面讲过的卡拉曼尼亚行省位于波斯本土和格德罗西亚之间，首府是卡曼纳，也就是现在的卡曼，位于内陆。沿海地区有一个名为提林的小岛，也就是现在的霍尔木兹岛，3个世纪以来，一直以商业繁荣而著称。

格德罗西亚就是现在的俾路支，而阿里亚是现在的阿富汗以及独立鞑靼的一部分，它们都曾是波斯的行省。阿里亚以矿产著称，这里有一个古代的部落，名叫伊瓦该泰，为恩人之意，名字源于他们拯救了许多在沙漠中迷路的人。这里的人建立了共和制政体，他们极为聪明，亚历山大因此而赋予他们一些特权。

在阿里亚的乌弋山离城，亚历山大处死了帕曼纽的儿子菲罗塔斯。现代的喀布尔城，它的名字源于一个名叫喀布里特的阿里亚部落。马尔吉亚那是阿里亚的一部分，以盛产葡萄出名。这里有许多罗马士兵，他们在跟随克拉苏作战失败后被俘，与当地人通婚，从此留在这里。这些都是古波斯的中心及中心边缘行省，它们构成了帝国的心脏地带。

波斯帝国似乎从一开始就实行专制统治。我们所知道的具体形式，就是君主世袭制，君主拥有绝对的权力，而且几乎被神化。希腊历史学家认为，古波斯人睿智开明，政府公平公正。我们从《旧约》中了解到，米底人和波斯人的法律不容改变，波斯国王从一开始就拥有繁复的头衔，过着奢侈的生活。然而，他们似乎偶尔也会受到军事贵族的制约。这些军事贵族很多都是王室后裔，以诸侯的身份控制着帝国最富有的省份。君主即位时，这些贵族都要到王宫集合，国王的身份需要得到他们的同意，因为他们生来就握有军事大权。

古代的波斯君主挑选大臣似乎同现在一样，往往选用具有学识和阅历但出身低微的人。征税制度最初由大流士一世制定，他将波斯划分成23个行省，确定每个行省上缴的数额，这是一种创新。居鲁士大帝除了馈赠，没有其他收入。所以，大流士被戏称为“商人”，而居鲁士则被称为“父亲”。据说，波斯人征服吕底亚前不使用钱币，几乎没有人为制造的财富。除了兽皮，他们没有其他的衣物。

除了犹太人，没有其他的古代民族像古波斯人那样，宗教几乎没有发生什么变化。波斯的宗教起源于历史上的传说时代，它通过好的运气或坏的运气维持自身，直到我们这个时代，它隐约出现于波斯的伽巴尔或更幸运、更勤劳的印度的帕西人之中。波斯原始宗教的信条，由只相信至高无上的上帝、对上帝的畏惧和爱慕及崇拜、对长辈的尊敬、对一切人的爱、善待一切动物等内容组成。后来的信仰变成了对整个宇宙天体的信仰，再后来变成了崇拜火。根据希罗多德的记载，虽然波斯人在山顶上进行献祭，但他们没有神庙，没有雕像，也没有偶像。

琐罗亚斯德——如果他不是波斯宗教的创始人，那也是他完善了波斯宗教，使波斯宗教与他的名字不可分开。他的历史鲜为人知，只知道他是一位有名的占星家。他的宗教体系被认为是不借助人为因素所设计出的最完善的体系。他教导信徒说，上帝存在于永恒之中，如同时间与空间的无限。他认为，整个宇宙只遵守两个原则：一个是善，叫作奥尔穆兹德；一个是恶，叫作阿里曼。两者都有创造之力，却用于善和恶这样截然对立的不同目的。每一种生命体内都存在着善与恶的结合。遵循善的原则就会达到永恒，善最终会压倒恶。贾姆希德结合这个教义引入了一种严格的等级制度。保存这些道德准则的工作被交给了祆教祭司，他们似乎来自米底人的某个部落。琐罗亚斯德对这个群体的体制进行了改革，让每个社会等级的人都能享受祭司的尊严，尽管非祆教祭司后代的人在政府中任职的微乎其微。他们在波斯宫廷里的人员主要由智者和卜者组成。祭司也是审判民事案件的法官，因为宗教是立法的基础。

第66章

古代波斯文化（上）

关于波斯古代的文明及繁荣的不同观点，都是以建筑的大小和规模为依据的。然而，从这些建筑遗迹中，我们几乎找不到真正属于公共使用目的的建筑。清理后的大量王宫遗迹碎片和丰富的雕刻遗迹，都只能证明国王的富有和权威，而不能证明国王拥有幸福、文明的臣民。所有东方国家国王的奋斗目标都是享尽荣华富贵，千古流芳。波斯的君主们一直沉迷于这种奢侈，而这种奢侈之风又延伸至贵族之中，而且在帝国繁荣时期，奢侈之风必定蔓延至整个帝国。很明显，如果没有诸多和平的艺术和文明的进步，就不可能存在这种奢靡之风。然而，政府体制所导致的内战，使文明和进步持续受阻。

古波斯人生活的城镇，可以从历史和现在可见的大量古代遗址得到证实。我们了解到，他们最初主要依靠农业而不是畜牧业生活，我们可以确定，他们一直以来憎恶食用动物。古波斯人爱好运动，身体健壮，仪表堂堂。他们有些后代现在定居在印度西海岸，这些人血统比较纯正，从来不跟其他民族通婚。虽然在不利的气候条件下生活了1 100年，但他们仍然优于现代的波斯人。现代的波斯人由大量的民族混杂而来，这些民族在伊嗣俟三世被推翻后、穆斯林建立自己的统治后涌入这个王国。

波斯军队在居鲁士时代攻无不克、战无不胜，这得益于波斯人从幼儿起就习惯的自我节制和吃苦耐劳。他们的饮料只有水，食物是面包和植物根茎，睡在什么都不铺的地上。他们也习惯于最艰苦的训练和劳作，从幼年起就开始接受各种军事训练，到了20岁就在军队中服役，一直到50岁。无论和平年代还是战争年代，他们都要佩剑，这跟近一世纪之前大多数欧洲国家的做法一样。波斯人的这种严格教育只属于居鲁士时代，或许之后还持续了一段短暂的时间。我们将这一时期的风气与后期的风气相比，很难相信这是同一个民族。

居鲁士的征服完成以后，波斯人的风气开始败坏。古时穿的朴素服装换成了金光闪闪、一片紫色的外国衣服。穷奢极欲的风气很快就达到了无可挽回的地步。君王带兵打仗，也带着所有的妻子，他的将帅也争相效仿。整个战争期间，军队统帅都享受着最精致的肉食和最昂贵的美味。柏拉图曾说过，这种奢靡之风是导致波斯帝国衰落的一个原因。风气败坏的另一表现是，公众缺乏信仰。早期的波斯人引以为傲的品德是信守承诺，然而，到了后期，他们对国王卑躬屈膝、奉承谄媚，以至于谎言满天、欺骗成性。他们为了维护暴君的名声，不惜作伪，不惜牺牲一切。

波斯古代的历史教训，如同我们从希腊和罗马历史中得到的教训一样，那就是，公共道德的败坏必然导致政治上的弊病以及国家的解体。健康的道德基础对于政府的长治久安如同牢固的地基对于大厦的坚固持久一样必不可少。

第67章

古代波斯文化（下）

确实，波斯人在从居鲁士到亚历山大的200多年间具有一种骑士风度，他们的举止变得柔和，并在某种程度上变得高雅。此时，他们更崇尚宽容与人文关怀，而不是慷慨豪迈。波斯传奇史上受到赞扬的第一批英雄更多彰显的是他们的仁慈包容和宽宏大量，而不是英勇善战。如果菲尔多西的话值得相信，那么古波斯人深入理解和践行了现代的荣誉法则。女性得到了最大尊重，毫无疑问，这是他们文明进步的主要原因。在波斯社会中，女性享有崇高的地位。战士打仗时，为了激发自身的勇气，经常带着妻子、儿女。

在帝国早期，国王随季节变化而迁居。国王的宫廷一般在巴比伦7个月、萨珊苏萨3个月、埃克巴坦那2个月。后来，波斯波利斯成为首都。这里的皇宫非常宏伟，家具价值连城。根据希罗多德的描述，室内的墙壁和天窗全由金、银、象牙和琥珀包裹，王座由赤金铸成，支撑王座的4根柱子装饰着大量宝石。希罗多德还记载过一根金葡萄藤，是吕底亚人皮西厄斯献给大流士一世的，藤子枝干挂满了无价的珠宝。国王坐在王座上时，成串的葡萄挂在他的头上，这些葡萄也都是宝石做成的。皇宫周围环绕着美丽的花园。

根据历史学家的记载，库思老一世是第一个创建大学的君主。而早期的祭司写了些宗教书籍，他们也仔细保存了波斯国王的编年史。我们难以考察古波斯人的学术水平到底达到了什么程度。他们的贤人在占星术方面非常有造诣，从这一点可以看出，他们具有天文学知识。然而，他们对于天文学的研究，同其他大多数学科一样，似乎只限于神职领域。古代波斯人在科学和学术方面留下了什么宝贵财富，都已无据可考了。库思老一世统治时期，据说是波斯文学史上的全盛时期，如同罗马帝国的奥古斯都时代一样。然而，到库思老一世的宫廷寻求学术交流的罗马文人，却发现那里的学术水平并不像他们期望的那样高，回去后大感失望。

我们发现，波斯是最早设立正式驿站和信使的国家。这个发明要归功于居鲁士大帝，有些作家认为应归功于大流士一世。帝国通过征服，疆域大为扩大，所有的行省总督需要在规定的时间里向中央政府的所在地发送信件，上报他们治所发生的事件。为了执行这种大量的递送任务，各省建立了驿站，并派驻信使；在所有驿站都建起了大马厩，供驿马、邮政官员在这里交接等，这样信使就可以日夜兼程地行路。

军队是波斯最大的罪恶来源。波斯常年维持庞大的军队，帝国边境的游牧部落都要中央政府供养。能拿武器的男人都要应征入伍，而且一经召唤，就要强制参战。这种军事制度使得波斯能够快速征服他国，但也使得政府处于不稳定状态。士兵打仗要么是为了报酬，要么是为了掠夺。除了对将领的依附，他们并非为了一个共同的原则而聚集在一起，统帅一旦战死或逃跑，波斯军队的命运瞬间就能决定。国家靠征收重税来维持庞大的军队开支，维持国王和总督们认为理所当然应该享受的奢华生活。这些强征强夺的沉重赋税，让那些靠土地辛苦劳作的波斯农民成为全亚洲最悲惨的农民。

我们几乎没有找到古波斯的农业和制造业的相关记载。巴比伦人的商业力量落入他们之手，而他们并没有打开新的贸易渠道，甚至连已经建起的贸易几乎都维持不下去。波斯人很早就开始铸造钱币，大流克金币的名称源于“大流士”，然而这个大流士到底是不是大流士一世，古文物学家没有形成一致的意见。一个大流克金币的价值约等于10美元。金币的图案一面是一个身穿长袍的弓箭手，头戴尖帽王冠，手持弓箭；另一面是大流士的头像。其他硬币的重量都相同，价值都相等，都是由大流士之后的波斯历代国王铸造的，无论是波斯人的钱币还是马其顿人的钱币，统称为大流克。那些最原始的大流克金币大多被亚历山大大帝熔化了。

第68章

古代波斯的遗迹

波斯的古迹按照时代的不同可划分为两类，一类是亚历山大征服前的古迹，另一类是萨珊王朝时期的古迹。第一类中规模最大也最令人关注的是波斯波利斯遗址，又被当地人称为“四十石柱”。据说这座城市长25英里。宫殿中堆满了珠宝，被亚历山大付之一炬；另一说法是宫殿和城市的一部分被焚毁。尽管波斯波利斯的地位依然重要，但已不复当年的盛况，因为它很早就沦为一片废墟。放眼望去，只有这些遗迹最引人注目，它们坐落于一座岩山的脚下，俯瞰广阔的平原。它的四周环绕着暗色的悬崖，由一条河流提供水源，这条河曾经给1 000座高架渠供水。现在的水道都已堵塞，平原变成了沼泽和荒原，整座城消失了，只留下灰色的石柱孤零零地矗立在那里，在悲凉中诉说着曾经的辉煌。

皇宫遗址在这些遗迹中最为壮观，我们无论如何都无法想象出这些孤独的被毁的石柱给我们带来的震撼。这些石柱的建造曾经突破传统，它们目睹了许多代人的往来代谢，各个朝代和帝国的兴衰起伏，至今屹立不倒。皇宫似乎同时也是一座堡垒和防御工事，石柱排列于露台周围的廊柱之中。这些石柱由灰色的大理石铸成，有70英尺高。柱头和装饰风格尽管与希腊不同，但都非常漂亮。

许多遗迹上都有雕刻，画面表现古波斯人的服饰、风俗等，非常奇特。其中有来自王国各地的朝臣列队给国王献礼的画面，也有描绘波斯历史上的战斗及其他历史的场景。这些画面有的是真实再现，有的是符号表现。遗迹中也发现了楔形文字，这些文字与在尼尼微发现的不同，它们被称为波斯波利斯文①。这些文字应该属于琐罗亚斯德教的圣书语言，即祆教祭司的圣言。我们在前面曾经说过，这些都是欧洲学者非常感兴趣的一个研究主题。

波斯波利斯的建筑与更古老的巴比伦城和尼尼微城的建筑风格差别很大。在某些方面，与埃及的建筑风格相似，尽管在另一些方面差别很大。它们在岩石上开凿墓地和墓室，但深度较浅，柱廊上有丰富的雕刻。整个墙面上都刻着人物和文字，但画面较呆板，而且一般都是侧像。波斯波利斯建筑的其他部分似乎与希腊建筑相似。但总体上看，没有自己明显的特征，似乎只是粗糙地堆积在一起，缺乏创意和独特风格。这些遗迹展示出的巨大规模、光洁的装饰、偶尔出现的精美设计和技巧，都会让人产生巨大的兴趣。如果这些楔形文字能够被破译的话，它们一定能让古波斯的历史更加明晰。

舒斯特遗址属于萨珊王朝时期，据说这座城市是沙普尔创建的。由现在依然流传的一个传说可以断定，当时沙普尔强迫罗马战俘参

① 也叫古波斯楔形文字。——译者注

与了该城的建造。现在当地人经常向旅行者介绍当时关押瓦勒良的塔楼。在古代波斯的历史遗址中，这座城市的出名，主要由于沙普尔时期在其周边建成的跨过卡鲁恩河的排水系统，此系统对这条河的河道加以改造，有利于农业灌溉。这个排水系统用石头砌成，砂浆灌注，铁夹固定。它有20英尺宽，1 200英尺长。这个工程之所以更值得关注，是因为在波斯大量彰显波斯君主权势的遗迹中，它几乎是唯一一个实用的建筑。因为它更高尚的特性，所以在同时代众多豪华的皇宫和宏伟的建筑物中，它是唯一被保存下来的古迹。

苏萨城遗址同巴比伦遗址一样，到处都是由砖块和彩瓦构成的断壁残垣。在一处残垣之中，有一座先知但以理的坟墓，我们之前已经提过。有些苦行者在这里守望这位圣人的遗体，他们靠那些前来祭拜之人的施舍维持生活。他们是苏萨城唯一的人类居住者，而野兽则在波斯人曾经最引以为荣的宫殿所在地游荡。

泰西封有座古代的拱门，至今屹立不倒。它高160英尺，宽85英尺。塞琉西亚没有留下任何遗迹。底格里斯河两岸到处散落着古波斯的城市和桥梁遗迹。离克尔曼沙赫城几英里的地方，在一座大山中，人们在山石的一侧进行了一些令人惊叹的挖掘，那里出土的人物雕塑造型卓越，波斯同类的作品不能与之媲美。

第69章

古代波斯的名人

琐罗亚斯德是波斯古代历史中最著名的人物，然而，关于他的逸事流传下来的却很少。有些作者认为，使用这个名字的人有两个；其他作者认为，这个名字是波斯几代立法者假想出来的。普遍的说法是，有两个名叫琐罗亚斯德的人。第一个是米底人，基亚克萨雷斯一世统治时期，在巴克特里亚创立了他的宗教信仰体系。他在巴尔赫建了一座名叫阿扎尔古斯塔普的拜火教神庙，后在斯基泰人大举入侵时，与其他的祭司一起被处死。第二个琐罗亚斯德据说曾是先知但以理的信徒，被居鲁士大帝任命为袄教的大祭司。任职后，他恢复并确立了波斯的古代宗教信仰，著有《阿维斯陀》。波斯人认为，他是一位伟大的占星家，深谙天体知识，能够计算出耶稣降生和预测重大事件。据说，他的这些知识传给了追随他的神职人员。

《阿维斯陀》宣扬道德和正义，而且认为，遵守道义的目的是让人勤勉，提升美德。琐罗亚斯德信仰的中心信条是纯洁与高尚，教导信徒祭拜一个永生永世、大慈大悲的创世者。他规定把火作为神的象征加以拜祭，巧妙地将自己的信条置入国人的偏见之中，打开了一扇通向迷信的大门。

法里东生活于公元前800年左右，是古代波斯最受尊敬的英雄之一。他的父亲贾姆希德被篡夺波斯王位的叙利亚人佐哈克谋杀时，他神奇地逃脱了。16岁时，他召集了大批国人，打败了佐哈克，将佐哈克赶下王位，自己成了波斯的君主。法里东统治期间，以最严格的诚实而著称。有位波斯诗人有过以下描述："快乐的法里东不是天使，他不是麝香产生的，也不是琥珀产生的。他公正慷慨，最终获得了美好的结果。你若公正包容，你也将成为法里东。"

巴赫拉姆五世于430年左右将萨珊帝国推至极盛，他是统治波斯最英明的君主之一。他在整个统治期间，唯一的目标就是让臣民过上幸福的生活。与其他的波斯君主相比，他执政的特点更简单、更家长化。他那宽宏大量、高尚纯真、英勇豪迈的品质都是东方历史学家描述的主题。他的开阔胸怀不限于宫殿和首都，而是遍及整个帝国。凡有功绩者都会得到奖赏。他继承王位后的第一件事就是原谅那些极力剥夺他继承权的人。

在波斯历史学家的笔下，沙普尔二世的一生充满传奇色彩。他打败了各方敌人，从各个方向扩大了帝国的疆域，使帝国达到了空前的繁荣。他睿智、英勇，具有杰出的军事才干。从史书对他言语的记载，可以看出他对人性的洞察。他经常说："话语比春天的小雨更滋润人的心田，也比摧毁一切的剑更锋利。然而，刺入身体的长矛可以拔出，而说过的伤人的话永远不能从受伤的心里消失。"

在这里，我们没有足够的篇幅讲述所有的波斯君主，将在本章的最后增补一份自居鲁士大帝以来所有君主的名单。我们认为，居鲁士大帝之前的波斯有时作为独立国家，有时作为米底或亚述的一个省份。居鲁士大帝之后，波斯变成一个大帝国，一直延续到亚历山大征服之前。亚历山大征服之后，波斯人与希腊人交流密切。有许多希腊人定居在波斯，希腊文学和希腊语传入帕提亚和其他被希腊人征服的国家。希腊语在某种程度上成为官方语言，被宫廷里的贵族和其他成员使用。目前保留下来的帕提亚时期的硬币上，还能够清楚地看到希腊文字。由此看出，几个世纪以来，欧洲的文化似乎不但对波斯，也对西亚产生了极大的影响。

萨珊王朝创立者阿尔达希尔一世的统治，给波斯带来了巨大的变化。当时，希腊神话在某种程度上已经与这个国家盛行的拜星教融为一体。新国王是一位热情的袄教教徒，他恢复了琐罗亚斯德创立的宗教信仰，砸碎了国人崇拜的偶像，排除了希腊文学和希腊语的影响。从他的统治开始，波斯各朝又彻底回归了亚洲。

以上是对波斯君主的总体评价。我们必须说明，尽管他们保留了亚述及巴比伦先王们的专制统治和骄傲自大，然而，他们却没有表现出先王们的智慧和爱国精神。波斯国王们的统治目标似乎只是为了财富和权力，为了显示他们的奢华富贵，为了纵情享乐。征服后获得的财富一般用于扩建皇宫，他们使用贵重金属把皇宫装饰得金碧辉煌。后宫到处都是美丽的女子，她们的美貌与身上佩戴的珠宝交相辉映。在漫长的古代波斯王朝中，我们找不到几个国王像亚述和巴比伦君主一样具有远见卓识，把促进商业、农业和制造业的发展作为国家财富及繁荣的真正来源。我们所了解到的是拔地而起的雄伟建筑，这不过是用来满足君主的个人愿望的装饰品，虽然这些建筑现在已经支离破碎，但依然能够看出昔日的壮观辉煌。当然，我们还是能够在这些遗址中发现很少的公用设施，如桥梁、堤坝、水库等，它们却是更古老时代的国王们沿着底格里斯河和幼发拉底河兴建的，为多种多样的和平艺术提供了动力。

然而，我们必须承认，如果史料记载的都是事实，那我们读到关于许多波斯国王犯罪、邪恶和荒唐的记载的同时，也经常读到关于他们纯洁的感情和崇高观念的记载。在居鲁士大帝、大流士一世、薛西斯一世以及后代国王的传记中，从不乏美德的故事和事例。据说，居鲁士大帝的父亲冈比西斯一世在得到与米底国王唯一的女儿联姻的机会时——这意味着他将来必定要继承米底的王位，这个机会虽然很有诱惑力，但他没有立即接受，直到听取了父母意见后才作出选择。

居鲁士大帝12岁时，他的母亲芒达妮带他去米底看望外祖父阿斯提阿格斯。外祖父早就听说这位优秀的外孙，很想看看他。在宫廷里，居鲁士大帝发现自己被笼罩在骄傲、奢华与富丽堂皇中，虽然这种气氛与他自己的国家非常不同，但他并未受到影响。对于自己所看到的一切，他既不批评也不指责，而是按照他所受的教育，满足于当下的生活现状，愉快地度过每一天。

他的快乐与智慧赢得了外祖父的赏识，他的高尚与随和赢得了每个人的赞扬。阿斯提阿格斯不愿让他回家，为了挽留他，举行了一场盛大宴会。宴会上所有的一切都非常漂亮、精致，居鲁士大帝对此却不以为意。他对国王说：“波斯人解决饥饿的方法不是绕一个大弯，而是直截了当，几片面包、几根水芹就够了。”阿斯提阿格斯允许居鲁士大帝按照自己认为合适的方式处理掉所有的肉食，他立刻把这些肉分给了在一旁伺候国王的官员，其中一位教会他骑马，一位精心伺候了他的外祖父，另外一位精心照顾了他的母亲。

萨卡斯是国王的斟酒官，他是唯一一个什么也没从居鲁士大帝那里得到的官员。这位官员除了斟酒，还向国王引见前来拜见的人。而居鲁士大帝前来拜见国王时，萨卡斯往往都不引见，居鲁士大帝趁此机会表现对他的不满。阿斯提阿格斯注意到居鲁士大帝对这位官员的忽视，而自己特别钟爱这个军官，也说过这个军官确实值得自己钟爱，军官对自己照顾很用心。居鲁士大帝说道："陛下，这就是您钟爱他的原因？如果这样做就能赢得您的钟爱，那我也能够胜任，而且我会做得比他更好。"

居鲁士大帝立刻扮成斟酒官。他稳步前行，一脸的严肃，肩上搭条巾子，用3个手指托着酒杯，姿势很漂亮，递给了国王。他的一举一动有模有样，灵巧优雅，国王和他的母亲都看得目不转睛。做完这一套动作后，他投到了外祖父的怀里，亲吻他，并高兴地喊道："哦，萨卡斯，可怜的萨卡斯，你完了，我将代替你的位置。"阿斯提阿格斯把他抱在怀里，满脸的喜爱，说道："我太高兴了，好孩子，没人能比你做得更好，但是你忘了一个必不可少的环节，就是要品尝一下。"斟酒官一般把酒倒在左手托起的杯子里，品尝一下，然后再呈给国王。居鲁士答道："不，我不是忘了，而是故意忽略了这个环节。"

阿斯提阿格斯问："为什么？你为什么要忽略呢？"居鲁士大帝答道："因为我担心酒里有毒。"国王说："有毒？孩子，你怎么会这么想呢？"居鲁士大帝答道："是的，有毒，陛下。不久前，在一次宴会上，您放任大臣们尽欢。他们刚喝了一点儿酒，我就发现，他们的头就晃了起来。他们唱歌，发出各种声音，不停地说话，忘乎所以。您似乎忘了自己是国王，而他们似乎忘了自己是您的臣子。而您想跳舞时，却发现自己几乎无法站立。”“哦，是吗？”阿斯提阿格斯说道，“难道你从来没有见过你父亲这样吗？”居鲁士大帝回答说：“没有，从来没有。”“噢？那他喝了酒之后是什么样子？”“哦，他喝了酒后，就不渴了，仅此而已。”

在色诺芬的笔下，也许再也找不到比居鲁士大帝更高尚的绅士了。他在与朋友交往中表现出的随和与庄重非常令人钦佩，他的自律达到了完美的程度。西塞罗说过，居鲁士大帝统治期间，没有人听过他说粗话或骂人。他对自然的理解和对政府责任的看法超越了其他人。他说过：“国王有责任让他的人民过上安全、祥和的生活，宁愿自己殚精竭虑，也要让人民免除忧虑与担忧；为百姓选择利于他们的举措，消除有害、不利的举措；把自己的快乐建立在人民生活蒸蒸日上、人丁兴旺的基础上，要勇于承担起捍卫和保护他们的责任。这就是自然法则，是公正的君主的义务。与此同时，他的臣民也理应在他患难之时全力以赴地帮助他，而他更应该给他们带来幸福，因为这是他之所以为王的目的，如同牧羊人守护羊群。”他对朋友说过：“我拥有巨大的财富，我很高兴全世界的人都知道。然而，你可以肯定，这些财富与其说是我的，不如说是你们的。我为何要积累起如此多的财富？难道是为了我自己，是我自己要用？不，不是为了我自己。我积累财富的主要目的是以我之力来回报那些为众人而忠实付出之人，来救助那些陷入贫困和苦难的人。”

薛西斯一世与他的哥哥阿尔托巴札涅斯在父亲去世后都认为自己有权继承王位。当时阿尔托巴札涅斯不在宫内，薛西斯便先登上王位。等阿尔托巴札涅斯返回后，薛西斯脱下了王冠，前去见哥哥。他们相见仍非常亲热，并且友好地商定让他们的叔父来确定由谁继承王位。王位未决之前，兄弟间相处仍然友好，彼此信任。当最后确定由薛西斯继承王位时，阿尔托巴札涅斯便向弟弟鞠躬，将他领上王座。

小居鲁士为了与哥哥阿尔塔薛西斯争夺王位，发动了库那克萨战役。在战役爆发前，克利尔库斯曾劝小居鲁士不要亲自率军冒险。年轻的王子回答道："什么？现在正是我争取王位的时候，你却要我证明自己不配拥有它？"

据说，阿尔塔薛西斯曾被一位官员要求帮个忙，然而一旦帮他，就会卷入不公正的行为之中。阿尔塔薛西斯没有答应这位官员，而是给了他一笔钱，说道："这笔钱代表我对你的友情，少了它不会让我贫穷；但是，如果我顺从了你的意愿，将会陷我于不义，将会使我陷入穷途末路。"

以上都是流传下来的关于古波斯国王的逸闻趣事。然而，尽管如此，每位君主的统治都与明显的傲慢、虚荣和自私分不开。塞涅卡说："如果将波斯帝国所有的国王放在一起考察，你会发现，没有一位国王会主动让出王位，没有一位国王会满足于已有的征服，也没有一位国王不在死神突然到来之时还在实行新计划、新伟业。我们无须对此感到惊讶，因为，野心如同一个巨大的海湾、一个无底的深渊，所投入的一切东西，终将消失无踪。纵使你堆起一个个行省，一个个王国，也永远无法将它填满。"

不幸的是，情感无法替代客观规律。情感犹如一束时隐时现的光，不会指引我们永远走在正确的道路上，反而常常将我们带入谬误与罪恶。那些最感情化的人往往是最大的罪人。对真理和美德每一种生动的感知，并不一定与对这一种或另一种的实践相联系。雅典的历史为我们提供了最感人的友情、爱情、虔诚与爱国事例，然而，这个城邦在大多数的时候完全沉浸于放荡、背叛和谎言之中。这是一个今天可以用毒药毒杀诚实之人和爱国之士，明天就把桂冠戴在拯救同胞之人头上的民族。波斯人与希腊人很相似，这两个民族的历史和文学都对智慧之路有着清晰的认识，同时也展现了他们以同样的天资走向堕落之路。经验和信仰带给我们的教训是人类需要高于自己的权威。即使我们能看到真理，我们也需要一位大师来指引我们更加清楚地观察真理。无论是波斯人对美的洞察力、希腊人的哲学成就，抑或罗马人恢宏的政治制度，都无法阻止他们的社会走向灭亡，因为，他们的这一切都建立在一片散沙之上。

古代波斯国王列表

王朝	君主	即位时间（公元年）
阿契美尼德王朝	居鲁士大帝	前550
	冈比西斯二世	前530
	大流士一世	前522
	薛西斯一世	前485
	阿尔塔薛西斯一世	前465
	薛西斯二世	前424

（续表）

王朝	君主	即位时间（公元年）
阿契美尼德王朝	塞基狄亚努斯	前424
	大流士二世	前423
	居鲁士三世	前404
	阿尔塔薛西斯二世	前404
	阿尔塔薛西斯三世	前358
	阿尔塔薛西斯四世	前338
	大流士三世	前336
希腊人的王朝	亚历山大	前330
塞琉古王朝	—	前323—前246
阿尔沙克王朝	—	前246—224
萨珊王朝	阿尔达希尔一世	224
	沙普尔一世	240
	霍尔木兹一世	272
	巴赫拉姆一世	273
	巴赫拉姆二世	276
	巴赫拉姆三世	293
	纳塞赫	294
	霍尔木兹二世	302
	沙普尔二世	309
	阿尔达希尔二世	379
	沙普尔三世	383
	巴赫拉姆四世	388

（续表）

王朝	君主	即位时间（公元年）
萨珊王朝	伊嗣俟一世	399
	巴赫拉姆五世	420
	伊嗣俟二世	438
	霍尔木兹三世	457
	卑路斯一世	458
	巴拉什	484
	卡瓦德一世	488
	贾马斯普	496
	库思老一世	531

近代波斯

第70章

萨珊王朝的衰落

（579—632）

以上是波斯古代历史，现在我们来讲述波斯近代历史[①]。萨珊王朝的荣耀，如前所述，到库思老一世（于579年去世）时达到了顶峰。库思老一世的儿子霍尔木兹四世是一位软弱而邪恶的君主，他的统治给国家带来了灾难，激起了全社会的不满，全仰赖大将巴赫拉姆·楚宾才把人们的不满镇压下去。为他立功的巴赫拉姆·楚宾没有得到应有的奖赏，反而受到了责难，这位将军因此杀死这位昏暴的君主，并有志于夺取最高统治权。然而，他无力抵抗东罗马皇帝莫里斯一世的大军。莫里斯一世扶持被杀国王之子继位，就是库

① 波斯全境被划为11个行省，每个行省都有一名总督；行省下设区，由区长统治。波斯人中相当一部分人是波斯土著，也有一些库尔德人、布哈拉人、土库曼人、亚美尼亚人等。有些住在王国北部边界的人几乎是保持独立的。——原注

思老二世。莫里斯一世不久也被谋杀。

库思老二世不念莫里斯一世对自己的扶持，坐上王位后立刻带领大军入侵东罗马的领地。叙利亚成了一片废墟，耶路撒冷被攻占，海伦娜大教堂和君士坦丁大教堂被付之一炬。300年供奉的祭品一天之内被洗劫一空。9万名基督徒被杀，真十字架（至少当时这样认为）被带到了波斯。

库思老二世取得胜利后，又挥师埃及，从孟斐斯的金字塔打到了埃塞俄比亚边界，然后继续向西推进，穿过利比亚沙漠，一直打到的黎波里。另一支大军穿过小亚细亚，一直打到色雷斯的博斯普鲁斯。卡尔西顿在被围困很长一段时间后投降。波斯人在一眼望见君士坦丁堡的地方搭建起帐篷，驻扎长达10年之久。如果库思老二世当年拥有一支海军的话，定能一举攻入欧洲。

然而，库思老二世既不是战士，也不是立法者。当他的将军们带着火与剑攻入拜占庭帝国腹地之时，这位君主既不守卫他广阔领土的安全，也不研究如何让其子民过上更好的生活，反而狂欢作乐，极尽奢华。每年的不同季节，他都对皇宫进行富丽堂皇的不同装扮。他的宝座用金子和珠宝装饰，璀璨夺目。

他的后宫里有1.2万名美貌的女子，如果波斯作家的记载可信的话，那1万多名女子个个都珠光宝气，可与天上的月亮媲美。他的马厩里养了5万匹马，其中有1匹阿拉伯良马，快如疾风。1 200头大象也成为皇家坐骑的一部分。除此之外，他还豢养了许多音乐家、歌唱家，所有这些都成了波斯无数史册记载的主题。

库思老二世统治的30年间，波斯的繁荣富强几乎无可匹敌。然而，波斯的强大无比在很大程度上是由于当时福卡斯统治下的东罗马帝国处于一片混乱之中，以及希拉克略皇帝最初统治时的软弱无能。

希拉克略皇帝虽然在皇宫里是个娘娘腔，而且喜好奢侈，然而一旦到了战场却非常英勇善战。他从一种危机感中振奋起来，突袭波斯，将库思老二世从美梦中惊醒。罗马大军大获全胜，西方历史学家也将这些辉煌记载下来，而东方历史学家的记载与其也不冲突。6年的时间里，库思老二世对外征服的所有成果全部丧失。他目睹波斯被胜利的敌人踩在脚下，敌人所到之处攻无不克，战无不胜，而且曾经一度打到了里海和伊斯法罕。在向伊斯法罕进军的途中，罗马军队摧毁了库思老二世所有富丽堂皇的宫殿，劫掠了所有珍藏的珠宝，遣散了供他驱使的奴隶。

波斯国王只能眼睁睁地看着这一切，却无力阻止被毁的命运。希拉克略的军队向他逼近时，他却像一个逃兵一样，抛下了自己的军队。即使处于如此悲惨的境地，他也拒绝接受征服者提出的慷慨的和平条件。然而，库思老二世已尽失民心，民众认为整个国家的灾难都是拜他所赐。贵族们密谋造反，他被自己的长子捉住，丢进大牢，而后很快被这个篡权的王子杀死，王子将自己的杀父理由定为民愤难抑。

库思老二世死后发生的一系列事件没有记载的价值，整个波斯都处于无政府状态。这一时期，高级贵族们无心管理国家事务，个个戴着忠于萨珊家族的面纱，实则彼此争权夺利，满足自己的野心和私欲。此时的君主只是这些权贵手中的傀儡。

伊嗣俟三世——西方作家称为耶兹底格德三世，于634年登上王位。他性格软弱，出身不详，如前几任君主一样，依然是那些把他推上王位之人手中的傀儡。然而，在他统治期间，发生了一些大事件，这些大事件的发生远比倒下一个暴君和朝代更替更为重要。席卷了统治达4个多世纪之久的萨珊家族的浪潮，废止了琐罗亚斯德创立的古代宗教，创立了一个新宗教，给东方国家带来了巨大变化。

第71章

阿拉伯人的入侵

（632—651）

570年[①]，处于伟大的库思老一世统治时期，阿拉伯先知和立法者穆罕默德出生。40岁的时候，他开始传播自己的信条，这些信条在极短的时间内让亚洲的政治制度、道德规范以及宗教信仰发生了巨大的改变。他去世20年后，整个阿拉伯、埃及、叙利亚以及波斯全部接受了他的信条。

伊嗣俟三世统治时期，最值得关注的历史大事件就是波斯帝国被一伙吃蜥蜴的人推翻了。“吃蜥蜴的人”是古代波斯人对阿拉伯人的蔑称。小的动因难以引发这样的巨变。波斯历史学家出于迷信和爱国主义倾向，认为这是一个伟大的奇迹，从而证实伊斯兰教的真理性。有些人从哲学角度对这一大事件进行分析，他们发现，像

① 一说穆罕默德出生于571年。——编者注

波斯这样的君主制国家，王室奢侈的生活造成了国家的衰弱，内部的分裂分散了国家力量，连年的战争使得国家精疲力尽。帝国的老化和虚弱导致国家走向灭亡，无力抵抗热情高涨的阿拉伯劫掠者。被伊斯兰教武装头脑的阿拉伯人对现在和未来拥有双重期待，由此燃起的希望之火，犹如一股势不可当的洪流冲向周边国家。

这个新宗教的消息首次传到波斯，是在库思老二世统治时期。库思老二世在卡拉苏河畔收到一个自称“穆罕默德、麦加赶骆驼人”的人的一封信。“穆罕默德”在信中命令他放弃从他祖先那里沿袭下来的错误信仰，接受只有唯一真神的宗教，而神的使者就是穆罕默德。库思老二世读完信后，感觉受到了极大的侮辱，他大发雷霆，把信撕毁，扔到了流动的河水里。记载这一事件的伊斯兰教历史学家说，库思老二世晚年所遭受的一切苦难都源自他对神的这一大不敬行为。而且，这位历史学家还断言，河中的水当时足以灌溉大片地区，之后却不断消失，几乎干涸。他认为，从那时起，这条河便受到了诅咒，不再是一条能够灌溉的河流。

在哈里发欧麦尔统治期间，阿拉伯人首次入侵波斯。欧麦尔派遣他的一个名叫阿布·俄拜德的将军渡过幼发拉底河攻打波斯。第一次交战非常激烈，这位阿拉伯将军有勇无谋，大败。他在交战中发现波斯人的中心有一头白色的大象，他认为这头大象是波斯人迷信的对象，便不顾一切英勇地冲向大象，用弯刀砍下了大象的鼻子。大象疼痛不已，狂怒地冲向攻击它的人，将阿布·俄拜德踩死了。剩余的阿拉伯人失去统帅，士气受挫，慌忙逃窜。阿拉伯人第二次入侵波斯也以失败告终。然而，波斯人因为被取得的胜利所鼓舞，冒险与阿拉伯人进行第三次大战，结果被打败。波斯人认为他们没有取得胜利，是因为君主无能，于是一个君主接着一个君主被废黜、被谋杀，直到伊嗣俟三世登上王位，给不断衰落的国家带来了暂时的希望。他曾提议与阿拉伯的指挥官谈判，以下是国王与阿拉伯使者之间的对话。

伊嗣俟三世说："在我们心中，你们一直是最低等的民族。阿拉伯人在波斯，要么是商人，要么是乞丐。你们吃绿蜥蜴，喝咸水，穿兽皮。最近，你们大批人跑到波斯来，吃美食，喝甜水，穿漂亮的衣服。你们将这一切告诉了同胞，于是他们成群结队地来享用这一切。然而，你们对获取的这一切还不满足，还想把你们的宗教强加于我们。在我看来，你们就如同我们寓言里的狐狸，走到花园里，发现了成串的葡萄。好心的主人不愿意去杀一只可怜、饥饿的狐狸，而这只狐狸，不满足于吃饱肚子，还要回去把其他的狐狸带到花园来。一再包容的主人这时不得不杀了这些狐狸，保住自己的财产。如果你们因为生活不济而冒犯我们，我还可以接受，我不仅原谅你们，还会让你们的骆驼驮满小麦和大枣。回去后，你们可以好好地安抚你们的同胞。然而，如果你们无视我的慷慨与包容，继续赖在这里不走，那就不要怪我对你们不客气。"

阿拉伯的使者则回答道："关于阿拉伯人以前的情况，你说得没错。他们吃绿蜥蜴，他们活埋自己刚出生不久的女儿。不仅如此，有些人还饮血，吃动物尸体。他们抢劫、谋杀，不知道什么是善良、什么是邪恶，无恶不作。这就是我们的国家。然而，神怜悯我们，让一位神圣的先知给我们送来了一本圣书，教导我们真正的信仰。由此，我们受命向异教徒发动战争。现在，我庄严地要求你们接受我们的宗教。如果你同意，未经你的许可，任何一个阿拉伯人都不得进入波斯，我们的首领也只要求所有信教之人按规定缴税；如果你不接受我们的宗教，那就会被要求按照异教徒的标准进贡；如果两者都不接受的话，那就准备迎战吧。”

第72章

萨珊王朝与祆教的终结

（638—651）

伊嗣俟三世拒绝了这些屈辱的条件，战争再次爆发，衰落的帝国竭尽一切与阿拉伯人作战。638年，双方在卡迪西亚决战，波斯大败，近10万大军战死。著名的“铁匠围裙”经过历代国王的补缀，加长至22英尺，加宽至15英尺，上面缀满了无价的珠宝，现在落入征服者的手中，被撕碎瓜分。阿拉伯人在这场战争中获得的战利品，加上即将从麦达因城获得的珍宝，让他们发了一笔横财。沙漠里衣不蔽体的强盗们夺取这些财富后，富得连他们自己都无法相信。他们见过银子，但没有见过金子，他们甚至都不知道它的价值。这些无知的人带着抢来的财宝，四处说道：“谁给我一点儿白的，换多少黄的都行。”

伊嗣俟三世虽然遭遇惨败，还是想办法召集了另一支军队。阿拉伯人的哈里发继续向波斯增兵，把整支大军交由一个叫努曼的酋长指挥，命他彻底摧毁崇拜火的异教徒。在纳哈万德平原，两支军队僵持了两个月。波斯人决心守住他们的战壕，而阿拉伯统帅因为久攻不下，失去了耐心，变得急躁起来。他召集起军队，向他们喊道："我的朋友们，做好准备，征服敌人或饮下殉难者的甘露。我现在三呼'伟大的神'。第一次呼喊时，你们扎紧腰带；第二次呼喊时，骑到你们的马上；第三次呼喊时，把长矛对准敌人冲过去，奔向胜利或者天堂。至于我，将成为殉道者。"

说完，这位统帅就开始发出开战的吼声。第二次呼喊时，每个人都骑上了马；第三次呼喊时，全军一起呐喊，随后冲了出去，气势不可阻挡。努曼被杀，他履行了战前的誓言。他的军队大获全胜。3万波斯人被他们的长矛刺死，8万被埋进围护营帐的壕沟里。波斯的将军带领4 000人往山上逃命，一方面因为他们的惊恐，另一方面因为阿拉伯人的士气，他们被一支不足千人的阿拉伯军队追击，最终全军覆没。

纳哈万德一役决定了波斯帝国的命运，现在它被置于阿拉伯哈里发统治之下。伊嗣俟三世东躲西藏了几年后，最后逃到了波斯北部边陲小镇木鹿城。当地长官邀请邻国的鞑靼酋长来抓捕这位亡命君主。鞑靼酋长接受了邀请，来到小镇，成为这座城镇的主人。伊嗣俟三世在鞑靼人和当地人的战斗中逃到小镇几英里外的一座磨坊里。他把身上值钱的剑和腰带给了磨坊主，让磨坊主把他藏起来。然而，这个磨坊主贪图这位客人值钱的长袍和其他物件，将这个不幸的国王杀害了，并把他的尸体扔到了磨坊外的小河里。没过几天，小镇长官就受到鞑靼人的暴虐对待，当地人拿起武器，将这些入侵者赶了出去。全城开始搜查伊嗣俟三世，很快发现了他的下落。奸诈的磨坊主在众怒下被处死，国王的尸体被保存了下来，送到了伊斯塔卡尔，与他的祖先埋葬在一起。至此，萨珊王朝结束，波斯民族的信仰——祆教也随之寿终正寝。

第73章

波斯的穆斯林政权

（651—900）

现在，波斯历史开启了一个新时代。伊斯兰军队让波斯社会发生了一场巨变。尽管波斯的宗教被彻底改变，当地人的生活方式也发生了很大的变化，然而，政府的治理方式跟以前比，没有太大变化，至少波斯历史学家的记载中没有体现任何根本性的变化。亚洲作家很少去反思人类生活方式的变化、社会结构的变化以及政府形式的变化。他们完全不懂政治经济学，也从来不去理性地思考民族兴亡的原因。他们只会对统治者的个人特质进行描述。显然，与现代历史学家相比，这些历史学家尽管可能较少出错，但是永远无法达到那些用哲学眼光来看待史实的卓越作家的高度。这些卓越的历史学家通过叙述历史事件，为未来指明方向。讲述专制统治的故事是东方编年史作家永恒的目标，而且一成不变。专制君主的快速更替以及卑躬屈膝的大臣的来来往往把一页页的历史变成了罗列姓名和罪名的目录而已。

伊嗣俟三世逃跑后，阿拉伯人横扫整个波斯帝国，从幼发拉底河到阿姆河，疯狂地破坏一切有用的、宏伟的和神圣的物件。大部分被征服人民为了逃避死亡和压迫，都皈依了征服者的宗教，其余的人则远走他乡。伊斯兰教迅速发展，速度惊人。阿拉伯人的领地从炙热的阿拉伯沙漠一直延伸到寒冷的呼罗珊和巴尔赫，他们也在移居的土地上快速地繁衍生息。他们在完成了大征服之后，向各省派遣总督，实施他们的统治。哈里发们对波斯的统治延续了200多年。波斯这一时期的历史可以在其征服者的历史中找到，即使在那里只占据了极少且微不足道的篇幅。随后发生的事件只是在一些抗命的总督领导下发动的小规模暴动而已，这些抗命的总督在哈里发们的权力衰落后，企图把自己管理的行省建成世袭的王国。

哈里发本人也不再被当作神来崇拜，这时，波斯的权杖随时会从欧麦尔和阿里软弱的继承者手中落下。波斯野心勃勃的酋长们自然不会错过大好的机会，最后，权杖被一个出身底层的名叫叶尔孤白·伊本·莱伊斯·萨法尔的人抓到手里。萨法尔是萨法尔王朝的建立者，他是锡斯坦一名锡匠的儿子。他虽出身底层，却因为英勇、大度和睿智而受到尊敬。年少时，他在父亲的店铺里做工。然而，他的所得都被同伴们挥霍掉了，他的大胆和慷慨让他在同伴中最受欢迎。长大后，因为国家四分五裂，他就变成了强盗，童年就跟随他的玩伴也追随他。随从的数量及掠夺事业的成功，在很短的时间内就给他带来了财富。在这种社会状况下，从一名成功的强盗变成享有名望的酋长，是一件容易而且很自然的事情。他所在省的总督想要篡权夺位，请求他的帮助，他利用总督对他的信任顺势夺取了权力。

哈里发很愉快地与萨法尔结成同盟，派他率军攻打那些反叛的附庸国。然而，这位胆大妄为的冒险家又故技重施，辜负了哈里发的信任，而自己则变成了波斯东部大部分地区的主人。哈里发派自己兄弟率领一支军队前往讨伐，在巴格达附近遭遇萨法尔的军队，将其击败。然而，大败后的萨法尔并不气馁，他很快又召集了一支军队，向首都巴格达进发，准备发动攻击。正在此时，哈里发向萨法尔派遣了一个使团。使团到达时，萨法尔正躺倒在营帐里，他病情严重，极其痛苦。他命人把使团带到自己面前，同时让人把他的剑、硬面包以及干洋葱放在前面。萨法尔对使团说："回去告诉你的主人，如果我还能活下来，这把剑将为我们做个了断。如果我赢了，我便可以做我想做之事；如果我输了，这些粗食足以让我安度余生。"这番话表明了他的决心，这是他被记载下来的最后一件事。他于两天后去世，把几乎整个波斯王国留给了弟弟阿慕尔，时间为879年。所有的东方作家都把萨法尔描写成一个性情随和、善解人意又非常质朴的人。那些追随他的人非常乐于为他效命，他的童年玩伴也都得到重用。

阿慕尔继位后，对哈里发的态度来了个大转变。他给哈里发写了一封言辞恳切的信，表示愿意以这位宗教领袖奴仆的身份掌管波斯。几年来，他的实力日益增长，连年给哈里发进贡。然而，阿慕尔的忠诚并不长久，他与哈里发产生了矛盾，战争不可避免。哈里发知道自己无法制服他，便鼓动中亚河中地区的一名酋长来讨伐阿慕尔。阿慕尔派遣一名大将迎战，结果被打败。阿慕尔不顾谋臣的劝告，决定亲征。他率领一支7万人的大军渡过阿姆河，开始了远征。鞑靼酋长的军队不超过2万人，然而装备更为精良。波斯军队一败涂地，阿慕尔在逃跑途中，因为马摔倒了而成为阶下囚。

这次的失败让他沦于悲惨的境地。其中发生了一个小插曲，让这位跌落王位才几个小时的失败者忍不住大笑。当时他坐在大牢的地上，一个士兵给他送来一罐饭，饭还很烫。就在这时，一只狗把头探到罐子里，因为罐口狭窄，狗无法把头拔出来，就带着整个罐子跑了。阿慕尔忍不住大笑起来，士兵问他为什么笑得这么开心，他回答说："今天早上，我的管家抱怨说，300头骆驼都驮不了我的厨具。现在那只狗不仅搬走了我的厨房，还搬走了我所有的肉。"

阿慕尔的家人也遭受了不幸。他的孙子泰克尔好不容易争到了波斯一个行省的统治权，只统治了6年时间就被手下的一名官员推翻了。这名官员把他抓起来，送到了巴格达。家族中另一个名叫库里发的酋长，在锡斯坦巩固了自己的权力，他的统治一直维持到被伽色尼王朝的马哈茂德打败为止，而他自己也沦为阶下囚。从萨法尔王朝的衰落到马哈茂德的兴起，经历了近一个世纪的时间。在此期间，波斯被萨曼和德莱木两大家族瓜分。发生于这两大家族君主身上的历史微不足道，对读者而言没有太大意义，所以，我们只讲述其中最具影响力的事件。

第74章

萨曼王朝与伽色尼王朝

（900—1008）

伊斯梅尔·萨曼是萨曼王朝的第一位君主，这个家族是巴赫拉姆·楚宾的后代。巴赫拉姆·楚宾是一位战士，曾与库思老二世争夺波斯王位。所有的东方作家对伊斯梅尔·萨曼的性格都有着相同的描述——他勇敢、大度、虔诚、公正。他把阿慕尔捉住，而阿慕尔则提出用珍藏的珠宝赎身，伊斯梅尔·萨曼无情地拒绝了。他说："你全家人都是锡匠，富贵某天降临到你头上，可你却不珍惜，大肆挥霍。这种行为让你一夜大起，也让你一夜大落。如果这些不义之财弄脏了我的双手，我就会落得和你一样的下场。我是不会和你一样的。"

然而，伊斯梅尔·萨曼的美德经历了更大的考验。他夺取赫拉特城后，军队极度缺乏军饷，但是他已经下令，不向赫拉特征收军饷。士兵们吵吵嚷嚷，要求他不要急于免除这座城市的军饷，而是要考虑大家的功劳与需要。伊斯梅尔·萨曼非常坚定，然而，他的军队逐渐骚动不安，甚至出现了煽动叛乱的情绪。他命令军队离开，避免大家因为抵挡不住诱惑而违反他的命令。他把营帐搭在远离赫拉特的地方。就在此地发生了一件事，解决了他的燃眉之急。

一只秃鹫在伊斯梅尔·萨曼的帐篷上飞来飞去，突然看见他的某位妻妾佩戴的红宝石项链，便误以为红色的宝石是肉。它俯下身，把项链叼走了。众人看到这只秃鹫飞走，把珠宝扔在了一口枯井里。他们迅速去搜索，找到了项链。就在这时，他们发现枯井里还有好几箱珠宝，据说是阿慕尔的财富，被阿慕尔的一个仆人从锡斯坦皇宫偷了以后藏在这里。

就这样，伊斯梅尔·萨曼给士兵发了军饷，并且告诉他们：上天从来不会放弃那些能抵挡住诱惑并坚守信仰的人。

德莱木家族的这个名字源于其所在村庄的名字，他们是古波斯国王的后代。这个家族第一个被历史所记载的人是德莱木村的一个渔夫。他的儿子阿里·布韦希是波斯军队的一名将领，打败了巴格达哈里发治下的伊斯法罕总督。获胜后，阿里·布韦希通过大肆劫掠，成为一个拥有巨大声望和权力的领导者。他将哈里发从都城赶了出来，并强迫哈里发签了一份协议，任命他为法尔斯和伊拉克的总督。后来发生的两件事让他的权力得到了进一步提升。

阿里占有了法尔斯总督亚库特在设拉子的宫殿。一天，他正斜靠在长椅上，发现一条蛇从墙缝里探出头，然后又缩了回去。为了把这个危险的动物赶走，他下令把墙推倒。推倒墙以后，他发现了一大笔财宝，这些财宝是亚库特命人装起来藏在石墙里的。还有一次，前总督的一个裁缝来给阿里做衣服，阿里让人拿根棍来，意思是当尺子用。这个心虚的裁缝会错了意，立刻趴在地上，喊道："饶了我吧，别用棍子打死我。我能找到亚库特的所有布料。"阿里感到很吃惊，便让他去找。结果，这个裁缝找到17个大木箱的布料，那是总督逃跑时被他藏起来的。这一发现又引发了更多搜查，结果更多隐藏的财富被搜了出来。阿里有了幸运得来的财富以后，扩大了他的统治范围，力量进一步增强，无人可与之抗衡。最后，他占有了从呼罗珊一直到巴格达周围的大片领土。几代人之后，这片统治区域转入伽色尼王朝的马哈茂德手中。

伽色尼帝国的名字来自伽色尼，那是阿富汗境内的一座城市，距离喀布尔约60英里。伽色尼帝国的历史一般被置于波斯历史当中，尽管帝国的统治范围并不是一直在波斯本土的边界以内。

伽色尼帝国的开创者是阿尔普特勤，他是布哈拉的一名贵族，于约962年宣布不再效忠萨曼国王曼苏尔，带了七八百名追随者撤离到了伽色尼。与波斯人交战获胜后，他建了一个小国家，以伽色尼为都城。

阿尔普特勤死后，儿子苏布克特勤继位。为了追求名望，掠夺战利品，传播穆斯林的信仰，苏布克特勤发动战争，入侵印度。

苏布克特勤第一次出征就打败了印度北部君主贾浦尔，征服了喀布尔，夺取了旁遮普的富饶地区。第二次出征比第一次还要成功。贾浦尔被严重削弱后，屈服了，答应每年向伽色尼王朝的君主进贡。

苏布克特勤年轻气盛的儿子马哈茂德拒绝了这些进贡。他强烈要求父亲不要跟崇拜偶像的人讲和。印度国王听说马哈茂德不能容忍他们，就对他说，这样做会把那些勇夫逼上绝路。贾浦尔说：

“我的追随者，别看他们现在温和、顺从，然而一旦被激怒，就会不顾一切。他们会杀了妻儿，烧了房子，披散头发，与你们决一死战。”苏布克特勤知道贾浦尔不是在说空话，便没有听从他儿子的劝告。不过这种暂时的媾和并不能维持长久，伽色尼大军在几年内就残酷征服了贾浦尔的领地。

不久，苏布克特勤也去世了，马哈茂德于997年继承王位。马哈茂德即位时，已经熟稔战争和统治的艺术。在统治期间，他热衷于传播宗教和追求荣耀，并到了如痴如狂的程度。用一位穆斯林作家的话说，他追求权力的气势，既让世界钦佩，也让世界恐惧。

马哈茂德与哈里发维持着友好的关系，并成功与鞑靼统治者联姻，随后，他开始向占据他统治区域绝大多数人口的印度偶像崇拜者发动宗教战争。在开始的两场战役中，他大获全胜。贾浦尔无法保卫他的国家，决定牺牲自己的性命，求神保佑。于是他把国家交给了儿子，自己爬上火葬堆，在熊熊的烈火中将自己烧死，以此谢罪，因为他认为自己王国遭遇的不幸，都是神对他们所犯罪过的惩罚。

阿努德帕尔——贾浦尔的儿子，并不比他的父亲更成功。他把军队驻扎在印度河附近，人数据说超过了30万。马哈茂德对这样庞大的军队心存恐惧，在40天的时间里都躲在堑壕里，守护着营帐，按兵不动。阿努德帕尔最终决定率先发动进攻，堑壕被第一波猛冲过来的士兵摧毁，大量的穆斯林被杀死。胜利在望之际，阿努德帕尔的大象竟然开始逃跑，全速撤退。印度士兵大为震惊，很快陷于一片混乱中，随后放弃了战场。马哈茂德大军乘机追赶，在两天的时间里杀死了2万多印度士兵。马哈茂德在印度行军途中，不断摧毁印度教徒的庙宇和偶像，抢劫被征服者的财富。

回到伽色尼后，马哈茂德举行了盛大的狂欢，并在狂欢中展示了金灿灿的王座。这些王座装饰华丽，用掠夺来的2.6万磅[①]金条和银条、1 480磅纯金和7.4万磅银子打造而成，上面镶嵌了740磅珠宝，令他的国人惊羡不已。

此后，马哈茂德不断对印度发动远征，一路摧毁印度教徒的神庙和偶像，并把它们的碎片运到了伽色尼，铺在清真寺的台阶上，听任穆斯林踩踏。马哈茂德还征服了克什米尔以及周边山区，并逼迫绝大部分人接受了征服者的宗教信仰。

① 1磅≈0.45千克。——编者注

第75章

马哈茂德的征服

（1008—1030）

马哈茂德在获得巨大的成功后，似乎厌倦了征服，沉寂了一段时间。他把掠夺来的部分财富拿出来装点国都，贵族们也都纷纷效仿，伽色尼的公共建筑和私人住宅很快被装点得富丽堂皇。伽色尼成了东方最令人骄傲的城市。马哈茂德建立的大清真寺格外壮观，超越了其他任何一座建筑。漂亮的大理石、超凡的建筑风格，连同装饰它们的富丽堂皇的地毯以及金光灿灿的树枝灯，都非常令人神往。国王走到哪里，都会听到对这座被称为“天国新娘”的建筑物的赞美，他的虚荣心得到了极大的满足。

他把自己取得的胜利用诗歌的形式记录下来，寄给了巴格达的哈里发，同时还带去了各种珍贵的礼物。这首颂诗在哈里发的都城被当众朗诵，征服者的骄傲和偏执被激发，进一步推进了穆斯林的征服。

马哈茂德的贪婪无须刺激。当他听说古吉拉特有座富有的印度神庙索姆纳特寺，而祭司鼓吹他们的偶像湿婆的超凡能力，而且把印度北部地区遭遇的不幸都归咎于当地人对偶像的不虔诚时，马哈茂德便决心要摧毁这座神庙。他立即率军向索姆纳特进发。按照波斯作家的描述，索姆纳特寺是一座神圣的城堡，坐落于一个狭窄的半岛之上，三边临海，便于防御。马哈茂德将要在索姆纳特城周围安营扎寨，城里的印度传令官就来通知他，穆斯林都来到神庙围墙前是湿婆神的旨意，湿婆神非常生气，要将他们全部消灭。马哈茂德对这种威胁报以微笑，第二天早上便下令进攻。

在第一次进攻后，印度人就被赶出城外，他们拥到偶像前，恳求神的援助，但无济于事。他们得不到超自然的帮助，便不顾一切冲向敌人。冲击奏效了，印度人将进攻者赶到了城外。夜幕降临，残酷的厮杀结束了。第二天早上，马哈茂德的进攻重新开始，而且比前一天更加猛烈。穆斯林士兵从各个方向爬上城墙，印度人从墙上将他们打退。据说，印度人眼含泪水，胸中燃烧起愤怒的火焰。他们认为自己被所敬爱的神给抛弃了，于是对生活失去了希望，现在只求报仇雪恨。他们不顾一切地向前冲，并一度取得胜利。马哈茂德受到挫折，便不再冒险进攻。

正在这时，印度人得到了意外的增援，战争再次开始。马哈茂德似乎必败无疑，因为他的军队疲惫不堪，在敌人的进攻面前节节败退。他从马上跳下来，匍匐在地上，祈求神的帮助。之后，他又快速爬上战马，抓住一位最勇敢将军的手，请他与自己一起冲向敌人，要么战死，要么获胜。穆斯林士兵的士气再次被鼓舞，他们重新投入战斗，最终打败了敌人。

索姆纳特城的印度人发现大势已去，就放弃了一直英勇守护的城墙。大量人员带着家人和财产向海上逃去，可是他们仍被追上并被抓了回来。马哈茂德进入神庙，发现了无数的珍宝，他第一个命令却是要求摧毁那个高达15英尺的巨大神像。马哈茂德自己先用狼牙棒击打了一下那尊神像，然后下令将其打碎。他准备把其中的两块碎片运回伽色尼，一块放在大清真寺的门槛处，另一块放在宫殿里，再把两块碎片分别运到麦加和麦地那。

就在这时，一些婆罗门走过来，奉上几百万的钱财，请求不要破坏这尊神像。马哈茂德的一些部下劝他接受赎金，但是他坚持打碎神像。神像被砸开，人们发现里面藏有无数的珍宝，价值远远超过了赎金。

详述马哈茂德的征服和冒险需要一部鸿篇巨制。他大大扩展了自己的统治范围，北至布哈拉，东至孟加拉，南至德干，西至巴格达和格鲁吉亚，与沙普尔二世和库思老一世时期波斯的疆域相差无几。

最后，马哈茂德在他的“吉祥宫”里不甘心地咽下最后一口气。就在咽气之前，他难过地看了一眼他的军队、他的宫殿以及他从无数胜利中积累下来的巨大宝藏。据说，他泪流满面，也许是感叹于他所取得的巨大荣耀，也许是对面前的巨大财富与权力恋恋不舍。

马哈茂德的宫殿非常壮观，堪称建筑史上的高贵典范，为后世的作家提供了最自由的想象空间。他热爱文学，正因如此，我们在菲尔多西的《列王纪》中看到了古代波斯给我们留下的辉煌。

他的文治武功都极为辉煌，但他性格中也有很大的阴暗面，那就是好战以及宗教迫害。在他所征服的每一个国家里，军队所到之处，留下的都是一片荒凉的景象。有一个流行的故事说，马哈茂德的一位大臣假装自己通晓鸟语。一天，马哈茂德和这位大臣走到一片森林里，突然看见一棵树上有几只猫头鹰。马哈茂德想知道这些猫头鹰在谈论些什么，这位大臣假装听了听，然后说道："那只老猫头鹰想把自己的女儿许配给另一只猫头鹰，提出用100个被毁的村子作为女儿的嫁妆，她说：'上帝许给马哈茂德苏丹长寿之身，这样我们永远不缺被毁的村子。'"

第76章

伽色尼王朝的衰落

（1030—1587）

马哈茂德死于1030年。他的后继者们虽有功绩，但只需一笔带过，因为这个王朝的衰落像它的兴起一样迅速。马哈茂德之子马苏德为了守住父亲获得的一切，对印度发动了几次远征。然而，他受到了塞尔柱突厥人的袭扰，最后被推翻。他的弟弟马杜德继位。在马杜德统治期间，伽色尼王朝迅速衰落。随后一个多世纪的历史，充斥着琐碎的战争、叛乱和屠杀，令人生厌，不值得关注。巴赫拉姆统治期间，伽色尼被阿富汗古尔地区的诸侯苏里占领。不久之后，巴赫拉姆在国人的拥戴下，重新夺回了这座城市，俘虏了他的敌人。

巴赫拉姆不知如何利用取得的胜利，这是他的不幸，也是他臣民的不幸。他把自己所遭受的一切屈辱以最残酷的方式对他的俘虏加以报复。巴赫拉姆命人扒光苏里的衣服，在他的身上涂上一层黑色，再把他的脸朝着牛尾巴的方向放到一头瘦瘦的小公牛背上，驮着他在伽色尼大街上游街。苏里在遭受了一个愚蠢懦弱的暴徒对一个勇士所能给予的一切侮辱之后，最后被残忍地处死。死后，他的头被砍下，作为胜利的象征送到了塞尔柱突厥人的国王桑贾尔那里。

苏里的弟弟阿拉丁得到消息后，立即号召山民拿起武器，向伽色尼进军，为他们被杀害的首领报仇雪恨。阿富汗人来势凶猛，不可阻挡。巴赫拉姆被从大象背上甩了下来，仓皇逃到了印度。他的军队被彻底击溃。获胜后的阿拉丁攻进了伽色尼，把整座城市交给他疯狂的士兵肆意践踏7天。城中军民，无论男女老幼，皆被屠戮，无一幸免。城中的建筑，无论是简陋的茅棚，还是奢华的王宫、神庙，全部被夷为平地。即使如此，也无法满足报复者的贪婪之心。大批贵族和神职人员被俘虏，被带到古尔城当众处死。他们的血液被用来搅拌泥浆，修复城墙。巴赫拉姆的残酷还被报应在了子孙的身上。他的孙子库思老二世被阿拉丁俘获并处死。库思老二世是这个盛名和荣誉都要归功于马哈茂德的王朝最后一任国王。

伽色尼王朝被长期屈服于他们的一个家族所推翻。然而，这个家族对宗教信仰的摇摆不定导致了社会的长期动荡。古尔的统治者是拓巴克的后裔，他们以自己的祖先成功地抵抗了法里东的入侵而自豪，却委曲求全地屈服于伽色尼的统治者。他们的国家位于崎岖不平、荒凉贫瘠的山地，便于发动反叛。随着马哈茂德后继者们的不断衰落，他们的势力开始兴起，最后在伽色尼王朝的废墟上建立了自己的地位，不仅夺取了伽色尼的王位，也夺取了印度的王位。1186年，伽色尼帝国走到了尽头，塞尔柱突厥人成为波斯的主人。

塞尔柱的鞑靼或土库曼部落的名字来自塞尔柱克，他是一位声名显赫的酋长，被迫放弃养吉干鞑靼的统治权。他和他的部落赶着牛羊来到了布哈拉的平原上，在此以高寿去世。他的儿子米哈依尔与马哈茂德相识，而且深受其赏识。塞尔柱的势力发展很快。据说，马哈茂德曾问其部落酋长的使臣，如果自己需要援助，他们的部落能给他提供多少军队。使臣说："给您这支箭。"说着把他手中的两支箭递上一支，"就会有5万骑兵来到您的面前。"马哈茂德问："一共就这些？"这个突厥使臣说："再给您另外一支，同样数目的骑兵就会跟过来。"马哈茂德继续说："假如我处于极度危急的困境，需要你们全力援助。"使臣说："这样的话，把我的弓也给您，就会有20万骑兵听从您的号令。"这位骄傲的征服者听后，对塞尔柱突厥的兵力暗暗吃惊，据说，他预测到了他的帝国将被推翻。

1042年，塞尔柱酋长图格里勒·贝格自立为呼罗珊之主，在内沙布尔建立了独立的主权国家。在不到20年的时间里，他征服了波斯全境。后来，他还占领了巴格达，哈里发也成为图格里勒的傀儡，几乎小亚细亚全境、叙利亚、埃及全部被纳入塞尔柱王朝的统治之下。相关的历史我们将在本书的另一部分进行单独的叙述。塞尔柱王朝统治波斯长达一个半世纪，后来帝国四分五裂，诸邦纷争。小王朝林立时代，帝国处于无政府状态，遭到了成吉思汗、旭烈兀和帖木儿率领的蒙古人的入侵。这一部分将在关于蒙古历史的章节中进行详述。

海合都于1291年继承了波斯王位，在位至1295年。他的统治短暂而不光彩，若不是因为实行了一项特殊的货币政策，历史学家根本都懒得为他写上一笔。他挥霍无度，将国库消耗一空，自己债务缠身，连日常开支都难以维持。在这时，他的宰相撒都只罕推行了一种可行而新奇的纸币，这个想法应该是借鉴了中国人的做法。当时，中国人用一种纸币作为交换媒介。根据波斯历史学家的说法，撒都只罕及波斯大臣与元朝皇帝的大臣进行了联络，然后把他们的计划上报给了海合都，而他正被债务压得喘不过气来，他的债务总额超过了1 000万美元。海合都立刻接受了这个计划，只要能让他从尴尬的境地中解脱出来，什么样的政策他都能接受。

波斯立即宣布禁止以金银作为贸易交换的媒介，也禁止以金银作为制造的材料，希望这项措施能够将所有的贵重金属回流到国库而同时又不伤害到个人。为了让纸币流通起来，波斯要求各大城镇设立银行或印花税务局，同时以纸币的形式给金匠、刺绣工和钱币兑换商等提供年度补贴，因为他们可能会因为这一政策的实施而失业。这项计划实施以后，大街小巷很快出现了银行机构，当时被称为钱庄。把钞票称作钱，显然来自中文，由此也可以证明这个计划实际是模仿了中国的做法。从描述中也可以看出，钞票是一张长方形的纸张，同现代银行的票据一样，上面印着简短的汉字①。中间有个圆圈，注明了钞票的面额、发行日期，以及“凡是国王之臣民均需使用，否则将受到处罚”的国王授权。

这样的举措能让最强大的君主毁灭。像波斯这样，政府机构简陋畸形，国内的民众难以约束，经常出现动荡，也有潜在的反叛，

① 元朝取代宋朝后，借鉴了宋朝的做法，在全国发行纸币。统治波斯的伊利汗国作为曾经蒙古大帝国的一部分，在与元朝的交流中，也借鉴了中国的钞法。波斯纸币的款式模仿中国，甚至钞票上还印有汉字“钞”。——编者注

影响更是显而易见。首次尝试实行，整个王国便乱成了一片，各阶层的人都谩骂纸币和提出使用纸币的人。怠惰而犹豫的国王对此感到震惊，尝试了3天后便中止了这项政策。在此期间，撒都只罕被暴徒们撕成了碎片。海合都经历了这次失败的尝试后，再也无法获得公众的信任。过了几个月，诸王公中的拜都汗起而反叛。在一场短暂的战斗后，这位不幸的国王被俘虏，对他不满的贵族联合起来把他处死了。

直到16世纪初，波斯的权杖才又一次回到了波斯本国人的手里。1503年，伊斯玛仪·萨非开创了萨非王朝。他是阿德比尔镇一位穆斯林隐士萨非德教长的后代。伊斯玛仪开始时力量单薄，后来逐渐变得强大，以至于整个波斯都被纳入他的统治之下。土耳其苏丹塞利姆一世从君士坦丁堡向波斯进军，想要粉碎对手日益强大的势力。伊斯玛仪在边界的激战中被打败，但是不久，塞利姆一世去世，这使他能够收复失地，甚至将格鲁吉亚置于自己的统治之下。时至今日，他依然受到波斯人的敬仰，是他让他们的国家获得了独立。

第77章

阿巴斯大帝的统治

（1587—1722）

1587年，阿巴斯继位为沙①，他统治的时代是波斯近代历史上最辉煌的时期。这一时期，英国人首次与波斯交好。安东尼·雪莱爵士和他的弟弟罗伯特爵士带着26人来到阿巴斯的宫廷。他们以军事冒险者的身份得到了阿巴斯的友好接待。他们的军事技能将阿巴斯的军队提升到了一个更高的水平，有效地抑制了土耳其的势力，而在此之前，土耳其一直是波斯无法战胜的强敌。埃里温一战，10万土耳其大军被6万多的波斯大军击败。此战之后，土耳其在里海、阿塞拜疆、格鲁吉亚、库尔德斯坦、巴格达、摩苏尔以及迪亚巴克尔的所有领土都重归波斯王国统治之下。

阿巴斯研究如何提高波斯政府的管理能力，他的努力让臣民获

① 沙为波斯国王的头衔，与皇帝、国王是一类。——编者注

阿巴斯大帝在伊斯法罕的宫殿

益匪浅。波斯王国把其财政收入用于公共设施的建设上，驿站、桥梁、高架水渠、集市、清真寺和大学等在各地建立起来。伊斯法罕和其他城市都被装扮得非常壮观。即使到了今天，如果有外地人来到这些地方，看到某处极其美观牢固的大楼，就会说："这是阿巴斯大帝的杰作。"

与此同时，葡萄牙人越过了好望角，进入了印度洋。在波斯湾入口处的霍尔木兹岛上建了一个商业集散地。这里的富饶引起了阿巴斯的妒忌。阿巴斯于是与同样嫉妒葡萄牙的英国东印度公司联合，进攻霍尔木兹。霍尔木兹岛上的葡萄牙人无法抵抗他们强大的敌人，便撤退了。霍尔木兹被占领后，当地的经济遭受到致命的打击，东方最富有、最繁华的商业中心很快便回归于原始的平凡无奇状态。

但是，总体而言，阿巴斯的对外政策是开明的，他对统治区域里所有的不同信仰给予了包容，虽然他承认自己是虔诚的穆斯林。

无论作为一名父亲还是一位亲人，他都不算是一个和蔼之人。他有4个儿子，他们小的时候，他一直宠爱他们。然而，他们成年后，却成了他嫉妒的目标，因为对于一个拥有绝对权力的国王来说，他最大的敌人就是他的家人。他的大儿子萨非·米尔扎勇敢、活泼，却成了被他猜忌的第一个受害者。一天，米尔扎刚从浴缸里出来，就被不近人情的父亲派人刺死了。不久，他为此深深自责，于是把说他儿子坏话的贵族都给处死了。然而，悔恨并没有给阿巴斯的阴暗心灵带来任何改变。米尔扎被谋杀前，阿巴斯的另一个儿子就死了，其他儿子的眼睛都被他们无人性的父亲给弄瞎了。这两个瞎眼的儿子中年长的那个有两个孩子，其中一个是可爱的女儿，叫法蒂玛，是祖父的掌上明珠。

这两个孩子的父亲由于失去双眼和其他不幸的打击而陷入绝望。一天，在女儿抚摸他的时候，他抓住女儿，狂暴地杀死了她。之后，他又摸索寻找襁褓中的儿子，孩子的母亲吓得尖叫，抱着孩子逃到了阿巴斯那里。失去了最爱的孙女的国王，变得异常愤怒，他的愤怒正是他这位瞎眼的儿子所乐于见到的。最后，这位可怜、扭曲的王子吞下了毒药，结束了这场可怕的悲剧。

这种可怕的场景在东方暴君的皇宫里经常上演。然而，阿巴斯是波斯人非常崇拜的君主。独断专行的权力是如此的岌岌可危，以至于只有具有类似特征的君主才能成功地统治这个国家。波斯的盛世随着阿巴斯大帝于1629年去世而终止。

这种作恶罪行似乎是东方暴君绝对权力的必然结果，因此，让我们憎恶的不仅是暴君，更多的是这种政府。历史上，几乎没有像阿巴斯大帝这样的君主为他们的国家谋取福利。他在整个波斯国内建立了一个几百年来都不为人知的稳固统治。他结束了乌兹别克鞑靼人连年对他们的蹂躏，将他们逐出并把他们限制在他们自己的领土内。他继位时，土耳其人控制了波斯那些最富有的省份，最终他将土耳其人彻底从波斯的国土上驱逐出去。他按照宗教法律维护正义，除了支持法律或惩罚那些自认为可凌驾于法律之上的人，很少干预国家事务。总之，他给波斯带来了几个世纪以来从未有过的繁荣盛世。

侯赛因于17世纪末即位，在他统治期间，长期臣服于波斯的阿富汗部落爆发叛乱。与此同时，乌兹别克鞑靼人袭扰呼罗珊，库尔德部落在多地横行无忌。在这种复杂的情况下，侯赛因完全无法实行有效的治理。而且，令他更加一筹莫展的是，占星家们预测，将有一场地震彻底摧毁伊斯法罕。这个预测引发了一场恐慌。侯赛因带着他的大臣逃离了国都，神职人员接管了国家事务。

在这种状况下，忽然有消息说2.5万阿富汗大军在马赫穆德·霍塔克的率领下入侵波斯。波斯人听到这个消息后，认为这是他们末日降临的预兆，便不做迎敌的准备，听任命运的摆布。入侵大军以迅雷不及掩耳之势到来。他们的人数不到2万，而侯赛因的军队超过了5万。波斯大军在装束上金光、银光闪闪，被精心照料的坐骑毛色发亮，膘肥体壮；而阿富汗人所骑的马匹瘦削矫健，他们的营帐里只有闪闪发光的刀剑和长矛。两支军队在离伊斯法罕9英里的古尔纳巴德相遇。波斯军队大败，仓皇逃窜到伊斯法罕，这座城市又很快被阿富汗人包围了。被围困期间，城内民众所受的苦难难以描述。这种痛苦持续了7个月，伊斯法罕于1722年10月21日投降。

侯赛因被阿富汗人废黜，并被囚禁起来，很快被处死。马赫穆德对自己取得的成功非常惊讶。开始时，他实行了安抚的措施；但当发现波斯的民众从对国家的冷漠中恢复过来时，他开始变得阴郁而多疑，决心要疯狂地消灭所有的被征服者。他先屠杀了侯赛因的3 000名卫兵和300名贵族，接着许多曾经在帝国中供职之人被剥夺了职位。在两周多的时间里，伊斯法罕的大街上血流成河，人们的精神完全崩溃了，因为他们经常会看到一个阿富汗人带着三四个波斯人去执行死刑。

这种恐怖的屠杀很快令马赫穆德精神失常。他把自己关在地牢里两个星期，禁食，又对自己实施最严厉的惩罚，希望上天息怒。这样做不仅没有让他的病情好转，反而更加重了他的精神失常。最终，他的母亲不忍心让他再遭受痛苦，便让人把他扼杀了。他的堂弟阿什拉夫继承了王位。

第78章

纳迪尔沙、阿迦·穆罕默德·汗和法塔赫·阿里

（1736—1847）

波斯的国运很快被挽回。阿什拉夫在他最想不到的地方碰到了反对他的对手。侯赛因的儿子塔赫马斯普夺回了波斯王国名义上的统治权，而且得到了一个名叫纳迪尔酋长的支持。这位酋长最初只是一个普通的苦力，后来地位迅速升迁，成了阿夫沙尔部落的酋长，公开宣布要将所有的阿富汗人从波斯的土地上赶出去。阿什拉夫备战征讨，在3次大战中都被纳迪尔打败，最终所有的阿富汗军队都被驱逐出伊斯法罕。阿富汗军队撤出伊斯法罕后，在波斯波利斯被纳迪尔追上，再次被击败，逃到了设拉子。这时，他们还剩下2万人，然而，他们的首领扔下他们自己逃跑了。这些士兵四处逃窜，只有少量的人逃回了老家。阿什拉夫逃跑途中在锡斯坦又被追上，被一个俾路支人杀死，他的人头连同佩戴的大钻石都被送给了塔赫

马斯普。阿富汗对波斯的入侵正式结束，而这场入侵共夺走了100万波斯人的生命。

纳迪尔沙

纳迪尔的野心并没有由此得到满足，他很快废黜了为之效劳的傀儡君主，于1736年被拥立为沙，名号为纳迪尔沙。他将土耳其人赶出波斯，削弱了呼罗珊、坎大哈、巴尔赫以及阿富汗的势力。接着他入侵了印度，而且由于一次胜利变成了莫卧儿帝国的主人。他抢劫了印度首都德里，所获的战利品价值约为3.5亿美元。波斯似乎恢复了昔日的荣光，国土也延伸到了昔日的边界——阿姆河、印度河、里海、高加索和底格里斯河。

像阿巴斯大帝一样，纳迪尔沙也在其最辉煌的时期因遭受国内灾难而痛苦不堪。野心让他傲慢自大，不可一世；贪婪让他猜忌多疑，残酷无情。他派人将自己儿子礼萨的眼睛挖了出来，因为他怀疑礼萨想要谋害他的性命。礼萨对他说：“你挖掉的不是我的眼睛，而是波斯的眼睛。”预言的真理深深地扎进了纳迪尔沙的内心，从那一刻起，纳迪尔沙成了悔恨和悲观的牺牲品。他再也没有感受到幸福的滋味，但是也不想让他人享受幸福。他的余生不断发生着残酷之事。他制造的谋杀使整个城市的人口不断减少，人民不断逃离家园，前往山洞和沙漠避难。最终，他疯癫到试图杀死自己军队中所有的波斯人。为了保命，他的军官们被迫将其暗杀，时间是1747年。

纳迪尔沙死后，波斯又回到了无政府状态。阿富汗人和乌兹别克人宣布独立。波斯的王位争夺极为频繁。卡里姆汗自1760年到1779年一直掌握着波斯的统治大权，并打败了敌对的奥斯曼人和土库曼人。然而，卡里姆汗死后，波斯再次陷入了无政府状态，出现了不少麻烦。1783年，俄罗斯人趁机夺取了格鲁吉亚。阿迦·穆罕默德·汗最终于1796年获得了权力，成为波斯现在的统治王朝[①]的开创者。

阿迦·穆罕默德·汗将政府所在地从伊斯法罕迁到了德黑兰。随后，他入侵了格鲁吉亚，占领了这个国家的都城第比利斯，并大肆地劫掠和屠杀。他的暴政最终导致他被自己人杀死，他的侄子法塔赫·阿里于1797年继位。他在位时间较长，在位早期因英、法两国在他宫廷里进行的敌对阴谋而闻名。随后，波斯两次卷入与俄罗斯的灾难性战争，第一次战争发生于1804年至1813年，以签订《古利斯坦条约》告终。根据这项条约，波斯损失了里海附近的大多数省份。第二次战争于1826年爆发，持续了两年，结果是埃里温以及直到阿拉克斯河间的大片领土割让给俄罗斯。法塔赫·阿里后来从乌兹别克人手中收回了呼罗珊。

法塔赫·阿里于1834年去世，他的儿子们为了王位展开了激烈的争夺。因为英、俄的干预，王位最终落到了他的孙子穆罕默德·沙的头上。然而，王室内部对王位的争夺依然没有停止，最终引发了一场内战。穆罕默德·沙在英国军队的帮助下，成功地击败了对手，并残忍地将对手杀死。在穆罕默德·沙统治期间，没有值

① 指恺加王朝，统治时间为1779年至1921年。——译者注

得记载的历史事件。穆罕默德·沙于1848年9月去世，王位顺利交接给他18岁的儿子纳赛尔丁·沙。

尽管自从阿迦·穆罕默德·汗统治以来，波斯国内一直保持着平静，没有受到太大的外部冲击，然而，王国的政治状况令人尴尬。英、俄两国一直对这个国家抱有企图，双方相互妒忌，彼此争夺。沙的宫殿一直是两个大国上演各种阴谋的舞台。因为谁都无法击败另一方，波斯王国最终似乎无法避免要么成为其中一个大国的附庸，要么被两个无耻的对手瓜分的命运。一言以蔽之，波斯的国力日渐衰退，再加上处于被两大帝国争夺的特殊地位，这个古代强国似乎再也无法拥有曾经在亚洲国家中所拥有的重要地位了。

第79章

波斯的军事力量、居民及政府

前面几章里一直吸引着读者注意力的重大历史事件、那些令人震撼的华丽建筑，还有让人迷惑不解的无数人物形象，以及用之不竭的财富、无限的权力，这一切都会让人自然地得出这样一个结论，那就是波斯帝国人口众多，土地肥沃，物产丰富，繁荣昌盛。然而，事实远非如此。那些令人眼花缭乱的历史篇章，大流士一世及薛西斯一世的光辉往事，波斯大王的盛况和辉煌，都会给人留下印象；而这种印象还会通过思考亚洲历史所特有的强大征服规模而得到加强。这些印象给世界上这片地区所发生的事件带来了幻觉般的光。

我们估量波斯帝国的国力时，一定要考虑到在那些非常成功君主的背后，他们的财富绝非仅来自波斯。这些财富还来自土耳其的亚洲部分、埃及、巴克特里亚、喀布尔、鞑靼，以及与印度和中国的贸易。

两个世纪之前，夏尔丹[1]曾在波斯生活了很长时间。据他估计，波斯王国有人口4 000万人。如今，估计不超过1 200万人。军事力量跟其他东方君主制国家一样，人数和质量永远处于变化之中，如同性情多变的君主一样。阿巴斯大帝即位之前，军队不是由国王直接支付军饷，但各省都要提供固定数量的骑兵。国家有登记在册的民兵组织，人数及训练都不稳定。民兵来自各个教派，各个省或村的民兵组织为他们提供武器和服装，并维持日常的开支，只有在服役时，才由国库发放很少的报酬。他们从不自诩纪律严明，而只服从自己的军官。事实上，他们更像是警察，而不是正规军。包括以打仗为职业的几个阶级在内，每个人都佩带某种武器，一旦有好战的君主，所有的男性都能听命参战。

波斯人的身体素质颇佳，无论在力量还是在美观上，但特点并不明显。这个国家有许多外来的民族，本土民族所占比例很小。因为气候的原因，人们的肤色颇不相同。有的人皮肤呈橄榄色，有的人皮肤呈深褐色。乡村部落的人瞧不起镇上的人，把他们叫作“谢赫雷人”，含有“杂种”的意思。这些人由突厥人、鞑靼人、阿拉伯人、亚美尼亚人和格鲁吉亚人等混杂在一起，构成了古波斯人的一部分。

商人数量很多，而且都很富有，但他们都小心翼翼，不显露财富。在东方，商人一般都享受特殊待遇，他们受到保护。一是因为他们是税收的来源；二是因为他们可以作为与外国保持有用联系的媒介。

① 夏尔丹（1699—1779），法国18世纪市民艺术的代表画家。——译者注

波斯政府可能是世界上拥有最绝对权力的政府。君主对其臣民的人身和财产都拥有神圣的权利。凡是东方语言修饰语中的夸张用语，都会被大臣们无所顾忌地用来称呼君主，而在君主面前，他们又用极其卑微的用语来称呼自己。在波斯，平民中一般不会出现骚乱现象，而且人民似乎永远不会怀疑，他们的意愿会对政府的规定产生任何影响。在波斯，君主说的话就是法律，而且君主掌控一切，权力不受任何限制，唯一担心的是引起叛乱或暗杀。因此，弱者遭受最多的痛苦，强者才能保护自己。

虽然没有法律对王权进行限制，然而，实际行为中还是有一些粗疏的制约。一些高地地区的汗，依靠血缘关系和氏族制度对部落进行统治，拥有世袭的统治权，君主就很少试图去驳回他们的裁定。这些汗只进贡，战争中按照配额提供军队，被允许自行统治所在的地区，不受王权的干涉。这些汗构成帝国的军事力量，君主一般尽量不去冒犯他们。他们还由于个人的偏好、反复无常和野心膨胀等原因，往往倾向于支持不同王位继承者的事业，他们有强大的影响力，使这些有争议的继承权的罪恶持续下去。

君主在自己家庭中的地位也是至高无上的。尽管按照世俗的法则，君主应该将其合法妻子所生的儿子立为王位继承人，然而，如果他愿意，他也可以指定一个奴隶的后代继承王位。他也可能在自己死后，通过砍掉所有后代的头或挖出他们的眼睛来保护国家免于动荡。这些做法在以前都司空见惯。波斯人对沙随意砍头的权力没什么异议。一天，法塔赫·阿里在与英国使臣探讨英国国王和波斯沙的区别时，说道：“那儿站着的是苏里曼·汗·卡贾尔和几个帝国的酋长，只要我愿意，就能砍他们的头，不是吗？”使臣谦恭地说道：“当然，万人景仰的陛下，只要您愿意。”沙继续说道：“这是真正的权力，然而它并非永久不变的。我死后，我的儿子们将为夺取王位而战，而王位将会落入最优秀的战士手中。”

由于王位坐得不是那么稳当，这导致君主采取各种奇怪和野蛮的方法粉碎对手夺权的企图。如果怀疑谁有这样的野心，君主就会毁坏他的肢体或者挖出他的眼睛。沙的女儿都会嫁给教职人员，而不是嫁给贵族，以此将他们排除于皇权以外。

波斯君主的权力似乎不受限制，然而，他们在位期间，个别君主也会面对太多国家事务的压力。君主不仅要警惕外国的入侵和国内的阴谋，还要坐在法庭上执行法律。他每天都要坐在法庭上，接受申诉，判决前来要求裁判之人的事。宗教事务也迫使他早起，他的时间都被各种事务占满了。

波斯君主把波斯看作是战利品而不是祖国。他的统治目标有二：一是瓦解贵族的权力，二是积累财富。所有重要行省都尽可能地安排王室成员掌管。所有王子的目标就是获取财富，以备父亲死后夺权时使用。父母的目标就是利用公共资金维持子女的花销，而且让子女成为财富的拥有者。沙规定每个省份必须上缴一定数量的赋税，这一条被严加执行。各省总督一般都迫使征税人员加税，而这些人同各地区的税收官一样态度强硬，各地税收官对比其级别低的各级官吏要求苛刻。每级官吏所收的税都比规定的要多很多，以便将剩余的部分揣进自己的腰包。这对农民造成极大的压迫，让他们苦不堪言。君主很少对各省的治理情况进行巡查，除非税收开始下降，或者苦难引发民众的不满。君主还尽量避免把钱花在公共设施的改进上，如果一定要用的话，就由所涉及的地区或镇来承担。

即便是皇宫和皇家花园也经常出现破败现象，因为缺乏足够的资金用于维护这些设施。

国家的大臣一般从米尔扎（秘书）阶层中选拔。他们的职责往往要求他们接受良好的教育。他们大多不像贵族那样骄傲自大，一般都具有很高的修养；他们也同样诡计多端，而且道德水准也不高。在波斯，没有比各阶层人士缺乏羞耻感更能说明暴政所带来的堕落性影响的，甚至朝臣也表现出了相当明显的麻木不仁。

一个大臣或总督只要是冒犯了沙，就会被控告，无论公正与否。他会被判刑，家产被没收，家人和妻子被侮辱，他本人还要在刽子手的屠刀下受尽屈辱与折磨。我们无法想象，还有什么比这种堕落更彻底，还有什么能比受害者对仇恨和复仇的渴望更致命。这些反常现象在波斯宫廷中司空见惯，如同宫廷财富的光芒暂时被乌云遮住，但是乌云很快会消散，阳光会再次普照大地。我们的经验证明这种说法很正确，因为暴风雨通常来得快，去得也快。统治者们反复无常，那些蒙冤之人会再次受宠，在政府中官复原职，他为他的继任者带去了一个耻辱的判决，因为正是他的阴谋使自己倒台。如果某位官员失宠，或者沙想向他勒索钱财，他就会被拿来售卖，价格定在他所要求的数额上。这样，那位秘密谋害失宠官员的廷臣就会买下自己的对手，让他立即变为奴隶。

在这个国家的历史上，无数次的权力争夺都是由王子和他们的追随者发起的。在这种情况下，人民被视为旁观者，随时准备被移交给另一个主人，这取决于战争的胜败。

第80章

近代波斯的城市

伊斯法罕曾经是波斯的首都，尽管宫廷最近迁到了德黑兰。从最早的时期开始，伊斯法罕就是一座大城市，有些作者认为它就是古代史上的埃克巴坦那[①]。伊斯法罕位于波斯帝国的中心，周边环绕着美丽、肥沃的平原，它是亚洲内陆贸易集散地，其繁华的程度在亚洲西部一度无与伦比。一贯虚荣的波斯人认为，世上没有任何一座城市比伊斯法罕更大，没有任何一座城市能超越伊斯法罕的壮观。他们有句谚语："伊斯法罕就是半个世界。"整个城区的周长为30英里，到处都是美丽的花园和果园，各种花草、水果应有尽有。

都城周边有1 500个村庄，那里的村民非常富有，他们负责都城的日常供应。伊斯法罕除周边的果园外，围墙内还种植着一排排高大挺拔的法国梧桐，远处的建筑几乎被它们遮挡得看不到了。在夏

① 一般认为，哈马丹是古埃克巴坦那的所在地。——原注

尔丹生活的年代，城中的人口估计跟伦敦的人口相当。自1722年被阿富汗人占领并劫掠之后，伊斯法罕迅速衰落。宫廷迁移后，也没有对伊斯法罕进行重建。如果骑马从城中的一些地方经过，几英里内都看不到居民，曾经辉煌荣耀的建筑现在是一堆瓦砾。然而，伊斯法罕依然是一座大城市，贸易发达，还有一些繁荣的制造行业，尤其是金丝织锦业。城市人口约为15万人。

德黑兰位于波斯北部，因为靠近俄罗斯边界，被选中作为沙宫廷的所在地，近来成了宫廷争斗的舞台。除了作为首都，这座城市没有其他值得提及之处。沙的皇宫是唯一的重要建筑。私人住房普通而舒适。人口随着宫廷的迁移而发生变化。君主住在这里时，人口能达到10万人；君主不在时，人口便缩减到3万人。

设拉子虽不算一座大城市也不是古城，但城市周边美景如画，居民祥和文明，一直是令波斯骄傲的城市。这里一直以来还是波斯艺术灵感的来源，附近至今还可以看到波斯伟大的爱国诗人哈菲兹和萨迪之墓。设拉子出产的葡萄酒极为有名，是东方最为珍贵的葡萄酒。设拉子也是一个庞大的贸易中心。城市周长约5英里，然而，有1/4的房屋受损。人口约为3万人。

马什哈德为呼罗珊的首府，在古城托阿斯衰败后崛起，古城的遗迹离此不远。纳迪尔沙耗费巨资，修建了伊玛目·礼萨圣陵。伊玛目·礼萨是位穆斯林圣人，这座城市至今还可以看到他的陵墓。陵墓非常壮观，被上下两排拱形壁龛所围绕，建筑用的砖瓦都被漆刷得富丽堂皇。每端各有一条通道，装饰得同样圣洁豪华，被认为是世上陵墓中最完美的样本。基督徒和犹太人在遭受死亡痛苦之时，禁止进入陵墓圈内。

第81章

近代波斯人的社会生活

上层的波斯妇女通常面容姣好，皮肤白皙，体形丰满。格鲁吉亚人、切尔克斯人和亚美尼亚人之间的通婚改善了鞑靼乡村部族的面貌以及波斯土著粗壮的体形和蜡黄的肤色。女性能从事的职业很少，也没什么值得关注的地方。有身份的女性喜欢聚在一起说闲话和谈论家长里短，喜欢炫耀着装和珠宝，喜欢听女歌手唱歌、跳舞。洗浴是她们最喜爱的放松方式，洗浴时她们可以彼此交流，完全沉浸于开心之事和丑闻之中。她们对教育子女知道得并不多。闺房如同监狱，其中的秘密很少外传。然而，在中下阶层中，男人嫉妒性的专横消失了，农民的妻子和女儿像欧洲同一阶层的人一样追求自己的职业。

同其他伊斯兰国家一样，波斯男人可以拥有4位合法妻子。然而，与不固定女性有染的数目则取决于他们的手段和欲望。在规定的血缘关系之外的女性被合法带到闺房的方式有三种——婚姻、买卖和雇佣。

在婚姻方面，男女双方通常在幼儿期间就订婚，然而他们只有站在神职人员面前时才能见面。婚礼现场必须有两个男人或一个男人与两个女人见证。婚礼场面盛大，且耗费巨大。婚宴持续3~40天，根据双方的情形而定。新娘被带到指定的接亲房间时，她的丈夫会出现，丈夫在镜子里首次看到新娘的脸。此时，他会拿出一块冰糖，一咬两半，自己吃一半，另一半给新娘吃下。然后，他脱下新娘的长筒袜，一只搭在自己左肩上，另一只放在右脚下，之后所有的旁观者退出。根据穆斯林的教法，男人可以随心所欲提出跟妻子离婚，对这种武断权利的唯一限制是对丑闻的顾虑，以及必须退还妻子的嫁妆。

在波斯，农业并不太跟科学联系起来。但在土壤肥沃、适合耕种的地区，农民的收入颇丰。农民的住房干净舒服，在那里你总会发现奶酪和用上等小麦制作的糕点。他们及其妻子、子女穿戴很好，如果有客人来访，他们几乎都会铺上毛毡地毯迎接客人。事实上，他们的收入水平很高，种植者回报丰厚，食物也比较便宜。

除了定居的农民，还有四处游牧的部落，他们居无定所，凶猛、粗野，爱争吵、好抢劫，鄙视田野上和城市里日复一日的劳作。这些人随处流浪，有时流浪到荒凉贫瘠的沙漠，犹如在自己地盘上的野驴。他们懒散，挥霍无度，却又热情大度；他们极度贫穷，饮食非常节俭；他们住在帐篷里，成长过程中除了习武、盗窃，对其他的一无所知。

波斯豢养的家畜中最常见的有马、骆驼、驴、骡子、牛和羊。世界上没有一个国家能够比波斯更配得上“骑手之国”的称号，也没有一个国家的人像波斯人一样，懂得如何精心照料马匹，即使依靠科学且耗资巨大养马的英国也不例外。波斯的马有不同种类，最有名的是土库曼部落饲养的马种，这种马带有阿拉伯马的血统。波斯的驴同其他国家的驴一样，通常用于苦力。骡子品种优良，虽然体形不大，但力量和耐力超群。骆驼也有不同种类，非常适应这个国家独特的自然条件。

波斯似乎从未大力鼓励制造业的发展。波斯地毯是其他国家所知道的唯一的波斯产品。波斯有些地方生产粗糙的陶器和玻璃。赫拉特①、马什哈德和设拉子生产的剑非常有名。卡尚以出产彩瓦而著名。设拉子和伊斯法罕生产墨水台和小型箱子，上面饰以精致图画。波斯的石刻和印章篆刻水平很高，许多地方生产金银丝织锦和丝绸，工艺精湛，非常漂亮。

波斯有许多不利于商业发展的自然因素。他们的路况糟糕，没有适合通航的河流，也没有几座海港。货物全靠骆驼、骡子和马驮，由此大大提高了商品价格。出口的产品主要有丝绸、棉花、大米、谷物、水果、硫黄、马匹、石蜡、五倍子等。波斯主要与俄罗斯、土耳其、阿拉伯、乌兹别克和土库曼进行商业往来。主要从英国进口细平布、印花平布以及机器。流通的硬币包括西班牙银元、法国和德国的克朗以及波斯金币②。账目以一种虚拟货币第纳尔为结算单位，一个第纳尔的价值低于1美分。通用的重量单位是莫恩德，不足7磅。

① 现在的阿富汗赫拉特省省会。——译者注

② 价值相当于1英镑。——原注

波斯建筑总体上单调，缺乏景致。普通住房大多用泥土建成，平顶，跟地基下面土的颜色没有什么差别。房屋不仅仅用于居住，从房屋的高低和不平整的程度还能够看出地位的不平等。上等阶层的房屋一般不超过一层，高耸的围墙给人一种空旷而阴森的感觉。在波斯城镇中，除了清真寺、大学和驿站，一般没有其他公共建筑。这些建筑质量低下，同其他建筑一样，埋没在古代建筑的废墟之中。建筑一般都是平顶，很少是圆顶；围墙很长，由泥土搭建，处处都留下破败的痕迹。很少见到大型的宣礼塔和圆顶塔，而且几乎没有几个称得上雅致、美观的建筑。唯一能调和单调的是花园，波斯的城镇和乡村附近到处都有花园，里面种着法国梧桐、柏树和果树。

来到这些地方，尤其是曾经作为帝国国都的地方，旅行者总会四处寻找人类交流的痕迹，倾听人类发出的声响，这些声响总能使旅行者心灵振奋、精神振奋，但他看不到想看的东西，也听不到想听的东西。他看不到整齐的大路，看不到道路两旁的矮树篱、栅栏和漂亮的住房，也看不到这些大路前方的街道，更看不到街道两旁拔地而起的高楼大厦。相反，他看到的是狭窄肮脏的小路，崎岖不平，如同走在翻滚的波浪上，小路两边是破败的泥砖墙。他看到的是破破烂烂的老旧建筑，地上还有一些大坑，是为新建筑打下的地基。进入那些破败的墙内，旅行者会发现到处都是垃圾，看不出墙的形状。他想寻找街道，也是一无所获，在一堆堆泥土和瓦砾中也几乎辨别不出有房屋的影子。所到之处，都是一些坑洞，如同大的蚂蚁洞，而非人类的居所。那些富人和大人物的住处，无论里面如何舒适、奢侈，都被高高的土墙围在里面；而在围墙外，甚至就在入口处，就是穷人的聚集地。

在这一堆堆颇不雅观的垃圾中，陌生人穿行其中。这里的小巷和过道非常狭窄，驴驮着重物都很难走过。集市是唯一配得上街道之名的大道。有些集市宽敞、高大、坚固，而且相比较而言，可以说是雄伟壮观。一条砖铺的小路有10~16英尺宽，从两排小店铺中间穿过。在这些小店铺中，小贩们坐在一个台子上，旁边摆着他们的商品，其余的商品存放在店铺屋顶的储物间里。店铺的拱门用砖石或黏土砌成。有的店铺非常简陋，搭起树枝和茅草遮挡阳光。铁匠、黄铜匠、鞋匠、马鞍匠、陶匠、裁缝、布贩等商贩，往往集中在一起。在较大的城镇里，集市里还经营驿站，为来往的商人提供住宿。

第82章

近代波斯的文化

波斯人信仰伊斯兰教，属于谢赫派[①]。他们和土耳其人之间存在着强烈的宗教仇恨。这两个民族对彼此怀有强烈仇恨，并深信对方万劫不复。除此之外，波斯人很少表现出偏执和迫害倾向。欧洲人在波斯并不被视为恐怖和责难的对象，甚至在波斯还有大约4 000名拜火教徒。

现代的波斯艺术家们对绘画和透视的主要原则一窍不通，对地理学也了解得很少。在天文学方面，波斯人采纳托勒密天文体系，再加上他们自己想象的成分。他们最喜欢研究占星术，波斯人即使做一件微不足道的小事——至少在当时不算什么大事，都要占卜一下。他们在玄学和逻辑方面还很幼稚。数学教育要好一些，因为波斯人了解欧几里得的著作。他们对化学一窍不通，然而炼金术让许

① 谢赫派是伊斯兰教什叶派十二伊玛目支派的非主流教法学派。——编者注

多人渴盼找到点金石。波斯人对医学的了解少得可怜，他们宣称是盖伦和希波克拉底的学生，然而，他们完全不懂解剖学，不懂血液循环的原理，因此他们的外科手术水平同医学水平一样糟糕。尽管他们羡慕欧洲人的技术，然而实践中还是固守成规。

在亚洲，除了中国人，就数波斯人的文学成就最为辉煌了，至少在现代是这样。波斯的现代文学作品限于神学。在我们前面提到的诸多领域，以及历史、诗歌和传奇剧方面，他们发表了许多粗制滥造的论文。而且，他们在这些领域的研究几个世纪里都没有什么提升。后期的诗人和历史学家都达不到伽色尼王朝统治时期的诗人和历史学家的高度，也达不到塞尔柱王朝的水平。波斯的历史学家不可胜数，他们的作品有时受到虚夸之风的影响，然而，总体来说，他们一般根据自己的所知对事件进行精确记载，不受政治偏见的影响，君主和赞助者例外。

波斯人对诗歌的热情最高。在这一文学领域，他们表现出了东方特有的文雅与华美。波斯的诗歌即使被翻译成欧洲语言，仍深受欧洲人的仰慕。波斯诗人不胜枚举。威廉·琼斯爵士曾提到过一部波斯著作，其中讲述了135位波斯最优秀的诗人，他们留下了厚厚的诗集。除此还有大量的诗人，难以详细记载。波斯人无论身份高低，都对诗歌有着浓厚的兴趣与较高的鉴赏力。不仅是受过良好教育的人能背诵整首整首的诗歌，就连赶骡子的人和马夫都能在突然间吟诵出菲尔多西的诗句或哈菲兹的颂诗。

波斯的诗歌分为史诗、说理诗和抒情诗。菲尔多西站在波斯史诗诗人的最高处，他被称为“波斯的荷马”。他所著的《列王纪》收集了一系列叙事诗，描写了波斯从最远古时期一直到阿拉伯征服间长达3 700年的历史。整部著作包括6万联双韵体诗行，比《伊利亚特》还要长。在这部巨著中，即使最挑剔的欧洲人都能找到大量满足其品位的诗篇。叙事诗一般清晰明了，人物特点多样突出，人物描写栩栩如生，用词磅礴而高雅——精雕细琢而又激情澎湃。除了菲尔多西，另一位诗人尼扎米也具有相同的创作风格。他创作了亚历山大大帝的故事，作品彰显了其伟大的创作天赋和丰富的想象力。

在说理诗人中，萨迪成就最高。

好客是亚洲国家的普遍美德，这条原则甚至被写进了穆斯林的宗教经典之中。在波斯，无论是农民和粗野的部落民，还是城市居民，外人都可以感受到他们的热情。波斯人的性格欢快随和。他们到私人家里拜访，如同欧洲人一样不拘礼节。在大型聚会和公共场所中，他们更注重已建立的行为规范，但不会像土耳其人聚会时那样沉默寡言和了无生气。朋友聚会时，吸烟是常有的事，放下烟袋后便喝咖啡。咖啡通常很浓，不放牛奶和糖，装在小巧的陶瓷杯里。接下来再喝一杯甜果露或甜茶。

在波斯，饮食因个人的经济状况而异。下层阶级饮食简单，一般以蔬菜为主。富人的餐桌上一般摆放着炖肉、甜食和其他精致菜品。波斯人的烹饪技术精湛，他们安排一顿正餐时，一般会兼顾各种口味。波斯同其他东方国家一样，用手抓饭吃，肉类一般切得大小适中，一口一块，或者炖得很烂，容易撕碎。虽然他们的宗教经典禁止饮酒，但设拉子的葡萄酒仍然享有盛誉，而且波斯人对该酒的品质也非常具有鉴赏力。

波斯贵族最喜欢的娱乐方式就是在家静养，妻子陪伴左右。其次是骑马、摆弄兵器、装备马车、穿衣打扮等。波斯人喜欢把家装饰得富丽堂皇，地上铺着红地毯，屋里飘散着来自花园的阵阵花香，一束束喷泉让空气清新怡人。他们还有其他一些娱乐方式，如挂彩灯，放烟花，摔跤，欣赏杂耍、小丑表演、木偶戏、音乐和舞蹈等。在众多娱乐中，沐浴最受欢迎，花几个铜板就可以让那些最贫穷的人得到这种最健康的享受——对那些穿戴亚麻布而不太讲究的人尤其必要。

在波斯，男人的着装因地位和品位的不同而差别很大。他们的服装一般包括松垂长袍和宽松裤子。女人的服装也很简单，一般包括裤子和长外衣，外搭披肩、斗篷或皮草，根据天气情况而定。头上缠着超大丝巾，形状特别，跟穆斯林的头巾很相似。女人出门时，会用一块蓝布从头到脚包裹起来。即使丈夫在外面碰到自己的妻子，都认不出来。不过，这个习俗限于城市。在乡间，性别间的限制较小。

第83章

近代波斯的名人

菲尔多西是波斯最伟大的史诗诗人，出生于940年。他一生中大部分时间在出生地呼罗珊的一个村子里度过。50岁时，因伽色尼王朝的国王马哈茂德的赏识，他来到了伽色尼。马哈茂德在宫廷里接待了他，并让他用诗歌书写波斯历代国王的历史，答应他每写一联双韵体诗行，便支付一块黄金。菲尔多西用了30年时间来完成这一重任，创作了著名的《列王纪》。

这部作品一共有6万联双韵体诗行。然而，由于某些朝臣的阴谋，他的报酬被剥夺。这些朝臣向马哈茂德进言，说菲尔多西通过赞扬琐罗亚斯德而侮辱了穆罕默德的信条。马哈茂德听信了他们的谗言，只支付了少得可怜的报酬，诗人气愤之下，拒绝接受。马哈茂德感觉受到了侮辱，便判处他被大象踩死之罪。菲尔多西几经争取，获得减刑。此后，他居无定所，从一个地方流浪到另一个地方，而且不断受到马哈茂德的迫害，最终在他89岁时死于他出生的村庄。

据说，马哈茂德为自己的不义感到悔恨。他将诗人本该得到的报酬共计6万块黄金支付给诗人的女儿，但诗人的女儿拒绝了。

马苏姆·阿里·沙是一位出色的宗教、哲学布道者。他在12世纪时宣讲苏菲派教义。他在设拉子的追随者很快达到了3万人。这让正统的伊斯兰教神职人员大为震惊。他们说服苏丹将他逐出了设拉子。尽管如此，他的信徒还在快速增长。神职人员就对他们进行了残酷的迫害，大批有名的苏菲派教徒被割去了鼻子和耳朵。马苏姆本人被迫逃亡。他逃到了呼罗珊，又从呼罗珊逃到了阿富汗。由于无处寻求庇护，他被迫回到了波斯，在一次由大教长克尔曼·沙煽动的大骚乱中被人谋害。

哈菲兹是波斯著名抒情诗人，约于14世纪初出生于设拉子。他受过良好教育，花费大量精力研读神学和法学作品。后来他开始写诗，出名后曾被邀请到宫廷。他的大半生似乎都在他的出生地度过。为他作传的波斯作家提及他于1387年与征服设拉子的帖木儿有过一次交谈。他于14世纪末去世。现在设拉子有一座纪念他的雄伟纪念碑。

在我们为现代波斯划分的这段漫长历史中，这个国家经历了几个不同的王朝，拥有一长串君主名单。萨珊王朝结束后，哈里发统治波斯近200年，这段历史并没有引起历史学家多大兴趣。自从被阿拉伯人征服以后，波斯经历了一系列浮浮沉沉，直到13世纪又被蒙古人征服，成了蒙古帝国的一部分。萨非王朝于1501年开始，一直持续到现在的恺加王朝。

在统治波斯1 200多年的众多伊斯兰国王中，我们发现有几位开明的君主。让我们印象深刻的是，这个国家只有短暂的改良，而且即使在一位能干的国王领导下取得了相当大的进步之后，仍然不断有人倾向于回到以前的状态。这个国家似乎经常能够进步到某种程度，但是一旦到了这个临界点，它就一直停滞在那儿。

阿巴斯大帝时代经常被认为是波斯历史上的黄金时代，他是这个国家最受爱戴的君主之一。下文的简短逸事可以反映出他的性格以及波斯民众普遍认可和期待的君主品质。

> 有天早上，天刚破晓，沙去打猎，他遇上了一个奇丑无比的人。他的马一看到这个人，就受惊跃起，差点儿把他掀下马背。阿巴斯同其他乡下人一样，非常迷信，他认为这不是个好兆头，便命令砍下这个人的头。这个可怜的农夫立即被抓了起来，弯刀架在他的脖子上。就在这千钧一发之际，这个可怜的农夫哀求说，他要知道自己犯了什么罪。沙说：“你的罪是你那张不祥之脸，是我今早见到的第一物，而且差点为此送了命。”那人回答道：“唉！按照这个说法，我是否必须说，您这张尊贵的脸也是我今早见到的第一物，而且将要夺了我的命？”他的智慧和临危不惧让沙大为欣赏，沙不仅饶了他的性命，还给了他一份大礼。

从下文可以看出家族在波斯宫廷中的影响力：

> 哈吉·易卜拉欣几年前是伊斯法罕的一位贵族。那里的一个店员有天去拜访易卜拉欣的弟弟——他正担任这一地区的总督，要求减税，因为他缴不起。总督说：“你必须缴税，

否则就离开这座城市。”店员说：“我能去哪里呢？”总督回答道：“去设拉子。”店员说：“您的侄子正统治那座城市，你们全家人都是我的敌人。”“那你就去卡尚。”“可您叔叔是那里的总督。”“那你就去跟沙说。”“但您的哥哥是宰相。”“那你就去地府！”总督大喊道，情绪很激动。店员反驳道：“可是您虔诚的父亲在那里。”易卜拉欣看到此人机智且大胆，大笑起来，说道：“我替你缴税吧，因为我们家人谁都不给你改正的机会，现世没有机会，来世也没有机会。”

近代波斯国王列表

王朝	君主	即位时间（公元年）
萨珊王朝	霍尔木兹四世	579
	巴赫拉姆·楚宾	590
	库思老二世	590
	卡瓦德二世	628
	普兰杜赫特	629
	阿扎尔米杜赫特	633
	伊嗣俟三世	634
哈里发王朝	阿拉伯帝国直接统治了200多年	651
	叶尔孤白·伊本·莱伊斯·萨法尔	867
	阿慕尔	879
	萨曼家族和德莱木家族	900
	阿尔普特勤	962
	苏布克特勤	977

（续表）

王朝	君主	即位时间（公元年）
哈里发王朝	马哈茂德	997
	马苏德	1030
	马杜德	1040
	图格里勒·贝格	1055
蒙古王朝	旭烈兀	1253
	阿八哈汗	1265
	帖古迭儿汗	1282
	阿鲁浑汗	1284
	海合都汗	1291
	拜都汗	1295
	合赞汗	1295
	完者都汗	1304
	不赛因	1316
	伊利汗国的最后一位统一的君主努失儿完不知所终，汗国因此土崩瓦解，然而波斯依然由从伊利汗国分裂出来的5个小国家所统治。	1355
萨非王朝	伊斯玛仪一世	1501
	塔赫马斯普一世	1524
	伊斯玛仪二世	1576
	穆罕默德一世	1577
	阿巴斯大帝	1587
	萨非	1629

（续表）

王朝	君主	即位时间（公元年）
萨非王朝	阿巴斯二世	1642
	苏莱曼一世	1666
	侯赛因	1694
	塔赫马斯普二世	1722
	阿什拉夫	1725
	纳迪尔沙	1736
	阿迪尔沙	1747
	苏莱曼二世	1749
	卡里姆汗	1760
	阿布・法特赫汗	1779
	阿迦・穆罕默德・汗	1794
	法塔赫・阿里	1797
	穆罕默德・沙	1834
	纳赛尔丁・沙	1848

巴勒斯坦

第84章

巴勒斯坦是个什么样的地方？

这个著名的地区在不同历史时期拥有不同的名字。最早的名字叫“迦南”，由含的儿子迦南的名字而来，迦南的后裔定居在这里。

它的另一个名字叫“应许之地”，是上帝许给亚伯拉罕和他后裔的土地；它也叫过“希伯来人的土地”，名字源于亚伯拉罕的祖先希伯之名；也叫过“以色列的土地”，源于以色列之名，也有一说是源于雅各之名；还有一个名字叫“圣地”，因为这里是天选之人的居住地；“犹大”之名源于犹大部落；而“巴勒斯坦”名字的由来，是因为这里居住了一部分古老的居民非利士人。

巴勒斯坦位于地中海最东端，距离纽约5 000英里，纬度与佐治亚州和亚拉巴马州相同。它虽然名气很大，但面积不大，只有175英里长，50~90英里宽，面积约为1.35万平方英里，不及纽约州的1/3。

巴勒斯坦西临地中海；北邻腓尼基和叙利亚[1]；东邻叙利亚沙漠，这片沙漠一直延伸到美索不达米亚；南邻阿拉伯沙漠。下表列出了不同地区与耶路撒冷之间的距离和相对于耶路撒冷所在的方位。

地名	距耶路撒冷的距离（英里）	在耶路撒冷的方位
孟斐斯（埃及）	300	偏西
底比斯（上埃及）	400	西南
亚历山大城（埃及）	500	偏西南
西奈山（阿拉伯半岛）	280	偏南
佩特拉（以东或以土买）	150	南
巴比伦（迦勒底或巴比伦尼亚）	450	偏东
尼尼微（亚述）	450	偏东北
波斯波利斯（波斯）	900	偏东
印度河（印度）	1 750	东
埃克巴坦那（米底）	700	偏东北
亚拉拉特山（亚美尼亚）	600	东北
安条克（叙利亚）	300	北
大马士革（叙利亚）	200	偏北
凯撒利亚（小亚细亚）	500	偏北
士麦那（小亚细亚）	900	偏西北

① 根据目前的说法，古代叙利亚、腓尼基和巴勒斯坦都通用一个名字——叙利亚。我们对这个地区的观点来自不同的地理研究文献。——原注

（续表）

地名	距耶路撒冷的距离（英里）	在耶路撒冷的方位
以弗所（小亚细亚）	850	偏西北
拜占庭（或君士坦丁堡）	950	西北
雅典（希腊）	1 500	偏西北
罗马（意大利）	2 000	偏西北
迦太基（非洲）	800	偏西

巴勒斯坦以及毗邻的叙利亚地处埃及、阿拉伯半岛、波斯和亚述的陆地天然通道上，一边是小亚细亚诸国，另一边是欧洲诸国。因此，巴勒斯坦是古代征服者的大军从大陆的一边到另一边的通道，这个地区4 000多年来几乎一直被卷入所有搅动亚洲的大型战争中来。

巴勒斯坦的自然特征是非常引人注目的。它分布着高山、丘陵和河谷。两大山脉几乎穿过南北，而位于约旦、黎巴嫩西侧的那条山脉最为壮观。山体高峻挺拔，山顶终年积雪。山上的雪松在古代非常有名，现在几乎看不到了。在早期，黎巴嫩山是山鹰、狮子、猎豹及其他猛兽的家园。

黎巴嫩山风光

约旦河东岸最著名

迦密山

的山有赫尔蒙山、巴珊山、基列山和亚巴琳山。赫尔蒙山被积雪覆盖，在古代，这里和黎巴嫩的大雪被当作奢侈品大量贩卖到提尔。巴珊山有大片肥沃的草场、上等的牛和高大挺拔的橡树。基列山出产医用胶和香脂油，基列山以南是亚巴琳山脉，顶峰名为毗斯迦山。摩西站在山顶可以看到“应许之地”的全貌。位于海岸边的迦密山是先知以利亚和以利沙曾住过的地方，因此为人所知。在迦密山的东北部是塔博尔山，据说救世主在山顶上显露了圣容。山北是八福山，耶稣曾在这里布道。这个地区的基利波山因扫罗王之子在此战死而出名。

巴勒斯坦最主要的河流约旦河，发源于赫尔蒙山脚下，向南流经140英里，注入死海。约旦河水深湍急，上游入口处约100英尺宽。雅博河、戈达拉河和希实本河都是它的主要支流。

塔博尔山

死海也称为平原之海和沥青湖。它是个盐湖，低于地中海海平面1 400英尺。湖水咸苦，没有鱼类生长。鸟类也不落到湖心或湖岸。周围一片寂静、荒凉，草木不生。加利利海周围景色宜人，约旦河从此地流过。《新约》中有许多有趣的段落都以此湖为背景。

石灰岩在巴勒斯坦的山区随处可见，到处都是山洞。这些山洞在早期是大批人群甚至整个部落的居住地，他们因为躲避灾难、战争和迫害来到此地。

《旧约》中的“荒野”一词指的是作为草场的田野和高地平原。巴勒斯坦的许多平原，如厄斯垂伊伦（也称为米吉多）、沙仑、约旦河流域和利乏音谷都非常肥沃。

巴勒斯坦的气候同南加州一样温暖，但高地和山区的气候更温和一些。春天和晚秋时节，降雨充沛；夏天无雨，但露水很大。夏末时节，东风吹干了植被，草木枯萎。它的自然特征为那些圣经作家提供了优美、超凡的无穷意象。

在古代，巴勒斯坦是一个富庶之地。草场上牛羊成群，山谷里庄稼茂盛，山坡上是成片的葡萄树。所罗门除了饲养单峰骆驼，还拥有4万个马厩来养拉战车的马。流便、迦得和玛拿西的后代从阿拉伯半岛带来了5万头骆驼。驴和骡子数量众多，白驴具有特殊价值，受到高度的尊敬。我们听说约伯有1 000多头白驴。巴珊山肥硕的牲畜经常在《旧约》中被提及。绵羊和山羊

公牛、骆驼、驴

也非常多。

胡狼

野生动物有熊、狐狸、狼、狮子、豹和胡狼。胡狼是一种常见的动物，似乎具有狗和狼的习性，成群出现，袭击羊群，掠食坟场，出没于军营附近，甚至出入住宅——拖走家里的皮马具、靴子和鞋子当食物。追击猎物时，它们习惯发出凄厉的吼叫声，犹如小孩的哭嚎。一些博学的人推测，在非利士人田地里放火的不是力士参孙的狐狸，而是他的胡狼。

在这个地区著名的植物中，我们能够列举的有黎巴嫩高大挺拔的雪松，有森林中最高贵的棕榈树。这里的芥子植物非常高大，都能遮住帐篷。这里还生长着美味的石榴、毒参茄（犹太人对此有许多迷信说法）及其他常见植物等。

我们说过，巴勒斯坦物产富饶，很大程度上是精心培育的结果。现在，这里大部分地区完全处于荒凉的状态，而这里曾经庄稼遍地。有些河谷地带和某些地区农作物产量较高，但整体上，跟土耳其其他统治区内同样荒芜、贫穷。巴勒斯坦目前的人口还不到100万人，而在大卫王时期，人口达到了500万至700万人。

为理解这一地区行政区划的许多变化，我们有必要简单回顾一下它的历史。亚伯拉罕从美索不达米亚迁出后，定居在迦南，在遥远的时代——甚至比希腊定居年代还要遥远，迦南分布着许多人口众多的部落。很久以后，以色列人从埃及返回，约于公元前1450年按照约书亚的命令进入这一地区，当时它被不同的民族占据，有些民族还在该地区建有大型的城市，在艺术方面也相当先进。第91章将对这一情况进行简短的介绍。

第92章里将对12个支派所征服的领地分布情况进行叙述。几百年来，这些支派或依据摩西的法典进行治理，或由士师[①]治理。士师都是杰出之人，往往在突发情况或必要的情况下显示其作用。

在第一位国王扫罗的统治下，所有支派都被统一起来。大卫即位后，将王国的边界进一步扩大，国家的财富和权力都达到空前的地步。所罗门继位后，国家继续繁荣昌盛。这一时期希腊出现了诗人荷马，时间约为公元前1000年。此时，古代的亚述帝国和巴比伦帝国正处于他们的辉煌时期。腓尼基在商业上处于领先地位，埃及当时可能已经过了权力和荣耀的鼎盛时期。小亚细亚和希腊已有人定居，许多小王国开始崭露头角。

所罗门之子罗波安统治时期，以色列民族分裂为两个王国——犹大王国和以色列王国（前930）。犹大王国包括犹大和便雅悯2个支派，国都为耶路撒冷。其他10个支派都属于以色列王国，国都为撒玛利亚。以色列王国持续了200多年后被亚述国王征服，以色列人都成为俘虏（前722）。作为独立王国的犹大之后又持续了一个多世纪，后被巴比伦国王尼布甲尼撒征服，圣殿被毁，居民被俘。

很长一段时期，犹太人接连臣服于波斯人、希腊人、埃及人、叙利亚人，最后是罗马人。公元前63年，巴勒斯坦被庞培征服。在

① 士师，古犹太人对领袖的称谓。——编者注

随后的许多个世纪里，巴勒斯坦都是罗马帝国的一部分。7世纪时，巴勒斯坦被萨拉森人所征服，最后置于土耳其人的统治之下，一直持续到现在。

在罗马人统治时期，巴勒斯坦划分成4个区，即犹大、撒玛利亚、加利利（约旦河西岸）、比利亚（约旦河东岸）。

巴勒斯坦的城镇已经发生了令人难以置信的变化。耶路撒冷曾经有100万人口，现在成为一个不值得一提的小城镇，人口只有1.5万人。加沙曾抵挡亚历山大的大军7个月的时间，如今也不过是一个大村庄而已，没有留下任何能够看出它深厚历史的痕迹。杰里科曾是巴勒斯坦的第二大城市，在罗马统治时期，拥有一个露天圆形剧场和一个竞技场，现在却是巴勒斯坦最脏乱的无名村庄。雅法——巴勒斯坦的港口，是一个非常古老的城市。它建在一处高地上，延伸至大海，现在是一个无名小镇，尽管世上没有几个地方如它一样见证过那么多的重大历史事件。伯利恒是大卫和耶稣的出生地，拿撒勒是耶稣居住了33年的地方，这两个地方现在才被认出来；同巴勒斯坦其他地方一样，它们因为与耶稣的关联而被纪念。撒玛利亚是以色列王国历代国王的都城，希律王曾在这里居住，使这座城变得非常

雅法

亚实基伦遗址

壮观，然而，现在它已变成一堆瓦砾，被可怜的阿拉伯人占据着。最近有个旅行家来到这里，发现有个阿拉伯人在希律王曾经建宫殿的一个圆柱周围犁地。

亚实基伦曾经是非利士的一个强大城市，现在已是一片荒凉的废墟，无人居住，令人悲伤。曾经的城墙被推倒，港口填满了石头。先知撒迦利亚说："国王将毁灭于加沙，亚实基伦不再有人居住。"眼前的景象正应了他的预言。亚实突曾经成功抵挡埃及国王普萨美提克一世长达29年的围攻——有记录以来最长的一次围攻，如今是个破落的小村庄，处于一片废墟之中。

第85章

亚伯拉罕的历史（上）

（前1996—前1821）

现在令我们关注的这个民族有几个不同的名字，如希伯来人、以色列人和犹太人。这些名字都是在历史发展的进程中获得的。最后的这个名字沿用了千百年，名字源于犹大，他是这个主要支派的首领。

这个民族是人类历史上最杰出的民族之一。在历史的早期，这个民族从世界的一角一跃而起，在不断变化的世界中，一直保持着它的独特性和孤立性。犹太人一直被认为是一个独特的民族，无论是作为不同形式政府统治下的统一民族，还是被从自己的领土上驱逐出去分散在其他不同的民族中，一直如此。或许，他们组成了唯一一个没有被混杂的远古民族。尽管在大多数国家里受到仇视、排挤和迫害，他们依然生存下来，发展壮大，成为一个繁荣的民族。尽管他们周围人的态度和观点都发生了变化，他们依然保持着神圣的制度、民族精神，以及永远抱着在其祖先的家园上恢复他们辉煌和幸福生活的不朽希望。

这个民族的宗教历史也是独特而与众不同的。他们在宗教观念、宗教仪式、事件和事务等方面与其他宗教存在着巨大的差异，让人类了解了在其他叙述中都找不到的一种宗教模式。民族的信仰无论是已经实现还是悬而未决，都是这个民族历史的一部分。对于一个犹太人来说，国家和教堂从来都是一样的，他的政府就是他的宗教，而他的宗教就是他的政府。

犹太民族的祖先亚伯拉罕，最初的名字叫亚伯兰，来自一个游牧家族。族长名叫他拉。亚伯兰就是他拉的儿子。亚伯兰另有两个兄弟，名字叫拿鹤和哈兰。哈兰可能最年长，去世得早，留下了一个儿子，名叫罗得。亚伯兰娶了他拉另一个妻子的女儿撒莱。拿鹤娶了哈兰的一个女儿，名叫密迦。

这个家族土生土长的地方名叫吾珥[①]，是迦勒底的一个区。这一地区非常适合作为牧场，但不适合耕种，虽然地势开阔，但天气干旱，土地贫瘠。这就注定该地无法养活众多人口，而亚伯拉罕的后裔注定人口众多。除了不利的地理条件，这里也无法建立一个正确的信仰。在迦勒底广阔的平原上，夜晚寒冷、寂静，一个游牧民族很自然就会关注天象。由此，这里不仅首次开启了对天文学的研究，还对最初形式的偶像进行崇拜，那就是祭拜太阳、月亮和星星，这在我们前面讲拜星教的时候提到过。

① 就是乌尔城，位于美索不达米亚，是想象的亚伯拉罕出生地。为了纪念他，此地建有一座壮观的清真寺。——原注

他拉家族最终改换了住所——这在东方的游牧民族中很常见，迁徙到了哈兰，那是位于吾珥西部的一片贫瘠的地区。但他们在这里居住的时间并不长，不久亚伯兰到一个遥远的旷野建立了一个独立部落。它与世隔绝，非常适合宗教目的。他哥哥哈兰的儿子罗得留下来陪他。亚伯兰此时已经75岁，然而他要根据自己的宗教启示，将自己的民族繁衍壮大。他又得到了神秘的暗示，说他的后代中有部分人将对世界的未来产生重大影响。

亚伯兰家族一行几人，便带着家仆和牲畜开始了迁徙之旅。他必须沿着自北向西的方向，越过部分叙利亚沙漠，整个行程至少有300英里。根据传说，他在大马士革附近住了一段时间。根据《旧约》的说法，他首次在巴勒斯坦定居的地方叫作示剑，位于以巴路山和基利心山之间的一个500码宽的山谷里，向东一直延伸到一个茂盛的平原，长约七八英里，宽约一两英里。他又继续迁到了伯特利山东侧的一座山上。之后，他又向南行进，先到了一片旷野，我们从《旧约》的记载中知道，这个地方叫迦南，这就是上帝许诺给他和其子孙后代的土地。

这片土地上的最早居民是含的儿子迦南以及迦南12个儿子的后代。他们在这里繁衍生息。贸易和战争似乎是他们最早的职业，连同手工业，他们变得富裕起来。随后，他们又开辟了一些定居地，遍布地中海的所有岛屿和沿海地区。他们心灵手巧，甚至在亚伯兰时期，就有了先进的艺术，这一点毫无疑问。包括腓尼基人在内，他们一定是早期相对较文明的群体，尽管与后来发展起来的某些民族相比，他们还处于野蛮阶段。

在这个民族中，有不同阶级的商人、工匠、士兵、牧羊人和农民。住在海边的是商人和工匠——这也是附近腓尼基人的主要职业。住在内陆的人耕种土地，过着定居的生活，四周还有围墙的保护；牧羊人和士兵过着更漂泊一些的生活。战争中，他们展现出了过人的勇气和技巧。他们的宗教直到亚伯兰时期似乎都没有受到外界的影响。然而，到了后来，他们一定是迅速堕落了。

从历史的最早期开始，腓尼基人就醉心于学术，算术和天文学都是由他们发明和改进的。据说，他们还把字母引入了希腊。在很早的时候，他们就在手工业和建筑业方面取得了一定的进步。从《旧约》中对亚伯兰和迦南人之间进行交易的简短描述中，似乎可以看出，腓尼基人的文明也传给了他们，因为他们知道如何使用钱币，还有其他发明等，这些都说明他们在文明上取得了一定的进步。

亚伯兰到达迦南不久就发生了一场饥荒，他因此而迁徙到了埃及。埃及是古代最早和出产谷物最多的国家之一。在这里，他内部的安宁被攻击和侵犯，一部分是由于他自己的虚伪，一部分是由于埃及君主的贪婪。亚伯兰担心他美貌的妻子撒莱被法老抓去填充后宫，也担心自己会由此招来杀身之祸，于是提前做好了准备，让他的妻子以妹妹的名义与他在一起，而她实际上就是他同父异母的妹妹。

然而，法老的奸计使他陷入困境。撒莱被带走，但侥幸逃了出来，没有成为法老众多妻妾中的一员。亚伯兰又回到了迦南，还从埃及带回了大量的财产，包括因为妻子而从法老那里收到的大量礼物。据说，亚伯兰非常富有，他不仅有大量的牲畜——这些一般都是游牧部落首领的主要财产，还有大量的黄金和白银。

亚伯兰首先重新占领了原来在伯特利和艾城之间的营地，为了他从埃及安全归来而向神献祭。因为原来的居民占有了大片最好的土地，亚伯兰和罗得所拥有的大量牲畜并没有足够的牧场，因此，亚伯兰和罗得的牧羊人之间发生了矛盾。他们担心长此以往，两个家族间可能会出现利益冲突，便同意分开，结束矛盾。罗得向东迁到了约旦河肥沃的河谷地带，那里人口众多，大家都住在城镇之中。两个家族分开后，亚伯兰再一次迁徙，将部落的帐篷搭在了“希伯仑的幔利平原上”。

就在这个关头，第一次发生了一系列的战争，战争的细节在历史中有记载，这些细节与希伯来人的首领密切相关。罗得搬到新居住地后不久，就同其他人一起被俘虏了。很快，罗得所住的地方索多玛以及周边地区被埃兰王基大老玛劫掠，罗得屈服于他的武力之下。埃兰王加入了幼发拉底河和底格里斯河河畔的一个王国（即掠夺部落）联盟。13年前，他攻打并征服了约旦河谷诸国，迫使他们进贡。约旦河谷诸国企图摆脱奴役，但又遭到入侵，最后以入侵者的胜利而告终。

罗得遭遇灾难的消息被一个逃出来的人告诉了亚伯兰，亚伯兰立即召集自己的仆人，共318人，连同附近的盟友前去救援。他在约旦河源头附近的一个地方追上了敌人，利用夜间发动突袭，将敌人驱散，安全地把罗得和其他被俘人员救回。他还抢回了被入侵者掠夺的财产。他胜利归来，受到了热烈的欢迎。有一个特别人物对他表达了特殊尊敬。将王职和神职合一，只祭祀一个真神的撒冷（也或许是耶路撒冷）王——麦基洗德带来了面包和葡萄酒，赐福于将国家归还给他们的人。

第86章

亚伯拉罕的历史（下）

（前1996—前1821）

周围一片欣欣向荣的景象，而他们虔诚的族长却没有继承人。苦于没有孩子，撒莱在绝望中采纳了东方的习俗，找了个奴隶替她生育，而奴隶所生的孩子都拥有合法的地位和权利。这个替代她的女人名叫夏甲，是一名来自埃及的仆人，她和亚伯兰所生之子名叫以实玛利。亚伯兰非常喜欢这个孩子，有意将自己的权力和财富传给他，然而这违背了他们宗教的信条。亚伯兰因宗教的压力用回原来的名字亚伯拉罕——意为庞大民族的祖先或一个伟大民族的祖先，这个伟大的民族将成为巴勒斯坦的主人。亚伯拉罕和以实玛利都接受了割礼，自此，他们以这样特殊的方式构建了一个独特的民族。同时，撒莱的名字也变成了撒拉。

接下来，索多玛、蛾摩拉、押玛和洗扁被摧毁，而罗得也曾住在这些堕落的城市中。如果能在这些地方找到10个正直之人，仁慈

死海海滨的景色

的罗得就能通过斡旋保存下这些城市，但是罪恶遍布各个城市，毁灭不可避免。这件事发生的原因和结果都详细地记录在《旧约》里，这部著作生动地描写了那些人在某个时刻如何违反了自然、亵渎了圣规，描写了汹涌的洪水如何将他们淹没。目前所呈现出的一切，再加上历史的记载，都说明了这里确实发生过这场灾难。所有到过死海的人，将所见所闻结合起来，就能明白这个地区的独特性。沉闷阴沉的海浪上耸立着陡峭的山崖，湖水表面纯净，但水味苦咸；笼罩在水面上的不健康雾气，以及不断从水底升起的沥青凝块，所有这一切都让整个山谷表现出了明显的火山活动迹象。①

① 关于死海，有许多奇怪的故事。死海长约44英里，宽约11英里。有些人认为还要更大些，而有些人认为还要更小些。它是一片深陷的大坑，旁边矗立着两座山峰，东面的山高2 500英尺，西面的山高1 500英尺。湖水很深，湖面上飘着热气，

光秃秃的白色湖岸，发着亮光，如同一口翻腾涌动的大锅。湖面低于地中海几百英尺，根据记载为500~1 400英尺。水位随着季节变化而变化，升降10~15英尺，这是由蒸发量决定的。

死海岸边悬崖耸立，令人震撼。周边景色荒凉孤寂，似乎笼罩在死神的阴影之中。然而，在岸边也会偶尔发现一片片的青草，那里有淡水流过，还有小溪注入其中。在这些地方，可以发现芦苇和棕榈树，隐基底还可以种植庄稼。岸边深褐色的沙地上可以掘出优质的饮用水。

有位作家于1848年参加了一支由美国政府派遣的死海考察队，他给我们留下了下面的记录：

湖北端的深度达240英尺，中间达1 080英尺，而在南部的湖湾里，水深仅有1~5英尺。湖底为淤泥、泥浆和盐粒。湖水非常地咸苦、清澈，而且浮力大得惊人。牵着马走到湖里的话，马的四肢会浮上水面，而且会侧翻到湖里。另外，湖水里盐的浓度可以通过航行的小船来得到进一步验证。船在湖面上航行比在约旦河上航行排的水量要少；另外，船在暴风雨中行进时，铁船会完好无损，铜船则需要修补，木船更要被摧毁。

拉瓦锡对死海海水做了分析，发现每100格令（1格令≈0.065克）水中，有6.25格令氯化钠、约$38^1/_7$格令的熟石灰和氯化镁。如果用这样的海水沐浴，皮肤上会覆盖一层油性物质，从而引起刺痛和不舒服的感觉，需要用淡水冲洗后才能恢复正常。勘测人员漂浮在湖面上时，大气完全饱和了，连他们的衣服都变成了盐。白天，手和脸的皮肤非常不舒服，油腻，并带有刺痛感。普通的盐在湖水中不能溶化。据说，湖水可以用来保存蔬菜和肉类，因为将这些食物放入水中不会变质。岸边的石头包上了一层盐，沙滩上刚留下的脚印一小时内就覆上了一层盐。这些都是发生在4月份的情况。

死海里没有发现生物。无论是从淡水水域还是咸水水域、从温水水域还是冷水水域中出来的鱼类，或者大量生活在某一溪流中的鱼类，一旦放到死海，就会立即死去，漂浮在水面上。其他鱼类也一样，从溪流中取出时还是活着的，一扔到湖里，立刻就死了。然而，人们还是会看到鸭子在死海海面上游泳和玩耍，还有鸟儿在水面上飞来飞去。

在死海的南端尽头，有个由巨大的盐块构成的山脊，高100~150英尺，长5英里。这里发现了阿拉伯传说中罗得的妻子，她被变成了一根盐柱。这根柱子是结晶的盐块，高60英尺，周长40英尺。《旧约》里对罗得妻子罹难的记载非常简单，即“她变成了一根盐柱”。我们可以设想，亚硝基硫颗粒从天上倾泻而下，在这片空心的沥青平原上燃起一场大火，而那里的城市是用可燃的沥青建造的；这个可怜的女人不知所措，想往回跑，可是因窒息而死，最后就变成了一根由盐和沥青堆在一起的柱子，即一座盐的纪念碑。——原注罗得按照天意从他居住的城市逃走，然而，他的妻子落在了后面，变成了一根盐柱。罗得逃离后，先去了琐珥，琐珥因为他而幸免于难。后来他到了附近的山洞里避难，在那里，他的两个女儿把他灌醉与他乱伦，犯下了巨大的罪恶。

不久以后，亚伯拉罕离开了幔利平原，来到了非利士人的国家。亚比米勒王对撒拉心怀不轨，但被发现和警告。随后，撒拉被送回她丈夫的身边，还带回了许多珍贵的礼物。在约定的时间，应许之子——亚伯拉罕与撒拉唯一的儿子，后被命名为以撒的孩子出生，这时亚伯拉罕已经100岁了。以撒的出生是意外之喜，全家人举行盛宴庆祝。然而，伴随着喜悦，夏甲和她的儿子对以撒的嫉妒也随之而起。以撒还不到7岁时，撒拉就发现以实玛利对以撒不敬，于是决定把他们永远分开。撒拉的要求，再加上宗教的压力，促使亚伯拉罕把夏甲和她的儿子送走。尽管这个与他有特殊关系的女人的儿子分不到遗产，但是以实玛利成了一个伟大民族的祖先。

大约25年之后，亚伯拉罕的信仰经历了巨大考验。根据宗教的指示，亚伯拉罕把儿子带到某座山上，要以儿子为牺牲进行燔祭。就在亚伯拉罕举起刀刚要砍下的时候，他的胳膊被抓住，一个动物被用来替换了以撒。

亚伯拉罕对待他的邻居正直、温和，由此赢得邻近部落的爱戴。撒拉去世时，他毫不费力获得了许可，将撒拉埋葬在一个临近王国的领地上。以撒出生后，亚伯拉罕和撒拉共同生活了约36年。亚伯拉罕花了400舍客勒①银子，从赫族人以弗仑那里买了个名叫

① 1舍客勒≈11.44克。——编者注

麦比拉的山洞，还有一块地，供他们生活，后来把妻子撒拉埋葬在洞里。

从一开始，希伯来人就彼此分开，去世后也不埋葬在一起。因此，亚伯拉罕拒绝接受赫族族长的慷慨提议，即他死后也葬在这处墓穴里。合葬很可能是不同宗族在死后的正式结合。甚至连赠给他作为礼物，他也不同意，而是坚持单独买了一块地。

在历史的进程中还发生了一件事，使亚伯拉罕家族的离群索居有了一个例证，这件事与婚姻有关。以撒到了40岁时没有结婚，必须从他父亲住在哈兰的亲族里选个妻子。因此，他父亲委派了一个最忠实的仆人，这个仆人庄严发誓，遵守指示为以撒选妻。他以最快的速度到了哈兰，哈兰是亚伯拉罕的兄弟拿鹤住的地方。

这个仆人用大量的礼物并讲述亚伯拉罕的富有和伟大，很容易就为他年轻的主人与拿鹤儿子彼士利的漂亮女儿利百加确定了婚约。完成任务的仆人带着利百加安全地回到了亚伯拉罕的营地。以撒带着他的未婚妻到他母亲撒拉的帐篷里，把利百加交给她。婚姻关系就这样确定下来。

撒拉死后几年，亚伯拉罕娶了基土拉，基土拉为他生了6个儿子。孩子出生后，亚伯拉罕特意进行了家产分割，这6个儿子分割到的财产不影响以撒的继承权。

分割后，他们都远离以撒到了东方国家，很可能去了阿拉伯半岛，因为在那里至今还能找到他们名字留下的痕迹。他们的后代在犹太历史中经常出现，然而，他们都被认为是亚伯拉罕一族的异族。

此后，关于亚伯拉罕的记载只有一条，即他于175岁时去世，死后被他的两个儿子以实玛利和以撒埋葬在麦比拉。①

以上就是犹太民族伟大祖先的历史，这些历史保留在犹太人的民族历史记载里，朴实而真实，与其他国家神话和诗歌里的记载不同。大多数民族的宗谱，特别是一些东方国家，都在他们不同的神那里失传了。我们无法分辨哪些是寓言，哪些是历史，越往上追溯，越模糊不清。但在希伯来人的记载中，情况恰恰相反，他们记载得很精确。他们的记载把上帝和人类分开，之间隔着无法逾越的鸿沟。

亚伯拉罕是一个游牧民族的首领，居无定所。然而，他去往的每一处都有精确的地理位置记载，都有对当地朴实生活场景的记载。比如，他在某个山上搭起了帐篷，那里有古老而著名的树木；他在某个著名的泉流边落脚；等等。对于亚伯拉罕的那个时代和国家，除了保持纯粹的宗教信仰，他没有其他超凡之处。他不是半人半神，也不是强大的征服者，甚至都称不上圣人，也称不上技艺的

① 亚伯拉罕是古代最著名的人物之一。阿拉伯人声称他们的血统来自这位他们所称的“信心之父”和“朋友”；他同时受到基督徒、犹太人和穆斯林的敬重。他出身于游牧民族，使用了多个名字。

这个民族性格坚韧而纯朴，粗犷而不屈不挠。这种性格的形成缘于他们的生活习惯，他们在无边的平原上游牧，远离城市，只适应迁徙的生活。他们动荡不定，因此没有受到周边文明偶像崇拜的影响，甚至没有受到全球文明的影响。他们大脑愚钝，思想简单，但以前没有、现在也没有受到伪科学、伪信条和伪教育的影响。

相反，如果他们处于定居状态，有肥沃的土壤，生活富裕，再加上滥用知识和不作为的祭司阶层，他们迟早会把高度文明的民族引入偶像崇拜。在亚伯拉罕时代以及更早时代，社会堕落，那些拥有所谓人类常识的知识和情感、接受良好教育的人，仍然不可避免地陷入偶像崇拜。中心观点出现了错误，其他源于此的所有真理，也或多或少被扭曲而变成错误观点。——原注

发明者。他的不同在于，他只祭拜一个神，只被允许与这个神秘的存在来往。

亚伯拉罕时期，社会似乎处于原始状态。与之前的时代相比，洪水泛滥后处于什么状况、取得了哪些进步，我们无从得知，因为我们无法进行比较。《圣经》记载简洁，无以体现。我们仅知道，遥远时期的人类进步到足以建造出像巴别塔这样的建筑。至于亚伯拉罕时期的社会状态，以及他所居住国家的情况，都记载得很简单。

阅读了有关亚伯拉罕生平的一些逸事，我们被带入一种社会状态，它不仅与现代大不相同，而且与犹太人离开埃及后的普遍社会状态也不相同。一切都很简单、自然、原始而未被雕琢。一切都呼吸着自由的空气，驰骋于亚洲内陆宽敞、开放的大平原，居民四处定居，没有对立也没有任何障碍，他们在广阔无边的地区放牧羊群、牛群和骆驼。

人类生活似乎还处于初级阶段，他们渐渐扩大边界，或至完全无人之处，或至人烟稀少之处。他们没有遇到困难，这些成批而来的人群似乎来自人类的诞生地，然后进入亚洲腹地。

他们是和平的牧羊人，照料羊群，或骑骆驼从一个地方到另一个地方，或在方便或需要的时候，在肥沃的牧场上搭起帐篷。无论在哪里定居，他们都会打井，从而使无人居住的地区变得可以居住。骆驼和驴是仅有的用来驮重物的牲畜，在这些只知游牧的国家里看不到战马的影子。

第87章

以撒的生平与时代

（前1821—前1716）

关于以撒的生平记载甚至比他的父亲更为简短，因此，历史学家探讨的相关话题较少。当然，为了正确理解犹太人的历史，也没有必要对此加以赘述。对以撒的叙述，在迁徙至埃及前，也同样真实、简单、生动，其中记载了他两个儿子以及他们的家庭成员的生平。尽管以撒婚姻美满幸福，但很长时间里他一直没有孩子。亚伯拉罕一直希望留下后代，留下“应许之地”的继承人，最后，以撒终于生了双胞胎以扫和雅各。

一山不容二虎。根据《圣经》记载，这对双胞胎注定要成为两个敌对民族的首领和代表。以扫和雅各气质性情各不相同。以扫脾气暴躁、鲁莽、好动、感情用事；雅各温顺、谨慎、安静、富有心计。红头发的以扫长得粗壮，是个猎手。他乐于户外活动，生活粗犷。好静的雅各，喜欢田园生活，喜欢这种生活给他带来的安静与现实。显然，雅各比他的兄弟更适于管理一个统一而定居的民族。尽管以扫的后代以东人比以实玛利的后代贝都因人达到了更高的文明程度；然而，无论他们分散居住还是不断打仗，无论在自己人中间还是与他人在一起，都跟亚伯拉罕一族寻求离群索居不同。根据《圣经》的记载，他们同他们的祖先一样，靠剑和弓为生。

雅各注定要获得长子的特权，继承部落首领的职位；而且他可能是通过自己母亲知道这一事实的，他利用了最早的机会来确保这一权利。一天，以扫打猎回来，没有任何收获，他又饿又累，于是把他长子的继承权卖给了他的兄弟雅各，换来了一碗红豆汤。除此之外，雅各还通过巧妙的手段，在母亲的劝告和指示下，得到了父亲的正式祝福——这种祝福至少确认了长子继承权。“做你兄弟的主人，让你母亲的儿子在你面前鞠躬。”两兄弟间因此结下了宿怨，长兄发誓要报复所受的这一切伤害。父亲的祝福无法收回，然而一个刚猛的兄弟和作为酋长的父亲的愤怒却可能让雅各的生活变得岌岌可危。然而，这番让他获得祝福的心计，让他至少暂时逃过了邪恶的威胁。

雅各被派往祖先所在的美索不达米亚，从他的亲族后裔中选了一个妻子，因为这个被神挑选的民族与其他民族的婚姻隔离必须继续下去。以扫与迦南族已形成的婚姻关系，令以撒和利百加愁烦——亚伯拉罕的后裔非常仇恨迦南人。《圣经》记载，雅各从巴勒斯坦南部的别士巴出来，到了一个地方，他把此地称作伯特利——原名叫路斯。这里距离耶路撒冷约8英里。

雅各继续赶路，他要一直走到东方民族的土地上。离开伯特利后，他的大部分行程位于巴勒斯坦的东北部，他穿过约旦河，朝着美索不达米亚西北边界前行。此地被认为是巴旦亚兰。

至于雅各见到他舅舅拉班之女拉结时，关于当地原始又美丽的景色、这个家庭对他的招待，还有他在其游牧祖先那里的其他冒险，这里不再赘述。这些都以真实、简洁、优美的语言记载在《圣经》里。我在这里要说的是，他经历了善待和虐待、殷勤与冷漠、诚实与背叛——为了两个妻子服役了两个7年，为了他的牛服役了6年，归期一再延迟，他所经历的困难达到了顶峰。最后，他终于带着两个妻子、孩子和仆人踏上了归程。此时的他不仅富足，而且带着上帝对他的偏爱。

然而，在回家的路上，他将要碰到一心要报仇而又实力强大的哥哥以扫。他要尽可能地安抚以扫。因此，雅各走到迦南边界雅博河边一个叫玛哈念的地方时，派一个信使去西珥山通报他的到来，信使还没到西珥山，就发现以扫已经带着400人前来迎接雅各，于是就返回通报雅各。

尽管雅各受到了异象的鼓舞，但是因为要面对这个紧急情况，他还是做了精心安排，期待兄弟之间最后能言归于好。随后他就渡过了雅博河。到了晚上，他又看到了一个异象，他跟一个神秘的神摔跤，并从神那里获得了祝福，同时也接受了以色列——福泽遍布之意——这个名字。他的小心谨慎、精心安排，以及带着的大量礼物在最初见面时都没有派上用场。

以扫遇到弟弟后，处处表现出友好和喜爱，这个慷慨猎手的暴怒之心彻底平息下来！以扫在雅各的一再要求下接受了礼物。最终，两兄弟分开了。雅各没有去西珥山，而是去了约旦河，先在疏割安营扎寨，然后渡过约旦河，在撒冷附近定居下来。这里位于他之前住所的西边，几乎是巴勒斯坦的中心，在耶路撒冷以北约40英里。在这里，他向当地人买了一块地，安全地住了下来，直到后来发生了一件事，他和他的家人被赶了出去。

同一时间，以撒一直住在“应许之地”的南部边界，他已经开始耕种这片土地，并且获得了丰厚的回报。他的财富比他父亲的还多，他就这样安静而有尊严地度过了余生，给我们呈现了一幅当时乡村生活的美丽画面。以撒似乎以一种新的实用技艺超越了当地人，这个技艺就是掘井，它在巴勒斯坦这样的地区非常宝贵。尽管他一次又一次地被迫离开，但他都能找到便于生活的有利之地，他也愿意尝试迁徙到其他地方。事实上，当地的牧羊人把他从一地驱赶到另一地，就是为了享受他的劳动成果，这也说明，他们缺乏以撒的这种技艺。最后，他在一个地方掘了一口井，而当地人没有跟他发生冲突，他将这里命名为利河伯——暗示上帝为他和他的家人留出的生存之地，他们可以在这里生生不息地生活下去。

他早期的生活就是这样度过的，即使经历了冒险也几乎没有发生什么变化。倒是有一次他差点送了命，那是亚比米勒人的好奇心导致的错误。他的这次冒险跟他父亲的冒险相似，只是他父亲受了更大的欺骗。他在别士巴[①]跟亚比米勒人立约，从此以后和平共处，睦邻友好。

再说雅各，他的家里发生了一件事，他唯一的女儿底拿被哈抹之子示剑玷污了。哈抹是迦南诸族之长，雅各当时临时住在那里。姐妹被玷污，对于兄弟来说是巨大的伤害，东方人难以忍受这样的事情，当时的阿拉伯部落尤甚。哥哥必须要报仇，因为这对于部落或家族来说是个巨大的耻辱。雅各的两个儿子西缅和利未对示剑的冒犯所采取的报复行动明显带有邪恶性，这对雅各是个巨大的考验，因为这样做会引起众怒，与他们的宗教信条相冲突。雅各曾斥责西缅和利未，说他们是粗暴、嗜血之人，担心他们的后代遗传这个品质，于是对遗产重新进行分配，只把迦南领土的很小一部分留给了他们。

---

① 这里长期以来都是希伯来族长居住的地方，罗宾逊和史密斯先生对当地的现状进行了真实的描述。从南部进入迦南，穿过沙漠高原，你会发现一个开阔起伏的广阔原野。周围是起伏的丘陵，平常的季节，这些丘陵是些绿草茵茵的牧场。然而，现在是4月12日，处于旱季，草木干枯，了无生气。别士巴位于一条河谷（这条河谷有些季节里干旱无雨，而有些季节里溪流不断）的北侧，河谷沿着希伯仑呈西南走向，然后河谷变宽，向南弯曲，最后向西北方向流入地中海。在河流附近有10口圆形井，井深40多英尺，水质极佳。周围是用石头垒砌的饮水槽，可供骆驼和羊群饮水用。在水井北边的高地上，是一片长0.5英里、宽0.25英里的平原上的废墟。

这里是亚伯拉罕、以撒和雅各曾经住过的地方，这里也是撒母耳把他的儿子们培养成士师之地，也是以利亚出发去沙漠的地方，每到夜晚，他都像贝都因人一样躲在金雀花丛下。沿着东北偏东方向，前往希伯仑需要12.5小时，大约30英里的路程。我们走一个半小时后，面前出现了一个开阔的平原，上面长满了草（现在因干旱而枯萎），四周随处都可以看到种植的小麦和大麦。我们的面前有些丘陵，是犹大山脉的起始处。在叙利亚的第一个村庄多赫里希里，可以看到山上到处都是绵羊群和山羊群，还有干净整洁的牛群、马群、驴群和骆驼群，呈现出古代族长制社会真正的风貌。——原注雅各离开了迦南，去了向南约20英里的路斯，之前他曾在那里与哥哥以扫分别。他之前小心地把家里跟美索不达米亚偶像崇拜相关的所有遗迹都清除了，那是他们曾经带来的一些徽章，包括一些小型神像，还有被当作护身符的耳环等。这些都交给了雅各，他把这些东西埋到了示剑[①]附近的一棵橡树下。在路斯，他筑起了一个圣坛，把这里叫作伊勒伯特利。雅各又从伯特利搬到了以法他，同伯利恒一样，以法他位于耶路撒冷西南几英里处。大卫、耶稣后来在那里出生。

就在以法他附近，雅各最爱的妻子拉结因为难产而死，她生下的儿子，后来取名便雅悯。雅各埋葬了拉结，并竖了碑，然后继续前行，在以得台那边定居下来，地名不详，但应该在耶路撒冷附近。在这里的时候，雅各因为长子的不当行为而大为不安。最终，雅各又启程向南去了希伯仑，“亚伯拉罕和以撒曾在那里暂住过”，这里可以看到一望无际的幔利平原。当时以撒还活着，但也不久于人世。以撒活到了180岁，“归到了列祖列宗那里”。孝顺的以扫和雅各将其安葬。

自此，以撒的家族完全分开。他的两个儿子拥有大量的财富，可是不愿比邻而居。以扫占据了西珥山周边的地区，他的后代，即以东人在这里繁衍生息。他们的历史将在其他的章节详述。雅各一直待在迦南，他的家庭不断壮大、富有。但是后来他的儿子间产生了矛盾，他们的命运发生了大逆转，很长一段时间，这个被上帝挑

---

① 这里的“示剑”是地名。本书中既有人名示剑，又有地名示剑，请读者注意区分。——编者注

选的民族远离“应许之地”。然而，这颗闪耀之星永远给他们带来希望，最终把他们该继承的一切都带给了他们。

总之，我们注意到，这一时期的社会比亚伯拉罕时期取得了一定的进步，某些进步在《圣经》中被顺带提及。他们的一切活动一如原始时期特定条件下所能期望的一样。他们从简单、原始的状态，自然地发展到更高程度的精致与改良。亚伯拉罕时期，哪里有肥沃的草场，他就在哪里搭起帐篷，愉快地定居下来。只是到了他认为合适的埋葬地时，他才将其买下，拥有了一份遗产。雅各与他不同，他买下了一块地，然后在上面搭建帐篷。亚伯拉罕遭受饥饿时，似乎无法获得食物，只能自己去埃及。到了雅各时期，两地之间可以经常运输谷物，途中也建有驿站。商队也开始穿越阿拉伯沙漠，车里装着东方的香料、其他产品以及奴隶，出口到埃及。在美索不达米亚游牧部落的简单生活中，没有听说以货币形式支付报酬，但在富有的腓尼基部落中，金银已经用作货币在流通。

说到生活方面，亚伯拉罕的生活方式更加原始、简陋。他用自己的双手杀牛，饮品只有羊奶。以撒不同，他亲自下地耕种，生活起居更加讲究舒适。日常食用的肉食讲究滋味，葡萄酒也成了餐桌上的常见饮品。以撒下地耕种显示了人对自然的管理有了新的进展，因为他的百倍增产说明他掀起了从未被扰动过的土壤。甚至不同人的性格发展也与社会状态相吻合。猎人、游牧的牧羊人以及早期的农民，同样也不例外。这些小事虽不值一提，然而，也可以用来说明，在人类早期几个时代的发展中，人类的大脑在逐渐进化，人类社会也在不断地发展。

第88章

雅各及其子孙在埃及

（前1716—前1577）

以撒去世10年后，雅各带着整个家族迁徙到了埃及。

至于迁往埃及的原因，是因为雅各的儿子中出现了不愉快的争斗、嫉妒，特别是因为约瑟，他最受父亲的偏爱。雅各的其他几个儿子犯下了罪行，给约瑟也给他们自己带来了灾难。约瑟的性格完美，长得也好看，是雅各和拉结所生的儿子。这些都是他受到父母喜爱的原因，却也让约瑟的兄弟们对他产生了妒忌。

妒忌和仇恨的怒火在他们胸中升腾，不久，他们找到了一个害约瑟的机会。他们计划要么要了他的性命，要么让他从他们眼前消失。他们先采取第一个方案，但是由于犹大的反对，他们没有犯下兄弟相残的罪过。他们本想把约瑟埋到一个坑里，正好有一支阿拉伯商队从那里路过，他们便把他卖给商队当奴隶。随后，他们拿出一件约瑟染血的衣服，告诉父亲雅各，约瑟被野兽吃掉了。

而约瑟被带到埃及之后，发生了一系列事情，让他从一个奴隶成了法老的宰相。他获得这样的地位，也是因为他个人的成就和超凡的能力。他预测到整个埃及王国要经历7年的饥荒，为此提出应对之策。因为在7年的饥荒到来之前，埃及要经历7年前所未有的大丰收，他们必须做好储备，以应对荒年的困厄。约瑟被任命负责此事，他管理起整个王国的公共事务。

不久，饥荒开始了，不仅埃及，邻近的国家也无一幸免。在首批来到埃及购买谷物的人中，有雅各的10个儿子。约瑟认识他们，但他们不认识约瑟。他跟他们说话时，还让人翻译。他提出各种问题，询问父亲雅各以及跟随父亲待在家里的便雅悯的情况。他还精心设计，通过各种巧妙的手段，在不伤害他们的情况下来试探他们的诚实。他们不得不多次来到埃及购买粮食，最后，约瑟设计让他们陷入一个非常艰难的境地。他在便雅悯的袋子里放了一个杯子，等他们离开后，派了一位信使追上他们，找出了那个杯子，以此证明他们犯了偷窃罪。

所有的兄弟都来到他的跟前，对所发生的一切既感到痛苦又不知所措，这个场面太伤感了，大度的约瑟再也忍不住了。他表明了身份，他对兄弟们说："我是约瑟，父亲还活着吗？"他的兄弟们无法回答，因为他们对他的出现困惑不已。约瑟对他的兄弟们说："靠近我，请你们靠近我。"他们就向他靠近。然后约瑟说："我是约瑟，是被你们卖到埃及的兄弟。现在，你们不必对卖了我而感到难过，也不必自责，因为那是上帝的旨意。"这个故事在《圣经》记载中虽有所夸张，却是无可争辩的事实。

约瑟打发他的兄弟们离开，临走时让他们带着大量的粮食以及

在便雅悯米袋中发现了杯子

车辆，还让他们的父亲和全家都来埃及，因为饥荒还要持续5年。兄弟们回到迦南后，告诉年迈的父亲所发生的一切。

雅各开始时不相信，当看到他们带回大量的财富时，就相信了，同意前往埃及，去见他失散多年的儿子。公元前1706年，他带着亚伯拉罕所有的合法子孙及他们的家人，一共70人，向埃及迁徙。

雅各和约瑟相见的场面非常感人。后来，约瑟把雅各介绍给法老。约瑟的出色表现，使得他的父亲以及家人受到了热情的接待。法老把他们安置到歌珊①肥沃的地区，那里是埃及最高产的地区，还有全埃及最肥美的草场。那里位于尼罗河的支流培琉喜阿河畔，因此还有一直延伸到遥远南部的低洼草地和在某些季节里绿草如茵的河道，河道一直延伸到东部的沙漠里。这里非常适合以色列人，他们可以在这里放牧羊群和牛群。

① 歌珊，现在跟以前一样，依然是埃及最富饶的地区——“国中最好的地”。它沿着尼罗河支流培琉喜阿河从西南和南部延伸到东北，至曼扎拉湖。这里有开阔的图米拉特河的干河谷，尼罗河在其南部泛滥。它的西部和西南部有尼罗河河水灌溉，东部是高地，生长着稀稀疏疏的植被，纵横着宽阔的浅山谷。到了雨季，山谷里生长着茂密的青草和灌木。——原注

约瑟与他的兄弟们见面

现在让我们简单介绍一下雅各迁徙到埃及时的社会状况，这样可以更充分地理解当时希伯来人的历史。有关雅各和约瑟故事中的一些重要细节都来自《圣经》，而这些细节跟我们从其他资料中得到的情况正好吻合。埃及是古代世界最著名的国家之一，拥有最古老、最壮观的历史建筑，一直吸引着世人的目光。埃及即使在那样古老的时期，也是一个伟大的王国，文明程度极高。

埃及的古老虽然已成定论，但它究竟有多古老，它文明的源头依然是个悬而未决的问题。关于它祭祀的奇异传说、道德体系的隐秘晦涩，以及令人费解的文字纪念碑，都给它的历史蒙上了一层神秘的面纱。学者们纷纷走进这片神奇的土地，倾尽毕生心血来破解埃及文明的密码——象形文字。

托马斯·杨和商博良凭借聪明才智以及坚持不懈的研究，已经解开了埃及象形文字的秘密。在他们的努力下，一束亮光洒在那片古老的土地上，使它的主要历史轮廓跟现代史一样清晰明了。

古埃及文明的一个伟大进步反映在对待女性方面。早在亚伯拉罕时期，女性在公共场所不戴面纱，面容姣好的女性往往受到贵族的追捧。如果撒莱的脸被蒙住，法老就不会因为她的美貌而要把她纳入后宫了。埃及人皮肤黝黑，石碑上男人被画成红色，而女人被画成黄色。女子地位越高，肤色就比她们仆人的肤色更浅。在埃及，男人和女人的交往似乎自由而不受约束。在某些情况下，我们发现陌生男女坐在一起就像家庭成员一样没有太多的顾忌。

现存石碑上的雕刻和绘画展示了早期的艺术和家庭生活的状况以及风俗习惯。它们所显示出的信息比文字描述更直观、更具体。

古埃及的建筑

除了古代常用的雕刻和绘画等表现形式，在欧洲国王和古物学家的橱柜的艺术遗存中，还可以找到埃及人使用的几乎每件家具、工具和装饰品的标本。作坊或者厨房，以及其中的器具，很可能在埃及的坟墓中找到。墓室墙上的绘画展示了他们如何使用这些家具和工具。在整个公共生活和私人生活中，从战士的血腥战场到木偶戏，还有从庄严的君主到保育员带着儿童的嬉戏场面——都刻画在这些长期保留下来的石碑上。我们甚至可以想象：爬上战士的战车，周围是倒下的敌人；陪伴祭司走上神殿；踏上一位埃及绅士的马车，同他一起驾车去参加一场上流社会的聚会，以及目睹远足途中的一处处风景。如果我们愿意，我们也可以去那些器械修理店、去农场的田地、去贵族玩乐的游乐场、去家庭主妇的厨房、去贵妇的客厅——我们将在他们家里发现所有人的脸上都有一副永久固定、不变的石刻表情。

雅各和他的儿子们去埃及寻找粮食前，埃及一直都是世界的粮仓。埃及当时的农耕水平极高，但依然依赖尼罗河每年泛滥带给两岸的沃土。至于遭受长时间饥荒的原因不得而知，但是这一灾难不只是发生在埃及，而是遍及周边所有地区，很可能是因为干旱影响了尼罗河河水的供应。然而，无论是什么原因，埃及都逃过了这场给其他国家带来严重灾难的饥荒，这完全归功于约瑟的提前预测和周密管理。到摩西将这些记载下来时，埃及已经建起了巨大神秘的金字塔，并着手建造巨大的阿布辛贝神庙和底比斯神庙，为死去的国王们挖掘了壮观的地下陵墓。

我们从摩西的记载中能够发现埃及政府机构的详细情况。当时的埃及人被分成几个等级，跟现在的印度一样。神职人员处在第一等级，国王一般从这一等级中推选。这一等级的地位和权利都远远超过其他人。祭司不仅主管宗教，还是知识的世袭保有者。他们是建筑师、地方执法官、医生、职业天文学家、几何学家以及编年史家等。他们占据了所有的自由职业，拥有无限的政治权利。

约瑟善于解梦，于是毫不费力地进入这一等级，并得到了国王的信任；而且他很可能为了解除埃及贵族对他的嫉妒，娶了太阳祭司的女儿，太阳祭司后来住在一个被希腊人叫作“赫里奥波里斯”的城市。当时的祭司等级以不可剥夺的方式占有了埃及1/3的土地，这些土地，约瑟动不了，但他把其余2/3的土地集中到了国王手里。

第二个等级中比较有尊严的是武士。下层人民构成了其余的等级，不同的历史权威对他们数量的估测也不尽相同。这些人中包括牧羊人、制造商、店商、译员和劳动者等。底层人很难摆脱自己的阶层，因为职业是世袭的，儿子的阶层和职业永远跟他的父亲一样。在这些职业中，牧羊人处于最底层。

约瑟在治理国家时既精明又谨慎。他受到了全国各阶层的拥戴，尽管他的措施倾向于提高君主的权威。也许，在钱用光和土地分割之后，再将土地重新出租，将1/5的收入（东方现在仍使用这个税率）上缴国王的国库，与过去相比，这对于耕种者来说，是自由和有利的。约瑟将农民迁徙到城市，是考虑到保护农民，为他们的未来做打算，因为尼罗河偶尔上涨，超过正常水位，会给他们带来危险和损失。

在约瑟的精心照顾下，他父亲的家族很快发达起来。他们因为拥有最好的土地，产量迅速提高。据说，当时埃及的土壤和气候不仅有利于种植蔬菜和养殖动物，也有利于人类的繁衍。根据亚里士多德的记载，当时一胎能生3~4个甚至是7个孩子。结婚早，再加上人比较长寿，更加促进了歌珊人口的快速增长。

在来到埃及的第17年年末，雅各去世，时年147岁。他去世前，把他最后的祝福给了约瑟，而且庄重地要求他把自己的尸体葬在迦南亲族的公共墓地。雅各的故事结束时，带上了明显的诗意预言。他的葬礼加入了埃及葬礼的隆重成分，当他的遗体被送回祖先的墓地时，当地的迦南人感到非常震惊。

父亲的遗体刚刚被护送回迦南，约瑟的兄弟们就又开始担心约瑟对他们不利，于是，他们在他面前表现得非常谦卑。其实他们没有什么理由怀有这种担忧，因为约瑟之前对他们非常友善，他的人品尽人皆知，人无从产生这样的疑虑。他们跟他说起这样的担忧时，约瑟眼含泪水，由此可以看出他对兄弟们的大度与喜爱。他让他们相信，他会一直对他们好，对他们所有的家人好。约瑟一直活到了曾孙绕膝时去世，时年110岁。去世前，他交代了对自己遗体的处理方式。他们对他的尸体进行了防腐处理，然后放在棺材里，存放于埃及。之后约瑟其他的兄弟陆续去世，除了知道利未是137岁时去世的，其他兄弟去世时的年龄都不得而知。

第89章

以色列人在埃及为奴

（前1577—前1491）

希伯来人在埃及被奴役始于公元前1577年后不久，也就是说，大约在约瑟去世后60年左右。在这段时间里，雅各家族不断发展壮大，政府中有些人对雅各一家偏爱有加，因为他们还记得约瑟以及约瑟对埃及的贡献。后来，雅各家族渐渐失宠，因为新国王不认识约瑟，也或是出于担心与妒忌。上面给出的时间是从总体上推算出来的，但是雅各迁至埃及到摩西带领族人离开埃及中间的这段时间，从最开始就一直争议不断。

一些人认为，根据《圣经》某处的说法，从迁居埃及到被囚禁，时间是430年；而另外一些人认为，包括几任族长在此间居住的时间，一共是250年。希伯来文本、撒玛利亚文本与希腊文《圣经》给出的时间不同。有些学者推测，谱系中缺失了哥辖（利未的儿子）和暗兰之间的几个名字，还有暗兰和摩西之间的几个名字，这些只是推测，并未得到证实。事实上，在《历代志》约书亚的谱系中，约书亚排在约瑟后第12位，而摩西排在利未后第4位。另外一些学者设法找出摩西出走埃及前以色列人口迅猛增长的原因。他们认为，有证据表明，对以色列人在沙漠中的人数的计算有误。然而，这些证据也许可信，因为在250年间，人口增长的空间很大。被法老压迫的民族似乎没有被压垮，反而在几乎90年的时间里一直被激发。埃及对他们的压迫大约始于摩西出生前6年，他离开法老时已经80岁了。

按照前面的记载，过了60年，事情发生了很大的变化。当时坐在王位上的君主已经忘记，或许是从未知道，曾经有个叫约瑟的人是埃及的恩人，是某一位先王最喜爱的宰相。此处没有必要细说其间王朝发生的变化。以色列人越来越多，而这个民族又非常特别，不跟其他民族融合。他们人数众多，再加上占据了开阔通达的边境地带，因此不断受到外族的侵略。为了自保，他们便与外族入侵者结盟，势力越来越大，自然成了埃及政府关注的焦点。于是，法老发布了一项残酷的政策，对他们实施全面的压迫，既控制他们人口增长，也预防他们发动叛乱。以色列人都被抓了起来，被强迫在公共工程中做苦力，以及建造两座被称为“财富之城”的新城市——比东和兰塞。按照历史学家约瑟夫斯的说法，他们被迫去建造金字塔，以及在尼罗河流域建造大型的灌溉工程。

然而，压迫通常对压迫者毫无意义，因为被压迫者要奋起反抗。压迫不仅达不到目的，还会增加本来想要避免的邪恶。希伯来人本来是个独立的部落，居住在遥远的地区。当他们的忠心遭到怀疑后，埃及政府发现他们的人口反而越来越多，遍及全国，而且因为残酷的迫害，他们变成了自己的敌人。一项可怕的法令颁布了：在这片世袭职业的土地上，接生员很可能是一个独立的阶级，在相关的官员指挥下，接生员被命令在希伯来人的孩子出生时消灭他们。然而，这些接生员违背了这项法令，也可能是设法规避了这项法令。国王现在只能亲自动手，执行这项灭绝计划，要将亚伯拉罕民族的人口大大减少。他命令将所有的以色列男孩扔到河里，仅留下女人。这样做，很可能是把她们留给那些迫害者做妻妾。

经历了一系列奇妙之事，摩西被抚养长大，不仅成为上帝所选民族的继承者，也成为与埃及神秘多神宗教结合的宗教创始人。他从小就被浸染于埃及的学问与智慧中，在这样的环境中长大，被寄予厚望。他虽然是以色列人的儿子，却被埃及的公主收养，最适合完成这个神圣的任务。到了他情感饱满、判断力走向成熟之时，他强烈的善念要付诸行动。他走出深宫，却发现他的同胞正在被迫出卖苦力。一天，他看到一个埃及人，也许是个官吏，正在对一个可怜的以色列奴隶大施暴虐，他毅然去保护他的族人，杀了那个埃及人并把他的尸体藏在沙土里。

第二天，摩西去为两个吵架的以色列人进行调停，却发现昨天发生的事已被泄露。当时没有其他人在场，是他救下的那个族人泄露了此事。这种情况自然让摩西想到他的处境是不安全的，如果他心中有过解救族人的计划，那么现在也是难以实施的。由于违反了埃及的法律，面临着被惩罚的危险，于是他逃到了米甸。

在米甸，他住在帐篷里，过着游牧生活。这里位于巴勒斯坦和阿拉伯半岛的边界，他比较安全。他在这里一住就是40年，而在这里的时候，这位以色列人未来的立法者一直以地位低下的牧羊人为职业。他娶了米甸一位祭司的女儿，看着孩子们在眼前成长，他似乎忘记了那些在埃及受压迫的族人。然而，就在这时，他的大脑中产生了一个更高尚的想法：将自己的民族从一个富有强大民族的奴役之下解救出来。

尽管自觉得到上天的支持，但摩西谦恭、不自信的性格还是让他在很长时间内下不了决心。过了很久，摩西才鼓足勇气，下定决心去完成他的伟大事业。比摩西大3岁的兄长亚伦跟他一起出发。他们得到了族人的赞成和服从。

在东方，要想觐见君主，需要通过一种公开宫廷会议，觐见之人出现在宫廷上，提出要求或请求。这对摩西和亚伦来说没有什么困难，他们把文书呈给了法老，向国王提出请求。然而，他们第一次提出的请求没有被傲慢的国王所接受。以色列人要离开埃及去侍奉他们自己的神的请求被严厉拒绝了，而且更糟糕的是，他们的苦力劳作反而大大增加了。他们不仅被命令制造同样多的砖，还要去割草。如果完不成这无法完成的任务，他们就要受到严厉的惩罚。摩西和亚伦的请求反而加重了以色列人的灾难，这让他们的族人非常憎恨他们。然而，带着慈悲之心来拯救族人的摩西和亚伦并没有退缩。

他们再次出现在国王面前，为了让他同意自己的要求，他们在国王面前显现了神迹，把亚伦的手杖变成了一条蛇。然而，这没有产生什么效果，因为埃及的祭司也同样做到了。围绕解救以色列人一事，摩西和亚伦与埃及巫师展开了较量。尽管在第一轮的较量中，亚伦变出的蛇吞掉了其他的蛇，但埃及人认为这种技巧是魔法，摩西和亚伦很难说服一个熟悉这类技巧的民族。埃及君主更加顽固，坚决要留住以色列人做他的奴隶。

受奴役民族的领袖更加鼓足了勇气，他们的要求更加强硬，展现了更多的神迹，影响更加广泛。埃及所遭受的灾害遍及国王、祭司阶层以及所有人，全国议论纷纷，恐慌不断，相关细节无须在此一一赘述。施行这些灾害的目的只有一个，就是要使国王及其臣民的切身利益遭受损失。虽然都是伪造出来的，但当埃及的祭司看到这些明显的神迹后，大为震惊，便退出了较量。但是，国王仍然不为所动。只有当灾难发生的时候，国王才说如果摩西和亚伦能够结束灾难，他就让以色列人离开。而当这些恐怖的超自然灾难一过，国王却说，人可以离开，牛群要留下，因为埃及人自己的牛都被毁灭了。但是以色列人坚决不放弃他们的牛群，国王由此而拒绝放人。

当时，不断施行神迹带来的灾难使整个埃及荒芜一片，压迫者的暴行受到了严厉的谴责。各个阶层生活凄惨，他们的傲气被磨灭，他们“神圣”的偏见遭到伤害。尼罗河水受到污染，埃及人的住处聚满了可恶的爬行动物，洁净之人被寄生虫玷污，洁净的空气中害虫随处可见。一场瘟疫夺走了埃及人的牛，他们疾病缠身，身体溃烂。长势良好的庄稼，一场冰雹过后，便颗粒无收；漫天的蝗虫在长达3天的时间里，遮蔽了整片天空。即使这样，以色列人还是不能得到释放，另一场更大的灾难便在所难免。

后来，以色列人离开埃及时，想为他们多年受到的残酷奴役获得埃及的补偿——金器、银器和珠宝。这些要求很快就得到了兑现，因为这些犹太人的魔法让他们的主人胆战心惊。摩西要求他的族人接受所有能得到的礼物。被奴役的最后一晚很快就要到来，以色列人所付出的艰辛也有了部分回报。然而，这个晚上，以色列人的后代永远也不会忘记，他们的压迫者也不会忘记。以色列人死里逃生，而压迫他们的每个埃及家庭则失去了长子。

在停止一切劳作的时候，以色列人聚集到一起，通过某种方式组织起来，每个部落和家庭都带着自己的羊群和牛群，带着足够的粮食，以及从他们主人那里获得的财产，准备永远离开他们的被奴役之地。

第90章

以色列人出埃及

（前1491—前1452）

当埃及出现一片恐怖和愁苦景象的时候，歌珊却是一片光明与喜悦之地，埃及人此时只想让以色列人赶快离开。以色列人离开了埃及，去寻找他们的自由之地，那里曾是他们祖先的居住之地，现在是祖先的埋骨之处。他们带着约瑟的遗骨，把他埋葬在族长的墓地里。此事发生在公元前1491年5月15日。

总体估算，当时的以色列成年人有60万，人口总数为二三百万人。他们从兰塞出发，前往迦南。即使带领这样庞大的人群，也只需几周就能到达迦南的边界。然而，如果直接采取向北的路线，沿着红海行进的话，就会碰到非利士人。所以，他们开始行程时，走了一条向南的绕过红海西部支流入海口的路线。

到了疏割后，他们停下休息，这是他们的第一个休息地。起初，这里到处都搭着帐篷，后来才逐渐变成村庄。从疏割启程后，他们又到了以坦。有些人认为这里是座城堡或是个小镇，位于红海最南端。这里位于沙漠边缘，他们不久就会摆脱埃及的追兵，因为进入沙漠地带后，埃及的战车和骑兵都无法跟上，只有骆驼可以跟在被踩出的脚印上行走。然而，这些在荒野上跋涉的人突然改变了方向，他们没有一直沿着右边的红海快速行进，而是绕过海湾入口处，掉转了方向，向南行进，红海变到了他们的左边，然后在离海岸不远的比哈希录安营扎寨。假如此时埃及国王追过来的话，这里会非常危险，他们毫无逃脱的机会。

当时埃及国王正穷追不舍，他已经从前几周接连发生灾难的惊恐中恢复过来。王国第二阶层的战士，平常大量屯守在边界，一旦出现危机就可以迅速集结起来。法老以最快的速度，集结了600辆战车和大量的军队。以色列人还没有安顿下来，法老就已经带着大军来到了他们的身后。以色列人已经无路可走，陷入恐慌，唯有他们的首领还保持镇静。

这时，摩西走到海边，伸出他的手杖，一阵狂风从东边吹来，海水退去。海中出现了一条通道，可以让这些狼狈的以色列人通过。海湾的水汹涌澎湃，“在大海里开路”，阻止堆积起的水流流向原有的水道。等到以色列人安全从海中穿过，狂追不舍的埃及人正追至海中裂开的地方时，海水又恢复了原位。埃及的战车陷入沙土中，又被大水掀翻，所有被困的埃及军队瞬间被大海吞噬。

旅居歌珊之人现在安全地站在岸边，
望着漂浮的尸体，
和破碎的战车。

关于这条通道的位置有不同的说法。这条通道带着以色列人沿着红海西部沿岸近70英里一直来到了贝底亚，这里据说是一个小海湾——目前已干涸，流向山中的狭径，出口处就是摩西安营的比哈希录。然而，这里的红海宽度接近12英里。尼布尔提出了另外一种假设。他对现场进行了勘察，认为通道的位置靠近现在的苏伊士，因为苏伊士所在的位置是座古老的城堡，被阿拉伯人称为科尔苏姆。尼布尔在这里涉水过海，大约有2英里的路程。但是他明确表示，这里以前的海水一定很深，而且海湾延伸比现在的位置更靠北。探险家布克哈特也持有相同观点。

埃及记载的以色列人在摩西的带领下得到拯救的历史，无疑被保存了下来。这些记载在古典作品中衍生出了奇怪、扭曲的故事。托勒密在亚历山大城统治埃及时期，将埃及和以色列人之间以前的仇恨从民间、宗教和文学中表现出的分歧与妒忌记载了下来——这不利于寻找真实的历史。约瑟夫斯从曼涅托、喀雷蒙和利西马科斯的著作中摘取了一些记载，但它们相互矛盾。他们的目的是将希伯来人与早期的牧羊人王朝关联起来，而他们都是埃及人极其厌恶的人，例如，他们甚至把奥泽西夫和摩西联系在一起。

整个以色列民族从埃及的压迫和强权下被解救出来，走上了他们“应许之地”的朝圣之旅，那是一片美丽、富足之地。为了他们坚定的信仰，注定要到那里去。最终，他们在那里过上了宁静、祥和的生活，并在那里繁衍生息，成为一个强大的民族。然而，当时出现在以色列人面前的是一片一望无垠的沙漠，横亘着寸草不生的崎岖山脉。在这片地区，还会随处看到一些绿洲，周围有温泉，还有一些棕榈树。

每个时代，沙漠和沙漠上的寄居者都是如此，永远不变。此时在沙漠里，旅行者看到的景象跟当年摩西带领族人看到的也不会有什么两样。由此，他能够辨认出他们在旷野中的部分休整点，特别是早期的那些休整点。到了玛拉，他们发现那里的水是苦的。从阿依翁摩撒（摩西的水井）开始，那里被认为是劈开的过海通道，现代旅行者用了不到16个小时的路程，当时这些以色列人却走了3天多。摩西把一根树枝扔进水井，水就变甜了，这很可能不是这根树枝的力量。他们继续前行，到了以琳。旅行者们来到古尔隆德尔山谷，在那里发现了泉水和70棵棕榈树。也正是在这里，这个民族休息了一个月。据说，现在这里还留下了9口井，而当年的棕榈树也变成了小树林。

他们再次出发时，不是朝着巴勒斯坦的方向，而是向着摩西悟道时的圣山。他们行进的时候，吃完了携带的粮食，再往前走，可能会饿死。他们后悔离开埃及，也不把摩西的权威放在眼里，所有这些情绪都表现了出来。队伍里发出了抱怨声，眼看就要酿成公开的叛乱。在这紧要的关头，摩西向上天祈祷。当季的鹌鹑和吗哪很快降临。吗哪被源源不断地供应，这种食物是一种凝固的露水，是从地里收集而来的，口感极佳，被称为“上帝的面包”。

又停下休息了两三次后，以色列人来到了西奈山脚下。此时他们又口渴

阿拉伯半岛沙漠景观，远处是西奈山

难耐，跟之前挨饿一样，生命受到了威胁，他们又开始抱怨起来。然而，这些忘恩负义之人还是很快得到了水喝。摩西敲打岩石，水就涌了出来。因为这些人的不满，这里被称为玛撒和米利巴，即试炼与考验之地。在这片沙漠地带，他们首次与敌人发生了冲突。他们的帐篷突然被亚玛力人包围起来，经过一场漫长的殊死搏斗，亚玛力人最终被走在前面的约书亚挑选的一支骁勇善战的军队打退。

摩西的岳父叶忒罗听说发生了这些大事后，带着摩西的妻子西坡拉和儿子革顺、以利以谢住到了以色列人的帐篷里。摩西采纳了他提出的有效管理方法，推行合理的规章制度，逐层下设管理人员和法官。一切安排妥当后，他们出发来到了西奈山峰前的广阔平原上。

> 在这里，经过最庄严的准备，在最可怕的情况下，伟大的以色列立法者向他的人民交付了一部宪法和法典。这部宪法和法典假定他们拥有一块肥沃的土地，而到目前为止，他们还没有占领一英亩土地；但迄今为止，它一直在向相反的方向游荡，甚至没有接近它的边界。一个定居的文明社区的法律是在一个流浪和无家可归的部落中颁布的，他们正在穿越荒野，在他们现有的情况下，更可能沉沦于他们祖先的田园生活之下，而不是进化为一个勤劳的农业社区。然而在这个时候，他们已经颁布了法律。

颁布律法以及随后所发生的令人震惊的现象，很可能在《圣经》简单而神圣的语言中有所叙述，读者可自行参考。随后摩西一直待在圣山上不下来，最终，他的族人开始怀疑他或许已经遗弃了他们，或许死在了山上。没有他的领导，他们该怎么办？即使亚伦也产生了同样的怀疑，他现在还不了解弟弟的计划，也不知道他是否还活着。

摩西颁布法律

恐惧又让他们采取了在埃及时的迷信活动。他们坚持用黄金打造一头公牛，类似埃及人塑造神像所代表的意义。亚伦同意了他们的做法。他们向打造的这个神像献祭，其中混杂着埃及的祭祀仪式。这种奇怪而又亵渎的行为，给他们带来了严重的后果。有3 000多亵渎者死于利未部落的剑下，其中包括利未自己的家人和亲人。

最终，这些以色列人拆了他们在西奈附近的帐篷。之后他们去了哪些地方，现在很难确定，尽管我们能够指出他们的总体行进方向。从《圣经》里对他们停顿之处地理特征或明或暗的描述、从某些已知地点出发的距离、从阿拉伯语名字与古希伯来语的相似性，以及这些细节间的一致性，我们可以确定一些地理位置。这些地点比较固定，而以色列人的行程有时限于某些旷野上具有地理特征的路线——高山和隘口。因此，西奈和加低斯巴尼亚是两个已被确定的位置。从西奈出发，有两条大路通向加低斯巴尼亚，西边大路通向耸起的沙漠，而东边大路通向亚拉巴河谷。

这些在旷野里长途跋涉之人，很可能采纳了向东的路线，因为《圣经》作者似乎暗示了他们的路线沿着西珥山，而且如果采纳了

荒野中的会幕①

向西的路线，他们很可能到达别士巴的巴勒斯坦边境，而不是到达位于以东边境的加低斯巴尼亚。离开埃及一年零一个月后，他们又开始出发，重整秩序，以军纪进行管理。

一路没有发生什么事情，以色列人最终到达加低斯巴尼亚。然而，一场危机正在酝酿之中。间谍的情报被送到了他们即将征服的土地，而他们自己也被恐惧吓得难以采取行动。他们感到无力与强大的敌人较量，也无力攻打坚固的城市。因为长期在埃及做奴隶，他们变得格外胆小。

勇猛的约书亚和迦勒竭尽全力激发他们的斗志，但都无济于

① 会幕，即旷野里的帐篷，是神会见以色列人的地方。——编者注

事，因为他们害怕攻击迦南的居民，即使是在神的主持下，所以他们决定永远不要进入这片土地。作出不进入迦南的决定后，以色列人立即从“应许之地”的边界撤离。然而，他们的命运是，除了约书亚和迦勒，其他20岁以上的人在这片荒野里流浪40年后将全部毁灭，即使期盼着回到迦南的摩西也要服从命运的安排。他站在毗斯迦山顶上，远远望着那片光荣之地。

就在这时，有人组织了一场危险而大范围的叛乱，参加叛乱的有250人，首领是利未人可拉以及流便的后代大坍、亚比兰和比勒的儿子安，他们想凭借着祖先长子后裔的身份夺权。这些密谋者以及追随他们的上千人受到最可怕的惩罚，全部覆灭。

关于以色列人接下来38年的野外生存史，我们除了知道他们行程中的几个停靠点，其他一无所知。这些停靠点大多分布在西奈山和西奈山附近的旷野上，活动范围限于直径30英里以内。这一地区

可拉及其追随者的毁灭

摩西在尼泊山上

是西奈岛物产最丰富的地方，为这些部落提供了水源和放养牛羊的草场。接近限定的时间时，上一代的人渐渐去世，取而代之的是具有良好习惯、纪律更加严明的新一代。希伯来民族突然在加低斯出现，那是多年前他们所能到达的最边缘地带。他们从此地向前推进，向南绕过西珥山，不时受到生活在迦南地区土著部落的抵抗。

以色列人与亚摩利王西宏以及巴珊酋长噩之间发生了两次决定性的战斗，之后，以色列人成了整个约旦河东岸和革尼撒勒湖的主人。但是他们没有攻占“应许之地”，这些征服者不断靠近约旦河，那里离死海的入口处不远，在摩押人的平野之地，几乎就在杰里科的对面。以色列人遇到杰里科人的抵抗时，使用了宗教手段。巴兰的咒语本想用在以色列人身上，结果却转移到以色列人的敌人身上。米甸人联合摩押人，采用污秽与凶恶的仪式损害了一部分以色列人，结果却因为自己的罪行受到重罚。他们的国家被火与剑所毁灭，所有人口几乎荡然无存。

这场征服后，有些部落想要过上安定的生活。流便和迦得的部落过惯了游牧的生活，他们饲养了大量的牛羊，想要约旦河以东地区，那里适合放牧。他们因此要求得到那块土地。摩西同意了他们的请求，但前提条件是，他们的战士把妇女和孩子留在后方，自己渡过约旦河，帮助同胞征服河西地区。后来，约旦河以东的地区就分给了流便、迦得部落以及玛拿西的半个部落。

第91章

迦南及其周围的原始民族与部落

为清晰地了解犹太人的历史，我们有必要对迦南及其周围的土著部落加以简单介绍。迦南是叙利亚的一部分，而叙利亚几乎位于冰雪覆盖的北极荒原和烈日当头的热带的中间位置。从美国的地理位置看，叙利亚位于西方文明的中心位置；从中国的地理位置看，叙利亚位于东方文明的中心位置。叙利亚就像一座岛，东部是沙，西部是水，北部是高山，南部是岩石。也可以说，叙利亚是连接欧亚非的地峡。旅行者无论是从地中海还是从叙利亚沙漠接近它，首先看到地平线上羊群般的白云连成一条长线，这些云朵越来越清晰，随后可以清楚地看到黎巴嫩山——非常突出，像一堵墙一样穿过地平线。美丽的黎巴嫩山，曾经雪松遍野，至今依然到处是美丽的河谷，阿拉伯的诗歌里对它的描述是这样的：冬季给它戴上了王冠，春季给它穿上了斗篷，秋季依偎在它的怀抱，夏季躺在它的脚下微笑。

迦南位于叙利亚南部，当地最早的居民，似乎是一个人口众多、势力强大而充满活力的民族，他们的身体特征与迦南人和希伯来人有不小的差别。我们对它加以简单的介绍。

亚卫人居住在西南部，一部分被非利士人灭绝，一部分被非利士人赶到南部，非利士人是来自克里特岛的一个族群。

何利人，即“山洞人”，生活在山洞里，似乎被迦南人入侵，后与迦南人融合。他们也曾住在西珥山附近，被以东人灭绝。

利乏音人，是迦南东部一个非常古老的民族。他们体形高大，划分为几个家族，有许多城市。这些城市被接连摧毁，后来又被重建，再后来被迦南人占领。与利乏音人关系密切的是以米人，被摩押人称为“可怕的人”。以米人身材高大，而且颇为富有，他们的领土后来被叫作“摩押之地”。还有亚扪人所说的散送冥人，他们富有，而且身材无比高大，他们的领地被叫作“利乏音之地”。利乏音人被完全灭绝后，他们的领地又被称作“亚扪人之地”。耶路撒冷西南相邻的一个平原河谷留下了这些“巨人”的名字。巴珊王国的利乏音，即“利乏音之地”，很可能是这个民族的残余，而这个民族被摩西所灭。

“巨人”亚衲人是一个山地民族，他们是以色列人的强劲对手。像利乏音人一样，他们也分成几个家族，如住在希伯仑山附近的拿非利人。这些家族很可能包括阿巴、亚希幔、示筛、挞买。亚衲人居住的山不仅有希伯仑山，还有底璧山、亚拿伯，以及犹大和以色列的大部分高山，分布于迦南的北部和南部。这些人都被约书亚毁灭。加沙的亚衲人，以及亚实突人和迦特亚衲人延续了下来。这些民族中的最后一个是歌利亚族。

基尼人在亚伯拉罕时期生活在平原上，似乎是被迦南人驱赶到南部，跟米甸人生活在一起，据说他们的祖先是何巴。在摩西时代，他们生活在山上，靠近摩押和亚玛力。扫罗王即将入侵亚玛力时，曾提醒基尼人离开，以防与亚玛力人一同被毁灭。

基尼洗人被认为居住在以东，因为他们的远祖基纳斯曾是以东的公爵。甲摩尼人，即“东方人”，居住在赫尔蒙山附近，他们很可能是希未人。比利洗人，即“平原人”，居于伯特利和艾城之间，示剑城附近。他们也大量居住在以法莲和玛拿西之地，以及犹大南部。

迦南是含的儿子，迦南人是迦南11个儿子的后代，其中西顿、亚基、亚瓦底、哈马提和西尼这5个儿子的后代定居在叙利亚和腓尼基，他们的历史将在叙利亚和腓尼基部分中进行叙述。迦南的另外6个儿子，分别是赫、耶布斯、亚摩利、革迦撒、洗玛利、希未，他们定居在迦南本土。

接下来，我们将对生活在迦南本土的这些民族，按照他们的先后顺序加以叙述。他们有时被称为一个分支，一部分住在海边，一部分住在约旦河畔，即《约书亚记》里的东部和西部。

赫的后代，即赫人，与亚摩利人居住在犹大的山间。在亚伯拉罕时期，赫人占有希伯仑。亚伯拉罕从他们那里买下了麦比拉山洞，作为族长的家族墓地。这个山洞在希伯仑亚伯拉罕清真寺下，现在依然可以看到。以扫娶了两个赫人为妻，他的父亲居住在别士巴时，据说他们也住在这附近。以色列人进入迦南时，他们迁到了北面。埃及纪念塔上的雕塑显示，在族长时期，赫人向埃及人发动了一场持久的战争。根据《士师记》的记载，伯特利周围的广大原野被称为“赫人之地”。赫人乌利亚是大卫的一名军官。所罗门最早要求他们进贡，而且我们发现，在所罗门的妻妾中有赫人。在此之前，他们很可能一直在自己的土地上生活，因为我们在《列王纪》第一、二卷中都读过有关赫人国王的内容。我们最后看到有关赫人的记载，是犹太人从“巴比伦之囚”返回故土时，赫人被认为是犹太人从中非法娶妻的异教部落。

耶布斯人居住在耶路撒冷的城市和山间，没有被便雅悯人赶尽杀绝，也没有被便雅悯人驱逐出去。大卫占据耶路撒冷之后，他们似乎依然在他的律法下生活。大卫从一个耶布斯人那里买下了摩利亚山上的神庙区域。耶布斯人经常与埃及人交战，这些都显示在埃及古代纪念塔上。

亚摩利人在亚伯拉罕时期就被发现了，他们住在隐基底附近，那里位于死海西岸，为热带气候，土地肥沃。后来那里被所罗门改造为植物园，他们自此一直扩张到迦南南部的大片山区，并为此命名。雅各说过，他用武力从他们这里得到一块地，这块地向北一直延伸到示剑。在《创世记》第15章里，这个名字一般用来指迦南人；在《约书亚记》里，用这个名字指代上文所说的住在山区的人；在《士师记》里，亚摩利人为北部的但人效劳，一直住在山上。

他们在自己领地中间的亚雅伦谷定居下来，而且把亚克拉滨山作为南部边界。亚克拉滨山的峭壁把从加利利海到亚喀巴海湾间的河谷一分为二。摩西时代以前，他们建起了两个王国，北部是巴珊王国，亚嫩河以南是另一个王国。他们把住在亚嫩河和雅博河之间的亚扪人和摩押人赶走。以色列人在亚摩利国王西宏在位时期占领了后一个王国。

革迦撒人居住在迦南人和耶布斯人之间，那里位于加利利海东部，被称为“格拉森人之地”，它是我们在接下来的历史中唯一没有再提到的部落。而另一个部落洗玛利人，也只提到了一次，即在《创世记》第10章里。洗玛利虽然只是座城市，却出现在了《约书亚记》里。

希未人居住在前黎巴嫩山（赫尔蒙山）脚下，米斯巴的北部。有些人留在黎巴嫩，居住在巴力赫尔蒙和哈玛特边界之间，他们的城市都是在大卫时期命名的。剩下的希未人、亚摩利人、比利洗人和耶布斯人都被所罗门奴役并被迫上缴苛捐杂税。基便人和示剑人也跟他们是同一族人。甲摩尼人也很可能跟他们是同一族，因为据说“希未”的意思是“蛇”，这让我们想起了卡德摩斯与龙的激战。卡德摩斯将腓尼基字母从叙利亚传入希腊。还有人认为，卡德摩斯在但人征服了赫尔蒙山脚下的地区时移居到了希腊。

最后再简要叙述一下亚玛力人、摩押人、亚扪人和非利士人，他们一般都不被认为是迦南人。以东人或纳巴泰人这个重要民族的历史在本书另一部分讲述。

阿拉伯诗人认为阿拉伯半岛是迦南人的发源地，他们是含的儿子亚玛力的后代，当时叫亚玛力人，曾在古代占据麦加周围的地区。在《民数记》中，亚玛力被称为“诸国之首”，它的国王是巴兰所知最强大的，尽管有些人认为“诸国之首”的意思是首先与以色列人交战的国家。基大老玛在亚伯拉罕时代曾与亚玛力人交战。根据前面的诗歌文献，有些亚玛力人从阿拉伯半岛迁徙到了迦南北部，并在这里建立了西顿城，这是他们最古老的都城。希罗多德说，腓尼基人的土著名字叫迦南，即“商人”之意，他们最初居住在红海附近，后来移居到了地中海。他认为，迦南腹地被他族所占领。

一般认为亚玛力人的祖先是以扫的孙子，他是以东的一位公爵。然而，以东人（迦巴勒人）与亚玛力人似乎一直互相仇恨。亚玛力人占据的领地从迦南南部延伸到西奈半岛之角。他们在以色列人从利非订向西奈山进发时，攻击了他们的后方，给以色列人造成了人员伤亡。激战过后，他们被以色列人击溃。在何珥玛，他们与迦南人结盟，将埃及人从犹大山地南坡击退。他们也跟摩押王伊矶伦和亚扪人结盟，后来与西巴王和撒慕拿王统治下的米甸人结盟，想要灭绝以色列人。基甸想出了一条计谋，让他们自相残杀。到扫罗王前，我们再也没听说过亚玛力人。

亚玛力人首次进攻以色列人时，约书亚就宣布要灭绝他们。后来扫罗王消灭了部分亚玛力人，而大卫王对亚玛力人的摧毁更加彻底；到了希西家统治时期，西缅人灭绝了亚玛力人。由此，我们可以说，当时的以色列人必须要消除南部边界的宿敌。

扫罗曾带领21万大军入侵亚玛力，将亚玛力人全部屠杀，包括男人、女人，甚至连婴儿都不放过。亚玛力王亚甲品行高尚，据说因此而幸免于难，他却被残暴的撒母耳当众砍成碎片。有幸逃脱的极少数亚玛力人后来又占据了他们破碎的国土。我们发现，大卫前去保护亚吉王时，提到了亚玛力人与基述人、基色人结盟。大卫给他们带来了严重灾难。亚玛力人又集结起来报仇，他们来到大卫的所在地洗革拉，而此时洗革拉因为大卫出征在外，毫无防守。亚玛力人占领了洗革拉，并放火将其烧毁，然而留下了满城居民的性命，只是将他们俘虏，其中包括大卫的两位妻子。亚玛力人带着俘虏，迅速离开，在有水草的地方安营扎寨。他们营地的所在被落在后面的一个埃及人告诉了大卫。与此同时，他们又粗心大意，放松了警惕，完全沉浸在娱乐之中。

到了傍晚时分，大卫从附近一个高地发现亚玛力人毫无防备，于是等到他们完全熟睡后，在破晓前发起进攻。这场疯狂的屠杀一直持续到太阳落山，除400名年轻男人爬上单峰骆驼快速逃到了沙漠深处，其他人都被杀死了。

罗得的后代，即摩押人和亚扪人，灭绝了身材高大的以米人。他们分布于死海以西的地区，至今还有阿拉伯人称死海为“罗得海”。亚扪人一度占领了亚嫩河到雅博河间的土地，而摩押人占领了亚嫩河两岸的地区。摩押国的土地面积约为40平方英里，南部以撒烈溪、米甸和以东为界，东部以阿拉伯沙漠为界，北部与亚扪人毗邻，西部以死海和约旦河为界。国土大部分为山区，河谷纵横，牧场丰美。

摩押人不允许以色列人侵扰他们的领地，但是以色列人还是经常进行挑衅。亚摩利人占领了亚扪人的大部分领土，以及附近摩押人远至亚嫩河的领土。以色列人从亚摩利人手中拯救了摩押人的领土后，又肆无忌惮地将其占领了，并持续了几个世纪，直到这10个支派衰落时，摩押人才再次占领了流便和迦得的居住之地。

以色列人在摩西领导下打败了西宏，在刚占领的摩押平原上搭起了营帐。之所以称为摩押平原，是因为这里不久前还是摩押人的领地。摩押王看到以色列人时，惊慌失措，无以抵抗。他把全族中最出色的人，再加上住在摩押的米甸长老们召集在一起，经过商量后决定，把驱魔法师巴兰叫来，让巴兰诅咒以色列人。在多次邀请，并且答应给予丰厚酬金后，巴兰答应了他们的请求，施行法术，诅咒以色列人，但是没有成功。巴兰很精明，提出了一个邪恶的建议，说这个做法比口头诅咒更厉害。

巴兰对聘用他的人说，以色列人只要让上帝满意就会不断强大，唯一能够伤害他们的办法就是让他们违背上帝，崇拜多神。他建议，为了达到这个目的，可以派漂亮的摩押和米甸女人勾引以色列人，让他们相信邪教。摩押王采纳了他的建议，长老们甚至毫不犹豫献出自己的女儿来做这件败坏名声的事情。这个罪大恶极的计划施行得非常成功，以色列男人被这些女人的甜言蜜语所迷惑。这些女人比那些全副武装的男人更加难以战胜。这些以色列人抵挡不住她们的诱惑，竟然崇拜邪教！随后，以色列人中发生了瘟疫，有2.4万人丧生；此外，摩西还惩处了一些人。在进入“应许之地”前，毁灭性的叛国行为就这样受到了惩罚——一次可怕的大清洗。

除了埃及雕刻中关于摩押人的记载，还有一个与摩押人有关的记载，即摩押人在以色列人定居迦南后，充当了迫害以色列人的工具。俄陀聂死时，他的族人没有首领，很可能是因为他们崇拜偶像而导致了内部分裂。此时，摩押人联合亚扪人和亚玛力人进攻以色列人，占领了迦南的东部，杰里科也被占领。之后，摩押人在各城派驻守兵，镇压当地人，强迫他们进贡，这种暴力的统治持续了至少18年。以色列人派人刺杀了摩押王，屠杀了1万人，才从压迫中获得了自由。

不久，摩押人企图报复约沙法带给他们的损失，因为约兰在约沙法的帮助下给了摩押人以重创。摩押人为了壮大力量，与亚扪人、以东人以及周围的民族结成联盟，并集结了一支大军，秘密进入犹大，很可能沿着死海南岸，在隐基底搭起营帐。然而，因为一个误会，他们互相攻击，最后全军覆灭。摩押人在尼布甲尼撒统治时期，无疑与叙利亚其他民族一样拥有着共同的命运。约瑟夫斯说，在尼布甲尼撒统治时期，摩押是个大族，人口众多，但在3世纪时，已经没人知道他们的名字，他们被统称为阿拉伯人。

亚扪人是罗得的后裔，打败了巨人族散送冥人，占据了他们的土地。后来，他们的领地被摩西占领，分给了迦得和流便两个支派。旅行者曾饶有兴致地描述这个地方，这里山丘延绵，林木葱茏，河谷纵横，溪水潺潺，呈现出田园风光之美。阿拉伯的谚语赞美它无与伦比。

前文已经提到，亚扪人在伊矶伦统治时与摩押人结盟，一起抵抗以色列人。我们发现，约200年后，在一场与以色列人的战争中，亚扪人是主力军，而且当时的君主不详。这个君主也企图恢复已从亚摩利人手中转到以色列人之手的亚扪故土。他入侵了这个地方，而且占领了多年。这次胜利后，他大受鼓舞，继而渡过了约旦河，侵犯犹大、便雅悯和以法莲支派的领地。返回后，他计划彻底征服以色列。与此同时，非利士人从以色列西南入侵——是否是联军不得而知。以色列士师耶弗他设法向他陈述利害，但是徒劳无功，于是耶弗他在亚罗珥向他发起进攻，大获全胜，并大肆屠杀亚扪人，结束了亚扪人的统治。

接下来的亚扪王是拿辖，他生活在扫罗时代。他要光复先辈们的领土，并在一开始就取得了巨大的成功。最后，他围困了基列雅比，就在即将破城、居民们都要失去一只眼睛作为存活的条件时，扫罗在3个地方袭击了他的营地。亚扪人被打得措手不及，乱作一团，无力抵抗。以色列人乘胜追击，一直杀到一天中最热的时候，亚扪人被彻底打败，四处逃窜。

60年后，当大卫派人给亚扪王哈嫩送去贺信时，亚扪人却对信使进行了可耻的羞辱。这一行为引发了一场战争。哈嫩集结了一支联军，这支联军由叙利亚人、摩押人以及亚扪人组成。大卫派约押统率大军入侵亚扪。亚扪人和他们的盟军分成了两支，约押也把他的军队分成两支，一支攻打亚扪的盟军，另一支攻打亚扪人，并将两支军队彻底击败。次年，因为失败而蒙羞的叙利亚人，又联合亚扪攻打大卫，被大卫率军打败。约押围攻亚扪的都城拉巴，大卫发起暴风雨般的进攻，疯狂地摧毁了这座城市，作为报复。

约142年后，亚扪人又联合摩押人入侵犹大，然而，联军内部发生争执，最后互相残杀。亚扪人很长时间后才从这次打击中恢复过来。乌西雅又率军将其打败，并迫使他们进贡。亚扪人又在乌西雅的儿子约坦统治时期发动叛乱，再次被打败，并被迫进贡100塔兰同的银子，以及各1万歌珥[①]的小麦和大麦，并要连续进贡3年。流便

① 《圣经》中常用的计量单位，1歌珥≈220升。——编者注

和迦得两个支派的人被俘时，亚扪人占领了他们的空城。①

西底家一直想摆脱尼布甲尼撒的奴役，亚扪末代君主巴利斯似乎与他有过结盟。然而，耶路撒冷被摧毁时，亚扪人却在它的废墟上欢欣鼓舞。巴利斯劝以实玛利暗杀巴比伦国王派来管理犹太人遗民的基大利，以实玛利就暗杀了基大利，之后巴利斯把以实玛利藏了起来，但是受到了一个巴比伦将军的惩罚。亚扪在大火和利剑下成为废墟，亚扪著名的国都拉巴也被摧毁，巴利斯和他的主要大臣都被放逐。

我们发现，过了很长时间以后，亚扪人跟阿拉伯人、摩押人和撒玛利亚人联合，试图阻止耶路撒冷重建。很可能是居鲁士让他们

---

① 东方人在许多方面都没有发生变化，特别是那些游牧部落。现在住在加利利海、约旦河和死海以东的居民，他们的外貌、服饰、习俗、住处等，跟几千年前住在这里的亚扪人、摩押人、米甸人、流便人和迦得人都非常相似。

他们穿的长袍用的是白色粗棉布，头巾用骆驼毛结成的绳扎在头上。肩上披着一条长条形的毯子，正中开一个口，把头套进去，墨西哥人称其为庞乔斗篷。胸部和脚都裸露着。贝都因人个子一般较矮，脸瘦削，胡子稀疏，黑色的眼睛炯炯有神。农民则高大健壮，胡须茂密，五官不突出，当他们到了16岁时，外貌都变得很相似。

农民中，最富有的人跟最贫穷的人过着一样的生活，他们只在陌生人到来时才炫耀自己的财富。古代留下的住房，现代人住着宽敞、方便，每家一般有三四个房间。但村里新建的住房，全家人加上家具、厨房用具等都挤在一个大房间里。这里的人们把小麦和大麦储存在用黏土砌成的高5英尺、直径2英尺的圆形储物罐里。

厨房用具主要包括一个夏季使用的手动磨面机，因为那里的夏季河道里没有水，无法驱动磨面机；另外还有一些铜壶，几块地毯。在富有的家庭里，我们见到一些粗羊毛垫，夏天当地毯用，冬天披在马身上。我们很少见到真正意义上的地毯或地垫，只有来了陌生人时才会铺上。房屋中间有个壁炉，用来煮咖啡。他们使用的山羊毛麻袋以及帐篷和骆驼用具跟贝都因人用的一样。每家都有个大泥缸，每天早上，家里的女人都会打来泉水，将它灌满，够一家人使用一天。——原注

恢复独立，就像我们发现的那样，他们甚至在此之前已经臣服于埃及，后来又臣服于叙利亚。当安条克四世残酷地迫害犹太人时，在古老而不可化解的仇恨的驱使下，亚扪人也趁机骚扰他们。最后，亚扪人在总督提摩太的领导下，与犹大·马加比作战，结果是亚扪人的城市被马加比焚烧，居民被屠杀，亚扪作为一个民族而不复存在。到了2世纪，有些作家提到他们时，说他们是一个人口众多的民族，但不久以后，他们就被统称为阿拉伯人了。

再说米甸，它的边界很不确定。我们知道，米甸人住在以东的东部和南部。摩西在西奈周围发现了他们，他们有一座大城叫米甸，位于北部，靠近拉巴摩押。还有一个同名的大城，在南部，靠近红海，在亚喀巴湾东岸红海入口处。

据说，米甸人是亚伯拉罕第四个儿子的后代。我们发现，他们早期与以实玛利人混居，后来与凯达尔恩人和纳巴泰人混处。到了摩西时期，米甸人和摩押人看似是一个民族，因为他们的宗教相同，利益也相同。这个人口众多的民族早期是个游牧民族，分为两个等级，即牧民和商人。在约瑟时期，他们的商人就从基列前往埃及进行贸易。牧民住在帐篷里，与牛群为伴，甚至战争中也把牛带在身边。商人一直以商队的形式在地中海、印度、亚述、埃及进行贸易往来。他们把牛交给女人看管，所以才会有人看到叶忒罗的女儿帮着父亲照看羊群。

叶忒罗，又名流珥，意为“王子祭司”，基尼人，住在米甸。“一天，他的7个女儿受到了一些牧羊人的羞辱。摩西不久前刚到此地，这天，他碰巧看到那些牧羊人把这些女孩和他们的牛从井边赶走，不让牛喝水。他就挺身而出，前去帮忙，让她们把牛喂完。女孩们回到家后，父亲问她们为何回来得比平常早，她们告诉他说，她们在井边受到了羞辱，有个埃及人保护并帮助了她们。

“叶忒罗立刻问这个仗义的陌生人是谁，而且责怪他的女儿们没有把他请到家里来，不够礼貌，并立即派她们去把她们的恩人请到家里来，好好招待他。她们按照父亲的吩咐——我们猜测，把摩西带到了父亲面前。她们的父亲见到这个陌生人后非常高兴，并把他留在了家里，让他帮着照看牛羊，而且最终把他的一个女儿西坡拉许配给他为妻。”

就像现代传奇剧中的英雄一样，摩西变成了他所保护之人的恋人和丈夫。

这个故事也给我们描绘了一幅畜牧生活的画面，它让我们想起，阿拉伯半岛是一个充满骑士色彩的地方，也是一个强盗盛行、贸易繁忙之地。他们似乎因为贸易而变得很富有，我们读过一些关于米甸人的描述：珠宝、金链、手镯、戒指、耳环、纪念牌、香盒等，还有祭司的紫色外袍以及骆驼脖子上佩戴的金链和环形装饰。他们很早就熟悉书写技巧。

在米甸人中还发现了一些崇拜月牙状金星或新月的痕迹，这些与早期巴比伦和迦南人的偶像崇拜有关。他们用的这些偶像是穆斯林所信奉宗教的象征。住在南部的米甸人在宗教信仰方面似乎更单纯一些。

米甸人与摩押人结盟，按照巴兰的邪恶计谋而获胜。然而，米甸人没有理由为此感到欢欣鼓舞，因为摩西派遣非尼哈率领1.2万人攻打米甸。米甸人加固了城堡，召集军队抗击，还是大败，包括巴兰在内，所有人都被杀死。米甸人所有的城镇和城堡都被烧毁。除了3.2万名童男、童女被俘获，其余的全部被屠杀，整个国家变成一片废墟。67.5万只羊、7.2万头牛、6.1万头驴以及无数金、银、铁和其他金属被洗劫一空。

一个半世纪后，西巴和撒慕拿带领米甸、亚玛力和阿拉伯联军进攻以色列人。基甸使出一计，利用号角和灯，导致他们自相残杀，最后大败。在东方，这种不同民族的联合军队，纪律涣散，经常发生这种情况。据说，当时是12万联军被困，随后被屠杀，这还不包括在俄立磐石所杀的人。对于米甸人来说，这一天是他们的世界末日。多年以后，这个部落以手工业发达、民众富庶、所住的帐篷富丽堂皇而引起关注。但随着时间的流逝，他们的名字消失在了阿拉伯人之中。

我们对这些部落的简短叙述到此为止，它们很早就消失在历史之中，只有非利士人最具活力、文明程度最高、最受尊重——然而非利士人没有达到腓尼基人和埃及人的成就。《圣经图册注释》中对非利士人有以下记载：

> 非利士人是米斯雷姆人①，迦斯路希的后裔，来自迦斐托岛，即来自尼罗河三角洲或克里特岛。他们赶走了亚卫人，在

① 根据印度的传说，这是一个非常强大的部落，被称为“帕里普哈斯”，从印度迁出，占领了阿拉伯半岛和红海西岸，并一直延伸到地中海沿岸。有人认为，这些人是非利士人的祖先，而且克里特岛的早期文明可以证实他们的观点。——原注

> 这个富饶的平原[①]南半部定居，北面以卡梅尔山脊为界，南靠沙漠，西靠地中海，东连犹大山脉。这个充满活力的民族由五大贵族家族统治，他们分别拥有一座大城市，即加沙、亚实基伦、亚实突、迦特和以革伦。他们并不是注定要灭绝的，但是约书亚进攻他们，直到大卫之前，他们都有自己的国土，而且有些国王断断续续地压迫以色列多年。

同乌西雅和约沙法的儿子约兰一样，大卫也对他们的叛乱进行了镇压。到亚哈斯在位期间，非利士人骚扰犹大国，被亚哈斯的儿子镇压，尽管后来他们完全获得了自由，但不断地招惹是非。阿萨尔哈东、普萨美提克一世以及尼布甲尼撒也不同程度地征服过非利士人，再后来，他们被波斯人征服。亚历山大摧毁了加沙。此后，非利士人屈服于哈斯摩尼的统治之下，历史中就再也没有关于非利士人的记载了。

非利士人有个城镇遭受过著名的围攻：亚实突，后改名亚琐都，抵抗过埃及普萨美提克一世大军的攻城，时间长达29年，这是

---

① 罗宾逊博士说，平原上是一片废墟，由此可以看出古时人口众多。“我们经过的平原，从希伯仑到加沙，都是肥沃的土地。这一点可以从我们看到的大片庄稼得到证实。整片土地都是政府的财产，不是居民的财产。谁想耕种，可以在没有被申领的土地上耕种。农民租来两头牛套在一起耕地，要支付给政府35蒲式耳（1蒲式耳约合36.37升）的小麦和40蒲式耳的大麦。有钱买来牛的农民，则根据自己的意愿决定种哪种庄稼。他们一般与城市里的商人等合作，商人给他们提供牛用的套具，农夫负责耕作，费用和收入平分。”由此，我们明白，巴勒斯坦和叙利亚拥有如此美丽的平原，还不如黎巴嫩在沟壑贫瘠的土地上种的庄稼好，是因为黎巴嫩的耕种者对土地拥有绝对的所有权。在草木青葱的季节，这片平原呈现出一幅无与伦比的美景。——原注

历史上有记载的时间最长的攻城。然而，攻守过程可能出现短暂的中止，这些是历史学家都没有关注的。

埃及从非利士人手中夺取亚实突后，对这座城市大加巩固，使亚实突成为埃及在此地的一道坚固堡垒。亚述王辛那赫里布派他的将军他珥探攻打亚实突，占领以后，他成为亚实突的主人。亚实突成为这两个国家争夺的焦点，我们从资料中发现，非利士人很长一段时间都失去了自由。

从此，非利士接连变成一个个大帝国的附庸。我们了解到，刚开始，在埃及的奴役下，非利士人受尽了折磨。埃及为了建立一道抵抗亚述人的屏障，占领了加沙。亚历山大大帝在加沙发现了一位臣服于波斯的非利士王巴提斯。非利士这个名字除了在归属哈斯摩尼统治时用作地名，此后并不用作国名。因此，我们可以认为，它跟其他许多小部落一起，接连被那些大帝国吞并，那些大帝国占领了这些地区。亚历山大看到加沙长长的防线，非常愤怒，他把在此防卫的巴提斯捆绑起来，拴在他战车的后面，拖着巴提斯绕着城墙奔跑。这种做法模仿了阿喀琉斯。阿喀琉斯进攻特洛伊时，也是这样拖着勇士赫克托耳的尸体绕着特洛伊城墙奔跑。

从埃及同时代纪念碑上的壁画可以看出，非利士人的相貌与埃及人几乎没有什么区别。像埃及人一样，非利士人高大、匀称、五官端正，但肤色较淡。他们不留腮须，使用的武器和器具与埃及东部其他民族迥然不同。

非利士人所戴的头盔，形状特别。盔甲内夹层为皮革或钢板，长度仅达到胸部，用肩带固定，肩膀和胳膊可以自由活动。下身穿裙子，用腰带固定在腰部，像紧身胸衣一样铺着棉絮，几乎垂到膝盖。他们使用的盾牌又大又圆，与后期希腊人的很像。他们在远距离作战时使用的武器为标枪或长矛，短兵相接时使用的武器是匕首和长剑。他们使用的战车跟埃及战车非常相像，车的形状各异，但一般用两头牛或四头牛拉。

他们的战船是帆船，而不是像大多数埃及战船那样的桨船。绳索就是个简单的桅杆，顶部有个瞭望箱，桅杆撑起一张大帆。船身的形状很可能类似水鸟，船头的形状如同鸭子或鹅。

第92章

入侵迦南

（前1452—前1426）

继摩西后约书亚成为以色列人的领袖，继续执行摩西的使命，带领以色列人回到巴勒斯坦。当地土著居民罪恶深重，注定要被灭族，他们将被征服，土地也被占领。约书亚在第一次军事行动中，先派遣密探获取情报，然后观察杰里科的城防。这是一座实力强大的城市，靠近以色列人渡过约旦河后的必经之地。密探观察后，安全返回，但侦察时已被人发现。他们能够安全返回，全靠一位善良的女子，她的名字叫喇合。她经营着一家驿站，她把他们藏在了自家的屋子里，躲过了追兵。

进入“应许之地”是以适宜的庄严方式进行的。约柜①被抬着

① 约柜，又称法柜，是古代以色列民族的圣物，是放置了上帝与以色列人所立的契约的柜子。——编者注

向河岸前进，全军紧随其后，前后相隔0.75英里左右的距离。因为是洪水季节，约旦河水位在当时达到了最高点。然而，整支队伍安全通过，到达西岸。为了纪念成功渡过约旦河，以色列人从河床里取了12块石头，建了一个粗糙的纪念碑。

犹太人入侵前，巴勒斯坦似乎由大量各自独立的小国统治着。城市都有城墙包围，国王与臣民住在里面。他们崇拜偶像，但经常彼此发生冲突。迦南人口不断增多。据说，他们占领了埃及的阿拉伯半岛一侧，与米斯雷姆同期建起了一个王国。然而，他们历史开始的时间极其不确定。迦南的领土范围内有7个国家，也就是“七族”。

以色列人到来时，迦南土著居民一开始没有联合起来抵抗他们共同的敌人，每个王国或城邦各自竭尽所能保卫自己的领土。杰里科第一个受到了入侵者的攻击。最后，杰里科陷落，城中居民除了喇合和她的家人，其余人全都被屠杀。不久，艾城也被攻下并摧毁，形势日益危急，迦南的国王们联合起来，共同抵抗入侵者。然而，基便人不参加联盟，他们为了保住自己的命，而与约书亚立约结盟。就这样，基便人保住了他们的性命，此后一直为上帝祭坛的奴仆。

迦南人的联盟包括亚摩利族南部的5位君主，耶路撒冷国王亚多尼比色担任盟主。他们听说基便投敌后，就立即攻打它，但是因为有约书亚的援助，基便保住了自己的城市。就在这时，一场大冰雹使联军陷入困境，他们惊慌失措，溃不成军。这次胜利之后，以色列人的征服变得轻松而迅速。5位国王逃到山洞躲藏，后被抓获并处死。一座座城池接连被攻陷，一个个部落接连被灭绝。以色列人的统帅回到了吉甲，除了几个坚固的要塞，他们彻底征服了直到加沙的迦南南部地区。

轮到让巴勒斯坦北部屈服于外来统治、把外来统治建在他们繁荣的城镇时，那里的酋长们结成了强大的联盟来抵抗以色列人。约书亚以迅雷不及掩耳之势向他们发动猛攻，一战就将他们彻底征服。承载着他们一切力量的骑兵、战车，就迅速地毁在了征服者的手里。

以色列人的征服战争持续了大约7年，在后面的几年里，城市不断被夷平。这段时间，迦南人、亚摩利人、赫人、希未人、革迦撒人、比利洗人和耶布斯人共7个部族，尽管没有被灭族，但全部被征服。31名国王倒在了剑下。以色列人厌倦了战争，在他们征服事业的中期便停止了制造死亡的工作。太多危险的、有号召力的迦南人被留在了这片土地上，在接下来的历史中，以色列人将为此感到悲伤与失望。当地的土著居民，一有机会就向他们的征服者发起报复，引诱以色列人举行污秽的、祭拜偶像的仪式。征服之后，以色列人需要完成两件大事：第一，郑重承认上帝作为唯一的王，按照摩西临终前的嘱托，发誓遵守在以巴路山和基利心山上制定的律法；第二，对现有各族的居住地进行勘察和分割。

我们从约旦河两岸的占领地开始，追溯安置以色列12支派而被分割的整片旷野。在这些占领地上，把希伯来人和摩押人分开的亚嫩河作为南部边界。在这里，流便一派分到从亚嫩河北岸延伸到亚罗珥的土地，其中包括约旦河谷的大部分，以及希实本、以利亚利阿和西比玛，这些都是以种植葡萄而闻名的主要城市。这一地区的优良牧场，直到现在仍是阿拉伯人之间激烈争夺的目标。

迦得一派被安置在流便一派的北部，他们的土地分布在雅博河两岸，即现代的阿卡，向南延伸到哪里，难以确定。包括约旦河以东所有的土地，一直延伸到革尼撒勒湖和基列山脉南部。这里景色优美，基列山以当地的山羊和牛群而闻名于世。

玛拿西一半支派定居在迦得以北，占据着革尼撒勒湖东岸、整个巴珊，很可能占有古沿兰（现在称为莱德加）的某些耕地。

进入迦南本土，我们发现，但支派的部分族人居住在最北端。这里位于黎巴嫩和赫尔蒙山脚下，靠近约旦河发源地。该支派的这部分族人发现住在迦南南部生活艰难，就迁到了拉亿，占据了拉亿城，并以他们的族名命名这座城市。

与但支派相邻的是拿弗他利支派，他们居住的地方很可能一直延伸到前黎巴嫩山脉。

亚设支派分到了沿海岸的一块长条土地，从西顿边界开始，环绕整个多利买湾（除了有一部分归西布伦支派），一直到迦密整座山及周边的河谷。有些海港至今依然被古土著居民占有。

西布伦支派分到了革尼撒勒湖和地中海之间的大片区域。

玛拿西的另外半个支派、以萨迦支派和以法莲支派分到了位于约旦河至地中海之间的几片土地，它们南北相连。这些区域有些高山和丘陵，但大部分地区为沃土。

以法莲支派领地往南的海岸和西部内陆地区都归但支派。

便雅悯支派的领地在杰里科平原、约旦河部分河谷，以及死海入口处，向西延伸至耶布斯（后来的耶路撒冷）。

南部旷野的其余部分都属于犹大支派，除了西南部加沙附近的一个地区分给了西缅支派，犹大支派的领地一直延伸至以法莲边境。犹大支派分到的土地富饶而辽阔。

以上就是对以色列各个支派的安置，每个支派都有自己的边境，享受他们所属范围内独特的优势。有的拥有草场，有的拥有农田，还有的拥有葡萄园、橄榄园等。约书亚有生之年，族内几乎没有发生什么搅扰之事，他的族人过着平安、祥和的生活。只是在约旦河东岸建了一个祭拜耶和华的公共祭坛，引发了族内严重的分歧，但很快达成了和解，最终没有造成骚乱。

约书亚把他的族人们都聚到一起后，劝诫他们要服从上帝，并让他们重新宣誓效忠上帝。他于110岁时去世。去世前，他没有任命最高首领，那些独立的共和国在它们自己首领和尽职官吏的领导下各自为政，管理公共事务。那是一个充满美德和活力的时代，在这片富饶的土地上，人们开始享受真正的幸福。然而，一个因过早中止征服战争所导致的重大错误以及不忠的行为，时不时还诱惑他们一再犯下叛国的罪行，不断给他们带来战争。更为严重的是，他们在对外的奴役中，滋生了不可容忍的恶行。

第93章

以色列人的英雄时代

（前1426—前1017）

约书亚去世后，老一代人也相继去世。他们的后代遗弃了父辈虔诚的习俗，开始与迦南人通婚，祭拜偶像。尽管有些人品行高尚，但大多数人在宗教信仰方面开始堕落。这一时期，个人冒险行为非常盛行。个人活动、勇气和技能是士师获得头衔和荣誉的条件。因此，士师时代也可以被称为希伯来历史上的英雄时代。这些公众人物与其说是司法行政人员，不如说是英勇的叛乱分子、党派领袖、部族首领。他们是一种军事独裁者，紧急情况下，有权指挥部落军队或其他的武士。[①] 这些支派不能很好地团结合作，国力软弱；而他们周边还遗留了旧时的土著居民，与他们混住在一起，伺机攻占他们的领地。有些支派偶尔也会攻击这片土地上剩下的强固之地，如拉亿、耶布斯、希伯仑、伯特利及其他地方。各支派似乎普遍采取了危险的举措，与他们的敌人达成协议，并允许敌人们以支付贡赋为条件在他们的土地上居住。

在士师还没有真正被培养起来保护和拯救人民之前，有几个事件在很大程度上证明了民族信仰的衰败和习俗的堕落。这个时期，无政府主义盛行，社会混乱，人人各行其是。人民中出现了祭拜弥迦银像的现象，特别是在基便城，利未之妾遭到了残酷的蹂躏。这件事在这些支派中引发了一场血腥内战，几乎把便雅悯一支灭族。

俄陀聂是首任士师和拯救者，他是迦勒的侄子和女婿。美索不达米亚有个国王将领土一直扩张到约旦河西岸。俄陀聂领导被征服各派进行抵抗，8年后彻底打败了美索不达米亚人。之后的40多年里，整个领地又处于和平状态。这时，东部各派又受到摩押王伊矶伦领导的联军进攻，被占领地包括便雅悯支派的一部分领地。他们受到了侵略者18年的压迫，后来一个骁勇善战的便雅悯人以笏推翻了侵略者的统治。以笏见到伊矶伦后，勇猛地用剑刺入肥胖的伊矶

---

① 希伯来人的英雄们可以与荷马和希腊同时代的英雄们形成一种对比，力士参孙与赫拉克勒斯和忒休斯、珊迦与阿喀琉斯、耶弗与阿伽门农、以扫与赫克托耳等等。荷马所描述英雄时代的家庭生活，与《路得记》中描写的希伯来美好乡间生活也形成了对比。

关于希伯来的这一美好乡间生活，伏尔泰说："这一时期的时代特征和风俗习惯与我们完全不同，无所谓优劣。他们的精神与我们不同，他们的理智与我们不同。"——原注

伦的腹中，然后顺利地逃跑了。他跑到了以法莲领地的山上，召集了强大的各派族人，彻底击败了他们的敌人。据说，此后他们过上了长达80年的太平生活。

第二任士师名叫珊迦，他双臂有千钧之力，用一根赶牛棍当武器，击杀了600名非利士人。

下一个拯救者是底波拉，是以法莲的一位贵族妇人，她率领以法莲、便雅悯和玛拿西以及北部各支派攻打北部的迦南人。迦南人压迫那里的以色列人长达20年之久。迦南人最终被彻底打败，他们一位勇猛的将军西西拉逃到一个基尼妇人雅亿的帐篷里，雅亿趁他熟睡之际，把帐篷上的一个铁橛子钉到他的头里，杀死了他。这次胜利赢得了40年的和平与自由。

下一次由士师或首领干涉并大胆行动的机会，是由沙漠的游牧部落、米甸人、亚玛力人和其他游牧部落的压迫和蹂躏提供的。他们闯入以色列人的领地，给以色列人带来了极度的困扰、痛苦和贫困。玛拿西支派的基甸召集了3.2万庞大的勇士队伍，然而他巧用计谋，仅以区区的300人，就将敌人打败了。这一计谋是向敌人传递人多势众的信号，给他们造成恐惧心理，然后半夜向这些混居的游牧部族发动进攻。这些人瞬间处于惶恐混乱之中，将手中的武器朝向彼此，互相厮杀，仓皇逃窜的那些人也被基甸的余部全部消灭。胜利者乘胜追击，追杀了12万联军。

这位得胜的酋长被提议授予国王的权力，然而，他的目标只为拯救他的国家，仅此而已。基甸死后，他无畏血腥的非法儿子亚比米勒一心想要得到被他父亲谢绝的权力。他成功了，然而没有得到全部权力，他的权力范围似乎仅限于示剑及周边的地区。他野心勃勃，竟然谋杀了父亲的70个儿子，残忍冷血，令人震惊。他为此付出了代价，短短几年就在耻辱和痛苦中死去。

以萨迦支派的陀拉和基列人睚珥相继做了士师，但都没什么名声。基列的私生子耶弗他紧随其后，在非利士人进攻南部边境时，成为以色列人的首领。亚扪人不仅征服了约旦河以西各族，还过了河，与以法莲、犹大和便雅悯支派联军作战。耶弗他作为一位著名战争掠夺者的首领，面对本族的压迫者，他无惧无畏，勇于进攻，取得了辉煌胜利。然而，他一时鲁莽，立下了誓言，胜利后把自己唯一的女儿做了燔祭，自食苦果。他把仇恨都报复在以法莲人身上。以法莲人穿越约旦河时，与耶弗他发生冲突，耶弗他便屠杀了4.2万以法莲人。耶弗他享受了7年的尊贵地位。在他之后，还有几位士师，但历史记载中除了名字，几乎没有其他的内容。

非利士人是以色列人南部边境最危险也最顽强的敌人。他们征服了整个西缅支派分得的土地，这个支派的民众因此而散居在迦南的其余地区。加沙和亚实基伦也落入征服者的手中，他们强行将边境延伸到了但支派边境。为了打败这个敌人，以色列最非凡的英雄——一个体力惊人的人出现了，他就是参孙。参孙是古代真正的赫拉克勒斯。对待敌人，他先礼后兵。他不需要制订任何防卫或征服计划，以一己之力，就摧毁了非利士人的势力。他的人生始于奇迹，终于最刻骨铭心的悲剧。

参孙的出生带有神性，然而他历经诸多磨炼，成年时，做出了一系列英勇的事迹。他的这些事迹在各个时代都受到了敬仰。有好几次，他以一己之力，向非利士人对自己所做的不义行为复仇。他最大一次胜利是与敌人同归于尽。他的情妇非利士女人大利拉

参孙推倒剧场

获得了他神力的秘密，让他失去了力量，然后他被俘虏。参孙被弄瞎双眼，推磨、服苦役，受尽了敌人的折磨。有一次，他被带到了类似圆形剧场的地方，在众人面前被羞辱、取乐。他被放置的地方有个看台，坐满了观众。这时，他再次恢复了神力，抓住支撑剧场的两根柱子，身体前倾，把整个柱子拔起，剧场瞬间倒塌，压死了他自己，也压死了在场的所有非利士人。他在以色列当了20年士师，最终以恐怖的方式与敌人同归于尽。

参孙时期，有一个更睿智、更强大的领导者在会幕中逐渐长大，他的名字叫撒母耳，他注定要成为最后一个——也是最出色的士师。撒母耳是以利加拿和自己其中一个妻子哈拿所生的儿子，利未人，住在以法莲山的一座城市。撒母耳虔诚的母亲很早的时候就把他带到会幕，由祭司以利教导侍奉神。会幕和约柜都在示罗，那里是以法莲的都城，因此，以利是当时民事和宗教的最高代表。然而，他并不完美，尤其是在家庭方面。他的两个儿子何弗尼和非尼哈给宗教秩序带来了极大的耻辱。撒母耳虽然在这种环境中长大，却不受影响。他洁身自好，没有沾染任何恶习。

非利士人和以色列人之间又爆发了战争，战场就在犹大北部的亚弗，以色列人被彻底打败。在这个关键时刻，以色列人派人取来了上帝的约柜，想借此获得胜利。这种做法并没有奏效，在接下来的战斗中，有3.2万以色列人阵亡，以利两个作恶多端的儿子被杀。最令人难以接受的灾难是，约柜落入那些崇拜偶像的人手里。这个消息传到以利那里时，以利极为震惊，从椅子上摔了下来，颈骨折断而死。此刻，亚伯拉罕的族人前景黯淡。在他们眼里，约柜的丢失不仅带走了他们的荣耀，也让他们失去了民族存在的基础。然而，让他们吃惊的是，非利士人不久就把上帝的约柜还了回来。

以色列人在非利士人长达20年的奴役下，痛苦不堪。撒母耳现已成年，不仅被培养成为一名士师，同时也是一位先知。祭司职位传给了以利家庭的下一代后，便失去了意义。撒母耳被推举为首领后，他根除了族人祭拜偶像的行为。他把族人召集在米斯巴。非利士人极为震惊，立刻集结军队，前往镇压。以色列人惊恐不已，但是木已成舟，他们相信上帝会眷顾他们正直的士师。他们在撒母耳的领导下，取得了彻底胜利。非利士人被迫全部撤出，接受了公正的和平条件。

撒母耳采取的一切措施都非常得力，他至少把南部各派都团结起来，置于他的领导之下。他定居在家乡拉玛城，每年在伯特利、吉甲和米斯巴举行3次审判大会。然而，到了晚年，他对古代的做法进行了改革，他的两个儿子通过以权谋私的手段被安排进司法机构。人民开始对他们的共和政体或神权政策表示不满。人民要求实行君主政体，认为这种统治方式无论在战争时期还是和平时期都异常高效。他们公开宣称的目标是，建立更加确定的司法行政机构，以及组织一支强大而长久的军队。他们的要求得到了满足，但撒母耳一开始就向他们公正地陈述了专制主义的危险和邪恶。

挑选合适的君主自然是件很重要的事情。撒母耳作为先知，找到了被指定的人，就将其膏立①为王。这个被选之人身材高大，棱角分明，是便雅悯酋长的一个儿子。他来到拉玛寻找属于他父亲的一笔财产——驴。他在一所先知学校接受了宗教教育，为他担任高位打下了基础。这个年轻人的名字叫扫罗，他在米斯巴的一次庄严集会上通过抓阄被指定为王，并且受到了大多数人的拥戴。

即位不久，这位年轻的君主就要率军抵抗亚扪人的入侵。他迅速集结一支庞大的军队，将敌人打得四处逃窜。取得彻底胜利后，撒母耳召集众人在吉甲集会，为他正式举行就职典礼。

士师时代就这样结束了，随之而去的还有高尚无畏的担当精神、个人冒险精神和动荡难料的世事。这个时期维持了几百年，世事多变，不过奴役和战争在整个时期中所占的比重并不大。以色列人在这种统治形式下，总共享受了3个世纪的和平时光。他们耕种土地，放牧牛羊，毫无疑问，完全过着一种简朴的生活。畜牧或农耕社区的这一特点，可以从那些有时被召唤去执掌最高权力的人的情况中看出。基甸被召唤带军打仗时还在打谷场上，就像罗马的辛辛纳图斯被召唤时还在犁地一样：扫罗被选举为国王时，还在驱赶羊群；大卫也是被召唤为王，而他在很小的时候，就对放羊非常在行。当时以色列的这种农耕生活画面，在我们看来，令人向往，因为它真实、美丽。

① 根据希伯来人的信仰传统，被（其他人用油）膏立是一种特别的宗教仪式，意思是被膏立的人，如祭司、君王及先知是神所选定的。膏立礼是古代近东一种颇为常见的礼仪，并非仅限于王室，也非只有以色列人才可采用。——编者注

第94章

列王时期（上）：扫罗和大卫

（前1017—前971）

希伯来的君主政体，尽管限于小国寡民，但最终带来了富裕和强大。它的目标不是征服，而是致力于耕种和开发国内的资源。富饶的土地、宜人的气候和明智的管理更有利于这个目标的实现。

扫罗是第一位国王，他要在新的领域里考验自己的政府管理能力。毫无疑问，他的管理总体上并不成功。他的性情，以及做事冲动鲁莽、傲慢自大，都不适合维护神的法律，不能保证公正、公平。从他被任命执掌最高权力到他积极执政，一定经过了相当长的一段时间，因为他的儿子约拿单现在已经长成一名勇敢的战士。

扫罗早期的措施大体上是明智的，但在与非利士人的战争中，他行使祭司的职能时违反了希伯来人的宪法，从而丧失了王位的世袭权。在跟非利士人的一场战斗中，扫罗王因为自己的一个鲁莽誓言，葬送了一场胜利。他让士兵起誓，一天结束后才能吃东西。士兵无法补充体能，疲惫不堪，不能持续攻击敌人，由此丧失了一场胜利。

现在，周围的敌人都被打败了，尤其是亚玛力人得到了最严厉的惩罚。这是一场灭族的战争。扫罗出征时，他的行为再次违犯了神的戒条。他把最好的战利品据为己有，借口用于献祭，还饶过亚玛力王一命。除此之外，他还时不时地癫狂发作，所以他不适合再担任以色列人的国王了。

尽管扫罗的儿子约拿单非常优秀，但是以色列人要在另一个家族中选择扫罗的继任者。这个人就是大卫。大卫是耶西最小的儿子，他英俊、虔诚、勇敢。撒母耳在伯利恒将其膏立为王。他平静的田园生活一再被他的勇敢无畏所打破。大卫在迎战迦特的巨人歌利亚时第一次展示了自己的勇气。歌利亚是以色列可怕的敌人，大卫头戴铜盔，身披坚甲。谦逊、无畏的他用机弦甩出一颗石子，击中歌利亚，将其杀死。他的英勇行为深受约拿单的欣赏，约拿单把他当家人看待，两人建立了深厚的友谊，世界历史上再也找不到这样的友情。然而，对约拿单的父亲扫罗来说，情况恰恰相反，他第一次听到以色列的少女们为大卫唱起胜利的赞歌，知道她们对大卫的爱戴远超对自己的爱戴时，他嫉妒大卫，想置大卫于死地。

在几年的时间里，扫罗王对大卫的嫉妒和迫害不断升级，约拿单也备受煎熬。这种痛苦和困惑只有彼此赤诚的大卫和约拿单才能忍受下来。扫罗王对大卫有时爱抚，有时迫害。大卫做了扫罗王的女婿，随后又被扫罗王夺走了妻子。大卫无数次逃过了喜怒无常的国王的秘密突袭。大卫时常用音乐安慰自己。不久后，大卫被赶出了家门，也被赶出了国门。他在野兽出没的旷野里寻求安全，他躲到山上的要塞里，甚至躲到了敌国的国都。有时为他为自己的新主人征战，有时他又与新主人兵戎相见，他完全靠着自己逃过一劫又一劫。他所经历的磨难，在历代王位继承人身上实属罕见。

与此同时，品质高尚的约拿单不仅将自己继承王位的希望寄托在大卫身上，而且放弃了自己舒适安逸的生活，去拯救大卫。

扫罗王剩下的日子屈指可数。尽管不被他的臣民所支持，但他还是决定拿他的王位和王国来冒险，即跟非利士人展开一场恶战。在基利波山，以色列人大败，约拿单和扫罗王的另外两个儿子都战死沙场。扫罗王感到屈辱与绝望，自刎身亡。忠诚而有天赋的大卫，作哀歌一首，为此次灾难深表哀痛。歌中说：

以色列啊，你尊荣者在山上被杀，大英雄何竟死亡！

不要在迦特报告，不要在亚实基伦街上传扬，免得非利士的女子欢乐，免得未受割礼之人的女子矜夸。

基利波山哪，愿你那里没有雨露，愿你田地无土产可作供物，因为英雄的盾牌在那里被污丢弃，扫罗的盾牌仿佛未曾抹油。

约拿单的弓箭非流敌人的血不退缩，扫罗的刀剑非剖勇士的油不收回。

扫罗和约拿单，活时相悦相爱，死时也不分离。他们比鹰更快，比狮子还强。

以色列的女子啊，当为扫罗哭号，他曾使你们穿朱红色的美衣，使你们衣服有黄金的装饰。

英雄何竟在阵上扑倒！约拿单何竟在山上被杀！

我兄约拿单啊，我为你悲伤。我甚喜悦你，你向我发的爱情奇妙非常，过于妇女的爱情。

英雄何竟扑倒！战具何竟灭没！

大卫这首感人、高尚的哀歌，在全国传唱。它像后期的民谣一样，无疑给各个派别都带来了深远影响，安慰着他们不安的情绪。试问有谁不对这样一个为他无情的敌人进行悼念的人肃然起敬呢？又有谁能抵挡住这种爱国精神和宽宏大量呢？

大卫以对朋友的赤诚与友谊表达了应有的哀思后，突然出现在希伯仑，受到了犹大支派的迎接，并即刻登上王位，时为公元前1017年。扫罗王军中的千夫长押尼珥号召本就对犹大妒忌的北方各族对抗犹大，并拥立扫罗王唯一幸存的儿子伊施波设为王。双方爆发了内战。两年后，押尼珥因对伊施波设不满，弃之而去，投靠了大卫，却被亚撒黑的哥哥约押刺杀，约押报了杀弟之仇。押尼珥的背叛和死亡，使伊施波设一方俯首称臣。

大卫现已成年，他平息了各族的嫉妒后，稳固了地位。全国上下都拥立他为王，联军中英勇的将士们也自豪地投其麾下，彻底击败了各地的非利士人。在希伯仑居住了7年半后，大卫决定建立一国之都。这样，既可以集中国家的权力，又可以举行宗教仪式。耶路撒冷注定是首选之地。这里景色壮美，经历了无数兴衰成败，比世上其他任何城市都更适合建都。一个土著耶布斯人的城堡和整座城市都被大卫一起占领。这个城堡建在锡安山顶，大卫就把他的寝宫定在这里。站在锡安山往南俯瞰，这座城市渐渐延伸开来，直到被一条既深又窄的沟壑与其他山冈分开。大卫建都后，接下来以应有的隆重仪式重新确立国家宗教。自从非利士人归还约柜后，约柜便一直保留在基列耶琳，大卫把约柜移置于耶路撒冷，整个过程表现出了喜悦、庄重和对神的敬畏。

在提尔王希兰的帮助下，大卫建了一座王宫。在两位国王乃至两国间都建立了长期友好的和睦关系。虔诚的大卫王还考虑建一座圣殿，因为征服战争仍未结束，只能先放一放。大卫向四周扩展边界。他连续击败了非利士人、以东人、摩押人、琐巴叙利亚人（琐巴应该是尼西比斯王国，与亚美尼亚接壤，琐巴叙利亚人即大马士革叙利亚人），最后征服了亚扪人。由此，大卫将他的王国向东扩至幼发拉底河，向北在友好邻邦提尔王的帮助下占领了大马士革王国的城堡，向南重创了非利士人，通过武力占领了以东的领土。

迄今为止，大卫的事业辉煌而繁荣，远远超出了人类的一般命运。然而，接下来，不幸接踵而至。他在人生荣耀与成功达到顶峰时，犯下了两个极其恶劣的罪行，导致了他的衰落，在他的品行上留下污点，即使再深的悔恨、再苦的磨难都无法将其消除。

他先是与乌利亚美丽的妻子拔示巴通奸，随后又故意杀掉乌利亚。乌利亚是大卫手下一名勇敢的军官，却因为妻子的美貌而招致杀身之祸。自此，这位久经沙场的君主变本加厉，其粗暴、野蛮程度远超他自年轻以来在战场和战斗中所经历的一切。“希腊悲剧里喜欢使用的诅咒悬在他头顶上，随时给他带来致命打击。乱伦、兄弟相残、儿子谋反、内战、国王仓皇出逃，一桩桩罪行与灾难都让他的晚年历史蒙羞。”这一切毋庸赘述。唯一要说的是，他最宠爱的儿子——邪恶的押沙龙，发动了叛乱。然而，押沙龙的死让这个父亲的灾难达到了顶点。大卫悲痛欲绝，走到城门楼，老泪纵横。他一边流泪一边说：“我儿押沙龙啊，我儿……我儿押沙龙啊！我恨不得替你死。押沙龙啊，我儿，我儿！”

押沙龙之死给他这个父亲的心里留下了深深的伤痛，但是，大卫强忍悲痛，镇压押沙龙的叛乱，拯救了他的王国。他立刻又稳固了一切权力，然而，他的灾难还没有结束。因为征服的成功而傲慢自大，也或许出于其他不当动机，大卫决定在其广阔的统治范围内清点百姓人数。根据记载，以色列可以拿起武器作战的男性数量有80万，犹大有50万，这是按最低标准来统计的，便雅悯和利未没有统计。不幸的是，王国暴发了瘟疫，导致7万人死亡。

大卫余生的大部分时间主要花在两件事上：一是花费重金筹建圣殿；二是为他和拔示巴所生的儿子所罗门继位做安排。第一件事相对来讲比较容易，因为他提出的这项事业激发了人民的热情和虔诚。然而，第二件事做起来颇有些困难。东方君主摆脱不了的灾难是一夫多妻制导致的恶果，因为后代由不同的母亲所生，又没有明确规定由哪个母亲所生之子继位。大卫已经老迈，颇为此事烦扰。针对国王某个儿子继位的问题，不同派系展开了争斗。祭司迅速采取措施，膏立所罗门为王。受膏礼于公元前971年在基训举行，年轻的国王在高声欢呼中进入耶路撒冷。

大卫临终前把自己的理政经验传授给儿子，对儿子提出了期望。大卫统治了自己一手建立起的国家40多年，他留给所罗门的是一个安宁、繁荣、强大、富裕的王国。王国拥有纪律严明的军队，拥有充满活力的行政管理制度。这一切维持了亚洲和非洲之间的平衡。所罗门统治时期，国家长期安定繁荣，这一切都归功于他父亲的英勇无畏、兢兢业业和过人的智慧。

第95章

列王时期（下）：所罗门

（前971—前931）

所罗门在许多方面与他父亲完全不同。大卫的一生充满了冒险与传奇，命途多舛。动荡惊险的环境成就了他性格中最自律的部分，也为历史提供了最好的素材。所罗门却不同，他的生活更加安定，他在更加舒适的环境中享受艺术所带来的乐趣，丰富学识，增长才智。他们的相同之处是：都为国家的真正利益和繁荣发展尽心尽力；精明练达，成熟稳重；公平公正，值得信任；全力以赴，为宗教和国家事务操劳。但是他们性情不同，趣味迥异；或者说，他们有各自独特的表达方式。

所罗门25岁时登上王位。不久，他就着手处理心有不甘的兄长亚多尼雅的问题，以及按照父亲的指点和建议处理一些棘手的事务。亚多尼雅最终被处死，同时处死的还有约押和示每，这两个都是危险人物，而且都犯下了死罪。祭司长亚比亚他支持叛党，被剥夺了职位，驱逐出耶路撒冷。由此，所罗门按照父亲的遗嘱清除了内部敌人。对外通过武力的威慑，吓退了外邦的入侵，稳固了王位，开始了繁荣稳定的统治。犹大和以色列相安无事，“从但到别士巴”，人人都在他的葡萄藤下和无花果树下幸福地生活。所罗门执政公平公正，各个派别都心悦诚服，人人都佩服他的智慧。他学识渊博，头脑里储存着各种科学和艺术的知识。他不但拥有超凡的智慧，还拥有无上的荣耀和巨额的财富。

所罗门调整了国内的行政管理方式，他的治理能力得到了赞扬。他将整个王国划分为12个区，每个区任命一名官吏为王室征收赋税。除此之外，他还设立了地方和市政的长官。每个官员每年要给宫廷供应一个月生活物资。王室每天消费巨大，包括300蒲式耳精面粉、600蒲式耳粗粮、10头肥牛、20头其他的牛、100只羊，以及其他物品。这些官员除了要供应大量单峰驼的草料，还要供应4万匹马吃的草料。

国王在对外关系上也进行了明智的指导。他对外关系的目标是维持友谊与和平。因此，他与埃及王室联姻，与提尔王重续商业联盟。提尔王为所罗门的伟大工程——圣殿的建造，提供了材料和工匠。这些工匠手艺精湛，精于各种技艺，尤其是贵重金属的加工。

圣殿建造在耶路撒冷东边的摩利亚山上，这里是亚伯拉罕留给儿子的土地。圣殿于所罗门王统治的第11年时完成，耗时7年半。关于这座著名建筑的细节，在此不再赘述，我们需要知道的是它的富丽堂皇无与伦比。“它堪称世界奇迹，不仅优雅、气派、宏伟，而且所用材料也是华丽辉煌。”这座巨大的建筑内外都以金子装饰。地上、墙上、天窗上，都是贵重金属。圣殿竣工后，国王就率

圣殿落成典礼

领高官、所有神职人员、利未人以及千万以色列人举行了庄严的献祭仪式。

圣殿不是所罗门建造的唯一浩大工程，他还为自己建造了奢华的寝宫，处处彰显着富丽与排场。不过，他的寝宫可能无法超越古埃及、古巴比伦君主的宫殿。他的寝宫坐落于耶路撒冷，耗时15年才完工。宫殿通过一条堤道，直接通到圣殿。国王还在国内一处浪漫的地点给自己的妻子建了一座宫殿，这位妻子是埃及法老的女儿。

如果所罗门只是一位政绩卓著的国王，那么他在人类历史上的名声就不会如此显赫。智慧才是他最大的资本，是他被历代人所仰慕的最重要因素。周边的君主不断来访，不仅是仰慕他的辉煌成就，更多的是为着他的智慧而来的。在诗歌、哲学、自然科学、神学方面，他都具有很高的造诣。他创作了1 005首诗歌，还不包括已经完全失传的祝婚诗和赞美诗；他对动植物的研究同样出色。

他一生取得了辉煌的成就，但也犯下许多错误，尤其是晚年。他不顾埃及是宿敌，与它建立关系，还招募了大量骑兵，集聚了大量的财富，挥霍民众的脂膏大兴土木，娶许多外邦女子为妾等。这些外邦女子崇拜偶像，而他允许她们在其统治范围内祭拜偶像。

在他统治晚期，困难接踵而至，国内的敌人妄图发动叛乱，国外的敌人想趁机征服、瓦解这个帝国。他将给他的继任者留下一个怨声载道的国家和一个不稳定的王位。所罗门王在位40年后去世，随他而去的还有以色列王国的荣耀和国威。

犹太民族在所罗门王统治时期达到了空前的繁荣与昌盛，下面进行详细叙述。

以色列人的统治范围，在所罗门时达到了顶点。除了那些从埃及国王那里收到的作为妻子嫁妆的城镇，和根据约瑟夫斯记载的叙利亚沙漠——他在那里建造了泰德穆尔城，所罗门时期的疆域总体上与大卫王时期相同。以色列王国的领土从地中海一直延伸到波斯湾。北部边界没有明确界定，所罗门的一个地方官员管理着提尔和西顿之间的这片土地。因此，所罗门似乎很有可能拥有那片土地，但那些沿海的城市并不属于所罗门。地中海的北部边界在贝利图斯，南部边界在斯科赫尔，即埃及河和红海东部港湾处。

关于以色列帝国的人口数量，有几分猜测的因素在里面，因为《圣经》中没有相关的记载。据估计，以色列人口的数量很庞大。如果我们从大卫时期的民兵数量有130万来推断的话，那么所罗门时期的人口数量应该不会少于800万。如果把民兵数量和人口数量按1∶7的比例进行计算，总人口的数量还要超过这个数量。而根据以色列人口的具体情况，我们可以按照1：6或1：6.5来计算。要养活如此庞大的人口，除了商业辅助，还需要足够多的土地。以色列在所罗门时代，商业和农业都取得了巨大进步，因此可以参考这些因素。

据说王国政府的收入来自馈赠、战利品、财产没收、王室领地、劳务、贸易垄断，尤其是税收以及极端情况下的人头税等。所罗门的财富很可能都是从以上来源获得的。他收到来自全国各地的最华贵的馈赠，从敌人处缴获的战利品也纳入他的财库，虽然和平时期战利品不会太多。没收的财产也是一笔收入来源，如从依法或依其父亲的遗嘱处死的亚多尼雅、约押和其他人那里没收的财产。当然，他还从其父亲那里继承了一笔财产，还从王室领地以及葡萄园、橄榄树、梧桐树、沙仑的羊群、河谷里的羊群、骆驼、驴群和牛群获得一些收入。另外，劳务收入也是一大笔款项，尤其是海路和陆路交易的香料商和其他商人的收入，以及从埃及进口马匹和战车给国王及周边地区的特权中获得的收入。所罗门为了建造宫殿，还向公众征税，给公众增加了很重的负担，这也可能是导致他的人民怨声载道而拥戴罗波安为王的原因。

前文已经提到，所罗门大兴土木，建造了一些大型公共建筑。这些都清楚地表明，当时在工程和模仿方面的品位及技术已经取得了很大进步。政府在技术方面的进步体现在国家防卫设施方面，如围绕耶路撒冷建造的城墙和在王国各地城镇建造的防御工事。

尤其引人注意的是商业状况，它显示了一个民族在文明方面的进步。君主政体确立前，这个民族似乎对商业并不感兴趣。内地贸易一直都存在，但范围有限。到了大卫王统治时期，以色列人才开始有了航海经历。红海上有一两个港口，大卫通过征服占领了这些港口，到所罗门统治时期，这些港口为他带来了丰厚的商业回报（大卫时代也可能如此）。如果按照一次航海获得1 500万美元的利润来判断的话，海上贸易在当时是一笔巨大的财富来源。① 所以，所罗门对它极为重视，精心呵护。他亲自去以拉他和以旬迦别监督造船，不辞辛劳地让提尔的渔民到这些城市定居。他的努力取得了成功，他把人们吸引到这些港口，然后将非洲、阿拉伯、波斯和印度的贸易吸引到耶路撒冷。

关于俄斐的情况，有各种各样的猜测。我们根据从《圣经》中得到的事实，俄斐很可能是这样的：船从以旬迦别起航，到俄斐再返回，需要3年时间，进口的商品包括黄金、孔雀、猿猴、香料、象牙和黑檀。

以色列人与腓尼基人和埃及人结成联盟，这种关系非常重要，有利于促进文明生活的艺术。尽管腓尼基人不控制东方的贸易，然而，他们在商业领域和航海技术方面出类拔萃。受雇建造和装修圣殿的提尔工匠们，在任何一个方面都比以色列人的品位更高，因此大大提升了以色列人的审美水平，激发了他们对高雅艺术和对称艺术的热爱。提尔的水手参与他们的航行，给他们的性格带来一种热情和进取的基调，这是以前从未有过的。

所罗门统治时期的哲学和文学反映在他自己的作品里。当时也

---

① 据说，西班牙有大量的白银，而阿拉伯有大量的黄金，腓尼基商人就用等价的白银换取黄金。腓尼基人是所罗门的合作伙伴，因此，耶路撒冷有大量的贵重金属。《旧约》里对此颇着笔墨："金子多得如同石头，银子一文不值。"每个国家都使用东方的香料，尤其是乳香，在祭祀仪式上用量很大，而且使用起来不在乎价格。因此，香料总是非常昂贵，也是贸易中最赚钱的商品。——原注

可能有很多作家及有天赋的人，我们对此一无所知。当时的哲学是宗教哲学，也是唯一真正的哲学。文学也主要是宗教文学，当时流行的文学同所罗门之前的时代一样，以诗歌为表现形式，内容充溢着对他父亲大卫王的赞美。

犹太人独特的执政方式和宗教信仰，促进了他们性格的改善和发展，这些事实还可以从许多记载的历史事件中发掘出来。他们开始时实行宗教政体，至于宗教政体何时结束，有不同说法。有些人认为，他们的宗教政体随着士师时代的结束而终结；有些人认为，在以色列人被掳的时候终结；还有些人认为，直到基督降临时才结束，因为，国王一直作为耶和华的总督来行使权力，耶和华才是真正的君主。

关于宗教信仰，他们在践行的过程中，一直都表现出一种报复情绪和草率行为，这些都与宗教准则相悖，当然，他们这么做也事出有因。他们的宗教信仰在某种程度上受到了先知派的冲击。大卫和所罗门时期的社会状况都好于以往，尽管他们犯了许多错误，然而，总体来说，他们致力于在民众中推进道德和宗教进步。

第96章

以色列王国和犹大王国

（前931—前587）

所罗门去世后，他的儿子罗波安继承了王位。但是，一场伟大的变动已经到来，辉煌的以色列帝国即将成为过去。以色列帝国注定要经历一场分裂的灾难，联合王国分裂成了两个王国，直到其中一个永远从列国的名单上消失。

新任君主鲁莽傲慢地对待民众的合理诉求，是导致这场悲剧的直接原因。他威胁民众要对他们征收比他父亲统治时期还要重的税。示剑人不堪重负，在他们爱戴的首领耶罗波安的领导下，请愿减轻赋税和劳役。然而，罗波安国王残暴固执，不但没有减轻赋税，反而变本加厉，于是示剑人揭竿而起。有10个支派一致宣布放弃效忠罗波安，将耶罗波安推上王位，迫使所罗门王的儿子逃回他的本土犹大王国，而他派去的征税官亚多兰被石头砸死，只剩下犹大和便雅悯两个支派继续效忠这位君主。

耶罗波安实行了新的宗教政策，抛弃了犹太民族的宗教仪式，单独任命了一位祭司，并指定了一个宗教场所和机构用于宗教目的。他这样做就是为了避免各族再次联合起来。因为耶路撒冷作为犹太民族的宗教圣地，无疑更容易通过家庭、商业和宗教联系再次将各派联合在一起。耶罗波安让人打造了两尊金牛犊，从利未支派以外的其他支派里找了一些无名人士作为祭司。这两尊金牛犊一个立在伯特利的中心位置，另一个立在遥远的但城。这公然违反了摩西定下的律法。

关于以色列王国和犹大王国的历史，在此不做赘述。两个王国分别都有约20位君主，而犹大王国的历史比以色列王国长了一个多世纪。犹大王国的王位，因为大卫王和所罗门王的威望，父子之间的传承比较顺利，因而统治时间大大延长。耶罗波安支派在继承上不具有犹大王国君主的优势，因为耶罗波安曾是所罗门的臣仆。耶罗波安家族没有世袭的优势和声望，很快就断绝了继承权，一个接一个的冒险家争夺以色列王国的统治权。他们的统治短暂而不稳定。

下面稍微提及两国之中某些国王的重大事件。首先，让我们先分别关注耶罗波安和他的继任者。

犹大王国第二任国王亚比雅刚继位（前914），犹大王国和以色列王国之间就发生了战争。两国都动用了全国所有的军队，以色列王国的军队有80万人，犹大王国的军队有40万人。亚比雅的目的是让以色列王国屈服，而且他也获得了胜利，然而他的目的并没有达到。这次失败招致的灾难给耶罗波安带来了沉重的打击，他再也没有从这次失败中恢复过来。

耶罗波安死后，他的儿子拿答继承了王位，后来巴沙篡夺了王位（前910），并灭掉了他的家族。

心利是继耶罗波安后的第四任君主，但他只做了7天的国王。美丽的国都得撒被暗利包围，后被攻下。心利在自己的王宫放火自焚而死。于是，王宫迁到了撒玛利亚。

亚哈是继耶罗波安后的第六任君主，在他统治期间，他们10个支派的叛教达到了顶峰。亚哈是统治以色列王国的国王中最不虔诚的一位。他娶了西顿王之女耶洗别为妻，在他的庇护下，西顿人崇拜太阳神巴力。这一支派猖獗、残酷，威胁要根除古代的宗教信仰。古代宗教信仰在这10个支派中没被灭迹而保存下来，应归功于众先知的勇敢无畏。尽管有大批先知被杀害，有的被迫躲藏起来，他们还是奋起抵抗邪恶的国王和恶毒的王后。

最伟大的先知以利亚在这场斗争中勇敢地进行神谕干预。他公开挑战巴力的众多祭司，而民众也立即信服。他们按照律法，在基顺河岸边杀死了现场献祭的所有崇拜偶像的祭司。

以色列王国恢复了古代的宗教信仰后，出现了一些繁荣的迹象，抵御了叙利亚的强力入侵。亚哈和王后有诸多罪行，尤其是公然打死了拿伯，因为拿伯不肯把自己的葡萄园给国王，他和整个家族被灭。

亚哈谢继父亲亚哈登上了王位（前853），在他短暂的统治期间，犹太人的两个王国结成了联盟。但亚哈谢的统治仅持续了2年。

下一任国王是亚哈谢的弟弟约兰，在位12年。

耶户是约兰手下的大将，他杀死约兰，由先知以利沙膏立为王。他作恶多端，野心勃勃，杀死了亚哈的70个儿子。同时，他还杀死了崇拜巴力的所有祭司，摧毁了他们所有的偶像和祭祀场所。

约阿施是一位成功的战士，他与叙利亚王便哈达进行了3次战争，终于将其打败。他在跟犹大王亚玛谢的一次战争中，俘虏了亚玛谢，推倒了耶路撒冷城墙，劫掠了圣殿和王宫。

比加是位不讲道德却能力非凡的君主，与大马士革王利汛联合起来攻打犹大王国，这一事件，再加上两国间的其他冲突，加速了两国的灭亡。他们的第一次远征没有获得胜利，第二次远征则遭到了致命的打击，犹大王国也损失惨重。比加统治时期，10个支派中有一部分被亚述王提格拉·帕拉萨三世俘获。

以色列王国正在走向灭亡。经过9年左右的无政府状态后，以色列王国的权杖落到了软弱无能的何细亚手里。他在位9年后，一位雄心勃勃的亚述国王萨尔玛那萨尔五世将以色列王国变成了附庸。然而，何细亚背叛亚述王，亚述王围攻撒玛利亚城，以色列王国抵抗了3年后失陷，独立的以色列王国从此消失。

这件事发生在以色列10个支派与犹大、便雅悯2个支派分裂约2个世纪之后，而这10个支派此后经历了一系列可怕的灾难。以色列人中除了有一部分留在迦南，其余都分散在亚述全境，失去了他们的独特个性。那些留在自己土地上的人也与外邦人混居，他们的后代叫作撒玛利亚人。他们中大部分人分散在外，也许不再作为一个独立的民族，也许流落到了遥远的无人居住区。他们的后代是否还在期盼着最终回到自己的土地上，学者们仍没有定论。

同一时期的犹大王国，它的历史当然多少也与这10个支派有关。它的众多国王致力于自己国家的宗教和治理，按照民众的心愿统治着国家。其中也有些国王效仿以色列国王作恶多端，他们的昏庸和对宗教的违背几乎都得到了后继者的纠正，国家重新找回信仰，秩序变得稳定。

罗波安在位17年，在他统治期间，埃及国王示撒攻打犹大，攻占了耶路撒冷，洗劫了圣殿和王宫里的宝物。

罗波安的儿子亚比雅于公元前914年继位，他与耶罗波安的战争前文已经提及。

亚比雅死后，他的儿子亚撒于公元前911年继位，他是一位明君，也是一位虔诚的君主。在位期间，他不断巩固旧有的国家宗教。亚撒还将埃塞俄比亚人他拉率领的百万侵略大军驱逐出去。

亚撒在位40年，死后由他的儿子约沙法继位（前871）。约沙法继位后，继续推行父亲的政策。他在位期间，国家高度繁荣。后来他与以色列国王结盟，让儿子约兰娶了残暴无度的亚哈的女儿亚他利雅。亚他利雅后来把以色列王国的罪行和灾难引到了犹大王国。

约沙法于公元前849年去世，约兰继位。在他统治期间，与亚哈联姻的灾难性后果就显现出来了。他的统治始于血腥，继而走向偶像崇拜，最终走向灭亡。

约兰之子亚哈谢于公元前842年继位，他一直在作恶多端的母亲的教导下长大。亚哈谢联合邪恶的以色列王约兰（与亚哈谢父亲同名，而且部分时间在同一时代），向叙利亚王哈薛开战。耶户摧毁了亚哈谢家族，找到了藏在撒玛利亚的亚哈谢，并将他杀死。

在此之后又有两三任君主，他们无足轻重，也不值得关注。现在我们来讲乌西雅（又称亚撒利雅）。他于公元前787年即位，在位时间长，为人虔诚，国家因此而繁荣昌盛。他手握犹大王国权杖51年，无论在战争时期还是和平时期，他都能有力地掌控局面。他率军攻打非利士人和阿拉伯人，取得了胜利。这位卓越的国王得了麻风病之后，把国家大事交给了他的儿子约坦处理。

约坦是一位干练认真的君主，在他统治时期，国家无事。

约坦于公元前734年去世，他的儿子亚哈斯继位，他是犹大王国历史上最糟糕、最不幸的国王。在他统治时期，有20万臣民被俘，尽管后来在先知俄德的干预下臣民们被释放了回来。

亚哈斯于公元前728年去世，他的儿子希西家继位，他是一位品行端正的君主和出色的改革家。

希西家于公元前697年去世，他的儿子玛拿西继位。他统治时期，犹太人中邪行盛行，不久，他们就沦为奴隶。玛拿西王本人也臣服于亚述王阿萨尔哈东，他被掳至巴比伦，戴上了镣铐。

约西亚8岁时继位（前641）。他作恶多端的父亲亚们和祖父玛拿西将国家带入毁灭的边缘。约西亚对宗教进行大力改革，他的热情甚至超过了他最虔诚的祖先。然而，一切为时已晚，耶路撒冷和犹大王国终究难逃厄运。约西亚在与埃及国王尼科二世的战斗中被杀，耶路撒冷也被占领。

约西亚的幼子约哈斯继位。在位10个月后，就被尼科二世废黜并囚禁。随后，尼科二世把约雅敬扶上了王位。自此，犹大王国开始被埃及和亚述两大对立的帝国轮流控制，受尽奴役，国家只剩一具空壳而已。

约雅敬于公元前609年即位，在他统治的第四年，强大的尼布甲尼撒与其父联合，在一两年内渡过了幼发拉底河，席卷了整个叙利亚和巴勒斯坦。犹大国王投降，被饶恕性命，然而圣殿被洗劫一空。一大批犹大贵族青年被俘虏，其中包括但以理和其他3人，

尼布甲尼撒率军攻占了耶路撒冷

70年囚禁生活由此开始。约雅敬发动起义，但很快被消灭，同时灭亡的还有他的国家。他的儿子约雅斤刚一即位，尼布甲尼撒的大军就出现在耶路撒冷的大门外，耶路撒冷随即投降。圣殿里一切值钱的东西，连同国王、国王的家眷、军队、贵族以及所有能工巧匠，全被掳走，带到了巴比伦。

西底家是约西亚之子，于公元前597年继位。他在统治的第九年，冒着国家毁灭的危险，企图抵抗亚述王。结果，耶路撒冷连同它的一切，被夷为平地。时为公元前587年，《耶利米哀歌》中对此表达了无尽伤感。

此后，还有一些争夺犹大统治权的首领也进行了一些抗争，但都徒劳无功。犹太历史的第一阶段就此结束，然而这并非以色列民族的结束，他们的律法和宗教才是维持一个民族不灭的准则。

第97章

从居鲁士大帝到庞培的征服

（前587—前37）

犹太人被囚70年后，也就是公元前538年，波斯国王居鲁士大帝允许他们回到了自己的土地上。在此之前，还发生了一些重大而

犹太俘虏被押往巴比伦

有趣的事件，这些事件与巴比伦连续几代国王和但以理及其同伴相关。犹太人被囚将近70年时，居鲁士成为一个新王朝和新帝国的创始人，建立了第一个地跨亚非欧的大帝国。居鲁士大帝无疑是在但以理的影响下，颁布了让犹太人囚徒回家的赦令。

犹太人回家时，一切都处于混乱中。居鲁士大帝派祭司兼书吏以斯拉去整顿秩序。以斯拉作为总督，任命各级法官，纠正权力滥用现象，加强执法力度，对顽固违法者进行罚款、羁押直至处以死刑。他采取一切手段，恢复圣殿的使用。

公元前444年，爱国的异邦犹太人尼希米被派往巴勒斯坦担任总督，他重建了耶路撒冷城墙，犹太人很长时间内都过着安静、幸福的生活。他们一直忠于波斯。

然而，犹太人的平静生活最终被亚历山大的入侵（前333）打破了，亚历山大对亚洲的征服由此拉开了帷幕。犹太人向他臣服，

以斯拉宣读和解释法律

据说有10万人被迁徙到了亚历山大在埃及的新殖民地。亚历山大死后，犹大被他的一个将领拉俄墨冬占领。拉俄墨冬被打败后，埃及国王托勒密向耶路撒冷挺进，于安息日发起进攻，没有遭遇任何抵抗。犹太人即使在抵御强敌的日子也要全心全意地敬神。托勒密占有了这片地区，然而并不牢固，安提柯曾两次将它夺走，最终，巴勒斯坦成为托勒密领土的一部分。托勒密带走了10万俘虏，把他们安置在亚历山大城和昔兰尼。

在此之前，祭司长安尼亚三世管理巴勒斯坦的公共事务21年。伊苏斯战役的第二年（前332），义人西门接替了他的位置，西门是犹太人传说中极具声望的祭司长。在托勒密王朝前三任君主统治时期，无论是在本土还是在亚历山大城的犹太人，都享有许多优待。到了西门的儿子继任为祭司长后，他因为自己治理不善，让犹太人的繁荣受到了威胁。托拜厄斯的儿子约瑟夫则通过将祭司长没有上缴的贡品收集起来，把事情处理好，终于将犹太人从埃及入侵的威胁中解救了出来。

安条克四世于公元前175年继承了叙利亚的王位。他企图消灭犹太人的宗教，而用希腊宗教取而代之，这唤醒了犹太民族沉睡的愤怒。本来犹大就有意要起义，现在发展成了全国大暴乱。安条克四世一听说犹大发生了暴动，立即率军向耶路撒冷进发，将圣殿洗劫一空，杀死4万民众，并俘虏了许多人，将他们卖为奴隶。随后又展开了许多暴行，还试图

祭司长

废除犹太人对上帝的崇拜，逼迫他们抛弃自己的宗教。撒玛利亚人倾向于与犹太人断绝关系，他们在基利心山的圣殿里祭拜朱庇特。

但是犹太人在他们民族早期历史的指引下，在囚禁于巴比伦时期永远治愈了偶像崇拜，并没有那么容易被说服放弃他们祖先的宗教。安条克四世为了强迫犹太人改变信仰，对犹太人进行了最严厉的迫害。有两名妇女因为给孩子行割礼，被吊死在闹市中，她们的孩子也被吊死在她们的脖子上。这样的酷刑太过残忍而无法用言语表达。迫害从都城开始，遍及全国各地，异教的仪式如火如荼地推行，尽管无数人誓死不从，对耶和华的崇拜几乎被彻底废除。

耶和雅利家族的祭司玛他提亚率领他的5个儿子进行了坚决的反抗，并号召所有捍卫律法的犹太人跟他一起上山。在安息日，他们受到了叙利亚人的进攻，最终寡不敌众，有1 000名犹太人死在了山洞里。这一事件发生后，玛他提亚和他的追随者们抛弃了迷信观点，宣称在安息日自卫是合法的。

不久，玛他提亚去世。他最勇敢的儿子犹大·马加比继承了他未竟的事业（前166）。犹大带领军队东征西讨，偷袭并攻占几座城市后，加固城墙和堡垒，决定与敌人决一死战。撒玛利亚总督阿波罗尼乌斯首先向他进攻，却兵败身亡。下叙利亚总督赛伦率军前来，要为阿波罗尼乌斯报仇。犹大与其正面交锋，杀死了800人，又将其余的军队杀得四散奔逃。第二年，安条克四世派出4.7万大军前往镇压，犹大再次大败敌军，并杀死了大量的敌人。不久，吕西阿斯率领更庞大的军队逼近犹大，再次被犹大打败，损失5 000人，被迫撤退。马加比王朝胜利挺进到荒凉的耶路撒冷，重建了圣殿，整顿了秩序，并在锡安山建造城墙。犹大反守为攻，乘胜追击，进攻以土买人和亚扪人，扩大了边界。

与此同时，犹太人最大的压迫者安条克四世在波斯去世。他的儿子安条克五世继位（前164），只有9岁。安条克五世与犹太人和解，很快又反悔。他将祭司长买纳拉斯处死，委任阿尔息穆斯为祭司长。就在这时，塞琉古四世的儿子、安条克家族的法定继承人德米特里从被扣押的罗马逃跑，回到了叙利亚，夺回了王位，就是德米特里一世。经过斗争，他战胜了摄政王吕西阿斯和安条克五世，并将他们处死。

在祭司长阿尔息穆斯的请求下，德米特里一世派尼卡诺率大军攻打犹大，意欲攻其不备。双方展开大战，占有优势的尼卡诺大军被彻底打败，他本人也被杀死。犹大在赢得国家独立的道路上又迈出了决定性的一步。犹太人决定与罗马正式结盟，然而盟约公布前，犹大的光辉生涯却终止了。德米特里一世又派阿尔息穆斯和巴吉底率2万大军向马加比发动进攻。除了800人坚守，其他犹太军队都弃城而逃，犹大誓死不退，战至最后一口气（前161）。

犹大的弟弟约拿单被推举，接替他的位置。这个英勇家族的第三个儿子约翰在与一个阿拉伯部落的打斗中丧命。约拿单现在与罗马结成了同盟，或者说，他完成了兄长未竟的事业。他与巴吉底周旋，令巴吉底疲惫不堪，再加上约拿单警告巴吉底还会受到罗马联军的打击，巴吉底被迫订立盟约，从犹大地区撤出军队。

亚历山大·巴拉斯是个冒险家，他宣布自己是安条克四世的儿子，率领大军进攻叙利亚。多利买的守军因为憎恨德米特里一世，就给他开了城门。德米特里一世随即备战，他已经与约拿单结盟，犹太人首领约拿单趁此机会加固耶路撒冷的城墙。亚历山大·巴拉斯也渴望获得约拿单的友谊，就授予他祭司长之职。约拿单立即披上了祭司长的法袍，开始了哈斯摩尼家族的统治（前153）。德米特里一世和亚历山大交战，战败身亡。他的长子德米特里·尼卡特于公元前148年率领大军攻入奇里乞亚。他的大将阿波罗尼乌斯接到了叙利亚的命令，进攻犹太人祭司长约拿单，但被约拿单打败。约拿单占领了雅法和亚琐都，放火烧了大衮神庙。

这一时期，亚历山大·巴拉斯娶了埃及国王托勒密六世的女儿克利奥帕特拉为妻，因亚历山大·巴拉斯和托勒密六世之间发生了争执，不久两人都死去，德米特里·尼卡特得到了叙利亚的王位，他就是德米特里二世。约拿单抓住这个机会，围攻他们在耶路撒冷的堡垒，遭到马其顿一支守军的抵抗。消息传到德米特里二世那里后，约拿单立即奉上礼物，化解了他的愤怒，并为犹太人争得了新的利益。

公元前144年，特里丰联合一些反对德米特里二世的士兵，拥立亚历山大·巴拉斯之子安条克六世为王。年轻的安条克六世向德米特里二世发动战争，德米特里二世被彻底打败，逃到了塞琉西亚。约拿单在此次战争中援助了安条克六世，赢得了极大的荣誉。野心勃勃的特里丰一直想要除掉安条克六世，取而代之。他担心约拿单会反对，便邀请约拿单去多利买，让他只带少量的士兵，说要把多利买交给他。约拿单没有怀疑，仅带了1 000士兵前往。约拿单刚踏进多利买城，特里丰就下令关闭城门。约拿单被俘，他的所有随从全部被杀。

这件事发生后，犹太人推举西门为他们的首领，接替弟弟约拿单。狡猾的特里丰与西门谈判，要求用100塔兰同银子赎回约拿单。

西门交出了银子，特里丰不仅没有履行诺言，还把约拿单杀害了。西门收集到约拿单的遗骨，在他们的家乡莫迪恩建了一座由7根柱子支撑的纪念碑，7根柱子分别纪念他的父亲、母亲和5个兄弟。

这一时期，罗马人与西门重续盟约，并把盟约写在黄铜板上。政府和祭司长的权力都由西门和他的继任者掌管，犹太人不再给任何外邦国王缴纳贡赋。西门占领了耶路撒冷的要塞锡安山，驱逐了城里所有崇拜偶像的信徒。在他精明的治理之下，这片荒芜的国土开始恢复古时的生机。

西门逐渐老迈，便在公元前135年把军队的指挥权交给了他的两个儿子犹大和约翰·西卡努斯。但马加比家族似乎注定要在暴力中灭亡。西门的女婿、阿哈布斯之子多利买邀请西门和他的儿子犹大去西门建造的一个城堡赴宴，将他们残忍杀害。多利买又试图在迦萨拉抓获约翰，但被他成功逃脱，约翰最后担任了犹大的祭司长和最高统治者。约翰继承了家族的勇气和能力，他对国家的管理很成功。他迫使以土买臣服，并将以土买人与犹太人合并在一起。他还对其他地方发动战争，占领了示剑城，摧毁了基利心山上的神庙。

约翰统治了犹大29年，于公元前107年去世，他的长子阿里斯托布鲁斯继位，兼任国王和祭司长。自犹太人从巴比伦返回后，他是第一位戴上王冠的人，从而把自己的国家变成君主国。他统治时间虽短，却充满了罪恶与痛苦。据记载，他怀疑其兄长安提贡不忠而将其杀害；他的母亲要求按照其父的遗愿掌管政权，被他用石头砸死；其他的兄弟都被他严格拘禁。他在战场上战无不胜，在日常的生活中却邪恶残忍，他的统治因他突发疾病死去而很快结束了。临死前，他对自己的罪恶懊悔不已。

哈斯摩尼家族还有几任国王，如亚历山大·詹尼亚斯、亚历山德拉、阿里斯托布鲁斯二世、西卡努斯二世和安提贡，他们的统治，包括王朝的创始人在内，持续了126年。公元前63年，庞培来到耶路撒冷解决犹大事务。西卡努斯二世的弟弟阿里斯托布鲁斯跟西卡努斯二世争夺王位，庞培恢复了西卡努斯二世的王位，称号为“犹太人之王”，把国家的行政权交给了一个皈依犹太教的以东人安提帕特。

庞培出于好奇，同他的随从官员进入了圣殿，甚至进入了最圣洁之地，无人敢反对他的行为。他好奇地注视着每一件物品，但没有触碰圣器，也没有触碰圣殿中的宝物。他迫使犹太人向罗马进贡。在恺撒与庞培的内战中，恺撒派遣被庞培关押在罗马的阿里斯托布鲁斯到犹大，去发动犹太人为恺撒而战，阿里斯托布鲁斯却被敌人毒死。与此同时，庞培让人砍下了阿里斯托布鲁斯之子亚历山大的头。在另一场政变后，西卡努斯获得了完全的祭司长之位，并在政府中占有一席之地，而希律家族坐上了犹大的王位，关于这一家族的情况将在后面详述。

第98章

罗马的统治（上）

（前37—44）

希律，后来被称为大希律王，是安提帕特的小儿子，以东人。他在掌握统治权之前的几年，就已经声名显赫了。公元前47年，他的父亲任命他统治加利利。在治理加利利后，他开始表现出天生的决策能力和性格上的严酷。公元前40年，他打败了对手安提贡和帕提亚王子帕科鲁斯。帕科鲁斯曾入侵叙利亚，劫掠了耶路撒冷，蹂躏了圣地。两年后，希律夺取了耶路撒冷，娶了哈斯摩尼家族西卡努斯美丽的女儿米利暗为妻，借助罗马的力量做了犹大的国王。他是巴勒斯坦的最后一位独立君主，于公元前37年开始他的统治。

希律遭到了来自效忠哈斯摩尼家族民众的强烈反对，然而，他还是强有力地继续着他的统治，让一切都按照他的意志进行。为了抵抗安提贡在耶路撒冷的强大势力，他毫无顾忌地杀死了45名首领，没收了他们的全部财产。整个犹太公会中，除了在围城期间极力劝说投降的沙马伊和波里奥，其余成员全都成了他报复的牺牲品。希律登上王位不久，为了取悦米利暗，委任她的弟弟阿里斯托布鲁斯为祭司长。但希律发现阿里斯托布鲁斯非常受犹太人的爱戴，担心他成为自己的对手，便在游泳时将其溺死。

亚克兴战役（前31）后，希律去罗德岛拜见奥古斯都。虽然此前他一直效忠于安东尼，但在奥古斯都这位征服者面前，他以坦诚、高尚的口吻赢得了这位世界命运主宰者的心。奥古斯都确认了希律犹太国王的头衔。希律从罗德岛返回后，就处死了他的妻子米利暗和岳母亚历山德拉。

他这种罪恶行为缘于他无法释怀的妒忌，即万一他死了，他漂亮的妻子米利暗就会成为别人的妻子。曾经有两次，他离开家去开辟冒险的事业，出发前，他留下命令，即如果他发生不测的话，也要把他的妻子处死。每次，她都会发现那致命的秘密。由于她第一次轻率地向他透露了这一点，她几乎没有逃脱当场被杀的命运；但美丽的力量压倒了希律的决心，他饶了她一命。可是第二次，他回来时，她不但没有迎合他的爱抚，反而表现出极为可憎的漠不关心，还用极为痛苦的口吻责备他对她亲戚的野蛮行为。他被这种漠不关心和怨恨的表现所刺痛，再加上希律的姐姐萨罗米的嫉妒和推波助澜，他便下令将米利暗处死了。

米利暗勇敢、镇定地面对无辜的命运，无愧于流淌在她血脉里的家族最后一滴高贵之血。这个杀害了米利暗的恶魔，也杀害了她的祖父、父亲、哥哥和叔父，然而，希律的内心却没有得到片刻的满足与安宁。他喜怒无常，情急之下无所不为。从极尽所爱到极尽所恨，他狂怒之后又陷于极度的懊悔与绝望中，大脑里一遍遍地浮现出米利暗的画面，他依然爱着她，但他无情地杀害了她。他寻求各种娱乐，想以此减轻恐惧与悲伤，都于事无补。终日的痛苦终究让他的身体和大脑出现了疾病。他出现过短暂的精神错乱，尽管一段时间后得到了恢复，然而，他的精神受到了严重打击。他的脾气更加激烈、暴戾，此后更加残酷与血腥，他处死了许多重要的官员。

希律曾为了与米利暗结婚而与之前的妻子离婚，安提帕特是他跟前妻所生的儿子。在安提帕特的煽动下，希律处死了自己与米利暗所生的两个儿子阿里斯托布鲁斯和亚历山大。他们出身高贵，深受犹太人的爱戴。这些罪恶都出自他多疑和妒忌的天性，是他在恐惧和喜爱之间矛盾斗争的选择结果。支持他保有王位的庇护者奥古斯都曾经说出以下的尖刻话：他宁愿做希律的一头猪，也不愿做他的儿子。犯下的罪行始终逃不过惩罚。希律的爱子、王国的继承人安提帕特——希律为了他而让双手沾满了自己孩子的鲜血，也成为一个特殊的受害者，因为他被证明密谋毒害宠爱他的老父亲。公元前4年，希律在弥留之际处死了安提帕特，在最后一刻改换了王位继承人。希律晚年患上了一种可怕的怪病，在身心备受煎熬中被慢慢折磨而死。

也许在希律去世的前一年年末，也许在同一年年初，伯利恒发生了杀害儿童的事件。希律出于妒忌，阻止他们中任何人成为犹大王。他害怕真正的弥赛亚出现，从而唤醒民众高涨的宗教精神。他极力消除令他恐惧之物的做法，也符合他无情和果断的性格。

希律统治时期，犹大最终沦为罗马帝国的一个行省。希律不再是希伯来宗教共和国的领袖，而是同其他国王一样平起平坐的罗马附庸。他的圆滑和擅长吹捧之能事让他在罗马获得了利益。此外，他还有意在犹太人中加入一批希腊人，希望以此消解犹太人的不安分和族内凝聚力。他兴建了宏大的工程，甚至建造了与原先一样令人自豪、辉煌的圣殿。所罗巴伯500年前建造的圣殿随着时间的流逝和暴力损坏已变得破败不堪。希律将圣殿推倒，以一个更加规整、庄严的建筑取而代之。白色的大理石和黄金尖顶，金光灿灿，矗立于摩利亚山脊，极为恢宏壮丽。然而，人民对这些讨好他们感情的企图并不满意，因为希律同时光大希腊人的风俗习惯，并亲自主持奥林匹克运动会。犹太人怀疑他决心将他们的民族和国家异教化，而这个怀疑并非没有理由。不仅如此，在漫长的统治期间，希律还组建了一支最严厉和高度戒备的警察部队来监管犹太人，禁止所有的兄弟会和集会，违背者被囚禁在地牢里。能得到释放、重见天日者寥寥无几。

大希律王家族的人口虽然被刽子手的刀剑削减，然而仍然人多势众，势力强大，其中不乏显赫的人物，出现在随后的历史进程之中。大希律王娶了10个妻子，但是他的领地主要被第六个妻子撒玛利亚人玛泰斯的子女所瓜分。根据大希律王的遗愿，由她的两个儿子希律·安提帕和希律·亚基老继承大希律的权位，前者分得了加利利和比利亚，后者分得了以土买、撒玛利亚和犹大。老国王的葬礼极尽排场，这是他统治时期的虚华外表，他给后继者们留下了一个受尽压迫和不幸的王国。

希律·安提帕和希律·亚基老都向奥古斯都请求确认各自的头衔；或者确切地说，是弟弟安提帕请求确认得到整个王国的头衔，这是大希律王早先的决定。兄弟俩在罗马争取各自的利益时，整个国家很快陷入一片混乱和无政府状态。大希律王的其他几个儿子也各自宣称要得到自己的领地，整个希律家族陷入了纷争。接下来，国内政局不稳，冒险者一个接一个，暴力冲突不断发生。驻扎在巴勒斯坦的罗马人残暴而苛刻，犹太人之中也出现了最不幸的分裂。

最终，罗马帝国颁布法令。法令进一步明确了大希律王的大部分遗愿。腓力继承了一部分领地，分别为浩兰、特拉可尼、潘内亚斯和巴塔尼亚。亚基老仅获得了个总督头衔，统治犹大（前3）。他的统治不公而暴虐，9年后，他被罗马皇帝罢免放逐。他的财产被没收，犹大变成了罗马行省——至此，代表着独立的最后一个象征消失殆尽。权杖最终从犹大离开，大卫和所罗门的王国沦为叙利亚行省的附属地区，尽管它由自己的总督——罗马骑士团成员管理。

这里简要介绍一下当时人民的状况以及重要机构。我们可以从前文的描述中判断这个国家的状况，因为整片土地都被敌对的派别和冒险家的斗争所充斥，所以我们很少注意到普通的生活艺术和智力培养。在无政府争斗的状态中，我们很少看到人们的家庭享受和社会发展的场面。实际上当时却是一个文明高度发达、文学和艺术得到了繁荣发展的时代。这是罗马奥古斯都的时代，他对文学进行大力的鼓励与赞助。然而，相对闭塞的犹大地区，几乎感受不到什么影响。

希律统治时期对民族的进步作出了某些贡献，尤其是在艺术方面。但这一时期盛行的奢侈方式给普遍幸福带来了破坏作用。没有足够资源和收入来满足过于追求这种品位和倾向的需求。为了满足上层阶级奢侈生活的巨大需求，广大民众深受其苦。罗马的生活方式引入犹太人中后，当地人深受影响，上述提到的这些邪恶在他们当中发挥了充分的作用。富足与匮乏、强权与压迫、暴力与屈服，在仁爱者的眼里不过是一幅哀伤的画面。以上就是犹大的情况，也或多或少是整个罗马世界的面貌。

犹太公会，也叫作七十人法庭，是最高的宗教和民事委员会，行使最高司法权。这个委员会很可能局限于司法职责，是个全体会议法院，在哈斯摩尼诸王统治后期和大希律王及其子亚基老统治时期就不存在了。

民众中的绝大多数，至少是最低阶层以上的人，似乎分为两派，加入两大主流派别，即法利赛教派和撒都该教派。法利赛教派在民众中占据大多数，尽管这些人实际上并没有登记为教派成员。撒都该教派人数相对较少，影响力也不大，而且都是无宗教信仰之人。除了这两大教派，还有相当一部分人追随希律家族成员，而且很可能是那些所谓的希腊人。艾赛尼派的人数不多，他们是犹太人中的禁欲主义者。

这一时期，要想唤起马加比起义时激发的那种民族宗教精神，根本不可能。犹太人一贯以上帝的名义在上帝的庇护下取得胜利，现在上帝即将抽身而退。另外一个世界里的王国，即将在自大卫时起建立的世俗主权的废墟上崛起，加利利人犹大领导一次起义的企图显然失败了。

奥古斯都的统治即将结束时，行省总督更替频繁。奥古斯都的继任者提比略实行了不同的政策。在他统治的23年时间里，犹大有两个统治者——瓦莱里乌斯·格拉图斯（16年即位）和本丢·彼拉多（29年即位）。提比略并没有计划对犹太人太苛刻，这位精明的暴君说："总督的快速更替，只会增加各个行省的压迫和苛捐杂税。"

耶稣是在本丢·彼拉多的特别法庭前面被审判的。彼拉多天性并不残忍，然而，他所管辖行省的和平受到威胁时，他就变得严厉、决绝，无所顾忌。在罗马统治下，他不可能对耶稣这样一个态度谦卑、平和之人感到恐惧。然而，他不认为自己是“恺撒之友”，也不认为一个人的生命，不论那个人多么无辜，与国家的和平和他个人在罗马的优待相比有多重要。在这两难之中，他自然极力避免作出决定，不想承担责任，于是把这个案子交到小希律王的特别法庭上——他认为耶稣是加利利人，属于小希律王的统治范围，而当时碰巧小希律王在耶路撒冷庆祝逾越节。

犹太人的呼声越来越高，彼拉多终于不再顾忌，屈服于他们的要求。罗马军队成了犹太祭司实现自己意愿的工具，把那个人钉死在十字架上（33），而彼拉多却查不出那个人有何罪过。

这一时期，大希律王的另外两个儿子在他们各自的统治区安然无事。希律·安提帕在加利利做小王；腓力的统治范围则越过了约旦河。腓力王公正、仁慈，死后没有子嗣，领地并入了叙利亚行省。卡利古拉登上罗马皇位，对于希律家族的另一支亚基帕是个重大事件。亚基帕是阿里斯托布鲁斯之子，而阿里斯托布鲁斯是大希律王两个不幸儿子中的一个。

亚基帕早期的生活是在一系列奇怪的冒险和沉浮的过程中度过的。经过众多危险与逃亡后，他终于留在卡利古拉的宫廷中，获得了腓力空下的职位，做了小王，拥有了王室的地位和尊严。在他统治期间，犹太人蒙受了许多大灾难。这些犹太人不仅包括犹大的犹太人，也包括亚历山大城和巴比伦的犹太人。在幼发拉底河岸的亚历山大城，犹太人因为莫须有的罪名，受到了残酷的屠杀。

罗马皇帝要在圣殿里为自己建一座雕像，这一工程给巴勒斯坦的犹太人带来了巨大的麻烦。整个犹太民族受到了邪恶和死亡的威胁，但他们宁死也决不祭拜偶像，决不向卡利古拉屈服。卡利古拉的早死将他们从痛苦中解救了出来。

克劳狄一世成为皇帝后，亚基帕因为效忠皇帝，其统治范围得以扩大。他意气风发地回到了巴勒斯坦后，竭尽全力地讨好犹太人，严格实行摩西定下的律法。但同时，他开始大肆迫害无辜的基督徒，处死了约翰的弟弟詹姆斯，将彼得关进大牢。

亚基帕在其扩大后的领地上——整个巴勒斯坦，统治了3年后，下令在凯撒利亚为皇帝举行一场盛大的庆祝活动。就在此时，他突然病死。他死于44年，在位10年，前7年只统治了部分领土。他死后留下了1个儿子亚基帕二世和3个女儿。

第99章

罗马的统治（下）

（44—67）

希律之子亚基帕二世年纪尚轻，无法担当大任，犹大又被降格为罗马的一个行省。卡西乌斯·朗吉努斯被任命为叙利亚总督，法杜斯被派去做犹大的地方长官。他发现一场内战扰乱了约旦以外的地区，很快让煽动者尝到了罗马大军的威力，最终平息了这场动乱。

法杜斯到来前，民众中就盛行一种宗教狂热，追随约书亚时期远祖们的信条，认为他们可以安全渡过约旦河。有个冒名丢大的人说自己是个先知，以此鼓动人心。于是，众人带着他们的财产一起涌向约旦河岸，痴心地认为他们能将水流从中间分开，让他们顺利通过。法杜斯得知后，抓住了这个冒充者，砍下了他的头，送到了耶路撒冷。

提比略·亚历山大继法杜斯之后统治犹大，他统治时间短暂而平淡无奇。下一位继任者是文提狄乌斯·库玛努斯。在他执政期间，开始出现一些不满情绪，最终演变成暴乱，席卷了整个巴勒斯坦，致使这个地区在多年间都是荒凉一片。巴勒斯坦人和罗马士兵之间开始表现出相互仇恨，致使发生了多次暴力冲突，数千人丧命。库玛努斯因治理不善，被皇帝判定有罪，随后被流放。奴隶出身的克劳狄·腓力斯被任命为总督。腓力斯以国王的权威、奴隶的性情来治理犹大，为了一己私利，不惜犯罪。

当时的犹大到处都是武装劫匪，造成那里一片荒凉。腓力斯起初全力镇压他们，后来为了个人的私利，与那些最胆大妄为的劫匪结成了联盟。他还犯下了一些与这些匪帮有关的滔天罪行，其中的一宗罪便是杀害了祭司长约拿单，因为约拿单抗议和责难腓力斯而冒犯了他。腓力斯指使这些无赖在圣殿里杀害了约拿单。在权力的庇护下，或至少在政府的纵容下，谋杀和抢劫无处不在。很少有人能从刺客的匕首下逃脱。

糟糕的远不止这些。各个地方都出现了冒牌的巫术大师，把民众哄骗到沙漠里，鼓动他们与罗马政府作对。不难想象，这种做法给这些臣民带来了灾难性的后果，他们遭到了罗马的血腥报复。甚至连从事圣职的祭司们也被卷了进来，最终，高级祭司和低级祭司间出现了分裂。本该属于低级祭司的什一税被强制摊给了高级祭司，普通祭司被剥夺了维持生活的来源，死于饥饿；还出现了一些抵抗罗马权威的情况，最终以流血和日益严重的社会分化而告终。

后来，波求·非斯都接替了腓力斯，他以严格而正直的管理，让犹大出现了短期的安宁。他镇压反叛者和匪帮，然而不幸的是，这个忠贞之人死于任上，路凯乌斯·亚比努斯于62年继任。他贪婪的性情不久就显露出来，以权谋私充斥了他的整个任期。开始时，他严厉打击劫匪和刺客，最后却向他们敲诈勒索了大量赎金，放任自流。盖西乌斯·弗洛鲁斯在他之后继任（65）。他任职期间，比亚比努斯更加贪婪，手段也更加残酷。他不仅劫掠个人，还劫掠社区。他似乎为劫匪和杀手的劫掠提供一定的补偿金，换取相当一部分的劫掠之物。居民纷纷逃离，许多村庄和城镇空无一人。

最终，一把革命的火焰在凯撒利亚爆发。这把火焰由凯撒利亚希腊地方行政官和当地犹太居民之间由来已久的积怨引发。起因是此地发生了一场冲突，犹太人上诉；然而，上诉后结果更糟。大约同一时期（65），因为宗教原因发生了另一场骚乱，犹太人一贯固执，这次因为一些不足挂齿的小事又表现出了固执的天性。他们受到了骚扰，犹太教堂被擅自闯入，而一般情况下这是非常困难的事情。这些异教徒要玷污他们的圣物，犹太人群起拿起了武器，而结果早在那些擅闯者的预料之中，他们已提前做好了充分的准备。

星星之火，终于燎原。革命的大火最终蔓延到耶路撒冷，弗洛鲁斯为了达到个人邪恶贪婪的目的，故意挑起暴乱，然后实行最大范围、最残酷的报复。3 600人，无论男女老幼，在耶路撒冷的大街上被屠杀，甚至连那些身为罗马骑士团官员的犹太人，也跟他们最卑微的同胞一样被处死。犹太人屈从于强加给他们的某种条件后，实现了短暂的和平。

然而，这样的和平并不符合弗洛鲁斯的目标，他想让犹太人与罗马权威的冲突进一步发酵，以便从中劫掠财富。情况很快向着他所谋划的方向发展，而且愈演愈烈，将犹太人带入了困境。有的犹太人拒绝屈服，甚至对抗法律的权威。他们的偏执、鲁莽和暴力，将耶路撒冷城进一步推向了深渊。最终，犹太人内部爆发了激烈的冲突，冲突的两派中一派主张向罗马和平投降，另一派坚持战斗到底，决不妥协。

莫纳恒是后一派的首领，他斗志旺盛，却在一段时间后因为行事鲁莽葬送了性命。如果他能将谨慎与勇气结合起来，很可能成为这场起义所需要的真正首领。他应该充分利用起义者的才智，加强他们的力量。起义者在遭受背信弃义的不公后，大肆追杀罗马的一支守军，罗马守军提出只要保住性命就可以屈服，可是叛乱者还是对他们进行了大肆屠杀，他们最后的一线和解希望在血泊中熄灭。更温和的人看到了自取毁灭的必然结果，没有掩饰深深的痛苦。为了报复这次凶残的行为，凯撒利亚的2万名犹太人被血腥屠杀，这很可能是弗洛鲁斯秘密下达的命令。

耶路撒冷城中大量的同胞被屠杀，让整个犹太民族陷入癫狂。他们感到，人类在向他们宣战，而他们要以牙还牙。成千上万的犹太人涌向邻近的地区，把一个又一个城市夷为平地。叙利亚和其他地区感受到这些愤怒和绝望的人群入侵的力量，随后展开了可怕的报复，把住在这些地区的犹太人成百上千地处死。在巴勒斯坦，整个犹太民族都在对抗罗马的权威，他们还被反抗叙利亚总督赛斯提乌斯·加卢斯取得的胜利所鼓舞。加卢斯在进军途中征服了几个地方后，最终包围了耶路撒冷；在他即将攻下耶路撒冷时，最不可思议的事情发生了，他忽然撤回了军队。这种情况大大鼓舞了犹太人的士气，他们向加卢斯的军队发起了进攻，利用他撤退的机会追击。加卢斯的军队开始溃散逃离。罗马军队自从瓦卢斯在条顿森林遭受大败后，再也没有受到过如此的屈辱与冒犯，也未遭受过如此惨重的损失。

加卢斯在撤退途中被犹太人追击

人类的其他族群当时会如何看待犹太人想摆脱罗马枷锁这个笑话呢？这样一个弱小的民族，没有盟友，没有首领，没有组织严密、纪律严明的军队，没有战争用的投石机（从敌人那里缴获的除外），没有为任何长期战争所储备的物资，而且他们的内部还四分五裂。然而，他们坚定了这个信念，并不顾一切地将其实现。他们靠着顽强坚持下来的耐心、高昂的热情和不顾一切的勇气，誓死抗击罗马权威——世上至高无上的权威，最终他们的努力失败了。他们被毁灭，没有援兵，没有人同情，也几乎不被称羡。他们在为自由而战中殉难，他们这种好像能唤起其他民族广泛同情的努力，并没有得到同情，这真是个例外。

这一地区爆发的起义，以及赛斯提乌斯·加卢斯和罗马军团被打败的消息传到罗马后，罗马人大为震惊。当时还在亚该亚的罗马皇帝尼禄，对犹太人的起义不屑一顾，然而真正重要的事情是在帝国挑选一名骁勇善战的将军前去镇压。这位将军就是韦帕芗。韦帕芗年轻时就投身军旅，南征北战，他的事迹一直是他那个时代的主题。因为情况紧急，韦帕芗立即派遣他的儿子提图斯前往亚历山大城，统率第五和第十军团，他自己则集结起由他训练的军队，日夜兼程，从陆路全速赶往叙利亚。

与此同时，犹太起义军也不是束手就擒。有些精明之人离开了自己的故土，另一些应召为他们悠久神圣的民族而战。留下来的犹太人人数依然众多，总数可能接近300万。他们集结起来，做好了充分的准备，主要是给那些拥有智慧和英勇善战的特殊人物分配任务，防卫某些重要的地方。他们把守护国家最重要的部分——加利利城的任务交给了马赛厄斯之子约瑟，他就是那个广为人知的著名历史学家约瑟夫斯。这个地区最有可能第一个遭受攻击。

约瑟夫斯曾经倡导和平，但他很可能让主战派对他产生了信心，否则他就很难得到加利利城的指挥权。他一直小心谨慎，善于调解，但也不失勇气。他的目标是促进团结，把整个国家置于统一的规范之下，他的这个目标很大程度上实现了。他为防卫加利利城的几处要地，做了充分的准备。最终，他集结了10万大军，从各处搜集武器，把他们武装起来，任命了百夫长和十夫长，并对他们进行了正规的军事训练。

然而，由于一个狡猾的敌人——吉斯卡拉的约翰的反对，他遇到了特殊的困难，他明智的安排常常被打乱。约翰为了取其性命而设计的阴谋伎俩以及约瑟夫斯设计的破解之计等，都在约瑟夫斯的历史著作中有所记载，此处不再赘述。

在耶路撒冷，备战工作也在紧张进行。祭司长亚拿纳为其首领。他们在加紧制造武器、加固城墙、制造投石机、储存物资等，不辞辛劳，精心准备。亚拿纳同样也遇到了对手，对手不仅来自胆小怕事的温和派，也来自胆大妄为的土匪。土匪的首领是凶残的西蒙·巴约拿，他曾在赛斯提乌斯撤退时帮了大忙。亚拿纳被迫派军队进攻他，以土买的地方行政官也被迫向每个村庄派一名卫兵。

很可能在赛斯提乌斯战败不久，犹太人还进攻了由罗马指挥官安东尼乌斯驻守的阿斯卡隆，虽然驻军兵力较弱，犹太人的进攻并没取得胜利。犹太人在尼结、西拉和艾赛尼派的约翰的指挥下，向驻军发动进攻，连续两场战斗之后，他们就被击退，损失了1.8万人。

第100章

罗马人摧毁耶路撒冷

（67—76）

67年早春，韦帕芗率领他的强大军队到达了安条克，与亚基帕率领的军队会合。他进军至多利买时，在那里吸纳了加利利首府塞佛瑞斯的一个代表团的人员，他们自愿加入入侵者的队伍。韦帕芗的行动对约瑟夫斯的权威造成了破坏和威胁，约瑟夫斯力图攻取多利买，然而它被韦帕芗中途吸纳的小分队所固守。约瑟夫斯被击退，罗马人大为振奋。韦帕芗的儿子提图斯从亚历山大城出发，通过海路到多利买与他父亲会合。韦帕芗率领自己的军队，会同盟军，共有6万正规步兵和骑兵以及一部分非正规兵，浩浩荡荡向前开进。

战争正式开始。起初，约瑟夫斯指挥的犹太军队进攻普拉西德附近的约塔帕塔时略占优势，约塔帕塔是一个防御极为坚固的城镇。这一优势让犹太人士气大振，但韦帕芗的庞大军队正在赶来，而且势不可当。约瑟夫斯的军队也许是看到了，也许是听到了罗马大兵压城的传言，吓得四散逃离，连他本人也逃跑了。他带着残余部队，逃到了提比里亚。韦帕芗进攻戈达拉，清除了当地和周围村庄的居民。接下来他开始进攻约塔帕塔，这里的防御力量坚不可摧。约瑟夫斯曾全力将其加固。然而，罗马大军带着他们的强大装备，大举开进，辟开大山，打出一条通道，密集的军团于5月14日出现在城内犹太军队的视野之中。

犹太人看到这一幕后惊恐不已，他们知道他们面临的只有毁灭，于是准备逃跑。然而，他们逃走的所有希望都被切断，罗马人将城市围了3圈。攻城从第二天开始，我们有限的篇幅不再描述这次战争的细节，因为这次战争的主角，也是此次重大事件的记录者约瑟夫斯已经对此进行了详细描述。守城人不屈不挠的意志、顽强的精神、不顾一切的勇气，以及守城的策略和所能做到的一切，都令罗马人措手不及，惊讶不已。罗马人一边不顾一切地投入战斗，一边担心一旦被这样一群敌人击败将颜面扫地。时间一天一天过去了，韦帕芗全副武装的军团，加上他们的弩炮、攻城锤，全部上阵，攻打这些不顾一切、富有计谋、英勇顽强的犹太人。

关于守城人的富有计谋，有以下记载：

犹太人面临的一个最大危险是水源匮乏。他们的敌人从某些情况判断后，发现了这个事实。城市已经被封锁，他们希望守军能因为缺水而在短期内接受投降的条件。约瑟夫斯便想出了一个权宜之计来消除他们的这种印象。他命令大量人员把衣服浸在水里，然后把浸了水的衣服挂在城垛上，让它们往下滴水。罗马人见到这种情形，大为震惊，认为犹太人这样恣意地浪费水，说明他们不可能处于缺水的窘境。韦帕芗厌倦了封锁这样一座供应充足的城市，于是决定重新发动猛攻，而这正是犹太人所期望的。

记载中可能也提到了一个名叫以利亚撒的加利利人的无畏行为。他从城墙上搬起一块巨大的石头，对准罗马军队的攻城锤，砸掉了攻城锤的铁头。然后，他从城墙上一跃而下，拿到那个铁头，带回城中。他没有穿铠甲，敌人的飞镖和箭都向他射来。他身中5支箭，还是继续往前走，抓住了城墙，坚强地站立起来，向所有人展示他的战利品。然后，他紧紧地抓住战利品，抽搐一下，倒地而亡。

约塔帕塔抵挡住了整支罗马军队长达47个日夜的进攻，最终因为一个逃兵出卖了其中的关键地形而失守。韦帕芗跟随这个出卖机密的叛徒，成功地进入了城中。在攻城与占领期间，有4万人被杀，整座城市被夷为平地。约瑟夫斯躲藏了几天后被搜了出来。投降后，他追随罗马人，罗马人欣赏他的才干和勇气，饶了他一命。与此同时，附近的雅法城受到了提图斯的进攻，一场血战之后，雅法城被攻占，英勇的守军损失了1.5万人。奇怪的是，撒玛利亚人也发动了反对罗马人的起义，在基利心圣山上被塞雷亚莱斯打败，1.1万多人被屠杀。韦帕芗曾派遣大量骑兵和步兵增援提图斯和塞雷亚莱斯。

罗马军团因为被长期和意料之外的顽强抵抗所阻滞，就需要加快进军的速度。韦帕芗回到了多利买，沿着海岸向凯撒利亚进发。这里的希腊居民通过对他们的犹太竞争者大屠杀，现在控制了这片地区，他们都欣喜地欢迎韦帕芗的到来。韦帕芗在这里为他的两个军团搭建了越冬住处，不久以后，他派遣了一支大军进攻雅法。雅法当地的居民逃到船上，后来全部覆没。这可能是因为突然的风暴掀起了海浪，将他们的船打翻了，也可能是因为他们被海浪打到岸上后，被敌人杀死了。随着战事的推进，其他地方也被攻陷，守城者都死于刀剑之下，妇女和儿童被俘。这就是提比里亚和塔里基雅的命运。这两座城市属于希律的领地，很早就表现出起义的迹象——这与他的意愿大相径庭。当地犹太人展现了他们一贯的勇气，但在罗马强大的实力和严明的纪律面前，他们的勇气没有发挥作用。起义者没有被处死，有几千人被送到皇帝尼禄那里，他们或执行尼禄开凿科林斯地峡的疯狂计划，或被卖为奴隶。

韦帕芗的一个卑鄙行径，就是在保证大赦的情况下处死了在塔里基雅投降的士兵，这使整个加利利城大为震惊；为了避免同样的暴行，大多数城镇立即投降；但仍然有3座城市不肯向征服者屈服，这3座城市分别是迦玛拉、吉斯卡拉和约瑟夫斯在塔博尔山上建造的塔博尔城。迦玛拉城比约塔帕塔更加易守难攻，它位于绵延的山岩和绝壁间，四周都是陡坡，中间凸起，然后突然下降，犹如驼峰一般，城市也因此得名。山体结构的一个特别之处是，山上的房屋建在山丘的陡坡上，一座高于另一座，层层叠叠，密密麻麻。罗马军团进入这里后，举步维艰。

伊塔布里乌姆和吉斯卡拉两座城市也同样进行了顽强的抵抗，但最终陷落，数千居民丧命。与此同时，耶路撒冷不但没有或没有能力援助其他城市，反而被内部各派系的斗争弄得四分五裂，对即将到来的可怕危机准备不足。耶路撒冷内部派系分为主战派和主和派。主战派占大多数，其中不乏最卑劣之人。他们一味固执地反对一切和平措施，满口都是屠杀、劫掠和毁灭。这些无耻之徒已经开始对反对他们的人实施劫掠和暗杀，毫无顾忌，无恶不作。他们先是在耶路撒冷附近作恶，后又到了城内，为首的是撒迦利亚和以利亚撒。他们在都城遭到了坚决抵抗。主战派占领了圣殿，把圣殿作为进攻的基地。

耶路撒冷的民众向这些狂热分子发起猛攻。这些狂热分子被迫撤退到圣殿的最深处，外面已被祭司长亚拿纳包围。吉斯卡拉的约翰以拥护祭司长的事业为幌子，要求说服被围困者接受和平建议。他非但没有忠实地履行他的任务，还劝说他们要坚决顽抗到底。最终他还带来了2万以土买辅军。他们联合起来，以最残酷的手段攻击主和派。1.2万血统高贵之人被主战派以最残酷的手段杀害，但他们不满足于这些高贵之人洒下的鲜血，还把他们沾满鲜血的双手伸向了普通大众，让耶路撒冷陷入悲惨的境地。凡是反对他们的人，或是谴责他们行径的人，或为他们所杀害之人流下眼泪的人，统统都被冠以某种罪名，以流血的代价加以惩罚。最终，这些狂热分子又把谋杀的武器对准了彼此。

韦帕芗耐心地等待一切对他有利的时机，放任耶路撒冷城内的自相残杀，只等他的计划完全成熟。此时，他受到了戈达拉居民的邀请，于是派遣普拉西德占领这座城市。普拉西德接到命令后，一路杀来，消灭了几路强大的起义军，在很短的时间里彻底征服了犹大在约旦河以东除一座城堡之外的所有土地。韦帕芗在第二年开春就向以土买进军，将大多数城镇和乡村化为灰烬。

现在，耶路撒冷城内的人们看到敌人就在大门外，他们正步步逼近。每时每刻，耶路撒冷城内可怜的居民都会看到北面平原上的罗马军队武器闪烁，鹰旗飘动。就在此时，从罗马传来了情报，止住了韦帕芗向前开进的步伐。耶路撒冷可以拥有很长一段时间来决定是悔过，还是屈服，抑或是战斗到底。罗马发生了变故，韦帕芗被选为罗马皇帝，他要返回罗马。当时为70年。

推迟进攻并没有给耶路撒冷带来什么改变。犹太公会摇摆不定，迟迟不能解决内部纷争。西蒙是个血腥之人，他将耶路撒冷周边地区变为一片荒野。此时他被接纳进入城内，他的到来很可能使以约翰为首的派系胆战心惊。由此出现了3个派别，争斗由2派变成了3派。这个注定要灭亡的可怜国都，纷争无休无止，一片混乱，大街小巷血流成河。韦帕芗成功地穿上了紫袍后，释放了约瑟夫斯。第二年伊始，他把注意力转向了叛乱中的巴勒斯坦，派他的儿子提图斯完成对耶路撒冷的彻底征服。

耶路撒冷的情况非常恶劣，提图斯从各路朋友那里汇集援军，向这座城市发动大举进攻。提图斯在围城前，先带领600骑兵前去侦察城中的防御力量和地形。他似乎自命不凡地以为，犹太人会很乐意打开城门欢迎他，但他们却向他猛烈出击，令他大感意外。他在山中狭径被围攻，飞镖、长矛大雨瓢泼般在他四周飞落。他被迫杀出一条血路，艰难脱险。

城内的派系斗争依然激烈，这种情况大大鼓舞了敌军。提图斯此时已安排他的军队在接近城墙的时候平整地面，为即将发动的猛烈进攻做好一切准备。他向城内发出了和平建议，被守军愤怒地拒绝了。罗马军队于是使出浑身解数，全力向城内发起进攻。犹太人被迫后退，躲过敌军不断投下的石头。攻城锤也充分发挥其威力，有节奏地砸向城墙。终于，在城墙上砸出了一个缺口，迫使守军退到围墙后面。从开始围城到攻破城墙，耗费了两周的时间。

然后，罗马人立即攻打第二层围墙，投石机和攻城锤都派上了用场，进攻异常猛烈，其中的一个塔楼开始摇晃。塔楼里的犹太人知道他们灭亡在即，便放火焚烧塔楼，他们自己也投进火焰之中。塔楼倒塌为罗马军队进入第二道围墙打开了一个通道。但提图斯非常希望保留这座城市，不想毁掉它。打开的缺口和通道太窄，西蒙向他们进攻时，他的士兵因为拥挤造成大量伤亡。提图斯迅速纠正错误，在第一次进攻被击退4天后才占领了这个缺口，然后进入城墙之内的下半城。

多灾多难的耶路撒冷出现了饥荒，瘟疫也接踵而至。随着灾难的不断蔓延，派系斗争也更加激烈。他们强迫各家都把粮食拿出来，凡有私留者一律处死。对没有粮食的人以私藏粮食为借口而大加折磨。提图斯再次尝试说服犹太人投降，并派遣约瑟夫斯劝降，告诫他们顽抗到底的致命后果，但毫无效果。提图斯建造了一座高墙，把耶路撒冷城围住，阻止他们得到外援，同时也阻止他们逃出城外。

耶路撒冷的大街小巷，目之所及全是正在腐烂的尸体和面黄肌瘦的病弱之人，一片悲苦景象。甚至连那些安全逃到罗马营帐的人也被士兵杀死。这些士兵根据一些情况推断，这些逃亡之人吞下了大量的黄金。为了搜查黄金，一夜之间就有2 000人被撕碎。罗马军队的军事行动正取得进展之时，城内的饥荒也在不断加剧。

历史学家这样记载：“即使最亲密的朋友，也会为了一小块食物而大打出手。刚死去的人都要被搜查，防止他们身上藏着点滴食物。连劫匪也断了粮，他们像疯狗一样，四处搜索，图谋不轨；有的虚弱得走起路来摇摇晃晃，像个醉汉一样，甚至在一个小时内到同一家里搜查两三次。那些最难吃的东西卖价极高，他们啃腰带、啃鞋子，甚至啃防护用的皮衣。干草和树根也剁成块，高价出售。还有比这些更可怕的吗？

“比利亚有个女人，名叫玛丽，是以利亚撒的女儿，非常富有，当时她在耶路撒冷避难。她因为痛骂劫匪，惹恼了他们，他们就一天又一天地前来抢劫。没有人来救她，为她解除痛苦。她的思想因错误而疯狂，她的身体因饥荒而饱受折磨。当时，她的身边带着一个婴儿，正努力吮吸她干瘪的乳房，但已吸不出一滴乳液。就在这时，她煮了自己的孩子，吃了一半，还留一半。

“蒸煮食物冒出的烟和味道很快吸引了这些劫匪，他们破门而入，咄咄逼人地威胁她，让她交出正在吃的东西。她怒目而视，非常冷淡地说，她为好朋友保管了一些食物。然后她打开盖子，让他们看没吃完的孩子。这些野蛮的匪徒站在那里愣住了，一句话也说不出来，她对着他们尖声喊道：‘吃吧，我已经吃了，难道你们比女人还要脆弱，比母亲还要心软吗？’他们退了出来，脸色苍白，全身发抖。这件事很快在城里传开了，并且传到了罗马军队的营帐。刚开始的时候，他们都难以置信，后来对此深表同情。”

听到这个可怕的事情后，罗马将军发誓要摧毁这座城市，彻底消灭城里的居民。

接近夏末时，罗马军队攻占了安东尼亚要塞，消灭守军后，在要塞各门放火。此时的犹太人还无视真正危险的到来，他们除了圣殿已经一无所有了，城市的陷落也近在眼前，他们还是坚信上帝不会允许异教徒占领他们的圣地。

7月17日，没有进行献祭，这是自犹大·马加比恢复献祭后第一次停止献祭，因为圣殿里没有合适的人来主持献祭仪式。圣殿和安东尼亚要塞之间的画廊也被烧毁，携带着易燃物、挤满西廊厅内的犹太人假装逃跑，引诱罗马军登上垛口，然后向建筑内放火。大火包围了罗马军队，有的从屋顶跳下时被摔死。提图斯希望把圣殿保留下来，但事与愿违，有个士兵将圣殿点燃。众人虽然全力救火，仍于事无补。为了保护圣殿内的物品，提图斯进入殿内圣坛处，这里是圣殿内最圣洁的地方，他在这里发现了金烛台、供桌、金香炉，以及用精美的金箔纸包裹的法典。

接下来，一场可怕的屠杀开始了。在这场屠杀中，有好几千人丧命。有些被剑捅死，有些被大火烧死，其余的都从城垛上掉下来摔死了。征服者们被犹太人无用的固执激怒，于是杀死了他们见到的所有人，无论男女老幼、好人坏人，甚至将许多可怜之人钉死在十字架上。所有财库都被烧毁，里面有昂贵的家具、祭衣、盘子和其他贵重物品。总之，他们不停地破坏、烧毁一切，除了殿内为女人准备的两个房间的房门，整个圣殿完全被摧毁。

与此同时，他们为进攻上半城和王宫做准备。9月8日，发射的石头狂怒地飞向那些狂热分子，他们在大兵压城之际，乱成一片，像疯子一样纷纷逃向西罗亚，企图偷袭城墙，借此逃跑。然而，他们被罗马军队击退，被迫躲到公用水槽和下水道里。其余居民中除了一些最强壮的人——他们是为胜利者的凯旋式准备的，其他人都死于剑下。这些活下来的人中包括约翰和西蒙这两个最张狂的暴乱分子。

罗马军队围困耶路撒冷

屠杀到无人可杀，罗马军队从抢劫中得到了满足之时，提图斯下令，将耶路撒冷剩余部分全部摧毁，包括防御工事、宫殿、塔楼以及那些壮丽的建筑，仅留下西墙的一部分和希皮库斯、法赛尔和米里亚尼3座塔楼。之所以留下这些建筑，很可能是为了在未来彰显这座城市令人惊叹的力量和征服者的勇气。

整个攻城期间，有110万人被杀死，有9.7万人被俘。事实上，这不仅包括耶路撒冷的人口，还包括周边地区的人口。一些人来到耶路撒冷寻求庇护，更多的人为参加逾越节的集会，为吃没有发酵的面包而来，结果他们突然被围在城里面。如果约瑟夫斯对死亡人数的记载可信的话，那么在整个与罗马作战期间，这个可怕的名单上的数字还要加上这次战役前韦帕芗屠杀的13万、加利利和犹大战役的11.8万，以及耶路撒冷陷落后其他地方的近9 000人。在所有这些战役中，被俘人数总共超过10万人。他们注定被暴露在公众面前，像角斗士一样战斗，要么被野兽所吞噬。其中有1.2万人死于饥饿，要么是因为看管他们的人玩忽职守所致，要么是因为绝望所致。整个战争中，死难人数加起来要超过150万。

提图斯没有占领希律堡、马萨达堡和麦凯伦堡这3个国内不同地方的堡垒，然而希律堡和麦凯伦堡不久之后被鲁基里乌斯·巴苏斯摧毁。马萨达堡受到了弗拉维·席尔瓦的猛烈进攻，驻守那里、坚决反对罗马人的短刀党人首领以利亚撒非常绝望，他说服居民先杀掉妻儿，然后再抓阄选出10个男人，由他们杀死其余的人。最后再从这10人中选出一人，由这个人先杀掉其他9个人，最后再自杀。这个可怕的悲剧发生时，罗马人还想第二天一早攻上城墙，结果从两个藏身于高架渠里逃脱了大屠杀的女人那里听说了这件事。

罗马人把犹太人钉在十字架上

犹大最后被征服了，战争的余火还没有在犹太人的其他居住地彻底熄灭之前，巴苏斯就已经收到了罗马皇帝颁布出售这里所有土地的法令。出售土地的全都收入都上缴罗马帝国的国库；与此同时，帝国境内的所有犹太人每人要给国库上缴半舍客勒银币，这与他们之前上缴用于圣殿的费用相同。韦帕芗消灭了犹大王朝世系的所有分支，断绝了他们在宗教上的所有希望。

约瑟夫斯的命运、亚基帕国王以及他姐姐百尼基的命运在此简要叙述一下，他们都是犹太民族最重要的人物。他们都逃离了这个破碎的国家。约瑟夫斯在罗马生活得很好，他在那里写下了自己的历史著作，提图斯亲自在手稿上签字，证明手稿是真实的，手稿就存放在罗马公共图书馆。亚基帕在帝国的国都里生活奢侈，忘记了国家的灾难，忘记了人民的毁灭。他生前死后都是罗马满意而谦卑的附庸，以土买君王的血脉在他这里消亡。提图斯爱慕百尼基的美貌，若不是由于罗马臣民的偏见，他本可以把她推上王后的宝座。至于以上3个主要人物的具体去世时间不得而知，约瑟夫斯大约活了63岁。

第101章

罗马帝国统治下犹太人的大分散

（76—476）

后面几章要讲的主要内容是犹太人的大分散。它发生在犹大及其都城耶路撒冷被征服、公民和教会政体被消灭之后。自那时起到现在，这件事从未停歇。根据发生的不同时期，也为了方便叙述，从耶路撒冷沦陷到现在的犹太人大分散可分为三个阶段。第一个阶段即本章标题所述内容。

犹太民族已不再作为一个政治实体存在了，世界上再也没人将其当作一个国家或者王国来看待。关于他们的历史，除了一段时期，其余的时间都必须在世界不同地区、不同国家中去搜寻相关的资料。尽管他们长期分散，他们仍然拒绝与其他民族通婚。犹太人居住在自己独特的家庭或者社区里，始终信奉着民族团结一致的原则。他们因对宗教圣典和仪式的依恋，遭受过世界列强的迫害，也因他们的勤奋、富有、人口众多而备受世人瞩目。

> 永远被掠夺，但依然富有；成千上万人惨遭屠杀，但却能从他们永不熄灭的血脉中再次崛起。犹太人遍布世界各地，每个时代都有他们的踪迹。他们的永恒和他们民族的不朽成了政治调查者最好奇的问题；对虔诚的宗教徒来说，这是一个意义深远且令人钦佩的话题。

犹太人国家解散一段时间后，又再度以两个不同社区的形式复兴，两者在很多方面都各自独立。一个受纯粹属灵权力的统治，另一个则是部分受属灵权力的统治、部分受世俗权力的统治，但每一个都包含了世界上两大分裂的犹太家族。西方的犹太公会首领管理幼发拉底河西边的犹太人，而幼发拉底河西边的犹太人统治者则被称为“囚徒君主”。在罗马战争期间，他们的生活被毁，许多人被抓走成为阶下囚，但还是有相当多的人留在了他们原本生活的地方。某种程度上来说，这个地区已不再归他们所有，有一支外来民族来到了这里。这一时期，这个地区的情况还不是十分明了，然而，我们可以确定，这一切都与犹太人的宗教问题有关，他们非常看重这一点。他们的犹太公会和其他派别自然不会关心罗马人，他们对罗马人甚至有一种轻蔑的冷漠。宗教法的治理是现在唯一一种犹太人认可的方式，无论它是寡头政体还是民主政体，犹太人都盲目地顺从犹太教拉比的统治。

70—96年，在韦帕芗和他直系继任者的统治下，犹太人尽管受到了轻视，还是被投以嫉妒、警惕的目光。韦帕芗对他们征的税十分严苛，而且他们像帝国的其他民族一样，在81—96年间经历了图密善残暴专制统治下的种种恶行。涅尔瓦的统治使犹太人和这个世界之间达成了一种短暂的和平，但是在图拉真统治时期，敌人的压迫和他们自己暴动的企图，都把他们拖入一场灾难性的叛乱中。最终，在经历过一次艰苦的战争、惨重的人员伤亡之后，这一次叛乱才被压制住。埃及、昔兰尼和巴比伦尼亚是叛乱的主要发生地，成千上万这种被压迫或痴迷的人死亡，也有成千上万的人死于他们之手。

在哈德良（117年即位）的统治下，巴勒斯坦的犹太人遭受着最深重的痛苦。哈德良曾在塞浦路斯岛上目睹了犹太人恐怖的暴动，他担心这一幕会在巴勒斯坦重演，于是采取措施进行干预。他颁布了一条法令，对犹太教进行全面镇压。法令要求犹太人严禁割礼，严禁阅读犹太教律法，严禁遵守安息日的相关规定。罗马人在耶路撒冷建立殖民地，建造朱庇特神庙。这一时期，耶路撒冷的遗迹上渐渐兴起了一座城镇，与残留下的3座塔和一部分西墙相连。这个殖民地的建立意味着这片土地已完全被异化。犹太人看着这一切，内心无比痛苦，产生了想要复仇的念头，但最终，他们的复仇念头又化作了被光荣拯救的希望。

在这危急时刻，有人宣称弥赛亚到来。这位冒名者何时第一次现身，我们无法确定，甚至就连他的真名我们也无从知晓。他被称为“巴尔·科赫巴”，即“星辰之子”，为“源于雅各”的那颗“星”。据说他曾是个强盗，在率领他的同胞起义时，展现出了非比寻常的活力和能力，多次取得胜利。然而，罗马军队在塞维鲁的率领下，发现以守为攻，通过封锁、饥荒来削弱这个地区比发动公开的战争要好。犹太人一度占有50座最坚固的城堡和985个村庄。

最终，罗马军队的纪律和塞维鲁完美的指挥给这场战争画上了一个句号。在围攻拜塞尔——这座负隅抵抗到最后的城市时，巴尔·科赫巴被杀死，他的头颅被当作战利品带到了罗马军营。可以确定的是，这场战争从132年一直持续到了135年，战争的残酷程度远比犹太人预估的更加可怕——而这距离他们被韦帕芗征服并统治只过去了两代人。

约瑟夫斯并没有记录下这段历史，现存有关这次起义的记载极少且并不全面。卡修斯声称，在这次战争期间，共有58万人死于剑下，这还不包括那些死于饥荒、疾病和火灾的人。这片地区一片死寂，狼和鬣狗在荒废城市的街道上吼叫，成千上万的居民沦为奴隶。

针对犹太教拉比最猛烈的迫害开始了，这些拉比被视作这场暴动的罪魁祸首。他们有人被火烧死，有人被活活剥皮，还有人被矛刺穿，遭受无数酷刑，不一而足。罗马统治者还禁止犹太教堂或者说犹太公会补充人员，但是阿基巴死前已经任命了5名新成员，而犹大死前也秘密地在他避难的山谷中任命了其他成员。

为了让犹太王国永远失去复辟的希望，哈德良计划在耶路撒冷建造一座新城，一座全是异邦人的城市。这座城市的名字叫厄里雅卡丕托里纳。法令严禁犹太人进入这座新城，违者处死；他们也不可以接近其周围，去瞻仰那处神圣的高地。但这条禁令并不适用于那些平和的基督徒。

在犹太人的历史上，迄今为止，他们曾有4次接近灭绝。尼布甲尼撒、安条克四世、提图斯和哈德良这4人，相继尽了最大努力想要让这个国家消亡，这里不仅仅指政治层面上，也包括它的国民在内。然而，这个民族优秀的特质依旧延续下来，他们在所占领的各个地区独立而又明显地存在。2世纪末，也就是在哈德良发动的战争结束后不过60年，犹太人中产生了两个正规的社区组织，一个在提比里亚祭司长的统治下，另一个在先前提及的“囚徒君主”的统治下。前者所统治的人民包括所有居住在罗马帝国的以色列人后裔，后者则包括了所有真心归附的东方犹太人。在后来皇帝更为宽容的统治下，在帝国生活的犹太人重获了许多他们之前所拥有的权利。这种情况可能部分解释了他们在经历过故土荒废、体制中断后，如何重新恢复了往日的繁荣。新的犹太教堂在这个国家的几座主要城市兴建了起来，或许是因为皇帝的包容，又或者是因为皇帝不在意。犹太人也变得更加顺从、更加平和。

在危险结束后，那些被残酷无情追捕的拉比开始从他们的藏身之处爬出来，不久之后，不仅公开露面，还重建了他们的学校和犹太会堂。凭借着宗教的发展和知识的力量，他们再度繁荣起来。马可·奥勒留统治时期（161—180），由于不满，颁布过几条针对犹太人的法律，不过这些法律要么很快被废除，要么从未具体实施过。犹太教祭司的统治得到逐渐扩张，或许就是在这段时间，犹太公会在提比里亚巩固了祭司长的权杖，并一直延续多年。在西方每片土地上，在罗马帝国的每个行省里，身处不同阶级的犹太人都乐意顺从他们的精神领袖。不论在罗马、西班牙还是非洲，他征收起赋税来都十分顺利。据奥利金记载，这位领袖所拥有的权力几乎等同于国王。

在这一时期，犹太人分散在世界大多数国家，这一点从所有关于他们的记载中都很容易看得出来。然而，他们是从哪个地方向世界各地散布的，却常常模糊不清，有的说是意大利，有的说是罗马。关于罗马一说，大多数记载认为庞培征服耶路撒冷后，把大量的奴隶带到了罗马，据说这些人几乎都被他们仁慈的主人给释放了。罗马应该有不少富有的犹太商人，他们在能力所及范围内将他们处境悲惨的同胞买了下来，然后让他们自由地生活在这座繁华的城市中。他们有时被驱逐，但更多时候遭受着压迫。然而，同其他地方一样，这里的迫害似乎并没有抑制他们的发展。至于罗马帝国的其他行省是否有犹太人定居，没有任何确切的信息保留下来。可能的情况是，犹太人随着罗马军队东征西讨而分散，一部分作为奴隶，一部分则是自由人，他们四处经商，只为寻求一处合适的落脚地。

我们无法确认那些“囚徒君主”何时建立起自己的王朝。到了2世纪后半期，巴比伦尼亚和巴勒斯坦的教派因为对逾越节筵席的时间计算问题而发生了公开的分裂。西部的犹太公会首领决定让他的同胞服从提比里亚祭司长。最终，提比里亚祭司长的权威得以确立，而且一直延续到波斯君主制王朝复辟时巴比伦尼亚与西方犹太人在政治上分离为止。在这件事发生之前，提比里亚祭司长在犹太人中一直毫无争议地享有至高无上的权力。

这一时期，有关巴勒斯坦的犹太人和其罗马统治者之间发生的事情，没有什么记载。塞维鲁在194年颁布的法律对犹太人来说十分有利，虽然对犹太人的割礼仍有限制，但安敦尼宽容的法律被恢复。犹太人被允许从事异教徒的职业，这也证明了他们还在继续享受罗马公民的权利，并且他们还被免除了与其宗教信仰不相容的负担。然而，他们不被允许接近圣城的城墙，他们的普遍处境依旧是被驱逐和流放，看不到人类的任何同情心。从211—234年，经过了几代皇帝的统治后，犹太教尽管在某些程度上还被禁止，但对皇帝似乎具有了一定的影响力。“在所有异国迷信的杂烩中，淫荡的黑利阿迦巴鲁斯甚至冒犯了罗马臣民们宽容的宗教，他采用了犹太人的割礼和禁食猪肉的习俗。贤明的亚历山大·塞维鲁统治时期，是帝国历史沙漠时期的一片美丽的绿洲，因为在这段时间，犹太人受到了来自善良君主的平等庇护。”

在这个时代，犹太祭司长的宝座上出了一位著名的人物，他就是西蒙的儿子杰胡达。他一生纯洁无瑕，他为犹太人颁布了一部新宪法。在他的著作《密什那》中，他对摩西法典、犹太人的传说、知识渊博之人的决策以及法庭或学派的案例都进行了权威解读。这部著作后来一直被用来作为参考，直到浩瀚的犹太法典《塔木德》出现后才最终被取代。

与此同时，位于巴比伦尼亚的对立王国，也就是“囚徒君主”的领地，到了波斯君主制王朝时期，已经完全发展成了一个繁荣昌盛的国家。早期有关东方犹太人的记载十分模糊，甚至近乎神话性质，此处略过不谈。

杰胡达死后到306年君士坦丁大帝继任的这段时期里，犹太历史上并没有什么重要的大事发生，提比里亚祭司长的地位似乎逐渐下降。主教和拉比们的苛捐杂税对人民来说越来越沉重。杰胡达的儿子迦玛列登上祭司长的宝座，认可父亲所著的《密什那》。他于229年去世。迦玛列登的儿子犹大一生平淡无奇，他把祭司长的宝座留给了他的儿子希勒尔二世。希勒尔二世是一位聪慧且博学之人。他首次计算出创世年代。19年为一循环的方式也是他所创立的，这是为了使太阳和月亮的运行轨迹一致。希勒尔二世去世前，转而信奉了基督教。犹太教的最后一位祭司长是希勒尔二世的孙子。这一职位被狄奥多西大帝于429年废除，在此之前它已经在这个家族流传了13代。

君士坦丁大帝决意针对犹太人颁布几条严厉的法令，扼杀他们改变别人宗教信仰的企图，压制他们对基督徒的无礼。据说，这个时期波斯的犹太人煽动波斯王室对东方的基督徒产生偏见，残酷迫害基督徒，那段时间，基督教几乎在波斯绝迹。君士坦丁大帝对犹太人采取的那些严厉措施，在他的儿子君士坦斯一世看来同样有必要。这位皇帝是一位基督徒，对犹太人抱有同样的怒火和厌恨，他颁布了比以往更加严苛的法律来摧毁犹太人反叛的个性。凡是和基督徒结婚的犹太人，或者是给奴隶行割礼的犹太人，都会被处死。

从尤利安（361年即位）开始，犹太人受到了明显的恩惠和优待。他不仅免除了他们的税收，还允许他们自由地进行宗教活动，并允许他们重建耶路撒冷圣殿，为他们提供劳动力和建筑材料。犹太人投入了极大的热诚，但他们重建圣殿的工作以失败而告终。

364年，在瓦伦提尼安一世和瓦伦斯的统治下，犹太人受到了一些优待。但是他们日渐无礼，扰乱治安，狄奥多西大帝统治时，决定颁布严厉的法律对犹太人加以约束，制止他们对帝国中基督徒的迫害。在霍诺里乌斯的统治下，犹太人可以自由地进行他们的宗教活动。这位皇帝颁布了一项法律，展现出他大度、广阔的胸襟。由此可见，一位君主真正的荣光在于允许他的子民和平地享有他们的权利，尽管他在宗教问题上与他们意见相悖。

罗马帝国被汪达尔人推翻时，犹太人与其他民族一样，没有受到更加残酷的对待，这是出乎他们意料的。他们被一视同仁，只是经受了一些巨变带来的常见苦难而已。他们被准许自由地进行宗教活动，并且在缴纳赋税后，还有经商自由。罗马诸帝都明令禁止他们拥有任何文职、军职以及名义上的头衔，只有狄奥多西大帝例外，他保护犹太人免受基督教狂热信徒的迫害，不允许用任何强制手段改变他们的宗教信仰。

第102章

黑暗时代犹太人的大分散

（476—1453）

6世纪初，在君士坦丁堡的罗马皇帝统治下，西方的犹太人处于被压迫的悲惨处境。希腊帝国虽然在这一时期之后仍延续了数百年，但正迅速走向衰落。整个帝国的宫廷充斥着阴谋诡计和放荡奢靡，它倒不像是罗马名号的继承者，而更像是亚洲的苏丹。表面辉煌灿烂，内部却岌岌可危。犹太人为宫廷的奢华享受作出了巨大贡献，他们辛勤经商，不怕吃苦，与东方的同胞们保持着联系。然而，犹太公会祭司长的消亡、巴勒斯坦犹太人社区的消散，导致了整个族群总体影响力的下降。他们沦为一个宗教派别，与其他宗教团体没有什么不同，但拒绝承认现有基督教会的至高权力。

犹太人反对查士丁尼（527年即位）的首要原因是不满他所颁布的法令。查士丁尼主宰着所有宗教事务。他颁布法令禁止犹太人按照自己的年历庆祝逾越节，也不允许他们这个时间在教堂里举办筵席进行庆祝。这部法令颁布后不久，又出现了更为严苛的法令，严禁他们的孩子接受犹太教信仰的教育，甚至也不允许他们在特定地区举行宗教活动。如此严苛的法令带来的后果是犹太人的反叛。据说有个当过强盗首领名叫尤利安的人，他自称弥赛亚，率领成千上万的巴勒斯坦民众与基督徒作对。当时，基督徒未曾预料到这个地区会发生敌对行动。

在尼波利斯境内，犹太人放火烧毁基督徒的财产，烧毁教堂，羞辱神父，践踏他们的尊严。据记载，尤利安在举行比赛庆祝时进入了尼波利斯。尼西亚斯是比赛的胜利者，尤利安将他叫到面前，询问他的宗教信仰。尼西亚斯回答说自己是基督徒，尤利安听后，一刀砍下了他的头颅。在这场屠杀中，一名主教倒在大屠杀中，许多神父被囚禁，另有一些神父被撕成碎片。后来，大军前来镇压，经过一番血战后，叛军被击败，尤利安被杀，叛乱就此结束。

不久之后，也就是555年，凯撒利亚的犹太人再一次发动叛乱。这一次，撒玛利亚人也加入进来，这在他们的历史上十分罕见。这支联军袭击并摧毁了许多教堂，残杀了大量的基督徒，地方长官司提反也在自己的宫殿被杀。他的妻子逃到了君士坦丁堡。阿达曼提乌斯被派来调查本次骚乱的起因，要严惩这些罪犯。阿达曼提乌斯谴责叛乱分子，将许多人判处了死刑，查抄了其中富人的家产，使整个行省重归平静。

大约正在此时，意大利境内爆发了战争，犹太人和哥特人联手抵抗查士丁尼的将军贝利撒留。有了哥特军队的加入，犹太人顽强地守卫着那不勒斯城，罗马士兵心中的怒火愈加猛烈。占据这座城市之后，贝利撒留极力劝诫他的士兵们对犹太人心怀仁慈，但他们还是将所有犹太人，不分男女老幼，全都残忍地杀害了。

这次事件之惨烈，让犹太人在一段时间内胆战心惊，在随后两任君主统治期间，再没有任何反叛或者迫害的相关记载。然而，在福卡斯（602年即位）统治下，安条克城的犹太人日渐增加，也变得富有起来。他们开始发动反抗基督徒的叛乱，而当时的基督徒并没有足够的实力进行抵抗，造成了悲惨的下场。许多人在自己家中被活活烧死，主教阿纳斯塔修斯等人在忍受了极大侮辱后，也被扔进火里烧死。皇帝对这些施暴的作恶分子给予了一定的惩罚。这场草草发动的叛乱缘于福卡斯强迫许多犹太人接受基督教的洗礼。

此时在位的教皇格里高利一世期望犹太人能够皈依，劝诫他的神职人员仁慈地对待犹太人。但是，当东部皇帝希拉克略一世与波斯君主库思老二世达成和议后，犹太人的处境变得愈发艰难。我们并不知道这件事有多严重，只知道哈德良的法律被重新实施，禁止已获准进入耶路撒冷的犹太人接近圣城3英里范围内。这部法律不是对犹太人的一种压制手段，而是给基督徒带来了安全保障和心理安慰，熄灭了基督徒因受犹太人迫害所激起的心中怒火。

东方的阿拉伯势力崛起前，巴勒斯坦仍旧处于拜占庭皇帝的统治之下。穆罕默德的追随者通过火与剑传播他们的信条，扩大他们的领土，很快征服了阿拉伯半岛、叙利亚和埃及。大约在637年，胜利的欧麦尔率领他的军队把矛头指向了耶路撒冷。围攻了4个月，在阿拉伯人经受了冬季严寒之苦后，这座城市终于与他们签订了投降协议。欧麦尔坐在一头红骆驼上进入这座城市，骆驼驮着一包谷物和大枣，身旁没有护卫，也没有其他保护措施。巴勒斯坦在倭马亚王朝、阿拔斯王朝和法蒂玛王朝的争斗中，满目疮痍，骚动不断。

十字军

848年，耶路撒冷被突厥人艾哈迈德占领，906年又被巴格达的阿拔斯王朝收复。耶路撒冷在各个强国间辗转。十字军第一次出现在圣地时，耶路撒冷掌握在埃及统治者手中。

在那些因为蛮族入侵而不再属于西部帝国的那些国家里，犹太人成为不受欢迎的对象，一是因为他们难以驾驭，二是因为他们经商、放高利贷。在克洛维遗孀巴希达的统治下，法国废除了人头税。人头税的实施阻碍了人们结婚，迫使许多人为避免支付税费而卖掉自己的孩子。犹太人就把孩子贩卖到了其他国家，这一可恶的行为令人憎恨。他们被迫归还手中的奴隶，停止这种不人道的残酷交易。总的来说，犹太人的境况越来越有利，据说在接下来的这个世纪里，他们进入了大分散时期的黄金时代。

在查理大帝统治下，犹太人得到了很多优待。查理大帝从阿拉伯哈里发手中接过了耶路撒冷的统治权。他的帝国给这些勤劳的犹太人开辟了一个广阔的场地进行商贸活动。犹太人的商船从马赛和纳博讷港口出发，和东方保持着密切往来。在纳博讷，犹太人得到了快速的发展。这座城市的两名地方长官或者说市长中，总会有一名是犹太人，里昂市内最规整、最体面的地方就是犹太人居住区。

曾经有段时期，贵族、国王甚至连神职人员都不会写自己的名字，而犹太人卓越的智力和所受的教育正好使他们成为贵族和君主们的医生及财政大臣。根据记载，只有一次，犹太人成为查理大帝不满的对象。那是查理大帝击败萨拉森人后，决定处死支持萨拉森人的那些犹太人，一时间血流成河。后来他减轻了对他们的处罚，只对那些主犯和罪大恶极之人判处死刑，对其他居住在纳博讷的人，每人给了一记耳光，让他们支付了13磅蜡的长期罚款后，事情作罢。

耶路撒冷的钥匙被馈赠给查理大帝

在查理大帝的继任者虔诚者路易统治时期，犹太人依然处于黄金时代。他们在宫廷里的影响力非常大，贵族和诸侯们都想用礼物引起他们的兴趣。皇帝最信任的顾问是一位犹太医生，名叫西底家。令人惊奇的是，他可以用巫术对皇帝造成影响。

在这位国王的统治下，犹太人享有兴建新犹太教堂的自由，还享有其他很多特权，他们变得极其傲慢无礼。阿哥巴德主教对犹太人的特权感到愤愤不平，开始对他们加以限制。他禁止犹太人购买基督教奴隶，也严禁他们纪念安息日。除此之外，在大斋节期间，他还禁止基督徒从犹太人手中买酒，禁止基督徒和他们进行其他交易。关于这些限制，犹太人向路易抱怨，于是立即被恢复了所有特权，所以阿哥巴德主教前功尽弃。

在秃头查理的统治下，犹太人在各个方面的处境似乎不那么顺利了。里昂的主教采取措施迫使犹太人让他们的子女皈依基督教，犹太人把他们的后代送到了维也纳、马孔和阿尔勒这些宗教压迫没那么厉害的地方。里昂人向国王汇报了自己的功绩，敦促阿尔勒主教紧跟他的步伐。议会开始再次采取严厉措施，莫城规定犹太人不得担任文职。这条法令又被巴黎效仿。王国不久陷入混乱之中，这些法令可能并没有实行。

1099年，十字军夺取尼西亚和安条克后，转而围攻耶路撒冷，并在一场激战后占领了这座城市，残杀了那里的守军和城市居民，大屠杀持续了3天，男女老幼，无复孑遗。8天后，拉丁首领们推举戈弗雷为王，领导他们对巴勒斯坦的征服。在两星期的时间里，他率军守卫耶路撒冷，抵抗埃及苏丹的强大军队，并在亚实基伦的战役中将其击败。赫姆斯、哈马、大马士革和阿勒颇这4座城市不久也成了穆斯林征服叙利亚留下的唯一遗迹。欧洲的封建体系被完整引入这个王国，一系列法律随之颁布下来。

第二次十字军东征的失败，以及失败后军队的分散，极大地削弱了圣地中基督教的势力，撼动了耶路撒冷王国的根基。叛国和党派纷争也加速了王国的覆灭。埃及苏丹萨拉丁，一位将高尚的人性与勇气、政策和军事才干结合起来的君主，率兵进攻这个王国。他向耶路撒冷王国抱怨朝圣者的商队惨遭洗劫，却无人理会他，于是他带着8万骑兵和步兵入侵巴勒斯坦。在围攻提比里亚这一决定性的战役中，他以损失3万人的代价彻底击败了基督徒。他乘胜追击，围攻耶路撒冷14天后，将其一举拿下。拉丁王国在地中海沿岸地区维持了一段时间，甚至还重新夺回了耶路撒冷，但在1250年左右，还是被马穆鲁克攻占阿卡城后彻底灭亡。此后，巴勒斯坦一直处于埃及的统治之下，其间也有过两次独立，直到后来落入土耳其人手中，受其统治长达300年之久。

10世纪时，在萨拉森人和基督徒争斗期间，西班牙的犹太教学派发展壮大，这个国家的犹太人口大增，数目庞大，非常富有。可以说，正是在西班牙，犹太人迎来了他们最为持久、最为辉煌的黄金时代。他们在这个王国发生的战争一直持续到11世纪。拉比塞缪尔·利未担任格拉纳达国王的宰相，被任命为犹太人的首领，他尽最大努力维护犹太民族的荣誉和利益。他们试图让穆斯林皈依犹太教，这触怒了格拉纳达国王，他将主犯处以绞刑，对犹太人的迫害也随即展开，10万犹太家庭深受其害。现在，东西方的犹太教进入了黑铁时代。他们从天上跌入谷底，被凶猛沉重的铁蹄践踏于脚下，惨遭迫害。

11世纪末，犹太人在匈牙利发展起来，当时正是圣拉斯洛一世统治时期。圣拉斯洛一世召开了一次宗教大会，制定了几条法令，规定如果一个犹太人娶了一名基督教女性，或者买了基督教奴隶，只要证据确凿，就应该恢复他们的自由，而且交易所得要被主教没收充公。他的儿子卡尔曼继位后，下令禁止犹太人拥有基督徒奴隶，但允许他们在主教的管辖权内经商和耕种土地。这些法令有效地证明了生活在这个王国的犹太人数量庞大，而且颇有实力。

在德意志和波希米亚，犹太人的人数和势力也很庞大，他们在这两个国家都兴建了很多犹太教堂。同时，他们也确实受到了其他教派狂热分子的严重迫害。这些狂热分子愤恨犹太人的主要原因是十字军经过了几座德意志城市。整个基督教世界，从国王至农民，突然下定决心要征服他们祖先的圣地，夺取圣墓，这种疯狂举动使狂热的犹太人无比震惊。然而，这也是一个机会，为商人和高利贷者开辟了一片广阔的天地。毫无疑问，犹太人抑制住了内心的震惊，期盼着抓住这个黄金时机来大赚一笔。没有任何东西比用来武装十字军的东西更为珍贵和神圣了。武器和金钱都是必需之物，商人、高利贷者只管提出自己的条件。

然而，这些精明的犹太人没能看到即将将他们裹挟其中的大风暴。第一批十字军中最低级的战士刚在特里尔城附近集结起来，军中就出现窃窃私语，并迅速传遍了整个军营。士兵们私下讨论，他们在向前开进，从异教徒手中收复圣墓，而在他们的身后是更加可恶的异教徒，他们曾杀害了基督。这些士兵的仇恨瞬间被点燃，他们杀进了这座城市，对见到的犹太人大肆劫掠、奸污和屠杀，毫无人性。在这些可怕的日子里，男人亲手杀死自己的孩子，只为把他们从更悲惨的境遇中解救出来；女人自愿在身上绑上石头，从桥上跳下，只为让自己沉进河里，保留尊严。梅斯、科隆、美因茨、沃尔姆斯等城市也上演了同样的悲剧。这种残暴行为被一些手握权力且有影响力的人察觉到，其中包括西班牙主教和亨利四世。亨利四世颁布了一条法令，允许那些被迫接受洗礼的犹太人重新回归自己的信仰，命令归还他们的财产。1097年，许多犹太人逃到了奇里乞亚和波兰避难。

半个世纪过去了，虔诚的犹太民族人口加倍增长，并积累了新的财富，度过了被劫掠和被屠杀的苦难。第二次风暴又向他们袭来，席卷了欧洲多地的犹太人，造成了非常可怕的后果。在德意志，皇帝的仁慈和介入，压制住了这股势力。

12世纪时，教皇亚历山大三世和英诺森三世对这群饱受苦难的人友善相待，他们也借此机会蓬勃发展。米兰的科齐镇和意大利的其他地区，诞生了很多博学的拉比。同一时期，法国的犹太人人口众多，非常富有。

然而，许多对犹太人的无端指责，强加给犹太人的罪行，给犹太人带来了残酷的质疑和控诉。法国国王腓力二世·奥古斯都为了向所谓的恶魔行径复仇，以敬神为借口，不仅将犹太人驱逐出自己的领土，还没收了他们的财产，使犹太人陷入极大的痛苦之中。许多人成为这场压迫和暴虐行动的牺牲品。在这次臭名昭著的事件中，国王的真正目的其实是为他的臣民减轻负担。

然而，从这不幸的民族手中强夺来的财产，丝毫不能满足王国所需。这件事过去不到20年，高傲的法国君主开始怀念这些犹太人，因为他们的存在对于国家的繁荣和商贸来说，都很重要。直到20年后，才颁布了一项法令来规范他们的高利贷勒索行为，特别是对那些可以合法借钱的人。路易八世和路易九世（通常被称为圣路易，1226—1270）统治时期，犹太人因为他们的血统原因，经常受到攻击，如劫掠和压迫。在路易九世的统治下，巴黎犹太人居住区于1239年遭到了可怕的破坏。随后，奥尔良和其他城市也相继发生了同样的惨剧。各个诸侯国也无法无天，野蛮残暴，有过之而无不及。国王设法根除犹太人的宗教信仰。他颁布了一项法令，决意销毁犹太教法典《塔木德》。于是，这部著作被满装24辆马车送到巴黎付之一炬。

犹太人受到了勇敢者腓力友善的对待，这位国王最终把圣路易驱逐的犹太人召回，并让他们顺服。勇敢者腓力之所以这样做，是因为犹太人在促进商贸发展和货币流通方面能够起到非常大的作用，他们可以成功地改善国家的经济状况。在这位君主的统治下，犹太人开始拥有权势和财富。但在1300年“公正王”腓力四世统治时期，犹太人又被驱逐出法国。人们普遍认为，他这一做法其目的是通过掠夺来扩充自己的财力。许多犹太人在被驱逐中死去。但是，很快他们又被继任者路易十世召回，他再一次企图利用犹太人通过贸易、商业和持续运作的产业来扩大国家的财富。

就这样，出于君主的怪癖和国家对他们的需求，这个不幸的民族不停地被驱逐，又被召回。这些就是他们后来在法国所经历的主要历史，居住在这个国家的大部分时间，他们遭受了无数的损失、苦难和冤屈，也曾几度变得富有，这一点无须赘述。还要补充的一点的是，14世纪末，除了梅斯城的犹太人，其余犹太人都在查理六世颁布的法令下，最后一次越过了法国的边境，进入了漫长无期的驱逐状态。

西方犹太人在欧洲其他地区的历史，有一个很大的相似点。几乎没有必要重述他们遭受压迫和迫害的故事，也没有必要重述他们的狂热和爱放高利贷的性格，这种性格至少在某些情况下引起了报复。在意大利，教皇通常对犹太人都很偏袒和友善。格里高利十世效仿了前辈们的所为。尽管他是一名圣战的发动者，但看到十字军为了完成他们神圣的事业，对这些犹太人发动的大屠杀时，他还是想尽一切办法来阻止这种野蛮行径。然而，犹太人还是在那不勒斯沦为被迫害的对象。

在西班牙，犹太人早期也遭受了很多苦难，比这个民族平时所受的压迫还要深重。那里的十字军为了报复基督教的敌人犹太人，给犹太人带来了一场浩劫，这是犹太人历史上所经历的四大最惨痛的血腥迫害之一。十字军认为这是可以让上天对他们所进行的事赐福的一种方法。例如，大约在14世纪中期，托莱多爆发了一场针对犹太人的动乱，有个犹太人表现出了异常的愤怒和绝望。他看到狂热分子要冲进他家屠杀所有人，于是他先杀了和他一起避难的众人，然后自尽，为的就是不让他的敌人得逞。

在德意志，犹太人所遭受的侵犯比其他国家更多、更严重，也遭受了更多迷信般的疯狂攻击。例如，14世纪中期，犹太人受到了指控，罪行是他们污染了河流和水井，原因是他们躲过了欧洲多地发生的死亡事件。这引起了德意志多个地区对犹太人的迫害，有些人被活活烧死，有些人被用最残忍的方式杀害。美因茨的犹太人决心自卫。他们抓到了200名手无寸铁的基督徒，残忍地将他们杀害。愤怒的民众因此聚集起来，发起攻击，杀害了约1.2万名犹太人。这次的狂怒和迫害席卷了整个德意志。在某些地区，整个犹太民族此时找不到任何盟友，也没有任何退路，没有人敢在这种危难时候支持他们。

征服者威廉在英格兰接纳了犹太人。在约翰王统治时期，王国内部动荡不安，国王想采用勒索的方式来支持政府的运转，而犹太人正是他掠夺的目标。最终，这位国王没收了他们的财产，颁布了一条公共法令将他们驱逐出境。亨利三世设法诱使犹太人皈依基督教。1233年，他建了一所神学院，接纳皈依的犹太人，让他们衣食无忧。这一举措诱使了许多犹太人转而信奉基督教。据说，这种制度持续了相当长一段时间。

在诺里奇，有犹太人被指控偷了一名基督教男童，养育了他一年，将要在逾越节把他钉死在十字架上。还没到逾越节，这事就被发现了，这些犹太人受到了严厉的惩罚。在伦敦，犹太人被指控谋杀以及其他一些骇人听闻的罪行，他们经受了种种苦难，最后还要上缴收入的1/3。国王亨利三世发起的圣战，则是另一个向臣民索要钱财的借口，尤其是犹太人。1252年，他毫不犹豫地剥夺了犹太人剩下的财产。随后，这位国王以5 000马克的价格把全国的犹太人都卖给了他的兄弟——康沃尔的理查，让他拥有处置这些犹太人及其财产的所有权力。

大部分历史作家都认同这一说法：犹太人在1291年被一项永久性法令驱逐出了英格兰。他们的人数为1.5万~1.6万，他们所有的财产、抵押物等尽数上交国王。修道院把他们宝贵的藏书据为己有。在他们被驱逐出英格兰两个世纪、被驱逐出法国一个世纪后，西班牙也效仿这些无耻的先例，而且后果更为可怕。在西班牙，犹太人不像在其他国家一样被当作一个阶级来对待，而是被当成一个教团。斐迪南二世颁布了一项法令，命令整个犹太民族4个月内离开他的领土，禁止向还属于王国的这些犹太人提供任何食物和其他形式的援助，违者严惩。那些起程前往他国的犹太人所受之苦难以想象，言语无法形容。

关于这个虔诚的民族所遭受的压迫和痛苦，东方犹太人的历史和西方犹太人的历史极为相似，但其中也夹杂着些许的繁荣和幸福时光。我们还想更多地概述他们多舛的命运。

6世纪，卡瓦德一世统治波斯时，他试图强迫所有犹太教徒信奉波斯宗教。他的继任者库思老一世对犹太人实施了更为严苛的政策。在霍尔木兹四世的统治下，犹太人享有了一段时间的平静生活。库思老二世统治时期，先是对这个民族发起迫害，随后再与他们达成和解，他们似乎也给他提供了许多重要服务。库思老二世占据耶路撒冷时，把所有的基督教囚犯交到了犹太人手中，犹太人为了化解心中难以磨灭的仇恨，将9万多基督徒杀害。

7世纪穆罕默德崛起时，许多东方犹太人认为他就是预言中的弥赛亚，于是转而信奉了他所传播的宗教。然而，最终，犹太人不再相信穆罕默德会对他们抱有什么特殊的好感。他们成了穆罕默德厌恶的对象，他对他们发动了战争，击溃并杀害了大量的犹太人。萨拉森人征服波斯后，这个国家的犹太人成为他们的臣民，承受着战争和征服带来的双重不幸。8世纪和9世纪时，犹太人有时也能受到萨拉森人的善待。在萨拉森人的统治下，他们的学术机构蓬勃发展，他们可以享受以前所拥有过的特权。但在其他时期，犹太人还是像以往一样，饱受压迫蹂躏。

10世纪和11世纪时，东方犹太人有过一定程度上的繁荣时期。而此时，世界上的其他地方却正被黑暗和不幸包围。这段时期非常短暂。他们内部的争斗和十字军的狂热，摧毁了几所学术机构，也几乎驱逐了所有来自东方的犹太人。12世纪和13世纪时，这个地区犹太人的数量和势力被大幅削弱。许多人转而成为穆斯林，其他人则离开了巴比伦尼亚地区。不久爆发了战争，摧毁了这片地区。13世纪和14世纪时，犹太人在希腊帝国有可能过着平静祥和的生活。

第103章

宗教改革后的大分散

（1517—1849）

黑暗时期始于5世纪，终于15世纪，现在这一缓慢且灾难性的进程已经结束了。这一时期给所有人都带来了灾难和不幸，但是亚伯拉罕的后代受害却是最重的。正如我们所看到的，在整个世界的漫长黑夜中，犹太人被来自东西方的主导势力所压迫，被剥夺、被迫害，尝尽了痛苦。他们所经历的这些困苦和不公，被记载下来的不到1/10；实际上，他们所犯的罪行也只是微不足道的一部分。但是，就他们的同胞而言，这个惩罚似乎远远超过了他们所应承受的。就因为他们是犹太人，所以他们注定要被全人类厌恶、轻视和压迫，这就是他们的先知的古老预言。

时代变了。尽管迫害还没有完全消失，但已经逐渐减弱，犹太人的总体性格也开始有所改善。这一时期发生的重大事件——印刷术的发明和快速传播以及宗教改革，都对犹太人处境的改变有所影响。印刷术的普遍应用，给犹太人带来了优势，他们不失时机地学习印刷术。他们在威尼斯、土耳其以及其他地方印刷和发行精美的《旧约》版本。他们为学术界提供了了解原始语言版本的《旧约》，使他们在不知不觉中增加对《圣经》的尊重，为那些有足够求知欲、足够勤奋、想要进入这一广阔而未知研究领域的人，打开了犹太智慧的奥秘。

宗教改革给犹太民族带来了深远影响。虽然掌权者仍旧对他们进行迫害，令他们饱受苦痛，然而，每次从一座城市或一个国家被驱逐后，他们总能在另一个地方找到容身之处，直至风暴平息。只要眼前有机会，他们就会发展商业，他们更沉迷于借贷业务和买卖黄金饰品及珠宝。总的来说，路德倾向于以人道方式对待这个民族。尽管他对他们是高利贷放贷人这一点十分痛恨，但他还是认为只有通过劝说才可以让他们皈依基督教。宗教改革给天主教势力制造了更加危险的新敌人，间接地改善了犹太人的处境。事实上，犹太人在这次争端中被遗忘、忽略了。他们的处境得到了改善，主要是因为这次大改革后对他们采取了明智的宽容方针。

三十年战争期间，犹太人英勇地协助保卫布拉格，得到了皇帝的感激和善待。在这之前，宗教改革偶然地为他们带来了另一个好处，即荷兰自由城市的开放。大量葡萄牙犹太人在荷兰定居，他们为共和国的商业财富积累作出了巨大贡献。在英格兰，克伦威尔在其执政期间，就是否允许犹太人进入他的国家这个问题进行了严肃的讨论，但未能得出任何结论。为了满足查理二世所需，他的侍臣将犹太人悄悄引入英格兰。得到便利的犹太人，不知不觉地潜入其中，自此站稳了脚跟，他们无疑也为这个国家的财富积累作出了很大的贡献。

18世纪初，波兰及毗邻的地区在一段时间内一直是犹太人的大本营。在这里，犹太人几乎掌控了每一个商业领域。在一些城镇，他们甚至占了人口的大部分。在波兰，他们属于介于贵族和农奴之间的中产阶级，那里也是犹太教宗教首领的所在地。同一时期，西欧发生了巨大变化，瓦解了过去的社会结构。犹太人的处境以及他们的宗教，都受到了新观点的影响，就像他们影响基督徒和基督教一样。历史悠久的制度和准则，在这两种秩序中一度被动摇。作为基督教的前身，犹太教被无神论的哲学学派所憎恶。好在此时对犹太人的宽容和犹太人所享有的自由，在一定程度上正在得到改善，对犹太民族的古老偏见在慢慢减少。实际上，新的观点对于所有民族和各个阶级的人来说都很适用。

18世纪中期，腓特烈大帝的立法既僵硬又荒谬。法律限制了王国里犹太人的人数，还把犹太人分为两个阶层，一个是普通阶层，另一个是不受国王保护的特殊阶层。凡是嫁给外国犹太人的寡妇，都要被驱逐，另外，他还制定了一些与黑暗时期相似的针对犹太人的法律。

在英格兰，一种更宽容的精神正在不断成长。1753年，议会两院通过了一项法案，允许在这个国家居住满3年的犹太人加入该国国籍。这一法案的通过，随即在英国国内引起了极大争议，它对于废除针对犹太人的成文法是必要的。在法国大革命之后的意大利，犹太人过着自由、平静的生活。虽然在罗马，他们的生活还是有诸多限制。在海边的城镇，他们继续繁荣发展。

在德意志，一名学识渊博的天才犹太人，著名的摩西·门德尔松，以其思想境界和作品激发人们对犹太民族的友善。通过自身的例子，他把许多犹太青年从拉比主义的控制中解放出来。1780年，约瑟夫二世即位后，赞成实行普遍改革，这位不安分的改革家采取的首要措施中有一条就是改善犹太人的现有处境。在此之前，除了在帝国的某些地区犹太人可以不受骚扰地生活，他们几乎没有被宽容对待过。约瑟夫二世的这一举措使犹太人可以前去帝国的学院和大学学习，也几乎可以从事各方面的贸易活动。虽然如此，还是存在一些对犹太人的限制。

法国大革命带来了很多变化，这些变化有好有坏，至今还影响着人类的进程。最后的大分散后，一些犹太人还像以前一样被允许在这个国家定居，所以在法国，我们还能看到一些犹太人。1784年和1788年，在路易十六的统治下，犹太人的一些冤屈得到了平反。1790年，国家承认他们为伟大共和国的公民。1806年，拿破仑在权力和威势达到顶峰时，依然考虑到了犹太人的处境，在巴黎召集了一个大公会，许多重大问题都在会上得到了解决。代表们聚在一起，对这些问题给出了不同答案，尽管这些答案并没有被普遍认为是国家的权威决策。拿破仑的目标不是为了彰显虚荣和仁慈，而是实行一项政策。他知道犹太人对他的政府和帝国的财政部门来说有多么重要，他想要将他们的帮助和友谊维持下去。拿破仑颁布了一项法令，宣布犹太人为法国公民，要求他们服从国家的召唤，所有犹太人都要服兵役。

直到最近，法国针对犹太人的法律也未改变。在意大利，除了托斯卡纳，他们开始受到古代法规的约束，这些法规比早期大多数其他国家的法规更为有利。在罗马，他们和其他团体的区别对待做法都被废除了。在德意志，自不久前开始，在一些主要贸易地区，人们对他们的情绪中还抱有些许敌意，这些不是宗教仇恨，而是商业嫉妒。1815年之前，德意志帝国议会承诺要把注意力转向改善犹太人的民事状况时，普鲁士国王就已经鼓励给予犹太人教育机会。在犹太人问题上，他在犹太人的教育和其他事情上所投入的热情，都没有白费。据说，许多犹太人在滑铁卢战役中倒向普鲁士的阵营。直到1829年，符腾堡诸州商讨是否要通过一条法案来扩大犹太人的公民权时，斯图加特的民众群情激奋，聚集在会场周围，高喊着："打倒犹太人！打倒犹太人的盟友！"然而，各州为了维护他们的荣耀，对此无动于衷，继续商讨，最终批准了这一法令。

在更现代的时候，俄罗斯政府所颁布的政策似乎不像其他欧洲国家那样开明。这些政策的目的是推翻犹太教的权威，许多犹太人已经从拥挤的波兰各地区转移到了人口稀少的帝国各处。在这一世纪，针对犹太人施加了有关贸易方面的限制。后来，皇帝尼古拉一世颁布了一条法令，部分针对拉比，部分针对小贩，禁止这些小贩在俄罗斯领土内出现。

在美国，宪法规定犹太人和其余所有人一样享有全部的自由和权利。所有政府部门的职位都向他们敞开大门，对他们和其他教派成员一视同仁。根据其性格和行为，他们得到了和当地所有居民一样的待遇和尊重。在所有新教国家，犹太人并不能得到和在美国一样的待遇，但他们还是受到了比较温和、善良的对待。在英国，他们从很久之前起就享有从事宗教活动的高度自由，在商贸方面也没有限制，他们的生活平静、自在。最近，公民的权利也得到了恢复，有位声称自己是犹太人的巴伦·罗斯柴尔德，首次成为英国议会议员。

在较早的历史时期，犹太民族在罗马军队的铁骑下，被赶出了故土，之后再也未能将其完全收复。近几年，犹太人在巴勒斯坦的人数虽然有所增加，但那里的人口数还是只占了当地居民总数的一小部分。在土耳其人的统治下，巴勒斯坦渐渐衰落。那里的人口组成十分复杂，包括奥斯曼土耳其人、希腊人、阿拉伯人、土库曼人、科普特人和亚美尼亚人。土耳其政府最近对他们表现出了自由和宽容的态度，巴勒斯坦将会以极大的速度得到发展。

一支被称作德鲁司的古代民族，依然占据着黎巴嫩北部的高山地带。他们可以自由进入叙利亚境内，所以我们在讲述叙利亚的历史时会提到他们。剩下的一小部分撒玛利亚人仍然在基利心山举行祭祀。由小希律王建造的提比里亚城，仍然是犹太人的居住地。在很多犹太人的思想意识里，回到祖先的故乡，一直是一件能够引发他们最热烈和最亲切感情的事情。似乎偶尔有迹象表明，他们不是完全没有可能实现这件事。

现今，犹太人在很大程度上共享着一种时代精神。他们来自古老而著名的民族，似乎正以一种新的真诚和成功，走向每一条荣光的道路。实际上，整个民族都盛行智力活动。除了沃尔夫在世界各处不知疲倦地奔波，许多著名的犹太人为促进本民族宗教信仰的改进作了很大的努力。他们将犹太人团结起来，同心协力，使所有以犹大之名或以雅各血统而自豪的人，得到改善、提升和道德上的再生。

现在的犹太民族分布于全球1/4的土地上。在每一种气候环境、每一个地区、每一种政治体制下，他们都带着不可磨灭的民族印记，被感情上习惯的道德亲和力紧密地团结在一起。

第104章

犹太人的文化

在前面的叙述中，我们顺便提到了犹太人领土的范围、区域、人口等要素，由于本书的篇幅所限，无法展开详述。

就范围而言，可以说希伯来人的领土（包括12个支派定居的领土和后来征服的领土）跨越了7个纬度，与跨越的经度几乎相同，这是在大卫和所罗门时代，也就是这个帝国最强大时期的领土范围。大卫征服前，希伯来人以亚嫩河为边界，河东居住着亚扪人，河南居住着摩押人。大卫征服后，领土向北延伸到北纬35° 15′，塔普萨卡斯城就坐落在那里。大马士革王国，连同巴塔克城和巴纳斯城，一度被大卫的军队占领。笼统地讲，大卫的领土向东据说一直延伸到了幼发拉底河，因为他们抵达了环绕幼发拉底河河岸的广袤沙漠。

最初分配给几个支派的地区这里不必再重述。圣地几个分区的名字，在其辉煌之时人尽皆知，这里一一列举，包括犹大、撒玛利亚、加利利、叙利亚-腓尼基、比利亚，以及其他较小的区域。一直到基督时期，这些区域的名称几乎都没有发生什么变化。

人口数量和军事力量也在前文的叙述中进行了介绍，但是我们给出的仅仅是现有的数量。现如今他们分散在世界的各个角落，除了所属社区的军事力量，再也没有其他军事力量。在某些情况下，他们可以通过增加配额来增强自己的民族实力。在某些政府中，比如美国政府，这是允许的，甚至是必需的。但是，即便是今天，在某些有犹太人居住的国家中，可能还是没有这种规定。全世界的犹太人口数依然很多。他们曾是繁衍能力最强的一个民族，经历了反复的战争与屠杀、摧毁与重建，历史证明了这一点。

对于一个几乎散落在世界所有国家的民族来说，我们只能尝试去估算他们的人口总数，没有人敢奢望给出一个接近真相的数值。然而，还是有人做出了估算，给出300万到600万或700万的数字。几年后，魏玛估算全世界犹太人的数量略多于300万。非洲犹太人数量如下：摩洛哥和菲斯，30万；突尼斯，13万；阿尔及尔，3万；哈巴，9万；的黎波里，1.2万；埃及，1.2万。亚洲犹太人数量如下：土耳其的亚洲部分，33万；阿拉伯地区，20万；印度，10万；中国，6万；突厥斯坦[①]，4万；伊朗省，3.5万；俄罗斯的亚洲部分，3万。欧洲犹太人数量如下：俄罗斯和波兰，60.88万；奥地利，45.3524万；土耳其的欧洲部分，32.1万；德意志邦联诸邦，13.8万；普鲁士，13.4万；荷兰，8万；法国，6万；意大利，3.6万；英国，1.2万；克拉科夫自由城市，7 300；爱奥尼亚群岛，7 000；丹麦，6 000；瑞士，1 970；瑞典，430。共计1 866 024。美

① 指中亚锡尔河以北及毗连的东部地区。——编者注

洲犹太人数量如下：北美，5 000；荷兰殖民地，500；德梅拉拉和埃塞奎博，200。总计5 700。然而，自这一估算做出以来，犹太人口数量无疑已经大幅增长，美国增长尤快。自1815年拿破仑战争结束以来，犹太人口与欧洲和美洲人口一样成比例增长，我们就可以认为，犹太人口的数量至少要比魏玛的估算多出1/3。在美国，加上近年来的移民，犹太人口数量可能已经比最初增长了10倍以上。

军事力量

在约沙法统治时期，民兵组织时常征兵，曾同时将100多万人带上战场。大卫的常备军达到了2.5万人，民兵组织也超过了100万人。在所罗门时代，其军事力量使犹太人能够维持世界政治的平衡——一边是埃及和整个非洲，另一边则是居于亚洲之首的亚述。

主要城市

在古代，巴勒斯坦很多大城市和小城镇能够维持下去，要得益于肥沃的土壤、稠密的人口和勤劳的居民。就国家的面积和资源而言，把如此之多的人口聚集在一起发展贸易和艺术，尤其是为了战争而聚集在一起，是非常令人惊叹的。

约瑟夫斯告诉我们，仅加利利就有204座城镇，其中最大的城市有15万人，小镇也有1.5万人。如果真是这样，并且圣地的其他地方也与这样的统计成正比的话，这就体现出这片土地令人惊叹的富饶，以及这里人们令人称赞的智慧。这里最大和最著名的城市是耶路撒冷，它是世界上最著名的城市之一，同时也是圣地中最神圣的城市。

根据约瑟夫斯的记载，在《创世记》中，耶路撒冷是麦基洗德王国的都城，又被称为撒冷。阿拉伯人坚称，这座城市是由相邻的12

位国王所建的，目的是向麦基洗德表示敬意，麦基洗德将这座城市命名为耶路撒冷。然而，在大卫时期以前没有证据能证实这个说法。大卫从耶布斯人手中夺取了耶路撒冷，将它定为自己王国的都城。

耶路撒冷经历了命运的浮浮沉沉，它或许比世界上任何其他城市经历的都要多。它多次被占领、摧毁和重建。耶路撒冷最初被叙利亚国王哈薛占领，他残杀了所有贵族，但并没有摧毁这座城市。随后，耶路撒冷又被尼布甲尼撒占领，他摧毁了这座城市，带走了这里的所有居民。大约70年后，在居鲁士的许可下，耶路撒冷得以重建，继续作为犹大王国的都城，一直持续到韦帕芗时代。韦帕芗的儿子提图斯彻底摧毁了耶路撒冷，给这座城市带来了数不尽的痛苦和杀戮。后来，一座座全新的建筑在残垣废墟之中矗立起来，却又在118年被哈德良夷为平地。在哈德良的主持下，耶路撒冷最终再次得以重建，似乎恢复了昔日的辉煌。但这样的盛况极其短暂，当君士坦丁大帝的母亲海伦娜太后发现它的时候，耶路撒冷已经处于凄凉残破的境地。

637年，耶路撒冷被阿拉伯人的哈里发欧麦尔占领，此后由阿拉伯人所掌控，直到其中一位哈里发哈伦·拉希德（这个名字在东方故事集《一千零一夜》中为我们所熟知）将耶路撒冷的巨大钥匙交给了他志同道合的朋友查理大帝，以表示他的美意。耶路撒冷的征服者欧麦尔在城中圣殿的旧址上建造了一座精美的清真寺，并以自己的名字命名。关于这座清真寺，流传着一则奇闻。萨拉丁从十字军手中夺回耶路撒冷时，他下令用玫瑰花水对清真寺进行了彻底清洗。自阿拉伯人征服以来，实际上自君士坦丁以来，这座神圣的城市就一直处于相对萧条的状态。虽然苦难偶尔会有减轻，但它接连被众多部落和国家争夺、占领。

耶路撒冷在最鼎盛时期被划分为四个部分，每一部分都用城墙围起来。第一部分是耶布斯旧城，坐落在锡安山上，大卫在这里建造了富丽堂皇的城堡和宫殿，他和他的继任者们都住在这里。第二部分是下城，所罗门在这里为他和他的王后建造了两座奢华的宫殿，希律王等人则在这里建造了一些其他的高大建筑。第三部分是新城，这里居住的大部分是小贩、工匠和商人。第四部分是摩利亚山，世界奇观所罗门神殿就建在这里，它由从“巴比伦之囚”返回的犹太人建造，后来由大希律王进行了大规模修复、装饰和完善。

现在的耶路撒冷只不过是古代耶路撒冷的影子。耶路撒冷如今是一个边界周长不足3英里的小镇，坐落在岩石嶙峋的高山上，四周被陡峭的山坡以及深邃的峡谷包围，唯独北面除外；而在这些山坡和峡谷的不远处，又被其他山丘所环绕。这里的土壤大部分多石，但要进行耕种，还是能够出产谷物。这里的房屋由燧石建造，只有一层高，住宅的顶部为平顶，上面涂有灰泥，围有1码[1]高的墙垛。白天，人们住在房屋之中躲避太阳；晚上，人们在房顶上散步、用餐和睡觉。有人说，这里的居民有将近2万人，但也有人说要少很多。按照后者的说法，这里有穆斯林4 500人，犹太人3 000人，基督徒3 500人，再加上修道院和驻军500人，共计1.15万人。显然，耶路撒冷昔日的辉煌已不再，它现在沦为土耳其一个小省的省会。

这里的诸多街道上似乎没有住房，尽是废墟，高墙之内一片荒芜，到处覆盖着乱石和垃圾。在锡安山上，为了给英国教堂挖建地

① 1码≈0.91米。——编者注

环绕耶路撒冷的城墙

基，共挖穿了40英尺深的垃圾和废墟。花园四周是低矮的泥墙，因为不断被雨水冲刷，所以需要重新修缮。这里的居民包括裁缝、厨师、铁匠或鞋匠，他们属于穷困、低俗的阶层。

耶路撒冷的高大城墙由毛石筑成，两侧建有高塔，城中的几座清真寺高大宏伟，由不计其数的圆柱和圆顶装饰。耶路撒冷最宏伟的建筑是欧麦尔清真寺。实际上，它由许多清真寺和教堂组成，并且有高大的围墙环绕。这里是古代神殿的旧址，其中有座名为洛克的教堂，这是一座直径160英尺的八边形建筑，高16英尺，路面由大理石铺成，建在一块长460英尺、宽339英尺的平台上。教堂内部装饰得华丽无比，成千上万盏灯照耀着，灯火通明。

圣城中有几座基督教建筑，其中有圣墓教堂，据说建在耶稣埋葬的地方。在天主教圣救世主修道院里，金银器皿和装饰价值近200万美元。

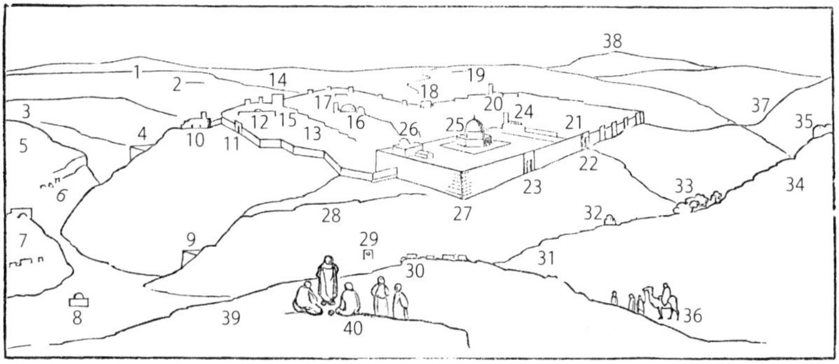

耶路撒冷平面图

1.雅法路。朝圣者和旅行者常常通过这条路来到耶路撒冷。
2.基训泉的上池。周围都是土耳其人的墓地。
3.勒法因平原。伯利恒公路从平原穿过，能看到其中的一部分。
4.基训泉的下池。
5.劝诫山。锡安山对面的一个宽阔的高地。
6.欣嫩谷。发源于雅法门附近的高地。
7.墓地与“血之土地”。在山坡的多岩石的一侧切入。
8.隐罗结。一口深井。
9.西罗亚池。
10.大卫墓。现在是一座清真寺，最初是一座教堂。
11.锡安门。位于圣史蒂芬门和雅法门之间。门内为麻风病人的住处。
12.亚美尼亚修道院。
13.犹太人区。
14.城堡。
15.英国人的教堂。
16.圣墓教堂与希腊修道院。
17.拉丁修道院。
18.大马士革门。一处萨拉森式建筑。
19.国王墓。
20.毕士大的土耳其清真寺。
21.圣安妮教堂。
22.圣史蒂芬门。
23.金门。罗马式建筑的雄伟大门。
24.总督府。
25.欧麦尔清真寺。
26.阿克萨清真寺。
27.非凡的犹太砖石建筑。构成古庙墙一部分的大石头在这个地方非常显眼。
28.约坦。古城的这一区域现在被橄榄树所覆盖。
29.圣母泉。
30.西罗亚村。
31.约沙法谷与犹太人公墓。
32.押沙龙墓。
33.客西马尼园与圣母墓。
34.橄榄山。
35.预言小教堂。
36.骆驼路。从杰里科到伯大尼。
37.通往穴田的道路。在这条路上可以看到耶路撒冷最美的风光。
38.纳比珊威尔。一座著名的山丘。
39.冒犯之山。
40.阿拉伯人聚集区。

这里还要简单介绍一下其他一些城市。希伯仑或许是世界上最古老的城市，坐落在耶路撒冷以南20英里的高地上，它的建造时间比下埃及的都城琐安（塔尼斯）还要早7年。亚伯拉罕、撒拉和以撒都埋葬在希伯仑附近的麦比拉洞（双洞），这个洞是亚伯拉罕从以弗仑手中买来的。希伯仑这座城市仍然存在，但早已不复昔日的荣光。希伯仑城之前位于一座小山上，城门向北，但在各种重建过程中，不知不觉改变了地点。如今，城市的海拔最高处有一座城堡，那是这里唯一的防御工事，这里的居民多是土耳其人，此外还有少数犹太人，城市的所在可以俯瞰幔利平原。君士坦丁大帝和海伦娜太后建造的两座教堂如今已是废墟，据说这里是族长们被埋葬的地方，如今这里有座清真寺，受到基督徒和穆斯林共同的崇敬。希伯仑制造的肥皂、玻璃以及戒指、手镯和其他小饰物等都颇有几分名气。

加沙位于地中海东岸，巴勒斯坦最南端，先后被非利士人和希伯来人占领，又在约坦和亚哈斯统治时期重获自由，但继而又被希西家征服。后来，加沙臣服于迦勒底人，后者也征服了叙利亚和腓尼基。再后来，加沙落入波斯人手中，并在此期间遭到了亚历山大的围攻、占领和摧毁。斯特拉波说：“他让这座城市变成了一片沙漠。”无论如何，这座城市毁于亚历山大之手，另一座城市在其废墟上建了起来，离大海更近一些。

从那时起，加沙经历了很多变化。这座城镇距离大海约3英里，有一个无足轻重的港口，人口约1.5万~1.6万人，部分人从事棉纺织行业。作为边陲城镇、巴勒斯坦的咽喉，其地理位置十分重要，如今，这里是巴勒斯坦人口最多的城市，为数众多的基督徒在这里生活，集中在某个特定的区域。由于加沙矗立在高地之上，建筑上立

近代加沙

起的壮观宣礼塔或尖塔以及零星散落的美丽枣树呈现出一幅如画的美景。向北延伸着的是一片广阔的橄榄树林，城镇的南边、东边还有北边有肥沃的花园，四周被刺梨树围绕，周边的肥沃土壤能出产大量的谷物和各种优质水果。城外有几座气派的清真寺，那里曾经是基督教堂。亚美尼亚人在这里有一座教堂。希腊人的教堂美轮美奂，其屋顶由科林斯式的大理石柱支撑，配有相称的装饰。

纳布卢斯坐落在古代撒玛利亚附近，是圣地最漂亮和最繁荣的城市之一。城市所在之地是肥沃的谷地，四周被山丘环绕，周边有高大的树林和精心培育的花园。城市人口约为1万人。前文提到过的提比里亚坐落在同名的湖畔，古时与几大城市毗邻。

这座城市由小希律王建造，并成为一所著名犹太大学的所在地。这里曾反复被地震所摧毁，现在的城镇以南发现了大量的遗迹。1838年，这里被形容为“一片恶心肮脏和极度悲惨的景象”。

人口接近2 000人，其中2/3为犹太人。

政权形式

雅各的后代还留在埃及时，尽管人数不断增加，但仍然维持了族长制的政权形式，这在游牧部落中非常普遍。家族中的每一位父亲在自己的家庭中都有着族长的权威。每个支派都服从于自己的首领，也就是支派创始者的长子。随着时间的推移，首领似乎已由选举产生。

随着人数的增长，他们显然已不能在崇拜偶像的民族中生活，否则将面临被邪恶所浸染的风险。因此，他们被指派到一个特定地区，在那里从事耕作，独立于外邦，免受浸染。

于是，迦南——这个注定要被希伯来人占据的地方，被宣称为耶和华之地。耶和华将成为这里的国王，希伯来人只不过是世袭的居住者。考虑到他们承认耶和华是自己的统治者，所以他们要像埃及人一样，缴纳双倍的什一税。

摩西扮演着中间人或使者的角色。约书亚扮演的角色是以色列人征服迦南时期的军事首领。士师扮演的角色类似最高行政长官，行使着除了颁布法律和征收税款的最高权威，这一角色在某些方面对公民大会至关重要。国王扮演的是代理人角色。君主制建立后，出于对神的尊重，政府的律法条款仍旧和以前一样。

在这样的原则下，希伯来人拥有独立政府期间，实行的都是神权政体。他们的机构代表着真正的教会，被认为是珍贵内核的保护壳。这个民族在保护之下，从历代的暴乱和黑暗中安全地留存了下来。

特别法

社区和国家的法律都是为了适应各自的特性、环境和需求。希伯来人的法律尤其如此，因为这些法律都源于宇宙立法者本身。犹太人拥有很多特别法律，或在应用上较为特殊的法律，因为他们在很多方面拥有独特的性格、环境和需求。希伯来人身为真正宗教的受托人，有关割礼、什一税、高利贷、奴隶制、财产、清洁、婚姻、偷窃、战争等方面的法律都非常适用于他们这一使命。大部分法律将在其他相关部分进行介绍，这里不必详述，只列举两三个有代表性的例子即可。

关于奴隶制的法律，有一个特殊之处。由于奴隶制在异教徒世界中被普遍接受，所以摩西的律法也认可这一制度，但在所有的古代立法者中，只有摩西一人努力减轻奴隶制的罪恶。一个以色列人，不管是出于个人意愿，还是无力偿还债务，抑或是无法偿还盗窃得来的财物，都可能会沦为奴隶。但无论发生哪种情况，7年后他都有权获得自由。他可以选择继续保持奴隶身份，但这必须是他自己的真实选择，并且需要举行公开承认自己是奴隶的仪式来证明。他要在地方行政官面前把耳朵刺穿，依法公正地被送回到主人那里。但在大赦之年，即便是这种情况，奴隶身份还是会期满失效。此时，身为自由民的希伯来人会重新获得其继承的家产。

他们有严格的清洁法，尽管它的意图是出于仁慈。法律规定要频繁沐浴以保持清洁，尤其是在触摸过尸体或任何可能污染身体的东西之后。他们还制定了有关女性疾病和两性交往的规定，这些规定无疑是为了纠正不得体或不健康的行为，不管这些行为发生在以色列人中还是发生在邻近的部落中。对麻风病这种最令人憎恶的疾病，他们的应对方法最详尽、最严格，但也最温和。

关于财产的法律，我们可以用一两个细节来加以介绍。这部法律的重要原则是家产不可让予。在有城墙的城市中，如果房屋出售的当年没有被赎回，那么将永久被售出，而土地则只能在限定时间段内售出。在大赦之年，所有家产都要归还原所有人，无须进行回购。但即便是在大赦之年，家产仍然可以被再度赎回，只要现在的所有人足够富有，仍可在大赦之年结束之前，以该家产在本年度产生的价值为价格进行购买。这部非凡的土地法保障了人们的政治平等，并且预见到希腊和意大利早期共和国所面临的所有致命性侵害，即某个富有、强大的寡头侵占整个国家的领土，随后引发了贵族和平民之间的斗争，造成社会动乱。在希伯来人中，个人的挥霍无度可能会令自己和整个家庭陷入贫困或沦为奴隶，但他不会永远贫困或永远为奴。有人估计，每个家庭分配有21英亩土地，在巴勒斯坦，随着文化世世代代传承发展，这么多土地足以长期维持一个家庭的生活。

战争

起初，希伯来人在与邻国的争斗中并不能总是取得胜利，但在大卫的统治下，他们掌握了军事技术，增强了军事实力，这让他们在战场上对敌人有着绝对的优势。所罗门则将骑兵和战车引入了军队。在后来的时代，军事武器的制造得到了改进，防御的技术也有了进步，也可以集结大规模的军队。

以色列人离开埃及的第二年，所有能拿得起武器的人，即所有在20岁至50岁之间的人，都被招募进了军队。第二次招募是在这次之后的第40个年头。据说，招募由君主安排，由宗谱学家负责完成。如果发生战争，会从这些已经被招募的人中选出那些需要上战场的人。除非发生特殊情况，否则不会全员参战。

步兵、骑兵和战车分别被编入不同的部队。同样，步兵又分成轻装部队和枪兵，前者装备有投石器和标枪，还有弓、箭和箭袋，后来还配上了圆盾，从事远距离作战。枪兵则完全相反，他们装备有标枪、剑和盾牌，从事近距离作战。以法莲和便雅悯两支派通常配备轻装部队。

以色列人用于防御和进攻的武器主要有以下几种：

（1）盾牌。这种防御性武器有时以轻质木材打造而成；有时以柳条编织而成，再在外面包裹牛皮；还有时只用几层牛皮制成。纯用黄铜锻造的盾牌并不多见。不过，有时盾牌的表面会覆盖一层薄黄铜板或其他金属板。士兵作战时要携带盾牌，用皮带缠在左臂和脖子上，以此固定在身上。

（2）头盔。这是一种覆盖前额、头顶以及后脑的盔甲，制作头盔的材料是牛皮。在近现代，头盔表层通常是黄铜。

（3）胸甲或甲胄。胸甲有时被英国人称为锁子甲，还有时被称为无袖短铠甲。它由两部分组成，一部分覆盖身前，另一部分覆盖后背，两部分在身体两侧用钩子或纽扣连接在一起。大卫时代之后，这种盔甲在希伯来人中非常常见，是一种能有效保护身体的手段。

（4）标枪。这是一种投掷武器，用于进攻。《旧约》谈及轻装部队的武器时，总要提及这种武器，通常用于远距离攻击敌人。

（5）弓、箭和箭袋。作为一种进攻性的武器，弓和箭有着非常古老的起源，《创世记》中就已经提到。在希伯来人中，弓箭手甚多，尤其是在以法莲和便雅悯支派。准确来说，这种武器属于轻装部队。弓有时用黄铜制成，但通常用坚韧的木材制成。一开始，箭只是一根用于射击的芦苇，后来用轻质木材制成，前段是铁制箭头。箭袋装着箭，悬挂在后背上。

（6）投石器。投石器是最原始的作战工具之一，使用投石器的人从轻装部队中征募，要想成功使用投石器，需要进行大量的训练，这无疑也是一种进攻性的武器。

在众多作战器械和工具中，需要机械操作、具有更大规模杀伤力的有石弩、弩炮、攻城锤等。但是我们所知有限，无法给出更详细的描述。这些武器属于战争中的重型武器，用于超远距离攻击敌人，或者摧毁城墙。

军事防御工事起初只不过是在几个小屋或高地周围，挖出战壕或沟渠，再用挖出的泥土筑成土墩。在摩西和约书亚时代，城市的城墙很高，但坚固度很可能不够。希伯来国王改进了防御技术，使得耶路撒冷一直得到很好的保护。防御工事的主要部分是城墙、高塔、堡垒、护城河以及城门。

宗教

希伯来民族的宗教包含了许多重要因素，这里我们只能略作提及。关于宗教的许多事情已经在前文中有过介绍。从某种意义上说，宗教就是他们的全部——他们的政府、政体、财富、幸福，以及他们国家的高尚之处。宗教可以为和平增光添彩，也可以在战争中鼓舞人心。人们为宗教而生，也为宗教而死。但是，人们并不是在每一个时期都对宗教的精神和仪式同等依附，有时也会重蹈偶像崇拜的覆辙，但通常都会从中走出来，恢复他们对自己宗教的敬重，这种强烈的敬重是这个民族的一个普遍特征。

犹太教的仪式有很多，也很奇特，似乎是为了同其他所有民族的仪式区别开来。基督教创建之前，其他民族都是崇拜偶像的民族。这种情况可以解释为什么某些宗教仪式的规定细微而奇特。这些仪式与他们的神圣场所、神圣季、神圣人物以及神圣事件有关。

婚姻仪式

摩西时代，一夫多妻制极为流行。摩西陈述了最初的婚姻制度，向人民展示了多妻制所带来的罪恶——去东方国家旅行的人使我们明白了其中的罪恶如此深重。还有一些特殊的规定同样是为了限制一夫多妻制。随着时间的推移，这种罪恶大大减少。

在一个家庭中，父亲为儿子挑选妻子，为女儿挑选丈夫。如果儿子表示想娶一女子为妻，则需要请求自己的父亲去求亲。如果女儿有兄弟的话，父亲也不得未经其兄弟的许可就将女儿嫁出。父亲为自己的儿子选择妻子也有某些限制条件，这些在《利未记》中有所介绍。他们禁止与迦南人通婚，因为担心希伯来人会受到引诱而陷入偶像崇拜，后来以斯拉和尼希米将禁止通婚的范围扩大到所有外邦人。禁止祭司长与寡妇结婚，也禁止他与外族女子结婚。如果女儿没有兄弟，她便会继承家产，但会被命令嫁给同支派的人甚至是亲属，以免财产落入其他支派或家庭手中。

婚姻誓言是新娘父亲和兄弟同新郎父亲之间的契约，誓言要在证人面前许下，不仅证实这桩婚事，还明确给新娘兄弟的礼物以及父亲的彩礼数量。关于彩礼的情况，以前新娘会以特定的价格来进行衡量，在摩西时代，中等的估价是30舍客勒。然而，出嫁的女儿有时得不到嫁妆，有时会得到一笔嫁妆。

结婚之日通常是结婚协议达成之后的10~12个月。在那一天，新娘事先沐浴，佩戴适当的首饰，打扮得非常华丽，尤其是头部。新郎则负责准备一顿盛宴。傍晚时分，新郎身穿喜庆的礼袍，在歌声和器乐声的伴随下，同一群差不多年龄的年轻男子一起把新娘从她父亲家中接出来。然后，新娘又以同样的方式，被一群同龄且仍为处子之身的女子带到新郎父亲的家中。

在公元后的时代，当新娘在新郎和他的随从引导下进入新郎父亲家中时，如果在晚上，那么就要用一种火炬照亮面前的路。在到达举行婚礼的地方后，男女分开，所有人都沉浸在欢乐的气氛中。最后，人们给予多子多福的新婚祝福，这似乎是唯一仍在进行的古代仪式，它标志着婚礼圆满结束。

子女的抚育

很早的时候，父亲将新生婴儿紧抱在胸前是一种习俗，通过这种仪式宣布这是自己的儿子。当妻子领养女仆的孩子时，也会效仿同样的行为。儿子出生的消息会带来特殊的喜悦，他的生日会被定为节日，在之后的每一年中，人们都会带着全新的喜悦来庆祝他的生日。男孩在出生的第八天时会完成割礼。接着，男孩会得到自己的名字，名字通常与他出生的环境有关，或与家庭历史的一些特点有关。在东方，频繁更换名字是很常见的事情，所以《圣经》中很多人有两个名字。

父母对长子有着特殊的感情。在摩西时代之前，父亲可以将长子继承权转移给年幼的孩子，但这种行为会遇到巨大的阻力。

长子继承的特权有：（1）能够得到双倍的家产；（2）担任家庭中的祭司，但在流便支派中，祭司一职转移给了利未支派；（3）对弟、妹享有权威，类似于父亲所拥有的那种权威。

最初，子女都由母亲哺育，时间为30~36个月，子女断奶的日子会被定为一个节日。在某些情况下，孩子出生后，从一开始就雇佣奶妈来哺育。再到后来，奶妈取代了母亲，因为女士们都变得更加精致和奢华。

儿子一直由女性照看到5岁，然后就由父亲接管。父亲不仅教授他们生活的技能和责任，还教授他们摩西法典和宗教知识。为了让子女受到更广泛的教导，父亲还会聘用私人教师，或者将子女送去某个祭司或利未人那里——他们还同时照看其他的孩子，这样一来，先知学院便形成了。

女儿们很少离开女性的住处。她们花时间去学习跟家务有关的技能，这也正是为了适应她们以后的处境和角色。在合适的时候，她们被指定与某个男子结婚，或者在最坏的情况下，被她们的兄弟们卖给别人为妻。

农业

也就是饲养牛群和羊群，这是一项原始时代的技能。毫无疑问，希伯来人留在埃及期间掌握了这项技能，还掌握了耕作土地的最好方法。

从犹太人的历史中我们可以看出，摩西律法尤其偏爱农业。这是出于政治上的考虑，也是出于人们性情和习性上的考虑。经过辛勤的劳动，巴勒斯坦本就肥沃的土壤变得更加肥沃。主要耕作方法有清理多石的土壤、灌溉、撒灰、施粪肥，以及在安息年过后烧掉土地中生长的野生植物。

农民培育各种各样的谷物和豆类，包括小麦、谷子、斯佩耳特小麦、大麦、豆角、扁豆、草地小茴香等。农民还种植亚麻和棉花，它们长在树上和灌木丛中，棉花都包在棉桃里面。此外，他们还栽培了黄瓜、甜瓜，或许还有水稻。

起初，农具都非常简单和原始。那时，锋利的木棍是耕作土壤时仅有的工具，人们用它来疏松土壤。后来人们发明了铁锹和铁铲，再不久，又发明了犁。摩西时代，所有的这些工具，包括鹤嘴镐和鹤嘴锄都广为人知。第一把犁只是树上的一根粗壮枝干，被截短、削尖使用。后来人们对这一粗糙的工具进行了改良，使其成为一种有效的工具。它也成了土壤耕作中最重要的工具。

农业生产使用的牲畜有公牛、奶牛和公驴、母驴。但驴和牛（即公牛或奶牛，希伯来人也没有其他品种的牛）不能同轭。当牲畜在肥沃的牧场上无法驾驭时，人们便会在它们的鼻子上打孔，将铁或双绞软绳制成的圆环从孔中穿过，再系上绳索，如此一来便会阻碍其呼吸，再躁动的动物也能轻易控制。

小麦在秋季播种，大麦则在1月和2月间播种。土地要进行翻耕，一对同轭牛一天内翻耕的土地量被称为1轭或1英亩。在巴勒斯坦，2月播种的作物跟5月播种的作物一样都有好收成。南方和平原的作物会在4月中旬成熟，但在北方和山区，作物的成熟要晚3个星期甚至更长。

收割作物的人有主人、孩子、男仆、少女和雇佣工人。他们干活时兴高采烈，到处都可以听到愉快的歌声。路过的行人也会庆祝他们的丰收。他们将此归因于神的恩赐，认为这是一种巨大的荣耀。如果土地颗粒无收，则会被认为是神的惩罚，是一种耻辱。按照要求，农田的边角和落穗都要留给穷人。

在东方，土地的产量通常是播种量的10倍，很少有20倍或30倍的情况，但从前的产量却是30倍、60倍和100倍，同希罗多德、斯特拉波和普林尼的说法一致。

在巴勒斯坦，葡萄园的培植十分重要。葡萄园能出产大量最优质的葡萄，如今，一串葡萄可生长至12磅重。葡萄颗粒很大，大多为红色或黑色，“葡萄之血”这一说法便是从这里起源的。葡萄收获时节是最欢乐的季节，通常在夏末或早秋。人们在一片欢呼声中摘下葡萄，送到园中的酒醡那里。人们在酒醡中踩踏，虽然辛苦，也不利于清洁，但都充满欢乐。他们伴随着音乐跳起，口中喊着可能来自希伯来语的“嘿哈”。

手工制造业

所罗门时代以前，以色列人传承下来的商业和制造业并不多，因为他们在早期所有历史时期中，一直都专注于农业和战争。尽管如此，这些行业还是受到了一定程度的重视，因为它们都是生活所必需的。他们的祖先和世界其他民族的祖先逐渐发明了各种各样的物品供日常的使用以及装饰。在大洪水之前，就有关于铜匠和铁匠的记载，也有关于乐匠的记载。方舟的建造意味着他们已经掌握了大量机械工艺。

毫无疑问，这些知识在大洪水过后保留了下来，这得益于逃过了这场灾难的家族。因此，不久之后，我们便发现了诸如关于建筑、器皿和饰物等许多东西的记载，这意味着人们已经掌握了这些技艺。

早期，埃及在各项技艺方面的知识要胜过所有国家。希伯来人留在埃及长达几个世纪，不可避免地学会了他们主人所擅长的手艺。因此，我们发现他们当中有人掌握了足够的技术用于建造和装饰圣幕。约书亚去世后不久，就有了关于匠人之谷和金银匠之谷的记载。然而，那时的技艺还不能说是得到了蓬勃发展。农业生产中使用的一些比较简单的工具都由使用者自己制造。女性进行纺织、编织和刺绣，甚至已经超出了自己家庭的需要。她们将多余的物品进行出售和交换。也有不少工匠从事更高难度的技艺。与希腊人和罗马人不同，这些人不是仆人和奴隶的身份，而是有地位的人。在所罗门以及之后的时代，随着社会风气变得更加奢华，这个阶层的人越来越多。

在“巴比伦之囚”时期，很多希伯来人致力于艺术和商业。后来，他们散居在不同国家时，犹太法典编著者命令所有父母都应该教给每个子女一项技能。因此，我们发现《新约》中提到的一些主要人物都是机械师或工匠。

商业

东方国家最古老的资料中记载了商人的买卖以及运输方式，即公共道路、渡口、桥梁、牲畜、船只等。出于确保陆地贸易安全、避免遭到劫掠的共同目的，东方的商人们通常结伴而行，就像今天的亚洲商人那样。商队便是用来形容这种大规模的同行者，每个商队都有一位首领，首领带领整个商队穿越沙漠。每当大批犹太人要前往耶路撒冷时，他们就和其他东方国家一样采用这种形式。约瑟的故事中，出现了商队旅馆。

摩西法典中似乎并不包括有利于商业的法令，原因是希伯来人在与崇拜偶像的外邦来往时总是受到伤害。但国家确立的节日还是提供了商业往来的机会，并且摩西律法也没有阻断同外邦的商业往来。然而，在之后的时代中，商业被忽略了，直到几个世纪后，也就是以西结时期，耶路撒冷的商业才繁荣起来，甚至连提尔人都十分羡慕。“巴比伦之囚”以后，大批犹太人成了商人，他们以贸易为目的，去往不同国家。

货币与度量衡

为了进行商业活动，人们便需要钱币以及一个易懂的度量衡体系。在东方，度量衡在很早的时期就制定下来了。就希伯来人而言，摩西制定了一些所需的法规。用于计重等功能的模具最初放在圣幕中，后来又放在圣殿里。圣殿被摧毁时，这些模具就同圣殿一起消失了。在被囚禁于巴比伦期间，犹太人使用他们主人的度量衡体系，所以他们被囚禁前后的度量标准不同。囚禁前，度量的标准不准确，只能借助身体的一些部位进行长度的测算，如犹太人（实际上是几乎所有国家）以指宽、掌宽、指距、腕尺来测量长度。

在东方国家中，早在亚伯拉罕时期，商品价值就以一定数量的白银进行估算，商人也会把白银的纯度考虑在内。我们没有发现“巴比伦之囚”以前带有印戳的白银或钱币的痕迹，实际上，白银在早期也没有被均分成同样大小，尽管埃及很早就用上了银环。人们通常用天平来称重，或者使用与现代杆秤类似的工具。因此，商人们便习惯性地随身携带天平和砝码，将其装在小包或袋子中，砝码是石头做的。有意诈骗的人有时携带两套砝码，一套重一点儿，一套轻一点儿，在称重时使自己的利益最大化。黄金像其他物品一样进行称重，即便到了大卫时代，黄金仍旧作为一种贵重商品，还没有成为价值的一种衡量标准。

犹太人在“巴比伦之囚”被释放后，他们使用的钱币来自波斯、希腊和罗马。直到马加比王朝时代，他们才有了自己的铸币工坊，为自己铸造了金币和银币。犹太君主西门推出了名为舍客勒的货币，每舍客勒重176格令。在英国货币中，每一银舍客勒等于2先令3便士3法寻[①]，相当于55美分，而每一金舍客勒则等于1英镑16先令6便士，约等于8美元25美分。

建筑

作为一项技艺，建筑在巴勒斯坦没有得到很好的发展，尽管他们在建造公共建筑时雇佣了很多有聪明才智的人。他们承认自己不如提尔人，甘愿接受提尔人的指导。由大卫和所罗门建造的宫殿，尤其在所罗门统治时期建造的圣殿，显示出这个国家，或者更确切地说在这些君主的心目中，已经产生了一种对宏伟华丽建筑的品位和热爱，但这种品位似乎没有在希伯来人心中长久地保持下去，或者说后期他们非常缺乏创造这种品位的技艺。第一座圣殿被摧毁后又建造起来的两座圣殿，在华丽和宏伟程度上都不如所罗门所建的圣殿，尽管由大希律王建造的圣殿是一件高贵的艺术品。

犹太人历史早期的建筑并没有留存下来，即便到了公元后的时代，也没有建筑留存，除了那些散落在全国各地的“长眠之地”——坟墓。最华丽的坟墓是王室墓地，位于耶路撒冷北部，可能由大希律王所建。

模仿性的艺术如绘画和雕塑，在希伯来人中并不盛行，甚至不被太多人所知，能够拿来举例的只有一些神殿的装饰和墓碑，尤其是墓碑。

音乐

希伯来人有诗歌天赋，他们对音乐极为痴迷并且十分擅长。在

① 1970年以前，英国的货币单位换算为：1英镑=240便士，1便士=4法寻，1先令=12便士，1英镑=20先令。——编者注

诗歌领域，他们十分突出，这一点我们马上就会看到。同时，他们在音乐领域也很突出。音乐与诗歌相辅相成，吟游诗人往往在乐器的伴奏下唱出自己的诗作。

以色列人的音乐场合和主题主要有婚礼、诞辰周年、胜利周年、国王就职、公众朝拜以及国家的重大节日。利未人是圣幕和神殿中的法定乐师，但在其他场合，任何人只要愿意，都可以使用乐器，唯独禁止使用圣银号角。在圣幕中进行神圣音乐表演的利未人有4 000人，被大卫分成了24个组，他们伴着音乐演唱赞美诗，表演的次数和顺序都提前安排好。圣殿建成后，这种安排方式仍然保留了下来，一直到耶路撒冷被摧毁时期，甚至还持续到了“巴比伦之囚”被释放以后。然而，从那时起，音乐和诗歌都有所退化。

犹太人使用最多的乐器竖琴和索尔特里琴，属于有弦乐器；管风琴或牧羊人笛、小号（弯曲的或竖直的），还有一种被称为哈提的笛子，属于管乐器。此外，还有不同种类的鼓，如铃鼓、铙钹、响钹等；还有许多其他乐器，如希迦庸、迦特等，但如何使用不为人知。那时人们喜欢喧闹嘈杂的音乐，但我们不应该批判他们的品位，毕竟那是一个久远的时代，习惯也大为不同。

学术

众所周知，摩西时代就已经有了书籍和作品。所有记载都表明，巴比伦的天体观测记录要追溯到亚伯拉罕时期。字母的发明无疑是为了商业往来，因此在它们被用来记载星体运动之前，肯定早已为人所知。

我们早就知道，通过腓尼基商人和殖民地，字母传遍了整个东方和西方。有强有力的证据表明，不同的字母表有相似性，也就意味着它们有共同的起源，希伯来族长从邻近的腓尼基人或迦南人那里得到了字母表。同样可以肯定的是，从以色列宗谱学家的书作中我们得知，以色列人住在埃及期间保留了字母书写的知识，在那里他们使用的基本上是同一个字母表。此外，石头上铭刻的律法条文也证明了这一事实。在此，我们不需要再介绍文字书写所用的材料或工具，因为希伯来人和其他国家所用的书写材料和工具都一样。

早在摩西时代，诗歌在希伯来人和一些其他民族中就达到了高度完美的程度，后来又在这些人中繁荣发展了差不多1 000年的时间。除了令人兴奋的乐趣，诗歌的目的是历史叙事，更重要的是为了帮助表达虔诚。希伯来诗歌和其他真正的诗歌一样，具有情感热烈、意境恢宏、意象优美、凝练有力和表达优雅的特点。

希伯来文学创作的主题主要限于道德、宗教、民族历史和自然历史。大卫和所罗门统治时期是希伯来文学最兴盛的时期，这些国王本身就是最出名的希伯来作家。所罗门时代之后，科学和文学鲜有进步。在犹太人被掳期间，他们的确学到了许多以前并不熟悉的外邦观念。随后，他们又从希腊哲学中得到了很多借鉴，有真理也有谬误。《智慧之书》的作者，以及一些犹太作家，都很好地运用了希腊哲学。尽管如此，“巴比伦之囚”被释放后的犹太人在记叙历史方面很明显已不如他们的祖先，他们在那段时期所写的编年史同早期的编年史有着完全不同的特点。

《旧约》充分证明了希伯来人的历史写作艺术，也证明了他们的道德、宗教和诗歌水平。它讲述了从创世到公元前5世纪发生的一些重大事件，提到了几部现在已经消失的历史著作。希伯来人的先知们记录了各自时代的事件，并且在早期，宗谱学家还把很多历史事件与家族传承的叙述交织在一起。希伯来人以及阿拉伯人在叙述个人宗谱时，可以根据自己的意愿，省略掉一代或几代人。

关于古代以色列人对科学的了解程度，留下的记载似乎很少。他们在某种程度上一定了解算术和天文学，这可以从《旧约》中列出的例子和给出的时间划分中得知。在数学以及几何、测量、航海等方面，只要环境和职业方面需要的知识，我们就可以推测出它的真实存在，尽管没有关于这些学科的任何直接记载。

住房

人类早期祖先的住所或避难所，最初是阴凉的树木和洞穴，后来是圣幕和帐篷。随着时间的推移，房屋才建造起来。起初，房屋都很小，然后，越来越大，尤其是在大城市中。增加楼层在早期就已经实践过了，这点我们从挪亚方舟和巴别塔的建造中就可以看出。巴比伦和埃及底比斯的房屋都有数层高，但在约书亚时期的巴勒斯坦，房屋似乎都很低。在公元后的时代，有钱有势之人所拥有的房屋都非常豪华，并且按照希腊风格建造。

在形状上，很多大房子都是四角形，在中间围成一个方形区域。所谓宅邸，准确来说就是这样的大房子，并且建有塔楼和围墙。房顶为平顶，这仍然是东方人的习惯。他们经常爬到屋顶，享受更纯净的空气。睡在上面，或许也是为了方便或奢华。为了防止有人摔落，屋顶通常围有防护墙，可以达到齐胸高度，这是希伯来人的法律规定的。朝向街道的大门关闭着，并且要有仆从担任门房。紧挨大门之后的空间被称为门廊，为正方形，门廊一侧立有座位，供那些等待接见的客人稍做停留。

从门廊穿过第二道门，就到了四边形的区域或庭院，这里一般用各式各样的大理石铺设而成。庭院的四周通常建有回廊，即有顶长廊。如果房子不止一层，那么在这上面还会有一条同样大小的长廊，两层长廊之间用圆柱支撑。举行婚礼、割礼等仪式时，人群会涌入庭院。房子后面的部分分配给女性居住，其大门总是紧锁，只对房子主人敞开。

房间内的空间大而宽敞，沿着庭院四周建设。专门为夏天建造的房子或所谓的宅邸，面积通常很大，且高度丝毫不逊色于现代的教堂。房子下面几层通常建于地下。这些建筑的大门朝北，所以夏天可以享受到从北面吹来的凉爽微风。

除了《以西结书》中的某处，我们没有发现关于厨房或者烹饪场所的记载。希伯来人并不知道用烟囱排烟，这种现代构造在14世纪时才被发明出来。和现代的东方人一样，希伯来人的房子里都留有开口，可以把烟排出。

透过窗子，我们可以看到从前屋到庭院的景色，可以从女性住处看到房子后面的花园，偶尔也会有窗子朝向街道。窗子很大，几乎能落到地面，但没有镶嵌玻璃，而是用格栅装饰。

家具和器皿

在最古老时期，房子里摆设的家具和器皿很少，也很简单。希伯来人最先拥有的是那些最基本的器具，如一种可以烘烤的烤炉以及手推石磨。后来，出现了各种各样的家用器具，如锅、壶、革瓶、碟子、杯子以及水罐等。

希伯来人将地毯铺在地面上，同时还有一种用粗料制成的床垫，用来休息。此外，他们还使用垫枕，穷人们则用动物毛皮来替代这些东西。犹太人似乎有一种床，类似波斯人的长靠椅（即沙发），有靠背和侧撑，上面都配有垫枕。

为了防止垫子和地毯被弄脏，他们不允许穿鞋子等进入房间，鞋子必须脱在门口。

灯油是橄榄油，可以持续燃烧一整晚。从圣幕的金灯可以推断，富裕人家的灯一定富丽堂皇。

饮食

在大洪水之前，动物的肉无疑被当成食物，否则就不会有洁净和不洁净之分（见《创世记》）。那场灾难过后，希伯来人明确提到屠杀动物是为了取食。但在温暖的地区，无论是肉的味道还是营养，都不尽如人意，所以希伯来人更倾向于选择水果、面包、橄榄和牛奶作为食物。

最初，希伯来人食用谷物时不做任何处理，这种习俗直到公元后的时代也没有完全废弃（见《马太福音》）。烘烤是早期将谷物当作食物处理的一种常见方式，后来他们又提出用研钵碾碎以及用石磨磨碎。细粉，即被磨碎或打碎的谷物，早在亚伯拉罕时期就已经存在。当然，那时他们一定掌握了研磨谷物的方法。希伯来人中常见的石磨与埃及和东方国家现在使用的石磨几乎一样，包括两块圆形石头：一块在下，固定在地面上；一块在上，可以转动，并且中间有一个小洞，可以往里放谷物，上面还有一个把手，用这个把手可以转动上面这块圆石。这样一来，谷物就被碾碎了。

每家都有自己的石磨，并且每天都使用，因为东方人食用的淀粉食物在第二天就不新鲜了，必须持续供应。推石磨的人通常是两个最底层的女仆，她们面对面坐着，一个推着石磨转半圈，另一个完成剩下的半圈，这项工作很费力，并且被认为是低贱的工作。

在古代，不管女性的地位有多高，都要烘焙面包。后来，由于她们更多地享受奢华，这项工作就交由自己的女仆去做了。面包做成薄薄的圆形，直径约有9或10英寸，不用刀切，用手掰断。用来烘焙面包的烤炉或场所有很多，这里就不再描述了。

烹饪一般由家庭主妇完成，也很可能有女仆协助。蔬菜尤其是扁豆，是主要食物，即便在今天的东方人中，扁豆也很受欢迎。添加了蜂蜜的糕点也广受好评，肉类则只在特殊场合才会被端上饭桌。随着希伯来人变得越来越奢华，肉食越来越流行。在公元后的时代，食用肉类已很寻常，羔羊和小山羊的肉被认为是最上等的食物。将屠宰的整只动物一次性烹饪是东方人的习俗，即便在今天也很盛行，因为在温暖的气候下很难保存食物，这同样也是古代希伯来人的习俗。

众所周知，在希伯来人中，禁止食用某些食物，他们把动物分为洁净的和不洁的，即法律允许食用的和不允许食用的。这项禁令的目的是防止希伯来人与外邦人一起用餐，或防止希伯来人频繁参加外邦人偶像崇拜的宴席，那样的话，希伯来人就面临着陷入偶像崇拜的危险。

除了水，希伯来人还饮用葡萄酒，有时还会饮用一种名为希卡拉的浓酒。它由椰枣和各种植物的种子、根茎酿成。东方国家的葡萄酒产量巨大，大量饮用会导致醉酒。前面提到的浓酒也同样足以使人沉醉，通常掺水饮用。从纯葡萄酒和希卡拉又衍生出一种人造酒，希伯来人用餐时配着蔬菜和面包一起饮用（见《路得记》）。这种酒也是一种常见的饮品，连罗马士兵也经常饮用（见《马太福音》）。希伯来法典编著者还提到了一种被称为醋的葡萄酒。《旧约》中有很多比喻都来自葡萄酒的饮用。

服饰

正如《创世记》和《约伯记》中的几个典故所示，纺织制作衣服是一项非常古老的技艺。埃及人非常擅长织布，生活在他们当中的以色列人便学会了这项技艺，水平甚至超过了他们的主人。最受欢迎的布料是棉布，其次是羊毛布和亚麻布。白色棉布制作的衣服被认为最华贵，而白色、紫色和深红色是希伯来人比较喜欢的衣服颜色。

不同身体部位穿戴不同的衣物，我们首先要介绍的是长袍。长袍是一块整布，通常为亚麻面料，包裹住全身，系上腰带，可以垂到膝盖处。但由于长袍底部容易被风吹起，为方便起见，要穿一件内衣。在摩西时代，内衣长度仅从腰间到膝盖，但随着时间的推移，长度一直延长到了脚踝。

为了使长袍不妨碍行走，希伯来人习惯系上腰带。腰带有不同种类，贵重一些的用棉花或亚麻制成，有时也用丝绸制成。腰带上有一个扣，可以从身前系上。希伯来人习惯在腰带中带一把小刀或匕首，这也正是现代阿拉伯人的习惯。

希伯来人有好几种上衣，比如起斗篷作用的衣服。这是一块近乎方形的布，尺寸大小不一，但通常都很大。这件衣服还可用于背负重物，穷人则可以拿来当作毯子。出于这个原因，摩西律法规定，如果这件上衣被抵押，必须当日赎回。此外，人们还戴帽子或头巾。穿在胸前和后背的以弗得，更多地用作祭司长的祭服。

最初，希伯来人穿在脚上的只有便鞋。便鞋就是指脚上缠裹的皮条。进入房屋时，他们脱下便鞋，离开时再穿上。身份最低等的仆人负责给解开和系上便鞋。《福音书》中有这样的谚语："解开一个人的鞋，再去系上。"说的就是仆人的差事。由于那时还没有袜子，脚会被弄脏，所以进入房屋后，就脱下便鞋去洗脚，这也是最低等仆人的差事。尊贵的客人到来时，家庭主人偶尔也会亲自做这件事。

在希伯来人中，胡须被视为一种重要装饰，就像今天的东方国家一样。胡须不允许他人触碰，除非是亲吻。拔掉、剃掉胡须，或以任何方式使胡须受到损害，都被认为是极大的不敬。一头浓密的头发也被视为一种特殊的装饰，尤其在特殊的节日场合。头发要梳理整齐并涂油。秃顶则会引起他人的蔑视。

希伯来女性服饰中，面纱必不可少，这也跟现在的东方国家一样。所有女性都要佩戴面纱，女仆和其他身份低微的女性，以及一些声名狼藉的女性除外。除非在仆人以及那些被禁止结婚的亲属面前，否则不允许揭开面纱。女性佩戴的面纱种类有很多，就像今天亚洲女性佩戴的一样，这里不必再进行介绍。戒指、坠饰、项链、手镯等都是装饰品，尤其是女性的装饰品。女性的衣服总是很昂贵。

节日场合的衣服非常华丽，无论从衣服的质量还是数量上，都耗费巨大。然而，由于款式一成不变，这些衣服一代一代积累了下来。节日的衣服是白色的，每逢节日到来时都会重新洗涤，并撒上没药、桂皮和芦荟让它散发香味。丧服只是一件披在身上的宽短外衣，一直垂到膝盖，不过有袖孔，可以让手臂伸出来。制作丧服的材料是由羊毛制成的粗糙黑布。

男性的阶层和地位

希伯来民族中有很多没有职务或权力的平民，他们占据了人口中的很大比例，实际上任何时期的任何国家都是如此。这些人包括农民、工匠、商人、仆人等。可以说在最高权威之下，不论神权政治还是君主政治，除了已经介绍过的政府和宗教中的职务，还有士师、宗谱学家、族长以及支派首领，他们扮演着各自或邻近城市中立法议会的角色。

在国王之下，有王室顾问，即先知。虔诚的国王向他们咨询，不虔诚的国王则咨询占卜者或假先知。书记官或文士负责记录国王的命令和言论，实际上记录王国的所有公共事项。祭司长以顾问的身份服务于国王。此外，王宫中也有许多职务，专门为王室服务，如餐食供应、贡品征收、王宫管理、衣柜看守、国王密友和国王护卫。国王密友是国王可以密切交谈的人，有时甚至可以掌管整个王国。

希伯来人“巴比伦之囚”期间以及释放后的那段时期，族长或许还有支派首领的职务都保留了下来。回归后，他们将首领称为“长官”，如所罗巴伯、以斯拉和尼希米，这些人都被赋予了充足的政府权力。犹太人臣服于罗马人之前，他们就已经恢复了古代君主政体；但在臣服之后，他们则接受皇帝任命的小王或地方行政官的管理。

名人

所有民族都有自己的杰出人物，他们的美德、才能或功绩为后世所敬仰。或许整个希伯来民族都应得到赞颂，因为他们代代传承，通过他们的立法者、勇士、国王、诗人或其他杰出人物，给人类留下了宝贵的财富。受限于篇幅，我们只能对那些更为突出的人物做简要介绍。

（1）亚伯拉罕，作为希伯来民族的始祖，是世界历史上最著名的人物之一。亚伯拉罕是他拉的儿子，出生在迦勒底。父亲去世时，他已经75岁了，也正是在那一年，他接受神的旨意前往迦南。第二年，迦南遭遇饥荒，亚伯拉罕和他的家族去往埃及，也是在这一年，他和他的侄子罗得一起回到了迦南，并最终在希伯仑定居。

亚伯拉罕的生平经历在希伯来民族的概述中已有详细叙述，在这里不做重复介绍。

很多强大的民族都非常尊敬“上帝的朋友”亚伯拉罕。在东方，很多部落都将他视为祖先。除了希伯来人，沙漠中的阿拉伯人在提到亚伯拉罕时也是充满了敬意。

（2）约瑟，即雅各之子，前文已经介绍过很多，这里不再做补充。在历史的长河中，我们再也找不出第二个比约瑟更加智慧、善良，或比约瑟的命运更加曲折离奇的人。他的兄弟企图谋害他，而他最后拯救了父亲的家族以及希伯来民族的支派首领们。在约瑟身上，纯真和虔诚赢得了彻底的胜利。

（3）摩西，作为世界上最伟大的立法者之一，将永远被人铭记。然而，摩西并不仅仅是一位立法者，他还接受神的使命去拯救和治理希伯来人。摩西管理那些粗野难驯之人就可以证实此事。摩西的制度不仅塑造了这个独特的民族，而且最终通过基督教影响了当今世界的欧洲和美洲的国家。

对于他自己的民族来说，摩西是领袖、历史学家、诗人和立法者，但远远不止这些。他还带领族人实现了民族的独立生存。共和国的其他创始人和杰出的立法者要么是已经处在一个稳定且有秩序的社会——比如努马；要么是处在一个饱受无政府状态的苦难民族中，自愿投身于树立立法权威的事业中来——如卡龙达斯、来库古和梭伦。在创建联邦之前，摩西首先组织起自己的族人，赋予他们一个自己的国家。如果没有摩西，希伯来人要么被同化到埃及人之中，要么继续保持可怜的贱民身份。摩西是个非常遥远的人物，但却是他们民族极具名望的伟大人物。他并不为自己争取这一名声，尽管他有很大优势可以获得这个民族最大的声望。因此，犹太人都自称是亚伯拉罕的后代，不是摩西的后代。

（4）约书亚是一位出色的军事首领。他肩负着征服和摧毁迦南人的使命。约书亚将迦南地划分给12个支派。他在110岁时去世。他的英勇和力量，使以色列人有了自己的家园和栖息之地。

（5）根据部分记载，参孙是未开化时代的大力士。论力量和勇猛，世界历史上罕有其匹。参孙天赋神力，并以此帮助以色列人向他们的压迫者复仇。他的事迹不在此重复，他的一些个人品格并不值得去效仿。

（6）大卫，耶西的儿子。他还在为父亲放牧羊群时，就被选定为以色列的国王。大卫是一位英勇无畏的君主。正如我们所知道的那样，他让自己和整个民族声名显赫。从大卫杀死非利士人的巨人战士歌利亚之日起，他的名字就逐渐被人所知，直至名声大震。大卫的军事行动计划巧妙，执行有力。

大卫还是一位杰出的宗教诗人和赞美诗作家。这些具有创见的作品以崇高、充满力量和表达贴切为特点，充满了最崇高的奉献精神，将最重要的真理和指引传达给内心。然而，这位虔诚和高尚的国王却在一些事情上卷入了令人不齿的罪行之中，尤其是他与拔示巴的感情。然而，大卫最终对此痛悔不已。

（7）所罗门，大卫和拔示巴之子。在某些方面，他的成就要比摩西和大卫这两个希伯来民族最有天赋和能力的人还要高，他被认为是最睿智的人。

（8）以赛亚，阿摩司之子，也是大卫的后代。公元前740年到前701年期间担任先知，历经犹大多位国王的统治，是最伟大、最崇高的先知。他大胆谴责那个时代挥霍无度的人，无情地揭露国家中普遍存在的陋习。据说，以赛亚在国王玛拿西的残忍命令下，被木锯锯成了两段。

（9）但以理在尼布甲尼撒首次入侵时，连同其他几位贵族青年一起被带到了巴比伦，得到了亚述官员的精心教育。但以理出类拔萃，不仅性格单纯，而且学识广博，尤其擅长解梦。正因为善于解梦，但以理同约瑟一样身居高位，先后侍奉了三代国王，并且都取得了成功。

由于对宗教的责任心，但以理两次陷入被残酷惩罚的危险之中，他都奇迹般地获救了。同约瑟在埃及一样，但以理在米底人和波斯人征服巴比伦帝国时期成为这个帝国的宰相或总督之一。他自狮穴脱险令居鲁士大帝刮目相看，并获得了新的尊荣。但以理最终成为整个波斯帝国的首席总督。约瑟夫斯称，但以理不仅有宗教和政治智慧，还掌握了高超的建筑艺术，埃克巴坦那豪华陵墓的建造就归功于他。

约瑟夫斯

（10）以斯拉，祭司和文士。犹太人认为他是仅次于摩西的伟大人物，将他称为“第二个摩西”。在犹太人从巴比伦放归不久，波斯国王便任命他为总督。他才能卓著，为殖民地的民事和宗教事务建立了牢固的基础。他最大的功绩就是确立了以斯拉版本《旧约》的正典，那是一个完美版本。这个版本成为后世所有抄录者的范本。

（11）约翰·西卡努斯是公元前2世纪的犹太国王和祭司长。他从叙利亚国王安条克四世的手中恢复了国家独立。他于公元前106年去世，以美德和英勇以及一个王室的祖先而闻名于世。

（12）约瑟夫斯，犹太人的伟大历史学家，生活在1世纪。约瑟夫斯是马赛厄斯的儿子，他出身高贵，是祭司家族的直系后裔。在那时，祭司为24种身份之最，他从母亲那里继承了哈斯摩尼的贵族血统。年少时，约瑟夫斯便因出色的智力和记忆力而享有很高声誉。14岁时便对学问十分感兴趣，主要的祭司们都喜欢到他父亲家中，向约瑟夫斯询问关于律法的难题。16岁时，他开始研究犹太人中最盛行的三大教派，即法利赛派、撒都该派和艾赛尼派，最终他选择了加入法利赛派。

约瑟夫斯致力于记载那些惊心动魄的场面。他参与了国人与罗马人之间的战争，在他的著作《犹太战记》中，他详细描述了与那个灾难性时期有关的事件。然而，人们还是有所保留地接受约瑟夫斯的叙述，因为他提笔调和罗马人和自己的国人，安抚其余那些生活在痛苦之中的国人。一些发生在他后半生的详细情节在他的叙事作品中有所记录，可供读者参考。

（13）迈蒙尼德主要活跃于12世纪末，是首屈一指的阿拉伯—犹太神学家，他是“第一个敢于带着理性的眼光去研究，而不是以盲目崇拜和无知困惑去看待摩西律法的人，作为回报，他发现了其中不可磨灭的神的智慧和善良”，他的影响超越了他的时代和国家。迈蒙尼德居住在埃及开罗的王宫中，担任御医这一最受人尊重的职位。他遭到了持迷信观念的教友的谴责，但后来，随着以色列人更加开化，热情的崇拜者们称他为“摩西第二”，他的地位越来越高。迈蒙尼德于1204年去世。

（14）阿布拉内尔于1437年出生于里斯本，在天资、学识、政治远见和能力方面，可以称得上是最伟大的犹太人之一。他的家族古老而又高贵，自称是大卫王的后裔。他的父母非常富有，让他接受了良好的教育，使他敏捷的天资得到了更大的提升。阿布拉内尔将注意力转向政界之后，在阿方索五世时期担任过数个职务，声名显赫地生活到45岁。

国王去世后，他不得不逃往卡斯蒂利亚，重新投入早期的研习之中。然而，阿布拉内尔的野心以及对辉煌过去的回忆一直折磨着他，最终他还是迂回地进入阿拉贡斐迪南二世的王宫，后者亲切地接纳了他。他在王宫中生活了8年，直到1492年，国王突然下达了一道命令，要求所有犹太人离开西班牙。

阿布拉内尔尽了最大努力拯救自己及其民族，但最终还是被迫离开，前往那不勒斯。在那里，他迎合在位的国王及其继任者，并和他们一起逃往西西里岛。1503年，经阿布拉内尔协商，葡萄牙和威尼斯之间达成了和平协议。他71岁时在威尼斯去世。阿布拉内尔展现出了伟大的才能、深刻的思想、渊博的学识、敏锐的推理以及丰富的考古、神学、辩论、历史和科学知识。

（15）摩西・门德尔松，德意志犹太人，活跃于18世纪下半叶，是一位具有很高地位的形而上学哲学家。通过自己的才能和孜孜不倦的努力，摩西·门德尔松冲破了最可怕的障碍——贫穷、依赖和教派的顽固。然而，他的宗教观点不够明确。他表面上仍然是犹太教会的一员，却挣脱了犹太教义的束缚。他在学识上的成就激起了人们对“犹太”这个名字一定程度的尊敬，他解放了很多犹太青年，使他们摆脱了犹太教义的束缚。不幸的是，在某些情况下，这也导致了怀疑主义在他们中间的盛行，这种倾向在受过教育的犹太人中相当普遍。

重要词汇英汉对照表

A

阿八哈汗 Abaka Khan
阿巴 Arba
阿巴斯 Abbas
阿巴斯大帝 Abbas the Great
阿巴斯二世 Abbas II
阿拔士 Arbaces
阿拔斯王朝 Abbasid Caliphate
阿拜多斯 Abydos
阿贝拉 Arbela
阿比德纳斯 Abydenus
阿比西尼亚 Abyssinia
阿比西尼亚人 Abyssinian
阿波罗尼乌斯 Apollonius
阿波罗神庙 Temple of Apollo
阿布·俄拜德 Abu Obeyd
阿布·法特赫汗 Abol Fath Khan
阿布尔·菲达 Abulfeda
阿布拉内尔 Abrabanel
阿布辛贝神庙 Temple of Ibsambul
阿达曼提乌斯 Adamantius
阿德比尔 Ardebil
阿迪尔沙 Adil Shah
阿尔·贾瓦Al Djavah
阿尔巴尼亚 Albania
阿尔比勒 Arbela
阿尔达班 Artabanus
阿尔达希尔一世 Ardashir I
阿尔弗雷德大帝 Alfred the Great
阿尔及尔 Algier
阿尔及利亚 Algeria
阿尔贾斯普 Arjasp
阿尔勒 Arles
阿尔普特勤 Abustakeen
阿尔沙克 Arsaces
阿尔塔巴左斯 Artabazus
阿尔塔费尼斯 Artaphernes
阿尔塔薛西斯一世 Artaxerxes I
阿尔塔薛西斯二世 Artaxerxes II
阿尔塔薛西斯三世 Artaxerxes III
阿尔塔薛西斯四世 Darius Codomanrms
阿尔泰山脉 Altai Mountains
阿尔托巴札涅斯 Artabazanes

阿尔息穆斯 Alcimus
阿方索五世 Alfonso V
阿夫拉西阿卜 Afrasiab
阿富汗 Afghanistan
阿格西劳斯 Agesilaus
阿哈布斯 Ahabus
阿胡拉·马兹达 Ahura Mazda
阿基巴 Akiba
阿迦·穆罕默德·汗 Aga Mohammed Khan
阿喀琉斯 Achilles
阿卡 Acre
阿克塔约斯 Actaios
阿空加瓜山 Mount Aconcagua
阿拉伯半岛 Arabia
阿拉伯海 Arabian Sea
阿拉伯河 Shatt al-Arab
阿拉伯人 Arab
阿拉伯语 Arabic
阿拉丁 Aladdin
阿拉霍西亚 Arachosia
阿拉克斯河 Araxes River
阿勒颇 Aleppo
阿里·布韦希 Ali Buyah
阿里阿拉特 Ariarathes
阿里埃尼司 Aryenis
阿里曼 Ahriman
阿里斯托布鲁斯 Aristobulus
阿里斯托布鲁斯二世 Aristobulus II
阿里亚 Aria
阿列欧伊人 Arii
阿留申群岛 Aleutian Isles
阿鲁浑汗 Arghun Khan
阿伦德尔伯爵 Earl of Arundel
阿蒙神 Amon
阿米达 Amida
阿米克莱 Amyclae
阿摩司 Amos
阿慕尔 Amer
阿那克萨戈拉 Anaxagoras
阿那克西曼德 Anaximander
阿那克西美尼 Anaximenes
阿纳斯塔修斯 Anastasius
阿努德帕尔 Anundpal
阿诺努斯 Alorus
阿帕米亚 Apamea
阿帕米亚纪念章 Apamean medal
阿匹斯 Apis
阿契美尼德王朝 Achaemenid Empire
阿瑞笛乌斯 Aridaeus
阿萨尔哈东 Esarhaddon
阿萨辛派 Assassins
阿塞拜疆 Azerbaijan
阿什拉夫 Ashruff
阿舒尔 Ashur
阿斯卡隆 Askalon
阿斯特拉罕 Astrakhan
阿斯提阿格斯 Astyages
阿斯提亚那克斯 Astyanax
阿索斯山 Mount Athos
阿特拉斯 Atlas
阿特拉斯山 Atlas Mountains
阿提卡 Attica
阿瓦 Ava

《阿维斯陀》*Avesta*
阿依翁摩撒 Ayoon Moosa
阿扎尔古斯塔普 Azer Gushtasp
《埃达》*Edda*
埃德萨 Edessa
埃及 Egypt
埃及人 Egyptian
埃克巴坦那 Ecbatana
埃拉托色尼 Eratosthenes
埃兰 Elam
埃雷拉 Herrera
埃里亚铭文 Elian inscription
埃里亚人 Elian
埃米利乌斯·保卢斯 Aemilius Paulus
埃塞俄比亚 Ethiopia
埃塞俄比亚人 Ethiopian
埃塞奎博 Essequibo
埃特纳火山 Mount Etna
艾哈迈德 Ahmed
艾利森 Alison
艾赛尼派 Essenes
爱奥尼亚 Ionia
爱奥尼亚群岛 Ionian Isles
爱尔兰 Ireland
爱尔兰人 Irish
爱沙尼亚人 Esthonian
爱斯基摩人 Esquimaux
安 On
安第斯山脉 Andes Mountains
安东尼 Antony
安东尼·雪莱 Anthony Shirley
安东尼乌斯 Antonius
安纳托利亚 Anatolia
安南 Annam
安南人 Annamite
安尼亚三世 Onias III
安斯加 Anscaire
安特卫普 Antwerp
安提贡 Antigonus
安提柯 Antigonus
安提帕特 Antipater
安条克城 Antioch
安条克六世 Antiochus VI Dionysus
安条克四世 Antiochus IV
安条克五世 Antiochus V
暗兰 Amram
暗利 Omri
傲慢者塔克文 Tarquin the Proud
奥安尼斯 Oannes
奥伯斯 Olbers
《奥德赛》*Odyssey*
奥登纳图斯 Odenathus
奥尔良 Orleans
奥尔穆兹德 Olmuzd
奥古斯都 Augustus
奥克苏斯河 Oxus River
奥库斯 Ochus
奥兰治河 Orange River
奥勒良 Aurelian
奥利金 Origen
奥林匹克运动会 Olympic Games
奥林匹亚 Olympia
奥林匹亚年 Olympiad
奥斯曼人 Ottoman

奥斯曼土耳其人 Ottoman Turk
奥索 Otho
奥维德 Ovid
奥泽西夫 Osarsiph
澳大利亚 Australia

B

巴比伦 Babylon
巴比伦帝国 Babylonian Empire
巴比伦尼亚 Babylonia
巴比伦人 Babylonian
巴比伦之囚 Babylonian Captivity
巴别塔 Babel
巴布亚人 Papuan race
巴达维亚 Batavia
巴旦亚兰 Padan-aram
巴尔·科赫巴 Barcochab
巴勒贝克 Balbec
巴尔迪亚 Bardia
巴尔赫 Balkh
巴戈阿斯 Bagoas
巴格达 Bagdad
八福山 Mount of Beatitudes
巴赫拉姆·楚宾 Bahram Choubeen
巴赫拉姆一世 Bahram I
巴赫拉姆五世 Bahram V
巴吉底 Bacchides
巴吉思塔农 Bajistanon
巴卡 Barca
巴克特拉 Bactra
巴克特里亚沙漠 Bactrian Desert
巴克特里亚 Bactria
巴拉什 Palash
巴兰 Balaam
巴勒斯坦 Palestine
巴力 Baal
巴力赫尔蒙 Baal Hermon
巴利斯 Baalis
巴林各岛屿 Bahrein Islands
巴伦·罗斯柴尔德 Baron Rothschild
巴罗海峡 Barrow Strait
巴纳斯 Banath
巴沙 Baasha
巴珊 Bashan
巴珊山 Mount Bashan
巴珊王国 Kingdom of Bashan
巴士拉 Basrah
巴塔克城 Batack
巴塔克人 Battak
巴塔尼亚 Batanea
巴提斯 Betis
巴希达 Bathilda
拔示巴 Bathsheba
白垩纪 Cretaceous Period
白令海峡 Bering Strait
白沙瓦 Peshawar
百尼基 Berenice
柏柏尔人 Barabra
柏拉图 Plato
拜都汗 Baider Khan
拜伦 Byron
拜塞尔 Bether
拜星教 Sabianism
拜占庭 Byzantium

拜占庭帝国 Byzantine Empire
班达 Banda
班克罗夫特 Bancroft
保罗神父 Father Paul
卑路斯一世 Friose
北冰洋 the Arctic Ocean
北地 the North
北京 Peking
北卡罗来纳州 North Carolina
北圻人 Tonquincse
北乔治亚群岛 North Georgian Isles
贝底亚 Bedea
贝都因人 Bedouin
贝尔 Bel
贝尔佐尼 Belzoni
贝拉斯 Belus
贝勒西斯 Belesis
贝利撒留 Belisarius
贝利图斯 Berytus
贝罗苏斯 Berosus
贝拿勒斯 Benares
贝努瓦·德·马耶 Benedict de Maillet
贝桑城 Bethshan
贝苏斯 Bessus
贝特利斯 Betlis
本蒂沃利奥 Bentivoglio
本丢·彼拉多 Pontius Pilate
本都 Pontus
比东 Pithom
比哈希录 Pi-hahiroth
比加 Pekah
比拉彗星 Biela's Comet
比勒 Beahler
比利牛斯山 Pyrenees Mountains
比利时 Belgium
比利时人 Belgian
比利洗人 Perizzite
比利亚 Percea
比塞弗勒斯 Bucephalus
比斯克船长 Captain Biscoe
比提尼亚 Bithynia
彼得一世岛 Peter I Island
秘鲁 Peru
彼士利 Bethuel
俾格米人 Pygmie
俾路支斯坦 Balochistan
毕达哥拉斯 Pythagoras
《变形记》*Metamorphoses*
便哈达 Benhadad
便雅悯 Benjamin
便雅悯人 Benjamite
别士巴 Beersheba
冰岛 Iceland
波波卡特佩特火山 Popocatepetl Volcano
波尔西帕 Borsippa
波鲁斯 Porus
波兰 Poland
波兰人 Pole
波里奥 Pollio
波利比乌斯 Polybius
波利伯孔 Polysperchon
波利克拉特斯 Polycrates
波利尼西亚 Polynesia
波旁岛 Bourbon Island

波求·非斯都 Porcius Festus
波斯 Persia
波斯波利斯 Persepolis
波斯人 Persian
波斯湾 Persian Gulf
波斯语 Persian
波希米亚 Bohemia
波希米亚人 Bohemian
伯利恒 Bethlehem
伯沙撒 Belshazzar
伯特利 Bethel
伯特利山 Mount Bethel
伯修利亚 Bethalia
博斯普鲁斯 Bosphorus
博斯普鲁斯海峡 Bosphorus Strait
博塔 Botta
不列颠 Britain
不列颠人 Briton
不赛因汗 AbuSaid Khan
布哈拉 Bukhara
布吉人 Bugis
布克哈特 Burckhardt
布拉格 Prague
布拉马普特拉河 Burrampooter River
布莱德·埃尔杰里德 Bled el Jerid
布鲁图斯 Brutus
布马杜斯河 Bumadus River
布希曼人 Bushmen

C

参孙 Samson
茶叶 tea
查理大帝 Charles the Great
查理六世 Charles VI
查士丁尼一世 Justinian I
昌柴河 Ousvola River
长江 Yangtse Kiang
朝鲜人 Korea
彻里索弗斯 Cheirisophus
《创世记》*Genesis*
茨瓦纳人 Tswana

D

达尔富尔人 Darfurian
达拉卜一世 Darab I
达拉卜二世 Darab II
达提斯 Datis
达维拉 Davila
达雅人 Dayak
鞑靼 Tartary
鞑靼人 Tartar
大布哈拉 Great Bukhara
大衮神庙 Temple of Dagon
大利拉 Delilah
大流克金币 daric
大流士一世 Darius I
大流士三世 Darius III
大马士革 Damascus
大马士革王国 Kingdom of Damascus
大米底 Greater Medes
大牧首 Patriarch
大坍 Dathan
大卫 King David
大亚美尼亚 Greater Armenia

大洋洲 Oceania
戴克里先 Diocletian
丹麦 Denmark
丹麦人 Dane
丹麦语 Danish
丹尼尔 Daniel
但人 Danite
但以理 Daniel
但 Dan
得撒 Tirzah
德干 Deccan
德黑兰 Teheran
德莱木 Dilemee
德里 Delhi
德鲁司 Druses
德吕克 Deluc
德马峰 Demavend
德梅拉拉 Demerara
德米特里・尼卡特 Demetrius Nicator
德米特里厄斯 Demetrius
德米特里一世 Demetrius I
德米特里二世 Demetrius II
德纳里山 Mount Denali
德意志 Germany
德语 German
《地球的新理论》 *New Theory of the Earth*
地中海 the Mediterranean
的黎波里 Tripoli
狄奥多罗斯 Diodorus
狄奥多西大帝 Theodosius the Great
狄奥尼修斯 Dionysios
狄奥涅托斯 Diognetus
迪奥塞斯 Dijoces
迪西比斯 Disibis
迪亚巴克尔 Diarbekir
底比斯 Thebes
底比斯神庙 Temple of Thebes
底璧山 Mount Debir
底波拉 Deborah
底但 Dedan
底拿 Dinah
第比利斯 Tiflis
第二次布匿战争 The Second Punic War
第三纪 Tertiary Period
蒂多雷岛 Tidore Island
丢大 Theudas
丢卡利翁 Deucalion
东爱斯基摩人 Eastern Esquimaux
杜拉平原 Plain of Dura
杜伊利乌斯 Duilius
对跖点 antipodes
顿河 Don River
多赫里希里 Dhoheriyeh
多利买 Ptolemais
多利买湾 Bay of Ptolemais

E

俄庇斯 Opis
俄德 Obed
俄斐 Ophir
俄罗斯 Russia
俄罗斯人 Russian
俄陀聂 Othniel

俄语 Russian
蛾摩拉 Gomorrah
厄尔布尔士山 Alborz Mountains
厄里雅卡丕托里纳 Aelia Capitolina
厄舍尔年表 Usher Chronology
厄斯垂伊伦 Esdraelon
鄂毕河 Ob River
恩德比地 Enderby Land
恩克彗星 Encke's Comet

F

法蒂玛 Fatima
法蒂玛王朝 Fatimid Caliphate
法杜斯 Fadus
法尔斯 Fars
法尔西斯坦 Farsistan
法国 France
法国人 French
法里东 Feridoon
法利赛人 Pharisees
法诺迪库斯 Phanodicus
法赛尔 Phasael
法塔赫·阿里 Futeh Ali
法语 French
梵蒂冈 Vatican
梵天 Brahma
梵语 Sanskrit
非利士人 Philistine
非尼哈 Phineha
菲尔多西 Firdusi
菲罗塔斯 Philotas
菲律宾群岛 Philippine Isles
菲斯 Fez
腓力二世·奥古斯都 Philip II Augustus
腓力三世 Philip III
腓力四世 Philip IV
腓尼基 Phoenicia
腓尼基人 Phoenician
腓特烈大帝 Frederick the Great
斐迪南二世 Ferdinand II
斐济人 Feejeean
费西斯河 Phasis River
《吠陀经》 *Vedas*
费博里斯 Febris
费利克斯 Felix
费赞 Fezzan
费赞尼亚 Phazania
芬兰人 Finn
弗 Phut
弗拉维·席尔瓦 Flavins Silva
弗里吉亚 Phrygia
伏尔加 Volga
伏尔泰 Voltaire
佛得角 Cape Verde
佛教 Buddhism
佛兰德斯 Flanders
符腾堡 Wurtemberg
福卡斯 Phocas

G

该南 Cainan
该隐 Cain
盖拉人 Galla
盖伦 Galen

盖西乌斯·弗洛鲁斯 Gessius Florus
盖伊·福克斯 Guy Fawkes
甘蔗 sugar cane
冈比西斯一世 Cambyses I
冈比西斯二世 Cambyses II
高加米拉 Gaugamela
高加索人 Caucasian
高加索山脉 Caucasus Mountains
高卢 Gaul
高卢人 Gaul
戈达拉 Gadara
戈达拉河 Gadara River
戈弗雷 Godfrey
哥白尼 Copernicus
哥伦布 Columbus
哥萨克人 Cossack
哥辖 Kohath
歌革和玛各 Gog and Magog
歌利亚 Goliath
歌篾 Gomer
歌珊 Goshen
革迦撒 Gergashi
革迦撒人 Gergeshite
革尼撒勒湖 Lake Genesareth
革顺 Gershom
格德罗西亚 Gedrosia
格尔拉 Gerra
格拉尼库斯河 Granicus River
格拉尼库斯河战役 Battle of the Granicus
格拉森人 Gergesene
格雷厄姆地 Graham Land
格里高利一世 Gregory I
格里高利十世 Gregory X
格陵兰人 Greenlander
格鲁吉亚 Georgia
古尔地区 Ghour
古尔纳巴德 Gulnabad
古吉拉特 Gujarat
《古兰经》*Koran*
《古利斯坦条约》*Treaty of Gulistan*
古什塔斯普 Gushtasp
古实 Cush
古希腊人 Herean
谷神星 Ceres
广州 Canton
圭恰迪尼 Guicciardini
桂皮 cassia

H

哈巴 Habah
哈德良 Hadrian
哈丁 Harding
哈菲兹 Hafeze
哈吉·易卜拉欣 Hajee Ibrahim
哈兰 Haran
哈勒姆 Hallam
哈雷彗星 Halley's Comet
哈利卡那索斯 Halicarnassus
哈伦·拉希德 Haroun Alraschid
哈吕斯河 Halys River
哈马 Hamah
哈马丹 Hamadan
哈马提 Hamathi
哈玛特 Hamath

哈曼 Haman
哈抹 Hamor
哈拿 Hannah
哈嫩 Hanun
哈帕索斯河 Harpasus River
哈斯摩尼 Asmonean
哈提 hatil
哈薛 Hazael
海伯尼亚 Hibernia
海达斯佩斯河 Hydaspes River
海尔年表 Haile Chronology
海格力斯之柱 Pillars of Hercules
海合都 Gaykhatu
海伦娜 Helena
海伦娜大教堂 Church of Helena
海王星 Neptune
含 Ham
寒武纪 Cambrian Period
汉尼拔 Hannibal
汉语 Chinese
豪尔萨巴德 Khorsabad
好望角 Cape of Good Hope
浩兰 Auraniti
合赞汗 Ghazan Khan
何巴 Hobab
何珥玛 Hormah
何弗尼 Hophni
何利人 Horite
何细亚 Hoshea
荷兰 Holland
荷兰人 Dutch
荷兰语 Dutch
荷罗孚尼 Holofernes
荷马 Homer
赫 Heth
赫尔蒙山 Hermon
赫尔维西亚 Helvetia
赫菲斯提安 Hephaestion
赫卡尼亚 Hyrcania
赫克拉火山 Hecla
赫克托耳 Hector
赫拉 Hella
赫拉克勒斯 Hercules
赫拉特 Herat
赫勒斯滂 Hellespont
赫里奥波里斯 Heliopolis
赫摩克拉底 Hermocrates
赫姆斯 Hems
赫歇尔 Herschel
赫族人 Hittite
黑利阿迦巴鲁斯 Heliogabalus
黑龙江 Amur River
黑森人 Hessian
亨利三世 Henry III
亨利四世 Henry IV
恒河 Ganges River
红海 Red Sea
洪堡 Humboldt
侯赛因 Hosein
后发座 Berenice's Hair
呼罗珊 Khorasan
胡山 Hoshung
胡泽斯坦 Khusistan
华鲁罗火山 Jorullo

滑铁卢战役 Battle of Waterloo
黄河 Hoang Ho
惠顿 Wheaton
婚神星 Juno
火星 Mars
霍尔木兹岛 Ormuz Island
霍尔木兹一世 Hormizd I
霍尔木兹二世 Hormizd II
霍尔木兹三世 Hormizd III
霍尔木兹四世 Hormizd IV
霍诺里乌斯 Honorius
霍斯鲁 Khosrou
霍屯督人 Hottentot

J

基便人 Gibeonite
基波托斯 Kibotos
基大老玛 Chodorlahomor
基大利 Gedaliah
基甸 Gideon
基督教 Christianity
基尔 Kir
基利波山 Mount Gilboa
基利心山 Mount Gerizim
基列 Gilead
基列山 Mount Gilead
基列山脉 Gilead Mountains
基列雅比 Jabesh-Gilead
基列耶琳 Kirjath Jearim
基纳斯 Kenaz
基尼阿 Genea
基尼人 Kenite
基尼洗人 Kenizzite
基诺斯 Genus
基色人 Gezer
基述人 Geshur
基顺 Kishon
基苏特拉斯 Xisuthrus
基土拉 Keturah
基训 Gihon
基亚克萨雷斯一世 Cyaxares I
吉安诺尼 Giannoni
吉本 Gibbon
吉尔吉斯人 Kyrgyz
吉甲 Gilgal
吉兰 Ghilan
吉姆尼亚斯 Gymnias
吉斯卡拉 Gischala
吉斯卡拉的约翰 John of Gischala
加德斯 Gades
加的斯 Cadiz
加低斯巴尼亚 Kadesh Barnea
加尔各答 Calcutta
加拉提亚 Galatia
加利利 Galilee
加利利海 Sea of Galilee
加沙 Gaza
加图利亚 Gaetulia
伽巴尔 Guebres
伽利略 Galileo
伽色尼王朝 Ghaznavid Dynasty
迦巴勒人 Gebalite
迦得 Gad
迦斐托岛 Caphtor

迦勒 Caleb
迦勒底 Chaldea
迦勒底人 Chaldean
迦玛拉 Gamala
迦玛列 Gamaliel
迦密山 Mount Carmel
迦南 Canaan
迦南人 Canaanite
迦萨拉 Gazara
迦斯路希 Casluhim
迦太基 Carthage
迦太基人 Carthaginian
迦特 Gath
甲摩尼人 Kadmonite
贾马斯普 Jamaspes
贾姆希德 Jamshid
贾浦尔 Jypaul
贾沙特斯河 Jaxartes River
江户 Edo
交趾支那 Cochin China
杰胡达 Jehuda
杰里科 Jericho
金雀花王朝 House of Plantagenets
金星 Venus
京都 Kyoto
《旧约》*Old Testament*
居鲁士大帝 Cyrus the Great
居鲁士二世 Cyrus II
君士坦丁堡 Constantinople
君士坦丁大教堂 Church of Constantine
君士坦斯一世 Constans I

K

咖啡 coffee
喀布尔 Kabul
喀布里特 Cabolitce
喀尔巴阡山 Carpathian Mountains
喀雷蒙 Chaeremon
喀里多尼亚 Caledonia
卡德摩斯 Cadmus
卡迪西亚 Cadesia
卡杜客亚人 Carduchi
卡尔基米什 Carchemish
卡尔曼 Coloman
卡尔梅克人 Kalmyk
卡尔西顿 Chalcedon
卡非人 Caffre
卡拉曼尼亚 Caramania
卡拉苏河 Karasu River
卡拉特 Kelat
卡里比安人 Chalybian
卡里姆汗 Karim Khan
卡里亚 Caria
卡利古拉 Caligula
卡利斯提尼斯 Callisthenes
卡利亚德斯 Calliades
卡龙达斯 Charondas
卡鲁恩河 Karoon River
卡罗林人 Carolinian
卡曼 Kaman
卡曼纳 Carmana
卡帕多西亚 Cappadocia
卡山德 Cassander

卡尚 Cashan
卡司帕杜罗斯城 Caspatyrus
卡斯蒂利亚 Castilla
卡瓦德一世 Kobad I
卡瓦德二世 Kobad II
卡维 Kanah
卡西乌斯 Cassius
卡西乌斯·朗吉努斯 Cassius Longinus
卡修斯 Casslus
卡雅尼德斯 Kajanides
凯达尔恩人 Kedarene
凯尔特人 Celtiberian
凯哥巴德 Kai Kobad
凯霍斯鲁 Kei Khosrou
凯卡乌斯 Kai Koos
凯尤莫尔滋 Kaiomurz
凯撒利亚 Caesarea
恺加王朝 Qajar dynasty
堪察加人 Kamchadal
堪察加群岛 Kamchatka Isles
坎大哈 Kandahar
康沃尔的理查 Richard of Cornwall
柯万 Kirwan
科阿斯佩斯河 Choaspes River
科布伦茨城 Coblentz
科多帕希火山 Cotopaxi Volcano
科尔基斯 Colchis
科尔苏姆 Kolsum
科林斯 Corinth
科隆 Cologne
科尼比尔 Conybeare
科农 Conon
科潘 Copan
科普特人 Copt
科齐 Cozzi
科萨人 Coosa
可拉 Korah
克尔曼·沙 Kerman Shah
克尔曼沙赫 Kermanshah
克拉科夫 Krakow
克拉苏 Crassus
克拉特鲁斯 Craterus
克劳狄·腓力斯 Claudius Felix
克劳狄一世 Claudius I
克里昂 Cleon
克利奥帕特拉 Cleopatra
克利尔库斯 Clearchus
克利图斯 Clytus
克伦威尔 Cromwell
克罗地亚人 Croatian
克洛诺斯 Cronus
克洛泰尔一世 Clothaire I
克洛维 Clovis
克什米尔 Kashmir
克特西亚斯 Ctesias
刻克洛普斯 Cecrops
空中花园 Hanging Garden
孔代 Conde
库尔德人 Koord
库尔德斯坦 Koordistan
库法 Cufa
库克 Captain Cook
库里发 Kuliph
库那克萨 Cunaxa

库那克萨战役 Battle of Cunaxa
库思老一世 Khosrau I
库思老二世 Khosrau II
昆都士 Koondooz

L

拉巴 Rabbah
拉班 Laban
拉比・本杰明 Rabbi Benjamin
拉布拉多 Labrador
拉丁王国 Latin Kingdom
拉丁语 Latin
拉俄墨冬 Laomedon
拉吉 Rhagae
拉结 Rachel
拉马丁 Lamartine
拉玛 Ramah
拉麦 Lamech
拉梅里Lamery
拉姆塞 Ramsay
拉普拉斯 Laplace
拉普兰人 Laplander
拉瓦锡 Lavoisier
拉亿 Laish
喇合 Rahab
来库古 Lycurgus
莱布尼茨 Leibnitz
莱德加 Ledjah
兰塞 Raarases
老普林尼 Pliny the Elder
勒拿河 Lena River
雷穆斯 Remus
雷纳尔 Raynal
黎巴嫩 Lebanon
黎巴嫩山 Mount Lebanon
黎巴嫩雪松 cedar of Lebanon
礼萨 Reza
李维 Livy
里昂 Lyons
《历代志》*Books of Chronicles*
利百加 Rebekah
利比亚 Libya
利比亚沙漠 Lybian Desert
利乏音 Rephaim
利非订 Rephidim
利河伯 Rehoboth
利帕里群岛 Lipari Isles
利末 Levi
利末人 Levite
利沃尼亚 Livonia
利西马科斯 Lysimachus
利西普斯 Lysippus
利西亚 Lycia
利汛 Rezin
列昂纳托斯 Leonatus
列奥尼达 Leonidas
《列王纪》*Shah Nameh*
林加德 Lingard
流便 Reuben
流珥 khohen
卢克莱修 Lucretius
卢克索 Luxor
鲁达巴 Rudabah
鲁基里乌斯・巴苏斯 Lucilius Bassus

鲁斯塔姆 Rustem
路德 Luther
路斯 Luz
路易一世 Louis I
路易八世 Louis VIII
路易九世 Louis IX
路易十六 Louis XVI
路易十世 Louis X
罗波安 Roboam
罗伯特爵士 Sir Robert
罗伯逊 Robertson
罗得 Lot
罗得海 Lot's Sea
罗多彼山脉 Rhodope
罗克珊娜 Roxana
罗马 Rome
罗马帝国 Roman Empire
《罗马帝国衰亡史》 *The History of the Decline and Fall of the Roman Empire*
罗马教皇 Pope
罗马人 Roman
罗马天主教 Roman Catholics
罗马诸民族 Romanic Nations
罗慕路斯 Romulus
罗塞塔石碑 Rosetta Stone
洛根山 Mount Logan
吕底亚 Lydia
吕底亚人 Lydian
吕科雷亚 Lycoreia
吕西阿斯 Lysias

M

麻葛 Magi
马达加斯加岛 Madagascar Island
马德拉斯 Madras
马地奥斯 Madyes
马杜德 Madood
马铎尼斯 Mardonius
马尔丁 Mardin
马尔吉亚那 Margiana
马尔马拉海 Sea of Marmora
马哈茂德 Mahmud
马赫穆德·霍塔克 Mahmood Hotak
马基雅维利 Machiavelli
马可·奥勒留 Marcus Aurelius
马可·波罗 Marco Polo
马孔 Macon
马拉坎达 Maracanda
马拉松战役 Battle of Marathon
马来人 Malay
马来人种 Malay Race
马来西亚 Malaysia
马来语 Malay
马里亚纳 Mariana
马林 Marlin
马六甲 Malacca
马蒙 Al Mamoun
马穆鲁克 Mameluke
马其顿 Macedonia
马萨达堡 Massada
马萨革泰人 Massagetae
马萨诸塞州 Massachusetts

马赛 Marseilles
马赛厄斯 Matthias
马什哈德 Mushed
马斯喀特 Muscat
马苏德 Massoud
马苏迪 Masudi
马苏姆·阿里·沙 Massoom Ali Shah
马西利亚 Massilia
马西亚斯河 Marsyas River
马歇尔 Marshall
马赞德兰 Mazandaran
马扎尔人 Magyar
玛代 Madai
玛哈念 Mahanaim
玛拉 Marah
玛勒列 Mahalaleel
玛拿西 Manasseh
玛撒 Massah
玛他提亚 Mattathias
玛泰斯 Malthace
买纳拉斯 Menelaus
迈赫拉布 Mehrab
迈蒙尼德 Maimonide
迈欧尼亚 Maeonia
麦比拉 Machpelah
麦达因 Modayn
麦地那 Medina
麦迪亚斯 Medias
麦基洗德 Melchizedek
麦加 Mecca
麦金莱山 Mount McKinley
麦金托什 Mackintosh
麦凯伦堡 Machaeron
麦考莱 Macaulay
麦肯齐河 Mackenzie River
麦罗埃 Meroe
麦西 Mizraim
麦哲伦 Magellan
麦哲伦海峡 Magellan Strait
麦哲伦尼亚 Magellanica
麦哲伦群岛 Magellanic Archipelago
曼达乌西斯 Mandauces
曼德海峡 Bab el Mandeb Strait
曼德罗克勒斯 Mandrocles
曼谷 Bangkok
曼涅托 Manetho
曼苏尔 Mansur
曼扎拉湖 Lake Menzaleh
幔利平原 Plain of Mamre
芒达妮 Mandane
毛里塔尼亚 Mauritania
昴团星 Pleiad
梅斯 Metz
湄公河 Mekong River
美拉尼西亚人 Melanesian Race
美索不达米亚 Mesopotamia
门农 Memnon
门托耳 Mentor
美因茨 Mainz
蒙古 Mongolia
蒙古人 Mongol
孟斐斯 Memphis
孟加拉 Bengal
孟买 Bombay

弥赛亚 Messiah
米安德 Maeander
米底 Media
米底人 Mede
米甸 Midian
米甸人 Midianite
米尔扎 mirzas
米哈依尔 Michail
米吉多 Megiddo
米卡尔 Mycale
米兰 Milan
米里亚尼 Mariamne
米利暗 Mariamne
米利巴 Meribah
米利都 Miletus
米罗达·巴拉但 Merodach Baladin
米拿现 Menahem
米涅 Mignet
米努吐斯 Minutus
米斯巴 Mizpeh
米斯雷姆 Misraim
米特福德 Mitford
米提亚德 Miltiades
米西亚 Mysia
米泽雷 Mezeray
密迦 Mileah
《密什那》*Mishnall*
棉花 cotton
棉兰老岛人 Mindanao
缅甸 Burma
缅甸人 Burmese
《民数记》*Numbers*
摩利亚山 Mount Moriah
摩鹿加群岛 Moluccas
摩洛哥 Morocco
摩尼 Mani
摩尼教 Manicheism
摩苏尔 Mosul
摩西 Moses
摩西·门德尔松 Moses Mendelssohn
摩押人 Moabite
莫城 Meaux
莫迪恩 Modin
莫里斯一世 Maurice I
莫纳恒 Manahem
莫斯海姆 Mosheim
墨勒阿革洛斯 Meleager
墨西哥 Mexico
墨西哥人 Mexican
默里 Murray
木鹿 Meru
木星 Jupiter
穆罕默德 Mohammed
穆罕默德·沙 Mohammed Shah
穆罕默德一世 Mohammed I
穆拉托里 Muratori
穆勒 Muller
穆什 Moush

N

拿伯 Naboth
拿答 Nadab
拿非利人 Nephilim
拿弗他利支派 Naphtali

拿鹤 Nahor
拿破仑・波拿巴 Napoleon Bonaparte
拿撒勒 Nazareth
拿辖 Nahash
那波帕拉萨尔 Nabopolasser
那不勒斯 Naples
那不勒斯王国 Kingdom of Naples
纳巴那沙 Nabonassar
纳巴泰人 Nabathean
纳博讷 Narbonne
纳布卢斯 Naplous
纳迪尔沙 Nader Shah
纳哈万德平原 Plain of Nahavund
纳马人 Namaqua
纳塞赫 Narsi
纳赛尔丁・沙 Naser al-Din Shah
纳塔尔港 Port Natal
南奥克尼群岛 Southern Orkney Isles
南京 Nanking
南圻人 Cochinchinese
南乔治亚岛 South Georgia
南设得兰群岛 South Shetland
内沙布尔 Nishapour
尼波利斯 Neapolis
尼布尔 Niebuhr
尼布甲尼撒 Nebuchadnezzar
尼格罗人 Negro
尼古拉一世 Nicholas I
尼结 Niger
尼卡诺 Nicanor
尼科 Necho
尼科二世 Necho II
尼禄 Nero
尼姆鲁德 Nimroud
尼尼微 Nineveh
尼倪阿斯 Ninyas
尼诺斯 Ninus
尼泊山 Mount Nebo
尼萨平原 Nisaean Plain
尼斯洛克 Nisroch
尼托克丽斯 Nitocris
尼西比斯王国 Kingdom of Nisibis
尼西亚 Nicaea
尼西亚斯 Nicias
尼希米 Nehemiah
尼扎米 Nizami
涅俄普托勒摩斯 Neoptolemus
涅尔瓦 Nerva
涅里格利沙尔 Neriglissar
宁录 Nimrod
纽约州 New York
努比亚 Nubia
努比亚人 Nubian
努马 Numa
努曼 Noman
努米底亚 Numidia
努失儿完 Anushirwan
挪得 Nod
挪威 Norway
挪威人 Norwegian
挪亚 Noah
挪亚方舟 Noah's Ark
诺里奇 Norwich

O

欧几里得 Euclid
欧里庇得斯 Euripides
欧迈尼斯 Eumenes
欧麦尔 Omar
欧塔涅斯 Otanes
欧文 Irving
欧洲 Europe

P

帕尔米拉 Palmyra
帕尔纳索斯山 Mount Parnassus
帕夫拉戈尼亚 Paphlagonia
帕加马 Pergamon
帕科鲁斯 Pacorus
帕里普哈斯 Pali-Puhas
帕伦克 Palenque
帕罗帕米苏斯 Paropamisus
帕罗斯 Paros
帕罗斯编年史 Parian Chronicle
帕曼纽 Parmenio
帕萨尔加德 Pasargadae
帕提亚 Parthia
帕提亚人 Parthian
帕西人 Parsee
潘内亚斯 Paneas
潘菲利亚 Pamphylia
庞波尼乌斯・梅拉 Pomponius Mela
庞培 Pompey
庞培・特罗古斯 Pompeius Trogus
旁遮普 Punjab
培琉喜阿河 Pelusian River
培琉喜阿姆 Pelusium
培松 Python
佩尔狄卡斯 Perdiccas
佩特拉 Petra
皮库斯 Hippicus
皮钦查火山 Pichincha Volcano
皮西达德王朝 the Paishdadians
皮西迪亚 Pisidia
皮西厄斯 Pythias
皮亚齐 Piazzi
毗湿奴 Vishnu
毗斯迦山 Pisgah
婆罗门 Brahman
婆罗门教 Brahmanism
婆罗洲 Borneo
珀尔修斯 Perseus
葡萄牙 Portugal
葡萄牙人 Portuguese
葡萄牙语 Portuguese
普拉欧尔铁斯 Phraortes
普拉提亚 Plataea
普拉西德 Placidus
普兰杜赫特 Pooran Dokt
普勒 Phul
普雷斯科特 Prescott
普鲁士 Prussia
普鲁塔克 Plutarch
普罗科尼西亚人 Proconesian
普罗马克斯 Promachus
普罗提阿斯 Proteas
普罗托格诺斯 Protogonus

普罗彭提斯 Propontis
普萨美提克一世 Psamtik I
普萨美提克三世 Psamtik III

Q

奇里乞亚 Cilicia
契丹 Cathay
千岛群岛 Kuril Isles
前黎巴嫩山 Mount Anti-Lebanon
虔诚者路易 Louis the Pious
切尔克斯人 Circassian
切尔克西亚 Circassia
钦博拉索山 Chimborazo
秦尼 Sinae
清真寺 mosque

R

日本 Japan
日本群岛 Japanese Isles
日本人 Japanese
日耳曼人 German
日耳曼语系 Teutonic family
日耳曼诸民族 Teutonic Nations
肉桂 cinnamon
儒教 Confucianism
瑞典 Sweden
瑞典人 Swedish
瑞典语 Swedish
瑞士 Switzerland
瑞士人 Swiss
瑞亚 Rhea
若奥・德・巴罗斯 Joan de Barros
若杜斯 Jaddus

S

撒都该人 Sadducees
撒都只罕 Sadr-Djihan
撒伽尔提欧伊人 Sagartii
撒哈拉沙漠 Sahara Desert
撒迦利亚 Zechariah
撒拉 Sarah
撒莱 Sarai
撒烈溪 Brook Zered
撒路斯提乌斯 Sallustius
撒马尔罕 Samarkand
撒玛利亚 Samaria
撒玛利亚人 Samaritan
撒缦以色 Enemesser
撒母耳 Samuel
撒慕拿 Zalmunna
萨迪 Saadi
萨迪斯 Sardis
萨尔丹纳帕勒斯 Sardanapalus
萨尔贡二世 Sargon II
萨尔马提亚 Sarmatia
萨尔玛那萨尔五世 Shalmaneser V
萨尔玛那萨尔 Shalmaneser
萨法尔王朝 Saffarid dynasty
萨非 Suffee Shah
萨非・米尔扎 Suffee Mirza
萨非德教长 Sheik Suffee
萨非王朝 Safavid dynasty
萨卡斯 Sarcas
萨拉丁 Saladin

萨拉米斯 Salamis
萨拉森人 Saracen
萨罗米 Salome
萨曼 Samanee
萨摩斯岛 Samos Island
萨摩耶德人 Samoyed
萨姆 Sam
萨那 Sana
萨努多 Sanudo
萨珊 Sassan
萨珊王朝 Sassanian Empire
塞波尼斯大沼泽 Serbonian Everglades
塞尔特 Sert
塞尔维亚人 Serb
塞尔柱克 Seljuk
塞尔柱突厥人 Seljuk Turk
塞佛瑞斯 Sepphoris
塞基狄亚努斯 Sogdianus
塞雷亚莱斯 Cereales
塞利姆一世 Selim I
塞琉古 Seleucus
塞琉古四世 Seleucus IV
塞琉古王朝 Seleucidae
塞琉古一世 Seleucus I
塞琉西亚 Seleucia
塞米勒米斯 Semiramis
塞米诺尔人 Seminole
塞缪尔・利未 Samuel Levi
塞涅卡 Seneca
塞浦路斯 Cyprus
塞萨利 Thessaly
塞索斯特里斯三世 Sesostris III
塞特 Seth
塞维鲁 Severus
塞文山脉 Cevennes Mountains
赛里斯 Serica
赛伦 Seron
赛斯提乌斯・加卢斯 Cestius Gallus
三叠纪 Triassic Period
三十年战争 Thirty Years' War
散送冥人 Zamzummim
桑楚尼亚松 Sanchoniathon
桑贾尔 Sanjar
桑威奇岛 Sandwich Island
扫罗王 Saul
色雷斯 Thrace
色诺芬 Xenophon
沙 Shah
沙龙 Shallum
沙仑 Sharon
沙马舒姆金 Saosducheus
沙马伊 Shammai
沙普尔一世 Shapur I
沙普尔二世 Shapur II
莎士比亚 Shakspeare
珊迦 Shamgar
闪 Shem
闪米特人 Semitic
商博良 Champollion
上埃及 Upper Egypt
上亚细亚 Upper Asia
设拉子 Shiraz
社会群岛人 Society Islander
什叶派 Shiah

《圣经年表》*Bible Chronology*
《圣经图册注释》*Explanatory Bible Atlas*
圣拉斯洛一世 St. Ladislaus I
圣路易 St. Louis
圣伊利厄斯山 Mount St. Elias
湿婆 Shiva
十字军东征 Crucades
石炭纪 Carboniferous Period
士麦那 Smyrna
《士师记》*Judges*
示巴 Sheba
示剑 Sichem
示剑人 Shechemite
示罗 Shiloh
示每 Shimei
示拿 Shinar
示撒 Shishak
示筛 Sheshai
释迦牟尼 Sakyamuni
舒埃斯人 Shillook
疏割 Succoth
水星 Mercury
司提反 Stephanas
斯多葛派 Stoics
斯海尔德河 Scheldt
斯基桑波利 Scythopolis
斯基泰 Scythia
斯基泰人 Scythian
斯堪的纳维亚 Scandinavia
斯坎德尔 Sikander
斯科赫尔 Sichor
斯拉夫诸民族 Slavdom
斯洛伐克人 Slovakian
斯匹茨卑尔根群岛 Spitsbergen Isles
斯塔布罗巴特斯 Stabrobates
斯塔蒂拉 Statira
斯特拉波 Strabo
斯特隆博利岛 Stromboli
斯图加特 Stuttgard
死海 Dead Sea
苏布克特勤 Subuctageen
苏菲派 Suffeeism
苏弗拉 Sofola
苏格兰 Scotland
苏格兰高地人 Scotch Highlander
苏赫拉布 Sohrab
苏拉特 Surat
苏莱曼一世 Suleyman I
苏莱曼二世 Suleyman II
苏里 Souri
苏里曼・汗・卡贾尔 Solyman Khan Kajar
苏里塔 Zurita
苏美尔 Sumere
苏门答腊 Sumatra
苏门答腊岛 Sumatra Island
苏萨 Susa
苏锡安那 Susiana
苏伊士 Suez
苏伊士地峡 Isthmus of Suez
梭伦 Solon
所罗巴伯 Zerubbabel
所罗门 Solomon

索多玛 Sodom
索法拉 Sofala
索格狄亚那 Sogdiana
索利斯 Solis
索马里人 Somauli
索姆纳特寺 Somnauth Temple
琐安 Zoan
琐珥 Zoar
琐罗亚斯德 Zoroaster
琐罗亚斯德教 Zoroastrianism

T

他珥探 Tartan
他拉 Terah
他施 Tarshish
塔博尔 Tabor
塔博尔山 Mount Tabor
塔赫马斯普 Tahmasp
塔赫马斯普一世 Tahmasp I
塔赫马斯普二世 Tahmasp II
塔加路人 Tagal
塔克西拉 Taxila
塔里基雅 Tarichea
《塔木德》*Talmud*
塔木德派 Talmudist
塔奈斯河 Tanais River
塔尼斯 Tanis
塔普萨卡斯城 Thapsacus
塔西佗 Tacitus
拓巴克 Tobak
挞买 Talmai
台伯河 Tiber River
太平洋 Pacific Ocean
泰德穆尔 Tadmor
泰克尔 Taker
泰坦 Titan
泰西封 Ctesiphon
泰伊丝 Thais
陶基安人 Taochian
特尔纳特岛 Ternate Island
特拉布宗帝国 Empire of Trebizond
特拉可尼 Trachonitis
特拉裴苏斯 Trapezus
特里尔 Treves
特里丰 Tryphon
特洛阿 Troas
特洛伊 Troy
特纳 Turner
梯里达底 Tiridates
梯也尔 Thiers
提奥斯铭文 Teos inscription
提比里亚 Tiberias
提比略 Tiberius
提比略・亚历山大 Tiberius Alexander
提尔 Tyre
提尔人 Tyrian
提格拉・帕拉萨三世 Tiglath Pileser III
提林 Tyrine
提摩太 Timotheus
提图斯 Titus
天国新娘 Celestial Bride
天狼星 Sirius
天王星 Uranus
帖古迭儿汗 Tekuder Khan

帖木儿 Tamerlane
通古斯人 Tungus
铜矿河 Copper Mine River
秃头查理 Charles the Bald
突厥人 Turk
突厥斯坦 Turkestan
突厥语 Turkish
突厥诸民族 Turkish Nations
突尼斯 Tunis
图阿纳斯 Thuanus
图德拉 Tudela
图格里勒・贝格 Toghrul Beg
图兰 Turan
图米拉特河 Tumilat River
图密善 Domitian
图亚里克人 Tuarick
土巴 Tubal
土耳其 Turkey
土耳其人 Turk
土库曼人 Turkman
土星 Saturn
托阿斯 Toas
托拜厄斯 Tobias
《托比特书》*Book of Tobit*
托博尔斯克 Tobolsk
托莱多 Toledo
托勒密 Ptolemy
托勒密・克劳诺斯 Ptolemy Ceraunus
托勒密六世 Ptolemy VI
托勒密王朝 Ptolemaic dynasty
托勒密五世 Ptolemy V
托罗斯山脉 Taurus Mountains
托马斯・杨 Thomas Young
托米丽司 Tomyris
托斯卡纳 Tuscany
陀拉 Tola

W

瓦哈比派 Wahhabi
瓦拉几亚人 Wallachian
瓦莱里乌斯・马克西穆斯 Valerius Maximus
瓦莱里乌斯・格拉图斯 Valerius Gratus
瓦勒良 Valerian
瓦卢斯 Varus
瓦伦斯 Valens
瓦伦提尼安一世 Valentinian I
瓦斯科・达・伽马 Vasco de Gama
完者都汗 Öljaitü Khan
汪达尔人 Vandal
望加锡人 Macassar
危地马拉 Guatimala
威尔克斯船长 Captain Wilkes
威尔士人 Welsh
威廉・惠斯顿 William Whiston
威廉・琼斯爵士 Sir William Jones
威廉・史密斯 William Smith
威尼斯人 Venetian
韦利 Velly
韦帕芗 Vespasian
维德尔 Weddel
维尔托 Vertot
维吉提乌斯 Vegetius
维苏威火山 Mount Vesuvius

维也纳 Vienna
魏玛 Weimar
温泉关 Thermopylae
文兰Vinland
文提狄乌斯·库玛努斯 Venlidius Cumamts
倭马亚王朝 Umayyad Caliphate
沃尔夫 Wolff
沃尔姆斯 Worms
沃洛吉西亚 Vologesia
乌拉尔民族 Uralian Nations
乌拉尔山 Ural Mountains
乌利亚 Uriah
乌斯马尔 Uxmal
乌西雅 Uzziah
乌弋山离 Alexandria-Prophthasia
乌兹别克鞑靼人 Usbec Tartar
乌兹别克人 Uzbek
吾珥/乌尔 Ur
五河之地 the Five Rivers

X

西爱斯基摩人 Western Esquimaux
西巴 Zeba
西班牙 Spain
西班牙人 Spaniard
西班牙语 Spanish
西比尔 Sibyls
西比玛 Sibmah
西庇阿 Scipio
西伯利亚 Siberia
西布伦支派 Zebulon
西底家 Zedekiah
西顿 Sidon
西顿人 Sidonian
西顿王 king of Sidon
西珥山 Mount Seir
西高止山 Western Ghats
西哥罗佩 Cecropia
西格安铭文 Sigaean inscription
西格翁 Sigeion
西卡努斯 Hyrcanus
西卡努斯二世 Hyrcanus II
西拉 Silas
西拉克斯 Scylax
西里伯斯岛 Celebes
西里亚德 Seriad
西罗亚 Shiloah
西玛 Simma
西门 Simon
西蒙·巴约拿 Simon Bariona
西缅 Simeon
西缅人 Simeonite
西奈山 Mount Sinai
西尼 Sini
西坡拉 Zipporah
西塞罗 Cicero
西斯班尼亚 Hispania
西西拉 Sisera
西西里 Sicily
西西里岛 Sicily
西印度群岛 West Indies
西藏 Tibet
希波克拉底 Hippocrates

希伯 Heber
希伯来人 Hebrew
希伯来语 Hebrew
希伯仑 Hebron
希伯仑山 Mount Hebron
希迦庸 higgaion
希拉克略一世 Heraclius I
希腊 Greece
希腊人 Greek
《希腊史》*The History of Greece*
希腊天主教 Greek Catholics
希腊语 Greek
希兰 Hiram
希勒尔二世 Hillel II
希罗多德 Herodotus
希律 Herod
希律・安提帕 Herod Antipas
希律・亚基老 Herod Archelaus
希律堡 Herodion
希律王 King Herod
希帕克斯 Hipparchus
希普里亚努斯 Hypsurianus
希实本 Heshbon
希斯塔斯帕 Hytaspes
希瓦 Khiva
希未 Hivi
希未人 Hivite
希西家 Hezekiah
昔兰尼 Cyrene
锡安山 Mount Zion
锡尔河 Syr Darya
锡克教 Sikhism
锡克人 Sikh
锡拉库扎 Syracuse
锡兰 Ceylon
锡斯坦 Seistan
锡瓦绿洲 Siwa Oasis
席勒 Schiller
洗扁 Zeboim
洗革拉 Ziklag
洗拉 Zillah
洗玛利 Zemari
洗玛利人 Zemarite
喜马拉雅山 Himmaleh Mountains
下亚细亚 Lower Asia
夏尔丹 Chardin
夏甲 Hagar
夏娃 Eve
祆教 Magianism
暹罗人 Siamese
小阿格里皮娜 Agrippina Minor
小居鲁士 Cyrus the Younger
小麦 wheat
小米底 Lesser Media
小希律王 Herod the tetrarch
小亚美尼亚 Armenia Minor
小亚细亚 Asia Minor
楔形文字 cuneiform
谢赫雷人 Sheheree
心利 Zimri
辛梅里安・博斯普鲁斯 Cimmerian Bosphorus
辛梅里安人 Cimmerian
辛那赫里布 Sennacherib

辛沙里施昆 Sinsharishkun
辛辛纳图斯 Cincinnatus
新不列颠 New Britain
新地岛 Novaya Zemlya
新格拉纳达 New Granada
新荷兰岛人 New Hollander
新几内亚 New Guinea
新教 Protestantism
新西兰人 New Zealander
新约 New Testament
兴都库什山脉 Hindu Kush Mountains
匈牙利人 Hungarian
休・威洛比 Hugh Willoughby
休谟 Hume
修昔底德 Thucydides
旭烈兀 Hulagu Khan
叙利亚 Syria
叙利亚王国 Kingdom of Syria
薛西斯一世 Xerxes I
逊尼派 Sunni

Y

押玛 Admah
押尼珥 Abner
押沙龙 Absalom
睚珥 Jair
雅八 Jabal
雅博河 Jabbok River
雅典 Athens
雅法 Jaffa
雅弗 Japhet
雅各 Jacob
雅克-奥古斯图・德・图 Jacques Auguste de Thou
雅列 Jared
雅完 Javan
雅亿 Jael
雅兹迪教派 Yezid
亚巴琳山 Abarim
亚比兰 Abiram
亚比米勒 Abimelech
亚比米勒王 King Abimelech
亚比努斯 Albinus
亚比雅 Abijah
亚比亚他 Abiathar
亚伯 Abel
亚伯拉罕 Abraham
亚伯兰 Abram
亚大 Adah
亚当 Adam
亚当峰 Adam's Peak
亚多兰 Adoram
亚多尼比色 Adonibezek
亚多尼雅 Adonijah
亚弗 Aphek
亚该亚 Achaea
亚哈 Ahab
亚哈斯 Ahaz
亚哈随鲁 Ahasuerus
亚哈谢 Ahaziah
亚基 Arki
亚基帕 Agrippa
亚基帕二世 Agrippa Ⅱ
亚吉王 Achish

亚甲 Agag
亚喀巴海湾 Gulf of Akaba
亚克拉滨山 Mount Akrabbim
亚克兴战役 Battle of Actium
亚库特 Yakoot
亚拉巴马州 Alabama
亚拉拉特山 Mount Ararat
亚里士多德 Aristotle
亚里斯坦德 Aristander
亚历山大·巴拉斯 Alexander Balas
亚历山大·塞维鲁 Alexander Severus
亚历山大·詹尼亚斯 Alexander Jannceus
亚历山大城 Alexandria
亚历山大大帝 Alexander the Great
亚历山大三世 Alexander III
亚历山大一世岛 Alexander I Island
亚历山德拉 Alexandra
亚伦 Aaron
亚罗珥 Aroer
亚玛力 Amalekite
亚玛力人 Amalekite
亚玛谢 Amaziah
亚美尼亚 Armenia
亚美尼亚人 Armenian
亚扪人 Ammonite
亚们 Anion
亚摩利 Amori
亚摩利人 Amorite
亚拿伯山 Anab
亚拿纳 Ananus
亚衲人 Anakim
亚嫩河 Arnon River
亚齐人 Achinese
亚撒 Asa
亚撒黑 Asahel
亚撒利雅 Azariah
亚设支派 Asher
亚实基伦 Askelon
亚实突 Ashdod
亚述 Assyria
亚述-埃提尔-伊兰尼 Ashur-etil-ilani
亚述巴尼拔 Ashurbanipal
亚述帝国 Assyrian Empire
亚述第一帝国 First Assyrian Empire
亚述第二帝国 Second Assyrian Empire
亚述人 Assyrian
亚琐都 Azotus
亚他利雅 Athaliah
亚特兰蒂斯 Atlantis
亚瓦底 Arvadi
亚卫人 Avite
亚希幔 Ahiman
亚雅伦 Ajalon
岩石火成论派 Vulcanists
岩石水成论派 Neptunists
扬马延岛 Jan Mayen Island
耶布斯 Jebus
耶布斯人 Jebusite
耶弗他 Jephthah
耶和华 Jehovah
耶户 Jehu
《耶利米哀歌》*Lamentations of Jeremiah*
耶路撒冷 Jerusalem
耶路撒冷王国 Kingdom of Jerusalem

耶罗波安 Jeroboam
耶西 Jesse
耶洗别 Jezebel
叶尔孤白・伊本・莱伊斯・萨法尔 Ya ‘qub ibn Laith al-Saffar
叶尼塞河 Yenisei River
叶忒罗 Jethro
伊阿珀托斯 Iapetus
伊本・胡尔达兹比赫 Ibn Khurdadhbeh
伊比利亚 Iberia
伊壁鸠鲁 Epicurus
伊德里西 Al Idrisi
伊甸园 the Garden of Eden
伊恩 Aeon
伊矶伦 Eglon
伊朗 Iran
伊勒伯特利 ElBethel
伊利昂 Ilium
伊利汗国 Ilkhanate
伊利里亚 Illyria
《伊利亚特》*Iliad*
伊洛瓦底江 Irrawaddy River
伊玛目・礼萨 Imam Reza
伊普苏斯 Ipsus
伊施波设 Ishbosheth
伊斯法罕 Isfahan
伊斯方狄亚尔 Isfundear
伊斯肯德伦湾 Iskenderun Bay
伊斯兰教 Islam
伊斯玛仪・萨非 Ismael Sufee
伊斯玛仪一世 Ismail I
伊斯玛仪二世 Ismail II
伊斯梅尔・萨曼 Ismail Samanee
伊斯塔卡尔 Istakhar
伊嗣俟一世 Yazdegerd I
伊嗣俟二世 Yazdegerd II
伊嗣俟三世 Yazdegerd III
伊苏斯 Issus
伊苏斯湾 Gulf of Issus
伊索 Aesop
伊塔布里乌姆 Itabyrium
伊特鲁里亚人 Etruscan
伊瓦该泰 Evergetce
以巴路山 Mount Ebal
以东 Edom
以东人 Edomite
以法莲 Ephraim
以法莲支派 Ephraim
以法他 Ephrath
以弗仑 Ephron
以弗所 Ephesus
以革伦 Ekron
以笏 Ehud
以拉他 Elath
以利 Eli
以利加拿 Elkanah
以利沙 Elisha
以利亚 Elijah
以利亚利阿 Eleale
以利亚撒 Eleazar
以利以谢 Eliezer
以琳 Elim
以米人 Emim
以挪士 Enos

以诺 Enoch
以撒 Isaac
以萨迦支派 Issachar
以赛亚 Isaiah
以扫 Esau
以色列 Israel
以色列人 Israelites
以色列王国 Kingdom of Israel
以实玛利 Ishmael
以斯拉 Ezra
以斯帖 Esther
以坦 Etham
以土买 Idumea
以土买人 Idumean
以未米罗达 Evil Merodack
以旬迦别 Ezion-Geber
义人西门 Simon the Just
意大利人 Italian
隐基底 Engedi
印第安人 Indian
印度 India
印度河 Indus River
印度人 Hindoo
印度斯坦 Hindostan
印度洋 Indian Ocean
英格兰人 English
《英国史》*The History of England*
英诺森三世 Innocent III
英语 English
樱桃城 Cerasus
攸克辛海 Euxine
尤卡坦 Yucatan
尤利安 Julian
尤利乌斯·恺撒 Julius Caesar
尤西比乌斯 Eusebius
犹八 Jubal
犹大 Judas
犹大·马加比 Judas Maccabeus
犹大王国 Kingdom of Judah
犹大支派 Judah
犹滴 Judith
犹太教 Judaism
犹太人 Jew
有爱群岛人 Friendly Islander
幼发拉底河 Euphrates River
约阿施 Jehoash
约旦 Jordan
约旦河 Jordan River
约柜 Ark of Covenant
约哈斯 Jelioahaz
约翰尼斯·开普勒 Johannes Kepler
约翰·西卡努斯 John Hyrcanus
约翰王 King John
约兰 Joram
约拿单 Jonathan
约瑟 Joseph
约瑟夫 Joseph
约瑟夫二世 Joseph II
约瑟夫斯 Josephus
约沙法 Jehoshaphat
约书亚 Joshua
《约书亚记》*Joshua*
约塔帕塔 Jotapata
约坦 Jotham

约西亚 Josiah
约押 Joab
约雅斤 Jeconias
约雅敬 Jehoiakim

Z

灶神星 Vesta
扎卜河 Zab River
扎尔 Zal
扎格罗斯山脉 Zagros Mountains
詹姆斯 James
詹姆斯·赫顿 James Hutton
战神山 Areopagus
樟脑 camphor
爪哇岛 Java Island
爪哇人 Javanese
征服者威廉 William the Conqueror
志留纪 Silurian Period
智神星 Pallas
中国 China
中国人 Chinese
中亚 Central Asia
宙斯 Zeus
朱庇特神庙 Capitol
侏罗纪 Wealden Period
《自然史》 *Natural History*
祖尔宛 Zervan
佐哈克 Zohak
佐普鲁斯 Zopyrus
佐治亚州 Georgia

全球通史
亚洲

中

A HISTORY OF
All Nations
2
ASIA

SAMUEL GOODRICH
[美] 塞缪尔·古德里奇 著

冷惠玲 冯佳娜 译

天地出版社 | TIANDI PRESS

目 录

叙利亚

帕尔米拉

亚美尼亚

小亚细亚

小亚细亚的岛屿

阿拉伯半岛

土耳其的亚洲部分

高加索地区

帕提亚帝国

以东

第105章

以东概述[①]

（前1700—前320）

《旧约》中有一个名叫以东的国家，希腊人称之为以土买，在地理上属于阿拉伯地区。以东的历史与犹太人的历史密切相关，并且在很长一段时间内，以东都是犹太王国的一部分，在这里提一下似乎颇为恰当。以东宏伟的建筑遗迹位于人迹罕至的沙漠中，这同时说明了曾经的辉煌以及后来的覆灭，给我们提出了一个值得深思和研究的有趣主题。

以东的名字源于定居在西珥山的何利人，他们居住在耶路撒冷东南方向约80英里[②]的地方。《旧约》中的以东，准确来说是一片狭窄的领土。后来以东人拓展了自己的领土范围，将巴勒斯坦到红

---

① 本书的统计均为成书时的数据。——编者注

② 1英里≈1.61千米。——编者注

海之间更大一片区域纳入进来。从扩展后的范围来看，《旧约》中很多非凡的大事件都在这里发生，除了犹大王国，再也没有哪个国家能够引起人们如此大的兴趣。

西奈的圣山；何烈山的岩石，连同燃烧的荆棘丛以及以利亚逃离耶洗别迫害时避难的山洞；摩西牧养米甸祭司叶忒罗羊群的荒僻野外；书珥和巴兰，连同玛拉苦井以及可以击打出水的磐石；乌斯地，约伯的富足和灾难之地，都位于这片土地之上。

岩石、沙漠和山脉构成了这片地区的主要特征，但在这片贫瘠的土地上，还散布着肥沃的地块。鉴于其多石的地理特征，这里一部分地区有着“阿拉伯佩特拉”或“多石的阿拉伯”的称谓。西奈半岛以一种特别的方式吸引着人们的注意，以东没有哪个地方能像这个有趣的地方一样被详细地探索，或被细致地描述。

总体而言，这里异常荒凉。最近曾有旅行者把它描述成“荒芜之海”。他说，阿拉伯佩特拉似乎曾是一片熔岩的海洋，海浪卷起达到山脉那么高时，便好似突然接到命令，静止不动了。整片荒野都是裸露的岩石和陡峭的悬崖，其中点缀着狭窄的峡谷和多沙的谷地，这里几乎没有雨水的滋润或植物的装点。《圣经》中的西珥山和何珥山，从这一带一直延伸到死海附近。西边有一条长长的山谷，这条山谷仍然是商队的路线，因为它一次又一次地确定了以色列人在沙漠中流浪的路线。

半岛的中心附近是西奈群山，南部区域形成了一片直径为30到40英里的圆形区域。很难想象能有一个比西奈山山顶更加荒凉、更加可怕的地方。这里只有高耸的山峰和裸露的花岗岩峭壁，目之所及，是陡峭破碎的岩石和植物匮乏的谷地组成的无尽旷野。然而，这个地区海拔最高的地方有水源，还有可以种植果树的小块土地。这座圣山由两处高地组成，如今被称为盖布尔穆萨和盖布尔卡特林，一般又被称为西奈山和何烈山。

关于这个国家最早的历史记载，出现在《旧约》中。以色列人在埃及为奴时，以东人（或以扫的后代）已经是一个富有、强大的民族。从《创世记》中我们知道，以色列还没有国王统治之前，以东的君主们就已经很有名了，他们还拒绝摩西经由自己的领地前往迦南。

以东人最初定居在西珥山的岩石要塞中。西珥山控扼着早期商队通行的路线，以东人的都城是波斯拉和佩特拉，后者坐落在何珥山脚下的深谷中，到达那里的唯一一条道路是一条很窄的峡谷。峡谷一半天然形成，另一半从坚硬的岩石中开凿出来，岩石悬在峡谷上空，有时阻挡了人们看到天空。岩石的侧面被开凿成许多居住点。

在本族君主的统治下，以东人长久以来保持着一个独特的民族名称。他们宣称自己独立于埃及人，以及犹太人、亚述人、希腊人和罗马人，这些民族都先后攻击过他们的领土。狄奥多罗斯称，埃及国王拉美西斯二世厌倦了以东人向他们发起的战争，不得不在苏伊士地峡构筑防线，从赫里奥波里斯一直延伸到培琉喜阿姆，保护他的王国免受入侵。他还补充说，要攻击和征服以东人非常困难，因为他们会撤到沙漠中，如果军队冒险跟随他们进入沙漠，必然会死于干渴和疲劳，因为只有以东本地人才知道井水和泉水的位置。

大卫统治以色列时，以东人极大地扩张了他们的领土，占领了红海北部的港口以拉他和以旬迦别。通过这两个港口，他们与印度和埃塞俄比亚开始了频繁的商业往来。此外，他们还与腓尼基、埃及和巴比伦尼亚进行了广泛的贸易。然而，他们还是被大卫征服了。大卫在以拉他和以旬迦别驻扎了军队，似乎还与俄斐通商，后来所罗门和希兰也都与俄斐大规模通商。在所罗门统治时期，因国家被占领而逃往埃及避难的以东王子哈达德回到了以东，发动了反抗征服者的起义。他的努力仅取得了部分成功。我们发现，在之后的很多年，以东人还是臣服于犹大国王。一些以东传说保留了关于哈达德王统治的记忆，一处如今位于佩特拉的建筑遗迹被阿拉伯人称为“法老女儿的宫殿”。根据《圣经》的记载，法老曾经将他的妻妹许配给哈达德。

以东人继续臣服于犹大君主的统治约有一个世纪之久。约兰统治时期（前849），他们摆脱了枷锁获得独立。80年后，他们再度被乌西雅征服。200多年后，他们又臣服于尼布甲尼撒，帮助他围攻耶

以东的毁灭

路撒冷。在亚述帝国和巴比伦帝国兴盛时期，也是以色列王国和犹大王国时期，以东人要么保持完全独立，要么与敌人暂时结盟。巴比伦帝国被居鲁士攻陷时，以及冈比西斯二世和大流士一世领军西征或北伐时，这些征服者们都认识到很有必要同这些沙漠中的部落保持友好关系，以便能穿过他们的领土，获得军队所需的水和供给。

希罗多德告诉我们，以东人的邻近地区被征以重税时，他们却免于纳贡。犹太人被囚禁于巴比伦时，以东人征服了巴勒斯坦的南部地区，占领了希伯伦城。此后占领巴勒斯坦边境地区的那部分人被称为以土买人，而继续留在佩特拉的那部分人被称为纳巴泰人。正如一些人认为的那样，纳巴泰是以实玛利的一个儿子尼拜约的后裔。

第106章

纳巴泰人

（前320—1400）

安提柯——亚历山大的继任者之一，占领了叙利亚及其邻近地区。这位君主很快陷入了与纳巴泰人的战争之中，因为纳巴泰人掠夺了他的领土，还不允许他从死海收集沥青。于是他派出一支军队，在大将阿忒纳乌斯的率领下与纳巴泰人作战。

当时，大部分纳巴泰人离家去了邻近的集市，他们习惯在那里用从提尔人处得到的羊毛商品交换商队从东方买回来的香料。纳巴泰人只在通往自己国家的要道上部署了少量的守军，这使得阿忒纳乌斯轻而易举地占领了佩特拉，满载战利品返回叙利亚边境。纳巴泰人被这场灾难所激怒，他们集合军队追赶阿忒纳乌斯，扬鞭骑单峰驼以不可思议的速度穿越了沙漠，在加沙附近追上并将阿忒纳乌斯的军队打得落花流水。安提柯的儿子德米特里一世赶去复仇，但这个国家的要塞和沙漠让他的所有企图都变成了徒劳。一位阿拉伯酋长站在岩石上劝阻他，向他生动描述了此行会遇到的危险。这番劝说使德米特里一世放弃了自己的计划，并立即退回叙利亚。

埃及国王托勒密三世占领了红海边上的阿拉伯港口，但他并没有进一步侵入这个国家。自公元前200年左右一直到公元元年左右，几位阿拉伯酋长在与犹太人的战争中声名大振，他们有时站在叙利亚人一边，有时站在埃及人一边。安条克三世征服了北方的部分部落，其子塞琉古四世也耗费了几年的时间去应对纳巴泰人的入侵和掠夺。

大约公元前170年，一位名叫哈雷斯——希腊人称为亚哩达——的国王统治着纳巴泰人。他将领土范围延伸到了巴勒斯坦边界，还包括了亚扪人的一部分领土。与犹太人和解后，他便允许犹大·马加比和他的兄长约拿单穿过纳巴泰人的领土。他们之间尽管是友好关系，但当机会来临时，纳巴泰人还是禁不住诱惑，想要掠夺自己的朋友。他们在犹太人行军时与其决裂，扣押了犹太人的马车，抢夺了犹太人的辎重。

马加比战争期间，定居犹大的以土买人同样表现出了对犹太人由来已久的憎恶。犹太人重重地惩罚了他们，占领并洗劫了以土买人的主要城市希伯伦，消灭了多达4万名的士兵，将他们的据点夷为平地。公元前130年，犹太人领袖约翰·西卡努斯实现了对以土买人的征服，迫使他们要么拥护犹太人的宗教，要么离开这个国家。以土买人选择了接纳摩西律法。在这种情况下，以土买人很快同自己的邻居彻底融合在一起。以土买人的名称逐渐被弃用，到1世纪时便彻底废弃了。

与以土买人相比，纳巴泰人维持了更长时间的独立。叙利亚国王亚历山大一世被埃及国王托勒密六世打败时（前146），一位名为扎布迪尔的纳巴泰人君主为这位被击败的君主提供庇护。但在金钱的诱惑下，他违反了道义，交出了这位流亡君主的头颅。约瑟夫斯记载了另一位纳巴泰人君主奥保达一世，他把犹太人引入了埋伏圈，将他们彻底击溃（前92）。

约瑟夫斯还告诉我们，阿拉伯佩特拉的统治者哈雷斯，推翻了塞琉古王朝的统治，并率领5万人的军队入侵印度。阿拉伯人反复骚扰叙利亚，最终激起了罗马人的敌意。那时，罗马人的领土已经扩张到了幼发拉底河。罗马的几任叙利亚总督——卢库卢斯、庞培、斯考卢斯、加比尼乌斯、马塞利努斯等相继展开了对纳巴泰人的征讨。然而，除了贡品或临时停止敌对行动，他们没有获得其他任何好处。奥古斯都声称有权给纳巴泰人指定一位国王，但是他们选出了自己的国王，并以亚哩达为名，一直与罗马人保持着和平状态，直到他去世（40）。

图拉真统治时期，佩特拉成了罗马的一个行省，取名巴勒斯提那-特尔提亚或巴勒斯坦第三行省。然而，罗马在东方的权力一直处于不稳定状态，这个行省无法保持绝对的依附关系。图拉真终结了古代纳巴泰王朝。他派遣了一支庞大的军队围攻佩特拉，而守军依靠坚固的阵地和英勇的防守让他认识到不可能攻陷这座城市。有一次，图拉真亲自领军攻城，他的战马受了伤，一名士兵在他身边阵亡。尽管他化了装，但阿拉伯人还是通过他灰色的头发和威严的仪表认出了他。罗马人被迫放弃围攻佩特拉。当时的历史学家认为，这场失败是因为当时起了暴风雨，雨中夹杂着冰雹，狂风大作，电闪雷鸣，还有成群结队的苍蝇在围攻者的营地肆虐。罗马人在佩特拉被击退，似乎是纳巴泰人历史记载中的最后一场军事胜利。

在阿拉伯和以东的历史中，佩特拉城应当引起特别注意。佩特拉的建城时间尚不清楚，似乎是伴随着东方商业的出现而诞生的。有充足的证据表明，它在公元前1700年时就已经是一个繁荣的贸易中心。它是阿拉伯北部所有商业活动的集聚地，也是世界上最早出现的让商人储存东方贵重商品的地方，它还是巴勒斯坦、叙利亚和埃及商业往来的中心。著名的占卜者巴兰就出生在这里。这里的居民在他生活的时代，以学识、神殿和占卜术闻名。

在我们所讲述的整个历史时期中，佩特拉似乎一直是财富和商业的集中地。公元元年左右，斯特拉波根据他的朋友，雅典诺多罗斯——一位对那里居民的文明礼仪赞不绝口的哲学家——的描述认为，佩特拉是一个满是罗马和外邦商人，以及有着卓越国王政府的地方。他说，佩特拉被险峻的悬崖所包围，城中有很多花园，有充足的泉水，使它成了沙漠中最重要的要塞。后来，普林尼更加准确地描述说，这座城市只有2英里宽，有条河流从城中穿过，城市位于山谷中，四周被陡峭的山脉所环绕，通往这里的所有自然通道都被切断。

随着罗马势力在东方的衰落，佩特拉的名字几乎一度从历史中消失。大约到了十字军东征时期，埃及的苏丹考虑到佩特拉的地利优势，高度重视这座城市，把这里当作他们最宝贵财富的存放地。在历次的十字军东征战争中，佩特拉成了基督徒和穆斯林争夺的目标，他们将这里看作是通往巴勒斯坦的咽喉。十字军东征停止后，这里便只是拉丁主教所在地，它曾经拥挤的市场再也不是各国的商业集散地了。佩特拉渐渐从人们的视线中消失，被人遗忘。近千年的销声匿迹掩盖了它的遗迹，佩特拉的准确位置成了一个有争议的话题。

如今，这片地区游荡着那些悲惨的社会弃儿。他们在贫瘠的牧场上饲养羊群、猎捕野山羊，过着漂泊不定的生活。但他们仍然假装对这片土地拥有统治权，他们想方设法勒索旅行者，否则不让旅行者穿过这片土地。

第107章

佩特拉

孤独的佩特拉，像亚特兰蒂斯岛或传说中的伊雷姆天堂一样，长时间地销声匿迹，最后却出人意料地突然重见天日。佩特拉的发现要归功于旅行家布克哈特。他在1812年到达了佩特拉。从那时起，其他旅行家也来到了这里。这些旅行家生动精确的绘图向我们展示了一些遗迹，例如伍德和道金斯精彩地展示了帕尔米拉遗迹中的神殿和地下墓地。

所有造访这里的人，心中产生的第一个感觉是震惊。他们震惊于曾经闻名一时的地方如今已彻底荒凉。很难想象，这样一片沉寂荒凉的荒野曾经有着被城墙环绕的城市，长久生活着强大而又富裕的人们。周边的地貌异常荒芜、奇特。一边是广阔的流沙沙漠，它的表面覆盖着黑色的燧石，被山丘分割，看上去错落起伏；另一边是崎岖险绝的峭壁，其中就有何珥山黝黑的山峰。何珥山附近就是古代佩特拉。佩特拉坐落在平原上或盆地中，四周环绕着巨大的岩石。

这座著名城市的入口处在东边，要穿过一条很深的峡谷。很难想象还能有比眼前所呈现的更加可怕、更加壮观的场景。总的来说，峡谷的宽度不足以让两个骑马的人并排行进。一条曾经灌溉了这座城市的溪流从峡谷底部蜿蜒流过。峡谷的两边是陡峭的石壁，高度为400~700英尺[①]。在最顶端，两侧的石壁几乎要连接到一块，照进来的光跟照进洞穴中差不多。

在这条别有风光的峡谷中，有几条很小的溪流从两侧流出，峡谷里长着柽柳、野生无花果、夹竹桃以及其他树种。有的树木从悬崖和裂缝中垂下来，装扮着峡谷。在峡谷道路入口附近的极高之处，有一座巨大的砖石拱门横跨在难以逾越的深渊上，难以接近。在将近2英里的路途中，峡谷的两边随着道路不断下斜，其高度不断上升，峡谷的寂静不时被鹰唳划破。继续往前走，一道强光照进了昏暗处，直至最后，佩特拉城的遗迹出现在旅行者面前。它的宏伟让人震惊，而遗迹的四周全是荒芜崎岖的峭壁。

能使一个富有的民族选择这样一个不同寻常的地方作为都城，安全性和易于防卫似乎是其特有的优势。悬崖的整个表面和山体的四周布满了数不清的坟墓、私人住宅和公共建筑，这样的壮观景象在世界的其他地方似乎再也找不到第二处。岩石被大自然染上了极不寻常的色彩，它们通常为深色，还带有白色、蓝色、紫色和橙色的纹理。高处的山峰呈现出大自然最原始、最奇特的样子，底部的峭壁表面上有柱廊、山墙和一系列走廊，体现出艺术的对称性和工整性。通往这座城市的峡谷道路迂回绵延，最宽的地方用一种特别

① 1英尺≈0.30米。——编者注

的方式开凿和雕刻出来，这样的作品不断地在峡谷两侧出现，直到最后呈现出一长排连续的坟墓。

大约在这条道路的中间位置，有个突兀险峻的地方。天然峡谷在这里向外扩展了一些，延伸成了一个不规则的圆形。在这里，我们可以看到所有建筑遗迹中最独特的那一个，当地人称之为“法老的城堡”。它更像是一座坟墓，而不是国王的住所。

城堡的正面有数层之高，可达60~70英尺，上面装饰有圆柱、丰富的雕带、三角形楣饰以及巨大的人形、马形雕像。顶部是个巨大的瓶饰，阿拉伯人认为瓶子里面装满了钱币，便给它取了个名字，叫作“法老的宝库”。然而，它的高度和位置让人们的贪欲和好奇心止步。从上面看，粗糙岩石轮廓突出的投影让它看起来难以接近；从下面看，抛光的表面也使它难以接近。

这座陵墓或城堡的内部是个巨大的方形房间，墙壁和天花板都十分光滑。城堡令人吃惊的外观效果，因它入口的独特位置及特点进一步加强。起初，透过昏暗狭窄的入口，人们只能看到内部一半的景观。随后，柱子、雕像和飞檐渐渐出现雕琢，它们是用凿子在淡玫瑰色的石头上雕刻而成。这座宏伟的建筑立面经过精心设计，一尊展翅的雕像正好填满了前面开口的中心，下方的岩石壁架相互折叠，使雕像看起来像是悬浮在极高的空中。

准确来说，这座令人惊叹的神殿没有哪一部分是建造的，而是全部从坚硬的岩石中凿成的。它最细微的装饰，只要不是被人类的手抹去，都是如此的完美，以至于人们怀疑，除了在埃及，古代是否还有其他作品在时间的流逝中被完美地保存了下来。

这座城市的遗迹在黑暗的峡谷中蜿蜒了两三英里后，以独特的

从坚固的岩石上开凿的佩特拉建筑

效果展现在人们眼前。坟墓不仅出现在城里的每一条道路上，还出现在四周的每一处悬崖上，甚至还与公共建筑和家庭建筑混杂在一起。佩特拉是真正意义上的巨大墓地。这里有超过250座坟墓，偶尔会被一层一层地挖掘出来，而且都是在悬崖陡峭的地方，似乎没有通往最上面的通道。此外，还有许多规模庞大、保存完好的陵墓。

山谷中央附近有两座巨大的平头金字塔，以及一个从坚硬的岩石中开凿出来的剧场。剧场配有成排的长椅，可以容纳超过3 000名观众。地面上覆盖着成堆的毛石、建筑地基、柱子碎片以及铺过街道的痕迹，这些都是这个已经逝去的伟大之地所留下的悲伤记忆。

这些数量惊人的遗迹，印证了神圣作家以及世俗作家关于佩特

近代生活在佩特拉的人们

拉国王的描述——温文尔雅的高贵且古老而长久的王族世系。这座城市一定拥有过巨大财富，才能留下如此多的遗迹，让人们能够铭记它的统治者。它的辉煌只能用规模庞大的贸易来解释。从文明之初，这里似乎便是商业贸易的中心。很多建筑的样式可以近乎准确地表明它们所属的年代。这里的遗迹混合着希腊式和罗马式的建筑，尽管地面上还留有其他更古老建筑的痕迹。其中，有座坟墓用拉丁文铭刻着一位地方执法官的名字。他在2世纪时担任巴勒斯坦第三行省总督，最终在这座城市去世。

这些宏伟的遗迹如今只被视为以土买人的墓穴，随之埋葬的还有昔日的财富和辉煌。这里陷入荒芜，不仅是时间流逝的结果，同时也是预言的应验。预言说："智慧和知识会从西珥山消亡，以东会成为荒野，它的城市会变成永久的废墟，成为一切不洁野兽的住所。"以赛亚的预言已经被证实——"她的宫殿要长出荆棘，要塞要长出蒺藜和刺草，鹈鹕和麻鸦会占领它，它会成为龙的住处和猫头鹰的庭院。"

这些惊人的辉煌遗迹不仅存在于佩特拉及周边地区，在这个国家的各个地方都有着规模庞大的遗迹，见证着昔日的辉煌。然而，如今的荒凉表明，所有的辉煌都已成为过去。旅行者们很难相信，这样一个荒无人烟、被烈日暴晒、被蝎子占满的地方曾经满是起伏的谷田、肥沃的葡萄园、牛群遍布的牧场和人群摩肩接踵的城市，人们在这里忙于创作艺术，经营农牧业、商业和制造业。人类命运的变迁多么奇怪、多么可怕！

腓尼基

第108章

古代腓尼基人

（前2000—前1497）

腓尼基，一个地中海东岸的古老国家，位于叙利亚和犹大之间：叙利亚在其北，犹大在其南。“腓尼基”这个名称有时也指叙利亚和犹大的整片海域。关于腓尼基本土的边界线，古代地理学家的意见并不一致。根据托勒密的说法，腓尼基的领土向南越过了迦密山。公元以后，这个地区的面积大为扩展，并被视为囊括了大马士革和帕尔米拉的叙利亚的一部分。

我们在这里要讲的，则是严格意义上的腓尼基。腓尼基的领土狭窄，呈带状，位于黎巴嫩山脉和地中海之间，面积很小。这片土地的长度约为120英里，宽不到20英里，约为美国马萨诸塞州面积的1/4。在商业活动最繁荣的时期，这里密布着城镇和村庄，似乎是一座长盛不衰的城市。这片土地土质优良，气候清爽宜人。许多条小河为它提供了充足的水源，河水从山上流下，有时甚至会漫过河岸，淹没这片地区。

人们普遍认为，腓尼基人就是迦南人的后裔，迦南是含最小的儿子。据说，迦南后代的一个分支离开了阿拉伯半岛的红海海岸，定居在后来被称为迦南、巴勒斯坦、腓尼基等名称的这片区域。他们的语言似乎同亚伯拉罕和族长时代使用的语言相同，之后很长一段时间里都是如此。

他们被划分成若干独立的小村镇，每个村镇连同周边的小片区域及附属村庄，似乎都是一个拥有独立主权的国家。每个主权国家不承认接受更高级别的管辖，但又为了共同的目标与邻国结盟。这些小国家的国王权力非常有限，不比最高地方行政官或族长大多少。事实上，他们是否有独立的统治权还令人怀疑，因为在那个地区，国王似乎仅仅被认为是军队在作战时的指挥官，或与其他国家商谈公共事务时的代理人。显然，这些小国的真正权力由成年男性组成的机构掌管，而实际上又掌握在年长的那部分人手中，那时的人非常尊重长者。

腓尼基人是沿海的迦南人。这里最古老的城市是西顿。据约瑟夫斯的记载，这座城市由迦南长子西顿建成，他在腓尼基历史上被称为国王。但是，他在位时的所作所为，我们无迹可寻，也不清楚他的直接继承人的历史。尽管摩西五经、《约书亚记》和《士师记》中都曾提及西顿人，但我们并没有找到有关国王的记载。直到先知耶利米时期，他曾提到西顿国王派遣使者与西底家提议结盟，共同抵御巴比伦国王尼布甲尼撒二世。除了西顿，这里最古老的城市是提尔和阿拉杜斯。

腓尼基人最早期的历史与迦南其他民族的历史紧密相关，难以剥离出来，但他们任何时期的历史都有诸多模糊之处。如果腓尼基人不是字母文字的发明者，那么他们应该在很早的时候就已经掌握了这门书写艺术。据说，他们非常忠实地保存了自己古代的历史记载，但这些作品都已经消失。为了能够了解腓尼基人，我们不得不转而求助于希腊历史学家。他们过度吹嘘腓尼基人的历史，将其至少往前推了3万年。

我们获得的第一个有关腓尼基人的明确认识与他们的对外贸易有关。他们似乎生来就处于一个商业国家。狭窄的海岸上有着优良的海湾和海港，遍布巍峨的高山。这些高山延伸到海中，形成了轮廓突出的海岬。沿着海岸遍布着一座座岛屿，岛屿连同陆地上的海港，为建造商业设施提供了绝佳场所。我们发现，公元前1000多年前，腓尼基人就已经与外邦有着活跃的贸易往来。在大卫王时期，似乎就有大量的以东人移居腓尼基。在所有时代，商业国家似乎都是流亡者的庇护所，他们因战争、贫困和其他灾难流离失所。近现代的荷兰、大不列颠和美国就是这样的国家，而腓尼基就是历史上最早的一个例子。

以东人将关于红海以及阿拉伯半岛、埃及和埃塞俄比亚海岸的知识传授给了腓尼基人。这些信息使得腓尼基人能够向南、向西扩大他们的商业范围。他们所有的心思都用在促进贸易上。他们除了影响大海，没有影响到其他任何帝国；他们除了和平发展商业，也没有征服其他国家的目标。

只要是船只能够抵达的地方，腓尼基人就同这些地区进行贸易。他们到过黑海沿岸，在那里建造了贸易栈。他们与西班牙进行了利润丰厚的贸易，获得了大量的白银。他们的船只甚至冒险穿过

一支完成商业航行返回的提尔舰队

了海格力斯之柱，进入大西洋，一直向北航行抵达不列颠群岛——又被希腊人称为卡西特里德。在南方，他们在红海沿岸定居下来。他们的船队航行到达了印度，甚至造访了锡兰岛。所有这些航海事业都在船用罗盘被发明前完成。想到此，我们不得不对这些人的勇气和商业精神给予高度评价。

第109章

西顿

（前1497—前332）

腓尼基的第一部历史由桑楚尼亚松写成。我们前文曾经提到过他，他是腓尼基人，写过宇宙起源史。他所写的腓尼基历史是将祭司希隆巴勒斯提供给他的资料汇编而成，据说还借助了腓尼基各城的登记簿，这些登记簿被保存在神殿中。此外，他还仔细研究了陶特的作品。陶特又被称为托特、赫尔墨斯和墨丘利，据说是字母的发明者。桑楚尼亚松的著作被1世纪的著名语法学家比布鲁斯的菲洛从腓尼基语翻译成了希腊语。

桑楚尼亚松记述的腓尼基历史从创造第一对凡人开始。这对凡人后来生下了体形巨大的孩子，他们定居在腓尼基的大山中。他们用这些大山的名字来给孩子们命名，如卡西乌斯、黎巴嫩、安提黎巴嫩和贝罗西斯。在我们这本书的序言中，曾讲过关于宇宙起源的诸多说法，其中介绍了桑楚尼亚松著作中的一些传说，这里不必重复。他的叙述似乎只是腓尼基偶像崇拜起源的历史。

希腊人的记载不同于桑楚尼亚松。根据希腊人的描述，阿革诺尔是腓尼基的第一任国王，他是一位埃及人，父亲是海神波塞冬。公元前1497年，阿革诺尔移居腓尼基，繁衍出了一个庞大的家族。他的两个女儿艾赛娅和米利娅，嫁给了她们的堂兄埃古普托斯和达那俄斯。他的儿子基利克斯则去了奇里乞亚（也译为“基利家”）并建立了国家，他以自己的名字为这个国家命名。他的另一个儿子腓尼克斯则继承了他的王国，从那时起，这个王国便被称为腓尼基。

尤西比乌斯告诉我们，阿革诺尔首次发现了后来被命名为泰尔紫的著名紫色染料。西顿的下一任国王是法利斯。他的统治时期恰与特洛伊战争处于同一历史时期，他是希腊人的盟友。他曾设法拉拢利西亚国王萨尔珀冬，却徒劳无功。荷马曾经提到过他，赋予他“最杰出”的头衔。然而，希腊人的描述还是不够可信，因为其中掺杂了许多神话，很难区分哪些是史实，哪些是纯粹的神话。

《旧约》曾提到过西顿和提尔，此外还有腓尼基部落亚基人、希未人、亚瓦底人以及洗玛利人等，这些部落的领土自西顿起沿着海岸一直向北延伸。古代腓尼基城市阿卡的名字似乎就是来自亚基人，它的位置靠近的黎波里和托尔图沙的中间地带，在黎巴嫩山中海拔较低的山脉里，离海岸大约5英里。据约瑟夫斯记载，亚瓦底人占领了艾尔瓦德岛。《以西结书》曾提到过这座岛上的居民和西顿人，他们积极参与提尔人的海上贸易。《圣经》中则很少有关于亚基人、希未人、亚瓦底人和洗玛利人的记载。

直到薛西斯远征希腊时，我们才发现希腊历史学家曾记载过一位腓尼基国王，他似乎是一位真实的历史人物。根据希罗多德的描述，西顿国王特拉姆涅斯特斯曾率领一支有300只战船的舰队协助波斯侵略者，这位国王正是波斯海军的主要将领之一。

在这之后，我们还发现了关于西顿国王特尼斯的记载。他在位期间，波斯人的统治似乎已经延伸到了腓尼基。腓尼基人认为这种奴役是一种无法容忍的压迫，于是奋起反抗，在埃及国王奈克塔内布的帮助下，他们将波斯人驱逐了出去。波斯国王阿尔塔薛西斯三世立即召集了一支30万人的大军前去征服腓尼基人，并入侵埃及。这支军队的到来令罗德岛人门托耳深感恐惧。门托耳在腓尼基指挥着埃及的辅助部队，私下派遣了一名使者去见波斯国王阿尔塔薛西斯三世，表示愿意献上西顿，协助他入侵埃及。阿尔塔薛西斯三世接受了他的请求。在他们的合谋下，西顿国王陷入背叛自己国民的阴谋之中。

到波斯军队逼近时，西顿人对他们的国王和盟友的叛国行为都没有丝毫的怀疑，并准备进行有力的防御。叛变时机成熟时，特尼斯带领一支军队和100名最杰出的市民出城，假装去参加腓尼基诸邦的全体大会。然而特尼斯并没有参加全体大会，而是带着他们径直走进了波斯军营，将这些西顿市民交给了阿尔塔薛西斯三世。阿尔塔薛西斯三世立即将他们全部处死。这个消息令西顿人惊恐万分，500多名有名望的西顿人出城拜服在征服者的脚下，祈求他的怜悯。然而，这些人最终落了个和第一批人相同的下场。

西顿的居民陷入了彻底的绝望中。此前他们烧毁了所有船只，以防有人不战而逃，但现在看来，他们断送了自己所有逃跑的机会。他们发现所有的抵抗都是徒劳之后，便把自己连同妻子、孩子一起关在家中，放火自焚，多达4万人连同他们最珍贵的财富一起消失了。特尼斯——这位叛变的国王，最终也没能幸免于难。阿尔塔薛西斯三世要么是恼怒于城市的毁灭，要么是憎恨这个无法再为他所用的叛徒，最终下令让他在这座城市废墟中割喉而亡。

当时的西顿正处于商业繁荣的鼎盛时期，是腓尼基最富有的城市，存有大量金银。这些金属都在大火中熔化，凝结成块之后，在废墟中被大量发现，这是波斯人征服西顿获得的主要战利品。西顿的毁灭发生在公元前345年，这场灾难令腓尼基的其他城市大为惊恐，它们未做反抗便向征服者投降。它们的结局比预期好得多，阿尔塔薛西斯三世已经迫不及待地要执行入侵埃及的计划，因此，这些城市逃过了西顿那样的悲惨命运。波斯的统治在腓尼基重新建立起来。

尽管西顿被彻底摧毁，但当时有相当一部分西顿居民正在海上，躲过了这场劫难。这些人在波斯军队离开后，返回了家园，重建了这座城市。西顿人自然对波斯人有着刻骨的仇恨。

亚历山大率军攻打波斯时，剩余的西顿居民第一个派遣使者请求归顺。当时的西顿国王斯特拉托反对这一行为，亚历山大便剥夺了他的王位，并把王位授予了一名市民首领。此人并未被这诱人的大礼所迷惑，而是请求原谅，因为他不是王室成员，没有正当的名义接受这份尊荣。这名市民被要求指定一个可以接受王位的王室成员，他便提名了巴伦尼穆斯。这是一个品行端正的人，但深陷贫穷，只能靠打零工度日。亚历山大便立即派遣使者前去找他，同时还带着王袍，以及他接任国王的消息。使者找到他时，他衣衫褴褛，正从井中打水喝。使者立刻给他穿上国王的衣服，并将他带入城中，人们对他登上王位十分满意。他在人们的欢呼声中，被宣布继任西顿国王（前332）。从这一时刻起，腓尼基就必须被视为马其顿王国领土的一部分，其后来的历史便与叙利亚紧密相关。

第110章

提尔

（前1245—前332）

古代提尔（有两三个城市同名）建在西顿以南大约25英里处的海岸上。这里被尼布甲尼撒围困时，城中很大一部分居民因为饥荒撤退到对面的海岛上，在那里建造了一座新城，名为提尔岛。这座城市很快令母城黯然失色，成了主要的贸易中心。这里有两座海港，随着时间的推移，这座岛通过一块陆地与大陆相连。在中间的连接带上，当地人又建起了第三座城市。这三座城市的周长加起来只有3英里。如今岛的面积只有40英亩[①]。由于地形狭窄，这里的建筑都很高，斯特拉波描述说这里的建筑比罗马的建筑还要高。提尔祭司告诉希罗多德，他们的城市建于公元前2740年，比大洪水来临的时间早很多。

① 1英亩≈4046.86平方米。——编者注

古代历史学家记载的第一位提尔王是阿比巴尔。阿比巴尔与大卫王是同一时代的人。他很有可能与邻国一起抗击过大卫王，因此大卫王将提尔人视为仇敌。阿比巴尔的继任者是他的儿子希兰，希兰与大卫王建立了友好关系，曾派遣使者祝贺大卫王战胜耶布斯人，并与他结盟。大卫王在耶路撒冷建造宫殿时，希兰还送上了许多雪松，并派技术精湛的工匠前往协助。

在希兰的统治下，提尔王国似乎一直很繁荣。他扩建并改善了领土上的许多城镇，还建造了一道防波堤，将陆地上的旧城与岛上的新城连接到一起。此外，他还建造了许多宏伟的神殿，用雕像加以装饰。希兰似乎是一位虔诚而不好战的国王。我们发现他只发动过一次军事行动，目标是提尔的一个附属城镇。这座城镇企图摆脱依附身份，但很快便被希兰的军队征服。在希兰的一生中，他与所罗门王一直保持着友好关系。根据腓尼基历史学家的记载，所罗门迎娶了希兰的女儿，并在她的劝说下，将西顿人对女神阿施塔特的崇拜传到犹太人当中。

在希兰之后，他的继任者之一伊索巴尔统治了将近50年的时间。伊索巴尔统治期间，西顿似乎臣服于提尔，或至少隶属于同一个国王，因为约瑟夫斯称伊索巴尔是提尔和西顿的国王。伊索巴尔在腓尼基建造了城镇波特鲁斯，在非洲建造了城镇奥扎特斯。他的女儿耶洗别嫁给了亚哈王。希腊历史学家米南德记载，伊索巴尔时期发生了极为严重的旱灾，持续了一整年。人们祈祷终止这场席卷全国的灾难，但据说却引来了滚滚天雷。这应该就是《旧约》中记载亚哈王时提到的那场旱灾。

提尔王皮格马利翁大约在公元前900年开始统治这个国家。他有一个妹妹，名叫狄多，嫁给了他的叔叔希凯斯，后者是一名祭司，也是一个非常富有的人。皮格马利翁觊觎这位亲族的财富，便决定杀死他。有一天，皮格马利翁邀请希凯斯一起打猎。他一直在寻找机会。当希凯斯的随从们正在追赶一头野猪时，他找到了机会，用长枪将希凯斯刺死，把尸体扔下悬崖，造成失足摔死的假象。而根据查士丁和维吉尔的说法，皮格马利翁是在圣坛将希凯斯处死的，这可能是对这个故事诗意的修饰。无论希凯斯是以何种方式被处死，行凶者并没有从中得到任何好处。狄多很快就识破了哥哥的阴谋。她是一位十分睿智的女子，她隐藏了自己的感受，做好了准备，以便摆脱这个为她设好的陷阱。

决定要逃往一个遥远的地方避难后，狄多假装要去拜访她的另一个哥哥巴卡。巴卡住在查泰亚，一个位于提尔和西顿之间的小城镇。皮格马利翁应她的要求，为她准备了这次航行的船只。狄多秘密将财物转移到船上，并招募众多追随者协助她逃离，在皮格马利翁发现她的计谋之前起航。皮格马利翁得知她的意图后，派一支舰队前去追赶，但是无功而返。根据一些记载，是母亲的眼泪和神谕的威胁才让他放弃了追赶。狄多驶往塞浦路斯岛，这里是古代腓尼基的殖民地。她的追随者们娶了岛上的年轻女子为妻。随后他们又从塞浦路斯出发，向非洲海岸驶去，在乌提卡登陆。这里是腓尼基的另一个殖民地，他们受到了当地居民的热烈欢迎。再后来，他们又起程向南，在不远的地方建造了迦太基城。关于迦太基城的历史，我们将在非洲部分进行介绍。

塞浦路斯此时似乎已经臣服于提尔。有记载称皮格马利翁在岛上建造了卡尔波西亚城。他还向加德斯——今天西班牙加的斯的赫拉克勒斯神殿敬献了一件礼品。这件礼品是一棵橄榄树，用大量黄金制成，做工精湛，上面镶满了用祖母绿做成的浆果。

历史上记载的下一位提尔王是尤卢莱乌斯，他的统治与亚述国王萨尔玛那萨尔一世为同一时期。尤卢莱乌斯对非利士人发动了战争，企图征服迦特。迦特这座城市之前曾反抗过提尔人的统治。非利士人向萨尔玛那萨尔一世求助，后者亲率大军进入腓尼基，但尤卢莱乌斯很快同萨尔玛那萨尔一世讲和。此后不久，西顿及其他几个腓尼基海滨城市发现提尔人的压迫如此沉重，便起而反抗，再次寻求萨尔玛那萨尔一世的帮助。萨尔玛那萨尔一世和提尔之间的战争因此爆发。

萨尔玛那萨尔一世派出一支陆军和一支有60艘战船的舰队攻打提尔。提尔人比亚述人更擅长海战，他们仅仅以12艘战船迎战，不但冲散了萨尔玛那萨尔一世的舰队，还俘获了多艘战船和500名俘虏。这场胜利奠定了提尔人海上霸主的地位。从此以后，萨尔玛那萨尔一世只从陆上发动进攻，将战争演变成一场围困战，通过切断引水渠和拦截供给物资使这座城市陷入绝境。然而，城中居民通过挖井等方式与亚述人周旋了5年。最终，萨尔玛那萨尔一世去世，战争也因此结束。

伊索巴尔二世统治时期，巴比伦国王尼布甲尼撒对提尔发动了战争，围攻提尔城达13年之久。城中居民已经陷入绝望，但仍然不愿成为阶下囚，便从陆地撤退到了岛上，将陆地上的旧城留给了围城之军。征服者尼布甲尼撒发现，长久的围攻只得到了空荡荡的房子，便将整座旧城夷为平地，以发泄心中的愤怒。这一事件后不久，提尔人的政府组织形式便发生了变化。国王这一职位被废除，最高权力掌握在被称为审判官或执政官的行政官手中。这样的政府并没有持续太久，君主政体很快又恢复了。

在薛西斯一世远征希腊人时，提尔国王马本作为腓尼基海军统帅，协助薛西斯攻打希腊。由此看来，波斯人似乎已经征服了提尔人，甚至征服了整个腓尼基。马本的统治被一场突如其来的灾难终结。提尔城中有为数众多的奴隶，他们合谋反抗自己的主人，在深夜时占领了这座城市，处死了大部分主人。然后，他们强娶了自己的女主人，纵情享乐。不久之后，他们意识到，有必要从自己人中选出一位新国王。他们一致同意，由第二天早上看到第一缕阳光的人做国王。于是他们约定于午夜在城东的旷野上会合，在那里等待太阳升起。

有个名叫斯特拉托的奴隶主，在大屠杀中被他忠诚的奴隶救出，藏了起来。他得知挑选国王的方法后，建议自己的奴隶不要像其他人一样面朝东方去看升起的太阳，而是要面朝西方，眼睛紧紧盯住城中最高的塔。这个奴隶按照他的指示做了。同伴们嘲笑说这个奴隶就像个傻瓜一样，面朝西方去看升起的太阳。然而最终，同伴们意识到了自己的错误。当所有人都睁大眼睛去捕捉东方的第一缕阳光时，斯特拉托的奴隶却让他们转过身来，城市的高塔已经被升起的太阳照亮了。

他们被这意想不到的景象深深地震撼了，纷纷惊呼这个奴隶应该成为提尔的国王。尽管所有人都称赞这个想法极具创造力，却坚信不可能是这个奴隶自己想出来的主意。人们不停地追问到底是谁给了他这样的建议，尽管很不情愿，但在人们承诺会保护他要说出的人之后，他出于同情和感激，承认了是他主人的建议。主人一直

提尔城遗迹

善待他，他从大屠杀中救出了主人和主人的儿子，他遵循了主人的指示采取了上述做法。人们认为斯特拉托是个受到上帝特殊保护的人，便宣布斯特拉托为国王，而不是他的奴隶。

斯特拉托死后，他的儿子继承了王位。提尔王国一直由他的后代统治，直到亚历山大大帝时期。这位征服者在远征波斯人时发现有必要征服整个腓尼基。提尔人对自己的城市充满信心，拒绝臣服于亚历山大。他们被整个马其顿军队围攻了7个月。最后，亚历山大建了一道防波堤，从海岸一直延伸到岛上，在被击退了数次之后，最终占领了这座城市。亚历山大十分恼怒，这样一座小城竟然可以阻挡他的大军达7个月之久，他下令用剑刺死了众多居民，用十字架钉死了2 000人，还把3万人卖作奴隶。为了掩饰自己的暴行，亚历山大假称这些残忍行径是为了给古代提尔人复仇，因为古代提尔人被自己的奴隶谋杀，与他对抗的那些居民都是这些奴隶的后代，他们理应为祖先所犯下的罪行承受惩罚。为了使这个借口显得更加可信，他下令宽恕了斯特拉托的后代，不与他人同罪。

提尔城被亚历山大彻底摧毁。后来，这位征服者又重建了这座城市，并从周边地区迁来居民在这座全新的城市中生活。他认为这样就可以标榜自己是提尔的创建者，但实际上他只是提尔的摧毁者。马其顿的征服给提尔和整个腓尼基的商业带来了致命的打击。从此以后，这个国家不再拥有鲜明的民族历史。腓尼基成为马其顿王国和叙利亚王国的附庸，直到马其顿和叙利亚被罗马帝国吞并为止。

第111章

腓尼基的文化（一）

我们在提到腓尼基时，尽管将它看作是一个具有鲜明民族特征的共同体，但从严格意义上讲，腓尼基或许不能称得上是一个国家。然而，从最早有历史记载的时代开始，一直到它被波斯和马其顿征服为止，这里都被划分成若干个城邦，它们在不同程度上相互独立。在某些情况下，较大的城邦似乎发挥着主导作用。在抵御外敌时，整个腓尼基会以某个城邦为首，视其为最高权威。同样，在某些时候，所有的城邦会结成联盟，最初以西顿为首，后来是提尔。亚述人和波斯人在腓尼基建立起自己的统治时，维系这个民族共同体的纽带更加松散了，导致小城邦对提尔和西顿的依赖终止。然而，提尔一直保持了其地位，直到最后都被看作是腓尼基的主要城市。

提尔，现在被称为苏尔。正如我们看到的，它为历史提供了丰富、有趣的素材。在以色列人分配迦南的土地时，提尔被划归亚设支派，但他们从未成功地取代这里的古代居民。很少有城市像提尔一样能见证如此的风云激荡，经历如此的命运起落。这里的商人过去都是贵族，如今这里却只是一个荒凉孤寂、令人厌恶的村庄。矮房零零星星，住着一些穷困邋遢的居民。他们大多是渔民，在沙滩上来回闲荡。码头附近有一些还说得过去的建筑，集市非常简陋，街道曲折狭窄。曾经壮观的海港已经被堵塞，城镇周边的土地几乎不再耕作。这座半岛上曾经挤满了忙碌的人，他们来自世界各地，但如今却只是一片沉郁的荒地。这座古城的围墙，只能从几根花岗岩、大理石和斑岩的圆柱中找到一点儿痕迹。它们如今都躺在沙堆中，无人关注。

西顿，如今被称为赛达，是仅次于提尔的大城市。《圣经》中

近代西顿

曾频繁地提到这个地方，古代历史中也记载了这里的很多人物。西顿位于倾斜的海角之上，曾经的海港如今已被填塞，只适合小船停靠。城市仍然有城墙围绕，有7 000名居民在这里生活。附近地区土壤肥沃，优质水果应有尽有。这里的街道曲折狭窄，但许多房屋漂亮又宽敞。

还有很多其他城市，但我们只能稍做提及。比布鲁斯，又称盖巴勒；亚柯，随后被称为多利买，现在被称为阿卡；贝鲁特，如今的贝鲁特；撒勒法，现在被称为撒凡德；阿拉杜斯，在古代，它的重要性仅次于提尔和西顿。

每一座腓尼基的城市都有其独特的政府体系。在处理内部事务上，它们必须被看作是相互独立的国家。城市的首要权力由被称为国王的行政官行使，但他们拥有的权力非常有限。在波斯人统治下，尽管腓尼基的国王们只是东方君主的属臣，但王室的尊严还是得到了维护。到了随后的亚历山大时代，阿拉杜斯和比布鲁斯同提尔和西顿一样，也都有了自己的国王。在某些时期，腓尼基的城市似乎举行全体大会，国王和其他成员在大会上商讨有关国家共同利益的事务。

腓尼基人的宗教最初与其他迦南人一样，崇拜一位被称作巴力的神。希腊作家理所当然地认为，巴力和他们的宙斯一样。后来，他们又崇拜太阳、月亮和星星，但这种崇拜又被多神崇拜和偶像崇拜取而代之。阿施塔特被西顿人奉为女神，赫拉克勒斯是提尔伟大而古老的神明。其他神明还有塔模斯或奥西里斯、阿多尼斯、大衮、阿特拉斯以及帕塔塞。腓尼基人习惯用这些神明的画像来装饰他们的船首和船尾。他们还把那些为人类作出过巨大贡献的人尊为神明，给予他们神的荣耀，因他们的贡献为他们建造神殿，立起圆柱，在圆柱上刻上他们的名字。其中第一位是克里索，他以发明了冶金技术和航海技术而闻名，凡是腓尼基的殖民地都崇拜他。另一位是阿格内罗斯，他被尊为耕作技术和畜牧技术的发明者和改良者。这个民族和犹太人一样，都忌食猪肉。

腓尼基人很早就以手工业而闻名。在遥远的古代，西顿人和提尔人的布料非常有名。在他们的发明中，有一项染色技术，在这方面他们无与伦比。荷马曾描写过西顿人的美丽彩衣。泰尔紫在所有地中海沿岸国家中都非常出名。这种紫不是单一的颜色，而是所有浓淡不同的紫色和深红色的统称。腓尼基人假称这种颜色是从海边发现的一种螺中获得的，但我们有理由相信这只是一个编造的故事，这群精明的人想隐瞒这种颜料的真正来源。有人认为腓尼基人也熟悉胭脂红，他们还使用非常漂亮的植物染料，熟练掌握把不同颜色的线组合在一起来产生可变颜色的技术。他们通常直接在原材料上染色。

据说玻璃也是腓尼基人发明的。在古代埃及人和亚述人的遗迹中发现了玻璃物品，这说明玻璃的制造在遥远的时期就已经出现在这些国家中。在千百年里，腓尼基人都有自己的玻璃制造厂，其中最大的在西顿和撒勒法。制造玻璃所用的沙子，是从位于迦密山脚下的小河贝拉斯河中获取的。腓尼基人习惯用玻璃装饰房间的天花板和墙壁，但他们似乎没有意识到玻璃可以用在窗格上。

腓尼基人在服饰、首饰、珠宝、木雕和象牙雕等方面同样出色。荷马曾经描述过，腓尼基人的一艘船将一系列制作精良的琥珀和黄金运到了希腊。以西结也提到过，腓尼基的象牙工艺品都是从与印度和埃塞俄比亚的贸易中获得的。西顿人在高雅品位、设计艺术和创造发明方面颇有名望。人们把任何高雅、工整或悦目的衣服、器具、装饰或玩具，都形容为“西顿般的”来体现它的卓越。提尔人的金属加工、伐木采石技术以及关于建筑材料牢固性、美观性和装饰性的杰出知识得到了邻邦的高度评价。似乎在很早的时期，腓尼基便开始使用货币，现在仍有一些西顿古币存在。古币的一面是一位女性头像，以塔楼为冠；另一面是古代腓尼基文字，类似于希伯来人在沦为“巴比伦之囚”之前使用的文字。

腓尼基制造业所用的原材料大部分是从国外进口的，因为这片狭小的领土只能提供一小部分材料，否则难以满足分散在世界各地的众多客户的需求。很明显，腓尼基人的贸易范围非常广泛，这一点在《以西结书》中有诸多提及。我们找到了一处关于东方商业国家的地理描述。描述十分准确，以至于读者可能想象当时有一幅世界地图摆在以西结的面前。这位希伯来诗人的描述为我们提供了一幅关于亚洲国际贸易的有趣画面，向我们展示出腓尼基几乎连接了已知世界的所有国家，这扩大了我们对古代贸易的认识。

第112章

腓尼基的文化（二）

腓尼基独特的地理位置促成了腓尼基商业和航海业的发展。腓尼基人所住的沿海地带，位于古代东西方世界的交汇之处。腓尼基人发现，其地理位置非常有利于进行东西方商品交换。有人认为，腓尼基最古老的水手是海盗，那时的海盗行为并不比现在更可耻。在荷马时代，腓尼基人以商人或海盗身份造访了希腊的岛屿和海岸，寻找贸易或掠夺的机会。他们带去了首饰、珠子和小饰物，以高价卖给毫无经验而又单纯的希腊人，就像欧洲和美洲水手把这些物品卖给南太平洋的岛民一样。在买卖的过程中，他们还发现了绑架那些能在亚洲奴隶市场上贩卖的希腊男孩和女孩的机会。希腊的海军力量强大时，舰队遍布地中海，腓尼基的海盗行为受到了打击，自那以后他们便开始从事和平的商业活动。

腓尼基人的海上贸易与其殖民体系密切相关。塞浦路斯是腓尼基人的殖民地，他们的殖民地还要向西延伸，贯穿整个地中海，一直延伸到大西洋，最远处到达西班牙的加的斯，那时被称为加德斯。沿线的殖民地有克里特岛、爱琴海诸岛、西西里岛和撒丁岛，以及非洲的城市莱普提斯、迦太基、乌提卡等，这些城市的发展甚至比提尔城本身还要繁荣富裕。在南方，腓尼基人在红海和波斯湾建立了商业机构。据信，他们还在非洲西海岸和马德拉群岛建了殖民地。众所周知，腓尼基人先于希腊人在小亚细亚和黑海沿岸定居。

腓尼基人把从阿拉伯半岛获得的香水和香料卖给希腊人，这些是希腊人举行祭祀时必不可少的物品。此外，腓尼基人还向他们出售提尔和西顿生产的手工制品，如紫色衣服、珠宝、首饰等。

获利最丰厚的贸易是与西班牙进行的。西班牙是旧世界的秘鲁，盛产贵重金属。有人推测这里便是《旧约》中描述的他施。据说，腓尼基人第一次来到西班牙时，发现这里有大量白银。他们不仅在船里装满了银子，让船与水面齐平，还用白银做成了船锚和其他器具。西班牙还盛产谷物、葡萄酒、油、蜡、优质羊毛和水果。

腓尼基人又从加德斯起航，前往卡西特里德或锡岛。据推测，这里应该是不列颠群岛。这是一个只有他们才知道的秘密。此外，他们还抵达了另一个地方，在那里发现了琥珀，这个地方可能在波罗的海沿岸。保守住这两个地区的一切秘密不让自己的商业对手知道，对腓尼基人来说有着极大的好处。在他们的垄断下，琥珀贸易特别有利可图。这种商品的价格同黄金一样高，若有竞争，则会导致价格大幅下降。腓尼基人的商业秘密被最忠实地保守着，对于这个国家的水手来说，保守秘密是最基本的职业操守，也是一个被教育要以生命为代价去遵守的原则。斯特拉波曾记载了一名腓尼基船长，他在去卡西特里德运送一船锡矿的途中，碰巧被一艘罗马船只发现，他没有冒险暴露航行的目标和方向，而是立刻驾船靠岸。在返回提尔后，这位船长受到了重赏。

腓尼基人在红海的商业源于他们与犹太人的关系以及大卫王领土范围的延伸。据说，希兰和所罗门曾派遣船队前往俄斐寻找黄金。关于俄斐的位置，存在很多分歧。赫伦认为，俄斐不是某个具体的地方，而是位于非洲、阿拉伯半岛和印度半岛海岸上（那是当时人们知道的最远的地方）的所有南方富裕国家。在驶往这些地方的航行中，其中有一次耗费了3年时间。据希伯来人记载，这些航行都收益巨大。此外，腓尼基人还去探险开辟新的商业渠道。有关的一些探险细节，希罗多德做了详细记载。在他们的初期航行中，有一次前往赫勒斯滂，途中他们在色雷斯海岸发现了萨索斯岛，获得了岛上丰富的金矿。他们的另一次航行被下面这段文字记载了下来：

> 埃及国王尼科不再企图用运河将红海和地中海连接起来时，派出了几艘舰船，在腓尼基人的指挥下，要求在穿过海格力斯之柱进入北海（地中海）后，返回埃及。这些腓尼基人便从红海起航前往南海（印度洋）。秋天到来时，他们登上利比亚大陆（非洲的古称），在最初登陆的海岸种植谷物，谷物成熟后进行收割，然后重新起航。他们以这种方式航行了两年，第三年时穿过海格力斯之柱，返回了埃及。有很多人可能会相信他们的故事，但对于我来说，这似乎难以置信。他们断言，他们绕行利比亚（最南端）时，太阳在他们的右手边。

希罗多德写下上面这段话时，希腊人并不了解影子投射在南边这种现象。在那个时代，这种现象也不太可能捏造出来。很明显，如果腓尼基人确实航行绕过了非洲大陆，那么太阳就必然会出现在他们的右手边，也就是北边，影子也必然会出现在南边。这段让这位历史学家对环绕非洲航行的故事产生怀疑的描述，反而是可以证实这件事情真实性的有力证据。尽管在现代也有人对这段描述的准确性提出怀疑，但两位博学的作家伦内尔和赫伦驳斥了这些反对观点。腓尼基人似乎没有从这一发现中获得任何好处，这无疑是因为尼布甲尼撒发动的战争。这场战争让他们和埃及人的实力都遭受到严重的削弱。

腓尼基人极大地提升了航海技术。他们的商业活动远远超过中世纪的威尼斯人和热那亚人。他们的舰队数量众多，广布地中海、大西洋和印度洋，不列颠和锡兰的海岸上也同时飘扬着提尔人的三角旗。腓尼基人对船用罗盘一无所知。在天体的指引下，他们可以在看不见陆地的时候依然按照自己的航线行驶。腓尼基人还是第一个使用船舵和船帆的民族。

希罗多德曾记录过一则奇闻逸事，讲述了希腊人首次获知腓尼基与欧洲西部进行商业贸易的时间。萨摩斯岛有位商人，名叫柯莱欧司，大约在公元前630年，他从萨摩斯岛起航前往埃及，但在航行过程中遭遇了很强的逆风，偏离了预定的航线，被迫顺风向西行驶。最后，他发现自己到了海格力斯之柱以外，置身于广阔的大西洋中。他驶进了西班牙的一个港口，这里后来被证实是塔尔提索斯，腓尼基人之前在这里建立了殖民地。令他感到高兴和惊奇的是，他为计划带到埃及的货物找到了一个极有吸引力的市场，便以最高的价格将船上所有货物都卖了出去。希罗多德写道："他和他的船员从这次航行中收获了比以往都要巨大的利润，或者说，比任何一位已知的希腊人收获的都要多。除了埃伊纳岛的索斯特拉特，无人能与他匹敌。"这次航行获得的利润相当于8万美元，这还没有考虑当时货币的超高价值。在他们返回萨摩斯后，这些幸运的冒险者前往当地的赫拉神殿献上了还愿的祭品——一个以凸出的狮鹫头为装饰、由3个巨大的跪姿铜制人像托举的巨大铜瓶。

柯莱欧司这次意外的航行给那个时代的希腊人打开了一个新世界，其重要性不亚于15世纪欧洲人发现美洲大陆。有关这次航行收益的报道经过了精心策划，目的是激励那些有开创精神的水手们。在50年的时间里，其他希腊人沿着地中海海岸向前推进他们的探险之旅，直到最终到达塔尔提索斯。

腓尼基人的陆上贸易可以分为三大类。第一类是南方贸易，即同阿拉伯半岛、印度和埃及的贸易；第二类是东方贸易，即同亚述人和巴比伦人的贸易；第三部分是北方贸易，包括与亚美尼亚的贸易，或者说是同斯基泰和高加索地区的贸易。腓尼基人同阿拉伯半岛的贸易是直接贸易，他们与这个国家的每一个地区都保持着往来。从商业的角度看，也门或"福地"阿拉伯，地位十分重要，不仅因为这里能够出产乳香、没药、桂皮、黄金和宝石，还因为这里是埃塞俄比亚和印度商品的大型市场，有包括肉桂、象牙和乌木等比较珍贵的商品。阿拉伯半岛和腓尼基之间的贸易是由商队穿越沙漠进行的，这种情况持续到腓尼基人在红海的一个港口建造了商业中心为止。斯特拉波告诉我们，商队从也门出发到达佩特拉需要70天时间。这条路线一定穿过了麦加，即古代的马克罗巴。

腓尼基与埃及的贸易完全通过陆路进行，因为在雅赫摩斯二世统治时期之前，禁止外国人从海上进入埃及。腓尼基与埃及的贸易非常广泛，腓尼基商人甚至占据了孟斐斯的一整个行政区。葡萄酒是出口到埃及的一种主要商品。巴勒斯坦是腓尼基人的粮仓，犹大的谷物产量多于埃及。

第113章

腓尼基的文化（三）

腓尼基人使用的语言是古代希伯来语的一个语支，与迦南人的语言是同一种语言。腓尼基人的字母表用最古老的希伯来文写成，欧洲国家的所有字母表都由腓尼基人的字母表衍生而来。希腊人将字母的发明归功于卡德摩斯，或许这就意味着他们的字母源于腓尼基人。在希伯来语中，cadm（卡德摩斯的前四位字母）的意思是“东方”，腓尼基对于希腊人来说就是一个东方国家。

数学、天文学以及机械技术似乎是腓尼基人主要研习的知识。他们中的一些人痴迷于哲学研究。据说，有位名叫莫斯霍斯的西顿人在特洛伊战争之前就教授过原子学说。腓尼基人将自己的知识传授给了希腊人，直到很久以后，他们的国家一直都是博学之都。

古埃及人的绘画给我们提供了一些关于腓尼基人的外貌和服饰的奇特细节，几年前我们还认为这些是超出历史研究范围之外的。腓尼基人皮肤黝黑，面色红润，身材匀称，容貌端正，接近于欧洲人的体貌特征。他们有着蓝色的眼睛和浅黄色的头发。精心装扮时，他们把头发抹成白色，戴上一个由蓝色珠子串成的网状头饰，或者戴上一顶很紧的帽子。帽子用深红色皮革压边，两只长长的拖尾垂在身后，与埃及人的样式一样。

腓尼基人通常在肩上披着短斗篷或披风，长度一直达到手肘部。腰间系着一条金色的腰带，在有些情况下，腰带在腰间缠绕几圈，然后在身前系上一个很大的蝴蝶结。里面的衣服是细麻布，束在腰间，长度几乎可以垂到脚踝。腓尼基人也穿着质地极佳的毛质披肩和束腰外衣。在古埃及人的这些画作中，腓尼基人的手臂和胸膛的轮廓在罩衣外清晰可见，罩衣和外衣都镶有金色的花边。衣服的颜色是紫色和深红色，半身深红，半身紫色，这两种颜色都十分鲜艳，并且深红色中点缀着紫色的斑点。

在埃及人的绘画中，西顿人似乎作为法老的盟友出现在法老与其他迦南部落的战争中。政客和商人留着长长的头发和胡须，他们头上缠绕着一条头带。士兵们的头发和胡须则剪得很短。

西顿人的武器和装备既精致又美观，令人印象深刻。他们的头盔为银质，顶部有独特的装饰，由一个圆盘和两只牛角或一弯新月形的饰品组成。胸铠也是银质，镶扣在白色亚麻战袍上。战袍用带子系于胸前，长度直到腋下，两侧靠肩带固定。西顿人所持盾牌又大又圆，铁质，边缘饰以金钉。他们腰上佩带铜质双刃剑，手持长矛。

希伯来人并不擅长创新和制造，他们的服饰以及家用奢侈品很可能都是从他们的邻族腓尼基人那里获得的。带着这种观点，翻阅一下《以赛亚书》的物品名录可能是件很有趣的事情。毫无疑问，所有的这些商品都由腓尼基人制造。“到那日，主必除掉她们华美的脚钏、发网、月牙圈、链子、手镯、蒙脸的帕子、华冠、腿上的妆饰、头饰带、香盒、耳环、戒指、鼻环、吉服、外套、头巾、荷包、手镜、细麻衣、裹头巾、帕子。”

在腓尼基的名人中，有一位是桑楚尼亚松，我们在前文提到过他。他是提尔或贝鲁特本地的古代历史学家。他生活的年代不详，人们普遍认为接近特洛伊战争发生的时期。他用腓尼基人的语言写下了自己国家的历史，后来他的作品被比布鲁斯的菲洛翻译成了希腊语，其中有些片段被波菲利和尤西比乌斯保存了下来。此外，他还有3部著作。第一部涉及腓尼基人的宗教制度，第二部涉及赫尔墨斯的哲学，第三部涉及埃及的神学。然而，他的所有作品均已佚失，保存下来的只有上面提到的一些片段。由于它们与《旧约》的记载契合，这些著作被认为具有很高的价值。

莫斯霍斯，一位西顿本地人，他是一位著名的古代哲学导师。据说他大约生活在特洛伊战争时期。他用物质粒子的偶然聚集来讲授原子学说或宇宙构造。我们对他知之甚少。

波菲利，233年出生于提尔，是普罗提诺学派一位最博学和最著名的哲学家。波菲利在很小的时候便在基督教教父奥利金的引导下学习文学和哲学。后来他去了雅典，在那里成为朗基努斯的学生。再后来，他来到了罗马，又成为普罗提诺的门徒，普罗提诺将他视为自己学派中最聪明的门徒之一。波菲利生来就是一名臆想症患者，对哲学的狂热对他产生了巨大影响，于是他下定决心自杀。根据柏拉图的学说，他这样做便可以从身体这个悲惨的牢狱中释放自己的灵魂。普罗提诺发现了他这个疯狂的念头，劝他不要这样做，建议他离开罗马去西西里岛旅行，以排遣他的忧郁情绪。波菲利听从了这个建议，很快便恢复了快乐。

根据一位历史学家的记载，波菲利最初是一名基督徒，在巴勒斯坦遭受几名基督徒的猛烈攻击之后，便弃绝了基督教。至于他受到了棍棒的攻击还是辩论的攻击，我们无从知晓。最终，他在罗马去世，终年70岁。波菲利是个博学敏锐之人，有着关于各种哲学话题的著作，但大多数都已经佚失。他似乎偶尔陷入极度幻想，过度狂热。他说他曾经进入过神境，在那里看到了至高无上的智慧，也就是众神之上的神，但没看到具化的形象。他曾撰写过一部著作，共15卷，在书中发表了反对基督徒的言论，但只有一些片段被保存下来。君士坦丁大帝和狄奥多西大帝曾颁布法令，要求销毁波菲利的著作。

赫利奥多罗斯于4世纪下半叶出生于腓尼基的埃米萨。年轻时，他用希腊语创作了一部浪漫小说，名为“埃塞俄比亚传奇”或者“特阿真尼和卡里克勒亚的爱情故事”。这是一个巧妙而有趣的故事，是之后同类作品的典范。后来，赫利奥多罗斯成了塞萨利的主教。有记载称，教会会议要求他要么焚毁自己的浪漫小说，要么放弃自己的职务。他更倾向于保住作家身份所带来的荣誉，便放弃了教会职位和头衔。他的作品对道德和习俗并无冒犯。很长一段时间内，人们都认为这部作品已经佚失，但在16世纪布达城被占领和洗劫时，一名士兵发现了这部作品的一份手抄本。

就赫利奥多罗斯生活的时代来说，这部浪漫小说的文字非常典雅、明晰，风格甜蜜、质朴，全无矫揉造作之态。小说中有大量的描写，很多描写极其有趣。据说，他对埃及人风俗习惯的描述都十分准确，对特定地方的描写也都很准确，给他的小说增添了一种真实感。然而，赫利奥多罗斯很少对大自然的万物进行描写，即他在描写事件时很少描写与之相衬的壮丽美景。他大多喜欢描写外交使臣和队伍游行盛况的细节，以及祭祀和宗教仪式盛况的细节——身为一名神父，这很正常。在现代小说中，这些描述可能令人厌倦，但在古老的浪漫小说中，对礼仪、习俗和仪式的呈现要比对自然风光的描绘更有价值。

小说中有一张奇特的插图，体现了地中海沿岸国家的社会状态。在描述的事件中，海盗和强盗是主角，但他们的头领并没有被描写成有任何特别恶劣品质或激起小说中其他人物憎恶的人，这种情形似乎与事件发生的时代相一致。在早期的希腊，海盗并不是一种不光彩的职业。在古代诗人的叙述中，沿海航行的水手通常都被问到一个问题，即他们是不是海盗。这样的询问似乎并不被视为一种冒犯，海盗们似乎也会爽快地承认自己的身份。即便到了伯罗奔尼撒战争时期，埃托利亚人、阿卡纳尼亚人以及其他一些国家的人都是靠海盗行为来维持生计。在早期的希腊，居住在海边的人几乎都以海盗为职业。

特阿真尼和卡里克勒亚的浪漫故事为后来的很多作家提供了浪漫素材，这些作家不仅包括希腊作家，还包括西欧的近代作家。这部作品成了英雄小说的典范，贡贝维尔和苏得里的作品使英雄小说在很长一段时间内深受法国人的欢迎。意大利作家也从赫利奥多罗斯的作品中受益良多，塔索的《耶路撒冷》第12章中对克罗琳达出生和儿时生活环境的描写几乎原封不动照搬了卡里克勒亚幼年时的环境。这部小说的情节也被瓜里尼的《忠实的牧羊人》和杜尔菲的《阿斯特蕾》所模仿。许多法国的悲剧故事都是在特阿真尼和卡里克勒亚故事的基础上创作的。

叙利亚

第114章

古代叙利亚

（前1095—前740）

现在的叙利亚是土耳其的亚洲部分的一个省，包括古代叙利亚、腓尼基和巴勒斯坦。所有这些地区占地面积约为7万平方英里[①]，人口近200万人。它是一个地峡，位于向西延伸2 000英里和向东延伸600英里的阿拉伯沙漠之间。作为连接东西方的大门，这里的地理位置极其特殊，因此长期卷入大变革的兴衰起伏之中。

希腊人把叙利亚的领土扩大到了邻近的巴勒斯坦和腓尼基，但在犹太人看来，它们是三个截然不同的国家。就叙利亚本土而言，这里西临地中海，北靠亚玛奴山，南邻阿拉伯半岛，东至幼发拉底河。古代叙利亚主要分为三个部分：（1）叙利亚本土；（2）柯里叙利亚（也称山谷叙利亚，因位于黎巴嫩山脉中的山谷而得名）；

① 1平方英里≈2.59平方千米。——编者注

（3）北部的科马根。沙漠中的帕尔米拉位于叙利亚境内，我们将在下文中对这座著名城市予以详细的介绍。

叙利亚境内的主要山脉有：亚玛奴山、卡修斯山（现在称为卡斯山）、黎巴嫩山和前黎巴嫩山（在《圣经》中也被称为黎巴嫩山，山顶常年积雪）。叙利亚的主要河流有幼发拉底河、奥龙特斯河以及利塔尼河，这几条河流均流经叙利亚。据说，厄娄特洛河在古代有龙出没，它张开大嘴足以吞下一个骑在马背的人。据说，安息河在安息日停止流动。阿多尼斯河的沙粒在雨季时总是略带红色，人们认为阿多尼斯在这里的河岸附近被一头野猪杀死，所以在阿多尼斯的忌日，河水总会泛红。

这里的树林中有棕榈树、悬铃树和柏树。这里葡萄产量巨大，还盛产多种谷物，以及在亚洲和非洲被广泛种植和食用的小米。这里栽培小米的条件得天独厚。这里的气候与巴勒斯坦相似。

叙利亚境内生活着亚洲地区常见的动物，其中也不乏当地独有的物种。叙利亚山羊便是其中一种非常优雅的物种，以其毛发的长度和下垂的耳朵而闻名。几个世纪以来，它的毛发一直极具交易价值。此外，这里的山脉中还生活着狼、胡狼和狐狸。

葡萄园

叙利亚山羊

大马士革是古代叙利亚最重要的城市，被称为“人间乐园”。安条克长期以来都是古代叙利亚的首都，以其风景秀丽、恢宏壮丽而著称，但现今的风采已不及当年。城市附近则是著名的达芙妮树林，人们曾在此以淫荡的方式崇拜维纳斯。希拉波利斯因阿佛洛狄忒神庙而闻名，这座神庙非常富有，以至于罗马将军克拉苏掠夺它的时候，耗费数天时间来对战利品进行称重。埃米萨有一座太阳神庙，神庙祭司黑利阿迦巴鲁斯在14岁时被立为罗马皇帝。沙漠中的泰德穆尔（又称帕尔米

大马士革景观

拉）以及赫里奥波里斯（又称巴勒贝克）将在下文中介绍。

叙利亚最古老的居民应该是亚兰人，或闪的小儿子亚兰的后裔。迦南的儿子哈玛特的后代中有一些人在很久之前曾定居此地。在早期的圣经时代，叙利亚分裂为许多小国或王国，例如大马士革、哈马、罗巴和基述。至于这个国家在什么时候有了第一批居民，我们无从知晓，但我们有理由推测它是世界上最早有人居住的地区之一。现在的叙利亚人依旧保留了他们的传统，声称他们的国家是世界上历史最为悠久的国家。

我们了解到的最早的叙利亚历史资料显示，这里实行族长统治。族长被冠以国王的头衔，古代作家将这一头衔赋予了每个社区①中的统治者、领袖或最高执法官。扫罗王时期便是如此。据记载，当时属于叙利亚的琐巴和美索不达米亚的两位国王都被召唤参加与便哈达的战争。这些被称为“国王”的人一共有32位。然而，在大卫王统治时期，我们发现，大马士革却没有这样的领导者，那里人民自治。后来，大马士革建立了君主制政体。

琐巴或许是叙利亚诸王国中最古老的一个。以色列国王扫罗击败了琐巴诸王之后，大马士革在其遗迹上兴起。大马士革的叙利亚人与大卫王交战，大卫王在一场大战中获胜，占领了大马士革、比拉和比罗他。所罗门统治末期，原为奴隶的利逊挣脱了以色列人的枷锁，建立了大马士革王国。这一事件后不久，希伯来人的国家分裂成以色列王国和犹大王国，这场分裂或许就是叙利亚人能够保持

① 在本书中，社区指在一定地域形成的社会生活共同体，与我国城镇按地理位置划分的居民区有着较大的不同，请读者稍加留意。——编者注

独立的原因。

便哈达一世发动了与以色列人的战争。他的儿子便哈达二世——利逊最出色的继任者——延续了这场战争。据说，在亚哈和约兰统治时期，便哈达二世军队中有32个附庸王。然而，便哈达二世遭到了仆人哈薛的背叛，于公元前884年被处死。哈薛趁机篡夺了王位。便哈达二世在大马士革修建了许多华美的建筑，给他的王国带来了很多荣耀。哈薛是一位勇猛的、成功的统治者。他在与以色列王国和犹大王国的交战中获得了几场大胜，迫使两国国王放弃了重要的领土，并向他进贡。哈薛还占领了红海畔海口以拉他，极大地促进了其统治范围内的商业繁荣。在他死后，叙利亚人把他当作神一样崇拜。

便哈达三世没有父亲那样的才能和精力，在与以色列人的交战中3次战败，失去了父亲之前从以色列人手中夺得的全部领土。在他统治期间或之后不久，叙利亚人就归顺了以色列王国的国王耶罗波安。在耶罗波安死后所引起的混乱中，他们似乎重新获得了独立。古代叙利亚的最后一个国王是利汛。他与以色列王国的国王比加结盟，共同对抗犹大王国的国王亚哈斯，想把他推下王位，扶持大卫家族中一个名叫塔巴尔的人取而代之。联盟的国王们围困了耶路撒冷，但未能攻陷这座城市。他们对这次挫败感到失望，又在下一年发动了一场掠夺性战争。战争结束后，叙利亚人带着丰富的战利品和大量战俘回到了大马士革。

然而，这场胜利却带来了毁灭性的后果。渴望复仇的亚哈斯把能收集到的所有珍宝都献给了亚述国王提格拉·帕拉萨三世，获得了亚述帝国强大的援助。亚述国王率领一支强大的军队进攻叙利亚，占领了大马士革，杀死了利汛。那里的居民或其中大部分居民被迁徙到了米底的基尔。大马士革这个古老的王国在公元前740年覆灭。

历史上对哈马的诸位国王都有所提及，但相关资料甚少。其中有位名叫托伊的国王，在大卫王击败哈大底谢后，向大卫王进献了一件贵重的礼物。这件礼物由金银铜等器具构成，用于庆贺这位希伯来国王的胜利，并借此向他表达忠诚。后来的哈马诸王似乎与以色列人和平相处了一段时间，直到大马士革王国建立。随后哈马臣服于大马士革王国。最终，哈马人被亚述国王辛那赫里布和阿萨尔哈东征服，并被俘虏到很遥远的地方。

基述的国王不过是些微不足道的小王，他们把和大卫王结盟看得比自己的领土更为重要。一般认为，他们属于一个王室家族，这个家族曾在早年间瓜分了整个叙利亚。然而，历史记载中除了有关亚米忽和他儿子挞买的一些内容，并未提及他们的名字。挞买把女儿玛迦嫁与大卫王为妻，生了一个儿子，取名押沙龙。押沙龙谋杀了哥哥暗嫩，外逃3年。如此看来，在亚述人入侵前，基述人一直饱受大马士革的奴役，之后才被征服者俘虏，迁居至其他国家。

第115章

塞琉古王朝的建立及安条克大帝的崛起

（前312—前200）

叙利亚先后落入亚述和波斯的统治之下。但叙利亚被外邦王朝统治期间的历史，并没有翔实的记载。亚历山大征服波斯帝国，为在叙利亚建立一个新王国开辟了道路。这个王国由塞琉古家族统治。这个家族由亚历山大的一位将军塞琉古建立，这一点在前文中已经提及。塞琉古似乎在很小的时候就被挑选作为马其顿国王的侍从，他勇敢、谨慎。亚历山大死后，他受命统领马其顿的骑兵，管理巴比伦政府。最后，整个亚历山大帝国都被亚历山大的将军们瓜分了，叙利亚和腓尼基则划归拉俄墨冬管辖。

塞琉古雄心勃勃，极具野心且不择手段。他想成为一个强大的君主，于是放弃了巴比伦地区，与埃及国王托勒密结盟，共同对抗亚历山大的其他继任者。不久，塞琉古便集结了一支强大的军队，不仅占领了原来的领地巴比伦，还征服了波斯、米底、巴克特里亚和赫卡尼亚。这样一来，他的领土扩大至印度河以西亚历山大曾征服的所有领土，塞琉古也称自己为巴比伦和米底的国王。与此同时，叙利亚从拉俄墨冬手中转移到了安提柯手中，后者是亚历山大的另一位将军。塞琉古大举进攻叙利亚，获得了胜利，于公元前300年成了塞琉古王国的国王。

平定了叙利亚王国后，塞琉古建造了安条克城，这里很快成为东方大都市。此外，他还修建了塞琉西亚、劳迪西亚、阿帕米亚以及其他几座城市。塞琉古在位期间，整个王国在和平中度过了18年，晚期卷入了与昔日盟友的战争。在弗里吉亚的库鲁佩迪安，他与统治色雷斯及邻近地区的利西马科斯展开激战。利西马科斯战死，他的军队溃散，塞琉古便成了亚历山大杰出将领中唯一的幸存者。因为这场重大的胜利，塞琉古获得了“尼卡特”或“征服者”的称号，使他大大区别于统治叙利亚的其他塞琉古家族诸王。然而，他并没有长久地享受这份胜利。他向马其顿进发，打算在自己的故土度过余生时，被托勒密·克劳诺斯背叛并谋杀，于公元前281年结束了辉煌的一生。

塞琉古的儿子安条克一世给父亲举行了盛大的火葬仪式，并建造了一座宏伟的祭堂加以纪念，而后便接管了整个帝国。在统治初期，他宣布放弃支持安提柯对马其顿的统治权，并对长期滋扰、掠夺小亚细亚的高卢人发动了一次远征。他成功地击败这些掠夺者，因此获得了“救世主”的称号。然而，他也并不总能取得胜利，在与帕加马和埃及的战争中，他就吃过几次败仗。高卢人之后再度入侵小亚细亚，进军以弗所。安条克一世再次出兵，不幸战败，于公元前262年在以弗所附近被杀。

安条克二世因为父亲的死对高卢人进行了复仇，受到了臣民的过度吹捧，拥有了“神”的称号。安条克二世统治期间，由于帕提亚人的进犯、各个城市统治者的压迫以及他不明智地将希腊风俗和宗教强加于东方臣民，东部诸省爆发了令人震惊的反抗战争，他的势力也因此迅速衰落。巴克特里亚的统治者狄奥多特不再向其效忠，自立为王。在深陷这些麻烦之时，安条克二世被妻子劳迪丝下毒杀害。劳迪丝在谋杀成功后，立即将他的尸体秘密运走，将另一个人置于王位之上。这个人巧妙地假扮垂死的国王，诱使叙利亚的贵族们承认塞琉古·卡里尼科斯为他们的新王，即塞琉古二世。实际上，真正的合法继承人是安条克二世跟前妻所生的一个儿子。诡计虽然得逞，但卡里尼科斯的统治一直伴随各种骚乱和不幸。在经历了多场内战以及与外邦势力的战争后，塞琉古二世率军前去征服帕提亚人，却于公元前236年战败被俘。他的余生在囚禁中度过，最终于公元前225年去世。

塞琉古二世的长子继承了王位，采用了“雷神”的称号。然而，这个称号与他本身极不相符。他在位3年，以卑鄙愚蠢闻名天下，最后被人毒杀。他的堂兄阿凯夫斯则设法为塞琉古二世的儿子安条克三世保住了王位，安条克三世后来获得“大帝”的称号。这位国王在早期的统治中，被宰相赫米亚斯的诡计引入巨大的危机之中。在赫米亚斯的误导下，他与阿凯夫斯产生了争执——而他本应感激阿凯夫斯帮助他得到王位。此后，赫米亚斯再施诡计，挑动米底总督莫伦和波斯总督亚历山大发动了针对安条克大帝的叛乱。安条克大帝看到自己的将军被叛军击败后，无视宰相的建议，亲自率军出征。双方军队即将交战之时，叛乱士兵的心中却突然涌起一股对国王的忠诚，他们放下了武器，向国王投降。莫伦畏罪自杀，他的尸体被钉在了十字架上，置于米底最高的山峰上。亚历山大闻此惨状，杀死了自己的母亲、妻子和孩子，而后自杀。赫米亚斯则以叛国罪被判处死刑。

与此同时，阿凯夫斯夺取了小亚细亚的王位，埃及国王托勒密四世从南面威胁叙利亚。安条克大帝向南进军，与埃及军队在加沙附近的拉菲亚相遇。有个在叙利亚军队中服役的埃托利亚人，名叫狄奥多特，在黑夜的掩护下，他冒险潜进埃及人的营帐，秘密进入了国王的帐篷，想杀死托勒密四世来终结这场战争。但那夜埃及国王睡在另一个帐篷内，这位勇士把首席医师误认为是托勒密四世，将他杀死，并打伤了两个人，然后在混乱中逃走。

随后，两军在拉菲亚交战，叙利亚军队在战争中溃散。安条克大帝侥幸逃生，同意达成和议，代价则是损失了一块相当大的领土。在逃出埃及军队的追捕后，他与帕加马国王阿塔罗斯结盟，向阿凯夫斯发起战争。阿凯夫斯在萨迪斯抵抗一年多，最终遭到了一部分克里特人的背叛。安条克大帝看到这位助他得到王位的功臣像个普通罪犯一样，戴着锁链被带至他的面前，内心思绪万千，眼眶涌出热泪。然而，国家在他心中的分量压过了这份同情，他下令在当天上午将其斩首。

阿凯夫斯的死给小亚细亚的战争画上了句号，安条克大帝把目光转向刚从叙利亚独立的东部诸省。他大举进攻米底和帕提亚，大获全胜。帕提亚国王阿尔沙克愿意协助安条克大帝征服剩余的几个省份，以此换取和平。安条克大帝不断获胜，与伯提卡国王进行政治联姻，恢复了与印度北部统治者的友好关系，并且在阿拉霍西亚和卡曼尼亚等地建立了统治。之后，他回到国内。经过7年对外征战，安条克大帝的名声不仅在亚洲国家，在欧洲国家中也令人生畏。

他回国后不久，也就是公元前205年，埃及国王托勒密四世去世。安条克大帝立刻与马其顿的腓力五世结盟，企图瓜分年轻的埃及国王托勒密五世的领土。为实现这一计划，安条克大帝向之前从自己手中失去的柯里叙利亚和巴勒斯坦进军。在两场战役中，他重新收复了这些领土。与此同时，罗马元老院应埃及人的请求，承担起监护照顾托勒密五世的任务，并下令安条克大帝和腓力五世从新征服的行省撤回各自的军队。这一命令使二人非常不满。罗马使者M.埃米利乌斯·雷必达向这两位国王传达了这一指示，并前往埃及宫廷，把公共事务的管理权交给了一位经验丰富的老臣阿里斯多美奈斯。

这位新统治者派遣了一支庞大的军队在埃托利亚人斯科帕斯的指挥下，向巴勒斯坦和柯里叙利亚进军。在很短的时间内，整个犹大王国都被埃及征服。柯里叙利亚的数座城市被占领，埃及军队满载战利品回到了亚历山大城。然而，安条克大帝一率领军队出征，形势就发生了变化。斯科帕斯派兵阻挡安条克大帝进军，但在一场惨烈的战斗中战败。许多重要城市被叙利亚人占领。耶路撒冷人归顺了安条克大帝，他们欢呼着迎接这位征服者。不久之后，塞琉古王朝和托勒密王朝达成和议，托勒密五世和安条克大帝的女儿克利奥帕特拉联姻，安条克大帝下令用部分被占行省给公主当嫁妆。

第116章

塞琉古王朝的衰亡

（前200—前65）

安条克大帝就这样无所顾忌地向小亚细亚扩张。他派两个儿子米特拉达梯和阿尔都阿斯率陆军前往萨迪斯，命令他们在那里驻扎；他则亲自率领一支舰队沿水路北上，舰队十分强大，足以震慑地中海沿岸的所有国家。他途经奇里乞亚、潘菲利亚、卡里亚和利西亚时，许多港口为了躲避他的报复选择自愿投降，以弗所和科拉凯西乌姆也被攻占。

在此之前，小亚细亚的雅典诸城邦在各自政府的治理下呈现出一片安定、繁荣的景象，而现在他们被这一系列事件所震惊。他们理所当然地认为，安条克大帝的目的是使他们屈从其统治，就好像塞琉古先王们曾对他们施加的暴政一般。因此，他们向罗马寻求保护，以抵御这个强大的敌人。罗马元老院急于借此干涉亚洲事务，便立即派遣使者前往。

当时，安条克大帝率领他的军队向更远的北方进军，想要占领色雷斯的克森尼索。罗马使者和大批亚洲的雅典城邦的代表抵达其军营时，安条克大帝正忙于重建利西马其亚。这座城市不久前刚被色雷斯人摧毁，他想修复这座城市，并将它作为帝国的都城。安条克大帝对待这些罗马使节极为尊重，这些到访者也使尽浑身解数劝说他放弃自己的计划。最终，双方不欢而散。罗马一方摆出一副神气十足的样子，蛮横地要求安条克大帝归还从埃及国王手中夺走的所有省份。安条克大帝对这个无礼要求十分恼怒，在汉尼拔（汉尼拔先前遭到罗马人迫害，被逼离开自己的国家，而后受到了安条克大帝的庇护）的煽动下，驳回罗马人的要求，战争随即爆发。

安条克大帝没有采纳汉尼拔的建议，错失了有利的战机。在一系列战役中，他被从欧洲赶至亚洲，只能采取守势。最终，他在马格尼西亚附近的西皮洛斯山战败，被迫求和。罗马人剥夺了他在小亚细亚的所有领土，其中大部分土地属于帕加马王国。不幸的安条克大帝没在这种命运的逆转中维持多久。他在向东部诸省进军时，为了征收贡品，鲁莽地夺取贝拉斯神庙的财宝，于公元前187年被愤怒的民众杀死献了祭。这便是安条克大帝一生的结局。古代史学家对他的仁慈温和及慷慨大度予以盛赞。50岁之前，他取得了辉煌的胜利；50岁之后，他的政治重要性逐步下降，最终与罗马人签订了耻辱的和约，完全掩盖了他之前的辉煌功绩。

塞琉古四世继承了一个正在急速衰退的帝国，当时他要向罗马人进奉大量的贡品。他统治期间，国力衰退，而他自己也没什么作为。他派遣赫利奥多罗斯前去掠夺耶路撒冷的神殿，但不久后就被赫利奥多罗斯反戈一击。公元前175年，赫利奥多罗斯毒杀了塞琉古四世，篡夺了王位。塞琉古四世的弟弟安条克四世向帕加马国王欧迈尼斯二世求助。在欧迈尼斯二世的帮助下，安条克四世赶走了篡位者，夺回了王位。

安条克四世给自己冠以“辉煌的伊皮法尼”的名号。根据同时期古代作家的说法，他的名号与他本人极不相符。他骄奢淫逸，被人们称为“疯子伊皮法尼”。他喜欢在安条克城的大街上散步，身后跟着两三个侍从；他时常去金匠和雕刻师的铺子，一待就是一天，总是不懂装懂地和他们讨论行业的秘密；他得知放荡的年轻人正在举办宴会寻欢作乐时，总是迫不及待地想要加入，和他们一起肆意嬉戏。他早就将国王的威仪抛诸脑后。有时他还会头戴玫瑰花环，身穿罗马长袍到处闲逛，长袍下藏有石头，随时攻击那些疑似跟踪他的人。他也时常去公共浴池，在那里，表现出一系列荒唐的言行。

安条克四世登上王位伊始便发动了与埃及的战争，因为托勒密王朝宣称拥有叙利亚和巴勒斯坦的主权。叙利亚人在这场战争中大获全胜，并侵入亚历山大城。埃及王位的合法继承人托勒密六世被他的兄弟费斯康驱逐出境，而后落入安条克四世手里。安条克四世和他达成了有利的和议。但安条克四世刚撤出军队，埃及王室的兄弟二人便达成了和解，联合起来对抗叙利亚。因被背叛而感到盛怒的安条克四世立即作出决断，指挥军队进攻埃及，但他进军的脚步遭到罗马人的干预。在罗马人的专横要求下，安条克四世不得不放弃之前的战果，退出埃及。远征回程的路上，安条克四世迁怒于一座无辜的城市——耶路撒冷，以最残暴的方式屠杀城中居民。他留下了一支6万人的军队，铲除犹大英勇反击的少数战士。他还下令禁止遵守犹太律法，亵渎耶路撒冷圣殿，并在祭坛上立起了自己的雕像。

此后，安条克四世颁布了一项法令，命令所有受他统治的国家信奉希腊人的宗教。这项法令引发了帕提亚人和亚美尼亚人的起义。安条克四世随即率领军队攻入亚美尼亚，打败并俘虏了亚美尼亚王阿尔塔什斯。之后他又把目标转向波斯，迫使波斯每年纳贡。行军途中，他打算掠夺埃利迈利的一座神殿，但城中和邻近村庄的居民立即拿起武器将其击退，令他名誉扫地。他不得不接受这种耻辱，退回到埃克巴坦那。在埃克巴坦那他得到消息，他的军队在犹大战败，犹太人拆毁了异教雕像，恢复了古代的崇拜仪式。这条消息令安条克四世震怒。他立即率兵出征耶路撒冷，想要灭绝整个犹太民族。然而，就在他为这一目标加紧行动时，他在前往巴比伦的途中突然去世了，时为公元前164年。

他的儿子安条克五世继承了王位。安条克五世注定是一位短命的君主。他的堂兄德米特里曾在罗马为质，而后从罗马逃往亚洲。他一出现，便有一群忠心耿耿的追随者，使他轻而易举地从还是孩子的安条克五世手中夺走了王位。德米特里一世有着亚洲君主惯常的残忍，夺取王位后，他立刻处死了安条克五世，并设法让罗马元老院赦免了他的罪行。经过一段不光彩的统治后，他最终在一场战役中被亚历山大·巴拉斯所杀。巴拉斯是个骗子，谎称自己是不幸的安条克五世，骗取了罗马人和犹大马加比家族的支持。后来，他被德米特里·尼卡特打败，被迫逃到阿拉伯半岛避难，在那里被杀身亡。

尼卡特随即登上王位，但不久后他便失去了人民的爱戴，被逐出安条克城。之后，他受希腊和马其顿殖民者后代的邀请，试图在上亚细亚建立一个新的国家，抵御帕提亚人的进攻。在实施这项计划的过程中，他被敌人所擒，关押了10年。他的弟弟安条克七世成了叙利亚国王后，又陷入了与帕提亚的战争中，于公元前130年被自己的盟友设计杀害。

随后又发生了一系列血腥内战和暴力叛乱，这些细节只会使读者感到厌倦，我们在此一笔带过。最终，叙利亚人厌倦了漫长的混战，决心把塞琉古家族推下王位，希望改朝换代后可以在新王的统治下获得安宁。因此，他们在公元前83年将王位给了亚美尼亚国王提格兰二世。经历了很长一段时间的繁荣后，这位国君陷入了与罗马人的战争中。在战争末期，也就是公元前65年，他被罗马统帅庞培赶下叙利亚王位。被塞琉古王朝统治了近两个半世纪后，叙利亚最终沦为罗马的一个行省。

塞琉古王朝国王列表①

国王	即位时间（公元年）
塞琉古一世	前312
安条克一世	前281
安条克二世	前261
塞琉古二世	前246

① 这个王朝现存的钱币种类众多。塞琉古一世在位期间的钱币和其他时期的钱币有明显区别，无论在类型、风格还是重量上，都与亚历山大大帝时期的钱币极为相似。——原注

（续表）

国王	即位时间（公元年）
塞琉古三世	前225
安条克三世	前223
塞琉古四世	前187
安条克四世	前175
安条克五世	前164
德米特里一世	前161
亚历山大一世	前150
德米特里二世	前145
安条克七世	前138
塞琉古五世	前126
安条克八世	前125
安条克九世（与安条克八世同时在位，直至公元前96年两人在同年去世）	前114
塞琉古六世（安条克八世的儿子，被安条克十世驱逐到奇里乞亚，于公元前95年被杀）	前96
安条克十世	前95
安条克十一世	前95
腓力一世	前95
安条克十二世	前87
亚美尼亚国王提格兰二世	前83
安条克十三世（于公元前65年被庞培击败，系存在了247年的塞琉古王朝的最后一个国王）	前69

第117章

罗马统治下的叙利亚

（前65—1841）

罗马内战期间，争夺共和国权力的各方冲突不断，叙利亚人深受其害。除此之外，强盗们无尽的掠夺也搅乱了人民的正常生活。更加雪上加霜的是还有帕提亚人的入侵。直到奥古斯都完全掌握统治大权后，叙利亚作为罗马帝国的一部分才逐渐稳定下来。它由一位在安条克的总督统治。6年，犹太国王阿基劳斯被流放，叙利亚行省由于增添了犹大和撒玛利亚两个地区，面积得到扩张。有人认为，帕尔米拉城以及帕尔米伦地区也与叙利亚有政治上的联系，这一点，我们将在另一部分进行介绍。

在罗马诸帝的统治下，叙利亚被视为人口最多、最繁荣富裕的东方行省之一。戴克里先和君士坦丁在位期间，国界有过几次变动。哈德良则在幼发拉底河确定了叙利亚和罗马帝国的东部边界。叙利亚一直都是商业帝国，是连接东西方的商业中心。哈德良时代之后，罗马帝国势力逐渐衰落，帕提亚人和波斯人再次入侵叙利亚边境。258年，波斯国王沙普尔一世占领并征服了几乎整个叙利亚行省，但后来帕尔米拉君主奥登纳图斯推翻了他的统治。3世纪末，沙漠中的阿拉伯人开始在叙利亚及其边境出现，他们有时加入罗马军队，有时加入罗马敌人的一方。

7世纪初，波斯人再次开始了他们的入侵。库思老二世先是武力征服了美索不达米亚及其周围地区，而后又率领波斯军队围绕幼发拉底河流域作战，占领了叙利亚的不少城市，最终在611年成为安条克的统治者。他也差点摧毁了安条克。622年，拜占庭皇帝希拉克略向库思老二世开战，经过一系列战争，打败了库思老二世，并把他驱至底格里斯河之外。库思老二世的儿子及继承人卡瓦德二世在628年与希拉克略讲和，有一个条件是卡瓦德二世要归还真十字架。这个十字架据说是614年库思老二世的军队洗劫耶路撒冷后被带到了波斯。然而，这是罗马军队在东方取得的最后一场胜利。希拉克略收复叙利亚行省，直接引发了波斯的覆灭。

随着伊斯兰教势力的崛起，这个新生宗教的军事精神影响了许多国家，叙利亚便是其中之一。穆罕默德的信条刚在阿拉伯半岛传播，他的信徒们就开始带领军队攻打邻国。入侵叙利亚，在他们看来刻不容缓，征兵的条令当即下发到各个阿拉伯部落。参军者都是这个新生宗教的信徒，他们人数众多，为了同一个目的——入侵叙利亚而汇集于此。

634年，这些来自沙漠、到处劫掠的部落发动了可怕的入侵，希拉克略对这一入侵的威胁大为震惊。他派遣了一支强大的军队前往边境迎战阿拉伯人，但是这支军队遭遇惨败。他的另一支军队却在加沙大获全胜，但这次胜利并没有阻止入侵者的步伐。阿拉伯的一名将军哈立德攻下了波斯拉，又在获得了几场胜利之后，随即进军大马士革。

希拉克略派出了一支10万人的军队援救这座城市。他们进行了3次战役，阿拉伯人大获全胜，最终攻陷了大马士革。一座座城市在入侵军队的进攻下失守。希拉克略派去援救叙利亚人的另一支军队也在雅穆克战役中一败涂地。受到这些胜利的鼓舞，阿拉伯人在阿布·奥贝达的率领下围困耶路撒冷。4个月后，耶路撒冷的守军陷入绝境，不得不投降。637年，哈里发欧麦尔亲自接受圣城的归降。耶路撒冷自此为阿拉伯人所占领。

阿勒颇是他们下一个进攻目标。这座城市英勇抵抗了4个月，最终沦陷，阿勒颇的统治者和他的几名官员也信奉了伊斯兰教。安条克和凯撒利亚并未做什么抵抗，便落入入侵者的手中。希拉克略因这些惨败而感到沮丧，选择了逃离。他的儿子在抵抗入侵失败后，跟随父亲的脚步去了君士坦丁堡。阿拉伯人攻占了小亚细亚奇里乞亚边界的山上堡垒后，彻底地征服了这个地区。自阿拉伯人首次入侵叙利亚，到完全征服叙利亚，一共用了6年时间。

从此，叙利亚成为阿拉伯帝国的一部分。这次征服后不久，哈里发将他的皇宫从麦地那迁到了大马士革，大马士革成为帝国的首都。762年，帝国的首都再次迁往巴格达，直到13世纪阿拉伯帝国灭亡。在阿拉伯帝国统治时期，叙利亚多次成为内战的战场，并一度被纳入埃及的统治范围。

十字军东征开始后，法兰克军队入侵了叙利亚，叙利亚的大部分土地落入他们手中。相关的细节会在十字军东征的历史中讲述。

基督徒被驱逐后，叙利亚处于埃及马穆鲁克的统治之下。16世纪初，奥斯曼帝国苏丹塞利姆一世卷入了和波斯人的战争。1514年，塞利姆一世在大不里士的一场大战中获得胜利。战争中，波斯人获得了马穆鲁克苏丹卡姆森·伽乌里的支持。塞利姆一世为了报复这种敌对行为，转而进攻叙利亚，当时叙利亚还处在马穆鲁克的统治之下。卡姆森随即出兵迎击，两军在阿勒颇相遇。经过一场血腥的战斗，马穆鲁克战败，卡姆森被杀。阿勒颇向征服者敞开了大门，之后其他城市也相继归顺。1516年，叙利亚纳入了奥斯曼帝国的版图。

在土耳其人统治下，叙利亚由帕夏管理。帕夏由君士坦丁堡的国务会议任命，但他们对臣民施行的却是不负责任的专制统治。埃及帕夏穆罕默德·阿里是位勇敢、有魄力的战士。他出身卑微，一步步崛起，上升至独立君主的地位，并利用君士坦丁堡政府的弱点，于1832年成为叙利亚及邻近地区的主人。他也由此陷入了与土耳其苏丹的战争。穆罕默德·阿里要求享有所征服领土的继承权，但土耳其苏丹拒绝了这项要求，给了他叙利亚的终生统治权以及埃及的世袭所有权。在这一问题上的争执最终将欧洲主要强国牵涉进来。俄罗斯、普鲁士、奥地利和英国都选择支持土耳其苏丹，而法国则倾向于支持穆罕默德·阿里。经过一系列协商后，支持苏丹的国家结成联盟，决定以武力将埃及军队赶出叙利亚。而那时的埃及军队由穆罕默德·阿里的儿子易卜拉欣帕夏指挥。

易卜拉欣帕夏对叙利亚的统治非常残酷。他用计解除了德鲁兹人和其他山地部落的武装，并向整个叙利亚的臣民征收重税。此外，他还命令年轻人在军队中服役，让他们修建防御工事。整个征兵体系引起了强烈的反对和不满。为了躲避征兵，许多年轻人自行剁去手指或挖去一只眼睛。这样的行为愈演愈烈。最后，易卜拉欣帕夏颁布了一条严苛的法令——所有自残躲避兵役的人都会被判处死刑。在大马士革，士兵们在夜间包围所有的房子，等白天到来时，他们便进入每一座房子，将所有强壮、健康的青年男子带到军队中去。

1839年，住在山区的人们反抗埃及政府，袭击了帕夏在贝鲁特的司令部及其他要地。易卜拉欣帕夏对他们发动了残酷的战争，放火烧毁了他们的村庄，破坏了他们的庄稼，杀害了他们的妻儿。战争期间，一支由英国、奥地利和土耳其组成的舰队抵达贝鲁特，要求那里的指挥官即刻投降。这一要求遭到了拒绝，舰队于是连续炮轰这座城市，几乎将其摧毁。与此同时，苏丹剥夺了穆罕默德·阿里对叙利亚的统治权，宣布他是一个反叛者。埃及军队在叙利亚节节败退，士兵大量逃亡。同盟的舰队沿着海岸航行，除了圣约翰阿卡城，炮击并占领了沿岸的所有防御工事。

圣约翰阿卡城是一座非常坚固的城市，在十字军东征的历史中赫赫有名。

1839年12月3日，这座城市遭到了联合舰队的袭击。3个小时的持续炮击后，当地居民放弃了这座城市，但可怕的灾祸还是降临到守军身上。舰队的炮弹落在了要塞的火药库上，火药库当即爆炸，1 200人被炸死，周围建筑也被炸成了碎片。这场可怕的灾难使埃及军队士气低落，四散溃逃。当胜利一方进入城市时，呈现在他们眼前的是一派残酷、恐怖的景象。房屋和防御工事被悉数摧毁，街道上满是爆炸后的肢体碎块。火药的爆炸不仅杀死了英国海军的先遣部队成员，还炸死了带着孩子在尸体中寻找丈夫的阿拉伯妇女。

占领圣约翰阿卡城是这场战争的决定性事件。经过长期的谈判后，穆罕默德·阿里同意从叙利亚撤兵。叙利亚在1841年回到了土耳其的统治之下。自此，该地区再也没有发生过值得关注的历史事件。

第118章

叙利亚的马龙派教徒

（676—1588）

大约6世纪末，当隐居于世的修道士精神处于既狂热又新奇的状态时，在叙利亚奥龙特斯河畔出现了一名修道士，名叫马龙。这位修道士斋戒、隐居、苦行的生活方式受到了附近人的尊敬和崇拜。在那时，罗马和君士坦丁堡的矛盾渐起，他利用自己的声誉支持西方的基督徒。马龙去世后，其追随者的激情并没有减弱，反而产生了全新的热情。据说，他的遗体发生了奇迹。邻近城镇有许多人聚集起来，在哈马为他修建了教堂和坟墓。后来那里建起了一座修道院，在叙利亚非常有名。罗马和君士坦丁堡两大教会的纷争不断升级，整个叙利亚都热烈地参与到教士和贵族们的斗争中来。

大约在7世纪末，一个名为约翰的马龙派修道士，通过布道的才干和名望，被称为“拉丁人事业的一个最强大支持者”或“教皇的坚定支持者之一”。他们的反对者们站在君士坦丁堡皇帝一边，被称为“麦勒卡派”或“保皇派”，那时“保皇派”在叙利亚取得了很大的发展。为了抵制他们，拉丁人决定派马龙派的约翰到他们中去。约翰立即召集了他的坚定支持者，队伍不断壮大，却遭到了麦勒卡派的强烈反对。约翰认为有必要采取武力的手段进行抵抗，于是他召集了在叙利亚的所有拉丁人，自己也加入其中，于676年在黎巴嫩山建立了一个独立的民事和宗教社区。

这些人以“马龙派”为自己命名，并制定了自己的规章制度和军事纪律。他们配有武器，也有自己的领导者。他们利用空闲时间与基督徒的共同敌人及小邦作战。在很短的时间里，他们几乎占领了所有的山区，领地远至耶路撒冷。穆斯林之间的分裂推动了马龙派的征服进程。穆阿维叶对大马士革哈里发的反叛，迫使哈里发和希腊皇帝签订了不利的条约，而签订这项条约的条件之一是希腊皇帝必须将哈里发从马龙派手中解放出来。希腊皇帝查士丁尼二世践行了这一条约。他使用的手段十分卑劣，派人行刺了马龙派的首领。这位首领是一位慷慨大度之人，他将行刺者请到家中，却毫无防备之心。

刺杀成功后，行刺者又使用诡计迫使1.2万名马龙派信徒离开他们的领地。这一系列行为为穆斯林的军队开辟了一条自由的通道。另外一场迫害也让马龙派信徒面临着彻底毁灭的威胁。查士丁尼二世派遣军队与他们作战，摧毁了哈马的修道院，杀害了500名修道士。就在君士坦丁堡即将发生一场大屠杀时，查士丁尼二世被废黜，马龙派在继任者的率领下向入侵者发起了进攻，将他们一举击溃。从那以后，我们再也没有在史书上发现这些人的踪迹，直到十字军到来。

马龙派信徒和十字军有时和平相处，有时敌对冲突。在这期间，马龙派失去了部分领土，面积缩减到现今的领土范围内。另外，只要阿拉伯人和突厥人逼迫，他们便要进贡。1014年，埃及的哈里发把马龙派的领土割让给了阿勒颇的突厥君主。两个世纪之后，埃及苏丹萨拉丁将十字军赶出了叙利亚，马龙派不得不臣服于埃及苏丹，用进贡换取和平。

大约在1215年，马龙派信徒和罗马教会联合，自此二者再也没有大的分离。中世纪的编年史作家提尔的威廉讲述了这一情况，他还补充道："那时他们有4万人能够拿起武器。此后的和平给了他们勇气，他们与邻近的德鲁兹派联手，每日都要进攻土耳其人，但并未取得成功。"苏丹穆拉德三世派遣埃及帕夏易卜拉欣向他们开战，并于1588年征服了他们，令他们每年纳贡，直到现在还是这样。

马龙派信徒分为两个阶级——谢赫和平民。谢赫是马龙派信徒中最杰出的居民，不论从家族渊源还是财力来说，都要比平民更为优越。他们散居在山上的村落中，住着独立式住宅。所有人都是农民，依靠自己的双手耕种所拥有或租用的小片土地。但谢赫区别于平民的是，他们穿着斗篷、饲养马匹，还有一些吃住方面的优势。所有人都过着简朴的生活，没有过多的享受和消遣，也没什么欲望。他们对奢侈品所知甚少。总的来说，他们贫穷，但每个人又不缺乏生活必需品。像欧洲和美洲一样，个人财产是神圣的。无论是白天还是夜晚，旅行者都可以在他们的领地安全地旅行。陌生人在马龙派的领地会被热情地招待，就像在阿拉伯国家一样。

马龙派的信条与基督教的教义基本一致，遵从一夫一妻制。婚礼通常在双方还不相熟的情况下举行，有时新人还未见过面。但从

马龙派信徒

另一方面来说，他们也有与基督教教义相违背的信条。他们容许并保留了阿拉伯人的复仇习俗，被谋杀者的最近亲属有责任进行复仇。由于彼此间缺乏信任，他们形成了一种习惯，即每个人，无论是谢赫还是平民，出行都要佩带火枪和短剑。他们没有常备军，所有人在战争时期都有义务参军。

在宗教事务上，马龙派依附于罗马。尽管他们承认教皇拥有至高的权威，但他们的神职人员会选出自己的首领，被称为“巴托拉克”或“安条克宗主教”。他们的神父可以结婚，像早期的基督教会一样，但他们的妻子只能是处女，不能是寡妇，他们也不能再婚。他们用叙利亚语唱弥撒曲，但其中大部分人一个词都听不懂。他们用阿拉伯语大声朗读四福音书，便于理解。神父无法从教会获得收入，但可以通过听众自发的捐赠，通过自己双手的劳动换取微薄的钱物维持生计。他们的贫穷换来了应有的尊重。每个村落都有自己的教堂、神父，而每个教堂都有自己的大钟——这在任何其他土耳其领土上闻所未闻。马龙派信徒对拥有这样一项特权颇感得意。他们不愿意被剥夺这项特权，也无法忍受穆斯林混居在他们当中。他们认为自己也有戴绿色头巾的权利。在他们的领土以外，这一行为会令基督徒付出生命的代价。

第119章

叙利亚的德鲁兹人

（996—1613）

我们有必要将这个独特民族的起源追溯到伊斯兰教早期。大约在穆罕默德去世后20年，他的女婿阿里和叙利亚的阿拉伯统治者穆阿维叶之间的争端，引发了阿拉伯帝国的第一次教会分裂，此次争端也一直延续到现今的穆斯林中。然而，这次意见分歧在最开始只和世俗的权力有关，无论穆斯林对先知的合法继承权持有何种不同的意见，他们的宗教教义都是一致的。直到下一个世纪，对希腊著作的研究在阿拉伯人中引入了一种讨论和质疑的精神，而他们先前并非如此。他们讨论不易举证之事，遵循一种难以理解的逻辑抽象原则。最后，他们分裂成了许多教派，每个教派都持有不同的主张。

在那段时期，阿拉伯人的统治失去了大部分的权威，无法恢复人们对穆罕默德的统一信仰。那些信奉伊斯兰教的国家将宗教与古老的迷信混杂在一起，而那些曾在古代亚洲普遍存在的异端信仰也再次重现，虽然在形式上发生了一些改变。（许多古代宗教所信仰的）轮回或灵魂转世、善恶原则以及4 000年后世界革新的思想，都再次在穆斯林中复兴。在这一场政治和宗教混乱中，每个狂热分子都变成了一个布道者，而后又都变成了某个教派的领导者。历史记载了其中60多人的事迹。他们的追随者甚多，他们在信仰上各不相同，但都否定异端邪说和谬见。这便是11世纪初期伊斯兰教世界的状态。

996年，埃及法蒂玛王朝的哈里发艾卜·阿里·曼苏尔·哈基姆继位，时年11岁。他是萨拉森历史上最奇特的统治者之一。他使穆罕默德的同伴——早期哈里发们在清真寺内受到公开的诅咒，但后来又取消了诅咒。他强迫犹太人和基督徒发誓放弃他们的宗教，但随后又允许他们重拾信仰。他下令禁止制作女性穿的便鞋，让她们待在屋内。为了消遣，他放火烧毁了半个开罗（埃及首都），而他的士兵抢劫了另一半。然而，他对这些出格的行为并不满足，他还下令禁止去麦加朝圣，严禁斋戒，禁止穆斯林每天进行5次祷告，最终竟疯狂到渴望自己成为上帝。他下令将那些认为他是上帝的人记录在案，人数达1.6万。有位名叫穆罕默德·本·以斯拉尔（外号“德拉齐”）的假先知很支持他对宗教的亵渎。假先知来自波斯，他鼓励埃及的哈里发挥霍无度，但这些行为的后果引发了人们的叛乱，发动叛乱的人们杀死了这位君主和假先知。

两人的死并没有限制其主张的进一步发展。这位假先知有一位名叫哈姆扎·本·艾哈迈德的门徒，他在埃及、巴勒斯坦、叙利亚沿海、西顿和贝鲁特孜孜不倦地宣扬他们的主张。受他影响而改变信仰的人遭到了当权教派的迫害。他们在黎巴嫩的山上修建了庇护所，可以更好地自卫；于是他们在这里定居下来，形成了一个独立的社区。他们从波斯假先知德拉齐那里获得了“德鲁兹”之名。他们在许多事情上意见相悖，但出于安全上的紧迫需求，被迫互相容忍。后来，他们团结起来共同抵御十字军、阿勒颇苏丹、马穆鲁克以及奥斯曼土耳其人。土耳其人在16世纪对叙利亚的征服，并未改变自己当时的处境。苏丹塞利姆一世在占领叙利亚之后又征服了埃及。在返回的路上，他想到的是要征服整个欧洲，而不屑于在黎巴嫩山的德鲁兹要塞上浪费时间。他的继任者苏莱曼二世则不断参与大的战争，更是无暇顾及这些人。

在侥幸不被奥斯曼帝国征服的情况下，德鲁兹人不再满足于仅仅保持独立，而是时常下山抢掠周围的土耳其领土。土耳其帕夏试图击退他们的入侵，但一切都是徒劳，他的军队一次次被击溃。直到1588年，穆拉德三世对帕夏的抱怨感到厌烦，便下定决心动用一支强大军队解决掉这个麻烦。这个计划取得了一定的成功。他的将军易卜拉欣帕夏从开罗出发，对德鲁兹人和马龙派进行了有力的打击，迫使他们退到了山中。这次战争导致了德鲁兹人首领之间的不和。易卜拉欣帕夏利用这个机会从他们那里勒索了100万银圆。在此之后，他们每年都要向土耳其宫廷进贡。

此次远征使德鲁兹人的政治体制发生了很大的变化，并由此进入了一个新时代。此前他们一直处于无政府状态，受到不同的谢赫或领导者的管理。他们也分为两派，一派持红旗，另一派则持白旗。为了简化行政管理，易卜拉欣帕夏准许他们推举出一名首领负责贡品事宜，并履行地方行政官的职责。职位的性质决定了管理者有很大的权力，几乎可以算是共和国的国王。然而，由于管理者都是从德鲁兹人中选出，导致了一个土耳其人未曾预料到的后果，并对土耳其人至高无上的权力产生了致命的冲击。德鲁兹首领拥有随意支配整个民族的权力，指挥他们行动一致，自然而然地，德鲁兹人会与土耳其人作对。德鲁兹人虽已臣服于土耳其，但从未停止敌对行动。他们谨慎地采取了间接作战的方式，造成假象，进行了很多比公开作战更危险的秘密敌对行动。

德鲁兹人的势力在17世纪初达到了顶峰，这要归功于著名的埃米尔法赫鲁丁的才能和雄心。这位君主被选为德鲁兹人首领后不久，就把注意力放在了削弱奥斯曼帝国的势力上，以牺牲土耳其人为代价扩充自己的权力。为实现这一目标，他展现出了非凡的口才。首先他通过证明自己的忠心赢得了土耳其宫廷的信任，而后又向阿拉伯人发动了战争，当时他们不断骚扰巴勒贝克平原和叙利亚其他地区。法赫鲁丁从被破坏的家园中拯救了许多居民，给了他们

叙利亚的德鲁兹人

理想的住所，让他们在自己的统治下过上了平静的生活。贝鲁特的地理位置也非常适合他的计划，这里便于和外部进行交流，尤其是土耳其人的天敌——威尼斯人。

法赫鲁丁利用这个地区总督渎职的机会，将他驱逐并占领了这座城市。他精明地上缴大量的贡品，与君士坦丁堡的苏丹宫廷达成了和平。而后，他又用同样的手段占领了赛达、巴勒贝克、苏尔及其他地区，直到1613年左右，他成了一位领土面积足以让自己获得尊荣的小国之主。的黎波里和大马士革的帕夏们无法再对这些入侵行为坐视不管。有时他们会公开反对法赫鲁丁，然而都是徒劳；有时他们和土耳其宫廷联手暗地谋划摧毁他，但是法赫鲁丁在君士坦丁堡的宫廷中安插了暗探和党羽，敌人的每一次行动都被他扼杀。

最终，土耳其国务会议对法赫鲁丁的行动有所警觉，准备发动足以摧毁他的远征。无论是出于策略还是出于恐惧，法赫鲁丁并不想安静地等待暴风雨的到来，他寄希望于早前有过密切联系的意大利，决定亲身前往。他把管理的相关事宜交付给儿子阿里后，在贝鲁特登船，前往佛罗伦萨的美第奇宫廷。

第120章

法赫鲁丁的陨落及德鲁兹人的消亡

（1613—1840）

在意大利，这位东方贵族的到来引起了广泛的关注。他的民族，尤其是德鲁兹人的起源是最常被询问的问题。世人对德鲁兹人的历史和宗教知之甚少，尚不明确应该把他们归为穆斯林还是基督徒。意大利人想到了十字军，随即就有人提出，在叙利亚山区避难的人是这片地区土著的敌人，这群避难者正是十字军的后代。这个毫无根据的假说对法赫鲁丁的计划十分有利。他不予反驳，并假称与加洛林家族有渊源，助长了人们的误解。传教士和商人们为了扩大传教和经商的机会，也认可了他的说辞。

当一种观点被普遍接受时，人们总会发现新证据来证明它的真实性。语源学方面的研究发现了名字之间的相似性，语言学家坚持认为德鲁兹和法国古城德勒其实是同一个词，并在此基础上形成了法国十字军建立所谓殖民地的一套说法，即这些十字军在德勒伯爵的带领下，在黎巴嫩山区建立了殖民地。图德拉的拉比·本杰明曾提到过德鲁兹，而他生活在第二次十字军东征之前，这一事实完全推翻了这个假说。此外，也有假说称因为德鲁兹一族是法兰克人的后裔，必定会保留一些欧洲语言的痕迹，但德鲁兹人的语言是纯粹的阿拉伯语，一点儿西方语言的痕迹都没有。

在意大利居住了9年之后，法赫鲁丁回到了自己的国家并重新掌握大权。他不在的这段时间里，他的儿子阿里击退了土耳其的军队，平息了人民的不满，社会井然有序。对法赫鲁丁来说，除了将新汲取的知识应用在完善政府内部管理以及提升人民福祉，并没有多少其他事可做。然而，他并没有将欧洲实用、宝贵的技术引入自己的国家；相反，他完全放任自己过着纸醉金迷的生活，这也正是他在意大利时所热衷的生活。他不顾国民的反对，修建了许多别墅，建造了昂贵的浴池和精致的花园。他还用大量的绘画和雕塑来作为装饰，这些在《古兰经》中都是被禁止的。

不久，德鲁兹人产生了不满。法赫鲁丁与邻近的帕夏也产生了冲突。最终，苏丹决定亲自解决这个几乎成为自己对手的逆臣。大马士革的帕夏接到了进攻法赫鲁丁长期居住之地贝鲁特的命令。土耳其的战舰从海上封锁这里。法赫鲁丁和他的儿子英勇地保卫这座城市。他们在两次交战中都击退了土耳其军队，但阿里在第三次战役中战死。法赫鲁丁为军队的损失感到恐慌，又为儿子的死感到痛心，他的身体也因为年龄增长和生活骄奢淫逸而日渐衰弱，最终他失去了所有信心，选择了逃跑。土耳其军队追到了一处多石的山顶的要塞，徒劳地围困了他整整一年，而后撤退。

此后不久，那些曾与他同甘共苦的人对生活的苦难感到厌倦，背叛了这位年迈的战士，把他交给了土耳其宫廷。法赫鲁丁被押至君士坦丁堡，苏丹很高兴地看到一位如此声名显赫的君主臣服在自己脚下。出于优越感，一开始他对法赫鲁丁十分宽容，但不久后他又变得嫉妒起来。在朝臣的怂恿下，他在一次暴怒中下令将其勒死。1635年，德鲁兹人最有才干也最出名的首领法赫鲁丁被杀，结束了其传奇跌宕的一生。

在这场灾难后，法赫鲁丁的后裔尽管成了土耳其宫廷的附庸，但依旧握有政府的管理权。在18世纪初，这个家族的男丁断绝，通过谢赫们的推荐，权力被移交给了示巴家族，直到现在也是如此。

在18—19世纪，德鲁兹人的历史几乎没有什么引起读者兴趣的地方。1822年，在位的埃米尔巴希尔支持阿卡的帕夏反叛土耳其政府。他的这一行为遭到了土耳其宫廷的敌视，被剥夺职位。巴希尔来到埃及寻求庇护，并设法赢得了埃及帕夏穆罕默德·阿里的好感，在后者的调解下，他重返自己的国家并再次掌权。

然而埃及君主提供的保护远远超过了德鲁兹人能够接受的范围。穆罕默德·阿里将整个叙利亚都纳入自己的版图，对那里的人民施加暴政，通过征税和征兵使自己有能力与土耳其宫廷相抗衡，这引起了人们的强烈不满。1840年，穆罕默德下令巴希尔解除德鲁兹人的武装。有人意识到这实际上是为了征税并压迫他们，于是立即发动了叛乱。他们袭击了贝鲁特、赛达、的黎波里和其他一些地区，掠夺了邻近的地方。帕夏不得不从埃及召集一支强大的军队，镇压了叛乱。从此以后，德鲁兹人便销声匿迹了。

德鲁兹人的领土包括现在的黎巴嫩山脉南部、贝鲁特的东部和南部，向南则一直延伸到约旦河的源头。埃米尔的统治区域包括黎巴嫩山脉的北部，并一直延伸到的黎波里的同一纬度地区，向东包括贝卡的一部分，即黎巴嫩山和前黎巴嫩山之间的平原地区。德鲁兹埃米尔承认了阿卡帕夏至高无上的地位，并向他进贡，条件是土耳其人不得居住在其管辖的范围之内。德鲁兹人的主要城市迪尔卡马尔生活着5 000人，这座城市位于黎巴嫩西面山坡的一个美丽山谷中。其中一部分居民是基督徒，城中有两座马龙派教堂和两座麦勒卡派教堂。整个叙利亚的德鲁兹人口约为20万人。

第121章

德鲁兹人的风俗习惯

和马龙派一样，德鲁兹人也分为谢赫和平民两大阶级。大部分人以耕作为生。他们种植桑树和葡萄，也种植烟草、棉花和谷物。德鲁兹人的首领被称为哈卡姆或总督，有的也被称为埃米尔或国君，那是一种国王或将军的头衔，握有民事和军事大权。君位的传承有时是父死子继，有时是兄终弟及，继承人的选择更多看重势力而非限于法律。哈卡姆的职责是维持国家的秩序，阻止谢赫和平民之间发生争斗。此外，他还征收赋税，每年从中拿出一笔钱上交给帕夏。

在战争与和平的问题上，哈卡姆需召开人民大会，向他们讲清形势。大会上，凡是在勇气或见解上颇有声望的谢赫和平民都有投票权。这个政体可以看作是一个集君主制、贵族统治和民主制于一体的混合体制。德鲁兹人没有常备军，战时凡是能够拿得起武器的男子都是士兵，他们带着一小袋面粉和武器前往集合地点。如果爆发了内战（时常会发生），奴仆、平民和他们的朋友们为他们的领主或家族首领拿起武器，在他的旗帜下集结。

德鲁兹人的军队由平民组成。他们身着短外套，光着腿，手持滑膛枪。他们的战争只发生于营地。他们从不在平原上冒险，因为他们没有刺刀，无法像骑兵一样冲锋。他们的战争艺术就是攀登岩石，匍匐在灌木丛中，有效地发挥火力，他们是最专业的射手。他们习惯于突击、夜袭、埋伏以及所有的快攻和近战。他们具备士兵的两个最重要品质，即完全服从长官的指挥，以及文明国家所不具备的节制和健康的活力。据说，在没有帐篷或仅有羊皮的情况下，他们可以在野外坚持3个月，而跟待在家中一样健康。

德鲁兹人和马龙派的穿着大为不同。男性的上身穿一件粗糙的带有白色条纹的黑色羊毛斗篷，外面再套一件马甲；下身着一条同样材质的宽松短裤，腰间系一条白色或红色的亚麻腰带，头戴一条扁平的芜菁根形头巾。女性则身穿一件粗糙的蓝色罩衣和衬裙，不穿长袜，头发编成辫子，以尾状垂在身后。当她们身着盛装时，头上便戴着一根镀银或镀锡的空心管，辫子上也戴着银饰，包在白色的亚麻布里。

一般而言，德鲁兹人的建筑比较简陋。据说，他们最大的城市与意大利的二线乡镇类似。在迪尔卡马尔旁的拜特丁，埃米尔的城堡或宫殿相对华丽。其中的一些房间装饰十分华美。房间以大理石铺就，装饰有昂贵的折叠帷幔和长沙发，墙上镶嵌着象牙和金箔。

德鲁兹人的独特之处在于他们有一种共和精神，这使他们比土耳其统治下的任何其他臣民都更具活力。他们对宗教漠不关心，这与当时的穆斯林和基督徒形成了鲜明对比。在其他方面，他们的私人生活、风俗和成见都与其他东方人没什么两样。

他们的娱乐方式极为简单。夜晚，他们有时聚集在庭院、空地或村落及家族首领的家中，围坐成一圈，双腿交叉，嘴里衔着烟斗，腰带上别着匕首。他们谈论着各种劳作、收成、和平与战争、埃米尔的管理和税收数额等话题。

玩累了的孩子们也经常聚过来倾听。有些陌生人在听到一群10~12岁孩子的严肃谈话时会感到惊讶。这些孩子谈论的都是土耳其和埃及为何开战、叙利亚的帕夏消耗了国家多少财力、接下来税收会上涨多少、德鲁兹的军营中有多少把火枪以及谁拥有最好的母马等。这些是他们接受的唯一教育，没有人像马龙派那样教孩子去阅读赞美诗，或者像穆斯林那样去读《古兰经》，就连谢赫也不太了解该如何写信。

所有的阶层都以一种和睦的态度对待彼此，远没有其他族群的那种粗鲁和卑躬屈膝。哈卡姆自身也与常人无异，他是一位可爱可亲的乡绅，从不拒绝与低微的人同席。总的来说，德鲁兹人沿袭了古代的风俗习惯，而这种乡村生活风俗是每个民族起源时的共同特征。

在宗教方面，德鲁兹人信奉穆罕默德·本·以斯拉尔的教义。他教导人们不必斋戒、祈祷，不必实行割礼，不必去麦加朝圣，也不必庆祝节日。最终，人们将哈基姆哈里发视为神明的化身。他们喝葡萄酒，吃猪肉，允许兄弟姐妹之间通婚。在宗教问题上，他们分为两派——启蒙者和亵渎者。他们有不同程度的入教等级，其中最高等级要求独身禁欲。这一类人头戴白头巾，象征他们的纯洁，与其他人区别开来。他们对这种所谓的圣洁十分骄傲，并认为触碰到一个亵渎者会玷污自己。他们的一切活动都笼罩在神秘之中。礼拜堂位于山顶，他们在那里举行秘密集会。

德鲁兹人有一些宗教书籍。他们的神职人员将这些书籍小心地隐藏起来，不让外国人或自己国民中的教外人士接触。这个民族的大部分人对宗教事务漠不关心，也不相信未来。身处土耳其人中，德鲁兹人表面上伪装成穆斯林，时常去清真寺，进行洗礼和祈祷。而身处马龙派中间，他们则和马龙派信徒一起去教堂，一起使用圣水。在传教士的纠缠下，他们中有许多人接受洗礼。如果土耳其人有要求，他们则遵从伊斯兰教的入教仪式。最终，德鲁兹人既不是穆斯林，也不是基督徒。

第122章

阿萨辛派

（1071—1100）

十字军东征期间，叙利亚可能是有史以来最不同寻常的政治舞台。有个酋长家族运用迷信手段在这片地区建立起自己的统治区域。这种迷信非常奇特，对追随者产生了极大的影响，使他们对至高无上的君主产生敬畏，也让东方世界在近两个世纪内都笼罩在恐惧之下。这片统治区域内的人被称为阿萨辛派。这个词来源于阿拉伯语，表示人沉迷于大麻中提取的一种成瘾物质。叙利亚的阿萨辛派占据着黎巴嫩山区和的黎波里附近的托尔图沙山，他们的首领被称为“群山的谢赫或领主”，人们曾误译为“山中老人”，这个称号在欧洲广为人知。

据一些作家推断，阿萨辛派的祖先是古代帕提亚人，名称源于帕提亚的阿萨辛德人。然而，该推断似乎缺乏合理依据。这一宗派的创立者是哈桑·萨巴赫，阿萨辛派最初被称为哈桑尼人或哈桑的门徒。哈桑是阿拉伯半岛霍迈家族萨巴赫的门徒，于11世纪下半叶出生于波斯伊拉克省的拉赫，后来在呼罗珊的内沙布尔接受教育。当时的呼罗珊是统治波斯的塞尔柱王朝的都城。哈桑还是阿尔普·阿尔斯兰苏丹著名的宰相尼扎姆·穆尔克和著名波斯诗人欧麦尔·海亚姆的同学。哈桑天性阴郁寡言，研习加重了其精神上的病态，他变成了一个孤僻且喜怒无常的空想家。在内沙布尔有这样一个预言，暗示在这座城市的神学院学生中将诞生一个运势高贵之人。这条预言使朋友三人达成了约定，即无论哪个人先拥有了权力，都要帮助另外两个尚未成功之人。

命运首先垂青了尼扎姆·穆尔克，他凭借阿尔普·阿尔斯兰的信任升任宰相。不久后，欧麦尔·海亚姆前来要求他履行之前的约定。尼扎姆·穆尔克热情地接待了这位朋友，并问道："我要怎么做才能最好地帮助你？"倾心于诗歌和闲适生活的欧麦尔·海亚姆回答说："我想要住在可以让我无忧无虑度过一生的地方，那里要有充足的葡萄酒激发我的灵感。"如他所愿，欧麦尔·海亚姆得到了内沙布尔的一片肥沃土地，他一直生活在那里，直到去世。现在，他的坟墓仍在那里。

哈桑则更有雄心壮志。在外旅行多年后，他同样回到了宫廷，提醒这位朋友不要忘记昔日的约定。尼扎姆·穆尔克给了哈桑一笔丰厚的赠金，但这远远不能满足他膨胀的欲望。这位不领情的阿拉伯人轻蔑地拒绝了这份礼物，并试图在苏丹的支持下暗中迫害尼扎姆·穆尔克，表达自己对这区区赠金的失望。但他失败了，在耻辱和愤怒之下，与那个曾经竭力帮助自己的人成了死敌。

起初，哈桑藏身于拉赫一位受人尊敬的地主家中，那时他不安而又满怀希望的精神状态时常受到假想的威胁并表现出来。有一次，他不经意间吹嘘说，如果有两位忠诚朋友的帮助，他可以推翻苏丹政府。他的话令淳朴的主人十分惊慌。主人怀疑客人精神错乱，暗地里调整了他的饮食，诱使他服下治疗精神错乱的药物。哈桑对此事一笑了之。多年后，他建立起了自己的势力，将过去的主人囚禁起来，并把他带到阿拉穆特的城堡。这里位于群山之间，他和善、谦恭地对待这位过去的主人，并对他说了这番话："我的好朋友啊，你现在还觉得我是疯了吗？你又给我带药了吗？或者说，你现在理解了坚定、团结的人所拥有的力量了吗？"

哈桑又前往叙利亚，在那里效忠伊斯玛仪派的首领，接受了这一教派的教义。伊斯玛仪派的名字源于第六代伊斯兰教伊玛目贾法尔的儿子伊斯玛仪。伊斯玛仪继任伊玛目的权利被剥夺，最后由他的弟弟卡兹姆继位。他们信奉一些与正统的伊斯兰教相矛盾的信条。这个教派似乎是古代卡尔马特派的残余，它在哈伦·拉希德时期曾扰乱了伊斯兰教的信仰。

哈桑改变了信仰，大力地宣扬伊斯玛仪派的教义。他现在把自己所有的精力都用于激发他人的热情。为了获得觊觎已久的权力，他聚集了一批忠诚的追随者。哈桑阴郁、放荡的性格以及独特的观点，让自己被排除在所有通往卓越的普通道路之外。于是，他制订了一个邪恶的计划来满足他对权力的渴望，并通过奴役人们的灵魂来抒发他对人类的仇恨。这个计划最终成功了。哈桑·萨巴赫建立了比当时最强大的君主更专制、更可怕的道德专制统治。

自叙利亚出发，哈桑再次前往自己的家乡拉赫。在那里，他遇到了一些心存不满的人，这些人声称愿意支持他。他第一个目标是占领一处要塞。哈桑使用计谋成功抢占了里海西南山区阿拉穆特的山地要塞。他以这座要塞为根据地，开始掠夺周边地区。塞尔柱王朝的苏丹阿尔普·阿尔斯兰派出一支军队前来讨伐他。哈桑只有70名追随者，在即将落入敌人手中时，一支来自拉赫、由300人组成的军队及时赶来救援，使他成功从要塞突围，迫使苏丹的军队撤围。

独立政权的基础由此建立起来。哈桑打算在此之上继续建立一个更加不同寻常的上层建筑，迷信或盲目的信仰是他所用的统治手段。不久以后，他便获得了强大的影响力，就连东方最强大的君主听到他的名字也会战栗。命运掌握在他的手里。为了完成哈桑的命令，没有什么是他的追随者们所不敢想的，也没有什么是他们不敢干的。5万多人以献身于哈桑的事业为荣，每个人都机敏果敢，随时服从命令，牺牲自己的生命或夺取他人的生命。

哈桑激发追随者热烈献身精神所使用的方法，与这个教派的领导人所想要达到的目的一样奇特。著名的威尼斯旅行家马可·波罗让我们对东方世界有了一个早期的了解，关于哈桑如何在他的门徒心中获得如此大的权势，他做了以下描述：

> 在被两座巍峨高山所围绕的一个美丽村落中，他修建了一座奢华的花园，里面有各种各样美味的水果和芬芳的灌木丛。宫殿的大小和风格不尽相同，建在不同的地方，装饰极尽奢华。有不少金饰、绘画，以及上好丝绸制作的家具。这些宫殿中设计有通向各个方向的小管道，里面流淌着葡萄酒、牛奶、蜂蜜和纯净甘洌的泉水。这些华丽的宫殿里居住着美丽的少女，她们精通歌唱、乐器、舞蹈和其他才艺。这些妖艳美丽的

少女穿着华丽的衣服，在花园或凉亭中不断嬉戏打闹。她们的女性监护人被关在室内，永远不允许露面。

这位首领在建造这座美丽的花园时，想到穆罕默德曾许诺他的追随者天堂般的享受和满是美貌仙女的生活。他也想冒充先知，让自己的门徒进入极乐世界。为了不让任何人未经允许进入这座美丽的山谷，他在入口处修建了一座坚不可摧的城堡，城堡中有一条进入花园的秘密通道。这位首领又从周围山区的住民中挑选出一些年龄在12~20岁之间的少年，居住在他的宫廷里，并盛情款待他们。这些少年都拥有尚武的气质和无畏的勇气。他每天都对这些年轻人谈论先知所描述的天堂，以及自己拥有准许他人进入天堂的权力。在特定的时间，他会让其中十几个人喝下催眠药，待他们沉睡不醒时，便叫人把他们送到花园宫殿的房间里去。

他们从昏睡中醒来时，他们的感官被之前所描述的一切美好事物所震撼。他们中的每一个人醒来后都发现身边围绕着甜美的少女。有的在唱歌，有的在舞蹈，用最迷人的爱抚来吸引他们的注意。少女们还为他们提供精致的食物和口感细腻的葡萄酒，直至他们沉醉在无限的欢愉之中。此时他们便会相信自己确实身处天堂。这样的日子持续了四五天后，他们便被再次下药陷入昏睡，然后被带出花园。他们被带至首领面前，被问及去了何处时，他们的回复都是：“由于阁下的恩惠，我们得以去了天堂。”接着，他们又在整个宫廷的人面前，对着这些又好奇又惊喜的人讲述了他们这些天的经历。

首领对他们说：“我们的先知向我们保证，谁护卫了他的主人，谁就可以进入天堂；你们如果服从我的命令，就会有无尽的幸福等着你们。”这些话语激发了所有人的热情，他们都乐意听从主人的指令，愿意为他牺牲自己的生命。这样的结果便是，任何邻近国家的君主或其他人对这位首领表示愤怒时，他们就会被这些训练有素的刺客暗杀。只要能完成主人的意志，这些刺客不会因为自己的性命受到威胁而感到恐惧，行动也不会有丝毫的迟疑。

首领有两名副手，一人居住在大马士革附近，另一人居住在库尔德斯坦。他们两人都只有一个目标，就是为首领训练年轻的侍从。在当时，无论一个人的实力有多强大，只要“山中老人”对其怀有敌意，下令暗杀，便没有人能逃得过死亡的命运。

第123章

阿萨辛派的兴盛

（1100—1160）

阿萨辛派组织严密，整个体系内分为7个等级。哈桑是组织的首领，在他之下还有3名显要人物，被称为大长老，这是第二级；第三级唤作小长老；第四级是同行者；第五级是奉献者；第六级是有志者或新手；最后一级为俗人或普通人。哈桑为大、小长老撰写了一本共有7个大标题的教理问答，要求他们对首领绝对服从、保密等，要求阅读《古兰经》的原则是寻求其中的寓意而不仅着眼于表面的意义。依照这个规则，《古兰经》的内容可以按照解释者的意愿任意解读，甚至被曲解。阿萨辛派的秘密只限于少数人知晓，其余的人必须严格遵守《古兰经》的教条。这些人中最积极、高效的成员是奉献者，这些年轻人通常在婴儿时期就从父母身边被买走或偷走。他们身穿白衣，头戴红色软帽，系着腰带，佩带极为锋利的匕首。他们执行任务时，会进行各种各样的伪装。

阿萨辛派的首领正在指导他的追随者

哈桑严禁他的追随者饮用葡萄酒，还要求他们生活节制有度。他严格执行自己定下的戒律。据说，他的两个儿子由于不服从命令而被处死。哈桑被围困之时，考虑到妻子和两个女儿的安全，他将她们送到远方的朋友家中躲避。他要求她们除了自己纺纱赚钱，不应得到其他任何支持。

这个非同寻常的组织获得了空前的成功。哈桑幻想当自己可能受伤或被侮辱时，又或者当他因为某种需要而挑选出了想要杀死的目标时，便秘密派遣几名门徒前去执行任务，同时让这些人精心伪装好，不要暴露行动目标。在阿萨辛派面前，无论多么完备的预防措施都是徒劳，哈里发、君主以及贵族们都会死于他们的匕首之下。只要伊玛目和毛拉所传之道与阿萨辛派残忍的行动及教义相悖，他们就会被强制退休或不再发声。阿萨辛派的人数每年都在增长，他们也愈发蛮横。

1092年，尼扎姆·穆尔克在苏丹阿尔普·阿尔斯兰那里失宠，被免职。尼扎姆·穆尔克落魄之时，阴险可憎的哈桑竟派遣了一名刺客在他从伊斯法罕前往巴格达的路上将其刺伤，他受伤后不久便去世了。在生命的最后一刻，尼扎姆·穆尔克给苏丹写了一些诗句，大意如下："伟大的国王，我生命中的一部分时间都用于铲除您领土上的不公，现在我要去向全能的万王之王汇报我所做的一切，我将向他证明我的忠心，以及我在服侍您期间所获得的名誉。在我93岁这年，阿萨辛派的匕首斩断了我的生命线，我时日无多，我所能做的就是把我之前为您所做的事悉数传授给我的儿子，我希望他能得到真主和您的眷顾及保护。"

无情的哈桑因此满足了个人的报复欲，但他施行这次谋杀也有一个不可告人的目的。他认为，尼扎姆·穆尔克的死很可能使塞尔柱突厥帝国陷入混乱，这样他便可以趁机加速实现扩张的计划。事实上，不久后波斯就陷入了巨大的动荡和政治混乱中，狡猾的阿萨辛派首领当然不会放过这次可以从中获利的机会。可随后他也因此树敌，这对他和他的拥护者来说是一个致命的威胁。这些恶徒犯下了无数暴行，整个亚洲都爆发了强烈的抗议。

桑贾尔苏丹登上塞尔柱王朝的王位后，决心铲除这个教派，因为当时王国上下都弥漫着阿萨辛派谋杀劫掠带来的恐怖气息。他率领强大的军队向阿萨辛派在阿拉穆特的大本营进军。行军途中的一天早上，当他醒来时，发现一把匕首插在他的枕头旁边，只露出一个刀柄，上面还附着一张纸条。他既惊慌又警惕地看向纸条，上面写着："桑贾尔苏丹，你要小心了！如果你的品格得不到尊重，你要知道把刀刺进你柔软的胸膛可比扎进坚硬的土地容易多了！"这位勇士在战场上毫无畏惧，但读了这张纸条后浑身颤抖，立刻停止了进军。

哈桑·萨巴赫死后，他手中的权力以及骇人的名号传给了他的儿子乌米德。这位首领遭到了马立克沙的袭击，后者于1117年继承了塞尔柱王朝的王位，成为新一任苏丹。然而阿萨辛派坚定地展开自卫，以至于马立克沙被迫撤退并与乌米德签订和约。乌米德派了一名使者前往伊斯法罕，苏丹宫廷以高贵的礼节热情地接待了他。但是百姓们却远没有他们的君主那般包容，他们在波斯都城见到了阿萨辛派首领的使者，十分恼火，包围了这名使者的房子，将他撕成了碎片。

这件事发生后，苏丹立即派人向乌米德说明自己与此事毫无干系，但这位阿萨辛派的首领却声明，除非将此次施暴的行凶者交予他处置，否则他不会就此罢休。马立克沙根本无法查明这次事件的元凶，而乌米德也早已失去了耐心。他派了一队人马前去凯斯宾，他们化装混入城中，制造了一次出其不意的袭击，屠杀了城内400名居民，掠夺了大量的财富。这次报复行动直接导致了乌米德和马立克沙之间的战争。战火在这位苏丹的统治期内从未平息。乌米德不仅战胜了苏丹的军队，还征服了里海西岸的吉兰地区。

乌米德约于1138年在鲁德巴尔死去，他的儿子穆罕默德继承了大位。穆罕默德统治了25年后，让位于伊斯玛仪家族的君主侯赛因·伊本·纳赛尔。这位君主曾经从叙利亚逃难至阿萨辛派的大本营。然而，穆罕默德只是名义上放弃了他的权力，做了这位君主的维齐尔，拥护他作为最高统治者。阿萨辛派的杀戮越来越频繁，每一个被视为敌人的人最终都会落入阿萨辛派手中。有位哈里发曾在巴格达的宫廷被公开刺杀；还有位威胁过阿萨辛派要复仇的哈里发也被他们杀害了。这个哈里发病重卧床的时候，阿萨辛派的杀手似乎还担心死神会抢在他们下手之前夺走他的性命。

波斯的大毛拉对这些亵渎神明的行为感到震惊，要求苏丹肃清领土上这些残暴的异教徒。苏丹派了一名使者到鲁德巴尔。侯赛因·伊本·纳赛尔向使者保证他的追随者们都是被诬陷的，他们都是虔诚善良的穆斯林。苏丹委派了一名虔诚的法律博士前去确认此事，并对他的调查感到满意，也许是假装满意而已。

第124章

阿萨辛派的衰亡

（1160—1256）

乌米德的儿子穆罕默德死后，侯赛因不允许再任命任何继承人。他篡夺了全部权力，而他的暴力和放纵，又使这些权力蒙羞。他的行为被认为是更可耻的，因为他的祖先们曾砍伐了埃及富饶的葡萄园，原因是他们担心自己禁不住诱惑品尝多汁的葡萄。这位放荡的首领被他的亲戚杀死，他的儿子阿拉丁·穆罕默德被拥立为王。然而，年轻国王做的第一件事是杀了那些助他继位的人。

他统治期间发生了一件事，表明了阿萨辛派首领所行使的神秘力量的本质。法克尔·拉吉是位精通法律的人，也是其家乡拉赫的伊玛目。据说，他所持的观点倾向于伊斯玛仪派。为了消除教派印象，他在布道坛上表达了他对这个教派及其信条的憎恶。

然而，他讲述这些观点后不久，惊讶地看到几天来一个最认真听讲的门徒走进了他的住所。这个人揪住他的胡子，把匕首抵在他的胸前，询问他是否知道自己的身份，这让他更感惊讶。这位伊玛目颤抖着说："我真的不知道你是谁，我也想不明白你为什么要索取我的生命。"这个人答道："你侮辱了伊斯玛仪派。""我错了，我忏悔，我再也不会了。"这位学识渊博的伊玛目回道。"你必须以神圣先知的名义起誓，发誓履行刚才所说的那些话。"这位行凶者大声吼道。"我发誓！"伊玛目说。"很好。"说罢，那人便松开了手，说，"有特殊的命令让我不杀你，不然我的匕首早就被你心脏的鲜血染红了。阿拉丁想让我表达他对你的问候，并想问你是否充分了解你诋毁的这个教派的教义，他建议你以后都要小心些。因为他尊敬你的品质，并给了你这个钱袋，包里有360个莫赫[①]。他还命令自己的代理人每年都付给你一笔同等数目的钱款。"

这位伊玛目接过了钱袋，随后几年都有同等数目的钱款被送到他的手上。他的学生们都说，在他后来的演讲中，他都小心避免提及伊斯玛仪派的信徒。他习惯于以一种压抑的笑容来应对这些言论。他已经被一些"强劲有力的观点"说服了，所以觉得最好不要谈论任何关于这个教派教义的事。

阿拉丁统治多年，在这期间，他的整个教派蓬勃发展。他传位给儿子贾拉尔丁·哈桑。这是第一位和周边国家成功建立友好关系的阿萨辛派首领。就连巴格达的哈里发也放弃了他的正统观念，给予这位君主的使者无上荣耀。他在位期间只和伊拉克的统治者进行过战争。第一场战役和以往一样，以这位胆敢进犯"山中老人"之人的死宣告结束。

---

① 印度曾经使用的金币名称。——译者注

成吉思汗的征服也在这一时期开始。贾拉尔丁·哈桑自阿拉穆特向河中地区派了一名使者与蒙古入侵者达成和解。1212年，贾拉尔丁·哈桑去世。他因为心地善良、宽宏大量而闻名于世。我们还了解到，这位阿萨辛派首领在他那个时代是最英俊的男人。

贾拉尔丁的儿子阿拉瓦丁·穆罕默德继位时年仅10岁。这位年幼的君主继位后不久就以毒害自己父亲的罪名处死了自己的主要官员们。尽管他的神圣品格似乎将他从自己挑起的复仇中拯救出来，但他的追随者还是背弃了他，这让他陷入了深深的忧郁之中。为了使他能够从这种状态中恢复过来，他的大臣们想为他争得和那个时期最著名的哲学家纳赛尔·丁结交的机会。然而，这位居住在布哈拉的学者拒绝了所有的提议。纳赛尔发觉正在打交道的这位统治者，他的臣子习惯把他的所有意愿都当作神的旨意。

在阿拉瓦丁·穆罕默德的统治区域内的库布斯坦总督接到了一道命令，要捉拿这位哲学家。有一天，纳赛尔正在布哈拉的花园中闲逛，突然被几个人包围。他们指着一匹马，要他骑上去。他所能做的只是一些无用的反抗。当他的朋友们意识到他被劫持的时候，他离库布斯坦只有一半的路程了。他被囚禁了很长一段时间。在这段时间里，他写出了一部最著名的哲学著作《纳赛尔箴言》。

1255年，阿拉瓦丁·穆罕默德在会堂被他的一个仆从杀害。他的儿子鲁克赖丁库沙成为新一任阿萨辛派首领。

在鲁克赖丁库沙继位时，阿萨辛派在叙利亚的力量已经十分强大，他们在那里有许多座城堡，尤其是的黎波里附近。他们有时与十字军交战，而对其他人，他们发现还是签订条约最为方便。叙利亚的阿萨辛派首领阿布斯·韦法和耶路撒冷王鲍德温二世结盟，抵御他们共同的敌人塞尔柱突厥人。

不过，总体而言，阿萨辛派让的黎波里的基督徒永远生活在恐惧之中。他们还以保证十字军的生命安全为条件向十字军征收了军税。法国国王圣路易远征达米埃塔失败回国途经阿卡城时，他们甚至还向其勒索钱财，但是这位君主愤然拒绝了这个可耻的要求，值得注意的是，他逃走了。

其他国君们就没有这么幸运了。摩苏尔的君主在进入一座清真寺时被一名伪装成德尔维希教团成员的阿萨辛派暗杀者刺杀。埃及的苏丹在开罗也遭遇同样的命运。的黎波里伯爵雷蒙德也是如此。提尔的侯爵康拉德曾冒犯过阿萨辛派，后来在城中的集市上被两个阿萨辛派的暗杀者刺杀。这起暴行被认为是英格兰狮心王理查下的手，他当时在圣地，与侯爵发生了争执，这一事件在历史学家看来仍有争议。

阿萨辛派统治的叙利亚或西部分支在某种程度上独立于波斯的总部。叙利亚的阿萨辛派势力主要在贝鲁特附近的玛斯亚德。欧洲人对这一分支在这一时期的历史最为熟悉。他们的活动与十字军以及强大的苏丹萨拉丁交织在一起，而萨拉丁曾数次险些丧命于阿萨辛派匕首之下。

叙利亚的阿萨辛派最高领袖锡南拥有圣洁的声望，他派了一名使者前去拜访耶路撒冷的基督教国王阿尔梅里克，提出他和他的人民愿意在一定条件下接受基督教。阿尔梅里克听到这个提议后欣喜若狂，他让这名使者带回了消息，表达了他的欣喜和赞许。然而，这名使者刚回到自己领地就被圣殿骑士团杀死，因为他们对条约中的条件非常不满。这件事发生以后，阿萨辛派再次拿起了搁置多年的匕首。阿萨辛派的名字也经由十字军传到了欧洲。在欧洲大地上，阿萨辛的意思是“被雇佣的凶犯”。

200多年来，阿萨辛派一直以迷信和恐怖的方式统治着一个支配着西亚各个君主国的怪异帝国。最后，蒙古的旭烈兀率领蒙古军队对他们进行了致命的打击。这位首领率领他来自中亚的部落，在1253年征服了波斯。此后，他继续西征，摧毁了哈里发帝国所有的残余。这一系列的征服故事我们将在蒙古部分进行介绍。阿萨辛派无法抵挡蒙古人的大军。我们前面提到过的最后一位“山中老人”鲁克赖丁库沙，他面对旭烈兀的蒙古铁骑，在做了一番虚弱无力的抵抗后，投降了。旭烈兀不仅俘虏了最后一位阿萨辛派首领，还夺取并捣毁了他在波斯以及里海周边地区的100多个据点，1.2万多名阿萨辛派成员被旭烈兀下令处死。

旭烈兀的这一举动无疑得到了他所征服国家的一致感激。而从他释放的纳赛尔·丁的喜悦中，以及他对这位著名哲学家的高度评价中，我们得到了关于他个人品格的良好印象。

阿萨辛派大约在此时灭绝，尽管还有一个力量微薄的小分支一直延续到15世纪初。正是在这一时期，这个教派的最后残余被吉兰的统治者消灭了。虽然从那时起，这个教派就没再拥有过政治权力，但他们依然分散存在着。博拉赫是一个勤劳的民族，他们从事商业活动，并且在英国的印度殖民地很有名，属于伊斯玛仪派。他们一直保留着阿萨辛派教义，完全效忠于他们的大祭司。这项教义在大的组织里（如古代阿萨辛派）践行时非常恐怖，但在小的群体中似乎并非如此。这些人既没有意向也没有实力去扰乱自己社区的宁静生活。

第125章

古代叙利亚的文化

我们对这个国家最早期的宗教形式知之甚少，但古代叙利亚人是偶像崇拜者。在大马士革，人们信奉的主要偶像是临门神，后期信奉的偶像是阿达德。阿达德应该就是死后被神化的便哈达。类似的偶像崇拜在这里一直持续不断。提格拉·帕拉萨三世征服叙利亚地区时，叙利亚的偶像崇拜似乎才有所变化。但是，直到2世纪，我们才有了对这一地区宗教仪式的详细描述。叙利亚的讽刺作家琉善提供了一些关于这一主题的信息，主旨大意如下：

> 希拉波利斯城中有一座宏伟的神庙，用于祭祀伟大的叙利亚女神。神殿中有许多金色的雕像、一处著名的神谕所，以及各种各样的神圣动物，如牛、马、狮子和熊等。整座建筑自屋顶向下全部闪耀着金色的光辉，周边各国呈送的礼物更是价值不菲。这个地方的空气中弥漫着芳香，崇拜者的衣服上也浸染

了这股芬芳，经久不散。近300名身着白衣的祭司参加祭祀，一群神圣的吟游诗人在乐器声中庄严伴唱。每年被选举为最高贵祭司的大祭司身穿紫衣，头戴金色的法冠。这里每天都有一次常规祭祀，每年春天则会有一次特殊祭祀。每到这个时候，人们会砍下粗壮的大树用来作献祭的柴堆，上面堆放着众多的山羊、绵羊、鸟、华丽的衣服以及金银器皿，所有的祭品都在大火中熊熊燃烧。祭司们绕着燃烧的火堆，庄重肃穆地行走。这场祭祀活动通常有很多人参加，每个人都带着与神殿里雕像相似的雕像前来献祭。

有一群痴迷于这种崇拜的虔诚信徒。他们在一年中固定的两个时间爬到高耸的圆柱顶端，在上面待满7天，依靠铁链从下面拉上来的食物做补给。在这段时间里，他们假装和伟大的女神进行直接的交流，告诉好奇的民众这些仪式是为了纪念丢卡利翁从大洪水中幸存下来而产生的。那时人们逃到树顶和山顶避难。在另一个节日里，神灵被移送到神殿附近的湖边，那里饲养着神圣的鱼群。在那里还发生过一件奇怪的趣闻。宙斯打算下到湖中，而赫拉则试图阻止他，生怕她心爱的鱼群死于宙斯的光辉之下。这里的人一年两次聚集到海边，假借遵从丢卡利翁的指令来举办一些特殊的纪念仪式。然后，他们带着盛满水的容器回来，把水倒在神殿的裂缝中。他们认为，那里正是大洪水涌出的地方。

关于古代叙利亚人的日常习俗，我们知之甚少。普鲁塔克在当时评论说，这个国家的男人都比较女性化。当亲人去世时，他们为了躲避日光，躲藏在山洞或地下。文字学家将叙利亚的语言称作古叙利亚语。古叙利亚语和希腊语完全不同，尽管希腊语自塞琉古时期起就已经是叙利亚商业、政府和文学的通用语言。不仅叙利亚使用古叙利亚语，美索不达米亚、迦勒底和亚述也使用这种语言。犹太人从巴比伦被释放后，古叙利亚语就被引入了巴勒斯坦。起初它是一种纯粹而原始的语言，许多人也认为它是所有东方语支的起源。自从希腊语在叙利亚盛行之后，古叙利亚语就没落了。

希腊历史学家克特西亚斯声称，塞米勒米斯在远征印度时雇用了叙利亚的水手。从这个事实我们可以看出，叙利亚人很早就沉迷于航海。他们很有可能与任一邻国一样，很早就在地中海航行，并且很早就在幼发拉底河畔与东方国家进行贸易。他们国家出产很多用于出口的有价值商品，他们也是公认的第一批将波斯和印度货物进口到亚洲西部的商人。

历史学家几乎没有关于古代叙利亚政治体系的记载。从最古老的时代起，这里的政府似乎就是君主政体。叙利亚君主们通过战争获得战利品和贡品，通过人民与周边国家进行贸易，使主要的社区变得富有强大。

叙利亚城市中的建筑宏伟壮丽，人民富有奢华。最古老的一个城市是巴勒贝克，希腊人称之为赫里奥波里斯或太阳城。它坐落在前黎巴嫩山脚下，离大海约30英里远，是一座美丽的城市。关于它何时由何人所建，我们不能确定。实际上，这座城市的所有早期历史都模糊不清。它的地理条件优越，既是一座宜居之城，又是一个商贸之都，这两点都对城市的早期发展作出了重大的贡献。从山上潺潺而下的溪流灌溉着毗邻这座城市的平原，这些溪流汇聚成河，

巴勒贝克遗址

在提尔附近汇入地中海。

巴勒贝克和提尔以及帕尔米拉之间的交流沟通也促成了和印度之间的大部分交流往来，这可能是它早期的财富来源。那里的人们也借此学会了在城市内竖起支撑建筑物的巨大圆柱的方法。这些建筑遗迹至今还让旅行者们叹为观止。在奥古斯都时期，巴勒贝克是一座驻防的要塞。拜占庭帝国皇帝希拉克略加强了它的防御工事，以抵御萨拉森人的入侵。连续不断的战争，让这座城市很快化为废墟。

如今在巴勒贝克遗迹中可以看到的主要建筑是太阳神殿，它规模宏大，是世界上现存最壮观的遗迹之一。现存的许多柱子高度都超过70英尺。修建石墙所用的石头都很巨大，有些长58英尺、厚12英尺。神殿里用作装饰的雕塑非常逼真、醒目、壮观。这些建筑主要采用科林斯风格，材料为周边山顶或山中常见的白色花岗岩。巴勒贝克四周有城墙环绕。现在仍有几千居民在这座城市中居住，他们散居在遗迹中破败的小屋里。

安条克城由塞琉古一世所建。塞琉古一世是塞琉古王朝的开国君主。安条克在很长一段时间内都是叙利亚的首都。它坐落在奥龙特斯河畔，距离地中海20英里，位于君士坦丁堡和亚历山大城中间，距两者各700英里远。在叙利亚王国被推翻后，管理东方行省事务的罗马统治者将安条克城当成了他们的主要居住地。

在早期基督教时代，这里是亚洲大主教的所在地。这座城市的建造者曾给予犹太人以公民权，所以犹太人十分敬重这座城市。离安条克几英里外有一个地方名叫达芙妮，塞琉古一世在那里种了一片小树林，还建造了一座用来供奉阿波罗和达芙妮的神庙。人们常到这个地方来消遣。渐渐地，这些常客沉迷于酒色，这个地方也变得臭名昭著。“以达芙妮的方式生活”也被广泛用来表示最骄奢淫逸、放荡风流的生活方式。

事实上，奢华和放荡是安条克城居民生活的总体特征，几乎在它的每一个历史时期都是如此。这座著名城市所发生的许多灾难多起因于此。这里经常发生暴乱，成千上万的人因此而丧命。有时地震或大火也会对城市造成严重的毁坏。在图拉真统治时期，一场大地震震撼了这座城市，而皇帝正在这里驻跸。安条克的大部分地方变成了废墟，图拉真从窗户艰难逃生，虽然受伤，但保住了性命。587年，一场地震几乎将安条克的所有房屋夷平，有3万人死于这场灾难。这些还只是这座被誉为“东方女王”的城市历史上记载的一小部分灾难。安条克城现在仍有人居住，但到处是废墟和棚屋，展现出一片贫穷、悲惨的面貌。

大马士革是世界上少数几个从建立之日起就一直保持蓬勃发展的城市。尽管时常被占领，也饱受战火的摧残，但它始终能够恢复昔日的繁荣。从古至今，它都被誉为世界上最美丽的城市之一。它可能也是现存历史最悠久的城市之一，在亚伯拉罕时期就已经有所记载。它因作为王国都城和阿拉伯哈里发的居住地而具有重大的政治意义，这一点我们前文已经介绍过。叙利亚的君主们在这里统治了3个世纪。

大马士革距离地中海大约50英里，地处一片富饶的平原上，灌溉水源来自一条希腊人称作“金色河流”的河水，这条河现在被叫作拜拉达河。大马士革是叙利亚贸易往来的中心，也是朝圣者从亚洲北部前往麦加的集结地。城中街道繁多，有条名叫“笔直大道”的街道在《使徒行传》中有所提及。大马士革的制造业十分出名，尤其是剑刃的打造，他们的回火技术臻于完美，欧洲的技艺根本无法与之相提并论。

大马士革先前因居民的偏执，以及对基督教的憎恶而闻名。几年前，欧洲人除非伪装成土耳其人或者阿拉伯人，否则不敢走在这座城市的街道上。但是，易卜拉欣帕夏在此建立了他的权威以后，当即制定了一些规定，防止外来的基督教士受到侮辱和伤害。1833年，一名英国领事公开进入大马士革，围观群众对这次的革新颇有微词。由于街道两边有军队把守，群众无法进一步表达自己的不满。然而，欧洲人的到访似乎消除了一些此前对他们的偏见。

阿勒颇坐落于邻近沙漠的一处丘陵上。在一片干枯龟裂的棕色土地上，数目众多的尖塔和穹顶构成了一道亮丽的风景。它是土耳其帝国的第三大城市，地位仅次于君士坦丁堡和开罗。阿勒颇的地理位置优越，是连接叙利亚、小亚细亚、亚美尼亚和波斯的交通要冲，内陆贸易十分繁荣。它也是朝圣者从各地前往麦加的集结地。虽然这里没有宏伟的纪念碑，也没有任何恢宏的现代建筑，但它仍被认为是最整洁、最美观的土耳其城市。它比其他伊斯兰教城市都更为包容，也更有礼节。1822年8月13日，阿勒颇发生了一场严重的地震，造成了约两万人死亡，大部分房屋在地震中被摧毁。地震前，阿勒颇的人口约为25万人。

伊斯肯德伦又名亚历山大勒塔，位于地中海海岸，被视为阿勒颇的港口。这是一处优良海港，仅为叙利亚海岸的大型船只提供下锚地，附近有沼泽。这里不适宜人类居住，在此定居的人都是为了做生意而留下的商人。因此，这里只不过是一个空旷的大村庄。从前，这里的居民和阿勒颇的商人用信鸽保持联系，但这种做法现在已经被废止了。

贝鲁特位于古代腓尼基境内，是一座美丽的城市。从海岸直至黎巴嫩山脚下，到处种植着橄榄树、桑树、棕榈树，还有清香的柠檬和橘子林，各式各样的小村庄和别墅点缀其间。这座城镇坐落在山坡上，山顶无人居住。一段时期内，这里曾是美国传教士的聚集地。如前文所说，这座城市于1839年几乎被联盟国家的军舰所摧毁。

现在的叙利亚是一个多民族国家。在过去的2 500年间，这里总计遭受了10次大规模入侵，导致大批外邦人涌入。现在的叙利亚人大致可以分为3类：（1）拜占庭帝国的希腊人后裔；（2）征服者——阿拉伯人；（3）现在的统治阶级——土耳其人。还有一些游牧部落，如库尔德人、土库曼人以及贝都因人。在马其顿征服之前就定居在这里的古叙利亚人，有些已经被消灭，有些已经被征服者们完全同化。如此看来，古叙利亚人应该是一个已经灭绝的民族。

现在这些不同民族的居民，有的分布在全国各地，有的却只居住在特定的区域。希腊、土耳其和阿拉伯的平民分布于全国各地，但这其中还有些许不同。土耳其人只居住在城镇里，他们占据着军队和地方行政官的职位，并在那里训练相应的技艺。阿拉伯人和希腊人居住在村庄里，他们是这个国家的平民阶级，是城镇里的下等人。土库曼人、库尔德人以及贝都因人则没有固定住所，他们带着帐篷和羊群在他们宣称自己拥有所有权的有限区域内游牧。土库曼人通常在安条克的平原上扎营，库尔德人一般在山中，而贝都因人则分布于沙漠周边地带。

第126章

古代叙利亚的名人

讽刺作家琉善是叙利亚最杰出的作家之一。他出生于图拉真时代的萨莫萨塔，这里是叙利亚科马根行省的首府。他的父亲很贫穷，送他去学雕塑，但他似乎没有这方面的天赋。琉善决心从文的方式颇为奇特，值得提及。我们用他自己的话来说就是：

> 我辍学时才15岁，我的父亲和他的朋友们商量我接下来该怎么办。考虑到挣钱的问题，他们并不支持我去学习写作。我叔叔是一名出色的雕刻家，从那时起，我就开始在他手底下做学徒。我并不反感雕刻，因为从我很小的时候起，我就会用蜡做一些小人自娱自乐，并且我做得也相当不错。此外，在我看来，雕刻不像是一门生意，更像是一种高雅情趣。我便认真地学习。我使用凿子时十分笨拙，在我重重地敲击之下，石头都会破碎。每当此时，我的师傅便会很生气地打我。我大哭着跑

回了家，母亲看到我这样也很难过。那晚，我做了一个梦，给我留下了很深的印象。

我看到两个女人站在我面前。一个看起来外表粗陋，头发乱蓬蓬的，身上很脏，袖口卷起，脸上满是汗水和尘土；另一个则十分优雅，面带甜美的微笑，衣着干净、端庄。她们二人来回拉扯我，都想让我选她为伴。最后，她们说了以下的话来劝导我。

第一个女人说："我的孩子啊，我是雕刻，你不久前还很信奉我，并且从小你就认识了我，你叔叔能出名也是因为我。如果你跟我走，我会让你声名显赫。不要为我的衣服而忧愁，菲狄亚斯和波利克里托斯，还有几位伟大雕刻家就是这个样子。他们在世时，作品受到了崇拜，他们雕刻的神像，现在依旧受到崇拜。想想看，如果你跟随他们的脚步，你将获得多少荣耀，你将给你的父亲和家庭带来多少快乐。"

另一个女人说："我是学问，管理着所有文雅的知识。雕刻已经告诉过你她能给予你什么，但如果你听从了她的建议，你将永远只能是一名可怜的工匠，依靠伟人们过活。如果你成为行业的翘楚，你只会受到钦佩，没有人会仰慕你的身份。但是，如果你跟我在一起，我教给你的才是这个世界上最高贵、最出色的东西。我将让你拥有最崇高的美德、谦逊、正义、虔诚、仁爱、公平、审慎、耐心以及一切值得赞美的品德，我保证你的声名永远不朽，在世人的记忆中永生。想想伊斯奇尼斯和德摩斯梯尼，他们都是因为我的帮助才能获得敬仰。苏格拉底一开始跟随了我的对手——雕刻的脚步，但他一认识我之后，便放弃了最初的导师，选择了我。”

她刚说完这些话，我就扑向了她的怀抱。另一个女人十分愤怒，随即变成了一座尼俄伯那般的雕塑。学问为了感谢我选择了她，带着我登上了她的马车，让我抚摸她的飞马。她带我从东方飞到西方，让我到处散发来自天堂的圣物。地上的人们惊愕地抬起头来，给予我祝福和赞美。随后她将我带回自己的国家，冠以我光辉和荣耀，又把我带到父亲面前，指着我身上的华美长袍对他说：“你看，如果不是我介入，你就剥夺了你儿子的光辉前途。”到这里，我的梦就结束了！

这场梦激起了琉善心中对文雅教育的强烈热情，他便全身心地投入其中。起初，他定居于安条克，从那里他去了爱奥尼亚和希腊，随后又去了意大利和高卢，他驻留最久的地方是雅典。他在安条克时，职业是辩护律师；在其他地方时，他以讲课为生。年迈时，他是罗马帝国埃及总督的财务官。他一直活到了康茂德皇帝统治时期，并把他的一部作品献给了这位皇帝。

琉善既不是一位基督徒，也不是异教徒，他也不支持哲学的任何特殊宗派或教条。他的作品涉及的主题极为广泛，以敏锐的观察、生动的智慧以及有力的嘲讽和讽刺著称。他的作品用纯粹希腊语写成，风格明晰、生动，富有生气，使他成为最令人喜欢的古代作家之一。他的大多数作品采用了对话形式，异教的荒谬以及当时盛行的自负、纨绔之风和欺诈都是他戏谑的对象。对于矫揉造作礼节带来的痛苦、人类的虚荣心和轻信、哲学家们可笑的自傲以及卖弄学问之人自恃的轻狂，他用一种最令人印象深刻的方式进行了展现。作品《死者对话》中那狡黠的幽默和巧妙的戏谑，使它成为一部经典之作。他研究人物的不同性格，研究那个他所生活、为他的观察提供实例的时代。虽然他所描写的画面大多取材于他那个时代，但其实对每一个国家、每一个时代都适用。他性格务实，在没有得到充足的证据前，他不会轻信一丝一毫。基督教有时是他讽刺的对象，但他似乎只关注它腐败堕落的一面。

有3个同名的著名作家——杨布利柯都是叙利亚人。他们生活于不同的时代。第一位生活在图拉真统治时代，他的代表作是一部名叫《西农和罗丹的爱情》的传奇小说。第二位是一个柏拉图式的哲学家，在4世纪初期成名。他是研究普罗提诺哲学体系所有奥秘的完美大师，并且在教授普罗提诺哲学时取得巨大的成功和声誉，以至于吸引了大批的门徒。他自称拥有超自然力量，假装可以和无形的存在进行交流，这令人感到震惊。此外，他似乎还会一点儿催眠术。他被称为“最神圣、最令人惊叹的大师”。他的作品被广泛阅读，但内容十分晦涩难懂。第三位杨布利柯在“叛教者”尤利安皇帝时代十分有名，他与这位国君私交甚好，尤利安经常给他写信。他的著作讲述了埃及人、迦勒底人以及亚述人的奥秘。后面两位作家时常被人混淆。

智者里巴尼乌斯是安条克人。他生活在4世纪，和皇帝尤利安是好朋友。他的口才比同时代的任何人都要出众，由于被竞争者妒忌而遭到迫害，于346年被逐出君士坦丁堡。他先退居到比提尼亚的尼西亚，又从那里去了同一个行省的尼科米底亚，随后又被召回君士坦丁堡。然而，他又离开了那里，在安条克度过了余生。尤利安很欣赏他，也很庇护他。他和这位皇帝一样，也希望恢复罗马帝国的异教统治。他写了大量的作品，还写了一本自传，其中包含大约2 000封信，里面有一部分是写给基督教神父的信。巴兹尔和克里索斯托都是他的学生。

约翰·大马士革，有时也被称为大马士革的圣约翰，出生于7世纪或8世纪。年少时，他曾效忠于一位伊斯兰教的哈里发，但随后他就退隐到了叙利亚的马萨巴修道院，成了一名修道士，于84岁时去世。他写过很多有关神学或有争议的著作，尤其是针对反偶像崇拜者宗派的著作，这使他遭受了许多迫害。

他因为著有一部名为《贝尔拉姆与约瑟伐特》的传奇小说为世人所知。这本作品似乎是为了提升修道士们隐居生活的品位而作。这部小说在文雅文学的发展史中值得引起人们的特别关注。由于那些众多绝妙的寓言故事，《贝尔拉姆与约瑟伐特》成了中世纪最受欢迎的著作，而且经常被模仿。在之后的一段时期，它甚至影响到了意大利文学。薄伽丘的一些故事就取材于这本书。毫无疑问，它是16—17世纪盛行于法国的同类精神小说的典范。

帕尔米拉

第127章

帕尔米拉

（前1200—272）

在叙利亚沙漠中的一处小绿洲，也就是大约在地中海和幼发拉底河的中间地带，有一座古城遗迹。从遗迹中我们不难看出这座古城昔日的辉煌，这便是帕尔米拉，它在《圣经》中被称为“沙漠中的泰德穆尔”。

这座城市的起源我们并不清楚。在历史的早期，叙利亚海岸人口众多，十分富饶。从死海东南部地区一直到帕尔米拉，我们可以看到30多座城市的遗址。从大海到沙漠内部的众多城市链中，帕尔米拉或许只是其中的一环，又或许是其终点。

在沙漠中建造城镇，所选的地理位置取决于当地的优势条件。帕尔米拉位于两条山脊的交汇处。这里地势平坦，三面都被高山所环绕，剩余一面是广袤的平原。溪水潺潺自山上流下，空气很清新，但土壤却十分贫瘠，只生长着一些棕榈树。地处美索不达米亚和叙利亚之间的地理位置，使帕尔米拉很早就成为商业中心。在摩西时代以前，亚伯拉罕和雅各曾从美索不达米亚出发前往叙利亚，这充分证明了这些国家之间有所交流，而这些交流必须依靠这条穿过叙利亚沙漠的路线，这里就是后来帕尔米拉建立的地方。在希伯来立法者时代提及的肉桂和珍珠似乎表明，印度和波斯湾之间有着密切的贸易往来。这条贸易航线沿着幼发拉底河，穿过帕尔米拉的沙漠。波斯湾在古代是东方世界的贸易中心。

这座著名的城市第一次出现是在《旧约》中，从中我们得知所罗门王建立了“沙漠中的泰德穆尔”。关于所罗门是否是这座城市最初的建造者，还存在着争议。约瑟夫斯说：“他在那里修建了城墙，用来维护他的统治，并取名为泰德穆尔，意为‘棕榈树生长的地方’。”从上述的记载中，我们有理由相信，在所罗门时期，这座城市的重要性就已经十分明显了，他在那里发现的棕榈树并不是杳无人迹的国家所能生长的树木。所罗门得到泰德穆尔，使人们对其邻国的历史有了很多的了解。如果不是受利益驱使，耶路撒冷的国王永远不会将目光投向这样一个遥远荒僻的地方，更不会向那里派兵。究其原因，完全是帕尔米拉作为商业中心能够带来巨大的商业利益。

帕尔米拉遗址

商业贸易似乎是西亚屡屡爆发战争的

主要原因，但早期粗略的历史并没有记载战争的起因。所罗门统治之后，尼尼微的亚述人将野心转向了迦勒底和幼发拉底河的下游地区，企图接近资源丰富的波斯湾。巴比伦的国王向耶路撒冷和提尔发动了无休止的战争，目的不仅仅是掠夺这些富有的城市，更是要防止城中的居民侵夺巴比伦在红海地区的贸易。我们可以知道，在尼布甲尼撒围攻耶路撒冷前，他已经占据了帕尔米拉。这清楚地表明，帕尔米拉与邻近的都城耶路撒冷以及提尔利益与共。但直到罗马皇帝瓦勒良被波斯人俘虏后，帕尔米拉才有了连续真实的历史，而这座城市从建立到那个时代，已有1 200多年的历史了。

在波斯人的统治下，耶路撒冷和提尔逐渐衰落，加之亚历山大继任者们的能力不足，导致帕尔米拉在帕提亚和罗马时期迅速崛起。随后的几个世纪内，这座城市一直保持安定、和平，城中建造了许多宏伟的建筑，这些建筑的遗迹至今广受称赞。罗马作家第一次提到帕尔米拉时，称它是马克·安东尼的军队与帕提亚人交战时企图夺取的地方，他的借口是帕尔米拉在战争中未能保持公正的中立。老普林尼说它土地肥沃（与沙漠相比），有潺潺的溪流、广袤的沙地，整座城市与外界隔绝，使它得以在帕提亚与罗马帝国的较量中保持独立。直到图拉真时期，这种独立的情况才有所改变。115年，图拉真征服了几乎整个帕提亚帝国后，也征服了帕米尔拉，这座城市之后就变成了罗马帝国的一部分。

259年，罗马帝国皇帝瓦勒良战败被俘，削弱了罗马帝国的实力，波斯人便认为自此以后可以夺取罗马帝国所有的东部行省，帕尔米拉人开始考虑重新恢复自由。帕尔米拉君王奥登纳图斯写了一封信给波斯国王沙普尔一世，信中充满了对他的敬意。沙普尔一世不久前刚刚战胜罗马军队，俘虏了瓦勒良，这位傲慢的征服者对来信和来使的态度十分傲慢，把奥登纳图斯敬献的礼物扔进了幼发拉底河。沙普尔一世回信说："给主人写信傲慢无礼，万万不可原谅，若想赎罪，就只能将手脚绑起跪拜在王座前，这样才能证明他意识到了自己的罪过和应受的惩罚。"这种侮辱点燃了奥登纳图斯心中的怒火，他发誓要么将这位征服者的傲慢击垮，要么就在实现这一企图中灭亡。

奥登纳图斯集结了军队，在波斯人归国的路上袭击了他们，大肆杀戮，掠走了军队的辎重和国王的女人们。这场战争持续了相当长的时间。奥登纳图斯取得了众多的胜利，并使波斯遭受重创，从而彻底确立了帕尔米拉的独立地位。虽然奥登纳图斯热切希望能将瓦勒良从波斯人手中救出，但他一直没有成功。这位君王在位时间不长，就被他的侄子杀死，而奥登纳图斯的妻子芝诺比娅于272年将谋害他的侄子处死。

帕尔米拉女王芝诺比娅在丈夫死后继承了王位。她容貌倾城而天资聪慧。历史学家吉本称，她大抵是我们所知的唯一一位在那个地区克服了性别固有观念的女性。在惩罚了谋杀丈夫的凶手、确保了自己的王位后，她率领军队向邻近地区进发，极大地扩充了帕尔米拉帝国的版图。奥登纳图斯死前，帕尔米拉的版图从幼发拉底河起，包括小亚细亚的大部分土地，一直延伸到比提尼亚边境。芝诺比娅又把物产丰富、人口众多的埃及纳入版图。她的行为举止结合了罗马贵族的风度和亚洲宫廷的庄严，她要求臣民像尊敬居鲁士大帝的继承者们一样敬重她。她被称为"东方女王"，这个名号虽然显赫但有些模棱两可，在某种程度上这与对罗马帝国的忠诚似乎并不矛盾。罗马皇帝克劳狄二世认可了她的功绩，似乎并不打算干扰她拥有真正或名义上的王权。

起初，芝诺比娅和罗马一直保持着和平。她让她的3个儿子接受拉丁语教育，并经常把他们带到身着皇家紫袍的军队面前。然而，她设想在东方建立一个能与罗马帝国一较高下的独立君主国，这并非完全没有可能。实际上，可以确定的是，她的目标放眼于全世界，她也十分自信自己能够成为整个罗马帝国的女主人。她还下令打造了一辆华丽的战车，用于凯旋时乘坐，并计划在征服意大利之后，就乘坐这辆战车进入罗马。

她的势力还在向小亚细亚延伸。罗马皇帝奥勒良即位时，她征服了卡帕多西亚和比提尼亚。芝诺比娅的意图现在已经非常明显。能征善战的奥勒良皇帝甫一平定西部，就决心洗刷帝国东部最富饶的行省被一个女人篡夺的耻辱。他亲率大军，于272年穿过赫勒斯滂进入亚洲。他一到来，整个比提尼亚立即臣服，而加拉提亚的都城安卡拉未做任何抵抗就投降了。提亚纳——哲学家阿波罗尼乌斯的出生地，在经受长期、顽强的围攻后，被城中一个居民出卖。奥勒良把这个背信弃义的叛徒扔到激愤的人群中。然而，出于迷信，他放弃了这座城市，因为这座城市曾培育出一位在许多地方被当作神一般敬拜的人。

罗马军队来袭时，安条克被遗弃，但是皇帝通过和解声明召回了逃亡的居民，对所有出于需要而不是出于自愿去效忠帕尔米拉女王的人，一律赦免。这一意想不到的温和命令安抚了叙利亚人，芝诺比娅也发现她必须在敌军逼近首都之前与其交战。她率领军队向安条克进发，而在这座城市附近恰好遭遇了罗马军队。

在这场战争中，女王亲临战场鼓舞士气。她让自己的副官扎布达斯负责执行她的命令，这位副官在之前征服埃及时展现了出色的军事才能。帕尔米拉军队大部分是轻装弓箭手和重装骑兵，他们身穿铁甲。奥勒良的摩尔和伊利里亚骑兵无法承受敌人的沉重打击，或真或假地四下逃离，吸引芝诺比娅的骑兵奋力追击，然后他们不时地与追兵接战进行袭扰，最后将追兵击退，又返回追击。芝诺比娅见形势不妙，便撤回到沙漠中，在埃米萨重整了被打散的军队。后来这里发生了第二次战役，情形几乎和第一次战役一样，我们很难将这两次战役区分开来。

经过两次败仗之后，芝诺比娅发现很难再集结一支足够强大的军队来迎击征服者。向她臣服的国家，曾远到埃及边境，现在它们臣服于罗马。奥勒良在派遣一支军队征服了埃及诸行省后，又率领大军直击帕尔米拉。女王退居到都城的城墙内，为抵御积极做准备。她以女英雄的精神和勇气宣称，只有死亡才可以结束她的统治。坚固的城墙以及守军充足的武器和补给，使她相信自己可以坚持下去，坚持到饥荒或炎热的气候将敌军逼退。这场战争是日渐衰亡的罗马帝国历史上最有趣的事件之一，也最终给古代世界一座富裕恢宏的城市带来了毁灭和荒凉。

奥勒良率军穿过沙漠时，罗马军队不断受到阿拉伯人的骚扰。那些无畏的强盗伺机偷袭罗马军队，还嘲笑他们追击缓慢。一到达帕尔米拉的城墙前，奥勒良就发现围攻这座城市远比他预想的要难得多。他满怀雄心和气势发动进攻时，一只飞镖射中了他。他送至罗马元老院的一封公报或急件被保存至今。他在上面说：“罗马人蔑视我对一个女人发动战争，但他们并不了解芝诺比娅的性格和能力。我无法列举她为战争准备了多少石块、弓箭和远程武器，城墙上的每一处都配有两三台弩炮，她的投石机也威力巨大。由于畏惧战败的后果，她作战时不顾一切，英勇无畏。但我仍旧相信罗马神明会庇护我们，因为这些神明迄今为止一直支持着我所有的事业。”

第128章

帕尔米拉的毁灭

（272—1400）

奥勒良对罗马神明的庇护以及围城事件产生了怀疑，认为应该慎重地和这位女王进行谈判。他提出了退兵条件。对一个习惯于征服的罗马将军来说，这样做已经是十分大度了。对芝诺比娅，他承诺修建一所华丽的住处让她度过余生；对帕尔米拉市民，他承诺他们依旧享有古老的权利。

奥勒良的提议被毫不犹豫地拒绝了，伴随而来的还有对他的侮辱。这位骄傲的女王坚信，东方的君王们，尤其是波斯国王，一定会出兵来援助她这位天然盟友。但是命运却和她开了个玩笑，坚韧不拔的奥勒良克服了前进路上的每一个困难，包括恶劣的天气和帕尔米拉人的顽强抵抗。沙普尔一世恰巧在此时去世了，这件事分散了波斯的注意力，波斯派出的援助帕尔米拉的微不足道的军队，在半路被罗马人截击。与此同时，叙利亚各地均有补给运送到罗马军队的营地；远征埃及归来的军队也加入进来，增强了围城者的实力。

芝诺比娅发现，这座城市已无法抵抗进攻，但她并不想投降被俘，尤其之前她还曾十分傲慢地对待对方，于是她决定逃走。她骑上最快的单峰骆驼，在夜幕中离开了这座城市，打算前往波斯寻求庇护。她被罗马轻骑兵追上时，已经逃到距离帕尔米拉60英里的幼发拉底河畔。帕尔米拉不久就投降了。出乎意料的是，奥勒良对这座城市做了宽大处理。芝诺比娅的武器、马匹、骆驼、大量的金银财宝、丝绸以及宝石悉数被呈献给了征服者。芝诺比娅被带至奥勒良面前，奥勒良严厉地质问她怎么敢起兵反抗罗马皇帝。她的回答既含有尊敬又表现出坚定："那是因为奥雷奥路斯和伽利埃努斯之流，我从来不认为他们是罗马皇帝，我只承认您是我的征服者和君王。"

芝诺比娅的勇气在审讯过程中被消磨殆尽。罗马士兵对这场战争的始作俑者怀恨在心，这场战争让他们承受了太多的苦难，他们都大声呼吁判她死刑。绝望之中，这位女王失去了所有的坚毅，她甚至忘记了只有荣誉感才能给予王室尊严。为了自救，她背叛了自己的朋友，她把战争的所有责任都推到她的谋士头上，其中就有朗基努斯，他是一位著名的雄辩家、哲学家。芝诺比娅宣称，他们掌握了她的弱点，正是在他们的劝说下，帕尔米拉人才负隅顽抗。她引导这位征服者向他们发起了残酷的复仇。奥勒良下令将这些谋士处死，同时饶恕了芝诺比娅。她的导师、谋士朗基努斯，一面怜悯着他不幸的主人，一面安抚着受尽折磨的朋友们，然后平静地接受了死刑。

此时，埃及发生了一场不同寻常的叛乱。有个名叫菲尔米乌斯的罗马商人定居在埃及，经营着胶水和纸张生意，并且将这些商品出口到阿拉伯半岛和其他东方国家，由此变得富甲一方。在芝诺比娅叛乱引发的一连串麻烦中，他发现这是一个绝妙的机会，可以凭自己的力量在政治上掀起波澜。他的巨额财富能够使他组建一支声势浩大的军队。他公开支持芝诺比娅，希望可以由此增加埃及的人口，尽管他的最终目的是扩大自己的权力。他对所有从亚历山大城驶向罗马的船只实行禁运，短期内，他一度成为这个国家的主人。尽管他得到了民众的支持，但是他们却不能支持他对抗纪律严明和作战英勇的罗马军团。奥勒良一听到叛乱的消息，就立即向埃及进军，叛乱者的军队很快就被驱散。菲尔米乌斯被围困在亚历山大城的要塞中，被迫投降，随后被处死。

奥勒良在帕尔米拉部署了一支守军后，开始把军队撤回意大利。他刚刚渡过赫勒斯滂，就因为帕尔米拉人起义的消息而大为震怒，整支守军全军覆没。我们并不知道这场叛乱的直接原因，可能是由于罗马统治者的暴政，也可能是反复无常的人民所做的鲁莽举动。这场叛乱引发了罗马对这座城市的无情报复。奥勒良没有片刻的迟疑，当即率兵前往叙利亚，直到抵达帕尔米拉，他的军队才稍稍停歇。这座城市很快就被攻占，城中的男女老幼全部被屠戮，无一幸免。整座城市血流成河，残忍的士兵随心所欲地掠夺和破坏，这座城市就这样毁灭了。

芝诺比娅被俘虏到了罗马，在征服者的凯旋式上，她在战车的引领下进了城。著名的东方女王失去了权力，沦为俘虏，吸引了罗马民众驻足观看。壮观的游行队伍行走在罗马的街道上，所有的目光都集中在她的身上。她步行跟随着华丽的战车，而这辆战车本应是她在繁盛、踌躇满志的日子里，为自己凯旋进入罗马而准备的。她戴着金枷锁、金脚镣，身上挂满了珠宝，搀扶她的奴隶们几乎要被这些沉重的珠宝压倒。被当作奇观展示给罗马民众后，她得到了皇帝的仁慈对待，皇帝给她在罗马城附近安排了一处居所，她在那里度过了余生。根据一些作家的记载，她嫁给了一位罗马元老院的元老。

经历了奥勒良残酷血腥的报复后，帕尔米拉再也没能恢复过来。当奥勒良发觉这些不幸的人非常可怜而准许他们重建自己家园时，一切都为时已晚。毁灭远比恢复容易得多。芝诺比娅的首都，这座商贸、财富、奢华以及自由艺术之城就这样渐渐不复往日盛况，沦为一座不为人知的小镇——其实是一座小城堡，以至于最终沦为一个悲惨的村庄。

查士丁尼大帝曾在此地部署了守军，加强了这里的防御工事。后来，这里又被穆罕默德的继任者艾布·伯克尔率领的萨拉森军队所占领。从那时起，这座城市便完全在历史上销声匿迹了。直到12世纪，来自图德拉的拉比·本杰明来到这里，他是一位西班牙籍的犹太人。根据他的描述，这里有城墙围绕，居住着4 000名犹太人，他们一直与邻近地区的阿拉伯人为敌。帕尔米拉最近发生的有记载的历史事件是在1400年，帖木儿占领并掠夺了这座城市。

帕尔米拉就这样被世界遗忘了。大约在1700年时，一些在叙利亚的英国旅行家听阿拉伯人说起这座沙漠中的辉煌遗迹，便决定前去搜寻这些古迹。他们的发现首次将帕尔米拉的遗迹悉数展现在近代欧洲的学术界眼前。伍德、道金斯和包法利这3名英国人，不久之后启程前往帕尔米拉，目的是给这些恢宏的历史遗迹作画。他们计划先经过阿勒颇，再经过大马士革前往那里。但管理这些地方的土耳其统治者声明，他们无法保证这些旅行者的安全，因为这里时常有劫匪出没。在大马士革，他们得知北方有个名叫哈西亚的村庄，只要4天的行程便可到达帕尔米拉。那里现在由一个酋长统治，他的势力范围延伸到了帕尔米拉。他们于是来到这个地方，受到了这个掌管偏远地区的酋长的热情欢迎。尽管这位首领并不理解他们此行的目的，但还是很乐意为他们提供马匹来帮助他们。

这些旅行者途经几个贫穷的村庄，随处可见精心雕琢的大理石碎块，这些碎块当时被用来建造村舍。从这里前往帕尔米拉的道路是一片长约80英里、宽10英里的平原。平原上寸草不生，水流干涸，到处都是古建筑遗迹。在这片平原的尽头，环绕山谷的小山开了一条缝，一大片遗迹突然出现在他们眼前。这片遗迹的规模之大、建造之恢宏，是他们前所未见的。一排排科林斯式的白色大理石圆柱矗立在那里，这些圆柱支撑的墙壁和坚固的木桩都随着时间的推移而倒塌。四周是一片广袤无垠的沙漠，一直延伸到遥远的幼发拉底河。

这些旅行者从初见的震惊中平复下来后，就投入到更详尽的调查中。左侧是一处最为完整的遗迹，有一排长墙，上面有12扇华美的窗子。这里曾是一座太阳神庙，现在已是一片废墟。除了几座土耳其的宏伟建筑，还有几根漂亮的独立圆柱，形成了一条近1英里长的宏伟柱廊。从这些柱子中间可以看到另一些宏伟的建筑，再往右一点儿可以看到另外两座神庙。再往前有4根大圆柱，它们属于某座建筑，但现在已变为废墟。整片平原在直径3英里的圆圈内尽是圆柱。有的直立着，有的倾倒着，有的保存完整，有的残破不堪，还有一些现在已经变成了碎片。

帕尔米拉仍然居住着一些阿拉伯人。神庙的庭院满是他们破旧的小屋，墙壁和圆柱之间的每一寸土地都种植着谷物和橄榄，周边围着泥墙。这里曾有两条河流，水源分布合理，无疑有助于古代居民在这里舒适安逸地生活，但是现在河流已经在黄沙中干涸消失了。

评论家、雄辩家朗基努斯的记忆和帕尔米拉的记忆密切相关。据说，这位著名的作家是叙利亚人，很可能来自帕尔米拉。从地理位置上看，这座城市在古时属于叙利亚。在青年时期，朗基努斯曾前往雅典、罗马、亚历山大以及其他著名学府和艺术之都进行深造，还聆听了辩论和哲学领域所有大师的演讲。他很崇拜柏拉图，每年都纪念柏拉图。朗基努斯学识广博，同时代的人因此称他为“行走的图书馆”。他在雅典教授哲学，著名的波菲利就是他的门徒。

最后他定居在帕尔米拉，很受芝诺比娅的赏识，女王听他用希腊语谆谆教诲，提拔他为政治顾问。这一殊荣也害惨了他。帕尔米拉被奥勒良占领后，这位征服者把仇恨施加在朗基努斯头上，怀疑是他为女王撰写了那封勇敢而又带着蔑视的回信，朗基努斯当即被判处了死刑。

在这个苦难的时刻，哲学给予了他力量，他平静地接受了命运。他一生著作很多，但唯一没有被时间摧毁的是《论崇高》，这本书由于高尚的情操和语言被人们广泛推崇。然而，他批判性的格言却有些晦涩难懂，他对诗歌和修辞之美的敏锐感受力，要比他调查结果的准确性以及对调查本质和原因的判断更受赞扬。他是为数不多的熟悉《旧约》的古代作家之一。

亚美尼亚

第129章

亚美尼亚王国的建立与提格兰的统治

（前700—前70）

亚美尼亚是个内陆国家，有时会被视为小亚细亚的一部分，位于黑海东南方。根据斯特拉波的描述，亚美尼亚北部与伊比利亚①和阿尔巴尼亚接壤，东部与米底相邻，南部与亚述相接，西部则是本都。这是一个高海拔的多山国家，到处都可以看到终年积雪的山脉。因此，这里气候凉爽，但冬天十分寒冷。幼发拉底河、底格里斯河和阿拉克斯河都发源于这里。在古代，亚美尼亚的谷物、葡萄酒等物产品质低劣，供应不足的粮食也全部由当地农民艰苦的耕种得来。其实，这个国家的土地相当肥沃，现在也已经得到了很好的耕种。

① 古希腊-罗马人对格鲁吉亚卡特里的称谓，大致相当于今格鲁吉亚的东部及南部。——编者注

亚美尼亚在早期曾臣服于相邻的亚述，之后又先后臣服于米底人、波斯人、希腊人、叙利亚人、帕提亚人、罗马人、萨拉森人以及土耳其人。在某一时期，它还被分为大亚美尼亚和小亚美尼亚。阿尔塔沙特、阿米达（现在的迪亚巴克尔）以及提格拉诺塞塔，都是古代亚美尼亚的主要城市。

现在，亚美尼亚被俄罗斯、波斯和土耳其瓜分。整个国家约有200万人，其中2/3处于奥斯曼帝国的统治之下。像犹太人一样，亚美尼亚人也四散分布于各个国家，但是他们在商业上却十分得意，整个西亚大部分的贸易活动掌握在他们的手中。亚美尼亚人十分勤勉，尽管一心追求利润，但比起竞争对手希腊人来说，还是他们更值得信任。本土的亚美尼亚人还保持着一种相对原始的生活方式，那些移居到其他国家的人则变得极有才智，完全掌握了成功经商所需的各方面知识和技艺。

在世界历史的早期，这个国家便有人居住。亚拉拉特山是亚美尼亚最高的山峰，被认为是大洪水过后挪亚方舟首次停靠的地方。但是有关首批在这片土地定居的人，我们没有找到任何精确的记载。亚美尼亚人通常被认为是一个非常古老的民族。希罗多德在亚美尼亚语中发现了一些弗里吉亚语词汇，他因此推断亚美尼亚的祖先是弗里吉亚人。而这一点也很好地支持了另一个猜想，即弗里吉亚人是亚美尼亚人的后裔。有个更合理的观点是，亚美尼亚人和古叙利亚人源自同一祖先。在时间的长河中，他们的贸易发展吸引了来自波斯和其他南方国家的移民，以及希腊人和弗里吉亚人。从很早的时期起，亚美尼亚似乎就一直是君主制政体，但是我们无从得知亚美尼亚这个国家何时建立。

迦勒底人贝罗苏斯[1]认为，亚美尼亚第一任国王是鲁萨，而后他的儿子巴尔扎尼斯继承了王位。普林尼等人则说，巴尔扎尼斯死后，亚美尼亚分裂为几个小王国。普鲁塔克提及一位亚美尼亚国王阿拉克斯。神谕曾显示如果他用自己的两个女儿献祭，他会在与波斯人的战争中取得胜利。他将一名贵族的两个女儿献了上去，试图蒙骗神明。而这位贵族愤然反叛，打败了阿拉克斯。阿拉克斯在逃亡途中试图游过赫耳穆斯河时溺死。因为这件事，这条河从此改名为阿拉克斯河。值得注意的是，希腊人和罗马人似乎都很轻视亚美尼亚人，认为他们缺乏爱国精神，不关心个人自由或政治自由。

米底国王阿斯提阿格斯于公元前6世纪征服了亚美尼亚。然而，这个国家仍旧保留了自己的君主，只不过在米底国王手下变成了总督。后来，亚美尼亚变成了波斯帝国的一个行省，一直到亚历山大大帝时期都处于波斯总督的统治之下。在那之后，亚美尼亚和波斯的其他行省一起为马其顿人所统治。在安条克大帝时期，塞琉古王国将其纳入自己的版图。当时，亚美尼亚的两名总督扎德里亚迪兹和阿尔塔什斯奋起反抗，让自己获得了独立。他们还占有邻近的几个行省，因此扩大了领土，于公元前187年形成了两个独立王国，也就是大亚美尼亚和小亚美尼亚。小亚美尼亚位于幼发拉底河西岸。

随后，亚美尼亚历史上出现了一次断层。我们只知道，在这段时间，亚美尼亚人与帕提亚人交战失败，其他情况我们所知甚少。

---

① 贝罗苏斯是巴比伦城中贝拉斯神庙的一位祭司，约出生于公元前331年，去世于公元前246年。他博闻强识，懂得希腊语，撰写了巴比伦以及邻国亚述、米底和亚美尼亚的历史。全书分为三卷，尽管已经散佚，但仍有一些残页保存在尤西比乌斯、约瑟夫斯等其他古代作家的著作中。——原注

战争结束时，亚美尼亚的一位王子提格兰被当作人质交给了帕提亚人。提格兰在父亲去世后，把相当大的一部分世袭领土割让给了帕提亚，以此换得自由。通过这一让步，他于公元前95年登上了王位。不久后，由于本都国王米特拉达梯六世的诡计，提格兰卷入了和罗马人的战争。他派出一支军队入侵卡帕多西亚，而卡帕多西亚的统治权已经被罗马人授予了扎德里亚迪兹。这次入侵取得了成功，提格兰把卡帕多西亚的王位授予了米特拉达梯六世的儿子阿里阿拉特，把所有的战利品留给了自己。与此同时，被塞琉古王朝长时间内斗所困扰的叙利亚人，邀请提格兰来管理他们的国家。提格兰接受了这一提议，将塞琉古家族驱逐出境，自己成了叙利亚的国王。

这些成功使提格兰的野心膨胀，他想继续扩大自己的领土。他率领自己连战连捷的军队向小亚美尼亚进发，仅一次战役就征服了这个国家。而后他又向亚洲的希腊人、阿迪亚波纳人、戈尔迪人和其他民族的领土进军，迫使每个地区的人承认他是他们的君主。在这次远征归国途中，他途经卡帕多西亚，从那里带走了30万名俘虏到亚美尼亚。提格兰安排这些俘虏在他加冕的地方建造一座大型的城市，并以自己的名字命名为提格拉诺塞塔。

接着，提格兰又向帕提亚进军，从他们手中收回了之前作为赎金割让的土地。此外，他还获得了美索不达米亚、迈当尼亚、尼西比斯城和整个腓尼基。他接二连三的成功和一直以来的好运气使所有亚洲君王都对提格兰这个名字望而生畏。他自己更是不可一世，以“万王之王”的高傲头衔自居。他逼迫许多君主以卑微的仆人身份前来侍候他，命令所有向其汇报公共事务的外国人都必须双手合十站在他的王座前，表现出对他的绝对顺从。他骑马外出时，有4位国王跑在他的马匹旁边陪伴服侍。

本都国王米特拉达梯六世将女儿嫁给了提格兰。他被罗马军队驱逐出自己的王国，再加上军队发生叛乱，便逃到了女婿的国家。因为成功而膨胀的提格兰对他冷若冰霜，拒绝与他见面，也不想认他为亲戚，但还是承诺保护他，给了他一张桌子和合他脾性的侍从。罗马统帅卢库卢斯要求提格兰交出米特拉达梯六世，并威胁说如果拒绝就要发动战争。提格兰回复说，他并不支持米特拉达梯六世的所作所为，但是如果要把他的近亲交给敌人，他会受到世人的谴责。他决定在这一命运攸关的时刻保护岳父。之后，他派了一支强大的骑兵将米特拉达梯六世送回了本都。

卢库卢斯率兵入侵本都，占领了它的首都锡诺普。随后，他留下一个军团驻守这里，自己则带着剩余的1.2万名步兵和3 000名骑兵向亚美尼亚行进，进攻提格兰。他渡过幼发拉底河，行至底格里斯河后又继续向北前进，进入了亚美尼亚南部的群山中。在这里，他率兵直扑提格拉诺塞塔。与此同时，这位“万王之王”却不知道罗马人的大军正在逼近，提格兰认为第一位传送消息的人作假，便将他斩首，其他所有人都不敢再提供任何信息。最终，提格兰的一个朋友米底罗巴查尔尼斯冒险告诉他罗马人已经逼近。提格兰命令他率领一支骑兵去袭击罗马军队，抓回他们的首领。米底罗巴查尔尼斯奉命前往，却战败被杀，卢库卢斯则率军包围了提格拉诺塞塔。

第130章

提格兰的战争与国家的分裂

（前70—1840）

提格兰发现，要保住他的国都，则必须给予敌军沉重一击。于是，他召集了帝国各地的军队，在提格拉诺塞塔集结了一支强大的军队，包括17万名步兵和5.5万名骑兵。米特拉达梯六世及其将军塔克西勒斯，凭借经验知道亚洲的军队不适合对战罗马军团，他们二人建议提格兰不要贸然采用常规的军事行动，而是截断罗马军团的粮道，让他们因饥饿而无法作战。这位鲁莽专横的暴君轻蔑地拒绝了这一谨慎的建议，从原本有利的山中进入了平原。他看到罗马军队时，还嘲笑他们人数太少，大声喊道："如果这些人作为使者前来，人数未免太多；但是作为敌人，那就太少了。"

卢库卢斯看到亚美尼亚国王从山上下来与他作战时，大喜过望。他留下了一个军团继续围城，自己则带领1万步兵和1 000骑兵前去迎战敌方浩浩荡荡的大军。一条大河横亘在两军中间，卢库卢斯率领罗马军队正准备渡河时，一名将官提醒他说这一天并非吉日，因为罗马人曾在历史上的同一天被辛布里人击败过。卢库卢斯毫无表情地回答说："所以，我们有责任更加英勇地去战斗，让这阴郁的一天自此以后成为值得庆祝的日子。"

起初，罗马人还惧怕敌方庞大的军队，但随后受到了统帅的鼓舞，带着不可遏制的怒火冲向敌人，一场大屠杀就此开始。毫无疑问，对于罗马一方来说，这是一场决定性的胜利。提格兰率先从战场逃离，方圆数英里内遍布败军的尸体和各种物品。罗马士兵声称，与这样一群懦弱的奴隶交战是他们的耻辱。普鲁塔克记载，亚美尼亚一方10万步兵和几乎所有的骑兵战死，而罗马一方只损失了5人。这一说法或许有些夸张。卢库卢斯把所有的战利品都分给了他的士兵们，而后继续围攻提格拉诺塞塔，这座城市很快就投降了，时为公元前68年。

米特拉达梯六世鼓动提格兰继续战斗。于是，提格兰又组建了一支新的军队，在阿尔塔沙特发动了第二次战役。亚美尼亚人又一次战败，卢库卢斯决定乘胜追击，征服整个国家。当时正值秋季，这片高海拔地区的气候对罗马士兵来说远比他们设想的要寒冷。大雪纷纷，河流也结了冰，渡河是一件困难的事情。罗马士兵们克服了重重困难，在行进了相当长的一段距离后还是发生了哗变，谁都不愿意继续前进。卢库卢斯发现他们很难被说服，被迫率兵南下，在尼西比斯城扎营过冬。不久后，他被召回罗马，军队的指挥权交给了庞培。

亚美尼亚国王的儿子小提格兰拥兵反对自己的父亲，他在帕提亚国王弗拉特斯三世的帮助下，逼迫自己的父亲放弃王位并退居到山中的城堡里。然而，帕提亚人一撤退，小提格兰的叛军就被打败了。小提格兰转投庞培，向他建议立即向国王居住的阿尔塔沙特进军，这一建议被采纳了。这时的提格兰早已不复往昔的傲慢，突如其来的不幸彻底摧毁了他的精神防线，他决定交出国都，恳求与罗马重归于好。他几乎放下了所有的尊严，骑着马向罗马军营走去，准备按照东方的方式骑马进入军营。这时有个罗马侍从看见了他，告知他不可以骑马进入军营。提格兰于是下马，卸下剑，把它交给罗马人，步行走向庞培的营帐，摘下了他的王冠，伏地跪拜在这位罗马统帅的脚下。庞培将他从地上扶起，将王冠戴回他的头上，说了几句安慰的话。

庞培听取了双方意见后决定，提格兰可以保留从他父亲那里继承下来的固有领土，但要放弃所有侵占的土地，还要给罗马赔偿一大笔军费。提格兰很高兴地同意了。按照停战的条件，他把叙利亚、奇里乞亚、卡帕多西亚诸行省割让给了罗马。他还为庞培和他军队里的其他军官送去了贵重的礼物，从而获得了“罗马共和国同盟者”的称号。后来，他又与帕提亚人开战，结果以失败告终。如果没有庞培相助，他早就被逐下王位。在统治后期，他饱受儿子萨维阿斯特叛乱的困扰，后来还是罗马人出面平定了这次叛乱。提格兰一生饱经沧桑，最终于公元前56年平静地去世，终年85岁。

加拉提亚的领主——德奥塔鲁斯在米特拉达梯战争中为罗马提供了帮助，作为回报，庞培立他为小亚美尼亚国王。这位君王和西塞罗、小加图、布鲁图斯、庞培、卢库卢斯等罗马显赫人物都有着亲密的友谊。庞培曾宣称他是共和国唯一可以依靠的同盟者。罗马内战爆发时，德奥塔鲁斯站在庞培一方，在法萨罗战役中英勇作战。当他为朋友而战时，自己的国家却被本都国王法尔纳克二世占领。然而，慷慨的尤利乌斯·恺撒帮助德奥塔鲁斯夺回了国土。他不仅宽恕了德奥塔鲁斯支持庞培一事，还驱逐了亚美尼亚的侵略者，恢复了他的王位。之后不久，德奥塔鲁斯在罗马被指控密谋刺杀恺撒，但是西塞罗在恺撒面前进行了一番演说，成功为其辩护，而恺撒也并无任何危险。德奥塔鲁斯在位时间很长，他的儿子先他而逝，他的家族也在他去世前绝嗣，这个王国也不再是一个独立的国家。后来它依附于周边的王国，又沦为罗马的一个行省。

大亚美尼亚一直都是由本国的国王进行统治，直到图拉真时期，这里才成为罗马帝国的一个行省。不久后，它又重获自由。我们发现，在君士坦丁大帝时代的史书中仍有亚美尼亚国王的记载。

阿尔达希尔一世是波斯萨珊王朝的开创者，他于229年将亚美尼亚纳入自己的版图。直到阿尔萨息家族的幸存者梯里达底三世时期，亚美尼亚才从波斯人的统治中解放出来。在罗马军队的帮助下，梯里达底三世驱逐了波斯人，重新建立了独立王国。

在4世纪早期，亚美尼亚的国王和许多贵族一起皈依了基督教，加深了亚美尼亚人和波斯人之间的敌意，两国之间又爆发了新一轮的战争。波斯人在一段时间内恢复了对亚美尼亚的统治，他们对基督徒进行了残酷的迫害。甚至到7世纪萨珊王朝覆灭后，这个国家依然没有享受到片刻的宁静，它又沦为拜占庭希腊人和萨拉森人的战场。

855年，布加率领萨拉森军队占领了亚美尼亚，许多贵族被移送至巴格达，被迫信奉伊斯兰教。其中有个名叫森帕德的人拒绝改变信仰，以身殉教。他的儿子阿什杜德得到了哈里发的支持，于885年登上了亚美尼亚的王位，成了巴格拉特王朝的创立者。这个王朝一直延续到1045年。

11世纪，亚美尼亚成为拜占庭帝国和塞尔柱突厥人争夺的对象。北方的省份都被这些入侵者占领，南方的省份则被库尔德人占据，王国的剩余部分成为君士坦丁堡皇帝的附庸。巴格拉特王朝被推翻后，末代国王的一个亲戚鲁本带着他的家人逃往弗里吉亚，在奇里乞亚北部的托罗斯山脉中建立了亚美尼亚亲王国。这片山地以前就居住着众多的亚美尼亚人，但鲁本的建国原则是让更多人免受突厥人的残酷统治和希腊人的迫害。这个王国刚刚建立时只是一个小国，而后渐渐壮大，国土从托罗斯山脉一直延伸到海边，从幼发拉底河直到奇里乞亚的西部边界。由于十字军东征期间这个国家的君王对欧洲各国所做的贡献，这个国家获得了相当重要的地位。然而，希腊帝国依旧是它的敌人。

成吉思汗率领的蒙古人从中国长城以北的遥远家乡发动入侵战争的过程中，将原本占领里海周围地区的各个突厥部落赶到了西边。这些突厥人在13世纪入侵亚美尼亚，使那里的人们饱经战争和宗教迫害之苦。随后，蒙古人又征服了亚美尼亚。在奇里乞亚的亚美尼亚国王拜访了他们来自远方的主人后，这些征服者要求的钱财数目减少了。旭烈兀的出现使亚美尼亚恢复了短暂的安宁。这位大汗于1256年将蒙古势力的总部从沙漠中转移到了阿塞拜疆的马拉盖，这座城市位于亚美尼亚边境地区。同时，他还把这个游牧民族的营帐转变成一个文明开化的宫廷。

到了14世纪末，鞑靼征服者帖木儿横扫了成吉思汗家族的残余势力，他的军队不断在亚美尼亚的群山中追踪他们的足迹。但是，这位强有力的征服者没有留下有能力的统治者，而土库曼部落很快便抹去了蒙古人最后的印迹。在近一个世纪内，埃及苏丹有时和以哥念的土耳其人联合起来入侵奇里乞亚，摧毁他们的城市，俘虏那里的居民。1375年，亚美尼亚王国覆灭，奇里乞亚遂成为埃及的一个行省。

在很长一段时间内，土耳其人和波斯人瓜分了整个亚美尼亚。波斯的阿巴斯大帝是这个国家的破坏者之一。为了保护自己的边境免遭土耳其人的入侵，他决定在亚美尼亚沙漠中开辟一条宽阔的壕沟。那些不幸的居民眼睁睁地看着自己的房屋、耕地和家园消失殆尽。他们被集中到亚拉拉特山中的平原，像牲口一样被驱赶至波斯。丈夫和妻子、父母和孩子都被迫分离，许多人在渡河时被淹死。5万人在一片贫瘠的土地上建立了一处定居点，不久之后，一场疾病夺去了大多数人的生命。

几年之间，俄罗斯向亚美尼亚的方向拓展疆土。在与波斯和土耳其的几次战争中获胜后，俄罗斯已在这个国家的大部分地区建立起自己的权威。这时的亚美尼亚可以说是被俄罗斯、波斯和土耳其瓜分了。

如今在大多数人眼中，亚美尼亚人不再是一个拥有自己家园和国土的民族，而是一个分散的民族——世界公民。这一点儿也不奇怪，任何人只要读了亚美尼亚的历史，就想知道这里的古代居民留下的遗迹。在历史的早期，他们被带到或驱赶到美索不达米亚和奇里乞亚。随后，土耳其征服者将他们中的大部分人迁到了君士坦丁堡。正如我们所知，阿巴斯大帝强行将数万亚美尼亚人迁移至波斯。萨拉森人和希腊人在争夺亚美尼亚时，又将不少亚美尼亚人抓作俘虏。图格里勒·贝格和帖木儿也带走了数千亚美尼亚人，去向不明。马穆鲁克也曾将6万亚美尼亚人迁至埃及。众所周知，波斯人在每一场战争中，甚至是最后一场与俄罗斯的战争中，都把他们的俘虏作为奴隶带走。除了这些人口减少的原因，还有在不同时期，由于国内的压迫，许多人自愿到遥远的国度寻求庇护。因此，亚美尼亚人不仅分布于土耳其和波斯的几乎每一个地区，还出现在印度、俄罗斯、波兰和其他一些欧洲国家。

定居国外的亚美尼亚人喜欢经商。热爱钱财，成了他们的一大特征。一旦让一个亚美尼亚人离开家乡，定居在遥远的土地上，他立即就会对经商产生浓厚的兴趣，如同磁盘的指针永远指向北极一般。每年都会有成千上万的人从山区的家乡迁居到土耳其的大城市，在这里他们从事着卑微的职业，如搬运工或者挑水工。但几乎无一例外，他们或他们的子女都通过这样的方式开始从事贸易行业。有些人一开始只是一个技工，渐渐成为一个商人，最终那些能力超群或者十分幸运的人则成为一名银行家，这是他们的最高目标。无论交易地点相距多远，他们都喜欢亲自参与货物的买卖，他们也因此成为伟大的旅行家。几乎每个重大展会和集市，从莱比锡、伦敦到孟买和加尔各答，都有他们的身影。

亚美尼亚商人和希腊商人有着极大的不同。他们这个民族更为理性，但智慧略有不足。亚美尼亚人在做生意时，是值得信任的，没有什么欺诈。这倒不是说他们都是诚实的人，在移居国外的亚美尼亚人中，欺骗普遍存在，而且被视为贸易中一种被许可的艺术。实际上，他们也承认这一点不太道德，但是他们会说：“我们又不是在修道院，还不允许生活中存在一些欺骗吗？”他们的垄断倾向是极为专横的。如果可以的话，一个富有的商人可以摧毁任何一个干预其生意的人。实际上，对竞争的零容忍是这个民族的总体特征。他们有了政治依靠后，不断的民事纠纷和宗教敌对时常会导致暴行的发生，这证明了一个说法：当一个亚美尼亚人的邪恶情绪被完全激发出来时，任何卑污的事情他都干得出来。

第131章

古代亚美尼亚的文化

我们在研究古代亚美尼亚人的政体、法律、宗教、学术等领域时，由于古代历史的缺失和不确定，我们遇到了一些无法克服的难题。然而，在原始时期，王位似乎是世袭的，政府也很专制。宗教形式似乎是偶像崇拜，最受人们崇拜的偶像是塔内斯女神，她相当于希腊神话里的阿佛洛狄忒。

亚美尼亚人最初引入文字时，使用亚述、希腊和波斯的字母记录他们的交易。直到5世纪后，有个名叫梅斯罗布的亚美尼亚人才发明出一种至今仍在使用的字母，以表达他们语言的准确读音。

亚美尼亚语言很粗糙，辅音过多。它不属于任何一种已知的语系，自成一派。亚美尼亚语中有大量印度-日耳曼语系的词根，并且和西伯利亚的芬兰语以及其他北亚的语言有很多相似之处。它的语法十分复杂，古代或文学中的亚美尼亚语在结构上和现在的语言有很大不同，前者被认为是一种已不复存在的语言。

基督教传入之前，亚美尼亚文明和邻近的波斯、帕提亚很相近。但是，除了一些古代歌谣的片段，这一时期的文学作品都没有被保存下来。随着基督教的传播，有关希腊语言和文学的研究开始盛行。从4世纪初到现在，亚美尼亚诞生了很多不同文学流派的作家，他们散居在各地。但无论在哪里定居，他们都会建立印刷厂，这种热情证明了他们文化上的天赋。

亚美尼亚的历史作品之所以有价值，是因为他们提供了有关拜占庭帝国、萨珊王朝、萨拉森人、塞尔柱王朝、十字军、蒙古人的历史。总而言之，他们提供了自4世纪以来整个东方世界的历史资料。最古老的亚美尼亚历史学家是阿加丹格罗斯，他是4世纪时国王梯里达底三世的大臣。芝诺是亚美尼亚启蒙者圣格里高利的学生及秘书，他们生活在同一世代。芝诺撰写了一部关于达伦省的编年史。亚美尼亚人认为，克雷内的摩西，又被称为“语法诗人”，是他们的第一位古典作家。他的著作涉及历史、修辞和地理这几个领域。“文雅者”圣纳西斯是亚美尼亚韵律诗的发明者。亚美尼亚文学自14世纪末开始衰亡。

亚美尼亚人信奉的宗教是基督教优迪克派。他们承认耶稣只有一个本性，纯粹的神性与纯粹的人性并不混合在一起。教士包括牧首、大主教、权威神学家、在俗神父和修道士。在俗神父一生只能结一次婚，依靠劳作或贸易为生。他们实行斋戒和禁欲，其严谨程度和频次都远超所有其他基督教派。在这些神职人员中，级别越高就意味着斋戒越严格。据说，大主教只靠着脉搏跳动活下去。

在外貌上，亚美尼亚人身形优雅，面带生气。他们沉迷于酒精，据说一名亚美尼亚神父在聚会上可以喝掉10瓶葡萄酒。整个国家的建筑风格都十分粗陋。在群山之中，他们所有的房子都建在地下，房顶留个口，可以透光用作照明，雪也从那里落进来。他们的家具也同样糟糕。他们用涂抹着泥巴和牛粪的篮子当作餐盆。所谓的面包也只是在地上挖了一个洞烤出来的玉米饼。

亚美尼亚女性的地位十分低下。在男性看来，她们是下等人，并且女性的婚姻也不会顾及她们个人的意愿，由父母强行安排。对于丈夫来说，妻子不是他的伴侣，更像一个仆人。有位旅行者这样描述亚美尼亚女性："我们房主的妻子，和许多在山中生活的女人一样，没戴面纱。通常她的下巴用一条巨大的围巾包裹着，一直包到鼻子。一块白布绕过她的前额，垂到身后的肩膀处。从我们进入家中后，她就没有大声说过一句话。如果她需要和离她远些的人说话，她会低声告诉站在身边的小女儿，小女儿再把她的意思大声表达出来。这样一种女性谦卑的习俗，不仅在这里，甚至在整个亚美尼亚都很常见。然而，这只适用于年轻女性。年龄大的女性说话时，不会受到这些习俗的束缚，也没有被那条围巾限制住，她们喋喋不休，几乎要把我们吵晕。"

和土耳其大部分地区一样，到亚美尼亚旅行的人都住在一种简陋驿站里。这些驿站为了适应陆上贸易需求而建，为货物提供存储的货仓，为商人提供住宿，也为商队的马匹提供马厩。它们通常为四边形结构，中间是开放的庭院，四周是房间，来人后房间打开。屋后是马厩。商人借宿在屋内，货物也堆放在屋中。骡夫带着他们的牲畜在院子的空地上扎营，又或者住在马厩里。庭院和房间之间有一道拱形大门，只有经过这道大门才能往返于庭院和房间。大门在夜晚关闭，住在里面的人就如同在城堡里一样安全。房间里没有

土耳其帝国境内的亚美尼亚商人

家具。和大多数私人住宅一样，露台上的纸天窗为客人提供光亮。驿站内从不提供食物，但在紧要关头也会供应咖啡。虽然人们认为在亚美尼亚旅行非常安全，但是可以明显感觉到这里的道路条件较差，这跟土耳其统治下的大多数其他地区没什么两样。

埃尔祖鲁姆是亚美尼亚的主要城市，同时也是土耳其帕夏统治区的首府，面积几乎比奥斯曼帝国的任何一座城市都大。埃尔祖鲁姆位于幼发拉底河的源头，在一座高山脚下的平原上。这座城市由东罗马皇帝狄奥多西二世的一位将军在415年建立，被他命名为狄奥多西奥波利斯。亚美尼亚人称它为盖里姆，以其所在的上亚美尼亚古代地区的名字为之命名。

这座城市现在的名字似乎借鉴了邻近一座城市的名字叫阿尔德森。远处也有一座叫阿尔德森的城市。萨拉森人为了便于区分，把这座希腊城市命名为阿尔德森埃尔鲁恩，或者叫它罗马阿尔德森。另一座阿尔德森被塞尔柱突厥人摧毁时，幸存下来的人、城市的贸易以及城市的名称，都转移到了这个地方。埃尔祖鲁姆的人口为8万~10万人，3/4为土耳其人。城市里的住房都用深色的石头搭建而成，大多数只有一层高，阴暗而矮小。房顶有泥土，上面长满了杂草。从高处俯瞰，这座城市更像是一片草地。城市里有一座城堡，由坚固的石头砌成。城堡里面有集市、修道院和许多私人住宅。

埃尔祖鲁姆曾经是欧洲和东方世界大多数陆上贸易的通路。它并没有因为发现了绕过好望角的新贸易路线而被摧毁。近来由于诸多原因，它不复昔日的繁华，每年经由埃尔祖鲁姆的货物数量仍不容小觑。来自东方的有克什米尔和波斯的披肩，还有丝绸、棉花、烟草、大米、靛蓝、茜草和药物；来自西方的有绒面呢、印花棉布、披肩和餐具等。

埃里温是俄属亚美尼亚的首府，位于阿拉克斯大平原东北方向，高于黑海海平面3 000英尺。它周围环绕着贫瘠的群山，不论从哪个方向看，景色都十分荒凉。这片地区的内部更是如此。街道狭窄，房屋皆由不规则的石块堆砌而成，石块之间抹上用泥土和铡碎的稻草制成的灰泥。清真寺的花园是唯一景色还不错的地方。这里的空地上有树木和喷泉，空气清新，开阔明亮，与脏乱阴郁的街道大不相同。20年前，埃里温是一处商业要地，塔布里兹的大型商队来到这里进行贸易，大批商人的出现令这里的驿站和集市都活跃了起来。邻近地区的农民也来到这里出售他们的农产品。但自从俄罗斯占领了这里之后，埃里温繁华的过境贸易就渐渐衰落了。商队避开了这片俄罗斯属地，大部分商人移居他处，被迫留下来的人也是穷困潦倒。尽管亚美尼亚人对宗教有偏见，但他们中有许多人还是很怀念被波斯人统治的日子。

阿尔古里小镇也值得一提，因为1840年发生的可怕灾难摧毁了这座小镇。这里是亚美尼亚最美的地方之一。它位于亚拉拉特山的一处峡谷中，比阿拉克斯河的水平面高2 500英尺，人口约为2 000人。这里非常繁华。虽然海拔较高，但是附近的土地盛产小麦和大麦，欧洲的大部分水果这里都有出产。依据这个国家的传说，阿尔古里是世界上最古老的小镇，挪亚走出方舟后在此地种下了第一棵葡萄树，并在这里建立了可定居的村镇，一直延续到现在。在峡谷顶端附近有一些巨大洞穴，里面覆盖着厚厚的冰雪，即使在最炎热的夏天都不会融化。山中的大部分裂隙似乎由内部的大火造成，近几个世纪以来，这里沉睡的火山仅有过几次偶然的震动。然而，1840年6月12日，一场可怕的毁灭性火山喷发打破了这里长久以来的宁静。

那天，大约在太阳落山半小时后，亚拉拉特山的居民就听到了令人震惊的巨大爆炸声。紧接而来的是地面的晃动。阿尔古里以上3英里处的裂缝突然裂开，从中喷出了大量的气体和蒸汽，石块和大量泥土随着这股强大的力量从山上滚落而下。蒸汽在最开始时是蓝色和红色的，但不久后就变成了黑色，空气中弥漫着硫黄的味道。群山在咆哮，土地也不停地震动，地下传来爆裂的吼叫声，其中还混杂着一种哨声，就像炮弹的声音一样。与此同时，石头从空中掉落，这些大石头足有几吨重。这场火山喷发持续了一个小时。当蒸汽和烟雾消散、石块和泥浆停止掉落时，阿尔古里小镇已经完全消失了。它肥沃的土地、美丽的花园都被石块和泥浆所掩埋。在这场灾难中，除了几名外出的人，再无幸存者。挪亚的山峰现在就像洪水退去的那个早晨一样孤寂。

小亚细亚

第132章

小亚细亚是个什么样的地方？

小亚细亚位于亚洲最西端，是一个巨大的半岛。它北临攸克辛海（黑海），东邻亚美尼亚和叙利亚，南临地中海，西临爱琴海和普罗彭提斯（马尔马拉海）。它包括土耳其的亚洲部分的西部，与土耳其的欧洲部分被马尔马拉海分隔，它们之间形成的狭窄海峡叫博斯普鲁斯海峡。君士坦丁堡与小亚细亚西端间隔的水域宽度大约有1.5英里。

“小亚细亚”这一名称最初仅用来指代亚洲西部地区。大约在4世纪，它的含义延伸为指代整个亚洲。这一地区现今被称为安纳托利亚，意为东方或太阳升起的地方。它相当于法语词“黎凡特”，常用于指代地中海东端的沿海地区。

小亚细亚东西长约500英里，南北宽约260英里，面积接近10万平方英里，约为法国国土面积的一半。它的纬度与美国中部诸州纬度相同，但气候更温暖一些。在北部黑海沿岸，冬天会带来积雪和寒冰。在地势较高的中部地区，冬天非常寒冷。小亚细亚南部的气候与美国佐治亚州的气候相似。这里的水果有无花果、柑橘、柠檬、枸橼和橄榄。这里还盛产玉米、葡萄酒、油类、蜂蜜、咖啡、没药和乳香。总的来说，小亚细亚的土壤、气候及作物多种多样，许多地方都极为富饶。黑海海岸被认为是小亚细亚最好的地区。爱琴海沿岸的西部海岸也同样物产丰盈，这里因气候宜人而远近闻名。

小亚细亚的河流虽短小，但在历史上却久负盛名。哈吕斯河（现称红河）发源于外托罗斯山，流淌于帕夫拉戈尼亚和本都之间。它是小亚细亚最长的河流，全长350英里。伊里斯河是条大河。特尔莫冬河流经特弥斯库拉平原，这里是传说中亚马逊人①的居所。萨卡里亚河的长度仅次于哈吕斯河。以上所有河流以及许多其他小河流，都发源于外托罗斯山，注入黑海。南部的河流比较短小。格拉尼库斯河因亚历山大与波斯人的第一次大战而出名，它流入普罗彭提斯。赫耳穆斯河及其支流帕克托罗斯河因水流中发现了黄金而闻名。这些河流及其他小河流都汇入爱琴海。

小亚细亚的一大显著特征是它有两条山脉自东向西横穿小亚细亚。南部的山脉叫托罗斯山脉，北部的叫外托罗斯山脉。有些山脉的顶峰达到1.2万英尺，终年积雪。这些山脉有很多地方在历史上都非常有名。人们认为卡拉古斯山是传说中奇美拉的居住地。帕里斯在伊达山上判定阿佛洛狄忒为最美的女神。西皮洛斯山是尼俄伯的居住地。这些山的山坡上长满了橡树、白蜡树、榆树、山毛榉

① 亚马逊人，又译阿玛宗人，是古希腊神话中一个全部由女战士构成的民族，她们占据着小亚细亚、弗里吉亚、色雷斯和叙利亚的许多地方。——编者注

小亚细亚的法国梧桐树

等树木，森林资源极为丰富，并因此而远近闻名。在这里，代表着东方植被荣耀的法国梧桐树，生长得极为茂盛。在这里，土耳其海军发现了丰富的木材资源。

小亚细亚的另一大显著特征是这里有大量的淡水湖和咸水湖。由于山脉走势，地表大部分地区被分割成长长的山谷和深深的峡谷，还有许多高低起伏的高原。南部、中部和西南部地势较高的地方是咸水湖，而在比提尼亚，都是淡水湖，这里有5个面积很大的淡水湖。其中的阿斯卡尼乌斯湖，因其美丽而远近闻名。小亚细亚东部海岸的尼西亚城（伊兹尼克），因为325年召开的尼西亚宗教公会而闻名。

众所周知，小亚细亚矿产资源非常丰富。东北部的查力比斯人是早先有名的金属锻造工。特拉布宗附近地区及黑海沿岸的其他地区都发现了铜矿。同时，小亚细亚也蕴藏着铅矿、朱砂矿和明矾矿。帕克托罗斯河的黄金填满了吕底亚国王的宝库。小亚细亚留下了大量火山爆发的痕迹，大片地区的土壤条件不比沙漠地区好多少。

然而，无论小亚细亚在历史上多么出名，现在知道它的人并不是很多。土耳其人没有修建一条像样的道路，现在的道路还是罗马人修建的，许多罗马桥梁仍在使用。主干道上建有马匹接力驿站，但驿站之间通常间隔较远，并且都设在主要城镇中。人们最常通行的是从君士坦丁堡到士麦那之间的道路，但是两座城市之间的定期公共交通每月仅有两次。为了传送情报，政府也建立了一支鞑靼通信兵。

沿着小亚细亚东部海岸，在地中海上有塞浦路斯岛、罗德岛、科斯岛、伊卡里亚岛、萨摩斯岛、希俄斯岛以及莱斯沃斯岛等岛屿，这些岛屿的历史与邻近陆地的历史有着非常紧密的联系。

小亚细亚的政治史形成了世界编年史上的恢宏篇章。小亚细亚构成的亚洲西部，是上演了无数场历史大剧的舞台。它见证过阿喀琉斯、大流士一世、薛西斯一世、亚历山大、汉尼拔、米特拉达梯六世、庞培、恺撒、帖木儿、巴耶塞特一世以及穆罕默德二世的英勇气魄及军事行动。

在历史的早期，小亚细亚似乎被多个民族及部落占领过，他们从欧洲和亚洲的不同地区汇集于此。希罗多德称，在他那个时代（公元前5世纪中期），小亚细亚生活着30个民族。弗里吉亚人自称是小亚细亚最古老的民族。在克洛伊索斯的统治下，吕底亚人成为第一个在小亚细亚建立广泛统治的民族。但在更早以前，希腊人已在地中海东岸和周围的岛屿上建立了众多的殖民地。

尽管与小亚细亚相关的有趣历史事件数不胜数，但是却没有将它们联系到一起的历史统一性。各种各样的王国、共和国、邦国以及帝国都曾在这个地方出现过，这让小亚细亚的编年史极为纷杂，很难将小亚细亚的政治巨变用一个连贯的叙事体系统一起来。

在这一地区，历史展示给我们的第一幅图画是众多的小亚细亚国家在特洛伊战争中与希腊人对抗。特洛伊在这场规模空前的战争中受到了来自卡里亚、利西亚、米西亚、弗里吉亚等国的帮助，所以这场战争几乎变成了亚洲和希腊之间的对抗。

随后，在文雅而柔弱的爱奥尼亚诸共和国，我们发现科学、诗歌、音乐以及雕塑达到了早期的巅峰状态——当时希腊本土的人们还不知道这一切。爱奥尼亚在军事和艺术上的发展很快使它的波斯主人的荣耀黯然失色。

同样，在小亚细亚，吕底亚王国很早就名震四方，因为它是一个政治强国，还因为它的富裕和奢华。包括吕底亚在内，小亚细亚的这些不好战的国家很快便向波斯军队投降，并被纳入波斯帝国的版图之中。它们的艺术及资源仅仅只是增加了国王和总督奢华的排场。在这种耻辱的境遇下，它们丧失了之前高水平的成就，尽管这些国家有时落入雅典的统治之下，被希腊人而非蛮族统治。

亚历山大征服波斯后，他建立的帝国也迅速土崩瓦解，在这些分裂后的政治力量中，其中最引人注目的是他的继任者在小亚细亚建立的王国。就是在这里，安提柯和他的儿子德米特里一世集结了大量资源，通过这些资源，在马其顿诸首领中争夺最高统治权。在他们失败之后，帕加马王国随之崛起。在一段时间里，由于帕加马连续出现极为强有力的国王，并且与罗马结盟，使得帕加马成为小亚细亚最强大的王国。

然而，他们的荣光却被半岛另一边的王国——本都王国超越。这一切都缘于本都国王米特拉达梯六世的激情活力与勇敢探索。在这位能力非凡的勇士带领之下，本都为反抗罗马帝国扩张的野心和争取独立作出了最后的反抗。然而米特拉达梯六世还是失败了，对罗马的反抗由此沉寂下去。小亚细亚沦为罗马的一个行省，这里的人民几乎没有作出微弱的反抗来摆脱这种奴役。在罗马皇帝的统治下，这片地区主要以使徒教会的形成和宗教公会的召开而闻名，尤其是尼西亚宗教公会和卡尔西顿公会给基督教世界的信仰带来了重要影响。

小亚细亚离阿拉伯半岛和托罗斯山脉距离较远，受此保护，在很大程度上免于萨拉森人的毁灭性入侵。小亚细亚却并不总是安然无恙、完全不受异族的袭击。这些异族是突厥人。他们从亚洲中部和北部地区倾巢而出，战胜波斯，穿过幼发拉底河，永久占领了小亚细亚。第一批入侵者中的突厥帝国被早期的十字军继承者分裂和摧毁，陷入衰落和濒临灭亡的状态。忽然间，奥斯曼家族崛起。他们集结了突厥的残余势力，与周围的游牧部落（通过引诱或强迫方式达到自己的目的）联合起来，形成了强大的军事势力，扫清了每一处障碍。这股势力持续在小亚细亚占据主导地位，直到穆拉德一世将土耳其势力的重心转移到欧洲的阿德里安堡为止。最后，穆罕默德二世于1453年将帝国的都城定于君士坦丁堡。

在古代史上占据大量篇幅的伟大帝国中，现在的小亚细亚似乎是最不引人注意的部分。小亚细亚被一种残暴的专制所统治，这种专制统治凌驾于古代居民之上，完全忽视了那些居民的卓越天赋及艺术才华。小亚细亚这一地区激发了我们的好奇心，比起记住它现在的样子，我们更想了解它过去的模样。现在小亚细亚矗立着座座巨大的纪念碑，这些巨型建筑由古代的王国或共和国所建，采用希腊罗马的建筑材料，在建筑风格上将东方的气势恢宏和希腊罗马的精致优美融为一体。在这样一个变化多端的历史舞台上，我们对其所展现出来的人类荣光兴衰不胜唏嘘。

小亚细亚的古代区划为：米西亚（包括伊利昂或特洛伊王国）、吕底亚、卡里亚、伊奥利亚、爱奥尼亚、多利斯、利西亚、比提尼亚、帕夫拉戈尼亚、本都、弗里吉亚、潘菲利亚、皮西迪亚、奇里乞亚、卡帕多西亚以及加拉提亚。有些地理学家也把小亚美尼亚或这一区域的西部地区归入其中。在土耳其人的统治下，小亚细亚被划分为不同的帕夏管辖区，主要包括西部的安纳托利亚和北部的特拉布宗、内陆的锡瓦斯和科尼亚，以及南部的阿达纳。

与奥斯曼帝国的其他部分相比，小亚细亚更趋向完全的土耳其化。土耳其宫廷在这里招募的非正规骑兵团构成了土耳其的军队主力。然而，这个半岛的反抗精神并未消亡，它最近便对奥斯曼帝国展示出极具威胁的力量。不同的帕夏早就习惯近乎独立于苏丹的行事风格，他们无视苏丹的训诫，相互之间自行和战。

据估计，小亚细亚的人口约400万~500万人。它们由土耳其人、希腊人、亚美尼亚人以及城镇上的犹太人组成。在小亚细亚，还有许多具有游牧习惯的土库曼人。

现在小亚细亚的主要城市有士麦那、托卡特、特拉布宗以及安卡拉等。斯库塔里位于君士坦丁堡对面，是波斯人收集贡品的地方。在君士坦丁堡，土耳其富人死后葬在斯库塔里上等的墓地里成为一种习俗。斯库塔里是与东方进行贸易往来的商队的商业中心。以弗所、萨迪斯以及其他在历史上大名鼎鼎的地方，留给世人的只有过去的伟大遗迹，而这些遗迹现在处于荒凉破败之中。

第133章

米西亚

（前2000—前129）

米西亚位于小亚细亚的西端，分为两个部分——大米西亚和小米西亚。大米西亚北部连接特洛阿，东临弗里吉亚，南接伊奥利亚，西邻爱琴海。大米西亚有一部分有时被称为小弗里吉亚。小米西亚北接普罗彭提斯和比提尼亚，东接弗里吉亚，南连特洛阿，西邻普罗彭提斯。整个地区古时被认为是小亚细亚条件最优越的地区。这里土地肥沃，溪流淙淙，水源丰富。米西亚这个名字源于吕底亚语，意为山毛榉，这里树木繁多，郁郁葱葱。

在历史的早期，米西亚人是一个凶猛的民族。据希罗多德称，米西亚人穿过博斯普鲁斯海峡进入色雷斯，征服了那里所有的居民，甚至一度率军南下直达塞萨利。狄奥多罗斯称，米西亚曾被亚述人尼诺斯所征服，他和他的继任者统治了米西亚多年。但是，这一切都存有疑问，有待考证。历史上提到的第一任米西亚国王是奥林巴斯。据说，他娶了达尔达诺斯（特洛伊国王）的侄女。忒勒福斯是特洛伊战争时期米西亚的国王，他参加了特洛伊人抵御希腊入侵的战争。根据荷马所言，忒勒福斯被阿喀琉斯重伤。一段时间后，希腊人劝服他放弃与特洛伊结盟，保持中立。他有两个儿子——欧律皮洛斯和拉提努斯。据说，拉提努斯带领一队克里特人进入意大利，拉丁人便是他们的后代。

关于这部分的历史都很模糊，我们唯一能确定的是，米西亚与小亚细亚其他地区具有相同的命运。它们共同受波斯人的统治，在那之后又落入马其顿的亚历山大及其继任者手中。公元前283年，菲莱泰罗斯——一个出身低微的帕夫拉戈尼亚人，在大米西亚的帕加马建立了一个王国，控制着这座城市的城堡。

后来，帕加马王国被色雷斯国王利西马科斯所征服。菲莱泰罗斯举起起义的大旗，劫掠了存放在城堡里的王室宝藏，用于供养大批雇佣兵。他也因此得以维系自己篡取的权力，统治帕加马长达18年之久。他去世后，王位传给了他的弟弟欧迈尼斯一世。欧迈尼斯一世充分利用当时塞琉古王朝的纷争之势，不断大幅扩大自己的版图。公元前241年，阿塔罗斯一世继位，他是帕加马的第一位正式使用国王头衔的统治者。

当时，高卢人令小亚细亚人闻风丧胆，他们曾将这一地区的许多国家变成他们的附属国。阿塔罗斯一世拒绝了帕加马王国向他们称臣纳贡的要求，战争随即爆发。阿塔罗斯一世打败了高卢人，将他们逐出自己的领土。受到胜利的鼓舞，他率军进入邻国，取得了几场重要战役的胜利。然而不久后，他的命运发生了巨大的变化。叙利亚国王塞琉古二世打败了阿塔罗斯一世，重新夺回了被抢走的领土，并将阿塔罗斯一世围困于国都。

现在，阿塔罗斯一世处于极端困窘的境地，但他很快找到了自救的方法，即说服他的宿敌高卢人前来救援。在高卢人的帮助下，阿塔罗斯一世迫使塞琉古二世从帕加马撤围，并从其领土上撤军。随后，阿塔罗斯一世率军进攻爱奥尼亚，攻占了士麦那、福西亚、提奥斯以及科罗封等城市，邻近地区的人民也臣服于他。这些人曾派遣使者祝贺阿塔罗斯一世取得胜利，并向他提供援助。阿塔罗斯一世本来可以取得更大的成功，当他到达麦格斯特乌斯河岸时，却出现了月食。这让他的高卢辅军——构成阿塔罗斯军队的中坚力量——感到非常惊恐。这些高卢人拒绝继续前进，阿塔罗斯一世不得不撤军返回帕加马。

罗马人派遣了一名使者面见阿塔罗斯一世，阿塔罗斯一世用盛大的仪式接待了这位使者。他与罗马共和国缔结了一项条约，这项条约完全保护他的所有财产。在罗马与马其顿的腓力五世的战争中，阿塔罗斯一世率领一支军队支援罗马人。当他到达维奥蒂亚的底比斯城时，他向城内的民众发表演讲，希望吸引他们加入对抗腓力五世的战争中。演讲进行到一半时，他突然中风发作，倒在地上说不出话来。身体稍微恢复一些，他即要求自己的侍从从海上把他运回帕加马。最后，他在帕加马去世（前197）。

阿塔罗斯一世是文学之友，也是学者慷慨的赞助者。据说，他曾命人把语法学家达菲达斯头朝下从岩石上扔了下去，因为此人曾说过对荷马大不敬的话。此外，他还写了几本书，这些书目曾被斯特拉波、普林尼等人引用过。

阿塔罗斯一世的长子欧迈尼斯二世继承了王位。他继续履行父亲与罗马共和国缔结的盟约，在战时给予罗马共和国帮助，罗马共和国因此将其占领的一块叙利亚领土奖给了他。在结束罗马的访问启程回国时，他在希腊山区遭到了两名刺客的伏击。这两名刺客受马其顿国王珀尔修斯的指派，想在欧迈尼斯二世经过一条狭窄的山谷时推落巨石砸死他。欧迈尼斯二世头部和肩部伤势严重，在毫无知觉的情况下被两名刺客带到了埃伊纳岛。他死亡的消息不胫而走，传遍了整个小亚细亚，连罗马人也完全相信了。欧迈尼斯二世的弟弟阿塔罗斯二世迅速登上了帕加马的王位，还娶了长嫂斯特拉托尼丝为妻。

然而，欧迈尼斯二世很快在埃伊纳岛恢复了意识，他的身体也在很短的时间内完全恢复了。欧迈尼斯二世不仅活着，而且还回到了帕加马。这一消息使阿塔罗斯二世感到非常震惊。他迅速取下王室的旗帜，用非常友好的方式前去面见自己的哥哥。欧迈尼斯二世了解到情况后，深情地拥抱了自己的妻子和弟弟，但是却对弟弟小声耳语道："除非你确定我真的死了，否则不要急于霸占我的王后。"整个事件中，这是他唯一在意的事情。此后，他对他们的热情依然如故。

欧迈尼斯二世复位的消息令罗马人欢欣鼓舞，他们立即组织了一个联盟，向背信弃义的马其顿国王复仇。这支联军入侵了希腊，在一年的时间内连续作战，却是胜少败多。最后，马其顿国王珀尔修斯发现了欧迈尼斯二世与罗马人联系的方法并将其切断。罗马元老院对欧迈尼斯二世的"背叛"大为愤怒，于是煽动他的弟弟阿塔罗斯二世篡夺王位。欧迈尼斯二世却于公元前159年暴毙，篡位的计划便没有必要了。

阿塔罗斯二世以和平的方式即位。他参与过多场战争，其中的一些细节对读者来说太过枯燥无趣，在此不做详述。阿塔罗斯二世于公元前138年去世。他去世后，欧迈尼斯二世的儿子阿塔罗斯三世继承了王位。

阿塔罗斯三世继位后便开始展露出其残忍暴虐的性格。他很少履行国王的职责，在没有任何正当理由的情况下，杀死了近亲和最忠诚的朋友。这个国家最具智慧、最富有经验的顾问以及他们的妻子儿女也被他所害，整个国家充满了流血的恐怖和哀怆之声。犯下这些恶行后，阿塔罗斯三世也陷入悔恨和恐惧之中。那些被他谋杀的人的亡魂不断出现在他的脑海里，挥之不去。他不再骄淫奢侈，而是陷入了深深的忧郁之中。他避开所有人，不与他们交流，穿着破衣烂衫，让须发恣意生长，把时间花在耕耘花园上。他在花园里种了各种各样有毒的草药，然后把这些有毒的草药与其他有益健康的草药混在一起，给那些遭到他怀疑的人送去。公元前131年，他因发烧而一命呜呼。去世前，他立下了遗嘱，把自己的王国馈赠给罗马共和国。

罗马人迅速接管了帕加马，并把它变为罗马共和国的亚细亚行省。但是，已逝国王的亲戚阿里斯东尼克培养了一批追随者，他们驱逐了罗马统治者，夺得了统治权。罗马执政官姆基安努斯向阿里斯东尼克开战，占领了帕加马的大部分领土。他攻入城市，掠夺财富，在把战利品运到海岸边的途中，在一条狭窄山谷里遭遇埋伏，成为俘虏。捉拿他的人赶紧把他送到阿里斯东尼克的营帐中。为了避免遭受成为战俘的耻辱，姆基安努斯企图自杀，却被及时制止。他被人收缴了武器，他却向站在身边的一名色雷斯士兵猛地撞去。

这一冲撞激怒了这位士兵，士兵拿起剑，一剑将他刺死。阿里斯东尼克对这一事件感到惊愕，俘虏罗马执政官的喜悦也被一扫而空。他还是命人砍下姆基安努斯的首级，在军营中公开示众。

这种意料之外的成功使得阿里斯东尼克得意忘形，他想象着自己已经在对抗罗马人的战争中取得了决定性的胜利，自己不再惧怕对手的力量。他开始沉溺于纵情狂欢的生活之中。但是，罗马人决定一雪姆基安努斯遭受的耻辱。他们派遣佩尔佩纳带领另外一支军队前往帕加马，迅速击败了阿里斯东尼克，并在斯特拉托尼斯城将其包围。阿里斯东尼克的军队遭受极端的饥饿后投降。库姆的哲学家、国王的同伴布洛修斯建议阿里斯东尼克自杀，这样可以免遭成为俘虏的屈辱。布洛修斯首先作出了表率，当着阿里斯东尼克的面，扑倒在一把剑上。阿里斯东尼克却拒绝这样做。阿里斯东尼克被带回罗马军营，戴上了镣铐，为胜利者的凯旋式增光添彩。从这一时期开始，帕加马在历史上都不具备独立的地位了，它们被视为罗马帝国的附庸。

第134章

米西亚的城市及名人

帕加马是大米西亚最著名的城市。它坐落于广阔无垠的平原上，位于卡伊枯斯河畔，是阿塔罗斯家族历代君王的国都。

这座城市发明了羊皮纸，由此拥有一座有20万册藏书的宏伟图书馆，这被永久地载入文学史中。羊皮纸在古典时期和中世纪很长一段时间里，几乎是书籍纸张的唯一原料。

埃及国王托勒密一世在亚历山大城收集书籍，建了一座宏伟的图书馆，里面的书籍用的都是纸莎草纸。这种纸张由一种长在尼罗河沿岸的纸莎草茎制成。帕加马国王欧迈尼斯一世决心要赶超托勒密，抄写现存一切有价值的书籍，建立一座属于自己的图书馆。

托勒密为了与之抗衡，下令禁止埃及向外出口纸莎草。如果不是帕加马的一位市民发明出用于书写的羊皮纸，那么欧迈尼斯一世的希望就落空了。

这座城市还发明了一种精美的挂毯，罗马人把这种挂毯叫作大厅织锦，因为最先用它来装饰的是帕加马的观礼堂。

大米西亚的另一座城市基齐库斯，坐落于普罗彭提斯中的一座小岛上，这座小岛有两座桥（亚历山大大帝的杰作）与陆地相连。一般认为，这个名字来自统治那个岛及周边领土的一位国王，这位国王被阿尔戈英雄伊阿宋误杀。

罗马人第一次知道这个地方时，它还是整个小亚细亚最伟大且富饶的城市之一。历史学家弗洛鲁斯称其为“亚洲的罗马”，其他一些拉丁作家也对其坚固的城墙和堡垒、开阔的港口、大理石制的高塔等多有溢美之词。

在众多宏伟建筑中，他们尤其赞美主神庙。主神庙完全用抛光的大理石所建，连接处覆盖着金版。大殿柱子直径为6英尺，高为75英尺，每根柱子都是一块完整的石头。殿内有一座宙斯雕像，上面是一层象牙，雕像工艺精美。

基齐库斯流通的货币叫作斯塔特，制作非常精巧，受到人们的赞赏。“基齐库斯的斯塔特”被当作谚语使用，用来指代一切卓越精美的雕刻艺术品。

基齐库斯人在对抗米特拉达梯六世的战斗中表现得极为英勇。米特拉达梯六世曾率30万大军围困基齐库斯，却被那里的居民从城墙外驱逐，铩羽而归。但那里的古代居民仍被视为怯懦弱小的民族。西塞罗认为他那个时代的基齐库斯人是一个安静温和的民族。他们厌恶战争、阴谋和骚乱，完全沉迷于享乐。

在罗马人统治时期，基齐库斯成为赫勒斯滂行省的首府。943年，它几乎完全被地震所摧毁。后来，那些美丽的大理石柱子被运到君士坦丁堡装饰首都。现在，基齐库斯的状况不比一个小村庄好到哪里去。

阿那克西米尼于公元前380年出生于米西亚的兰普萨库斯，是一位历史学家和修辞学家。他曾是犬儒主义的鼻祖、锡诺普人第欧根尼的门徒。马其顿国王腓力二世曾邀请他给自己的儿子亚历山大教授修辞学。有些作家把写有亚里士多德名字的修辞学专著归于他。

阿那克西米尼与其他一些有识之士一起，陪同亚历山大远征波斯。支持大流士三世的兰普萨库斯居民，在亚历山大战胜波斯后，恳求阿那克西米尼代表他们向亚历山大祈求宽恕。他答应了这些居民的请求。但是，亚历山大了解到他的使命后便发誓，不答应他的任何请求。阿那克西米尼听说后，便换了一种请求方式，他说："我恳请您消灭兰普萨库斯，烧毁神庙，把那里的居民卖为奴隶！"亚历山大为他巧妙规避难题而感到高兴，便放过了兰普萨库斯。

另一件逸闻趣事也与阿那克西米尼有关。尽管这件事可能不够光彩，但也值得一提，因为那可能是文字诡计的第一个样本。阿那克西米尼对历史学家塞奥彭普斯怀恨在心，为了报仇，他写了部作品尖锐地讽刺斯巴达人和底比斯人，文风与那位历史学家的风格极为相似。写完后，他署上了塞奥彭普斯的大名，把这些讽刺作品送给雅典人。结果，作品传遍了整个希腊，塞奥彭普斯因此而名誉尽失，并要承受希腊人的恶意。

阿那克西米尼也为腓力二世和亚历山大作了传，还写了12本关于希腊早期历史的作品。但是，他的所有作品都已佚失。

盖伦生于帕加马，是古代仅次于希波克拉底的杰出医生。他父亲是位拥有丰富数学及科学知识的建筑师。虽然盖伦接受的是通识教育，不过就像他所说的那样，他曾受到一个梦境的引导，转而投身医学，并在这一领域刻苦学习。

盖伦曾在士麦那、亚历山大城以及科林斯游学。28岁时，他回到了家乡，成了一名外科医生，为公共角斗士疗伤。这些角斗士是一群可怜的人，罗马人在罗马帝国的各大城市都豢养了这样一群角斗士，贵族看他们互相残杀，从中获取残忍的乐趣与快感。

33岁时，盖伦去了罗马，他高超的解剖技巧和精湛的医术让他在罗马名声显赫。在罗马居住了4年后，当地暴发了瘟疫，他返回了自己的故乡帕加马。很快他又被共治皇帝马可·奥勒留与路奇乌斯·维鲁斯紧急召回。马可·奥勒留还让他做自己的家庭医生。

盖伦的生年与卒地均不详。在有生之年，他是一个技艺高超的解剖家，曾做过许多活体实验。他是第一个以书面形式写出血管重要性的人。通过实验他发现动脉中含有血液，而血液所维持的不仅仅是动物的精神。他的作品数量众多，其中有200部作品在罗马和平神庙的大火中损毁。那些保留下来的作品也足够组成理论医学与实践医学的庞大体系。盖伦对哲学和科学了然于胸，他理应被视为古代最具成就的学者之一。

著名的航海家欧多克索斯生于公元前3世纪，是米西亚基齐库斯人。他被派往埃及的亚历山大执行任务。那时，亚历山大的航海业非常发达，各类地理知识也汇集于此。他的头脑中充斥着主宰这片地区的商业的冒险精神，于是向埃及国王托勒密三世提出愿为其效劳，着手开展一场探索之旅。

他计划首先向尼罗河上游进发，找寻其源头。到了埃及后，他又改变了目标。他碰到了一个自称是印度人的人，这个人在红海中遭遇海难后幸存下来。于是，欧多克索斯决定循着那个方向去探险。托勒密三世给他配备了一支舰队，欧多克索斯带领这支舰队沿着红海航行。他的航程并不见得有多远，却收获颇丰，舰队装着香料与宝石满载而归。托勒密三世骗取了他带回去的大部分珍宝。

国王死后，他又受到了王后克利奥帕特拉三世的宠爱，她派遣他进行第二次航行。这一次，他在埃塞俄比亚海岸遇到了风暴。在那里，他受到了当地人的欢迎，继续从事利润丰厚的贸易。他返回亚历山大城后再次陷入不幸。克利奥帕特拉三世去世，她的继任者就像国王托勒密三世一样不善待他。

这位航海家从他游历最远的地方带回了一件纪念品。这件纪念品是一个船首的尖端，上面雕刻着马的图案，据说它是从西方漂到非洲海岸的。加德斯的一些水手看到后，说这是毛里塔尼亚海岸大型船只所特有的船首。欧多克索斯满怀热忱地相信了这些话。他决定放弃宫廷的欺骗性赞助，从商业城市加德斯出发进行一次新的探险。

航行途中，他在马西利亚（现在的马赛）和其他海港进行了短暂停歇。在这些地方，他宣布自己的伟大计划，邀请所有富有冒险精神的水手加入他的探险队，与他同行。尽管耽搁了一些时间，但是他成功装备了一支颇具规模的探险队。这支探险队有一艘大船和两艘小船，里面不仅装载着货物和生活物资，还载有工匠、医生和乐队。这一行人斗志昂扬，满心欢喜，带着不切实际的希望，但根本无法应对探险途中的风险和困难。

他们似乎是沿着非洲海岸向南航行。航行途中，全体成员发现离海岸越来越远时都恐慌起来，他们纷纷坚持要沿着海岸线向前航行。欧多克索斯是一个经验丰富的水手，他知道沿海岸线航行是一条更危险的路线，但他又不得不听从船上人的意见。最终，他所预见的悲剧发生了。船触礁了，上面的物资几乎全部损失。他们只好把最有价值的物资放在了其中一条受损的船上继续向前航行。

最后他们遇到了一群人，这群人似乎跟欧多克索斯在非洲大陆另一侧遇到的人说着相同的语言。欧多克索斯认为自己已经实现了这次航行的伟大目标，于是返航。他向毛里塔尼亚国王波库斯寻求帮助，希望他能支援自己完成接下来的探险之旅。不久后，他又怀疑波库斯有心欺骗，便又去了西班牙。在西班牙，他又成功装备了一支探险队。我们并不知道这次的探险结果如何，因为到这里记载就中断了。这个故事由地理学家斯特拉波讲述，材料来自欧多克索斯所著的原始文献。

第135章

特洛伊城与特洛伊战争

（前1546—前1184）

特洛伊（又名伊利昂），是包含于米西亚地理范围内，位于达达尼尔东海岸、普罗彭提斯南海岸以及爱琴海北岸的小王国。国土线最长不超过200英里，而且极为狭窄，被3个海域的海岸和伊达山的崇山峻岭所包围。这里土地肥沃，风景如画，气候温和。这里的居民起源于哪里，我们无从知晓，但在早期，他们因为热闹的贸易活动和文雅的行为举止而非常有名。有些作家认为他们是希腊人和弗里吉亚人的混血后代，另有一些作家则认为他们是亚述人的后代。

据说特洛伊王朝的创建者是透克洛斯。然而，我们既不能准确了解他的统治时间，也无法详细知道他统治时期所发生的历史事件。他的继任者是探险家达尔达诺斯，荷马称他是宙斯的儿子。他被荷马描述为一个公正智慧的君主。他不仅扩张了本国的领土，还制定了许多有益的法律条文。他在伊达山的西麓建了一座城市。这座城市俯瞰着由西摩伊斯河和斯卡曼德洛斯河灌溉的美丽平原。后来，这座城市在荷马史诗中不断出现。这座城市以他自己的名字命名为达尔达诺斯城。同时，他也创建了锡姆伯拉这座城市。

据说，达尔达诺斯在位长达64年。后来，他的儿子埃里克特翁尼亚斯继位。埃里克特翁尼亚斯行事谨慎，他的臣民因此尊重并服从于他，他的王国也一直保持宁静。在这片地区，埃里克特翁尼亚斯是第一位专注于繁殖和训练马匹的国王，并由此而闻名于世。此外，他还是用二轮战车驾驭这些马匹的第一人。通过马匹交易，他变得非常富裕。据说，埃里克特翁尼亚斯在位的46年间让特洛伊王国变得空前繁荣昌盛。

他的继任者是特洛斯。特洛斯一即位，就为建立一座新城奠定了基础，这座新城注定要成为整个小亚细亚最有名的地方。这座城市位于伊达山下的平原上，名字源于它的创建者，称为特洛伊。城市建成后，特洛斯邀请邻国的国王出席庄严的落成典礼，他却遗漏了西皮洛斯国王坦塔罗斯。坦塔罗斯感觉受到了侮辱，对他怀恨在心，抓住了一个机会加以报复。那是在一段时间后，一次，特洛斯的儿子盖尼米德穿过坦塔罗斯的国土，被坦塔罗斯抓到，将其虐待至死。于是，特洛斯向坦塔罗斯宣战，结果失败，特洛斯愤懑而死。

随后，特洛斯的儿子伊洛斯继承王位，继续发动战争，并多次取胜，最终将坦塔罗斯逐出亚洲，并占领了他的领土。为兄长报仇后，他全身心投入到建设自己的领土、制定公正有益的法律中去。他在位40年后去世，被人民所怀念。根据某些记载，正是从伊洛斯开始，特洛伊政府所在地从达尔达诺斯迁到了位于平原上的新城市，这座新城市从此叫作伊利昂。这一搬迁事件发生于何时尚不清楚。下一任国王是拉俄墨冬，他用从阿波罗神庙和波塞冬海神庙里带来的财宝在特洛伊城修筑了一座规模巨大的城堡，这样亵渎神灵的行为严重冒犯了许多臣民，最终酿成了巨大的灾难。伊阿宋和阿尔戈诸英雄从希腊到黑海寻找金羊毛，途中停靠在特洛伊海岸，受到了拉俄墨冬的敌视，引发了一场战争。赫拉克勒斯率领希腊人入侵了特洛伊的土地。拉俄墨冬的5个儿子，除了普里阿摩斯被俘，其余全部被杀。拉俄墨冬花了一大笔钱才将普里阿摩斯赎回。

后来，普里阿摩斯继承了王位。他一登上王位，就绕着特洛伊城修建了一层坚固的城墙，抵御近来反复出现的灾难。同时，他也用一些庄严雄伟的高塔、城堡以及壕沟来装点特洛伊城，不断投入资金维持一支庞大的军队。他征服了周围的几个国家，权势和名望一时无可匹敌。那时，他被视为小亚细亚而非特洛伊的国王。

普里阿摩斯是特洛伊诸君主中最富有、最强大的一位，而且他有50个儿子。据说，他用城墙武装起特洛伊城后，把特洛伊的名字改为帕加马。他的第二任妻子赫卡柏皇后做梦梦到自己的某个孩子变成一束火把，最后烧毁了这座城市。普里阿摩斯对这一预兆感到非常惊恐，他下令把赫卡柏生育的下一个孩子扔到山林之中。尽管如此，这个新生的小男孩却被自己的母亲保护起来，偷偷地养着。小男孩的名字叫帕里斯。他还是一个少年时，曾出现在普里阿摩斯的宫廷里，他美丽的外表引起了大众的仰慕。此后，他大胆地露面，普里阿摩斯对他的美貌和技艺极为自豪，忘记了那个梦的隐喻。

一段时间后，帕里斯借口解救姑姑赫西俄涅，前往希腊探险。赫西俄涅在很小的时候被赫拉克勒斯带走，由他做主嫁给了忒拉蒙。与这个事件相关的故事是这样的：特洛伊国王拉俄墨冬，也就是赫西俄涅的父亲，把波塞冬神庙和阿波罗神庙中的财宝拿来用于政治上的目的，并承诺还款。然而，他不能或不想履行还款的承诺。一道神谕宣称他必须为这一悖理逆天的行为赎罪，把一名特洛伊处女献给海怪。赫西俄涅被判接受这一惩罚。然而，赫拉克勒斯杀死了海怪，救出了赫西俄涅。这个故事本身经过了希腊诗人的高度润饰。

帕里斯一到斯巴达，就受到斯巴达国王墨涅拉奥斯最为友好、热情的款待。这个年轻的特洛伊小伙子却与国王的妻子海伦坠入爱河，还劝海伦与他私奔。墨涅拉奥斯遭受背叛，怒火中烧，于是劝说自己的哥哥、迈锡尼国王阿伽门农帮助他发动战争。在两人的齐心协力下，希腊境内所有国王都被召集起来，他们缔结盟约并发誓，要么带回海伦，要么推翻特洛伊。阿伽门农担任希腊联军统帅。奥利斯是本次征战的会合点，希腊人在这里聚集，组成一支10万人的大军。他们驶往特洛伊的舰队由1 150条大船组成，这些船上没有甲板，每艘船可容纳50~150人。除了阿伽门农和墨涅拉奥斯，最有名的勇士还有阿喀琉斯、狄俄墨得斯、内斯特、大埃阿斯、小埃阿斯、奥德修斯、帕特洛克罗斯和伊多梅纽斯。

希腊人沿着爱琴海一路北上，在特洛伊平原登陆。特洛伊人极为勇猛，他们看到这些令人望而生畏的大军并没有胆怯。奥德修斯和墨涅拉奥斯被派去面见普里阿摩斯，要求归还海伦。国王没有听从国务会议的建议，拒绝了两人的要求，双方剑拔弩张，都为战争做好了准备。希腊人在接连两次战役中都打败了特洛伊人，但很快他们发现自己的给养不足。他们只好分散兵力，一部分兵力继续前去围城，另一部分兵力前往乡下搜寻粮草。这给了特洛伊人与邻国沟通并寻求帮助的时间。与此同时，阿喀琉斯负责搜寻粮草。他掌控了几座城镇，俘获了一些有价值的战利品，如牛、俘虏等。

战争打了9年，大量的掠夺和军事行动使特洛伊人精疲力尽。这期间特洛伊城并没有被严密封锁，严格来说，战争打到第十年希腊人才包围了特洛伊城。此时，阿伽门农与阿喀琉斯发生了争执。阿伽门农抓走了阿喀琉斯的一个女俘虏，而阿喀琉斯夺取了阿伽门农所掠夺的土地。阿喀琉斯从希腊军营撤军，弃阿伽门农于不顾，不再与他一起围攻特洛伊。

特洛伊军队由赫克托耳、埃涅阿斯、得伊福玻斯以及普里阿摩斯的其他几个儿子，以及萨尔珀冬、格劳科斯、门农和其他辅军的首领共同指挥。他们在多场战役中占据优势，对敌人造成了重大的冲击，但这些战役都没有起到决定性作用。最后，赫克托耳在旷野上战胜了希腊军队，袭击了希腊军营，筑起围墙，放火烧毁了希腊船只。现在，特洛伊人似乎胜利在望。

在这紧要关头，阿喀琉斯的好友兼同伴帕特洛克罗斯发现同胞们士气低落，于是前来增援，打退了特洛伊人的进攻。不幸的是，他死于赫克托耳之手。阿喀琉斯因失去朋友而狂怒，忘记了对阿伽门农的憎恨，立即投身到激烈的战斗中。现在的战况开始变得对特洛伊人不利，他们被赶回城中。随后，赫克托耳与阿喀琉斯约定一对一的搏斗。结果是，赫克托耳被阿喀琉斯杀死，他的尸体被阿喀琉斯用战车拖着绕特洛伊城巡游示众。

特洛伊人失去了最得力的将领，只好把最后的希望寄托于雅典娜著名的帕拉斯神像。据说，这座神像从天而降，直达特洛伊城。

阿喀琉斯用战车拖着赫克托耳的尸体绕着特洛伊城巡游示众

特洛伊人认为只要这座神像在特洛伊城内，这座城市就永远不会被攻破。

关于这次夺城之战有两种说法：一种说法是，安忒诺耳和埃涅阿斯将帕拉斯神像出卖给了希腊人，还在当晚打开特洛伊的城门。另一种说法是，本次夺城主要是因为狡猾的奥德修斯实施了木马计。他在外观像马一样的巨大中空木质结构里藏好了全副武装的希腊士兵，并把这个木马留在平原上，然后登船驶向不远处的忒涅多斯岛。他们巧用计谋，让特洛伊人相信这匹马是献给雅典娜的礼物，把它带回城就能取得战争的胜利。特洛伊人在城墙上凿了个缺口，把木马运进了城内。夜深人静时，希腊士兵从木马中跳了出来，放火烧毁了特洛伊城。按照事先约定的信号，希腊舰队从忒涅多斯岛返航，军队登陆，占领并摧毁了特洛伊城。一般认为，这次事件发生于公元前1184年左右。

第136章

特洛伊的故事是真的吗？

（前1184—1200）

上文讲述的这些事件就是史诗《伊利亚特》中的几大主要事件。它们在天才的古希腊诗学之父笔下，为众多读者所熟知。这一切远在读者还没有批评能力前就已存在，也远在读者追求历史事件的真相之前便奠定了基础。因此，我们很难不带偏好、不先入为主地作出判断。然而，许多博学多识、聪明睿智的评论家纷纷否定了特洛伊战争的真实性，他们认为荷马史诗所含的事实基础与约翰·班扬的《天路历程》一样寥寥无几。对于我们来说，这种观点缺乏有力的依据，似乎站不住脚。根据理性的批评法则，我们需要有非常有说服力的论据来促使我们不去接受一个如此古老、如此被普遍接受、如此明确且与古希腊人的全部民族回忆交织在一起的历史传说；而亚洲最早的希腊殖民地的领袖们曾声称阿伽门农是他们的祖先。

因此，特洛伊战争的真实性是必须被承认的。除了这一历史事实，我们几乎不敢再越雷池一步。战争的原因、结果、方式、参战方等，都是些完全模糊的问题，所有企图揭开这部分历史面纱的尝试都徒劳无功。对我们来说，接受史诗中海伦的故事似乎尤为困难，因为从本质上说，故事不可能发生。

另外，充分的证据纷纷指向一点——海伦只是一个神话人物。希罗多德把她和伊娥、欧罗巴以及美狄亚归为一类。很明显，她们都属于神话人物。海伦传说中的有关细节也可证实这一推测，如她的诞生、与双生神子卡斯托耳和波吕克斯的关系（双子神的崇拜似乎已成为希腊宗教最古老的形式之一），以及她在斯巴达和其他地区被赋予的神圣荣誉。

还有一条更为有力的证据对荷马的特洛伊战争真实性提出了怀疑，即同样的情节在另一个神话中有不同的版本，那里描述说海伦被忒修斯拐走；还有另一个版本说，海伦被迈锡尼的两个英雄艾达斯和林萨斯带走。以上各种各样的传说似乎都证实，从一开始，海伦就是独立于特洛伊战争之外的诗学主题，是天才的诗人运用技巧将这一主题轻松自然地与特洛伊战争这一历史事件结合在一起。

特洛伊城覆灭后，这次远征也宣告结束。不过，其中有些关键因素依然不能确定，要想对其中的细节形成明确的概念恐怕也毫无希望。《伊利亚特》中提供的希腊军事力量数据并不比诗歌中的其他内容更为可靠，这些内容专为顺应事情的后续发展而增加了诗意成分。修昔底德称，关于特洛伊战争，我们深信不疑的那些军备数量似乎被诗人大大夸大了。在《伊利亚特》中，赫拉克勒斯之子说过：“我父亲带着不足6艘船和少量的人来到这里，他却使伊利昂沦为废墟，把伊利昂的街道变得一片荒凉。”这与阿伽门农的付出和成功形成了鲜明对比。阿伽门农率领1 200艘船和10万大军，花了10年时间驻扎在这座城外，几次都绝望得想放弃，却出其不意赢得了胜利。

据推测，特洛伊城首次被赫拉克勒斯占领后，就进一步加强了防备，他们的武装力量也在普里阿摩斯统治期间迅速增强。但是，这种推测几乎不能弥合赫拉克勒斯率领的6艘船和阿伽门农率领的庞大军团之间的差距。另外，我们不难相信，无论此次远征动机如何，希腊各地的勇士们能够集结到一起，是被其冒险精神所吸引。因此，我们一致认为，这次远征是民族进取精神的一种体现。这次远征涌现出几名卓越的首领，他们每人只带着一小支队伍，这充分展现出这次远征的名气及随之而来的胜利的吸引力。

毫无疑问，这次远征达到了它的目的，但必须明确的是，特洛伊民族在伊利昂覆灭后依旧幸存了下来。有位研究该主题的权威历史学家，站在自己年龄和国籍（吕底亚的克桑托斯）的角度，证实了特洛伊的统治最后被弗里吉亚人的入侵所推翻。弗里吉亚人属于色雷斯的一个部落，特洛伊战争后，他们从欧洲来到了亚洲。这一说法可以从荷马所提供的证据中得到间接证实。荷马在介绍海神波塞冬时曾预言，普里阿摩斯这一支灭亡后，埃涅阿斯的子孙后代将长期统治特洛伊。

随后，在离旧特洛伊城不远的地方有一座城市被兴建，名为亚历山大特洛阿。这座城市由亚历山大大帝所建。亚历山大大帝所到之处，并不仅仅靠流血和破坏来完成他的征服事业。他的明智之举是在他所征服的国家创建城市和城镇，为它们未来的繁荣发展筹谋规划，为他留下更多永恒和光辉的纪念。亚历山大大帝在一个地方待的时间一般都不长，他委派一些官员来实行他的规划。亚历山大特洛阿是18个以他名字命名的城市中的一个。

这座城市由亚历山大城的一名将领安提柯开始建造，开始时以他的名字命名为安提柯尼亚。然而，利西马科斯作为亚历山大的一名继任者，将这座城市的名字改为亚历山大特洛阿。

它坐落于一座小山上，斜向大海，一条深深的峡谷将其与伊达山分开，峡谷两侧都有宽阔的平原和水道。罗马人与叙利亚国王安条克三世开战时，这座城市对共和国表现出了无比的忠诚。它与意大利的城市一样，享有同样的政治特权。在奥古斯都的统治下，它得到了一处罗马殖民地，而且不断扩张。除了埃及首都亚历山大城，它不逊色于任何一个与之同名的城市。

亚历山大特洛阿有一条巨大的水渠，留在那里的遗迹依然清晰可见。这处宏伟而有益的建筑充分展现了帝国和个人的慷慨大度。

有个叫朱利乌斯·阿提库斯的雅典人，穷困潦倒之时，他在雅典的一所老房子里发现了一个巨大的宝藏。宝藏数额巨大，他不敢轻举妄动。于是，他给罗马帝国的皇帝涅尔瓦写信，告知这一发现，希望博得皇帝的欢心。这位和蔼可亲的皇帝回复道："你可以使用这些宝藏。"朱利乌斯仍然担心获得这么一大笔财富会带来性命之忧，又给皇帝写信，信中写道："这些宝藏太多，一个人根本用不完。"皇帝回复道："那就挥霍掉。"

朱利乌斯的财富被他的儿子赫罗德斯·阿提库斯继承下来。赫罗德斯·阿提库斯生于雅典附近的马拉松，由众多名师悉心教育长大。他学识渊博，能言善辩，远近闻名，是同时代人中的佼佼者。

他的慷慨大方配得上他所拥有的财富，他的品质如同巨额财富带来的地位一样高贵。

143年，赫罗德斯·阿提库斯被任命为罗马执政官，负责管理亚洲的自由城市。赫罗德斯·阿提库斯发现，亚历山大特洛阿除了几处泥井和蓄水池，极度缺乏水源。他就给皇帝安东尼·庇护写信，请求出资修建一条水渠，不要让干旱摧毁这座古老的城市。皇帝批准了他的请求，委派他来负责这项工程。政府拨款300万德拉克马①。这些资金远远不够，赫罗德斯实际花费了600万德拉克马，他自掏腰包垫付了超出的费用，大约相当于80万美元。

这只不过是他行事慷慨大方的事例之一。他修建的这条庞大水渠成了小亚细亚、希腊以及意大利的一处风景。人们为他建立了雕像，各个城市之间争先恐后地歌颂他们共同的恩人。现在这些地方仍然保留着几处纪念赫罗德斯的不朽丰碑。

基督教很早就传入了亚历山大特洛阿。圣保罗曾把他的斗篷留在这座城市，他在一封书信中记载过此事。5世纪时，这个地方有个关于西尔瓦努斯主教的传说。有一艘满载货物的巨轮不知为何无法下水，人们认为这是恶魔在暗中作祟。主教接到命令，驱逐阻碍巨轮下水的恶魔。他走到海滩，开始祈祷，然后，抓住一根绳子，请求这艘巨轮给予配合。正如故事讲述的那样，这艘巨轮听了他的话，马上滑下海里，顺利起航。

在希腊皇帝的统治下，亚历山大特洛阿开始衰败。亚历山大特

① 古希腊的银币名，1德拉克马约有4.25克，也有其他学者考证1德拉马克约为4.37克。——编者注

洛阿也很有可能在希腊帝国灭亡前就变成了废墟。君士坦丁堡的许多房屋和公共建筑都用这些废墟上的材料建造。尽管如此，这座城市的废墟仍然绵延广阔，规模之大给许多游客都留下了深刻印象。这里的城墙依然耸立，水渠的遗迹绵延数英里，剧院和浴池依旧保存完好。

第137章

爱奥尼亚

（前1500—前980）

爱奥尼亚是小亚细亚的一部分，在北部与伊奥利亚相接，东部与吕底亚和卡里亚相邻，南部与卡里亚相接，西部与爱琴海相邻。它的名字源于希腊一个叫爱奥尼亚人的部落或民族，他们迁徙到这里，建立了12个城邦。

一般认为，特洛伊战争之前，有许多希腊人在小亚细亚定居。事实上，已知最早居住在爱奥尼亚西部地区的居民的语言和风俗习惯与希腊人相差无几。毫无疑问，有些沿海城镇居住的是希腊人。这一切发生的时间太早，后来的古文物研究者无法对希腊人早期殖民的情况进行解释。凡是非起源于希腊本土的一切，他们都不愿意将它们归属于希腊。荷马在记载中曾提到过爱奥尼亚的一个城邦米利都。根据斯特拉波的记载，在特洛伊战争之前，米利都、提奥斯和士麦那都是希腊城镇。

爱奥尼亚人的定居点在何时以何种方式被发现，我们还没有历史记载可以考证。有个古老的希腊传说讲述了一个大事件。这起事件是爱奥尼亚大迁徙，大约发生在特洛伊战争140年后。

根据这个说法，这些迁徙者由雅典国王科德鲁斯的儿子安德鲁克里斯和涅琉斯率领。一大队人马跟随他们前进，其中包括许多雅典人、爱奥尼亚人及迈锡尼人。迈锡尼人被多利安人征服后遭到驱赶，他们想在雅典寻求庇护。这些探险者找到了海岸边最好的陆地，在那里永久定居。一座靠近海岸的岛屿，位于陆地的延伸部分，通过一条狭窄的地峡与大陆相连，岛上有一座足够高的山，可以建立城堡或卫城，似乎被认为是建立希腊殖民地最有利的地方。

大部分爱奥尼亚城邦的情况都符合这一描述。其中，有12个城邦非常繁荣，它们是米利都、美乌斯、普里埃内、萨摩斯、以弗所、科罗封、勒比都、提奥斯、埃律特莱亚、希俄斯、克拉佐美尼和福西亚。后来，士麦那从伊奥利亚联盟脱离出来，加入爱奥尼亚联盟。

根据希罗多德的观点，亚洲的爱奥尼亚是世界上最好的地方，拥有世界上最宜人的气候条件。它包括希罗斯岛、萨摩斯岛以及其他小岛，向内陆延伸不超过40英里。希罗多德描绘的所有城镇几乎都早在卡里亚人、莱勒格斯人、克里特人、吕底亚人或皮拉斯基人定居前就已存在。有时候，这些古老的土著在战争中被彻底击败，遭到杀戮或驱逐；还有时候，这些土著得到许可，与新来的移民融合在一起。他们形成了一些希腊城邦，风俗习惯上增添了亚洲的浓重色彩。

希罗多德曾讲述涅琉斯和他率领的移民到米利都定居的事情是

值得注意的。这些人从希腊离开时没有带上女人，但是他们都在卡里亚娶上了妻子。这些希腊移民打败并杀死了这些女人的丈夫和父亲，强行把她们掳走。为了表达对这些希腊移民所作所为的厌恶，这些女人在心里郑重发誓，决不与自己的新丈夫一起用餐，也决不称呼他们的名字。她们也要求自己的女儿严格遵守这一誓言。她们具体坚持了多长时间我们无从知晓。从这位历史学家的评论来看，似乎到了他那个时代，她们仍旧保持这些传统，这已成为米利都各家各户的一种风俗。由此看来，爱奥尼亚城邦的居民一定有一半的血统来自卡里亚。这样的话，我们便可以进行合理假设，其他殖民地的情况也或多或少与之类似。

安德鲁克里斯在以弗所定居。根据斯特拉波的记载，他的统治权威扩展到了其他所有的定居点。然而，君主政体很快就被共和制所取代，帝国内的每个社区都各自形成了独立的政府，所有的城邦都由联邦联结在一起。联邦有自己的全体大会，叫爱奥尼亚联盟。爱奥尼亚联盟起初在米卡尔一个沙漠地区的岬角上举行会议，向爱奥尼亚的守护神——海神波塞冬献祭。后来，这个国家遇到战争时，他们认为有必要找一个更安全的地点，于是会议地点又固定在以弗所附近。

希腊人建立殖民地，几乎不是出于扩大国家统治的目的。这些首领通常不比海盗强多少，与16世纪在西印度群岛建立强大联盟的海盗也没什么不同。两者都占据了居住着凶猛部落的海岸，把这些人变为自己的奴隶，让这些奴隶耕种土地，他们则继续在海上巡游远航。如果某个希腊城邦订立公共法案，把某个殖民地送出去，这样做的目的通常不过是为了把这个社区无法容纳的人口转移出去，或是摆脱那些因为实际等级和权力与心理预期不符而寻衅滋事的居民。因此，对于大部分地区来说，在殖民地就像在希腊一样，规模较大的城镇悉数宣告独立。这些宣告独立的城邦除非被强大的邻邦压制，否则都会依靠自己的军队和联盟维系统治。

爱奥尼亚在科学和美术方面的成就，不说超过希腊，至少与希腊并驾齐驱。在海上通信方面，这些殖民地远超其母邦。爱奥尼亚各城邦极为珍视自己的独立，与母邦几乎没有任何政治交流，城邦彼此之间也几乎没有交流，除了有几个城邦在宗教方面保持统一且有共同的献祭仪式。实际上，爱奥尼亚联盟只是由各独立城邦中的代表组成的全体大会。联盟缺乏执行自身决议的权威，它既不能抵御外敌入侵，也不能维护内部安定。联盟内没有共同财产，没有法庭，没有地方法官或法律。事实上，爱奥尼亚联盟似乎与美利坚合众国建立联邦制之前的邦联情况类似。

没有任何证据证明爱奥尼亚曾作为一个政治共同体存在过。那里居民的生活很快达到了高度繁荣的程度。据说，仅米利都一个城邦就有75个城镇或殖民地。他们富有、高雅且奢侈，四处建立殖民地。他们无论走到哪里，只要稍做比较，就能发现自己在宗教、语言、政府机构及风俗习惯方面的优越性，他们性格中的高尚自重让他们在与自己接触的人中脱颖而出。

公元前那几百年间，爱奥尼亚人在财富积累和精神修养方面远超欧洲的希腊人。希腊人由于内部分裂备受困扰，北方边界时常受到野蛮人的侵袭。此时，东方的希腊殖民地已经实现了长期和平，弗里吉亚和吕底亚附近非常繁荣，成为小亚细亚甚至整个古代世界最高产、最富裕的地区之一。

拥有想象天赋且敢于执行最艰难计划的人，绝不会忽视这样的优势。爱奥尼亚的希腊人极度勤奋、坚韧，他们发现了吕底亚人和弗里吉亚人在生产实践中使用的有用且高雅的艺术，将它们进行了改进和完善。他们把那些国家的音乐与自己的音乐结合起来；他们的诗歌远比任何一个异教徒所吹嘘的更加出色；他们的泥塑和铸铜技术与邻近地区不相上下，他们似乎是世界上第一批用大理石做雕像的人。多立克柱式和爱奥尼亚式的建筑都用自己发明者的名字命名，以表达对他们的纪念。绘画艺术也最先被爱奥尼亚人所掌握，而且取得了成功。公元前7世纪，爱奥尼亚人在设计艺术方面远超所有邻国，甚至腓尼基人。事实似乎是，德尔斐神谕所收到的吕底亚国王的华丽礼物中，主要是爱奥尼亚艺术家的作品。在下一个世纪里，爱奥尼亚因诞生了哲学而更加出类拔萃。

第138章

爱奥尼亚诸城邦的兴衰

（前980—60）

爱奥尼亚被迫面对的第一批强大敌人便是凶猛的辛梅里安人。辛梅里安人被比他们更凶猛的斯基泰人驱离了黑海海岸，斯基泰人以摧枯拉朽之势侵占了小亚细亚最好的地区。与经过人们理性规划然后实施的远征不同，他们的入侵更像是蝗虫、洪水或飓风肆虐。希腊的大部分城市与小亚细亚其他国家的遭遇大抵相同。

风暴很快就耗尽了自己的力量，爱奥尼亚的居民也从劫掠者所激起的恐慌中恢复过来。斯基泰人离开没几年后，爱奥尼亚人和伊奥利亚人把他们古老的仇恨转移到新的地方，完全忘记了自己近来所经受的共同灾难，开始进行残酷的内战。随着吕底亚人势力的逐渐增强，这些人之间不必要的纷争受到了镇压。吕底亚人向四面八方不断扩张，最终占领了小亚细亚大部分地区。这一点我们已经在另一章里讲过。

根据史料记载，第一个想要征服希腊诸城邦的吕底亚国王是巨吉斯，这一事件大约发生于公元前700年。尽管希腊城邦之间在政治联系上有缺陷，但巨吉斯发现了爱奥尼亚人对战争艺术的了解，以及他们英勇的共和精神，这是亚洲人普遍不具备的。他在米利都和士麦那遭到失败，但在科罗封取得了成功。虽然吕底亚王国的征服遭到了顽强抵抗，然而，这股力量太过强大，爱奥尼亚人的小小联盟无法与之抗衡。巨吉斯之子、王位继承者阿尔杜斯二世成功占领了米利都和普里埃内。

后来，辛梅里安人再次入侵，吕底亚王国的统治被撼动，一些希腊城邦又重新获得了独立。我们发现，在阿尔杜斯二世之子萨杜阿铁斯统治后期，吕底亚人与米利都人又开始了战争。萨杜阿铁斯的儿子阿律阿铁斯二世继位后，这场战争还在继续，或者说是又重新开始。

那时，在爱奥尼亚所有城邦中，米利都最富有，人口也最多。没有任何一个大国把注意力放在海洋事务上，希腊小城邦的海军具有举足轻重的地位，米利都的海军力量可以傲视群雄。吕底亚国王可以向臣服于自己的希腊人发号施令，却对米利都无可奈何。吕底亚人是这样向米利都开战的：在他们的庄稼快要收获时，集结大军，鼓乐齐奏，踏上米利都的土地，砍倒所有的谷物、葡萄藤、橄榄树，以及其他有价值的树木。他们借此把米利都人引出城，然后进攻。吕底亚国王用这种方式两次重创米利都人。战争持续了11年，米利都人一直在顽强抵抗，而吕底亚人则每年都在米利都人的田野里放火烧毁即将收获的庄稼。在一次大火中，火焰被疾风裹挟，吹到了米利都的雅典娜神庙，将其烧毁。

战争进行到第12个年头，阿律阿铁斯二世突然身患恶疾，整个吕底亚都人心惶惶，他们都迷信地认为他这是因为烧毁雅典娜神庙所受的惩罚。他派遣使者前往德尔斐神谕所，寻求减轻内心痛苦的方法。神谕所拒绝给他提供建议，说直到他重建了神庙才行。阿律阿铁斯二世派了几个使者前往米利都，提议暂停战争，说要修建神庙，等神庙完全竣工再说。

他认为米利都人民饱受连年战争的摧残，人口数量锐减，生活穷困潦倒，可以在停战期结束后重新占领这座城市。吕底亚的使者即将抵达时，米利都人得到了消息，赶在他们到达前打开了物资储备库，把桌子摆在大街上设宴狂欢。吕底亚使者预想看到的是一片饥荒和苦难的场景，当他们看到这样一派丰饶富足的景象后，极为震惊。他们一返回萨迪斯，便向国王汇报，国王立即与米利都签订了和约。

尽管拥有强大的军事力量和占有所有周边领土的优势，吕底亚国王仍然无法征服米利都。因为仅凭海军这一支力量，米利都就可以迎战敌人的所有陆军力量。吕底亚的下一位国王克洛伊索斯多次重复上一位国王的行动，企图征服米利都，但都以失败告终。一段时间后，米利都人似乎与他签订了和约，承认一定程度上依附他，同时履行进贡的义务。克洛伊索斯被推翻后，米利都与波斯国王居鲁士大帝也缔结了类似的条约。米利都得以从战争的蹂躏中解脱出来。但在那个时期，战争让其余所有的爱奥尼亚城邦变得一片荒芜。

在波斯的统治下，爱奥尼亚人被允许保留原有的政府形式，但是要向波斯人进贡，以显示他们的依附地位。几乎每个城邦都出现了两派——贵族派和民主派。通常情况下，波斯国王和各行省总督支持贵族派。

在大流士一世的统治下，整个爱奥尼亚都对希斯提亚埃乌斯反叛的计谋和雄心勃勃的计划感到热血沸腾，跃跃欲试。而希斯提亚埃乌斯在这之前曾被波斯君主提拔为米利都的统治者，那是他的出生地。战争由此爆发，雅典人也加入了这场战争，他们向小亚细亚地区进军，攻占并烧毁了萨迪斯，那是波斯在这一地区的权力中心。但这次进攻很快就遭到了波斯总督的报复，米利都人接二连三被打败，他们的城邦遭到了波斯海军和陆军的围困，最后在公元前497年被攻陷。无法逃亡的米利都民众，要么被杀，要么沦为阶下囚，他们被征服后，被带到了亚洲中心地带。大流士一世将这些俘虏安置在靠近底格里斯河河口的阿姆佩领地。

米利都——这个亚洲希腊人引以为傲的辉煌城邦，它所经历的这场可怕灾难使雅典人大为震动。悲剧诗人普律尼科司把《米利都的陷落》搬上舞台时，全场观众都为之落泪。这位诗人因此而被罚了一笔巨款，原因是他勾起了人民的悲伤回忆，他的代表作品也遭到了封杀。

米利都被波斯移交给了卡里亚人。在经历了相当长的一段时间之后，米利都似乎部分地恢复了之前的繁荣景象。亚历山大远征亚洲的时候，波斯国王仍然维持他在此地的权威。亚历山大在格拉尼库斯河战役获得胜利后，又向米利都进军。米利都的民众受到驻守在米卡尔的波斯陆军和海军舰队的鼓舞，拒绝向亚历山大敞开城门，最后亚历山大通过突袭攻占了这座城市，并宽大地对待城市里的居民。爱奥尼亚诸城邦的统治权后来从马其顿人手中转移到了罗马人手中。在斯特拉波、普林尼和波桑尼阿斯的记载中，米利都都是一座非常繁荣的城市。

从《使徒行传》来看，圣保罗从马其顿和亚历山大特洛阿返回时，曾去过这座城市，在这里逗留了几天。他还把以弗所教会的长老召来，向他们做了亲切的告别演说。随着拜占庭帝国的衰落，米利都也在萨拉森人和土耳其人的摧残之下走向衰亡。现在我们已经很难辨认米利都所在地的遗址了。

第139章

米利都的故事

小亚细亚人拥有全世界最宜人的一部分土地，他们沉醉于各种奢华与享乐。在早期与波斯人的往来中，他们吸收了一些起源于东方国家的有趣品位和高雅艺术。米利都人会说最纯正、轻快、美丽的爱奥尼亚方言。他们在创造力和追求创新方面远超其他所有邻近的地区。他们是首批模仿波斯人讲故事的艺术的希腊人。古时候，米利都的故事非常受欢迎。但是，这些著名的故事后来渐渐地都被遗忘，留下来的寥寥无几。我们只知道这些故事道德标准不高，而且，大部分出自亚里斯泰迪斯之手。

我们可以从尼西亚的帕尔特尼欧斯讲述的故事中窥知一二。帕尔特尼欧斯讲的故事是从米利都的故事中抄来的，或者说模仿了米利都的故事。所有故事加起来约有40个，似乎只是些故事梗概而已。这些故事中包括各种各样关于爱情的阴谋与冒险情节。故事中主角的结局通常都是不幸的，然而大体上都是他们罪有应得。

大多数希腊人还没有听说过米利都故事时，米利都故事已经在意大利广受欢迎。意大利的锡巴里斯人是欧洲西部最奢华的民族，他们尤为热衷米利都故事，并竞相效仿。从埃里亚努斯所保存下来的这些模仿版本中，我们不妨取其一则，从管中窥全豹。从中我们可以判断，这些故事具有一种滑稽的特点，讲述这些故事的目的在于博取一笑。

> 一次，有位老师和他的学生沿着道路向前走，学生碰巧看到一个无花果。他刚要吃掉它，老师制止了他，并开始长篇大论教训学生这一放纵口舌之欲的做法。然后，老师突然从他手中夺过无花果，非常贪婪地一口将它吞掉。

埃里亚努斯认为这个故事很有趣。他告诉我们，他记住了这个故事，并把它写了下来。他说，他从不吝惜开怀大笑。许多罗马人似乎很容易被埃里亚努斯逗乐，在很长一段时间里，这些故事在罗马人的母语中非常受欢迎，最后在独裁者苏拉时代被西西里执政官、历史作家西塞纳翻译成了拉丁语。普鲁塔克称，克拉苏被帕提亚人打败后，帕提亚人在罗马士兵的营帐中发现了大量的米利都故事集。

在阿普列乌斯的《金驴记》中，丘比特和普赛克的故事无疑带有明显的米利都风格。这个故事情节优美，是古代创作的范本。我们在这里讲一下故事的梗概：

> 某位国王有3个女儿，其中最小、最可爱的女儿叫普赛克。

她美丽迷人，举国上下都很崇拜她。然而，崇拜普赛克意味着忽略了美神维纳斯。维纳斯恼羞成怒，命令她的儿子丘比特向普赛克复仇，方法是让普赛克对某物产生热情。不料，丘比特在执行这一任务时，迷恋上了这位公主。然而，神力却把普赛克放在一块光秃秃的岩石上，这样，她肯定会成为野兽的猎物。西风之神过来安慰普赛克，把她吹送到一处绿意盎然、清风飒爽的山谷里。普赛克在这里美美地睡了一觉，醒来后她发现有一片小果树林，树林中间有一处泉水，泉水旁边有一座雄伟壮丽的宫殿。宫殿的屋顶由金柱支撑，墙壁上贴着一层银子，宫殿门口有代表各种动物的精美雕塑。

普赛克走进这座宫殿，发现里面事先备好了精美的食物。她听到有个声音响起，邀请她过去用餐，但是四周空无一人。在她用完餐后，她突然听到一阵轻快美妙的音乐，但看不到演奏音乐的人。在这处迷人的宫殿里，丘比特每晚都会过来看望她。他们相爱并结婚了，但她总是看不到自己的丈夫，丈夫不允许她看他一眼。而且，他还警告她，要想得到幸福就得遵从这一命令。

过了一段时间后，丘比特耐不住她的软磨硬泡，不情愿地同意让她的姐姐们来这个魔法宫殿。普赛克的姐姐们并不满足于参观宫殿，她们妒火中烧，试着劝服普赛克，说她的丈夫是一条蟒蛇，最终会张开血盆大口吃掉她。普赛克非常震惊，她想无论事实是否如此，她都要亲眼看到才相信。普赛克一手拿着油灯，另一只手握着一把匕首。她心想，如果他真是一条蟒蛇，就杀了他。她趁着丘比特熟睡之时，悄悄靠近他的床边。

她发现丈夫并不是怪兽，而是一个美男子。她大为震撼，结果不小心把油灯中的热油洒到了丈夫肩上。丘比特醒了，大为恼怒。于是，他便从她面前飞走了，留下她一个人在那里懊悔和自责。这座魔法花园连同金碧辉煌的宫殿都随他一起消失了！

后来，普赛克发现自己身处河畔，森林之神潘在暗中保护她。普赛克在旷野里徘徊，不知该往哪里去。她分别去了两个姐姐的王国，但她们都拒绝接纳她。维纳斯和丘比特都迫害她，她走遍世界上的每一个角落，希望找到那个被自己弄丢的天神爱人。她受到维纳斯的种种考验，有项考验是从恶龙看守下的泉水中取水。最后，宙斯非常同情她的不幸遭遇，赋予她永生，还认可了她与丈夫的婚姻。这时，时间之神用玫瑰把天空染成了紫红色，美惠三女神散发着芳香从天堂的大厅前经过，阿波罗边唱歌边弹奏七弦琴，阿卡狄亚神为他的森林芦笛调音，缪斯女神也加入其中。

有些作家认为，这一神话似乎基于人类堕落的模糊迹象，象征着人类的诱惑、犯罪、忏悔及随后恩宠的恢复。或许它的意义更在于显示人类灵魂走向完美、拥有神圣之爱和不朽回报的发展历程。从最早的时候起，宗教情感的影响就表现为对性爱的希冀和恐惧。这一写作风格经过印度和波斯史诗吟诵者的实践后，引发了智者的想象力。古埃及人有一个徽章就是普赛克，她有时被描绘为一位美丽的女性，有时被描绘为一只蝴蝶——冬季处于休眠状态的昆虫。但春天来临时，它便重新焕发生机，再次拥有美丽的外表。这的确是人类灵魂的写照，也是人类渴求不朽的写照。

第140章

米利都的名人

米利都的泰勒斯是古希腊七贤之一。泰勒斯生于公元前624年，为了获取知识，他遵循古人的传统到处游学。他先是去了克里特岛，然后去了腓尼基和埃及。在埃及，他向孟斐斯的祭司求教，这些祭司以知识广博闻名于世。他致力于几何学、天文学和哲学的研究。那时的埃及国王是雅赫摩斯二世，这位国王酷爱读书，知识广博，非常有名。他给予泰勒斯最高评价，表达自己的尊敬之意。然而，泰勒斯的个性太过自由独立，不能做一个好臣子。泰勒斯随意谈论埃及政府，说些冒犯国王的话。雅赫摩斯二世收回了对他的恩赏，把泰勒斯从埃及驱逐出去。在埃及居住期间，泰勒斯教埃及数学家如何观察一天中不同时段人的影子，将这些影子的长度与身高等长时的影子长度进行比较，以此测量金字塔的高度。后来，他返回希腊，于78岁时去世。

泰勒斯被认为是七贤中的佼佼者，他奠定了古希腊哲学的基础，他的追随者被称为“爱奥尼亚学派”。同时，他也是古希腊致力于物理学研究的第一人。天文学领域的几个重大发现都要归功于他。其中，他通过测算太阳的运行轨道，来测算太阳的直径，他的发现令自己欣喜若狂。他非常精准地预测了日食和月食，他也是首个确定阳历年时间的希腊天文学家。在他的哲学体系中，他认为水是万物之本，上帝是智性的存在，世间万物皆通过上帝形成于水。这些观点中，第一条观点“水是万物之本”是他借鉴埃及人的。埃及人认为尼罗河带给他们肥沃的土地，于是自然地将这一事实转化为哲学体系的基础，认为水是第一要义。

有个著名的笑话不能被我们忽视，学识渊博的泰勒斯是这个故事的主角。有天晚上，他在田野里散步，眼睛注视着漫天繁星。一不小心，掉进了一条沟里。一位老妇人看到他掉进去，惊叫道：“啊！哲学家！如果你都看不到鼻子下面的路，你又怎么能发现头顶上的天空呢？”

我们还需要补充的是，泰勒斯丝毫不缺乏通世的智慧，他是一位精明的政治家，而且腰缠万贯。为了说服米利都人，让他们相信哲学家在商业领域并不是彻头彻尾的傻瓜，他开始了一场商业投机活动。他在树木开花之前买下了米利都所有的橄榄树，因为自己所掌握的自然知识使他早早预见到这个季节将有不同寻常的高产。这一投机活动大获成功，哲学家本人赚得盆满钵满。

泰勒斯是一位哲学家，他将道德与政治智慧融合在他的科学研究中。以下是他的一些箴言：“最困难的事是什么？认识你自己。”“最简单的事是什么？给别人提建议。”“我们怎样才能达到美德的最高境界呢？不去指责别人。”“谁是最幸福的人？那个拥有健康的体魄、丰厚的财产和有教养的心灵之人。”“装饰心灵胜于装饰容颜。”泰勒斯是著名格言“认识你自己”的作者。

阿那克西曼德是泰勒斯的门徒，也是一位米利都人，出生日期不详。他是首个在公共学校中讲授哲学的希腊人，因此，也被某些人视为爱奥尼亚学派的创立者。事实上，这一荣耀属于泰勒斯。数学与天文学取得的某些进步要归功于阿那克西曼德。他写了一部地理概论，勾勒了地球的轮廓，他还在里面划分了陆地与水域。日晷的发明也要归功于他。然而，希罗多德认为日晷的发明更有可能要归功于巴比伦人。

据说，阿那克西曼德曾预测过一次地震，建议斯巴达人从城中撤离，免遭这场灾难。他相信，星星是空气与火的球状集合——被所在的球体带动一起运行——这些星星即为众神。他认为，太阳占据天空中的最高位，月球次之，行星与恒星占最低位，地球位于整个宇宙的中心位置，它是宇宙的中心。他关于万物的原理、自然的起源等学说没有被完整地记载下来。他认为无限性是万物运行的第一法则。部分处于无限变化中，而整体永恒不变。他的无限概念模糊不清。据说，他曾把自己的这些学说写了下来，但现存作品中找不到这些作品。

提谟修斯是著名的音乐家，生于公元前308年，米利都人。他曾创作抒情诗和酒神颂，尤其致力于音乐及演奏西塔拉琴和七弦琴。他最初的演奏并未取得成功，观众对其嗤之以鼻，他受到了打击。就在他宣布放弃音乐之际，悲剧诗人欧里庇得斯鼓励了他，让他继续坚持下去。通过勤勉地练习，他终于成为自己那个时代的第一流的音乐演奏家。

他改进了西塔拉琴，为之添加了几根琴弦。这一发明在希腊引起轩然大波。斯巴达人通过一项公共法令对他进行谴责，该法令的原文保存至今。这一法令文件宣称，米利都的提谟修斯到斯巴达后，对古典音乐及七弦琴极为不敬。他给古典音乐增加了音高，给七弦琴增加了琴弦。他丢弃了古代简单统一的演奏方式，引入了半音阶，代之以更为复杂的演奏方式。

他以塞墨勒为主题作诗，但没有遵守适当的礼节。为了防止这些新式发明对良好行为产生不利的影响，国王和斯巴达的以弗所人曾公开谴责过提谟修斯，下令把他的七弦琴减为七根弦，恢复原貌，还下令把他所有的新式发明都废除等。据说，斯巴达的执法人员正要按照这个法令把琴弦割断时，提谟修斯指着一尊阿波罗雕像说，雕像上的七根琴弦和他的琴弦数一样多，法官们不得不判他无罪。

他还遭受了其他诗人的一些恶毒攻击。然而，这些丝毫不影响他赢得极高的声誉。据说，以弗所人曾奖励他1 000枚金币，让他做一首诗奉献给阿尔忒弥斯神庙。他在马其顿宫廷去世，活了90多岁。

第141章

以弗所及阿尔忒弥斯神庙

（前980—600）

前文已经提及，以弗所是爱奥尼亚最古老的城市之一。这座城市的创建史上有一个关于安德鲁克里斯的传说。他率领希腊的爱奥尼亚居民移民到了萨摩斯岛上。之后，这些冒险家之间发生了一场争论，即他们应该在那里定居下来，还是要进一步探险，寻求另一处永久居所。他们寻求神谕的指引，神谕回答说："鱼将给你们线索，野猪将给你们指引。"得到这一答复后，他们离开了萨摩斯岛，向大陆进发。路上他们走走停停，度过了一段时光。一天早晨，他们烤鱼做早餐时，有条口含木炭的鱼跳跃着挣脱了火堆，跌入一堆干草中，干草起火。火焰持续燃烧，浓雾弥漫，扩散到了很远的地方，惊醒了一头在灌木丛中昏睡的野猪。这头野猪迅速起身逃跑。希腊人紧跟着它，最后将它捕获，用标枪杀死了它。他们就在捕获野猪的地方建造了以弗所。如今，佛罗伦萨博物馆中陈列着一枚硬币，上面印着这则故事中的角色。

根据其他的传说，以弗所为亚马逊人所建，但斯特拉波称，以弗所的首批定居者是卡里亚人和莱勒格斯人，他们被安德鲁克里斯率领的爱奥尼亚殖民者驱逐。无论如何，以弗所似乎被安德鲁克里斯及其后代所掌控，他们取得了国王头衔，并对新殖民地行使统治权。因此，即使在斯特拉波的时代，安德鲁克里斯的后代也被称为国王，身穿猩红色长袍。

随着时间推移，他们引进了一种新的政府形式，成立了元老院。这种情况一直持续到一位胆大的篡位者毕达哥拉斯推翻元老院的权威为止。毕达哥拉斯篡夺了王位，成了以弗所的绝对统治者。根据历史记载，他是史上最冷酷无情的暴君之一，通过一系列的压迫与屠杀来维系统治。他的继任者是品达罗斯。这位继任者也任性随意地统治着这座城市，但是他对人民更为人性化。

在品达罗斯统治期间，以弗所遭受吕底亚国王克洛伊索斯的围攻。当时，那里的居民按照一种迷信的异教习俗，用绳子把阿尔忒弥斯神庙和城墙系在一起，把自己的城市献给她。攻陷这座城市后，克洛伊索斯剥夺了品达罗斯的权力。出于对阿尔忒弥斯女神的敬意，他对待以弗所人民非常友善，恢复了他们昔日的自由。

然而，以弗所又一次落入僭主的统治之下，他们中的最后一位是赫格西亚斯。亚历山大大帝推翻了他的统治，把他驱逐出城。亚历山大大帝建立了一个民主政府，将以弗所人从前进贡给波斯国王的一切供品，都奉献给阿尔忒弥斯神庙。在本都的米特拉达梯六世与罗马人的一场战争中，以弗所人站在了米特拉达梯六世一边，并遵循他的指令，大肆屠杀居住在以弗所的所有罗马人。苏拉重新征服小亚细亚时，对以弗所人屠杀罗马人的行径进行了重罚，没收了他们的财产，使他们几乎沦为乞丐。后来，以弗所人受到善待，按照古代的法律生活。这些法律刻在古代的纪念章和铭文上。

《圣经》中的记载称，以弗所人对迷信、巫术以及各种光怪陆离的艺术非常着迷，由此产生了“以弗所灵符”这个说法，它象征着各种各样的咒语、符咒以及庸俗骗人的把戏。在使徒保罗时代，以弗所仍然保有其古代的诸多辉煌，但在拜占庭帝国的统治下，它开始衰落。查士丁尼大帝掠夺了它美丽的大理石雕塑以及雄伟的圆柱，用来装饰君士坦丁堡的圣索菲亚大教堂。自此以后，以弗所迅速走向衰亡。目前，以弗所住着一些一贫如洗的希腊农民。

这座城市最雄伟的建筑是被誉为世界七大奇迹之一的阿尔忒弥斯神庙。这座神庙规模巨大，几乎用尽了邻邦采石场的所有石头。它历经2 000多年的风雨，仍然屹立不倒。神庙长425英尺，由127根70英尺高的大理石廊柱环绕，其中有27根廊柱雕刻得极为精美，其余均经过抛光处理。这些柱子是历朝历代许多国王和君主馈赠的礼物。浅浮雕由这一领域最著名的雕塑家斯科帕斯完成，祭坛则是雕塑家普拉克西特列斯的作品。这座神庙以及附带的宫殿都由厚厚的城墙围绕，一条长长的柱廊从神庙一直延伸到附近的湖边。

爱奥尼亚的所有居民，每年都带着他们的妻子和孩子到以弗所去，举行盛大而隆重的阿尔忒弥斯节。他们向阿尔忒弥斯女神献上丰盛的祭品，向祭司奉以珍贵的礼物。阿尔忒弥斯女神又被信奉者称为“以弗所伟大的阿尔忒弥斯”。正如她的崇拜者描绘的那样，那是一座乌木小雕像，据信是从天上降下来的。这座雕像最初被放置在一个壁龛中。据说，亚马逊人用一棵榆树的树干做了这个壁龛，这便是这里的人对阿尔忒弥斯崇拜的渊源。后来，阿尔忒弥斯女神的名声传播到整个亚洲，才有了这座雄伟壮丽的神庙。

这座神庙于公元前356年失火化为灰烬，而这一年，亚历山大大帝诞生。恶意纵火的人名叫艾罗斯特拉特，他纵火的目的是想通过毁灭这些珍贵艺术品的反常行为让子孙后代永远记住他。为了不让他的希望得逞，亚洲人制定了一条法令，禁止任何人提及他的名字。这一禁令反而永久地留下了关于这件事的记忆。至于邪恶的艾罗斯特拉特，后世的所有历史学家都记载了他这种丧心病狂的行为。

亚历山大提出要重建阿尔忒弥斯神庙，条件是以弗所人必须同意把他的名字刻在神庙前面。这个提议一开始便被以弗所人用一句华丽而又巧妙的奉承话给回绝了。以弗所人回答称："您这样的一位神，为另一位神修建神庙是不合适的。"这座神庙后来还是被重建了。先前从大火中抢救出来的立柱和其他材料被卖掉了。以弗所的女人们把自己的珠宝首饰捐献出来，经过多方筹集，终于凑齐了开工重修的费用。后来，来自四面八方的捐赠源源不断地涌来，人们收集了大量财宝。整座建筑都恢复了它昔日的富丽堂皇。这座神庙在普林尼和斯特拉波时期仍然屹立，但在君士坦丁大帝的统治下遭到毁灭。他发布了一项法令，所有的异教神的庙宇都要摧毁。

发现用于建造这座神庙的大理石的故事实在太过奇特，我们无法略过不表。维特鲁威讲述了这个故事：以弗所人自己没有大理石，便设法从帕罗斯岛有名的开采地弄些大理石。有一天，牧羊人披索多鲁斯在以弗所附近的山上放羊时，看见两只公绵羊在打架。这两只羊疯狂搏斗，其中一只把自己的羊角粗暴地顶向一块石头，把这块石头撞为两半。牧羊人发现石头变成了一块美丽的白色大理

重建后的阿尔忒弥斯神庙

石，他带着碎片一路狂奔，回到以弗所。那时，以弗所人还为大理石的进口愁眉不展。这一重大发现使人们欣喜若狂，而牧羊人本人也获得了极高的荣誉。他的名字从披索多鲁斯改为艾尔安格鲁斯，意思是“传送好消息的信使”。在维特鲁威那个时代有个传统，那就是城里的首席行政官每个月都要去这一重大发现之地举办祭祀活动。

第142章

以弗所的名人

伟大的画家阿佩利斯被认为是以弗所人，这是因为他虽然生于科斯岛，但他长期在以弗所定居。这位艺术家的一生见证了希腊绘画艺术的全盛时期。他用画笔和作品为艺术的完美，作出了比其他画家更为突出的贡献。

他极度勤奋，每天都忙于绘画。他有个习惯，每当完成一幅画后，就会把它放在大街上展览，供行人提出批评和建议，他会躲在窗帘后面仔细聆听这些评价，从中吸取好的经验。有一天，有位鞋匠在系鞋带时发现画中有处错误，便指了出来；第二天，这位鞋匠发现这幅画已经得到了修正。鞋匠感到很骄傲，于是他又对画中一个人物的腿提出了反对意见，其实这并没有什么可指责的。画家从他的窗帘后面走出来，让鞋匠去做他的分内事。由此，产生了一句流传至今的谚语：“皮匠的谈论别超过靴子的范围。”

阿佩利斯很愿意公正承认其他大师的优点，他也丝毫不因为他们在某些方面优于自己而感到羞耻。他承认安菲翁在构图上强于自己，也承认艾斯克里皮阿多拉斯在绘画能力上强于自己。他不仅擅长绘画，在文雅知识和学问方面也有极高的造诣，并因此而声名远播。亚历山大大帝也对他优雅的举止赞不绝口，甚至还登门造访，就是为了享受与阿佩利斯交谈的乐趣，见证他用画笔创造的奇迹。这位征服者对阿佩利斯评价极高，还颁布了一项法令，宣布除了阿佩利斯，不允许其他人为自己画像。

阿佩利斯的坦率、朴实行为却令马其顿国王的将军们心生不快。亚历山大大帝去世一段时间后，阿佩利斯有一次在海上航行时，在埃及海岸遭遇了暴风雨。当时埃及的国王是亚历山大过去的将领托勒密一世。这位国王并不喜欢阿佩利斯，他有意不邀请阿佩利斯去他的宫殿。还有一些人嫉妒阿佩利斯，他们恶毒地把他和国王牵连在一起。他们引诱宫里的一位官员以国王的名义给阿佩利斯捎信，邀请他共赴晚宴。阿佩利斯如约而至，而托勒密一世则因为这个闯入宫里的不速之客而大发雷霆，质问他究竟收到了何人向他发出的邀请。阿佩利斯并不知道这位官员的名字，困惑不安地在那里站了好一会儿。嫉妒阿佩利斯的人幸灾乐祸，希望能得到命令把阿佩利斯扫地出门。就在这时，阿佩利斯迅速从地暖锅边抄起一根木炭，徐徐几笔便在墙上画出那个官员的样貌，国王一下子就认了出来。这件事使得阿佩利斯与托勒密一世和好，后来国王还赐给他财富和荣誉。

这一事件却并未堵住阿佩利斯对手的口。一段时间后，在托勒密一世面前，阿佩利斯遭受控告，理由是他与反抗托勒密一世统治的提尔人共谋犯罪。指控人是一位名叫安提菲鲁斯的画家。托勒密一世没有搜集证据便想当然地认为阿佩利斯有罪，他非常痛心地责备阿佩利斯忘恩负义，还打算杀死他。安提菲鲁斯看到这样一个无辜的人即将被处死，心生懊悔，于是承认自己的控告全是谣言。国王对自己轻信谣言感到羞愧不已，又恢复了与阿佩利斯的友谊，赏赐他一大笔财富，并将造谣者安提菲鲁斯贬为奴隶。

还有一位有名的画家叫普罗托耶尼斯，居住在罗德岛。阿佩利斯从未见过他，却早已听闻他的大名，于是去罗德岛拜访他。但是，他走进普罗托耶尼斯家中后却发现，屋里除了一位女管家，并没有其他人。管家问来者姓名，阿佩利斯回答说："我把名字写下来。"他拿起刷子，在画架的帆布上画了些东西。普罗托耶尼斯回到家中，管家告诉他有位陌生人前来拜访，并给他留了些标记。一看到画，普罗托耶尼斯便尖叫道："是阿佩利斯！除了他没有人会这样做！"后来，两位艺术家结为莫逆之交，他们的友谊相伴他们一生。

普林尼列出了一长串阿佩利斯作品的名字，其中最有名的是一幅安提柯的画像。这位国王只有一只眼睛，画家因此将他的画像画成侧面像，掩盖其缺陷。此外，阿佩利斯也给亚历山大大帝画了多幅画像，其中有一幅被认为是他所有作品中最好的，被供奉在以弗所的阿尔忒弥斯神庙中。在这幅作品中，阿佩利斯在亚历山大的手中画上了一道雷电，作为征服者的形象。普林尼亲眼见过这幅画，雷电仿佛真的要从画中投射出来一样。亚历山大本人经常说有两个亚历山大——一个是战无不胜的亚历山大，另一个是不可被模仿的阿佩利斯画中的亚历山大。

阿佩利斯最负盛名的作品是他的《海中升起的维纳斯》。普林尼称，这幅画被最伟大诗人的诗句所颂扬。据说，奥古斯都曾花了相当于10万美元的价钱才买下这幅画。购买这幅画后，画作本身因为潮湿损坏了一部分，奥古斯都询问有哪位艺术家可以进行修复。艺术家们听说是阿佩利斯的画作，都没有人敢承担这项任务。这极大增添了希腊画家的荣光，也提高了作品本身的声誉。普林尼告诉我们，这幅画和其他所有古代名画一样都用原始的4种颜色完成。

哲学家赫拉克利特于公元前544年出生于以弗所。他在很小的时候就表现出对获取知识的热情，很快就开始接触毕达哥拉斯哲学流派的奥秘。他在以弗所享有很高的声誉，那里的市民都主张由他担任最高行政官。他拒绝了，一部分原因是现有的政府形式并不合他的心意，还有一部分原因是他不屑与那群漠视常规、行为放荡的人为伍。不久之后，有人看到他在大街上与男孩嬉戏，朋友们表示很惊讶，但他却说："这样不是比管理腐败的以弗所人更好吗？"

他性情忧郁，不愿与其他人来往。大家都有一个共识，那就是：赫拉克利特总是为自己同胞的愚蠢而暗自落泪。由此，他被称为"哭泣的哲学家"；与之相反，德谟克利特被人称为"欢笑的哲学家"。在这种忧郁、不爱社交的性格影响下，赫拉克利特远离社会，隐居在深山中，潜心沉思，只靠自然的出产为生。即使这样，他依旧扬名海外。波斯的大流士一世邀请他前往自己的王宫，想要听取他的建议。这位孤僻的哲学家粗暴地拒绝了国王的请求。

赫拉克利特于61岁时死于水肿。当时，他住进一个马厩里，跟牛群挨得很近。他这样做的原因是，牛的体温高，他想以这种方式让牛吸收自己体内的水分。

他的专著《论自然》，晦涩难懂，但他由此创立了一个哲学流派——爱菲斯学派。这一流派的学说主张无神论，其中有一些很荒诞的观点。他有一个观点，万物皆有灵；还有一个观点，火是所有事物的根本，那些最优秀的灵魂拥有的水分最少。

科罗封——由科德鲁斯之子安德赖蒙创建。科罗封距海2英里，长长的城墙将海湾与城市连接起来。后来，为了增加以弗所的人口，利西马科斯摧毁了科罗封。科罗封人曾拥有一支非常强大的海军。他们的骑兵所到之处攻无不克，战无不胜。因此，“科罗封”这个词成了一个习惯用语，具有“终结者”的含义。这个词后来被保留在现代语言中，许多老式打印机用“科罗封”这个词来表示最后一页，这一页上会留下印刷地所在城镇的名字，还有日期。

另一个说法是，“科罗封”这个词成为习惯用语，是因为科罗封在爱奥尼亚联盟中享有双重投票的特权，这个城市因此享有处理有争议问题的决定权。科罗封是宣称自己为荷马诞生地的众多城市之一。

第143章

士麦那

士麦那是小亚细亚最古老的城市之一。不仅如此，在近代，它也几乎是唯一一个依旧保持古代繁荣的城市。根据某些传说，它最初是伊奥利亚的一个殖民地，后来被科罗封的一些爱奥尼亚流亡者占据。另有一种说法称，它曾是以弗所的爱奥尼亚殖民地。在爱奥尼亚的小镇墨利忒被其他城镇一致同意摧毁之后，士麦那被接纳为联盟的一员。

有些人认为士麦那是荷马的出生地。梅莱斯河岸附近有个石窟，据说他就在那里写诗。士麦那人对这一说法颇为自豪，极力向外宣传并证实此事。吕底亚国王萨杜阿铁斯曾攻陷士麦那，将其摧毁，把居民分配到邻近的村庄。大约在400年后，安提柯与利西马科斯重建了士麦那，或者按另一个说法，是亚历山大大帝重建了士麦那。

士麦那被认为是爱奥尼亚最美丽的城市，古人还赋予它“可爱的士麦那”“爱奥尼亚的王冠”“亚洲的装饰”等华丽的头衔。希腊人有一个惯常的做法，他们常把主要的公共建筑建立在临海的山坡上。山体提供了大理石材料，斜坡为体育场或大剧院中层层叠高的座位提供了绝佳的地势条件，这样方便观众观看。

这座城市是奥斯曼土耳其人与希腊人发生冲突的主要地点。因此，它几乎受到了两国交互的摧毁。后来，它得到了一些修复。1402年，它又遭到帖木儿的侵占。这座古城的每一寸遗留几乎都消失殆尽。体育场的拱形框架还在，但上面长满了庄稼。大剧院仅存下寥寥几处遗迹。山顶上的城堡是希腊君主在旧城堡被毁灭后的遗址上兴建的，城墙极其厚重结实，现在依然如此。

士麦那在它发生巨变的过程中，从山上转移到现在靠近海岸的地方。在土耳其人的统治下，它又恢复了昔日庞大的人口规模，而且还成为黎凡特的商贸中心。

士麦那拥有优良的港湾和良好的船舶停靠处，一个个安全、开阔的港口，后面还有一片经由梅莱斯河水灌溉的肥沃平原，盛产瓜果蔬菜。士麦那拥有非常优越的地理条件，注定成为繁华之地。

从海上看，这座城市的树丛和宣礼塔都非常漂亮；但是城市内部，街道的路面凹凸不平，房屋的墙壁阴暗潮湿。与之相反，海岸边的房屋舒适宜人，花园一直延伸到海边，周围遍布售货的凉亭。

整座城市就像一个市场，里面充斥着欧洲、亚洲和美洲的各色商品。亚洲的商品主要来自亚美尼亚的商人；法国的商品主要来自马赛；意大利的商品主要来自里窝那。士麦那出口的商品主要包括无花果、葡萄干、生丝、棉花、地毯和药物等。

士麦那经常遭受瘟疫的侵袭，瘟疫有时会造成巨大的损失。这里有时也容易发生地震。士麦那的人口约10万人，其中包括3万希腊

近代的士麦那城

人、8 000亚美尼亚人。

阿那克萨戈拉是古代最杰出的哲学家之一，他于公元前500年出生于爱奥尼亚的克拉佐美尼。虽然出身高贵且拥有巨额资产，但他却选择放弃自己的身份和财产，完全摆脱世俗的纷扰。他先是师从米利都的阿那克西美尼。20岁时，他离开米利都，赴雅典学习哲学。他在雅典获得极高的声望。他还有许多杰出的学生，其中包括悲剧大师欧里庇得斯、伯里克利和苏格拉底。他没有接受任何公职，也没有刻意使自己在国家事务中引人注目，却为雅典共和国作出了许多贡献。

然而，无论是他的学识、他的无私精神，还是他与伯里克利的交情，都无法使他免遭迫害。蛊惑民心的政客克里昂控告他对神不够虔诚，因为他教导人们太阳不是神，而是一团燃烧的石头。这个观点与先前盛行的观点——太阳就是太阳神阿波罗相悖。事实上，阿那克萨戈拉一有机会，就毫不迟疑地揭露那些庸俗迷信的荒唐之处。雅典祭司看到头上仅有一只角的公羊，就预测灾难即将发生，阿那克萨戈拉对此嗤之以鼻。为了证明动物身上并没有什么超自然的力量，他剖开那只公羊的脑袋，告诉人们，那只公羊的脑部构造阻碍了它长出另一只角。阿那克萨戈拉被判死罪，伯里克利出面为他辩护，坚称他没有犯死罪，对他的起诉是出于恶意。阿那克萨戈拉因此被改判为罚款和流放。

阿那克萨戈拉的朋友对他遭受流放感到惋惜，他却答复说："并不是我失去了雅典人，而是雅典人失去了我。"有一天，阿那克萨戈拉做演讲时，收到了儿子的死讯。他看着信，极其平静地说："我知道他不会永生。"他被法官判死刑时，也以同样的反应来安慰自己："大自然早就对我说过同样的话。"

他被判从雅典流放后，在兰普萨库斯度过了余生，于公元前428年去世。临终前，有人问他是否想安葬于克拉佐美尼，他回答说："没必要，通向另一个世界的道路在哪儿都开放。"兰普萨库斯的官员请求阿那克萨戈拉告诉他们愿意让人们以何种方式纪念他，他说："没有别的请求，只把我死的那一天作为学生们的节日吧。"人们遵从了他的这一幽默要求，这一习俗在700年后的第欧根尼·拉尔修时代依然存在。

阿那克萨戈拉智慧超群，被人称为"智慧"。在其哲学思想中，他教导人们说宇宙由小天体构成，这些小天体又由相似成分构成。智慧是运动的开始。在希腊人中，他第一个把宇宙中最主要的活动原理——智慧——设想为简单、纯粹的智力，与物质分离并独立于物质而存在。他非常关注自然现象，因为他曾解释说彩虹的出现是由于太阳光线从黑云反射而来。他还发现，风由空气变稀薄而产生。

抒情诗人阿那克里翁是爱奥尼亚提奥斯人。他生活于公元前6世纪，深得萨摩斯岛的僭主波利克拉特斯的欣赏，阿那克里翁曾在萨摩斯王宫居住过。由于他在诗歌上的极高造诣，雅典僭主希帕克斯（庇西特拉图的儿子）曾派遣一艘50支桨的大船将他接到雅典。

他自诩为一个纵欲者，沉迷于毫无节制的享乐。他对财富有种哲学性的蔑视，以下是一则关于他的逸闻趣事。波利克拉特斯给了他一大笔钱，起初阿那克里翁接受了，两天之后，他发现财富使他惴惴不安，严重干扰了自己的休息。于是，他把钱还给了波利克拉特斯，说道："拥有财富当然好，但良好的睡眠更重要。"他愉快地生活到晚年，于85岁时去世。

当时流行一种说法，说他被一个葡萄籽噎死。很明显，这是一个虚构的故事，用来美化一位曾经赞颂过葡萄酒的诗人。他现存的诗作都与歌颂光明和欢乐的主题有关，其中充满了甜美的表达、活泼优雅的幻想。这些作品特色如此鲜明，以至于所有这类作品都被认为是阿那克里翁创作的。尽管有些作品是否属于阿那克里翁尚且存疑，但可以说其中的很多作品被古代作家引用过。

画家帕拉修斯是一位土生土长的以弗所人。在古代人眼中，他是一位可以与宙克西斯并驾齐驱的画家。根据昆体良的说法，帕拉修斯精于构思，而宙克西斯精于着色。帕拉修斯被描绘成一位有着非凡才华、富于创造力的艺术家，但在行为上极为放肆和傲慢。他身着紫袍，头戴金冠，手持一根装饰华丽的手杖，鞋上饰有金扣。有关他的一切全部都是浮华高傲的风格。他给自己起了些最浮夸和高调的名号，还从不羞愧于把这些名号题在画作的底部。这些名号是“文雅的人”“儒雅的人”“灵巧的人”“将艺术塑造得完美无缺的人”“阿波罗的后裔”“为画神而生的人”等。

帕拉修斯在描绘人物性格与灵魂激情方面的高超技艺被广为认可。他有一幅作品描绘了雅典的天才和雅典人民。这幅画作也体现出艺术家帕拉修斯无穷的想象力。这幅画展示了雅典人多变的性格特征。一方面，他们反复无常、暴躁易怒，处事不公、性情不专；另一方面，他们又仁爱、悲悯、富有同情心。我们很难想象，这么多复杂的品质如何融合进一个简单的角色。也许这幅画有一种讽喻，其中包含了附属于画作主角的一部分特点。

根据普林尼的描述，帕拉修斯作画时首先确定画作的对称美感，然后在人物脸上投注活泼的表情，让头发飘逸，并在人物的外貌中添加优雅的风度。色诺芬使他成为苏格拉底在绘画艺术对话中的对话者。据推测，帕拉修斯应该生活在公元前400年左右。

第144章

伊奥利亚与多利斯

（前1500—前60）

伊奥利亚和多利斯是位于米西亚、吕底亚以及卡里亚海岸的希腊殖民地，在特洛伊被摧毁后的一个世纪里，它们由来自希腊的伊奥利亚和多利安移民所建。

关于小亚细亚殖民地的建立，有许多存在争议的传说。例如，有个传说认为，它们是由指挥希腊军队的英雄们在一次进攻特洛伊城的著名远征中所建。尽管故事中的真相和虚构难以区分，但是这些故事的内容也并不是毫无根据。我们能够大胆地宣称，最早的希腊殖民地就是著名的伊奥利亚人大迁徙的结果。这次迁徙是由伊奥利亚人入侵维奥蒂亚和多利安人入侵伯罗奔尼撒造成的。

这次入侵活动造成的最直接后果便是大量的伊奥利亚人、伯罗奔尼撒人以及亚该亚人集结起来，决定离开希腊，去东方寻找一处安宁的家园。迁徙活动的首领是一支自称阿伽门农后裔的人群。大部分人在奥利斯登船，阿伽门农曾统率征讨特洛伊的希腊大军从那里起航。最开始，他们都朝着一个方向行进，在莱斯沃斯岛着陆，在那里建了6座城市。其他分支占领了莱斯沃斯岛对面从伊达山脚下到赫耳穆斯河口的亚洲海岸。

这就是绝大部分伊奥利亚人在小亚细亚定居下来的真正起源，尽管有种说法，说伯罗奔尼撒人向东移民发生的时间更早一些。据说俄瑞斯忒斯曾在莱斯沃斯岛建立了一个亚该亚人殖民地。另一支亚该亚人由阿伽门农的后代柯林尼斯和玛拉乌斯率领迁徙至小亚细亚。到达后，他们发现皮拉斯基人已经占据这片海岸，但是这些人由于特洛伊战争的缘故，势力被大大削弱。这些入侵者攻下了他们的主城镇拉里萨，然后建立了库马，最后又将其命名为弗里柯尼斯。这里成为伊奥利亚人在小亚细亚的主要城市。

伊奥利亚人的大迁徙可能发生在公元前1124年，也就是特洛伊被攻占后的50年或60年。自第一批殖民者到达后的一个多世纪以来，新的探险者源源不断地涌入。据说，小亚细亚大陆的古老城市，也就是被称为伊奥利亚地区的古老城市，共有11座。后来，库马和莱斯沃斯的希腊人在普里阿摩斯的领土上又建了30座古老城市。这样一来，莱斯沃斯人似乎便可以声称自己是阿伽门农占领区的合法继承人。

伊奥利亚人定居一段时间后，就开始忙于建立他们的组织机构。他们组成了一个联邦，叫伊奥利亚联盟。这个联盟由12个城邦组成，包括士麦那、库迈、拉里萨、尼昂提彻斯、特内多斯、西拉、诺利乌姆、埃吉洛埃撒、皮塔涅、埃盖亚、穆雷纳和古里涅阿。此外，里面还有几个级别较低的城镇，这些加起来组成的社区共有30处。后来，士麦那转投爱奥尼亚联盟。

伊奥利亚联盟内的各个城邦都彼此独立，各个城邦都有自己的政治制度。有时候，政治动荡会产生一些独裁者，但总的来说，政府是受人欢迎的。吕底亚的克洛伊索斯征服了伊奥利亚。这位君主被推翻后，波斯帝国取代了吕底亚在伊奥利亚的权威，并一直延续到亚历山大的征服为止。后来，这个国家也走向了与小亚细亚其他地区相同的命运。

伊奥利亚人迁徙期间，多利安人和亚该亚人占领了小亚细亚的东南角及附近岛屿。在这些远征中，最有名的莫过于由阿尔戈斯的阿尔泰墨涅斯所领导的那一次。他先是去了克里特岛，把一部分追随者留在了那里，然后带着剩余的人继续前往罗德岛。大约在公元前1049年，希腊特洛曾①的一群多利安人在卡里亚海岸建立了哈利卡那索斯城邦。而同一地区的尼多斯，则由拉科尼亚的多利安人建立。来自埃皮达鲁斯的第三批殖民者占据了科斯岛。

这些殖民地形成了一个联盟，同一民族的其他几个殖民地及其邻近地区被排除在外。联盟起初由6个城市组成，它们分别是尼多斯、科斯、卡米拉、伊阿利苏斯、林都斯和哈利卡那索斯。哈利卡那索斯在后期被排除在外。这个联盟名为“五城联盟”。特里奥普有一个主神庙，联盟各城在那里举行庄严的竞赛，纪念阿波罗·特里奥普斯。奖品是铜制的三脚架，胜利者要把它献给阿波罗，供奉在神庙里。哈利卡那索斯有个市民违反了这一习俗，这座城市于是

① 特洛曾，希腊神话中的城市。珀罗普斯的儿子庇透斯建立了特洛曾城。——编者注

被排除在多利安联盟之外。

伊奥利亚人的政治史基本上与他们的邻居爱奥尼亚人一样。在自由政体下生活了一段时间之后，他们相继受到吕底亚人、波斯人、马其顿人的统治，最终变为罗马帝国的一部分。

第145章

吕底亚

（前1600—前716）

吕底亚王国将小亚细亚的许多领土囊括在内，国土面积在不同的时期有很大的差别。总的来说，它可以说位于弗里吉亚、米西亚和爱琴海之间。由于国王梅尼斯，吕底亚有时被称为梅尼亚。约瑟夫斯认为，吕底亚的名字来自闪的儿子路德。希罗多德则认为，它的名字来自这个国家的一位古代的国王吕多斯。

当我们首次介绍这个国家的历史时，发现它已经是一个世袭的绝对君主制政体。据估计，吕底亚有3个不同的王朝，分别为阿提阿德斯王朝（名字源于梅尼斯的儿子阿杜斯，梅尼斯是吕底亚历史上没有明确记载的多位国王中的第一个）、赫拉克利德王朝（由赫拉克勒斯后代建立的王朝）以及梅尔姆纳得斯王朝。希腊哲学家赫拉克利特曾提到，梅尼斯应该当过吕底亚国王，他从一名奴隶成为一名造车匠，再从造车匠成为吕底亚国王。

梅尼斯之子阿杜斯统治时期，吕底亚发生了一场严重的饥荒，持续了18年，这场饥荒可能发生在公元前17世纪。希罗多德记载，在这样一种绝望中，吕底亚人发明了一些游戏，以图把自己的注意力从饥饿的痛苦中转移出来。每隔一天，他们便通过玩跳棋、跳房子和类似的运动来代替吃饭。

尽管人们可以从这些游戏中得到一些慰藉，但饥荒仍然得不到一丝缓解。最后，国王把整个国家一分为二，将其中的一部分人强制移民，而剩下的那一部分守护家园。这群移民由国王的儿子第勒纳率领。他们先去了士麦那，在那里组建了一支舰队。然后，他们继续在海上向西航行，寻找适合居住的地方。经历长途漂泊后，他们最终来到意大利的翁布里亚或伊特鲁里亚。按照希罗多德的记载，伊特鲁里亚人的起源就是这样的，后来他们变得很有名。

这次事件之后，吕底亚又经历了一段历史缺失的时期。这一时期的历史记载中只列出了几位国王的名字，以及少许将他们区分开来的令人难以置信的事件。然而，似乎有可能的是，吕底亚人已经从他们古老的质朴习惯中堕落，并以挥霍和柔弱著称。阿提阿德斯王朝似乎结束了，统治权转移到阿格隆手中，他在萨迪斯建立了自己的政府。后来，希罗多德将这位君主描述为赫拉克利德王朝的第一位君主。

在坎道列斯前，我们没有发现有关阿格隆直系后裔的记载。坎道列斯生活于罗马建城时期，或者说公元前8世纪中叶。自然学家普林尼记载了与这位国王有关的一件逸事。曾经有一幅画被拿给坎道列斯看，他非常喜欢这幅画，便用与画同等重量的黄金买下它。希罗多德曾对这位国王如何失去自己的王位及生命做了详细的记载，这段记载曾被多次引用。坎道列斯有位非常美貌的妻子，妻子远超其他女性的个人魅力经常成为他与人谈论的话题。按照吕底亚习俗，女子不可过多暴露在公众视线中。但这位国王却试图劝说自己最宠信的朝臣巨吉斯亲眼见识王后无与伦比的美貌。

巨吉斯极力推辞，但是国王坚持己见，强迫他执行这一命令。巨吉斯只好顺从，把自己藏在国王与王后的寝宫里。但当他从躲藏处出来时，被王后发现了。王后觉得受到了侮辱，决心报复。第二天一早她便传唤巨吉斯，劝他要么杀死坎道列斯夺取王位，要么去死。巨吉斯心里充满了对生命的热爱，于是他选择活着。最后，他趁坎道列斯熟睡之时杀死了他，夺了王位并娶了这位王后。

这是希罗多德的记载，其他希腊作家讲述的故事却截然不同。柏拉图讲述的巨吉斯起初是个牧羊人，他有一枚魔戒，谁戴上它便可以隐形。在魔戒的帮助下，他得以进入王宫，秘密地谋杀了国王，篡夺了王位。西塞罗也讲述了这么一个故事。普鲁塔克否认了希罗多德和柏拉图的说法。在他那里，巨吉斯登上王位是很正常的王朝更迭。根据他的描述，巨吉斯起兵反抗坎道列斯，在战争中推翻了他的统治。因为希罗多德出生在吕底亚附近的一个小亚细亚城市，他所描述的事件更容易被记住，因此，他的记载一直被公认为最权威。

吕底亚人非常怀念坎道列斯，他们拿起武器反抗谋杀国王的巨吉斯。巨吉斯说王位继承问题交给希腊德尔斐神谕所进行裁决。德尔斐神谕所在周围地区的民众中间也享有盛誉。他花尽心思，为德尔斐神谕所献上一份厚礼。毫无疑问，这份厚礼将会影响神谕的最终决断。希罗多德提到，在这些礼物中有6盏金杯，按照重量，这

6盏金杯的价值相当于20万美元。神谕的指示理所当然对巨吉斯有利。这位国王很快便通过军事冒险扩张了领土。他在位38年，死后由他的儿子阿尔杜斯二世继续完成他未竟的事业。

第146章

阿律阿铁斯与米利都人

（前716—前556）

关于阿尔杜斯二世及其继任者萨杜阿铁斯，几乎没有什么值得我们关注的记载。他们之后的下一任国王阿律阿铁斯二世曾与米底国王基亚克萨雷斯发生战争。以下内容皆出自希罗多德的权威记载。

> 有几个斯基泰人逃亡到米底，在那里受到国王的保护。国王嘱咐一些年轻人照顾他们，跟他们学习斯基泰语和使用弓箭，这些斯基泰人都是经验丰富的猎手。但是有一天，他们打猎回来却没有给国王的餐桌呈上任何猎物，国王非常不高兴。这群人非常生气，决定报复。他们杀死了一个照顾他们的年轻人，包裹好他的肉，当作猎物的肉，放在基亚克萨雷斯的餐桌上。这一罪行后来被发现，这些斯基泰人便逃到吕底亚，阿律阿铁斯二世拒绝把他们交到米底国王的手中。

这一事件引发了两国之间的战争。战争进行到第六年，吕底亚军队和米底军队在交战时发生了日食，这一事件我们在讲述米底历史时曾提及。紧接着两国达成了和平协议，并通过联姻加强了联盟。阿律阿铁斯二世又与辛梅里安人交战，将他们赶出了亚洲。同时，他还征服了士麦那和克拉佐美尼。他在跟米利都人的战争中，经历了最艰险持久的考验。

吕底亚人对这座城市的围攻持续了6年，导致米利都人饥饿困窘。阿律阿铁斯二世了解到这个情况后，就遣派使者去说服他们投降。米利都人得知使者即将到来，便想出了一个计策。他们收集了全城所有的食物，把它们分散到城市各处。吕底亚使者到达后，看到米利都人正在举行食物丰盛的宴会，感到非常震惊。返回阿律阿铁斯二世的军营后，他把看到的一切都做了如实汇报。于是，阿律阿铁斯二世相信米利都城内真的供应充足。他绝望地解除了围攻，与米利都人讲和。

后来，阿律阿铁斯二世的儿子克洛伊索斯继承王位。他在位期间，吕底亚繁荣富庶，他本人的名字也成了财富的代名词。这位国王的故事，也为后来各个时代的道德家阐述世俗繁荣无常提供了素材。

公元前560年，克洛伊索斯继承王位。继位后，他几乎一直忙于征服。他吞并了弗里吉亚、米西亚、帕夫拉戈尼亚、比提尼亚、潘菲利亚和卡里亚以及包括爱奥尼亚、多利亚、伊奥利亚在内的小亚细亚全部领土。吕底亚王国的疆土急速扩张。希罗多德称，他是小亚细亚希腊人的首位征服者，在此之前他们从未臣服于任何一股外国势力。

克洛伊索斯的远征延伸到爱琴海海岸，他组建了一支舰队，目的是进攻位于那片海域的岛屿。希腊智者毕阿斯曾劝阻克洛伊索斯，克洛伊索斯便采取了更加明智的做法，寻求与希腊的岛民结盟。现在吕底亚王国的领土比之前扩大了好多倍。首都萨迪斯位于提摩留斯山脚下，享受以金沙著称的帕克托罗斯河水的灌溉，地理位置优越。当时，萨迪斯已从亚洲的大城市中脱颖而出，成为佼佼者。据色诺芬估测，萨迪斯的富庶程度仅次于巴比伦。希罗多德称，萨迪斯是一处极佳的度假胜地，所有才华出众、智慧超群的希腊人都经常到这里游历。

克洛伊索斯邀请希腊贤人梭伦前往萨迪斯，在宫殿里热情地招待他。但是，这位智者看到国王和朝臣的奢靡生活后，极为平静，并表现出令人难堪的冷漠。他被领到王室金库，去看里面的财富。然后，克洛伊索斯问他："谁才是这个世界上最幸福的人？"国王希望听到自己的名字。梭伦回答道："雅典人特勒斯是这个世界上最幸福的人。他在一个伟大政府的保护下，有许多善良、可爱的孩子。他看着他的子孙后代出生、成长，比他活得更久。他站在胜利的战场上，结束了光荣、富有的一生。死后，他得到了这座城市的公葬。"

尽管克洛伊索斯对这一回答感到失望，但他又接着问梭伦："谁是世界上第二幸福的人？"他得到的回答并不比第一个更令他满意。他大喊道："雅典人，你认为我的富贵如此卑贱，才把我列在地位低下的人之下吗？"梭伦既不愿奉承，但也不愿激怒克洛伊索斯，于是回答道："尊敬的吕底亚国王，希腊人不喜欢王室的奢华。生活变迁磨砺了我们，使我们变得不以收获财富而欢喜，也不会羡慕随时会发生变化的幸福。在我们看来，微笑着进入天堂的

梭伦和伊索在克洛伊索斯的宫廷

人，才是幸福的人！”说完这番话，梭伦离开了。克洛伊索斯虽然懊恼，但并没有再说什么。

据说，著名的寓言家伊索也曾到过萨迪斯王宫，并对梭伦说：“你看，我们要么应该远离国王，要么应该说些恭维他们的话。”梭伦则回复：“我们要么应该说些有用的话，要么一言不发。”

梭伦对国王说的那番有关命运变迁的哲理，后来在王室中得到了印证。克洛伊索斯有两个儿子，一个儿子是哑巴，另一个儿子阿杜斯建立了不凡的功绩。据说，国王梦到过一个异象，这个异象警告他说，阿杜斯会被铁质锐器杀死。克洛伊索斯感到很害怕，于是准备给阿杜斯娶妻，让他过上平静的生活。他撤销了阿杜斯的军职，不准他碰任何兵器。

正在这个时候，有个不幸的杀人凶手阿德拉斯托斯来到萨迪斯。他误杀了自己的兄弟，被父亲赶出家门。根据古代异教徒的传统，他必须前往异国寻求救赎。他出身于弗里吉亚的王室，克洛伊索斯友好接待并收留了他，为他提供了一处庇护所。

这件事过后不久，米西亚的奥林波斯山附近出现了一头大野猪。惊慌失措的人们纷纷恳求克洛伊索斯，希望克洛伊索斯能派阿杜斯带着猎人和猎犬前往米西亚，除掉这个可怕的怪物。克洛伊索斯始终不敢忘记梦中的异象，婉拒了米西亚人的请求，但答应另派他人前往。阿杜斯对他父亲的决定感到羞愧，就规劝父亲，父亲拗不过他。最终，阿杜斯在阿德拉斯托斯的护卫下前往米西亚。他们射杀了这头野猪，但是阿德拉斯托斯却误将投枪射中了阿杜斯，阿杜斯当场身亡。伤心的克洛伊索斯认为这种误伤是神的旨意，没有追究阿德拉斯托斯的责任。但阿德拉斯托斯羞愧难当，当晚，在漆黑的深夜里，他来到阿杜斯埋葬的地方进行忏悔，说自己是世上最悲惨的人，然后，他在阿杜斯的墓前自杀了。

第147章

克洛伊索斯与吕底亚的衰亡

（前556—476）

克洛伊索斯为他承载着吕底亚王朝唯一希望的儿子哀悼了两年。最后，他又燃起了嫉妒之心，军事热情也随之被唤醒。当时，有个邻国日益发展，迅速成为一个强大的国家。这个邻国就是居鲁士大帝统治的波斯帝国，它已经严重威胁并侵犯到吕底亚王国。克洛伊索斯决定通过战争解决这个威胁。他是一个信奉宗教的人，按照迷信的说法，他必须首先请示这些国家侍奉各种神灵的祭司，否则绝不可能决定任何重要的事情。而为了对他应得的答案进行正确判断，他希望事先保证这些掌握超自然知识的解读者能给出真实的答案。

出于这一目的，他派使者前往希腊和非洲所有著名的神谕所，命令每个人向各自神谕所的祭司询问克洛伊索斯在某天、某个时间正在做什么。这些答案并没有保存下来。据说，国王对这些答案并不满意。但是使者们一进入德尔斐神谕所提出问题后，就得到了如下神谕：

> 我踏上沙滩，我丈量大海；
> 我听见沉默的人和哑巴。
> 即使现在，我感觉的气味也在飘升，
> 还有一只与羔羊同煮的乌龟，
> 下面是黄铜，上面也是黄铜。

克洛伊索斯得到所有的神谕后，宣称只有德尔斐神谕是真实的。因为在提问当天，他决定去做一件难以被发现或解释的事情。他把一只乌龟和一只羊羔切成小块，放在一个有盖的黄铜容器里煮。这个就是希罗多德讲述的故事，即使现代严肃的历史学家也会重复这个故事，就好似它是已经证实的事实。克洛伊索斯于是向德尔斐神谕所征求了意见，这一点毫无疑问，但这个故事更像是德尔斐神谕所的祭司为了提升神谕所的知名度而凭空捏造的。

据说，克洛伊索斯对德尔斐神谕所祭司的神圣回复感到满意，决定为神谕所准备一份珍贵的礼物。他挑选了3 000头牺牲和一张铺满金银、黄金酒杯以及价值连城的紫色马甲的巨大床榻，所有这些物品都被投到祭司堆上焚烧。他还把金子熔化成团，铸造了许多大金条和一头金狮，连同大量的金银器皿，都送去了德尔斐神谕所。负责运送这些礼物的吕底亚人还被派去打听，看看克洛伊索斯能否在征讨波斯的远征中安然无恙，以及他是否应该结成新的联盟来增强自己的力量。祭司的回答是，如果克洛伊索斯进攻波斯人，他将颠覆一个强大的帝国。另外，祭司还告诫他：一定要在希腊找一个最强的国家结成联盟。

克洛伊索斯得知后，大喜过望，期待着自己可以摧毁居鲁士大帝的帝国，成为居鲁士大帝的征服者。他又第三次向神谕所征求意见，询问自己的权力是否能够永久保持下去。然后，他收到了这样的回答：

> 在米底之上，一头骡子坐在高处，
> 柔弱的吕底亚，飞过砾石覆盖的赫耳穆斯河；
> 匆忙地飞翔，为了安全，鄙弃你的名声，
> 不怕自己被叫作“懦夫”。

这个答案跟前面的一样令克洛伊索斯感到满意，他决定发兵征讨居鲁士大帝。他跨过哈吕斯河，越过卡帕多西亚进入叙利亚，摧毁了这个国家。随后，吕底亚军队和波斯军队发生了一些小的战斗，最后的决战在锡姆伯拉爆发。据说，克洛伊索斯的兵力有40万，居鲁士大帝的兵力有19.6万。这是第一场由古代作家详述细节的大规模战役，结果是吕底亚战败。吕底亚军队中的大部分士兵是来自不同国家的雇佣军，战败后，他们四散逃离，返回各自的家乡。克洛伊索斯带着剩余人马退回萨迪斯。波斯人随即包围萨迪斯，克洛伊索斯又组织了一场大规模的防御战，结果失败，萨迪斯于公元前547年沦陷。

克洛伊索斯落入居鲁士大帝手中，要被活活烧死。焚尸的柴堆已架好，被俘的国王被放上去。就在火把将要点燃的时候，克洛伊

索斯想起了雅典智者梭伦对他的告诫。想到真相如此凄凉，一阵悲痛涌上心头，他大喊道："梭伦！梭伦！梭伦！"根据当时的习俗，居鲁士大帝和他的重要官员一起出席了这场仪式。他问克洛伊索斯为何大喊，克洛伊索斯将事情的原委告诉了他。听完克洛伊索斯的讲述，居鲁士大帝非常感动，片刻间闪耀出人性的光辉。他开始同情吕底亚国王的悲惨遭遇，下令扑灭火焰，释放了克洛伊索斯。

获得自由后，克洛伊索斯立即派人前往德尔斐神谕所，质问祭司为何鼓励他对波斯人开战，并说他一定会取胜，而结果他却失败了。德尔斐神谕所的祭司们轻轻松松为他证实了神谕的准确性。他们解释说：骡子指的是居鲁士，他跟骡子一样，有双重血统，父亲是波斯人，母亲是米底人。至于他要颠覆的帝国，神谕指示这个帝国是吕底亚，并不是波斯！神谕发出的模棱两可的说法，能够适用于任何事件，即使结果完全不同，也会给出足够的理由去解释它。在古代史的记载里，克洛伊索斯的遭遇并不是唯一的例子。

吕底亚王国最终被居鲁士大帝并入波斯帝国，此后它再无独立的历史。往后余生里，居鲁士大帝对克洛伊索斯非常仁慈。他们成为密友，无话不谈，居鲁士大帝甚至允许克洛伊索斯保留国王的头衔。根据色诺芬的说法，居鲁士大帝与克洛伊索斯形影不离，也许是为了保护他的人身安全，也是为了听取他的建议来管理帝国的事务。如果色诺芬所言属实，那么克洛伊索斯虽然失去了王国，却因祸得福，因为他放弃了公众的关注和王室的浮华，转而追求简单、安宁与幸福的生活。

由于吕底亚没有历史学家，这些记载主要来自希腊作家，他们在描述外国人时，非常倾向于夸张和润饰。吕底亚的历史上可能发生过许多浪漫的故事，但是我们还无法区分这些故事的真伪。

吕底亚因其古老的都城萨迪斯而闻名。萨迪斯的建立时间极早，没有历史记载可供考证。但是，有些人认为这座城市建于特洛伊战争之后。萨迪斯位于提摩留斯山坡上，堡垒则建在一座高山之上，面向垂直的悬崖，非常坚固。据记载，吕底亚有位国王，也就是克洛伊索斯的祖先，认为只要带领一头狮子绕过城墙，就能让这座堡垒坚不可摧。在举行这个仪式时，他没有牵狮子走过难以到达的那面陡峭的悬崖。

在萨迪斯前面的平原上，克洛伊索斯遭遇居鲁士大帝的袭击，被打败，但堡垒阻挡了居鲁士大帝的围攻。居鲁士大帝发出悬赏，谁最先爬上城墙，便可获得丰厚的奖赏。有个波斯士兵，曾看见过一个吕底亚士兵的头盔掉了下去，然后这个吕底亚士兵从悬崖上爬下去，取回了头盔。这个波斯士兵就试图从那里爬上去，因为那里连一个哨兵都没有。他成功了，于是萨迪斯沦陷。

萨迪斯被焚

波斯帝国统治时期，帝国的总督都驻留在萨迪斯。

这座城市见证了世事变迁。大流士一世时代，米利都人与波斯开战。他们有一部分人航行到以弗所，将船留在科利苏斯山下，沿着基士特河前进，翻越提摩留斯山，然后意外地发现了萨迪斯。城堡坚固，他们根本无法攻克。有个士兵放火烧了一座房子，大火迅速蔓延，整座城市沦为灰烬。米利都人回到船上避险。

亚历山大大帝入侵亚洲时，萨迪斯及其城堡都落入他的手中。

在罗马人的统治下，萨迪斯成了一个繁荣富庶的地方，丝毫不逊色于周边的城市。在提比略统治时期，萨迪斯遭遇大地震，损失惨重，而这场大地震也对小亚细亚的其他城市造成了很大的破坏。400年，背叛阿卡狄乌斯皇帝的哥特人将萨迪斯洗劫一空。罗马帝国灭亡时，萨迪斯遭受了蛮族军队带来的各种灾难。后来，蛮族军队占领了这个国家，萨迪斯被彻底摧毁。我们从断壁残垣、大量的废墟碎片中依然可以辨认出曾经的萨迪斯；有座巨大建筑物的遗迹向旅行者们昭示着此处曾经是克洛伊索斯的都城。

距离萨迪斯几英里处是吕底亚历代国王的陵墓，那里有大大小小的土堆或坟茔。其中有四五处规模庞大，易于辨识，甚至在很远的山坡上也清晰可见。根据希罗多德的记载，其中有一处曾是吕底亚最雄伟的建筑，完美程度仅次于埃及人和巴比伦人的作品。它就是克洛伊索斯的父亲阿律阿铁斯二世的纪念碑，现在是一个堆在大石头上的巨大土堆。

第148章

卡里亚

（前1400—前50）

卡里亚位于吕底亚南部，领土范围包括了多利斯和爱奥尼亚的一部分。它是小亚细亚面积最小的地区之一，但是根据古代地理学家统计，它的城市、城镇以及村庄数量众多，进而可以推测出它人口众多。这里土壤肥沃，盛产谷物、葡萄酒、无花果和橄榄油。

希罗多德（卡里亚人）认为，被称为莱勒格斯人的民族是这个地区的首批居民。他们曾被克里特国王米诺斯赶出了邻近岛屿。在卡里亚定居后，他们依然承认米诺斯的权威，帮助他在海上探险。根据希罗多德的观点，在某一时期，卡里亚人比所有邻近的民族都更为出类拔萃。他们擅长制造武器。希腊人认为卡里亚人发明了带冠头盔、盾牌以及盾牌把手。他们似乎很早就因为从事海盗活动而出名。毫无疑问，他们从事海盗活动是米诺斯敌视他们的原因，但米诺斯仍愿意利用他们的技术和海上冒险精神增强自己的权力。

我们有理由相信，腓尼基人早在莱勒格斯人到来之前就曾在卡里亚建立了殖民地。后来，希腊人发现了进入这片地区的路线。这里的主要城市哈利卡那索斯是由特洛曾的多利安殖民者建立的。因此，它最初被纳入多利安联盟。后来出于宗教方面的顾虑，它又被联盟内的伙伴驱逐。有个叫阿伽西克列斯的哈利卡那索斯居民，在纪念阿波罗的比赛中赢得了标志着阿波罗的三脚架作为奖品，但他没有按照惯例将它供奉在神庙里，而是带回了家。这种做法亵渎了神灵，其他5个多利安联盟城市决定将哈利卡那索斯排除在外，不允许它参加未来所有的庆祝活动。这实际上就是将哈利卡那索斯从联盟中驱逐出去。

享受了一段时间的独立之后，卡里亚被吕底亚征服。吕底亚王国灭亡后，它又成为波斯帝国的一个行省。波斯国王的政策是在每个附属国建立一个专制政府，以确保其对帝国君主的依赖。在这一体系下，卡里亚王朝得以在哈利卡那索斯建立。亚历山大东征，卡里亚从波斯人的统治之下转到马其顿人的统治之下，哈利卡那索斯人试图反抗，但哈利卡那索斯被占领并夷为平地。后来，哈利卡那索斯被重建，为了弥补它的损失，6个城市被纳入它的管辖范围。

后来，卡里亚又成为埃及王国的一个省。再后来，又被叙利亚国王安条克大帝所统治。西庇阿打败了安条克大帝后，罗马人把卡里亚作为礼物送给了罗德岛人。然后卡里亚又被本都的米特拉达梯六世征服。但是，在本都王国灭亡后，卡里亚又被并入罗马帝国，成为亚细亚行省的一部分。哈利卡那索斯似乎在很早的历史时期就沦为废墟，现在在一个被称为布德鲁姆的地方似乎还可以看到它的遗迹。

卡里亚女王阿尔特米西亚一世，是这座城市一个获得最高统治权的公民吕戈达米斯的女儿。她曾协助薛西斯一世远征希腊，亲自率领一支有5只船的小分队加入薛西斯一世的舰队。她也是唯一一个反对薛西斯一世在萨拉米斯进攻希腊舰队的人。在意见被拒绝后，她依旧英勇地参加战斗。薛西斯一世惊呼："我们的男人像女人，而女人却像男人！"波斯人被勇猛顽强的希腊人击败撤退时，她是最后一批撤退的人。

希腊船队穷追堵截时，她巧施计谋，成功逃离。这个计谋的令人惊叹之处在于她的无畏和精妙设计，而非人性道义。她看到一艘波斯战舰离自己很近，由一个她不喜欢的人指挥，她就用自己的大船去冲撞这艘船，让这艘船和船上的人全部葬身海底。雅典人看到这一切，以为她是自己的朋友，就停止了追赶。她安然无恙地到达了亚洲海岸。薛西斯一世把自己的孩子交给她照看。雅典人被她的计谋所激怒，悬赏活捉她。

后来，她借口只想对自然女神西布莉献祭，而被允许进入拉特摩斯。最终，她占据了拉特摩斯。据说，为了惩罚她的不虔诚，神让她疯狂地爱上阿比杜斯的一个年轻人。这个年轻人对她的热情置之不理，她便趁这个年轻人熟睡之时，挖出了他的眼睛。随后，她从一块岩石上跳下悬崖。

阿尔特米西亚二世被后人记住是因为她是摩索拉斯深情的遗孀。她为了纪念摩索拉斯，在哈利卡那索斯建了一座雄伟的纪念碑。这座纪念碑是世界七大奇迹之一，提起它的名字，无人不知。后来凡是纪念死者的大型建筑物都用摩索拉斯碑来命名。据说，她还把摩索拉斯的骨灰掺入饮品中，奖励为死去的丈夫写最优秀悼词的作者。

自公元前351年继承亡夫之位统治卡里亚以来，阿尔特米西亚二世似乎并没有完全沉溺于无尽的悲伤之中，她勇敢地抵抗罗德岛人。通过实施巧妙的计策，她成功俘获了罗德岛人的全部战舰。然后，她派遣自己人登上这些战舰，向罗德岛驶去。罗德岛人看到自己的舰队回来，就以为他们得胜归来。罗德岛人手举彩旗，欢歌笑语地迎接这些船舰停泊靠岸。罗德岛人正沉浸于喜悦之中，毫无防备，阿尔特米西亚二世立即指挥军队登陆，占领了这个城市。她把那个对她极不友好的罗德岛人的首领杀死，然后在广场上竖起两座黄铜雕像，展现出女王用滚烫的烙铁为被囚禁的罗德岛打上烙印。

古希腊七贤之一的毕阿斯，是卡里亚的一座爱奥尼亚城市普里埃内土生土长的居民。他生活在公元前6世纪前期，为人慷慨大度。曾经有几位来自希腊美塞尼亚的年轻姑娘被人俘虏到普里埃内出售，毕阿斯把她们赎回来，自己出钱让她们接受教育，并让她们带上礼物回到父母身边。

他对财富看得很轻，对一个人的思想和内在却看得很重。故乡遭受围攻，人们纷纷带上值钱的东西逃命时，毕阿斯什么也没带。有人问他为什么不抢救自己的财产，他回答说：“我带的财产就是我自己。”他说不能忍受不幸才是一个人最大的不幸。他有句格言：“爱你的朋友，仿佛有一天他会变成你的敌人。”

有一次，他在海上遇到了风暴，听到一个浪荡子咒骂地狱之神。“住嘴！”他对这人说，“再喊，他就会发现你在这里！”

毕阿斯写过诗，但没有流传下来。当他正为一个朋友辩护时，突然倒在了孙子的怀里，他就这样去世了。他的死令人伤感，却值得尊敬。

希罗多德于公元前484年生于哈利卡那索斯，他被古代人和现代人称为“历史之父”。他出生后4年多，薛西斯一世率领波斯大军入侵他的家乡。长大后，他离开饱受暴君卡里亚女王阿尔特米西亚一世的孙子吕戈达米斯压迫的家乡，前往萨摩斯岛，在那里学会了使用爱奥尼亚方言，后来就用这种方言记载历史。

我们对他早期的生活知之甚少。他从居鲁士大帝（他认为居鲁士大帝是波斯的第一位国王）开始写希腊和波斯人的历史，记载了持续150年的古代史。除了主体部分为希腊与波斯人的历史，他也记载了埃及和一部分其他国家的历史。他历经千辛万苦，到处游历搜集资料，通过个人的观察，记载了埃及和巴比伦的相关情况。至于他作品的地位，我们已在开头的引言中进行了详细介绍。

希罗多德完成自己的历史作品后，用了一种非常有效的方法让希腊人了解这些历史。他去参加奥林匹克运动会，他在那里把历史故事念给聚集在一起的希腊人听。念完之后，人群中爆发出经久不息的掌声，这位历史学家也迅速成名。他讲故事的风格优美生动，希腊人说他们仿佛亲耳听到缪斯女神的声音。因此，9位缪斯女神的名字就被用作这部历史作品中9卷作品的名称。

那时，修昔底德还是一位少年，当他读到希罗多德的历史故事后，就被情节的趣味、语言的优美深深打动，他激动得忘乎所以，喜极而泣。希罗多德听说这件事后，便对修昔底德的父亲奥洛鲁斯大为夸赞，称他的儿子天赋超群、品位一流，日后一定会成为城邦的骄傲。

希罗多德在希腊名声大噪后，返回了故乡。在他的鼓舞下，哈利卡那索斯人决定联合起来，反抗压迫者，恢复自己的自由。他们完成这一伟大目标后，却引来了某些哈利卡那索斯权贵的嫉妒。希罗多德没有得到任何回报，只得到了同胞的忘恩负义。雅典人想在意大利建立殖民地，他便加入了那场远征，后来，在意大利半岛的一个叫大希腊的地方定居下来，并在这个地方度过余生。

哈利卡那索斯的狄奥尼修斯是一位历史学家，出生于公元前1世纪。在马克·安东尼和屋大维的内战即将结束时，他去了意大利。他在罗马生活了22年，在那里学习了当地的语言、文学、历史，还为自己构思好的巨著搜集了资料。他这本巨著的名字是“罗马古事纪”，书中追溯了罗马共和国政治制度的起源。这部作品详细叙述了古罗马的庆祝仪式、风俗习惯、军纪、选举方式等。虽然这部巨著只有一半左右的内容被保存下来，但依然具有很高的价值，里面记载的都是其他古代历史学家从未提及的内容。

然而，狄奥尼修斯并不总是可靠的权威。他为希腊人写作，而不是为罗马人写作。他写作的主要目的是想把希腊人从被罗马人征服的苦闷中解救出来。在希腊人的眼里，罗马人是一个野蛮的民族。他试图歪曲其他古代作家的证据，夸大一些古老的传说，让事情看起来就像罗马起源于希腊一样。狄奥尼修斯还写了一篇论述修辞的论文和几部评论性作品，都有着极高的价值。

第149章

利西亚、潘菲利亚、皮西迪亚和帕夫拉戈尼亚

利西亚北接弗里吉亚，东接潘菲利亚，南临地中海，西邻卡里亚。它最初的名字为墨利亚，源于首次在这里定居的一个克里特岛民族——墨利亚人。后来，利吕科斯将它更名为利西亚。利吕科斯是在这里建立了一处殖民地的雅典国王潘狄翁的儿子。利西亚是小亚细亚最小的地区，却是最富庶、人口密度最大的地区之一。利西亚出产优良的雪松，其优良的品质几乎可以跟黎巴嫩雪松相媲美。当地人擅长射箭。

起初，利西亚人似乎分散在这个地区各地的独立社区里。后来，这些社区之中产生了几个小国。利西亚有23座城市，每座城市都派遣几名代表前去参加全体会议。在全体会议中，一般性事务通过多数票决定。再后来，这几个政府合并为一。希罗多德列举薛西斯一世舰队的辅军时，提到了利西亚国王科贝尔尼斯库斯。这个国家在历史上的影响力微不足道。

吕底亚的克洛伊索斯将利西亚纳入自己的统治范围。波斯的居鲁士大帝打败克洛伊索斯后，利西亚又落入居鲁士大帝的统治之下。在这一时期，有个事件值得我们关注。利西亚桑索斯城的人民并不甘于向波斯人臣服，他们奋起反抗，以难以置信的勇气与人数上远超自己的波斯人展开激烈战斗。最后，他们发现自己再也无力抵抗强大的居鲁士大帝时，就返回城内，将家人和宝藏都封闭在城堡里，放火烧毁了这一切。然后，他们返回战场，冲入敌人中间，直至战死。

亚历山大推翻波斯帝国后，利西亚又落入马其顿人的手中。之后塞琉古王国又将它纳入自己的领土之中，直到罗马人打败了安条克大帝，利西亚被赠予罗德岛人。后来，它成为罗马的一个辖区。在罗马共和国后期，海岸附近的利西亚人热衷于进行海盗活动。

潘菲利亚和皮西迪亚经常被认为是同一个地区。它们北接弗里吉亚，东邻弗里吉亚和奇里乞亚，南临奇里乞亚和地中海，西接利西亚和弗里吉亚。这两个地区面积都不大。皮西迪亚位于内陆，潘菲利亚靠近海边。潘菲利亚是一个多山、崎岖的地区，这里的居民起源于一个勇敢坚定的民族。几个世纪以来，这个民族一直保持着原始的独立，抵抗着一切想要征服他们的人。最终，潘菲利亚和皮西迪亚的命运与小亚细亚的其他国家一样，先后被波斯、马其顿和罗马帝国统治。我们很难说这两个地方有着清晰的国家历史。

佩尔格是潘菲利亚的主要城市，城中有座雄伟壮观的阿尔忒弥斯神庙。阿斯班德斯位于攸里梅敦河畔，这里因为希腊将军客蒙[①]

① 客蒙，古希腊雅典城邦的一位政治领袖，为马拉松战役英雄小米太亚德之子，曾为雅典十将军之一。公元前468年，他在攸里梅敦河战役中打败波斯军队。——编者注

率众击败波斯军队而闻名。以索拉是一个位于潘菲利亚部分和皮迪西亚部分交汇地区的首府。当地因出凶猛贪婪的强盗而闻名。罗马将军普布利乌斯·塞维利乌斯在与米特拉达梯六世作战时，将这里的强盗全部剿灭。另一座城市新以索拉，在古代城市被毁灭后又被建立起来，距离以前的地点不远。264年，海盗特里贝利亚努斯在这座城市宣称自立为罗马皇帝。不久后，他便被打败杀死。当时有30个觊觎者想要争夺罗马的帝位。

帕夫拉戈尼亚北临攸克辛海，东邻本都，南接加拉提亚，西邻比提尼亚。它是小亚细亚最靠北的地区，到处都可以看到马群和牛群。帕夫拉戈尼亚的骡子早在荷马时期便很有名，而且这个国家出产的羊毛质量最好。帕夫拉戈尼亚人在古代名声不太好，当时的人们认为他们狡诈无行。雅典蛊惑人心的政客克里昂是个土生土长的帕夫拉戈尼亚人，其诡计被阿里斯托芬机智识破后，便臭名昭著了。

帕夫拉戈尼亚严格意义上说没有自己本民族的国家历史，基本上都是作为周边某个强大君主国的一部分而存在。在拜占庭帝国统治下，为了纪念君士坦丁大帝的母亲海伦娜皇太后，帕夫拉戈尼亚东部地区和本都西部地区被合并设立了一个叫海伦娜-本都的行省。

帕夫拉戈尼亚最有名的城市是位于攸克辛海上的锡诺普。锡诺普以前是米利都的殖民地，经济非常繁荣。后来，锡诺普在附近开拓了许多殖民地，获得了广阔的领土。金枪鱼业是锡诺普人经济收入的重要来源。

帕夫拉戈尼亚的一个小海港阿尔迈尼经常向古希腊人提供笑料。据说，这个镇上的人曾经在小镇周围筑了一堵墙来御寒。后来，“阿尔迈尼的墙”成了愚蠢至极的代名词。

锡诺普的第欧根尼是帕夫拉戈尼亚最有名的人。犬儒学派与其说是一个哲学流派，倒不如说是一类改革者。他们的名字来自他们阴郁的心情，锡诺普这个词取自希腊语中“犬”的意思。第欧根尼一直被世人尊为哲学家，他的父亲是锡诺普的银行家，因制造假币被赶出锡诺普。后来第欧根尼犯了同样的罪，也被驱逐出去。

第欧根尼去了雅典，拜访了犬儒学派的奠基人安提斯泰尼。安提斯泰尼非常怠慢他，想把他和他的随从赶走，因为自己已经闭门不再收徒。第欧根尼既没有感到惊讶，也没有胆怯，他低下头，然后说道：“打吧，只要你开口，你就找不到一根足够硬的棍子把我赶走。”安提斯泰尼最终被他的执着打动，允许他成为自己的学生。

第欧根尼对老师的课程作了很大的改进，他还完美复制了老师的生活方式。他的全部家当只有一个随从、一只钱包和一个木碗。有一天，他看到一个小男孩用手舀水喝，他说：“那个小男孩让我明白，原来我还有一些多余的东西。”于是，他立刻扔掉自己的碗。他经常赤脚行走，即使地上铺满雪也毫不在乎。他没有其他住处，只住在一个木桶里，走到哪里便把木桶滚到哪里。

第欧根尼在科林斯时，亚历山大大帝曾去拜访他，问他需要什么帮助，第欧根尼回答说：“我什么也不需要，只希望你不要遮住我的阳光。”亚历山大大帝说：“我若不是亚历山大，我宁愿自己是第欧根尼。”

第欧根尼讽刺和抨击其他哲学家的主张。他听说柏拉图把人类定义为“没有羽毛的两腿动物”，便剥去一只鸟的羽毛，把它带到教室里，说道：“这就是柏拉图所谓的人！”有一天，他走进柏拉图的家，看到其家里装饰得很漂亮，柏拉图脚下还踩着精美的地

第欧根尼

毯，便说：“我践踏了柏拉图的骄傲。”柏拉图回答他说：“是的，但那是另一种骄傲。”

第欧根尼对全人类都极其蔑视，或者说，他更有可能是假装蔑视全人类。正午时分，他提着灯笼走入雅典市场，声称自己要找寻一位诚实的人。

第欧根尼看到法官们带走了一个小偷小摸的人，便尖叫道：“你们这是大盗管教小贼！”有个人品格并不完美，他建了一所新房子，在大门上写着：“任何邪恶的人免入。”第欧根尼问道：“主人又怎么进来呢？”

看到一个年轻人害羞脸红，他安慰道：“要鼓起勇气，脸红是美德光辉的色彩。”

有个人问他该什么时候吃饭，他回答说：“如果你富裕，想吃的时候就吃；如果你贫穷，能吃的时候再吃。”

当他年事已高时，踏上了前往埃伊纳岛的航程，但在路上被海盗抓去了，海盗在克里特岛上把他贩卖为奴隶。他被一位科林斯富人买了回去，因为这个富人对第欧根尼回答海盗的话大吃一惊。“你能做什么？”海盗问第欧根尼。“我可以统治人类，请把我卖给一个需要主人的人吧。”第欧根尼回答。

第150章

比提尼亚

（前2000—前74）

古老的比提尼亚王国北临攸克辛海，东接帕夫拉戈尼亚和加拉提亚，南邻弗里吉亚和加拉提亚，西临米西亚的普罗彭提斯和色雷斯的博斯普鲁斯海峡。这个地区地理条件优越，拥有长长的海岸线，曾是一个富庶且人口众多的地方。色诺芬曾多次造访比提尼亚。他说，攸克辛海岸密布着比提尼亚繁荣的城镇和乡村，那里几乎所有的自然物产都很丰富。

古代作家对这个地区早期居民的记载里有许多相互矛盾的内容，我们很难确定比提尼亚第一个王朝建立的时间及其历代的国王。根据狄奥多罗斯的判断，亚述人尼诺斯征服过比提尼亚。阿庇安曾详细叙述，罗马人进入亚洲前，比提尼亚曾历经49位国王的统治。这些描述很少引起人们的注意。

比提尼亚最早的居民是俾斯尼亚人，他们与米西亚、弗里吉亚等邻近地区的人没有什么区别。后来，这3个地方都被普罗彭提斯欧洲一侧的色雷斯人征服或取代。这群入侵者来自一个叫提尼或比提尼的部落。他们似乎从远古时期便有了自己部落的首领。其中有位首领叫狄达苏斯，还有一位叫波提纳斯。历史记载中这两人曾在公元前4世纪统治这片地区。

后来，比提尼亚被吕底亚国王克洛伊索斯征服。然而，克洛伊索斯和被征服者比提尼亚人终究难逃被波斯帝国统治的命运。之后这里一直受波斯帝国的统治，直到亚历山大大帝征服比提尼亚为止。博特拉斯之子拔斯是当时的波斯人总督，他趁波斯帝国灭亡之机，在比提尼亚建立起自己独立的统治。在接下来长达30年的时间里，他一直保持着自己的王位。他的继任者芝普特斯一世与叙利亚国王安条克一世交战并将其打败。芝普特斯一世不久后去世，他的儿子尼科美德一世杀死了自己的两个兄弟，夺得了王位。年纪最小的小芝普特斯逃到了亚洲的色雷斯。他加入了当地部族，让当地人支持他的复仇大业。尼科美德一世率兵远征，想要征服这个部落，他突然接到情报：安条克一世正准备向他发起进攻。于是他撤兵返回。他对自己的力量不够自信，便邀请博斯普鲁斯海峡西海岸的高卢人前往亚洲支援，许诺这些高卢人可以在这个国家定居下来。

在高卢人的帮助下，尼科美德一世打败了安条克一世，也将自己的弟弟一并驱逐。高卢人得到了他承诺的土地，并把这块土地命名为加拉提亚。尼科美德一世在统治后期建造了一座宏伟的城市作为王国的首都。他把这座城市用自己的名字命名为尼科米底亚城。

他去世后，他最小的儿子提比特斯一世继承王位。接着尼科美德一世曾经被驱逐到亚美尼亚的大儿子泽拉，在亚美尼亚人的帮助下，将自己的弟弟驱逐并登上了王位。泽拉担心人民受到鼓动继而反抗他，同时为了摆脱那些危险的高卢朋友，他策划了一场血腥的阴谋。他设宴款待高卢贵族，提前安排了一群亡命之徒，准备在他们庆祝的时候杀死这些高卢人。但是这群高卢贵族事先得知他的阴谋，宴会一开始，他们就向这位奸诈的国王发起进攻，将他杀死。

泽拉之子普鲁西阿斯一世，在与邻国的交战中战功显赫。当时，汉尼拔被忘恩负义的同胞赶出迦太基。后来，他遭到罗马人的迫害，被迫从一个地方辗转到另一个地方，最后在比提尼亚觅得安身之处。汉尼拔因自己极高的天分对普鲁西阿斯一世产生了很大的影响。普鲁西阿斯一世曾接受他的建议，宣布放弃与罗马人的友谊，向处于罗马人保护下的帕加马国王欧迈尼斯二世宣战。

普鲁西阿斯率领一支军队进入帕加马的领土，但是帕加马极具才智的指挥官击败了他们，还强迫他们签订和平协议。汉尼拔接着又劝说普鲁西阿斯一世与马其顿国王腓力结盟，重新对罗马人发起进攻。普鲁西阿斯一世采纳了汉尼拔提出的各种策略，打了几场漂亮的胜仗。然而，罗马人设计阴谋，说服普鲁西阿斯一世把汉尼拔交到他们手上。普鲁西阿斯一世背叛了汉尼拔，想把他交到敌人手中，曾经因采纳汉尼拔的建议所取得的胜利和荣光顿时黯然失色。汉尼拔眼见命运如此，便服毒自杀了。

此后普鲁西阿斯一世成了罗马的奴隶。他加入了罗马人征讨马其顿人的军事行动，还亲身赴意大利去恭贺罗马取得的胜利。进入罗马前，他抛开王室的旗帜，穿上了奴隶获得自由时穿的衣服，并穿着这身装束被带到元老院。他的奴颜婢膝使自己的品格蒙羞，也没有给罗马的名字增添威严。

不久，普鲁西阿斯一世去世，他的儿子普鲁西阿斯二世继位。然而，对普鲁西阿斯一世过去成就的记忆仍然令邻国望而生畏。后来，普鲁西阿斯二世听说帕加马国王欧迈尼斯二世去世，便向帕加马发动了战争。他攻克了帕加马的首都，在3年时间里实施了最残酷无情的暴行。后来，经过罗马人的调解，双方签订了和约。普鲁西阿斯二世把自己的儿子尼科美德送去了罗马交涉后续事宜。

不久，这个王子就引起了父亲的嫉妒，他父亲派了一名刺客去罗马刺杀他。或许是出于自责，也或许是出于忠诚，这名刺客向王子透露了消息。两人认为为了自保，很有必要刺杀普鲁西阿斯二世。尼科美德乘船从海上前往帕加马，他与帕加马国王阿塔罗斯二世结为盟友，共同入侵父亲统治的国家。

尼科美德被认为是自己国家的救星，因为普鲁西阿斯二世已经失去了民心。普鲁西阿斯二世不敢相信身边人，他从一座城市逃到另一座城市，热切地希望得到罗马的帮助。结果却让他大失所望。最终，他只好藏身于首都尼科米底亚。阿塔罗斯二世和尼科美德的军队一到，人们便立即打开城门迎接他们。普鲁西阿斯二世逃往宙斯神庙栖身，但是这个神圣的地方并没有给他提供保护，他很快就落入自己儿子尼科美德二世的手中。尼科美德二世便于公元前149年登上了王位。

这位国王采用了“神选者”的头衔，他在20多年的执政生涯中却一直政绩平平，没有取得什么实际功绩。

他的继任者尼科美德三世曾入侵本都国王米特拉达梯六世的领土。米特拉达梯六世不仅击退了他的进攻，还进军至比提尼亚，击败了尼科美德三世的军队，把他推下王位。在罗马人的帮助下，尼科美德三世又得以复辟。他又一次进犯本都，米特拉达梯六世又一次将他推下王位，并把他驱逐到帕夫拉戈尼亚。他在那里深居简出。后来，帕夫拉戈尼亚遭到苏拉统率的罗马人的入侵，苏拉再次把他推上王位。

尼科美德三世复辟后不久便去世了，王位传给了尼科美德四世。尼科美德四世统治期间，王国安宁祥和。他于公元前74年去世，没有子嗣。死后，按照他的遗嘱，比提尼亚被馈赠给罗马共和国。这个国家由此成为罗马共和国的一个行省。

第151章

比提尼亚的名人

著名画家宙克西斯是赫拉克利亚人。比提尼亚有座叫赫拉克利亚的城市，马其顿也有座叫赫拉克利亚的城市，意大利也有这么一座同名的城市。从宙克西斯在小亚细亚的最大竞争者是帕拉修斯这个事实可知，宙克西斯应该是比提尼亚人。

宙克西斯大约出生于公元前540年。他拜师学艺后，进步飞快，以至于老师控告他偷窃了自己的才华。他在绘画方面是如此的成功，以至于他的画作无论在哪里展出，都会获得极高的评价。他因此获得了巨大的财富，并用这些财富举办了一个豪华的画展。他喜欢身着用金色绣上自己名字的紫色长袍出现在公共场合。

他富裕之后，便把自己的作品免费赠人，不收取一毫一厘。按照他的说法，他这样慷慨的原因是因为他认为自己的画作都是上乘之作，“如果我免费赠人不求回报，恰恰是因为这些作品是无价之宝”。

在与竞争者帕拉修斯的比赛中，宙克西斯画了一串葡萄，葡萄栩栩如生。这幅画被公开展示时，鸟儿们纷纷飞来啄食。宙克西斯很高兴，这验证了他的画作栩栩如生。于是，他让帕拉修斯也画一幅画来与自己比赛。帕拉修斯接受了挑战，他画了一幅似乎被窗帘遮住的画。“拉上窗帘，”宙克西斯说道，“让我们看看这幅画。”帕拉修斯大笑说道：“窗帘就是一幅画！”

宙克西斯承认自己输了。他说：“我仅仅是骗过了几只鸟，而帕拉修斯骗过了我这样一位画家、一位专门甄别真伪的人。”一段时间后，宙克西斯画了一幅一个小男孩提着一篮葡萄的画，鸟儿们依旧飞到上面啄食。这一次，他坦率地认识到自己画技的不足，因为男孩和葡萄同时出现在画里，如果男孩和葡萄一样生动，那么鸟儿们应该被男孩吓跑。

昆体良称，古代画家们画神和英雄时，所表现出来的特征和性格与宙克西斯画像中的特征和性格相同。因此，可以说宙克西斯是“立法者”。费斯图斯曾说，宙克西斯画的最后一幅画是一位老妇人，他把那个老妇人画得非常滑稽可笑，他看着自己的这幅画笑个不停，最后笑死了。这个故事的真实性不是太大，但也不是完全没有这样的例子。

著名天文学家希帕克斯是比提尼亚尼西亚人。他在公元前2世纪时非常有名，被誉为将天文学从模糊、零散的观察发展成为一门学科，并对其进行系统研究的第一人。普林尼称他天赋异禀，才智超群。他能够推测日食发生的时间，指导人们对这种现象的出现不必感到恐慌。我们已经在引言部分介绍了希帕克斯在天文学史上的重大发现。

希帕克斯首次进行天文观测的地点在罗德岛，后来在亚历山大城和比提尼亚进行研究。他对阿拉托斯所作、流传至今的天文诗歌写了篇评论。他的很多作品都没有保存下来。在历史上，希帕克斯的爱国精神和公共精神广为传颂。据说，他的国家在这些精神的影响下，摆脱了暴政，为了纪念他，人们为他修建了一座雕像。

哲学家色诺克拉底是比提尼亚卡尔西顿人，生于公元前4世纪。他是柏拉图的学生。他廉洁正直，在希腊享有很高的声誉。有一次，他作为证人出现在法庭上，正要宣誓时，法官却宣告说他不必如此，因为他说的话跟誓言一样掷地有声。如果有人用玩乐、财富等来引诱他，让他背离初心，那是完全不可能的。

他的公正无私也得到了亚历山大大帝的证实。亚历山大的几位使者在雅典处理公事时，送给色诺克拉底一份来自亚历山大大帝的礼物——价值5万美元的财物。这位哲学家邀请他们共进晚餐，而饭食极其简单。第二天，当这些使者要把钱给他时，“怎么！”他说道，“难道我昨晚的晚餐没有告诉你们，钱对我来说是没用的吗？”值得注意的是，近时美国的富兰克林博士也有类似的经历。

有一天，色诺克拉底正在雅典演讲，来了一个刚刚结束狂欢的放荡年轻人。他头戴花冠，拼力挤进听众中间，嘲笑这位哲学家。周围的听众都对他的羞辱之词感到愤怒，但是色诺克拉底却没有发火，而是镇定地把演讲主题更改为“节制和清醒”，列举了一些恶习来跟主题做对比。色诺克拉底的雄辩口才迅速奏效，放荡的年轻人哑口无言。他取下了头上的花冠，把脸埋进大衣里，他的思想和志趣发生了彻底的转变。听完这场演讲，他迅速改掉了自己的坏毛病。后来，他洗心革面，从一个放荡者变为一个清醒的人，毕生致力于对哲学的研究和实践。

阿斯克莱皮亚德斯——一个土生土长的比提尼亚医生。起初，大约公元前80年左右，他在罗马教授雄辩术，但很快转行从医。他的成名纯属偶然。有一天，他参加了一个葬礼，当他看到那具即将被埋葬的尸体时，发现那具尸体还有生命迹象。他要求把葬礼推迟，将大家认为死去的人救活了。这一幸运的举动为他带来了大量的患者。在医疗实践中，他主张完全改革，几乎无视希波克拉底的所有规则。

阿利安是尼科米底亚人，生活于2世纪。他学识渊博，拥有雄辩口才，因此获得了极高的政治地位，曾被皇帝任命为罗马执政官。他是那时最有名的哲学家爱比克泰德的学生。他著有哲学作品《爱比克泰德语录》以及其他许多这种类型的作品。他还是以研究亚历山大远征而著称的历史学家。他的写作风格为他赢得了“小色诺芬”的称号。他的历史作品极具价值，因为他本人既是政治家，又是军人。

卡西乌斯·狄奥是尼西亚人，出生于2世纪末。罗马皇帝非常器重他，曾两次任命他为罗马执政官。在长期居住罗马期间，他有机会寻找历史素材，写了一部长达80卷的巨著。书中内容包括自埃涅阿斯到达意大利开始，一直到作者本人那个时代的所有历史事件。他把修昔底德奉为模范，而且模仿得相当成功。卡西乌斯·狄奥的大部分历史作品现已佚失。

第152章

加拉提亚和奇里乞亚

加拉提亚又称加洛-格雷西亚。它北接帕夫拉戈尼亚，东邻本都和卡帕多西亚，南接弗里吉亚，西邻比提尼亚和弗里吉亚，但具体的界线很难确定。根据托勒密的说法，这片地区将整个弗里吉亚和帕夫拉戈尼亚都囊括在内。

加拉提亚的名字源于高卢人或凯尔特人。他们从色雷斯出发，入侵小亚细亚，并于公元前3世纪在此定居下来。这群高卢人，或者说加拉提亚人，分裂为3个部落——特克托萨季部落、特罗克米部落和托列斯托波伊部落。每个部落又划分为4个行政区，由许多小王统治。加拉提亚有一个全体会议，由300名元老组成。最后一位国王名叫阿门塔斯。他死后，加拉提亚变成了罗马的一个行省。

古代加拉提亚人的宗教鲜为人知。据说，他们有用活人祭祀的传统，这些活人都是他们的战俘。这个民族的人身材高大，极其勇猛。他们以剑和盾牌为武器，常常赤身战斗。他们进攻猛烈，不可阻挡，邻国常把他们视为一个野蛮的民族。但是他们也有自己的音乐和雄辩术。他们习惯于大吃大喝，过着纵情恣意的生活。

基督教似乎很早就传入这一地区。这里的居民和邻国一样都讲希腊语。似乎直到4世纪，他们还是没有忘记原来的高卢语。圣哲罗姆告诉我们，加拉提亚的语言与特雷维里人使用的语言相同，而特雷维里人正是住在高卢北部地区。

加拉提亚的主要城镇有安西拉、塔维乌姆和培希努。首都是安西拉。根据帕萨尼亚斯的说法，安西拉由弗里吉亚国王弥达斯所建，城市名字源于一只在那里发现的锚。后来，奥古斯都对这座城市进行了大规模的扩建和装饰。所以，从这个角度来讲，奥古斯都应该是这座城市的创建者。这座城市现在的名字叫安卡拉。城市附近曾发生过一场著名的战役，在这场战役中，帖木儿打败并俘虏了土耳其苏丹巴耶塞特一世。

奇里乞亚北接潘菲利亚、卡帕多西亚和弗里吉亚，东邻叙利亚，西部和南部与地中海相邻。它由山地和平原两个部分组成。巍峨的托罗斯山脉位于它的北部。群山之间有条狭窄的通道，名叫奇里乞亚门，小居鲁士和亚历山大曾率军从这里穿过，向东方进军。这里还有一个类似的通道连接了它们与叙利亚，这个通道被称为叙利亚门。

根据约瑟夫斯的记载，最早在这个国家定居的人是雅完之子他施。后来，这里被腓尼基的一个族群征服，他们的首领为基利克斯。再然后，来自叙利亚、希腊和小亚细亚的其他族群与这里的首批居民混住在一起，形成了多种多样的奇里乞亚语言，有些地区讲希腊语，另一些地区讲叙利亚语，他们的主要语言是波斯语。

我们对奇里乞亚的历史所知甚少。史书上曾提到几位奇里乞亚国王的名字，但我们对这个国家的早期历史了解不多，只知道它曾受吕底亚王国和波斯帝国的统治，然后是马其顿王国，再之后是罗马。

大部分奇里乞亚人是勇猛无畏的海盗，在罗马共和国后期，他们的海盗船在地中海横行无忌，令当时的人闻风丧胆。罗马人认为有必要派一支强大的舰队剿灭他们。在庞培的率领下，罗马人有力地制止了奇里乞亚人的掠夺，捣毁了他们的据点，把这些劫掠者送往不同的殖民地，让他们从事和平的职业。

奇里乞亚的首都塔尔苏斯是使徒保罗的出生地，它一度成为学术的中心，声名之盛几乎可以与雅典和亚历山大城相匹敌。塔尔苏斯位于水质寒凉的西德奴斯河畔。亚历山大大帝运动锻炼后去过这条河洗澡，寒凉的河水差点儿要了他的命。西德奴斯河也因为克利奥帕特拉七世在河中乘船航行而著名。当时，她受到马克·安东尼的召唤，经过这条河前往安东尼的所在地。克利奥帕特拉的王家游艇及音乐伴奏展示了一片华丽繁荣的景象，这一盛况成了许多历史记载的主题。

大名鼎鼎的斯多葛学派哲学家克利西波斯也是奇里乞亚人。他约于公元前290年出生于索利。他花光了家里的财产后，前往雅典，师从芝诺的继承人克里安西斯学习哲学。他孜孜不倦地从事研究，撰写了大量哲学和逻辑学的论文。他在辩论上有着极高的天分，常常对自己的老师说：“给我论点，我便能找出论据。”

他为人非常自信。有一次，有人请他帮忙为自己的儿子推荐一位老师，他回答说：“我自己就挺合适。如果我认为有哪位哲学家比我优秀，我就去给他当学生，向他学习。”他认为哲学品格是人类最崇高的品格，他永远不会摧眉折腰事权贵，把自己的作品献给这些王公贵族。他一直致力于争辩有关道德和肉体的邪恶、命运、自由意志及或然性等论题，这些问题一直让形而上学者困惑不已。他写了大量有关各种主题的作品，其中包括语法论著、占卜论著以及教育儿童的箴言等。雅典授予他荣誉市民的称号，还为他竖立了一座雕像以此纪念。

诗人、天文学家阿拉托斯，于公元前278年出生于奇里乞亚的索利或米里努斯地区。他作品众多，主要以诗歌为主。但这些作品中，唯一保存下来的是一篇用希腊语创作的天文诗《天象》。在这首诗中，阿拉托斯讲述了天体的性质和运动、星座的形状等，还有与它们的名字有关的传说。西塞罗年轻时，曾把这首诗译为拉丁语。尽管西塞罗认为阿拉托斯不是优秀的天文学家，但他对这首诗的评价很高。

有些评论家认为，阿拉托斯把不同国家天文学家的观察结果写进了他的诗里，由于缺乏足够的天文学技巧，这首诗读起来使人感到困惑不解。虽然现代人不怎么读这首诗了，但它在古代却备受称赞。维吉尔在他的《农事诗》中曾借鉴过其中的内容。使徒保罗也对这首诗耳熟能详，他向雅典人演讲时曾引用过其中的诗句——“因为我们也是他的后裔”，属于“他们自己的诗人”。

著名的医生、自然学家狄奥斯科里迪斯也是奇里乞亚阿那萨布斯人。他生活于1世纪。青年时期，他是一名士兵。后来，他开始研究植物，曾去欧洲和亚洲游历，了解了很多植物的知识。他写下了药物学著作，在文艺复兴前，这本书一直都被奉为这一领域的权威之作，被许多希腊医生、阿拉伯人和近现代人复制和拓写。然而，所有古代科学家的作品都不免粗糙、不准确，完全缺乏一种科学的方法。

诗人、语法学家奥皮安是奇里乞亚阿那萨布斯人，生活于3世纪初。他曾创作过有关垂钓、捕猎、捕鸟及其他主题的诗篇。前两个主题的诗作尚存于世。罗马皇帝卡拉卡拉对他欣赏有加。奥皮安每写一行诗，国王就赏赐他一枚金币。因为这个原因，这些作品被称为“奥皮安的黄金诗篇”。这些作品因其描写的有力与优雅，以及思想和明喻的独创性而备受现代评论家的推崇。奥皮安于30岁时死于一场瘟疫。为了纪念他，家乡人为他竖立了一座雕像。

第153章

本都王国及米特拉达梯六世

（前500—前87）

这个王国的名字源于本都-攸辛努斯或攸克辛海。攸克辛海构成了本都的北部边境。本都东邻科尔基斯，南邻亚美尼亚，西接哈吕斯河。古代地理学家把本都划分为3个区：本都-加拉提亚（因罗马时期被划给加拉提亚而得名）、本都-帕雷蒙（取自本都的一位国王之名）和本都-卡帕多西亚（因邻近卡帕多西亚而得名）。

在历史的早期，本都的统治者是米底人和波斯人。大约公元前500年，波斯人将本都设为一个王国，国王为波斯皇室的阿塔巴兹一族。本都早期的国王都是波斯帝国的藩臣。亚历山大打败波斯帝国后夺取了这块土地。到了他的继任者时，本都人发动起义，取得了独立。除了卡帕多西亚和帕夫拉戈尼亚曾受其统治，我们对这个时期本都的历史所知甚少。

本都国王法尔纳克一世于公元前182年入侵了罗马人盟友帕加马

国王欧迈尼斯二世的领土，导致了本都与帕加马之间的战争，法尔纳克一世获得了一些优势。他去世后，他的儿子米特拉达梯四世继承王位并与罗马人结盟，还被罗马人称为“罗马的同盟者”。米特拉达梯四世及其儿子米特拉达梯五世在位的50年里，本都一直繁荣兴盛。

米特拉达梯五世去世后，他的儿子米特拉达梯六世于公元前121年继承王位，继位时不过11岁。虽然他还年幼，却以最残忍、最冷酷的方式开始了他的统治。他把母亲投入监狱，母亲成了他残暴统治的牺牲品。他的老师们担心这位国王的残暴性格会带来严重后果，就让他去骑一匹难以驾驭的野马，还想了多种杀掉他的方法。谁知他对各种各样的阴谋都十分警惕，老师们最后发现自己不可能达到目的。

米特拉达梯六世经常外出打猎，他整整几个月都待在野地里，时常躺在冰雪中，过着艰苦的生活。他还服用强效解毒剂和保护剂增强自己对毒药的抵抗力。他的妻子拉俄狄刻是最先想要杀他的人。她犯下了罪行，被人发现，于是想毒死丈夫，逃避惩罚。但是，毒药没有发挥作用，她反而被米特拉达梯六世杀死。

不久之后，米特拉达梯六世攻占了帕夫拉戈尼亚，还与自己的盟友——比提尼亚的尼科美德三世一起把它瓜分了。罗马很早便宣称帕夫拉戈尼亚是个自由邦，于是派遣使者前往本都，威胁米特拉达梯六世，如果不从帕夫拉戈尼亚撤兵，罗马便要开战。米特拉达梯六世不屑一顾，还迅速攻下了受罗马保护的加拉提亚，在那里建立了自己的统治。然后，他又进攻卡帕多西亚。当时，卡帕多西亚国王阿里阿拉特八世统率自己的大军与他对峙。米特拉达梯六世邀请阿里阿拉特八世议事，然后当着两军将士的面，用刀刺向阿里阿拉特八世的心脏。卡帕多西亚人对这一突发的背信弃义的行为又惊又怕，他们放下武器，向米特拉达梯六世投降。米特拉达梯六世占领了他们的所有城堡，还把卡帕多西亚的王位赠给自己8岁的幼子。

为了压制米特拉达梯六世日益增长的势力，罗马派遣大军前往小亚细亚。当时的米特拉达梯六世已经与邻近的强国结盟，势力强盛。战争开始，罗马人一败涂地。米特拉达梯六世占领了弗里吉亚、米西亚、卡里亚以及其他邻近的地区。世界各地的使臣纷纷来到本都，想要与他结盟。落入米特拉达梯六世之手的罗马人遭到虐待。在本都，罗马共和国的使者马里乌斯·阿奎里乌斯被绑在驴背上在全国各地巡游。在帕加马，米特拉达梯六世让人当众鞭笞这位使者，然后把他放在绞刑架上。最后，米特拉达梯六世命人把熔化的金子倒进他的嘴里，谴责他贪婪腐败（前88）。

米特拉达梯六世的成功不断诱使许多小亚细亚的自由城市自愿服从他的权威，这让这些城市免于遭受与那些反对他的城市同样的悲惨命运。他就这样有力地巩固了自己的统治，还积累了大量的财富。他决定向自己的对手罗马人发动可怕的攻击。罗马人大多分散在小亚细亚各地，而且主要聚集在大城市里。为了实施自己恶魔般的计划，米特拉达梯六世派人秘密地向这些自己刚刚占领的城市送信，命令他们，要在未来某一天务必杀尽城内所有的罗马人，无论男女老幼，否则将受到严惩。信中还强调，不许埋葬罗马人，把这些罗马人的尸体全部堆在旷野里。作为奖励，这群不幸的罗马受害者的一半财产被分给这群刽子手。

这个残暴的命令刚一下达，几个城市的大门便在规定的时间紧紧关闭。米特拉达梯六世一声令下，接着就发生了一场可怕的屠杀。在米特拉达梯六世当时定居的地方以弗所，可怜的罗马人被人们从阿尔忒弥斯神庙中拖出来，冷酷无情地用剑杀死。在帕加马，当地人朝逃到阿斯克勒庇俄斯神庙雕像下的罗马人发射箭雨。在亚大米田，许多背着孩子想要逃往莱斯沃斯岛的罗马人在水中被杀害。卡里亚人不久前才被罗马人从外国枷锁中解放出来，并恢复了自己古老的特权，此时也变得比所有人都更加残忍。

只有特拉利安人拒绝对这些并无冒犯之举的罗马客人痛下杀手。然而，国王的命令不可违背，谁有迟疑便是自寻死路。不得已，他们雇佣了一个帕夫拉戈尼亚人杀掉了身边的极少数罗马人。

泯灭人性的米特拉达梯六世把罗马人关在协和神殿里，在他们拥抱神像之时砍掉他们的双手，再把他们剁成碎块。

多达15万的罗马人在同一天遇难（前87），西塞罗称这一天为“恐怖混乱日”，这是很恰当的。

第154章

米特拉达梯六世与罗马人的战争

（前87—前63）

米特拉达梯六世对他恶魔般的攻击感到畅快淋漓，幻想自己永远都能稳固地统治下去。他听说希腊的科斯岛上有一件绝世珍宝，便派遣一队人马前去把它抢了回来。这是属于埃及女王的珍宝，战争爆发时，为了安全才放在那里的。除了女王的珍宝和财产，这里还同时存放着小亚细亚犹太人藏起来的相当于100万美元的钱财。在古代，为了保险起见，财物似乎都藏在神庙里，就像现代人把钱存入银行一样。古代人抢劫神庙就像现代人抢劫银行一样，是一件很不光彩的事情。

从大屠杀中逃出来的罗马人在罗德岛找到了栖身之地。米特拉达梯六世率领一支海军出征，前去攻占这座岛；但是，罗德岛人打败了他们，还击沉了他们的几艘船只。于是米特拉达梯六世撤回帕加马，派大将阿克劳斯去攻打希腊，希腊很快被征服。他派去攻打其他地方的将军也同样得胜而归。米特拉达梯六世不仅迅速占领了小亚细亚，还占领了希腊、马其顿和周边远至除罗德岛以外的基克拉泽斯群岛。

米特拉达梯六世的征服进程很快被罗马人阻止。他们派苏拉率军奔赴希腊。这位将军在短暂的围困后攻陷了雅典，然后遇到阿克劳斯的军队。他大败阿克劳斯，杀死了11万本都士兵。在这场战争中，还发生了许多场血腥的战斗。米特拉达梯六世最终发现他的大业正在走向衰败，于是表示乐意放弃所有征服的土地以求和平，还把自己限制在最初的本都王国范围里，一场持续了4年的战争终于结束了（前84）。米特拉达梯六世为了实现统治整个亚洲的愿望，牺牲了难以计数的生命和财产。

米特拉达梯六世刚从强大的罗马人那里解脱出来，便决定对那些在战时反抗自己的国家进行报复。他率军攻打科尔基斯人，然而他刚宣布让自己的儿子做这里的国王，科尔基斯人便放下武器投降了。这件事让他起了疑心，认为自己儿子野心勃勃，私下里得到了科尔基斯人的心。于是他马上给儿子戴上了金脚镣，判处儿子死刑。

打了几次胜仗后，米特拉达梯六世又重获信心。他听闻苏拉已死，便决意要把罗马人强迫他放弃的土地全部收回来。他入侵了帕夫拉戈尼亚、比提尼亚以及附近地区，召集了一支由400多艘舰船组成的舰队。罗马派遣科塔率领一支军队前去镇压。这位将军率军占领了博斯普鲁斯海峡岸边的卡尔西顿。米特拉达梯六世派海军将领乘船驶入这座城市的海港，消灭了这支罗马舰队。罗马舰队的士兵尸身遍布博斯普鲁斯海峡及海岸，绵延几英里，损失惨重。米特拉达梯六世大喜，加紧展开对基齐库斯的围攻。

当时，卢库卢斯指挥罗马人在这一地区出乎意料地发动了猛烈进攻，米特拉达梯六世损失惨重，铩羽而归。卢库卢斯乘胜追击，在利姆诺斯岛重创米特拉达梯六世的舰队。卢库卢斯又向比提尼亚和帕夫拉戈尼亚发动进攻，这两个国家未经反抗便投降了。接下来，卢库卢斯又侵入本都王国。米特拉达梯六世已经没有军队来抵挡罗马的攻势了。卢库卢斯让士兵们在这里休整了3个月。除了一个叫阿米苏斯的城镇，这里的其他城镇都归顺了罗马。阿米苏斯防守严密，异常坚固，但还是很快被卢库卢斯攻破。

围城期间，一份情报传到卢库卢斯手里，说米特拉达梯六世将率领4万军队向卡比拉进军。他立即率领大部分军队向那个方向进军，留下两个军团继续围攻阿米苏斯。双方展开激战，米特拉达梯六世取得了胜利，罗马人则伤亡惨重，被迫撤退到山上休整。下一次行动中，则是罗马人获得了优势。米特拉达梯六世听说他的两名将军在卡帕多西亚被击败，便决定撤掉自己的营帐，打算在卢库卢斯得到援军之前撤退。这个计划一传到本都的贵族那里，他们就开始偷偷地把自己最值钱的东西送走。士兵们发现了这一秘密后，抢走了他们的财物，还把运送财物的护送者杀死。此时，著名的预言家赫米亚斯被人践踏而死，米特拉达梯六世的将军多利劳斯也因身着紫色长袍而被杀死。

众叛亲离后，米特拉达梯六世带着一小队随从逃往亚美尼亚国王提格兰的王宫。在逃跑过程中，罗马军队穷追不舍，而他也被一支加拉提亚军队打败。即将沦为阶下囚时，他狡猾地施了一计，故意让这些人看见他的一头驮满金钱的骡子。这些加拉提亚人迅速过去哄抢，米特拉达梯六世趁他们争抢打架之时偷偷溜走了。同时，米特拉达梯六世派人返回首都杀死自己的妻妾、姊妹以及他所有的女人，以免她们落入罗马人手中。

卢库卢斯发现米特拉达梯六世逃走后，率兵进攻卡比拉，将其攻克。本都其他势力强大的城市也纷纷效仿，地方长官们从四面八方涌来与卢库卢斯讲和。赫拉克利亚城顽强抵抗，但最后还是被征服者攻克。卢库卢斯没有进城掠夺，而是放火将这座城市烧为灰烬。他们攻克阿米苏斯时，也是纵火焚城。卢库卢斯后来又修缮了这座城市，还允许这里的居民继续保有自己的房屋和土地。

至此，整个本都王国都被罗马人征服。卢库卢斯命令提格兰把米特拉达梯六世交出来，还威胁他一旦不从，便要开战。这一威胁没有奏效，不久后，罗马人和亚美尼亚人之间发生了战争。亚美尼亚损失惨重，但是，米特拉达梯六世向亚美尼亚伸出了援手。他召集了一支新军，两位国王又占据了本都的几个重要城镇。在一场战役中，罗马士兵死亡7 000人，剩下的士兵被迫逃亡保命。米特拉达梯六世也遭到罗马百人队队长的攻击，大腿受了重伤。

战争持续了一段时间后，卢库卢斯被罗马元老院召回，军队指挥权转交给庞培。庞培向米特拉达梯六世提议讲和（前67），米特拉达梯六世似乎也愿意接受这一提议。当庞培要求他放下武器，解散所有在战争期间对抗罗马的人时，他却拒绝了。如果他接受这个条件，他的军队将失去大量的士兵。

庞培率领一支强大的军队向本都开进。但是，他们无法挑动米特拉达梯六世出城迎战。庞培又前往亚美尼亚，打算一举消灭这个王国，或者至少迫使国王应战。米特拉达梯六世猜出了他的计划，率军跟着他，并保持一定的距离，然后在亚美尼亚的一座山上扎营；罗马军队则在对面扎营。米特拉达梯六世切断了罗马军队的补给，还频繁发动小规模的袭击来骚扰他们。最后，庞培找到了包围米特拉达梯六世军队的方法。米特拉达梯六世只好被迫在夜幕的掩护下突破罗马人的包围圈，带着所有的士兵撤退。

本都军队继续撤退，第二天傍晚时分进入了一条狭窄的山谷，那里到处都是陡峭的山体，他们在那里被罗马的号角声和从山顶上射下的箭、滚下的石头吓得惊慌失措。不久，他们陷入绝境，既不能逃跑，也不能抵抗，陷入一片混乱。月亮升起，为他们照亮了各个角落的罗马人，双方展开了激战。米特拉达梯六世的军队英勇作战，罗马人猛烈进攻。由于本都军队所处的地理位置不利，被分割在各处，米特拉达梯六世费了九牛二虎之力，率领一队骑兵冲破了罗马人的阵列。然而这些骑兵很快就把他抛弃了，他整夜奔波，陪伴在身边的只有妻子、女儿和一名军官。黎明时分，他与自己的一小部分部队会合了。这支小分队护送米特拉达梯六世前往边境附近坚固的城堡。他从那里出发，前往科尔基斯。这个国家并没有为他提供一个安全的避难所，他再次被迫逃走，去斯基泰的荒野里躲避追杀。

罗马人继续对米特拉达梯六世围追堵截，同时进攻高加索附近的野蛮部落，并轻松击败他们。本都的所有要塞和城市都向罗马人投降，庞培成为大量金银财宝的所有者。庞培还获得了米特拉达梯六世的一份手稿，上面记录着他统治时期所获取的权力、财富及其他有价值的珍宝。

庞培征服本都后，进军叙利亚，意图在那个国家建立罗马的权威。同时，他还想进军阿拉伯半岛和红海。就在此时，发生了变故，他只好从远征途中折回。

米特拉达梯六世一直躲在斯基泰一个偏僻的地方。庞培一动身南下，他便决心再打一仗，夺回自己的王国。他离开自己的避难之地，现身本都。在本都，他很快便集结了一批强大的追随者。他向所有能拿起武器的臣民发出了一道召集令，让他们到某个地方与自己会合。聚集了大批兵马后，米特拉达梯六世收复了几个强大的城镇和城堡。然而，一位官员的背叛使米特拉达梯六世陷入一场大灾难。米特拉达梯六世的4个儿子在这场背叛中全部被活捉。米特拉达梯六世把女儿们送到斯基泰避难，但是她们也遭到伏击，被叛乱者俘获，而叛乱者将米特拉达梯六世的孩子们交给了罗马人。

在这种紧急情况下，米特拉达梯六世决定向当时正与罗马人交战的欧洲高卢人求助。他开始向西进军，意图渡过博斯普鲁斯海峡，绕过黑海北岸，穿过达契亚，直达潘诺尼亚，然后与那里的高卢军队会合，从北方入侵意大利。这一铤而走险的计划在军队里传开，士兵们忧心忡忡，出现了反抗情绪。将军们纷纷试图劝阻米特拉达梯六世，不要贸然展开如此无望的远征。米特拉达梯六世却对这些良言劝告者严加惩罚，使得所有的抗议都销声匿迹。他率军继续前进，直到到达陶瑞克-克森尼索的潘提卡彭城。他们在这里支起营帐。

米特拉达梯六世最喜欢的儿子法尔纳克拉拢了一支军队，慷慨激昂地反对远征意大利，提出要带这些将士们返回本都。士兵们鼓动他掌握最高权力，最后公开宣称他为国王，他就是法尔纳克二世。

第155章

米特拉达梯六世之死与本都王国的灭亡

（前63—1453）

米特拉达梯六世极为震惊，他骑上马，在士兵队伍中来回徘徊，想要压制这场骚乱。他所做的一切都徒劳无益，他的随从也加入这场骚乱，胯下的马也被这些人给杀死了。他只好跑回城里，派遣使者去为自己和朋友请求安全通行权，但是士兵们拒绝了他的请求。接着，他爬上城墙，试图唤起儿子的怜悯之心。他诉说自己作为一名父亲，现在却被所有孩子中最喜欢的儿子背叛，感到痛苦不堪，但法尔纳克二世对这一悲情的苦诉完全不理不睬。

米特拉达梯六世抬眼望向天空，泪流满面。他祈求诸神让他那无情的儿子活下去，让儿子知道当父母看到自己温暖的爱被回报以卑鄙的忘恩负义时，一定会感到无比痛苦。然后他对那些一直伴其左右的人表示感谢，还让他们赶快向自己的儿子投降。就他自己而言，他庄严地宣布自己永远无法苟活于拿起武器反抗仁慈父亲的儿子之下。

他回到家中女眷的住处，给这群妻妾和女儿们服毒，自己也吞了一大口毒药。这些女人很快就死了，但是按照历史学家的记载，米特拉达梯六世本人因为长期服用各种解毒药，毒药对他不起作用，他只好拔剑自刎，即使这样他也没有死去。叛军杀进城里，破门而入，发现米特拉达梯六世虽然在血泊中挣扎，但仍然意识清醒。法尔纳克二世听闻父亲的凄惨境况，派医生前去医治，希望把父亲交给罗马人向庞培示好。结果却令他大失所望。

有个在米特拉达梯六世军队里服役的高卢人，碰巧走进他的房间，看到他倒下的悲壮场景，感到有种说不出的敬畏。他看见国王在死亡的边缘痛苦挣扎，就拔出剑来，迅速终结了他的痛苦（前63）。

米特拉达梯六世在位58年，与鼎盛时期的罗马人连续交战27年。如果不是他的恶习使其名誉受损，令其变得堕落不堪，他的天资和才能也许能使他跻身于最具才干、最优秀的国王之列。他立志建立一番伟业，雄心勃勃、意志坚强且多才多艺。他明辨是非、不择手段，有时极为残忍，全然不顾他人的生命和苦难。他的伟大是一种亚洲式的伟大。在东方历史上，他的品质虽然没有多少人可与他媲美，但他跟其他人仍有许多相似之处。他一生中征服了22个讲不同语言的国家。他也是一位成功的作家，除了其他作品，他还写过一本有关希腊境内植物的专著。

法尔纳克二世将父亲的遗体进行了防腐处理后，交给了庞培。此时的庞培已经完全放弃了对阿拉伯半岛的征伐，而把脚步转向了本都。庞培听闻米特拉达梯六世的死讯后心花怒放，他迫不及待地把消息告诉士兵们。他不想按照营地的习惯，等待把草皮堆起来再站上去进行庆贺，而是让手下堆了一堆马鞍，他爬上去宣布罗马最大的敌人已经消失了，米特拉达梯六世的儿子法尔纳克二世愿意接受罗马人赠送的礼物本都王国；如果他们认为他不配当国王，就让他退位。这个意想不到的消息一出，下面一片欢声雷动。他们举行盛宴和祭祀活动来进行庆祝，仿佛罗马的所有敌人都随米特拉达梯六世一起消失殆尽。罗马城里一收到消息，元老院便下令进行12天的庆祝活动，还授予庞培最高荣誉。

本都的王冠被授予法尔纳克二世，头衔是“罗马的同盟者”。他命令本都王国所有军队的指挥官把他们的城堡和财富交给庞培，庞培因此获得了一大笔财富。在米特拉达梯六世习惯称为“衣橱”的塔劳拉城，法尔纳克二世发现了2 000杯嵌金的红玛瑙和许多金银器皿以及其他各式各样的宝石器皿。罗马人用了一个月的时间来清点库存。他们还在群山之中的一座城堡里发现了米特拉达梯六世的巨大金雕像、王冠及权杖。在另一座城堡里发现了纯金的阿瑞斯、阿波罗以及雅典娜的雕像；还有两个宝石制的赌桌，4英尺长，3英尺宽。赌桌上立着一个30磅[①]重的金月，以及9个沉甸甸的金托盘，里面装满了价值连城的珠宝，有些宝物是米特拉达梯六世从祖先那里继承而来的，有一部分是埃及女王放在科斯岛而落入他手中的，但大部分是国王米特拉达梯六世自己的积累，他非常喜欢收集各种华丽的器具。

法尔纳克二世向世人证明，自己并不是罗马人的可靠盟友。庞培的军队一撤离，这位国王便快速进攻并降服了博斯普鲁斯土地上

① 1磅≈0.45千克。——编者注

的法纳格伦斯人。罗马内战爆发后，法尔纳克二世企图利用罗马共和国的混乱状态侵占邻国领土。尤利乌斯·恺撒发动进攻，打败了法尔纳克二世，使他落荒而逃。不久之后，法尔纳克二世企图夺回恺撒赐给米特拉达梯·帕加梅内乌斯的博斯普鲁斯王国，却被杀死。本都王国成了罗马的一个行省，一直持续到后三头同盟时期，马克·安东尼将本都王位许给法尔纳克二世之子大流士，作为对他在内战中支持自己的奖励。

这位国王似乎是对罗马人最为友善、温和的一位。大流士之后，劳迪西亚的修辞学家之子波列蒙一世即位。波列蒙一世的继任者波列蒙二世死后没有子嗣，本都王国被分解，从此不复昔日的尊贵与荣耀。此后，本都紧随着罗马和拜占庭帝国的命运而沉浮，直到12世纪阿莱克修斯一世在位时情况才有所改变。这位君主在小亚细亚建立了一个新的帝国，帝国包括古代本都的大部分地区，被称为特拉布宗帝国。这个帝国繁荣了两个半世纪，被奥斯曼的军队灭亡——在1453年穆罕默德二世攻陷君士坦丁堡之后不久。自此以后，这个国家成为土耳其帝国的一部分。

特拉裴苏斯，即现在的特拉布宗，在色诺芬著名的历史作品中，因与希腊万人大撤退有关而为人所知。这座城市是本都的主要城市之一，它位于攸克辛海沿岸，得名于希腊词“方桌”，因为这个城市的外形为方形。它由锡诺普殖民者所建，城里的居民对从波斯撤退的1万名希腊士兵殷勤接待。后来，它落入罗马人之手，由哈德良皇帝加以扩建和发展。它曾在罗马皇帝瓦勒良统治时期被斯基泰人或鞑靼人抢占，但希腊皇帝驱逐了这群入侵者。1204年，阿莱克修斯建立了一个独立于拜占庭帝国的王朝，这个王朝持续了两个多世纪，到1462年，土耳其苏丹穆罕默德二世将其灭亡。特拉布宗现今已成为一座隶属于土耳其的城市，贸易量巨大。

樱桃城是本都的另一座海港，同时也是锡诺普的殖民地。色诺芬和他的1万名希腊士兵在归国途中曾在这里短暂歇息。这个地方因罗马人首次在此发现樱桃树而得名。普林尼称，卢库卢斯曾在公元前70年将这些樱桃树从樱桃城运到罗马栽培。在西欧的所有语言中，樱桃的名字都源于这个地方。现在这里的名字叫凯尔松特，附近山上绿树成林，樱桃树在其中茂盛生长。

特弥斯库拉是一座历史悠久的城市。据说，亚马逊人曾在附近的平原上建立过一个强大的王国。根据一个古老的传说，亚马逊人在这里遇到了赫拉克勒斯，很多人被杀死。赫拉克勒斯的追随者在启程回家时，与所有幸存下来的亚马逊人一起登船。然而，当船在海上行驶时，这些俘虏开始攻击自己的征服者，把他们都杀了。在这个故事里，亚马逊人对航海一窍不通，他们随波逐流，行驶到了莫蒂斯洼地附近的克列姆诺伊。他们的名字仍然在与高加索相关地区的传说中流传了千百年。

著名地理学家斯特拉波是本都阿马西亚人。他的生年不详，但可以确定他生活在公元前1世纪。他接受了良好的教育，曾被送往小亚细亚的各种哲学学校学习。他是一位伟大的旅行家，行程范围从东部的亚美尼亚到西部的意大利，从北部的攸克辛海到南部的埃塞俄比亚。在老年时期，他写下了17卷本的地理学著作，该著作被认为是古代最有价值的文物之一。他也是一个学识渊博的人，在自己的书中穿插了许多与历史和文物有关的哲学评论及简短叙述，大大提高了作品的价值。

第156章

卡帕多西亚

（前700—前17）

卡帕多西亚是小亚细亚最大的一个地区，它曾经跟本都和小亚美尼亚联合，组成一个重要的王国。卡帕多西亚北邻本都，东接亚美尼亚，南邻叙利亚和奇里乞亚，西接弗里吉亚。这里矿产资源丰富，马匹品种优良。这里的居民在邻国的名声似乎较差，有许多谚语都证实了人们对卡帕多西亚人的反感。毗邻本都和加拉提亚的居民被称为白叙利亚人，因为他们的长相与叙利亚人相似，讲叙利亚语，只是肤色稍浅一些。

吕底亚和波斯曾相继统治过这个国家。马其顿的征服后，卡帕多西亚成为一个王国，国王的名字叫作阿里阿拉特。有关这个王国的历史缺乏详细的记载。阿里阿拉特五世通过与罗马保持密切的关系而保有自己的王位。因为拒绝与一位叙利亚公主联姻，叙利亚国王德米特里一世出兵攻打阿里阿拉特五世。叙利亚军力强盛，阿里阿拉特五世只好弃国而逃（前160）。在帕加马国王阿塔罗斯二世的帮助下，他驱逐了叙利亚的入侵者，收复了自己的王国。经历了种种小规模的战争后，他在抗击帕加马的阿里斯东尼克的战役中被杀。阿里阿拉特五世身后留下了与拉俄狄刻王后所生的6个儿子。这位心肠歹毒的母亲只想自己统治国家，毒死了5个儿子。她正要毒死第六个儿子时，这个儿子逃脱了。卡帕多西亚人对她的这一愚蠢行径感到非常愤怒，他们揭竿而起，将这位王后杀死了。

幸存的那个儿子登上了王位，即阿里阿拉特六世。阿里阿拉特六世去世后，他的儿子阿里阿拉特七世继位。阿里阿拉特七世迎娶了本都国王米特拉达梯六世的女儿，希望能与本都结盟，共同对付比提尼亚国王尼科美德三世。但是，米特拉达梯六世无视与女婿之间的友情和亲情纽带，将其毒死，夺走了王位，借口是帮助卡帕多西亚对抗尼科美德三世，等到阿里阿拉特七世的儿子有能力统治国家的时候，再归还王位。他的奸计得逞了，卡帕多西亚人非常感谢本都国王的友好干预，从而抵抗了尼科美德三世。直到米特拉达梯六世拒绝把王位交给卡帕多西亚的合法继承人，卡帕多西亚人发动起义，驱散了米特拉达梯六世的驻军，还帮助阿里阿拉特七世的长子登上了王位，就是阿里阿拉特八世（前96）。

这位年轻的国王很快发现自己卷入了与比提尼亚的战争中。米特拉达梯六世利用这次机会，提出帮助卡帕多西亚。阿里阿拉特八世接受了他的帮助。米特拉达梯六世说要与阿里阿拉特八世举行一场会议，结果当着卡帕多西亚士兵的面杀死了年轻的国王。卡帕多西亚人对米特拉达梯六世这一大胆的暴行感到震惊，他们极度混乱，四散逃走，还答应让这位凶手接手卡帕多西亚的统治权。然而，米特拉达梯六世的胜利果实并未享受得太久。卡帕多西亚人无法忍受他的暴政，愤而起义，摆脱了这种可耻的枷锁，召回了前任国王在外流亡的兄弟。

米特拉达梯六世的阴谋使这个王国陷入长久的困境之中，直到罗马人介入为止。在罗马人的保护下，卡帕多西亚尽管饱受战争和内乱的折磨，依然得以继续保持独立。其末代国王阿尔刻拉奥斯在马克·安东尼与屋大维的内战中，站在马克·安东尼的一边。后来，屋大维取得胜利，阿尔刻拉奥斯面临失去王位的危险。这时，他的国民出面为他求情，他得以免于惩罚。公元前17年，阿尔刻拉奥斯去世，卡帕多西亚成为罗马的一个行省。

阿波罗尼乌斯是毕达哥拉斯学派的哲学家，他于1世纪初生于卡帕多西亚的提亚纳。他的父亲是当地的一位富豪。在他14岁时，父亲把他送到塔尔苏斯，师从腓尼基人尤西德姆斯学习语法和修辞。

阿波罗尼乌斯很快便对这个地方的浮华懒惰感到厌倦。在得到允许后，他带着自己的老师去了离塔尔苏斯不远的城市埃迦伊。那里非常适合学习，尤其适合学习哲学。他在那里与不同流派的学者交谈，慢慢地，他喜欢上毕达哥拉斯的学说，还接受了作为毕达哥拉斯追随者的严格训练。

埃迦伊有个供奉医神阿斯克勒庇俄斯的神庙，那里有固定的祭司和崇拜仪式，阿斯克勒庇俄斯的丹灵药妙在整个卡帕多西亚非常有名。祭司们甚至想方设法说服那些容易轻信别人的信徒，让他们相信神有时也会屈尊让凡人看到自己。

年轻的阿波罗尼乌斯在这个神庙里住了下来。为力求与毕达哥拉斯的习惯保持一致，他从不吃动物肉，只吃植物根和草药。他拒绝饮酒，把酒当作精神安宁的敌人。他穿细麻布衣服，从不穿动物皮制的衣服。他赤脚走路，任由头发疯长。神庙里的祭司们发现他天赋异禀，拥有值得培养并加入他们队伍的品质。

有些人坚持认为阿波罗尼乌斯是个骗子，认为他受到这群祭司的鼓动，来到这里故弄玄虚。据说，阿斯克勒庇俄斯本神非常乐于让阿波罗尼乌斯观察他的行医过程。我们并没有发现他在埃迦伊居住期间做出过什么令人惊叹的事情，他只是利用阿斯克勒庇俄斯的权威来加强自己的道德教育。父亲死后，他回到提亚纳奔丧。在与兄弟分遗产时，他只拿了很小的一部分。他回到让自己功成名就的埃迦伊，建了一座庙和一所哲学学校。

为了让自己完全参悟毕达哥拉斯学说的奥义，他决定尝试长期自律，闭口沉默5年。在践行初期，他游历了潘菲利亚和奇里乞亚的许多城市，全程没有说一句话，只用自己的表情和手势向人们传递指示及教诫。在阿斯盘达，他平息了一场由谷物投机商引发的骚乱，因为这些投机商把市场上所有的谷物都买光了。他的做法是仅仅写下这些话：“地球是我们共同的母亲，但是你们行事不公，只想让她成为属于你们自己的慷慨母亲。停止你们的恶行吧，否则你们将活不下去。”这些谷物投机商看了以后，惊恐万分，纷纷打开仓门，人群的暴动因此平息下来。

阿波罗尼乌斯结束保持沉默的修炼后，又去了安条克、以弗所及其他城市，这期间他避开世俗社会的嘈杂无序，与祭司们待在一起。他给学生上课、举办公共集会，还向群众发表演说，责备他们的恶习。后来，他决定沿着巴比伦去印度旅行，心想自己可能会与婆罗门交谈。他把自己的目的与7名学生进行交流，但是这些学生却不愿随他前往。他告别了他们，踏上征途。他说："既然你们如此软弱，那就远远地躲在后面学习哲学吧，我要到智慧和诸神指引的地方去。"他与两位随从离开安条克，前往尼尼微。

在尼尼微，他把那个城市的居民达米斯当作自己的同伴。这位亚述人奉他为圣人，认为他懂得世上所有的语言，甚至包括野兽的语言。达米斯把他的旅行记录了下来。后来，阿波罗尼乌斯的传记就是参照这部作品写成的。

阿波罗尼乌斯在去巴比伦的路上看到1只母狮和8只幼崽被猎人一起杀死。他由此预测自己将与巴比伦国王相处1年零8个月。在巴比伦，他与麻葛[1]交谈。一进入国王的宫殿，他便表现出对这种世俗殿堂的不屑一顾。他与达米斯边走边说，就仿佛走在一条寻常路上，丝毫不瞧一眼身边的华丽物品。巴比伦国王对他们的到来感到很高兴，允许阿波罗尼乌斯提出12个请求。这位哲学家除了面包和水果什么也不想要，只是请求说，希望他旅途中拜访过的人能够在自己的家园安居乐业，免遭劫掠。他给巴比伦国王讲了许多关于公平公正、节制、温和以及谨小慎微等有意义的话题，然后便离开巴比伦，带着骆驼和食物翻过印度北部的群山。

一到达印度，阿波罗尼乌斯便开始对那些随处可见的新植物和新动物进行观察。在塔克西拉，也就是印度君主（希腊作家将其称为印度国王）所在地，他受到了极高的礼遇，还与国王一起待了3天时间。印度国王聚精会神地听了他的哲学演讲。离开时，国王送给他一份礼物，还有一封去见印度哲学家（裸体禁欲者）首领的推荐

① 麻葛，指古波斯拜火教的祭司。——译者注

信。这位哲学家住在希达斯皮斯河和恒河之间。

阿波罗尼乌斯与这些印度圣贤一起度过了4个月的时光，然后又取道巴比伦，返回了故国。他到达以弗所后，人们纷纷放下手中的工作跑到街上跟在他的后面。据说，他曾向以弗所人预言一场即将来临的瘟疫和几次地震，这些预言很快便得到了验证。他去了帕加马和特洛伊古城遗址，还在阿喀琉斯墓前待了一夜。后来，他告诉同伴们，他用在印度学到的一种咒语使这位英雄起死回生，并与他交谈。

然后，他又去希腊游历。到雅典时，他刚好碰上那里正举行秘密宗教仪式。他提出要加入其中，但祭司拒绝了，理由是他会妖术。过了几年后，他被批准加入。他向雅典人讲献祭和祈祷，责备他们那女人气的行为举止。他也去过希腊的许多其他城市，用雄辩的口才向公众演讲，激励他们改变自己的行为方式。

他还假装能预言未来发生的大事，经常施展魔法等。在雅典，据说他驱逐了一个恶魔，这个恶魔离开时丢下一尊雕像。在伯罗奔尼撒地峡，他预言尼禄将在那里开辟一条通道。据说在克里特岛发生地震时，他曾大喊道：“大海正在创建陆地！”话音刚落，克里特岛和锡拉岛之间便升起一座岛屿。

阿波罗尼乌斯从克里特岛去了罗马。那时，尼禄刚刚下达一项法令，宣布罗马城内禁止施展魔法。阿波罗尼乌斯知道自己会被看作是这样一个人，可他的决心和目的并未动摇。阿波罗尼乌斯和他的8名同伴穿着圣装，终于获得进入罗马城的许可。陪他去意大利的34个人中，只有这8个人有勇气留在阿波罗尼乌斯身边。进城后他们待了几天，阿波罗尼乌斯假装奇迹般地救活了一个年轻女子，使他在这里名声大噪。然后他又离开罗马，一直在西班牙旅行，直到尼禄死去。

后来，他穿过意大利和希腊前往埃及，在那里，韦帕芗正全力建立自己的权威。韦帕芗知道阿波罗尼乌斯这样一位辅佐人才的价值所在，于是让阿波罗尼乌斯为自己效力，还像请教神谕一样向阿波罗尼乌斯征求意见。从埃及返回时，阿波罗尼乌斯充分利用了自己在韦帕芗支持者中的影响力。

为了满足自己的好奇心，他前往埃塞俄比亚旅行，在那里有许多奇遇。从那里返回时，他受到韦帕芗继任者提图斯的欢迎。提图斯向他咨询政务，他向这位皇帝写下以下简洁的书信："阿波罗尼乌斯向罗马皇帝提图斯致敬。因为你拒绝从战争的流血和胜利中获得荣耀，所以我把象征温和的王冠送给你。你知道这样道德的王冠有着什么样的价值。"

图密善即位后，阿波罗尼乌斯加入反对这位暴君、支持涅尔瓦的密谋中。他们的密谋被发现后，图密善下令逮捕阿波罗尼乌斯，将他关进罗马监狱里。阿波罗尼乌斯自行前往法庭接受审判，却被宣告无罪。他返回希腊，最后在以弗所定居。他在以弗所建了一所毕达哥拉斯哲学学校，收了很多学生。

图密善在罗马遭遇暗杀时，阿波罗尼乌斯正在以弗所进行公开演说。他迅即暂停下来，然后大呼："干得好！史蒂芬！鼓起勇气！杀死这个暴君！"停了一小会后，他大哭道："暴君死了！他就在此刻死了！"史蒂芬确实是杀死暴君的人。但对这个故事还有另外一种解释，那就是阿波罗尼乌斯虽然与此无关，但他对密谋了如指掌。

此后，我们除了知道涅尔瓦皇帝写信向阿波罗尼乌斯征求建议、寻求帮助，就再也没有听到其他有关他的消息了。阿波罗尼乌斯对涅尔瓦皇帝的回信谜一般地难猜：“皇帝呀！我们将会在一起生活很长时间，在那里，我们将没有任何权力凌驾于他人之上，也不会有任何人有权力凌驾于我们之上。”这可能暗示他们不久后将共同生活在另一个世界里。事情也正如阿波罗尼乌斯料想的那样，100年，他在以弗所去世。

有关这位非凡人物的信息来源并不十分可靠。罗马的诡辩学家斐罗斯屈拉特在皇帝塞维鲁（193年即位）的皇后茱莉娅的要求下，曾经撰写过一本关于阿波罗尼乌斯的传记。这本传记以先前提到的达米斯日记和其他文稿及传说为素材，其中有很多关于巨人族、侏儒族、秃鹫、凤凰、龙、半兽人和幽灵的奇妙故事，这些传说很大程度上降低了作品的可信度。

然而，有充分的证据表明，阿波罗尼乌斯是一个非常了不起的人。他似乎游遍了所有的文明世界。他自己的性格中也显现出严格的道德操守，他讲授道德智慧课和思辨哲学的奥义，他也假装拥有超能力来扩大对大众的影响力。我们可能难以将阿波罗尼乌斯的作假行为与传记的情节进行区分，但不容置疑的是，他以毕达哥拉斯为榜样，行使骗术。在睿智的人看来，他是一位哲学家；在普通人看来，他是一位魔法师。无论如何，有关他的故事都显现出他所生活时代的一些行为方式、风俗习惯以及社会观念。

有大量证据证明，阿波罗尼乌斯是一位声名显赫的人。生前，他被称为“一位神明”，他接受了这个称谓，称每个好人都会为此感到荣耀。死后，他也一直被认为与神齐名。提亚纳的居民用阿波罗尼乌斯的名字命名了一座神庙。以弗所人为纪念阿波罗尼乌斯帮助他们逃离灾难，也为他竖立了一座雕像。塞维鲁皇帝在自己的神庙中挂了阿波罗尼乌斯、俄耳甫斯等人的画像。奥勒良皇帝在进军帕尔米拉途中经过提亚纳时，出于对阿波罗尼乌斯的尊敬和怀念，禁止士兵骚扰当地居民。

历史学家阿米亚努斯·马塞林努斯把这位哲学家列为得到恶魔或天才超自然帮助的杰出人士之一。

阿波罗尼乌斯的作品中，除了向图密善致歉的信和探讨哲学的84篇书信，其他作品都没有保存下来。

第157章

弗里吉亚

（前2000—前1000）

弗里吉亚是小亚细亚最大的地区之一，占据小亚细亚的中心位置。它北邻比提尼亚和加拉提亚，东接卡帕多西亚，南邻奇里乞亚、皮西迪亚、潘菲利亚，西接米西亚、吕底亚和卡里亚。它有时也被认为由大弗里吉亚和小弗里吉亚两个部分组成。大弗里吉亚包括加拉提亚的一部分，小弗里吉亚包括米西亚的一部分。古时候，弗里吉亚土地肥沃，物产富饶。这里有火山活动的痕迹，地震经常给这里制造灾难。

弗里吉亚人自认为是世界上最古老的族群。我们对弗里吉亚人的起源不甚清楚，他们应该是雅弗之子歌篾的后代。古代故事里描写弗里吉亚人迷信、骄奢、缺乏男子气概。弗里吉亚人的各种习俗削弱了他们的心智。他们用鸟儿的歌声、飞翔和进食等行为做各种各样的占卜活动。

古代弗里吉亚人的宗教活动与希腊流行的宗教活动基本一致，然而，他们的神灵中有一个与希腊神话中的神截然不同。据说，弗里吉亚人崇拜阿波罗，将他称为史鸣修斯，这个称谓在弗里吉亚人的语言中意为田鼠。弗里吉亚人对阿波罗的崇拜源于一个传说。古时候，田鼠在他们的田地里大肆破坏，人们认为有必要向德尔斐神谕所请教如何遏制这一灾难。祭司回答说，只要祭祀史鸣修斯·阿波罗，田鼠们就不会再搞破坏。

另有一个传说对这种崇拜给出了不同的解释。据说，在与邻国的战争中，在一场战役发生的前夕，一群老鼠钻进了弗里吉亚敌人驻扎的帐篷，咬坏了弓弦，导致他们无弓可用。第二天，弗里吉亚人不战而胜。这个故事看似更有可信度。

古代弗里吉亚人崇拜的主要神明是西布莉，她是大地多产力量的化身。这位自然女神的祭司们被称为科律班忒斯人。他们以一种癫狂的舞蹈而著名，在这种舞蹈中，科律班忒斯人割伤以及殴打自己。古时候，弗里吉亚人的民族崇拜传遍欧洲和亚洲，这表明他们曾经是一个强大的民族。现代旅行家在这个国家的坚硬岩石墓穴和神庙中调查，发掘出了证明这个民族伟大的新证据。

弗里吉亚人以沉迷于跳舞而著称。在音乐方面，邻近的国家和地区都无法与之相媲美。弗里吉亚的妇女善于做针线活。古代弗里吉亚人戴的软帽就是现在的“自由之帽”①。

弗里吉亚人最早的政体似乎是君主制。根据历史记载，它的第

① 自由之帽，帽成锥形，帽尖向前突出。罗马时代为释放奴隶的标志。法国大革命开始后，被作为自由的象征。——编者注

一任君主的名字叫尼纳库斯或安纳乌斯。据说，他生活的年代要早于丢卡利翁的大洪水时代。但是，这些时间记载主要还是源于神话传说。古希腊人把一切古老或不确定的日期都统称为“丢卡利翁时代”。

尼纳库斯的传说或许可以作为他们早期思想的例证。尼纳库斯活了300岁后，派人向所有的神谕所询问自己的寿命还有多长。所有的神谕都一致回复：“等他死后，万物也将不复存在。”得到这样的回复后，他立即派众人修缮主神庙。工人们悲伤地痛哭，期望撤回这条神谕。据说，“像尼纳库斯一样哭泣”的成语就源于这个古代的传说，又或许，编造这个故事就是为了解释一个没有人知道出处的成语。

依据荷马和其他一些古代作家提供的信息，在特洛伊战争之前，弗里吉亚被许多小王国分割。荷马讲到过福耳库斯和阿斯卡尼乌斯，他们都是弗里吉亚的国王，也都是支援特洛伊的军队统帅。卡卓努斯曾提到弗里吉亚某个小地方的国王泰乌斯拉尼斯，他的领土曾遭到大埃阿斯的践踏。另一位更有名的弗里吉亚国王是坦塔罗斯，他统治了西皮洛斯及邻近的地区。根据荷马的记载，坦塔罗斯死后下了地狱，食物和水都摆放在他的面前，但他却被饥饿和干渴永远地折磨。

在黑黝黝的边界上住着坦塔罗斯，
他发出深沉的呻吟，地狱里回荡着他的呜咽；
他甚至在盘旋的洪水中渴望饮水，
在波涛汹涌的大海中还有干渴的松树。

当他嘴唇沾到水时，
狡黠的水就从他唇边飞逝。
时上时下，在他倒霉的脑袋周围流动。
各种各样的树上挂着美味的水果，
那里有一些无花果，天蓝色的，露着紫色的光泽；
橘子是绿色的，石榴也在发光；
那里悬挂着梨子，香气扑鼻，
黄色的苹果成熟后变成金黄。
他努力抓住的果子，被强烈的气流，
抛到高处，在天空中旋转。

人们认为，坦塔罗斯无节制的贪婪和嫉妒让他遭到这样的惩罚。他极其富有，远近闻名。根据其他的记载，还有一位坦塔罗斯，他是吕底亚的国王，受到了上述的惩罚。我们对古代神话和诗歌虚构性的历史事实并不十分确定。

弗里吉亚的国王戈尔迪乌斯，是一位浪漫故事的主人公，他原本是一个农民。一天，他正在地里耕作，一只鹰落在他耕牛的牛轭上，停留了一整天。戈尔迪乌斯对这件所有人都认为神奇的事情感到震惊，他跑到吕底亚另一座著名的城市特尔梅苏斯去占卜。那时候，那座城市非常流行占卜术。到了那里，他碰见一位美丽的年轻妇女，他向她讲述了自己身上发生的事情。她确定地说，你的所见所闻预示着你将成为一位君王。她还请求成为他的妻子，一起享受好运。不管戈尔迪乌斯是否相信这个预言，事实是，他同意了这位美丽女子的请求，两人结婚了。

不久以后，弗里吉亚人发动了暴乱，那时，他们一直生活在没有国王或最高统治者的状态下。人们求助于神谕，询问究竟该怎样停止这样的混乱状态，他们得到的指示是选出一位国王。他们决定，第一位赶牛车经过宙斯神庙的人就是他们的国王。民众一窝蜂地冲向宙斯神庙。不久，戈尔迪乌斯驾着牛车到了那里，民众立即向他致敬，让他成为国王。

这个故事乍听起来有些荒谬，但在真实的历史中，的确有许多类似的事情发生。民众们异想天开、反复无常，常常会把政治权力授予默默无闻的人，其动机并不比上面的故事更为理性。

中世纪时期，佛罗伦萨曾发生过一场暴乱，民众推选出一位梳洗羊毛的工人成为共和国的首席行政官，理由是他在民众的骚乱中碰巧拿起国旗，还在人们头顶上挥舞。毫无疑问，戈尔迪乌斯确实是因为我们前面提及的那些意外而登上国王的宝座。关于戈尔迪乌斯的故事也可能是后期编造的，以掩盖这个朝代的卑贱起源。

戈尔迪乌斯为纪念自己登上王位这件大事，便把自己的牛车献给了宙斯神庙，并在牛车的车梁上系了一个非常精妙复杂的结。祭司预言，谁能够解开这个结，谁就能统治世界。因为绳子的两端交织在一起，解开它似乎是一件不太可能的事情。虽然看起来不太可能，还是有许多人尝试去解开它，但是都无功而返。最终，亚历山大大帝来了，他做了最后一次尝试。在像其他人一样徒劳无功的时候，他拔出剑砍断了绳子。这个故事中产生了一个“戈尔迪乌姆之结”的谚语，为后人所熟知。

除了建造了戈尔迪乌姆这座城市，我们对戈尔迪乌斯所知甚少。

第158章

弥达斯与弗里吉亚的兴衰

（前1000—前560）

戈尔迪乌斯的儿子弥达斯在父亲去世后继位。我们所了解到的这位国王的故事都与他的财富和挥霍有关。据说，当他还是一个幼儿的时候，有一天他睡着了，一群蚂蚁聚集在他身边，衔来麦粒，一粒一粒地放进他的嘴里。人们说这是一个奇迹，便跑去请教神谕所，神谕说这个人一定会成为极为富有的人。最后，这个预言应验了。弥达斯拥有不可计数的财富，而且广为人知，并因此产生了许多跟他有关的传说及流行至今的谚语。

据说，弥达斯能够点石成金。在弗里吉亚，伯米乌山中有许多金矿，这些无疑构成了弥达斯巨额财富的主要部分。因为这位国王在开采黄金上的巨大成功，又或许是因为商业投机的帮助，于是产生了这样一种说法：他能点石成金。

弥达斯也以英俊的外貌和坚定的宗教信仰而著称。他引入了用哀歌悼念死者的习俗。据说，他的王国里到处都是神庙、祭司和各种仪式。在神秘的宗教传说中，俄耳甫斯被描述成弥达斯的导师。

有个关于弥达斯的荒唐故事，或许比他伟大的统治功绩更能让人记住。根据希腊古代的传说，潘神和阿波罗是音乐上的对手，他们当着弥达斯的面举办了一场比赛。弥达斯更倾向于潘神，惹怒了阿波罗，阿波罗便让弥达斯的头上长出了一对驴耳朵，以显示他的愚蠢。这位不幸的国王摆脱不掉这对长耳朵，不得不做了一顶帽子戴在头上来遮住耳朵，这就是王冠的起源。在相当长一段时间里，这顶帽子的确遮住了他的长耳朵，但他的理发师还是发现了这个秘密。古时候，理发师们似乎跟现代的理发师一样健谈，国王的秘密不久后便暴露在民众的面前。

另有一些资料说，神谕建议弥达斯将秘密埋起来，弥达斯照做了。在一个漆黑的夜晚，他拿着一把铁锹，走到一块田地里，在地上挖了一个洞，低声私语道："弥达斯国王，长着一对驴耳朵。"然后，他用铁锹将洞填上就回家了。他心想，这样就可以把我的秘密完全封存起来了。但是，随着时间的推移，埋洞的土堆上长出一丛芦苇。芦苇迎风飘扬，发出声音："弥达斯国王，长着一对驴耳朵。"

不管事实如何，毫无疑问，这个传说能够在现实生活中找到原型。"弥达斯的驴耳朵"成了古希腊一则流行的谚语。

确实有一位名叫弥达斯的国王曾经统治过弗里吉亚。在弗里吉亚发现了一块墓碑，上边刻有古皮拉斯基文字："献给弥达斯国王。"同样值得注意的是，这块墓碑上还装饰着一种独特的结状花纹，让人一眼就能认出这是戈尔迪乌姆之结。在有关弥达斯的记载中，除了弥达斯之妻赫莫迪卡发明铸币的方法，没有其他更多的记载了。根据这些资料，我们可以将弥达斯的统治时期定在公元前650年前后。

弥达斯的长子戈尔迪乌斯二世在戈尔迪乌姆城筑起坚固的城墙。根据一些记载，戈尔迪乌斯的继承者为安查鲁斯。根据另一些记载，安查鲁斯是戈尔迪乌斯二世的兄弟，从未继承过王位。安查鲁斯为了国家牺牲了自己的生命。

一次，一场地震让凯莱奈遭受严重破坏，地上出现了一道很深的裂缝。人们为此去请教神谕所，得到的建议是，只有将人们生活中最宝贵的东西扔进裂缝里，裂缝才会闭合。听了这个建议，当地居民纷纷将家中的金银珠宝和其他有价值的东西扔到裂缝中，但是裂缝仍然没有闭合。后来，安查鲁斯想到，人拥有的最有价值的东西是生命，它已经包含了其他所有的东西。安查鲁斯决心为国民的安全献出自己的生命。他与妻子和父亲深情道别，跨上马，全速冲入那道裂缝中。裂缝紧接着闭合了。

古时候，这个传说传到了其他国家，尤其被罗马早期的编年史作家记载和模仿。罗马作家把地震和裂缝的产生说成是发生在罗马广场，而灾难因马库斯·库尔提乌斯的献身而告终。类似的故事在历史上多次重现。

奥特柔斯被提及是弗里吉亚的下一任国王，但是历史上却没有任何他事迹的记载。在他之后，利堤厄耳塞斯在凯莱奈继承王位，他被描述成一个残忍的暴君。他经常在田间劳作，一副农夫模样。为了娱乐，他砍下跟他一起劳作者的头，把他们的尸体捆成一束。因为这些残暴的行为，他最终被当时扮演游侠骑士角色的大力神赫拉克勒斯杀死。赫拉克勒斯在这片土地上四处游历，走到哪里就消灭哪里的猛兽和暴君。利堤厄耳塞斯的尸体被投到曲流河中。不知什么原因，弗里吉亚的农民说他们非常珍惜这位君王当政时的回忆，时常在收获的时节呼喊他的名字，唱起赞歌。

历史上没有关于利堤厄耳塞斯继承者的记载，但是在这位君主统治时期，他被弥达斯三世篡位。弥达斯三世与自己的一伙追随者策划了一场阴谋。他在戈尔迪乌姆城外安排了一场盛大的宗教庆祝活动。在约定的时间内，整队人在盛大乐队的伴奏下游行离开了城市。他们的衣服底下都藏着武器。这场盛大的表演激发了市民们的好奇心，也跟随着游行者离开了城市，但是他们都没有意识到这是一场叛乱。这些阴谋者紧接着扔掉了手中弹奏的乐器，向市民们发起攻击。他们最终控制了这座城市，弥达斯三世成为国王。

后来戈尔迪乌斯三世继承了王位，再之后是弥达斯四世。希罗多德提到，这位国王曾向德尔斐神谕所进献了一把做工极其精美的椅子。在弥达斯四世统治期间，辛梅里安人入侵了小亚细亚。

辛梅里安人的国度被认为是笼罩在黑暗中的地方。它坐落在欧洲北部一个鲜被当时的希腊人知晓的地方，流传下来一些最荒诞不经的传说。那里似乎是一个野蛮的国度，它吞并了小亚细亚的大片领土，占领了富饶的萨迪斯城，并对吕底亚、帕夫拉戈尼亚、弗里吉亚的居民进行屠杀。

弥达斯四世无力抵抗这些入侵者，陷入绝望，饮公牛血自杀身亡。他的家人则更加不幸。他的两个儿子，一个被兄弟误杀，幸存下来的儿子逃到了吕底亚国王克洛伊索斯的宫廷。在这里，又发生了一场意外，弥达斯四世逃亡的儿子又误杀了吕底亚国王的儿子，他只好自杀。这件事在吕底亚的历史部分能找到更加详细的描述。

这场灾难发生后没多久，弗里吉亚便臣服于克洛伊索斯，成为吕底亚帝国的一个省份。后来，居鲁士大帝推翻克洛伊索斯的统治，弗里吉亚被纳入波斯的统治之下。

第159章

弗里吉亚的名人

依据大多数记载，著名的寓言家伊索是弗里吉亚人。据描述，伊索是个畸形的人，他身材矮小，不仅驼背，而且面容丑陋。他年轻时是个奴隶，而买下他的那个商人发现很难再将他转手卖出。伊索还做过一段时间的散工，后来他又为哲学家克珊托斯和雅典人德马库斯服务过。在这之后，他又被一个名叫雅德蒙的萨摩斯人买下，并给予他自由。尽管伊索的传记不计其数，里面也详细列举了他的一些事迹，但是我们却不能认可这些传记的真实性，所以关于他生平的其他故事我们难以得出定论。

据说，在重获自由后不久，伊索便去拜访了吕底亚国王克洛伊索斯。这位国王听过伊索的大名，因而很想见他一面。起初，伊索畸形的身材让国王大吃一惊，也大大削弱了国王对他的好感。然而，伊索的灵魂之美由内而外闪耀，这光芒掩盖了他面容的丑陋。克洛伊索斯发现，正如伊索所说，有些时候我们不应该考虑外貌如何，而是应该看到在它之下的灵魂品质是否美丽。

据说，伊索还去过几次希腊。在庇西特拉图废除民主政府、建立僭主统治后不久，伊索来到雅典。他看到雅典人极其厌烦却仍要忍受新枷锁的压迫，他给他们讲了《青蛙请求宙斯派来国王》这个著名的寓言故事。

普鲁塔克曾描述伊索之死。伊索带着大量的金银去了德尔斐，以克洛伊索斯之名向阿波罗献祭，并给那里的每一个居民带去礼物。然而伊索却和那里的人们发生了争执，他在献祭结束后把钱送还了克洛伊索斯，并传消息说那些他原本打算施恩的人根本配不上他的恩赐。德尔斐人为了报复，宣称伊索亵渎圣物，将他从一块岩石上扔下。

据说，阿波罗被这一行为激怒，他降下了瘟疫和饥荒，使两代德尔斐人都饱受折磨。为了赎罪，德尔斐人在希腊各地的集会上宣布，只要有人为了伊索的名誉来到德尔斐报仇，他们都会让他满足。到了第三代德尔斐人时，出现了一个萨摩斯人，宣称他是伊索以前为奴时服侍的主人的后人。德尔斐人满足了这个人的要求，从那之后，他们就摆脱了瘟疫和饥荒的困扰。

斐德罗说，雅典人为伊索修建了一座宏伟的雕像，用以告诉全世界，荣誉之路是向全人类敞开的，他们给予伊索如此光辉的荣誉不是为了出身，而是为了美德。

伊索被认为是最伟大的寓言家，他开创了以简单、自然的寓言故事讲道理的创作方式。毫无疑问，在伊索生活的时代之前，寓言故事在许多东方国家十分流行。但伊索是所有世俗作家中第一个从动物视角讲述故事的人，他在此基础上进行发展、改进，用这一方法讲述哲理，引起人们的兴趣。不论智力高低的人都能读懂他的故事，他的故事符合所有年龄段、所有阶层人们的理解能力和欣赏水平，因而广受好评。他是第一个给社会中的美德、恶习、责任以及格言以实体的人。伊索运用巧妙的创造和描绘手法，成功地将这些抽象的概念与优美、熟悉的自然意象结合起来。伊索的寓言故事没有任何修饰，却饱含美好的道理。柏拉图告诉我们，苏格拉底在狱中等待执行死刑时，借伊索寓言中的故事写诗来自娱自乐。

伊索的寓言，如我们常见的那些希腊版本，是否都是出自他手，至少从表达方式上看，很值得怀疑。它们中有不少被认为出自一位君士坦丁堡修道士之手，他的名字叫马克西姆斯·普拉努得斯，生活在14世纪，写过伊索的传记。伊索寓言的英文版还包括许多后来作家所写的故事。雅典喜剧诗人阿里斯托芬提到过“伊索的玩笑”这一说法。由此，我们认为，欢乐的聚会上经常重复讲述这些笑话。拉丁诗人斐德罗的寓言故事可能全部借鉴了伊索的寓言。他用以下的对句来引出自己的故事：

> 我的作品浅显易懂，
> 是伊索寓言的重现。

许多人认为，来自东方的哲学家、寓言家洛克曼和伊索是同一个人。据阿拉伯作家说，洛克曼与大卫和所罗门处于同一时代。可以肯定的是，在这两个人的名下，流传着同样的寓言故事。他们二人的历史，正如人们常说的那般，密切相关，不可能全是偶然。

哲学家爱比克泰德于1世纪中叶出生于弗里吉亚的希拉波利斯

城。他早年的事迹，我们知之甚少。我们只知道他是皇帝尼禄的护卫爱帕夫罗迪德的奴隶。后来，他获得了自由，潜心钻研斯多葛派哲学，那是当时最为完美、严谨的学派。爱比克泰德在罗马一直居住到96年，那一年，所有在罗马的哲学家都因图密善的法令而被驱逐出城。他去了伊庇鲁斯的尼科波利斯，在那里居住了很久。他虽然生活极其贫困，但广受人们尊崇。在哈德良统治时期，他又回到了罗马，受到了这位皇帝的热烈欢迎。他很长寿，但去世的具体日期却无从得知。

爱比克泰德哲学的关注点是找到一个可以耐心忍受不幸、适度享受快乐的方法。他的主人用力捆绑他的腿折磨他时，他只是平静地说："你会弄断我的腿。"他的腿骨果真断了时，这位伟大的哲学家也只是同样平静地说："我已经告诉过你，会有这样的结果。"显然，爱比克泰德之所以能忍受痛苦，不仅要归功于他的哲学素养，还得益于他强大的神经系统的支持。

爱比克泰德受到了来自各个阶层人们的尊敬，他所拥有的那点小小资产也被珍视。他的陶灯以相当于5 000美元的价格出售。他坚定地保持了精神的不朽。他在著作中探讨过好人死后所享受到的幸福，这种说法可能更适合基督教的教义。

小亚细亚的岛屿

第160章

塞浦路斯岛

（前2000—1840）

沿着小亚细亚的海岸线分布着几座岛屿，这些岛屿无论在地理位置上还是在历史上，都与亚洲的这一部分土地紧密相连。这些岛屿中最主要的岛有塞浦路斯岛（面积最大）、罗德岛、科斯岛、萨摩斯岛、希俄斯岛和莱斯沃斯岛。除此之外，还有一些别的岛屿，只不过相关的记载比较少。

塞浦路斯岛位于地中海东部，毗邻小亚细亚和叙利亚，与小亚细亚之间被奇里乞亚海峡隔开。这条海峡长约140英里，宽约50英里。岛上有一条东西走向的山脉，古人称奥林波斯山。最高峰大概高出海平面7 000英尺。平原和山坡的土壤都很肥沃，盛产谷物和葡萄酒。葡萄酒是这座岛屿的主要物产。夏天，平原上十分炎热，河流每到这时都几近干涸。

塞浦路斯岛现在被土耳其人称作乞布利斯。在《圣经》中，它被称作基提，这个名字源于一座名叫西提乌姆的古代城市。希腊人也给它取了许多名字，比如帕福斯、希色利、阿卡曼提斯、塞拉斯提斯、阿斯帕里亚、阿玛萨西亚、埃罗萨等。

这里被认为是维纳斯的圣地，希腊和拉丁诗人认为这里是这位女神的诞生地，也是美惠三女神的住处。“塞浦路斯”这个名字，比其他任何一个名字都更具知名度，它源于在这里大量生长的柏树。

腓尼基人似乎是塞浦路斯的第一批居民。他们很早就在这里建立了殖民地，时间大概在公元前2000年。据记载，这里早期的人口有一部分是埃塞俄比亚人，但是这些人也有可能是埃及人，或者说埃及人占领这座岛屿后，把埃塞俄比亚奴隶带到岛上。

有关腓尼基人统治下的塞浦路斯历史，我们知之甚少。他们第一次踏上这座岛屿时，岛上覆盖着茂盛的森林。不久后他们在这里发现了铜矿，砍下了树木来冶炼矿石。腓尼基人开始在地中海远航时，发现塞浦路斯的森林可以为他们提供造船用的木材。

我们并不清楚腓尼基人统治了这座岛屿多长时间。希腊人在这座岛屿的海岸建立殖民地的时间也并不确定。公元前6世纪，埃及人征服了这座岛屿，也有一种说法是征服了大半个岛屿。斯特拉波在谈及当时的塞浦路斯时说，那时的塞浦路斯被几个小僭主或酋长瓜分。他们有时与小亚细亚的邻国结盟，有时则和他们交战。波斯人向西方拓展领土时，这座岛屿和邻近的地区一样，都成了波斯国王的领土。波斯帝国被亚历山大推翻后，塞浦路斯落入了亚历山大手中。亚历山大去世后，这座岛屿连同埃及一起，都由拉古斯的儿子托勒密统治。

塞浦路斯历经若干代托勒密国王的统治。有时它和埃及王国连在一起，有时则被当作一个独立的小国家，由托勒密王朝的一位地方长官进行统治。埃及国王、克利奥帕特拉七世的父亲托勒密十二世的兄弟，是其中最后一位小国王。他的某些做法激发了罗马人的敌意。

一个叫普布利乌斯·克洛狄乌斯·普尔喀的罗马人，被奇里乞亚的海盗劫持，海盗向塞浦路斯国王索要赎金。这位国王只给了一点点儿钱，而这些海盗拒绝释放人质。克洛狄乌斯最终用其他的方法获得了自由，他回到罗马后不久，就被民众选为护民官。这也给了他机会为先前塞浦路斯国王让他受到的屈辱而复仇。他颁布了一项法令，将那座岛屿变为罗马的一个行省。不过除了上面提到的那件私事，这两个国家并没有什么产生争执的理由。小加图被派遣率领一支强大的军队占领塞浦路斯。塞浦路斯国王听说小加图即将前来，十分恐惧，选择了自杀。小加图发现国王的财库十分充盈，就把大量的财宝送到罗马。就这样，塞浦路斯国王为他先前的吝啬行为付出了代价，失去了王位，也失去了生命。

在那个时候，塞浦路斯人口众多，据统计超过100万人。另外，它的风景极其秀丽。那里的人逍遥洒脱、放荡不羁。塞浦路斯的女人是美丽的代名词，整个岛屿都供奉着维纳斯，维纳斯也被称为塞浦路斯人，或塞浦路斯人的女神。据说，帕福斯是维纳斯在海浪中诞生后上岸的地方。崇拜维纳斯的宏伟神庙里有100个祭坛，每天都飘散着浓郁的乳香。尽管这些祭坛露天设置，但据说它们从来不会被雨水打湿。

罗马帝国分裂后，塞浦路斯归于拜占庭帝国的统治之下。历经世事变迁后，它最终成了一个独立的小王国，为科穆宁皇室的一个分支所统治。在十字军东征期间，英格兰国王理查一世占领了这座岛屿，将它出售给圣殿骑士团。圣殿骑士团对塞浦路斯实施暴政，引起了当地居民的反抗，理查一世被迫收回了统治权。

1192年，塞浦路斯又到了吕西尼昂的居伊手里，他是耶路撒冷国王，却被萨拉森人驱逐出圣城。吕西尼昂王朝统治了塞浦路斯近300年的时间。在那段时间里，塞浦路斯一度十分繁荣。1458年，吕西尼昂王朝的约翰三世去世，王位传到了她的女儿夏洛特手中。这位女王被她庶出的弟弟雅克废黜了。雅克得到了埃及马穆鲁克的支持。雅克娶了一个威尼斯女人，名叫凯瑟琳·科纳罗。他于1473年去世，把整个王国留给了他的遗孀。不久，凯瑟琳生下了一名小王子，威尼斯共和国获得了小王子的监护权。1489年，这位王子去世，威尼斯说服凯瑟琳把王位赠予威尼斯共和国。就这样，塞浦路斯成为威尼斯的领地。

威尼斯统治了塞浦路斯近一个世纪。1570年，塞利姆二世率领土耳其人占领了这座岛屿。他们如狂风一般夺下了塞浦路斯首都尼科西亚，屠杀了2万人。紧接着，他们又围攻法马戈斯塔。这座城市进行了长时间的顽强抵抗，但最终在1571年被迫投降。威尼斯军队统帅布拉加迪诺被活活剥了皮，这违反了他接受投降时的条件，其他所有军官也都死于剑下。

土耳其帕夏穆斯塔法是这一背信弃义残忍行为的指使者，他还下令把布拉加迪诺的皮用稻草填满，在他乘船返回君士坦丁堡时挂在船的桅杆上。威尼斯人建了一座纪念堂来祭奠这位英勇无畏却又命运凄惨的将军。他的亲眷在一段时间后赎回了他的皮，放置到纪

塞浦路斯岛景观

念堂中。从那时起直到现在，塞浦路斯一直处于土耳其人的统治之下。

塞浦路斯的古城有阿尔西诺伊、索里、里麦尼亚、拉帕索斯、阿吉都斯、阿芙罗底西乌姆、卡帕西亚、萨拉米斯、来乌科里亚、西提乌姆、阿马苏斯、帕拉埃、库尼乌姆、特瑞塔、波苏拉和帕福斯。这些古城已大多消失。现存的城市有土耳其人设定的首府尼科西亚，约有1.2万人。曾经人口众多的法马戈斯塔，现在也衰落了。在古城西提乌姆遗址上兴起的拉尔尼卡，是岛上最繁华的地方及贸易中心，还是欧洲领事和代办的驻地。此外，还有一些小城镇。这座富饶美丽的岛屿有很大一片土地仍未开发，生长着百里香和其他一些草本香料植物。这里出口的产品主要有棉花、葡萄酒、盐、谷物、鸦片、松脂、丝绸和水果等。人口约5万人，大部分是希腊人。

哲学家芝诺是塞浦路斯人。他于公元前334年出生于西提乌姆，他接受的是成为一名商人的教育。在一次贸易航行中，他的船只在阿提卡海岸失事，导致他失去了所有财产。他身无分文地来到雅典，在大街上闲逛时，走进了一家书店，拿起了一卷书，以驱散他的郁闷。这是色诺芬的一本书，读书给他带来的愉悦使他忘却了自己的损失。他向书店主人打听在哪里可以找到色诺芬书中所提到的这些哲学家。犬儒学派的哲学家克拉特当时碰巧经过那里，书店主人就给芝诺指了一下，建议芝诺跟着他走。这位船只遇难的塞浦路斯人立即成了克拉特的门徒，跟随他学习了10年。后来，他又跟着墨伽拉的斯提尔波、色诺克拉底和帕勒蒙学习了10多年，然后他就自己创建了一个新派别。他总是在门廊讲课，希腊语中门廊是“斯多葛”，他的追随者们就被称为“斯多葛学派”。这种造词的方式，已经被欧洲很多种语言所采用。

芝诺这个名字很快传遍了整个希腊。他建立了自己的哲学派别后，又继续教授了48年的哲学。他身体一直健壮，没得过什么病，活到了72岁。他去世后，雅典人在塞拉米卡的郊外给他建了一座坟墓，并通过一项公共法令，授予他一顶金王冠以及其他一些非凡的荣誉。

芝诺从其他哲学派系中借鉴了一些理论，形成了他的哲学思想。他和犬儒学派不同，犬儒学派在投机研究①方面花费了大量精力，但他却完全没有。在某种程度上，斯多葛学派和犬儒学派在行为和性格上有很多相似之处。他们反复灌输快乐与痛苦无关，逆境

① 后期犬儒主义只认外在的世俗功利，否认内在的德行与价值。——编者注

与顺境无关的思想，认为这是幸福的本质。他们有关命运的学说是他们的主要特性之一。他们认为所有事情都有它永恒的必然性，甚至神明也要服从这条规律。

他们的道德体系总体上是严格的，表面上是正确的，但建立在一种冷漠与自傲之上。他们捍卫自杀的权利。据说，芝诺本人就是自杀而亡。斯多葛派的学说鼓励追求英雄主义的事业。这一学派后来的一些门徒似乎借鉴了一些基督教的教义，他们声称这个世界终将被一场大火毁灭，而又会以另一场大火带来新生。

第161章

罗德岛和科斯岛

（前1000—1840）

罗德岛位于卡里亚海岸附近，在锡米湾和马克里湾之间。它距离小亚细亚近20英里，周长约120英里。罗德岛土地极为肥沃，由此诞生了一个古老的神话故事，说这里曾经降下过金雨。这里盛产各种各样的美味水果，还有口感香醇的葡萄酒。罗马人主要用这些葡萄酒祭祀。他们认为，就像维吉尔所说，凡人无法享受这样上等的美酒。

这座岛屿气候温和。据说，这里每天都被阳光照耀。古代诗人写道："太阳神阿波罗爱上了罗德岛。"

罗德岛是这个地区所有土地中最早有人居住的岛屿之一。希腊诗人在创造神话故事解释这里第一批移民的起源方面，表现出了比以往更多的创造力。品达在他最优美的一首颂诗中写到，罗德岛和提洛岛一样，都是从阿波罗掀起的海浪中诞生的。最早的一批居民被称作忒尔喀涅斯人，这一名称被认为是腓尼基人在其他国家中为人熟知的众多名字之一。在此之后被提及的还有赫利亚德人、达那伊得斯人以及其他一些罗德岛的居民，但是这些人可能都是神话人物。这座岛也被称为欧菲乌萨岛或特里纳基亚岛。

据说，赫拉克勒斯的儿子特勒波勒摩斯在特洛伊战争时期，曾在罗德岛建立过殖民地。这位首领在《伊利亚特》中是罗德岛军队的统帅，在特洛伊战争中支持希腊一方。

同时，荷马还提到了罗德岛的3座古城，分别是林都斯、卡米罗斯和伊阿利苏斯。岛屿分为3部分，分属于这3座古城。由阿尔戈斯人阿尔泰墨涅斯率领的第二批希腊移民，于公元前998年到达罗德岛。上面所提到的3座古城，与邻近的城市科斯、哈利卡那索斯和尼多斯一起，构成了前面所述的多利安联盟。

罗德岛人最早因为他们的航海事业而闻名。他们远航到遥远的国度，在不同的地方建立自己的殖民地。其中有伊比利亚的罗德岛、西西里岛的杰拉、意大利的帕耳忒诺珀、利西亚的考利达拉和法塞利斯，以及奇里乞亚的索利。

罗德岛似乎从一开始就由国王进行统治，但在公元前660年，这种君主制的政府被废除，罗德岛由被称为执政官的行政官来治理。伯罗奔尼撒战争期间，罗德岛的统治权在雅典人和斯巴达人手中交替，政治制度也一直在寡头政治和民主政治之间交替。

公元前355年，罗德岛赢得了独立，但是仅仅持续了短暂的一段时间。卡里亚的国王摩索拉斯在罗德岛人与雅典人的战争中，支持了罗德岛人一方，所以战后他在岛上拥有了很大的权力。他加入寡头政治的队伍来压榨市民。他去世后，他的遗孀阿尔特米西亚用计

罗德岛阿波罗黄铜巨像

掌控了罗德岛的舰队，在岛上建立了自己的统治。

最终，她的统治由于人民的起义而终结，一种混合制的政府建立起来。两位执政官被委任为首席行政官，每个人任期为6个月。立法机构包括元老院和公民大会，公民大会作出决议的方式由公民举手表决。穷人从富人那里得到了谷物，富人负责穷人生活的开销。对海洋事务的监管以及其他公共事务的管理，都按照寡头政治的准则执行。这种改进过的体制好的一面是阻止了内部动乱。

当时的罗德岛进入了一种前所未有的繁盛状态。希腊古老的海上霸权已在逐渐衰落，罗德岛人逐渐取而代之。商业和交通也注入了新的活力，罗德岛人在手工业和高雅艺术方面取得了很大成就。古代非常著名的罗德岛巨像，于公元前3世纪修建完成。这是一座阿波罗的神像，全身用黄铜打造，高约100英尺。仅仅是这座巨像的拇指，就很少有人能张开双臂环抱过来。这座巨像由利西普斯的学生卡瑞斯开始兴建，由拉切斯完成，他们都是林都斯人。这项工程总计耗时12年。有个普遍说法，这座巨像位于罗德岛的港口，两腿分开各站一边，船只从他的腿下驶过。但是，这一点似乎并没有得到证实。这座巨像矗立了约半个世纪后，在一场地震中被毁。

后来，罗德岛人站在罗马人一方参与了与塞琉古王国的战争，并给他们的盟友提供了强大的海军支援。作为答谢，罗马人把卡里亚和利西亚的管理权赠给他们，但是此举却为罗德岛后来的命运埋下了祸根。这两块领土上的人反抗罗德岛人的权威，罗马人进行了干预，反而获得了罗德岛的统治权。接下来，罗德岛人发动了一系列起义，直到韦帕芗时期，罗德岛才并入罗马帝国的版图。

鼎盛时期的罗德岛是各国才智之士最为向往的地方，因为这里产生了一种新的雄辩术而变得尤为著名。古人认为，这种雄辩术是一种混合风格，或者说是一种希腊-亚洲式风格。在当代艺术方面似乎也有类似的特点，他们更偏向于表现宏伟壮观的构想。除了罗德岛巨像，在这个岛屿的首府还有3 000座雕像。根据普林尼的记载，其中有100座雕像身形巨大，而其中的任意一座都可以让它的所在地熠熠生辉。罗德岛的建筑风格十分宏伟壮观。整座城市设计完美对称，街道笔直宽阔。神庙中都是些精美的绘画作品。

随后，罗德岛附属于拜占庭帝国，这种状态直到7世纪萨拉森人占领该岛之前，一直没有什么改变。萨拉森人拆毁了著名的罗德岛巨像，把它卖给了犹太人，犹太人用船将这些碎片运到亚历山大城，又用了900头骆驼将它们驮走。几百年过去，大量的黄铜却不曾被人碰过，尽管令人难以置信，却是那个时代编年史所记载的故事。一些作家断言，整个罗德岛巨像的故事实际上都只是一个传说。

萨拉森人占领了这座岛屿一段时间后，似乎就将它抛弃了。1204年，十字军攻下君士坦丁堡时，罗德岛成了希腊帝国的一部分。14世纪初，一群希腊和伊斯兰海盗叛军占据了罗德岛。被萨拉森人驱逐出巴勒斯坦的耶路撒冷骑士团，在1310年抵达罗德岛，成了这座岛屿的主人。5年之后，他们受到土耳其人的袭击。尽管当时防御工事还未修完，但他们还是英勇地击退了敌人。从这时起，他们就一直与实力不断增强的奥斯曼帝国抗争。1344年，他们进攻士麦那，这是土耳其占据的一座城市，他们将城中居民尽数赶出，在那里建了一座要塞。1365年，他们又与埃及苏丹交战。在这次战争中，他们夺取了亚历山大城，并在城中大肆掠夺。在接下来的一个世纪里，罗德岛曾被埃及苏丹围困，在一场持续40天的战役过后，埃及苏丹被击退，损失惨重。

穆罕默德二世攻陷君士坦丁堡，在欧洲建立了强大的奥斯曼势力之后，又把目光放到了罗德岛上。他使用了大量火炮攻城，最终未能攻下。骑士们两个世纪的统治，为罗德岛的繁荣作出了很大贡献。岛上到处都是一眼望不到边的麦田、葡萄园和各种各样的果树。岛上的居民大部分是农民，他们对这些骑士的统治感到十分满意。罗德城位于一片被开垦的平原中部，周围的山丘上满是葡萄树、橄榄树和无花果树。这座城市由两层城墙包围，墙外还有一条很深的壕沟，城墙上有13座塔楼以加强防卫。许多塔楼一直留存到现在，是中世纪建筑十分有趣的标本。

就这样，罗德岛人过了40年的平静生活。1522年，苏莱曼一世率领土耳其人袭击了罗德岛。土耳其组建了一支由400艘船只组成的庞大舰队，以排山倒海之势逼近，消息让罗德岛人陷入了巨大的恐慌之中。惊慌失措的农民冲进城里寻求庇护，全部人都挤在都城的围墙之内。骑士团大团长下令摧毁郊区，所有没有围墙的美丽花园和果园，全被夷为平地。这样一来，敌人就很难找到栖息之地。土耳其的舰队终于到来，绕着岛屿盘桓了几个星期，等待苏丹的到来。终于，苏丹来了，他亲自统率军队，身先士卒，发动了进攻。

战斗十分惨烈，骑士们拼死保卫这座城市，土耳其人无计可施，只能先行撤退。在接下来的几周时间里，土耳其人在远处休整，在自身力量有所加强后，又开始了新一轮的进攻。城中的人奋勇抵抗，直至围墙多处被推倒，这座城市也被毁了大半。最后，这场从6月一直持续到12月的围攻终于结束了。骑士们发现自己几乎被埋在了城市的废墟下面，他们签署了投降书，放弃了抵抗。

在1525年的圣诞节，征服者得意扬扬地进入了这座城市。苏莱曼二世对那些英勇抵抗的人以礼相待，对失去家园的英勇骑士们表示歉意。他把一件华美的衣服送给了大团长，对他的英勇无畏表示敬意。他允许所有骑士带着他们的可移动财产，安全地离开这座岛。他们退回到威尼斯，后来查理五世把马耳他岛赠予他们，他们才在这座岛上定居，并自称为马耳他骑士团。

在过去的200多年里，骑士一直是黎凡特一带基督教国家进行贸易活动的保护者。土耳其人占领罗德岛，对欧洲的所有基督教国家来说，简直是一次大灾难。失去了保护的商船，一直饱受土耳其海盗的威胁，形势每况愈下。也就是在这个时候，巴巴里海盗极为猖獗，最终令地中海一带的基督教国家闻风丧胆。

自苏莱曼二世征服罗德岛之后，土耳其人就一直统治着这座岛屿，他们的统治几乎抹去了这座岛屿所有古代的遗迹。这座城市的建筑群几乎寻不到从前繁华的模样，也体现不出当地居民的审美水准。然而，这些建筑中还包括一些大型的哥特式教堂，现在已经被当作清真寺来使用。

内陆地区的高山覆盖着浓密的松树林，成就了古时罗德岛人强大的海军实力。现在，这片树林也在为君士坦丁堡土耳其人的造船厂提供原料。那些低矮山丘产出的少量葡萄酒，香气浓郁，远近闻名，为古代作家所称道。手工业和农业耕作却几近消失，罗德岛依赖小亚细亚为其提供粮食。

岛上人口约有2万人，2/3是希腊人。他们由一名贝伊来管理，贝伊是一种终身职位。这种情况对当地居民来说十分有利，因为在土耳其的其他领地上，管理者更换频繁。与这些地区相比，罗德岛上的居民受到的压迫相对较少。造船业是岛上的主要产业，罗德岛每两到三年就可以造出一艘护卫舰。

画家普罗托耶尼斯是卡乌努斯人，卡乌努斯是罗德岛的附属小岛。普罗托耶尼斯和阿佩利斯是同时代的人，都生活在公元前4世纪。起初，普罗托耶尼斯靠给船身作画谋生，生活极其贫困。后来，他去了雅典，在那里取得了很高的成就。他的代表作是《伊阿利苏斯》。这是一幅为名叫伊阿利苏斯的英雄创作的画像，罗德岛人把伊阿利苏斯认作他们的祖先。普罗托耶尼斯在这幅画作上倾注了7年的心血。阿佩利斯看到它的第一眼时，竟然想不出任何词语来赞美这幅画的完美。这幅作品被带到了罗马，供奉在和平神庙里，一直保存到普林尼生活的时代。那时候距画家去世已有近400年。但是，它在后来的一场大火中被烧毁。

这幅画中有条狗，花费了画家大量的心血。一开始，他总是画得不满意。他想竭力表现出那种动物追逐了很久后气喘吁吁且口吐白沫的画面。他发现这真的太难了。一次又一次的尝试均以失败告终后，他非常恼怒和失望。受此影响，他将平时用来擦拭颜料的海绵猛地一扔。不料，多亏了这一个小插曲，他终于画出了长久以来用笔未能成功画出的泡沫。

普罗托耶尼斯的另一幅名作，画的是一个靠着柱子学习的萨蒂尔。这幅画创作于罗德岛被马其顿国王德米特里一世围攻时期。据说，他当时是在刀光剑影下画出这幅画的。一开始，柱子上立了一只松鸡。他发现周围所有的人都用钦羡的目光看着那只松鸡，他觉得这有辱他的名誉。他批评说，围观的人不应该把目光从主要人物身上移开。

他作画的地方在城墙外的郊区，但是无论是围攻时期出现的敌人，还是一直响彻他耳边的兵刃的声音，都没能使他离开此地，他也始终没放下画笔。德米特里一世被他的冷静所震惊，有一天询问他保持冷静的原因是什么，普罗托耶尼斯回答说："这是因为我明白和你们交战的是罗德岛人，而不是艺术。"他并没有说错，德米特里一世正是艺术的保护者。德米特里一世在普罗托耶尼斯的房子周围安排护卫，防止他受到骚扰，使他远离危险。德米特里一世时不时地去看看普罗托耶尼斯的画作，总是对他的绘画造诣感到惊叹不已。

普罗托耶尼斯和亚里士多德是好朋友，他还为这位哲学家的母亲画了一幅画像。亚里士多德对他的画技给予了高度赞扬，希望他能把天赋用在比猎人、萨蒂尔和人物画像更高层次的题材上。亚里士多德向他提议亚历山大征战这一题材很适合作为历史画的内容，因为这个题材有宏伟的思想，事件比较丰富多样，所要描绘的事件还有其重要性。然而，普罗托耶尼斯独特的品位以及对平静宜人主题的偏好，使他还是趋向于另一种题材。亚里士多德从他手中仅能得到一幅亚历山大的画像，除此之外，他的画作中没有留下其他任何历史元素。

科斯岛位于塞拉姆斯河口，在罗德岛和萨摩斯岛之间。这座岛面积虽然不大，物产却极为丰富，出产的葡萄酒风靡整个希腊。这座岛屿的第一批居民是何时出现的，我们并不能确定。然而，从荷马的作品中我们得知，希腊人早在特洛伊战争之前就已经在这座岛上居住了。有可能是埃皮达鲁斯的多利安人定居在这里。早年间，这两个地区对阿斯克勒庇俄斯的崇拜，似乎可以证实这些居民的身份。科斯岛人和哈利卡那索斯人、尼多斯人以及罗德岛人结成了一个政治联盟。

在公元前5世纪，一位波斯国王的地方长官或总督名叫卡德摩斯，他在科斯岛建立了自己的统治。但是几年后，他就辞去了职务。古代的贵族式宪法又重新得到恢复，这座岛屿似乎取得了政治上的独立。但不久之后，卡里亚女王阿尔特米西亚一世获得了这座岛屿的统治权。关于这些事情，我们在历史上只能得到寥寥几笔的记载。

再后来，科斯岛上建立了民主政府。随后，这里又爆发了起义，罗马帝国在小亚细亚建立起统治后，这座小岛也成为帝国的一部分。在拜占庭帝国统治时期，科斯岛落入土耳其人手中，一直到现在。

在科斯岛最鼎盛时期，位于哈利卡那索斯对面东北岸的最大城市非常繁华。然而，这座城市在伯罗奔尼撒战争时期，被一场大地震摧毁。这座岛屿现在约有8 000人。

航海者靠近这座岛屿时，都会被这里的美景震撼。岛的表面逐渐从水面伸展到山丘之上，从那里可以看见大量的溪流从山上奔流而下，流向海边。古罗马人盛赞科斯岛葡萄酒的香醇口感。现在制酒的技艺远远比不上先前了。现在的科斯岛上遍布柏树和松节油树。旅行家特维诺在这里看到一棵大柏树，树荫足够2 000人在树下乘凉。它的枝干伸展覆盖得极广，不得不用柱子撑着。树下有一些店铺、货摊，还有一些可供人们休息、娱乐的消遣场所。

著名哲学家希波克拉底是科斯岛人，他出生于公元前460年。据说，他的父亲赫拉克莱提斯是医神阿斯克勒庇俄斯的后代，他的母亲费娜雷蒂则是赫拉克勒斯的后代。起初他学习的是自然哲学，后来又转向了人体方面的科学。科斯岛信奉医神阿斯克勒庇俄斯，所有居民凡是患了瘟热后，都习惯把当时的症状和治疗方法记录下来。希波克拉底抄下了所有的记录，通过对它们的研究，进一步丰富了他的医学知识。

有一段时期，瘟疫肆虐——修昔底德对此曾有过详细的描述，当时，希波克拉底的精湛医术和无私精神体现得淋漓尽致。这场可怕的瘟疫在传到希腊之前，就已经使波斯受到重创。波斯国王阿尔塔薛西斯一世听闻希波克拉底医术高超，便写了一封信请他来波斯。这位国王答应给予他丰厚的酬劳和无上的荣耀，并承诺他的地位相当于宫廷里最尊贵的人。希波克拉底写信回复说，他现在已经无欲无求，他的医术之所以高超归功于他的朋友和同胞。

东方君主一向呼风唤雨，不习惯被人拒绝。阿尔塔薛西斯一世对希波克拉底的回复很不满意。他对科斯岛的政府提出要求说，把傲慢的希波克拉底交给他处置，并威胁说，如果拒绝，他会摧毁这座岛屿，毁灭这座城市。科斯岛人对这种威胁无所畏惧。他们回答说，薛西斯一世和大流士一世此前都没能迫使他们献上土地和水，他们这次也不会把他们的同胞交出去。强硬的回复取得了预期的效果，波斯暴君发现他傲慢的命令毫无用处。

瘟疫在雅典暴发时，城里的居民去向希波克拉底求助。他立即启程赶往疫区，直到疫情结束，他一直都待在雅典。他全身心地投入救治病人的事业中去，他的所作所为让雅典居民十分感激。他们通过了一项公共法令，授予希波克拉底一顶金冠，允许他自由进出这座城市，还给了他一些别的荣誉。如果他考虑好了，他余生的开销可以由雅典政府承担，孩子也可以在雅典接受教育，并享有公民的一切权利。

希波克拉底去世的具体日期我们并不是很清楚，但我们可以确定的是，他很高寿。他的两个儿子——塞萨鲁斯和德拉科，也同样是杰出的医生。

希波克拉底是系统研究药学的第一位医师，也是写下相关著作的第一人。他有着非凡的智慧、广博的学识和经验。他死后留下了很多著作，不仅让古人受益，就算放到现在也是很有用的。那些署着他名字的众多书籍，其中有很多是伪书。在那些他真正的作品中，有一本《箴言》，里面是简短的医学原则和至理名言。除此之外，还有他的《流行病及预测》，以及诸多关于空气、水、气候、养生之道、头部创伤以及骨折等研究论文。

对希波克拉底的记忆被科斯岛的居民保存至今。岛上有一棵受人尊敬的梧桐树，据说希波克拉底曾在树下授课。

古代著名画家阿佩利斯也是科斯岛人。然而，他的大半生在以弗所度过，我们在介绍以弗所名人时曾对他有过介绍。

第162章

希俄斯岛

（前1000—1823）

希俄斯岛是靠近小亚细亚的群岛中景色最美的一座岛屿。它离海岸很近，对面是古时被称作克拉佐美尼的半岛，半岛北面是士麦那湾，南面是萨摩斯湾。整座岛屿长30英里，宽10~15英里。岛上多山石，古代被称作“希腊的天堂”。

现在岛上的群山和丘陵有大片的裸露土地，先前这里可是长满了茂密的森林。岛上还有很多地方生长着橘子树、香橼树、橄榄树、桑树、桃金娘和石榴树等。那里果园出产的葡萄酒在当时有很高的声誉，是贺拉斯曾津津乐道的“最好的希俄斯葡萄酒”。在黎凡特一带，希俄斯葡萄酒至今仍是人们心中最优质的酒。斯特拉波时代，岛上有个很大的大理石采石场。希俄斯是这座岛古代的名字。意大利人则叫它希奥岛，希奥岛也是外国人所熟知的名字。

来自塞萨利的皮拉斯基人应该是希俄斯岛的第一批居民，但是关于这群人的信息，我们几乎一无所知。爱奥尼亚人从希腊向小亚细亚移民途中，有一部分人留在了这座岛上，希俄斯岛也就成了爱奥尼亚联盟的12个成员之一。

关于这座岛屿的政体和早期历史，我们知之甚少。约在公元前500年时，希俄斯岛人和希腊人一起，共同抵抗过大流士一世的波斯军队。而在公元前494年的一场希腊人与波斯人的海战中，希俄斯岛组建了一支由100艘战舰组成的舰队，英勇迎战入侵者。然而，这一切并没有阻止波斯人侵占这座岛屿的步伐。他们在岛上大肆掠夺，摧毁城镇村庄，推倒神庙，带走岛上的女人。波斯人被从希腊领土上击退后，希俄斯岛归属雅典，之后又依附于马其顿王国和罗马帝国。古代，岛上的3座主要城市分别是希俄斯、珀西底乌姆和法奈。

西罗马帝国灭亡后，拜占庭皇帝保有希俄斯岛的统治权。直到1346年，热那亚人对希俄斯岛发动袭击，拜占庭卷入与热那亚人的战争，没做什么抵抗就放弃了这座岛屿的统治权。当时的拜占庭帝国太虚弱了，无力从强大的热那亚海军手中夺回自己失去的领土，而热那亚人一直在这里维持了200多年的统治。最终，在1566年，土耳其人将热那亚人的势力驱逐出岛。

这座岛上有众多的拉丁教堂，他们给它起名叫“小罗马”。黎凡特的其他基督徒主要是东正教徒。1694年，威尼斯人在安东尼奥·芝诺率领下夺取了希俄斯岛的统治权，但是土耳其人在第二年又将它夺回。

希俄斯岛上的土耳其政府把这座岛屿视作一个享受特权的地方，它曾作为礼物被赠予苏丹的母亲，这位母亲派了一些官员去这座岛屿收集乳香胶。乳香胶是一种很有价值的商品，在君士坦丁堡被大量使用，苏丹后宫的妻妾们喜欢咀嚼乳香胶。

在苏丹母亲的保护下，希俄斯岛的居民免受土耳其政府的烦扰。他们有自己的地方行政官，不受帕夏和其他专制首领的压迫，生活也相对自由安全。因此，这座岛屿比邻近的地区都要繁荣。18世纪到过这里旅行的人都把它比作天堂，说那里居住着世界上最幸福的人。

希俄斯岛的人口超过了14万人，土耳其人不足400人。它的首府希俄斯市是一座美丽的城市，整体设计为意大利风格，常住人口为3万人。那里有一所学院，有四五百名希腊青年在此学习，学院里有个大的图书馆和印刷室。这所学校由岛上的商人自愿出资建造。这些商人拥有很多资产，与意大利和许多国家都有广泛的贸易往来。岛上总计有60个城镇和乡村。

希腊独立起义给希俄斯岛带来了巨大的不幸。起初那里居民的生活都很平静，但在1822年，来自邻近岛屿的一支起义军抵达希俄斯岛，鼓动希俄斯人也发动起义。岛上的居民性格柔弱，完全不适合打仗，岛上也没有可以抵御敌人入侵的天然防御工事。土耳其人不久后把复仇的矛头指向了希俄斯岛。

卡普丹帕夏率领一支由最凶恶的匪徒组成的庞大军队在希俄斯岛登陆，岛上不幸的人们毫无反抗之力，没有发生战斗，只有一场残暴至极的大屠杀。在这次大屠杀中，有2.5万人死于刀下，还有几个人逃走躲了起来，剩下的民众不分男女老幼，都被带走，在士麦那和君士坦丁堡的市场上被当作奴隶贩卖。整座岛屿就此荒废，最后沦为一片荒土。又过了一段时间，有几千名逃亡者回到岛上，土耳其政府承诺保护他们，但是现在的希俄斯岛仍是一片荒芜。①

① 巴尔干战争（1912—1913）后，希俄斯岛回归希腊。——编者注

关于哪个地方是古希腊诗歌之父荷马出生地的问题，多年来都一直存在争议，但很多人认为他就是希俄斯岛人。下面著名的诗句中说到，有7座希腊城市声称荷马是自己的公民。

7座富裕的城市争夺死去的荷马，

荷马活着的时候却在那里乞讨为生。

在这7座城市中，士麦那和希俄斯争夺得最厉害。有一条荷马所作的希腊诗歌的片段保存下来，其中他自述是“居住在希俄斯的老盲人”。但是，我们没有充足的证据证明这个片段属实。实际上，任何有关这位伟大诗人生平的事情都存在争议。即便是现在，学者们也未能就关于荷马的问题达成一致，他的存在甚至也被质疑。

旧的观点大多坚持希俄斯岛是荷马的出生地，现在这座岛上有一处遗迹叫作“荷马的学校”。有些古代作家认为荷马出生于公元前1000年，其他人认为他出生于公元前600年。阿伦德尔大理石上的记载确定他出生于公元前907年。希罗多德声称荷马比他所处的时代要早400年，所以荷马应该出生于公元前843年。

现存的《荷马传》一书据说为希罗多德所著。尽管它的确是一本古书，但人们认为这本书并不是希罗多德的作品。根据古人的记载，当时的人称荷马为迈欧尼德斯或迈欧的儿子，也有人说他叫迈里塞根尼斯或出生于梅莱斯河的人。许多传说都和这些名字有关。在希腊语中，荷马的意思是人质，这也成为许多人质疑这位诗人的根据。

所有关于荷马生平的故事都把他描述为一位吟游诗人。他漫游于小亚细亚的希腊土地上，也周游过爱琴海的众多岛屿，靠着吟诵诗篇谋生。据记载，荷马是一位盲人。关于他的死，说法不一。一种说法是，他被一块滚落的石头击中身亡。另一种说法是，他无法解出渔民所提的谜题，在苦恼中身亡。无论哪种说法，都没有确切的证据来证实它的真实性。

荷马的两首史诗《伊利亚特》和《奥德赛》最初由许多独立作品组成。大约公元前6世纪，在雅典僭主庇西特拉图的要求下，这些诗篇才第一次被有序地收集整理。据推测，在作者死后很长一段时间里，原诗中又增加了许多内容。在荷马时代，那时候的希腊人并不认识字母，这些诗歌在几个世纪里都是靠人们的记忆流传下来的。

许多人认为《伊利亚特》和《奥德赛》是不同时期创作的系列诗歌，先后进行了扩充。这些评论家认为，对荷马其人的每一种描述都是无稽之谈。另一个问题是：《伊利亚特》和《奥德赛》到底是不是同一个作家、同一个时期的作品？关于这个问题，早在古代就有人提出了疑问。现代的作家指出这两部作品在风格、写作方式和神话故事上都十分不同，这就证明它们属于不同的作者。另一些作家试图证明奥德修斯是《奥德赛》的作者。

荷马史诗对希腊人影响至深，但对这些作品的叙述是希腊文学和神话研究的主题，我们在这里不做详述。除了《伊利亚特》和《奥德赛》，荷马还有其他多首诗歌流传下来。其中有一首是喜剧，即《青蛙和老鼠之战》。此外，还有33首赞美诗，这些诗中却没有任何一首能够赶得上上述两部伟大史诗的古朴之风。

第163章

萨摩斯岛

（前800—1840）

萨摩斯岛距小亚细亚特洛基利乌姆海角约1英里。这座岛屿长24英里，宽12英里。岛上丘陵众多，但土壤却很肥沃，盛产多种优质水果。它是靠近小亚细亚的群岛中最富裕的一座。

据说，卡里亚人和莱勒格斯人是这座岛屿的第一批居民，但是这座岛屿的早期历史混合着传说成分。公元前8世纪，萨摩斯岛居民的商业和航海业已经十分发达。在埃及国王普萨美提克一世的保护下，他们与埃及有着密切的贸易往来。公元前630年左右，一个萨摩斯商人柯莱欧司成功远航至塔尔提索斯，我们在前面的章节中提到，他此行收获颇丰，赚了一大笔钱。那个时期的萨摩斯人建立了好几个殖民地，他们也加入了爱奥尼亚联盟。

公元前6世纪，这座岛屿的统治权落入了波利克拉特斯手里。他让自己成为一名僭主，是这个地区最有权势、最出名的君主之一。

他把势力扩展到了邻近的几个地区，在当时拥有的海军力量比任何一个希腊君主或国家的海军都要强大。他不断扩张自己的势力，激起了波斯国王大流士一世的妒忌。大流士一世通过总督奥罗埃特斯，将波利克拉特斯骗到自己手中，随后把他处死。

波利克拉特斯显然是一位极具政治才能的人。在他的统治下，萨摩斯岛成了群岛中最强大的一座，他没有放过任何一个可以使萨摩斯岛变得强大的机会。他的身边堆满了珍宝，每一件都是当时最名贵的宝物。他邀请许多杰出之士到他的宫廷做客，其中包括诗人阿那克里翁。

波利克拉特斯的死亡让萨摩斯岛落入波斯人之手，岛上的繁荣与发展也受到了强烈冲击。后来，波斯人被从萨摩斯岛驱逐出去，但岛上的居民再也没能恢复昔日强大的海上力量，再也没能找回曾经的政治地位。内部纷争和邻邦的骚扰让他们数年来深陷苦难之中。

这座岛屿拥有的作为海军基地的优势使其成为强大的君主和国家趋之若鹜的猎物，这些君主和强国在公元前的3个世纪内一直争夺萨摩斯岛的统治权。在相继成为埃及、马其顿王国和叙利亚王国的一部分后，萨摩斯岛最终于公元前84年成为罗马的一部分。

在罗马帝国分裂时，萨摩斯岛因为位于东部地区，由君士坦丁堡的皇帝加以统治。8世纪时，它被萨拉森人占领，但在13世纪时又被拜占庭帝国收复。在此之后，它又落入威尼斯和热那亚手中。1453年，土耳其苏丹穆罕默德二世率军占领了萨摩斯岛，直至本书写作的时代。①

① 1912年，萨摩斯岛回归希腊。——编者注

著名的哲学家毕达哥拉斯于公元前580年出生于萨摩斯岛。他是雕刻家姆涅撒库斯的儿子。他跟随费雷塞德斯学习哲学，在他的老师去世后，毕达哥拉斯感到一种前所未有的要去探寻异国风土人情的欲望。他放弃了他在国内的财产，踏上了出国旅途。

他到过埃及，花费了一些时间与那里的祭司交流，了解了他们宗教和科学的奥秘。萨摩斯僭主波利克拉特斯非常尊敬毕达哥拉斯，就写信给埃及国王雅赫摩斯二世，请求他盛情招待毕达哥拉斯。在这之后，毕达哥拉斯又去了东方，他拜访了迦勒底人和祆教徒。有些作家推测，他应该与以西结和但以理相熟。而后，他又去了克里特岛，结识了著名哲学家埃庇米尼得斯。最后，他带着旅途中所收获的满腹学识，回到了萨摩斯岛。看到他的国家正在饱受波利克拉特斯的暴政之苦，毕达哥拉斯心中很是难过，于是决定自行流放。他来到了意大利南部，在克罗托内落脚，居住在著名拳击手米洛的家中。

毕达哥拉斯创建了一个新的哲学派别，依据他所居住的地区命名，叫作“南意大利学派”。不久后他便声名远扬，在罗马获得了众人的敬仰。根据普鲁塔克的记载，在萨莫奈战争时期，神谕指示罗马人去建造两座雕塑，一座是希腊最勇敢的人，另一座是希腊最聪慧的人，罗马人便建造了亚西比德和毕达哥拉斯的雕像。

毕达哥拉斯的学生要经历两年缄默的见习期。对于那些天性多话的人，这个时期则要延长至5年。他认为几何学和算术对丰富年轻人的思想十分重要，可以为他们探寻伟大真理做前期准备。他同样也认同音乐的价值，在他的哲学理论和实践中，都充分利用了音乐。

据说，他假称这个世界由后来的七弦竖琴模仿出的一种和声所创造，他还赋予天体运动特殊的声音。毕达哥拉斯学派的门徒已经养成了一种习惯，那就是在早上太阳升起的时候，用七弦竖琴的声音将自己的思想唤醒，从而让自己的行动活跃起来。在晚上睡觉之前，他们也会弹奏七弦竖琴，使白天活跃的思想平静下来，以便更好地入睡。

毕达哥拉斯对他学生们的思想有很大的影响。毕达哥拉斯所发表的观点，被认为是真理，这就是著名的武断之言“他曾说过”的由来。有一次，他在休息时间训斥了一名学生，这个年轻的哲学家感到莫大的屈辱，选择了自杀。从那时起，毕达哥拉斯就被这件事带来的痛苦所折磨。因而，除了私底下责备学生，他再也没有公开责备过任何一个学生。

他的学说以及他个人的榜样让意大利变得更加美好。他发现克罗托内居民过着骄奢淫逸的生活，经过他的论证和说服之后，这些人变得节俭自制。他是历史上提到的第一位节欲的改革者。他生动地描绘了醉酒的种种坏处，不仅对个人有害，对国家亦然。他的演讲对克罗托内人产生了很大影响，他们的生活方式发生了彻底的改变，这座城市再也看不到往日那些毫无节制的放纵景象。

毕达哥拉斯的学说不仅影响到了他的学派和一些平民，甚至还影响到了宫廷的君主。他的门徒中有杰出的立法者如卡龙达斯等，这些人所立的法典使西西里岛和大希腊受益颇丰。他费了很大周折结束了意大利的战争，平息了内部派系的纷争，让国家归于平静。他曾说过：“发动战争只应为了对抗以下这5种情况：身体疾病、思想缺失、内心苦痛、城市暴动和家庭冲突。”

克罗托内人认为元老院应该完全按照毕达哥拉斯所言行事。这座城市不是唯一一座在其教导下向着更好方向发展的城市。毕达哥拉斯周游了许多城市，传播他的思想，所到之处都留下了他的智慧果实——良好的秩序和明智的法律。

关于毕达哥拉斯，有很多精彩绝伦、不可思议的故事。据说，他可以让野兽听从他的指令。他曾命令一头给多尼亚带来了毁灭性破坏的熊离开并消失。他曾在公牛耳边低语，禁止它吃豆子，此后，这头牛再也没有碰过豆子。

据说，有人看到、听到过他同时在两座城市的公众集会上辩论，而这两座城市相距甚远，一座在意大利，另一座在西西里岛。他曾预知过地震，平息过暴风雨，驱散过瘟疫，还治愈过疾病；还听说他有一条黄金大腿，他曾展示给他的门徒阿波罗神庙的祭司阿巴里斯看。

这些荒谬的故事可能是由他的崇拜者编造的，他自己并不认同，但毕达哥拉斯的道德准则令人敬佩。他认为，研究哲学应该倾向于单纯提升人的品性，将其与神性同化。他践行转世的信条，认为人类杀害、食用动物是犯了重罪。他有一条神秘的格言，说的是不要吃豆子，但是人们并不懂得其中的原因。豆子在公众集会时做投票用，他这样说想必是劝人们不要卷入党派政治中。

毕达哥拉斯活了80岁，最后在大希腊的梅塔蓬图姆去世。

莱斯沃斯岛是小亚细亚几座大的岛屿中位置最靠北的岛屿。它位于亚大米田湾附近，长约40英里，宽12英里。它有两个古老的名字，一个是伊莎，另一个是佩拉斯吉亚。根据这座岛屿的古老传说，皮拉斯基人是这里最早的居民。埃俄罗斯的孙子、拉皮苏斯的儿子莱斯沃斯通过神谕的指引，在这座岛上建立了殖民地，娶了佩拉斯吉亚王马卡柔斯的女儿麦塞姆那为妻，获得岛屿一半土地的统治权。自那以后，这座岛屿便叫作莱斯沃斯岛。

这个岛第一次出现在历史上时，岛上的居民是伊奥利亚希腊人，生活于民主政府的治理之下。后来他们在大陆进行征服，尤其在特洛伊领土上取得了不错的战果。随后，他们又接连卷入和雅典人、萨摩斯人和波斯人之间的战争。在与波斯人的战争中，莱斯沃斯岛无奈屈服。公元前479年的米卡尔海战中，希腊人击败了波斯人，莱斯沃斯岛人才有机会卸下波斯人施加的沉重枷锁，成为雅典人的盟友。

这种关系很快就有了殖民地依赖的性质。在伯罗奔尼撒战争期间，莱斯沃斯岛有过几次反抗，但都被镇压下去，继续附属于雅典。米提利尼有位市民，说他受到了这座城市富人们的侮辱，他们不愿意让自己的女儿嫁给他的儿子。他向雅典人控告说他们密谋与斯巴达人共同袭击雅典。于是，一支雅典舰队驶向了米提利尼，攻打这座城市。尽管得到岛上大多数人的支援，这座城市还是无力抵抗入侵者。它的城墙被推倒，城中1 000多名富人被杀。雅典人得到了这座岛屿的统治权。尽管岛上居民进行了反抗，但雅典人还是维持了他们的权力，直到被罗马人征服。后来，它又像小亚细亚的其他岛屿一样，成为拜占庭帝国的一部分。最后，它被土耳其人占领，直到成书年代依然如此。

古代，莱斯沃斯岛以其富有和人口众多而闻名。然而，它昔日的光辉并没有留存下来多少。岛上居民举止优雅，学识渊博，享有盛誉。可他们放荡风流的行为也让他们臭名昭著，这座岛屿被视为享乐和放纵之地。诗歌和音乐在很早的时候就在这里盛行。

莱斯沃斯岛的音乐学院非常有名，据说它的起源是：酒神的女祭祀将俄耳甫斯撕成碎片时，他的头颅和七弦琴被扔到了赫布罗斯河中，又被海浪卷起抛到了麦塞姆那的莱斯沃斯河岸。他的七弦琴被风拨弄，同时俄耳甫斯口中不断传出乐声，二者共同演奏出和谐的乐章。麦塞姆那人安葬了他的头颅，把七弦琴吊挂在阿波罗神庙里。为了回报他们的虔诚，天神赐予了他们音乐才能。事实上，莱斯沃斯岛诞生的音乐家比古代的其他音乐家都更为优秀。

女诗人萨福出生于莱斯沃斯岛。她出生的具体时间不详，但她生活在公元前6世纪。关于她的生平我们知之甚少，但在古代，人们都普遍认为她因为被一名叫菲昂的年轻人拒绝，求爱不得，跳海自尽。这似乎是编造出来的，而故事则出自她诗歌中的一些比喻。

她和诗人阿尔凯奥斯是同时代的人。萨福的诗受到了古人的高度赞赏。她的诗中除了一首颂歌和其他几个片段，别的都已佚失。然而我们现在得到的片段，也足以彰显这位诗人的声望。无论在温暖纯洁的感情上，还是在雅致优美的语言上，或许从未有任何一位古时或现在的抒情诗人能超越萨福。她被称为“第十位缪斯女神”。米提利尼人还在银币上铸上了她的头像。她写诗的风格现在被称作“萨福体”。

阿尔凯奥斯出生于米提利尼，他开创了“阿尔凯奥斯体”。他是莱斯沃斯岛僭主公开的敌人。他尤其与庇塔库斯作对，他曾在自己的诗歌中严厉抨击庇塔库斯。但是，他在战争中的勇气远不如诗歌中表现得那般强大。在向敌人进军的路上，他的内心十分恐慌，于是抛下了他的军队，逃走了。他的作品虽然没能保存下来，但其高尚、端正的风格受到昆体良的高度赞扬。

米提利尼的庇塔库斯是古希腊七贤之一。在莱斯沃斯岛爆发的政治动乱中，他在阿尔凯奥斯兄弟的帮助下，率领一队人推翻了统治该岛的僭主。后来，在与雅典人的战争中，米提利尼的居民把军队的指挥权交给了庇塔库斯。为了不让他的同胞流血，他提出与敌军将领弗里依一对一决斗。弗里依接受了挑战，结果被庇塔库斯杀死。米提利尼人出于感激，同意将城市的统治权交给庇塔库斯。庇塔库斯接管了这座城市，对这座城市施行温和且富有智慧的管理，并因此广受人们的爱戴。

阿尔凯奥斯是所有僭主公开的敌人。虽然庇塔库斯的政府温和、公正，但阿尔凯奥斯在自己的诗篇中并没有放过庇塔库斯，而是严厉地对他进行了批判。这位诗人最后被庇塔库斯抓住，但庇塔库斯并不打算报复诗人，而是放诗人自由，慷慨以待。庇塔库斯统治了10年后，主动退位，过起了隐居的生活。

泰奥弗拉斯托斯出生于莱斯沃斯岛，在公元前4世纪享有盛名。亚里士多德指定他为自己教授哲学的继承人。在雅典，他为他的老师赢得了声名，他的讲座常常座无虚席。他演讲的风格高尚而流利，为他赢得了“神圣的演讲者”这一称号。西塞罗曾讲过他的一个故事，从这个故事我们得知，他即使在最卑贱的人中间演讲，也可以表现出阿提卡风格的雅致。

在雅典居住了多年后，泰奥弗拉斯托斯认为自己已然完美掌握了这座城市的语言。但是，有一天，他在货摊上和一个卖草药的女人砍价时，这个女人指出了他言语中的外邦口音并说道：“不，这位外邦人，你不能再砍价了，这价格已经是最低的了。”泰奥弗拉斯托斯听完大吃一惊。他感到羞耻的是，他甚至不能让一个老妇人承认他是个土生土长的雅典人。

忒涅多斯岛、伊卡利亚岛和帕特莫斯岛同样也属于小亚细亚，但是，他们在历史上的记载极少。忒涅多斯岛位于古代的伊利昂附近，这座岛屿是希腊人实施特洛伊木马计时撤退的地方，它因此而为人所知。伊卡利亚岛的名字源于伊卡利亚海，这是爱琴海的另一个名字。帕特莫斯岛是使徒约翰撰写《启示录》时居住的地方。

阿拉伯半岛

第164章

阿拉伯半岛是个什么样的地方？

阿拉伯半岛位于亚洲西南部，幅员辽阔。半岛东临阿拉伯海和波斯湾，南临印度洋，西临红海；半岛北部的界线不是很清晰，这个地区的沙漠有时被视为叙利亚的一部分，有时被视为阿拉伯半岛的一部分。半岛南端几乎延伸到北纬12°，北端则超越了北纬34°，领土面积约为法国的4倍。

从某种意义上说，这个地区形成了一个独特的世界，在这个世界，天、地、人、兽都具有特殊的面貌，并且受到特殊法则的约束。

在如此广阔的地域，却没有任何体量的河流经过，也没有任何一座山峰插入云霄或是驱云逐雨，抑或是积起千堆雪。

这个地区的大部分内陆是炙热的沙漠，在几乎永远万里无云的天空下，一直蔓延到一望无际的平原，那里除了荒芜凄凉的原野并无一物。在这片辽阔孤寂的地面上，沙子向前翻滚成干燥的巨浪，或者堆积成山丘和柱状，形成了水龙卷的样貌，高高地耸立着。

当沙漠中的沙子没有被风吹拂之时，它们就像平静的海洋，在不远的地方望去，有时会被旅行者误认为是一池湖水。幻象随着旅行者的行进也随之一路向前飘移，而中间的区域仍在阳光的照射之下像炉火一样耀眼夺目。眼睛看到的每一个物体都被放大：灌木具有了树的外观，成群的鸟儿被误认为是商队的骆驼。沙漠中这种水蒸气最奇特的地方就是其反射能力。通过水蒸气看到的物体好似来自湖面，它们的外形有时会呈现特别奇妙的形状。

狂风吹成的沙山常常把旅行者埋在路上。人们通过辛苦找寻或者凭借直觉，把一些泉水标记出来，这些星星点点的水源使得路人的生命得以保全，但这些水源之间的距离和欧洲的城市间的距离一样遥远。

整个荒芜景象中点缀着青翠宜居的地点，这些地方被希腊人命名为绿洲。在那里，地面提供的水分不会被沙子迅速吸收，一个棕榈树丛生的绿岛便出现在了沙漠的怀抱之中，附近的动物也被吸引到此，甘愿接受人类的管控。

这些绿洲散布在阿拉伯广阔的土地之上，在红海沿岸的一些地区，水资源更加丰沛，繁华的城市从古代就已经存在。在半岛的东端或印度洋海岸，坐落着也门王国，这里被欧洲人称为阿拉伯福地。这一地区被丰沛的溪流灌溉，并且得到了精心耕种。这里是咖啡树的故乡，咖啡树至今覆盖着也门的群山。能够出产调味料和香料的灌木在这里郁郁葱葱，据说这些灌木散发出的香味被陆地的微风吹到海上，向即将靠岸的水手致敬。

然而，在阿拉伯的大部分地区，闷热的天气使得人们只能偶尔享受一次清新的凉风。空气干燥得令人窒息。炎热的天气加上瘟疫

沙漠绿洲

的暴发，经常将病毒扩散开来，对人、动物和植物造成同样致命的威胁。一位作家用他的生花妙笔把这片不毛之地描绘为“遍布沙漠与深坑之地、干旱和死亡阴影笼罩之地、无人穿越之地”。

整个南部海岸就是一堵裸露的岩石墙，贫瘠而荒凉。石墙零零星星地围出几处浅浅的沙滩，但沙滩中完全没有土壤和青草，给人的印象仍是贫瘠和荒凉。沙漠的某些部分与荒芜的山脊相交，这些荒山从巴勒斯坦的边界不规则地延伸到了印度洋沿岸；可是它们崎岖的山峰和干枯坚硬的山坡既无法提供水源，也没有植被覆盖。

阿拉伯半岛经常被可怕的西蒙风侵袭，这种风在当地被称为沙漠热风或叙利亚风。西蒙风经常发生在边境地区，而很少发生在内陆。在巴士拉和巴格达的干旱平原，以及阿勒颇附近地区，情况最为可怕。这种热风只有在酷热的夏天才会刮起，但在它的恶劣影响之下，大自然的一切似乎都将消亡。

阿拉伯人习惯于呼吸一种极为纯净的空气，据说他们可以通过空气中硫黄的气味和天空中异常的红光来感知热风的接近。平时的天空平静无云，此刻却变得阴沉可怖：太阳失去了光芒，呈现出紫色；空气变得混浊，不适合呼吸；皮肤开始脱水，纸张逐渐龟裂，每一滴水分都被蒸发，就像在炉火上烘烤一样。当西蒙风被人或动物吸入时，会产生一种窒息般的痛苦感，身体会被一种内热消耗，往往会导致痉挛甚至死亡。因西蒙风导致的死亡，尸体会表现出一种立即腐烂的状况，类似于被闪电击中后的样子。

当西蒙风刮到某个小镇时，小镇的居民就把自己关在房子里。这时的小镇笼罩在黑夜般的寂静之中。沙漠中的旅行者，一旦赶上这种可怕的疾风，除了脸朝地面趴下等待风息，没有其他逃脱的办

沙漠中西蒙风即将到来

法，因为有害的水蒸气总是在大气中的某个高度流动。动物的本能甚至教会了动物低下头去，把鼻孔埋在沙子里。狂风咆哮之时最为危险，它卷起大量的沙尘，导致看不到几米开外任何东西。在这种情况下，旅行者有可能面临着在干热风刮过之前便被埋在沙子里的危险。

在阿拉伯半岛旅行几乎都是通过商队完成的。商队由政府管理，每个人在商队中都有自己明确的位置。6万人和2万头骆驼有时和朝圣者队伍一起抵达麦加。过去，这个数目要大得多。1254年，一支由12万头骆驼组成的商队抵达麦加。叙利亚商队，顾名思义，从君士坦丁堡对面的斯库塔里①出发，经过小亚细亚和叙利亚，前往麦加。另一支商队从开罗出发，还有一支商队从波斯出发。在几条路线上，均有朝圣者和商人加入，而从一个地方到另一个地方则由地方长官全权指挥。除了这些每年组建一次的大型商队，还有许多其他的商队。

阿拉伯地区的一切都显示了一个本土民族的独立性：他们的古代传说是纯粹的且是自己民族所特有的；一个完全独特的文明在这个地区成熟起来，而且很明显没有任何外族的推动和帮助。犹太教是世界上最古老的宗教，起源于阿拉伯的边境地区。希伯来人长期居住在沙漠里。《约伯记》应该是一个阿拉伯人用自己的母语著述的。

自古以来，阿拉伯就被誉为自由和独立的家园，是世界上唯

---

① 斯库塔里，即现在的于斯屈达尔。君士坦丁堡即现今的伊斯坦布尔，于斯屈达尔现在是伊斯坦布尔的一个区。——译者注

商队穿过沙漠

——块从未屈膝于外族征服者的土地。时至今日，此地依然居住着人类远古时代的民族。他们的行为举止仍然呈现出自由与父权简单粗暴的组合，这种组合常见于社会历史发展的初期。

《圣经》的作者从阿拉伯人的举止中借鉴了一些最好的典故和最引人入胜的描述。他们时常提到以东的帐篷、基达和尼拜约的羊群、示巴的香料。在《雅歌》里，新娘取其画像于一顶阿拉伯帐篷之中，并把自己的头发比作阿拉伯山羊的绒毛。先知们的严正警告与希伯来诗人的崇高创作之间，有许多明显的相似之处，这在很大程度上归功于这一相同的来源。

希腊和罗马作家对阿拉伯地区知之甚少，因此，他们对这一地区政治版图的表述并不精确，也不完善。我们最熟悉的古代描述源于托勒密——他把整个地区划分成三部分：阿拉伯佩特拉（或称阿拉伯山地）、阿拉伯沙漠、阿拉伯菲利克斯（也称阿拉伯福地）。

阿拉伯佩特拉包括以东在内的半岛西北部，以东是以色列人离开埃及后所穿越的地区。这里有西奈山、何珥山、何烈山，也是先前描述过的佩特拉古城遗迹所在地。阿拉伯菲利克斯位于半岛西南部的红海和印度洋沿岸，以其调味料、香料、树胶和黄金而长久闻名。阿拉伯沙漠是阿拉伯半岛面积最大的地区，包括内陆、东部和北部的土地。

这些行政划分虽然不是那么明确，但在地理信息上均得以保留。阿拉伯菲利克斯在近代称为也门；阿拉伯佩特拉在近代称为汉志；而阿拉伯沙漠在近代则分为奥蒙、拉撒和内德谢德，内德谢德包含了内陆的沙漠地区。

阿拉伯仍然一如既往地由一些相互独立的小谢赫或小酋长统治。政体性质基本属于父权制，酋长行使着如同父亲在家庭内部般的至高权力。有一些小酋长居住在城堡里，有一些则掌管着城市，还有一些率领他们的部落游走于沙漠之中。

第165章

早期传说

（前2247—前1800）

古代的阿拉伯与大多数国家一样，处于极度的黑暗与不稳定之中。也许，没有哪个民族的历史能够追溯到如此遥远的起点，也没有哪个民族的名字能够如此的广为人知，更没有哪个民族的政治初创期笼罩在如此多的疑虑和传说之中。

阿拉伯人在荒原的中心地带与世隔绝了许多年，似乎完全沉浸于自己的仇恨和派系纷争之中，既没有兴趣也没有闲暇去尝试其他的使命。他们的主要精力集中在研究自己的谱系上——阿拉伯人没有一般的编年史，也没有对整个民族或特定部落常见的历史记载。承载着他们祖先的迷信与偶像崇拜，以及他们首领的争战与掠夺的歌谣及传说，一代又一代地传承下来。除了一些纪念性的碑文和诗歌遗存，还有大量掺杂着神话的传说被保留了下来。在阿拉伯人的古代记载中只有一个普遍的联系，那就是他们的民族血统。

阿拉伯的历史和传说都可以追溯到希伯的儿子卡赫坦或约坦，以及挪亚的后代闪，这一点已有共识。阿拉伯跟巴勒斯坦和埃及两地接壤的部分地区最初由含的儿子古实居住，他的后代建立了几个小君主政体和独立的政府。因此，古实这个名字经常被宗教作家和世俗作家用来指阿拉伯，也被用来指埃塞俄比亚。

多个部落在很早的时候就占据了从红海到迦勒底山脉之间的沙漠边境地区，这些人后来被以东的子孙所取代，而这片土地对他们来说是一片应许之地；但是阿拉伯人却对这些部落绝口不提，因为他们并非源于这个民族的两大祖先。本土作家认为他们的民族在民族史上有3个不同的民族构成——一是已经灭绝的古阿拉伯人；二是纯正的阿拉伯人；三是混血的阿拉伯人。

传说中保留了一些已经消失的古老部落的名字，以及关于他们的灭绝令人难忘的细节。虽然这是阿拉伯历史上的神话或传说时期，但它得到了《古兰经》的完全认可，并没有受到任何正统穆斯林的怀疑。根据相关记载，灭绝的部族中最著名的要数阿德人、赛莫德人、哲迪斯人和泰斯木人，这些都是闪的第三代或第四代后裔。

阿德是阿德部族的祖先，在语言混乱时期过后不久就定居在南部的阿克哈大沙漠。阿德的儿子沙达德继承了他的统治权，大大扩张了部族的领地。他作出了许多惊人的功绩，我们根据阿拉伯的传说来描述他最非凡的事迹。

在亚丁沙漠，一座城市由沙达德的父亲奠基，而由沙达德建造完成。沙达德模仿天上的乐园，以最奢华的方式装饰了这座城市，加之以宏伟的宫殿和宜人的花园，想要通过迷信的方式来鼓动臣民尊崇他为神。据说这座宏伟的建筑是用金砖和银砖交替建造而成的。屋顶用黄金打造，镶嵌着宝石和珍珠。树木也都用同样光彩夺目的材料建造而成。果实和花朵均由红宝石制成，树枝上栖息着金鸟和银鸟，鸟儿的中空部分盛满了各种各样的香料，一阵微风吹过，芳香四溢。沙达德给这个乐园起了个名字：伊阑。

乐园建成后，他便率领大批随从前去游览，欣赏乐园的美景。但是，上天不会让他的傲慢和不敬免于惩罚，于是在他们距离这座城市不到一天的路程时，沙达德被乌云中发出的可怕响声给震死了。阿拉伯人确信，作为一座宏伟的纪念碑，被施了魔法的伊阑城虽然不能被人看到，但仍然屹立在沙漠之中。

有人相信，在哈里发穆阿维叶统治时期，这个神奇的地方曾被一位寻找迷路骆驼的阿拉伯人发现过，而此后它也多次映入沙漠旅行者的眼帘，但总是出现在很远的地方。其实这种错觉很容易被该地区足以以假乱真的海市蜃楼现象所解释。关于阿德人和他们继任的君主，除了在几个世纪的进程中被也门的君王驱逐和摧毁，再也没有什么确切的记载了。

赛莫德人部落最初定居在阿拉伯福地，但后来被驱逐，迁往叙利亚边境。像阿德人一样，据说赛莫德人也都是身高90英尺到100英尺的巨人。赛莫德人力大无穷，哪怕在最坚硬的土地上踩一脚，也能把自己踏进及膝深的土里。《古兰经》告诉我们："他们住在岩洞里，把山凿成房屋，今日仍存。"奇怪的是，被约书亚摧毁的亚衲人的子孙就住在这些人的附近。犹太人的希伯来语作品将雅弗和他的儿子描述为巨人。他们说，这位族长从他的祖父挪亚那里继承了一台铁器，如果瞄得准确，一次可以击杀1 000人，如果瞄不准，仍可击杀500人。

住在山洞里这一事实让他们拥有了“穴居人”的称号。除了赛莫德人的子孙，还有其他的穴居人。他们不仅分布在亚洲，在阿比西尼亚和费赞也有发现。这些穴居人在普林尼时代之后就一直居住在那里。

泰斯木人和哲迪斯人的部族分布在麦加和麦地那两地之间，占据了也门整个平坦的地区，在同一个政府下混杂生活。他们的历史被埋没在黑暗之中，因此，当阿拉伯人形容任何东西在权威性上可疑时，便称其为“泰斯木人的传说”。

根据《古兰经》的记载，这些部落的灭绝非常不可思议，并且提供了一个神祇复仇的标志性例证。据说，阿德人和赛莫德人的后代已经放弃了对真神的崇拜，重新陷入偶像崇拜。他们遭受了3年干旱的严峻考验，却仍然铁石心肠，不思悔改。先知呼德（希伯）被派去教导他们回归原有的信仰，但很少有人听从。随后刮起了令人窒息的热风，刮了整整一周，还伴随着可怕的地震，神像摔成了碎片，神社倒塌在地。

洛克曼是阿德人的一位著名国王，据说他活到了“七鹰之寿”①。他与大约60人逃脱了这场灾难，并建立了一个叫作“小阿德”的部落。但是，根据《古兰经》的记载，由于他们的罪行，后来他们被变成了猴子。先知呼德回到了哈德拉马塞特，死后葬在哈塞克附近，那里有一个小镇仍以他的名字命名。

在阿拉伯人眼中，阿德的名字就像希腊人提到克洛诺斯或俄古

① 七鹰之寿，老鹰的寿命并不统一，但普遍认为平均在30年左右，七鹰之寿也就是活到了210岁左右。——译者注

革斯一样，代表着一个久远的时代，即任何极为古老的东西都被称为“像阿德国王一样古老”。

这些荒诞而神奇的传说竟然被当作历史记载下来，这可能被认为是一种堕落；但传说要求人们将其与该地区的文学和宗教联系在一起。不只是阿拉伯人蕴含格言、典故和谚语的诗歌，还有《古兰经》里的道德禁令，以及先知的神圣称谓，都严肃地提及这些主题，进而使人们能够接受。在穆斯林的心中，阿拉伯的古老传说充满了对虔诚和毋庸置疑的真理的崇敬。这些传说与民族习惯相结合，常常影响到民族性格。上古的这些传说教化了当代人的信仰，强化了当代人的职责。

阿拉伯人像犹太人一样，把自己的民族划分成多个支派。从最早的时代开始，他们就了解离散家庭和独立家庭的区别。这种划分不利于权力或政治影响力的巩固，却为我们提供了探索这一模糊不清的时代面貌的线索。在萨勒和加尼尔的家谱表中，列举了约60个纯正阿拉伯人的部落，其中许多部落在穆罕默德时代之前就已经广为人知。在摩西和约书亚时代之后，许多犹太人定居在阿拉伯，在那里，他们形成了强大而独立的部落，并一直延续到先知用刀剑消灭或驱逐了他们。

以实玛利是阿拉伯人所有祖先中最受尊敬的祖先之一。《圣经》中对这位著名人物的叙述很简短，但影响深远。以实玛利是亚伯拉罕和埃及女仆夏甲所生。在以实玛利14岁的时候，通过神的旨意降生的以撒夺走了父亲对他的爱。以撒的降生使得这位不幸的女仆和她的孩子被驱逐，他们因此被赶到周围某个无人居住的地区碰运气。夏甲的肩上只担着从主人的帐篷里带出来的一点儿食物和一皮袋水。

她领着孩子在别士巴的旷野中向自己家乡的方向走去，路上没有泉水。在这里，她那少得可怜的水和粮消耗殆尽，饥渴的折磨似乎无法避免。她陷入了绝望，但母亲的感情比匮乏造成的痛苦更加强烈。由于无法接受儿子在自己面前死去，她充满感情地让儿子躺在一片灌木下，然后自己退到远处。夏甲走到了一个一箭射程远的地方，席地而坐，她说："我不要亲眼看着自己的孩子死去。"她坐在那里，放声大哭。

就在此时，一位天使出现了，将夏甲引向一口近在咫尺的水井旁，水井的发现挽救了这对母子的性命。神以前作出的许诺更换为：以实玛利会成就一个伟大的民族，"孩子的为人必像野驴。他的手要攻打人，人的手也要攻打他"。他们继续赶路，到达了巴兰的荒野，并在那里定居下来。几年之后，以实玛利成长为一位男子汉，并成为卓越的弓箭手，他的母亲在自己的土地上为他娶妻。

描述到了此处，宗教的叙事戛然而止，作者的主要目的是想通过以撒的脉络来追述亚伯拉罕后裔的历史。

阿拉伯人在他们讲述以实玛利历史的版本中，把大量的传奇文学与《圣经》的叙述混为一谈。他们断言，汉志是以实玛利的定居地，干旱的荒野麦加是他先前获救的地方，也是夏甲死后埋葬的地方。他们相信，天使指出的水井是著名的渗渗泉，供所有虔诚的穆斯林饮用至今。

为了纪念以实玛利奇迹般的幸存，他们证实上帝命令亚伯拉罕建造一座神庙，而由他的儿子提供必要的材料。通过他们的共同努力，克尔白或圣殿被亚伯拉罕建立起来，并庄严地供奉。它的形状和材料是亚当小礼拜堂的精确复制——亚当小礼拜堂建造在天国乐园，并在大洪水中保存下来，被认为是神圣的克尔白的范例。

亚伯拉罕曾经站立过的黑石镶在墙上，至今仍被每一位伊斯兰朝圣者虔诚地亲吻着。据说黑石从天而降，并充当了亚伯拉罕的脚手架，自动升升降降，为他提供便利。起初，这块石头比牛奶还白，但由于几代有罪信徒的亲吻，导致它很久以前就变黑了。

神庙和水井成了最吸引人的地点，而也正是因为其声名鹊起，使得大量的人从四面八方蜂拥而至。这就是这座城市以及麦加迷信般声望的肇启，“麦加”这个名字本身就意味着它是一个众人向往之地。

无论这些传说是否可信，克尔白年代久远都是毋庸置疑的，因为克尔白的起源远远超出了基督教时代的开端。

根据阿拉伯人的说法，以实玛利被看作是麦加的君主和大祭司。亚伯拉罕死后第48年，以实玛利去世，安葬在他母亲夏甲的坟墓里。从克尔白的建立到穆罕默德的诞生，阿拉伯人估计中间经历了2 740年的时间。在这段漫长的历史时期中，麦加的其他小君主们几乎没有什么值得记载的东西。伊斯兰的谱系学者通过虔诚的努力将穆罕默德的血统追溯到以实玛利。

第166章

古代的国王

（前1800—529）

阿拉伯的历史自行划分为三个时期：古代、战争时期和近代。第一个时期所记载的事件均发生在穆罕默德诞生之前，阿拉伯人给这一时期命名为蒙昧时代；第二个时期的事件包括阿拉伯人的战争和阿拉伯帝国；第三个时期是从阿拉伯帝国的灭亡到现在。

叙述第一个时期的本土作家几乎都诞生于穆罕默德之前。外国历史学家对这一朦胧时代的研究只有大段的空白，几乎乏善可陈。斯特拉波告诉我们，阿拉伯福地被划分为4个截然不同的政区，而且他们的国王并不一定都是王室后裔，一定数量的特权家庭也享有王位的继承权。新王登基之后，这些家庭中出生的第一个男婴被视为王位继承人。与此相反，阿伽撒尔基德斯则认为王位是世袭的，国王们只要在王宫内就会受到极大的尊重，但是当他们出现在公众面前时，人们就用石头攻击他们，打死后还要把他们埋在粪堆里。狄奥多罗斯也记载了同样的奇怪状况。

在此期间，阿拉伯似乎有3个不同的政府或王朝：一是也门王国，或以第五位国王的名字称为希米亚里特帝国或希木叶尔王国，包括整个或大部分的也门；二是希拉王国或阿拉伯伊拉克王国，首都位于幼发拉底河畔；三是位于叙利亚边境的加萨尼王国，国王一度是罗马皇帝的总督，而希拉国王则是波斯国王的总督。这3个王国的历史有时是截然不同的，有时又是混杂在一起的。

卡赫坦被阿拉伯人认为是第一位也门国王，他的儿子雅拉布被誉为第一位讲纯正阿拉伯语的人。示巴建立了第一个首都，并以自己的名字命名，因此，当地的居民们也被称为示巴人。这些古代国王的历史不过是一个名录而已。

杜尔卡纳因被一些作家误认为是马其顿的亚历山大大帝，他是阿拉伯传说中的著名人物。我们被告知，杜尔卡纳因率领一支战无不胜的军队，向最遥远的地区进军，征服了强大的民族和巨人部族，占领了用黄铜建造城墙和塔楼的城市——城市如此的金碧辉煌，以至于城里的居民不得不戴上面具，以免自己的眼睛被晃得完全失明。

根据同样来源的记载，杜尔卡纳因的继任者杜尔门纳尔率军西进至非洲中部地区，在那里建造了一条灯塔链，用以指引自己的军队穿越沙漠。他因此而得名“杜尔门纳尔”，意思就是“灯塔之主”。

我们被告知，他的儿子将征服的范围扩大到直布罗陀海峡附近的丹吉尔，并将自己的名字赋予了整个非洲大陆。杜拉萨或者“恐怖之王”，他以征服了无头而眼睛和嘴长在胸口上的白来米人[1]而著称。希罗多德和地理学家梅拉都曾提到过白来米人这个民族，并认为他们居住于阿比西尼亚和南非。

贝尔基斯——也门的一位女性君主，根据阿拉伯人的说法，她就是著名的示巴女王。在她统治的第二十一年，示巴女王拜访了所罗门，并与他结婚。这个故事在阿拉伯历史中进行了如此浪漫的渲染，与其说是一个严肃的叙事故事，不如说是一个神话故事。

据说示巴女王曾被犹太君主征服。她在巡视阿拉伯时，曾放出一只麦头凤鸡去寻找水源，正在这个时候，犹太君主发现了示巴女王在山间的藏身之所。但在另一方面，阿比西尼亚人则声称示巴女王是他们的君主之一，并保存了据称是她与所罗门结合后所生后代的王朝记录。

亚萨辛名号为纳希尔纳姆——“奢华”之意，因拥有巨额的财富，他成为一位极具雄心的君主。据说他的野心将其带入非洲西部无人探索过的沙漠地带，但是能够移动沙丘的旋风迫使他在损失大部分军队后返回。为了纪念这一不幸事件，他下令在一个石头基座上竖立一尊铜制雕像，上面镌刻着铭文，表明这个地方是他前进的极限，没有人能在不捣毁这一雕像的情况下超越这个极限。

撒马或亚拉什——“战栗”之意，他的军事成就几乎能够与他的先王们比肩。他曾向波斯发动战争，征服了呼罗珊、索格狄亚那和其他地区。据说他将一座城市以自己的名字命名为“撒马尔罕”。撒马和他的军队一起，在试图穿越沙漠向中国鞑靼地区行进

① 白来米人，即为无头人，传说生活在古罗马时代的北非撒哈拉沙漠地区。——译者注

时全军覆没。

阿克拉姆的统治是阿拉伯历史上一段令人难忘的时期，因为政治上的大变动导致了一场名为“伊阑的洪流”的灾难。伊斯兰教的作家们对这一事件进行了详尽的论述，他们用各种各样的绝妙情节来美化这一事件。

> 示巴的领土虽然肥沃，但却因山洪冲毁房屋、庄稼和葡萄园而废弃。为了抵御这些毁灭性的洪水，其中一位国王示巴或洛克曼在山脊末端的山谷中建造了一座巨大的堤坝。
>
> 堤坝以实心砖石建造，砖石之间用沥青黏合，并用铁棒固定。堤坝高过默勒卜城，居民认为堤坝固若金汤，许多人便在堤坝旁边建造房屋。在这条堤坝附近15~20英里的范围内形成了一个120英尺深的湖，汇集了70条小溪的水。许多水闸把湖水引到居民的田地、花园和房屋中。用普林尼的话来说，默勒卜成了霸主的象征，成了世界之巅的王冠。

这个阿拉伯古代的黄金时代是这个国家的诗人和历史学家最喜爱的主题，他们对示巴的田野和森林进行了最生动的描述——美丽的花园、果园和宏伟建筑。我们被告知，一个好的骑手几乎都不能在一个月内骑马穿过这片广袤的耕地；一个旅行者从土地的这一端漫步到另一端，几乎感觉不到太阳的炙热，因为浓密的树叶为他提供了连续的阴凉。

它的奢华众所周知。纯净的空气、宁静的天空——无忧无虑的幸福——所有的人都想把默勒卜城打造为愉悦生活的幸福之所。一位土耳其地理学家告诉我们，默勒卜有12个独特之处，吸引力不亚于其丰富的溪流和美味的水果。城里没有毒蛇，没有苍蝇，也没有什么令人讨厌的昆虫。

城外的人遭了虫灾就来城里，尤其是在第三次瘟疫期间的埃及人，一进城他们就放心了。城里的所有市民都不易得病，而其他地方的病人、盲人和跛子，都可以通过在城里的水中洗澡得以康复。城里的气候如此温和，以至于人们没有必要更换衣物。女人永远也不会丧失青春的魅力和贞洁。

然而，所有这些想象中的幸福，都依赖于将湖水封闭的土墩的强度。据我们所知，在坚挺了1 700年之后，岁月的侵蚀和水的重量不知不觉地破坏了水坝的基础。预言家和解梦人都告诉了国王他所面临的危险，他们用许多可怕的迹象和异兆宣告默勒卜城即将毁灭，但半信半疑的君主不接受任何警告。最终，土墩瞬间从基部破裂，大水淹没了整个地区，摧毁了田野、城镇和村庄，并将整个肥沃的示巴变得一片荒芜。这就是阿拉伯“伊阑的洪流”的故事。

由于示巴人是一个骄傲和崇拜偶像的民族，《古兰经》将这场灾难描述为来自天国的公正惩罚。阿拉伯诗人在诗中哀叹这场灾难，他们的文学作品中保存了两首关于这一主题的挽歌。也门的居民中仍然流传着这个传说，有人会向外来的旅行者描述两座山旁的断壁残垣。事件发生的时间应该是1世纪左右。

在2世纪，阿萨德·阿布卡布赢得了“伟大征服者”的称号。他率领着一支军队向东方挺进，身后是1 000面旗帜，每面旗帜后面又跟着1 000人。据说他四处掠夺，带着数量巨大的战利品从印度返回也门。这次远征耗费了7年的时间。

297年，托巴·艾尔·阿什加因皈依了犹太教而闻名。在韦帕芗、提图斯和哈德良对犹太人发动的战争中，大量的犹太人逃离巴勒斯坦和叙利亚，定居在麦地那附近，并在那里建立了许多新的聚居地。因为被地方长官压迫，犹太人处死了地方长官。

托巴率领10万人的军队前去报仇。他围攻麦地那，威胁要消灭所有的犹太居民。据说，当时有两位拉比使托巴相信了他的行为有可能侵犯一个受天国特别保护的地方，而此地将注定成为一位伟大先知的未来庇护所。

托巴听从了这些意见，改变了自己的宗教信仰，也使得麦地那免于被战火毁灭。他皈依犹太教后，带了许多犹太人回到也门，任命这些犹太人担任重要职位。

然而，阿拉伯人反对引入一种奇怪的宗教，拒绝服从一位抛弃了祖先信仰的君主。这场争论最终诉诸自古以来人们习惯于解决争议的办法，那就是火裁法，裁决地点选在萨那附近的一个山洞。犹太拉比把《旧约》吊在他们的脖子上进入火热的洞穴，他们在火焰中毫发无损，而也门的神像和抬着神像的人却立即被吞噬。因此，犹太教被宣布为真正的宗教。

480年，邓诺瓦斯成为也门最强大的国王之一，但他对犹太教信仰的执着使他变成了一个缺乏包容性的迫害者，尤其是基督徒深受其害。尼耶兰的居民在一位叙利亚人的引导下皈依了基督教，并有了自己的主教，这导致他们被全体屠杀。

少数逃脱的基督徒，请求哈贝希人（阿比西尼亚人）的基督教国王向也门国王开战，以报复这种残酷的行为。阿比西尼亚的国王应允了这一请求，命令他的儿子阿里亚特率领7万军队，前去杀死所有犹太人，把当地变成荒野。

阿里亚特在亚丁登陆，烧毁了自己的船只，以此向军队宣示，他们必须征服敌人，否则只有死路一条。阿拉伯人因纷争而被削弱，又出人意料地遭到袭击，遭受了大规模的屠杀。529年，邓诺瓦斯战败，在发现自己难以逃脱后，便催马来到一处悬崖峭壁之上，投海自尽。

第167章

阿比西尼亚人和波斯人对也门的征服

（529—605）

基督徒的复仇对也门的独立造成了致命打击。两位希木叶尔王朝的公主为夺回统治权而进行了一场失败的斗争。那个古老的王朝已经永远地失去了权杖，而此时权力已经被转移到一位阿比西尼亚征服者的手中。这是阿拉伯人的说法，但是阿比西尼亚的编年史提到了327年的一次穿越红海的远征，那次远征征服了希木叶尔王朝沿海相当一部分地区，并在那里建立了阿比西尼亚人的殖民地。而对也门的最后征服，正如前面阿拉伯本土的编年史中所述。

作为对胜利的奖赏，阿里亚特被任命为也门总督；但阿伯拉哈强横而奸诈的策略缩短了阿里亚特的统治。阿伯拉哈原来是一个罗马商人的奴隶，现在当上了远征军的军官。他在一部分军队的支持下，倒戈攻击阿里亚特。对内战的恐惧促使他们通过一对一的决斗来解决这场争端。在这场决斗中，阿里亚特被一名奴隶奸诈地捅了一刀，原因是在此之前他弄伤了对手的脸。这使奴隶获得了“艾尔阿什拉姆”（被割伤鼻子的人）这个称号。

哈贝希人扬言要惩罚反叛者，并发誓要扯着头发把阿伯拉哈从王位上拽下来，摧毁他的领地，用他的鲜血染红他的长矛。阿伯拉哈对这些威胁似乎都漠不关心，他想出了一个巧妙的计策，在不危及自己的情况下让那些人实现这些誓言。他装满了两袋土，剪下两绺头发，装了一小瓶鲜血，放入一口盛满麝香的豪华棺椁里，送给他的主人，希望这种简单的惩罚方式能使王室高兴。哈贝希人被安抚，篡权者的地位也得到了认可。

阿伯拉哈致力于促成阿拉伯人皈依基督教。在装点首都的所有建筑中，有一座富丽堂皇的教堂，我们确信它在当时是无与伦比的。祭坛的一侧摆放着一颗巨大的珍珠，一位阿拉伯作家告诉我们，这颗珍珠是如此的璀璨，以至于它能在黑暗的夜晚被当作灯来使用。

阿伯拉哈的目标是把萨那打造成阿拉伯的耶路撒冷，这座圣城将最终取代麦加，成为所有朝圣者将来都要来的地方。这激起了偶像崇拜者尤其是克尔白世袭守护者的愤怒。他们看到了基督教神殿的流行，以及自己的光辉由盛转衰。在一个庄严的节日之夜，两个阿拉伯人在教堂里犯下亵渎神明的罪行之后，逃到了麦加。阿伯拉哈誓言报复，宣称要将那座城市夷为平地。阿伯拉哈召集了一支4万人的军队，并骑上一头巨大而美丽的白象亲往讨伐。

这支强大的军队出现在麦加城前，令城里的居民大为震惊，因为他们还没有做好防御的准备。麦加的君主兼大祭司阿卜杜勒·穆塔里布被侵略者掠去了200头骆驼，他到侵略者的营地讨要，在那里受到了无比尊贵的接待。“我来，”他说，“要求归还我的牲口。”“为什么不，”阿伯拉哈问道，“恳求我放过你的神殿？”“骆驼是我自己的，”麦加的君主回答说，“克尔白属于众神，他们会捍卫它。许多国王都试图毁灭它，但他们自身的毁灭或失败使它免遭亵渎。”

骆驼被归还了，但神殿却被留了下来。大祭司和市民们一起退到附近的山区和要塞。阿伯拉哈骑着大象向麦加城进发，大象却不再前进，无论强迫还是恳求。朝着叙利亚或也门等任何其他方向，大象都会快速前进，但就是不会朝着克尔白走一步。其他13头大象表现出同样的行为。

最终，奇迹再次挽救了这座城市。无数的鸟群如浓密的云，突然从海边出现，盘旋在阿比西尼亚人的上空。每只鸟的嘴里都衔着一块石头，每只爪子上又各抓了一块石头。它们将这些石头扔到围攻者的头上，希望把他们都砸死，只有少数人得以逃脱，后来也死在了旷野之上。阿伯拉哈一个人逃到了萨那，他就“像一只鸡一样不停地颤抖”，不久就死于一种令人厌恶的疾病。

这就是对被称为“大象战争”事件的神奇描述。这次战争发生于569年，那是伊斯兰教历史上一段众所周知的时代，因为先知穆罕默德也出生于这一年。关于这些神奇的记载，我们很难理解，除去超自然的渲染外，也许这一令人难忘的事件仅仅是对麦加的一次宗教远征。阿比西尼亚人之所以大败，可能是因为麦加人的英勇，还有可能是由专业弹弓手投掷出来的石头让他们难以招架。

阿伯拉哈死后，他的儿子亚克苏姆和马斯鲁克先后继位。他们的放荡与压迫让阿拉伯人离心离德，也使得希木叶尔王室后裔赛义夫成为有力的竞争对手。赛义夫向波斯国王库思老二世求助。当时波斯国王的财富和威严在东方无人能及。

赛义夫在库思老二世的会客厅里见到了这位波斯君主，官员、乐师和宫女环绕在他四周，宫女有1 200人，“每一位都花容月貌”。根据史学家对这些事件的描述：一顶由最昂贵的珍珠和珠宝制成的巨大王冠，能装下6蒲式耳[①]小麦，因为国王的脑袋无法支撑王冠的重量，于是用一条从天花板上垂下来的金链子挂住，悬于王座之上。王冠上覆盖着一层纱，只有在国事活动之时才会揭开。

库思老二世冷漠地听完前来求助君主的人的诉说之后，说：“你的土地，遥远而贫瘠，它只出产绵羊和骆驼。我们不想也不能为这件事兴师动众。”之后他吩咐人把1 000块金子及一件华美的袍子送给赛义夫。这位有心计的阿拉伯人立刻把金子扔给奴隶和街上的人群，对惊讶的国王说：“波斯的金子和珠宝对我有什么用？我自己国家的山是金山，土是银土。”这种行为反而对唤起波斯人的贪婪有更好的效果。

库思老二世下令强征帝国内的所有死刑犯入伍，共计征募到3 600人。他说：“如果他们征服了这些地区，这将增加我的领土；如果他们死了，也只是因为他们的罪行而受到惩罚。”

有了这些援军，赛义夫回到了阿拉伯，在亚丁附近的一场战斗中，马斯鲁克被指挥这次远征的波斯贵族韦拉兹射了一箭。这场胜利在阿拉伯人之间传播，令他们欢欣鼓舞。波斯人占领了萨那，下令杀死所有的阿比西尼亚人，并在城墙上竖立起了波斯的旗帜。他

① 1蒲式耳≈36.37升。——译者注

推倒了其中一座城门的拱门，以免高傲的库思老二世的旗帜在进城时受到阻碍。波斯国王任命赛义夫为总督，每年向波斯进贡。赛义夫对阿比西尼亚人的残酷行径，导致了他在统治4年之后被一名奴隶刺杀。韦拉兹残忍地报复了每一个拥有埃塞俄比亚人种那种黝黑皮肤、卷曲头发的人。

从605年一直到伊斯兰政权建立，也门都由拥有埃米尔头衔的波斯总督所统治。如果阿伯拉哈成功地占领了麦加并摧毁了克尔白，他很可能会在它的废墟上建立起基督教的信仰。这样，阿拉伯可能归心于西方的宗教，并悄悄地屈服于十字架的教义，而不会经历一场改变半个世界居民和宗教的巨变的冲击了。

第168章

希拉王国和加萨尼王朝

（200—633）

位于伊拉克的阿拉伯希拉王国大约是3世纪初由一部分离散的阿拉伯部落建立起来的，这些部落因“伊阑的洪水”被迫逃离也门。当时，阿尔沙克王朝仍然统治着波斯，但已经处于分崩离析的状态，当他们发现伊拉克没有任何正规的政府或者防御手段时，便邀请沙漠中的游牧者来占领这片地区。这些游牧者的首领马利克，先是在幼发拉底河畔的安巴尔建立了新的王国。后来，王朝的第三位统治者阿姆鲁又把王国迁到幼发拉底河下游的城市希拉。

这些君主的历史不值得关注。他们不停地发动战争，长期在外征战，传说他们中只有一位死在了自己的领土之内。马利克在他的国土上建立起了阿拉伯的偶像崇拜。他乔装打扮离开王宫在城市巡视时，意外地被一支箭射杀。

乔代玛又被称为阿尔·阿布拉什（“避之唯恐不及之人”之

意），将自己的统治范围扩展到了汉志和也门的一些地区。他在军中施行了正规的军纪，使得他的军队比对手的散漫战术更有优势。据信他是首先在夜间行军时使用照明，也是第一个使用弩弓的阿拉伯人，弩弓是用于投掷石块或放箭的军事装置。

乔代玛因美索不达米亚的阿拉伯女王扎巴的背叛而被俘。女王命人割开他双臂上的血管，使他流血而死。他的侄子阿姆鲁继位，设计为他报仇。阿姆鲁让自己的亲信科塞尔伪装成商人，和商队一起前往哈德尔。那是扎巴宫廷的所在地，城防极为坚固。一些作家断言，为了获得扎巴女王的信任，科塞尔像佐普鲁斯一样，使出苦肉计，割下了自己的鼻子。他假装带了大量的商品给女王看，女王并未起疑心，于是向他敞开了大门。科塞尔的驼队驮着2 000大包麻衣，每包里都藏着两个士兵。这些士兵一接到指示，就包围了宫殿，杀掉了所有的人。扎巴女王也死在了大屠杀之中，而她的领土则被希拉王国吞并。

努曼一世以征服叙利亚而闻名。他在叙利亚掠夺了大量的战利品，使他得以用花园、葡萄园、小树林和狩猎园来装饰自己的首都，这些装饰不亚于默勒卜城。幼发拉底河上停满了他的小船和游艇，狩猎场中也满是供猎杀的瞪羚和其他动物。

波斯国王伊嗣俟二世将儿子兼继任者的教育托付给了这位君主。为了解决这位皇家学生的住宿问题，努曼一世建造了被称为哈瓦纳克（欢乐宫）的宏伟建筑群，阿拉伯作家向我们描述了宫殿无与伦比的雅致与辉煌。但是，不幸的建筑师塞纳马尔轻率地宣称他本可以把宫殿建造得更好，于是诺曼一世命令他从最高的那一座塔楼上头朝下跳下来。因此诞生了一个谚语，用来形容一个忘恩负义之人——“他得到了塞纳马尔式的赏赐”。阿拉伯人认为这座宫殿是世界奇迹之一，因为固定整座建筑的只有一块石头，而且白天墙壁上会变换颜色。据说努曼一世皈依了基督教，之后他放弃了王位，以期脱离尘世间富丽堂皇的幻象。

520年即位的蒙达尔三世是一位勇敢而富有进取心的战士。他是波斯国王卡瓦德一世的盟友，率领15万人的军队协助卡瓦德一世入侵东部罗马帝国的领土。普罗柯比记载：“在50年的时间里，他不断地袭扰罗马人。从埃及到美索不达米亚，他攻城略地，烧杀抢掠，得到了大量的俘虏，并将他们卖为奴隶，以获取大笔的金钱。蒙达尔三世在任何一位敌将得知他将进攻，或者可以借机追赶他之前发动突然袭击，进而让自己有足够的时间撤退。他俘虏了许多罗马官员，并以此获取了大笔赎金。总之，蒙达尔三世是帝国所有敌人中最难对付的一个。”

希拉王国的其他国王在历史上寂寂无名，但我们还是讲一则有关努曼三世的逸事。据说，努曼三世原来是一位暴君和偶像崇拜者，后来皈依了基督教，因为他见证了一位阿拉伯基督徒的真诚友谊。这位基督徒向努曼三世保证，如果他的朋友没有在指定的时间返回，他愿意替朋友受罚，就像皮西厄斯对达蒙所做的那样。努曼三世被这种英勇高尚的行为打动，赦免了罪犯和他的担保人，接受了能够激发这种高尚情操的宗教。

633年，在蒙达尔五世统治时期，希拉王国被穆斯林入侵并征服。此后，它的历史便与伊斯兰征服者的历史融为一体。

加萨尼阿拉伯人是一个离散部落的群体，他们向北迁徙到大马士革境内，在那里建立了加萨尼王朝。王朝名来自他们最初定居的山谷。这个君主政体从220年左右到636年，延续了大约4个世纪。阿拉伯作家们极少提到这个王朝，因为加萨尼国王是依附于罗马帝国的基督徒。

他们建造了许多教堂和修道院，又经常与波斯和希拉的国王交战。我们从圣保罗那里得知，在他的时代，统治大马士革的是一位阿拉伯国王，名叫阿雷塔斯（哈雷斯）。4世纪初，波斯国王霍尔木兹二世要求加萨尼王朝的叙利亚阿拉伯人进贡。这些人相信他们的罗马盟友会保护他们，不仅拒绝了这个要求，而且还入侵波斯领土，俘虏了霍尔木兹二世，并将他和他的所有随从处死。

波斯国王的儿子沙普尔二世对加萨尼人的这种侮辱进行了可怕的报复，他蹂躏了从沙漠到阿勒颇的整片地区。最后，加萨尼王国跟希拉王国一样，被第一批伊斯兰征服者所灭亡。

第169章

古代阿拉伯的文化（上）

阿拉伯人大体可以分为两大类，在性格和习惯方面存在着极为明显的差异。沙漠中土生土长的阿拉伯人过着游牧和捕猎的生活，他们把自己看作是一个与以农业和贸易为生的城镇居民不同的民族。他们用各种各样的名字来称呼自己，都表现出了自己独特的生活方式，他们被称为“山地民族”“帐篷中的定居者”“沙漠居民”“贝都因人”等。其他的阿拉伯人都有固定的居所，或从事生产劳动，都被叫作“土屋中的定居者”。古往今来，这两类阿拉伯人的明显差别一直都保持完好，时至今日，依然如此，一如4 000年前。

游牧部落蔑视一切和平的技艺。他们的主要工作是照料自己的牧群，那是他们的主要财富，并为其提供所有的家庭生活必需品。游牧部落与周围的世界几乎没有接触，而且节俭的习俗使他们超越了更精致和更文明邻居的过度需求。他们一直夸耀说，遵循贝都因人的生活方式活着，几乎不需要什么。贝都因人的主要食物是椰枣和牛奶。骆驼是他们所有财产中最常见也是最有价值的一种，兼具多种用处。它可以作为食物，也可以作为驮畜，每年脱落的长毛还可以用来织布。

虽然食物和衣服都是自然赐予的，但贝都因人并不羡慕周围肥沃土地的占有者。贝都因人对自由的热爱比对财富的渴望更加强烈；对其他民族来说，热爱外来奢侈品会导致灾难性的后果，但对游牧阿拉伯人的父权制度却没有任何影响。

对阿拉伯人来说，故意的冒犯是永远也不会被原谅的，他们会将愤怒深深埋藏在心里，然后等待数月甚至数年以寻找恰当的复仇机会。阿拉伯人在每年的4个月份不会报仇——1月、7月、11月和12月。这4个月一直被视为神圣的月份。在这几个月里，刀剑被虔诚地归鞘，枪头也被摘下来放好了。受到伤害的人和伤害别人的人完全生活在安全的环境中，一个人遇到杀害他父亲或兄弟的仇人，也不敢复仇。据称，把这几个月份作为神圣月份的目的是保证商人和朝圣者的安全。

所有的作家，无论是宗教的还是世俗的，都在谈论示巴或也门难得的广泛贸易。先知以西结对提尔所做的描述，不仅对古代商业进行了奇妙的说明，而且也是对当时在阿拉伯海洋和港口进行的国际贸易的忠实描述。

> 他施人（提尔人）因你多有各类的财物，就做你的客商，拿银、铁、锡、铅兑换你的货物。底但人用高贵的毯子、鞍、屉与你交易。亚兰人（叙利亚人）因你的工作很多，就做你的客

商；他们用绿宝石、紫色布绣货、细麻布、珊瑚、红宝石兑换你的货物。威但人和雅完人拿亮铁、桂皮、菖蒲兑换你的货物。①

约伯提到珍珠、红宝石、珍贵的红玛瑙、蓝宝石、珊瑚和黄玉，这表明即使在他很小的时候，北方部落也并非对这些富裕邻居的奢侈品一无所知。

狄奥多罗斯认为阿拉伯福地如此富饶，以至于世界上所有的珍宝似乎都集中在那里，就像在一个环球集市一样。第一位值得信赖的历史学家阿伽撒尔基德斯描述了也门的贸易及各种各样的产品，他描绘了一幅独特的东方贸易图景，这种场景比基督时代早200年。当时，阿拉伯是印度和埃及之间的交通要道，希腊人在冒险航行到红海之前，习惯于在阿拉伯的港口购买货物。

阿伽撒尔基德斯写到，示巴盛产各种产品，可以使生活更为幸福。这片土地不但出产常见的产品，还出产香脂、决明、香料、没药、桂皮等贵重商品。树上流出香味浓郁的树胶，香味随着微风在空中弥漫，使得当地人不得不通过在鼻子底下燃烧沥青和羊毛来刺激他们那不再灵敏的嗅觉。示巴人用有香味的木头烧制食物，奢华的生活习惯与君主的富贵不相上下。他们的房屋用镶嵌金银的柱子加以装饰。门用象牙制成，上面镶着花瓶和珠宝。住宅里有许多价值连城的餐具和雕塑。

其他作家也用类似的语言来描述示巴人的奢华和财富。阿利安提到他们做工考究的绣花披风、没药花瓶、金银器皿。斯特拉波描

① 本段《以西结书》的译文取自《圣经》和合本。——译者注

述了他们用黄金和透明宝石打造的手镯和项链，以及金质的杯子和其他家用器皿。

据信，当时黄金的产量极为丰富，因此价值只相当于黄铜的三倍、铁的二倍，而银子的价值却有黄金的十倍之高。据说，阿拉伯的山脉出产高纯度的黄金，储藏量与现在的加利福尼亚相当。狄奥多罗斯说，汉志的一条河流盛产黄金，河口的淤泥里几乎完全是这种金属。

然而，这些精细的描述现在听来必须打一打折扣了。现代旅行者的发现揭开这个神秘地区的面纱之后，许多真实或想象中的宝藏就都消失不见了。在托勒密和恺撒时代，许多有价值的商品被认为是阿拉伯的产品，现在看来是从印度和其他邻近地区进口的。古人的溢美之词很难再从脑海中抹去，可是这些描述也必须建立在坚定的事实基础之上，因为人们可能会被传说和夸张所蒙蔽。但也门山区曾经出产黄金，似乎是一个历史事实。

当地的主要产品之中，香料从古至今都首屈一指。在犹太人和其他东方民族中，香料在宗教祭祀中的使用已经超越了前代的历史记录。以色列人的各种祭品都要香薰。耶利米说："为了什么目的，示巴来的香、远方来的甘蔗，都到我这里来了呢？"泰奥弗拉斯托斯谈到了从各个地方收集并带到太阳神庙的大量物品。要进贡所有香料的1/10给示巴人供奉的神，这些香料都是用骆驼大批量地从产地运送过来的。维吉尔提到了100座为了纪念帕福斯的维纳斯而建的祭坛，这些祭坛里用的都是示巴的香料。

我们发现古代作家对这种著名商品的生产所做的描述都混杂着传说和神话，博物学家甚至无法确定产出此种香料的灌木种类。泰奥弗拉斯托斯在他所著的《植物史》一书上说，这种灌木长满了阿拉伯的山坡。希腊地理学家提到的哈德拉毛，以及被称为萨查莱茨的广阔区域，都是香料的故乡。

他们所描绘的这些区域很难进入，那里空气混浊，极不利于健康，并且毒蛇肆虐，被咬后便无药可救。只有奴隶和罪犯被派到那里采集香料，香料完全属于政府，且受众神保护，通过违禁手段获取的人一定会受到极为严厉的惩罚。很可能是阿拉伯人编造了这个故事，目的是吓跑那些香料树种植地附近的陌生人，进而使他们自己能够保持对这一行业的垄断地位。

从地理位置上看，阿拉伯人能够保障印度、非洲和欧洲之间的全部交通安全。他们在红海的主要港口，一个是克拉那，另一个是奥古斯都时期罗马人驻守过的疏克，还有位于海湾下游1 000多英里的莫萨，以及在曼德海峡的奥西里斯。在对岸，主要的商业中心是阿尔西诺伊、迈奥斯、霍尔木兹、贝雷尼塞、多利买、塞隆和阿杜利斯。埃及国王托勒密的猎人会在塞隆和阿杜利斯两个港口为他的军队采购大象。

亚丁是印度和红海之间古老的交通中心。从东方来的这些船只太大，无法通过海峡，就把货物卸在这里。这座城市在1世纪被罗马皇帝克劳狄一世摧毁，目的是压制一切可能干扰罗马商业的势力。在君士坦丁大帝时期，亚丁重获商业名望，被称为罗马人的大型商场。

阿拉伯人的贸易并不局限于滨海城镇。从远古时代起，这一地区就被无数的商队横穿，建立了海与海之间的陆路通道。当罗马人在东方扩张领地时，利润丰厚的阿拉伯贸易通道便落入了他们的手中，他们在东部海域的商品制造业与彰显武力的掠夺精神形成了鲜明的对比。罗马人对域外产品的爱好变成了一种狂热，并引来了普林尼的抱怨，说帝国由于每年花费200万美元来购买同样昂贵且奢侈的商品而让自己财产渐空。

希腊作家对从事阿拉伯贸易的商人的物品清单进行了精细的记载，列举的物品有金、银、铁、铅、锡、黄铜、象牙、龟壳、燧石玻璃、雕像、标枪、斧头、锛子、小刀、锥子、各种衣物、军用斗篷、细棉布、丝绸、亚麻布、被子、粗棉布、腰带、地毯、中国扇子、树胶、调味品、宝石、没药、香料、芳香树脂、桂皮、生姜、决明、蜂蜜、山茱萸、糖、胡椒、芦荟、安息香、香脂、香精等。甘蔗似乎是在阿拉伯种植的，但其所含的糖分却不如印度的甘蔗。希腊人和罗马人对糖这种产品持有非常不同的概念，他们认为糖是在芦苇中形成的自然结晶，少量蔗糖在古代欧洲被当作药材。

第170章

古代阿拉伯的文化（下）

古代阿拉伯人对诗歌和演讲展现了极大的热爱。除了热情好客和精通武器与马术，诗歌和演讲是他们最为珍视的技艺。沙漠中的游牧部落生活在大自然的孤寂壮丽之中，他们比那些已经开化的同胞更加懂得运用与欣赏这些智力禀赋。

阿拉伯人的主要欢庆场合有男孩出生、母马产驹、客人登门、诗人诞生。除了勇士和骏马，诗人是一个部落可以夸耀的最珍贵的财富。人们极为关注诗歌和演讲方面的才能。在举行的集会上，诗人赛诗、演说家论辩，参与者根据表现在公众舆论中获取相应地位。

每个部落都有年度大会，在那里，部落的荣誉被捍卫，品格被颂扬。在每年持续30天的奥卡德交易会上，人们不仅可以交换商品，也可以展示才华。可以想象，贝都因人凶悍的精神和歌谣使得这些智力竞赛通常会以流血冲突而告终。为了消除这一古老传统所产生和蕴含的嫉妒与仇恨，穆罕默德以《古兰经》的明确训诫将其废除。

诗人最高的理想抱负就是占领文学的舞台。胜出的作品会被用金字誊写到埃及莎草纸上，挂在麦加神庙供公众瞻仰。在这些成功的作品之中，有7篇阿拉伯人认为是有史以来最好的作品，从而被保存了下来。这些作品都表现出了许多奇异的特点、田园风格式的特征，以及敌对部落之间的血腥纷争。蕴含阿拉伯艺术家创作灵感的这些早期作品是他们国家仅有的档案资料——他们的文学百科全书，其中蕴含了所有有益和有趣的知识。

一旦终止了战争状态，凶猛的阿拉伯战士就完全变成了另外一个人。他的帐篷是陌生人的避难所，他善良好客，让人宾至如归。寻求他的保护或向他吐露心声的旅行者受到热情款待且不计回报。主人不仅把陌生人当作客人，而且把陌生人当作家人。他会冒着生命危险去保护他人的生命。他一言既出，驷马难追。

阿拉伯人对陌生人所展现出的热情好客并不局限于营地或帐篷之内。每座山上都有“热情好客之火”在夜里熊熊燃烧，把旅行者带到一个安全的休息之处。在冬天的黑暗中，方圆数英里的地方都被这些灯塔照亮，灯塔越高越大，带给灯塔主人的荣誉就越多。灯塔作为相互竞争的善意标志，比拼的是数量和范围。“你的火，”一位阿拉伯诗人说，“在日落后的每一个山谷点燃。疲倦的旅行者透过昏暗的夜晚，远远地看到这些红色的信号。”

然而，好客的美德常常会发展成奢侈。每个人都在不切实际的慷慨行为中努力超越对方。那些在慷慨方面表现出色的人都戴上了花环，好似他们在战场中冲锋陷阵取得胜利一样。一位名叫哈提姆的阿拉伯酋长的慷慨众所周知，而他让泰部落流芳千古。哈提姆真的是做到了有求必应。他的一次筵席常常会烤上40头骆驼，而且在一个极度匮乏的时期，他为了给客人提供食物，杀死了自己仅有的一匹马——这是一匹非常名贵的马，罗马皇帝甚至派使者来买过。

哈提姆拥有一颗不屈不挠的博爱之心。在最漫长、最黑暗的夜晚，如果某个倒霉的朝圣者需要栖身之所，他会裹上斗篷离开床榻，亲自到附近的帐篷借火引柴为朝圣者取暖。他不满足于在山上生火，还把狗放出来，使得狗的叫声可以让陌生人知道哪里可以找到休息之处。阿拉伯半岛上的人们都念着哈提姆的好，比如有一位女性在战场上被俘，她宣称自己是哈提姆的女儿，便获得了自由。

麦加市民之间曾经举办过一场竞赛，选出哪一位才是最慷慨的人。这一奖项颁给了一位眼盲的老人，名叫亚伯拉罕，他把自己全部的财产都用来做善事，财产中就包括了两个领着他四处走动的奴隶，没有他们，他只能用手摸着墙壁才能在这座城市中走动。

除了天才的诗歌、生动的幻想和华丽的意象，阿拉伯人还有着丰富、灵活和传神的语言。阿拉伯语跟希伯来语、叙利亚语和迦勒底语同源，但词汇却丰富得多。由于被不同民族的文学创作和商业交往所充实，阿拉伯语变得极为丰富而和谐，从远古时代开始就为当地人所赞美。他们向我们保证，没有灵感的人根本无法完全熟练运用阿拉伯语。

事实上，阿拉伯语中有200个字表示蛇，500个字表示狮子，1 000个字表示剑。菲鲁兹·阿巴迪或阿拉伯的约翰逊博士、诺亚·韦伯斯特，在他的词典中定义“蜂蜜”一词，就给出了80个不同的同义词，而且他说并未穷举。

大量修饰语的积累是阿拉伯人的习惯以及环境导致的必然结

果。在沙漠中仔细研究大自然荒凉而崎岖的外表，很难让人对其形成统一的概念。在贝都因人看来，地面和天空的面貌是无限多样化的。在他生动的想象中，没有两朵云是一样的。春天的暴风雨不同于夏天和秋天的暴风雨。他的骆驼走的每一步，以及那只益畜一生中的每一个时期，都有着独特的名字。给骆驼饮水的行为会根据它忍受干渴的程度不同而有着不同的表达。他的马的每一个行为、动作和嘶叫都有一个恰当的术语来区分。对于未曾谋面的陌生人，只要一见面，他就会从这个人的面容、嘴唇的颜色或肌肉的颤动中读出对方的想法和感情。

这种语言庞大的命名法在很大程度上要归功于强大的记忆力，语言保存主要归功于目不识丁但思维敏捷的人的口耳相传。正是在游牧的牧羊人的帐篷里，人们讲着最纯粹、最优雅的阿拉伯语，使其获得了最好的发展。批评家们赞赏阿拉伯语非凡的细腻、大胆而充满活力的庄严，以及同样地用于爱情和挽歌的自然哀婉、讽刺的辛辣和大众演说的崇高。

阿拉伯人认为，他们大部分的古代语言已经消失了，考虑到书写艺术在他们中间普及的时间比较晚，这并非不可能。

在真正意义上的学问方面，阿拉伯人在穆罕默德之前几乎没有取得什么进展。而他们在天文学方面的知识，是长期经验积累的结果，而不是定期研究科学规律的成果。他们整天在开阔的沙漠里游牧，于是便带着好奇心去观察星星。对阿拉伯人来说，星星是夜间行进的向导，是预测天气变化的参照。

关于他们在高雅艺术或手工艺术方面的成就，我们没有确切的记载；但是，如果装饰他们住所的装饰品和昂贵的家具真的是他们自己所在地区制造的话，那他们的手工艺术可能与印度人和埃及人不相上下。

阿拉伯人对时间的划分比较粗疏。他们认为从以实玛利来到麦加到穆罕默德迁徙麦地那，共分为10个时期，都是建立在一些历史事件的基础之上，例如克尔白的建造、伊阑的洪水、大象战争等。不同的部落采用不同的纪元方法，这往往使他们在计算时间时变得混乱。像大多数古代国家一样，他们把一年分成了12个月，以7天为一周。

阿拉伯人也迷信。其中最受欢迎的是对梦的解释。这门技艺以及各种各样的占卜术，同犹太人、迦勒底人、埃及人和其他民族有着共同之处。这个地区满是魔法师、巫师、占卜师和占星家。阿拉伯人热衷于占卜，鸟的迁徙或某个动物的特殊动作，足以使最重要的旅行暂停下来。

阿拉伯人中的异教徒都是偶像崇拜者。他们宗教信仰的本源是星辰崇拜。天上发光体的美感，以及它们无声的规律运动，都给世俗的心灵留下一种监察世间和永恒力量的印象。一些父权制宗教的模糊传说仍然蕴含其中，他们的信条中仍然包含着各个级别的神灵。他们用7座著名的神庙分别供奉着7个星辰。有些部落只崇拜月亮，有些部落只崇拜天狼星。

古代阿拉伯人崇拜的偶像众多，其中最著名的是从叙利亚贝尔卡引入的霍巴尔神。这是一座用红玛瑙制成的神像，供奉在克尔白的顶端，位置靠近亚伯拉罕和以实玛利的雕像。神像因意外失去了握着神箭的那只手，阿拉伯人就为他换了一只金手。他周围站着一大群小神，已经累积到360个。因此，仅在麦加，阿拉伯人就可以在一年中的每一天亲近一个新的敬拜对象。

哈乃斐学派为他们的上帝准备了一块面团，在极端饥荒的情况下，他们像埃及人对待韭菜和大蒜那样对待面团——“立即去做礼拜和吃东西”。男人、女人、野兽和鸟的形象充斥着阿拉伯万神殿，数不胜数。一些部落由于与波斯频繁交往，已经接受了麻葛的宗教（祆教），而其他的一些部落则信仰犹太教。很明显，基督教必定在很早的历史时期传入阿拉伯。东方教会普遍认为，使徒多马于56年前往印度的途中，于阿拉伯福地和索科特拉岛传教。圣保罗本人曾居住在叙利亚边境的加萨尼王国。

第171章

穆罕默德（一）

（570—619）

穆罕默德生于570年的麦加[①]。他的家族是阿拉伯最显赫的家族之一，属于古莱什部落哈希姆家族，他们是克尔白的守护者以及麦加共和国的首席行政官。穆罕默德的祖父阿卜杜勒·穆塔里布曾集三权于一身，但他和他的儿子，即穆罕默德的父亲阿卜杜拉，在穆罕默德成人之前就去世了。穆罕默德的母亲是一名犹太人，名叫阿米娜。麦加的管理权传给了穆罕默德的叔叔阿布·塔勒布，阿拉伯未来的立法者所继承的唯一遗产只剩下了5头骆驼和1名奴隶。

这些对事实的简单叙述还不足以使信徒们对他神圣使命中的奇妙事物产生羡慕和热爱。阿拉伯人的迷信给他们先知的幼年时期罩

① 对于穆罕默德的出生日期，并非完全没有争议。也有人认为是在569年，有人认为是在571年，还有人认为是在572年。我们采用了570年，因为这一日期目前看最为权威。——原注

上了一圈奇异的光环。虽然穆罕默德没有世俗的财富，但根据他们的记载，他的出生充满了异兆。如同其他惊世骇俗的伟人一样，穆罕默德的降生既有上天的神迹，也有大地的奇迹。

人们相信，在穆罕默德降生的时候，“先知之光”环绕着他，光亮强烈如灯，为他的母亲照明，光芒一直照射到叙利亚。波斯人燃烧了千年的从未间断的圣火，此时却永远地熄灭了。库思老二世的宫殿因地震而开裂，其中14座塔楼被夷为平地。这些预兆的出现预示着萨珊王朝在历经14位国王之后灭亡。大量其他虚构和超自然的预言，都由穆罕默德的传记作家精心搜集而来，但同样夸张。他那些坚定的追随者们虔诚地相信，甚至有千百个人敢于冒着生命危险，誓言证明这些奇迹的真实性。

13岁时，穆罕默德跟随叔叔的商队来到了叙利亚进行贸易。传说此行中的几大奇迹表明了他未来的伟大之处，让这次出行不同凡响。据说他是在波斯拉的集市上遇到了著名的聂斯托利派[①]修道士费利克斯（或称塞尔吉乌斯），他被称为巴希拉，被基督教作家指控后来协助穆罕默德编写了《古兰经》。

25岁时，穆罕默德为一位名叫赫蒂彻的贵族寡妇服务，为了她的商业利益，他再次来到叙利亚。穆罕默德的热情和聪明才智很快就得到了女主人的青睐。赫蒂彻青春不再，但穆罕默德被誉为古莱什部落最英俊的男人。对女人充满热情并不会受到阿拉伯道德的谴责，而且法律规定可以一夫多妻，他在24年婚姻里的忠诚也证明了他真诚和温柔的感恩之心。只要她还活着，他就不给她树立情敌。

---

① 聂斯托利派为基督教分支，传入中国后称景教。——译者注

穆罕默德的人格品质是体贴和朴素。他有着丰富的想象力，而且在大多数事情上都极为节制，已经超越了宗教隐士，使他适合于宗教冥想和进行崇高的遐想。他的外表有着区别于东方人的那种严肃的举止——端庄的举止，以及和蔼可亲的表情。他试图修正自己的信仰，使同胞们脱离严重的迷信，并以此开始了他非凡的宗教改革之路。

偶像崇拜的大祭司是穆罕默德的爷爷，后来的大祭司是他的叔叔，穆罕默德因与黑石神庙的联系而被尊崇，并拥有强大的权势，他太了解这里了，以至于无法在这个简陋的象征或四周的神像之中发现神性。他对孤独和遁世的热爱有助他思考神灵的本质之谜。

穆罕默德每年都会隐退到距离麦加3英里的希拉山洞中一次，他会花费一个月的时间在那里，专注于禁食、祈祷和冥想。这庄严的静默，奠定了他未来的伟大基础。在这里，他思考他的宗教计划，也许是如何征服这一地区。穆罕默德忧心忡忡地注视着阿拉伯的灾难：阿拉伯人抛弃了自己古老的习俗，引入了外来的风俗。他从母亲那里得知，犹太人仍然期盼着以色列的捍卫者；他从基督徒那里听见耶稣应许给那些爱基督的人。穆罕默德通过与自己的灵魂沟通，认识到神的永恒存在。

15年来，他默默地思考着这个崇高的想法，通过冥想使之成熟，通过遐想提高自己的想象力。据说他患了癫痫病，一发作就认为自己听到了天使的声音。最后，他说服自己，他自己是一幅地图，能够向世界揭示一个崇高的真理，并带领各民族重获幸福。毫无疑问，穆罕默德一开始就是自己教义的信徒，他的信仰始于真诚。

他并没有自称引入一种新的宗教，因为这会引起同胞的猜忌，并把不一致的意见融合成一种普遍的反对声浪。穆罕默德宣称自己的目的仅仅是恢复唯一真实和原始的信仰。他承诺这一教义可以将人类从脆弱而堕落的品质中净化出来。

他花了比平常更多的努力来调和阿拉伯人的分歧。穆罕默德在哀叹偶像崇拜者的疯狂的同时，对他们的固执表现出极大的宽容。他保留了受他们欢迎的仪式，至少是那些符合自己观念的仪式。穆罕默德甚至把被尊崇的古老习俗冠以天国的认可，使之更具吸引力。

穆罕默德的计划终于成熟了，并获得了神圣的名望，在某种程度上与他即将承担的崇高而可敬的职责相符合，于是在609年，他宣布了自己肩负的使命。他将这一消息第一个告知了赫蒂彻。本分的妻子相信或假装相信了。第二位信徒是他的堂弟阿里，当时阿里只有11岁。第三位是他的奴隶扎伊德。第四位也是最重要的一位是艾布·伯克尔——一位富裕的麦加居民。穆罕默德耐心地花了一些时间，在他的同胞中慢慢地传播这一新的教义。头3年，他只得到了14位门徒。穆罕默德现在43岁了，对成功有了充分的把握，可以更加公开地宣布他肩负的使命了。因此，他指示阿里准备一只羔羊和一桶羊奶，邀请了40位客人并款待他们。穆罕默德在集会上对他们说：

“朋友们，我今天给你们的是阿拉伯其他人所不能提供的——最宝贵的礼物，这世上的宝藏，也是将来的宝藏：主命令我代替他为你们服务。你们中谁将是我的维齐尔，与我分担这一重要使命的重担和辛劳，成为我的兄弟、代理人和使徒？”

听到这样的演讲，大家鸦雀无声，惊讶不已。最后，热切的阿里回答说：“啊，使者，我要做你的维齐尔，听从你的命令。凡敢与你作对的，我必挖出他的眼睛，打碎他的牙齿，折断他的腿脚，撕裂他的身体。”但是，一般的客人都以轻蔑和嘲笑的态度对待这种言论。

第一次尝试虽然没有取得成功，但穆罕默德并未气馁，他以不倦的热情为完成他的计划而努力。嘲笑、责备、侮辱都不能挫伤他的热情。穆罕默德并没有把自己的努力局限于麦加市民，他在克尔白等候从阿拉伯各地来此朝圣的人。他向他们表示，他们所信仰的宗教仪式是粗劣的；他诉诸他们理性，恳请他们承认宇宙的统治者是一位看不见的、仁慈的、全能的神，但一开始进展缓慢。穆罕默德遇到了同胞们根深蒂固的偏见，他们被他的大胆和傲慢所冒犯。穆罕默德受到了嫉妒和恶意的攻击，以及企图颠覆古代宗教的指控。

尤其是麦加市民，对他污蔑天房[①]的圣洁感到愤怒。他们担忧自己的神灵，似乎这些神灵已经被从基座上推倒了。他们看到了这一新的崇拜的威胁，采取的主要抵制手段就是阻止它的诞生，他们决心粉碎穆罕默德的尝试，以消除威胁他们财富和地位的势力的萌芽。一个由主要人物组成的代表团出现在阿布·塔勒布面前，提出了抗议：“你让你的侄子保持沉默，制止他的鲁莽行动，否则我们将拿起武器保卫我们的神。血脉的联系也不能阻止我们拔剑。”阿布·塔勒布对这些威胁感到惊恐，于是劝说穆罕默德放弃他那无望的使命。“免去你的忠告吧，”穆罕默德回答说，“那些崇拜偶像的人，即便拿起太阳和月亮作为武器来针对我，把一个放在我的右边，一个放在我的左边，都难以撼动我的决心。”

---

① 天房，阿拉伯语音译，意为“立方体房屋”，专指“真主的房屋”。一般指克尔白，世界穆斯林礼拜朝向和朝觐中心。在伊斯兰教创立之前，就是阿拉伯人的圣地。——编者注

第172章

穆罕默德（二）

（619—628）

古莱什部落在反对穆罕默德的过程中占了主导地位，他们发现无论威胁还是乞求，都无济于事，因此宣布将他和他所有的追随者全部流放。由于麦加已不安全，他们撤退到附近的一个据点，在那里被围困了3年之后，阿布·塔勒布的声望使得他们成功地回到了麦加；但是，当塔勒布死后，亚扪人艾布·苏富扬成为麦加的首席行政官和宗教领袖时，很明显，穆罕默德只能在逃跑和死亡之间作出选择了。他的敌人已发誓要暗杀他。然而，一个避难所已经准备好了。

穆罕默德信条的传播在阿拉伯其他地区取得了一些进展。麦加以北60英里的麦地那城已经宣布准备接受他，并认可他为使者和最高领袖。夜深人静，在艾布·伯克尔的陪同下，穆罕默德从家里逃了出来。逃亡者先到距离麦加几英里远的一座小山上的托尔山洞休整，他们在那里躲藏了3天。

追捕者来到了这个山洞的洞口，发现洞口有一张蜘蛛网，在网的旁边有一个鸽子窝，窝里还有两个蛋。眼前的景象使得他们相信没有人进入这个地方，便匆匆离开了。逃亡者在洞口听到了追捕者的声音。“我们只有两个人。”艾布·伯克尔颤抖着说，他为穆罕默德的危殆命运流下了痛苦的眼泪。“还有第三个，”无畏的穆罕默德回答道，“就是神本身。”

3天后，他们离开洞穴，穿过棕榈树林，朝麦地那方向逃去，结果被一群敌人追上，却凭借恳求和应许得以逃脱，这真可谓是载入史册的一刻！只要长矛一刺，就可能改变半个世界的命运。

穆罕默德的这次逃亡或“圣迁”发生在622年7月16日，他的追随者把这一天作为新纪年的开始，尽管这一纪年是在使者去世几年后才被引入的。穆罕默德胜利进入了麦地那，现在不仅被视为使者，还被视为最高领袖。他的宗教从此刻开始获得了不同的精神，穆罕默德不再满足于说服的艺术，而开始采用一副命令的口吻。他宣称，长期受苦和忍耐的时期已经结束，自己的使命以及每一个真正信徒的使命，就是用剑扩张自己的宗教帝国，摧毁异教徒的神庙，推翻偶像，并将不信教者追赶到天涯海角。

天国的荣耀并不是对穆斯林勇者的唯一奖励，人间的财宝也要分给他们。因此，新的宗教吸引了游牧的贝都因人，与其说是因为它灌输给他们一种崇高的教条，不如说是因为它给予掠夺的许可，以及赋予征服者的权力，这些权力不仅针对被征服者的财富，而且针对被征服者的女人和奴隶。

在穆罕默德可以分享信徒们通过武力得来的财富时，他并没有背离自己简朴的生活。他的房子和他在麦地那的清真寺完全没有装饰。他的衣服很简陋，食物是一些椰枣和大麦面包。每逢星期五，他都会靠在棕榈树旁，向民众布道。直到许多年后，他才让自己坐到一把木椅上面。

穆罕默德没有接受过正规的教育。根据最权威的记载，穆罕默德并不识字，尽管这一事实饱受质疑。在阿拉伯，对于基础教育来说，读书、写字并非不可或缺。但穆罕默德的记忆中却点缀着母语中所有精彩的诗歌。他的语言风格清新雅致，说起话来强劲有力、循循善诱。他口述的《古兰经》被认为是阿拉伯文学的杰作。

第173章

穆罕默德（三）

（623—631）

被蔑视和被迫害的麦加流亡者在麦地那定居大约一年后，宣布对古莱什部落发动一场战争。他们有意袭扰古莱什部落的商业活动，试图在山中的狭路上劫掠商队。第一次尝试失败了，但穆罕默德很快就亲自扭转了局面。

他来到了距离麦加大约40英里的白德尔平原，这里有一个常见的供水站。他的密探们给他带来了情报，那就是有一支由上千头骆驼组成的偶像崇拜者的商队，满载着大量的货物，正从叙利亚返回。穆罕默德率领一小队人马去拦截商队，他们的骑兵太少，只有两匹马和70头骆驼，大家只能轮流骑乘。

为了人身安全，穆罕默德安排建造了一座临时的木制小屋，并用绿色的树枝遮挡。他还准备了一头行动敏捷的骆驼，一旦失败，可以避免被俘虏；因为，不管他多么确信自己能得到神的帮助，他

商队

都清醒地认识到人类有太多卑鄙的手段可以使用。

双方的军队满怀激情和仇恨，奋勇冲锋。偶像崇拜者和穆罕默德追随者之间的人数比例是3∶1，但是，穆罕默德追随者的无惧无畏压倒了偶像崇拜者。当穆罕默德的追随者勇敢地继续进攻他们的敌人时，他们的统帅为他们热烈地向上天祈祷。穆罕默德和艾布·伯克尔坐在木屋里，眼睛盯着战场，喊道："孩子们，鼓起勇气，像男人一样战斗！团结一致，射出你的箭，这一天就属于你了！"

他持续地激励着他们，直到斗篷从他肩上掉落。然后，他在恍惚中惊叫道："胜利！艾布·伯克尔！胜利！看呐，天国的骑兵来帮助我们了！"穆罕默德以这种方式重新点燃了军队的热情，他亲自跨上战马，冲到队伍最前面，带领他们夺取了胜利。

但是，穆罕默德并没有让成功作为人民信仰的基础。同年，他在距麦地那6英里的吾侯德遭遇了惨败，他本人也在那里受伤。这场灾难险些毁掉他的名声，穆罕默德的追随者开始怀疑他或许只是自命不凡而已，但穆罕默德用他惯常的演讲，把损失的全部责任归咎于他们自身的罪恶，并向他们保证，70名在战场上牺牲的战士已经到了天国乐园。吾侯德之战的失败反而增强了穆罕默德的坚定。

犹太人成了他仇视的对象。也许他有些希望犹太人承认他是他们的弥赛亚。穆罕默德对犹太人心存感激，因为他有相当一部分的知识和宗教信仰源于犹太教。然而，他又对他们怀有敌意，宗教派别之间的仇恨似乎在比例上占了上风，尽管他们之间的分歧很少，一致性很多。犹太人强大、富裕、商业化的聚居地已经在阿拉伯各地建立起来，离麦地那也不远，但他们没有任何武装。穆罕默德接二连三地进攻犹太人的定居地，将它们占领，并把所得财产分给追随者。

但他最热切的愿望是征服麦加。在穆罕默德看来，这座城市既是他宗教的未来所在地，也是他真正的故乡。他希望在麦加恢复他祖先的荣耀，并通过自己的努力证明自己青出于蓝而胜于蓝。麦加人在战争中遭受的苦难比穆罕默德及追随者严重得多。他们的繁荣所依赖的贸易几乎被摧毁，商队被劫掠，羊群被抢走。麦加人付出了巨大的努力，在麦地那包围了穆罕默德，却在遭受了严重损失之后被击退。

“到目前为止，他们一直在找我们，”穆罕默德说道，“现在轮到我们去找他们了。”这次失败之后，麦加人似乎失去了所有的勇气。穆罕默德迅速成为阿拉伯最强大的君主。他的追随者把他的话看作是神的谕令，他们对他的崇敬是如此之深，以至于他头上掉下来的一根头发和他洗过身体的水都被保存下来，因为他们相信这些东西包含某种神圣的力量。

628年，穆罕默德向麦加进军。他发现这座城市的防御力量太过强大，因此，他违背了追随者的意愿，与麦加城达成了停战协议，并在下一年和平地进入这座城市。

穆罕默德觉得自己的权力已经稳固，便派出使臣，要求当时最有权势的君主，尤其是波斯国王和拜占庭皇帝成为他的追随者。波斯国王极其轻蔑地对待这一要求，拜占庭皇帝以一种温和而文明的态度表达了拒绝之意。在这些谈判中，穆罕默德继续对犹太人和邻近的阿拉伯部落采取敌对行动。在攻占海白尔要塞的时候，一个犹太女人在他的桌子上放了一块有毒的羊蹄膀肉，穆罕默德一口就把它吞了下去，而这足以在他体内植入致命疾病的种子。

穆罕默德领导的新教派的势力每时每刻都在壮大。沙漠中有1万名阿拉伯人加入了穆罕默德的军队。麦加的大门打开了，胜利的一天终于到来。629年，艾布·苏富扬向先知交出了城市的钥匙。穆罕默德以无与伦比的气势胜利地进入了麦加城。老对手中最为显赫的17个人（11个男人和6个女人）被宣布为不法之徒，其余的居民幸免于难。

他命令对克尔白进行净化；麦加人开始信奉穆罕默德的宗教，并订立了永久的法律：禁止任何不信教的人踏入圣城。使者从四面八方蜂拥而至，向新的君主道贺。从这一刻开始，穆罕默德可以被视为统治阿拉伯的君主了。在麦加投降后，他只花了3年时间就完全征服了这个地区。先知的将士们从红海海岸向波斯湾和印度洋海岸挺进。在632年，穆罕默德最后一次前往克尔白朝圣的时候，已有

114万名穆斯林在他的旗帜下行进。

在他统治的6年中，穆罕默德亲自参加了9次战役或围攻，他的将士们进行了15次军事远征。几乎所有这些行动都限于阿拉伯地区。但是先知的雄心壮志远远不能满足于在本地区的成功，他把注意力转向了巴勒斯坦和叙利亚。叙利亚的富饶激发了他的占有欲，他宣称与拜占庭皇帝希拉克略不免一战，遂决定进攻希腊帝国的那一部分地区。

一支由3万名信徒组成的军队集结起来，向罗马人正式宣战。阿拉伯人不情愿地参加了这次远征。这是一个收获的季节，也是一个匮乏的时期，田地里的庄稼需要他们收割。但他们只能徒劳地乞求豁免，并提出不同的借口——没有钱、没有马、没有粮食、庄稼成熟待收、夏日酷暑难当。“火狱更热！”愤怒的使者说道。于是阿拉伯人只能上战场。

他们的行军既痛苦又劳累。10个人轮流骑同一头骆驼，而且口渴得厉害。经过10天的行进，在热浪滚滚的沙漠中，信徒们在塔布克的水域和棕榈树旁休整。塔布克是一座位于麦地那和大马士革之间的城镇。在这里，他们得知罗马军队已经撤退，从而避免了这场战争。很可能因为追随者的痛苦状态，才使得穆罕默德拒绝拿自己的名声和财富冒险对抗东罗马皇帝的军队。

逃亡后的第九年被穆斯林称为“归信年”，被先知名声吸引到麦加的使者和访客云集于麦加，认可他的权力或祈求他的保护。据说这些虔诚的宗教信徒“数量超过了成熟季节从椰枣树上落下的椰枣”。穆罕默德为了加强新建君主政体的力量，做了各种安排。他任命官员来收取宗教税，“贡赋”这个鄙俗的名字被换成了施舍或供奉，以服务于宗教。

现在，穆罕默德的地位变得极为显赫。他的营地，包括他骑着骆驼的所有妻子，都围在绣绸做成的帐篷里。他头上戴着花环，身后是无数的祭品。他停下来祷告的每一个地方都成为圣地，他执行各种宗教仪式的方式，从剪头发、剪指甲到向魔鬼扔石头的庄严行为，仍然被当今的信徒所仿效。

第174章

穆罕默德（四）

（631—632）

穆罕默德此时已经62岁了。4年来，他的体力明显下降，但仍然继续履行国王、统帅和神使的职责。最后，他发高烧，偶尔出现精神错乱。

穆罕默德发现自己的情况越来越危急，于是让人把自己送到了他最爱的妻子阿伊莎的宅第。穆罕默德对她表示，自己生病的原因应该是在海白尔吃的那块有毒的羊肉。他感到自己将不久于人世，便向忠心的信徒们祈祷，请求所有可能被他冒犯的人的宽恕。

他说：“你们中间若有人，因我不公地打了他，我甘愿受鞭打作为报应。如果我伤害了任何人的名誉，让他宣告我的过错。如果我拿走了任何人的财产，或欠了任何人的钱，让他寻求正义，我可以满足他。”“是的，”人群中有个声音喊道，“你欠我3德拉克马银币。”奄奄一息的先知立即偿还了债务，并感谢他的债权人在这个世界上要求偿还，而不是等到审判日来临之时对他进行指控。

然后，穆罕默德给了他的奴隶自由，并交代葬礼的事务，抚平朋友们的悲哀，并对他们进行赐福祈祷。直到生命的最后时刻，他仍然扮演着神使的角色，在死亡来临前的最后时刻，穆罕默德表现出了在战场上所表现出的非凡的坚韧与镇定。此后3天，他一直在清真寺里做祷告。最后，他实在太虚弱了，便责成艾布·伯克尔履行这一职责，有人认为穆罕默德是想向众人暗示他的老朋友就是他的继承人。但在继任人这个问题上，穆罕默德没有表达任何明确的意见或愿望，似乎把这件事完全交给追随者们来做决断。

穆罕默德心平气和地等待死亡的来临，而且把神使那令人怀疑的抱负同充满活力的信仰结合到了一起。穆罕默德又重复了他先前所说的话，说死神在没有得到他的许可之前，是不会把他的灵魂带走的。他最后大声宣布了这一许可。离开的时刻到了，穆罕默德把头靠在阿伊莎的膝上，痛得晕厥过去。待他恢复知觉，眼睛盯着天花板，他说了最后一句话，然后终止了呼吸（632）。

这就是穆罕默德——有史以来最杰出的人物之一的人生故事。他把自己真实性格的问题留给了未来去思考。

事实上，穆罕默德并没有从基督教的作家那里得到公正的对待。穆罕默德无疑认为自己是个宗教改革者，他敦促整个民族在追求真理的步伐中，向前迈出最重要的一步。穆罕默德带领他的同胞们摆脱了偶像崇拜，摆脱了道德腐化的宗教奴役。

穆罕默德承认自己不过是个普通人，他并不自诩为奇迹，但我认为他觉得自己被召唤去做一场伟大的宗教改革。

尽管他拥有国王的权力和徽章，但他鄙视国王的浮华，也不在乎国王的奢华。这种亲切感赢得了阿拉伯贵族的心，使他受到同伴们的喜爱，这种亲切感甚至触及最卑微的人，因为他总是耐心地倾听他们的愿望和控诉。当他们坐在清真寺周围的长凳上时，穆罕默德会同他们一起分享他们的家常饭菜，他甚至偶尔在自己的餐桌上招待他们。穆罕默德不忙于更重要的事情时，就会抛开正式礼仪的形式和限制，屈尊参加朋友们的娱乐活动或诙谐的谈话。在领导军队时，他可以不苟言笑地保持一个罗马皇帝式的威严。跟士兵在一起时，他可以在不失去权威的情况下放松自己，自由地加入他们的消遣和闲聊。这使我们想起克伦威尔这个爱开玩笑的狂人。他们两位在军事天赋、对信仰的执着和政治精明等方面有许多相似的地方。

在食物和衣着上，穆罕默德跟普通人没有什么两样。椰枣和水，或是随便一块大麦面包，同胞们节俭的饮食，也是他常见的食物。牛奶和蜂蜜对他来说是奢侈品。穆罕默德吃饭时盘腿席地而坐。他旅行时，会把仅有的食物与仆人分享，仆人通常在他身后同骑一头骆驼。为了打造自己谦逊的形象，他习惯于完成家庭中最卑微和琐碎的事务。阿拉伯半岛的君主要亲自补鞋，也要亲自缝补粗制的羊毛外套。他还会给羊挤奶，点燃蜡烛，扫地，在自己的桌子上招待客人。他慷慨的赠予施舍近乎奢侈，常常搞得自己一贫如洗。

阿拉伯人已经习惯了在爱情和婚姻中无拘无束。穆罕默德禁止乱伦；他惩罚放荡，限制离婚权；但允许每个穆斯林娶4个妻子。在穆罕默德的第一任妻子赫蒂彻死后，他先后娶了11位妻子。给他带来最大快乐的两件事是女性群体和香料。他确认，这些快乐增加了他虔诚的热情，坚持认为自己的宗教应该为信徒提供充足的必需品。

然而，他后宫所有的侍妾都没有子嗣，没有一个儿子能活到他死后成为继任者，或在他死后维护教主和国王的尊严。在赫蒂彻的8个孩子中，只有一个名叫法蒂玛的女儿，活着享受了她父亲的疼爱。法蒂玛在先知逃亡的第一年，嫁给了阿里，成为一个显赫后代的母亲。

第175章

从哈里发的任命到入侵叙利亚

（632—635）

阿拉伯人几乎不能相信他们的先知已经不在人世。听到了穆罕默德去世的消息后，麦加疯狂的民众成群结队地涌向先知的家。欧麦尔不顾自己亲眼看到的事实，拔出了他的短弯刀，威胁要砍掉任何一个敢说先知已经离世的人的头。随后发生了一场骚乱，使得安葬推迟了几天。

没有任命直接的继任者是穆罕默德政治上的错误，事实证明，这对帝国的统一和稳定是致命的。穆罕默德的去世标志着他追随者中两大主要派别之间的直接竞争。先知下葬的那一天，他们聚集在一起，商议选择一个新的最高领袖。分裂不可避免地出现，双方剑拔弩张，穆斯林快速建立起来的庞大帝国似乎摇摇欲坠，然而这场骚乱被欧麦尔的宽宏大量及时平息了，他是宣称拥有继承权的人之一。欧麦尔放弃了自己的权利，转而支持艾布·伯克尔，即穆罕默德的第一个信徒、他逃亡时的同伴。艾布·伯克尔因此被宣布为哈里发（代治者），后来的继任者均被称为哈里发。

同样的宗教热情仍然激励着穆斯林。正如他们所相信的那样，他们的刀剑、财宝和力量注定都是为了传播先知的信条。每个人所承担的部分都无关紧要，只要他为此而竭尽全力。

艾布·伯克尔年事已高，无法率领这支信徒的军队。于是他任命哈立德为军队统帅，绰号“安拉之剑”，自己则致力于祈祷、忏悔和司法。两年后，感觉到死亡的临近，艾布·伯克尔任命欧麦尔为继任者。“我不想要那个职位。”欧麦尔说。“但这个职位需要你。”艾布·伯克尔答道。634年，欧麦尔在军队的欢呼声中成为哈里发。

在穆罕默德时期，欧麦尔用战争证明了自己的英勇，但他认为哈里发的职位结束了他的军旅生涯，并要求他对宗教职责一视同仁。在10年的统治当中，欧麦尔一心只想管理宗教事务，以此作出节制、公正、禁欲和蔑视外在浮华的范例。他的食物是大麦面包或椰枣，喝的是清水，向民众布道的衣服被补了12处。波斯的一个总督来向欧麦尔致敬，发现他正睡在麦地那清真寺的台阶上。正是在这两个和平的宗教信徒艾布·伯克尔和欧麦尔的统治时期，穆斯林取得了他们最不可思议的征服胜利。

征服、信条和改革都是穆罕默德的功绩，一直被限制在阿拉伯的疆界之内。一个目不识丁的民族，其语言从未被邻国学习过，其观点的变化似乎也不足以引起全世界的关注。红海周边这些小国发生的变化，在其他地区是从来没有过的，因此，阿拉伯沙漠突然间由一种新的宗教实现了统一，持续时间似乎不会长久。

在君士坦丁堡、安条克和亚历山大，伊斯兰教的诞生要么完全不为人所知，要么被认为微不足道。然而，在穆罕默德去世后的头12年里，穆斯林的征服历程简直超乎想象。在这短短的时间里，穆罕默德的追随者们征服了叙利亚、波斯和埃及。他们占领了3.6万座城市、城镇和城堡，摧毁了4 000座神庙和教堂，并为自己的宗教建造了1 400座清真寺。

这些征服者完全不了解他们所进攻的国家的地理、利益、政策和语言。他们没有正规的作战计划，没有通过结盟来强化自身，也没有在他们即将入侵的国家建立秘密通信渠道。哈里发给军队指挥官的命令简单而笼统。穆罕默德及其继任者都没有对阿拉伯沙漠强盗常见的那种拙劣的防御和无常的进攻方式作出任何改良。

穆斯林士兵都半裸着身子。徒步行进的时候，他们只带着弓箭；骑马的时候，他们带着一支轻长矛和一把短弯刀。他们的战马不知疲倦，他们的服从和士气在世界上无与伦比，但他们没有大规模或常规的机动作战策略。他们对现代骑兵的进攻一无所知，而是用自己所有的无法抵抗的力量来压制敌军。战士们会单枪匹马地冲到敌军的前面，以表现自己的勇猛，挥舞闪亮的短弯刀几击之后，就驱马掉头迅速地逃离敌阵。战斗是长期持续的小规模冲突，敌对部队之间并没有成建制的交战；战斗经常持续几天，直到他们的对手因精疲力尽而被击溃，之后阿拉伯人才开始恐怖地追击。

7世纪，希腊帝国和波斯饱受战争蹂躏，那里的政治状态和人民性格都发生了巨大的变化。堡垒被拆除，人们对边防丧失了信心；管理混乱，人们对政府的服从大打折扣。当地居民已经开始积极参与地区事务，并参军入伍，尽管他们并不是非常合格的士兵。此时，我们开始发现有人提到与拜占庭帝国规模相当的军队规模——10万人的军队，虽然他们的英勇和纪律让我们认为这支军队完全由民兵组成。历史上偶然提到的军官不是希腊人，而是叙利亚人。城市似乎已经独立，他们自己的行政官管理他们自己的事务，各省的利益似乎已经凌驾于帝国的利益之上了。

穆斯林并没有突然袭击波斯人和叙利亚人，在进攻之前，他们先招降，给予敌人三种选择：要么皈依伊斯兰教，可以分享真正信徒的所有荣誉、权利和待遇；或以进贡为条件投降；最后，试试交战的运气。

“安拉之剑”哈立德被派往伊拉克和底格里斯河下游的波斯，在那里取得了辉煌的战绩，并让这些地区每年进贡7万块黄金。但这位将军突然被召回，派往另一个地区接掌军队的指挥权。哈里发已经决定入侵叙利亚，阿布·奥贝达领导的一支军队已经向叙利亚进军。

哈里发给这位将军的指示显示了激励早期穆斯林的那种精神。“记住，”他说，“避免不公和压迫，学习维护军队的爱心和信心。你们为真主而战的时候，要表现得像个男子汉，不要背对着敌人。让你的胜利永远不被妇女和儿童的鲜血玷污。不可毁坏果树，也不可焚烧庄稼；不可滥杀牛羊，也不可屠戮牲畜，除非是你们所必需的。无论订立什么样的条约，都要信守，要言行一致。当你进入敌人的地区时，你会发现一些宗教人士住在修道院里，用那种方式为神服务，不要伤害他们，也不要毁坏他们的房屋；但你们也必会遇见另一类人，就是属于撒旦的犹太教徒，他们都剃了头发。切开他们的头骨，在他们接受我们的信仰或向我们致敬之前，不要给他们任何怜悯。”这里所指的两类宗教人士是基督教的修道士和犹太教的世俗神职人员。如果我们可以相信阿拉伯传说的话，基督徒在穆罕默德年轻时对他有过一些善举，从而得到了穆罕默德的回报。

阿布·奥贝达袭击了波斯拉，这是阿拉伯边境扼守叙利亚的一个要塞。起初，叙利亚人认为这次入侵不过是沙漠游牧部落的一次常规入侵，他们给阿拉伯人起了一个“萨拉肯”（掠夺者）的绰号，几个世纪以来，这个绰号一直用于他们边境上前来掠夺的游牧部落，这也是“萨拉森人”这个名字的由来，这个名字很快就令基督教世界闻风丧胆。

波斯拉地方长官罗曼努斯建议市民投降，当市民愤怒地剥夺了他的指挥权时，他在夜里奸诈地接纳了阿拉伯人进入要塞。第二天，当着他惊讶的同胞的面，他公开地表示接受穆罕默德的信条。这是一系列背弃的开端，给衰落的东罗马帝国造成了致命的打击。

坐在王座上的哈里发

所有不满的人，以及那些野心或贪婪超过他们的进步或财富的人，所有那些要报仇的人，征服者都会张开双臂接纳他们，并与他们共享财富。在拜占庭指挥官从来就不能召集一支军队的省份，游牧者却招募了为阿拉伯人效力的军队，事实证明摧毁人民勇气的，是政府，而不是气候。

在占领波斯拉之后，叙利亚最繁荣的城市之一大马士革很快就遭到了攻击。这次侵袭引起了皇帝希拉克略的注意，他召集了7万人的军队来解救被围困的城市。633年，在艾兹纳丁的一场战斗中，基督徒战败，损失了5万人。此次战役决定了东罗马人在亚洲的命运。大马士革在被围困一年之后投降。埃米萨和巴勒贝克紧随其后，也投降了。阿拉伯人开始围攻耶路撒冷。在这里，两个对立的宗教展现出了极大的敌意，因为整个基督教世界的目光都转向了圣城，并把耶路撒冷看作是耶稣的宗教真理和伟业的外在保证。

第176章

从攻占耶路撒冷到欧麦尔之死

（635—644）

在耶路撒冷被围困的4个月中，被围困者的宗教热情已经追赶上了入侵者的脚步。城墙上密密麻麻地插满了主教赐福过的十字架和神像，但所有这些热情都徒劳无功。指挥被围困者行动的耶路撒冷宗主教索弗罗尼乌斯被迫投降，但他拒绝此刻打开城门，坚持要等到哈里发欧麦尔亲临接受如此重要的投降，并亲口答应所开的条件。

耶路撒冷在穆斯林和基督徒眼中同样神圣。欧麦尔开始了他虔诚的朝圣之旅。他骑着骆驼并驮着自己的行李，行李中只有一包小麦、一篓椰枣、一只木碗和一皮囊水。当他看见耶路撒冷之时，就高声喊道："虔诚胜利之主！请赐予我们鲜血未染之胜利。"欧麦尔的侍从们用骆驼毛布为他搭起了帐篷，他席地而坐，在投降书上签了字，承诺让基督徒拥有信仰自由之权利，并毫无争议地拥有圣墓教堂。

欧麦尔在完成了受降之后，毫无防备和恐惧地进入了耶路撒冷，和索弗罗尼乌斯一路上讲道论法，希望通过这种自信的表现来保护宗主教索弗罗尼乌斯免受穆斯林军队的伤害。他们一起参拜了圣墓教堂，在祈祷的时候，哈里发拒绝在教堂内部，他更喜欢在门廊的台阶上铺上他的垫子做祷告。

欧麦尔在所罗门神庙的废墟上建造了一座宏伟的清真寺。由于那里到处是垃圾，因此他用自己的长袍兜了一些残土运出去，以此树立清理废墟的榜样。过了10天，他用同样简单朴素的方式返回麦地那，并在先知墓前祈祷，度过了余生。

在攻占领耶路撒冷的第二年，阿拉伯人又成了安条克和阿勒颇的主人。拜占庭皇帝逃离了那些他无法保卫的地方，希腊军队或作鸟兽散，或倒戈投敌，提尔和的黎波里因叛徒出卖而被入侵者征服，叙利亚的其余城市很快也投降了。由哈立德开启的征服波斯的历程，由其他将军完成。636年的卡迪西亚战役确定了穆斯林的胜利，正如我们在波斯历史部分讲述的那样。亚述的富饶地区被征服了，阿拉伯人在距离波斯湾约40英里的幼发拉底河畔建立了巴士拉城。

叙利亚和波斯曾被基督徒和琐罗亚斯德的门徒无力地保卫过。科普特人交出了埃及，他们是一个本土的基督教民族，因神学上的分歧而与已建立的教会分离，于是宁愿受阿拉伯人的束缚，也不愿受东正教徒的迫害。其实在穆罕默德在世的时候，他们就曾提议与阿拉伯人展开谈判。

在征服叙利亚之后，欧麦尔在英勇的阿姆鲁的鼓动之下，同意入侵埃及。培琉喜阿姆要塞在被围攻一个月后，于638年投降，入侵者打开了埃及的大门。罗马人很久以前把埃及的政府迁往亚历山大，古代的首都孟斐斯则沦落为一个二流城市。然而，孟斐斯的人口相当可观，那里几乎完全是科普特人或埃及人，而亚历山大城里则都是希腊人。经过7个月的围攻，孟斐斯投降了。阿拉伯人占领了孟斐斯，在城郊建立了一座新城，起名“卡希拉”（胜利之城），这座城市的名称已经被欧洲人讹化为开罗。

阿姆鲁从孟菲斯出发，沿途经历了数次小规模战斗，悉数获胜。经过22天的征战，阿拉伯人在亚历山大门口支起了帐篷。亚历山大历经了千年的发展，这座宏伟的城市已经成为拜占庭帝国第二个首都和世界上第一大贸易中心。居民们采取了充足的防御措施，坚决抵御阿拉伯人的进攻。14个月的围攻，其强度在战争史上绝无仅有。

一次意外差一点儿使围攻者失去了指挥官。在每一次突袭中，阿姆鲁的剑都在冲锋队伍中闪闪发光。一次，阿拉伯人被击退，可是阿姆鲁和他的奴隶却被俘虏了，被带到希腊人的总督面前。总督没有认出阿姆鲁就是阿拉伯人的首领，但阿姆鲁傲慢的举止引起了总督的怀疑。就在这时，他的奴隶表现得镇定自若，竟然抽了阿姆鲁一个耳光，并命令他在主人面前闭嘴。然后奴隶提议派阿姆鲁回到穆斯林的营地，为自己索要赎金。基督徒答应了，释放了阿姆鲁，但他们很快就会为自己的愚蠢后悔。

基督徒没有看到来自围攻者的求和使者，反而听到阿拉伯人阵营里庆祝首领归来的欢呼雀跃之声。640年12月22日，亚历山大最终投降。穆斯林在此次围攻中损失了2.3万人。

阿姆鲁用以下方式向哈里发描述了他的胜利："我占领了西部的伟大城市。它的宏伟与美丽简直无法描述。你只要知道城里有4 000座宫殿、4 000个浴室、400家戏院或公共娱乐场所、1.2万家食蔬商店和4万名纳贡的犹太人就够了。这座城市要被武力夺取，不签订条约，也没有投降协议，因为将士们急于夺取胜利的果实。"

欧麦尔拒绝了劫掠的提议，命令他的将军约束士兵们的劫掠欲望，并要保护这个城市的公共服务资源；然后普查了居民数量，要求他们进贡，又按年租金计算地税。许多居民开始信奉征服者的宗教，但大部分仍然是基督徒；即使到了这本书成书的时代，上埃及的科普特教会和亚历山大的希腊教会也没有完全消失。

一个与攻占亚历山大城有关的事件极为著名，值得一提。使我们更加熟悉欧麦尔这个名字的，不是他所领导的征服战争，而是亚历山大图书馆的损毁。据说塞拉匹斯的神庙和皇宫里一共收藏了70万册图书。语法学家约翰冒险向征服者的将军索要王室的手稿，因为他发现阿拉伯人在查封书籍和财富宝库方面遗漏了这些手稿，并以为这些毫无价值。阿姆鲁愿意赠予，但是，由于他没有权力分配战利品，所以必须征得哈里发的同意。

欧麦尔的答案众所周知："如果这些书籍与《古兰经》相符，它们便是无用；如果不符，它们便是有害。在哪种情况下，它们都应该被摧毁。"命令在盲目服从的情况下得以执行，这些书籍被用作加热城市浴室的燃料。书籍的数量如此之多，以至于6个月都没有完全烧尽。这就是故事的经过，当然有些历史学家怀疑其真实性，托勒密王朝的这座古代图书馆早就被摧毁了，我们也没有证据表明它在后期被重建过。

对于阿拉伯人来说，征服埃及恰逢其时，没有什么能比在此时占有这个富饶的地区更好的了。他们自己的国家正遭受饥荒，欧麦尔尽心竭力地为挨饿的阿拉伯居民征集粮食。随后，一长列骆驼载着埃及园圃和粮地生产的农产品，从孟菲斯前往麦地那，绵延300英里。这种运输方式运送的食物极为有限，于是有人向哈里发提出在尼罗河和红海之间开辟海上航道的计划——这一计划图拉真和托勒密也曾尝试，但未能成功。阿拉伯人的资源让他们获得了巨大的成就，阿姆鲁的士兵开凿了一条80英里长的运河。然而当哈里发将政府所在地从麦地那迁往大马士革之时，因为担忧基督教舰队可以通过这条航线长驱直入阿拉伯的各大城市，阿拉伯人就将其关闭了。

欧麦尔自然渴望了解一些埃及的事情，在阿姆鲁的回复中，他那生动的描写与其说是削弱了，倒不如说是增强了这一地区的传奇色彩："哦，信徒的统帅！埃及位于碎石的山脉和红色的沙土之间，是一片满是黑土和绿植的区域。从赛伊尼（阿斯旺）到海边，骑马需要一个月的时间。沿着山谷有一条河流，随着日月的升落而起起伏伏。当每年一次清泉溪水奉神的旨意滋养这片土地之时，尼罗河就汹涌澎湃地流过这片土地。田野被有益的洪水覆盖，洪水退却后留下了一层肥沃的泥浆，准备好了迎接种子的到来。黑压压的一群农夫，堪比一群勤劳的蚂蚁，在田里耕作，他们在监工的鞭打及收获鲜花与果实的憧憬之下，克服了与生俱来的惰性，加快了劳作的速度。根据季节的变化，这个地区的外观会变幻出波浪的银白、宝石的翠绿，或是丰收的金黄。"对于沙漠中的居民来说，花园和大海交替出现的地区，他们前所未见。

阿姆鲁的野心并不满足于这一次征服。他把战火烧向西方，很快就成为尼罗河和巴卡沙漠之间大片地区的主人。在这场胜利到来之前，刺客的匕首结束了欧麦尔的生命（644）。有一个波斯奴隶，因私人的伤害而要寻仇并瞅准了机会，当哈里发在清真寺里专心晨祷之时，这名奴隶用匕首刺进了他的心脏。欧麦尔以其虔诚、公正、禁欲和朴素的举止而闻名，这使他获得了比他的继任者所能得到的更高的崇敬。“他的手杖，”一位阿拉伯历史学家说，“比别人的剑更能让在场的人感到恐惧。”

第177章

从奥斯曼继位到侯赛因之死

（644—680）

在艾布·伯克尔和欧麦尔统治时期，穆斯林被先知激发出来的热情都完好地保存着。他们没有个人的勃勃野心，没有嫉妒之心，也没有兴趣爱好，全身心地投入扩大神的疆域的事业，把一切努力都转向战争，使他们以胜利一样的喜悦迎接死亡。出生在自由的阿拉伯的军队指挥官，习惯于完全独立的思想和意志，却能毫不迟疑地服从哈里发；然而，他们并不觉得自己受制于一位主人，因为他们所服从的意志完全符合自己的意志。但在欧麦尔去世后，一个新的问题出现了，这个问题既存在于政府，也存在于军队。军队是从国外征募而来，他们虽然有着阿拉伯人的宗教热情，但也给军队带来了新的特点和野心。

接替欧麦尔的两位哈里发一直居住在麦地那，保持着纯正的阿拉伯信仰及前辈所特有的简单朴素；但哈里发身边的人却不再保持古代的纯洁品格，他们把混乱和内战带入了一个以前以简单著称的政府。一段时间之后，帝国的首都从麦地那迁到大马士革。此后，东方的专制统治取代了沙漠的自由；军队仍在扩张，但一个新的管理原则是谨慎行事，这其实只是为了掩盖哈里发的软弱。

奥斯曼曾是穆罕默德的秘书，在欧麦尔死后被选为哈里发。奥斯曼继位时已年过70，无力承担政府的重任。然而，就在他12年的统治期间，阿拉伯人完成了对波斯的征服。他们征服了小亚细亚，直逼君士坦丁堡，攻入非洲直至的黎波里。在取得这些胜利期间，麦地那爆发了一场内战。656年，奥斯曼被一名刺客杀死。他把大量的钱财用于施舍救济，但死后仍然留下了价值5 000万美元的财富。

穆罕默德的女儿法蒂玛的丈夫阿里被选中，继任哈里发。这是新政治动荡开始的原因，也是宗教分裂的原因，这导致伊斯兰教的信条一分为二。对任命阿里为哈里发不满的派系称为“莫塔扎利派”（分离主义者）。有人污蔑阿里是谋杀奥斯曼的同谋，这激起了不和的情绪，而阿里最大的敌人是先知的遗孀阿伊莎。双方在巴士拉展开了一场大战。混战之中，阿伊莎骑着骆驼在一种木塔或木笼里督战。她用尖厉的声音激励士兵战斗，而她所在的塔笼被无数的枪箭射中，就像一只豪猪的后背。阿伊莎一派战败，而她也被俘虏。这场战役被称为“骆驼之战”。

与此同时，穆罕默德的宿敌艾布·苏富扬的儿子穆阿维叶在叙利亚被选为哈里发。一得到奥斯曼被刺杀的消息，穆阿维叶立即宣布自己要为“信徒的统帅”报仇。他在大马士革清真寺展示了奥斯曼血迹斑斑的衣服，6万名穆斯林发誓愿意在他麾下效力。阿里率军征讨，双方都集结起所有的兵力。根据阿拉伯史书的记载，两军对垒了大半年的时间。

最后，人们共同呼吁，竞争对手应该按照《古兰经》的训导，将争端提交两名仲裁人裁决。两位哈里发遵从了这一建议，阿里回到幼发拉底河畔的库法，穆阿维叶回到大马士革。他们的两位代表——阿布·穆萨和阿姆鲁，留下来裁决哪一位保留哈里发的权杖。废黜两人，选出第三者，似乎是最合适的选择。基于这项共同认可的裁决，阿布·穆萨向人们宣布阿里不再担任哈里发，而狡猾的阿姆鲁却宣布穆阿维叶毫无争议地仍然拥有哈里发的职位。从这次背信弃义开始，什叶派和逊尼派之间的分裂便延续至今。什叶派，尤其是波斯人，认为罢黜阿里是非法的；逊尼派，尤其是土耳其人，认为穆阿维叶的即位是合法的。

于是内战重新爆发。这个建立在长期胜利基础上的帝国似乎即将土崩瓦解。就在此时，阿里被暗杀了，阿里的儿子、穆罕默德的外孙哈桑，被什叶派指定为继任者。但是这位君主渴望结束流血，与穆阿维叶签订了一项条约，放弃了对哈里发职位的所有要求。在穆阿维叶20年的统治期间，阿拉伯帝国恢复了平静，并再次把刀剑转向他们的敌人。穆阿维叶的军队包围了君士坦丁堡7年，同时，其他的穆斯林军队则穿越非洲北部，在凯鲁万建立了新的首都。

但是，穆斯林的征服行动不再单单是为了扩张他们的宗教信仰。他们现在致力于建立一个拥有最高权力的新统治家族。穆阿维叶已经离开阿拉伯，不再回来了，他更喜欢叙利亚人的奴性与屈从，而不是贝都因人的傲慢与独立。

穆阿维叶成功地使他的儿子耶齐德被认可为他的继承人，从而通过先发制人来确保权杖不外传。这一原则一旦被承认，哈里发的职位将在穆罕默德最早和最长期的敌人艾布·苏富扬家族的内部世袭。

法蒂玛王朝的成员，即支持阿里和穆罕默德的女儿法蒂玛的一方，对耶齐德的恶行感到憎恶。阿里的次子侯赛因，曾在围攻君士坦丁堡的军队中服役。对阿里家族的不公重新唤起了外界对侯赛因的忠诚，并提出了让他即位为王的想法。库法的居民邀请他到库法，一份包含14万伊拉克穆斯林姓名的名单被秘密地送到麦加，他们声称忠于侯赛因，一旦他在幼发拉底河畔现身，他们就拔刀相助。

侯赛因同意了他们的恳求。他轻车简从，只带了40名骑兵和100名步兵组成的护卫队，后面跟着妇女和儿童，离开了麦加。侯赛因穿过阿拉伯沙漠，希望在耶齐德的官员得到他此行的消息之前就能找到他的朋友，但现实令人失望，库法总督奥贝多拉抓到并处死了侯赛因忠诚的密探。当侯赛因抵达伊拉克边境时，那里极不友善的气氛让他察觉到了这一令人沮丧的消息，而情报证实了他的担忧，有4 000名敌人正前来阻截。他发现有这么一大家子人拖累着是不可能撤退的，于是在卡尔巴拉搭起了帐篷。

奥贝多拉命令他的将官："把侯赛因或他的头带来见我。"卡尔巴拉的营地很快就被敌军包围了。侯赛因试图通过谈判达成和解，或者放他回到自己的家中，但都没有成功。他的护卫队无比忠诚，决心拼死一搏。妇女和孩子们被可能到来的死亡吓坏了，痛苦地大声哀号。敌军弓箭手向他们放箭，一次冲锋中就有20人丧生，但幸存者们毫不动摇地与敌人殊死战斗。白天的炎热使他们口渴难耐，然而他们与河流之间的一切交通都被切断了。

骑兵下马作战，挡在自己的首领和敌人的刀剑之间。慷慨赴死之前，他们每一个人都向首领致敬："愿您平安，主的使者之子！

祝您好运！”他们唯一喘息的机会是祷告时间。当侯赛因眼睁睁地看着他最后一批战士倒下时，泪水止不住地流下。随后，他的兄弟们冲出去继续战斗，结果也被屠杀。他的长子在最激烈的战斗中伺机报仇，在勇敢地经受了10次不同的攻击后倒下了。

侯赛因再也抑制不住这巨大的痛苦。他疲惫不堪、痛不欲生，独自一人坐在帐篷门口，向上天祈祷。他的幼子被送到他的手上，正当他把孩子搂入怀中时，一支箭刺穿了孩子的心脏。就在他的小侄子跑过去抱住他的时候，孩子的头被一刀砍落。侯赛因在用一滴水解渴时，嘴里受了伤。敌人将他重重包围。此时，他的妹妹扎伊纳布惊恐万分，冲出帐篷，恳求敌军的将士们不要杀害先知的外孙。

侯赛因身陷绝境，只能奋起一搏，冲入敌人之中，凶悍的袭击者在他孤注一掷的冲锋之下退却了。油然而生的敬畏之感，令他们不知所措，直到奥贝多拉这个无耻之徒责备他们的懦弱后才又重新发起攻击，而奥贝多拉的名字至今仍被忠诚的信徒所憎恶。侯赛因寡不敌众，最后身受33处创伤而死。

因此，680年10月10日，穆罕默德家族被粉碎在了他亲手创建的帝国之中。对于他的波斯信徒来说，关于侯赛因的记忆仍然弥足珍贵，成群结队的朝圣者会来到他的圣地献祭。他殉难的周年纪念日，被称为侯赛因日①，是一个哭泣和哀悼的时刻，而对土耳其人的仇恨也因庄重的仪式而历久弥坚。

---

① 侯赛因日，侯赛因殉难的日子正逢伊斯兰教历1月10日的阿舒拉日，此后这一纪念日便成为什叶派穆斯林的重要节日。在阿舒拉日40天后，会举行隆重的阿巴因节，以纪念侯赛因的头颅得以回到卡尔巴拉安葬。——译者注

第178章

倭马亚王朝

（680—750）

在前一章中，我们已经讲过了哈里发之位是怎样传承的。此处不必再重复讲述这些最高统治者了，因为他们中的很多人在政治智慧和军事勇气上都没有什么过人之处。由穆阿维叶建立的倭马亚王朝在大马士革统治了90年，历经14位哈里发，直到750年，马尔万二世被穆罕默德的叔叔阿拔斯的后裔艾布·阿拔斯·赛法哈废黜并处死为止。随之开启了阿拔斯王朝，该王朝在底格里斯河畔建立了巴格达城，而它成为阿拔斯王朝历任君主的皇宫所在地，该城因聚集了大量他们给予慷慨赞助的文人墨客而享有盛名。

哈里发的皇宫至今雄伟华丽。信徒的统帅的宫殿中已经没有任何东西可以让人联想到穆斯林原始的简单与朴素了。许多身着金光闪闪的盔甲、手执钢刀的卫兵守卫在宫殿门口。宫殿的厅堂装饰着各种各样彰显财富与奢华的装饰物。最华丽的餐桌上摆放的每一道佳肴都是为了满足最高统治者的胃口；当哈里发离开宫殿出行时，所携带的炊具至少需要400头骆驼来驮运，还需要7 000名太监服侍他本人及他的妻妾。

哈里发每周五都会到大清真寺去祈祷和布道，始终如一，雷打不动，因为这一天是穆斯林专门用于公共祈祷的一天。这也是他向人民展示自我的唯一场合，还会伴随皇室所有的隆重仪式。除此之外，哈里发其余的时间都在大马士革的“天堂”里度过——这是东方人给这座宫殿花园起的名字。在花园之中，阿拉伯帝国的君主在盛开的鲜花和美丽的喷泉中歇息，呼吸着芬芳四溢的空气。

虽然君主的品质发生了彻底的改变，但穆斯林仍保持着活力，似乎上天向他们许诺了统治世界的权力，如果他们没有被首领抛弃，就会无往而不胜。东方民族在如此短的时间内实现了绝对的转变，这是历史的奇迹之一。

倭马亚家族从来没有受到阿拉伯人的爱戴，也没有受到阿拉伯人的热诚对待，因此他们的军队是由新的皈依者——叙利亚人、波斯人、埃及人组成的，这些人以其胆怯柔弱而闻名。穆罕默德教会了这些人思考和行动，而且思考和行动的乐趣对他们来说既生动又深刻，懒散而胆小的人们迅速蜕变为英勇的士兵，可以被看作是立法者从对知识和进步的渴望以及对行动的热爱中获得好处的最杰出例子。人类固有的优势一旦被足够的目标所激发，便成为对他们的回报。

穆罕默德的继任者以他的名义发号施令，自称是他的代治者，信徒们毫不犹豫地服从了，但这也不能说他们的权力是专制的，因为它只是公众意志的体现。同一个意向、同一种信仰，吸引了每一个穆斯林，即一切努力都是为了赢得民族信仰的胜利。前4任哈里发没有以他们自己的名义做任何事情，他们没有从自己所拥有的巨大权力中获得个人享受，也没有因为行使权力而被人嫉妒。

在穆斯林征服的最辉煌时期，军队是以共和的精神采取行动的，敦促将军们前进的，也不是责任的束缚。正是这种普遍的热情、这种对所有人共同事业的奉献，以一种非同凡响又出人意料的方式激发了东方人民的活力，使得怯弱的叙利亚人有了勇气和耐力，可以拥有巧妙的战争艺术，并在危险和贫困中保持了坚韧不拔的毅力。

这种完全的自我教育、这种无所不在的情感，使阿拉伯人所拥有的一切才能和美德付诸行动，使他们在战争和财富面前感到幸福，并对信徒的英勇行为构成了一种奖赏，这些远比应许给他们的天国之中黑色眼睛的妙龄少女要实在得多。在经历了漫长的堕落之后，爱国精神、天堂荣耀和个人幸福在帝国之内蓬勃发展，占据了中心地位。在政府沾染上专制王朝的所有恶习很久之后，在最杰出的人为暴政的任性肆虐丢掉自己的性命很久之后，在英勇的军队指挥官采用通常是最卑鄙的阴谋很久之后，大马士革和巴格达那些默默无闻、不光彩的哈里发们继续征服那些他们从未见过，甚至连名字都不知道的地区。

究其原因，这些胜利的军队并不是为了哈里发，而是在为伊斯兰教而战；他们服从的不是皇宫的命令，而是自己的内心；他们相信自己是自由的，相信神的使者。直到他们习惯了内战的场面，习惯了领袖的奸诈和卑鄙，他们才发现自己不再是自由的百姓了。

在倭马亚王朝统治时期，阿拉伯人同时入侵欧洲的东部和西部——希腊和西班牙。起初，他们在这两个国家的胜利似乎威胁到了基督徒的存在。穆斯林的军队向西推进，取得了巨大的成功。在665年至689年，哈里发穆阿维叶和他儿子耶齐德一世的大将奥克巴征服了非洲。他率领胜利的军队，一直挺进到摩洛哥皇帝统治的领土之上，然后策马冲进大西洋中与加那利群岛相对的水域，挥舞着他的弯刀，大声说："为什么我的征途会被这海浪所阻？我愿意把先知的信条告诉西方未开化的王国……"

然而，直到692年至698年的第二次内战之后，非洲大都市迦太基才被埃及总督哈桑包围。基督徒的顽强抵抗激起了他的怨恨，在占领了那座美丽的城市后，他把它付之一炬，过去的对手被彻底摧毁。有许多居民被杀，其中一些逃到了君士坦丁堡，其他人则逃到了意大利、西西里岛和西班牙海岸。那些宁愿舍弃宗教而选择留在这个国家的人，则被转移到一个由征服者建立的新首都凯鲁万去了。从那以后，迦太基——这位古老的"非洲女王"就再也没有从废墟中复活过。

非洲西北部的3万摩尔人在一天内皈依了伊斯兰教，并加入阿拉伯人的军队。这个在风俗上已经和阿拉伯的贝都因人相似，并且出生在一个相似的气候下的民族，采用了阿拉伯的语言和姓名以及宗教。

西班牙是下一个受到征服者威胁的国家。这个国家在经历了迦太基人和罗马人的统治之后，早在5世纪就被北方最强大的侵略者哥特人征服了；但是这些暴躁的征服者并没有把他们的勇敢传递给后代。关于西班牙的历史，我们将讲述哥特国王堕落的故事，以及有关阿拉伯人入侵的传奇、神话或真实的故事。在这里我们只能简要介绍一下这一重大事件。

朱利安伯爵，一位哥特贵族，受到了他的君主罗德里克的严重侮辱，便于710年邀请阿拉伯人进入西班牙。第一批横渡海峡的冒险家由一位名叫塔里克的首领指挥。罗德里克派遣了一支军队，命令他们把入侵者赶入大海，但这支军队被击溃了。于是国王召集军队，据说有近10万之众，前去迎敌。与敌军在靠近赫雷斯的瓜达莱特河相遇。这场遭遇战持续了3天。罗德里克亲自率领军队，头上戴着一顶珍珠王冠，身穿丝绸和黄金的飘逸长袍，斜靠在一辆象牙车里，车子由两只白骡子拉着。他的军队与他们的国王风格一致，尽管他们在数量上占优势，但还是无法抵挡穆斯林的猛烈进攻。整场战役不过是一个灾难性的溃败，对西班牙哥特人的统治造成了致命的打击。

第179章

倭马亚王朝的征服及阿拔斯王朝的崛起

（710—807）

几乎西班牙所有城市的大门都在阿拉伯人第一次现身攻城之时就敞开了。在713年年底前，除了山区一些难以接近的要塞盘踞着的一些小首领仍在顽强抵抗，整个王国已经成了侵略者的囊中之物。西班牙刚刚并入伊斯兰的版图，完成此次征服的统帅穆萨就体验到了专制宫廷的忘恩负义。他在自己的军队面前，被一个哈里发派来的使者逮捕，命令他赶快到大马士革，在那里为他所犯下的滥用职权的罪行作出解释。

法兰西是下一个遭受阿拉伯人入侵的国家。哈里发的新统帅扎马越过比利牛斯山脉，占领了纳博讷和邻近地区。基督教世界处于极度危险之中。似乎没有集体荣誉或共同防御这样的观念能够团结西方人民。高卢南部的公爵们开始谈判并投降。整个王国似乎无法避免被征服的命运，而整个欧洲看似也要与法兰西一起沦陷，因为在法兰克人的后方没有人处于备战状态——没有一个民族在文明方面有任何进步；简而言之，如果法兰克人被征服了，没有任何一个民族，无论是凭借其英勇精神、政策措施、防御手段，还是军队数量，能够有任何御敌制胜的希望。

然而，欧洲和基督教世界被法兰克国王的宫相查理·马特所拯救，他召集了一支军队去阻击阿拉伯军队。在阿卜杜勒·拉赫曼的指挥下，阿拉伯人已经深入北方，直扑普瓦捷平原。732年10月，经过7天的小规模战斗后，双方在普瓦捷进行了欧洲历史上最重要的交战。

这是一个没有历史学家的时代，一位生活于稍晚时期的作家——葡萄牙贝雅主教伊西多尔，是唯一一位为这一难忘事件献出两行以上诗句的人。“法兰克人，”他写道，“就像一堵不可移动的扶壁，像一堵冰墙，只有轻武器的阿拉伯人在上面撞得粉碎，没有留下任何印记。穆斯林以极快的速度进攻和后退，但他们被日耳曼人的剑砍倒了。阿卜杜勒·拉赫曼本人也受到了他们的攻击。与此同时，夜幕降临，法兰克人举起武器，好像在请求他们的领袖休息，他们想为第二天的战斗做好准备，因为他们看到遥远的地方布满了阿拉伯人的帐篷。第二天早晨，当他们准备战斗时，却发现阿拉伯人的帐篷是空的，阿拉伯人被他们遭受的可怕损失吓坏了，连夜撤退，已经逃了很远的距离。”

尽管穆斯林军队未经进一步阻截就撤退到了西班牙，但这场战役是决定性的。据说有30万①阿拉伯人战死沙场，欧洲时至今日的

① 这一数字可能被夸大。——编者注

宗教与自由都要归功于查理·马特，他因摧毁阿拉伯军队的力量而获得了“马特”或“哈默”（铁锤）的称号。

在西班牙，许多古老而繁荣的城市被阿拉伯人摧毁，同时他们也建造了许多新的城市。但是他们没有单方面改变该地区的制度，只是用哈里发的权威取代了国王的权威。国民议会、贵族、法院和法律依然得以保留。基督徒的信仰获得了宽容，只是禁止他们对征服者的宗教发表反对意见。科尔多瓦是阿拉伯帝国在西班牙的首府，这一地区的伊斯兰统治者很快建立了一个独立的政府。

在一个世纪的大部分时间里，倭马亚王朝以如此巨大的成功和荣耀统治着世界，然而，他们却被东方的一个大派系视为篡位者，并被指责为先知最恶毒的敌人的后代。这场巨变把倭马亚王朝的哈里发职位转移到了阿拔斯家族，导致了帝国的解体。3个派系出现了，用3种不同的颜色来区分：黑色代表阿拔斯王朝、白色代表倭马亚王朝、绿色代表法蒂玛王朝。

阿拔斯王朝第一任哈里发艾布·阿拔斯，称号为“赛法哈”（屠夫），崛起于鲜血之中。他屠杀了所有能抓住的倭马亚家族的王子，掘开了从穆阿维叶以来所有哈里发的坟墓，烧掉了其中的尸骨，把灰烬撒在了风中。阿拔斯把这种残忍与背信弃义结合在了一起。战败的倭马亚家族接受了他们被赋予的和平，并且满怀信心地轻信了对手的誓言。有24位倭马亚家族成员——有些学者认为是90位，被邀请到大马士革参加确立新联盟的和解盛宴，他们毫无疑虑地赴约了。

一位诗人按照事先的安排，出现在主持宴会的哈里发叔叔阿卜杜拉·阿布·阿里面前。他背诵了几节经文，列举了穆阿维叶家族的罪行，要求报仇雪恨，并指出他们存活于世便会陷阿拔斯家族于危险之中。这种无情的劝告恰逢其时，正顺人心。阿卜杜拉向已经安排好的刽子手发出了信号，并命令在他面前用棍棒打死所有的客人。当最后一个人也落入刽子手之手时，他命令把所有人堆在一起，把地毯盖在人堆之上。当时那些人一息仍存，庆祝的舞台被摆放在了他们颤抖的身体之上，在奄奄一息的对手的呻吟中，阿拔斯家族继续着他们的狂欢。

只有一个倭马亚家族的王子逃脱了这场屠杀。倭马亚王朝末代哈里发的小儿子阿卜杜勒·拉赫曼，从叙利亚逃亡到了非洲。在阿特拉斯山的山谷中，当他得知自己家族的白旗仍然在西班牙飘扬时，便立即前往该地区，并于755年在安达卢西亚海岸找到了自己坚定的支持者并表明了身份。他们尊他为真正的哈里发，整个西班牙很快就承认了他的权威。

阿卜杜勒·拉赫曼给自己冠以“埃米尔·穆梅因”——信徒的统帅之意——的头衔，西方人将其改成了“米拉莫林”。他辉煌地统治了30年后去世。阿卜杜勒·拉赫曼的儿子和孙子与查理大帝是同时代的人，曾几次成功地与他的将军作战。

西班牙的倭马亚家族掌控伊比利亚半岛的统治权达250年。8世纪中叶，一个伊德里斯家族统治下的独立君主制国家在非洲建立，他们以菲斯为都城，宣布自己是法蒂玛的后裔，既不承认西方的哈里发，也不承认东方的哈里发。

在萨拉森编年史的剩余部分，我们只能对最杰出哈里发们的统治稍加提及。其中一位是阿拔斯王朝的第二任哈里发艾布·贾法尔，他自称“曼苏尔”（胜利者）。他于754年继承王位，定都巴格达。这座城市建在底格里斯河畔，离古代的泰西封大约15英里。哈里发的皇宫便设在此处。巴格达的发展如此之快，以至于在曼苏尔统治时期，一位受欢迎的伊斯兰教圣人的葬礼竟有巴格达和邻近村庄的80万名男子和6万名妇女参加。

这位君主卷入了多次内战，内战中大量流血；尽管有诸多纷扰，也花费大量钱财赴麦加朝圣，但在他统治的20年里，却积累了价值相当于1.5亿美元的财富——包括他死后留下的一切。曼苏尔在统治时贪得无厌、背信弃义、残酷无情，但在私生活中却又和蔼可亲、勇敢、谨慎、博学。据信他是阿拉伯人中第一个对文学产生兴趣的人。

马赫迪于775年继承了曼苏尔的王位。他是一个能干和成功的君主，尽管他的统治受到战争和宗派纷争的干扰。在这一时期最引人注目的事件要数木坎纳领导的叛乱。木坎纳只有一只眼睛，丑陋无比，只得用面纱遮脸。他的冒险经历因被摩尔的诗歌《拉娜茹珂》歌颂而为英语读者所熟悉。

马赫迪以各种方式挥霍父亲留下的财富。他到数百英里之外的麦加进行了一次规模空前的朝圣，带了大批随从，途中他带上足够的雪，用以在沙漠中保存他惯用的奢侈品。他每天都在灼热的沙漠之上享用水果和美酒，这些水果和美酒跟他在巴格达的宫殿里享用的一样凉爽清新。马赫迪辉煌的统治被一次意外的谋杀终结，谋杀的目标本是别人，却误杀了他。

值得一提的是，谋杀事件展现出了东方宫廷特有的斗争。马赫迪有许多妻子，其中有一位名叫哈丝法娜。而另一位被冷落的妻子嫉妒哈丝法娜得宠，于是在一个漂亮的梨子里面下了致命的毒药，并将梨子送给哈丝法娜。哈丝法娜对此一无所知，她没有吃梨子，转手给了哈里发。哈里发吃了，然后死了（784）。

马赫迪的儿子哈迪在位只有两年，他的叔叔哈伦于786年继承了王位。哈伦的称号为“拉希德”（公正者）。他就是《天方夜谭》的读者所熟知的哈里发。他因被誉为文学的赞助者而更加著名。无论在家里还是在旅途中，他总是被有学问的人包围着。哈伦规定，不在清真寺里建学校，就不许建清真寺。

他于801年和807年派遣了两个使团到西方的皇帝查理大帝那里。第一个使团带着哈里发赠给查理大帝的圣墓钥匙，因为他认为查理大帝是基督教世界最伟大的君主。第二个使团送了一座钟表作为礼物，钟表上带有自动装置，这种装置可以在各种乐器上移动和演奏。这证明了那个时代的阿拉伯人在机械技术方面比基督徒要高明。

哈伦宫廷里有许多有学问、有天赋的人。他选了一位哲学家为他出谋划策，并看护他的良知。哈伦给这位导师制定的规则值得一提，因为这可以说明他的性格：“不要当众指教我，不要急着私下给我建议，等我问你时，以直接、准确的方式回答。如果你看到我放弃正直的道路，温柔地引导我回到正道上，不要带有任何严厉的表情，但千万不要用模棱两可的字眼跟我讲话。”

第180章

哈伦·拉希德的统治

（801—813）

拜占庭帝国或希腊帝国长期遭受阿拉伯人的攻击。每年夏天，来自叙利亚和埃及港口的穆斯林舰队都会在帝国首都君士坦丁堡的城墙下登陆。城市得以保全要归功于一项幸运的新发现，在希腊人没有勇气、才能和爱国情怀足以击退如此强大的敌人之时，化学意外地给予他们巨大的帮助。赫里奥波里斯城一位名叫加利尼科斯的居民发现了一种石脑油或沥青和硫黄混合的油，一旦点燃，就无法被水扑灭。这种易燃的物质还有极大的黏性，能够牢牢地黏在木头上，在作战时投掷到敌人身上，这种油能够透过盔甲的连接处渗入衣服中，以一种让人痛苦的方式将人杀死。

加利尼科斯虽然是哈里发的臣民，却是一位基督徒。他没有把这一秘密告诉阿拉伯人，而是把它带到了君士坦丁堡，用来保卫基督教。这种物质被称为“希腊火”，但其性质我们并不了解。研究十字军东征的历史学家描述它是从船头和城镇城墙的管子里喷射出来的。当它击中任何东西时，会立即爆裂，并通过某种我们不知道的过程将其点燃。

遭受攻击的人看到一条火蛇游弋而来，然后如火雨一般落在船上和人身上。一个小时的战斗就会让海面覆盖上燃烧的油，如同一片火海。阿拉伯人的舰队屡次被它摧毁，那些从未被死亡吓倒过的最勇敢士兵，却在这种液体带来的恐怖和折磨中退缩，因为这种液体能够悄悄地渗入他们的盔甲，黏住他们的四肢。

然而拜占庭帝国已经变得如此衰弱，以至于尽管皇帝还有能力保卫自己的首都，却毫不犹豫地通过进贡的方式与阿拉伯人达成和解。802年，尼基弗鲁斯即位，他决心摆脱这种进贡的奴役状态。因此，他给哈里发写了一封轻蔑的信件，信中提到了自己的前任伊琳娜女皇："女皇认为你是一个骗子，而她自己则是一个傻子。当我们可以向你们这些野蛮人索要双倍贡金的时候，那个胆小的女人却同意向你们进贡。所以，你们要将不义的果子归还，或是遵守刀剑的旨意。"

送信的希腊使臣在哈里发的宝座之前扔下了一捆剑。哈伦命令将这捆剑掷于地上，然后自己抽出弯刀上前，一刀就将这些剑砍断。哈伦回信道："以最仁慈的神之名！哈伦·拉希德，忠诚信徒的统帅，写给尼基弗鲁斯，罗马狗！不信神的母亲的儿子啊，我读了你的信！你虽不能听见，但必能看见我的回答。"

一支由13万阿拉伯人组成的大军，集结在哈里发的黑色旗帜下，立刻出现在了小亚细亚的希腊省份。整个拜占庭帝国都感受到了哈伦可怕的报复。鲁莽的尼基弗鲁斯迅速地收回他的不恭，恢复到了原来的顺从状态。

哈伦将帝国内部的主要管理事务交给两位大臣叶海亚和贾法尔，这两位大臣属于巴尔马克这一古老的家族，他们的祖先在伊斯兰教传入之前的许多代人中一直担任巴尔赫火神庙祭司的世袭职务。据说这个家族是波斯君主的后裔，来到巴格达的宫廷之时，他们已经非常富有了。

叶海亚是哈伦孩提时代的监护人和老师。哈伦即位之后，任命他为维齐尔。当叶海亚年事已高，不得不放弃维齐尔职务时，这个职位被授予他的儿子贾法尔。

贾法尔的能力与他的父亲相当，他是那个时代最受尊敬的作家和最能言善辩的演说家。在职期间，他表现出商人的精明和政治家的深谋远虑。他的成就使他不但是哈里发的大臣，同时还是伙伴。终于，哈里发对他过于依赖，便任命贾法尔的哥哥法德尔为大维齐尔来代替他，这样，国家事务就不会剥夺他在社会上的乐趣。

在17年的时间里，贾法尔和法德尔兄弟都权势煊赫，然而突然之间，他们整个家族都陷入耻辱之中。他们受到的这种对待是哈伦性格上的一个永久的污点。下面的情况被认为是造成这场灾难的原因。

哈里发有一个妹妹，名叫阿巴西亚，他非常喜欢她，除了跟贾法尔谈话，他更喜欢和她在一起。他想一同享受这两种快乐，便带着贾法尔到后宫去见阿巴西亚，但是，后宫的法律禁止除了近亲的任何人被带到那里。最后，他想方设法让贾法尔和阿巴西亚结婚，以便消除这一障碍。然而他又提出了一个明确的条件，那就是除非在哈里发面前，否则他们永远不能见面。

这对夫妇答应了，但事实证明他们的感情太过强烈，导致他们违背了这一承诺，两个孩子在这段不平等的婚姻中诞生了。一段时间以来，这件事情一直没有引起哈里发的注意，但是纸终究包不住火，事情最终败露。哈里发气急败坏，决心进行最为残酷的报复。他吩咐将贾法尔处死，将巴尔马克家族的人全部逮捕，丢到监狱里去。

这些命令得到了执行。贾法尔在皇家公寓的前厅被斩首，因为他要求与怒不可遏的哈伦面谈，而他的父亲和兄弟们则被关进了监狱。阿巴西亚和她的两个孩子被扔进一口井里，并封死了井盖。

巴尔马克家族的毁灭被看作是一场大灾难。人们都说，一个东方家族，在他们的权力和私人地位达到极点的时候，享受着被宠幸的特别幸福，在他们沦于耻辱和毁灭之后，享受着被赞扬的特别幸福，就像在他们的繁荣顶峰时一样。一位作家在他们倒下的时候写了以下几句：

> 不，巴尔马克！时间从来没有如此表现，命运如此变幻莫测，
> 凡人难知此时悲伤，
> 真真悲切。
> 世界的配偶！你那坦荡的胸怀，慰藉了每一次悲伤；
> 现在，不再被你抚慰，
> 寡居的世界为她的主哀叹。

哈伦的统治总体是温和与公平的，而这场屠杀是个可憎的例外，强烈表明当时的社会状况和专制主义本身的倾向。宗教和世

哈伦·拉希德

俗的最高权力统一在哈里发的手中，哈里发被赋予了先知的衣钵、印记和权杖，并被授予了信徒的统帅的头衔，行使着最高的世俗和精神统治权力，除了模糊的宗教条例，没有任何其他限制。

哈伦·拉希德的统治被称为阿拉伯帝国的黄金时代。被征服国家的繁荣和奢华此前在穆斯林中无人知晓，社会生活变得高雅，巴格达的宫廷变得富丽堂皇。繁荣的城镇在帝国的各个地区涌现。陆上和海上的贸易随着物质的富足而不断增加，巴格达的雄伟甚至可以与希腊首都君士坦丁堡媲美。809年，哈伦在将帝国分给他的儿子阿明和马蒙后，因不祥的梦境沮丧而死。王子之间很快爆发了内战，虚弱而胆怯的阿明很容易就被他的兄弟推翻，此后，马蒙成了阿拉伯人东部帝国的唯一主人。

第181章

从马蒙的统治到阿拉伯帝国的灭亡

（813—1258）

马蒙是哈里发中最杰出的人物之一。他以两件事而闻名于世：一是他宫廷的宏伟风格，二是他对文人的赞助。在这位君主的婚礼上，1 000颗最大的珍珠被撒在新娘的面前，一批土地和房屋被分发给客人。他一次送出了价值超过400万美元的礼物。

马蒙命令他在世界各地的使者和代理人收集书籍供他阅读。希腊文学和科学的书籍被从君士坦丁堡、亚美尼亚、叙利亚和埃及收集到巴格达。这些书籍被翻译成阿拉伯文，马蒙劝诫他的臣民要勤奋读书。他参加了博学之士的集会，这些人受邀从各个国家来到他的宫廷。

埃及、西班牙等地都仿效哈里发，而阿拉伯人内在的热情则被集中于科学和文学。一位大臣用350万美元的钱财在巴格达创办了一所大学。无论贵族还是工匠都去求学，每堂课的学生人数达6 000

人。阿拉伯帝国的每座城市都有自己的文学作品收藏区。一位私人医生拒绝了布哈拉国王访问国都的邀请，因为运送他的书籍就需要400头骆驼。在埃及，公共图书馆藏书达10万册，每位学生都可以免费借阅。西班牙伊斯兰城镇的公共图书馆拥有60万册藏书。

尽管阿拉伯宫廷光彩夺目，但叛乱、内战和宗教派别的纷争还是扰乱了他们的生活。君主们放弃了一切征服外国的企图，被包围在最有权势和最有军事实力的贵族们的炫耀和华丽之中。据说，穆阿台绥姆是马蒙之后的第二位哈里发，他在马厩里养了13万匹马，这是拿破仑在其鼎盛时期拥有的骑兵数量的两倍。据说，穆阿台绥姆给他的每匹马驮了一包土，走了50英里，用以在阿拉伯伊拉克的山上建一座名叫萨马拉的宫殿。

据说穆阿台绥姆有8儿8女，当王8年8月零8天；他出生在一年的第8个月，是阿拔斯王朝的第8位哈里发，打了8场仗，有8 000名奴隶，在他的宝库里留下了800万块金子。

穆阿台绥姆是阿拉伯帝国最后一位显赫的哈里发。他于833年继位，在他统治期间，巴格达宫廷的辉煌似乎达到了顶峰。一队16万人的骑兵和步兵被集结起来，迎接君士坦丁堡的使臣。哈里发的官员和宠奴环立四周，每个人身上都金光闪闪。他们周围有7 000个黑人和白人太监。底格里斯河上满是华丽的船只与驳船。宫殿里挂着3.8万块挂毯，展出了100只狮子，一棵18根树枝的金银树映入眼帘，金黄的叶子中间坐着各种金鸟，令人惊叹不已。通过巧妙的机械装置，鸟儿和谐地鸣叫，树叶随风飘动。

此后，阿拉伯帝国开始衰落。但是，我们不应试图从历史的角度记述这一衰败的过程。因为如果我们在书页上列出一大堆君主的名字，而他们的统治却又毫无用处或趣味可言，那就是浪费时间，也是对知识的滥用。巴格达王位的频繁更迭对世界其他地区不再有任何影响。在每一次王权更迭之时，便会有一个省份脱离其统治。

当所有贵族不再表现出野心与活力之时，哈里发在臣民中所展现出的热情、勇气甚至身体力量就会衰退。第二十七位哈里发穆阿台绥姆努力扭转这一颓势，他在高加索山区培养了年轻的奴隶，将他们训练成卫队，并把宫殿的防卫任务交给了这支卫队。

这些部队由突厥人组成，他们很快变得人多势众，令人生畏。他们和叙利亚人之间的竞争实际上使叙利亚人厌恶了军事追求，而突厥人很快成为哈里发唯一的战士。他们在培养过程中经历的奴隶制度使他们不再那么忠诚，也没有更加顺从。王权的更迭大多由他们操控。他们傲慢与狂暴，那些不肯沦为他们卑鄙工具的哈里发，就会被从王位上轰下来，或者被刺杀。

最后，936年，他们从自己人中选出了一位首领，称为埃米尔·奥马拉——“万王之王”之意。这位军官成了国家真正的君主。他在自己的宫殿里囚禁了哈里发，让哈里发过上了穆罕默德的早期继任者清贫、忏悔和祈祷的生活。如果突厥人没有皈依伊斯兰教，就没有必要保持一个哈里发的幽灵作为先知的精神代表，那么突厥人也将获得名义上的权威。

在实际执政期间，哈里发一家受到了隆重的礼遇；但是，只要突厥人一不顺意，就会将他们废黜，并任命替代者。几个被废黜的哈里发成了乞丐。阿拉伯帝国哈里发的统治领域很快被削减为仅剩巴格达城，各省都建立了独立的政府，或被征服者吞并。

最终，成吉思汗率领的蒙古大军从东部涌入，席卷而来，所到之处，无不摧灭。1258年，蒙古军队攻占了巴格达并将其洗劫一空，第五十五位穆罕默德的继任者被蒙古骑兵踩死在马蹄下。身处古代阿拉伯学识与辉煌之地的居民，有20万人被杀。破坏持续了40天之久。这就是阿拉伯人统治的终结。

正如我们所见，这个帝国的历史以辉煌的征服时代、静止却不稳定的伟大时代以及迅速衰落的时代所标记。在阿拉伯人的统治下，壮丽的宫殿、众多的卫兵、巨额的财富、富庶的城市，与同时代西方国家的粗鲁和贫穷形成了鲜明的对比。然而，这些君主的功绩，也许被奉承或感激夸大了。

第182章

阿拉伯人的信仰及分歧

伊斯兰教由穆罕默德建立起来后，最早的形式是父权制。穆罕默德没有给予阿拉伯人自由，也没有强加给他们专制。这些人在他之前就已经习惯了自由，先知也很谨慎，不会做出有违阿拉伯自由精神的行为。穆罕默德既没有摧毁也没有保留麦加的共和制度，但他把激励的力量置于这些制度之上——圣谕必须使人类所有的谨慎忠告都沉默。政府和人民的特征在其历史事件中得到了鲜明的刻画。这使阿拉伯帝国繁荣昌盛。

阿拉伯人征服的一个特点是，从信奉伊斯兰教的那一刻起，信徒就被视为胜利的民族，并像征服者一样自由。人民的法律在很大程度上是建立在理解的共同原则之上的，因此维持了影响力。总的来说，政府与他们的宗教教义有着密切的联系，因此对其中一个加以描述，必然涉及另一个。

穆罕默德没有宣扬实质上创新的教条，只是修饰、放大并展现一种适应东方人的思想和倾向的形式，这种教条和人类一样古老。他要求多行净身礼，这在炎热气候下是极为适合的习俗和必然之事。他要求每天做5次祷告，使人能习惯性地将自己的思想提升到高于自己和高于理智的境界。他设立了斋月和麦加朝圣的节日，并命令每个人捐赠1%的财产。这些仪式有的已经存在于阿拉伯人的既定习俗之中，有的是水到渠成地适时颁布。同样，禁止饮酒、不吃猪肉、要求割礼以及星期五守安息日——他的这些信条并不完全是新鲜事物，而且也是推荐而非严格规定。穆罕默德顺应环境，制定了相适应的律法，创立了一种适合不同地区的宗教。

伊斯兰教有3个主要的教派，分别是逊尼派、什叶派和瓦哈比派。前两者最初只是在政治上而非宗教上有分歧。逊尼派称他们自己为正统派，他们是传统主义者，承认第一代哈里发的权威，大多数传统是从他们那里衍生出来的。什叶派宣称阿里继承先知的神圣及不可剥夺的权利，他们认为前3位哈里发及其所有继任者都是篡位者。波斯人是第一个加入什叶派的民族，经过了3个多世纪的发展，什叶派的信仰在他们中间占了上风。这两个派别的穆斯林之间存在的敌对都是积怨，无法调解。没有哪一场战争曾使基督教世界变得如此荒凉，造成如此多的流血和苦难，也没有哪一场战争像那些因伊斯兰教教派的政治与宗教之争而导致的战争那样，深深地烙上了无情仇恨的烙印。瓦哈比派是一个比较现代的教派，他们的历史将单独讲述。

第183章

阿拉伯人的科学与文学

阿拉伯人从希腊人那里获得了人文科学最初的基础知识。大马士革的约翰把希腊医生的著作翻译成了阿拉伯语，第一次推动了阿拉伯的科学研究，后来又翻译了希腊天文学家和哲学家的著作，在巴格达、巴士拉、库法、内沙布尔等地方建立了学校。

阿拉伯人从君士坦丁堡的希腊人那里学得了制作钟表的技艺，并将其发展到了极致。巴格达的宫廷对博学之人给予了最慷慨的赞助，而希腊首都的文学作品则埋在了人迹罕至的图书馆里。可是，阿拉伯人并没有完全理解希腊的科学知识。

在哲学方面，阿拉伯人非常钦佩亚里士多德，他们学习他辨别事物的语言。他们翻译了托勒密对地球的描述，并把它与对地球的更深入了解和对星空的了解结合起来，而对星空的解读本身就是一种古老的认知。在这些科学分支的研究上，他们给我们留下了重要的观察结果。

就地理学而言，这些观察结果的总和载于阿布尔·菲达的阿拉伯语作品中。我们感谢这位作家，因为他让我们掌握了许多关于阿拉伯人与之交往的国家的知识。在哈伦·拉希德的命令下，阿拉伯人进行了测量纬度的工作。

阿拉伯人是许多艺术和改进制造业的发起人。在查理大帝时代之前，他们曾教授法兰西人纺织技术，并将许多东方蔬菜引入欧洲。巴格达的集市是丝绸的主要市场。

他们还发明了一种新的建筑形式，其特点是东方人特有的大胆和奢华。阿拉伯人甚至在他们的卧室里也建有喷泉和水柱，因为他们的宗教要求经常洗浴。在沙漠里，水和阴凉之处被认为是最大的奢侈品。在黄金、珍珠和宝石的丰富程度上，哈里发的宫廷超越了君士坦丁堡。阿拉伯人的城市与欧洲的城市几乎没有任何相似之处。城市的城墙围起了大片的土地，精心耕作。许多城市建立在沙漠之中，它们是邻近部落的集市和物品存放地。

通信遍及帝国各个部分，主要通过邮递来完成，这是哈里发穆阿维叶引入的方法，比法兰西早了大约700年。

穆阿维叶还奠定了阿拉伯帝国海上力量的基础，海军被用于连接各省。骑士马上比武大会的发明也要归功于阿拉伯人，后来被引入意大利和法兰西。印度数字通常被称为阿拉伯数字，也是经由阿拉伯人之手传入西方世界的。

在阿拉伯人的文学中，最引人注意的作品是《古兰经》。《古兰经》是先知的门徒们根据他的口述不时记录下来的，因为缺乏更好的书写材料，便写在了棕榈叶、小块皮革和羊的肩胛骨上。

像犹太人一样，穆斯林也非常崇敬他们的圣书。一般来说，他们不会让信仰不同的人读到或触摸到它。他们非常尊重这本书，从不把它放在腰带以下，并且总是行了净身礼之后才会去触碰它。他们用它起誓，随时翻阅查询，带着它上战场，在旗帜和衣服上刻上《古兰经》的诗句，就如先前刻在钱币之上一样。

在《古兰经》之后，阿拉伯最好的文学作品当数《天方夜谭》了，它创作的时间更晚，这是一部具有强烈阿拉伯民族特色，却在基督教世界更广为人知的作品。这些故事的作者和创作日期都无法确定。有人把这部作品的创作归于叙利亚人，也有人把它归于埃及人，还有人认为这是不同时代、不同作者的共同成果。但不管这些故事的来历和来源如何，所有熟悉这一主题的人都同意，这些故事准确地反映了东方人的习惯、感情和迷信。这些故事被各个阶层、各个年龄的亚洲人传阅。沙漠中的阿拉伯人晚上会围坐在火堆旁，聚精会神地听这些故事，完全忘记了旅途的劳累与艰辛。

我们要讲的还有阿拉伯人的迷信。关于魔鬼和精灵的信仰起源于希伯来人，他们中的一些人坚称精灵诞生于大洪水之前。犹太人的精灵，或叫鬼魔，长有翅膀，可以从世界的一端飞到另一端，很像救死扶伤的天使，但是他们需要吃、喝，会繁衍后代，也会死亡。

精灵中有几个等级，例如仙女，那是美丽的女性精灵，在人间做善事。而那些经常向仙女开战的巨人，却把她们俘虏，关在笼子里，挂在高高的树上。幸好她们很快就会被其他仙女发现，每天都来给她们提供最宜人的香气，这些香气是她们常见的食物。

无论好的还是坏的，精灵都有一种一快乐就隐身的魔力。除了他们常去的卡夫山，精灵还居住在被毁坏的城市，以及无人居住的房屋、井底、树林、水池及沙漠中的岩石和沙山之间。东方人仍然相信流星是天使射出的箭，是用来对付那些越界接近天国禁区的精灵的。

据说精灵会抢走漂亮的女人，把她当作妻子和同伴关押起来。许多邪恶的精灵喜欢恶作剧。它们伤害和误导旅行者，掀起旋风，使沙漠中的泉水干涸。

食尸鬼是一种下等的邪恶精灵，以食人肉为生。他诱骗人到他所在的荒野，杀死并吞噬他们。当很难找到食物时，它们走近人类的住处，进入墓地，吃死人的尸体。恶魔是一种邪恶与反叛的强大精灵。

在虔诚地相信这些精灵和恶魔的传统下，人们自然会更加尊重魔法与巫术。人们相信所罗门王可以通过对着一枚戒指念出咒语而隔空驾驭军队，人们毫不怀疑阿拉丁的神灯、阿里巴巴的山洞等故事。

魔法师所拥有的力量，即使不比精灵更强大，也不相上下。他们可以隔空搬运自己和他人，如果不对他们施加反制，魔法师可以把人和动物变成他们喜欢的任何形态。魔法师也像精灵一样有好有坏，今天的好魔法师明天也可能成为一个邪恶的魔法师。

阿拉伯人的历史，无论是古代的还是现代的，都充满了跟魔法相关的例子。无论他们是族长或哲学家中最有见识的人，还是最无知的平民，都相信魔法。穆罕默德本人也相信魔法师的作用，他在《古兰经》中插入了许多段落用以抵消魔法师的咒语。

阿拉伯人中最杰出的人物在前面的历史中已经提及。除了穆罕默德，还有一些阿拉伯征服者和最高统治者，除此之外，几乎没有其他人的名字为基督教世界的人们所熟悉了。

在文学和科学方面，许多哈里发的臣民在他们的同胞中享有很高的声望。伊本·阿拉比是一位真正的天才诗人。艾绥迈伊是《安塔拉传奇》的作者，他可以说是侠义故事的鼻祖。马苏迪、阿布尔·菲达和伊德里西通过他们的著作对地理科学作出了很大的贡献。阿维洛伊以对亚里士多德的评论而闻名，阿维森纳是一位博学的医学作家。

第184章

瓦哈比派

（1703—1818）

当阿拉伯帝国辉煌荣耀、称霸世界的时候，阿拉伯荒芜的岩石和沙漠不再被视为信徒的统帅的适宜居所。哈里发把自己的宫廷转移到了大马士革，然后再从大马士革转移到了巴格达。巴格达位于自古以来就最受喜爱的领土上，也是富裕的美索不达米亚平原上的帝国所在地。就这样，阿拉伯地区似乎恢复了它的自然和原始状态。

这里是伊斯兰教的摇篮，曾导致半个文明世界发生宗教革命，后来它又从萨拉森帝国中分离出来，恢复到原始与游牧的自由状态。几个世纪以来，阿拉伯没有发生任何需要历史学家注意的事件。在16世纪，红海沿岸遭受土耳其人的入侵，土耳其人占领了远在摩卡以南的海港，并在这个地区的海域上建立了一种排外的制度；但是，奥斯曼帝国的衰落也是始于帝国周边，因而使得红海沿岸的阿拉伯酋长赢得了重获独立的机会。

在18世纪，一种新的宗教热情，再次激荡于阿拉伯人之中，这就是瓦哈比派的崛起。这个教派的名字源自内志的宗教改革领袖阿卜杜勒·瓦哈卜。

阿卜杜勒·瓦哈卜大约出生于1703年。在伊斯兰改革者的例子中，类似于穆罕默德作为奇才诞生的故事再次上演。阿拉伯人认为，一场大地震震撼了伊斯兰地区每一座清真寺；而且，在接下来的几个夜晚，阿拉伯的城市、村庄、城堡和田野以及邻近的地区，闪耀着异常灿烂夺目的光芒；在穆罕默德和其他伊斯兰教圣徒墓室里点着的灯，异乎寻常地熄灭了。

年轻时，阿卜杜勒·瓦哈卜被派往大马士革学习法律，他从正统的穆斯林那里学习如何抨击他们教义中出现的讹变堕落。回到阿拉伯后，瓦哈卜开始宣传彻底改革的必要性，并把自己的形象塑造得近似于基督教中的马丁·路德。瓦哈卜的第一个目的似乎是要消除嫁接在纯粹和原始的伊斯兰教义上的神圣荣誉，并防止任何人类获得神圣的荣誉地位，其中甚至包括先知穆罕默德。虽然他相信《古兰经》是神的直接启示，但他认为阿拉伯先知只是凡人，是神的宣传者。

因此，瓦哈卜认为崇拜穆罕默德并非虔诚的表现。他更谴责尊伊玛目、博士和法律解释者为神圣。他把到特定的坟墓朝圣，赋予特殊的遗物以美德，均看作是一种极端的偶像崇拜。

这位阿拉伯的宗教改革者很快就有了追随者，当人数足够多时，瓦哈卜吩咐信徒去做的第一件虔诚的事，就是去摧毁麦加和麦地那的小清真寺。假圣徒的遗骸应该像旷野的尘土一样，扬撒在风中，装饰他们墓碑的珍宝是用来奖励那些掠夺者的虔诚的。这些学说再加上对土耳其人暴政和恶行的猛烈攻击，使改革的领导者受到迫害，迫使他过上了一段流亡的生活。

最后，瓦哈卜定居在德拉伊耶酋长伊本·沙特的住所。这位聪明的酋长听了阿卜杜勒·瓦哈卜的话，成为他的门徒，娶了他的女儿，并保护他不受伤害。

阿卜杜勒·瓦哈卜的儿子穆罕默德成了新教义的布道者。穆罕默德从小眼盲，使得他不能亲自带领布道者去捍卫和传播新的信条；但伊本·沙特弥补了这一缺憾，他成为瓦哈比派的临时首领，而穆罕默德则作为他们的精神领袖。这种新的信仰被古代延续下来的王公贵族采纳之后，就能够在舆论场上增加实力，并取得了广泛而迅速的发展。

新的教派很快就传到了麦加所在的汉志，圣地的守护者、麦加的谢里夫（穆罕默德的后裔，当地统治者）开始担忧自己的统治地位受到威胁。他煽动占据汉志贝尼哈立德地区的强大的古莱什部落与瓦哈比派对抗。土耳其人的防御工事遍布于这一地区，土耳其人也是当地的主要人口。这些人从一开始就对瓦哈比派怀有强烈的敌意，所以他们欣然听从麦加首领的召唤，拿起武器向德拉伊耶进军。

瓦哈比派自身也有了纷争，如果不是陌生人的攻击迫使他们为了自卫而搁置内部恩怨，他们也许很快会毁于内斗。他们的首领一直被怨言和叛乱所困扰，现在却发现追随者们充满了忠诚与热忱。经过几年的战争，汉志被迫向他们的敌人投降，最终，瓦哈比派壮大了自己的势力，有了足够的能力向麦加开战。

他们的名声现在已经传到君士坦丁堡，而迄今为止，奥斯曼宫廷一直都鄙视这些不知名的教派，现在他们开始对瓦哈比派的发展感到震惊。巴格达帕夏接到了准备保卫圣城的命令，这位统治者命令蒙特菲赫和贝尼哈立德的阿拉伯酋长接受帝国的指挥。然而，他们的行动失败了，蒙特菲赫酋长在自己的帐篷里被一个伪装的瓦哈比派信徒刺杀；贝尼哈立德酋长在一次失败的战役后，被迫逃离首府哈萨，而哈萨则被瓦哈比派的军队洗劫。

巴格达帕夏极为震惊，因为瓦哈比教派的信条已经渗透到也门以北阿拉伯半岛的每一个角落，并获得蒙特菲赫部落的支持，迄今为止，蒙特菲赫部落被视为土耳其人反对新教派的主要堡垒。

瓦哈比派看似是一群乌合之众，只拥有火绳枪，但他们似乎拥有钢铁之躯和烈火之魂。他们的住处是沙漠中难以接近的中心地带，他们忍受疲劳、艰难和困苦的能力几乎超出了人们的想象，他们行动迅速，令人难以应对。无论关于新信条的哪个方面，他们都无条件地服从于自己的首领；他们在战斗中的勇敢和对死亡的蔑视由一种热情所滋养，这种热情远远超过日渐衰弱的土耳其人；在他们所有的征战中，宗教的利益和掠夺的希望同样激励着他们。因此，优势完全在瓦哈比派一边。

1797年，巴格达帕夏苏莱曼在哈萨袭击了他们，但苏莱曼的军队被击溃，只能撤退。胜利的阿拉伯人占领了巴士拉地区，占领了伊玛目侯赛因的圣城，在那里他们摧毁了那座著名的神庙，并抢走了土耳其苏丹和波斯国王虔诚慷慨存放在那里的巨大宝藏。

瓦哈比派现在组建了一支十几万人的军队，在他们的首领伊本·沙特的孙子阿卜杜勒·阿齐兹的率领下，于1801年进军麦加。经过一次顽强的围攻，麦加于1803年被攻占，瓦哈比派掠夺了伊斯兰教圣徒的豪华陵墓。他们还夺走了大清真寺里的大量财富和昂贵的家具——欧洲、亚洲和非洲的每一位伊斯兰君主都贡献过自己的一份力量。

1804年，他们攻陷了麦地那，洗劫并损毁了穆罕默德的坟墓。当人们知道圣城落到异端分子手中，先知的坟墓被损毁时，没有什么能让整个东方虔诚的穆斯林更为惊骇和恐惧的了。到阿拉伯的朝圣被阻止，从1803年到1807年，朝圣的旅行队没能再次进入这个地区。从大西洋海岸到恒河两岸，乃至中国边境，每一个虔诚的穆斯林都沉浸在悲痛之中，因为瓦哈比派阻碍了他们履行自己最崇高的礼拜式——到麦加朝圣。

瓦哈比派追求进一步的胜利，并取得了反抗奥斯曼帝国的巴格达帕夏的支持。他们的军队入侵叙利亚，威胁到了奥斯曼帝国在东方的统治地位。最后，在苏丹的恳求下，埃及帕夏穆罕默德·阿里被诱使反对瓦哈比派。1809年，他在红海上组建了一支舰队，并派出一支庞大的陆海联合部队入侵瓦哈比派的领地。这支军队由穆罕默德·阿里18岁的次子指挥。这位统帅由艾哈迈德·阿加辅佐和指导。阿加是一位军官，他的军事才干使他获得了“拿破仑·波拿巴”的绰号。

1811年，埃及远征军登陆阿拉伯半岛。瓦哈比派拼命抵抗，但他们无法阻止埃及军队在1812年攻占麦地那，并于1813年成为麦加的主人。1815年，双方达成和平协议；但是，瓦哈比派的力量似乎依然强大，1816年，在穆罕默德长子易卜拉欣的指挥下，又一支远征军前来对付他们。瓦哈比派的都城和基地德拉伊耶遭到围攻，虽然顽强抵抗，但他们还是于1818年投降。瓦哈比派的首领和他的几位家人被押送至君士坦丁堡，在那里游街数日后被斩首。

作为统治力量的瓦哈比派在这次战争中被推翻了；但是，作为一个教派，他们并没有被消灭。大量瓦哈比派的信徒仍在沙漠中游荡，并在不同时期向君士坦丁堡政府发出严厉警告。许多人相信，他们将夺回自己的权力，占领阿拉伯地区，并建立更为强大的统治。他们藏身于偏僻地区，周围是一片辽阔的沙漠，敌人不可能消灭他们；瓦哈比派此时可能正在寻找一个有利的时机入侵邻近的荒凉地区，并在东部建立一个新的帝国。

如今，阿拉伯的大部分地区仍然处于古代盛行的父权制政府的统治之下。每一位君主或酋长将自己围在岩石城堡里，或带着骆驼和羊群在沙漠里漫游，使自己独立于其他一切人类力量。然而，成功的勇士敢于冒险，或者拥有滚滚的财源，追随者就会大量拥到他的旗帜之下。因此，集结成千上万为钱而战的雇佣兵并不困难。在埃及和巴勒斯坦之间、叙利亚边界和幼发拉底河沿岸的路线上，一直有大批阿拉伯人的营地来来往往，观察旅行者和商队的行进，随时准备利用任何有利的机会发动攻击。在内陆地区贝都因人的营地中，持续不断地发生着小冲突。在红海沿岸，埃及帕夏拥有从瓦哈比派那里征服的一部分领土。

也门是让阿拉伯部落骄傲的、贵族式独立的一个例外。1630年，土耳其人被驱逐后，萨那的伊玛目接管了政府，在这里建立了一个严格按照专制王国模式组建的政府。他拥有属灵和世俗的双重权威，要求臣民无条件服从，而对他极端滥用权力的行为只能通过反叛才能制止。他通过由最底层提拔起来的下属来管理各个政区和城镇，被动地传达他的命令。

一些阿拉伯独立性的痕迹仍然留存于法官和法院之中，没有他们的同意，就不能宣布死刑。虽然这些法官是由君主任命和罢免的，但君主很少冒险行使罢免权；据说，法官的判决往往以高度的独立和公正而著称。也门君主通常被外国人称为马斯喀特的伊玛目，这源于他经常居住的海港的名字。他还统治着非洲的桑给巴尔岛和索科特拉岛、波斯湾的基什岛，以及相当大的一片波斯领土。

第185章

这样的阿拉伯人

在勾勒历史的过程中，我们有机会注意到古代的阿拉伯人。他们近现代的后裔与他们相似；但是，由于他们是一个非同寻常的民族，广泛分布于整个西亚以及非洲的大部分地区，因此值得多费一些笔墨。

阿拉伯人并不健壮，但他们身材很高，外形良好，活泼好动，不惧危险，不知疲倦；他们思维敏捷，性格特点是轻信与热情。阿拉伯人长着椭圆形的脑袋、弯曲高挑的眉毛、鹰钩鼻、大眼睛。黝黑的面庞因暴露在阳光下而变得更黑，面带温柔的表情。女人普遍比男人长得高，举止端庄，却因衣衫褴褛而逊色不少；她们标致的容貌也因其古铜色的皮肤而减少了吸引力。

定居城市的阿拉伯人的服装多种多样；但是，在游牧部落中，服饰则比较单一。也门富人的服饰跟土耳其人或波斯人极为相近，他们穿着大裤子，腰间围着一条绣花皮革腰带，腰带上插着一把刀

阿拉伯酋长和他的侍从

或匕首。头饰包括许多不同种类的帽子，有时多达15顶，一顶戴在另一顶上，由亚麻、棉布和羊毛制成，最外面的帽子装饰华丽。下层阶级只戴两顶帽子。一些人会穿内裤和粗布衬衣；但更多的人腰间只围一条细麻布，肩上只搭一条布。在气候较冷、海拔较高的地区，则用羊皮取代布。

中层阶级的人穿木鞋或皮鞋，用皮带子系在脚上。富人无论男女都穿便鞋。在这一地区的大部分地方，人们都留着长发；有部分地区也会剪短发；还有另一些地区剃光头；但总的来说，他们都自然蓄有长须，对胡须很重视。阿拉伯人把穿旧了的衣服用来作床上用品。腰上的细麻布作褥子，肩上的布作被单。在一些地方，人们睡在麻袋里，以保护自己免受昆虫的侵害。

女人衬衣和内裤不离身；她们的手臂上戴有手镯，手指上戴有戒指，耳朵上穿有耳环，鼻子上穿有鼻环。她们会把指甲染成红色，把手脚染成棕色，把眉毛和睫毛染成黑色。像埃及的女人一样，她们通常用亚麻布的褶裥遮住脸的下部，只露出眼睛；在某些地方则会戴面纱。

贝都因人在许多方面与其他阿拉伯人不同。经过艰苦的生活和不断的暴晒，他们长得又瘦又高，脸色变得黝黑。敏锐的黑眼睛加上整体的外貌，显示出他们是纯朴的自然之子。贝都因人的衣物由一顶无边便帽、一双便鞋和一件白色的羊毛衣服组成，这件衣服覆盖了整个身体，一直到小腿。头上包着头巾，有几个洞可以让胳膊穿过去。他们用针刺手臂、嘴唇和身体最显眼的部位，使之变成深蓝色，永远无法抹去。有些人的脸颊、前额或下巴上有一朵小花，上面有五倍子和藏红花熏出的漂亮黑色；同样，他们的眉毛也会染成黑色。大多数妇女的鼻子上都戴着直径约3英寸的金银鼻环。她们生来就很好看，但是肤色被太阳晒黑了。年轻的姑娘们很讨人喜欢，一直不停地歌唱。

在城镇定居、从事农业或贸易的阿拉伯人，因正义、节制和仁慈而闻名。陌生人可以在城镇里放心旅行，无须担心个人安全。然而，他们在数量上远远少于贝都因人，因为贝都因人虽然在饮食上比较克制，说话彬彬有礼，但极易冲动，会极端残忍，也会极端友好。此时，他们抢劫在沙漠中遇见的旅行者，彼时，却又毫不犹豫地拥抱投靠他们的陌生人。

在肥沃土地上生活的人们主要的食物是白米饭，米饭盛在大木盘里；而在其他地方，畜产品几乎是他们唯一的生活来源。常见的食物为骆驼和绵羊的奶及肉；各种各样的野生动物，包括蜥蜴和蝗虫，也为阿拉伯人提供了食物。他们吃饭时很少喝酒；当他们起床洗漱之后，会喝点凉水，再来杯咖啡。伊斯兰教律法禁止饮酒，但有几种由蜂蜜、糖、葡萄和其他水果酿成的酒，其中有些是烈酒，会被人过量饮用。阿拉伯人比亚洲北部

贝都因人

的居民更喜欢抽烟；在有钱、时髦的人中间，有一种特殊的习俗，他们随身带着一个盒子，里面装满了有香味的木屑，见到他们尊重的人，就会把一小块木屑放进对方的烟斗里。

贝都因人既没有面包也没有酒，也不耕种土地。他们不吃面包，吃的是一种用野生小米与骆驼奶混合稍加烤制而成的糕饼。贝都因人有成群的骆驼、绵羊、山羊，从一个地方赶到另一个地方，寻找茂盛的草场。找到之后，他们支起羊毛帐篷，一直住到草被吃光，再去寻找另一个肥沃的地方。在阿拉伯内部，许多贝都因人是安静平和的；但是在其他大多数地区，贝都因人却是强盗的代名词。

阿拉伯人对婚姻看得极重，以至于一个女人宁愿跟一个贫穷的男人结婚，或者嫁给一位已婚男人做第二个妻子，也不愿意自己过招人厌恶的单身生活；而男人们也同样愿意娶她们，因为他们娶妻并不费钱，反而获利颇丰。然而，他们却很少有两个以上的妻子，很多人满足于一个妻子。阿拉伯妇女享有比其他伊斯兰地区更多的自由，在家庭中拥有很大的权力。如果被丈夫恶意对待，她们有权要求离婚。然而，分居并不常见，大多情况是丈夫因无力负担多个妻子的生活而将妻子送回娘家，之后她们可以自由地再结婚。

尽管骆驼对阿拉伯人来说是最有用的动物，但他们对马更为青睐，贝都因人以他们古老的血统和马的优良而骄傲。

虽然整个阿拉伯内陆地区仍保持着3 000年前的样子，但沿海地区已经发生了一些变化。总体而言，政府和社会状况是稳定的。西部地区为麦加的谢里夫统治区，现在属于埃及。主要的城市是被誉为穆罕默德出生地的麦加，位于距离红海40英里的一个干燥、贫瘠、多岩石的地区。它得到世界各地朝圣者的支持。

沙漠中的贝都因人

麦加的地标建筑是著名的大清真寺，清真寺内部是一座据说由亚伯拉罕建造的古庙克尔白，它是一座用石头砌成的方形房子。克尔白最神圣的圣物是黑石，据说是天使吉卜利勒带来的。朝圣者经过盛大的仪式：绕行克尔白7圈，背诵着经文和诗篇，向神和先知致敬，每一圈都要亲吻圣石。然后，他们被带到渗渗泉，在那里将圣水一饮而尽，再行彻底的净身礼。另一个被认为具有同等价值的仪式是前往阿拉法特山朝圣。阿拉法特山位于这座城市以南约30英里处。

麦加是东方最漂亮的城市之一。它坐落在一个狭长的山谷里，四周群山环绕。这里住宅的正面不是像一些东方城市那样有一整面的土墙，而是用石头砌成，高达三四层，并用柱子和其他建筑装饰物加以装饰的墙。在很大程度上，这种令人愉悦的墙面被认为是为了吸引朝圣者在此寄宿；出于同样的原因，房间也宽敞、整洁。神庙有大约1/4英里长的

骆驼

广场，广场非常宽敞，有许多排柱子。

麦加朝圣与非常活跃的商业活动相结合，琳琅满目的商品可以在这里交易。从鞑靼地区的边缘到塞内加尔的河岸，有许多来自不同国家的朝圣者。在和平时期，麦加是一座非常繁荣的城市。过去，这里有10万居民，然而，自从瓦哈比战争以来，它已经衰落了。目前，这里的人口估计不超过3万人。麦加人骄傲、快乐，甚至有点儿放纵。

麦地那虽然号称是穆罕默德的埋葬地，但在获得穆斯林的崇敬方面，它从来不能与麦加匹敌。很多人不把去麦地那朝圣当作必不可少的仪式，只有土耳其朝圣者会去。那里大约有500户居民，其中只有少数人家陈设讲究。穆罕默德墓所在的大清真寺周围环绕着无数的大理石、碧玉和斑岩柱，上面刻有金色的文字，非常宏伟壮观。麦地那的延布港约有5 000人。

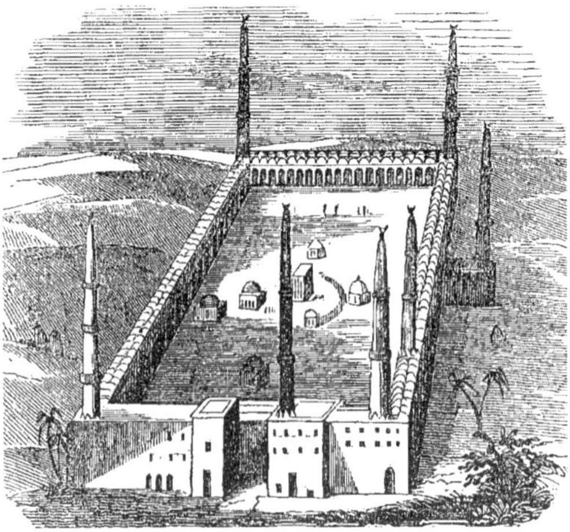

麦加神庙

红海沿岸的吉达港是汉志的商业中心，也是埃及和麦加之间进行贸易的主要媒介。印度商船每年都会在这里卸下货物，由当地的商人转运到苏伊士和开罗。住宅往往用石珊瑚建造。这里十分繁华，约有1.5万人。据说有些商人身家超过百万美元。

亚喀巴矗立在红海的北端，是一个小村庄，靠近以旬迦别港，所罗门的船只从这里驶往俄斐，腓尼基人通过这里与印度进行贸易。在西边有何烈山，又有西奈山，摩西在此订立律法。还有一座神庙，内有大炮，只有通过攀爬绳索才能到达那里。

在西南部，也门强大的伊玛目统治了一片地区。萨那是这一地区的首府，它建在肥沃的平原中间，周围有高高的砖墙和高塔。人口约为3万人。摩卡位于也门，约有6 000居民，是红海上的主要港口，欧洲人经常光顾。周边地区盛产的咖啡，被公认为世界上的顶级产品。咖啡是这里的主要商业产品，每年出口量为1万吨。除此之外，椰枣、没药、阿拉伯树胶、象牙、金粉和其他贵重物品也大量出口。

东海岸马斯喀特的伊玛目也统治着一片重要的地区，并建立了阿拉伯最开明的政府。马斯喀特是一座大城市，城里点缀着花园和枣树林。它是与印度进行商业往来的活跃贸易中心，也是珍珠交易的大市场。它位于红海之滨、曼德海峡旁，常为欧洲船只所光顾。这座城市占据了一片不断被热风横扫的沙质平原。从海上望去，城市的外观赏心悦目，城市里却是肮脏的街道和破败的墙壁。人口约有5 000人，贸易主要掌握在印度商人手中。

瓦哈比派建立的王国位于内志地区。我们前面已经说过，这个王国曾征服阿拉伯半岛的大部分地区，最后被埃及军队推翻。首都德拉伊耶于1818年被毁。

阿拉伯地区还有许多小国，大多数居民生活在小部落中，过着游牧的生活，除了自己的酋长不认识任何更高级别的统治者。

土耳其的亚洲部分

第186章

土耳其的亚洲部分是怎样的面貌?

这片广袤的土地构成了历史上最著名一个地区。在这一范围内，人类创造和堕落的场景一一显现，如《圣经》中所讲的大洪水、犹太民族的兴起与发展以及基督的殉难等。这一地区有亚述和巴比伦尼亚——最早的古代大帝国；有尼尼微、巴比伦、提尔、萨迪斯、特洛伊、帕尔米拉，还有耶路撒冷、大马士革、安条克、士麦那；这一地区有阿勒山和黎巴嫩山、约旦河和幼发拉底河、死海和加利利海。这一地区见证了塞米勒米斯和居鲁士、亚伯拉罕和麦基洗德、大卫和所罗门、保罗和彼得、雅各和约翰的存在，也目睹了冈比西斯二世、大流士一世、亚历山大大帝、塞琉古一世、庞培、欧麦尔、萨拉丁和帖木儿率领大军前行，而且他们的丰功伟绩仍然彪炳史册。尽管这一地区在人类的早期历史中名声显赫，但是现在，世界上几乎没有哪个地区比这里更为不幸。

土耳其的亚洲部分包括几个地区，我们已经在前面描述了它们各自的地理和历史概况，现在只需要把它们归为一个整体讲述。这一地区的边界，北部是黑海，东部是高加索地区和波斯，南部是阿拉伯半岛，西部是地中海。土耳其的亚洲领土与欧洲领土仅仅被马尔马拉海隔开。欧洲的君士坦丁堡和亚洲的斯库塔里相距不过1英里，中间只隔了一条狭窄的海峡。下面展示了亚洲土耳其的几个部分：

（1）库尔德斯坦——古代亚述；

（2）美索不达米亚——古代巴比伦尼亚和迦勒底；

（3）叙利亚——包括古代叙利亚、腓尼基和巴勒斯坦；

（4）安纳托利亚或小亚细亚；

（5）亚美尼亚——古代亚美尼亚的一部分。

这一地区从君士坦丁堡延伸至波斯湾，长约1 000英里，平均宽度约250英里，整片地区的面积将近25万平方英里。

小亚细亚、亚美尼亚和库尔德斯坦北部多为山地。亚美尼亚的阿勒山①海拔16 945英尺。这里最大的河流是幼发拉底河，发源于亚美尼亚，穿过托罗斯山脉，全长1 300英里，注入波斯湾。底格里斯河是幼发拉底河的支流。克孜勒河，就是哈吕斯河，是小亚细亚最大的河流。

一个土地如此辽阔、地表变化如此之大的地区，它的气候自然具有多样性。北部像新英格兰一样崎岖多山，而中部则像美国的中部各州，南部则与佐治亚州和亚拉巴马州很相似。在这样的气候

① 阿勒山，一般指亚拉拉特山。传说大洪水之后，挪亚方舟最后停泊的地方就在亚拉拉特山上。——编者注

无花果

下，出产的水果如橘子、无花果、橄榄、石榴等都非常美味，是人们的主要食物；这一地区的桃子、杏子、桑树、各种甜瓜和最美丽的花草园植，也带给我们味觉、视觉、嗅觉上的享受。据说玫瑰在这里达到了最为完美的状态。苔藓玫瑰和沙仑玫瑰都是这一地区的特产。

骆驼是一种我们不太熟悉的动物，但对东方人来说有着无限的用途。骆驼能够适应沙漠的环境和炎热气候，而所需的生存资源又极少，主要被用于内陆运输。由于没有几条公路或几架桥梁供四轮马车使用，更没有铁路，骆驼已成为这些地区商人和旅行者的主要交通工具，关于这一点，自古以来就是如此。安全起见，商人和旅行者会多人同行，以防强盗，这种同行的队伍被称为商队。为旅行者提供停脚休息服务的地点被称为商队旅馆，通常由当地政府免费提供。旅馆由大的、方形的庭院组成，四周有供动物使用的畜圈和供人住宿的房间，但往往需要自带食物。

这一地区生活着多个民族，他们一直保持着自己在服装、性格和外貌上的特色——这一地区最奇特的特征之一。除了土耳其人，还有犹太人、希腊人、亚美尼亚人、土库曼人、库尔德人和阿拉伯人，他们都生活在同一个政府之下，而且常常生活在同一个区域，然而他们绝不会失去或忘记各自的历史和传统。

这一地区的希腊人并不多，只限于小亚细亚和沿海岛屿。他们

夜晚商队在休息

同其他地方的希腊人一样机智、开朗、精明。亚美尼亚人怯懦、节俭、勤劳，其中许多是商人和技工。他们能够适应环境，屈从权威，寻求通过和平换取繁荣。他们生活在一个大家庭里，极为团结。他们的外貌富有生气，五官端正。

犹太人与亚美尼亚人相似，总是保持着他们自身独有的特点。他们在土耳其人的领土上已被降低等级并受到压迫，但是政府近来对所有宗教都采取了温和的政策。

阿拉伯人遍布叙利亚、巴勒斯坦以及巴格达周边地区。有些人为了掠夺而在沙漠之中游荡，偶尔会把羊群赶到肥沃的牧场。阿拉伯人遵守既定的礼节，谈吐甚至比土耳其人更优雅。他们中的许多

库尔德人袭击商队

人定居在乡村，另一些人在城市里经商，但他们永远不会忘记自己悠久的族谱，对胡子的重视、对马的偏爱，都是他们家乡的特色。

黎巴嫩的德鲁兹人和马龙派，我们前面已经讲过。土库曼人占据了小亚细亚内陆未开垦的平原地带，他们应该是里海东部土库曼人的一个分支。土库曼人是游牧民族，夏天把羊群赶到高处，冬天把羊群赶到隐蔽的山谷。他们把对战争及战利品的热爱，与家庭的简朴生活结合在了一起。土库曼人是优秀的骑兵，成为奥斯曼帝国的主要军事力量。

库尔德人居住在一条长而崎岖的山链之上，山链沿着奥斯曼帝国和波斯帝国的边境，从亚美尼亚山脉向东南延伸，与底格里斯河平行。他们正是色诺芬在《万人远征记》中提到的卡杜客亚人。千百年以来，他们仍然使用着相同的名字，保持着相同的性格，并被公认为全亚洲最大胆和最粗野的民族。在鞑靼和波斯的高原上，那些改变和软化战争及掠夺习惯的田园式的追求，在一个只有崎岖的陡坡、可怕的峡谷和狭窄的山谷的地区是行不通的。这里的每一位首领都会坐在城堡里沉思如何去掠夺下面的肥沃平原。然而，库尔德人有着独特的美德——无比的热情好客——还有对自己可以追溯到远古时代民族血统的骄傲。

土耳其人在亚洲和欧洲都是一样的。他们是东方人，在生活的所有外在形式上，与欧洲人形成了鲜明的对比。他们穿的不是紧身的衣服，而是遮住四肢的长袍；他们不愿意站着或是坐在椅子上，而是舒舒服服地躺在沙发上，除非是有特殊目的或是有事要做，否

东方式的进餐方式

则无缘无故起来走动就是大脑有问题。土耳其人吃饭时倾斜着盘腿而坐。他们一进屋就脱鞋，而不是摘帽。在吃饭的时候，他们只用手指，不用刀叉；他们不在床上睡觉，而是躺在硬邦邦的地上或地板上。

女性们禁止各种形式的社交，活动只限于内室，不能被任何非近亲的异性看到或叫到名字。这种由专制政府和伊斯兰教律法强加于女性的阴森、僻静生活方式，在土耳其比在阿拉伯或波斯更为明显。

做一个“严肃、孤独的人”，对主人卑微屈从，被视为一种宗教责任，这与征服民族的傲慢以及被他们踩在脚下的被征服者所包围的意识结合在一起。土耳其人的性格自相矛盾，他们既讲究精致，又粗俗淫荡；在有些事上诚实，在有些事上却又很虚伪；时而傲慢，时而奉承；时而开明，时而堕落；虽然整体平和，可是一旦爆发却凶残难制。

我们对土耳其女性的状况特别陌生。从结婚的那一刻起，她们就被禁锢在内室，被排除在公众和异性的视线之外，她们接见近亲也需要用特殊的礼节单独进行。在这种严格限制下，还要与众多情敌分享丈夫，或者更确切地说是分享主人。这在欧洲人看来是无法容忍的。她们被允许探访和接访，也可以经常去洗澡，在浴室里能够见到许多女性。只有在这里，她们才能聊聊家长里短，听到外面的大事小情。

父母在土耳其受到尊敬，特别是母亲。即使君主去世，他的后宫也是受人尊敬的，属于他妻子的财产不受影响。婚姻仅仅是一种民事合同，用来确定嫁妆以及限制丈夫妻子的数量。小妾一般都是买来的奴隶，但她们的孩子都是被法律认可的。他们的宗教允许男人娶4个妻子，但富人想娶多少就娶多少个，穷人通常会满足于娶一个妻子。

土耳其人的娱乐活动主要是家庭娱乐。个人的快乐是把自己陷入持续的遐想；在时间的长河中翱翔，不需要思考，也无须焦虑；在树荫下休息，不拘于任何束缚而进行沉思，通过烟斗吸入一股柔和的、令人陶醉的烟雾。舒舒服服地躺在那里，快乐地听专业说书人说书，或观看希腊青年及奥斯曼民谣歌手的舞蹈，甚至可以允许妻子在场。但舞会、剧院、拥挤的聚会——在欧洲所有可以算是娱乐的东西，都不符合土耳其人的习俗。

土耳其人吸烟喝酒

土耳其人的服饰

土耳其人的衣服是由飘逸的长袍组成的，虽然不适合快速行动，却能让人从容不迫地行走。包头巾是东方服饰最为典型的特征，尽管这被希腊帽取代了，正如长袍经常被换成紧身短上衣一样。女性的服装在形式上与男子相似，但包头巾更为轻巧优雅。女装用料上乘，以色彩艳丽为佳。头发通常用一块绣好的纱布编成辫子，纱布垂到腰部，用金纽扣固定，根据佩戴者的财富状况，有的会戴上钻石和珍珠。出门时，女士们都戴着面纱。专为妇女而建的内室住宅宽敞、华丽。中心的房间有一个大理石喷泉，水幕会使游手好闲之人安静下来，或用潺潺的水声安抚心浮气躁之人；同时使得空气中充满了香气。女士们像她们的男主人一样抽烟草，所使用的长长管子得名“土耳其长烟管”。

婚礼中行进的队伍

土耳其有各种宗教信仰。犹太人保留了他们自己的信仰，基督教在某种程度上盛行于希腊、亚美尼亚和叙利亚的居民之中。伊斯兰教不仅被土耳其人所宣扬，也被那些对土耳其人的

哭丧的土耳其妇女

举止印象深刻的人所宣扬。

一个人去世后，尸体下葬前要经过精心打理。朋友们表现出极度的悲伤，捶胸顿足，泪飞如雨。从四面八方赶来的妇女们让自己的哭喊声响彻乡里。尸体由一支队伍抬着走向坟墓，哭丧的妇女被雇来坐在坟墓旁，并为死者举行守灵仪式。

土耳其的亚洲部分拥有较为普通的手工制造业，供国内消费。丝绸、皮革和肥皂是黎凡特的主要产品。令人心仪的土耳其地毯是由游牧部落的上层妇女纺织而成的。世界上没有一个地方能像这里为海上贸易提供如此的优势；在过去，这种情况在很大程度上得以延续。实际上，这里是商业的发源地，长久以来，这个地区都是陆海贸易的中心。它古老的商业中心——提尔、西顿、大马士革、安条克、罗德岛、塞浦路斯、米利都的辉煌，激起了全世界的钦佩。现在，士麦那和阿勒颇是唯一可观的贸易市场。前者出口小亚细亚

骑驴和行走的土耳其妇女

的水果及其制品，后者是亚洲内陆商队贸易的中心。农业仍采用粗放的耕作方式，很少应用工业技术。

这里的政府模式与土耳其的欧洲部分相同，因此，等到我们讲述奥斯曼帝国之时再来详述这方面的内容。我们只需要说，这个地区被分成了大约20个省份，省份再细化为地区，各地的边界经常发生变化。帕夏相当于省长，附属于君士坦丁堡的苏丹。在行政管理中，他们对人民专横压迫，几乎肆无忌惮地进行掠夺。在一些内陆和边远地区，如在土库曼人和库尔德人中，酋长只是进贡而已；其他的一些族群则经常挑战苏丹的权威。

总的来说，土耳其的亚洲部分的总体面貌是相对萧条的，跟宜人的气候以及曾经的富丽堂皇形成鲜明对比。曾经肥沃的大片土地现在变成了贫瘠的平原或裸露的沙漠；肮脏的村落建立在城市宏伟的废墟之上，圆柱、柱头、雕带和雕像散落四处——出自希腊艺术家之手的雕塑——是这片著名的土地上常见而独特的景观。

虽然如此，这一地区仍强烈地吸引了人们的注意力。世界上没有任何一个地方能看到这么多历史遗迹，每一座山、每一条河、每一片平原、每一个山谷，几乎每一个自然产物都与过往的记忆联系在一起。这里有一个默默无闻的村庄叫作伯利恒——作为基督的出

沙漠中的朝圣者

生地而备受尊崇；死海的一根盐柱使我们想起索多玛的命运和罗得妻子的故事；一堆废墟使我们想起芝诺比娅的名字；一些零散的遗迹代表了特洛伊城的遗址，并且讲述着阿喀琉斯、赫克托耳及荷马的事迹；一片沼泽和一座土丘上面有巴比伦的名字，而尼尼微也只剩下一片平原上的沙丘。

第187章

突厥的兴衰

（500—1000）

居住在里海以东广阔地带的游牧部落，被古人统称为斯基泰人，而他们现在被欧洲人称为鞑靼人。尽管这个地区不时被一系列游牧民族统治，但这些民族很可能都来自同一个原始种群。因为虽然他们在世界各地有着不同的名称，但这些族群的习惯和性格却是相同的。古希腊时期的斯基泰人与现代鞑靼人没有本质上的区别。在亚历山大时代以前，中亚河中地区居住着一个被称为萨卡人的民族，盖塔和马萨革泰是其中两个强大的部落。

从最早的历史时期到现在，这个游牧部落的居住地区一直在不断变化。他们征服了别人，也反过来被别人征服。我们发现他们有时不断改善自己的统治，并扩张领地；有时又被更凶悍、人数更多的部落逐离他们的牧场；在所有情况下，当他们沿着南亚或欧洲肥沃的平原前进时，暴力和掠夺的大潮就在北冰洋附近高涨，而在这股破坏浪潮消退之前，转而又扑向了印度洋沿岸。这只是这个民族大部分居民的写照，并不一定能够体现出整个民族的特点。

它显示了占领平原地区的强大部落的进步，并拥有了这一广阔地域的统治权。许多弱小部落则无法抵御侵略者，只能在与这片广袤土地相交的高山之处藏身避难。其中一些人代代传承，一直保持着他们原来的语言和风俗；其他居民则致力于和平的畜牧业和贸易，由于其职业的特点，必须不受尚武部落暴力倾向的影响。人们在习惯上的这种差异产生了两个不同的名字，这两个名字似乎自古就存在。突厥人是指有军事习惯的人，而塔吉克人是指致力于民事活动的人。

这一民族又被人们称为嚈哒人或白匈奴人，但它实际上是鞑靼部落的一个分支，来自中国长城以北的草原地区，大约在5世纪中叶成为河中地区的主人。拜占庭历史学家很少提及这一民族，但他们告诉我们，帝国的使臣们见到了他们的首领，当时他坐在一辆两轮马车拉着的帐篷里。这个民族的人有剃掉胡须以示哀伤的风俗，当他们的首领去世后，使臣们也要入乡随俗，剃掉胡须。此外，他们还告诉我们，在首领的葬礼上，有4个囚徒被带出监狱，与已故首领的马一起被杀死在他的坟墓中以殉葬。他们公开敬拜火和水，高唱赞美诗，赞美大地。尽管如此，他们仍然只敬拜一位神，那就是创造可见世界的造物主，并将马、牛和羊献祭给他。

据说他们在锻造铁器方面有着非常高超的技艺，也就是在那时，这一民族首次以突厥的名字被他们的邻居所熟知。大约在500年，突厥首领向波斯派遣了一名使者，提出了一项旨在进行丝绸贸易的商业条约。据说波斯人不仅拒绝了这个提议，还毒死了突厥使者，这引起了两个民族之间的敌意。正是在这种情况下，突厥人和拜占庭人首先建立了联系。拜占庭皇帝查士丁一世与突厥首领结成联盟，同意入侵波斯，突厥人从北方发动进攻。

在莫里斯一世统治时期，突厥首领的一名使者带着一封写给东罗马皇帝的信访问了君士坦丁堡，信中写道："七国之主的可汗，写给罗马人的国王。"然而，拜占庭历史学家对这些往来所做的描述如此贫乏且混乱，以至于几乎无法得到什么有价值的信息。有关突厥人早期历史的主要信息来自波斯、突厥和中国的作家；但是这些作家的地理知识并不完整，识别其采用的名字难度极大，使得这段历史的记载陷入混乱之中。

土门可汗是古代突厥最著名的君主之一。他原来是个铁匠。为了保存对家族起源的记忆，他的后代习惯于每两年举行一次盛大的节日，仪式上会在铁砧上锤一块热铁。这是一种延续到成吉思汗时代的习俗。大约在7世纪中叶，突厥人跨过塞伊汉河向南迁徙，把那一地区夷为平地。几乎在同一时期，阿拉伯人从南方入侵波斯，并在短时间内成为整个王国的主人。在8世纪早期，阿拉伯人将突厥人从他们征服的直到西洪河以南的地区驱逐出去。

阿拉伯人和波斯人都对突厥人怀有极大的仇恨，不仅因为他们经常从北方入侵，还因为突厥人在他们的领土上所引起的内部混乱。哈里发习惯于招募大量的年轻突厥奴隶，让他们在自己的国家居留并接受教育。这些人被编入军队之中，组成一支近卫军。他们因为拥有了权力，自然而然地变得傲慢起来，经常反叛，甚至废黜哈里发，再立一个哈里发做傀儡。这些政局变化通常伴随着动荡、内战和各种暴力事件。

随着突厥人的政治势力越来越引人注目，我们发现他们的历史开始出现两个不同的分支：塞尔柱突厥人和奥斯曼土耳其人。我们将对这两个分支的不同历史分别进行叙述。

第188章

塞尔柱帝国的崛起

（1000—1072）

塞尔柱突厥人的名字源于突厥部落一位著名的酋长塞尔柱克。他因为土地问题与乌古斯叶护国的首领发生了矛盾，率部离开。塞尔柱克和他的追随者在10世纪后期从鞑靼草原迁徙到布哈拉平原。

塞尔柱克的儿子米哈伊尔与伽色尼王朝的苏丹马哈茂德相识，这位君主非常敬重他，据说苏丹说服他越过奥克苏斯河，定居在呼罗珊。塞尔柱部落从伽色尼王朝获得的第一批土地是马哈茂德的继任者马苏德于1037年授予他的。马苏德被迫与塞尔柱部落签订一项条约，因为他已经无法遏制他们的发展。塞尔柱部落的首领图格里勒成为呼罗珊北部内沙布尔地区的最高统治者。

以内沙布尔为起点，图格里勒开启了向西的征程，因为他听说哈里发的领土一片混乱。图格里勒留下自己的兄弟达乌德镇守呼罗珊，自己则向波斯伊拉克进军，将其征服。然后，又向巴格达进军，将其占领，让哈里发卡伊姆沦为阶下囚。此后，图格里勒又进攻摩苏尔及其周围地区，很快就征服了这些领土并胜利地返回巴格达，在那里受到了卡伊姆的盛情接待。

我们被告知，突厥君主在自己部下的陪同下，放下武器，走向信徒的统帅。哈里发带着他全部的高官及相应的排场出现了。他坐在罩着一层黑纱的宝座之上，肩上披着阿拔斯家族著名的黑色披风，右手握着穆罕默德的权杖。

图格里勒亲吻了一下土地，恭恭敬敬地短暂站立之后，就被领到了哈里发的王座前面，然后宣读了对他的委任状，任命他为哈里发的副手，以及所有穆斯林的主人。他被赐予了7件衣服，又被赐予了7个奴仆，这个仪式意味着他被任命为7个地区的统治者，服从于信徒的统帅。

图格里勒的头上被蒙上了一层有麝香味的金箔，戴上了两顶王冠，一顶代表阿拉伯，一顶代表波斯。腰间佩带两把宝刀，表明他是东方和西方的统治者。这一仪式满足了哈里发的自尊心，而突厥酋长则很高兴从精神领袖那里得到对他征战的认可，正统的穆斯林仍然认为哈里发才是合法权力的唯一来源。

图格里勒迅速征服了整个波斯，并采取一切措施在这里建立永久的统治。他似乎拥有鞑靼酋长的所有优点和缺点。他以勇气、坦率和慷慨而著称，却又脾气暴躁，征服欲强。塞尔柱家族及部落在首次定居于布哈拉附近时皈依了伊斯兰教。图格里勒在征讨波斯首战告捷时，受到了哈里发的表彰，授予他“信仰之柱”的头衔，显然他已经成为自己所信仰宗教的热心推动者。他建造了大量的清真寺，并赞助那些虔诚和有学问的人。

1063年，阿尔普·阿尔斯兰（“征服的雄狮”）继承了叔叔图格里勒的职位。他将英勇及慷慨与对学习的热爱结合在一起。如果我们按照伊斯兰作家对他的描述来看，应该将他视为亚洲最负盛名的君主之一，但他曾残酷地迫害亚美尼亚、格鲁吉亚和伊比利亚的基督徒。他迫害的惯常方式是在每个拒绝改变宗教信仰的基督徒的脖子上戴上象征耻辱的大铁衣领，一些作家说是马蹄铁。

阿尔普·阿尔斯兰入侵格鲁吉亚后，对该地区不愿接受穆罕默德信条的居民采取了严厉措施，使君士坦丁堡宫廷意识到突厥军队带来的危险迫在眉睫，而此时突厥军队已经向弗里吉亚挺进了。

拜占庭皇帝罗曼努斯四世亲率大军迎敌，他的勇气和才干很快迫使入侵的军队返还了掠夺的土地。罗曼努斯四世希望乘胜追击，进军至亚美尼亚和阿塞拜疆。他在阿塞拜疆的科农戈附近与阿尔普·阿尔斯兰的军队相遇，尽管阿尔普·阿尔斯兰对自己和军队的勇气充满信心，但正如他的颂扬者所说的那样，一想到真正的信徒要为此而流血，他就心痛，于是向罗马皇帝提出了宽松的和解条件。而罗曼努斯四世错误地判断了突厥君主妥协的原因，傲慢地回答说，除非苏丹将他的营地交给罗马军队，并交出首都表示对和平真诚的渴望，否则兵戎相见。

当阿尔普·阿尔斯兰得到这一答复时，便开始采取行动。罗曼努斯四世对胜利充满信心；阿尔普·阿尔斯兰也认定只能胜利，不能失败。他将自己马匹的尾巴绑上，并穿上了白色的长袍或裹尸布，以此来表现出必胜的信念。阿尔普·阿尔斯兰把弓和箭换成了弯刀和狼牙棒，而他的行为、衣着和演讲是向每一个士兵宣告：他如果不能通过战胜异教徒来维护自己的世俗王国，就决心获得光荣的殉教王冠。

罗曼努斯四世的军队开始行动，并且初战告捷；但是他们骁勇善战的皇帝把战线拉得太长了，当他想撤退回营地之时，追随者的懦弱与背叛使得他的队伍陷入混乱。阿尔普·阿尔斯兰的阅历使得他能够充分利用这一时机，用一次全体冲锋击败了基督教军队，皇帝罗曼努斯四世被一位不知名的军官击伤并俘虏。阿尔普·阿尔斯兰准备在早上的大审判上让其受伤狼狈的形象公之于众，以示羞辱。

这位著名的俘虏被带到苏丹面前，苏丹待之以极大的友善与尊重。在他们第一次会面时，苏丹问他的俘虏，如果他们两个人命运互换，他会怎么做。“我会狠狠地鞭挞你！”傲慢的希腊人轻率地回答。这并未激怒英勇慷慨的征服者，他只是微笑着，问罗曼努斯四世期望对他做什么。“如果你是残忍之人，”皇帝说，“就把我处死；如果你是虚荣之人，就用铁链锁住我，把我拖到你的首都；如果你是善良之人，那么就请给我自由。”

阿尔普·阿尔斯兰不残忍也不虚荣，他释放了这位俘虏，并给予所有俘虏代表荣耀的衣服，待以友善和尊重。罗曼努斯四世为了报答这一恩惠，同意支付大笔赎金并每年进贡，但是他再也无法恢复他离开首都后被篡夺的王位了。当阿尔普·阿尔斯兰得知不幸的罗曼努斯四世被他的臣民关押并处死后，还准备用武力帮他讨回公道。

阿尔普·阿尔斯兰战胜了拜占庭帝国的军队后，决心展开一项更加艰巨的任务。他希望在自己的故乡建立塞尔柱家族的统治地位，就召集勇士，准备进攻他们父辈居住过的那片广袤的区域。现在，他的力量已从阿拉伯扩展到奥克苏斯河。他率领20万大军进军花剌子模，并征服了那里的大部分地区。然后他在奥克苏斯河上架桥，让军队渡过大河。

然而，他引以为傲的事业即将结束。在花剌子模的行动因为一个叫贝尔泽姆的小堡垒的抵抗而拖延，一位名叫优素福的首领驻守此处。苏丹被激怒了，他的宏伟计划本不应该被如此渺小的地方阻碍，于是在攻下堡垒之后，苏丹命令将英勇的守卫者带到他的面前，斥责优素福螳臂当车、自不量力。优素福在言语上进行了针锋相对的回应，苏丹大怒，下令将优素福残忍地处死。

优素福拔出匕首，向苏丹飞扑过去。守卫冲了过来，但阿尔普·阿尔斯兰认为自己是无与伦比的弓箭手，于是抽出了自己的弓箭，命令守卫旁观。守卫照做了，可苏丹没有射中优素福；在他能够拔出另一支箭之前，被优素福的匕首刺中。这个行凶者也被众人杀死，而受伤的君主则被抬到另一个帐篷里。

“我现在想起了，”他对周围的人说，“一位受人尊敬的圣人教给我的两条训诫。一条是不要鄙视任何人；另一条是不要过高地估计自己，或者过于相信自己的能力。我忽略了他的智慧教导。昨天，我站在高地之上检阅了我的军队，这样的规模使我相信所有的障碍都会屈服于自己的力量。我已毁于我所犯的错误，我的结局将会表明国王和人民的力量在对抗天命之时是多么的微弱。”

阿尔普·阿尔斯兰死前将帝国的统治权传给了儿子马立克沙。1072年，他在奄奄一息时恳求把国家事务的主要管理权托付给睿智虔诚的尼扎姆·穆勒克。托孤于这位大臣名正言顺，因为他把自己统治期间取得的成功和繁荣归功于这位大臣的美德和能力。阿尔普·阿尔斯兰被埋葬在呼罗珊的木鹿。

第189章

从乌穆尔克的统治到塞尔柱帝国的终结

（1072—1250）

在尼扎姆·穆勒克的治理下，塞尔柱帝国很快进入繁荣时期，波斯获得了某种程度的安宁，而这种安宁正是这一地区长久以来所缺乏的。然而，这位大臣缺乏军事才干，在参与的几次军事行动中，他似乎更相信自己的虔诚而不是勇气。当他试图占领法尔斯地区的一座城堡的努力失败时，他的哲学思考使他得到安慰："一个人不应该因为失望而变得不耐烦，因为这样不但无济于事，反而会痛苦倍增。"当这座城堡因为水源供给被切断而投降时，他又把成功归因于他的祈祷。

马立克沙的将军们几乎征服了整个叙利亚和埃及。这位君主比他的父亲更幸运，不仅征服了布哈拉、撒马尔罕和花剌子模，而且受到了贾沙特斯河以外部落的尊敬。据说，马立克沙曾在其广阔的领土上游历过12次，这简直令人难以置信，因为在他的统治下，塞尔柱帝国的领土从地中海几乎一直延伸到中亚内陆地区；在耶路撒冷、麦加、麦地那、巴格达、伊斯法罕、布哈拉、撒马尔罕、喀什噶尔，信徒们每天都在为他的健康祈祷。

东方历史学家叙述了许多逸事来证明马立克沙的善良与伟大。在他和兄弟因为争夺王位而展开一场交战之前，有一天，当他从清真寺出来，他问尼扎姆·穆勒克祈祷了什么。“我祈祷，”大臣回答道，“愿神保佑你战胜你的兄弟。”“而我，”苏丹说，“如果我的兄弟比我更适合统治信徒的话，神可以夺走我的生命和王冠。”高尚的情操可以带给人所追求的成功，因为那是无上虔诚和美德的回报。

然而马立克沙身上有个污点却是所有的荣耀都无法抹去的。马立克沙听信了尼扎姆·穆勒克的敌人的谗言，羞辱了那位贤良的老臣。不久，穆勒克就被刺客的匕首刺死了。从那时起，马立克沙的好运逐渐离他而去。

马立克沙在他的大臣死后只活了几个月。他执着于巴格达城，想把它作为自己的首都，并试图说服哈里发穆克台迪搬到另一个地方。穆克台迪要求延迟10天，在此期间，苏丹患病而死（1092）。很少有君主能获得马立克沙那般的荣耀和权力。在波斯的历史上，没有其他人能比他统治下，或者更恰当地说，比尼扎姆·穆勒克统治下享有如此的长治久安，即便在尼扎姆·穆勒克死后的几个月里，苏丹还是毫无保留地承认了这一点。

这一时期，国家得到了很大的改善，修建了许多学校和清真寺，通过修建运河和水道促进了农业的发展。学术也得到了发展，一个来自马立克沙统治区域的天文学家团队，耗时多年，钻研改革历法。他们的辛苦付出终于获得回报，创立了一种新历法——雅拉里历。雅拉里历于1079年3月15日正式被采用。这部历法的创建有力地证明了塞尔柱人对最崇高科学分支之一所给予的关注。

从马立克沙去世到桑贾尔即位，帝国因内战而陷入一片混乱之中。已故君主的4个儿子轮流接掌帝国的统治权。其中一个儿子桑贾尔，在他父亲去世的时候控制着呼罗珊政府，几乎没有参与随后发生的纷争；但自他的兄弟马哈茂德于1140年去世后，他便被视为在任苏丹了。桑贾尔一直居住在呼罗珊，统治范围一面延伸到印度河以外，另一面延伸到了贾沙特斯河。他迫使在旁遮普拉合尔的伽色尼君主拜拉姆沙向他进贡。

在一段以非凡的成功和辉煌为标志的漫长统治之后，桑贾尔注定要经历最残酷的逆转。他展开了对鞑靼地区喀喇汗王朝君主古尔汗的远征，却遭受了重大挫败。军队几乎覆没，家人也被俘虏，辎重都被洗劫一空。桑贾尔带着几个追随者逃回呼罗珊。不久，这位君主又要面临更大的不幸。乌古斯的土库曼人不再向他进贡4万只羊，桑贾尔兴兵讨伐以迫使他们照例进贡，然而他战败被俘。起初，桑贾尔受到了尊重，但很快他就遭到暴行所能造成的一切苦难和侮辱。土库曼人白天把他放在王座之上，晚上把他关在铁笼之中。

在桑贾尔被囚禁的4年里，他的领地由他最喜欢的王妃统治。王妃死后，桑贾尔尝试逃亡并取得了成功，但他在重获自由后只活了很短的一段时间。当他回到自己的领土后，发现整个国家处于一种荒凉而可悲的状况之中，其中很大一部分原因是土库曼人的蹂躏。这一惨状折磨着他的心灵，使他陷入悲伤之中无法自拔，最后抑郁而终。

桑贾尔死于1157年，此后波斯塞尔柱王朝不同派系之间的纷争又持续了40年之久。最后，图格里勒三世战胜了他的大多数对手，挫败了贵族的阴谋，得以集大权于一身。桑贾尔死后，呼罗珊的统治者成为一个独立的君主，他被心存不满的塞尔柱贵族邀请入侵波斯，打败了图格里勒三世。

据说图格里勒三世在面对死亡之时展现出了极大的勇气。一位作家这样记述："他出去战斗时，脸已经喝得通红，被呼罗珊的君主打翻马下，死于非命，当时他正大声吟唱着菲尔多西《列王纪》中的一些诗节，这些诗节描述了一位胜利的英雄在士气低落的敌军中为自己的军队杀出一条血路时的勇武气势。"

波斯历史学家塞尤尔这样描述图格里勒三世的死："他唱的是《列王纪》：'当我看到敌军行进的飞扬尘土，当我的勇士惊恐万分面色苍白，我高高举起手中沉重的狼牙棒……'"醉酒的君王举起了他的狼牙棒，正如这些诗句所唱的那样；但它并不像菲尔多西描述的英雄那样，落在敌人的头上，而是落在他自己的马膝上，弄得自己人仰马翻。图格里勒三世倒地被杀，但杀他的不是呼罗珊国王，而是他以前的臣民。

图格里勒三世死后，波斯塞尔柱王朝也随之结束。从图格里勒一世起，他们为王158年。塞尔柱家族的一个分支以苏丹的头衔统治着克尔曼，即古代的卡拉曼尼亚，但是他们所能行使的权力仅比总督稍高，并根据当时的最高统治者花剌子模国王雅库什的实力强弱来决定是否向其进贡。

雅库什曾是桑贾尔的侍酒者，打败了图格里勒三世。他死后把王位传给了自己的儿子穆罕默德，穆罕默德的统治刚开始时是辉煌和成功的，但是不幸的是，他遇到了大毁灭者成吉思汗。在军队被打败、国家被掠夺、几乎所有的家人都被俘虏之后，他在里海的一个小岛上郁郁而终。

他的儿子扎兰丁作为这个王朝最后一任国王，一直咬紧牙关，以非凡的勇气和毅力抵挡曾经淹没了他父亲的那股洪流，但最后还是被命运的巨浪给吞没了。他从蒙古人那里逃脱，跑到库尔德斯坦的山区避难，但是1231年死于一个山民之手，因为他曾下令处死了这个山民的兄弟。

塞尔柱人不仅征服了波斯，而且征服了小亚细亚、叙利亚和埃及几乎全部的领土。但是，当征服这些地区的将军家族获得权力之后，他们便放弃了对先前主人的义务。以哥念和阿勒颇的塞尔柱王朝与参与十字军东征的基督教国家军队打过交道，但这两个政权都在萨拉丁建功立业之前就垮台了，萨拉丁的事迹将在其他部分叙述。

第190章

奥斯曼帝国的崛起

（1077—1300）

我们已经说过，塞尔柱突厥人的军队渗透到小亚细亚。但这一地区此前已经被萨拉森人征服。突厥人在与萨拉森人的战争中，一路向西，追击至小亚细亚的内陆地区，赶走了希腊人，占领了这片领土，建立了罗姆苏丹国。之所以称为“罗姆”，因为这里曾经是罗马帝国的一部分。这个王国的疆域从君士坦丁堡一直延伸到幼发拉底河，从黑海一直延伸到叙利亚边境，其中包括古老的本都、比提尼亚、弗里吉亚、加拉提亚、卡帕多西亚、小亚美尼亚等地区。

苏莱曼一世是王国的首任苏丹，他在古比提尼亚的首府尼西亚建立了自己的政权，他的领土通过与希腊皇帝阿莱克修斯一世签订条约而得到了确认；但他的继任者在1097年于多里莱乌姆会战中失败后被十字军赶出了首都，并被剥夺了大部分的领海。

王国的首都被迫迁往一个默默无闻的内陆城镇以哥念，此处距君士坦丁堡300英里。苏莱曼一世的继任者在这里继续统治了将近一个半世纪，几乎持续不断地与希腊皇帝交战，直到整个亚洲西部都被成吉思汗及其继任者的入侵所淹没。以哥念的苏丹略做抵抗之后，就逃到了他以前的敌人君士坦丁堡的希腊人那里，塞尔柱王朝的残余领土被各地区的埃米尔据为己有。这些埃米尔继续行使着独立的统治权，直到他们的领土不知不觉地与正在崛起的奥斯曼帝国合并。

苏莱曼是突厥乌古斯部落的首领，他把自己与花剌子模苏丹的命运联系在一起。当花剌子模被蒙古人灭亡时，苏莱曼和他的追随者逃到了西方。逃亡者们有妻儿相伴，牛羊相随。他们首先到亚美尼亚寻求庇护，在这个地区居住了7年之后，趁着战争的风暴有所停歇，想抓住机会返回故土，但在穿越幼发拉底河时，苏莱曼却溺水而亡。

部落的统领权落在他4个儿子身上，他们决定分别带领一部分追随者继续行进，这导致大多数人分散到了沙漠之中。但其中一个名叫埃尔图鲁尔的儿子和他的追随者大约400户人，决定向西行进，到小亚细亚碰碰运气。当时统治着塞尔柱帝国残余领土的酋长们互相厮杀，无法联合起来对付蒙古人和十字军，因此，一群敢于冒险的勇士有理由相信，在这个纷扰不断的地区可以发迹并且改变命运。

埃尔图鲁尔和他的追随者在行进过程中偶然参与的一次遭遇战，对他们的命运产生了极为重要的影响。有一天，这个部落在前进过程中遇到了正在激烈交战的两支军队，埃尔图鲁尔不等了解参战者的情况，也不知道战争的起因，就加入较弱的一方以表侠义。他投入到最激烈的战斗之中，这一意外的出手相助改变了当天的战局，最后的获胜者是塞尔柱人的首领，名叫阿拉丁。他给予这位及时出手相助者一件华丽的丝绸长袍作为回报，这种礼物在东方是荣誉的象征，还将比提尼亚和弗里吉亚边界的一个山区赐予他们，那里有大量的牧场可供乌古斯人放牧自己的牛羊。

1280年，乌古斯人把自己的第一个永久定居点选在了舍加尔卡河畔的苏尔古特，建立了一个有着400顶帐篷的营地。

埃尔图鲁尔被置于拜占庭帝国的边疆地区，率军不断地入侵希腊领土，后被任命为以哥念苏丹军队的统帅。他在半个世纪里坚持不懈地守卫和扩大疆土。他有3个儿子，其中最小的一个叫奥斯曼，他带给后来的突厥人帝国一个新的名字——而他通常被认为是帝国的创建者。埃尔图鲁尔死后，奥斯曼，而不是他的两个哥哥，被选为继任者，因为他有着卓越的勇气与魄力。

新埃米尔奥斯曼深得以哥念最后一位塞尔柱苏丹阿拉丁二世的喜爱，他授予奥斯曼一座城堡及新的领地，并赋予他一项特权，就是可以拥有自己征服的任何基督教地区。这位年轻的勇士并未辜负这一特殊的许可，他向四面八方扩展自己的领地。奥斯曼日益增长的野心激起了许多邻国埃米尔的嫉妒，他们策划了无数的阴谋诡计来消灭他。

有一次，奥斯曼被邀请到一位高贵酋长的城堡参加婚礼；但在婚礼到来之前，奥斯曼发现有人密谋在宴席上要害他。奥斯曼并没有揭露这个阴谋，并按照东方的习俗送了礼物给新娘。他宣称自己母亲也打算出席这一喜庆的场合，在得到了首肯之后，便着手复仇计划。

按照惯例，有地位的女性来访时，通常会有一队戴着面纱的侍女随从。奥斯曼安排几位最勇敢的士兵男扮女装，蒙着面纱来到了敌人的城堡。城门打开之后，伪装的勇士一拥而入。他们立刻摘下面纱，拔出刀剑，杀向敌人，经过一番鏖战，攻占了城堡。

酋长不在城里，他和大多数人一起出去迎亲了。与此同时，奥斯曼和另一队士兵拦截了新娘，并囚禁了她以及她的父亲和亲戚。此时，计划被打乱了的新郎已经收到了城堡失守的消息，他立刻前去追赶奥斯曼，追上之后在打斗过程中被杀。

不幸的新娘成了奥斯曼的儿子奥尔汗的妻子，也就是苏丹穆拉德一世的母亲。

奥斯曼是土耳其作家们的最爱，他们用许多传说和浪漫的夸张手法来修饰他的历史。其中一个形容他，看到——在视觉上预先显现——奥斯曼帝国的辉煌未来，以及首都君士坦丁堡的建立。这一虚构显示出许多诗意和想象力，具体如下：

> 午夜时分，一幅异象为奥斯曼展现了未来的景象。梦境中他看到地平线上新月初生。月亮渐渐变大，渐渐靠近奥斯曼；满月之时，它缓缓倒下，拥入他的怀中。于是从他的腰间长出一棵树来，树越长越漂亮，越长越大，枝干越来越宽，覆盖了陆地和海洋，树荫掩映到了世界三大部分最远的边界。
>
> 树下矗立着高加索山脉、阿特拉斯山脉、托罗斯山脉、巴尔干山脉，作为无边绿色凉亭的四根柱子，就像天堂之树根下奔流着的四条河流：底格里斯河、幼发拉底河、尼罗河和多瑙河。
>
> 小舟覆盖着河流，舰队覆盖着海洋，玉米覆盖着田野，森

林覆盖着群山。山上泉水潺潺，滋润着这些如天国乐园中的玫瑰与柏丛。山谷中耸立着城市，有圆顶和穹顶，有金字塔和方尖碑，有尖塔和塔楼，顶端都闪耀着一弯新月。在它们的画廊之中，1 000只夜莺和1 000只鹦鹉在凉爽的树荫下啁啁啾啾地歌唱，无数的树叶像剑一样生长。接着起了一阵狂风，把这所有一切都吹向位于两个海洋和两个大陆交汇处的帝国首都君士坦丁堡。君士坦丁堡就像一颗镶嵌在两颗蓝宝石和两颗绿宝石之间的钻石，形成了世界帝国戒指上最为珍贵的中心石。

第191章

从奥斯曼一世到与匈牙利人的战争

（1300—1380）

阿拉丁二世死后没有子嗣，他的领地被埃米尔们占领并瓜分，几乎整个比提尼亚都落入奥斯曼的手中，奥斯曼于1300年获得了苏丹头衔，就是奥斯曼一世。

奥斯曼一世很幸运地结交了一位希腊年轻人，年轻人转而皈依了伊斯兰教，并教导土耳其君主执政的艺术。这个皈依者的后裔成为土耳其编年史中赫赫有名的米哈伊尔家族。奥斯曼一世根据这位希腊人提供的建议，先于自己的对手获得了最高统治权。

在这一时期，他在拜占庭帝国首都附近的领地，为他的事业开辟了广阔的道路。老安德罗尼卡和小安德罗尼卡之间的争斗困扰着君士坦丁堡，使其无暇顾及帝国的亚洲臣民，而他们只能依靠自己薄弱的力量，因此，他们成为入侵者的首批掠夺对象。

这一地区的基督教君主们对奥斯曼一世取得的成就感到震惊，

他们团结起来，并期望通过一击来粉碎土耳其人崛起的力量。两支军队在弗里吉亚和比提尼亚的边界相遇，奥斯曼一世获得了胜利，比提尼亚古都普鲁萨城落入他的手中，并成为土耳其人的大都市，名字稍做改变，变为布尔萨，沿用至今。

奥斯曼一世的政治谋略跟他的军事才能一样出众。他因勇猛所获得的，又因明智而有益的典章加以巩固和维护。通过公正与仁慈的治理，他让被征服的基督徒与他的政府达成了和解；在他的军队到来之前逃之夭夭的民众，又回到他有力的保护下享受安宁。

奥斯曼一世的儿子和继承人奥尔汗，继续推行父亲野心勃勃的计划。他率军打败了安德罗尼卡二世亲率的基督教军队，占领了尼西亚和尼科米底亚，并将领土范围扩展到了达达尼尔海峡。安多罗尼卡二世死后，在安娜太后和约翰·坎塔库泽努斯为争夺帝国摄政权而进行的内战中，约翰·坎塔库泽努斯向奥尔汗求援，并将女儿塞奥多拉许配给他，以表明自己的友好与诚心。

奥尔汗组建了一支1万人的骑兵，由奥尔汗的儿子苏莱曼率领，前去救援，于1358年越过达达尼尔海峡，攻占了加利波利。土耳其军队进入欧洲给拜占庭帝国造成了致命的打击，而继任的皇帝只能徒劳地试图治愈伤口。作为坎塔库泽努斯的朋友，土耳其人占领了色雷斯的要塞；尽管他们将要塞物归原主，并得到了赎金，但仍占据着其中最重要的一个，那就是素有“达达尼尔海峡钥匙”之称的加利波利，那里成了土耳其人的殖民地。

奥尔汗是加尼沙里军团的创始人，加尼沙里军团是一个著名的近卫军团，长期以来一直是土耳其君主的支持者，但后来他们过度使用了被赋予的权力。他们最初是由同希腊人的战争中被俘虏的年轻基督徒组成的，进入军事学校接受伊斯兰教和土耳其人军事纪律的教育。为了增加军团人数，他们制定了一项法律，规定生活在土耳其政府统治下的基督徒应将每5年出生的男婴，全部送到军事学校接受教育，学习土耳其语、射箭和摔跤。当他们长大后，有些人被派去侍奉苏丹，守卫宫殿；其余的人则组成了纪律严明的军队。

当苏莱曼在欧洲为土耳其人能够站稳脚跟打拼之时，他的父亲则把许多邻国的埃米尔请过来，用武力或诱骗手段迫使他们寻求他的庇护，并放弃他们独立的权力。在他进展顺利之时，一场灾难却降临在他身上。他的儿子在打猎时从马上坠落而死，苏丹在这场丧子之痛后不久也撒手人寰，时间为1359年。

奥尔汗因他对穷人的公正、仁慈和慷慨而受到同胞的赞扬。他在布尔萨城里建造了一座宏伟的清真寺、一所医院和一所学院。奥尔汗是奥斯曼君主中第一位在任期间给部队发固定薪饷的君主。

这一时期，奥斯曼军队的服装和武器种类繁多。有些士兵戴着铁头盔，身穿毡或布制成的盔甲，中间用棉絮填充，肩和颈上都有铁片。那时火药还不为人所知。加尼沙里军团的士兵穿着土耳其人常穿的长袍和紧身短上衣，戴着一顶红色的布帽子，帽子的背面像一个袖子，垂在后面，以纪念给他们取名字的伊斯兰教苦修教士。出征时，士兵的长袍换成了一件短上衣，下身穿一条大裤子，脚上穿着红色皮革靴子。

除了骑兵的所有兵种都蓄长胡须，骑兵则剃掉了下巴的胡子，只留嘴巴上方的胡须。从奥斯曼一世时代开始，除了苏丹，所有的土耳其人都要剃光头。这一习俗为理发师提供了大量的就业机会，土耳其的所有城镇都有大量的理发师。

土耳其人的制度是通过精心设计来培养军事精神。根据伊斯兰教律法，每一个真正的穆斯林都是一名士兵，所有被征服土地的1/3都属于军队。被征服的土地变得如此广阔，以至于每一个土耳其人都直接从苏丹手中得到属于自己的地产，但所有权仍归苏丹。他把这些土地赋予了一种封建所有权，每一位土地的主人都有义务养一匹马，并有特定人口服兵役，服兵役的人口数量与领地大小相关。这些土地一般都是由被征服的人耕种，其中大部分是希腊人，他们向新的领主支付一定比例的农产品——一般是1/10。这种做法非常普遍，使得土耳其士兵不接受人员全部折损或被驱逐的土地，因为人民比土地更有价值。这些地产并非世袭，苏丹有权剥夺土地拥有者的土地。

奥尔汗死后，其子穆拉德一世继承了王位，并以可怕的方式挥舞着父亲的弯刀。他率领军队进入欧洲，从达达尼尔海峡直到巴尔干山脉，占领了整个色雷斯。穆拉德一世将土耳其政府的所在地迁到阿德里安堡，下个世纪又迁到君士坦丁堡。然而，他因小亚细亚的骚乱不得不从欧洲撤军。

卡拉曼埃米尔阿拉丁是土耳其人酋长中最有权势的一位，他娶了穆拉德一世的一个女儿为妻，并趁岳父不在时意图侵占岳父的领土。穆拉德一世赶紧从欧洲撤退，回军镇压叛乱。两军在多里莱乌姆平原交战，经过一场激烈的战斗，阿拉丁带领卡拉曼人败逃，退守以哥念。他的妻子向穆拉德一世求情，他才被赦免并拿回了自己的领地。

穆拉德一世此时集中全部的军力进攻君士坦丁堡，但他的努力常常被小亚细亚埃米尔们的叛乱和匈牙利人的入侵干扰。埃米尔们的叛乱很容易镇压，由亚诺什·匈雅提率领的匈牙利人是更加强大的敌人。在围困了贝尔格莱德6个月之后，穆拉德一世被迫撤军，在围困期间，他的军队损失惨重，“不仅是因为瘟疫，”一位希腊历史学家写道，“还有一种管状的机械装置，通过由硝酸、硫黄和木炭构成的粉末，将5个或10个核桃大小的铅球发射出去。”这是历史上最早的关于火药使用的记载之一。

匈牙利人的抵抗带来了10年的和平，在此期间，根据条约规定，两国都不得以战争为目的跨越多瑙河。然而，穆拉德一世征服了希腊的大部分地区，占领了塞萨洛尼基，消灭了那里的守军，并将当地居民全部俘虏。他还迫使希腊皇帝交出黑海的海滨城市，使它们成为自己的附庸。奥斯曼帝国的版图此时已经急剧扩大，并在相当和平的状态中稳定下来。穆拉德一世将权杖交到了自己年仅15岁的儿子穆罕默德手中，自己则隐退到马格尼西亚靠近士麦那的一处美丽的住所。

他刚开始享受隐退的安宁，那些经常反叛他的不安分的卡拉曼人就借机生事，然后他们再像往常一样被制服，再次被赦免，周而复始。匈牙利人也在教皇的怂恿下，违反了庄严的条约，率领由不同地区基督徒组成的大军越过多瑙河。年轻的苏丹被敌人包围，由于缺乏经验，他恳求父亲复位。穆拉德一世不情愿地听从了恳求，急忙回到阿德里安堡，率领土耳其军队冲锋陷阵，取得了一系列重要的胜利，挽救帝国于危难之中。

不久之后，穆拉德一世又从皇室的纷扰中退回到马格尼西亚的幽静之中，但他软弱的儿子无力掌控加尼沙里军团。阿德里安堡沦为派系斗争的牺牲品，年迈的苏丹不得已再度出山。

这位君主一直是土耳其和希腊历史学家们讨论的话题。他是一位公正而勇敢的君主，胜利时不骄不躁，甚至愿意为被征服的人创造和平。穆拉德一世不仅自己善于学习，而且也是一个鼓励别人学习的人。“每年”，历史学家坎泰米尔写道，“他把1 000块金子给予先知的后裔，又把2 500块金子送给麦加、麦地那和耶路撒冷的宗教人士。”他建立了许多学院和医院，建造了许多清真寺和商队驿站，为帝国的城镇创造了繁荣。

第192章

从穆拉德一世到穆罕默德二世

（1380—1453）

在与阿拉丁的战争中，因为双方都是穆斯林，所以对抗相对温和。穆拉德一世发布公告，禁止他的士兵在遭受死亡之痛时对和平的居民使用暴力，以向全世界表明，他对他的兄弟们发动战争，不是为了增加权势，而是为了抚平不该有的创伤，修正错误。他严惩了一些违反这项命令的基督教援军。这些军队是塞尔维亚公爵拉扎尔派来的，他得知自己的军队受到了惩罚，大发雷霆，断绝了与苏丹的同盟关系，并与邻国建立同盟来对付穆拉德一世。

塞尔维亚人、保加利亚人、马其顿人、波斯尼亚人、瓦拉几亚人、匈牙利人和其他人联合起来，组成了一支庞大的军队。穆拉德一世赶往欧洲，在科索沃平原与敌人相遇。这场战役在很长的时间里都难分胜负，直到土耳其人假装逃走，导致基督教军队陷入混乱。随后联军逃散，把战场留给了胜利的土耳其人。

拉扎尔答应签署和约，但是穆拉德一世的胜利成果却以一种意想不到的方式被削弱了。当他走过战场时，停下来查看一些伤兵的状况，其中一位凶猛的克罗地亚人用尽最后一股力气，把短剑插向穆拉德一世，苏丹倒地而亡，时间为1389年。

穆拉德一世的儿子巴耶塞特一世继承了王位，并通过谋杀自己的兄弟巩固权力，这种违背人性的行为成为后来苏丹的惯例。巴耶塞特一世生性凶残暴躁，摧毁了小亚细亚的所有小国，要么把它们的君主处死，要么流放。他统治期间，不停地在亚洲和欧洲发动战争。巴耶塞特一世因行动迅速、精力充沛而获得“闪电”的称号。

他在欧洲取得了巨大的胜利，使得希腊帝国只剩下君士坦丁堡。这座城市曾多次遭到土耳其军队的围攻，但由于一个新征服者的出现，暂时幸免于沦陷的命运。

被巴耶塞特一世赶出小亚细亚的诸侯们撤到撒马尔罕，凶猛而强大的鞑靼征服者帖木儿在那里建立了自己的宫廷。他们请求这位首领帮助他们恢复领地。起初，帖木儿犹豫是否要打断巴耶塞特一世征服基督徒、传播先知信仰的进程，但最后他还是被说服出兵干涉。

帖木儿派了一位使者去见巴耶塞特一世，要求恢复流亡埃米尔们的地位。他还要求巴耶塞特一世服从于他的统治，做他的附庸；还敦促巴耶塞特一世在钱币上和公众祈祷中用帖木儿的名字代替巴耶塞特一世自己的名字，以证明自己的臣服之意。

高贵的土耳其人决不会做任何人的附庸，对这一有辱人格的要求极为蔑视，便用最具侮辱性的话回击挑衅，以表明自己的尊严与愤慨。双方都对取胜充满信心，都同样做好了作战准备。君士坦丁堡的皇帝曼努埃尔二世此时正与声称拥有王位继承权的侄子交战。因为处于四面受敌的痛苦之中，他向巴耶塞特一世求和。

此时和解对于土耳其苏丹来说正是时候，于是他毫不犹豫地接受并缔结了和约。根据和约，君士坦丁堡的一条街道被划为奥斯曼商人的住所，允许他们与威尼斯人和热那亚人进行贸易。在这座城市里还将为他们修建一座清真寺，费用由皇帝承担。城里需要设置一名穆斯林法官，按照伊斯兰教的律法来解决他们的争端。条约的所有条款都得到了履行。

帖木儿调兵遣将，这些凶猛的鞑靼人势不可当。他们几乎在没有受到任何抵抗的情况下，占领了波斯、亚美尼亚、叙利亚、格鲁吉亚和小亚细亚的大部分地区。在巴耶塞特一世率军赶到之前，他的大部分亚洲领土已经沦于征服者的炮火和屠杀之下。在锡瓦斯被占领之时，当地守军中最勇敢的战士因为顽强抵抗而被凶残的胜利者活埋。大马士革随后被占领，完全沦为废墟，只剩下一座孤零零的塔，提示着这里曾是一座大城市。1402年，巴耶塞特一世和帖木儿的军队终于在加拉提亚的安卡拉平原相遇。一场鏖战开始，最终以土耳其人的彻底失败和苏丹的被俘而告终。巴耶塞特一世被征服者囚禁在铁笼之中，一直关到死。①

巴耶塞特一世有5个儿子，其中，穆斯塔法死于安卡拉战场；苏莱曼从鞑靼骑兵的追捕中逃脱，来到阿德里安堡，在欧洲保存了奥斯曼帝国的权杖；穆萨保留了一个小王国的统治权，这个王国沿用了安纳托利亚这个名字，定都在布尔萨的废墟之上；伊萨在安卡

① 关于这个问题，一直存有争议。该问题已经由约翰·马尔科姆爵士解决，参见他所著的《波斯史》。——原注

拉、锡诺普和黑海附近拥有一小块领土；穆罕默德按照他父亲的嘱托，管理着阿马西亚。

在土耳其编年史上，这11年的内部纷争被认为是一个权力空白期，巴耶塞特一世的儿子们为了王位而相互争夺。苏莱曼一度联合了阿德里安堡和布尔萨的力量，把穆萨赶下王位，但他却在自己的首府被穆萨奇袭，当他逃往君士坦丁堡时，被人追上并杀死。穆萨和伊萨都臣服于弟弟穆罕默德一世的勇气与谋略之下，使得巴耶塞特一世的领土再次统一。

穆罕默德一世的主要任务是巩固权力，维护领土的安宁。他统治期间，一直与希腊人保持着友好的关系。他对待来自塞尔维亚、瓦拉几亚、保加利亚和希腊的基督教使者的方式，表明他渴望与邻居们建立良好的关系。他允许使者们在自己的桌子上用餐，展现出了极大的善意与好客之后，对他们说了如下话语："告诉你们的主人，他们给了和平，我也会还之以和平，我希望和平之神会惩罚那些破坏和平的人。"他最后的任务是提供两位能干的谋士来指导他的长子穆拉德，又把最小的两个孩子托付给希腊皇帝曼努埃尔二世监护。

穆罕默德一世死于1421年，18岁的穆拉德二世继承王位。一个叫穆斯塔法的人出现了，他很快扰乱了王国的和平。他自称是巴耶塞特一世的儿子，但真正的穆斯塔法已在安卡拉战争中阵亡，因此他被土耳其历史学家称为骗子。他在瓦拉几亚君主的支持下挑战穆罕默德一世的统治，但是穆罕默德一世击败了瓦拉几亚人，强迫他们每年进贡，穆斯塔法逃到君士坦丁堡寻求庇护。

穆拉德二世继位后，在希腊皇帝的支持下，穆斯塔法再次宣称自己应该继承土耳其的王位。有一段时间，他的事业相当成功。由穆拉德二世的大维齐尔巴耶塞特指挥的军队被他打败，巴耶塞特被杀，穆斯塔法胜利地进入阿德里安堡，夺取了穆拉德二世在那座城市收集的巨额财富。他在欢乐中度过了一段短暂的时光，很快就被穆拉德二世率领的军队打败。篡位者被他的朋友们所抛弃，王位变成了绞架。

希腊皇帝很快推出了另一个奥斯曼王位的竞争者，他就是穆罕默德一世的另一个儿子，当时只有6岁，在哥哥被穆拉德二世谋杀之时逃脱了。他在尼西亚自立为王，但是穆拉德二世很快就成为那座城市的主人，年幼的王子被弓弦勒死。穆拉德二世于1451年去世，王位由奥斯曼帝国最著名的君主穆罕默德二世继承。

穆罕默德二世处死了两个年幼的弟弟，开始了自己的统治。他的下一个念头是实现自己雄心勃勃的计划——占领君士坦丁堡。整个拜占庭帝国现已沦落到只剩下这座城市及其周边地区了。居民们对敌人的进攻准备不足。他们因宗教纷争而心烦意乱，一些人渴望与罗马教廷结盟，另一些人则宣称他们更愿意在圣索菲亚大教堂看到穆罕默德二世的包头巾，而不是教皇的三重冠。西欧的基督徒拒绝向他们的东方兄弟派遣援军，君士坦丁堡只能听天由命了。对这座城市的围攻和占领的历史，会在另一部分进行叙述。君士坦丁堡于1453年5月29日被攻占，此后一直是奥斯曼帝国的首都。

从这一天起，奥斯曼帝国的整个历史将在土耳其的欧洲部分的领导下展开。这些与亚洲的事务关系不大。

穆罕默德二世的继任者巴耶塞特二世征服了切尔克西亚，并蹂躏了叙利亚。他的继任者塞利姆一世与波斯人开战，征服了亚美尼亚、迪亚巴克尔、库尔德斯坦、巴格达和幼发拉底河与底格里斯河之间的大半岛，所有这些领土都并入了奥斯曼帝国。叙利亚和巴勒斯坦也成为奥斯曼帝国的一部分。麦加的谢里夫将圣城的钥匙交给塞利姆一世，沙漠中的阿拉伯人交出了他们的权力。正是在这位君主的统治下，奥斯曼帝国在亚洲的版图扩大到如今的规模。

奥斯曼征服者并没有试图把他们的宗教强加给被他们征服的人民，他们甚至让被征服的民族保有自己的政治制度。他们满足于按人口向希腊的每一个城镇和村庄征收赋税。只要赋税能够定期给付，居民就可以自由地在自己的教堂里做礼拜，选举自己的行政官，并受自己的市政法律管辖。因此，尽管被征服的人民为充盈苏丹的国库被课以沉重的赋税，却是由他们自己的行政官以最可接受的方式收缴，他们的职责是对所有人无一例外地按照收入进行征税。很少有人在受到外国统治时，能享有像奥斯曼帝国的征服者那样留给希腊人如此多的政治权利。

高加索地区

第193章

高加索诸国

（前1263—1735）

本章的主题涉及那些古时被称为科尔基斯、伊比利亚和阿尔巴尼亚而现代称为明戈瑞利亚、切尔克西亚和格鲁吉亚的地区。

这一地区北邻俄罗斯，东临里海，南邻波斯和土耳其的亚洲部分，西临黑海。这是一个多山的地区，但也有几处广阔的平原。山坡上覆盖着森林以及被认为起源于这一地区、现在仍然生长在这里的藤蔓植物。

依照目前的政治区划来确定这一地区古代的地理位置并不容易。居住在这个偏远地区的部落一直被认为居住在文明世界的外缘。希腊人以一种朦胧而浪漫的视角看待他们，认为高加索山脉和梅奥蒂斯湖是宇宙的神秘边界。他们的诗人把英勇的普罗米修斯描绘为被愤怒的宙斯拴在可怕的岩石之上，这些岩石就耸立在这一地区最边缘的山壁顶端。

高加索士兵

古代的科尔基斯应该是现在的明戈瑞利亚地区，古代的伊比利亚和阿尔巴尼亚对应的应该是现在的格鲁吉亚地区，古人对现在称之为切尔克西亚的地区的了解程度似乎并不高。目前格鲁吉亚是俄罗斯帝国的一部分，而切尔克西亚是独立的。

根据古代地理学家的说法，科尔基斯北面以斯基泰为界，东面以伊比利亚和高加索山脉为界，南面以亚美尼亚和本都为界，西面以黑海为界。浇灌着这一地区的费西斯河和科拉克斯河，现在被称为里奥尼河和库拉河。地区首府科尔基斯位于里奥尼河的河口，地形地貌极为多样，包括丘陵、山脉、河谷和平原。古老的森林至今覆盖着大部分地区。这里的土壤普遍贫瘠，空气潮湿，森林和山野之中密布着野兽。

根据希罗多德的记载，当伟大的埃及征服者塞索斯特里斯三世穿过科尔基斯入侵斯基泰时，把一部分军队留在了科尔基斯，以守卫山口。在此次入侵之前，科尔基斯似乎没有居民。塞索斯特里斯三世生活的年代尚不确定，但应该活动于公元前1850年左右。埃及军队的这部分被留在这一地区，成为古科尔基斯人的祖先。

为了证明这一事实，希罗多德做了如下陈述：“科尔基斯人和埃及人有着一样毛茸茸的头发，一样黝黑的皮肤。他们的出产非常相似，尤其是亚麻制品，因为当地盛产亚麻，并按照埃及人的方法进行最后的加工。总之，他们的整个生活方式和语言都与埃及人高度相似。”其他古代作家也证实了希罗多德的这一观点，现代人普遍承认科尔基斯人起源于埃及。

除此之外，我们对科尔基斯的早期历史几乎一无所知。来自其他地区的移民也增加了科尔基斯地区的人口，居民们长期进行大量的商业活动。他们生产的亚麻布享有盛名。一些衣服上精细地绘制着动物和花朵的图案，像极了现代的印花棉布。这些亚麻布着色很牢，久洗不掉，经常以高价大量出口。

科尔基斯最古老的政治体制似乎为君主制。国王都是独立的，埃及人似乎从来没有宣称这一地区为他们的附庸。希腊历史上的一个传说与科尔基斯紧密地联系在一起，表明早在公元前12世纪，这一地区就已经有人定居，并由自己的国王统治。这就是阿尔戈英雄的故事，或者说是伊阿宋和他的同伴们寻找金羊毛的历险故事——希腊诗人用大量的神话传说来描绘这一朦胧又传奇的历程。

伊阿宋是塞萨利伊奥尔科斯国王埃宋的儿子，由于叔叔珀利阿斯通过不法手段令他无法继承父亲的王位，因此他决定到遥远又危险的地方去历险来碰碰运气。科尔基斯山区似乎是那个时代的加利福尼亚，吸引着对黄金充满着浪漫憧憬的冒险家。天才的希腊

佛里克索斯将金羊毛献祭给宙斯

诗人刻画了一只长着金羊毛的公羊，据说它曾将佛里克索斯驮到了这一地区。佛里克索斯将金羊毛献祭给宙斯，用以表达感激之情。

伊阿宋决心找到金羊毛。佛里克索斯的儿子阿耳戈斯帮助他建造了一艘名叫“阿耳戈”号的船。船有50只桨，因为早期的希腊航海家不会使用帆来航行。伊阿宋招募了50名船员，在这艘船上共同历险，他们被称为“阿尔戈英雄”。

探险的故事充满了奇幻色彩。据说，从南部进入黑海的入口被一些叫叙姆普勒加得斯的岩石所阻隔，这个名字意为“冲撞在一起”，即为撞击之岩石。这些岩石给惊慌的水手展现了极为恐怖的画面，岩石漂浮在海浪之上，当有任何东西试图通过的时候，它们就会以极快的速度和巨大的冲力撞击在一起。荷马这样描述：

> 没有一只飞鸟，即便最为迅捷的鸽子，
> 能够衔着鲜果给众神之主。
> 必须避开可怕的岩石，
> 而可怕的岩石撞在一起，在它飞过之时把它撞碎。

然而，阿尔戈英雄试图通过这条无法穿越的海峡。当接近岩石时，他们放飞了一只鸽子，如果这只鸽子安全通过的话，他们就勇敢前行。鸽子穿过了岩石，但是失去了尾巴。阿尔戈英雄受到了鼓舞，使出浑身力气划桨，加之赫拉的帮助，虽然岩石的碰撞损坏了部分船体，但还是得以顺利通过。据说，从那时起，叙姆普勒加得斯的位置就固定下来，不再让航海家感到恐惧了。阿尔戈英雄安全地穿越了黑海，抵达了科尔基斯的费西斯河。

当得知他们的到来和航行的目的地之后，科尔基斯国王埃厄忒斯说可以把金羊毛送给伊阿宋——那时金羊毛被挂在神圣的阿瑞斯树林里的一棵树上，但有如下条件：他要把两只喷火的铜牛拴在一起，用它们共同犁一块地；把卡德摩斯杀死的龙的一部分牙齿种在地里，这样会长出一批武士。

伊阿宋在埃厄忒斯的女儿、著名的女巫美狄亚的帮助下完成了这项艰巨的任务，她爱上了伊阿宋。尽管他完成了规定的全部任务，但埃厄忒斯还是拒绝交出金羊毛。最后，美狄亚把金羊毛交到伊阿宋的手上，和他一起逃到希腊，在那里她又经历了其他冒险，这些冒险已经写进了希腊诗人的文字之中。

阿尔戈英雄的历险不仅为诗歌和传奇提供了丰富的素材，而且作为一个历史事实，它也成为许多批判性研究的主题。这一事件发生的时间尚未确定，一些作者认为发生在公元前1263年，而另一些则认为发生在公元前939年。最可能的解释是，这是一次探险，目的地是那个时代的希腊人知之甚少的海域。按照当时的情况，这样的冒险和海盗航行没有多大区别。

许多古代作家认为科尔基斯的金矿是此次冒险最吸引人的东

西。据信这些金矿位于高加索山脉两侧倾泻而下的激流之中，金沙本应被激流冲走，却被居民放在岩石中的羊毛卷住。这些淘金的冒险家来自一个陌生而遥远的地方，后来经过希腊诗人的渲染，辅之以火龙、铜牛、可怕的大海、危险的通道，而过于急切地寻找贵金属就会伴随着这些险境与困难。

普林尼和瓦罗认为阿尔戈英雄是一群冒险采购科尔基斯细羊毛的希腊商人。阿尔戈英雄的故事变成了由亚历山大城的阿波罗尼奥斯·罗迪乌斯所写希腊史诗的主题。

埃厄忒斯应该是整个地区的国王，但在他死后，科尔基斯分成了几个小王国。直到公元前4世纪，当色诺芬告诉我们一位名叫埃厄忒斯的国王统治着那一地区时，历史再次提到科尔基斯。埃厄忒斯可能是科尔基斯对国王的称呼，就像埃及人所称的法老一样。

这个地区后来被本都的米特拉达梯六世征服了，正是在他的统治时期，罗马人首次知道了科尔基斯。图拉真统治时期，科尔基斯被并入罗马帝国。在5—7世纪，这个地区是拜占庭皇帝和波斯国王之间频繁进行战争的舞台。萨拉森军队在八九世纪渗透到科尔基斯，但征服者似乎并没有长久地拥有这个地区。大约在这个时期，格鲁吉亚国王在高加索人首领中的地位最高，但他的统治被成吉思汗率领的蒙古人推翻，他们在13世纪早期蹂躏了这里所有的地区，并使它们成为附属国。后来他们又被帖木儿的鞑靼部落蹂躏，但在帖木儿死后，格鲁吉亚的国王们驱逐了入侵者，夺回了他们的权力。

从16世纪开始，高加索地区几乎一直是波斯人、土耳其人和俄罗斯人争夺的目标。俄罗斯人试图在这个地区建立自己的影响力，受到信奉同一宗教的格鲁吉亚人的欢迎。这两个民族都是属于希腊教会的基督徒。格鲁吉亚人一再请求俄罗斯人的援助，以防波斯的穆斯林侵犯和压迫他们。1724年，彼得大帝率军征讨格鲁吉亚的达吉斯坦，并成为杰尔宾特的主人。此次征战之后，彼得大帝与被阿富汗人驱逐出自己王国的波斯国王塔赫马斯普二世签订了条约。塔赫马斯普二世将达吉斯坦、希尔万、吉兰、马赞德兰和阿斯塔拉等地区割让给俄罗斯，条件是俄罗斯人帮助他重新夺回王位。这一条件却一直没有实现，然而，俄罗斯人将被割让的领土据为己有，直到1735年安娜女皇才将它们归还给获得波斯王位的纳迪尔沙。

第194章

切尔克斯人

（1735—1849）

1774年，俄罗斯和土耳其签订了一项条约，明戈瑞利亚被允许保持独立地位。然而，它只是古代科尔基斯很小的部分，长约100英里，宽约60英里。

格鲁吉亚此时正处于本土君主埃尔克尔二世的统治下，埃尔克尔二世保持了王国的独立，但此后一直卷入战争之中。他认为为了本地区的安全，有必要得到俄罗斯的保护，因此，在1783年，他宣布自己成为沙皇的附庸，沙皇保证他和他的继任者对格鲁吉亚的统治权，以及通过征服可能获得的额外领土。

当时波斯正遭受内战的困扰，无法通过武力维护自己对格鲁吉亚所宣称的统治权；但是在1795年，阿迦·穆罕默德·汗率领一支波斯军队占领并摧毁了格鲁吉亚首都第比利斯。此后，格鲁吉亚陷入了内部斗争之中，并于1800年正式并入俄罗斯。几年后，俄罗斯又占领了里海的其他几个地区。1813年，俄罗斯和波斯签订了《古利斯坦条约》，让自己对上述地区的占领得到了认可。

大约在1800年，格鲁吉亚伊梅列希王国的君主成为俄罗斯的附庸，但10年后又试图独立，结果以失败告终。他被迫到土耳其寻求庇护，国土则被俄罗斯吞并。后来，俄罗斯对土耳其和波斯发动战争，又成功地占领了高加索的其他几个地区。

在保持独立方面，切尔克斯人比其他的高加索人更为成功。他们和自己的邻居一样，也遭受了萨拉森人和鞑靼人的入侵，而且在某个时期，至少在名义上，似乎还被俄罗斯统治。之后，他们向克里米亚的鞑靼可汗进贡，但他们最终拿起了武器，抵抗所有外邦的统治。然而，俄罗斯沙皇坚持维护自己对这一地区的统治权。

1827年，一支强大的俄罗斯军队进入高加索地区，征服了整个切尔克西亚，但这种征服却难以维持。那些在俄罗斯军队面前逃走的居民隐退到山里，拒绝服从沙皇政府的权威。战争一直持续到本书成书时期，仍然没有平息。切尔克西亚几乎被俄罗斯的领土所包围，但是，他们的军队由英勇顽强的山地人和快速行动的轻骑兵组成，可以与俄罗斯军队抗衡。

俄罗斯对高加索的绝大部分地区拥有统治权，但仍然在不断地把枷锁强加于其他地区。俄罗斯政府也一直图谋在这一地区建立跟其他帝国省份一样的专制制度。很多情况决定了这一做法不是绝对做不到，但实行起来也是相当困难的。即便最为独断专制的暴君都会发现，他的权威在冰雪覆盖的高耸悬崖和流浪放牧的广阔平原上被削弱了。

其结果是，切尔克西亚的部落名义上受俄罗斯的统治，服从于俄罗斯的领导，但其实地区内部的事务没有受到太多干涉，管理方法也同莫斯科贵族的做法大相径庭。在南部地区，俄罗斯人需要仰仗当地人保卫边境，以对抗波斯人，因此不得不允许他们的民族倾向不受限制。

在封建时代盛行于欧洲的贵族观念和出身论，同样适用于这个地区。以耕种为业的底层民众做着最为卑微的营生，地位几乎相当于农奴或者奴隶。战斗部队的人员来源主要有两种：一种是自愿参军；另一种是部落首领的封臣，他们在和平时期是伙伴，战争时期则是战友。

直到最近，奥斯曼政府还在黑海附近的高加索地区拥有一些港口和行政区，这些都是相当大的奴隶贸易及高加索葡萄酒贸易中心。这些领地足以让土耳其人在原始的山地部落内部煽动叛乱。然而，这些地区被割让给俄罗斯后，奥斯曼帝国可能被认为完全失去了对高加索地区的控制。在里海周围的广大地区，俄罗斯对主要的地点都实现了全面的军事占领，但是它不得不允许所有的土著拥有某种程序上的独立，这种独立在他们看来仍然是很宝贵的。

高加索部落中最杰出的是切尔克斯人。他们不住在城镇里，因为人们并不习惯于大量集中的房屋或是集中居住于一个地点。他们居住在小村落里，而且经常迁徙。切尔克斯人由11个彼此独立的部落组成，各个部落由自己的世袭部落主和贵族统治。内部的政治体制属于封建性质。

切尔克斯人之间有着严格的阶层和出身差别。贵族们会在战时为部落主组建军队，但在自己的领地内对仆从行使几乎绝对的统治权。仆从有两种：一种是耕种田地的农奴，另一种是跟随领主打仗的侍从。贵族们通常过着一种与独立的酋长类似的生活，他们拥有自己的土地，身边簇拥着自己的仆从，经常参加宴会、狩猎、喜庆等活动。

切尔克斯人极其重视马匹，几乎把马匹的出身看得跟自己的出身一样重要。他们也以精良的盔甲为傲。盔甲通常用亮钢打造，镶有贵重的珍珠和宝石。他们使用弓箭，也会使用火器。除了普通的以占领土地为目的的战争和以掠夺为目的的远征，军队还拥有私人复仇的权利。

长久以来，切尔克斯人以其良好的身体素质而闻名。男人高大、英俊、健壮，女性以身形优美、皮肤细腻而闻名于东方。在高加索的高山峡谷中，太阳不会把皮肤晒成暗沉色泽，这种暗沉色泽是亚洲人皮肤的总体特征。奴隶阶层以上的女子，都免除繁重的劳役，只从事缝纫、刺绣和纺织等工作。

她们的美丽似乎也是所有有助于保存女性魅力的环境因素起作用的结果。她们的脸颊不受阳光的暴晒，适度地食用牛奶和糕点。教育和婚姻的安排具有非常特殊的性质，这一特质建立在斯巴达式的冷漠之上，他们对任何温柔的家庭关系都不敏感。

丈夫和妻子分居，除非秘密约会，否则在他们的第一个孩子出生之前是不能见

高加索人的服饰

面的。如果在丈夫的面前提到妻子的名字，会被认为是一种侮辱。孩子出生后，不在家中抚养，也不能在父母的眼皮底下生活。三四岁的时候，一些友好的贵族开始接纳孩子，并照管孩子们的教育。在他们的赞助下，男孩们会参加各种培养男子气概的运动，直到他们可以征战沙场；而女孩们则培养从事女性的职业，直到能够许配人家——而丈夫则是由养父做主选择。直到此时，他们才被允许见自己的亲生父母。

切尔克斯人会毫无顾忌地把自己的孩子卖给土耳其人和波斯人，尤其是女儿，而女儿们也会毫不犹豫地离家远去，希望能进入奥斯曼或波斯苏丹的后宫。她们满脑子都是她们听说过的东方宫殿富丽堂皇的故事，以及遥远地区等待她们的精美衣服、珠宝玉石和奢华生活。

这样被卖为人妻的女性，不仅没有丝毫惋惜就离开了故土和亲人，据说连她们的母亲也乐在其中，希望女儿能够飞黄腾达。

高加索高地人的一般特征是对独立极为热爱，同时喜欢掠夺。抢劫被认为是一个拥有自由之身的男人最可敬的事迹，而一个切尔克斯女孩对一个男孩最大的羞辱就是说："你连一头牛都偷不到。"

当地的宗教存在着多样性。许多部落已经皈依了伊斯兰教，但其中大部分人可能还是偶像崇拜者，因为他们经常崇拜一些无生命的物体。非常值得注意的是，先知以利亚是所有高加索人部落中穆斯林和异教徒共同崇拜的一个特殊的对象。山上的许多洞穴都供奉着以利亚，人们在特定的日子集会，为以利亚献祭。如果一个人被闪电击毙，高地人会说他是被以利亚杀死的，并认为这是对他的极大的祝福。这样死去的人的葬礼满是欢乐，亲戚朋友欢歌笑语、载歌载舞。

俄罗斯政府试图教化高加索高地人，但这种尝试通常都以失败告终。这些部落中有许多人在俄罗斯接受过教育，并在军队中获得了很高的军衔，但他们还是回到了自己的家乡，为了祖先的风俗习惯而放弃了欧洲的生活方式。

切尔克斯人信奉伊斯兰教，但并没有严格遵守《古兰经》的信条。明格列尔人自称基督徒，但他们的宗教只不过是仪式而已。格鲁吉亚人也是基督徒，他们把教堂建在人迹罕至的山顶上，使之目睹着鸟类的栖息和季节的变幻。当经过教堂时，他们会在三四英里外向教堂致敬，而几乎从不走近。

高加索地区最大的城市是格鲁吉亚的首都第比利斯。第比利斯坐落在库拉河畔。这座城市始建于11世纪，但没有什么建筑美感，只是一个用深色砖建造、有小门和纸窗的低矮平顶住宅区。然而，它里面有一些漂亮的教堂和一个古老的城堡。第比利斯以其温泉而闻名，这些温泉是由邻近山丘的暖流形成的。

俄罗斯人把这座城市作为他们在高加索地区的总部，并在这里驻扎了一支庞大的军队。第比利斯的人口约为1.5万人；格鲁吉亚的其他城镇有西格纳吉、泰拉维、哥里和伊丽莎白波尔，每个城镇都有三四千居民。切尔克西亚没有城镇，明戈瑞利亚只有几座较小的城镇。

帕提亚帝国

第195章

帕提亚帝国的崛起

（前600—前53）

帕提亚原本是波斯帝国东北部一个地区的名字。在最近，它被认为是一个疆域辽阔的君主制国家，除了本土，帕提亚还包括其他许多地区。[①] 帝国极盛时期，统治范围从奥克苏斯河延伸到幼发拉底河，从里海延伸到阿拉伯海。最初的帕提亚通常被描述为北邻赫卡尼亚，东接阿里亚，南邻卡拉曼尼亚，西接米底，四面环山。帕提亚通常被描述为一个平原地区，非常适合饲养和使用马匹。因

① 要想从古代作家那里获得帕提亚本土的领土准确范围并非易事。一些地理学家认为这一地区即现代的呼罗珊；其他人则将其与北部的布哈拉地区联系起来。斯特拉波记载，帕提亚人以前被称为卡杜客亚人，根据这一说法，他们似乎是库尔德斯坦现代居民的祖先。然而，几乎所有的作家都把帕提亚人描述成原来的斯基泰人或鞑靼人。亚洲作家并不知晓帕提亚这个名字。在古代斯基泰人的语言中，它的意思是流放；另一些人认为这个名字源于“低地”这个词，表明他们来自里海东南沿海地区。——原注

此，敌人的军队非常畏惧帕提亚骑兵。

有些人认为这一地区最初居住的是《圣经》中经常提到的帕斯鲁细人的部落。这个民族的祖先可以追溯到麦西的儿子帕斯鲁细。然而，帕提亚人的早期历史和他们的邻居的历史一样模糊不清。当世界第一次认识帕提亚人的时候，他们的形象是一个勇猛顽强的民族，并且被认为源自斯基泰人。

他们是世界上最熟练的骑手和弓箭手。只在马背上作战，而且即便在马匹全速奔跑时，无论前进抑或后退，他们都能准确无误地射箭。因此，无论他们撤退还是攻击时，对敌人都具有同样的威胁。他们在很长一段时间里都保持着这个特征。

第一个关于帕提亚的历史事实是他们臣服于米底人，接着落入波斯人的统治之下，然后又被亚历山大大帝征服。亚历山大大帝死后，他的帝国分崩离析，帕提亚又落入塞琉古一世手中，由他和他

帕提亚骑兵在撤退中阻击敌人

的继任者统治，直到公元前250年，叙利亚国王安条克二世统治时期，帕提亚的一位首领阿尔沙克领导了一次起义，将叙利亚总督处死，确立了帕提亚的独立地位。帕提亚诸部落支持阿尔沙克，组建了一个类似中世纪欧洲的封建贵族政府。公元前238年，阿尔沙克一世被加冕为帕提亚国王，他拥有的只是名义上的权力，而且国王由选举产生，但有一个限制，那就是国王应该永远从阿尔沙克家族中选出。帕提亚人民每年都会举行独立周年纪念日的庆祝活动。

塞琉古二世接替安条克二世登上叙利亚王位后，试图平息帕提亚的起义，但被阿尔沙克一世打败并俘虏，遭囚禁而死。阿尔沙克一世稳定了自己的政权，将赫卡尼亚和其他一些领土收入囊中，但最终在与卡帕多西亚人的战斗中被杀死。他的儿子阿尔沙克二世继位。当安条克三世正忙着与埃及交战时，阿尔沙克二世入侵米底并征服了这一地区。这一征服的所得很快就失去了，他与安条克三世缔结了一项条约，根据该条约，阿尔沙克二世拥有帕提亚和赫卡尼亚的统治权，但在安条克三世与他人开战之时需要给予支援。

阿尔沙克二世的儿子弗里亚帕蒂乌斯继承了王位，在位15年，他把王位留给了儿子弗拉特斯一世。这位君主征服了马尔迪部落，这个部落除了亚历山大大帝，从未屈服于任何军队。

米特拉达梯一世随后成为帕提亚的国王，并把他的权威扩展到巴克特里亚人、米底人、波斯人和其他东方民族身上。当时统治叙利亚的德米特里一世试图收复这些地区，但被打败，自己也被俘虏。米特拉达梯一世随后占领了巴比伦尼亚和美索不达米亚，从而让幼发拉底河和恒河之间的所有地区都承认了他的权威。他在位33年后去世，王位传给了儿子弗拉特斯二世。

这位君主的权力并不稳固，因为叙利亚国王安条克七世率领一支庞大的军队向他发动进攻，并在3次战斗中击败了他。米特拉达梯一世征服的土地尽失，帕提亚王国的疆域退回到原来的位置。然而，安条克七世的好运并没有持续太久。他那40万人的庞大军队不得不分成多个部分，而所征服土地上的居民抓住这个机会起来反抗。据说，反抗非常成功，所有的叙利亚军队在一天之内就被屠杀殆尽，几乎没有一个人逃出来把这个灾难性的消息传回去。

弗拉特斯二世的继任者是他的叔叔阿尔达班一世，阿尔达班一世在与斯基泰人的战争中丧生。米特拉达梯二世继承了王位，成为首位与罗马人建立联系的帕提亚君主。在他独立统治的早期，帕提亚人主要忙于同东部游牧部落作战，因为巴克特里亚王国的瓦解使他们可以自由地攻打南亚的富饶地区。这些部落要么被征服，要么被迫与帕提亚王国合并。当罗马人征服了本都的米特拉达梯六世后，便与帕提亚人直接接触，争夺亚洲统治权的战争几乎无法避免。

帕提亚的弗拉特斯三世为当时正与罗马人交战的亚美尼亚国王提格兰大帝的儿子小提格兰提供保护。弗拉特斯三世把自己的女儿许配给小提格兰，并率军出征，帮助他登上亚美尼亚的王位；但当庞培率领的罗马大军逼近时，弗拉特斯三世却退却了，不久就和庞培签订了条约。

弗拉特斯三世被他的两个儿子米特拉达梯三世和奥罗德斯二世谋杀，而米特拉达梯三世很快就步父亲的后尘，落入了他兄弟的手中，只剩下奥罗德斯二世来执掌帕提亚。在这位君主的统治之下，帕提亚与罗马发生了一场重大的战役。

当时，整个罗马及统治区被恺撒、庞培和克拉苏瓜分，东部的地区被分给了克拉苏。克拉苏一得到权力，就要入侵帕提亚，目的是掠夺那些公认非常富有的居民来使自己变得富有。

克拉苏的这一主张遭到了罗马许多朋友的强烈反对，因为当时帕提亚人与罗马人和睦相处，并严格遵守两国之间的条约。然而，罗马的这位执政官被贪婪的欲望冲昏了头脑，没有任何东西可以阻止他。公元前55年，克拉苏率领大队人马离开罗马，经过希腊和小亚细亚前往叙利亚。在越过幼发拉底河后，开始蹂躏美索不达米亚。那里的几个希腊城镇立即向他投降，但他没有抓住时机一鼓作气向前进军，反而返回叙利亚过冬，从而给了帕提亚人时间去集结他们的军队。

第196章

帕提亚帝国的征服

（前53—50）

克拉苏在向四面八方聚敛财富的过程中度过了冬天。一个帕提亚使团被派去谴责他的侵略行为，克拉苏自夸说他会“到塞琉西亚给出答案”。塞琉西亚是帕提亚首府泰西封的所在。使团团长轻蔑地笑了笑，伸出手掌说：“克拉苏，我的手掌上长出头发来，你就能看到塞琉西亚了。”专横的罗马人还是决心继续展开征服计划。克拉苏的士兵们得知了敌人的实力和作战方式之后，都很沮丧。占卜者宣称牺牲上表现出了不祥的预兆，克拉苏的许多亲信劝他中止计划，但都没有成功。

于是，军队开始向帕提亚挺进。克拉苏的一位盟友、亚美尼亚的君主阿尔塔巴左斯建议他取道亚美尼亚，因为那里多山，对骑兵不利，而骑兵是帕提亚的主力，但这位糊涂的统帅对所有的建议都充耳不闻。在跨过幼发拉底河时，一场可怕的暴风雨让军队受惊，但克拉苏命令继续前进。一位阿拉伯首领向他保证，帕提亚人正在收集所有的金银财宝，计划到赫卡尼亚和斯基泰避难，因此，他建议克拉苏应该毫不延迟地向前急行军。这是一个使罗马军队走向灭亡的计谋，而且完全奏效了。

军队里有经验的将官曾劝克拉苏沿幼发拉底河岸继续前进，那样可以保证水源供给，但他没有听从这个谨慎的建议，而是相信了那个背信弃义的阿拉伯人。军队离开河岸，进入了美索不达米亚的广阔平原。那个阿拉伯人带领他们前进，一直带到了他和帕提亚人约定的地点。恶果很快便显露出来，一支由罗马骑兵组成的侦察队与敌人交战，几乎全军覆没。这一消息使克拉苏困惑不解，但他仍继续行军，将步兵列阵成四方形，骑兵在侧翼。敌人很快就出现了，但罗马人没有察觉到，因为那些能被看见的人早就把武器装备藏好了，以免被人看出是武士。

当罗马人对这一景象感到怀疑时，帕提亚人冲锋的战鼓突然响起。当这不寻常的战鼓声使他们的敌人心惊胆战时，帕提亚人当即脱下外罩，闪亮的钢盔映入眼帘。接着，他们将罗马主力层层包围起来，射出阵阵箭雨，骆驼载着武器，源源不断地运送过来。罗马军队的前锋企图击退帕提亚人，却徒劳无功。

克拉苏让儿子带着骑兵和轻步兵突围，狡猾的帕提亚人假装逃跑，把他们引开。当他们离主力足够远的时候，帕提亚人立即转身攻击。帕提亚人的骑兵在罗马人周围转来转去，扬起阵阵尘土，让罗马人无法防卫。大批人马被杀死，小克拉苏带着一部分骑兵冲破了敌人的包围，到达了一个高地。然而，他在这里又被帕提亚人包围了。在发现无法逃脱后，小克拉苏命令盾牌兵把自己杀死。帕提亚人砍下了他的头颅，插在了矛尖上。

克拉苏正要前去解救他的儿子，却听到了帕提亚人的鼓声，也看到了他们挑着自己可怜孩子的人头。这一景象使罗马人彻底灰心丧气，当晚决定撤退。留下来的伤病员的哀号告诉了帕提亚人所发生的一切，但由于他们不习惯在黑暗中战斗，便一直安静地待到天明。第二天清晨，他们占领了罗马人的废弃军营，杀掉了留在那里的4 000名伤员，并且一路追击，消灭了一些散兵。

罗马人到达了卡莱的一座军营，在这里，帕提亚的指挥官佯装进行和平谈判，以拖延他们的行程；但是骗术很快败露，于是罗马人继续撤退。他们被迫兵分两路，克拉苏的一队人马被一名奸诈的向导引入歧途，陷入了一片沼泽和沟渠之中。公元前53年，克拉苏终于落入帕提亚人的手中。帕提亚人起初假装尊重他，并带来了一匹马让他骑，但很快他们就开始粗暴地对待他，当他反抗时，他们当场杀了他。

克拉苏的头和右手被砍掉，据说帕提亚人为了嘲笑克拉苏向他们发动战争的贪婪行为，把熔化的金子倒进他的喉咙里。罗马在这次不义和命运多舛的远征中损失了3万人，其中2万人被杀死，1万人被俘虏。这是罗马军队多年来遭受的最惨重灾难。

这场战胜罗马人的战役是由希腊和拉丁作家所称的苏雷纳将军指挥的，其实“苏雷纳”这个词在帕提亚语中的意思似乎是“统帅”。因此，这位将军在他的同胞中极受爱戴。奥罗德斯二世因他功高震主，便把他处死了。国王最宠爱的儿子帕科罗斯随后被任命为军队的统帅，按照国王的指示，带兵入侵叙利亚，但被西塞罗和卡西乌斯打败并被赶出了这一地区，这两位是在克拉苏被杀后幸存下来的罗马指挥官。

从这一时期直到恺撒和庞培爆发内战为止，我们发现史书上再也没有提到帕提亚人。直到庞培派使者去请求帕提亚人帮助他对付恺撒时，帕提亚才再次出现在历史舞台上。奥罗德斯二世同意了庞培的请求，但条件是必须把叙利亚交给他，庞培不同意。据说，恺撒大帝曾计划发动一场针对帕提亚人的战争，但他的被刺杀使帕提亚人避免了这个危险。

不久之后，由于受到马克・安东尼的严重压迫，罗马帝国的东部地区爆发了武装起义，杀死了收税官。他们邀请帕提亚人与他们联手，一同赶走罗马人。帕提亚人欣然接受了这一邀请，一支强大的军队穿过幼发拉底河，由帕科罗斯和先前庞培一方中的罗马将军拉比努斯指挥。

起初，起义取得了巨大的成功。帕提亚人蹂躏了小亚细亚、腓尼基、叙利亚和犹大；但他们并没有得以长时间享受自己的征服成果，就被马克・安东尼的将军文提狄乌斯彻底打败，帕科罗斯被杀。

奥罗德斯二世悲痛欲绝，决定在他有生之年分享他的最高统治权，将他的王位传给长子弗拉特斯四世，但这个儿子却是他所有儿子中最挥霍无度的一个。这个没有人性的儿子并不满足于获得一半的统治权，于是谋杀父亲，夺取了另一半的权力。弗拉特斯四世的统治以残酷著称，他杀了许多贵族和王室成员，连自己的儿子也不放过，防止对他不满的帕提亚人把他的儿子扶到王位上。

这位嗜血的君主对马克・安东尼发动了一场成功的战争。奥古斯都掌握罗马帝国的大权后，弗拉特斯四世与他签订了一项和平条约，释放了在与克拉苏和安东尼战争中的所有俘虏，并归还了罗马军旗。他把自己的4个儿子和他们的妻儿都送到罗马去做人质；他的另一个儿子小弗拉特斯仍然和他在一起。这个儿子的妻子为了让丈夫登上王位而毒死了国王。帕提亚人憎恶这一可怕罪行的始作俑者，发动起义，将小弗拉特斯驱逐出境，使得他在流放中死去。

接下来的是一连串的短暂统治。曾经统治米底的阿尔沙克家族的一员阿尔达班，被召来做帕提亚的国王，即阿尔达班二世。阿尔达班二世的残暴使他的臣民感到厌恶，这给罗马皇帝提比略提供了机会，他支持梯里达底登上王位，这便是梯里达底三世，因为梯里达底三世更愿意为罗马的利益效力。然而阿尔达班二世后来又重获王位，从复辟之日起，他的统治变得相当公正；因此，当他在位30年后去世时，他的臣民感到非常遗憾并为他哀悼。

第197章

帕提亚帝国的衰亡

（50—228）

在这之后直到50年，帕提亚都遭受内战的困扰，后来戈塔尔泽斯二世的儿子沃洛吉斯稳稳地登上了王位。他对罗马人发动了战争，但收效甚微，最后欣然同意与那个强大的民族重新缔结和约。从那时起，帕提亚的历史就没有什么值得注意的了，直到图拉真统治时期，帕提亚的奥斯罗埃斯一世打破了与罗马的和约，将亚美尼亚国王驱逐出境，并将自己的儿子置于亚美尼亚的王位上。

图拉真乐见任何可能与帕提亚人争执的借口，于是率领一支强大的军队，向东方进发。他突袭了亚美尼亚，在对方几乎没有来得及反抗的情况下就占领了这一地区，并把新国王囚禁起来。然后，他又入侵美索不达米亚，成为这一富饶地区的主人，而此地之前从未受制于罗马。

图拉真占领了帕提亚帝国内所有有价值的地区，并意识到这些征服之地距离意大利路途遥远，如果没有花费巨大的财力和物力，不能承担巨大的风险，很难守卫这些地区，因此他任命帕提亚王室成员之一的帕尔塔马斯帕提斯为帕提亚国王，使帕提亚成为罗马的附属国。

但是，图拉真去世后，帕提亚人发动起义，驱赶了国王，并召回了逃到赫卡尼亚的奥斯罗埃斯一世。当时在东部驻跸的皇帝哈德良认为，与帕提亚人进行新的战争是轻率之举，他满足于把幼发拉底河作为罗马帝国的东部边界。

到沃洛吉斯四世统治时期，帕提亚军队入侵了亚美尼亚和叙利亚。罗马共治皇帝维鲁斯率领一支军队进入叙利亚，驱逐了这一地区的帕提亚人，并在4年的战争之后，重新征服了图拉真获得的地区，但叛乱和战争还是不时发生。

罗马皇帝塞维鲁以武力攻占了泰西封，并夺取了帕提亚国王的财宝和他的妻儿；但是塞维鲁刚一回到幼发拉底河，沃洛吉斯五世就收复了除美索不达米亚以外的所有失地。这些战争对于罗马人来说代价高昂，却没有给他们带来实质性的好处，因为他们所征服领土上的居民强烈地依附于阿尔沙克家族，一旦罗马军队撤退，他们就会回到他们以往的服从状态。

卡拉卡拉皇帝在罗马历史上声名狼藉，他希望通过令帕提亚人难以忘记的行为来彰显自己，于是派了一个正式的使团去面见阿尔达班四世，希望娶他的女儿为妻。帕提亚国王对这一提议感到高兴，相信这种联系将巩固两个大国之间的持久和平。因此，他以极高的规格接待了罗马使者们，并欣然表明了他对联盟的期待。

卡拉卡拉发现帕提亚人完全没有怀疑他的阴谋诡计，于是派了第二个使团去见国王，让他知道自己打算亲自前来迎娶新娘，并举行隆重的婚礼。阿尔达班四世率领帕提亚的贵族首领和最精良的军队一起去迎接卡拉卡拉，但他们都没有携带武器，而且都穿上了华丽的服装。当这一支和平的队伍接近罗马军队时，罗马士兵就接到信号，扑向国王及其随从人员，对手无寸铁的人们进行了一次最为可怕的屠杀，阿尔达班四世艰难逃脱。

奸诈的卡拉卡拉从这次卑劣的行径中获得了丰厚的战利品，而且，他还给元老院写了一封长信，为这一臭名昭著的行为索要“帕提亚征服者”的称号，就像他先前以类似的方式屠杀了一些日耳曼贵族之后，获得了“日耳曼征服者”的称号一样。

阿尔达班四世决心让罗马人为他们不人道的背叛付出代价，他召集了帕提亚有史以来人数最多的军队，渡过幼发拉底河，进入叙利亚，用烈火和刀剑将所见到的一切毁灭。在这次入侵之前，卡拉卡拉已经被罗马人暗杀，继任者马克里努斯率领强大的军队迎战帕提亚人。217年，一场激烈的战斗持续了两天之后，双方都宣布取得了胜利。4万多人战死，战斗还会重新打响，而且会有更多的杀戮；但是罗马将军知道帕提亚人的仇恨是针对卡拉卡拉本人的，于是将卡拉卡拉已经被暗杀的消息传递过去。这一消息阻止了双方的敌对行动。帕提亚帝国的军事力量被这场战争所消耗，军队的精英都已凋谢。这给了波斯人一个起义的好机会。

阿尔沙克家族从来没有得到波斯臣民的喜爱，4个世纪过去了，帕提亚人和波斯人仍没有融合，帕提亚人仍然是一支占领军，被习惯、偏见和感情从伟大的民族群体中分离出来。最后，224年，一位出身于萨珊家族——声称是古代居鲁士大帝和贾姆希德后裔——的波斯本地君主阿尔达希尔，举起了波斯民族起义的大旗，将帕提亚人驱赶到北部山区和沙漠之中。

基督教开始传播后，帕提亚的君主们即便没有直接鼓励，也是容忍了基督教的发展的，他们慷慨地为逃避迫害的基督徒及其属于不同教派的兄弟们提供庇护；但是，在帕提亚人被驱逐出波斯后，琐罗亚斯德的宗教得到恢复。基督教东进的进程受到了遏制，便又回到了西方世界，不幸的是，他们已留下了太多与东方神秘主义和迷信密切联系的痕迹。

帕提亚帝国终结了，但国王一支的消亡并没有直接导致其他支脉的一并消亡。巴克特里亚、斯基泰和亚美尼亚的统治者请求罗马人的援助，以对抗阿尔达希尔一世，但他们的力量已经在衰退，无法应付波斯日益强大的力量。到5世纪初，巴克特里亚和斯基泰先后臣服于索格狄亚那的白匈奴人。亚美尼亚君主的统治时间更长一些，直到428年才结束，但是这个家族继续存在于波斯，其中的一支以萨曼王朝的名号再次获得了统治权。

帕提亚帝国在其鼎盛时期是东方最强大的君主政体之一。古代地理学家提到这个帝国有许多城市，托勒密估计有25个，然而，帕提亚本土似乎只有一座大城市，名为赫卡通皮洛斯，它因有100个城门而得名。这是一座宏伟的城市，而且在一段时间内是帝国的首都。后来，泰西封成为帕提亚君主的冬宫，而埃克巴坦那成为夏宫。

帕提亚帝国实行封建君主政体，由许多王国或公国组成，各自由同一个家族的成员统治。它形成了一个庞大政治体系的中心，与西方的罗马和东方的中国保持着联系。帝国的君主顶着“万王之王”的荣耀称号，当然，这也不全是虚夸。亚美尼亚国王排名第二；

巴克特里亚君主的统治延伸到波斯和印度之间的地区，排名第三；接下来是马萨革泰的酋长，他的领地位于俄罗斯南部的大草原上，统治着生活在顿河和伏尔加河之间的游牧部落。

帕提亚的骑兵最著名，他们全身钢甲，骑着一匹同样以力量和速度著称的骏马。他们几乎在未遭到任何反抗的情况下征服了邻近的波斯，建立了自己的军事贵族制度，而被征服的人民则沦为奴隶。侵略者因此成为被征服者的封建领主，被征服者仍然以农奴的身份依附于土地。帕提亚骑士可以与西欧骑士相媲美。他们是军队的主力，具有极强的战斗力，而步兵则相对被忽视。

很少有关于帕提亚人内部历史的记载，我们对他们的风俗、习惯等知之甚少。我们通过他们与波斯人的联系了解他们，但在波斯历史上，帕提亚的统治却是一片空白，其原因显而易见。

在这个国家，宗教和文学之间有着密切的联系，在帕提亚君主的统治下，琐罗亚斯德的教义受到极大的轻视。菲尔多西几乎没有对这段历史进行什么描述。他记载，亚历山大大帝死后，帝国陷入混乱，因此在未来的200年里由小诸侯们统治，并为内战所困扰。他补充说，这些首领争来抢去，地位极不稳固，以致波斯在这个时期可以被视为一个没有君主的国家。

第198章

帕提亚帝国统治下的各民族

（前200—1849）

赫卡尼亚位于里海的西南海岸，在波斯的地理概述中已经有所提及，但并未讲述其历史。居民是斯基泰人，在性格和习俗上都跟帕提亚人相仿。在很久以前，他们是一个独立的国家，拥有自己的国王，后来被帕提亚人征服，再后来又被波斯人征服。这一地区现在属于波斯，被称为马赞德兰和吉兰，首府为扎德拉卡塔（赫卡尼亚）。

我们在波斯的地理概述中也提到了索格狄亚那地区。它相当于浩罕地区的独立鞑靼部分。它是大流士一世的帝国最北端的省份，位于奥克苏斯河和贾沙特斯河之间。土地大部分是薄薄的沙地。农业地区和牧业地区在这里交会，此地一直是农牧民共同居住的地方。

公元前330年，亚历山大征服了这一地区。在这之前，索格狄亚那人的首领之一奥克夏特斯把自己的家人安顿在一座建在高高岩石上的城堡里。马其顿人攻占了城堡。罗克珊娜，奥克夏特斯的女儿，被誉为亚洲最美丽的女人之一，也被俘虏。亚历山大爱上了她并娶她为妻。听到这个消息，奥克夏特斯来到了巴克特里亚，亚历山大隆重地接待了他。

亚历山大帝国解体后，索格狄亚那或称河中地区，成为希腊巴克特里亚王国的一部分。公元前142年，巴克特里亚王国的其他地区都臣服于帕提亚，而索格狄亚那被从中国边境迁徙过来的月氏人所占领，并被打造成为印度-斯基泰王国的核心。印度-斯基泰王国在232年以前，一直在扩张，领土从里海一直延伸到恒河。

565年，这里成为庞大的突厥帝国的一部分。后来被阿拉伯人称为河中地区，被中国称为康国，并依附于中国成为唐朝的一部分[①]。865年，索格狄亚那成为阿拔斯帝国的一部分；912年，成为萨曼王朝的一部分；1000年，属于回鹘，或称乌古斯；1125年，属于西辽；1226年，属于蒙古；1368年，属于察合台汗国；1404年，帖木儿定都于此；1479年，成为独立的河中王国；1725年，分裂为布哈拉汗国和浩罕汗国；目前分裂为布哈拉汗国、希瓦汗国和浩罕汗国。

这是独立鞑靼国家所经历变化的一个样本。首都撒马尔罕将会在关于帖木儿的部分加以介绍，而帕提亚则构成了另一章历史的主题，希瓦、塔什干、浩罕等将在鞑靼地区的地理环境部分进行介绍。

我们只需要进一步说明，在中世纪，索格狄亚那因其富饶的土地和精耕细作而闻名于世，尤其是首都撒马尔罕周围地区，阿拉伯地理学家称之为“人间天堂”。索格狄亚那富饶的山谷盛产美味的

① 唐高宗显庆三年（658）在康国设置康居都督府，为唐朝属地。——编者注

葡萄、甜瓜、梨子和苹果，这些瓜果都被出口到波斯，甚至印度。

巴克特里亚现在成为独立鞑靼的一部分，称为昆都士，曾是大流士一世统治下的波斯帝国最为富饶的地区。它的一侧是俄罗斯、鞑靼地区和中国，而另一侧是印度、波斯和西亚。据说，在最早的历史时期，这里的商业中心被温和文明的光芒照亮。东方人称它的首都巴尔赫为“城市之母”，并认为它是世界上最古老的城市。令人生畏的兴都库什山脉把中亚和南亚分开，巴尔赫及其附近地区则靠近唯一的通道，它曾经一定是巨大的商贸中心。

公元前255年，巴克特里亚脱离塞琉古王国，在狄奥多特一世的统治下，成为希腊巴克特里亚王国的核心。这一地区由希腊人统治，亚历山大的远见卓识使希腊人在这一地区殖民，并建造了城镇，以保证与东方世界的贸易安全。历史中很少有关于这个王国的记载，只有借助于少量的钱币与东方文学中一些零星的评述进行艰难的对比，才能形成对它的认识。

在它的国土最为广阔的时候——如在公元前210年——我们发现它的东南面被印度河的5条支流所包围；东接喜马拉雅山脉，北临贾沙特斯河和咸海，西邻帕提亚——当时还是位于里海东南角的小王国；南部和东南部，王国的一角沿一条弧线延伸到印度河5条支流的交汇处，把它与塞琉古王国分开。

现在我们对巴克特里亚的编年史略做介绍。

公元前255年，狄奥多特一世推翻安条克二世的统治，获得了索格狄亚那的统治权。公元前243年，他的儿子兼继任者狄奥多特二世与帕提亚国王阿尔沙克二世签订了和平条约。公元前230年，马格尼西亚的欧西德莫斯一世夺取了王位。帕提亚战争结束后，安条克大帝攻打了欧西德莫斯一世，后又与他和好，条件是巴克特里亚国王通过放弃使用大象来削弱军力。同时，欧西德莫斯一世的儿子德米特里一世和安条克大帝的女儿也达成了联姻。德米特里一世曾是印度部分地区的国王，但不确定是否也属于巴克特里亚。

欧克拉提德于公元前170年即位，据说在他的统治下，巴克特里亚发展至极盛。然而，他被自己的一个儿子谋杀了。这个儿子获得王位后，唆使叙利亚国王德米特里二世与自己一起进攻阿尔沙克六世统治下的帕提亚帝国；但阿尔沙克六世反击成功，并征服了巴克特里亚大部分地区。

中亚民族现在已经占据了上文讲过的索格狄亚那地区。在此之后，巴克特里亚王国就这样灭亡了，而巴克特里亚和奥克苏斯河一侧的其他地区都成为帕提亚帝国的一部分。

奥克苏斯河以北的巴克特里亚地区已经在索格狄亚那的统治之下了。奥克苏斯河以南的那一部分，先后成为印度-斯基泰帝国、萨珊帝国、倭马亚帝国和阿拔斯帝国的一部分。865年，巴克特里亚西部成为塔希尔王朝的一部分，而东部则属于阿拔斯王朝。

912年，巴克特里亚和索格狄亚那一起被纳入萨曼帝国的统治之下，萨曼帝国的疆域从里海延伸到印度河，从波斯湾延伸到贾沙特斯河。

1000年，巴克特里亚成为伽色尼王朝的一部分，但在1125年，巴克特里亚的一部分被西辽占领，而另一部分则归属于塞尔柱帝国。然后，整个巴克特里亚被纳入成吉思汗的帝国，并在帝国解体后落入了波斯蒙古人的统治之下，又经历了一些变化之后，成为帖木儿帝国的一部分。

从那时起，巴克特里亚传到了呼罗珊诸可汗的手中，再之后一部分归属于波斯国王，一部分归属于阿富汗王国。这两个国家现在似乎都对这一地区有一定的影响力，尽管它可能被认为是在自己的可汗和土库曼游牧部落的独立统治之下。

我们刚刚讲述的各个地区，古时被统称为斯基泰地区，现在被称为鞑靼地区。实际上，斯基泰这个名字包含了亚洲和欧洲的所有北部地区，直到欧洲北部地区被赋予新的名字萨尔马提亚。

被称为赛里斯[①]的国家位于斯基泰遥远的边疆之外，应该是中国的一部分，也是最早生产丝绸的地方。它的首府赛拉似乎是古代中国的首府——西安，在中国的西部或是其附近地区。帕提亚早期与赛里斯的丝绸贸易非常活跃。

我们会在讲解鞑靼地区古代历史的时候做一个整体的说明，并在后续章节中专门讲述中国简史。

---

① 赛里斯，意为丝国、丝国人，是古希腊、古罗马地理学家对与丝绸相关的国家和民族的称呼，一般认为是当时的中国或中国附近地区。——编者注

重要词汇英汉对照表

M. 埃米利乌斯·雷必达 M. Aemilius Lepidus

A

阿巴里斯 Abaris
阿巴斯大帝 Abbas the Great
阿巴西亚 Abasia
阿拔斯帝国 Abbasid Empire
阿拔斯王朝 Abbasid Caliphate
阿比巴尔 Abibal
阿比杜斯 Abydos
阿比西尼亚 Abyssinia
阿庇安 Appian
阿波罗 Apollo
阿波罗·特里奥普斯 Apollo Triopeus
阿波罗尼奥斯·罗迪乌斯 Apollonius Rhodius
阿波罗尼乌斯 Apollonius
阿伯拉哈 Abraha
阿卜杜拉 Abdulla
阿卜杜拉·阿布·阿里 Abdulla Abu Ali
阿卜杜勒·阿齐兹 Abdel Aziz
阿卜杜勒·拉赫曼 Abdel Rahman
阿卜杜勒·穆塔里布 Abdel Motalleb
阿卜杜勒·瓦哈卜 Abdel Wahab
阿卜杜勒·穆塔里布 Abdel Motalleb
阿布·奥贝达 Abu Obediah
阿布·穆萨 Abu Musa
阿布·塔勒布 Abu Taleb
阿布尔·菲达 Abulfeda
阿布斯·韦法 Aboos Wefa
阿达德 Adad
阿达纳 Adana
阿德拉斯托斯 Adrastus
阿德里安堡 Adrianople
阿德人 Adite
阿迪亚波纳人 Adiabenian
阿杜利斯 Adulis
阿杜斯 Atys
阿多尼斯 Adonis
阿多尼斯河 Adonis River
阿尔·阿布拉什 Al Abrash

阿尔巴尼亚 Albania
阿尔达班一世 Artabanus I
阿尔达班二世 Artabanus II
阿尔达班四世 Artabanus IV
阿尔达希尔一世 Ardashir I
阿尔德森 Ardzen
阿尔德森埃尔鲁恩 Ardzen el Roon
阿尔都阿斯 Arduas
阿尔杜斯二世 Ardys II
阿尔戈英雄 Argonaut
阿尔古里 Arguri
阿尔凯奥斯 Alkaios
阿尔刻拉奥斯 Archelaus
阿尔迈尼 Armene
阿尔梅里克 Almeric
阿尔普·阿尔斯兰 Alp Arslan
阿尔沙克一世 Arsaces I
阿尔沙克二世 Arsaces II
阿尔塔巴左斯 Artabazus
阿尔塔沙特 Artaxata
阿尔塔什斯 Artaxias
阿尔塔薛西斯三世 Artaxerxes III
阿尔泰墨涅斯 Althaemenes
阿尔忒弥斯节 Artemis Laphria
阿尔忒弥斯神庙 Artemis Temple
阿尔特米西亚一世 Artemisia I
阿尔特米西亚二世 Artemisia II
阿尔西诺伊 Arsinoe
阿耳戈斯 Argus
阿芙罗底西乌姆 Aphrodisium
阿佛洛狄忒 Aphrodite
阿佛洛狄忒神庙 Temple of Aphrodite
阿伽门农 Agamemnon
阿伽撒尔基德斯 Agatharcides
阿伽西克列斯 Agasicles
阿革诺尔 Agenor
阿格隆 Argon
阿格内罗斯 Agroneros
阿基劳斯 Archelaus
阿吉都斯 Agidus
阿加丹格罗斯 Agathangelus
阿迦·穆罕默德·汗 Aga Mohammed Khan
阿喀琉斯 Achilles
阿卡 Acre
阿卡狄乌斯 Arcadius
阿卡狄亚 Arcadia
阿卡曼提斯 Acamantis
阿卡纳尼亚人 Acarnanian
阿凯夫斯 Achaeus
阿克哈大沙漠 AlAknaf Desert
阿克拉姆 Akram
阿克劳斯 Archelaus
阿拉伯半岛 Arabia
阿拉伯菲利克斯 Arabia Felix
阿拉伯福地 Arabia the Happy
阿拉伯佩特拉 Arabia Petra
阿拉伯沙漠 Arabian Desert
阿拉伯伊拉克王国 Kingdom of Arabian Irak
阿拉丁 Aladdin
阿拉丁·穆罕默德 Aladdin Mohammed
阿拉丁二世 Aladdin II
阿拉杜斯 Aradus

阿拉法特山 Mount Arafat
阿拉霍西亚 Arachosia
阿拉克斯 Araxes
阿拉克斯河 Araxes River
阿拉穆特 Allahamout
阿拉托斯 Aratos
阿拉瓦丁·穆罕默德 Allah ud Deen Mohammed
阿莱克修斯一世 Alexios I
阿勒颇 Aleppo
阿勒山 Mount Ararat
阿雷塔斯 Aretas
阿里 Ali
阿里阿拉特 Ariarathes
阿里阿拉特五世 Ariarathes V
阿里阿拉特六世 Ariarathes VI
阿里阿拉特七世 Ariarathes VII
阿里阿拉特八世 Ariarathes VIII
阿里斯东尼克 Aristonicus
阿里斯多美奈斯 Aristomenes
阿里斯托芬 Aristophanes
阿里亚 Aria
阿里亚特 Aryat
阿利安 Arrian
阿律阿铁斯二世 Alyattes II
阿马苏斯 Amathus
阿马西亚 Amasia
阿玛萨西亚 Amathusia
阿门塔斯 Amyntas
阿米达 Amida
阿米娜 Emina
阿米苏斯 Amisus
阿米亚努斯·马塞林努斯 Ammianus Marcellinus
阿明 Amin
阿姆鲁 Amru
阿姆佩 Ampe
阿那克里翁 Anacreon
阿那克萨戈拉 Anaxagoras
阿那克西曼德 Anaximander
阿那克西美尼 Anaximenes
阿那克西米尼 Anaximenes
阿那萨布斯人 Anazarba
阿帕米亚 Apamea
阿佩利斯 Apelles
阿普列乌斯 Apuleius
阿瑞斯 Ares
阿萨德·阿布卡布 Asaad Abucard
阿萨尔哈东 Esarhaddon
阿萨辛德人 Arsacidae
阿萨辛派 Assassins
阿塞拜疆 Azerbaijan
阿什杜德 Ashdod
阿施塔特 Astarte
阿舒拉日 Day of Ashura
阿斯班德斯 Aspendus
阿斯卡尼乌斯 Ascanius
阿斯卡尼乌斯湖 Lake Ascanius
阿斯克莱皮亚德斯 Asclepiades
阿斯克勒庇俄斯 Aesculapius
阿斯帕里亚 Asphelia
阿斯盘达 Aspenda
阿斯塔拉 Asterabad
阿斯特蕾 the Astrea

阿斯提阿格斯 Astyages
阿斯旺 Aswan
阿塔巴兹 Artabazes
阿塔罗斯 Attalus
阿塔罗斯一世 Attalus I
阿塔罗斯二世 Attalus II
阿塔罗斯三世 Attalus III
阿忒纳乌斯 Athenaeus
阿特拉斯 Atlas
阿特拉斯山 Mount Atlas
阿尔特米西亚 Artemisia
阿提阿德斯王朝 Atyadoe
阿维洛伊 Averrhoes
阿维森纳 Avicenna
阿伊莎 Ayesha
埃庇米尼得斯 Epimenides
埃俄罗斯 Aeolus
埃厄忒斯 Aetes
埃尔克尔二世 Erekle II
埃尔图鲁尔 Ertogrul
埃尔祖鲁姆 Erzurum
埃盖亚 Aegaea
埃古普托斯 Aegyptus
埃吉洛埃撒 Aegiroessa
埃迦伊 Aegae
埃克巴坦那 Ecbatana
埃里克特翁尼亚斯 Ericthonius
埃里温 Erivan
埃里亚努斯 Aelianus
埃利迈利 Elymais
埃罗萨 Erosa
埃律特莱亚 Erythrae
埃米尔 emir
埃米尔・奥马拉 Emir al Omara
埃米尔・穆梅因 Emir al Mumenim
埃米萨 Emesa
埃涅阿斯 Aeneas
埃皮达鲁斯 Epidaurus
埃塞俄比亚 Ethiopia
埃宋 Aeson
埃托利亚人 Aetolian
埃伊纳岛 Aegina Island
艾卜・阿里・曼苏尔・哈基姆 Abu 'Ali al-Mansur al-Hakim
艾布・阿拔斯 Abu Abbas
艾布・阿拔斯・赛法哈 Abul Abbas al Saffah
艾布・伯克尔 Abu Bekr
艾布・贾法尔 Abu Jafar
艾布・苏富扬 Abu Sophian
艾达斯 Idas
艾尔阿什拉姆 El Ashram
艾尔安格鲁斯 Evangelos
艾尔瓦德岛 Arvadus Island
艾哈迈德・阿加 Ahmed Aga
艾罗斯特拉特 Erostratus
艾赛娅 Isaea
艾斯克里皮阿多拉斯 Asclepiodorus
艾绥迈伊 Asmai
艾兹纳丁 Aiznadin
爱奥尼亚 Ionia
爱奥尼亚联盟 Ionian Confederacy
爱奥尼亚人 Ionian
爱奥尼亚学派 Ionian School

爱比克泰德 Epictetus
《爱比克泰德语录》 *Conversations of Epictetus*
爱菲斯学派 Ephsian school
爱帕夫罗迪德 Epaphroditus
爱琴海 Aegean Sea
爱琴海诸岛 Greek Archipelago
安巴尔 Anbar
安查鲁斯 Ancharus
安达卢西亚 Andalusia
安德赖蒙 Andraemon
安德鲁克里斯 Androclus
安德罗尼卡二世 Andronicus II
安东尼奥·芝诺 Antonio Zeno
安东尼·庇护 Antoninus Pius
安菲翁 Amphion
安卡拉 Ankara
安卡拉平原 Plain of Ankara
安拉之剑 Sword of God
安纳托利亚 Anatolia
安纳乌斯 Annanus
安娜女皇 Empress Anna
安娜太后 Empress Ann
《安塔拉传奇》 *The Romance of Antar*
安忒诺耳 Antenor
安提菲鲁斯 Antiphilus
安提柯 Antigonus
安提柯尼亚 Antigonia
安提黎巴嫩 Antilibanus
安提斯泰尼 Antisthenes
安条克 Antiochus
安条克大帝 Antiochus the Great
安条克一世 Antiochus I
安条克二世 Antiochus II
安条克四世 Antiochus IV
安条克五世 Antiochus V
安条克七世 Antiochus VII
安条克十世 Antiochus X
安条克十一世 Antiochus XI
安条克十二世 Antiochus XII
安条克十三世 Antiochus XIII
安条克宗主教 patriarch of Antioch
安西拉 Ancyra
安息河 Sabbatum
暗嫩 Ammon
奥保达一世 Obodas I
奥贝多拉 Obeidollah
《奥德赛》 *Odyssey*
奥德修斯 Odysseus
奥登纳图斯 Odenathus
奥尔汗 Orhan
奥古斯都 Augustus
奥克巴 Akbab
奥克夏特斯 Oxyantes
奥勒良 Aurelian
奥雷奥路斯 Aureolus
奥利金 Origen
奥利斯 Aulis
奥林波斯山 Mount Olympus
奥龙特斯河 Orontes
奥罗埃特斯 Oroetes
奥罗德斯二世 Orodes II
奥洛鲁斯 Olorus
奥蒙 Ommon

奥皮安 Oppian
奥斯罗埃斯一世 Osroes I
奥斯曼 Othman
奥斯曼土耳其人 Ottoman Turk
奥斯曼一世 Osman I
奥特柔斯 Atreus
奥西里斯 Ocelis
奥扎特斯 Auzates

B

巴尔干山脉 Balkan Mountains
巴尔赫 Balkh
巴尔马克 Barmecides
巴尔扎尼斯 Barzanes
巴格达 Bagdad
巴格拉特王朝 Bagratide dynasty
巴卡 Barca
巴克特里亚 Bactria
巴克特里亚人 Bactrian
巴克特里亚王国 Kingdom of Bactrian
巴兰 Paran
巴勒贝克 Balbec
巴勒斯坦 Palestine
巴勒斯提那-特尔提亚 Palestina Tertia
巴力 Baal
巴伦尼穆斯 Ballonymus
巴士拉 Basrah
巴托拉克 batrak
巴希尔 Beshir
巴希拉 Bahira
巴耶塞特一世 Bayezid I
巴耶塞特二世 Bayezid II
巴兹尔 Basil
拔斯 Bas
白德尔平原 Plain of Bedr
白来米人 Blemmyes
白匈奴人 White Huns
白叙利亚人 White Syrian
柏拉图 Plato
拜拉达河 Barrady
拜拉姆沙 Byram Shah
拜特丁 Bteddin
拜占庭皇帝 Byzantine emperor
包法利 Bouverie
薄伽丘 Boccaccio
保皇派 Royalists
保加利亚人 Bulgarian
鲍德温二世 Baldwin II
贝都因人 Bedouin
贝尔格莱德 Belgrade
贝尔基斯 Belkis
贝尔卡 Belka
贝尔泽姆 Berzem
贝卡 Beka
贝拉斯河 Belus River
贝拉斯神庙 Temple of Belus
贝雷尼塞 Berenice
贝鲁特 Beirut
贝罗苏斯 Berosus
贝罗西斯 Berothis
贝尼哈立德 Beni Haled
本都 Pontus
本都-加拉提亚 Pontus Galatia
本都-卡帕多西亚 Pontus Cappadocia

本都-帕雷蒙 Pontus Polemonaicus
本都王国 Kingdom of Pontus
本都-攸辛努斯 Pontus Euxinus
比布鲁斯 Byblos
比布鲁斯的菲洛 Philo Byblos
别士巴 Beersheba
比加 Pekah
比拉 Belah
比利牛斯山脉 Pyrenees Mountains
比罗他 Berothai
比提尼 Bithyni
比提尼亚 Bithynia
彼得大帝 Peter the Great
俾斯尼亚人 Bebryce
毕阿斯 Bias
毕达哥拉斯 Pythagoras
毕达哥拉斯学派 Pythagoreanism
庇塔库斯 Pittacus
庇西特拉图 Pisistratus
便哈达一世 Benhadad I
便哈达二世 Benhadad II
便哈达三世 Benhadad III
波菲利 Porphyry
波库斯 Bocchus
波利克拉特斯 Polycrates
波利克里托斯 Polycletus
波列蒙一世 Polemon I
波列蒙二世 Polemon II
波吕克斯 Pollux
波塞冬 Poseidon
波桑尼阿斯 Pausanius
波斯 Persia
波斯拉 Bozra
波斯尼亚人 Bosnian
波斯湾 Persian Gulf
波苏拉 Bousoura
波特鲁斯 Botrys
波提纳斯 Boteinas
伯利恒 Bethlehem
伯里克利 Pericles
伯罗奔尼撒人 Peloponnesian
伯罗奔尼撒战争 the Peloponnesian war
伯米乌山 Mount Bermius
博拉赫 Borahs
博斯普鲁斯海峡 Bosporus Strait
博斯普鲁斯王国 Kingdom of Bosporus
博特拉斯 Boteras
布达 Buda
布德鲁姆 Boodroom
布尔萨 Brusa
布哈拉 Bukhara
布哈拉汗国 Khanate of Bukhara
布加 Buga
布克哈特 Burckhardt
布拉加迪诺 Bragadino
布鲁图斯 Brutus
布洛修斯 Blosius

C

查理·马特 Charles Martel
查力比斯人 Chalybes
查士丁尼大帝 Justinian the Great
查士丁尼二世 Justinian II
查泰亚 Chartaea

察合台汗国 Chagatai Khanate
长城 Great Wall
成吉思汗 Genghis Khan

D

达达尼尔 Dardanelle
达尔达诺斯 Dardanus
达菲达斯 Daphidas
达吉斯坦 Daghistan
达伦 Daron
达蒙 Damon
达米埃塔 Damietta
达米斯 Damis
达那俄斯 Danaus
达那伊得斯人 Danaides
达乌德 Daoud
达契亚 Dacia
鞑靼 Tartary
鞑靼人 Tartar
大埃阿斯 Ajax the Great
大不里士 Tabriz
大弗里吉亚 Greater Phrygia
大衮 Dagon
大流士一世 Darius I
大流士三世 Darius III
大马士革 Damascus
大马士革王国 Kingdom of Damascus
大米西亚 Mysia Major
大象战争 War of Elephant
大亚美尼亚 Armenia Major
戴克里先 Diocletian
丹吉尔 Tangier
但以理 Daniel
道金斯 Dawkins
得伊福玻斯 Deiphobus
德奥塔鲁斯 Deiotarus
德尔斐神谕所 Delphi Oracle
德尔维希教团 Darwish
德拉科 Draco
德拉克马 drachma
德拉伊耶 Derayeh
德勒 Dreux
德鲁兹人 Druze
德米特里・尼卡特 Demetrius Nicator
德米特里一世 Demetrius I
德谟克利特 Democritus
德摩斯梯尼 Demosthenes
邓诺瓦斯 Dunowas
狄奥多罗斯 Diodorus
狄奥多特一世 Diodotus I
狄奥多特二世 Diodotus II
狄奥多西奥波利斯 Theodosiopolis
狄奥多西大帝 Theodosius the Great
狄奥多西二世 Theodosius II
狄奥尼修斯 Dionysios
狄奥斯科里迪斯 Dioscorises
狄达苏斯 Dydalsus
狄多 Dido
狄俄墨得斯 Diomed
迪尔卡马尔 Dair el Kamar
迪亚巴克尔 Diyarbakir
底比斯 Thebes
底比斯人 Theban
底但人 Dedanites

底格里斯河 Tigris River
第比利斯 Tiflis
第勒纳 Tyrrhenus
第欧根尼 Diogenes
第欧根尼·拉尔修 Diogenes Laertius
丢卡利翁 Deucalion
东罗马帝国 Eastern Roman Empire
杜尔菲 D'Urfe
杜尔卡纳因 Dulkarnain
杜尔门纳尔 Dulmenaar
杜拉萨 Duladsaar
多里莱乌姆会战 Battle of Dorylaeum
多里莱乌姆平原 Plain of Dorylaeum
多立克柱式 Doric order
多利安人 Dorian
多利劳斯 Dorylaus
多利买 Ptolemais
多利斯 Doris
多瑙河 the Danube
多尼亚 Daunia

E

俄耳甫斯 Orpheus
俄古革斯 Ogyges
俄瑞斯忒斯 Orestes
厄娄特洛河 Eleutherus River

F

法德尔 Fadhel
法蒂玛 Fatima
法蒂玛王朝 Fatimid Caliphate
法尔纳克一世 Pharnaces I
法尔纳克二世 Pharnaces II
法尔斯 Fars
法赫鲁丁 Fakr-el-Din
法克尔·拉吉 Fakir Razee
法兰克人 Frank
法兰西 France
法利斯 Phalis
法马戈斯塔 Famagosta
法纳格伦斯人 Phanagorense
法奈 Phanae
法萨罗战役 Battle of Pharsalus
法塞利斯 Phaselis
非利士人 Philistine
菲斯 Fez
菲昂 Phaon
菲狄亚斯 Phidias
菲尔米乌斯 Firmius
菲莱泰罗斯 Philetarus
菲鲁兹·阿巴迪 Firouzabad
腓力一世 Philip I
腓尼基 Phoenicia
腓尼基人 Phoenician
腓尼克斯 Phoenix
斐德罗 Phaedrus
斐罗斯屈拉特 Philostratus
费雷塞德斯 Pherecides
费利克斯 Felix
费娜雷蒂 Praxitea
费斯康 Physcon
费斯图斯 Festus
费西斯河 Phasis River
费赞 Fezzan

分离主义者 separatists
疯子伊皮法尼 Epiphanes or Madman
弗拉特斯一世 Phraales I
弗拉特斯二世 Phraales II
弗拉特斯三世 Phraales III
弗拉特斯四世 Phraales IV
弗里吉亚 Phrygia
弗里吉亚人 Phrygian
弗里柯尼斯 Phriconis
弗里侬 Phrynon
弗里亚帕蒂乌斯 Priapatius
弗洛鲁斯 Florus
佛里克索斯 Phiyxus
佛罗伦萨 Florence
福耳库斯 Phorcys
福西亚 Phocaea
富兰克林 Franklin

G

盖巴勒 Gebele
盖布尔卡特林 Gebel Katerin
盖布尔穆萨 Gebel Mousa
盖里姆 Garim
盖伦 Galen
盖尼米德 Ganymede
盖塔 Getae
冈比西斯二世 Cambyses II
高加索人 Caucasian
高卢人 Gaul
戈尔迪人 Gordian
戈尔迪乌姆之结 Gordian Knot
戈尔迪乌斯 Gordius
戈尔迪乌斯二世 Gordius II
戈塔尔泽斯二世 Gortarzes II
哥里 Goree
哥特人 Goth
歌篾 Gomer
格拉尼库斯河 Granicus River
格拉尼库斯河战役 Battle of the Granicus
格劳科斯 Glaucus
格鲁吉亚 Georgia
格鲁吉亚人 Georgian
贡贝维尔 Gomberville
古尔汗 Ghour Khan
古莱什部落 Tribe of the Koreish
《古兰经》*the Koran*
古里涅阿 Grynea
《古利斯坦条约》*Treaty of Gulistan*
古实 Cush
古叙利亚语 Syriac
瓜达莱特河 Guadalete River
瓜里尼 Guarini
归信年 Year of Embassies

H

哈贝希人 Habesh
哈达德 Hadad
哈大底谢 Hadadezer
哈德尔 Khadr
哈德拉马塞特 Hadramaset
哈德拉毛 Hadramaut
哈德良 Hadrian
哈卡姆 hakem
哈雷斯 Hareth

哈里发卡伊姆 Halif Ul Kaim
哈立德 Khaled
哈利卡那索斯 Halicarnassus
哈伦·拉希德 Harun al-Rashid
哈吕斯河 Halys River
哈马 Hamah
哈玛特 Hamath
哈默 Hammer
哈姆扎·本·艾哈迈德 Hamza ben Ahmed
哈乃斐学派 Hanifites
哈萨 El Hassa
哈塞克 Hasec
哈桑 Hassan
哈桑·萨巴赫 Hassan Subah
哈桑尼人 Hussunee
哈丝法娜 Hasfana
哈提姆 Hatim
哈瓦纳克 Khavarnak
哈西亚 Hassia
哈希姆 Hashim
哈薛 Hazael
海白尔要塞 Fortress of Khaibar
海格力斯之柱 Pillars of Hercules
海伦 Helen
《海中升起的维纳斯》 *Venus Anadyomene*
含 Ham
汉尼拔 Hannibal
汉志 Hedjaz
浩罕汗国 Khanate of Kokand
何珥山 Mount Hor
何利人 Horite
何烈山 Mount Horeb
河中地区 Transoxiana
河中王国 Kingdom of Mawarannahar
荷马 Homer
《荷马传》 *A Life of Homer*
贺拉斯 Horace
赫蒂彻 Khadijah
赫尔墨斯 Hermes
赫耳穆斯河 Hermus River
赫格西亚斯 Hegesias
赫卡柏 Hecuba
赫卡尼亚 Hyrcania
赫卡通皮洛斯 Hecatompylos
赫克托耳 Hector
赫拉 Hella
赫拉克莱提斯 Heraclides
赫拉克勒斯 Heracles
赫拉克利德王朝 Heraclidae
赫拉克利特 Heraclitus
赫拉克利亚人 Heraclea
赫雷斯 Xeres
赫里奥波里斯 Heliopolis
赫利奥多罗斯 Heliodorus
赫利亚德人 Heliadae
赫伦 Heeren
赫罗德斯·阿提库斯 Herodes Atticus
赫米亚斯 Hermeias
赫莫迪卡 Hermodica
赫西俄涅 Hesione
黑海 Black Sea
黑利阿迦巴鲁斯 Heliogabalus

恒河 Ganges River
红河 Red River
侯赛因 Hosein
侯赛因·伊本·纳赛尔 Hosein ebn Nasser
侯赛因日 Day of Hosein
呼德 Hud
呼罗珊 Khorasan
花剌子模 Khwarezm
欢乐宫 Palace of Delights
回鹘 Uyghur
火裁法 ordeal of a subterranean fire
霍巴尔神 Hobal
霍尔木兹二世 Hormizd II

J

基达 Kedar
基尔 Kir
基克拉泽斯群岛 Cyclades Isles
基利克斯 Cilix
基齐库斯 Cyzicus
基齐库斯人 Gyzican
基什岛 Kishma Island
基士特河 Cayster River
基述 Geshur
基提 Chittim
基亚克萨雷斯 Cyaxares
吉卜利勒 Gabriel
吉兰 Ghilan
加比尼乌斯 Gabinius
加德斯 Gades
加的斯 Cadiz
加尔各答 Calcutta
加拉提亚 Galatia
加利波利 Gallipoli
加利利海 Sea of Galilee
加利尼科斯 Callinicus
加洛–格雷西亚 Gallo-Ghecia
加那利群岛 Canary Isles
加尼尔 Gagnier
加尼沙里军团 Janissaries
加萨尼阿拉伯人 Gassanite Arab
加萨尼王朝 Gassan Dynasty
伽利埃努斯 Gallienus
伽色尼王朝 Ghaznavid Dynasty
迦密山 Mount Carmel
迦太基 Carthage
迦特 Gath
贾法尔 Jafar
贾拉尔丁·哈桑 Jellal ud Deen Hassan
贾姆希德 Jamshid
贾沙特斯河 Jaxartes River
杰尔宾特 Derbend
杰拉 Gela
《金驴记》 *The Golden Ass*
居伊 Guy
巨吉斯 Gyges
君士坦丁堡 Constantinople
君士坦丁大帝 Constantine the Great

K

喀喇汗 Kara Khatay
喀什噶尔 Kashgar
卡比拉 Cabira

卡德摩斯 Cadmus
卡迪西亚战役 Battle of Cadesia
卡杜客亚人 Carduchi
卡尔巴拉 Kerbela
卡尔波西亚 Carposia
卡尔马特派 Karmathian
卡尔西顿 Chalcedon
卡夫山 Mount Kaf
卡赫坦 Kahtan
卡拉古斯山 Mount Cragus
卡拉卡拉 Caracalla
卡拉曼人 Caramanian
卡拉曼尼亚 Caramania
卡莱 town of Carrhae
卡里克勒亚 Chariclea
卡里亚 Caria
卡里亚海 Caria Sea
卡里亚女王 Queen of Caria
卡里亚人 Carian
卡龙达斯 Charondas
卡米拉 Camira
卡米罗斯 Camyrus
卡姆森·伽乌里 Campson Gauri
卡帕多西亚 Cappadocia
卡帕西亚 Carpathia
卡普丹 Capudan
卡瑞斯 Chares
卡斯山 Mount Cas
卡斯托耳 Castor
卡瓦德一世 Kobad I
卡瓦德二世 Kobad II
卡乌努斯 Caunus
卡西特里德 Cassiterides
卡西乌斯 Cassius
卡西乌斯·狄奥 Cassius Dio
卡希拉 Kahira
卡修斯山 Mount Casius
卡伊枯斯河 Caecus River
卡卓努斯 Cedrenus
卡兹姆 Kauzim
开罗 Cairo
凯尔松特 Kerasus
凯莱奈 Celaenae
凯鲁万 Cairouan
凯瑟琳·科纳罗 Catharine Cornaro
凯斯宾 Casbin
坎道列斯 Candaules
坎塔库泽努斯 Cantacuzene
坎泰米尔 Cantemir
康茂德 Commodus
考利达拉 Corydalla
柯莱欧司 Colaeus
柯里叙利亚 Coele-Syria
柯林尼斯 Clines
科贝尔尼斯库斯 Kyberniscus
科德鲁斯 Codrus
科尔多瓦 Cordoba
科尔基斯 Colchis
科尔基斯人 Colchian
科拉凯西乌姆 Coracesium
科拉克斯河 Corax River
科利苏斯山 Mount Corissus
科林斯 Corinth
科罗封 Colophon

科律班忒斯人 Coryhmites
科马根 Comagene
科穆宁王朝 Comneni dynasty
科尼亚 Koniek
科农戈 Konongo
科普特人 Copt
科塞尔 Kosair
科斯岛 Kos
科索沃平原 Plain of Cossova
科塔 Cotta
克尔白 Kaaba
克尔曼 Kerman
克拉那 Klana
克拉苏 Crassus
克拉特 Crates
克拉佐美尼 Clazomenae
克劳狄一世 Claudius I
克劳狄二世 Claudius II
克雷内的摩西 Moses of Chorene
克里安西斯 Cleanthes
克里昂 Cleon
克里索 Chrysor
克里索斯托 Chrysostom
克里特岛 Crete Island
克里特人 Cretan
克利奥帕特拉 Cleopatra
克利奥帕特拉三世 Cleopatra III
克利奥帕特拉七世 Cleopatra VII
克利西波斯 Chrysippus
克列姆诺伊 Cremni
克罗地亚人 Croatian
克罗琳达 Clorinda
克罗托内 Crotona
克洛诺斯 Cronus
克洛伊索斯 Croesus
克森尼索 Chersonesus
克特西亚斯 Ctesias
克孜勒河 Kizil River
客蒙 Cimon
恐怖之王 Lord of Terror
库布斯坦 Kuhistan
库尔德人 Koord
库尔德斯坦 Koordistan
库法 Cufa
库拉河 River Kur
库鲁佩迪安 Curopedia
库马 Cuma
库迈 Cumae
库姆 Cumaean
库尼乌姆 Cunium
库思老二世 Khosrau II
昆都士 Koondooz
昆体良 Quintilian

L

拉比努斯 Labienus
拉俄狄刻 Laodice
拉俄墨冬 Laomedon
拉尔尼卡 Larnica
拉菲亚 Raphia
拉古斯 Lagus
拉合尔 Lahore
拉赫 Rhe
拉科尼亚 Laconia

拉里萨 Larissa
拉美西斯二世 Ramesses II
《拉娜茹珂》*Lalla Rookh*
拉帕索斯 Lapathus
拉皮苏斯 Lapithus
拉切斯 Laches
拉撒 Lasha
拉特摩斯 Latmus
拉提努斯 Latinus
拉希德 Raschid
拉扎尔 Lazarus
来乌科里亚 Leucolia
莱比锡 Leipzig
莱勒格斯人 Leleges
莱普提斯 Leptis
莱斯沃斯岛 Lesbos Island
兰普萨库斯 Lampsacus
朗基努斯 Longinus
劳迪丝 Laodice
劳迪西亚 Laodicea
老安德罗尼卡 Andronicus The Elder
勒比都 Lebedus
雷蒙德 Raymond
黎巴嫩 Lebanon
黎凡特 Levant
里奥尼河 Rione River
里巴尼乌斯 Libanius
里麦尼亚 Limenia
里窝那 Livorno
理查一世 Richard I
利堤厄耳塞斯 Lityerses
利吕科斯 Lycus
利姆诺斯岛 Lemnos Island
利塔尼河 Leontes River
利西马科斯 Lysimachus
利西马其亚 Lysimachia
利西普斯 Lysippus
利西亚 Lycia
利汛 Rezin
林都斯 Lindus
林萨斯 Lynceus
《流行病及预测》*Epidemies and Prognostics*
琉善 Loukianos
卢库卢斯 Lucullus
鲁本 Rupen
鲁德巴尔 Roodbar
鲁克赖丁库沙 Ruken ud Deen Khurshah
路德 Lud
路奇乌斯·维鲁斯 Lucius Verus
伦敦 London
伦内尔 Rennell
《论崇高》*Treatise on the Sublime*
《论自然》*On Nature*
罗巴 Lobah
罗得 Lot
罗德岛 Rhodes
罗德里克 Roderick
罗克珊娜 Roxana
罗马阿尔德森 Roman Ardzen
罗马共和国 Roman Republic
罗曼努斯 Romanus
罗曼努斯四世 Romanus IV
罗姆苏丹国 Kingdom of Roum

裸体禁欲者 Gymnosophist
洛克曼 Lokman
骆驼之战 Battle of Khoraiba
吕底亚人 Lydian
吕底亚王国 Kingdom of Lydia
吕多斯 Lydus
吕戈达米斯 Lygdamis
吕西尼昂 Lusignan
掠夺者 marauder

M

马本 Mapen
马德拉群岛 Madeira Isles
马丁·路德 Martin Luther
马尔马拉海 Sea of Marmora
马尔万二世 Mervan II
马耳他岛 Malta Island
马格尼西亚 Magnesia
马哈茂德 Mahmud
马赫迪 Mahdi
马卡柔斯 Macareus
马可·奥勒留 Marcus Aurelius
马可·波罗 Marco Polo
马克·安东尼 Mark Antony
马克里努斯 Macrinus
马克里湾 Gulf of Macri
马克罗巴 Macoroba
马克西姆斯·普拉努得斯 Maximus Planudes
马库斯·库尔提乌斯 Marcus Curtius
马拉盖 Maragha
马拉松 Marathon
马里乌斯·阿奎里乌斯 Marius Aquilius
马立克沙 Malik Shah
马利克 Malek
马龙 Maron
马龙派 Maronite
马蒙 Al Mamoun
马其顿人 Macedonian
马萨巴修道院 Monastery of St. Sabas
马萨革泰 Massagetae
马塞利努斯 Marcellinus
马赛 Marseilles
马斯喀特 Muscat
马斯鲁克 Masruk
马苏德 Massoud
马苏迪 Masudi
马特 Martel
马西利亚 Massilia
马赞德兰 Mazanderan
玛迦 Maacha
玛拉乌斯 Malaus
玛斯亚德 Massyad
迈奥斯 Myos
迈当尼亚 Mygdonia
迈里塞根尼斯 Melisegenes
迈欧 Maeon
迈欧尼德斯 Maeonides
迈锡尼人 Mycenaean
麦地那 Medina
麦格斯特乌斯河 Megistus River
麦基洗德 Melchizedek
麦加 Mecca
麦勒卡派 Melkites

麦塞姆那 Methymna
麦西 Mizraim
曼德海峡 Bab el Mandeb Strait
曼努埃尔二世 Manuel II
曼苏尔 Mansur
梅奥蒂斯湖 Palus Maeotis
梅莱斯河 Meles River
梅尼斯 Menis
梅尼亚 Menia
梅斯罗布 Mesrobes
梅塔蓬图姆 Metapontum
美狄亚 Medea
美惠三女神 the Graces
美塞尼亚 Messene
美索不达米亚 Mesopotamia
美乌斯 Myus
门农 Memnon
门托耳 Mentor
蒙达尔三世 Mondar III
蒙达尔五世 Mondar V
蒙特菲赫 Montefih
孟斐斯 Memphis
孟买 Bombay
弥达斯 Midas
弥达斯三世 Midas III
弥达斯四世 Midas IV
米底罗巴查尔尼斯 Mithrobarzanes
米底人 Mede
米甸 Midian
米哈伊尔 Michael
米卡尔 Mycale
米卡尔海战 Battle of Mycale
米拉莫林 Miramolin
米里努斯 Myleanus
米利都 Miletus
《米利都的陷落》*The Capture of Miletus*
米利娅 Melia
米洛 Milo
米南德 Menander
米诺斯 Minos
米特拉达梯 Mithridates
米特拉达梯·帕加梅内乌斯 Mithridates Pergameneus
米特拉达梯一世 Mithridates I
米特拉达梯二世 Mithridates II
米特拉达梯三世 Mithridates III
米特拉达梯四世 Mithridates IV
米特拉达梯五世 Mithridates V
米特拉达梯六世 Mithridates VI
米提利尼 Mitylene
米西亚 Mysia
米西亚人 Mysian
明格列尔人 Mingrelian
明戈瑞利亚 Mingrelia
摩洛哥 Morocco
摩苏尔 Mosul
摩索拉斯 Mausolus
莫蒂斯 Maeotis
莫里斯一世 Maurice I
莫伦 Molo
莫萨 Moosa
莫斯霍斯 Moschus
莫塔扎利派 Motazalites
墨伽拉 Megara

墨利忒 Melite
墨利亚 Mylia
墨利亚人 Myliae
墨涅拉奥斯 Menelaus
墨丘利 Mercury
默勒卜 Mareb
缪斯女神 Muses
姆涅撒库斯 Mnesarchus
木坎纳 Mokanna
木鹿 Meru
穆阿台绥姆 Al-Mu'tasim
穆阿维叶 Moawiyah
摩卡 Mocha
穆罕默德 Mohammed
穆罕默德·阿里 Mohammed Ali
穆罕默德·本·以斯拉尔 Mohammed ben Israel
穆罕默德一世 Mohammed I
穆罕默德二世 Mohammed II
穆克台迪 Mochtadi
穆拉德 Murad
穆拉德一世 Murad I
穆拉德二世 Murad II
穆拉德三世 Murad III
穆雷纳 Myrina
穆萨 Musa
穆斯塔法 Mustafa

N

纳巴泰人 Nabataean
纳博讷 Narbonne
纳迪尔沙 Nader Shah
纳赛尔·丁 Nasser ud Deen
《纳赛尔箴言》*Aklaak Nasseree*
纳希尔纳姆 Nashirelnaim
奈克塔内布 Nectanebus
南意大利学派 Southern Italian School
内德谢德 Nedshed
内沙布尔 Nishapour
内斯特 Nestor
尼昂提彻斯 Neontichos
尼拜约 Nebajoth
尼多斯 Cnidus
尼俄伯 Niobe
尼基弗鲁斯 Nikephoros
尼卡特 Nicator
尼科 Necho
尼科波利斯 Nicopolis
尼科美德 Nicomedes
尼科美德一世 Nicomedes I
尼科美德二世 Nicomedes II
尼科美德三世 Nicomedes III
尼科美德四世 Nicomedes IV
尼科米底亚 Nicomedia
尼科西亚 Nicosia
尼罗河 Nile River
尼纳库斯 Ninnacus
尼尼微 Nineveh
尼诺斯 Ninus
尼西比斯 Nisibis
尼西亚 Nicea
尼耶兰 Nejeran
尼扎姆·穆尔克 Nizam ul Mulk
聂斯托利派 Nestorianism

涅尔瓦 Nerva
涅琉斯 Neleus
《农事诗》*Georgics*
努曼一世 Nooman I
努曼三世 Nooman III
诺利乌姆 Nolium
诺亚·韦伯斯特 Noah Webster

O

欧多克索斯 Eudoxus
欧菲乌萨岛 Ophiusa Island
欧克拉提德 Eucratidas
欧里庇得斯 Euripides
欧罗巴 Europa
欧律皮洛斯 Eurypylus
欧迈尼斯一世 Eumenes I
欧迈尼斯二世 Eumenes II
欧麦尔 Omar
欧麦尔·海亚姆 Omar Khayyam
欧西德莫斯一世 Euthydemus I

P

帕尔米拉 Palmyra
帕尔米伦地区 Palmyrene
帕尔塔马斯帕提斯 Parthanaspotes
帕尔特尼欧斯 Parthenius
帕耳忒诺珀 Parthenope
帕夫拉戈尼亚 Paphlagonia
帕夫拉戈尼亚人 Paphlagonian
帕福斯 Paphos
帕加马王国 Kingdom of Pergamon
帕克托罗斯河 Pactolus River
帕拉埃 Palaea
帕拉斯 Pallas
帕拉修斯 Parrhasius
帕勒蒙 Palemon
帕里斯 Paris
帕罗斯岛 Paros Island
帕萨尼亚斯 Pausanias
帕斯鲁细人 Pathrusim
帕塔塞 Patacei
帕特洛克罗斯 Patroclus
帕特莫斯岛 Patmos Island
帕提亚 Parthia
帕提亚人 Parthian
潘狄翁 Pandion
潘菲利亚 Pamphylia
潘诺尼亚 Pannonia
潘神 Pan
潘提卡彭 Panticapaeum
庞培 Pompey
旁遮普 Punjab
培琉喜阿姆 Pelusium
培希努 Pessinus
佩尔格 Perga
佩尔佩纳 Perpenna
佩拉斯吉亚 Pelasgia
佩特拉 Petra
披索多鲁斯 Pyxodorus
皮格马利翁 Pygmalion
皮拉斯基人 Pelasgian
皮塔涅 Pitane
皮西迪亚 Pisidia
皮西厄斯 Pythias

品达 Pindar
品达罗斯 Pindarus
珀尔修斯 Perseus
珀利阿斯 Pelias
珀西底乌姆 Posidium
普布利乌斯·克洛狄乌斯·普尔喀 Publius Clodius Pulcher
普布利乌斯·塞维利乌斯 Publius Servilius
普拉克西特列斯 Praxiteles
普里阿摩斯 Priam
普里埃内 Priene
普林尼 Pliny
普鲁萨 Prusa
普鲁塔克 Plutarch
普鲁西阿斯一世 Prusias I
普鲁西阿斯二世 Prusias II
普罗柯比 Procopius
普罗提诺 Plotinus
普罗托耶尼斯 Protogenes
普罗彭提斯 Propontis
普律尼科司 Phrynicus
普赛克 Psyche
普瓦捷平原 Plains of Poitiers

Q

奇里乞亚 Cilicia
奇里乞亚门 Cilician Gate
奇美拉 Chimera
乞布利斯 Kibris
《启示录》*Apocalypse*
乔代玛 Jodaimah
切尔克斯人 Circassian
切尔克西亚 Circassia
《青蛙和老鼠之战》*The Battle of the Frogs and Mice*
丘比特 Cupid
犬儒主义 Cynicism

S

撒丁岛 Sardinia
撒凡德 Sarphand
撒勒法 Sarepta
撒马 Shamar
撒马尔罕 Samarkand
萨查莱茨 Sachalites
萨迪斯 Sardis
萨蒂尔 satyr
萨杜阿铁斯 Sadyattes
萨尔玛那萨尔一世 Shalmaneser I
萨尔珀冬 Sarpedon
萨福 Sappho
萨卡里亚河 Sakarya River
萨卡人 Sacae
萨拉丁 Saladin
萨拉肯 Saraken
萨拉米斯 Salamis
萨拉森人 Saracen
萨勒 Sale
萨马拉 Samara
萨曼王朝 Samanid Empire
萨摩斯岛 Samos Island
萨莫奈战争 Samnite War
萨莫萨塔 Samosata

萨那 Sana
萨索斯岛 Thasos
萨维阿斯特 Saviaster
塞奥多拉 Theodora
塞奥彭普斯 Theopompus
塞尔吉乌斯 Sergius
塞尔维亚人 Serb
塞尔柱克 Seljuk
塞尔柱突厥人 Seljuk Turk
塞拉米卡 Ceramica
塞拉姆斯河 Ceramus River
塞拉斯提斯 Cerastis
塞利姆一世 Selim I
塞琉古 Seleucus
塞琉古·卡里尼科斯 Seleucus Callinicus
塞琉古一世 Seleucus I
塞琉古二世 Seleucus II Callinicus
塞琉古三世 Seleucus III Ceraunus
塞琉古四世 Seleucus IV Philopator
塞琉古王国 Seleucid Kingdom
塞琉西亚 Seleucia
塞隆 Theron
塞米勒米斯 Semiramis
塞墨勒 Semele
塞纳马尔 Sennamar
塞内加尔 Senegal
塞浦路斯 Cyprus
塞浦路斯岛 Cyprus Island
塞萨利 Thessaly
塞萨鲁斯 Thessalus
塞萨洛尼基 Thessaloniki
塞索斯特里斯三世 Sesostris III
塞维鲁 Severus
塞伊汉河 Seyhan River
塞尤尔 Seyur
赛达 Saida
赛法哈 Al Saffah
赛拉 Sera
赛里斯 Serica
赛莫德人 Thamud
赛伊尼 Syene
赛义夫 Seiph
桑楚尼亚松 Sanchoniathon
桑给巴尔 Zanzibar
桑贾尔 Sanjar
桑索斯 Xanthus
色雷斯 Thrace
色诺芬 Xenophon
色诺克拉底 Xenocrates
森帕德 Sempad
沙达德 Sheddad
沙漠热风 samiel
沙普尔一世 Shapur I
沙普尔二世 Shapur II
山谷叙利亚 Hollow Syria
闪 Shem
舍加尔卡河 Shegarka River
什叶派 Shiah
渗渗泉 Zemzem
圣保罗 St. Paul
圣殿骑士团 Knights Templar
圣格里高利 St. Gregory
圣路易 St. Louis
圣索菲亚大教堂 Church of St. Sophia

圣约翰阿卡城 St. John d'Acre
圣哲罗姆 St. Jerome
狮心王理查 Richard the Lion-hearted
十字军 crusader
史鸣修斯 Smintheus
史鸣修斯·阿波罗 Smintheus Apollo
使徒保罗 Apostle Paul
使徒约翰 Apostle John
士麦那 Smyrna
示巴 Sheba
示巴人 Sabaeans
书珥 Shur
疏克 Leuke Kome
斯巴达人 Spartan
斯多葛 Stoic
斯基泰人 Scythian
斯卡曼德洛斯河 Scamander River
斯考卢斯 Scaurus
斯科帕斯 Scopas
斯库塔里 Scutari
斯塔特 stater
斯特拉波 Strabo
斯特拉托 Strato
斯特拉托尼丝 Stratonice
斯特拉托尼斯城 Stratonice
斯提尔波 Stilpon
死海 Dead Sea
《死者对话》*Dialogues of the Dead*
苏得里 Seuderi
苏尔 Soor
苏尔古特 Surgut
苏格拉底 Socrates
苏拉 Sulla
苏莱曼一世 Suleyman I
苏莱曼二世 Suleyman II
苏雷纳 Surenas
苏伊士地峡 Isthmus of Suez
梭伦 Solon
索多玛 Sodom
索弗罗尼乌斯 Sophronius
索格狄亚那 Sogdiana
索科特拉岛 Socotra Island
索利 Soli
索斯特拉特 Sostratus
琐巴 Zobah

T

他施 Tarshish
塔巴尔 Tabael
塔布克 Tabuc
塔布里兹 Tabreez
塔尔苏斯 Tarsus
塔尔提索斯 Tartessus
塔赫马斯普二世 Tahmasp II
塔吉克人 Tajik
塔克西拉 Taxila
塔克西勒斯 Taxiles
塔劳拉城 Talaura
塔里克 Tarik
塔模斯 Thammuz
塔内斯女神 Goddess of Tanais
塔什干 Tashkent
塔索 Tasso
塔维乌姆 Taurium

塔希尔王朝 Tahirid dynasty
挞买 Talmai
太阳城 City of The Sun
泰奥弗拉斯托斯 Theophrastus
泰德穆尔 Tadmor
泰尔紫 Tyrian Purple
泰拉维 Telav
泰勒斯 Thales
泰斯木人 Tasm
泰乌斯拉尼斯 Teuthranes
坦塔罗斯 Tantalus
陶瑞克-克森尼索 Tauric Chersonesus
陶特 Taut
忒尔喀涅斯人 Telchine
忒拉蒙 Telamon
忒勒福斯 Telephtis
忒涅多斯岛 Tenedos Island
特阿真尼 Theagenes
特尔梅苏斯 Telmessus
特尔莫冬河 Thermodas River
特克托萨季部落 Tectosagi
特拉布宗 Trebizond
特拉布宗帝国 Empire of Trebizond
特拉利安人 Trallian
特拉姆涅斯特斯 Tetramnestes
特拉裴苏斯 Trapezus
特勒波勒摩斯 Tlepolemus
特勒斯 Tellus
特雷维里人 Treviri
特里奥普 Triope
特里贝利亚努斯 Trebellianus
特里纳基亚岛 Trinacria
特罗克米部落 Trocmi
特洛阿 Troas
特洛曾 Troezen
特洛基利乌姆 Trogyllium
特洛斯 Tros
特洛伊战争 Trojan War
特弥斯库拉 Themiscyra
特弥斯库拉平原 Plain Themiscyra
特内多斯 Temnos
特尼斯 Tennes
特瑞塔 Treta
特维诺 Thevenot
梯里达底 Tiridates
梯里达底三世 Tiridates III
提奥斯 Teos
提比略 Tiberius
提比特斯一世 Tibites I
提尔 Tyre
提尔岛 Tyre Island
提尔人 Tyrian
提尔的威廉 William of Tyre
提格拉·帕拉萨三世 Tiglath Pileser III
提格拉诺塞塔 Tigranacerta
提格兰 Tigranes
提格兰大帝 Tigranes the Great
提格兰二世 Tigranes II
提谟修斯 Timotheus
提摩留斯山 Mount Tmolus
提尼 Thyni
提图斯 Titus
提亚纳 Tyana
《天方夜谭》*Arabian Nights*

《天路历程》*Pilgrim's Progress*
《天象》*Phoenomena*
帖木儿 Tamerlane
透克洛斯 Teucer
突厥人 Turk
图德拉 Tudela
图格里勒 Toghrul
图格里勒・贝格 Toghrul Beg
图格里勒三世 Toghrul III
图拉真 Trajan
图密善 Domitian
土库曼 Turkman
土门可汗 Tumwen Khan
托巴・艾尔・阿什加 Tobbaa el Aashgar
托尔图沙 Tortosa
托尔图沙山 Mount Tortosa
托卡特 Tocat
托勒密 Ptolemy
托勒密・克劳诺斯 Ptolemy Ceraunus
托勒密一世 Ptolemy I
托勒密三世 Ptolemy III
托勒密四世 Ptolemy IV
托勒密五世 Ptolemy V
托勒密六世 Ptolemy VI
托勒密十二世 Ptolemy XII
托列斯托波伊 Tolistoboges
托罗斯山脉 Taurus Mountains
托特 Thoth
托伊 Toi

W

瓦哈比派 Wahhabi
瓦拉几亚 Wallachia
瓦拉几亚人 Wallachian
瓦勒良 Valerian
瓦罗 Varro
外托罗斯山 Mount Anti-Taurus
《万人远征记》*Retreat of the Ten Thousand*
威尼斯共和国 Republic of Venetians
韦拉兹 Wehraz
韦帕芗 Vespasian
维奥蒂亚 Boeotia
维吉尔 Virgil
维鲁斯 Verus
维纳斯 Venus
维特鲁威 Vitruvius
文提狄乌斯 Veutidius
翁布里亚 Umbria
倭马亚帝国 Umayyad Empire
倭马亚王朝 Umayyad Caliphate
沃洛吉斯 Vologeses
沃洛吉斯四世 Vologeses IV
沃洛吉斯五世 Vologeses V
乌古斯 Oghuz
乌古斯叶护国 Oghuz Yabgu State
乌米德 Omeid
乌斯地 Land of Uz
乌提卡 Utica
乌西雅 Uzziah
屋大维 Octavius
吾侯德 Ohud
伍德 Wood

X

西安 Xi’an
西庇阿 Scipio
西布莉 Cybele
西德奴斯河 Cydnus River
西顿 Sidon
西尔瓦努斯主教 Bishop Sylvanus
西珥山 Mount Seir
西格纳吉 Signokh
西洪河 Sihon River
西拉 Cilla
西辽 Qara Khitai
西蒙风 simoom
西摩伊斯河 Simois River
西奈 Sinai
西奈群山 Sinai Mountains
西皮洛斯 Sipylus
西皮洛斯山 Mount Sipylus
西塞罗 Cicero
西塞纳 Sisenna
西塔拉琴 cithara
西提乌姆 Citium
西西里岛 Sicily
西印度群岛 West Indies
希奥岛 Scio Island
希波克拉底 Hippocrates
希伯 Heber
希达斯皮斯河 Hyphasis River
希俄斯岛 Chios
希尔万 Shirvan
希凯斯 Sichaeus
希拉 Hira
希拉波利斯 Hieropolis
锡拉岛 Thera
希拉克略 Heraclius
希拉王国 Kingdom of Hira
希腊火 Greek Fire
希兰 Hiram
希隆巴勒斯 Hierombalus
希罗多德 Herodotus
希木叶尔王国 Kingdom of Hamaryites
希帕克斯 Hipparchus
希色利 Cytherea
希斯提亚埃乌斯 Histiaeus
希瓦汗国 Khanate of Khiva
希未人 Hivite
锡巴里斯人 Sybarite
锡岛 Tin Islands
锡兰岛 Ceylon Island
锡米湾 Gulf of Syme
锡姆伯拉 Thymbra
锡南 Sinan
锡诺普 Sinope
锡瓦斯 Sivas
洗玛利人 Zemarite
夏甲 Hagar
夏洛特 Charlotte
祆教 Mazdaism
小埃阿斯 Ajax the Lesser
小安德罗尼卡 Andronicus the Younger
小弗里吉亚 Lesser Phrygia
小加图 Cato the Younger
小克拉苏 Crassus the Younger

小米西亚 Mysia Minor
小提格兰 Tigranes the Younger
小亚美尼亚 Armenia Minor
小亚细亚 Asia Minor
协和神殿 Temple of Concord
谢赫 sheik
谢里夫 sherif
辛布里人 Cimbri
辛梅里安人 Cimmerian
辛那赫里布 Sennacherib
信徒的统帅 Commander of The Faithful
信仰之柱 Pillar of The Faith
匈牙利人 Hungarian
修昔底德 Thucydides
旭烈兀 Hulagu Khan
叙利亚 Syria
叙利亚风 Wind of Syria
叙利亚门 Syrian Gate
叙利亚人 Syrian
叙姆普勒加得斯 Symplegades
薛西斯一世 Xerxes I
逊尼派 Sunni

Y

押沙龙 Absalom
雅典诺多罗斯 Athenodorus
雅弗 Japhet
《雅歌》 *The Song of Solomon*
雅赫摩斯二世 Ahmose Ⅱ
雅库什 Jakush
雅拉布 Yarab
雅拉里历 Jellakan
雅穆克战役 Battle of Yermak
雅完 Javan
亚伯拉罕 Abraham
亚大米田 Adramyttium
亚丁 Aden
亚丁沙漠 Desert of Aden
亚该亚人 Achaean
亚哈 Ahab
亚哈斯 Ahaz
亚哈王 King Ahab
亚基人 Arkite
亚喀巴 Akaba
亚柯 Acco
亚克苏姆 Yacsum
亚拉拉特山 Mount Ararat
亚拉什 Yarash
亚兰人 Aram
亚哩达 Aretas
亚里斯泰迪斯 Aristides
亚历山大 Alexander
亚历山大・巴拉斯 Alexander Balas
亚历山大勒塔 Alexandretta
亚历山大特洛阿 Alexandria Troas
亚马逊人 Amazon
亚玛奴山 Mount Amanus
亚美尼亚 Armenia
亚扪人 Ammonite
亚米忽 Ammihud
亚衲人 Anakim
亚诺什・匈雅提 John Huniades
亚萨辛 Yasasin
亚述人 Assyrian

亚特兰蒂斯岛 Atlantis Island
亚瓦底人 Arvadite
亚西比德 Alcibiades
延布港 Yembo
杨布利柯 Lamblichus
耶利米 Jeremiah
耶路撒冷 Jerusalem
耶罗波安 Jeroboam
耶齐德一世 Yazid I
耶洗别 Jezebel
也门 Yemen
也门王国 Kingdom of Yemen
叶海亚 Yahia
叶忒罗 Jethro
嚈哒人 Hiatilla
伊阿利苏斯 Ialysus
伊阿宋 Jason
伊奥利亚 Aeolia
伊奥利亚联盟 Aeolian League
伊奥利亚人 Aeolian
伊本・沙特 Ebn Saood
伊达山 Mount Ida
伊德里西 Al Idrisi
伊多梅纽斯 Idomeneus
伊娥 Io
伊卡利亚岛 Icaria Island
伊阑 Arem
伊阑的洪流 Flood of El Arem
伊雷姆天堂 Paradise of Irem
伊里斯河 Iris River
伊丽莎白波尔 Elizabethpol
伊利昂 Ilium
伊利里亚 Illyria
《伊利亚特》*Iliad*
伊洛斯 Ilus
伊玛目 imam
伊梅列希王国 Kingdom of Imereti
伊皮法尼 Epiphanes
伊萨 Isa
伊斯法罕 Isfahan
伊斯肯德伦 Iskenderun
伊斯玛仪 Ismael
伊斯玛仪派 Yisimayi sect
伊斯奇尼斯 Aeschines
伊索 Aesop
伊索巴尔 Ithobal
伊索巴尔二世 Ithobal II
伊特鲁里亚 Etruria
伊西多尔 Isidore
伊兹尼克 Isnek
以东 Edom
以弗所 Ephesus
以哥念 Iconium
以拉他 Elath
以利亚 Elijah
以撒 Isaac
以扫 Esau
以实玛利 Ishmael
以索拉 Isaura
以土买人 Idumean
以西结 Ezekiel
以旬迦别 Ezion-Geber
易卜拉欣 Ibrahim
印度-日耳曼语系 Indo-Germanic

印度-斯基泰王国 Kingdom of Indo-Scythian
樱桃城 Cerasus
优迪克派 Eutychian sect
优素福 Yusuf
攸克辛海 Euxine
攸里梅敦河 Eurymedon River
尤利安 Julian
尤利乌斯·恺撒 Julius Caesar
尤卢莱乌斯 Eululoeus
尤西比乌斯 Eusebius
尤西德姆斯 Euthydemus
犹大·马加比 Judas Maccabeus
约伯 Job
约翰 John
约翰·班扬 John Bunyan
约翰·大马士革 Johannes Damascenus
约翰·坎塔库泽努斯 John Cantacuzene
约翰三世 John III
约翰逊博士 Dr. Johnson
约兰 Joram
约拿单 Jonathan
约坦 Joktan
月氏人 Rouzhi

Z

泽拉 Zela
扎巴 Zabba
扎布达斯 Zabdas
扎布迪尔 Zabdiel
扎德拉卡塔 Zadracarta
扎德里亚迪兹 Zadriades
扎兰丁 Jellal u Been
扎马 Zama
扎伊德 Zaid
扎伊纳布 Zeinab
哲迪斯人 Jadis
《箴言》 *Aphorisms*
芝诺 Zeno
芝诺比娅 Zenobia
芝普特斯一世 Zipoetes I of Bithynia
《植物史》 *History of Plants*
《忠实的牧羊人》 *The Pastor Fido*
宙克西斯 Zeuxis
宙斯 Zeus
朱利安伯爵 Count Julian
朱利乌斯·阿提库斯 Julius Atticus
茱莉娅 Julia
佐普鲁斯 Zopyrus

全球通史
亚洲
下

A HISTORY OF
All Nations
3
ASIA

SAMUEL GOODRICH
[美] 塞缪尔·古德里奇 著

王小忠 译

天地出版社 | TIANDI PRESS

目录

鞑靼

莫卧儿帝国

中国

日本

朝鲜

阿富汗

俾路支斯坦

印度

锡兰

印度支那

鞑靼

第199章

鞑靼是什么？

鞑靼[1]地区在古代被称为斯基泰，是匈奴人、突厥人、蒙古人和许多其他部落的定居点，覆盖了包括波斯、中国和西伯利亚地区在内的大约1/3的亚洲领土。[2]这一地区的大部分地方海拔很高，东

---

① 独立鞑靼地区散布着大量的鞑靼部落，它们形成几个独立的国家。通常的地理分界如下：西南部是土库曼斯坦，或者说是土库曼人居住的地区；东部是突厥斯坦本土；南部是乌兹别克斯坦。这些部落的分支则散布在各个地区。主要的地区是大布哈拉、希瓦和浩罕3个汗国；较小的地区是尼萨、巴尔赫等。

中国鞑靼的东部是满洲，中部是蒙古，西部是准噶尔、小布哈拉等地。这片广袤的地区几乎同美国的中部诸州及新英格兰地区在同一纬度上。——原注

② 亦称“达旦”“达靼”“达达”“塔塔儿”等，始见于唐时，为突厥统治下的一个部落。突厥亡后，逐渐成为强大的部落，分布于今呼伦贝尔草原及克鲁伦河下游一带。两宋、辽、金时，除本部外，又将漠北蒙古部称“黑鞑靼”，漠南汪古部称“白鞑靼”，森林狩猎部落称“生鞑靼”。蒙古兴起后，鞑靼部（塔塔儿）为蒙古所灭，西方仍将蒙古泛称为鞑靼。元亡后，明又将东部蒙古成吉思汗后裔各部称为鞑靼。这中间的差异，请读者在阅读时注意辨别。——编者注

北部地区多为晴朗、寒冷的气候，而西南部则拥有着地球表面最好的气候之一。

然而，在如此广袤多样的土地上，似乎没有多少可供耕种的肥沃土壤；尽管在最东部的地区，还有一片未开垦的土地，生长着一片茂盛的灌木和森林，而且很适合更为密集、更为文明的人口生存。

事实上，这里的土壤千差万别，从肥沃的河谷和平原——那里气候湿润、水源充足，野草能长到一人多高——到广阔的冰原、众多的高山，以及广袤沙漠中的流沙和裸露的岩石，那里从来没有，也永远不会有一片绿叶遮阴。

鞑靼地区被一条又长又高、贯穿南北的山脉从中间分成几乎同样大小的东、西两部分，这两部分都是广阔的高原平地。这一片绿色的海洋整体上从东向西延伸，赋予了生活在那里的居民所具有的游牧特征。事实上，正如最早的历史记载所描述的那样，他们中的大多数人冬季仍在被溪流和泉水浇灌的平原上游牧。夏天，他们不得不退居到可以享受到纯净、清新空气的山谷之中，因为山谷中的草不像草原上的草会被热风吹干。

如果一个部落或部族越过了它通常游牧的边界，并一直向前走，那就是名副其实的迁徙了。如果邻近的部落也是游牧的，则会加入迁徙的部落，扩大侵略的浪潮；如果是定居的部落，那它要么用武力阻止他们的侵略，要么投降，然而投降的行为更常见。

游牧部落的入侵者在迁徙的时候都会带着自己所有的财物和家眷，每一个成年男子都是一位战士，他们几乎无一例外地战胜了文明程度更高的对手，后者很少能把所有人都带上战场，总是因为担心自己的财产和家庭而在战争中被打败。这几个简单的历史事实，如此频繁地改变鞑靼部落的权力和地位，以至于它们成为亚洲这一大片地区几千年来历史的一个缩影。

尽管在今天，鞑靼地区通常被分成两个不同的部分：独立鞑靼和中国鞑靼[1]，由于整个地区多年来都拥有一个共同的名称和特征，而且历史经常把它的各个部落融合在一个共同的事件过程当中，因此我们建议在可行的范围内以一种观点总揽全局，同时注意不同民族的鲜明特色。

像鞑靼民族那样居无定所的游牧民族，总是赶着自己的羊群和牛群，沿着河流的路线行进，在原来的牧场无法提供足够的牧草之时，寻找新的牧场——因此，他们的生活一直处于永久的迁徙之中；而由于这种迁徙通常保持在一定的范围内，因此，我们能够依照其某种程度上的不同特征划分该地区的政治版图。

东部鞑靼民族厄鲁特人

在最东边是满洲，古代的西方人对此一无所知，这里的早期居民似乎是跟现在西伯利亚的通古斯人一样原始的部落。这些人很早就与另一支西伯利亚的蒙古人融合在了一起，成为满洲人，他们成了征服者，在中原建

① 关于“中国鞑靼”，其详情可阅读第202章。——编者注

立了现在的王朝。[①]

满洲往西是蒙古，同样不为古人所知，它的名字源于另一个被征服的部落，在更早的时期，这个部落建立了有史以来疆域最为辽阔的蒙古帝国。

西部蒙古有时被称为厄鲁特，这个名称源于18世纪统治这里的厄鲁特人（在俄罗斯的称为卡尔梅克人）。古代的西方人对这个地区的认识是模糊的，古代作家将其描绘成世界的边缘。

厄鲁特的北部是蒙古人中的准噶尔部，他们在那里变得强大。

15世纪，厄鲁特被北方的卫拉特部落、中部的喀什噶尔部落和哈密部落，以及南部的于阗部落共同占有，而它们的首府都拥有跟自己部落名相同的名字。最后3个地区加在一起，也有不确定的名字叫作唐古特、突厥斯坦和小布哈拉。稍早的时候，在帖木儿的时代，所有这些部落一起形成了别失八里乌古斯人的帝国，首府叫乌鲁木齐。在此之前，这一地区由成吉思汗的后裔统治，他们在12世纪时建立了察合台汗国。

厄鲁特现在是中国的一部分，北部称为“北路”，南部称为“南路”。

在博罗科努山——古代的意貌山以西，是独立鞑靼。之所以称之为独立鞑靼，是因为这一地区的部落既不隶属于中国，也不隶属于俄罗斯。这就是古典作家所称的“意貌山这一侧的斯基泰”，它还有另一侧的斯基泰，叫作“斯基泰萨尔马提亚”，是亚洲平原向中欧的延伸，形成了俄罗斯的欧洲部分的大平原。它被称为斯基

① 指清朝，本书的统计、名称等均为成书时的情况。——编者注

泰，是因为这一地区的民族和与他们同名的亚洲同胞有着相似的起源和习惯。

鞑靼这一地区目前的政治版图，北部是吉尔吉斯，中部是希瓦、布哈拉和浩罕，南部是土库曼、巴尔赫和昆都士，这些地区以及此前的居民，将会在下文中详述。然而，占据这一有趣地区南部的一些王国，也就是作为古代与现代、西方与东方历史之间连接纽带的索格狄亚那、赫卡尼亚、巴克特里亚和帕提亚，都已经在前面的章节中讲述过了。这些细节从主题的性质上看似乎错综复杂，但是，由于这一地区的历史是一个非常有意义和重要的部分，我们认为有必要对它们详加介绍。

鞑靼的历史将包含以下主题：斯基泰及其现代居住者、吉尔吉斯人（亚洲的哥萨克人），以及其他独立鞑靼地区内的现代国家的简要介绍，如浩罕、布哈拉、巴达赫尚、巴克特里亚、昆都士、希瓦和土库曼。将这些国家同地理位置联系起来更为方便，我们也将讲述到乌兹别克人、厄鲁特人和满洲人。接下来探讨阿兰哥特人（印度的日耳曼部落），他们在某种程度上也是欧美人的祖先；然后是古老的民族通古斯人和匈奴人；然后是古代突厥人，古代鞑靼部落中最著名的一支，分布极为广泛。这些地区和民族最后都融入辽阔的蒙古帝国，这个巨大的帝国在成吉思汗死后分裂，而蒙古帝国的余晖帖木儿帝国将成为我们讲述的下一个主题；然后，跟前面一样，鞑靼地区的历史将以一些概括性的观点来结束。

第200章

独立鞑靼

独立鞑靼南部以波斯北部的兴都库什山为界，西部以里海、伏尔加河或乌拉尔河为界，北部以西伯利亚的冻土地区为界，东部以蒙古等地为界，是一个地表、土壤和气候变化最为多样的地区。它被称为图兰、独立鞑靼、突厥斯坦或西部鞑靼——面积不到50万平方英里①，人口有700万人。

在这里，积雪覆盖的山脉与炙热的沙漠或宽阔平坦、一望无际的草原形成鲜明对比。这里同时有冻土荒原和旁边是迷人的起伏平原的高山峡谷、如天堂般优美的河谷和永远荒凉的盐碱地、寸草不生的山区和水草丰美的沃土、常年被青翠植被环绕的美妙湖泊和沼泽丛生的广阔咸海；还有宽阔而水量丰富的河流、被经年不断的溪流灌溉的地区，以及因为水流稀少、很快在一望无际沙漠中消逝的

① 1英里≈1.61千米；1平方英里≈2.59平方千米。——编者注

干涸河床。

这里森林很少，但溪边的土壤颇为肥沃。谷物和藤蔓植物让人想起了美国中部诸州最好的区域。在那里，大米、棉花甚至甘蔗都带着对“阳光灿烂的南方”的幻想。因此，这是适合人类繁衍生息的摇篮，而这些伟大的自然宝库已经孕育了诸多民族。事实上，这些地区中某个点有可能就是我们祖先的居住地，祖先的后代从那里散布到东西南北，传播到世界各地。

独立鞑靼的北半部被吉尔吉斯草原所占据，并由群山所衬托，群山中间是一片沙漠。里海海岸大部分是一长串暗淡而干旱的丘陵和岩石。布哈拉北部是一片位于希瓦和波斯之间的沙漠。在吉尔吉斯的不知名地区，有些河流消失在沙漠之中。

贾沙特斯河（锡尔河）发源于高耸的慕士塔格峰，向西偏北蜿蜒五六百英里，流经浩罕、胡占德、塔什干、讹答剌①，由东北角注入咸海。咸海是一个偏方形的水体，富含盐分，盛产鲟鱼和其他鱼类，还有海豹。

发源于帕米尔高原高山峡谷的奥克苏斯河（阿姆河），蜿蜒900多英里，几乎与贾沙特斯河平行，流经巴达赫尚、泰尔梅兹、希瓦、乌尔根奇，由西南角注入咸海。昆都士和法扎巴德就在山脉支流附近，撒马尔罕和布哈拉在北边的支流附近。在泰尔梅兹，河流冲刷出了一条100英尺②宽的狭谷，这一宏伟景象令人感到恐惧，它因此被命名为“狮子的喉咙”。

① 讹答剌，又称奥特拉尔，位于今哈萨克斯坦，是中世纪时代的中亚古城。——编者注

② 1英尺≈0.30米。——编者注

低矮的山脉将独立鞑靼与伊斯基季姆草原、鄂木斯克和托博尔斯克分开。东面的巴尔喀什湖和塔尔巴哈台山脉连接着阿尔泰山和博罗科努山，连同高耸的博罗科努山和慕士塔格峰——连接着天山山脉及喜马拉雅山脉——将独立鞑靼和中国鞑靼分开。人们对这些山脉知之甚少。

西部鞑靼民族吉尔吉斯人

吉尔吉斯哥萨克人居住在以他们名字命名的地区，他们源自叶尼塞河上游的部落，后来与突厥人融合，并采用了他们的语言。他们是一个优秀的民族，有着鞑靼人而非蒙古人的特征，扁平的鼻子，小眼睛——但不斜视——肤色好，颧骨高，神采奕奕。其中一些人显示出了突厥人的壮实体格，而其他人展现了祖先的高挑身材。

他们节俭平和，享受健康长寿的生活，间歇性的发烧、感冒和哮喘是他们的主要疾病。他们自由自在，依靠羊肉和牛奶为生；他们既不嗜血，也不竞争，却是极有技巧的掠夺者，掠夺一切邻国。因此，俄罗斯被迫用一系列坚固的堡垒保卫自己的边境，甚至向酋长们分发礼物和津贴，并允许他们借由每头进入奥伦堡商队的骆驼收取10~12卢布的通行费。他们喜欢掠夺厄鲁特女人，据说她们比吉尔吉斯的女人拥有更为长久的青春魅力。

他们彼此之间非常友好，由绑架来的奴隶伺候着。他们穿着宽大的衬裤、尖尖的靴子，戴着圆锥形的帽子。男人剃光头，女人用苍鹭的颈项装饰自己的头发，梳起来像角一样。长矛和喷射白色粉末的火绳枪是他们的武器，他们喜欢游戏、运动和赛马，是勇敢而凶猛的骑手。他们在葬礼上赛马，亡者的继承人在胜利者中分发奴隶、骆驼、马匹、华丽的马具和其他奖品。

他们是严格意义上的穆斯林，可以拥有几个妻子，但每个妻子都必须拥有自己的帐篷。他们的帐篷是毡制的，比厄鲁特人的帐篷更大、更整洁，通常能容纳20人。迄今为止，掠夺给他们带来了国外的奢侈品，但他们已经开始用毛皮、兽皮和毛毡换取这些奢侈品了。大部族的许多部落分布在东部和南部的喀什噶尔及浩罕的边界地区，已经放弃了游牧生活，定居下来农耕或过上了城镇的生活。在高高的山谷中，大约有5万人仍然过着相当原始的生活，而咸海周围直到里海的人们完全过着游牧生活。

这样的民族造就了一支精良的骑兵，曾在沙皇的军队中纵横欧洲。巴黎人曾经懊恼地看到，哥萨克骑兵扎营在杜伊勒里宫的花园里，在香榭丽舍大道的树荫下炫耀着他们的马尾。俄罗斯在乌拉尔、里海和咸海沿岸为小部落任命了一个名义上的可汗，但他的权力取决于他的财富和个人品质。族长和长老组成全体大会。

大约在17世纪初，吉尔吉斯人放弃萨满教，皈依伊斯兰教。他们占据了钦察地区，曾被帖木儿征服。1742年，一个钦察部落（卡拉卡尔帕克人）的1.5万个家庭因寻求俄罗斯的保护而几乎被吉尔吉斯人灭绝。一些卡拉卡尔帕克人仍然生活在贾沙特斯河畔，他们继续过着农牧生活，冬天有固定的居所，夏天则开始游牧。他们用牛来驮重拉车，从事多种行业，并出售短刀、步枪、佩剑、炊具和火药。

浩罕汗国处于一个温和、仁慈、和平政府的统治之下，它的领土位于贾沙特斯河的中游，与布哈拉一样有着良好的耕种条件。塔什干是一座古老的城市，曾是帖木儿的最爱，至今仍有十几万人和320座清真寺。这里的冬天只有3个月，盛产的桃子、葡萄、小麦、棉花、丝绸等物产，回报着人民的辛劳。

浩罕位于一片肥沃的平原之上，是一座现代化的城镇。它从一个小村庄崛起为首都，有5万人、300座清真寺。

赫拉特是帖木儿最喜爱的居所，现有人口2.5万人。它环境宜人，居民被认为是鞑靼人中最有学问和最有礼貌的。在这个地点的河流东北侧，亚历山大在帝国的最北端建立了亚历山大城①，以控制马萨革泰人和斯基泰人，并形成了与鞑靼人贸易的中心。马尔吉兰是一座美丽的城市。浩罕就是古代的费尔干纳，印度莫卧儿帝国的建立者巴布尔是这里的世袭君主。

乌兹别克人生活在咸海周围的平原上，有一座城镇，或者更确切地说是一个冬季营地，周长14英里，由一个土制的壁垒保卫，有12个俄罗斯厄尔②的高度。此外还有其他类似的城镇。

希瓦汗国最近被俄罗斯占领，与布哈拉汗国一样，这片地区约有20万波斯人和1.5万俄罗斯人。这片领土宽50英里，沿奥克苏斯河延伸200英里，离咸海不远，主要由运河灌溉，周围的沙漠把它同文明世界隔绝开来。这里有30万户人家，有1/3的人是定居人口；剩下的2/3通常以土库曼人的名字在广袤的沙漠中以游牧和掠夺为生，他

① 亚历山大城，中亚古城名。此城名意为最远的亚历山大城。故址可能在今塔吉克斯坦之列宁纳巴德市区内，并非埃及境内的亚历山大港。——译者注

② 1厄尔=1.14米。——编者注

们虽然处在世袭酋长的统治下，但基本处于原始的独立状态——如果有人许诺通过冒险可以获得战利品的话，那么无论是对抗他们自己的君主还是反抗波斯的酋长，他们都愿意加入这样的行列。他们现在对波斯，尤其是呼罗珊进行了小规模的掠夺性探险。在那里，他们掠夺了所有有价值的可带走的东西，把居民们带到沙漠的中心地带去做永久的奴隶。

这里是18世纪早期乌兹别克汗国的所在地，在此之前，它是河中王国的一部分，这个王国将布哈拉汗国囊括在内，而王国自身又是帖木儿帝国的一部分。当被成吉思汗征服时，这里是花剌子模的所在地，处于勇武却又不幸的札兰丁和他父亲的统治之下，他们的命运在其他章节有过详细的描述。花剌子模王国的首都在希瓦以北一点儿的乌尔根奇。这个王朝于1097年由突厥奴隶建立，1231年被成吉思汗毁灭。

这里以前是奥克苏斯河和里海之间的一个小王国，南部是伽色尼王国，两者都为领土范围从贾沙特斯河到南波斯萨曼帝国的一部分。

710年，穆罕默德的信仰在呼罗珊的清真寺里被宣扬，这是第一个皈依伊斯兰教的鞑靼人国家。

俄罗斯人后来攻占了汗国的首都希瓦，沙皇与其建立了攻守联盟，并觊觎着亚洲更广阔的土地。

希瓦城周围有沟渠、黏土墙和城墙，有3道城门、1座城堡防御工事、30座清真寺、1座大学和1万人。附近到处是果园、葡萄园和人口稠密的村庄。市民比其他鞑靼人有更多的天赋，喜欢诗歌和音乐，据说“婴儿的啼哭声中似乎都有一种音乐的韵律”。

希瓦人精心耕种土地，养蚕，用棉花和丝绸以及两者的混合物做粗织品，它们是由整日在屋里操持家务的女人织成的。他们的商队将小麦、原棉、丝绸和棉花制品、绣有黄金的长袍、羊皮等商品运到奥伦堡。他们从俄罗斯人那里获得欧洲产品，从土库曼人那里换来马、牛和羊。此外，希瓦还是一个巨大的奴隶市场。它每年的对外贸易额有几十万美元。

土库曼人居住在里海东岸，分为两个部分。曼格什拉克在北方一个美丽的港口附近，住着3 000个家庭；南边的阿斯特拉巴德，共有1.2万户人家。他们比其他鞑靼人更黑，体形更小，但四肢更结实，住在帐篷和山洞里。他们的部落都在吉尔吉斯酋长的统治之下。

他们穿着一块粗糙的骆驼毛布，种植一些谷物和大米，以及西瓜和黄瓜。他们住在毡帐里，穿着鞑靼式和波斯式的混合服装。他们的首领没有什么权力。这些土库曼人已经渗入波斯、叙利亚和小亚细亚的每一个地方。在那里，可以在小的团体中看到他们，比如欧洲的吉卜赛人，在城市之间过着不稳定的生活，并在土耳其帝国和波斯帝国富饶的土地上放牧。他们的入侵使波斯北部人口锐减，将这个曾经物产丰富、人口众多的广袤地区变成一片荒凉之地。

另外，还有记载说，土耳其王朝源于土库曼富裕的士兵。这个粗野的民族，在乌尊·哈桑的统治下，建立了一个白羊帝国，或者叫“土库曼人的白羊王朝”。15世纪末，帝国的领土从里海延伸到幼发拉底河，从小亚细亚延伸到俾路支斯坦。

这里还有嚈哒人（白匈奴人），再往南是塔希尔王朝。在基督教时代之前，还有赫卡尼亚王国和帕提亚王国，这在前面的章节已有讲述。

目前，布哈拉汗国似乎是这些独立汗国中最为强大的。它的历史在前面章节已有讲述。在此只需补充一点，它的可汗通过划分和混合不同的部落，让才智出众者无法从事威胁自己世袭统治的活动，并通过装作至高无上的圣洁，在鞑靼人中获得了巨大的优势，以至于俄罗斯、英国和波斯争相拉拢他。在这一地区占主导地位的是乌兹别克人，布哈拉的可汗就是乌兹别克人。

乌兹别克人大约在16世纪初第一次渡过贾沙特斯河，进入帖木儿后裔的土地，很快就进入布哈拉、呼罗珊和费尔干纳。他们是强大的突厥民族，部落的划分与管理没有关系，即使在游牧部落中，也没有独立的司法机构或立法机构。国家分为地区和分区，由君主任命的官员负责收税和司法。村长由可汗根据富人的推荐任命。在军队里，一切都取决于可汗的指令。在布哈拉，据说这些军人被分成10人一组，每组配有一顶帐篷、一个锅炉和一头骆驼。在布哈拉和费尔干纳，没有通俗意义上的政府，也几乎没有贵族。

毫无疑问，乌兹别克人的本土机构很少，在皈依后，无论是公开还是私下，都采用伊斯兰教的律法。政府的收入完全按照《古兰经》的规定收取，1/10用于施舍。司法也依照《古兰经》执行。吸烟和酗酒也像诈骗和抢劫一样被严格禁止，几乎受到同样严厉的惩罚。布哈拉可汗的头衔是“信徒的统帅”。他白天大部分时间在宣教和布道，晚上大部分时间在祈祷和守夜。他在清真寺祈祷，为穷人举行葬礼。

布哈拉城有可容纳60~600名学生的学院，教师的工资由国王或私人捐赠。据说，这里有80所大学，都是用石头建造而成的，每个学校有40~300名学生。各个学校配有一名讲师，他和学生一样，都有资金支持。

布哈拉城约有15万人。这里拥有众多的商业住所，许多国家的商人被鼓励到这里做生意。尽管君主和人民都是相当正统的穆斯林，但他们完全容忍其他宗教，但从伊斯兰教改宗基督教的人都要被处死。

城镇居民或称塔吉克人，似乎是一个更高级的民族。他们过着俭朴的生活，以大米、小麦、小米为生，他们吃甜瓜、葡萄和苹果等水果，食用大量的芝麻油。茴香茶和葡萄汁是最受欢迎的饮料，他们还喜欢吸食鸦片。他们的衣服大多是丝绸和毛皮的，妇女的长袍上有各种各样的编结，她们把头发和珍珠一起编成辫子。

作为帖木儿帝国的所在地，首都撒马尔罕迎接各国来使。布哈拉汗国现在有100万~250万人，其中很大一部分是农民或城镇居民。这里的大部分人口，都是塔吉克人。

这里的军队拥有2万骑兵、4 000步兵、5万民兵。国王的军队在辽阔的呼罗珊平原上施行突袭，他们经常不间断地骑行几百英里，以便在夜间到达要攻击的城镇附近。第二天一早，当城门打开，城里的人们到田间劳作的时候，他们就冲进去，占领这个地方，杀死所有反抗的人，把其余的人都变成奴隶。

布哈拉君主对此行为表示赞同，因为波斯人是什叶派，他们是逊尼派。他把自己的领土治理得很好，既和平又繁荣，只因缺少水源而影响了耕作；与印度、波斯，尤其是俄罗斯进行了大量贸易。从阿斯特拉罕到奥伦堡的商路上，每年有两支商队、四五千头骆驼往返其中，这些人在穿越沙漠时，常常遇到可怕的困难。有时一支商队由3万人组成，异常庞大。他们进口金属武器、餐具、衣服等物品，出口丝绸、棉花、皮革、红宝石和绿松石等物品。

巴尔赫及其领土经常作为阿富汗王国的附庸而存在。我们在前一章中描述过这座城市，那时它是巴克特里亚的首都。希腊王国灭亡后，在商队进入可怕的鞑靼荒野之前，这里是罗马与中国贸易的交会点。但这里的贸易被帕提亚人垄断了，他们从中国买来生丝，然后织造、染色，出口到罗马人手中。罗马人终于在166年由海上派了一个使团出使中国，直接获取这一物品。中国人对罗马人的公正和崇高极为推重，他们因此称罗马帝国为“大秦”。

昆都士的可汗，据说他能指挥2万骑兵，他积极有力的政策使自己变得强大。这使他成了几个山区的主人，甚至占领并洗劫了巴尔赫。

第201章

独立鞑靼的早期传说和历史

在《圣经》第一章中，有关于独立鞑靼东南部的内容，但很少且模糊，记载的也是跟波斯《阿维斯陀》相似的传说。希伯来人认为幸福的天堂在这里——也是他们民族最早的发源地，他们的祖先是处在黄金时代的神的子民。无独有偶，印度教经典《摩诃婆罗多》中记载的须弥山——神最幸福的住所——就坐落在这个传说中的地区。

最后，这里被一些人认为是古典传说中北方乐土的所在，早期黄金时代的人们“以香甜的药草为食，在青草茂密的牧场上，喝着芳香的露水—— 一种神奇的药水。在那个时代的年轻人中，一切都是光彩照人的，温和的宁静永远在他们的额头上微笑、在他们的眼睛里发光——因为父母和儿子的公正精神和性情，使得他们做公正的事、说明智的话。这些神奇的人们既不会生病，也不会变老；没有劳役，没有战争，他们快乐地生活，逃避残酷的复仇者的复仇”。

古典诗人中最早的俄耳甫斯和最崇高的品达就是这样吟唱的。事实似乎就是这样，在这些广袤而多样的地区，从神性圣人到匍匐爬行的食人族，每一个进步阶段都有人的存在——所有的生存状况都在这里出现，从被各种各样的奢侈品、高雅和艺术、学问和科学的器具包围着的闲暇绅士，到冬天在雪地里挖洞、夏天与野兽争夺血淋淋的生肉的野蛮人。

古典作家称独立鞑靼为“意貌山这一侧的斯基泰”。斯基泰人被他们描述为与其他居无定所的游牧民族相似但有自己一些特点的民族。他们的法律很少，因为他们正义、节制、简朴的生活和对财富的蔑视，排除了公共奖惩的必要性。他们用牛或马拉的有篷车载着家人游牧，车子承载足够维持日常所需的物品。畜群是他们的主要财富。金、银、钻石和其他奢侈品都被鄙弃。

有些部落甚至会吃掉战败的敌人。在另一些部落，当自己的父亲、母亲或近亲被任何可能使其生活变得悲惨的疾病所侵袭时，他们就会吃掉亲人的身体，而病人认为这是一种比被蛆虫吞食更体面的埋葬方式。

他们在辽阔的土地上游牧，不耕种，不要求土地的所有权。他们憎恶并蔑视对固定住所的限制——他们和自己的家人以及畜群永远在一个又一个牧场上漫游。不偷对方的东西几乎是他们唯一的法律。他们的聪明才智主要用于制造武器，以及用动物的毛皮御寒。虽然这种社会状况不会对入侵者产生什么诱惑，但它却使一个游牧的民族很容易去侵略其他民族。

这个节俭而剽悍的民族人口众多——这成为他们迁徙的另一个原因。

斯基泰人君主的葬礼曾被详细描述。尸体被放置在一张床上，床的四周被矛环绕，上面再覆盖着木头。随后床和尸体都被埋入一块大的广场下面。墓碑上方盖着一顶篷子，死者生前最喜欢的妃嫔、厨师、马夫、侍从和信使，还有一些马匹，都会被勒死，一起埋葬，为死去的君主效劳。一些金杯以及其他必要的器具也被放到墓穴内，然后在上面覆土，形成一个高高的土堆或人造山。到了年底，50个优秀的斯基泰青年和同等数量的马匹一起被勒死，内脏被取出，身体被用干草塞满。这些人的尸体用铁桩固定在马背上，并把马放在半圆形木板上，彼此按照适当的距离，置于墓碑周围。

他们会向战神献祭1%的俘虏，方式是将献祭的活人剥皮，将肉煮了，一部分置于祭坛前，其余的分给拜神的人。他们害怕周围的人，煞费苦心地保持勇猛的秉性。他们会喝第一个被俘者的血，把被杀的人的头颅献给国王。他们习惯于剥去战败者的皮，用来包裹他们的箭筒等物品。他们会穿上经过加工的人皮，或者把它挂在马的缰绳上。这些人皮既是餐巾又是战利品，人头骨也经常被制成杯子。

为了过河，他们会把软木缝进一层防水密封的皮囊里，把马鞍和武器放在上面，系在马匹的尾巴上，把它们安全地拉过岸。他们的风俗之一是订立友谊之约，两个或两个以上的人愿意以最严厉的惩罚约束自己，承诺彼此忠诚至死。他们把一些酒倒进一个陶罐里，订约之人把自己的血与酒混在一起，再把武器的尖端浸在血酒里，对那些将来违反誓约的人发出可怕的咒骂。然后每人喝一口血酒，希望旁观者作为证人，见证这一庄严的时刻。

正如我们所说，斯基泰人的习惯使他们去侵略其他民族，而这些侵略往往来自共同行动的人群——跟他们有接触的部落一个接着一个地加入进来，有时规模很大。总的来说，这种入侵就像一场毁灭性的风暴，却是短暂的。历史记载的第一次大规模入侵却并非如此——它在公元前18世纪曾导致埃及一片荒凉。这些斯基泰人被称为喜克索斯人，他们统治了埃及王国150年。

对西部鞑靼的第一个明确历史记载是从希罗多德那里得来的，而希罗多德是从希腊商人和他自己的东方旅行中得来的。今天能够读到关于这个地区古代历史的大部分细节，我们要感谢希腊的作家。中国与西部鞑靼人的交往，直到较晚的时期——大约公元前126年才开始，从那时起，亚洲这一地区发生的许多变化都要靠中国作家的记载。

公元前653年，凶猛的斯基泰人在他们的国王马地奥斯的统治下，攻占了战无不胜的米底，并占领了当时被称为文明世界的大部分地区，这在关于米底的部分已经讲过了。他们把掠夺范围扩展到小亚细亚和巴勒斯坦，再到埃及边界，但被普萨美提克一世以重金收买，放过了这个富足而繁荣的王国。在28年的灾难期间，叙利亚、小亚细亚这些地区呈现出一片令人悲伤的景象。这个开阔的地区到处被掠夺，只有坚固的城市才能抵御侵略者的袭击。在上述时期，他们控制了亚洲大部分地区。

在这段时期结束时，基亚克萨雷斯决心用计谋来毁灭他们。他邀请斯基泰人中的大部分参加一个全国性的宴会，米底人每家每户都要款待斯基泰人，当每个主人灌醉了他的客人之后，便发生了一场大屠杀。这使米底王国摆脱了残酷的奴役。那些在大屠杀中幸存下来的人的情况没有记载。据推测，他们中的许多人都向基亚克萨雷斯屈服，其他人在巴比伦国王尼布甲尼撒的军队中服役，大部分回到了斯基泰。

他们一回家，就发现自己的妻子嫁给了奴隶，并生下了孩子。他们在夺回古老的领土之前，必须战斗。接着发生了一些小规模冲突，奴隶们似乎就要获得胜利了，这时，一位斯基泰主人发现，与奴隶平等作战与他们的尊严不符，因此他敦促他的同伴用鞭子打他们。这一建议被接受了，并获得成功。古老的故事说，奴隶叛乱分子受到如此恐怖的打击，于是他们放下武器逃跑了。在这场胜利之后，斯基泰人享受了长久而不间断的和平。

在公元前500年以前，这些部落中的许多人被马萨革泰人（阿兰人）驱赶到伏尔加河以西，进入俄罗斯南部。历史早期，就在兴都库什山以北发现了阿兰人。这些马萨革泰人使用的是铜而非铁的兵器，他们的盔甲用黄金装饰。一个马萨革泰人一旦老去，他的亲属就会把他和许多牲畜一同向神献祭，把老人的肉和动物的肉一起煮了，再瓜分吃掉。马萨革泰人以这种方式走进坟墓——以献身于神及被朋友吃掉为荣！他们只崇拜太阳，除了用人献祭，还会用马献祭。由于没有农业，他们以鱼、奶和肉为生。

波斯的居鲁士大帝正是在与马萨革泰人的战斗中被杀的。他对他们发动了两次远征：一次是在里海和咸海的东边，他在那里建造了居鲁波利斯；另一次是在里海的西边，他在那里失去了生命。

他曾派使者去见马萨革泰女王托米丽司，向她求婚；但是，女王清楚地知道，国王更渴望的是马萨革泰的王冠，而不是拥有她这个人，于是阻止他进入她的领土。居鲁士大帝便公开向马萨革泰人的领土进军，并开始在阿拉克赛斯河上建造一座桥。在他忙于建桥期间，托米丽司派了一位使者，建议他停止这次远征；但她补充

古代的斯基泰人

说，如果他坚持远征，她可以让马萨革泰军队撤离至离这条河3天路程的地方，居鲁士大帝和他的军队则有机会在不建桥的情况下渡河。一旦到了河的对岸，他就可以与她的臣民一较高下了。或者，如果他不喜欢这个计划，他可以把自己的军队撤退到离此河3日路程的距离，然后马萨革泰人渡河到波斯领土上与他一战。

居鲁士大帝向她的领地前进了一天后，将营地装满粮食和酒，留下最弱的部队守卫，自己则带着精锐部队退守河边。他所预见的事情发生了，马萨革泰人举全国兵力的1/3，在女王的儿子的率领下，攻入波斯营地，大败驻守的波斯军队，用在营地发现的大量物资举行宴会，喝得酩酊大醉。居鲁士大帝发动奇袭，杀死了很多马萨革泰人，同时得到了大批的俘虏，俘虏中有女王的儿子，他一清醒，就因不甘受辱而自尽了。不久之后，托米丽司集结了她全部的兵力，与居鲁士大帝交战，居鲁士大帝被她彻底打败并杀死。女王如何对待居鲁士大帝的遗体，在波斯历史部分已有交代。

在大流士一世统治时期，波斯帝国臻于鼎盛，北部边界为贾沙特斯河、咸海南岸，向西一直延伸到里海最南端。在这条边界沿线或附近有一条城市链，以保护帝国免受凶猛和游动的斯基泰人的入侵，其中马萨革泰部落处在北部边界沿线。在这条线和兴都库什山之间是波斯帝国的3个行省，公元前500年的时候，这3个行省分别是：东边的索格狄亚那和巴克特里亚两个行省，西边的赫卡尼亚与帕提亚组成一个行省。

在最后这个行省北部，希瓦的沙漠荒原上游荡着一大群游牧部落，他们在波斯军队中服役，并适时进贡。赫卡尼亚位于里海的东南角，是一个崎岖多山的地区，马匹无法行走，到处都是野兽。虽然更肥沃，但它并没有比帕提亚得到更好的耕种。帕提亚是一个封闭的地区。实际上，帕提亚是帝国最贫穷的行省之一，因此，波斯君主带着他们数不清的随从，不得不迅速穿过它，因为这里不能养活他们。当骑兵从这个崎岖不平的家乡出来统治西亚时，我们为帕提亚写了单独的一章。巴克特里亚很快被帕提亚吞并，它的历史与索格狄亚那的历史，附在同一章。

第202章

中国鞑靼

这片广袤的土地几乎被高耸入云的天山山脉——其中一些山峰的海拔高度有2万英尺——所中分。北部地区城镇稀少，南部地区的西部是喀什噶尔，其余2/3以上为大戈壁。在北方的沙漠和山脉之间、中国与西方进行贸易往来的丝绸之路上，有几座城镇。

中国鞑靼作为中国的一部分，从广义上讲，被中国政府划分为19个辖区，其中5个属于西藏、4个属于准噶尔（北路）、4个属于小布哈拉（南路）、3个属于蒙古、3个属于满洲。

准噶尔（北路）

这一地区被中国人称为“天山北路”，即天山以北的地区，被划分为4个辖区。中部是伊犁，东部是库尔喀喇乌苏和塔尔巴哈台，西部是住满了吉尔吉斯部落的布鲁特。准噶尔地区显然是一个海拔非常高的盆地，南部有高山，东北部有斋桑泊，那里有着旧大陆最严酷的气候之一。西部是一个鲜为人知的山脉，应该位于准噶尔和吉尔吉斯草原之间。有人说，任何高海拔的横向山脊都不能阻挡山地平原。

大约6个大型的高原湖泊占据了较小的盆地，并由相当多的河流提供水源。在这些湖泊中，巴尔喀什湖位于最西端，据说走上一圈要花15天时间。在这些与世隔绝的山谷中，就像在山上的摇篮中一样，养育着几个部落，他们进行了大范围的征服，他们的历史传说经常提及伊犁河和巴尔喀什湖。

准噶尔人来自厄鲁特部落，被肥沃的牧场吸引，在伊犁安顿下来，在这里放牧他们庞大的马群和肥尾羊，以及一些家畜和骆驼。乌拉格峰①的山脚还散布着一片翠绿的海洋，吸引了来自山顶的征服者——帖木儿艳羡的目光。在与博罗科努山脉连接的慕士塔格峰的壮丽孤寂之中，冰川形成的4条溪流汇聚成贾沙特斯河，或流入巴尔喀什湖南面的特穆尔图淖尔。

小布哈拉（南路）

这一地区也就是天山以南的地区，包括拥有多个名字的地区，如喀什噶尔等。昆仑山把它和西藏分开，东面是甘肃省。甘肃省拥有一个非常不规则的形状，西端延伸到北路和南路之间，远达乌鲁木齐。南路东南部地区大部分被大戈壁所占据。

在东北部有哈密、皮山、吐鲁番、昌吉、焉耆、巴音郭楞、库车和阿克苏——这些城镇离丝绸之路并不远，沿线烽火相连，使得中国政府最西端的哨所可以跟首都北京之间发送信息。乌鲁木齐以前是别失八里汗国王庭的所在。哈密是一个被沙漠包围的小

① 乌拉格峰，即现今的木孜塔格峰，为东昆仑山脉的最高峰。——编者注

块地区，也曾是一个王国的名字。那里夏天的气候很温暖，土壤除了甜瓜和葡萄——哈密瓜品质上乘，储存到冬季，进贡到中国皇帝的餐桌上——几乎不能种植其他作物。这一地区还有玛瑙和钻石矿场。

这里的居民身材高大强壮，多为衣食无忧的穆斯林。马可·波罗把他们描述为快乐善良的人，他们崇拜偶像，物产丰富，并且经常载歌载舞。他们有一种奇怪的习俗，被认为是一种宗教戒律，就是向一个渴望住宿、房屋、妻子和家庭的旅行者暂时让渡家庭，事实上，就是让陌生人享有户主的一切权利，即户主离开家，满城寻找能使客人开心或满意的东西。在陌生人离开之前，户主也不会重新占有房子。这让我们想起了巴比伦的类似习俗——也许，这一切都是为了吸引大批陌生人前来进行贸易。

这一地区还盛行一些特殊的习俗，如用香料给死者防腐，直到占星家确定埋葬的黄道吉日。将绘有男人、女人、牛、钱等图像，保存在坟墓里，以便死者在另一个世界使用——这可能是早期时代的遗留。奴隶、马，甚至妻子，都被杀死殉葬，在另一个世界服侍死者。

吐鲁番是一个大而坚固的城市，一个相当大的地区首府，由喀什噶尔王室的一个分支统治。位于中国西北边陲的唐古特，曾是一个强大的帝国，但统治范围并不确定。库库诺尔，或称青海湖——它现在的名字——在中国历史上很有名。现在，它们一部分被一个被称为库库诺尔蒙古人的分支占据；另一部分被称为喀喇沁蒙古人的分支占据。

喀什噶尔占据了南路西部广阔的平原。在美丽和丰饶方面，它可以被称作鞑靼地区的花园，可以与南欧最好的地区相媲美。经过无数溪流的灌溉，精心耕种的田地出产大量的粮食，瓜果的品质也极为上乘。水从四面八方汇集成4条河流，形成了塔里木河，向东直接流入罗布泊。

于阗曾是一个重要的独立王国。这里盛产葡萄和桑蚕，还有表面雕饰着花和叶子的大理石及碧玉，深受中原人的追捧，是有利可图的出口物和交易品。

在基督教时代以前，佛教已经植根于于阗地区。它发展初期的故事就像一个原始的神话，使得有人认为佛教起源于这里。在中原政权的统治下，佛教和伊斯兰教同样被包容。阿克苏是一片广阔地区的首府，受喀什噶尔管辖，是一个活跃的商业中心，有几条商队路线经过这里。

莎车也许是全亚洲最有趣的城镇。它被帖木儿的孙子毁灭之后，很快就复苏，现在有5万人。事实上，它的位置似乎确保了它作为亚洲内陆贸易中心的地位——东方与西方、南方与北方之间的一个大的交通要道。因此，这里是一个巨大的度假胜地，有许多接待陌生人的商队驿站。一条漂亮的街道贯穿整座城市，城里满是商店和仓库，由坐在前面长凳上的中原人管理。城里也有许多学校。可以说这是一个无与伦比的地区，尤其是精心浇灌的花园和上乘的水果。喀什噶尔是一座美丽而古老的城市，是政府所在地，也是一个庞大的贸易中心。

这个地区的男人用腰带束着衣裳，以不低于小腿为准。女人也是如此。她们像西藏的女人一样戴着长耳环和垂饰，头发平分为两束，用丝带扎起。她们用指甲花汁染指甲。男女都穿长筒靴和俄罗斯皮靴。房子大多是用石头砌成，屋内使用着中国内地生产的家具。茶是这个地区的普及饮品，但它是与牛奶、黄油和盐一起饮用的，就像中亚其他民族一样。女人可以买卖，漂亮的女孩是他们父母的财富来源。

这些地区普遍信奉伊斯兰教。在这里，陌生人似乎不像在边境的其他地方那样被严格地排斥在外。然而，边界线由一连串的军事哨所守卫，每一个包裹都要经过仔细检查，然后发给前往喀什噶尔和莎车的许可证，在那里需要缴少量的关税。

正如我们所说，中原人第一次与这些遥远的地区产生联系大约始于公元前126年。当时，汉武帝决心削弱匈奴的势力，惩罚他们的暴行（抵御匈奴人的长城在公元前214年由秦始皇派人修建），他派遣了一位将军出使中亚河中地区的月氏，月氏在公元前165年被匈奴人从中国边境驱赶到这一地区。汉朝将军被匈奴人掳走，囚禁了10年，但他找到了逃到月氏的办法，他在月氏待了1年多。回国途中，他再次被匈奴人囚禁，但最终在离开13年后回到汉朝。

此后，他代表汉朝出使域外，他出使的结果是汉朝在公元前108年征服了喀什噶尔，并同西方部落联合起来对付专横的匈奴人。匈奴在西方受到牵制的同时，汉朝人则在东方逐步打败了他们的势力，直到48年，匈奴人出现分裂，一部分人归顺了汉朝。尽管汉朝的实力后来因为内战而削弱，但与西方的政治关系得以维持，汉朝北方鲜卑的君主也不时地接见这一地区的使团。

汉朝的远征及其后果使他们的国家为西方所知，于是丝绸贸易开始了。一位能干的将军班超，经过20多年的征伐和谈判，征服了天山以南的所有国家，把中国的统治区域推向里海，并在94年，把他所征服的50个国家的嗣子以人质的身份，送到了洛阳。他甚至考虑征服罗马帝国，但被波斯使者劝阻，因为他们认为这项事业危险而困难。

中国对西部强有力的统治一直保持到3世纪初，此后逐渐变得薄弱，甚至仅限于接受番邦使团朝贡了。当5世纪盖塔人控制了喀什噶尔时，中国的中原王朝对其几乎失去了控制权；7世纪，这一地区又回到了中国中原王朝的控制之下，不久，又被吐蕃（西藏）控制；9世纪时，又被乌古斯人所控制；12世纪，它被西辽、于阗以及其他的君主瓜分；到13世纪，所有地区都被成吉思汗吞并。在那之后，南路或其大部分地区，相继成为察合台汗国、别失八里汗国和乌古斯汗国的统治区域；在15世纪末，它被分成了喀什噶尔、于阗、哈密等汗国。

18世纪初，南路成了厄鲁特割据政权的一部分，自1779年以来，南路再次回到中国中原王朝的有效管辖范围内。他们的治理相当有智慧，居民非常依赖政府，愿意用财富和生命捍卫它的权威。

这里处于统治地位的民族是厄鲁特人，我们在这里可以注意到蒙古人的历史和社会状况，他们现在已经遍布南路和北路。因此，这里被一些地理学家称为卡尔梅克里亚，这个名称或许将蒙古包括在内。

这一地区的面积相当于法兰西、西班牙和意大利之和，纬度也与他们相当，与美国的加利福尼亚州和俄勒冈州差不多。

这一地区估计生活着20万个厄鲁特家庭。厄鲁特人一般都是中等身材，不过，他们中的大多数人低于普通的身高标准。他们从婴儿时期起就被置于大自然之中，他们的身体都很好，四肢比较灵活。厄鲁特人的五官，眼睛斜向下指向鼻子，眉毛又黑又细，眉端较低，鼻子扁平而宽阔，颧骨突出，头和脸形比较圆，耳朵大而突出。他们的牙齿直到老年都美丽洁白。

他们的皮肤自然白皙，由于夏天暴露在阳光下，冬天又被屋里的烟熏到，会呈现出棕黄的肤色。许多女性身材姣好、肤色白皙，细密的黑发更是为其增色。他们的嗅觉、听觉和视觉的敏锐程度超出了我们的想象，他们从一个营地的气味、烟雾中，从一匹马的嘶鸣声中，就可以在惊人的距离之外，分辨出一个微小的物体。

厄鲁特人有3个社会阶层：贵族，他们称之为“白骨”；平民和奴隶，被称为“黑骨”；神职人员和自由人，排在最后。贵族女性被称为“白肉”，而下层的女性则被称为“黑肉”。他们那代代相传的族谱，是以“骨”（男性）来做统计，而不是“肉”（女性）。

每一个酋长的臣民组成一个乌罗斯，每个乌罗斯划分成多个由250~300个家庭组成的伊马克，由一位贵族统领。当首领召唤去服兵役之时，所有的人都必须骑马而来，他会把那些不适合打仗的人遣送回去。他们的武器有矛、刀、弓、枪。他们穿着一件由圆环组成的盔甲，这种盔甲叫作锁子甲，就像15世纪欧洲使用的那样。

厄鲁特人喜欢社交，热情好客，穿着跟波兰人相似。平民穿羊皮和毡子。夏天，女孩们光着脖子，一直露到锁骨；男人们剃光头，但要留一簇头发；女人们把头发盘成辫子，缠在头上，直到12岁；结婚后，她们把头发分两边垂到肩膀上。

他们的住所是一个圆形的栅栏，顶上覆盖着毛毡，可以抵御雪压和羊撞。战争被认为是唯一值得沙漠自由之子奉献的事业，除此之外就是打猎、放羊、搭帐篷了。家务活都由妇女来做，她们也支搭帐篷、骑遛马匹。

至于农业劳动，恶劣的气候和过于普遍的干旱土壤，阻碍了中国中原王朝把厄鲁特游牧民变成安静的纳税农民的努力——他们热爱自己传统的生活。他们喝的是马奶，欧洲人更喜欢牛奶，因为不喜欢马奶的碱味。事实上，在干净的容器中放置一段时间后，马奶会产生一种酸味、酒味以及非常宜人的味道。通过发酵，它会被制成一种略有度数的酒，厄鲁特人称为阿拉卡酒，蒙古人称为马奶酒，流行于整个鞑靼地区。

他们的语言铿锵、和谐、富有诗意。他们感人肺腑的浪漫故事和史诗，具有他们部分地区忧郁壮美的特点。奥西恩风格的诗歌中的岩石、激流和流星在这里塑造了传奇和奇迹，就像印度人大脑中所创造的一样狂野和荒谬。他们的吟游诗人说唱之时，周围都是专注和欣喜若狂的听众。他们有一个蒙古语和一个梵语字母表，后者用于他们的魔法咒语。

厄鲁特人自认为“四部”之一，“四部”意思是在中国西部边境结盟的4个兄弟民族，厄鲁特部共有5万户家庭。巴尔喀什湖附近的准噶尔部有近3万户家庭。土尔扈特部在阿斯特拉罕草原居住之后，大约有7万户家庭，1771年回归中国，生活于斋桑泊的东部地区。最后是杜尔伯特部。除了这些游牧部落，厄鲁特的城镇里还居住着布哈拉人、汉人、常驻的厄鲁特人和一个混合的民族，他们是这些地区古代居民的后裔。

17世纪末，厄鲁特人完全成了统治者，成了包括喀什噶尔与于阗在内所有中部鞑靼的主人。然而，中国中原王朝的军队讨伐他们，而他们无法抗衡，最终全部服从中原王朝管辖。蒙古人虽然也同样服从中原王朝管辖，但他们地位更高。厄鲁特人不愿忍受这种境遇，迁往俄罗斯的亚洲地区。然而，中国人的恩惠又把他们吸引回来，现在超过100万人回到了他们原来的居住地。

蒙古

蒙古地区的南半部是甘肃省，西边是厄鲁特人居住地，往东是卡拉格尔蒙古人居住地，北部是喀尔喀蒙古人居住地。西北和北部与俄罗斯的托木斯克、叶尼塞斯克和伊尔库茨克为界，西南与甘肃为邻，南部与甘肃、厄鲁特和卡拉格尔为邻，东部与黑龙江将军辖区为邻。

喀尔喀蒙古人的总体特征、宗教和生活习惯与已经描述过的厄鲁特人相似。在家庭交往中，他们坦率、开朗、好客。他们以驯养马匹的才能为傲，在这方面，他们极为娴熟灵巧。他们喜欢自己敏捷、耐寒、耐用的马，而不喜欢体形更大、更重的突厥马。他们能够训练马匹在奔跑最快的时候急停，毫不退缩地面对森林中最凶猛的野兽。这些特点，其实适用于所有的游牧蒙古人。

蒙古人通常有扁平的鼻子，小而斜的眼睛，厚嘴唇，短下巴，稀疏的胡须，大耳朵和黑色的头发，这衬托出他们红棕色或黄色的肤色。他们比厄鲁特人更文明，因为他们在中国长期居住，使得他们更随和、好客。

蒙古女性比俄罗斯女性勤劳、开朗、多育。他们的宗教书籍都是用唐古特语或藏语写成的，每一伊马克——250或300个家庭——有一位教师。祭司们享受更多的照顾。一夫多妻制是允许的，但并不常见。蒙古人结婚的时间都很早。女性用牛羊做嫁妆。他们在帐篷中间生火，在沙漠里，牛粪被用作燃料。贵族的帐篷里挂着丝绸，地板上铺着波斯地毯。平民的帐篷是用一种毛毡做的。大家族会使用锡、银和瓷器皿。有些地方建有小寺庙，寺庙周围建有新式的房屋。

这片广阔的地区中没有城市。蒙古帝国的都城所在地哈拉和林，是用土木建造的，但具体地点存在争议。离恰克图220英里的库伦，已经成为一座城市，它的寺庙、祭司的房子，以及中国官员的房子，是唯一的木制建筑物，其余的都是帐篷。

恰克图对面的买卖城是与俄罗斯进行贸易的中心，在某些特定的季节呈现出相当繁忙的景象，非常有趣。这里聚集了俄罗斯、西伯利亚、中国和所有鞑靼人的贸易代表，茶叶、瓷器、丝绸、棉花、大黄、烟草和各种精美的物品用于交换毛皮、粗布、牲畜和玻璃。

每一个城镇都被独立的防御工事包围，在一个高高的平台中间，四周耸立着高大的花岗岩。建在对面山巅上的堡垒标志着两个强大帝国的边界。买卖城挤满了中国商人，他们非常热情地招呼俄罗斯人；但是在日落钟声敲响的时候，每个俄罗斯人都必须匆忙离开中国的土地。

离中国长城最近的蒙古地区，气候与德意志相似。他们的首领常常以附庸的身份出现在中国的宫廷中。在热河，可以看到白杨、榆树、榛树和核桃树，在山上有矮小的橡树和松树。这个地方有中国皇帝的避暑山庄，在一堆小屋中间，有一座宽敞的宫殿，以及广阔而宏伟的花园和一些宝塔或寺庙。

蒙古地区的中部和厄鲁特的大部分地区一样，被沙漠所占据。

然而，它的河岸上有草地，小蒙古马成群结队地在那里游荡，蒙古野驴也会来牧场吃上一口肥美的牧草。穿越大戈壁——据说长约2 000英里、宽约400英里——的俄罗斯旅行者，花了一个月的时间穿过了这片地区，并把它描述成因土壤的盐碱化而长满了又短又细的草，却可以养活大量牛群的地方。

这里有许多咸水泉和咸水湖，但这些水都难以饮用，使得淡水泉尝起来都像香槟一样。在长城外约20英里的地方，有一个流动的、下沉的沙丘，上面覆盖着美丽而珍贵的鹅卵石，形成了大约20英尺高的波浪，就像非洲和阿拉伯沙漠中的沙丘一样。

当牧场的牧草开始凋零的时候，所有的蒙古部落都会撤走他们的帐篷，开始迁徙。他们每年要迁徙10~15次。夏天，这些部落向北方迁徙，冬天向南迁徙。成群的牲畜，加上男女老少，组成了一支固定的行进队伍，跟在后面的少女在欢快地歌唱。这些居无定所、快乐的部落，其娱乐活动有赛马——甚至年轻的女子也在赛马中表现得很优秀，以及射箭、摔跤、哑剧和爱情冒险歌曲。爱情冒险歌曲由女孩们在马头琴和长笛的伴奏下表演。

满洲

中国在那里设置3个政区：黑龙江将军辖区，首府为齐齐哈尔，位于北纬48°；往南面是吉林将军辖区，驻于吉林乌拉，位于北纬44°；另一个政区是盛京将军辖区，又称奉天，首府盛京，是先前皇帝的避暑住所。这个美丽的省份通常随着中国本部的命运而起伏，具有谨小慎微的文化特点。它的东北部与吉林为邻，西北部与科尔沁为邻，西南部与莱州港和黄海为邻，东南部与朝鲜为邻，鸭绿江将其与朝鲜隔开。

满洲人身材高大健壮，有着独特的语言。

满洲的地形与鞑靼广阔而赤裸的平原截然不同，它由崎岖而支离的山脉组成，覆盖着茂密的森林，被肥沃的山谷隔开，山谷的凹处遍布野兽。因此，它展现出了欧洲在原始时代的面貌。人参作为一种万能药材，生长在山腰。它的海岸覆盖着茂密的森林，那里居民稀少，而且与世隔绝，大多是独立的渔民。不过，在更远的内陆地区，小麦在良好的环境中被种植，燕麦也被广泛种植。

少数城镇主要由汉人居住，他们由鞑靼驻军保卫。黑龙江里盛产肥美的鱼虾，尤其是鲟鱼，美味绝伦。当地人性情温和，和蔼可亲。在黑龙江北部，主要生活着西伯利亚猎人，猎取大量的毛皮动物，尤其是黑貂。

满洲人的早期历史将在后面的章节中讲述。满洲人似乎是混血儿，他们的身材很健壮，但长相却不太像汉人。在12世纪以前，他们臣服于契丹人。1115年，他们崛起于中国北方，征服了契丹人，建立了金朝。被蒙古人打败后，他们回到了荒山之中。1644年，他们以满洲人的名字重新崛起，建立起了对整个中国的统治。

由于与中原地区的联系，尤其是后来皇帝下令将最好的汉语书籍翻译成满洲语以后，他们现在在文化上取得了巨大的进步。

第203章

阿兰哥特人

在基督教时代，高加索北部、里海、奥克苏斯河和兴都库什山脉的所有地区的人口几乎都可以被称为印度-日耳曼人，或称阿兰哥特人，也就是白色人种。他们所说语言的大部分词根都可以在梵文、波斯语、日耳曼语、斯拉夫语以及其他相同语系的语言中找到。在一个非常遥远的时期，这些人已经渡过顿河，来到了多瑙河的北岸。他们形成了几个民族，不过再也不可能把它们区别开来了。

同一民族的一些部落在古代远徙到中国境内，向北到达阿尔泰山，最后分散到突厥和西藏的部落之中。帕提亚人、巴克特里亚人、索格狄亚那人、花剌子模人、盖塔人、马萨革泰人、罗科索拉尼人、亚兹格斯人以及其他许多民族都属于这一庞大的家族。

一些微弱的历史迹象、语言的差异、隐藏在印度教神话中的古代传说，甚至一些关于东亚部落的生理数据，都使人产生这样一种假设：在一个非常遥远的时代，世界这一地区的中心被所有印度-日耳曼人的祖先占据。然而导致这一民族分散到东西南北、四面八方的原因，我们不得而知。

其中一个说梵文的民族来到喜马拉雅山脉脚下，散布在印度平原上。在那里，他们驱逐马来人和黑人，或与他们融合，并完成了对锡兰的征服。另一部分，则沿着阿姆河和锡尔河向西，再向西南方向扩散到波斯，向西北方向扩散到伏尔加和顿河，再进入欧洲。这些迁徙似乎已经重复了好几次，而且前一个时期与后一个时期相距甚远；至少，这是解释被称为印度日耳曼的民族和语系之间多样性的最好方法。

我们从一个金发碧眼的民族——乌孙人的存在可以看出他们在东方的迁徙。他们在公元前3世纪，定居在了中国境内。从突厥语和蒙古语中所遇到的大量印度日耳曼语系的词根，同样可以推断出这一点。

至于同一民族在北方的迁徙，我们发现一个具有类似特征的民族居住在额尔齐斯河、鄂毕河和叶尼塞河上游，甚至一直到最近的时代依然居住在那里。这些部落后来与突厥民族融合，形成了吉尔吉斯人，其中蓝眼睛或绿眼睛以及红头发的人并不少见。

乌孙人第一次出现于历史记载上，在公元前3世纪，他们在中国西北部地区与月氏人融合在一起。他们在外貌上与邻近民族完全不同，中国作家形容他们有蓝眼睛、红胡子，很像大型猿类。公元前165年，匈奴人占领了月氏人居住的地区，向西方驱赶他们，乌孙人跟随月氏人来到了位于准噶尔的新住处。他们的首领建都于赤谷城，这座城市在巴尔喀什湖以南的红湖或盐湖①附近。他们共有

① 应该是伊塞克湖。——译者注

人口12万户63万人，士兵18.88万人。他们似乎已达到一定的文明程度，他们两位伟大的将军被称为大禄。

在这个地区以前还居住着同一民族的塞种人。这是一片美丽的平原，生长着适合牛群的优良牧草。牛群是这些游牧民族的财富。这里气候寒冷，经常下雨，山上长满了冷杉和落叶松。他们的习俗与匈奴人相似，养了许多马匹，其中的富人甚至养四五千匹马。这是一个冷酷、不忠诚、倾向于掠夺的民族。这些特征使它比起邻近民族有了很大的优势。

中国的历史文献一直到公元前2年都有讲述他们君主的部分。4世纪，鲜卑人将他们从居住的地区向西和西北方向驱逐，他们一部分迁入贾沙特斯河上游和中亚河中地区，另一部分迁入额尔齐斯河附近的吉尔吉斯草原南部。619年，他们成为突厥人的臣民，并且似乎与其融合在一起。

喀什噶尔也居住着一个蓝眼金发的民族月氏人。这里出产谷物、大米，以及中亚特有的红甘蔗、棉花、丝绸、铁、铜和雌黄。在成为匈奴人的附庸之后，又在公元前100年左右被汉朝征服。大约在120年，贵霜人（月氏人）废黜了他们的国王，这里的臣民开始信奉佛教。国王的帽子上戴着一只金狮，每年都换一次。当它屈服于匈奴人时，喀什噶尔有12个大城市和几十个小城市。7世纪时，中原王朝对该地加强了有效管辖；677年，它被吐蕃人入侵，并一直在吐蕃人的统治下，直到10世纪中叶，中原王朝对该地的控制再度加强。

另一个有蓝眼睛和金发或红发的民族是丁零人，丁零人的意思是“古老的人”。他们生活于乌孙和索格狄亚那北部，贝加尔湖西岸。在公元前3世纪，他们被匈奴人削弱；公元前65年，他们与匈奴人之间开始了持续3年的战争。公元前2世纪后半叶，生活在鄂毕河和额尔齐斯河边界上的丁零人的一部分被鲜卑人征服，但并没有长时间屈服。507年以后，当柔然从他们那里夺回自己的土地时，丁零人就经常出现在中国的史书上。几个世纪以来，他们不知不觉地融入了吉尔吉斯人之中。

坚昆后来被称为黠戛斯，最后被称为柯尔克孜（中国对它的称呼）——吉尔吉斯。这是一个身材高大的民族，红发、白面、绿瞳。他们被发现于叶尼塞河的上游和东边，直到与安加拉河的交汇处。他们的部落与丁零人的部落混杂在一起。黑头发被认为是不祥的预兆。黑眼睛则表示是李陵的后代。李陵是一位汉朝将军，公元前99年，李陵投降匈奴，被封为坚昆国王。他们的人口有几十万人，可以从中抽调2.4万精兵。

坚昆人中男性很少，女性很多。这个民族傲慢自大，但非常勇敢。他们在手上刺青。女性婚后会在脖子上做标记。无论男女，都戴着耳环。男人和女人没有分别地生活在一起。他们的国家夏天满是沼泽，冬天满是积雪。寒冷会持续很长一段时间，大江大河几乎会冻结一半的深度。①

正如中国人所说，黠戛斯人或古吉尔吉斯人与突厥人有着相同的语言，而且他们与突厥人通婚，毫无疑问，这个印度日耳曼民族失去了它的母语，而采用了突厥人或者乌古斯人的语言。像所有的

① 黠戛斯以东有3个突厥部落，他们有许多优质的骏马，住在白桦树皮小屋里。他们使用雪橇，用一根弯曲的棍子迅速地把雪橇推到冰上，划一下就能把雪橇推出100步远。他们夜间抢劫，经常绑架和奴役黠戛斯人。——原注

突厥民族、汉人、蒙古人、日本人一样，黠戛斯人将12年定为一个周期，每年都用一个动物来命名：鼠、牛、虎、兔、龙、蛇、马、羊、猴、鸡、狗、猪。①

黠戛斯拥有的土地很广阔。648年，他们得知薛延陀向唐朝投降后，也派遣了使者向唐朝进贡。后来首领亲自朝见，受到了唐朝皇帝的热情招待。首领被授予左屯卫大将军，享一级管辖权。唐朝将他置于燕然都护的领导之下，给予他行省总督的职位。至此，唐朝将大部分中亚小国纳入统治之下。708年，皇帝收到了黠戛斯人的礼物，称唐朝与黠戛斯因为李陵而有亲戚关系。758年，他们被回鹘彻底打败，与唐朝断绝了联系。此后他们从征服者那里得到“黠戛

---

① 据我们所知，他们以马肉和马奶为食，只有国王吃面粉和米饭。他们的乐器有横笛、鼓、管风琴、直笛、钹和小铃铛。他们用动物搏斗和跳绳来取乐。他们的富人非常喜欢穿貂皮装饰的衣服。下层民众穿皮衣，不戴帽子；国王冬天戴一顶貂皮帽子，夏天戴一顶尖的金色丝线帽；他的臣民们戴着白色毡帽，腰带上佩着一把马刀，并配有磨刀石；妇女们穿着从阿拉伯商人那里买来的布、羽缎、锦缎和其他丝绸，这些商人会到喀什噶尔以北的库尔斯克以及乌鲁木齐。

他们首领的营地在蓝山或小阿尔泰山脉，周围有栅栏。他的帐篷是毡制的，比臣民的帐篷要大。他的臣民用貂皮和灰松鼠皮纳税。他的政府由6个等级的官员管理。它们有类似于北欧古字的字母，显示出中亚和北欧之间的交流。他们的首领在9世纪时派人学习唐朝的书籍和日历。这些事实以及他们的奢华，显示出他们比我们想象的更为文明。

黠戛斯人向掌管河流和草原的鬼神献祭。在葬礼上，他们围着尸体走3圈，号叫着，然后把尸体烧掉。烧剩的骨头保存一年，然后埋起来；朋友们不时地在坟墓边为死者哭泣。结婚需要的礼物有马和羊，有时有成百上千头。他们的法律极其严苛，死刑是普通的惩罚。如果强盗的父亲还活着，他被处死的儿子的头就被终生挂在他的脖子上。冬天，他们用树皮遮住小屋。他们种植谷子、小麦和大麦，他们用手磨、杵和臼磨碎这些谷物，做糕饼和烈酒。马是他们的主要财富，他们拥有巨大而强壮的马匹，他们还有许多骆驼、绵羊、肥尾羊和牛。——原注

斯”这个名字，意为黄色或红色的脸。840年，他们击破回鹘帝国，数十年之后，于阗人将他们赶下了政治舞台，史书上再也没有提到过他们，直到他们以吉尔吉斯人的名字臣服于成吉思汗。

阿兰人被汉朝人称为奄蔡。汉朝人在大约公元前120年对西方进行了一次政治上的远征，首次认识了阿兰人。他们与打败波斯居鲁士大帝的马萨革泰人一样，在公元前530年被发现，当时居住在咸海周围2/3的区域，一直到里海。他们所在的地区位于索格狄亚那西北250~300英里处，靠近汉朝人所描述的“临大泽，无崖”，很可能是里海。据推测，里海一度与咸海连通起来。

他们有弓箭手10万人，在礼仪、习俗和衣着上都与索格狄亚那人相似。在1—2世纪，奄蔡人被称为阿兰那。那时，他们附属于索格狄亚那人，住在城镇里。他们所在的地区气候炎热，生长着许多高大的松树和白草。

在3世纪上半叶，中国人称他们为阿兰，那时他们的西部与罗马帝国接壤。也就是说，他们的领土已经延伸到东高加索地区。他们所在的地区有丰富的家畜和貂。那时的阿兰人是游牧民族，生活在咸海的沼泽边，摆脱了索格狄亚那人的束缚。435—480年，他们与中国北方的皇帝有频繁的来往。

他们有好马、好牛、好羊，又有许多葡萄干及其他水果，还有用葡萄酿的美酒。他们收获了一种名为大禾的谷类作物——可能是在中亚广泛种植的高粱——能够长到一丈高。这个地区被分成了几个小国，有400多个有围墙的城镇。中国历史学家说，在古代，匈奴人杀害了他们的国王并夺取了这个国家。过去，粟特（索格狄亚那）商人与中国西部的凉国进行大规模的贸易，但他们犯下了暴力罪行，被当作强盗对待，并被逮捕，但在452—465年被赎回。565年之后，中国史书再也没有提及他们。

一位希腊作家在罗马皇帝奥古斯都晚年，成为第一位提到阿兰人的西方作家。他说他们很强大，并记录了他们马匹的数量。他们就住在亚速海和黑海附近，在顿河和第聂伯河之间，那是罗科索拉尼人和亚兹格斯人以前的居住区，阿兰人把他们赶到了西边。阿兰人在伏尔加河东部和里海北部还有一个分支，比其他分支强大得多，并因大量商业活动而变得富有。①事实上，他们慢慢地从顿河流域扩张到了贾沙特斯河一带。

在2世纪，居住在顿河和第聂伯河之间广大地区的阿兰人袭击了多瑙河附近的罗马人，他们这么做，可能是为了取道摩尔达维亚的平原地区，因为其他的道路都被封锁，且被严密守卫。到了3世纪，哥特人开始在阿兰人的地区发展。由于有着相同的血统，他们与阿兰人结盟，并陪同他们进行军事冒险。哥特帝国垮台后，一部分阿兰人与汪达尔人一起向西迁徙，直到西班牙和非洲地区，在那里共同生活了一段时间之后，这两个民族就融合到一起而无法区分了。与此同时，大量的阿兰人退居到顿河以东，在那里与其他几个民族融合，阿兰人的名字就此消失在历史长河之中。

力量壮大的阿兰人在里海和亚速海之间，以及远至博斯普鲁斯海峡的整个地区内安营扎寨，并像他们的祖先马萨革泰人一样开始入侵波斯帝国的北部地区。在韦帕芗时期，罗马作家首次提及了亚洲阿兰人。随后，他们从赫卡尼亚通过里海的特定地区进入米底。

---

① 在4世纪后半叶，历史学家阿米亚努斯·玛尔塞利努斯记载，萨尔马提亚人居住

在多瑙河和顿河之间，在多瑙河和顿河之外的是阿兰人—— 从征服者那里得来并逐渐被许多被征服者部落采用的名字。其中就有居住在这一地区中部和北部冻土区域的尼乌尼人；旁边是维迪米斯人和盖洛诺斯人，他们将敌人剥皮，做成衣服穿在身上，做成饰品装扮马匹；然后是阿伽杜尔索伊人，他们把身体和头发涂成蓝色，涂抹斑点的大小要根据等级确定；其次是美兰克拉伊诺伊人，以及靠吃人肉生活的食人族，附近的民族都会同他们保持一定的距离。在另一侧，向东是阿兰人，他们散布在亚洲的很多地区，甚至远及恒河地区。事实上，这些游牧民族占据了广阔的空间。随着时间的推移，所有这些人都被称为阿兰人，因为他们在习俗、凶猛的性格和作战方式上相似。

他进一步描述说，他们既没有房子，也没有耕犁。他们以肉和许多牛奶做的食物为食。他们经常坐在铺着树皮垫子的马车上。他们到了有草的地方，就停下来，把车排成一圈；然后他们狼吞虎咽地进食。他们游牧的大车就像流动的城市，因为车上有他们所有的财物；男人和女人都住在这些地方；他们的儿女在他们中间出生长大，因为父母是他们永远的家；无论他们到哪里，他们都把马车当作他们出生的地方。在行进过程中，他们让大型动物和羊群走在大车前面；但是他们尤其注意马，他们爱护马超过一切。他们迁徙到的地区总是青翠的，点缀着小树林和果树，使他们不必携带饲料和食物。那里土壤湿润，被大量的河水灌溉。

他们都受军纪的约束，都是优秀的战士。几乎所有人都长得高大英俊。他们的头发颜色接近于金色，眼睛虽然不可爱，却透着亲切。他们使用轻型武器，行军迅速，像匈奴人，但不那么凶猛，而且穿得更好。他们在黑海以及亚美尼亚和米底地区活动。

战争的危险性对于阿兰人来说有着巨大的魅力，即便对性情平和的人也同样有着吸引力。在战斗中死去的人被认为是幸福的；因年龄或意外死亡的人受到轻视和侮辱。在战斗中被杀的人是他们最光荣的崇拜对象。他们把仇敌的头皮当作战利品，又用人皮作马具。他们既没有神庙，也没有圣所，只需要把一把刀剑插于地上，敬拜它。他们用柳条预测未来。从前他们不知道奴役，所有人都被认为是贵族。他们选那些在战争中成名的人担任法官。——原注在提比略统治时期，他们被称为东高加索人。波斯君主曾要求韦帕芗联合抵御阿兰人，随后阿兰人不再攻击波斯。

在哈德良统治时期，阿兰人摧毁了罗马的诸多省份，卡帕多西亚的行政长官写了一本回忆录，记述了对付阿兰人的战术。阿尔巴尼亚人的名字就是由他们而来，他们同名同种。中国人对阿尔巴尼亚的谷物、葡萄酒、肥沃的土地以及众多有围墙的城镇进行过描述。高加索的奥塞梯人也与他们是同一个民族，阿拉伯作家把高加索山的达里亚尔山口称为“阿兰之门”。

在4世纪末，阿兰人是第一个遭受匈人侵略的民族。阿兰人被打败了，但很快就怀着良好的意愿加入了他们的行列，于是这两个民族转而共同对付哥特人，哥特人屈服了。然后，就没有什么能抵挡匈人占领半个欧洲的冲动了。自此以后，除了那些定居在高加索地区的人，史书再也没有记载其他阿兰人在世界事务中发挥过显著的作用了。

在中亚——意貌山以外的斯基泰——沙漠现在以牺牲那些曾经人口稠密的城市和幸福的人民为代价扩大了它的边界。从前平原上有丰收时的笑脸，现在除了猎人在旷野的沙丘上追赶野骆驼，什么也看不见。历史上已知的中亚第一批居民是印度-日耳曼人。在这些地区，最早记载的白种人是于阗人。在这个相对封闭的地区，梵文或是与梵文同源的一种语言，在公元前被广泛使用，所以这里似乎和印度曾经有较密切的联系。佛教在这里兴盛起来，并可能因此在亚洲的游牧民族中传播。

于阗的周围遍布寺院，早在东方的佛教传入西藏之前，佛教徒就已经在于阗研读他们信仰的神圣书籍和教义了。于阗居民主要通过克什米尔地区维持与印度的往来，他们学习了这个地区的文化、律法和文学。这种学习让他们很早就变得文明起来，使得他们的习俗和语言跟邻近的民族有所不同。他们如此尊崇佛陀，如此执着于佛法，以至于他们有100多座寺庙，里面住着5 000多名僧人，所有人都致力于学习佛法。

中原人与于阗人的第一次接触是在公元前2世纪末。当时这一地区的国王住在西部的城市。城里有2.3万间房屋，1.93万人，2 400名精兵。城里有一位首相、一位右将军、一位左将军、两位骑兵队长、一位西城司令、一位东城司令。于阗历来以其顺着河流滚滚而下的大量东方玉石而闻名。玉石仍然是这个地区的主要商品，中国和邻国人民高度认可它的价值。

73年，班超开始经略西域，他让于阗王降附汉朝。那时，于阗都城有8.3万居民，3万士兵。在此之前的一段时间，莎车人变得强大起来，征服了于阗人；但是，后来成为汉朝附庸的前任于阗王发动起义，推翻了莎车王的统治，并恢复了自己国家古代的辉煌。西北部远至喀什噶尔的13个小国都承认了于阗王的权威。大约在同一时间，罗布泊周边的鄯善王国开始变得强大。从那以后，于阗和鄯善两个王国控制着从博罗科努山通往中原的南部路线的关口。

从那时起，于阗和中亚其他国家的君主就一直听从汉人、突厥人、吐蕃人或其他在喜马拉雅山脉和阿尔泰山脉之间广大地区处于统治地位民族的命令。佛教是当时盛行的宗教，直到突厥人征服这一地区，引入了伊斯兰教。然而，对佛教的信仰似乎在很长时间以后仍然存在，并没有完全停止，直到察合台汗国统治时期才彻底消亡。

第204章

匈人和芬兰人

匈人和芬兰人的历史并不完全属于鞑靼人的历史，只有当他们被占据他们土地的鞑靼部落向西推进时才算。因此，我们此处只是对他们稍加介绍，欲知详情，可参考匈牙利部分对他们的详细讲述。

在蒙古人或鞑靼人的西伯利亚部落的西边有一个西伯利亚人部落，生活在贝加尔湖附近，他们就是萨摩耶德人。这些人被驱赶到北方，或与作为吉尔吉斯人祖先的丁零人一起占领了叶尼塞河上游。在这些萨摩耶德人和古吉尔吉斯人的西方，是东方的芬兰人或匈人。他们占领了伊斯基季姆大草原、额尔齐斯河及其支流、乌拉尔山脉的南部和乌拉尔河，一直延伸到里海。这是公元前6世纪的事情。紧靠南部的是马萨革泰人或阿兰人。

匈人——这个奇怪的民族，被那些与匈人第一次入侵欧洲同时代的人夸张地笼罩上了一层令人恐惧的面纱。其实这不足为奇，因为他们之前所见到的游牧民族，都是与欧洲人相似的印度-日耳曼人。

匈人有一双小眼睛，扁平的鼻子，大脑袋，黄色或深棕色的皮肤。匈人中的母亲们有一个习惯，孩子一出生就把鼻子压扁，把脸颊划破。这些自然的和人为的元素被欧洲作家夸大成最可怕的畸形画面——每个作家在描述这个令人畏惧和憎恨的民族时都试图超过其他作家。

他们不吃熟食，也不知道调味品为何物。他们以植物的生根，或是放在马鞍和马背之间有点走味儿的动物肉为食。他们从来不使用耕犁，只让战争中的俘虏为他们耕种田地，牧养牛羊。在到达欧洲以前，他们从来没有住过房屋，每一个围墙围起来的场所对他们来说都意味着是一座教堂；他们认为自己在屋顶下不安全。

他们从小就习惯于受寒、挨饿、忍渴，经常换住处，或者说根本没有住处，而是在山林中徜徉，后面跟着无数的牛群，用牛车一起拉着全家。他们的女人待在车里，忙于为丈夫纺织或缝制衣服，照料孩子。

他们穿貂皮，也不必脱下来，允许貂皮在身上腐烂。他们戴着一顶帽子，穿着一双笨重、妨碍走路且不适合步行作战的鹿皮鞋。他们几乎不下马，那些马又小又丑，但却灵活而不知疲倦。他们日日夜夜骑在这些动物身上，有时跨骑，有时横骑。他们吃喝都不下马，如果太困了，就趴在马脖子上沉沉地睡去。

民众大会也在马背上举行。他们在向敌人扑过去时，会发出可怕的呼喊。如果发现前面有太多的抵抗，就会立刻撤退，不久又会杀个回马枪，打倒一切拦阻的人。他们的箭头用尖骨制成，像钢铁一样坚硬而有杀伤力。他们甚至在疾驰之中，也能矫捷地全速射箭。在肉搏战中，他们一手拿着弯刀，一手拿着一张网，试图把敌人缠住。他们的一个家族有优先进攻敌人的特权。匈人的女性不怕伤、不畏死，战争之后，往往会在死伤者中发现女性的身影。这些人对和平的艺术极为排斥，以至于在他们来到欧洲后的近100年里，对文字仍一无所知，只向与他们打交道的君主们发出口头的建议。

但是，东部被汉朝驱逐的匈奴人——在后面的章节中有更详细的叙述——中的一部分，在2世纪拥入匈人的居地，占领了这片土地①，并迫使匈人渡过乌拉尔河，进入欧洲阿兰人的领地——阿兰人被迫沿着上伏尔加河向北迁徙，之后与匈人融合在一起。5世纪早期，这个融合之后的民族将匈人或阿瓦尔人的帝国扩展到了多瑙河以西和咸海以东的广阔地区。芬兰人此时正向芬兰前进，伏尔加河下游的一部分，以及从其最西边的弯曲处向西、向南画出的一条线，在565年，将阿瓦尔帝国与西突厥帝国分开。

起源于芬兰人或匈奴人的可萨帝国（679），开始于高加索以北的一个不知名部落，在2世纪后半叶，向西扩张到黑海沼泽，向北扩张到芬兰人的居地，向东扩张到咸海，在那里与中国和阿拉伯帝国接壤。745年，东部到达伏尔加河流域；1000年，几乎所有这些地区都被基辅罗斯大公国占领。匈人与其他部落融合，成为现代匈牙利人的源头，并把他们的国家命名为匈牙利。

因此，我们认为，乌拉尔周边地区是中亚游牧民族进入欧洲的大门。这些游牧部落常常从东方来，在路上停留一个或几个世纪，

① 这一事实并不明确，很多人因为匈奴人和匈人的名字极为相近，可能误认为匈奴人就是那个横扫欧洲大陆的可怕民族。但是他们名字的含义不同，两个民族的特征和习惯也没有什么相似之处。可能匈奴中的一些人和匈人有过民族融合，这在一定程度上调和了这一分歧。——原注

世世代代不离开给他们提供肥沃牧场和丰富动物的土地。因此，这些亚洲人在乌拉尔肥沃的平原上定居了一段时间，与他们在那里发现的芬兰部落融合在一起，这些部落可能扩张到南部的黑海地区。这些融合产生了新的语言和新的民族，有的依然留在原地，有的则被来自东方的部落驱赶，继续向欧洲进发。

这里，我们可以用几句话总结一下：我们看到了，欧洲国家在376年匈人经过欧洲时首次感受了民族大迁徙的影响。匈人跨过亚速海和顿河，来到了印度日耳曼民族的发源地，占领了位于黑海以北的多瑙河。这些游牧者一个接一个地分散到了罗马帝国的各个行省，改变了罗马帝国的面貌，从由此引发的混乱中逐渐形成了欧洲文明的现有结构。

第205章

通古斯民族

（前1100—1234）

通古斯人，或者就是中原人所说的“东胡”，东胡的意思就是“东方蛮族”。尽管他们长期以来一直过着游牧的生活，既没有形成一个国家，也没有形成强大的帝国，向西从未跨过东经120°的兴安岭山脉。他们的领地从其发源地的这些山岭一直延伸到日本海，占领了由黑龙江及其支流灌溉的满洲地区。

在公元前1100年，这个地区的南部被中原人称为肃慎。那里的居民把一种植物楛制成的弓和硬石头制成的箭献给中原政权。1 000年中，这种交往一直没有间断。后来，大约在公元前2世纪到1世纪，他们的名字被改为挹娄，曾向中国北方的皇帝（魏明帝）进献箭、石制箭头、弓、胸甲和貂皮。

这一地区极为寒冷，而且多山，以至于车马都很难行进。他们种五谷，养牛马，又用麻布做衣服；还在其中发现了红色的玉石和黑貂皮。

挹娄人既没有君主也没有首领，他们的村庄位于森林和高山之上，由长者统治。他们住在地下洞穴里，有钱人住得比其他人深。他们喂了很多猪，把它们当作食物，猪皮则用来制作衣物。冬天，他们把动物的油脂抹在身上，这样可以更好地御寒；夏天，他们赤裸上身，腰间围着一块布。

他们身上有股味儿，因为他们很少洗衣服，住的地方也不够干净。他们没有文字，他们的话语就是他们的纽带。他们用篮子当座位。他们吃肉前用脚踩踏；如果肉是冰冻的，他们就坐在上面解冻。他们生活的地区没有发现盐和铁，只能用过滤后的骨灰当作盐。他们都留长发。男人如果愿意娶哪个女人为妻，就会给她的头上戴上鸟的羽毛，并且支付嫁妆。健壮的年轻人受到族人的尊重，而老年人则受到轻视。

去世的人会被放到一个用木板做成的小棺材里，当天就被埋葬。死者的亲属再杀一只猪，放在坟墓前，作为死者的食物。他们性格残酷，对同胞没有同情心。父亲或母亲去世时，孩子们不哭，认为眼泪是懦弱的表现。无论盗窃物品的价值是多是少，他们都将小偷处死。

他们的武器是弓箭，盔甲是用兽皮和兽骨制成的。他们是优秀的弓箭手，使用4英尺长的强弓。他们的箭长20英寸①，箭头用坚硬的绿色石头制成，上面涂有毒药。这些使他们的邻居感到恐惧。但是他们从来没有对外征战，只是和平地生活在自己的地区。

① 1英寸=2.54厘米。——编者注

500年，那里又出现了一支通古斯部落，叫作靺鞨。每个村庄都有自己的首领，但他们并没有统一为一个民族。他们极为勇猛。方言跟邻居的不尽相同。靺鞨人不断地骚扰邻近的部落，并激起了很大的恐惧。他们住在溪流旁边的山上，生活的地区贫穷潮湿。他们用夯过的小土堆围住自己的住处，住在地下，用梯子往下爬。他们没有牛羊，但是养马；会种植小麦、其他谷物和豆类。他们居住地区的水是淡盐水，即使在树皮上，也可以看到风化的盐霜。他们也有盐湖。

这个民族养很多猪。他们用谷物酿酒，并喜欢把自己灌醉。结婚时，新娘的衣服是布做的，新郎的衣服是猪皮做的，头上有老虎或豹子的尾巴。靺鞨人是出色的弓箭手，也是出色的猎手。他们在七八月份为箭制作毒药。毒药的毒性极烈，以至于人在制备过程中很可能会被蒸气毒死。当亲人在春天去世时，他们会将亲人埋在高处，并在坟墓上盖一座小房子，以防雨淋和潮湿。至于那些在秋天或冬天去世的人，他们的尸体则会被用来诱捕黑貂。

到7世纪初，中原皇帝团结了这个民族的七大部落。7世纪末，我们发现他们建立了一个强大的王国，这个王国包含了朝鲜半岛的一部分，并且由于使用字母和形成正规的政府而得以文明化。这个王国在926年结束，被另一个通古斯部落契丹征服。

契丹人曾被中原人驱逐出自己的居住地，但后来返回，经常入侵中原，但有时会向中原政权纳贡。在553年，他们入侵中原，但10万人被俘虏，很多牛也被夺走。在这之后，除了1万户退居高句丽境内，其余的人都臣服于突厥。

契丹人也经历了多舛的命运，最后，他们的统治者通过建立地方行政机构，引入书写文字让他们逐渐文明起来；他们还逐渐学会了如何给牛增肥，从而使自己变得富有，并掌握了铸铁和锻造金属的工艺。他们扩张疆界，建造城邑，并用城墙和栅栏进行加固。他们还致力于培育桑麻以及织造丝麻。

契丹人建立了一个庞大的帝国。一个关于其创立者的传说，类似于亚洲故事中经常讲的伟人故事，同时也能让我们想起罗马的塞尔维乌斯·图利乌斯的故事。契丹王朝的创立者是耶律阿保机。他的母亲为部落首领的妻子，梦见太阳照进了她的怀抱。阿保机出生的时候，房子周围出现了一道神光，散发着奇异的香味。他刚出生就有三岁孩子那么大，已经能够爬行。他的母亲对这些异兆感到疑惑，就把他藏起来，并非常小心地抚养。三个月后，他便可以自行站立；一岁大的时候，便会开口说话，并可预知未来。他自称身边有超自然的生物在担任他的侍卫。

他被任命为夷离堇（军事首领）之后，便有了发动战争与缔结和约的权力，在征服了邻近的部落之后，他入侵中原，并于唐朝灭亡的那一年（907），成功统一了契丹，成为可汗。他以惊人的速度，将征服范围扩大到东部的海边、西部的喀什噶尔和北部的贝加尔湖——南部也将中国的东北部和高丽的大部分地区囊括在内。他把王庭设在上京临潢府，因为对自己的征服感到荣耀，便自称皇帝。他的继任者变得如此强大，以至于能够让中原的皇帝称臣。他们统治了200多年，最终被反叛的女真族推翻。

女真族的风俗习惯与他们的祖先肃慎相似。他们是勇敢而专业的弓箭手。他们知道如何模仿鹿的叫声，将它们聚集到一个地方，以便更轻松地猎杀它们。他们以肉为食，用鹿奶酿酒。他们的领地在准噶尔河的东边，那里有很多可供打猎的野兽——野猪、野牛、野驴和骏马。他们骑牛和骡子。下雨时，他们用生兽皮把自己包裹起来。他们的小房子上覆盖着白桦树皮。

女真族由不同的首领统治，其中有一位富有而强大。他的继任者们致力于让他们的臣民变得更加文明，并把他们团结为一个民族。当其中一位发现自己成为所有部落的首领时，便起兵反抗他们所臣服的契丹王朝（辽），并通过几次战役的胜利，夺取了大片土地，并于1115年称帝。女真首领立国号为金——意思就是金子不会被腐蚀。中原人利用金国摧毁了自己的敌人辽国，没想到金兵乘势进入中原，占领了中国北方地区，兵力直达黄河，将中原的皇帝驱赶到了南方。

就这样，女真族就成了亚洲东部地区的主人，从黑龙江、图拉河和鄂尔浑河，直到黄河，并大胆地进入黄河以南的河南省。直到1119年，他们才开始采用书写文字。当时他们采用的是契丹文字——这些文字已经不为人知了。金国的统治一直持续到1234年，之后被成吉思汗及其继任者灭亡。

中国人所知道的最后一个通古斯族分支，就是他们所称的室韦。关于这个民族，我们只有从史书中得以了解。室韦由几个没有共同纽带和君主的部落组成。它是一个弱小而贫穷的民族，曾受突厥人的统治，与契丹人有着相同的血统。最南端的室韦人居住在契丹人以北的一段距离内，以及嫩江附近地区。他们居住的地区肥沃、湿润，到处覆盖着草原和森林，里面生活着可供捕猎的野兽，蚊虫密布。居民们都住在挖掘的洞中。

他们的服饰跟契丹人相同，同样也把头剃光。像突厥人一样，他们住在大车上的帐篷里。他们乘坐木筏和皮船渡河。他们用牛拉车，并将自己的小屋铺满粗糙的垫子。他们没有用毛毡，而是在马鞍下放了一捆草，并用草绳作为缰绳。他们睡在猪皮上。以一定顺序排列的小块木头，让他们能够记住想记的东西。他们那里的气候极为寒冷。那里没有绵羊，只有少量的马，但是猪和牛都很常见。他们喝一种自酿的酒。结婚时，新娘给新郎的家人嫁妆。寡妇不能再结婚。富人要穿3个月丧服。他们居住的地区没有铁，要从朝鲜那里获得。

室韦南部有25个其他部落。在他们北部10天的路程范围内，是室韦北部的9个其他部落。这些部落位于贝加尔湖以东，那里气候极为寒冷，降雪量很大，因此不得不使用雪橇。在冬天，他们退居到山上的洞穴里，以捕鱼为生，用鱼皮做衣服。黑貂和其他种类的貂比比皆是。他们戴着用獾皮和狐狸皮做的帽子。现在居住在西伯利亚东部的通古斯部落，是上述9个部落的后裔，现在附属于俄罗斯。

第206章

匈奴

（前1800—529）

古代，在中国北方有一个强大的民族——匈奴。匈奴人与蒙古人、厄鲁特人和其他鞑靼人不同的是，他们在外貌上更具欧洲人的特征。

匈奴人的祖先似乎来自唐古拉山脉和阿尔泰山脉的雪山。他们很快就分散到东北和西南，主要定居在中国山西省和陕西省的北部地区，靠近阴山。

他们主要过着游牧的生活，靠他们的畜牧产品为生，沿河而行，寻找牧场。也有些部落专心务农，他们有固定的居所，土地确定了界线。他们对书写艺术一无所知，他们的话语就是契约的可靠保证。

他们从最幼小的时候起就为打猎和战争做准备。小时候他们骑在羊身上，并被教导用小箭头射鸟和老鼠。待到长大一些，他们就开始猎取狐狸和野兔，吃它们的肉。当他们能够驾驭更强的弓箭时，就会收到一个胸甲和一副马鞍，战争便成为他们的主业。

他们的武器是弓、箭、剑和长矛。一旦取胜，他们就选择前进；遭遇不利，他们就会撤退，他们不认为逃跑有什么可耻的。他们还会在撤退之后旋即返回战场，以新的活力和精神发动进攻。在这种战斗模式下，他们的马匹异常敏捷，正规军很难抵挡他们。

他们的骑兵常常成群结队地互相追逐，像被风吹动的尘土一样，密密麻麻地散布在沙漠中。他们会将敌人引入沙漠可怕的孤寂之中，让他们可怜地死去。

勇士会把战死在他身边的战友的尸体带走，成为他的继承人，获得他的全部财产。这些人非常渴望俘虏，并且尽可能多地获得俘虏。事实上，俘虏是他们的主要财富，他们用俘虏看守马匹和牛群。他们不尊重父母和上级。事实上，他们的许多特点让我们想起了公元前600年先知哈巴谷所描述的即便不是同源也是相似的民族。

他们吃牲畜的肉，用牲畜的皮做衣服和旗帜。年轻人吃最好的东西，老年人吃剩下的东西，匈奴人只看重年轻力壮的人，轻视年老体弱的人。父亲死后，儿子们常常娶他留下的妻子（庶母）；如果一个兄弟死了，其他兄弟会娶他的妻子。

他们不让后代使用前人的名字，因此，他们便没有姓氏。除了俘虏，家畜是他们的主要财富，如牛、羊、马、骆驼、驴，以及几种不同种类的骡子、野马和野驴。[①]

中国北方自古以来就被这一民族袭扰，而这些袭扰跟中原君主的软弱程度成一定的比例。在公元前1200年以前，他们的力量不是很强大，因为他们没有统一在一个首领的领导之下，还被东边的通古斯人和西边的月氏所制衡。然而大约在那个时期，一位未能继承王位的中原王室成员来到他们中间，建立了一个国家，直到公元前200年左右才变得强大。大约在这个时候，他们战胜了后来讲到的鲜卑和乌桓，将他们的势力范围向西推进，并蹂躏了中国北方地区。

公元前214年，秦朝将战国时期各个北方国家的长城连接成了现在绵延不绝的万里长城，以阻绝北方的游牧民族。公元前200年，汉朝开国皇帝向他们发动进攻，但是，由于被匈奴军队包围，他不得不采取一个策略，即送了一个漂亮的姑娘嫁给匈奴首领，并因此缔结了和约。在蹂躏了山西之后，匈奴人带着丰厚的战利品回到了自己的土地上，而汉朝皇帝也回到了他的首都。

尽管有条约，这些天生不安分、贪图掠夺的匈奴人第二年又回来了，侵犯了汉朝的领土。皇帝隐忍着，敌对的首领冒顿变得越来

① 中原人通常称蒙古南部的游牧民族为“狄”，意思是巨大的野生驯鹿，也有人说这意思是狗族。早在公元前2200年，中原人就用山戎来称呼匈奴人，意思是“野蛮的山地人”，后来这个名字也包括了某些西藏部落。中原的第一个王朝称匈奴人为薰粥；在公元前1000年左右的第三个王朝，称匈奴人为猃狁；在秦汉时期，称他们为匈奴，意思是“可憎的奴隶”，似乎是对原始名称的有意破坏，向游牧民族表达定居民族通常的恐惧——这种厌恶理所当然，因为这种不安分、掠夺的边疆民族一直是他们最大的祸害。早在约瑟生活的族长时代，我们就发现游牧民族是秩序井然、勤劳的埃及人所憎恶的。“匈奴人”这个中国名字跟“匈人”这个名字是没有关系的，这一点前面已经解释过了。——原注

越强大。

汉朝的大臣知道匈奴首领的邪恶和不忠，无法通过讲道理来说服他，也无法通过条约来约束他。因此，皇帝的一位谋士建议他诱使冒顿娶一位公主为妻，建议如果他有一个儿子继承他的王位，这个儿子的母亲会用对汉朝人有利的感情来激励他，这个国家可能会变得文明。人们还希望这种关系能把首领和皇帝联系起来。

汉高祖采纳了这一睿智的建议，他的女儿[①]是第一位因政治原因嫁给外族君主的汉朝公主。后世常遵循这个先例，这是目前中国羁縻鞑靼臣民的模式。但是，由于汉朝的公主们发现自己非常不幸地生活在未开化的地区，远离上流的生活和宫廷的娱乐，还要服从丈夫的权杖，感觉太苦了，因此，汉朝后来嫁给单于的，不是真正的公主，而是替代的宫女。

这两个君主——汉高祖和冒顿之间的联姻，实际上对汉朝产生了有利的影响，匈奴人的入侵变得不那么频繁，边境的和平也很少受到干扰。为了保护北方地区免受匈奴人的侵害，汉朝人开始在这些地区驻军，这些驻军的力量足以抵御第一次冲击。

但汉高祖去世后，匈奴的侵略又开始了，边疆的和平常常被打破，直到公元前129年，汉武帝为了报复屡次的受辱，开始猛烈地回击；此外，为了切断匈奴与其西部部落的联系，汉武帝占领了陕西以西的地区。他把这个地区分成四个部分，在那里和他征服的北方地区建立了城市，用强大的军队驻守，旨在教化附近未开化

① 实际上是汉朝宗室的女儿，赐予公主名号，嫁给了单于。——编者注

的居民。①

为了尽快实现目标，汉武帝派了一个使团到西方，与月氏人结盟，月氏是另一个愿意与匈奴人战斗的民族。虽然这个使团在公元前129年抵达，但并没有达到自己的目的，然而它作出了很大的贡献，使亚洲内陆的马匹为汉朝人所熟悉，并为未来在西藏以北、贾沙特斯河以外建立和实施汉朝的统治开辟了道路。

汉朝人因此了解了匈奴的情况，以及他们主要力量部署地区的情况，特别是他们的财富和武器。后来汉朝三次出动大军，击败匈奴主力，把他们赶到大漠以北。

此后，汉朝又讨伐大宛，但并没有取得辉煌的胜利；但在第二次，他们围困了大宛首都，迫使国王自首并被砍头，然后另立新王。这些胜利极大地确保了其他国王的服从，并迫使那些迄今尚未投降的国王宣布他们是汉朝的附庸。为了拉近联盟关系，汉朝的皇帝甚至把他的女儿嫁给了前面提到的乌孙王。

汉朝现在在亚洲的中心、靠近现在哈密的地方建立了驻军营地。驻守此地的大将军（西域都护），监管36个小王国，让它们的君主接受汉朝皇帝的册封和标志君主尊严的印玺。这一联盟的建立损害了匈奴的利益，并取得了预期的成功，极大削弱了匈奴人的统治。尽管如此，匈奴人的尚武精神还是让这个国家维持了很长一段时间。

---

① 这些政策让我们想起了一个半世纪之前的希腊征服者亚历山大，他在波斯北部和东部、巴克特里亚等地的商业城市驻军，以达到同样的目的，对抗西亚类似的掠夺者。很久以前，埃及征服者在亚洲和非洲也曾这样做过，而俄罗斯现在正在这么做。——原注

我们在上面做了细节性讲述，目的是让我们了解中原和鞑靼历史上的简单元素——许多亚洲故事的关键，以及许多世纪的变化。读者也会想到在亚洲的另一端，文明的法老和游牧民族之间的一些交往情况——那也是西方妇孺皆知的历史，我们时代的穆罕默德·阿里与阿拉伯人，也是这种例子。为了避免千篇一律，我们接下来对匈奴人的叙述尽量保持简洁。

公元前74年，因为一个匈奴部落占领了自己的部分领地，乌孙王向汉朝皇帝求援。一支15万人的军队被派往乌孙，在5位将军的指挥下，这支军队在5个不同的地点同时进入敌方领土。在乌孙这边，他们也向匈奴人发动攻击，匈奴人四面受敌，大败。然而，匈奴单于再一次努力，集结了一支1万人的骑兵，再次进入乌孙领地，但是，当他想返回的时候，那里下起了一场暴雪，几乎所有的人和牲畜被冻饿而死。

同时，乌孙以北、西伯利亚南部的丁零人，利用匈奴的衰弱之机，从北方袭击他们；乌孙人从西面，乌桓人从东面，汉朝人从南面，同时发动袭击。在全面的围攻下，匈奴损失了大量的人口以及牛羊等牲畜。

这场可怕的灾难之后，又出现另一场大灾难，使得匈奴人分散开来；而逃脱以上两场灾难的人，很多又死于一次严重的饥荒。如此多的不幸大大削弱了匈奴人的力量。邻国抓住时机摆脱了他们的枷锁。匈奴人自己也想要和平，也更需要和平，因为有好几位竞争者争着要继承王位。5位王位竞争者的同时出现引发了一场腥风血雨的内战，使得这个可怜民族的处境更为凄惨。

这些灾难最终迫使他们的首领之一呼韩邪向汉朝投降。呼韩邪于次年（前51）前往长安（现在的西安府）附近的甘泉宫[①]谒见汉朝皇帝。一队禁卫军和一名官员被派去迎接和护送匈奴君主。他受到了隆重的接待，并接受了许多礼物；他获准与臣民在陕西北方定居。皇帝把呼韩邪送回他的领地，并派军队去制服扰乱这一地区的叛军。随后，其他酋长也效仿他的做法，宣布自己是汉朝的附庸。他们都受到汉朝的欢迎，汉朝对敌人之间的不和暗自感到高兴。然而，首个降服的人找到了摆脱所有竞争对手的办法，在重建了臣民之间的和平之后，他再次到访长安，觐见皇帝，皇帝将一位公主许配给他。[②]他的继任者们长期以来与汉朝保持着良好的关系，质子被送往长安作为他们忠诚的担保。

9年，王莽篡夺了中原王朝的皇位，匈奴以及中亚的其他几个王国——中原政权的盟友——放弃他们的忠诚，宣布独立，或加入匈奴一方。王莽为了从匈奴的入侵中拯救他的边郡，调集了大批兵马准备征讨。然后，他派遣12位将军率领30万军队于11年，准备沿着10条不同的路线，深入匈奴的中心地带，把他们赶到丁零；同时下令，把匈奴分为15部，分封给呼韩邪的15个儿子和孙子。然而双方最终讲和，直到王莽政权被推翻，也未展开大战。

东汉王朝建立后，匈奴人又开始给中原制造烦恼，并与鲜卑和乌桓联合起来，再次获得了他们曾经的权威。46年，匈奴帝国再次出现几个派别的纷争。几年来，他们的国家被大量的昆虫所蹂躏，

① 甘泉宫遗址位于今陕西咸阳市淳化西北。——译者注

② 根据国内现有史料，许配给他的应该是遴选的宫女王嫱，即为大家熟知的王昭君。——译者注

这些昆虫吞噬了牧场和庄稼；一场大旱又摧毁了幸存的植物。之后发生的饥荒不过是这一民族即将降临的所有不幸的前奏。向来极为傲慢的匈奴人，担心东汉王朝会乘机讨伐他们，便祈求和平。他们曾经的臣民鲜卑和乌桓则向他们发起进攻，把他们驱赶到更远的北方，使他们抛弃大漠南部的所有财产。

两位王位竞争者中的一位秘密向东汉王朝送去了一张匈奴帝国的地图，要求被承认为附庸。他的对手闻风而动，决定暗杀他，但这位送地图的竞争者立即聚集了他所统治的8个部落，宣布自己为单于，并自称呼韩邪。他的继任者继续保留了“呼韩邪”的名号，就像罗马皇帝称自己为恺撒的继承人，并把皇帝的职位命名为“恺撒”一样。他统治着东汉王朝的边境地区和匈奴南部，匈奴因此分裂为两个王国，一个是南匈奴，另一个是北匈奴。

南匈奴与东汉王朝保持着良好的关系，并负责抵御北匈奴和鲜卑的入侵。北匈奴虽然受到许多心存不满的部族的威胁，但它依然继续激怒东汉王朝，东汉王朝别无选择，只能在73年展开了著名的西征。这对北匈奴的势力造成了可怕的打击，他们的单于不得不去寻求东汉皇帝的友谊，并在84年获得允许，让他的臣民与帝国的西部边境交往。这引起了他的宿敌——南匈奴的嫉妒，南匈奴袭击了北匈奴，夺走了他们几乎所有的牛羊牲畜。中亚的乌桓和鲜卑，还有丁零人，从四面八方向北匈奴发动攻击，迫使他们越来越向西北退却。北匈奴单于在与鲜卑的一场血腥战斗中被杀，鲜卑的进攻如此猛烈，致使北匈奴中的58个部落寻求东汉王朝的保护，恳求成为东汉王朝的附庸。

89年，东汉王朝在西边的小布哈拉建立了统治，一位汉朝将军

（窦宪）在那次战争中击败了北匈奴人，迫使他们中的81个部落宣布自己是东汉王朝的附庸。第二年，他占领了哈密城，并迫使乌古斯的国王把他的儿子作为人质交给他。在这之后，北匈奴人再也不敢武力犯边了，他们祈求和平，并派出一名使者向皇帝致敬，皇帝派一名官员到边境迎接他。

这位北匈奴的使者刚一离开，南匈奴的一个使团就到了长安，要求东汉王朝帮助它对付北匈奴。皇帝不顾与北匈奴的约定，答应了南匈奴的要求，并与他们组成联军。联军完全战胜了北部的敌人。得知这场胜利之后，皇帝决定乘胜追击，彻底击溃北匈奴。于是他征召了一支强大的军队，命其向额尔齐斯河的源头进发，最终将北匈奴彻底驱逐。北匈奴单于在90年、91年、92年不断溃败，最终被杀掉。

北匈奴的残余势力再次聚集起来，一起向索格狄亚那地区进发，然而不得不暂时在库车的北部地区定居了一段时间，并以“悦般”为名。后来，他们去往西北，也用悦般作为族名，定居在伊斯基季姆草原南面山区的两侧。448年，他们派了一个使团到北魏，邀请北魏从东边进攻柔然，而他们从西面进攻。在这之后，这个民族便消失在了历史之中，很可能是与突厥民族融合在了一起。

其他一些弱小的匈奴人分支仍然存在。鲜卑以武力在匈奴原来的疆域建立了自己的国家，十几万匈奴人归附于他们。为了获得更好的条件，匈奴人与征服者完全融合在一起。鲜卑人认为自己的伟大时期就是从那时开始的。

南匈奴保持了一段时间的安静。在109年，当一场可怕的饥荒给东汉王朝造成了重大打击时，南匈奴的单于认为这是一个统治至少一部分汉朝土地的合适机会。然而汉朝人团结起来，彻底打败了他们，他们不得不来请求原谅，并重新表示效忠。在155年的一次类似灾难中，他们试图与西边的一个西藏部落联合起来，摆脱东汉王朝的枷锁。东汉王朝的边将设法切断了各部落之间的一切联系，收编了西藏军队，并征服了匈奴，进而阻止了这一情况的发生。

此后，他们有时是东汉王朝的臣民，有时与东汉王朝开战。最后，216年，曹魏的创立者（曹操）关押了他们最后一位单于，废除了他的头衔，并为他的人民安排了另一位统治者。一部分人分散在北方边境，与当地人融合在一起。他们被分为5部，每部都由一个首领管理。后来，留在南匈奴故地的两万户人口也前来向东汉王朝投降。由于魏国的皇帝们颇为强力，统治也颇为稳固，他们在这段时期相对平静。

在中国的北部，主要是靠近双长城的山西和直隶①的州郡，匈奴的民户长期与中原百姓共同生活，最后融合在一起。把他们安置在那里实属下策，因为这让他们获得了帝国的一部分领土。事实上，这些匈奴人现在已经对中原事务了如指掌，并从4世纪的帝国大分裂中获利，他们在这里建立了汉王国，也称前赵，从304年持续到329年。它的王庭设在山西，势力非常强大，对晋朝造成致命打击。他们攻陷了洛阳，俘虏了晋朝的皇帝。

随后，他们的一位将军（石勒）成功地反叛，建立了一个小国家。几个将军向他投降，承认他是他们的君主。他摧毁了他主人的王朝，建立了后赵，一直延续到351年。

---

① 清朝时的直隶省，特指现在的河北省。——编者注

匈奴人的另一支不断壮大（首领赫连勃勃），甚至占领了中原政权的首都长安，他在418年称帝，但他的强大是短暂的。最后一个由匈奴人建立的国家是北凉，并于401年在乌古斯人的统治下崛起，460年被柔然所灭。从那时起，匈奴人就分散到整个亚洲地区，失去了自己的名字，在一定程度上与其他不同血统的民族融合了。

第207章

突厥

（前460—1257）

据说从北凉被驱逐出来的匈奴人退居到北方，可能生活于巴尔喀什湖附近。根据中国人保存下来的传说，那里的匈奴人被一个邻近的民族消灭。只有一个10岁的男孩，因为敌人的不忍心而只被砍掉了手和脚，幸存了下来。那个孩子自己爬到一个大沼泽地里，藏了起来，并得到了一只母狼的照顾，母狼同他分享它的猎物。由于敌人的迫害，母狼和小男孩被一个神灵带到湖的东边，在一个山洞里避难。这个山洞位于乌古斯地区的西北部。不料山洞是通的，他们穿过山洞，来到一片肥沃的平原上，周长约60英里。在那里，他和母狼结为夫妻，母狼为他生了10个儿子。这些男孩成年后，各自娶了妻子，每个人都有自己独特的姓氏。

阿史那意为“高贵的狼”，比其他家族的人更有能力，于是成为一个小部落的首领，而这个部落很快就发展壮大起来。为了保存他们对自身起源的记忆，他把狼头放在他们旗帜的顶端。这个传说与蒙古人和成吉思汗家族的起源非常相似。或许成吉思汗是曾经统治蒙古人的突厥君主后裔，又或者是成吉思汗的故事借用了突厥君主起源的神话传说。

阿史那部落人口大增，因为平原太窄，容不下他们，于是他们离开了平原地区，分散到金山（阿尔泰山）的山谷之中。阿史那的君主们在金山的脚下建立了住所。因为金山的形状像一顶兜鍪（头盔），兜鍪在他们的语言中被称为“突厥”，因此，突厥便成为他们的部落名。

突厥人后臣服于柔然，他们擅长锻造武器和盔甲。在西魏末年，他们的首领自称土门，与高车人作战，彻底打败了他们。他为这次成功而骄傲，派了一个使团到中原。546年，他大胆地要求柔然可汗把女儿嫁给他。柔然可汗一直把突厥人当作自己的奴隶，他发现一个只能为自己打铁的民族首领，竟敢明目张胆地索要公主，极为震怒。他把土门的使团赶了出去，不留丝毫情面。土门比柔然可汗还要愤怒，他杀死了可汗的官员，断绝了与可汗之间的一切贸易，转而向西魏皇帝求助。西魏皇帝将一位公主嫁给他。土门随后向柔然宣战，并在几场战役中打败了他们，柔然可汗绝望地自杀了。

土门在552年以可汗为称号，自称“伊利可汗”。他建立了突厥汗国，使得突厥人成为中亚地区分布最广泛的人种之一。这个民族频繁地入侵中原和波斯，并派遣使者到君士坦丁堡的皇帝那里。土门的继任者彻底摧毁柔然，然后把帝国交给了自己的弟弟俟斤，也就是木杆可汗。他是一位勇敢、残忍、好战的君主，驱散了柔然的残余势力。他征服了从日本海到里海，南至中国西藏，北至贝加尔湖的广大地区。他建立了一个稳定和组织良好的政府，从而使帝国更稳固。

在这位君主的统治下，突厥人与君士坦丁堡保持着定期的交往和外交关系。

木杆可汗于572年去世，他的弟弟库头继位，就是佗钵可汗，帝国变得更为强大。中国北方的王朝为了抵御他的入侵而把自己的国库都耗光了。他把佛教介绍给他的人民，从中原带来了僧人和书籍，并建造了几座寺庙。

在他继任者的统治下，突厥帝国被分为四个部分，但是驻于图拉河附近的沙钵略最具才干。这位可汗的妻子是一位刚刚在中原被推翻的王朝的公主（北周千金公主）。沙钵略在妻子的殷切请求下，试图帮自己的亲人向隋朝报仇雪恨。但是，他的入侵被打败了，并开始了逃亡。他的军队吃完了粮食，瘟疫夺去了许多士兵的生命。与此同时，隋朝在他的帝国内挑起争端，并让其他两个强大的可汗放弃了对沙钵略的效忠，他们宣布自己是隋朝的附庸。585年，沙钵略被迫效仿他们的做法，也对隋朝表示效忠。

在沙钵略可汗继任者的统治下，唐朝继续从突厥人的内乱中获利，并在630年袭击了统治东突厥汗国的颉利可汗，打败并俘虏了他。乌古斯部落利用其君主的弱点建立了一个新帝国（回纥），并于745年联合唐朝彻底摧毁了东突厥汗国。8世纪后半叶，唐朝对西突厥汗国行使了巨大的权力，但经过几次变迁后，他们也落入了乌古斯的统治之下。

由于乌古斯部族是古代突厥人中最后一个得到帝国权力的部族，对其命运的简短描述将结束我们这一部分的主题。源于鄂尔浑河边界的乌古斯人向西扩展到额尔齐斯河的源头。乌古斯部族的一个分支部落，在天山以南定居，其中一些早在公元前2世纪就放弃了游牧生活。他们住在哈密和吐鲁番附近，640年被唐朝征服。他们的都城吐鲁番被唐朝征服者称为西州，他们在这里设立了一个军事长官和多个民事法庭。随后，它被乌古斯帝国统治过，后来独立，但又落入契丹人的统治之下，契丹人于1209年向成吉思汗投降。

10世纪，位于中亚中心的乌古斯都城，大约有50座佛寺，其中大部分是由中原皇帝建造的，其中保存有佛经和一些中文著作。在公共图书馆的其他著作中，也可以找到皇帝的诏书。这里还有摩尼教的神庙、波斯祭司、祆教徒，以及其他教派的信徒，每一个宗教都遵守自己的礼拜仪式。这里通行的语言是乌古斯语，他们还有自己的编年史，有学问的阿拉伯人都习惯于参阅这些历史资料。因此，他们的文明是由混杂的元素组成：中国的、印度的和西方的。

乌古斯民族的另一个主要分支过着游牧生活，他们在天山以北，在额尔齐斯河和鄂尔浑河的绿色河岸之间，放牧着众多的牛群。这一分支在3世纪时被称为高车，可能是因为帐篷车的轮子比其他突厥部落的轮子高。他们声称的起源传说与突厥人相似——来自狼，因此，据说他们慢吞吞地说话是在模仿那些动物的嚎叫。

高车民族还比较原始，在与邻国的战争中，他们不遵守任何军事规则，逃跑对他们来说并不耻辱。他们不懂好客的法则，坐下来，像动物一样蹲着，双手放在膝盖上。他们不知道小麦和烈酒的用途。当他们要娶妻之时，就用牛或马作为彩礼，区别是能给的牛马数目。丈夫接他未来的配偶进屋的那一天，男人和女人聚集在一起，享用马奶奶酪和烤肉。主人请穷人和过路的人在门口坐下，大家一起喝到天亮。

高车人从来不洗衣服。当出现闪电和雷声时，他们都会变得欣喜若狂，同时发出可怕的号叫声，并向天空射箭，离开自己的营地，转移到别处。第二年，他们的马肥壮了，就成群结队地回到原来的地方，筑起一条沟，把一只公绵羊烧掉，然后巫师们开始施展他们的巫术。他们其余的习俗与其他突厥部落相似。

他们人口一点儿一点儿增多后，便向南扩张。后来，他们变得相当强大，入侵了柔然和北魏。北魏的一个皇帝（太武帝拓跋焘）率军接近他们的驻地，一次又一次地打败他们，掠夺他们所有的部落，俘虏5万多人，赶走了100万头牛和20万辆马车。后来，这位皇帝又打败了柔然，派军队去讨伐驻扎在东边的几个高车部落，并迫使他们中的一些人承认他的权威。他让他们迁到大漠的南边，安置在中国的边界，在那里他们成了农民。7世纪初，高车采用了回纥的名字，这是他们其中一个部落的名字。

606年，突厥人征服了回纥，掠夺了他们所有的财富。为了防止他们的报复，突厥人召集了他们的主要首领，杀死了他们中的许多人。回纥反叛，打败了突厥人。在突厥政权被摧毁后，回纥成为中亚的主导民族。629年，他们向唐朝皇帝派遣了一个使团，不久就宣布自己是唐帝国的附庸。7世纪，回纥人的势力最西到达拜占庭帝国的边境，而最东的牧场则是流入太平洋的黑龙江茂盛的河岸。

与唐朝交流获得的礼物，以及从那里掠夺来的东西，破坏了回纥或者现在称为回鹘的原始朴素。他们的一位君主抛弃了古老的礼仪，建造了宏伟的宫殿，给他的妻子穿上了华丽的衣服。这使他的人民不高兴，并导致了他的死亡。一个篡位者登上了王位，他向唐朝皇帝的女儿求婚，皇帝本想拒绝，但在其宰相的劝说下，答应了，因为装备唐朝骑兵需要马匹，而这些马匹只能从回鹘那里弄到。宰相进一步建议皇帝也与南诏国王、阿拉伯帝国的哈里发和印度的国王们结盟，这样可以帮助他摧毁吐蕃人的强大力量。

我们应该注意到，亚洲在787年左右存在6个强大的政权：东部是唐帝国；南部是独立于唐朝并包括印度支那大部分地区的南诏王国；然后是印度内陆最强大的摩揭陀王国；在西方，是哈里发帝国；在亚洲中部，吐蕃的势力还在扩张；在北面，是延伸到里海并承认唐朝宗主地位的回鹘。由于吐蕃人和阿拉伯人不断交战，唐朝的利益是与哈里发友好相处，以便更好地击退不断入侵的吐蕃人。

回鹘可汗（骨力裴罗）娶了一位唐朝的公主为妻，并以所有可以想象得到的尊重对待她。他许诺要派军队进攻吐蕃，并给他的国家起名叫回鹘。他的去世、他的儿子兼继任者的去世，推迟了拨给唐朝的军队；但是他的孙子刚一即位，便派了一支军队去援助一个被吐蕃人围困的要塞，那里的唐朝人被困住无法突围。那时，唐朝在中亚所拥有的领土，除了回鹘，都落入了吐蕃人的统治之下。791年，回鹘可汗在陕西地区打败了他们，并把俘虏送给了皇帝。但吐蕃人的力量仍在增长，而回鹘人的力量却在不断衰弱。

840年，吉尔吉斯人的祖先黠戛斯人变得强大起来。他们的主要营地在吐鲁番和天山山脉以北。此时，他们的君主亲率10万骑兵，进攻回鹘，杀了他们的可汗，试图摧毁这个民族。回鹘中相当一部分人来到了陕西的边境，受到中原皇帝的保护。848年，黠戛斯人将这个民族彻底瓦解。但是，在1001年，我们发现一位回鹘的国王派了一个使团到中原，他的王国中有100多个小国。东边与黄河的上游地区接壤，西边与天山接壤。

势力与日俱增的契丹迫使回鹘人不知不觉地向西方退却，从而失去了在中国边疆的地位。不过，他们还是留在了高昌附近，直到1257年臣服于蒙古人。

第208章

成吉思汗与蒙古帝国的崛起

（1000—1227）

亚洲中部和北部几乎所有的国家，甚至北美的一些国家，都具有地理学家所说的蒙古人种的特征；但是历史学家有义务将蒙古人的名字局限于那些与现在蒙古人同一血统的族群。他们是蒙古人、厄鲁特人及西伯利亚的布里亚特人。蒙古人通常被称为鞑靼人，实际上，鞑靼人的名字经常用于任何居住在鞑靼地区的居民。

在1000年左右，我们发现蒙古人仍然居住在贝加尔湖附近，从西边的安加拉河向北，到东边的外兴安岭，大约是贝加尔湖周长2/3的距离。在更远的南方，也发现了3个小部落，其中一个在长城以内。

蒙古人最初是一个纯正的鞑靼部落①，他们分布在贝加尔湖的南面和东面，以及黑龙江上游的河流之间。即使在成吉思汗的时代，人口也只有40万帐（帐相当于户）。在成吉思汗时代之后，许多以前鄙视这个名字的民族都采用了他所创造的这个显赫的名字。中国历史学家最早提到这个名字，是在10世纪。蒙古这个名字在蒙古语中的意思是“勇敢和骄傲”。

一部分蒙古鞑靼人退居到阴山山区，那里是黄河弯曲的最北边，并进入唐古特。他们仍然用鞑靼这个名字，并传播开来，很快就为中原人所知。880年，一位唐朝将军在这里避难；3年后，他率领鞑靼军队重返中原，打败了把他赶出中原的叛军。后来，他和他的鞑靼人定居在山西北部，在那里他们以畜牧为生，主要是养马。他在长城外的同胞长期与中原的几个朝代保持着良好的关系，会派遣使团携带贡品朝贡。他们先后臣服于后唐和契丹，并成为金国的附庸。金国的领土包括中国北方，以及在12—13世纪早期色楞格河

① 鞑靼，这个名字和蒙古人一样，已经被不合理地扩展了含义，并且与突厥人混淆了。原因是，当成吉思汗的儿子征服了亚洲西北部和欧洲东北部时，那里到处都是突厥人的部落。他们的征服者是鞑靼人，也就是蒙古人。但这些征服者从亚洲内陆带来的军队已不复存在。甚至在喀山汗国、阿斯特拉罕汗国和克里米亚汗国统治的蒙古可汗，也不再使用鞑靼语，而是被突厥士兵所围绕。然而，这些汗国在向俄罗斯投降后，被称为鞑靼人，他们的语言也被称为鞑靼语。如果你问一个今天的喀山鞑靼人或者阿斯特拉罕人，他是不是鞑靼人，他会告诉你不是；他会说他在说突厥语，而不是鞑靼语。他想起自己的祖先曾经被蒙古人或鞑靼人征服过，就认为是一种侮辱，就像你在叫他强盗或海盗一样。

中国历史上第一次提到鞑靼人是在880年，他们的名字叫达达，或者叫达怛。这是靺鞨的一个部落，在前一章提到过，曾在824年被契丹人瓦解，并与通古斯人融合在一起。可能北方的靺鞨是蒙古人的祖先，而南方的靺鞨是不同的通古斯部落的祖先，后来，通古斯部落形成了女真族，并从中衍生出了今天的满洲人。——原注

和黑龙江之间的地区。

13个蒙古部落——三四万户人口——在成吉思汗父亲的率领下，附属于这个帝国；但是，在他死后，2/3的人拒绝服从他当时13岁的儿子铁木真（后来的成吉思汗）。铁木真打败了他们，使他们效忠于他。这是成吉思汗第一次建立功业，而命中注定有一天，他会迅速地征服五六百万平方英里的领土。但是，尽管这一功绩为他赢得了名声、尊敬和影响，但他后来也不得不向大可汗（王罕）寻求帮助，他的父亲对大可汗有恩。为了回报成吉思汗父亲的恩情，并表达对成吉思汗的尊重，大可汗帮助铁木真恢复了其父亲的统治区域，铁木真认大可汗为义父。

铁木真在童年时受到了最为认真的教育，一位非常能干的大臣照顾他童年时期的成长。铁木真精通所有属于鞑靼教育的技能。无论是前进还是后退，他都可以射箭，或是准确无误地投掷出长矛——无论全神贯注还是休息之时。他能忍受饥饿、口渴、疲劳、寒冷和疼痛。他用语言、眼神或触觉等技巧完美地驾驭着凶猛而高大的战马，或是轻快而猛烈的骏马，使得人和马行动如一。

在为大可汗取得了一些军事上的成功后，他所得到的更多信任和荣誉激起了他的家族和帝国其他人的嫉妒。他诱使大可汗赋予了他更多本不应赋予的权力，使得自己更加不受欢迎。于是众首领起而攻击大可汗，并打败了他，铁木真为大可汗征讨众首领，赢得了辉煌的胜利。

嫉妒和报复使得众人无法停止玩弄阴谋诡计，最终让大可汗嫉妒自己的义子。铁木真用尽一切办法进行调解，然而并没有效果，不得不建立自己的努力，进行自卫。最后铁木真与大可汗反目，大可汗被杀。随后，铁木真一个接一个地解决了自己的敌人，统一了蒙古。

为了在自己的广阔领土上安身立命，使自己的权威合法化，铁木真在首都哈拉和林召集了所有的蒙古首领——向他效忠。他们都在约定的日子来到这里，穿着白衣服。铁木真头戴王冠，走到中间，坐在宝座上，接受了诸部首领的恭贺与祝福。他们随后确认他和他的后代拥有蒙古诸部落的统治权，宣布自己和他们的后代都服从于他。

在取得进一步的胜利之后，铁木真以一种更加简单且显著的方式更新了仪式。他站在靠近色楞格河岸的一个平平的草堆上，用他天生的口才向聚集在一起的部落首领们发表演讲，然后坐在铺在草地上的一块黑色毡子上。这块毛毡后来被蒙古人尊为神圣的文物。一位指定的演说家对他说："无论你的权势多么显赫，你都是从上苍那里得到它。如果你管理得当，他会使你兴旺发达；如果你滥用权力，你就会变得同这块毛毡一样黑，成为一个可怜虫，一个被遗弃的人。"7个可汗恭敬地帮助他站起来，领他登上王位，宣布他为蒙古帝国的统治者。

他的一位亲戚是圣徒和先知，赤裸着身体，像今天的隐士一样，走近他。"我来了，"这位亲戚说，"奉天神之命，你从此名为成吉思汗。"那是"可汗之中最伟大的可汗"。[①]蒙古人以极大

① "兄弟，"他说，"我看到了幻象。天上的大神坐在他火焰的宝座上，被至高者的神灵围绕，审判人间的各个民族。宣判后，他将世界的统治权交给了我们的首领铁木真，他任命他为世界共主——成吉思汗。"蒙古人随后举起手来，发誓要追随成吉思汗铁木真的一切事业（1206）。——穆勒。成吉思汗于此时颁布了他著名的军民法令。他还将最好的阿拉伯文、波斯文、中文和藏语书籍翻译成蒙古文，这肯定有一种强烈的倾向，使他的人民变得更加文明。——原注

成吉思汗

的喜悦接受了这个名字，并认为它是征服世界的神圣头衔。就这样，这杯令人陶醉的权力之酒，被狂热迷住了！

现在，已经没有什么可以阻挡成吉思汗了。通过一系列成功的征战，到1227年，成吉思汗已经夺取了从高丽到匈牙利的广阔地带。

在这里，我们只能讲述几件他征服时的趣事。占据中国华北地区的金国要求成吉思汗交纳被他打败的蒙古诸首领曾向它进贡的相同贡品。成吉思汗被这一要求激怒了，他指挥训练有素的军队立即攻入长城以内，虽然不懂得围攻城池的艺术，却也不为其所困，直接击溃了金国，使城池沦为废墟，蒙古人获得了大量的战利品。城市和皇室住宅常常会出人意料地落入他的手中。金国贵族之间发生了争执，他们抛弃或背叛了皇帝，而皇帝也被杀死。在5年的时间里，这个曾经极为凶猛、极为强大的民族被另一个民族踩在脚底（1214）[1]。

在西边，成吉思汗决定把强大的花剌子模国王的领土作为自己的边界。成吉思汗与花剌子模国王签订了一项条约。花剌子模国王的敌人——巴格达的哈里发，想要与成吉思汗一起对付花剌子模，便派了一个使者去见成吉思汗。这位使者先剃光头，在头顶上文着他要带去的信息，等头发长长掩盖了字迹，他便出发了。到蒙古后，他剃光了头，把文字给蒙古人看。成吉思汗派人回答说，他只要有机会，必定会和花剌子模的国王争斗。他还加上一句话，充分体现了它的真实性："在两个相邻的帝国之间，争斗的起因不会等得太长久。"

---

① 吉本对这次征服做了如下描述："他的祖先曾向中原的皇帝朝贡，而铁木真也曾因中原皇帝赐予的看似荣耀却充满奴役意味的头衔而蒙羞。北京的朝廷对其曾经附庸的一个使团感到惊讶，这个使团以万国至尊的口吻，要求皇帝向他们献出蒙古人曾向他献出的贡赋和服从。一个傲慢的回答掩盖了皇帝内心的忧惧，而他的担忧很快就被无数行进的蒙古骑兵所证实了，他们从四面八方冲破了长城的防御。90座城市被蒙古人洗劫一空，只有10座得以逃脱厄运。成吉思汗知道中原人的孝道，就用被俘的父母掩护他的先锋部队——一种不值得称道的，并且是在某种程度上对敌人美德的徒劳攻击。他的入侵得到了10万守卫边境的契丹人的倒戈支持。此时他签订了一项条约，即用一个中原政权的公主、3 000匹马、500对少男少女，以及黄金和丝绸的贡品，换取了他的撤军。

在他的第二次远征中，他迫使中原政权的皇帝退出黄河以北，迁都到一个更南、更东的地方。围攻北京是漫长而艰苦的。那里的居民们因饥荒而减少，只能吞食他们的同胞。他们的武器用完了，就把金银锭从车上卸下来作为武器，但是蒙古人在首都的中心引发了大火，宫殿的大火燃烧了30多天。"

蒙古人征服了北方各地之后，在平静而慎重的会议上，曾郑重地提议消灭这个人口稠密的国家的所有居民，把这片空旷的土地改为牧场。在一个爱国的中原人的建议下，他们放弃这个计划，因为这个国家如果保持原样，将会在大米、丝绸和税收方面给征服者带来更多的收入。——原注不巧的是，花剌子模人掠夺了一些鞑靼商人，战争即将爆发，两个帝国都做了大量的准备。成吉思汗召集了70万人向敌国进发，然后兼程追赶他率领的先头部队。在这次行军的过程中，他以最有效的方式整肃和管理他的军队，并下达将令："如果一个士兵没有战斗就逃跑了，不管有什么危险或抵抗，他都会被处死；如果在一个10人的队伍中，有一人或多人逃离，他或他们就要毫不受怜悯地被处死；如果同队里有人看见他们的战友在战斗而不去救援他们，他们就会被处死。"

花剌子模国王是大布哈拉、花剌子模、波斯、伊拉克和印度很多地区的统治者，他召集了50万人的军队；然而这些军队一旦被摧毁，他就再也招募不到新军了，因为他的附属国亚美尼亚和格鲁吉亚会借此机会不再向他进贡，埃及和叙利亚被十字军所蹂躏，而控制伊拉克、迦勒底和阿拉伯半岛的哈里发是他个人的敌人；最后，小亚细亚的塞尔柱人和希腊皇帝互相交战，无法给予他任何帮助。

蒙古征服者一下子冲向了花剌子模的各个地方。在第一次战斗中，16万花剌子模人被杀。侵略者像一场吞噬的大火，从一座城市席卷到另一座城市，只留下一堆灰烬。一批中原工匠精通机械，也许熟悉火药的使用，帮助毁灭者进行征服。撒马尔罕、巴尔赫、布哈拉和许多其他城市，在几个世纪贸易和积累的财富中蓬勃发展，现在被无情地毁灭，从巅峰跌到地面。花剌子模的军队几乎全军覆没。花剌子模国王被逼到了悲惨的境地，来到里海海岸，乘着小船，在一阵箭雨中逃到了一个岛上，却因疾病和绝望而死，临死之前吩咐儿子札兰丁为自己报仇。在每一波命运的冲击下，札兰丁——这个勇敢而坚韧不拔的人，尽其所能去执行一个垂死的父亲的命令，但他的城市一座接一座地丢失，他自己也被赶到印度河的一个小岛上。

在这里，他烧毁了所有的船只，只留了一艘给自己的家人。他的士兵们战死在他周围，像陷入绝境的老虎一样保护他。花剌子模人现在躲在石山之中，那里是蒙古骑兵无法到达的地方；然而札兰丁只剩下700人了，他将他们遣散。不幸的札兰丁拥抱了他的家人，脱下胸甲，除去了所有的武器，只留下一把剑、箭袋和弓，骑上一匹快马，跳进了河里。在溪流中间，他把箭袋里的箭射向站在岸边的成吉思汗，直至箭被射完。札兰丁的家人乘坐的船，在离岸之时裂开了，他们落入征服者手中，征服者随后杀掉了他们。

逃亡的札兰丁因为害怕野兽的袭击，在树上过夜。第二天，他遇到了一些士兵。他现在把所有能召集的散兵全部集中起来，在一位家族官员的陪同下，他带着一艘满载武器、粮食、金钱和衣服的船，在印度定居下来。但是，由于无法忍受流亡在外，他在经历了许多不幸之后，回到了自己的国家，在成吉思汗死后的几年，被库尔德斯坦的一位山民所杀。他的军队中有一支突厥队伍，为以哥念的苏丹服务，由此产生了奥斯曼帝国的创始人奥斯曼。有人说，5个世纪都不足以修复这场花剌子模战争4年所造成的破坏。

成吉思汗在印度河畔的营地里，终于屈服于士兵们休息的愿望，屈服于他们要享受用如此多的辛劳和鲜血所获得财富的欲望。他满载战利品，缓缓地回来，环顾四周，流露出悔恨的神情，表示要重建被他毁掉的城市。当他经过贾沙特斯河的时候，有两位将军来迎接他，他曾派他们率领3万人绕里海的南岸进军。他们奋力穿过高加索山口，穿过伏尔加附近的沼泽地带，穿过那片沙漠，又回到咸海的北边，无论是古代还是现代，这都是一个无与伦比的壮举。

很快，诸首领和将军们从他们的数次征伐中归来，成吉思汗就把他们聚集在一个大平原上，虽然它的面积有21平方英里，但是几乎没有足够的地方给数不清的宾客安放他们的马车和帐篷。他自己的住处就占据了6平方英里的空间。一个能容纳2 000人的白色帐篷架设在他的王座之上，上面放着他加冕时用的黑色毛毡。现在，亚洲所有的奢侈品都聚集于此。蒙古人的衣服、马匹、马具、武器和家具闪闪发光，而不再是游牧鞑靼人的原始朴素了。成吉思汗威严地接受了强大的诸侯的敬意，诸侯的子孙们也被带领过来温柔地亲吻他的手。他亲切地接受了他们的礼物，还向他们回赠大量的礼品。士兵们也分享了他的慷慨。

伟大的可汗喜欢公开演讲，他现在发表演说，赞扬他的律法，他把自己所有的成功和征服归功于它们，并一一列举出来。来自他统治下的几个国家的使者们随后被允许倾听，并满意地离开。整个仪式以一场持续多日的盛大庆祝活动结束。在日常宴会上，端上来的每一样东西都精美绝伦——水果、野味、酒和食物——产自他辽阔无垠的领土。

这样的节日之后又有了新的胜利，征服者的事业似乎不会止步。他于1227年去世，终年65岁，在位21年，并一直保持着对周围国家和自己国家的绝对统治。他那华丽的葬礼并没有因为使用了活人殉葬而玷污了祖先的清白。他那朴素的圣殿就在他所爱的树荫下，成了他的子民敬仰的对象，而他们也不喜欢去装饰它。

这个著名的人物因他征服者的品质而享有盛名——他是一个能够构想伟大而艰巨计划并能谨慎有效执行的天才，一个淳朴而极具说服力的雄辩家，一个极具使他能忍受和克服疲劳的耐心的人，一个具有令人钦佩的自制力的人，一个具有高明的理解力和敏锐的头脑并能当机立断的领导者。他的军事才能极为突出，他成功地在鞑靼人中引入了严格的纪律和严厉的管制，直到那时，他们才变得克制。

每件事都得到了管理，无论是服务、补偿还是惩罚。有错必罚，酒不是借口，出身和权力也不能免于惩罚。他所宣称的宗教是自然神论，但他的臣民可以单独接受他们喜欢的宗教，没有人因自己的信仰而受到迫害。他的孩子和诸侯有的是基督教徒，有的是犹太教徒，还有一些是穆斯林，而他没有表达任何异议。

他的法典很简单：通奸、谋杀、伪证、偷窃牛马，或一个蒙古人把另一个蒙古人作为奴仆，都要被处死。没有主人的许可，鞑靼人不得给奴隶肉和酒。每个人都必须根据自己的能力为公众服务。获胜的民族免除一切劳役，因为劳役是留给奴仆和外人的。军队的服务和纪律是一套有经验的指挥官治军的制度维系的。①蒙古军队的武器有弓箭、弯刀和狼牙棒，并按照百、千、万为单位进行划分管理。

所有为成吉思汗卖命的首领都以成吉思汗为榜样，嗜血成性，

① 成吉思汗既不会读书也不会写字，大部分鞑靼人和蒙古人都是文盲。他和他的首领们都没有为他们的功绩写过任何纪念性文字，这些传说直到成吉思汗死后68年才被收集和记录下来。然而，他们的破坏力是如此之大，以至于蒙古人与所有民族的命运交织在了一起，而且，正如人们所观察到的，他们简洁的国内编年史可能是由中国人、波斯人、亚美尼亚人、叙利亚人、阿拉伯人、希腊人、俄罗斯人、波兰人、匈牙利人和拉丁人提供的，每个民族讲述自己的灾难和失败时是值得信任的。——原注

不可抵挡；至少有两百万人——有人说是六七百万人——被他们的刀剑直接杀死，这并不包括那些因奴役的痛苦和恐怖而死去的人。据估计，大约有五万个城镇被夷为平地！

第209章

成吉思汗的继任者们

（1227—1294）

成吉思汗留下了许多后代。他有4个儿子，个个功勋卓著，都在父亲手下担任要职。在这4个儿子中，术赤是他的狩猎者，察合台是他的法官，窝阔台是他的大臣，拖雷是他的将军，他们的名字和事迹常常在征服的故事中引起人们的注意。为了自己和公众的利益，四兄弟紧密团结起来，三兄弟及其家族满足于依附于权杖；而窝阔台经普遍同意，被宣布为大汗，或蒙古和鞑靼人的皇帝。根据他父亲的指示，当窝阔台外出远征之时，拖雷监国；两年过去了，窝阔台才被库里勒台[①]认定为大汗。

他父亲在为他选择大臣和将军们的时候极具判断力，因此儿子

① 库里勒台在蒙语中指“会议”的意思，是部落和各部联盟的议事会，用于推举首领，决定征战等大事，相当于西方的国会或议会。——编者注

觉得没有任何变动的必要。新上任的皇帝对耶律楚材充满信心，他也受到已故的成吉思汗的绝对信任。他是一个正直的人，在法律上博学，非常谨慎，完全致力于造福人民。窝阔台把他深爱的弟弟拖雷任命为军队的统帅，且从未对自己的这一选择有过一丝疑虑。

正如我们所说，中国北方已经被征服了①，现在，窝阔台决心把他的军队带到最遥远的西方。一位专业的作家这样描述他对欧洲的可怕袭击："15万蒙古人和鞑靼人参加了这次军事行动。大汗选出了1/3的军队，交给了他的侄子——术赤的儿子拔都，拔都统治着他父亲在里海北部征服的领地。40天的庆祝之后，拔都开始了这次伟大的远征，他的军队以无人可及的速度和热情，在不到6年的时间

① 一些关于中原人高尚行为的逸事，发生在窝阔台征服中国北方的金国剩余部分——他父亲未完成的事业——之时。当蒙古人大军压境时，一座重要城镇的守将勇敢地坚守。在城池即将失陷、防卫没有希望的时候，守将劝他的妻子自救。"我与你们分享了生命的荣耀，我也将与你共享坟墓。"妻子回答说，便与自己的孩子们一起服毒自尽，然后她的丈夫自杀了。

金国大将完颜陈和尚在一次失败后，从藏身处走出来，要求去死，因为他不能为新主人服务。"我要让人知道我的忠诚，后人将永远记住我。"然而，鞑靼人把他放在他的军队面前，先是折磨，然后残杀。一些蒙古人更为豪爽，他们把骆驼奶倒在地上，向天祝祷，如果他有来生，就来到蒙古和蒙古人一起生活。

金朝人使用了炸弹和其他爆炸性的火炮，它们能穿透蒙古士兵的胸甲，在2 000英尺的距离内把所有东西都炸掉。为了赶走城下的士兵，被围困的守军把这些炸弹从孔洞中滚下去，在蒙古人中炸开。

失去北京后，金国皇帝迁都开封。开封是一座拥有14万户居民和难民的城市。开封被攻陷后，他只带着7个骑兵从那里逃了出来，把第三个首都作为最后一站。在这里，被围困的人忍受着最可怕的饥荒——吃马，煮马鞍皮、靴子和鼓，最后是吃老人、体弱者、囚犯和伤员，用干草药加上捣碎的人和动物骨头做成一种可怕的骨汤。看到这些苦难和民族的绝望状况，皇帝为表清白以抗命运，登到一堆丧葬品上，自杀殉难。1234年，中国北方的金国覆灭。此后，中国南方的宋朝又延续了45年，直到被忽必烈灭亡。忽必烈统一了整个中国，他于1271年建立了元朝。——原注

里，征服了横跨90个经度——地球周长的1/4的领土。”

欧洲的大河伏尔加河、顿河、玻里斯提尼斯河①、维斯瓦河、多瑙河——他们要么骑马涉水而过，要么在冰封时踩踏而过，要么乘坐皮艇横渡，皮艇也被用来运输马车和火炮。在拔都的第一次胜利之前，民族自由的残余在中亚和钦察地区的广阔平原上被消灭了。在快速行进中，拔都征服了阿斯特拉罕和喀山汗国；他向高加索山脉派遣的部队探索了格鲁吉亚和切尔克西亚最隐秘的地方。

罗斯的民众与他们的大公（君主）不和，于是把他们的国家出卖给了从利沃尼亚打到黑海的鞑靼人。莫斯科和基辅，现代和古代的首都都化为灰烬。在罗斯被彻底征服之后，鞑靼人向波兰的心脏地带和德意志边境发动了一次致命但短暂的进攻。卢布林和克拉科夫被摧毁。他们靠近波罗的海海岸，在利格尼茨战役中，打败了西里西亚公爵、波兰领主和条顿骑士团大团长。在这场战役之后，9个麻袋里装满了被杀者的右耳，以便计算受害者的数量。50万侵略军转向匈牙利，他们穿过喀尔巴阡山，而多瑙河以北的整个国家“一天之内消失了，一个夏天人口几近灭绝”。城市和教堂的废墟上铺满了当地人的尸骨，他们因此“赎了他们亚洲祖先的罪过”。

蒙古人在多瑙河冰封时渡河，围困了格拉茨。他们架起了30台攻城器械，用土和尸体装袋填满壕沟。最后，城市被攻陷，有300名贵妇在征服者的将军面前被杀。欧洲担心它的城市、艺术和各种机构会被消灭。教皇派传教士去游说入侵者皈依，但得到的回答令他吃惊，神和成吉思汗的儿子拥有征服和消灭这些民族的神圣权力，

① 玻里斯提尼斯河，即现今的第聂伯河。——译者注

教皇被要求归顺，否则后果是灾难性的。

德意志皇帝腓特烈二世努力让德意志、法兰西和英格兰联合起来对抗共同的敌人。法兰克人的声誉和英勇使鞑靼人敬畏；在奥地利，50名骑士和20名十字弓弓箭手英勇地保卫着诺伊施塔特，当一支德意志军队出现时，鞑靼人的围攻便开始了。

在攻陷了塞尔维亚、波斯尼亚和保加利亚之后，拔都缓缓地从多瑙河撤退到伏尔加河，在萨莱享受他的胜利，这座城市是他命人在沙漠上兴建起来的。这就是成吉思汗后裔统治以萨莱为首都的钦察汗国的起源。1242年，拔都的一个兄弟率领一个由1.5万户人口组成的部落进入西伯利亚，他的后裔在托博尔斯克统治了300多年。

窝阔台死后，他的妻子没有遵守他的遗愿立他的孙子为大汗，而是继续把持着摄政权。两年后，她让自己的儿子贵由获得了库里勒台的提名。她的行为让正直的大臣耶律楚材不快，但她逐渐剥夺他的权力，据说他抑郁而死。

耶律楚材似乎一直是宫廷中的政治天才，随时准备提出可能会软化征服者心灵的建议——简而言之，教化（人性化）征服者原始的本性。耶律楚材学识渊博，著有历史、天文、农业、政治、商业等领域的多部著作，他也喜欢收集古董古玩。

事实上，他具有一位伟大大臣所有的品质——坚定的意志、非凡的镇定、对他主人统治下的国家的完全了解、对他所用人选的洞察力，以及在紧急情况下对某些资源，包括金钱和物资的支配。他花了大量的金钱从各地吸引了工匠、军官、技工和博学的人到蒙古人的统治区。他不断地激励君主要爱人民。在蒙古人洗劫金国的中都（北京）时，他只带走了一些地图、书籍、绘画和几包大黄，大黄可以用来治疗士兵的流行性热病。

耶律楚材是蒙古人的第一位老师，通过他对蒙古人第一位立法者成吉思汗提出建议：他为他们采纳了历法，制定了关于财政、商业、公共粮仓和军官、百姓和军队隶属关系的有益的规定。蒙古人因天生的凶狠、无知和早期教育的缺陷，都反对他的计划，但他用自己的努力克服了所有障碍。

贵由的统治维持了8年，在位时期只征服了高丽和里海的一些地区。他在某种程度上受到僧侣的支配，而且挥霍无度。他的人民抱怨皇室在珠玉宝石上花费巨大，而士兵们几乎领不到军饷，或被长期拖欠。

在贵由死后，他的母亲和妻子试图把窝阔台此前所定的人选立为大汗，但是库里勒台选举成吉思汗的孙子蒙哥（拖雷的儿子）为大汗，而没有选择窝阔台这一支。蒙哥的坚定和迅速，以及他在哈拉和林驻扎的精良军队，平息了一切动荡不安的倾向。这位君主接受了藏传佛教，成为一位虔诚的信徒。他把中国的土地分封给皇室中应受封之人，其中最大、最好的封地给了他的兄弟忽必烈，忽必烈后来继承了他的汗位。这些鞑靼统治者任用中原的大臣，而这些中原人在本质上改变和软化了蒙古政府的残暴。

忽必烈的大臣姚枢是这些被重用的官员中最优秀的一个，他提出了许多明智和有益的措施来恢复战争对其封地的破坏，使鞑靼人和中原人彼此满意。正是这位睿智的大臣，在忽必烈受到蒙哥的嫉妒并遭受不公正对待的情况下，建议忽必烈立刻前往大汗驻地，扑到哥哥的身上，表明忠诚，消除疑虑。关于这件事的良好结果体现了中原人久负盛名、颇为珍视的常识。果然，蒙哥又恢复了兄弟之情，忽必烈不停地拥抱哥哥，泪水顺着脸颊流下来，结果是他更受信任，因而增加了自己的权威。

1259年，蒙哥在围攻宋朝的一座城市时死去，留给忽必烈大汗之位，以及成吉思汗临死前催促他的继任者消灭宋朝的战争。但是忽必烈不得不先解决另一个渴望获得王位的兄弟。忽必烈打败了他兄弟的军队，把他送上了逃亡之路。忽必烈召集了一些聪明能干的顾问，在这些顾问的帮助下，他得以名垂青史。

忽必烈一生的主要功绩是征服了中国的其他地区。在这方面，他采用了欧洲和中亚的工匠发明的器械，如弩弓和抛石机，尤其是抛石机，可以投掷石头、飞镖、重击锤，以及希腊火、火药、大炮和炸弹。军队沿运河而下，包围了杭州——中国气候最宜人的城市。还是个幼童的宋朝皇帝投降了，为了表示敬意，他三跪九叩，最后被流放到了鞑靼地区。宋朝最后的捍卫者另立一个小皇帝，继续与鞑靼人战斗，最后失败。他大呼："做君主而死，比为奴而活更光荣。"然后他抱着年幼的皇帝跳进了海里。十几万宋人以他为榜样，跳海自杀。忽必烈统治了整个中国。

忽必烈还想征服日本，但由于沉船和其他灾难，他损失了10万人，因此放弃了这项徒劳的任务。勃固、东京①、高丽、交趾支那、孟加拉和吐蕃，都在不同程度上成为其藩属，向其进贡，表示顺从。他率领一支庞大的舰队，在印度洋上航行了68天，征服了婆罗洲和爪哇岛的部分地区，但在这些遥远的岛屿上没有发现任何值得保留的东西。在忽必烈的统治下，文化、商业、和平与正义得以

① 东京，这里指越南北部大部分地区，越南人称之为北圻。——编者注

恢复；500英里的大运河从南京修到他的首都北京——他在那里展示了整个亚洲的壮丽。

在30年的良好治理中，作为成吉思汗和他儿子们的大臣兼朋友的耶律楚材，一直在努力减轻或中止战争的恐怖；拯救遗迹，重新点燃科学的火焰；通过恢复文职行政官来约束军队；把对和平、勤劳和正义的热爱灌输给蒙古人。他与第一批征服者的残暴做斗争，他的有益经验在第二代人身上获得了收益。

忽必烈受过汉族式的教育，通过恢复它那可敬的治理模式，激发了臣民的忠诚——因为承袭旧有的东西总比创造新东西容易。胜利者，正如经常发生的那样，逐渐地服从于被征服者的习俗、法律、时尚、礼仪，甚至成见。中原人的数量、稳定的意识和坚不可摧的性格，使他们的征服者一次又一次地被她那千千万万的庞大同质群体所吸收和同化。

第210章

中国的蒙古皇帝与蒙古汗国

（1294—1716）

忽必烈死后，钦察和罗斯的可汗、察合台（河中地区）可汗、伊朗（波斯）可汗——虽然从统治中国的蒙古皇帝那里接受册封——逐渐丢失蒙古人的统治地位。自成吉思汗死后，这个民族统治了北京140年。忽必烈建立的元朝后来也被汉人推翻。在快速回顾大元帝国和满洲人的历史之后，我们将讲述罗斯、河中地区和波斯的蒙古诸王国；然后，更详细地叙述帖木儿、他的帝国及其分裂；之后，我们将详细介绍印度莫卧儿帝国的辉煌。

忽必烈于1294年将他的王位留给了孙子铁穆耳①。铁穆耳对臣民的宽容和爱使他深受汉人的喜爱，汉人称赞他是完美的典范。他经常亲自去看望那些生活拮据的人，并经常派他的代表和施舍者到

① 铁穆耳，即元成宗，元朝第二位皇帝。——编者注

各地去寻找救济的目标。在挑选大臣和将军时，这位君主从来没有表现出更大的决断力，也从来没有对奉承和奢侈表现出更明显的蔑视。他死的时候没有子嗣，也没有指定继任者。

蒙古人和汉人都希望铁穆耳的次兄之子海山继承王位。他的一个兄弟爱育黎拔力八达发动政变，铲除了自立为帝的另一派，然后把权杖交给了海山。这让海山很惊讶，立爱育黎拔力八达为继任者。海山喜爱孔子的著作，并将其翻译成蒙古语。海山虽然是一位公平、慷慨、好战的君主，但他放荡无节制，统治3年后去世。

他品德高尚的兄弟爱育黎拔力八达接替了他，但新皇帝守成有余，开拓则不足。干旱、饥荒、洪水、地震和恶性疾病在他统治期间折磨着帝国，加上日食。由于人民的焦虑和恐惧，日食的出现带来了真实的痛苦。他恢复了科举考试，并把鞑靼官话与汉语联系起来。他试图把帝位让给儿子，但儿子不接受。

1320年，17岁的硕德八剌继位。他以完美的智慧进行统治。他革新了宫廷的奢侈、放荡和贪婪之风，但4年后，他被他公正惩罚过的卑鄙朋友们暗杀了。下一位皇帝颇为懒惰，但是惩罚了扶他登位的刺客。有人劝他把太监、占星家、医生、妇女和其他游手好闲的人赶出宫殿，因为这些人的耗费太大了。他于1328年去世，内部纷争接踵而至。

一位皇后最后选择了海山的孙子妥懽帖睦尔，把他立为皇帝。他集奢侈、懒惰、放荡、怯懦和残忍等恶习于一身，而这些恶习足以拖垮任何一个王朝。这似乎还不够，这位元朝的末代皇帝还有一位狡猾的大臣，这个大臣说服皇帝相信，每一项公务对庄严的陛下来说都是一个沉重的负担。

最重要的是，皇帝还有一位野心勃勃、放荡的妻子。当大臣让他卷入众多的阴谋之时，妻子又让他与高丽进行了一场不幸的战争。

在这个皇帝的统治下，人民因收成不好而痛苦不堪，又在税收的重压下呻吟。这时，一个名叫朱元璋的人出现在南方。他曾经做过寺庙和尚的行童，现在起而造反，通过种种努力，打败了他的竞争者。他经常说一句话："应该是汉人统治鞑靼人，而不是鞑靼人统治汉人。"他唤醒了汉人，并于1368年结束了元朝的统治，建立了明朝。"我亲爱的伙伴们，"他满怀喜悦地对部下说，"我们必须建立良好的法律秩序，决不能忽视美德。"

他把他的政府建立在古代最好的先例之上。未经严格的科举考试，不准当官；在战争、航海、艺术、科学或数学领域寻找天才，并像王子一样优待他们。在南京的皇宫里，他不花钱买昂贵的家具，不买稀奇古怪的玩意儿，并坚决禁止危险下流的雕像和绘画。他以对工匠、农民、劳动者和蔼可亲的态度，赢得了他们的心，经常为他们的损失表示同情，为他们的事业提供帮助。朱元璋的确是一位卓越的天才，英勇、孝顺、善战、灵魂强大、公平分配恩惠和工作，都是他所拥有的美德和成就。

妥懽帖睦尔逃到那里，据说"他隐退的宁静没有被他以前臣民的悔恨所扰乱"。两年后，他死了，在中原统治了35年，在鞑靼统治了2年。他的儿子和后继者与明朝进行了多次战争，明朝仍然认为他们离自己太近，对自己的威胁太大，而鞑靼人则希望恢复他们失去的美丽富饶的国家。鞑靼人的领土最初延伸到长城，逐渐缩小到阴山山脉和贝加尔湖之间，直到它最终被清朝吞没。

满洲人似乎起源于很久以前蒙古人和通古斯人的混血民族，

生活在一个中国北方后来称为满洲的地区。1629年，一位汉人李自成，起兵反对明朝，到1644年，他征服了几乎整个中国，除了一个地方，那里有一位将军仍然效忠于明朝。这位将军占领了东北部的一个地区，邀请他的邻居满洲鞑靼人来帮助他。满洲首领率领8万人加入了他的行列。李自成战败，他烧掉皇宫，掠夺了大量宝藏后逃走。鞑靼首领不久病死。1644年，鞑靼首领年幼的侄子被宣布为皇帝，年号顺治，由此开始了清王朝对山海关以内的统治。与这个可怕的盟友联手的明朝将军很快就发现，当时的形势，正如他自己所说的，“他让狮子来驱赶狗”。在一次无果的反叛之后，他被他的盟友抛弃，懊恼而死。他的孙子也抵抗满洲人，但徒劳无功，最后自杀身亡。

1681年，下一位皇帝康熙看到几乎征服了整个中国，于是他决定去访问他的家乡鞑靼。他率领7万人向鞑靼地区进发，并以狩猎为乐，使得狩猎这一习俗大规模流行，而且现在在这些地区仍有狩猎的习俗。①他是学术的鼓励者，并于1692年颁布了一项敕令，允许基督教在中国传播。欧洲人还在他的宫廷里参加过他一年一度的狩猎活动。但在1716年，康熙又恢复一些针对基督教徒的限制法令，耶稣会在中国无法站稳脚跟。

钦察汗国是成吉思汗所建立的庞大帝国最后分裂出的部分，伏尔加河从它的中间流过。钦察汗国包括俄罗斯的欧洲部分。诺夫哥罗德共和国向汗国进贡。它的南部与多瑙河、高加索山脉及察合台汗国接壤，北部有额尔齐斯河畔的诺夫哥罗德共和国和西伯利亚汗

① 这些狩猎活动是在冬季训练部队的好办法，是鞑靼人一种古老的习俗。它由成

吉思汗开创，现在的中国皇帝仍然在沿用。皇帝命令猎人们画出一个周长大约30英里的大圆圈，然后军官命令军队把它包围起来。士兵们开始行动，他们随着军乐声逐渐向中心前进，保持着圆环的完整，从而驱赶着圈内的野生动物；但是他们被禁止杀害或伤害任何动物，无论它们多么凶悍。他们每晚都扎营，白天准时演练，行军要持续好几个星期，空间越来越小；动物们被圈在了一定范围内，只能逃进山林里去，很快就被猎人们赶出来，他们用铁锹和锄头打开巢穴，甚至用雪貂把它们搜出来。

当狭窄的圆圈把陷入慌乱的动物聚集在一起时——强者变得愤怒，吞噬弱者，空气中充斥着可怕的、尖厉的、凶猛的或痛苦的叫声。士兵们很少能通过不断的叫喊把野兽赶向前方。最后，当它们被压缩到一个很小的空间范围内，此时鼓乐齐鸣，震耳欲聋。加之猎人和士兵的大喊大叫，使得野兽惊惶失措；老虎、熊、狼和野猪都蹲下来，一个接一个地躲起来。

皇帝在他的儿子和军官的陪同下，第一个进入这个圈子，拿着拔出的军刀和弓箭，通过攻击兽群中最为凶猛的动物来开启这场可怕的猎杀。许多动物在生命的最后一刻又恢复了凶猛，为自己的生命而努力挣扎。此时，皇帝坐在一个高处宝座上，观看狩猎场中的猎杀，无论多么危险，都不会有人退缩。当王公贵族充分展示了他们的能力后，年轻人继续进行猎杀。——原注国。有一小段延伸到了鞑靼地区。起初它是成吉思汗一个孙子统治下的附属政府，然而很快就独立了。约有17位或21位诸侯臣服于它。在13世纪末，钦察汗国从信仰自然神改信伊斯兰教。这个汗国的最后一个残存是克里米亚汗国或克里米亚鞑靼。

成吉思汗的另一个儿子察合台建立了察合台汗国。1290年，汗国的领土包括奥克苏斯河以北的独立鞑靼、巴尔赫、印度五河之地、喀什噶尔以及于阗。其中一部分取名为乌兹别克，这个名字来自他们爱戴的可汗。其中一个乌兹别克汗入侵波斯，掳走的黄金和珠宝以及其他贵重物品由400头骆驼满载，这些都是他犒赏士兵的。

1368年，印度五河之地被南方的帝国夺取，然而汗国在北方又夺得了相当的领土。成吉思汗家族察合台一系的25位君主统治过河中地区。这个汗国持续了180年，于1402年因为野心勃勃的诸侯互相争夺王位而走向了尽头。最后一位君主只是名义上的统治者，只能指挥帖木儿军队中的几个营而已。

伊利汗国由旭烈兀创建。他是忽必烈的兄弟，1253年被他们的大哥蒙哥汗派往那里。旭烈兀清除了波斯北部的伊斯玛仪派信徒①，前文已经提及。他征服了以哥念，占领了巴格达，俘虏了哈里发，攻占了阿勒颇、摩苏尔、大马士革和部分叙利亚。他威胁要带着40万人向君士坦丁堡进军，但在围攻巴格达时耽搁了。1290年，伊利汗国的统治范围从印度的信德延伸到了爱奥尼亚，从叙利亚、波斯湾延伸到奥克苏斯河。

被旭烈兀占领时，巴格达是世界上最富有的城市。鞑靼人在掠

① 通常被称为阿萨辛派。关于阿萨辛派，前文已详细叙述。——原注

夺了波斯和巴比伦的每一个地方后，像猎人围着猎物一样，围绕在这座虔诚的城市周围。软弱的哈里发穆斯台绥木被他的维齐尔出卖了，他以荒谬的自信鼓励自己的君主，感激他的贪婪和懒惰，直到—— 一支仓促集结的军队在敌人造成的灾难之中丧生——这座城市被攻占了。哈里发向鞑靼人献上了一些花瓶，里面装着价值连城的钻石和珠宝，这些都是他的祖先多年积累下来的。旭烈兀立即把它们分发给自己军队的主要将领。

穆斯台绥木是哈里发中最浮夸、最难接近的一个，也是威严外表下最狡猾的一个。他习惯于戴着面纱出现，认为让人民看到他的面容是对人民过于恩惠了。穷苦的群众拥挤在街上，以至于窗户和阳台都挤满了人，为的就是看他经过。正是在这条见证了他疯狂骄傲的街道，同样挤满了民众，而这次是穆斯台绥木被裹在一个皮质的袋子里，沿街拖行，直到被马踏死。最后一个哈里发就这样死去，随后巴格达被掠夺了7天。

帖古迭儿①于1282年即位，由于贵族们的支持而得以登上王位，但由于信奉伊斯兰教而失去了他们的尊重。1284年，他被杀死，侄子篡夺了王位。在成吉思汗的所有后裔中，1304年继位的合儿班答是最为卓越的一位，因为他对正义和宗教的热爱，正义和宗教在他的统治范围内蓬勃发展。他建造了孙丹尼牙，把它作为自己的都城。

1316年，他的儿子不赛因②继位，他的统治受到了爱情阴谋和

① 帖古迭儿，旭烈兀之子，伊利汗国第三代汗。——编者注

② 不赛因，合儿班答之子，伊利汗国第九代汗。——编者注

宫廷阴谋的干扰。一位名叫哈桑的贵族娶了美丽的巴格达·哈屯，但是国王却一见倾心，要求娶她为妻，因为蒙古法律规定，如果国王想要娶有夫之妇为妻，任何个人都有义务与其离婚，让国王迎娶。哈屯的父亲作为军事统帅，并不同意此事，并把她和她的丈夫从宫廷转移出去。

由于在呼罗珊深受爱戴，这位将军组建一支强大的军队，他用这支军队抵抗国王，最终失败了。他投靠了一个从前是他学生的人，但这位学生无法抵挡不赛因的贿赂，交出了他老师的人头。但是当这位叛徒来领取奖赏时，令他惊讶的是，哈桑已经把自己的妻子交给了国王，并且妻子在国王面前获得了无限的权势。叛徒并没有得到奖励，而是很高兴能活着回家。

1335年，国王开始猜忌哈屯，于是哈屯毒死了他。不赛因的死为骚乱的爆发提供了机会。贵族们在他们所统治的地区建立了自己的防御工事，或者拿起武器相互攻击。但所有这些小国最后都被帖木儿征服，我们将在下一章中对此加以简单介绍。

第211章

帖木儿与他的帝国（上）

（1336—1369）

“帖木儿的父亲，”一位波斯作家[①]说，“是睿智贤明的贵族塔剌海，他的母亲是忠贞美丽的泰金·哈屯，她是塔剌海的合法妻子。”帖木儿于1336年出生于父亲领地的首府碣石城（今塔什干）附近，他的传记作者称碣石城为“一座美丽的城市”，位于察合台汗国合赞汗的统治领域内。

“他的一位祖先在梦中预言了帖木儿的出生。八颗星似乎从沉睡者梦中射出，而第八颗星发出巨大的光芒，照亮了世界的四个方向。按照对梦境的解释，他这个家族第八代出生的君主，会让世界充满美德和征服的光辉。帖木儿的占星预言在他出生的那一刻便勾画出来，它预言了帖木儿将戴上皇冠，建立帝国，以及各种各样的

① 亚兹德的谢里菲丁·阿里。——原注

繁荣和无数的问题。”

“这位君主，”同一位作家补充道，“从童年开始，他就表现出很可能完成占星预言的天赋。他一到懂事的年龄，从他的一切行为中就可以看到一种帝王气象。他只谈论关于王位和王冠的事情；他最喜欢的消遣方式是军事艺术。在这样的活动中，他调遣那些侍奉他的年轻人就像君主调遣他的臣民，他把那些极具才干的人提升到最高的地位，只给其他人士兵的头衔；他用藤条画出代表敌人军队的图形，然后用他纪律严明的军队攻击敌人。”

当成年以后，他能够全身心地投入更为严酷的身体锻炼中时，“他决不选择大多数年轻人所享受的那种快乐，如跳舞之类的，这种快乐与其说使心灵高尚，不如说使人柔弱，于是他投身于战争的艺术”。他主要的娱乐活动是骑马、赛跑、击剑及此类运动。他也经常狩猎——那是连续劳累之后唯一的消遣。

在这些“高贵的操练”中，他度过了一生中极为重要、奇妙的时光，也就是10~25岁左右。因为在那个年纪，他野心勃勃，开始为了取得胜利而藐视危险，去争取“伟大的征服者”和“无畏的英雄”的荣誉。

年轻时的帖木儿被剥夺了碣石城这个小国的继承权，但是帖木儿因其勇毅过人，在几次小规模的冒险中屡次受益。他驱逐了一支从北方入侵的强大的盖塔军队，为他的国家作出了非常大的贡献。他只带了少量的勇士，在山上点亮无数营火，在这个计谋的帮助下，奋不顾身地打败了敌人庞大的军队。又有一次，他带着一小队人对敌人进行奇袭，攻取一座坚固的城堡，并吩咐士兵把长长的树枝系在马匹的两旁。这样扬起的尘土使他的敌人认为他的军队众多，敌人的这种恐惧让他激动不已，而他充分利用了这次机会，英勇冲锋，最终取得了胜利。帖木儿足智多谋，能够随机应变，赢得了人们的信任，而他的其他品质也使他获得了许多追随者。

为了确保他的继承权，他不得不与邻近部落的首领侯赛因结盟。两人都在长期的战争中陷入了极大的危险之中，几位首领的宿怨和野心使得他们多次发动战争，扰乱了整个汗国。帖木儿在每一次交战中都勇敢冲在最前面，但他既懂得如何指挥，又懂得如何战斗。他经历了各种各样的命运——征服者、战败者、俘虏，也被释放过、受过伤，几乎独自逃离沙漠。[①]他的军队中加入了几支流浪的部队，增强了实力，他在大城市里受到接待，也被羞辱地拒之门外，现在他与曾经的宿敌侯赛因结成了盟友。

在一次战斗中，他的手受了重伤，脚也受了重伤，因此而获得了“跛子帖木儿”的绰号。最后，他的实力比侯赛因更为强大，侯赛因嫉妒、贪婪和恶劣的品质使得自己与军队及将军们的感情疏远了，而帖木儿的英勇、和蔼及公正却抓住了每个人的心。

侯赛因妒忌帖木儿，想方设法置他于死地，并采取了诸多不合理的举措，以致帖木儿不得不向他宣战。最后，侯赛因被囚禁在巴尔赫，帖木儿回忆了他们的长久友谊，这使侯赛因泪流满面，最后

---

① 据说，他曾3次遭受最惨重的失败，之后成了逃亡者。被所有人抛弃后，他感到悲痛欲绝，在一座破败的建筑物里避难。他陷入沮丧之中，正为自己的绝望命运而沉思，这时他的目光落在一只蚂蚁身上。那只蚂蚁正努力把一粒粮食运到另一面墙上的窝里。它已经失败99次了，但是经过第100次坚持不懈的努力，终于完成了任务。一只蚂蚁为了一粒微不足道的谷物拥有如此顽强的耐心和毅力，而自己却因帝国的岌岌可危而一蹶不振，这使他深感羞愧。他从地上站起来，重新振作，不畏艰险地出击，并取得了胜利。——原注

说："我的命由他处置。"在专制的宫廷中，总有一些人善于揣摩国王的心意，其中一些不等帖木儿发话就将侯赛因拖出去杀死了。终于，察合台可汗正式确认了帖木儿对碣石城的统治权，并授予他一万骑兵。不久之后，在一次可汗的选举中，他成为帝国的首领，后来他又通过胜利使自己成为最著名的征服者之一。

帖木儿在身陷最可怕的罪恶时展现了最崇高的美德，崇高的正义与残暴的压迫并存，动人的仁慈与恶魔般的残忍集于一身，最温柔自然的感情与最冷酷无情地漠视一切家庭及社会关系形成对比。在同一颗心里，既有一种深深的谦卑、依赖和虔诚之情，也有对它同胞最自足的傲慢——践踏他们所珍视的每一件东西，并通过他那赤裸裸的野心，造成数百万人的死亡，以及由此带来的痛苦。他这样的"上帝之鞭"不具备有序的、相称的、和谐的品格——他们的任务是减少混乱，而不是增强秩序，毁灭、颠覆、动摇为将来的进步奠定更广泛、更深、更好的基础。

帖木儿的第一个愿望是统治世界，第二个愿望是为万世所颂扬。这似乎与他半开明的思想有关。

在帖木儿早期的经历中，有一次，因盟军未能及时到达，他从撒马尔罕的山区败逃到沙漠中。他当时只带了60名骑兵，却被1 000名盖塔士兵袭击。他不但杀得敌人尸横遍地，还从仇敌那里逼出了预言未来的话："帖木儿非同凡人，命运和神圣的恩惠与他同在。"经过那次战斗，他的小分队减少到10人，因士兵逃亡又损失了3人。他在沙漠中游荡，还在地牢里被关了62天。他游过奥克苏斯河，过着流亡的生活，但逆境给了他宝贵的经验。

当他回到自己的国家时，他的一些支持者急切地寻找他，要到沙漠里追随他。他自称是3位首领的向导，并描述了他被他们认出的场景：“当他们的眼光落在我身上时，他们欣喜若狂。他们下了马，过来跪下，又吻了我的马镫。我也从马上下来，把他们都抱在怀里。我把头巾戴在第一个首领的头上。我的腰带上镶嵌有许多宝石，又有许多金子，我把它束在第二人的腰上；之后我把自己穿的外套给了第三个人。他们哭了，我也哭了，祷告的时候到了，我们就祷告。我们骑马来到我的住处。我召集我的人民，与他们宴饮。”他感人肺腑的朴素和自然的悲怆，只有《圣经》才能与之媲美。这情景使人想起以扫、雅各、亚伯拉罕或大卫、约拿单，都是以家长式的原始语气出现的。

第212章

帖木儿与他的帝国（下）

（1369—1405）

帖木儿让自己先后戴上了27顶王冠，发动了35场战争。察合台可汗死后，他被库里勒台选为可汗。他很快就统一了察合台汗国，以及花剌子模和坎大哈等附属国，然后将兵锋转向波斯。自伊利汗国的君主不赛因死后，这片不幸的土地就没有了合法的君主。事实上，40年来，和平与正义从未进入过这个国家的边界。这些微不足道的暴虐统治者被彻底征服了。其中一位带来了丝绸、马匹和珠宝，按照鞑靼人的习俗，每样准备9件，祈求和平。但是只有8个奴隶，“我自己是第九个。”卑微的君主说，帖木儿对这种风俗报以微笑。

勇敢的法尔斯君主在设拉子城墙下的一场战斗中，用三四千名士兵击溃了帖木儿的3万精锐骑兵。帖木儿和十四五个卫兵站在旗帜下面，在那里，他的头盔受到弯刀的两次重击，但他并没有被击倒。他的蒙古将士团结起来，经过激烈的战斗取得了胜利。英勇的法尔斯君主的头被扔到了帖木儿的脚下，之后帖木儿小心地将君主的家人除掉——杀掉这个强大家族的每一位男性！

征服者向波斯湾挺进，迫使岛上的商业霸主霍尔木兹每年支付60万第纳尔的金币。底格里斯河和幼发拉底河的平原及山谷都被征服，最北至高加索，西至黎巴嫩和奥斯曼的其他地区也被征服。

在鞑靼地区这一面，帖木儿越过了贾沙特斯河，征服了钦察汗国的大部分地区，在北方增加了一大片领土。他还征服了喀什噶尔王国，并7次穿过这个王国的中心地带，一度到达距离撒马尔罕东北近1 500英里的地方。而乌古斯王国和南方的乌思藏将帖木儿的帝国与明帝国分开，也将北部蒙古人的帝国与明帝国分隔开。

他与钦察汗国的战争极为有趣。帖木儿保护了钦察汗国逃亡的君主，使其重获王位。但10年后，逃亡的君主忘记了这些恩情，发兵征讨自己的恩人，并称帖木儿为“篡夺成吉思汗家族权位的人”。在里海的西面，钦察汗国君主带着9万骑兵，从杰尔宾特的城门进入波斯。在里海和咸海的东面，他聚集了包括钦察汗国、保加利亚、切尔克西亚和罗斯等国在内无数的军队，跨过了贾沙特斯河，烧毁了帖木儿的宫殿，并迫使他在冬天的大雪中为撒马尔罕和他的生命而战斗。

一位历史学家还写到，经过一番温和的劝诫和一场光荣的胜利后，帖木儿决心复仇。在里海和伏尔加河东侧和西侧，他两次以实力强大的军队入侵钦察汗国，从左翼到右翼，绵延13英里。

经过5个月的行军，两支军队会合了。钦察汗国的旗手临阵倒戈，把汗国旗帜掉转方向，从而挫伤了军队的士气，帖木儿取得了胜利。用帖木儿的话来说，钦察汗国君主把成吉思汗儿子的部落交给了“荒凉的风”。在烧毁了几座城池，俘虏了一位罗斯公爵后，他的军队使莫斯科和诺夫哥罗德感到胆寒。在将亚速化为灰烬之后，帖木儿的军队带着大量珍贵的毛皮、亚麻布和金银锭，于1383年打道回府。

1398年，帖木儿计划入侵印度。他的士兵们低声抱怨这样一场战役的危险和艰苦，害怕地说：“河流、山脉、沙漠、穿盔甲的士兵、大象，都可能毁灭我们。”但他们皇帝紧皱的眉头比这一切更可怕，他知道印度的真正弱点和混乱状态。他的侵略军拥有92支骑兵队，分三路进军。在翻越兴都库什山时，在可怕的山间小道上，有许多人马消失于大雪之中。在5个地方，士兵们用几条150腕尺①长的绳子吊着一个可移动的脚手架，把皇帝放下了悬崖。

他渡过阿托克的印度河，沿着一条迂回的路线前进至德里。德里是一座伟大的城市，在穆斯林国王的统治下繁荣了3个世纪。虚弱的苏丹从他坚固的城堡和城市中被诱骗出来，带着1万名胸甲骑兵、4万名步兵和120头大象来到平原，大象的长牙上装备着锋利的匕首。帖木儿用火、一条铁蒺藜带和一排鹿砦来抵御象军，以减轻军队的不安；但是蒙古人很快学会了对自己的恐惧微笑，一旦这些笨重的动物被击溃，这些人就从战场上消失了。德里很快被攻克。帖木儿向东北方向前进100英里，跨过恒河，最后沿着北部山区返回。

在这场肆意的入侵中，有数百万人丧生，据记载，一座拜火教

① 腕尺一般指自肘至指尖的长度，这一术语广泛用于埃及，也用于希腊和罗马，并作为测量单位。一个希腊腕尺近似于18.22英寸（约46.38厘米）；而一个罗马腕尺则约为17.47英寸（约44.37厘米）。——编者注

徒的城市正在为赎金讨价还价时，城墙就被攻破，无情的军队冲入城市。被驱散的拜火教徒放火烧了自己的房子，把他们的妻子、孩子和所有的财产都丢到火焰之中，剩下的最后一人，勇敢地在冒烟的废墟上自卫，直到战死。这似乎是一场狩猎，而不是一场战争。那些逃到山里和山洞里的人，自认为蒙古人到不了这里，结果震惊地看到一些大木箱悬挂在他们山洞入口处的铁链上，箱子里拥出凶猛的士兵，他们用无情的刀箭把拜火教徒赶进洞穴的黑暗之中。

在德里战役之前，帖木儿被告知，充斥在他营地的俘虏——他所攻占城市的守军，主要是拜火教徒和偶像崇拜者，他们可能在交战时向敌人投降。“把他们处死！”这个虔诚的征服者说。在不到一小时的时间里，十几万不幸的拜火教徒被杀。几乎很难想象通过对世界上最富裕地区的不间断的掠夺和破坏而积累起来的丰厚战利品。每个士兵身上都装着钻石和珠宝，在行进的队伍中拖拉着许多奴隶，其中最卑微的人都声称自己拥有几十个奴隶。

波斯的起义使得帖木儿没有对这里进一步征服。他曾说过，他的对手主要是非穆斯林。在平息了波斯的起义之后，他又进军至格鲁吉亚。在这里，他并没有耐心地区分穆斯林和非穆斯林，因为所有人都是基督教徒。他的士兵们在格鲁吉亚的岩石和山洞里搜寻，追捕基督教徒，他们曾这样追捕过拜火教徒，这次他们也取得了同样的成功。由于厌倦了杀戮，贴木儿最终接受了这些人的贡税，而不再是消灭他们。若不是因为一场与土耳其苏丹巴耶塞特一世出于愤怒而非利益的争吵，格鲁吉亚全境都会屈服于帖木儿的枷锁之下。这场争吵使得帖木儿把他的战旗挥向了巴耶塞特一世。

然而，帖木儿也有另一面。一位历史学家评价他说，帖木儿会非常高兴地看到自己的军队在胜利后整日待在一起，在游戏和节日中重现自己。他会用荣誉的马甲和珠宝来奖励他的将军们，热情地关心他们的幸福生活，出席他们的婚礼，并在任何成功的时候让他们陪伴自己，用感性的话语来接受他们的祝福。在他姐姐祝贺他有了一个孙子的时候，他在首都撒马尔罕举行了盛大的宴会。帐篷占地6英里；他的华盖，在一个由40根柱子支撑的天篷下，像宫殿一样宽敞。一切都准备就绪，皇帝走了进来，头戴皇冠，手持权杖，坐在天篷中间用宝石装饰的宝座之上。

大量美丽的亚洲女性，戴着镶满珠宝的金色锦缎面纱，坐满了宝座的两边。音乐家们排成两排：九个管家拿着金锤，在前面开道；后面跟着斟酒人，他们手中端着酒杯，杯里盛着产自设拉子、马赞德兰等地的红酒、白酒，还有清澈如泉水的白兰地。有许多可爱的妇人，扎辫子的饰带一直垂到地面，使庆祝活动大为增彩。最后，欢庆以表演和舞蹈结束。

在巴耶塞特一世的锡瓦斯城被毁之后，蒙古军队转移到了叙利亚和阿拉伯地区，一直在围困君士坦丁堡的土耳其苏丹，用了两年的时间调集军队，只为这场关键的战役。在帖木儿的第一次远征时，他和巴耶塞特一世都向对方说了大量辱骂和虚张声势的话，蒙古人称奥斯曼“不过是个突厥人而已”，而他忘记了自己也有突厥血统；请他“及早地醒悟、反省、忏悔，避免我们复仇的雷霆。你这蚂蚁”，他喊道，“你为什么要惹大象呢？它会把你踩在脚下。”巴耶塞特一世的回敬则更加无理，并对帖木儿家庭的事情进行了影射，这被认为是侮辱人格和难以原谅的罪行。

巴耶塞特一世的兵力为40万骑兵和步兵，其中4万为加尼沙里军团，以及大量国民骑兵、两万身穿难以被穿透的黑色盔甲的欧洲铁甲骑兵、安纳托利亚的军队和帖木儿从钦察汗国赶走的鞑靼人军团。这支大军驻扎在锡瓦附近的平原上。帖木儿跨过阿拉克赛斯河，穿过亚美尼亚。最明智的预防措施保护着他的英勇，秩序和纪律引导着他的速度，先头部队仔细地勘察树林、山岭和河流，沿途标上记号，引导大部队前行。他避开了锡瓦，向奥斯曼帝国的心脏地带进军。巴耶塞特一世匆忙上前迎敌，与急不可耐的对手在城市周围的平原上展开激战。

我们已经在前面讲过这场大战的结果，帖木儿取得了胜利，而这个标志性的胜利，应该归功于他自己，归功于当时的决断以及30年的纪律。他在不违反自己民族习俗的情况下改进了战术，他的军队仍然由可以进行远距离打击的投掷部队和可以实施快速打击的大量骑兵组成。无论是小股部队还是一整支庞大的军队，进攻方式都是一样的。一支最前线的先锋部队率先冲锋前进，并得到多支先锋部队的有序支持。将军的眼睛注视着战场，在他的指挥下，左右翼的前部和后部依次向前开进，分成几个部分，成一条直线或斜线；敌人受到18~20次进攻的压制，每次进攻都有获胜的机会。如果他们这样的进攻被证明是徒劳无功或是失败的，那么皇帝本人便要亲自上阵。他发出信号，以他的旗帜和部队为主力，向前冲锋。但在安哥拉战役中，主力部队本身在侧翼和后方都得到了预备部队中最勇敢分队的支持，这些分队由帖木儿的子孙指挥。

“在那一天，巴耶塞特一世展现了一个士兵和一名统帅的品质；但他的天分在更强大的优势下沉没了。”由于种种原因，他的大部队在决定性的时刻辜负了他。在他的右翼，欧洲的铁甲骑兵以忠诚的心和不可抗拒的武器冲锋；但是，这些铁甲奇兵很快就被帖木儿军队的佯败所迷惑，又被其迅猛的反击所击败，而只剩下那些没有骑兵或投掷武器的游击队，就像被一群蒙古猎人包围了一样。他们的英勇终于被炎热、干渴和沉重的负担压垮。不幸的巴耶塞特一世，因为腿脚上的疼痛，骑着最快的马从战场上逃了出来，但还是被鞑靼人追上俘虏了。

安纳托利亚王国投降了，惯常的强暴和毁灭场面在各地上演。布尔萨的宫殿和城市藏着大量的战利品，王室的宝藏被巴耶塞特一世的儿子带到了欧洲，居民也都逃走了。这里的建筑大部分是用木头建造的，被悉数焚毁。士麦那被罗德岛骑士顽强地保卫着，帖木儿亲率部队，将其攻陷。所有喘气的都被屠戮于剑下，基督教英雄的头颅从港口的两艘大船上的发动装置中被抛射出来。奥斯曼人和基督教徒联合起来控制了达达尼尔海峡和博斯普鲁斯海峡，阻止帖

帖木儿与巴耶塞特一世

木儿通过；但是，从额尔齐斯河和伏尔加河到波斯湾，从恒河到大马士革和爱琴海群岛，亚洲全部沦于帖木儿的统治之下。

有人声称，巴耶塞特一世被关到铁笼子里，无论征服者走到哪里，都会把他作为战利品游街示众。其他人则声称帖木儿对他怀有崇高的敬意，亲切地对待和安慰他，并承诺将恢复他的权力，并给予他更为广阔的领土——据说，巴耶塞特一世的早逝使这个目标落空了。征服者起初似乎在胜利的自满中表达了高尚的情感，作出了宽宏大量的承诺；但巴耶塞特一世不合时宜的傲慢似乎让自己被疏远了。而且俘虏试图通过在帐篷下打洞逃跑，在他们不断前进的过程中，似乎需要一个铁笼或一辆马车来保证安全。

苏莱曼，巴耶塞特一世的儿子——这时是欧洲罗马尼亚的国王——和希腊皇帝，都向帖木儿进贡，接受他的封赏并宣誓效忠。埃及苏丹投降了，在开罗为征服者铸造硬币并祈祷。这个不知疲倦的人现在在他位于士麦那的营地里沉思：征服亚洲另一端的中国！当他还在小亚细亚的时候，就已经派先头部队渡过贾沙特斯河，去征服厄鲁特人和蒙古人，在沙漠中建造城市和居所，并修建了穿越中亚的道路。

在与巴耶塞特一世的战争之后，帖木儿再次回到他的首都撒马尔罕。在这里，他在短暂的休息中展示了他的气度和力量，他倾听人民的抱怨，施行公正的奖惩措施，利用他的财富建造宫殿和清真寺。1404—1405年，埃及、阿拉伯、印度、鞑靼、罗斯和西班牙等国的使者前来朝见。皇帝现在忙于他6个孙子的婚礼，这被视为一种宗教行为，也被视为一种慈爱的温情。在他们的婚礼盛典上，老可汗重新焕发了活力。在这一刻，亚洲的贵族和人民聚集在国家的中心——撒马尔罕城。

婚礼在卡里盖尔的花园里举行，花园里装饰着大量的帐篷和亭台楼阁，展示了一座大城市的奢华和胜利者营地的战利品。为了给厨房提供燃料，几乎砍伐了整片森林；平原上到处是金字塔形的肉堆和各种各样的酒瓶，成千上万的客人被礼貌地邀请到这里；世界各地的骑士，包括欧洲各国的使者，都列队参加了皇家宴会。

欢庆持续两个月，在这两个月里，人民是自由的，君主也无所事事。在为帝国的建立奉献了50年之后，他一生中唯一快乐的时光大概就是这两个月，在这两个月里，他中止行使自己的权力。

但他很快就意识到政府和战争的忧患。他竖起了侵略中国的大旗，帝国内的小统治者们给他提供了20万人的军队，都是选自波斯和其他地方的精兵强将。他们的行李和给养由500辆大车和一大队马匹及骆驼运送。部队为长期的征战做好了准备，因为这是6个月的征程，要从撒马尔罕打到中国；有人说，这次征战调集了120万人。

无论是高龄还是严冬都不能缓和帖木儿的急迫心情，他跨上马背，在冰面上穿过了贾沙特斯河。行军至距首都撒马尔罕300英里后，在讹答刺附近安营扎寨，但“死亡天使正关注着他”。疲劳和不谨慎地饮用冰水，引起了发烧，让这位亚洲征服者在他70岁时去世了——此时为1405年，在他登上察合台汗国王位之后的35年。他的计划失败了，他的军队解散了，与中国的战争得以避免。

帖木儿喜欢下棋，发明了一种新的棋类游戏。他也喜欢读书，尤其喜欢读历史。他的习惯是每天晚上与文学和学术人士交谈一段时间，这是他非常珍视的。他能注意到所有的细节。他的记忆力很好，以至于在回答别人对他提出的关于不同环境和不同的人的相关细节时——在重温他所经过的各种地方时——使那些知道他事情的人感到惊讶。他不放过任何机会来纪念一位圣人的坟墓或一件遗物，无论是从政策上保证自己得到大众的尊敬，还是从他自己心中强烈的本土迷信色彩上看，这都是很有可能的。

帖木儿身材魁梧，体格健壮。他前额高，头大，神态迷人；红润白皙的脸色，长长的胡须，宽阔的肩膀，“手指粗大”，腿也很长。他的右手和脚都因伤而残疾。他的眼睛虽然不明亮，但充满了光芒。他的声音洪亮而有穿透力。“从来没有一个君主，”他的传记作者说，“在愤怒中，比他的气势更为威严可怕；但在他乐于施舍的时候，他的气势更为和蔼可亲。”

即使到了老年，他仍然保持着精明的头脑、强壮的身体、坚定的意志和顽强的毅力。他采用的司法模式是“依靠成吉思汗的律法”，对他来说，成吉思汗最受尊崇。他不加掩饰地热爱真理，即使这对他不利。他的座右铭是：“我单纯而真诚。”“无论在成功还是不幸中，人人平等，都没有受到干扰。”

但是，要公正地评价这个非凡的人，则需要用比这段简史之外更广阔的视角和标准，因为这段简史被友好或敌对的人描上如此截然相反的颜色，他的统治生涯据信造成了1 000万或1 200万人的暴力死亡。有一点可以肯定，他可能会自夸：在他登上王位时，亚洲是混乱与劫掠的牺牲品；由于他繁荣昌盛的统治，一个大胆的孩子可能会把一袋金子安然无恙地从东方带到西方。

不管帖木儿政府带来的益处是什么，这些都随着帖木儿生命的终止而消失了。在他36个儿子、17个女儿及这些儿女的孩子中，没有一个能胜任统治帝国的重任。他的儿子沙哈鲁一度维护了帝国的荣耀，但在沙哈鲁死后，黑暗和血腥的景象再次出现。在15世纪结束以前，河中地区和波斯惨遭北方的乌兹别克人和黑羊王朝与白羊王朝土库曼人的蹂躏。如果不是一位英雄——帖木儿的第六代后裔——在乌兹别克军队征服印度之前逃走，帖木儿一族可能就此灭绝。他的继任者们——莫卧儿皇帝，统治着从克什米尔到科摩林角、从波斯到印度支那的广大地区。关于莫卧儿帝国这一主题，将在下一章进行讲述。

第213章

这样的鞑靼

回顾鞑靼和鞑靼人的历史，一个巨大的差异会立即出现在人们的脑海里。从黄海起，沿着长城画一条线，一直延伸到里海，这条线以南的鞑靼人过着游牧混杂着农业和城市定居的生活；在这条线以北的鞑靼人都是游牧民族，几乎没有或根本没有城市文明，只有两座城镇。在对这两种鞑靼的生活方式——定居生活和游牧生活做了几点整体论述之后，我们将注意到每种生活方式的一些特点，然后再看鞑靼的政府、宗教和商业。一个关于迁徙帝国，以及在这个广阔舞台上出现的各个部落的地位，将会陆续呈现；我们对鞑靼历史的讲述将以对这个世界上重要但被忽视的部分的过去和未来的一些思考而结束。

定居的鞑靼人主要分布在贾沙特斯河和天山的南部，还包括长城以南的那一部分，他们已经成为中国人，我们将在中国历史部分加以描述。我们已经看到，城镇和定居的农场主从最早的时代起就具有这些地区的特征。这些地区一次又一次地被征服的浪潮淹没，洪流过后他们又抬起头来。然而，这里的征服者太多了，以至于居民已变成一个混杂的民族，他们作为一个被征服的民族，一般被命名为塔吉克人（进贡者）。作为一个混杂的民族，其中的民族都有一些共同特点，似乎所有社区①的基础都是一个特殊的、几乎都是土著的民族。

这种奇特的民族有时被称为布哈拉人，与其他鞑靼人不同的是，他们没有被分成多个部落。他们身体素质较好，能够适应所在地的气候特点。他们一般都有一双大而闪亮的黑眼睛，还有着鹰钩鼻、端庄的面容、黝黑的头发和浓密的胡须；总之，他们是比较漂亮的鞑靼人。女性大部分身材高挑，五官和肤色都很漂亮。他们都穿长袍，但女性的长袍总会有诸多装饰。他们的宗教信仰是伊斯兰教，主要靠商业和贸易维持生计。

鞑靼人从不让自己在战争或政治上难堪，而是把这些问题留给乌兹别克人和厄鲁特人——他们自己愿意纳税；因此，鞑靼人瞧不起他们，把他们当作一个单纯、懦弱的民族。

鞑靼人的起源无法确定，他们自称是从一个非常遥远的地区移居过来的。因此，他们可能被认为是被原始征服者移居到这些地区的俘虏的后代，但是已经无从考证了。他们的城市自古以来就是突厥人和鞑靼人学习的胜地，也是亚洲人的学术中心之一，这一事实表明了他们在智力上的优势。

---

① 在本书中，社区指在一定地域形成的社会生活共同体，与我国城镇按地理位置划分的居民区有着较大的不同，请读者稍加留意。——编者注

东部的塔吉克人（布哈拉人）也同样有趣。前面已经讲述过他们的习俗和衣着等。游牧的征服者成为这些城镇的和平统治者和行政官，了解除了战争的艺术，其他艺术也有价值，并将他们的精力转向新的领域。在布哈拉人、汉人、印度人、阿拉伯人、叙利亚人和希腊人的影响下，这里的突厥人、斯基泰人或称鞑靼人的文明程度都有所提高；而鞑靼人则给南方陈旧、柔弱的社会架构——或因年代久远而僵化，或因奢侈而腐化——注入了蛮荒而自由的血液。

纯正鞑靼人——蒙古人、喀尔喀人、厄鲁特人——的面容有别于其他民族。他们身材中等，但四肢粗壮；头长，脸比较平；有着橄榄色或铜色的肤色；炯炯有神的黑眼睛凹陷在内，双眼之间的距离也有些大；嘴巴比较大，有着乳白色的小牙齿；鼻子扁平，鼻孔较大；耳朵大而平；黑色的头发直而粗，有点儿像马鬃，除了头顶上的一缕，其他地方则经常剃掉。这些特征在女性身上被柔化。

畜牧生活是鞑靼的一大特色。我们在前面已经讲过纯粹游牧部落中的土库曼人和吉尔吉斯人。至于乌兹别克人，则主要作为南方独立鞑靼国家的统治者定居下来。我们相信，一些乌兹别克人仍然要被划入游牧民族。无论是定居还是游牧，乌兹别克人都被认为是鞑靼的穆斯林中最为文明的民族。

然而，要想了解游牧生活的真实情况，我们还是要看蒙古人。在那里，人们可以看到蒙古的一切原始自由。厄鲁特人，在他们的帝国时代，统治过天山的北路和南路，就像他们在中原政权的统治下一样。他们通过被征服国家的影响，与俄罗斯和中国两大帝国交往，似乎已经经历了一段时间的文明进程。他们的两个主要城市是乌鲁木齐和伊宁，伊宁是这个西域地区的首府，被清朝的乾隆皇帝称为新疆，他于1758年将此地纳入中原王朝的有效控制范围。

喀尔喀人向我们展示了令人愉悦的畜牧生活场景，那就是诗人描写的场景。在宽阔的平原上，或是在阳光明媚的山坡上，可以看见族长们的帐篷，那里有成群的骆驼、马、牛、绵羊和山羊，一片生机勃勃。族长的营地像城镇中的住房一样错落有致，营地由帐篷组成，上面铺着一块结实的、致密的布，点缀着最鲜艳的色彩，呈现出一种非常宜人的景象。

妇女有时被安置在小木屋里，当她们想要转移时，几分钟内就可以将木屋拆解装载到车上。沙漠里的鞑靼人有许多令人愉快的习俗。草原上野性十足的骑手之间打招呼的方式奇特而引人注目。当一个骑手走近时，另一个骑手立即下马，弯下左膝，把右臂叉开，左手碰了碰胳膊肘，大声喊道“Amour”，意思是“和平、宁静”。

正如一位旅行者描绘的那样，一个拥有2 000个家庭的蒙古人首领，从色楞格河畔出发，是一幅美好的图画。他被自己部落中的蒙古人——都带着弓箭——簇拥着，母亲、妻子、弟弟、妹妹和无数的毡房都装载在马车之上，陪伴在他身旁。这支队伍以其华丽的外表而闻名；尤其是那些女人，她们面色红润，衣着丰富多彩。她们身上穿的袍子是用美丽的蓝色缎子做成的，头上戴着黑貂帽，系着用银丝编织的丝带，装饰着大的玉髓，连马鞍都用玉髓装饰。

在这片广阔的地区，唯一的大城市是乌尔格。跟古都哈拉和林一样，这是一个由帐篷组成的村庄，还有几座木制建筑。在文学上，鞑靼人除了歌曲和神学书籍，几乎什么都没有。至于政府，读者只要知道蒙古人、厄鲁特人和吉尔吉斯人的政治制度与中世纪欧洲王国的政治制度相似，就很好理解了。

像大多数游牧部落一样，鞑靼人信仰的是——一些原始的部落仍然信仰——拜物教。那是一种与非洲的拜物教相似的自然崇拜，崇拜自然界中能够点燃激情或激起恐惧的非凡事物。因此，鞑靼宗教也被称为萨满教。然而，藏传佛教是蒙古人的主要宗教。独立鞑靼的信仰主要是伊斯兰教。

在鞑靼的大部分地区，掠夺活动已被商队的和平行进所取代。俄罗斯和中国正在利用这些不安分的游牧民族，让他们成为商品的运载者。鞑靼人的商队贸易非常活跃。贸易的主要路线，从奥伦堡，通过布哈拉，到达波斯和印度一线；从布哈拉，经过莎车，到中原一线；从伊宁到北方和西方一线；又向南经过阿克苏到于阗，再从那里到达中国西藏和印度一线。简而言之，商队的路线从四面八方穿过鞑靼。中国海关在国境征收关税，设有税务人员。除了俄罗斯和中国的货币，鞑靼人还有自己的货币，这是一种砖头形状的茶块，由中国茶厂的茶屑和一种黏性物质混合在一起，压制成形，在炉中烤干。饮用时捣成粉末，与盐、面粉和牛奶混合在沸水中煮制，是鞑靼地区一种普遍的饮品。因此它被当作货币使用。

现在，我快速勾勒一下中原政权以前对这一带所进行的管辖以及仍在进行的管辖，来结束鞑靼人的历史。1410年，明朝的永乐皇帝率领50万人马攻打阿鲁台，因其暗杀了蒙古可汗，取而代之，还打败了一位指挥10万骑兵的明朝将军。这些蒙古人与被朱元璋逐出中原地区的蒙古人属于同一民族。明朝皇帝打败了他的敌人，把他们赶往遥远的西方；但是，当他试图穿越沙漠去追击他们其中的一个部落时，却损失了许多人马，也没找到敌人。

1449年，蒙古人也先打败了以皇帝为首的50万明朝军队，皇帝被俘，大臣和将军都在战斗中牺牲了。以各种形式取得成功的侵略战争构成了这一时期的蒙古历史。大约在1634年，几个部落相继向满洲皇帝皇太极投降。1677年，厄鲁特人的首领噶尔丹掠夺并蹂躏了清朝的西北地区。清朝皇帝康熙以从中斡旋为由头，平定各部的纷争。1691年，喀尔喀人投降，各部落均以“九白”进贡。“九白”即八匹白马和一头白骆驼，此后一直按此进献贡品。这为蒙古人开创了一个新纪元，他们一个接一个地向清朝皇帝效忠，并由北京朝廷为其划定固定的疆界。蒙古人被分成141个旗，约有200万人。

1757年，乾隆皇帝灭掉了准噶尔部。这一地区现在部分由从中原地区和附近地区迁出的农场主居住，其余作为满洲士兵的营地。这些人与索伦人①和蒙古人联合为一体，在伊犁将军的统率下，组成了中国抗击俄罗斯和吉尔吉斯部落的大军。

我们已经对鞑靼的历史给予了一些细节上的展示，因为这个广阔的地区一直是各个民族的伟大摇篮，是用来重建新帝国、民族或族群的巨大物资储备库，他们应该把人类的进步推进到更高层次，将人类的品格、活力和益处提升至更高的标准。

这里诞生了非洲、亚述、印度、希腊、罗马和中国文明的毁灭者，以及中国、印度、波斯和欧洲的再生者。在这里，我们可以从一个角度看到处于各个发展阶段的民族。尤其有趣的是，这里能看到美国印第安人的原型，他们的习俗与古代和现在更为原始的鞑靼部落非常相似。

① 索伦人，指明末清初时期，居住在黑龙江上游地带的土著居民，一般认为现居住在黑龙江西部和内蒙古东部的达斡尔族、鄂伦春族和鄂温克族是当时的索伦人。——编者注

莫卧儿帝国

第214章

从巴布尔到胡马雍

（1414—1556）

在15世纪，一个辉煌的分支从广泛分散的鞑靼帝国的碎片中移植到印度的土地上，几乎统治了整个印度半岛。在这里，它以其显赫、华丽和力量，长期吸引着西方世界仰慕的目光；也有一段时间，所有葡萄牙和西班牙的海洋探险及航海事业，都将目光转向印度和“美丽的东方”。

这个帝国是鞑靼人建立的所有帝国中最巩固、管理最完善、政治制度最完善的一个，它被称为莫卧儿帝国[①]，因为它的统治者是蒙古人或莫卧儿人的后裔，并任命莫卧儿人担任重要官职。类似的，突厥人作为统治阶级掌握着叙利亚、埃及和小亚细亚的统治

① 莫卧儿帝国的历史，也是印度历史的一部分，因其和鞑靼密切的关系，故单独置于此。——编者注

权。事实上，帝国是如此孤立——位置、年代和特点——从已经描述过的帝国来看，它本身就是一部历史，我们将在下面的章节中进行讲述。

莫卧儿帝国的御象

帖木儿征服印度后，在印度的影响力并没有立即消失，但是他在那里建立的王国很快就彻底瓦解了。1414年，黑兹尔汗以帖木儿的名义获得了王位，但真正行使权力的是他自己。他使王国恢复了一定程度的秩序和尊严。在他以后，王国渐渐衰微，历经五六位国王，到易卜拉欣二世统治时期，印度历史上最杰出的人物之一——和他争夺王位的巴布尔出现了。

巴布尔是西部鞑靼两个王国费尔干纳和因吉亚君主的儿子。这位君主是帖木儿的五世孙，他让巴布尔在12岁时登上王位。巴布尔年轻时的历史极为浪漫。巴布尔的父亲去世后不久，他的叔父们就一起围困都城，想要夺走王位；但是瘟疫使他们的军队解散了。这位少年国王制伏了几个反叛的总督后，就攻取了撒马尔罕；但他不肯放纵军队去掠夺，便有一半的人离他而去，投奔他篡位的兄弟，撒马尔罕也发生了叛乱。只有40名骑兵仍然跟随巴布尔。他14岁就带着不可战胜的活力开始四处结交盟友，两年后又成为国王。

巴布尔在16岁时夺回撒马尔罕，那是一个大胆和幸运的特例。因为叛逃和其他原因，在到达这座城市附近时，他发现自己只剩下240人了。他在黄昏的时候大胆地进了城，来到一位友好的首领家里，发现形势不妙后，他在因自己的到来而引发的这座城市的骚动中逃离出去。在一个梦的鼓舞下，他在午夜带着几个追随者又回到城墙下，借助一根钩绳，他们顺利回到城内。他们在悄悄地杀死了警卫之后，绕道打开了大门。

他们中的一小撮人便在街上跑来跑去，喊着："巴布尔！巴布尔！"他的朋友们做梦也没想到他的军队就这么几个人，竟然成功回来了，于是蜂拥到了他的旗帜之下；尽管城里有成千上万的士兵，而且还在一位精明强干的乌兹别克总督的统率之下，但是巴布尔还是第二次成为撒马尔罕的主人。巴布尔在这里被围困了4个月，他派人去寻求亲人的帮助，却徒劳无功。最后，他在午夜带着100名追随者逃离了这座城市，失去王位，四处流浪。

20岁的时候，在某个君主的宫廷上，巴布尔说："我早就成了命运的玩物，像棋盘上走来走去的一颗棋子，像天上变化无常的月亮，像沙滩上飘忽不定的石头。请给我友好的建议，因为我自己的决定都失败了。"这位君主便建议他到混乱的喀布尔去碰碰运气。巴布尔立刻出发，两年后，他牢牢地坐在了那个王国的王位上。在一次毁灭性的地震中，他用自己无微不至的关心和对人民的广泛仁慈，使自己深受爱戴。

但不久，他就被起义者赶出了首都，并被他的大部分军队遗弃。他只好带着500人，奋勇向前，进攻那个篡位者，篡位者当时率领1.2万人。他向篡位者发出挑战，要求一对一战斗，被拒绝了。随后，他一个接一个地挑战篡位者的5个首领，并杀死了他们。敌人的士兵宣布他们不会与这样一个英雄战斗，便加入了他的行列，并把篡位者带回首都，在那里得到了他的宽恕。巴布尔又夺回了撒马尔罕和布哈拉，仍没能长久地占有。

在榜样帖木儿的激励下，在印度财富的吸引下，此时36岁的巴布尔入侵了这个纷争不断的地区，他获得了年轻时所唯一缺乏的品质——将才。印度的易卜拉欣二世干练且精力充沛，但因为残忍而不受人民的欢迎，还因其傲慢而被贵族憎恨。1514年至1523年间，巴布尔发动几次局部的侵略，均取得胜利。他表现出了宽宏大量，甚至对叛国的敌人也一样；但有一次，他按照鞑靼人嗜血的习惯处死了囚犯，却为此内疚。最后，在距离德里50英里的地方，易卜拉欣二世率领10万骑兵和1 000头大象与他对决。巴布尔只有1.3万名骑兵，但他指挥有方，敌人的庞大部队反而被打得落花流水，巴布尔成为印度的皇帝。

胜利者很容易获得地方君主的忠诚，事实上，公众精神已经荡然无存。据一位东方作家所言，当时的情况是，那里的人们“不因逃跑而羞耻，不因背叛而惭愧，不因谋杀而谴谴，不因反复而出丑”。至于人民本身，统治者的更迭一般只是压迫者的更迭，新的暴君可能比旧的暴君性情更好；因此，对于自己的国家被征服，他们普遍心存恐惧，但又满怀希望；事实上，爱国主义的思想据说在那时并不存在。

巴布尔把德里国库的巨大财富全部分给了他的贵族和军队，以及在喀布尔和其他领地上的臣民，还用来施舍，“一个第纳尔也没有留给他自己”。

巴布尔的困境并没有结束。当地的君主们联合起来，组建了一支庞大的军队来对抗他，而他自己的一个阿富汗首领也率兵叛逃了。巴布尔的军队粮食短缺，炎热的气候每天都会导致士兵死亡；

更重要的是，他的首领们请求他回到喀布尔。

这有点儿类似于英格兰国王亨利五世在法兰西时的状况，巴布尔发布了一个公告，宣布他自己决心留在印度，但允许那些更喜欢“安全而不是荣誉、可耻的轻松而不是男子汉的辛劳和战争的危险”的人离开。他又说，这些人离开之后，他的队伍就只剩下那些“他们的英勇会使自己流芳百世，使他们的君王和国家流芳百世”的人了。首领们非常羞愧，发誓永不离弃他。许多有权势的当地人，到目前为止，一直对他保持冷漠，或者反对他，认为他只会像帖木儿一样，掠夺之后便离开这个地区——这时也加入了他一方。

在经历了一些挫折之后，他的首领们仍然建议部分撤退。巴布尔不满地盯着地上，然后严厉地问道：“一个出于对死亡的恐惧而放弃这样一个国家的人，全世界会怎么说呢？”他接着说：“荣耀之音响彻我的耳畔，不许我放弃手上的一切，那会让我的名字蒙羞。但是，既然死亡最终不可避免，让我们宁可带着荣耀与之面对面，也不要退缩，去过几年悲惨而可耻的生活；因为除了名誉，我们还能传承什么呢？”参会的全体人员，仿佛被一种精神所鼓舞，立刻喊道：“战争！战争！”

他的对手们在一位王位声索者的带领下，集结了10万大军，而这位声索者自己军队的数量很少。随后发生了激烈的战斗。印度人的左翼打退了莫卧儿人的右翼部队，但他们自己又被下一翼所击退。随后，印度人包围了莫卧儿人，但莫卧儿人形成了一个坚不可摧的圆形防御圈，让敌人疲惫不堪。巴布尔看到决定性时刻的到来，便站在中翼队伍的最前面，“像从森林里跑出来的狮子一样”，正如当地的历史学家所说，他追赶他面前的所有人，不顾最顽固和最血腥的抵抗，把整个印度军队都打败了。

巴布尔死于1530年，终年47岁。他的光辉人格使我们不由得联想到了圣骑士。用那个时代的标准看，我们看到了他身上许多令人钦佩和欣喜的地方。他果断勇毅，宽容别人的过失，即使有时会威胁到自身的安全，当然，这种情况并不常见。“他常常赦免忘恩负义和叛国的行为，所以他似乎遵循着以德报怨的原则。”

他周围的人总是渴望掠夺，但他常常抑制他们冲动的欲望，反而阻碍自己的成功；但他曾与他们自由分享他所拥有的财富。有一次，当某个堡垒被攻破时，士兵们进入城内肆意掠夺；他在他们中间骑行，用话语和实际的力量来约束他们，从而拯救了敌军指挥官家族的荣誉和其珍贵的藏书。

他虽在暴力场面中生活和成长，但仍有时间和品位去陶冶自己的情操，并用心去尊重别人的文学作品。在经历了8个月的病痛后，去世前，他写了一首诗来纪念一位圣徒，以此来消弭病榻上的沉闷。他在音乐艺术上也有极高的造诣，并以一种优雅和振奋的风格写下了他的战争编年史。

下面这则逸事讲述了他的正义感，也显示了他鼓励商业的政策。当他还是费尔干纳君主的时候，在西部鞑靼，一支由吉大港人和中国人组成的富有商队在翻越山岭时被埋在雪地里。所有的人都死了，但他把所有的货物都处理得很好，并派信使去中国为货主报信。两年后，商主或其代表到来，他热情地款待了他们，并把所有的货物都还给他们，没有接受礼物，也没有收取费用。

巴布尔中等略高身材，他体格健壮，精力旺盛。他习惯于奢侈生活，而在他最后一次伟大的战斗中，他发誓如果获得胜利，就再也不喝酒了。他改善了公共道路，为旅行者建造了休息场所，为了公平征税，他对国家的土地进行了丈量，并修建了巨大的花园。

巴布尔死后，他的儿子胡马雍继承了岌岌可危的皇位。胡马雍爱好安静，是一位天文学家和占星家，更是一位观察者而不是行动者。他建立了7个接待室，以不同的天体为它们命名。他在火星大厅接待他的军官，在水星大厅接待他的司法官员，在月球大厅接待使者、诗人和旅行者。他没有和兄弟卡姆兰争夺皇位，而是让兄弟统治印度河的五河之地旁遮普。

但胡马雍最可怕的敌人是一位名叫舍尔沙的阿富汗摄政王，绰号“狮子”，因他在国王面前杀死了一只巨大的老虎而得名。舍尔沙把普什图人或阿富汗人与当地人联合起来，以此来完成把莫卧儿人赶出印度的想法。有一天，他和胡马雍一起吃饭，他的盘子里没有刀，他便抽出匕首，切割盘子里的肉。胡马雍说：“这个阿富汗人不被小事所干扰，很可能是个伟人。”舍尔沙以为自己被出卖了，回去之后就开始以武力反对皇帝。

胡马雍无法将他赶出堡垒，因为这个堡垒已经被开始采取敌对行动的古吉拉特国王占领。为了结束这样的混乱状态，人们阴谋把帖木儿的另一个后代推上王位。胡马雍的精力和技巧很快就战胜了古吉拉特国王，他在诸多情况下表现出了如他父亲般高尚的品格和非凡的勇气。有一次，他不肯利用有利时机攻打古吉拉特国王，因为国王正在围攻异教徒。在攻占国王堡垒的过程中，有关胡马雍的传奇功绩，会令他英勇的父亲感到欣慰。

皇帝发现要塞每天都要通过一片小树林进行补给，于是乔装打扮探访了这个地方。到了半夜，他带着300人，拿着铁钉，来到树林里；他们把这些铁钉钉在墙上，借此攀爬而上。日出前，所有人员都进入墙内。随后，他们向城外的军队发出信号，全面进攻开始。与此同时，胡马雍和他300人的军队一步一步地向一个城门奋力前进，将大门打开之后，堡垒立即被攻陷了。

因为兄弟们的反叛，胡马雍不得不返回帝国的首都阿格拉。他曾警告自己的兄弟们不要生异心，因为这将不可避免地使帖木儿家族丧失王位。在回师的路上，他遇到了舍尔沙和他率领的大军，舍尔沙狡猾地通过谈判把他留在那儿，直到军队被允许混杂在一起，再卑鄙地攻击毫无准备的皇帝，取得了彻底的胜利。胡马雍被迫逃走。

胡马雍的兄弟们现在聚集在皇帝的周围。如果没有其中一个兄弟卡姆兰的背叛，他本可以保住他的王位，而正因为这次背叛，导致了舍尔沙的第二次胜利。胡马雍现在要彻底逃跑，丢了王位，也丢了家。

另一个兄弟辛达尔也弃他而去。他们经常密谋背叛他，想要把他交给舍尔沙，胡马雍陷入了困境。在此期间，他的儿子——著名的阿克巴出生了。卡姆兰把这个孩子从胡马雍身边带走，并将他赶到了呼罗珊。胡马雍便去了波斯宫廷，在那里他受到了隆重的接待。

舍尔沙现在是印度的统治者。他获得了沙①的头衔，并忙于改善他的统治——但背叛是他性格中的污点。他削弱了总督的权力，统揽了财政和军事大权。他在印度河到孟加拉的路上每隔一段距离都建造了一个商队旅馆，每两英里就挖一口井。他修建了宏伟的清

① 沙为波斯国王的头衔，与皇帝、国王是一类。——编者注

真寺，在大路上种了一排排的树，并建立了驿站，以便更快地传递情报。他把1/4的时间用来主持正义，1/4的时间用来管理军队，1/4的时间用来做礼拜，1/4的时间用来休息和娱乐。当时的治安极其良好，印度的历史学家记载：“旅行者和商人往往是就地卸下他们的行李和货物，便在道路上沉沉睡去，没有恐惧。”舍尔沙在统治了5年之后，于1545年因意外去世。

舍尔沙的儿子塞利姆继承了王位，在艰难地制服了寻常的反叛之后，平静地统治着这个国家。总的来说，他似乎是一位能干且温和的君主。他对华美的建筑表现出一种极高的品位，并在他父亲建造的商队旅馆中间进行了续建。他于1553年去世。

王国再次陷入混乱，有几派势力邀请胡马雍恢复权威。胡马雍得到了波斯沙妹妹和一些贵族的同情，他从沙那里借到1万骑兵，然后从他兄弟手中夺回了喀布尔。他成功的障碍是卡姆兰，因为卡姆兰不受任何条约的约束，也不被任何仁慈和慷慨的行为所感动。

有一次，这个恶棍让人把他的侄子、胡马雍的儿子阿克巴放在城墙上，以阻止胡马雍的袭击；但他被告知，如果阿克巴受到伤害，喀布尔的每一个人都会死去，他不得不放弃了这个卑鄙的计划。胡马雍很快就打败了卡姆兰。尽管卡姆兰对自己的哥哥做出了种种恶行，但胡马雍还是以仁慈和尊重的态度接待了他，然而一有机会，卡姆兰就会以最邪恶的背信弃义来“报答”哥哥。辛达尔回头支持胡马雍，最终为他牺牲。

后来，卡姆兰再次落入胡马雍手里，所有的莫卧儿人首领都要求将他处死。国王拒绝了他们的要求，这一拒绝几乎引起了叛乱。胡马雍最后勉强同意，为了防止进一步的祸患，卡姆兰应该被弄瞎双眼。过了几天，皇帝去看他失明的兄弟。卡姆兰站起来迎接他，呼喊：“国王的荣耀不会因为不幸的到来而减弱。”胡马雍泪流满面，痛哭流涕，尽管卡姆兰努力安慰他，承认自己受到的惩罚是公正的。最后，卡姆兰请求前往麦加朝圣，以弥补他的罪行，这个不安分的人在那里度过了余生。

当胡马雍被邀请回印度时，他并没有足够的兵力来完成这一事业，所以他陷入了深深的忧郁之中。但是他的首领们，通过他的迷信想出了一些好兆头，他同意用一支小部队越过印度河，占领拉合尔。他的维齐尔①打败了一支前来阻止他的军队，他的儿子阿克巴战胜了另一支由8万骑兵、许多大象和一列大炮组成的军队。一位东方历史学家说，年轻英雄的行为使莫卧儿人非常振奋。

1555年，胜利的胡马雍以皇帝的身份重新进入德里，但第二年，他意外坠亡。一天晚上，他走到图书馆的露台上，在那里坐了一会儿，呼吸新鲜空气。当他开始从露台走下楼梯时，清真寺的宣礼声宣布祈祷的时间到了。按照宗教规定，皇帝站立不动，重复着信条——然后他坐下来直到祷告结束。当他要站起来的时候，不幸滑倒在大理石台阶上，从楼梯的顶部摔到底部。第四天的日落时分，“他的灵魂飞向了天国”。波斯历史学家说。

① 维齐尔，伊斯兰国家历史上对宫廷大臣或宰相的称谓。——编者注

第215章

从阿克巴到奥朗则布

（1556—1658）

阿克巴是莫卧儿帝国的路易十四，他在14岁时继承了父亲的皇位，父亲任命大臣拜拉姆为摄政王。一些非常受欢迎的措施在他的统治时期施行了，例如禁止对农民的勒索、允许所有货物免费通行，以及废除强迫劳动者参加战争的做法。

在胡马雍逃离印度后，掌管统治权的维齐尔之一——喜穆，一听说胡马雍去世了，立即进军德里，利用德里总督的轻率和怯懦，攻占了这座城市。阿克巴看到帝国有一部分从他那里分裂出去，便赋予拜拉姆“皇父”的头衔，并将处理国家事务的权力都交到拜拉姆的手里。由于喜穆的兵力是阿克巴的5倍，阿克巴的战争会议建议撤退到喀布尔。拜拉姆表示反对，并得到了少年阿克巴的大力支持，首领们对这位年轻国王的英勇感到高兴，齐声呼喊，把他们的生命和财富都交给他支配。

两军在德里附近相遇。莫卧儿人如此坚决和熟练地迎接大象军团——用箭、矛和标枪刺伤大象——大象变得无法控制。喜穆骑着一头巨大的大象，率领4 000骑兵插入莫卧儿军队的心脏地带。他的眼睛被箭射伤，他果断拔出箭，虽然伤得很重，但还是继续战斗。然而他的车夫胆小狡诈，为了救自己而出卖了主人，最后喜穆被俘，被带到阿克巴面前。拜拉姆告诉国王，亲手杀死“那个异教徒”是个好办法。阿克巴拔出他的剑，但是泪流满面，只把它放到了喜穆的肩上。大臣严厉地谴责这种不合时宜的宽宏大量——一种曾经使皇室败亡的软弱或慷慨——一刀砍下喜穆的头颅。

拜拉姆这种专横严厉的态度，很快就激化了他和皇帝之间的矛盾，并导致自己被驱逐。而后，他因心中的不快而发动叛乱，但他举兵反叛后又表现得软弱和犹豫不决，让自己很快就被阿克巴的将军们打败了。他派了一个奴隶来向皇帝陈述自己的悲惨处境，并祈求宽恕。阿克巴的伟大显现出来了，皇帝以和蔼可亲的态度接待了他。忏悔的前维齐尔泪流满面，扑在王座的脚下。

阿克巴向他伸出手来，命令他站起来，仍然让他做王公们的首领，并说：“如果拜拉姆汗热爱军事生活，他仍可在外统兵，发挥他的军事天才；如果他选择留在宫廷之中，我们的恩惠仍将赋予我们家族的大恩人；但如果献身精神让拜拉姆的灵魂去麦加朝圣，他将以适合他尊严的方式被护送至那里。”拜拉姆选择了最后一个提议，但在去圣城的路上，他被一位阿富汗首领的儿子刺杀了，因为他在战斗中杀死了这位首领。一位勇敢的战士和开明的政治家就这样死了。他残酷的性格，部分来自他严厉的性情。毫无疑问，他所服务的君主的仁慈所带来的不幸后果重复上演，证实了严厉在政治斗争中的有效性。

为了达到恢复帝国边界的目的，阿克巴征服了德干。他还多次与叛军交战。他在军事上有两种品质值得注意：一是在敌人能够调集所有力量之前，迅速作出进攻的决定；二是他个人的勇气和胆量，甚至到了轻率的地步。例如，古吉拉特总督被围困，由于季节的关系，大军难以快速行进。阿克巴率领3 000骑兵和300头骆驼，一天行军80英里，匆匆赶往四面被围的城市。

为了表决心，他们毫不退缩，过了河，遭到了7 000骑兵的攻击。他的骑兵感受到皇帝正与他们共患难，于是冒着生命危险，担起帝国的未来，用超人的勇气战斗，击退了敌人。在急切的追击中，阿克巴身边只剩下200名骑兵，在一片高地之上，一大群新来的敌军士兵突然向阿克巴冲来。这是决定胜负的关键时刻。

阿克巴立即向敌人发起进攻，敌人急忙撤退，他们认为皇帝之所以敢主动进攻，是因他的全部军队必定赶来支援。还有一些情形值得记载，就是在最激烈的战斗中，阿克巴会像普通士兵一样身先士卒。他的好运和英勇使他成功地摆脱了各种危险。在51年的漫长统治中，他为自己的政府增添了无与伦比的活力，这给他的臣民留下了深刻的印象，认为皇帝的身心力量是超自然的。

阿克巴统治时期被称为印度的黄金时代。他是印度有史以来最受尊崇、最为优秀、最有智慧的君主之一。《阿克巴则例》——由杰出的文学家和他的朋友阿布勒·法兹勒直接指导撰写，详细介绍了莫卧儿帝国实施的全面而优良的管理制度。这些“则例”证明了阿克巴是一位杰出的政治家。除了大量的财务和统计问题，以及对人、政治和政府的睿智观察，“则例”提供了不同部门的规章制度，以及帝国的国内经济——从税收和管理军队到后宫妇女的生活费、国王的骆驼的日常食物，以及供应晚餐的方式。

在阿克巴个人习惯方面的记载是：他晚上的大部分时间都是在忙国家事务，或听哲学家和历史学家的演讲，他很乐意把他们聚集在身边。大约在天亮前3个小时，乐师入宫演奏声乐和器乐。在那之后，国王陛下花一个小时默祷。天亮前，各级人员都在等着皇帝的出现。除了定期提供给所有人旁听机会，皇帝偶尔也会出现在一个窗口前，这时人们可以向他请愿，不会有任何干预。他废除了长久以来的跪拜习俗。他每天只吃一顿饭，而且很简单，几个月来他都食素。他睡得很少，主要在午前和傍晚睡眠。

他的执政原则是，赢得和保护所有人的心；不仅要防止一切不公，而且要防止一切延误；在宗教上宽容——据说他从来没有嘲笑过任何教派；保护罪犯的生命。把全国分成多个行省，行省总督3年

阿克巴大帝

更换一次。税赋必须让人民能够“支付得起”，收税人要把自己看作“农场主的直接朋友”，需要钱时借给农场主，方便的时候再偿还。他在司法方面的讲话特别令人钦佩，因为这些讲话清晰、仔细、公正。

阿克巴取消了大量无理、骚扰性和有害的税收，代之以针对土地征收的一项广泛、公平的税收，他要求对这项税收进行仔细衡量，并固定下来。他免除了航行税，减少了制造业的税收。通过提高硬币的纯度，使其增加价值。文学艺术得到了前所未有的鼓舞，人民教育更加普及。他不仅是让帝国稳定的第一人，而且在政绩、才智和美德方面都是如此。一位作家评论说，他具有治理国家的罕见且幸运的品质，他不仅能够提出或欣赏别人提出的一些最高的政府管理原则，而且能够以他的实际技能，以及他个人对这些原则的不懈努力加以实践。

贾汉吉尔的意思是“世界之主”，这是阿克巴儿子塞利姆挑选的名号。1605年，阿克巴去世，贾汉吉尔继位。如此傲慢的头衔暴露了这个人的弱点——一个后来被充分展现的特征。贵族们企图把贾汉吉尔的儿子扶上王位，结果却导致他们中的许多人被处决，其子也被囚禁。国王采取的第一个措施就令自己终生悔恨。

有一个传说这样记载：有一个贫穷的鞑靼人，名叫米尔扎·吉亚斯，他的想象力被印度的壮丽所点燃，便离开了自己的家乡，希望能在这片充满希望的土地上改变命运。他的全部财产只有一匹可怜的马和一笔非常少的钱，这笔钱是他出售其他物品所得。他把妻子放在马上，自己在旁边步行。他们微薄的积蓄很快就花光了，甚至靠救济生活了几天——当他们来到把鞑靼地区和莫卧儿帝国的疆域分隔开来的荒野时。没有一所房子能遮风挡雨，也没有一双手能解他们的燃眉之急。原路返回，必定痛苦不堪；继续前行，显然是自寻死路。他们饿了3天。

在这种痛苦的情况下，米尔扎·吉亚斯的妻子生了一个女儿。他们停留了几个小时，希望旅行者能从那条路上经过，却无人途经此地。他们极为失望。太阳很快下山了，他们害怕夜幕降临，因为这个地方总有野兽出没；如果他们不逃离此地，他们一定会被饿死。在这种极端的情况下，吉亚斯把妻子放在马上，发现自己已经精疲力尽，几乎动不了。再抱着孩子是不可能的了，因为母亲已经不能在马上端坐。人性与求生欲之间开始了一场漫长的较量，最后求生欲占了上风，他们一致同意把孩子放到路边。

婴儿被放在一棵树下，被树叶覆盖着，沮丧的父母哭了起来。孩子躺在树下，只要还能看见那棵树，他们就坚定着自己的决心；但是当那棵树消失在视野中的时候，母亲的心无法承受，她拒绝离开她的孩子。父亲只好转身回去，惊恐地看到一条巨大的黑蛇盘绕在婴儿的身上。他的叫声惊动了这只爬行动物，大蛇慢慢地把孩子放开，悄悄地溜走了，孩子毫发无损。

这种几乎奇迹般的保护给父母的心中注入了新的希望和活力，他们继续挣扎，最后被其他一些旅行者救了出来。他们最后到达了莫卧儿帝国的宫廷，吉亚斯被允许为一位君主服务。他很快就脱颖而出，最后被皇帝阿克巴注意到了，阿克巴逐渐把他培养成一个受人尊敬的人。那个在沙漠中出生的女儿被命名为米赫尔·温·妮萨——“女性之光”。她有资格获得这个称谓，因为她在美貌上胜过东方所有的女士。她被精心地教育，在音乐、舞蹈、诗歌和绘画方面，其他女性都难以望其项背。她性情易变，思维敏捷，机智过人，精神崇高而向往自由。

塞利姆王子，也就是后来的贾汉吉尔，有一天去看望她的父亲。当公共娱乐结束时，除了主要的客人，其他客人都退下了，酒也被端上了桌子。按照习俗，女士们都戴上了面纱。米赫尔·温·妮萨渴望征服这位王子。她唱歌——他欣喜若狂；她跳舞——他不能自已。她的身材、她的体形、她的步态，使他对她美貌的认知达到了顶峰。当他的眼睛似乎要吞噬她时，她意外地摘掉面纱，她所有的魅力立刻照耀着他。她当时完全装出一副困惑的样子，这使她的脸庞更加美丽。她羞怯的目光悄悄地落在王子身上，把他的灵魂引向了爱。王子在晚上剩下的时间里保持沉默，她努力用自己的才智进行征服，证实其个人魅力无可匹敌。

塞利姆被自己的激情困住了，不知道该怎么办。米赫尔·温·妮萨已经被她的父亲许配给舍尔·阿富汗—— 一个名声显赫的土库曼贵族。塞利姆向他的父亲阿克巴提出要求，要娶米赫尔·温·妮萨，阿克巴虽然宠爱自己的继任者，但坚决拒绝犯下不公正的罪行。王子羞愧地退却了，米赫尔·温·妮萨成了舍尔·阿富汗的妻子。

阿克巴去世后，贾汉吉尔继承了王位。他听任自己激情的支配，下令谋杀了他垂涎已久的女人的丈夫。①现在已没有任何障碍，但很明显，皇帝对自己的卑鄙行为感到懊悔，甚至不肯见用密谋得到的红颜。她在他的后宫里被冷落了4年。在这里，她虽衣食无忧，但也不得不展现她在针线活和绘画方面的天赋。为了生活，她的作

① 在下定决心谋杀舍尔·阿富汗之前，皇帝采取了几种可耻的方法来实现他的目的，

但都失败了。有一次，他下令探索一只大老虎的出没地，并指定某一天去打猎。舍尔·阿富汗被邀请去打猎。他完全没有怀疑国王的险恶用心，尤其是当贾汉吉尔在宫廷上隆重地接待他，并授予他新的荣誉时。根据鞑靼人的习俗，猎人们包围了猛兽经常光顾的地方，走了好几英里，开始从四面八方向中心移动。老虎被唤醒了，发出吼叫，皇帝赶紧前往老虎的所在地。

贵族们被召集到一起，贾汉吉尔大声说："你们中间谁能单独攻击这只老虎呢？"他们都默默地看着别人，然后所有的目光都转向了舍尔·阿富汗。他似乎不明白他们的意思。最后，三个奥马拉从狩猎圈里走了出来，他们说恐惧是一种耻辱，匍匐在皇帝的脚边，请求允许他们单独征服这只可怕的动物。

舍尔·阿富汗的骄傲被激发出来。他本以为没有人敢做如此危险的事，想在贵族们拒绝之后，获得独自攻击猛虎的荣誉。此时竟然有人站出来，他更不能落后，他提出要徒手攻击老虎。皇帝表现出劝阻他不要鲁莽行事的样子，却暗自欣喜，最后才假装很不情愿地答应了。每个人的脸上都露出惊讶的表情，但人人都陷入了沉默。经过与老虎顽强的搏斗，这位勇敢的战士获胜了；他自己身上有伤口，猛兽还是死在了他的脚下。皇帝的卑鄙企图被挫败了，舍尔·阿富汗也因此名声大噪。

在其他几次秘密尝试无果之后，国王终于派出了刺客，他们在路上袭击了舍尔·阿富汗，成功地用弓箭射杀了他，而他杀死了6个奥马拉和几个士兵之后才倒下。——原注品成为人们普遍渴望和钦佩的对象。

皇帝的兴致最终被唤起，他去看望她，从那一刻起，努尔·玛哈勒——意思是“后宫之光”，因为这就是她该有的名字——对他的思想施加了极大的影响。米尔扎·吉亚斯被提拔为维齐尔，他的两个儿子被任命为奥马拉（伊斯兰宫廷贵族）；同样非凡和令人欣慰的是，他们都在自己的职位上作出了成绩。在米尔扎·吉亚斯的治理下，帝国的事务从来没有比现在更好过，那一时期仍然被视为印度历史上为数不多的辉煌时期之一。

几个带着商品的欧洲使节，在贾汉吉尔统治时期到达了印度。尽管他们得到了热情招待，但管理层仍犹豫不决——是否此时答应他们的要求，过后又拒绝他们，或者根据贵族的意愿改变条件——使他们都失望了。

努尔·玛哈勒的父亲在某种程度上控制了她傲慢专横的性格，父亲死后，努尔·玛哈勒密谋让皇帝最小的儿子继承王位，而这位小王子娶了她与第一任丈夫的女儿为妻。她的兄弟阿萨夫汗成为维齐尔，他的品质比不上他的父亲。沙贾汗是皇帝的第三个儿子，最终的继任者，也是努尔·玛哈勒最坚定的对手。这位王子杀了自己的兄弟，为了躲避皇帝的怨恨，他拿起武器对付自己的父亲；但他失败了，主要是皇帝的大将马哈巴特能力出众、道德高尚、英勇无畏。然而，皇后痛恨这位将军，并试图与皇帝一起毁灭他，但皇帝似乎对他的品行和能力都很欣赏。

在努尔·玛哈勒的影响下，马哈巴特被传唤到宫廷，但他采取了预防措施，用5 000名忠诚的拉杰普特人作为护卫。他在解释清楚所谓的贪污问题之后，才被允许进入宫廷。他的女婿被派去见皇帝，申辩马哈巴特对君主的忠诚，并解释一些事情，却被剥光衣服遣送回去，还被残酷地施行打脚掌的笞刑。鉴于需要采取果断措施，马哈巴特想出了一个大胆的计划。当时帝国军队必须渡过杰赫勒姆河，当大部分人都到了对岸时，马哈巴特带着2 000名骑兵飞奔到桥上，把桥毁了，留下了一批坚决的朋友来阻止军队过河，他在皇帝的帐篷里，面色苍白但坚决地把贾汉吉尔保护起来。

阿萨夫汗率领的军队，每一次企图重新渡过这条河流进行支援时，都遭到马哈巴特少数军队的坚决抵抗和进攻。所有恶行的始作俑者努尔·玛哈勒已经过河了，她对将军的成功策略疯狂报复。她冲进了水里，射空了3个箭袋，3个车夫连续在她的大象背上被杀，士兵们的勇气由此被激发出来。

但是马哈巴特渡过河，赶走了面前所有的敌人。他最终将努尔·玛哈勒抓获，并控诉她犯有叛国罪及其他罪行，并获得了处决她的命令。她请求再见贾汉吉尔一面，这个请求得到了允许之后，她就默默地站在他面前，贾汉吉尔泪流满面。“你不会要杀死这个女人吧，马哈巴特？”最后他说，“看看她是怎么哭的。”马哈巴特回答道：“莫卧儿皇帝不能白费口舌。”努尔·玛哈勒立刻被释放了。

忠诚的马哈巴特现在恢复了皇帝的一切权力，并解散了他的护卫。皇后还是要置他于死地，在她的要求被皇帝拒绝之后，她试图暗杀他。皇帝派人通风报信，马哈巴特于是逃走了，并被宣布为叛徒，悬赏他的人头。马哈巴特具有崇高无畏的品格，现在决定迈出一大步。他进行了伪装，来到努尔·玛哈勒兄弟阿萨夫汗的营地，成功地进行了一次面谈。

阿萨夫汗感激他对妹妹的怜悯，也感激他现在的宽厚自信，用胳膊挽着他，来到一间秘密的公寓里。“普韦兹是王子中最年长的，品德高尚，也是我的朋友。”马哈巴特说，“但是，我们不能让一个软弱的人坐上王位。我和沙贾汗打过仗，知道他的能力。虽然他的野心不受自然和正义的约束，但他的强大将防止我们陷入内乱，并赋予法律以力量。”阿萨夫汗诚恳地赞同这些观点，但是，随着1627年普韦兹和贾汉吉尔的离世，他们不必再施行曾经的计划。

一系列无与伦比的暴行使沙贾汗从竞争者手中夺得皇位。他杀掉巴布尔家族所有的男丁，除了他自己的4个儿子：达拉、苏贾、奥朗则布和莫拉德。阿萨夫汗被任命为维齐尔，马哈巴特被任命为全军统帅。洛迪是帕坦王朝皇帝的后裔，以前曾与沙贾汗作战，现在是他的主要敌人，但洛迪以接受一个省作为条件投降了。不久之后，他被带到宫廷之上，受到了刻意的侮辱，他流下了眼泪，昏倒了——这是在一个如此勇敢之人身上产生的奇怪影响！他又一次叛变失败，在绝望中死去，他只带了30位追随者，却杀死了相当多的敌人，想以此获得“光荣的死亡”。皇帝在得知他的死讯时表现出最不体面的喜悦，而这却是对他强大能力和勇气的赞扬。这时，德干也出现了一些麻烦，但很快就平息了。

在沙贾汗统治期间，他的众多臣民享有这一地区罕见的宁静和幸福。他的总督们受到严密的监视，一旦违法便会受到严格的追究，他的统治以严格执行法律而闻名。赋税的征收都有一定名目，而且要用于相关的事项，甚至比阿克巴时期管理得都好。印度一些最宏伟建筑物的修建应该归功于沙贾汗。为了自己居住，他在靠近德里的地方建造了一座城市，并建造了一座据说是世界上最好的宫殿之一。他最喜欢的王妃阿姬曼·芭奴的陵墓（泰姬陵）有190平方码[①]，建在一座美丽的花园中间一个高高的露台上。它是用白色大理石建造的，上面镶嵌着宝石。

沙贾汗后来生了重病，这让他的儿子们开始为争夺皇位而互相攻伐。这几个儿子中，最危险的是奥朗则布，他是一个工于心计、勇气过人和精力充沛的人。他自称笃信宗教，并急于恢复伊斯兰信仰的纯洁性，以调和明智宽容的印度人。他哄骗他的兄弟莫拉德，诱使莫拉德把钱和军队交给他支配。他还成功地将戈尔康达埃米尔的巨额财富收归自己所有。

沙贾汗在重病期间，难以处理国事，他召回长子达拉代他管理政事。达拉一获得权力，便禁止他的兄弟们接近宫殿，否则格杀勿论。兄弟们反目成仇，公开反叛。敌对的军队相遇之后，一场激烈的战斗随之展开。在交战中，达拉的一个首领抛弃了君主，带着3万人投奔了奥朗则布，从而使奥朗则布获得了胜利。

奥朗则布控制了他的父亲，并一直囚禁他。父亲曾试图诱骗奥朗则布来到阿格拉城堡的后宫，在那里布置了一些强壮的鞑靼妇女，准备等奥朗则布一来，便将他扑倒制伏。莫拉德也发现自己是奥朗则布的一个绝望无助的囚徒。苏贾被驱逐出境，被与他一起避难的阿拉干国王卑鄙地杀害了。达拉在忍受了所有的苦难之后，被背信弃义地出卖给了奥朗则布，奥朗则布让他骑着一头痛苦的、样子肮脏的可怜大象在德里的街道上游行示众。看到这幅可悲的景

① 1码≈0.91米；1平方码≈0.84平方米。——编者注

象，男人、女人和孩子们都发出刺耳的尖叫和痛苦的哭喊，仿佛有大灾难降临在他们身上。这种普遍的同情决定了达拉不幸的命运，他被弟弟谋杀了。不久之后，莫拉德也遭受了同样的命运。

由于缺乏固定的继承规则而产生的这些家庭纠纷，表明帝国正在衰落。沙贾汗谋杀了他的亲族，这是对莫卧儿帝国的第一次打击。奥朗则布也实施了同样的暴行，动摇了帝国的中心。一个原则就这样建立起来：在皇帝去世的时候，“除了宝座，没有安全的地方，通往宝座的台阶一定是失败的竞争对手的尸体”，而这些受害者、追求皇权之人，一般都是近亲。

第216章

从奥朗则布到沙·阿拉姆二世

（1658—1803）

当奥朗则布发现自己毫无疑问是帝国的主人时，他的性格似乎发生了显著的变化。他对被囚禁的父亲的关心和尊敬始终如一。他想用沙贾汗的一些珠宝来装饰自己的宝座，就派人去向他的父亲索要。父亲告诉他，如果再来索要这些珠宝的话，他就用锤子把珠宝砸成粉末。

“让他保管他的珠宝吧。”奥朗则布知道后说，“不，让他保管奥朗则布的珠宝吧。”这些话传到了沙贾汗耳中，沙贾汗就派人送去了许多之前他拒绝给出的宝石，说：“你拿去吧，我命中注定不会再佩戴这些宝石；请你以自己的名誉担保要有尊严地佩戴它们，以此为你的家人遭到的不幸做些补偿。”当这句话被转达给奥朗则布听时，他哭了起来。

另一个事件则表现出了奥朗则布的精明。一位非常富有的老妇

奥朗则布

人，凭借她的慷慨聚集了一大群虔诚的乞丐——托钵僧——他们出乎意料地出色地完成了几件大事。他们很轻易地被女首领说服，而女首领用强大的魔法使他们免于死亡。约有2万名托钵僧被收留，狂热主义盛极一时，他们设计了篡夺皇位的疯狂计划。

奥朗则布自己就是信教的无赖，他并没有鄙视这个敌人也用咒语蛊惑人心，他自己用手在小纸条上写上了一种更强大的反咒语，让士兵把它们系在矛尖上，放在几支军队的前面。士兵们坚信这股神秘的力量，他们凭借着英雄主义与敌人作战，而那些心怀不忠的人则被砍成了碎片。这个故事在印度的历史书中有更为详尽的叙述。

奥朗则布于1707年去世，时年89岁，在位49年，治下的臣民约8 000万。据说他每年的税收相当于四五亿美元。他让自己的父亲喝下的那杯彰示子女忘恩负义的毒酒，现在又被他自己的儿子阿克巴二世亲手端到他的嘴边，这给他带来了极大的痛苦，然而他也算是罪有应得。

他个人的习惯很规律、纯粹和简单。“他对国内的管理，不能不给予极高的评价：帝国是自由、开明和公正的。”据说，在他的统治下，莫卧儿帝国已经达到了辉煌和荣耀的顶点，尽管在他死后，内在的虚弱症状已经相当明显。

奥朗则布的晚年生活充满了懊悔：难道我们不希望他们因悔改而变得高尚吗？他写给儿子的一封信中有一段话，写的是对于死亡的预期，令人印象深刻。“老已将至，”他说，“软弱征服了我，力量又从我的四肢中离去。我以一个陌生人的身份来到这个世界，又以一个陌生人的身份离开这个世界。我对自己一无所知，不知道自己是什么人，也不知道自己的命运是怎样的。掌权之时徒留悲伤。我还没有完全成为帝国的守护者和保护者。我宝贵的时间被白白浪费掉了。我的内心住着一个守护神——良知，但我朦胧的双眼却看不见他的光辉。”

在他统治的第三年，一场可怕的饥荒摧毁了印度，造成了最骇人听闻的苦难景象。皇帝立即免除了土地的租金和其他赋税。他在最富饶的地方买进谷物，在最歉收的地方降价出售。他自己的金库在他精打细算的管理下变得富有，他为人民的利益又无限地开放自己的库藏。一位莫卧儿的历史学家对此做了很中肯的评价：这是一个非常特别同时又令人欣慰的事实，像舍尔汗、沙贾汗和奥朗则布这样的人，他们在追求权力的过程中犯下了可恶的罪行，当他们的目标达到时，帝国则以他们政府的活力、高效和公正性而闻名。

莫卧儿帝国剩下的历史，不过是其高贵创始人的后代一个又一个为帝国统治权而进行悲惨斗争的记载，而帝国本身已变得越来越不值得争夺。奥朗则布的儿子们在其死后进行了一如往常的皇位之争，沙·阿拉姆打败并处死了他的两个兄弟，继承了皇位。他不得不与一股新的势力——锡克人进行斗争，锡克人的后代经过130多年的发展，现在正为自己的独立而与印度境内的英国势力进行激烈的斗争。[1]

沙·阿拉姆就是巴哈杜尔·沙，在位不过5年，1712年去世，留下了一个有成就、开明和仁慈的君主的名声。

沙·阿拉姆的4个儿子中，长子通过其祖父的一位杰出将军的一臂之力做了几个月的皇帝，自称贾汗达尔·沙。他的首席顾问是一名小妾—— 一个放荡的公共舞者，经常有人看到他在德里附近与这样放纵的女性一起散步。

他的侄子法鲁克锡亚在击败并杀死了他的伯伯之后夺取了皇位。法鲁克锡亚毫不留情地杀掉了每一个威胁到他权力的人。6年后，他被一个曾帮助他登基的人废黜，之后死了。接下来的两位皇帝，一位统治了5个月，而另一位只统治了3个月。

穆罕默德·沙随后即位。他软弱而奢靡，没有对进逼的马拉地人进行遏制，致使后者迅速发展成为相当强大的力量，他向这些掠夺者支付了1/4的赎金，以换取自己的和平；由于更致命的弱点，他发现在国内收取这1/4的赎金很是麻烦，于是让无情的马拉地人用他们的方式去收取。

---

① 锡克教的缘起是：在巴布尔时代，一个商人的漂亮儿子那纳克，曾引起一个伊斯兰教苦修教士的注意，把他带回家接受伊斯兰教育。这位年轻人在学习的过程中，不时地挑选适合自己的学说、表达方式和情感，以非常优雅的风格写了一本书，名叫《阿底·格兰特》。渐渐地，这本书成了一个教派的教科书，在一个军事组织下，这个教派以锡克教徒的名义建立了帝国。在那纳克死后，9位上师先后统治了锡克教徒的团体，他们过着和平无争的生活。但在奥朗则布统治时期，一位上师被处死，另一位被放逐。锡克教徒便于此时在莫卧儿人中发起反抗，但被沙·阿拉姆所镇压，不过没有完全摧毁他们。他们的历史将在随后的章节中进行介绍。——原注

这个国家在其软弱无能的君主的统治下，陷入混乱，这种混乱在此之前已经为帖木儿的掠夺开辟了道路，也为莫卧儿帝国的建立铺平了道路；因此，纳迪尔沙的类似入侵，为英格兰统治印度开辟了道路。

在波斯历史部分提及的纳迪尔沙，本是一名普通的劳动者。据其他人说，他是呼罗珊一个牧羊人的儿子，靠卖父亲的羊获得一笔钱，然后收买了一帮劫掠者。后来在波斯萨非王朝君主的儿子手下为其服务，这位王子想从一位阿富汗篡位者手中夺回王位，纳迪尔沙帮他实现了愿望。在1736年，纳迪尔沙自立为波斯国王。

纳迪尔沙向阿富汗进军，后来又向印度进军，在那里，他通过穆罕默德·沙的官员们的背叛获得了德里的控制权。穆罕默德·沙的官员们得到了下面的话作为奖赏，表现出这位君主是一位恶棍和狂热分子的独特结合体：

“你们不是国王和国家最忘恩负义的恶棍吗？你们拥有如此的财富和地位，却叫我离开自己的领地来毁灭你们的国家和你们自己。但我要用我满心的怒火来鞭打你们，那是神的复仇。”

一个波斯人抓住了一个卖鸽子的人的篮子，他大声喊着，说是纳迪尔沙下令进行全面的掠夺。德里的街道上很快就挤满了激愤的民众，波斯人被袭击，到处流传着纳迪尔沙死了的消息。黄昏前，有2 000名波斯人被杀，纳迪尔沙自己也遇到危险。这一事件相当于解开了老虎的枷锁，其结果是10万德里人被杀。

发生这样可怕的一幕时，波斯国王正坐在清真寺里。只有他的奴隶敢靠近他，因为他的面容阴森可怕。最后，不幸的皇帝穆罕默德·沙，在他主要的奥马拉陪同下，冒着危险，低垂着眼睛接近纳迪尔沙。走在穆罕默德·沙之前的奥马拉，低头伏在地上。纳迪尔沙厉声问他们想要什么，他们齐声喊道："放过这座城市吧。"穆罕默德·沙一句话也没说，但眼泪飞快地从他眼里流了出来。纳迪尔沙动了恻隐之心，把剑入鞘后说道："看在穆罕默德·沙的分上，我原谅你们。"几分钟后，纳迪尔沙的命令生效，城里的一切归于平静。

但是，掠夺现在开始了，被掠夺物品的价值约在1.5亿美元到3.5亿美元之间。在这个过程中，城门关闭，民众陷入饥荒。一个演员塔克基在纳迪尔沙面前演出，纳迪尔沙非常高兴，并答应给他任何他想要的奖赏。高尚的塔克基跪下喊道："哦，大王，请命令打开城门，免得穷人丧命。"这一要求得到了批准，而他的同胞们的赞颂是对演员仁慈的无价回报。

纳迪尔沙从穆罕默德·沙那里夺走了波斯和印度之间的省份，然后离开德里，并给了他一些好的建议。穆罕默德·沙在位29年，于1748年去世。他的长子艾哈迈德成功继承王位，在他统治期间，阿富汗的势力不断壮大，夺走了帝国的西北部省份木尔坦和拉合尔。马拉地人和罗希拉人也不断地骚扰帝国。最后，一支叛军占领了德里，把艾哈迈德的眼睛挖了出来，拥立了另一个皇帝阿拉姆吉尔二世。现在锡克人的势力变得举足轻重。

阿富汗大军挺进德里，城门向他们敞开，这座城市又一次受到敌人的摆布。皇帝极为卑微地请求阿富汗人的首领阿卜杜拉不要把他留在德里，听任自己维齐尔的摆布，那名反叛者已经挖出了艾哈迈德的眼睛。然而，阿拉姆吉尔二世还是落入这个恶棍的手中，并在1759年被暗杀。

马拉地人现在企图以大胆的一击来夺取帝国，但是，阿富汗的阿卜杜拉再次回到印度领土上，遇到马拉地人最优秀的将领指挥的14万名骑兵，经过一场激烈的战斗，1760年在帕尼帕特取得了胜利——马拉地人只有极少数士兵和3位将军逃脱。阿卜杜拉将统治权交给了沙·阿拉姆二世。沙·阿拉姆二世从未真正掌握过帝国的实权，却经历了各种各样的残酷灾难。

接下来的半个世纪，向印度历史学家提供了一部令人困惑的暴力革命的编年史，这些暴力革命是由诸多的首领们争权夺利，以及他们与英国的斗争引发的。然而，印度的莫卧儿人在成为英国的年金领取者之前发生的最近一次革命——它的故事既荒谬又有启发性——作为人类宏伟的不稳定性和专制政府的不稳定状态的一个例子，具有启发性。

这场革命的发起人是戈拉姆·卡杜尔，他被父亲剥夺了继承权，并因堕落和犯罪而被驱逐出境。德里皇帝沙·阿拉姆二世把戈拉姆保护起来，把他当作自己的儿子，授予他帝国的第二号头衔——埃米尔的埃米尔。

戈拉姆和皇帝住在一起，从自己的同胞中召集了大约8 000人的军队，这些人都听从他的指挥。戈拉姆脾气暴躁、傲慢、残忍、忘恩负义且放荡不羁。1788年下半年，皇帝怀疑邻近的一些王公企图夺取他的领土。这一点在一支大军向他的首都逼近时得到了证实，这支大军由一个名叫伊斯梅尔的酋长指挥，并得到马拉地君主辛迪亚的帮助。

皇帝面对强大的敌人感到气馁，戈拉姆安慰皇帝，说皇帝只要率领军队，并付给军队一笔钱，他们就能给予敌人迎头痛击。当皇帝回答说他没有钱时，戈拉姆便说只要皇帝率军出征，就够了。“只要率领军队，”他说，“皇帝出现在军队的最前面，战争就胜利了一半。”皇帝似乎同意了，并要求戈拉姆召集军队，付清欠款，并告知军队他将亲自率军迎战。

然而，当戈拉姆第二天截获了皇帝寄给敌军首领辛迪亚的一封信时，他大为吃惊，因为皇帝希望敌人尽快消灭自己。“因为，”信中说，“他催促我违背自己的意愿，来反对你。”

得到这封信之后，戈拉姆立即带着他的军队出发，渡过亚穆纳河，在河的另一侧扎营，对面便是德里的堡垒，那是皇帝的所在。戈拉姆把截获的信寄给皇帝，问他这种行为是不是应该被废黜。经过几天的围攻，戈拉姆占领了堡垒并带着武器冲进了皇宫，闯进了皇帝的房间，以最野蛮的方式侮辱了老人，把他打倒，并跪在他的胸口上，用刀挖出了他的一只眼睛，命令皇帝的一个仆人把另一只眼睛也挖出来。

然后戈拉姆开放宫殿，任由自己的士兵掠夺。他还冲进后宫，侮辱了皇帝的妻妾，从她们的鼻子、耳朵和四肢上扯下了珠宝。因为他曾与皇帝住在一起，对藏有财宝的地方很熟悉，他挖开了皇帝卧室的地板，在那里发现了两个箱子，里面装着12万枚金币——价值100万美元——除此之外，他还拿走了一大笔钱。

为了得到女人藏起来的珠宝，他使用了一个最卑鄙的伎俩。她命令皇帝的妻妾和女儿们来向他表示敬意，并承诺释放那些最能用她们的衣着和外貌取悦他的人。为了取悦戈拉姆，天真的女人们拿出了她们的珠宝，穿上最华丽的衣服。戈拉姆命令把她们送到一个大厅里，在那里他为她们提供了普通的衣服。在太监的帮助下，给她们穿上这些衣服，抢走她们的华丽衣服和珠宝，让妇女们回家哀叹自己的轻信、虚荣，诅咒他的背信弃义。而他没有就此打住，而是让皇子跳舞唱歌来侮辱他们。皇帝最美丽的女儿莫穆巴拉克·乌尔·穆尔克被带到这位暴君身边，为了不失身于暴君，这个女孩刺伤了自己。

在这之后不久，马拉地人的君主辛迪亚，表面上给皇帝提供了帮助，但他真正的目的是把莫卧儿帝国的残余部分作为他的猎物。戈拉姆逃走了，在距德里以南150英里的一个大城市阿格拉避难。在这里，辛迪亚的军队包围了他。戈拉姆知道，如果他留下来，就一定会被抓住，于是趁着黑夜，在马鞍上塞了大量的宝石，带着几个随从逃往波斯。不幸的是，这个可怜的家伙在逃跑的第二天晚上从马上摔了下来。就这样，他被一队骑兵追上，并被俘虏了。他被带到了辛迪亚面前，辛迪亚给他戴上镣铐，关进笼子，然后命人砍掉他的耳朵、鼻子、手、脚，还把他的眼睛挖出来，让他在痛苦中断气。

辛迪亚夺取了他要保护的帝国，留给名义上的皇帝沙·阿拉姆二世的只有德里城及周围的一个小小的地区。在那里，即使看不见，他仍然是皇室一个空虚的影子。在19世纪早期的1803年，英国对阿格拉和德里实施了直接的统治，让一个强大民族的最后代表德里皇帝成为退位年金的领取者。这样，印度的莫卧儿帝国寿终正寝，尽管德里国王的名号仍然在莫卧儿王室的直系后裔中传承，王室后裔仍然住在德里。

第217章

这样的莫卧儿帝国

1725年的莫卧儿帝国，领土包括从阿富汗、俾路支斯坦、信德到阿萨姆和阿拉干，从巴达赫尚和尼泊尔到印度洋除了马拉巴尔海岸和加弗里以南的三角领土的印度全境。从最西北端的主要城镇喀布尔，到东南部的本地治里，距离将近1 800英里，相当于从美国缅因州的班戈到得克萨斯州首府奥斯汀的距离。它的宽度从东北到西南为700~1 400英里；总面积约100万平方英里，人口约为8 000万~9 000万人。奥朗则布国库每年的收入大致相当于四五亿美元。阿克巴的正常年收入大约为9 000万西卡卢比，相当于4 500万~5 000万美元。

军队的编制是固定的，有固定的工资，而且有最好的纪律和规章制度。阿克巴有一句格言："真正的伟大不仅应该关注大事，也应关注细节。"他把这句格言贯彻到他所关心的每一个部门。在这件事和其他一些事情上，拿破仑似乎模仿了他。《阿克巴则例》上写着民兵数量为440万。

有些骑兵的马上有记号，并用文字描述了骑兵及其军衔。他们的工资相当于每月7~11美元。

莫卧儿人细化了所有关于马匹的事物，如它们的进食、分类、管理等。莫卧儿人在政府所在地附近驻扎有5万骑兵。共有1 700~1 800只大象，也被分为各种种类，它们的进食、护理、饲养者的工资等详细信息都有最严格的规定。每头大象每年的津贴为3.5~16.5美元。

从统率10人的队长起，军官逐级上升，直至统率万人的将领。他们统率的士兵按百人为单位，从400人逐级增加到5 000人；低于400人的，以50和25为单位升降；低于90人的，则以10为单位升降。统率超过5 000名士兵的指挥官很多都是国王的儿子。全军共有66个这样的5 000人军团。统率百人至数百人的军官，共有11个级别，每月的军饷为500~700卢比，相当于250~350美元。

每个指挥官指挥的步兵是其指挥的骑兵数量的一半；步兵中有1/4是火绳枪手，其余是弓箭手，还有少数的木匠、铁匠、运水工和轻工兵。骑兵开始服役时自备战马；此后，如果发生事故，政府则会提供战马，并让骑兵提供一半的花费，每个季度从他的工资中扣除。这足以作为前面已经提及过的《阿克巴则例》中记载的奇怪而细微的规定样本。全军分成12支部队，每支部队轮流执行一年的任务。

一支1.2万人的火绳枪部队作为皇家卫队。1 000名卫士看守宫殿，他们每月的工资相当于2.75~7.5美元。还有1 000人守卫皇宫周围的地区。有几千名搬运者，其中一些人可以扛巨型重物，在皇宫里服役。又有1 000人承担间谍、信使以及其他艰巨的任务。除此之外，还有角斗士、技艺表演者、摔跤手和奴隶。由于阿克巴“不赞成给这些不幸的人以可耻的奴隶名字”，他们被称为“受养人”。他们分为5类：战争中被俘虏的异教徒，作为普通奴隶被买卖；自愿为奴之人；奴隶所生的孩子；小偷——成为他们所偷货物的主人的奴隶；第五种是杀人犯。

他们每日的报酬相当于1.25~50美分。他们被分成几个小组，负责照顾有技能的人，接受各种艺术和职业的指导。“陛下，”《阿克巴则例》还规定，“根据他的学识和眼力，根据他们的优点，提拔这些人和其他下等阶层的人；因此，一个步兵被提升至帝国奥马拉的地位，并不罕见。”

据说皇帝有一个由阿拉伯妇女组成的卫队，她们训练有素，从不离开后宫；而她们中间建立了不同等级的职位。除了德里的军队，另一座都城阿格拉也有一支非常庞大的常驻部队。除此之外，最小的村庄也有2名骑兵和6名步兵，他们充当警察或政府间谍，并把处理的事务情况记录下来。每个城镇都有驻军。

简而言之，帝国的每个王侯——他们是许许多多的小酋长或帝国的封臣，在以后的时代都拥有一支立刻能够投入战斗的部队。①其中一个王侯在18世纪初，拥有一支由5万骑兵和20万步兵组成的军

① 军事力量分布如下：孟加拉，2.3万名骑兵和80万名步兵；巴哈尔，1.1万名骑兵和45万名步兵；阿拉哈巴德，1.1万名骑兵和23.8万名步兵；奥德，7 600名骑兵和16.8万名步兵；阿格拉，5万名骑兵和57.7万名步兵；马尔瓦，28.1万名骑兵和6.8万名步兵；古吉拉特，6.7万名骑兵和9 000名步兵；阿杰梅尔，8.6万名骑兵和34.7万名步兵；拉合尔，5.4万名骑兵和42.6万名步兵；木尔坦，1.4万名骑兵和16.6万名步兵；克什米尔，5 000名骑兵和9.3万名步兵。这还不是所有的军队。以上数据来自《阿克巴则例》。——原注

队。皇帝养了500头大象，而且他的军火库里储备有大量的弹药。

阿克巴帝国分为15个苏巴（行省），每一个苏巴的长官称为苏巴达尔（总督）。这15个苏巴为：阿拉哈巴德、阿格拉、奥德、阿杰梅尔、艾哈迈达巴德、巴哈尔、孟加拉、德里、喀布尔、拉合尔、木尔坦、马尔瓦、贝拉尔、坎德什和艾哈迈德纳格尔。前12个被分为105个瑟喀（邦）和2 737个卡什巴（县）。

据说，在印度，有超过20座城市虽然在衰败，但仍能证明它们曾经是皇室的都城。德里是莫卧儿帝国的都城之一，由旧城和城墙组成，新城距离不远，两城之间的地方由两堵墙围了起来。在帖木儿的时代，这里有一座辉煌的“千柱宫殿”，由一位著名的印度国王建造。但现在的德里在另一个地方，是由阿克巴建造的，它的构造将在印度历史部分提及。它曾经绵延20英里，一位法国作家在18世纪估算它的人口有170万人。皇宫是由红色花岗岩建成的，优美典雅，长1 000码，宽600码，耗资超过500万美元。马厩可容纳1万匹马。除此之外，还有许多古代宏伟的遗迹。

阿格拉被阿克巴确定为帝国都城的所在，是一座极其宏伟的城市。他在这里建造了宫殿——一座“红石堡，这是任何旅行者都没有见过的”。“它有超过500座石头建筑，

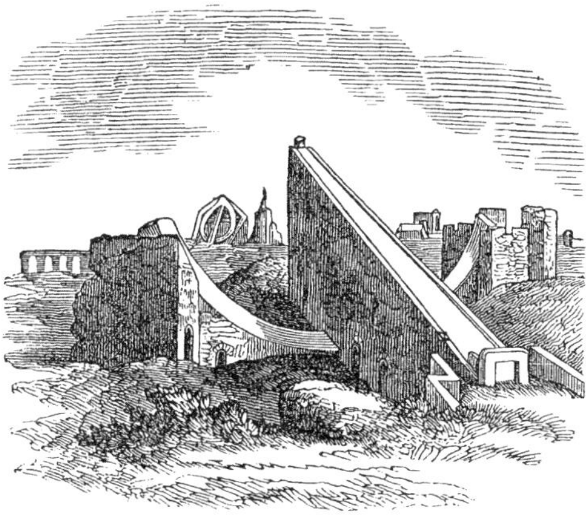

德里的一处天文台遗址

建筑风格令人惊叹，有孟加拉、古吉拉特和其他风格，工匠们用精美的画装饰这些建筑。在东大门，用石头雕刻着两头大象和骑手，做工极为精美。”这座防御性的宫殿现在仍然能够看到，它沿河边呈月牙形延伸。对岸是4座花园——那是胡马雍统治时期的丰碑。阿格拉还有阿克巴清真寺，据说比君士坦丁堡的苏莱曼清真寺还要壮观；还有奥朗则布清真寺，寺内有100根柱子；此外，还有过去的其他宏伟古迹。

以下是阿克巴的“公立学校教学条例”。孩子们首先被教导用不同的口音或发音符号分别阅读波斯语字母表中的字母，陛下下令，通常是在两天内就会全面了解字母表，一旦掌握，就应将两个字母组合起来练习；他们学了一个星期以后，就将一小段散文或诗句给他们，里面有宗教或道德的箴言，而字母组合则在其中反复出现。他们必须努力让自己读这篇文章，偶尔也要得到老师的帮助。

几天来，老师一直在教一个新的对句；在很短的时间内，孩子们就学会了流利阅读。老师每天给年轻的学生们出4道练习题，即字母表、组合、一个新的对句和重复他以前读过的东西。用这种方法，过去需要几年时间才能完成的任务，现在只需几个月就完成了，每个人都感到很惊讶。

“科学的教学顺序如下：道德、算术、会计、农业、几何学、测量学、天文学、占卜学、经济学、管理学、物理学、逻辑学、自然哲学、抽象数学、神学和历史。每个人都是根据自己的情况或对生活的特殊看法接受教育的。”阿布勒·法兹勒补充说，“通过这些规定，学校获得了一种新的形态，使大学成了帝国之光。”

在莫卧儿帝国中盛行着大量的宗教信仰，其中重要的有婆罗门教和佛教、伊斯兰教、拜火教。阿克巴被认为具有超自然的力量，他实际上是一个具有广博学识的人，他的宗教观点是自由的。

将复杂的莫卧儿帝国的内部机制用最简要的方法表达出来，就是将阿克巴所采用的各项规章制度记录成为《阿克巴则例》。在这里，我们可以找到为家庭、皇家财库、珠宝局、铸币厂、硬币、后宫、旅行装备、军队营地、照明、皇室旗帜、皇家印章、饮水冷却装备、厨房、大斋日、食品价格、印刷、香料局、鲜花、衣柜、披肩而写的详细说明；制定成品价格；图书馆、书画室、美术馆；军械库、武器和盔甲（其中列举了大约80种），火炮、火器及其制造；大象的舍厩及其饲养，国王骑的大象有110头，马厩、马市、骆驼舍厩、牛舍、骡子；皇帝度过时间的方式，进入皇室的时间、敬礼的形式；宗教惩戒；星期六大象的集合，对它们进行最为细致的检查；星期天则是对马匹的检查；星期一是对骆驼、骡子和牛的检查；星期二，检阅士兵；星期三，举行议事会议；星期四，司法公共行政；星期五，在后宫放松；还有对动物的损伤、对动物公共搏斗的规定，以及对建筑物的规定。

除此之外，《阿克巴则例》还有节日、施舍、皇室成员称重、假日、婚嫁、狩猎、鹰猎、游戏、贡品和税收、土地分工、收入、征收、定居的相关法规；并附有对总督、宣判委员、法官、警察局长、收税人、登记员和司库的指示。这段历史的范围为这些问题中的一小部分提供了特别注意的空间。

后宫被一堵巨大的围墙包围，每位女性都有一个自己单独的房间，后宫人数超过5 000。他们被分组，每个人都有一份合适的工作。在这些小组中，每一个组都任命一位妇女为组长，再选出一位统率全局，以便使后宫的事务能够像国家其他部门一样有规律、有良好的管理。

每一位女士的薪水都与她的功绩相等——从每月610卢比到1 028卢比。在大门口，有一个官员负责统计后宫的收入和支出，包括金钱和货物。当任何一位女性想要任何东西时，她就向后宫的司库申请；然后，司库根据那位女士的津贴调整申购单，向门口的官员发送一份备忘录，后者将其转发给皇家的出纳，出纳付钱。

后宫的内部由妇女守卫，皇家公寓的大门周围是最机密的地方。后宫大门外面有后宫的太监看守，在适当的距离上驻扎着拉杰普特人，再往外是城门的守门人，围墙的外面是奥马拉；“分遣的”及其他的军队也按级别进行警戒。如果奥马拉的妻子或其他时髦的妇女想要进入后宫问候的话，她们就通知外面，并以书面形式将她们的请求发送给皇宫的官员，然后允许她们进入后宫，有些人会住上一个月。

君主在一个画廊里聚集了许多艺术家，让他们的作品进行比拼。每个星期，主管都把每一位艺术家的作品带给皇帝；然后，根据他们的水平，给予相应的奖金，他们的工资也会相应增加。《阿克巴则例》列出了18位杰出艺术家的名单。人们十分注意手稿的彩饰——已经达到了完美的程度——以及边缘和装订。根据宫廷的命令，所有主要官员的画像都被装订在一起，形成了一本厚厚的大册子。“在书中，往事被生动地记起，现在则被确保不朽。”

鼓励公众表演“作为使所有阶层的人聚集在一起的一种手段，这些人通过参加一般的娱乐活动，可以相互认识，建立友谊并保持良好关系”。在公开的动物搏斗中，让鹿互相打斗。水牛、公牛、公羊、山羊和公鸡也可以相互搏斗。搏斗是在回历每月14日的晚上，在宫殿前举行。这些鹿定期接受训练，野鹿也不断地加入其中。

皇帝还是几种有用机器的发明者：一种可以用来擦亮火枪的机器；一辆装有玉米粉碎机的大车，它是靠马车的运动而转动的；一辆大车载有几间套房和一个热水浴室，由一头大象拉着，在旅途中非常实用，非常奇特；还有几台液压机，其中一些调整得很好，一头牛就能够从两口井里抽水，同时还能转动磨石。

养老金以货币和土地的形式发给有学问的人和他们的学者，以维持生计；还会发给那些从各自的领域中退休的人、那些不能自救的穷人，也发给那些衰败的大家族的子孙。

古代的节日有的被废止了，有的按照皇帝的指示继续庆祝。在确立了一个节日后，皇帝努力使它发挥最大的作用，将这些节日变成每一个慷慨赠予的场合。基于这种想法，他确立了古波斯的贾姆希德节和其他节日，这些节日被当作捐赠的场合。3月1日是新年，持续19天，这期间分发大量的金钱和贵重物品；定音鼓每3小时敲一次，伴以其他乐器；连续3个晚上灯火通明。每个月都有一个节日。

节后的第九天，商人的妻子们举办集市，上流社会的妇女们会去那里购买商品。皇帝会乔装访问这些集市。此后，国家为男人们举办集市。皇帝参加这些活动，任何人都可以自由接触他，而受过冤屈的人将会被伸张正义。

还有一个奇怪的习俗，皇帝每年称两次体重——一次是在他生日那天，用各种各样的物品称12次，然后把这些东西送给别人。王子们在生日当天也被称重，称重的物品也以相对公平的方式分发出去。在这种情况下，鸟儿被放飞，动物也被放走，数量要与王子的年龄相契合。

在婚姻中，皇帝同意新娘和新郎的婚事与父母的同意同等必要。他不赞成不同宗教派别的人联姻，也不赞成不同等级的人结合；他认为童婚是有罪的——就像东方的一些习俗——因为这会引起不和；有近亲关系的人应该通婚，应该多送结婚礼物。他也不赞成一夫多妻制。在帝国的不同地区，庆祝婚姻的习俗各不相同。

印度人有好几场球赛，皇帝对这些球赛非常在行，尤其是骑马打球。其他的游戏还包括纸牌。

在狩猎探险中，“分遣的”士兵们包围了狩猎的地点；在离这里8~10英里的地方，有皇帝的驻地，驻地以外有奥马拉、统帅或其他官阶的人员；所有的人都被守卫包围在围猎场里，围场里有一些主要的奥马拉和仆人为了寻求猎物而轻轻地走动着，当他们发现了什么，就把它指给皇帝看。有时狮子陷入一个以孩子为诱饵的陷阱，狮子一进入陷阱内，陷阱的门马上被关闭。有时，用一些黏性的稻草，在附近绑住一只羊作为诱饵，当狮子过来捕食的时候，爪子就被粘住。有时会让一个人骑在一头大水牛上，让水牛用角把狮子顶死。

阿克巴曾亲手猎杀狮子。捕猎大象的方式很奇特。豹子被困在陷阱里，陷阱上有一扇弹簧门，豹子被驯服并专门训练用来狩猎。阿克巴曾经拥有一只猎豹，不用戴项圈和链子，像条狗一样跟着他。1 000只猎豹陪着皇帝去追逐猎物，每只猎豹都配有一位随从。有的用马匹或骡子载着，有的坐着马车，有的被抬着。有时他们把猎物指给豹子看，让它悄悄地从陷阱里走出来，然后抓住猎物。有时豹子被关在一个隐蔽处，或是一个屏风后面，当它跳出来时，鹿会被惊吓到，然后被抓住。狗也被用于捕猎，鹿也会被训练用于猎鹿，在其角上套上一个套索，野生动物就会被套住。

有时是400人一起打猎。牛被驯化，扮演跟踪马的角色，移动以隐藏猎人，直到鹿出现。在捕猎野牛时，驯服的雌性被当作诱饵；有时，水牛从水里被驱赶到岸边的陷阱里。6种鹰被训练用于打猎，猎鹰一般来自克什米尔。

总的来说，在结束这篇关于莫卧儿帝国的概述时，可以说印度在阿克巴和奥朗则布的管理下朝气蓬勃、井然有序，似乎之后再没有过比这更为幸福的时期了。

中国

第218章

中国是个什么样的地方？

中国是世界上人口最多的国家，它的人口估计有2亿~3亿人——约占全球人口的1/3。它的面积约540万平方英里，是美国的两倍。

中原地区约占中国领土的1/4，人口约占3/4。这一部分人口包含了一个独特的民族，它与所有其他民族都不同，它就是汉族。这是一个非常有趣的主题，并且值得详细讲述。

中原地区北与鞑靼相接，东临太平洋，南临南海、老挝和安南。总体而言，这是一个不平坦的平原，上面有两条山脉相并列，它们是北部的秦岭山脉和南部的梅岭山脉。两条主要的河流是黄河（河水被河岸的黄土染成黄色）和长江。两条河流都发源于青藏高原，黄河长3 395英里，长江长3 915英里。

海南岛位于南部海岸附近，距中国大陆约18英里。它长约200英里，宽约120英里，人口较多。它出产黄金、青金石和各种珍贵而奇特的木材。台湾岛位于东海，距中国大陆约70英里。它长约240

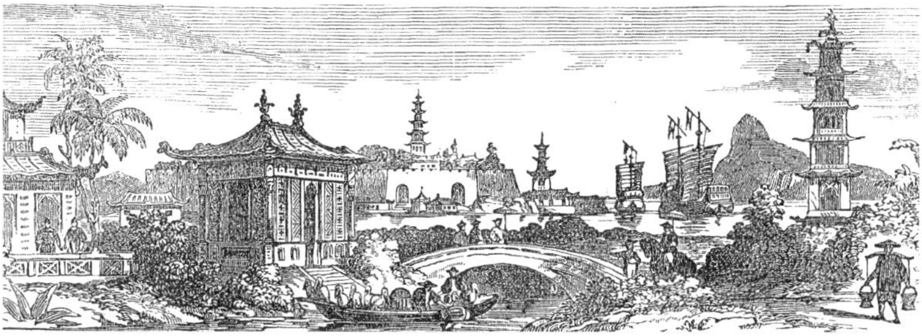

中国的景观（房屋、小船、集市、大船、宝塔）

英里，宽约60英里，被一两千英尺高的山脉横穿，山顶一年中大部分时间都被白雪覆盖。几座山峰都是火山。岛上气候温和，但周围的海洋是世界上最狂暴的，岛屿经常受到台风、旋风和水龙卷的侵袭，地震频繁且剧烈。岛上土壤肥沃，部分地区耕种密度很高，出产粮食和各种水果。台湾岛人口约60万人。土著占据了岛屿的东部，他们身材苗条，跟马来人和中国大陆人都很相似。

琉球群岛位于台湾岛东北部，由36个主要的小岛组成，距离中国大陆约400多英里。这里的土壤和气候都很好，人民以其善良、温和和热情好客而闻名。中国北方气候寒冷，北京的冬天下雪量大，霜冻严重。在南方，天气炎热。中国与美国大致处于同一纬度，节气和温度非常相似。中国的土壤普遍肥沃，多种多样，几乎所有的土壤都被勤劳、娴熟地耕作，农作物产品丰富多样。这里出产所有热带和温带地区常见的水果，樟树和桂树生长在连绵的田野和花园中。

野生茶灌木或茶树生长于田野和树篱中，但通过栽培得到改良。茶树高4~6英尺，一般生长在不大的花园里。它的叶子是由各个家庭采摘起来，然后卖给茶商。这是中国特有的产品，也是中国

茶园

的主要产品。除了亚洲的消费，每年有6 000万磅①的茶叶被运往欧洲和美洲。大米在中国的种植量比世界上任何其他地方都要大，它是中国人民的主要食物。

丝绸也是中国人发明的，据说中国是第一个生产出丝绸的国家。中国的昆虫种类繁多，多姿多彩；其中有许多甲虫和蝴蝶，有些体形很大，还有一些特别漂亮。我们对中国的野生动物知之甚少；牛与印度的品种类似。骆驼和大象似乎不怎么被用到，马匹使用也不多。中国人喜欢养猪。

中国的政区大致是这样的：中原地区、满洲、蒙古、西藏、小

① 1磅≈0.45千克。——编者注

布哈拉、准噶尔，以及上述提到的岛屿。中原地区分为19个省。①

蝴蝶

中国的发展状况为：这个国家的早期居民分为无数的原始部落，他们逐渐被他们的帝王所开化，并在生活艺术方面比其他东方民族领先很多年。他们曾与鞑靼人、朝鲜人等进行过无数次的战争，而中国对这些民族的统治地位也确立了千百年之久。1644年，中原被满洲人征服，一直统治到现在。满洲人大量定居到

① 1.北直隶是中原地区最北部的省份。这个地区由一片广阔的平原组成。冬天气候恶劣，生产大量的谷物。北京就位于这个省，那是帝国的首都。2.山东省，省会为济南府。3.江苏省，有许多大城镇，省会为南京。4.安徽省，省会为位于长江之滨的安庆。5.河南省，粮食丰富，省会是位于黄河附近的开封府。6.湖北省，位于中国中部，人口众多，土地肥沃，省会为位于长江之滨的武昌府，也是该地区最大的内陆城镇之一。7.浙江省，出产丰富的丝绸、大米和谷物，省会为位于钱塘江畔的杭州府。8.江西省，土地适宜耕种，出产棉花、糖、玉米、丝绸，还大量生产瓷器，省会为南昌府。9.湖南省，矿产丰富，省会为湘江之滨的最大城市长沙府。10.福建省，与台湾岛隔海相望，有大量的茶叶种植园，首府为福州府。11.广东省，省会为广州府。12.广西省，是一个多山的地区，省会为桂林府。13.贵州省，是中国山峰最多的省份，省会为贵阳府。14.云南省，西南省份，与越南等国接壤，省会为云南府。15.四川省，是西南部最大的省份，土壤肥沃，人口众多，被群山环绕。省会为成都府。16.陕西省，多山，有许多肥沃的河谷，省会为中国的古都西安府，大小几乎和北京一样。17.山西省，是一个多山的地区，但到处都是村镇和乡村。省会为太原府，大同府也是主要的城市之一，它靠近长城，城防坚固。18.甘肃省，西北一个多山的省份，许多山峰都被积雪覆盖。省会为位于黄河之滨的兰州府。19.辽东省，或称奉天，位于黄海之滨。以前属于满洲。省会是奉天府，是清王朝皇陵的所在地。——原注

中原，政府的许多高官都是满洲人。虽然满洲人和中原人属于不同的民族，但他们都属于同一个人种——蒙古人种，因此，他们在外貌上有着相似的特征，在同一个政府下，这两个民族很容易相互同化。

第219章

三皇五帝

中国的历史、制度和人民呈现出非常独特和有趣的特点。无论从过去还是从现在看，它都有许多值得全世界关注的地方。虽然目前中国的形势十分严峻，但未来的前景并非没有希望。只要它的人民能自由地与外界交往和沟通，就可以预期远古的制度会发生重要的变化。

中国是世界上现存的最古老的国度。远古历史上的其他著名国家——亚述、巴比伦、埃及、希腊和罗马——逐一灭亡，而它幸存了下来。那些国家经历着它们自己的衰落与灭亡，而这一民族几乎从巴别塔的分散时代开始，就已经作为一个截然不同的民族屹立于东方。就时间的长短而言，现在的欧洲国家不能与中国同日而语。

早在埃及底比斯时期，中国就已经建立了稳定的政府和高度的文明。当然，我们某些人不承认那些他们为自己的文明确立的日期，那比摩西设定的创世年代还要早千万年。中国和其他古老民族一样，有着神话传说时代。

中国是世界上人口最多的国家。他们历史记载的久远已经令人惊叹了，但他们的人口规模更令人称奇。领土范围内生活着世界上1/3的人口，但领土面积却不是世界上最大的，这在历史上是一种反常的现象。人口最多的欧洲国家与有着3.5亿人的中国相比，显得微不足道。中国本身就是一个真正的世界。他们的数字来自政府的记录，尽管我们有义务让某种（西方人的）民族自豪感维持下去，但他们的实际准确性仍然必须得到承认。

中国人也是东方最文明的民族。几千年来，学术与艺术在那里蓬勃发展，虽然目前来看，他们在某些方面比不上欧洲国家，但考虑到他们的历史和现实，他们的成就也非常令人钦佩，甚至可以说是令人惊叹。在某些方面，他们可能胜过全人类。他们在某些艺术方面的杰出成就，明显在早期历史时期就已经达到一定高度了。

除了这些关于中国人的明显特征，我们还要注意到，随着前些年来与英国发生冲突，被迫打开国门而与其他国家进行一定程度交流——这在过去是被禁止的，中国人已经被置于道德和政治世界中的一个有趣的境地。这样一个古老的民族，人口如此众多，从古至今都有着高度的文明和学术，认为自己在诸多方面都优于所有西方国家的这一观念，即便不合理，但也可以理解——尤其是，在他们的历史长河中，与他们打交道的多是未开化的民族。

中国人的起源，像其他亚洲民族一样，已经湮没在最遥远的古代。他们有一个神话般的年表，与印度人的类似。这个年表包括多个君主王朝，其中每位君主的在位时间均为1.8万年。但在这之后，君主在位的时间大为缩短，以至于9位君主一共统治了4.56万年。据一些作者计算，从第一人盘古到孔子的10个时代总共有9 600万年。关于这些记载，中国人的态度是审慎的。而我们认为真实历史的开端应该是公元前2989年的伏羲，在这之后，中国的编年史仍然带有神话色彩，直到夏朝的禹即位，他们的记载才有了坚实的基础。

中国最伟大的历史学家孔子，讲述了2 562年间中国君主的事迹，这对美国读者来说是新鲜的，其中包括了从国家的建立者伏羲到夏朝结束的历史。这一部分的历史显然是建立在传说的基础上的，必须予以适当的考虑。然而，这些编年史所指的早期中国人并不是中国的第一批定居者，早期中国人取代了他们在这里发现的部落。这些土著部落的一些文物保存在中国西部的山区，在那里，他们以“苗”为族名，可能与西藏人属于同一民族。我们认为没有必要讲述这些模糊和混乱的细节，而是跟踪其呈现出一定系统结构之后的历史。

当中国人第一次在陕西省定居时，几乎完全是未开化的人。他们对一切人文、一切形式的社会融合、一切能使人超越野蛮的思想都一无所知。但是，他们在实用性艺术方面开始起步，并逐渐取得了在东方民族中与众不同的成就，形成了他们早期历史的主旋律。回顾过去，最引人注目的情况是，君主被认为是每项科学技术的唯一发明者和老师——从天文学到农业，从准备战争器械到制造乐器。尽管在这些陈述中，我们不可能不怀疑某些人有谄媚帝王的倾向，但根据最近对非洲和南海诸岛酋长们的观察，似乎确实存在这样一种情况，即在社会早期阶段，君主在许多问题上都起带头作用，有助于激发个人的热情和聪明才智。随着时代的发展，国王逐渐雇佣他认为最合适的臣民来管理国家的不同部门。

在遥远的时代，很明显，中国并没有被那些后来获得完全优势的专制主义所统治。事实上，中国所有早期的王位继承者，都纯粹是选举产生的。当在位的君主去世时，人们聚集在一起，选出他们认为最适合的继任者，通常是已故君主的大臣，而不是儿子。

中国最早的3位帝王，相传是伏羲、神农和黄帝[①]。人们说伏羲教人们如何捕鱼和耕种。他还朝着文字的发明迈出了第一步，发明了被称为八卦的符号。长度不同的线组成了爻[②]，模仿了出现在龙背上的那些线。这些线被排列在一起，与打结的绳子相连，形成64种组合，以表达自然现象、事物等。八卦符号一直是中国人最崇敬的对象，他们相信它拥有一种灵性和神秘的特质，包含了一切事物的萌芽，即使是伟大的孔子也把它作为一个详细阐述的主题。它也是通向类似文学创作这样重要艺术的第一步。

据中国历史学家记载，伏羲在位115年。之后是神农。据我们所知，神农熟悉五谷、各种灌木和蔬菜，尤其是药用植物。他用树制犁来犁地，并教给人们农业和治病的知识。他统治了140年。据说神农之后有7位君主，他们的统治长达380年。孔子认为这一时期值得怀疑。如果把这些年代从历史中扣除，那么中国历史开始的时间应该不早于公元前2989年。

黄帝小时候就很了不起，长大后更以智慧著称。他改进了伏羲所采用的记录事件的方法，进而发明了文字。一位中国作家说，所有现代文字都可以追溯到这位君主发明的文字。在他统治期间，关于天体的现象被记录下来，天体的运行规律也被计算出来；他还解

① 作者限于当时的历史研究条件，对中国早期历史的陈述与我们现在通行的说法有些差异，请读者在阅读时留意。——编者注

② 爻，组成八卦的长短横道。——编者注

释了算术原理，固定了度量衡标准，虽然稍有变动，但至今仍在使用；流行音乐得到了改进；人们在黄帝妻子的指导下养蚕织布，用来做衣服。根据历史学家的说法，黄帝在位100年，因其伟大和美德而名垂青史。

从黄帝开始（也有其他说法）进入了五帝时期。五帝被认为是非常有道德的。不过在唐尧之前还有位帝挚，因为无能，执政时间不长，就禅位于唐尧。在多数的说法中，他都不在五帝之列。唐尧（前2330），是帝挚的弟弟，登上王位时只有16岁。据古人记载，唐尧极具才干，极为仁慈。他每12年就遍访九州；在这些巡访中，如果寡妇或穷人来抱怨寒冷和饥饿，他便救济他们，还安慰他们说："我也曾挨过饿，受过冻。"通过这些善举，他赢得了人民的无限爱戴。

唐尧的女婿虞舜在他去世前被召去辅佐处理政务。正是在虞舜的监督下，人民才得以谈论大众的话题，确立和发展了中国的一些道德原则，即父亲的行为应该是公正和正确的，母亲的行为应该是善良和仁慈的；兄弟之间应该友善——即便是同父异母——弟弟对哥哥要恭敬有礼，孩子要孝顺。

这是永久性秩序的基础，一直延续到今天，并把中国人和其他民族区别开来。从那时起，孝道和敬老就成了中国人性格的基石，也是保守主义的基本原则。唐尧在统治了73年后去世。他的性格概括如下："虽然富有，但他并不傲慢；有尊严，但不妄自尊大。虽然他穿着皇袍，坐着白马拉的车，他的宅邸也用雕刻品装饰，但他的桌子上摆着素菜，他不肯听靡靡之音。"虞舜统治了48年后去世，据记载，作为君主，他热爱人民的生命，不喜欢处死任何人。

第220章

夏朝与商朝

（前2169—前1123①）

随后，夏禹登上王位。根据一些记载，夏朝是中国历史上的第一王朝。②在夏禹统治时期，酒被发明出来。君主预见到，如果允许人民沉迷其中，士气定会低落，因此将其禁止。我们被告知，

① 夏商周断代工程确定的夏朝起止年代为公元前2070—公元前1600年，商朝为公元前1600—公元前1046年，西周为公元前1046—公元前771年。因为考古的发展和参考文献的不同，与文中的三代起止年代稍有出入。——编者注

② 中国历史记载了河水泛滥的情况，在公元前2293年，河水泛滥，主要破坏了北部各省：这场洪水几乎和公元前2297年基苏特拉斯统治时期的大洪水一样。在这个时代，历史似乎推迟了奇迹的发生，并且让人对事实有了更多的信心，而不是对日期更精确的把握。夏禹因治水有功，受虞舜禅让而继承帝位，成为夏朝的创始人。夏朝始于公元前22世纪，延续了440年，终结于公元前1767年。接下来是商朝，统治644年，直到公元前1123年。在这两个王朝的历史中，细节的缺失证实了史实的真相，因为在许多早期历史中，诉诸想象力的手段并不多，这也是中国人那种干巴巴的严谨精神的另一个标志（克拉普罗特）。——原注

正是以这位君主为榜样，中国现在的皇帝眼含热泪，表示必定要根除吸食鸦片的恶习，否则他死后将无颜面对黄泉之下的祖先。在早期，如果夏禹不允许饮用一种令人陶醉的酒，那么现在的皇帝怎么可能允许进口2.7万箱鸦片，使他的臣民昏迷不醒和堕落，使他的法律失去效力呢?

夏禹精通天文学、占星术和农业。关于农业，他写了一本书，在书中，他教导他的臣民如何通过施肥、平整和排水来改善他们的土地。夏禹统治不到18年就去世了。

3位君主紧随其后，他们的统治时间也不长，共有51年，其间与叛变的官员进行了两三次战争。夏后相由家族和贵族推选登上王位。他曾两次与外族人交战。他在即位的第28年被一个名叫寒浞的酋长处死。他的儿子少康后来成为国王。这位君主以先王中的贤王作为榜样建立了政府。他在统治的第11年去世，备受尊崇，他的儿子夏杼继位。这位君主在战争中获得巨大的名望，作为一名将军，他是这个王朝的创立者、不朽的夏禹值得骄傲的后代。他之后有10位皇帝，直到公元前1767年夏朝灭亡。

历史上对这些夏朝君主的记载很少。他们的统治时期一般都不长。最后一位君主夏桀，陷入了极度的放纵。据说，夏朝力量的衰退是由于轻忽了丰收女神。古代的贵族极为重视农业，他们通过农业使国家繁荣起来，并赢得了人民的爱戴。夏桀在统治的第31年被他的臣民处决。在这个朝代发生了一次日食，据中国史书的记载，主持天文测算部门的长官羲和被处死，因为他们没有预知这个现象并将其记入当年的星历之中——这种疏忽在当时要被处以死刑。

成汤是夏朝方国商国的君主，也是商朝的创始人。他对夏桀的行为感到不满，于是回到了自己的都城，最终宣布独立。鉴于他的美德，人民把他推上了王位。据说他具有最优秀的品质。他的谦虚几乎无与伦比，他是王朝中唯一一个认为自己不适合担此重任的人。他经常要辞职，但贵族与大臣们都不同意。

太戊是他的后继者之一。这位君主曾经被一个预兆吓坏了，这使他害怕变革的到来，他从他的大臣（伊陟）那里得到了以下令人印象深刻的教训："美德具有战胜不祥之兆的力量。如果您公平地管理自己的臣民，那么您将远离不幸。"

商朝的另一位君主武丁，在他父亲墓穴附近的一所房子里，为他的父亲服丧整整3年，祈求上天赐予他适合自己职位的美德。守孝期满后，他回到自己的宫殿，在梦中，他看到一个符合天命的未来宰相人选。此人的容貌给他留下了深刻的印象，于是他画了一幅精确的肖像，并差人四处搜寻。这个人是一个默默无闻的泥瓦匠，被找到时正在一个村子里干活，在君主的命令下，他被带到宫廷。在被问到有关政府、君主的美德以及君主和臣民的相互责任等问题时，他的回答充满了智慧，引起了听众的钦佩。他被任命为国相。在武丁执政期间，这位新国相的知识和谨慎使帝国大放异彩。

商朝延续了644年，共有31位君主。就像夏朝一样，商朝被最后一位统治者的邪恶行为终结了。正是在商朝君主的统治之下，东方的外族人被认为是极其麻烦的，迫使商人不断地迁都。

夏朝和商朝被认为是中国历史上的古典时代，对它的熟悉程度一直被认为是中国学者学术能力的一个重要参考。因此，中国的诗人和演说家不断地提及这些早期统治的记载，毫无疑问，这在很大程度上体现了后续历史事件的特点。正是在这一时期，君主和人民都感到必须实践美德并执行法律，才可以避免上天的愤怒，也解释了汉语中“天朝”一词的由来。

中国古代温和的父权制政府被称为天朝，因为他们的统治权力源于上天，或者至少被认为是符合天意的。在这一点上，中国人不是我们想象的那么傲慢和荒谬。这与我们称自己为基督教国家的做法是一样的。中国人应该为他们自己有这样的编年史而欢欣鼓舞。成功的战士在他们的历史上不是最受欢迎的，时至今日，中国的文官地位远高于武官。

第221章

周朝、秦朝、汉朝、蜀汉、魏晋、南朝宋

（前1123—479）

商朝之后的周朝从公元前1123年开始，到公元前246年结束。[①]

① 周文王因其德行团结了所有反对暴君帝辛的派别，帝辛被他最爱的妃子妲己引入了放荡和残酷的生活之中。但在推翻商朝的统治之前，文王去世，他的儿子武王赢得了一场伟大的战役——牧野之战，使暴君逃到鹿台之上，引火自焚而死。武王虽然恢复了国家的安宁，却犯了一个长期以来对中国和平致命的错误。他摧毁了古代纯粹的君主政体，代之以一种封建制度。周朝初年分封了约70个诸侯——当印度-日耳曼人遍布欧洲各地时，仍然像现在一样，把自己分成世袭的种姓，一个高于另一个，甚至在世袭的情况下保持这种优越性——这些诸侯之间并没有太大的地位差别，除了无条件服从最高统治者，不服从于任何其他的统治者。虽然欧洲人承认王位可以合法丧失，但在中国，王位的丧失基本上都是被他人占有，每一个新王朝在推翻旧王朝时都被认为是合法的。因为当暴政变得不可忍受时，旧王朝的合法性也会停止。有的哲学家肯定臣民有通过弑君来摆脱压迫的权利。但是，武王将国土分封给自己的将军，只为王室保留了一小部分；因此，国家被分成了许多小邦国和独立王国，诸侯们像法兰西的公爵和伯爵一样，在国王的权力完全超过其名义上的封臣之前，就一直在进行着持久的战争（克拉普罗特）。——原注

这是中国历史上的第三王朝，包括37位君主。据说，这个王朝的第四位君主昭王对狩猎情有独钟。为了狩猎，他对臣民的庄稼造成了不可估量的损害。人民的抗议无人理睬，于是人民决心消灭他。恰逢昭王南征，在渡汉江的时候，人民进献一只船给昭王，而这艘船正是为了除掉他而专门制造的，船体在到达对岸之前就会分解。昭王和随从们上了这艘船，很快就沉到了河底。

周朝的第十位君主厉王，以一种暴虐的方式行事，他对臣民的言论感到畏惧，便禁止他们在公共场合交谈，导致关系友好的人们“道路以目”。一位大臣大胆地对他说，他坐在王位上的目的不是使他的臣民痛苦，阻止人言不易，他强加给人民的沉默比给他们抱怨的自由更加可怕和危险。

然而，这条残暴的法令还是被执行了。人们绝望地冲进王宫，杀死了整个家族的人，除了厉王和他最小的儿子。很短的时间内，愤怒的群众坚持要求把年轻的王子交给他们处置。一位大臣为了让王子幸免于难，就把自己的儿子交出去，随后他的儿子被残忍地杀害了。

这个王朝的另一位君主，习惯于发号施令，诸侯们每次看到燃起烽火之时，就会迅速带领军队前来救援。在其中一次警报中，君主发现自己最爱的妃子对此非常感兴趣，于是他经常重复这个过程以取悦她，同时也目睹了诸侯们为了这种不必要的麻烦而感到烦恼。后果显而易见。由于常常被欺骗，诸侯们忽略了一个真正的警报信号，而敌人则长驱直入君主的都城并杀死了他。

孔子，著名的道德家、哲学家和立法者，正是在周灵王统治时期诞生的。他显然是一个具有渊博学识和高超智慧的人，并因他的美德而受到爱戴。他以自己的道德准则服务于国家，甚至对君主和一般同胞也有很大的影响力。孔子在73岁时去世。

第四王朝是秦朝，只存在了短短的14年，于公元前207年结束统治，有两位皇帝。秦朝发生了几个重大事件。大约在公元前215年，中国北方修建了至今仍令人惊叹不已的长城，由秦始皇主持修建。长城绵延1 500英里①，将中原与北方游牧民族分隔开来，旨在保护中原地带免受北方游牧民族的侵扰。大约在这一时期，中国人第一次采用了著名的闭关锁国政策，禁止所有外族人通过边境，甚至登陆海岸。有些人错误地认为这项法令完全是针对英国人或是其他现代欧洲民族的，鉴于其有效期已超过了2 000年，我们不应该因为中国人没有立即放弃其古老政策的一条基本规则而对他们感到愤怒，而是应该赞扬他们在现代保留这条规则的同时，允许外国人使用广州港。

秦始皇统一了各个诸侯国，将其降为郡。他因此而兴高采烈、雄心勃勃，被认为是统一中国的第一位皇帝。据一些人说，他下令烧掉所有的历史著作和公共记录，把许多有学问的人活埋，以免将过去的事情传给后代。然而，他似乎无法抹去过去所有时间的丰碑。②

① 这里对长城长度的记载似不准确。秦长城西起临洮、东至辽东，延绵约6 700千米，故有“万里长城”的美誉。经过历代修缮，到明朝末年，长城东起鸭绿江，西达嘉峪关，全长约7 350千米。——编者注

② 关于这个王朝，其他权威的记载是这样的：公元前3世纪末，中国被多个较小的诸侯国瓜分，沦为不断增多的战争和动乱的牺牲品。南岭山脉的南部被蛮族占领了。最后，在中国的土地上形成了7个主要的诸侯国，其中，秦国的势力最为强大，拥有中国1/5的土地和1/10的人口。

秦国设法制服了所有的对手。公元前251年，秦昭王去世，他的儿子秦孝文王继位。秦孝文王继位几个月后去世，他的儿子秦庄襄王继位。秦庄襄王在位3年后

去世了，他的儿子嬴政继位。嬴政就是秦始皇，被认为是秦朝真正的奠基人，秦朝也让中国在西方获得了“China”这个名字。

秦始皇13岁即位，成为中国最伟大的皇帝之一，他统治的领土面积几乎相当于现在中原地区的领土范围。他将除了后来征服的南岭以南的4个番邦的国土划分为36个郡。帝国的都城咸阳在西安附近，就在渭河的对岸。

秦始皇把这座都城装饰得富丽堂皇，并在这里建造了与被他征服君主的王宫一模一样的宫殿——一个真正的中国式想法！他下令将装饰每座宫殿的珍贵家具移到对应的地方，并将居住在每座宫殿内和周围的人运送到新的宫殿，以满足主人的需要或享乐。这些风格和品位各异的建筑，占据了渭河两岸的广阔土地。它们通过一个宏伟的柱廊相互沟通。柱廊向周围延伸，形成了一个巨大而宏伟的廊道，无论任何季节，人们在廊道里都可以免受天气的影响。

整个帝国表现出前所未有的盛况。他到处建造宏伟或公共的建筑，宽阔而便利的道路和保养良好的运河促进了交通和商业往来。在经历了如此漫长的战争之后，和平再次降临，交通和商业现在又恢复当初的生机。

长久以来，中国北方一直遭受现在称之为匈奴的游牧民族的蹂躏，他用30万大军讨伐匈奴，将他们分部灭掉，或将他们赶到中原地区之外的遥远山区之中，不容他们再回来。他把南方直到海边的人都降服，把帝国那些懒惰的流浪汉，共50万人，都安置在要塞中，迫使他们忙于有益的事情。

此前，秦、赵、燕3三个诸侯国，都曾筑起长城阻挡匈奴入侵。秦始皇决心把这几处的长城连在一起，从最西端的陕西一直延伸到东面的大海。他为这个庞大的工程召集了大量的劳工，把他们置于几支军队的监管之下。那时正是公元前215年，是他统治的第32年，这项工作持续了10年之久，直到秦朝灭亡后才完成，因此他没能亲眼看到长城完工。

做了这么多的公益事业，他本可以寻求臣民的感激之情；但是，他一直对显贵们的反抗感到恼火，显贵们的目的是要把封建制度及其所有的罪恶都恢复过来。由于他们总是引经据典地催促他倾听他们的对错是非，保证他们的特权，秦始皇失去了耐心，命令将所有的古籍，尤其是300年前孔子的典籍都烧掉。这些命令被严格执行了。文人从来没有原谅过此种破坏，因此秦始皇作为改革者的特征在中国历史上被恶意抹黑了。而他的将军蒙恬通过发明毛笔，对这一无法弥补的损失做了一点儿修补。在这之前，文字被刻在竹片上，或是用深颜色的清漆在竹片上面描画。此时期还引入了一种更简单的文字书写方式（克拉普罗特）。——原注第五王朝开始于公元前202年，结束于221年。它被称为汉朝，延续了423年，共有29位皇帝。汉朝的首位皇帝是刘邦，出身平民，为人宽宏大量、仁慈慷慨，是秦国统一前的楚国人。他与一个敌对的起义军首领（项羽）进行了17次激战后，登上了皇位，统一了整个帝国，庙号高祖或高皇帝。这位君主以宽大温和的态度进行统治。他是为数不多让百姓自治的人。据说，在他的统治时期，墨汁和毛笔——中国目前使用的仍是毛笔，而不是钢笔——被发明，还有一些人则认为这些东西的发明日期更早。

汉武帝是这个家族的君主之一，他十分崇尚学术，并下令在公立学校教授孔子的学说。[①]然而，他却陷入了一种强烈的妄想之中，试图找到一种能够让他长生不老的酒。他的统治时间有点儿长，在与匈奴人的战争中获得了许多英雄般的功绩。他不仅征服了匈奴的许多部落，还在中国西北部建立了汉人的定居地，并建立城市，派遣军事长官到新占领的中亚各地区驻守。公元前108年，乌古斯人和小布哈拉人被征服，他的军队推进到吉尔吉斯地区。在同匈奴人的战争中，他取得了4次决定性的胜利，把他们远远地赶到了长城以外，或者迫使他们屈服。在前面关于匈奴人的历史部分，我们已经详细记载了汉武帝将西部鞑靼民族联合起来对付匈奴部落的睿智

---

① 随着时间的推移，古老的封建制度已被遗忘；因此，汉朝的皇帝可以在不危及中央集权的情况下，下令搜寻那些对秦朝来说十分危险的书籍。搜寻的工作在整个帝国进行，并找到了大量古代作品的残片，甚至整本书。正是有了这些材料，在一位熟识“六经”的老人的帮助下，这些神圣的作品才得以修复，从而形成了一个古老的历史载体。它尽管没有任何重大的价值，但仍然具有真实性的所有标志（克拉普罗特）。——原注

策略。

94年，班超将汉朝的影响扩展到里海以西，并将他为皇帝征服的50多个王国的嗣子送到汉朝。166年，汉桓帝时期，大秦皇帝安敦尼——中国人对罗马帝国皇帝安东尼·庇护的称呼——派来一个使团。使团经由交趾到达中国，东汉时代其他国家的人有不少也沿这条路线来到中国。

据说，汉灵帝将“五经”中所记载的古代帝王的所有英明格言都刻在大理石上，并竖立在书院门口。在他的统治下，帝国出现了几股强大的反叛势力，其中一股被称为黄巾军，他们发动反叛，自立为王，最终导致了帝国的分裂。

第六王朝只存在了短短的40多年时间，结束于263年①。当时的中国被分为三个王国，是从曾经的东汉帝国分裂出来的。最后，三个王国在不同的时期终止，其中一个被称为蜀汉。这个王国的开国君主刘备是刘邦的一支后裔，王朝在他的儿子刘禅手中终结。刘禅有一个儿子刘谌，这位年轻的王子被赋予极大的热情和勇气。在国家即将灭亡的时刻，软弱的皇帝仍在犹豫采取什么措施，刘谌觉得有必要向父亲提出劝谏，说：“没有时间考虑了！这是决定性的时刻，要么下定决心去征服，要么手拿武器、头戴王冠而死。”皇帝仍然拒绝战斗，儿子在屈辱和悲痛中，退到供奉祖先的祠堂，杀死自己的妻子，然后自杀，而皇帝则驯服地向他的对手司马昭投降。

在第七王朝的晋武帝统治下，中国被重新统一起来。晋朝延续

① 关于蜀汉和曹魏谁为正统的问题，中国史学界一度存在争议，主流以曹魏为正统，本书的作者以蜀汉为正统。——编者注

了155年，传了15位皇帝。晋朝的开国皇帝就是叛臣司马昭的儿子司马炎。许多诸侯都想称霸中原，给他带来了不小的麻烦，但是南方的竞争对手经常被北方打败，因为北方人从胡人那里得到了相当大的帮助。

这位君主一发现自己的领地平静下来，就陷入了颓废懒惰的状态。他留下了一个无法治理国家的儿子司马衷。司马衷被杀后，由同一家族的另一位王子继承皇位。这位新皇帝统治时期，生活在中原的鞑靼人起而反叛，最后围困了他的都城，他的孩子们被杀，自己也被俘虏，不得不像奴隶一样在餐桌上伺候篡位者。后来他也被处死。南京成了这一时期帝国的首都。晋朝最后于晋安帝手中结束，他是一位懒惰、低效的君主，不配拥有权杖。

第八王朝是南朝宋。这个王朝始于420年一位反叛的将军，在10位皇帝的统治下，持续了59年（420—479）。这位将军也就是后来的皇帝，名叫刘裕。他最初的工作是到处卖草鞋。后来他成为一名士兵，逐渐升为将军，最后篡位。他的人格和举止是无法形容的高贵和威严，他的美德是节俭和勇敢。他的儿子和继任者宋文帝跟他形成了鲜明的对比。宋文帝后来被自己的儿子杀死，而这位杀父之人又被自己的兄弟杀死。

宋文帝崇佛，他在位时期，中国正分裂为两个部分，另一部分的君主与之相反，曾下令“灭佛”。

第222章

从第九至第十三王朝

（479—907）

第九王朝的创始人是齐高帝。这个恶棍是靠谋杀两位君主而登上皇位的，但他的皇帝生涯很短暂。他的军事功绩不如学识出众。他常说，如果他能统治10年，他会让黄金像泥土一样便宜。他的儿子制定了著名的法条，该法律禁止官员在同一个地方待3年以上。在他统治的时期，有一个名叫范缜的人，本是文学的支持者，却宣扬当时大多数文人学者最憎恶的原则。范缜的信条是：万事皆为机缘，人死灵魂灭。这个王朝只存在了23年（479—502），共有7位皇帝。

第十王朝于502年建立，共有4位君主。王朝的创建者是梁武帝，他是前朝君主的丞相，谋杀了君主自立为帝。他很积极、勤奋，而且非常谨慎；不仅致力于学术研究，在军事上也非常有才干。他禁止臣民用动物献祭，吩咐他们用面粉代替。在晚年，他忽视了政府的事务，全身心地投入和尚们的那些荒谬信条之中，据说他甚至出家为僧。他晚期的统治以战争、饥荒和瘟疫为主要特点。他的丞相对被迫为这位篡位者服务而感到厌恶，于是绝食自尽。皇帝听到这位大臣自杀的理由后大声说："难道我没有戴着天赐的皇冠吗？那个不幸的人是因什么而自杀的呢？"

在他统治末期，河南的附庸侯景背叛了他。侯景成功地控制了南京，并俘虏了皇帝，皇帝带着如此威严无畏的气势出现在侯景面前，侯景不敢直视皇帝的目光，惊呼道："我不敢相信，对抗上天所立的天子有如此之难。"侯景生性残忍，却不敢让自己的双手沾满皇帝的鲜血，因此决定每天减少他的一部分食物，使他只能苟延残喘，缓慢地死去。不幸的老皇帝临死前想要一点儿蜂蜜水，这个要求很简单，却被拒绝了。几小时后，他就死了。

梁武帝去世后，他的儿子继位，这位新皇帝非常偏好文学。后来，他的侄子向北方王朝借兵，向皇帝发动进攻。皇帝终于从他的幻想中苏醒过来，他拿起武器，绕着城墙走了一圈，察看了敌人的阵地后，喊道："文武之道，今夜尽矣！"然后，他纵火焚毁了藏书14万册的图书馆，并向征服者投降，征服者将他和他的儿子都杀掉。

第十一王朝于557年创立，创立者统治两年后去世。他的侄子继承了皇位，而在此之前，他一直隐藏在私人生活之中；然而他一旦即位，就表现出伟大的君主品质。这位君主下令用击鼓来代表夜晚的来临——从那以后一直遵守这个惯例。这个王朝共有5位皇帝，最后一位被北方王朝俘虏。

第十二王朝创建于581年，共有3位皇帝，前两位都是有名的人物。第一位皇帝并不以学识自居，但他有一颗坚定而敏锐的心，致力于人民的福祉。他修建了公共粮仓，富人每年都会在粮仓里装满粮食，在食物短缺的时候分发给穷人。他提高了音乐和口才的地位，对腐败的法官毫不留情，把那些在生活中无法获得人们尊重的人排除在所有公职之外。他的儿子禁止百姓佩带武器，并下令所有关于战争、政治、农业和医学的书籍都由王朝里最有学问的人来修订，再将书籍分发给他的臣民。

第十三王朝建立于618年，李渊废黜隋恭帝，自己登基称帝。他的儿子率领父亲的军队进入皇宫，看到它的壮丽，深深地叹了口气，说："不！这样一座庄严的宫殿不能再矗立下去了，它只会削弱君主的精神，助长他的恶习。"说着就下令点燃整个宫殿，将其付之一炬。然而，李渊很快就从皇位上退下来，过上了平静的生活。这位君主非常希望增加帝国的人口，于是命令10万和尚还俗娶妻。

唐太宗，李渊的儿子，是中国最伟大的君主之一。他英明、节俭、和蔼可亲。他的大臣们曾因他亲近民众且不加戒备而产生忧虑，他对大臣们的答复也许可以作为比较开明国家君主们的榜样——"我把自己看作是一国之父。我将我的子民都抱在怀中，他们好像是我的儿女，我有什么好担忧的呢？"

在他统治的第十年，这位君主失去了皇后。他悲痛欲绝，为她竖起了一座纪念碑，比他统治区内的任何纪念碑都要壮观，但他因这种表面文章而受到大臣的责备，于是他下令将其拆除。不久，他的这位大臣去世了，皇帝让人在他的墓碑上刻了一首诗歌，又对朝臣们说："我们有三种镜子：第一种是女士穿衣服的镜子；第二种是古代的书卷，我们在其中读到帝国的兴起、进步和衰落；第三种是人，如果我们研究他们的行为，就可以看出我们应该做什么和不该做什么。我的宰相就是这最后一种镜子。唉！他现在不在了，我再也找不到和他一样的人了。”

唐太宗为他的儿子唐高宗树立了良好的榜样，但事实证明，这些榜样对唐高宗并无多大用处。因为他极为依恋一个女人，因她所犯的罪，使朝廷和帝国之内充满悲哀。唐高宗的继任者唐中宗的妻子同样残忍与蛮横。据说唐中宗的继任者唐睿宗的儿子唐玄宗休了自己的妻子，无故杀死了3个孩子，最后娶了自己的儿媳。唐玄宗特别反对任何奢侈的外表，并试图通过摧毁他宫殿里的贵重金属和装饰品来消除奢侈的迹象。

在第九位继任者（代宗）的统治下，宦官专权引发了一场叛乱。第十二位继任者为了寻找永生之药，寻遍了帝国的各个角落，道教的信徒们假装知道这种药物的秘密。然而太监把这种丹药给他吃下，他立刻就死了。这个王朝的第十五位皇帝制定了一条律法，现在仍在遵循，内容如下：每七年，省级官吏就有义务向皇帝递交一份书面的认错悔过书，交代自己所犯的错误，并请求皇帝的宽恕。如果他们试图掩饰过错，那他们什么好处都得不到，还会被免职。就像前面提到的第十二位皇帝，他的儿子——尽管在许多方面是一位和蔼可亲的君主——也寻找永生之药，最后吃了这致命的药物后，终结了自己的一生。

第223章

鞑靼入侵

（907—1644）

对漫长历史中不同的统治时期的细节进行研究很烦琐，因此，我们可以省去与诸王朝及皇帝有关的进一步列举和说明，仅提及一些主要事件，并偶尔提及历史上的主要人物。

这一时期最重要的事件是中原王朝为击退各种半文明的部落——主要是居住在中国的边境地带的鞑靼人——的进攻所进行的斗争。

尽管中原王朝采取了各种防御措施，大约在5世纪，鞑靼人还是占领了中国的北部和西部，中国被分成了南北朝：北朝的都城是洛阳等，南朝的首都是南京。100多年后，也就是6世纪晚期，南北朝统一了。不久之后，也就是隋炀帝统治时期，他下令开凿了运河，贯穿整个帝国，由此将几条主要的河流连接起来，为商业提供了极大的便利。

梁太祖于907年建立了第十四王朝，他谋杀唐朝的末代皇帝自立，但他活了很短的时间，无法享受罪行带给他的回报。他的一个儿子杀了他，而这个儿子又被自己的一位兄弟杀死。此时，帝国处于无政府状态的顶峰。一位有能力的将军，在强有力的派系支持下，进攻梁末帝并取得了成功，末帝绝望自杀，他的家族也随之覆灭。

唐庄宗即位，建立了第十五王朝。作为皇帝，他保持着自己的军事习惯，过着非常节俭的生活，睡在光秃秃的地上，脖子上挂着铃铛，以防睡得太久。在早年，他是一个爱享乐的罪犯，被指控贪得无厌，对穷人毫无怜悯之心①。这位皇帝的义兄唐明宗，是一个伟大的学习鼓励者。在他统治期间，中国人发明了雕版印刷术②。他全心奉献，为臣民的利益而呕心沥血。

周太祖于951年建立了第十八王朝，他极为崇敬孔子，并拜谒了这位著名哲学家的坟墓。这位皇帝没有儿子，但有一位外侄，能够仿效其美德，在他去世后继位，就是周世宗。在处于权力的巅峰时，世宗仍然保持着谦逊的风度。在他宫殿的王室器具中发现了犁和织布机。在粮食短缺的时候，他下令打开粮仓，以极低的价格出售大米。“他们是我的子民，”他指着人民说，“当他们的君父有足够的钱满足自己的需求时，放任他们挨饿是不对的。”在极端的情况下，他曾命令将大量的佛教塑像熔化，铸成货币。

宋太祖于960年建立了第十九王朝，他爱民如子。在宋太祖的表

① 本书对唐庄宗李存勖的评价与国内史书的记载颇有差异。国内史书所载的唐庄宗，前期是一个奋发有为、励精图治的君主，后期因宠信伶人、沉溺于享乐而众叛亲离，最终死于叛乱。——编者注

② 现收藏在英国伦敦博物馆的唐咸通九年（868）王玠为双亲敬造普施的《金刚经》，是现存最早的标有年代的雕版印刷品。自唐明宗长兴三年（932）起，政府开始大规模刻印儒家典籍。——编者注

率作用下，他手下的大将也都怀有仁慈之心。他的一位将军曹彬围攻南京（当时的金陵）的时候，他想到了即将到来的屠杀，于是在这座城市将要投降的时候假装生病了。这引起了手下将领的不安，他们纷纷围拢到曹彬的床前，每个人都提出了一些治疗的方法。“唯一的，”他喊道，“能治好我的病的方法，就掌握在你们手里。你们向我发誓，不要在金陵屠杀劫掠。”他们一宣誓，他的病就好了。虽然尽了最大的努力来约束士兵，使他们没有进行大的杀戮，但少数几个倒下的人的命运却让曹彬泪如雨下。这座城市当时既遭受饥荒，又遭受围困，城市投降后，曹彬就立刻开仓分发粮食给居民。不用说，宋太祖以这样的方式证明了自己值得百姓拥护。

宋太宗是北宋时期的文学艺术赞助者。他赞助学术，收集了8万册图书建立了一座图书馆。

宋真宗是一个值得纪念的君主。他使古籍再版并在帝国传播。在他的统治期间出现了被认为预示着灾难的彗星，皇帝按照当时的习俗，指示将他的所有过错都摆在他面前，以便他更正，从而尽可能避免灾难的发生。同时，他还减免了几百万的赋税，释放了1.3万名囚犯。恰巧在这个时期，他的一个儿子降生了，他把这归于上天的恩惠，并以此证明自己的宗教和慈善行为被上天所接受。据计算，在他统治时期有2 200万人在这片土地上耕种。

这位皇帝的儿子宋仁宗在道德品格上超越了他的父亲。宋仁宗将一切崇拜偶像的人赶出宫殿，敬拜看不见的天神。通过及时供应粮食，他使500万人民在饥荒时期免于饿死。据信，他父亲的宰相灌输给他的道德原则让他养成了如此好的品德。那位官员不断地向他强调以下十条箴言：“敬畏上苍，热爱臣民，力求完美，专心科学，拔擢英才，听从建议，减少税收，适度严惩，避免浪费，禁忌放荡。”

契丹鞑靼人于10世纪在中国站稳了脚跟。他们又被东方的鞑靼人驱逐。12世纪早期，女真人踏上征程，越过黄河，直接向宋朝的皇城进军，占领并掠夺了皇城。他们还掳走了宋钦宗和他的配偶。

宋高宗继承了皇位，迁都南京（后来是杭州，当时称为临安）。为了从女真人手中夺回一些省份，他作了几次徒劳的努力。

后来，出现了一位君主（完颜亮），想通过重视学问和有学问的人来赢得中原臣民的尊敬。1161年，他向临安进军，但在长江畔的采石矶被南宋将军虞允文打败。完颜亮命令军队拼死也要渡过长江，但他们拒绝了，士兵杀死君主，然后撤退了。

1210年，西部鞑靼人，也就是蒙古人的首领，与金朝皇帝完颜永济发生了争执。一年后，蒙古将领翻过山西北部的长城，长驱直入，直逼金朝的都城北京，打败了40万金朝军队。1233年，宋理宗联合蒙古人对金人发起了一场激烈的战争，他从金人手中夺取了河南。经过蒙古和南宋军队长期的血腥围攻，金朝的最后据点蔡州被夷为平地，金人被逼到了吃人肉的地步。在绝望中，金朝的君主完颜守绪在投降前上吊自杀。东部鞑靼人，也就是女真人的统治延续了119年，历经10位君主之后结束了。

这个民族的一小部分继续存在，并产生了后来征服中国的家族，他们一直统治到现在。

在第十九王朝统治时期，著名的成吉思汗和他的继任者在中原建立了他们的统治。作为蒙古人的首领，成吉思汗于1211年进入中原，占领中国北方各省，他的军队所向披靡，最后推翻金朝的统治。蒙古人居住在戈壁大漠，亚洲的大多数征服者都发源于那里。成吉思汗的孙子忽必烈继承了祖父遗志，继续在中原进行他的征服事业，并于1279年彻底征服南宋。蒙古人在中原的统治一直延续到1368年。如前一章所述，忽必烈英明而谨慎，根据中原古代的法律和习俗来统治中原。一条著名的运河是在忽必烈建立的第二十王朝统治下挖掘的。元朝时期，佛教（藏传佛教）的统治地位在帝国确立。

1368年，蒙古人被一位名叫朱元璋的中原将军驱逐，如前所述。朱元璋建立了明朝，也就是第二十一王朝，这是中国现在这个朝代（清朝）之前的最后一个汉人王朝。他把皇宫设在南京。几个月后，他攻占了北京，并将那里的统治权交给了他的一个儿子。事实证明，他是一位极具智慧与洞察力的君主。

第二十一王朝的明成祖是一位心胸开阔的君主，尽管他开始统治时的残酷作为令人恐惧。他命令所有关于不死药的化学书籍都要被付之一炬，但他赞助有学问的人，提高哲学的社会地位。

终结明朝十六位皇帝统治的灾难，是由几位皇帝统治期间持续不断的内乱引发的。当时民间出现了两名强大的反抗者，他们分裂了帝国，但只有一个幸存下来，名叫李自成。他行军到了陕西和河南，把所有的官吏都派到那里去，他们除了对百姓施以恩惠，免除了他们的赋税，对待其他人都很严酷。通过这些手段，他让自己的军队变得极为强大，以至于能够夺得皇帝的称号。

接着，李自成向帝国的首都北京进发。他想办法在北京城里安插耳目，这些人在他出现在北京城外时会帮他打开城门。不久，他率领30万大军胜利进入北京，而皇帝则致力于迷信仪式，把自己关在皇宫里。当皇帝发现自己众叛亲离、无法逃脱之时，就决心用暴力手段结束自己和家眷的生命，而决不落入叛乱者手中活活受辱。

为此，皇帝一声不吭地把心爱的皇后领进花园里一个僻静的地方。她立刻明白了他的痛苦，温柔地拥抱了他，皇后退到树林里，在那里用一条白绫把自己吊死。皇帝也要与她一起赴死。在此之前，他先是砍死了小公主，然后在另一棵树上上吊。他作为榜样很快就被他的宰相、王妃和忠实的太监效仿。

李自成坐到了皇帝的宝座上，还斩杀了已故皇帝的两个儿子和大臣们。当帝国的王公贵族臣服于李自成时，有一位名字叫吴三桂的官员，身为宁远总兵，拒绝承认李自成的权威，于是李自成率领一支强大的军队向他发动进攻。李自成掌握了帝国大权之后，派人招降吴三桂，并向吴三桂展示了吴三桂戴着铁链的父亲，宣称如果他拒绝投降，就立即杀死他的父亲。这位父亲从儿子的种种迹象中了解他的意图，默默地服从自己的命运。

吴三桂为了“复君父之仇”，立即与满洲人[①]和好，并邀请他们协助他对付李自成。满洲人的摄政王多尔衮立即加入了总兵的行列，他们迫使李自成的军队撤围，并直接向北京进军。李自成认为自己在北京并不安全，于是在掠夺和烧毁宫殿之后，带着巨量的财宝逃到了山西省。

满洲人年幼的皇帝顺治来到北京。此后，第二十一王朝终结。

---

① 1635年，皇太极改女真为满洲，此后便称女真人为满洲人。因作者在写作时，关于女真人和满洲人的称呼不是统一的，我们翻译时，为了读者准确理解，个别地方统一为一个译法。—— 译者注

东部鞑靼人，也就是满洲人，第二次拥有了中国的统治权。他们建立了第二十二个王朝，也就是清朝；并在1644年入山海关，开始了对中国全国的统治。

第224章

鞑靼人的统治

（1644—1821）

如前所述，东部鞑靼人虽然入主中原，但要统一这个国家，仍然有很长的路要走。中国各地都有人抵抗他们。中国的汉族贵族认为，鞑靼人只是他们的帮手，是帮助他们从李自成手中夺回皇位的；但鞑靼人不这么看，他们认为中国的政权正是他们出手相助的恰当回报。在这种情况下，汉族人向鞑靼人屈服是很困难的。在不同的省份都出现了反对鞑靼皇帝顺治的行动，战争在海上和陆地上同时进行；但是，鞑靼人被已经到嘴边的肥肉的无可估量的价值所刺激，表现出了强劲的活力，并获得了完全的成功。

顺治帝在新的皇城诏告天下，他表现出对中国古代律法和习俗的明显尊重。政府的文官职位授予了那些被认为有资格担任的汉族人。他表现出了自己为了公众利益而不是为了扩大自己权力的倾向。他重视文教，并在某种程度上成为一个精通中国文化的人。在他即位几年后，一位名叫郑成功的将军出于对前朝的依恋，反对新皇帝的举措。他包围了南京城，但是他的军队在将军生日的时候放纵了自己，遭到了被围困者的反击，一败涂地。之后，顺治帝由于家庭关系中的不当行为和痛苦，变得郁郁寡欢，最终离世，留下一个很小的孩子康熙作为他的继任者。

1662年，康熙继位，他被认为是全中国的皇帝，是现在的大清王朝的再造者。大清王朝现在在位的是道光皇帝。康熙被证明是一个非常能干并值得颂扬的君主。毫无疑问，这得益于他的父亲在少数亲信中为他指定的4位辅政大臣的明智建议。他曾对天主教皈依者发出严厉的命令，拆毁所有的教堂，没有一个耶稣会士能够影响朝廷。不久之后，耶稣会士自身难保，被戴上枷锁镣铐囚禁起来。

康熙的家庭关系很不和睦，因为他废黜了太子，引起众多的儿子争夺皇位。1720年，他得到了整个帝国的祝贺，祝贺他的军队打败了占有西藏并连续数年蹂躏这一地区的厄鲁特人。这场胜利使他成为唯一能够对西藏发号施令的君主。

1722年12月20日，康熙突然去世，时年69岁，遗诏第一次在王公贵族面前公开宣布继承人，就是他第四个儿子雍正。

正是在雍正年间，耶稣会士被驱逐出中国。在对待天主教徒以外的事务上，雍正展现出的是一位睿智君主的形象。他勤勉而不知疲倦地履行职责，性格稳重而坚定，有一定的口才和演说能力，并认真批阅向他提交的奏折。没有一个君主比他更专权的了。这种无限的权力使他得以执行许多健全的法律和条例。在制定这些法律和条例时，他夜以继日地努力工作。获得皇帝青睐的最可靠的办法是向他提出一个有利于公众利益的计划，或是在灾难中帮助他的臣民——如果可行的话，在执行过程中他会不遗余力。

1736年，雍正去世，乾隆继位。据欧洲人的估计，在18世纪后半叶，乾隆一直是清王朝的领导者。据说在他60多年的长期统治期间，百姓生活得幸福安宁。在他执政后期，也就是1793年，一个英国使团在马戛尔尼伯爵的带领下抵达中国，以期建立两国之间的商业往来。副使乔治·斯当东男爵将使团出访的所见所闻全部记录下来，介绍给公众。1795年，在蒂进先生的带领下，一个类似的使团也到访中国。副使范罢览先生也撰写了一份使团的出使见闻。

乾隆于1799年2月7日去世。他的继任者嘉庆统治了20多年，于1821年9月去世。就在嘉庆去世的时候，季姆科夫斯基率领的俄罗斯使团正要来到中国。

嘉庆和他的前任一样，不管在什么情况下，都奉行中国人防止外国人入境的特殊政策。毫无疑问，人们担心如果有人在中国站稳脚跟，会像在其他东方国家一样，导致动乱或颠覆政府。中国允许外国人，特别是英国人，在广东的一个港口与他们进行有限制的交易；但他们坚决反对任何企图获得特权、建造港口或建立永久工厂的行为。

现在的王朝是鞑靼人主政的王朝，汉族人与鞑靼人之间偶尔的斗争，归根结底，与其说是与外族的战争，不如说是内战更合适。如前所述，鞑靼人和汉族人的相貌对比表明他们都属于同一种族——只是鞑靼人生活在较为寒冷的地区，使得该民族没有南方民族那么柔弱的习俗——因此，鞑靼的君主们很容易就认同了前朝统治者的政策，接受了他们所征服的国家的法律和习俗。

第225章

鸦片战争（一）

（1821—1841）

1821年，现任皇帝道光在父亲去世后继位。他是嘉庆的第二个儿子，在1813年的一次叛乱中，因救了他父亲的性命而被定为太子。他是第一位与英美历史有密切联系的中国君主。在他继位后不久，一直麻烦不断的藩属鞑靼部落，在小布哈拉发动了叛乱，道光皇帝下令平叛。

不久之后，山区的苗族发生了第二次可怕的叛乱。政府花了将近6年的时间来平定叛乱，人们认为，叛乱的最终平息更多的是靠贿赂酋长，而不是中国军队的力量。1826年，蒙古鞑靼人也发动了叛乱。

此时，一场战争即将爆发，它的性质与天朝帝国所知的任何战争都截然不同。他们要和一个引领近代文明、信奉基督教的民族作战，而不是中国人所熟悉的同未开化部落的战争。他们很可能不知

道光帝在叛乱中救了父亲的命

道敌人真正的力量和优势，也不知道如何应对欧洲的战术。这次战败，对整个中华民族来说，这是一件令人震惊，同时也是非常屈辱的事情。

1833年之前，英国和中国之间的商业往来完全由东印度公司控制。之后东印度公司的特许状到期，所有英国臣民都可以平等地派出船只到中国购买茶叶和其他产品。这一变化为进行鸦片走私贸易提供了充分的机会。大清政府禁止进口鸦片，但是，只要有机会，人们就会急切地购买这种毒品，因此，鸦片经常通过走私进行买卖。中国各阶层都有从事鸦片交易和吸食鸦片的人——将在下一章节进行详细讲述——促使以皇帝为首的政府采取一致措施，以图有效地根除此种恶习。经过多次磋商，道光任命了一名高级官员林则徐为钦差大臣，他有权采取任何他认为必要的措施来实施国家的政策，并以最严厉的手段惩罚毒品的买家、卖家和吸食者。林则徐于1839年3月抵达广州，执行他的任务。

当时，英国的贸易由一位驻华商务总监负责，但他从未被允许成为中国领土上的长期驻留者。英国和其他几个国家被允许在一个非常有限的土地上建工厂，工厂由砖石结构的建筑物构成，就在广州城城墙的外面。在这里，外国商人只被允许在他们的几个机构停留一定的时间来处理他们的事务，最长的期限是4个月，如果他们的事务到那时还没有解决，他们必须把它交给商行的商人，也就是被授权与他们这些工厂进行贸易的中国人。

当林则徐抵达时，恰巧河里有几艘英国船只，船上有2万多箱鸦片。他要求他们交出这些鸦片，然后销毁；他还要求所有人签署一份书面契约来约束自己，不再把这些物品带到中国，如果违反了契约，就会受到中国法律的惩罚。

林则徐看这一要求没有得到满足，于是令所有的本地劳工都从外国人的工厂里撤出。工厂被一群汉人和鞑靼人的军队包围起来，他们把商人当作俘虏来看守，同时要求商行查清鸦片的所有权。林则徐以宣言的方式，多次劝说英国人遵守他的要求。总的来说，只要不采取严厉措施能达到目的，他就宁愿不采取严厉措施；但是，他发现自己的劝告被置之不理，于是威胁要把工厂里的人处死。

鉴于这一形势，英国驻华商务总监义律认为，为了挽救同胞的生命，交出鸦片是明智之举。几周内，鸦片卸载完毕，工厂里的英国商人就可以自由离开了。林则徐接到皇帝的指示，着手销毁缴获的鸦片，皇帝表示："这对住在海边的本地人和外国人来说，是一个令人敬畏的警告！”鸦片被扔进在海边挖的壕沟里，然后用生石灰、盐和水混合，很快就分解了——混合物流入海中。虎门销烟于1839年6月完成。

英国商人此时迁往由葡萄牙占领的澳门，他们大多数人的家人都居住在那里。当他们到澳门的时候，英国和中国的水手之间爆发了冲突，一名中国水手意外被打死。两广总督一得知此事，就立即要求将行凶者绳之以法，但被拒绝了，因为当时的英国人只服从英国的法律。为了报复，两广总督下令不再向澳门的英国人提供粮食，义律上将把整个舰队撤到了香港，那是距离大陆约35英里远的一个岩石岛，主要由渔民居住，但后来被英国的殖民者占据。同时，为了保护英国人在中国的生命和财产安全，他们从印度派出了

在香港的英国舰队

军队。林则徐下令暂停两国之间的贸易，而中国舰队也准备抵抗英国在香港的军舰。

直到当年11月份，英国军舰才进行了一次尝试性的进攻，中国舰队很快就被击退，尽管舰队由他们最著名的水师提督关天培指挥。中国人损失惨重——他们的几艘军舰在这次行动中被摧毁。这次失败使广东当局大为震惊，因为他们一向倚仗关天培，也不敢把真实的情况呈报给皇帝。现在，政府几乎每天都会发布法令，威胁说如果英国人继续无视帝国的要求，他们的港口将永远对英国人关闭。林则徐和他的助手们也努力加强舰队的力量，但直到1840年6月，从印度赶来支援的军队在海军司令懿律的率领下抵达香港时，中国的海防力量也没有大的改观。

在这次增援行动完成后，中国人大胆地派遣火攻船试图摧毁英国的整支舰队，但这次尝试失败了，因为大多数船还没到达足够近的地点就爆炸了。由于这一计划毫无结果，政府对任何一个可以杀掉或捉拿英国人的人，或者能捕捉一艘英国船的人发出悬赏通告。因此，许多英国人被中国人捉住了。

英国人的积极行动始于1840年7月5日占领舟山。舟山是一个美丽的岛屿，周长约50英里，人口稠密，位于中国东部沿海。它的首府定海是一座大城市，位于离海不远的平原上。这个地方有一些人工防御工事，但是没有炮兵，且补给不足，就没有什么用处。中国人很快被入侵者赶出了自己的家园。官员们看到大势已去，决定放弃这座城市，因为他们的防御手段是如此的无力。夜幕降临，他们从那里撤离，随后所有的士兵和大部分居民也跟着撤离，他们带走了大部分财产。第二天，当英国人进城时，他们发现那里几乎空无一人。

1840年年底，中国人试图通过谈判恢复舟山的主权。一位政客琦善被任命为钦差大臣，他许诺用香港来代替舟山，并赔偿英国商人的鸦片损失，释放被绑架的英国人，劝服海军司令懿律放弃了舟山。英国舰队的一部分船只离开了舟山，大约在琦善到达广东的时候来到了离珠江不远的一座小岛上。差不多就在这个时节，海军司令懿律因为身体不好，交出了他的指挥权，由义律上将来和中国的钦差大臣谈判，而钦差大臣似乎并没有做好与义律上将交涉的充分准备。据说，琦善的目的只是以友好协议为借口来拖延时间罢了。这种状况被中止了——英国指挥官给了一定的调整时间。1841年1月7日，虎门的堡垒遭到猛攻，中国人损失惨重。

虎门是一条狭窄的通道，距离珠江河口大约45英里，一侧有沙角和穿鼻的坚固炮台，另一侧有大角的炮台。穿鼻和大角两处炮台最先被占领。绿营和八旗军队勇敢地保卫炮台，但17艘战船被摧毁，数百人在战斗中阵亡。第二天，水师提督关天培收到英方的通牒，要求他交出剩下的炮台。关天培表示此事需要同琦善商议，需要3天时间，英方同意了。琦善此时十分惊慌，重新与义律上将展开谈判，承诺履行条约的所有条款，前提是英军撤出虎门。英国人同意了。英国俘虏被释放，英国军队也撤出了舟山，驻扎到香港，现在英国人把它视为自己的地盘。他们乐意离开舟山，因为那里让外国人感到不适应，在那里驻扎时不少英国人病死了。当时，皇帝听说英国人又取得了胜利，便派人到宁波，下令处死那里的俘虏；然而，这一命令直到这些俘虏被琦善送走两天后才被送达。

皇帝对他的大臣们感到愤怒，因为他们没有打败和驱逐英国人，换句话说，他们没有尽到自己的责任。他们被降级，或者受到了其他惩罚。皇帝对琦善与义律的谈判极为不满，在诏书中表示："这样的过程实属无稽之谈。你是怎么做的？真是无能到了极点！"这位官员很快就被拘捕，戴上镣铐押往北京。根据中国的法律，他家庭中的所有成员都要共同承担责任。他是一个拥有巨额财产的人，有多处宅邸以及大片的土地，在几个城市还有多个票号，金银珠宝数不胜数。在他宅邸里发现的贵重物品中，有几十块金表、两尊马的雕像、两尊狮子的雕像，都是宝石做成的；一张全是乌龟壳的床架，几只水晶脸盆，还有数不尽的绫罗绸缎和毛皮织物。

义律上将最后得出结论，中国人不打算对销毁的鸦片进行任何补偿，尽管这是条约的主要条款。他再次进攻虎门，那里的中国人正忙于加强防御工事。对虎门的第二次攻击发生在1841年2月26日，中国的所有阵地都被攻陷，许多中国人失去了生命。在阵亡的中国人中，有勇敢的水师提督关天培，他是在带领部下反击敌人时倒下的。对老将关天培的阵亡，皇帝无比悲痛，并通过对他家人进行奖赏和授予荣誉来表示对他的高度评价。

第226章

鸦片战争（二）

（1841—1845）

为了打败英国人，中国人作出了巨大的努力，政府召集乡勇，并许诺对所有歼灭英国人的人予以奖赏。乡勇成千上万地拥向广州，进行他们的保卫战；但与那些每天操练的英国正规军交战，无异于以卵击石。皇帝任命他的侄子奕山指挥作战，并将林则徐官复原职。他还命令茶农破坏掉茶树，并承诺补偿他们的损失——但这项任务没有得到充分落实。如果高级官员没有对蛮夷进行应有的惩罚，就会被降级和惩罚。这一不明智的做法使皇帝对战争的真实状况一无所知，因为每一场灾难般的战争结果都会对他刻意隐瞒，直到事情的真相已无法再被隐瞒之时，他才意识到庞大的帝国已陷于险境。

早在1841年5月1日，中国人就打破了虎门第二次被占领后的停战协议，对河上的航运采取了几次敌对行动。与此同时，英国和荷兰的工厂被一大批军队占据，甚至部分被损毁。因此，英军决定直接进攻广州，两支军队沿珠江的两条支流北上，一支由义律率领，另一支则由郭富率领。郭富进攻并夺取了距离城墙2英里的4个要塞，尽管八旗军队勇敢地防守，但依然损失惨重。当广州人看到英国国旗在要塞上飘扬时感到非常惊愕，因为他们相信这些要塞是绝对安全、牢不可破的。白天，城墙上依然是炮火连天；可是到了晚上，所有的常住居民都带着他们的家人离开了，同时带走了他们的珠宝银锭和其他贵重物品。

毫无疑问，广州很可能轻易被英军占领，但义律倾向于与广州当局达成协议，并在某些条件下停止进攻。其中的一个条件是支付600万美元的赔款给英国政府，另外还需要赔偿工厂的损失。八旗军队刚走出城，几千人出现在高地上，以进攻的队形排开——这种情况在英国人看来是可疑的；但经询问，得知有一支来自周围村庄集结的2.5万名乡勇，打算从“野蛮人”手中拯救他们的国家。然而，广州的地方官员阻止了他们的爱国主义行动。

奕山发给北京的奏折，对这些事情做了完全错误的叙述。奏折中对赎金的事只字未提，因此皇帝对事情的真相一无所知。当大部分的钱被支付，剩余的钱也有了一定的保障后，英国军队返回了香港。义律的举措没有得到英国政府的普遍认可，英国政府派璞鼎查爵士接替他。璞鼎查于1841年8月抵达澳门。与此同时，广州的官员不顾条约，在沿河的许多地方修建了新的防御工事，并修复了那些曾被毁坏的地方。贸易照常进行，沿海地区再次开始销售鸦片。

新的英国司令官比他的前任更加果断和专横，除了原有的条约，他还要求开放广州以外的其他港口，如果不被许可，就以武力解决。一支远征军立即袭击了厦门，厦门是一座坚固的港口城市，位于广州和舟山中间。厦门守军没有抵抗就投降了，有几位官员感到绝望，自杀殉职——这是中国官员们在危难时期的普遍做法。远征军在构成厦门城防的岩石小岛上留下一支驻军，其余的向舟山开进，很快攻陷了舟山，为了保卫舟山的首府定海，中国人作出了巨大的牺牲，但一切都是徒劳。

英国人征服了位于宁波河口的一座繁华的城市——镇海，占领它是为进攻宁波做准备。“夺取镇海的过程中，发生了整个战争过程中最令人震惊的悲惨场面。中国人刚准备好进行有力的抵抗，城市和堡垒就立即遭到轰炸；由于镇海人口稠密，居民死伤无数，有些甚至死于自己的居所内。在那可怕的一天里，发生了许多令人伤心的事，其中有个可怜人，他的4个孩子同时被一枚炮弹击中死亡。有人看到这位失魂落魄的父亲依次拥抱孩子们的尸体，想要投河自尽，而他的朋友们正极力阻拦。一位目睹了这一悲惨场面的官员说：‘这些都是战争带来的不可避免的苦难。’这样的事情在这种灾难中也不止发生一次。”

1841年10月10日，英军攻陷镇海。翌日，舰队在镇海留下300名守军之后，沿河而上进攻宁波。宁波现在对英国来说是一个非常重要的地点，在宁波被占领的过程中，英军没有遭到当地居民的反抗。其中发生的一件事，很能说明中国人的性格特点。有一天，有人从墙上扔出一封信，劝说英国人离开，除了其他的理由，还有这样一条理由：“你们离开你们的祖国已经太久了，你们的母亲和姐妹一定盼望着你们回家。回到你们的家人身边去吧，因为我们不希望你们在这里。”

重要城镇的连续丢失让中国人十分懊恼。1842年3月，他们拼尽全力，意图收复镇海和宁波，但都被击退，而且损失惨重。与此同时，一支舢板舰队被派去攻打舟山，同样劳而无功。这些措施是由军队的指挥官和某些总督制定的。阻止入侵者前进的另一次尝试是在距离宁波约11英里的慈溪，集结了大批中国军队。英国军队向他们发动了进攻，中国军队再次撤退，600多人死在战场上。

敌对行动此时暂停两个月，皇帝仍然不知道事情的真相，继续下令彻底消灭敌人。5月7日，英军从宁波出发，向北进军，如果皇帝坚持反对英国提出的条件，那么他们打算进攻南京，最后再进攻北京。在从宁波进军南京的途中，英军来到了中国和日本之间的主要交通港乍浦。驻扎在附近山上的八旗军队，没有采取任何措施阻止英国人进入城内，但碰巧有300人在一座寺庙里避难。他们错误地认为，如果投降，就必死无疑，于是向英国人开火，打死、打伤了几名英国军官。这种徒劳的抵抗行动遭到猛烈地反击，几乎使所有人丧生，仅剩下40人被俘虏，后来又被释放。大多数死者的妻子——士兵们和他们的家人住在城市的同一区域——不知道去哪里寻求庇护，因为担心落入敌人手里沦为奴隶，便把无助的婴儿溺死在水池或水井中，然后自尽。

在乍浦被占领后不久，英国舰队就驶入了长江，并于7月2日停泊在镇江府。这是一座坚固的城市，是保卫内地的重要屏障。英军一上岸，中国军队就四散而逃，但是城中的中国人勇敢地保卫了这座城市，不断地从城墙上开火。经过一场殊死搏斗后，许多英国人阵亡，但城墙上最终升起了英国国旗。战斗一直持续到晚上，城里的居民开始逃离。不幸的是，第二天早上出现了一幅悲惨的场面，这在残酷战争中是很常见的。街道上到处都是死人，房屋大多废弃或被烧成灰烬，商店遭到洗劫，每一个角落都能看到死于战火的女性。

夺取镇江府之所以令人难忘，是因为其中一个涉及个人决断的非凡行为，有些人称之为英雄主义，另一些人则称之为疯狂。守城的中国将军尽了最大的努力来拯救这座城市，但当他发现这场战斗结果由敌人来决定的时候，他走进了自己的房子，坐在扶手椅上，命令仆人把居所点燃。第二天，人们发现他的尸体被严重烧毁，却仍然保持着自己的坐姿，以迎接死亡的来临。

8月中旬，英国舰队抵达了离南京40英里远的地方。南京有强大的军队驻防，另一场血腥的战役似乎在所难免；但就在进攻即将开始的时候，一面停战旗帜升起，英国将军被告知钦差大臣正在赶来协商和平事宜的路上，其结果是在1842年8月29日签订了一项对英国非常有利的和平条约。

以下是条约的主要条款。“嗣后大清大皇帝、大英国君主永存平和，所属华英人民彼此友睦。酌定银数共二千一百万元，作为战争赔款。自今以后，大皇帝恩准英国人民带同所属家眷，寄居大清沿海之广州、福州、厦门、宁波、上海等五处港口，贸易通商无碍；且大英国君主派设领事、管事等官住该五处城邑，专理商贾事宜，与各该地方官公文往来；令英人按照下条开叙之列，清楚交纳货税、钞饷等费。……今大皇帝准将香港一岛给予大英国君主暨嗣后世袭主位者常远据守主掌，任便立法治理。……”

在这些事件之后不久的1844年，美国派了一位特使来到中国，与中国政府缔结了贸易条约。

第227章

基督教传入中国

对中国的某些地区来说，基督教无疑是很早就为人所知的。然而，具体时间我们无法确定，有时被认为是在使徒时代[①]。

从那时到635年，我们在中国没有发现关于基督教的记载。从1625年发现的一座石碑上，我们了解到基督教的信条从635年到石碑竖立的781年之间，已经在中国传播，这座石碑至今仍保存在西安府的城墙中。根据碑文的记载，叙利亚的基督教传教团于635年进入中国，当时为唐太宗统治时期，这一宗教被愉快地接受。到7世纪末，基督教已经开始在中国传播，并在帝国的疆域内修建了教堂。699年，基督徒受到迫害；713年，迫害更为严重。在那期间，许多教堂被捣毁，许多教士被处死。此后，第二个传教团很快抵达中国，传教团首领们的名字被记载下来。接下来三四个皇帝的统治时期都对

① 时间约为33—100年。——编者注

基督教持友善态度。

聂斯托利派的宗主教提莫西亚斯，一直活到820年，任命大卫为中国都主教；这个教派似乎在鞑靼和邻近地区有很多信众。在成吉思汗和他继任者的时代，虽然居住在这些地区的基督教徒非常痛苦，但似乎仍然有许多聂斯托利派的团体散布在亚洲和中国的北部地区。1202年，成吉思汗征服了中亚第四个也是最后一个基督教国王汪古汗——被一些早期旅行者认为是祭司王约翰。成吉思汗娶了汪古汗的女儿，他的几个后代也都有过信奉基督教的妻子。直到19世纪末，大多数蒙古王公虽然对所有宗教都很宽容，但还是偏爱基督教。这为聂斯托利派在东方，尤其是在中国传播提供了一个很好的机会。

罗马教皇也曾派遣使团前往北京去见中国皇帝，而使团中的传教士，主要是方济各会和多明我会的修道士。他们在那里修建了几座教堂，并确立了一位大主教和几位副主教。1307年，克雷芒五世任命约翰·孟高维诺为汗八里总主教，也就是北京总主教。他把《新约全书》和《大卫诗篇》翻译成蒙语。1338年，本笃十二世派新的罗马教廷使节到中国；到目前为止，只要中国的鞑靼帝国继续存在，拉丁人和聂斯托利派就可以自由地信奉和传播他们的宗教。毫无疑问，在中国和其他地方，如果基督徒团结一致，这些努力会取得更大的成功；但天主教徒和聂斯托利派教徒相互攻击，并以牺牲对方为代价保护自己。在13世纪末，尤其在西方，伊斯兰教占了上风。

14世纪，突厥人和鞑靼人在许多城市和省份彻底消灭了基督教，并使得穆罕默德的信条在这些地区传播。鞑靼人的领袖帖木儿不遗余力地使用暴力或残忍的手段来传播先知的信条。与此同时，基督教信仰在鞑靼和中国被推翻。到14世纪末，拉丁基督徒不再被提及，而聂斯托利派的影响又延续了一两个世纪。

近代天主教到中国的传教活动①与支持他们的政府的商业态度有关。葡萄牙是第一个与中国进行海上贸易的国家。西班牙人紧随葡萄牙人之后，把耶稣会传教士介绍到了中国。他们访问了帝国大部分地区和主要城市，并把他们的住所设在当时中国最开明的城市南京，他们的科学知识为他们获得了巨大的声誉和影响。他们在物理科学方面的造诣在欧洲被认为是次要的，但在最有造诣的中国人看来，这几乎是个奇迹。同时，这些中国官员似乎也有一定程度的理智，这使他们能够欣赏传教士的哲学原则，特别是当这些原则被实验证实时。事实上，中国人自己也有一个天文台，里面有非常精密的仪器，天文学家经常在那里工作，报告天上发生的每一种变化，以及它所预示的事件。当时的中国人普遍认为地球是一片平坦的土地，天穹是上面的一个拱形物；夜晚则是太阳被山挡住所造成的；日食的发生是因为神用右手遮住太阳，用左手遮住月亮。当

① 耶稣会士是近代唯一在中国取得成功的传教士。1541年，在他们的教派产生后的第二年，沙勿略就去了东方。1552年，他离开印度果阿，抵达马六甲，年底前在上川岛去世。多明我会、奥古斯丁派和方济各会的传教士紧随其后，试图进入中国传教，但遭到了拒绝。1579年，意大利耶稣会士罗明坚来到中国，开始学习汉语。两年后，他以神父的身份随澳门船只去了广东，在那里他扮演了一个真正的传教士角色。1582年，利玛窦加入了他的行列。经过一番欺骗和民众的强烈反对之后，他们对自己的信仰做了一些改变，获得了一些保护者和朋友。利玛窦在各种旅行和布道中度过了自己的时间，并成功地在南京、北京等地修建了教堂。他凭精确的科学讲座以及自身的表现赢得了民众的喜爱，他是如此幸运，以至于受到了皇帝的喜爱。他于1610年去世。——原注

被告知地球是球状，它的另一面有人居住，它的影子挡住了太阳的光线从而使月亮失去光亮的时候，一些中国学者非常惊讶。当他们得知太阳比地球大的时候，他们更为惊奇；但当他们得知星星更大时，他们简直惊掉了下巴。

西班牙的耶稣会士享受了很长一段时间的朝廷恩惠，甚至使几个皇室成员皈依了基督教；除了这些例外，他们并没有吹嘘在传播宗教方面取得了巨大的成功。尽管，他们以过火的热情，把中国人的偶像摔成了碎片——没有任何致命的冒犯——但是，当他们试图用一种更纯粹的信仰来代替偶像崇拜时，却遭到了最大程度的冷漠对待。其他东方民族都有一些强烈的宗教印象，在中国有学问的人都自命他们不崇拜任何虚假或真实的上帝，也不关心此生之后会发生什么。他们的崇敬只给予他们的古代圣贤，他们认为应该为圣贤们的荣誉而建立庙宇。除此之外，每一项宗教上的变革都增加了极多的警觉和不满。结果，整个中国文人对欧洲传教士持敌对态度，反对他们引进新信仰的企图。在对这些传教士提出的指控中，有一项是说他们是招摇撞骗的空谈者，耶稣会承认这在很大程度上是真实的。他们还说，他们寻求、获得皈依者，是通过展示欧洲人的奇技淫巧，而不是通过辩论；在这里，传教士们似乎也无法完全否认手表、大键琴、眼镜和镊子在其中所起的作用。

这些敌对情绪越来越强烈，直到在一个特殊的场合，它们不加约束地爆发出来。中国天文学机构钦天监的主要职能之一是为履行任何重大的公共职责确定一个吉利的日子——其成员被认为完全有资格通过观察天象作出一种选择。传教士在担任这样一项职务时，被卷入这场灾难。一位王公死了，他们负责选出一个最合适安葬的日子和时辰。然而过了一段时间，太后去世了，接着皇帝也去世了。于是，他们立即指责基督教徒们没有选择他们认定的好日子，而是定出一个最恶劣的日子，从而使国家卷入这些可怕的灾难。这种说法毁了耶稣会，其中四个负责人被投入大牢，一个死了，其余的被逐出中国；而且，尽管幸存的囚徒后来获释，受的恩惠恢复到一定程度，但他们的传教事业已经终结。

我们将略过荷兰人在中国立足的企图，转而略述一下法国人更为成功的行动。雄心勃勃的“太阳王”路易十四看到了英国和荷兰通过贸易和制造业获得了非凡的影响，也试图效仿。带着这一愿望，以他宫廷里盛行的宗教和科学的混合精神为指导，尤其是以耶稣会的秩序为特色，前往遥远的地区。1685年，由塔查尔、李明、张诚和白晋组成的使命非凡的传教团被派往暹罗。他们在达到预定的目标后，奉命进入中国，既要开展商业交往，又要传教。在经历了各种各样的冒险之后，他们来到了北京，在宫廷中受到了亲切的接待，并且三跪九叩以示对皇帝的崇敬。皇帝询问他们是否需要帮助，并让他们大胆地讲出自己的需求。传教士们似乎对宫廷艺术并不陌生，他们用法国式的聪明回答说，他们唯一的愿望就是每天向神举手，为皇帝陛下的繁荣祈祷。这一谨慎的回答使皇帝非常高兴，法国人受到了亲切友好的对待。

这些传教士才华横溢，精通科学，从那时起，他们在中国宫廷受到了极大的重视。康熙思想开明，在各方面的知识上都比自己同时代的人更胜一筹；他成了他们的学生，定期由他们上课。他指派他们在宫殿范围内建一座教堂和修道院，并为他们提供材料，甚至金钱。诚然，礼部和一些主要官员曾经要求皇帝发布一道禁止基督教传播的法令；但是，在传教士及他们中国朋友的紧急协调之下，法令很快就被废除了。这些外国人还受雇于各种重要的部门，高超的学识使他们能够适任这些部门。他们还组成了分遣队，前往包括西藏和鞑靼地区在内的帝国各个地区，对它们进行了全面的勘测，并根据科学原则绘制了地图。事实证明，法国人在中国与俄罗斯的谈判中起了极大的作用；张诚曾陪同钦差大臣前往边境，以确定两个帝国的边界。据说许多皇室成员皈依了基督教，并且公开信奉。

这些情况激起了法国人的极大兴趣。在法国，一场中国热迅速兴起并持续了一段时间。在风潮盛行的时候，即便是关于中国最为夸张的故事也有人相信。许多其他的传教士跟随着那些在中国取得如此成功的人蜂拥而至。这种公众心态导致了一种独特的欺骗。当李明回到法国时，他惊讶地听到巴黎存在一位中国公主，她当时是巴黎这个放荡首都的风云人物。这位自称是中国最高级别公主的女人名叫库罗娜，而任何一个真正的中国人都不会起这样一个名字。

她的故事是这样的：她为了通婚而前往日本，先被一艘荷兰人的船俘虏，然后又被一艘法国船俘虏，于是她被带到了欧洲；而且，经过许多残酷的对待，她已经处于完全贫困的状态。然而，由于她能念出“北京”这个词，引起了大家的注意。她很快又学会了足够多的蹩脚法语来讲述她的故事。这样的奇特经历使她立刻被注意到，她是巴黎的“雌狮”，没人去质疑她的真实身份。贵妇们把她保护起来，不仅满足了她的需要，而且把她介绍到了上层圈子里。因为她出身显赫，所以受到了大家的尊敬，甚至有人创作了纪念她的冒险的诗歌。

李明在东方从未听说过库罗娜这样的名字，很快就怀疑其真实性，因为整个故事与中国人的习俗相矛盾。中国的公主，别说乘船旅行了，几乎连自己闺房都不会离开。对于一位中国公主来说，去日本寻找丈夫，就像奥尔良女公爵远嫁给乌纳拉斯卡岛的酋长一样不太可能。李明毫不犹豫地说出了他的疑虑。克罗西侯爵坚持要安排一次面谈，以检验这位公主的真伪。她不能拒绝，尽管她认为有必要怀疑李明的诚信。

当约定的那一天到来时，人们却寻不到这位所谓的中国公主；经过一番仔细的搜寻，她的藏身之处被发现了。她发现逃避检验是不可能的，于是极为冷静和勇敢地面对这位旅行家。李明看到她的第一眼，就明白一切都是骗局，她的容貌、神态、步态都与中国毫无关系。她很快就用蹩脚的法语开始与他流利地进行交谈，但丝毫不掺杂任何类似中国成语的东西，而且发音非常轻松，这是任何中国人都说不出的声音。她说，从南京到北京用了不到3天的时间，走了600多英里；她还描述了金币，这些金币从来没有在帝国使用过。李明在纸上写了几个汉字，递到她的手里，她把字倒过来，假装读了起来，语速很快，完全不知所云。他用中文和她说话，她用自己的胡言乱语来回答。在经历了这一番检验之后，她大胆地坚持说，她已经胜利地通过了检验，而李明对她的怀疑纯粹是出于恶意。人们如此不情愿地从一个令人愉快的幻觉中醒来，以至于在一段时间内，甚至在她最大程度地被揭露为欺诈之后，仍然拥有追随者。

传教士的好日子随着他们的保护者康熙的去世而终止。康熙的继任者更坚定地倾向于中国的律法和制度，并乐于接受那些官僚主义者对变革的抱怨。除了那些在北京的传教士，他们因制定历法所需而被豁免，其他的都被驱逐出境，即使在北京的传教士也不允许传教。300座教堂和30万基督教徒被剥夺了权利。中国的皇族皈依者被流放到鞑靼的一个荒凉地区，在遭受苦难的时候，他们仍然坚持基督教信仰，后来被带回并囚禁在地牢里。

在1736年继位的开明皇帝乾隆的统治下，基督教再次繁荣起来。一个教团在北京建立起来，4位年轻的王公皈依了基督教。迫害再次到来，乾隆帝的判断力和态度被各部和大员们的声音压倒。一个新的条例颁布，基督教再次被压制。

事实证明，这只是短暂的中止而已，因为许多传教士找到了继续传教的方法，这种情况一直持续到1785年，当时通过了一项法令，使基督教徒，尤其是在北京的基督教徒的困境得以缓解。

在19世纪，基督教的传教事业一直处于低谷和衰落状态；尽管如此，它还是有至少3次引起了政府的严厉批评：1805年一次，1811年又一次，1815年第三次。罗马传教团在中国的人数不易确定，但是，在1810年提交给澳门主管主教的传教地图上，欧洲主教、助理主教和传教士的人数被定为30多人，本土传教士有80人，中国的基督教徒超过20万。基督教在中国具有一些宽容性，天主教神父经常采用佛教式的仪式，把它们与自己的仪式结合在一起。

第228章

鸦片贸易

鸦片贸易，对近代中国产生了重大的影响，因此，我们将对此做一个简要的叙述。

近50年来，中国的法律一直禁止鸦片进口，然而，鸦片在东印度公司的指导和垄断下被广泛种植，并系统地走私到中国。这在违反了所有法律的同时，也产生了最为有害的影响。它败坏了道德，破坏了居民的生活，最后，皇帝不得不竭力遏制这种穷凶极恶的走私活动。1839年3月，在广州的英国商人被强制要求交出他们走私的鸦片，共计20 283箱，以成本价计算，价值约1 000万美元，中国的钦差大臣林则徐下令将其销毁。

由于这一事件，在广州爆发了一系列的敌对事件。几支远征军从英国启航，一场战争开始并持续进行，最后导致中国政府接受了英国强加的各种条件，这些我们前面已经讲述过。如罗素勋爵所述，这些敌对行动的目的：“首先，就中国政府对女王陛下的总监和臣民的侮辱与伤害获得赔偿；第二，为在华贸易的商人获得在中国政府的指导下因人为施加暴力威胁而造成的财产损失的赔偿；第三，保证将来与中国进行贸易的商人的人身和财产不受侮辱及侵害，并在适当的基础上进行贸易往来。”无论怎样掩饰，对中国的战争都是英国走私鸦片的直接后果。如果中国人以同样的方式藐视英国的法律，那么就不只是没收财产这么简单的惩罚了。

鸦片是最强大的麻醉剂，同时也是最有价值的药物之一，因此，它的使用范围极广。鸦片又有类似于过度使用烈性酒的效果，习惯性或过度使用鸦片被认为比烈酒更有害。有这么一句话，很可能是由对鸦片极为了解的人所说：“世界上没有一种奴隶制可以比鸦片对其受害者的束缚更严密。没有听过一个吸食鸦片成瘾的人还可以成功戒掉的例子。”

使用鸦片最多的国家是土耳其、波斯、阿拉伯和中国，但它最大的消费市场是中国及周边地区，那里吸食鸦片的习惯非常普遍，并且导致了最可悲的后果。世界上没有任何一个鸦片市场能与广州的市场相媲美，这种毒品自1796年被引进以来，完全是通过走私进行贸易，这违反了中国的法律。中国每年对鸦片消耗的数量巨大，据计算，在1837年，消耗的总量达到480万磅。

鸦片绝大部分是在印度种植和加工的，被富裕而有实力的东印度公司垄断。1837年，东印度公司从鸦片贸易中获得的收入高达2 539 530英镑。在孟买和加尔各答完成销售后，鸦片被装上专门为走私贸易准备的船只，立即运往中国。它们被称为快船，以其美观和航行的速度而著称。

抵达海岸后，他们将货物运送到一类称为“接收船”的船只上，这些船只通常停泊在伶仃洋或位于珠江河口虎门内金星门附近的锚地。

由于中国政府明令禁止进口鸦片，现在只能走私入境。走私需要使用当地的走私船，这些船配备了充足的人员和武器。走私船接到来自广东的命令后，便靠近接收船，鸦片也交给他们。他们将鸦片从箱子中取出，进行检查，然后用方便的包裹包好，这样可以在被追击时轻松携带。这是一般的鸦片走私方式；偶尔也会将一部分鸦片运往黄埔港，并且沿北海岸放置一定数量的箱子。走私犯与当局很少发生冲突，因为经常贿赂帝国海防的官员，他们会对这种行为睁一眼闭一眼。事实上，海关官员中从事走私贸易的人并不少见，而且有人看到政府船只在光天化日之下装载鸦片。

当鸦片到达广州市时，会转入当地经纪人或熔炼工的手中，他们会将其提炼加工，通过这个过程，粗制品会被制成水状提取物。中国人把印度鸦片的品种命名为黑土、白水和红瓤，每箱分别卖800、600和400美元。

不知道鸦片在什么时期开始在中国使用的，但有理由相信鸦片的生长和制作早已为中国人所知。1780年，葡萄牙人已经向中国人供应外国的鸦片；在那一时期之后，通过在澳门南部建立的一个鸦片销售仓库，英国开始向中国出售鸦片。但在18世纪末，正如我们所知，进口鸦片是完全被禁止的。1796年，犯吸食鸦片罪的人会上木枷并被杖击。尽管有书面上的强烈谴责与制约，但非法贸易仍在继续；东印度公司把鸦片的种植与制作垄断在自己手中，全面种植，收获后每年在加尔各答拍卖给出价最高的人。中国自己也生产大量的鸦片，名义上的禁止并未能阻止罂粟的种植。在印度各省，强制劳工进行罂粟种植，并专门为“可敬的东印度公司”服务。

政府通过各种严厉的法令加以制止，甚至将那些从事毒品交易的人处以死刑，然而收效甚微。尊敬的麦都思先生是一位模范的传教士，他对邪恶的鸦片贸易提出了最公正和最有力的抗议。他认为，鸦片在中国泛滥，除了来自西方的罪魁祸首，中国地方政府的腐败和不作为也难辞其咎。麦都思先生说，由于官场腐败，事实上，鸦片不仅在中国各地定期引进，而且公开销售。尽管有禁令，但在中国的一些城镇，鸦片店和英国的杜松子酒店一样多。这些烟馆的标志是挂在门前的一块竹屏风，这表明放纵的欲望可能会在那里得到满足。

从养尊处优的官员到卑贱的奴仆，各色人等不断拥入烟馆。这都是公开的行为，没有人对这些生意或行为保密；而且，尽管政府官员在公开场合大声谴责这种放纵行为，但他们私下里却对那些受自己保护或是满足自己利益的行为视而不见。众所周知，政府官员经常会登上伶仃洋的接收船，收取高额的买路钱；而且有报道称，即使是两广总督，也考虑对这些非法交易睁一只眼闭一只眼。军方和海军官员有时会虚张声势，以便他们向北京报告他们的警惕与严格。当走私者忽略了惯常的贿赂之时，他们就偶尔抓获一两艘船，以使他们保持惯常的贿赂与顺从。

第229章

中国的疆域

正如我们所说，中原地区是一个巨大而紧凑的地区，位于亚洲东部，从大约北纬21°延伸至北纬41°，从北到南的最大长度约为1 200英里，平均宽度略小于长度。

中国的首都是北京，坐落在一个非常肥沃的平原上，前往长城有六七十英里的路程。北京的大部分地区是皇帝的居所，他在这一地区的宫殿叫作紫禁城。北京城周围有一圈50英尺高的城墙，城墙很宽，墙上布有哨兵。有9座城门，高大雄伟，气势恢宏。大多数街道都是笔直的，最大的一条宽120英尺，长2英里以上。

从前面看，房子都显得低矮，大多只有一层，很少有两层的建筑。尽管如此，他们还是经常用镀金的雕塑来装饰自己的房子，富人的门通常是用芳香的木头制成的，雕刻得很华丽。故宫是这座伟大城市中最引人注目的建筑，它之所以引人注目，与其说是因为它的建筑之美，倒不如说是因为它规则布置的庭院和花园。据估计，北京有150万居民。

南京是一座人口约50万人的大城市，但在过去的一段时间里，南京并没有处于繁荣的状态。它在中国历史上很长时期内，都是都城的所在地。现在，古城墙内的大部分地区人口都减少了。毫无疑问，这种相对的萧条大部分要归因于鞑靼人征服时进行的蹂躏；但还有另一个原因，那就是公共建筑的土木构造。在大多数情况下，柱子是木制的，而且一定会腐烂。那座9层高被称为大报恩寺的宝塔，是用坚固的山毛榉木建造而成，也几乎是唯一的永久性建筑物。它用琉璃装饰，以其造价高昂和外观精美而闻名于世。

广州是一个大城市，加上郊区，有近百万的居民。它是中国最大的港口，也是欧洲人经常光顾的唯一港口。城墙绵延超过5英里，上面有令人愉快的步道。广州有许多漂亮的建筑，还有大量的牌坊和庙宇。这座城市前面经常停泊着5 000艘商船。中国还有许多其他大城镇，人口众多。

中国政府的最初模式是父权制。每个家庭对父亲的服从是以最严格的方式执行的；皇帝被认为是整个民族的父亲。每个父亲在自己的家庭里拥有绝对的权威，可以给予家庭成员死亡以外的任何惩罚。一个地区的每一个官吏都对其辖区的所有成员拥有生杀大权，尽管判处死刑必须得到皇帝的批准。自鞑靼人入侵以来，从一开始就保留了其伟大的基本原则，但政府体制被认为是绝对君主制。

现在推行的政府体制，从总体上讲，是有利于人民进行生产的，而认为中国人在谋生上的压力达到极限，完全是一种错觉。劳动阶级心满意足，财产权得到了尊重。和一些基督教国家一样，中国也存在着一个庞大而富有的中产阶级。中国的雇工和其他管理良好国家的雇工一样可靠；而且，在商人中，有一些人冒着生命危险去履行契约的例子被记录在案。在澳门和广州等海港城镇，与类似基督教国家的大城镇一样，由于存在人类本性，治安体系表现良好，司法工作迅速有效。当然有一部分人口或多或少地处于无序和士气低落的状态。

政府的专制特性在一定程度上受到了舆论的影响。有一些客观存在的异常现象，似乎很难适用于专制主义。在某些情况下，人民通过宣传举行公开会议，目的是明确地向地方官员表达意见，而这不会受惩罚。他们有时会走得更远，通过张贴布告和作文去嘲弄那些令人讨厌的公职人员，当然这是匿名进行的。可以补充一点，通常伴随专制主义出现的媒体审查在中国并不存在。除了有利于社会和平与秩序的必要限制，并没有其他的限制。如果这些都受到威胁，正如人们所料，政府的审核是非常简洁的。

中国人已经对政治混乱产生了一种普遍的恐惧。他们过着如此和平的生活，在某种程度上使其成了一个保守的国家。其中有一些格言强烈地表明了他们对这个问题的看法，例如，“宁为太平犬，莫作离乱人”。有人说，中国从来没有发生过试图改变这种建立在父权制基础上或从父权制中衍生出来的纯粹君主政体形式的情况。大多数骚乱或革命唯一的目标是摧毁暴君；或者，当国家四分五裂之时，由一个首领统一全国。

差别和等级几乎完全取决于是否受过良好的教育，因此，除了少数情况，官员的选择也是由此决定的。国家得到尽可能完善的管理。“官场贵族”是国家真正的贵族，“满足于他们稳固的权力和等级，不以外在展示为目的；相反，就他们而言，某种程度上表现出节俭的样子，是政治道德要求的一种必要的形式，也是给天下万民作出的一种示范”。

关于政府的组织构架，可以说皇帝在整个帝国都以神圣的荣耀和无所不能的属性被崇拜。他被称为“天子”和“万岁”。人民崇拜皇帝，皇帝崇拜天。皇帝自己偶尔也会用一个谦卑的词来自称“朕”，但是每一种国家手段都习惯于保持对皇帝的敬畏感。举个例子，据说任何人都不能坐轿或者骑马通过皇宫外门，而且任何省份在接待钦差的时候都要放置供品并朝向北京的方向跪拜。

中国的君主在处理自己继任者的问题上拥有绝对的权力，如果他愿意，可以让家族之外的人作为继任者。这项权力由来已久。帝国的权威或对所有公共行为的认可都带有印章的印记。皇帝自己的任何特别指示或批示都加上红色，通常称为“朱批”。作为帝国的大祭司，他独自一人及其直属代表在政府的庙宇中献祭。

他的主要大臣组成了内阁，主要的阁员有4位——两位鞑靼人和两位汉族人。鞑靼人享有优先权。下面是一些主要行政官员，他们与内阁成员共同组成了庞大的国务委员会。六部：1.吏部，负责所有文职官员的考核及黜陟；2.户部，规范所有的财务；3.礼部；4.兵部；5.刑部；6.工部。六部之下还有下设机构。

各省均由一名巡抚管辖，如果同时管理两省，则会设置一名总督。各省的市、区由其各自的地方行政官员管辖。全国的地方行政官员总数估计有1.4万人。

中国的刑法是控制其庞大而密集的人口的一个非常有效的机器。它在强制执行某些相关职责，对琐事的细微关注，对叛国罪极为残酷的规定等方面，都有着明显的缺陷。这些和一些类似的特征表明，它不如大多数文明国家的法典；但是，从其他方面来说，它非常适合于其所针对的人们的性格和环境。在中国，其他重罪都有保障罪犯赎罪或安全的条款，但叛国罪不在其中。这种保护的缺失同时与残酷的惩罚并行——罪犯被株连九族。1803年，一名刺客企图刺杀皇帝，他被凌迟处死，他的儿子们被判处绞刑。除了叛国罪，并没有对其他罪犯的无端或残酷的行为。

最普遍的惩罚手段是杖责，对于杖责工具的尺寸和击打次数都由法律明确规定。下一个惩罚被称为上枷，它是一种行刑用的枷锁，上面写着囚犯所犯的罪行，戴上之后游街示众。除此之外还有流放，分为短期流放和终生流放，一般都是流放到遥远的地区或者边疆。三项死刑是：1.绞刑；2.更严重的要斩首；3.最严重的如叛国罪、弑父罪、渎圣罪等重罪，刑罚的方式称为凌迟——“羞耻而缓慢的死亡”。

所有的军队都由北京的兵部管理，但是，兵部受到其他五部的严格制约，因为资金来自户部，物资来自工部。鞑靼人的军队编制方式按照黄、白、红、蓝四色分为八旗，每一旗都有自己的驻守范围。汉族军队称为绿营。据说满洲八旗每一旗有1万人，共同组成8万人的常备军。此外，还有分散在各省的乡勇；但据我们所知，乡勇管理涣散，在正规战争中作用微不足道。包括乡勇在内，全境的有偿士兵的总数估计为70万人，其中最大的一部分驻守在本乡本土。

军队的服装和防御性铠甲，在某种程度上是一件蓝色的短上衣，蓝色中夹杂着红色，或者红色边上有白色。甲罩是藤条或竹条制成的，呈圆锥形，适合抵御击打。一些人则穿着一件镶有金属纽扣的粗布绗缝盔甲，罩在长褂外面。头盔是铁制的，呈倒漏斗状，

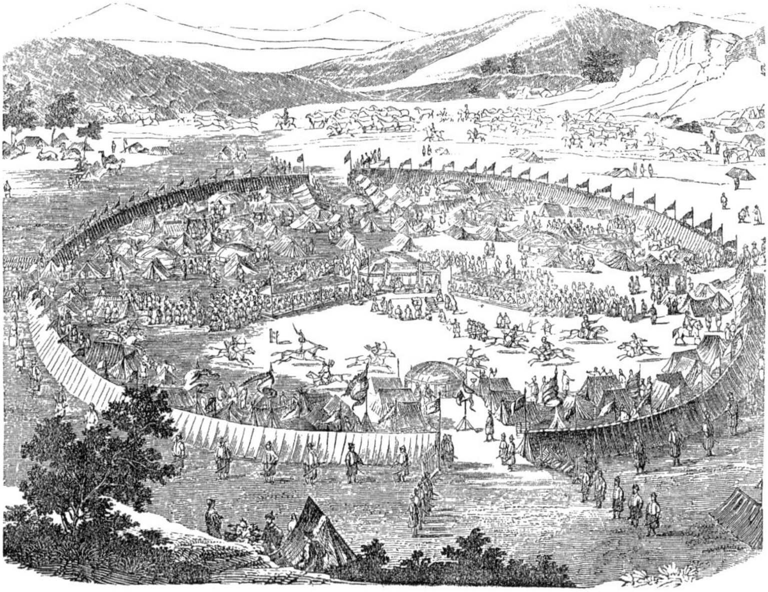

中国军队的营地

顶部有一个点，上面附着一束丝绸或马鬃。

骑兵的主要武器是弓和箭，弓是由有弹性的木头和角制成的，用一根强力捻在一起的丝线连接。他们的剑往往比较劣质，他们认为火绳枪不如弓箭。有些盾牌用藤条编织而成，围绕一个中心呈螺旋状。

中国的火药知识非常古老，但使用大炮却很晚。最高军衔是将军，其中一位负责统率广东的正规军。这个职位永远不会任用汉人，但汉族人可以任副职。然后是下级各级军官。

第230章

中国的语言

对语言学家、普通学者等人来说，汉语非常有趣。长期以来，人们都承认，研究汉语充满了特殊的困难。许多人认为完全掌握汉语口语是不可能的。令人欣慰的是，目前有许多人正在勤奋、认真地从事这项研究，时间将证明上述观点在多大程度上是真实的。

据说，汉语口语的特殊困难不在于发音，也不在于语言的任意组合，学习它也不需要特别的帮助，因为字典、词汇和简单的课程比比皆是。而且，比所有的书更重要的是，有成千上万纯正的中国人鲜活的声音可以为学习者服务。“失败的原因，”博曼先生说，“是对发声时送气和音调缺乏适当关注导致的。”①

同一个汉字可能出现的不同读音说明了送气和音调的重要性，

① 摘自博曼先生写的一篇关于这一主题的文章，题为“汉语习得的障碍”，发表于《传教士先驱》上。——原注

以及这种语言的明显特征。例如，一个音节“pang”可以在厦门以10种不同的方式发音，每种发音方式都传达出不同的含义。我们不能去掉用来表示送气声和音调的不同声调，而且可以注意到，根据这个词的声调和发音，它的意思可以是：帮助、蜜蜂、捆绑、旋转、放开、肥胖、房间、帆篷、棍子或接缝。一个音节竟然有如此多的含义，着实令人惊奇！这不是一个极端的例子。在广州方言中，一个字的发音所用的修饰语有12个，这是因为它的声调比其他任何已知语言都要多。

一定要注意送气音的使用，因为忽略或误用都会导致谬误甚至更为糟糕的错误。“有一次，博曼先生想问一个人是否喝酒，中文的读音是‘tsen’；但他没有用对词语，而是使用了‘t'sen’，意思是‘手’。因为插入了送气音，导致他问他的朋友是否吃了手。在另一个例子中，当他拜访一个中国家庭时，他发现这些女性正在服丧，经询问，知道她们的祖母过世了。他想了解在中国如此普遍的停尸守丧的习俗，想问她们遗体是否已经埋葬；但除了被惊讶地瞪了一眼，他没有得到任何回答。在重复了他的问题后，惊奇和惊讶的表情接踵而至。只有通过手势和解释，他才发现自己犯了一个非常不幸的错误，他没有用‘葬’的意思，而是用“杀”的意思。他居然一再问这些哀悼者，他们是否杀害了他们的祖母！”

但是，尽管送气音非常难学，但与语调系统中产生的障碍相比，送气困难是微不足道的。语调的困难无法用文字充分说明。声音需要发出来才能表达得更为鲜活完整。尽管如此，我们还是可以通过书面解释对其进行大致讲述，足以满足一般的目的。

尽管人们似乎很少注意到这个问题，但音调的存在这一事实很早就为中国人所知晓。它们在汉语的书籍中被清楚地叙述和呈达出来。在这一点上，最高的权威是18世纪初出版的《康熙字典》，由大清皇帝康熙主持编写。以下小节用于解释官话中4个声调的发音：

平声平道莫低昂，
上声高呼猛烈强。
去声分明哀远道，
入声短促急收藏。

有些人，为了避免声调上的困惑，在他们学习的过程中，曾尝试过不学习声调，但没有成功。现在身在中国的一位绅士就是这样开始的：他积累了丰富的词汇量，但他在某个场合说完话后，一位中国人对他说："我很清楚你想说什么，但你说的不是那回事儿。"这句话引起了他的注意，他开始认真地寻找缺点。他确定这是他对语调的忽视，从那时起，他尽一切努力去克服困难，终于获得成功。

以英国驻广州领事馆的翻译梅多斯先生为例：

在向海关总监报告即将离开的船舶上的出口货物时，他拿着英文舱单，用中文向坐在他旁边的一名文员大声朗读各种物品。最后一大批货物是陶瓷器皿，但他的声调不对，于是，那个中国人惊奇地看着他，只是随着他这些话的重复，眼睛越瞪越大。因为按照他说的，刚才列举的那些大宗贵重货物要被全部烧掉！

> 还有一次，他对一个中国人说了一些关于保证金的话。因为那人似乎不明白他说的话，他又重复了一遍；中国人把头伸过去，仔细地听着；他说话的声音越大，中国人就越靠近他，焦急地把头的一侧转向他，想听清楚他的声音。事实上，他说的并不是“订金”，而是喊着“听清”。

事实上，声调系统是汉语不可分割的一部分。任何一个省份或地区的本地人都是在声调的帮助下说话。令许多人不解的是，虽然中国人都用本国方言特有的声调说话，但绝大多数人并不知道这种声调的存在。这是因为孩子一能够发出声音，就自然而然在婴儿期学会了声调，所以从来没有分析或是思考过词语和声调之间的差异。声调是词语的一部分。没有一个词或短语被认为是后天习得的，除非我们能以适当的语气说出来。小孩子用清晰无误的声调说话时是极为值得注意的。最贫穷的人与富人和有学问的人一样，总是极为注重说话的声调，一位真正的中国人即使在匆忙的交谈中也不会犯一点儿小错误。

与人类使用的其他语言相比，汉语音节数量相对较少是一个显著的特征。在马礼逊的《汉英韵府》①中，总结出来的汉语音节数量有441个。如果送气音节被认为是不同的，那么就有533个音节。

这种语言能够与西方最丰富的复音语言达到同样目的，是一个非常值得探究的主题。有人坚持认为汉语词汇不足以达到交际目

① 此处原文应有讹误，马礼逊所著应为《华英字典》，而《汉英韵府》应为卫三畏所著。——译者注

的，甚至有人断言，为了在谈话中传达思想，中国人不得不用手指，或者用一根棍子在空中比画。如果我们没记错的话，这是《爱丁堡评论》的论述。另一个人提出，超出视线范围的每一件事物都很难被他们描述，而且不容易被理解。

类似这样的所有观点，有识之士都知道是错误的。在现实生活中，人们如果充分了解彼此，就生活中的任何一个共同话题进行交谈都不难。目前外国人还没有足够的沟通思想的媒介。简单的汉语音节只能与声调相结合。这是中国人从小就懂得如何使用的技巧，但是，对于一个外国学习者来说，这完全是另一回事。

本文并不是讲授汉语的课程，而仅仅是提到它的一些奇特之处，因此，使这些声调变得通俗易懂的尝试不在本文讨论之列。只需指出，汉语声调是同一个词的变音，在西方世界没有类似的变音。它们不包括元音的任何变化，辅音也不会有什么改变。

外国人在学习汉语上的困难远远超过了长城对外族的阻挡，使得中国人受到国际排斥，因为西方几个世纪以来几乎完全被基督教和西方知识所影响。可以肯定的是，到目前为止，没有任何人敢于冒险把自己标榜为“汉语大师”。虽然有些人通晓口语，但很少有人能熟练地书写中文。

第231章

中国的文学

中国的许多人文技艺都领先于欧洲，在印刷领域也是如此。他们最初将文字写在薄薄的竹片上，大约在2世纪初，他们发明了用浸在水里的蚕丝或棉花打成浆制成纸的技术，现在的制作方法也是如此。他们现在的纸张很精美，但很柔软，只能使用一面。在写作中，他们使用毛笔蘸着墨汁书写。

9世纪，中国人发明了印刷术，但不是使用活字印刷。其印刷过程如下：将句子或文章清楚地写在纸上，然后贴在一块薄木板上。雕工沿着文字的走向，把它们刻在木头上，木头上的凹痕清晰，因此压到一张空白的纸上时，就可以得到文字的印痕。这样，将书上的每一个字和每一页都刻好，就像我们刻铜版一样。尽管印刷的速度不是那么快，但由于中国劳动力极为廉价，印刷业的成本并不高，所以书籍品种极为丰富。我们可以从有关汉语的一些事实推断出，这些书籍在很大程度上都被阅读过了。

汉语的词根或原字，有214个。这些最初是它们所代表事物的意象，但随着时间的推移，它们已不再与原来的形式有多大的相似之处了，因此可能被视为思想的任意标志。汉语是由这214个原字组合而成的，就像阿拉伯数字是由1、2、3、4、5等组合而成的一样。似乎日本、高丽、越南和琉球的居民也能读懂印刷的汉语书籍，但他们不能与中国人进行口头交谈。这一事实可以理解为，如果一个意大利人想要向欧美人传达22岁的想法时写22，他会很容易理解；然而同一个意思用说话来表示，他便理解不了。因此，就欧洲而言，1、2、3、4等数字是一种通用语言，因为虽然它们在不同的国家有不同的说法，但它们传达的思想却完全相同。同样，中国的书面语为大范围的人所熟知，但说起话来却同意大利语、法语和英语一样，是不同的。

自古以来，文学在中国就占有很高的地位。马礼逊博士说：“中国的绅士、地方行政官员、总督、谈判代表、大臣，都是文人学士。”不受等级和财富的限制，这一独特的阶层几乎向所有人开放。当父母想让他的孩子去上课时，就用这个事实劝诫他，以便他可以成为国家的上层人士之一。从这些原因来看，即使是与写作技艺有关的最卑微的东西也会受到一定程度的崇敬。笔、墨、纸、砚被称为“文房四宝”，它们的制造者被认为从事着一种自由的职业。在最近翻译的一部戏剧中，有一段话惊人地强调了一位乡村教师的光辉职业生涯，它甚至可以与一位富商的职业生涯相媲美。“如果你经商成功，可以用一点儿成本赚很多钱；但是，如果你学习文章，你就能摆脱下层人的身份。两相比较，文学生活比商人生活优越多了！当你获得了名望，人们就会争相表达对你的钦佩之情，你的头顶会出现伞盖，你的马前会有两队随从。想想那些从事交通运输的人的辛苦，你就会明白其中的区别。”

尽管文人学士获得了这样的荣誉，但与我们的文学相比，中国文学在中国社会上并没有那么高的地位。这很能引起我们的注意。这些伟大的作品似乎通常由翰林院的相关成员编写而成，在政府的授权下，由政府出资印刷。这些作品主要包括历史、语言词典、艺术和科学概要或百科全书。当然，这些编写者拥有充足的材料和丰富的闲暇时间，没有义务满足公众的不耐烦或迎合他们的口味。也许正是在一种命令下写作的环境，以及出于对皇帝及其代理人责难的恐惧，尽管他们可能会避免明显的错误，却使自己的创造力和天才陷入瘫痪。作家的职业生涯是开放的，每一个人的作品甚至不受任何预审查。但是，一旦他的作品中有任何冒犯政府的东西，迅速而严厉的惩罚将会等着他。

中国文学涉及的主要学科是：1.哲学，包括神学和普通物理学所教授的一切；2.历史；3.诗歌；4.小说；5.戏剧。

其中首屈一指的作品是最古老、最珍贵的宝藏《易经》。对它的评价似乎都沉浸于丰富的赞美之词里，中国人把它描绘成所有知识的源泉和中心。康熙在这些问题上刻意采纳了国人的观点，他认为《易经》包含了一切。伏羲、神农、黄帝、尧、舜都依照《易经》的指示进行统治。天人合一的神秘美德和行动，都包含在《易经》之中。孔子[1]对《易经》做了详尽的评论，受到了全国人民的极大尊重，并将其视为《易经》的重要组成部分，同原著融为一

① 孔子是中国最伟大的哲学家，出生在鲁国。中国人在美化他的历史时说，他的

出生伴随着天籁般的音乐，不绝于耳；有人看见两条龙盘旋在屋顶上，有人看见他胸前有 5 个字，预示他是“天下道制者”。他在很小的时候父亲就去世了，虽然很穷，也不为人所知，但他的举止和对学习的重视引起了人们的注意。17 岁那年，他的母亲去世，孔子决定辞去官职，守孝 3 年，同时专心学习。他深信社会美德最好是通过对中国古代习俗的遵守来培养，于是毕生致力于这些美德在中国的永久确立。他建立学校，把自己的哲学传授给那些将他的学说传播到各个地方的学生。他和他的门人们一起，花了很多时间周游列国，拜访各地诸侯。像亚里士多德一样，他经常边走边教，从他们所看到的东西中汲取教训；他珍惜每一次提升道德的机会。他年事渐高，名声也随之大噪，他在鲁国的房子成了一座讲堂，向所有想接受教育的人开放。他的教诲方式是，让他的门徒或其他人随心所欲地来来去去，他在道德、政治、历史或文学等方面给予他们指导。他给了他们选择主题的自由，然后对其进行讨论。这些谈话后来被弟子们整理，编为《论语》一书，也是现在的四书之一。孔子有 3 000 门徒，其中一部分人依附于他，与他同住，无论他到哪里，都跟随他，并且传播他的信条。

鲁国国君去世后，孔子被新君请上宫廷，将整个国家的管理权交给他。在孔子的领导下，鲁国的繁荣昌盛引起了邻国齐国的警觉；而齐国的国君，通过种种阴谋，使得鲁国的国君失去了对孔子的信任，迫使孔子背井离乡，退隐到另一个诸侯国。16年来，他继续写作和演讲，这一时期结束后，他回到自己的国家，在那里致力于润色和完成自己的作品。临终前，他修完“五经”，然后郑重地把它们献给了上天。中国画描绘了这一场景，圣人向上天祈求，一道彩虹从天而降，落在书上，而他的门徒则站在周围赞叹不已。

在他73岁的时候，也就是他去世的前几天，孔子伛偻着身体在房子里蹒跚而行，呼喊：“太（泰）山坏乎！梁柱摧乎！哲人萎乎！”7天后，孔子去世。他的弟子子贡，在他墓旁搭建一个棚子为他守孝6年，然后才回家。帝国的每一个地区都有一座孔子庙，每一所学校都有孔子的名字，老师和学生每天早晚都在他的名字前烧香。——原注体。据说“《易经》十翼传后人”，可能是真正有价值的部分，因为虽然它在很大程度上具有原著所具有的不可理解性的一般特征，但它还穿插着一些有用而优美的格言。

除了《易经》，中国人认为还有3本古籍应该受到同样的尊崇。它们是孔子编撰的史料集《尚书》，孔子编撰的古诗集《诗经》，在衣着、举止、谈吐和日常生活行为上讲究礼仪的《礼记》。《礼记》集中了中国古代关于道德和行为的思想及格言；在过去2 000年中，它对中国人性格的形成所起的作用可能比其他所有的经典作品都要大。

孔子出生于公元前551年，被认为是中国最伟大的哲学家。他的作品至今仍受到人们的崇敬，是中国文学中最珍贵的部分。作品的主要教义是仁、义、礼、智、信的美德，最重要的是服从上级。孝顺和服从地方行政官是他最喜欢的阐发主题。总的来说，他的作品提供了一个纯粹的道德准则，建立在对人类有益的基础上，而不涉及未来的世界。

我们没有足够的篇幅来研究孔子时代以来众多哲学家的著作，也没有足够的篇幅来讨论其他几个有趣的话题。在医学方面，中国人已经熟悉了血液循环，要早于欧洲1 600年；尽管天花疫苗在被基督教世界采用之前的几百年就被他们采用了，但他们似乎对解剖学一无所知。

历史是中国人精心培育的结晶，他们有几部名著。孔子编辑的《尚书》收录了帝国的早期编年史，受到尊重，这种尊重几乎等同于崇敬。除此之外，还有几部关于政府工作的著作，其中包括由政府制定的法律法规。

中国人热情追求而且高度重视诗歌，然而，他们的作品与我们的作品有着不同的对比和阐释对象，有着不同的联想方式，我们很难欣赏他们的作品。阿尔卑斯山和亚平宁山脉向欧洲人展示着壮丽的山景，而中国人则通过更高的昆仑山来传达同样的崇高思想，玫瑰和紫罗兰对应的则是兰花和玉露。描绘一个温柔而忠诚的情人的形象不是用鸽子，而是用大雁。

中国诗歌讲究和谐，往往押韵，有时甚至达到16行的程度。以下摘自《诗经》的诗句，是古老诗歌的优秀样本：

凯风自南，吹彼棘心。棘心夭夭，母氏劬劳。
凯风自南，吹彼棘薪。母氏圣善，我无令人。
爰有寒泉？在浚之下。有子七人，母氏劳苦。
睍睆黄鸟，载好其音。有子七人，莫慰母心。

也有抱怨友谊破裂的哀伤诗句：

习习谷风，维风及雨。将恐将惧，维予与女。将安将乐，女转弃予。

习习谷风，维风及颓。将恐将惧，置予于怀。将安将乐，弃予如遗。

习习谷风，维山崔嵬。无草不死，无木不萎。忘我大德，思我小怨。

在这些作品中，庆祝结婚的新婚颂诗是最快乐的作品之一。这是一幅描绘3 000年前的完美女子的图画，所用的景象与欧洲人截然不同：

硕人其颀，衣锦褧衣。齐侯之子，卫侯之妻。东宫之妹，邢侯之姨，谭公维私。

手如柔荑，肤如凝脂。领如蝤蛴，齿如瓠犀。螓首蛾眉，巧笑倩兮，美目盼兮。

春节是中国的一个盛大节日，在这个节日即将到来的时候，发出了如下邀请：

蟋蟀在堂，岁聿其莫。今我不乐，日月其除。
无已大康，职思其居。好乐无荒，良士瞿瞿。

酒后派对的混乱，在下面这段话中并没有被描述得很糟糕：

宾之初筵，温温其恭。其未醉止，威仪反反。
曰既醉止，威仪幡幡。舍其坐迁，屡舞仙仙。
其未醉止，威仪抑抑。曰既醉止，威仪怭怭。
是曰既醉，不知其秩。宾既醉止，载号载呶。
乱我笾豆，屡舞僛僛。是曰既醉，不知其邮。
侧弁之俄，屡舞傞傞。既醉而出，并受其福。
醉而不出，是谓伐德。饮酒孔嘉，维其令仪。

近代作品虽然没有受到同样的推崇，但似乎有了相当大的进步。实际上，它们仍然只是短暂的流光，由混合的反射和意象组成；但这两种元素更自然、更紧密地融合在一起，以更诗意的形式表现出来。

中国的小说作品丰富多彩。在很大程度上，他们都是些短篇故事，没有论点或寓意，而且似乎是为儿童而不是为成人写作的。在这一类出版物中，我们注意到《子不语》这本书，是一本汉语的故事、传奇、寓言集。书中收录了超过700个故事，其中一些故事的标题是：算命先生鬼、偷雷锥、狐生员劝人修仙、妖道乞鱼、三头人、狐撞钟、猪道人（郑鄤）等。以下是这部作品中的一篇，英文由一位在广州学习汉语的年轻人翻译而成，这提供了一本汉语"闲聊"书籍的样本。

良猪

江南宿州睢溪口民被杀，投尸于井，官验无凶手。忽一猪来至马前，啼甚惨，从役驱之不去。官曰："畜有所诉乎？"猪跪前蹄若叩首状，官命随之行。猪起前导，至一室，排户入，猪奔卧榻前，以嘴啮地，出刀，血迹尚新。执其人讯之，果杀人者。

乡人义之，各出费养猪于佛舍，号曰"良猪"。十余年死，寺僧为瘗埋焉。

正如人们所料，戏剧是中国文学的一种流行形式，然而它在很大程度上并不完善，而且不经常在公共戏院上演。表演者被邀请到私人宅邸，每次演出都要支付报酬。当君主希望欣赏表演时，他自己除了雇用最好的演员，不会对艺术给予任何赞助。由诸侯或任何大人物提供的任何娱乐活动，如果没有戏剧表演，都是不完整的。每一个宽敞的宅邸，甚至主要的客栈，都有一个为这个目的而设的戏台。在不太富裕的普通人中，偶尔会邀一部戏，众人共同承担请戏的费用。据估计，北京有几百家戏院，沿着河流和大运河而建，许多巡回表演的人住在驳船上。

一个表演戏剧的团体通常由8~10个人组成，他们大多是经理的奴仆，因此在公众的眼中，他们的地位非常卑贱。为了培养一个表演者而去买卖自由儿童，会受到杖责一百的惩罚；任何自由的女性都不允许嫁入那个阶层。由这种对表演者的蔑视，以及中国人对戏剧的低标准可以看出来，他们似乎只把戏剧看作闲暇时的娱乐，这可能导致了戏剧继续以低迷的状态存在。戏剧作家有自由，有收入，但没有荣誉，而荣誉似乎对任何伟大的艺术作品都是必要的。表演场所很难进行的布景和舞台效果几乎没有被尝试过。剧院可在两小时内随时建成：在离地面六七英尺的地方，用竹竿搭设一个木板平台，三面悬挂着棉布帘子，正面则对观众敞开。

在这种屈辱的状况下，中国似乎没有出现可以引以为傲的民族剧作家。然而，戏剧界还是产生了许多作品，尤其是元朝时期。戏剧作品已经形成了一个199卷的文集，从中选出100出戏剧，构成了戏剧作品的精华。其中，只有5部作品被翻译过：马若瑟翻译的《赵氏孤儿》，戴维斯翻译的《汉宫秋》2部悲剧；以及戴维斯翻译的《鸟声喧》，儒莲翻译的《包待制智勘灰阑记》，甘淋翻译的《琵琶记》3部喜剧。当然这只是其中一小部分，由于这部中国戏剧集是由明智的翻译家挑选出来的最受欢迎的作品组成的，因此对中国戏剧作出评判也没有什么需要抱怨的。

在细读这些最好的作品时，我们立刻发现对话几乎和风景一样粗犷和自然。每个表演者在第一次登台时，都向观众说明，他是谁，他是什么人，他做了什么了不起的事，他现在的观点和意图是什么，而不是在作品的发展过程中展现角色和事件。在这种情况下，他完全以第三人称的方式讲述，不加掩饰地陈述所犯下或计划犯下的最大罪行。被认为是经典戏剧不可或缺的统一性被完全践踏在脚下，甚至在时间和空间上也远远超出了习惯于莎士比亚的英国观众的接受程度。《赵氏孤儿》的主角在第一幕的时候刚刚出生，而在剧终之前已经是成年人了。在《包待制智勘灰阑记》中，一位年轻的女士，在一个场景里接受了求婚；接下来，她带着一个5岁的女儿出现了。悲剧则有一个更为严重的缺陷，即缺乏激情和诗意的对话。表演者在最关键和最困难的时刻，没有试图用相应的语言来表达他的悲伤。仅使用动作，就可以提供真实的感觉，尽管不是非常戏剧性地表明他的感情深度。在最悲惨的场景中，主人公像坐在桌子旁一样冷静地自缢身亡，或刺伤敌人。

第232章

中国的艺术与发明

现代最重要的三项发明或发现——欧洲也这样认为——毫无疑问都起源于中国，分别是印刷术、火药和指南针。可以肯定的是，9世纪的中国已经开始使用印刷术了。虽然操作方式与我们不一样，但是主要原理是一样的。因为种种原因，他们的书比欧洲便宜，凡是八开大小的普通书籍，三四卷只要50美分。他们使用的纸张质量不同，由多种材料——稻草、桑树的内皮、竹子以及棉花——制成。中国人在105年发明了纸。中国人使用自己制造的墨汁进行书写。

火药在枪械上的应用可能起源于西方，但是中国人可能早就发明了火药。在射击方面，他们总是承认自己比欧洲人略逊一筹。毫无疑问，指南针是由中国人发明的，因为早在1117年的史书上就已经有过记载了。大约在1242年，中国人直接或间接地将指南针传授给了阿拉伯水手，并通过他们，指南针在十字军东征期间为欧洲人所熟知。

中国人的聪明才智明显地表现在没有科学知识帮助的情况下，

以简单的方式在艺术和制造业中设法减少劳动量，只是偶尔利用一下机械的便利。雅裨理说：“我偶然到了一家铁匠铺——各种铁制器具的制造商，里面的器具从剑到锄头应有尽有。这个人很好地理解了热的变化特性，并在他的工作中加以充分利用。我到的时候，他正在锻造一把镰刀。他身边放着一把大剪刀，一片刀刃插在一块沉重的木头上，另一片有一个长柄，可以用作杠杆，放在他旁边。然后他从锻铁炉里取出一块一定尺寸的金属，在白热的状态下，把它放在大剪刀的两片刀刃之间，轻松快捷地把它切成自己想要的形状。”

中国人在金属制造的各个领域都掌握了相当多的技术。他们有把铁铸成极薄钢板的技艺，用一个小炉子和吹管来修理用这些钢板建造的容器，这些炉子和吹管由流动的工人搬运。他们的熟铁加工不像英国人那样灵巧，但效率很高。

中国人在木材、象牙和其他材料的装饰雕刻方面，技艺远超世界其他国家。他们的技术和勤奋在切割最坚硬的材料上表现得淋漓尽致，例如可以用玛瑙和水晶制作鼻烟壶。通过瓶颈上的开口被挖空，这些坚硬的材料形成了长度约2英寸、直径不超过1/4英寸的完美瓶子。更奇妙的是，水晶瓶的内部刻有细小的文字，可以从透明的瓶壁进行阅读！

中国有两大主要制造业：丝绸和瓷器。中国人在这两个方面一直领先于世界其他民族，他们在这些作品中的独创性从未被质疑。这些发明的传说始于神话时期。他们对蚕的培育是非常精确和有条理的，但这里无法详细叙述。蚕吐出的丝是他们制造丝绸的原料。中国人特别擅长做花缎和锦缎，至今还没有人完全模仿出他们纺织的绉纱。在广州，他们生产一种被称为水洗绸的布料，越穿越洗越软。

毫无疑问，中国的瓷器是欧洲类似瓷器制造商仿制的来源。最著名的瓷窑在江西，那里现在也是瓷器的主要产地，大约始于7世纪。至于制造这种产品的材料和制造这种产品的过程，我们就无法简单概述了。这是一项最具有美感的发明，就材料而言，中国的瓷器尚未被超越，但是在绘画和镀金方面，欧洲的工艺已经领先于中国了。

毫无疑问，从欧洲的角度来看，中国的美术并不出众。中国人的绘画受到的鼓励较少，取得的进展也较少。在不需要遵守透视法则的作品中，他们有时会取得令人钦佩的成功。昆虫、鸟类、水果和花卉都被描绘得非常美丽，色彩的绚丽与多样超越了西方人的认知。中国人坚决反对在绘画中引入阴影。巴罗先生说："当几幅由欧洲最好的艺术家创作的肖像画作为礼物送给皇帝时，大臣们观察到明暗之间颜色的变化，问这些作品的左右两边是不是有不同的颜色！"中国书籍中的木刻画几乎完全按照轮廓进行雕刻，显得栩栩如生。他们最看重的绘画作品，都是用水彩和水墨在精美的纸张或丝绸上以描摹的方式画出来的。

中国人在雕刻方面有较大的不足，考虑到他们反对奢侈的政策，国内缺乏激励，以及他们对其他民族在这一艺术上所作的努力的不了解，有这种不足也是很容易理解的。他们用石头雕刻的人像在形状和比例上比较笨拙，但这一缺陷在某种程度上可以靠软材料塑形的技术加以弥补。他们的神像通常都是由黏土塑形而成。

中国音乐作为一种艺术，在音域上是不完美的，因为没有使用半音。无论演奏者有多少，旋律都只有一种。因为孔子经常谈到音乐，所以音乐的古老属性不可否认；随着时间的流逝，他对音乐修养的鼓励可能会产生比音乐艺术更好的东西。某些字符被用于表达音符的名称。

中国乐器的品种非常多，它们包括不同种类的琵琶和琴，几种笛子和其他管乐器，三弦琴，还有一种带线的口琴，通过两根纤细的竹签触碰发声，以及编钟、磬和蛇皮鼓。他们用丝线和金属丝给乐器拉弦线。许多人对音乐极具鉴赏力。

中国建筑与其他国家的建筑完全不同。广州的街道和大多数城市的街道都非常狭窄，只能并排走三四个人；但是，北京的主干道

中国的建筑

有整整100英尺宽。房间——甚至皇帝住的那些房间——都很小，几乎没有装饰。有一次，皇帝在一间只有10平方英尺的公寓里接见了荷兰使团。不过，这里有许多像画廊一样富丽堂皇的大厅，供宴会和公共事务使用。

中国人的海上活动仅限于亚洲东部沿海及邻近岛屿。他们的船只比较笨重，被称为“舢板”的船也不适合远洋航行。河上有无数的驳船，其中一些是运送贡品和收税用的，而另一些则花费了巨资进行装饰，可以提供住宿。也有一些武装的船只用来打击走私和海盗，但没有一支真正的海军。皇帝的驳船相当华丽。

边疆地区的鞑靼人频繁制造麻烦，经常和中原政府对抗。他们是一个比中原人更凶猛的民族，因此很令人畏惧。为了防止他们的入侵，中原王朝在北部边境修建了一堵巨大的、坚不可摧的城墙。这项工作被认为是世界上的奇迹之一，除了埃及的金字塔，它可以被认为是现存最古老的人类劳动纪念碑。它建造的年代大约在公元前3世纪末。

长城沿着3个省的边界延伸，横跨中国整个北部地区，从海上一直延伸到西部的甘肃，绵延1 500英里。[①]为了获得足够的工人来完成如此浩大的工程，皇帝下令全国1/3的劳动者都要去服役；他们像奴隶一样劳动，除了得到一点儿食物续命，没有任何报酬。长城上达最高的山脊，下到最深的山谷，拱桥横跨河流，关卡之处加固。

---

① 此处是作者的说法，数据不准确。根据国家文物局在2016年发布的《中国长城保护报告》中的数据，秦汉及早期长城长度6 760.4千米，明长城长度8 851.8千米，其他时代长城长度4 010.48千米。——编者注

中国的长城

此外，在大约每100码的距离建有坚固的塔楼或堡垒。长城穿过的最高耸的山脊之一高出海平面5 000英尺。这项工程远远超过了其他同类工程的总和，并证明了这是对抗鞑靼人的一个有效屏障，直到成吉思汗颠覆了帝国。

长城的平均高度是20英尺，把5英尺的护墙包括在内，在砖墙下方还有2英尺左右的地基。墙的底部有25英尺厚，向上逐渐缩小，平台只有15英尺厚。塔楼的底部有45英尺厚，顶端有30英尺厚，整体高度约37英尺。明朝的皇帝在靠近北京西边的地方又修建了一段内墙，将部分地区围在长城之间。很多地段的明长城都已成为废墟。

帝国运河同样是一件伟大的艺术品，而且达到了贯通内部贸易的目的，使中国人几乎可以不用进行海岸航行。这条运河主要是隋炀帝及忽必烈汗开凿修建而成。运河在北京和广州之间形成了直接的水路交通线。据记载，在1306年，运河从北京延伸到杭州，全程需要花费40天。此外还应提到，当船只到达水闸时，不管船的大小，都要利用水闸的开闭把它们升起来，这样来到水闸的另一边，顺利在水位有落差的地方实现通航。据说，目前也是这样做的。

这条运河是将一些湖泊变成人工渠而形成的，人工渠用于连接大江大河，而这些大江大河的支流又可以把许多主航道不经过的城镇连接到一起，进而形成一个运输网络。17万工人被雇用，耗费多年来建造这项伟大的工程。就真正的效用而言，运河远远超过了长城，此时此刻，中国人大大地受益于运河提供的内陆水道，内陆贸易因此而广泛发展。这项伟大工程的一个主要优点是，在修建运河的同时排干了大片沼泽，令此前完全荒废但却肥沃的土地变得适合耕种。

中国的驳船

第233章

中国的宗教

在从蒙昧走向文明的几个阶段中，中国人似乎已经承认有一个至高无上的天神的存在，承认了天神的全能，并对其进行全民族的崇拜。在早期，中国人除了向天献祭，还向群山、土地，甚至森林、河流的神灵献祭。中国古代崇拜的至高无上的天神被人们称为“上帝”或“天”。他们的敬拜是通过祷告和感恩，没有任何盲目崇拜的行为。

中国人和其他民族一样，在宗教上被分成不同的派别。大约在1世纪，东汉的皇帝抱着极大的兴趣引进了佛教，现在至少有一半的中国居民信奉佛教；但是中国的佛教与政府没有什么关系。除了承认有一个至高无上的天神存在，以及皇帝是他在这个世界上唯一的代理人，其他的信条都与政府不相干。至于其他的信仰和仪式，人们可以采纳任何一种，也可以不采纳任何一种，视其是否得当而定。事实上，博学的人通常对这个问题漠不关心，只局限于上述简单的信仰，加之对祖先和帝国古代圣贤的崇敬。然而，人们需要一些更可感知的崇拜对象，而这片空白主要被佛所占据——佛教统治着西藏，并从那里传播到鞑靼及邻近地区。它以轮回学说、众多神像、庙宇、木鱼和念珠，以及喧闹的音乐和它独特的服装在各处展现；所有这一切都使它与天主教的信仰如此相似，以至于罗马教会的传教士们曾经因为无法区分两者而哀叹。虽然鞑靼王朝普遍嫉妒每一种外来的制度，但他们倾向于宣扬这种源自外国的宗教。同样的恩惠并没有惠及基督教。

中国的佛寺数量众多，里面供奉着佛像。其中一些佛像规模巨大。普通的宗教建筑大多是低矮的，但很宽敞。

有一种高耸的宗教建筑，名字叫作佛塔，有些非常壮观。在河南，有一座长590英尺宽250英尺的建筑物，四周是僧舍。中心有3座塔，每座的面积均为33平方英尺。在南京，有一座非常著名的琉璃塔，那是八角形建筑，有210英尺高。东昌府也有一座佛塔，用大理石建造，琉璃瓦封顶。

在中国，帝国主神庙是最受尊崇的偶像崇拜场所，它被称为“天坛”。其次是“地坛”。天坛是皇帝和王公贵族前往献祭的地方；地坛是中下层民众祭拜的地方。[①]北京的庙宇都被装饰得极为华丽，当皇帝献祭的时候，会举行盛大庄严的仪式。

在举行仪式前，君主和所有辅助祭司的王公大臣都要清修、斋戒和禁欲3天；不接见公众，也不公开审判；禁止婚丧嫁娶和各种娱

① 作者表述有误。天坛是帝王祭祀皇天的场所；地坛是帝王祭祀土地神的地方。——编者注

乐活动；任何人都不准吃鱼和肉。在既定的日子，君主以最为光彩的形象出现，王公大臣围绕在四周，他们在各种情况下都表现出欢欣鼓舞的样子。庙宇同样装饰得富丽堂皇，与皇帝的尊严相称。祭祀用的器具都为金制，且从来没有用于任何其他用途，甚至乐器都使用罕见的大号形制，以适合这种罕见的场合。在祭祀过程中，君主会表现出比其他场合更加庄重的仪式感。他展现出极大的个人谦卑与反省精神，会匍匐在地，向上天说出自己最为堕落的一面。显然，采用如此盛大的仪式只是想以更为惊人的方式证明，人类最高的尊严与最高天神的威严之间存在着无限的距离。

中国人在他们的伟大偶像建筑上花费巨资，极为奢侈。他们大约有480座世界一流的寺庙，里面装饰着各种奇特的饰物，数量之多让人难以置信。寺庙的前面悬挂无数盏长明灯。全国的寺庙中应该有35万名和尚。

俗称的寺庙通常有一层楼高，但规模会很大。里面用人造花朵、绫罗垂帷和流苏装饰。广州市郊的东北侧有一座寺庙，十分壮观。它有4层楼高，有一个漂亮的圆顶塔，还有许多外房和连廊。在神庙的正门前，有两尊巨大的塑像，每一尊大约有12英尺高，手里都拿着长矛。穿过这扇门是一个铺好地面的庭院，迈上几级台阶就进入了庙宇。寺庙的下半部分是用凿好的石头建造而成的，但上半部分则完全是木质结构。在下殿里，有各种各样的金身佛像，各有等级，一尘不染。较小的佛像置于墙角，较大的佛像建于大厅的空地上。中间放着一尊高大的正神，懒洋洋地坐着，脚后跟压在大腿下面，几乎光着身子——尤其是他的胸部和腹部——靠在一个大垫子上。他比一个普通人大10倍，极为肥胖，笑容满面，全身镀金。

楼上有许多男女的塑像，因勇敢而高尚的行为而被神化。

庙宇的神像多是各种精灵或守护神的代表，各自的属性通过与雕像相连的标志来表达。因此，军刀表明是战神，琵琶表明是乐神，星辰表明是天神。其中有些神像高达30、50、60甚至80英尺，还有许多手和胳膊。

中国最伟大的女神之一观世音菩萨，象征着救苦救难、普度众生；她显然是大自然的化身。她有时有4个头，四五十只胳膊，每只胳膊都指向一个方位，每只手都握着一样人间的有用之物；每只手臂也会生出一些更小的手臂，而头部则覆盖着一些更小的头。其中一尊观世音像高90英尺，有4个头，44只胳膊。寺庙内殿的神像比较小，但姿态各异；有时独自一人，有时被一些级别更低的神像包围；有的有兽首，有的额头上有角；有些佛像的姿态是休息时那样斜倚着，另一些则盘腿坐在莲之上；但他们都表现出一种肥胖体态，中国人认为这是一种优良的特质。佛祖坐在莲花宝座之上。闪电女神直立，手里拿着两个火圈，腰带上挂着一把短剑。火神站在燃烧的轮子上，手持长矛和一个圆圈。佛母有8只胳膊，坐在一辆马车上，由7只黑猪拉着。总而言之，这里有各种各样的神灵，而且数量如此之多，以至于在西湖边的一座宝塔的墙上供奉着500尊神像。

几乎在每个城市都有一座孔子庙，里面供奉着孔子的雕像或画像，在这里，孔子被认为是精神的守护神。除了这些神庙，我们在一些村庄里还可以看到许多小庙，专门供奉掌管土地、水、山等的不同神灵；但通常不是庙宇，只是在树下或竹林下竖着一块石头，上面刻着守护神的名字，一些纸花被用来装饰。

神像在信众心目中的地位，或多或少来自他们可以给予信徒的恩惠。如果信徒的祈求没有得到满足，他们就会放弃敬拜，认为这个神没有神力——或者拆毁这座庙宇，让神像露天而立。因此，我们可以看到许多神殿的废墟，钟鼓散落在地上，巨大的神像躺在没有庇护的地方，和尚只能四处流浪，寻求施舍，或寻求更幸运的庇护。

有时堕落的神会受到极大的侮辱和蔑视。“你这个狗神仙，”愤怒的信徒喊道，“我们把你供奉在宽敞的神殿里；你吃饱了，镀金了，又有数不尽的香火；我们悉心照料供奉你，你却忘恩负义地拒绝给予我们必要的东西！”他们就用绳子把神像捆起来，拉到狗窝，用污秽之物涂掷。但是，如果他们在报复的过程中，发现已经获得或幻想获得了他们祈求的东西，则又会用盛大的仪式将被侮辱的神像请回原处，小心洗净，跪拜在神像面前，承认自己的鲁莽轻率，恳求宽恕，并承诺只要宽恕他们的过去，就会再次给佛像镀以金身。有时，那些人发现自己所有的祭品和敬拜都毫无用处，就会把神像和和尚带到官吏面前进行严肃的审判，神像被当作无用的东西而被抛弃，和尚则被当作骗子而受到惩罚。

尽管很大一部分中国人是佛教的信徒，但孔子的学说却通过上层阶级发挥了巨大的影响力。孔子的学说在道德和政治方面，与其说是一种特定的宗教信仰，不如说是一套哲学体系。这位圣人的主要任务是纠正国家和民族内部产生的恶习，恢复尧、舜等古代帝王的教化。在他的道德学说中，有一些得到了人类的普遍赞同。他教导人们“己所不欲，勿施于人”，把“慎思”作为行动的开端。

然而，和其他哲学或宗教体系一样，中国道德导师的原则中也有很多值得批判的地方。他极为推崇孝道，甚至到了有害的地步，比如“杀父之仇，不共戴天”；或者换句话说，儿子要为父亲报仇，并把仇人处死。皇帝的绝对权威建立在这一原则之上，因为他是人民的父亲，拥有父亲的一切权力。从中国人的历史来看，似乎没有哪个异教哲学家或导师比孔子对人类大家庭的影响更大，也没有哪个异教哲学家或导师比孔子更受尊敬。

中国人有时把“天”说成是遍及宇宙并给予道德报应的至高无上的神祇，在同样的意义上，皇帝被称为“天子”；其他时候，他们只对可见的天空使用这个词。似乎众神并不拥有至高无上的地位，圣人至少同等重要。孔子承认他对诸神并不了解，因此，他宁愿对此话题保持沉默。虽然这个国家的圣贤们并不主张自己与神平等，但他们彼此谈论时的口气，在我们看来，似乎是在亵渎神灵。

实用主义与中国的哲学或宗教普遍相关，然而要详细了解他们对天的看法是很困难的。

第234章

中国人的性格

一般认为，中国人的道德品质被低估了。广东人太轻易地被视为全体中国人的代表了。毫无疑问，这并不是一个正确的标准。广东地处沿海地区，那里任何国民的情绪中的狂暴行为都是最强烈的；但是，广东作为整个国家的一隅之地，不应该认为广东人的性格适用于整个国家。现在的观念是，外国人只为自己的利益而来，对中国人缺乏尊重，这自然会影响广东本地人展现其礼貌、诚实或善意的一面。

确实，中国人的聪明才智有时被用于欺诈。例如一个人以为自己买了一只阉鸡，后来却发现他买的只是皮毛，因为使用了如此巧妙的填充手段，使其看起来像是真的，因而受到了欺骗。几年前，一位在中国旅行的绅士买了某种羽毛卷曲的奇特的鸡。过了几天，他发现羽毛是直的，而鸡竟是最常见的一种。因为卖鸡的人在卖掉它们之前，已经把整窝鸡的羽毛都弄得卷曲了。

我们不能从这些推论中得出不公正的结论。在所有的国家都有无数的小骗局。在评判一个民族的时候，我们必须看好的一面，也看坏的一面。即使是广东某些道德败坏的地区，也出现过中国人品格良好的样本。

有一个实例：一位中国的大商人与一位美国商人有过一些交易，但美国商人企图在不还债的情况下离开港口，如果没有一艘英国船只上一位年轻军官的正直精神和行动，他本可以成功逃脱。这位英国军官在即将起航时登上了这艘美国船，并以他的劝告或其他方式说服美国人与他的债权人达成一项令人满意的协议。

为表示感谢，这位中国商人在英国军官连续几次前往中国进行商业冒险时，以非常优惠的条件购买了他的全部商品。人们因此认为中国商人因感激之情满足了英国军官任何普通的要求。但这位中国人走得更远。几年后，当他得知这位军官仍未获得一艘船的指挥权时，非常惊讶。军官回答说，这是一个有利可图的职位，只有通过购买才能获得，要花费大约1 000英镑，他根本无法筹集到这么一大笔钱。这位中国商人说，自己会帮助他解决这个问题，并立即给了他写了一张汇票，告知他什么时候方便什么时候还。这位军官在回家的路上去世了，汇票也没有被提现，但是这位中国商人用这笔钱为军官建了一座房子，通过这座房子给予他极大的尊重与纪念。[①]

尽管中国人系统地将外国人排除在本国之外，但外国人好奇的目光仍然发现了他们的大多数特质，并且让这些特质广为世人所知。外国人都能从瓷器上的图画熟悉中国人的衣着、外貌和房屋的

① 此段内容选摘自戴维斯的《中国人》。——原注

外观。他们有着黄色的皮肤，头发又黑又直，眼睛较小，像所有蒙古人种一样，眼角上挑。衣服由短裤、长裤、短衬衫和宽松的长袍组成。根据穿着者的经济条件，衣服可能是由丝绸或棉花制成的。男人的头发前面剃光，后面的头发分成两股编成一根长辫子。扇子是男女手中必备的物品。

中国花花公子的衣服是由昂贵的绉纱和丝绸做成的，脚上套着最漂亮的南京绸缎厚底靴，腿上裹着绑腿，绣得很华丽，一直盖到膝盖，再加上一顶最新潮流的橡子形的帽子，一根装饰华丽优雅的烟斗，烟斗里面燃烧着福建最纯正的烟草，一只英国手表，一根挂在纽扣上的牙签，一把散发着一种中国特有花卉的香味的扇子，你会对一个时髦的中国人有一个准确的概念。

像所有时代和所有国家的花花公子一样，中国的花花公子一天到晚也是无所事事。他要么是蜗牛俱乐部的成员，要么是蟋蟀俱乐部的成员。像古罗马人一样，中国人训练鹌鹑——它们是爱争斗的鸟，进行勇敢的决斗。斗鹌鹑是中国人一个巨大的娱乐来源。中国的穷人模仿富人，在一个土盆的底部放上两只蟋蟀，蟋蟀被挑衅和激怒后，就会互相攻击，狭窄的战场很快就布满了它们的爪子、触角和鞘翅——观众似乎感受到了最生动的愉悦感。

中国大众的娱乐活动非常多样化，但我们没有足够的篇幅进行详细叙述。此时的中国政府是封建政府，实行专制统治。父母对子女有无限的支配权，儿子在父亲的一生中都是未成年人。丈夫在结婚之前见不到他的妻子，直到她被一顶轿子送到他的婚房。如果妻子不讨好他，他可以把她送回去。离婚是很容易的事情，多嘴多舌就可以成为休妻的理由。女人以小脚为美，从孩提时代起就用裹脚布包裹，以确保可以拥有这种迷人的魅力。

中国人的民族性格以安静、勤劳、有序和规律为特点。他们极为重视孝道。在外貌和行为上，普遍表现出良好的幽默感和礼貌。即使他们偶然撞到了彼此，也能在没有任何争吵的情况下各自走开，不会出现激烈和辱骂的语言，而这在欧洲城市中却是习以为常的。明目张胆地犯罪和公然违反法律的行为并不常见。亲属之间的依恋以一种特殊的力量被珍视，尤其对父母和祖先的依恋。对老年人和体弱者的援助被灌输为一种责任，似乎得到了非常严格的履行。在一个人口众多、粮食匮乏的国家，能做到既不乞讨，也不赤贫，无疑是国民经济中一种有趣的现象。在他们的家庭和亲属圈子里，最贫困者往往会被救济。据说，一个家庭中几代人的所有成员，无论已婚、未婚，都生活在同一个屋檐下，只有两套房屋，一套用于睡觉，一套用于吃饭——这个事实意味着一种很大程度的平静及和谐的氛围。

在中国人的其他特质中，他们的技工以善于模仿而著称。下面的逸事就说明了这一点。18世纪末，一艘英国军舰停泊在广州的港口，军官上了岸，向当地人订购了12条长裤，由久负盛名的南京织造制作。中国技工需要一个图案——没有图案他

中国人的日常生活景象

做不出任何东西，应他的要求，英国人送来了一条裤子，但膝盖处有一块补丁。12条裤子做好后，被送到了船上，裤子用一种质量上乘的面料制成，但是每一条裤子的一条腿的膝盖处都有一块徽章一样令人讨厌的补丁，这块补丁被一针一线准确地复制出来。这反映出了技工的高超技能，但他们因此要多收一笔费用——雇主别无选择，只好付账。

中国人在对外交往时，常以天朝人自居，而视其他国家的人为蛮夷，这似乎是每个观察家都承认的，这在他们的政府行为和宣言中也是显而易见的。这些民族感情产生于他们所拥有的重要优势，特别是与邻国相比之时，却由于无知而膨胀，因官员的影响而在普通百姓心中得以强化。一项胆怯、卑鄙的政策导致官员们认为，增加国民对外国人的厌恶对他们的统治有利。

中国的财富分配比其他大多数国家更为公平。有些地方极度贫困，则是因为当地的人口太多而谋生手段太少。贫穷在中国被认为是无可非议的。从个人的功绩中获得的地位，以及具有崇高的敬老精神，被认为是最值得尊敬的两件事。皇帝曾经从他的皇位上起身，以向一位百岁高龄的下级官员表示敬意，而官员则是来朝见君主的。

中国人经常被指控犯有杀害婴儿罪，但至少在某种程度上，是不那么公正的。毫无疑问，在女性分娩过程中，偶尔会发生杀婴事件；但据说，这些案件只发生在人口稠密的城市中，因为那里的生活资料相当紧张。总的来说，中国人特别喜欢他们的孩子，这种依恋似乎得到了回报。

中国人的身体素质和其他素质一般都优于他们的邻国。他们衣

中国的卖花人

着的自由使他们的四肢得到发展，许多人成为雕像的模特。气候的优越也会产生影响。在任何时候，霍乱这个可怕的疾病在中原地区的存在似乎都是值得怀疑的——至少，它的影响还没有被认真地注意到。在法国，人们的想法是，中国人通过喝茶而免于患上这种疾病，几乎可以肯定的是，他们比所有其他民族都更喜欢喝茶。

女性的外貌受到喜好小脚这种最不负责任的品味的影响。据说这种做法是从9世纪末开始的。由于它违背了每一个自然美的概念，毫无疑问，所传达的思想是免于劳动；或者，换句话说，就是出身高贵。小脚的女性无法干活，且因为脚小而展现出来的无助感和摇摇欲坠的步态，也是人们赞赏的对象。如此荒谬的习俗，对于我们来说，却没有欧美现代女性那种时髦的束腰方式那么有害。

世袭等级的拥有者没有功绩，不被人们重视。帝王的后代是社会上最不快乐、最懒惰、最堕落、最无足轻重的群体之一，尽管他们仍然保有名义上的社会地位。有时，他们也会陷入赤贫。英国的一个使团对他们的举止和行为，以及偶尔招待这些世袭等级的拥有者所用的一些小礼仪进行了记载。当这些世袭等级的拥有者带着幼稚和粗鲁的好奇心挤进英国人的队伍之时，官员中的主要人物抓起了一条鞭子驱赶他们；不单单是使用鞭子，也经常会用驱逐暴民的方式对待他们。公平分配——几乎没有例外——各级政府官员职位对所有拥有卓越学识或天赋的人开放，不考虑出身或财富，这可能是他们伟大和繁荣的基础。

中国的社会生活交往与大多数亚洲国家相似。女性被限制在自己的家里或与女性同伴待在一起，家庭生活几乎没有表现出独特的魅力。她们参与的往往是从远古时代传下来的冰冷的、正式的、烦琐的仪式。偶尔这些束缚会被打破，相应地，也会有欢乐和自由。

尽管与其他东方国家一样，中国女性普遍处于不利的地位，但寡妇对儿子的权威，以及儿子对母亲的敬意，可以在某种程度上保留社会对母性的尊重。上流社会的女性不仅要学习刺绣，还要学习在丝绸上作画；当然，音乐也是极受欢迎的才艺。她们不太精通文学，但是，在某些情况下，女性也会因为诗作而闻名于世。

一夫多妻制在中国普遍存在这一观点是错误的。严格地说，他们的法律根本不允许一夫多妻制，尽管他们允许纳妾。一位中国男子只能有一位妻子。妻子的头衔和婚礼仪式，让她拥有与丈夫平起平坐的地位，而且妻子都是从与妾截然不同的社会阶级中挑选出来的。男人只能娶一位妻子，但纳妾的数量不受限制。然而，妾的后代拥有很多合法的权利。女人结婚后，便冠以丈夫的姓氏。同一姓氏的人之间的婚姻是非法的，然而，由于人口众多，全国只有不到200个姓氏，因此产生的尴尬也是相当多。

离婚的理由有7个，有些很有趣。首先是无子者，其他的则是淫佚者、不顺父母者、多口舌者、窃盗者、嫉妒者、恶疾者。然而，有下面3种情况中的任何一种都不可以离婚：一起与丈夫为公婆服过3年丧的；从前贫贱后来富贵的；妻子离婚后没有归宿的。在任何情况下，寡妇再结婚都有损名誉；在某些情况下，尤其是与某一级别的人结婚，是违法的。结婚仪式太多、太复杂，此处就不进行详细叙述了。

当然，儿子的出生是一个非常欢乐的时刻；姓氏在孩子出生后便会确定，然后起乳名，通常就是昵称。儿子满月之时，亲朋好友送给孩子一个银板，上面刻着“长寿、荣耀、幸福”3个词。男孩从小就接受行为和仪式方面的训练，四五点钟便开始读书。在中国，通识教育的重要性早已为人所知，要求每个城镇和村庄，尽管只有少数家庭，也都应该有一所共同的学校。富裕的中国人雇用私人教师，其他人则把儿子送进日校，日校的入学率很高，每个男孩所付的学费都非常低。在大城市里有夜校，那些白天必须劳作的人可以上夜校。

在他们关心的所有问题中，有一样是中国人极为虔诚照料的，那就是他们祖先的坟墓。因为他们认为任何对祖先坟墓的忽视都必然导致世俗的不幸。正是在这里，他们表现出一种宗教意识，而这种意识在他们对待自己的神的时候，却几乎不会展现出来。他们为去世者举办的隆重仪式，是一个引人注目的地方，但我们无法进行详细讲述。按照惯例，父母去世后，儿子在严格意义上要守孝3年；但实际上，守孝期限通常会减少到27个月。从父母去世起，孩子们必须过整整3年才能结婚。哀悼的颜色是白色、暗灰色或灰白色，用水晶或玻璃的圆形纽扣代替镀金纽扣。

有一则关于孝道的趣闻，讲的是一个叫王裒的年轻人的故事。他失去了他所敬爱的母亲，在一间茅草屋里守孝3年。哀悼期过去了，他回到故居，但没有忘记他的孝心。他母亲生前害怕打雷，每当暴风雨来临时，总是要求儿子不要离开她。因此，他一看到风雨将至，就急忙跑到母亲的坟前，轻声对她说："母亲不要害怕，儿子在这里！"

父亲财产的分配按照遗嘱仅限于法定继承人。长子有两份；或者，也许可以更准确地说，给所有弟弟的财产由长子托管。在这些问题上，长子有相当大的权威。他们通常住在一起，共同分享他们的遗产，这意味着，这个人口过多的国家的家庭比其他国家的家庭更容易得到亲人的支持。在《清圣训》中，不断劝诫并指出了这一做法的必要性，因为它们涉及保持亲属及其家庭之间的团结与和睦。

第235章

西藏是个什么样的地方？

在地理形态上，这个相对封闭的地区相当于亚洲的瑞士。南面是雄伟的喜马拉雅山，西北是慕士塔格山和葱岭，北面是昆仑山。

喜马拉雅山口由中国人和大自然的屏障把守。这么高的地方，空气稀薄，难以呼吸。一支军队深入这片地区，即使没有遇见敌人，也很少不遭受损失。在这些地区，唯一的驮兽就是羊，因为除了它，没有其他动物可以找到立足点向上攀爬。冒险的旅行者必须每走几步就停下来喘口气；血常常从他的嘴、眼睛和鼻子流出，疼痛有时会变得相当严重。

“到达最高点时，”其中一个在山口的旅行者说，“这个地区看起来像苏格兰的拉纳克郡，如果有石南花而不是石头和棕色的草，它就会像一个高地荒原。景色非常广阔而美丽，万里无云。前面是一片荒凉的平原，灌木丛生，树木稀少，无人居住，沿着它的整个北面，在大约20英里外，是一个低矮的棕色圆山丘，那里完全没有树木，也没有突出的岩石，但却深深地扎进了沟壑纵横和垂直的地面。旅客们带着满载的羊从平原上经过，往返于山口，但牧场上看不到牛。”

这就是从尼提山口前往不丹的路上，翻越这座山墙时所呈现的场景；在一年的8个月中，由于寒冷和降雪，人们无法翻越这一地带。在东北边的尽头，欧洲旅行者已经有了一些模糊的了解；但是，总的来说，欧洲人对这些地区几乎一无所知。

中国政府把西藏分为5个行政区：康，那是伊洛瓦底江和湄公河的发源地，位于青海湖蒙古人领地的南部；卫，包括大喇嘛的驻地、鞑靼的精神首都拉萨，南部以布拉马普特拉河为界；藏，其南部有尼泊尔和阿萨姆的一部分，北部是和硕特蒙古人的领地；阿里，首府为商业中心拉达克，西部为旁遮普；巴尔蒂，其西南部是克什米尔和喀布尔，东北部是南路，东南部是阿里。

西藏有许多湖泊，有些相当大，是印度朝圣者前往的几个被称为世界上最神圣的地方。羊卓雍错类似一个沟渠，宽5英里，环绕着一个直径2英里的岛屿。色林错是该地区的第一大湖，长70英里，宽25英里，位于卫藏地区的东北角。

野生四足动物约有16种，其中有麝鹿、3种跳鼠、2种狐狸、野兔、牦牛、公牛和盘羊。藏羚羊是羊中体形最小、最漂亮的品种，它的长毛下面有一层美丽的毛皮，产出了著名的克什米尔山羊绒。牦牛的尾巴是一团流畅光滑的波浪状毛发，是一种相当可观的贸易品，在古代用作驱虫的刷子，在波斯和埃及的纪念碑上经常被视为皇家的象征。

这里的黄金几乎是纯金，以金沙的形式存在，有时也有大块金子。铜、铅、朱砂和硼砂也是这个原始地区资源的一部分，尽管存在重重阻碍，但这一地区与印度、中国内陆和俄罗斯进行了大量的贸易。粗制的硼砂、黄金、山羊绒和羊皮可以交换羊毛、棉花、丝绸、烟草、玩具、茶叶和瓷器。

根据中国官方的地理资料，整个西藏地区有16个城镇。拉萨是首府，堪称中亚的罗马，位于卫藏地区的一个大平原上。它是一座小城市，房屋是用石头建成的，都非常宽敞和高大。这里主要居住着商人和工匠。周围平原上有22座寺庙，都装饰得很华丽。首府以东7英里处是“圣山”，也就是布达拉山，那相当于大喇嘛的梵蒂冈。大喇嘛居住的布达拉宫据说有367英尺高，包含1万个房间，宫殿内到处都是金银雕像，屋顶也被镀金。它的外部装饰着无数的金银塔。政府部门就在这栋7层楼高的宫殿顶部。

供养众多僧侣的费用由政府承担，并由他们接收的捐献赠礼维持。中国在拉萨设有军事统帅和民事长官。我们可以注意到，村庄和寺院通常位于隔热岩山的上半部分，这些岩石使西藏高原地形显得多样化。岩山上面可以躲避寒冷的侵袭，下面是清除融化的积雪的通道，中心是挖掘出来的谷仓和仓库。

噶尔雅沙是山羊绒的主要交易市场。它与其说是一个城镇，不如说是一个营地，只是由黑色帐篷组成的，这些帐篷由用毛绳拴在木桩上的毛毯搭制而成，顶部装饰着彩色丝绸和布料碎片制成的旗帜。它在一片广阔的平原中间，周围散布着4万只绵羊、山羊和牦牛。

拉达克是一个相当大的贸易中心，是商队的中转地，帮助从西藏以及印度、阿富汗出发的商队穿梭于印度河流域。拉达克人归顺大喇嘛，出于对大喇嘛的尊重，他们摒弃了以前的掠夺习惯，但要求所有出口到克什米尔的山羊绒都要经过拉达克。

西藏人性情温和，行为直率。男人都长得很壮实，有一些蒙古人的特征；这里女性的肤色为棕色，脸上的鲜红色使之显得很活泼。他们的娱乐活动主要是下棋，而且比较精通，有时还举行盛大的敬拜仪式。这里存在一种奇特的一妻多夫制。一个家庭的所有兄弟有一个共同的妻子，妻子由长辈选定。婚礼不是由喇嘛主持的，也没有很多仪式。如果情人求婚得到女方父母的同意，他们就带着女儿去女婿家——组成结婚队列的是双方的朋友和熟人。由跳舞和音乐组成的娱乐活动持续3天，当这些活动结束之时，结婚典礼就结束了。

西藏人温和，甚至是节制的。他们的饮品是苦涩的茶粥，一种由面粉、盐、黄油和茶叶构成的混合物。他们的民族服装是用厚实的羊毛和羊皮做成的，羊毛向内翻。宗教人士穿一件红色袖子的羊毛背心、一件类似格子呢的大斗篷、一条短裙和一双大靴子；富人会穿丝绸和毛皮。

一条精致的白色丝质哈达是出席典礼时必不可少的礼物，并附有一封赞美的信。普通的建筑很粗糙，没有装饰，由不用水泥的粗糙的石头建成；但是将宫庙和寺院结合在一起的宗教建筑则显得异常雄伟。

第236章

西藏的历史

（前3000—1849）

公元前3000年，当第一批汉人的祖先从把西藏和鞑靼分开的昆仑山下来时，他们发现了藏人的一支三苗人，这些人居住在流经湖广地区注入中国中部洞庭湖的长江两岸。即使在更早的古代，藏人群体似乎已经占领了中国西部，南至南岭山脉，东至河南省。然而三苗人在早期征战失败后，迁移到山西和四川西边的青海湖附近。事实上，他们曾长期占据山西的西部地区。

三苗人的后代从中原人那里得到了羌的名字——后来他们把这个名字应用于整个藏族。他们过着游牧生活，羊群众多；他们也耕种了一部分土地，但农产品产量不高。他们的风俗习惯和北方未开化的部落一样，生活在完全的无政府状态中，除了最强大的人，没有人知道法律和权利。因此，他们所在的地区被中原人称为魔鬼之地。

和其他所有的藏人一样，羌人自称是一种大型类人猿的后代，这个地区的人们仍然以这一起源为荣，并夸耀自己是最古老的人类。西藏中部仍然被称为猿人之地。这些人经常夸耀自己的猿人世系，对自己祖先的脸感到十分满意。

在夏朝和商朝，羌人经常与中原人开战，但是，在公元前1123年，周武王推翻了商朝，羌人的首领给他提供了帮助。他们虽然成为中原君王的封臣，但在一个多世纪的时间里，却没有遣使上贡。因此，大约在公元前10世纪中叶，中原的君王进攻并打败了他们。从那时起，他们就不再扰乱边疆，直到公元前250年左右被有效地阻止或驱逐。

公元前3世纪，一个叫月氏的藏人部落与名为乌孙人的金发人种混居在一起，他们都过着游牧生活，居住在黄河上游的祁连山地区，拥有大量的牛群。这些人在公元前202年被匈奴人攻击和征服，在公元前174年再次被征服，月氏君主被杀，匈奴人把他的头骨做成了一个酒器。

一部分被驱散的月氏人回到祁连山南部，驱逐了羌人，后来他们被称为小月氏人。另外一部分被驱散的月氏人，人数更多，被称为大月氏人，他们向西北方向逃走，在最终注入巴尔喀什湖的伊犁河岸扎营。居住在这里的塞族人被驱逐出了他们的居住区，撤退到中亚河中地区，他们在那里攻击巴克特里亚的希腊人，摧毁了他们的帝国。

在新的地区住了几年之后，大月氏人的老邻居乌孙人为了逃避匈奴人的侵袭，也逃到了伊犁地区，与他们再次居住在一起。随后，乌孙人把大月氏人向西边挤压，迫使他们越过贾沙特斯河，在那里大月氏人占领了河中地区，并建立了一个强大的帝国，这个帝国持续了几个世纪。在西方，他们同帕提亚人一起生活。随着时间的推移，大月氏人征服了喀布尔、坎大哈和印度河两岸的所有地区。他们以印度-斯基泰人的名字而为古人所知晓。

公元前126年，汉武帝派人诱使他们进攻西方的匈奴人——大月氏人的死敌，但他们更倾向于征服帕提亚和信德这两个富饶的地区。公元前80年，5个部落中的一个部落的首领杀死了另一个部落的首领，宣布自己为国王，并强迫国家采用自己部落的名字（贵霜帝国）。他入侵帕提亚，占领了喀布尔；他的儿子蹂躏了信德。此时，他们的势力不断增强。2世纪末，贵霜帝国的都城位于现在锡瓦所在的地方。向东600英里是它的另一座都城。不久之后，他们的一位国王再次率领一支大军入侵信德，并占领了坎大哈以北的5个小国。①

5世纪时，由于一侧波斯萨珊王朝和另一侧鞑靼的柔然王朝的扩张，贵霜帝国衰落了。其中有一部分大月氏人向东迁徙到阿尔泰及于阗，被称为嚈哒。400年左右，嚈哒变得强大起来，向西扩张，并在奥克苏斯河以南建立了他们的主要营地。他们的首都为方形，周长3英里，城中建有皇宫和许多佛寺，金碧辉煌。

他们的习俗与古代的匈奴人相似，为游牧民族，带着他们的牛

---

① 此时月氏人的战车由2~4头牛牵引。430年左右，一个月氏商人来到中原皇帝的宫廷，提议制造不同颜色的玻璃——一种迄今从西方以很高的价格获得的物品。在他的指导下，人们在山里找到了合适的矿物，商人成功地制造了非常漂亮的彩色玻璃。皇帝雇用他建造了一个宽敞的大厅，可以容纳100人。完工以后，这座建筑是如此的宏伟和辉煌，以至于被认为是天才的杰作。从那时起，玻璃器皿在中国变得更加便宜了。——原注

群沿着河流和草地迁徙。他们住在毛毡帐篷里，夏天和冬天有不同的营地。这个民族勇猛善战，征服了里海以东及河中地区的所有邻近地区，甚至统治了于阗。在5世纪到6世纪之间，这个民族向中原派遣了一个使团。它的语言与其他游牧民族的语言不同。7世纪，嚈哒成为突厥的附庸，领土被限制在索格狄亚那。

东方的藏人建立了几个不知名的王国，这几个王国通常都是从中原人手中夺取的；然而，它们最终都落入中原人的统治之下。大约在556年，在中原严重的动荡时期，其中一位国王变得非常强大，并以“赞普”——天神之子或英雄首领的意思——为国王的名号。这位统治者通常住在拉萨附近的河畔。虽然他们有小城镇，但人们大多喜欢在城镇附近扎营，住在毛毡帐篷里。他们边境上臣服的部落都是游牧民族。

他们通常的食物是牛奶、牛肉、羊肉和炒制的谷物，他们从来不吃马，也不吃驴。他们的衣服是用自己制作的毛毡和羊毛布做成的。有人死了，牛、马就在他的坟墓前被杀死，与他同葬。他们没有文字，但用有缺口的棍子和打结的绳子来记录他们想记住的事情。每年他们都会重新宣誓效忠国王，称之为“小誓言”，在这个时候他们会献上狗和驴。每3年他们有一个“大誓言”，会献祭人、马、牛、驴。他们以谷物的成熟期为新一年的开始。

590年，吐蕃赞普向西南方扩张他的国土至印度边境。吐蕃的都城位于拉萨。在对佛法有了一些了解之后，吐蕃赞普在632年派他的御前大臣去印度学习佛法。在他的统治之下，吐蕃人的力量大大增强。这使他们的敌人感到恐惧，而他们也在中亚占了很大的优势。他们可以很轻松地召集一支由几十万训练有素的士兵组成的军队。

当时，没有什么比在634年吐蕃的一个使团提议他们的首领承认自己是唐朝的封臣更能取悦唐朝的皇帝了。

4年后，为了保持良好的关系，唐朝皇帝派了一个使团去见吐蕃赞普。但当赞普向皇帝的女儿求婚时，皇帝替他的女儿拒绝了。这激怒了赞普，因为突厥可汗已经得到了这样的荣誉。因此，他义愤填膺，率领一支军队奔赴唐朝边境，以将来与公主结婚为借口，向唐朝的宫廷送去了丰厚的礼物，但皇帝唯一的回答是，在他的边境地区部署一支敌对的军队。641年，两军遭遇，吐蕃人被打败，却获得了和平及唐朝的公主。

648年，他和一位唐朝将军打败了中印度的国王阿罗那顺。接着我们发现，唐朝皇帝插手了赞普和另一位国王之间的事，那位国王曾被赞普打败；在那位国王表示投降后，赞普召回他的军队。然后，赞普把他的军队转向另一个方向，他的王国变得相当广阔，以至于皇帝认为有必要派遣一支军队和一位统帅（安西都护）来夺回赞普的4个军事占领区，即龟兹、于阗、焉耆和疏勒的统治权。

此后，吐蕃的势力日益强盛。突厥人一直试图让他们卷入与唐朝的战争，但都没有成功。然而吐蕃人不断地骚扰唐朝边境，唐朝皇帝终于在678年派遣了一支18万人的大军，在青海湖边与他们作战。唐朝军队被打败了，但他们的对手也一无所获。次年，吐蕃赞普去世，在摄政期间，唐朝皇帝曾派遣一名将军，表面上是为了向摄政王表示敬意，但暗中命令将军在不知情的情况下袭击吐蕃。将军回信说，所有人都在戒备之中，于是皇帝中止了这个计划。

唐朝西部的几个地区已经落入了吐蕃人手中，他们拥有北边的天山，南边的喜马拉雅山，西边的葱岭。突然之间，唐朝人和突厥人联合起来，把吐蕃人赶出了上面提到过的4个地区（在这之前，吐蕃攻陷了安西四镇）。

吐蕃摄政王被这些挫折折磨，他认为收复失地的最好办法是向一位唐朝公主求婚。当时统治中原的女皇武则天没有给出任何明确的承诺，而是努力查明吐蕃人的状况和他们提出的条件。摄政王提议，唐帝国军队应撤离安西四镇，并为10个吐蕃部落中的每一个建立一个国家，每一个部落都应有独立的首领。女皇决定让步；但作为回报，他们要求吐蕃割让位于边境外围的青海地区给唐朝。双方无法达成协议，敌对行动仍在继续。

699年，赞普成年后，不信任忠良的摄政王论钦陵，杀死了他的许多追随者和亲戚；论钦陵非常悲痛，于是自杀。几位为他效忠的官员逃到唐朝，主动向女皇效忠，女皇接受了他们。此时赞普派出了一支军队去掠夺唐朝边境，但被击退了。然后他派了一个使团，但是他的和平建议被拒绝了，掠夺性的入侵继续进行，对边境造成了巨大的破坏，唐朝人不得不维持一支庞大的常备军进行防卫。

第二年，赞普派使团再次向女皇请求与一位皇族的公主通婚。他送去了1 000匹马和2 000盎司黄金作为聘礼。当这一切正在进行的时候，吐蕃南部的地区发生了叛乱，赞普立即率军平叛。他打败了这些叛乱者，却在这次行动中丧生。他7岁的儿子继位，唐朝承诺将一位公主许配给他；但是，吐蕃要求把唐朝的一片广大的地区作为公主的嫁妆，这次联姻就没有成功。714年，一支十几万人的吐蕃军队洗劫了唐朝边境，类似的掠夺行为每年都在上演。费尔干纳也是从唐朝人手中夺走的，它位于唐帝国的最西端，它的国王不得不在唐朝寻求庇护。

此时，吐蕃人在北部边境与阿拉伯人结盟，阿拉伯人当时正在河中地区作战。吐蕃人的军队里甚至有阿拉伯军人。次年，与唐朝交战的突厥人诱使阿拉伯的哈里发和吐蕃人的赞普帮助其进攻臣服于唐朝的中亚国家。联军包围了喀什噶尔的两座城市，但在其他突厥部落的帮助下，唐朝人发起围攻。722年，吐蕃人攻打了小勃律王国，国王请求唐朝都护的帮助，吐蕃军队最终被打败。在这次失败之后，他们好几年没有冒险去骚扰唐帝国的边界；但727年，他们又开始制造麻烦。

类似的事件接踵而至，双方都取得了不同的成功。唐朝人无法制服这个勇敢而不安分的民族，对他们的打击只会使他们更加傲慢无礼。729年，唐朝人占领了他们的一个被认为坚不可摧的城市，并让战争深入敌境，让300多英里的土地化为一片废墟。赞普求和并要求与公主联姻，这两项条件都得到了批准，边境部队也随之撤退。过了一段时间，战争又重新爆发，因为赞普继续进行了一场唐朝人希望他停止的战争，但是他却取得了多方面的成功。

唐朝皇帝正要惩罚这些入侵者时，一场叛乱爆发了，唐朝被一个太监统治着，而这个太监无所作为。吐蕃人占领了唐朝的首都，那是中国西部的一座城市，被称为西安。皇帝（唐代宗）落荒而逃；敌人掠夺了这座城市，烧毁了宫殿，并立了另一位皇帝。763年，在唐朝军队逼近时，他们放弃了这座城市，带着大量的战利品回到了自己的统治区。

过了两年，一位突厥出身的王公（仆固怀恩）在唐朝激起了一场新的叛乱，并与吐蕃人和回鹘人结盟，组建了一支强大的军队，入侵了西北各地区。他的死引起了同盟之间的分裂，唐朝人利用这个机会，把回鹘人从同盟中分化出来，并利用他们与吐蕃军队作战，并将其彻底击溃。回鹘人得到了大量的俘虏，并带走了吐蕃人一年前从唐朝人手中夺走的所有战利品。

下面是一连串类似的事件，无须一一叙述。值得提及的是，821年，吐蕃人和唐朝人缔结了和约，并在拉萨市中心竖立了一座纪念此事件的石碑，上面刻着条约。这座纪念碑仍在寺庙的围墙内。但这并不能阻止战争的再次爆发，其结果是，866年，统治中亚400多年的吐蕃势力几乎被完全摧毁。他们的北方领土被乌古斯人占领，他们的东南领土被南诏王国占领。但致命的打击是中国西北部再次回归唐朝的版图。1015年，这个国家再次出现在史册之上，吐蕃派遣一个使团到宋朝请求联合对抗党项人。在经历了各种内忧外患之后，饱受争议的吐蕃人于1125年承认了宋朝的统治权。

正如我们在别处说到的，蒙古征服者成吉思汗似乎已经建立了大喇嘛的精神统治权。据说，大喇嘛现在的头衔就起源于那个时候。成吉思汗似乎根本没有干涉这个王国的内部事务。尽管以一种独立于成吉思汗的方式，但是吐蕃还是成为忽必烈的附属国。元朝将吐蕃纳入版图。满洲人征服中原时，也同样征服了西藏（乌斯藏），不过西藏西部直到1725年后才正式成为大清帝国的一部分。18世纪下半叶，尼泊尔国王受西藏寺庙众多财富的吸引，尤其被布达拉宫的财富所诱惑，从南部向西藏进军，经过一场艰苦的战斗，迫使大喇嘛以大量贡品达成和解。

1791年，视大喇嘛为精神之父的清朝皇帝，派遣了一支7万人的军队进入吐蕃，尽管遭到了强烈的抵抗，但他们还是把尼泊尔军队赶回了他们自己的山区。清朝皇帝现在掌握着这个地区的世俗统治

西藏东部的大寺

权，而把它的精神统治权留给了大喇嘛。清朝皇帝仍然以温和的方式统治着西藏，那里所有的宗教机构都不受干扰，并让他们完全支配自己大量的捐赠，只被温和地要求每年派遣使团到北京进贡。

日本

第237章

德川幕府以前的日本

（前660—1598）

日本是一个岛国，拥有4个大的岛屿和5个小岛屿，沿亚洲东海岸绵延1 000多英里——从朝鲜到堪察加半岛。它的名字来源于汉语，在汉语中，日本的意思是“日出之国”。

日本列岛与朝鲜和中国满洲的海岸一起，环绕着日本海，日本海最宽处600英里。最大的岛屿的名字分别是本州、九州、四国、北海道和千岛群岛。除此之外，沿海还有许多小岛。海岸经常被暴风雨袭击。日本的东面是广阔的太平洋。

本州是日本最大的岛屿，它包括了政治和宗教的首都。日本日语名的意思是“蜻蜓之岛”，源于本州的主要岛屿跟蜻蜓这种昆虫的形状极为相似。本州据说长800英里，宽50~200英里；九州长150英里，宽120英里；四国长90英里，宽50英里。

我们对日本的地理划分知之甚少，除了一两座城市，其余的城

日本风光

市也只是知道它们的名字而已。这个国家的自然面貌是险峻、多变、陡峭，呈现出各种各样令人愉快的景观。山脉崎岖不平，有一些活火山。据说其中一些山顶上终年积雪。

日本与摩洛哥、马德拉岛、西班牙和美国处于同一纬度。温带植物在这里茂盛生长，一些热带植物也点缀其间。从夏季的酷热到冬季的严寒，这种气候的变化激发了人们的活力。然而，内陆的高山和不断向内陆延伸的海湾，往往会改变这两种极端的气候，进而产生一种健康的环境，有利于身体和精神的健康。

据估计，日本的国土面积与美国的特拉华州、马里兰州、弗吉尼亚州和北卡罗来纳州的总面积相当。这片土地被很好地耕种，供养着3 000万~5 000万的人口。这些人口分布在大约62个藩[①]，由称为大名的封建领主统治，大名是幕府将军的封臣，他们拥有绝对的权力。

日本是一个单一民族国家，日本人身材中等，五官端正，举止随和，性格坚强、可敬、独立、勇敢，精力充沛。他们的肤色为黄棕色或淡白色，这种淡白色就像欧洲不见阳光的女士的肤色。他们头大脖子短；眉毛高，眼睛为长圆形，小而凹陷；鼻子又宽又翘，头发又黑又厚且有光泽。一个真正的日本人以其优雅、礼貌和严格遵守高雅生活的礼节而自豪。

日本人的起源，就像所有古代民族的起源一样，迷失在神话之中；或者，至少是用我们无法理解的神话语言记录下来的。在日本传说中，他们被7位神灵统治了超过100万年。此后，凡人皇帝统治了1.5万年，直到公元前660年，真正的历史时期开始。

在这一时期，一位中国首领神武，带领众多追随者先经过朝鲜，然后来到日本。他很可能是一个流亡者，被内战赶出中国。这位冒险家征服了日本的土著居民，建立了一个政府，由他担任士兵和祭司的首领，他被称为内里（天皇），意为“外国征服者”，他也是一位精神上的独裁者。[②]这一事件发生在罗马建城约100年后。

① 藩，日本的封建领国单位，在江户时代最盛，例如萨摩藩、加贺藩。——编者注

② 神武天皇是传说中日本第一代天皇，据《古事记》《日本书纪》的记载，他从日向出发，经濑户内海，辗转入大和（今奈良）境，平服当地各族。公元前660年即天皇位。史学家对此说存疑。而且从日本史书的记载来看，神武天皇与中国似乎并没有直接的渊源。——编者注

这次之后，又有几批中国人前来定居。其中一批由300对童男、童女组成，被中国皇帝送过大海，寻找“长生不老的灵丹妙药”。这群人于公元前209年在日本登陆，从此定居在那里，再也没有回去。这种古老的中日民族交融证据，表现为两国文明的相似性，以及日语中存在的大量汉语词汇。

公元前660年到400年的1 060年间，日本人认为只有17位天皇，平均每位天皇在位62年，这很显然是有问题的。在早期，这些神明一样的国王每天早晨都被迫坐在宝座上，头戴王冠，几个小时不能离开，否则，人们认为自己的国家就会变成废墟；但这项任务会令人疲惫不堪，后来人们发现，如果把王冠放置在王位之上，也能起到同样的作用，并保持国家的完整。因此，把王冠放在宝座之上的习俗取代了先前的习俗。

天皇宣称，他们并不是神的象征，而是早期天国统治者的后裔；他们是“天子”，是神权的最高领袖，继续在日本长期行使世俗和宗教的双重权力。然而，似乎很有可能，他们对大部分土地的继承权只不过是精神的，而且不同的地区都是由几乎独立的公民占有。当天皇陷入纵欲的懒散之后，他便难以制约作为军事统帅的大将军，并难以阻止军事力量长久地掌握在幕府将军手中。随着时间的推移，日本政局免不了要发生一场巨变。

一批又一批勇敢又能干的幕府将军找到了办法，让所有的诸侯都置于中央政府的统辖之下，同时将军垄断了最高事务的决策权。然而，国民对天皇的崇敬之情，以及他们认为天皇应该具有的神圣品格，使他不能完全被取代。他仍然能够获得足够的收入来维护自己的尊严，对所有的信仰问题都有绝对的控制权，而把实际的世俗权力给了幕府将军。从那时起，这位显赫的人物就一直掌权且不受天皇的影响，并通过一系列严厉而坚决的措施，使所有以前的独立诸侯完全处于服从状态。

在日本的早期史书中，我们发现了公元前471年的内战，以及公元前285年可怕的火山爆发。188年，第一位女天皇（卑弥呼）即位。她是一位充满男子气概的女人，据说她亲自率领军队征服高丽。早在247年以前，她就在日本建立了驿站。她的儿子以勇敢而闻名，在她去世后继位。他似乎是信史时代的人物，站在了将历史与神话分开的暮色之中。他成了日本的战神，据说他活了170岁，在位87年。①

源赖朝是第五十六位天皇的后裔，1185年任军队统帅，1192年被任命为征夷大将军，也就是幕府将军——当时的英格兰正是狮心理查在位。在历代幕府将军的统治下，天皇的权威越来越弱。在德川家康②时期，天皇的世俗权力受到最后的打击。然而在所有重要的事务上，天皇得同意，这依然十分必要，并且要以他的名义颁布；另一方面，幕府也极为睿智和谨慎，不会忽视天皇。

足利尊氏，第二个幕府（室町幕府）的创始人，犯了一个致命的错误，他把自己的王国分给了两个儿子。在不断的战争中，他希望他们能够互相保护；但是，事与愿违，这两股对立的势力却争斗

① 关于卑弥呼的事迹，见于中国史书《后汉书·东夷列传》和《三国志·魏志·倭人传》，其中未有卑弥呼征服高丽的记载。此处的记载，与正统的史书有差异。——编者注

② 日本共有四个幕府朝代：始于1185年的镰仓幕府，始于1336年的室町幕府，丰臣秀吉的安土桃山时代，以及始于1603年的江户幕府。——原注

不休，互相削弱。最后，出身贫苦的丰臣秀吉得以将自己置于整个王国的宝座上。

20岁的丰臣秀吉，在幕府一位军官的手下做足轻①。后来，他被派去为另一位诸侯效劳，并为他的主人尽心尽力，奉献自己的智慧和勇气。当这位诸侯成为幕府将军之后，提拔他担任最高的军职。主人死后，丰臣秀吉在诸家臣内部斗争中胜出，于1585年成为日本的最高统治者。他个子很小，只有4英尺6英寸半高②。他的外表很奇特，眼睛像猴子一样圆，这让他有了“猴脸”的绰号。

丰臣秀吉希望儿子丰臣秀赖能够继承自己的地位。在他最后一次生病时，丰臣秀赖和德川家康的孙女订立婚约，那时女方还只是一个两岁的幼儿。他还任命德川家康为自己儿子的家教老师，使其签下血书郑重宣誓，当丰臣秀赖年满15岁时，德川家康将辅佐他正式成为幕府将军。在施行了这些措施后，他放下心来，把政府大权交给了德川家康和另外他最喜欢的4个人。

---

① 足轻，即日本古代最低等的步兵的称呼，他们平常从事劳役，战时成为步兵。——编者注

② 约等于1.38米高。——编者注

第238章

德川幕府建立后的日本

（1598—1849）

丰臣秀吉死后，他托付大任的这些人发生了争执，而长期以获得最高权力为目标的德川家康，则是挑起事端的人。直到德川家康发现自己足够强大之时，便摘下面具，以似是而非的借口，把丰臣秀赖围困在他的大阪城堡里。尽管这一次，他们之间通过天皇的斡旋而实现和平，但德川家康不久就起兵征讨丰臣秀赖，将其打败，成了新的幕府将军。

德川家康获得最高统治权后，便把注意力转移到了对国家的管理上。他制定了如此明智的规章制度，以至于在长期遭受内战的蹂躏之后，日本终于获得了一次具有深远意义的和平，并且为今天日本展现出的繁荣奠定了基础。到他为止，官方的历史告一段落，因为德川家康上台之后，严禁印刷任何与政府有关的东西。尽管如此，还是有一些描述和评论事件的手稿，能够或多或少展现一些相关历史的细节——这些是荷兰人通过他们的朋友秘密获得的，对各方来说都有极大的风险。

在德川家康的11个儿子中，长子是一个多才多艺的年轻人，因为一个诬告，被他父亲勒令切腹自尽——日本流行的残忍自杀方式。之后，他的清白被证实，但已经太迟了，严厉的父亲因他的死而悲痛万分。另一个儿子，倔强又残忍，把几个犯了些小错误的仆人都处死，因此被流放。他的第五个孩子德川秀忠，于1616年继承了他的职位，并于1623年把这个位置让给了自己的儿子德川家光。德川家光的次子德川家纲于1651年继承了父亲的权杖。

德川家纲没有子嗣，他的弟弟德川纲吉于1680年继承了他的位置。[①]这个人虽然后来是个放荡之人，但他年轻时对科学很有热情，并于1691年在江户创办了一所大学。在这座建筑的第二扇门上方刻着“通往最珍贵宝藏的入口”。大学的建成仪式在幕府将军、许多贵族和最杰出的人物面前隆重举行。街道上挤满了围观的人们，供品堆成金字塔状。大学给主要的教授一千小判薪水——约合2 232美元；如果是日本旧制的货币单位，那就合4 464美元。这所机构的建立对日本的科学产生了良好的推动作用。

他因放荡而精疲力尽，又因奢侈几乎毁了他的国家，他明智的

① 一个关于东方外交礼节的记载，讲述了一些朝鲜使臣前来祝贺德川纲吉就任幕府将军的奇特故事。当他们要离开时，他们要带回的那封幕府的回信缺少一个常用的印记——由4位大臣同时盖章。不巧的是，其中一名大臣因行为不当而被革职，当时也没有任命任何人来接替他的职位。朝鲜使臣拒绝接受这封信，除非附上所有的印章；而且，事实上他们如此拘泥于细节，以至于幕府不得不采取一种权宜之计，把那个被革职的大臣的儿子叫过来，任命他去履行其父亲的职责。印章按照应有的形式盖好之后，朝鲜使臣满意地打道回府了。——原注

幕僚们徒劳无功地试图制止这种放荡行为。堕落的德川纲吉一直希望能有一个儿子继承自己的位置，却没能实现，于是决定收养一个继承人，然而这必定会冒犯所有人。他的大臣们和他的妻子徒劳地劝他不要采取这种致命的举措。最后，隆重的领养仪式将要举行。大臣们用尽了所有的办法都无法劝阻他，只能来到他的妻子面前，她向他们保证，她会找到补救的办法。在举行领养仪式的前一天晚上，她请她那糊涂的丈夫同她一起共饮清酒——一种米酒。将军接受了邀请，为她举行了盛大的宴会。正当将军喝酒的时候，她站起来，进了自己的房间，给一位大臣写了一封信，指示他如何去做，并且给自己准备了一把匕首——所有阶层的日本妇女衣服里携带的一件器具——她回到了欢庆的大厅。

她让侍女退下，独自一人走近将军，想和他私下谈谈。她这样对他说："我和你生活在一起这么久，你就从来没有拒绝过我的任何要求。今天我有一个新的请求，你会答应我吗？"他想知道她的愿望是什么。她说："你想明天收养柳泽吉保的儿子作为继承人，这将引起所有人的反对，并将导致国家的毁灭。我恳求你放弃这一做法。"听到这些话，将军勃然大怒，要求她不要干涉国家事务。"国家是我的，"他又说，"我愿意做什么就做什么，我不需要女人的劝告。我再也不会见你，也不会和你说话了！"他拂袖而去，但她跟着他，抓住他的袖子，"如果你一意孤行，"她说，"明天整个国家都要发生动荡。"说着，她两次把匕首刺进他的胸膛。他跌倒了，她跪在他旁边，恳求他的原谅，虽然是她杀死了他，这却是保存德川幕府和拯救国家的唯一手段。随后，她用同一把匕首刺向了自己并倒在他的身旁。她的侍女们听到响动，跑去查看，结果发现他们都倒在血泊之中，大家惊慌失措。

大臣看完纸条后，急急忙忙赶去了宫殿。尽管便条向他说明了这件事，但是看到那可怕的景象时，他还是吓得浑身发抖。当他稍微恢复平静时，“这位夫人，”他说，“为国家作出了巨大的贡献；要不是她，整个国家将会陷入水深火热。”已故将军的侄子德川家宣于1709年当选为幕府将军。德川家宣于1712年去世，他的继任者德川家继于1716年去世。

德川家继去世后，3位大臣在宫中召集几位诸侯、国务顾问以及已故将军的亲属，共同推选出一位新的幕府将军。德川吉宗获得一致通过。他诚恳地请求拒绝国家的统治权，认为自己还未具备管理好国家的才能，并推荐另一个地位更高的藩主出任将军。

这时，水户藩的藩主站了起来，拉着德川吉宗的手，领他来到宝座上，德川吉宗就被宣布为幕府将军。他谦逊而优秀的治理为国家的繁荣作出了巨大贡献。在他的治理下，严厉的警察镇压了匪徒，使道路彻底安全。他的名声流传在他统治的每一个角落，日本人甚至把他比作德川家康。因为仁慈与宽大，人们把他比作中国的舜帝——那是某种意义上的黄金时代的统治者。1745年，德川吉宗将他的职位传给了他的儿子德川家重。1760年，德川家重去世，德川家治继位。

第十一位幕府大将军德川家齐于1786年继位。1788年3月6日凌晨3时，京都发生大火，一直肆虐到8日。一个仆人在一个火盆旁边睡着了，他的袖子起火了，于是他脱下衣服，扔在活动隔板上，隔板上涂着清漆，马上就着火了。当时刮起一阵狂风，不到一个小时的时间，大火就烧毁了城里60多个地方。整座城市很快就陷入了一片火海，居民们只想着逃命。天皇被迫逃离皇宫，街道上到处都是人，为了清理出一条通道，天皇卫队不得不杀死1 000多人。所有的宫殿、公共建筑和私人建筑被毁，只剩下皇宫的部分墙院；其他一切——城堡、庙宇和仓库——尽数焚毁；风不停地变换风向，使得大火四处蔓延。几次逃亡之后，由于不确定自己和皇宫的安全性，天皇最后到3英里外的一座高山上避难。这场大范围火灾所造成的饥荒和苦难是难以想象和描述的。这座伟大的首都曾是一个商业中心，有4 000条街道、成千上万的富商以及华丽的宫殿，现在只剩下几间房子和两座庙宇。

在京都，在天皇的宫殿完工之前，每个人都不得为自己建造房屋或工作。天皇不得不离开他的牛车，带着随从和妃嫔步行。在如此可怕的苦难中，历史严肃地叙述了天皇当时的处境。他被迫在两天的时间里食用普通的米饭，并不得不使用同样的器具——而按照条例规定，天皇的米饭应由相关官员一粒一粒地为他挑选，他所用的每一个盘、碟或碗，从餐桌上一撤下来，就必须立即砸成碎片，甚至每一餐的炊具都必须是新的。

由于日本长期实施闭关锁国的政策，使得这个国家的人对东亚以外的地方知之甚少，整个国家与欧洲几乎没有什么交往。

1542年，几个葡萄牙人的船舶在日本海岸失事。一开始他们受到了日本人的欢迎。1549年，沙勿略带着两个同伴和一个船只失事幸存下来的日本人，在鹿儿岛登陆，沙勿略让这位日本人皈依了基督教。藩主允许他在自己的领地上传教，期望这一做法可以增进贸易。沙勿略通过自己的努力，使不少日本人成为基督教徒。他于1551年离岛，第二年去世。

1559年，许多上层人士因另一位能干的耶稣会士而皈依。1570年，这位耶稣会士获得大量的信徒，尽管之前的特权很快就被取消了，但1570年开始执政织田信长是对外交往的坚定推行者。

下一位执政者丰臣秀吉，起初是友好的，但由于一些琐碎的原因，最后决定驱逐天主教传教士。1586年6月25日，他发布命令，推倒十字架，将教堂夷为平地。传教士并没有离开这个国家，而是分散到了各地。当时日本有200名神父、180万皈依者，其中二十六七人被处死。丰成秀吉试图通过与中国的战争，而不是内部迫害来摆脱军队中的基督教徒。

1596年，一艘西班牙大帆船被土佐藩主的一艘商船引诱到他的一个港口，并被禁运。为了恐吓藩主，西班牙人出示了一张世界地图，上面标示出西班牙广阔的殖民地，想以此方式来展示自己的力量。“你的国王如何能够占有半个世界？”藩主问道。西班牙人回答说：“他先派传教士过去，让那里的百姓皈依基督教；这件事完成后，再派军队与当地的基督教徒联合，征服就变得轻而易举了。”这个回答彻底激发了日本人的警惕之心。“什么！”当丰臣秀吉听到禀报之后大叫道，“什么！我的国家里满是叛徒！我养的这些传教士是毒蛇！”1597年，他颁布新的流放法令，一天之内杀掉26名基督教徒。

这时，日本的对外贸易已经得到了极大的发展，以至于在墨西哥的阿卡普尔科发现了大量的日本人。1625年，他们往澳门派驻了一名政府代表。

1600年，第一艘荷兰船只抵达日本；1604年，德川家康听说菲律宾的西班牙总督征服了摩鹿加群岛，于是命令所有西班牙传教士离开日本。1606年，他再次重申了这个命令。这些命令并没有得到执行，因为贸易的利润率高达100%；而且菲律宾的西班牙人每年通过澳门从日本进口两三千箱白银以及数百吨黄金。由于种种原因，迫害之火再次肆虐，直到1620年才平息下来，但不久又重新燃起；直到1631年，沸腾的火山口一直是基督教徒常见的葬身之地。1624年，西班牙人被永久驱逐，除了向葡萄牙人开放长崎，向荷兰人开放平户，日本的其他港口全部关闭。对朝鲜人和中国人的限制比以前更为严格。

1635年，长600英尺、宽200英尺的出岛①在长崎建成，葡萄牙人在竞争对手的嘲笑下被限制在岛上。1600年，目光短浅的荷兰人获得了贸易许可，并于1609年在平户建立了一家贸易代理点。然而，日本政府对天主教施予的致命一击即将到来。据说当地天主教徒与葡萄牙人之间有一个阴谋，荷兰人对此予以肯定，耶稣会士则予以否认。有3.8万天主教徒拿起武器，在岛原安营扎寨，抵抗一支8万人的日本军队，使得军队无法攻入城中。荷兰的商务总监科彻贝克被要求帮助日本政府，他答应了，并用荷兰的大炮摧毁了岛原的城墙。科彻贝克故意选择中断荷兰的贸易！一位作家说，从今以后，这个民族在日本的居所只能被视为一个血田②，获得它的代价是一条流着血的河流。

4名来日本试图软化政府严厉态度的澳门葡萄牙人被处死，他们的船也被烧掉，他们的墓碑上还刻着："只要太阳照常升起，基督

① 出岛，日本江户时代幕府执行的锁国政策所建造的人工岛，轮廓为扇形。——编者注

② 血田，语出《圣经》，意为以出卖耶稣所得之钱购买的土地。——译者注

教徒就休想明目张胆地来到日本；并且让所有人知道，西班牙的国王本人，哪怕是基督教的上帝，如果他违反了这一命令，也会把他的头砍下来。”

由于对一艘日本船的暴力行为，1631年，幕府扣押了荷兰公司的9艘船，并停止了3年的贸易。就在1640年岛原事件发生两年后，荷兰人被置于监狱般的出岛，而葡萄牙人刚从那里被驱逐。荷兰人是仅存的拥有与日本贸易和往来权利的欧洲国家，他们的垄断权从未被干扰。他们后来与日本的政治交往仅限于从巴达维亚[①]前去完成一次偶然的任务，以及对江户的荷兰工厂进行访问，以前每年访问一次，但现在每4年访问一次。中国人和朝鲜人可以在长崎进行贸易，但也有极大的限制。英国人或其他欧洲人以及美国人，无论以何种理由，想要与日本建立商业或政治交往的每一次努力都明显地失败了。

1836年，一位美国绅士在取道英国抵达澳门时，发现了3名在美国俄勒冈州海岸遇难的日本船只的幸存者。14个月来，这3名幸存者一直漂泊在太平洋上，靠雨水和混有垃圾的大米为生。不久，另外4名幸存的日本船员也加入这一队伍。1837年，这7名日本人在传教士伯驾和郭士立的陪同下，乘坐没有武装的“马礼逊”号返回故土。这次善意航行的发起者还计划打开美国与日本的贸易之门。“马礼逊”号停泊在离江户大约20英里的海湾。在这里，没有任何日本官员来到船上，也不允许与岸上有任何交流，船还被一个连夜竖起的炮台击中，被迫离开。当“马礼逊”号在鹿儿岛做第二次尝试时，

① 巴达维亚，即现在印度尼西亚的首都雅加达。——编者注

也发生了类似的事件。失事船只的幸存日本人要上岸之事激起了他们同胞的同情，村里的村长再三承诺，政府的一位官员会去拜访“马礼逊”号。但是，在等待这一约定的拜访时，岸上的一个炮台露了出来，“马礼逊”号处于随时被炮击的危险之中。因此，“马礼逊”号被迫离开，船上的日本人没有回到他们的国家，甚至也没有机会向政府发送信函。

1852年，美国政府派遣佩里准将率领一支由7艘舰船组成的舰队前往日本与其建立商业关系。这支舰队于1853年7月抵达日本海域，并很快与日本政府取得联系，迫使他们向美国开放了两个港口。[①]此后，欧洲各国政府也从日本获得相同的权利。这可以使我们更好地了解这个人口众多却又地处偏远的国家。

我们无法对日本的军事力量形成一个正确的认识，也无法对日本战术的相对效率形成正确的认识，因为1640年以来日本与欧洲国家就没有发生过军事冲突。日本的军队可能比中国军队更有效率。它的海军微不足道。诸侯们的军队估计有36.8万步兵、3.8万骑兵，幕府将军约有10万步兵、2万骑兵。

在日本为数不多的几个为欧洲所知的城市中，江户、京都和长崎值得注意。江户位于本州的一个浅水湾附近，是世俗首都，据说周长60英里。房子只有两层楼高，前面有商店，上层用作储藏室和衣柜。隔墙是用涂了很多油漆和清漆的纸做成的。所有的藩主都必须在江户居住半年，以便亲近政府，并作为人质确保所在的藩顺从政府。在这座宫殿之城，幕府的宫殿以其规模雄伟而著称，它的

① 此次事件就是通常所称的“黑船事件”。——译者注

四周是15英里长的石墙和沟渠。房屋内的主要家具由华丽的垫子组成，种类繁多；屋顶装饰着金龙；柱子和天花板用雪松、樟木和其他珍贵木材精心制作而成。千叠阁长600尺，宽300尺。京都位于江户西南150英里，是信仰的首都，也是天皇的居住地。在这里，在相对贫困的情况下，天皇的目标是维持一个与其以前的权力相称的国家，而不是与其现在的岁入相称的国家。这里有主要的制造厂、铸币厂、著名的文人，也是大多数书籍的出版地。人口约50万人。有尖塔屋顶的神庙和宫殿、巨大的神像及宗教崇拜的庆典是京都的主要景观。长崎是一个商业城镇，人口约有3万人，是唯一与外国人进行商贸往来的地点。

日本政府非常严厉，它的法律是“用血写的”，但其管理细节鲜为人知。它的岁入据说是1亿美元，除了实物支付，还有幕府将军的私人财产。日本的商业大多是非常活跃和有价值的内部贸易。小判是衡量价值的单位，一小判约合5美元；两是一种记账货币单位，1两约合89美分。

优良的道路永远拥挤，如人口稠密的城市街道；贵族要人不断往返于首都，有时一行有二三万人之众，还有数不清的朝圣活动，给国内交易带来不可估量的活力。

日本的语言在词汇、句法和词缀上都是相当独特的。汉语在和尚的神学作品中被使用，汉语对他们的意义就像拉丁语对我们一样。我们对日本科学知之甚少；但是，这个聪明的民族已经对欧洲科学表现出了强烈的好奇心，再加上他们务实的性格，这表明他们将会成为西方文明优秀的学生。

一种奇特的风俗在散步的女士们中间流行。随从拿着一把半合

日本人的日常生活景象

的雨伞挂在一根长杆子的末端。他用这帽子般的设计遮住了这位女士的头和肩，保护她免受阳光和粗俗目光的伤害。日本人使用的两种载人工具是轿子和牛车。他们几乎不使用牛、马等动物来减轻自己的劳动负担，人们除了饲养狗，几乎不再饲养其他的动物了。人们很少食用除了鱼的动物性食物，主要食物是饭团。每一块可耕种的土地都得到良好的耕种，茶树在南方大面积种植。茶和米酒是通行的饮料。

日本的手工业很发达，是亚洲最富有的国家之一。手工业的一个分支——日本漆——在全世界无与伦比。这种清漆的成分是一种取自漆树树皮的树胶。日本人的房子很小，房子的墙壁是用黏土做的，隔墙是用纸做的，一般都会镀金、描画和上漆。宫殿周围有许多花园。

在衣着上，这个理智的民族只会考虑实用和朴素。他们的服装由一件宽大的长袍组成，长袍的前面用丝绸或棉线制成，根据穿着者的级别或家庭的不同而有不同的精细程度。他们穿草鞋，剃光头，但头顶上会留一簇头发。一般情况下，头顶不戴帽子，在旅途中会戴一顶大草帽或油纸。如前所述，人们的行为举止以一丝不苟的礼貌为特点。

日本女士散步时的特殊风俗

日本有三种宗教：神道教、佛教和儒教。神道教虽然承认一个至高无上的天神，但其建立的基础是对与其至高无上天神有关的神灵、圣人和次级神灵的崇拜，而这些附属神灵应该是天皇的后裔。精灵或神，是有德行者升天后的灵魂；为了纪念他们，人们竖立了神的标志，这些标志由附在一块木头上的纸条组成，标志供奉在房子里，接受人们每日的祈祷。神社也装饰着鲜花和绿色的树枝；两盏灯、一杯茶、一杯酒，摆在它们面前。有些动物也被尊崇为神的代表。

节日和朝圣是欢乐仪式的一部分。某些特定季节会奉献祭品，包括饭团、鸡蛋等。朝圣的中心是伊势神宫，在那里看不到任何图像，只有一面镜子。佛教是从朝鲜传入日本的，在许多情况下，佛

日本尼姑

教与神道教融合在一起，以至于两个宗教神庙是相同的，并且同时供奉神像和佛像。在日本，佛教的祭司被称为和尚和尼姑，他们数量众多，有男有女。他们立誓要独身，这里和其他佛教国家一样，都有供男女僧侣修行使用的大型佛教道场。孔子学说也传入了日本，并有许多追随者。除此之外，还有一些哲学家，他们拒绝接受普遍的信条，似乎拥有一套精练的形而上学体系，其中包含了对神祇和伦理的崇高观念。

日本人的性格中有许多男子气概和独创性，而惩罚时的傲慢和残酷，似乎是“最糟糕的特征”。日本人在饱受伤害时，不会以责备和激烈反应作为回报，但他的骄傲是深沉、充满仇恨、不可战胜的；与人形影不离的匕首是复仇的工具，而冒犯者最不期望看到它；匕首就藏在复仇者的怀里，以防用的时候够不到。这种骄傲普遍存在于各个阶级，但在大人物中达到了顶峰，这使他们在自己的侍从和权势集团中表现出一种奢侈的排场，并蔑视一切工业和商业性质的行为。他们常常被迫屈从于一个不妥协、强大的政府，也会被迫自杀——失败的骄傲慰藉。这里的自杀就如同西方民族的决斗一样，似乎是一种伟大的荣誉。

事实上，这种民族特征与亚洲普遍存在的民族特征形成了鲜明对比。人民没有那种准备好了做专制臣民的温顺、安静、有序、奴性的性格，而是有一种充满活力、独立和荣誉感的性格。尽管被说成是良好的臣民，而且也生活在严酷政府的统治之下，但他们仍然保持着对被控制的不耐烦和舆论的力量，这使得任何统治者都不可能肆意对他们实施暴政。与某些亚洲人那种刻薄、狡猾、鲁莽的性格不同，他们以男子气概的坦率而著称，所有的行动都以荣誉和诚意为特点。他们性格中最突出的特点就是理智，他们习惯性地和蔼可亲，幽默风趣，与日本人进行贸易的西方民族相信日本人把情义的观念做到了极致：在危险中保护朋友，即便自己遭遇折磨和死亡，也不出卖朋友。

朝鲜

第239章

朝鲜

朝鲜是亚洲东海岸的一个半岛，东临日本海，南濒朝鲜海峡——将朝鲜与日本的九州分开，西临黄海——将朝鲜与中原地区隔开。它从南向北，从北纬34°延伸至北纬43°，长约760英里。横向位于东经124°和东经134°之间，宽约100~200英里。朝鲜的国土面积约有9万平方英里，比大不列颠岛还要大一些。周围的海域遍布岛屿，这些岛屿海岸高耸，岩礁林立，其中一些有人居住。

因为纬度较高，朝鲜是一个比较寒冷的国家。北方的河流在一年中有4个月都被冰覆盖，只能沿着河岸地区种植大麦。即使是在京畿道附近的河流，也会结上厚厚的冰，马车可以从上面轧过。夏天似乎也不那么热。在东部沿海，经常起雾，拉彼鲁兹海峡[1]的大雾之厚，与拉布拉多沿海地区相当。

---

① 拉彼鲁兹海峡，即现在的宗谷海峡。——译者注

朝鲜半岛广泛种植水稻、棉花，出产丝绸，这些都被用于纺织，并以制成品的形式出口。这一地区也种植大麻①，北部地区还会采集人参。全国各地都种植烟草。

山上的牧场里有很多牛马。马匹出口到中国。北部地区出产黑貂和其他动物的毛皮。西伯利亚虎是一种本地的虎种，它的毛比孟加拉虎的要长而密。在东海岸，鲸鱼数量众多。朝鲜矿物丰富，中国地理著作上记载它富含金、银、铁、盐和煤等矿产。

居民也属于蒙古人种，与中国人和日本人相似，但是他们更高、更结实。其中一些人的外表似乎表明了他们的不同起源。他们说的是一种不同于汉语和满语的语言，尽管其中包含许多汉语词汇。他们也有不同的书写方式，尽管汉字在上流社会中普遍使用。在习俗和文明上，他们很像中国人，也像佛教徒。教育被高度重视，在上层阶级中尤其如此。他们似乎有自己丰富的文学作品，但是他们的语言在欧洲几乎不为人知。山谷似乎人口众多，然而，我们对内陆知之甚少，到目前为止还没有人估计出他们的人口数量。

京畿道是他们首都汉城②所在的省份。汉城位于汉江以北几英里处，是一片相当大的区域，据说拥有一座规模可观的图书馆，国王的一个兄弟任图书馆馆长。锦江口——位于北纬34°至北纬35°之间——在西海岸，据说有一个非常宽阔的港口。

釜山是朝鲜半岛东南端的一个海湾，与日本的对马岛相对，在海湾的最凹处建立了倭馆，与日本进行着活跃的贸易，是唯一允许

① 不是毒品大麻，而是纺织用的麻类植物。——编者注

② 汉城，即现在的首尔。——编者注

日本人进入的地方。

朝鲜的手工业，似乎并不比中国和日本逊色多少。主要的产品有棉布和棉纸，被大量运到北京。出口的其他制成品有素色绣花丝绸和垫子。他们在炼铁方面已经有了相当高的技术，把剑和其他物品一起送给中国皇帝作为贡品。

没有哪个国家比朝鲜更不容易让欧洲人接近的了。朝鲜不允许欧洲人在朝鲜海岸的任何地方停留，哪怕是几天。不知道实施这项政策的原因是什么。这个国家的对外贸易仅限于中国和日本，即使是这两个国家，也被以一种非常奇怪的方式进行限制。

中国和朝鲜之间不允许海上往来，因此所有的商业活动都得通过一条沿海通往辽东凤凰镇的路，但是道路狭窄，途经区域广袤，而且根据中国皇帝的命令，这条路必须保持无人居住，因此成为无数凶禽猛兽的栖息地——旅客们非常害怕从这条道路上通过。商业活动主要是在冬季进行，那时黄海沿岸浅滩被冰覆盖，比糟糕的山路更有利于货物的运输。除了上述制成品，黄金、白银、铁、大米、水果、油和其他一些物品都是通过这条路运到北京的。我们不知道朝鲜人得到了什么回报。

朝鲜与日本之间的商业往来仅限于对马岛和釜山湾之间，而且由日本商人进行，他们在这两个地方都有自己的仓库。朝鲜人进口苏木、胡椒、明矾、鹿皮、水牛皮和山羊皮、日本制造的产品，以及荷兰人从欧洲带来的产品；作为回报，他们得到了朝鲜的手工业产品和其他一些物品，尤其是人参。

朝鲜最早的居民是鲜卑人，大约在公元前3世纪中叶，鲜卑人的一些分支变得非常强大。4个世纪后，朝鲜人的一位首领统一了各个部落，教化了他们，这位首领于是成了1 400个部落联盟的首领。200年至400年，朝鲜人在中国北方建立了4个小王国。①

公元前1100年，朝鲜的鲜卑人主要生活在高丽北部地区，并与半岛南部的另一个民族融合，那些人在生活方式、习俗和衣着上跟日本人都极为相似，很有可能是日本族裔。

中国的历史学家说，商朝末代君王的一个亲戚箕子，因为他不赞成君王的行为而被关在监狱里。武王伐纣成功后，了解到箕子的德行，想让他出任自己的宰相；但是箕子勇敢地回答说，到现在为止，他一直在为商朝服务，他的家族从商朝那里得到了全部的荣耀，尽管武王具有伟大的品质，但他自己永远也不能为毁灭商朝的人服务。武王非但没有反对箕子这种慷慨的情怀，反而认为自己应该感谢他，于是在公元前1122年封他为朝鲜西北地区的国王。

箕子来到这片地区，为他的新臣民制定法律，并使他们文明起来。他的继任者的名字和事迹不为人知，他们一直统治着这里，直到燕国征服了他们。秦朝灭亡后，许多中国人迁徙到朝鲜。公元前108年和668年，中国的皇帝两次征服了朝鲜北部。朝鲜内部建立了几个小王国，有时独立，有时臣服于中国或日本。这些小国中的一个延续到935年。由于传承了中国的文明，因此他们采用了汉字，直到374年，才为自己语言的发音发明了音节表。从372年到384年，佛教传入了朝鲜大多数的小王国，只有一个小国直到528年佛教才传入。

---

① 作者此段关于朝鲜的记载与中国史书的记载有较大出入，读者阅读时需加以注意。——编者注

此后，朝鲜地域先后被日本人、中国人所征服，而中国人一直拥有朝鲜的宗主权。朝鲜的国王和中国的其他附庸国王一样，每年都会向北京进贡和派遣使臣，但他们并没有受到区别对待。据说他们还向日本进贡，如果是这样的话，可能只是南部省份所为。

朝鲜国王在自己的国家拥有绝对的权力。他有一个华丽的宫廷和无数的妻妾。除了上缴巨额的税收，臣民每年还有3个月的劳役，他还按照类别收取所有产出的1/10供自己享用。贵族在自己分封的地区行使着极具压迫性的权力。众多的军队装备有步枪、弓箭和鞭子。朝鲜造的战舰比中国的好，舰上装有大炮。据说陆军有50万人，海军有200多艘战舰。

阿富汗

第240章

阿富汗人的起源及被异族统治

（682—1709）

阿富汗是古代阿里亚的一部分，北接兴都库什山脉和独立鞑靼，东邻印度，南接俾路支斯坦，西邻波斯。这是一个多山的地区，山谷与广阔的平原交织在一起。许多地方都覆盖着茂密的松林和野生橄榄树，其他地方寸草不生，或者只能为羊群提供一块贫瘠的草场。兴都库什山脉形成了这一地区的地貌特色，它从4个范围不同的较低地区上升，直入云霄。

山脉最低处是橡树林、松树林、野橄榄林和各种其他树林，出产几乎所有种类的水果，以及许多最珍贵的草本植物和最丰富的花卉。两边是沟壑密布的峡谷和山涧，每一座山谷都有自己的溪流浇灌。第一条山脊脚下的土地都被精心培育；第二条山脊除了山顶，树木极为茂密；第三条山脊植被较少，相对裸露；第四条山脊构成了巨大的喜马拉雅山系，雄伟的山峰高耸入云，终年积雪。这里的空气极为清明，在250英里的距离外都可以看到这些山脊和山洞。

阿富汗的领土面积是30万平方英里，人口有600万人。阿富汗的政治区划并不确定而且多变。阿富汗本土据说被分成7个省。锡斯坦是一片广阔的领土，但大部分是沙漠，城镇都很小。各省由汗或酋长统治。阿富汗国王的权力有限。

阿富汗人是一个非常古老而又奇特的民族。尽管他们相信自己是古希伯来人的后裔，但他们的起源并不确定。在波斯历史上，据说阿富汗这个名字源于一个名叫阿富汗的人，他是以色列人扫罗的孙子，他的后代在耶路撒冷沦陷时被掳走，被征服者安置在古尔、喀布尔、坎大哈和伽色尼的山区。然而，我们没有足够的证据证明这一谱系的真实性。希腊作家给这个地区起了帕罗帕米苏斯（兴都库什山）、阿里亚、阿拉霍西亚和德兰吉亚那等名字。他们对早期居民知之甚少，对他们的历史一无所知。亚历山大很可能是在进军印度时经过阿富汗领土的北部，但我们没有看到对此事的确切记载。在此之前，这片地区属于波斯；在此之后，则归属于希腊-巴克特里亚王国，再后来又归属于帕提亚。

阿富汗的名字不被这个国家的土著所承认，但是他们的波斯邻居却用它来称呼他们。他们的准确称呼为普什图人。印度称他们为帕坦人。他们可能具有阿拉伯血统，而且跟阿拉伯人一样，分成多个部落。东方历史中提到，苏尔和洛迪的阿拉伯酋长，在国王的命令下，于682年同阿富汗领袖的女儿联姻。波斯历史学家费里希塔提到，阿富汗人在萨拉森人征服的早期就抵挡住了他们的进攻。到9世纪，阿富汗人服从于波斯萨曼王朝统治者；尽管伽色尼的苏丹马哈茂德来自另一个民族，但他和他建立的强大帝国无疑在很大程度上

阿富汗人

被阿富汗山区的顽强军队所抵挡。

成吉思汗和帖木儿率领的蒙古人获得胜利，马哈茂德的王朝被摧毁，这个国家连同印度都成为莫卧儿帝国的一部分。阿富汗的喀布尔成为莫卧儿帝国的一个都城，也是蒙古人最伟大的君主之一巴布尔最喜欢的居所。当莫卧儿帝国四分五裂之后，顽强的阿富汗山地人毫不迟疑地重申了他们的独立地位。尽管阿富汗部落诞生了许多强大王朝的缔造者，但他们个人却很少满足于在自己的土地上定居。当古尔部落、吉尔扎伊部落和洛迪部落得到权力时，他们便举兵向东，在印度建立了王朝。因此，阿富汗几乎一直是附近帝国的一个省份或者附庸，尽管这一地区多山的特性和人民勇敢独立的精神，经常让他们勇于对抗强权，为入侵者制造巨大的障碍，但没有一个中亚的征服者没有征服过这个国家，至少让它沦为名义上和暂时性的附庸。

阿富汗长期被波斯和印度两国的君主瓜分，但那里的居民一直是动荡和危险的臣民。吉尔扎伊和阿卜达里部落在阿巴斯大帝统治时期，即17世纪早期，成为波斯的臣民。阿巴斯采用开明政策维持了短暂的安宁，他的继任者与印度的阿富汗人经常发生冲突。阿富汗人利用两大强国的平衡，在很大程度上保持了独立。最后，在波斯总督乔治汗的暴政下，阿富汗爆发了公开起义，在一个勇敢而狡猾的首领米尔维斯·霍塔克的领导下，阿富汗人处死了这位可恶的总督，并在被外部怀疑起义之前就占领了坎大哈要塞。

第241章

阿富汗的独立及英国的入侵

（1709—1842）

阿富汗人要再次争取他们的独立。米尔维斯开始用各种手段加强自己的力量，而软弱无能的波斯宫廷则试图通过谈判恢复他们的统治权。起义者被一系列的军事胜利所鼓舞，1709年，米尔维斯在自己的家乡坎大哈称王。他怀有实现更伟大目标的理想，但在计划付诸实施之前，他就去世了。

他留下两个儿子，大儿子只有18岁。由于他们太年轻，国家大权被交给了他们的叔叔阿卜杜勒·阿齐兹。他是个胆小怕事、犹豫不决的人，但米尔维斯的长子马哈茂德却有一种适合作为领袖的凶猛精神。

马哈茂德很快发现，全国上下普遍存在着对他叔叔的不满情绪，他便认为是时候夺回本该属于自己的权力了。他召集了一帮追随者，占领了宫殿，进入阿卜杜勒的房间，亲手将他处死。他的朋友们立刻欢呼，拥他为王，此时皇家音乐响起[①]，聚集在一起的酋长们在考虑了死者的行为之后，认为他罪有应得，并宣布立马哈茂德为王。

波斯本身的麻烦给了马哈茂德充足的时间，他不仅稳固了手中的权力，还使他父亲的计划成熟起来。他决定入侵波斯。在讲述波斯的历史时，我们已经叙述了他入侵的成功，以及后来马哈茂德的死亡。马哈茂德的堂弟，也就是阿卜杜勒的儿子阿什拉夫·霍塔克继位。在他统治期间，阿富汗人被纳迪尔沙驱逐出波斯，前面已经讲述过了。

纳迪尔沙于1747年被刺杀，这给阿富汗人带来了摆脱波斯人枷锁的机会。一个名叫艾哈迈德的阿富汗人占领了坎大哈，并幸运地拦截了一艘从印度开往波斯海岸的财宝护卫舰，他得以增强自己的实力，于1747年10月称王。他证明了自己是一位极具才干的君主。他为消灭阿富汗部落的内斗而采用的最有效的手段是向外征服，这使他们的军事天赋得到发挥，并满足他们对掠夺的热爱。印度既富有而人民又软弱，是一个很有吸引力的掠夺对象，艾哈迈德立即发动入侵。在第三次帕尼帕特战役中，他打败了正要夺取莫卧儿帝国权力的马拉地人。他的成功使他成为印度西部最好省份的主人，并建立了他对拉合尔、木尔坦、克什米尔和巴尔赫的统治。喀布尔王国，也被称为喀布尔帝国，因此成为亚洲最强大的君主国之一。艾

① 大多数亚洲国家都精心保留着皇家使用某种特定音乐的权力。不同的阶层被允许使用不同的乐器和一定数量的乐师。皇家乐队是一个特殊的团体，需要在所有重大场合演出。在战争中失去这样的一支乐队，相当于在欧洲失去了一个王室成员。——原注

哈迈德于1773年去世。

他的儿子帖木儿继承了他的王位。帖木儿是一个懒惰的人，他统治的20年，其间充满了叛乱和阴谋，这大大削弱了国王的权力。帖木儿于1793年去世，泽曼·沙继位。但是他被拥有皇家血统的诸侯马哈茂德废黜了，还被刺瞎了双眼，但是马哈茂德也被受害者的兄弟苏贾·乌穆尔克赶下台。这种政变不断恶性循环，使这个王国多年来困扰于派系斗争和各种阴谋。

1838年，在位的君主多斯特·穆罕默德与旁遮普印度王公兰吉特·辛格发生冲突，而兰吉特·辛格已经与英国结盟。英国抓住这个机会入侵阿富汗，一支2.6万人的军队沿着坎大哈的路线进入了阿富汗的中心地带。英国人把被多斯特·穆罕默德驱逐出境的前任国王苏贾·沙重新加冕为王。他们在一些大城市里驻军，但在1841年，阿富汗人发动起义，杀死了英国驻阿富汗的代表威廉·迈克诺滕爵士，并将所有英国军队赶出了阿富汗。作为对这种侮辱的报复，英国军队在1842年第二次入侵阿富汗，并施行了许多暴行，摧毁了喀布尔的大部分地区以及许多城镇。这些复仇行为给英国侵略者带来的唯一好处就是救出了仍然被扣留在阿富汗的英国俘虏。入侵的英国军队撤出后，阿富汗人获得了最初的独立，此后他们继续保持自己的独立。

第242章

阿富汗的文化（上）

阿富汗由许多部落组成，他们声称有着共同的起源，形成了一个在性格、外表和习俗上与周围的所有民族有很大差异的民族。与此同时，这一地区民族之间存在的多样性也同样引人注目。他们被分成两大类别：帐篷居民和房屋居民。在王国西部，帐篷居民被认为占据人口的一半；在东部地区要少一些，但仍然人数众多。阿富汗人普遍对畜牧生活有着强烈的依恋，很难让他们放弃这种生活。与欧洲流行的品味相反，他们蔑视城镇中的居民，以及在那里从事的职业，因此他们会把城镇留给低等的和外来的民族。

从个人方面看，阿富汗人大多身材健壮，脂肪较少，肌肉发达，颧骨高，脸长。他们通常拥有黑色的头发，留着又长又厚的胡须，尽管他们会将头的顶部剃光。西部的人比东部的人强壮；东部的人具有更强烈的民族特色，他们通常肤色黝黑。

阿富汗的主要城市有坎大哈、加兹尼、喀布尔和白沙瓦。坎大哈古城坐落在一座高高的岩石小山上，但是纳迪尔沙占领了这座城堡之后，不愿将如此坚固的堡垒留在他不信任的人民手中，便摧毁了它，并在平原上建立了一座新城市，他称之为纳迪尔拉巴德。这座城市由艾哈迈德·沙完成，就是现在人们所熟知的坎大哈。城市建造规则，周长大约3英里，有5个大型集市。一座清真寺和艾哈迈德·沙墓是它唯一的建筑装饰。它位于连接波斯—印度的路线上，是一个重要的贸易中心。

古加兹尼遗址与坎大哈的繁荣景象形成了鲜明对比。现在这座城市里，能够展现马哈茂德辉煌荣耀的遗迹已经不多了。“幸福宫”就像其他关于人类幸福的快乐幻想一样，已经成为过眼云烟；而藏着尸骸的阴暗陵墓，给国王的骄傲赋予显著的寓意。这是一座宽敞但并不宏伟的建筑，几年之后，索姆纳特寺的檀香木门便被征服者作为战利品从印度带回装饰这座建筑。后来，根据英国政府的命令，这些大门又被送回原来的地方。两座高达100英尺的高塔仍保留在加兹尼，以纪念著名的名为“天国新娘”的清真寺；那里剩下的一堆堆垃圾和废墟，都是曾经装饰这座东方首都的豪华浴场、商队、学院和其他高贵建筑的遗迹。现在的城市耸立在高处，约有1 500座房屋，四周都是石墙。

喀布尔是阿富汗现在的首都，位于一个海拔6 000英尺高的地方。它虽然不是一座大城市，却是一个建筑紧凑而漂亮的地方。房屋大多为木质结构。周围环绕着花园和果园，有小溪浇灌，多彩多姿的花卉远近驰名。盛产的水果受到高度评价，它的气候和景色在东方无与伦比。巴布尔墓是那里最美丽、最吸引人的景点之一。它位于城市附近的一个突出的高地上，四周花团锦簇，景色优美。

白沙瓦位于一个美丽的平原上，人口约有10万人。房屋由生砖砌成，大多为3层。街道铺上了砖石，但很窄。小溪在柳树和桑树的衬托下流过城市。街上和集市上挤满了说着各种语言的人，商店里摆满了琳琅满目的商品。周围山区居民的各种服饰，与印度、波斯和鞑靼人的交织在一起，使整座城市如诗如画。

虽然这个国家被称为一个王国，但阿富汗各部落在很大程度上仍然没有融合在一起，每个部落都有自己独立的领土，都保留着父权制的政府形式。每一个部落或部落分支都有自己的直系祖先，并构成一个完整的自治政区体系。每个地区都有自己的部落首领，称为“白胡子”。更高一级的显赫人物被称为“汗”，有时由国王任命，有时由人民选择。这个王国的政治体制有自己的独特之处，使其与几乎所有其他亚洲君主政体相区别。统治权不是由国王或贵族垄断，而是被注入大量的民众元素。在每一个部落中都有一个代表大会，未经同意，汗不能采取任何行动。部落对公众的依赖比对酋长的依赖要多。部落之间有时会进行战争。他们对国王唯一的依附表现在提供贡品和作战部队上，而这两样东西都很不容易得到。王国的岁入约为1 000万美元。国王有任命官员、决定和战的权力，但他很少在没有贵族一致同意的情况下行动。王位在家族中是世袭的，但具体到某个人的时候则是选举产生的。

在大城市及其周边地区，君主的权力要大得多；但是南部原始荒芜的土地则留给了自行其是的酋长或无法无天的强盗。世仇的盛行以及对短途掠夺的热情，不仅使人们善斗，而且使军事机构不可或缺。这支军队中最正规、最有效的部分由古兰人组成，古兰人一部分由军事冒险家组成，另一部分由持有土地或军役领地的人组成。他们形成了一支纪律严明的部队，约有1.3万人。多拉尼是一种高地民兵，有1.2万人，他们在自己酋长的旗帜下战斗。其他诸部落的兵力要多得多，但是，除非是为了用于地方，或是有特殊的掠夺前景，否则他们很难被抽调出来。他们使用的武器一般是步枪和马刀。

阿富汗人的既定宗教是伊斯兰教，但他们对其他宗教的容忍程度甚至超过了波斯。阿富汗人都是逊尼派的信徒。印度人只需缴纳一点儿税，就可以在城镇里居住，不受骚扰。基督徒的信仰既不受迫害也不受指责。阿富汗人不为神职人员提供物资供应，毛拉①的生活完全靠个人捐赠来维持。他们形成了一种被称为乌力马的自治团体，在动荡的局面中努力维护自己的权力。他们有时会拿起武器，在大城市附近聚集数千人，尽管他们的实力无法与阿富汗战士相媲美，但他们却受到了民众迷信般的敬畏，民众更相信他们的观点。在农村地区，他们更受尊敬，通过促进和平、灌输道德义务，让自己对这些未开化的人真正有用。

① 毛拉，伊斯兰国家对人的一种敬称，也是伊斯兰教职称谓。——编者注

第243章

阿富汗的文化（下）

虽然这个国家的很大一部分是山区和贫瘠之地，但在地势较低的斜坡和高原上也有部分肥沃的土地。积极勤劳的阿富汗人没有忽视这些自然优势。

跟所有温带的国家一样，灌溉是农牧业最重要和最艰苦的部分。不仅是挖运河把河流的水引到田里，而且水井里的水常常被抽到贮水槽中，输送到耕地里。

种植的主要作物是小麦和大麦，小麦供人食用，大麦用来喂马。水果和蔬菜的产量极高，价格便宜到令人难以置信。

阿富汗人没有把他们的勤劳运用到手工业上，只生产一些用于家庭消费的粗纤维。这个国家的地理位置导致其无法进行海上贸易，只能与邻国进行大量的内陆贸易。

在路线通畅的情况下，往往通过骆驼商队的方式进行；但在阿富汗的崎岖山区，则只能使用马匹来驮运。阿富汗人出口水果、阿魏[1]、茜草和一些毛皮。

几乎每一个村庄的附近，都有一座汗的城堡——一座为隐私而非力量建造的大楼——这里有几间公寓，供汗的家人和受养人居住；还有存放财产的仓库以及马厩。其中一间是一个厢房，专门用来供旅客休息，村民们聚集在那里听新闻，并与陌生人交谈。汗一般都是冷静、正派、温和、朴素之人，他们对部属态度温和，作为回报，部属也会尊重和敬仰他们。

阿富汗语或普什图语有着自己原始的基础，加入了大量波斯语、古波斯语和梵文词汇。波斯语字母用于书写。尽管阿富汗人还没有培养出任何一位在名望上能与波斯和印度媲美的作家，但全国各地普遍存在着对知识的渴求。人们普遍爱好诗歌，镇上有相当一部分人把公开朗诵诗歌当作一种固定的工作。学者们研究波斯语和阿拉伯语。白沙瓦有一所享誉全国的神学院，但是很多学生都去布哈拉。

阿富汗的主体民族是一个冷静而温和的民族，由于食物极其廉价，使得他们生活得较为富足。他们非常好客，即使是一个穷人，当他有能力宰杀一只羊时，也会邀请邻居分享。常见的食物是羊肉和蔬菜，饮品是乳酪。在有钱人的餐桌上，波斯风格的盘子中装满了经过高度调味和各种方式烹饪的肉，并用金银叶加以装饰。阿富汗的服饰与印度轻薄、宽松、飘逸，使身体大部分裸露的长袍形成了鲜明的对比。它由一条黑色棉布制成的宽松裤子、一件像马

① 阿魏，是原产波斯东部及阿富汗的植物树脂，加热后会产生类似洋葱的香甜味道，波斯人称它为“神赐食物”。——编者注

车夫罩袍的大衬衫，以及一顶低檐帽子组成。一件柔软的灰色毛毡斗篷，或者说是鞣制的羊皮，里面有羊毛，披在肩上。在较高等级中，天鹅绒、细披肩布和丝绸代替了这些粗糙的材质。几乎所有人都穿靴子，没有靴子任何人都不准出门。珠宝常被用来装饰盔甲。女性的服饰由天鹅绒、披肩布或丝绸制成的短上衣和长裤组成。威尼斯风格的亮片串、金银链和耳环是最受仰慕的装饰品。这就是阿富汗人通常的着装，但会因为同外国的交往或特定部落品位的变化而产生变化。

居住在城镇的女性谨慎而与世隔绝，但居住在乡下的女性享有更大的自由。当阿富汗人为自己购买妻子的时候——一种亚洲人的常见做法——妇女普遍会受到良好的对待，但在某种程度上她被视为个人财产。丈夫可以随意和妻子离婚，妻子只能以正当理由起诉离婚。男人的结婚年龄是24岁，女人是16岁；那些穷得买不起老婆的人，可能到40岁才能结婚。在城镇，求爱和结婚的方式与波斯人没有什么不同；在乡村，女性都不需要戴面纱，而且对年轻人的交往也没有什么限制，所以谈婚论嫁也跟西方差不多，根据双方的喜好来进行。一个有进取心的情人，可以在没有女方父母同意的情况下，剪掉她的一绺头发，扯下她的面纱，或给她披上一张床单，宣布她是他的未婚妻。阿富汗人中一夫多妻制的情况比其他伊斯兰教的国家少，可能是因为他们的贫穷。一个贫穷的男人娶一个妻子就满足了。富人可以有4个妻子。

孩子们是以伊斯兰教惯常的方式接受教育的。贫穷的父母会把他们的孩子送到毛拉那里去学习祷告和《古兰经》。富人请神职人员到家里来当私人教师。每一个村庄和营地都有一位校长，他享受分配给他的那部分土地，并从学生那里得到一小部分馈赠。当他们学好既定知识后，会去某座城市，一般是白沙瓦，学习逻辑学、神学或法律。

阿富汗妇女的状况与亚洲其他地区几乎相同。富有的妇女过着清静的生活，享受与其生活地位相适应的一切奢侈品。贫穷的妇女则从事家务劳动，于田间劳作。在城镇里，她们像在波斯一样，通常用一张白色的大布片把整个身体包裹起来；在乡下，她们就不这样包裹自己了。当一个女人看到一个和她没有亲近关系的男子走近时，必须遮住自己的脸。

阿富汗人喜欢各种喧闹的娱乐活动，尤其是那些需要大量展示身体活力的娱乐。全国各地都有打猎的习惯，他们追求这种消遣的方式，不仅有跟西方人一样的形式，还有他们自己特有的方式。有时，整个社区聚集成一个圈，把属于某一地区的所有猎物都驱赶到一起。在村庄里，人们喜欢跳一种充满活力、嘈杂的舞蹈，舞蹈动作相当激烈，男女都会参与其中，并以此获得极大的乐趣。阿富汗人也喜欢斗鸡，以及斗鹌鹑或者斗其他的动物。成年人也有弹珠、单脚跳跃和其他消遣娱乐方式，但我们认为这些消遣方式只适合儿童。不活动的时候，他们喜欢坐着聊天，时不时地将烟斗传来传去，但他们最喜欢的吸烟方式是吸鼻烟。他们很爱交际，喜欢参加宴会。晚饭后，他们通常抽烟，或围成一个圈，讲故事、唱歌，并用吉他、小提琴和双簧管等类似的乐器伴奏。他们的故事，就像《天方夜谭》一样，一般都是关于国王、维齐尔、精灵和仙女的，总是以道德训诫作为结尾。在讲述故事的过程中，所有人都静静地坐着，在结束时，总会听到一声：“啊！真不错！”

俾路支斯坦

第244章

俾路支斯坦

（前320—1843）

俾路支斯坦，北接阿富汗，南临印度洋，东邻印度，西接波斯。古人称之为格德罗西亚。它一度被认为是波斯帝国的一部分，后来又被视为阿富汗的一部分。最近人们发现，它对喀布尔国王的依附只是名义上的。因此，地理学家现在将其视为一个独立的国家。一般来说，这是一个高原多山的地区，被兴都库什山脉的一个分支横穿。中部地区被数百英里的广袤沙漠所占据，北部边界也是沙漠。河流几乎都是急流，在雨季会有大量的水流流入海洋，但在其他时候，只能以干枯河床上的石头来分辨河道。

我们对这个地区的植物性出产知之不多。罗望子、枣、桑树、柚木、车前草、无花果和核桃，根据气候的不同而分布在不同的地区。桑葚晒干后被磨成粉做成面包，而阿魏作为食物备受推崇。这里的土地还出产小麦、大麦、大米、棉花、槐蓝和烟草。

西北地区饲养的马匹出口到印度，在低地地区有单峰骆驼，在山区有双峰骆驼。俾路支斯坦的领土面积为15万平方英里，人口估计在200万~400万人。

这个地区应该就是《以斯帖记》中波斯君主所统治的“从印度到埃塞俄比亚”的127个省份之一，它古代的历史几乎是一片空白。在古代作家笔下，除亚历山大从印度返回时穿越过这片地区，再没有与此有关的记载了。在它的边境地区，亚历山大发现那里人口稀少，气候极为炎热，缺少食物和水。他往海滨地区行进，发现那里也只有少数的居民，靠打鱼为生，住在贝壳和鱼骨做成的小屋子里。

随着军队的前进，他们的困难和痛苦不断地增加。松软的沙丘几乎难以前进，马和骡子因疲劳和干渴而死。由于太阳的酷热，行军只能在晚上进行。马其顿人在穿越格德罗西亚沙漠的过程中所遭受的损失和痛苦，比他们在前一年越过赫勒斯滂入侵亚洲时所遭受的困苦要大得多。

从印度河出发，经过60天的行军，亚历山大终于到达了一个叫普拉的地方，这里被称为格德罗西亚的首都。在当地的语言中，“普拉”的意思仅仅是一个城镇而已。它位于一个令人愉快的聚居区里，久经磨难的马其顿人在经历了无与伦比的劳累之后，可以暂时休整一下。格德罗西亚由一位波斯总督统治。这就是我们所知道的关于俾路支斯坦古代的历史。

俾路支斯坦的近代史同样是一片空白。这一地区曾被阿拉伯和蒙古征服者的军队横穿而过，后来它在名义上成为莫卧儿帝国的一部分。18世纪中叶，它是纳迪尔沙的附属国。在后来的一段时间里，一些俾路支人入侵了毗邻的信德地区，并在那里建立了自己的领地；但在1843年，他们被英国驱逐出去。[①]

关于俾路支人的社会和政治状况，我们几乎没有什么令人满意的信息。这个国家名义上的国王是卡拉奇汗，在西部的一个小省，有一个同名的城镇，大约有1.2万居民，是俾路支斯坦唯一一个颇具规模的城镇。另一个叫鲁萨的省有自己的世袭君主；第三个省——马克兰的汗似乎是独立的，或因众多小酋长的纷争而四分五裂。汗对自己领地的人民拥有绝对的权力。

居民通常被分为正统俾路支人和布拉灰人，但前者实际上是由许多部落组成的，彼此之间也不尽相同。布拉灰人可以被认为是俾路支斯坦的鞑靼人，他们随着季节的变化在全国各地从一个牧场到另一个牧场进行游牧，冬天在毛毡帐篷或山羊毛帐篷下挤在一起。这些人的文明程度随着距离印度的远近而增减。除了土著部落，在俾路支斯坦还有许多印度人，他们掌握着当地的财权。

热情、勇敢、纵欲、一夫多妻——在文明的较低阶段，所有能够区分人类好坏的这些东西——都可以在俾路支人中找到。除了军事活动，他们的主要娱乐活动是赌博。他们喜欢听吟游诗人的歌唱，其中一个部落的职业是在手鼓、铙钹或吉他的不和谐音乐中大声唱出他们的家谱。男性穿着棉上衣和宽松的裤子，腰间围着围巾或披肩；冬天，会加上一种毛毡或粗布制成的连帽长外套。妇女们用一块布料把自己裹起来，就像阿富汗妇女一样。她们是男人的苦力，但对主人的决策有一定的影响。

---

① 1839年，英国第一次入侵阿富汗后，占领了俾路支斯坦，使其成为自己的保护国。——编者注

俾路支人的一些风俗习惯似乎表明他们起源于犹太人，这一观点也由他们的外貌所证实；但他们拒绝接受这一观点，并认定自己拥有阿拉伯血统。在宗教上，他们是逊尼派穆斯林。手工业处于非常低级的阶段。他们把山羊和骆驼的毛编成绳子，织成粗布。用羊毛制成衣服，用茜草和其他土产染料染色。赫拉特制造一些火绳枪和其他武器。俾路支人会进行一些贸易，他们用黄油、皮革、羊毛、药物、水果等交换大米、英国与印度的工业制成品和马斯喀特的奴隶。

印度

第245章

印度是一个什么样的地方？

印度是一个广袤而著名的国家，北接中国，东邻缅甸、阿萨姆[1]及孟加拉湾，南临印度洋，西临阿拉伯海、俾路支斯坦、阿富汗。南北长约1 800英里，最大宽度1 500英里，国土面积140万平方英里，人口有1.4亿人。

世界上最高的山脉喜马拉雅山脉沿着印度北部边界延伸，将其与中国西藏和鞑靼地区分开。珠穆朗玛峰是喜马拉雅山脉的最高峰，海拔约2.9万英尺——将近6英里。这些山峰从高原地区逐渐上升，形成了几条平行的山脊，山顶终年积雪。沿着印度西海岸，有一系列山脉被称为西高止山脉，海拔约1万英尺；东部海岸有一条海拔较低的山脉，称为东高止山脉。

---

① 阿萨姆，位于中国、缅甸、孟加拉、不丹、印度的交会处，1947年成为印度的阿萨姆邦。——编者注

恒河岸

印度的主要河流是恒河，发源于喜马拉雅山，在山间蜿蜒800英里后，又延伸到开阔的土地上。流经1 300英里，穿过宜人的平原，分出无数支流，注入大海。三股不同的水流交汇在恒河入海口，沉积出一个长200英里的三角形岛屿。西部支流叫作胡格利河，可以通航。恒河被印度人认为是圣河，他们相信恒河有净化人类每一种罪恶的能力，因此是最崇高的崇拜对象。这条河的整个可航行的区域，以及它流经的广阔领土的上千百万居民，都在英国人的统治之下。

恒河由11条规模颇大的支流汇入。每年7月和8月，由于北方的降雨和融雪，恒河都会发生洪水。

印度的另一条大河是印度河，或称信德河，发源于喜马拉雅山北坡的西藏，随后转而向南，穿过山脉，注入阿拉伯海。印度河长约2 000英里，主要的支流为旁遮普河，它由5条河流汇合而成，其中最重要的是萨特累季河以及杰赫勒姆河。印度南部的主要河流是讷尔默达河、戈达瓦里河和克里希纳河。

印度北部多山，崎岖不平。恒河流域是印度的主体地区，它由一片长1 200英里、宽400英里的肥沃平原组成。在那片平原上，恒河以平静而均匀的水流流过。西部是印度大沙漠，长600英里。北面

檀香树

是旁遮普地区，富饶程度可与恒河流域相媲美。讷尔默达河周围是印度中部的一片平原，海拔1 200英尺。再往南是德干高原，地势更高。在高原的东西两侧，下沉为较为平坦低下的平原。

印度的气候呈现出一种强烈的反差。广袤的平原几乎永远是夏天，茂盛的植物和炎热的气候可以让那里的人们收获两季。印度中部高地出产温带气候的产品。北部高地有大片的冷杉林，山顶是永恒的严冬。南部平坦地区炎热且不宜居，一年分为三季：雨季、寒季、热季。6—10月为雨季，11—2月为寒季，3—5月为热季。

没有哪个国家的植物产品比印度更为丰富，那里有柚木、檀香木、可可树、槟榔树、榕树等。水果种类繁多，最美味的是橘子、柠檬、香橼、枣、杏、芒果、菠萝、甜瓜、石榴等；芳香植物遍地皆是。在一些地方，大片的土地上覆盖着难以穿越的多刺灌木和藤条，被称为丛林。这些是各种野生动物的栖息地。

石榴

动物的种类繁多。大象

数量众多，既有野性又温顺，自古以来它们就被训练为人类服务，既用于战争和打猎，也用于更安静、和平的驮物和旅行。印度特有的孟加拉虎，在体形和力量上略逊于狮子。此外还有犀牛、狮子、熊、金钱豹、猎豹、黑豹、狐狸、羚羊、各种各样的鹿、印度大羚羊、野牛、牦牛——印度著名的四足动物。森林里有很多猴子，沼泽地里有巨大的鳄鱼和蛇。在丛林和森林中，我们可以找到种类繁多、羽毛各异的鸟类。

孟加拉虎

印度豹（猎豹）

印度矿产丰富。铁、铜和铅储量较多，但矿藏很少被发掘。在克里希纳河和戈达瓦里河流域的几个地区，人们可以通过洗沙获得钻石。戈尔康达是钻石和其他宝石的打磨地，长期以来一直是这些珍稀产品的市场。

水牛

在印度南部有一座美丽的

岛屿——锡兰岛，长约300英里，宽90~100英里。海岸地区低平，岛内山峦叠嶂，山岭既不太高，也不太低。岛上出产优质的水果，尤以桂皮闻名。岛上的主要城市科伦坡有5万居民。土著居民被称为僧伽罗人，居住在山区；被称为康提人的居民占据了内陆。这座岛现在属于英国。传教士在这里取得了成功，许多英国人在这个地区定居下来，并引入了欧洲的改良基建，建设了很多优良的公路，甚至铁路。

马尔代夫群岛位于印度西海岸，由四五十个小岛组成，有些居民居住在其中一个最大的岛屿上，岛有3英里长。再往北是一群浅滩和岛屿，叫作拉克沙群岛，由酋长统治，附属于英国人。

印度地区的政治区划如下：

1.尼泊尔王国，是一个独立的国家。

2.葡属印度，西海岸的一小块领土，位于果阿附近。

3.法属印度，由东海岸本地治里附近的小片地区组成。

4.丹属印度，由孟加拉的塞兰坡组成。

5.英属印度，包括孟加拉、马德拉斯、孟买等地；信德最近被征服并被并入了英国领地，而旁遮普地区，或称拉合尔王国，最近从锡克人手中夺取，也被并入英国领地。下列地区都是英国的附庸。

特拉凡哥尔和交趾支那①

尼扎姆的领地（海得拉巴）

迈索尔

奥德

① 交趾支那，位于越南南部、柬埔寨之东南方。——编者注

辛迪亚

贝拉尔

霍尔卡

巴罗达

库格

卡努尔

锡金

博帕尔

萨塔拉、克拉普尔等

卡奇

邦德勒肯德诸酋长

拉杰普特诸邦

从这里可以看出，几乎整个印度都受英国的支配。

英属印度由有史以来最强大的公司——英格兰东印度公司管理和控制。这家公司几乎拥有一个国家的所有职能——总督、军队、税收、司法。他们从当地本地王公手中夺取或篡夺的土地超过100万平方英里，统治着至少1亿居民。这一地区被分为两部分：第一部分是完全由公司的雇员管理的地区，并划分为孟加拉、马德拉斯、孟买等地；第二部分为联合邦的领土，虽然名义上由当地王公统治，但都附属于东印度公司。印度的法律和惯例总体上受到尊重，但除了宫廷的华丽和排场，本地王公们几乎什么权力都没有，真正的权力掌握在东印度公司派驻在几个邦的代理人手中。公司在印度各地都驻扎着强大的军队，士兵的数量达25万，他们中的大多数是印度人，被称为土兵，被东印度公司雇佣和训练用以维护其在当地的奴

婆罗门

罗希拉人

比尔人

役。任何一个王公一旦在压迫他自己或人民的暴政下变得难以驾驭，就会被视为叛乱分子，必将遭到可怕的惩罚。东印度公司在印度的所作所为完全违背了英国人民宣扬的正义和人道精神。

印度人的肤色接近于黑人，是高加索人种的一支。他们是一个古老的民族，民族的历史极为有趣。他们的国家见证了亚历山大和帖木儿的入侵，也曾见证了奥朗则布和阿克巴宏伟的帝国。它以一种奇怪的、尽管是耻辱的方式展示了人性，长期以来，它被一种将人民分为不同种姓的宗教制度所压迫，使从君主到农民的整个社会备受邪恶和迷信的束缚。此外，在近现代，它还为展示商业贪婪和暴政提供了一个舞台，这种贪婪和暴政起源于一个基督教国家，其贪婪程度不亚于成吉思汗及其继任者的军事入侵。

印度的真实历史并不会追溯到遥远的古代，因为直到亚历山大征服波斯到达巴比伦时，希腊人才听说这个地方。从那之后，它就被称为印度，这个词原本包括中国和阿拉伯湾之间的整个地区，后来地理学家把它分为恒河以外的印度和恒河以内的印度。

在历史的早期，印度被划分为许多小国，这种状况一直延续了很长时间，只有莫卧儿帝国的一段时期内，印度才可以说是统一的国家。即使在那个时期，旧的划分在大部分地方依然存在，国王和酋长们通过纳贡和提供军役体现皇帝至高无上的权威。同时，印度是单一民族国家，虽然被分为不同的种姓和部落，整片地区也在政治划分上有着丰富的多样性，但在血统上却有着惊人的同质性。

第246章

远古时期的印度

（前3000—前1000）

毫无疑问，印度在人类历史的早期就有人居住。它的第一批居民还非常原始，在这片富饶广阔的平原和山谷里游牧，靠水果和牛羊产品为生。到他们开始政治团体的交往，中间一定过了很长时间。当人们不断繁衍，组成了一个庞大的群体，已经无法用简单的权宜之计把一个家族或一个部落的成员联系在一起时，君主政体的雏形就被设计出来了。虽然没有从印度那里得到资料来帮助我们计算出他们进步到现在这个成熟社会所经过的时间，但有理由认为这是一个漫长的过程。也许印度跟其他民族一样，在早期历史阶段就进入了一个粗糙的国家政治体系。如果我们可以相信他们自己的著作的话，那么这个国家早在5 000年前就存在一个庞大的君主体系了。这个君主政体由许多不同的部落或民族组成。掌握统治权的君主被称为大君，下级王公拥有某种封建权力，在他们自己的政府中体现了君主政体的全部属性。西西里的狄奥多罗斯告诉我们，他们在自己领地内拥有绝对的权力。他们声称自己与太阳和月亮有亲缘关系，由婆罗门的顾问协助管理事务，婆罗门和波斯的古祭司一样，同时是宗教神职人员和政府官员，权力世袭。

这些古代王朝的历史资料全部佚失了。现存史册上留下的只是君主们冰冷的名字。当时的印度人民和现在一样，被分成不同的部落或种姓，不同的种姓之间从不通婚，也不举行娱乐活动，也不以任何亲密的方式交往。我们无法猜测这些独特的制度是在什么时候被设计出来的，这些制度以其非凡的持久性而著称，给那些了解人类思想和律法的人提供了一个有意义的启发。

在早期历史阶段，印度以机械技艺上的独创性而闻名于世；通过商业上的天才，他们与埃及和阿拉伯半岛进行了大规模的贸易活动。他们热情、热爱真理、自制和节俭，最重要的是，他们拥有古代婆罗门所灌输的深奥学问和崇高的道德戒律。

印度一向强烈反对暴露他们民族历史的事实和古老宗教的教义。尽管如此，他们还是煞费苦心地把所知道的关于这些事情的情况记载下来。在大多数情况下，他们把自己民族的历史追溯到极远的年代。根据印度的历史体系，当今世界被分为4个大的时期，并将其命名为“瑜伽”：第一个是萨蒂亚瑜伽，包括了172.8万年；第二个是特雷塔瑜伽，包括了129.6万年；第三个是达帕瑜伽，包括了86.4万年；第四个是卡里瑜伽，包括了43.2万年。这4个时期中，前3个时期已经过去；1849年，正是第四个时期的第4 911年。因此，从萨蒂亚瑜伽开始到1849年，中间有3 892 911年的间隔——这都是印度人声称的古老年代！

所有这些都非常夸张，然而，我们不能完全忽视印度的传奇故事，因为如果不了解这些故事，有关印度人的许多著作就无法理解。我们必须指出，根据这些传说，在萨蒂亚瑜伽，即3 892 911年前，生活着一个名叫萨提亚夫拉达或韦瓦斯瓦塔的人，是第七世摩奴。他和家人逃离了一场毁灭了其他人类物种的大洪水。他的后代包括两个王室分支，一个命名为太阳之子，另一个命名为月亮之子。太阳之子在奥德建立了统治，月亮之子在比托拉建立了统治。这些家族或王朝一直延续到现在卡里瑜伽的第1 000年，他们在那时灭绝了。在梵文的书籍中有一个连续的君主名字列表。

迦勒底人和埃及人所提出对古代年代的夸张主张受到了欧洲学者的蔑视，他们却对印度的年表表现出了尊重，这很好地说明了他们对不可思议之事的热爱。这在一定程度上可以解释为，我们收到了有关这些人的资料，这些资料不是来自不相信希腊和罗马的历史学家，而是来自那些见过这些人的人，他们的想象力受到了一种新的习俗、艺术、制度和思想体系的壮观景象的强烈影响。人们自然希望通过这些伟大奇观来增强自己的推论。如果想要在任何情况下相信印度的记载，那就需要进行认真而深入的调查，尽管这些记载被普遍认为与那些未开化民族的虚构故事截然不同，然而它也是言过其实、不可思议的。

印度记载的夸张与不一显然使它们超越了严肃的历史界限；然而有人认为，如果它们的字面意义必须被放弃，那么它们至少包含了对真实事件的诗意或象征性描述，应该对其可能揭示的真相进行研究。不幸的是，研究所付出的劳动和才智并没有得到足够的回报。印度神话仍然陷入一种非自然的虚构困惑之中，一系列宣称的真实事件根本无迹可寻。这些传说所展示的内在证据，确实应该预料到这一结果。它们是狂野而无节制的想象力的产物，标志着一个原始自负、享受奇妙体验的民族状态。事实上，印度缺乏历史记载。他们的古代文学作品中没有一部是属于历史人物的。那些描写前世奇迹的作品都是诗歌，其中大多数是宗教性质的书籍，记录了神的功绩和他们对凡人的指示。在这一切中，人和神的行为是混合在一起的。

印度人民和欧洲的古代民族在一个单一的点上进行了接触。亚历山大大帝远征的开始，在某种程度上结束了他们之间的联系。即使是如此近的非凡事件，印度也没有相关记载。他们甚至没有一个传说可以确切地追溯到这次事件。我们从希腊人那里得到的关于这次入侵的资料也是极不可靠的。

根据希腊人著作中的零散线索，我们得出了这样一个结论：在亚历山大入侵时，印度在习俗、社会和学问上所处的状态，与现代的欧洲民族极为相似。毫无疑问，从希腊人来到印度至英国人来到印度这段漫长的时期，印度人都呈现出了一种颇为统一的外观。关于印度的古代历史，我们并非没有资料。现代欧洲人对这个古老民族的制度、法律、习俗、艺术、职业和格言的研究，使他们能够描绘出在漫长的岁月中所呈现的社会图景。我们无法准确地描述国王的生活，或他们政治变动的细节，但是我们可以展示他们是如何作为群体和家庭的一员一起生活，如何开展社交，掌握什么样的技艺，坚持什么样的信条，表现出什么样的举止，存在什么样的政府，拥有什么样的性格。这是迄今为止历史上最有用和最重要的部分。

第247章

大流士一世征服前的印度

（前1000—前517）

所有的印度传说都一致将恒河附近地区视为他们民族的摇篮。他们最古老的记载表明，这片领土上的第一个王国是由来自北方的人建立的。现存的神庙和纪念碑，无论在地上还是地下，都记载了一个处于迁徙中且高度文明的民族从北向南逐渐扩张的历史。婆罗门似乎从一开始就对社会其他阶层行使间接的统治权。国王是从战士阶层中挑选出来的，但是，祭司阶层通过宗教法令和宗教机构来限制他们的统治，使得公共和私人事务都纳入祭司的管辖范围。至于他们是如何获得这种影响力的，我们只能进行推测，它显然存在于两部伟大的印度史诗——《罗摩衍那》和《摩诃婆罗多》出现之前，这两部史诗都讲到了国王自己极为敬拜婆罗门的例子。

写在公元前的古印度戏剧《小泥车》，提到了千百年以前的事件，我们发现了婆罗门的阴谋在乌吉耶的政府中进行了一场奇怪的革命。它描述了婆罗门是如何利用一个隐士和一个牧童作为他们的工具，对帕拉卡进行轻蔑冒犯，从而推翻了政府。

就我们从印度著作中所能发现的线索表明，当时在克里希纳河以北的印度斯坦有两个伟大的朝代，他们被命名为太阳族王朝和月亮族王朝。太阳族的首都在阿雅达（奥德），月亮族占领了西部德里附近的地区。印度教诗歌中提到了班度族和俱卢族之间的战争，而两者都是月亮族的分支。这场战争对印度的影响，正如特洛伊战争对希腊人的影响一样，影响了他们的诗歌、文学和艺术。它是《摩诃婆罗多》的主题，包含了10万颂[①]。像《伊利亚特》一样，这首诗应该建立在历史的基础上，尽管大部分是虚构的。对于其所描述事件发生的时间，我们一无所知。

据说，摩诃家族拥有印度王位700年，由于其风俗和宗教的特殊性，印度与邻国的任何直接交往都被长期隔绝。但在摩诃王朝末期，波斯人入侵了印度。一个印度王公与国王发生了争执，便逃到波斯，波斯当时由著名的法里东统治。这位君主支持逃亡者的事业，派遣一支军队进入印度，展开了长达10年的战争。在这些敌对行动中，印度的最高统治者遭受了极大的痛苦，最后不得不把一部分领土割让给那位逃亡的王公。同时，波斯君主要求印度进贡，从那以后，印度似乎在某种程度上依附于波斯。

公元前1209年，费罗斯拉占据了印度王位，他以对印度神圣著作的深入了解以及对文学社团的依恋而闻名。他完全忽视了战争的艺术，把公共财政收入用于修建神庙和供养宗教信徒及狂热者。费

① 古印度常用的诗体单位，一颂两行32个音节。——编者注

罗斯拉王朝延续了137年，后来被著名的波斯英雄鲁斯塔姆推翻。鲁斯塔姆从北方入侵印度，并将在位的君主驱赶到孟加拉和奥里萨边界的山区，让他在那里死去。整个印度帝国都落入鲁斯塔姆的手中，他把一个有能力的人苏拉亚扶上了王位，苏拉亚很快恢复了帝国的实力。这个王朝始于公元前1072年。婆罗门认为，对象征性形象的崇拜是在这一时期引入的。波斯人断言，他们引入了太阳崇拜、天国之主崇拜和火的崇拜。大城市瓦拉纳西位于恒河畔，曾长期作为印度的首都，是由苏拉亚王朝的一位君主建造的。据说它的城墙有100英里长。

辛克尔是一个瓦拉纳西本地人，他发动了一场叛乱，打败了帝国军队，登上了王位。他是一个好战的国王，建造了许多雄伟的城市，其中有一座名叫古拉，据说2 000年来它一直是孟加拉地区的首府。这座城市的废墟至今仍清晰可见，证明它曾是一个令人惊叹的辉煌之地。辛克尔拒绝向波斯进贡，引发了波斯君主的入侵，使得这一地区生灵涂炭。辛克尔被迫向征服者屈服，被俘虏至鞑靼，并于公元前731年死在那里。

希腊作家们为巴克斯征服印度而欢呼，然而巴克斯的存在备受质疑，巴克斯在历史和神话的所有事件中都被描绘成各种形态的人物。一个在历史的早期具有巴克斯那样重要才干和品格的人确实存在，他不仅是战争中的英雄，而且是和平时期自由和实用艺术的热心推动者。他似乎以巴克斯、狄俄尼索斯、奥西里斯或罗摩等称谓，在古代世界的几乎每一个地方都被人传颂和崇拜。埃及人和希腊人把他们听到的传说或邻国杰出人物的不朽功勋都赋予自己的英雄，这种虚荣心是深入研究这一地区历史过程中无数困难的根源所在。在历史的早期，印度和埃及之间存在着非常密切的交往，埃及人将印度的神话嫁接到自己的神话之中，并加倍地夸张；而希腊人反过来引进了埃及的神话和传说，并使之适应自己国家的状况。

根据这些传说，巴克斯率领军队从埃及到印度，在那里他发现当地人在他们的山峦和平原上游荡，享受着畜牧生活的简朴和原始时代的纯真。这些人为了反抗侵略军的前进而大量集结到一起。据说巴克斯习惯于在他的宫廷里保留一定数量的女祭司，通过她们疯狂的喊叫和夸张的行为，表现出神圣的灵感。这些女性伴随着入侵的军队，在一种狂乱的冲动下，在山间跑来跑去，使森林里回荡着巴克斯定会胜利的呼喊。女祭司和军队的士兵们每人都得到了一支用藤叶包裹的长矛，以迷惑单纯的印度人，使他们相信自己没有任何敌意。当原始但人数众多的印度人聚集在一起，将大象排在前面准备进攻时，这些喧闹的女祭司在受惊的印度人中间疯狂地冲来撞去，一边敲钹，一边挥舞着藤叶包裹的武器。她们可怕的尖叫声吓坏了大象，使它们逃离了战场，整个印度军队很快就被击溃了。

巴克斯花了3年时间征服了印度；而且，根据一些记载，他一直进军到南方的海边。他在许多地方竖立了纪念其胜利的柱子和纪念碑。他在立法和农业方面的才干备受赞扬，栽种葡萄和无花果树，又建造许多宏伟的城镇。他统治印度52年，高龄去世，留下了很多子女，他们继续统治着帝国。

我们有充分的理由相信，他就是印度诗歌中以“罗摩”为名的人物，他被认为是在亚洲这一地区建立了第一个正规政府的人。阿逾陀城是一座规模宏大的城市，罗摩被认为是这座城市的最高统治者。他被誉为最负盛名的征服者，将人民从暴君的统治下解救出来。他曾指挥一支猴子大军，这支猴子大军用自己神奇的行动，在印度大陆和锡兰之间的海上架起了一座岩石桥。这就是印度的传说，可能基于连接大陆和锡兰岛之间一串暗礁的事实，这一串暗礁现在被称为亚当桥。猴子被认为是一个野外的山地种族，罗摩教化了他们。这是威廉·琼斯爵士的观点。至于这些事件的时间顺序，或者它们在多大程度上是建立在任何真实事件之上的，这都是无法断言的。

埃及的塞索斯特里斯也被古代历史学家提及，他的军队也曾攻入印度。狄奥多罗斯告诉我们，他在红海建造了一支由400艘大型船只组成的舰队。其中一艘用香柏木建造，长280腕尺，外面用金器装饰，里面用银板装饰。这支舰队征服了红海沿岸的所有国家后，驶出海峡，沿着印度半岛南部海岸前进，攻占岸上的大城市，并在各地建立了埃及人的殖民地。到达恒河河口后，征服者竖立起了凯旋柱，上面刻着他的名字和他胜利的故事。这个故事近乎神话，但在某种程度上得到了一些奇特的事实的佐证。据费里希塔引用的波斯史料记载，阿富汗人跟埃及人属于同一个民族，他们都被法老所统治。除此之外，威廉·琼斯爵士曾说，孟加拉和比哈尔的山地人在某些特征上很难与现代阿比西尼亚人区分开来。据说塞索斯特里斯在印度被称为征服者，名为苏克耶。

无论塞索斯特里斯在印度进行了什么样的征服，都没有维持太久。在大流士一世的统治下，波斯人似乎更成功地在那个国家确立了自己的权力。大流士一世征服了里海和奥克苏斯河之间的所有领土，接着又转向印度。为了获得有关这个国家的情报，他派了一个希腊或卡里亚的军官西拉克斯带领一队船只前往探险。西拉克斯奉命沿着印度河顺流而下，一直抵达大海。此前没有任何一个波斯君主做到过这一点，而印度河流经的地区几乎完全不为西方民族所知。西拉克斯以最令人满意的方式完成了他的任务。他沿着印度河航行到大海，沿着阿拉伯海岸，在曼德海峡进入红海。在离开印度河上的卡司帕杜罗斯城30个月后，他驶抵苏伊士，这是埃及国王尼科派遣腓尼基人沿着非洲航行的一个港口。从这个地方，西拉克斯来到苏萨，向大流士一世详细地汇报了他的航行。他对印度河沿岸地区人口众多、土地肥沃和适宜耕种的描述，使波斯国王迫不及待地想成为这一富裕地区的主人。国王立即派出一支强大的军队入侵了印度，并在西拉克斯航行过的五河流域建立了自己的统治。波斯的统治区域似乎没有延伸到印度中部。从希罗多德的记载中，我们没有找到关于这次征服的细节，除了印度成了波斯帝国的第20个行省，而且每年向帝国缴纳360塔兰同的黄金——相当于250万美元。

尽管征服了印度，但波斯人似乎并没有将任何关于印度的常识传播到西方国家。波斯人对地理研究不感兴趣。希腊人是当时唯一关注人文科学的民族，他们认为除了自己，其他民族都是野蛮人，所以他们并没有对西拉克斯的发现给予任何重视。事实上，那位航海家在讲述他的航行时涉及许多奇妙的事情，这让人们认为他简直跟一个传奇小说作家差不多。

第248章

从亚历山大大帝侵入印度到笈多王朝的建立

（前328—前204）

印度历史上的一个新时代始于亚历山大大帝的征服。这位君主在征服了波斯人以后，挥军北上，远行至巴克特里亚，再下决心通过入侵印度来延续他事业的成功。过度的虚荣心促使他去做这件事，因为这一征服本身毫无意义，而且非常危险。他在古希腊神话中读到，宙斯的儿子狄俄尼索斯和赫拉克勒斯也曾有过类似的功绩，他决心超越他们，而他周围许多阿谀奉承之人，都对他这种异想天开的想法拥护支持。公元前327年，也就是大流士一世统治之后160年左右，亚历山大从巴克特里亚出发，穿越了印度北部边境的兴都库什山脉。他的路线被包括帖木儿和纳迪尔沙在内的侵略者遵循。越过山脉后，他在坎大哈安营扎寨，这个地方也被古代地理学家称为亚历山大。

在他刚刚踏足印度的时候，这一地区的诸侯们前来迎接并向他表示臣服。他们说他是宙斯儿子中第三位来过印度的人，然而前两位——狄俄尼索斯和赫拉克勒斯，他们只听过他们的大名；而亚历山大，他们却能亲眼见到，实在是太荣幸了。这就是希腊作家讲述的故事，他们并没有非常谨慎地润色他们讲述的事实。在向南挺进的过程中，亚历山大开始体验到侵略军在自然力量和人工防御的双重打击下所面临的巨大困难。他首先到了马萨加城，那里有一支3万人的守军。在自然和人工要塞的双重保护下，城市似乎坚不可摧。城市的大部分被一条深不见底的湍急河流所包围，河岸陡峭，陆地一侧是高耸的陡峭岩石，岩石下方是洞穴和深沟，比任何人工防御工事都坚固得多。当亚历山大环城查看防御工事的时候，一支箭射中了他的小腿。他看到血在流淌，便喊道："每个人都告诉我，我是宙斯的儿子，但我的伤口使我意识到我是一个人。"士兵们辛苦地用石头和树干填满了岩缝，然后推出了他们的攻城撞槌和投石器。这些奇怪的设备把印度人吓破胆，立刻投降。

马其顿人遇到的另一个强大的障碍是一座叫作奥尔洛斯的石山，意思是一个鸟都无法飞过的高地。附近城市的居民在侵略者接近时都逃到了这个地方。这里四面陡峭，底部被一条河流和深深的沼泽包围。为免军队在后方留下如此强大的敌人据点，有必要摧毁这个地方。附近有一片茂密的森林，亚历山大为了填平沼泽而把树砍倒。亚历山大砍倒了第一棵树，士兵们看到后，高兴地大叫起来，每个人都付出了难以置信的努力，一个星期之内就完成了任务。进攻随即开始。亚历山大带头爬上了那座石山。这是一次非常危险的行动，许多士兵从陡峭的斜坡上滑下，淹死在河里。印度人用巨石砸向袭击者，许多马其顿人被砸死，亚历山大觉得有必要下令撤退。稍做休整后，他下令将发射架和其他攻城器械向前推进，再次发动进攻。印度人对马其顿人的这种作战方式嗤之以鼻，并在两天两夜的时间里敲锣打鼓嘲笑着他们的敌人，直到岩山周围都回响起这种声音。第三天晚上，马其顿人没听见他们的声音，却惊讶地看到岩山的每一个地方都被火把照亮了。原来印度人在夜幕的掩护下开始撤退了，全军在亚历山大的命令下，立即大声叫喊起来。这些逃跑的人吓坏了，许多人以为敌人已经追上来，就从岩山顶上跳下来摔死了。马其顿人立即占领了这个地方。

亚历山大征服了印度河西北岸的当地部落后，在塔克西拉渡过了印度河，这是唯一一个水流平缓、可以在上面架设一座浮桥的地方。从这里开始，他踏上了通往恒河和南部富庶地区的道路。他发现这一地区在一位伟大的国王波鲁斯的统治之下。亚历山大想当然地认为这位君主会对马其顿的征服感到恐惧，会立即向他屈服。因此，他给波鲁斯写了一封信，似乎那是写给自己的附庸，并命令波鲁斯向他进贡，并在行军途中与他会合。印度君主回答说愿意和他见面，但自己会手里拿着剑。亚历山大被这个回答激怒了，他加快了行军的速度，来到了海达斯佩斯河。海达斯佩斯河属于印度五河之一，现在被称为杰赫勒姆河。亚历山大发现波鲁斯率领军队在河的对岸扎营。

印度军队的前锋由85头大象和300辆战车组成。波鲁斯本人身材魁梧，骑着一头巨大的大象。马其顿人不仅害怕敌人，而且害怕穿越这条河流。这条河有半英里宽，无法徒步涉水。它的水流不断地猛烈撞向岩石，使得所有过河的尝试都变得困难和危险。对面敌人的出现也是极其可怕的。河堤上满是马、象，这些可怕的动物驻足站立，像许多塔楼一样，而印度人大声喊叫，令马其顿人感到恐惧。亚历山大现在陷入困境，经过多次尝试，他的军队都无法强行渡河，于是他决定智取。他命令骑兵在夜里假装要渡河，并大声喊叫，好像他们要冲进水里一样。波鲁斯听到声音，赶紧命令一队骑着大象的士兵前往，但是他们没有发现敌人。这种情形反复出现，直到印度人习惯了这种虚惊，不再把他们当回事儿。

就在这时，亚历山大突然让一支部队强行渡河，占领了河中央的一个小岛。在从这个小岛渡河的时候，一场狂风暴雨伴随着雷鸣闪电而来。亚历山大非但没有感到害怕，反而因为这一意外而受到鼓舞，他认为这对他的计划非常有利，立刻下令全军上船，自己则乘第一艘船渡河。据说，这一次他大喊："啊，雅典人！你能相信我会把自己暴露在这种哗众取宠的状态之下吗？"马其顿军队成功地渡过了这条河，立即狂怒地向敌人扑去。他们取得了彻底的胜利，印度军队损失了2万人，其中包括波鲁斯的两个儿子。据说马其顿人损失不到300人。波鲁斯本人也被俘虏，被带到了亚历山大面前。亚历山大问他希望得到什么样的待遇，"像个国王！"对方回答。"你不再要求别的什么了吗？"亚历山大说。"不，"波鲁斯回答道，"所有的东西都包含在这个词里。"马其顿的征服者被这种精神感动，他恢复了波鲁斯的王位，把新征服的土地并入波鲁斯的领土，并给予他最大的荣誉和个人友谊。

征服者现在已经到达了那片被称为"旁遮普"（五河之地）的富庶之地。在他们前进的每一步中，引人注目的新鲜事物层出不穷。巨大的河流使他们感到惊讶。他们所到过的地区中，没有哪个地区像印度这样人口众多、文化发达，自然和艺术产品如此丰富。亚历山大无论走到哪里，都被那些尚未去过的地区的壮丽景色所吸引。他被告知，与恒河相比，印度河微不足道，他所经过的地区在各方面都远不及南方地区。这些叙述把他的征服欲撩拨到了最高点，他敦促士兵们继续向那个地区进军，那里有财富、名望和统治权等着他们。

然而，士兵们已不再像他们的统帅那样满怀征服的热情。他们经历过的危险和劳累已经磨灭了他们的热情，而新的危险和劳累仍在前行的路上。他们被告知，在经过海达斯佩斯河之后，必须在沙漠中行进11天才能到达恒河；在这条大河的另一边，住着孟拉加人和普拉西人，这些人的国王正准备用22万人和3 000头大象来阻止他们的进军。这个消息在军队中引起了一片恐慌，大家都低声反对继续前进的计划。马其顿人现在疲惫不堪。他们在营地和战场上心情变得灰暗，不断地将目光和愿望投向自己的祖国。在过去的两个月里，雨几乎没有停过，他们不顾亚历山大的命令，宣布不再前进。

亚历山大发现不得不屈从于部下的愿望，下令撤军，只留下一些部队维护所占领的领土。他在印度的战役花了三四个月的时间，如果不是在错误的季节进军的话，可能会更成功。希腊人完全不知道印度的周期性降雨，亚历山大在雨季刚开始时进军印度。他的征服并没有维持太久。他留下的士兵沉溺于各种放荡的生活，不久他们的指挥官之间发生了内讧。随后，亚历山大的离世加速了印度马其顿势力的垮台。

我们无法说明这一时期印度政治制度的确切性质，也不确定这一地区各个国王和诸侯是否服从于一位最高统治者。在马其顿人征服印度时，有一位被希腊人称为旃陀罗笈多的君主统治着这里。印度西部诸侯在他的帮助下，把侵略者赶出了他们的领土。亚历山大的继任者之一塞琉古曾试图用强大的军队重新征服这一地区，但收效甚微。双方最后签署了和约，塞琉古把自己的女儿嫁给了旃陀罗笈多，旃陀罗笈多则答应每年给塞琉古500头大象。这种友好的交往维持了一段时间，但是塞琉古死后，希腊人还是被逐出了印度。然而，古代的历史学家并没有把这件事的详细情况告诉我们。

在这个时期，印度的王国中有一个名叫摩揭陀王国，与现代的比哈尔大约处在同一区域。它的首都是华氏城，也就是现在的巴特那。在亚历山大稍早一点儿的时代，这个王国由一位名叫摩诃帕德摩·难陀的君主统治。他是一位强大而极具雄心的君主，但贪婪残忍。由于这些恶习，以及他卑贱的出身，似乎激起了婆罗门的敌意。他的一个妻子给他生了8个儿子，他们和其父亲一起被称为“九难陀”。他的另一个妻子出身低贱，有个儿子名叫旃陀罗笈多。旃陀罗笈多成了婆罗门反抗摩诃帕德摩·难陀的工具，后来婆罗门处死摩诃帕德摩·难陀和他的8个儿子，并把旃陀罗笈多推上王位。在这场政变中，婆罗门得到了印度北部君主波鲁斯的帮助，婆罗门答应给他一块领土作为回报。这项条约因波鲁斯遇刺而未能得到执行。波鲁斯的儿子摩罗耶盖杜率领一支联军征讨摩揭陀王国，为他父亲的死报仇。

希腊的麦加斯梯尼是塞琉古一世派驻印度的大使，他写了一份关于这次出使的记录，其中一些残篇被保存下来。这位作家和其他访问过印度的同胞，似乎毫无顾忌地把最离奇的故事讲给轻信的希腊人听，这使他们大吃一惊。他们说，在这个地区，有人的耳朵大得可以盖住全身；有的人长着一只眼睛，没有嘴，也没有鼻子，脚很长，脚趾向后转；有人的头呈楔形；还有只有27英寸高的侏儒。这些离奇的记述无疑源自印度古塔的墙壁和偶像上雕刻的怪诞象征符号。这些描述被错误地当作那个世界偏远地区的现实写照了。

第249章

从超日王到佛教徒被驱逐

（前204—1000）

从旃陀罗笈多去世开始，印度历史经历了200多年的空白时期。在这段时间里，除了希腊作家记载的关于印度一位王公幸军王与叙利亚的安条克大帝在公元前204年签订了条约，其余的我们一无所知。在这项条约中，我们只知道幸军王向叙利亚国王赠送了150头大象。

在4—5世纪，有一位超日王（维克拉玛蒂亚），他被称为“全印度的君主”。他的统治取得了非凡的成功，以至于他的统治时期是印度历史上一个重要的时代。在法理学和立法科学以及毅力、正义和智慧方面，没有任何一位前代的国王可以与之媲美。据说他曾以托钵僧的身份游历了东方大部分地区，目的是了解外族的艺术、学术和政策，以便将它们移植到自己的帝国。印度的诗人和历史学家对这位公正而伟大的人赞不绝口。他们断言，磁铁未经他的允许，不敢将力量施加在铁上。历史学家说，他的节制和对奢侈的蔑视，表现在他睡在一块小垫子上，把公寓里的家具减少到只剩一个水壶。他也是婆罗门的坚定拥护者，也是学术的慷慨赞助者。诗人和哲学家迦梨陀娑备受他的青睐。迦梨陀娑是超日王从印度各地邀请到自己宫廷的14位博学的婆罗门中的领袖，而这14位学者也被称为他“皇冠上的十四颗宝石”。

奥古斯都时代的历史学家告诉我们，在这位皇帝统治时期，一位印度君主派了一个使团拜见了当时在叙利亚的奥古斯都。使团一行人非常出色，他们为奥古斯都奉上了一份印度最珍贵的礼物。在使团递上的信件中，印度君主炫耀自己的伟大、财富和威严，并说他统治着600多个附庸王公。使团中只有3位使者幸存下来，其余都死在出使的路上。他们的衣着举止激起了奥古斯都臣民的好奇心。他们穿着自己国家的轻薄衣服，几近赤裸。就像在印度一样，他们用带有芳香的软膏抹在自己身上。他们带来的礼物中有几只老虎——罗马人以前听说过，但其中也有从未见过的动物，一种长得惊人的鸟和一种巨大的爬行动物。在使团中有一位可敬的婆罗门，他对奥古斯都对他的关注感到非常荣幸，于是他跟着他来到雅典，当着雅典全体居民的面，在一个柴堆上自焚。

我们从地理学家斯特拉波那里得到了上述对印度的描述，然而对于当时的希腊人和罗马人来说，他们对印度的了解是模糊的。斯特拉波告诉我们，在印度河沿岸有一个王国，它的皇宫辉煌到几乎令人难以置信。皇宫矗立在斑岩做成的高耸柱子上，柱子上镶满了金箔，环绕柱子的顶端是人造金藤蔓。在藤蔓的枝丫中出现了印度鸟的雕像，鸟儿是用无与伦比的璀璨珠宝制作而成的。宫殿的内部壮丽无比，到处都是能满足视觉和听觉的东西。在一个房间里，客人们聆听着柔美的音乐，内心得到抚慰；在另一个房间里听到了快速而有节奏的舞步；第三个房间里飘出动人的女声；第四个房间则回荡着狂饮的欢乐之声。

从这种描述中判断，君主本人似乎把他的幸福寄托在享受懒散和纵欲之中。他穿着一件华丽的金紫色绣袍，被一群女人包围着，她们把全部时间都花在给君主的头发喷香水和装饰他的身体上。当他屈尊出现在公众面前时，银香炉被端在他面前，里面燃烧着东方最珍贵的香料，用以展现他的荣耀，仿佛他是一位神。他躺在一顶金色的轿子里，上方是镶着珍珠的丝质窗帘。他的妻子们和侍女们坐在同样装饰华丽的轿子里面。无论他走到哪里，不管是行军打仗还是远足，都有一大群卫兵和一大群官员及仆人护送，他们扛着树枝，树上栖息着最美丽的鸣禽。

另一位希腊作家描述了位于印度西北部塔克西拉的太阳神庙。这座神庙的高墙是用红色大理石砌成的，中间点缀着磨光的金质圆盘，圆盘四周用金质尖头模仿太阳光。在地面上，有一种镶嵌的珠宝作品，是一颗晨星的形象，用宝石制成，光泽如此耀眼，以至于作品似乎在地面上燃烧。在同一座神庙里，有两尊亚历山大的金色巨像，两座是黄铜制的被征服的波鲁斯雕像，一座是象牙制的大埃阿斯雕像。在这座神庙的装饰物中，有如此多的各色宝石和黄金，以至于那些不了解东方国家财富的希腊人，看到这一幕很可能会惊掉下巴。

印度历史上的另一个空白期大约发生在这个时候。希腊作家几乎没有提供任何信息，我们也很少从印度的本土历史学家那里了解到些什么，只知道帝国陷入了无政府状态。随着王室力量的衰弱，世袭神职人员所依赖并产生影响的种姓制度变得更加严苛。婆罗门自诩拥有研究和阐述神圣书籍的特权，这些书籍是所有印度知识的源泉，无论是宗教的还是科学的，因此神职人员获得了知识的垄断权。只有婆罗门才能运用医术，因为疾病被认为是对犯罪行为的惩罚，只有通过惩罚和宗教仪式才能补救，只有他们才有权解释法律、献祭，并为最高统治者提供建议。在王权衰落造成的无政府状态中，王室的封臣在各自的统治区域内取得了独立。这种情况持续了两三个世纪。

在一个非常早但不确定的历史时期，婆罗门遭到了一位名叫佛陀的改革者的反对，他拒绝接受吠陀血腥的献祭和种姓的划分。他的追随者被称为佛教徒，在遥远的年代，佛教徒一定人数众多、力量强大，因为许多印度教的岩石神庙都供奉着他的神像。从2世纪作家的作品看来，在他们的时代，佛教在印度非常盛行。当时的印度戏剧作品对佛教的仪式进行了非常精准的描述，而教派成员则被描绘成不断增多的状态，因为他们不仅被容忍，而且得到公众的认可。

关于印度古代史与近现代史过渡时期的记载相当匮乏，这个地区有众多的独立小邦，统治这些小邦的王公似乎完全受婆罗门教的影响。武士阶层自然会被他们嫉妒，而婆罗门强加给这些对手的制度旨在遏制所有的尚武精神。这一政策的结果是，印度随后成为外国征服者的猎物。也正是在这一时期，尽管不可能确定准确的日期，佛教徒被婆罗门教徒驱逐出了印度。佛教徒前往锡兰、北方山区、恒河以外的地区、鞑靼和中国等他们的宗教已经扎根的地区寻求庇护。佛教徒并不是唯一反对婆罗门的改革者，另一个叫耆那教的教派，也曾竭力揭露婆罗门教神职人员的欺诈和迷信行为。

第250章

从伽色尼的马哈茂德到阿克巴

（1000—1605）

可以说，印度的近代史始于伽色尼的马哈茂德，大约在1000年，马哈茂德在原本属于阿拉伯哈里发的地区建立了一个强大的帝国。正如我们在波斯历史中所讲述的那样，这位君主侵略过印度12次，征服了他行军途中的所有地区，并进行了大规模的掠夺。1030年马哈茂德去世时，他拥有大部分的印度地区，以及几乎整个波斯。但在短短一个多世纪里，由于中亚各部落间的一场大骚乱，伽色尼帝国被推翻了。这些凶猛的部落频繁地侵入帝国的领土，而且没有遭到有效的抵抗。在这些人中，有一个勇敢而可怕的山地民族古尔人，他们居住在兴都库什山脉的西部和中部地区。即使在波斯人处于最鼎盛的时期，也从未征服过他们。最后，他们变得非常强大，并于1151年推翻了伽色尼王朝的统治，从而不仅为入侵印度铺平了道路，而且为一个穆斯林能够登上该国的王位铺平了道路。

1184年，古尔人在印度建立了自己的永久领地，10年后，在那里建立了波罗帝国。帝国政府所在地最初在旁遮普的拉合尔，但后来被迁到德里。这是印度的第一个穆斯林王朝。

13世纪时，印度遭到蒙古征服者成吉思汗的入侵。穆斯林的统治也在随后的历史时期达到了巅峰。一位名叫巴赫尔的王公登上了王位，那个时代的历史学家们高度评价他统治的英明和公正。他最非凡的行动之一就是发起了一场剿灭森林里强盗的运动。印度当时土匪猖獗。他们的掠夺几乎一直蔓延到首都的大门，而都城南部的大片森林是他们的藏身之地。巴赫尔派了一队人马去攻打他们，把100英里范围内的树全部砍倒，就这样，强盗被驱逐，政府还得到了大片可以耕种的土地。

成吉思汗的入侵在印度造成了很大的破坏，但是这位征服者并没有深入遥远的南方地区，也没有在他撤退的地方留下任何长久的统治痕迹。大约在14世纪末，一位名叫安拉的帕坦君主，第一次率领穆斯林军队进入印度南部。他这次的征服卓有成效，掠夺了价值5亿美元的战利品。之所以能得到这么多的财富，因为那是这一地区祭司阶层和王公积累了两三千年的财富，而且这一地区盛产黄金。

印度的下一个外族入侵者是帖木儿①，他是蒙古人的首领，自称是成吉思汗的后裔。在摧毁了众多的北方国家后，他转向南方富饶的王国。他向印度北部边境进军，并重走了亚历山大的行军路线。1396年，他的军队到达了印度的屏障兴都库什山脉。山地人奋

① 因为我们已经讲述了印度莫卧儿帝国的完整历史，为了保持我们历史记述的延续性，在此处只提供一些必要的资料。——原注

不顾身地与入侵者搏斗，然而蒙古军队的人数是他们的百倍，英勇的抵抗最后被碾碎。蒙古人发现他们前进的道路上仍然有很大的困难。他们不知道通向南方平原的狭谷，也没有向导引导他们穿过那些荒野。山顶和山腰都被积雪覆盖，悬崖和峭壁层出不穷，给人马造成了极大的阻碍。帖木儿被放置在一个脚手架上，用绳子从一个岩架降到另一个岩架之上。最后，他到达了喀布尔山谷，在阿托克山口横渡了印度河。

帖木儿

蒙古人听说过印度有无数的军队，以及他们所拥有的可怕的大象和坚不可摧的胸甲，因此，对与这些可怕的敌人交战表现出极大的反感；但是，帖木儿无法克制自己对征服的热情。他挥师南下，蹂躏了旁遮普富饶的土地，然后向德里进发。印度皇帝马哈茂德率领5万军队和120头大象严阵以待，大象的獠牙上装有有毒的匕首。帖木儿知道自己的军队最怕大象，也知道这些大象非常怕火，于是用熊熊燃烧的火把武装前锋部队。这一策略取得了成功，大象们被火吓得掉头就跑，冲向了自己的队伍，印度军队彻底溃败。

帖木儿继续向德里进军。那座城市不战而降。然而，跟成吉思汗一样，帖木儿的征服并没有维持长久。他不得不满足于将帕坦人削弱到对他朝贡的地步，之后他挥师进攻其他地区。他在印度留下了自己权威的影子，他的名字被印在硬币上，清真寺里为他念祷文。

帕坦王朝于1413年灭亡，随后是马哈茂德的后裔西德斯的统治。他们的统治只维持了37年，就被新的政变扰乱。16世纪初，帖木儿的后裔巴布尔建立了莫卧儿帝国。我们在前面已经对莫卧儿帝国的情况做了全面的介绍，这里仅稍做提及。

巴布尔使自己成为印度北部的主人，奠定了一个维持近300年王朝的统治基础。他12岁登上王位，在38年的统治中，经历了各种磨难，证明他是东方最具才干的君主之一。他慷慨、睿智、仁慈，赞助文学和艺术。在军事能力上，他的民族中很少有人能与他匹敌。他以不屈不挠的勇气和毅力完成了最大胆的事业，克服了所有困难，这使人们更加钦佩他在逆境中的人格，而不是他的成功。在成功的时刻，他也没有忘乎所以，而总是表现出一个伟大灵魂所特有的温和宁静。除了以立法者著称，他在文学方面也很出色，正如其他人所说，他用莫卧儿的语言，优雅而清晰地写了一卷关于他自己统治时期的纪事。

尽管拥有卓越的政治才能，但他还是有点儿贪图享乐。当他想自娱自乐时，他将一个喷泉灌满了酒，在喷泉上刻了一段诗，大意如下："快乐的日子！喷泉绽放！酒与爱！尽情享受吧，巴布尔，因为人生没法享受两次！"他于1530年去世。

巴布尔的继任者是他的儿子胡马雍。胡马雍在统治了大约10年之后，被阿富汗人打败，被迫到波斯寻求庇护。他的王位被阿富汗人舍尔沙夺取，但在流亡了两年之后，胡马雍回来了，并在1555年恢复了他的权威。他于1556年去世，由儿子阿克巴继位。

阿克巴是印度所有统治者中最成功和最有权势者之一。他的政府以智慧和公正著称。在博学的大臣阿布勒·法兹勒的辅佐下，他彻底改善了帝国的内部状况，而他的将军们则通过征服来扩张帝国的领土。对莫卧儿领地进行了系统调查，其中包括各个地区的收入、手工制造业和农业生产等报告。这部《阿克巴则例》我们之前提到过，被保存下来为历史学家提供了宝贵的资料。这样就充分清查了帝国的资源，以最大的活力对行政管理进行了改善。对帝国政区进行了新的划分，帝国的领土包括了15个苏巴（邦或省），省又分为萨卡尔（行政区），萨卡尔又被分为帕尔加纳（县）。尽管莫卧儿帝国的统治已经结束，但这些区划仍然存在。

阿克巴也是文学和教育的赞助者。他创办学校，并指导书籍的编纂；让艺术和手工业的发展如此成功，以至于没有哪个国家比他统治时期的莫卧儿更加繁荣。在他的领土上到处都是富饶的土地，当时人民也没有沉重的负担，然而政府的岁入却高达2.5亿美元。在行政改革方面，后续没有任何一位东方君主甚至是世界其他地方的君主能够超过阿克巴的。他在国内推行的举措为人民带来了更多真正的好处，也为自己赢得了更多真正的荣誉，这是世界上最强大的君主最辉煌和最成功的军事生涯所不能达到的。

阿格拉古城已经破旧不堪，阿克巴决心重建它，使之取代德里成为帝国的首都。为此，他从全国各地征集了最熟练的工匠，在他们的帮助下，这座城市从破败的状态中恢复了辉煌。这里建有一座宏伟的城堡式宫殿，超越了印度其他任何类型的建筑。宫殿有4英里长，高墙是用巨大的红色石头建成的，在印度灿烂的阳光下闪闪发光。整个大厦都装饰着庄严的门廊、画廊和塔楼，进行了精美的涂漆和镀金，其中许多覆盖着金板。与之相连的花园布置得极为精美，那里有可爱的树荫、盛开的花朵、最清凉的石窟、最美味的水果，还有流水潺潺的瀑布。宫殿前面有条河，两者之间有一块宽敞的空地，可供训练大象和野兽搏斗之用，印度皇帝们习惯于在那里观看这样的表演。

1638年，德意志旅行家曼德尔斯洛访问了阿格拉。他说这座宫殿是他所见过的最宏伟的建筑群。通往帝王殿的大道两旁是银柱。房间本身有一个大厅那么大，上面装饰着金柱。王座用镶有钻石和其他宝石的大块黄金制成。王宫的一座塔楼上还覆盖着金板，里面有8个大金库储藏着皇家宝藏，满是金银珠宝。沿着河岸与宫殿排成一排的是诸侯和大君的豪华住宅，他们竞相装饰新都。这些宏伟的建筑中间点缀着高大的树木、宽阔的沟渠和美丽的花园。阿格拉也因阿克巴的慷慨而拥有大量宽敞的商队旅馆、集市和清真寺，以其宏伟的规模和优雅的建筑而引人注目。

这位开明君主的政策在很大程度上对外国人开放。他邀请各国的智者到他的首都定居；为他们建造房屋和商店，允许他们自由信仰宗教，并给予他们各种特权和豁免权。当时，葡萄牙人把他们的商业活动扩展到了印度洋。阿克巴与他们交流，并邀请葡萄牙政府派遣传教士到他那里，让印度人学习基督教。到目前为止，阿克巴似乎比当时任何一位基督徒都更了解宗教宽容的原则。在给葡萄牙国王的信中，他以最强烈的措辞谴责了人类在没有证据或调查的情况下采纳父辈的宗教观点的倾向，希望得到基督教书籍以及其他通用的作品的译本。

在他的一份致帝国官员的公告中，他表达了以下观点："一个人可以向造物主贡献的世界上最可以接受的敬拜，就是忠实地履行对同胞的责任，摒弃激情和偏见，不分敌友亲疏。"他允许葡萄牙人建造一座教堂，并在阿格拉建立一所学校，他甚至从自己的国库中拿钱出来补贴这所学校。通过这样自由的施政措施，阿克巴成功地使阿格拉成为印度最繁荣的城市，一个波斯、阿拉伯和中国商人聚集的胜地，而印度的欧洲定居者也蜂拥而至。在阿克巴统治时期，阿格拉的名字被改为阿克巴拉巴德，意为“阿克巴城”。

第251章

从贾汉吉尔到莫卧儿帝国的衰落

（1605—1760）

阿克巴于1605年去世，他的儿子塞利姆继位，就是史书所称的贾汉吉尔。在贾汉吉尔统治之下，帝国内部的改革得到了有效落实，并取得了成功。整个国家都开始开垦森林和丛林，到处都是勤劳的人民。贾汉吉尔是莫卧儿皇帝中最成功、最强大的一个。他在不涉及个人利益和激情的情况下，秉公执法；但当这些因素对他产生影响时，他似乎没有意识到神性或人类法律的任何约束，而是展示出了一个暴君的全部特征。他统治22年后，由儿子沙贾汗继任；沙贾汗在位30年，于1658年被他的第三个儿子奥朗则布废黜。

奥朗则布是东方君主中最有权势的人之一。在他的领导下，莫卧儿帝国达到了财富和辉煌的顶峰。帝国的领土从波斯延伸到阿萨姆，从兴都库什山脉一直延伸到基克里希纳河，人口有8 900万人。奥朗则布展示的能力与帝国的力量和范围相当。他精于内政管理，并坚持不懈地全神贯注于此。他每天早上天亮就起床，7点钟就在会议大厅里听取臣民的谏言，无论贫富都一视同仁。他向穷人慷慨解囊，并命令在法律和《古兰经》训诫下学习的人应自费出庭参加公共法庭，以协助穷人解决诉讼问题。他严厉惩处法官的腐败和偏见。他的活力使政府机构在不断运转。他的双眼明察秋毫，不放过一丝腐败。他严厉的正义在广泛的统治下建立了安宁，并确保了臣民财产的安全。东方的辉煌从未超过他的宫廷所展现的壮观景象。他的装饰手段不仅代价高昂，而且举世无双。会客大厅的屋顶是银制的，与其他公寓隔开的屏风由纯金打造。王座加上御象的罩篷、象衣和挽具，价值6 000万美元。所有与国王有关的东西都是同样豪华。然而，奥朗则布的大部分财富是通过掠夺和压迫获得的，他只容忍自己的掠夺和压迫。虽然他在很大程度上增加了政府的开支，但财政收入并不比阿克巴统治时期多多少。

由于他担心儿子们对彼此和对自己怀有敌意，皇帝大部分时间都在营地里度过。这个营地是一个流动的城市，包括5万名士兵，15万匹马、骡子、大象，10万头骆驼和牛，30万~40万随从。无论皇帝走到哪里，德里的所有主要人物都会陪同，这种奢华的生活方式养活了大量的商人和工匠。

1665年，莫卧儿帝国发生了一场引人注目的暴动，虽然我们已经对它做了一些说明，但它需要一个更为特殊的评述，因为它显示了意志薄弱和易受骗的人们的迷信。在印度有一个狂热的信徒阶层，叫作托钵僧，他们成群结队地游荡在全国各地，几乎赤身裸体，假装以乞讨为生，但实际上却在行偷窃、抢劫和谋杀之实。在斋普尔的领地上，一位富有的老妇人开始向托钵僧们展示她的慷慨。这些强壮的乞丐成千上万地围在她身边，他们不满足于这位虔诚的女资助人的施舍，开始掠夺附近地区。附近人民起而反抗，但几次都被击败，并遭到了大肆地杀戮。最后，一种相信魔法在起作用的信念开始盛行起来。人们认为老妇人是一个巫师，相信她为追随者们施了巫术，使他们在凡人的武器下不可战胜。

托钵僧们发现老妇人的保护是如此强大，于是大举集结起来，把他们的破坏扩大到了很大的范围。斋普尔王公发兵讨伐他们，但是失败了。他们因意外的成功而变得自大，决心向首都发起进攻。一支2万人的军队由那位老妇人率领，向阿格拉进军。在向这座城市行进5天时，这支衣衫褴褛的军队与一支由该地区的收税员指挥的帝国军队相遇。他们通过人数上的优势打败了帝国军队，这让他们自认为天下无敌，有资格掌握整个帝国的财富和权威。老妇人立刻被宣布为印度女皇。

奥朗则布起初对这次暴乱不以为意，现在则感到事情很严重。士兵们受到人民迷信的影响，不敢与叛军交战。皇帝的机智令他迅速发明了一种解决迷信蔓延的解药。奥朗则布的圣洁与那位老妇人一样著名，他在年轻时就以一个苦行者的虔诚和节俭而为人所知，他当时过着严格的苦行生活，只吃大麦面包、蔬菜和水果，只喝水。他说，他发现了一种与托钵僧相反的咒语，他用自己的手在纸条上写下了一些神秘的文字，其中一个文字写在每一支队伍冲锋的矛尖上，他宣称可以消除女巫的咒语。他的士兵们相信了这一点。反咒语被带到了战场上，尽管托钵僧们奋不顾身地战斗着，但他们却被彻底地消灭了。这次战役在印度历史上被称为“老妇人之战”，它是历史上最奇异的事件之一。“我发现，”奥朗则布在谈到这件事时说，“庸人的宗教信仰太多和君主的宗教信仰太少一样危险。”

奥朗则布于1707年去世。他的去世意味着儿子们之间一场血腥内战的爆发。战斗在阿格拉附近爆发，有30万人卷入其中。第三子穆阿扎姆击败了他的兄弟，以沙·阿拉姆、世界之王和巴哈杜尔·沙等头衔登上了王位。沙·阿拉姆既没有继承父亲的能力，也没有继承父亲的运气。在他有生之年，他的4个儿子为争夺王位而相互争斗，这让他焦头烂额，沙·阿拉姆于1712年因悲痛和焦虑而死。

巴哈杜尔·沙的儿子之间发生了内战，最后，长子贾汗达尔·沙以一种超乎寻常的背信弃义的手段，成功地打败并处死了他的3个弟弟。他在贪得无厌中统治了一年半，就被心怀不满的人赶下台，他的侄子法鲁克锡亚被推上王位。但是，当他被赋予君主的外壳时，作为他夺取权力工具的奥马拉们却篡夺了大权。皇帝发现自己成为傀儡后，便计划消灭背后权力的掌控者。他的计划由东方的政治天才策划，是秘密和背信弃义的。然而奥马拉们发现了针对自己的阴谋，并予以反击，最后勒死了皇帝。

因为奥马拉们的阴谋，帝国多年来一直处于动荡的状态，直到1719年穆罕默德·沙继位。这位君主通过熟练地运用自己的权力，消灭了那些扶他上位的人。在这之后，他认为已经没有人可以威胁到他的王位，便开始了一种放荡的生活，不理政事。最具破坏性的压迫和虐待在整个国家盛行，政府的错误统治使整个国家陷入混乱的状态，最后一位不忠的奥马拉希望通过征服他的同胞来扩大自己的势力，便于1739年唆使波斯国王纳迪尔沙入侵印度。这个国家几乎没做任何抵抗就向他屈服了。纳迪尔沙向可怜的印度人勒索了他们所能提供的一切金银财宝后，“庄严地”恢复了穆罕默德的权力，返回了波斯。

纳迪尔沙通过这次战争收获了丰厚的战利品：价值1 600万美元的钱币，700万美元的金条，7 500万美元的珠宝，以及钻石和其他宝石镶嵌的著名的“孔雀王座”——价值500万美元，御象的饰物——价值5 500万美元，连同其他物品，总价值超过3.5亿美元。这就是奥朗则布对巨大财富的贪婪所造成的后果！纳迪尔沙在返乡途中遭到阿富汗人的袭击，营地相当一部分的宝藏被掠走。除此之外，他丢失了一颗价值连城的钻石，那是孔雀王座上的装饰品之一。这颗宝石被称为“光明之山”，在经历了各种冒险之后，它落入拉合尔已故的君主兰吉特·辛格的手中，并在1849年旁遮普被征服之前被英国人夺走。

印度河西北部的地区被纳迪尔沙吞并；从那时起，这位莫卧儿帝国君主只保留了一个强大名字的影子。波斯军队刚刚撤退，依附于莫卧儿皇帝的印度诸侯就普遍叛离。没有人愿意屈服于一个不再拥有权力的君主。所有在莫卧儿辉煌统治时期在山里避难的部落，现在都来到平原，占领了帝国最好的地区。即使是私人冒险家，也把自己提升到了君主的等级。在这种混乱中，纳迪尔沙被自己的追随者暗杀了，这引发了新一轮对印度的入侵。纳迪尔沙的财政大臣艾哈迈德·阿卜杜拉抢到了300头满载宝藏的骆驼，使他得以组建一支5万人的军队。他向德里进军，这一地区再次遭到毁灭性的入侵。穆罕默德·沙死于这些动荡之中，他的儿子艾哈默德登上了王位。然而，这并不能改变他们日渐衰落的命运。

马拉地人是一个强大的部落，来自温迪亚山脉，是西高止山诸民族的首领，他们已经占领了德干北部，现在又渗透到阿格拉和德里这两个帝国省份。

艾哈默德在位仅6年，就被一位有很大影响力的奥马拉菲罗兹·姜格三世废黜。菲罗兹·姜格三世将贾汗达尔·沙的儿子阿拉姆吉尔二世推上王位。新国王发现自己的权力受到贾汗达尔·沙的限制，于是邀请波斯首领艾哈迈德·阿卜杜拉来帮助他。这是一场新的灾难。波斯人听从了召唤，在夺取了这一地区所有的贵重物品后，从印度撤军，留下阿拉姆吉尔二世为自己的愚蠢行为忏悔，并为他耗尽的国库哀号。最后，他被菲罗兹·姜格三世刺杀。皇帝死后的派系之争使得这个国家再次遭受波斯的入侵。德里被占领，并受到了残酷的压迫，城内大量的建筑物也被付之一炬。此后，据说有34英里长、拥有200万人的帝国都城德里，再也不复昔日辉煌，而几乎变成了一座大型的垃圾堆。

外族对帝国的反复蹂躏瓦解了莫卧儿君主的权威。不同地区的统治权力不仅被当地首领篡夺，而且有一些还被开始移民到印度的欧洲人夺取。但是，尽管莫卧儿帝国几乎名存实亡，但这个名字却受到了印度人的尊敬，因为他们觉得帝国政府可以保护他们免受地方统治者的暴政，并在需要的时候给予他们补偿。皇帝的领地逐渐消失，直到最后只剩下德里及其周围的一小块地区；但是因为多种原因，他的头衔仍然存在。因此，即使在他权力达不到的地方，土地的授予也要以他的名义获得批准。地方统治者任命也需要皇帝批准，尽管他们不允许皇帝干涉自己的统治；在他沦为一个外国统治者的附庸之后很久，硬币上还要铸上他的名字。最后，由于卷入了与英国的一场战争，他的军队于1764年在布克萨尔战役中被英军击败，此后，莫卧儿帝国皇帝的所有领地全部落入英国人的手中，而他的名字在印度的影响也就此结束，英国人取得了在这个国家的统治地位。

第252章

葡萄牙人在印度的兴衰

（1483—1840）

当莫卧儿帝国不断衰落的时候，一股新的势力正在附近崛起，注定要战胜所有的本土竞争者而获得印度的统治权。欧洲国家冒着重重危险绕过好望角的航道，他们的首要目标是获得这一地区丰富的商业资源。葡萄牙人在巴尔托洛梅乌·缪·迪亚士的率领下，于1488年首次到达非洲南端。10年后，瓦斯科·达·伽马绕过好望角，到达了印度斯坦的卡利卡特海岸。当时的葡萄牙人是世界上最有野心的商人，他们到达印度后，首先努力开展贸易。在他们的总督阿方索·德·阿尔布克尔克的指导下，开始在印度建立永久的聚居区。他们从果阿附近的一个当地人那里获得了一块土地，并在那里建造了一座坚固的堡垒，以保护他们的贸易工厂。

在这之前，阿拉伯商人们一直专注于印度的所有对外贸易，他们以戒备和警惕的态度看待这些入侵者的发展。他们组成了驱逐葡萄牙人的联盟，后来威尼斯人也加入进来。威尼斯人通过从阿拉伯人那里购买印度香料和其他商品到欧洲西部销售获利。然而，这个联盟被阿尔布克尔克打败了，他占领了果阿城，奠定了在印度的葡萄牙帝国的基础，果阿城后来成为葡萄牙在东方的大都市。这是欧洲列强在印度强占领地的开始。通过篡夺和暴力获取土地，不能以任何民族正义的原则为其辩护。伟大的瓦斯科·达·伽马在一开始就发现了其本质并予以谴责，但这在很大程度上却要归罪于他。

葡萄牙的军队在阿尔布克尔克的带领下成功挺进印度支那半岛。他征服了马六甲城和波斯湾的霍尔木兹岛，霍尔木兹岛很快成为东方最繁荣、最富有的贸易中心。他的继任者一方面努力维护既得的利益，另一方面努力遏制土耳其人的野心。他们在16世纪征服埃及后，多次尝试在马拉巴尔海岸立足。最后，土耳其人在印度海岸扩张的尝试被葡萄牙人挫败了，一旦他们成功了，基督教徒很可能永远不会在印度站稳脚跟，分布在这个国家的大量穆斯林会联合起来，支持一个与他们信仰相同的宗教以及对他们商业有利的政治势力。葡萄牙人在进入印度洋后的50多年里，就在印度海岸地区建立了一个帝国，其范围之广、势力之大，实在令人称奇。在印度半岛的南边，他们占领了整个马拉巴尔和科罗曼德海岸；在印度半岛的东边，他们是孟加拉湾的主人；他们统治着马六甲半岛（马来半岛）；还把锡兰这个繁荣的大岛变为附庸。此外，苏门答腊岛、爪哇岛、摩鹿加群岛（香料群岛）都被他们纳入庞大的殖民帝国。从印度往西，他们把权力延伸到波斯海岸，以及波斯湾的所有岛屿。一些阿拉伯王公是他们的附庸，另一些是他们的盟友。在整个阿拉伯半岛，没人敢承认自己是他们的敌人。在红海，葡萄牙人是唯一受人尊敬的民族，他们对阿比西尼亚和东非都产生了影响。他们还在中国的澳门建立了一个商业工厂，并与日本进行了自由的贸易。

在东方，葡萄牙人最重要和最显著的产业中心是霍尔木兹，它的全部财富和影响源于其作为贸易中心的有利地位。霍尔木兹岛本身只是一块贫瘠的岩石岛，位于波斯湾的入口处，岛上没有一点儿淡水，只有很少的降雨被收集在岩石的凹处；但是其地理位置带来的巨大贸易便利使得这座小岛在葡萄牙人的手中成了东方海域最繁荣的商业中心。它的港口经常有来自印度各地、非洲海岸和阿拉伯半岛的船只。同时，它拥有通过波斯海港与亚洲内陆进行广泛贸易的商队。霍尔木兹繁荣时期，财富、辉煌和商贾云集，给世人树立了一个令人难忘的商业典范。从1月到3月，从8月到11月的贸易旺季，这里的交通空前活跃，奢华和富丽堂皇的景象似乎实现了小说里的夸张描述。街道上的盐尘被干净的垫子和昂贵的地毯遮住；帆布遮阳篷从屋顶延伸到街道上，以阻挡灼热的阳光；临街的房子朝向街道，像商店一样敞开着，装饰着印度的橱柜和精美瓷器，点缀着散发香气的矮树和插在镀金花瓶里的灌木；骆驼满载着装满水的皮囊，站在每一条街的拐角处。波斯最昂贵的葡萄酒、亚洲最昂贵的香水和佳肴，令人应接不暇。

然而，这种繁荣和辉煌只是暂时的。处于权力巅峰的葡萄牙人激起了波斯最强大的君主阿巴斯大帝的敌意；与此同时，英国人开始在东方逐渐获得影响之时，便同葡萄牙人产生了争执。阿巴斯大帝和英国人组成了联盟来驱逐他们共同的敌人，两国联军在1662年袭击了霍尔木兹岛，并轻而易举地将其征服。据估计，他们掠夺的财富超过200万美元。霍尔木兹再也没有从这次打击中恢复过来，这个地方的贸易迅速衰落，商人们把他们的资本和企业转移到其他地区。建造高楼大厦的石头也都消失不见了，它们被荷兰船只当作压舱石运走了；这个繁荣的商业中心很快就陷入了原始的荒凉状态。波斯人重建了这座堡垒，并在其中驻军，却永远也无法恢复其昔日贸易的荣光。繁荣的时候那里有4万居民，现在几乎没有留下任何居住的痕迹，已经无法证明这里曾经是一个繁荣的商业中心。

葡属印度衰落的速度几乎同其崛起的速度一样快。1580年，葡萄牙被西班牙人征服后并入西班牙，这是对葡萄牙繁荣的第一次打击，不仅削弱了葡萄牙人的民族精神和进取心，还限制了它与印度的贸易。西班牙国王腓力二世颁布了一项法令，禁止荷兰人与里斯本进行贸易，迫使他们到其他地方寻找印度的香料和商品。荷兰人刚刚从西班牙的专制统治中解放出来，他们吃苦耐劳，生活贫困，除了自由一无所有；另一方面，葡萄牙人出现了决策分歧，行为开始堕落，并且被他们的臣民和在印度的邻居憎恶。荷兰人首先在一些遥远的岛屿上建立了自己的殖民地，部分依靠武力，部分利用葡萄牙人犯下的错误，最终在各地取代了葡萄牙人的势力。现在，葡萄牙在亚洲的残余势力只剩下果阿和澳门。

果阿位于印度西海岸一座周长约24英里的岛屿上。岛上有两座城市，老果阿是一个衰败的地方，到处都是宏伟的教堂和辉煌的建筑；新果阿离大海有8英里，是葡萄牙总督的驻地，也是一个相当大的商业区。全岛人口约3万人。澳门位于广州附近的一座小岛上，有一些贸易往来，人口约3.5万人。

第253章

荷兰人、西班牙人、丹麦人、法国人在印度的兴衰

（1580—1840）

荷兰东印度帝国起源于西班牙国王对荷兰人的政治和宗教迫害。西班牙国王在14世纪统治了现在构成荷兰和比利时的整片地区。西班牙政府的压迫导致荷兰人和比利时人起义，西班牙国王腓力二世的顽固与偏执使荷兰人民再也无法与他和解。荷兰人完全依靠自己的力量，不仅要为自由而奋斗，还要为生活而奋斗，他们表现出了非凡的活力、勤奋、毅力和勇气。在很短的时间内，他们在欧洲的海洋国家中获得了无可匹敌的优势。与此同时，比利时人或尼德兰人都不得不依赖西班牙国王。西班牙政府为了压制这一地区的自由精神，摧毁了主要海港安特卫普的贸易，并阻止了使其恢复而所作的一切努力。经由这一过程，尼德兰最富有和最有进取心的商人被迫移民到荷兰，并增加了阿姆斯特丹这个伟大的商业城市的

财富和贸易。

正如我们已经看到的那样，当葡萄牙在1580年被西班牙统治之时，西班牙王室为了压制葡萄牙的所有事业，对里斯本这个当时欧洲最大的贸易中心进行了最为残酷的限制。这迫使生活几乎完全依赖于运输贸易的荷兰人开始寻求从东方直接进口印度商品的途径。人们仍然希望能找到一条通往太平洋的东北通道，于是派出了3支探险队不顾一切进行探险，但毫无结果。一个偶然的情况为荷兰人绕过好望角开辟了道路。科内利斯·德·豪特曼是一名荷兰海员，在里斯本被西班牙人囚禁了一段时间。在他被监禁期间，他有机会从葡萄牙人那里获得许多关于前往印度航行的资料。在他后来逃往阿姆斯特丹的过程中，想出了一个到印度去的航行计划。他向一些主要的商人提出了他的计划，他们极为赞成，甚至成立了一个公司支持他去远航。

1595年，在雅各布·范·海姆斯凯尔克上将的指挥下，一支装备精良的舰队从荷兰出发。西班牙人做了一切可能的尝试来阻止他们，例如他们发现荷兰人的航行技术和勇气远高于他们，便派使臣到主要的东方君主那里，告诉对方这些新的冒险家是海盗，但是一场事故彻底挫败了他们不诚实的行为。荷兰人俘获了一艘满载货物的葡萄牙船只，这艘船正载着许多从澳门返航的乘客。乘客们受到了俘获者慷慨的款待，以至于西班牙东方当局还给海姆斯凯尔克上将写了封感谢信。海姆斯凯尔克在他所到的每一个港口都展示了这封信，从而令人满意地驳斥了对荷兰人的诽谤。海姆斯凯尔克的航行获得了丰厚的利润，不久之后，荷兰就成立了一家公司负责与印度的贸易。除了这家公司的成员，其他荷兰人都不得与亚洲进行任何贸易往来，无论是取道好望角还是合恩角。

荷兰人建立的第一个殖民据点在摩鹿加群岛。不久之后，西班牙人就把他们赶出了这个地方，但他们还是回来挽回了损失。很快，他们就和英国的东印度公司发生了冲突，这两个大国在嫉妒心的驱使下，开始攻击对方的领地。爪哇岛是争议的主要对象，经过长期的斗争，大约在17世纪初，荷兰人占了上风，并立即通过修建巴达维亚城来巩固他们的胜利。此后不久，安波那岛上的所有英国居民都被杀死，通过这种背信弃义的行为，荷兰人在很长一段时间内垄断了香料贸易。他们还把葡萄牙人赶出日本市场，并以此垄断同日本的商业往来。正如我们在其他地方所讲述过的那样，荷兰人是当时唯一被日本人允许与他们进行贸易的欧洲人。

荷兰人的下一个重要目标是占领富有而重要的锡兰岛，而葡萄牙人已经在那里建立了自己的殖民地。在这项事业中，他们取得了极大的成功。他们不但驱逐了自己的对手，还把岛上的土著王公纳入自己的统治之下，从而获得了肉桂贸易的垄断权。此后，荷兰人长期占有锡兰岛，但是在法国大革命之后的战争中，锡兰岛又被英国人征服，直到现在仍在英国人手中。

与此同时，荷兰人也曾试图与中国开展贸易。起初，耶稣会士在北京的影响抵消了这些努力，但是，大约在17世纪初，他们占领了台湾，为他们与邻近地区的贸易开辟了一条有利可图的道路。然而，在满洲人统治中国后不久，一支庞大的汉人军队进入了台湾岛，他们包围了荷兰的殖民地，迫使荷兰驻军投降。从那时起，欧洲人再也没有试图在这座岛上殖民。

在印度的荷兰人采取了比西班牙人和葡萄牙人更具排他性和垄

断性的政策，这被认为是导致荷兰的东方帝国衰落的主要原因之一。他们对各民族专横傲慢的行为经常引起内战和叛乱，严重阻碍了他们的进步；尤其在爪哇岛，他们的统治权是靠大量的流血和财富来维持的。随着地理大发现和贸易事业的发展，其他欧洲国家开始逐渐参与到香料贸易中来，荷兰东印度公司的垄断利润迅速减少。在法国大革命期间，大多数荷兰殖民地被英国占领，但其中一些在1814年基本通过和平的手段得以恢复，英国保留了两个最重要的据点——好望角和锡兰岛，荷兰仍然拥有爪哇岛和对日贸易的垄断地位。

西班牙政府派遣哥伦布到西方航行时，他们对未知区域进行贸易获利的期待并不是很高，但希望通过向西航行而开辟一条跟东方进行贸易的通道。当哥伦布的事业使人们知道在西方有一个新大陆的存在，而不是通往印度的通道时，他们并没有忘记原来的目标。曾在西班牙服役的葡萄牙人麦哲伦首次驶过太平洋，途经以他名字命名的海峡。这使得西班牙人可以通过西线进入更远的东印度群岛。他们想要占领摩鹿加群岛，葡萄牙人却声称这些岛屿归他们所有，他们有发现和优先占领的权利。摩鹿加群岛中的两座岛屿，特尔纳特岛的国王和蒂多雷岛的国王长期以来一直处于战争状态，葡萄牙人抵达后，成为他们的仲裁者。葡萄牙人也抓住了这个有利的机会，在这一地区站稳了脚跟。他们在岛上建起了堡垒，视当地人为奴仆。

在西班牙人和葡萄牙人开启了探险和殖民的新事业后不久，教皇亚历山大六世试图通过分割他们之间所有未知的和新发现的东西方领土来防止两国发生任何冲突。为达到这个目的，他赋予自己一项荒谬而夸张的特权，即有权将他没有行使任何权力的地区划分归属，他把亚速尔群岛以西100里格[1]，当时已知和后来可能发现领土的所有权及统治权划分给西班牙国王；亚速尔群岛以东100里格，所有已知、未知和新发现领土的所有权和统治权划分给葡萄牙国王。后来，根据两国之间的一项协议，这一边界线又向西移了250里格，以期在划分新发现领土过程中出现的每一个难题都能有效地解决。西班牙人认为自己此时已经掌控了整个西方大陆，葡萄牙人则认为他们的东印度殖民地，尤其是香料群岛，将不会受到西班牙人的任何干涉。

这一次，教皇所宣称的永无谬误丝毫没有表现出来，他没有预料到，西班牙人和葡萄牙人在向相反的方向航行时，可能会在地球的另一端相遇，并且由于他们的权力所限而卷入纠纷之中。事实上，这样的情况很快就发生了。麦哲伦在向西航行时，发现了莱德隆群岛[2]，后来又发现了菲律宾群岛；而葡萄牙人向东航行的过程中，在同一地区发现了摩鹿加群岛。随后，在这个问题上引起了一场令人费解的纷争。虽然西班牙人没有占领摩鹿加群岛，但同一经度的菲律宾群岛的价值却绝对不容忽视——因为这些岛屿不仅靠近香料的产地，而且地理位置优越，便于与中国进行贸易，也便于与东方其他地区进行贸易。因此，1590年，这些岛屿与秘鲁海岸的西班牙殖民地建立了联系。西班牙人在吕宋岛上建造了马尼拉城，马尼拉很快就成了西班牙东印度贸易的中心。

---

① 在海洋上，1里格≈5.56千米；在陆地上，1里格≈4.83千米。——编者注

② 莱德隆群岛，即现在的马里亚纳群岛。——编者注

在西班牙人到来之前，中国人已在吕宋岛沿岸定居，而且颇具规模。马尼拉城建立后不久，中国人与当地人联合起来驱逐新的定居者。这座城市遭到围攻，但由于它防御工事的坚固，西班牙人得以平息这场袭击。

后来，荷兰人又威胁到这块殖民地，他们已经占领了摩鹿加群岛最有价值的部分，不久发展到对他们的西班牙邻居造成了巨大的威胁，以至于西班牙人一度认真考虑放弃菲律宾。这一计划并没有被执行。1762年，一支英国远征队在科尼什上将和德雷珀将军的率领下，占领了马尼拉及其属地，但是战争结束后，这些征服被放弃了，西班牙人至今仍占领着菲律宾。

丹麦人效仿欧洲其他海洋国家的做法，将商业转向东方。1612年，哥本哈根成立了一个团体，与印度开展贸易。一支小规模的远征队被派往科罗曼德海岸，丹麦人在那里受到坦焦尔王公的热情接待，并获准在特兰奎巴建立殖民地。这项事业并没有取得多么辉煌的成功，许多情况都阻碍了丹麦东印度公司的繁荣，但最严重的要属荷兰人执拗的戒备之心，他们把丹麦人排除在最赚钱的贸易领域之外。然而，丹麦人在加尔各答附近胡格利河畔的塞兰坡建立的一个常设机构保留至今。

长期以来，法国一直忽视海外殖民和海洋事务。尽管弗朗索瓦一世和亨利三世都颁布了正式鼓励航海事业的法令，但政府在向人民提供航海援助方面进展缓慢。最终，法国在1616年成立了一家东印度公司，并试图与好望角以外的地区开展贸易，但由于沉船事故和其他事故，这些努力受挫。17世纪末，法国人从印度统治者手中购买了位于科罗曼德海岸的本地治里，并开始在那里殖民。荷兰人在1693年占领了本地治里，但在4年后双方签订了《里斯维克和约》，荷兰人又将本地治里归还法国人。

从那时起，法国的殖民地变得更加繁荣，随后获得的法兰西岛和波旁岛也使法国人希望他们能在东方商业中获得重要份额。莫卧儿帝国瓦解后，印度各地之间爆发了新的血腥冲突，这让一项新的事业向他们敞开了大门。本地治里总督杜布雷是一位有能力展开宏图的人，他希望通过当地人的相互争斗，进而通过向其中一方提供帮助而获得领土作为报酬。英国人也采取了同样的政策，因此，两国之间一直以来的敌对情绪也影响到了印度。英国人在这场斗争中获得了胜利，最终几乎把法国人驱逐出印度。

1778年，本地治里被英国占领，直到1783年才交还给法国。此后，两国保持和平，一直到1793年英国人征服了法国在印度的所有领地。1802年，法国夺回这些领地；1803年这些领地再次被英国征服；到1814年，法国再次夺回自己的领地。从那时起，法属印度再也没被外敌夺走过，虽然它已经变得无足轻重——包括位于科罗曼德海岸的本地治里和卡来卡，位于孟加拉的金德讷格尔和其他一些地方，以及别的地区的几个代理点。

第254章

英国人在印度的兴衰（一）：从英格兰的东印度公司到莫卧儿帝国的委任统治

（1574—1773）

孟加拉是印度东部的一个地区，以分隔印度半岛和印度支那半岛的孟加拉湾而得名。正是在这一地区，英国奠定了其东方帝国的基础；现在，这里仍是其东方帝国的中心和大都会。女王伊丽莎白一世是第一个鼓励英国人在印度海域从事商业活动的英国君主。1583年，约翰·纽伯瑞和拉尔夫·菲奇这两位商人，首次从英国出发驶向这一地区。1600年，女王特许一家伦敦的公司同东印度群岛进行贸易。14年后，托马斯·罗伊爵士作为大使被詹姆斯一世派往莫卧儿帝国，并使英国人获准在孟加拉胡格利河畔建立工厂。他们随后从孟加拉购买了加尔各答和一些其他领地。1717年，他们通过从皇帝那里获批一块土地，得到了进一步的统治权，并免除其在莫卧儿王朝统治下的贸易关税。与此同时，荷兰人和法国人分别在胡格利河畔的钦苏拉和金德讷格尔建立殖民地。

同年，孟加拉王公贾法尔汗从皇帝的手中获得了巴哈尔和奥里萨的统治权。随着这一新权力的获得，他把首府从达卡迁到了穆尔斯希达巴德。他的孙子兼继任者被其宫廷的吹笛人废黜并处死，后者于1742年篡夺了王位。1756年，篡权者死后，把王公之位留给了自己哥哥的孙子西拉杰·乌德·达乌拉，他是英国人的对手和死敌。这位王公很快就卷入了与英国工厂管理者的争端，1756年6月，他率领一支军队向加尔各答进军，毫不费力地占领了加尔各答。146名英国俘虏被投入了一座被称为“黑洞”的地牢，在酷热的夜晚，忍受着无法用语言描述的恐怖。第二天早上，除了23人，其他人都闷死了。

不久之后，华生上将麾下的一支英国小分队在克莱武上校的率领下来到了胡格利河。克莱武上校已经在马德拉斯证明了自己的军事才能。他用这支军队攻下了加尔各答，孟加拉人被驱赶到他们的首府穆尔斯希达巴德。双方随后签订了一项条约，保障英国人的财产权和豁免权。与此同时，英国和法国在欧洲爆发了战争，于是克莱武攻击了法国在金德讷格尔的殖民地，该殖民地立即投降，并被英国人彻底摧毁。

克莱武是一个胆略过人、野心勃勃、不择手段的人，不久他为东印度公司制订了一个宏伟的扩张计划，他在为公司服役期间负责实施这项计划。他决心推翻孟加拉王公，扶植一个更加服从英国利益的新王公。王公之位是通过莫卧儿帝国皇帝的任命获得其职权的，当时的莫卧儿帝国皇帝依然在德里保有其头衔和行使其统治权，而此时英国和莫卧儿帝国正处于和平状态。克莱武并不认为他和他要达成的目标之间有什么障碍。1757年6月23日，克莱武在普拉西的一场战役中打败了孟加拉王公，将他废黜。孟加拉的一位将军米尔·贾法尔被征服者任命为继任者。新王公完全听任英国人的摆布，并按照克莱武的口述订立了条约。除了向东印度公司和个人支付巨额款项，他还给予东印度公司大量的领土和重要特权。克莱武本人得到了最丰厚的奖赏。新王公任命克莱武为帝国奥马拉，封他为割让给英国的领地的领主，克莱武借此获得15万美元的年金。除此之外，他还收到了一份价值近150万美元的礼物。

被驱逐的王公西拉杰·乌德·达乌拉逃到内地，不久后被逮捕并被送到穆尔斯希达巴德，在米尔·贾法尔的命令下被秘密杀死。英国人现在因其军事上的成功而获得了卓越的声誉，以至于他们成了所有印度本土王公恐惧的对象；他们很容易就能进军德里，向皇帝口授条款。他们充分地利用了自己所处的地位。在他们的鼓动下，政变变成了一种正常的交易，并为东印度公司提供了一笔固定的资金，满足他们官员的贪婪。克莱武本人毫无顾忌地缔结了一项条约，通过这项条约，其中的一项政治投机得以实现。最后，米尔·贾法尔的女婿科西姆·阿里·汗通过100万美元的贿赂，诱使英国人废黜了自己的岳父，并在1760年将他任命为新王公。

与此同时，克莱武回到了英国。事实证明，新王公和他的前任一样难以驾驭。东印度公司的雇员要求免除一切商业税，而这会摧毁印度本地的商人。就在这一问题的谈判悬而未决时，英国人占领了巴特那的堡垒。科西姆立刻夺了回来，他认为这是一次蓄意的背叛行为，勃然大怒，处死了所有的英国俘虏。战争立即爆发，孟加拉的事务很快就陷入了最绝望的境地。英国国内的业主们认为克莱武是唯一有能力恢复印度秩序的人，于是把他派去当总督。在他离开前，英国政府已经授予他贵族头衔。他一到印度，就发现情况极不乐观。军队公开哗变，军官们放任自己堕落到各种贪婪和傲慢之中；孟加拉最肥沃的土地已经荒芜，当地的酋长们因被最无情地勒索而变得对英国人敌视起来。

克莱武恢复了秩序，孟加拉政府重新开始有效运转起来。到目前为止，英国人在这一地区的势力仍不稳固。莫卧儿帝国古代的法规不涉及这一情况，现在也没有协议对它加以修正。它类似于罗马帝国衰落时期蛮族在意大利实行的统治，他们随意地建立和推翻了一系列冠以“恺撒”或“奥古斯都”头衔的小君主，但最后，印度和罗马帝国的侵略者都发现，赋予他们的军事力量以法律和宪法的权威是适宜的。克莱武便向德里的皇帝申请正式授予他业已拥有的权力以法理上的权威。莫卧儿皇帝无可奈何，被迫签发了一份委任状，授权英国东印度公司收取孟加拉、奥里萨和巴哈尔的税款；至此，英国人事实上成为印度那部分地区的最高统治者。虽然他们是现实中的绝对统治者，但他们并没有立即获得君主的头衔。他们的领土表面上仍是莫卧儿帝国的领土，以皇家委任的形式进行着征税活动；他们的印章上刻着帝国的头衔，而他们的造币厂也只铸造帝国的硬币。

第255章

英国人在印度的兴衰（二）：沃伦·黑斯廷斯在印度

（1773—1795）

1773年，印度总督一职被授予沃伦·黑斯廷斯——他的名字在英属印度历史上位于最突出的位置。克莱武是英国在印度统治权的创建者，黑斯廷斯则赋予它永久性和更广泛的外延。在展示伟大才华的同时，黑斯廷斯还犯下了重大的罪行。我们将简短地叙述一下关于罗希拉人的事件，不仅因为这是他执政期间最著名的事件之一，而且还可以用它说明英国东方政策的原则，以及建立英属印度帝国制度的性质。

印度的穆斯林皇帝最初来自将该地区与中亚分隔开来的兴都库什山的北侧，他们一直是从顽强勇敢的民族中招募军队，而这一民族孕育了他们自己的显赫家族。成群的军事冒险家被从喀布尔和坎大哈吸引到莫卧儿人的旗帜下，他们被称为罗希拉人——这个词应该来自阿富汗的罗希山。他们得到了印度北部的大片土地，这些土地位于德里和西尔欣德之间，锡克教徒的原始领地以东。因此，这片地区被称为罗希尔坎德。在奥朗则布死后的大混乱中，这个地区事实上获得了独立。罗希拉人与印度其他居民的区别在于，他们的肤色特别白皙，在战争中英勇无畏，在和平艺术方面也很娴熟。他们几乎是这个国家唯一从事畜牧业的穆斯林。他们也对农业的各个分支进行了各种改进，很快他们从土地中获得的产品在丰富性和优质性上超过了所有的邻居。当无政府状态在半岛的其他地方肆虐之时，在他们勇敢和谨慎的守护下，罗希拉人享受着安宁。他们分成几个独立的部落，但遇到共同的危险时，会采取一致的行动。

1773年，马拉地人入侵罗希尔坎德，英国人对战争进行了干涉，并派遣了一支军队解救罗希拉人。马拉地人被打败了，但罗希拉人获救后，很快也被毁灭了。他们有一个贪婪而野心勃勃的邻居——奥德的统治者苏贾·达乌拉，他一心想把繁荣的罗希尔坎德并入自己的邦国。他无权对这片领土提出要求，因为罗希拉人用与苏贾·达乌拉完全相同的头衔来统治自己的地区，而且比他统治得更好。苏贾·达乌拉看见他们在战斗中的英勇，就明智地退出与他们在战场上的较量。此后，他贿赂了沃伦·黑斯廷斯40万英镑，让他指挥一支英国军队来征服罗希拉人。那些忠诚的罗希拉人耐心劝说、苦苦哀求，并献上一大笔赎金，却徒劳无功。

苏贾·达乌拉和他的英国盟军突然袭击了罗希拉人的领地，战争的恐怖在罗希尔坎德的美丽山谷和城市中被释放出来。整个地区陷入一片火海，十几万人逃离家园，逃到瘟疫丛生的丛林里，宁愿遭受饥荒、疾病和老虎的威胁，也不愿接受暴君的统治，因为一位英国统治者向他出卖了他们的财产和鲜血，以及他们妻女的荣誉。这种交易的结果是，印度最优秀的人口屈服于贪婪、懦弱、残忍的暴君。商业和农业衰落了。这片土地曾经每年有500万美元的税收收入，而这激发了苏贾·达乌拉的贪婪，其导致的后果让昔日的富庶沦落为今日的惨状。这个不幸的民族并没有彻底灭绝。在很长一段时间里，它古老的精神之光依然闪现；而且，即使在今天，勇敢、自尊和侠义的情感，以及带着对英国重大罪行的痛苦记忆，仍能将他们与本地印度人区分开来。他们仍然被认为是最会使用武器的人，一位有机会观察他们的人说，印度本地人中配得上“绅士”这个词的，恐怕只能在罗希拉人中找到。

印度所处的状态对英国人的篡夺极为有利。在帖木儿家族灭亡和英国东印度公司建立自己权力之间的那段时间里，莫卧儿帝国的统治实际上是没有政治宪法的。旧的秩序已经过去，新的秩序还没有到来，一切都处于过渡、混乱和黑暗之中。每一个王公、总督、酋长都用尽手段来占有领土，并争先恐后地攫取自己能得到的一切。在现有的各个地方政府中，没有一个可以声称自己是合法的，几乎没有一个地区不是真正的统治权和名义上的统治权分离。头衔和形式仍然保留着，这意味着莫卧儿帝国皇帝应该是一个专制统治者，地方行政官们都是他的助手；但事实上，他只是个囚徒。王公们在某些地方是独立的君主；在一些地方，如在孟加拉和卡纳蒂克，他们就像自己的主人一样，变成了纯粹的傀儡，东印度公司才是至高无上的主人。

黑斯廷斯立刻意识到，这样的政治体系会给一个大胆而不择手段的统治者带来巨大的好处。因此，在每一次纷争中，他都诉诸符合当前目的的托词，而不需为前后一致而烦恼。有时王公们被视为君主，有时被视为傀儡。有时莫卧儿帝国皇帝的权力被用来执行最武断的措施，有时他被当成英国的仆人来管理。在所有模棱两可的政治问题中，最后一个诉求是诉诸武力，而最强者必须获胜。在印度，几乎每个问题都模棱两可，英国政府是那个地区最强大的势力，结果显而易见，英国人做了他们喜欢做的事。

黑斯廷斯和议事会之间的争论引起了英国议会和人民对英属印度的关注。在不同时期授予英国东印度公司的特许状仅保证其享有独家贸易权。因此，当该公司开始获取领土时，一个宪法性问题出现了，那就是英国国王是否对其臣民所征服地区的政府拥有权力。在调查的早期阶段，议会通过几项决议，声称有权干涉。后来，当担任部长的福克斯先生提出了一项将印度政府从东印度公司董事会移交给议会委员会的法案后，这项计划因国王的犹豫不决和福克斯先生从内阁辞职而作罢。最后，在1784年，英属印度的政府发生了重大变化，成立了一个管理委员会，其职责是确保该公司的雇员服从英国当局并承担责任。通过这种安排，建立了适当的隶属制度。

黑斯廷斯回到英国后，被下议院弹劾，并因在印度执政期间犯下重罪和不端而受审。审判是在非凡的盛况和夸张表演中进行的。伯克和谢里丹用尽口才来控诉罪犯，诉讼程序长达8年。事实证明，黑斯廷斯的管理是极其专断的，他犯下了许多不公、压迫、勒索的罪行；但与此同时，很明显，他这些行为壮大了东印度公司，扩张了英国的势力范围。因此，黑斯廷斯于1795年被宣判无罪。和克莱武一样，他在印度积累的巨额财富因诉讼的支出而大大减少，东印度公司通过退休金的方式对他进行了补偿。

第256章

英国人在印度的兴衰（三）：从在马德拉斯的殖民到信德的征服

（1658—1842）

英国人早期也在印度南部和西部建立了殖民地。1658年，他们从当地王公那里获得了马德拉斯附近科罗曼德海岸的一块土地，在那里他们建立了一座坚固的堡垒，命名为“圣乔治堡”。1668年，印度西海岸的孟买岛被葡萄牙人割让给了英国国王查理二世，这是他迎娶的凯瑟琳公主嫁妆的一部分。孟买被国王授予东印度公司，并指定它为英国在印度领地的首府。在100年左右的时间里，这两个殖民地没有受到印度人敌对行动的干扰；但最后，一位非凡的人物在印度南部掌握大权，而他在印度历史上享有卓越的声誉。他就是海德尔·阿里，一个土生土长的印度人，他的出身并不显赫，却凭借自己的才能，逐渐获取了最高统治权，他几乎摧毁了英国在印度这一地区的势力。

海德尔·阿里是迈索尔王国或省（半岛最南端地区之一）的布迪科泰人。他父亲是那个地区的一个小首领，海德尔通过在他父亲的军队里服役而开始他的事业。后来，他和他的兄弟加入了在本地治里建立殖民地并与英国人对抗的法国人一方。他从法国人那里学到了欧洲先进的军事纪律，并把它应用于自己的军队。他的才华很快使他脱颖而出，成为迈索尔王国军队总司令，迈索尔国王虽然名义上是莫卧儿皇帝的臣民，但他在塞林伽巴丹建立了自己的宫廷。聪明、勤奋、富有雄心的海德尔很快就想办法与他主人的大维齐尔发生冲突，然后迅速调集军队攻打王国的首府，迫使国王将维齐尔的权力给他。实际上，海德尔成了迈索尔的主人，他宣布自己为摄政王。经过几次政治斗争，海德尔废黜了国王，给了他一笔退休金，把他安置在一个私人驻地，而自己于1761年登上了迈索尔的王位。

他牢牢地坐在王位上，勤勉诚恳地致力于扩大领地和加强军事力量。1766年，他成为一个强大的君主，领土面积相当于大不列颠岛，并有了巨额的财政收入。他富有进取之心、斗志昂扬的气势让当时在印度很有势力的马拉地人感到恐惧。马拉地人与英国人以及位于马德拉斯和孟买之间德干高原的尼扎姆人组成了一个同盟来对付他。海德尔既善于谈判，又善于谋略，他在战争中既行动迅速又精力充沛，他不仅打破了这个同盟，而且把尼扎姆人争取到了自己的一边。在1767年，这两位印度君主对英国人发动了激烈的战争。海德尔证明了自己能够与欧洲对手匹敌。通过巧妙的军事手段，他将英国军队引到距离马德拉斯很远的地方，然后，亲自率领由6 000名骑兵组成的军队进行了3天的急行军，出乎意料地出现在那座城市的大门前。马德拉斯落入海德尔之手。海德尔向他的敌人口授条

海德尔·阿里

约，考虑到英国人当时的处境，条约的条款已经算是非常温和了。双方恢复各自的领地，英国人同意在海德尔未来的战争中协助他保卫他的领地。

一位英国作家曾经评论说，他的国家在印度签订条约而从来没有不违反这些条约的。有许多记录在案的例子，即使不是违反了全部条约，也违反了大部分条约，因此这一谴责是相对客观的。英国人没有恪守与海德尔签订的条约，给马德拉斯政府和周边地区带来了最可怕的灾难。1770年，海德尔与马拉地人发生了冲突，马拉地人攻入迈索尔，使他陷入极大的困境。海德尔要求英国根据条约给自己提供援助，但英国人没有履约，因此，他被迫以不利的条件与马拉地人和解。然而，马拉地人不久就陷入了内部纷争，海德尔因此得以挽回自己的颓势。

在印度这一地区政局动荡之际，马拉地人威胁要再次攻入迈索尔。海德尔再次根据与英国签订的条约，向其寻求援助，但跟上次一样没有得到回应。此时，他看到了英国人有计划的背叛行为，对这些虚伪的朋友感到十分厌恶。他决心复仇。海德尔很容易就找到了解决他与马拉地人之间难题的办法，最后，这两大力量联合了德干的尼扎姆人，相约一起消灭英国人。海德尔率领一支庞大的军队，冲进了毗邻马德拉斯的卡纳蒂克。

马德拉斯政府发生了变化，新的指挥官向海德尔提出了缔结和约的条件。然而，海德尔很自然地拒绝相信如此奸诈的敌人的任何进一步承诺。他只是以一种有尊严和不屑的暗示来回答前一条约签订之后背信弃义的行为。英国人失去马德拉斯看似已经不可避免，1782年海德尔的突然死亡意外地解除了英国人的危机，但是英国在这一地区的整片领地都陷入了最可怕的饥荒状态。

海德尔去世后，他的儿子蒂普继承了父亲的权力，同样也继承了他对英国人的仇恨。他与英国人的战争持续了大约一年，最后签订和约。蒂普是一位极具军事才干的君主，通过几场与马拉地人和英国人战争的胜利而声名远播。然而，没有什么能消除他对英国的仇恨，而且他会抓住任何反对他们侵略计划的机会。1790年，他与英国人的战争再次爆发，双方都付出了巨大的努力，尽管蒂普拥有勇气和战争资源，但还是被迫在两年后和英国人签订了一项条约，根据该条约，他失去了一半的领地。几年来，他一直致力于一项计划，即把所有的本土酋长联合起来，组成一个反对英国人的联盟。他与法国展开了一场谈判，寻求援助，结果英国人向他宣战并入侵了他的领地。1799年5月4日，他的首府塞林伽巴丹被包围并遭到猛攻。蒂普在此次战斗中战死，他的领地被英国人分割，以确保统治者的所有利益都归于英国人。

与此同时，一股新的军事力量在本地居民中兴起，但一时之间似乎不太可能在莫卧儿帝国的废墟上建立起一个新的帝国。在沿着印度西海岸延伸的群山中，出现了一个勇敢而有进取心的民族，他们是马拉地人。在奥朗则布统治时期，他们从山上下来，分散到了邻近的平原上。他们很快就变成了一支强大的军事力量，尤其是他们的骑兵，超过了印度其他任何一个民族。帝国的每一个角落都为

马拉地人

马拉地人的名字而颤抖。许多肥沃和人口稠密的地区完全被他们征服，他们在浦那、瓜廖尔、古吉拉特、贝拉尔和坦焦尔建立了自己的统治。许多地区每年都要缴纳贡品，以换取和平。即使是莫卧儿帝国的傀儡皇帝，也不得不屈服于这种“勒索”，因为他时常可以从德里的城墙上看到马拉地骑兵的营火。马拉地骑兵每年都会出现在孟加拉的稻田上，那里的欧洲工厂为自己的储备而胆战心惊。

英国人大规模地吞并印度土地激起了马拉地人的愤恨，他们的势力此时遍及印度中部地区，已经完全超过了莫卧儿帝国皇帝。1803年，这场竞争爆发为公开的战争。阿瑟·韦尔斯利爵士——后来的威灵顿公爵，打败了马拉地人，并确立了加尔各答政府对马拉地领地的控制权。英国此时在印度拥有了至高无上的权力，莫卧儿帝国皇帝成了英国的附庸，在印度北部和西部只剩下少数几个地区既不是英国的臣民，也不是其同盟，更不向其进贡。1817年，一场以征服平达里人为目的的新战争开始了。平达里人是一个居住于温迪亚山脉的原始部落。马拉地人想抓住这个机会挣脱枷锁，但这一企图遭到了镇压，英国人对印度的统治比以往任何时期都更加牢固。1819年，英国人在马六甲海峡的新加坡岛上建立了一个殖民地，这里后来成为一个重要的商贸中心。1824年，英国人和缅甸人之间爆发了一场战争，战争以缅甸帝国相当一部分领土被英国吞并而告终。

东印度公司的特许状已经到期，1833年经修改后重新生效，此后，东印度公司不再像以前那样垄断与印度和中国的贸易，同这两个国家的贸易对所有英国国民开放。该公司还被限制作为商业协会进行贸易。印度的政治管理权又授予东印度公司20年，但所有的其他权利和资产都以每年63万英镑的补偿转让给了英国政府。公司的其他收入来自税收和其他附带收入。

以夺取信德和旁遮普作为标志，印度被认为正式纳入英国人的统治。遥远的尼泊尔王国，还有幸保持独立。

信德是印度河下游的一片土地，整个帝国从这片土地的名称中获得了它古代的名字。在莫卧儿帝国解体后，一个在俾路支斯坦附近沙漠的游牧民族塔尔伯尼人，攻入信德并夺取了统治权。喀布尔国王试图驱逐他们，但发现非常困难，最终同意接受他们成为自己的附庸，接受他们的进贡。这笔进贡也是勉强支付的，而且只有当阿富汗军队大兵压境的情况下才能得到。最后，当信德埃米尔变得足够强大后，他们便完全拒绝进贡，这个地区就不再

信德的埃米尔

依附于阿富汗君主了。

埃米尔们对被征服的领土行使完全的统治权。在1841年英国人与阿富汗人的战争中，埃米尔们的领地被英军占领，战争结束时，整个信德地区正式并入英国领地。这一地区扼制印度河下游的航道，可能在一段时间后对贸易有一定的价值和重要性，但目前军事占领的代价超过了英国人从其商业中获得的收益。

第257章

锡克人

（1450—1849）

锡克人是一个勇猛的民族，分布于印度西北部地区，虽然他们的起源更靠近现代，但到了我们这个时代，他们已经崛起为土著部落中一股强大的势力。他们认为自己起源于一个名叫那纳克的印度人。那纳克大约在15世纪中叶出生于旁遮普。作为一名宗教改革者，他努力打破多年来一直使印度人口分成不同阶层的反社会性限制。他还研究通过宣扬一种由两个民族的信条组成的宗教教义，来达到印度教徒和穆斯林的融合。他成功地接收了大量的门徒，在他死后，门徒们继续坚持追随他的继任者古鲁（祖师或上师）——这是锡克人精神导师的头衔。这个新教派很快就形成了巨大的规模，并成为印度北部人口中的一个独特的组成部分。古鲁的继任者似乎没有按照任何常规原则，有时是由遗嘱决定的，有时是继承的，有时是通过投票选举的。锡克这个名字的意思是“弟子”。

锡克人

创教者那纳克留下了一系列书面戒律，这些戒律连同继任者的其他文本，大约在17世纪初被第五代古鲁汇编成《阿底格兰特》。这相当于锡克人的《圣经》或《古兰经》，每天都在阿姆利则金庙地板上的古鲁面前，在鲜花和珠宝的供品中，以及成群结队的军事信徒面前敞开。这本书的编撰者被上旁遮普的穆斯林总督投入监狱，使他在监禁中死去。这导致了新生的锡克教和穆斯林统治者之间的裂痕。因为在这一事件之前，锡克人似乎是非常爱好和平的。他们受到迫害，就像所有类似的情况一样，这只会增加他们的数量和热情。他们起初温和宽容的教义，从这一次开始展现出对其他宗教的仇恨，而锡克人也因对其他宗教的仇恨而著称。

从那纳克开始的第十位锡克教领袖是著名的古鲁哥宾德，他凭借自己的才华和精力，为追随者注入了一种积极进取和意志坚定的精神，使他们成为英国人在东方遇到的最可怕的敌人。他没有改变该教派最初的信条，却实际上改变了锡克教义的特点，赋予其一种进取精神和报复性的特征，而不是原来的安宁平和。为了壮大自己的队伍，他接纳所有阶层的人成为信徒，与最初的门徒完全平等。为了确保团结和巩固的力量，他在追随者中建立了统一的着装标准。锡克人被要求蓄长头发和胡须，穿蓝色衣服，在身上佩带短剑。他们第一代军事首领的这些戒律仍然被卡尔萨（“不朽者”）

严格遵守。卡尔萨是一个自称严格遵守哥宾德真正教义的宗教团体。哥宾德采用了“辛格”这个名称，它的意思是狮子，那是一个曾被印度军事阶级拉杰普塔纳的贵族所拥有的头衔。哥宾德的继任者们都以“辛格”为名号。

哥宾德的目标似乎是在印度北部地区建立一个强大的军事帝国，但是莫卧儿帝国的皇帝仍然很强大，锡克人相对较弱，第一次斗争只能以失败而告终。在经历了短暂的绝望和无助之后，哥宾德成了暗杀的受害者，他的弟子们除了精神和榜样的力量，并没有得到什么实质性的东西。然而，精神和榜样的力量绝没有被忽视。哥宾德倒下之后，锡克人由一个名叫班达的首领指挥，他利用了1707年奥朗则布死后的混乱，带领自己的追随者采取比他们所尝试过的任何行动都更加坚决的行动。他们突然从藏身的旁遮普森林中突围而出，越过了流经这片土地南部边界的萨特累季河，在一场激烈的战斗中击败了莫卧儿帝国的军队，并横扫直到亚穆纳河岸的这一地区。尽管短暂受阻，但他们很快又冲锋向前，并在德里的大门上升起了他们起义的旗帜。

奥朗则布的长子及继承人巴哈杜尔沙一世，突然从他在南方的征战中返回，镇压锡克人起义。锡克人当时似乎强大到足以征服整个印度。皇帝的出现阻止了锡克人进军的洪流，他们被赶回到栖身的山林。6年后，锡克人又在同一位首领的率领下从堡垒中出发，但这次更像是复仇而不是征服。他们在帝国的土地上进行了新一轮的破坏，被帝国的一位将军打败，1716年，班达和他的400名追随者被俘虏到德里，在那里被全部处死。整个锡克教派和锡克民族被禁止公开活动，他们像山上的野兽一样被猎杀和驱逐。虽然他们没有被完全消灭，但在这样无情的打击下，在此后30年的历史中再也没有现身过。30年后，在搅动莫卧儿帝国的骚动和迫害中，我们看到锡克人再次跻身于印度具有强大影响力的势力行列。

锡克人一直被认为已经彻底消失了，但在1739年，当纳迪尔沙成功入侵莫卧儿帝国、途经旁遮普返回波斯时，许多锡克人的军队徘徊在他军队的侧翼和后方，纳迪尔沙用他在德里获得的巨额战利品来换取这些麻烦的掠夺者的友谊。波斯人入侵的恐怖也迫使许多旁遮普的居民从平原前往山区，在那里，他们加入了锡克人的群体。锡克人因此而变得更加强大，并敏锐地发现了这次动荡所带来的机会，再次下山进入平原地带。

正是在这一时期，印度北部的几大势力开始相互争斗，这在很大程度上标志着英国军队和英国阴谋在该地区的成功。莫卧儿帝国实际上已经走到了尽头。喀布尔王国从一个顺从的省份变成了一个充满敌意和威胁的国家。在阿富汗和波斯交替遭受残酷征服的恐怖局面之后，两国摇摆不定的命运，在纳迪尔沙去世之后，导致了艾哈迈德·沙掌握了绝对优势，而他是短暂的杜兰尼帝国的创建者，也是喀布尔统治家族的创立者。因此，在印度河西北岸，出现了一个新的王国，它很可能会以牺牲旁遮普为代价向外扩张。同时，一片更可怕的阴云正在南方聚集。在马拉巴尔海岸，从印度人的4个种姓中集结大军的马拉地人，以一种3/4个世纪的持续成功所培养出来的躁动和尚武的精神，正逐渐向北前进。

因此，旁遮普在两个强大的对手——阿富汗人和马拉地人之间变得孤立起来，尽管它仍然处在把驻地设在拉哈尔的莫卧儿帝国总督名义上的统治之下。事情很快就发生了变化——艾哈迈德·沙越过印度河，挺进到旁遮普，占领了拉合尔。1751年，这一地区包括木尔坦在内的所有西北部领土，通过条约的形式从莫卧儿帝国割让给喀布尔王国。锡克人已经在与萨特累季河接壤的旁遮普地区站稳脚跟，他们袭击了阿富汗军队，占领了拉合尔，他们在那里铸造钱币，在上面刻征服旁遮普的铭文。虽然他们后来被艾哈迈德·沙赶出这座城市，但在艾哈迈德·沙死后，他们成了拉合尔合法的最高统治者。

锡克人的民族性可以说是从那时确立的。他们不加选择地向周围的各方势力提出结盟的要求，以达到当前的目的。他们的政府形式尤其引人注目。在哥宾德死后，锡克人没有再选举古鲁或精神领袖接替他的位置。据说这是为了实现一个预言，这个预言认为锡克人只有10位古鲁。当锡克教徒在莫卧儿和阿富汗军队面前逃离，分散在印度北部的偏远山区和丛林中时，很难确定他们当时是什么样的政权形式。当他们从藏身之地出来，胜利地来到平原时，我们发现他们已经处在一个全新的政治体制下。由于前面的分散，锡克人习惯于分队以及在不同的酋长领导下行动，没有最高领袖。在18世纪末，他们的国家变成了一个军事寡头或联邦共和国。联邦的全体事务在一次全国性的会议中进行讨论，在会议中，最高权力会先后赋予当时最有权势的酋长。

当时，兰吉特·辛格在锡克酋长中取得了显著的优势。1799年，他占领了拉合尔，不失时机地对周围地区发动了进攻，并迅速将其占领。直到这一时期，尽管锡克人无疑是这些地区的主导民族，但他们的实际领土边界仍是非常模糊的。旁遮普的绝大多数人口与他们仍然没有任何信仰或民族上的联系，在一些地区，穆斯林统治者仍然保持着一种独立性。然而，这一切都将因兰吉特·辛格而改变。他征服了木尔坦，并于1818年将其并入自己的王国。此时，旁遮普被明确地认为是一个独立的国家，与印度旧有的势力平起平坐。兰吉特·辛格统治了很长一段时间。他通过与英国结盟来巩固自己的力量，这给了他一个研究英国军事体系的机会，并将其引入自己的军队。尤其是，他让锡克人学习了英国的炮兵训练经验，学生们变得如此专业，以至于在随后的某个时候，让他们的老师得到一个令人难忘的教训。

1839年，兰吉特·辛格的死导致了帝国的毁灭。他的两位直系继任者在暴力冲突中暴毙，王位继承变成了众多竞争者的争斗。英国人奉行他们一贯的政策，只要有诱人的机会，就插手干预，利用这些麻烦为自己的利益服务。入侵和阴谋最终导致了一场公开的决裂，以及几场血腥的战争。随后是一段和平时期，然后战争又重新开始。1848年年底，一支英国军队在郭富男爵的率领下入侵了旁遮普，并于1849年1月14日在杰赫勒姆河畔的吉兰瓦拉与锡克人相遇。英军将领的糟糕指挥和锡克教炮兵的技能几乎使英军彻底失败，他们损失了近3 000人，被赶出战场。然而，英国人等到了增援，并在几周内重新开始了进攻。2月21日，在古吉拉特附近发生了第二次战斗，英军在战斗中取得了胜利。随后，整个旁遮普被征服，正式并入英国的领地。

第258章

英国人彻底征服印度

最近被英国人征服的拉合尔王国，值得简单地讲述一下。拉合尔王国的面积约6万平方英里，人口有400万人。这一地区曾在波鲁斯国王的统治之下，也是亚历山大战胜这位君主的地方。克什米尔也在王国之内，那是人间最美丽的山谷之一，经常被认为是《圣经》中的伊甸园。克什米尔被兴都库什山脉和喜马拉雅山脉环绕，这些山脉的山顶上终年积雪，当地人仰望山巅并赋予其“印度天堂”“花园”和“永恒春天的花园”之名。

这里的景色确实是美不胜收。山的两侧覆盖着高山森林；低矮的山坡上，果园里的果树被果实压弯；山脚下是玉米地和稻田；花园里满是鲜花、藤蔓和其他植物。事实上，整个山谷呈现出一种无与伦比的自然繁荣景象，与耕作融为一体。一位英国作家说：“大自然赋予了克什米尔很多，艺术赋予了更多，整个山谷就像一个贵族公园。”

这里的居民勇敢、勤劳、活泼，喜欢文学和艺术。他们都是印度血统，但肤色像美国南方各州黑人的那种浅黑色。他们使用的语言是梵语的一种方言，但他们的流行歌曲是波斯语的。那里大量出产著名的克什米尔羊绒披肩，是当地一个重要的收入来源。以前这里有4万台披肩织机，现在数量下降了。一副大号披肩要15个人8个月才能生产出来。羊毛来自西藏，羊在这里被用作驮畜。这里没有发现有毒或凶猛的肉食动物。

首府斯利那加有20万居民。除了浪漫之美，克什米尔一直被视为印度的圣地，许多朝圣者都会到此朝圣。几乎每一条小溪和河流的源头都装饰着一些宗教遗迹。许多遗址极为古老，显示出宏大的建筑之美。一座黑色大理石神庙的遗迹被认为是印度最优美的遗迹之一。

克什米尔拥有自己的历史。阿布勒·法兹勒列举了1363年以前统治那里的150位国王。伽色尼王朝征服过它，后来又被并入莫卧儿帝国。大约在18世纪中叶，它被阿富汗人征服；再后来被兰吉特·辛格占领，并入了他的拉合尔王国。

在征服拉合尔或旁遮普后，除了法国、丹麦、葡萄牙的小块殖民地和尼泊尔王国，整个南亚次大陆都处于英国人的统治下了。尼泊尔王国位于印度北方，在中国西藏和孟加拉之间。它的面积和人口与纽约州大致相当。以前被几个小汗国所瓜分，但廓尔喀人的一个部落将他们全部征服，建立了现在的王国。1792年，在一场与中国的战争中，尼泊尔被打败，1816年，在与英国的冲突中失去了一部分领土。它在1839年表现出了对英国的敌意，但由于英国在阿富汗的行动而保持沉默。尼泊尔名义上是独立的，但只要英国人有意，这个小王国就一定会经历帝国其他王国同样的命运。

相对较小的英国对一个拥有1亿居民的帝国实施绝对统治，而且几乎处于所统治民族的对立面，这是世界历史上最引人注目的现象之一。西方人认为，在商业和军事扩张史上，英国人在印度的事业是世界上任何国家所无法比拟的。这距离他们在这个地区只有3个小工厂，只有几百个人工作，几乎没有能力抵御海盗和匪徒的窘境，不到100年。现在，这个商人团体统治着几乎和奥古斯都帝国一样多的人口。它的首都从一个穷困的村庄，变成了东方的大都市，而它的小城市在财富和交通方面可以与古代世界最大的商业中心相媲美。王公们沦为东印度公司的仆人，而皇帝们则靠着东印度公司领取年金。

对印度的征服，被西方人视为一项最伟大的商业进取，远远超过了人类在其他地方所做的任何事情。但是，这一辉煌功绩也付出了高昂的代价；掠夺、压迫、暴政、背叛、抢劫和流血，一直是获得这种利益的主要手段。这些错误的行为只有一半，也许不足1/10，能够传到我们的耳朵里。征服者用他们自己的方式讲述了他们自己的故事，印度的声音不够响亮，以至于半个地球都听不到。我们唯一的信息来源是英国人的记载。这些记载告诉我们英国人在印度的英勇事迹，告诉我们印度军队的雄壮威武如何在数量只有他们1/10的英国人的攻击下黯然失色；他们讲述了如何在世界上最富裕的地区之一吞并广阔领土，获得巨额款项，签订和平条约，最后在50万平方英里的土地上无限征税。如果有人问英国人如何证明这些事情的正当性，那么他们只能指出这是强者的权力——跟塞索斯特里斯、亚历山大、帖木儿和纳迪尔沙一样的权力，进入这一地区，压迫当地居民，夺取他们的财产。

印度不得不彻底屈服于英国人的统治。在多数情况下，统治这片广阔地区的欧洲人的人数通常不会超过3万。这个数字被印度人的性格特点放大了，他们中的很多人改变立场，被训练成服务于英国殖民者的工具。他们为工钱和掠夺而战，为了得到英国人施舍的利益，他们可以与朋友、国家和家人为敌。因此，由英国军官指挥、按欧洲方式训练的印度军队，其效率几乎与英国军队相当；而且，只要不采取任何措施来打击他们的宗教偏见，他们也一样忠诚。印度各地的邦国对英国人的依附程度差别很大，有些完全在英国当局的控制之下，其他则被允许称为英国的盟友，在英国的保护下采取行动和施行统治。

东印度公司拥有一支20多万人的军队。这些部队分布在印度各地，除了保卫和控制直接由英国控制的领土，军队还驻扎在附庸邦的首府，以确保和控制这些领土。为了实现文官管理的目的，这个地区被划分为孟加拉、马德拉斯和孟买三大管辖区。孟加拉总督同时作为整个印度的总督。印度总督及其议事会，在一定的限制下，具有印度的立法权，并受制于英国政府。其他的总督在各自的政府内也拥有同样的权力，但在全体政策事务上，必须服从印度总督。印度总督拥有宣战、和平和缔结条约的权力。英属印度政府由东印度公司董事会组成，而董事会则受一个由英国几位主要大臣组成的名为管理委员会的机构管辖。

如果我们可以相信明智且不偏不倚的观察家的说法，那么大英帝国在东方的辉煌机构，在外表上如此威严，却正处于一种逐渐衰落的状态。将印度与英国绑定在一起的纽带的性质足以解释这种趋

捕猎老虎

势，而不必提及当地管理不善。一切有酬劳的官职，无论是文官、军职和一切商业上的领导职位，都控制在外国人手中，他们在短暂居住之后，便会带着所赚的钱财离开。因此，每年都有大量的财富运往英国，却无一物回馈。维持东印度公司军事和民事机构的开支是巨大的。总督的年薪是11.8万美元，其他人的工资按比例下降。军队的薪饷和退休金也同样是一笔大额的开支。每一个英国士兵从英国到达印度时就要花费500美元。军队所有的服装和装备、军官和绅士的大部分奢侈品都是在英国制造的。公司的每一笔开支，包括利润在内，都必须从当地人那里榨取。

自古以来，土地构成了印度的主要收入来源，原因很明显。广大民众的习惯是简单而统一的：他们饮食节俭，一般只吃一些必要的东西；他们衣着简朴，住所简陋，我们所说的奢侈品，只限于少数富人拥有。在所有这一切中，金融家敏锐的目光没有发现什么可以染指的东西，不得已只能对所有的产品征税。

平均而言，政府对水稻的征税率为50%，但收缴的方式导致种植者支付其出产量的3/4。公共财政由专营收入、进出口关税、烧酒和棕榈酒的销售许可证、诉讼费、印花税等来补充。东印度公司每年的总收入约1亿美元。

莫卧儿帝国皇帝是每个人命运的绝对和唯一的裁决者，不受任何法律的约束。除了少数由印度王公世袭的地区，他统治的所有土地都被视为他的财产。继承权是授予长子的，但皇帝的意志才是决定继承人的标准。所有妻妾的孩子，都拥有合法的继承权。维齐尔是第一国务大臣兼首席财务官，所有的法令和公事都由他亲手盖章通过。贵族包括三个级别：第一级为埃米尔，他是国家的第一级官员和各省总督；第二级为汗，他们占据军队的要职；第三级为巴哈杜尔，是一种骑士。这些贵族阶层的人数没有限制，每个人都在帝国拥有特权。在规定的权力范围内，政府官员组成了一个议事会，对应西方国家的内阁。然而，莫卧儿帝国的庞大机构已经消失了，留下那些既不开化也不高尚的人民成为外国侵略者的猎物。由于他们的命运几乎无法变得更糟，因此我们可以尽情地希望，他们的未来将会变得更好。

第259章

印度的人口和城市

印度的人口约1.4亿人，其中90%是本地的原始民族，他们虽然长期臣服于外国的统治，但始终保持自己的习俗和制度。人口中有1 000万左右是穆斯林，他们是蒙古、阿富汗和波斯征服者的后裔。还有一些帕西人、犹太人、亚美尼亚人、阿拉伯人、葡萄牙人和英国人，但他们的数量加在一起跟印度教徒和穆斯林比起来，仍然是微不足道的。

加尔各答虽然不是人口最多的城市，却是印度最重要的城市，也是大英帝国在东方的首都。这个城市位于恒河的支流之一胡格利河畔，发展非常迅速。大约17世纪末英国人来到这里时，当时只有一些零散的农舍，周围是一片森林、沼泽。1696年，奥朗则布允许英国人在这里建立一家工厂，并在第二年允许建立一座保护工厂的要塞，要塞被命名为“威廉堡”。起初，这个定居点并不繁荣。1757年，英国人在加尔各答的房屋也不超过70所，而且被西拉杰·乌德·达乌拉占领，他把英国居民扔进了“黑洞”监狱，我们前面已经提及。克莱武攻占了这个地方后，把这里建设成为英国人的大都市，并建造了一个更大规模的新堡垒。从那时起，加尔各答的人口和财富稳步增长，到今天，已经拥有50万居民了。这座城市的大部分地区居住着印度人。这里被称为“黑镇”，和印度大多数大城市一样，用泥土和竹子建造的简陋住宅或农舍组成了这里的建筑群。英国人居住的城镇或者郊区，被称为乔林基，有四五千所房子。这些房屋用砖石砌成，上面覆盖着灰泥，基本上都是优雅的风格，每座房子都是独立的，四周有墙围绕。政府官邸是一座华丽和昂贵的建筑。附近的河岸上到处都是漂亮的别墅。这里气候炎热，对身体有害，但毒性比以前小了，因为附近的沼泽和森林已经被大规模清除。加尔各答拥有一所大学。印度政府的官员享有不错的薪水，这里流行的生活方式既花哨又昂贵。大型宴会是最受欢迎的娱乐活动。

德里，过去是印度的首都，坐落在恒河的一个支流亚穆纳河畔。在帝国的繁荣时代，它是最辉煌的城市，现在它正在慢慢没落。尽管如此，现在的城市还是很有魅力的。街道虽然狭窄，却有许多砖石砌成的漂亮房子。沙贾汗的宫殿，以及周长1英里的花园，仍然呈现出最壮丽的一面；但那些曾经属于帝国的酋长和奥马拉的一串建筑，镀金的清真寺、亭台和水池，现在只剩下一片荒凉的景象。德里尽管处于衰败的状态，却拥有印度最雄伟的近现代建筑。那座名为贾玛清真寺的建筑，由奥朗则布的女儿主持兴建，用红石镶嵌大理石，被认为是东方最优美的建筑。古特伯高塔是一座塔楼，高242英尺，共5层，下面3层是用红色花岗岩建造，上面2层用白色大理石建造，这座高塔是由一位帕坦君主主持兴建。德里有一些棉花制造厂，是印度、喀布尔和克什米尔商队的交会之地。

苏拉特位于印度西海岸，是欧洲人第一次来到印度时的贸易中心。尽管财富不如加尔各答，但它仍然是一个非常大的城市。因为周边地区受到战争的蹂躏，英国人便将贸易转移到孟买，大大削弱了它的重要性。但它仍然从事着丝绸、锦缎和优质棉织品的大规模生产。苏拉特是富庶的古吉拉特省的首府，对外出口本地区的纺织品。克什米尔羊绒披肩也是这里重要的贸易品。苏拉特是印度中西部地区向外国供应商品的港口。它的建筑风格多样，很多房子都是用石头建造的，但是也有一些用芦苇和泥巴筑成的简陋小屋。居民中有许多非常富有的商人，主要是巴尼人和帕西人。巴尼人把他们宗教的特殊性发挥到了极致，通过为鸟类、猴子和其他动物建立医院，使他们对动物生命的尊重在很大程度上得到了体现。苏拉特的人口估计有70万人。

拉合尔是旁遮普的首府，曾是印度最美丽的城市之一。阿克巴、贾汉吉尔等帝王相继为其增色添彩。贾汉吉尔的陵墓是一座极其豪华的建筑，至今保存完好；那里有大量饰以东方最宏伟风格的帝国宫殿遗迹。皇宫的露台屋顶上覆盖着花坛，花坛上盛开着鲜花，这种风格似乎是从巴比伦空中花园复制而来的。然而，这座美丽的城市在旁遮普所遭受的各种战争的蹂躏中，迅速地毁灭了。不过，拉合尔坐落于一条美丽河流岸边的肥沃土地上，处于从印度到波斯的必经之路上，必定会始终保持某种程度的繁荣。旁遮普的锡克统治者兰吉特·辛格将拉合尔作为自己的首府，在他的统治时期估计有8万人。如果该地区的安宁能够长期维持，我们有理由相信拉合尔将恢复其失去的大部分财富及重要性。

旁遮普的阿姆利则是锡克人的圣城，也是他们召开全民族大会的地方。这里吸引人的地方是一处大池塘，由一位古代古鲁哥宾德所建造，他将其命名为“不朽之池”，并教导那些在水中沐浴的人从这里净化所有的罪恶。这种信仰使一个庞大的教派聚集到这个地方，他们捐建了一座位于水池中间的大神庙，那里可以容纳600名祭司。阿姆利则周长8英里，建筑多为砖石结构，但没有宏伟的建筑。兰吉特·辛格把他的财富和军火库保存在这座城市的一座坚固的城堡中。目前，这里是同克什米尔进行贸易的中心，由于在最近的政治剧变中提供了安全保障，它被印度北部的富人选为居住之地。这里的人口目前有10万人。

浦那位于印度中部，是马拉地人的首府。它最初被设想建成一座营地而不是一座城市，在马拉地联盟的大集会中，有50万人聚集在这里。目前的常住人口约有10万人。与其说浦那是一座城市，不如说更像一个大村庄。这里的房屋为砖石结构，但不规则，而且建得很小。墙上画着印度万神殿的无数神像。现在浦那被纳入英国的领地之内，由孟买管理。

孟买是英属印度的西部首府。它坐落在一个靠近大陆的岛屿上，俯瞰着一处海湾的美丽景色。那里有着各种各样的岩石小岛，被一片高耸、优美的群山所环绕。它是印度半岛西部的贸易中心，人口有20万人。其中有8 000帕西人，他们是当地居民中最富有的人，对这个地方的繁荣作出了很大贡献。还有犹太人、穆斯林和葡萄牙人，数量众多；但是3/4的人口是印度人。孟买是重要的商业中心，是英国的蒸汽邮轮从红海驶往中国这条路线上停靠的首个印度港口。

马德拉斯位于印度东海岸，是英国人在这一地区的大都会。马德拉斯在商业上的位置并不是很有利，它没有港口，只有一条公路，海滩暴露在不断起伏的海浪中，猛烈而危险，除了一种用薄木板连缀在一起的大而轻的特殊船只，没有任何船舰可以接近。为了传递信件和信息，当地人使用了一艘双体船，由几块木板固定在一起，他们成功地完成了这一任务。很早以前，政府的所在地就要从这个地方转移到附近的本地治里，那里要方便得多；但是，英国人在马德拉斯的防御工事和政府建筑上花费巨大，使政府的搬迁时间迁延不定。公共机构的房屋和仓库沿着海滩形成了一系列漂亮的建筑物，建筑物的上层用柱廊装饰，由拱门支撑。除此之外，马德拉斯的欧洲人居住区仅仅是一个乡村住宅的集合体，他们位于花园的中央，散布在几英里的范围内。这些房子通常有一层楼高，结构轻巧优雅，有门廊和阳台，柱子外面有一层精致的灰泥土批荡。黑镇面积广阔，从远处看，尖塔和宝塔与树木和花园混合在一起的景象非常引人注目；从近处看，我们可以发现那里主要由用树叶做顶的竹屋组成。有一些富有的印度商人住在东方风格的豪宅里。马德拉斯的人口估计有35万人。

第260章

印度的教育、婚姻、农业、手工业、造船业

教育在印度人民中极受重视。穆斯林和莫卧儿人的后代在孩子很小的时候就教他们诵读《古兰经》，书写阿拉伯语和波斯语。在这之后，再通过他们的介绍进入公司和公共事业。因此，孩子们在很小的时候就被带进了现实世界这所巨大的学校，而他们还没有做好充分的准备。他们从小就被训练在公共场合要表现出极大的严肃性和谨慎性，并特别被教导抑制自己的激情，抑制所有因愤怒和怨恨而产生的情绪，这些情绪被他们视为相当不雅的行为。也许是由于这种早期的克制和掩饰的习惯，他们的怨恨可能会在威胁和愤怒的语言中消失，但是不代表他们会一直压抑着不爆发。

印度商人在教育他们的孩子从事贸易上，极为用心和仔细。在孩子刚刚学会思考的时候，他们就开始传授给孩子做生意的奥秘。我们经常见到十一二岁的男孩就已经相当敏锐和老练，即使是比他

们年长很多的人也很难在讨价还价中占到便宜。与此同时，孩子们的温顺和稳重，以及他们对父母的极大尊敬，都令人惊讶，尤其是考虑到印度人对后代的溺爱。总的来说，父母都有明智的态度来节制他们的放纵，以免宠坏自己的后代。

没有什么比印度人的婚礼更为壮观的了。在很多情况下，孩子们在三四岁时就结婚了。小新娘和小新郎穿着最华丽的衣服，身上挂满了珠宝，连续几晚被抬着在街上巡游。在这种情况下，街道都被火把照亮；成群结队的朋友和邻居跟在后面，举着旗帜、吹打乐器游行。巡游结束后，新娘和新郎被带到女孩的父亲那里，他们面对着面、手拉着手在同一张桌子的对面坐下。祭司用一块布盖住他们的头，需要盖上一个小时一刻钟，在这个过程中为他们祈祷，给予他们婚礼祝福。之后祭司把他们头上的布掀开，把玫瑰水和用番红花染成的香水洒在所有的人身上，直到湿透为止。客人们在婚礼结束后一周内都会穿这些衣服，以示参加过婚礼。

印度人在其他方面很节俭，但在这种场合却很奢侈，常常把自己弄得倾家荡产。对于新婚夫妇来说，在婚礼上大肆挥霍的是相当大的一笔财富。据悉，孟加拉的一些富商除了赠送大量礼物，还花五六万美元用于婚礼的游行和表演。印度人的妻子对丈夫非常尊重，她们的行为通常是无可指责的，很少有人违反婚姻义务。她们完全由丈夫掌控，除了衣服，也许还有两三个女奴，就再也没有其他财产了。在富有的家庭中，丈夫的父亲会提前付给妻子的亲友一大笔钱，所以在某种程度上，妻子是用钱买来的。丈夫们害怕妻子抛头露面，并认为这是最大的耻辱。在印度，妇女如此神圣，即使是普通士兵在进行战争的时候也不会烦扰她们。闺房是抵御一切因

印度人的婚礼游行

胜利带来的无法无天恶行的避难所，恶棍们身上沾满了男人的血，却惊恐地从被杀者妻子的闺房里退出来。

印度的娱乐活动包括戏剧、音乐、舞蹈和杂耍。在节日和大多数娱乐活动中，人们通常都会邀请公共的职业舞女过来，为宾客表演歌舞。这些表演者构成了一个独特的人口分支，并在政府任命的女性官员的指导下生活。这些表演大多露天进行，一般由火把提供照明。印度的杂耍演员表现出惊人的灵巧，他们的表演很难用任何已知的自然法则来解释，许多欧洲人把它们归因于巫术和魔鬼的力量。这些玩杂耍的人吃火、吞毒，把剑从自己的喉咙里插进去，在没有任何可见的支撑的情况下悬浮在空中。他们在驯蛇这一方面技艺惊人，其中许多人带着篮子里的蛇来回游走于整个地区，蛇伴着刺耳的音乐在篮子里面跳舞。没有任何比学习印度人的这些杂耍技巧更难的事情了。

印度一直以其富饶的土地和丰富的自然资源而闻名。从远古时代起，印度就是一个农业民族，以勤劳闻名于世，却没有任何比他们用来耕作的工具或技艺更简陋的东西了。耕种土地的人，由于不完善的治安或者仅仅是因为习惯，住在大村庄里，每人耕种一小块土地，同时还要从事织布或是其他劳动，通过多种辛勤的劳动来养活自己。因为他们只有土地的使用权，而没有所有权，所以他们根本不想把钱花在土地的改良上；而且出于安全考虑，他们也不能把钱用在土地上引起别人的注意。

印度的犁是一种结构极为粗糙的工具，只能深入土壤二三英寸处，由公牛或水牛牵引，有时是由两头牛共同牵引。用犁在土地的几个方向上刨开后，再用粗树枝代替耙子耙过之后，土地就被认为适合播种了。印度人对农作物的轮作一无所知，只知道一年内连续耕种，就是为了尽可能多地获得农产品，直到地力完全耗尽为止。之后，这片土地就被遗弃，用于放牧养牛，直到可以再次耕种为止。这种粗放的耕作方式与欧洲中世纪时期的做法相似。孟加拉是印度人口最稠密、最繁荣的地区之一，土地的种植面积不超过1/3。农民极度贫穷，通常还负债累累。尽管有这些缺点，但大自然相当慷慨，印度的农产品种类极为丰富。整个地区的主食是大米。每一个可以灌溉的地方都会被耕种。在西部的一些地区，可以用高粱替代努比亚的粗粮。小麦和大麦也有种植，但只在气候相对凉爽的高原上种植。除了大米，最重要的农产品是棉花，为国民生产提供了重要的原料。这里也出产大量的糖。

长期以来，印度的棉花制造业一直享有盛名。孟加拉出产质地最为精细的棉布。印花棉布、条纹棉布是科罗曼德的主要商品。穆尔斯希达巴德、瓦拉纳西和苏拉特出产丝绸。金匠们可以熟练地制作金银丝制品，并能够模仿欧洲生产的最精致珠宝，然而，他们使用的工具却是最粗鲁、最笨拙的。人们可以看到他们在大街中央从事着这门最为精巧的工作。印度工匠制造不出手表、钟表或任何需要良好发条的制品，尽管在一些地方，有人能够制造出比较锋利的剑刃。在铁器制造方面，印度人几乎没有拿得出手的东西。他们在很早的历史时期就会上漆和镀金工艺。在宝石上进行雕刻的技艺似乎是印度人的发明。这类作品最早的样本非常古老，上面刻有梵文铭文。从与西方民族交往的最早时期起，印度人在染色方面的技艺就相当出色。那种在罗马人中被认为高级的深蓝色染料，被称为印度靛蓝。

在苏拉特，印度人最擅长造船技艺。如果他们拥有更好的模型，将生产出不逊色于世界其他任何地区的船只。然而，印度人建造军舰的技术和民用建筑一样笨拙。就长度和宽度而言，他们的船只要比我们的长得多，而且非常耐用，仍在航行的百年老船并不罕见。造船最常用的木材是柚木。印度人的船只不像西方的船那样下水，而是通过专门开挖的运河引到水上。他们的水手技术很差，很少在有风暴的季节出海。许多印度水手在英国船上服役，在那里，他们被称为拉斯卡尔，虽然缺乏欧洲水手的活力、技能和精力，却温顺听话。

第261章

印度的商业、建筑、绘画、音乐

直到托勒密王朝统治埃及，印度的商业活动才引起西方国家的注意。这个王朝的第一位君主准备实现他的主人亚历山大大帝的伟大计划。他的继任者托勒密二世试图开凿一条从苏伊士到尼罗河的支流培琉喜阿河之间的运河，将红海与地中海连接起来。这条运河并不像国王预想的那样有用，因此，托勒密二世又在红海的下游，就在北回归线附近建造了一座贝雷尼塞城，那里成了与印度进行贸易的中心。货物从贝雷尼塞运到尼罗河上的科普托斯，再从那里经水路运到亚历山大。埃及船只从贝雷尼塞驶向印度河河口，或驶向马拉巴尔海岸。因为船只太小，不敢冒险驶向远海，只能胆怯地沿着海岸缓慢移动。波斯人对海洋事务非常厌恶，或者他们可以通过一条更短、更安全的波斯湾航线开展同样的贸易。他们通过陆路从印度河沿岸购买印度商品，北部地区则由商队运输，从印度河到奥克苏斯河，再将货物运送到里海。

在埃及被罗马人统治了一段时间之后，由于发现了季风的定期变化，印度与西方国家的商业联系更加紧密。一位名叫西帕路斯的希腊船长，从事与印度的贸易活动，他是第一个利用这一发现的人。他大胆地从红海口起航，穿过印度洋，到达了马拉巴尔海岸。他在一个名叫穆修斯的港口登陆，该港口似乎位于果阿和代利杰里之间的某个地方。这条直达航线一开通，印度与西方的贸易往来就迅速增加，亚历山大城的商人便向欧洲出售调料、香料、宝石、珍珠、丝绸和棉布。在亚历山大大帝之前，欧洲人还不知道锡兰岛的名字。在发现季风周期性变化之前，埃及人似乎还没有造访过该岛或科罗曼德海岸。然而，早在罗马皇帝克劳狄一世统治时期，也就是1世纪中叶，锡兰就曾派过一位使者到罗马。这座岛屿后来成为恒河以外国家进行贸易的中心。从亚历山大时代到16世纪葡萄牙人环绕非洲航行，没有人试图在印度建立殖民地。

印度最早的出口产品是调料和香料。从古人的宗教崇拜方式和众多的神庙来看，乳香和其他香料的消费量巨大。这些物品似乎是阿拉伯人首先从印度带来的，他们与印度的交往比我们所知道的任何其他民族都要早。在印度所有古代商品的记载中，主要的就是各种各样的调料和香料，其次是宝石和珍珠。古时候，东方和西方国家都很重视钻石，尽管加工钻石的技术直到现代才为人所知。珍珠是希腊人和罗马人从印度获得的所有商品中最有价值的，其价值远远高于钻石。恺撒大帝送给布鲁图斯的母亲塞薇利娅一颗珍珠，花了相当于24万美元的金钱。著名的埃及艳后克利奥帕特拉的珍珠耳环价值不低于80万美元。

丝绸是古代欧洲人从印度获得的珍贵商品之一，其贸易规模仅次于与中国进行的丝绸贸易。在古罗马丝绸价格极高。对于男性来说，丝绸过于昂贵和精致，只有有身份的富裕女性才配穿着。在3世纪，丝绸的价格是以黄金的重量来计价的。古代欧洲人对丝线的生产方式一无所知，有些作家认为这是附着在树叶上的细毛，其他人认为它是一种羊毛，直到6世纪，丝绸的性质才为欧洲人所知。

巴里加扎位于讷尔默达河畔，流入坎贝湾，是古代的一个大型贸易中心。通过这座城市，商人能够与内陆大城市塔加拉进行跨越山脉的交流。这里交易的商品有调料、宝石、丝绸、棉布、胡椒、珍珠、香料、龟甲等。然而，印度从未表现出任何从事对外贸易的强烈喜好。他们从来没有将自己任何的贵重物品运到其他国家进行贸易，而是轻蔑地将它们赠予那些从地球最遥远的地方来寻找它们的人。他们以同样的蔑视，几乎拒绝了每一件物品的交换，除非用的是最坚实、最肉眼可见的财宝。直到最近，英国与印度进行贸易的方式一直是通过垄断公司，而竞争也只是在这些垄断公司之间进行。

印度几乎到处都是各个时代的建筑遗迹，它们风格各异。这种多样性标志着建筑从萌芽到现在的发展历程，揭示出不同时期的艺术和习俗的总体状况。这一地区的庙宇非常多，其中最古老的庙宇似乎只是在山区挖掘的洞穴。其形式可能是模仿地球上第一批居民所居住的自然洞穴。在这些地下建筑中，最著名也可能是最古老的，是孟买附近的象岛石窟。石窟从坚固的岩石中开凿而成，大约有山的一半高，形成了一个将近220英尺长、150英尺宽的广阔区域。为了支撑顶端和上面山的重量，在同一块岩石上每隔一定距离就切割出许多粗大的柱子，形成了3条宽阔的大道。庙宇内大部分是高高的人物雕像。这些雕像规模巨大，形式单一。它们以各种各样的符号来区分，代表着被崇拜的神灵属性，或是被颂扬的英雄行为。最引人注目的是3个巨大的头像，应该是对应湿婆的不同化身。

撒尔塞特岛上的坎赫里石窟与对岸大陆的卡尔利石窟隔海相望，呈现出同样引人注目的景观。坎赫里山的岩壁边上似乎有一座城市，可以容纳数千名居民。这里有贮水池、梯田、台阶，以及容纳大量人口的一切设施。只是现在除了好奇的旅人，再也没有人踏上过这片土地了。有一座洞穴神庙，它的内部虽然没有象岛石窟那么宽敞，却更高。在孟买东北100英里的埃洛拉石窟，就有一处值得注意的同类遗迹。

阿杰梅尔神庙是目前印度现存最古老的神庙之一，其柱子的优雅令人叹为观止，挖掘出土的作品特点不尽相同，似乎表明这些物品产生于完全不同的艺术时期。这里大约出土了40件文物，但其中没有任何两个是相似的。天花板上装饰着方形的镶板，其他的镶板均为菱形，装饰着树叶和雕塑。

当印度人第一次开始在地面上建塔时，似乎在一定程度上保留了原始洞穴的结构特征。原始的塔极为简单，只是一座金字塔，除了塔门能够照进来光线，内部再也没有别的光亮了。习惯了长期在地下场所进行宗教仪式后，他们自然就会把这样一个阴沉黑暗的地方看作是神圣的了。这种建筑风格的塔现在仍有一些保存了下来。随着财富和文明程度的增加，印度庙宇的结构也在逐渐改进。从朴素的建筑逐渐演变成了高度装饰性的结构，无论在规模还是宏伟程度上，都是人们力量和品位的纪念碑。印度有许多这种高度装饰风格的古代神庙。科罗曼德海岸康切普兰塔的入口位于一个庄严的大门旁，塔高122英尺，由40英尺长、5英尺见方的条石建成。这座塔完全由铜板覆盖，并装饰着各种各样的人物，造型工整。整座建筑长1 332英尺，宽936英尺。有些装饰性的部件设计得十分高雅，令最具独创性的艺术家赞叹不已。

马德拉斯瑟林厄姆大塔的宏伟程度有过之而无不及。塔由7个方形围护结构组成，一个接一个，围墙高25英尺，厚4英尺。这些围墙彼此相距350英尺，每堵围墙都有4扇大门和1座塔楼，每扇大门位于围墙两侧的中间，四面相对。外墙的周长近4英里。南部的大门用柱子装饰，其中几根是用石头建造的，长33英尺，直径5英尺。建造屋顶的石头更大。最里面的围墙里有许多小庙。

坦焦尔大塔也呈现出与其他东方帝国中最辉煌的神庙相媲美的特征。即使是在领地不大的小邦拉杰普特也建造了庙宇，而且其华丽程度堪比古埃及，甚至希腊。一些人认为，印度建筑已经经历了一个渐进的退化，建筑越古老，可能被认为艺术价值越高。自从穆斯林在印度建立其统治以来，所有最好的建筑都是由他们建造的，而且都有自己独特的风格。由阿克巴、沙贾汗和奥朗则布建造的清真寺和陵墓，可以跟萨拉森艺术最辉煌的范本并驾齐驱。宫殿也很宏伟，却以轻盈、通风的风格建造，颇像凉亭。这是为了让空气可以从各个方向进入。宫殿有宽敞的大厅、长长的走廊、突出的屋顶和露天的露台，天气允许时可以在露台上睡觉。宫殿之中有阴凉的庭院、树木繁茂的花园，以及大理石浴池、喷泉、凉亭和一切能创造清凉的东西。最能显示财富的是家具，尤其是丝绸和棉织品，上面镶有黄金，要么铺在地上，要么挂在墙上。

普通人的房屋极为简陋，是用藤条和木条搭制而成的，屋顶盖着茅草。这些茅屋不规则地聚集在一起，就像一群群挤在一起的村庄，构成了莫卧儿帝国各区域首府的主要组成部分，这些首府的壮观之处通常在于由显贵的住宅所构成的几条大街道或广场。

印度人的古代军事建筑非常引人注目。从印度的广阔平原起，在不同的地方，自然形成的隆起和岩石成为兵力部署的集中地。当地人很早就占领了这些地方，用各种各样的工事来加固，使它们几乎成了坚不可摧的堡垒。在遥远的年代，印度似乎有过一段动荡和危险的时期，当时这种场所被认为对公共安全至关重要。根据史书的记载，地方行政官员的职责之一是："他要在他选择居住的地方建立一个坚固的堡垒，并在堡垒四周修建四面城墙，城墙之上修建塔楼和城垛，城墙外围应该深挖沟渠。"这些堡垒有许多至今仍然存在，无论是从建筑物的外观还是从当地人所讲的传说来看，这些堡垒建造的年代都已经非常久远了。其中一些是巨大的柱桩，矗立在几乎难以到达的山顶上。

印度人在最早的时期就开始使用绘画艺术，以象征性的图案装饰庙宇。与现代欧洲的艺术相比，当然要拙劣得多。然而，这些人从未改善过其古老的状态。印度人绘画的主要缺陷在于构图和透视。事实上，他们对透视的了解似乎并不比中国人多。

火器在印度的使用明显极为古老。它们被一项非常古老的律法所禁止。印度书籍将火器的发明归功于一个神话人物——持力仙人。据说在神与魔交战的过程中，持力仙人发明了所有的武器。烟火似乎也是一种古老的印度发明。很早以前，它们就成为人们娱乐的主要物品，火球或信号花火经常用于夜里寻人，以观察围困者的动向，这些东西在整个印度到处都有，而其制造工艺可以同欧洲媲美。在欧洲人和穆斯林都未去过的许多东方地区，火箭被用作战争武器。我们很难说它们是在什么年代发明的，但它们非常古老。在东方的许多地方都发现了火药，或者一种类似的成分，欧洲人和萨拉森人没有把火药运到这些地方，尤其在勃固和暹罗。

印度的音乐在古代和现在一样完美。希腊人似乎是从这一地区借鉴了钹和小号的使用。鼓也是印度的发明。

在数学领域，印度人拥有相当高的天分。最近，他们在代数方面取得的进步比欧洲国家更大。他们的天文学很有名。在瓦拉纳西的天文台里可以看到天文仪器，现在的婆罗门还不知道这些仪器的用途，但是他们提供了充分的证据，证明印度人在非常古老的时代就掌握了确定天体运动的知识。可以肯定的是，他们比希腊人和罗马人更熟悉天文学。然而，当今最有学问的婆罗门几乎无法算出日食的发生时间。

第262章

印度的语言和文学

印度有很多种方言。宫廷和流行的语言是波斯语，有学问的人使用阿拉伯语，贸易语言是葡萄牙语。葡萄牙语也是这一地区的通用语言，它与许多本地词语混合在一起，并且被讹化得与欧洲的原始词语大不相同。英语在很大程度上也颇为流行。最广泛传播的当地语言被称为印度语，整个印度半岛都对它有所了解。印度语起源于梵文，由许多波斯语和阿拉伯语词汇组成，发音在全国各地都不一样。半岛南部流行泰米尔语、泰雅语和马拉巴尔语；在奥里萨，讲的是奥里萨方言；孟加拉讲孟加拉语。

印度人最近有了用自己语言印刷的书籍，欧洲和美国的传教士又丰富了这类书籍。当然，他们的书主要是手稿。他们用铁笔或刺针在可可树或棕榈树的叶子上写字。他们还有一种很薄、很亮的纸，每张纸有10英尺长、1英尺宽。这种纸需要使用芦苇书写，再把长长的纸卷起来，就形成了一本书。当他们给王公贵族写信或写请愿书时，纸的整个表面都是镀金的。为保障送交宫廷文书的安全，文书需要卷起来，放入中空的藤条或竹筒里，封住两端，以免文书受潮。

印度文学与其社会状态一样，几乎都与宗教有关。所有的印度经典书籍都有一个神圣的起源。4部《吠陀经》是他们学习的重要基础，据信它们由梵天口述，然而它们被认为需要一位博学的婆罗门毗耶娑的努力，才能使它们进入一个适合阅读的状态。《吠陀经》在很大程度上包括了对印度各地崇拜的各种神的咒语和祷词。通过不断重复诵读这些咒语，就可以产生神奇的力量，给崇拜者及其友人带来善，给他的敌人送去恶。书中还包含关于生活行为的戒律，其性质和特点各不相同，充分阐述了尊重神的起源、世界的创造、未来的状态和灵魂的轮回的民族信条。这些都在印度教的圣典和其他注释中得到了说明，所有的注释都和原文一样，被认为是顿悟的结果。印度教智识的主要源泉都只对婆罗门开放，任何其他的人都不能合法地看到这些神圣的书籍，甚至不能理解书写这些书籍的语言。

其次是《往世书》。和《吠陀经》一样，它几乎完全用诗句写成。10部《往世书》包含了将近50万颂。严格的戒律、有用的学说、荒诞的神话以及幼稚的仪式形成了奇怪而异质的集合。叙述部分与神有关，而不是与人有关。在名气和神圣性方面仅次于《往世书》的是《摩诃婆罗多》和《罗摩衍那》，这两部伟大的史诗，或者说是狂野的格律浪漫故事，与《往世书》文风相似。这些古籍至少同《荷马史诗》一样古老。

《摩诃婆罗多》讲述了古印度两个王朝之间长期的内战，并与许多不同的情节交织在一起，包括古代传说、道德反思、诗性描写和各种各样的通俗故事，它是一个最丰富的古代知识宝库，蕴藏着大量珍贵的史料。《罗摩衍那》的主题是讲述毗湿奴的后裔阻止魔王罗波那毁灭世界的过程。形成这首史诗基础的历史事实，似乎是婆罗门教传入印度。土著居民被塑造成魔王的形象，是婆罗门教的反对者。

印度的文学中几乎没有历史的一席之地。他们那些荒诞不经的传说似乎是建立在一些著名的早期国王或征服故事的基础之上的；但是，透过神话传说的迷雾，我们甚至不可能准确推测出任何事情的真实存在。印度拥有的一切真实历史都要归功于其穆斯林的征服者。而在更为轻松优雅的文学方面，印度表现得更为出色。《五卷书》的寓言，穿插着道德准则，具有这类作品所能夸耀的最优秀品质，并已被翻译成多种语言。

这个民族的戏剧文学非常广泛，在数量上几乎可以与英国相比。印度戏剧虽然在情节上有缺陷，而且缺乏莎士比亚作品的各种优点，但呈现出甜美、悲情和幽默等特点。印度戏剧似乎起源于他们民族宗教的舞蹈和庄严仪式。类似于现代歌剧，没有悲剧和喜剧之分。许多戏剧都很长，而早期的表演也非常粗糙。然而，整个印度的戏剧都是令人惊叹的原创作品，所代表的印度风情在任何其他种类的作品中都无法找到。许多作品都表现出了最为优雅的风格与协调感，没有夸张或矫揉造作。爱情也是印度文学一个常见的主题，印度拥有杰出的爱情诗人，尽管他们之中没有一个人的声望可以高过波斯诗人哈菲兹。这些作品缺乏真正的激情语言，却以华丽的意象著称。

印度所有有价值的文学作品都源于古代，大部分由梵文写成，但人们却早已不再使用梵文。当今的印度作家几乎没有人取得过什么成就。按理来说，婆罗门应该学识渊博，但现在几乎全都沦为文盲。学习气息似乎只存在于大城市中的上流阶层，他们在某种程度上受到来访的欧洲人尤其是传教士的影响。

第263章

印度的食物、服饰、游历、风俗习惯、名人

印度人的饮食节俭程度超过了几乎所有其他民族。这不仅源于责任感，而且源于自豪感。在高等种姓中，品尝动物食品或烈酒的人被认为是一个不纯洁且堕落的人，必须将其从他的同伴中赶出来，而与他民族中最卑贱的人混迹在一起。最纯洁的阶级满足于米饭和水，几乎没有任何一点儿种姓虚荣的人才会承认自己吃了一口牛肉。当他们从一个等级降到另一个等级的时候，顾忌就会减少；但只有在绝对被抛弃的人中，放纵才会占上风。

印度穆斯林在吃肉上没有限制，喜欢重口味的菜肴。咖喱和烩肉饭是最受欢迎的食物。他们用手进食，桌上既没有刀叉，也没有勺子。吃东西的时间主要在早晨和晚上，因为中午通常很热，一般用来睡觉。欧洲人在中午吃饭，然后小睡一会儿，通常是在晚上进行娱乐。饭厅里总是有一个布屏风扇，悬挂在天花板上，通过拉动

一根绳子来保持运转。

印度是一个炎热的国家，居民的衣着往往与气候相适应，一般穿着飘逸的棉质长袍。在一些地势较高和较冷的地区，人们会穿上当地制造的粗纺毛织品。上层阶级中流行一种漂亮的制服，但穿着者的地位体现在衣服上的珠宝、刺绣和镀金配饰上面，这些使得莫卧儿帝国宫廷的富丽堂皇在其巅峰时期无与伦比。没落的王公贵族生活在废墟之上，在收入减少的情况下尽可能多地维持这种排场，来安慰自己。

大多数印度普通人除了腰部尽可能小的遮盖物，都不穿任何衣服。在外面见到的印度女性一般都穿一条白花布的小裙子，从腰部盖到膝盖。她们的头发卷成一团，用珠宝和小饰品装饰；耳朵和鼻子上也佩戴珠宝，还戴着大量的手镯、戒指等。

穆斯林的穿着比较得体。他们保留了原始的印度人戴细棉布头巾的方式，用头巾的褶皱盖住头部，既轻便又凉爽，同时又完全遮挡了阳光的照射。头巾的折叠允许使用多种形式，以区分部落、职业和等级差异。饰带是一件引人注目的装饰品，穿在长背心的外面，用金银线刺绣，看起来非常华丽。上面挂着匕首和短刀，刀柄上镶着宝石。

在所有的出行方式中，最常见的是坐轿子，它尤其适应于印度人固有的懒散。轿子是一种轻便的床或担架，有一个大的顶篷，人躺在顶篷下面，用枕头垫好，这样他既可以坐起来，也可以躺下睡觉。轿子由4个人抬，有时是6个人。通常，出行的时间是在早上和晚上，以避免中午的炎热。道路一般都很糟糕，有一层厚厚的沙子，白天很热，旅行者的脚如果不是经常暴露在外面，就会像鞋底的皮革一

印度苦力的家庭

样变硬。在这些路上行走不能穿鞋。当一个人带着一些东西去旅行时，他通常会雇8~10个苦力或搬运工来抬着他的轿子。其中有4个以每小时四五英里的速度行进，而他们的同伴会在抬行一定距离后替换他们。除此之外，旅行者通常会雇用尽可能多的火枪手或枪兵来防范野兽和强盗。在大路上，每隔十一二英里就有一座叫乔尔特里的建筑，旅行者可以在这里停下来休息并吃点东西。这些建筑在路边完全开放，一般由两个房间组成，旅行者在其中一个房间里铺上毯子睡觉，随从人员在另一个房间里准备食物。建造这些供旅行者住宿的房子，被印度人看作是一种值得称赞的善举。它们附近通常有水源供应，而附近的村舍则通常会提供用于蒸煮食物的烧柴。在雨季，旅行会变得非常艰难，这个国家的广阔平原洪水泛滥，山区被湍急的洪流席卷。水性很好的普通百姓不会被这些危险所吓倒，他们会背着乘客过河。

印度人的举止表明他们拥有很好的教养和社会修养。他们相当文雅、优美、风趣。在整个社会交往中，礼貌和雅致的存在远远超出了在欧洲最有教养的民族中所能观察到的程度。

印度人拥有许多优秀的品质，人们对他们的不佳印象，也许主要是从大城市的平民中，或者是从那些处于追求人类美德处境中的人那里得来的。需要承认的是，由于对主人或酋长的忠诚，他们受到了友好的对待，很少有民族能与他们相提并论。印度人的生活以家庭为重心。敬老被提到了一个相当的高度，当父母不再有劳动能力时，他们由子女抚养，决不允许成为公众的负担。婚姻被视为生活中不可或缺的一部分，没有婚姻，一个人就无法在社会上占有一席之地，也就没有资格担任任何重要职务。

多年以来，印度一直是外国列强的绝对战场；但是，许多特点使其区别于一般的专制主义。印度的人口基础仍然是由那了不起的人类组成的，在几千年被征服的过程中，仍然保持着完全没有改变的原始特征。他们完全保留了最早的政府形态——村落制度。由于缺乏其他的政治权利及荣誉，印度人对村落极为依赖。村落作为一个政治联盟，领地范围包括居民赖以生存的周边土地。不仅公共服务，而且所有的行业，除了简单的种地，都是由那些通过世袭继承而来的个人提供的，并通过一定比例的土地和固定的馈赠来获得报酬。这些人员主要有村长、警长及警员、一位处理土地和边界争端的官员、供水负责人、婆罗门、占星家、乡村登记员、铁匠、木匠、诗人、音乐家和舞女。这种连接的规范是如此深刻，与之相关的权利感是如此的强烈，以至于印度大地上千百年来的权力更迭都没有对其产生影响。即使一个村庄的居民被迫在入侵军队破坏后逃离家园，在恢复和平重返家园后，他们都会毫无争议、毫不犹豫地重操旧业。在许多情况下，村长第二代或第三代的婴儿仍是返乡村民的首领。当他们回到自己的村庄时，房子的每一面墙和每一块田地都会重回主人或耕耘者的手中，他们之间或他们与政府之间没有纠纷或诉讼，几天之后，一切都恢复如初，似乎从未受到过干扰一样。

印度人已经习惯于默默地看到他们政府的一切要职被任何民族所占有，不论他们多么奇特、多么陌生，只要他们手中握有刀剑。他们没有政治权利的概念，也没有本民族或本国的概念。他们从不谈论这些话题，也很难令他们理解这些话题。他们与国家唯一的政治纽带是一位酋长，他拥有受大众欢迎的品质，通过雇佣和晋升来维系他们之间的关系。他们往往对这个人表现出独特的忠诚，但他们对其他公共情感极为陌生。专制不仅建立在长期的先例之上，而且根植于社会习惯和思想之中。这样的习惯自然会使与贫穷且凶猛的部落为邻的富饶地区的人民经常陷入一种外族统治的状态。

奴隶在英属印度大量存在。奴隶的数量一直没有确定，但估计有1 200万~2 000万。通过奴隶生育和父母出卖自己的孩子，奴隶的数量得以大量维持。在物资匮乏的时候，内陆的穷人就会来到海港，毫无顾忌地把他们的后代卖为奴隶。

印度社会最突出和最显著的特点是将人民分为几个种姓或等级。希腊作家列举了古代存在的各种差别，但是，目前只有4个显著的种姓。这些种姓之间的差别永久存在，即禁止通婚，禁止一起饮食，或禁止任何亲密的交流，只有在祭祀讫里什那神时不分种姓——因为这时再进行区分属于罪孽。

第一个种姓叫婆罗门，他们在尊贵和权威上要高于所有其他的印度人，事实上，其他3个种姓都非常尊敬他们。就像犹太人中的利未人一样，只有他们可以担任祭司；然而，没有公开规定供养他们的方式方法。他们一般依赖于布施，他们对这种供养方式赋予如此的荣耀，以至于在整个印度，接受布施的人被认为比施与的人更高贵。对婆罗门馈赠，以及随之而来的祈福，被认为会消除每一种罪恶，而且会得到最充分的保佑。婆罗门的诅咒则被认为是所有邪恶之首，甚至认为被诅咒之人会当场暴毙。一位王公或显赫的人认为，他身边必须有一些杰出的婆罗门作为顾问。法律严格禁止他们从事任何卑微的工作，但不禁止他们从事贸易、政府或农业方面的工作。根据印度的神话，婆罗门是梵天在创造世界的时候从头中产生出来的。

第二个种姓叫刹帝利。这一种姓的人必须从事军事职业，尽管实际上并不总是如此。这一种姓据说是生于梵天的心。婆罗门总是以极大的嫉妒心来看待这个种姓，而且强加给他们的制度也不是为了培养好战的精神。这也是印度之所以会如此频繁地成为外国征服者猎物的原因，因为祭司阶层将羞辱和削弱武士阶层作为他们的政策。刹帝利种姓因此而衰落，并被一些人视为几乎灭绝了。

第三个种姓叫吠舍。包括由商人、银行家和店主构成的工商业阶层。他们被形象地说成是从梵天的肚子里生出来的，梵天的名字本身就意味着一个滋养者或供应者。

第四个种姓是首陀罗，其职责是做卑微的仆人，因为他们被认为是从梵天的脚上生出来的。

任何人从低种姓升为高种姓都被认为是违反了印度的法律。因此，当一个人失去了种姓，或被逐出他出生的等级，就永远被排斥在所有的社会阶层之外，被称为达利特（贱民），会被其他种姓无条件地憎恶，只能从事最最低贱的职业。尽管有禁令，种姓的融合仍然存在，而且随着时间的推移，这些种姓之间的关系已经无法精确地维持稳固不变了。印度教在饮食方面非常谨慎，婆罗门比其他人更为谨慎。他们不吃肉，不见血，这是他们在古代的特点，是我

旃陀罗

们从波菲利和亚历山大的革利免那里得知的。他们最看重的食物是牛奶，来自牛这种他们最尊敬的动物。

旃陀罗是四大种姓之外的混杂种姓之一，遍布整个印度。据说，它们起源于一个首陀罗和一个女婆罗门的婚姻。旃陀罗被认为是最不纯洁、最堕落的人。他们的职业一般是渔夫或散工，还从事把死人抬到坟墓里的工作，担任公开的刽子手，做一切在其他国家里奴隶和罪犯所干的苦役。在马拉巴尔和科罗曼德海岸，这个不幸的阶级被认为是令人憎恶的，如果他们中的一个人触摸了一个拉杰普特人，拉杰普特人会立刻把他处死。即使是旃陀罗的影子落在了另一个阶级的人身上，也被认为是对这个人的玷污。

印度教的圣书这样描述这个不幸的种姓："旃陀罗的住所必须在城外。他们不能使用整艘船；唯一的财富只可以是狗和驴；只能穿旧衣服；装食物的只能是破旧的容器；饰品只能是锈铁。他们只能不断地在不同的地方游荡。食物要用瓦片分给他们，不可用施舍者的手，也不可让他们夜间在城镇中行走。"

拉杰普特人是一个非常奇特的民族，他们占据了印度中部地区，但无论是在身材还是性格上，都与其他印度人完全不同。他们的领地叫作拉杰普塔纳，位于恒河和印度河之间。他们高大威猛，精力充沛，体格健壮。所有的习惯都是原始的，他们唯一的职业就是战争。虽然他们的领地距离莫卧儿帝国的首都阿格拉和德里只有100英里，但他们从未被看作是帝国的附庸，而且只有给钱才能使他们成为战争中的援军。拉杰普特酋长享有世袭继承权，从来没有被外族入侵所打破，他们自认为拥有悠久的纯正血统，比其他任何一个印度统治者的出身都高贵。即使是马拉地的首领们，虽然在势力上比他们强大得多，但也为与他们结成家族联盟而备感荣幸。拉杰普特人有不同的等级，其中的贵族阶级只对君主效忠并服兵役，几乎跟欧洲的封建领主一样独立。尽管他们的习俗是狂暴的，但他们重视荣誉、忠诚和慷慨的特点几乎不为印度的其他土著居民所知。他们不像印度其他地方那样把女性置于低贱的状态。拉杰普特的女性见多识广，受到有点浪漫的殷勤对待，而这种殷勤曾在中世纪的欧洲盛行。他们的婚礼很隆重，一个人通常会在婚礼上花掉他一年的收入。据说，这个民族在某种程度上有杀婴行为，因为他们有一种荒谬的傲慢，以及在为他们的女性找到门当户对的配偶上有困难。

拉杰普特人

比尔人是印度部落中最原始的一支。他们分布于古吉拉特和马尔瓦两个地区，被认为是原始部落的残余。在历史的早期，他们被

迦勒雅人

婆罗门驱赶到了山区。他们没有固定性的职业，过着一种放荡的生活，靠掠夺他们的邻居或者在他们的印度酋长的军队里当雇佣兵为生。他们中有少数是骑兵，但大部分是步兵，武器只有弓箭，几乎赤身裸体。他们很少或从来没有袭击过他们附近的欧洲人，且以友好的方式接待基督教旅行者。印度本地的造访者就享受不到这样的待遇了。他们声称自己信奉印度教，但由于无知而无法严格遵守教规。有人试图让他们文明起来，但都没有成功。

迦勒雅人居住在卡奇地区，该地区位于卡奇湾和印度河之间。他们是拉杰普特人的一个分支，自认为从未被征服过。他们具有掠夺的习惯，利用其广阔的海岸线进行海盗活动。值得注意的是，这些人是纯种的土著，都信仰伊斯兰教。他们的杀婴行为超过其他任何一个部落，据说几乎所有的女童都被献祭，因为特殊的环境和品位使他们难以用令人满意的方式接受自己的女儿。

普莱加人是南方内陆地区的山地人。他们的名字源于一片南部的名叫普莱姆的茂密森林。这些人没有建立城镇，而是住在深山中最僻静、最隐蔽的处所，时常出来抢劫或打仗。他们的政府具有军事性质，大部分人口能够拿起武器作战。当他们不与邻近地区开战的时候，就强迫邻近地区进贡，从而保护其田地和村庄免遭掠夺；

普莱加人

如果不进贡，普莱加人就会入侵，赶走他们的牲畜，掠夺他们的庄稼；如果遭到抵抗，就将居民处死。然而，当这些邻居受到来自另一个部落的战争威胁时，他们把老人、妇女、孩子、财产等托付给普莱加人。某些普莱加人酋长的力量如此强大，以至可以召集2万名士兵投入战场。

在印度所有阶层中，有一个最奇特的谋杀教团。这是一个谋杀者联盟，他们靠有计划地抢劫为生，为了避免被发现总是处死受害者。他们是一个非常古老的部族，存在的痕迹可以在一些最早的印度著作中找到。他们实施谋杀被认为是一种宗教行为，在一位他们称之为迦梨的神明的许可下进行。谋杀教团成员分散在各地，有时多达300人，有时不超过12人。每一个团伙都有他们的首领，被称为尉官；还有他们自己的古鲁或导师，职责是向新手传授使用头巾的秘密，他们用这种头巾将受害者勒死。他们还有专门的扼杀者、诱捕者和掘墓者，整个抢劫和谋杀的过程都是有组织地进行。这些谋杀教团成员通常伪装成商人和小贩，这样，落在他们身边的那个不幸的人就不会起疑心了。他们发出暗号之后，套索就套在旅行者的脖子上，旅行者在无法进行任何抵抗的情况下被勒死。最后，他被丢在已经挖好的坟墓里面埋好，再放一把火，免得那松动过的土引起人们的注意。每一次谋杀，都会有祭品供奉给迦梨。在印度这样的地区，当地居民的突出特点是几乎令人难以置信的冷漠，因此很容易犯下最可怕的谋杀罪行而不引起巨大的骚动。路旁的浓密灌木丛或丛林，通常都为隐藏尸体提供了一切便利；参加聚会旅行的普遍习俗使谋杀教团的阴谋不受怀疑。

谋杀教团成员被发现在整个印度进行着邪恶的勾当。在德干，他们被称为“谋财害命的暴徒”。他们的风俗习惯与北方的谋杀教团相同，会更严格地遵守自己的宗教教条。他们既不杀女人，也不杀老人，也不杀他们圣书《迦梨往世书》中所宣称不适合作为祭品的对象。暴徒坚持说，他们的职业在埃洛拉石窟中已有记载，跟所有其他行业一样。事实上，他们似乎只是一个宗教派别，致力于崇拜迦梨，后来投身于拦路抢劫和谋杀。然而，他们严格遵守其宗教的禁令，从而将犯罪转化为神圣的职责。他们谨慎而隐秘，因此一直不为人们所知，旅行者也很少提及他们。有人把我们在叙利亚历史中提及的追随哈桑·萨巴赫的暗杀教团成员同这些人联系起来，但这一观点只是推测，我们没有任何历史资料加以证明。沙贾汗和奥朗则布对他们发起刑事诉讼，但是，在印度的历史上，我们再也找不到关于他们的任何进一步的记载，直到海德尔·阿

一名谋杀教团成员

里的时代，曾严厉搜捕过他们。迈索尔王国似乎是他们最喜欢的住所。他们给蒂普找了很多麻烦，而这位君主也极力镇压这些暴徒，结果很多人都被他严厉惩罚，判处苦役。英国人最早是在19世纪初在迈索尔了解到他们，虽然他们在孟加拉已经存在了很长一段时间。1810年，英国政府对他们采取了镇压措施，并一直延续至今；因此，尽管该团伙仍然存在，但成员的数量已大大减少。

印度教的创始人梵天，是一个真实存在的人物还是神话人物，已经成为许多学术讨论的主题。有人认为他与亚伯拉罕是一样的存在，其他人则认为他完全是一个神话人物。印度的波斯历史学家费里希塔告诉我们梵天是一位班族的印度人，他生活在这个地区首位君主克里森统治时期。毫无疑问，梵天早在文字出现以前就已经享有盛名了，在无知和迷信的时代，宗教制度的创立者可能会被过度尊崇并提升到神的高度。因此，我们可以肯定，梵天是真实存在的，但他生活的确切年代尚不清楚。

摩奴被誉为伟大的印度立法者。人们相信他是梵天的孙子。现在有一种成文的法典，叫作《摩奴法典》。不知道这些文字是由法律创立者所写，还是由后来的作家根据传说和口头戒律编撰而成。

佛陀是佛教的创始人。佛教是在印度创立的宗教，是目前世界上最流行的宗教之一，属于印度本土宗教。东方文学中有许多关于佛陀生平的记述，但这些都被神话传说所掩盖，几乎没有与他有关的真实信息。在孟买东北方大约100英里的埃洛拉，有一座拱形穹顶的巨大洞穴神庙，被认为是用来供奉佛陀的。印度的岩石神庙和埃塞俄比亚的岩石神庙极为相似，因此有观点认为埃塞俄比亚的宗教是从印度通过埃及传入，并成为希腊神话的萌芽。因此，人们猜测佛陀与古埃及发明象形文字的赫尔墨斯或托特是同一人；希腊也有一个神叫赫尔墨斯，似乎拥有与埃及的赫尔墨斯相似的属性。

毗湿奴·舍里曼是印度著名的寓言家。他生活在公元前的时期，被认为是婆罗门，也是印度一位皇帝的大臣。是否是毗湿奴·舍里曼发明了这种被称为寓言的短故事还不得而知，但印度似乎是寓言故事的发源地。在很久以前，印度人就开始采用动物作为主角的叙事方式，并通过榜样和戒律灌输道德原则及审慎原则，其中最古老的作品在印度被称为《五卷书》。

印度诗人中最著名的迦梨陀娑活跃于2世纪。他的生活细节几乎不为人知，但他似乎在宫廷之中受到了高度评价。他的确切生卒年不详。他的诗富有戏剧性、抒情性和叙事性。诗歌中表现出了诗人的天赋，为他赢得了美誉，在所有的印度诗人中，他是最受公众认可的。他的一些作品已被翻译成了欧洲文字。

锡克教的创始人那纳克生活在15世纪。他的父亲是一位谷物商人。那纳克年轻的时候非常英俊，引起了极有权势的穆斯林苦行僧的注意，将他收入门下并努力让他接受教育。他从苦行中学习了伊斯兰教的教义。正是通过将其与他最初接受的印度教教义相比较，他才想到要用这两种体系中最精华的元素来建立一种新的宗教。他勤奋地阅读伊斯兰教和印度教的著作，他的第一次宗教改革尝试是出版了一本书，这本书是他从所读的这些著作中摘录的。这部作品的优雅和技巧使其受到广泛的阅读和赞赏。这种影响力使得他能够卓有成效地宣传他的新制度。锡克教徒或门徒聚集在他的周围，在他有生之年组建了一个有组织的教派，并把他视为他们的领袖。在他的余生中，他享受着这种权力，并把它传给了继任者。

锡兰

第264章

锡兰

（1506—1840）

锡兰岛位于印度的南端，被一条宽约50英里的海峡隔开。这条海峡船只无法通行，因为有一串叫作亚当桥的礁石，从岛上延伸到大陆。锡兰岛长近300英里，最大宽度160英里。中心被群山占据，其中最高峰被称为亚当峰。陆地逐渐向大海倾斜，整个地表可以被描述为多山多树。森林里有大量的野生动物，尤其是大象，据说比世界上任何其他地方都要优良。土地出产的最有价值的产品是肉桂，几乎在岛上的任何一个地方都会自然生长。这里也出产大量的椰子。

肉桂

古人只是通过传说才知道有这个

大象

岛，当时称之为塔普拉班。阿拉伯语作家把它称为锡伦狄布，这似乎是锡兰岛印度语发音的一种讹化。在葡萄牙人到达东方之前，这个岛的历史几乎不为西方所知。1506年，葡萄牙人洛伦索·德·阿尔梅达在这里登陆，并以葡萄牙国王的名义占领了锡兰。他立了一个柱子，上面写着这一事件，并补充说，这个岛没有主人，尽管他很清楚当时有一位当地的国王正在同阿拉伯军队交战。阿尔梅达向这位国王承诺，只要每年支付2 500英担①的桂皮，葡萄牙军队就会为他提供保护。国王答应了，葡萄牙人在岛上站稳了脚跟。几年来，贡品一直持续上缴；不久，双方就发生了冲突，葡萄牙人把当地人从海岸地带赶到内地。

葡萄牙人的成功激起了荷兰人的嫉妒，荷兰人开始对这个美丽的岛屿及利润丰厚的桂皮贸易投以渴望的目光。1602年，他们曾尝试驱逐葡萄牙人，但直到大约50年后，才取得了成功，并确立了自己的地位。葡萄牙和荷兰对锡兰岛的占领仅限于沿海地区，大部分的内陆地区仍然由一位本地君主——坎迪王国的国王统治着。荷兰人高度警惕地守卫着锡兰岛，从不允许任何人接近该岛。英国人在

① 1英担≈50.8千克。——编者注

印度建立了稳固的地位后，就开始侵占荷兰领地，并于1782年占领了锡兰东海岸的亭可马里—— 一座拥有美丽港口的城镇。1796年，英国的一支庞大军队登陆锡兰岛，征服了所有的荷兰殖民地。在《亚眠和约》签订后，这些殖民地正式划归英国。然而，坎迪王国在内陆仍然保持着独立。1815年，英国人对这个王国发动了战争，占领了它的首都，英国人成为整个锡兰的主人。锡兰成为英国皇家领地，不属于东印度公司。

锡兰的人口由锡兰人和坎迪人组成，他们属于同一个民族，占人口总数的3/4。除此之外，还有一些摩尔人、马拉巴尔人、黑人和少数欧洲人。锡兰人并不完全像印度人，具有与缅甸人、暹罗人和东爱琴海群岛岛民相同的特点。他们是一个英俊、身材匀称、中等身高、五官端正、黑眼睛、黑头发的民族。他们的肤色没有印度大陆的邻居那么黑。他们举止文雅、彬彬有礼，他们在艺术和科学方面没有取得印度人那样的成就。内陆的荒野和森林地区居住着一个叫维达人的未开化民族，他们靠狩猎为生，睡在树下，能够像猴子一样敏捷地攀爬。他们中的一些人比较文明，从自己的土地上获得象牙、蜂蜜和蜡，与邻国进行贸易，以交换布、铁、餐具等商品。

锡兰人所说的语言不同于印度人的语言。他们也有一种学术或已死的语言，只有祭司才能理解。现代语言圆润、优雅、丰富，其中包含大量的赞美语，用在下级对上级的称呼上。这些人称呼不同阶层的男人和女人的头衔时是如此的精确谨慎，以至于根据被称呼的人的特征和情况，相当于先生和夫人的称呼有十几种之多。给任何人一个错误的头衔是无法原谅的冒犯行为。

他们也有一个特殊的字母表。他们不用纸，而是用铁笔在大棕榈树的叶子上写字。他们对天文学有一定的了解，这是从中世纪时经常光顾锡兰海岸的阿拉伯人那里学到的。据说他们中的一些人能够计算日食出现的时间。

像印度人一样，锡兰人也以大米为主食，在吃鱼或肉上没有什么禁忌，上流社会对饮食精益求精。他们的农业粗放，大象和水牛被当作驮畜。大象数量众多，以至于一名欧洲官员在两年内杀死了400头大象。它们到处乱跑，经常对庄稼造成很大的损害。

锡兰人住在建造不规则的城镇里，这些城镇很少考虑街道的便利性。每家都有一个围栏。大多数的房子都是低矮的茅草屋，墙壁用小藤条建造，有时还涂上黏土。住粉刷过的房子被认为是国王的特权。家具包括一些垫子、凳子、陶器、瓷盘和炊具。蛇很常见，有些几乎被驯化了。有一种特殊品种的蛇，长约12英尺，它代替了猫被称为“捕鼠者”。它们常常在晚上从在床上睡觉的居民身上爬过，而不会引起厌恶或惊慌。

有人猜测，使徒圣多马曾在锡兰传教；但是近现代作家通常认为，在6世纪以前，把基督教引入这里的是聂斯托利派。圣方济各·沙勿略于1544年在这里布道，他的600名皈依者成为他们信仰的殉道者。大部分基督徒信奉天主教。

锡兰人的宗教是佛教。这个宗教似乎在很早的时期就在这个岛上传播起来了，有许多用凿过的石头建造的塔寺。在他们新年的那天，通常在3月份，一个庄严的节日在亚当峰上举行。在岩石上可以看到一个脚印的形状，这被认为是亚当，或者一些人认为是佛陀在升天之前在人间踏的最后一步。在节日里，人们在这个地方周围点上灯，并在岩石上祭祀。另一个重要的地方是岛北部的一棵树，据说它像洛雷托的圣马一样，可以从一个地方到另一个地方自由旅行，直到在现在生长的地方固定下来。人们肯定，佛陀曾经在这棵树的枝杈下静卧。附近是寺庙的遗迹，寺庙从岩石中凿出，凿建所付出的努力令人叹为观止，这些被认为是巨人的杰作。

现代的锡兰寺庙是一些有着土墙的低矮建筑，也有不超过2平方英尺的小型庙龛，他们把这些小庙龛放在院子里的柱子上，里面放置各种偶像崇拜的神像。在这些小庙龛前，蜡烛和灯一直在燃烧，人们每天早晨都把鲜花撒在四周。

锡兰的人口与它的土地面积不成正比。以前估计这里有150万居民，但是1825年的人口普查显示，这里的人口总数只有75.4万人。现在约有90万人。有许多居民是古代葡萄牙和荷兰移民的后裔，他们因混合了欧洲和亚洲的风俗习惯而为人所知。锡兰岛的英军主要由驻扎在城镇的皇家军队组成。政府所在地位于西南海岸的科伦坡，几乎所有的对外贸易都是在那里进行的。它的这一优势得益于其位置是该岛最肥沃和最易耕种的土地。科伦坡港一年只有4个月是安全的。城市建得很好，街道宽阔规则，人口约5万人。在岛的东北部多山地区有一座城市叫作亭可马里，有着壮丽的风景，但并不肥沃。这里是东印度群岛最好的港口之一，但并不是一个繁荣的地方。加勒港位于岛的南端，有一个安全的大港口和一个美丽健康的聚居区。本地人口众多，几乎没有欧洲居民。在孟买和新加坡之间的航程中，英国的邮轮在此停靠。在附近的一座小镇，有一座大型佛教寺庙，里面有一尊巨大的佛像。

坎迪是锡兰本地王国的前首都，只是一个分散的大村庄，周围是一个树木茂盛、多山的地区，野生动物众多，其中包括一个广阔的皇宫和几座佛寺。英国政府修建了一条从这里到海岸的宽阔公路。英国人还在这里修建了多条公路，附近的村庄和集市如雨后春笋般不断涌现。欧洲的舒适品和奢侈品已经被广泛地引入当地。邮车在一些较大的城镇之间穿梭。这里有各种各样颇为成功的传教机构，也有不少学校，既有英国政府修建的，也有传教士开办的，当地人对学习英语表现出极大的兴趣。

印度支那[1]

① 印度支那的领土中，位于孟加拉湾沿岸的阿拉干、耶、土瓦和德林达依地区、阿萨姆、马六甲城的附近地区都是英国的领地，剩下的都由当地政府管辖。——原注

第265章

古代的缅甸

（前623—1767）

关于“印度支那”这个名字，古代人将其用于指代包括缅甸、阿萨姆、暹罗、东京、交趾支那、勃固、柬埔寨、老挝、马六甲诸王国的广大地区。因为位于印度和中国之间，故而被称为“印度支那”。

尽管托勒密曾描述了一个他称之为“金色的克森尼索的半岛”，已经被确定为马六甲半岛，但古代西方人的地理知识几乎没有越过恒河。整片地区可以被描述为一个广阔的海洋领土，是一个伸入印度洋的大半岛，并被各个海洋、海峡和岛屿将其同南部的大岛隔开。它的西面隔着孟加拉湾与印度相望，而在北面，一系列山脉和其他未知的边界将它与中国分隔开来。这片领土的表面展示了一系列从北到南的山脉，形成了喜马拉雅山脉的分支。这些山脉之间有宽阔的山谷，通常极为肥沃，并由发源于中国边境的大河所灌溉。该地区的内陆，尤其是山区，几乎没有被人勘探过，似乎被大片茂密的森林覆盖，森林里面到处是野兽。

对西方人来说，印度支那最重要的部分是缅甸帝国。这一地区包括现在的缅甸本土、勃固王国的大部分地区、卡西的一部分，以及几乎所有位于中国西藏和暹罗之间的掸族领土。它长700英里，宽400英里。

缅甸本土的土著居民称他们的国家为“缅毛”，欧洲人从中形成了“缅甸”这个名字。这些人的早期历史传说和印度群岛的一样夸张，自称有几百万年的历史。但是，在这个漫长的年表中，最早的可能是狮子颊王时代，狮子颊王是乔达摩的祖父。狮子颊王时代开始于公元前691年，在这个时代的第68年，也就是公元前623年，乔达摩诞生了。从这一时期开始，缅甸人的年表变得非常精确，在年表中却几乎没有任何关于这个地区历史的线索。

伊洛瓦底江江畔的卑谬城，似乎建于公元前443年，是第一个被提及为缅甸政府所在地的城市。也是大约在这个时候，佛教在这里被引入缅甸。在395年的时间里，卑谬一直是个大都会，此后，王朝的都城迁往伊洛瓦底江更北边的蒲甘。这里作为都城近1 200年，大约在1300年，潘雅成为首都，后来首都变成了阿瓦附近的实皆，这座城市也是大都市。1363年，这两座城市都被掸族摧毁。

大约在1526年，掸族人再次入侵缅甸，占领了整个国家，一直打到卑谬，处死了国王，并统治了19年，之后缅甸人驱逐了他们。1546年，缅甸高地人起义，建立了一个独立的东吁王国。勃固当时是缅甸领土的一部分。不久之后，掸族人被征服，东吁王国开始拥有前所未有的重要性。1587年，缅甸人在老挝人和掸族附庸的帮助下，征服了暹罗，并统治了30年。暹罗后来恢复了独立，但两国之间仍有根深蒂固的敌意，频繁发生战争。

1740年，勃固人反叛，一场激烈的战争困扰了这一地区12年。最后，葡萄牙人和荷兰人加入了叛军，帮助他们征服了缅甸的首都阿瓦。东吁王朝的末代国王摩诃陀摩耶沙底波帝被俘，除了两个儿子逃到暹罗，全家其余的人都被俘虏。勃固人的领袖宾德拉拥立他的儿子阿卜拉萨为王，自己则回到了南方的世袭领地。缅甸人似乎完全屈服于勃固人的统治。就在这时，一个非凡的人物出现了，他凭借自己的才干、精力和好运，彻底改变了国家的命运，并在缅甸建立了一个新的王朝。他就是阿郎帕耶，通常被称为雍籍牙，是一位出身不详的缅甸人。最早引起人们注意时，他是木梳村的酋长，木梳村是一个距离阿瓦12英里的小村庄。在勃固人征服大约一年后，他发动了一场起义，聚集了一批忠诚的追随者，并在一切有利的时机攻击征服者。在获得了一些小的胜利之后，他的声誉使得缅甸人聚集到他的旗帜之下。他拥有非凡的勇气、谨慎和智慧，这使得他连战连捷。1753年秋，他率领一支强大的军队向阿瓦进军，打败了勃固人的军队，成为都城的主人。

经过几年的血腥战争，雍籍牙彻底战胜了勃固人。不断的胜利让雍籍牙获得了卓越的声望，他因此登上了王位。他又入侵了卡西，使得掸族人完全屈服。接着，他又攻打独立王国土瓦，并将这一地区纳入他的统治范围。暹罗人现在开始嫉妒这个迅速在他们边境崛起的强国，他们与勃固人一起帮助土瓦人抵抗雍籍牙的军队。雍籍牙的才干和精力过人，他不仅征服了土瓦，还入侵了暹罗，占领了墨吉群岛，并征服了整个德林达依地区。在取得胜利之后，他横穿暹罗王国的大部分地区，没有遇到任何有效的抵抗。他包围了暹罗的首都。就要攻克这座城市的时候，雍籍牙却患上了重病，于几天后去世，时为1760年5月15日。

这件事立刻改变了事态的发展。雍籍牙似乎没有留下任何一个能够完成他大业的继任者。缅甸军队的指挥官秘不发丧，命令军队撤退。这次行动井然有序，没有受到敌人的骚扰。当军队到达当时的缅甸大城市马达班时，宣布了国王的死讯，并举行了葬礼。雍籍牙的继任者是其子囊陀基（孟络），他把都城迁到了实皆，但只统治了4年。他的兄弟辛标信（孟驳）继承了王位，把都城设在了阿瓦。辛标信在位13年，是一位极有作为的君主。他征服了卡西，镇压了掸族人的叛乱，并征服了整迈地区。1762年，缅甸入侵中国云南境内地区。1767年，中国人率领一支庞大的军队进入缅甸，一直打到它的都城附近，但在一场激烈的战斗中被击溃，伤亡惨重。几年后，中国人重新发动了进攻，没有取得更好的战果；从那时起，两国一直保持和平的状态。

第266章

从与暹罗人的战争到与英国人的战争

（1767—1837）

后来，暹罗人入侵了掸族的领土，掸族向缅甸国王求援，缅甸国王立即派遣军队进入暹罗，推翻了这个王国，占领了当时的都城阿瑜陀耶。暹罗人对征服者的行为进行了骇人听闻的描述，尽管这与其他东方历史上的战争没有什么不同。掠夺和奴役似乎一直是这场战争的目标，而在达成目标的过程中，缅甸人似乎犯下了种种暴行。辛标信于1776年去世，他的儿子赘角牙继位，他在位5年，在一次叛乱中被杀。囊陀基的儿子莽莽（孟鲁）被叛乱者推上王位。他智力低下，但由于他在这一派系的照料下接受教育，并且习惯于服从他们的指示，被认为是完成他们计划的合适工具。他的低能和他的谋士之间的分歧导致了这些计划的失败。雍籍牙的第四个儿子波道帕耶（孟云）宣称应该由他继承王位，并凭借他的勇气和精力成功地打败了莽莽一派的势力，莽莽被废黜并被公开溺死，这是缅甸处死王室成员的惯例。莽莽的40个妻子和他们的孩子被关在一所房子里，用火药炸死。

波道帕耶于1782年即位。他在行使权力方面颇为严厉，甚至残酷，然而他的统治刚刚开始就出现了阴谋。虽然其中的一次由一位前朝王室后裔主导且几近成功，但他还是觉察到了，并将他们全部镇压下去。这次阴谋起源于潘雅城，国王处死了这个地方的每一个人，甚至摧毁了所有房屋，抹去了它存在的每一丝痕迹。他的统治持续了37年，时有战争而且相对残酷，国家却非常繁荣。他在伊洛瓦底江畔距离阿瓦6英里的地方建立了阿马拉布拉城，并把都城设在那里。1783年，他将阿拉干并入自己的领土。1786年，他与暹罗为争夺土瓦和墨吉群岛的所有权而展开了一场战争。这场战争一直持续到1793年，最终将这些地区并入缅甸帝国。

在执政早期，波道帕耶似乎对夺取王位时的谋杀行为感到悔恨，思想上表现出了一种宗教上的倾向。在统治的第二年，他耗费巨资在实皆建造了一座寺庙，名为敏贡大佛塔，并赠予寺庙440名奴隶。他与僧侣一起研习佛经，建造各种宗教建筑，并在敏贡开始建造巨型佛塔，如果建成，将与埃及金字塔的大小相等。对佛经的研习和与僧侣的论道，使他对当时的迷信有了相当的了解，以致完全动摇了他的宗教信仰。他不再修建寺庙，也不再向宗教机构赠送礼物。敏贡的巨大建筑没有完工，借口是婆罗门的占星家预言他在完工后就会立即死亡。他宣称这些僧侣完全无知、懒惰和奢侈，颁布了一项法令，把他们从豪华的住所驱逐出去，并要求他们按照被忽视的规则生活，否则就要回去劳作。在很长一段时间里，缅甸帝国几乎看不到僧侣的影子。波道帕耶活到81岁，于1819年去世。

他的继任者是他的孙子孟既。波道帕耶留下了几个儿子，他们宣称比孟既更有资格继承王位，但孟既一直受到祖父的宠爱，使祖父在生前正式将他确定为继承人。缅甸帝国此时已经非常强大，领土也非常广阔，包括缅甸本土、勃固、土瓦、德林达依、阿拉干、曼尼普尔、察查、阿萨姆、金提亚和老挝的一部分地区。后面4个地区是在孟既统治时期获得的。这位君主早年与他的一个表亲结婚；但是他的另一个妻子—— 一位低级官员的女儿，对他产生了很大的影响，在他继位时公开加冕她为王后。他确保继承权的计划表明，他已经意识到即使是已故国王的遗嘱也无法使他免于强大的反对。国王去世的消息被封锁了好几天，以便在城市的不同地方驻扎士兵，以防止任何暴动。国王去世的消息宣布以后，便在宫殿的院子里举行了火葬仪式。有几位王子因被怀疑对他的继位不满而被处死，还有很多人被剥夺了财产。

1821年，新国王决定将都城从阿马拉布拉迁到阿瓦。有几个原因促使他作出这一改变。一场大火烧毁了阿马拉布拉相当一部分地区，包括公共建筑；国王希望有一座比旧都更富丽堂皇的宫殿；最后，一只秃鹫落在了他位于阿马拉布拉住处的尖顶之上，这个不祥的预兆也许是3个动机中最强烈的一个。在迁都阿瓦后的两年里，国王住在一个临时住所里，指挥建造比旧宫殿大一倍的新宫殿。1824年2月，皇宫竣工后举行了盛大的庆祝活动，宫廷全体成员出席了盛大的庆典，正式搬入了他的新住所。

然而，麻烦已经准备好迎接“金殿之主”——这位君主的自称——的到来。就在这次欢庆之后几个星期，有消息传到阿瓦说，英国人入侵了缅甸的领土，已经占领了几个重要的地方。25年来，缅甸当局和英国东印度公司之间一直存在着一些难题。来自缅甸的不法之徒和政治避难者定居在东印度公司的领土上，也就是缅甸的西北边境，他们经常从那里掠夺并入侵缅甸地区。当掠夺者撤过边界时，英国军队拒绝让缅甸军队继续追捕。缅甸当局被激怒，采取一些果断的措施来镇压这些掠夺性的活动，争端很快就加剧了，英国在1824年向缅甸宣战。

一支英军立即入侵缅甸，占领了伊洛瓦底江三角洲的重要城镇仰光。阿瓦宫廷的人们听到这一消息时感到惊讶，但没有惊慌。缅甸人还没有领教过欧洲军队的勇气和军事技术上的优势。他们对俘虏整支英国军队如此自信，以至于许多宫廷妇女与缅甸军队的军官们讨价还价，她们要求得到大量的“白奴”；唯一的担心是，英国人会在被他们抓到之前撤退。一支由6万人组成的缅甸军队斗志昂扬地进入战场，他们由一位名望显赫的将军班都拉指挥，向仰光进军。一场持续了6天的战斗以缅甸人的失败而告终。雨季和英军生病阻碍了军事行动，但在第二年，英军占领了卑谬。缅甸人又征集了一支8万人的军队，又被打败了。英军向杨达波进军，离阿瓦已不足45英里。这时，国王求和，1826年2月24日，英缅双方签署了一项条约，缅甸将阿萨姆、阿拉干、耶、土瓦和德林达依割让给英国人。

从那时起，缅甸帝国一直保持着宁静，并在文明和繁荣中得以进步。由于不能再向邻国发动战争，其边界变得安宁。居民们也对外国人更加熟悉，进而不再那么傲慢。相比以前，缅甸人对外国的新事物也少了许多抵制。虽然政府的制度没有改变，但它是以一种更加自由和理性的精神在进行管理。国王由于经常性的精神错乱，大权逐渐被王后的弟弟萨拉伊亲王所掌握。王国的平静到1837年被打破，国王的兄弟沙耶瓦底（孟坑）对外戚专权不满，发兵反叛，最后废黜国王，继承了王位。沙耶瓦底是一位能干而有成就的君主，他没有民族偏见，比其他任何一个缅甸人都更熟悉外国。

第267章

缅甸的文化（一）

缅甸帝国的领土面积与法国差不多。古代地理学家估计这里有3 000万人，更晚一点儿的计算将其确定为800万，其中包括了掸族和其他附庸。帝国的军事力量几乎完全由封建民兵组成。凡到了一定年龄的男子都被登记，在战争中可以被征召到各地的首领麾下。缅甸没有常备军，但是会在一些主要的地点每月雇佣一些人，拿着武器充当警卫。他们像印度人一样，没有军阶，但是召集一支军队从来都不是一件难事，因为每个小首领都有权力通过征兵来增加自己的兵力。然而，缅甸军队只是临时拼凑起来的，缺乏军事精神和优质的军官。士兵们被掌控着其私人生活的人率领，很少能有什么东西能够引诱他们离开家乡。支付士兵报酬的方法通常是允许他们掠夺；但在与英国的战争中，他们得到了固定的薪水和大量的赏金。缅甸军队在行进中，不仅破坏敌人的领土，也破坏自己的领土。他们使用的武器主要是剑、矛和弩，最近又引入了火器。缅甸

缅甸的御象

士兵虽然缺乏军事纪律，但他们顽强勇敢。在战斗的时刻，他们脱掉头巾，披着蓬乱的头发以凶猛的方式冲向战场。

缅甸人拥有一支由大型战船组成的水军，专门在大河上作战，这些大河是印度支那地区之间主要的交通渠道。船只用柚木的实心树干建造，虽然很窄，但有时有100英尺长。河边的每个城镇都必须配备一定数量的这种船只，据估计船只的总数达500艘之多。每艘船上有五六十名划手，并配有剑和长矛。另外配有30名火枪手，船头有一门6磅或12磅的大炮。许多船只的内外都是镀金的，包括船桨；各地的驳船，上面也覆盖着镀金的装饰性雕刻作品。

阿瓦是缅甸的首都，是一座规整的城市，街道宽阔、笔直、干净，街道之间交叉成直角。城墙高20英尺，周长7英里。大量的白色和镀金的塔尖，与众多房屋交相辉映，从外面就看到城市宏伟的外观。这些房子用木头或竹子建造，与这个国家其他地方的房子没什么两样。宗教建筑是最突出的建筑，其中最引人注目的是寺院。这些建筑非常宏大，有时由多个建筑物组成，每一栋建筑的大小都和一座普通神庙的大小相仿，由廊道相连，四周由墙壁围绕。屋顶具有皇家和神圣之地独有的堆叠特征。几乎每个部分都刻有浮雕人物，并涂以金漆。装饰效果令人眼花缭乱，却与西方的审美观念格格不入，传达出的与其说是高贵，不如说是稚气。这些建筑在城市的每一个角落都可以看到，它们被精致的砖墙和阴凉的走道包围着。其中一些寺院拥有500名僧侣和学徒。阿瓦的佛塔也非常宏伟，其中有些高度超过200英尺。皇宫完全用木头建造，其中包括近100座大小不同的建筑物，占地1/4英里。宫内有许多高大的镀金柱子，以及高高的尖塔。阿瓦有许多巨大的金属、大理石和灰泥砖雕像。人口约10万人。

曾经的首都阿马拉布拉仍然是一座大城市，尽管它在1823年遭受了一场大火的摧残。围墙内的空间几近荒凉，但郊区人口稠密。大量的中国人居住在这里，并通过商队与自己的国家开展大量的贸易活动。这里可以看到一个重达30万磅的巨钟，以及一些世界上最大的黄铜大炮。城堡1英里见方，里面建有皇宫。阿马拉布拉的人口数量应该与阿瓦相当。

仰光是缅甸的商业中心，坐落在伊洛瓦底江的一个河口上，地势平坦，海拔高度只高出海平面一点点儿。房子只有竹楼。主要的建筑装饰是位于城市附近一座小山上的瑞光大金塔。海关大楼是仰光唯一用砖建造的建筑物。人口约3.5万人，很大一部分是来自其他东方国家的人，缅甸政府的开明政策鼓励他们来此处定居。这一政策将穆斯林、波斯人、亚美尼亚人和东方所有的商业民族聚居到了一起。

勃固王国的古都勃固，在被征服之后已经完全荒废。雍籍牙把所有的房屋都夷为平地，拆毁了城墙，从残垣断壁来看，城墙高30英尺，宽40英尺。庙宇在被破坏对象之外。他这么做的目的，就是在

仰光的景象

一段时间内用最可怕的例子来吓唬勃固人，迫使他们屈服。他的继任者更倾向于温和的政策，也采取了和解制度。勃固四散的居民被邀请返回，重建沦陷的首都，慷慨的拨款也鼓励了新的移民。当地政府也从仰光迁到这个地方，但这一尝试被证明是失败的，因为商人留在了仰光，仰光依然具有商业优势，而政府也很快迁回。勃固曾经有15万人，然而目前的人口不足6 000人。这里最引人注目的建筑是瑞摩都佛塔，它是缅甸建筑的奇迹，至今仍保存完好。佛塔宽400英尺，高360英尺。

卑谬是勃固国王曾经的住所，过去人口众多，但现在已经减少到4 000人。这里进行大量的木材贸易。缅昂是一座古老的勃固城市，仍然保留着一些装饰着镀金尖顶的寺庙。附近的土地极为肥沃，出产稻谷，几乎成了王国的粮仓。蒲甘这座古老而宏伟的城市，除了寺庙，几乎没有留下什么遗迹。蒲甘建于107年，现在矗立着的许多建筑都有上千年的历史。它们是用一种非常精细的砖砌成的，宏伟高大，并涂有一层坚不可摧的灰泥。

缅甸政府是一个纯粹的专制主义政府，不承认宪法对君主权力有约束。事实上，风俗习惯要求君主在重大问题上征求贵族的意见，但并非一定要采纳。宫廷的主要官员组成了一个国家委员会，他们可以根据国王的意愿被撤换。国王常常轻蔑地对待他的贵族和大臣，有时使用暴力，甚至拔剑将他们赶出皇宫。最近的君主在某个场合，因为一个非常轻微的过失，下令皇宫之内的40位高官趴在王宫前面的街道上，用一根横梁压在他们身上，在炎炎烈日之下暴晒几个小时。国王却很少被允许知道很多过去的事情，尤其是那些大臣的过失，他们随时准备用贿赂掩盖指控。国王有许多浮夸的头衔，但只有“金”是最受尊敬的一个，这一头衔可以在任何场合用在他身上，例如，“一个声音传到了金耳”“一个恳求者跪拜在金脚之下”“一股香气扑向金鼻”等。君主只在国家层面的场合由贵族们簇拥着出现在公众面前。

除了国王，其他人的军衔、头衔或职位不得世袭。晋升是对所有阶层开放的。领主拥有一定的土地或封地，但他们必须服兵役。土地作为国王的授予物，可以按照意愿收回，并在新王继位之时收回重新授予。在现实中，除非是明显的不满，否则国王不会收回土地。地位仅次于王室的是文吉（国务大臣），他们组成一个常设会议，处理日常的事务。国家的法令不是以国王的名义，而是以这个委员会的名义颁布。各种各样的事务都提交给委员会决定。政府的官职按一定的等级逐级顺降，直到村长，每一级都对自己的属下行使专制的权力。

立法、行政及司法职能并未分开，每一位官员都在各自的部门内享有一定程度的权力，因此产生了无数的弊端。由于没有固定的薪金，各级官员都把自己的职位或所在地区当作牟利的场所，通过各种手段攫取钱财。他们中的大多数人培养密探，用于发现谁有钱，以及钱是怎么来的。各种各样的指控都是捏造出来的，被告除了送礼没有别的选择；而真正的罪犯几乎总是可以通过贿赂来逃避审判。强盗团伙只要能够把他们的利益与统治者分享，就可以无法无天。

帝国被分成大小不等的省份，各省设辖区，再设立乡镇，最后是村落。成文的法条主要来源于印度的《摩奴法典》，这似乎是缅甸人从阿拉干那里得来的，但得到的时间无法确定。每一位君主都可以随心所欲地增加或修改条款。就所有实际目的而言，它都是一纸空文，很少或从未在法庭上作为权威法典使用。从上到下的官员们根据自己的判断，或者更确切地说，根据他们的利益来决定事项；他们大部分的收入来自诉讼，因此他们鼓励诉讼。有时也会通过神裁法来作出判决。双方被迫走到河里，谁在水下坚持的时间最长，谁就获得胜利。有时，尝试通过将手指放在热水或熔化的铅中，谁坚持的时间长谁就获胜。一种非常常见的惩罚方式是枷，也可以用作刑讯手段，以逼供或索贿。然而，他们很少作出死刑判决。

有些法律是很奇特的，通过它可以揭示这个民族的性格。潜逃的债务人妻子和子女需要对其债务负责；但是，妇女不必偿还丈夫在前一段婚姻中欠下的债务。资不抵债者的财产必须被平均分配，没有任何债权人享有优先权。当几个人对一笔债务负责时，每个人都要对全部债务负责，因此第一个被债权人抓住的人必须清算这笔债务。如果城镇的财产丢失了，却未发现小偷，则必须对居民征收税款作为补偿。一个人捡到丢失的金银，在归还时可以得到1/6作为回报；如果是其他财产，则会得到1/3。

财产分配按以下规定进行：所有土地归国家所有，但任何人都可以随心所欲地占据别人没有占有的任何地方。把地圈起来耕种，就可以据为己有了。若不保持住边界，或连续数年不进行维修，土地就收归国王所有，可以由他人占用。当然，缅甸没有非常大的土地所有者，因为占有大量未经改良的土地是没有利润的。这一制度在任何程度上都不妨碍继承、出售和租赁不动产，而这些不动产的继承、出售和租赁在西方是完全一样的。国王本人经常购买土地，这些土地也被用于租赁和抵押。

第268章

缅甸的文化（二）

这一地区的产品虽然不如印度的产品，但也不容小觑，尤其是大城市的许多行业都有着纯熟的技术。仰光的造船业蓬勃发展。缅甸的商业船队规模庞大，原因是缺乏陆地上的道路，而有大量的内河航运设施。缅甸人建造的船只结构精巧，非常适合在河流上航行。这些船只完全不同于这一地区的其他产品，其中有些重达250吨。

优质的陶器在帝国的多个地区都有生产，其中一些用于出口，据说在印度卖得最好。珠宝被广泛地制造，尽管没有太多的美感和品位。缅甸人擅长镀金，他们能够非常精准地在叶子上镀金，采用的方法比欧洲任何一种镀金工艺都能更有效地排除叶子中的水分。贵金属的试金者非常专业，而且，由于钱是按重量计算的，就需要不断地将其切成碎片，因此试金者人数众多。棉布和丝绸的产量足够供应整个地区，其中一些制作精美，但整体上粗糙而又结实，价格很高。人们对染色工艺了如指掌，产品色彩绚丽多样，只有丝绸不能染色，因为它们无法抵挡这一地区经常出现的潮湿和阳光的照射。

缅甸人在铸钟方面胜过这一地区其他任何民族。这些钟极为厚实，跟自身大小成一定比例，而且音色极好。它们通常刻有铭文和数字，制作精美。敏贡的大钟高达20英尺，直径13.5英尺，厚近2英尺。缅甸的几个地方冶炼铁矿石，并在所有主要城镇锻造成工具；然而，炼钢的技术仍不为他们所知。一种用途广泛的主要工具称为刀，是一种切肉的刀或者大的刀具，甚至在战斗中被当作剑来使用。缅甸人制造了两种纸，一种用于书写，另一种用于制造雨伞。雨伞有竹框，内衬丝绸，每件价值约1/4美元。火药和烟火可能在缅甸制造业中名列前茅。据说他们的一些火箭含有数千磅的火药。绳索是由椰子皮或可可皮制成的。

缅甸有大量的对外贸易，但完全由外国船只进行。当地人会在海岸航行，很少进行远洋航行。出口的产品有柚木、棉花、象牙、蜡纸和紫胶，还有少量的铅、铜、靛蓝、棉花和烟草。与中国的贸易是用小马和骡子进行运输的。缅甸从中国进口的商品有丝绸、天鹅绒、茶叶、纸张等。缅甸没有铸币，银和铅以各种大小的碎片作为现金流通。黄金很少被用作流通媒介，主要用于为珠宝和寺庙镀金。在安全可靠的情况下，一般的利率是每月2%~3%。缅甸对来自外国的商人没有丝毫的限制；相反，他们被邀请和鼓励到这个国家定居，而且往往会发家致富。他们可以随意出入，也可以在王国的任何地方定居。

农业主要用锄头和镐头进行耕作，在一些地方，使用粗制的犁。

水稻是主要的作物，比孟加拉产的更为优质。棉花被大量种植，烟草也有一定程度的种植。甘蔗是为家庭使用而种植的，但不能用来制糖。农民不住在独立的农场里，而是聚集在村庄里，共同防御野兽和强盗。

缅甸人的住宅一般是用木头或竹子做框架，上面覆盖着垫子和茅草。一个舒适的房子可以在4个小时内建成，而且可以住3年。人的地位能够显示在房屋上，在这方面，违反规则的人会立即被发现并受到惩罚。这种区别主要在于屋顶有几阶。缅甸君主没有建造亚洲其他地区常见的公共工程——既没有桥梁、商队旅馆、贮水池，也没有水井，而是把他们所有的财富都赠予寺庙。寺庙通常进行砖砌、粉刷、上漆、上光、雕刻和镀金，用的是最烦琐和费力的方式。其中有些是真正的宏伟壮丽，一位英国旅行者宣称阿瓦的大寺是全世界最宏伟的建筑。扎亚特是一种为游客提供市政厅、庙宇和住所功能的建筑。每个村庄都有自己的扎亚特，陌生人可以在那里休息很多天。在大城市附近，这些建筑既漂亮又昂贵。

缅甸人的娱乐活动有戏剧、舞蹈、摔跤、音乐、体育特技、下棋等。戏剧表演的规模是相当可观的，而且总是在露天进行。斗鸡在一定程度上相当流行。足球是一种普遍的运动。缅甸人喜欢音乐，却很少有人擅长这项技艺。他们有锣、鼓、弯琴和其他特有的乐器。他们完全不懂吹口哨，听到一个外国人“用嘴作乐”，感到极为惊讶。

各个阶层都非常喜欢花卉，在公共场合摆放的花卉表现出了极高的品位。穿着盛装的女士会在她的头发周围点缀花饰。穿着考究的男人将它们戴在耳洞里。几乎每一个人，无论男女，都会咀嚼克恩，那是一种由槟榔果、儿茶、烟草、生石灰和蒌叶混合而成的物质。这会产生唾液，并使口腔变红。吸烟同样普遍，而且儿童几乎在断奶后就开始吸烟，有时甚至更早。母亲会从嘴里取出烟，放到正在吃奶的婴儿嘴里。人们可能会看到3岁的孩子抽着烟蹒跚而行。缅甸人普遍不饮酒。饮用葡萄酒、烈酒或吸食鸦片等，不仅被宗教禁止，也被法律严格禁止，并且完全违背公众舆论。孩子们几乎和中国人一样尊敬父母；甚至到了中年，他们继续受到父母的极大控制。老年人生病时，孩子极尽照顾和体贴。老年人总是受到极大的尊重，在所有的集会中，他们总是坐在同级别人中最好的席位。

缅甸人信仰的宗教是佛教。正是在这一地区，佛教的信条在今天似乎得到最充分和最显著的发展。缅甸人不进行集体祈祷，但在特定的日子里，人们会在同一时间聚集在寺庙里。各人献上自己的供品，独自念经，没有住持，也没有集体念经的声音。当到达佛塔或神像时，朝拜者虔诚地走到离佛塔恰当的距离，把供品放在地上，双膝跪地。之后朝拜者把两只手掌放在一起，举到前额，身体前倾叩拜，直到头碰到地面。他低声祈祷，偶尔鞠躬，最后把礼物送给神像或佛塔，敲响附近的一口大钟。老人和其他人不记得祈祷的内容，就找人给他们写几句话，放在佛塔或神像前，用棍子把它们固定在地上。串珠是用来祈祷的，就像天主教的玫瑰念珠。朝拜者经常在佛塔旁待上一整天或一整夜。

除了僧侣，没有人不带着供品去祈祷，尽管有时不过是一朵花，或是从灌木丛中摘下的几枝小枝丫，有品位的花束是常见的礼物。那些有余力的人，每周一次带着食物和衣服前往。食物总是以最好的方式烹饪，并精致地摆放在用新鲜大蕉叶做成的碟子里。农历每月都有4天的公众礼拜日。新月和满月是主要的日子，类似于安息日。在这些日子里，各项事务也不会停止，因为在这些日子斋戒有功德，不斋戒也没有罪过。在这样的日子里，主塔的朝拜者人数众多，会得到大量的供品。

宝塔的奴仆负责处理这些供品，把它们在内部进行分配。在其他的日子里，狗和乌鸦会争抢食物，通常是在礼品被朝拜者放下后的那一刻开始抢食，朝拜者允许它们吃掉供品而不去驱赶。

僧侣不仅要遵守所有对普通人有约束力的道德准则，还要遵守更多的戒律。他们必须保持独身和贞操，如果在受戒之前已经结婚，则会先解除婚姻。他们不能触碰一个女人，甚至一个女婴，以及任何雌性动物。绝不能和女人睡在同一个屋檐下，或乘坐同一辆马车甚至船只，也不可触摸女人穿的任何东西。若僧侣的母亲掉进水里，或掉进坑里，他也不能救她，除非周围实在没有别人帮忙；即使施救，他也只能用一根棍子或一根绳子。他们不承认任何关系，也不借钱，不唱歌，不跳舞，不玩乐器，也不站在显眼的地方，不穿鞋，也不能遮盖头部，尽管他们会用扇子遮挡烈日以免晒伤。他们不能担任任何世俗职务，也不能干涉政府事务。隐居、清贫、冥想、不计较世俗的善恶，是他们一生的命运。

尽管缅甸的圣书中对此有着严格的限制，僧侣们却没有模范地遵守。他们穿凉鞋，撑伞，生活奢侈，手握金钱。虽然他们的宗教信仰要求他们穿破烂衣服，但他们穿着最好的丝绸和棉布衣服，通过先将布料切成碎片，然后整齐地缝合在一起，保留了遵从的影子。很少有人布道，而且只有在特别要求下才会布道，布道后信徒们向他们捐赠衣物和其他贵重物品。原则上，每位僧侣必须每天早

仰光大寺

晨在街上化缘，直到他收到足够的米饭或其他可食用的食物为止。他们轻快地走着，目视前方，当有人拿着礼物出来时就停下来，他们把礼物放在一个搭在肩上的陶罐里。僧侣的数量约占总人口的1/30。他们被安排为一个有规则的等级。最高级别的僧人是萨尔-西拉-宾（相当于宗主教）。他住在首都，对所有的僧侣都有管辖权，并任命每座寺庙的住持。他高高在上，被认为是帝国最显赫的人物之一。还有一些尼姑，她们的数量很少，没有得到宗教书籍的授权，而且很少受到尊重。就像和尚一样，只要她们愿意，随时都可以回到正常的世俗生活中来。他们中的大多数人是老年人，当然也有部分年轻女性，但她们宣称自己出家的目的是想借此接触更多公众，以便有更好的择偶机会。

缅甸人在宗教问题上的意见不尽相同。他们中间已经出现了教派组织，其中一个主要的教派是科兰派，据说人数众多，而且还在不断增加。科兰是一位宗教改革家，生活在18世纪晚期，教导人们崇拜智慧。许多缅甸贵族都是他的弟子。直到最近，科兰派一直受到严重的迫害。目前，缅甸人在宗教问题上非常宽容，外国人都被充分允许信奉自己的宗教，但帝国的臣民都不允许加入任何外国宗教，否则会受到严厉的惩罚。

教育的基本知识在缅甸广泛传播，大多数人——甚至是普通劳动者——都会学一点儿读写技能。一般来说，有名望的女性能够读书，但生活在底层的妇女能读书的相对较少。多数人没有书，他们所阅读的仅限于商业交易中使用的文件。文学作品主要在僧侣间传播。书上的文字一般用铁笔书写在棕榈树叶上。叶子是精心准备的，较好的书用木制封面装订，并镀上金边。有时会用象牙薄片代替棕榈叶，有时用铁片。普通的书用的是黑色的厚纸，用皂石铅笔在纸上书写，但文字可以被擦掉，因此一本书可以服务于多个学科。书的数量不是很多，所有的大人物都拥有一些书籍。阿瓦的王室图书馆有几千册藏书，保存在大而优雅的箱子里，在不同的标题下分类。大部分的缅甸文学是诗歌，其中包括民谣、佛陀的传说、国王的历史、天文学作品、地理学作品等。缅甸人记载自己的历史的方式可以从下面的例子加以判断，这是对1824年和1825年与英国战争的记载，由王家史官载入国家史册："在（缅历）1136年和1137年，库拉骠（西方的白种陌生人），与金殿之主发生争执。他们在仰光登陆，占领了那个地方和卑谬，并进军到杨达波。国王出于虔诚和对生命的尊重，没有作出任何努力来反抗他们。这些陌生人在他们的事业上花了大量的钱，到了杨达波时，他们已经精疲力尽，处境十分窘迫。他们向国王请愿，国王宽宏大量地送给他们一大笔钱来补偿他们的开销，命令他们离开这个国家。”

缅甸语与东方的其他语言迥然不同。所有纯粹的缅甸词语都是单音节，没有任何词性的变化。对外国人来说，它们的发音是很难理解的。圣书用巴利文写成，巴利文是一种方言或是讹化的梵文，由僧侣来研究。

缅甸人的食物很简单。对他们来说，大米是生命的支柱。在食用时，除了会加咖喱和各种酱汁，通常不加其他调料。可可和芝麻油经常被用于烹饪。缅甸人吃各种各样的蔬菜，饮食比较随意。死掉的兽类会被津津有味地吃掉。这一地区的宗教禁止残害生命，但很少有人会在钓鱼或射击时有所顾忌。按职业划分，成千上万的当地人是渔民。缅甸人在吃饭时用手抓。一天只吃两顿饭，饮品只有清水。

下层阶级男人穿的衣服是一种叫作佩索的棉布，它从肩上绕过臀部，很优雅地盖住了几乎整个身体。上层阶级的人都穿同样的丝绸衣服，几乎没有人在节日里不穿丝绸衣服。衣服外面还会增加一件带有袖子的外套，质地通常是白色平纹细布，但有时是宽布或天鹅绒。所有人都戴一顶棉头巾。脚上穿的是木头或皮革凉鞋。缅甸服装的整体外观整洁、端庄、优雅。女性穿着衬有平纹细布的棉裙或丝绸裙。条件好的加一件长袖纱布或细棉布外套。男女都要在耳朵上佩戴饰物，并允许头发长得很长。涂黑牙齿的习俗几乎普遍存在。当被问及原因时，一个缅甸人回答说：“什么！我们难道要像狗或猴子一样让牙齿是白色的？”

缅甸人被划分为8个等级：（1）王室；（2）官僚；（3）僧侣；（4）富人；（5）劳动者；（6）奴隶；（7）被摈弃的人；（8）刽子手。每一个阶层内部还有不同的尊卑，但除了被摈弃的人和佛塔的奴隶，没有世袭种姓。除了奴隶和被遗弃者，所有人都渴望获得高位，而这些职位经常会由出身低微之人担当。刽子手是缓刑的重罪犯，他们在法律上已经死了。他们的脸上会文上一个圆圈，胸前会文上所犯的罪名。他们不被允许在任何人的家里坐下，也不被允许与他们有任何亲密关系。

第269章

暹罗

（前544—1793）

暹罗王国位于暹罗湾周围，而暹罗湾则把印度支那的领土分成了两个半岛。它北邻掸族人居住的旷野地区，东接老挝和柬埔寨，南临暹罗湾，西接缅甸。这个国家的面貌与缅甸相似。暹罗是马来人为这个地区起的名字。暹罗本地人称自己为泰（自由人），暹罗被缅甸人称为余迪亚。

一些作家认为，这就是被罗马人称为“赛里斯”的地区，而地理学家托勒密和科斯马斯则将这个称呼应用到了东方地区。暹罗本土的历史记载没有受到神话和夸张的影响。这一地区的年代纪元可以追溯到萨摩纳·科多姆神的消失，他似乎与缅甸的乔达摩相对应。这个时代的开端被确定在公元前544年。首个暹罗国王在这个时代的第1 300年（756）开始了他的统治。与勃固的战争、内部起义和篡权，似乎是暹罗早期历史中仅存的事件。欧洲作家关于这个土国的第一个明确记载是1502年暹罗军队对马六甲的一次陆上远征。根据一些权威人士的说法，暹罗在1567—1596年曾受缅甸的统治。根据其他人的说法，1568年，勃固国王对暹罗发动了战争，原因是暹罗人拒绝向他上贡两只白象。这场战争的另一个动机是勃固人想重新占领孟加拉湾附近的领土，因为那片领土是暹罗人从勃固人手中夺走的。这场战争似乎以暹罗人被勃固人征服而告终。

1602年，暹罗迎来了到访的第一艘英国船只，当时阿瑜陀耶是王国的首都。1621年，方济各会和多明我会在暹罗建立了自己的宗教团体。1683年，一个叫康斯坦丁·华尔康的希腊凯法利尼亚人受到暹罗国王的青睐，被任命为宰相。他让欧洲的风俗习惯在当地受到尊重，并与法国建立了贸易关系。如果他能活得更久的话，可能会给这一地区带来更多的改善，但是华尔康的权势引起了泰国王公大臣的嫉妒，他们抓住国王生病的机会，把华尔康处死了。这场灾难使暹罗向外国开放贸易的所有计划全部落空，与法国的条约也被中断。

后来，一些英国人在墨吉群岛定居下来，但是他们的不当行为很快激起了当地人的敌对情绪，并对他们发动了进攻。从那时起的半个多世纪里，暹罗一直被内战和王室的争权夺利所困扰。

大约在1750年，缅甸帝国战无不胜的创建者雍籍牙占领了墨吉群岛、土瓦和马达班，进而占领了整个湄南河河谷。在这场战争中，这一地区一些有地位的暹罗人搬到了暹罗湾东部的庄他武里，这样就可以躲避缅甸军队的苛捐杂税了。在这些人中，有一位中国富人的暹罗妻子所生的儿子披耶达信（郑信），召集了一批追随者，抵抗缅甸人，最终把他们赶出了暹罗，登上了王位。为了促进商业的发展，他把政府所在地从阿瑜陀耶迁到曼谷。他的统治颇为成功，最后却被一群阴谋者罢免并处死，进而开启了另一个王朝，继续统治着暹罗。缅甸人曾试图重新征服这一地区，但没有成功，两国于1793年签订了和约。从那时起，暹罗人就没有再经历战争了，他们的领土也随着吞并凯达、北大年、马来半岛大部分地区而扩大。暹罗王国此时比以往任何时期都更强大、更繁荣。

暹罗的人口约300万人。其中，掸族人有80万人，马来人有19.5万，华人有45万，纯暹罗人约150万。

曼谷位于湄南河畔，地势比河口地区稍高，是暹罗的首都。它覆盖了河中一个相当大的岛屿，并沿两岸延伸数英里，几乎可以被看作是一座漂浮在河上的城市。房屋只不过是一些大木箱，建得非常整齐，用棕榈树叶盖在上面作为屋顶。大木箱距离河岸8~10英尺，成排地延伸，用长长的竹子固定在岸边。它们被分为若干个房间，最中间的用来供奉家神。许多房子前面是一个平台，上面摆着售卖的物品，形成了一种浮动的集市。这些住所虽然不大，但据说相当舒适，当然也可以很容易地从一个地方搬到另一个地方。每所房子都有一条属于它的船，这几乎是唯一一种在城市中穿行的交通工具。持续划船的习惯使男人和女人的体形变得不够匀称。那些浮动的大楼大部分由华人居住，他们几乎垄断了曼谷的每一种贸易。

曼谷为陌生人提供了一种非常新颖的景观。人们看见无数条大小不一的船只在河里航行。较大的是轮船、住宅和商店，小的几乎不比棺材大多少。各种各样的叫卖小贩和商家四处推销他们的商品。运河和沟渠四通八达，几乎到达每一户人家。河道同时也是公路、运河、交易所、市场和游乐场。一种普遍的善良本性似乎占据上风，可以防止一切混乱和危险。没有人讨厌偶尔的碰撞和冲击。小船总是给大船让路。垂直固定的桨板只占很小的空间，而且都非常灵活。如果一个男人或女人被撞落水中，双方都会大笑，没有人会惊慌失措。如果一只小船翻了，船夫就把它侧边抓住，然后突然一抛，把它抛向空中，之后船口朝上地落下来，他们再爬上船，好像什么都没发生过。即使是5岁的孩子也能独自划船，因为船也不比他们大多少，船舷高出水面不到两英寸。溺水事件很少发生。

岸边屹立着宫殿和镀金的寺庙，王公贵族的住所建造在地面的柱子上，因为地面太泥泞，几乎无法行走。曼谷的寺庙被称为佛寺。其中一座包括一片宽阔的小树林，有各种各样的礼拜建筑，以及僧侣的住所。这些佛塔跟缅甸的佛塔没有什么区别。曼谷有100多座佛寺。人口约10万人，其中一半以上是华人。城市没有市长，也没有什么警察。每一位大人物都对他的奴隶行使至高无上的权力，奴隶的数量往往多达数千人。每个外国人都有自己的头人，处理各种原因引起的纠纷。暹罗人很少提起诉讼。没有人敢不贿赂就在统治者面前申诉，而大多数人宁愿忍受侮辱和伤害也不愿申诉。赌博盛行到了可怕的程度，尤其在华人当中。

暹罗政府与缅甸政府没有实质性的区别。政府没有常备军，但每一个身体健全的人都有义务随时按首领的命令被召上战场。暹罗人制造的黄铜大炮质量很好，其中一些非常大。

在曼谷，有一种类似海军性质的军队的存在，装备有交趾支那建造的舢板船、大划艇等，并安装上重型火炮；但是暹罗人不是好水手。大部分贸易由外国船只进行，最主要的是中国的舢板船。一年有200多艘中国船只来到曼谷，其中有些载重在1 000吨以上。许多小船进行沿岸贸易。曼谷每年的出口总额不少于500万美元，出口的商品包括糖、苏木、锡、木材、大米、紫胶、藤黄、安息香、胡椒和棉花。在农业、手工制造业方面，暹罗与缅甸相似。只有中国人制糖，他们还生产暹罗的其他主要产品。事实上，王国的一切文明都归功于这些移民，不仅包括商业、手工制造业，而且包括家庭生活习惯。

高档建筑的风格具有强烈的中国特色。同样的原则也适用于建筑装饰，尽管这些装饰物中加入了葡萄牙、暹罗和勃固的艺术风格。大多数宫殿、寺庙和其他大型建筑都是用砖砌成的，用中国和利物浦的各种大小、完整或破碎的杯子、盘子和碟子，镶嵌成花卉和动物的样式。这些建筑的所有门窗都是埃及风格的，从下到上逐渐变细。

暹罗人的宗教信仰是佛教。他们的教育制度与缅甸人没有什么不同，也可以说他们的文明程度比缅甸人低。奴隶制在很大程度上存在于他们之中，许多酋长拥有成千上万名奴隶。战争的主要目标是捕捉俘虏和掠夺。一些被征服地区的人口几乎消减殆尽，因为居民都被带到暹罗。在曼谷周围，到处都是在战争中掳来的勃固人和其他村庄的人。本土编年史上说，在一次与掸族人的战争中，他们俘虏了12万人。在缅甸边境，未开化部落不断地进行着奴隶贸易，这些部落为他们抓到的任何一个缅甸人迅速找到市场。人们每天都被债主出卖为奴，一旦他们被卖掉，就没有办法偿还债务了，只有找到一个足够仁慈的新主人，可能会在短期的奴役之后释放他们。男人被允许随意出卖自己的妻子、父母和孩子，他们也经常出卖自己。

暹罗人的总体外貌特征似乎是宽而平的脸，长而方的下巴，大嘴巴，厚嘴唇，小鼻子，宽而低的额头，突出的颧骨。下巴的后部突出，好像肿了一样。他们身材矮小，平均身高不超过5英尺2英寸。男女的服装都是一样的，由一块裹在臀部的布组成，质地一般为印花棉布。年轻的女性有时会戴一种狭窄的头巾，交叉在胸前。与其他大多数亚洲人不同的是，暹罗人不喜欢在鼻子和耳朵上佩戴饰物，尽管他们喜欢手镯、项链和戒指。他们不戴缠头巾，但在阳光下，一顶轻便的棕榈叶帽子被一个有弹性的竹子框架固定在头上，帽子因此而抬高了几英寸，以便让空气流通时会感到凉快。演戏、斗鸡和放风筝是最重要的娱乐活动。在后两种活动中，男女老少、王侯和僧侣都沉浸在欢快之中。他们也饲养少量好斗的鱼类，观看斗鱼是一种非常有趣的消遣。

暹罗人非常疼爱自己的子女，对父母的尊敬几乎和中国人一样。他们性格温和。女性的地位并没有降低到她们应有的水准之下；虽然一些习俗禁止她们在某些事情上凌驾于男人之上，但在其他方面，她们有胜过西方女性所拥有的更大的影响力。她们永远是丈夫的现金保管员，买卖东西大部分也由她们负责，并没有像欧洲大多数国家的女性那样被迫做很多艰苦的工作。

第270章

勃固

（1500—1600）

古代勃固王国的领土由伊洛瓦底江河口地区以及位于伊洛瓦底江和萨尔温江之间的地区组成。北邻阿拉干和缅甸，东接暹罗，南临大海，西接阿拉干。这一地区地势平坦、肥沃，盛产大象、水牛和其他野生动物；还有大片柚木林，为造船提供了非常宝贵的木材。

从最早的历史记载开始，勃固似乎一直由自己的国王统治，有一段时间，它的居民在文明艺术方面比他们的邻国先进得多；但关于这一地区的早期历史，我们知之甚少。勃固和暹罗之间似乎有过很长一段时间的亲密友谊，这两个地区的居民之间一直保持着活跃的贸易往来，直到16世纪，这种友好关系因一件小事而中断。一天晚上，一艘从暹罗返乡的勃固商船停泊在一座小寺庙附近的河面上，船员们上岸时看到一尊雕刻精美的神像，非常高兴。他们进而发现寺庙的僧侣因疏忽大意而遗落了神像，就把它偷走，带回了勃固。这一行为在寺庙附近的居民中引起了极大的骚动和愤怒，他们向暹罗的国王请愿，要求勃固人偿还。那一年暹罗正好发生了饥荒，这被归咎于勃固人不虔诚。在这种迷信情绪的影响下，暹罗国王派人送了一封信给勃固国王，要求归还神像。

遭到对方的拒绝后，两国之间立即爆发了战争，勃固几乎完全被暹罗军队占领。勃固国王在危难中，决定求助于葡萄牙人，因为他们刚进入印度的部分地区，他们的名字在这一地区的所有沿海国家里，已经开始令人望而生畏了。在国王所开条件的鼓舞下，大约1 000名葡萄牙人加入了勃固的军队，由于他们拥有威力巨大的枪炮、过人的勇气和严明的纪律，很容易就把暹罗人驱逐出了勃固。勃固人奖励了葡萄牙人，并任命他们的指挥官佩雷拉为勃固军队的统帅。

通过这种方式，葡萄牙人在勃固产生了很大的影响，很快就开始表现出傲慢无礼的态度，这激起了勃固人的仇恨。佩雷拉在宫廷里仍然很受欢迎，他拥有自己的御象，还有自己的同胞来护卫、照顾他。有一位富有的勃固人，名叫莽噶波萨，把他的女儿嫁给一位爱慕她的贵族。婚礼那天，佩雷拉碰巧骑着御象从皇宫附近的莽噶波萨家经过，听到音乐声，就询问原因。当他得知这里要举行婚礼时，就进入房子想见新娘。父亲认为自己受到了这样的关注极为荣幸，便派人把女儿和她的伴娘叫出来。当她的女儿出现在门口时，父亲命令女儿从自己手指上取下一枚贵重的戒指送给佩雷拉。佩雷拉被她的美貌打动了，抓住她的手，用力地把她拖向自己，并喊道："上帝不容许这样一位美丽的姑娘落入其他男人的手里！"老人害怕极了，双膝跪下，恳求那位恶棍发发慈悲，但佩雷拉威胁说要把他处死。新郎和他的亲戚正好来到这里，救下了老人，随后他们和葡萄牙人的随从之间发生了一场血腥的搏斗。新郎、他的父亲和他的7位亲戚都被杀死，精神恍惚的新娘被恶棍带到他的宅邸里，她在那里陷入绝望，最后用自己的束腰带上吊自杀了。

她年迈的父亲悲痛欲绝。在此后4年的时间里，他一直都是衣着破烂跨出家门，向自己的奴隶乞讨——一种东方人表现悲伤的方式。然而，国王并没有被这些可怜的呼吁所触动，更没有对佩雷拉给予公正的处置，并继续保护和支持这位恶棍。最后，这位君主死了，他的继承人成为国王。这时，莽噶波萨冲出他的房子，手中抓住一个保护受苦之人的神像，站在大寺的门槛上，向民众倾诉他的不幸和痛苦。众人出于怜悯和义愤，冲进皇宫，要求伸张正义。国王希望在他的统治开始时能够安抚民众，便命令他的卫兵抓住这个有罪的军官，把他交给民众。佩雷拉在街上被抓，拖到集市的楼梯上，在那里他像基督徒一样虔诚地祈祷；但是那位受伤的父亲仍然抱着神像，大声要求复仇。佩雷拉被扔下楼梯，落在愤怒的民众手中，他们痛骂他，最后把他绑在大象的脚上，让大象拖着他穿过街道，直到他死去。紧接着，民众的怒火又发泄到城里剩下的葡萄牙人身上，除了当时在郊区的3个葡萄牙人得以乘小船逃往马六甲，其余的葡萄牙人都被杀死。

勃固和暹罗的力量都在这场“偶像之战”中被削弱了。这是一个漫长的过程。最后，他们被迫停止敌对行动。大约在17世纪中叶，暹罗人再次入侵勃固，征服了几个地区。勃固人无法驱逐暹罗人，于是与缅甸结盟。缅甸派遣军队协助勃固人将暹罗人驱逐出去。缅甸国王却利用了盟友的弱点，刺杀了勃固国王，解散了勃固的军队。此后，他毫不费力地将整个勃固王国并入自己的版图。勃固后面的历史将与缅甸的历史合二为一。

第271章

交趾支那（安南）、东京、柬埔寨、老挝

（1350—1802）

交趾支那帝国由交趾支那本土、东京和柬埔寨组成——都位于印度支那的东海岸。交趾支那本土北接东京，东临中国海，南接暹罗湾，西邻老挝和柬埔寨。南北长约400英里，宽100英里。交趾支那的外文名称是葡萄牙人给这一地区命名的，后来成为通称，当地人并不知道。这个名字当时是用来把它与位于马拉巴尔海岸的科钦地区区分开来的。它有时被地理学家称为安南王国，这是一个很通行的名字，表示南方国家的意思。几乎所有的海岸都是陡峭的悬崖，从崎岖不平的峭壁和陡峭的尖顶来看，似乎是由花岗岩构成的。横贯整个地区的大河，虽然来自富饶而充满浪漫气息的山谷，却被与海岸接壤的山峰和崎岖不平的山脉所包围。这些河流和暹罗的河流一样宽阔，但它们的山谷没有那么多肥沃的土地。

在古代，交趾支那与东京组建了一个政权；但是，在一次以交

趾支那总督为首的叛乱中，交趾支那获得了独立。成功的叛乱领导者获得了王位，并将其传给子孙后代，还逐渐征服了毗邻的柬埔寨地区。在追随东方专制者的统治方式中，交趾支那的国王们沉溺于懒惰和奢侈，任由自己的亲信压迫人民。这引发了起义，使一切都陷入混乱。出身于西山地区的阮氏三兄弟，在这场起义中脱颖而出，最终控制了政府。三兄弟之一征服了东京，并一直统治到他于1792年去世，之后这一地区被他的儿子们瓜分。被废黜的东京国王（阮福映）逃到暹罗避难，并努力在东京王国南部培养起自己的势力。在随后的政治变动中，这位被废黜的国王终于获得成功，再次统一了交趾支那和东京，并延续至今。

交趾支那的前6位国王深受人民爱戴，他们以温和的父权制方式进行治理，视臣民如子女，并且以身作则，促使人民养成简朴、勤劳和节俭的习惯。然而，后来发现的金矿和银矿，以及他们与中国人之间便利而频繁的贸易往来，使他们变得奢侈而柔弱。温和的政府、肥沃的土地和适合海上行动的海岸，使这个王国成为东亚最强大的国家之一。在18世纪中期之前，它在商业、农业、手工业和大部分物质方面都得到了最高程度的改善。

交趾支那的首府是顺化，坐落在香江之畔，距离入海口约10英里。顺化城呈现出一个巨大的方形结构，像一座巨大的城堡，是亚洲最完整和最引人注目的军事建筑之一。面积大约有1.5英里见方，砌有一堵30英尺高的砖墙。建筑是欧洲风格的，非常整齐，有堡垒，以及一面200英尺宽的斜坡和一条护城河。城墙上安装了1 200门大炮，需要4万人的驻军加以防守。城墙的建造用了10万人力。顺化附近的香江河畔风景被认为是亚洲最美丽、最引人入胜的风景之一。肥沃的河谷被可可树、香蕉和甘蔗园所覆盖，被风景如画的竹篱隔开，在远处被高耸的山峦所环绕。

交趾支那人与中国人非常相似。他们的衣服有各种颜色的丝绸礼服或外衣。男女都拿着扇子，不以脱帽致意的方式向对方打招呼。总的来说，他们比缅甸人和暹罗人强壮、活跃，而且在举止上更注重礼节。他们也是更好的士兵，能更完美地控制自己的激情。他们宽厚仁爱，但是他们也会索取任何他们喜欢的东西，并把被拒视为一种冒犯。他们的语言与汉语有些相似，信仰的宗教是佛教。他们的政府与缅甸和暹罗政府具有同样的专制性质。

东京位于交趾支那北方。它是交趾支那君主统治的3个王国中最大、最肥沃、最有价值的地区，盛产大米、棉花和丝绸。山上蕴藏着金、银和铁。它曾经是中国的一部分，但是大约在15世纪早期，一个著名的豪强，名叫黎利，由于他手下拥有大量的追随者，变得强大起来。他占据大同，并最终摆脱中国的统治，成为一个独立的国家。他成为大同的国王并建立了一个王朝（后黎朝）。他的政府保留了所有亚洲国家特有的父权专制形式。职位、荣誉和财富都被文武官员垄断。后黎朝统治了几百年，所有的智慧和仁慈似乎都与专制相兼容。在这一时期，交趾支那和东京组成了一个国家。

最后，交趾支那爆发了一场政治巨变，从根本上改变了政府的形态。两个王国的两位将军，在他们的几片领地上行使着几乎无限的权力。交趾支那的将军抛弃了自己的忠诚，自立为王。这次叛乱的成功刺激了东京的将军，他便控制了王国的财政收入；由于他不太希望拥有真正的君主头衔，而只是希望掌握实质性的权力，于是让君主拥有外在的光辉，而他则绝对掌控军权以及绝大部分的财政收入，同时他的后代也要继承同样的荣誉。根据这项协议，东京有两位国王—— 一位戴着王冠，享有王室荣耀；另一位是拥有王国实权的世袭丞相兼军队统帅。国王相当于皇宫内的囚徒，他在那里和嫔妃们一起消遣玩乐，接见臣民。外国使节也向他表示敬意，尽管事务的管理权完全掌握在丞相手中。

大约在18世纪中期，东京受到内战的困扰，这给国王一个恢复实权的机会。重新掌权之后，国王便宣布收复交趾支那的其他叛乱地区，一群篡位者推翻了古老的阮氏王朝。东京君主试图干涉这一地区的事务，但收效甚微，反而导致了对他自己领土的入侵。其中一位篡位者领导了这一事业，推翻了东京国王的统治，建立了自己的王权，同时也保留了交趾支那大部分地区的统治权。然而，阮氏王国的合法继承人阮福映，以极大的毅力收复了自己的国土，并将篡权者驱赶到了东京的心脏地带，并于1802年成为这个国家的主人。就这样，阮福映成为印度支那东部地区的统治者。

一位名叫百多禄的法国传教士成为他的重臣，在百多禄的管理下，这一地区取得了巨大的进步。他建立了硝石制造厂，修建道路和运河，奖赏养蚕织丝，开垦大片土地种植甘蔗，开凿铁矿，建立冶炼炉、火炮铸造厂及海军武库，组建了一支装备大型炮艇和战舰的海军，并为军队翻译了欧洲军队使用的军事操典。在他的引导下，司法系统也进行了改革。他还建立了公立学校，并强迫家长在孩子4岁时把他们送到学校接受教育。他还制定了商业规程，建造了桥梁，在海岸所有危险的地方设立了浮标和海标，并对海湾和港口进行了勘测。如果这种改善公众生活的制度能够持续更长一段时间，这一地区可能会从根本上得到改善；但是在这一地区刚开始感受到百多禄施政益处的时候，他就突然去世，使得这一希望变得渺茫起来。大多数健全的法律和制度都随着他的离世而失效。最近，我们从这一地区得到的信息已经很少了。①

东京比其他印度支那王国更具有中国特色。最大的城市是河内，据说人口有10万人；但我们没有看到关于这座城市的准确记载。其他城市屈指可数。每个村庄由三四十所房子组成，散布在全国各地，周围都是小树林。在地势平坦的地区，村庄被土堤环绕，以抵御雨季的洪水。这一地区和中国之间有一些贸易往来，英国和荷兰曾试图到这里开展贸易活动，但由于官员们的苛求，只能作罢。东京的出口商品包括廉价丝绸、漆器和黄金。这里的居民生产丝绸和棉花制品、步枪、瓷器、纸张、上漆家具等。他们也有一些文学作品，尤其是关于口才方面的；他们有文字记载的历史可以追溯到600年前。他们在举止上没有中国人那么文雅，但更有精神活力。他们被描述为热情、忠诚、尊重民事审判。大众信仰的宗教为佛教，他们将神像挂在树上的柳条篮子里敬拜。

柬埔寨北邻老挝，东接交趾支那本土，南临中国海，西接暹罗。长约400英里，宽约200英里。西部是山地和荒野，但中心地带是一片肥沃的谷地，由湄公河灌溉，盛夏时河水会漫过两岸。该地区主要出产大米、水果、苏木和其他木材，以及用作药物和颜料的藤黄。

---

① 1803年，阮福映遣使中国（当时为越南的宗主国），请求改国号为“南越”；清朝的嘉庆皇帝赐国号“越南”，并册封阮福映为“越南国王”。此后，这里便以“越南”为国号。——编者注

东京人跪拜神像

这一地区似乎在很长时间内都是独立存在的，尽管它的君主偶尔会通过进贡的方式来获得中国皇帝的友谊。大约1716年，暹罗威胁要入侵柬埔寨，柬埔寨人废弃了边境150英里的土地，安全撤退到首都。柬埔寨随后向交趾支那提出保护的请求，交趾支那的国王答应了，条件是柬埔寨应纳入他的统治范围。柬埔寨人同意了这一要求，于是一支1.5万人的印度支那军队进入战场攻打暹罗人，由3 000艘战船组成的舰队入侵暹罗本土。暹罗军队的人数是柬埔寨军队的两倍，但在穿越柬埔寨人废弃了的国土时，由于缺乏粮食和由此引起的疾病，导致军队损失过半，只能被迫撤退。暹罗的舰队起初取得了一些胜利，柬埔寨的河仙镇被占领并烧毁，其中包括200吨象牙在内的许多宝贵财产；但暹罗战舰在返回之前，遭到了交趾支那人的攻击，大多数战舰被俘或被摧毁。战争因此结束了，柬埔寨被并入交趾支那的版图。

大约在19世纪初，暹罗人进行了类似于上一次战争的第二次尝试。与交趾支那的敌对行动持续了一段时间，最终双方同意通过分割有争议的领土来解决争端。因此，在1809年，柬埔寨被交趾支那和暹罗瓜分，时至今日仍然处于分裂状态。①

柬埔寨的首都西贡，现在属于交趾支那，位于同耐河口附近，是一座繁荣的大城市，城内有在百多禄指导下建造的海军兵工厂。市场上有大量的本土和邻国产品。人口估计为18万人。西贡是整个同耐河谷的外港，从事大量的造船贸易。古都柬埔寨城就坐落在湄公河畔，从前是一个繁华的地方，现在已经衰落了。

柬埔寨人心灵手巧，能够织造多种棉布、细布、花布、条纹布。他们还织造地毯和一种普通的粗布，类似于苏格兰格子呢。这一地区种植一些靛蓝，用于出口。

老挝，或称掸国，北邻英属阿萨姆，东接中国，南邻暹罗、柬埔寨，西接缅甸。从北到南长约900英里，从东到西宽约400英里。它是一个鲜为人知的地方，与周围的国家隔着巍峨的山脉和茂密的森林。当地人一直都对外国人表现出极大的敌视心理。他们被缅甸人称为掸族，被中国人称为佬族，他们给自己起名叫泰族。这一民族似乎跟阿萨姆人和暹罗人拥有相同的祖先，阿萨姆和暹罗的名字只是掸族的讹化（外文具有相似性）。

这一地区的居民被分成不同的部落，他们的语言也有相应数量的方言。根据拜访过其中一些部落的传教士记载，他们在文明程度

① 柬埔寨于1863年沦为法国的保护国。——编者注

上不如邻国，却熟悉农业和其他实用技艺。尽管这一地区在远古时代就已经形成了一个强大而独立的国家，但很难说它具有悠久的历史。偶尔，这里的人民会被他们的邻国降服，然而大部分时间仍然保持着实际上的独立。他们似乎在很大程度上避免了经常使未开化民族陷于虚弱和贫穷的内讧与战争。一些部落崇拜邪神，但更多的部落信奉佛教。老挝最大的城镇是位于湄南河畔的整迈。据说老挝的手工制造业超过了缅甸。他们的服饰和中国人的很相似。政府是君主政体，国王有4位辅政大臣。法律是从《摩奴法典》中衍生出来的。有些书籍用掸语写成，这种语言的字词与缅甸语颇为相似。

第272章

马六甲

（1100—1840）

马六甲半岛是亚洲大陆的最南端，位于暹罗湾西方，从北纬12°向南一直延伸到赤道。它被一串巍峨的山峦横贯而过，在很大程度上被森林和沼泽所覆盖。

马来人

这个半岛被一些古代地理学家认为是“金色的克森尼索”和所罗门认为的俄斐。平坦的土地非常肥沃，出产最优质的水果、谷物和蔬菜，无须人工培育。水稻是当地主要的农作物。欧洲人所知道的这部分土地出产桂皮、树胶、芦荟和檀香木。森林里常年生长着翠绿的植物，空气中弥漫着无数花朵的香气。

马六甲半岛上的居民为马来人——种族的起源未知。一些证据认为他们似乎起源于附近的苏门答腊岛，在12世纪中叶左右移民到这里。在西里伯斯岛[①]，有一个传说，六七百年前，岛上一位著名的酋长进行了一次向西的探险和贸易航行。在探险的过程中，他驶入了苏门答腊的一条河中，把大量的追随者抛弃在那里，之后追随者们深入到内地，建立了一个叫米南加保的殖民据点。他们与当地人通婚，在某种程度上变得文明起来，逐渐形成了新的种族，开始占据统治地位。他们中的大多数人曾是从马六甲获得的奴隶，在西里伯斯岛酋长的舰队充当砍柴工和苦役，因此他们被称为马来人，意思是“带来木材”。时至今日，西里伯斯岛的人们仍以轻蔑的眼光看待马来人，并习惯把这个故事讲给别人听，以此证明马来人出身低微。马来人和摩鹿加人之间的普遍相似之处常常被提到，摩鹿加群岛的马来语比马来半岛的马来语更纯正，这一点是众所周知的。

苏门答腊的马来人扩大了他们的征服和殖民地，直到整个岛屿都为他们所有。在13世纪，他们越过海峡入侵马六甲，那里的土著居民似乎是一种黑人，与非洲的黑人相似，被驱赶至森林和山区。大约在1300年，入侵者建立了马六甲和新加坡两座城市。他们逐渐扩大了自己的领土和殖民地，并把他们的首领驻地转移到了新的领地。

葡萄牙人在16世纪早期来到这里，发现马六甲是一座富庶繁荣的城市。他们的贪婪无法抵挡如此强烈的诱惑，于是在1511年，阿方索·德·阿尔布克尔克率领的葡萄牙军队进攻马六甲，尽管当地

① 西里伯斯岛现指印度尼西亚中部的一个大型岛屿苏拉威西岛。——编者注

居民进行了英勇的抵抗，但马六甲最终还是被占领。这次抢掠获得了价值将近150万美元的财富。入侵者还处死了马六甲国王，这一做法激怒了暹罗人和其他邻近民族，他们对葡萄牙人发动了战争，夺回了马六甲。马六甲很快又被葡萄牙人夺走，一直统治到17世纪中叶。当时荷兰人在柔佛国王的支持下——半岛南端的一块领土——使自己成了这座城市的主人。经过一次次的命运变迁，马六甲于1824年通过条约转让给了英国。

这个半岛是唯一一个完全被马来民族占据的地区。现在它被划分为吉打王国、霹雳王国、雪兰莪王国、柔佛王国、彭亨王国、登嘉楼王国、吉兰丹王国、北大年王国和利格雷王国；还有一些不太为人所知的内陆地区和一些没有确定地区或地点的未开化部落。这些部落几乎不为人所知。他们中有一些是黑人，在文明程度上远低于马来人，个子只比森林里的猿和狒狒高一点儿。这些部落甚至不建造住宅，而是在树上和山间的缝隙中居住。

马来人都是穆斯林。无论他们在哪里定居，都会表现出强烈的劝人入教精神。由于从事商业和海盗活动的特点，他们很少在远离海岸和港口的地方定居，因此他们的语言在内陆的部落中并不流行，而在半岛或印度群岛流行。他们声称对这些部落有一定的权威，并以文明的优越性凌驾于他们之上，但是这些内陆部落的语言、习俗和政府仍然没有什么改变。

一个分散在这么多地区、到处混杂着土著部落的民族，很难有一个共同的民族特征。他们通常被西方人描述为一个以欺诈和背叛著称的民族。这一观点无疑来自水手，因为直到最近，别人对他们还知之甚少，只有提到海盗部落才会引起人们的普遍注意。西方人认为，漠视人命、报复心强、懒惰和海盗行为，也许是马来人的常见行为。全体武装起来的做法使他们对杀戮的想法极为熟悉。个人复仇的权利普遍被承认，甚至酋长们也认可，夺去别人生命的人可以用一小笔钱来补偿。他们的翻覆之性也许被夸大了，我们有充分的理由相信，在相互交往的过程中，家庭美德和私人美德在同等文明程度的东方民族中同样重要。他们经常吸食鸦片，而且他们中的海盗会先用这种毒品刺激自己，再去攻击船只。吸食鸦片的人有时会受到一种类似于我们所称的震颤性谵妄的疯狂袭击。在这种情况下，一个马来人拿着利器冲到各处，刺向他遇到的每一个人，这就成了人们所称的杀人狂。

至于海盗行为，它不仅被认为是一种纯洁的、侠义的职业，而且具有宗教价值。它由王公、民众和神职人员开展，并因自尊心和掠夺精神而受到鼓舞。在和平的艺术方面，马来人远远不如他们爪哇、交趾支那和暹罗的邻居。封建制度盛行于每一个地区，无论是出于战争目的还是和平目的，酋长们可以随时随地占用民众的时间和服务。马来人的奴隶制比东方任何一个地区都更为普遍。不仅王公们售卖他们的奴隶，父母也售卖自己的孩子，债权人也售卖他们的债务人。奴隶贸易在海上和陆上都很活跃。

马来人使用阿拉伯文字进行书写，但几乎没有任何文学作品。他们的语言很容易学习。对欧洲人来说，发音并不难；这种语言结构简单，字词数量不多。在表达数字、人、性别、情绪或时间时，词性没有变化；同一个词通常用作名词、形容词、动词和副词。因此，为了达到谈话目的，这种语言很快就能被学会。

马六甲城现在已经从古代的辉煌中衰落了。一座古老的城堡和一座破败的教堂占据了最显著的位置，街道上一片寂静，就连中国居民似乎也忘记了他们平时的活动和事业。这里有英国驻军，但这个地方的商业几乎萎缩到不剩下什么的地步了，只有一些锡和胡椒用于出口。城中约有5 000人。

沿着印度支那海岸有许多岛屿，其中一些，如爪哇、婆罗洲、苏门答腊等，都是非常重要的岛屿。在近代地理学中，这些被归为地球的第五大地区——大洋洲①；我们将在讲述美洲历史后对其加以叙述。新加坡岛与大陆的联系十分紧密，这里有必要多说几句。

新加坡岛位于马六甲半岛的南端，与大陆只有一条狭窄的海峡隔开。这片地区和邻近地区归柔佛苏丹统治，他在1703年把新加坡岛作为礼物送给了英国人汉密尔顿船长，但船长拒绝了，因为这对私人而言可能毫无用处。当时，岛上只有一个贫穷的村庄，居住着一些渔民和海盗，尽管在几个世纪以前，这里曾有过一个繁荣的马来人城市。1819年，在爪哇总督托马斯·斯坦福·莱佛士爵士的建议下，英国人在新加坡岛上建立了一个殖民地。第二年，它被宣布为自由港。1824年，柔佛苏丹和宣称拥有主权的荷兰人将新加坡岛的统治权正式让予大英帝国。此时，这里已经成为一个相当大的贸易市场，也是英国邮轮从中国到红海航行的必经地之一。

新加坡岛长约27英里，宽度不到长度的一半。它的很多地方英国人还没有探索过，而且有可能无人居住。与它毗邻的其他二三十个小岛，也被纳入它的管辖之下，但这些小岛上大多没有居民。新

① 此处大洋洲的地理划分，与现在存在较大差异，现在的大洋洲包括澳大利亚、新西兰、新几内亚岛（伊里安岛）以及美拉尼西亚、密克罗尼西亚、波利尼西亚三大岛群。书中被纳入大洋洲的爪哇、婆罗洲、苏门答腊，现在都属于亚洲。——编者注

新加坡风光

加坡城建在岛的南部，中国和西方之间的船只通过港口直接航行，港口宽敞安全。这座城市建得还算不错，人口约3万人，其中，近一半是华人，1/4是马来人，剩下的是各种东方民族的混血人口，大约有150名英国人。出口西米、儿茶和琼脂—— 一种中国人用来做甜食的海草。新加坡几乎位于赤道上，但气候宜人，温度适宜。

马六甲西海岸的槟榔屿，或称威尔士亲王岛，也被英国人控制。1786年，英国东印度公司从吉打国王那里购买了这座岛屿，并在岛上建立了一个定居点，以期为他们与中国贸易的船只提供补给。1805年，它成为一个独立的殖民地，隶属于加尔各答政府。槟榔屿作为附近地区一个商品转口贸易的中心，很快获得了相当的重要性，然而最近被新加坡岛取代了它作为商业中心和休闲娱乐中心的地位。首府乔治敦是一个建设良好的城市，有一个供应充足的粮食交易市场。

俄罗斯的亚洲部分：西伯利亚

第273章

西伯利亚

俄罗斯的亚洲部分从亚速海一直延伸到白令海峡，跨越了70个赤道经度，约4 865英里。乌拉尔山脉以东的这片广阔土地统称为西伯利亚。

在地貌特征上，西伯利亚可以被看作一个巨大的近乎水平的斜坡，南部是阿尔泰和雅布洛诺夫山脉；北部是一片冰冻的沼泽，雪原一直延伸到北冰洋；东面是白令海峡和太平洋；西面是乌拉尔山脉。这片平原或多或少被鄂毕河、叶尼塞河和勒拿河所连接。这几条河流域广阔，水道相通，只需经过几个港口，就可以从西伯利亚的一端到另一端几乎连续不断地航行。

西伯利亚的大部分地区都笼罩在长达10个月的冬季阴霾之中。在另外两个月里，春、夏、秋3个季节以惊人的速度接踵而至。大约6月20日，大雪突然融化，引发洪水泛滥。不到两周的时间，草木枝繁叶茂，鲜花盛开，一片鸟语花香的景象；再过两个星期，果实就要成熟了，收获的时节一定要抓紧时间，免得被8月20日左右回来的冬雪给毁掉。

俄罗斯的亚洲部分的土著部落如下：

哥萨克人——这些人占据了亚速海和顿河的沿岸，以及库班河的南部地区，共有30万人。他们是突厥人和鞑靼人的后裔。他们住在有几百户房屋的村庄里，靠捕鱼和养牛为生；后来，他们中的许多人被组织起来编入由农场主组成的军事殖民地中。每个哥萨克人都算是一名士兵，不用交税，只需养两匹马，但只有在战争期间才能领到薪水。我们在讲述俄罗斯历史时会对这些人做进一步的介绍。

托博尔斯克南部的鞑靼人——人口约10万人，分成了几十个部落残余，他们是这一地区土著居民的后裔，已经与古代突厥人和鞑靼帝国的蒙古人融合在一起。鞑靼帝国是成吉思汗的孙子于1243年建立的，都城的废墟在托博尔斯克附近仍然可见。正如我们在其他地方讲述的那样，这一帝国延续了近3个世纪。现在的鞑靼人强壮、有力、干净、节俭。有些人信仰希腊正教，有些人信仰伊斯兰教，他们多为村民、农民、渔民和游牧民。图拉河畔的鞑靼人是所有西伯利亚鞑靼人中最文明的。

贝加尔湖的布里亚特人——其实他们是蒙古人。人口有数十万人。他们的外貌与厄鲁特人很相似。身体普遍比较肥胖，头发稀疏，有时男的不长胡子。他们的身体比较虚弱，面色苍白发黄。萨满教巫师是他们的祭司兼医生。

通古斯人——这一民族的人体形优美，身材中等，身手敏捷。他们的脸不像厄鲁特人的脸那么平，眼睛小而有神，鼻子匀称，胡须稀疏，黑发，表情和蔼可亲。他们勇敢而强壮，是优秀的弓箭手和骑手。他们的感官非常敏锐，而且能够极为准确地记住他们在游走过程中遇到的自然风物。据说，他们可以在100英里的长途跋涉中详细描述沿途的物体，用于指路。就像北美洲的印第安人一样，他们循着轻微的踪迹包括踩在苔藓、草或树叶上的脚印追踪猎物。他们之中允许存在一夫多妻制。他们的宗教是拜物教和萨满教的融合。他们的语言有8~10种方言。从叶尼塞河到鄂霍次克海，通古斯人在西伯利亚1/3的土地上游牧迁徙。

奥斯蒂亚克人及其他芬兰部落——这些民族生活在鄂毕河流域。奥斯蒂亚克人的意思是“陌生人”，是西伯利亚众多部落之一。他们有3万名男性，多长着红色或淡黄色的头发；穿着紧身皮衣，通常都是渔民，但在冬天打猎。他们住在夏天是金字塔形的、冬天是方形的木屋里。富人有成群的驯鹿。他们在外表和生活方式上都脏兮兮的，像美国的一些印第安人一样，对熊的崇敬几乎到了崇拜的地步。在杀死一只熊后，他们会通过赎罪的节日来纪念它，并为它的灵魂唱歌。

奥斯蒂亚克人

萨摩耶德人——这些人原来居住在叶尼塞河上游，曾在那里发现了他们的一些遗迹；现在已经迁徙到了河口地区，并散布在欧洲东经42°到勒拿河附近的东经117°之间，覆盖了这一地区的荒地和泥沼——长度超过2 000英里，宽度为270~550

英里的空间；据说他们的人数不超过2万。他们高约4~5英尺，腿短，脑袋大而平，鼻子扁平，下巴突出，大嘴巴，大耳朵，胡须稀疏，眼睛小而黑，皮肤呈橄榄色，头毛硬而黑。他们和奥斯蒂亚克人一样脏兮兮的，但穿得更好一些。他们崇拜一根棍子或一块石头，并尊变戏法者为祭司——这些人可以让自己随心所欲地兴奋到狂暴和狂啸的可怕状态。女人们不快乐，且被轻视；她们在11~30岁之间生育。

萨摩耶德男人和女人

雅库特人——这些人生活在萨摩耶德人的东边，被认为是退化的鞑靼人，为了躲避蒙古人的暴政，他们躲在荒凉的北极地区。他们的人数不到10万，浑身脏兮兮的，留着长发，穿着短而开口的裙子。据说他们用冷冻牛粪制成的研钵捣碎干鱼。

尤卡吉尔人——他们是位于因迪吉尔卡河和科雷马河发源地附近的山民，共有500个受洗家庭，以狩猎和驯鹿产品为生。

科里亚克人的人口约为2 000人，也是以驯鹿产品和狩猎为生。

楚科奇人——这个部落在形式和外貌上都没有亚洲人的特点。他们占据了亚洲的东端。整个部落由大约1 000个家庭组成，一般都在河岸边安营扎寨。他们是投石高手，也是勇敢而专业的捕鲸者。他们的帐篷是方形的，由4根柱子支撑着驯鹿皮的屋顶，中间是一个炉子。他们睡在积雪覆盖的树皮上。长矛和箭被插在帐篷前的雪

楚科奇男人和女人

地里，以便随时击退科里亚克人的进攻，因为无论是北极的积雪，还是热带地区的酷热，都无法平息未开化部落心中的战争本能。

堪察加人——这民族曾经散布在整个堪察加半岛上，并因此而得名。如今，该民族正在迅速走向灭绝。他们个子矮小，头大，脸又长又平，眼睛小，嘴唇薄，头发也少。他们穿着棉布衫、宽大的鹿皮长裤、皮靴，戴着皮帽。女人的皮肤很好，手脚都很小，身材也不难看。夏天，她们到树林里采草药，让自己沉浸在一种自由的放纵之中，这让人想起古代女性酒神崇拜者。堪察加人乘坐着类似牧羊犬的狗拉着的车。食物主要是鱼。他们的一些小屋建于地下。

堪察加人

在俄罗斯政府的管理下，西伯利亚分为9个地区：位于堪察加半岛的堪察加地区；北面的楚科奇地区；包括鄂霍次克海沿岸100英里宽的鄂霍次克岸地区；南到满洲，西南到维季姆河的大片土地为雅库茨克地区的领地；包

堪察加人的地下房屋

括叶尼塞河几乎所有流域及其支流在内的叶尼塞斯克地区；环绕贝加尔湖，南邻蒙古的伊尔库茨克地区；鄂毕河上游的托木斯克地区；位于托博尔斯克和吉尔吉斯草原之间的鄂木斯克地区；最后是西伯利亚总督治所的所在地，占据了鄂毕河下游地区的托博尔斯克地区。

俄罗斯人、哥萨克人和其他来自欧洲的殖民者主要居住在西伯利亚的城镇和军事基地。他们中的一些人是当时征服这一地区的雇佣兵的后代，其他人是被流放到那里的罪犯和流亡者。除了这些移民，还有冒险家、逃离农民身份的人和破产的商人，他们在这里寻求挽回破碎命运的机会。这些来自不同地区、不同阶级的殖民者，将自己埋葬在这片广袤的旷野之中；他们因慷慨的款待、坦率的欢乐和他们中间普遍存在的良好秩序而受到旅行者的赞扬。

在不到一个半世纪以前，彼得大帝认为西伯利亚人太野蛮了，惩罚他的敌人瑞典人时就把他们送到西伯利亚去，并认为没有比这更严厉的了。结果是，这些可敬的流放者把欧洲的风俗和艺术带到了那一地区，使当地民族变得文明，也改善了他们的状况。1713年，这些瑞典人在托博尔斯克建立了第一所学校，教授德语、拉丁语、法语、地理、几何和绘画。一个世纪后，一位著名的德国剧作家在托博尔斯克一家公共剧院看到了他自己的戏剧被搬上舞台——这是西伯利亚进步和文明的表现。

总督们和官员们引入了圣彼得堡的礼仪。你可以看到优雅的马车在西伯利亚第二大城市伊尔库茨克—— 一座欣欣向荣、令人愉悦的城市——的街道上奔驰；但是，文雅没有机会传播到分散在无边无际的森林之中的小镇和村庄。有些农民养了大量的羊，但几乎不知道怎么用钱，过着一种完全父权制的生活。猎人们在旷野中四处游荡，成了一种野人。冻土为他们提供了一张床，他们用灌木丛的浆果解渴，甚至在射杀动物后立即喝掉动物的血。

生活在托博尔斯克或伊尔库茨克的哥萨克人，发现自己已经与当地民众融合在了一起，当他被派到萨摩耶德人或尤卡吉尔人中间收税，以及维护当地社会秩序时，他们似乎成了某种意义上的君主。茅屋作为宫殿，兽骨手杖作为权杖。餐桌上的佳肴有鲑鱼、驯鹿肉和熊头。一些居住在城镇里的哥萨克家族获得了贵族头衔。50年前，在这一地区定居的欧洲人，包括其后裔，还不到50万。

西伯利亚的宗教包括了所有的信仰形式，从基督教、伊斯兰教到最原始的偶像崇拜。发源于此的崇拜——拜物教与佛教的融合——征服了印度-鞑靼人的思想。

有一种宗教——萨满教，似乎起源于西伯利亚。有人认为这种信仰是佛教的一个分支，另一些人则认为萨满教的起源比佛教更早；还有人认为它是拜物教和堕落的基督教聂斯托利派的结合。宗教仪式是祭祀和祈祷；祭司是魔法师、医师和巫师的结合体。

商业活动主要由流动的商贩进行，他们从一座城镇到另一座城镇，从一个市场到另一个市场。主要的城镇会有定期的集市，北方的毛皮被用来交换南方的丝绸和茶叶，以及西方的棉花和羊毛。鞑靼人的游牧民族与南部的边境城镇进行贸易；与中国的贸易在恰克图进行，前面已经提及；与太平洋的贸易在鄂霍次克进行。伊尔库茨克是各方贸易共同的中心。欧洲贸易的转口地是托博尔斯克，那是一个有2万多人的城市；在那里进行交易的是厄鲁特人和布哈拉人。

萨满巫师

西伯利亚的矿藏广泛分布于阿尔泰山及其他地区，储量丰富，尤其是那些以块状和颗粒状形态存在的金矿。政府开采其中的一些金矿，有些则分包给那些使用奴隶或其他劳工淘金的人。有时，个人可以在向政府支付一定比例的费用后，尽可能多地淘金；有时，政府任由淘金者自行开采，就像在美国新得到的加利福尼亚一样。被流放到西伯利亚的人最害怕到尼布楚的矿场，那里位于远东黑龙江支流鄂嫩河地区。有时有一两千个流放者穿着一模一样的衣服，被迫到这里开矿，而且无法逃脱。

西伯利亚的历史很短。我们讲述鞑靼历史的时候，曾看到其中南方的一些部落要么变得强大，向南侵略，在更温和的环境、更富饶的土地上建立一个帝国；要么被一些邻近部落征服与掠夺，被驱赶到更北的地区，变得弱小。据说，成吉思汗及其继任者的权力甚至影响到了萨摩耶德人；他的后代昔班于1243年征服了西伯利亚西部地区。

1563年，伊凡四世宣称西伯利亚是沙皇帝国的一部分。1580年，哥萨克首领叶尔马克率领一些哥萨克开始征服西伯利亚，最后为沙皇的帝国增加了大片领土，使它成为世界上领土面积最大的国家。

叶尔马克是一位极具才干的人，他是一个逃亡的顿河哥萨克人，也是出没于里海海岸的强盗军团首领。被莫斯科的沙皇打败后，他逃到了俄罗斯当时的一个新殖民地奥廖尔。他在那里了解到鞑靼人西伯利亚汗国的情况，使得他产生了征服这一地区的意图。经过一次失败的努力之后，他在第二次远征中达到了目的。在这件事上，他得到了已经与西伯利亚开展毛皮贸易的俄罗斯商人斯特罗加诺夫的资助。叶尔马克带领5 000名不畏艰难、习惯于困苦的冒险家，通过向他们灌输自己的进取精神和英雄气概，让这些人对自己的领袖产生信心。

经过多次小规模的胜利战斗，他们最终掌握了西伯利亚汗国的要塞。在这里，叶尔马克得到了众多小诸侯的效忠；但他发现自己的处境岌岌可危。他的军队已减至500人，而且叛乱不断。叶尔马克向伊凡四世求援，送给沙皇一件最昂贵的皮草作为礼物，并承诺把所有的战利品都交给沙皇，条件是得到援助，并赦免过去的罪行。伊凡四世派了500名俄罗斯人前往增援，但这些人被打得落花流水，叶尔马克自己也在试图从一场失败的战斗中逃脱时溺死。沙皇们意识到了这些征服的重要性，他们更加积极地努力，不仅成功地再次占领西伯利亚汗国，而且用了一个世纪的时间，将整个西伯利亚纳入了他们的统治范围。在黑龙江畔，征服者碰到了中国人的势力，阻止了他们继续前进。1689年，中俄两国通过《尼布楚条约》划定了边界，并确立了两国间的贸易规则。

托博尔斯克建于1587年。鞑靼人于1598年停止了对俄罗斯的抵抗。托木斯克建于1604年，叶尼塞斯克建于1618年。1636年，俄罗斯船只通过勒拿河驶向海洋，并对北冰洋沿岸进行了探索。1648—1658年，伊尔库茨克、雅库茨克和尼布楚建成。1695—1706年，堪察加半岛被开发。1728年，丹麦人白令绕过亚洲最东端的海岸，穿过后来以他名字命名的海峡，绕过西伯利亚的最东端，证实了亚洲和北美是两个分开的大陆。

这样的亚洲

第274章

这样的亚洲

从最权威的信息来看，艺术和文明都起源于亚洲。来源于中亚山脉附近的中国人、古印度人、亚述人、古巴比伦人和古埃及人都确立了永久性的原则，这些原则是他们政治和宗教制度的基础。但是人类在获取知识方面的进步过程却没有被记载下来。有些传说从纯真和幸福的黄金时代开始，而其他的则以原始的野蛮和混乱状态为开端。对前者的信仰似乎一直是人类的普遍情感。柏拉图说，希腊人从古人那里获得了所有关于神圣事物的知识，他补充道，古人“比我们更聪明，更接近神”。古印度人和古埃及人的历史始于诸神和英雄的朝代，他们以人类的形式出现，并成为人类的祖先。

许多古代哲学家和诗人都认为第一批居民是完全原始和未开化的。

事实上，即使我们假定人类处于一种原始的知识和文明状态，他们很可能在后来成为未开化群体，在欲望的驱使下，他们的官能得到充分的发展。现在对世界的认识，除了一些从很早的时代流传下来的碎片，无疑都是经验、观察和研究的结果。语言究竟是神的直接恩赐，还是人的逐渐发明，是一个需要许多敏锐语言学家的聪明才智方能解决的问题。

因为人类社会在亚洲发端，我们必须从那里寻找政府的起源。它的形成过程似乎非常简单。一个人出生于父母的房屋之中，他自然会留在那里。把夫妻、父母和孩子连接在一起的纽带构成了家庭。主仆关系是在社会处于这种状态时产生的。

弱者不能维护自己的权利，也不能获得生存的手段，他们需要强者的保护。那些碰巧住在同一个社区的不同家庭，经过一段时间的争斗之后，终于同意和睦相处。一些特定的规则在他们之间作为习俗而不是法律被建立起来。这些家庭的联合并不是一个国家，而是一个公民社区。这些小社区一定很快就意识到，他们的风俗习惯和仪式需要固定下来，并且必须符合法律的特点。自然，能力出众的人成为这些村庄的立法者。人们之间的各种关系一经法律解决，政治社会就开始了。

但这是一个没有建立政府的社会，很快就成了无政府主义罪恶的牺牲品。这些罪恶的经历告诉人们，武力是支持法律不可或缺的条件，法律本身只具有纯粹的道德力量。政府就这样以某种形式建立起来了——无论是君主制的、贵族制的还是共和制的。起初，它依靠武力，通过处罚——罚款、监禁、惩罚或处死——迫使服从。随着社会的进步，习惯和反省会增加它们的力量，并构成法律最有力的支撑，而这些法律正是通过这些力量来实施的。

宗教的某些感情或原则似乎已深深地烙印在人类的心里，以便在任何地方形成造物主道德规范的一部分。这些普遍的情感或思想，根据它们所处的不同的地区和时代，以不同的方式和不同的纯度发展和展现，是所有宗教教义和信仰体系的基础。然而，许多情况都促成了早期传说一个神话般的转变。那些在千百年流传中被创造出来的神话，数量不断增加，在形式、目的和用途上都有不同的变化。古印度似乎是世界神话的主要源头，不仅婆罗门教和佛教起源于此，似乎古埃及的宗教也起源于印度；后来，这些神话传给了古希腊和后来的罗马，成为古代文明世界的神话。许多希腊人的主要神灵也是古埃及人、古埃塞俄比亚人和古印度人的重要神灵。

古代神话的传播方式，可以考虑用它们依赖于多神信仰来揭示；因此，新神明的采用不仅符合人们的信条，而且在某种程度上似乎受到人们的赞扬。这样，古希腊人就不难接受他们所认识的任何新神；毫无疑问，古埃及人也是如此，因为要注意到，在这样一个体系中，对宙斯的崇拜并不排斥对太阳神阿蒙的崇拜。然而，基督教是排他的，基督教只接纳一个神。伊斯兰教也是如此。古代神话更像是现代自由主义，它以平等的权威接受所有宗教。

艺术与科学也一定起源于亚洲。手工技艺首先出现，因为它们的目标是满足生活的需要和社会的便利。石头工具的出现比金属工具要早。斧头、犁头、锤子、楔子，最初是用燧石制作，后来又用了铜。在特洛伊战争时期，铜似乎被用于和现在铁一样的用途。铁是许多技术进步和完善的基础，直到后来才被普遍使用。模仿的艺术，如雕塑、绘画、音乐，只有在社会从原始走向文明的时候才会出现。文字是后来才发明的。

商业起源于历史的早期，大约在公元前1700年，我们听说以实玛利的子孙“从基列来，用骆驼驮着香料、乳香、没药，要带下埃及去”。从一个非常遥远的历史时期开始，亚洲的陆路贸易就开始了广泛的发展，而且似乎一直都以同现在差不多的方式进行。古代埃塞俄比亚和埃及的内部贸易也非常发达，并与亚洲的商业联系在一起，就像现在一样。阿拉伯人似乎是第一批通过水路远航的人——因为他们所在的地区三面环海。腓尼基人追随阿拉伯人，而希腊人和埃及人则紧随腓尼基人之后。

因此，世界上的其他地区也都应该感谢亚洲，不仅是因为他们的人口，而且所有建立在社会基础上的思想和原则都从那里萌芽。值得注意的是，作为人类祖先的亚洲，在文明程度上已经被其后代大大超过了。当世界其他地区在艺术、知识和科学方面都在迅速发展的时候，亚洲却停滞不前。我们已经提到过这一地区社会物质和道德方面的相同特性。它的历史，从一个时代到另一个时代，似乎也呈现出一系列相同或相似的特征。

这一切无疑是自然环境导致的结果。西伯利亚是一片广袤的平原，寒冷的空气使它变得寒天冻地，长久贫瘠。亚洲中部高原拥有肥沃的土壤和凉爽宜人的气候，这里没有商业设施，但却吸引人们去从事农业和畜牧业，并孕育了众多凶猛、不安和精力充沛的游牧民族。这些因素让这一地区的人口不时地变得过多，让他们冲出原来的定居范围，势不可当地占领南方富庶温暖的地区，或者一点一点儿地移居到亚洲的其他地区及东边的美洲、西边的欧洲。印度、中国和阿拉伯半岛的土壤、气候和位置与其他地区相比，都有着显著而独特的特点，这些特点能够让上述地区相同的思想、相同的追求、相同的思维和行为习惯不断重复。这种物质条件不变，任何产业都无法改变，因此，人们认为，流浪的萨摩耶德人总是倾向于成为渔夫，鞑靼人是游牧民族，中国人是不屈不挠的耕耘者，而宗教和法律制度使这种统一性得以延续。

如果亚洲的历史就是这样的话，我们有理由相信，改变并不遥远。事实上，在19世纪，亚洲确实发生了巨大的变化。如果我们把注意力转向西方，就会看到，一直是欧洲和亚洲之间不可逾越的高墙的奥斯曼帝国似乎正在逐渐消失。不久之前，它的领土估计有近100万平方英里，现在估计不超过50万平方英里。它已经失去了在非洲的领土，希腊又把它的欧洲领土分隔开来，俄罗斯已经占领了它的部分亚洲地区。在剩下的亚洲地区中，有些只是名义上的依附，其余的则被民族和历史所分割，只剩下宗教作为团结和忠于政府的纽带。因此，在过去的50年里，奥斯曼帝国的领土减少了一半，而考虑到欧洲国家的相对力量和才智，奥斯曼帝国的精神和政治力量也同样减少了。很明显，任何一个主要的欧洲国家一旦采取摧毁奥斯曼帝国的政策，那么它的命运就基本确定了；即使不会发生这种灾难，但奥斯曼帝国已经很明显处于与基督教世界交往的影响之下了，也一定会在不久之后有效地制服人民的过激行为。

亚洲北方的整块大陆几乎都被俄罗斯占领，而南部的巨大半岛（印度半岛）已经臣服于英国。这两个野心勃勃向前推进的强国，几乎在古代波斯的疆域内面对面地相遇了。这两个充满活力的民族都不可能退却；相反，他们的征服可能会无限地扩张。在亚洲东部，最近发生了重大变化，中国人闭关锁国的大门被从海上打开了。

因此，在各个方面，反对亚洲文明进步的道德和宗教障碍正在让位。已经有1/3的亚洲领土被两个主要的欧洲强国占有；而美国的边界延伸到太平洋——使美国与亚洲的距离缩小到5 000英里之内——为亚洲的局势添加了一个新元素，而这个元素可为亚洲提供一种新的参考。

重要词汇英汉对照表

A

阿巴斯大帝 Abbas the Great
阿比西尼亚人 Abyssinian
阿卜杜拉 Abdulla
阿卜杜勒·阿齐兹 Abdul Aziz
《阿底格兰特》*Adi-Granlh*
阿尔巴尼亚人 Albanian
阿尔泰山 Altai Mountains
阿方索·德·阿尔布克尔克 Alfonso de Alboquerque
阿富汗 Afghanistan
阿富汗人 Afghan
阿伽杜尔索伊人 Agathyrse
阿格拉 Agra
阿杰梅尔神庙 Temple of Ajmer
阿克巴 Acbar
阿克巴二世 Acbar II
阿克巴拉巴德 Akberabad
《阿克巴则例》*Mirror of Acbar*
阿克苏 Aksou
阿拉伯伊拉克 Arabian Irak
阿拉哈巴德 Allahabad
阿拉霍西亚 Arachosia
阿拉克赛斯河 Araxcs River
阿拉姆吉尔二世 Aulumgeer II
阿兰哥特人 Alan-Goth
阿兰人 Alan
阿郎帕耶 Along Pra
阿里亚 Aria
阿鲁台 Arughtai
阿马拉布拉 Amarapura
阿蒙 Amun
阿姆河 Amu Darya
阿姆利则 Amritsar
阿姆斯特丹 Amsterdam
阿萨夫汗 Asaf Khan
阿萨姆 Assam
阿瑟·韦尔斯利 Arthur Wellesley
阿史那 Assena
阿斯特拉巴德 Astrabad
阿斯特拉罕 Astrakhan
阿托克 Attok
阿瓦 Ava

阿瓦尔帝国 Avar Empire
阿瓦尔人 Avars
《阿维斯陀》*Avesta*
阿雅达 Ayadda
阿逾陀城 Ayodhya
埃及 Egypt
埃洛拉石窟 Caves of Ellora
埃塞俄比亚 Ethiopia
艾哈迈达巴德 Ahmedabad
艾哈迈德 Ahmed
艾哈迈德·阿卜杜拉 Ahmed Abdulla
艾哈迈德·沙 Ahmed Shah
爱育黎拔力八达 Ayyulipalipata
安波那岛 Amboina Island
安东尼·庇护 Antoninus Pius
安哥拉战役 Battle of Angora
安徽省 Ngan-hoei
安加拉河 Angara River
安拉 Allah
安南 Annam
安南王国 Kingdom of Annam
安庆 Ngan-king
安特卫普 Antwerp
安土桃山时代 Period of Azuchi-Momoyama
奥德 Order
奥古斯丁派 Augustines
奥克苏斯河 Oxus River
奥朗则布 Aurangzeb
奥里萨 Orissa
奥廖尔 Orel
奥伦堡 Orenburg
奥马拉 omrah
奥塞梯人 Ossete
奥斯蒂亚克人 Ostyak
奥西里斯 Osiris
澳门 Macao

B

八旗 Eight Banners
巴布尔 Babur
巴达赫尚 Badakshan
巴达维亚 Batavia
巴尔赫 Balkh
巴尔喀什湖 Lake Balkhash
巴尔托洛梅乌·缪·迪亚士 Bartholmeu Dias
巴哈杜尔·沙 Bahadur Shah
巴哈尔 Bahar
巴克斯 Bacchus
巴克特里亚人 Bactrian
巴勒斯坦 Palestine
巴尼人 Banian
巴耶塞特一世 Bayezid I
巴音郭楞 Bayingolin
拔都 Batu Khan
白晋 Joachim Bouvet
白令海峡 Bering Strait
白沙瓦 Peshawar
白羊王朝 White Sheep dynasty
百多禄 Pierre Pigneau de Behaine
拜拉姆 Byram
班超 Pan-tchao
班达 Banda

班度族 Pandava
班戈 Bangor
班族 Bang
卑弥呼 Himiko
卑谬城 Prome
北大年 Patani
北大年王国 Kingdom of Patani
北海道 Hokkaido
北京 Peking
北卡罗来纳州 North Carolina
北匈奴 Northern Hioong-noo
北直隶 Pe-tche-li
贝加尔湖 Lake Baikal
贝雷尼塞 Berenice
本地治里 Pondicherry
本笃十二世 Pope Benedict XII
本州 Honshu
比尔人 Bheel
彼得大帝 Peter the Great
俾路支 Baloch
俾路支斯坦 Balochistan
别失八里汗国 Bichbalik Khanate
宾德拉 Bing Della
槟榔屿 Penang Island
波道帕耶 Bodawpaya
波菲利 Porphyry
波鲁斯 Porus
波罗的海 Baltic Sea
波旁岛 Bourbon Island
波斯 Persia
玻里斯提尼斯河 Borysthenes River
伯克 Burke
勃固 Bago
博罗科努山 Mount Beloor
博帕尔 Bhopal
跛子帖木儿 Tamerlane the Lame
不丹 Bootan
不赛因 AbuSaid Khan
布达拉宫 Potala Palace
布哈拉人 Bukhar
布克萨尔战役 Battle of Buxar
布拉马普特拉河 Burrampooter River
布里亚特人 Buryats
布鲁特 Booroot

C

查理二世 Charles II
察查 Cachar
察合台 Chagatai Khan
察合台汗国 Chagatai Khanate
长安 Tchang ngan
长城 Great Wall
长江 Yangtse Kiang
长崎 Nagasaki
长沙府 Tchang-cha-foo
超日王 Vikramaditya
朝鲜 Korea
朝鲜半岛 Korean Peninsula
成都府 Chin-tu-foo
成汤 Chin Tang
成吉思汗 Genghis Khan
持力仙人 Beshkookerma
赤谷城 Redvale
楚科奇人 Chukchi

D

达达尼尔海峡 Dardanelles Strait
达里亚尔山口 Pass of Dairan
达利特 Dalit
达帕瑜伽 Dwapar yug
妲己 Ta-ki
鞑靼 Tartary
鞑靼人 Tartar
大布哈拉 Great Bucharia
大喇嘛 Grand Lama
大禄 Daroo
大宛 Ta-ooan
掸族 Shans
道光 Taou-kwang
得克萨斯州 Texas
德川纲吉 Tokugawa Tsunayoshi
德川吉宗 Tokugawa Yoshimune
德川家纲 Tokugawa Ietsuna
德川家光 Tokugawa Iemitsu
德川家继 Tokugawa Ietsugu
德川家康 Tokugawa Ieyasu
德川家齐 Tokugawa Ienari
德川家宣 Tokugawa Ienobu
德川家重 Tokugawa Ieshige
德川秀忠 Tokugawa Hidetada
德兰吉亚那 Drangiana
德里 Delhi
登嘉楼王国 Kingdom of Tringano
帝辛 Chew-sin
蒂多雷岛 Tidore Island
蒂普 Tippoo
丁零人 Ting-ling
定海 Tinghae
东高止山脉 Eastern Ghats
东胡 Toonghoo
东京（越南北部） Tonkin
东突厥汗国 Eastern Turkic Khanate
东吁王朝 Taungoo Dynasty
东印度公司 East India Company
洞庭湖 Lake Tungting
独立鞑靼 Independent Tartary
杜布雷 Dupleix
杜尔伯特部 Derbites
杜兰尼帝国 Durrani Empire
对马岛 Tsushima
顿河 Don River
多拉尼 dooraune
多明我会 Dominican Order
多瑙河 the Danube

E

讹答剌 Otrar
俄耳甫斯 Orpheus
俄勒冈州 Oregon
额尔齐斯河 Irtysh River
厄鲁特人 Eleut
鄂毕河 Ob River
鄂尔浑河 Orkhon River
鄂霍次克海 Okhotsk Sea
鄂木斯克 Omsk
鄂嫩河 Onon River

F

法尔斯 Fars
法兰西岛 France Island
范罢览 Van Braam
梵蒂冈 Vatican
梵天 Brahma
梵文 Sanskrit
方济各会 Franciscan Order
菲律宾 Philippines
腓特烈二世 Frederick II
吠舍 Vaisya
《吠陀经》 *Vedas*
费尔干纳 Fergana
芬兰人 Finn
丰臣秀吉 Toyotomi Hideyoshi
丰臣秀赖 Toyotomi Hideyori
奉天 Moukden
弗吉尼亚州 Virginia
弗朗索瓦一世 Francois I
伏尔加河 Volga River
伏羲 Fo-hi
佛塔 Buddhist pagoda
佛陀 Buddha
福建省 Fokian
福州府 Foo-choo-foo
釜山 Busan

G

噶尔丹 Galdan Boshugtu Khan
盖洛诺斯人 Gelonus
盖塔人 Getae
甘肃 Kan-si
高昌 Chotscho
高丽 Corea
戈达瓦里河 Godavery River
戈尔康达 Golconda
戈拉姆·卡杜尔 Gholam Khadur
哥本哈根 Copenhagen
哥宾德 Govind
哥伦布 Columbus
哥萨克人 Cossack
革利免 Clement
格德罗西亚 Gedrosia
古尔 Goure
古尔人 Gaur
古吉拉特 Gujarat
古兰人 Gholaums
古鲁 gooroo
骨力裴罗 Kutlug I Bilge Kagan
瓜廖尔 Gwalior
关天培 Admiral Quan
观世音 Kwanyin
广东省 Quang-tun
广西省 Quang-si
广州 Canton
贵由 Kayuk
贵州省 Kuei-tcheou
贵阳府 Kuei-yang-foo
桂林府 Kuei-ling-foo
郭富 General Sir Hugh
果阿 Goa

H

哈达 Khatag
哈拉和林 Karakorum
哈密 Khamil
哈桑·萨巴赫 Hassan Subah
海达斯佩斯河 Hydaspes River
海得拉巴 Hyderabad
海德尔·阿里 Hyder Ali
海南岛 Hainan Island
海山 Hayshan
汉高祖 Kao-Tsou of Han dynasty
汉密尔顿 Hamilton
汉武帝 Wouti of the Han dynasty
汉语 Chinese
杭州府 Hang-tchoou-foo
好望角 Cape of Good Hope
浩罕 Kokan
合恩角 Cape Horn
合赞汗 Ghazan Khan
河南省 Ho-nan
河内 Hanoi
河仙镇 Hà Tiên
黑龙江 Amur River
黑镇 Black Town
亨利三世 Henry III
恒河 Ganges River
侯景 Hew-king
侯赛因 Hosein
后黎朝 Hou Le dynasty
呼韩邪 Hoo-han-sie
忽必烈 Kublai Khan
胡格利河 Hooghly River
胡马雍 Humayun
胡占德 Khujand
湖北省 Hoo-pe
湖南省 Hoo-nan
虎门 Bocca Tigris
花剌子模 Khwarezm
花剌子模人 Kharasmian
华生上将 Admiral Watson
黄帝 Hwang Emperor
黄海 Yellow Sea
黄河 Hoang Ho
回纥 Uyghur
回鹘 Uyghur
回鹘帝国 Uyghur Empire
霍尔卡 Holcar
霍尔木兹 Ormuz

J

基辅 Kiev
基辅罗斯大公国 Grand Duchy of Kievan Rus
基亚克萨雷斯 Cyaxares
箕子 Kija
吉打王国 Kingdom of Queda
吉尔吉斯 Kyrgyz
吉尔吉斯人 Kyrgyz
吉兰丹王国 Kingdom of Calantan
吉兰瓦拉 Chillianwallah
吉卜赛人 Gypsies
季姆科夫斯基 Timkowski
济南府 Tsi-nan-foo

加尔各答 Calcutta
加弗里 Gavery
加勒港 Galle Harbor
加尼沙里军团 Janissaries
迦勒底 Chaldea
迦勒雅人 Jharejah
迦梨 Kali
迦梨陀娑 Kalidasa
《迦梨往世书》 *Kalika Purana*
嘉庆 Kia-khing
伽色尼 Ghazni
贾法尔汗 Jafar Khan
贾汉吉尔 Jahangir
贾汗达尔・沙 Jehander Shah
坚昆 Kian kuen
柬埔寨 Cambodia
江户 Edo
江户幕府 Tokugawa Bakufu
江苏省 Kiang-su
江西省 Kiang-si
交趾支那 Cochin China
杰赫勒姆河 Jhelum River
颉利可汗 Illig Qaghan
碣石城 Kech
金朝 Kin dynasty
金德讷格尔 Chandannagar
晋武帝 Tein-wou-ti
京都 Kyoto
京畿道 Gyeonggi-do
九州 Kyushu
居鲁波利斯 Cyropolis
俱卢族 Kooroos

K

喀布尔 Kabul
喀布尔帝国 Kingdom of Kabul
喀尔巴阡山 Carpathian Mountains
喀尔喀人 Kalka
喀喇沁蒙古人 Khar Mongols
喀什噶尔 Kashgar
卡尔梅克里亚 Kalmookia
卡尔梅克人 Kalmyk
卡里瑜伽 Cali yug
卡利卡特 Calicut
卡马河 Kama River
卡纳蒂克 Carnatic
卡努尔 Kornool
卡奇湾 Gulf of Cutch
卡司帕杜罗斯城 Caspatyrus
卡西 Cassey
开封府 Khai-fong-foo
凯达 Keda
凯法利尼亚人 Cephalonia
堪察加半岛 Kamchatka
堪察加人 Kamchadal
坎贝湾 Gulf of Cambay
坎大哈 Kandahar
坎迪 Candy
坎迪人 Candian
坎赫里山 Mount Kenneri
坎赫里石窟 Caves of Kenneri
康 Kam
康斯坦丁・华尔康 Constantine Phalcon
康提人 Candian

康熙 Kang-hi
柯尔克孜 Kirgiz
科尔沁 Horqin
科兰 Kolan
科雷马河 Kolyma River
科里亚克人 Koriak
科伦坡 Colombo
科罗曼德 Coromandel
科摩林角 Cape Comorin
科内利斯·德·豪特曼 Cornelius de Houtnian
科尼什上将 Admiral Cornish
科西姆·阿里·汗 Cossim Ali Khan
可萨帝国 Khazar Empire
克拉科夫 Krakow
克拉普罗特 Klaproth
克莱武 Clive
克劳狄一世 Claudius I
克雷芒五世 Clement V
克里米亚鞑靼 Crimea Tartary
克里米亚汗国 Crimean Khanate
克里希纳河 Kistna River
克利奥帕特拉 Cleopatra
克罗西侯爵 Marquis de Croissi
克什米尔 Kashmir
孔子 Confucius
库班河 Kuban River
库车 Koutche
库尔喀喇乌苏 Kour-karavossoo
库格 Coorg
库拉骠 Kula Pyu
库里勒台 Kurultai
库伦 Oorga
昆仑山 Kuenlun Mountains
廓尔喀人 Gurkha

L

拉彼鲁兹海峡 La Perouse Strait
拉布拉多 Labrador
拉达克 Ladak
拉尔夫·菲奇 Ralph Fitch
拉合尔 Lahore
拉合尔王国 Kingdom of Lahore
拉杰普塔纳 Rajpootana
拉杰普特 Rajput
拉杰普特人 Rajput
拉克沙群岛 Lakshadweep
拉萨 Lassa
莱德隆群岛 Ladrone
兰吉特·辛格 Runjeet Singh
兰州府 Lan-tcheou-foo
老妇人之战 Old Woman's War
老挝 Laos
佬族 Lao
勒拿河 Lena River
黎巴嫩 Lebanon
《礼记》*Book of Rites*
李明 Le Comte
李陵 Li-ling
里斯本 Lisbon
《里斯维克和约》*Treaty of Ryswick*
利格雷王国 Kingdom of Ligore
利格尼茨战役 Battle of Lignitz
利玛窦 Matteo Ricci

利沃尼亚 Livonia
镰仓幕府 Kamakura Bakufu
辽东省 Leao-tong
林则徐 Lin Tsih-seu
刘邦 Lieu-pang
刘备 Lieu-be
刘裕 Lieu-yu
琉球群岛 Loo Choo Isles
卢布林 Lublin
鲁萨 Lussa
鲁斯塔姆 Rustem
鹿儿岛 Kagoshima
论钦陵 Gar Trinring Tsendro
《论语》 *The Analects*
罗波那 Ravana
罗布泊 Lop Nor
罗科索拉尼人 Roxolan
罗明坚 Michele Ruggieri
罗摩 Rama
《罗摩衍那》 *Ramayana*
罗素勋爵 Lord Russell
罗希尔坎德 Rohilcund
罗希拉人 Rohilla
罗希山 Mount Roh
洛迪 Lodi
洛雷托 Loreto
洛伦索·德·阿尔梅达 Lorenzo de Almeida
吕宋岛 Luzon Island

M

马达班 Martaban
马德拉岛 Madeira Island
马德拉斯 Madras
马尔代夫群岛 Maldive Isles
马尔吉兰 Margilan
马尔瓦 Malwa
马哈巴特 Mohabet
马哈茂德 Mahmud
马戛尔尼 Macartney
马克兰 Mekran
马可·波罗 Marco Polo
马拉巴尔 Malabar
马拉地人 Maratha
马来半岛 Malay Peninsula
马来人 Malay
马礼逊 Robert Morrison
马里兰州 Maryland
马六甲 Malacca
马尼拉城 Manilla
马若瑟 Jos-Maria de Premare
马萨革泰人 Massagetae
马萨加城 Massaga
买卖城 Maima Chin
迈索尔 Mysore
迈索尔王国 Kingdom of Mysore
麦哲伦 Magellan
满洲 Manchuria
满洲人 Manchu
曼谷 Bangkok
曼尼普尔 Manipur
曼陀罗 Mandar
莽噶波萨 Mangabosa
莽莽 Maung Maung

梅多斯 Meadows
梅岭山脉 Meiling Mountains
湄公河 Mekong River
湄南河 Meinam River
美国 United States
美兰克拉伊诺伊人 Melanchlaeni
蒙哥 Möngke Khan
蒙古 Mongolia
蒙古人 Mongol
蒙恬 Moung-thian
孟既 Bagyidaw
孟加拉 Bengal
孟加拉湾 Bay of Bengal
孟加拉语 Bengalese
孟买 Bombay
孟子 Mencius
米底 Media
米尔·贾法尔 Mir Jafar
米尔维斯·霍塔克 Mirwais Hotak
米赫尔·温·妮萨 Mher-ul-Nissa
米南加保 Menankabo
缅甸 Burma
缅毛 Myamma
缅因州 Maine
明朝 Ming dynasty
摩尔达维亚 Moldavia
摩诃帕德摩·难陀 Mahapadma Nanda
《摩诃婆罗多》 *Mahabharata*
摩诃陀摩耶沙底波帝 Dweep Dee
摩揭陀王国 Kingdom of Magadha
摩鹿加群岛 Moluccas
摩罗耶盖杜 Malayaketu
摩洛哥 Morocco
摩尼教 Manicheism
摩奴 Menu
《摩奴法典》 *Laws of Menu*
莫斯科 Moscow
莫卧儿帝国 Mughal Empire
靺鞨 Moo-ky
墨吉群岛 Mergui Archipelago
墨西哥 Mexico
木尔坦 Multan
木杆可汗 Muqan Qaghan
幕府将军 shogun
慕士塔格峰 Muztagh Ata
穆阿扎姆 Mauzm
穆尔斯希达巴德 Murshidabad
穆罕默德·沙 Mohammed Shah
穆斯台绥木 Al-Musta'sim
穆修斯 Musius

N

那纳克 Nanek
纳迪尔拉巴德 Nadirabad
纳迪尔沙 Nader Shah
南昌府 Nan-tchang-foo
南京 Nanking
南岭山脉 Nan-ling Mountains
南匈奴 Southern Hioong-noo
囊陀基 Naungdawgyi
讷尔默达河 Nerbuddah River
尼布楚 Nerchinsk
《尼布楚条约》 *Treaty of Nerchinsk*
尼布甲尼撒 Nebuchadnezzar

尼德兰 Netherland
尼科 Necho
尼泊尔 Nepal
尼泊尔王国 Kingdom of Nepal
尼提山口 Niti Pass
尼乌尼人 Neure
尼扎姆 Nizam
聂斯托利派 Nestorianism
宁波 Ningpo
努比亚 Nubia
努尔·玛哈勒 Noor Mahl
诺夫哥罗德 Novgorod
女真人 Jurchen

P

帕罗帕米苏斯 Paropamisus
帕米尔高原 Pamirs Plateau
帕尼帕特战役 Battle of Panipat
帕坦人 Pathan
帕坦王朝 Patan Dynasty
帕西人 Parsee
潘雅 Pan-ya
盘古 Pan-kwo
旁遮普 Punjab
旁遮普河 Punjab River
培琉喜阿河 Pelusian River
佩雷拉 Pereira
佩里准将 Commodore Perry
彭亨王国 Kingdom of Pahang
披耶达信 Taksin
霹雳王国 Kingdom of Perak
皮山 Pidjan
毗湿奴 Vishnu
毗湿奴·舍里曼 Visnu Sarman
毗耶娑 Vyasa
品达 Pindar
平达里人 Pindari
婆罗门 Brahman
婆罗洲 Borneo
蒲甘 Pagan
璞鼎查 Pottinger
浦那 Poona
普拉西 Plassey
普拉西人 Prasii
普莱加人 Polygar
普萨美提克一世 Psamtik I
普什图人 Pushtu

Q

齐高帝 Kao-ti of Southern Qi
耆那教 Jainism
琦善 Kishen
讫里什那 Juggernaut
契丹人 Cathay
恰克图 Kyakhta
千岛群岛 Kuril Isles
乾隆 Kien-long
钱塘江 Tsien-tong-kiang
羌 Qiang tribe
乔达摩 Gaudama
乔林基 Chowringhee
乔治·斯当东 George Staunton
乔治敦 Georgetown
乔治汗 Georgeen Khan

切尔克西亚 Circassia
钦察汗国 Kipchak Khanate
钦苏拉 Chinsura
秦朝 Tsin dynasty
秦始皇 Tsin-che-hwang-te

R

日本 Japan
日本海 Sea of Japan
柔佛王国 Kingdom of Johore
柔然 Jeou-jan
儒教 Confucianism
儒莲 M. Stanislas Julien
阮福映 Gia Long

S

撒马尔罕 Samarkand
萨蒂亚瑜伽 Satya yug
萨尔马提亚人 Sarmatian
撒尔塞特岛 Salsette Island
萨尔温江 Salween River
萨尔-西拉-宾 thar-thera-byng
萨莱 Salay
萨满 Shaman
萨满教 Shamanism
萨摩耶德人 Samoyed
萨特累季河 Sutledge River
塞尔维乌斯·图利乌斯 Servius Tullius
塞尔柱人 Seljuk
塞兰坡 Serampore
塞利姆 Selim
塞林伽巴丹 Seringapatam
塞琉古 Seleucus
塞索斯特里斯 Sesostris
塞薇利娅 Servilia
塞种人 saka
色楞格河 Selenga River
色林错 Lake Siling
僧伽罗人 Sinhalese
沙·阿拉姆 Shah Alam
沙·阿拉姆二世 Shah Alam II
沙钵略 Ishbara Qaghan
沙哈鲁 Shahrukh Mirza
沙贾汗 Shah Jahan
沙勿略 Francis Xavier
沙耶瓦底 Tharrawaddy
莎车 Yarkand
刹帝利 Kshatriya
山东省 Chang-tung
山西省 Shan-si
陕西 Chen-si
上川岛 Shangchuan Island
上海 Changhae
上尼罗河 Upper Nile
《尚书》 *The Book of History*
少康 Shaou-kang
舍尔·阿富汗 Shere Afkun
舍尔沙 Sher Shah
设拉子 Shiraz
神道教 Shintoism
神农 Shin-nung
圣彼得堡 St. Petersburg
圣多马 Saint Thomas
圣方济各·沙勿略 St. Francis Xavier

圣乔治堡 Fort St. George
盛京 Mukden
《诗经》*The Book of Odes*
湿婆 Shiva
实皆 Sagaing
士麦那 Smyrna
室町幕府 Muromachi Bakufu
室韦 Chy-goei
首陀罗 Sudra
术赤 Jochi
水户藩 Mito Domain
顺化 Hue
顺治 Shun-chi
硕德八剌 Gegeen Khan
斯基泰萨尔马提亚 Scythia Sarmatia
四川省 Se-tchu-an
四国 Shikoku
俟斤 Irkin
宋太宗 Tai-tsong of Song dynasty
宋太祖 Tai-tsu of Song dynasty
苏贾 Sujah
苏贾·达乌拉 Sujah Dowlah
苏贾·沙 Sujah Shah
苏贾·乌穆尔克 Sujah ul Mulk
苏拉特 Surat
苏莱曼 Suleyman
苏门答腊 Sumatra
苏萨 Susa
苏伊士 Suez
肃慎 Su-chin
粟特 Sogdian
隋炀帝 Yuang-ti of Sui dynasty
孙丹尼牙 Sultania
索格狄亚那人 Sogdian
索伦人 Solon
索姆纳特寺 Temple of Somnauth

T

塔尔巴哈台 Tarbagatai
塔尔伯尼人 Talponee
塔吉克人 Tajik
塔克西拉 Taxila
塔里木河 Tarim River
塔普拉班 Taprobana
塔什干 Tashkent
塔希尔 Tahirid dynasty
台湾 Tai-wan
太平洋 Pacific Ocean
太戊 Tay-we
太原府 Tai-yuan-foo
泰 Tai
泰姬陵 Taj Mahal
泰米尔语 Tamil
泰坦 Titan
泰族 Tie
坦焦尔 Tanjore
唐古特 Tangut
唐太宗 Tai-tsong of Tang dynasty
唐尧 Tang-yaou
唐庄宗 Chwang-tsong of Later Tang dynasty
特尔纳特岛 Ternate Island
特拉华州 Delaware
特雷塔瑜伽 Treta yug

天皇 Mikado
天山北路 Thianchan Peloo
天山南路 Thianchan Nanloo
天坛 Temple of Heaven
帖古迭儿 Tekuder
铁木真 Temugin
铁穆耳 Timour
亭可马里 Trincomalee
通古斯人 Tungus
同耐河 Dornai River
突厥 Turk
突厥汗国 Turkic Khaganate
突厥人 Turk
突厥斯坦 Turkestan
图拉河 Tura River
图兰 Turan
土尔扈特 Torghut
土库曼 Turkman
土门 Thoumen
土瓦王国 Tavoy
土佐藩 Tosa Domain
吐蕃 Thibet
吐蕃人 Thibetan
吐鲁番 Turpan
托博尔斯克 Tobolsk
托勒密二世 Ptolemy II
托马斯・罗伊爵士 Sir Thomas Roe
托马斯・斯坦福・莱佛士爵士 Sir Stamford Raffles
托米丽司 Tomyris
托木斯克 Tomsk
拖雷 Tolui
佗钵可汗 Taspar Qaghan
妥懽帖睦尔 Toghon Temur

W

瓦斯科・达・伽马 Vasco da Gama
外兴安岭 Stanovoy Range
汪古汗 Onggud khan
王罕 Ong Khan
王莽 Wang mang
《往世书》*Puranas*
威尔士亲王岛 Prince of Wales Island
威廉・琼斯爵士 Sir William Jones
威廉堡 Fort William
威灵顿公爵 Duke of Wellington
威尼斯人 Venetian
韦瓦斯瓦塔 Vaivaswata
维达人 Veddah
维迪米斯人 Vidime
维季姆河 Vitim River
维克拉玛蒂亚 Vicramaditya
维斯瓦河 Vistula River
卫 Ouei
卫拉特 Oirat
渭河 Ouei River
温迪亚山脉 Vindhia Mountains
窝阔台 Ogedei Khan
沃伦・黑斯廷斯 Warren Hastings
乌尔格 Ulger
乌尔根奇 Urgench
乌桓 Oo-hooan
乌拉尔 Ural
乌拉尔河 Ural River

乌拉格峰 Mount Ulugh
乌鲁木齐 Urumqi
乌纳拉斯卡岛 Unalaska Island
乌孙 Oosun
乌兹别克 Uzbek
乌兹别克人 Uzbek
乌尊·哈桑 Oussun Hassan
吴三桂 U-san-ghey
五帝时期 Five Lords Period
武昌府 Wu-tchang-foo
武丁 Wuthing

X

西安府 Si-ngan-foo
西班牙 Spain
西伯利亚 Siberia
西伯利亚汗国 Sibir Khaganate
西藏 Tibet
西高止山脉 Western Ghats
西贡 Saigon
西拉杰·乌德·达乌拉 Siraj ud-Daulah
西拉克斯 Scylax
西里伯斯岛 Celebes Island
西辽 Qara Khitai
西帕路斯 Hippalus
希瓦 Khiva
锡尔河 Syr Darya
锡金 Sikkim
锡克教 Sikhism
锡克人 Sikh
锡兰 Ceylon
锡兰人 Cingalese
锡斯坦 Seistan
锡瓦斯 Sivas
喜克索斯人 Hyksos
喜马拉雅山脉 Himmaleh Mountains
喜穆 Himu
黠戛斯 Hakas
夏朝 Hsia-dynasty
夏桀 Hsia-kwei
夏禹 Hsia-Yu
夏杼 Hsia-choo
厦门 Amoy
鲜卑 Sian-pi
暹罗 Siam
暹罗湾 Gulf of Siam
咸海 Aral Sea
咸阳 Hiang-yang
猃狁 Hian-yu
香港 Hong Kong
香江 Perfume River
小勃律王国 Kingdom of the Little Bolor
小布哈拉 Little Bukhara
小月氏人 Lesser Rouzhi
谢里丹 Sheridan
谢里菲丁·阿里 Sherefeddin Ali
辛标信 Hsinbyushin
辛达尔 Hindal
辛迪亚 Scindia
辛格 Singh
辛克尔 Sinkol
新加坡 Singapore
《新约全书》*New Testament*
信德 Sindh

兴安岭山脉 Khinggan Mountains
兴都库什山 Hindu Kush Mountains
匈奴 Hioong-noo
匈人 Huns
匈牙利 Hungary
须弥山 Mount Meru
旭烈兀 Hulagu Khan
薛延陀 Syr Tardush
雪兰莪王国 Kingdom of Salengore
薰粥 Hiun-yu

Y

鸦片 opium
雅裨理 David Abeel
雅布洛诺夫山脉 Yablonnoy Mountains
雅库茨克 Yakutsk
雅库特人 Yakut
亚历山大六世 Alexander Ⅵ
《亚眠和约》 *Treaty of Amiens*
亚穆纳河 Jumna River
亚速尔群岛 Azores
亚速海 Azov Sea
亚兹德 Yezd
亚兹格斯人 Jazyge
焉耆 Qara Shahr
奄蔡 Yan thsai
燕 Yen
杨达波 Yandabo
仰光 Rangoon
耶 Yeh
耶律阿保机 A-pao-khi
叶尔马克 Yermak
叶尼塞河 Yenisei River
叶尼塞斯克 Yeniseisk
嚈哒 Hephthalites
易卜拉欣二世 Ibrahim II
伊尔库茨克 Irkutsk
伊犁 Ili
伊犁河 Ili River
伊犁将军 Ili Generalship
伊丽莎白一世 Elizabeth I
伊利汗国 Ilkhanate
伊洛瓦底江 Irrawaddy River
伊宁 Kulja
伊势神宫 Ise Grand Shrine
伊斯法罕 Isfahan
伊斯基季姆 Ischim
伊斯梅尔 Ismail
《以斯帖记》 *The Book of Esther*
义律 Charles Elliot
《易经》 *The Book of Changes*
奕山 Yi-shan
挹娄 Y-liu
意貌山 Imaus
懿律 Elliot
因迪吉尔卡河 Indigirka River
印度 India
印度洋 Indian Ocean
印度支那 Indo-China
嬴政 Ying Cheng
雍籍牙 Alaungpaya
雍正 Yong-ching
尤卡吉尔人 Yukaghir
于阗 Khotan

余迪亚 Yudia
虞舜 Yu-Shun
源赖朝 Minamotono Yoritomo
月氏人 Rouzhi
约翰·孟高维诺 John de Monte Corvino
约翰·纽伯瑞 John Newbury
悦般 Yue-pan
越南 Vietnam
云南府 Yun-nan-foo
云南省 Yun-nan

Z

赞普 btsan-po
藏 Thsang
藏传佛教 Tibetan Buddhism
泽曼·沙 Shah Zeman
札兰丁 Jalal ad-Din Mingburnu
乍浦 Chapo
斋普尔 Jaipur
斋桑泊 Lake Saizan
旃陀罗 Chandala
旃陀罗笈多 Chandragupta
詹姆斯一世 James I
张诚 Jean-François Gerbillon
爪哇岛 Java Island
浙江省 Che-kiang
镇海 Chinghae
镇江府 Chin-keang-foo
整迈 Zemmai
郑成功 Coxinga
织田信长 Oda Nobunaga
中国 China
中国鞑靼 Chinese Tartary
中原 Central Plains
舟山 Chusan
周世宗 Chi-tsong of Later Tcheou dynasty
周太祖 Tai-tsu of Later Tcheou dynasty
周文王 Wen-wang of Tcheou dynasty
周武王 Wou-wang of Tcheou dynasty
珠江 Canton River
珠穆朗玛峰 Mount Qomolangma
庄他武里 Chantabon
赘角牙 Singu Min
准噶尔部 Dzungar
准噶尔河 Dzungar River
足利尊氏 Ashikaga Takauji

全球通史
欧洲

㊤

A HISTORY OF All Nations
4
EUROPE

SAMUEL GOODRICH

[美] 塞缪尔·古德里奇 著

孙丽霞 译

天地出版社 | TIANDI PRESS

目录

近代意大利

马耳他

拜占庭帝国

拉古萨

土耳其的欧洲部分

西班牙

葡萄牙

法国

欧洲

第275章

欧洲是个什么样的地方？①

欧洲北临北冰洋，东至乌拉尔山脉、乌拉尔河、里海、黑海、爱琴海，南濒高加索山脉和地中海，西接大西洋。如果不算附属岛屿，欧洲位于北纬34°至北纬71°，西经10°至东经64°之间，东西最大长度3 300英里②，南北最大宽度2 500英里，面积为372.5万平方英里③，人口为2.3亿人。

欧洲北部沿海海域为白海，它是一个既大又深的海湾，一年中大部分时间处于冰封状态。英国与欧洲大陆之间的海域为日耳曼海，又称北海，分为两个部分，一部分是位于日德兰半岛和挪威之间的斯卡格拉克海峡，另一部分是位于日德兰半岛和瑞典之间的卡特加特海峡。其海域面积为20万平方英里。波罗的海邻接瑞典、俄

① 本书的统计数据均为成书时的数据。——编者注

② 1英里≈1.61千米。——编者注

③ 1平方英里≈2.59平方千米。——编者注

罗斯和德意志，南北长600英里，海域面积为12万平方英里。比斯开湾是一处开阔的海湾，位于欧洲西岸。

地中海属于陆间海，非常广阔，东西长2 000多英里，最宽处可达800英里，最窄处为200英里，海域面积为100万平方英里。地中海中没有超过两英尺[①]的大浪。穿过达达尼尔海峡的一条强劲表流将黑海海水注入这片广阔的海域，来自大西洋的一条重要洋流穿过直布罗陀海峡也汇入其中，而另外两条反流将地中海海水经过直布罗陀海峡又带回大西洋。

亚得里亚海（或威尼斯湾）和爱琴海是地中海的主要分支。黑海如同一个辽阔的湖泊，位于欧亚大陆之间，通过博斯普鲁斯海峡、马尔马拉海、达达尼尔海峡与地中海相通，算上其海峡亚速海在内，黑海海域面积为30万平方英里。海面多狂风暴雨，难以航行。

四大主要山系所拥有的众多山脉在欧洲大陆绵延起伏。比利牛斯山脉将法国和西班牙分开，它的几条山岭平行延伸穿越伊比利亚半岛。阿尔卑斯山脉是欧洲最大的山脉，其支脉伸入法国、德意志、意大利、匈牙利、土耳其和希腊。位于法国境内的孚日山脉、汝拉山脉和塞文山脉是其西段支脉。

位于法国和意大利以及意大利与瑞士之间的阿尔卑斯山有三条支脉，向南延伸穿过意大利的一支叫作亚平宁山脉，向东延伸穿过意大利到多瑙河南部直至黑海的一支叫作巴尔干山脉，延伸至伯罗奔尼撒半岛的一支叫作品都斯山脉。

第三大山系是喀尔巴阡山脉。在几乎围绕了整个匈牙利之后，这

① 1英尺≈0.30米。——编者注

条山脉沿着摩尔达维亚边界延伸，有几列低矮的山岭伸入德意志。第四大山系是斯堪的纳维亚山脉，纵贯斯堪的纳维亚半岛，海拔不超过8 500英尺。

欧洲主要山脉表

山脉	主要分布地区	海拔（英尺）
阿尔卑斯山脉	瑞士	15 782
比利牛斯山脉	西班牙	11 168
亚平宁山脉	意大利	9 560
埃特纳火山	西西里岛	10 902
科西嘉山	科西嘉①	8 891
巴尔干山脉	奥斯曼帝国②	7 795
品都斯山脉	希腊	7 700
喀尔巴阡山脉	匈牙利③	10 000
本尼维斯山	苏格兰	4 380
斯诺登山	威尔士	3 570

欧洲大陆的最北端是位于挪威芬马克郡的诺尔辰角，而北角是挪威马格尔岛的最北点。斯卡恩角，又称斯卡晏，位于日德兰半岛的最北端，斯卡格拉克海峡由此得名。林德斯内斯角，又称纳兹，是瑞典南端的海岬。苏格兰北部海岸的愤怒角、爱尔兰的克利尔角以及英格兰的兰兹角是不列颠群岛中最著名的海岬。法国西北部海

① 现在属于法国。——译者注

② 主要分布在现在保加利亚和塞尔维亚境内。——译者注

③ 主要分布在现在的斯洛伐克境内。——译者注

岸的拉霍格角、西班牙的菲尼斯特雷角以及葡萄牙的罗卡角和圣文森特角，伸入大西洋。意大利的斯帕蒂文托角和希腊的马塔潘角是地中海的主要海岬。

大大小小的海湾使欧洲海岸线犬牙交错，形成众多半岛，将挪威、瑞典和拉普兰地区囊括在内的斯堪的纳维亚半岛是其中最大的一个，波的尼亚湾和白海之间的地岬宽度不超过200海里。日德兰半岛比斯堪的纳维亚半岛小得多。欧洲南部的西班牙和葡萄牙形成一个大的半岛，地岬宽度约为220英里。意大利半岛、通过狭窄的科林斯地峡与欧洲大陆相连的伯罗奔尼撒半岛、伸入黑海的克里米亚半岛，是另外三处半岛地势最显著的代表。

欧洲的主要岛屿包括位于北冰洋的新地岛和斯匹茨卑尔根岛，位于西海岸的不列颠群岛（包括大不列颠岛、爱尔兰岛以及邻近岛屿），位于地中海的科西嘉岛、撒丁岛、西西里岛和克里特岛。

欧洲主要岛屿表

岛屿	面积（平方英里）
大不列颠岛	80 823
爱尔兰岛	32 432
冰岛	39 681
西西里岛	9 922
撒丁岛	9 120
科西嘉岛	3 888
马耳他岛	133
克里特岛	4 026

亚速尔群岛位于欧洲和美洲中间，曾是葡萄牙的殖民地，因其与欧洲的政治关联，一些地理学家认为其属于欧洲。亚速尔群岛包括九个小岛，常住居民约有20万，主要岛屿有圣米格尔岛、特塞拉岛、皮库岛和法亚尔岛。特塞拉岛上的安格拉是亚速尔群岛的首府①，人口为1.6万人。我们在后面讲述非洲岛屿时，会对亚速尔群岛（现在为葡萄牙领土）进行着重描述。

伏尔加河是欧洲的主要大河，也是欧洲唯一一条长度超过2 000英里的河流。多瑙河过去一直被认为是欧洲最长的河流，但其长度不超过1 800英里②。多瑙河发源于德意志巴登的黑森地区，自巴伐利亚的乌尔姆市开始通航，流经奥地利帝国③，将奥地利、瓦拉几亚（今罗马尼亚）、俄罗斯与奥斯曼帝国分开，融合了30条可通航的支流后，多瑙河通过5个主要的河口注入黑海。第聂伯河、顿河、维斯瓦河、尼曼河、奥得河、易北河、莱茵河、卢瓦尔河和罗讷河都是欧洲相当重要的河流。

---

① 亚速尔群岛的首府现在是位于圣米格尔岛的蓬塔德尔加达。——译者注

② 多瑙河的长度约为1 770英里。——译者注

③ 由哈布斯堡家族统治的一个地跨中欧、南欧、东欧和东南欧部分地区的欧洲帝国，领土包括今天的奥地利、匈牙利、捷克、斯洛伐克、斯洛文尼亚、克罗地亚、意大利北部、罗马尼亚的特兰西瓦尼亚和波兰的加利西亚等地区，首都为现在奥地利的首都维也纳。前身为神圣罗马帝国。1804年，拿破仑称帝后，神圣罗马帝国皇帝弗朗茨二世整合治下领土，成立了奥地利帝国，自己改称奥地利皇帝弗朗茨一世。奥地利帝国为欧洲传统的五大强国之一，为德意志邦联的永久主席国。1867年，改组为奥匈帝国。——编者注

欧洲主要河流表

河流	发源地	长度（英里）
伏尔加河	俄罗斯	2 294
多瑙河	奥地利帝国[①]	1 770
第聂伯河	俄罗斯	1 367
顿河	俄罗斯	1 161
莱茵河	德意志[②]	765
维斯瓦河	德意志[③]	663
卢瓦尔河	法国	633
罗讷河	法国[④]	505
塞纳河	法国	482
杜罗河	西班牙	478
波河	意大利	405
台伯河	意大利	251
泰晤士河	英国	214
香侬河	爱尔兰	213

欧洲主要湖泊如下表所示：

① 现在在德国境内。——译者注
② 现在在瑞士境内。——译者注
③ 现在在波兰境内。——译者注
④ 现在在瑞士境内。——译者注

欧洲主要湖泊表

湖泊	所属国家	面积（平方英里）
拉多加湖	俄罗斯	6 949
阿尼加湖	俄罗斯	3 752
维纳恩湖	瑞典	2 142
莱芒湖①	法国与瑞士交界	224
纳沙泰尔湖	瑞士	84
马焦雷湖	意大利	81

总的来说，欧洲大陆的中部地区多为山地。整个北部地区，从伦敦和巴黎延伸到喀山，包括法国北部、德意志、荷兰、比利时、普鲁士、波兰以及俄罗斯的大部分地区，是广阔的大平原，地势低于海平面，并且几乎没有高海拔之处使其间断。欧洲有几处高地平原或者高原，但是面积并不大。位于汝拉山脉和阿尔卑斯山脉之间的瑞士高原，海拔高度在1 800英尺至4 000英尺之间。西班牙中部地区形成了一片高地，海拔2 200英尺。俄罗斯中部地区也形成相似的高地，海拔约1 200英尺。

总体而言，欧洲大陆南部地区气候温和；北部地区气候相对恶劣，冬季长而寒冷，夏季短而炎热；西部沿海地区因为濒临海洋，气候又温和起来，但濒临海洋也使其容易产生骤然而剧烈的气候变化；东部地区因为受到北亚和中亚寒流的影响，比同纬度地区的气候更加寒冷。非洲沙漠的热风带给南部国家的高温通常会因为其周

① 莱芒湖又称日内瓦湖。——译者注

围广阔的海洋而得以缓解，南部的半岛地势也会对此产生影响。瑞士、西班牙和匈牙利的山脉同样会改变其覆盖广阔地区的气候特点。

欧洲的贵重矿物资源不如世界其他地区丰富，但欧洲生产大量的煤、铁、铅、锡、铜和盐。乌拉尔山脉的金、银、铂，以及对金矿和银矿的开采至关重要的汞，还有钻石和其他宝石，在欧洲都有相当大的储量。

欧洲野牛主要栖息在立陶宛广阔的森林中，它们通体黑色，体形硕大，有火红的眼睛和短粗的牛角，前额覆盖着厚厚的卷毛，看起来与被驯养的家牛相似。欧洲盘羊被认为是介于绵羊和山羊之间的物种，长得与这两种羊均有类似之处，分布在希腊、撒丁岛和科西嘉岛。野山羊栖息在阿尔卑斯山脉的高山上，克里特岛上也能见到。它们非常狂野，追赶它们将面临巨大的危险。欧洲山区有大量的岩羚羊，而四角羊常见于俄罗斯。

四角绵羊

麋鹿是欧洲最大的一种鹿，看起来与驼鹿类似，栖息在欧洲北部地区，身高七八英尺，长有大型鹿角。麋鹿胆小而温顺，小跑时蹄子抬高，略显蹒跚，但跑得极快。驯鹿栖息在欧洲北部地区，对当地居

野山羊

黇鹿

野猪

猞猁

民特别是拉普兰人来说极其重要，他们从驯鹿身上获得所有的生活必需品。牡鹿，又称赤鹿，分布在欧洲北部的森林和山区中。黇鹿与牡鹿仅在体形和角的形状上有所区别，其他方面几乎一样。几乎在欧洲所有国家，你都能见到黇鹿的身影，只是颜色略有差别。雄獐早前常见于英格兰和威尔士，但是现在只分布于苏格兰高地和欧洲北部的其他地区。雄獐是欧洲鹿中最小的一种，体态优雅，行动轻快灵活。

野猪是猪科动物中较原始的一种，几乎通体黑色，两侧下巴上各有一根可怕的獠牙，如果不受到挑衅，不会攻击人。

猞猁常见于欧洲北部地区，它的皮毛柔软而保暖，非常珍贵。猞猁寿命很长，具有破坏力，以捕食小动物

林鼬

为生，能将猎物追赶至高高的树顶上。它视觉极其敏锐，在很远的距离就能看到猎物。野猫遍布欧洲大陆，它们种类很少，常见于山区或林地，栖息于树林中，捕食小鸟和小动物；性情凶猛，极其警觉，以保卫自己不受任何攻击。野猫比家猫更大更强壮，它们的毛也更长。

鼬鼠是欧洲常见的动物，白鼬多见于北部地区；松鼬分布在欧洲北部，栖息于大森林中，以松树顶端的叶子和松树种子为食，皮毛是一种贸易品。林鼬很常见，完全栖息于林区，以小动物和鸟类为食。黑貂因其皮毛而备受关注，它们是北部寒冷地区的土生动物，栖身于河岸的地穴中，捕食猎物时积极而活跃。大量的黑貂在俄罗斯被捕捉。臭鼬与林鼬外形相似，但臭鼬的味道极其难闻。麝猫分布在土耳其和西班牙，它们能消灭大家鼠、老鼠和其他害虫，还能散发出令人愉悦的香味。

獾是欧洲温带国家的土生动物，但在温暖的国家却找不到它们的踪迹。獾懒惰而嗜睡，只在夜间觅食，栖息于洞穴中，以植物的根、果实、草和昆虫为食，其皮毛用途广泛。狼獾常见于欧洲北部国家。

棕熊几乎在每个欧洲国家都能见到，它们性情凶猛而孤独，栖息在难以接近的悬崖和人迹罕至的地方。黑熊和白熊分布在欧洲北部国家。

狐狸分布在欧洲各地，不管在什么地方，它们都有同样的行为方式和狡猾的性情。狼是欧洲的常见动物。胡狼栖息于希腊地区，行动时成群结队，像猎狗一样大叫着捕食猎物。

欧洲各地均可见到野兔。阿尔卑斯白兔栖息于欧洲北部山区。家兔在欧洲各地都很常见，特别是英国，它的皮毛可以用来制作帽子。

欧洲北部各国有大量的灰松鼠，在法国和欧洲南部地区可见到胖松鼠。大睡鼠在欧洲南部地区很常见，它们在花园中出没，在墙洞里居住。小睡鼠栖息在木质的或厚厚的树篱中，用草或者干树叶做窝。飞鼠分布在欧洲北部地区。土拨鼠栖息于阿尔卑斯山的高地，在波兰也能见到。仓鼠分布在德意志和波兰各地，体形与大河鼠相近。

花金鼠的体形与大家鼠相似，常见于伏尔加河岸。可分为两类：一类呈黑色，一类呈棕色，后一类也被称为挪威大鼠。河鼠常常出没在河边、池塘边和沟渠旁，在这些地方挖洞做窝。俄罗斯麝香鼠是拉普兰和俄罗斯的土生老鼠，常在河边出没，以小鱼为食。

河狸分布在欧洲北部地区，老鼠闻名于世界各地，刺猬栖息在草丛和树篱中，水獭在世界各地都很常见，海獭常见于欧洲北部地区，皮毛很有价值。

总体而言，鸟类不像四足动物一样只局限于某个地区，因此，欧洲的大部分鸟类在东半球的其他大陆都很常见，有一些甚至在西半球也很常见。

欧洲有种类丰富的鹰、秃鹫、隼、猫头鹰以及其他夜行和昼行的食肉鸟类，但主要集中在山区或者林区。胡兀鹫是秃鹫的一个大

水蛭

鹰

猎鹰

鹧鸪

型种群，常见于阿尔卑斯山区。猎鹰是一种隼，经过训练后能帮助打猎。

渡鸦、乌鸦、白嘴鸦、寒鸦、喜鹊、欧椋鸟等属于类似的鸟类。各种云雀、画眉和莺可以凭借歌声来分辨，夜莺属于最后一种。欧洲还有为数众多的布谷鸟、蚁䴕和啄木鸟。

禽鸟中有几类珍贵品种，如松鸡，包括黑松鸡、黑水鸡、岩雷鸟、野鸡、山鹑、鹌鹑等。大鸨是欧洲最大的陆地鸟类，它们跑得很快，但不太容易飞起来。

鹤和白鹳在欧洲很常见。白鹳主要生活在城市中，而且颇受欢迎，可以在路上或者屋顶上自由活动，像清道夫一样为人服务。圃鹀是一种小鸟，像奢侈品一样受人推崇。水禽的种类和数量都很多，家禽在这一地区都是一样的。

欧洲的爬行动物和昆虫不如世界其他地区种类丰富。蝰蛇是欧洲最毒的蛇类之一；蜥蜴无毒，体形小。水蛭多见于南部地区，数量众多且是一种商品。

蝰蛇

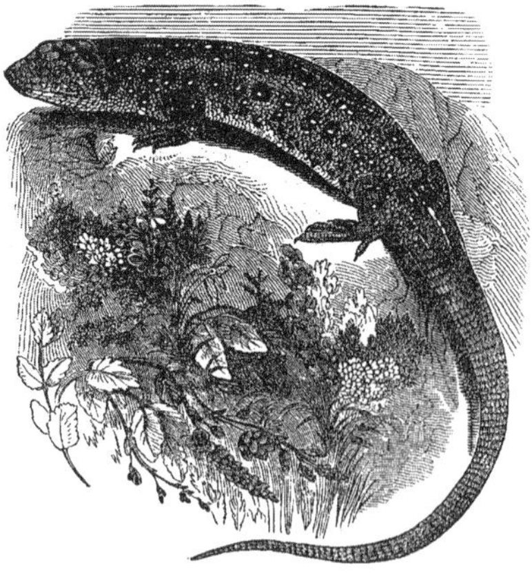

蜥蜴

欧洲居民属于20个不同的民族，其中5个民族占了人口的绝大部分。第一是日耳曼民族，他们包括了德意志人、荷兰人、丹麦人、瑞典人、挪威人、英格兰人以及一部分瑞士人，讲日耳曼方言。第二是希腊-拉丁民族，他们包括了希腊人、阿尔巴尼亚人、瓦拉几亚人、意大利人、法国人、西班牙人、葡萄牙人以及一部分瑞士人。第三是斯拉夫民族，他们包括了俄罗斯人、波兰人、立陶宛人、波希米亚人、塞尔维亚人、波斯尼亚人、达尔马提亚人、保加利亚人，以及普鲁士的文德人、普鲁士和萨克森的索布人、俄罗斯的莱特人等。这三个民族的人数量最多。第四是乌拉尔族或芬兰民族，他们包括了芬兰人、拉普人、爱沙尼亚人、匈牙利人以及俄罗斯的一些小部落。第五是突厥民族，包括了奥斯曼土耳其人，他们也是土耳其的统治阶级，以及奥斯曼帝国的土库曼人和俄罗斯几个鞑靼人的部落。

除了这些主要的民族，欧洲还有一些小民族，如西班牙的比斯开人，构成苏格兰高地居民、爱尔兰土著、威尔士人和法国西部的布列塔尼人的凯尔特人，萨摩耶德人，蒙古人——欧洲唯一一个由蒙古人构成的部落是俄罗斯的卡尔梅克人部落，犹太人，亚美尼亚人，吉卜赛人等。吉卜赛人在法国被称为波希米亚人，在西班牙被称为吉塔诺人，在德意志被称为茨冈人①，是一个四处漂泊的部落；据说他们最初来自印度，后来分散在欧洲各地，人口估计60万~80万人②。他们有时住在帐篷里，但通常住在洞穴中，或者一半露出地面的棚屋中，棚屋上覆盖着草皮。他们很少从事正规的行业，通常从事杂耍、算命这样的行当。他们有属于自己的独特语言，但是没有宗教。西班牙的大部分吉卜赛人已经定居下来。

欧洲有三大一神论的宗教信仰体系，分别是：

一、基督教。尽管欧洲不是基督教的诞生地，却是它的中心和主要的传播区域。欧洲国家信仰的基督教主要有三个教派。1. 希腊正教或东正教，主要流行于希腊、阿尔巴尼亚和保加利亚的部分地区、塞尔维亚、斯洛文尼亚、克罗地亚、瓦拉几亚、摩尔达维亚、

---

① 一说茨冈人是俄罗斯人对他们的称呼。——译者注

② 现在统计有近2 000万。——译者注

俄罗斯等。2. 拉丁或罗马天主教，教皇是这一教派的首领，是欧洲最具权势的人物之一。这一教派盛行于意大利、西班牙、葡萄牙、法国、奥地利、德意志和瑞士的部分地区、比利时、波兰、爱尔兰，在英国、荷兰和土耳其也有一些信徒。3. 新教。新教有不同的宗派，盛行于丹麦、瑞典、挪威、英国、普鲁士以及德意志和瑞士的部分地区，在匈牙利、特兰西瓦尼亚和法国也有众多信徒。新教的主要宗派是路德宗、长老会派以及圣公会。

二、伊斯兰教。其信奉者为土耳其人。

三、犹太教。约有250万犹太人生活在欧洲各地，但他们不被西班牙、葡萄牙和挪威所接受；在奥地利各邦，他们没有什么权利；在俄罗斯，与他们相关的法律最近变得很不宽容；在德意志各邦、法国、普鲁士以及低地国家，他们享有公民权利；在波兰，他们有资格担任公职人员。卡尔梅克人和很多萨摩耶德人都是异教徒。

我们会发现，几乎在每个欧洲国家，公民被分为四个不同的阶级：第一个是贵族阶级。绝大多数欧洲国家有贵族阶级。在大多数情况下，贵族在欧洲被视为世袭等级，但可以由君主封任，有时也可以花钱买到。神职人员是第二个阶级。第三个阶级是公民或城镇居民。在多数国家，这一阶级享有特殊权利。第四阶级是地位最低的阶级——农民，他们构成每个国家人口的大多数。阶级的区分在最近20年中已经发生了很大改变，人与人之间变得越来越平等。

除了俄罗斯的卡尔梅克人、诺盖人、拉普人和萨摩耶德人，欧洲所有曾以放牧或狩猎为生的国家居民都于定居地生活了几个世纪。因此，这里的土地耕种技术已经非常成熟。畜牧业是英国、荷兰、比利时、瑞士、德意志、意大利的部分地区、丹麦和瑞典的最大产业，英格兰和苏格兰的东部地区、荷兰、比利时、德意志以及法国和意大利的北部地区，农业最为发达。尽管俄罗斯、匈牙利和波兰的农业不太发达，但它们仍是欧洲的粮仓。在一些国家，养牛业只是农业的附属产业，但在山区，它却是农村最主要的产业。

水果种植是温带地区的产业，法国和德意志尤为突出，然而欧洲南部地区种植的水果品质更为优良。葡萄酒生产在法国、德意志南部地区、匈牙利、西班牙、葡萄牙、意大利和土耳其帝国都颇具规模。最好的葡萄酒产地是匈牙利靠近托卡伊的地区，位于莱茵河岸、罗讷河岸、摩泽尔河岸、加龙河岸的香槟地区和勃艮第地区，西班牙的两西西里王国、杜罗河上游地区和爱琴海的一些岛屿。

橄榄油产于温暖的地区，特别是那不勒斯、希腊和西班牙，其他的植物油产于欧洲的温带地区。养蚕业也是更温暖的地区所特有的产业，主要在意大利的伦巴第。多数国家忽视对森林的培育。总体而言，尽管欧洲森林资源丰富，但一些国家也感到缺少木材资源。

渔业是欧洲沿海国家的重要产业，周围海域出产鲱鱼、金枪鱼、鳀鱼、鲭鱼和其他鱼类。只有俄罗斯的几个小部落以渔猎为主，英格兰、德意志、匈牙利和瑞典的捕捞技术高超，河川渔业对欧洲国家也很重要。

尽管中国几千年来已经发展了一些工艺技术，但欧洲的工业，不管工业种类还是产品范围，都是世界其他国家难以匹敌的。欧洲不仅为自己的国家生产原材料，还是世界几乎所有地区的原材料产地。欧洲的主要工业国家是英国、荷兰、比利时、法国、德意志和瑞士。最好的毛纺织品产地在英国和法国，棉花产地在英格兰、德意志的萨克森和法国，尼龙产地在德意志，蕾丝产地在荷兰北布拉班特省，丝绸产地在法国，纸张产地在荷兰和瑞士，皮革产地在土耳其和俄罗斯，瓷器产地在德意志，陶器产地在英国和法国，玻璃产地在波希米亚和英格兰，五金制品产地在英国，草帽产地在意大利，珠宝饰品产地在法国、德意志和英格兰。

欧洲国家的内部贸易相当活跃，发达的公路、运河和铁路为其提供了便利，英国、荷兰、比利时、法国、伦巴第、普鲁士和俄罗斯的交通运输业尤为发达。英国人、法国人、丹麦人、荷兰人和瑞典人尤为擅长通商航行，但在这一领域最杰出的国家是英国，世界上每片海域都有他们的舰队，几乎每个地区都有他们的殖民地。

作为一种流通媒介，所有欧洲国家都制造硬币。很多国家也制造纸币，其价值靠政府信用维持。

欧洲的政治区域划分，包括主要城市及其人口，如下表所示：

欧洲政区表

主要国家	面积（平方英里）	人口	宗教	政体	首都	首都人口
北欧						
丹麦	21 615	215万	新教	君主立宪制	哥本哈根	12万
瑞典和挪威	284 000	430万	新教	君主立宪制	斯德哥尔摩	8.4万
俄罗斯	2 041 000	5 400万	希腊正教	专制	圣彼得堡	47万

（续表）

主要国家	面积（平方英里）	人口	宗教	政体	首都	首都人口
中欧						
不列颠与爱尔兰	116 700	2 686.3957万	新教	君主立宪制	伦敦	256.0281万
荷兰	11 470	254.5万	新教	君主立宪制	海牙	4.6万
比利时	12 569	423万	天主教	君主立宪制	布鲁塞尔	7.3万
法国	202 125	3 400万	天主教	共和制	巴黎	115.1万
瑞士	17 208	220万	新教和天主教	共和制	伯尔尼	1.8万
奥地利	255 000	3 500万	天主教	君主立宪制	维也纳	33万
普鲁士	106 000	1 460万	新教	君主立宪制	柏林	24万
德意志	247 438	3 820.4万	新教和天主教	待定	法兰克福	6.3万
南欧						
西班牙	176 480	1 200万	天主教	有限君主制	马德里	17万
葡萄牙	34 500	340万	天主教	君主制	里斯本	15万
意大利	118 000	2 180万	天主教	待定	——①	——

① 当时的意大利还未统一，小国林立，没有统一的首都，罗马当时为教皇驻地。意大利统一后，罗马成为国家的新首都。——编者注

（续表）

主要国家	面积（平方英里）	人口	宗教	政体	首都	首都人口
希腊	10 200	81万	希腊正教	君主立宪制	雅典	1.7万
土耳其	183 140	1 000万	伊斯兰教	专制	君士坦丁堡	50万

我们以地中海为例，提醒各位读者注意欧洲的地理位置及地理环境对国家命运的影响。

地中海东西长2 000多英里。它在欧洲形成了蜿蜒曲折的海岸线，长度至少是地中海长度的两倍。希腊、意大利、西班牙形成的3个半岛，全部或者部分延伸到地中海，而在这里开启了欧洲文明。地中海的整个海岸都是历史的见证。在其环形海域内，几乎每处海角、海岬、岛屿、海湾都曾是某个著名城市的遗址，或者与人类历史上难忘的事件有关。

我们不难发现，亚洲的腓尼基、非洲的迦太基以及欧洲的希腊和罗马之所以能够强大起来，离不开它们的海洋地位；我们也很容易看出，两千年来，地中海早期贸易所提供的便利使其沿岸成为璀璨的文明中心。

如果我们看地图，比较一下非洲和欧洲的海岸，就能明白两者之间的显著不同。非洲的海岸有整齐的轮廓，没有犬牙交错、凹凸不平：我们看到的是一大片坚实的土地，没有大海湾，也没有陆间海或者可以通航的河流。因为没有航运的便利条件，非洲的土地要么不为人所知，要么居住着农业或者游牧民族，祖祖辈辈持续着比较原始的生活。

相反，欧洲的海岸拥有众多海角、海湾、海岬、水湾和岛屿，呼唤人们进行贸易，这是进取心、智识和进步的重要源泉。种族和气候都会影响一个民族的性格，一个国家相对海洋的地理位置也会对其民族性格造成影响，甚至是更大的影响。如果非洲人生活在希腊，他们可能已经在艺术和武器方面处于世界领先地位；如果将希腊人囚禁在非洲的尼格里西亚，那么毫无疑问，他们祖祖辈辈也会过着游牧的生活。

自第一个帝国从幼发拉底河谷和伊斯美努斯谷崛起开始，没有一个国家能仅凭借农业就不断进步、完善和强大。犁、铲和铁锹能启迪心智，但收效甚微：人的天性如果只专注于耕作就会退化。商人因为到过很多国家而开阔了视野，加快了事业的发展；水手因为遇到各种艰难险阻而提升了能力，增强了勇气，丰富了精神和物质资源。由于这些因素的影响，每一种生产技能都得到发展，因而，一个融合了多元化技艺和各种知识的文明国家得以形成。欧洲的例子表明，把农业当作人类进步的主要原动力是错误的。土地养育了人类，但海洋让人类文明起来。农业国家可能很有生产能力，但是商业国家具备强大的管理能力。只有农业的国家可以生存，但融合了农业和商业的国家会变得富裕、智慧、进取和强大。欧洲是一个海洋之邦，不利于农业生产，却是财富、权力和智慧的中心，使整个旧大陆依附于它，并且实际上东半球的几乎所有产品都由它控制。而亚洲和非洲的广阔内陆平原，由于只从事农业，3 000年来变化不大，没有城镇、书籍，也没有长久的制度。①

以上是现代欧洲的地理概况，古代欧洲的地理我们会在接下来对几个国家的讲解中加以详述。值得一提的是，古代使用的地名，现在大部分依然在使用，如下表所示：

旧称	现用名
希腊	希腊
意大利	意大利
西斯班尼亚	西班牙和葡萄牙
高卢	法国
不列颠	不列颠
海伯尼亚	爱尔兰
喀里多尼亚	苏格兰
德意志	德意志
赫尔维蒂亚	瑞士
萨尔马提亚	波兰和俄罗斯的部分地区
斯堪的纳维亚	挪威、瑞典和丹麦
佛兰德斯	比利时
巴达维亚	荷兰
西西里	西西里

① 这段论述带有“西方中心论”的偏见，阅读时需加以注意。虽然我们用现在的眼光看，这段话有一些局限，但考虑到作者在19世纪中期的创作背景，他的观点在当时的历史条件下，对美国的发展是有一定先进性的。请读者辩证地看待。——编者注

这里我们使用的是英语名称，但大部分地名来源于拉丁语，原为罗马人所用。英语名称和拉丁语名称的区别在于词尾，例如：英国Britain的拉丁语名称是Britannia，希腊Greece的拉丁语名称是Grecia。古拉丁语或希腊语名字被称作“古典名”。

关于欧洲历史的几个专题将按照以下的顺序讲解：

1.希腊：古希腊和近代希腊；2. 古罗马；3. 意大利；4. 希腊帝国；5. 拉古萨；6. 欧洲的土耳其；7. 西班牙；8. 葡萄牙；9. 法国；10. 大不列颠；11. 德意志；12. 奥地利；13. 普鲁士；14. 德意志诸小邦；15. 瑞士；16. 荷兰；17. 比利时；18. 丹麦；19. 瑞典；20. 挪威；21. 拉普兰；22. 芬兰；23. 俄罗斯；24. 波兰；25. 匈牙利。

第276章

欧洲简史

欧洲的名字源于人名“欧罗巴”。欧罗巴是腓尼基提尔城古代一位国王的女儿。迄今为止，欧洲是旧大陆四大洲中最小的一个，也是最晚有人定居的一个。但显然，从前面的概述中可以看出，若论居民的智慧、技术、财富和权力，欧洲位列四洲之首。长久以来，欧洲的确是文明的中心，光明和知识从这里辐射到世界各地。人类历史上没有一个国家像在欧洲处于领先地位的国家一样，艺术如此进步，科学如此发达，知识传播得如此广泛。①

亚洲孕育了人类，欧洲和非洲最早的居民就来自亚洲②，但是欧洲早期居民的历史始终难以考证。大约在公元前2000年，来自地

① 作者作为西方人，他的观点带有明显的“西方中心说”色彩，读者在阅读时需加以注意。——编者注

② 现在世界上普遍接受人类起源于非洲的理论，与作者所采用的理论并不一致，请读者稍加注意。——编者注

中海亚洲边界的一群移民来到了希腊，当时希腊已经居住了很多原始部落。这些人被称为皮拉斯基人，他们住在洞穴里，吃的是树根和野果，穿着用野兽皮做的衣服。

大约在公元前753年，罗慕路斯在意大利的中心建立了罗马，当时意大利周围已经被很多部落占领，其中一个是伊特鲁里亚，他们占据了意大利托斯卡纳的领土，并且已经具备了很高的文明程度。大约公元前8世纪，迦太基人已经在西班牙建立了殖民地，他们经常到访英国和爱尔兰，这些地区当时已经有人居住了。

公元前60年，在尤利乌斯·恺撒的时代，不仅地中海沿岸的欧洲各地，欧洲的中部和北部地区也住满了人。占据高卢的是一个强大的民族，其中包括凯尔特人，他们曾是这个伟大的罗马统治者最可怕的对手，成功抵御了罗马军队九次进攻。直到100万凯尔特人被斩杀后，他们才屈从于这位征服者。这一时期，似乎整个欧洲都已经有人居住，而且很多地区人口稠密。

从前文粗略的描述中，我们可以大致追溯一下欧洲早期居民的情况。似乎至少在公元前2000年前，就开始有人从人口稠密的小亚细亚和非洲地区，来到地中海北部沿岸当时尚未开发的地区寻找出路。他们从水路来，起初乘坐着小船；毫无疑问，这些人由社会中思维活跃、不安于现状、勇敢无畏的人组成。这些人来自不同的地方，由不同的人种组成，所以形成了很多不同的部落。当他们对外扩张，彼此靠近，就开始陷入频繁的战争中。人类似乎是早期社会最好斗的物种。

由此看来，欧洲南部沿海地区的移民来自亚洲和非洲的文明地区，这些地区位于地中海的最东端。这些移民主要走水路，他们带来了自己国家为人熟知的工艺。像这样的迁徙活动至少公元前1850年就已经开始了。

但是随着这一进程的发展，另一个从亚洲出发到欧洲北部的移民潮出现了。这些移民中有各种部落，他们一般走两条路，要么从里海和黑海之间穿过，再渡过顿河，要么选择更北的一条路，渡过伏尔加河。这次迁徙活动的大致方向是去往西北地区。这些移民很可能来自斯基泰或者鞑靼以及高加索山脉周边地区。

欧洲的南部诸国在城市中定居，例如希腊和罗马，他们发展了工艺，掌握了文字，所以能够记录历史。根据这些历史记载，我们可以追溯到很久以前的主要事件，甚至能够追溯到难以辨别是历史还是神话的时期。

而北部各国的情况正好相反。这些国家完全处于原始的状态，几百年来他们居无定所。他们像洪水一样向前涌——一浪接着一浪，但是没有留下任何记录。几个世纪过去之后，我们发现整个欧洲都被占据了，甚至是英国北部最遥远的地方。欧洲北部的大峡谷已经无法容纳这么多人，人潮甚至冲出了阿尔卑斯山，像熔岩一样漫过意大利北部的平原。

从这些事实中我们可以作出一些推论，即使没有准确的记载，我们也可以运用想象力将这幅大图补全。我们可以推断出，长久以来，不断有人从亚洲涌入欧洲；这些人是不安定的游牧民族，他们既是牧民也是强盗；他们既靠抢劫，也靠牧牛为生；直到最后，他们一个接一个定居在了优越的地方，过上了安定的生活。我们目前知道的就是这些；尽管不能给出某些具体事件的名称和地点，但是可以断定，这就是中欧和北欧早期移民的历史。公元前58年，恺撒翻越阿尔卑斯山脉，开始征服高卢地区，他把他的所见都做了记录。从那时起，欧洲的人们对主要历史事件便有了持续的记载；但是对于此前2 000年，即欧洲早期移民的这段历史，我们除了推论和推测几乎无从考证。

去往中欧和北欧的迁徙活动看起来已经持续了很多年；而且在某些情况下，极有可能整个国家成千上万人离开原地，像一股势不可挡的洪流向着北方或者西部移动，寻找新的住所。凯尔特人似乎是这些移民中人数最多、最古老的一支。在最早的时候，他们占据了中欧和西欧的大部分地区。在公元前的某个时期，这些人——当时叫作高卢人——已经占领了意大利北部；公元前389年，一群凯尔特人冲出阿尔卑斯山区，到达罗马，洗劫了整个城市。大批凯尔特人入侵了马其顿和希腊，并且获得了大量战利品。

但是高卢人在欧洲的势力似乎在恺撒征服之前就已经在走下坡路了，他们受到来自四面八方的敌人的压制，尽管依然人数众多，令人生畏，但显然他们已经失去了曾经拥有的几个世纪的优势。当时，他们占据了意大利的北部地区、西班牙、法国、不列颠和爱尔兰；这几个国家现在的居民还有凯尔特血统。他们的语言在爱尔兰人中保留了下来，而且相当纯正，爱尔兰人实际上是一个凯尔特民族。爱尔兰是唯一一个有幸没有被罗马征服的国家，事实上，没有任何一个跨出欧洲大陆北部的部落征服过它。因此，爱尔兰人是欧洲最古老的民族，他们不仅留有祖先凯尔特人的语言，还继承了他们的体貌特征和性格特点。

凯尔特人，或者高卢人，根据恺撒的描述，他们身材高大，白皮肤，红头发，性情彪悍，能在寒冷多雨的地方生活，但忍受不了炎热干旱的天气。他们爱慕虚荣，经常自吹自擂，喜欢喧闹，但难以驾驭，跟自己人也能争吵不休。刚开始作战时他们势不可挡，但一旦被击退，会轻易让步并且溃不成军。他们作战时上身赤裸，剑又长又重，由铜制成，会被罗马人的铁甲折弯；盾牌很大，呈长方形，但很轻，起不到很好的保护作用。

凯尔特部落通常由贵族统治，贵族组成元老院或最高议会，普通人似乎没有政治权利，处于附属状态。他们的宗教是德鲁伊教，德鲁伊充当祭司，形成强大的统治集团。他们阐释法律，充当法官，裁决民事和刑事案件。他们的祭司身份是世袭的，虽然有时候贵族家庭的年轻人也会被选中成为祭司。

日耳曼人有几个分支，是移民人数最多的民族之一，大量的日耳曼人从亚洲西部来到欧洲，他们分布在欧洲北部，占据了德意志、丹麦、瑞典、挪威以及俄罗斯和波兰的部分地区。在后面的几个地区，他们遇到了来自亚洲斯基泰的鞑靼人，并与他们互相融合，形成了斯拉夫民族。

4世纪和5世纪，随着罗马势力的衰退，北方部落跃跃欲试，他们开始离开寒冷而贫瘠的北部地区，挥军南下，势如洪水。丹麦人和撒克逊人①占据了英格兰，其他各部落分散在法国、西班牙、希

① 这里有必要区分一下这里的撒克逊人和后文出现的萨克森人。撒克逊人原本是萨克森人的一部分，而萨克森人是日耳曼民族的一支，生活于易北河地区，8世纪末被查理曼征服。萨克森人的一部分在公元5世纪趁罗马军团撤出不列颠岛而入侵该地区。在中文史学界，为了与留在本土的萨克森人相区别，将这部分留在不列颠岛的萨克森人译为“撒克逊人”。撒克逊人与盎格鲁人并称盎格鲁-撒克逊人，是英国的主体民族。——编者注

腊和迦太基。现在的德语、英语、荷兰语、丹麦语和瑞典语都以日耳曼语为基础，法语、西班牙语、意大利语以拉丁语为基础。

金发碧眼，面色红润，宽额头，身材高大，体格健壮，这是纯正的日耳曼人的主要体貌特征。在人类所有部落中，无论性格还是智慧，日耳曼人都出类拔萃，其中最突出的一点就是他们非常勤奋，为了改善生活百折不挠，这一点使他们成为伟大的发明家。在欧洲的东北部，日耳曼血统和鞑靼血统相互融合，他们的后代比纯正的日耳曼人发色和肤色都更深，但他们的文明进程要比纯正日耳曼人慢得多。13世纪，成吉思汗率领的蒙古人征服了罗斯，他的继承者又统治了这个国家200多年。只要这个民族存在，我们就极有可能从他们之后的所作所为中看出鞑靼征服对这个民族产生的影响。

欧洲历史可以分为三个时期——古典时代、中世纪和近现代。第一个时期始于公元前1856年阿尔戈斯第一位国王伊那科斯定居希腊，结束于476年罗马灭亡。在这一时期，现代的欧洲诸国都还没有建立，当时的欧洲历史都是关于希腊和罗马以及罗马众多附属国的历史。

中世纪，又称黑暗时代，从罗马灭亡开始到1453年结束，是人类历史上一个漫长而值得注意的时期。在这一时期，现代欧洲的大多数国家已经建立，封建制度开始兴盛，十字军进行了疯狂的东征之旅，吟游诗人吟唱着关于爱情和战争的诗歌，极具特色的骑士制度连同大多数的骑士等级从开端走向灭亡。也是在这一时期，基督教传播到欧洲各地，欧洲现在的语言体系得以建立，各民族之间开始融合，对于一个高度发达和持久的文明来说，这似乎不可或缺。我们也可以这样理解，在这一时期，很多技术和制度开始萌芽，为人类目前生活的改善作出了贡献。

中世纪的历史主要记载了国王、贵族和其他有权势者的所作所为，除了在战争中遭到屠杀，我们几乎没有读到过关于民众的记载，当时的民众确实被视为心灵手巧的奴隶，为特权阶级服务。主人的兴趣、享受，甚至是肆意妄为，决定了他们是生是死，是悲是喜。因为没有政治权利，他们没有舒适的房子，一般住在泥屋中，屋里没有椅子和烟囱，仅有一堆干草做床，一块木头做枕头。当时富人的房子也与现在形成了鲜明的对比。几乎没有一座房子里超过四张床，石头做的墙通常都是光秃秃的，没有壁板，甚至没抹灰泥，仅有少数房子的墙上会有挂饰。

12世纪时，英格兰的大部分地区还遍布着沼泽，在原始森林荫翳之下，森林里的野牛、狍子、雄鹿和狼还没有见识过人类称霸世界的能力。土地耕种技术很差，一亩地的平均产量是9或10蒲式耳①玉米。一亩地的年均租金是6便士到1先令②。1272年，在爱德华一世统治时期，一夸脱③的小麦可卖到4先令，一只羊的价格是1先令，一头牛的价格是10先令。1301年，一套木匠用的工具似乎可以卖到1先令。

在这一时期，即使英格兰顶级贵族的生活也无法与他们后代的奢侈生活相比。他们几乎不喝酒，葡萄酒当时只能由药剂师出售；

---

① 1蒲式耳≈36.37升。——编者注

② 1970年以前，英国的货币单位换算为：1英镑=240便士，1便士=4法寻，1先令=12便士，1英镑=20先令。——编者注

③ 夸脱，一种容量单位，主要在英国、美国及爱尔兰使用。美制1夸脱≈0.95升，英制1夸脱≈1.14升。——编者注

除非放牧，几乎不用男仆；他们很少踏足本国以外的领土。对一位绅士来说，有10或者20镑的收入就足够了；反正，只有一座庄园的庄园主也不会有更多的收入。一年有150镑收入的骑士相当富有。约翰·福蒂斯丘爵士说一年5镑能够“让一个自耕农过上相当不错的生活”，但是据我们所知，当时大学学者的年薪也是这个数目。现在的律师读到下面这段话时一定会惊诧不已，哈勒姆先生从1476年威斯敏斯特的圣玛格丽特教堂典狱长的叙述中摘录了这段话：“还向精通法律的罗杰·费尔普特支付了3先令8便士的法律咨询费，以及4便士的晚餐费用。”

游侠骑士

在一份“已故的国王仆人约翰·普尔特”的物品清单上，我们发现，这位大约死于1524年的绅士的房子包括一间大厅、一间客厅、一间贮藏室、一间厨房，有5张床架、两个房间、3个阁楼，还有一些小点儿的地方可以住宿。从这份清单我们可以推断，普尔特先生是个相当重要的人物，因为当时很少有人能拥有这样的豪宅。

尽管中世纪有这些现实的方面，我们还是可以从这段历史中找到很多能强烈激发想象力的话题；正如我们所知，这是一个诗歌和浪漫主义大受欢迎的时代。之后我们还有机会就这一话题和其他话题做更详细的探讨，这里只是顺便一提，这样在我们讲完欧洲概况后描述几个具体国家时读者会有些准备。

我们可以认为中世纪一直延续到15世纪初。从这一时期开始，我们能追溯到一系列的重大事件，所有事件都有助于黑暗时代之后文明的复兴。据说，在1300年左右，美因茨的一位修道士贝特霍尔德·施瓦茨发现可以在投射重物时使用火药，直到1350年，火药才被用于军事方面；几乎在一个世纪之后，才被普遍采用。火药的最终影响是改变了战争方式，使其更依赖科学和智慧，而不再是蛮力和勇气。那些仅有蛮力的英雄变得无足轻重，而既有智慧又懂技术的人成了领袖。与此同时，它使战争变得不那么血腥，缓解了残酷的、令人恶心的战场给人带来的不适。

大约在1444年，美因茨的古登堡发明了西方的活字印刷术，这是欧洲近代最伟大的技术。在此之前，所有的书都是用笔写出来的，即使是擅长书写的人，写一本《圣经》也需要花费4年时间，其价值相当于一座带农场的房子。当时能拥有这种财富的人少之又少，而现在一名普通工人工作一天就可以买到两本《圣经》。古登堡的发明使欧洲在书籍生产方面的能力增加了大约5 000倍。

现代使用印刷术不仅能记录每一件转瞬即逝的事情，每一个有用的发明，艺术和科学领域的每一次发现，还能记载人类过去的历史所留下来的一切。人类的所有知识也因此而记录在册，在世界四大洲传播，除非整个地球表面遭到破坏，否则任何事情也不能让其彻底毁灭。知识，带着它启心明智的力量，传播到了人类各个阶级。它无处不在，照亮了人们愚昧的心灵，打开了监狱的大门，切断了暴政的枷锁，甚至教导国王和王公贵族用理性的眼光看待臣民，把他们当作同胞，他们同样拥有上帝赋予的神圣权利。当然，其影响远远不止这些。

文学的复兴始于13世纪。但丁出生于1265年，彼特拉克出生于

1304年，薄伽丘出生于1313年。这些闪亮的人物不过是文艺复兴的先驱者，很快有人紧随其后。12世纪，《查士丁尼法典》的发现或复兴，有助于改变中世纪的野蛮状态，以迎接更光明时代的到来。航海罗盘发明的具体日期已经无法考证了，大约在1403年，罗盘被应用于航海。后来航海范围的扩大和1492年美洲大陆的发现都要归功于罗盘的发明。

在中世纪，罗马教会的首领拥有最高权威，可以对各阶层人民——无论傻瓜还是圣人，平民还是国王——行使权力。这种统治可能会让拥有宗教自由观念的我们感到无比震惊，但我们不能否认这一时期修道士们所做的贡献。人们对基督教的虔诚，是基于他们的鼓励和支持；《圣经》的副本主要在修道院里保存和印刷；古典文学作品的遗稿也通过同样的途径传给了我们。

但是最后一个时期终于到来了，罗马教皇的世俗权力要接受最终的检验，他掌管的教堂也要经历一场激烈的审判。1517年，一位名叫路德的萨克森修道士开始攻击教会，由此开始了这场伟大的运动，史称“宗教改革”。这场运动的结果是剥夺了罗马教廷对世俗事务的统治权，并且在广大人民中传播了一种权利意识，即在被拒绝之前，他们有权对宗教问题作出个人的判断。

从这一时期开始，我们可以看到人类文明进程快速推进，即使社会处于剧烈的动荡之中。1649年，英国国王查理一世被送上了断头台，尽管他所使用的权力，他的前任们都用过，而且更加严苛，也没有遭到反对。1789年，法国大革命开始了，对过去多年来的暴政、挥霍和犯罪进行了彻底的清算。19世纪开启了一个全新的、世界从未见过的进步时代，但其历史细节不属于本章讨论的范围。

希腊

第277章

这样的希腊

我们现在要揭开人类认知史上极有趣也极具启迪性的一段历史——希腊史。这段历史将我们带回人类文明刚刚起步的古老时期，向我们展示了一幅波澜壮阔的历史画卷，告诉我们一个民族如

宙斯神庙

何从野蛮，经过不断的发展，创造了辉煌的文明的。

希腊民族是一个卓越的民族，他们性情活泼，在精神和个人素质上都颇具优点。他们所居住的国家美丽宜人，非常适合发展他们的天赋。因此，希腊人的历史是一部备受恩宠的人的历史，这些人在最美丽的天空下，在最迷人的风景中，书写着自己独特的命运。

开始讲述希腊历史之前，我们不妨粗略回顾一下当时的世界形势。我们已经知道，公元前2000年，亚述人、巴比伦人和埃及人的社会已经很发达了，他们成立了正规的政府，建立了城镇，已经具备了许多文明的要素。埃及人发明了文字，它是人类进步的伟大工具，是最早开启人类心智的钥匙。埃及也是众多艺术的摇篮，后来这些艺术传到了希腊，希腊人将其美化之后又传给了我们，无论什么东西到了希腊人手中，都能得到美化。早在此时，雅各移民到了埃及，腓尼基人开始从事贸易，希腊的历史就此开始。而作为铺垫，我们必须首先看一下古代希腊和现代希腊的地理位置。

希腊位于地中海北面，由一个向南延伸入海的半岛组成，长度

希腊服饰（女）

希腊服饰（男）

约为300英里，但是现代希腊只占到古希腊2/3的领土面积稍多。希腊共和国现在的面积约为1 600平方英里[①]，几乎是美国马萨诸塞州的两倍。人口90万人，大约为现在美国纽约人口的两倍。海岸线蜿蜒曲折，极不平整，众多海岬和海湾，从古至今，都在引导着人们从事海洋活动。

希腊西面是爱奥尼亚海，海里有几处小岛，组成了爱奥尼亚共和国，受英国政府保护。

希腊南面是克里特岛，是地中海上最大的岛屿，也是历史上著名的岛屿，现在属于埃及。小亚细亚沿岸岛屿有塞浦路斯岛、罗德岛、科斯岛、萨摩斯岛、希俄斯岛等。

这些岛屿，除了克里特岛，都属于亚洲，它们的历史已经在小亚细亚那一章讲过了，但是这些岛的历史与希腊历史密不可分。

希腊与美国的弗吉尼亚位于同一纬度，气候也很相似，只是更暖和一些。希腊山脉众多，有些山峰常年积雪，然而山谷和山坡土壤肥沃，盛产小麦、葡萄、无花果、橙子等。希腊素来以风景如画著称，其巍峨的高山更被古代居民视为众神的住所。希腊的山谷，被分配给了山林水泽的仙女；它那迷人的海湾，清澈的河流，尤其是那天堂般的氛围，仿佛仙女们给每一件物品都穿上了外衣，使它们散发出独特的魅力。这些要素结合起来，希腊就成了古代诗歌、音乐和艺术创作的必选之地，即使是最冷漠的旁观者也会对它感兴趣。

在希腊民族解放运动爆发前的1810年，拜伦勋爵到访希腊，他

① 此处数据为本书成书时的数据。现代希腊共和国的面积为131 957平方公里，其中15%为岛屿。——编者注

似乎被这个国家呈现出来的既美丽又凄凉的一面打动，将其比作刚刚失去生命的人——

> 就在那腐烂伸开指掌抚摸死者躯体脸庞，
> 抹掉国色天香寓身其间的轮廓线条以前；

最后他大声疾呼：

> 海岸边的风貌就是悲伤——
> 这就是希腊，可不再是生存着的希腊！

这个闻名遐迩的国家现在的居民与他们著名的祖先一样，皮肤黝黑，黑眼睛，黑头发。总而言之，他们是一个非常美丽的民族。他们思维敏捷，精明睿智，但是由于长期受到专制统治，他们在被奴役的状态下也沾染了一些恶习。

1821年，希腊人奋起反抗他们的奴隶主，经过9年的浴血奋战，最终取得了民族独立。希腊成立了一个王国，德意志的奥托王子成为主要的统治者。古希腊最著名的城市雅典，是希腊现在的首都。

古希腊，在其最辉煌的时期，领土不仅包括现在的希腊，还包括半岛的北部地区，甚至更北一点的领土。国土最广的时候，包括马其顿，长度约为400英里，面积约为4 000平方英里。半岛南部地区，现在称为摩里亚，古时称伯罗奔尼撒半岛，面积大约与美国的马萨诸塞州相同，包括几个小邦，如以斯巴达为首府的拉科尼亚、阿尔戈利斯、亚该亚、阿卡迪亚、伊利斯、麦西尼。希腊中部地区，现在称作里瓦迪亚，古时称赫拉斯，面积大约与美国康涅狄格州和罗德岛相等，主要包括阿卡纳尼亚、埃托利亚、多利斯、洛克里斯、福基斯、维奥蒂亚、阿提卡和麦加利斯，主要城市是阿提卡的雅典和维奥蒂亚的底比斯。希腊北部地区是位于亚得里亚海的阿尔巴尼亚，古时称伊庇鲁斯：塞萨利相邻的领土仍然叫这个名字。拉里萨就在这里；还有奥林匹斯山，它是传说中主神宙斯的住所，以及滕比河谷，它在歌曲中被誉为世界上最美丽的景点之一。

爱奥尼亚海和爱琴海中的众多岛屿通常被认为是构成希腊领土的第四个部分。后来，北部地区的马其顿也被认为是希腊的一部分。

马其顿东面的城邦是色雷斯，现在它与马其顿并称鲁米利亚。色雷斯算不上是希腊的领土，但是被马其顿的腓力所征服，并入他儿子亚历山大大帝建立的帝国。很多在希腊定居并为希腊带来盛名的人，都有色雷斯血统。

尽管希腊的领土面积很小——即使是在最大的时候，也比不过美国稍大一点的州——但在最繁荣的时期，也就是大约公元前450年，伯里克利统治时期，这里却有300万或者400万人口。希腊的山脉、河流、山谷、岛屿与世界其他地方相比都显得小巧，但是一旦与古希腊的盛名和声望相联系，它们总能唤起人们难以磨灭的兴趣。

除了这些能使每一个聪慧的心灵感同身受的自然景致，还有一些古代艺术的遗迹，每一处都见证了缔造者的天赋，如位于雅典的忒修斯神庙和雅典娜神庙，位于摩里亚的阿波罗神庙，以及许多分散在希腊各地的古代遗迹。古希腊的一些雕塑收藏在意大利，受到来自全世界的人的赞美。古希腊的文学，尽管只有一部分得以保存，却是传世瑰宝，丰富了人类知识的宝库。

第278章

诗歌与传说中的希腊

（前2000—前1193）

希腊的历史始于公元前1800年以前。人们认为公元前885年来库古给斯巴达立法往前的1 000年，并不是严格意义上的信史，区分这些年代的事件主要出现在传说和诗歌之中。但是，虽然与神话糅合，这段漫长的历史并非不值得关注。希腊人相信这段历史，当时的英雄和事件是他们诗歌典故中永恒的主题，甚至成为他们宗教的一部分。

根据希腊诗歌，这个国家最早的居民被称为皮拉斯基人，是一群未开化的人，他们住在洞穴里，吃着野果和树根，与狮子和熊争夺森林的领地，以野兽皮为衣。这些人不仅分布在希腊境内，还分散在欧洲的其他地区，而且比许多国家的居民更先进。又过了很长时间，据说埃及的一位王子乌拉诺斯来到希腊，成为被称为“泰坦”的巨人族之父。然而巨人们背叛了他，把他赶下台，他的儿子克洛诺斯接替了他。为了避免重蹈覆辙，克洛诺斯下令只要是他的孩子，一出生就要被处死，但是他的一个儿子宙斯被母亲藏了起来。宙斯在克里特岛长大，后来他从克里特岛回到希腊，废黜了克洛诺斯。泰坦们嫉妒这位新的神王，起来反抗他，但是被打败了，最终被驱逐出希腊。

宙斯将领土分给了他的兄弟波塞冬和哈迪斯，并用非凡的智慧管理着他的领地。他将宫殿建在奥林匹斯山上，这座山高9 570英尺，是希腊最高的山脉。这些神话故事很可能都来源于现实，但是关于泰坦及诸王子故事的真实性被诗歌和人们的想象完全掩盖。人们认为克洛诺斯、宙斯、波塞冬和哈迪斯都不是凡人，而是神，奥林匹斯山的山顶是诸神的住所，凡人的事情都由他们掌管。因此，在哲学诞生后的许多年里，这些被神化的克洛诺斯之子，以及与他们相关的很多人，不仅在希腊人，而且在罗马人中，都是民族崇拜的对象。

在很早的时候（具体时间不确定），一群亚洲人移民到希腊，他们称自己为赫伦人。他们驱逐了也融合了一些皮拉斯基人，就这样，随着时间的推移，希腊的所有居民都被称为赫伦人。但是，他们分成几个民族，主要有多利安人、伊奥利亚人和爱奥尼亚人。每一个民族的方言都会有所不同，因而他们使用的方言分别是多利安语、伊奥利亚语和爱奥尼亚语。后来从爱奥尼亚语中分出了第四种方言，因为阿提卡的居民讲这种方言，所以被称为阿提卡语。

公元前1856年，据说一位腓尼基探险家伊那科斯带着一小队腓尼基人抵达希腊，随后他在伯罗奔尼撒半岛的阿古利科斯湾的顶端建立了阿尔戈斯城。

伊那科斯建立阿尔戈斯城

300年后，在公元前1556年，一个叫刻克洛普斯的埃及人率领一群殖民者抵达阿提卡，建立了举世闻名的城市雅典，并在高处的岩石上设立要塞，史称“卫城”——高高地耸立在后来成为城镇的这个地方。

他将这处岩石要塞置于一位希腊名为雅典娜的埃及女神的守护之下——后来拉丁人将她的名字改为密涅瓦——雅典城由此得名。刻克洛普斯不但拥有知识，还拥有进取精神，他将这些粗鲁的部族联合起来，建立了正规的政府。他把这个地方划分为12个区，每个区都有一个主要城镇，负责处理该区的事务。他创建了婚姻制度，制定了法律，部署了一套防御体系来抵抗他们的敌人维奥蒂亚人。

后来，达那俄斯带着一队新的殖民者从埃及来到了阿尔戈斯。阿尔戈斯人经常缺水，达那俄斯首先教会他们挖井，接下来又教给他们很多类似的技艺，从而赢得了人们的爱戴。凭借着极高的声望，他在选举中获胜，得以领导这个地区；缘于他的权力和盛名，即使在他死后多年，希腊的南方人仍然被称为达那人。来自小亚细亚弗里吉亚的探险家珀罗普斯，在希腊建立了一个王朝，这个王朝注定取代达那俄斯王朝，并且拥有更广阔的发展前景。此后，南

雅典卫城

部半岛以他的名字命名为“伯罗奔尼撒半岛”，意为“珀罗普斯之岛”。后来，欧律斯透斯、阿特柔斯、阿伽门农的名字都出现在阿尔戈斯以及邻城迈锡尼的史册上。阿伽门农的势力范围甚至超出了伯罗奔尼撒半岛，涵盖了希腊的其他几个岛屿。

大约在雅典城建立30年后，弗里吉亚人的一个分支因为在自己的国家遇到了麻烦，就迁徙到了希腊的克里特岛、罗德岛、埃维亚岛和其他几个地区，建立了著名的城市底比斯。他们被叫作卡德米亚人，但是其中一部分人常常被称为克里特斯人、科里班特人等。他们带来了文字、音乐、加工金属的技术以及当时最精确的计时方法。卡德摩斯是这些人的领袖，他因为将文字带到希腊而久负盛名，其实这离不开克里特斯人其他首领的帮助。克里特岛是这些弗里吉亚人的居住地之一，它的机构和政府组织是体现政治智慧的杰作，因为其目的在于使其人民经过训练成为一支纪律严明的军队，而不是习惯于联邦中的平静生活。

就这样，弗里吉亚的探险者们给他们的定居地带去了很多有用的知识，而几乎与此同时，谷物和耕地的技艺也由德墨忒尔带到了阿提卡——德墨忒尔是腓尼基女神阿施塔特的女祭司。但是不断的掠夺、战争和迁徙阻碍了社会的进步。一个城邦侵占另一个城邦，特别是当一个城邦拥有肥沃的土地时。沿海地区的人们沉迷于海上抢劫。这被认为是一件光荣的事，令人奇怪的是，在希腊的一些地区，这种想法持续了几个世纪，直到修昔底德的时代才完全消失。这些恶行被克里特国王米诺斯制止了，他曾是希腊历史上最伟大的统治者，设立了巧妙的制度，使克里特岛上的人民过着幸福的生活。他首先建立了一支海军，除了例常的用途，尽最大可能把爱琴海上的海盗清除。这使他们获得了一段平静的时期，许多城市积累了财富，增长了权势，在城市周围建起了城墙。

卡德摩斯

相对于阿提卡的一片和平，希腊其他地区早已陷入困境，这其实是由阿提卡地理环境的劣势造成的。这里岩石林立、崎岖不平，土壤又薄又轻，因而没有人觊觎这片土地。因为雅典城宁静又安全，许多有钱有势的人把它当成了避难所，他们通过发动战争或者煽动暴乱逃离家园。这份繁荣得益于其早期的机构改革，刻克洛普斯的继任者统治时期，阿提卡人依然保留着他当时聚集民众的12座城市，每座城市都有自己的行政官和公共会堂（市政厅），由该城的几个议事会独立管辖，但他们都承认雅典国王的最高权力。

当忒修斯登上王位时，他彻底改变了这种政治局面。他是雅典国王埃勾斯的儿子，在其外公的抚养下长大，他外公是伯罗奔尼撒半岛一个小城的王。等他长大成人，母亲便要把他送回雅典。忒修斯勇力过人，沉着机智，渴望像赫拉克勒斯一样建功立业。他决定穿过科林斯地峡，这是伯罗奔尼撒和希腊北部之间唯一的通道。这条路强盗猖獗，但是所有攻击忒修斯的人都被他杀死或被他打败。最后忒修斯到达雅典，也将雅典从一些最可怕的敌人手中解救出来。因为他的丰功伟绩，他的父亲雅典国王和人民都喜欢他。

在同克里特国王米诺斯的战争中，雅典人以每年进贡7对童男童女为奴的条件换得了和平，这让他们背上了沉重的心理负担。他们一直抽签决定谁去做奴隶。忒修斯自告奋勇去当奴隶。依神话所述，他的这次冒险之旅似乎非常成功。他没有成为奴隶，而是取得了荣誉，使米诺斯赦免了童男童女，他最后同米诺斯的女儿阿里阿德涅结了婚。忒修斯的爱国精神和勇敢无畏，使他在希腊人民中获得了极高的声望。埃勾斯死后，忒修斯继位，这使老国王的侄子们期望落空。

通过个人的影响力，他施行了一场重大的政治变革，他说服居民放弃各自的议事会和行政官，服从统一的管辖。每个人都像以前一样保留自己的住所和财产，但是由雅典统一行使司法权、处理公共事务。这些制度同其他重要制度一起，使阿提卡所有地区结成持久的联盟，给雅典带来了早期的繁荣和文明，使它后来在和平和战争艺术上拥有卓越地位，在历史上产生重要的影响——而这些与它的领土范围是不成正比的。阿提卡联盟给人们带来了如此宁静有序的生活，使雅典人成为希腊人中最早摒弃携带武器的习惯而采用和平装束的人。

第279章

从特洛伊战争到第二次美塞尼亚战争

（前1193—前724）

被诗歌大肆渲染、被神话极度夸张的特洛伊战争无疑是希腊历史上的真实事件，并且占有重要地位。我们在讲小亚细亚时已经对其做了详细说明，这里只对它做简要概述。特洛伊战争之所以能够发生，在于人类社会早期普遍存在的海盗精神，这种精神导致了人类的战争和其他灾难性事件。在此之前发生的著名的阿尔戈英雄远征，无疑是对黑海海岸的一次海盗式探险，因其勇敢无畏的精神和众

特洛伊木马

多杰出人物而著称。船长伊阿宋达成了他的目标，成功地带走了科尔基斯国王的女儿美狄亚。

对希腊犯下的类似的侵害是特洛伊战争的起因，尽管随之而来的是更大规模的不幸。特洛伊国王普里阿摩斯之子帕里斯进行了一次类似的探险，他抵达斯巴达，阿伽门农的弟弟墨涅拉奥斯对他盛情款待，但是他迷上了墨涅拉奥斯的妻子海伦，并带走了她。墨涅拉奥斯和阿伽门农都是非常强大的国王，特别是后者，他们毫不费力地联合了希腊其他王国去攻打特洛伊，促使他们这样做的原因是对受到侵犯的憎恨、对战争的狂热以及掠夺他国带给他们的希冀。

公元前12世纪后期，联合起来的希腊战船聚集在维奥蒂亚的奥利斯港湾，但是海上刮着逆风，使他们耽搁了很久，据说这是女神阿尔忒弥斯的愤怒所致。阿伽门农的军队迫使自己的统帅把女儿伊菲格涅娅当祭品献给女神。作为复仇和抢劫目标的特洛伊人与希腊人在民族起源、习惯、语言和文明程度上并没有太大的不同。希腊联军虽然比特洛伊的军队强大，但是他们的资源不足以长期维持，所以他们不得不依靠掠夺邻近城市以及其他手段来获得给养，而这消耗了很多时间，从而使战争持续了10年。最后，特洛伊被攻占，同其他被占领的城市一样，遭遇了可怕的命运——屠杀和毁灭。这场战争是荷马史诗《伊利亚特》的主题，它以其独特的方式描绘了民族间斗争的可怕。而早期希腊人的风俗，正如《伊利亚特》及其续篇《奥德赛》

荷马

中所描述的那样，也是最令人向往的。

从特洛伊回到希腊之后，希腊的首领们发现他们不在时一切都变了。新的一代已经长大成人，甚至自己做了领袖，战争中的英雄们发现自己的位置被陌生人取代，财产被剥夺，家人贫困潦倒甚至被驱逐。在随之而来的斗争中，有些人重新夺回了自己的地位，有些人不得不远走他乡，另寻出路。奥德修斯发现他的妻子珀涅罗珀被几个追求者求爱，而他美貌与美德兼具的妻子不时地甩掉这些追求者。阿伽门农得胜回来之后，被妻子克吕泰涅斯特拉串通她的情人埃癸斯托斯谋杀了，埃癸斯托斯是阿伽门农的堂弟。阿伽门农的儿子俄瑞斯忒斯又将母亲及其情人杀死了，最终夺回王位。

在俄瑞斯忒斯的儿子统治期间，几乎整个伯罗奔尼撒半岛的统治阶级都发生了变化。这场变革通常被称为“赫拉克勒斯家族（赫拉克勒斯的后裔）的回归”。赫拉克勒斯，这位古希腊最伟大的英雄，是迈锡尼的创建者阿尔戈斯国王珀尔修斯的曾孙。他的后代中有些人是多利斯王子，从珀尔修斯到珀罗普斯这段时期，他们一直想要夺回阿尔戈斯的统治权。经历了两次失败之后，他们终于征服了伯罗奔尼撒。

在公元前1113年，即特洛伊战争结束80年后，多利安人在赫拉克勒斯的后裔忒墨诺斯、克瑞斯丰忒斯、阿里斯托得摩斯的带领下入侵伯罗奔尼撒半岛。半岛的大部分领土都被瓜分，分得拉科尼亚王国及其首都斯巴达的阿里斯托得摩斯碰巧死了，他的两个孪生儿子欧律斯透斯和普罗克勒斯都做了国王。因为他们每人都建立了一个王室，从那时起，每个王室都选出一位国王共同统治斯巴达。这场变革带来了残酷的压迫，因为首领们必须补偿其追随者，而他们的要求只能靠疯狂掠夺土著而得以满足。居民们大量迁徙，剩下的人几乎都成了奴隶。美塞尼亚的大部分地区还给了其合法主人。多利安人的入侵使文明倒退，由于被占领土的划分而产生的争端使整个国家一直纷争不断。

赫拉克勒斯家族建立的政府与当时希腊盛行的政府一样不合规范，混合了君主制、寡头制和些许民主制，但呈现出民主元素不断增加的趋势。在多利安人征服伯罗奔尼撒之后的时代，国王的权力已经削弱，最终被废除。权力都被富有的地主垄断了，他们滥用权势压榨穷人。阿尔戈斯是最早废除王权，或者将其变得无足轻重的国家；科林斯虽然经历了几场变革，但比半岛其他国家都平静，处于最公平最温和的统治之下。斯巴达有一个独特的争端来源，即其分裂的王室。两个国王一直意见不合，而且各自都有狂热的追随者。

对多数人的彻底压迫伴随着或多或少的无政府状态——这就是普罗克勒斯的第五代后人波里德克特斯死后斯巴达的状态。波里德克特斯将王位传给了弟弟来库古，但是不久后来库古发现，已故国王的遗孀已经怀孕了，他立刻宣布如果将来生的是个男孩，他会做这个孩子的保护者，自己为他保留王位。他也确实做到了。来库古为了保护他侄子拥有王位而采取的措施使他饱受赞誉；尽管曾被敌人撵出斯巴达，但是在公元前885年他最终被邀请回来为这个国家立法。他回来的时候，就已经形成了自己的治理计划，因为他被驱逐的大部分时光是在克里特度过的，所以其中的主要制度来源于克里特王国。在德尔斐得到神谕之后，他有了足够的影响力来实施自己的计划。他首先建立了一个元老院来制定法律，并确保这些法律得

来库古

以执行。元老院由30个成员组成，国王是其中的成员，并担任院长，其他成员包括祭司和军队首领。

但是，到了后来，最重要的执法职位是监察官，据说是在来库古统治结束大约100年后，由塞奥彭普斯创立而愈发重要的。最初每年从人民中抽取一些人，负责监督所有居民，无论是行政官还是个人都要受到监督；同时他们不受任何明确的法律限制，拥有惩罚、关押、罢免或者立刻审讯任何人的权力，不管是国王还是最卑微的公民。他们逐渐获得近乎专制的权力。

来库古又划分了土地，使所有斯巴达人都能公平地拥有土地。但是当他想用同样的方式划分家具、衣物时，受到了富人们的反对。他便采取了另一种方式，用铁代替了金和银做商品交换的媒介。因为这种铁钱在邻国一点用都没有，斯巴达人就不能再随意购买昂贵物品从而沉溺于奢侈生活之中。他只允许奴隶从事能满足基本生活需求的工作。

这位立法者就这样消除了人们对利益的渴望，他希望人民拥有爱国的精神和无畏的勇气，热爱由此得来的赞誉，并且为了这种荣誉不断进取，希望人们能以最佳状态做好战斗准备。孩子的教育和男人习惯的养成，都由公共教育机构负责，同时要求家庭纽带的紧密程度要低于个人与城邦之间的关系。

男孩们被认为属于国家，而不属于父母。男孩们被带到公共教育机构，由指定的官员统一教育。他们接受军事训练，学会忍受各种艰难而不抱怨，练习互相搏斗，吃很少的饭，但鼓励他们偷窃财物来弥补；然而偷窃一旦被发现，就要因为笨拙而接受严厉的惩罚。这塑造了他们的进取心和谨慎的性格。另外规定所有人，甚至国王，都要在公共餐桌上用餐，并且只提供简单的食物。相对于其他规定，这一条首先引起了富人们的不满。但是，过了一段时间之后，这些饭变得大受欢迎，特别是其中一种叫作黑色肉汤的食物，人们对其赞不绝口。

在这种法则和纪律的训练之下，斯巴达人成了最令人敬畏的人。如果他们在最绝望的情况下屈服于恐惧，他们将永远蒙羞。战败后，即使在一片哀悼声中，那些被杀者的亲属也要流露出高兴的神情，因为他们的亲人没有逃跑，他们不必因此受到指责。他们的箴言是：宁死勿屈。想让斯巴达的军队向最强大的敌人投降几乎是不可能的。来库古的治理目标实现了，但这是一种局限性很大的优秀，他们几乎只崇尚武力，而对城邦之外的一切漠不关心。

这种斯巴达式的精神和野心很快就在他们对邻国的进攻，特别是对美塞尼亚的进攻中显现出来。在来库古之后的第二代继任者统治时期（前743），由于做了错事并且备感羞辱，愤怒的斯巴达人在没有宣战的情况下直接对美塞尼亚发动袭击，并且发誓不征服美塞尼亚决不回家。但是他们发现这并不容易，花费的时间大大超出预期。通过避免争斗、保卫城镇，美塞尼亚人将这场战争持续了很多年，久到斯巴达人开始担心他们的国家因为没有孩子而不能维持战争的消耗和抵御自然衰老。

在这种紧急状况下，他们下令让适婚年龄的处女们与年轻男子

美塞尼亚战争

滥交以增加人口，这些男子在战争开始时还是孩子，没有发过参战的誓言。由于这一奇特且不雅的命令产生的后代被称为“帕塞尼斯”，即“处女之子”。战争结束后，这些人因为出身而受到轻视，变得不安分而且很危险，被允许到伯罗奔尼撒半岛之外的地方定居。于是他们迁徙到意大利，建立了塔林敦。

征服美塞尼亚用了40年。征服后，他们对当地居民的压迫如此之重，而希腊独立精神又如此地深入人心，美塞尼亚只需要一个领袖，便要揭竿而起。这个领袖就是阿里斯托梅尼斯，一个具有美塞尼亚王室血统的年轻人。他与阿卡迪亚及一些城镇结盟，带领美塞尼亚人英勇抗击斯巴达人。

在一次战役中，他与大约50个手下一起被打倒并带走，他们被当作叛军扔进一个很深的山洞里，所有人都被摔死了，只有阿里斯托梅尼斯毫发无损，并成功逃脱。回到被斯巴达人包围的海边要塞埃拉，他很快以一贯的勇气和谨慎，向敌人证明了他的存在。围攻一直持续到第11年，一个暴风雨的夜晚，斯巴达军队的指挥官得知要塞中的一个哨所已经无人守卫，便成功占领了那里。阿里斯托梅尼斯飞快地赶到现场，在参加战斗的妇女的协助下，开始了有力的反击。但是，敌人人数太多，天气也非常恶劣，寒冷、潮湿、睡眠不足、又累又饿，他们在这种情况下坚持战斗了两天三夜。最后，当大势已去，他们集合队伍，将妇女和儿童围在中间，决心离开这里。敌人也不愿造成困斗之势，而让他们离开了。阿卡迪亚人亲切地接待了他们，并分给他们土地。

被斯巴达人征服的美塞尼亚人沦为奴隶，被称为希洛人。阿里斯托梅尼斯的一个儿子召集了半岛其他地方的人，在西西里岛建立了一个城邦。阿里斯托梅尼斯决定决不离开自己的国家，只要一有机会他就可以向斯巴达人宣战。但是他再也没有找到斗争的机会，被迫退到罗德岛，在那里平静地度过了余生。他在指挥斗争的过程中，遵从战争的规律，饶恕那些被征服的人，展示了一个嗜血的年代少有的仁慈。

第280章

从雅典民主制度的建立到波斯干涉

（前1193—前506）

忒修斯在雅典创建的制度使这座城市保持了平静，即使在希腊人从特洛伊返回后引起的动荡中也是如此，因而它成了吸引其他城邦难民的理想之地。亚该亚的居民因为人口过多而被迫迁徙，他们来到雅典却引发了多利斯与雅典之间的战争。德尔斐神谕指示，如果多利安人宽宥雅典国王的性命，他们将获得胜利。当时雅典的国王是科德鲁斯，他决定为人民献身，所以他穿上农民的衣服进入敌人的营地，挑起了一场争吵，在争吵中被敌人杀死。当入侵的多利安人得知雅典国王被杀了，他们便立刻

科德鲁斯为国捐躯

撤退了。

雅典的王位继承权在科德鲁斯的两个儿子中产生了争议，神谕指示让长子迈登继承王位，但他是个跛子。然而，这只是一种权宜之计，雅典人最终认为科德鲁斯之后没有人配得上国王的称号，所以迈登成了雅典的首任行政官，拥有世袭的执政官头衔。这件事情发生在公元前804年。大约在这个时候，阿提卡因为居民太多，就派出一队人，在科德鲁斯的两个儿子安德鲁克里斯和涅琉斯的带领下前往小亚细亚。在希腊历史上的不同时期，殖民活动都非常活跃，几乎所有邻近的海岸和岛屿上都遍布希腊城镇。因为很少有人贪恋内陆领土，定居点几乎都是沿海而建，他们之间可以很方便地沟通，也能与母邦随时保持联系。

迈登之后有12位继任者做了雅典执政官，最后一位是阿尔克迈翁。他死后，也就是科德鲁斯死后160年，执政官由哈若斯继任，任期改为10年。之后又有6位任期为10年的执政官。后来改为每任一年，由9人共同担任。起初这些人由选举产生，后来从贵族中抽签选出。9人中，第一位是名年执政官①；第二位拥有国王的头衔，也是城邦最高司祭；第三位是军事指挥官，担任军队统帅；剩下的6位担任法官；9人一起组成了城邦委员会。人民只有立法权。在这种政治体制下，争强好胜的贵族阶级冲突不断，使雅典满目疮痍。

其中最强大的是阿尔克迈翁家族，他们是最后一位终身执政官阿尔克迈翁的后裔，也是科德鲁斯的后人。但是他们的势力受到了抵制，特别是库隆，这位出身高贵又极有权势的人想要成为雅典的

① 以其姓名作为年号纪年的执政官，位居九人执政官之首。——编者注

僭主——希腊人用这个名字称呼那些妄图舍弃共和制的合法政府而把整个国家置于自己统治之下的人。然而，他的企图给他和他的追随者们带来了杀身之祸。

为了补救这种状况引起的混乱，德拉古应邀为雅典立法。他没有改变政府形式，而是设立了一套极其严酷的刑法：任何罪行，无论大小，都处以死刑，理由是每一次违反成文法律的行为都是对国家的背叛。这一刑法的必然结果是，除了最严重的罪行，所有罪行都不受惩罚，因为很少有人会起诉或者被定罪。曾有人评论说："德拉古的立法似乎是恶魔在立法而不是人在立法。"雅典城仍处于苦难之中，而萨拉米斯岛叛乱使形势更加严峻——这座岛曾由雅典统治。梭伦率军夺回了萨拉米斯岛，他的智慧和勇气使他声望大增；后来他与克里特哲学家埃庇米尼得斯一起创立了一套政府形式，从而被认为是唯一一个能使这个混乱的城邦安定下来的人。

因此在公元前594年，梭伦被任命为执政官，拥有对城邦进行改革的特殊权力。他的改革在政府形式、民法和刑法方面都取得了巨大成功，特别是在立法方面是如此的卓越，罗马以此为基础创建了自己的法典，并由此成为欧洲大部分国家现存法律的基础。他设立的独特的政府体系将在其他章节讲解。值得一提的是，他的朋友劝他获取王权，但他断然拒绝了，他说："专政就像一个美丽的花园，当我们身处其中的时候，它是一个美丽的地方，但它需要一条走出去的路。"他决心在雅典人所能接受的范围内给他们提供最好的法律，只要是宪法能够容忍的事情，他都不会去改变它，因为他不喜欢不必要的革新。他的格言是："得到权力和正义支持的法律都能被很好地遵守。"

梭伦

梭伦法典颁布之后，弱者和挑剔者频繁地让他解释和修改，这使他感到劳顿不堪，为了让他的宏图伟业坚定地执行下去，他决定远游。他让雅典人发誓10年内不改变他设立的制度，然后他就出发了。此后他又活了12年左右，并在10年期满后回到了雅典，努力调停他不在时发生的纷争，却徒劳无果。他于79岁时在塞浦路斯去世。他死后，生活更为宁静的雅典人民为了向他表达最崇高的敬意，在萨拉米斯的广场为他竖立了一座铜像，铜像中他的手放在长袍上——仿佛正以他习惯的姿势向人民讲话。除了在立法方面极具天赋，梭伦还是卓越的演说家和出色的诗人。

采用梭伦法典后不久，雅典就陷入了帮派纷争。山地派、平原派、海岸派这些旧派别重新开始争斗；他们煽动雅典人互相攻击，试图颠覆和篡夺政权。莱库格斯是平原居民的首领，麦加克勒斯是海岸居民的首领；庇西特拉图宣布自己是山地居民的首领，声称这样做是为了保护山地居民免于暴政，而他们属于民主派。这三个人都出身高贵，在当时的雅典，如果没有高贵的出身，是没有什么变得伟大的机会的。庇西特拉图以其口才和军事才干而闻名；由于性格温和，举止亲切，他成了城里最受欢迎的人。然而，梭伦的一句话表达了他对庇西特拉图的看法或者担忧，他常对庇西特拉图说：“先生，要不是你的野心，你会成为雅典最好的公民。”

有一天，庇西特拉图坐在马车里来到市场，他受伤了，浑身是血。他抱怨说遭到了敌人的伏击，好不容易才逃脱。后来，人们普遍认为这不是真实情况；但是由于之前人们对此信以为真，我们并没有找到相反的记载。他拥有一支卫队，便带领卫队攻占了卫城。他的党派支持他，那些不服从他的人被迫流亡。通常认为，自那时起，庇西特拉图就成了雅典的僭主，尽管他的朋友们否认这种指控，声称雅典政府并没有改变，庇西特拉图甚至服从最高会议的决定。

可以说，庇西特拉图在立刻拥有权力的同时，又在一定程度上避免了篡权引起的憎恶。但他的统治不是没有间断，他两次被放逐，两次回来，去世时他还在执政，当时雅典正处于繁荣时期。庇西特拉图非常有能力，他的宽容和克制在当今社会都是罕见的。他资助学术和文化事业，据说创办了世界上第一座公共图书馆。莱库格斯将荷马的诗歌带到了希腊，而早期荷马诗歌的收集和整理都要归功于庇西特拉图。他为人善良，例如，作为雅典的僭主，他向每个人征收租金和收成的1/10作为土地税。有一次他碰巧看到一个老人正从岩石中捡东西，他问老人在捡什么，老人回答："几棵野生鼠尾草和一团乱麻，就算这些也要上交1/10给庇西特拉图。"他当时没再说话，但是回到城里后，免去了那个老人的税。

庇西特拉图死后，他的两个儿子希庇亚斯和希帕克斯继位，沿用了父亲开明克制的统治方式，希庇亚斯主要进行民政管理，而希帕克斯致力于采取措施启发心智、培养品位。希帕克斯赞助学术事业和博学之人，邀请阿那克里翁和西摩尼得斯去雅典，并把他们留在那里；在那个书又少又贵的年代，他在街上和路上竖起有墨丘利头像的大理石柱子，旁边刻上简短的道德名言警句，使那些既没钱又没时间学习的人可以得到一定程度的教育。希帕克斯还要求吟游诗人在泛雅典娜节的盛宴上吟诵《荷马史诗》，使人民在科学和生活道德、行为方面得到指导。

希帕克斯是被暗杀身亡的，原因至今仍不清楚，但可以肯定的是促成犯罪的动机是私人的，而不是公共的。主要的密谋者是来自城邦中层阶级的两个朋友，哈尔摩狄奥斯和阿里斯托革顿，但是他们都在暗杀中丧生。这一暴力事件使希庇亚斯这个幸存者变得多疑，又充满复仇之心，从那时起，他的统治变得偏执而森严。他不再努力赢得声望，一有疑心就杀死对方来保护自己。希帕克斯死后，他又统治了4年。几十年前被希庇亚斯的父亲放逐出雅典的阿尔克迈翁家族一直在寻找机会回来，他们终于在斯巴达王克里昂米尼领导的斯巴达军队的帮助下，包围了雅典，迫使庇西特拉图家族交出城市并放弃了领土。希庇亚斯和他的追随者于公元前510年撤退到位于赫勒斯滂（达达尼尔海峡旧称）的西格乌姆。从占领卫城开始，庇西特拉图家族统治雅典50年之久，在这个家族的统治之下，雅典第一次因为辉煌的公共建筑而受万众瞩目。

此后，雅典的领导权在伊萨哥拉斯和阿尔克迈翁家族公认的首领克利斯提尼中产生争议。克利斯提尼对政府形式做了一些改革，使其变得更加民主，从而赢得了民众的好感，获得了优势。他向所有公民开放公职。伊萨哥拉斯在得到斯巴达国王克里昂米尼的帮助后，只带了一小支军队，向雅典人提出了过分的要求，他以为没有人敢忤逆斯巴达国王的意愿。但是，他发现雅典人民没有卑微到能纵容这种侵占，人民纷纷拿起武器，打败了伊萨哥拉斯和他的追随者。现在统治权又回到克利斯提尼和他的朋友们手上，因为与斯巴达的战争一触即发，雅典人自然希望能得到帮助。于是，他们派使者到当时属于波斯帝国的吕底亚省首府萨迪斯，提议结盟。吕底亚总督问使者雅典人是谁，在哪里居住。当他听到答案后，他轻蔑地拒绝了与如此微不足道的国家结成联盟的提议，除非他们愿意把土和水送给波斯国王大流士一世，以示臣服。使者们顺从了这一要求，但雅典人民不同意这样做。

与此同时，克里昂米尼带着强大的军队进入阿提卡；他的一部分军队由科林斯人组成，但是，由于科林斯人的背叛，他被迫放弃进攻阿提卡。重获自由的雅典人开始攻打在另一处入侵阿提卡的维奥蒂亚人和其他军队，这些敌人很快就被击退。但雅典注定最终要与一个强大的敌人交战，而这个敌人非常强大，之前的敌人均无法与之匹敌。当时依然流放在外的希庇亚斯没能得到斯巴达人的帮助，他去了萨迪斯，劝说总督阿尔塔费尼斯对雅典宣战，并且答应如果能重获雅典统治权，就让雅典成为波斯帝国的附庸。一听到这个消息，雅典就派使者到萨迪斯劝阻阿尔塔费尼斯不要答应希庇亚斯的要求。然而，他们却接到了一个傲慢的命令，让他们向希庇亚斯投降，但是他们拒绝服从，由此卷入与波斯的战争。

与此同时，希庇亚斯被驱逐之后发生的事情使雅典的政府更加平民化。在现任领导者阿尔克迈翁家族的不断呼吁下，雅典人民逐渐精通公众事务，因而人民的权力不管在现实生活中还是从法律上都变得至高无上。其结果是政府的活力和生机日益增强，城邦内部的稳定和安全状况也有了很大改善。尽管在动乱不安的时代会充满偏执和暴力，有时候也会仓促地采取最愚蠢和最不公的行为——因为发现真相的手段总是有缺陷的，但总体而言，平民法庭的态度是真诚的，能不偏不倚地处理富人和穷人之间的所有纠纷，这在希腊其他城邦非常少见。

第281章

从第一次波斯干涉到波斯入侵

（前506—前479）

小亚细亚沿岸的希腊定居点因为波斯人入侵而四分五裂，当地居民乘船去了欧洲其他地区，甚至远至高卢，建立了另外的定居地。基于这种状况，小亚细亚的爱奥尼亚人去雅典请求援助，雅典欣然同意了。在一支舰队的协助下，爱奥尼亚人英勇奋战，洗劫了萨迪斯。波斯国王大流士一世知道这件事后，就宣布自己是雅典的敌人，迫切希望复仇。此后爱奥尼亚人很快就屈服了。当大流士一世打算征服希腊的消息传来，雅典、埃伊纳岛以及希腊其他城邦的居民，明智地放弃了他们之间的分歧，这些分歧曾经导致他们发生无关轻重的冲突，以便可以用全部的力量对抗他们共同的敌人。

刚刚娶了大流士一世女儿的波斯大将马铎尼斯率领一支庞大的陆军和一支庞大的舰队前来，要惩罚雅典焚烧萨迪斯的行为。他率军穿过赫勒斯滂。除了一些山地人，色雷斯已经臣服于波斯人；马其顿之前被迫同意献上土和水，现在也不敢拒绝这样的要求。但是波斯舰队在折返阿索斯角途中，遇到猛烈的暴风雨，损失了300艘船和2万多人；军队中又有很多人因为色雷斯人的夜袭而丧生。尽管色雷斯人被打败了，但是已经到了冬季，波斯统帅认为最好还是回去，在亚洲过冬。

大流士现在想知道这些希腊城邦是敌是友，所以他派遣使者到希腊的几个城邦，要求他们上交土和水，以示臣服。北方的许多城镇以及大多数岛屿认为不能拒绝；但在雅典和斯巴达，人们非常愤怒，不仅坚决反对，而且将波斯使者分别扔进了洞穴和水井中，并告诉他们从那里带走“土和水”。

在战争开启前的间隙，希腊诸城邦陷入纷争。有一次，斯巴达王克里昂米尼率军突袭阿尔戈斯人，将他们打得大败并进行了屠杀。雅典和埃伊纳岛之间也爆发了战争。当希腊社会动荡之际，波斯又在准备征服希腊。马铎尼斯被召回，他将指挥权交给阿尔塔费尼斯和达提斯。达提斯是米底贵族，久经沙场。波斯军力增加至500艘战船和50万军队。

远征就这样启航了，已经上了年纪的希庇亚斯担任向导和顾问。为了避开色雷斯和马其顿迂回而危险的路线，波斯大军决

波斯使者被扔进水井里

定横渡爱琴海，同时征服途中的岛屿。纳克索斯和其他几个岛投降了。然而，当埃雷特里亚的居民发现波斯舰队时，他们立刻派人请求雅典的援助。在哈尔基斯定居的4 000名雅典人奉命援助他们。然而，因为埃雷特里亚人人心不齐，他们的援助没有起到太大作用；在抵抗了6天之后，这个地方被叛徒出卖给了波斯人。波斯人在城中烧杀抢掠，还把居民卖作奴隶。雅典人回到家乡，养精蓄锐，准备保卫祖国。作为优卑亚岛（又称埃维亚岛）的主人，波斯人在公元前490年，即第一次入侵之后的第六年，根据希庇亚斯的建议，进入阿提卡，在狭窄的马拉松平原登陆。

此时雅典正好有一个能应对危机的指挥官——（老）客蒙之子米提亚德。他是经常指挥城邦军队的10位将领之一，但其他将领非常清楚他的非凡才能，因此有4位将领把指挥权交给了他。将领们在是冒险作战还是保卫城市的问题上意见不一，而执政官卡利马什拥有决定权。他同意了米提亚德冒险一战的建议，于是军队向马拉松行进，此时正逢米提亚德的指挥日，由他指挥军事行动。来自维奥蒂亚小国普拉提亚的少量援军加入了雅典军队，雅典联军大概有1.1万人的重装部队，以及大约同样人数的轻装部队，而波斯军队有3.2万人。

尽管雅典在人数上不占优势，但他们所处的位置非常有利。他们既不在群山之中，也不在广阔的平原之上，如果在山中，他们的重装方阵无法保持完整的队形，也无法抵御敌人弓箭手的飞箭；如果在平原上，他们会遭到众多敌人的包围。在狭窄的马拉松平原上，地势有利于方阵的行进，但狭小的区域会阻碍敌军骑兵变换队形，这对雅典军队极其有利。因为空间有限，米提亚德用了跟敌人相同的战线，同时故意削弱了中军的力量，加强了两翼的兵力；为了不给敌人的骑兵和弓箭手留下机会，他命令军队跑步前进，立刻展开近距离作战。战斗非常激烈。雅典薄弱的中军被打散，被敌人乘胜追击，但是强大的两翼兵力压得敌人节节后退，回过头来合围并剿灭了深入中心的敌军兵力；随后将逃窜的敌军追至海岸边，重创敌军。根据希罗多德[①]的记载，波斯军有6 400人被杀，而雅典和普拉提亚联军只牺牲了192人，其中包括执政官卡利马什和一些知名人士，联军在海岸边俘获了7艘战船。

这位希腊历史学家说："参加马拉松战役的雅典人是希腊人中最先使用跑步前进以便立刻开展近距离作战的人，他们也是最早在战场抵挡了穿米底服装的人，那时只要提起米底人和波斯人的名字，希腊人就会感到恐惧。"据说诗人埃斯库罗斯[②]的兄弟西奈吉鲁斯表现出了非凡的勇气，在双手被砍断之后，他用牙齿咬住了一艘准备启航的船，最终战死。根据贾士丁的记载，本希望凭借波斯人的力量重获雅典统治权的希庇亚斯，在双方交战中丧生。

波斯军队一被击退，立刻开船驶向雅典，希望在雅典军队回到主城之前直取雅典；但是他们还是失望了，最终选择撤回亚洲。米提亚德的胜利让他获得了无限的声望和影响力。凭借人民对他的好感，他以会给雅典带来巨大财富为借口，请求给他一支70艘船组成的舰队，实际上他想报当年受到伤害的一箭之仇。他带领舰队到达

① 希罗多德（约前480—约前425），希腊最早的历史学家之一，被西方誉为"历史学之父"。——译者注

② 埃斯库罗斯（前525—前456），古希腊三大悲剧作家之一，代表作为《被缚的普罗米修斯》。——译者注

帕罗斯岛，声称要惩罚曾被迫在波斯舰队中服役的帕罗斯人，要求他们上交100塔兰同[①]，以此作为他撤军的代价；但是帕罗斯人却拒绝了他，并且奋起反抗。米提亚德受了重伤，返回了雅典，帕罗斯人才解除了危险。

回到雅典，因为没有兑现对人民的承诺，米提亚德受到一个很有名望的人——克桑提普斯的审判，以决定他的生死。米提亚德为了满足私心而滥用公共权力，人们有理由审判他，但是雅典人只是为了让一个名人高兴就信任他并交付武力，这种行为也不可原谅。出于他的不世功勋以及人们对他现状的怜悯，他最终免于一死，但是被罚了50塔兰同——大约6万美元。不久之后，米提亚德伤重不治，郁郁而终，他的儿子（小）客蒙为他交了罚款。

马拉松战役结束4年后，埃及人起义反抗波斯人，不久大流士一世死了，他的儿子薛西斯继承王位，收复了埃及。紧接着，薛西斯试图征服那些坚持独立的希腊城邦。他集结了有史以来最强大的海陆军队，花了4年时间做准备。据记载，战船的数量是1 200艘，辎重船3 000艘，前者的威力和规模属古代世界之最，军队包括170万步兵、8万匹马以及大量随从。在备战开始之后的第五年，他带着拥有绝对优势的兵力，朝着赫勒斯滂出发，用了七天七夜的时间从舟桥渡过了海峡。他率军经过色雷斯和马其顿，向雅典进发。此时大多数希腊城邦停止了彼此之间的争吵，加入了反对入侵者的行列，奉斯巴达为首。

① 塔兰同，本是重量单位，也可用作货币单位，表示等重的黄金或白银，曾经在中东、希腊等地区广泛使用。——译者注

这次轮到斯巴达人小心了。前一次波斯人入侵时，由于他们自私、胆小或者迷信，直到危险过去了也没有去援助雅典人；阿尔戈斯人袖手旁观，拒绝接受斯巴达人的指挥，他们曾在与斯巴达人的战争中饱受磨难；底比斯人最终投靠了波斯人。波斯人遭遇的第一次抵抗发生在温泉关，这是一个连接塞萨利和福基斯的海岸山隘，是从塞萨利向南唯一可通行的关口。这里驻扎着5 000多名正规军，由克里昂米尼的弟弟斯巴达王列奥尼达率领。他们的目的是守住这条通道，直至全部兵力集结完毕。这一小支希腊军队将整个波斯军队挡住了好几天，薛西斯起初派遣使者劝他们放下武器，他们简短而勇敢地回答："让薛西斯来抓我们吧。"

最后有希腊人告诉薛西斯，军队可以通过另一个山口穿越大山，于是他派出一支强大的分遣队从背后袭击希腊人，同时让主力军队从前方进攻。列奥尼达和少数被选中的人决心血战到底，因为他们清楚自我牺牲能作出榜样，从而产生重大影响。神谕的声音触动了他们，因为神谕曾指示若国王不死，斯巴达必亡。因此，列奥尼达解散了军队，只留下300名斯巴达人与他一起作战，另有700个塞斯比人决心与他同生死。列奥尼达强行留下400名底比斯人做人质，防止他们反复无常的同胞叛变。凭借这点微薄的兵力迎战波斯大军，他们无不抱着必死的决心。在绝境中激发的斗志，让他们杀敌无数。他们一直拥有优势，直到波斯分遣队出现在他们背后。他们撤退到一个小山丘上，依靠山顶，延长战斗时间。长矛折断了，就拔出佩剑劈砍；佩剑断了，就用手和牙齿，一直到所有的斯巴达人和塞斯比人都倒下。在他们撤退到小山丘时，便放了底比斯人，而底比斯人全部投降。

波斯人焚毁雅典城

作了所有的努力之后，城中的雅典人发现他们被盟友抛弃了，除非投降，否则保护不了自己的城市。于是他们立刻决定在薛西斯逼近之际放弃雅典城。来自阿提密西安海峡的战船在萨拉米斯岛会合，帮助他们撤离。他们的妻子、孩子和仆人都被送到了萨拉米斯、特罗曾、埃伊纳岛，而身强体壮的人大多在船上服役，只有少数人，特别是穷人，被留在城里。波斯军队烧毁塞斯比和普拉提亚之后，向雅典挺进。他们进了城，但卫城里为数不多的雅典人顽强反抗，他们好不容易才占领了卫城，然后将其烧毁。守军都被屠杀。

波斯舰队遭遇了风暴，还在阿提密西安海峡遭到了激烈反抗，因而在萨拉米斯的彻底战败似乎已成定局（前480）。波斯舰队有800艘三列桨战船，而希腊人仅有400艘，其中180艘是雅典战船。薛西斯率领整支波斯军队聚集在阿提卡岸边观战。起初双方兵力的巨大差距使希腊人普遍感到恐慌，但后来他们的进攻变得稳定有序。按照地米斯托克利教的方法，他们用船头撞击敌人的舷侧。最终希腊军队大获全胜，敌人的军备也都被摧毁。波斯军队的失败使薛西斯心灰意冷，不久就返回了亚洲；但是他留下了一支强大的军队。在马铎尼斯的带领下，这支军队野心勃勃，想要征服希腊。

公元前479年春天，马铎尼斯的第一个重要举措便是试图使雅典脱离希腊联盟。但是他施加的强大压力没有奏效，于是他直接向雅典进军。雅典居民没有等到他们期待的盟军支援，就把人口都转移到了萨拉米斯岛，给波斯军队留下一座空城。斯巴达人推迟了对雅典人的援助，直到波斯军队威胁到了他们的自由，才派出5 000人援助雅典，随后又加派了5 000人，斯巴达算是倾尽了全部的兵力。雅典人从萨拉米斯岛返回，与联军在埃莱夫西斯会合，向维奥蒂亚边境的埃律特莱亚行进，在西塞隆山下驻扎。希腊联军中的重装步兵达3.7万人。从斯巴达城中派来的5 000重装步兵，每一个都带着7名轻装希洛人，加上其他轻装军队，联军共计11万人，由斯巴达国王普萨尼亚斯率领。由8 000名重装步兵组成的雅典军队由亚里斯泰迪斯统领。亚里斯泰迪斯在历史上有“正义者”的美誉。马铎尼斯的军队包括30万亚洲人和大约5万希腊人。

亚里斯泰迪斯

马铎尼斯离开雅典的时候，烧毁了整座城市。波斯骑兵发起了第一次进攻，他们以小分队的形式发起进攻，然后退下。这种进攻持续了一小段时间，300名雅典人便奋不顾身向前冲，使骑兵们不得不全体出动，雅典重装步兵紧随其后，击退了波斯骑兵。在希腊人多次变换阵地并进行了几次成功的军事行动之后，双方在普拉提亚展开了决战。波斯人作战也非常勇猛，但无论是这一点，还是人数上的巨大优势，都无法弥补他们在武器和纪律上的劣势。他们遭遇屠杀，最终被打败，马铎尼斯也被杀死。波斯军队中的希腊仆从部队并不热衷于交战，他们几乎没有协助波斯人。

波斯士兵逃回自己用壕沟围起的营地，及时关闭了大门，并派人在城墙上守卫，抵挡斯巴达人和特吉亚人。斯巴达人并不擅长攻城，所以没对敌人造成什么威胁，但是雅典人一到，进攻很快有了进展。雅典人因长期的痛苦和威胁而产生的愤恨，此刻便以极其血腥的方式加以宣泄，而这种血腥的方式是难以为其辩护的。马铎尼斯率领的30万大军只有3 000人逃脱，另外有4万人跟着阿尔塔巴左斯撤退了。阿尔塔巴左斯意识到大势已去，便冲破重重阻碍逃到色雷斯，渡过赫勒斯滂回到亚洲。“即使在看到一个伟大的民族从不道德的侵略中获救而感到喜悦时，这样彻底的破坏也让人厌恶。真希望一个愤怒的国家在复仇时能记住仁慈，避免将雇主的罪恶施加于悲惨的专制工具（人民）头上。”

这场战争的结果不仅使希腊人摆脱了被奴役的噩梦，还使他们拥有了巨额财富。当薛西斯离开军队前往亚洲时，他把大部分财富和贵重家具都给了他的姐夫马铎尼斯，其余的分给了几个他最喜欢的下属。其中有华丽的绣花沙发、金银桌子、金碗和高脚杯、黄铜的支架和马槽、链子和手镯以及金器等，一些是纯金的，另一些镶有宝石；还有许多箱波斯钱币，从那时起波斯钱币就成了希腊的货币，一直到几年之后才改变——这一切都归征服者所有。

据说，普拉提亚战役发生在8月。同一天，希腊和波斯之间在萨摩斯岛对面的爱奥尼亚的米卡尔海角爆发了一场大战。这场战役同普拉提亚战役一样光荣又关键。波斯人的舰队在那里被一支希腊舰队摧毁，这支舰队是在斯巴达国王列奥提基达斯的率领之下被派往爱奥尼亚海岸的。岸上还有一支6万人的波斯军队，面对英勇作战的希腊人，波斯军队再次遭遇惨败。海岛上的爱奥尼亚人从波斯的统治之下被解放出来，加入了希腊联军。当战斗停止时，波斯的船只和营地，以及其中的所有贵重财宝，都成了胜利者的战利品。爱奥尼亚重获自由，波斯君主最终放弃了亚细亚沿海。当一切有价值的物品都从敌人的营地和舰队被取出之后，希腊人就把船烧成灰烬。

这次标志性的战役不仅让波斯人在欧洲的征战彻底化作泡影，而且使亚洲最美丽的地区恢复了自由。这次战役之后，希腊舰队前往萨摩斯岛，经过几番征战后，最终回到希腊。普拉提亚战役之后，马其顿立刻与波斯断绝了联系，大约在同一时间，色雷斯也摆脱了对波斯的依附。

两次战役之后，一个强大帝国对一个勇敢民族的难忘征战就这样结束了。这一结果在一定程度上要归功于希腊人的独立精神，特别是雅典人的坚定不移，他们在失去自己的城市之后仍然拒绝了波斯人开出的有利条件，而他们所做的选择无疑决定着希腊的存亡。

第282章

雅典的霸权

（前479—前431）

普拉提亚战役之后，雅典人立即召回了自己的人民，开始重建城市和城墙。虽然有点令人费解，但这一措施使斯巴达人极为不快。战争的指挥权，无论是陆战还是海战，都交给了斯巴达，虽然他们是希腊最显赫的军事城邦，但雅典的舰队却更庞大，雅典人展现的力量和精神给所有人留下了深刻的印象。斯巴达人一贯奉行狭隘和偏执的政策，他们试图阻止雅典人为保护自己的城市而修建防御工事，并且竭力阻碍雅典人为在保护自己的城邦以及保护希腊的战役中所遭受的严重损失进行补救。他们甚至让使者厚颜无耻地敦促雅典人不要继续修建城墙，相反，如果可能的话，拆除伯罗奔尼撒半岛所有城市的城墙，这样敌人可能再也找不到坚固的地方安营扎寨了。如果这一要求得到满足，雅典将完全受制于斯巴达。

雅典人地米斯托克利用巧言善辩挫败了斯巴达人的阴谋。他故意用谈判拖延时间，在修建城墙的问题上设法欺骗了斯巴达人；当城墙达到必需的高度时，他告诉人们雅典已经有了充足的防御，从今往后，如果他们和盟友商榷，则对方一定要是能作出正确判断的人。与此同时，与波斯的战争仍然进行，希腊联军在爱琴海维系着一支强大的海军。但是斯巴达国王普萨尼亚斯正秘密地与薛西斯进行谈判，他承诺如果薛西斯娶他的女儿，他就让希腊臣服于波斯。薛西斯同意了，这让他得意忘形，对待联军中其他城邦极其傲慢和苛刻。普萨尼亚斯的傲慢态度在一定程度上使联军内部产生了分歧。

在这次危机中，普萨尼亚斯因叛国罪被召回；整支舰队，除了伯罗奔尼撒人，立即把雅典人当作领袖。多尔西斯被派去接替普萨尼亚斯，但盟军拒绝服从他，他和他的部队撤出了舰队。自那时起，雅典注定要成为包括爱琴群岛、小亚细亚和色雷斯的希腊同盟的首领。其结果是希腊聚居地得到了自由，雅典也获得了极高的权力。允许同盟只提供金钱，而由雅典提供船只，结果同盟的其他成员很快发现自己的地位下降，沦为雅典的附庸。当然雅典在使用自己的权力时也没有太过节制。

大约在公元前477年，雅典开始崛起。雅典人被亚洲及各个岛屿的希腊人公认为领袖，他们开始定期组织同盟。大家一致同意，由亚里斯泰迪斯进行评估，确定每个城邦为支持战争贡献的财物。他的评估极其公正，为每个城邦确定的份额公正到几乎无人质疑。每年贡金总额是461塔兰同——不到50万美元。战争在米提亚德的儿子客蒙的领导下成功展开，对抗欧洲那些仍然为波斯国王效力的城邦。

但是同盟的成员逐渐厌倦了这种对抗，开始拒绝服役。雅典人很清楚自己的实力，因而他们的行为举止变得傲慢，同盟盟规的执行也更加严厉，但各城邦提供服务和贡金却越来越不准时。雅典与那些屡有拖欠的城邦开战，屡战屡胜，战败的城邦被夺走舰队，并被征收更重的贡金。就这样，雅典从同盟的首领，变成了同盟的苦难之源。公元前468年，客蒙领导的雅典联军在潘菲利亚的攸里梅敦河河口，分别从海上和陆地上同波斯人交战，在同一天赢得了两场大的胜利。

雅典人对邻近岛屿的入侵，引起了斯巴达人的注意，公元前464年，斯巴达准备秘密入侵阿提卡。但是一场地震阻止了他们的行动，斯巴达大部分地区在地震中坍塌，2万人在地震中丧生。希洛人绝大多数有希腊血统，他们主要是被征服的美塞尼亚人的后裔，他们利用这个机会举行起义，在10年的时间里给斯巴达带来了巨大的麻烦。这些人最后被雅典人所接受，他们在科林斯湾的诺帕克特斯（勒班陀）建立了自己的家园。

公元前458年，墨伽拉和科林斯之间发生了争执，墨伽拉背叛了斯巴达联盟，与雅典取得联系。这对科林斯来说是件幸事。一场对抗伯罗奔尼撒人的战争爆发了，雅典多次在陆战和海战中获胜。在陆战中，他们最活跃的敌人是科林斯人，在海战中是埃伊纳人，最终雅典人获胜。大约在同一时间，他们开始修建长墙，用以连接城市和港口——比雷埃夫斯港，这样，只要他们能掌控海权并守卫城墙，即使最强大的陆军也威胁不到他们。

在当时的情势下，斯巴达人的对策是让底比斯来制约雅典，但是这个方法没有产生什么效果，因为后者在短期内取得的成功使所有维奥蒂亚城邦都与之结盟。东洛克里斯人被雅典将领米隆尼德斯制服，大约在同时，埃伊纳也投降了，他们放弃了舰队，拆毁了城墙，并向雅典进贡。自此，这个被称为“比雷埃夫斯之眼”的岛国，就不再因其海洋优势和一贯的敌意而给雅典带来麻烦了。这场战争持续了大约4年，总体而言，雅典获利。公元前450年，雅典与伯罗奔尼撒签订5年的休战协议，战争中止了。

雅典帝国现在已经达到了极限，延伸到了爱琴海的大部分岛屿，包括埃维亚岛，还涵盖了色雷斯、马其顿和亚洲的希腊城邦。这些城邦臣服的条件各有不同。雅典在希腊大陆的势力范围也很广。它控制了麦加利斯、维奥蒂亚、福基斯和东洛克里斯；自珀加和诺帕克特斯，它掌控了科林斯湾；在伯罗奔尼撒，特罗曾受其支配；在亚该亚地区，它的影响力也占据主导地位，而阿尔戈斯则与它利益相连。随着外部影响力的扩大，内部的政府也开始了重大变革。贫困公民的社会影响有所提升，也相对更加开明。

在因为受到排挤而被放逐的地米斯托克利倒台之后，客蒙一直是雅典的第一人。他拥有很强的能力、巨额的财富，而且为人诚实正直、极其开明。他把花园和果园的篱笆推倒，让所有人分享园里的果实。他每天为穷人准备一桌饭，总是愿意给穷人钱或者借钱给他们。他用以装饰城市的公共建筑——门廊、树林和花园——也彰显着他的辉煌成就。修建这些建筑的费用一半由他支付，一半出自战争胜利给国库带来的财富。但是，由于客蒙具有贵族政治的倾向，他试图跟斯巴达人表示友好，但被一个获得了统治权的党派所禁止，最终垮台——由于受到排挤，客蒙被放逐。从表面上看，这个党派的领袖是埃菲阿尔特斯，但是克桑提普斯的儿子伯里克利却迅速获得了重要的影响力。

这个时期的伯里克利还很年轻，他出身名门，有很强的能力。他有一定的军事才能，但主要被认为是一位颇有建树的政治家和演说家。他演讲的气势之磅礴、技巧之精湛、格调之优雅，是雅典人从未见过的。通过教育以及与哲学家和文人的交谈，他的每一种天赋都得到了极大的锻炼。为了满足那些没有得到客蒙恩惠的民众，新政权寻求必要的手段以达成此目的，凭借着伯里克利雄辩的演讲和巨大的影响力，他们幸运地削弱了战神山议事会（又译为亚略巴古，指雅典卫城石山的最高法院）的权力。由于这一变化，监管国库而且不受控制的权力落到了公民大会手中。

自希波战争以来，雅典已经成为哲学和艺术的中心。地米斯托克利和客蒙统治时期，鼓励哲学和艺术自由发展；伯里克利掌权以后，哲学艺术发展更加迅速。整座城市都被雕塑、绘画和建筑的杰作所装饰。在庆祝宗教节日时，总会举行诗歌和音乐竞赛。充满激情的大师们用心创作的悲剧和喜剧，吸引了人们的热切关注。许多杰出的哲学家住在雅典，他们在前厅和其他公共场所所做的演说吸引了大量热情的听众。其结果是，公民们感到满足，有时候会受到教育，变得更有教养，但通常他们会变得轻浮、挑剔、讲究和任性。他们追求的只是兴奋，而不是将这种热情持久而有效地用于某项事业。

于是出现了一群挥霍无度又蛊惑人心的政客，他们以迎合大众口味为目标，为此不惜牺牲正义和人性。那么，当我们在后面发现人民的动摇就像他们的嫉妒和压迫一样，一旦发现盟友反抗，他们的报复就像他们的统治一样残酷，又有什么奇怪的呢？

在伯里克利掌权后不久，一支雅典军队被派往埃及，协助那里的人民反抗波斯的统治。这次起义的首领是伊拉罗斯。但是经过5年的较量，在公元前454年，起义被镇压下去，伊拉罗斯被钉在十字架上处死，大部分希腊友军被杀。大约在此时，雅典的两个党派和解了，在伯里克利的提议下，流放在外5年的客蒙被召回。他的回归可能促成了此前提到的雅典与斯巴达休战；直到他去世，雅典再没发生内部纷争。雅典一片和平，让一些人感到不习惯，征服色雷斯半岛为他们找到了一些用武之地；而促使塞浦路斯加入雅典同盟，让他们对征服的渴望得到了短暂的满足。作为此次行动的领导者，客蒙死于远征途中；加上缺乏供给，军备活动被重新提上日程。

与斯巴达5年的休战期一过，雅典与斯巴达之间再次出现危机；但是由于伯里克利从中斡旋，危机得以解除，没有造成灾难性影响。年轻的斯巴达国王普雷斯托阿纳克斯率军入侵阿提卡，据说使用了贿赂才使其撤退。然而，雅典此时还陷入了与其他地区的战乱之中；帝国范围宽广加剧了叛乱，使其深陷纷争；这种状况让雅典帝国疲于应对，无法维持现在的辽阔疆域，于是雅典与伯罗奔尼撒人签署了长达30年的休战协议。除了早已经失去的维奥蒂亚和墨伽拉，这一协议还使它放弃了尼萨、珀加和特罗曾这些地区以及对亚该亚的影响。

客蒙死后，贵族党给伯里克利找了一个新对手——客蒙的妹夫修昔底德[①]。但是曾经把权力给了客蒙的伯里克利，不愿再让位于其他人，他获得了领导政务的全部权力。基于他的影响，他的对手修昔底德很快因为受到排挤而被流放。萨摩斯和米利都都是雅典的

① 不是《伯罗奔尼撒战争史》的作者修昔底德。——译者注

盟友，他们之间发生了纷争，雅典决定出兵攻打萨摩斯。被包围了9个月后，萨摩斯投降。这场战争发生在30年和约开始施行之后的第六年。

萨摩斯被攻陷3年后，科林斯和克基拉（科林斯的一个殖民地）之间的争端引发了希腊迄今为止所遭受的最广泛、最持久和最致命的战争。科林斯获得了伯罗奔尼撒半岛几个城邦的帮助，进攻克基拉，以迫使其臣服；而另一方面，克基拉与雅典结成了防御同盟，从雅典那里得到了一支舰队助其防御。这些举措的影响从一开始就很明显，希腊的大部分城邦陷入了战争，最终斯巴达和雅典之间爆发了大战。

第283章

伯罗奔尼撒战争

（前431—前404）

在前文所述的形势下，底比斯人对普拉提亚共和国采取了军事行动。底比斯军队是斯巴达盟军中最强大、最大胆的一支，他们攻入了城镇，还占领了部分地区，但最后被打败了。差不多有200个底比斯人落入普拉提亚人手中，作为俘虏被杀。普拉提亚对雅典非常忠诚，因而在这场战争中获得了雅典的支持。

雅典人与伯罗奔尼撒人之间的联盟现在破裂了，双方都在为战争做准备。斯巴达人和雅典人都向波斯求助，并呼吁自己的盟友武装起来。几乎所有希腊城邦和岛国都选择其中一方参加了这场战争。经过热火朝天的准备，就在普拉提亚杀掉200个底比斯俘虏的几周之后，斯巴达人及其盟军在科林斯地峡集结了一支6万人的军队，斯巴达国王阿希达穆斯为统帅。他们很快攻入阿提卡，没有遭遇任何反抗。然后他们沿着阿提卡东海岸前进，在途中烧毁城镇，洗劫了这个地区。与此同时，雅典人在伯里克利的建议下，把他们的家人和家具带到了城里，把他们的牲畜送到埃维亚岛和其他邻近的岛屿上。然而，雅典人并不情愿这样做，因为他们比其他希腊人更依赖乡村生活，而没有了乡村产业的收入，他们中的很多人从衣食无忧变得贫困，而雅典城也不能为这么多人提供食宿。尽管如此，他们还是积极备战，一支由100艘战船组成的舰队已经做好了应对敌人的准备。

有了这支舰队，再加上几支来自克基拉和其他地方的舰队，雅典人绕着伯罗奔尼撒半岛，打败了西海岸的大部分支持斯巴达的城邦。接着，他们占领了阿卡纳尼亚的阿斯塔科斯，驱逐其僭主，建立了民主制度，使其成为自己的盟军。他们没有动用任何武力，就使庞大的凯法利尼亚岛臣服了。阿希达穆斯想要与雅典全面开战，但是没能实现，所以在他发现供给维持不下去的时候，就从维奥蒂亚回国了。第二年，这位斯巴达国王再次出征，攻打雅典联军，但是仍然没有成效，因为伯里克利使用了与上年一样的策略，避免在陆地上与敌人直接交战。

但是，这位伟人和他的人民遭遇了另一个敌人，这个敌人即使是他也无力应对：一场瘟疫此时袭击了不幸的雅典人民——最初发生在埃塞俄比亚，又肆虐到埃及和亚洲许多地区。“开始时人头部发热，眼睛发炎；舌头和喉咙充血，呼吸有恶臭；接着打喷嚏，剧烈咳嗽，然后腹泻不停，呕吐不止；接下来剧烈打嗝和痉挛。皮肤发红，到处溃烂，但是尽管体表并不发热，体内却发热严重，病人难以容忍，他们穿不得任何衣服，很多人甚至跳进井里缓解发热。他们口渴难耐，睡不着觉。然而受折磨的人却没有想象的那么虚弱，发热一般持续7到9天，但不幸的是，许多幸存下来的人死于肠溃烂以及随后的麻痧。疾病从头部蔓延至全身，致使很多人失去四肢。有些人完全丧失了记忆，身体恢复之后，不认识他们最亲近的朋友，甚至连自己都不认识。”若不是篇幅有限，我们还会提及很多其他症状来说明这场瘟疫的可怕。必须说明的是，人类在感觉到死亡不可避免时，几乎无法依靠信仰的力量来维持良好的道德品行。很多人抢占每一件能到手的东西，沉湎于酒色，放荡不羁。法律对此无能为力，因为没人指望他能活下来接受判决。

雅典人的精神破灭了。他们提出讲和，却被傲慢地拒绝了；失败的耻辱和疾病的痛苦同时存在，加深了他们对伯里克利的不满，认为他是一切苦难的始作俑者。他们为此召开了公民大会，但是伯里克利不仅成功地为自己做了辩护，而且劝服他们继续战争；直到伯里克利被判处一笔巨额罚款，他们的愤怒才得以平息。公元前429年，在埋葬了最后一个孩子之后不久，伯里克利因感染瘟疫去世了，最后一个孩子的死亡将他内心的刚毅击得粉碎。

伯里克利死后，战争不间断地持续了7年，造成了大量的损失和痛苦，但是两个敌对的联盟都没有取得决定性的优势。雅典的大陆属地遭到攻击。普拉提亚进行了顽强的抵抗，但是最终被打败了。莱斯沃斯岛的大部分地区发生了叛乱，但最终被镇压。

这一时期，希腊各城邦都受到内部骚动和叛乱的影响。在每一个共和国，几乎在每一个城邦，野心勃勃和满腹阴谋的人寻找各种途径得到斯巴达或者雅典的帮助，这取决于他们拥护和支持的是贵族还是民主派的利益。在这种情况下，最反常的罪行发生了：挥霍的人为了摆脱债主的催逼和威胁而刺杀了债主；父母极其残忍地惩罚了奢侈而放荡的儿子，儿子便弑杀父母，以报复他们的严苛。为了商讨城邦安定相关事项而召开的公民大会，最后用武力决定辩论结果。男人嗜血成性；大范围的混乱击垮了一切法律。

到了战争的第七年，斯巴达人发现自己不得不去讲和；但雅典人提出的条件太苛刻，他们无法接受；然而到了第八年，雅典和斯巴达以及伯罗奔尼撒联盟的一部分城邦达成了一年的休战协议。但在色雷斯，战事仍在继续，斯巴达人布拉西达斯前一年攻占了雅典一个非常重要的殖民地——安菲波利斯。休战期满后，雅典试图收复这座城市，但是遭遇惨败。公元前421年，雅典与斯巴达签订了50年的休战协议，然而，伯罗奔尼撒联盟的许多城邦拒绝加入。根据停战协议的条款，雅典和斯巴达几乎处于战事开始时同样的境地；但是伯罗奔尼撒联盟中几个城邦的利益被彻底忽视了。

斯巴达的盟邦普遍不满，他们察觉到斯巴达的利益与自己的利益不再一致时，已经被联盟的首领抛弃了。还有很多其他原因导致他们对斯巴达不满，盟邦之间也存在很多纠纷。希腊的政治上出现了一种特殊的合作关系，雅典一度成为伯罗奔尼撒城邦联盟的领袖。斯巴达和雅典之间的战争很快再次开启，战事发生得很迅速，比以前更具影响力。

伯罗奔尼撒战争开始时，锡拉库扎在西西里岛所有城邦中几乎占有绝对优势。这个城邦是民主制政体，因而倾向于将自己的利益与雅典联合起来；但在另一方面，他们是多利安人后裔，这使他们与斯巴达建立了联系。利昂提尼斯人是西西里岛上的爱奥尼亚人，他们同很多小城邦一样，想从锡拉库扎的统治中获得解脱；但在随后发生的战争中，他们处境困难，因而向雅典请求帮助，雅典同意了。不久之后西西里城邦之间大体上获得了和平。但是，新的争端又出现了；埃盖斯塔人民恳求雅典出兵保护他们免遭锡拉库扎的屠戮，雅典派往国外的最大规模的远征军最终从雅典启航了。

亚西比德

这是雅典人亚西比德提议的结果，他之前已经参与公共事务。亚西比德是克列伊尼阿斯的儿子，拥有雅典最高贵的血统，很早就继承了一大笔遗产。他极具天赋，也野心勃勃。周围的人都奉承他，这让他信心十足，不到12岁的时候，他就谋划了在公民大会上发言，尽管这违背了希腊的习俗。他非常钦佩伟大而智慧的苏格拉底，而后者也为他卓越的能力所吸引。彼此之间的友谊随之产生，但即使是苏格拉底也没能使自己的年轻弟子彻底克服所受到的诱惑。亚西比德任由自己成为欲望和激情的奴隶。

在准备远征的军备时，亚西比德宣布他的计划已经远远超出了远征的直接目标。他提议先征服西西里岛，将其作为征服意大利的希腊城邦的第一步，然后征服迦太基；此后与西班牙建立联系，确保雅典能筹募足够多的雇佣军来征服伯罗奔尼撒。但亚西比德本人被政敌阴谋算计，被迫离开雅典，逃到斯巴达，并将雅典远征西西里岛的目的告诉了斯巴达，促使斯巴达出兵援助锡拉库扎。斯巴达的援军及时赶到，避免了锡拉库扎被征服的命运。结果，这次远征使雅典的大军，以及派去支援的另一支兵力几乎相等的军队，完全被摧毁。

由于背离了伯里克利的策略，雅典人丧失了他们付出巨大代价才赢得的优势，而这只能怪他们自己太轻率鲁莽。灾难发生在公元前413年，也就是战争开始后的第19年。雅典马上就要夺得海上霸主的地位了，但他们的盟邦开始离它而去，波斯人在帮助伯罗奔尼撒人。雅典政府经历了不止一次的改变，亚西比德又回到了雅典。依靠他的才能，雅典人在某种程度上恢复了其优势地位，但不久之后他就被放逐了。最后，在战争开始后的第26年，雅典舰队在阿哥斯波塔米战役中几乎全军覆没。公元前404年春，雅典人向斯巴达人投降。

斯巴达的盟邦力劝斯巴达对雅典进行残酷报复，但是斯巴达人的利己主义很少为强烈的感情所左右。他们非常明智地选择了保存雅典，仅仅摧毁了它的防御工事和海军，使雅典沦为一个受其支配的盟友；在雅典建立30人的寡头政府，取代了辉煌而充满活力的民主政府，而这种政府曾经使雅典强大到足以威慑所有希腊城邦。雅典虽不情愿屈服，但又别无他法。斯巴达舰队的统帅莱山德进入了雅典港口；被流放的人回到了雅典，伴随着节日的音乐，斯巴达人开始拆毁长墙。色诺芬①说，那一天被认为是希腊获得自由的标志。事实表明，普遍的观点往往都是错的，弱国从主宰者的更迭中获益甚少。这场几乎持续了27年的战争于公元前403年结束了。

亚西比德不在被恢复身份的流亡者之列，但他依然拥有之前恢复了的色雷斯贵族身份，这让斯巴达人和雅典的新政府心生嫉妒。最后，为了逃脱斯巴达人的追捕，他去了小亚细亚。在那里，他的

① 色诺芬（约前440—前355），雅典历史学家，苏格拉底的弟子，以记录当时的希腊历史、苏格拉底语录而著称，著有《万人远征记》等作品。——译者注

家遭到一群暴乱者的袭击，但不确定谁是始作俑者。他的房子被人放火烧毁，亚西比德和他的仆人冲了出来。他是如此勇猛，以至于没有人敢与他肉搏；但是他被远处射来的飞镖和箭击中，死时还不到40岁。

亚西比德之死

第284章

斯巴达和底比斯的霸权

（前404—前338）

对自由的热爱赋予了雅典人民坚韧不拔的精神，他们很快推翻了30人的寡头政府，即三十僭主。三十僭主都是斯巴达的首领，他们被莱山德派来管理雅典政府。起初他们的政府很受欢迎，但最终变得极其不公且残暴。

许多公民因个人恩怨被处死，还有许多人因为有钱而被处死；因为通过投票决定，30人中的每一人都可以根据自己的意愿，从寄居雅典的外人中选出一人；所有被选中的人都应该被处死，他们的财产要上交国库。

雅典人民不可能长期容忍这些行为。当时住在维奥蒂亚的色拉西布洛斯受到众多流亡者的鼓舞，对僭主进行袭击。他成功推翻了寡头政府，恢复了民主政府。

民主制恢复大约3年后，雅典所培养的最优秀的人——哲学家

苏格拉底之死

苏格拉底谴责雅典而使雅典蒙羞。他因亵渎雅典认可的神、宣扬新神、腐化青年而被民众法庭弹劾。苏格拉底虽然成功地驳斥了这些指控，但指控他的人很有权势，审判的法官也心存偏见。他对智者学派和无神论者，以及原子学说哲学家德谟克利特的所有追随者进行了激烈而尖锐的揭露，这让他们深感被冒犯。毫无疑问，民众反对苏格拉底，他们认可对他的指控；苏格拉底为自己辩护的方式也使他身处危险。苏格拉底拒绝通过哭着恳求他们或者表示效忠来获得赦免，这让法官们很恼怒，而这位哲学家认为这样做既不尊重法庭，也辱没了自己。因此，他被判处死刑。

苏格拉底再次向法官表明自己无罪，指出对他的指控即使得到证实也不构成死罪。“但是，”他说，“分手的时候到了，我将死，他们活下来，哪种选择更好，只有神知道。”因为在忒修斯的圣船[1]远航期间处死罪犯是渎神的，所以他的死刑被缓期30天执行。在此期间，他的朋友们可以自由出入监狱。他们想出了办法让他逃亡，狱卒被贿赂了，船也备好了，也在塞萨利找好了供他避难的住所。但是苏格拉底一直教导人们要严守法律，不希望自己成为违反法律的典型。他等着船回来，在他生命的最后一个早晨和朋友们平静地讨论灵魂的不朽和美德带来的幸福，然后饮下毒堇汁去世。

在雅典沦陷、斯巴达权力鼎盛之前，阿米尔塔尼乌斯已经在埃及的沼泽地维持了40年不稳定的自由，波斯国王大流士二世统治时期，他让这个国家实现了独立。因为这次起义和其他的叛乱让波斯君主陷入困窘，这在很大程度上牵制了他在伯罗奔尼撒战争期间对斯巴达人的支持。大流士在战争结束后不久就死了，由阿尔塔薛西斯二世继位。

此后不久，阿尔塔薛西斯的弟弟小居鲁士试图夺取统治权。波斯领土的西部地区，包括小亚细亚的希腊属邦，处于极不安定的状态，有些正处于叛乱之中，这为小居鲁士招募一批希腊雇佣军提供了借口。带着这些人和一队亚洲人，他向巴比伦进军。公元前400年，他们在离巴比伦不远的库那克萨开战，小居鲁士被杀，军队中的亚洲部队被打败。

曾经在战争中获胜的希腊雇佣军被孤零零地留在这个庞大帝国的中心，他们大约有1万人。将军们被波斯人用诡计全部杀死，但这支部队凭借完美的纪律，加上雅典著名历史学家色诺芬的谨慎和勇

---

① 在苏格拉底被判有罪的前一天晚上，这艘船被派到提洛岛向阿波罗进献感恩的祭品。——原注

气，成功撤退到了黑海岸边。他们从那里到达特拉布宗，沿着南部海岸，穿过色雷斯的赫勒斯滂抵达欧洲。这一非凡成就，我们之前已经讲过了，被称为“万人大撤退”。英国学者沃尔特·雷利说：“这次远征，同历代远征一样辉煌，它不仅发现了亚洲的秘密，还激发希腊人考虑进行比他们祖先所做过的更加伟大的征程。”

后来，希腊军队在斯巴达联军中服役，该联盟曾与波斯交战，帮助亚洲的希腊城邦实现了独立。得西利达是希腊军队的首领，他迫使波斯指挥官签订了条约，根据这个条约，公元前397年，亚洲所有的希腊城邦宣布独立。但是这个条约没有得到波斯国王的批准，斯巴达人重新发起战争，国内的希腊城邦不愿屈服于斯巴达的霸权，纷纷反抗。斯巴达国王阿格西劳斯率领一支希腊军队进入亚洲，他很有能力，在某种程度上他的进攻取得了成功；但与此同时，雅典与底比斯结成同盟，科林斯人、阿尔戈斯人以及其他希腊小邦很快加入，共同反抗斯巴达。

塞浦路斯的统治者埃瓦戈拉斯在波斯的授意和资助下，促成了波斯和雅典联军的结盟。联军舰队于公元前391年在尼多斯击败斯巴达人，雅典的防御工事很快得以修复，在科农和伊菲克拉特斯的统治下开始恢复其重要地位。

公元前387年，斯巴达谈判者所称的《大王和约》签订，根据和约的规定，亚洲所有的希腊城邦以及克拉佐美尼和塞浦路斯再次臣服于波斯，欧洲所有希腊城邦都获得独立。与其说这个可耻的和约使斯巴达的统治地位受损，不如说使其名誉受损。很快，它又成为附属城邦联盟的首领，但最终失去了支配地位，因为它的极度不公使其他城邦产生敌意。

从被雅典统治变成被斯巴达统治“在某些方面是令人开心的，但不是所有方面。那些小城邦的确摆脱了压榨，不必上交贡金，以支持雅典海军和养活那些懒散奢侈的雅典人，或者供其玩乐。但是民主政体基本上变成了最狭隘的寡头政体，建立这种政体的是斯巴达人而不是人民的意愿。许多城邦都由斯巴达人统治，这些人通常暴虐又专横。除了自己的同胞，他们从小就藐视所有人，将一切反对斯巴达军官意志的行为视为叛乱。他们脾气暴躁，举止粗鲁。他们的法律观念完全来源于斯巴达的制度；人们决不允许对当权者进行任何形式的控诉，所以他们会以最暴力的手段来镇压一切抗议，无论这些抗议多么温和与合法。雅典军官通常脾气温和，举止优雅，更愿意尊重手下人的感受。希腊流行一句谚语，‘雅典人更适合私人交往，而斯巴达人更适合组建政府’，这生动地说明了两个城邦对待臣民的行为方式”。

然而几年的平静生活被另外一个地区的纷扰所打破。马其顿海岸的希腊城邦奥林托斯成为一个共和制联盟的首领，一些拒绝加入联盟的城邦因为受到战争的威胁而向斯巴达寻求保护。斯巴达人当时正处于权力鼎盛时期，维奥蒂亚完全是他们的地盘，科林斯与他们的友谊坚不可摧，阿尔戈斯被削弱，雅典没有盟友。斯巴达同盟派军支援那些对抗奥林托斯的城邦。经过维奥蒂亚时，底比斯的一个政党向一部分盟军请求援助，当时这个党派刚失去了政权。斯巴达指挥官突然占领了底比斯要塞卡德米亚；在这场著名的背信弃义行动中，斯巴达指挥官得到了国王阿格西劳斯和政府的支持；而这次背信弃义公然违反了他们庄严宣誓缔结的条约，条约中规定所有希腊城邦都是独立的。

这一措施起初加强了斯巴达在希腊南部地区的势力；不久之后，奥林托斯人投降了，臣服于斯巴达人，成为它的盟友之一。但是这成了一连串不幸的开始，这些不幸彻底瓦解了斯巴达的势力；在色诺芬看来，这是斯巴达罪有应得，因为前文所述的背信弃义和暴力行为，他们应得此惩罚。奥林托斯人于公元前379年投降；同一年底比斯人从卡德米亚赶走了斯巴达人。斯巴达和底比斯之间爆发了战争。斯巴达的一个将军企图在一片祥和之中占领雅典——这是背信弃义之举，尽管没有成功，但是斯巴达政府轻易原谅了他。这件事情发生后，雅典人立即加入了底比斯一方。战争的后续发展对斯巴达人不利，但是雅典人不久退出了竞争，转而支持了斯巴达人。

当时，很少有杰出人物的底比斯出现了两位卓越的公民——伊巴密浓达和佩洛皮达斯。伊巴密浓达才华横溢，勤奋努力，但处于隐世状态，财产有限。他很少参与公共事务，在篡权的寡头政府统治下默默无闻地生活。佩洛皮达斯头脑灵活、动作迅速、勇敢无畏，善于发明。他曾是个流亡者，是发动革命的7个共谋者之一。这些人都是彼此的朋友，公元前371年，他们非常幸运地在留克特拉大败斯巴达军队。

在这次战役中，伊巴密浓达对希腊的战术作出了重要的改进。在当时，交战双方的整条战线通常会立即投入战斗，战斗的胜负由战线每一部分的人数优势或者技术优势决定。如果无法击溃敌军的方阵，底比斯人会列队进攻，但是伊巴密浓达会选择一点进行决定性的攻击，他阻止自己薄弱战线上的兵力快速靠近敌人，而是与进攻的纵队联合起来形成一个整体。这样，即使整体的人数较少，但他在关键点上却拥有决定性的优势。

双方战斗以骑兵开始，斯巴达骑兵很快被赶回了步兵方阵，他们的方阵有12列。伊巴密浓达将军队左翼增至50列，进攻斯巴达的右翼，它由国王克莱奥姆波洛图斯及其率领的大部分斯巴达人组成。伊巴密浓达认为，如果斯巴达的右翼被打败，剩下的人就很容易对付。斯巴达右翼被伊巴密浓达的精锐部队所包围，这场实力不均的战斗僵持了一会儿，但底比斯人的进攻太猛烈了，结果，斯巴达国王和许多贵族被杀，剩余的斯巴达军队很快也遭到屠杀；骄傲的斯巴达人惊讶地发现自己在对阵中被一支人数不多的军队打败了，这在公元前371年以前是从来不会出现的事情。

斯巴达人的残余部队因为休战协议而得以保留，这次休战是由杰森从中调解达成的。他当时在塞萨利拥有最高权威，尽管他在位的时间很短。底比斯现在成了希腊实力最强的城邦，他们多次入侵伯罗奔尼撒，甚至试图在波斯的帮助下建立一个由底比斯领导的统一希腊。这一计划无疑失败了，希腊的几个城邦卷入了各种各样的政治关系，非常复杂，这里不多介绍。

不久，即公元前369年，美塞尼亚在底比斯的帮助下实现独立，这进一步削弱了斯巴达的实力。公元前362年，底比斯和斯巴达在阿卡迪亚的曼提尼亚展开激战，底比斯获胜，但伊巴密浓达战死。他在战争的关键时刻倒下了，仍然挺到底比斯军队获胜，在拔出击中他的武器不久之后死去。据说他死时脸上带着喜悦的表情，因为他至死都没有遭遇过失败。那时佩洛皮达斯已经死了，底比斯也没有人想进一步巩固胜利的果实，所以他们之前所取得的胜利没有产生任何决定性的影响。

这一事件终结了底比斯人的统治地位，但是斯巴达的统治地位再也没有恢复。随后实现了全面的和平，但斯巴达人并没有明确地接受和平。因此，通过摧毁或至少中断一个主导城邦习惯于以同盟的名义强迫许多其他城邦在和平或战争时期追随自己的制度，底比斯短暂称霸的影响对希腊的普遍自由是永久有利的。

在这一历史时期，有一个国家逐渐崭露头角，而这个国家很少被认为属于希腊。马其顿在内陆的一侧被蛮族[1]包围，其海岸都是古代希腊人的殖民地。马其顿的君主政体始于公元前596年，它曾是波斯的附属国，但在薛西斯远征失败后不久便获得了自由。它偶尔加入南方主要城邦国的战争，但很少有人认可其政策或者诚意。这个国家经常为王室不同分支之间的内战所扰。在一个纷争最盛的时代，阿敏塔斯三世的儿子腓力二世于公元前359年成为国王。除了内战，他发现自己的国家受到了伊利里亚和珀奥尼亚这两个蛮族部落的威胁，色雷斯人和雅典人也对其虎视眈眈，而且各方都支持一个觊觎王位的人。实际上，当时它可能正在与奥林托斯交战，后者正努力恢复其重要地位。

腓力的第一场胜利是战胜了雅典人，雅典军队被迫投降并离开了这个国家。紧接着，他大败珀奥尼亚人和伊利里亚人，并获得了大片领土。他争取了和平，或者如有些人所认为的，通过和解的手段与雅典人结成同盟；但是由于安菲波利斯的纠纷——这个城市曾是雅典最宝贵的财富，现在在腓力的统治之下——双方谈判失败，马其顿和雅典之间的纷争又起。大约此时，雅典同盟的4个城邦罗德

① 蛮族，古希腊人和罗马人对其邻族（日耳曼人、凯尔特人等）以及其他亚非民族的侮蔑称呼，古典作家的著作中较为常见。——编者注

岛、希俄斯岛、拜占庭和科斯岛宣布独立。一场通常被称为“社会战争”的较量开始了；腓力与奥林托斯人联合起来，向雅典宣战，并取得了成功。同时，雅典卷入了与色雷斯和底比斯的冲突之中。最后，在公元前355年，他们不得不承认这些叛乱城邦独立。

在底比斯的煽动下，近邻同盟大会谴责斯巴达人和福基斯人，要求他们支付罚款。前者因为占领了卡德米亚，被处以500塔兰同的罚金；而他们拒绝支付，根据该大会的法律，罚金增加一倍。福基斯人因为耕种了一块据说是“德尔斐的阿波罗”的圣地而被罚款。这两个城邦抵制大会的权威，福基斯人占领了德尔斐神庙，那里积攒了大量宝藏。近邻同盟的首领底比斯人向福基斯宣战，这场战争通常被称为“福基斯圣战”。近邻同盟还包括许多洛克里斯和塞萨利部落，他们得到马其顿人的帮助。福基斯获得斯巴达、雅典以及它们盟友的援助。

同时，马其顿国王将其统治范围，或者说，其影响力，扩大至一侧的伊利里亚大部分地区和另一侧的色雷斯。而雅典占据了色雷斯半岛地区，后来成功使奥林托斯从马其顿同盟中脱离，但其结果是腓力攻占了奥林托斯，将其领土并入自己的领地。公元前346年，雅典和马其顿之间终于实现了和平。由著名演说家德摩斯梯尼领导的雅典党派曾经最反对腓力，尽管如此，他最终也赞成和平的建议。这个因口才而名贯古今的人，当时还很年轻，但凭借着职业律师的身份而声名鹊起。他从父亲那里继承了一

德摩斯梯尼

大笔遗产，很快就挥霍一空，然后在25岁时，他做了在雅典使许多人获得财富和地位的工作——在审判法庭上为诉讼人撰写发言稿。这时，他已经成了公民大会上的主要发言人，并且加入了反对腓力的党派。尽管他的声音和形象都不好，脾气也很暴躁，但凭借着刻苦努力和个人 能力，他成为雅典第一人——最出色的演说家和最有权势的政治领袖。

雅典和马其顿实现和平之后不久，战争结束，福基斯被彻底征服，并处以重罚。此外，除了3座城市，其他城镇都被破坏，防御工事被拆毁。人民被转移到村庄，他们的军需品被拿走，他们在近邻同盟大会中的发言权让与马其顿国王。这一惩罚是在那间用于处理渎圣罪犯人的房间里实施的，按照近邻同盟法律的规定，要把犯罪地区的人从圣山的悬崖上扔下去。有人建议对福基斯人也施行这种惩罚，但是更温和的惩处建议占了上风。

腓力的影响力和统治范围不时得以扩大，特别是在色雷斯那些尚未被征服的地区。此外，他还被认为是许多塞萨利城邦组成的联盟的领袖。另一方面，德摩斯梯尼的党派，除了对腓力势力的增强感到震惊，还渴望与马其顿开战，以此作为在雅典掌握政府的最有效手段。他们的对手也由一个有着非凡辩论才能的人领导，其才能仅次于德摩斯梯尼，这就是伊斯奇尼斯。尽管德摩斯梯尼最后胜出，但是他们针对对方提出的指控都很有依据。可能伊斯奇尼斯对战争的建议更合理，因为如果作为腓力的盟友，雅典人也许已经控制了联盟的行动，并且确保他们能继续维持和平。

尽管没有正式宣战，双方的战争在某种程度上已经重新开始。反对腓力的是个强大的联盟。希俄斯岛、罗德岛和科斯岛在海上实力强大，而且与拜占庭联系紧密。雅典的力量最令人生畏，而且有充足的补给，因为他们已经巩固了与波斯的同盟。希腊联军在赫勒斯滂海峡的第一位指挥官是卡瑞斯。卡瑞斯的指挥让雅典吃了败仗，但是能力出众的福基翁取代了他，成功战胜了敌人，而且对盟军公正又宽容，从而挽回了局面。这套行动计划由德摩斯梯尼巧妙设计，并由福基翁成功实施。福基翁之所以能够成功在很大程度上取决于他的性格。腓力现在放弃了占领色雷斯沿岸敌对城镇的希望，与敌人达成妥协，于是又出现了一段和平时期。

就在前一场战争结束后不久，又爆发了另一场战争。阿姆菲萨是奥佐利亚洛克里斯人的一个城镇，镇上居民像福基斯人一样，曾在德尔斐的阿波罗圣地上耕种，他们拒绝接受近邻同盟大会对他们作出的判决，于是战争爆发了。近邻同盟大会选择腓力为统帅，而雅典人宣布支持阿姆菲萨人。没过多久，雅典人就被打败了。但是雅典是由雅典人、科林斯人、麦加利斯人和阿卡纳尼亚人组成的联盟的首领；通过德摩斯梯尼的游说，底比斯人脱离了近邻同盟，加入了雅典联军。在维奥蒂亚的喀罗尼亚，雅典联军与近邻同盟开战。雅典联军的总兵力似乎大大超过了腓力盟军的兵力，但是近邻同盟在一个能干的指挥官领导下团结一致，弥补了兵力的不足。雅典军队的指挥官是卡瑞斯和吕西克列斯，底比斯指挥官的名字没有保存下来。这场战争艰苦卓绝又至关重要，公元前338年，马其顿国王腓力取胜，希腊最终落入征服者手中。

这一消息使雅典人沮丧。作为战争顾问，德摩斯梯尼在战斗中携带了武器，但是为了更快地逃跑，他扔掉了自己的盾牌——这一行为被认为是最可耻的懦弱表现。他在政治上的失败感和军事上的耻辱感让他无法在第一次民愤爆发时露面，他设法得到了一项任务，从雅典撤离了一段时间。主战派的领导们，因为对手的宽容而逃脱了谴责，之后他们发表了讲话，将民愤转移到将军们身上。吕西克列斯被指责，成了受害者，他被判处死刑并被处决。

腓力没有选择把他的敌人当作被征服的民族：政府保持独立，仅在集体行动中受国王控制。战胜方派了一支卫戍部队驻守底比斯要塞卡德米亚——由此实现了全面和平。

第285章

马其顿的崛起

（前338—前280）

腓力无疑是当时希腊最有权势的君主。他的国家蒸蒸日上，敌人均被打败，盟友众多而强大，并且唯他马首是瞻。马其顿因此在希腊各城邦中处于领导地位。腓力的非凡才能无疑是其成功的主要原因；但也有很大一部分原因在于雅典内部的特殊情况。“那个反对他的计划的主要政党发现，为了保住他们的权力，只能贸然采取暴力手段来刺激民众。在这种情况下，腓力总能利用他完美的技巧和情绪，让人们完全承认对他的指控是正确的，承认在他的政策中有着贪得无厌和肆无忌惮的野心；在另一方面，人们也必须承认，按照希腊人的观点，他和对手之间几乎每一次的争论，严格执法和自由正义都站在他这一边。”

经腓力提议，在科林斯召开了一次公民大会，会上他讨伐波斯的计划获得批准，并同时当选为希腊联军的统帅。但在战争的准备

亚历山大

过程中，他被一个马其顿贵族暗杀。这是喀罗尼亚之战获胜后的第二年。腓力的征服计划虽然暂时中断，但并没有随他一起消失，因为他留下了一个儿子——著名的亚历山大——一个才华横溢、野心无限的年轻人。腓力已死的消息传到雅典，德摩斯梯尼的政党欢呼雀跃，尽管凶手被杀，但人们对这凶手表示崇高的敬意。鉴于腓力对这座城市的宽大处理，雅典人这么做不仅可耻，还带有一种特殊的忘恩负义感。

亚历山大继承了腓力对马其顿的统治。他被赋予他父亲在塞萨利所拥有的权力；在科林斯举行的一次公民大会上，他当选讨伐波斯的希腊联军统帅。只有斯巴达反对这个决定，它的代表抗议说，追随不是他们的民族性格，他们要求领导战争。作为联军统帅，亚历山大是非常称职的。他接受了那个时代所能提供的最好的教育，这使他的伟大天赋得到最好的发挥。腓力赞助文学事业，他为人慷慨大方，而且具有洞察力；他的宫廷是许多著名哲学家的乐园；他把儿子的教育托付给了亚里士多德——所有哲学家中最杰出的一位。

马其顿受到伊利里亚人和一些色雷斯部落的攻击，但在新国王的领导下，他们成功抵御了进攻，甚至将军队推进到伊斯特尔北部。据说，这些战争是由雅典的德摩斯梯尼党派挑起的，他们也被指控与波斯联系。只有底比斯人发动了真正的战争，他们袭击了卡德米亚的近邻同盟的守备军队。但是接下来他们遭受到前所未有的惨痛失败，让他们感到奇耻大辱。亚历山大很快占领了这个城邦，随之而来的是一场骇人听闻的屠杀，所有幸存的人都被卖为奴隶，城市被彻底摧毁。这场可怕的灾难发生在公元前335年。雅典人放弃了反抗，希腊的全面和平随之实现。

现在，希腊联军已经为入侵波斯帝国积攒了资源。希腊和波斯之间几乎没有或者根本没有征战的理由，但当时国际正义的观念非常松散，尤其是希腊人。各国尊重条约，只重视那些受条约约束的国家；但几乎不认为其他国家拥有任何权利。就亚历山大而言，对东方的入侵，与其说是一种古老的敌意，不如说是一种肆无忌惮的野心。我们在前文中已经叙述了亚历山大的征服，这里只做简要说明。

公元前334年，他的军队穿过赫勒斯滂海峡进入亚洲，在米西亚的格拉尼库斯河打败波斯人。同年，亚历山大征服了小亚细亚西海岸的一些城邦。第二年，他向东走得更远，尽管在爱琴海受到波斯舰队的威胁，也受到斯巴达和波斯联军的威胁，他还是打到了叙利亚边界。同年秋天，他在奇里乞亚的伊苏斯彻底打败了波斯国王大流士三世率领的庞大军队。

紧接着他征服了叙利亚，尽管提尔在被围困了7个月后才被占领。亚历山大又向埃及进军，征服了埃及，或者更确切地说，接受了埃及的臣服。由于这些事件，波斯人与埃及断绝了一切联系。公元前332年，他在这里建立亚历山大城——一座彰显其伟大的丰碑。

亚历山大随后穿过叙利亚和美索不达米亚，渡过底格里斯河，于公元前331年在河东岸阿贝拉附近的高加米拉再次击败了敌人。

现在他是波斯的主人。大流士逃到巴克特里亚，在那里被贝苏斯杀死。随后，贝苏斯宣布自己为亚洲之王，但是亚历山大的军队已经渡过奥克苏斯河，贝苏斯遭到出卖，作为杀人犯和叛徒被亚历山大处死。马其顿人继续向北进军，抵达锡尔河，打败了波斯帝国东北部边境的斯基泰人部落，并于公元前328年攻陷索格狄亚那，完成了对波斯帝国的征服。

亚历山大的下一步行动是入侵印度；因为随着领土的扩大，他征服的欲望也愈加强烈。他选择了巴比伦作为自己的政府所在地，印度远征凯旋后，他在对巴比伦的改建中度过了余生的短暂时光。他试图通过重建古老的运河、水坝和其他灌溉工程，将底格里斯河和幼发拉底河的水引入巴比伦并流往各处，使巴比伦恢复其古时的丰饶和繁荣。他在肮脏的沼泽中、在敞篷船上眺望这些工程。可能由于他的粗心大意和过度放荡，公元前323年，他高烧不退，不久就死去，时年33岁，在位13年。

亚历山大死后，曾经帮助他攻城略地的士兵们露出贪婪和急躁的本性，使他庞大的帝国四分五裂。混乱、战争、犯罪接踵而至，这段时期几乎无法与文明国家的历史相提并论。

在亚历山大统治后期，希腊总体上很平静，除了一些党派之争，几乎没有什么重大的事情发生。泰西凡提议授予德摩斯梯尼一顶金冠，这一提议在雅典引起了轩然大波。伊斯奇尼斯发表了一篇攻击德摩斯梯尼的精彩演说，德摩斯梯尼愤而为自己辩护，其演说至今仍是历史上最为出色的演讲之一。泰西凡因提出这一建议而遭到起诉，但被宣告无罪，而原告因未能获得1/5的投票将被处以重罚。由此可见，伊斯奇尼斯低估了对手的善辩及利益集团的权力。由于无力支付罚金，或者可能不愿意面对扬扬得意的对手，伊斯奇尼斯离开雅典，去了罗德岛。

在亚历山大去世前不久，德摩斯梯尼也被放逐了，原因是他被指控受贿，支持曾反抗马其顿君主的哈尔帕卢斯。德摩斯梯尼可能发现当时的公众舆论对他不利，因此希望由一个更公正的法庭对他进行审判，于是他的案件被提交给战神山议事会。法庭宣判他有罪，德摩斯梯尼被处以50塔兰同的罚款，之后他退居到了埃伊纳岛。

我们已经简要叙述了亚历山大死后发生的事情，但有必要再看一下这段历史。他死后，帝国由谁继承立刻成了难题。人们认为这位征服者在病床上将自己的戒指和印章给了他最杰出的将领之一——佩尔狄卡斯，军队却选择了腓力的私生子腓力三世·亚克大由斯；亚历山大的一任妻子在其死后生了一个儿子（亚历山大四世），以他父亲的名字命名，与亚克大由斯共治。亚克大由斯心智迟钝，所以佩尔狄卡斯与马其顿的另一位将领列昂纳托一起摄政。后来又有一位将领墨勒阿革洛斯成为摄政，但他被提拔后不久就被处死了。在这种情况下，真正掌权的是佩尔狄卡斯。

帝国的几个部分交托给了不同的官员来治理。最重要的安排如下：安提帕特和克拉特鲁斯统治马其顿各地；托勒密统治埃及；色雷斯被委任给利西马科斯；卡帕多西亚和帕夫拉戈尼亚被委任给欧迈尼斯；大弗里吉亚由佩尔狄卡斯统治；小弗里吉亚、潘菲利亚和利西亚由安提柯统治；波西斯由佩乌塞斯塔斯统治；米底由培松统治；叙利亚、西里西亚和巴比伦交给了塞琉古。另外还有23位将军，剩余不太重要的地区都交给了他们。正如所料，这些将领相互争斗，血腥的战争和屠杀不断发生——如果亚历山大明确指定了继任者，这场灾难本可以避免。公元前312年，他们之间的纷争使整个帝国中的4个统治者在他们各自的辖区内建立了4个相当大的君主制国家。

这4位将领是托勒密、利西马科斯、卡山德和塞琉古。埃及、利比亚、阿拉伯和巴勒斯坦归托勒密；马其顿和希腊归卡山德；比提尼亚和色雷斯归利西马科斯；亚洲剩余的直到印度河的领土，被称为叙利亚王国，归塞琉古。这几个国家中最强大的是塞琉古及其子孙统治的叙利亚王国、托勒密及其子孙统治的埃及王国。只有托勒密和塞琉古将自己的王国传给了子孙。

在亚历山大的亲属中，他的异母兄腓力三世和儿子亚历山大四世很快就被杀死。他的另一个儿子赫拉克勒斯和他的母亲巴耳馨，还有亚历山大唯一的妹妹克利奥帕特拉，不久都遭遇了同样的命运。这样，他的整个家族都灭绝了——再显赫的人生也不过是一场浮华，此处最能证明这一点。

将领们之间的纷争使得一些亚洲的省份宣布独立；比提尼亚王国、卡帕多西亚王国、本都王国、帕加马王国似乎都起源于这一时期。埃及及其属地仍在托勒密后裔的统治之下；叙利亚王国依然由塞琉古家族统治；马其顿一度遭受一系列不幸的变革。

有人说："这些是亚历山大征服和他早逝导致的结果。我们有理由相信如果他的生命得以延长，可能会有善举。毫无疑问，与古代征服者通常持有的观点相比，他的政策更为开明和自由。在去世之前，他正竭力消除同胞的偏见，为被征服地区的居民争取权利，尊重他们的民族情感，这在某种程度上已经让那些自大并且排外的希腊追随者感到震惊。亚历山大城的建立所带来的诸多益处证明了他的远见卓识；而这些益处也远超出了这位征服者当初对这一成功举措的设想。

“然而，他的功绩到这里就终止了。如果历史学家只知道这些功绩，他们绝不会赋予他‘大帝’这一称谓，因为这完全来自他的军事声望。但是，如果我们把注意力集中到他的军事生涯上，我们也许会发现，他比任何一个在历史上占有一席之地的人，带给人类的苦难都要多。诚然，其他征服者流了更多的血；许多征服者向更残酷的制度发起战争；他在一些事件中所表现出的宽容，是那个时代罕见和出人意料的，尽管在现代战争中，与之相反的行为会更加引人注目。但是从来没有人把如此夺目的光辉赋予这种可恶的征服欲望。他的军事行动甚至带着友善的性质，这使人们对他非凡的能力、无畏的精神以及无与伦比的辉煌成就，感到更加惊奇。”

这是对亚历山大一生严厉而公正的理性评判。然而，他的成就是惊人的。他于公元前334年穿过普罗彭提斯，于公元前323年去世。如前所述，他在短短的11年间完成了我们所勾勒出来的所有事情。他不仅仅是一位战士，他表现出了非凡的政治才能和一位绅士所应具备的诸多优良品质。他的一生的确建立在一个残忍的错误之上——一个人为了实现自己的野心可以牺牲数百万人的生命。但这是那个时代的错误。正如前文所揭示的，从基督教的角度来看，他是个怪物；按照异教徒的思维模式，他是个英雄，而且几乎称得上是神明。

当我们寻找促使亚历山大在其流星般的生涯中不断前进的动力时，我们发现，这缘于他对荣耀的热爱——像一场追逐一样激动人心。在这场追逐中，场地是一个帝国，而猎物就是那些国王们。他这种肆无忌惮的野心，是受到了荷马史诗《伊利亚特》的激励；他最美好的梦想，就是能与埃阿斯和阿喀琉斯两位英雄的血腥事迹相媲美。他的行为中没有任何举动显示其对人类永久的幸福表示尊重。他发动战争，仿佛武力是检验正义的唯一方式；同狮子杀死羚羊，或者拳击运动员打倒对手时的表现一样，他为了满足自己征服的欲望而牺牲诸国，却丝毫不怀疑自己的行为是非正义的。

尽管我们在亚历山大身上看到许多高贵的品质，但他写给亚里士多德的著名信件却显示了他真实的自私性格。亚里士多德发表了一些作品之后，受到这位征服者的严厉斥责，他说："你把以前只传授给我的知识教给了别人，你这么做，让我，你的学生，同其他人相比有什么优势呢？"还有什么比这更狭隘和自私的呢？即使是按照亚历山大那个时代的道德标准，人们也会谴责其过分狭隘。

我们不能遗忘记录亚历山大编年史中另一个重要角色，这个角色的名气几乎不亚于征服者本人，他著名的马——比塞弗勒斯。这匹马比它的种族中任何一匹都要有名，它死于海达斯佩斯河岸。克拉特鲁斯曾奉命监督建造两座城市，它们位于海达斯佩斯河的两岸，目的是控扼这条通道。左岸的城市叫作尼科亚，右岸的叫作比塞弗勒斯，就是为了纪念亚历山大的爱马。这匹马在战斗中没有受伤，但是因为年纪大、天气炎热、过度劳累精疲力竭而死，当时它30岁。这是一匹高大、强壮、精力充沛的马，除了亚历山大，谁也不能骑上它。它的名字"比塞弗勒斯"源于烙在它身上的牛头印；尽管有人说它之所以叫这个名字，是因为它的前额上有一个类似牛头的白色印记。

有一次，这匹职责为冲锋陷阵的著名战马遭到拦截，落入攸克西亚人的手中。亚历山大宣布，如果不归还比塞弗勒斯，他将发动战争毁灭整个国家。收到通知后，攸克西亚人立刻归还了这匹马；亚历山大对他的爱马如此钟爱，以至于令蛮族闻风丧胆。阿利安[①]写道："至此，为了他的主人，让比塞弗勒斯受到我的尊重吧。"

① 阿利安（86—160），希腊历史学家，主要著作为《亚历山大远征记》。——译者注

第286章

希腊城邦的衰落

（前280—前146）

这里无需对亚历山大的继任者们做一步描述；事实上，他们的历史只是一系列乏味的变革。希腊人民现在已经失去了他们的政治优势，只是为恢复他们已逝的自由精神作了一些努力。德摩斯梯尼为此付出了些许努力，想唤醒他的同胞摆脱马其顿的束缚，但为时已晚。福基翁的和平建议更适合人民胆怯和慵懒的性情。亚历山大死后，安提帕特统治希腊，他要求把德摩斯梯尼交给他。德摩斯梯尼选择自杀以示抗拒。在为维护民族自由所作的努力中，最后一项努力就是由12个城邦成立了亚该亚同盟。在我们谈到此事的具体细节之前，必须先对高卢人入侵希腊做个简要说明。

高卢人中的一支迁徙到了匈牙利的潘诺尼亚地区，就在多瑙河的南面和西面；与此同时，另外一支穿过阿尔卑斯山，在山南定居下来。后来在潘诺尼亚定居的高卢人在坎鲍雷斯的率领下，将其势力范围扩展至色雷斯边界。随后，有三支侵略军继续前进，其中一支在首领玻尔癸俄斯的指挥下，袭击了马其顿和伊利里亚。他们与托勒密·克劳诺斯交战，公元前280年，在塞琉古死后几个月，托勒密·克劳诺斯也战败而死。战争结束后，高卢人撤退；但是在第二年，布雷努斯和阿西乔里乌斯率领庞大的高卢军队，包括步兵和骑兵，进攻希腊，他们在前一年袭击了珀奥尼亚。

他们在温泉关被一支由雅典人率领的强大希腊军队压制了一段时间。这些高卢人除了盾牌，没有防御用的盔甲；他们的武器是标枪和又大又钝的刀剑；他们的战斗方式完全没有规律；他们试图冲破希腊长矛形成的坚固屏障——这些长矛占据了整条狭窄的山谷，但是没有成功。最后他们绕过关口，从另一个地方抵达埃托利亚的一个城镇，对当地居民犯下了令人发指的罪行。一部分希腊军队从温泉关抽调过来保卫这座城镇。

随后，他们进攻位于福基斯德尔斐的阿波罗神庙，但被当地人击退，损失惨重。当地人占据地理位置的优势，以及附着于此地的浓厚迷信色彩让他们感到恐惧。福基斯人事前已经知道了德尔斐的神谕“神明会保护他的信众”，所以他们此次利用一切积极应战。凄惨的高卢残军最终抵达了他们同胞的营地，而此时布雷努斯已经伤势严重，据说他因为羞愧不已而很快死亡。在成功通过温泉关之前，一支高卢军队蹂躏了埃托利亚，但后来还是被迫撤退，最终，整支高卢侵略军在塞萨利的斯珀奇乌斯河边全军覆没。

成立于公元前280年的亚该亚同盟，最初由4个亚该亚城邦组成，不久之后，又有亚该亚的其他城邦加入。他们是为了实现共同防御和治理的目的而联合起来的。大约30年后，在西基昂领导了一场革命的亚拉图，使这个重要城邦加入了同盟，随后他成为同盟的统帅。

科林斯要塞是希腊最坚固的要塞之一，它坐落在地峡的一座高山上，对帝国中任何一个雄心勃勃的人来说都至关重要。占据这里，既能统治富饶而人口稠密的科林斯，也能拥有管制半岛和希腊大陆之间所有陆路通道的权力。这座要塞曾为安提柯二世所有，但亚拉图同盟发动突袭，将其占领，结果希腊南部大部分城邦从马其顿的统治下解放出来。在这场战斗中，亚该亚同盟得到埃及国王托勒密二世的援助。

到公元前226年，在斯巴达经历了几场战争并惨败后成为斯巴达国王的克里昂米尼三世，决定要挽回斯巴达在希腊的主导地位。他对亚该亚人发动战争并取得了几场重要胜利，从同盟中赢得了阿尔戈斯和科林斯。然而，在不久之后的一场激烈战斗中，这两个城邦又被夺走；最终斯巴达军队被击溃，并且败局无法挽回。尽管斯巴达被打败，但是胜利者们允许斯巴达人享有独立的权力。

面对野心勃勃的罗马，马其顿和希腊打算追随已经在罗马掌控之中的国家的命运。他们的征服时期结束了，他们的臣服期即将到来。罗马已经成为当时国家中最强大的一个，而且正在迅速向东方扩张。罗马人被引入希腊，是由于埃托利亚人邀请他们介入自己与马其顿的战争。罗马派往希腊的特使们决定与马其顿国王腓力五世开战，而腓力五世不久就死了，他的儿子珀尔修斯继位。罗马接着向这位王子宣战，宣战的理由我们现在不得而知。

公元前189年，亚该亚人镇压了斯巴达的叛乱，终结了来库古创立的制度；他们还制止了美塞尼亚人脱离同盟的企图。现在对于希腊每一项事务的处理，无论是否受到邀请，罗马人都声称拥有并行使干涉的权力；他们与珀尔修斯的争端似乎就是基于同样的原则开始的。珀尔修斯曾竭力调解与亚该亚人的关系，而亚该亚人则一直对马其顿心怀仇恨，只是没有发动战争。罗马人鼓励亚该亚人坚持这一策略。

公元前172年，罗马人向马其顿宣战。维奥蒂亚人最初加入了珀尔修斯的队伍，但他们因为丧失勇气而放弃了战斗。罗马人并没有因此而赦免他们。他们惩罚了那些曾经积极反对他们的人，并解散了维奥蒂亚联盟。在双方交战早期，珀尔修斯取得几场胜利，他提出了与腓力同样的要求以换取和平；但是罗马将军要求他服从元老院的裁决，这是按照罗马人公认的卑鄙无耻的原则行事：在失败面前他们更加嚣张，只有在取得成功时才会有所克制。

在双方交战的第五年，珀尔修斯在皮德纳被埃米利乌斯·保卢斯击败。不久后他被囚禁运往罗马，在凯旋式上示众，随后他因受到虐待而死在狱中。他的王国被划分为几个地区，允许每个地区选出自己的行政官，但都附属于罗马，每个地区的居民都被禁止与其他地区的居民缔结婚约或者就土地问题进行交易，也不允许为造船而砍伐木材。公元前167年，善后问题才处理完成。

战争快要结束时加入珀尔修斯队伍的伊利里亚人被完全征服，但罗马人对伊庇鲁斯实施了最典型的侵略行为。在与珀尔修斯进行战争期间，伊庇鲁斯人就因为受到罗马人压迫而开始了针对罗马的敌对行动，但很快就被迫投降。接受他们的投降之后，罗马军队伺机进入他们的城镇；多达70座城镇受到掠夺和破坏，15万城镇居民，无论男女老幼，均被卖为奴隶。

作为盟友，亚该亚人始终如一地忠于罗马，而他们得到的回报是，一旦罗马人强大到可以摒弃他们，就会尽一切可能削弱他们，他们因而更难承受压迫。罗马将军保卢斯返回意大利3年后，C. 苏尔皮西乌斯·加卢斯被派往希腊，奉命使尽可能多的城邦脱离亚该亚同盟。在某种程度上，这一目标得以实现。

在希腊被征服前，菲洛皮门当选亚该亚同盟的统帅。他是一个让人钦佩的人，但他对斯巴达人的所作所为却玷污了他的品行。在占领斯巴达时，他残忍地杀死了许多斯巴达人。然而，上天也让他为自己的暴行付出了代价。在围困麦西尼时，他被抓了，那时他70岁。美塞尼亚人很高兴能抓住这个显赫的人物，他们用铁链把他绑起来，拖到公共剧院，供人参观。晚上，他被关进地牢，狱卒给他一杯毒药。他平静地接过杯子，得知他的大多数朋友已经逃走了，他说："那么我觉得我们并不是完全不幸的。"然后一声不吭喝下毒药，躺下死去。

实际上，罗马人在使用武力之前，已经用计谋征服了希腊。他们贿赂了许多希腊的重要人物，用似是而非的借口大举进犯这个曾经辉煌一时的民族。罗马执政官穆米乌斯完成了由梅特卢斯发动的战争。他带领一支强大的军队抵达希腊，派梅特卢斯率军返回马其顿。然后，对梅特卢斯之前就抵达的城市科林斯进行围攻。亚该亚首领狄埃乌斯已经将城门封闭。围攻的罗马人因为对自己的实力非常自信，难免粗心大意，亚该亚人发动突然袭击，攻入他们的前哨阵地，给罗马人造成了很大的伤亡。

这场胜利使亚该亚人深受鼓舞，他们出城迎战，罗马执政官欣然应战。战斗一开始，亚该亚骑兵就逃跑了，但是步兵带着必死的决心与实力强大的敌人展开战斗。后来他们被侧翼的一次袭击攻破，最终被彻底击溃。如果狄埃乌斯当时退回科林斯，集合残余军队，准备抵抗到底，那他还可能为自己的城邦争取一些过得去的条件，因为穆米乌斯渴望在他的指挥权到期之前结束战争。相反，他逃到了梅格洛波利斯，在那里杀死了自己的妻子以免她被俘虏，然后用毒药结束了自己的生命。

被首领抛弃的亚该亚人没有试图抵抗，他们在第二天晚上悄悄撤退，大多数科林斯人也撤退了。城门大开，但是穆米乌斯因为害怕中埋伏等了一段时间才进城。交战后的第三天，他进入科林斯，残忍地屠杀了留在城中的大多数男人，卖掉女人和儿童，挑选了最著名的艺术品将其运往罗马后，掠夺和烧毁了整座城市。罗马派去协助执政官解决希腊事务的专员多达10人，对这些人的侮辱成了这场屠戮的借口，而他们真正的动机是想从亚该亚人手中夺得这个无论是实力还是位置都十分关键的要塞。

公元前146年，除了塞萨利，希腊沦为罗马的亚该亚行省，罗马每年派出一名行政官管辖该行省。塞萨利和伊庇鲁斯归于马其顿行省。

第287章

罗马的统治

（前146—1454）

亚该亚同盟瓦解后，希腊在一个漫长的时期内都是一个被压迫和受屈辱的行省。多数城邦的政府形式在名义上都是共和制，但政府是根据罗马人的喜好而不是人民的意愿或者利益组建的。富人阶级保留了他们手中的一切权力；如果有人因行政官的决定而受到伤害，想要上诉，那么他的上诉对象不是更大众化的法庭，而是罗马总督。这种附属状态持续了4个多世纪。希腊人民就这样在某种程度上长期忍受了罗马的压迫和掠夺，尽管这个在艺术和文学方面一直拥有优势的民族曾一度因其军事力量为东方世界所畏惧。

罗马的统治给希腊带来了一些好处，如避免与外国的战争以及减少内战。尽管带来的好处相当可观，但仍不足以抵消他们的罪恶。“只要人的性格是由他们所接受的统治决定的，我们就不必怀疑罗马征服对希腊人的性格所产生的巨大危害；也不必怀疑，即使他们经常遭受的压制和掠夺有积极作用，但对他们的奴役所造成的精神惰性，无论是德性还是幸福感，都要比他们独立时经历的一切暴风骤雨更具有破坏性。”

尽管在政治方面希腊已经不再具备影响力，但即使在罗马帝国的统治下，它仍然是文明世界的主导者之一，是艺术、哲学和文学的一大中心。罗马人在这些领域所取得的卓越成就，无一不是受到希腊模式的影响，任何一个出身高贵或者富有的罗马青年，只有去过雅典，上过口才出众的教授的课程，才被认为是接受过良好的教育。但是不管希腊向其他国家的领导阶级提供了什么帮助，它在这个时期没有受到任何援助。

希腊在政治上的臣服使其人民产生了一种屈从心理，令人深感痛惜。他们敏锐而又多才多艺，在文学艺术领域处于领先地位的同时，也创造了许多巧妙的方法自甘堕落。罗马人的统治令他们腐化、贫穷，同时涌现出一大群投机分子。这些人甘当小丑、寄生虫，或者提供一切低微卑劣的服务，以此谋求出路，特别是为了获得总督的好感，他们不惜阿谀奉承、行贿恭维，甚至诽谤中伤竞争对手来维持自己的存在感。

尽管罗马的强取豪夺带来了巨大的灾难，但总的来说，罗马的征服并没有引起世界的悲恸。我们也许看不到一个以流血和痛苦为巨大代价才得以实现的伟大行动计划的结束，但我们有理由断定，仁慈的上帝有明确的目标，能够为实现目标而付出的代价作出合理解释。我们由此相信马其顿和罗马依次征服希腊是上帝的安排，因为这是为基督教传播做准备的最有效手段。一方提供共同的语言，另一方实现统一的管理；双方共同努力，确保当时地中海世界的每一个角落都能实现轻松和自由的沟通。只用了一个人一生的时间，基督教就从叙利亚传播到西班牙，尽管在亚洲的希腊城邦，教会兴起的速度最快，人数最多。

希腊的命运从此与罗马的命运融为一体，因此，它的历史实际上就是罗马的历史，不仅到476年西罗马帝国灭亡，而且到1453年土耳其推翻拜占庭帝国或者东罗马帝国。的确，在统治中心从罗马转移到希腊城市拜占庭后，统治权又逐渐落入希腊民族手中，但东罗马帝国的历史仍然被视为罗马历史的续篇。这个帝国长期陷于衰微和腐败之中，最终为土耳其所取代。土耳其人是一个强大的亚洲部落，于14世纪在欧洲站稳脚跟。帝国的所有行省，包括希腊，直至多瑙河以南，都成为土耳其在欧洲的势力范围。现在，勾勒了古希腊人的政治历史之后，我们将简要介绍希腊的主要岛屿，然后再介绍一下这一著名民族早期的社会状况。

第288章

希腊诸岛、马其顿与色雷斯

爱琴海中的岛屿被古人分为两组：基克拉泽斯群岛和斯波拉泽斯群岛。前者因为呈圆形排列在提洛岛周围而得名，它们位于埃维亚岛和克里特岛之间。斯波拉泽斯群岛是散布在小亚细亚和欧洲沿岸的岛屿；欧洲沿岸的被称为北斯波拉泽斯群岛，小亚细亚沿岸的被称为南斯波拉泽斯群岛。如前文所述，爱奥尼亚群岛位于希腊西面的爱奥尼亚海。我们将从希腊东部的岛屿开始叙述，从这里讲到克里特岛，然后再讲爱奥尼亚群岛。南斯波拉泽斯群岛我们之前已经有过详细的叙述。

萨索斯岛，位于色雷斯海岸，周长约40英里，自古就以丰饶著称。岛上葡萄酒远近闻名，大理石采石场也享有盛誉。首府与岛屿同名。根据古代传说，早在赫拉克勒斯时代之前，就有一群腓尼基人在萨索斯的带领下来到这里，寻找被宙斯带走的妹妹欧罗巴。后来来自帕罗斯岛的人在这个岛上定居。岛上的金矿让人们变得非常富有，这引诱了米利都人在公元前492年围困萨索斯岛。后来他们被马铎尼斯率领的波斯人打败，随后接受了薛西斯的军队，这花费了他们400塔兰同银子。该岛先后被雅典人、马其顿人和罗马人占领。土耳其人由将军统率，长期统治这里。岛上人口约有6 000人，主要是雅典人。现在这里依然富饶，出产石油、玉米、蜂蜜和木材，而且牛羊成群。

萨莫色雷斯岛，距色雷斯海岸38英里，周长20英里，在古代历史上以一场洪水而闻名。这场洪水发生在阿尔戈英雄时代之前，当时洪水淹没了整座岛屿，甚至淹没了山顶。岛屿上最初的定居者可能是色雷斯人，随后是皮拉斯基人，这些人非常虔诚，尊此地为圣地。这里是举行卡比里崇拜活动的主要场所，活动中充斥着猥琐行为和污言秽语，让很多古代作家不堪用言语表达，因而宣称这是秘密行为，不可泄露。逃亡者也在此地安身。岛民最初由国王统治，后来施行了民主制度。他们曾加入薛西斯的军队，其中一支舰队因在萨拉米斯战役中的功绩而闻名。据说岛上有一座山非常高，从山顶可以看到特洛伊平原。

伊姆布罗斯岛，位于萨莫色雷斯岛东南18英里，利姆诺斯岛东北22英里。这个岛丘陵起伏，树木茂盛，有4 000希腊人居住在这里。最早他们由自己的法律管辖，但在公元前508年被波斯人占领。后来又受制于希腊、马其顿、帕加马和罗马。到了近代，又被土耳其人统治。

利姆诺斯岛，岛屿面积约150平方英里，居住着8 000希腊人。岛上多丘陵，出产葡萄酒、玉米、大麻、亚麻和水果。在古代神话中，此岛是赫菲斯托斯降临之地，他因鲁莽无礼被逐出天界。他是火神，也是铁匠，在利姆诺斯建了铁匠铺。岛上曾经有一座火山，很可能是这一传说的来源。

还有一个可怕的故事，讲的是这里的女人。据说在古代，岛上的女人们谋杀了国王特罗亚以外的所有男人。后来皮拉斯基人被赶出阿提卡，带着一些雅典妇女来到利姆诺斯。这些皮拉斯基男人与这里的妇女结合，但他们的孩子鄙视由皮拉斯基妇女所生的兄弟，因而皮拉斯基人杀死了这些孩子和他们的母亲。由于这些暴行，利姆诺斯在古代的名声很差。后来这个岛被米提亚特率领的雅典人占领。岛上曾有一个著名的迷宫，其遗迹在普林尼[①]的时代还存在。该岛以一种白垩而闻名，这种白垩被称为水磨土，据说具有极好的药用价值。

埃维亚岛，位于阿提卡和维奥蒂亚沿岸，与大陆只隔着狭窄的埃夫里普海峡，最窄的地方只有16英尺宽，有一座桥塔建于此处。这座岛长90英里，宽5~30英里，海拔偏高，一些山脉高耸入云；有几座山高4 000英尺，德尔斐所在的山脉高达7 266英尺。岛上出产橄榄和葡萄酒。当地人喜欢用猪皮做的容器保存这些葡萄酒。岛上人口有7万人，其中大部分是希腊人，他们经常遭受海盗的侵扰。在塞尔马海角有温泉。这座岛的北面有几个小岛。山里有野鹿和野猪，平原上到处都是野兔和家兔。全岛没有一条小河能称得上是河流。埃格里普斯城，古时称为哈尔基斯，建有防御用的城墙：城内街道狭窄而房屋宽敞。城外是一个专门从事贸易的郊区，主要的贸易物

① 盖乌斯·普林尼·塞孔都斯（23—79），为了与他的侄子小普林尼区分，被称为老普林尼。是古代罗马的百科全书式的作家，以《自然史》著称。——译者注

品是水果。

埃维亚岛上的第一批居民极可能是皮拉斯基人，毫无疑问，他们在史前时期就已经在爱琴海的大部分岛屿和希腊大陆上定居了。特洛伊战争之前，哈尔基斯和埃雷特里亚都是雅典人建立的。在很早的时候，这些独立但结盟的城邦就已经发展到了高度繁荣的程度，统治着安德罗斯岛、蒂诺斯岛和希俄斯岛，在马其顿和色雷斯海岸，甚至是西西里和意大利进行殖民活动。

哈尔基斯和埃雷特里亚之间发生了一场战争，修昔底德认为这是历史上最古老的战争之一。这场战争似乎没有持续很久，因为在公元前6世纪，这个民族依然繁荣，由较为富裕的公民统治。此后，他们激怒了雅典人，雅典人袭击并占领了此岛，给岛上的居民带来了巨大的灾难，使其沦为阿提卡的附属国。在与大流士和薛西斯的战争中，埃维亚人与希腊人并肩作战。他们在公元前445年起义反抗雅典，但很快被伯里克利击败。他们先后被马其顿的腓力、罗马人、威尼斯人和土耳其人统治，后来参加了反抗土耳其的革命，独立后属于希腊王国。

现在我们来看基克拉泽斯群岛。

安德罗斯岛，位于内格罗蓬特岛东南6英里处。岛上多山，有些山峰一年中的大部分时间被雪覆盖。岛长21英里，宽8英里，人口1.8万人。安德罗斯是它的主要城镇，此外还有66个村庄。岛上土地肥沃，漂亮的花园出产柠檬、橙子、石榴等。每年出口丝绸6 000磅[1]。岛上居民将小麦和大麦一起播种，用杂粮做面包。这个岛的

① 1磅≈0.45千克。——编者注

名字来自它的一位国王的儿子，他生活在特洛伊战争时代。

蒂诺斯岛，周长15英里。岛上多山，出产的葡萄酒深受古人喜爱，主要城镇是蒂诺斯。

希俄斯岛，位于距科隆纳角15英里的地方，长14英里，宽10英里。岛上有一座叫圣伊利亚斯的山，逐渐倾斜入海。该岛出产葡萄酒、大麦、棉花、丝绸和绵羊，人口有5 000人。从前，岛上有4个相当大的城市，其中一个是尤路斯，其遗迹至今可见。有几位希腊名人是希俄斯岛人，其中之一为西摩尼得斯。岛上的居民似乎是来自雅典的爱奥尼亚人；在萨拉米斯战役中，他们为希腊舰队提供了一些船只。

伊亚罗斯岛，长4英里，宽3英里。目前，所有居民均为渔民。罗马人曾把这里当作流放地。

锡罗斯岛，位于提洛岛的东部，周长20英里，盛产玉米和葡萄酒。由于空气清新，古代居民就很长寿。

米克诺斯岛，与提洛岛之间隔着一条狭窄的海峡，长10英里，宽2~6英里。岛上多山，土地不肥沃，但能出产玉米和棉花，有4 000居民。古代神话里被赫拉克勒斯杀死的人首马身怪物就埋在这里，因而产生了一句谚语：“把一切都埋藏在米克诺斯岛之下。”这里的居民很穷，有些人像寄生虫一样依赖富人过活，因此，“米克诺斯客人”一词用来指那些不请自来蹭饭的人。

提洛岛，被认为是基克拉泽斯群岛的中心。在古代传说中，它起初是一座被波塞冬从海中升起的浮岛，因为对阿波罗和阿尔忒弥斯的崇拜而闻名，据说他们出生于这里。

勒托曾在提洛岛上，给了世界一双无与伦比的儿女——
阿波罗让大自然微笑，
肩膀上的金发在闪耀；
阿尔忒弥斯是狩猎女神，
手中的箭万无一失，
她是女性唯一的君主，
夜间活动的天空女神。

提洛岛上的阿波罗神庙非常有名。人们对它极其尊重，曾掠夺和亵渎希腊大部分神庙的波斯人，不但从未对它施加暴力，而且对它崇敬之至。在庇西特拉图时期，雅典人占领了这个岛。他们规定任何人都不得死于或者葬于此岛。他们在这里设立了一个节日，叫作“提洛岛节”，每5年举办一次。本都国王米特拉达梯的将军毁坏了该岛，现在该岛只剩下一堆光秃秃的岩石。

基斯诺斯岛，是一座靠近希俄斯岛的岛屿，以奶酪闻名。

塞里福斯岛，贫瘠又荒芜。罗马人把罪犯放逐到这里。卡西乌斯·塞维鲁就被流放到这里，并死在这里。据说这里的青蛙不会叫，只有带到其他地方才会放声大叫。

锡弗诺斯岛，有良好的港口，出产的水果品质极佳。当地居民以道德败坏著称，但在大流士一世时代也显示了不屈的精神，他们拒绝献上“土和水”。他们有金矿，但是据说因为拒绝向阿波罗进贡，这些金矿被淹没消失了。岛上空气清新，许多当地人活到120岁。

帕罗斯岛，周长约36英里，人口为4 000人。马尔佩苏斯山盛产古代雕塑家使用的著名白色大理石。这个岛最早是克里特人的殖民地，曾经极其繁荣，后臣服于大流士，为波斯舰队提供水手，随后又成为雅典的附庸；后来臣服于托勒密王朝、罗马人，在14世纪，同其他基克拉泽斯群岛一起臣服于威尼斯人。在18世纪末，俄罗斯人在这里建立了舰队基地。著名的《希腊编年史》就是在这里发现的，现收藏于牛津博物馆。安提帕罗斯是一个靠近帕罗斯的小岛，主要以17世纪发现的奇妙洞穴而闻名。

纳克索斯岛，距离帕罗斯岛6英里，是基克拉泽斯群岛中最大的一个。周长105英里，土壤肥沃，出产玉米、油、水果、丝绸，盛产野味。岛上有40个村庄和1万名居民。狄俄尼索斯是古时岛上的主神。首府是纳克索斯。这座岛是科西嘉人的殖民地。岛上最开始由国王统治，后来变成了共和制。庇西特拉图使其臣服于雅典，后来这座岛经历了很多变迁。

米洛斯岛，周长60英里。在很早的时候，斯巴达人就定居在这里，享受了700年的独立。后来因为得罪了雅典人，这座岛被占领，男人被杀，女人和儿童沦为奴隶，整座岛上一片荒凉。后来雅典人殖民到这里，有一部分土著也返回居住。这一地区的其他岛屿有：阿莫尔戈斯岛，阿斯蒂帕莱阿岛，丘陵岛，锡拉岛，还有其他一些不太出名的岛屿。卡尔帕索斯岛，位于罗德岛和克里特岛之间，荷马曾提到过这个岛，但其历史鲜为人知。

克里特岛是希腊最大的岛屿，也是地中海最大的岛屿之一。岛长160英里，宽6~30英里。岛上土壤肥沃，出产小麦、葡萄酒、油、糖、蜂蜜、树脂、柠檬、橙子和各种其他水果。主要城镇是克里特，有牢固的防御工事，城里人口有1 200人；岛上人口有28万

站在米洛斯面前的忒修斯及其他雅典青年

人。在荷马的时代，这里人口众多，有100座城市。许多山脉横贯此岛，其中最高峰是帕西洛里蒂，即古老的伊达山，一年中的大部分时间被积雪覆盖。据说宙斯在这里接受了供奉母神的祭司的教育，克里特人以拥有她的坟墓为傲。大约在公元前1400年，据说宙斯和欧罗巴之子、被欧罗巴从腓尼基带走的米诺斯成为克里特国王，他以卓越的法律、公正无私和克制容忍而闻名，被称为“众神的最爱”“宙斯的知己”和“英明的立法者”。他死后，诗人们赋予他地府最高法官的职位。

我们已经提到了忒修斯，雅典人派他和其他6个童男、7个童女，作为每年献给米诺斯的贡品，他们将被住在迷宫中的可怕怪物弥诺陶洛斯吃掉。米诺斯的女儿阿里阿德涅爱上了忒修斯，当他进入迷宫时她给了他一根线，在杀死弥诺陶洛斯之后他通过这根线找到了出路。他说服米诺斯放弃贡品，并和同伴们一起安全返回雅典。克里特岛后来成为罗马人的领地，长期被拜占庭帝国统治。823年，这里被萨拉森人占领，后来由威尼斯人统治了4个世纪。1669年，被土耳其人占领，当时克里特岛的首府已经被围困了20年——是近代历史上时间最长的围攻。

爱奥尼亚群岛位于希腊西部的爱奥尼亚海，从希腊地图中很容易注意到这些岛屿。

克基拉岛，位于伊庇鲁斯东部，在很早以前属于科尔基斯人。《荷马史诗》中奥德修斯的沉船就位于此处。

帕克索斯岛，位于克基拉岛东南8英里处，橄榄树几乎覆盖整座岛屿。岛上有些商业活动，有4 000人在这里居住。

莱夫卡斯岛，因被称为“情人之跃”的海岬而闻名，萨福[①]在这里投海自杀。

凯法利尼亚岛是爱奥尼亚群岛中最大的一个岛，长40英里。油、玛斯克汀葡萄酒、棉花和蜂蜜是这里主要的产品，其居民陪伴奥德修斯参加了特洛伊战争。

伊萨卡岛，位于凯法利尼亚岛和希腊大陆之间。在《荷马史诗》中，这里是希腊王国的一部分，也是奥德修斯的居所。

桑特岛，出产醋栗果，年出口量近800万磅。

基西拉岛，盛产野兔、鹌鹑、海龟和猎鹰。岛上有一座著名的阿佛洛狄忒神庙。据说女神阿佛洛狄忒会从海边升起。

1815年，这些岛屿组成一个独立国家，称为爱奥尼亚共和国，受英国政府保护。

我们已经讲过马其顿，这里只需要补充一点细节。它位于色雷斯、伊庇鲁斯和希腊之间，国界在不同历史时期有所不同。这个国家是公元前814年由赫拉克勒斯的后裔卡拉努斯建立的，腓力二世是他的后裔之一。这位君主是古代最有能力的人之一，他征服了邻近部落，扩大了领土。古罗马学者普林尼说，腓力二世的领土囊括了150个国家，首都位于佩拉。这个国家的人民勇猛无畏，“马其顿方

① 古希腊第一位女诗人，古希腊九大诗人之一。——译者注

阵”在腓力二世和亚历山大的时代几乎战无不胜。公元前279年，当希腊受到罗马人的威胁，马其顿国王皮洛士[1]表现出非凡的才能，两次远征意大利。但马其顿最终被罗马人占领，沦为罗马的行省。

色雷斯在马其顿东边，大部分地区土地贫瘠，人民勇猛无畏。最初的居民以羊奶和羊肉为生，喜欢掠夺。他们最早的政体是君主制。许多希腊人在此定居，色雷斯一度被认为是希腊的一部分。亚历山大征服过这里，后来归罗马人所有，最后由土耳其统治。色雷斯和古代马其顿的部分地区以及塞萨利、阿尔巴尼亚，后来被称为鲁米利亚。萨索斯岛、萨莫色雷斯岛和伊姆布罗岛都属于色雷斯。

① 实际上是伊庇鲁斯国王，与亚历山大大帝为表亲，一度夺得马其顿的统治权，因此这里称他为马其顿国王。——译者注

第289章

古希腊的城市

由于古希腊从来都不是一个统一的民族国家，不同地区先后臣服于处于统治地位的几个城邦，因而不容易界定其权力鼎盛时的疆域。雅典占据统治地位的时候，希腊领土达到最大，亚历山大的征服不能算在内，不然的话，希腊的疆域不仅包括马其顿，还包括亚洲和非洲的几个国家。

严格来说，希腊是一个国土非常有限的国家。古希腊确实比现代希腊拥有更多领土，但正如我们所说，即使将马其顿包括在内，它的长度也只有大约400英里，国土面积也不过4万平方英里。

在最繁荣的时期，即伯里克利时期，希腊的总人口应该有三四百万人。它闻名世界、威慑邻国的军事力量依靠的是军队的勇敢和纪律，而不是人数。雅典和马其顿的制度，尤其马其顿，都直接服务于培养英勇善战的公民或者士兵，其他几个希腊城邦也是如此。希腊的总兵力约为40万。

雅典是希腊的主要城市，在希腊历史上常被提及，也是希腊历史的重要组成部分。从它的起源到被罗马征服，甚至后来，通过它辉煌的遗迹，雅典一直是学者、古董学家、艺术家和有品位的人的兴趣所在。在其鼎盛时期，没有一座古代城市能与之媲美，它的公共建筑、雕塑及其他艺术作品的美丽优雅，哲学家们常去的树林和其他徜徉的场所，无不令人心驰神往。现在，我们仍能从它的遗迹，尤其是帕特农神庙、波塞冬神庙和奥林匹亚宙斯神殿中，看出它辉煌的过去。

雅典位于距离埃伊纳湾大约5英里的地方，现代雅典只占据了古雅典城的北部和中部地区。卫城，矗立在高高的岩石上，具有很强的防御能力；帕特农神庙位于城内；卫城西面是战神山，又称阿瑞斯之石山；城下东面是奥林匹亚宙斯神殿，是希腊最大的神庙之一。雅典实际上坐落在一个大平原之中，所以卫城所在的岩石或山丘是这片土地上唯一的高地。鼎盛时期的雅典，周长25英里，分为两部分——上城和下城，上城即卫城，共有人口44万人，其中大部分是奴隶。上城周长16英里，四周有坚固的城墙，墙上有9道门，其中一道称为大门，雅典人需登上白色大理石台阶到达此门。下城包括围绕卫城的所有建筑，也被坚固的城墙包围。

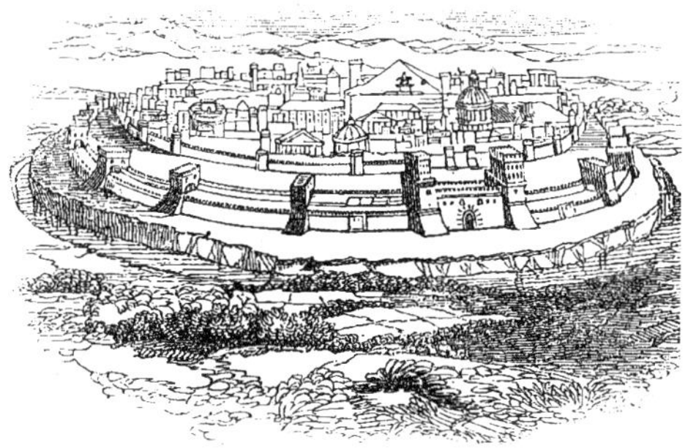

古雅典城墙

在这座城市漫长的历史进程中，有很多上文未提及的公共建筑，如忒修斯神庙；八角形的风之塔；菲洛帕波斯纪念碑，旁边是普尼克斯山，也是举行公共集会的地方，雅典演说家曾在这里“轰动希腊”；雅典奖杯亭，也被称为德摩斯梯尼之灯；哈德良拱门；以及许多其他建筑——这些都是世界为之骄傲的艺术和天才之作。

斯巴达是拉科尼亚地区的首府，位于埃夫罗塔斯河西岸、泰格图斯山脚下。整座城市呈圆形，周长只有6英里。城中房屋并不紧凑，不是按照古希腊的方式建成更常见的紧凑城市房屋的样式，而是分成不同的村庄。这些村庄中，有5个是在不同位置的高地上建造的，斯巴达5个部落各占其中一个村庄。居民们都非常朴素，丝毫不在乎外表的华丽，他们的房子没有任何装饰物。然而在几条街道尽头的大广场或者会场，却有神庙和雕像点缀，还有公共会堂，用以举行各种行政机构的会议。

这座城市还有大量纪念神和古代英雄的纪念碑，对赫拉克勒斯、廷达瑞俄斯、卡斯托尔、波吕克斯、列奥尼达及其他人显示出虔诚的崇敬之情。在斯巴达城市周边有赛马和赛跑的场地，也有年轻人的运动场所，这些地方都有美丽的梧桐树。事实上，这座城市在很大程度上被葡萄园，橄榄树和梧桐树，以及花园和避暑凉亭围绕，一直没有城墙，直到亚历山大的时代之后落入专制僭主之手才建起围墙。在这之前，骁勇善战的斯巴达公民就是坚固的“城墙”。斯巴达城的一些遗迹仍然可见。

科林斯是亚该亚的首府，建于公元前1520年，位于两海之间，拥有两个港口，每个海岸各有一个。它所在的地峡将摩里亚与阿提卡分开。这座城市久负盛名，而且名副其实。它矗立在一座名为亚科哥林德斯山的高山脚下，并在那里建造了要塞，曾是希腊人口最多、最富有的城市之一。包括要塞在内，城市周长大约10英里。由于会遭遇暴风雨和海盗的袭击，围绕玛利亚海角和提纳鲁斯海角的航行非常危险，商人们通常会通过地峡运货，科林斯因而成为连接欧洲和亚洲的市场。

这座城市的本地人以金属加工技术闻名，科林斯黄铜是将铜和少量金银混合后形成的颜色亮丽而持久耐用的合金。陶器上的装饰据说是用这里的独特工艺制作的。如今用于建筑装饰的那种特别简洁而美丽的柱式结构，就以这座城市命名，被称为科林斯柱式。科林斯公民在优雅、哲学和学识方面都颇为自负。

公元前146年，科林斯被罗马人占领并烧毁，在此之前它一直享有自由和巨大的交通便利。它被认为是当时世界上最坚固的城市，是著名的富饶之地和艺术中心。荒芜了多年之后，尤利乌斯·恺撒重建此城。清理废墟时，他们发现了大量的铜器和陶器，这些文物被运回了罗马。恺撒时代之后，这座城市经常被焚毁、掠夺和征服。到土耳其统治时期，整座城市已经衰败不堪，人口不超过1 500人。希腊独立之后，科林斯正迅速从战争的灾难中恢复过来。

维奥蒂亚的首府底比斯是由卡德摩斯建造的，他最早将字母引入希腊。底比斯坐落在伊斯美努斯河畔，有7道门，周围有7英里长的城墙。长期以来，希腊其他城邦都对底比斯居民充满愤怒和鄙夷，因为他们背信弃义

科林斯遗迹

加入波斯军队，而他们也因此遭受严厉的惩罚。在佩洛皮达斯和伊巴密浓达的领导下，底比斯成为希腊最强大的城市。后来它被亚历山大大帝摧毁，居民遭到大肆屠杀，共有6 000人被杀，3万人被卖为奴，除了著名抒情诗人品达出生和接受教育的房子被赦免，城内所有房屋都被摧毁。

这座城市后来由卡山德重建，但是在斯特拉波①的时代，大约20年的时候，底比斯只是一个微不足道的村庄。现在仍能看到这座城市的遗迹。

阿尔戈斯是阿尔戈利斯地区的主要城邦，据说这是天后赫拉最喜欢的住所，坐落在伊那科斯河畔，由两座要塞拱卫。居民被称为阿尔戈斯人——这一称呼经常用来指称全体希腊人。阿尔戈斯被认为是希腊最古老的城市，由伊那科斯建立，如前文所述，伊那科斯于公元前1856年从腓尼基来到希腊。

纳夫普利亚是阿尔戈斯的港口，南面是勒拿湖，赫拉克勒斯在此杀死了可怕的九头蛇。阿尔戈斯以北是阿伽门农的城邦迈锡尼，阿伽门农死后这个城邦逐渐衰落，最后被阿尔戈斯人摧毁。在阿尔戈斯附近和邻近地区发现了由大块石头组成的巨石墙，年代久远，无人知晓其历史。现在阿尔戈利斯的首府是纳夫普利翁，位于古城邦附近，是伯罗奔尼撒半岛最重要的城镇，也是希腊最坚固的堡垒。

希腊还有其他一些不太紧要的城市，有几个因为发生了战争或者特别的事件，或者是伟人的出生地而著称，但在其他方面并不值得关注。

① 斯特拉波（前64或前63—23），古罗马地理学家、历史学家。——译者注

第290章

古希腊的政府和军事

整个希腊没有统一的政府形式，各城邦以独特的政府或者公认的管理策略来区分。这种政府或者策略在不同时期会有所不同；有时是民主制，有时带有君主制或者寡头制的性质。民主制也许是某些城邦更普遍的政府形式。它们经常结成同盟和联盟，这方面与美国现在的政体有一些相似。君主制或者寡头制在城邦建立之初更加普遍；民主制或者共和制在其后期更为盛行。

大约在公元前1100年，赫拉克勒斯家族回归时期，希腊最常见的政府形式是君主制、寡头制以及些许民主制的混合，而这种混合没有任何规律可言。“对于一个刚刚摆脱了野蛮状态的民族，权力总是主要集中在土地所有者手中。如果地主阶级权力很大，他们在自己的领地拥有主权；尽管为了联盟的军事利益，他们会承认一个国王，但他只不过是一个联盟领袖。如果地主阶级权力太小，无法独自防御，所有人被迫结成更紧密的同盟；他们会因此聚集在城镇，国王既是首席行政官，又是军事领袖，权力归土地所有者所有，但由他们作为一个团体对人民行使权力，而不是作为统治者对各自的领地行使权力。这是希腊的第一个政治秩序。”

“司法权及对事务的总体管理是在主要人物的议事会上以长者、首领或王室的名义行使的；国王是军事统帅、议事会主席和祭司。公民大会与城邦的大政方针几乎没有关系，尽管被召集起来时它拥有至高无上的权力，但只在一些特殊的场合才会召集，主要为了决定国王和首领的纷争。国王软弱，人民分散，大地主阶级强大而团结，逐渐垄断了城邦的权力，直至所有城邦几乎都变成寡头共和制国家。”

财富几乎都被寡头们占有，对土地的占有使他们最终拥有了几乎所有类型的财产，较贫穷的阶级一直在寻找机会，通过劫掠压迫者来致富和报仇。当寡头集团内部产生分裂，弱小的一方与人民共同反对压迫者时，他们便拥有了这种机会。一系列贯穿希腊历史的血腥骚乱因此发生。

在一些城邦，由于贸易的发展，出现了中间阶层。这一阶层赞同建立正规政府，否则他们会损失惨重。随着这一阶层的扩大，我们看到一个相对温和正规的寡头政体的建立，有时甚至是一个长期的民主政体。

阿尔戈斯是第一个废除王权或者说将王权削弱到了无足轻重程度的城邦；但是取而代之的政府形式并没有使人民获得幸福。贫富之间的纷争和暴乱发生得频繁而惨烈；阿尔戈斯曾是古希腊统治范围最广阔的城邦，但由于众多城镇的反抗而被削弱。很多城镇成功获得独立。

科林斯虽然经历了几次变革，却是伯罗奔尼撒所有共和制城邦中最平静的，它政府形式的特点是非常公平。科林斯的地理位置有利于贸易，由此产生了中间阶层，在某种程度上，这一阶层保护了穷人免受压迫，也使富人阶层不会过于富有，从而免除了他们的罪恶。

雅典的政府最初是君主制，但是科德鲁斯（雅典最后一任国王）死后，它在某种程度上变为民主制。雅典人分为三类——公民或自由人、外国人或旅居者、奴隶，每一类人都有特定的职位、权利和义务。通常这几类人界限分明，尽管在某些情况下有可能从一类人变成另一类人。贫穷可能使出身自由的公民沦为奴隶，即使不是奴隶，也被人任意驱使；功绩或财富也可能使奴隶获得自由和尊严。

雅典的政府通常由执政官、五百人会议和公民大会履行其职能。执政官拥有最高行政权力，每年以抽签的方式选出，戴着香桃木花环，这种标志让他们享有免受暴力和侮辱的特权，并免除某些税收。每年以抽签的方式从不同的部落中选出500名议员，组成“五百人会议”，这个机构的职责是预先审查提交公民大会的议案，确保提交恰当的议案。公民大会召开的目的是就最有利于联盟的事项进行磋商，雅典的所有公民都享有参加公民大会的权利，外地人、奴隶、女人和受到惩罚而臭名昭著的人被排除在外。公民大会每35天举行4次，在特别紧急的情况下也可以举行。

根据法律，公民大会至少需要包括6 000名公民。这是雅典的伟人们展示其智慧的竞技场——演说家们在这里光芒四射，以他们雄辩的口才左右着民众的意志和想法。然而不可否认的是，这种受人尊敬的崇高艺术往往被用来实现卑鄙和恣意妄为的目的。

跟雅典政府相关的还有一些其他机构，比如各种法庭，其中最著名的是战神山议事会。这个法庭的名字取自法庭所在地，即阿瑞斯之山。鉴于其诉讼程序的公正和严明，它在整个希腊都深受尊重。它对宗教或政治活动中的犯罪、滥用职权和改革进行认定，审查法律和公共习俗，最隆重的仪式是它的审议和行动。

雅典的政府形式中还有一个奇特而极不公正的审判程序，即陶片放逐法，又称为贝壳放逐法。这是一种公众审判的形式，因选票写在陶片、贝壳或者瓦片上而得名。对这种判决形式的描述是："人们聚集在一起，在没有犯罪指控的情况下，每个公民都在贝壳上写下自己认为最可憎的人的名字，把它带到集市上指定的地点，存放在那里。这些贝壳已经由执政官全部编号，如果选票总数未达到6 000，此次投票即宣告无效；如果超过6 000，再按票上的名字将票分类，执政官宣布将得票最多的人放逐10年，允许他拥有自己的财产。"这段描述足以解释下面的可耻事实：为什么那么多因美德和公共服务而闻名于世的公民会因为雅典民众的忘恩负义而受苦。

在斯巴达，居民包含两个等级：公民和奴隶，后者又被称为"希洛人"。其中公民分为两个层级，一类是斯巴达全权公民，一类是边民，又称"庇里阿西人"，两个层级拥有不同的权利。斯巴达全权公民有资格担任公职；边民包括贫穷的公民、自由人和他们的儿子，只允许在选举中投票。希洛人的数量比公民更多，他们的工作跟普通的奴隶一样，但不像希腊其他地方那样严酷。

斯巴达共和国有两位执政官，即国王，但与大多数国家不同的是，他们几乎没有国王的特权，而且两个国王相互制衡；此外，他们的权力非常有限。每个月，他们都宣誓要按照法律治理国家。其中一人负责指挥军队进行军事活动，另一人通常留在城邦内负责执法。作为公民中的第一层级，他们主持长老会议；但他们的特殊权力是监管城邦的宗教事务。

斯巴达的长老会议由两名国王和28名60岁以上的长老组成。评选长老的依据是德行，终身任职。他们的职责是审议有关和平或战争以及城邦其他重要事务的所有问题。另外一个机构被称作五监察官，他们是每年由公民选举产生的5名行政长官，负责监督青年人的教育和司法行政。除了这些政治机构，还举行公民大会，对长老会议提交的事项作出决定。公民大会有两类，一类为大型会议，拉科尼亚的所有自由人都可以参加；一类为小型会议，只允许年龄超过30岁的斯巴达人参加。国王和其他行政长官也是这些机构的组成部分。

作为联盟，与希腊的治理有关的机构是近邻同盟会议。最初这个同盟由希腊北部的几个城邦组成，后来增至12个城邦，目的是对城邦之间的所有分歧作出决断，并审判公然违反城邦法律的人的罪行。通常派往会议的代表人数是每个城邦两人，会议每年召开两次，春季会议在德尔斐举行，秋季会议在温泉关举行。每名代表都发誓绝不伤害任何一个同盟的城邦，如果其他城邦有这种企图，会以武力反对；还发誓，如果有人对德尔斐的神圣领土施以暴行，或者对神庙有任何图谋，会尽最大努力将罪犯绳之以法。

希腊不同城邦的军队大都由公民和武装奴隶组成，法律规定他们在一定年龄时必须响应行政官的号召，登记入伍，准备服役。他们没有雇佣军或常备军。主力部队由步兵组成，其他的乘战车、骑马或乘大象，军队的首领和著名战士起初喜欢使用这些装备，但最终摒弃骑兵以外的其他形式。军官和上层阶级通常骑马作战。

步兵分为两类，分别是重装步兵和轻装步兵。重装步兵由公民

希腊盔甲

组成，而轻装步兵由奴隶组成。每一类步兵使用的盔甲都名副其实。重装步兵头上戴着青铜或铁制的头盔，身体其他部位穿着同种金属制成的胸甲和护甲；轻装步兵则使用弓、标枪、石弩等。

希腊的武器起初由青铜制作，靴子和其他部分用锡制作，后来铁成了主要材料。防护装备有头盔、胸甲和背板、胫甲、护手，还有类似腰带的防具护住一部分前身，以及一个盾牌。进攻武器有矛或长矛、剑、战斧、木棍或铁棍、弓箭、飞镖或标枪以及石弩。

尽管希腊人在战场上英勇无畏，但他们并不擅长围攻有城墙的城市。摧毁城墙和塔楼的作战装备无法与现代火炮相比。然而，他们有时会用破城槌、攻城塔、弩机和其他类似装备对坚固的防御工事发动有效攻击。

20~60岁之间的每一个公民都有可能应召保卫城邦；但是年事已高的公民可以免服兵役。雅典有一个惯例，即每支军队任命10名将军，从阿提卡的10个区中各选一名将军。但是，这项措施的弊端最终导致它被废弃，因为10人中只有一人拥有实际指挥权，其余9人通常都是他的顾问。

斯巴达人对逃兵或者逃离战斗的懦夫施以最严厉的惩罚。他们丧失公民的一切权利和荣誉；与他们结婚是一种耻辱；他们可以被任何人殴打，并且不能自卫；他们穿着与众不同的服饰，以示耻辱。

古希腊战舰

希腊的船只主要有三种：战船、载重船和航船。早期他们的战船只是大型敞篷船，由桨推动，能容纳50~120人。桨手起初沿着船的两侧各坐一排，后来科林斯人发明了有三层桨手的三列桨战船。这些桨手不是垂直排列，而是上下错开，以楼梯的形式逐渐上升。在战斗中，士兵或者水兵站在甲板上，用飞镖或标枪攻击敌人；当船只靠近时，他们用剑和矛作战。

第291章

古希腊的宗教、文学、科学、艺术

希腊人的宗教是想象力而不是理性的产物，与道德修养的提升没有任何关系，但在很大程度上满足了人们的幻想。这与他们的诗歌天赋一致，幻想是它的生命和魅力。

依据受尊重的程度，希腊人将崇拜的神和半神分为三类：天神、海神和冥神。宙斯是众神之王，他被认为是众神和人类之父。因为希腊人没有圣书，所以诗人们在这些主题上的创作，如果得到了祭司和立法者的认可，就成了关于民众信仰的权威之作。尽管这种民族宗教有放纵的色彩，

古代神庙遗迹

但在诗人手中，则变得高雅迷人。

天神包括神王宙斯、太阳神阿波罗、战神阿瑞斯、众神使者赫尔墨斯、酒神狄俄尼索斯、火神赫菲斯托斯、天后赫拉、智慧女神雅典娜、美神阿佛洛狄忒、月亮女神阿尔忒弥斯、农业女神德墨忒尔、灶神赫斯提亚。海神包括海王波塞冬和他的妻子安菲特里忒、大洋神俄刻阿诺斯和他的妻子忒提斯、海之信使特里同、普罗透斯、涅柔斯及他的妹妹和妻子多丽斯。冥神包括哈迪斯和他的妻子珀耳塞福涅，财神普路托斯，冥河船夫卡戎，复仇三女神，命运三女神和冥界三判官：米诺斯、

宙斯

阿波罗

波塞冬

哈迪斯

阿瑞斯

赫尔墨斯

赫拉克勒斯

赫菲斯托斯

埃阿科斯、拉达曼迪斯。还有各种其他类型和性格特点的神，如：爱神丘比特；艺术女神缪斯，掌管诗歌、音乐、舞蹈和文学艺术；美惠三女神还有与生命活力有关的神：牧神潘、生殖之神普里阿普斯等。我们还能列举其他神灵：海妖塞壬、蛇发女妖戈耳工、鸟身女妖哈耳庇埃、树精德律阿得斯、水泽仙女那伊阿得斯、海中女神涅锐伊得斯等。

对诸神的祭祀活动是由穿着昂贵服饰的祭司举行的，他们的祭品有动物、水果、香料，偶尔也用人类献祭。祭祀活动有时伴随着祈祷、音乐、舞蹈、游行、竞技会、戏剧表演、宴席和化妆。特别值得一提的是，在对酒神狄俄尼索斯的祭祀活动中，还有各种下流和喧嚣的行为。

希腊人的宗教崇拜对象几乎难以计数，古人的想象使自然界充满了无形而诗意的创造物。对他们来说，黑暗的树林、阴暗的山谷、凉爽的溪流以及每一个孤寂的场景都有半神存在，他们使神与人之间形成一种神秘的联系，他们比凡人更美，但不如神神圣。在幽暗的森林深处住着德律阿得斯；哈玛德律阿得斯住在橡树上，她生在那里，也死在那里；俄瑞阿得斯在山中游荡，追逐那只敏捷的雄鹿；年轻的那伊阿得斯靠在水池边，俯身看清凉的泉水中她神圣的身影。

在阿卡迪亚阴暗的树林里漫步时，牧羊人想象出围绕在他身边的这些飘逸的形象，他听到她们轻柔的声音在树叶间低语；如果他在正午炙热的阳光下昏倒，一个更受自然青睐的地方映入眼帘——一丛阴凉的树，或者一条清澈的小溪，潺潺的溪水在花草丛中闪闪发光——一种神秘的魅力似乎笼罩着这孤寂的场景；想象着那些山岳女神正透过黑暗的树叶看向自己，她们白色的脚正往后退。

当猎人沉浸在追逐的兴奋中，跟着鹿越过孤山，夜色开始笼罩周围，俄瑞阿得斯带着弓箭从他身边飞驰而过。他看到她迈着凡人无法比拟的脚步，跳下陡峭的斜坡，加入狩猎女神的行列。

然后，在孤寂的岩石旁，在黑暗而神秘的隐蔽处，他被半人半羊的森林之神萨蒂尔的突兀笑声惊呆了。这个轻信的农民，感到惊慌失措，在他仓皇逃走之际，他相信自己看到了一群古怪的生物在茂密的橡树下跳舞，透露出嘲弄的表情。他们虽有人形，却长有羊角和羊蹄，这种粗俗的想象将他们与人类联系到一起。

每一条河流，每一片树林，每一个山谷，都充满生机。静谧的海岸上住满了绿头发的海中女神涅锐伊得斯。在石窟和岩洞中，明亮的石柱和彩色的贝壳排列得奇形怪状，海洋中的山岳女神习惯住在这里。海边有供奉她们的祭坛，水手们在这里献上奶、油、蜜，以祈求她们的恩惠和保护。

到了晚上，她们的光影在岸边飘荡，珊瑚和珍珠在长发中闪闪发光。当特里同吹响银色的海螺，她们一头扎进蓝色的大海，潜入深水，等待护卫安菲特里忒的座驾。

黄昏时分，当海岸昏暗，
波涛汹涌，浪花浮动，
清新的风给它们插上翅膀，
在起伏的海面上升腾飞翔。

尽管思想开化的人拒绝这些荒诞的迷信，他们也不得不认可这一点：轻信的异教徒要胜于现代没有信仰的人。对前者而言，大自然似乎充满了神灵，而后者只会用无动于衷的目光看待宇宙的奇观，他们能看到太阳沉入大海的怀抱，蔚蓝的天空闪烁着繁星，看到一切美丽和可敬的创造，而不会将这份崇高和美丽与神明沾边，不会感觉到

有上苍把你关照，
在无路的海岸为你指路，
在荒漠和无边的空际，
你孤单的飘荡不致迷途。①

人们并不认为希腊的神灵只是被动的幽灵，他们不仅出现在非比寻常的事件中，也交织在普通的生活琐事中。响雷是宙斯的声音，闪电是他的矛。夏日的微风源于西风神泽费罗斯之翼的扇动，森林的回声是女神的声音。情人之间的感情由阿佛洛狄忒决定，而

① 选自美国浪漫主义诗人威廉·柯伦·布莱恩特《致水鸟》，吕志鲁译。——译者注

迷恋者的内心之所以会焦灼是因为被丘比特的箭射中。

在战斗中，阿瑞斯开路，参加战斗的几个神为他们最喜爱的人提供施了魔法的武器，赋予他们神奇的技艺和力量。在海上，波塞冬在警惕地观察着一切，巨浪肆虐被认为是他愤怒的表现。

如果起风了，埃俄罗斯则是这股气流的创造者；如果云彩划过天空，那就是宙斯的战车划过；有玫瑰色手指的曙光女神厄俄斯带来了黎明；而彩虹则意味着伊里斯的到来。地上的一切都有天空的影子，而天空位于地面之上。

因此，基于想象的希腊神话是一个美丽的梦（尽管在某些方面有些可怕），其中包含有诸多的意义与关联。它将神话和真实的历史混合；虽然不是建立在理性和启示的基础之上，但在模糊和神秘的意象中却隐藏着崇高的真理。

然而必须承认，由希腊人想象塑造出来的神，其现实感远比道德感突出。他们的神，总是参与凡人的事务，经常用非凡的能力和智慧促成邪恶和残虐的阴谋。他们被嫉妒、恶毒和让人类沉陷其中的邪恶激情所驱使，他们能毫不犹豫地采取任何措施来达成邪恶的目的，无论这些手段多么卑鄙，甚至众神之王宙斯在凡间也是一个放荡的角色。

然而，大多数希腊人似乎被诚挚的宗教情感所打动，尽管这可能让人感到奇怪。这些从古代流传下来的神的故事带着某种权威性，使他们认同这些神的性格，虽然在理智上他们并不赞同。但是，希腊拥有众多的圣贤、哲学家和智者，似乎不可能把信仰寄托在这些粗俗而夸张的神话之中；事实上，众所周知，苏格拉底和其他一些古代最伟大的智者拒绝这种大众信仰，通过观察自然界万物中显而易见的统一性，恰如其分地得出结论：整个宇宙必定由一个无所不能、无所不知的神创造，这个神是万物的主宰和统治者。

希腊人相信灵魂不灭，相信死后会有奖励和惩罚。他们想象，人死后灵魂会降临到一条阴暗可怕的溪流边，这条溪流叫作冥河。面容阴森的卡戎是冥河的摆渡人，带着死者的灵魂划过忧郁的河流，那是哈迪斯领地的边界。

想让卡戎摆渡过河，死者必须被埋葬，那些在海上淹死的人，或者被剥夺了传统葬礼仪式的人，在被允许渡过冥河之前，要在冥河岸边游荡100年。

从卡戎的船上下来之后，这些身影战战兢兢地进入哈迪斯的宫殿。宫殿的大门由一只名叫刻耳柏洛斯的巨犬把守，它有3个头，身上没有毛发，缠满了毒蛇。然后他们出现在冥界三判官米诺斯、拉达曼迪斯、埃阿科斯面前，邪恶之人被判处受折磨，而善良之人得到天堂般的欢乐。

接受惩罚的地方叫作塔尔塔洛斯，是一处黑暗恐怖的所在。宙斯之子坦塔罗斯因为罪恶滔天在那里接受惩罚。他一直被水包围，但每当他试图解渴，水就从他唇边流走；在他头顶的树枝上挂满了诱人的果实，每当他伸手去摘，这些果实就从他手中脱落。

卡戎，冥河的摆渡人

还有塞萨利的国王伊克西翁，他和毒蛇一起绑在轮子的边上，这不停旋转的轮子永远折磨着他的躯体。科林斯的建立者西西弗斯接受的是另一种惩罚，他要将一块巨石推上陡峭的山顶，但是巨石往往未到山顶就又滚下山去，因此他要永无休止地推这巨石。一边是罪犯们在复仇女神无情的鞭打下挣扎，另一边是恶棍们被永不熄灭的火焰包围。

极乐世界是被赐福之人的居所，是一个无比美丽和快乐的地方，到处都能看到郁郁葱葱的树林和银光闪闪的溪流，空气清新，环境静谧，气候温和；鸟儿在树林里叫个不停，比太阳还明亮的光线照射在这片快乐的土地上。这里的居民无忧无虑，他们尽情享受在人世间的那些乐趣，或者敬仰神明的智慧和力量。

希腊的宗教与他们的神庙、神谕和竞技会紧密相连。主要的神庙有位于以弗所的阿尔忒弥斯神庙，位于米利都的阿波罗神庙，位于埃莱夫西斯的德墨忒尔和珀耳塞福涅神庙，位于雅典的奥林匹亚宙斯神殿。它们都由大理石建造，拥有最漂亮的装饰。最著名的希腊神庙是位于德尔斐的阿波罗神庙，周围所有国家都崇拜它，并求助于它。在每一个重要场合，希腊人都会请示神谕，这些神谕神圣而不可违背。这么做是基于神与人交流的信仰，通过神谕的回应揭示了未来的秘密。最著名的神谕是德尔斐和提洛岛的阿波罗神谕、多多拿的宙斯神谕和列巴狄亚的特罗弗尼乌斯神谕。所谓的神谕，其实不过是一套具有欺骗性、强加于人和含糊其词的说法。

在希腊举行的公开而庄严的竞技会有奥林匹克运动会、皮提亚竞技会、尼米亚竞技会和伊斯特摩斯竞技会（又称地峡运动会）。这些运动会中的竞技项目有赛跑、跳远、掷铁饼、拳击和摔跤，赛马和战车赛也享有盛誉。除此之外，还有音乐家、诗人、艺术家和哲学家进行的比赛。运动会的胜利者会戴上橄榄冠，举行胜利游

战车赛

行。在这些场合，希腊人和陌生人聚集在一起，极为兴奋，在民族精神的鼓舞下在赛场上竭尽全力。

希腊人极具智慧，除了战争，还积极从事文学事业。他们留下来的作品是世人所知的最完整的天才之作和精品之一，直至今日，仍是卓越的典范，被其他国家的学者怀着崇敬的心情加以研究。在知识方面，他们主要擅长的领域是诗歌、戏剧、演讲术、历史和哲学。

与大多数国家一样，诗歌在希腊的繁荣早于散文。据说在很久以前，利努斯、俄耳甫斯和缪塞俄斯曾创作过诗歌；尽管现在仍有一些属于他们的诗句，但人们普遍认为这些诗句一定是更近时代的产物。荷马是现在有作品流传于世的最古老的希腊诗人，人们认为他生活在公元前10世纪，比希腊已知的散文作家早了大约3个世纪。荷马的传记作者把他描绘成一个瞎眼的老吟游诗人，四处游荡，以吟唱自己的诗句为生。

奥林匹克运动会的获胜者

荷马的《伊利亚特》和《奥德赛》是长篇叙事诗，描绘了与特洛伊战争有关的事件。《伊利亚特》开篇的时间是围城的第十年，也是最后一年，后来的战事和战争的结局相继以饱含诗意的语言得以描述。这是《伊利亚特》全书24卷的主题，史诗中的人物和场景如此之多，为它增添了更多样的美感和独特的魅力。那些不朽的神灵不仅对战争深感兴趣，甚至积极参与其中；在诗中神与人的力量交织在一起，自然使一切成为可能。但是，撇开这种异议，《伊利亚特》中还有很多内容会引发研究者对人类早期历史的关注，其中大量的事件及描述清楚阐明了诗中事件发生的时间及史诗的创作时间。根据史诗的描述，当时英雄们自己驾车，王后和公主们忙着纺纱，阿喀琉斯亲手杀羊，自己做饭。但是在荷马的诗中，这些平淡无奇的举动，即使有些粗俗，也丝毫没有减少人物的庄重气息。

这首诗的总体基调庄重而高雅，甚至有崇高之感，语言中常常出现令人惊叹的巧妙之处——有时一个词就能使读者脑海中浮现出一幅完美而愉快的画面，这部作品最大的优点在于它所表现的思想的力量和非凡的想象力。

布莱尔博士说："没有哪位诗人在选择题材时比他更快乐，或者在描绘历史和叙述时比他更成功。其风格与《圣经》的某些部分，如《以赛亚书》，有很大的相似之处。这不足为奇，因为《旧约全书》与它几乎是同一时代的

雅典附近的哈德良拱门

作品，而且其诞生地与荷马的出生地并不远。”

下面这段选自《伊利亚特》的诗，摘自蒲柏[1]的英译本，描述了特洛伊勇敢的守卫者之一赫克托耳和他的妻子安德洛玛刻之间的对话，极具真实性和美感，可以作为全诗一个供欣赏的范例。

哦，鲁莽的汉子，我的赫克托耳！你的骁勇会送掉你的性命！

你既不可怜幼小的儿子，也不可怜即将成为寡妇的倒霉的我。

亚该亚人雄兵麇集，马上就会扑打上来，
把你杀掉。要是你死了，奔向你的命数，
我还有什么活头？倒不如埋入泥土。
生活将不再给我留下温馨，只有
悲痛，因为我没有父亲，也永别了高贵的母亲。
勇猛的阿喀琉斯扫荡过我们的城堡，
城门高耸的底比斯，杀了我的父亲
厄提昂。他杀了我的父亲，却没有剥走
他的铠甲——对死者，他还有那么一点敬意——
火焚了尸体，连同那套精工制作的铠甲，
在灰堆上垒起高高的坟茔；山林女仙，
带着宙斯的女儿，在四周栽种了榆树。

---

① 亚历山大·蒲柏（1688—1744），18世纪英国伟大的诗人。——译者注

由于前一部作品的成功，荷马又创作了一部类似的作品《奥德赛》，这部作品的成就在《伊利亚特》之下。全诗讲述了伊萨卡国王奥德修斯在特洛伊战争后回家途中的冒险经历。2 000年来，《奥德赛》和《伊利亚特》一直受到人们的敬仰，这无疑证明了这两部长诗的非凡之处。有人在比瞎眼的老吟游诗人更有利的条件下写了同样风格的诗歌，但没有哪首诗获得如此巨大的成功。

萨福是一位抒情女诗人，她的创作天才深受希腊人的敬仰，他们赞誉她为“第十位缪斯”。下面的片段将展示这位著名女诗人的作品所特有的诗情画意。

玫瑰

若宙斯指派一朵花来统治
平原上无与伦比的美丽，
玫瑰——人们都会同意——
就是花中的女王：
它是植物的骄傲，凉亭的优雅，
草地的红晕，花儿的眼睛。
它的美丽使天上的神灵着迷，
它的芬芳是爱的气息，
它的枝叶在空气中飘荡，
繁茂，像飘逸的长发；
它绽放出灿烂的光芒，
当西风在它的胸前嬉戏。

阿那克里翁遗存的作品包括颂歌和十四行诗，主要涉及的主题是爱情和美酒。他的风格是优美、活泼、悦耳，但人们只认为他是个能带给人鼓舞的酒色之徒。雅典人为他竖立纪念碑，形象是一个酒鬼正在歌唱——这似乎可以证明古人盲目追求放纵的邪恶和卑劣本性。

下面的这段诗歌很好地展示了阿那克里翁诗歌的特点：

诗琴之上

“哦诗琴啊，醒来吧，用你沉默的琴弦：
欢呼吧，为国王兄弟，
为远近闻名的雅典之子们，
为卡德摩斯和底比斯之战！”
动情地，我击打着琴箱——
听！——琴弦并不配合；
他们都反对武器，
只发出爱的颤音。
末了我又装好琴弦——
“神圣的缪斯，我的胸怀激荡，
当洪亮的音符回响，
赫拉克勒斯，以辛劳而闻名！”
但琴弦依然叛逆，
只奏出爱的旋律。
再见了，英雄们，永别了，国王们！
只有爱才能拨动我的琴弦。

公元前6世纪，在阿提卡伊卡利亚岛君主泰斯庇斯的引导下，戏剧兴起。自一开始，希腊就有用欢快的舞蹈和唱赞美诗来赞颂酒神的习俗，这很快变成了一门正规的艺术。早期一些最杰出的希腊作家都是剧作家。

演讲术在希腊人那里得到了显著发展，特别是雅典人，他们比希腊其他地方更自由。大约在公元前480年，波斯入侵后不久，演讲就引起了人们的关注，并获得巨大成功——起初因大胆和激烈闻名，后来变得更加精致和优雅。

早期人们以诗歌为载体记录事件，后来鉴于历史的重要性，他们对历史创作产生兴趣并获得成功。特别是公元前5世纪，历史创作尤为兴盛。在这之前，吟游诗人富有想象的、神话般的作品，以及对传说不明确的看法，是除了《圣经》关于过去的唯一记录。希腊的历史学家在短期内取得了各种惊人的成就。

哲学在希腊尤为兴盛，分为各种流派或学派。哲学教授源自早期的史诗吟诵者，他们在公共赛会上吟诵荷马或者其他人的诗，同时加以评论；他们创立了学派，被尊称为智者或者智慧之师。然而，希腊哲学只是猜测性的，很少以事实为基础。宗教中盛行的神秘精神延伸到哲学之中。希腊最早的道德家们的目标不是教导人们，而是为一小群学者构建一门学科，使他们超越人类的一般水平。毕达哥拉斯就是这样做的，想要成为他的学生必须经历漫长而艰苦的努力。很多哲学家对他们在公共场合讲授的内容和传授给少数学生的内容加以区分。

希腊哲学的主要学派有爱奥尼亚学派，这是由泰勒斯创立的最古老的哲学学派；南意大利学派，由毕达哥拉斯创立；苏格拉底学派，由苏格拉底创立；犬儒学派，由安提斯泰尼创立；阿卡德米学派，由柏拉图创立；逍遥学派，由亚里士多德创立；怀疑论学派，由皮浪创立；斯多葛学派，由芝诺创立；伊壁鸠鲁学派，由伊壁鸠鲁创立。

这些学派以某些特殊的学说为特征，例如，南意大利学派传授人的灵魂可以转生；苏格拉底学派认为“美德至上”；犬儒学派鄙视一切社会习俗、知识和生活艺术；阿卡德米学派阐述想象的形式和神秘的神谱学；逍遥学派展示了完美的逻辑范式；怀疑论学派向人们灌输普遍怀疑的思想；斯多葛学派谴责一切软弱的表现，将无动于衷视为一种美德；伊壁鸠鲁学派认为快乐是至高无上的善。

亚里士多德教授的哲学体系对人类思想影响最大，至少统治了1 600年。苏格拉底的教导是最正确的，甚至比毕达哥拉斯的学说更纯洁、更崇高，毕达哥拉斯的道德观和宗教观远胜于当时的希腊。苏格拉底的哲学体系维持了一个有能力的神的存在，明确了精神和物质的区别以及灵魂的不朽。

严格来说，希腊人在科学方面并非一无是处，尽管自那个时代以来，精确知识的边界已经得到极大的扩展。这自然是可以预料的，因为这种知识的进步基本上取决于准确、多样和长期持续的观察。在希腊，数学领域并非尚未开垦的处女地，梭伦时代米利都学派的泰勒斯从埃及引入了几何学和天文学的一些重要原理。他揭示了三角形和圆形的许多特性，断言大地是圆形的，解释了日食的本质，实际上他还预言了日食。他的学生，爱奥尼亚学派的哲学家们，在他既有发现的基础上继续探索。

尽管毕达哥拉斯致力于伦理学和神学，但并没有忽视数学和物理学。他扩大了几何学的范围，引入了数和音乐科学，尽管关于某些数字及组合的神秘性的奇特想法，扭曲了他的算术推理。在将算术和几何学应用于自然界时，毕达哥拉斯学派似乎并没有取得太大的成就，但他们还是发现了一些世界认知体系的真理，比如地球绕着自己的轴线运动，它和其他行星都绕着太阳运动，但其继承者们拒绝接受这些真理。

柏拉图和他的众多追随者以与毕达哥拉斯学派类似的精神从事数学研究。据说他自己发明了一种分析方法，通过检验一个命题在假定其为真的情况下所产生的结果，来确定这个命题的真伪。通过包括这一方法在内的众多发现，如发现了三种圆锥曲线的重要特性，柏拉图学派大大推动了几何学的发展。但与毕达哥拉斯学派不同的是，他们对自然界并不关心，而是倾心于研究对称和数的相似性。他们在天文学方面不够准确，认为太阳、行星和天穹都围绕地球旋转，在这一点上，亚里士多德及其学生们的观点给予了很大的支持。尽管逍遥学派在纯粹的数学领域不能与柏拉图学派相媲美，但他们对自然界的观察和推理要优于柏拉图学派。

后来希腊最著名的科学研究中心是希腊人的殖民地亚历山大城。这座城市由于广泛开展商业活动，国王们也慷慨宽厚，吸引了众多有识之士来这里谋生。所有学派都同样受欢迎，而且在埃及首都（亚历山大），每一个问题都得到了充分的讨论。在托勒密王朝统治时期，亚历山大出现了世界上第一个著名的图书馆。在这里，每一项研究都受到鼓励，亚历山大学派最杰出的科学领域，除了数学，还有批评学、文献学和古文物学。

希腊七贤，又称为“古希腊七贤”，是指在希腊哲学领域七位最有智慧的人，他们是米利都的泰勒斯、雅典的梭伦、普里埃内的毕阿斯、斯巴达的奇伦、林佐斯的克莱俄布卢、米提利尼的庇塔库斯、科林斯的佩里安德。他们在很多场合的发言都被记录下来，并得到广泛传播。

他们的语言体现了健全的意识和丰富的经验。庇塔库斯说："拥有权力能让人表露真性。"毕阿斯说："制订计划时要小心谨慎，但执行计划时要活力四射。"梭伦说："不要考虑当下的快乐，要考虑最终的善。"克莱俄布卢说："总在你认为有价值的事情上付出努力。"佩里安德说："心怀犯罪之意与犯罪之举一样都是有罪的。"奇伦说："三件最难的事情是：保守机密，善用闲暇，忍受创伤。"泰勒斯说："我们对父母表示的感激之情，可以从我们的孩子身上得到补偿。"泰勒斯的其他格言，我们在米利都部分简述其生平时已经提到过。

希腊人热爱一切宏伟和美丽的事物，这仿佛是他们与生俱来的品质，我们要寻找模仿性艺术或美术精品，自然要到希腊人的创作中去，当然我们也不会失望。在伯里克利统治时期（前443—前429），希腊的土地上到处都是建筑师、雕塑家和画家，希腊的文学和艺术都发展到巅峰。公众的这种高水准的审美品位一直维持到亚历山大大帝去世。直至今天，希腊，尤其是雅典，仍然凭借其艺术和天才的不朽之作带给全世界启迪。

希腊人的艺术品位始于爱奥尼亚的希腊人殖民地。我们发现，早在公元前8世纪，当母邦仍然处于野蛮状态时，爱奥尼亚的城市已经成为文雅之地。可以说，宏伟典雅的建筑风格以及绘画和雕塑的高雅格调，最初都在那里得以形成并付诸实践。但这些艺术连同诗歌和哲学逐渐进入欧洲大陆的希腊地区，在那里繁荣发展，呈现出最完美的状态。在这一时期，雅典卫城——已有帕特农神庙矗立其上，装饰着许多宏伟的门廊和其他公共建筑。尽管周长只有6英里多，但由于绘画和雕塑作品的多样性，雅典卫城被认为是一个持续展示魅力和美的场所。希腊的其他地区也不乏同样完美的建筑、雕塑和绘画作品。

希腊人所创造的建筑体系，被公认是最精致和最完美的。它由三种不同的柱式组成：多立克柱式、爱奥尼亚柱式和科林斯柱式。多立克柱式以雄伟阳刚和庄严质朴而著称，爱奥尼亚柱式以秀美优雅为特征，科林斯柱式结合了其他柱式的独特优点，豪华富丽，最具装饰性。

希腊人在雕塑方面与建筑方面一样，体现了对美的良好品位以及对美好理想的执行能力。他们在这一艺术领域拥有完美的范例。《垂死的角斗士》《米洛斯的阿佛洛狄忒》和《拉奥孔》享誉世界。在绘画方面，尽管鲜有作品流传至今，但希腊人仍被认为非常优秀。古代作家对宙克西斯、阿佩利斯、帕拉修斯、普罗托耶尼斯和提曼忒斯的作品极为赞赏，但这些作品已经随着时间的流逝而消失了。在音乐方面，希腊似乎没有几个现代国家那么杰出。

希腊人从来没有在生活的有用技能方面取得任何伟大的成就。农业、制造业和贸易都留给其他国家去完善。罗马人在农业上甚至是机械技术上都超越了希腊人。古希腊时期也有几个重要创造或发明，似乎可以聊以慰藉，但后来再没有什么发明创造。他们极有可能不会铺设路面，因为尽管希腊许多城市中的建筑物都有详尽的记载，但我们没有看到任何一座城市中铺设路面的信息。他们特别注重修建道路，但仍然要遭受路上尘土飞扬、淤泥满地等诸多不便。他们传递情报的方式很不完善，主要靠公共的喊话人。他们不认识亚麻布料和玻璃，也不知道如何用灯照亮夜色中的城市。他们对制造钟表的技术一无所知，更不用说许多近代的非凡发现或发明，如印刷术和指南针，以及更近期的蒸汽在制造业、航海和陆地交通中的应用。古希腊和其他同时代的国家一样，对许多现在被认为必不可少的技艺和发明都一无所知，而这些技艺和发明不仅是为了更方便舒适，它们本身几乎就是一种生活方式。

第292章

古希腊的风俗习惯和家庭生活

希腊人的外表非常吸引人，女人尤其美丽。希腊人的面部特征是肤色黝黑，黑头发，黑眼睛。他们体形匀称，表情迷人，智力卓越，是一个备受上天恩宠的民族。他们的生活习惯与其外在条件和体质禀赋相契合，因此他们生机勃勃，热情洋溢，好奇心强，喜欢欢乐而壮观的娱乐活动。

同其他古代民族一样，他们的衣着与大多数现代民族迥然不同。由于气候温和宜人，他们着装轻巧朴素，与其说是为了适应天气，倒不如说是为了优雅地遮盖身体。

男人们穿一件内衣，称为短袍，长度及膝，然后披上一件斗篷。头戴一顶帽子，系在下巴下面。脚上穿鞋或带子鞋，这种鞋需用皮带或绳子绑紧固定住。

女人们，特别是雅典的女人们，身穿羊毛质地的白色长袍，用一条宽腰带紧紧束在腰部，自腰部以下形成飘逸的褶皱垂至脚跟。

希腊船只

长袍上面套一件稍短的袍子，用缎带束在腰间，袍子底边绘有各种颜色的条纹。缎带一般是橘黄色的。她们有时会再穿一件类似于披肩式的衣服，像围巾一样收拢在胸前。希腊的女人们总是蒙着头，将卷曲的头发编成辫子，非常雅致。在雅典，她们头上戴着金蚱蜢，这是国家古老的象征，也暗示着她们源于泥土。她们也佩戴金耳环和金手镯，在雅典奢靡之风盛行的时代，雅典的女士们经常画眉毛和脸颊，也使用其他方法让自己更美丽、更有魅力。

在斯巴达，国王、行政官和公民的外表几乎没有什么区别。军装是红色的。总体而言，希腊人偏爱红色，更偏爱紫色。

希腊人通常分为两个阶级，即自由人和奴隶。如前所述，在斯巴达，所有的手工、农业和体力劳动都由奴隶完成，而自由人专注于战争、政治和年轻人的教育。雅典和其他希腊城邦与斯巴达的情况有所不同。在这些城邦，公民往往从事手工贸易和商业活动，而奴隶也从事相应的劳动。

人们日常的娱乐活动包括一起交谈，或在市场上聆听演说，在公共花园里散步，参加哲学家的讲座和辩论，在为纪念神而举行的众多游行、竞赛和庆典中提供帮助。

希腊有各种各样的行业和职业，都与必要的生活需要有关，但没有现代社会这么多；现代的各种发明和精细的劳动分工使行业的

雅典的街道

划分更为周密，并且不可或缺。在雅典，许多公民没有任何个人的、固定的职业，靠参加政治和司法会议所得到的报酬、在公共节日上获得的津贴以及公共财政或者有钱人偶尔提供的捐款来维持生计。希腊是一个高度商业化的民族，在一些城邦，大部分居民直接或间接地从事贸易活动，他们在小亚细亚、西西里岛、意大利、西班牙和高卢建立了许多殖民地。他们的船只很小，通常只有一张帆。

希腊城市中大多数人的私人住宅外表极其简陋，由黏土或未经烘烤的砖块建造，沿着狭窄的街道两侧不规则地排列。但是富人拥有大而漂亮的房子。他们的住宅分成几个房间，有两层或者多层，安装着楼梯。

住宅前面是大门，门外是马和骡子留下的一些粪便，众多的猪、狗常在这里聚集。入门后看到的第一个房间饰有绘画，有单独的房间供男人、客人和陌生人居住；还有一间偏僻的房间给女孩子们，她们会被锁起来。

富人阶层的房子里到处可见绘画、雕塑、花瓶和装饰用的艺术品。墙壁用灰泥抹平，由工匠完成最后的工序。两侧和天花板都饰有绘画：金色和乳白色的装饰画与家具交相辉映。华丽的挂毯用作挡帘。

我们可以列举的家用物品有：椅子、鹅毛床、床架、带蚊帐的床架、羊皮毯、桌子、烛台、地毯、脚凳、灯具、餐桌上的暖锅、各种形式的花瓶；篮子、盆、风箱、扫帚、水箱、烤炉、煎锅、手磨、刀具、汤勺、灯笼、镜子、石臼、筛子、钎子。简而言之，大多数物品或其替代品现在仍在使用。

世界上任何一个国家的公共建筑都不能与希腊相匹敌，更不可能超越它。这些建筑既宏伟壮观又经久耐用。希腊的庙宇和建筑物由磨光的石头或最好的大理石建造，上文中提到的三个希腊柱式——多立克式、爱奥尼亚式和科林斯式——的结构中所展示的比例和美令人钦佩。长久以来，这些建筑被公认为是人类艺术的奇迹。尽管已成废墟，它们仍是地球上最典雅、最有品位的民族模仿的对象。现代的建筑师并不指望能超越它们，反而认为自己很幸运，能成功复制这些建筑的卓越之处。

希腊人一天通常吃四顿饭。早餐是在太阳升起之时，第二餐是在中午，然后是下午餐，最后是晚餐，也是一天中的主餐。吃饭时，他们的习惯和东方人一样，是斜倚在靠垫或沙发上，而不是笔直地坐着，奢靡之风盛行时，尤是如此。在原始时代，人们以水果和树根为食；后来食物变得丰富多样，多种动物肉做的食物被端上来，许多烹饪佳肴也被人们所熟知。

在最早的年代，给人带来欢乐的娱乐形式通常是公众的宗教敬拜行为；后来这些娱乐活动似乎为私人生活所接受。还有一些使整个城市、部落或其他分支聚集在一起的政治盛宴。宴会上经常饮用水和葡萄酒，浓郁芳香的葡萄酒被端上富人们的餐桌。所有能维持生命或满足味蕾的东西都可成为食物。希腊人普遍喜欢水。洗热水澡的人很多，泡完澡后，在身上抹油，换上干净的衣服，这是为参加宴会做准备的惯例。邀请客人时，男人和女人要分开。

带装饰的花瓶

希腊人对待孩子的教育极为认真，学校里的教育体系合理而全面。斯巴达人的训练计划仅限于体能。通过适当的训练使体能增强，使头脑更加坚韧。他们认为追求文学令人萎靡或者柔弱。雅典人以及其他以雅典为榜样的国家，给本国的青年人提供更广泛的教育。事实上，他们并没有忽视体能训练，但同时进行阅读、写作、语法、音乐和朗诵的教育，后来还引入了哲学和演讲术。

希腊人结婚时年龄普遍偏小，希腊妇女在14岁左右就可以结婚，但只有经过父母或者其他亲属同意，婚姻才是合法的。希腊各地都大力提倡这种制度。缺乏尊重，会导致婚姻关系破裂。尽管缔结婚约时需要很多正式手续，但放弃很容易。在这种情况下，只需要当事人双方向执政官提交一份书面证明，证明他们同意彼此分离即可。

只有在经历了战争或瘟疫等大灾难之后才允许实行一夫多妻制。苏格拉底在这种背景下娶了第二个妻子。尽管会受到严厉的惩罚，但违反婚约的行为时有发生。希腊妇女很少出现在陌生的人群中，她们被局限在房子的偏僻处，不允许男性访客探视。她们大部分时间在纺纱、织布、烘烤食物和监督女仆劳动。当她们在公共场合出现时，例如在庄严的节日里，总是低垂着眼睛，被奴隶和侍女簇拥，或者低调地走到允许她们出现的地方。然而，下层阶级的妇女实际上不受这些限制；有地位的女性，在某些情况下，甚至会故意逃避这些限制。斯巴达妇女的情况与此截然不同，根据来库古的法律，她们必须在公共场合露面。

在希腊的一些地区，父母可能在某些情况下指控子女。子女在父母年老时必须赡养父母；但是，根据梭伦的法律，如果一个人将子女抚养成人，却没能使其获得有用的工作技能，子女可以免除这项义务。

希腊人的葬礼有许多仪式，这表明他们看重对死者的责任。在他们看来，最可怕的诅咒莫过于希望一个人死时没有葬礼的仪式。死者的遗体，按照死者或其亲属的意愿，要么安葬在坟墓里，要么置于柴堆上火化；如果是后一种情况，骨灰随后被收集起来，装进骨灰瓮，埋于地下。

第293章

古希腊的名人

希腊历史上有很多伟人，而他们中的许多人，凭借留下的作品指引着以后每一个时代的人。这些人中我们首先想到的是诗歌之父、最伟大的诗人荷马。在讲述小亚细亚的历史时已经给予荷马及其作品以极大的关注。在希腊诗歌编年史中，他应该先于其他人出现，但我们没有可靠资料证实这一点。其诗歌作品是幸存至今最早的作品，因此他可以称得上是最早的世俗风格的古典作家。

赫西俄德不同于荷马，地位远低于荷马，但他值得我们关注。通常认为他与荷马是同时代的诗人。他出生于维奥蒂亚的阿斯克拉，著有几首相当有价值的诗，其中现存的两首分别是《神谱》和《工作与时日》。前者忠实记录了古希腊诸神；后者以农业为主题，将精练的道德思考与农业耕作指导相结合。他的诗优雅清新，令人钦佩。西塞罗对他赞赏有加。希腊人钟爱其道德教诲，因此要求孩子铭记于心。根据记载，他年轻时曾在赫利孔山照料父亲的羊群。

立法者来库古在公元前885年左右享有盛名。他是斯巴达的摄政者，直至他的侄子卡里拉欧斯成年。然后，他离开斯巴达，前往亚洲和埃及，提升自己的思想境界，观察不同国家的风俗和政治体制。在这一时期，他的祖国处境十分糟糕，内部分裂，派系斗争不断升级，人们目无法纪，藐视国王的权威，整个国家处于无政府主义的混乱状态。人们普遍认为，国家机构的改革势在必行。斯巴达人把目光转向来库古，认为以他的经验、智慧和正直的品格完全有能力为国家创立新的政体。

在这场危机中，他回来了，正如前文所述，他改革了国家弊政，消除了奢侈之风，提出了新的制度，而这种制度使斯巴达人以宽厚、坚毅和无畏的品格而享有盛誉。他制定了法律，并要求斯巴达公民在他回国之前不得更改这些法律，然后他离开了祖国，自求死亡，这样法律就无法被更改。他在力所能及的范围内确保自己创立的政体永存。

梭伦，立法者和哲学家，出生于萨拉米斯，在雅典接受教育，为国家的利益奉献了一生。鉴于他的出身、才能和美德，他是希腊最高贵的人之一。按父亲的族谱，他是科德鲁斯国王的后裔。梭伦花了很多时间研究了哲学和政治，之后游历了希腊大部分地区；但是回国后，同胞间的纷争令他深感痛苦。所有人都把目光投向他，视他为救世主，一致推选他为执政官和最高立法者。当时他可以使自己拥有全部的权力，但他拒绝了担任雅典国王这个危险的职位，并以立法者的身份，推进各方面的改革。

除了针对谋杀的部分，德拉古制定的残酷法律都被梭伦废除了，他认为对每个罪犯的惩罚都要与罪行相称；但他没有制定针对弑亲或渎神的法律。他说，这些罪行中的前一种对人性来说太可怕了，一个人不可能犯下这种罪行；而永远不会有人犯后一种罪行，因为迄今为止雅典的历史上还没有一个这样的例子。然而，我们不得不承认，邪恶之人经常做极端之事。梭伦建立了战神山议事会，规范了公民大会，他卓越的法典维持了400年。据说，他大约于公元前558年在塞浦路斯逝世，享年80岁。

梭伦在诗歌、哲学和立法方面都很有天赋。在青年时期，他对诗歌创作痴迷不已。柏拉图说，如果他完成了所有的诗，特别是《亚特兰蒂斯岛的历史》，并且像其他人那样花时间修改和纠正，那么荷马、赫西俄德和其他古代诗人都不会比他更有名。

在概述小亚细亚历史时，我们已经提及泰勒斯、阿那克西曼德、毕达哥拉斯和阿那克里翁。西摩尼得斯的作品只有一些残篇传世，据说他尤以写挽歌见长，但其他诗歌的创作也很成功。他尝试了几部史诗，其中一部是关于波斯国王冈比西斯的。其所创作的诗歌主要特点是柔情和哀婉的甜蜜。他年事已高时仍然身心健全，写诗不辍，还在80岁时获得了一项诗歌创作奖。此后，他又活了10年，最后死于西西里岛。他在公元前538年左右极负盛名。

埃斯库罗斯是希腊第一位杰出的戏剧诗人。他以作战勇敢闻名，但作为一位伟大的诗人，他更让人称颂。严格地说，他被认为是悲剧之父，就对雅典戏剧舞台所作的改进而言，确是如此。他创作了90部悲剧，其中40部在公共比赛中获奖，但只有7部传世。他的作品具有非比寻常的大胆和独创性，风格简洁，又常常晦涩难懂，既崇高又浮夸。他在戏剧创作方面至高无上的地位最终被年轻的索福克勒斯成功取代。由于这个对手的作品更受青睐，他退出了曾经胜利的舞台，撤到西西里岛，在锡拉库扎国王希罗的庇护下生活。公元前456年，他死于西西里岛，终年69岁。据说死因很奇特，他是被一只从鹰爪下掉到头上的乌龟砸死的。

大约在公元前497年，剧作家索福克勒斯出生在雅典附近的克洛诺斯。他以政治才能和诗歌著称。他曾指挥雅典军队，有几次与伯里克利共享最高指挥权，在诗歌创作之路伊始他就因能力出众而备受尊重。雅典人因占领斯基罗斯岛而发起了一年一度的悲剧竞赛，他战胜了许多竞争对手获奖，其中就包括埃斯库罗斯。他们的诗歌各具特色，都深受赞赏；索福克勒斯的风格是崇高而威严，而埃斯库罗斯则温柔而悲怆。他们间的竞争却由最初的高尚演变成了嫉妒和敌对。

索福克勒斯创作的120部悲剧，只有7部流传至今。戏剧裁判20次授予他胜利的桂冠；据记载，他因在奥林匹克运动会上获得第20个诗歌奖欢乐过度而死。

这位诗人的子女忘恩负义，众所周知。他们希望直接拥有父亲的财产，因此对他的长寿心存怨恨，他们在战神山议事会上指控他精神错乱或年老昏聩。索福克勒斯做的唯一辩护就是朗读他刚写完的悲剧《俄狄浦斯在克罗诺斯》，然后问法官，这样一出戏剧的作者是否要以精神错乱或愚蠢低能来论处？他的申诉大获成功。他于公元前406年去世，享年91岁。

欧里庇得斯也是一位著名的悲剧诗人，公元前480年出生于萨拉米斯。他师从普罗迪科斯学习雄辩术，师从苏格拉底学习伦理学，师从阿那克萨戈拉学习哲学——这几位老师都是他所在学科的杰出人物。长时间的学习后，他决定从事写作，其作品深受同胞钦佩，跟随尼西亚斯远征锡拉库扎最后被俘的希腊人由于能够背诵欧里庇得斯的一些诗句而摆脱了奴役。他是索福克勒斯的对手。这些著名诗人之间的嫉妒被喜剧诗人阿里斯托芬成功地戏弄了一番。欧里庇得斯淡泊名利，寻求隐世的生活，常常把自己关在萨拉米斯附近的一个偏僻山洞中，在那里创作并完成了他最杰出的悲剧作品。

他虽受人敬仰，但也有敌人，他们的嘲笑和嫉妒迫使他最终离开雅典，在马其顿国王阿基劳斯一世的宫廷里度过了余生，王室成员待他极其慷慨和友好。据说他在独自散步时，遇到了国王的狗，它们将他撕成了碎片，终年78岁。他一生创作了75部悲剧，其中有19部流传至今，多于他的对手。这位诗人特别喜欢表达爱的激情，作品特色是不同寻常的温柔和哀伤，偶尔会有升华。在他笔下，即使最熟悉的表达方式也会得到完美的升华。尽管雅典人认为他的作品中偶尔会有不敬的笔调，但他有可推崇之处——高尚的道德和哲学情操。

阿里斯托芬是雅典人，也是希腊最著名的喜剧作家。他被称为“旧喜剧之王”，米南德被称为“新喜剧之王”。他创作的54部喜剧有11部流传至今。他严厉抨击那个时代的罪恶；有时也不放过智者和善良人的情感。在他的喜剧《努波斯》中，由于他攻击令人尊重的苏格拉底而受到谴责，这种谴责是公正的。他的机智令人钦佩，但我们发现这常常与猥亵有关。据说，因为其作品非常出色，克里索斯托常把阿里斯托芬的喜剧放在枕头底下。他在公元前434年左右最受欢迎。

品达是希腊最伟大的诗人之一。他出生于底比斯，但同胞最初并不欣赏他的诗歌才华。在他死后，他们却为他竖立了一座雕像以示纪念，因为他们发现全希腊都对他的才华赞叹不已。他的作品被政治家和王公们引用，他的赞美诗在神庙中和节日庆典上被反复传唱。他的大部分作品已经消失，现存的颂歌以崇高的情操、华丽的辞藻、雄浑的气势和宏伟的风格、大胆的意象、和谐的形式以及优美的措辞而令人钦佩。据说，年轻时他躺在草地上睡着了，一群蜜蜂落在嘴唇上，在那里筑了一个蜂窝。这预示了他未来的伟大，预示了他唱诵的甜美，而他似乎实现了这个预兆。如前所述，他死于公元前435年，享年86岁。

希罗多德出生在位于小亚细亚的哈利卡那索斯，一个多利安人的希腊城市。在讲述小亚细亚的历史时，我们已经简单介绍了他的生平。

历史学家修昔底德在奥林匹克运动会上听到希罗多德的演讲时，他泪流满面，由此开始了早期的历史创作，而就这类写作的某些方面而言，他甚至超越了自己的效仿对象。他的叙述简洁有力，充满激情，无与伦比。因为他对自己叙述的内容很感兴趣，所以人们认为他的叙述高度真实。修昔底德的历史创作备受敬仰，德摩斯梯尼为了使自己的演讲更加完美，曾把《伯罗奔尼撒战争史》抄写了8遍，用心朗读，几乎能把它背下来。修昔底德生于雅典，死于雅典，他曾被驱逐出雅典，但最终还是被召回，并在此度过余生。他死于公元前394年，享年80岁。

医学之父希波克拉底出生于小亚细亚海岸的科斯岛，在叙述这个岛的历史时，我们已经讲过他的生平。他跟随祖父内布罗斯学习医学，通过阅读神庙里的碑文提高自己。每个人都在碑文上写下所患疾病以及康复之法。对人体所做的实验使他的知识日益增加，从精准的观察中他学会了如何调养自己的身体，以及如何给同胞开处方。他死于公元前361年，享年99岁，没有年迈体弱的迹象；死后人们赋予他“伟大”之名。他的著作赢得了“神圣”的称号，尽管这些作品几乎全部失传。依照罗马著名医学家伽林的说法，他的观点像神谕一样值得尊敬。

苏格拉底是最杰出的异教徒道德学家，是后来兴起的几乎所有哲学派别之父。几乎没有人不喜欢把他们的起源追溯到他的身上，这足以证明他的性格和才华影响之巨。所有可以冠以苏格拉底的学派，都像他一样，致力于探求善与恶、幸福与痛苦的本质。

苏格拉底是雅典人。他的父亲是个雕刻匠，他曾跟随父亲学过一段时间的雕刻。后来出于一个朋友的迫切需要，离开了这个行当，很快就开始了哲学研究。与同胞一样，他也曾在战场上英勇无畏地战斗。但是圣人和道德学家的身份，已经使整个世界完全遗忘了他身为战士和爱国者的良好品格。他喜欢劳作，耐心忍受伤痛，不管多么可怕的危险、多么巨大的灾难，都不能影响他平和的心境和坚定的神情。

苏格拉底的哲学思想是完全通过对话而不是书面的形式传扬的，但他的两个最有天赋的学生柏拉图和色诺芬却将他的学说和品格传给了后世，这两个人很快引起了人们的关注。他在每一个问题上——不论是宗教的还是民事的——都能侃侃而谈。这种精神的独立性，以及明显优于其他同胞的思想和天赋，使他树立了许多敌人，最后他们诬告他腐化雅典青年，革新希腊人的宗教，藐视雅典人崇拜的神，以这些罪名判处他死刑。他饮下毒药，于公元前401年去世，终年70岁。

据说苏格拉底将“哲学”从云端带下来，使之与人交谈。他热切地推崇虔诚和美德，表明人的幸福和尊严取决于思想，而不是命运；取决于美德和智慧，而不是地位和财富；他的人生是这些准则的最佳例证。被迫担任公职时他不屈不挠、刚正不阿，他的个人行为毫不逊色。他光着脚，衣着寒酸，本着同样的善意，与富有快乐的人交流，也与穷人交流。他给人建议和教导从不收取任何费用或者报酬，因为他的性情极其自由，很少在乎世俗之物，想要的更少。

克塞诺芬尼是爱奥尼亚学派的创始人，该学派是对毕达哥拉斯南意大利学派的修正。他出生于爱奥尼亚的一个城邦科罗封，活到上百岁。

巴门尼德是克塞诺芬尼的学生，在神和宇宙的问题上，他基本上与自己的老师持相同的理论。

出生于伊利亚的哲学家芝诺是巴门尼德的学生，他主要遵循前人的教诲，是民权运动的狂热支持者。据说他因企图废黜母邦僭主，受到最残酷的折磨直至被处死。他有一些特殊的学说，其中包括运动的不可分性，并对物质宇宙的存在提出怀疑。

留基伯是芝诺的学生之一。他是原子论和真空理论的奠基者，后来的德谟克利特和伊壁鸠鲁对这种理论进行了更充分的说明。他认为，世间万物都是由非常微小、不可分割的原子组成；这些原子有自己的运动规律，宇宙是由于它们落入真空而形成的。在公元前428年左右，他的名声如日中天。他的理论拥有众多支持者。

色诺芬出生于雅典，是著名的将军、历史学家和哲学家。他拜到苏格拉底门下，在文学上取得了巨大的成就。他对苏格拉底生平和学说的记录以清晰的思维和明智的判断为特征，很可能比柏拉图对苏格拉底的描述更容易让人理解。

色诺芬在波斯王子小居鲁士的希腊雇佣兵团中服役，库那克萨战役之后，他指挥1万人的希腊军队撤退。我们在波斯历史中已经做了叙述。后来他追随阿格西劳斯远征，并获得了财富。随后退居到伊利亚生活，在阿格西劳斯的赞助下，开始为后人创作。他于公元前359年在科林斯去世，享年90岁。除了著有《回忆苏格拉底》，他还续补了修昔底德的历史[①]，还著有《居鲁士的教育》以及其他一些有价值的作品。色诺芬的写作风格简洁优雅，昆体良[②]说："美惠三女神口述他的语言，说服女神住在他的嘴唇上。"他的宗教观点是希腊各学派中最正确的。

柏拉图是苏格拉底最杰出的学生，他生于埃伊纳岛，根据血统获得雅典公民资格。他追随苏格拉底8年，苏格拉底去世后，他开始游历各国。旅行结束后，他返回雅典，退居到城外西北角阿卡德摩斯的树林中，这里曾是一个名为阿卡德摩斯的公民的财产，此后这里被称为阿卡德米（"学院"一词的音译）。他有一群高贵而杰出的学生。他继续在雅典执教，几乎没有间断，直至大约80岁时去世。

柏拉图

这位哲学家的学识和美德在希腊各地都是人们谈论的话题。他举止优雅，

① 色诺芬抱着续补修昔底德《伯罗奔尼撒战争史》的目的创作了史学著作《希腊史》。——原注

② 罗马帝国早期著名律师、教育家和修辞学家。——译者注

尽情享受纯真的快乐。他的作品很多，包括39篇对话录和13封书信。这些作品涵盖了各种各样的主题，包括伦理、生理、逻辑和政治，并以极优雅的韵律语言写就。

柏拉图的思想几乎无与伦比，对每一方面的论述都很完备，他将最强大的洞察力、活力以及理解力与最生动诗意的想象力和无可匹敌的庄重、力量与风格之美统一起来。但是他的天赋太过独特，并不适合像记者一样仅仅报道别人的观点；他以苏格拉底的名义所写的东西一定是他自己的观点。他的思想偏向于抽象推测，即发现道德原则，而不是将道德准则应用于特定的案例。他喜欢沉思冥想，在这种崇高的行为中，有时会陷入神秘主义和晦涩不明的境地——这种倾向在苏格拉底另一位杰出弟子色诺芬的著作中是看不到的。柏拉图笔下的苏格拉底对道德上的善与美的本质所作的深刻而敏锐的推测，无论多么令人钦佩，似乎都带有作者自身的特点，而不是他老师的。

柏拉图与其他许多古代学者一样，认为神与物质自永恒开始就在宇宙中共存。他认为神是智慧的源头，是一切精神存在的起源，是物质世界的创造者。

亚里士多德出生于色雷斯的斯塔基拉。他同时具备了最全面、最敏锐的理解力。他是哲学批判之父，是希腊思辨哲学家中最能干的一位，对物质世界以及思想世界中的一切非凡现象，都持有好奇之心，并进行敏锐的观察。

他的著作几乎囊括了那个时代的每一个知识分支。道德和自然哲学、形而上学、机械学、语法学、政治学等，都是他论述的重要对象。博大精深的学问、精湛的技巧、敏锐的头脑，加上有点教条的脾气和强烈的愿望，使他对每一个问题的研究都很完备，仿佛在处理科学问题。尽管亚里士多德的个人名誉无与伦比，但他的学派却相对缺乏杰出人物。他的追随者认为他的作品有完美的人类知识体系，这种观点阻碍了进步。这使他们愿意解释和执行他的结论，而不在此基础上继续研究，也不调查得出这些结论的依据。

亚里士多德

他的系统安排能力确实非凡，而且这种天赋还有被过度使用的倾向。这在他的伦理学中尤其突出，我们在阅读中会对这一点印象深刻：柏拉图教导人们去感受和行动，而亚里士多德的目标是教导人们界定他们的行动并将其分类。他死于公元前322年，终年63岁，但死因不明。有人说他因为无法解释潮汐现象在埃夫里普海峡跳海自杀，还有人说他在雅典死于腹绞痛。

德摩斯梯尼是演说之王。他生于雅典，如前文所述，其职业生涯已经成为雅典历史的一部分。父亲去世时他只有7岁，尽管继承了财产，但他的监护人却不可靠，致使他的青少年时期充满不幸和贫困，并且缺乏教育。因此，他后来的成功得益于自己的勤奋、对思维的训练以及对生活的责任感。通过不懈的努力，在克服巨大的障碍，例如肺功能不足、发音困难、身体姿势笨拙之后，他使自己的演讲艺术趋于完美。

反对马其顿国王腓力的一系列演讲[1]，通常被认为是德摩斯梯

① 被称为《反腓力辞》。——原注

尼最具力量的演说典范。现存的许多其他演讲在雄辩力上也毫不逊色；其中特别值得一提的是为支援奥林托斯所做的一系列演讲[①]，以及针对伊斯奇尼斯的反对为自己辩护的演讲。没有一个公众演说家在表达情绪时会比他更有力量，不管是仇恨、怨恨还是愤慨，他的劲敌因其措辞的韵律感将他比作海妖塞壬。

上文提到的德摩斯梯尼的竞争对手伊斯奇尼斯，在公元前342年时声望如日中天。当雅典人想用金冠奖励德摩斯梯尼为国家所做的贡献时，伊斯奇尼斯弹劾了提出这个建议的泰西凡；金冠引发了随后的争论，但后人要感激他们由此而做的两次著名演说。伊斯奇尼斯被对手雄辩的口才击败，被流放到罗德岛；但当他离开雅典时，德摩斯梯尼跟着他，迫使他接受了一份银质礼物。伊斯奇尼斯写了3篇演说和9封书信，现存的只有演说。

安提斯泰尼是一个哲学学派的领袖。这个学派主张摒弃一切偏见，清心寡欲，不考虑习俗和其他人的意见，按照纯理性的原则生活。他们嘲笑那些靠炫耀财富获得幸福感的人；而他们在炫耀自己的贫穷和污秽时也同样虚荣：他们藐视所有按照别人的看法而不是自己的意见生活的人；他们追求自己的信条，甚至无视最自然、最必要的礼仪。由于粗鲁、邋遢的生活方式，以及愤世嫉俗的阴郁性情，他们被称为犬儒学派。其中包括著名的第欧根尼，我们在讲述小亚细亚的历史时提到过他。

塞浦路斯人芝诺创立了斯多葛学派。由于芝诺通常在廊苑聚众

① 《奥林托斯辞》。——原注

讲学，故该学派称为画廊学派或斯多葛学派①。这个学派与犬儒学派有些相似。芝诺举止严肃，他的生活是节制和持重的典范。阿卡德米学派对外在事物的重视程度触怒了芝诺，致使他努力在更崇高的原则上建立自己的体系。

但在这个方面，他并未完全成功。从广义上看，他的观点似乎与怀疑论学派的皮浪相似；皮浪认为美德是唯一的善，堕落是唯一的恶，所有其他东西，例如健康或者疾病、快乐或者痛苦完全无关紧要，智者甚至不必从中作出选择。如果说芝诺在一定程度上修改了这个学说，那他也只是顺应了阿卡德米学派的观点，认为世俗的善虽然具有很大价值，但是很低劣，即使将其价值最大化也比不过道德价值或者知识素养中的任何一点。芝诺曾在箴言中说，有了美德，人们可以在最紧急的灾难下快乐地生活；大自然给了我们两只耳朵，一张嘴，是告诉我们应该多听少说。

伊壁鸠鲁是少数最为人所知的古代名字之一，这并不是因为他对智力或者心灵的善做了明显的区分，而是因为他是一个著名哲学学派的创始人，这个学派以他的名字命名。他最著名的信条是：快乐是唯一的善，痛苦是唯一的恶。他用这些术语来表达信条，尽管他和他的追随者解释信条的方式相对而言无伤大雅，但这损害了其一致性和清晰性。他的观点很快就广受欢迎，部分原因在于有人将其误解为各种感官放纵，而这导致了人性在道德上的堕落。

欧几里得这位杰出的数学家属于亚历山大城，他在公元前300年左右享有盛名。他著有举世闻名的《几何原本》，一部在推理的清

① 英文stoic，来自希腊文stoa，原指门廊或画廊。——原注

晰性、精确性和逻辑严密性方面无与伦比的专著。除了整理并不断证明科学的基本原理，他还付出很多努力扩大研究范围。他关注的主要是纯数学领域。

阿基米德这位出生于锡拉库扎的数学家，不仅超越了同时代的所有人，而且几乎预见了现代科学最有成就的发现。他从各方面扩展了几何学的范围，特别是对曲线图形和立体图形的处理。如果说他在几何领域作出了伟大的成就，那么他在力学领域的成就更加杰出。在他之前，力学和流体静力学几乎不被当作科学；基于确定的理由，他创立了这两门学科，并有许多有价值的发现。

罗马将军马尔克卢斯围攻锡拉库扎时，围城的军队因阿基米德的天才设计拖延了很长时间。他的技巧打乱了敌军工程师的所有计划，而他们却无法防范他那些更强大的工具。这座城市最终被突袭占领。公元前208年，阿基米德在骚乱中丧生，这违背了罗马领导人的意愿和命令。

大约在公元前270年，忒奥克里托斯在锡拉库扎享有盛名。他以诗歌作品闻名，现存的有30首田园诗和一些讽刺诗，用多利安方言写成，以其优美、典雅、质朴而备受赞赏。他以牧歌见长，是这一诗歌领域的引导者，维吉尔也模仿并借鉴他的作品。据说他写了一些辱骂锡拉库扎国王希罗二世的作品，希罗二世下令将其勒死。

波利比乌斯撰写了希腊和罗马的历史，恰如其分地继承了希腊历史学家色诺芬的衣钵。他于公元前205年出生于阿卡迪亚，曾在罗马居住，熟悉当时的杰出人物。他的历史著作以全面性以及叙述者令人钦佩的准确性、公正性而著称，用希腊文撰写，分成40卷。从第一次布匿战争开始，到“保卢斯征服马其顿”结束。这部珍贵的著作大部分丢失了，传世的只有其中5卷和许多残缺不全的章节。他死于公元前124年，享年82岁。

埃拉托色尼被称为“第二个柏拉图”，出生于昔勒尼。他是杰出的几何学家和天文学家、修辞学家、诗人、古文物学家和早期年表体系之父。他试图通过在仲夏的中午在亚历山大城观察太阳的天顶距离来计算地球的大小，那时直立的物体在赛尼城没有影子。他由此确定了纬度差，这样从已知地点的距离很容易计算出地球的周长。他有许多有价值的著作，但大部分著作流失了。

普鲁塔克出生于喀罗尼亚，140年左右死于此地，享有高寿。为了追求知识，他游历了埃及和希腊，之后退居罗马，开办了一所学校，享有盛誉。在那座城市居住了大约40年之后，他搬回喀罗尼亚，在愉快的隐退生活中创作了他的大部分作品。

《希腊罗马名人传》是他最受推崇的作品，作品中呈现的准确和忠实令人惊叹。他的语言风格充满生机和活力，尽管不以纯洁和优雅而著称。虽然有些不足，他仍然是古代历史上最令人愉快、最有教益、最有趣的作家。有人说：“如果问一个真正有品位和判断力的人，在所有古代世俗作品中希望什么书能免于毁灭，他很可能毫不犹豫地回答，是普鲁塔克的《希腊罗马名人传》。”

第294章

近代希腊

（1454—1849）

1454年，拜占庭帝国被推翻之后，在土耳其人的统治下，希腊遭受了长期的压迫和苦难。这对历史而言，是一块贫瘠之地。希腊人只是陌生人的奴隶，这些人的信仰和语言与自己完全不同，因此这两个民族从来没有同质化，这种征服者和被征服者的关系延续了好几个世纪。希腊人不是被统治，而是被分派到国家各地的帕夏掠夺和压迫，这种状况甚至比在拜占庭皇帝统治下希腊人的堕落更令人难以忍受。

这个被压迫民族祖先的故事令文明世界欣喜，土耳其人的压迫足以引起每个学者和爱国者的憎恶；但是欧洲的基督教国家没有一个伸出援手。希腊在土耳其人的统治下痛苦挣扎了3个多世纪。事实上，他们的确要依靠自己的力量拯救这个国家。最终实现国家独立的革命从一开始就是他们自己在努力。反抗精神和民族解放的愿望在18世纪末开始兴起，当时，几个社团秘密成立，他们策划了一系列方案以追求国家的解放。许多协会也为同一目标捐款。

当回顾几个世纪的掠夺、贫穷和压迫时，整个希腊民族都感到向土耳其人屈服是个悲惨、深重的错误。眼前的情景使他们的灵魂痛苦不已——田地里的收成不断被剥夺，羊群和牛群被赶去满足陌生人的胃口，儿子们被迫参加外国战争，女儿们沦为有特权之人欲望的牺牲品，庙宇和神殿成为废墟，宗教成为嘲弄和蔑视的对象。他们思考这些事情时，终于下定决心，宁可灭亡也不愿再长期屈服。他们不想将这种奴役和耻辱传给后代，因此他们与傲慢的压迫者进行了孤注一掷的斗争，尽管这场战争并非势均力敌。最初由于军事力量的差距，他们的抵抗成为土耳其人的笑柄而不是令土耳其人惊慌。

"但是勇气和坚定的爱国心很少通过数量体现，由此而生的坚决追求自由的精神不是力量上的优势能压制的！没有武器、弹药或者作战方法，没有训练有素的军队迫使敌人离开他们坚固的阵地，没有舰队阻止敌人海军中队的入侵：但每个人的责任感激励他们奋起，抓住任何一件能得到的武器；可能是一根棍棒，但被一只忠于职守的手臂挥舞；也可能是一艘船，但配备了隐藏的火力；还可能是一块石头，毫无偏差地朝着目标飞去；或者是一根柱子的碎片，但像加沙的柱子一样反抗入侵的敌人；被侮辱的人压垮了侮辱者。"

这种精神曾多次被激发出来，但没有起到太大的作用，直到1821年，一个叫"友谊社"的秘密组织发表了解放希腊的宣言。他们呼吁自由之友提供援助，得到了全国各个地区的响应，并且立刻做好了战争准备。民族解放的意识很快就变得强烈，土耳其苏丹立即采取相应的措施加以镇压。他的镇压手段极其血腥，目的是使希腊人恐惧。他让人在君士坦丁堡把希腊人尊敬的主教格里高利五世从教堂拖到皇宫，将他的尸体在正门处吊了两天，以惨不忍睹的景象来震慑路人。后来又有9个主教和他一起被吊死，使这种惨象更加恐怖。与此同时，他还让人在土耳其首都君士坦丁堡对希腊居民进行大屠杀，大量的男人、女人和孩子被无辜屠杀。教堂和庙宇充斥着掠夺和亵渎的场景。

这些事件发生后，希腊人很快围困了位于伯罗奔尼撒半岛中心的土耳其城市特里波利斯，逃到此地的土耳其军民被愤怒的希腊人追捕。城市周围的山脉已经被占领，希腊人实际上已经完全包围了这座城市。由于无法从外界获得补给，在被困了6个月后，城中军民已经耗尽了所有粮食，面临着饥饿的威胁。与饥饿相伴的瘟疫加重了居民的痛苦。

事态不能这样下去了，土耳其人委派一些最富有的公民向希腊人提出投降。这一建议使双方实现了几天的休战，以便更容易决定投降的条件。然而，在休战结束前，一队围攻者爬上了一段城墙，他们碰巧发现那里无人看守，并在那里插上了自己的旗帜。一看到这种情景，四面的人群都躁动起来，希腊人立刻爬上城墙，土耳其人节节后退。城门被打开，出现的每一个土耳其人都被击毙或者砍倒。尽管土耳其人也拼命反抗，但希腊人的进攻还是无法抵挡，最终城市被攻陷。土耳其人至少损失1.5万人。

此时，受到胜利鼓舞的希腊人分散到全国各地，寻找一切机会与土耳其人交战，于是整个希腊变成了一个巨大的战场。他们的战斗状态很不稳定，几乎没有固定的兵力组合；小团体联合在一起，听从某个首领的指挥。

革命爆发之际，希俄斯岛上发生了一连串历史记载中最悲惨的事件。岛上的居民出于各种原因，特别是由于商业以及他们喜好宁静的性情，拒绝加入反抗土耳其人的联盟。他们觉得这项事业风险太大，一旦结果对他们不利，他们就会完全毁灭。

然而，最后阿加（土耳其人的军事总督）开始怀疑他们有赞成起义的倾向，便采取暴力的手段结束了他们享有的特权。但他们毫不反抗。他们的首领和富庶的公民被当作人质关进监狱，土地遭到雇佣军的破坏，住宅被掠夺。然而，他们仍然没有采取公开抵抗这种孤注一掷的办法，在痛苦中犹豫不决，直到几个流浪的萨摩斯人不顾一切地将他们唤醒。

他们没有采取有组织的作战行动，缺乏纪律和作战工具，但是他们用森林所提供的武器武装自己起来反抗压迫者。尽管有种种不利条件，上天似乎一度眷顾他们艰难的决定；但是土耳其的舰队司令在接到警报后，立刻以40艘帆船的兵力在海湾停泊，用全部火力进攻这座城市，而他当时本应远离此地。

接下来的场景在战争史上几乎绝无仅有。整个城市被占领、洗劫、摧毁，那些作为人质关进监狱的祭司和长老们被带出来活活钉死，各个年龄和阶层的居民，无论男女，在每个隐居处遭到无情屠杀，直到这座不久前还充满生机、光彩熠熠的美丽岛屿，变成一个哀鸿遍野、血流成河的荒凉之地。

伊普萨拉岛遭遇了同样的命运。这是一座荒凉的小岛，岛上有崎岖的山峰和岩石林立的海岸。当地居民在争取独立的斗争中展现出的英雄气概，可以与温泉关战役中的斯巴达王列奥尼达相媲美。

他们与无数敌人战斗直至最后一线希望破灭，然后炸毁防御工事，在一瞬间与成千上万的敌人同归于尽。不在战斗现场的人们，为了避免成为土耳其人报复和私欲的牺牲品，选择跳海自杀。在每一处悬崖上，都可以看到母亲把婴儿抱在怀里，与身边尖叫着、失去希望的女儿们一起跳入大海。美丽的女人和年轻人的尸体连续几天在小岛周围的海面上漂浮。这座小岛很快变成荒无人烟的废墟。

在占领特里波利斯两年后，希腊人和压迫者间的战斗仍在继续，并取得了不同程度的胜利。尽管向欧洲大国寻求支持和帮助几乎一无所获，但起义者从未向绝望屈服。他们得到了欧洲和美国等许多地方的间接援助，但直到革命后期才有政府公开支持他们。1823年，马科斯·博察里斯进攻了一个土耳其帕夏，并彻底击败了1.2万名土耳其士兵后，欧洲和美国才开始真正关注希腊事务。

1823年8月30日，土耳其帕夏正在帐篷中休息，完全没有意识到危险来临。在土耳其士兵从恐慌中恢复过来前，博察里斯已经设法钻进帐篷，突袭了帕夏，双方都血流成河，但希腊人的胜利毋庸置疑。在进入帐篷的那一刻，博察里斯受了致命伤，从战场上抬出来之后不久他就死了。他的遗言是："一个苏利奥人①的领袖会死得更高贵吗？"

美国诗人哈勒克写过一首诗，以博察里斯的命运为主题，我们从中摘取了几句：

---

① 苏利奥人是伊庇鲁斯和希腊北部的希腊人族群，骁勇善战，他们与当地的土耳其人之间进行了长期的战争。在希腊独立斗争中，苏利奥人担任了极其重要的角色。——原注

他们战斗——像勇士一样，持久而有效；
他们用穆斯林的尸体铺地；
他们胜利了，可是博察里斯倒下了，
每个血管都在流血。
幸存的几个伙伴看到，
当他们骄傲地欢呼时，他颔首微笑，
放眼殷红的战场。
然后他的眼睑渐渐合上，
恰似夜晚安眠那样，
仿佛夕阳下的花朵。

受到这种冒险精神的鼓舞，当时许多来自法国、俄罗斯、英国和美国的个人都到希腊寻找功成名就的机会，甚至献身于这个国家为之流血的事业。其中一些人为希腊的独立作出了重大的贡献。其中最引人注目的是1824年6月到达迈索隆吉翁的拜伦勋爵。他不仅在财力方面贡献巨大，还亲自参与

拜伦勋爵在希腊

战斗，然而两三个月后，他被疾病夺去了生命。

迈索隆吉翁是希腊人在埃托利亚的主要据点，现在土耳其军队将其围困了4个半月，希腊人表现出极其勇敢和坚韧的精神。土耳其人在围攻中损失了9 000人；但前来增援的易卜拉欣帕夏率领的大量埃及军队增强了他们的兵力，使希腊人继续守卫这座城市的希望破灭，敌人很快就把它变成了一片废墟。

但是，一部分希腊守军从围攻中突围，得以逃脱。这次行动是晚上8点左右，在马科斯·博察里斯的叔叔诺托·博察里斯的指挥下进行，他安全地带出了大约1 800人。之前已经对病人、老人、伤员以及许多留守在磨坊里的妇女作出了安排，一旦土耳其人攻入，就用火药炸毁这座建筑。这个任务由一个受伤的老兵执行，他坐在一个地雷上面，土耳其人一进入他就开枪引爆地雷。

迈索隆吉翁的沦陷和易卜拉欣帕夏军队的到来，使希腊人感到沮丧；但这些事件长远来看对希腊人的事业有利。欧洲诸国一听到这些事件就开始对其斗争表现出最浓厚的兴趣。法国率先用实际行动表达了同情，其国内具有重大影响力的人物与亲希腊协会取得联系，这个协会成立的目的是帮助希腊。德意志紧随其后。巴伐利亚国王路德维希一世与希腊签署协议，资助希腊，并且允许他的士兵为希腊而战。成为孤儿的希腊儿童，在一些情况下可以在德意志、法国和瑞士免费接受教育。这些帮助极大地鼓舞了沮丧的希腊人。

与此同时，易卜拉欣帕夏的军队几乎占领了伯罗奔尼撒半岛的所有地区，所到之处无不伴随着大火、屠杀和废墟。尽管他们把这个国家变成了不毛之地，却没有使这里的人民屈服。饥荒和极度贫穷没有使希腊人民放弃斗争。

即使希腊被彻底摧毁，希腊人民也下定决心不向土耳其人屈服。俄罗斯、法国和英国政府认为应该出手干预了。但要不是因为英国海军中将的一个错误，和平谈判也许不会有任何结果；1827年10月20日，由于鲁莽，这位中将在纳瓦里诺海湾攻击了土耳其人，随后英、法、俄三国联合舰队一举歼灭了埃土联合舰队。埃土联合舰队由110艘战舰组成，其中一部分被烧毁，一部分被迫靠岸，其余的全部被打残。

尽管这场失败给土耳其人带来了巨大的损失，但并没有立即阻止他们对希腊起义的继续镇压。虽然势力被削弱了，但土耳其人的愤怒增加了，还设法将战争延长了两年。尽管如此，他们还是无法

纳瓦里诺海战

希腊国王奥托一世

与希腊人对抗。希腊人的独立实际上始于那场海战；欧洲盟军持续支持希腊，直至迫使君士坦丁堡接受停战条件。土耳其人因为俄罗斯在陆地上的进攻，陷于即将投降的境地。1829年9月14日，土耳其苏丹承认希腊独立，条件是每年向土耳其政府支付150万皮阿斯特[①]的贡金。

在土耳其承认希腊独立的两年前，即1827年，希腊人在埃伊纳岛召集了国民议会，选出了一位国家总统。他们选择的对象是俄罗斯人约安尼斯·卡波狄斯特里亚斯伯爵。盟军批准了这项任命，卡波狄斯特里亚斯开始管理政府事务。他个人资历很高，但在选择顾问时不够明智，因而为一个政党所憎恶。这导致他被暗杀，当时7年任期还未结束，但是他成功地建立了一个高效的政府。

随后，俄罗斯、法国和英国决定为希腊选择一位与欧洲王室有着密切关系的君主。1830年2月20日，萨克森-科堡的利奥波德王子被选中，他接受了“作为希腊君主”的提议。然而做了不到3个月，他便自愿辞职。很快，巴伐利亚的年轻王子奥托得到了人民的广泛同意，当选为希腊国王。

① 奥斯曼土耳其的库鲁什银币的计量单位。——译者注

第295章

希腊现状

希腊的范围和自然地理已在前文章节中详细叙述。希腊是君主立宪制政府，实行世袭制，现任国王为巴伐利亚王子奥托一世，奥托的后代为王位继承人。全国分为10个行政区，又称为下属机构，具体如下：

行政区	首府
阿尔戈利斯（科林斯、海德拉、斯佩齐亚、波罗斯）	纳夫普利翁
亚该亚和伊利斯	帕特雷
麦西尼亚	西帕利萨
阿卡迪亚	特里波利斯
拉科尼亚	米斯特拉
阿卡纳尼亚和埃托利亚	瓦拉乔里

（续表）

行政区	首府
福基斯和洛克里斯	萨罗纳
阿提卡（维奥蒂亚、埃伊纳）	雅典
埃维亚（及北斯波拉泽斯群岛）	哈尔基斯
基克拉泽斯群岛	荷莫波里斯

葡萄树和橄榄树一直是希腊最重要的栽培品种。当地人精心栽培桑树，用于养蚕。这个国家盛产丰富、芳香的草本植物，为无数蜜蜂提供食物，蜜蜂的蜂蜜和蜂蜡提供了大量贸易资源。独立战争的长期蹂躏毁坏了这个国家的大部分地区，但是葡萄酒、油、丝绸、葡萄干、无花果、橙子、玉米、糖、药品等都出口他国；当地人的商业活动，加上国家的中心地位和众多港口，使其正逐渐恢复古老的繁荣。

首都雅典古时曾装饰着数不清的建筑和雕塑杰作，废墟中仍然保留着昔日辉煌的痕迹；但在独立战争中，雅典遭受了极大的苦难，多次受到交战双方的攻击。现在这座城市只占据了雅典古城的北部和中部。一些旧城墙的遗迹仍然可见。雅典卫城矗立在一块高高的岩石上，仍然可用于防御，但城墙经常翻新；里面有帕特农神庙、雅典娜神庙，现在已经破败不堪；西面是战神山——使徒保罗向雅典人发表著名演说的地方。下方东面矗立着曾经辉煌的奥林匹亚宙斯神庙遗址，是希腊最大的神庙之一，将雅典的优雅与东方的壮丽相结合。神庙内有闻名遐迩的宙斯巨像，由黄金和象牙制成。忒修斯神庙；八角形的风之塔；雅典奖杯亭，也被称为德摩斯梯尼之灯；哈德良拱门；以及一些其他建筑，都或多或少有所保存。在独立战争以前，雅典的人口大约为1.5万人，但现今已经减少。附近有：埃莱夫西斯；马拉松，平原上的一个小村庄，波斯人在这片平原上被米提亚德率领的雅典军队打败；以及麦加利斯，战争之前这里是一个繁荣的城镇，有1.2万居民，但现在被遗弃了。

帕特农神庙

科派斯湖附近的利瓦迪亚完全被战争摧毁，战争之前这里一片繁荣，有1万居民。附近有古底比斯遗迹，曾是希腊最重要的城市之一。萨罗纳位于福基斯，靠近帕尔纳索斯山，有一些制造业，人口有5 000~8 000人。卡斯特里邻近萨罗纳，位于帕尔纳索斯山脚下，旧称德尔斐，里面有阿波罗神谕所，古代世界各地的人们都相信并求助于阿波罗神谕。这里有卡斯塔利亚圣泉。勒班陀，迈索隆吉翁和阿纳托利科位于阿卡纳尼亚和埃托利亚地区。

纳夫普利翁是阿尔戈利斯的首府，是伯罗奔尼撒半岛最重要的城市，但是它的境况不佳。它是希腊最坚固的堡垒，其巨大的要塞号称“爱琴海的直布罗陀”。这个城镇建筑简陋，有1.2万人。附近是阿尔戈斯、迈锡尼、特罗曾的遗迹。在此地附近发现的巨石墙，

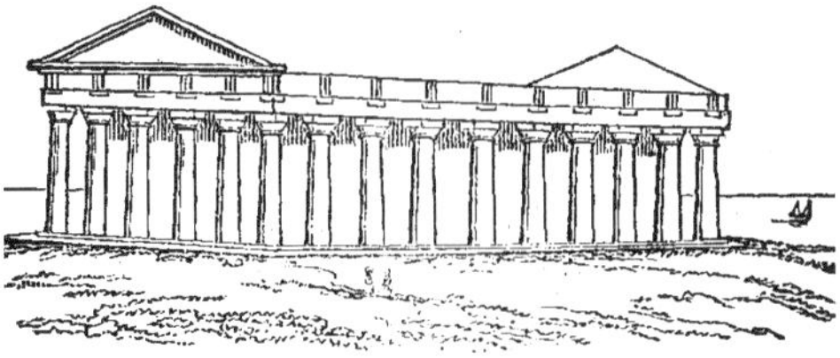

忒修斯神庙遗迹

是由大块石头建成的古代遗迹，年代久远，无人知晓其历史。

特里波利斯是阿卡迪亚的首府，曾是土耳其政府机关的驻地，革命前是伯罗奔尼撒半岛的首府；城市里的清真寺、土耳其城堡和宫廷都被摧毁，人口减少至1 500~2 000人。附近是特吉亚和梅格洛波利斯的遗迹，这里曾是阿卡迪亚和曼提尼亚的古都，因伊巴密浓达在此地战胜斯巴达人而闻名。

米斯特拉是拉科尼亚的首府，在革命期间被埃及军队夷为废墟。这座城市坐落在泰格图斯山脚，风景如画，其要塞仍然屹立不倒。人口不超过2 000人。斯巴达的遗迹就在附近。邻近这片遗迹的是一个美丽的城邦，英雄卡斯托尔和波吕克斯的出生地阿米克莱坐落在这里，这里仍以富饶闻名。

卡斯托尔和波吕克斯

莫奈姆瓦夏，有重要的港口和防御工事，以其优质的马姆齐葡萄酒而闻名于世。麦西尼亚的莫顿是一个小镇，但有良好的港口和强大的防御工事。附近是纳瓦里诺村，如前文所述，俄英法联合舰队在纳瓦里诺海湾摧毁了埃土舰队。同一个省的卡拉马塔，自从埃及人在伯罗奔尼撒半岛的战役使其荒芜以后，几乎未能从废墟中崛起。同样位于麦西尼亚的科隆，有良好的港口和强大的防御工事。与卡拉马塔一样，皮尔戈斯刚刚开始从战时的荒芜状态中恢复。附近是奥林匹亚遗址，奥林匹克运动会在这里举办；这里有宏伟的奥林匹亚宙斯神庙，里面有菲狄亚斯用黄金和象牙雕刻的宙斯巨像，像高60英尺。

帕特雷是亚该亚的首府，坐落在以其名字命名的海湾沿岸。这里是伯罗奔尼撒半岛与欧洲其他地区维持商业关系的枢纽，拥有8 000居民。附近的麦加斯皮莱奥修道院以其财富、防御工事和巨大的拱顶而闻名，能容纳200名修道士。东南方的卡拉夫里塔是一个小镇。

科林斯位于两海之间的科林斯地峡，曾以财富和奢华著称，现在已经寂寂无闻，但是正迅速从战争的灾难中恢复。它的卫城，也叫阿克罗科林斯，是一个强大的堡垒。在其邻近地区，矗立着尼米亚和西基昂古城遗址。埃格里波，位于内格罗蓬特，坐落在同名海峡上，是一个商业重镇，有1万居民。

位于同名岛屿上的锡拉，是基克拉泽斯群岛的首府，也是希腊主要的商业区。土耳其、欧洲、埃及与整个希腊王国的贸易以这里为中心：希奥岛的杏仁、纳克索斯岛的葡萄酒、帕特雷的葡萄、伯罗奔尼撒半岛的油和丝绸、罗梅利亚的羊毛、亚历山大的大米等，都集中在挤满船只的港口，等待装船。这里还有海盗，他们长期出没于这片海域，也在此处处理他们丰厚的不义之财。这里的人口为2.5万人。纳克索斯岛上的小镇那西亚，以及米洛斯和蒂诺斯，是基克拉泽斯群岛的其他主要城镇。

海德拉，位于同名岛屿上，是一个精心规划的城镇，有漂亮的房子和码头，干净的街道，有2万居民。战争之前这里进行着广泛的商业活动，它虽然在战争中受创，但规模仍然可观。这座岛是由没有水的贫瘠岩石形成的，许多逃亡的阿尔巴尼亚人定居在这里。斯佩齐亚是一座具有相同特点的岛屿，由单一的民族定居，在商业方面具有类似的重要性；在独立战争期间，海德拉人和斯佩齐亚人构成了希腊海军的主要力量。

现在的希腊居民主要是希腊人，还有一些阿尔巴尼亚人、犹太人和亚美尼亚人。希腊人不管分布得多么广泛，在他们身上都有很大的民族相似性。在纪念章和雕像上流传下来的祖先特征，仍然在现代希腊人的脸上清晰地保留了下来。

希腊人的娱乐活动中，舞蹈似乎是最重要的。他们的聚会几乎少不了舞蹈，还经常伴随着歌唱。赛跑、摔跤、掷铁饼（毫无疑问是从古代流传下来的）仍然在年轻人中占有一席之地。他们像土耳其人一样盘腿而坐，用长烟斗抽烟，用左手写字，敬礼、睡觉、闲逛，一切都跟土耳其人一样。他们的宗教信仰是希腊正教，教义、仪式和管理与罗马天主教相似；他们的语言

希腊居民

是现代希腊语，来自古希腊语。

希腊人的性格体现了政治环境的影响。他们都保留着祖先们聪明机智、多才多艺的特点；有些人保持了山地派不屈不挠的自由精神，他们勇猛、独立；有些人在平原或者城市里受到征服者的压迫，变得狡猾、谄媚、刻薄。现在秩序恢复了，商业复苏了，工业得以保护，教育机构得以建立：毫无疑问，随之而来的将是和平、美德、财富、艺术和文明。

意大利

第296章

意大利是个什么样的地方？

意大利位于古代最强大的帝国——罗马帝国中央，是地中海北面的巨大半岛，东面是亚得里亚海，西面是第勒尼安海。意大利北部与阿尔卑斯山的崇山峻岭相连，由阿尔卑斯山脉北部崛起的亚平宁山脉也横亘于意大利国土之上。

意大利地势多变，南部多山；北部阿尔卑斯山脉与亚平宁山脉间的平原一直延伸到亚得里亚海，由波河及其支流灌溉，是整个欧洲最为富饶的平原。意大利土地肥沃，出产多种谷物、水果、葡萄酒及油。这里气候温和，风景如画，是世界上最令人赏心悦目的地区之一。

阿尔卑斯山构成了意大利北部及西北部的边境线。亚平宁山脉跨越了整个半岛，从萨沃纳山谷直到墨西拿海峡，支脉还延伸到了奥特朗托。山峰虽非终年冰封，但是冬天往往有积雪覆盖。山上丛林茂密。最高峰为科尔诺山及大萨索山，海拔9 650英尺，还有韦利诺山，海拔8 183英尺。

国内唯一较大的河流是波河，几乎灌溉了整个北部地区。其余的河流基本上都发源于亚平宁山脉，附近的海洋使得河流的河道并不长。

东北部是地中海，也称亚得里亚海，约600英里长，150英里宽，湾口狭窄，科孚岛位于这里。港口优良，但是洋面上仍有危险地段。主要的海湾包括的里雅斯特湾以及曼弗雷多尼亚湾。意大利东南部是爱奥尼亚海，位于西西里岛和希腊之间，通过墨西拿海峡与西西里海相连。这片海域横亘在那不勒斯与西西里岛之间，利帕里岛就位于这片海域。

科西嘉岛、撒丁岛及托斯卡纳之间的这片海域常被称为托斯卡纳海或第勒尼安海。尼斯[①]与卢卡之间是热那亚湾。主要的岛屿包括西西里岛、撒丁岛、科西嘉岛。西西里岛南部是马耳他群岛，包括马耳他岛、戈佐岛和科米诺岛，由英国人统治。意大利的主要湖泊包括马焦雷湖、科莫湖、加尔达湖和切拉诺湖，风景相当迷人。

希腊人称意大利为“西方之国”，因为意大利位于希腊西方。在很久之前，意大利也曾被称为萨图尼亚、奥索尼亚、埃娜特利亚。意大利这一名称直到基督教时代开始时才被普遍接受。国内分为9个行政区，包括：伦巴第-威尼西亚、撒丁、帕尔马、摩德纳、卢卡、教皇国、圣马力诺、托斯卡纳、那不勒斯或两西西里。国土约为11.8万平方英里，人口约有2 180万人。

---

① 撒丁王国在统一意大利的过程中，为了取得法国的支持，打击主要敌人奥地利，于1861年把萨伏依和尼斯割让给了法国。——译者注

意大利行政区划

邦国	级别	面积（平方英里）	人口	首府	首府人口
伦巴第-威尼西亚	王国	18 290	440万	米兰	15万
撒丁岛	王国	28 830	460万	都灵	12.4万
帕尔马	公爵	2 180	45万	帕尔马	3.6万
摩德纳	公爵	2 060	39万	摩德纳	2.7万
卢卡	公爵	410	14.5万	卢卡	2.4万
教皇国	教宗	17 050	260万	罗马	14.9万
圣马力诺	公国	21	0.75万	圣马力诺	0.5万
托斯卡纳	大公国	8 300	140万	佛罗伦萨	10万
两西西里	王国	41 521	780万	那不勒斯	35万

现代意大利的行政区划跟古代有一些相似之处，许多城市也有古代的痕迹。在罗马及别的地区都能找到2 000年前留下的遗迹。意大利人身上也体现出复杂的性格特质，虽然不同的地区有各自的特点，虽然他们已经不再延续祖先的气势，但他们依然因颇为一致的总体特征和较高的天赋而与众不同。

意大利许多城市都以历史悠久而闻名，它们所达到的艺术高度更是吸引了无数人。罗马作为当时罗马帝国的中心，常被人们称为“永恒之城”。这座城市从远古时期就矗立在台伯河岸，离大海只有15英里。罗马地处几座低矮的小山丘之上，城市周长约为16英里，在这个区域内包含着广袤的土地，附近有花园、葡萄园和田野。这座城市是世界闻名的帝国的首都，几个世纪以来都是教皇的

近代罗马一景

驻地，因此这里汇聚了绘画、雕塑及其他艺术的最高成就。若论废墟之美，没有哪座城市能够与罗马相匹敌。这里依然展现着曾经的辉煌，有着威严壮观的教堂和宫殿，以及数不尽的艺术珍品。虽然这里现在只有15万居民，但是辉煌时期的人口曾高达400万人。那不勒斯是意大利最大的城市。威尼斯、米兰、热那亚、佛罗伦萨都是为人所知的大城市。

意大利的建筑最为雄伟辉煌。在所有建筑中，造价最为昂贵、最壮观的是教堂。修道院宽敞开阔，宫殿无与伦比。然而，随着时间的推移，许多宫殿已成为废墟，有许多被人们推倒以便再次利用内部的建筑材料。建筑、绘画、雕塑以及其他许多艺术手段都被大量应用在教堂的修建上。意大利人民在细微之处创造了令人惊叹的艺术。有许多柱子上都镶嵌着珍贵的宝石拼成的马赛克画，墙上画

古罗马广场遗迹

满了湿壁画，门上有精雕的铜件，内外都有精致无比的大理石雕像及铜雕。富人和贵族居住的地方是广阔的宫殿，现在许多都已经被废弃，或者由外国人居住。

在佛罗伦萨，房子就好像堡垒一样——这也表明在当时，这座城市曾经有外敌侵扰，遭受着暴力袭击。在北部诸国，则常常会看到凸出的长廊，从城市的一端延续到另一端。在罗马及那不勒斯，房顶上基本看不到烟囱，因为自然宜人的气候足以把温度调节得恰到好处。

第297章

意大利早期地理

古代意大利主要由三大部分组成——北部的山南高卢，中部的意大利本土，以及南部的大希腊。山南高卢又被波河分为两个部分。这个地区被罗马征服后，又被称为“托加高卢”，显示出这里的人民已经改穿古罗马人的托加袍。威尼斯位于这片土地的东北部，利古里亚在西南部。

意大利本土从山南高卢向南延伸，一直到特伦托河及西劳鲁斯河，覆盖了现代的托斯卡纳、教皇国以及那不勒斯北部的地区。古代的划分为伊特鲁里亚、拉齐奥、翁布里亚、皮凯努姆、坎帕尼亚、萨莫奈以及萨宾人的领土。

伊特鲁里亚是很早就高度文明开化的地区。这里的居民早在罗马建立前就在科学和艺术上取得了巨大成就。许多精美的宝石、器具及画作都流传至今。时至今日，在科尔托纳、佩鲁贾、菲耶索莱及其他城市仍然可以看到古代城墙的遗迹。伊特鲁里亚人组建了一个由12个城邦构成的联盟，每个城邦彼此独立，有自己的法规制度。

拉齐奥坐落在意大利西海岸线上，在台伯河及利里河之间。这里早期的居民主要来自不同的部落，包括拉丁人、奥索纳人、茹图利人、萨宾人、沃尔斯奇人等。

坎帕尼亚沿着西海岸延伸，从利里河直到西劳鲁斯河，还包含了那不勒斯城周边的地区。这座城市向来以美丽富饶而闻名。早期的居民比意大利其他地区的居民经历了更多变迁。接二连三的入侵者被这里富饶的土地、宜人的大气温度所吸引，前赴后继地围攻这座城市，在这里建立统治。最终，罗马人长久地征服了这座被战乱侵扰的城市。

大希腊早先是希腊殖民地，希腊人带来了希腊的艺术和制度。这一地区主要包括普利亚、卡拉布里亚、卢卡尼亚及布鲁提姆。最重要的城市是塔兰托，这里的居民以富有和喜好奢侈著称。卡拉布里亚的布伦迪西乌姆通过阿庇乌大道与罗马相连接；罗马人可以由这里出发驶往希腊。位于卢卡尼亚的帕埃斯图姆遗迹已成为现代著名的旅游景点。

古代意大利划分

山南高卢

古代分区	现用名	主要城市	现用名
威尼西亚	威尼斯	的尔杰斯特 帕多瓦	的里雅斯特 帕多瓦
林贡斯	教皇国的一部分	拉韦纳	拉韦纳
博伊	摩德纳	穆提那	摩德纳

（续表）

古代分区	现用名	主要城市	现用名
利古里亚	帕尔马及撒丁岛南部	热努亚 尼开	热那亚 尼斯
陶里尼	撒丁岛北部	奥古斯塔 多灵	都灵
因苏布雷	伦巴第	梅蒂奥拉努 提奇努姆	米兰 帕维亚

意大利本土

<table>
<tr><th>古代分区</th><th>现用名</th><th>主要城市</th><th>现用名</th></tr>
<tr><td>伊特鲁里亚</td><td>托斯卡纳</td><td>佛罗伦提亚
赫拉克勒斯</td><td>佛罗伦萨
里窝那</td></tr>
<tr><td>拉丁姆</td><td rowspan="3">教皇国</td><td>罗马
提布尔</td><td>罗马
蒂沃利</td></tr>
<tr><td>翁布里亚</td><td rowspan="2">斯波列提乌姆</td><td rowspan="2">斯波莱托</td></tr>
<tr><td>皮凯努姆</td></tr>
<tr><td>坎帕尼亚</td><td>那不勒斯王国的一部分</td><td>尼波利斯
卡普亚</td><td>那不勒斯
卡普亚</td></tr>
</table>

大希腊

<table>
<tr><th>古代分区</th><th>现用名</th><th>主要城市</th><th>现用名</th></tr>
<tr><td>普利亚</td><td rowspan="4">那不勒斯王国</td><td>维努西亚</td><td>韦诺萨</td></tr>
<tr><td>卢卡尼亚</td><td>帕埃斯图姆</td><td>帕埃斯图姆</td></tr>
<tr><td>卡拉布里亚</td><td>塔林敦
布伦迪西乌姆
水城</td><td>塔兰托
布林迪西
奥特朗托</td></tr>
<tr><td>布鲁提姆</td><td>利基翁</td><td>雷焦</td></tr>
</table>

根据早期历史记载，意大利在公元前2000—公元前1000年就有两个民族的人居住，他们的语言风俗各不相同。有一个民族居住在沿海地区，另一个定居在内陆山区。

在沿海居住的应当为大皮拉斯基部落的一支，在远古时期也曾居住在希腊和小亚细亚地区。至于定居在内陆山区的民族，我们无从得知他们出现在意大利山区之前居住在哪里，因此他们可以被看作土著。意大利的皮拉斯基人与希腊的皮拉斯基人颇为相像，但是文明程度更高。

他们原本是农耕民族，在这里建造了城市，用未经雕琢的巨石砌成城墙。他们来到意大利的时候是殖民者，或者说是征服者，但在这里定居之后，原本在山区的民族开始入侵他们的领土，进而征服了他们。此外，我们还发现意大利南部被自称“欧伊诺特里亚”的人民所统治；邻近台伯河的地区为西西里人占据，他们后来入侵了特里纳基亚岛，并将它改名为西西里岛；伊特鲁里亚则由伊特鲁里亚人统治。

不久之后，其他名字也陆续出现在历史上。拉丁人曾经被萨宾人驱逐到阿涅内河沿岸；而后来萨宾人又被向南推进的西西里人驱逐，随后西西里人越过了墨西拿海峡，来到了特里纳基亚岛。

公元前1000年左右，希腊人开始在意大利南部建立殖民地。来自埃维亚岛的哈尔基斯人及埃雷特里亚人在坎帕尼亚建立了库迈和那不勒斯两座城市，在墨西拿海峡建立了利基翁。亚该亚人建造了锡巴里斯、克罗托内及梅塔蓬图姆。多利安人在西西里岛建造了墨西拿、锡拉库扎、希布拉、杰拉以及阿格里真托。爱奥尼亚人建造了纳克索斯、卡塔纳及希梅拉。科西嘉岛和撒丁岛也有希腊殖民地。

古罗马

第298章

王政时代的罗马人

（前1184—前508）

罗马的历史通常分为三个时期：第一个时期，自公元前753年罗马建立至公元前508年最后一位国王退位；第二个时期是罗马共和国时期至公元前30年奥古斯都建立罗马帝国；第三个时期是罗马历史上最辉煌的帝国时期，最后随着罗马统治的瓦解和西部帝国的覆灭，帝国时代结束。

几乎每个国家的早期历史都含糊不明，神话传说代替史实说话。古罗马历史上，在城市建立之前以及罗马从寂寂无闻到崛起的这段时期，神话、传说和历史交织在一起，真伪难辨。在这些传说中，罗马城的起源非常显赫，众神从奥林匹斯山下来，参与帝国都市的事务。这些传说很有可能是罗马人自己编出来的，那时罗马作为首都的重要性已经得到了一定的认可，而这些传说无疑会增加罗马人的民族自豪感。我们无法考证这些传说流传了多少年才被公众接受为真实的历史。一位古代的作家说，虽然我们在阅读罗马早期的历史记载时，因为无法判断书中记录的众多事件的真实性而暂时停下来，但有足够的标识可以防止我们偏离航向太远，并带领我们在历史的舞台上安全着陆。

根据罗马早期传说，这个国家起源于特洛伊的一位王子埃涅阿斯。埃涅阿斯和父亲带着一大批追随者，在公元前1184年，从特洛伊的废墟中逃离。他带着家里的守护神像，前往西方寻找安居之地。神谕告诉了他们诸神的旨意，通过星星的指引，他们在古代意大利城邦拉丁姆安了家。国王拉提努斯将他的女儿拉维尼娅嫁给了埃涅阿斯，其他特洛伊人也与拉丁人联姻。

然而，不久之后发生了内战，在其中一场战斗中，埃涅阿斯被杀死。特洛伊人隐藏了他的尸体，声称他已升入天国。他的儿子阿斯卡尼乌斯在附近的一座山上建造了阿尔巴隆加城，特洛伊人搬到了这里。这座城市的历史在国王普罗卡斯统治之前的几个世纪里一直比较模糊。这位国王有两个儿子——努弥托尔和阿穆利乌斯，国王去世时大儿子努弥托尔本应继位，但被阿穆利乌斯篡权夺了王位。

为了防止权力回到他哥哥的家族手中，阿穆利乌斯杀死了哥哥的独生子，并让哥哥的女儿西尔维亚做了维斯塔贞女（不能结婚），负责看守维斯塔女神的圣火，使其永远不熄。但是西尔维亚秘密地结了婚，或者根据传说，她被战神玛尔斯[1]侵犯，生了一对双胞胎儿子。阿穆利乌斯下令将他们扔进台伯河，然而，河水上涨，装着他们的篮子被安全地冲到岸边，停在一棵野无花果树下。一只母狼

① 玛尔斯对应希腊神话中的战神阿瑞斯。——译者注

来到河边喝水，看到了他们，把他们带回窝里，给他们喂奶。过了一段时间，他们被国王的牧羊人福斯图卢斯发现。

这对双胞胎兄弟和牧羊人的孩子一起长大，被称为罗慕路斯和雷穆斯。他们长大后，被选为首领，指挥了多次对抗强盗和敌对部落的远征活动，以及需要勇气和能力的开拓活动。有一次，雷穆斯与属于王室的一些人打仗，遭到伏击被捕，被带到阿穆利乌斯面前。国王对他的外表和举止颇为吃惊，宣判的时候很是犹豫，就问他是谁，听说了他的故事后，就认出了他是哥哥的外孙。就在这时，王宫遭到了罗慕路斯和他朋友们的攻击，他们赶来营救雷穆斯。阿穆利乌斯被处死，原来的合法国王努弥托尔被从农场召回，登上王位。

双胞胎兄弟请求允许他们在帕拉蒂尼山上建造一座城市，作为对他们贡献的奖励，因为他们是在那里长大的。他们的请求得到了批准，城墙很快就开始动工建造。对于用谁的名字给城市命名，两兄弟发生了争执，他们最终同意以占卜的方式征求诸神的意见，并许诺遵守占卜的结果。在这种情况下，惯用做法是，他们在日出时观看天空，结果雷穆斯看到了6只秃鹫，而罗慕路斯看到了12只秃鹫，罗慕路斯被判决为胜利者。

罗慕路斯和雷穆斯

从那天起到现在，

野无花果树生长的地方以及母狼哺育双胞胎兄弟的地方，被称为“罗马”。城市的边界用犁划出，犁沟向内，在犁被抬起来的地方建城门。城墙建到离地面有几英尺高的时候，雷穆斯轻蔑地跳过城墙，说道：“这样的城墙能挡住敌人吗？”但当时负责修建城墙的人用手中的铁锹打了他，将他当场打死。据说罗马建城那一年是公元前753年，罗马人便以这一年为自己的纪元元年，他们采用罗马建城纪年，他们总是说某事发生在以罗马建城那一年开始算的某年。

这座城市建成后，约有1 000间房子不整齐地排列在城中。罗慕路斯被选为国王，他致力于制定法律，以及在臣民中建立良好的秩序。他发现自己的国家人口不足，便邀请各国的陌生人来此定居，甚至为逃离邻国的人设立庇护所，使他们免遭追捕。这导致罗马这座城市的人口迅速增加，并且到处都是亡命之徒和各种各样的逃犯。

由此产生的结果自然是，周围的人都厌恶并害怕罗马人，他们既不愿意把女儿嫁给罗马的男人，又不愿意与他们进行贸易，也不愿意像邻居一样和他们交往。罗慕路斯担心这样的孤立状况会使臣民人数减少，甚至比人口增加之前还要少，于是决定采用非正常手段为城中的男人娶妻。元老院批准了他的计划。

为了纪念海神尼普顿[①]，他们举行了一场盛宴，邀请了邻近城镇的居民。人们终于克服了顾虑，从四面八方涌来，挤满了罗马的广场和空地，他们来自凯尼纳、安登奈和萨宾人的国家。无论男女老少都在那里看表演。庆典刚开始，一个信号传来，罗马青年就冲到人群中，抓住最漂亮的姑娘，把她们劫回家当妻子。萨宾人是这

① 尼普顿对应希腊神话中的海神波塞冬。——译者注

场计谋的最大受害者，他们发誓要向奸诈的罗马人复仇。

萨宾人的国王提图斯·塔提乌斯组建了庞大的军队，驻扎在罗马城墙下，围攻这座城市。敌对的两国发生了多次战斗。据说，其中有一次，罗马的一扇城门自动打开，留给萨宾军队一个入口。这个入口不久被城中居民关闭，却再次自动打开，仿佛有一只无形的手推着它。

萨宾人以为这是神灵在帮助他们，便从这条通道涌入城内，这时，一股水流从雅努斯[1]神庙喷涌而出，将他们卷走。自那时起，这座神庙虽然在和平时期关闭，但在战争时期总是开放，以便这位门神可以用他那无法抵御的洪水摧毁罗马的敌人。萨宾的女人们主动干涉，阻止了两国之间更多的敌对行动，她们已经接受了自己的命运，而且发现自己的丈夫并不是她们想象中的野蛮人。双方达成了停战协议，随后缔结了和平条约，两个国家合二为一。罗慕路斯在塔提乌斯死后独自统治这个国家，从而实现了罗马领土扩张的第一步。

罗慕路斯在位40年，受到臣民的爱戴和敬畏。根据传说，他是神的后裔，他的父亲是战神玛尔斯，母亲是国王的女儿，而神话很少让英雄人物寿终正寝，半神永远不会回归泥土，传说故事总是在英雄的尸体化为灰烬之前，将他们带走。因此，传说在一场雷电交加的暴风雨中，罗慕路斯被带到了天上，当时他刚检阅完军队。人们相信是玛尔斯用战车载着他登上了奥林匹斯山。罗慕路斯后来被奉为神，受人敬拜，人们在为他修建的神庙里祭祀。

---

① 雅努斯，罗马人的门神，有前后两个面孔，也是罗马人的保护神。——译者注

这就是传说中对罗慕路斯生平的描述，但后世的历史学家并不认可这个人的存在；他的历史自始至终被许多人视为神话故事。罗马的第一个历史时期是完全不确定的，当时没有正式的历史学家，但大祭司充当了这一角色，他们的职责是在一张白板上记录每年发生的事件：这些记录后来整理成册，成为公共事务的唯一记录，但是不完备而且很肤浅，几个世纪后，高卢人攻占罗马时还摧毁了部分记录，因此罗马历史的脉络中断了。

新的史册是祭司们按照大祭司的安排，根据残存的材料编写的，这些史册很可能混入了大量的推测和当时流行的传说故事，以形成一种历史的表象。据说只有7位国王在君主制维持的245年间统治着罗马，这本身就让人对整段历史产生怀疑。在暴力和掠夺的时代，在一个王位由选举产生的王国里，每位君主开始统治时都被认为已经成年，而且据说其中有4位死于暴力；在这种情况下，让连续7位君主平均每人统治35年，这违背了常识。之所以有7位国王，可能是因为史册的撰写者找不到任何其他君主的线索。他们也许是不同民族不同类型的君主，各自代表着一个王朝的统治，或者代表着自己性格中最显著的美德或缺点。

因此，努马·庞皮留斯①可能会因为十几位继承人的智慧和正直而受到称赞，而塔克文·苏佩布②则背负了一系列暴君的罪行。不管怎样，除了这些失真的记录，我们没有别的资料可以参考，因而

---

① 努马·庞皮留斯，公元前715—公元前673年在位，罗马王政时代的第二位国王。——译者注

② 塔克文·苏佩布，公元前535—公元前496年在位，罗马王政时代第七位国王，前509年被推翻。——译者注

在我们有更清晰的线索和更确切的史实之前，不得不遵循这些记录。

罗慕路斯死后，罗马人失去了他们的国王。元老院有责任选出另一位国王，但他们却没作出选择，而是将元老院分成了多个十人委员会，每个十人委员会轮流掌权10天。这种权力空白期持续了一年，之后元老院顺从了人民的呼声和请求，宣布由品格高尚的萨宾人努马·庞皮留斯担任国王。

在他统治的43年间，罗马繁荣昌盛，和平时期的艺术得到了快速的发展。在此期间没有发生战争——无论是侵略战争还是防御战争，罗马没有受到战争的威胁，所以雅努斯神庙一直关闭着。他为诚信之神修建了神庙，将诚实和公平交易奉为神圣的法则。

根据公民的行业和职业，将他们分为不同的阶层。农业特别受青睐，畜牧业也得到发展；罗马人在战争中获得的领土，被平均分给人民。努马喜好和平，希望每个人都能在自己的土地上幸福地生活。他禁止在神的祭坛上祭献昂贵的祭品或杀生。地上的果子、面饼或者烘烤过的谷物，被认为足以抚慰被冒犯的神灵。

努马重塑了罗马人的宗教信仰体系，他认为自己拥有大祭司的权力，祭司所有的职司都归他管辖。他设立了4位大祭司，由他们主持宗教仪式；3位主祭司，致力于3位主神的崇拜——朱庇特①、玛尔斯和罗慕路斯；4位占兆官，据说能够预言事件，并通过某些迹象发现神的旨意；12位战神祭司，在敬拜玛尔斯的节日里唱歌跳舞；以及维斯塔贞女，即女祭司，在维斯塔神庙看守圣火，使其永不熄灭。维斯塔圣火是国家存在的象征，如果熄灭就会危及国家生存。

① 朱庇特，罗马神话中的神王，对应希腊神话中的宙斯。——译者注

但是每年都会将其熄灭一次，再由阳光重新点燃。

每次提出新的法案时，他都声称受到埃格里亚女神的指引。在罗马附近神圣的树林中，他所度过的几个小时的闲暇时光都由这位女神陪伴；此后很长一段时间里，人们对努马和他的神圣女导师都怀有尊重和崇敬之情。他死于公元前670年，享年80岁。

他的继任者是一位冲动好战的国王图卢斯·霍斯提利乌斯，他在军营中度过了一生，而且很快就得到机会证明自己的英勇：罗马和阿尔巴边界的居民因为相互抢劫和掠夺起了冲突。战争似乎就要爆发，但念及彼此之间的血缘关系，他们愤怒的情绪冷却下来，避免了战争。

最后，他们决定将这场争端留给6名勇士解决，每支军队各选3名。罗马军队中有同时出生的霍拉斯三兄弟，阿尔巴军队中也有同样的库里亚提三兄弟。他们被定为勇士前去决斗，背负着两军的希望和焦虑；双方都同意，胜利的一方将统治另一方。当勇士们走近并在空中挥舞起光亮的手臂时，观众们屏住了呼吸。在第一次进攻中，3个阿尔巴人身受重伤，但是两个罗马人在他们的攻击下身亡，剩下的一个在对手的追击下逃跑。阿尔巴人认为胜利在望，罗马军队里响起了一阵哀号。

然而，喜悦和绝望都为时过早，因为两位阿尔巴人每次都单独行动，派出一人，剩下一人便独自留在战场上，而罗马的勇士趁机突袭了敌人，赢得了胜利。阿尔巴交由罗马统治，必须服从征服者。但不久，在罗马人和费德奈人的一场战斗中，阿尔巴将军麦提乌斯·弗费提乌斯拒绝率军作战，打算在战争结束后站在胜利者一边。取得战斗胜利的罗马人决心要惩罚这种背信弃义的行为，他们抓住了麦提乌斯，把他绑在两辆战车之间，朝不同方向驱赶战马，将其身体撕碎。然后他们去了阿尔巴，摧毁了这座城市，迫使其居民移居罗马。这就是我们能获知的关于图卢斯统治的所有信息：他在位33年，据说因为忽视了对众神的敬拜，房子被闪电击中，他和房子一起被烧成灰烬。

安库斯·马尔西乌斯是罗马的第四代国王，于公元前638年继位，据说他是努马·庞皮留斯的外孙。在他统治期间，罗马人占领了几个拉丁城市，城内的居民被带到罗马，允许他们住在阿文丁山。

据说他是奥斯提亚殖民地的创立者，奥斯提亚是台伯河口的一个城镇，是罗马的港口，也是后世已知最古老的罗马殖民地。29年后，塔克文·普里斯库斯继位，他的历史非常值得怀疑，有些人甚至认为纯属捏造。他被描绘成一个富有的伊特鲁里亚人，以一个异邦人的身份来到罗马定居，他的慷慨及住所的豪华气派，使其在人民中获得了极高的声望。

安库斯·马尔西乌斯死时，让普里斯库斯做自己孩子的监护人。公元前609年他当选为国王。流传至今的许多辉煌作品、遗迹和遗物都要归功于他；其中包括下水道，即庞大的用来运水和垃圾的公共排水工程，以及露天圆形竞技场和公共集会场所。很明显，这些工程都是在这一时期建造的，因为用于建造排水工程的石头是一种火山沉积物，在罗马的很多地方都能找到，但在罗马共和国建立之后，这种材料从未用于建筑。这些浩大的工程应该是通过强迫劳动完成的，同在埃及的情形一样，假设政府能够通过派定工作来完成如此伟大的工程，那么就可以据此推断这个政府一定强大又专制。

关于塔克文·普里斯库斯有很多美妙的故事，为其一生增添了浪漫色彩，其中一个无疑是祭司们为了使人们更相信神秘的占卜之术而编造的。故事是这样的：国王正在考虑一个计划，但遭到占兆师们的反对，理由是这违背了神的意愿。塔克文几乎不相信占卜，希望用科学来检验，他告诉一位占兆师阿提乌斯·奈维乌斯，如果他能说出他脑海中的想法是否可行，自己将来会更加相信这门艺术。奈维乌斯说："这是可能的。"国王说："那么，用刀切开这块磨石，因为这就是我所想的事情。"占兆师拿起刀，极其轻松地切开了这块石头，国王从此相信了他的建议。

在塔克文·普里斯库斯统治时期，神的形象首次被引入罗马的信仰体系；除了谷物和水果这样简单的祭品，还增加了动物祭品，而动物祭品在努马·庞皮留斯统治时期是被禁止的。维斯塔贞女的数量从4个增至6个；宗教仪式在总体上也比君主制早期更加隆重。

一个能明显说明有关罗马的传说不准确的例子就是关于塔克文·普里斯库斯被刺杀的传说，尽管这个传说被普遍接受。据说他在统治了33年后遭到刺杀，刺客是安库斯·马尔西乌斯的儿子们雇佣的，他们声称自己拥有王位继承权。

这显然是错误的；因为首先王位不是世袭的，所以安库斯·马尔西乌斯的儿子们和其他人一样，没有权利继承王位。而且，为什么他们要等上33年才声明自己的权利？再者，如果塔克文统治了30年，到去世时他将近70岁；然而，根据传说他的儿子们还没到成年，这是不符合情理的。关于这位君主的全部记录可能只是传说；但可以肯定的是，在后代国王们的统治下，无论哪位国王的权力和领土范围都比以前大得多；并且可以肯定，即使在早期，罗马也配得上她后来的称号——"帝国之都"。

公元前576年，塞尔维乌斯·图利乌斯继承了塔克文·普里斯库斯的王位，他以善行和英明的法律著称。他把埃斯奎里山和维米纳尔山纳入城市范围，这样罗马城内就有了7座山丘——除了刚才提到的二丘，还有帕拉丁山、卡皮托林山、阿文丁山、卡埃利安山和奎里纳尔山。他在七丘之外筑起城墙，这些城墙矗立了800年，直到奥勒良皇帝时期。他制定了许多法律，使穷人免受富人压迫，使平民与贵族的地位更趋平等。

我们可以举例说明如下：当时的习俗是贵族骑马或者乘战车作战，平民步行作战。后者的装备很差，纪律也很差，所以在军队中根本不受重视。然而，在塞尔维乌斯统治时期，最富有的平民被选出来组建新的骑兵队，他们必须根据个人财产的多少武装自己。据说，塞尔维乌斯在位44年，因暴力和背叛而死，他的一个女儿和她的丈夫——已故国王塔克文·普里斯库斯的儿子，是主要参与者。据说，年迈的君主被他大女儿的丈夫卢修斯·塔克文谋杀；当时他的尸体还在街上流血，这个冷酷无情的女人命令车夫驾车从尸体上碾过去。这条发生违反伦常行为的街道，被叫作“邪恶之路”。

公元前532年，卢修斯·塔克文成为国王，历史上称他为塔克文·苏佩布，或傲慢者塔克文。关于他的故事通常被认为只是传说，原因之一在于当权力由元老院授予时，通过暗杀或者任何其他手段篡位是不可能的，元老院不会让一个杀人犯通过拥有最高权力来弥补其罪行；原因之二在于作为塔克文·普里斯库斯的儿子，卢修斯一定和被他废黜的塞尔维乌斯·图利乌斯年龄相仿，也就是说，他大约70岁。而他篡位后统治了24年，在共和国建立、君主制垮台之际，又为恢复王位继续斗争了15年。

传说中被称为傲慢者塔克文的最后一位罗马国王，毫无疑问是个暴君，他的主要目标似乎是降低平民地位，在他们与贵族之间划出更宽的界限。他在卡皮托林山上建了一座伟大的神庙和要塞，被称为市政广场。这座宏伟的建筑是用雕琢的石头修建的，门是铜制的。《西卜林书》保存在这座神庙的地下，由专门指定的祭司看守。其中包含了大量预言，用希腊语写在棕榈叶上，在所有特殊场合占兆师都会向它们请教。下面这个与神谕有关的传说似乎可以解释为什么它们一直受人尊重。

故事是这样的：一个长相奇特、穿着怪异的老妇人，拿着9本书来到塔克文面前，声称书里有西卜林的预言，她想要一大笔钱。国王不肯买，因为他不知道这位女士是谁，也不知道书里有什么。这个奇怪的女人走了，烧了其中的3本书，然后带着剩下的6本回来了，价钱和9本书一样。塔克文又拒绝了，于是年迈的妇人第二次离开，又烧掉3本。当她带着剩下的3本书再次出现时，塔克文征求了占兆师的意见，占兆师建议他买这些书，并且因为毁掉的6本书而斥责了他。塔克文买下了这些书，老妇人便消失了，再也没有出现。这些书成了罗马的神谕，正如我们所说，它们受到精心的保护。

在塔克文统治的第23年，即公元前509年，一场革命爆发了，人们起来反抗政府的暴政和专制，推翻了君主制，在废墟上建立了共和国。目前还不清楚这场革命是如何发生的，因为关于它的记载并不真实。

与其他时期的传说一样，这段传说提供了一段历史：提图斯、阿伦斯、塞克斯图斯（都是塔克文的儿子）和他们的堂兄科拉提努斯正在罗马军队围攻的城市阿尔代亚城墙下饮酒，当时他们因为喝了酒头脑有些兴奋，得意忘形，吹嘘起自己的妻子，觉得可以以此来打赌。他们打完赌后便决定快马加鞭赶回罗马，看看妻子在干什么，以此来决定胜负。3位王子发现他们的妻子们围着满是食物的桌子寻欢作乐，因为自己的丈夫不在家而兴高采烈，而科拉提努斯的妻子卢克蕾提亚在和女仆们一起纺纱。

塞克斯图斯疯狂地爱上了卢克蕾提亚，不久后，他对卢克蕾提亚实施了强暴，卢克蕾提亚因无法忍受自己所受的耻辱而举刀自尽。为了躲避塔克文的暴行而一直装疯的卢修斯·朱尼厄斯·布鲁图斯，因为卢克蕾提亚死时他在场，便当场扔掉自己的面具，从卢克蕾提亚身上把刀拔出来，用鲜血发誓，要向暴君及其后代报仇。

人们对这一暴行愤怒不已。元老院在塔克文缺席的情况下废黜他的王位，将他逐出罗马，关闭城门。卢克蕾提亚的尸体置于公众面前，布鲁图斯向人民做了演讲，呼吁他们帮助驱逐暴君。他在战神广场召开大会，组成新的政府，宣告了君主制的终结。

最高权力掌握在两位执政官手中，执政官每年选举一次。布鲁图斯和科拉提努斯是第一任执政官。因此，“罗马国王”的头衔至少在一段时间内销声匿迹了；直到2 000多年后，拿破仑之子赖希施塔特公爵才重新获得这一头衔。

第299章

王政时代罗马人的风俗习惯

人们对罗马王政时代的风俗习惯所知甚少。罗马无疑是一个军事国家，人民都受过武装训练；但它也是一个农业国家，整个社会由农民组成，他们在和平时期耕种土地，在需要他们当兵服役时前往战场。对外贸易很可能掌握在贵族手中，而他们极其鄙视零售贸易，法律禁止自由的平民阶层从事这种贸易。

人民的生活方式非常简单。所有社会阶层的主食都是面包和汤，以及香草、块根和水果；主要饮品是山羊奶。大人物也好不到哪儿去——他们鄙视奢侈，认为这种习惯与一个骁勇善战的国家不相称。早期的罗马房屋仅仅是一层楼高的木屋，既没有烟囱也没有窗户，靠蜡或者动物油脂制成的蜡烛照亮房间。家具很可能与原始简朴的房屋风格相吻合。家仆无论男女都是奴隶。

罗马服装中最具特色的就是托加袍，是一种很大的羊毛披风，呈半圆形，通常是白色的，有时有红色或深红色的镶边。托加袍极有可能穿在宽松的长袍外面，无袖，除非被盖住，手臂往往是赤裸的。奴隶和穷人的托加袍都是暗色的。无论男女都穿托加袍。罗马人的鞋子多种多样，主要有两种：一种和我们穿的差不多；另一种是拖鞋或凉鞋，需要用皮带系紧。

父亲对子女拥有至高无上的权力，甚至可以将他们卖身为奴或者处死；无论年龄多大，子女都不能摆脱父亲的权威，除非父亲同意解放他们。每一所私人住宅里的壁炉都用于供奉家神，也是家庭成员团聚之所。有一处壁炉归全体人民所有，即维斯塔神庙的祭坛，这是他们国家统一的象征。

宴会上，人们会在长笛的伴奏下朗诵诗歌，赞美国王和民间英雄。当伟人去世，人们会在葬礼上吟唱颂歌，纪念他的美德。罗马人实行土葬或者火葬。受雇于罗马的艺术家来自当时处于鼎盛时期的伊特鲁里亚，市政广场顶上的著名装饰物——一辆4匹马拉的战车，就是在伊特鲁里亚城市维爱制作的，用赤陶土或者烧制的黏土制成，是一件公认的精美艺术品。直到后来才开始使用青铜。在王政时代也没有任何关于绘画的记载。

罗慕路斯时期，罗马人民由贵族（或称庇护者）和受保护者组成。这些受保护者都是奴隶，但他们是如何变成奴隶的，我们不得而知。贵族是罗马的原始公民或原始贵族，普通人很可能受到他们的保护，因而他们成为主人或者庇护者，而那些附属的追随者完全效忠于他们。

随着时间的推移，出现了不同于这两个阶级的另外一个阶级，即自由人或平民，其中大部分为被征服的拉丁人，他们被接纳为臣民，而不是罗马公民。他们无权担任公职，但可以持有财产，并受法律保护。他们不能与贵族通婚，因此公民与臣民间的界限被谨慎地保留了下来。

元老院最初有200名成员，后来增至300名。但是，如果没有在公共会场即公共集会场所举行的公民大会的批准，元老院没有权力通过法律。元老院提出的问题在公民大会上投票决定，得票数多者胜。国王的权力有限，他是军队的统帅，但是没有公民同意不能立法。他有权处置战利品和战争所得的土地，这样国王就拥有广阔的领地和众多的依附者。因此，这一时期的罗马政府是我们今天所称的君主立宪制。

第300章

从塔克文企图恢复王政到第一次罗马人的胜利

（前508—前451）

共和制取代君主制的问题已经解决，执政官们开始着手确保自由政府的永久性，他们每人轮流行使一个月的统治权，在此期间，他们被授予除了王冠的所有王室标记。然而，他们并不像国王那样献祭：选出一位大祭司来管理国家的宗教事务。

塔克文已经被驱逐，塞尔维乌斯·图利乌斯制定的很多有用的法律得以修订并重新颁布。平民恢复了一些之前被君主剥夺的权利，从王室的土地中分批获得大约4英亩①土地，其中一些最富有的平民被允许进入元老院，这些人是从塞尔维乌斯法律中规定的骑士（马军）中挑选出来的；为了区别于元老院的贵族元老，他们被

① 1英亩≈4046.86平方米。——编者注

称为“新进者”。

新成立的政府受到了干扰，因为被废黜的君主试图夺回王位，塔克文和塔克文的家人投靠了他的儿子加贝伊国王塞克斯图斯。经过周密的谋划，一个对塔克文有利的阴谋在罗马形成。

依据传说，这场阴谋是一些贵族策划的，他们对向平民作出让步不满，阴谋者中有布鲁图斯的两个儿子。当阴谋被发现，他们二人和其他参与者一起被布鲁图斯以执政官的身份判处死刑。接下来的故事里提到，对有罪的孩子宣判死刑后，布鲁图斯凭借坚定的意志，冷静地坐在旁边，看着他们被处决。这个著名的故事使布鲁图斯的名字流芳百世，但是间接证据和日期的对比使我们相信此事是虚构的、编造的，或者可能是从其他国家的传说中借来的，为了使布鲁图斯成为正义的象征，或者使杰出的罗马人更负盛名。

古历史学家认为，当塔克文登上王位时，布鲁图斯还是个孩子；然而，当这位国王被废黜时，也就是25年后，布鲁图斯的儿子已经到了参与反政府阴谋的年龄。事实上，或者说假设，这场阴谋是贵族们策划的，目的是粉碎平民们新近获得的自由，那么就可以排除布鲁图斯的儿子们加入这场阴谋的可能性，因为他们显然是平民出身，没有理由加入反对平民获得自由的行动。罗马共和国最初几年的历史和王政时代的历史一样缺乏准确性，不准确的原因也相同——高卢人洗劫罗马时，这一时期的大部分记录丢失了。

因为前文提到的阴谋而颁布了一项针对整个王室的驱逐令；这项命令执行得非常严格，对执政官科拉提努斯也没有例外，因为他是塔克文的侄子。其职位由贵族普布利乌斯·瓦莱里乌斯填补，他因支持人民权利而获得“人民之友”的称号。

尽管塔克文的阴谋失败了，他还是说服了伊特鲁里亚人动用武力帮助他恢复统治。随后塔克文领导的伊特鲁里亚人和布鲁图斯领导的罗马人交战，布鲁图斯被塔克文的儿子阿伦斯杀死，阿伦斯本人也受了致命伤。据说战斗结束后，在夜半时分，一个声音从邻近的树林里传来，说伊特鲁里亚比罗马多失去一个人。听到这个声音，极其迷信的伊特鲁里亚人心中充满敬畏，他们立刻回家了。幸存的执政官瓦莱里乌斯在这一年剩下的时间里独自执政，赢得了极大的声誉。

塔克文并未善罢甘休，虽然他试图夺回王位却屡遭失败，但这似乎只会增加他的热情。他去了伊特鲁里亚最遥远的城市克卢西乌姆，诱使国王波塞那帮助他，于是波塞那集结了一支庞大的军队向罗马进军。

诗人和小说家为了填补真实记录缺失所造成的空白，充分发挥了想象力。据说这座城市被3名勇士拯救了，他们独自守卫着一座桥，伊特鲁里亚人要上桥追击逃跑的罗马人，他们把敌人挡在海湾里，直到同伴将桥砍断。其中一位叫贺雷修斯·科克勒斯的勇士跳入河中，冒着密密麻麻的标枪安全游到岸边。因为他的英勇无畏，人们在广场上为他竖立了一座雕像，并且将他在一天时间内开垦出的所有土地都赠予他。

伊特鲁里亚人虽然被击退，但并没有气馁，他们围攻罗马，试图通过饥荒减少居民数量。据说，面对这种紧急形势，年轻的贵族盖乌斯·穆奇乌斯决心将罗马从波塞那国王这样可怕的敌人手中解救出来。他乔装打扮进入伊特鲁里亚军营，看到一个面容高贵的人坐在那里向士兵们发放军饷。他觉得这个人一定是国王，就一刀刺中此人心脏，结果杀错了人；他被抓住，带到波塞那面前，但他勇敢地承认了此行的目的。

伊特鲁里亚人威胁他，除非承认整个阴谋，否则将遭受酷刑，穆奇乌斯将右手伸进旁边正在燃烧的火里，直至手被烧焦，以此证明他是多么蔑视威胁。后来，波塞那被他的勇气所打动，慷慨地饶了他一命，穆奇乌斯出于感激，告诉波塞那要时刻保持警惕，因为有300名像自己一样的罗马年轻人发誓夺取波塞那的性命。

如果不深究此事，我们可以认为波塞那是传说中的一个角色；但是大约在这个时期，尽管不知道准确日期，罗马确实被伊特鲁里亚人征服了。罗马人投降了，他们甚至放弃了武器，而且被禁止使用铁，除非用于农业。据说，他们甚至送给传说中波塞那所代表征服国的国王象牙王座、权杖、金王冠和凯旋袍。此外，他们上交土地收成的1/10作为贡品。目前不能确定这场战争是否由塔克文挑起，这更有可能是伊特鲁里亚人为了征服罗马而入侵。

故事中说，坚持不懈的塔克文仍然怀着夺回罗马王位的希望，在他的煽动下，拉丁人入侵了罗马领土。他们被彻底打败，双方成功休战。然而，过了一段时间，战争再次爆发。大约公元前496年，双方军队在雷吉鲁斯湖畔相遇，一场激战随之而来。

罗马人屈服了，他们准备逃跑，这时他们的将军郑重起誓，如果双子神卡斯托尔和波吕克斯能够在此关键时刻提供帮助，将为他们修建一座神庙。突然，两个高大的骑兵出现了，他们骑着乳白色的战马，站在罗马军团最前面，后面跟着骑兵和步兵。双子神兄弟的出现使士兵们重新鼓起勇气，他们冲入拉丁队伍中，分散敌人，使他们孤立，从而轻易地赶跑了他们。

战争胜利后，除了在附近一块坚硬的黑色岩石上留下了深深的马蹄印，没有一点白色骑兵的痕迹。但是当天晚上日落时分，当罗马居民在门廊下和街上等待双方交战的消息时，有两个骑兵出现在广场上。他们的手臂上沾满血，战马身上满是泡沫。他们在维斯塔神庙附近下了马，那里有一股泉水从地下冒出来，他们冲掉了战争留下的污渍。人们围在他们身边，询问消息，神秘的骑士告诉他们罗马人是怎样打赢这场战争的，然后骑上战马，突然消失了。人们认为他们就是卡斯托尔和波吕克斯，于是按照将军的誓言，建造了一座神庙，专门供奉他们。

这位流亡国王试图夺回罗马王位的传说充满了幻想，在对波塞那之战以及雷吉鲁斯湖畔之战的描述中，诗人的手笔显而易见，因此尼布尔[1]认为这是某首史诗的结尾部分，史诗的名字可能叫作“塔克文家族”。

战败后，拉丁人放弃与塔克文为伍，塔克文便退居到卡帕尼亚的库迈，不久后死在那里。不安定的外部因素消失了，罗马因此从被外国统治的恐惧中解脱出来。

然而，他们刚刚摆脱了外部纷争，国内就产生了危机。贵族和平民形成两个截然不同的阶级，压制并奴役劳动阶层似乎是贵族阶级的特有目标。在共和国成立初期，恢复或者给予平民的许多权利被一个接一个地剥夺；曾经给予他们的土地被收回；税收增加了；

① 尼布尔指巴托尔德·格奥尔格·尼布尔（1776—1831），德意志历史学家、政治家，近代西方批判史学的奠基人。主要研究领域为罗马史，主要著作为《罗马史》（3卷本）。——编者注

执政官这一职位不再由两个阶级共享；两个执政官都从贵族中选出。人们开始觉得被专横的贵族统治与被暴君统治一样难以忍受。

我们读到这一时期平民阶级的苦难时，就会明白，在罗马社会中占有更大比例的是人数众多的小农场主。他们日益贫穷的主要原因是，他们背负的税收远远超出承受能力，为了付税，他们不得不以过高利息借债，这样就陷入了无法偿还的债务中；然后，根据罗马的法律，他们成为债权人的奴隶。因为他们又管理着自己的子女和孙辈，所以这些人也同样成为债权人的财产。

债权人通常都是贵族，而债务人是平民；因此，人口中的一部分事实上完全属于另一部分。贵族现在完全掌控政府，他们设法免除了自己拥有土地的税收；而另一方面，却对平民阶级严格征税。更糟糕的是，失去了台伯河外伊特鲁里亚一侧的领土，使许多家庭沦为赤贫户；更富有的阶级将贫穷阶级排除在所有公共牧场之外。一个新的行政官被设立，称为独裁官：这个官员执政6个月，在这6个月中，他拥有城市内及城外一英里的绝对统治权。执政官的职位仍然存在，但独裁官的级别更高。不管设立这个职位的真正目的是什么，其直接影响是，通过严格执行与债务人相关的法律，使他人沦为奴隶。

这种不公正的卑劣手段，进一步加深了平民的苦难。那些为债务做抵押的人也需要在战场上服役，他们那份本可以帮助他们还债的战利品却被扣留了，而债务本身也因利息的增加变得越来越高。所有这些原因都使下层民众负债累累并且无望还债，从而被苛刻的债权人所驱使。

在这种情况下，星星之火便燎原起来。公元前493年，在阿庇乌斯·克劳狄乌斯和普布利乌斯·塞维利乌斯担任执政官期间，一位衣衫褴褛、肮脏不堪、面色苍白、瘦骨嶙峋、头发邋遢、胡子拉碴的老人，冲到罗马广场，张开双臂，恳求人们的帮助。他展示了28次与罗马的敌人作战中所受的伤疤。

有几个人认出他曾做过百夫长，当问及为何如此狼狈不堪时，他说法律判决他为债务人，他和两个儿子被关进监狱；而他之所以负债累累，是因为在军队服役期间，他的农场被敌人掠夺，房子被敌人烧毁；尽管如此，他还要缴纳税款，为了交税他不得不借钱；高额的利息耗尽了他仅存的一点财产，他很快就成了债主的奴隶。从那天起，监禁和鞭笞就成了他的家常便饭。他逃出了牢房，来到广场请求得到保护和支持。

不管这是不是对实际情况的准确描述，可以肯定的是，这件事或者其他一些事情引起了一场激烈的骚乱：人们涌上街头，纷纷要求改善生存条件；元老院的元老们惊慌失措，几乎不敢开会讨论公共事务。两位执政官对要采取的措施意见不一，这座城市似乎注定要经历流血厮杀和内战。就在此时，有消息传来，沃尔斯奇人起来反抗罗马，而且几乎到了罗马城墙之下。

平民们觉得这真是好消息，他们把帽子抛向空中，呼喊着让贵族们自己去打仗，而他们决不参军。元老院授权执政官塞维利乌斯与他们谈判。他颁布了一项法令，宣布所有因债务而被监禁的人，如果愿意，可以离开监狱参军，并且只要他们在军队服役，任何人都不能动他们的财产，或者让他们的孩子受奴役。

颁布这项法令的效果立竿见影，军队的规模迅速扩大，监狱因此空无一人。他们轻松地赢得了胜利，之后塞维利乌斯带着这支满怀希望的胜利之师返回，但等待他们的却是痛苦和失望，因为铁石心肠的阿庇乌斯，也就是另一位执政官，命令所有的债务人回到监狱。严重的骚乱随之而来，人们在阿文丁山和埃斯奎里山上商讨对策。此时，罗马的领土再次遭到入侵——萨宾人开始骚扰边界。在这危急关头，马库斯·瓦莱里乌斯被任命为独裁官，他很受人民欢迎，于是长期受苦、不轻易动怒的罗马人民欣然加入他的队伍，跟随他来到战场。

胜利是属于他们的，罗马人满载战利品，再次凯旋。瓦莱里乌斯试图从元老院为公众争取补偿以弥补他们的苦难，但没有成功。平民们看不到合法解决问题的希望就离开了城市，在阿涅内河外的一座山上安营扎寨。他们决定在这里另立国家，除非双方能达成和解。最后，元老院委派了10位元老进行调解，并提出和解的条件。

其中一个名叫米尼聂乌斯·阿格里帕的元老对人们说了一则寓言故事："在古代，人体不像现在这样是一个整体，每个成员都有自己的计划、目的、意志和语言。碰巧有一次在一个紧急情况下，四肢和肚子发生了争吵。它们抱怨说，肚子无所事事，除了享受什么都不做。为了缓解内心的不平，它们一致同意不再为它付出劳动。所以，手不再把食物送到嘴里，嘴巴不再张开，牙齿不再咀嚼。但是当它们因此使肚子饥饿的时候，它们却在饿自己；当它们陷入可悲的虚弱状态时，它们发现肚子绝不是无用的，它吸收营养，也提供营养，给身体各个部分带去活力和健康。"

但是已经经历过多次虚假承诺的平民，似乎需要比寓言故事更实际的东西，他们似乎认为道德教训无论多么有意义，都有些牵强，因为这来自那些轻视自己的人。

于是，经过长时间的讨论，两个阶级缔结了条约，而且宣誓共同遵守。条约的主要规定是：恢复法律，用财产还债，不能因为债务使人失去自由；从平民中选出两名行政官，称为保民官，职责是保护平民自由，其人身权益在任何情况下都神圣不可侵犯，任何伤害保民官的行为都被视为非法。保民官的设立是朝着人民自由迈出的最重要一步。

凡因债务成为奴隶的，都被解放；凡被抵押做奴隶的，也被解放。保民官的房屋日夜开放，受伤害的人可以随时寻求保护，免受法律的不公或蔑视。平民安营扎寨的小山，以及他们向宙斯献祭的地方，得名为圣山。罗马的民主政体实际上可以追溯到这一时期——公元前493年。

此时杰出的爱国公民斯普里乌斯·卡西乌斯担任执政官。在他执政期间，与拉丁人和赫尔尼西人签订条约，重组联盟，后来的罗马帝国之所以伟大也得益于此。

他还提出了一项土地法，主要内容是土地应该分给所有没有土地的平民，贵族应该像以前一样，为他们占有的土地缴纳什一税。在顶住激烈的反对后，这项法律得以通过，但继任执政官从来没有让这项法律生效：因此，平民继续遭受着贫穷以及专制政府压迫所带来的一切苦难。斯普里乌斯·卡西乌斯在任期届满时，被控叛国罪，并被斩首。贵族间的长期争斗似乎表现得极为凶残，这显示着那个时代的野蛮。这些冲突及随之而来的罪行在那个时代的史册上没有记载，但是我们可以从已知的情况推断出政治上的仇恨能带来多么大的痛苦。

平民发现土地法的实施日益困难，于是拒绝服兵役；不久因为连年征战忽视农业生产，罗马暴发了严重的饥荒，骚乱随之发生，元老院和人民的对立变得异常激烈。一位同情罗马人的希腊国王，或者如史册记载，西西里岛锡拉库扎的僭主革隆此时给罗马送去了一批谷物，并建议立即分给人民。

这一慈善的计划遭到卡厄斯·马歇斯·科利奥兰纳斯的强烈反对，这位英雄的历史与其他人相比，尤其为诗人们津津乐道。他狂妄而暴躁，如贵族憎恨平民一般憎恨人民，此外，他痛恨人民不同意他当选执政官。若不是我们记得没有什么战争比阶级战争更加血腥，没有什么仇恨比阶级分裂引发的仇恨更加致命的话，莎士比亚笔下这位英雄尖酸刻薄的话语可能会显得过于刺耳——

“你们究竟要什么，你们这些恶狗？你们既不喜欢和平，又不喜欢战争；战争会使你们害怕，和平又使你们妄自尊大。谁要是信任你们，他将会发现他寻找的狮子不过是一群野兔，他所寻找的狐狸不过是一群鹅；你们比冰上的炭火、阳光中的雹点更不可靠。你们的美德是尊敬犯罪的囚徒，诅咒执法的刑官。谁立下了功德，就应该受你们的憎恨；你们的欢心就像病人的口味，只爱吃那些足以加重病症的食物。谁要是信赖着你们的欢心，就等于用铅造的鳍游泳，用灯芯草去砍伐橡树。该死的东西！相信你们？你们每一分钟都要变换一个心意，你们会称颂你们刚才所痛恨的人，唾骂你们刚才所赞美的人。你们在城里到处鼓噪，攻击尊贵的元老院，究竟是怎么一回事？倘使没有他们帮助神明把你们约束住了，使你们有一点畏惧，你们早就彼此相食了。他们究竟是什么目的？”

出于这种仇恨，他说服执政官拒绝分发谷物。为此，他受到保民官的起诉，借以起诉的理由是他渴望拥有最高权力。他被逐出罗马，在沃尔斯奇人中避难，不久，沃尔斯奇人就卷入了与罗马的战争。他们在各地取得了成功，在科利奥兰纳斯和他们的国王图卢斯的指挥下，大肆蹂躏罗马的领土，摧毁了所有属于平民的土地，只保留了贵族的财产。

然后沃尔斯奇人包围了城市，将其紧紧围困。城墙内只听见哀号和痛苦的呼喊，妇女们跑到神庙祈求宽恕，这是罗马有史以来最黑暗的一天，因为这次的敌人是有史以来最可怕的敌人，而怨声载道的罗马人民不能有效防御。派去与科利奥兰纳斯谈判的使团受到冷漠接待，他们被告知，除了要将从沃尔斯奇人手中夺走的所有土地归还，还要召回罗马的所有流亡者，恢复他们的财产，在此之外没有和谈的余地。

元老院拒绝接受这些条件。接着，一个由10位元老组成的使团出现在科利奥兰纳斯面前，谦恭地请求在不那么苛刻的条件下实现和平，但这位傲慢的首领没有动摇。然后所有的祭司排着庄严的队伍而来，仍未成功。最后，由这位严苛的流亡者的妻子、母亲和孩子带领的贵族妇女，前往他的营地。守卫着帐篷的沃尔斯奇士兵，默默地为这支悲伤的队伍让路，整个营地似乎被罗马的不幸所打动。

科利奥兰纳斯的母亲与他交谈

当这位流亡者的母亲出现在她儿子面前时，她哽咽地说：“若我没生过儿子，是不是罗马就逃脱了目睹城墙之下敌人营地的耻辱？若我没有孩子，是不是就能在一个自由的城市自由地死去？”科利奥兰纳斯扭动着双手，望着他的军队和故土的城墙谦卑地呈现在他面前，他大声说：“哦，母亲，你做了一件什么事啦！胜利属于你——罗马得救了，但是等着你儿子的是耻辱和毁灭。”然后他拥抱了妻子和孩子，让他们安全返回罗马，带着他的军队仓促撤退。

他再也没有回来，在流亡中度过一生。而在另一个版本的故事中，他被沃尔斯奇人暗杀，他们认为在围攻罗马的过程中，他违背了他们的利益。现在虽然无法确定这些事件发生的日期，但通常定为公元前458年。

罗马及其邻国在这一时期并不十分繁荣，随处可见战火肆虐。许多城邑变成废墟，大部分地区荒废了，葡萄树和果树遭到毁坏，整个村庄化为灰烬。除了战争的苦难，还有瘟疫，谷物匮乏和对农业的忽视造成了严重饥荒。

在与沃尔斯奇人和解的第二年，埃魁人攻入罗马；他们的入侵势不可挡，使脆弱状态下的罗马险些瓦解。一支派去抵御他们的军队，被诱入狭窄的山谷，两侧都是陡峭光秃的山丘，他们既不能前进也不能后退。士兵们没有食物，马匹也没有草吃，即使从四面围困的敌人不迅速消灭他们，他们也有饿死的危险。

5名骑兵在后方完全被封锁之前冲出防线，把这个令人沮丧的消息带回罗马。人们一致同意，选举曾任执政官的辛辛纳图斯担任独裁官，并派使者前往他的农场，请他立刻前往罗马。找到他时，他正在田中犁地。他来到城里，元老和贵族都出来迎接，由24个拿着束棒和斧头的扈从带路，将他带至都城，众人围着他，要看这个将要拯救他们的人。

他被授予6个月的独裁权。首先他命令所有人关闭店铺，法庭也关闭，按照他的指示，在军队被派遣之前，任何人不得处理私人事务。下一步，他命令每一个成年公民带上武器，在日落之前出现在战神广场，并且带上5天的给养和一打结实的木桩。城市现在恢复了生机，但只能听到武器碰撞和砍伐树木的声音。

日落时分，一支装备精良的庞大军队离开罗马，向敌人驻扎的阿尔基多斯山进发。他们在午夜抵达，排成一列，将这座山完全包围。当一切准备就绪，他们仰天长啸，发出惊天动地的呼喊。这喊声在岩石间回荡，使敌人感到惊讶和恐惧；而他们的同胞认出了这声熟悉的罗马式呼喊，顿时充满希望，他们也发出同样的喊声，便开始攻击敌人。

与此同时，外面的罗马士兵在山周围挖了一条沟，并用木桩和草皮筑起城墙。到了早上，埃魁人惊讶地发现自己被完全包围了，于是向辛辛纳图斯提出和解。胜利的罗马人剥夺了他们的武器、辎重和一切有价值的东西，让他们从长矛架成的轭门下钻过①，之后凯旋。

辛辛纳图斯回到罗马时，被授予一顶金王冠，每户人家都在门前摆设筵席，放满食物和饮品，士兵和百姓一同畅饮，一路欢歌笑语。他们为辛辛纳图斯举行了盛大的凯旋式，他掌权两周，拯救罗马军队免于毁灭，然后就退位，回归农田。

① 把两支长矛插入土中，另一支长矛横放在顶上，这就是所谓的轭门。从轭门下穿过被视为最大的羞辱。——译者注

古罗马凯旋式

这就是辛辛纳图斯的传说，除了他曾经是独裁官并且战胜埃魁人，剩下的大部分情节都值得怀疑。我们不能肯定他是否享有胜利的荣耀，但因为后世的许多罗马将军被授予这一荣誉，此处的描述应该是准确的。这是在罗马所能获得的最高军事荣誉。

在庄严的凯旋式中，获胜的将军和军队穿过城市，来到市政广场。在战神广场上组成的游行队伍穿过最广为人知的街道，街道上布满鲜花，不同地方的祭坛上都焚着香。最先经过的是乐队，他们奏唱凯旋歌曲；其次是献祭的公牛，装饰着鲜花；然后是从敌人那里夺来的战利品，装在马车里；接着是用铁链锁住的高级俘虏，紧随其后的是扈从，后面还跟着一群乐师和舞者。将军本人戴着桂冠，驾着4匹马拉的圆形战车，儿女通常陪在他身边。在共和国时期，执政官和元老们走在他前面；但在帝国时期，他们跟随战车步行。士兵们在游行队伍最后。一部分战利品要通过献祭仪式供奉给朱庇特，然后将军在市政广场款待他的朋友和重要公民。

第301章

从《十二铜表法》到皮洛士入侵

（前451—前274）

土地法及相关讨论很快又引发了派系纷争。元老院和人民都厌倦了这些无休止的争论，各方一致认为，制定大量健全的法律可以消除现存的弊端。于是他们派遣3名特使前往希腊，考察该国的法律制度，并选择适合罗马的法律；又任命了10名行政官执行这些新法律。他们取代了执政官和保民官，轮流行使最高权力，被称为“十人委员会”。旧的法律和惯例经过多次修改和增补得以修正，形成正式法典，刻在12张铜表上，挂在公共会场上。

在罗马帝国时期之前，《十二铜表法》是罗马所有法律的基础。通过这部著名法典，贵族和平民阶层之间的区别废除了，所有人不加区别都称为“罗马公民”。有关债务的法律没有改变，但可能随着人民生活的改善，借贷的人越来越少，人们不再觉得那么严苛了。第一个十人委员会执法正直，所以到任期届满时，无人反对沿用这种政府形式。

阿庇乌斯·克劳狄乌斯是10人中唯一继任的，他与4位新贵族和5位平民重新当选；但是他们很快就开始显示国王的地位和权力，变得暴虐而专制，在任期结束时拒绝辞职。尝过权力的甜头后，他们不愿回到普通市民的行列。不幸的是，发生了维尔吉妮亚的悲惨故事，这充分说明了在第二个十人委员会任期内人民遭受的暴力和压迫。

十人委员会中的阿庇乌斯是个老年人，他疯狂爱上了一位年轻的姑娘维尔吉妮亚。这位姑娘大约15岁，非常漂亮，是一个名叫维尔吉尼乌斯的百夫长的女儿。阿庇乌斯贿赂了他的一个名叫克劳狄乌斯的奴才，让他声称维尔吉妮亚是自己的奴隶。这件事交由阿庇乌斯判决，于是阿庇乌斯就将她判给了克劳狄乌斯。

维尔吉尼乌斯猜到这个暴君的企图①，请求允许他与女儿做最后的告别；在假装拥抱女儿时，他从一个屠夫摊上抢了一把刀，刺向她的心脏，然后在空中挥舞着武器，喊道："用这血，阿庇乌斯，我把你的头献给地狱之神！"手里拿着血淋淋的刀，他和一大群追随者回到军营。

这场悲剧就是最终使水桶满溢的那滴水。在此之前，因为十人委员会下令用卑劣的手段谋杀了里希尼乌斯·登塔图斯，已经激起军队的怒火。登塔图斯勇敢地为人民辩护，因此招来了杀身之祸。贵族们假装尊重他，派他去为驻扎在城外准备进攻的军队运送补给，随行的还有一支150人的护卫队，这支队伍接到命令在树林里刺杀他。经过山间的峡谷时，他们突袭了登塔图斯。这位勇敢的老

① 维尔吉妮亚是平民，如果定为奴隶，则可以随意买卖。——原注

兵，曾经参加过120场战斗，他背靠着岩石保卫自己，直至攻击他的15个人倒下，另外30人受伤，最后他用盾牌挡开他们的标枪，但被从岩石顶上扔下来的巨石砸死。对维尔吉妮亚的暴行更使军队无法容忍，他们奋起反抗，向罗马进军。平民和其他士兵也加入队伍，在圣山上扎营，直至贵族投降，十人委员会辞职。

平民阶层现在拥有了前所未有的权利。两位执政官通过选举产生，又从平民中选出了保民官，如遇不公可向保民官上诉，并通过了几项法律以保障他们未来的人身安全。十人委员会解散后产生了一个最重要的职务，即监察官，共两人，任期5年。监察官的职责是登记公民及其财产，以便按适当比例征税；管理政府收入来源的所有财产；监督公共道德。平民在这一时期获得的另一项权利是可以与贵族家庭通婚，这在以前是不允许的。作出了这些让步后，罗马出现了一段相对平静的时期，一直持续到公元前404年。

当时，伊特鲁里亚最富有的城市维爱是罗马共和国的一个危险对手，曾多次滋扰罗马，罗马人决定摧毁这座城市。他们就包围这座城市，在城墙下围攻了10年，但未能攻破这道防线，也未能找到进城之法。在第十年快结束时，福利乌斯·卡米卢斯当选为独裁官，据说根据他的指示，从罗马军营挖了一条地道攻入城墙，进而占领了这座城市。

士兵们分享到战利品，维爱的居民们被奴役或被索要赎金，维爱人的神像换成了罗马诸神像。赢得胜利的卡米卢斯很快就体会到来自同胞们的忘恩负义。他被控为了私人目的盗用了一部分战利品，因为不愿蒙受公共审判的羞辱，他自愿流亡国外。据说，当走出城门时，他转过身来向诸神祈祷，希望有一天同胞们能够感受到他的清白和他们自己的忘恩负义——而这个愿望很快就在高卢人的入侵中得以实现。

高卢人是法国的古代居民，他们凶猛、野蛮，靠个人力量和破坏性的战争赢取胜利。他们已经越过阿尔卑斯山，在公元前389年和公元前364年，越过亚平宁山脉进入伊特鲁里亚，摧毁了那里的城市。这些蛮族靠着凶猛的外表，以及数不清的号角和喇叭发出震耳欲聋的声音给敌人以震慑。他们发现自己遇到的抵抗非常微弱，于是继续向罗马挺进，而罗马完全没有准备好对抗如此强大的敌人，因而陷入极度恐慌。

罗马军队在距罗马15英里的阿里亚河附近驻扎，但立刻遭到高卢人的袭击并被击溃。溃败的罗马军队遭到残忍追杀，直至罗马城下，要不是战胜者停下来收集战利品，罗马人的命运会在那一天终结。惊慌失措的罗马人发现，在如此强大的敌人面前想保住这座城市是不可能的，他们留下大约1 000人驻守市政广场，大部分人口分散到周边国家。约有80位贵族首领宁死也要与共和国共存亡，他们穿上礼袍，坐在公共会场的专椅上，等待敌人的到来。

高卢人闯入城门，发现城中一片死寂，所有的房门都关着，街上空无一人。当他们来到公共会场，看到祭司和长老们坐在那里一动不动，便认为这是罗马的神，是来拯救这座城市的。但这种幻觉很快消失，那些爱国者，因为对家国的依恋而沦为牺牲品，被无情的入侵者屠杀。入侵者随后掠夺了整座城市，他们闯进房子，在各个地方放火烧城。除了几座建筑，罗马被夷为平地。

就在此时，罗马的大部分历史记录被烧毁了，因此才会出现针对高卢人入侵之前的历史的众多疑问。高卢人包围了市政广场，但是久攻不下，于是他们决定在夜深人静时突袭。罗马的哨兵因为连日的疲劳，都睡着了，一个高卢人踩着另一个高卢人的肩膀不断地往上爬，就快爬到山顶。这时一些关在神庙中要献祭给朱诺的白鹅尖叫起来，它们扇动翅膀发出警告。保民官马库斯·曼利乌斯赶紧冲到那里，推倒最前面的入侵者，这个人倒下时打倒了那些正往山上爬的人。

这样，市政广场得救了；但是被围困的人们饱受饥荒之苦，迫不得已向高卢人求和，用1 000磅重的黄金赎回这座城市及领土。这段历史令人羞愧，但其结局却被罗马人描述得过于夸张，夸夸其谈反而使人们相信这些记载仅是故事，用以掩盖罗马人的失败和屈辱。

根据记载，在给黄金称重时，应同胞恳求回国的卡米卢斯带领一支军队进入公共会场，命令把金子运回市政广场。据记载，在随后发生的战争中，高卢人大败，被赶出罗马，没能带走任何财宝。而且接下来的故事说，在撤退途中，他们遭到第二次攻击并被打败，带走的所有战利品都被夺回，他们的首领成了俘虏。其实事件的结局更有可能是，高卢人带着他们俘获的黄金离开了，卡米卢斯和其他许多流亡者被召回，以弥补在这次毁灭性战争中损失的公民。

现在城市需要重建，对于当时像罗马这样贫穷的民族来说，这并非易事。市民们产生了抗拒心理，提议整体移民到维爱，但遭到贵族的强烈反对，他们呼吁人们不要放弃这块承载着祖先们无数回忆的地方。

为了鼓励人们重建城市，允许他们在任何地方凿石头和砍树，也可以在任何地点以任何方式修建住所。而为了防止人们在维爱定居，维爱的房屋被拆掉，为修建新城提供材料。这些举措的直接后果是建成了一大堆不协调的建筑，却足以使古罗马的遗迹和名称得以保留。

下层人民遭受了巨大苦难，保卫市政广场的保民官曼利乌斯站出来捍卫他们，他变卖产业给他们买食物，成了民众的偶像。但是与科利奥兰纳斯一样，他被指控渴望得到最高权力，奸诈的贵族邀请他参加在卡比多山上举行的会议，将他从塔尔皮亚岩石①上扔了下去。

就这样，城内的罗马人过着动荡而迷信的生活，而城外的征战捷报频传；因为在这一时期，他们参与了各种小规模的战斗。军队经常与高卢人或者伊特鲁里亚人作战；但是战争的结果无足轻重，因此我们不详述这些乏味的战争，只想说明罗马很少处于和平状态。

马库斯·库尔提乌斯的著名传说就发生在这一时期，尽管很显然这个故事毫无事实依据，却闻名古今，不可忽视。据说，在一场地震中，公共会场裂开一道巨大的深坑，可能会吞噬会场上的房屋和神庙。祭祀和祈祷都无济于事；这道深坑仍在城市中心不断扩大。占兆师说，除非将罗马最珍贵的东西扔进去，否则它不会弥合。马库斯·库尔提乌斯全副武装，骑着他最好的马，说爱国主义和军事美德是一个国家所拥有的最宝贵的品质，于是在祭司、长老和人民面前勇敢地跳入深坑。故事结尾说，深坑在他背后合上了，此后再也没见到他。

现在，贵族逐渐在这个国家获得了最主要的影响力，很明显，饱受压迫和苦难、被折磨得精疲力竭的平民正在失去精神和勇气。

---

① 古罗马卡比多山上的一块岩石，在此把叛国犯掷下处死。——原注

罗马将要堕落成悲惨的寡头统治，如果不是两个人阻止了这种趋势，它的名字就不会承载古老的荣耀，而他们的出现改变了这个国家和世界的命运。

这两个人是李锡尼和塞克斯图斯，他们是人民的保民官。李锡尼提出了3个法案：第一个是向平民开放执政官职位；第二个是禁止任何人占有超过500英亩的土地；第三个是规定债务抵押者应免除支付利息的义务，并且允许他们在3年内退还本金。贵族们抵制这些法律长达5年之久，之后人民拿起武器，驻扎在阿文丁山上。为了避免内战，独裁官卡米卢斯建议作出让步，3个法案得以通过。这些法案（前366）使当时的一切事务得以友好解决。

公元前342年，罗马人与萨莫奈人之间爆发了战争。战争的起因是，受到萨莫奈人压迫的坎佩尼亚人请求罗马共同抵御萨莫奈人。罗马执政官瓦莱里乌斯·科尔维乌斯率军攻打萨莫奈人，一场血战后迫使他们退回自己的边界。与此同时，另一支罗马军队入侵了萨莫奈人的家园，经过一番激战后，罗马人凭借英勇的普布利乌斯·德西乌斯取得胜利。战败的萨莫奈人不得不求和，但他们一从战败中恢复，就立即反击。

22年后，即公元前320年，一场比之前更加血腥的战争爆发，因为意大利南部的希腊诸城邦帮助萨莫奈人，所以这场战争持续的时间更长、更艰难。尽管多数情况下都是罗马人取得胜利，但在公元前313年，罗马军队被诱入考迪乌姆附近的一条峡谷，被敌人从四面包围，不得不向敌人投降。经历了轭门之辱，半裸的罗马人丢盔卸甲，为这种耻辱深感羞愧，在罗马的盟友卡普亚找到避难之所。

萨莫奈人强迫失败的敌人签署条约，但被罗马元老院拒绝了，他们把制定条约的执政官交给萨莫奈人，派遣其他指挥官继续战斗。帕皮里乌斯·库尔索尔成功为受辱的同胞们报了仇，并使敌人遭受了同样的侮辱。战争仍在双方的怒火中持续着，但萨莫奈人的力量在日益衰弱，而罗马人则从每一次的胜利中汲取了新的力量。

萨莫奈人处境日益艰难，决定向外部寻求帮助。公元前279年，在意大利南部希腊城邦塔林敦的恳求下，伊庇鲁斯国王皮洛士率军抵御罗马。他先派出一支3 000人的先遣部队打头阵，接着便率领由2万名步兵、3 000名骑兵和20头大象组成的军队紧随其后，这是意大利历史上首次出现大象。在随后的战争中，双方军队历经7次进退仍未决出胜负。于是皮洛士派出大象，一看到大象，马匹和士兵吓得四处逃窜，罗马军队溃不成军。然而，他们的英勇似乎令皮洛士钦佩不已，据说第二天看到战场时，他曾惊呼："如果我有罗马人这样的士兵，世界将是我的；如果罗马人有我这样的将军，这个世界就是他们的了。"

罗马人拒绝接受任何和解或者友好调解，而是派出使团处理交换俘虏的事务。年事已高的元老法布里修斯担任使团团长。得知他以正直著称，伊庇鲁斯国王决定考验他，给他金子和丰厚的礼物，但遭到严词拒绝。第二天，皮洛士命令把一头最大的大象藏在帘子后面，当帘子拉开，大象举起象鼻呈现出威胁的姿态，法布里修斯毫不惧怕地站在那里，转向国王说："昨天的金子和今天的大象都不能使我动摇。"皮洛士被这个外邦人[①]的坚强所感动，释放了俘虏。

罗马人很快便从战败的阴影中恢复，随着大象引起的恐慌逐渐

① 罗马人如此称呼自己之外的所有人。——译者注

消失，庞大的罗马军队占领了这片土地。当两军再度逼近，皮洛士的医生给法布里修斯去信，提出要毒死国王皮洛士以换取适当的报酬。这种背信弃义的提议使法布里修斯愤怒不已，他把信寄给了皮洛士，国王惊诧万分，感叹道："令人钦佩的法布里修斯，使你脱离荣誉之路简直比使太阳脱离轨道还难。"国王再次让所有的罗马俘虏穿上衣服，将他们释放，开始远征西西里岛。

两年之内，皮洛士成了这座岛屿的主人。他不在期间，罗马人挽回了战局，公元前274年，当皮洛士应盟军之请，再次出兵对抗罗马时，他发现已经不能取得任何优势。他抛下萨莫奈人和塔林敦人，带着残余部队回到伊庇鲁斯。萨莫奈盟军再也无法抵挡罗马人的力量，在第四次萨莫奈战争之后，罗马军队成为高卢以南整个意大利的统治者。

这时，半岛上几乎每个城镇都有罗马军队驻守。被征服的国家一般都有自己的法律，有选举行政官的自由，他们被称为"同盟者"，虽然不向罗马政府缴纳土地税，但必须提供一定数量的士兵服役，并为他们提供服饰和报酬，而这些征服活动使罗马人获得了新的领土、森林、河流和港口，从中获得巨大收入，使国家和人民富足。

此时已处于罗马历史上一个相当先进的时期，因而我们不妨简单地看一看这个时期人民的生活状况、风俗习惯、公共作品和文学成就。罗马人正朝着奢华精致的生活迈进，后来他们在这方面达到前所未有的高度。希腊和伊特鲁里亚的战利品使他们熟悉了祖先所未知的奢侈品。所有阶层的公民都因为战争的胜利而富裕起来，随着罗马统治范围的扩大，政府对公民的恩惠增多，成千上万人得到国库的资助。这一时期发行了第一批银币，但尚不清楚这项权力仅限于政府还是允许私人参与。

大约在这一时期，在监察官阿庇乌斯的主持下，罗马修筑了从罗马到布伦迪西乌姆的军用道路，全长360英里，盲人阿庇乌斯以此闻名。这条路由熔岩铺成，称为“阿庇乌大道”。他还主持修建了罗马的第一条高架渠。除了雇工，萨莫奈战争中的俘虏也为这项工程出力。瓦片取代木板，用作修建屋顶的材料，使这一时期的屋顶比高卢人入侵头几年要好得多；也开始在城中修建美丽的街道、精美的石头建筑，出现青铜雕像和其他艺术品。

文学和演讲术在这一时期开始突显，关于公共事务的简短而枯燥的史册保存下来，在宴会上吟唱英雄的诗歌、背诵喜剧对白成为一种习俗，关于罗慕路斯和雷穆斯的民谣成为平民百姓的娱乐项目。角斗士的搏斗此时首次出现，这种野蛮场面起初被视为对死者的献祭。据说，角斗士是被判死刑的罪犯或俘虏，但后来大量的奴隶被买来为此目的接受训练。

第302章

从布匿战争到卡提林阴谋

（前274—前62）

现在我们即将描述罗马历史上难忘的布匿战争，这是当时两个最伟大的共和国间的霸权争夺战。罗马此时繁荣富强。这种繁荣，以及人们对此的认识，即战争胜利能带来繁荣，使他们急于找到另一个敌人，可以用战利品充实罗马国库，用他国的人民充当奴隶。

他们将目光投向地中海。那片海域不够宽广，不足以掩盖非洲海岸上的壮丽和辉煌；也不够深邃，不足以平息他们的野心和竞争之举。他们看到了迦太基共和国，它统治着海洋，拥有强大的海军力量，使无限的财富涌入西地中海女王的怀抱，从而引起罗马人的妒忌和贪婪。

一旦决定开战，很容易就能找到借口，尽管这次战争的原因对双方而言都不体面。公元前264年，西西里岛一伙自称“玛末丁人”[1]的匪徒，占领了墨西拿城，屠杀了城中居民。锡拉库扎人准备向他们复仇，但是玛末丁人分成两派，一派寻求迦太基人的帮助，另一派寻求罗马人的支持。罗马和迦太基由此发生冲突。罗马人的干涉激怒了迦太基人，因为西西里岛是他们征服的，属于他们，所以他们在高卢、利古里亚、西班牙雇用了大量士兵参战。

罗马人包围了西西里岛的阿格里真托，这是迦太基人的重要海军基地，并于公元前262年占领这里。他们没有战舰，而他们的强大对手是公认的海上霸主。恰巧一艘迦太基战船在海岸上搁浅，为他们提供了一个建造模型。他们很快就装备了一支由130艘战船组成的舰队，而且令他们惊讶的是，在公元前260年，他们取得了一场海战的胜利，俘获50艘敌方战船。

这是有史以来他们进行的第一场海战，消息传到罗马，人们欢欣鼓舞；受到鼓舞的罗马人越过地中海，在非洲登陆。在叙述迦太基的历史时，我们详细地描述了这场战争以及雷古卢斯的悲惨命运。数次战争之后，双方各有胜负，但迦太基的军事力量遭受重挫，海军力量被罗马彻底摧毁。第一次布匿战争于公元前242年结束，雅努斯神庙自罗马建立以来第二次关闭。这一事件颇具意义，我们都记得，雅努斯神庙只在和平时期关闭，因此可以判断军事对罗马政策的绝对影响：罗马似乎永远处于战争状态，这也是它与邻国最自然的状态。

公元前218年，第二次布匿战争开始。关于这场最激烈的战争，我们必须再次请读者参照迦太基的历史，那一章充分阐述了汉尼拔

---

① 意为“战神之子”。——原注

的职业生涯及他对意大利的入侵。在我们已经提到的特拉西梅诺湖战役中，据说发生了一场可怕的地震，一座又一座的城市被摧毁，埋入地底深处。然而，双方战斗得如此激烈，竟无人感觉到大地的强烈震动。

> 就有这般激烈，当年的战争风暴；
> 杀气腾腾的人们除了拼命地杀敌，
> 什么事也不理会，失去一切的知觉，
> 甚至没感到他们的战场在动摇！
> 谁也不觉严厉的大自然在脚下摇震，
> 它张开大口，要把战死者囫囵吞掉，
> 让所有人一齐埋葬于一个巨坟，
> 这就是两国相争时彼此间你死我活的仇恨！

正如我们在描述汉尼拔生平时所述，他来到罗马城下，几乎要让这座帝国之都蒙羞。但罗马人并没有绝望，他们从其他城门派出去一批人增援在西班牙的军队。他们的自信和决心使汉尼拔蒙羞，而当他得知自己的军队在罗马驻扎的土地已经交付拍卖而且被全价售出时，汉尼拔愈发感觉受到侮辱。为了报复，他把罗马公共会场周围的商店都卖了。

没等到对这座城市造成威胁，汉尼拔就在公元前201年被召回非洲，以对抗大西庇阿领导的罗马军队。大西庇阿已经把罗马军队运过了地中海。在接下来的扎马战役中，迦太基彻底失败，完全臣服于敌人脚下。这让罗马人欣喜若狂，对其施加最严厉的打击，剥夺了迦太基的舰队、大象及其在非洲以外的所有领土。因此，持续了17年的第二次布匿战争于公元前201年结束。

罗马现在已经成为一个庞大的军事共和国，在西欧的地位至高无上，对东方也具有重要影响。亚历山大帝国分崩离析后形成的东方诸国，由于相互战争、损耗严重而不断衰落。雅典人受到马其顿国王腓力五世的攻击，因而向罗马寻求帮助，罗马人欣然同意，因为元老院正急于找到一个可以干涉希腊事务的借口。

于是他们向腓力五世宣战，派兵进攻马其顿。在库诺斯克法莱战役中，马其顿遭遇惨败，被迫投降。第二次马其顿战争后不久，罗马宣布攻打腓力的儿子和继承者珀尔修斯。埃米利乌斯·保卢斯接管罗马军队的指挥权，公元前167年，他彻底击溃敌人。这场胜利使马其顿、伊庇鲁斯和伊利里亚沦为罗马行省。

公元前149年爆发了第三次布匿战争。3年后，小西庇阿率领的军队将迦太基付之一炬，700年间积累起来的文明、艺术和文学被无情抹杀。这座城市被夷为平地，任何试图重建的人都会受到恶毒的诅咒。如果我们相信，施与个人的正义规则与施与国家的正义规则一致，国家的罪行与个人罪行一样会有因果报应，我们就会感到，罗马人现在进行的无情又残忍、充满统治欲望的贪婪行为，最终会随着北方蛮族的南下降临到他们自己头上。这是神的复仇手段。

当我们追寻他们的历史，追随他们野蛮而冷酷的政策，发现他们用灭绝的手段对付所有对手，在所有美好的土地上进行焚烧和杀戮，我们就会相信，哥特人和汪达尔人的入侵是在执行神的命令，如同当“大渊的泉源都裂开了，天上的窗户也敞开了。四十昼夜降大雨在地上”。（《创世记》7：11）即使是小西庇阿，当他审视着面前这座城市的废墟时，似乎也有所预见，忍不住流下眼泪。他同情对手的悲惨命运，故而重述了荷马的诗句：

> 我心里明白，我的灵魂知道，
> 这一天必将到来——
> 那时，神圣的特洛伊将被扫灭，
> 连同它的荣耀和士兵。

历史学家波利比乌斯询问他为什么要说出这样的话时，他说，他心系自己的国家，预见这个国家也会屈从于人类一切事物都要经历的变迁。

此时，一个名叫安德里斯库斯的骗子，冒充腓力五世的儿子，在希腊领导叛乱，随之而来的战争对希腊的自由造成致命伤害。在一些帮派领导者的煽动下，亚该亚人发动了反叛，但被执政官穆米乌斯率领的罗马军队镇压下去。古代最富饶的城邦之一科林斯被摧毁，城内的雕像和其他艺术品遭到掠夺。底比斯和哈尔基斯遭受了与科林斯同样的命运。如果我们相信关于穆米乌斯的一桩轶事，那么罗马人对艺术品的鉴赏要归因于科林斯的沦陷。据说，这位将军在将战利品运往意大利时，与船长商定，万一把这些雕像和画作丢失，船长应该按照他的价格提供同样优质的艺术品给他。

这一时期，罗马政府的行事方式并不是以维护共和政体为目的。之前构成共和国人口大多数的小农阶层几乎灭绝，他们离开农场来到军营，全身心投入军旅生涯。大多数小农场被卖掉或者被抛弃，富人因此拥有大量地产，而大部分穷人根本没有土地。此外，罗马还有大量富人，他们与不同的税收部门签订合同，也就是说，他们每年向政府支付大笔费用，以获得征收各种税款的权力，而除了支付给政府的任何所得都归他们自己：显然，为了个人利益他们会极尽所能压榨人民。共和国似乎真的濒临灭亡。

此时，保民官提比略·格拉古和盖约·格拉古两兄弟决心恢复《李锡尼法》，反对占有大片土地。贵族们极力反对这项提议。帕加马王国国王阿塔罗斯的死，给提比略·格拉古提供了一个支持人民事业的新机会。因为没有子嗣，这位国王死后把所有土地和财富都赠予罗马，大格拉古建议把土地分给人民，用财富购买农具。公元前132年，这项提议引起前所未有的骚乱。在随后的一次暴乱中，大格拉古被一条破板凳砸死，300名支持者被杀。

12年后，盖约因为试图完成哥哥未竟之事而被宣布为罪犯，执政官允诺，无论谁把盖约的头颅带到他面前，都将得到等重的黄金。在随后发生的巷战中，小格拉古被砍头，3 000名追随者被杀。他的一个密友塞蒂穆莱乌斯得到了他的头并带回家，用铅填入头颅中以增加重量，最后从执政官那里得到17磅黄金。

罗马的真正自由随着格拉古的死亡而消失，自那时起，国家权力就由腐败而傲慢的贵族掌握。元老院已经完全不同于推翻皮洛士和汉尼拔时我们所见的那个庄严的议会了，当时他们凭借的不仅是武器，还有美德。当高卢人闯入这座城市时，元老院的成员仿佛是罗马的守护神，而现在它不再由这样的人组成了。元老院成员与其他人的区别仅在于奢靡的生活习惯，很快他们的挥霍和腐败就变得非常明显。

在叙述努米底亚的历史时，我们已经详细阐述过罗马元老院与朱古达之间的故事，其间元老院曾多次接受这位最无耻的篡位者的贿赂；事实上，元老院向出价最高者敞开大门。他们贪得无厌，朱古达因此才能毫无顾忌地暗杀努米底亚的王位继承人阿德巴尔；后来又在罗马的街道上谋杀了他的堂兄马西瓦；而被他收买的元老院，根本不会关注这种暴行。然而，正是由于这一暴行，他才失去了王国和生命；因为随后一支由梅特卢斯率领的军队被派往努米底亚并在战争中获胜，朱古达最终于公元前106年被俘。

随着这些事件的结束，北方蛮族辛布里人和条顿人挥兵南下，向罗马诸行省进军，严重威胁到了西意大利。他们蹂躏了高卢的部分地区，与罗马人在那里进行了几场战斗。在其中一次最可怕的战斗中，8万名罗马士兵和4万名随军人员被砍成碎片，给罗马造成极大的恐慌。

盖乌斯·马略被认为是抵御蛮族，不让他们越过阿尔卑斯山的最佳人选。马略连续四次当选执政官，共和国的现有兵力都由他指挥。他训练士兵忍受极端的苦难，而后与条顿人交战，实际上条顿人已经通过两条不同的道路进入意大利。其中一支军队被马略拦截，并被完全击溃；另一支则进入山南高卢，即现在的伦巴第，对那里进行严重破坏，但最终两位执政官马略和卡图卢斯的联军取得了决定性胜利。公元前101年，罗马人彻底粉碎了条顿人的入侵。西西里岛的第二次奴隶战争大约在此时结束，起义者全军覆没。

此时罗马统治阶级面临的重大问题是，意大利的其他地方是否应该拥有罗马公民权，这个问题在罗马引起了严重的派系纷争。贵族们参与了反对意大利同盟者的行动，同盟者因此联合起来反对罗马，建立了一个独立的共和国。于是，这场称为“社会战争”的纷争开始了，持续了3年之久，让意大利的每个角落都血流成河。到第三年年底，时运对同盟者不利，他们一个接一个地失去最优秀的将领，逐渐丧失了抵抗精神。

元老院现在认为，最好屈从于意大利人民的要求，给予那些放下武器的城市居民以公民权。由此“社会战争”或者“马尔西战争”结束，意大利损失了30万人口，而这场战争本可以避免；从那时起，意大利的所有人均可被视为罗马人。这一事件发生在公元前88年。

贵族和平民间的派系之争，在苏拉和马略的主导下愈演愈烈。苏拉得到贵族的支持，马略得到人民拥护。与本都国王米特拉达梯的战争为两派之争提供了理由。这位国王自封为小亚细亚的主人，此时威胁到罗马的领土。为了获得军队的指挥权，苏拉当选为执政官。

马略此时已经70岁了，试图通过阴谋获得这一职位，但是被人发现了，他和他的儿子以及其他9人被宣布为公敌，然后他们逃走了。在流放期间，这位老战士的冒险既奇幻又有趣。在一场暴风雨中，他被抛在意大利的海岸上。乘着一艘敞篷小船出海后，一队士兵从后面飞奔而上，追上了他，士兵们命令水手返回，而马略催促他们全速航行。士兵因而全速前进，水手们因为害怕后果又把马略抛回岸边，然后离开了。

马略在沼泽地里躲了一段时间，后来被人发现，被关进明图尔诺的一个地牢里。居民们不敢公开处死他，而是派了一个奴隶去杀他。尽管马略年过七旬，手无寸铁，辛布里奴隶却无法面对这个毁灭他国家的人，马略可怕的面容使他惊骇，他从地牢逃走了。明图尔诺的行政官认为这一切都是神的旨意，于是放了这位年迈的将军，给了他一艘带他去非洲的船。但他一到迦太基，罗马的行省总督萨斯提利乌斯就传话给他，除非他离开非洲，否则就把他当作公敌。“去吧，告诉你的主人，”他对信使说，“你看见流亡的盖乌斯·马略坐在迦太基的废墟中。”第二年，马略回到罗马。

与此同时，苏拉带着军队离开意大利，继续与米特拉达梯交战。米特拉达梯被迫求和，苏拉欣然同意，因为他急于回到罗马。当时，马略已经召集了一支由奴隶和雇佣兵组成的军队，控制了罗马，苏拉一派遭到最残酷的打压，主要的元老被杀。马略夺回执政官的职位，直到公元前86年去世。

苏拉一回到罗马，就开始肆意屠杀反对他的人；与此同时，有大批拥护者投奔他，其中有个名叫庞培的年轻人，就是后来的庞培大帝。他下令处决了8 000名囚犯，然后公布一份“公敌”名单，写下所有可疑人物的名字，悬赏购买他们的人头。许多人利用了这一点，散布敌人甚至债权人的虚假消息，以便这些人的名字能列入名单。这场屠杀不仅在罗马，甚至在意大利的所有城市都付诸实施。少数能逃脱的人，都逃到了西班牙，马略一派在那里势力最强。苏拉此时拥有至高的权力，但他只行使了3年便退位了。他退居乡下，写了自己的回忆录，不久后去世。马略一派在西班牙发动骚乱，庞培率领一支庞大的军队前去镇压，获得了成功。

苏拉死后5年，一个名叫斯巴达克斯的色雷斯人，带领许多角斗士，从卡普亚的一所格斗学校逃离，逃进了维苏威深山避难。大量的奴隶、角斗士和强盗前来投靠他，他们接连打败4位执政官率领的军队，劫掠周边国家。他的军队很快增加到12万人，他心中升起征服罗马、统治整个意大利的想法。

在接近罗马时，他遇到裁判官克拉苏率领的庞大军队。一次孤注一掷而血腥的行动后，斯巴达克斯的军队被彻底击溃，他与4万名追随者被杀。从战场上死里逃生的人沦为俘虏，不久也被残忍杀害。斯巴达克斯如英雄般死去，虽然是奴隶和角斗士，但他并不缺乏高尚的品质。他的腿受了伤，就跪在地上，用盾牌遮挡身体，用另一只手挥剑；由于敌人人数众多，他最终倒下了，在一群死在他剑下的罗马人身上咽下最后一口气。

此时庞培和克拉苏被任命为执政官。庞培因为个人品格受到推崇，而克拉苏因为财富而非功绩得到关注。他试图通过对穷人慷慨解囊来获得民望，甚至连续3个月为大部分市民免费提供食物。庞培通过恢复保民官的权力，废除最不受欢迎的苏拉的法律来笼络民心。

不久，庞培率领一支远征军去讨伐地中海海盗——海盗在很早以前就开始在地中海活动了。他拥有极强的才干和过人的毅力，几个月的时间，就让强大的海盗队伍土崩瓦解。随后，庞培向再次宣战的本都国王米特拉达梯发起进攻，击败了本都军队，罗马将西亚大部分地区纳入自己的版图。回到罗马，庞培得到最盛大的凯旋式作为嘉奖，凯旋式的游行中展示了15个被征服的王国、800个被占领的城市、1 000座被征服的城堡及19个重新定居的城市的名字。

由此，罗马共和国将更遥远的领土纳入统治范围，但是在这种恢宏及安全的大环境下，罗马内部却酝酿着一场蓄谋已久的阴谋，这场阴谋被称作“喀提林阴谋”，所幸的是，这场阴谋未能得逞。

喀提林出身高贵但禀性顽劣，与那些最放浪挥霍之人的交往，使他愈发堕落并遭人诟病。他野心勃勃又顽固不化，从马略和苏拉的事件中得到启发，希望获得罗马的最高统治权。他发现从那些一无所有、一定会从社会革命中获益的阶层中找到追随者并不困难，于是把这些人说成是受暴君压榨的人，暴君为了享乐和利益压迫他们；为激发群众的反叛意识，他允诺废除债务，剥夺富人的权利——群众的利益就是他们劫掠的目的。为了使这场阴谋对整个意大利产生影响，他给不同的地区指派了不同的首领。

阴谋获得成功的最大障碍是著名演说家及当时的执政官西塞罗，他对此已经有所警觉，所以暗杀他便成了这场阴谋的前提条件。然而暗杀行动失败了。此时罗马充斥着最令人震惊的谣言，而在大家的惊愕中，喀提林大胆地出现在元老院。见到这个铁石心肠的叛徒，西塞罗怒不可遏，滔滔不绝地咒骂质问起来，喀提林不知所措，无法回答，骤然逃脱，在匆忙离开公共会场时，他宣布开战。西塞罗拯救了这个国家。这场阴谋的主要领导被发现并被处死，派去攻打喀提林的军队在亚平宁山口包围了他们，他们带着绝望战斗到最后一刻，最后全部被杀。对这场阴谋的镇压发生在公元前62年，这是西塞罗一生中最光辉的行动，元老院因此授予他“国父”的荣誉称号。

西塞罗

第303章

从恺撒的崛起到屋大维成为罗马唯一的主人

（前62—前31）

我们在前面的章节中已经提到过尤利乌斯·恺撒，他因为能力出众而为人所知并且颇得赏识，所以从这一时期他就开始被关注。看到庞培和克拉苏之间的嫉妒日益增加，他决定利用他们之间的矛盾壮大自己的势力。他热心拥护民众的利益，因此成为人民的最爱。为了进一步实现自己的计划，他致力于调和两大巨头之间的敌意，并且获得成功。

随后3人制定了方案，即按照行省划分势力范围，每人占据一部分行省，并在自己的辖区拥有最高权力。这一同盟称为“前三头同盟”，成立于公元前59年。庞培占据西班牙，克拉苏占据叙利亚，恺撒占据山南高卢。庞培更愿意留在罗马，以利用任何对他有利的时机，所以他派了一名副将代表他去西班牙。恺撒和克拉苏回到他们各自的领地。

克拉苏的经历和命运，我们已经在讲述帕提亚历史的时候描述过。恺撒在高卢的胜利生涯持续了近8年；其间他两次入侵不列颠，实际上占领了这座岛屿的南部地区。但是，除了对这个国家有所了解，罗马人并没有从中得到任何好处。恺撒在高卢的征战使这个国家在公元前50年完全臣服于罗马，这一点将在讲述该国历史时详细叙述。

克拉苏的死，让庞培和恺撒有机可乘。他们之前对彼此的善意，现在变成了公开的竞争。支持庞培的元老院，在公元前49年通过一项法令，命令仍在高卢的恺撒在指定日期前解散军队。在军营服役了这么多年的恺撒，对这种待遇感到愤慨，决心推翻当前统治共和国的庞培一派。他行动之快让敌人不知所措，他的军队很快到达卢比孔河沿岸，这条小河将意大利与山南高卢分开。

据说，想到渡河这一步的严重性，想到其后果将是内战和流血冲突，他停住了，头脑中思考着应该前进还是后退。罗马人曾受到的教导是将卢比孔河视为母邦的神圣边界。恺撒说：“渡河之后，将是人世间的悲剧；不渡河，则是我自身的毁灭。”他停在原地犹豫不决；最后，仿佛屈从于一种无法抗拒的冲动，他高声喊道：“骰子已经掷下，就这样吧！”便策马入水，军队紧随其后，进入国家的腹地。庞培的天赋和一贯的好运气现在似乎离他远去，成千上万的人离开了他的军队，元老院和他最忠诚的追随者抛弃了罗马，庞培本人逃往希腊。

恺撒在不到两个月的时间里占领了整个意大利，在罗马停留6天之后，就出发进攻庞培安排在西班牙的副将。他在40天内征服了西班牙，并立即开始追赶庞培，与之交战。

然而庞培知晓恺撒的意图，从东部各行省召集了一支庞大的军队。他有由500艘战船组成的舰队，在他的营地经常能看到一二百名元老，其中包括西塞罗和加图。恺撒的军队有2.3万人，他们渡过亚得里亚海，从布伦迪西乌姆到达迪尔拉奇乌姆。他自己乘坐一艘敞篷渔船过河，船上只有一名水手，并不认识恺撒。恶劣的天气似乎让渔夫感到害怕，恺撒用后来很有名的一句话鼓励渔夫："不要畏惧，你带着恺撒和他的命运。"

庞培的军队有5.2万人。看到恺撒在人数上的劣势，庞培信心大增，认为胜利是必然的。战争开始前，军官们就开始争论分配战利品的问题。他们妥善安排了所有的官职和权位，选举了未来几年的执政官。最有信心的人甚至到罗马去租适合办公的房子，希望在胜利后可以享用。

随后发生了令人难忘的法萨罗之战。庞培军队中的大部分士兵是懦弱无能的新兵，无法与恺撒军队里久经沙场、勇敢顽强的老兵相抗衡，在伟大统帅的指挥下，他们几乎没有遭遇过失败。庞培的军队一溃千里，如鸟兽散，逃跑的士兵悉数被杀，援军也遭到屠杀，放下武器的罗马人被免一死。

庞培逃到米提利尼，从那里启航前往埃及，希望能在那个国家的宫廷里得到保护，因为他曾经为当时在位的国王的父亲出过力；但是碰巧这位年轻的王子正与他的姐姐克利奥帕特拉公开交战，因为这位姐姐渴望获得王位的专有权。年轻国王的大臣们表示，为了巩固与恺撒的同盟，处死庞培比为他提供他所寻求的保护更为明智。国王同意了，庞培在上岸之前就被暗杀了。

庞培大帝的一生就这样结束了，他才华横溢、性格和蔼，但虚荣心和野心抹杀了所有的美德，使他把自己和共和国的命运放在与恺撒的命运对立的位置上。他是一个比恺撒更好的人，但不太适合统治一个帝国，因为他不像对手一样有能力约束追随者实施暴力。他无法维持自己所希望达到的高度，因而很快就垮台了，而以这种方式垮台令他名誉扫地。

恺撒很快抵达埃及，埃及的王位使克利奥帕特拉和她的弟弟成为竞争对手，恺撒要解决这场纠纷。与国王一方的期望相反，恺撒被这位东方公主吸引，决定支持她。一场斗争很快到来，恺撒最终取得胜利，克利奥帕特拉和平地登上了王位。

征服者现在出发前往叙利亚，米特拉达梯之子法尔纳克在那里发动了反抗罗马政府的叛乱。恺撒轻而易举地镇压了这场叛乱，他用3个词描述了这场战役：“我来了！我看见了！我征服了！”解决了埃及和叙利亚的事务之后，他回到罗马，马克·安东尼和多拉贝拉的争吵在罗马引起巨大的骚乱。恺撒不在时，授权安东尼代管事务，而多拉贝拉是保民官，他们的分歧难以调和。

之后恺撒投身于非洲爆发的战争。这场战争的指挥者是乌提卡总督加图和庞培的儿子们，他们结成同盟，而努米底亚国王朱巴的加入增强了同盟的力量。但是恺撒从来不给敌人时间来协调他们的作战计划，他率领庞大的军队，在与朱巴的战斗中取得决定性胜利，然后向乌提卡进军，迫使这座城市投降。

加图的自杀使这座城市的降服令人难忘。他不愿目睹共和政体的最终覆灭，因而冷静地结束了自己的生命。在乌提卡投降的当晚，加图回到自己的房间，平静地阅读了柏拉图关于灵魂不灭的对话，然后躺下，安稳地睡了几个小时。天快亮时，他站起身，拿剑刺向自己，坦然面对死亡。

作为斯多葛学派的坚定追随者，这种淡然对加图来说是理所应当的。他预见到，除非具有共和信仰的人作出巨大努力，否则恺撒将成为罗马帝国唯一的、绝对的统治者。他试图维护共和政体的努力失败了，因而宁死也不愿在恺撒统治的世界中苟活，后来他被称为“乌提卡的加图”。

恺撒回到罗马后，人们欢呼雀跃，各种庆祝活动随之而来。元老院授予他10年的独裁权，并为他竖立了一座雕像，上面刻着“半神恺撒”。罗马人为他举行了4次凯旋式：一次为高卢，一次为埃及，一次为本都，最后一次为努米底亚。

在其中一次活动中，凯旋的士兵戴了2 822个金冠。恺撒在街上摆了2.2万张桌子，为罗马人民设宴，并在剧院为他们提供娱乐项目。当他从宴会回家时，40头身上亮灯的大象围绕在他身边。但是他很快就被召回，以镇压庞培之子为首的西班牙叛乱。这场战争持续了几个月，随着恺撒在蒙达的平原取得决定性胜利，内战宣告结束。

恺撒回到罗马后成了终身独裁官，除了头衔，对任何事物都拥有绝对的统治权。现在他把注意力转向立法，但是过早逝世使其改进国家的计划受挫，所以在这方面我们几乎无从写起。为了共和国的利益，他提出了很多宏伟的计划，却不能付诸实施。

他考虑重建几个城市，排干蓬蒂内沼泽，为台伯河建造一条新水道，在河口建造一个宽敞的港口，并在科林斯地峡开凿一条运河。他对这一时期的历法所作的改革非常有名，这一历法至今仍存在。古罗马的月份从来凑不出完整的一年，所以时不时地需要再加上一个月，即所谓的“插入”一个月，使季节回归到合适的位置。

恺撒对此进行了补救，他使月份与一年的实际长度相对应，一年的实际长度定为365天，自1月1日开始；但是，他发现一年的准确时长超过365天大约6个小时，于是下令每四年增加一天，我们称之为“闰年”。

几个世纪后，人们发现这个计算中有一处小错误，即一年包括365天5小时49分钟，因此，每年出现11分钟的误差。随着时间的推移，这一错误又会使日历陷入混乱。1752年，在英国，由于这个小错误，历书比季节提前了10天；因此一年中省去了10天，使它们重新回到正确的轨道上。16世纪，这个错误在所有的天主教国家得到纠正。经过这些改动，恺撒的历法被保留了下来，365天的年份被称为“儒略年”。

必须承认，当恺撒成为终身独裁官时，他的行为有些专制，因为他有权处置一半的国家职位，并为其他职位推荐候选人。他将元老院的席位安排给他喜欢的人，并大大增加了元老院的人数。他不把自己看作共和国的领袖，而是看作一个民族的专制君主，而这个民族由他的意志统治。但他行使权力时却表现出极大的仁慈和智慧：他授予所有医生和文科教授荣誉市民的称号；他将司法权限制在元老院和骑士手中；并下令20至40岁的自由人不得离开意大利超过3年。

然而在他的同胞心目中，他所有的天赋都无法弥补他在共和国的废墟上不断提升个人权力的罪行。他已经拥有君主的全部权力，但罗马人更愿意授予权力而不是头衔。他们无比厌恶“国王”这个名称，认为恺撒的目标就是王位，而这种信念促成了一场导致恺撒死亡的阴谋。

60名元老院成员牵涉其中，其中许多人与他私交甚笃。布鲁图斯和卡西乌斯是这场阴谋的主谋，而他们的性命是恺撒在法萨罗战役中赦免的。这场阴谋将在3月15日实施。据说恺撒知道这一阴谋，但是，他说他宁愿立刻死去也不愿活在对暗杀的恐惧中，于是他照常走进元老院，按惯例就座。这一天是公元前44年3月15日。行动信号发出后，密谋者们冲向他，一个叫卡斯卡的人刺中了他的肩膀，恺撒转过身，用手写笔，或者说是钢笔，刺伤了卡斯卡的手臂。攻击他的人聚集在他周围，他击退了他们，坚定地站在那里，直到看见布鲁图斯也在密谋者中。从那一刻起，他就放弃了自救，用斗篷蒙住脸，向布鲁图斯投去责备的目光，说道："还有你，布鲁图斯！"他倒在庞培雕像的底部，身上有23处伤口。

恺撒就这样在58岁时死去了，作为罗马历史上最伟大的人，他的才干能与其雄心壮志相匹配。如有可能，他总是用高尚的手段追求荣耀，但他会毫不犹豫通过践踏生命和自由来实现崇高的愿望。私下里，他挥霍钱财，债务曾一度高达100多万美元；但在公众事务中，他似乎并不贪财。

恺撒正在撰写他的战记

据说他可以同时用耳朵听，用眼睛读，用手写，用头脑指挥。仿佛受到命运的驱使，他寻求统治地位，有一次他对一个村庄的居民说："我宁愿在这里位居第一，也不愿在罗马位居第二。"他给后世留下了关于战争的记录，以每日一记的形式记述了他参加的战斗。这些记录除了提供真实的史实，还因其优雅的语言风格受到赞赏。

他勇敢、冷静、宽容、慷慨，虽然体形纤细，却能长途跋涉，很少停下来休息，休息时就躺在沿途的褥草上或战车上。作为一名将军，他可以与世界上最伟大、最受尊敬的统帅相媲美；事实上，可能除了汉尼拔，几乎没有人能与之相比。

作为演说家，他仅次于西塞罗。他身材高挑，外表威严，面容诚恳，皮肤白皙，眼睛又黑又亮，甚至被认为是罗马最英俊的人。根据古老的《瓦勒里法》，恺撒现在是被依法处死；然而，这一行为的后果对罗马人民来说极其有害，甚至在恺撒血管中的血变冷之前就开始显现出来。

元老们被自己的行为吓坏了，惊恐地逃回家中。人民受到马克·安东尼的煽动，他借此机会，打着伸张正义的幌子，满足自己的野心。群情激愤的人们冲进元老院，砸毁了长凳，堆积起来，给恺撒举行葬礼。

密谋者在市政广场避难，与角斗士一起驻守。他们的房屋被烈火焚烧，意识到自己不再安全，他们快速逃跑。此时安东尼、善于蛊惑人心的政客雷必达以及恺撒的继承人屋大维组成"后三头同盟"。

公元前43年，这三个反对罗马自由的阴谋家在波河支流的一座小岛上会面，将整个罗马进行分割，安东尼占据高卢，雷必达占据西班牙，屋大维占据非洲和地中海诸岛，意大利及东部行省由三人共同管辖。三头同盟中的每个人都要舍弃自己最亲密的朋友，以示结盟之心。他们还决定由雷必达掌管首都罗马，而屋大维和安东尼负责率军攻打布鲁图斯和卡西乌斯，后两者在马其顿和叙利亚集结了两支强大的军队，并在士麦那会合。这些计划在罗马无人反对，后三头同盟由此建立。

这些冷酷无情的阴谋家最初的行动之一就是发布了一份国家公敌名单，苏拉统治时期的所有恐怖事件再次上演。雷必达放弃了他的哥哥保卢斯，安东尼牺牲了他的舅父卢修斯，屋大维任由西塞罗被杀害。200名元老院成员，2 000名骑士和公民，同年丧命。他们被到处追捕，能逃走的人都逃到了布鲁图斯的营地，把命运寄托在即将到来的战争上。

三个人在满足了自己杀戮的欲望后，组建了一支强大的军队，按照之前的约定，安东尼和屋大维接管了军队的指挥权。公元前42年，他们进入希腊，在马其顿的腓立比平原上与布鲁图斯和卡西乌斯的军队相遇。

共和军有8万名步兵和2万名骑兵；后三头同盟的军队有10万名步兵和1.3万名骑兵。整个罗马世界都在敛声屏息地关注着这场充满悬念的战争，因为共和国的命运取决于这场战争的结果。战争伊始，布鲁图斯的军队取得显著胜利；但幸运之神很快就抛弃他，各处的士兵都开始投降。卡西乌斯竭尽全力集结步兵，阻止逃跑之人，并亲手握旗。但这位不幸的指挥官没能让那些胆小的逃犯鼓起勇气，很快他就被发现死在帐篷里。这时溃败已成大局，整个军队突然陷入恐慌，立刻投降了。布鲁图斯持剑自杀，罗马自由的最后希望随之破灭。

同盟的三人现在是地中海世界的主人，他们残酷地利用了这场胜利，毫不留情地处死所有政敌，彻底消灭了拥护共和之人。屋大维把意大利的土地分给士兵，使士兵们拥护他。这样，当他有机会摆脱后三头同盟中的另外两人时，他就可以保证能得到老兵的支持。

安东尼访问希腊，在那里他备受吹捧和关注。从那里他进入亚洲，所有承认罗马权威的东方君王都来觐见他。他从一个王国到另一个王国，由一个接一个的君主侍奉，索要捐赠，发放恩惠，并随心所欲地赠送王位。

在奇里乞亚首府塔尔苏斯，他召见了克利奥帕特拉，说她在法萨罗战役中帮助过卡西乌斯。她来了，正如我们在埃及历史中所述，在她的陪伴下，安东尼忘记了他的雄心壮志以及对帝国的希望。跟随她到埃及后，他忽视了一切公共事务，也忽略了他作为罗马帝国半个主人的职责。看到他成为一个被抛弃的女人的奴隶，罗马人羞愧不已。他名誉扫地，连最好的朋友也抛弃了他。他的妻子屋大维娅，即屋大维的姐姐，去了埃及，希望能将他带回；但是陷入迷情的安东尼拒绝见她，不顾廉耻地将她驱逐出境。屋大维感到深受侮辱，正式向安东尼宣战，双方都做好了战争的准备，而这场战争会将罗马的命运交到一位主人手中。

安东尼的军队囊括东方的全部兵力：他的陆军有10万名步兵，1.2万名骑兵，拥有500艘战舰。屋大维的兵力在数量上不如安东尼，但在纪律上却远胜于他。公元前31年，敌对的双方终于在亚得里亚海希腊海岸的亚克兴附近集结。几个月来，两军保持对峙，没有交战。

最后，安东尼在跟随他来到军营的克利奥帕特拉的鼓动下，决定把自己的命运交付给这场海战。战斗漫长而形势严峻，胜负难料，但是克利奥帕特拉突然惊慌失措，带着她的军队逃离战场，而这改变了战场的形势。安东尼不顾自己的声誉，跟着她逃走了；他的命运，还有克利奥帕特拉的命运，已经在其他章节有过详细描述。

随着第一位皇帝掌握了最高权力，罗马共和国就此结束。人民厌倦了贵族的压迫，很高兴在一个主人的统治下寻求庇护。这座城市居住着各种各样的人们，他们来自世界各地，讲多种语言，缺乏爱国主义原则，更适合君主政体，而不是共和政体。

第304章

从奥古斯都到提图斯

（前30—81）

我们必须在这里稍做停留，考察一下罗马帝国。在奥古斯都的统治下，罗马帝国已经达到巅峰状态，拥有最广阔的疆域。它的领土包括以下国家：在欧洲，包括意大利、远至莱茵河的高卢、几乎整个西班牙、雷蒂亚、诺里库姆、伊利里库姆、马其顿、伊庇鲁斯、希腊、色雷斯、默西亚、达西亚、潘诺尼亚和英国的部分地区；在亚洲，包括科尔基斯、叙利亚、巴勒斯坦、阿拉伯、博斯普鲁斯海峡和小亚细亚的几个国家；在非洲，囊括几乎整个北非海岸，包括毛里塔尼亚、努米底亚、迦太基、昔兰尼加和埃及。整个帝国南北长达1 800英里，东西绵延3 000英里。包括了旧世界最好的部分，比现代欧洲的范围更大，人口估计有1.2亿人。

在这个不同民族聚居的庞大社会，民族感情和民族记忆由于罗马帝国的强大影响而被抹杀或者被融合。意大利、高卢和非洲使用拉丁语；整个东方几乎都使用希腊语；不列颠和高卢北部地区使用凯尔特语；在帝国其他地方使用叙利亚语、科普特语和亚美尼亚语等。但是，大量的农村人口保留了他们的方言。

这一时期帝国内部有6类不同的居民：1.元老院的元老；2.大城市的居民，过着富人的奢侈生活和堕落人生；3.小城镇的居民，贫穷而受人歧视；4.农民；5.奴隶；6.强盗，占领森林和山地，以抢劫为生。

在奥古斯都统治时期，罗马城雄伟、富饶、奢华，无与伦比。城中富丽堂皇的建筑可以追溯到奥古斯都统治时期，他曾自夸“我接手的是座砖砌的城市，但我留给后世的是一座大理石的城市”。宫殿、凯旋门、圆柱、门廊、方尖碑、喷泉、浴池、神庙、剧院和马戏团，几乎无处不在；如今这些建筑的废墟让世人惊叹不已。

以罗马为中心的31条大道，以公共会场为起点，横穿意大利，遍及各省，止于帝国边界。台伯河上架了8座桥，旅行者可以通过30道城门进入城内。在奎里纳尔山和台伯河间的整个平原是一大片神庙、拱廊和娱乐场所，没有任何私人住宅。

在元老院和人民的赞美声中，奥古斯都没有忘记他走上权力之巅归功于军队，因此他竭力将士兵们与自己的利益绑定起来。他把老兵分散在意大利的32个殖民地，以剥夺土著财产为手段，使新居民获得一席之地。他在欧洲维持17个军团，在亚洲和非洲维持8个军团。皇帝本人由一支9 000人的军队保护，称为禁卫军。

他建立了两支强大的舰队，一支在拉韦纳，保卫亚得里亚海；另一支在那不勒斯附近的米塞努姆，保卫地中海西部。帝国的财政收入达2亿美元，但这笔钱几乎不足以支付政府的开支。

奥古斯都的性格在掌权后发生了很大变化。他以仁慈和节制著称，对国家的治理体现出他真心希望确保人民在他的统治下获得幸福。他承担了大祭司的职能，因此像古代的国王一样，是国教的领袖。在奥古斯都统治期间，人民并没有因为他所作的巨大改进而被迫交税，奥古斯都本人以及以他为榜样而受到激励的富人为此买单。

罗马文明在帝国内迅速传播。学识得到了培养；乡村得到了改善；新城镇被建立了起来，还修建了别墅和花园；人们被传授许多有用的技艺，而在此之前他们对这些一无所知。由于引进东方的花卉和水果，以及从埃及引进了亚麻技术，欧洲的农业得到很大的改善。

玻璃在亚历山大制造，然后运到罗马；用纸莎草生产了大量纸张；挂毯是在帕多瓦制作的；各种钢铁制品是在科莫生产的。冰块和奶酪从阿尔卑斯地区运到罗马；猪肉、鹅和盐从高卢运来；香料、香水和宝石来自东方；还有大量的金银铁器，作为贡品，来自被征服的国家。

罗马人还购买了一些丝绸，出自一个从陌生国家来到他们东部领地的民族之手，但是一般认为它们来自中国。这些丝绸非常罕见，因而按照等重的黄金出售，而较厚的那种通常被拆开织成轻柔的织品。奥古斯都统治时期被认为是学识和艺术的时代，通常称为“奥古斯都时代”。诗人、作家和历史学家受到皇帝的资助，其中有贺拉斯、维吉尔、奥维德和李维。

尽管皇帝大权独揽，但他平易近人，他的和蔼可亲和屈尊俯就赢得了极大赞誉。有一次，当他得知某位骑士以卑劣的方式挥霍了他的财产，他便召唤骑士出庭；但皇帝发现指控是假的，于是宣告骑士无罪，骑士说：“皇帝，下次你听取对一个诚实人的指控前，要注意指控的人是否诚实。”

奥古斯都认可当时的法律，并依法办事，尽管只要他一句话就可以随心所欲地遣责或释放某人；他甚至亲自为那些他想要保护的人辩护。一个士兵恳请他协助处理一项即将审理的诉讼，奥古斯都吩咐他去找一名辩护律师。“啊，”老兵回答说，“在亚克兴海战中我不是靠代理人为你效劳的。”这个回答让皇帝感到震惊，他出面为士兵辩护，并赢得了诉讼。这些事例可以表明皇帝对人民的接纳程度，尽管他拥有至高无上的权力，也无需承担任何责任。

在奥古斯都统治时期，德意志的很大一部分领土都在罗马统治之下。亚克兴战役后大约19年，皇帝的养子提比略和德鲁苏斯发动了针对日耳曼人的战争。人们对这些战役所知甚少，只知道日耳曼人被打败，土地遭到蹂躏，大量妇女和儿童沦为奴隶。然而，他们最终在瓦卢斯统治下摧毁了一支庞大的罗马军队，使部分地区恢复独立。这次失败之后不久，奥古斯都就去世了。

在74岁时，奥古斯都开始考虑从繁重的政务中退出，让提比略接手管理国家。他这样做了，并指定提比略为继承人，然后下令在罗马进行人口普查，结果显示该城的人口为413.7万人。他生病后不久就去世了，死于坎帕尼亚的诺拉。他的死给整个帝国带来无尽的悲痛，人们对他的缅怀似乎没有止境。许多庙宇为他而建，据说有人看见他去了天国。

在此之前，奥古斯都的继承人提比略一直戴着虚伪的面具，对皇帝隐瞒了他的真实性格。他本性专横、多疑、残忍，是最暴虐的君主。奥古斯都曾强迫他宣布日耳曼尼库斯为继承人，但随着他的亲侄子日耳曼尼库斯声望渐起，提比略的妒忌之心不断加重，他任命日耳曼尼库斯为东部诸行省的总督，同时下令在到达目的地时将日耳曼尼库斯毒死。

然后他放纵自己，沉迷于各种挥霍和恶习。为了能有更多闲暇尽情享乐，他退居到那不勒斯附近的美丽海岛卡普里，把政务交给禁卫军首领塞扬努斯处理。塞扬努斯与提比略一样堕落，他很快获得整个帝国的控制权，并且雇用了大批间谍和告密者。他处死了许多最杰出的罗马人，让他们经受审判的嘲弄。

塞扬努斯最重要的行动是增加禁卫军的人数，组成首都的军队和皇帝的护卫队。随着时间的推移，禁卫军的权力越来越大，大到他们可以随心所欲地废立皇帝。这个时候，他们与后来的土耳其禁卫军并没什么不同。塞扬努斯的势力无人能及，为他竖立的雕像数量甚至超过了皇帝，他比真正穿紫袍的暴君更可怕。

提比略很快就对塞扬努斯产生了嫉妒之心，以阴谋罪将他处死，并选择了一位新的宠臣马可来代替他。而这位大臣却密谋背叛自己的主人，并于37年，即提比略继位的第23年暗杀了提比略。

提比略已经任命日耳曼尼库斯的儿子卡利古拉为继承人，元老院和人民都欢呼雀跃。卡利古拉所作的让步及其慷慨行为，使其深受欢迎，因而不久后当他身患疾病时，每座神庙都为他的康复而祭献。疾病可能使他的大脑出现紊乱，因为他后来的所作所为近乎疯狂，表现出了不计后果的残暴和奢靡。

卡利古拉在位的短暂4年，是罗马历史上最可怕的时期之一。他命令将罗马的所有囚犯不经审判就扔给野兽，并处死了很多元老。每隔10天，他就把受害者补给到他的动物园，称之为“清算账目”。他曾说，希望罗马人民只有一条脖子，这样就可以一下子把他们都解决了。

卡利古拉为自己建了一座神庙，并建立了一个祭司机构来监管对自己的崇拜。他最喜欢的马名叫英西塔土斯，这匹马经常受邀去皇家餐桌用餐，在那里吃镀金燕麦，喝镶有宝石的高脚杯里的酒。英西塔土斯死前，卡利古拉正要将这只四足动物升职为执政官。卡利古拉为它举行了一场盛大的葬礼。罗马人很快就厌倦了这样一个邪恶又可鄙的恶魔，于是在41年，一场阴谋终结了他的生命。

卡利古拉的叔父克劳狄一世被阴谋者拥立为帝。克劳狄一世智力低下，任由自己被他人的意见所左右。尽管心智不全，他还是对不列颠发动了战争，并完全征服了该岛南部。

在这一时期他建造了一条大型水渠，为罗马提供水源直至中世纪。克劳狄一世有一个儿子，但他娶的第二任妻子阿格里皮娜也有一个儿子，史称尼禄。皇后野心勃勃，诡计多端，说服克劳狄一世任命她的儿子为继承人，而不是他自己的儿子布里塔尼库斯。54年，阿格里皮娜毒死了克劳狄一世，让他没有机会改变遗嘱。不幸的克劳狄一世就这样死了，他也许更值得被同情，而不是被谴责。

尼禄继位时只有17岁，他天赋出众，但由于熟悉罪恶并受到错误的引导而性格扭曲。5年来，他以节制和公正的方式统治着国家，然而母亲的干预很快便让他疲惫不堪。她觉得自己被忽视了，威胁他要把皇位交给布里塔尼库斯。

尼禄感到恐惧，内心深处那道脆弱的束缚绷断了，年轻的暴君由此走上犯罪之路。他决定要杀死他的异母兄弟，并且像一个成功的刺客一样冷静地完成了第一次谋杀。他邀请年轻的布里塔尼库斯参加宴会，不幸的王子刚刚用嘴唇碰到致命的酒杯，不易察觉的毒药就使他失去了知觉。他倒在沙发上死了。尸体被抬出来，仓促地举行了葬礼，没有隆重的仪式，而且尸体被涂成白色，以掩盖毒药引起的颜色变化。但是从天而降的倾盆大雨揭露了尼禄的诡计，暴露了他的罪行。

不久，阿格里皮娜就在床上遭到谋杀。尼禄随后在意大利巡视，并在那不勒斯的舞台上以歌剧歌手的身份亮相。他对音乐的热情近乎疯狂，最大的抱负是成为世界上最好的歌手。他回到罗马后不久，就发生了一场可怕的大火，持续了六天七夜，摧毁了城市的大部分地区。据说皇帝本人就是这场可怕灾难的始作俑者。这一点并不确定，不过众所周知，他并不急于避开大火，而是在一座塔楼上看着火焰，唱着“夺取特洛伊”，并用竖琴为自己伴奏。许多图书馆和艺术品被大火烧毁。这是罗马历史上的一个重要事件，因为这座城市是依据后来的规划重建的。

在尼禄统治时期开始引起注意的基督徒，被指控为纵火者，因而对他们进行了极其残酷的迫害——钉十字架、披兽皮让恶狗咬死、活活烧死。塔西佗说：“当白昼不足以折磨他们时，烧死他们的火焰照亮了夜晚。”

尼禄如此残暴，便有人密谋造反，许多贵族参与其中，但是阴谋被泄露，所有参与者被处死。受害者中有诗人卢卡努斯和哲学家塞涅卡。大约此时，尼禄踢死了他的妻子波培娅。他还去了希腊，在奥林匹克运动会上展示他的技巧。

在这一时期，我们在犹太历史部分详细谈到的犹太人起义在巴勒斯坦爆发，最终导致了犹太民族的离散。在高卢和西班牙发生了一场起义，西班牙士兵宣布一位年逾古稀的将军塞尔维乌斯·加尔巴为皇帝，率领起义军向罗马进军。

尼禄

尼禄在吃晚饭时，收到加尔巴叛乱的消息，他惊慌失措，用脚掀翻了桌子。自那一刻起，他以为自己大势已去，注定失败。这个可怜的皇帝试图毒死自己，但下不了手。人们群起暴动，尼禄挨家挨户地跑，然而每家都门户紧闭。他命令角斗士杀了自己，但无人服从。于是他绝望地向前冲，似乎下定决心要投河，却鼓不足勇气。

一位被他解放的奴隶法昂同情他的不幸，提出把他藏在自己乡下离此地约4英里远的房子里，尼禄欣然接受了这个提议。他带着4个家仆开始出发，旅途虽短，但充满风险。当他走过时，大地震动，雷声和闪电伴随着他的脚步。他听到营地里传来混乱的声音，人们呼喊着，咒骂着，要找他报仇。一个在路上遇到他的旅行者说：“有人在追杀尼禄。”

不久后，一具躺在路上的尸体把他的马吓坏了，尼禄用来遮脸的手帕掉落，一个路过的士兵认出他来。他被迫逃进灌木丛，从那里到达法昂家。他几次尝试要结束自己的生命，都徒劳无用。最后，当追兵进入房间时，他在大臣的帮助下，把匕首插到喉咙上，造成了致命的伤口。他的尸体被私下埋葬，但很体面。因为为人慷慨，他受到一些下层人士的拥护，他们为他哀悼和献花。68年，他的继任者加尔巴被拥立为帝。

此时，罗马陷入最混乱的局面，短短18个月内有4人称帝。叙述随之而来的暴力和杀戮毫无意义。加尔巴只统治了7个月，他的节俭与吝啬招致了禁卫军的怨恨，他们谋杀了他，拥立极为富有的奥托为帝。

与此同时，驻扎在莱茵河畔的日耳曼军团拥立他们的统帅维特里乌斯为帝，并以最快的速度向罗马进军，废除奥托。在克雷莫纳附近，两军相遇，奥托战败自杀，他掌权仅3个月。

维特里乌斯登上帝位，在位期间他因贪好饮食而闻名世界。他最喜欢的是一道什锦菜，由一种叫作鹦嘴鱼的鱼肝、丘鹬的脑髓、孔雀的舌头以及来自里海的七鳃鳗的卵组成，这种奢华的组合被称为“密涅瓦之盾”。

听说奥托战败，东方的罗马军队宣布他们的统帅韦帕芗为皇帝，于是罗马爆发叛乱，维特里乌斯被杀。69年，韦帕芗即位。据称他是一个非常优秀的人，举止朴素，品行端正，没有暴政。在他英明的统治下，罗马的秩序很快恢复。他的儿子提图斯留下来与犹太人作战，耶路撒冷围城战很快开始。韦帕芗邀请世界各地最著名的大师和艺术家来到罗马。他建造了著名的圆形露天竞技场，以“罗马斗兽场”的名字而为人所知。他建立新城，修复旧城，在其前任统治期间，这些城市曾遭受破坏。在位10年后，他于79年在坎帕尼亚去世。

提图斯继位，臣民们称他为“人类的爱和快乐”。年轻时，他喜欢享乐和挥霍，但继位后改变了自己的习惯，品行端正而有节制。一天晚上，他突然想起自己在过去的24小时里没有做过任何善举，便大声说：“我浪费了一天时间！”

在其短暂统治期间，罗马帝国充满各种公众灾难：大火吞噬了罗马城市大部分地区；瘟疫使人口减少；维苏威火山爆发导致赫库兰尼姆和庞贝城毁灭。维苏威火山的爆发对人类生命的破坏，并不像后来发生的众多地震和洪水那样严重，但它本身却有某种特殊意义，因为这成为两座古罗马城镇保存至今的一种手段，它们完整无缺，与提图斯·恺撒时代一模一样。在这场灾难中，老普林尼遇难了，他的外甥小普林尼对这一事件做了精彩的描述，我们从中摘录如下：

当时我舅父在米塞努姆指挥舰队。8月24日下午1点左右，我母亲让他观察一团大小和形状都不寻常的云。那时他刚享受完阳光回来，泡了个冷水澡，吃了点东西，回到书房。听到我们的建议，他立刻站起身，走到一处高地，以便更清楚地观察这一奇特现象。

从那个距离看不出云究竟是从哪座山峰升起的，但后来知道是维苏威火山。云的形状就像一棵松树，从一根主干上升起，然后在很高的地方分出枝杈。我想，这是由于云层内部的蒸汽推动云层向上运动，随着云层的前进，力量逐渐减弱，或是被自身的重量压垮，逐渐展开消散。它有时明亮，有时黑暗，有时斑驳，显然或多或少地掺入了土和灰。

我舅父以他学者的敏锐，立刻辨认出这块云非比寻常，想近距离观察一下。于是他下令准备一艘小船，跟我说如果我愿意可以和他一起去。我更愿意继续我手头的工作，因为刚巧他给了我一些要抄写的文件。当他手持写字板走出家门时，遇到了停靠在雷提那的战舰上的船员，他们惊恐万分地逃离那里，而那个港口位于维苏威山脚，如果没有船，不可能逃生。他们恳请他不要前行，不要将生命置于迫在眉睫的危险之中。但他改变了计划，不再顾及自己的哲学精神，而是本着更慷慨大度的原则帮助受苦受难的人。

于是，他命令舰队立即出海，自己也乘船前往救助雷提那以及其他城镇的遇难者，因为这段宜人的海岸线上人口稠密。因此，他匆忙赶往其他人都惊慌失措逃离的地方，驾船直奔危险之地，心境如此地镇定平和，使他能对那场可怕的灾难进行观察和口述。离山越来越近，灰尘就越厚越热，连同浮石和燃烧的黑色岩石一起掉到船上。他们同样处于危险之中，因为海水突然退却，要面临搁浅，而且从山上滚落的巨大碎石会阻塞整个海岸。这时他停下来，舵手建议他返回，思考之后他拒绝了舵手的提议，他说："命运是勇敢者的朋友：驶向庞波尼亚努斯。"

庞波尼亚努斯当时身处斯塔比亚，那里被一个海湾隔开，海岸犬牙交错，才形成了这处海湾。庞波尼亚努斯已经把他的行李送上船；因为尽管当时危险正在逼近，但他尚未处于真正的危险中，他打算，一旦风力增加，风向改变，就立即出海离开此地。当然，风正合我舅父之意，他驾船驶入其中，见到庞波尼亚努斯之后，舅父温柔地拥抱了这位被吓坏了的朋友，鼓励他振作起来。为了进一步消除他的恐惧，舅父命令仆人带他去洗澡，露出满不在乎的样子。洗完澡后，他愉快地坐下来吃晚饭，至少看起来是这样。

与此同时，维苏威火山的火焰从山上的几个地方喷涌而出，黑暗的夜晚使它变得更加显眼和可怕。但是为了减轻朋友的恐惧，我舅父向他保证这只是乡下人遗弃的村庄着了火。这之后，他就去休息了，一点也不慌张，沉沉地睡着了。通向他卧室的院子里，现在几乎堆满了石头和灰烬，如果他再拖延一会儿，就不可能逃出去了，因此，人们认为应该唤醒他。他醒了，与庞波尼亚努斯及其他成员相会。他们一起商量，究竟该待在屋里还是逃到空旷的田野里，因为这时房屋已经开始因剧烈震动而左右摇晃，而在室外又有浮石和灰烬倾泻而下，转瞬之间就可能将他们埋没。

面对这种困境，他们决定到田野里去，因为这样危险会小一些——其他人是出于恐惧作出了这个决定，而我的舅父却是经过冷静而成熟的思考。为了防御暴风雨般坠落的石头，他们出去时用餐巾将枕头绑在头上。

现在其他地方已经是白天了，但是这里一片黑暗，夜色比平日更黑更浓，只有火把和其他照明工具能够带来些许安慰。他们认为最好还是沿着海岸往下走，看看是否能安全出海，但是发现海浪依然过于汹涌。我舅父喝了一两口凉水，躺在一块帆布上，这时火焰带着强烈的硫黄气味扑面而来，其他人夺路而逃，我舅父也不得不起身。靠着两个仆人的帮助站起来后，他突然倒地而死。我想是浓烟使他窒息，他的肺部一直很虚弱，经常呼吸困难。直到第三天，阳光再次降临大地，他的尸体才被发现，完好无损，没有任何受伤的痕迹，保持着他倒下时的姿势，看上去更像是睡着了。

这是唯一一份因这次可怕的视察而丧生的人的记录；由于古代作家甚少提及这些城市被毁的原因，若非18世纪早期人们在打井时的偶然发现，这种说法可能会遭到怀疑。从那时起，街道和广场得以开放，房屋被展露，地窖被挖掘，古代的生活方式被公之于众。发现的人类遗骸表明，死亡瞬间降临到他们身上。火山喷发出的灰烬和熔岩，形成了一个70~112英尺深的熔岩团，所以新的地表比旧的高很多，旧地表连同城镇和独立的住所、公园、花园、草地和葡萄园都被埋在下面。

第305章

从图密善到君士坦丁大帝

（81—337）

81年，在位的第三年，提图斯去世，他的弟弟图密善继承皇位。这位君主执政伊始表现很好，具备开明睿智的君王品格，但很快就背弃了美好的承诺，成为罗马帝国时期最专制的暴君。他比卡利古拉和尼禄更可恨，因为卡利古拉和尼禄或许是心智失常的结果，但他的暴行是出于一副坏心。他处死那些善良高尚的人，只因为他们的善良和高尚。

他还经常观看受害者遭受折磨。看完这些血腥的场面，他回到自己的住所，抓苍蝇消磨时间，用针刺它们。他残酷地迫害犹太人和基督徒。96年，在位15年后，图密善，最后一位以恺撒为名的皇帝，在宫殿被暗杀。罗马人因为他的死而欢欣鼓舞，但更让他们高兴的是，五贤帝时代的第一位皇帝继位了。

图密善的继任者科克乌斯·涅尔瓦出身于西班牙一个显赫的罗

马家族，在图密善去世的当天，被元老院选为皇帝。当时他年事已高，由于举止温和和性情仁慈而深受爱戴。他统治的时间很短，没发生什么显著事件。尽管遭到两次暗杀，但他在98年安详地在床上去世。他指定图拉真——当时的上日耳曼行省总督做他的继承人。

新皇帝很快就到了罗马，受到热烈欢迎。在日耳曼行省，图拉真作为军人和立法者的优秀品质众所周知，声名甚至远播罗马。他的生活方式谦逊而不张扬，与军队一起长途徒步行军，和他们一起分担战争的疲劳和危险。他知道所有老兵的名字，与他们亲切交谈。他性情和蔼，有丰富的战争经验，在道德品质和心智方面完全具备成为皇帝的资格。他的个人形象与才智一致，所以当充满男子气概的他步入罗马时，臣民深受鼓舞，他们对他的名字永远怀有敬意。

他刚登上帝位，就要制止达西亚人对罗马的冒犯。达西亚人蹂躏了罗马帝国的一部分领土，并要求罗马人进贡。结果他们被严重削弱，沦为罗马的一个行省。罗马著名的图拉真凯旋柱即为纪念这一事件设立，一直矗立至今。

这时，和平的呼声引起了皇帝的关注，于是他把全部精力和热情投入到和平的事业中去。他改革了政府的许多弊端，同时减少了税收。他的皇后普洛蒂娜竭力改变女士们的举止，她们之前以轻浮和贪图享乐而著称。

图拉真严格执行已经颁布的法律，以对付那些反对既定宗教的人，他因此被列为迫害基督教的人之一。117年，他在小亚细亚半岛的奇里乞亚去世，在位19年。他的尸体被火化，骨灰被放进一个金瓮里，存放在图拉真凯旋柱下面。

图拉真的表侄哈德良是下一任入住恺撒宫殿的皇帝。他才华横溢，学识渊博，但从不征服他国，相反，他放弃了前任得到的一些领土，认为这些对帝国有害，而不是有利。他是第一个巡视各行省的罗马皇帝，巡视过高卢、日耳曼、不列颠、西班牙、希腊以及所有在他统治下的亚洲和非洲地区，大大改善了他所经过的每一个地区。

在他统治期间，帝国没有受到任何重大战争的影响，除了一场由犹太人起义引起的战争。他在位22年，139年在那不勒斯附近的巴亚城去世，死于一种慢性疾病。他曾任命安东尼·庇护为他的继承人，安东尼出身高贵，因诸多美德而备受尊敬。

历史学家认为，安东尼·庇护是有史以来坐上皇位的最高尚的人，其温和仁慈的统治给罗马帝国带来一段最平静幸福的时期。对这段繁荣时期最好的证明是，它给我们留下了极少的史料；这一时期似乎是在和平与幸福中流逝的，我们完全有理由认为雅努斯神庙已经关闭。安东尼在161年，即在位的第22年去世，除了自己的私有财产，什么都没有留给家人。

在那个世纪接下来的大部分时间里，君主都认为用安东尼做姓氏对声望至关重要。这一时期，罗马的对外贸易似乎非常繁荣。毛皮是从西伯利亚运来的，大量的琥珀从波罗的海沿岸运到罗马用来做杯子。东方的丰富产品由商队运往亚历山大，再从那里运到罗马。亚历山大城里广泛经营着各式各样的制造业，尤其是亚麻、棉花和玻璃制品。

马可·奥勒留继承了皇位，但由于某些不为人知的原因，他与路奇乌斯·维鲁斯共同执政，并把女儿嫁给了维鲁斯。奥勒留拥有安东尼的所有优点，而维鲁斯拥有尼禄的所有恶习。奥勒留利用先机，派他的搭档率军抵御帕提亚人。当维鲁斯不在的时候，奥勒留温和而仁慈地治理着国家。

从战场回来的军队给帝国带来了可怕的灾难。士兵们回来时感染了瘟疫，很快就在意大利和各行省传播开来。这场瘟疫造成无比可怕的灾难：日耳曼人利用瘟疫对罗马造成的不利影响反抗罗马。他们联合北方诸民族，甚至向意大利边境挺进；在近13年的时间里，除了一段短暂的和平，奥勒留都在德意志与日耳曼人交战。180年，他在边境战场上去世，可以说帝国的荣耀也随他而去了。

在其不幸的统治过程中，皇帝的个人性格对所发生的事件几乎没有任何影响，伴随着这些事件，罗马帝国开始出现衰落的迹象，而这些迹象预示着帝国的解体。日耳曼人的入侵显示了最终击垮罗马的民族大迁徙的最初征兆。

奥勒留的儿子康茂德是皇位继承人。他是个残酷的暴君，无论人品还是施政，都令人憎恶。其残忍与图密善不相上下，所有人都憎恨他，除了士兵，因为他慷慨大方地给士兵们钱财，以博取他们的好感。

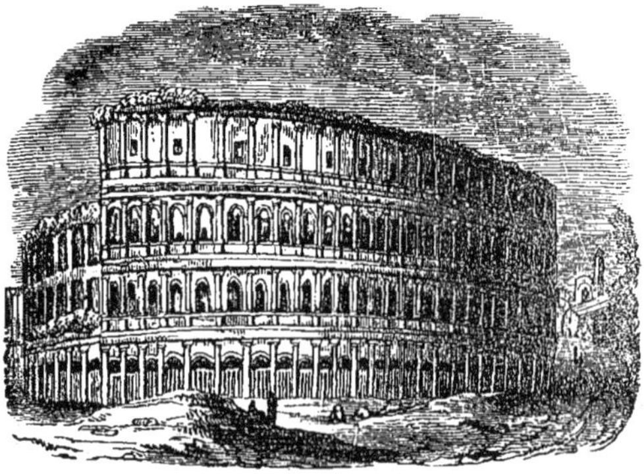

古罗马竞技场

详细描述这个恶棍的罪行和残暴，会损害历史的尊严，一两个例子就足以说明他的性格。12岁时，他命令将负责他沐浴的仆人扔进火炉，因为这仆人把水烧得太热了。有一次，在街上散步时，他把一个胖子切成了两半，只因他想看到内脏掉在地上。他拥有非凡的力量，经常模仿大力神赫拉克勒斯，穿着狮子皮，带着有节的棍子出国。为了显示自己的力量和武艺，他亲自到竞技场与角斗士或野兽搏斗：据说他曾这样格斗过735次，无一败绩。

在军事方面，他是罗马的耻辱。城中暴发了瘟疫，持续了两年之久，有时一天就会夺去2 000人的生命。闪电也曾给罗马带来大火，大部分城区被烧毁。这场灾难后又发生了一场饥荒，据说是禁卫军首领引发的，他投机买卖小麦。康茂德自己家里的人密谋反对他，他最喜欢的女人之一给他下毒，可惜毒药的药性发作得太慢。192年，他最喜欢的角斗士纳尔奇苏斯将他勒死了。他在位12年，死后尸体被扔进台伯河，雕像也被拆毁了。

接下来，赫尔维乌斯·佩蒂纳克斯登上了空缺的皇位。这个人的生活充满了冒险，因而也被称为“命运的网球”。他生来是个奴隶，有一段时间从事烧炭的工作，后来他成了店主，又成了校长，教授拉丁文和希腊文。

他继而将目光转向法律，从律师队伍里脱颖而出，然后他放弃了律师的工作，开始从军。他成为奥勒留麾下一个军团的指挥官，在康茂德时期成了罗马城的行政长官。他被康茂德的刺客选为皇帝，这个选择得到了人民的认可。人们对他的期望没有落空，他出席了元老院的所有会议，对工作非常投入，即使是最卑鄙的上诉人也能找到他。他熔化了康茂德的所有银质雕像，这样就能废除许多苛捐杂税。

他竭力压制禁卫军无法无天的习气，致使这些傲慢的士兵对他心生怨恨。193年，这些士兵在街上遇到他，向他发动攻击，他却镇定地面对叛乱者，他的勇气和决心使禁卫军胆怯，他们退缩了，似乎要撤退。但一支长矛刺中了他的胸部，他倒在地上死了，头部裹在长袍里。

一幅前所未有的堕落景象出现了，禁卫军公开拍卖罗马帝国皇帝的宝座，最终被元老迪迪乌斯·尤利安努斯成功竞得，他许诺给每名禁卫军2.5万塞斯特斯，总计约1 000万美元。这种昂贵的尊严他享受了没多久，因为各行省士兵选出了另外3位皇帝，其中一位是塞普蒂米乌斯·塞维鲁，他直奔罗马，毫无阻挡地进入了城市。可怜的尤利安努斯，做了3个月凄凉而可耻的皇帝，就被人从皇位上拽了下来，被刽子手砍了头。

元老院宣布塞维鲁为皇帝。这一时期的元老院与以前大不相同，因为罗马公民权已经扩大，元老院里都可以看到帝国内部各个国家的人。塞维鲁解除了禁卫军的武装，把他们放逐到离罗马100英里的地方。他是第一个为基督徒提供恩惠和保护的皇帝。他统治的前4年都在跟那两个与他同时宣布为帝的对手交战。在此期间，现在君士坦丁堡的所在地——拜占庭城被占领并摧毁。两位竞争对手尼格尔和阿尔比努斯被杀，塞维鲁成为帝国唯一的统治者。他扩大了帝国的领土，在统治了18年后，于211年死于不列颠的约克。

他的两个儿子卡拉卡拉和盖塔为分割帝国而争吵不休，直到后者在母亲的怀抱中被哥哥杀害。这位登上皇位的行刺者，是迄今为止使皇位蒙羞的最差的暴君。他并没有像其他皇帝那样把自己的暴行局限在罗马，而是把每个行省都变成了杀戮和敲诈勒索之地。

他在禁卫军的陪同下在各地巡游；让元老院把他被谋杀的弟弟归入众神之列；下令对亚历山大的居民进行大屠杀，因为他们曾在剧院演出中暗示了盖塔被谋杀。他置身于小丑和角斗士的世界，将他们中的许多人升至高位，并将公款挥霍在他们身上。

最后，以马克利努斯为首的一群人密谋造反——马克利努斯在罗马有一定的影响力。217年，卡拉卡拉在统治的第六年被暗杀。马克利努斯宣布为帝，但他仅仅掌权了3个月，在跟卡拉卡拉的私生子、觊觎王位的黑利阿迦巴鲁斯交战时被杀。

黑利阿迦巴鲁斯被推上王位，他是那些让历史蒙羞的皇帝之一。他任命自己的母亲和祖母共同执政，创立了一个由女性组成的元老院，负责决定哪种风格的时装在罗马帝国盛行。卡利古拉做不到的事，他做到了：让他的马当执政官，喂它吃镀金燕麦。由于他残忍放荡、穷奢极欲的生活，他的名字成了表达厌恶和羞耻的专有名词。

他强迫罗马人崇拜一块黑色的石头，并把关于这种黑石信仰的神庙升格为神。有时候他一顿晚餐要花费6万美元，而且同一件衣服他从不穿第二次。他发现自己被人鄙视和憎恨，又害怕遭到背叛，便建了一座塔，用金子和珍珠母做台阶，以便在最后关头跳塔自杀。他把用来勒死自己的紫色丝绸和金线，以及金剑和匕首放在手边。但他注定不能死在自己手上：222年，士兵们叛变了，在宫殿的各个房间里追捕他，把他从一个偏僻的角落里拖出来杀死，然后把尸体扔进台伯河。

黑利阿迦巴鲁斯的堂弟亚历山大·塞维鲁继承了皇位，在一个德行比恶行更危险的时代，他却是一位优秀的君主。在他统治期间，东方发生了大的变动。帕提亚国王长期统治波斯，但波斯帝国的皇帝阿尔达希尔一世收复了领土，成为波斯的新君主并想要夺取罗马帝国的领地，由此引发了一场由亚历山大·塞维鲁亲自指挥的战争。战争的细节并不为人所知，但我们有理由相信，罗马人并没有成功，他们放弃了东部的大部分领地以求得和平。随后皇帝亚历山大·塞维鲁再次征战沙场，对抗入侵罗马领土的北方日耳曼人，但这次他成了士兵不满情绪的牺牲品。235年，一位名叫马克西米努斯的将军煽动士兵叛乱，在随后的骚乱中，皇帝被杀。

马克西米努斯立即被任命为继任者。他当皇帝唯一的条件就是高大的身材和惊人的力量。他有8英尺高，能拉动两头牛不能移动的重物。元老院拒绝他继位，但他决定不经他们同意就开始执政。他处死所有自己不喜欢的人；为了没收有钱人的财产，他判处他们死刑。他继续与日耳曼人作战，砍掉他们的庄稼，荒废了450英里的土地。

出身高贵的罗马人——戈尔迪安父子被宣布为罗马的共治皇帝，然而他们都被谋杀了。两位元老院成员普皮恩努斯和巴尔比努斯代替了他们。普皮恩努斯负责对抗正向意大利进军的马克西米努斯，而巴尔比努斯则留在罗马执政。在双方交战之前，马克西米努斯被自己的士兵杀死，普皮恩努斯凯旋。禁卫军对未经他们批准而当选的皇帝不满，他们决定改换政府，便袭击了皇宫，抓住了从卡皮托林竞技会回来的两位皇帝，处死了他们。才12岁的戈尔迪安——与他同名的两位皇帝中的长者之孙，被宣布为皇帝。

这一时期的皇帝似乎都没有感恩之心，他们的统治时间大多很短，行为事迹在历史上并不重要。我们对他们的关注只是为了说明罗马人民的堕落程度：几乎所有的皇帝都是通过贿赂获得权力，由于暗杀失去权力。

罗马禁卫军拥有最高统治权，这成为他们享乐和获利的手段，而人民则冷静、无动于衷地看着他们所犯下的暴行，这些暴行注定会作为罗马皇帝的共同特征流传下去。罗马的统治地位正在迅速衰落；一是由于个人及公共生活的穷奢极欲已经达到相当高的程度；二是由于皇帝频繁更迭，严重忽视了国家治理。任何出众的个人才能或者高尚的道德典范，都无法阻止腐败的发展，也无法阻止罗马帝国的崩溃。

帝国内部情势不稳，而北方蛮族的嚣张情绪日益见长，正对帝国造成毁灭性的威胁。戈尔迪安在位6年后，被阿拉伯人菲利普暗杀，菲利普继位成为皇帝。紧接着，德基乌斯、加卢斯、埃米利安努斯、瓦勒良、伽利埃努斯、克劳狄二世和昆提卢斯接连继位。他们的统治以迫害基督徒、蛮族入侵、肆意挥霍和暗杀为特征，这些皇帝几乎都死于暴力。

270年，农民的儿子、出生于潘诺尼亚行省的奥勒良继承了昆提卢斯的皇位。他确保了欧洲的安定，然后向东进军，对抗芝诺比娅。这位东方女王的命运，我们在帕尔米拉的历史中有详细记载。奥勒良收复了罗马帝国曾经失去的2/3疆域，在一定程度上恢复了罗马帝国昔日的辉煌，可惜他在位不到8年就被暗杀。

接下来有半年多时间是平静的空位期，没有一个将军站出来夺取皇位。原来野心勃勃、肆无忌惮的士兵们似乎被前任皇帝的悲惨命运所震慑。塔西佗，一位同名历史学家的后代，继承了皇位。他是个很好的统治者，但仅在位6个月。下一位君主是潘诺尼亚人普罗布斯，在他统治的6年间，罗马繁荣了起来。他是被士兵暗杀的，他们抱怨他太严苛。他的继任者是禁卫军统帅奥勒留·卡鲁斯，一道闪电终结了他短暂的统治。284年，一位杰出的统帅戴克里先继位为帝，他虽出身卑微，但很快在行伍之中出人头地。

这位皇帝的即位是罗马历史上一个新时代的开始，他建立了一种新的政体，将帝国分为四部分，每个部分都有自己的君主和首都。其中两位君主是皇帝，称为“奥古斯都”；而另外两个，可以说是他们的总督，称为“恺撒”。

戴克里先接管了东部诸行省，把首都定在比提尼亚的著名城市尼科米底亚。他的同事马克西米安是一位沙场宿将，冷酷凶狠，是西部皇帝，统治着意大利、非洲及地中海诸岛屿，首都设在米兰。两位恺撒分别是君士坦提乌斯和伽列里乌斯，君士坦提乌斯的辖区是高卢、不列颠和西班牙，伽列里乌斯的辖区是伊利里库姆（伊利里亚）以及多瑙河沿岸诸国。

在对波斯人的战争中，戴克里先取得了辉煌的胜利，但他对基督徒的迫害却使其名声遭到玷污，而且这些迫害比此前所有迫害都要严重。统治了20年后，他决定退位，并说服马克西米安也这样做。305年5月1日，在尼科米底亚和米兰同时举行了退位仪式。此后戴克里先又活了9年，从不后悔失去帝位。马克西米安和其他人写信给他，建议他重拾权杖，但他回信说：“如果你看到我在花园里种的卷心菜，就不会要求我重拾皇位了。”

两位恺撒继承了他们空出来的帝位。君士坦提乌斯继位后的第二年在不列颠首都约克的皇宫中去世。他的儿子君士坦丁立即被士兵们宣布为奥古斯都，但这一行动遭到伽列里乌斯的反对，而罗马的元老院和禁卫军则拥戴马克西米安的儿子马克森提乌斯为奥古斯都。

这些相互矛盾的提议造成了极大混乱；很明显，戴克里先制订的继承计划无法实现。有一段时间，有6位奥古斯都，而没有一位恺撒。在这些骚乱中，伽列里乌斯死了，君士坦丁与马克森提乌斯开战，当时马克森提乌斯以最残暴的方式统治着意大利。君士坦丁率领10万大军从不列颠出发前往罗马，还没到城门，便与马克森提乌斯相遇，双方进行了激烈而血腥的战斗。

罗马禁卫军在高卢骑兵的不断进攻下溃败，马克森提乌斯淹死在台伯河中。君士坦丁成为西部皇帝；伽列里乌斯的继承者李锡尼控制了东部诸行省。两位皇帝很快就展开了皇位争夺战。两次激烈的战争后，李锡尼战败，在尼科米底亚被俘，于324年被处死。君士坦丁成为罗马帝国唯一的主人。

新皇帝解散了禁卫军，消除了罗马遭受灾难的根源。在他统治期间，教会里的争论促成了著名的尼西亚公会的召开（325）。他撤销了针对基督教徒的压迫性法令，因而受到民众的侮辱和憎恶。据说，他因此愤怒至极，将帝国的首都从罗马迁往拜占庭。

这座新都位于色雷斯的博斯普鲁斯海峡，在贸易和防御方面极具优势。新都的建设花了3年时间，后得名君士坦丁堡。这座大都市分为14个区，花费了大量资金来装饰，建有市政广场、圆形大剧场、宫殿和教堂。许多元老和富有的家庭都追随政府，在君士坦丁堡定居，这里有各种各样的奢侈品和娱乐项目，罗马不再是罗马世界第一大城市。

正当此时，皇帝公开宣称信奉基督教。在新都，所有的异教徒仪式都被禁止；而在罗马，大多数人仍然坚持古老的信仰。君士坦丁采用东方的礼仪，穿戴波斯君主华丽的服饰。宫廷的风格极为华丽；用飘逸的绣花丝绸长袍代替了简朴的罗马服饰。

整个帝国分为4个辖区，罗马和君士坦丁堡都有各自的行政长官。君士坦丁获得“大帝”的称号。他在位33年，于337年去世。他因分裂帝国而备受指责，但帝国的疆域过于广阔和分散，不可能只归属一个王朝。在东方建立另一个都城，可能并不会加速西方的衰落；与此同时，他建立的第二个帝国在他死后延续了1 000多年；然而，必须承认的是，这没有给世界带来任何好处，也没有给罗马带来荣耀。

第306章

罗马帝国的衰亡

（337—476）

君士坦丁大帝死后60年的主要历史事件是罗马权力的衰落和蛮族的进逼，最终，蛮族摧毁了罗马。君士坦丁大帝将帝国分给他的3个儿子——君士坦丁二世、君士坦提乌斯和君士坦斯，但他们对自己分得的辖区并不满意。不久，内战爆发，君士坦丁二世和君士坦斯都被杀，君士坦提乌斯成了唯一的皇帝。

他是个软弱的君主，在君士坦丁堡建立了自己的宫廷，并将西部诸行省的统治权交给堂弟尤利安。尤利安把自己的驻地置于巴黎，当时叫作鲁特西亚，只是一个军事基地。这位勇敢的将军因为战胜日耳曼人而引起了君士坦提乌斯的嫉妒。361年，内战一触即发，就在此时，君士坦提乌斯去世，留下尤利安掌管整个帝国。

这位皇帝从这一时期众多无能的君主中脱颖而出。在大多数方面，他的行为值得高度赞扬。他公正、仁慈、宽容，曾接受严格的基督教教育，但是后来因为异教信仰放弃了基督教；正因如此，他被称为“叛教者”。但他不会因为宗教信仰的不同而对别人横加迫害，允许臣民有宗教信仰自由。他的缺点之一是渴望成为一位哲学家；为了获得这一头衔，他无视生活中的一些常规。

他有一篇文章现存（指《厌须者》），文中他阐述了自己蓄胡、留长指甲以及满是污垢的双手，并对此颇为自得。他只统治了两年，363年，在对抗波斯人的战役中，他失败了，战死沙场。

约维安被军队选为皇帝，在没有足够军备的情况下，他就进入敌国腹地。这位君主的唯一重要举措就是把军队从困境中解救出来，保证他们安全撤退。364年，他死在回家的路上。

他的继任者瓦伦提尼安由议事会和将军们选出，是一位杰出的军人，也是精通基督教教义的教授。他授予弟弟瓦伦斯·奥古斯都的头衔，给了他东部的统治权，自己则保留了西部包括意大利、高卢、西班牙、不列颠、非洲和伊利里库姆的统治权。他的首都是米兰，瓦伦斯定都君士坦丁堡。

从这一时期开始，拜占庭帝国的编年史就逐渐成为一段独立的历史，尽管在此后的几年里，两个帝国仍偶有联系。瓦伦提尼安展示了他的军事才能，抵御了非洲和高卢的蛮族，在斥责军队的奸诈行为时血管爆裂，于375年死于军中。3年后，瓦伦斯在阿德里安堡讨伐哥特人的战役中被杀，罗马人战败。格拉提安继承了父亲瓦伦提尼安在西部的统治，将东部诸行省交给他手下最能干的将军之一狄奥多西，狄奥多西完全有能力战胜蛮族。

因为这些皇帝管理得当，东部和西部帝国开始再次享受和平与安宁。这时，一个比以往任何民族都更加凶猛的民族出现在东北部。

这些人是匈人，罗马人此时才见到他们。匈人一生都致力于战争和狩猎：不建造城市，也不建造房屋；将被墙围绕的地方视为坟墓，从不相信在屋顶下是安全的。

他们侵入哥特人的领地，杀死所有人，无论男女老少。此时整个哥特民族都陷入绝望之中；以前经常与罗马军团激烈征战的勇士，现在出现在多瑙河畔，乞求允许开垦色雷斯的荒地。这一要求得到了批准，条件是他们必须放下武器，但是他们没有遵守这个规定，狄奥多西的军队为此报复他们。哥特人受到严厉的惩罚，决定再也不去骚扰罗马人，而是保护多瑙河畔免遭入侵。

经过几次变革之后（具体细节此处不必赘述），狄奥多西统治了整个罗马帝国。他的统治以彻底废除异教徒的宗教活动以及宣布基督教为罗马国教而著称。他清楚地意识到，将帝国分为东西两个部分现在已成为一种必需，因此，临终前他任命长子阿卡狄乌斯为东部帝国皇帝，而小儿子霍诺里乌斯为西部帝国皇帝。395年，狄奥多西在米兰因水肿去世。从此，罗马帝国正式分裂为两个独立的帝国，再也未能统一。

狄奥多西是罗马最后一位伟大的君主。自他死后，只有西部诸行省能被称为罗马帝国，而所有这些地方很快被不同的蛮族占领，他们控制了一个又一个国家，直到统治世界这么多年的罗马人被一个新的民族取代，并逐渐与他们的征服者融合在一起。

在阿卡狄乌斯和霍诺里乌斯统治时期，他们各自的臣民将对方视为外族和敌人；而此时此刻，只有团结和统一才能将他们从即将到来的毁灭中拯救出来。在狄奥多西统治时期一直保持沉默的哥特

阿拉里克

人，不屑于向他愚蠢的继承者屈服。他们选择阿拉里克[①]为首领，举起了反抗的旗帜。阿拉里克是罗马人迄今为止遇到的最可怕的敌人。

在这种情况下，罗马人自愿放弃不列颠，因为他们没有能力掌控一个遥远的行省，他们正在失去各地的领土，甚至连自己的家园也要保不住了。阿拉里克率领蛮族入侵意大利，并在这场持续了10年的战争中获胜。罗马被围困了三次，也曾被赎回，但最终在410年被攻占并洗劫一空，教堂和逃到那里避难的人幸免于难。整整6天，哥特人无情地掠夺这座城市，一度称霸世界的罗马人遭到了可怕的报应，因为它曾给许多城市、国家和民族带去苦难。1 000年来，从各地收集来的宝藏成了蛮族的猎物。他们刚从罗马撤离，阿拉里克就死了，全世界享受了片刻的安宁。罗马和意大利在此时庆祝公共节日。

但很快，蛮族卷土重来，他们已经找到了打败罗马人的方法：哥特的国王阿拉里克向他们展示了前世界霸主的弱点，匈人王阿提拉准备从这些知识中获利。霍诺里乌斯死于423年，他的侄子瓦伦提尼安三世继承了皇位，成为西部帝国的皇帝。

① 阿拉里克是一个南方部落的国王，他在狄奥多西统治时期居住于色雷斯，以“西哥特人”的称号而闻名史册。——原注

他刚刚登上皇位，匈人就入侵了东部帝国，迫使皇帝割让多瑙河以南的大片领土，并同意每年向他们缴纳贡金。阿提拉现在将目光投向高卢，他率领一支庞大的军队，渡过莱茵河、摩泽尔河和塞纳河，在沙隆与罗马军队相遇。因为担心战斗结果，他向占卜师讨教，他们告诉他此战必败。但他掩藏了自己的惊慌，骑马穿过战士们的队伍，提醒他们此战会带来的功绩，谈到他对战斗前景的期盼，告诉他们英勇必将得到回报。“世界上一半的居民现在面对面——这个世界随时都会灭亡，新的世界随时准备诞生。”随后，阿提拉率领的匈人与埃提乌斯率领的罗马人之间发生了欧洲有史以来最血腥的战争。据说阿提拉损失了20多万人，剩下的人渡过莱茵河逃了出来。

“如果我们相信那些老人，”几乎与我们同时代的作家乔南德斯说，“穿过这片难忘平原的一条小溪突然涨得很高，不是因为下雨，而是因为鲜血涌动变成了激流；受伤的士兵口渴难耐，来到小溪边，贪婪地吞下了那令人作呕的溪水，而这溪水正是被他们自己的鲜血污染的。”

几年后，迫切想要复仇的阿提拉带着招募的军队满怀愤怒袭击了意大利。皇帝吓坏了，但求和无望。阿提拉征服并摧毁了阿奎莱亚、帕多瓦、维罗纳，将伦巴第平原夷为废墟。居民逃往阿尔卑斯山和亚平宁山以及亚

阿提拉

得里亚海的浅滩，他们在那里建造了威尼斯。

皇帝没有军队来对抗这个毁灭者，这时教皇利奥一世亲自来到阿提拉的营地，成功说服了阿提拉撤兵。这个结果使绝望的罗马人感到意外，他们认为自己能存活下来简直是个奇迹，并将其归功于圣彼得。不久之后，阿提拉死了，他的继承者们就帝国的继承权互相攻伐，推迟了罗马帝国彻底毁灭的时间。但是罗马将军埃提乌斯被他忘恩负义的主人瓦伦提尼安三世杀害，蛮族开始肆无忌惮地蹂躏罗马，很快就使各行省再次陷入痛苦和绝望。

鉴于罗马帝国正受到周围蛮族的威胁，一位著名的历史学家说①：

> 我们能不能设想有一位哲学家生活在那个时代，他怀有仁爱的精神，拥有学识，具备思考能力，关心并能理解人类的福祉，那么我们可以想象一下，他是怎样看待人类的处境和命运的，没有什么比这更有趣的了。
>
> 他可能会说，野蛮部落从北方蜂拥而至，西方的文明世界正在沉没。结果如何呢？世界会迷失在无知和残暴的黑暗之中吗？沉沦，永无出头之日？或者，可能在风暴中幸存下来的文学和艺术，是否会引起这些粗鲁的征服者的注意，是否能充实他们的思想从而埋下未来进步的种子？或者，最后，从另一个角度来看，欧洲这场漫长而可怕的动荡，难道不会对人类有利吗？
>
> 有些改变是必要的，文明世界不再受到尊重，它的行为举

① 出自《史密斯的演讲》。——原注

止已经腐败，文学和宗教在争议中丧失，或者因为迷信而被贬低。没有天才，没有自由，没有美德；人类一定会因为这些自由战士的涌入而获得新生，从而得到改善；从大自然手中重生的人类，由于注入了新的青春和活力，将不再表现出这种衰老的人类的恶习和弱点：他们的形态将是挺拔的，他们的步伐将是坚定的，他们的性格将会充满男子气概。

并不缺乏使他们达到完美的手段；罗马法律随时能将他们联系在一起，基督教能将他们与造物主相连，并且他们本身就是自由的。世界的确将重新开始，始自一个幸福和荣耀的民族。我们可以想象，这可能是任何一个开明而理智的人在那个关键时刻的恰当推测。但他是多么渴望看到未来啊！如果他掀开那尚未揭开、无人看透的可怕面纱，会怎样地唉声叹气！他会怀着多么强烈的好奇心，渴望看到现实中即将来临的场景！

而且，如果真的允许他对随后的世界历史有这样的期待，他会带着怎样的情感，去审视由于人类的理性与激情之间的矛盾所展现出来的奇异而变幻莫测的历史事件呢？放纵的战士、阴郁的神职人员、军事的倡导者、傲慢的暴君、战战兢兢的信徒、残酷的男爵、心甘情愿的封臣、彬彬有礼的骑士、富有的商人、无所畏惧的航海家、孜孜不倦的学者、慷慨的赞助者、大胆的改革者、不懈的偏执者、坚定的殉道者、诗人、艺术家、哲学家、立法者、政治家和圣人，都是以他们共同的美德和努力来帮助人类进步的，都是为了最终能推动社会进步，使其达到——在18个世纪大部分时间里，社会所达到的——一种状态，即权力平衡、人性和关于政治尊严的知识得以传播、无论个人还是公众都感到幸福的那种状态。

罗马最后的敌人是在非洲迦太基建立王国的汪达尔人，他们的国王是盖萨里克。455年，他率领一支庞大的舰队出现在台伯河口，毫不费力地攻破了城门，城内的神庙、教堂、宫殿和房屋再次被蛮族洗劫一空。他们被允许在城内进行为期14天的破坏、抢劫、奴役或暗杀活动。哥特人保留的建筑，被他们夷为平地；哥特人留下的所有有价值的东西，都被他们装在自己舰队的数百艘船上。成千上万的罗马公民被俘虏到非洲，卖给摩尔人做奴隶。

盖萨里克继续对罗马人发动战争，直到他首次入侵的20年后西部帝国覆灭。在此期间，先后有8位皇帝登上皇位，但他们的行为事迹无足轻重，不值一提。最后一位皇帝是罗慕路斯·奥古斯都，于476年被日耳曼部落首领奥多亚克废黜，他废除了皇帝的头衔和职位，用意大利国王取而代之。古罗马的历史因此而终结，近代意大利的历史由此开始。西罗马帝国就此灭亡，尽管君士坦丁的后裔继续统治东罗马帝国近千年之久。

作为一个民族，罗马人灭绝了，或者更确切地说，他们在意大利及其他各行省与蛮族征服者融合在一起。这场大灾难不是几年的时间造成的，而是在几个世纪以来不断积聚的力量作用下实现的。蛮族成了报复罗慕路斯和雷穆斯后裔的侵略行为和残暴行径的工具，皇帝们再也不能保卫那些他们假装仍在统治的省份了。无法计算出在罗马帝国灭亡之前有多少人丧生。使人类深受折磨的灾难，无论在造成荒凉的程度上，在受害者的数量上，还是在痛苦的强度上，都超出了历史带给人类的最恐惧的想象。

对于罗马帝国这段短暂的兴衰史，大仲马笔下的这段话给了我们最好的总结。[①]这段话用简洁而概括的笔触记录了本章描述的事件：

罗马帝国领土太过辽阔，不可能被一个人征服。它从垂死的狄奥多西大帝手中掉了下来，断成两截，滚到他棺材的两边。在阿卡狄乌斯和霍诺里乌斯的统治下，形成了东西两个基督教帝国。

那些民族如溪流一般汇入了罗马的洪流之中，然而，他们带来更多的不是纯净的水，而是污浊的泥浆。帝国确实获得了他们的科学和文明，但也被迫接受了随之而来的、不可分割的恶习。腐败进入法庭，放荡进入城市，懒散进入军营。斗篷的重量如此之轻，微风都能将它从肩膀上吹起，但是男人们却被它压弯了腰。士兵们手无寸铁，躺在油漆过的帐篷里的长榻上休息，用比剑还重的杯子喝水。一切都腐败了——正直的公民、忠贞的妻子、服役的士兵。当一个国家的家神是黄金雕像时，它就快要灭亡了。福音中稚拙而纯净的道德观与这个破败而腐朽的世界不和谐。不虔诚的原始种族，被水摧毁了（指《圣经·创世记》）；浸于腐败之中的第二个种族，即将接受火与剑的净化。

因此，从这个堕落的民族所未知的国家的中心，从北方、东方和南方，无数蛮族带着武器，应势而动。他们成群结队，

① 选自亚历山大·仲马的《民主的进程》，由一位美国人翻译。——原注

有的步行，有的骑马，有的骑骆驼，有的坐在驯鹿拉的雪橇上，蜂拥而至。他们用盾牌漂过河流，用易碎的树皮穿过海洋，继续向前，用剑赶着居民，就像牧羊人用弯曲木赶着羊群。他们倾覆了一个又一个国家，就像上帝的声音说的那样，我要使地上的人民混合在一起，像旋风混合尘土一样，直到从他们的接触中，基督教信仰的火花在地上燃起；古老的时代和纪念碑将被遗忘，一切都将焕然一新。

然而，毁灭也是有序的，因为从这混乱中会出现一个新的世界。戏中的每一个演员都有自己的角色，正如农夫要把他的劳力分配到要耙的田地上一样，上帝也给每个人分配了自己的任务。

首先，哥特人的首领阿拉里克，占领了意大利，他被耶和华的气息所激励，如同一艘船受到暴风雨的驱使。他不仅是凭借着自己的力量，似乎还受到一种强大而无形的力量的驱使和支持。在征战中，一个修道士遇到了他，恳请他回去。“这不是我能控制的，”野蛮人回答说，“一种无法抗拒的冲动迫使我向前推翻罗马。”凭借着大量的兵力，他三次包围了这座永恒之城；又三次像退潮一样，退出了这座城市。最后，一支由公民组成的使团被派往他的营地，建议他放弃征战，并向他保证，如果他不放弃，将会遇到一支人数三倍于他的军队。

“越多越好，”这个死神回答，“草越茂，越好割。”

不过最后，他同意了他们的请求，条件是城里所有的金、银、宝石和野蛮人奴隶都归他，以作为他仁慈宽宏的回报。

“那么，还有什么能留给居民呢？”使者们询问道。

“生命。”阿拉里克回答。

罗马人不得不屈服于征服者苛刻的条件，给了他5 000磅金子，3万磅银子，4 000件丝绸外衣，3 000张鲜红的兽皮和3 000磅胡椒。为了赎金，战败的居民熔化了他们称之为“武德”的勇气女神金像。

汪尔达人的首领盖萨里克，进入非洲，向迦太基进军，当时罗马的残军正在那里避难。他来到城门前，当他的军队攀爬城墙时，城内的人们正要下台阶去圆形竞技场。外面是武器的打斗声，里面是竞技的叫好声：城墙下面是倒在血泊中或者混战中的士兵的尖叫声和诅咒声，在圆形竞技场的台阶上是音乐家的歌声及伴奏的长笛声。

占领整座城市之后，盖萨里克来到马戏团，命令圆形竞技场的守卫们打开大门。

“给谁开门？”他们问。

“给地与海之王。”征服者回答。

不满足于只征服迦太基，盖萨里克现在准备再接再厉，获得更大的胜利。他不知道地上住着什么人，却想要毁灭他们。他率领军队出海，当舵手问他走哪条航线时，他回答：

“上帝让我去的地方。”

“你要向哪个国家开战？”

“上帝想要惩罚的国家。”

三个征服者中最后一个是阿提拉，他的目的地是高卢。无论他在哪里扎营，他的军队都能覆盖三座城市的空间。被俘的国王要骑马守卫每位匈人将军的营帐，而阿提拉的帐篷里有一位部将站岗。他蔑视希腊的金银器皿，只享用木盘子里的生肉。他像洪水一样席卷了整个东罗马帝国，使东部皇帝利奥二世和芝诺成为他的附庸。他带着轻蔑的神情，阔步穿过已经被阿拉里克毁灭的罗马，最终踏上了现在称为法国的那片土地。在他的军队肆虐之后，这片土地只留下两座城市——特鲁瓦和巴黎。白天，大地被鲜血染红；到了晚上，被屠杀居民的房屋燃烧的熊熊火焰照亮了苍穹。孩子们被拴着腿倒着吊在树上，活生生地遗弃在猛禽面前；少女们被战车碾碎；老人们被拴在被激怒的马的脖子上，狂奔的马匹一直将他们拖拉至死。500座被付之一炬的城市，标志着匈人王横跨世界的征程，在它们中间，是一片荒凉的原野。

“被匈人铁蹄践踏过的土地，将寸草不生。”这个终结者说。

关于这些天国复仇使者的每一件事都非同寻常。

阿拉里克即将出发去西西里岛时，死在科森提亚。他的士兵们在大量战俘的帮助下，改变了布森托河的流向，在河道中间挖了一条深沟来埋葬他的尸体。然后，他们把金子、珠宝和贵重物品堆在尸体上，再把河水引回原来的河床上，并屠杀了帮助完成任务的战俘奴隶，这样，坟墓的秘密就永远不为人知了。

阿提拉死在他的新娘伊笛可的怀里；匈人用刀尖在他们的眼睛下面划出一道口子，用男人的鲜血而不是女人的眼泪，对他们的征服者表示哀悼。白天，最好的士兵们守护着他的遗体，唱着战歌；到了晚上，他们把遗体放在由金、银、铁制成的三口棺椁里，私下埋入放满武器、旗帜和宝石的地底；同阿拉里克一样，为了不让宝藏的秘密泄露出去，掘墓人被推进死者的坟墓活埋。

这些人就这样离开了人世，他们在野蛮本能的指引下完成了使命，阻止了世界的审判，称自己为“宇宙之锤”或“上帝之鞭”。

当数不胜数的军队都化为尘土随风飘散，当熊熊燃烧的城市化为烟雾升上天空，当残酷的战场冒出的水汽化成肥料重归大地；总之，当眼睛能透过尘土、烟雾和水汽的面纱，穿透这巨大的混乱时，能看到一群年轻又有活力的人，围着几个一手拿着福音一手拿着十字架的老人。这些老人是基督教的教父，这些年轻人是我们的祖先，就像希伯来人是我们的祖先一样，他们是从地上涌出的活泉，正是在那吞没污水的地方。

法兰克人、勃艮第人和西哥特人，瓜分了高卢；东哥特人、伦巴第人和格皮德人，他们散布在意大利；阿兰人、汪达尔人和苏维汇人，占领了西班牙；皮克特人、苏格兰人和盎格鲁-撒克逊人，他们为了大不列颠而相互争斗。在这些新兴的蛮族中间，有几个古罗马殖民地分散在各处——仿佛是很久以前由文明栽种的柱子，现在惊奇地发现自己站在野蛮的中间，而它们身上还刻着第一批世界占有者的名字，这些名字正在渐渐消失。

下面我们将简要罗列一下罗马皇帝，让读者可以对罗马君主的继承一目了然，这些君主先后左右了古代世界的命运：

罗马帝国君主列表

君主	在位时间（公元年）
奥古斯都	前27—14
提比略	14—37
卡利古拉	37—41
克劳狄一世	41—54
尼禄	54—68
加尔巴、奥托、维特里乌斯	68—69
韦帕芗	69—79
提图斯	79—81
图密善	81—96
涅尔瓦	96—98
图拉真	98—117
哈德良	117—139
安东尼·庇护	139—161
马可·奥勒留	161—180
康茂德	180—192
佩蒂纳克斯	192—193
迪迪乌斯·尤利安努斯	193
塞普蒂米乌斯·塞维鲁	193—211
卡拉卡拉	211—217
马克利努斯	217—218
黑利阿迦巴鲁斯	218—222
亚历山大·塞维鲁	222—235
马克西米努斯	235—238

（续表）

君主	在位时间（公元年）
戈尔迪安	238—244
阿拉伯人菲利普	244—249
德基乌斯	249—251
加卢斯	251—253
埃米利安努斯	253
瓦勒良	253—260
伽利埃努斯	260—268
克劳狄二世	268—270
昆提卢斯	270
奥勒良	270—275
塔西佗	275—276
普罗布斯	276—282
卡鲁斯	282—283
戴克里先和马克西米安	284—305
君士坦提乌斯和伽列里乌斯	305—306
君士坦丁一世	307—337
君士坦提乌斯、君士坦丁二世和君士坦斯	337—361
尤利安	361—363
约维安	363—364
瓦伦提尼安、瓦伦斯、格拉提安、瓦伦提尼安二世	364—378
狄奥多西和格拉提安	379—395

在这个时期，罗马帝国被分为东西两个部分。我们这里只给出统治西罗马帝国的皇帝，东罗马帝国的君主属于拜占庭或希腊帝国的历史。

西罗马帝国君主列表

君主	在位时间（公元年）
霍诺里乌斯	395—423
约翰尼斯（争位者，不被认可）	423—425
瓦伦提尼安三世	425—455
马克西穆斯	455
阿维图斯	455—456
马约里安	457—461
利比乌斯·塞维鲁	461—465
安特米乌斯	467—472
格利凯里乌斯	473—474
尼波斯	474—475
罗慕路斯·奥古斯都	475—476

第307章

古罗马人的风俗习惯

因为战争是罗马人伟大的事业，我们发现他们将各种与战争相关的艺术，运用到了完美的程度。军队被分成军团，军团又分为3个等级——青年兵、壮年兵和成年兵。除此之外，还有轻装部队，他们在战斗开始时脱离主力部队，配合投弹武器部队进行小规模战斗。

一个军团大约有5 000人，士兵的武器根据级别而有所不同。青年兵有一个由木头、皮革和铁做的大盾牌，一把短而尖的剑，两支标枪，一个铁制或铜制的头盔，还有一件盔甲。壮年兵和成年兵使用同样的武器。轻步兵有一个小圆盾、一支标枪和一顶皮革头盔。每一面盾牌上都有持有者的名字，从战场上回来的人要是没有盾牌就会丧命。

罗马军队开战时，轻步兵先行，重装步兵和马匹随后，接着是先遣队，然后是将军的行李和马匹，接下来是将军本人，再接着是保民官，随后是军旗、军队的精兵、仆人和赶牲畜的人。

古罗马将军

古罗马士兵

罗马纪律中最令人钦佩的莫过于与军营有关的纪律。无论士兵们在长途行军或激战之后多么劳累，任何人在被允许睡觉或吃东西之前，都要定期测量营地，并用壕沟加固；营地是块400英尺见方的地方，有一道土墙和3英尺高的木桩，周围有一条9英尺宽、7英尺深的沟。夜间有人严密监视，因为所有士兵都知道自己的位置，一旦有警报，他们很容易找到集合点。在全副武装的情况下，他们经常训练步行、跑步、跳跃、游泳、射箭、掷标枪；在行军中，他们必须携带60磅重的给养和用具。

古罗马战舰

在攻打设防城镇时，使用攻城锤。士兵们排成龟甲阵：他们紧紧地站在一起，举起盾牌，这样就能在上方形成一个密不透风的盖子，如同乌龟壳一样。

罗马的船只有三类：战船、运输船和

载重船。第一类主要由桨推进，第二类常由战船牵引，第三类依靠帆。战船有时有5排桨，有一些为士兵提供炮塔和军用引擎，还有一些有锋利的舰首，上面覆盖着黄铜，用来冲击敌船。古人的海军战术非常简单，船只迅速逼近，战斗只是单船之间的较量。

罗马宗教建立在希腊神话的基础之上。当时盛行多神崇拜，由众多的神祇来管理人类的事务。所有的神都有祭司、祭品和贡品。他们的神与希腊诸神一样，又在其中加入了一些自己的神。最重要的节日是牧神节和农神节。在祭坛上献祭白山羊，或者献祭大地的果实。

在庄严的节日里，罗马人观看战车比赛、野兽搏斗和角斗表演，后者在圆形竞技场或圆形剧场举行。没有什么比对这些战斗的热爱更能证明罗马人性格中残暴的一面了，即使是在不断进步的过程中，

罗马人正用攻城锤发动进攻

亦是如此。这样的表演只能取悦一个有着浓烈凶残气息的民族。

献祭者通过某些仪式来净化自己，这些仪式被认为有净化心灵的秘密功能。祭司穿着白色的衣服，额头上戴着一个由圣树做成的小花冠，圣树代表着他即将祈祷的这位神祇。但在某些情况下，他们的头发是凌乱的。仪式以誓言和祈祷开始，然后把祭品牵来，使者宣布静默，懒惰的人和不虔诚的人被赶出庙宇。人们往祭品那里扔麦饼，祭司和在场的所有人都尝了酒，剩下的酒倒在祭品的角之间，称为奠酒。

随后火点着了，香点着了，下等的祭司半裸着把祭品抬上来。其中一个被称为库尔塔里乌斯的下等祭司用斧头砍死祭品，然后割断它的喉咙，把血盛在花瓶里，浇在祭坛上；把尸体放在圣桌上，或是全部烧掉献祭给神，或是只烧掉一部分，其余的烤了供参与者食用。当一切结束后，由典礼官解散观众，祭祀者洗手，重复祷词，重复一次奠酒过程。

婴儿出生后的第五天，人们会举行庆祝活动，父母和朋友们给孩子做了礼物，然后是娱乐活动。 在教育方面，罗马人效仿希腊人，非常重视孩子的成长。他们首先学习游泳和潜水，然后学习阅读。如果父亲很穷，孩子就学一门手艺；如果父亲富有，就学习美术、语法、地理、伦理、舞蹈等。从接受教育起，孩子们就练习体育，学习摔跤、跑步和跳跃。他们玩很多有技巧和力量的游戏，其中一些现在也很流行，例如摸瞎子、滚铁环、捉迷藏等。18岁时，男孩们就被认为是有能力服兵役的青年兵，20岁时认为他们成年。

古代的恋情似乎和我们今天一样美妙。恋人们习惯凭借火中噼啪作响的叶子，或者压在拇指和其他手指之间的苹果种子，寻找预兆。男子经常在晚上走到心仪的姑娘门前咳嗽或者吹口哨，以引起她的注意。如果那位漂亮的姑娘没有出现，他就会敲门，或者可能唱首情歌。如果这一切都失败了，他会砍门柱，或者把他的爱情故事和痛苦写下来挂在门槛上。

有时他会对着门柱讲话，仿佛门柱能同情他，或者给门柱喷上香水，或者在门柱上涂油，用鲜花盖住门柱，或者用酒浸湿门柱。那时候的恋人们体质很好，即使在最冷的天气里，也常常为了爱情整夜在外面漫步。

罗马人的订婚仪式很奇特。女人在10个见证人面前，投入她要嫁的男人怀里。然后他们一起吃一块由谷粉、盐和水做成的麦饼。

做麦饼的3种材料揉在一起烘烤，使之不能再分开，意在显示婚姻的牢不可破。麦饼在食用前已经得到了祭司的祝福。

结婚那天，新娘从父母身边被带走，戴着面纱，穿着长袍，手里拿着纺纱杆，由两个年轻人扶着，跨过新居的门槛，第三个人用火把照亮。然后她在门前铺开的羊皮上坐下，叫新郎来，新郎立刻就来了，把房门的钥匙递给她。随后夫妻俩触摸火和水，作为纯洁和婚姻忠诚的象征。音乐、唱歌和宴席接踵而至，晚饭后，丈夫给孩子们分发坚果。

古罗马人对农耕极为推崇。天亮时就开始在田地里劳作，他们在户外烹煮饭菜和进食，在乡村的歌声中劳动。犁地用骡子和牛。采摘葡萄酿酒的时期和收获的季节充满了欢乐和喜悦，纪念农神克瑞斯和植物神巴克斯的节日是流传最广的，第一批果实被放在他们的祭坛上。罗马人非常重视马匹，马厩也建得很好。他们还有猪圈、家禽饲养场、牛棚、鸽子棚以及养野猪、山羊和其他动物的地方。他们花费巨资为鱼建造了鱼塘，因为鱼被视为美味佳肴。

在罗马，主要由奴隶从事手工业，有制篮商、木匠、染工、搪瓷商、农民、建筑工、玻璃制造商、地球仪制造商、金匠、细木工、制革工、蜡匠、壁画家等。

罗马人早期的建筑技艺得益于伊特鲁里亚人。他们的庙宇通常都有穹顶，大多是圆形的，非常壮观。高架渠长度和规模都很壮观，施工技术和效用突出。建造浴室时要求建筑、雕刻和绘画极为精美，浴室在很大程度上被比作城市。卡拉卡拉的浴室可容纳3 000人；现在的迦太基教堂就位于戴克里先浴室的一个大厅里。罗马人的道路比其他任何民族的都要好，用燧石铺路，用灰浆砌成。

罗马人的绘画绝对达不到完美的程度。恺撒曾花费巨资购买古希腊大师的画作，奥古斯都鼓励发展艺术，但收效甚微。雕塑艺术很早就传入罗马，但其代表作品都非常拙劣。可以这样说，在征服希腊后，罗马人在美术、文学和哲学方面的进步在很大程度上都得益于希腊人。尤其是希腊的建筑风格，罗马人稍做修改后直接应用于自己的公共建筑。许多希腊雕塑和绘画的典范之作被罗马将军带回罗马，成了罗马艺术家的样本。

古罗马的高级住宅有不同的类型——联排式住宅或者更确切地说是冬季住宅，郊区别墅，以及在炎热的夏季使用的地下住宅。前者通常非常优雅——庞贝城里可以看到它们的范本。然而，总的来说，罗马人的房子缺乏品位。罗马城的街道很不规则，虽然公共建筑很华丽，但许多私人住宅却很简陋。他们的房子没有烟囱，窗户也不是玻璃做的，用的是角质、云母片和细麻布。外门配有铃铛，大厅由一个戴着锁链的奴隶看守。他们经常用便携式炉子代替壁炉。

床架6英尺长，3英尺宽；每个房间有两张床，一张用来睡觉，一张用于小憩。罗马人正餐之后要小睡一会儿。床上铺着垫子，垫子里面塞满稻草、羊毛或者干菜。在古代，罗马人睡在草上或者干树叶上。后来，他们有了埃及的卧床。毯子是羊皮的，上面有羊毛。房间里的家具有洗脸盆、椅子、拖鞋、衣柜，有时墙上还挂着金、银或者其他金属做的镜子。女性的房间里有纺织工具、天平和砝码、大大小小的面具、宽边帽、伞、扇子、凉鞋盒、镜子和各种小饰品。

罗马人使用的工具有石头、铜、铁和银制的斧子，石头和铁制的锯子，镐、泥刀、圆规、凿子、楔子、棒、尺、滚筒、滑轮、砝码、起重机、划线杆、锉刀。这些工具通常都是铁制的，虽然有些是铅制的，有些是石头制的。犁头、锄头和铁锹都是铁制的。

葡萄酒是罗马人的主要饮品，种类繁多。对于富有的罗马人来说，在他为生活舒适所作的一切安排中，最重要的莫过于精心准备的上等葡萄酒了。在富人的晚宴上，通常有三道菜：第一道是鸡蛋、色拉、萝卜，以增进食欲；吃这道菜时，他们喝蜂蜜酒或含蜂蜜的饮品。第二道菜由许多小菜组成。第三道是水果、糕点和糖果。罗马人吃饭时向后斜靠着，通常有9个人坐在餐桌旁。

古罗马托加袍

羊毛托加长袍是罗马人特有的服装，富人的托加袍较长，穷人的较短。后来不论男女都穿丘尼卡——一种用腰带系紧腰部的束腰外衣。经过改进，罗马女性通常穿三件衣服；外面的袍子叫斯托拉，有华丽的刺绣，还镶有金扣。国王们穿镶着紫边的白袍，皇帝们则穿全紫色的袍子。人们通常不戴帽子，脚上穿着凉鞋。

早期，罗马没有公共图书馆，尽管有些人自己家里有藏书。随着对文学的热爱逐渐普及，首都的居民们需要书籍；奥古斯都建了3所图书馆，后来逐渐建成29所公共图书馆。这些图书馆都位于神庙和公共浴室里。但是，这些书都是精挑细选出来的，那些被判有害或有煽动性的书被公开焚毁，作为对其作者的谴责。

自罗马建成起的近500年的时间里，罗马人没有什么能称得上文学的东西。公元前200年左右，恩尼乌斯——尽管他出生于希腊——是第一个教他们轻松优雅地书写自己语言的人。大约半个世纪之后，哲学从雅典传入罗马；对受过良好教育的罗马人来说，读、说甚至写希腊文很快成为一种时尚。

自那时起，学识渊博的希腊人来到罗马谋生，他们成为教师，大多数杰出的罗马人都受过他们的指导。在公元前1世纪末，这些罗马人在文学上赫赫有名。这是罗马文学史上最辉煌的时代。西塞罗的著作使语言臻于完美，他几乎在每一种文体上都获得了成功。

众所周知，奥古斯都时代是一个闪耀着学识光芒的时代，时间和变化都无法掩盖它带来的荣耀。正是在这一时期，维吉尔、贺拉斯、奥维德和提布卢斯这些与罗马诗歌相关的最伟大的名字出现了；而且，因为他们的作品几乎全部流传至今，所以我们能够分享那个天才时代的成果。

尤维纳利斯出生在较晚的时期，在尼禄统治时期成名，有16篇讽刺诗留存。他的箭不仅瞄准了时代的罪恶，还瞄准了整个人类——他认为现实生活中似乎不可能存在美德。因此，他的著作更可能损害而不是有益于道德事业。

历史学家撒路斯提乌斯、李维、塔西佗、波利比乌斯和狄奥多罗斯，在本书的序言中都有提到。2世纪时，罗马文学似乎已经衰落，一种错误的品位已经损害了社会的大部分人。演讲术继续成为高等教育的主要研究内容，而辩论中的诡辩和赶潮流的朗诵成为这个时代的特征。修辞的艺术可见于塞涅卡和普林尼的散文，也可见于卢卡努斯和瓦莱里乌斯·弗拉库斯的诗歌作品。所有这些都摒弃了自然的表达，似乎只是一味地追求效用。

后来内乱四起，对文学的追求几乎消失。大多数罗马人从未欣赏过自己同胞的伟大作品，当受过教育和富裕的阶层不再给予资助时，就没有人进行文学创作了。渐渐地，诗人沦为拙劣的改写者，历史学家沦为事件的记录者。各种野蛮和腐败的行为渗透到语言中，罗马的文学创作潮流最终消失在修道院的阴影之中。

在回顾罗马诗歌时，我们不能不对其外在的和物质的特征感到震惊，因为这些诗歌几乎全部涉及可感知的对象，或者从中产生的直接关联。没有探究灵魂的深处，也没有漫游在精神生活的无边海洋。虽然拥有物质性，却不像希腊歌曲那样令人耳目一新，给人带去无限欢乐。与我们这个时代深刻的、深思熟虑的精神成果相比，罗马人的创作显得简单，近乎幼稚。

如果考虑罗马文学产生的时间和环境，那么同希腊文学一样，它在很大程度上值得赞赏；但是，如果我们这个时代的任何一个作家写作一首同样的诗，并且采用古代罗马流传至今最受欢迎的风格，即使不受到蔑视，也不会引起太大关注。因此，这些著名作品之所以能赢得人类的赞誉并不是由于其正面价值，而是因为与之相关的古代魅力赋予了它们力量。

罗马历史不像希腊历史那样凭杰出人物而举世闻名，但罗马历史上并不缺乏声名显赫的人物。辛辛纳图斯、费边、大西庇阿、加图、苏拉、马略、庞培和恺撒都是伟大的人物，恺撒更是世界上最伟大的人之一。如果他能活到实现他的计划，他可能已经证明了自己是国家和人类的恩人。谁不想知道凭借恺撒的天才和野心以及他手中罗马帝国的无限资源，世界会变成什么样子？但很少有征服者能全部实现自己的计划，他们的生存状态似乎阻止了他们平静地继续使用手中的权力。亚历山大、恺撒、拿破仑和克伦威尔倒下时，都未完成自己的心愿。

在我们提到的罗马名人中，没有人在他生活的时代之外施加过巨大影响，但西塞罗不同。他是罗马历史上最受尊敬的人物，不仅仅是为了那个时代而活；他不是战士——用鲜血写就的历史到了和平时期就被抹去——或者，如果能被记得，也只是因为他是一个毁灭者。西塞罗是一位真正的哲学家，他热爱真理，并被赋予了一种罕见的能力，不仅能发现真理，而且能与人类交流真理。他的大部分著作流传至今，作品涉及各个方面，而且几乎在每个重要的研究领域，他都给出了不朽的答案。

公元前107年，西塞罗出生于阿普利亚的一个富裕家庭，他接受了那个时代开明的罗马人能接受的精心教育。长大成人后，他决心成为一名演说家。为了那份崇高的职业，他勤奋训练——同时在自己的头脑中储存了各种知识，并获得相关的技能和表达方法，这在很大程度上有助于他的成功。

既拥有过人的天赋，又能对自己严格要求，我们很容易就能预测到西塞罗的成功；但必须进一步说明的是，他是一个心胸宽广的人，这就是他卓尔不群的真正秘诀。他的爱国心、对人类的热爱、对真理的热爱，给他的天赋赋予了活力和方向。这些品质使他成为世人的朋友、老师和恩人。作为一个纯粹的演说家，德摩斯梯尼比他更优秀；但作为一个真理的传播者，无论在哪个时代、哪个国家，西塞罗的影响都是德摩斯梯尼无法企及的。

西塞罗的职业生涯已经在第302章和第303章中做了概述，不必重复。我们也不需要再提到维吉尔、贺拉斯、尤维纳利斯和其他罗马文学史上星光熠熠的名字。但是，在我们结束这个主题之前，必须对希腊和罗马这两个最伟大的古代国家做一番简短的比较，因为这两个国家的精神和制度与我们的结合最为紧密。

回顾希腊和罗马的历史，也许很难判断哪一个留给后世的益处更多。我们确实非常感谢希腊，因为他们提供了各种艺术的最好样本，最优雅的文学样式，以及从他们的制度和经验中获得的大量政治借鉴。但另一方面，构成整个基督教世界所有法律基础的民法，是从罗马衍生出来的。人们相信，在罗马建立之前，这个神奇法典的雏形[1]就已经存在了，特别是在家庭、婚姻、遗嘱、继承权、所有权等方面；但是在罗马人的培植下，逐渐形成了一个完整的体系，最终被查士丁尼收集并重新整理。

---

① 关于《十二铜表法》，我们已经在第301章做了说明，现在只有少量片段留存。里面似乎包含了一系列规则，包括民事的和宗教的，公共的和私人的；制定了关于婚姻、偷窃、谋杀、安葬、遗产和心智不全者等一系列法律。西塞罗认为这些来自比罗马人更古老的民族的法律基础性文件，值得高度赞扬。——原注

这部流传至今的《学说汇纂》，包含了著名法官和律师的534项判决，是这个古老国家智慧的不朽丰碑。一位雄辩的作家说：“他们对待其他所有人都无正义可言，但他们自己却是法律和正义的坚定拥护者。开战之前，他们会举行宗教仪式。军事宣誓是他们的圣礼，这个仪式会增强他们的参与感；尽管将来他们真正参加的是血腥的战场，但虔诚地履行自己的誓言被视为美德的契约。起初，他们派出军团发动战争，似乎是因为热爱军纪，而不是因为想要掠夺。胜利军团的脚步声响彻城门，响彻国界；领袖们每隔几个月就会凯旋，好让更公正的人民在自己的不义之举中得到享受和荣耀；直到最后掠夺使他们道德败坏，也可以这样说，他们在征服世界的同时，也攻克了自己的美德。这也不完全正确，因为值得注意的是，他们把征服时被剥夺的公义还给了被征服的民族，在不受罗马法律约束的领地设立了罗马法法庭！同样值得注意的是，在帝国最堕落的时代，严谨法律的力量也无法从这个伟大民族的心中根除。怪物皇帝康茂德在位时，帕比尼安和乌尔比安担任法官，为民法法典增添了法学中最有价值的贡献。甚至在《学说汇纂》的原著中还能发现卡拉卡拉和他的大臣们的签名，而且并不少见！

“那么，就算罗马在文学上并不突出，又有什么关系呢？它胸中拥有另一种同样有价值、同样强大的才能——那就是法律的崇高才能！在民法典中，它树立了人类天才所建造的最伟大的理性和道德力量的纪念碑。西塞罗说：‘我们祖先的智慧多么令人钦佩！如果我们屈尊将目光投向德拉古、梭伦和来库古那些粗鲁可笑的法理学，就会发现只有我们才是真正文明审慎之人，我们的优越性会更加明显。’这样说时，他发自内心的自豪并没有错。

“然而，在他这样说时，他并不清楚他的国家究竟为人类准备了一份怎样的礼物。除非他能洞穿广阔的未来，看到同样的罗马法律竟然有充分的科学体现；除非他能看到，20个世纪之后，北欧和西欧的蛮族会结合成伟大的文明国家，并且在击败了罗马的武器和罗马帝国后，在罗马法理学的庇护下平静地生活；在失落的亚特兰蒂斯之外，一个正在崛起的新大陆将在它的怀抱中孕育；法律精神渗透到文明思想的全部领域，在英国的普通法中，在商法典中，在国际法中，都显示出活力——所有这一切都是在罗马人散发的光和热情中成熟起来的；有了司法制度的保障，自由才有保障；在法学的怀抱里，古老的罗马美德之火仍在熊熊燃烧，给所有文明开化的民族的文学、思想和生活注入知识和道德的严肃性；罗马法的应用才刚刚开始，为了加强整个罗马法的可见确定性，它必须越来越广泛地进入这个民族的命运，并在法律延伸之处扩大其良性影响，直到全球及所有民族，成为第二个统治权不受时间限制的罗马帝国；看到这一切，伟大的演说家必须承认，他以前所接受的说明罗马法理学的威严和伟大的每一个概念，都是没有说服力的，甚至是无效的。即使是现在，我们的脑海中也只能隐约产生同样的想法。”

与罗马相反，同一位作家说：“在希腊文学中首先要注意的是，它缺乏道德基调。施莱格尔偶然作出的一句评论，触及了学者们针对这个伟大民族的作品所要批判的主要内容。‘即使在这些情况下，’他说，‘即使在人们可能期待用最开放的方式，来表达深刻情感、道德或良知的情况下，希腊作家也倾向于将他们所讨论的主题视为一种纯粹的生命表象，具有某种完美、不受打扰和精心设计的均衡性。’如果不是这样，被赋予了人类有史以来最强大智慧的亚里士多德，怎么可能只把美德定义为两个极端之间的中间点，而将每一种道德上的邪恶定义为要么太多，要么太少？

“诚然，苏格拉底和他那位杰出的弟子，对美德有着更加温和和充分的认识；没有深思熟虑的学者不会注意到，他们被美德所吸引，而不是被公正所吸引。柏拉图尤其如此。他从自己的智慧之美中引出美德，就像皮格马利翁精心对待他的象牙雕像，而且，正如维纳斯的祝福给了雕像生命，他也赋予了美德这一概念生命和魅力；在他的心目中，邪恶和罪恶，与其说和悔恨相关，不如说是缺陷和屈辱。

“总的来说，也许没有哪个文明开化的民族的道德观，比希腊人的道德观更为世俗和冷酷。同时，他们在形式方面的美感和对外表的批判能力也是完美的。他们的庙宇和雕像是完美的艺术形式。他们的诗人和哲学家把他们的思想雕琢成一块块大理石。他们的宗教或神话只不过是一个艺术形态的画廊——精致而感性。事实上，在所有民族中，只有他们拥有一个没有道德感的宗教——对喜剧充满热情的神，一群去打猎、嬉戏、在海洋和陆地上轰鸣的快乐神灵。天才只崇拜神。凿子就是他们供奉用的香，在史诗体系中占有一席之地，而史诗是真正的神界。无论做什么或写什么，都是微妙的、空灵的、美丽的、冰冷的；甚至连火也是冰冷的——冰柱的燃烧。没有道德生活，就不会有真正的激情。

“他们热爱自己的国家，但是他们对国家的爱还不够深，不足以让正义得到伸张，也不足以忍受美德的存在。他们的勇敢是狡猾的，他们的爱国主义是优雅的自私。他们互相排挤，使公众嫉妒成为一项公共权力，而派系之争则是合法的。我们查阅他们的历史，审视他们没有宗教信仰的神庙；虽然他们的街道上排列着凿刻的神像，但也仅仅是为了装饰；我们倾听他们的演说，打开他们灿烂的文学作品，会惊呼：‘华丽的性感！优雅的内讧！装饰性的宗教！一个拥有完美的外在批评能力的国家，却对道德要素的本质和真正的力量视而不见。’”

近代意大利

第308章

蛮族建立的王国

（466—774）

在前面的章节中，我们已经简要讲述了罗马的历史。罗马经历了不同的阶段，从王国，到共和国，最后是帝国，覆盖了几乎整个地中海世界。到它被推翻时，罗马已经囊括了整个意大利；但是在几个世纪的进程中，欧洲的这一部分地区被分成了不同的国家，这些国家经常互相斗争。在描述现代意大利的地理时，我们会注意到这些国家的崛起和进步；现在要介绍的就是它们的历史。

476年的巨变结束了西罗马帝国的统治，形成了世界历史上最具标志性的时代之一。但是，尽管我们认为这个事件很重要，但在当时来看，它并不起眼，以至于当时的人们没有预见到其巨大的后果。

奥多亚克迫使罗马元老院把帝国徽章送给了君士坦丁堡的皇帝芝诺，声称一个统治者足以统治整个帝国。奥多亚克并没有意识到西罗马帝国庞大的统治结构已经发生了巨大的变化，也没有认识到自己的力量。他谦恭地请求皇帝允许他以贵族的名义统治意大利教区。他的确使用了国王的头衔，但这是一个蛮族的尊称，往往只意味着统治一支军队或一个行省，更像是人的统治者，而不是领土的占有者，而且这是他的士兵授予他的。他的士兵以赫鲁利人居多，他也因此常被称为“赫鲁利人之王”。

帝国政府的形式与一个世纪前相比变化不大。权力完全掌握在武装的蛮族手中，与此同时，罗马元老院继续例行集会。执政官每年任命一次，一位由拜占庭皇帝任命，另一位由意大利国王任命。意大利宣布了帝国法律，并一如既往地尊重法律，市政府和行省政府都没有改变。

很难解释那时的公众舆论是什么，以什么样的形式表达出来，但它仍然能够阻止意大利的君主把罗马皇帝的头衔据为己有，并说服奥多亚克，他太软弱，不能压制一个古老主权国家的权力和要求——尽管这个主权国家实际上已经成了影子。奥多亚克是独立的，但他却不敢表现出来。

意大利的罗马居民几乎灭绝了。战争、瘟疫、饥荒、暴政和国内的奴隶制度——天下的一切灾祸将古代人口一扫而光。在帝国灭亡之前的一个世纪里，人民的生存完全依赖人为支持。他们主要依靠皇帝定期在罗马、米兰以及宫廷所在的其他大城市分发谷物来维持生计。由于失去了非洲以及西西里岛被破坏，谷物的发放已经难以为继，奥多亚克也没有再发放过谷物。

与此同时，大多数地主已经停止了土地耕种。当市场上有免费的谷物发放时，几乎没有人有动力种植粮食了。养牛一度取代了种粮，但牛群和照料牛群的奴隶都被蛮族带走了。近代修道士的作品中常常用简单而感人的语言来描述意大利的荒凉。496年，教皇基拉西乌斯一世提到托斯卡纳和其他几个行省时，说那里的人口几近灭绝。圣安布罗斯主教把博洛尼亚、摩德纳、雷焦和皮亚琴察等城市和周围的乡村描述成一片荒漠。

奥多亚克和芝诺之间的关系很快就破裂了。芝诺邀请了东哥特人国王狄奥多里克入侵意大利。奥多亚克顽强抵抗，做了几个世纪以来最好的防御；但狄奥多里克在好几次战役中击败了他，并将意大利首都拉韦纳包围了3年。最后他们签订了一项条约，两位君主同意共同且平等地统治意大利；但是狄奥多里克在一次宴会上刺杀了他的对手，于493年成为意大利唯一的国王。

尽管有这样的背信弃义之举，狄奥多里克还是在他的领土上建立了北方征服者曾经在南方被征服国家所建立的最明智、最公正的制度。他没有让一个民族来压迫另一个民族，而是努力在他们之间保持平衡。他采纳并建立了哥特人日耳曼式自由的整体结构，并在授予他们的土地上向他们推广农业耕种技术，这些土地是士兵们根据古日耳曼服兵役占有土地的制度获得的。

他允许罗马臣民享受他们所谓的自由，即共和国、元老院、执政官、地方行政官以及法律的名称。他鼓励发展商业和制造业，维护了整个意大利的和平与富足。他是个文盲，除了用钢笔在一盘金子上画线，不会写自己的名字；但是他喜欢学习，喜欢资助博学之人。

狄奥多里克并没有在古都罗马定居，大多数时间他都在拉韦纳和维罗纳度过，拉韦纳是意大利王国最重要的要塞，而维罗纳是他保卫意大利的最佳地点。他打算恢复罗马元老院的荣耀，并使其附属于君主政体。

元老院成员仍以巨大的财富著称，为古老的民族而自豪。他们仍然认为自己是古罗马人，不仅是后代，而且是与世界的主人拥有平等身份之人。他们所梦想的自由没有平等、没有公共力量、没有勇气；他们密谋恢复的不是共和国，而是帝国。狄奥多里克在晚年变得多疑易怒，他极其严厉地惩罚了这些人。他给波伊提乌和西玛库斯定罪，使他们后期统治蒙上污点。这两人都是元老，也曾担任执政官，非常适合为罗马的最后时光增光添彩。

狄奥多里克死于526年，他的外孙阿塔拉里克即位，因为他只有四五岁，由他的母亲阿玛拉桑莎摄政。年幼的哥特国王和女人摄政，不可能不引起战争、阴谋和内部不和。从狄奥多里克死后到6世纪中叶，共有6位国王继位。

意大利的混乱状态诱使东罗马帝国皇帝查士丁尼试图收复半岛地区。他的将军贝利撒留是这一时代最伟大的将军，在摧毁了非洲的汪达尔王国后，他率领一支庞大的军队入侵意大利。罗马和那不勒斯落入他的手中。贝利撒留的继任者执政官纳尔西斯完成了对意大利的征服：东哥特王国被推翻，意大利的大部分地区被东部帝国占领了近200年；在此期间，它由一个拜占庭的总督统治。

继哥特人之后，统治意大利北部的是伦巴第人。据说他们来自易北河两岸，名字源于他们使用的长矛。像其他蛮族部落一样，他们从北向南进军，大约在6世纪中叶出现在多瑙河岸边。在这里，他们的军队增加了2万萨克森人，联军从阿尔卑斯山倾泻而下，至568年，他们已经遍布意大利北部。

伦巴第人的首领是阿尔博因，他残忍的罪行和美德一样著名。他征服了多瑙河北部的一个蛮族部落格皮德人，娶了国王的女儿罗莎蒙德为妻，并用国王的头骨做酒杯。征服了意大利北部之后，他用自己的民族以及那个时代的方式，举行了一场盛大的狂欢。在筵席上，他用骷髅杯装满酒，交给他的妻子，命令她喝下里面的酒，与意大利的主人一起欢庆。

这种侮辱刺痛了罗莎蒙德，她设计暗杀了自己的丈夫，试图拥立她最喜欢的帮凶赫尔米奇斯为王；但这个计划失败了，她带着自己的财宝和情人一起逃到了君士坦丁堡。在这座城市，她引起了一位高级军官朗基努斯的注意。朗基努斯一心想娶她为妻，但她的情人是这件事的绊脚石，所以她下定决心毒死情人。她陪他去洗澡，当他出来时，递给他高脚杯里的酒让他喝，他喝了；但他立刻怀疑她背叛了他，把剑顶到她胸前，强迫她喝掉剩下的。这对有罪的人在相互指责中结束了自己的生命。他们的故事充分说明了当时的社会风气。

阿尔博因死后，克莱夫继承伦巴第王位，他于573年被选为国王。统治了一年半之后被谋杀，随之而来的是一段动荡时期，之后在克莱夫的儿子奥塔里的统治下，王国趋于平静。奥塔里成功抵抗了法兰克人的入侵，在6世纪末，他将统治范围扩大到了意大利最南端。在阿尔博因第一次征服之后的两个世纪里，这个国家被划分成了大大小小众多区域。

伦巴第人的政策和大多数蛮族征服者一样，把他们的领土分配给自己的追随者。分配的领地由首领行使一种由民事和军事混合的权力，他们手下设置下级军官。从这些被分配领地中诞生了意大利的贵族阶级。公爵统治下的公国拥有独立的主权，因此在意大利历史上占有重要地位。

伦巴第人并不急于将自己粗鲁的习惯改成那些需要通过智力和道德的提升而养成的习惯。他们既不经商，也不务农。当他们不忙于战争、政务或内部纷争时，他们就进行宴会和狩猎活动。在各种娱乐活动中，有一项是意大利人不熟悉的，那就是驯鹰。鹰，或称猎鹰，能接受训练，使它在空中活动时能分辨声音并服从主人的命令。伦巴第贵族认为训练猎鹰和用剑一样，非常有价值。

在世界历史上某些时期，似乎有一层厚厚的帷幕笼罩着大地，所有真实的记录和客观的证人都消失了，我们没有线索来追踪历史事件的进程。7世纪就是这样一个时期。在这一时期，东、西帝国的历史学家都保持沉默。大量的革命要么正在酝酿之中，要么正在走向灾难，却没有任何史实显示它们的进程。

罗马帝国被推翻后，西方主要的历史名人是都尔主教格雷戈里①。他著作中记录的基督教历史，截止日期为591年，也就是他去世前的4年。书中混乱的叙述，显示出他是一个极度无知和偏执的作家。然而，这是我们获得那一时代所有信息的唯一来源，书中描绘了当时盛行的习俗、观念和政府形式。

继格雷戈里之后，另一位文风简洁的蛮族作家——他的名字是弗莱德加②，将法兰克人的历史延续到641年。与格雷戈里一样，他不仅对高卢，而且对德意志、意大利和西班牙的历史都有涉及。在弗莱德加之后，直到查理曼时代，都找不到任何可称为历史的记载

① 格雷戈里，基督教史学家，其著作为《历史十书》，又名《法兰克人史》。——译者注

② 著有《弗莱德加编年史》。——译者注

了。一个半世纪过去了，在这期间，除了凭借日期和推测，我们对西欧历史知之甚少。

但是，这个漫长且近乎未知的时期并非不重要。意大利慢慢地从灾难中恢复过来。伦巴第国王最初由选举产生，后来实行世袭制，他们在一定程度上尊重臣民的自由，无论他是罗马血统还是日耳曼血统。他们的法律是明智和公正的，尽管被视为蛮族的法律。他们的公爵，即地方统治者，很早就获得了一种自豪感和独立感，这使他们希望凭借臣民的爱戴获得支持。

意大利的人口再次开始增加。征服者站稳了脚跟，他们在这片土地上扎根，但并没有完全取代被征服的本地人，本地的语言仍然盛行。农村地区得以重新开垦，城镇得以重建。伦巴第人一个有特色的制度是不允许教士参与政治事务。罗马教会没有在伦巴第人中发展自己的势力。伦巴第人的性格与占领欧洲的大多数其他蛮族相比，是非常好的。

在艾斯图尔夫统治期间（751—756），伦巴第王国达到了繁荣的顶峰。他打败了拉韦纳总督，建立了一个新的公国。然后他进军罗马。当时罗马名义上受拜占庭皇帝的管辖，但实际上由教皇统治。

教皇司提反三世担心自己的安危，向皇帝求援；但他发现拜占庭对意大利不太关心，于是与法兰西王国加洛林王朝的第一位君主丕平进行了谈判。丕平立即率领一支强大的军队，越过阿尔卑斯山，在帕维亚围困了艾斯图尔夫，迫使他求和，不仅要割让他在罗马公国占领的地方，而且还将拉韦拉总督之位和安科纳的领土移交给罗马教廷。

丕平退出了意大利，但艾斯图尔夫不愿意履行条约，因此丕平第二次入侵意大利。艾斯图尔夫再次屈服，但秘密决定在更有利的时机重新开战。在战备完成之前，他却从马上摔下来摔死了，此后由于继承权引起纷争，伦巴第王国无暇他顾。

在教皇的干涉下，伦巴第王位被授予狄西德里乌斯。这位君主随后发现自己受到教皇的嫉妒，便想通过把女儿嫁给丕平的儿子查理和卡洛曼来加强自己的影响力。这一步导致了伦巴第王国的覆灭。查理和妻子离婚，狄西德里乌斯为了报复，试图说服教皇给卡洛曼的孩子涂圣油，使其成为法兰克人的君主。当时的教皇阿德里安一世坚定地拒绝了。狄西德里乌斯入侵了教皇的领地，教皇无法抵抗，于是寻求查理的保护。

查理率领一支军队越过阿尔卑斯山，经过一场短暂的战斗，于774年占领了帕维亚，终结了伦巴第王国的统治。狄西德里乌斯和家人被送往法兰克王国，在那里默默无闻地死去；征服者查理，即更广为人知的查理曼，接受了伦巴第的铁王冠。

第309章

伦巴第

（800—1849）

现在奥地利帝国在意大利东北部的领地，包括古代的伦巴第王国、米兰公国和威尼斯。北接瑞士和蒂罗尔，东滨亚得里亚海，南面和西面与撒丁王国接壤。这个地区地势平坦，由波河及其支流灌溉。土壤十分肥沃，易于耕种。西部地区有几个美丽的湖泊，如科莫湖、马焦雷湖、加尔达湖等。面积为18 290平方英里，有440万居民。

在伦巴第王国被查理曼征服并被法兰克帝国吞并之后，它被称为意大利王国。这个国家君主戴的金色王冠被称为“铁王冠”，因为它有一个细长的铁环，据说是用钉死耶稣的十字架上的钉子做的，至今保存在蒙扎镇，蒙扎镇对这件著名的古代文物拥有所有权。

从900年到11世纪中叶，意大利北部的历史消失了；要么没有历史学家，要不然就是他们的著作已经佚失了。在此期间，这一地区的城市似乎变得富庶，人口稠密；大多数城市被城墙包围，并由坚固的要塞守卫。与国土面积相比，这里的城市数量非常庞大，城堡和据点甚至比整个德意志还要多。这片地区当时对德意志帝国的依附究竟到什么程度，无法确定，但在10世纪时，共和自由的思想应该已经兴起并广泛传播。城市居民选出了自己的地方行政官和主教，由此他们得出结论，所有公正的政治权利都来自人民。

在这段鲜为人知的历史时期，意大利北部似乎发生了许多场战争与动荡。德意志皇帝依然希望得到这片地区的统治权，尽管帝国的军事力量还不足以压服他们。12世纪，腓特烈一世违反了前任签订的宪章，试图在意大利城市确立自己的绝对权力。他是首位做出此举的皇帝。当时米兰是伦巴第最重要的城市，居民们抵抗皇帝的侵占，腓特烈一世组建了一支庞大的军队，于1158年入侵意大利。他围攻米兰，米兰人因饥荒被迫投降。腓特烈一世无视投降的条件，实施暴政，致使米兰人民起义。这座城市再次被困，饥荒使人口大为减少。1162年，腓特烈一世攻陷了米兰，通过摧毁城中的一切而对米兰的居民进行残酷的报复。

其他意大利城市也惨遭皇帝的军事暴力，一些城市被付之一炬，另一些由于德意志士兵的掠夺而变为废墟。因为这些暴行，意大利的一些城市于1167年联合起来组成了“伦巴第联盟”，抵抗皇帝的入侵。米兰人得到了邻国的帮助，他们的城市从废墟中重新崛起，很快做好了抵抗腓特烈一世的准备。

1176年，米兰人和腓特烈一世的军队在米兰附近进行了一场激烈的战斗。起初，帝国军队占了上风，但是一支有900名米兰年轻人的队伍，看到自己这一方即将失败，跪倒在地，向天祈祷，然后孤注一掷地向敌人冲去。这一壮举鼓舞了他们的同胞，扭转了战争的局势。德意志人被打败，皇帝从战场上逃走，乔装打扮越过了阿尔卑斯山。

随后两国休战6年，最后签署了一项条约，腓特烈一世承认伦巴第共和国独立，条件是每年支付一小笔钱。因此，在经历了1/3个世纪破坏性的战争后，意大利北部诸城，米兰、博洛尼亚、摩德纳、帕尔马、帕维亚、维罗纳、曼托瓦、布雷西亚、贝尔加莫、费拉拉、威尼斯、洛迪、诺瓦拉、科莫、韦尔切利和其他一些城市，都摆脱了对德意志皇帝的依附。这项条约于1183年6月25日在瑞士的康斯坦茨签订，其中确立了独立自治权。这是第一份有史料记载的君主和臣民之间签订的此类条约。

从1152年到1190年，腓特烈一世在整个统治时期都在与伦巴第人交战。他曾率领大军六次翻过阿尔卑斯山，然而最终以他的失败而告终。这些战争带来了灾难性的后果。

伦巴第的城市采用了各种平民政府形式。人民在频繁的选举和换届中寻求安全感，防止权力滥用，但突如其来的暴力革命仍然屡见不鲜。为了防止这种情况发生，大多数城市采用了每年任命一位首席执政官的权宜之计。这位官员被称为“市政官”，他行使的军事和司法权力几乎等同于独裁。

有时公民委员会选出人员来管理或控制市政官的权力，但意大利人从来没能做到使政治权力保持平衡，以确保自己免受篡位和暴政之害。立法、司法和行政机关全部握在一个人或一个团体手中，彼此间不能相互制约和监督，滥用职权无法避免。归尔甫党和吉伯林党之间的竞争进一步演变成了派系纷争和仇恨。13世纪，意大利有200多个政治机构，各自独立行使政府权力；独立城邦之间的交往使这一时期的历史充满了混乱琐碎的细节，不能贯穿起来统一叙述。

这些派别之间的战争由民兵团体进行，城市所有的居民都有一个军事机构，每座城市中都有一辆由牛拉的重型战车，叫作“军旗战车”，用来展示当地的军旗和徽章。战车中间竖起一根高高的杆子，上面挂着军旗；前面放着祭坛，神父每天都在祭坛旁举行宗教仪式；后面坐着号手，吹响冲锋或撤退的号角。军旗战车的所在被视为神圣之地，是军队的集结点，士兵们以尽全力保护此地为己任。

意大利北部的主要城市是米兰，还包括几个附属于米兰政府的小城市和村庄。13世纪，米兰有20万居民，比现在的人口还要多。城市内铺设着宽敞的街道，建造有精美的房屋，城内还有石桥、公共纪念碑和宫殿，在外观上完全不同于欧洲北部和西部的城市。其领土包括帕维亚、贝尔加莫、洛迪和科莫，以及150个村庄和许多城堡，维持了一个800名骑士的团体，拥有一支24万人的军队。

米兰的人口包括归尔甫党和吉伯林党的贵族及其追随者，以及商人、技师和劳动者。很长一段时间以来，维斯孔蒂家族和德拉·托雷这两个贵族家族一直在争夺这座城市的控制权。14世纪中叶，维斯孔蒂家族几乎是米兰及其属地的绝对君主。他们统治了16个曾是独立共和国的伦巴第城市，并威胁要成为佛罗伦萨的主人。当他们要将权力延伸到托斯卡纳时，遭到了教皇乌尔班五世的反对，他颁布了训谕将他们从教会除名。教皇的使者把训谕交给贝尔纳博·维斯孔蒂时，他用剑抵住了使者的喉咙，命令使者把羊皮纸文件连同丝带和封印一起吃掉。

14世纪末，维斯孔蒂家族的一位米兰君主，被神圣罗马帝国皇帝文策尔一世册封为米兰公爵，米兰领地由此成为米兰公国。由于联姻，统治权传给了弗朗切斯科·斯福尔扎，他从一名普通劳工，凭借自己的才能和勇气成为米兰公爵。这个家族灭绝后，米兰公国由查理五世皇帝统治，之后一直作为西班牙君主的属地受西班牙管治，直到1700年被奥地利帝国征服。

在法国大革命之前，奥地利一直平静地统治着米兰的领土。1796年，拿破仑·波拿巴率领一支法国军队入侵意大利北部。两年之内，他几乎控制了所有的大城市并在整个半岛建立了法国政权。威尼斯领地、米兰公国、摩德纳公国和教皇国部分领土组成了一个新的政府，称为奇萨尔皮尼共和国；拿破仑成为皇帝后，称为意大利王国；国王由拿破仑担任，但是由他的继子欧仁·博阿尔内担任总督执政。

拿破仑被推翻后，维也纳议会把米兰、曼图亚、威尼斯和瓦尔泰利纳的领土划归奥地利，这些领土构成了伦巴第-威尼西亚王国。意大利人憎恨奥地利的统治，1848年，路易·菲利普一世被逐出法国后不久，他们举行起义，将奥地利驻军赶出米兰、威尼斯和其他城市。然而，他们无法维持独立的状态，第二年，奥地利又恢复了统治。

米兰，这一部分奥地利领土的首府，矗立在一片美丽的平原上，由波河浇灌，通过运河与科莫湖和马焦雷湖相连。这是一座建筑华丽的城市，但没有古老的建筑，正如我们前文所述，米兰古城在12世纪时被完全摧毁。米兰大教堂是一座宏伟的哥特式白色大理石建筑，斯卡拉大剧院是意大利最好的剧院，米兰的几个广场非常宽敞，人口约有15万人。

第310章

威尼斯

（500—1849）

威尼斯是世界上最引人注目的地方之一，它的地理位置与其他任何一个大城市完全不同。它的商业、财富和海洋优势超过了中世纪所有其他城市。它同样以非凡的政府和独特的自我牺牲政策而闻名。从罗马帝国灭亡到法国大革命期间，它是欧洲唯一一个没有敌人进入的首都，它保留“共和国”称号的时间，比世界上任何其他城市或国家都要长。

这座城市建在海上，靠近亚得里亚海的西北海岸。在远古时代，那片海岸上住着一个叫维内蒂的部落。当5世纪阿拉里克率领哥特人入侵意大利时，他们的后代仍在使用这个名字。为了躲避这些侵略者的蹂躏，维内蒂人逃到亚得里亚海附近的沼泽和沙洲。这些沙洲是由许多河流的沉积物形成的，这些河流在入海口汇入大海。他们在这里建立了两个小镇，叫里沃阿尔托和马拉莫科。这些城镇难以靠近，他们因此得到了保护。离岸的距离使他们免受陆地上敌人的攻击，水域太浅阻碍了船只从海上接近。

这些人最早从事制盐和捕鱼的工作，海洋是他们唯一的资源，他们很快就开始了海上贸易。早在7世纪，威尼斯人就被称为君士坦丁堡、黎凡特和埃及的商人。到了809年，威尼斯的领土显著增加，占领了90个小岛，这些小岛通过桥梁连接。828年，一支威尼斯商船在暴风雨中驶入了埃及的亚历山大港。为了感谢上帝拯救了他们，船员们得到了据说是圣马可的尸体，并把他运回了威尼斯。这位圣徒因此成为威尼斯的守护神。

因为地理位置，威尼斯人成为航海专家，将他们的海上贸易通道延伸至地中海沿岸的每一个地区。他们在罗马和君士坦丁堡建立

威尼斯一景

了商业性质的工厂，并获得了政府的贸易特权。通过这些手段，威尼斯城的财富、人口和影响力都增加了。

威尼斯渔民

共和国的权力很快扩展到了里沃阿尔托周边岛屿之外的地区；接连征服了伊斯特拉和达尔马提亚，将其领土并入了正在崛起的帝国。早在9世纪与萨拉森人的战争中，威尼斯人就凭借着与曾经横行地中海的海盗舰队的斗争经验，熟练地进行海战。997年，达尔马提亚的城市接受了这个民族的统治。

威尼斯最古老的政体似乎是共和政体。早在697年，居民们就选出了他们的首席执政官，授予他总督的头衔，在威尼斯语中意为“公爵”。这项特权是拜占庭皇帝利昂提奥斯二世授予他们的，他在名义上拥有亚得里亚海的统治权。人民享有立法权，贵族或领导机构享有行政权。

在威尼斯早期的政治史上，一方面是行政权力受到侵犯而引发的一系列暴力骚乱，另一方面是民众的报复性反应。十字军东征极大地促进了威尼斯的繁荣，使它成为伦巴第地区最富有、最强大的城市，几乎东方所有财富都集中在这里。

由于威尼斯人的怂恿，君士坦丁堡在1204年被十字军占领。随后，这座城市及领土的一部分由威尼斯统治。之前被封为达尔马提亚公爵的这位总督，现在被封为“罗马帝国八分之三公爵”，一个奇怪的、但并非不准确的头衔。后来，威尼斯人的权力和商业得到了加强，他们收购了克里特岛、爱琴海中的大部分岛屿和爱奥尼亚群岛，并在巴勒斯坦和埃及建造了商业住宅。

威尼斯人的海军优势和海洋品位，可以从每年在耶稣升天节举行的盛大庆祝仪式上得到体现。这场仪式叫作“亚得里亚海的婚礼”。总督带着一列华丽的随从，伴随着各种隆重的仪式和游行，登上礼舰，非常郑重地把一枚戒指投入海里。人们认为，通过这个仪式，威尼斯共和国就与亚得里亚海完成了联姻。

亚得里亚海的婚礼

据说，这一习俗在12世纪腓特烈一世战争期间兴起，当时教皇亚历山大三世正式授予威尼斯共和国亚得里亚海的统治权，作为他们为教皇服务的回报；1797年，随着共和国政府被推翻，这一习俗终止。

13世纪末，与总督共同执政的大贵族们，对每年一选的制度感到不满，试图使他们的权力终身化。尽管人民激烈反对，但贵族仍然占了上风，宣布当时组成大议会的议员终身留任，并由他们的后代接任，不必经过选举。于是，世袭贵族被引入共和国。

这次政府变革的直接后果就是阴谋和暴动。1311年成立了著名的“十人委员会”，这是一个秘密组织，雇佣间谍和告密者，以恐怖和神秘感来统治国家。匿名的投诉和告密信被扔进一个称为“狮子嘴”的检举箱里。这种令人憎恶的体制被视为最终导致国家灭亡的原因之一。

从创立到被推翻，威尼斯都被冠以“共和国”的名字，然而它的政府在后期是专制和残暴的，而社会状况与政治体制一样引人注目。共和国公民分为5个等级：首先是贵族，有1 300人，他们的地位并不相同。贵族又分为四类人：最有权势的一类是那些在6世纪协助选举第一任总督的后代；当然，这些是欧洲最古老的贵族家族。第二等级由1310年大议会改为终身制和世袭制时的那些议员组成。这些人以及后代的名字被列在一本名叫《金册》的书上。第三等级是指那些以10万威尼斯杜卡特金币（约合24万美元）的价格购买了贵族头衔及其继承权的人，当时政府急需资金，才有这种出售贵族头衔的做法。第四等级由伯爵和侯爵组成，他们拥有这些头衔，但不享有政治特权，也不担任公职。第五等级包括其他所有人，他们的职责是服从命令，绝不在公共事务方面有所行动、发表讲话或者进行思考，而是按照命令行事。因此，很明显，威尼斯共和国并非建立在平等的原则之上。贵族行使政府的一切职能，总督几乎没有行政权力。

热那亚共和国和比萨共和国是威尼斯的商业竞争对手，它们交战多年，斗争最为激烈，在许多海战中都各有胜负。1378—1381年的基奥贾战争使威尼斯濒临毁灭。热那亚人封锁了这座城市，投降似乎不可避免，但威尼斯人凭借巨大的勇气和毅力拯救了自己。早在15世纪，他们就怀着征服意大利北部的野心，由此卷入了新的战争。虽然胜利一度属于他们，但最终他们陷入了极大的困境和痛苦。

在这个时期，共和国十分强大，高度繁荣。威尼斯的商业资本达到3 000万美元，房地产达到2 000万美元，船只超过3 000艘，水手多达2万人。总督莫塞尼戈在这时去世了，他建议政府不要与米兰开战，威尼斯人每年从这座城市获得150万美元的贸易利润。“在基督教世界，只要保持和平，你就可以成为所有黄金的主人，”这位总督说，“但是战争，不公正的战争，必然会导致毁灭。你们中间有正直的人，也有经验丰富的人，从这样的人里挑选一个做总督，但要提防弗朗切斯科·福斯卡里。如果他做总督，你们将有战争，战争会带来贫穷和耻辱。”——莫塞尼戈死了，福斯卡里却当选了。

正如莫塞尼戈所预言的，一场与米兰的战争随即到来。威尼斯人征服并占领了波河北部的几处领土。作为防止叛乱最有效的手段，被征服地区的统治家族成员被带到威尼斯，处以死刑。但是，据说威尼斯人也是宽厚的统治者，被征服的人民并没有因为统治权的变更而失去任何东西。

威尼斯的陆地领土从亚得里亚海延伸到阿达河，从波河延伸到阿尔卑斯山，包括维罗纳、帕多瓦、维琴察、巴萨诺、费尔特雷、贝卢诺、弗留利、布雷西亚、贝尔加莫和克雷马等城市。除了这些地区，由于塞浦路斯国王詹姆斯的遗孀、威尼斯的凯瑟琳·科纳罗去世，美丽富饶的塞浦路斯岛于1486年成为共和国的属地。此时，威尼斯成为基督教世界的领导性政治力量，它的公民是当时世界上最文明的人群之一——不仅富有、精力充沛，而且致力于发展艺术和科学。其他国家视威尼斯为榜样，甚至邀请威尼斯人做顾问和领导者。

腐朽和毁灭的种子却已潜伏在这权力和辉煌之中。领土扩张使威尼斯卷入了意大利动荡的政局，因而导致了不可挽回的灾难。从15世纪末开始，共和国的财力开始下降，政治智慧蜕变为谨小慎微和奸诈狡猾，战争和政治纠葛极大地减少了人口和财富。威尼斯的贸易也遭到破坏，绕过好望角去往印度的通道被发现，从而改变了与东方的贸易路线。这使与东方的贸易往来几乎完全落入葡萄牙人的手中。

土耳其人在1453年攻占君士坦丁堡以后，逐渐征服了爱琴海和希腊半岛上所有的威尼斯领地。1571年，土耳其人征服了塞浦路斯岛；1699年，征服了克里特岛。从那时起，威尼斯很少再参与政治活动，满足于保留自己陈旧的宪法和亚得里亚海沿岸的领土。1796年，波拿巴入侵意大利，终结了威尼斯共和国。它不得不追随奇萨尔皮尼共和国、意大利王国和伦巴第-威尼西亚王国的命运，卷入了1848年法国革命之后的骚乱，起义反对奥地利，在遭受了漫长而严酷的围攻后，最终于1849年8月22日投降。

里亚尔托桥

威尼斯仍然是一座宏伟的城市，尽管多年来它一直在衰落。世界上没有一个地方比这里更引人注目。从远处看，它似乎是从海里升起的。它没有街道，但有无数条运河穿过，居民们乘坐冈朵拉在运河上航行。这座城市的建筑融合了希腊式、哥特式和萨拉森式的风格。里亚尔托桥是一座单拱桥，长187英尺，圣马可广场是意大利最宏伟的广场，这座城市有许多精美的画作，人口大约有10万人。

第311章

帕尔马、摩德纳、马萨、卢卡

帕尔马、摩德纳和马萨是位于意大利北部的公国，它们的领地连接在一起，虽然名义上是独立的，但深受奥地利的影响。

帕尔马位于米兰南部，摩德纳和撒丁岛之间。这座城市和皮亚琴察长久以来都是教皇的领地；但是，到了中世纪末期，它们成了共和国。内战以及归尔甫党和吉伯林党的纷争，导致它们在一个主人和另一个主人间摇摆不定；1512年，教皇尤利乌斯二世确立了他对这些城市的统治。

教皇保罗三世将这些城市给了他的儿子刘易斯·法尔内塞，他的后代又将这些城市传给了西班牙国王。1805年，它们被并入法兰西帝国。拿破仑被推翻后，维也纳会议将这些财产交给了拿破仑的妻子玛丽·路易丝，她是奥地利皇帝的女儿。作为这些领土的主人，她获得帕尔马公爵夫人的头衔，于1847年去世。

摩德纳位于帕尔马和罗马之间，先后属于德意志皇帝、威尼斯人、教皇、米兰公爵和其他强国。在13世纪，它被纳入统治费拉拉的埃斯特家族的领地。1796年，它与奇萨尔皮尼共和国合并，后来归属于意大利王国。1814年，它被分给奥地利的弗朗茨大公。

马萨这座小城曾经是摩德纳的属地，但后来被并入卢卡和皮翁比诺公国；在法兰西帝国时期，由拿破仑的姐姐埃莉萨统治。1814年，马萨成为公国。

卢卡在12世纪是一个独立的共和国，后来逐渐被德意志皇帝统治，巴伐利亚的路德维希于1316年使其成为公国。它的政体经常改变，但从15世纪到拿破仑把它交给姐姐埃莉萨的时候，它都保有自己的自由。1815年，它被划归帕尔马公爵家族；1847年，被并入托斯卡纳大公国。

第312章

撒丁王国

撒丁王国不仅包括同名岛屿撒丁岛，还包括皮埃蒙特、热那亚以及萨伏依的陆地领土。王国的陆地领土北接瑞士，东临伦巴第，南滨地中海，西邻法国。撒丁岛在科西嘉岛的南面，大约在意大利和非洲的中间。整个王国面积约为2.9万平方英里，有456.5万居民。萨伏依位于皮埃蒙特的南部，是热那亚的领土，多山区；但皮埃蒙特的中部是一个平原，由波河及其支流灌溉。撒丁岛多山，土壤相当肥沃，但没有得到很好的耕种。

这个王国的统治家族是欧洲最古老的家族之一萨伏依家族，可以追溯到11世纪的亨伯特一世。萨伏依伯爵通过勃艮第王国、法兰克王国和中世纪其他政权的解体获得了领土。1482年，萨伏依家族通过联姻获得了塞浦路斯王国的统治权，这使撒丁国王后来获得了塞浦路斯和耶路撒冷国王的头衔。

萨伏依公爵维托里奥·阿梅迪奥二世是撒丁王国君主政体的创

始人。根据《乌德勒支和约》，他被允许在1713年将西西里岛并入他的大陆领土。1720年，他被迫用这座岛交换撒丁岛，从此，王国就以这座岛的名字命名。

撒丁岛是迦太基人最早征服的土地之一。希腊人称这个岛为伊克努萨和桑达利奥提斯，因为它的形状与人的脚相似。罗马人驱逐了迦太基人，但他们发现这座岛状况不佳，因而几乎没有为改善该岛作出任何努力。7世纪时，汪达尔人征服了该岛；11世纪时比萨人和热那亚人接替了他们。13世纪，比萨人将该岛割让给教皇，但它并没有长久地依附于教皇国。14世纪，这座岛被阿拉贡国王詹姆斯二世占领，一直由西班牙政府统治到1708年；之后英国人以德意志皇帝的名义占领了该岛。1720年，如上文所述，它被交给萨伏依公爵。

热那亚的历史比撒丁王国其他地区的历史都更有趣，史实也更丰富。10世纪，由于加洛林王朝绝嗣，日耳曼人在意大利的统治被推翻，热那亚建立共和国，并因为与占领了地中海大岛萨拉森人的战争而首次引起关注。似乎一直到11世纪，热那亚都与伦巴第有政治联系。这座城市的位置有利于发展商业，它与黎凡特的贸易往来甚至早于威尼斯。

在12世纪，热那亚参与了十字军东征，并且明显参与了同东方的贸易。到12世纪下半叶，它的统治范围扩大到蒙菲拉托、摩纳哥、尼斯、马赛以及几乎整个普罗旺斯海岸和科西嘉岛。热那亚人在欧洲大陆抢占领土，使他们与竞争对手比萨产生了激烈纷争。当时比萨的海军力量非常强大。

这场纷争持续了两个多世纪，直到1284年在梅洛里亚岛海战中，比萨的海军被打败。在这场战役中，比萨的1.1万名俘虏被带到热那亚囚禁多年，他们拒绝为了获释屈从于胜利者的条件。后来比萨再也没有成为海军强国，港口也被摧毁了。

热那亚也是威尼斯的商业竞争对手。拉丁人在威尼斯人的帮助下夺取了君士坦丁堡的王位，而热那亚人则帮助希腊人从拉丁人手中夺回了君士坦丁堡，他们因此得到了君士坦丁堡的一个郊区佩拉。

佩拉位于金角的北端，也可以说是那个城市的港口。热那亚人在这里建造防御工事，从而增强了自己的实力，并将他们的贸易扩展到黑海。他们在这片海域的主要港口是克里米亚的卡法港，从那里经由里海，得到了东方的商品。在热那亚和威尼斯的战争中，热那亚人有时会组建一支有150艘战船、4万人的海军。14世纪，他们封锁了威尼斯，几乎要占领这座城市，但是威尼斯人最后又重获了优势。

热那亚人的商业如此繁荣，权势如此显赫，征伐如此成功，如果他们在属地采取明智的政策，以共同利益为纽带把所有的属地联合起来，他们可能会将欧洲第一商业国家的地位保持到中世纪末，并能阻止土耳其人征服君士坦丁堡。但他们与对手威尼斯的无益竞争耗尽了他们的力量，成了内部不和与派系纷争的牺牲品。

因为奉行不明智的政策，他们失去了在黎凡特的贸易和领土；君士坦丁堡被占领后，热那亚的势力迅速衰落，政府也由共和政体变为无政府主义。为了摆脱无政府状态，人民有时会屈从于外国的统治。此后，殖民地和属地也接连丧失。最后一个岛屿科西嘉岛也在1730年起义，经过长期的独立战争，于1768年并入法国。

在法国大革命之后的战争中，热那亚、萨伏依和皮埃蒙特都被法国军队占领。萨伏依和热那亚一度被法国吞并；但经过各种变动，这些领土在1814年与撒丁岛合并成一个王国。热那亚人对这种联合感到厌恶，他们为自己古时的独立悲叹不已。

1848年法国革命后，动乱席卷了欧洲，撒丁国王卡洛·阿尔贝托试图领导意大利革命党，反对奥地利的统治。但是他失败了。他的军队被打败，被迫让位给他的儿子。与此同时，热那亚人试图建立一个独立的政府，但没有成功，撒丁王国恢复了对热那亚的统治。

都灵是撒丁王国的首都，是意大利最美的城市之一。它坐落在波河河谷，占据了河两侧的位置，周围是一个由葡萄树覆盖着的山丘圆形剧场，远处是巍峨的群山。都灵的建筑非常工整，笔直宽敞的街道，装饰着成排的拱廊；在拱廊的尽头，可以看到周围乡村的美景。这座城市的建筑非常华丽，可以称之为宫殿之城。还有几座精致的桥梁横跨波河及其支流多拉河。都灵的人口约为12万人。

热那亚，以前因其财富和宏伟的宫殿而被冠以“最尊贵的热那亚”之名，现在展现的只是它昔日辉煌的一个缩影。主街是世界上最壮观的街道，一座座宫殿和宏伟的建筑层出不穷。其他街道大多又窄又暗。热那亚的部分贸易仍在进行，城内大量生产天鹅绒、锦缎和绸缎。这座城市附近岩石多，树木稀少，但有许多漂亮的别墅和乡间庄园。热那亚的人口大约有8万人。

卡利亚里是撒丁岛的首府，贸易量巨大，但是城市拥挤，建筑简陋，道路很差。人口约有3万人。

第313章

科西嘉岛

（前544—1795）

科西嘉岛在撒丁岛的北面，中间隔着博尼法乔。这座岛南北长约116英里，宽约50英里，距离法国海岸约120英里，距离意大利海岸约60英里。地势多样，富于变化。一连串的山脉从北向南贯穿整座岛屿，肥沃的山谷从这条山脊向东西延伸。最高的山峰一年中大部分时间被积雪覆盖。

这里气候温和，但暴风雪在冬季并不少见。尽管在某些地方有沼泽，会产生有害气体，但总体来说，空气清新宜人。罗马人认为科西嘉岛状况不佳，土壤肥沃，但不利于耕种，居民懒惰，农牧业经营不善。这里的橄榄树是野生的，可以种植各类谷物，有些地方还种植葡萄树。

古希腊人称这座岛为基尔诺斯岛，根据希罗多德的记载，最早在这里定居的是来自小亚细亚的福西亚人，公元前544年他们逃脱了波斯国王居鲁士军队的追杀，来到这里。但是，对于科西嘉岛的早期历史，我们几乎没有任何确切信息。

据说这个岛上的军队原来属于公元前5世纪在西西里岛的迦太基军队，迦太基人很可能征服了整个科西嘉岛或者部分地区。迦太基被摧毁后，罗马人占领了科西嘉岛，并向居民征收20万磅的蜡作为贡品——这是一个奇怪的历史事件，但可以说明早期该岛的主要产品是什么。罗马人曾将该岛作为流放之地，塞涅卡在这里流放了一段时间。

罗马帝国灭亡时，科西嘉岛被汪达尔人攻占，随后又被哥特人占领。但是，贝利撒留成功迫使哥特人放弃该岛，并将其作为拜占庭帝国的属地并入拉韦纳总督统治区。8世纪早期，萨拉森人征服了这座岛屿，但是由于他们在西方的势力衰落，以及法国和阿拉贡人的攻击，他们被迫放弃了这座岛屿，科西嘉岛遂成为教皇与比萨共和国以及热那亚共和国争抢的目标。最后，热那亚人粉碎了他们对手比萨的海军力量，成为科西嘉岛的主人，他们用铁腕手段统治科西嘉岛。

1359年，科西嘉人举行了国民大会，这是该岛有史以来首次召开国民大会，其目的是抵抗外国人的统治以及本地贵族的压迫，后者在该岛的某些地区行使了国王的专制权力。

当时，热那亚人控制了岛上相当大的一部分地区。在其他地区，比萨人和阿拉贡人已经收回了部分领土。在很长的一段时间里，科西嘉人都在与入侵者做斗争。每隔一段时间，他们就被迫臣服于热那亚人、那不勒斯人、米兰人和法国人。

15世纪末，他们由皮翁比诺公爵所统治，但他将该岛卖给热那亚的圣乔治银行。科西嘉岛由银行官员统治了几年，居民憎恶他们的统治，于是发生了起义。当时与热那亚人为敌的法国人，援助了科西嘉人，一场激烈的战争给这座岛屿带来了灾难。任何一方都没有向对方施以宽容，那些在战斗中死里逃生的人，都被卖给在岛上逗留的土耳其海盗做奴隶。这些战争持续了很多年，造成了巨大的破坏。科西嘉人将这座岛屿送给了路易十四，但他拒绝了这份礼物。他们接着向奥地利申请援助，但没有成功。他们为了国家独立继续与热那亚人作战。

1736年，一艘船从突尼斯出发抵达科西嘉岛，船上挂着英国国旗，满载着武器装备、服装和金钱，随船的有一个外表高贵、穿着土耳其式样的华服、自称在好几个国家都是显要人物、作出能得到外国援助的美好承诺的人物。这个人就是威斯特伐利亚的诺伊霍夫男爵西奥多，一个法国人，在经历了一生的浪漫冒险之后，渴望成为科西嘉国王，并为此与岛上的一些首领秘密谈判。

科西嘉人被他的外表所打动，被他的承诺所迷惑，并且认为他及时地出现简直是个奇迹，欣然同意选他做国王。他行使了几个月的统治权，铸造了货币，分散了贵族的特权，建立了骑士勋位；为了显示并维护他的权威，他处死了三位家世显赫之人。最初在科西嘉人的热情支持下，他从热那亚人手中夺取了几个要塞，热那亚人悬赏要他的命。

但由于他承诺的外国援助并未实现，他失去了声望，最终被迫放弃这个王国。他先后到过意大利、法国和荷兰；在阿姆斯特丹，因欠债被捕，但被一名犹太人解救了，犹太人为他提供资金，让他装备4艘船。1738年，他乘船再次出现在科西嘉岛附近。

热那亚人当时得到了法国人的帮助，重新占领了岛上的大部分地区。西奥多发现登陆不安全，就撤退了。1739年，整个科西嘉岛分别归属于法国和热那亚。1742年，西奥多第三次出现在岛上，这次岛上的居民并不愿意接受他。后来他去了伦敦，因为债务被监禁，但由于霍勒斯·沃波尔的善意干预，他获得了自由，为了债权人的利益而转让了科西嘉王国。1756年，他在伦敦去世。

1742年法国军队撤退后，科西嘉人再次起义反抗热那亚人。1745年，一支英国舰队轰炸了当时被热那亚军队占领的巴斯蒂亚市，给了他们一些帮助。由保利将军率领的科西嘉人坚持战斗，取得了成功。最后，热那亚人对征服这座岛屿感到绝望，于1768年将其割让给法国人，次年，拿破仑·波拿巴在它西南部的一个小海港阿雅克肖出生。

法国人很快迫使科西嘉人臣服，保利逃到了英国。1789年的法国大革命给了科西嘉人重新获得独立的希望。起初，该岛被允许自由行使法国公民的普遍权利；它成立了专门负责法国事务的部门，并派代表参加国民议会。

但在1793年，保利和其他一些领导人对法国公约的程序不满，宣布科西嘉独立于法国，并向英国申请援助。1794年，法国人被英国舰队驱逐出境，科西嘉并入大英帝国，制定了宪法，政府由一位英国总督管理。然而，科西嘉人和英国人却无法达成一致，而且在岛上仍然存在一个倾向于法国的强大政党。1798年，英国在占领科西嘉岛两年之后终于放弃，科西嘉重新并入一直与它有联系的法国。

位于东北海岸的巴斯蒂亚、西南部的阿雅克肖和内陆的科尔特是科西嘉岛的主要城市：这些城市都不大。科西嘉人有点像意大利人，但他们是许多民族的后裔，与周围的任何民族都不太相似。他们性情冲动，报复心强，喜欢抢劫和暗杀。他们的勇气毋庸置疑，因此孕育了现代最伟大的战士。

第314章

教皇与罗马

（476—1347）

由近代罗马统治的领土是意大利中部。北面是伦巴第-威尼西亚王国的领土，东面是亚得里亚海和那不勒斯，南面和西面是托斯卡纳和地中海。这里是意大利最肥沃的地区，也曾经是欧洲人口最稠密的地区；但现在很多地方已经荒芜，或者成为废墟。南部是古拉丁姆。领土总面积是1.65万平方英里，有260万居民。

当西罗马帝国被推翻时，罗马城保留了它的古代政体，但如我们在前几章中所述，它处于各种势力的统治之下。这一时期的历史错综复杂。最终，教皇开始在罗马拥有权威，罗马城的历史也变得清晰。罗马城几百年来的历史，都是教皇权力发展的历史，政治与宗教不可分割。奠定了教皇统治基础的这段历史简短而模糊，不能确定开始的确切日期。

8世纪，圣像破坏运动在拜占庭帝国引起了巨大的动荡。皇帝站在反传统者即破坏者的一边。罗马教皇格里高利三世则站在了对立面，努力唤起意大利人的民族感情，以对抗圣像破坏者和皇帝。这是一场走向独立的运动。伦巴第人以宗教借口将拜占庭人驱逐出意大利，但教皇发现征服者想将统治强加于他，于是求助于法兰克人。在丕平和查理曼的武力支持下，罗马的教皇们维持了罗马的领土独立，因此上升为世俗君主。教皇拥有世俗权力的历史就从这里开始。阿德里安一世是第一个将教皇的权力与政治体系相结合的罗马教皇，这件事发生在772年。

而这个统治权是建立在伪造文件的基础上的。丕平和查理曼在法国建立政权时曾受到教皇的恩惠，因此他们将从拉韦纳总督手中夺回的罗马领土赠予教皇。为了使这件事更具权威性和公正性，教皇伪造了一份文件，据称是君士坦丁大帝的手笔。这份文件把罗马、意大利和西部各行省的统治权赠予教皇。

因此，法国君主的礼物似乎是归还了古代的财产；而教皇的世俗权力，虽然还处于萌芽阶段，却从远古时代就得到了认可。伪造事件臭名昭著，现在的天主教作家甚至承认这一事件；但是在教皇拥有权力之初，人们普遍认为君士坦丁大帝的馈赠是真实的，而且长期以来一直被视为确立教皇统治权的法律文件。

起初，教皇的权力从属于皇帝，并且限制在非常狭窄的范围内。任命教皇的权力属于皇帝，但教皇的权力在不断增加，直到皇帝对教会的统治几乎彻底瓦解。在很长一段时间里，意大利的政权极不稳定，教皇和德意志皇帝之间发生了激烈的斗争。意大利封建领主争取独立，大城市试图得到自由。有时候皇帝和教皇联合起来对抗罗马人民，有时候对立的教皇会为了争夺最高权力而斗争。

教皇的权力在10世纪和11世纪极大地增强，从利奥九世（1049年即位）开始，教皇们野心勃勃，采取各种手段使他们的统治更彻底更普及。他们不仅渴望成为教会中的最高立法者，而且宣称自己是宇宙的主宰，帝国命运的仲裁者，以及世上所有国王和君主的最高统治者。

11世纪，因为反对封建势力，教皇获得了最大权力。希尔德布兰德，即格里高利七世（1073年即位），是第一个对此有所觉察的人。他巧妙地利用了这一发现：在瓦解帝国权威和打击意大利贵族势力的过程中，使教皇的统治达到了非凡的高度。他认为罗马教皇是基督在世间的代表，是万王之王，整个宇宙都是他的合法领地。

凭借这套最傲慢最自负的说辞，他要求法国、西班牙、英国、丹麦、波兰和德意志进贡，要求这些国家的国王和王公效忠于他，将他们的王国和领土授予他，置于他的管辖之下。由于当时的欧洲一片混乱，实现这一统治计划拥有良好前景；如果希尔德布兰德能成功实现他的野心，那么现在欧洲诸国都已经成了罗马教廷的附属国，国王则是教皇的战士和封臣。希尔德布兰德的许多政策都取得了成功，自他担任教皇以来，欧洲的面貌发生了巨大变化，皇帝和其他君主的权力被削弱。十字军东征加强了教皇的权威，可以说教皇的权威在13世纪末达到顶峰。

十字军东征使教皇获得了干涉基督教国家内部管理的特权。他们强迫皇帝和国王履行基督徒的责任，带领军队前往圣地。为了支持这些战争，他们酌情向整个基督教世界的神职人员征税；将入伍者及财产置于他们的直接保护之下，这些人经常向教会赠送大量财产。教皇的权力因此而增加，君主的权力却衰落了。

起初，教皇只戴一顶皇冠。卜尼法斯八世（1294年即位）声称他既是教皇，又是皇帝，据说他是第一位戴双冠的教皇。乌尔班五世（1362年即位）又增加了一顶王冠。卜尼法斯八世在1300年宣布了首个禧年。这个制度也许借用了希伯来人的禧年，但用途却完全不同。在禧年，凡到罗马来忏悔自己的罪，参加圣礼，并参观某些教堂的人会得到彻底宽恕。这一措施非常成功，大大充实了教皇的国库，所以其间隔时间被历任教皇一再缩短，由最初的50年缩短到33年，又缩短到25年。超过100万朝圣者因此来到罗马，庞大的人群为教会捐赠了巨额财富，神父们需要不断地用耙子和铲子把这些人捐出来的钱堆成堆。

教皇的权力在14世纪明显衰落了。法兰西国王腓力四世通过一系列巧妙的阴谋，促成了自己的傀儡波尔多大主教——他自己创造的——贝特朗·格斯当选教皇，即克雷芒五世。克雷芒五世于1307年将教廷迁至法国的阿维尼翁，直至1378年。克雷芒五世是阿维尼翁的第一位教皇。

将教廷移至法国削弱了罗马教皇在意大利的统治，尽管意大利仍在他的统治之下。罗马有3个政党，由3个强大的家族——奥尔西尼家族、萨维利家族和科隆纳家族领导。罗马境内几乎所有的城堡和要塞都属于这些家族，他们都拥有军队，彼此之间不断征伐，而军队的士兵比强盗也好不了多少。乡下人怀着掠夺的希望，加入了暴乱的队伍，为了战争带来的这份不确定的收益而放弃了耕作，致使田地荒废，在罗马周围的乡村是意大利土地上耕种最差的地区。缺乏合适的政府往往使混乱局面加剧，有时在一个教皇死后、另一个教皇当选之前会有很长时间的空缺期。当教皇去世时，罗马的首席执政官通常会派一个人敲着鼓，发出沉闷的响声，穿过街道，下令打开大门。各家各户都必须整晚在窗户里亮灯，每个教区都有人守夜。

中世纪时，德意志皇帝在罗马加冕；每当此时，城市里就会出现大的动荡和骚乱。敌对的首领互相争夺加冕的荣誉，街上到处都是打斗的人群，教堂则需要军队驻扎和防御。房屋倒塌声、杀人放火声、教堂钟声、打斗之人的呼喊声、武器的叮当声以及人们从四面八方蜂拥而至的喧嚣，形成了一场巨大的骚乱，这就是德意志皇帝在罗马加冕的序曲。

在整个中世纪，罗马人民都几乎不愿臣服于教皇的世俗政府。他的要求和权力不受限制，也不受既定法律的约束；而人民普遍渴望自由。除了意大利人的反抗和无政府状态这些也适用于首都的共同因素，罗马所特有的其他情绪也在许多个世纪中保持着影响力。罗马庞大遗产的废墟，依然能够使公民对自己的尊严产生强烈的意识。他们尊崇罗马的名字；有时，他们凝视艺术和帝国的纪念碑，会在民族自豪感的幻觉中忘记世界性帝国的权杖已经永远地消失了。

然而，在12世纪，有几个教皇被罗马人民驱逐出境。教皇卢修斯二世在骚乱中受伤身亡，政府权力交由56名成员组成的元老院掌控，元老每年由人民选出。这一制度持续了近半个世纪。在12世纪和13世纪，元老院成员行使了一种独特的权力——铸币权。他们的一些硬币仍然存在，上面的铭文极具共和特征。根据个人的特点，教皇对罗马的世俗权力在不同时期有所不同。

第315章

从里恩佐到乌迪诺占领罗马

（1347—1849）

罗马历史上有一个有趣的插曲，就是柯拉·里恩佐及其成就。里恩佐是一个罗马市民的儿子，处于社会底层。年轻时他以非凡的才能、丰富的想象以及强烈崇拜共和国时期古罗马人享有的自由而闻名。他被自己热烈的感情冲昏了头脑，幻想着过去的辉煌可以重现，于是他抓住一切机会，向人民宣传自己的想法。

在教廷迁至阿维尼翁后，改变罗马政府的机会频繁出现；1347年，里恩佐抓住机会发动革命。在执政的元老斯蒂芬·科隆纳离开期间，里恩佐发动市民起义。他们拿起武器，将贵族逐出罗马，并建立了一个叫“好家园”的共和政府。

里恩佐被选为首席执政官，拥有保民官的头衔。他利用自己的权力镇压贵族，保护民众的权利。但是突如其来的成功以及各种各样繁杂的事务冲昏了他的头脑。他的行动不再有节制，最终在一场民众骚乱中被暗杀。罗马共和政府也随之一起消失。贵族们回到城市，科隆纳家族又控制了政府，敌对家族之间的旧怨重燃。

里恩佐死后不久，罗马的自由意识在共和体制中再次复苏。从该市13个区中选出的名为“方旗骑士”的行政官们，成为联邦的首领，他们指挥着一支由3 000名市民组成的民兵队伍。这个新组织的主要目的是恐吓罗马贵族，在政府缺位的情况下，贵族们的暴行已经无法容忍了。他们中有几个人在第一年就被方旗骑士下令处以绞刑。这种政府形式持续了多久并不为人所知。1378年，罗马教皇格里高利十一世在罗马人民的诚挚邀请下，从阿维尼翁迁回罗马。

这一事件使西方教会产生了巨大的分裂并持续了40年。法国红衣主教选了一位住在阿维尼翁的法国人担任教皇；意大利红衣主教选择了一位意大利人，教廷设在罗马。整个基督教世界被这两位教皇瓜分，他们同时统治了38年。

1409年，第三位教皇确立；直到1417年，罗马的马丁五世被康斯坦茨大公会议确立为唯一的正统教皇，分裂才结束。教皇的权力因为长期分裂和许多竞争对手的可耻行径而大大削弱。实际上，教皇的政治史就是一部阴谋史。在这一时期，罗马的社会状态除了与教会相关，对于意大利没有太大意义。

在皇帝查理五世的征战中，罗马被波旁王朝巡警引导的帝国军队占领并洗劫（1527）。9个月来，这座城市一直处于帝国军队的统治之下，一群无法无天的德意志和西班牙雇佣兵肆无忌惮地对居民实施暴行。教堂和宫殿被掠夺，雕像和柱子被推倒，梵蒂冈的大厅和拉斐尔的壁画上仍有这些灾难的痕迹。

有些教皇统治温和，深受爱戴；有些则非常专横，因为他们统治残酷，有时会在城市里引发骚乱。专横的代表是傲慢的保罗四世，他雄心勃勃地想要统治其他国王，就像以前的教皇一样。他于1555年出任教皇。但从教会的专制统治盛行以来，社会状况发生了根本性的变化。此时除了对教会事务有特殊管辖权，教皇在他的领地之外几乎没有什么权力，他也不能指望其他国家的统治者会对他表示敬意，除非因为他担任的圣职。保罗四世在罗马非常不受欢迎；他对人民课以重税，并加强了宗教裁判所的权力，因此该法庭的监狱里挤满了被怀疑是异端的人。他死后，人们打开地牢，释放了囚犯。

教皇中最杰出的一位是格里高利十三世，他于1572年当选，因温和的统治而深受爱戴；在统治时期，他改革了历法，颁布了格里历。1582年，所有天主教国家都采用了这一历法，但新教徒直到多年后才接受。

罗马圣彼得教堂

16世纪，罗马的权力受到了来自宗教改革的巨大冲击，我们会单独介绍这一重大历史事件。从宗教改革时期到18世纪末，罗马对政治史的贡献微乎其微。

在教皇举行加冕典礼期间，罗马总是展现出一种非同寻常的欢乐景象，现在这依然是一场非常壮观的仪式。教皇的加冕仪式通常在拉特兰圣约翰大教堂举行，这是罗马最古老的神圣建筑之一。教皇被红衣主教选出后，一支华丽的队伍簇拥着他从梵蒂冈宫向大教堂行进。红衣主教们都骑着马，穿着紫色的长袍，戴着猩红色的帽子。罗马的贵族们，身着盛装紧随其后，每人都有4个着盛装的随从。教皇本人骑着一头白色的骡子，前面是他的瑞士卫兵，身穿甲胄，头戴饰有大羽毛的帽子。

游行队伍按照这个顺序穿过整座城市，来到拉特兰的圣约翰大教堂，教皇在那里正式加冕。仪式结束后，他前往市政广场，成群结队的普通民众在那里围着他祈求祝福。晚上灯火通明，有燃放烟火和其他的公众欢庆活动。如今罗马举行的公共庆典中，最引人注目的是点亮圣彼得教堂大圆顶的仪式，在意大利湛蓝的天空衬托之下，圣彼得教堂大圆顶显得格外辉煌。

1796年，拿破仑率领法国人入侵意大利，导致罗马的政府发生了重大改变。教皇起初对法国人怀有敌意，但他们在意大利北部屡战屡胜，使他们在整个半岛拥有了决定性的优势；教皇庇护六世很高兴能跟拿破仑签署条约，并因此将罗马诸多最好的画作和雕像交给了法国人。

然而，两国之间的良好关系只是短暂的。罗马发生了一场民众骚乱，法国公使馆的一位秘书在骚乱中丧生。法国政府不管是被这个结果激怒，还是找借口干涉罗马的事务，立即决定罢免教皇。因此，1798年，在罗马公众欢庆的一天，也就是教皇当选的周年纪念日，两名法国军官进入举行仪式的礼拜堂，向他宣布他的权力已经结束，他的瑞士卫队被解散，现在他由法兰西共和国的士兵保护。红衣主教们都被剥夺了权力，成立了一个由执政官、国务大臣和各省代表组成的新政府。这个政府依然在法国人的控制下，教皇退居佛罗伦萨，从那里被移到法国，并在那里去世。

在拿破仑成为法国的第一执政，并于1800年在马伦哥战役中重新征服意大利后，他允许在巴黎当选的新教皇以庇护七世的头衔，担任罗马教皇。1800年7月，新任教皇进入这座城市。他脾气温和，努力使一切恢复原状。但他的政治权力只是名义上的，因为没有法国的批准，他什么也做不了。

1804年，拿破仑要求教皇去巴黎将他加冕为法兰西帝国皇帝。1808年，拿破仑决定剥夺教皇的一切政治权力，因此，他写信给教皇，希望教皇放弃罗马的统治权，只做罗马主教。教皇不愿服从，于是一支法国军队被派往罗马，将教皇俘虏并送到意大利北部。

罗马并入法兰西帝国。修道院全部解散，修道士和修女被送回家，新的政府成立了。在法国政府的统治下，罗马城及领土都得到了很大的改善。他们鼓励制造业和农业发展，促进了丝绸加工以及棉花、橄榄等作物的种植，人民的整体生活状况得到了改善。

法国政府在罗马的统治一直延续到1814年，拿破仑意识到自己的命运正在走下坡路，于是释放了教皇。不久，拿破仑被推翻，教皇在罗马的统治得以恢复，旧秩序在各个方面都得以重建。

庇护七世于1823年去世，他的继任者利奥十二世在位6年；随后

教皇庇护九世

是庇护八世，他年迈体弱，当选后仅仅活了几个月，于1831年去世。格里高利十六世继任，在他统治期间没有发生任何显著事件。庇护九世于1846年接任。他开始执政时试图对政府进行改革，并采取措施建立民众代表制度。1848年的法国革命推翻了路易·菲利普的统治，使整个意大利革命党心怀希望，而教皇对是否给予臣民所要求的全部民众权利犹豫不决。罗马人民爆发起义，1849年，教皇逃到那不勒斯王国的加埃塔。

罗马人宣布成立共和国，组建了由3位执政官领导的政府。法国的路易·波拿巴政府站在教皇一边反对罗马共和国，并派遣了一支由乌迪诺元帅率领的军队向他们发动进攻。罗马被围攻轰炸了好几个星期。在马志尼、加里波第和其他精力充沛的领导人的带领下，居民们进行了坚决抵抗；但这座城市的旧城墙太薄弱，无法抵挡法国人猛烈的炮火。1849年7月3日，他们停止了一切抵抗。法国人占领罗马①，教皇的权力恢复了。

① 这些事件都是最近发生的，我们不能草率判断。当时法国成为共和国的时间仅仅一年多一点，便出兵颠覆了罗马的共和政府，恢复教皇的统治权，而这一权力长期以来一直被视为欧洲法治及制度的主要保障和支撑。这种干预的理由是：法国有权这样确保它在“欧洲均势”中应有的影响力；而且，对罗马人及意大利来说，由法国人而不是奥地利人和那不勒斯人来恢复教皇权力更好，当时后两者正威胁要推翻共和党人的政府。这些究竟是不是真正的原因，其公正性又有多高，以及在如此不同寻常的进程中会有什么问题，都必须等待时间加以判断。——原注

罗马是教皇国的首都，坐落在台伯河畔，离台伯河口大约15英里。周围的城墙有16英里长，但很大一部分城墙已经荒废了。现代罗马是一座美丽的城市，富丽堂皇的宫殿、教堂和公共建筑物鳞次栉比。一般的街道狭窄而弯曲，但有些街道规整而宽敞。很多广场都修建得很好。

罗马最伟大的建筑奇迹是圣彼得教堂，被认为是有史以来人类建造的最奢华的建筑。古罗马历史悠久、气势恢宏的遗迹不胜枚举，我们将提及其中最有趣的几处。根据年代的久远程度，这些遗迹可以分为三类：1.古罗马王政时期；2.共和时期；3.罗马帝国时期。第一个时期剩下的遗迹很少。其中最引人注目的是马梅尔定监狱，据说由罗马王政时期第四任国王安库斯·马尔西乌斯修建，马尔西乌斯在公元前600年左右统治罗马。根据天主教的传说，使徒保罗或彼得曾被关押在监狱地牢中，一股泉水奇迹般地从地下涌出，使他能给受其感化的狱卒施洗。

共和国时代的文物也很少，包括一个巨大的方形凯旋门，用来纪念四面的雅努斯神，一座剧院的遗迹，一些坟墓，以及市政广场上某些建筑的地基。帝国时代的遗迹非常丰富，几乎囊括了已知古代建筑的每一种类型。其中最雄伟的是圆形竞技场，这座巨大的建筑是由

马梅尔定监狱

恺撒宫殿遗迹

韦帕芗和提图斯为公众观展而建，能够容纳8万观众，尽管在废墟上矗立的房屋和宫殿寥寥无几，但它仍然是一座破败不堪的宏伟建筑，让每一个观看者都惊叹不已。

帕拉蒂尼山上的恺撒宫殿遗迹仍然向人们展示着大量的墙壁和拱门，其中有散落在地的破碎圆柱、雕刻的大理石以及无数其他建筑遗迹，这些可能属于尼禄的金屋。古罗马浴场的

古罗马高架水渠

贝尔维迪尔的阿波罗头部雕像

遗迹令人赞叹不已；高架水渠也是如此，其中一些仍然用于向城市送水。

罗马城墙内将近一半的地方都是废墟。尽管如此，这座世界古都依然让人感到愉悦。罗马的画作、雕像、图书馆等，对每个旅行者来说都是奇观和乐趣。这些珍宝中有贝尔维迪尔的阿波罗和美第奇的维纳斯，被认为是世界上最好的雕像作品。罗马目前的人口约为15万人。

博洛尼亚位于亚平宁山脉东侧，是意大利最古老的城市之一。博洛尼亚大学曾有1万名学生，学校的绘画学院将其学术和艺术提升到了显赫的高度。这座城市建筑精良，有长长的拱门和高大的柱子，为步行的游客提供了阴凉的步道。宫殿宽敞，以其建筑之美和艺术精品而著称。人口约为6.5万人。

安科纳位于亚得里亚海沿岸，是教皇领地内最重要的海港。这座港口是由图拉真皇帝建造的一个宏伟的大坝防御。费拉拉位于北部边界，城市里有长满草的街道和废弃宫殿。洛雷托位于亚得里亚海沿岸，以其圣殿而闻名，根据天主教的传说，这座教堂是从巴勒斯坦飞到这里的。奇维塔韦基亚位于地中海沿岸，是一个海港，有一些规模较小的商业。

圣马力诺共和国是一个很小的地区，完全被包围在教皇领地内，是一个国中之国。国土包括一座陡峭的高山，面积约5平方英里，靠近亚得里亚海岸。圣马力诺城坐落在山顶上，大约有7 000居民。

圣马力诺

这个小国家的历史可以追溯到5世纪，当时一位名叫马力诺的达尔马提亚石匠在这里修建了一座修道院，他对宗教的狂热为他赢得了圣徒的称号。一座城镇逐渐在这个地方崛起，这个城镇由自己的法律管辖，除了政治力量，在各方面都是一个独立的国家。尽管这个国家很小，但其人民并没有摆脱由归尔甫党和吉伯林党派纷争引起的混乱，因为他们站在后者一边。当时，圣马力诺似乎与教皇没有任何政治联系。这个国家一直保持独立，直到1739年被教皇占领，但是德意志皇帝强迫教皇恢复了圣马力诺的自由。

圣马力诺是意大利唯一没有受到拿破仑影响的地区。这位伟大的征服者授予这个小小的共和国豁免权，甚至向居民提供了额外的领土，但他们非常明智地拒绝了。1814年教皇复位后，承认了圣马力诺的主权独立。这个共和国现在的政府属于一个由300名老人组成的议会，以及一个由20名贵族、20名市民和20名农民组成的元老院。首席行政官的头衔是“旗手”，每3个月选举一次。

第316章

托斯卡纳（上）：从古代的伊特鲁里亚到大瘟疫

（476—1348）

现代托斯卡纳大公国的北部和东部都是教皇国，南部和西部被地中海包围，由此形成的海湾有时被称为第勒尼安海或托斯卡纳海。与教皇国相比，这里多山，亚平宁山脉贯穿全境。然而，从整体工业水平和居民的手工业水平来看，这里更具生产能力。

这里气候温和，而且大部分地区清爽宜人。葡萄树、橄榄树和桑树都栽培得很成功。托斯卡纳的油和葡萄酒是全意大利最好的，丝绸和草编制品也同样出众。城市很漂亮，建筑精美，而且非常干净。在许多重要方面，托斯卡纳在意大利的地位可以与新英格兰在美国的地位相媲美。包括卢卡在内，托斯卡纳有8 700平方英里，155万居民。

托斯卡纳位于古伊特鲁里亚的疆域内。在罗马建立之前，那里文明开化的居民居住在精心建造的繁华城市中。其中一些城市现在依然很繁荣，例如科尔托纳、佩鲁贾、锡耶纳、沃尔泰拉等。

城市通常建在陡峭的山顶上，四周是巨大的石块砌成的厚墙。其中一些城墙至今还保留着，几乎没有因为3 000年时间的流逝而受损。伊特鲁里亚人是非常强大的民族。公元前5世纪，在克鲁西姆王波森纳统治时期，他们占领了罗马，强迫居民交出所有武器，并规定不得使用铁制工具或用具。他们长期抵抗罗马人的进攻，直到公元前3世纪才最终被征服。伊特鲁里亚的宗教有相当一部分融入罗马人的宗教之中，如占卜、算命等。

佛罗伦萨目前是托斯卡纳的首府和最大城市。这座城市并不是伊特鲁里亚人建造的，大约在公元前50年左右，在苏拉统治时期，罗马人建造了这座城市。后来推翻罗马帝国的蛮族将其摧毁，但是在查理曼统治时期这里得以重建。查理曼将托斯卡纳设为公国，附属于查理曼帝国。这里由侯爵或公爵统治，随着时间的推移，这里独立了。

10世纪末，加洛林王朝在意大利失去了统治权，托斯卡纳诸城市成为共和国，每个城市都由一位公爵和元老们统治。这个时期的意大利城市，与其他任何国家都大不相同。就像在罗马统治时代一样，大多数城市里都住着自由公民，他们选举自己的执政官，制定自己的市政法律。在其他国家，城市和城镇是封建领主的领地，居民是封建领主的附庸，没有权力自己制定法律，除非有君主颁发的特许状，才能这样做。

在这一时期，法国和德意志没有自由城镇，所以公民比奴隶好不了多少，不管从事什么行业，都会受到蔑视，封建主会剥夺他们的利润。但在意大利，公民是自由而富裕的阶层，商业被视为一种光荣的职业。

当时整个意大利分为两个党派，这种状况一直持续到很久之后。这两个党派分别叫作归尔甫党和吉伯林党，来自两个古老的同名德意志家族。吉伯林党通常站在德意志皇帝一边反对教皇，归尔甫党站在教皇一边反对皇帝。归尔甫党通常被认为是民众自由的拥护者，但他们在执政时似乎与对手一样喜欢采取专横的手段。

两个党派都是由贵族家庭组成，主要为了自己的利益而战。教皇和皇帝之间的冲突缘于一场争议，即是谁拥有意大利诸城市名义上的统治权，尽管这些城市实际上是自由的。吉伯林党的贵族大多居住在山中的城堡里，他们在那里保留了许多封臣，并对周围的城市行使某种主权。他们依附于皇帝，是因为只需要在名义上臣服于皇帝，因为皇帝不在意大利，他们可以随心所欲地过自己的日子。普通人一般都属于归尔甫党，因为他们指望教皇保护他们的权利不受皇帝侵犯。

然而，许多吉伯林党贵族发现，在共和国的法律下生活很方便，他们把家安置在城镇内，为了保护自己免受对手伤害，他们加固了住宅，有厚厚的围墙、坚固的塔楼、高而窄的窗户和沉重的橡木门，用巨大的门闩和铁棍固定。

归尔甫贵族效仿了他们的做法，加固了自己的房屋。他们所有的城堡里都挤满了骑士、绅士及地位低微的随从，组成了随时准备行动的小型军队。由此，一套内战体系已然形成。在每一个公共节日或任何形式的集会上，归尔甫党人和吉伯林党人一定会发生争吵。一声战斗的呐喊响起，脾气暴躁的意大利人便会立即拔剑冲出去，向他们遇到的所有人发出挑战，想知道对方是朋友还是敌人。在莎士比亚的《罗密欧与朱丽叶》中，这种社会状态及其悲剧性的影响被刻画得入木三分。

大约在12世纪中叶，当佛罗伦萨开始成为历史关注的对象时，我们发现这是一个动荡的共和国，归尔甫党和吉伯林党之间的冲突一直存在。佛罗伦萨人长期以来以艺术和商业而著称，他们非常公正地认为，以才干和勤劳获得财富和荣誉的上层公民，比许多以掠夺为生的贵族更高尚。因此，他们将贵族排除在他们的政府议会之外，并选择从事某些行业或职业的公民组成了议会。除非这个人登记从事某一行业，否则不得担任执政官，或担任任何重要职务。有时会任命一位首席执政官，拥有“旗手”的头衔，因为他举着旌旗或国旗。当这面旗帜出现时，市民们有义务集合起来，服从旗手的命令。

在这个动荡的时期，许多有地位的人被驱逐出佛罗伦萨，其中包括伟大的诗人但丁，他曾是佛罗伦萨市议会的成员之一。1302年，但丁及其政党被驱逐出城，他在流亡中度过了余生，主要在维罗纳和拉韦纳。在流放期间，他创作了伟大的诗歌《神曲》，其中充满了那个时代政治历史和主要人物的典故。

14世纪中叶，意大利发生了可怕的灾难。首先是一场饥荒，由于雨水过多，庄稼无法成熟。佛罗伦萨人性格中的仁慈和体贴，在这种紧急情况下显得尤为重要。1347年，佛罗伦萨每天免费领取面包的人数为9.4万。没有一个穷人或陌生人没有食物。尽管如此，由于饥荒带来的灾难如此之大，人们普遍中止了收债。第二年出现了大瘟疫。这场瘟疫源于东方，蔓延到整个欧洲，肆虐了两年。它首先造访的欧洲国家是意大利。由比萨人、热那亚人和加泰罗尼亚人的商船从黎凡特带来，迅速扩展到佛罗伦萨，并蔓延到托斯卡纳，从那里开始一步步使整个意大利变得荒凉。

历史学家佐凡尼·微拉尼给我们描述了这场可怕灾难的开始，却不幸中断，因为他自己成了社会动乱的受害者。著名作家薄伽丘是托斯卡纳语之父之一，他较为幸运。当时他已经离开了佛罗伦萨，和一群上流社会的人一起，呼吸着附近可爱的山丘上清新的空气，远离了这座城市所经历的各种灾难。这群人以轮番讲述故事、轶事和笑话的方式，度过这段时光，由此诞生了一本书，被认为是托斯卡纳语言中最优秀的作品，这就是《十日谈》。从这一疾病的历史（作为《十日谈》的序言）中我们了解到，在黎凡特有人因鼻子和嘴巴出血而就诊，这是543年大瘟疫中出现的致命症状。

在佛罗伦萨，这种疾病表现为腹股沟或腋下肿大，随后是身体其他部位肿大；接着出现黑色或青灰色的斑点，一旦出现这些斑点，即被认为是3天或4天内死亡的征兆。几天内，一户人家就全部死去了。每天有大量死者从街上被抬到墓地，这使所有人都感到恐惧，以致公共和私营业务都停止了。因为没有劳动力，田地一片荒芜，成熟的庄稼也无人收割。法律的权威不复存在，那些被遗弃的可怜人肆无忌惮，无法无天，灾难让他们无所畏惧，在这里纵容自己犯罪。似乎自查士丁尼瘟疫——人类记忆中最严重的瘟疫以来，再没有比1348年瘟疫更致命的了。从3月到9月的6个月里，据说有10万人死于佛罗伦萨的城墙内。

第317章

托斯卡纳（下）：从比萨与佛罗伦萨的竞争到共和国的衰落

（1378—1849）

比萨城位于阿尔诺河口，因海上事业而得名，长期以来一直是佛罗伦萨的竞争对手；这两个共和国为争夺托斯卡纳的统治权，多年来一直在进行最具破坏性的战争。佛罗伦萨人没有海港，但他们在陆战中打败了比萨人；最后他们租用了热那亚人的战船组建了一支海军。1361年，佛罗伦萨的旗帜首次在海上飘扬。他们从海上进攻比萨，因为保护港口的铁链断裂，比萨城被攻陷。铁链作为战利品送到佛罗伦萨，现在还可以见到一部分铁链悬挂在一个公共广场上。

这场胜利后不久，美第奇家族开始在佛罗伦萨引起关注。正如他们的名字（Medici）暗示的那样，他们本来是药剂师；当他们掌权时，盾徽上有球形图案，象征药丸，从而使这段历史得以保存。

靠着最初在贸易中获得的财富，他们具备了影响力。

出生于1389年的科西莫·德·美第奇是一家商业机构的负责人，该机构在欧洲的所有大城市都设有会计室。他住在佛罗伦萨一座宏伟的宫殿里，经常有诗人、艺术家和学者围绕在他身边，享受着他的庇护和资助。他是欧洲最富有的人，后来担任佛罗伦萨的司法长官，在佛罗伦萨建立起了僭主政治，成为无冕之王。

当时佛罗伦萨拥有世界上最好的工业品，包括制作完美的黄金、白银和羊毛制品。邻近的土地被耕种得很好，农民们勤劳而快乐。科西莫非常慷慨，他捐出了一笔相当于600万美元的款项用于公共和慈善事业。佛罗伦萨人在他的墓碑上刻了“国家之父”的铭文。科西莫的孙子洛伦佐被同时代的佛罗伦萨人称为“伟大的洛伦佐”，继承了他的财富和政治权力。他主要从事商业活动，也与他的祖辈们一样赞助文学创作和博学之人。

1478年，佛罗伦萨的帕齐家族与美第奇家族为敌，密谋暗杀对手，夺取城市政权。教皇西克斯图斯五世和比萨大主教参与了这场阴谋。4月26日，在佛罗伦萨大教堂举行的弥撒庆典上，刺客们实施了暗杀行动。洛伦佐靠自卫救了自己，但他的兄弟朱利亚诺当场被杀。城里的民众行动起来保护他们的庇护者，刺客被撕成碎片，大主教被吊在大广场的窗户上。教皇当时不在佛罗伦萨，他因为阴谋失败而报复居民，要将他们逐出教会。但这没起到任何作用，佛罗伦萨人蔑视他的权力，他们得到了法国国王路易十一的保护。教皇被迫撤回了逐出教会的决定。

在伟大的洛伦佐的统治下，佛罗伦萨的辉煌达到了顶峰，但美第奇家族的统治似乎已经摧毁了共和制度。1492年，洛伦佐去世。

他的继任者继续实行专制的世袭统治，以取代民众权利。首席执政官很快得到了僭主的头衔；最后，在1569年，科西莫·德·美第奇正式成为托斯卡纳大公。佛罗伦萨共和国名存实亡，失去了在意大利的优势地位。托斯卡纳的君主和公爵们在历史上没有值得提及的事迹。1737年，美第奇家族灭绝，托斯卡纳的统治权移交给了洛林公爵；1745年，随着洛林大公登上了德意志帝国皇帝的宝座，它被并入奥地利。

由于拿破仑征服了意大利各国，托斯卡纳也受到了影响。起初，它成为伊特鲁里亚王国，当时的第一执政拿破仑将王位授予帕尔马公爵。然而，这个王国只存在了很短的时间。拿破仑把王位给了他的弟弟吕西安·波拿巴，吕西安拒绝了。然后，这个王国被并入法兰西帝国，直至拿破仑被推翻。之后，托斯卡纳回到继承美第奇家族的奥地利手中，埃维亚岛被纳入它的统治范围。1849年，佛罗伦萨人起义，试图建立一个共和国，但这一企图被奥地利人粉碎，大公的统治立即恢复。

比萨斜塔

佛罗伦萨是托斯卡纳的首府，被认为是意大利最整洁、最美丽的城市。它坐落在阿尔诺河畔，周围群山环绕，有花园、葡萄园、橄榄园、整洁的别墅和乡间庄园。这座城市的建筑风格独特，以粗犷的力量而不是古典美感为特色。佛罗伦萨美术馆的画作和雕像对陌生人很有吸引力。这里的人口大约有8万人。

比萨也位于阿尔诺河畔，靠近河口，在财富和人口方面曾经是佛罗伦萨的竞争对手。现在这里破败不堪，街道荒芜。最重要的景观是中世纪的杰作。这座建筑有将近200英尺高，高出地基14英尺，它已经屹立了几个世纪，没有任何倒塌的迹象。比萨有2万居民。

里窝那是托斯卡纳的主要海港，这里的贸易量巨大，但在建筑和古迹方面没有什么特别之处。

第318章

那不勒斯（上）：从罗马人总督到乔万娜一世

（537—1380）

那不勒斯王国占据整个意大利南部。其西北部与隶属于教会的诸城邦国接壤，其他地方则与大海相连。它与西西里岛组成一个君主制国家，称为两西西里王国，是意大利境内面积最大、人口最多的国家，人口超过800万人，其中3/4的领土在陆地上。

这个国家是古代历史上的“大希腊”，至今仍能在这里看到古希腊城市的遗迹，而这些城市在罗马建都前就已经存在了。西罗马帝国被推翻时，这个地区落入哥特人之手，之后在537年被贝利撒留征服；尽管被东哥特国王托提拉夺回，但在555年被拜占庭将军纳尔西斯重新征服，并入东罗马帝国。首席执政官由东部皇帝或其总督——拉韦纳总督任命。

当伦巴第人推翻了总督的统治后，皇帝的权力在意大利南部开始衰落；由此这一地区的历史变得模糊不清，我们对其政治制度知之甚少。在11世纪，那不勒斯市由一位公爵统治，他似乎是由人民选举产生的。几个世纪以来，这座城市一直拥有一个自由的政府，尽管它必须不断地保卫自己，防御贝内文托的伦巴第公爵们的侵扰，他们的领土从四面八方包围着它。

萨拉森人征服了西西里岛之后，在9世纪登陆围攻加埃塔。那不勒斯人把他们赶出了那座城市，并在海上与他们交战。由于当时经常有萨拉森海盗在地中海肆虐，那不勒斯共和国、加埃塔共和国和阿马尔菲共和国为了防御，高度重视海军事务。他们因而熟练掌握了航海技术，成为地中海地区的主要海军力量，多年来他们的水手一直被认为是欧洲最好的。水手用的指南针一直被认为是阿马尔菲的弗拉维奥·吉奥亚发明的；尽管事实并非如此，但很可能阿马尔菲人是欧洲最早使用指南针的人。早在吉奥亚的时代之前，指南针就已经在中国出现了。

定居在法国北部的诺曼人，依然十分珍视他们最初的英勇冒险精神，在信奉基督教后，这种精神在前往圣地朝圣的过程中找到了用武之地。与这种热情如影相随的是他们对武力征服和掠夺的渴望，他们所有人都接受过严格的武装训练。大约在1025年，40名诺曼冒险家从耶路撒冷返回，一行人来到了阿马尔菲。他们随时准备参与任何能带来荣誉或利益的行动。

当时，邻近的公国卷入了战争，诺曼人欣然同意加入了意大利国王的队伍。他们英勇无比，令人望而生畏，而由此带来的成功吸引了其他来自诺曼底的冒险家。他们的人数不断增加，最终意大利南部大部分地区都落入他们手中，包括那不勒斯。诺曼人的首领罗杰二世占领了这座城市，后经教皇英诺森三世批准，他获得了国王的头衔。

1053年，诺曼人和教皇利奥九世发生了争执，这场争执竟然使教皇抛却自己宁静的心性，率领军队对抗他的敌人。诺曼人在战场上打败了他，然后扑到他脚下，祈求宽恕他们与他交战的罪行。最终双方签订了一项条约，教皇将那不勒斯及领土统治权授予诺曼人，而诺曼人几个世纪以来继续将这个王国视为教皇的属地：实际上后者授予统治权的这个权力只是一种托词。

在意大利声名显赫的诺曼人中，有一个家族获得了巨大的权力，由此产生了一个国王世系，通过通婚与欧洲大多数皇室家族联系在一起。诺曼底欧特维尔城堡的坦克雷德有12个儿子，其中10个去了意大利。罗伯特，绰号“圭斯卡德”，意为狡诈者，因其高大的身躯、杰出的军事才能和精神力量，成为这些人中的佼佼者。兄弟们在如今的那不勒斯王国东北部建立了阿普利亚共和国。罗伯特是这个共和国的君主，拥有公爵头衔。在教皇的批准下，他扩张了领土，几乎占领了整个意大利南部，包括阿马尔菲。他还试图征服拜占庭帝国，并两次远征君士坦丁堡，在第二次远征中去世。

1061年，最小的弟弟罗杰带领一小队诺曼志愿者，踏上了征服西西里岛的传奇之旅。岛上的萨拉森人分裂成许多小国，由于与西班牙和撒丁岛交战时损失惨重而低迷不振。经过多年的战争，罗杰成为西西里岛唯一的主人，并获得伯爵的头衔。

这位国王的儿子，在罗伯特·圭斯卡德的后代灭绝后，于1127年将那不勒斯和西西里岛这两个诺曼王国统一成一个王国。几个世纪以来，这个王国的政治和社会状况取决于婚姻、出生、继承、遗嘱赠予、篡夺和征服等意外事件。在欧洲，没有哪个国家在同一时间受到这么多不同民族的君主统治，也没有哪个国家比它更悲惨，尽管这里是地球上最肥沃、最美丽的地区之一。

罗杰的统治两次受到干扰，一次是他的贵族们发动叛乱，另一次是教皇煽动他与德意志皇帝交战。他死于1154年，由绰号为“恶王”的儿子威廉一世继位。一个名叫马荣的出身低微的人，被威廉升为高官，但马荣却与一位主教密谋废黜他。通过这次阴谋，马荣将篡夺王位，主教将得到适当的奖赏。

马荣差一点就实现了他的目标，但他想除掉阴谋中的同伙，于是给主教下了慢性毒药。主教发现自己病了，他怀疑病因，就请求马荣去看自己，获得了机会刺杀马荣。两人在几小时内相继死亡。威廉于1160年去世，王国随后卷入战争。1196年，统治权由于通婚传给了士瓦本的德意志王公。

腓特烈一世死后，留下两个儿子，婚生子康拉德和私生子曼弗雷德。王位由康拉德继承，若康拉德死后无嗣则传位给曼弗雷德。康拉德统治4年之后去世，曼弗雷德认为康拉德的儿子康拉丁死在了德意志，就继承了王位。然而，教皇乌尔班四世自作主张，将王位授予法国国王之子安茹的查理。这位国王率军进攻意大利，战斗由此爆发，曼弗雷德被杀。

1266年，查理被教皇加冕为那不勒斯国王。第二年，康拉丁率领一支德意志军队出现。贝内文托战役爆发，康拉丁战败被俘，在那不勒斯的广场上被斩首。在断头台上，他向众人发表演说，并将手套扔到众人中间，希望愿意帮他复仇的人捡起来。一个西班牙人捡起了手套，并把它带给了阿拉贡国王海梅一世。

士瓦本家族因康拉丁之死而灭亡，查理很快就获得了“两西西里的暴君”称号。普罗奇达岛的约翰起义和“西西里晚祷”事件剥夺了他对该岛的统治权。西西里岛于1282年与那不勒斯分离，由阿拉贡王国国王统治到1435年。但是，尽管西西里岛脱离了那不勒斯，那不勒斯王国的疆域仍扩展到了其他地区。

那不勒斯的安茹国王们成了法国南部普罗旺斯的君主，从那里轻而易举地侵占了皮埃蒙特。这些国王中的第三位罗伯特一世，渴望获得意大利的统治权。在归尔甫党和吉伯林党的斗争中，他帮助了许多归尔甫城市，迫使他们承认他是这些城市的主人。佛罗伦萨曾两次授予他临时独裁权；1314年，卢卡、佛罗伦萨、帕维亚、亚历山德里亚、贝尔加莫和罗马涅诸城市承认他为君主。1318年，热那亚承认那不勒斯国王的统治。罗伯特的统治长久而辉煌。他的宫廷是天才和学识渊博之人的胜地，其中包括彼特拉克。彼特拉克备受尊敬，与君主交往甚笃，只要在那不勒斯的宫廷里入住，就受到极为尊贵的接待。

罗伯特于1343年去世，将王位留给当时只有16岁的孙女乔万娜——那不勒斯历史上著名的女王。她在6岁时嫁给了堂兄安德烈，他是匈牙利国王的儿子，比她大两岁。他在那不勒斯宫廷受过教育，但几乎没有天赋，长大后他的举止更像是粗鲁的匈牙利人，而不是优雅的意大利人。

乔万娜以她的智慧、优雅和美丽著称。她父亲去世时，封臣宣誓效忠于她，而不是效忠于她不受欢迎的丈夫，也不允许他参与统治。在加冕典礼的前一天，这对年轻夫妇参观了阿韦尔萨的城堡，这是皇家住宅之一，坐落在一个偏僻之处，因为拥有美丽的花园而别具魅力。那天晚上安德烈被勒死了。乔万娜被怀疑参与此事，尽管教皇宣布她无罪，但有足够多的证据表明她极有可能是个嫌犯。

安德烈的兄弟、匈牙利国王拉约什一世去了罗马，在里恩佐的特别法庭上指控乔万娜谋杀，但里恩佐的法官觉得自己无权决定此事；于是拉约什一世准备入侵那不勒斯。女王嫁给了一个贵族，据说此人是杀害她丈夫的凶手之一，这加深了人们对她的怀疑，于是她逃到了普罗旺斯。拉约什一世占领了那不勒斯。他一上台，就处死了乔万娜的堂兄、杜拉佐的卡洛王子，众所周知卡洛与安德烈的谋杀案有关。拉约什一世采取的报复手段很独特，他假装不知道卡洛的罪行，设法将其引到阿韦尔萨的城堡，让卡洛指出他弟弟掉下去的地方。卡洛对拉约什一世的企图一无所知，就把拉约什一世带到一个阳台上，这时，拉约什一世一刀刺中了卡洛的心脏。

第319章

那不勒斯（下）：从西班牙人在那不勒斯的统治到近代革命

（1380—1849）

乔万娜在普罗旺斯避难，她本身是普罗旺斯的女伯爵；在此地，她接受了当时住在阿维尼翁的教皇的正式审判。被判无罪后，她与新丈夫返回那不勒斯。意大利暴发瘟疫，许多城镇人口减半。匈牙利国王的军队损失惨重，他发现很难在王国站稳脚跟，于是与乔万娜签订和约，乔万娜被加冕为那不勒斯女王。

此后许多年，乔万娜平静地统治着那不勒斯，因为没有孩子，她收养了被拉约什一世处死的杜拉佐的卡洛王子的一个侄子，让他娶了自己的侄女玛格丽特，并宣布他为王位继承人；但事实证明那个侄子是忘恩负义的。他急不可耐地想要继位，于是密谋造反，废黜并囚禁了女王，几个月后就把她处死了。那不勒斯的乔万娜就这样结束了她的一生，她的美貌、罪行和悲惨结局，堪比苏格兰女王玛丽。1382年，杜拉佐的卡洛，即卡洛三世，在那不勒斯加冕，但是他没能长期拥有篡夺而来的王位，4年后他在匈牙利遇刺身亡。

从那时起，那不勒斯的统治权成为两个外国势力争抢的目标，其中一个在亚得里亚海的对岸，另一个在阿尔卑斯山外。安茹王室的君主们多次入侵意大利，一个多世纪以来，为了夺回那不勒斯的王位，他们牺牲了大量金钱和生命，但都没有成功。15世纪结束之前，那不勒斯国王的头衔通过继承、赠予或购买在法国君主之间传承。与此同时，那不勒斯的真正统治权于1435年转移到了西班牙的阿拉贡王室，至此，那不勒斯和西西里岛再次统一到一个君主的统治之下。

法国国王查理八世即位后，决心夺回那不勒斯王位。1494年，他率领一支强大的军队越过阿尔卑斯山，向那不勒斯进军，于1495年2月轻而易举地进入这座城市。那不勒斯王国没有抵抗，迅速投降。查理八世沉迷于各种宴会和娱乐活动，以为同轻易征服一样，他也能轻松地保管他的新财产。

但是3个月后，他得知意大利北部成立了一个强大的同盟，想要将他驱逐出境。这个同盟由教皇、皇帝、西班牙的斐迪南和伊莎贝拉、米兰公爵和威尼斯共和国组成。查理知道要对付这么多敌人是不可能的，于是急忙带着一部分军队回家，留下其他人尽力保卫那不勒斯。

在亚平宁山脚下的一个山谷里，他遇到曼托瓦侯爵率领的同盟军。战争随即爆发，尽管损失惨重，法国还是取得了最终的胜利。查理八世回到了法国，大约两年后去世。他在那不勒斯的驻军被驱逐或被俘虏，那不勒斯恢复了之前的政权。查理八世远征意大利成为这个国家历史上的一个独特的时期。它打破了整个半岛的政治格局，瓦解了自由国家的政权，使意大利成为长久而荒凉的战场。

1504年，两西西里王国成为天主教徒斐迪南二世统治下的西班牙王室的附属国。那不勒斯由西班牙人总督统治了200多年，这段时间的统治给这个国家造成了极大的损害。民族精神荡然无存；迷信、偏见和宗教人员的影响完全支配了人民的思想；商业、制造业和农业衰退，王国的人口明显减少。

这一时期最引人注目的事件是马萨尼埃洛起义，它的惊天逆转，甚至连我们这个时代所经历的法国大革命也难以匹敌。这场起义同欧洲大多数政治动乱一样，是由政府的专横压迫引起的。1647年，总督对运进那不勒斯市的水果征收重税，人们必须在城门处支付橙子、苹果、葡萄、无花果等通行费，而这些是下等阶层的主要食物。

这自然引起了很大的骚动；总督每次出现在街头，都会受到男女老少的言语抨击，他们向他呼吁废除可憎的税收。为了安抚他们，总督答应这样做；但是一些靠税收获利的政府官员说服了他，使他因此食言。此时人们的呼声越来越高，激愤之情愈发强烈，只需要一位带头人，就能够引发民众的公开反抗。这个首领很快出现了。

那不勒斯有一个年轻的渔夫，名叫托马斯·阿尼埃洛，用那座城市的方言拼读，就是马萨尼埃洛。因为他性格活泼、举止迷人、勇气十足、行动踊跃，深受下等民众的喜爱。开征水果税时，他的妻子因向城里偷运一点食物而入狱。马萨尼埃洛也因为妻子的过错被罚款，被迫卖掉他小屋中的所有家具来支付这笔钱。

他对这么严厉的处罚非常恼火，于是和几个同伴计划在市场上发动起义，在征税时袭击税收人员。他们的计划成功了，数千民众加入了起义者的行列。他们攻入并占领了宫殿，而总督为了自保逃到修道院。马萨尼埃洛和他的追随者现在完全占领了这座城市。总督试图安抚他们，提出废除税收、给予马萨尼埃洛抚恤金的提议，但马萨尼埃洛因为自己非凡又出人意料的成功而洋洋自得，被野心冲昏了头脑，想要建立一个独立的政府。因此，他拒绝了提议，在广大人民的支持下，接管了统治者的权力，并下令将几个贵族抓住斩首。

随后发生了可怕的骚乱，许多人丧生，几座宫殿被付之一炬；马萨尼埃洛骑着马，身后跟着一大队人马，以君主的身份发号施令。他甚至与总督举行了会谈，总督为了制止起义者的暴行，同意让他保留政府，并为此签署了一项条约。马萨尼埃洛现在是公认的那不勒斯统治者，身穿华丽的银布衣服，戴着饰有珠宝和羽毛的帽子，骑在盛装打扮的马上。但是，尽管他勇敢而爱国，却没有足够的自制力适度地行使突然被赋予的巨大权力。事实上，成功使他的头脑和行为都近乎疯狂。在几天的专制统治后，他被自己人刺杀了，而起义也被迅速平息。

马萨尼埃洛

尽管马萨尼埃洛的叛乱被彻底镇压，但西班牙人在那不勒斯的统治也变得更加不受欢迎。之后叛乱频发，没有产生什么重要影响。最终，西班牙与英格兰及奥地利的战争导致了毁灭性的后果：1713年，那不勒斯王国被移交给奥地利王室，西西里岛并入萨伏依公爵的领地。然而，这只是暂时的。1735年，那不勒斯和西西里岛又重归西班牙的怀抱。1759年，两西西里王国成为独立的王国，由西班牙国王统治。

法国大革命之前，那不勒斯一直没有任何实质性的变化。拿破仑入侵意大利，导致了1799年的政治动乱，那不勒斯组建了平民政府，称为帕特诺珀共和国。这只是个短命的政府，被推翻时发生了可怕的屠杀。1806年，拿破仑派他的哥哥约瑟夫率军入侵那不勒斯，当地人民没能进行有效的抵抗，这个王国被法国征服了，约瑟夫加冕为王。旧王室逃到西西里岛，当时西西里岛由英国的舰队和军队保卫。

大约两年后，约瑟夫辞去王位，成为西班牙国王。拿破仑手下的一位元帅若阿尚·缪拉娶了皇帝的妹妹卡罗琳·波拿巴，成为那不勒斯国王。1814年拿破仑被推翻后，缪拉保住了王位；但是1815年，拿破仑从埃维亚岛回来后，缪拉试图在意大利北部发动一场针对奥地利人的暴动，他因此而被奥地利军队逐出那不勒斯；他试图返回时，却被俘虏，随后被恢复统治的费迪南一世（那不勒斯国王费迪南四世）下令枪杀。

王国一直保持平静，直到1820年爆发起义。这场起义的目的是确立宪法。国王承诺满足民众的要求，但人民并不信任他，迫使他辞职。他的儿子继承了王位，批准了宪法。然而，这些变革并没有得到奥地利的认可，自拿破仑垮台以来，奥地利对意大利的影响一直占据主导地位。1821年，奥地利军队入侵那不勒斯，推翻了宪法，恢复了费迪南的王位。

维苏威火山

1848年，那不勒斯再次爆发起义，制定了另一部宪法。西西里岛也发生起义，试图建立一个实行宪政和独立的政府。经过一年多的流血斗争，卡塔尼亚和墨西拿城几乎被那不勒斯军队完全摧毁，起义被镇压；那不勒斯和西西里岛的宪法被推翻，国王恢复了专制权力。这就是两西西里王国目前的状况。

那不勒斯是这个王国的首府，也是意大利面积最大、环境最优美的城市。它矗立在壮丽的海湾边，周长16英里，随处可见葡萄园、山丘、树林、果园、花园和村庄，宏伟的维苏威火山高耸入云。那不勒斯建筑的特点是华丽而不讲究品位，大量运用大理石、镀金和装饰。

这座城市的人口以繁忙和活跃著称，几乎总是在户外活动。那不勒斯周围到处都是古董和各种各样的奇珍异物。其中最有趣的是赫库兰尼姆和庞贝，这两座古城都因维苏威火山的喷发（79）被掩埋。被发掘后，一直对外开放，通过它们，人们对古罗马人的风俗习惯和家庭生活会有充分的了解。那不勒斯的人口为36.4万人。

美丽的萨莱诺坐落在那不勒斯南部和它同名海湾的尾端。这座城市拥有宏伟的建筑，但更引人注目的是周围壮丽如画的景色。离萨莱诺几英里的海岸附近有一个平原，帕埃斯图姆古城遗迹就在那里，它主要由3座神庙构成，是现存的多立克柱式建筑最纯粹、最完美的范本。这些遗迹是奥古斯都时期的文物，他曾出于好奇前来参观。这座城市在古代被称为波西多尼乌姆，据称在罗马建城之前很久，就已经成为多利安希腊人的殖民地了。

卡普亚在古代是意大利最繁华的城市，曾与罗马争夺首都的称号，现在是一个普通城镇。城市里有一座坚固的城堡，附近有一座古代圆形剧场的遗迹。美丽的加埃塔坐落在伸入海中的海角上，其防御几乎坚不可摧。1849年，教皇庇护九世被民众逐出罗马时，就在此地避难。南部的加利波利是一座海港，半岛地区的油从这里出口。

第320章

西西里岛（上）：从古代的传说到阿基米德

（前1000—535）

西西里岛位于意大利西南端，形状类似三角形，因此最初得名为特里克特拉或特里纳基亚岛（意为“三角形”）。后来的名字西西里来源于西坎人或西库尔人，这两个意大利部落或城邦从大陆移民到岛上。它与意大利之间有一条狭窄的海峡，以水流湍急著称。海峡最狭窄处有卡律布狄斯旋涡和锡拉岩礁，对古代航海家来说非常危险，但在现代社会并不可怕。

西西里岛是地中海最大的岛屿，面积几乎是美国马萨诸塞州的两倍。这里非常美丽，土壤肥沃，地貌丰富多样，有各种山脉和山谷。岛屿东岸的埃特纳火山是欧洲海拔最高的活火山，自古以来一直处于活动状态。岛上的气候温暖宜人，海风能吹走夏天的炎热。

荷马史诗《奥德赛》中首次提到特里纳基亚岛，详细描述了奥

埃特纳火山

德修斯和同伴们在岛屿海岸上的非凡冒险。荷马时代的希腊人似乎对地中海中这一地区知之甚少，对不知之处他们用奇闻大肆渲染。荷马把特里纳基亚岛的居民称为独眼巨人和雷斯特里冈尼安巨人。他们因为对陌生人惨无人道而声名狼藉。独眼巨人的前额中间有一只眼睛，据说他们以人肉为食，为宙斯锻造雷电。

西坎人更具历史特色。他们似乎是因为皮拉斯基人的征服行动，从意大利被赶到了海峡对岸，不过，根据一些权威人士的说法，他们来自西班牙。西坎人定居在西西里岛的西部，据说他们和特洛伊流亡者一起建造了埃里切和塞杰斯塔这两座城市，似乎已经完全征服了西西里岛。

在几个世纪的统治后，西坎人遭到意大利的一个古老民族西库尔人的攻击，他们把西坎人赶到岛上的一个小区域，并将岛名从西卡尼亚改为西西里。在这场变动后的几个世纪里，希腊殖民者开始在西西里岛海岸定居。公元前935年，科林斯人建立了锡拉库扎。此时，西库尔人已经成为一个强大的民族。在一位名为埃俄罗斯的国王的统治下，他们首次联合起来。

据说埃俄罗斯是半神，住在墨西拿海峡岸边，那里经常遭受猛烈的风浪和突如其来的暴风雨，传说他把风束缚在一个袋子中，其居住环境可能是这个传说的起源。

国王杜塞提乌斯率领西库尔人发动战争，使锡拉库扎的希腊移民深受其扰，但是希腊人最终战胜并俘虏了他，西西里岛的主要城市特里克特拉被占领并被摧毁。杜塞提乌斯被送到科林斯，在那里度过余生。

征服西库尔人之后，希腊殖民地遍布全岛。阿格里真托、帕诺姆斯、卡塔纳、墨西拿等城市相继建立，并很快变得富有而强大。然而，锡拉库扎在财富、人口和辉煌程度上都胜过它们。两三个世纪以来，这些城市都拥有民主政权，但后来，其中一些城市落入野心勃勃之人的暴政下。公元前5世纪，锡拉库扎由贵族统治，因为他们的残酷压迫，人民被迫起义，公元前485年，暴虐的贵族被流放。

被驱逐的贵族逃去找杰拉的僭主革隆。他支持他们，打着帮助他们收复家园的幌子，使自己成为锡拉库扎的僭主。这是一位非常有手段的政治家，也是一名战士。在他的治理下，锡拉库扎的财富和影响力迅速增加。迦太基人企图征服西西里岛，但被他彻底打败。雅典人和斯巴达人在与波斯交战时也寻求他的帮助。革隆统治时期，锡拉库扎繁荣昌盛，他于公元前477年去世，死后被臣民奉为神灵。

革隆的弟弟希罗一世继承王位。他占领了卡塔纳和纳克索斯，并在库迈附近大败伊特鲁里亚海盗，使其终止掠夺。阿格里真托的人民归顺了他。他于公元前459年去世，之后由他的弟弟色拉西布洛斯继位，却因暴政引发了起义。色拉西布洛斯被废黜，共和政体得以恢复。

但是这一变化没给人们带来任何好处。他们创立了一种秘密表决法，被称为投橄榄叶表决驱逐法，与雅典人的贝壳驱逐法类似，大多数领导人被轻浮的民众驱逐。此时雅典人试图征服锡拉库扎，但战争以入侵者被彻底击败而告终。

公元前405年，狄奥尼修斯成为锡拉库扎的统治者。他出身卑微，但能干又勇敢。由于政局混乱，他乘势夺得政权，他曾经三次因暴政而被驱逐出境，但通常能够重获权力。在他统治的大部分时期，锡拉库扎都在与迦太基和意大利的希腊城邦以及西库尔人交战。他的统治虽然专横，但相当繁荣昌盛。

公元前368年，狄奥尼修斯中毒身亡，儿子狄奥尼修斯二世继位，也被称为僭主。这位国王受到了德高望重的狄翁和哲学家柏拉图的精心教育；但是，他获得最高权力之后，便忘记了所学到的一切善行，放任自己纵情享乐。他将狄翁逐出自己的国家，但狄翁组建了一支军队，驱逐了暴君，秉持公平正义，卓有成效地统治着这个国家。几年后，这位杰出的统治者遭到暗杀，锡拉库扎成为血腥的派系之争的牺牲品。流亡了10年之后，狄奥尼修斯二世利用混乱的局面夺回王位。

他并没有因为这段不幸而学到智慧和节制，反而以前所未有的暴政压迫臣民。据说，在这一时期，他把嫌犯关在一个人耳形状的地牢里，这样在他惯常休息的地方连地牢中的窃窃私语都能听得到。如今，在锡拉库扎的废墟中，可以看到一个从岩石中挖空的大房间，与狄奥尼修斯之耳的描述完全一致。

锡拉库扎人终于厌倦了他的压迫，恳求科林斯人帮助废黜他的统治。著名将领提莫莱昂被科林斯人派往锡拉库扎，推翻了狄奥尼修斯二世的统治，这个暴君被流放到科林斯，在那里成为一名教师，据说他以鞭笞学生为乐。

提莫莱昂于公元前337年去世，他死后，出身卑微的阿加索克利斯在迦太基人的帮助下，获得了最高权力。这导致锡拉库扎与迦太基在西西里岛开战，给锡拉库扎人带来巨大的损失和痛苦。

公元前276年，伊庇鲁斯国王皮洛士入侵西西里岛，并在短期内将其征服。但他很快就被驱逐出境，锡拉库扎人厌倦了无政府状态，将政权交给革隆家族的后裔希罗二世。在这位国王统治时期，这座城市享有了和平与繁荣。当时罗马和迦太基人正在交战，他支持罗马。但他死后，迦太基人在锡拉库扎获得统治的地位，并肆意挥霍他们的权力。

不久后，他们与罗马人之间爆发了战争。罗马执政官马尔克卢斯率领舰队和军队前往锡拉库扎，对这座城市发动围攻；凭借数学家阿基米德的精巧设计，这座城市抵御了很长时间。阿基米德发明了许多巧妙的机器来摧毁罗马船只，据说甚至用反射太阳光线的凹面铜镜将它们点燃。然而，他所有的聪明才智最终都无济于事，公元前212年，锡拉库扎被攻占。

阿基米德之死颇具个人特色。马尔克卢斯钦佩他非凡的能力，希望在攻城战中留他一命，还命令士兵这样做，但没有成功。在一片混乱之中，这位哲学家依然专注于自己的研究，根本没有意识到发生了什么，直到一个罗马士兵冲进他的公寓，命令他跟着自己走。阿基米德希望那个士兵等一会儿，直到他解决正在研究的问题。那个士兵因为不耐烦或者是误会，当场杀了他。

西西里岛大多数希腊城市的命运与锡拉库扎息息相关。阿格里真托，在财富及重要性上，可以说是岛上第二大城市。第一次布匿战争中，迦太基人将它用作海军基地，公元前262年被罗马人占领。锡拉库扎沦陷后，西西里岛成为罗马的行省，由于它肥沃的土地而被视为罗马帝国的粮仓。罗马对西西里岛的管理方式，我们可以从西塞罗反对韦雷斯的演说中略知一二。韦雷斯曾担任西西里岛的总督很多年，因贪婪和压榨而臭名昭著。

基督教很早的时候就开始在岛上传播，信徒曾受到尼禄的迫害。5世纪时，西西里岛遭到汪达尔人的蹂躏；随后，成为狄奥多里克东哥特王国的属地。535年，贝利撒留从东哥特人手中征服了这座岛屿。几个世纪以来，它一直是拜占庭帝国的属地，政府由君士坦丁堡派来的一位贵族官员管理。

第321章

西西里岛（下）：从萨拉森人到近代革命

（535—1849）

在拜占庭皇帝的统治下，几个世纪以来，西西里人完全放弃了军事追求，把注意力转移到各种和平的技艺和农业劳动上。他们在罗马帝国中心的地位，使他们免受内战和外敌的侵扰；但是他们的统治者贪得无厌，造成严重的社会弊端。这种状态持续到7世纪，直到宁静的西西里岛受到萨拉森人的骚扰。

北方的蛮族曾经入侵并蹂躏过西西里岛的海岸，但没有长期占有任何领土。萨拉森人更幸运。827年，他们利用西西里人卷入的纠纷征服了该岛。巴勒莫被选为他们的首都，萨拉森人统治了西西里岛200年。最后，拜占庭皇帝试图收回这份遗产。1038年，乔治·马尼亚斯率领一支军队登陆西西里岛，在一批诺曼雇佣兵的帮助下，打败了萨拉森人，暂时占据上风。

然而，马尼亚斯毫不感激诺曼人的帮助，这种愚蠢的行为给了萨拉森人挽回损失的机会。两名诺曼人首领罗伯特·德·欧特维尔（罗伯特·圭斯卡德）和罗杰·德·欧特维尔随后凭借自己的力量征服了西西里岛，而萨拉森人在斗争了10年后，彻底放弃了对西西里岛的统治。

罗伯特把自己的领土交给了弟弟罗杰，罗杰继承了“西西里岛大伯爵”的头衔。他极具智慧，将这座岛屿治理得很好，他甚至可以被称为历史上最伟大的人物之一。作为一位普通绅士的小儿子，他曾经地位卑微，但最终成为权势煊赫的伟大君主。

随后他的儿子西蒙继位，统治时间很短。接下来罗杰的二儿子罗杰二世继位。1127年，这位国王将罗伯特·圭斯卡德的全部遗产与他在西西里岛的领土合并起来，获得了两西西里国王的头衔。在统治的大部分时间里，他都在意大利镇压叛乱，但西西里岛却呈现出一片和平景象。

他的儿子威廉于1154年继位，在战争和混乱中度过一生。威廉的继任者统治时期，萨拉森人经常发生叛乱，最终，为了岛屿的安宁，在12世纪，也就是萨拉森人的祖先征服这座岛屿约400年后，这些人被迁往那不勒斯王国北部的阿普利亚。前面的章节中我们已经讲述了西西里岛和那不勒斯的共同历史，直到安茹的查理即位。

不久后，安茹的查理就被称为“两西西里的暴君”，他的确名副其实。他接纳了许多法国人进入领地，雇佣这些人统治这个国家。这些人不知收敛，肆无忌惮，使居民遭受了各种压迫和羞辱，而一场严厉的惩罚即将到来。

普罗奇达岛的约翰为此作出了不懈的努力。他是那不勒斯湾普罗奇达岛的一个封建领主，也是士瓦本王室的狂热拥护者。怀着对法国统治者强烈的仇恨，他伪装成修道士，造访西西里岛、罗马、西班牙，甚至君士坦丁堡，挑拨查理的敌人反对他。当时，阿拉贡王国的国王是佩德罗三世，他娶了曼弗雷德的女儿康斯坦莎，而正是查理将曼弗雷德从那不勒斯的王位上赶下来。普罗奇达岛的约翰代表西西里岛和那不勒斯遭受苦难的居民向佩德罗三世发出呼吁，并以康拉丁的死来唤起他的责任感和正义感，因为康拉丁曾在刑台上要求他为自己报仇。约翰建议在西西里岛发动起义，佩德罗三世同意派遣军队协助他。

与此同时，遭受法国专制统治的西西里岛人民已经做好了准备，只要能摆脱法国统治，他们愿意采取任何措施。约翰使人们相信他们能够得以解脱，并成功激起人们复仇的欲望。在1282年的复活节，起义终于爆发。

有些学者认为，起义的时间是事先约定好的，尽管有成千上万的人知道，但他们却忠诚地保守着这个秘密。另一些人则断言，这场起义是个意外，是由于法国军官侮辱巴勒莫的一位西西里女子而引起的。真正的起因无人知晓。但可以肯定的是，那天在巴勒莫晚祷钟声响起时，民众突然暴动，杀死了所有的法国人，即使是与法国人通婚的西西里人也未能幸免。

起义蔓延至整座岛屿，只有一个法国人逃走了。这个逃走的法国人是威廉·德·波塞莱特，他是普罗旺斯人，在西西里的一个小镇担任镇长，素以仁慈的品格和正直的行为深受当地居民爱戴，他获准和家人一起离开，前往法国。

这一事件在历史上被称为“西西里晚祷”。据估计被杀死的法国人有8 000人。愤怒的查理集结军队，前往西西里岛向起义者复仇。但在此之前，阿拉贡的佩德罗三世就已经开始支援西西里岛。查理派来的舰队由他的儿子巴勒莫王子率领。这支舰队与佩德罗三世的舰队交战失利，巴勒莫王子被俘，他的大部分船只被俘或被毁。3年后，也就是1285年，经历了一连串失败和挫折的查理因懊恼而死，或者如一些历史学家所断言的，死于自杀。

由于“西西里晚祷”，这座岛屿与那不勒斯分离，由西班牙的阿拉贡国王统治。直到1435年，西西里岛才重新与那不勒斯王国合并。此后，它与那不勒斯王国有着共同的命运，无论是独立，还是臣服于西班牙国王。

1700年，西班牙国王卡洛斯二世去世后，他的领地成为欧洲强国竞相争夺的对象。1713年《乌德勒支和约》签订后，西西里岛被分给萨伏依公爵，随后皇帝查理六世强迫他放弃西西里岛，接受撒丁岛为领地。然而，西班牙人对这些交易毫不关心，他们在同一年试图收复西西里岛，但英国海军上将拜恩摧毁了他们的舰队，迫使西班牙王室暂时放弃该计划。

但在1735年，西班牙人再次出征并获得了成功。德意志军队被卡洛斯王子率领的西班牙军队驱逐出境，卡洛斯在巴勒莫加冕为两西西里国王。后来，他成为西班牙国王卡洛斯三世，将西西里岛的王冠交给儿子费迪南；此后，这个家族一直统治着两西西里王国，只有拿破仑统治时期，西西里岛和那不勒斯有过短暂的分离。

1806年，法国人入侵那不勒斯，约瑟夫·波拿巴获得王位，那不勒斯国王费迪南逃到西西里岛。法国人无法征服这座由英国舰队保卫的岛屿。1812年，西西里岛颁布了一部具有代表性的自由主义宪法，西西里贵族在议会集会上投票废除了封建制度。后来，缪拉在那不勒斯的统治被推翻。

1816年，费迪南重登两西西里王国的王位。他废除了西西里宪法，将王国两个地区的立法和行政制度合二为一，因而颠覆了西西里岛的自由制度。1820年，那不勒斯爆发革命，西西里岛人民宣布独立，但革命很快被镇压，独立政权被粉碎。1848年，同样的场景再次上演：但在那不勒斯的制宪党被镇压后，国王的军队进入西西里岛，轰炸并几乎摧毁了卡塔尼亚和墨西拿这两座城市，并在1849年恢复了那不勒斯国王在这座岛屿的统治。

西西里岛的首府巴勒莫是一座美丽的城市，坐落在西西里岛北部海岸的一个海湾底部。尽管这里既没有古代的纪念碑，也没有现代的经典建筑，但整座城市建筑优良，街道又宽又直，呈直角交叉在一起。人口为16.8万人。

墨西拿坐落在同名海峡边上，在1848年起义前是一座商业繁荣的优美城市。18世纪，因为瘟疫和地震，这里一片荒芜，现在基本上已经从灾难中恢复过来。如前文所述，1849年，这座城市遭到那不勒斯人的炮击，几乎被摧毁。当时的人口约为4万人。卡塔尼亚位于埃特纳火山脚下，是1848年起义前西西里最美丽的城市。17世纪，这里曾屡次遭到地震和埃特纳火山喷发的破坏，但在废墟中重建的城市更加繁荣、辉煌。在上次灾难之前，这座城市约有5万人。

第322章

意大利的社会及生活

在政治关系上，意大利主要由五大君主进行统治：1.奥地利皇帝，拥有伦巴第-威尼西亚王国，以及玛丽·路易丝的封地帕尔马和皮亚琴察；2.撒丁国王，拥有皮埃蒙特、萨伏依和热那亚；3.托斯卡纳大公；4.教皇，教皇国的世俗统治者；5.那不勒斯国王。除此之外，摩德纳公国、皮埃蒙特的摩纳哥公国以及圣马力诺共和国都是独立的国家，尽管并不名副其实。所有这些主权国家的宪法或政府都是专制的，统治者的意志不受任何法律或宪法的制约。

无论是商业国的公民贵族，还是国内的封建贵族，对政府没有任何实质性的影响。他们中的一些人凭借巨额财富控制司法运作，把公共负担抛给劳动阶级，使他们不能得到法律的公正保护。在意大利的很多地方，警察系统极不完善，持证抢劫犯长期占据山区。

组成意大利的各个独立政府间唯一的联系是，或者说曾经是——因为在我们写作此书时意大利的政治状况极不稳定——奥地利至高无上的影响力，并且这种影响超越所有其他的力量，以最顽固的精神反对任何政治改革。除了教皇，意大利所有统治家族都与奥地利有亲属关系。更重要的是，奥地利军队通常能够粉碎任何想要推翻维也纳宫廷决断权力的企图。所以现在推测法国今后在意大利的影响毫无意义。

尽管意大利目前分成了各个王国以及两级、三级公国，但它没有任何中心点；不能将其中任何一个城市视为首都。短命的意大利王国曾在拿破仑统治下繁荣了一段时间，但是这种想将政治上难以整合的诸多国家统一在一个王国下的尝试，还是失败了。尽管在宗教、语言和习俗上，意大利人民看起来是一个民族，但他们从未被共同的民族感情联系在一起。当地人从来不用“意大利人”来称呼自己。意大利也许会恢复独立，有可能成为一个王国或一个共和国，也有可能成为一个联邦，但成为一个联邦的可能性最受一些政治家的青睐。

意大利人口由贵族阶层和下等阶层组成，下等阶层包括农民、工匠、店主、商人等。上下层间几乎没有中间阶层。意大利的民众由下层人民组成。作为一个整体，意大利人在某些方面是世界上最文雅的人，即使是下层社会，也在很大程度上彰显了贵族的高雅品位和风度。在佛罗伦萨和罗马，即使一位普通店主对美术也有一定的了解，其中一些人甚至对诗歌具有鉴赏力；而在阿尔卑斯山外，即使最高雅的国家也未必能做到这一点。他们喜欢交谈，交谈中透露出他们特有的活泼与雄辩，手势也是欧洲人中最丰富、最具表现力的。

总的来说，农民阶层贫穷、安静、知足而秩序井然，他们把所有积蓄都花在为妻子和女儿购置衣服上。大城市的民众表现出一种特别懒散和喧嚣的性格。那不勒斯的“下民”，曾经是一大群衣衫褴褛的人，几乎脱离正常的社会生活，甚至没有衣服穿，每天靠一把通心粉过活。不过，他们的状况已经大为改善，曾经的“下民”现在几乎不存在了。

几个世纪以来，意大利的贵族阶层一直被排除在统治阶级之外，不参与国家治理，因此他们放弃了能体现男子气概和积极作为的所有习惯，闲散和优雅的享受已经成为他们生活的主题。贵族的头衔和等级传给了他们的子孙后代，因此贵族的人数大大增加，但生活境遇普遍降低，头衔成为骄傲的资本，而生活却处于悲惨的贫穷状态。在那不勒斯、罗马或威尼斯，旅行者经常会被乞讨的伯爵和侯爵搭讪。在宫殿里，最高级的设备和公寓都是出租给陌生人的；许多宫殿的一楼都有小店铺，贵族店主按夸脱零售葡萄酒和油。

意大利的美术达到其他国家无法比拟的辉煌程度，并作为他们所选择的独特领域在该地区蓬勃发展。意大利人收藏的绘画和雕塑作品不计其数；尽管文明世界的其他地方都有来自意大利的作品，但这个国家拥有的珍贵文物在数量和质量上仍然远超其他国家。

罗马的卖画人

意大利的建筑让每位旅行者都感到愉悦和惊喜。意大利人的住宅以式样和内部装饰所展示出的华丽和艺术感而闻名遐迩。罗马、佛罗伦萨、威尼斯和热那亚的贵族宅邸通常以宫殿的名字命名，十分庄严；它们古典的外观、宽敞的房间以及装饰的绘画和雕塑作品，往往使参观者对它们的兴趣更胜于阿尔卑斯山以外最伟大的君主宅邸。

然而，这些宅邸之所以得到维护，是因为要用于展览而不是居住；最好的公寓都被用作展览馆，用于家庭居住的都是楼上的一些小房间。甚至下层人民也开始追求建筑美。托斯卡纳和伦巴第的农民和村民的房屋都装饰着门廊和柱廊，显示出他们美丽而古典的一面。

意大利人的服装似乎没有什么特殊之处，也没有严格意义上的民族特征。在上层社会，法国时装盛行。在许多内陆地区，特别是山区，服装别具一格，形式多样，但也很有品位，令人愉悦。牧羊人穿羊皮，夏天时羊毛朝外，冬天朝里。他们的服装做得比较粗糙，只在头部和手臂的地方开洞。

意大利服饰

在饮食方面，意大利人进食有度；通心粉是这个国家的主要特色食品。汤和粥很常见，这点与法国一样。意大利出产各种各样的优质葡萄酒，酒在每个地方都非常便宜，每瓶售价有时只有一二美分；但意大利人几乎从不醉酒。

意大利在很早的时候就开始科学种植农作物，该国的许多地区，特别是北部的种植区都像花园一样。伦巴第和托斯卡纳有最勤劳、最成功的农学家。意大利出产葡萄、橄榄及其他多种水果。食物丰富，生活成本低廉。土地一般由农民对半耕种，土地的主人会提供一半的物资。好的佃户很少被地主赶走。

意大利的制造业曾以优雅和多样性而令人瞩目，现在却每况愈下，规模不再，只能看到曾经的缩影。丝绸一度是主要商品，特别是天鹅绒和锦缎，装饰着华丽的金银刺绣。现在大多数的大城市中仍然生产丝绸，但规模有所减小。

羊毛、亚麻和棉布也在继续生产；塔兰托的薄纱享有盛誉。威尼斯生产的玻璃曾经非常有名，广受赞誉，至今仍被制成镜子、玻璃管和玻璃珠。托斯卡纳的草帽制造业为该地区农村女孩提供了大量的就业机会，草帽每年产值超过50万美元。

意大利语以拉丁语为基础，只有一小部分词汇来自阿尔卑斯山以外。方言多种多样，其中主要有托斯卡纳语、那不勒斯语、西西里语、威尼斯语、米兰语和热那亚语，所有这些方言的语法结构要么相同，要么稍微偏离标准。托斯卡纳语是最主要的方言，锡耶纳和佛罗伦萨的人们说得最纯正，它也是整个半岛的书面用语。

这要归功于早期佛罗伦萨的天才作家，但丁、彼特拉克、薄伽丘、博亚尔多、浦尔契、波利齐亚诺、马基雅维利及其他作家，他们的非凡天赋和令人钦佩的作品使托斯卡纳方言广为人知并被普遍接受，每一位希望自己的作品能被外省或外市的读者阅读的意大利作家，都觉得有必要使用这种语言。它是罗马的通用语言，罗马人说这种方言时比在它的产生地更柔和。在意大利有一句谚语，说地球上最悦耳的声音就是“罗马人口中的托斯卡纳语”。几乎所有的方言都有出版物，但这些书籍主要局限于民谣、故事和最低微阶层的通俗文学。

针对不同的文学门类，意大利人进行了丰富的创作。但丁出生于1265年，是近代最早的伟大诗人。他的《神曲》是一首极具才华和独创性的诗歌，兼具宗教性和政治性。他被认为是仅次于莎士比亚的伟大的近代诗人。

在14世纪，彼特拉克和薄伽丘接替了他的地位，彼特拉克凭借十四行诗，薄伽丘通过散文故事，完善并润色了托斯卡纳方言。阿里奥斯托和塔索凭借赞美英雄的诗歌享誉世界。马基雅维利、维拉尼、圭恰迪尼、吉阿诺纳、博塔等人都写下了宝贵的历史著作。哥尔多尼、梅塔斯塔齐奥和阿尔菲耶里在戏剧创作方面都很出色；贝加利亚和菲兰杰里擅长政治题材的创作。

在薄伽丘和彼特拉克时代之后的一个半世纪里，欧洲最有才华的作家和演说家都是佛罗伦萨或罗马的秘书官，或是美第奇家族的导师和朋友，其中包括佛罗伦萨文秘署长官科卢乔·萨卢塔蒂。米兰公爵曾抱怨说，他的笔对自己造成的伤害超过了1 500名佛罗伦萨骑士。

李奥纳多·布鲁尼是杰出的学者，可以像古人一样用希腊语和拉丁语写作，他也是意大利最早的优秀历史学家之一。波焦·布拉乔利尼发现了许多古代著者的作品，其书信充满了古老的智慧。本博、乔维奥等人在这一时期也以学识渊博、文笔优美而著称。

后来，意大利又以绘画和雕塑而闻名。有很多人擅长这些艺术形式。奇马布埃和乔托在13世纪声名显赫，他们可以被视为意大利绘画之父，随后拉斐尔 、米开朗琪罗、多梅尼基诺、达·芬奇 、圭多·雷尼、提香、委罗内塞 、萨尔瓦多·罗萨等人将意大利绘画推向了完美的顶峰。在雕塑方面，意大利也能人辈出，其中主要有米开朗琪罗、多纳泰罗、班迪内利以及当代的安东尼奥·卡诺瓦。

在哲学、科学领域，意大利有许多著名学者。伽利略发明了望远镜，在天文学和物理学及其他领域都有很多发现，但由于声称地球是圆的，曾被送到宗教裁判所，在被迫改变了自己的观点后才被释放。托里拆利是意大利人，他做过一些关于大气重量的早期实验。加尔瓦尼的名字被用来命名一个特定的电力科学领域，他也是意大利人。

在建筑方面，意大利有安德烈亚·帕拉第奥、布拉曼特、乔凡尼·洛伦佐·贝尼尼、丰塔纳等著名建筑师。在音乐方面，作曲家主要有罗西尼、契玛罗萨、帕伊谢洛、萨列里、凯鲁比尼、斯蓬蒂尼和帕格尼尼。最近，斯帕兰扎尼、菲利斯·丰塔纳等人阐释了医学和物理学；而马约和罗塞利尼则在古典文学和古文物研究领域崭露头角。

在教育方面，意大利表现出巨大的反差。这个国家有很多大学、图书馆和学习辅助设施，然而却有数百万居民完全不识字。那不勒斯一条街道上不懂读写的人，就比美国整个马萨诸塞州的还要多。除了在某些地区，没有人会为下层人民的教育付出努力。

宗教是意大利社会的一个显著特征，而意大利则是这个伟大精神的统治中心，几个世纪以来，这种精神统治对欧洲拥有无限的影响力。整个意大利都是天主教徒，但教皇的权力多年来一直在衰落。1848年和1849年革命使这个国家动荡不安，目前无法推测教皇的权力将在多大程度上得以重建。

马耳他

第323章

马耳他

（前1000—1814）

马耳他岛（古称“梅利塔”）位于西西里岛以南54英里处。这座岛屿长20英里，宽12英里，完全由岩石构成，只有一层很薄的表层土壤。岛上勤劳的居民在每个地方都建了石阶，避免土壤被海水冲走。他们辛勤劳作，养活了6万人口。

马耳他岛附近有3座小岛——戈佐岛、凯穆纳岛和科米诺托岛。荷马史诗《奥德赛》中的奥杰吉厄岛指的就是马耳他岛，卡吕普索在这里款待了奥德修斯。岛上的原始居民是费阿刻斯人，他们被腓尼基人赶走。后来，这座岛先后被希腊人、迦太基人和罗马人占领。古代的作家很少提到这座岛屿，当圣保罗在这里遭遇海难时，这里的居民们被描述为“外邦人”；但在那个时代，除了希腊人和罗马人，其他所有民族都会得此称谓。

罗马帝国衰落时，马耳他落入哥特人之手，后来又被萨拉森人统治。1190年，来自西西里岛的诺曼人从萨拉森人手中夺走该岛，由诺曼人统治直到1525年查理五世将该岛授予被土耳其人逐出罗德岛的耶路撒冷圣约翰骑士团。这些战士在这里安顿下来后，获称“马耳他骑士”。

圣约翰骑士团是在11世纪中叶，经萨拉森人的最高统治者允许，在耶路撒冷一家医院的基础上成立的。这家医院专门接待从欧洲来参观圣墓的朝圣者，附属于一个专门为施洗者圣约翰而建的小教堂，最初由本笃会的修道士管理。1065年，当巴勒斯坦被赶走了阿拉伯人和埃及萨拉森人的塞尔柱突厥人征服时，基督徒发现新的统治者比原来的更为糟糕，圣约翰医院被洗劫一空。

过了一段时间，前往圣城朝圣的法国人杰拉德接管了这个机构。十字军征服耶路撒冷后，许多征服者出于虔诚，决心加入他的行列，用余生为朝圣者服务。一些法国骑士把他们的财产捐给它，另外几个国王效仿他们；因此，这家医院几乎在欧洲的每个地方以及巴勒斯坦都拥有土地。医院骑士团的服装是黑色的，左胸有一个白色十字架，十字架有8个尖角。

教皇帕斯加尔二世认可了这个新的机构，其成员庄严宣誓要忠贞不渝、维持个人的贫困状态以及服从命令，后来还增加了随时准备“与伊斯兰教徒和所有放弃真正宗教的人战斗”。

杰拉德在老医院附近专门为施洗者圣约翰建造了一座宏伟的教堂，还为医院骑士和朝圣者们修建了大量的建筑物，免费招待他们。杰拉德和他的继任者仿效耶路撒冷，在欧洲的许多海上城镇建立了医院，作为朝圣者的休息地，资助他们前往巴勒斯坦。这些住所被称为骑士团管理地。杰拉德于1118年去世，医院骑士团推选他的弟弟雷蒙德·杜比为大团长，他为骑士团起草了一系列法规或纪律条例。骑士的人数迅速增加，根据语言分为7个部门，即普罗旺斯、奥弗涅、法国、意大利、阿拉贡、德意志和英格兰。

在将近两个世纪的时间里，医院骑士团和圣殿骑士团是东方基督徒最坚定的支持者。1291年，当巴勒斯坦基督教世界的最后一个堡垒阿卡城被伊斯兰教徒占领时，骑士团成员撤回塞浦路斯，利马索尔镇成了他们的驻留之地。

1310年，恢复巴勒斯坦的全部希望落空后，他们装备了一支舰队，与一批来自意大利的十字军会合，袭击了罗德岛。当时占领罗德岛的是一群希腊和萨拉森海盗。骑士们打败了他们，占领了罗德岛、科斯岛以及邻近岛屿。现在他们被称为“罗德岛骑士团”。他们在这些岛屿周围修建防御工事，对萨拉森人，特别是当时在小亚细亚的强大对手奥斯曼土耳其人发动海战。有些土耳其苏丹很高兴能与骑士团达成暂时的和平。他们在罗德岛居住期间的历史将在描写该岛历史时加以叙述。

骑士们对奥斯曼帝国的军队进行了长久而顽强的抵抗，但最终在1523年被土耳其苏丹苏莱曼逐出罗德岛。他们退到意大利，在奥尔维耶托住了几年。1530年，查理五世授予他们马耳他岛及其属地。当时，马耳他岛约有1.2万居民，戈佐岛约有5 000居民，处境十分悲惨。马耳他岛几乎不能为居民提供庇护所，而且由于地中海海盗猖獗，该岛居民几乎放弃了耕种。

在骑士团的领导下，该岛很快就开始从贫困状态中恢复。他们的第一个目标是保护该岛免受海盗侵犯。为此，骑士们开始修建巨大的防御工事，以及一座象征骑士团坚韧不拔精神和军事力量的纪念碑，这些防御工事至今仍让每个参观者惊叹不已。

骑士团从马耳他的要塞出发，重新对土耳其人发动战争。土耳其人在遭受他们的袭击后，组建了一支远征军，想把他们赶出马耳他岛。1565年5月，一支由3万土耳其人组成的军队，在穆斯塔法帕夏的率领下，登陆马耳他岛，

骑士

围攻这座城市。骑士团势单力薄，但他们以视死如归的勇气来保卫自己和这座岛屿，土耳其人被迫撤离，据说他们损失了2.5万人。战争胜利后不久，在围城期间担任指挥官的大团长拉·瓦莱特决心建立一座新的城市。新城被命名为瓦莱塔，第一块奠基石于1566年3月铺设，现在是世界上同等规模的城市中最漂亮的城市之一。

此时骑士团牢牢控制了马耳他，他们继续向奥斯曼帝国进军，这让土耳其人非常恼火。但是，渐渐地，骑士团的纪律松弛了，他们原来的目标也变得不那么重要，马耳他不再是可以抵御一切攻击的安全之地，也不再是简朴和苦修之地，变成了一个奢侈享乐的地方。

法国大革命爆发时，骑士团对新共和国表现出的敌意，导致了他们的覆灭。1798年，拿破仑率领一支由36艘战船和400艘运输船组成的法国舰队以及4万人的军队，出现在马耳他岛附近，准备入侵埃

及。大团长赫施是法国人，许多骑士也都是法国人，因此几乎没有人抵抗，马耳他就正式投降了。一进入瓦莱塔，波拿巴就对防御工事之坚固感到无比惊讶，并宣称法国人很幸运，因为有人为他们打开大门，否则他们永远无法进入。马耳他被占领后，骑士团逐渐消失，尽管欧洲的许多贵族仍然拥有马耳他骑士的头衔。

法国人继续占领该岛；但在第二年，他们被英国舰队封锁了。瓦莱塔被重重包围，1800年9月，驻军和居民被饥荒逼得走投无路，最终投降。在1802年签署的《亚眠和约》中，英国同意将马耳他交还骑士团，但并没有履约。于是战争再次爆发。英国人继续占领该岛，在1814年的《巴黎和约》中，马耳他岛正式划归英国，并一直由英国统治。

马耳他岛是英国王室直辖殖民地，其事务由一名总督和18名议员负责。瓦莱塔是马耳他的首都和主要港口，占据了地中海最好的两个港口之间的最佳位置。总体而言，这座城市由岩石建成，拥有极具装饰性而且宏伟的建筑风格。城市中的圣约翰教堂有世界上最华丽的人行道。大团长的宫殿以宏伟的大厅和楼梯著称。

瓦莱塔位于地中海中心，地理位置十分重要，因而成为绝佳的海军基地。它还充当了商品仓库，特别在战争期间，货物可以从这里进入意大利和黎凡特。在瓦莱塔的街道上，各个民族的人交织在一起，构成了世界上最美丽的图画；地中海沿岸的所有国家都把这里作为中心。岛内的西塔维奇亚是一处古老的地方，旅行者可以在这里看到坚固的岩石中有大片的地下墓穴，关于它的历史已经完全消失了。

马耳他岛本地人是地中海或邻近地区最原始的民族之一。他们只说自己的语言，可能是古腓尼基人或迦太基人的方言，然而语言学家对此存有争议。他们皮肤黝黑，体格健壮，吃苦耐劳，是优秀的水手。女性体形中等偏下，体态优美，五官端正，四肢纤细。虽然肤色黝黑，但很多人都很清秀。每一个阶层的人们都很勤劳，接受的教育也有了很大改善。他们信仰天主教。几乎所有从事贸易的马耳他人除了母语，还会讲英语和意大利语。

拜占庭帝国

第324章

西部帝国灭亡后的东部帝国

（476—534）

在叙述古罗马历史时，我们讲到罗马帝国分为东西两个帝国，并回顾了西罗马帝国在476年被推翻之前的历史。东部帝国以希腊帝国和拜占庭帝国①的名义继续存在，持续了1 000年，直到被土耳其人灭亡。

东罗马帝国的首都君士坦丁堡是由创建者君士坦丁建立的，城市的部分地区修建在古城拜占庭的遗址上。作为拜占庭的主城镇，

① 同一个国家的多个名称容易使人们在理解上产生混乱，而在历史上，君士坦丁堡的人民常常既被称为希腊人，又被称为罗马人，使情况更加混乱。拜占庭领土的中部以前是由希腊人统治的几个邦国，人口主要是希腊人，因此东部帝国又自然而然地被称为希腊帝国；但由于君士坦丁堡曾是罗马帝国的首都，许多罗马人在那里定居，而且人们以此为荣，君士坦丁堡人通常自称罗马人，因而这个帝国也被称为罗马帝国。——原注

这里曾是多利安希腊人的殖民地，大约公元前658年，拜占庭人在这里定居，这里成了与黑海沿海进行船舶贸易的集市，先后被大流士·希斯塔斯普、斯巴达人以及伯里克利统治下的雅典人占领。当色诺芬带着1万希腊远征军回来的时候，这里又被斯巴达人收复。公元前270年，高卢人不断骚扰这里，最后随着罗马征服希腊，这座城市落入罗马人手中。

拜占庭古代的居民是希腊人，以放荡和懒惰著称。城里挤满了渔夫、水手和商人，商人中有很多是外国人。政权似乎是民主政权，据说有人问一位政客，处理某一案件的法律是什么，他回答说："是我满意的法律。"此地绝佳的地理位置①吸引了君士坦丁大帝的注意，他决心在此建立一座新城。5年后，即330年5月，这座献给圣母玛利亚的城市完工了。

我们已经叙述了476年西罗马帝国灭亡之前东罗马帝国的历史，在此期间，君士坦丁堡一直是帝国的首都；但是，在我们继续叙述接下来的历史事件之前，不妨先回顾一下东部帝国当时的形势和领土范围。一般来说，东部帝国是大罗马帝国东边的部分，其疆域涵盖了欧洲、非洲和亚洲的一些地区，几乎与19世纪初土耳其的疆域重合。从下表中可以一目了然地看出其领土分布：

① 也许世界上没有哪个地方能像君士坦丁堡这样拥有如此多的便利条件。因为连接几个海洋，使其拥有无与伦比的鱼类资源；邻近的领土是世界上最肥沃的土地之一；地中海和黑海周围的国家人口众多，这些国家的产品都是通过极其便利的水路运输送达君士坦丁堡门口。这里也是军队从亚洲进入欧洲或从欧洲进入亚洲的必经之地，因此它的历史与过去几个世纪搅动这些地区的事件密切相关。——原注

东罗马帝国领土分布表

欧洲

<table>
<tr><th>古代名称</th><th>现代名称</th><th>19世纪中叶所属的国家</th><th>主要城市</th><th>主要城市古代名称</th></tr>
<tr><td>色雷斯</td><td>鲁米利亚部分地区</td><td>土耳其</td><td>君士坦丁堡</td><td>拜占庭</td></tr>
<tr><td>马其顿</td><td>鲁米利亚部分地区</td><td>土耳其</td><td></td><td></td></tr>
<tr><td>希腊</td><td>希腊</td><td>独立国家</td><td>雅典</td><td>雅典</td></tr>
<tr><td rowspan="2">伊利里库姆</td><td rowspan="2">达尔马提亚、克罗地亚、伊利里亚、施蒂里亚的部分地区</td><td rowspan="2">奥地利</td><td>莱巴赫</td><td>艾摩那</td></tr>
<tr><td>的里雅斯特</td><td>的尔杰斯特</td></tr>
<tr><td rowspan="2">诺里库姆</td><td rowspan="2">奥地利、巴伐利亚、克罗地亚的部分地区</td><td rowspan="2">奥地利</td><td>萨尔茨堡</td><td>尤瓦努姆</td></tr>
<tr><td>因森托</td><td>伯伊杜努姆</td></tr>
<tr><td rowspan="2">潘诺尼亚</td><td rowspan="2">斯洛文尼亚、匈牙利、奥地利、施蒂里亚、克罗地亚的部分地区</td><td rowspan="2">奥地利和匈牙利</td><td>维也纳</td><td>文多波纳</td></tr>
<tr><td>布达[1]</td><td>阿昆库姆</td></tr>
<tr><td>达西亚</td><td>特兰西瓦尼亚、摩尔达维亚、瓦拉几亚、比萨拉比亚</td><td>奥地利
土耳其
俄罗斯</td><td></td><td>乌尔皮亚特
拉詹尼</td></tr>
<tr><td>默西亚</td><td>塞尔维亚
保加利亚</td><td>土耳其</td><td>贝尔格莱德</td><td>辛吉杜努姆</td></tr>
</table>

① 1872年，位于多瑙河西岸的三座城市布达、老布达和佩斯合并成为一座城市——布达佩斯，作为匈牙利首都。——编者注

非洲

<table>
<tr><th>古代名称</th><th>现代名称</th><th>19世纪中叶所属的国家</th><th>主要城市</th><th>主要城市古代名称</th></tr>
<tr><td>埃及</td><td>埃及</td><td>以前由土耳其管辖，现在是独立国家</td><td>亚历山大</td><td>亚历山大</td></tr>
<tr><td>埃塞俄比亚</td><td>努比亚</td><td>埃及</td><td>阿克苏姆</td><td>阿克苏姆</td></tr>
<tr><td>利比亚</td><td rowspan="4">巴巴里诸国</td><td rowspan="4">以前由土耳其管辖，现在大多数是独立国家</td><td>的黎波里</td><td>的黎波里</td></tr>
<tr><td>阿非利加</td><td>突尼斯</td><td>突尼斯</td></tr>
<tr><td>努米底亚</td><td>阿尔及尔</td><td>阿尔及尔</td></tr>
<tr><td>毛里塔尼亚</td><td>摩洛哥</td><td>摩洛哥</td></tr>
</table>

亚洲

<table>
<tr><th>古代名称</th><th>现代名称</th><th>19世纪中叶所属的国家</th><th>主要城市</th><th>主要城市古代名称</th></tr>
<tr><td>科尔基斯</td><td>明戈瑞利亚</td><td rowspan="3">俄罗斯</td><td rowspan="3">特夫利斯</td><td rowspan="3"></td></tr>
<tr><td>伊比利亚</td><td>格鲁吉亚</td></tr>
<tr><td>阿尔巴尼亚[1]</td><td>格鲁吉亚</td></tr>
<tr><td>小亚细亚</td><td>安纳托利亚</td><td>土耳其</td><td>士麦那</td><td>士麦那</td></tr>
<tr><td>亚美尼亚</td><td>亚美尼亚</td><td>土耳其和俄罗斯</td><td></td><td></td></tr>
<tr><td rowspan="3">叙利亚</td><td>叙利亚</td><td rowspan="3">土耳其</td><td>大马士革</td><td>大马士革</td></tr>
<tr><td>巴勒斯坦</td><td>耶路撒冷</td><td>耶路撒冷</td></tr>
<tr><td>腓尼基</td><td></td><td>提尔</td></tr>
</table>

① “阿尔巴尼亚”在希腊语中为“山地”的意思，亚历山大大帝把高加索一带的地区称为“阿尔巴尼亚”，此向便沿用下来，与现在的阿尔巴尼亚共和国并没有什么关系。——编者注

（续表）

<table>
<tr><th>古代名称</th><th>现代名称</th><th>19世纪中叶
所属的国家</th><th>主要城市</th><th>主要城市
古代名称</th></tr>
<tr><td>巴比伦</td><td rowspan="2">美索不达米亚</td><td rowspan="4">土耳其</td><td rowspan="2">巴格达</td><td></td></tr>
<tr><td>迦勒底</td><td></td></tr>
<tr><td>美索不达米亚</td><td rowspan="2">库尔德斯坦</td><td rowspan="2">巴士拉</td><td></td></tr>
<tr><td>亚述</td><td></td></tr>
</table>

欧洲后面那4个国家，诺里库姆、潘诺尼亚、达西亚和默西亚从未被罗马人彻底征服，在帝国分裂后，这4个国家都不认为自己曾属于罗马帝国。这些国家是高卢人、哥特人、匈人和其他蛮族的驻地，他们摧毁了西罗马帝国，而且经常威胁到东罗马帝国的存在。现在，这些国家都被纳入土耳其、奥地利、匈牙利和俄罗斯疆域之内。

西罗马帝国灭亡后，君士坦丁堡的宫廷陷入沉寂，半个世纪以来，一直处于默默无闻的状态，直到著名的查士丁尼统治时期，其至高无上的地位才得以恢复。伊苏里亚人芝诺因与阿里阿德涅公主结婚而成为皇帝；5世纪下半叶，在他岳母的怂恿下，国内发生了激烈的军事政变，芝诺被迫逃入山区。在东哥特国王狄奥多里克的帮助下，芝诺恢复了皇位。

狄奥多里克曾作为人质在君士坦丁堡宫廷接受过精心的教育。哥特人动荡不安，拜占庭人背信弃义，很快摧毁了两位君主的友好关系。在一场血腥的战争之后，芝诺为了换取和平，将意大利的统治权让给了狄奥多里克。正如前文所述，这位首领入侵了意大利，于493年成为这个国家的主人。

518年，查士丁成为君士坦丁堡的皇帝。他原本是达西亚农民，徒步前往首都寻找出路。凭借勇敢和才干，逐渐升至利奥皇帝的禁卫军首领。这位君主去世时，查士丁通过贿赂守卫，登上了空缺的皇位。尽管他目不识丁，但并非不认可教育的价值。他让外甥查士丁尼与自己共同执政；查士丁尼受到那个时代的良好教育，很快就获得了国家的全部权力。

527年查士丁死后，查士丁尼成为唯一的统治者，但他第一次行使权力便给他的统治留下了永久的耻辱。他选择了一个出身卑微、性格恶毒的女人狄奥多拉为皇后，她的恶行甚至让君士坦丁堡这样放纵的都市感到厌恶，没有什么道德败坏的事情是她没有做过的。

发生在东部帝国伟大首都的所有愚蠢行径中，最突出、最可耻的行为之一是赛车党暴动（尼卡暴动）。参加赛车竞技的马车夫身穿不同颜色的服装，因而分成了不同的党派。尽管白党和红党的历史最古老，但绿党和蓝党因根深蒂固的仇恨最引人注目，查士丁尼属于蓝党：他对蓝党的支持引发了对立党派的不满，导致暴动几乎把君士坦丁堡夷为平地。

骚乱首先在赛车竞技场爆发。查士丁尼下令保护暴动者，两派立即转向反对君主。士兵们被召集起来，但他们无法在狭窄的街道上与市民抗争。蛮族的雇佣兵从房顶上袭击，到处扔火种进行报复，从而引发了可怕的大火，摧毁了大量公共和私人建筑。圣索菲亚大教堂和皇宫的一部分建筑都被烧毁了。

查士丁尼准备逃往亚洲，他召集会议商讨确保安全的途径。除了狄奥多拉，其他人都劝他逃走。狄奥多拉说：“即使逃走是确保安全的唯一途径，我也不屑于逃亡。人生在世，难免一死。我欣赏那句古老的格言：‘皇位是最光荣的坟墓。’”如果史册的记载是

贝利撒留

真实的，那么无论道德如何，狄奥多拉都有资格成为女英雄。她的坚定拯救了查士丁尼。蓝党和绿党达成了某种停战协议，他们在竞技场集结。查士丁尼派3 000精兵袭击了他们，杀死了3万人。这座城市被暴乱者控制了几天后，查士丁尼和狄奥多拉恢复了统治。

帝国内部遭遇党派暴乱，对外却发动了一场代价高昂、无利可图的战争，最后皇帝不惜重金购买了一个既不光彩又不稳定的停战协议，尽管他与波斯国王都称之为“永久性的”和平协定。

盖利默篡夺了非洲汪达尔人的王位，促使查士丁尼派遣一支由贝利撒留指挥的军队入侵非洲。533年，那个时代最能干的战士贝利撒留将军在非洲登陆。他向迦太基挺进，在行军途中击败了汪达尔人，轻而易举地成为这座城市的主人。盖利默曾试图拯救他的王国，但没有成功。他的军队被彻底摧毁，他在巴布亚山上的一座城堡里避难，却遭到围困。不幸的盖利默在经受了最可怕的饥荒后，被迫无条件投降，并被俘虏到君士坦丁堡，带入庆祝贝利撒留凯旋式的游行队伍。这位被废黜的君主并没有对自己的失败表示悲伤，而是通过所罗门对人类伟业不稳定性的反思来安慰自己。

第325章

查士丁尼大帝的统治

（527—565）

哥特王后阿玛拉松莎被她忘恩负义的丈夫狄奥多图斯谋杀，这为贝利撒留入侵意大利王国提供了借口。535年，他从君士坦丁堡启航前往西西里岛，轻而易举地征服了那座重要岛屿。狄奥多图斯惊恐万分，急忙宣称自己是查士丁尼的属臣，以求自保。但他很快就听说拜占庭的两位将军在达尔马提亚被哥特军队打败，他突然从极度绝望转向狂妄自大，不再效忠于拜占庭皇帝。

很快，贝利撒留就惩罚了狄奥多图斯的背信弃义。他穿过墨西拿海峡，越过意大利南部，占领那不勒斯，而狄奥多图斯躲在罗马城墙内自保，不管臣民的死活。最后，哥特人厌恶了这位软弱无能的君主，把狄奥多图斯赶下王位，推选维提吉斯为王。维提吉斯放弃了罗马，贝利撒留于537年占领了这座城市。

就在那年冬天，哥特人从四面八方聚集起来，想要拯救他们在意大利的王国。他们很快集结了一支强大的军队，凭借着勇敢无畏的精神，维提吉斯带领他的追随者们围攻了罗马。

贝利撒留在城中集结军队，有勇有谋地保卫这座城市；但是城中很快出现了饥荒，市民们急于投降。一个阴谋在罗马教皇西尔维留斯的批准下悄然形成：把这座城市出卖给哥特人；他们的信件被截获，阴谋因此被发现。贝利撒留将西尔维留斯驱逐出境，并命令主教们选出新的教皇。就在召开宗教会议之前，将军的妻子安东尼娅以200磅黄金的价格将教皇之位卖给了维吉利。东罗马帝国的援军很快抵达，哥特人不得不解除对罗马的围攻。

539年，贝利撒留俘虏了哥特国王维提吉斯，结束了在意大利的战争。他得胜而归，回到君士坦丁堡，随后被派去指挥与波斯人之间的战争，但很快就被召回，并被忘恩负义的查士丁尼羞辱。

当贝利撒留正在征服并收复帝国的西部诸行省时，大批蛮族蹂躏了帝国的东北边境。由于无法在战场上与他们交锋，查士丁尼与刚刚摆脱赫鲁利人统治的伦巴第人结盟。为了巩固同盟，他在潘诺尼亚给了他们定居之所。

尽管贝利撒留为查士丁尼立下了汗马功劳，成就了查士丁尼时代的荣光，凭借才华和声望，他完全可以自己登上皇位，但他却无法避免诽谤和猜疑。他被指控参与谋反，因而被剥夺了军队的指挥权，拘禁在家中，还被罚款12万金币。还有传言称：他的眼睛被挖出，流落街头乞讨度日，逢人便说："给贝利撒留将军一个硬币。"不管此事真实与否，他活到61岁，于565年去世。

查士丁尼获得的崇高声誉缘于他对罗马法的改革。尽管历代皇帝和法学家都努力使罗马法的形式和体系达到令人满意的程度，但各种各样的法律、判决和章程却使其深陷混乱和困惑之中。查士丁尼承担了整理法典的任务。为此，他聘请当时最杰出的法学家组成委员会，在著名法学家特里波尼安的主持下进行编纂工作。

完成后的法典由《学说汇纂》《法学阶梯》和《新法典》三部分组成。这部法典在东罗马帝国一直有效，直到1453年君士坦丁堡沦陷。它是现在欧洲各国民法的基础，在英国和美国也备受推崇，在这两个国家的法庭上经常被引用。

君士坦丁堡宏伟的圣索菲亚大教堂也要归功于查士丁尼，那里现在是一座清真寺。修建教堂时动用了1万名工人，不到6年时间就完工了。这位君主见到完成的教堂时，不由得惊叹道："所罗门啊，我终于打败你了！"除了这座巨大的建筑物，查士丁尼在城市内外修建了25座宏伟的教堂，以及遍布整个帝国的大量桥梁、高架水渠和防御工事。历史学家普罗柯比留给我们一整本关于查士丁尼宏伟建筑的著作。

第326章

查士丁尼大帝时期的灾难

（526—565）

查士丁尼统治时期也因大灾难的出现而令人印象深刻。当时的人们非常迷信，大彗星的出现让他们惊恐，而地震和瘟疫使这种惊恐变成了真正的灾难。526年，安条克的地震使25万人丧生。531年，古老而高贵的贝鲁特城被地震摧毁。君士坦丁堡遭受重创，圣索菲亚大教堂的部分建筑坍塌。

542年，一场起源于埃及的可怕瘟疫席卷了整个世界，并持续肆虐了50多年。据说，地面上的任何地方，甚至是山顶上，都被这场可怕的灾祸造访过。在3个月的时间里，君士坦丁堡每天的死亡人数是5 000到1万人。亚洲的许多地区因为瘟疫而人口灭绝，至今仍是荒芜之地。就我们所知，这是有史以来涉及范围最广、最具破坏性的一场瘟疫。

在此，我们摘录同时代的历史学家普罗柯比对它的描述，他目睹了这场可怕的灾难，并且因为与拜占庭政府的关系，他掌握了所有关于其起源、发展和影响的信息。他的叙述如下：

“这时（542）发生了一场瘟疫，几乎毁灭了整个人类。它横扫全世界，攻击所有民族和部落，不分男女老幼，无论何种气候、地理位置、饮食、习惯或生活方式都不能阻挡瘟疫的蔓延；面对瘟疫，任何民族都无能为力。有些国家在夏天遭到蹂躏，有些则在冬天荒废掉。

“它最早出现在埃及培琉喜阿姆的居民中，从那里开始，沿着两条不同的路线向外传播：一条传播到亚历山大和埃及的其他地区，另一条延伸到巴勒斯坦，从此地扩散到全世界。在整个蔓延过程中，它保持着统一的速度，并没有突然在某处中断，而是沿着路线按部就班，在每个地方都停留一段时间，有目的地行进至最远之地，仿佛下定决心不让宇宙中最遥远的角落逃脱，甚至连一座岛、一个洞穴或一处山顶都未能幸免于难。即使它暂时忽略了某个地区，它也早晚会在那里出现，带着致命的恶意降临到起初幸免的人身上，直到把所有人都从世间清除。它总是从沿海地区开始，随后蔓延到内陆。

“大约在第二年仲春，它抵达君士坦丁堡，当时我正好在那里。瘟疫是这样暴发的：很多人看到化为人形的鬼影，受到鬼影的袭击，立刻就生病了。起初，为了摆脱鬼影的攻击，他们去神庙里祈祷和献祭，但徒劳无用，因为他们就病死在寻求帮助的神庙里。其他人则把自己锁在家中，即使有朋友来敲门，也不肯见他们：敲门声再响也不应，因为人人都怕有鬼影在追自己。有些人受到另一种攻击：这些鬼影出现在他们的睡梦中，或听到有个声音告诉他们死期将至，然后立刻就感染了瘟疫。有些人既没看见鬼影，也没梦到他们，只是在睡醒时突然发烧，疾病就来了；有些人得病时正在走路，有些人正忙于工作：他们的皮肤没有变色，也没有出现炎症或高烧，只是从早到晚发低烧，因此患者和医生并没有惊慌失措。但在发病当天或第二天，或者之后不久，患者的腹部、腋窝、耳朵侧面以及大腿处开始出现肿胀。这些细节对于所有感染瘟疫的人来说都是常见的；但由于不同个体的身体状况不同，或是由于这场灾难的始作俑者拥有至高无上的权力，此后的病情发展因人而异。

“一些人出现嗜睡症状，另一些人则精神错乱。昏睡者似乎忘记了一切，就像陷入无尽的沉睡；而且，除非有人经常为他们提供食物，否则他们就会饿死；精神错乱者根本无法入睡，因为看到鬼影或者害怕被谋杀，他们不断受到惊吓：他们发出可怕的吼叫，到处乱跑，靠着奔逃来拯救自己。如果说病人遭受了可怕的痛苦，那么他们的朋友们也同样备受煎熬，照顾这些可怜的病人使他们心力交瘁、寝食难安。

“这种疾病不是通过接触传播的；无论医生还是其他人，都不是通过触碰感染者的身体而染病的；许多照顾患者和埋葬死者的人，都逃过一劫，而很多根本没有暴露在外的人，却染病死亡。他们胡言乱语，在地上打滚，从房顶上跳下去，跳进海里，不是因为口渴，而是由于无法抑制的暴怒。很多人因为无人照料而死于饥饿。那些熬过嗜睡和精神错乱阶段的人因为肿胀处极度疼痛而死。

“医生们对这种疾病的性质一无所知，他们认为病因在于肿胀，因此剖开了死者体内的肿瘤，试图发现疾病的秘密。他们发现这些肿瘤由黑色的块状物构成，含有恶性程度极高的毒素，其中许多人因为毒素的作用立即死去。有些人发现他们身上布满了黑色的脓疱，这些人在一小时内死去。许多人死于突然吐血。有些人在濒临绝境后，经过医生的治疗痊愈了，让每个人深感惊讶；另一些人看起来很稳定，确信自己会康复，却意外地死去。人类的技术和智慧似乎完全错误，因为所有的事情都是矛盾的。一个人可能会因为使用浴盆洗澡而获救，另一个人却会因此丧命。即使有人死于非命，其他人也可能奇迹般地逃脱。没有治疗这种疾病的方法，也找不到预防措施。染病似乎是偶然的，恢复时也不知是何原因。染病的母亲所生的孩子肯定会死。

“瘟疫在君士坦丁堡蔓延了4个月，其中3个月疫情当道，形势严峻。起初，死亡人数只略高于正常范围，但随着疫情愈演愈烈，死亡人数增至每天5 000人，后来增至每天1万人，甚至更多。起初，各人埋葬自己家里的人和遍地所见的尸体；后来，一切都变得混乱不堪，有些仆人失去了主人，有些主人没了仆人。屋内一片荒凉，里面死去的住户没有人埋葬。城里所有的墓地都填满了尸体，人们只能到附近的田野里去埋葬死者；但是尸体的数量越来越多，他们厌烦了挖墓，便把尸体堆到城墙的塔楼里，把屋顶卸下来，再把尸体扔进去，直到整座塔楼都堆满了尸体而不得不更换屋顶。这里污浊的空气被风吹到了城市上空，加剧了感染。

“没有人为死者举行葬礼：人们觉得把尸体运到岸边，再装到船上，随海浪漂走，能这么做就足够了。城里的一切派系纷争都平息了，人们互相帮助，互相埋葬，不计较彼此的仇恨。那些邪恶和放纵的人，因为死亡带来的恐惧，忽然悔改而变得虔诚；然而，当危险消失了，他们的恐惧减轻了，就又回到原来的老路上，恶行比过去有过之而无不及；因此可以说，这场瘟疫，无论是偶然的还是上帝的旨意，都放过了人类中最坏的那一部分。”

第327章

从查士丁二世即位到萨拉森人第一次出现

（565—641）

查士丁二世是查士丁尼的侄子和继承人，他统治时期的突出特点是内忧外患频繁出现。578年查士丁二世去世后，将帝国遗赠给提比略二世，而后者的美德是他能称帝的最好证明。但他的统治只持续了4年，之后由莫里斯一世继任。

莫里斯一世继承了前任的许多美德。他派遣了一支军队，在大将菲利皮库斯的率领下，帮助被篡位者赶下王位的波斯国王库思老二世，结果大获成功。在帮助波斯解除所有的危险后，莫里斯一世决定向威胁帝国东部边境的阿瓦尔人开战。但是，将军的无能和皇帝自己的贪婪，激起士兵们哗变。他们在百夫长福卡斯的带领下向君士坦丁堡进军。如果这座城市继续保持忠诚，这场暴乱本可以轻易平息；但是那些放荡的民众厌恶吝啬的君主，在他参加宗教游行时袭击了他，迫使他在宫殿里避难。

不幸的皇帝被迫退位，福卡斯被授予皇位，轻率鲁莽的人们欢呼雀跃，欢迎福卡斯一世来到君士坦丁堡开始了自己统治。福卡斯一世把莫里斯一世从避难所拖出来，在他面前连续杀害了他的5个儿子，然后用酷刑处死了这位被废黜的君主。皇室的一位乳母要把自己的孩子交给刽子手交换她照顾的王子，但被莫里斯一世拒绝了。每当斧头落在他孩子的脖子上时，莫里斯一世虔诚而顺从地说：“耶和华啊，你是公正的，你的审判是公正的！”

福卡斯一世的篡夺得到了教皇格里高利一世的认可，教皇因为刻意讨好篡位者而获得了“普世主教”的头衔。但是教皇的阿谀奉承并不能使暴君免遭臣民的怨恨，他们很快就发现，不应该选择这个恶棍来取代莫里斯一世。

当时的非洲总督之子小希拉克略受邀于610年驶往君士坦丁堡。他的舰队刚到达达尼尔海峡，市民和皇家禁卫军就冲进宫殿，用铁链把福卡斯一世绑起来，将这个无助的俘虏交给了他的对手。小希拉克略斥责他犯下的各种恶行，这位垮台的暴君却回答说：“你能治理得更好吗？”这是福卡斯一世的遗言。在遭受了侮辱和折磨后，他被斩首，残缺不全的尸体被扔进海里。

福卡斯一世虽然死了，但拜占庭帝国并没有因此摆脱他的罪行所带来的灾难。库思老二世得知自己的恩人莫里斯一世被杀，就集结了波斯的全部兵力要为他报仇。拜占庭主教和皇帝建立起来的愚蠢的迫害制度，使侵略者在各省都找到了盟友。犹太人、聂斯托利派和雅各派[1]都相信，崇拜火的人比东正教基督徒更宽容。波斯人刚跨过幼发拉底河，叙利亚各地就爆发叛乱，这些叛乱对波斯人有利。

由于在两次决定性的战役中都获得胜利，库思老二世受到鼓舞，想要重建居鲁士大帝的功业。希拉克略刚刚即位，就接到安条克陷落的消息。随后不久，在614年，耶路撒冷遭到攻击，犹太人受到波斯人的鼓励，对迫害他们的基督徒进行了可怕的报复。巴勒斯坦的逃亡者来到埃及避难，亚历山大主教热情款待他们。自从戴克里先统治以来就没有经历过战争的埃及，却在616年遭到入侵，并被征服，一度被并入波斯帝国。

小亚细亚也同样沦陷了。在一次战役中，波斯军队从幼发拉底河沿岸向色雷斯的博斯普鲁斯海峡挺进，10年来，敌营就扎在君士坦丁堡的塔楼前。与此同时，阿瓦尔人步步紧逼。希拉克略打算放弃君士坦丁堡，带着财宝到迦太基避难，主教劝阻并恳求他不要做这种耻辱之事，但他的前景每况愈下。阿瓦尔人发动了一次诡诈的进攻，几乎占领了首都；那些被派去讲和、恳求退兵的使臣遭到库思老二世的断然拒绝。这位波斯君主宣称，他不会同意和解，除非把希拉克略用铁链绑上带到他跟前，或者让他放弃基督教，皈依拜火教。

12年来，希拉克略目睹了帝国的灾难，却没有付出任何努力来保护他的臣民。但最后这次受辱，将他体内沉睡的力量唤醒了，他

---

① 雅各派是6世纪时由一名叫雅各布斯·巴代的叙利亚修道士组建起来的基督教派。他们在叙利亚、埃及、美索不达米亚有不同的教区，与罗马教会分离，得到萨拉森人的保护。——原注

意识到以前的无所作为有多么可耻，接下来他创造的战绩就有多么辉煌。他六次战胜波斯人，627年，在古城尼尼微遗址附近打败了一支由50万人组成的波斯军队。希拉克略在收复了波斯人占领的所有省份后，回到君士坦丁堡，带回库思老二世从耶路撒冷拿走的“真十字架”。这是一件珍贵的遗物，被认为是他所有战利品中最辉煌的一件。

但是对于希拉克略来说，胜利的背后却是灾难性的后果。最优秀和最勇敢的士兵在这些血腥的战争中牺牲了，国库亏空，在荒芜的行省，赋税难以征收；而皇帝本人似乎因为付出了巨大努力而耗尽精力，终日昏昏欲睡，精神萎靡。

当希拉克略还沉浸在胜利带来的虚荣中难以自拔时，萨拉森人却出现在叙利亚边境。自此刻起，希腊帝国在骁勇善战的萨拉森人面前迅速衰落。在希拉克略统治的最后8年里，因为萨拉森人的胜利，皇帝失去了他从波斯人手中收复的所有领土。

第328章

从希拉克略去世到巴西尔诸帝的统治

（641—867）

希拉克略于641年去世，时年67岁。在下个世纪的大部分时间里，拜占庭帝国的历史充斥着他的继任者们争夺皇位的一系列罪行。用兵器或毒药杀人，割鼻拔舌致残，党派阴谋和暴动，以及教会专制，这些都是这一时期拜占庭史书记载的内容。

672年，在君士坦丁四世统治期间，萨拉森人围攻君士坦丁堡5个月，但被击退。他们连续回来进攻了7年，但每次都被打败，这不能归功于守卫部队作战英勇，而要归功于叙利亚人加利尼科斯发明的希腊火。据说希腊火的成分主要是石油，混合着硫黄和绿冷杉的树脂。如前文所述，萨拉森人的船很容易被这种液体火焰点燃，无论在何处被点燃，希腊火都以惊人的速度蔓延。水不但不能使之熄灭，反而使火焰四散并加速蔓延。除了沙子、酒或醋，没有什么能抑制火焰的燃烧。希腊人将这个强大的毁灭性武器的配方作为国家机密保存了400多年。据说伊斯兰教徒最终知道了这个秘密，并将其用于与基督徒的战争中，直至火药被发明出来。

717年，伊苏里亚王朝利奥三世继位。他原是牧民，参军后名声大振，被士兵们拥立为皇帝。在他统治时期，拜祭圣像在教会中很普遍，利奥主要以反对供奉圣像而著称，以他为首的党派被称为“圣像破坏者”。

780年，君士坦丁六世继位，由母亲伊琳娜摄政。伊琳娜恢复了圣像崇拜，并残酷迫害圣像破坏者。这位母亲废黜了自己的儿子，挖出了他的眼睛。她驾着由4匹白色骏马拉着的金色战车，穿过君士坦丁堡的大街小巷。她最终从这个尊贵显赫的位置上跌落，被流放到莱斯沃斯岛，在那里靠着自己的双手勉强维持生计，度其余生。

巴西尔一世起初是个地位卑微的马其顿探险家，他第一次造访君士坦丁堡时，晚上就睡在教堂的台阶上。他在皇宫的一个随从那里找到工作，并升至皇家马厩的马夫，后来引起皇帝米海尔三世的注意。通过一系列谋划，他与米海尔三世成为共治皇帝。次年，他谋杀了米海尔三世，夺取皇位。尽管如此，巴西尔一世仍被列为拜占庭最能干、最值得尊敬的君主之一。他的私生活非常得体，公共治理对帝国有用而且有利。他抑制了权力的滥用，挑选了最具美德、最有能力的人担任官员。他虽不亲自带兵，但把指挥权交给了胜任的人，使帝国的敌人不得不尊重新罗马的威严。

巴西尔一世的继承者们统治了近两个世纪，其间因为篡位而两次中断，继位过程中多次发生谋杀和其他残忍行为，由谁称帝取决于各种情况。儿子、女儿、兄弟、侄子都可能继位，君主也可能指定继承人。军队、官员、民众或已故皇帝的遗孀，可能通过暴力或阴谋获得空缺的皇位。

最常见的除掉君主的方法有暗杀、下毒、流放、监禁、致残，或是某个野心勃勃的人因为复仇而成功实施更残忍的行径。皇帝拥有绝对的权力。违法、控诉、责罚和惩处接二连三地发生，但基本上都出于皇帝的意愿。

仅凭下面这个例子就可以看出那个时代的残暴。多瑙河附近的蛮族俘虏了帝国的1.2万人，把他们的鼻子割掉后送回君士坦丁堡。皇帝把其中的数千名俘虏100人编一组，又送回蛮族手中。每组除了一名向导，其他人的眼睛都被挖出，即使向导也只留了一只眼睛。这一时期拜占庭的史料非常贫乏，其中大部分可能在1204年拉丁人攻占君士坦丁堡时在大火中烧毁。也许这种损失不值得遗憾，因为我们注意到，在这一时期的事件中，暴行占了多数。

当时，拜占庭帝国一定极其富有和奢华。这一点可以由一位名叫达尼伊丽丝的贵妇证明，她住在伯罗奔尼撒半岛的帕特雷。巴西尔一世身份低微时，曾得到了她的资助；他成为皇帝后，似乎也受到了她的青睐和馈赠。在她送给他的礼物中，有一块羊毛地毯，做工极其精细，图案模仿孔雀尾巴上的斑点，大小有如教堂的地板。

她还送给他600块绸缎和亚麻布。绸缎用提尔染料染色，由手工刺绣装饰。亚麻布非常精细，一整块布都可以卷在竹竿里。她送给巴西尔的另一件礼物是300名年轻的奴隶。当她去君士坦丁堡拜访皇帝时，她坐在轿舆上，被抬着走了整整500英里，有300名奴隶护送她。

她死后将遗产留给了巴西尔一世的儿子利奥，包括80个农场和3 000名奴隶，我们无法得知一个9世纪的女性是如何获得如此巨大的财富的，也无法得知在那个时代、那个地区，艺术是如何达到如此完美的程度的。这一时期被认为是西欧历史上最黑暗、最野蛮的时期，其中唯一的例外，是查理曼在发展学术和文明的过程中所做的短暂而无效的尝试。

在这一时期，拜占庭帝国是世界上除了中国唯一种桑养蚕、生产丝绸的地区。丝绸在欧洲已经流传了好几个世纪，但直到查士丁尼统治时期，蚕卵才由两位波斯修道士用空心手杖从中国带回，他们曾以基督教传教士的身份到访了中国。现在欧洲所有的蚕都源自拜占庭。自查士丁尼时代起600年的时间里，拜占庭希腊人是唯一拥有这项技术的欧洲人。12世纪，丝绸生产传入西西里岛，并从那里扩展到意大利、西班牙和法国。

第329章

这一时期的希腊人

（867—1057）

在这一时期，拜占庭帝国的居民与以前相比显得退化堕落，虽然如此，他们仍然不在欧洲第一流民族之下。他们的退步并不体现在外表和重要程度上，而是体现在道德和智力上。他们中的很多人仍然保留着古时的气派和尊贵。在10世纪，那些仍然承认君士坦丁继承者统治权的省份已经形成了一种新的模式，即军事政权。其中欧洲有12个，亚洲有17个，共29个。皇帝在战争中的胜利扩大了东罗马帝国的疆域，但在11世纪，帝国的前景变得黯淡。希腊人在意大利残留的统治被诺曼冒险者一扫而光，土耳其人则撬走了帝国在亚洲的统治支柱。尽管如此，色雷斯、马其顿和希腊这些地域广阔的省份仍然服从于拜占庭的皇权。塞浦路斯、罗德岛和克里特岛以及爱琴海的50个岛屿，也承认其权威。

帝国的臣民比欧洲其他民族更加聪慧机敏；他们支持艺术创造

和艺术复兴，性情平和，颇具耐心，品位高雅，这些都值得我们尊重。公共收入首先供皇帝奢侈享乐，亚洲和欧洲的海岸和岛屿上都有他们宏伟的别墅，君士坦丁堡大皇宫是皇家宫殿的中心，被富有的历代君主扩建并装饰，一排排的公寓都装饰着大量的金、银和宝石。在中世纪，世界上可能没有哪座城市在财富和辉煌程度上超过君士坦丁堡。

但与此同时，超越人类知识范围的神学争论，以及君士坦丁堡牧首和罗马教皇之间的嫉妒与竞争，导致了东西方教会的分裂，而关于保加利亚的纷争加剧为正式分裂。保加利亚的蛮族受希腊和拉丁传教士的影响，改信基督教，牧首和教皇争相赞助新的教会机构，希腊人在竞争中胜出，驱逐了拉丁人，而罗马教廷则通过革除希腊人的教籍进行报复。

一个奇怪的事实是，在漫长的1 000多年的时间里，希腊帝国的政府、人民、宗教、商业或职业，似乎没有发生任何实质性的变化。即使在十字军东征期间，在拉丁帝国皇帝的统治下依然如此。

君士坦丁七世（912年即位）在少年时期致力于研究古代的作品以及帝国的体制和政治关系，在这些方面，他留下了宝贵的著作。964年，尼基弗鲁斯二世·福卡斯凭借自己在克里特岛的战绩，以及他的将领在小亚细亚和叙利亚与萨拉森人的战争中取得的胜利，重建了拜占庭的霸权。969年，斯维亚托斯拉夫率领罗斯人侵犯拜占庭，约翰一世·齐米斯西斯派兵保卫了帝国。976年，巴西尔二世和他的弟弟君士坦丁八世亲政，共同执掌帝国大权，一切政务均由巴西尔二世处理，君士坦丁八世则乐于享受皇帝的权力而不涉政事。

在这些君主的统治下，帝国经历了一段黄金时期。巴西尔二世在几次战役中打败了长久以来令人生畏的保加利亚王国，将它的势力从多瑙河河口赶到古伊庇鲁斯的边界。在50年的统治之后，巴西尔二世于1025年去世，他的弟弟君士坦丁八世成为唯一的统治者。

君士坦丁八世不具备统治帝国的能力，而且由于恐惧，其统治严厉而苛刻。他把帝国和女儿佐伊遗赠给了贵族罗曼努斯·阿吉鲁斯。罗曼努斯在阿勒颇附近与萨拉森人的战斗中被打败。女皇佐伊被一个年轻情人的美貌所吸引，这段婚外情夺去了她丈夫的生命，然而她的情人米海尔四世刚继位就反悔了，他陷于自责而无法自拔，最终放弃了皇位，将自己关在修道院中来平息良心上的痛苦。女皇立米海尔四世的堂弟米海尔五世·卡拉法提斯为帝，但很快把他赶下皇位，佐伊的妹妹还挖出了他的眼睛。佐伊随后与君士坦丁九世结婚，在平静的统治中安享晚年。

纵观9—11世纪的历史，我们能看出虽然大多数皇帝恶毒而卑鄙，但其中有几位似乎称得上古代恺撒们最优秀的继承者。维护君士坦丁堡的奢华帝国，同时驾驭萨拉森人、土耳其人、保加利亚人和罗斯人，是一项极其艰巨的任务，需要极高的能力。

在首都君士坦丁堡，这一时期保存了大量的文学作品，这些作品在千年之后注定要成为学者研究的目标。

第330章

从巴西尔王朝的终结到安德罗尼卡一世的垮台

（1057—1185）

1057年，科穆宁家族继承了君士坦丁堡的皇位，取代了马其顿王朝。1081年，阿莱克修斯一世·科穆宁开始执政，他是一位经验丰富、天赋非凡的君主。在他执政的37年里，皇位在一定程度上保持了稳定，而这正是帝国的外部环境迫切需要的。土耳其塞尔柱王朝的力量正以新兴王朝所特有的速度快速增长，与此同时，帝国的几个省份因为十字军东征而动荡不安，罗斯人则正在向北部边境进军。

阿莱克修斯一世凭借政治家的手段，抵御了所有敌人。他的女儿安娜·科穆宁娜成了一名历史学家，其能力远超同龄人，天赋与父亲不相上下，她利用从政务中抽出的时间创作了《阿历克塞传》，讲述了她父亲的一生。我们可以注意到，大约在同一时期，印度哲学的古书，包括《皮尔佩寓言集》，在君士坦丁堡被译成希腊语，许多人将培养学识作为获得尊严和名誉的途径。

关于十字军东征的历史及其与拜占庭帝国的关系，将由本书的其他章节进行介绍。科穆宁王朝统治君士坦丁堡一个多世纪，比以往任何一个王朝都更加辉煌。之后他们经历了毁灭与颠覆，都是拜安德罗尼卡一世所赐。他的冒险经历非同寻常，值得详细叙述。

安德罗尼卡一世是阿莱克修斯一世的孙子，他外在表现得勇敢、雄辩、多才多艺、风度翩翩、性情温和，“有决心、有头脑、有执行力”。皇后的妹妹未经合法手续就成了他的配偶。因企图暗杀皇帝曼努埃尔一世，他被判处12年监禁。

最后，他在监狱里发现有一面墙上的一些砖块可以移动，即使拿下来再放上去也看不出有什么变化。与墙相连的地方有一个壁龛，里面可以藏一个人，但不能通到外面。安德罗尼卡把砖块取下来，进了壁龛，又把砖块放回去，以免引起怀疑。

第二天，狱吏发现他不在牢中，以为他逃跑了，因怀疑他的妻子帮助了他，就把他的妻子抓进监狱顶替他。夜深人静，当他的妻子发现丈夫站在她的面前时，她还以为看到了幽灵。她认出了他，靠着分食牢饭，他们一直熬到想出能逃出监狱的办法。这个办法成功了。安德罗尼卡逃到了多瑙河。历经许多危险后，他从那里到达罗斯。在罗斯，他替拜占庭皇帝办了很多要事，并因此获得赦免，返回君士坦丁堡。

因为曼努埃尔一世的不满，他再次失宠，被放逐到小亚细亚的奇里乞亚，但他拥有军事指挥权。在奇里乞亚的风流韵事使他再陷困境，为了逃避后果，他前往耶路撒冷朝圣。但在那座城市，他又看上了前任国王的遗孀，这让他陷入了更深的麻烦，甚至被悬赏捉拿。

他从耶路撒冷逃到大马士革，又从大马士革逃到巴格达和波斯，最后在小亚细亚的土耳其人中定居下来，而土耳其人是拜占庭希腊人的死敌。他带领着一群强盗，不断进攻拜占庭，作为强盗头子在整个东方声名鹊起。皇帝试图招安他，但没有成功，于是就把他的妻子和两个孩子带到了君士坦丁堡。过了一段时间，他终于通过忏悔获得了赦免。他匍匐在曼努埃尔一世的宝座下，被驱逐到黑海最东端的一处流放地。

皇帝死后，君士坦丁堡爆发内战。安德罗尼卡从朋友们身上看到了实现野心的希望。他召集了一支军队，向君士坦丁堡进军，并充当了曼努埃尔一世的幼子阿莱克修斯二世的监护人。这个不幸的孩子和他的母亲很快就被废黜了，母亲被扔进海里，孩子被弓弦勒死。在察看被谋杀的孩子的尸体时，安德罗尼卡粗暴地踢了尸体一脚，说："你父亲是个无赖，你母亲是个妓女，你自己是个傻瓜。"

1183年，安德罗尼卡即位。"重拾权力之人嗜血如命。"这一古老的谚语在他身上得到了充分验证。那些使他不快的人都惨遭毒手，被用毒药毒死、用刀杀死、扔进大海或用火烧死是常用的手段。伊萨克·安杰洛斯几乎要沦为受害者。但在最后关头，他杀死了逼近他的刽子手，逃到圣索菲亚大教堂。悲哀的群众聚集在那里，他们的哀叹很快就变成了咒骂，咒骂迅速变为威胁。

第二天黎明时分，起义爆发了，在一片喧嚣中，伊萨克·安杰洛斯被拥立为帝。当时安德罗尼卡正在普罗庞提斯的一座岛屿上。他匆忙赶回君士坦丁堡，发现城中骚乱四起，宫殿破败，自己被所有人抛弃。他企图乘船逃跑，却被追上了，然后戴着镣铐被带到新皇帝面前。

安德罗尼卡被放置在骆驼上，由人牵着，穿过城市，人民可以任意殴打和羞辱他。然后，他脚朝上被吊在上方有狼和母猪雕像的两根柱子之间。所有被他夺去父亲、丈夫或朋友的市民都可以找他复仇。他的牙齿、头发、一只眼睛和一只手都被扯下来，以补偿他们所遭受的损失。“主啊，求你怜恤我。”“你为何要伤害一根折断的芦苇呢？”这些话便是他最后的叹息。最终，两个愤怒的意大利人将剑刺进了他的身体，结束了他漫长的痛苦。

第331章

从伊萨克·安杰洛斯的统治到拉丁帝国的衰亡

（1185—1261）

1185年，安德罗尼卡死后，伊萨克二世·安杰洛斯即位。他是一位性情温和、举止柔弱的国王，但在1194年被自己的哥哥阿莱克修斯三世弄瞎并废黜。他的儿子阿莱克修斯逃到威尼斯寻求帮助。当时西方正在准备十字军东征，威尼斯人承诺将基督教军队运送到亚洲。恩里克·丹多罗是一位90多岁的老人，他是威尼斯总督，也是它霸业的灵魂，尽管双目几乎失明，但他敏锐地洞察到了其中的政治机遇。他说服十字军为威尼斯人征服了达尔马提亚的扎拉城。接下来，他们开始反抗君士坦丁堡。战争的结果如下文所述，这是由一位参加过战斗的人转交给教皇的：

“因为担心我们这么多人会成为圣地的负担，而且我们也知道君士坦丁堡市民希望回到他们合法皇帝的统治下，所以我们认为有必要采取权宜之计，以解决那里存在的不安因素，以便为我们将来的一系列行动提供必要的物资和协助。我们发现君士坦丁堡异常强大，市民们全副武装，有6万骑兵，以及所有必需的防御工具。篡位的皇帝告诉人民，我们的目的是征服他们，使他们的教会臣服于您。由于只有14天的粮食储备，我们不得不连续进攻。第八天，我们攻入城中。皇帝带着几个人逃跑了，我们让阿莱克修斯四世继位，并把他的父亲从地牢中放了出来。

“新皇帝答应给我们20万马克银币、一年的给养以及帮助我们重建圣墓教堂。他只希望我们为了希腊人能留在营地，不进城市。不久后，在他父亲的劝说下，他要袭击我们，纵火烧毁我们的舰队。但是这个阴谋被发现了。人民害怕我们报复，想要拥立新君。皇帝为了安抚我们及臣民，派他的亲属穆祖尔夫去应对心怀不满的人们。后者背叛且谋杀了皇帝以及他的父亲，并关闭了城门与我们对抗。圣父，西方没有一座城市比得过君士坦丁堡。城墙又高又宽，由方形石头建成。每隔500步就有一座石塔，上方建有另一座6层楼高的木塔。塔楼之间有桥，桥上满是武器和弓箭手。两道宽阔的护城河让我们的机械无用武之地。他们常常在夜里派喷火船来对付我们。我们的陆军实力使穆祖尔夫害怕，但他宁死不降。

“穆祖尔夫用棍子杀死了年轻的皇帝，但他对外隐瞒了真相。在与我们的对抗中，他占了上风，但最后，在特鲁瓦和苏瓦松主教的指挥下，‘天堂’号和‘朝圣者’号终于登陆了。当希腊人看到法兰克大军冲入街道和房屋时，他们丧失了勇气。皇帝和所有贵族都逃到皇宫避难。我们在街上到处杀戮，直至天黑。最后，势不可挡的步兵自行冲进皇宫，制服了所有人；我们终于彻底占领了君士坦丁堡。

“圣父，我们在君士坦丁堡发现的黄金、白银、宝石和其他贵重物品，数量远超罗马城和基督世界其他国家。6位威尼斯贵族，特鲁瓦、苏瓦松、哈尔伯施塔特和多利买的主教，以及您的使节们聚集在一起，举行了盛大的弥撒和公众祈祷，并在尊贵而强大的威尼斯总督恩里克·丹多罗的建议和协助下，选举佛兰德斯伯爵鲍德温为君士坦丁堡的皇帝。”

这些都发生在1204年。

拉丁人，即当时西欧人所称的法兰克人，征服了君士坦丁堡，随之而来的就是帝国的分裂。威尼斯占领了希腊群岛，法国贵族瓜分了古希腊的领土，记录了这些事件的历史学家维尔阿杜安成为亚该亚的主人，勃艮第人奥托·德拉·罗什被封为雅典公爵。

希腊人建立了3个小国：一个是阿莱克修斯三世的儿子提奥多雷一世·拉斯卡利斯在比提尼亚行省的尼西亚建立的。这个国家以帝国的名义统治着小亚细亚。另外两个由科穆宁家族的流亡贵族建立，其中之一是黑海东岸的拉西亚，野蛮和高雅在那里以最奇特的方式迅速融合。这个国家的首都是特拉布宗，国王随后称帝。另一个国家位于阿卡纳尼亚和埃托利亚，由安杰洛斯家族的一位贵族建立。

但君士坦丁堡在拉丁征服时期遭受了最可怕的灾难。三场大火使这座城市荒芜不堪，烧毁的房屋比欧洲其他三大城市加起来的房子还要多。所有的恐怖军事行动——对黄金的渴望、宗教仇恨或者一个毫无节制的士兵所表现出的愤怒和残忍——都注定使君士坦丁堡遭受苦难。未被大火烧毁的都成了强盗的猎物，掠夺让他们更加贪婪。这座伟大的都城中积累了几个世纪的图书都被大火烧毁，这一无法弥补的损失至今仍让人痛心。

拉丁帝国的皇帝鲍德温，在统治的第一年就成了皇位的牺牲品：他被保加利亚国王卡洛扬·阿森暗中杀害——大约在20年前，保加利亚人就恢复了自由。帝国的权力交给了鲍德温的弟弟亨利；又由他传给了妹夫、法国国王路易七世的孙子考特尼伯爵彼得。拉丁帝国迅速衰落；皇帝的习惯与希腊人的风俗不相容，他们无法巩固自己的权力。

第332章

拜占庭帝国的衰亡

（1261—1453）

自1261年拉丁帝国终结到1453年土耳其人最终征服这里，在192年间，共有10位皇帝在君士坦丁堡执政。帝国能延续这么长时间，并不是因为君主的执政能力强，或是人民的抵抗能力强，而是由于敌人不断转移攻击目标。这段漫长的历史没有什么意义，无需详述。14世纪迷信泛滥，神权暴政盛行。异端邪说当时在西方极为盛行，却扰乱了东方的安宁。除了这些纷争，土耳其人的力量不断增强，而能抵抗他们的国家却正在衰落。

在君士坦丁堡郊区安顿下来的比萨人、威尼斯人和热那亚人与土耳其人一样令人生畏。热那亚人逐渐赶走了他们的商业竞争对手，并把他们在加拉塔港东北侧的定居点用城墙围起来，通过防御工事稳固了自己的地位。热那亚人的力量不断增长，而皇帝安德罗尼卡三世软弱无能，于是热那亚人在1348年借故宣战，希腊人被迫与威尼斯人结盟。

1351年2月，一场难忘的战役在君士坦丁堡城下进行，交战双方分别是热那亚舰队与希腊和威尼斯的联军。希腊联军被打败，热那亚获得了海洋霸权。两个意大利共和国的海战几乎从未间断，持续了200年。

大约在14世纪中叶，土耳其人穿过达达尼尔海峡，来到色雷斯小城加利波利定居。这座城市位于马摩拉海出口处，大约在君士坦丁堡东南100米，被认为是打开希腊乃至欧洲的钥匙。占据了这个要塞后，他们向北延伸至黑海，把希腊帝国的残余领土包围在1 500平方英里的范围内，君士坦丁堡位于这片土地的最东端。土耳其在欧洲的政府所在地是阿德里安堡，距离君士坦丁堡西北部约150英里。当时，土耳其的苏丹是穆拉德一世，统治着欧洲和亚洲之间的水域。据说他之所以没有一举摧毁整个希腊帝国，唯一的原因就是担心这会使整个西欧联合起来对抗他。他更满足于把软弱的希腊皇帝当作附庸。

事实上，帝国的末日已经到来，但是此时东方发生了一件新的、意想不到的事，使其又苟延残喘了半个世纪。这便是帖木儿率领的鞑靼人入侵，如前文所述，这使君士坦丁堡逃避了战火的摧残。土耳其苏丹巴耶塞特一世没能如愿统治恺撒的首都，而是沦为鞑靼首领的俘虏。但是很明显，这只暂时给了希腊人一丝喘息的机会；此时他们唯一的希望是，让西方的基督徒团结起来保卫和维护帝国。皇帝曼努埃尔二世承担了这个任务。对西方国家而言，主要诱惑便是希腊和拉丁教会的联合，以及随之而来的对教皇至尊地位的认可。但是，西方诸国各有顾虑，不理会曼努埃尔二世的提议；而两个教会间的分歧不可调和。1438年，曼努埃尔二世的儿子约翰八世再次尝试此事，但结果却让希腊人感到耻辱和失望。

第333章

穆罕默德二世围攻君士坦丁堡

（1451—1453）

1451年，穆罕默德二世成为奥斯曼苏丹。他年轻、有魄力、野心勃勃，从即位开始就一心想要征服君士坦丁堡。他一个接一个地征服了各省，最后只剩下拜占庭帝国的首都君士坦丁堡。皇帝约翰八世死于1448年，将王位留给了君士坦丁十一世·帕里奥洛格斯。

穆罕默德没有等找到借口再开战，而是立即开始在达达尼尔海峡上建造一座城堡，正对着君士坦丁堡。由于这侵犯了两个大国间签订的条约，君士坦丁十一世提出了抗议，但没起到任何作用，防御工事很快完工。在这一年的冬天，皇帝看到战争不可避免，就尽其所能地做好防御准备，而土耳其人则忙着为攻打这座城市集结兵力。

无论在陆地上还是海岸边，君士坦丁堡都被坚固的城墙包围。在陆地上，城墙是双层的，有4英里长，中间是一条很深的壕沟。土耳其人没有能从海上攻击这座城市的战舰，因此他们最初的行动方案是攻击西城墙。此前不久，火药和大炮被引进西欧，但土耳其人还没有学会使用它们。

1452年冬天，一个名叫乌尔班的丹麦人或匈牙利人从希腊军队中逃走，把铸造大炮的知识传授给了阿德里安堡的土耳其人。他在这里造了一门铜炮，可以投掷600磅重的石头。土耳其人费了两个月的时间才把这门大炮运到君士坦丁堡附近。此外他又造了一些小型炮，组成了一支令人生畏的炮兵部队。除了这些毁灭性的武器，土耳其人还利用了古代的战争工具，如石弩、弩炮、塔台等。

土耳其军队的总人数超过25万，他们从四面八方集结起来，准备向君士坦丁堡发动大规模进攻。他们的海军有320艘战船，但多数是小船。为了这场大战，土耳其军队经受了长期的训练，在漫长的准备过程中，土耳其苏丹恩威并施，特别注重运用狂热的精神、关于命运的教义以及天堂的奖赐作为最可靠的征服手段。

而另一方面，希腊人几乎没有什么可依赖的。君士坦丁堡有10万居民，但只有7 000人可以参战，其中2 000人还是热那亚人，由约翰·朱斯蒂尼亚尼指挥。这些人是最后一批忠心耿耿的罗马遗民（他们这样称呼自己），君士坦丁十一世的性格和行为令他们感到宽慰，也使他们可怜的形象拥有了尊严。当时50岁的皇帝毫无获胜的希望，不能从西方得到任何援助，无论在海上还是陆地上都被包围，坚持下去必定会因饥荒而死，但是他决定抗击敌人；即使不为自己，也要为可怜的臣民争取到更有利的条件，也许全世界会因此为他正名。

在围攻开始前将近一年的时候，君士坦丁十一世给土耳其苏丹写了这样一封信："既然无论是宣誓、讲和，还是臣服，都无法确保和平，那继续你们邪恶的战争吧。我只相信上帝。若他能安抚你心，我会为这幸运的改变而高兴。若他把城交在你手中，我就顺服他的旨意，毫无怨言。但在地上的法官宣判之前，我有责任为保护我的人民而生而死。"

第334章

君士坦丁堡的陷落

（1453）

对君士坦丁堡的围攻始于1453年4月6日，土耳其人袭击了西城墙，并试图用大炮和石弩将其摧毁。这里非常危险，但是君士坦丁十一世亲自到场指挥军队，以榜样的力量激励他的军队。天快黑时，土耳其人成功拆毁了外墙上的圣罗曼努斯塔，在决口处发生了激烈的战斗，然而土耳其人最后被击退。皇帝和朱斯蒂尼亚尼就在战场上过了一夜；第二天早上，苏丹吃惊又伤心地发现，他在壕沟上强行修筑的木塔被希腊人烧毁了，壕沟被清理得干干净净，圣罗曼努斯塔又变得坚固而完整。

当时看来，除非能同时在西城墙和东北部的港口发动进攻，否则夺取这座城市毫无希望。港口那里不仅有希腊人保卫，还修建了护栏进行防御。只有将船从陆地上运过来，土耳其人才能有一支舰队开始海战；苏丹想到了一个方法，修建一条10英里长的轨道，把他的小型船从博斯普鲁斯海峡运送到港口的上部，那里的水浅，希腊人的大船无法靠近。这条轨道是用木板和木头建造的，涂上牛油使其顺滑。80艘土耳其战船凭借几乎不可思议的劳动力，就这样沿着佩拉和加拉塔郊区东北部的一条线路运输，并在港口安全下水。

在这支舰队的帮助下，土耳其人建造了一个木筏或者平台，可以漂浮到城墙的底部。筏子非常坚固，可以支撑重炮和爬梯。40名希腊年轻人试图去焚烧这些工具，但被俘虏并被杀死。作为报复，君士坦丁十一世将250名土耳其俘虏的头砍下来放在城墙上示众。经过50多天的攻防战，土耳其人做好了水陆总攻的准备，并将时间定于5月29日。

君士坦丁十一世预料到这将是一次致命的袭击。28日晚，他把军官们召集到皇宫，给了他们建议和劝诫，让他们做好履行职责和应对危险的准备。他最后的演讲是罗马帝国的葬礼演说，所有人似乎都意识到了他们所处的绝境。他们哭泣，拥抱，抛开个人的家庭和财富，决心为国家献出生命，每个指挥官都回到自己的岗位。皇帝进入圣索菲亚大教堂——这里很快就会变成穆斯林的清真寺，参加了圣餐仪式；之后，他在宫殿里休息了一会儿，然后骑上马，准备迎接敌人。

1453年5月29日黎明时分，土耳其军队从水陆两路发动全面进攻。厚厚的城墙遭到土耳其人笨重的武器以及无数袭击者的猛烈进攻。数千人倒在防御者从城墙上射出的炮弹之下，但土耳其军队中的缺口立刻被新的攻击者补上，到处都是血腥、恐怖和混乱的场面。希腊人和他们的热那亚盟友奋不顾身地战斗，尽管敌人的人数可能是他们的50倍。最后，他们疲劳不堪，士气开始低落。朱斯蒂尼亚尼受了伤，退出了战斗。这让其他人恐慌，但是皇帝直到最后一刻，都在勇敢地履行一个将军和士兵的所有职责。他一直率领着一小队希腊士兵，与敌人的大军战斗。他担心自己会活着落入土耳其人之手，最后的感慨是："找不到基督徒来砍我的头。"他丢掉了自己的皇袍，让一个不知名的人杀死，倒在一堆尸体上。

有些土耳其士兵爬上了一侧的城墙，还有些从另一侧的城门进城了。居民们意识到一切都结束了，纷纷逃往圣索菲亚大教堂，把那座巨大的建筑挤得水泄不通。他们普遍认为，土耳其人进城后，走到教堂前广场上君士坦丁纪念柱那里时，会有一位天使带着剑下来，把剑交给坐在柱子下面的一位老人，说："拿着这把剑，为上帝的子民报仇！"土耳其人会立刻被赶回博斯普鲁斯海峡，进入亚洲。

所有人似乎都对此深信不疑，因为教会，包括城里每一个阶层的居民都相信这种说法。在他们等待天使降临时，土耳其人闯进教堂，抓住那些不幸的受害者。他们被成对地捆在一起，拖去当奴隶。不论男女老幼，有6万多人遭此厄运。整座城市被洗劫一空，苏丹将财富留给了他的士兵们。城内众多的图书馆，对蛮族征服者来说毫无价值，要么被摧毁，要么被瓜分，许多古代文献就此丢失，无法挽回。

苏丹在占领城市那天晚上奏着凯歌进入。他参观了圣索菲亚大教堂，一名土耳其士兵正要砸碎教堂的大理石路面，被他阻止了。他下令拆除基督教的装饰物，清洗墙壁，之后这座建筑被奉为清真寺。从一开始，他就打算将君士坦丁堡当作奥斯曼帝国的首都；在征服的喧嚣平息后，他邀请从城里逃走的希腊人回来，保证他们性命无忧、享受自由、宗教信仰不受限制。这些承诺他和他的继任者们忠实地履行了60年。城市的东端被清理干净，用来修建苏丹的宫殿和花园，如今这里是奥斯曼统治者的后宫。从那时起，君士坦丁堡一直是土耳其帝国的首都。

君士坦丁堡的覆灭通常被认为是拜占庭统治的终结。然而，帝国的名字和权威仍然在黑海边特拉布宗帝国的科穆宁家族中存在，而帕里奥洛格斯家族仍然占据着伯罗奔尼撒半岛大部分地区。1462年，特拉布宗被穆罕默德二世征服，皇帝大卫·科穆宁在君士坦丁堡被处死。伯罗奔尼撒半岛也在同一时间被征服。穆罕默德二世将君士坦丁堡装饰一新，城市的建筑逐渐呈现出东方特色。

占领君士坦丁堡虽然是一场巨大的灾难，但对欧洲其他地区并非毫无益处，为知识在整个西方传播提供了一种途径。很多在土耳其军队到来之前就逃走的文学家和科学家，来到意大利避难，他们把许多希腊语和拉丁语的珍贵古代文学作品带到了意大利。这些手稿幸运地保存了下来，没有被毁掉。后来由于印刷术的发明，这些文献的数量成倍增加，逐渐流传至欧洲各个地区。

拜占庭帝国皇帝列表

君主	即位时间（公元年）
阿卡狄乌斯	395
狄奥多西二世	408
马尔西安	450
利奥一世	457
利奥二世	474
芝诺	474

（续表）

君主	即位时间（公元年）
阿纳斯塔修斯一世	491
查士丁一世	518
查士丁尼一世	527
查士丁二世	565
提比略二世	578
莫里斯一世	582
福卡斯一世	602
希拉克略一世	610
君士坦丁三世	641
希拉克略二世	641
君士坦斯二世	641
君士坦丁四世	668
查士丁尼二世	685
利昂提奥斯二世	695
提比略三世	698
查士丁尼二世复辟	705
菲利皮科斯	711
阿纳斯塔修斯二世	713
狄奥多西三世	715
利奥三世	718
君士坦丁五世	741
利奥四世	775

（续表）

君主	即位时间（公元年）
君士坦丁六世	780
米海尔一世	811
利奥五世	813
米海尔二世	820
狄奥斐卢斯	829
米海尔三世	842
巴西尔一世	867
利奥六世	886
亚历山大三世	912
君士坦丁七世	912
罗曼努斯一世	920
罗曼努斯二世	959
尼基弗鲁斯二世	964
约翰一世·齐米斯西斯	969
巴西尔二世	976
君士坦丁八世	1025
罗曼努斯三世	1028
米海尔四世	1034
米海尔五世	1041
君士坦丁九世	1042
狄奥多拉	1055
君士坦丁十世	1055

（续表）

君主	即位时间（公元年）
米海尔六世	1056
伊萨克一世	1057
君士坦丁十世	1059
罗曼努斯四世·第欧根尼	1068
米海尔七世	1071
尼基弗鲁斯三世	1078
阿莱克修斯一世·科穆宁	1081
约翰二世·科穆宁	1118
曼努埃尔一世·科穆宁	1143
阿莱克修斯二世	1180
安德罗尼卡	1183
伊萨克二世·安杰洛斯	1185
阿莱克修斯三世	1195
鲍德温	1204
亨利	1206
罗伯特	1217
鲍德温二世	1230
米海尔八世·帕里奥洛格斯	1261
安德罗尼卡二世	1282
安德罗尼卡三世	1328
约翰五世	1341
曼努埃尔二世	1391

（续表）

君主	即位时间（公元年）
约翰八世	1425
君士坦丁十一世	1448

第335章

拜占庭帝国的政府及社会状况

拜占庭帝国政府是在最专制的模式下建立的，君主是荣誉和权威的唯一来源，无论宫内宫外，各种头衔和职位都仅取决于他的意愿和兴趣。1 000年来，从韦帕芗时代到阿莱克修斯·科穆宁时代，罗马皇帝都拥有“奥古斯都”的头衔，把“恺撒”的头衔给了共治皇帝，或者他的兄弟和儿子。

阿莱克修斯为了提拔自己的兄弟伊萨克，使其拥有比“恺撒”更高的尊严，发明了一个新的头衔，由代表皇帝和奥古斯都的两个希腊词合成，叫作“塞巴斯托克拉特”。这位贵族在即位前就超越了“恺撒”，与君主的区别仅在于一些特殊的装饰物。

只有皇帝才能穿紫靴，戴上仿效波斯国王风格的皇冠。塞巴斯托克拉特和恺撒的靴子是绿色的，都戴着敞口王冠。觐见时跪拜的方式为俯伏在地，亲吻皇帝的脚，是戴克里先从波斯宫廷借用的礼仪，一直延续到帝国终结。所有见到皇帝的人，甚至是法国和意大利的国王都要受此耻辱以表达敬意。

克雷莫纳主教利乌特普兰德描述了他作为德意志皇帝奥托的使臣在10世纪访问君士坦丁堡的情景。当他走近宝座时，金树上的鸟儿开始鸣叫，同时伴随着两只金狮的咆哮。他被迫俯伏在地，用前额触地三次。当他站起来时，宝座已经从地板升至天花板，皇帝穿着新的更华丽的衣服出现了。

每天早晚，帝国的文武官员都被允许面见君主，君主通过点头或示意传达他的命令；但任何人都不得在君主面前发言或坐下。当他出现在公共场所时，街道被清扫得焕然一新；人行道上布满鲜花；居民们最珍贵的家具、金银盘子和丝绸窗帘，都从窗户和阳台上陈列出来。

君士坦丁堡无疑是当时世界上最富有、最宏伟的城市之一。每当法兰克人因为贸易、宗教或者在好奇心的驱使下从西方来到拜占庭首都时，他们都会感到震惊。沙特尔的富尔克在10世纪来到这里时，惊叹道："哦，你是多么宏伟壮丽，君士坦丁堡！这里耸立着多少完美的庙宇和宫殿建筑！这里有难以计数的工艺品！到处都是世间珍宝、金银和各色服饰，每小时都有船只满载着人类所需的一切东西到达港口。"

高佛瑞·维尔阿杜安是一位法国贵族，习惯了当时欧洲世界的富丽堂皇。根据他的描述，他的同胞们第一次见到君士坦丁堡时也同样感到惊讶和钦佩。"他们不能相信，"他说，"世界上有如此美丽富饶的城市。他们看到高高的城墙、高耸的塔楼、富丽堂皇的宫殿、宏伟的教堂，一切都是如此伟大，如果不是亲眼所见，他们根本想象不到会有这样的城市。"

出生于图德拉的拉比·本杰明住在纳瓦拉，大约在1160年，他经过君士坦丁堡前往东方。他的描述更为详细："这座城市人口众多，无论从海路还是陆路，都是世界各地商人的好去处，只有以实玛利人的强大城市巴格达才能与之相比。在著名的圣索菲亚大教堂，祭坛多到数不清，来自不同国家的供品为它带来难以估计的财富，因此这里的财富是世界上其他神庙无法比拟的。神庙中央有金银柱子、巨大的吊灯、台灯和其他贵重金属饰品，数量多得难以想象。皇帝除了拥有祖传的宫殿，最近还在海边建造了另一座叫作比尔博诺的宫殿。宫殿的柱子和墙上都覆盖着金银，上面刻着他和先祖们所进行的征战。还有一个用宝石装饰的金座，以及一顶挂着金链子的金冠。装饰的珍珠和宝石不计其数，以至于无人能估算出它们的价值。这座宫殿的财富简直令人难以置信；塔楼里装满了朱红色和紫色的衣服以及金子。

"君士坦丁堡的收入来自商业和市场，据说每天有2万克朗。城里的希腊居民极其富有，拥有大量的黄金和宝石。他们穿着最华丽的衣服，深红色的衣服上镶着金线，或者装饰着手工刺绣；他们都骑着马，仿佛是国王的孩子。这个国家盛产各种水果，有大量的粮食、肉和葡萄酒，世界上再也找不到比这更好的地方了。居民们完全沉溺于奢侈和享受。在我看来，他们更像女人，而不是男人，因为他们极度热爱享乐。城内没有犹太人居住，但约有2.5万名犹太人住在城外一个叫佩拉的郊区。他们中有些是商人，非常富有。除了出生于埃及的皇帝御医所罗门，其他犹太人不允许骑马；通过所罗门的努力，犹太人被解除了监禁；希腊人非常憎恨犹太人，他们在街上侮辱和殴打犹太人。皮匠对他们最为憎恨，他们处理动物皮毛时，会直接把脏水倒在犹太人的门前。”

在城市早期神学作家的作品中，对君士坦丁堡人的家庭习俗也有所描述。舞会、婚礼和宗教游行提供了丰富的娱乐资源。马车由白骡子拉着，车上挂着银色的饰物。竞技场的公开竞赛引起了所有阶级的兴趣，并形成了蓝绿党派之争。

去教堂被视为一种时尚。著名传教士去教堂讲道，会吸引大批民众出席，其影响可媲美英国的怀特菲尔德或卫斯理。雄辩的口才或悲怆的声音能引起观众的“阵阵掌声”，仿佛教堂是个剧场。我们可以补充一点，教堂里到处都是扒手，所以女士们回家时经常发现珠宝不翼而飞。如果教堂里坐满人，随后警察一定会逮捕很多人，并把他们关进监狱。从400年希腊教父克里索斯托的相关描述中，我们还知道许多类似的奇闻轶事。

君士坦丁堡的希腊人非常迷信，孩子们接受洗礼的方式很可笑。首先点亮很多灯，每盏灯上都标有名字；婴儿以燃烧时间最长的灯上标注的名字命名，希腊人认为这是长寿的预兆。然后，给孩子戴上各种各样的小饰物，包括护身符、铃铛和红线。护士和女仆从浴缸里拿出泥浆，抹在孩子的前额上，他们认为这样做对抵抗巫术之力和“邪恶之眼”非常有效。另一种同样流行的方式是把福音书的经文挂在孩子的脖子上。

君士坦丁堡人很早就开始重视系统性的教育。男孩从4岁起就被送到公立学校，一直学习到15岁。课程包括阅读、写作、语法、算术和几何。大学里的主要教学方式是演讲，教学内容包括逻辑学、修辞学、拉丁语、伦理学、医学和法律。除了贝鲁特，君士坦丁堡拥有罗马帝国最好的法学院。医生的地位很高，有些被选为元老。

君士坦丁堡的每一个部门都配有医生，并由政府支付薪水。如果病人愿意，也可以付费。

拜占庭帝国的希腊人并不好战。财富使他们能够获得较贫穷国家的军事服务，并维持海军力量，他们雇佣斯拉夫人、土耳其人、保加利亚人和罗斯人来操作船只，并充实他们的军队。自伯罗奔尼撒战争和布匿战争以来，海军建筑学似乎在希腊人和罗马人手中衰落了。拜占庭帝国的轻型战舰只有两排桨；全体船员既充当水手又充当士兵，如同在这门艺术初期表现的那样。他们装备了在上层甲板上使用的弓和箭，以及从下层舷窗穿过的长矛。

自修昔底德时代以来，海战的形式没有发生任何变化。一队战舰呈新月形前进，竭力用尖利的船头抵住敌方。在甲板中间用坚固的木料修建了投掷石块和飞镖的机器，登船则由起重设备吊起装有士兵的篮子来实现。白天使用信号旗，晚上使用灯光来传达命令。在陆地上，使用烽火将信号从一座山传到另一座山，传递范围可以超过500英里；当萨拉森人袭击奇里乞亚的塔尔苏斯时，消息在几分钟内就传到了君士坦丁堡。

拜占庭帝国的历史上有一长串历史和神学作家，但都不太出名。

拉古萨

第336章

从拉古萨的建立到威尼斯势力在拉古萨的建立

（500—1368）

这个在亚得里亚海滨存在了1 000多年的小共和国，虽然没有引起西欧诸国的特别关注，却仍值得我们在历史上写下一笔。其领土包括亚得里亚海东北侧的一片狭长海岸，长约40英里，宽约2~3英里。

拉古萨市是一个海港，以前被称为劳西姆、拉西姆或拉古西姆。它的历史可以追溯到6世纪，当时罗马伊利里亚行省的埃皮达鲁斯古城被一群斯拉夫人摧毁，这座城市的逃亡者在毗邻的岩石半岛上建立了一个叫劳西姆的新城，名字中的“劳”意为“岩石”。新城刚建立不久就遭到了埃皮达鲁斯的那群蛮族人的袭击，但此时祭司们找到了减轻蛮族人愤怒的方法，即上交贡品。在7世纪，来自萨洛纳废墟和伊利里亚山区的逃亡者使新联邦的人口大大增加。城市扩大了，还修建了城墙和堡垒来加强防御。

自拉古萨建国伊始，就确定了共和政体。立法机构是由城内主要家族的成员组成的全民议会。从这个议会中，通过抽签选出一个行政机构元老院。元老院院长是首席行政官，拥有伯爵头衔，后来换成了教区长。选举每年举行一次。在特别重要的场合，人民被召集在一起，召开现在所谓的全民集会。没有野心勃勃之人，所有人都希望维护自己的自由。有一次，他们派人去希腊请一位智慧超群的人，任命他为教区长。在他的帮助下，他们与君士坦丁堡缔结了条约。

周边乡村土地贫瘠，这个小联邦的人民被迫依靠自己的勤劳谋生。罗马最初的状况与此类似，最终，罗马人成为世界的征服者。但拉古萨人没有进行征服，而是成为一个以勤劳著称的民族。这座城市是邻近的波斯尼亚地区的产品市场，他们发展了制造业，这在很大程度上使他们富裕起来。他们与拜占庭皇帝的关系也使他们颇为受益，由于签订了条约，这些皇帝能保护他们，却不能够压迫他们。

他们还与邻近的波斯尼亚王公签订了条约，从而获得了一块领土。这片土地在交到他们手中时，只不过是一片荒野，但勤劳的拉古萨人凭借他们的农业技能，很快就将其变成了一个花园。他们还致力于海上贸易，建造船只，使自己拥有强大的海洋实力。达尔马提亚国王斯蒂芬把一块土地割让给了他们；他死后，遗孀玛格丽特因为国内发生骚乱而到拉古萨避难，并在那里成为修女。玛格丽特的亲戚克罗地亚国王博戈斯拉夫率军围攻拉古萨，但在破坏了一些领土之后被迫撤退。

867年，当来自非洲的萨拉森人袭击拉古萨时，拉古萨人也展示了他们保卫家园的勇气。萨拉森人占领了亚得里亚海沿岸的几个城镇，围攻拉古萨一年之久。拉古萨人不但将他们赶出了自己的领地，还穿过亚得里亚海，一直追赶到意大利的贝内文托和卡普亚。

大约在此时，拉古萨人进行了一次兼并，使联邦的安全大大增强。在他们港口的入口处有一座坚固的塔楼，曾是拉什卡贵族的财产，威胁着拉古萨的自由和生存。通过巧妙的运作，共和国说服了要塞的指挥官，将其纳为政府成员，拉古萨人因此成为塔楼的主人。此后专门设定了一个节日，一年一度庆祝这次幸运的兼并；这一事件虽小，但对这种小国而言非常重要。几乎在同一时期，大量斯拉夫人涌入拉古萨；拉丁语逐渐被废弃，斯拉夫语取而代之。

随着时间的推移，政府发生了变化。全民集会已经取消，权力主要掌握在贵族手中，这些贵族包括拉古萨创建者及波斯尼亚酋长们的后裔；但是这个国家仍然保持着和平和高度繁荣。

13世纪，一位暴君登上了历史舞台。已经任职一年的教区长达米亚诺，利用他的关系、财富和声望获得连任，这是拉古萨史无前例的事情，因为他们之前严格遵守“一个任期原则”。在他的第二个任期届满时，他继续阻止召开全体议会，以免选出继任者。因此，达米亚诺连续统治了4年；因为拉古萨人严格遵守既定的形式，所以他们允许自己的法律在这种情况下被颠覆。达米亚诺现在开始扮演暴君的角色，他把博巴利家族最高贵的年轻人关进监狱，因为他们狂热地追求自由；但他们设法逃走了。

达米亚诺通过在贵族或平民中获得拥护者来加强自己的势力。但是他的女婿彼得·贝内萨更崇尚国家自由而不是家族荣光，在贝内萨的帮助下，反对暴政的计谋悄然形成。元老们秘密集会，由于没有外国援助，很难推翻篡权者，他们决定向威尼斯求助。贝内萨借口商业事务去了那座城市，并与威尼斯的元老院签订了条约，条约规定将达米亚诺驱逐后，应由威尼斯任命拉古萨的教区长。

两艘威尼斯战舰出海了，宣称要把礼物送向君士坦丁堡。他们停靠在拉古萨，达米亚诺款待了船长，第二天被邀请上船用餐。他一上船，贝内萨就号召市民为自由而战，而威尼斯人起锚带走了达米亚诺。这位暴君悲愤交加，一头撞向舱壁而亡（1210）。

此事发生后的一个半世纪里，拉古萨一直由威尼斯教区长统治，这些教区长从威尼斯最上层的贵族家庭中选出，任期两年。在其他方面，共和国完全独立，拥有自己的法律。

然而，威尼斯人支持拉古萨的派系之争，恢复了全民集会，以免民众过于关注元老院；还增加了元老院的人数，以便容纳那些凭借威尼斯的统治而获得尊贵地位的人。1320年，拉古萨人与君士坦丁堡皇帝签订了一项商业条约，每年向君士坦丁堡支付500杜卡特金币，这样他们可以与当地臣民一样，同所有拜占庭的领地进行自由贸易。

第337章

从威尼斯权力的终结到被并入奥地利

（1368—1814）

威尼斯人的统治一直持续到1368年，当时威尼斯和匈牙利之间爆发了战争，由于匈牙利军队取得了胜利，威尼斯人被迫放弃在拉古萨的权力。共和国因此完全恢复独立。为了表示感谢，拉古萨人同意每年向匈牙利国王进贡500杜卡特金币，并在城墙上本国国旗旁边悬挂匈牙利国旗。而拉古萨在亚得里亚海的贸易活动必须有一个保护者，因为自从拜占庭皇帝的舰队不再在那里出现之后，那片海域就受到热那亚人和威尼斯人的攻击，他们无视小国的中立地位，犯下各种暴行。

与匈牙利的联系很快就中断了，拉古萨人把注意力转向了土耳其首领奥尔汗。奥尔汗在亚洲海岸、达达尼尔海峡、普罗彭提斯和黑海的势力已经非常强大，所有商业国家都卑躬屈膝地讨好他。为了使人民与穆斯林结盟，一位修女被诱导宣布，这项措施是上帝的旨意。因此，两国在1330年签订了条约，条约规定拉古萨每年向土耳其首领支付500金币，作为回报，拉古萨共和国受到他的保护，它的商品免税。这笔钱连同给土耳其贵族的礼物，一直支付到1806年共和国结束。

君士坦丁堡被攻占后，土耳其在欧洲的势力不断增强，拉古萨人的贡品也随着增加。在16世纪，土耳其与基督教国家长期交战，拉古萨人发现保持中立极其不易，因为交战双方的舰队不断骚扰他们的海岸，毫无顾忌地掠夺他们的领土。基督徒指责他们偏袒土耳其人，而土耳其人指责他们偏袒基督徒，尽管他们只是想与双方都保持良好关系。

查理五世征用了几艘拉古萨的战舰，没收了他们的商船。1538年，当威尼斯人、教皇的海军上将、热那亚统帅安德鲁·多利亚在亚得里亚海联合了他们的舰队对抗巴巴罗萨·海雷丁时，将领们就是否应该先进攻拉古萨并将其置于查理五世的统治之下展开了激烈的争论；但多利亚反对这一举措，宣称他是来对抗异教徒的，而不是针对基督教兄弟的。

在这个紧急的关头，拉古萨派了一位博学的教士来到罗马，向教皇保罗三世证明他们的行为是正当的，并解释了原因。他们陈述了鉴于国家状况和生存条件，他们不得不寻求奥斯曼帝国的保护；而且他们的土地贫瘠多岩，无法维持生计，这给教皇留下了深刻的印象，教皇答应保护他们。

通过派驻使节和向各国献礼，以及保持最审慎严谨的行为，拉古萨人成功地驾驭着他们的小船，安全地度过了那段狂风暴雨的时期。拉古萨成了避难所，所有国家的移民都在那里受到款待。从奥斯曼帝国逃亡的基督徒、共和国覆灭时流亡的佛罗伦萨爱国者、来自各地的意大利人、学识渊博和才华横溢之人都受到很好的接待。这座城市维持着中立，成为基督教国家和土耳其之间的踏脚石；许多不能直接与君士坦丁堡进行的交流和通信都通过这条渠道进行。

到了十七八世纪，在土耳其和基督教国家之间有了更好的了解之后，拉古萨继续享有独立和中立的安全地位，但土耳其士兵不得踏足其领土。苏丹的保护对共和国非常重要，他能保护拉古萨船只不受巴巴里海盗的袭击。拉古萨商船因此比大多数地中海国家的商船更具优势，它们在地中海的黎凡特和西欧各港口间充当了运输工具。在美国和阿尔及利亚起初的敌对行动中，谈判和通信都通过拉古萨船只进行。

在将近1 200年的时间里，拉古萨或多或少地保持了独立，并承受住了无数蛮族的袭击。尽管位于荒芜的波斯尼亚和恶劣的阿尔巴尼亚边境，它仍然是欧洲文明的前沿阵地。

然而，在法国大革命后帝国和强权的全面崩溃中，它倒下了。1806年，法国和俄罗斯之间因为占领卡塔罗地区发生了争执，卡塔罗是威尼斯共和国的战利品之一，法国便派军队占领了拉古萨。1808年，拿破仑废除了共和国，将拉古萨的领土并入达尔马提亚省。1814年他被推翻时，奥地利人占领了达尔马提亚，包括拉古萨在内的达尔马提亚领土从此成为奥地利帝国的一部分。

在拉古萨，人民分为四个等级：贵族、公民、教士和平民。贵族只与贵族通婚，或与其他国家的贵族通婚。他们不从事任何行业或职业，而是靠土地和房屋的租金，或借钱给商人和生产商的利息生活。贵族男孩以他们的傲慢鲁莽而闻名。拉古萨有句谚语：“把我们从扎拉的苍蝇和拉古萨的男孩当中解救出来。”

公民主要从事贸易，要么是商人，要么是店主；其他人都是教士或平民。在共和国后期，政府完全掌握在贵族手中。他们都是全体议会的成员，选举教区长和教会官员。有时候教区长每个月换一次。教区长的权力很大，没有他的同意，什么事都做不成。除了在公共节日和公共事务中，他从未在公众场合露面。他穿着紫色的锦缎斗篷，红色的鞋子，这是罗马帝国最高权力的象征。他有12名不带武器的保镖随行。拉古萨人严格遵守礼节和法律程序。议员袍子的长度由法律规定；当图布罗尼·塞尔瓦穿着一件不合规定的袍子进入议会大厅时，多余的部分被执政者裁掉了——这对他而言是极大的耻辱，以致他退隐去了修道院。

总体而言，在共和国漫长的发展历程中，拉古萨人是一个心满意足、欣欣向荣的民族。上流社会行为端正、公平、文明；虽然贵族青年习惯采取高压手段，还会在街上殴打其他男孩，但忠实的历史学家告诉我们，当公民和平民青年在暗巷中抓住小贵族时，总会鞭打他们进行报复。在拉古萨，各种国家力量相当平衡，连教皇都会受到教导：要知道自己的位置，只允许从议会选出的两位候选人中，任命其中一位担任大主教。从最早开始，拉古萨人就属于西方或罗马教会。

拉古萨市位于两座山的斜坡上，由城墙、壕沟和堡垒守卫。街道大多很窄，用毛石修建的房子整齐宽敞。大教堂和政府官邸大而精致，后者有华丽的大厅和画廊。众多花园和乡间别墅没有围墙，种植着橘子和其他果树，还有漂亮的喷泉。沿着西海岸有绵延3英里的郊区。这座城市的人口一度达到3万人，但目前不足6 000人。这里诞生了许多有才干和学识的人，包括数学家博斯科维奇，罗马古典文学权威教授、神父库尼奇和学识渊博的班杜里。

拉古萨人被认为是地中海最好的水手之一，他们以诚实和稳重著称。造船业、肥皂、酒和烟草制造业是拉古萨的主要产业。城市以西2英里处是一个非常好的港口——格拉沃萨港，有造船码头，周围还有漂亮的乡间别墅。木材是从意大利加尔加诺海岸进口的。1806年被法国占领后，拉古萨的海上贸易几乎被彻底摧毁，但后来有所复苏。这个国家的语言是斯拉夫方言，但所有受过教育的人都说意大利语，这种语言和拉丁语是拉古萨的文学语言。梅勒达岛属于拉古萨共和国，有6个村庄。整个地区约4万人。

土耳其的欧洲部分

第338章

奥斯曼帝国的崛起

土耳其或奥斯曼帝国①起源于年代久远的斯基泰白匈奴人；但现代王国的开端通常指向苏莱曼，他是塞尔柱突厥人一个分支的首领，13世纪定居在小亚细亚。力量逐渐增强后，他吞并了萨拉森人在亚洲和非洲的大部分领土，最后穿越欧洲，从拜占庭帝国手中一个接一个地夺取了最好的省份。而那个强大的王国除了君士坦丁堡，什么都没剩下；1453年，君士坦丁堡被攻占，成为奥斯曼帝国的首都。这是唯一一个在欧洲永久定居的亚洲民族。

19世纪初，奥斯曼帝国几乎囊括了原本属于拜占庭帝国的所有领土，但是现在已经大大减少。希腊获得自由，所有非洲省份实际

① 关于土耳其人的早期历史，以及他们属于亚洲的历史，请读者参阅前面我们对土耳其的亚洲部分的描述；关于土耳其的欧洲部分领土的早期历史，请参阅我们对拜占庭帝国的概述。——原注

上也独立了。尽管它的统治区域已经明显减少，但在亚洲各省中，奥斯曼帝国仍然拥有小亚细亚、叙利亚、亚美尼亚的部分地区、库尔德斯坦和美索不达米亚。下面我们将帝国的欧洲部分进行简要叙述，关于亚洲的部分读者可以参考对土耳其的亚洲部分的描述。

欧洲的土耳其北部与奥地利帝国、3个小公国以及俄罗斯接壤，萨瓦河和多瑙河将土耳其与这些国家隔开；东部与黑海、君士坦丁堡海峡、马尔马拉海、达达尼尔海峡和爱琴海相连；南部与希腊相临，西部连接爱奥尼亚海、威尼斯湾和奥地利帝国。地理坐标为北纬39°到北纬45°，东经16°到东经30°，面积15万平方英里，人口700万人。

一条山脉从西向东延伸，穿过土耳其北部，从达尔马提亚一直延伸到黑海，是阿尔卑斯山脉的延续。这一山脉的西部支脉被称为狄那里克阿尔卑斯山；东部支脉被称为巴尔干山。在塞尔维亚的南部边境，一条支脉向南延伸直至希腊，不同的山岭有不同的名字。这一山脉被称为品都斯山，包括许多著名的山峰，如帕尔纳索斯山、赫利孔山、奥林匹斯山、皮立翁山、奥萨山等。

马里查河（古地理学家所称的赫布鲁斯河）、阿尔巴尼亚的德里纳河、阿克西俄斯河（瓦尔达尔河）、阿刻罗俄斯河（阿斯普罗波塔莫斯河）和皮尼奥斯河是这一地区的主要河流。

爱琴海，因众多半岛从邻近大陆伸入水域，形成许多海湾，以及散布在它的海域之内、阻碍航行的无数岛屿而著名。赫勒斯滂，又称达达尼尔海峡，连接爱琴海和马尔马拉海。海峡入海口宽5.5英里，由堡垒守卫。马尔马拉海长约140英里，有些地方宽50英里。色雷斯的博斯普鲁斯海峡（又称君士坦丁堡海峡）、黑海、爱奥尼亚海和亚得里亚海，冲刷着不同的海岸。塞萨洛尼基湾就像通往古代马其顿王国一条深长的口子。

这里的气候几乎比欧洲其他地区都优越，总体来说气候清新宜人，土壤非常肥沃。除了种类繁多的药草和植物，这里还盛产品质优良的橙子、柠檬、香橼、石榴、葡萄、无花果、杏子、橄榄和其他水果。有几个地方分布着铁矿、铅矿和铜矿，但由于人民的知识素质低和懒惰而被忽视了。

君士坦丁堡是这个庞大帝国的大都会，位于博斯普鲁斯海峡和马尔马拉海的交汇处，坐落在古代拜占庭遗址上。

土耳其人不知道欧洲地理学家所采用的政治划分，在行政区划中他们把帝国的亚洲部分和欧洲部分混在一起，把整个帝国分为两个贝勒贝伊里克，一个由欧洲和部分亚洲领土组成，首都是索菲亚；另一个包括帝国的其他地区。

在辉煌时期，奥斯曼帝国进一步划分为44个省或封邑，这些省再进一步划分为旗（又称“桑贾克”或“布罗斯”）；省由维齐尔或三马尾帕夏统治（长矛上带着马尾，作为等级或荣耀的标志），旗由两马尾帕夏统治。

土耳其的欧洲部分的领土行政划分如下：

省		首府
鲁米利亚	包括欧洲作家笔下的塞萨利、马其顿、色雷斯等	索菲亚
锡利斯特拉	保加利亚的大部分地区以及马其顿的东部	锡利斯特拉
波斯尼亚	包括土耳其属克罗地亚、波斯尼亚、黑塞哥维那、达尔马提亚的部分地区	波斯尼亚、塞莱

（续表）

省		首府
诸岛	包括萨索斯岛、萨莫色雷斯岛、伊姆布罗斯岛、利姆诺斯岛、希俄斯岛、萨摩斯岛、莱斯沃斯岛以及罗德岛和小亚细亚沿岸的其他岛屿（其中一部分属于土耳其的亚洲部分）	加利波利

塞尔维亚公国

土耳其的附属国，它是一个独立的世袭君主立宪制国家，拥有独立的政府。国土面积1.2万平方英里，人口50万人。首都是多瑙河畔的塞曼德里亚，有1.2万居民。贝尔格莱德是最重要的城市，以庞大而坚固的军事工程著称；人口有3万人。塞尔维亚人属于斯拉夫人：在罗马统治时期，他们属于上默西亚行省；在13世纪和14世纪，塞尔维亚形成一个独立的王国；15世纪中期被土耳其人征服。1801年，在车尔尼·乔治的领导下，塞尔维亚人举行起义，但在1813年被迫屈服。他们不断尝试恢复自由，终于在1820年得偿所愿，成为一个独立的国家，但每年都要进贡，并且要接受土耳其军队进驻贝尔格莱德。这个国家似乎治理得很好，司法公正，各地区都建有小学。

瓦拉几亚公国

土耳其的附属国。面积2.8万平方英里，人口90万人。王公，又称公，被终身任命。首都布加勒斯特是一座拥有8万居民的大城市。特尔戈维斯特以前是重镇，现在已经衰落，只有5 000居民。瓦拉几亚人（他们自称鲁马尼人）拥有希腊拉丁血统，是位于色雷斯的瓦拉基人后裔，这是一个属于希腊教会的基督教民族，使用罗马

瓦拉几亚女子

克罗地亚男子

克罗地亚女子

方言。他们住在瓦拉几亚、摩尔达维亚和奥斯曼帝国的许多内陆省份。整个瓦拉几亚民族大约有300万人。

摩尔达维亚公国

土耳其帝国的附属国。人口45万人，面积1.5万平方英里。首都是雅西，有4万居民。摩尔达维亚以前属于瓦拉几亚；居民主要是瓦拉几亚人，还有一些犹太人和吉卜赛人；土耳其人不得在该国定居。其政府与瓦拉几亚政府相似，保持独立。

第339章

从征服君士坦丁堡到征服匈牙利

（1453—1566）

当君士坦丁堡被穆罕默德二世征服时，意大利为自己的安危而胆战心惊。教皇尼古拉五世及其继任者庇护二世向所有的西方基督徒发出最急切的恳求，要求他们联合起来，阻止土耳其人进军的步伐。

庇护二世甚至决定亲自出面来组织一场新的十字军东征，但他的骤然离世让这个计划落空。然而，两位基督教徒君主却中止了奥斯曼帝国军队的继续前进。亚诺什·匈雅提指挥匈牙利军队，在匈牙利南部边境的贝尔格莱德与穆罕默德二世的军队交战。1467年，在双方的战斗中，基督教军队取得胜利，拯救了匈牙利。这场失败给穆罕默德二世留下的印象一直延续到他去世。多年来，奥斯曼帝国的军队在这一地区再无进展。摩尔达维亚的地方长官们在保卫自己国家时表现得如此英勇，以至于穆罕默德二世接受了他们名义上的服从。

伊庇鲁斯（或称阿尔巴尼亚）君主乔治·卡斯特里奥蒂，他更广为人知的名字是“斯坎德培”——相当于土耳其语中的亚历山大大帝，拥有群山之中的一小片地区，克鲁亚是它的首府。土耳其人入侵了他的领地，围攻了克鲁亚；但斯坎德培率领一小队忠诚的追随者，成功抵御了强大的土耳其军队，迫使他们放弃围攻。

1481年，穆罕默德二世死后，他的两个儿子巴耶塞特和杰姆在继承权问题上产生争执，两人在禁卫军中都有追随者。巴耶塞特在君士坦丁堡获胜，夺得皇位，就是巴耶塞特二世。杰姆在比提尼亚组建了一支军队，占领了普鲁萨。

巴耶塞特二世派维齐尔艾哈迈德率领强大的军队攻打杰姆，杰姆被迫带着母亲和两个孩子逃到叙利亚，再从那里逃往埃及，这两个国家当时都处于埃及马穆鲁克王朝苏丹的统治下。杰姆受到埃及苏丹的热情款待，苏丹竭力说服他放弃雄心勃勃的计划，但没有成功；随后，杰姆求助于小亚细亚的卡拉马尼亚国王，这个小王国长久以来一直与奥斯曼政府为敌。他们联合起来攻打巴耶塞特二世，但被打败了；杰姆逃到罗德岛，向当时正与苏丹交战的基督教骑士团寻求庇护。

杰姆在罗德岛受到欢迎。巴耶塞特二世向骑士团提出了和解的有利条件，但要求他们必须放弃杰姆。骑士团拒绝了，但因为急于与苏丹缔结条约，他们说服杰姆退居意大利。教皇把他囚禁在罗马好几年。他在梵蒂冈的宫殿里有一套漂亮的公寓，受到与其地位相符的尊重，但自由受到限制。

几位基督教国王都希望把这位王室俘虏的监护权作为制衡土耳其苏丹的砝码。最后，法国国王查理八世在1494年远征那不勒斯时途经罗马，使他获释。不过，杰姆几天后就死了，不排除有中毒的嫌疑。巴耶塞特二世因而摆脱了对自己权力的所有威胁。他致力于扩大领土和鼓励文学。他的晚年因为儿子塞利姆而异常痛苦。塞利姆勇猛善战，深受士兵们的喜爱，在士兵们的帮助下，竟迫使父亲让位给自己，把哥哥艾哈迈德排除在皇位继承人之外。由于年老体弱，巴耶塞特二世选择了屈服，离开首都。约有500名用人陪伴他走上通往阿德里安堡的道路，但他还没到达那里就死了，据说巴耶塞特二世的医生按照塞利姆的命令对他下了毒。

冷酷者塞利姆一世于1512年即位。即位后，他立刻率军攻打哥哥艾哈迈德。当时在亚洲的艾哈迈德被打败，成为俘虏，被塞利姆一世下令勒死。不久之后，他以同样的方式处死了另一个兄弟。艾哈迈德有两个儿子，一个逃到埃及，另一个逃往波斯。两国君主对他们友好款待，塞利姆一世因此向两国宣战。

正如我们在这些国家的历史中所述，波斯人在陶里斯战役中被打败，埃及也被征服。埃及成为土耳其的一个省，由帕夏和被称为“贝伊”的王公们统治。在8年的时间里，塞利姆一世将整个埃及、巴勒斯坦和叙利亚都纳入奥斯曼帝国的版图之中。1520年，据说在他父亲被他下令毒死的那个村庄里，塞利姆一世突然死去。

苏莱曼大帝继承了父亲的皇位。苏莱曼大帝统治时期被认为是土耳其历史上最辉煌的时期，不仅因为这位君主拥有大量被征服的领土，还因为他强有力的统治以及显著增强的海洋实力，从而使奥斯曼帝国达到极盛。

在他继位时，土耳其的领土包括埃及、叙利亚、巴勒斯坦、希腊、阿尔巴尼亚、塞尔维亚、波斯尼亚和马其顿。苏莱曼首先征服

一群土耳其人

的是位于匈牙利南部边境的城市贝尔格莱德，因为地理位置，这座城市长期以来一直是匈牙利和土耳其争夺的目标。接下来，他从圣约翰骑士团手中夺得罗德岛，我们在叙述该岛历史时已经讲过。

在征服了这些地方后，苏莱曼回到君士坦丁堡，致力于立法改革。他制定的许多法律现在仍然有效，被誉为“苏莱曼的卡农”。其中一项废除了处死苏丹所有男性亲属的残忍习俗，之前实行这一习俗是为了阻止他们篡位。一些君主因为这一习俗残忍地处死了自己的兄弟和儿子，婴儿甚至一出生就被勒死。

在对帝国内政进行了有效地管理之后，苏莱曼重新开始了与匈牙利的战争。只有22岁的匈牙利国王拉约什二世自然难与善战且经验丰富的土耳其苏丹抗衡。1526年，两军在多瑙河畔的莫哈赤交战，苏莱曼取得了巨大的胜利，匈牙利国王和大多数贵族被杀。整个王国任由征服者摆布，苏莱曼甚至进军至布达，掠夺了这个国家，并把大量居民掳为奴隶。

在这场战争过去15年后，苏莱曼对奥地利人发动了战争，他曾经率领大军向维也纳进军，但在那里遭受了重大的挫折。随着年岁渐高，苏莱曼厌倦了战争，过上了和平的生活。令整个帝国感到惊讶和屈辱的是，他娶了一个名叫罗克塞拉娜的奴隶，这个美丽但野心勃勃的女人对他产生了巨大的影响，甚至令他受其摆布。为了让她自己的儿子继位，她杜撰了一个阴谋故事，陷害苏丹的长子穆斯塔法，并指控他企图篡位。听完这个故事后，苏丹就将穆斯塔法处死了，当他发现被欺骗已经太晚了。1566年，苏莱曼在悔恨中去世。

第340章

从塞利姆二世到与法国的战争

（1566—1798）

塞利姆二世凭借母亲的阴谋获得王位。虽然他父亲一直与奥地利人和波斯人斗争，但他与他们达成了和平协议。他还是需要通过战争来获得声望，于是他把目光投向了塞浦路斯岛，那里被威尼斯人占领。他借口岛上的居民虐待了一些前往麦加朝圣的臣民，要求威尼斯人把塞浦路斯岛交给他，遭到拒绝后，他于1571年发动进攻并征服了那里。

威尼斯人和西班牙人组建了一支庞大的舰队来抵御土耳其人的进攻，舰队由奥地利的唐·胡安指挥，他是西班牙国王腓力二世的弟弟。他们在伯罗奔尼撒半岛的勒班陀湾与土耳其舰队交战，1572年，基督教舰队大获全胜。《堂吉诃德》的作者塞万提斯也参加了此次战斗，被土耳其军刀砍掉了一只手。勒班陀的胜利使成千上万的基督徒奴隶重获自由，当时他们被拴在土耳其战舰的船桨上，整个基督教世界都为此欢呼雀跃。这次战争失利后，塞利姆二世变得懒散懈怠，碌碌无为，于1575年去世。

塞利姆二世的继任者穆拉德三世性情温和，喜欢主持正义和维护良好秩序，他经常身着便装，去查看自己的法令是否得到遵从。英国的伊丽莎白女王派遣使臣与他商讨通商事宜，获准在奥斯曼帝国建立英国领事馆和贸易公司，这为土耳其商人在英国成立公司奠定了基础。开展这项贸易对英国人民来说有着巨大的好处，他们能够从黎凡特采购香料、咖啡、地毯、生丝和各种高雅实用的商品，他们还向土耳其人学习了精细的染色技术。

1595年，穆罕默德三世继承了穆拉德三世的王位，帝国开始衰落。苏丹贪图享乐，把政府交给母亲管理，而她根本无法胜任管理的工作。大多数省份在帕夏的统治之下，他们压迫人民，中饱私囊。瘟疫和饥荒使国家荒芜，附属国摩尔达维亚和瓦拉几亚的国王起义，转而效忠于德意志皇帝。匈牙利再次爆发战争，形势对土耳其人极为不利。

1603年，穆罕默德三世死于瘟疫，他将王位传给了15岁的儿子艾哈迈德一世，在他统治期间，艾哈迈德一直被关在监狱里。到了艾哈迈德一世统治时期，匈牙利和波斯对土耳其发动了战争，尽管如此，苏丹也没有率军亲征，他大部分时间都在后宫中度过，那里有3 000多名女性。他在圣索菲亚大教堂附近修建了一座庄严的清真寺，至今保存完好，是君士坦丁堡的主要地标建筑之一。艾哈迈德一世于1617年去世。

艾哈迈德一世的弟弟穆斯塔法一世继位，但在位4个月后，他因无力治理国家而被废黜，由艾哈迈德一世的儿子奥斯曼二世继位。

这个12岁的男孩，雄心勃勃地想要成为英雄，率领军队进攻波兰，由于鲁莽且不懂战争技巧，他被打败了，被迫屈辱求和。战争的失败导致君士坦丁堡发生政变，穆斯塔法一世复辟，奥斯曼二世在属于后宫的帝国监狱七塔城堡中被勒死。帕夏们利用混乱的局势发动叛乱；无政府状态随之而来，君士坦丁堡的要人们聚到一起，再次废黜了穆斯塔法一世，把他关进七塔城堡，他的侄子穆拉德四世登上王位。

这位苏丹凶狠、专横、残忍，但他恢复了国家的秩序，并惩罚了反叛的禁卫军。他的愚蠢行径给许多故事提供了素材。他喝酒毫无节制——这是他们信仰里明确禁止的放纵行为。在醉酒的状态下，他犯下了各种荒唐和狂暴的罪行。他会举着剑穿过街道，杀死所有被他发现吸烟的人——因为他不喜欢烟草的味道，所以他下令禁止吸烟。有时他会手持弓箭到处乱射来取乐，不管被射中的是谁。随从听到他的脚步声都会发抖，街上的人也会躲着他。1640年，他死于酗酒。

穆拉德四世的弟弟易卜拉欣一世继位，但在继位前他被关进监狱并被严密监视了好几年，这严重损伤了他的智力，使他完全无法治国理政。因此，在统治了9年后，他被废黜，并被勒死在他早年生活的监狱里。

1655年，易卜拉欣一世7岁的儿子穆罕默德四世继位。一到能独立执政的年龄，他就下令迁都阿德里安堡。在与奥地利的战争中，一支由维齐尔指挥的奥斯曼帝国军队挺进匈牙利，并逼近维也纳，但被迫撤退。然而在围攻克里特岛13年后，土耳其人于1669年从威尼斯人手中夺得该岛。

与此同时，因为匈牙利的臣民，土耳其卷入了与奥地利的战争。奥地利皇帝利奥波德公然侵犯匈牙利臣民的权利——奥地利皇帝一贯如此——因而激起了匈牙利人的激烈反抗。这场起义的领导者是极具勇气和决心的特克伊伯爵，他向苏丹求援。穆罕默德四世派出了征讨基督教世界的最强大的一支军队，利奥波德认为仅靠自己的力量难以应对如此紧急的形势，于是与波兰国王扬三世·索别斯基结盟。波兰军队还未赶到战场，由奥斯曼帝国大维齐尔卡拉·穆斯塔法率领的土耳其军队就攻入了奥地利。

维也纳被包围，防御工事在土耳其的炮火下被摧毁，郊区遭到破坏，守军即将投降。在这个关键时刻，扬三世率领的波兰军队抵达维也纳。穆斯塔法率领主力部队去迎战波兰人，同时派出2万人的分遣队攻打维也纳，但维也纳的守军恢复了勇气，进攻者被击退，土耳其人陷入了恐慌。他们在波兰骑兵的第一次冲锋中溃不成军，丢下大炮、装备和财宝仓皇逃跑。就连穆罕默德四世的圣旗也成了胜利者的战利品，送到了教皇那里。

1687年，穆罕默德四世被废黜，他的弟弟苏莱曼二世即位；3年后，苏莱曼二世的弟弟艾哈迈德二世继位；又过了4年，艾哈迈德二世的侄子穆斯塔法二世继位。在这位君主的统治下，奥斯曼帝国再次成为令基督教世界望而生畏的帝国，尽管只维持了一段很短的时间。

奥斯曼帝国对基督教世界的威胁，被萨伏依的欧根亲王化解，欧根亲王通过一场巨大的胜利证明自己是欧洲最伟大的将军之一。他接管了奥地利军队的指挥权，并于1697年在匈牙利的森塔与穆斯塔法二世率领的土耳其军队交战。土耳其人惨遭杀戮，有1.5万人被杀，8 000人淹死在蒂萨河里。所有的大炮、装备和弹药，无数的军旗，苏丹华丽的帐篷和奥斯曼帝国的印玺都成了胜利者的战利品。战后签署了《卡洛维茨条约》，除了蒂米什瓦拉和贝尔格莱德，苏丹放弃匈牙利的所有领土，并将亚速海割让给俄罗斯，伯罗奔尼撒半岛割让给威尼斯。

1703年，穆斯塔法二世被废黜，艾哈迈德三世即位。在他统治期间，瑞典和俄罗斯之间爆发了波尔塔瓦会战，瑞典国王查理十二世逃到土耳其境内的本德尔。欧根亲王在彼得罗瓦拉丁打败土耳其人，占领蒂米什瓦拉和贝尔格莱德。

1730年，艾哈迈德三世被废黜，穆罕默德五世即位。穆罕默德五世从奥地利手中收复了贝尔格莱德和整个塞尔维亚省。他死于1754年，弟弟奥斯曼三世继位。3年后，奥斯曼三世的侄子穆斯塔法三世继位。由于与俄罗斯交战失败，奥斯曼帝国被大大削弱。

穆斯塔法三世死于1771年，他的弟弟阿卜杜勒·哈米德一世继位。此时帝国迅速衰落，苏丹被迫将克里米亚和黑海的其他领土割让给俄罗斯。1789年，阿卜杜勒·哈米德一世去世，塞利姆三世继位。帝国陷入了前所未有的困境。塞尔维亚、波斯尼亚和阿尔巴尼亚爆发起义；叙利亚的帕夏宣布独立；阿拉伯几乎被瓦哈比教徒占领；埃及的贝伊们陷入内战，俄奥联军正向奥斯曼帝国的北部边境进军。1798年，拿破仑入侵埃及，土耳其向法国宣战，不幸战败。

第341章

从欧洲的军制被引入到土耳其新宪法

（1798—1849）

为了重振帝国，塞利姆三世决定加强土耳其的陆军和海军；他已经多次见识了欧洲的先进战术，所以组建了新的步兵团。他们身穿欧洲制服，按照法军模式接受训练，被称为“尼扎米·贾迪德”或“新军”，并在君士坦丁堡附近为他们修建兵营，这引起禁卫军的强烈不满，他们非常嫉妒这支新军。土耳其人也不喜欢他们，因为他们穿着基督教的服装。

1806年，土耳其与俄罗斯再次爆发战争，英国反对土耳其，一支英国舰队封锁了达达尼尔海峡。禁卫军反叛，推翻了苏丹，拥立他的堂弟穆斯塔法四世即位。穆斯塔法四世在君士坦丁堡统治了两个月，土耳其国内一片混乱。塞利姆三世的追随者穆斯塔法帕夏组建了一支由4万阿尔巴尼亚人组成的军队，前往君士坦丁堡助他复位，当他抵达后宫时，却看到塞利姆三世的尸体。这让穆斯塔法帕夏大吃一惊，原来新苏丹已经下令处死塞利姆三世。

穆斯塔法帕夏废黜了与他同名的苏丹，宣布苏丹的弟弟马哈茂德二世即位。在马哈茂德二世统治的第一年，禁卫军发生暴乱，他们放火烧了大维齐尔的宅邸，并用火药炸死了他。苏丹作出让步，废除军队改革，使这次危机得以平息。与此同时，俄罗斯占领摩尔达维亚和比萨拉比亚的大部分领土。阿尔巴尼亚的阿里帕夏与拿破仑结盟，几乎独立于土耳其政府。

1820年，希腊人举行起义。这些事件以及埃及的穆罕默德·阿里反叛的历史，将在本书其他章节叙述。苏丹发现禁卫军经常发生叛乱，难以驾驭，决心通过大屠杀来摆脱这些麻烦。1826年，禁卫军被诱骗到君士坦丁堡街道上的一个便利之处，遭到射杀。几个世纪以来，这群可怕的士兵一直是奥斯曼帝国最坚定的支柱之一，就这样被终结了。

在与希腊人的战争中，俄罗斯、英国和法国政府曾介入斡旋，但遭到土耳其政府的轻蔑拒绝。1827年10月20日，这三国的联合舰队在纳瓦里诺湾袭击并摧毁了整个土耳其舰队，彻底击垮了奥斯曼帝国的海军力量。希腊获得独立。

1828年，土耳其和俄罗斯之间爆发战争。季比奇率领的俄军击败了土耳其军队，占领土耳其第二大城市阿德里安堡。土耳其作出了巨大让步，使双方在接下来的一年里维持和平。在这一时期，穆罕默德·阿里最终获得成功，埃及实际上获得了独立，这使得奥斯曼帝国更加衰弱。1839年6月30日，马哈茂德二世去世。

他的继任者是阿卜杜勒-迈吉德一世，当时18岁。他任命科斯鲁帕夏为大维齐尔，这位宰相开始废黜新服饰以及前任苏丹统治时期的所有改革；但是，由于雷希德帕夏的影响，他的主张没能贯彻下去。雷希德帕夏曾被派往法国和英国担任大使，回到君士坦丁堡时，他对欧洲的礼节和制度充满钦佩。雷希德帕夏被任命为大维齐尔，敦促苏丹继续改革，并根据欧洲模式为帝国制定宪法。这一法令受到苏丹的赞赏，并于1839年11月3日颁布实施。

那天，苏丹在君士坦丁堡附近的玫瑰平原召开了一次大会。在为这次会议专门搭建的帐篷和亭子里，奥斯曼帝国的所有帕夏聚集在一起，包括希腊和亚美尼亚的牧首、外国使节、犹太人的首席拉比和许多其他重要人物。在参会人员面前，雷希德帕夏大声宣读了一份国家法令，其中包括一部宪法，或称土耳其《权利法案》，其基本内容如下：

> 奥斯曼帝国的所有臣民，无论属于哪个地区或宗教，都应完全享有生命和财产安全。未经公开审判，不得处死任何人。罪犯的财产不应被没收，而应归其继承人所有。国会成员充分享有发表意见的自由。税项必须按照各人收入的多少合理征收。地方行政长官不得敲诈勒索，中饱私囊，不得收取超过政府规定的金额。所有人都可以随意处置自己的财产。

1841年，由于俄罗斯、普鲁士、奥地利和英国的联合干涉，土耳其政府被迫将埃及的世袭领地授予穆罕默德·阿里，从而使该国永久独立于奥斯曼帝国，尽管在形式上，埃及帕夏仍然承认苏丹拥有最高权力。同年，欧洲主要强国在伦敦签订条约，规定所有外国战舰都不得进入达达尼尔海峡。这是基督教国家最后一次干涉土耳其事务。

一般认为奥斯曼帝国从苏莱曼大帝时代开始衰落。在那个时代，奥斯曼帝国被认为是所有政权的最高级形式，是最富有的、最伟大的、最谨慎的，还是最危险的，其人数众多，纪律严明，勇气惊人，还有那种咬定目标不放松的坚定追求，似乎可以迅速毁灭所有基督教国家，给它们造成巨大威胁。

一个十分显著的事实是，在帝国最繁荣、最强大的时期，奥斯曼最杰出的政治家和统帅都是基督教的叛教者。在苏莱曼和他的继任者塞利姆一世统治时期的10位大维齐尔中，有8位是这样的人；而土耳其的叛教者帕夏几乎来自所有民族——阿尔巴尼亚人、波斯尼亚人、意大利人、匈牙利人、俄罗斯人、希腊人等。这些叛教者表现出的英勇、狡猾和缺乏原则，以及对被征服省份的人民所表现出的才干和执政能力，使庞大的奥斯曼帝国达到顶峰。

在17世纪，奥斯曼帝国的衰落不太明显，但仍可察觉；到了18世纪，帝国迅速衰落。使土耳其人变得强大的严明纪律，在不知不觉中放松了。随着臣民数量的增加，征服的自豪感似乎过早地熄灭了进取精神，民族性格中很快滋生出一种趾高气扬的怠惰情绪。

奢靡之风及对鸦片的沉溺，在整个民族中广泛传播，对身心的衰弱产生了强大影响。苏丹沉迷于后宫的奢侈放纵。最初那种不可抗拒的进攻基督教世界的冲动，在穆斯林心中逐渐消退。边疆各省与入侵敌人之间争斗不休，无政府状态和动荡不安的形势撕裂了帝国的心脏。当欧洲强国用正规军交战时，他们打败那些采用土耳其标准的混编部队易如反掌。最重要的是，俄罗斯开始发展其庞大帝国的实力，奥斯曼帝国的优势地位因而受到致命的打击。土耳其人已经不再令人生畏。帝国日渐衰弱，甚至摇摇欲坠。

第342章

土耳其的欧洲部分的城市、人口和政府

君士坦丁堡是土耳其帝国的首都，我们已经在叙述君士坦丁大帝建城时描述过其居高临下的地理位置。这座城市的轮廓与罗马皇帝居住时一样，但就建筑而言，这座城市的外观发生了巨大变化。除了陆地上的城墙和圣索菲亚大教堂，原来的皇家建筑已经所剩无几。因为土耳其人没有从采石场开采建筑用的石头，而是拆除希腊人的大厦，用来建造自己的建筑。神庙、宫殿和教

君士坦丁堡一景

堂都变成了清真寺、尖塔和喷泉，或被切割成墓碑。

从外面看，君士坦丁堡非常壮观，风景如画。地面丘陵起伏，所有高地上都建有清真寺和其他公共建筑，其间混种着高耸的柏树。山坡上挤满了房屋和梯田状的街道。众多不同颜色的建筑、镀金的圆顶、优雅纤细的尖塔以及塔顶闪闪发亮的新月形装饰，都让观赏者对这座城市的美丽和富丽堂皇留下了深刻印象。然而，城市内部让人失望。除了一条很长的大道，街道大都狭窄而弯曲。房子大多是木制的，一般来说，没有窗户朝向街道，所有房子的高度都不能超过26英尺，使街道显得非常简陋。

最引人注目的建筑是圣索菲亚大教堂，虽然内部被土耳其人破坏了，但仍留有一些古代的宏伟气派。

土耳其人修建的许多清真寺都以宏伟和美丽著称，其中大部分是用白色大理石建造的。公共喷泉数量众多，一些喷泉正面是纯白色大理石，有精致的阿拉伯花纹装饰和中国式的屋顶，非常漂亮。城市的东端矗立着土耳其后宫，里面有苏丹的宫殿和花园，这里占地150英亩，有亭台楼阁、清真寺、花园和柏树林。那么多闪闪发光的圆顶，高耸在花园和树木之上，从远处看非常美丽。

君士坦丁堡的街道上一般空无一人，寂静无声，城市的一切活动和商业都集中在集市。这是一些长而宽的走廊，毫无规则地连在一起，覆有圆顶。傍晚时分，数不清的咖啡馆里人山人海。

城市的郊区非常广阔，人口众多：主要是加拉塔、佩拉和斯库塔里。前两个位于金角的北侧，最后一个位于博斯普鲁斯海峡的亚洲海岸。君士坦丁堡的贸易非常活跃，几乎遍及世界各地。市区人口约有50万人，加上郊区，人口可达80万人。

阿德里安堡是土耳其的欧洲部分的第二大城市，位于距离土耳其首都西北约135英里的内陆。这是一座非常古老的城市，由阿德里安皇帝在2世纪建立，或者说是扩大和改建的。街道狭窄而不规则；但有大量的清真寺和公共浴场。最引人注目的建筑是塞利姆二世清真寺，主要用来自塞浦路斯法马古斯塔遗址的材料建造，包括一个像剧院一样的巨大房间，有中央圆顶和四座细长的宣礼塔。一条大型高架水渠为浴室、喷泉和清真寺供水。这里还有许多罗马建筑的遗迹。阿德里安堡生产丝绸、羊毛、棉花和皮革，通过马里查河进行贸易。马里查河从这里可通航至群岛海①。出口产品有制成品、细羊毛、皮革、蜡等，人口约10万人。

奥斯曼帝国政府实行专制统治。苏丹拥有绝对权力；国内任何政治机构都无权限制他的意愿。宪法只不过是君主的恩赐，随时可以收回。然而，人们期望他能遵循宗教经典中教导的原则以及宗教创始人留下的传统进行统治。

穆夫提

乌莱玛是由博学之人组成的团体，由受过严格的宗教和法律训练的神学、法学和其他科学的教授组成。乌莱玛的成员称为毛拉，即法官。穆夫提，即教法说明官，

① 群岛海，波罗的海的一部分，在波的尼亚湾和芬兰湾之间。——编者注

土耳其宫廷官员服饰

是乌莱玛的主席。《法令集》是不同时期制定的法律规范。国务会议，即向苏丹提供建议的首席官员大会，称为“底万”。土耳其政府有时被称为“高门”，这一称谓源于金角港，或者苏丹宫殿的大门。大维齐尔是宰相，雷斯·阿凡提是大臣。

奥斯曼帝国的居民分为两大类：土耳其人，即统治民族奥斯曼人；拉亚人，即被土耳其军队征服国家的古代居民。拉亚人大多是基督徒，如希腊人、亚美尼亚人、斯拉夫人等。他们支付人头税，而土耳其人不必支付。在欧洲领土上，他们的人数比土耳其人更多。

土耳其人在欧洲几乎不能称得上有国家。从他们首次在博斯普鲁斯海峡西岸定居到今天为止，他们在很大程度上都未能与被征服的国家融合。土耳其人依然是一个独立的民族，经常压迫被征服的臣民，甚至把他们看作下等民族，不配与征服者进行交往。在整个欧洲，土耳其人可能只被视为军事殖民者。他们驻防要塞，靠此收入生活，或者由政府支付，或者靠勒索拉亚人为生——尽管这种压迫在某种程度上已经被新宪法废除。也可以说，由于频繁的交流和社会不断进步，土耳其人对基督徒的敌视正在逐渐消失。

西班牙

第343章

西班牙是个什么样的地方？

西班牙，当地人称埃斯帕纳，北邻法国及比斯开湾，西接葡萄牙及大西洋，南濒直布罗陀海峡，东靠地中海，国土从北纬36° 延伸至北纬44°，从东经3° 20′ 延伸至西经9° 40′ 。东西最长跨度为640英里，宽525英里，面积18.3万平方英里，人口1 200万人。

半岛地区包括西班牙和葡萄牙，其上有西方诸山，主要包括南部、中部和北部三组山脉。南部山脉从大西洋上的圣文森特角延伸至地中海上的加塔角，涵盖内华达山脉、莫雷纳山脉及托莱多山脉。内华达山脉又称滑雪山脉，有半岛地区的最高峰，有些高耸入云的山峰终年覆盖积雪，其中最高峰穆拉森山海拔11 413英尺。

中央山脉有两大支脉，一条支脉沿塔霍河北岸顺流而下，从河流发源地直到辛特拉礁，接近入海口；另一条支脉沿埃布罗河发源地顺流而下，向东南直到帕洛斯角。这两条支脉之间是平原，海拔2 200~2 800英尺。第一条支脉顶峰海拔约为6 000~8 000英尺，第二条支脉相对平缓。

北部山脉为比利牛斯山，跨越整个半岛，从克雷乌斯角到大西洋上的菲尼斯特雷角。比利牛斯山这一称谓常常只在东部使用，它是法国与西班牙的界山，延伸至洪达日比亚；西部更常称其为安达卢西亚山脉。许多山峰海拔高达1万或1.1万英尺。最高峰马拉德塔山海拔10 866英尺。山间富产木材，也有很多矿藏。有7处狭道容许车辆通过，更有100处栈道容许行人攀登。

比利牛斯山南部相对贫瘠，北部较为和缓，有茂盛的森林及牧场。最高峰终年积雪。蒙塞拉特山在比利牛斯山东部，位于巴塞罗那西北大约30英里处，包括许多挺拔的山峰，海拔3 300英尺，高耸入云。山间不同海拔处分布着14所修道院，其中著名的本笃会修道院位于半山腰处。所在的美丽景象从各个角度看都无比壮观威严。

塔霍河，也称塔古斯河，发源于阿拉贡山脉，向西流入葡萄牙，最后流入大西洋。塔霍河颇为宽阔，河岸陡峭，河流急促，遍布暗礁和浅滩，因此无法通航。瓜迪亚纳河发源于拉曼恰地区，向西南汇入大西洋，流经葡萄牙南部地区，它的入海口也形成了两个国家间自然又美丽的国境线。自入海口起45英里内都可通航。

瓜达尔基维尔河位于莫雷纳山脉及内华达山脉之间，向西南流入大海。这是一条美丽的河流，下游都可通航。西班牙北部是杜罗河，向西经过葡萄牙流入大西洋。埃布罗河发源于北部山脉，向西南流入地中海，入海口平缓多沙。瓜达尔基维尔河及胡卡尔河是同一流向相对较小的河流。

巴利阿里群岛是地中海上的岛屿，包括马略卡岛、梅诺卡岛、伊维萨岛、福门特拉岛4座主要岛屿及一些小岛屿。马略卡岛是最大

巴利阿里群岛一景

的岛屿，离岸约100英里，长宽约为40英里，岛上多山。梅诺卡岛上有重要的港口马翁港。

西班牙位于温带地区的南部，即便是北部地区也不会有极寒天气。在南方，仲夏的炎热令人难以抵挡，但是海风从早晨9点就开始吹拂，一直到下午5点。因此，地中海沿岸诸省就是这个国家的人间天堂。这一地区气候宜人，四季如春。安达卢西亚的天空湛蓝无垠，镶着金边，塞维利亚人民的日子因此总是阳光灿烂，无比耀眼。

国内大部分地区有着富饶的土地，因此蔬菜的产量令人艳羡。水果和植物种类繁多，超过其他欧洲国家。无论何处的土壤，都适宜种植葡萄，生产葡萄酒。西班牙可以说是欧洲最盛产水果的国家。

山区到处都是繁茂的森林，西班牙主要有8种橡树，其中冬青栎的果实可以食用，西班牙栓皮栎以及胭脂栎上会有胭脂虫，可用来制成漂亮的洋红色。

自远古时期开始，西班牙就为欧洲居民提供他们生产的宝贵金属，但是国内的矿藏现在产量较小。水银在阿尔曼登及拉曼恰都被发掘，比斯开湾附近省份铁矿较多。

平原地区和山区的动物种类丰富。加利西亚的山区及阿斯图利亚斯的森林内随处可见野猪、熊和各种鹿。安达卢西亚的平原地区有野兔、兔子、鹧鸪、火烈鸟、鸨鸟等动物。国内的森林及山区内常常有狼出没。蝥、狼蛛及蚊子遍布各个地区。

西班牙的海拔较高，国内多山，风景如画。在这里，我们看到了从山区到平原的多样地貌，以及遍地的江河溪流。山上有葡萄园，山谷内大量种植蔬菜，南部地区正如一个四季常青、生机勃勃的花园。就外部风光而言，很少有国家能比得上西班牙。

现在的西班牙被划分为13个自治区，下辖33个省。

大区	下辖省
新卡斯蒂利亚	马德里、瓜达拉哈拉、托莱多、昆卡、拉曼恰
老卡斯蒂利亚-莱昂	布尔戈斯、桑坦德、索里亚、塞戈维亚、阿维拉、莱昂、帕伦西亚、巴利亚多利德、萨拉曼卡、萨莫拉
阿斯图利亚斯	奥维耶多
加利西亚	圣地亚哥
埃斯特雷马杜拉	巴达霍斯
安达卢西亚	塞维利亚、赫雷斯、科尔多瓦、哈恩、莫雷纳山脉殖民地
格拉纳达	格拉纳达、马拉加
瓦伦西亚及穆尔西亚	瓦伦西亚、穆尔西亚、卡塔赫纳

（续表）

大区	下辖省
加泰罗尼亚	巴塞罗那
阿拉贡	萨拉戈萨
纳瓦拉	潘普洛纳
吉普斯夸	维多利亚
巴利阿里群岛	帕尔马

首都马德里位于国家中央地带，在一片瘠薄的平原之中，海拔2 200英尺，周围有群山环绕。

第344章

从历史早期到成为罗马的一个行省

（前2200—419）

在西部这片遥远的半岛上，有许多神秘幽静的角落，有成百上千美丽如画的地方，有壮丽而优美的景色。在东欧早期诗人心里，这就是他们的西方之国，他们心中向往的、灵魂归去之地，是上帝祝福的盛开花园。因此，这个国家的名字会来自昏星赫斯珀洛斯。

在温和的气候下，这里闪耀着温柔却又壮丽的光辉，从西方的水平线上遥遥吸引着他们，在他们眼中这里是一个更美好更幸福的世界。这就是诗歌所带来的梦幻。历史的传说记载，西班牙早期的殖民者来自亚特兰蒂斯，一片文明高度发展的大陆，现在已经沉入大西洋海底。虽然某些西班牙作家所写的故事与这个传说一样毫无依据，但是根据他们的描述，西班牙这一浪漫之国在公元前2200年就已经由挪亚的孙子土巴创立。

希腊人称这个国家为伊比利亚，源于这一地区最强大的土著民族伊比利亚人。他们曾经被凯尔特人攻击，在长久不懈的抵抗之后，两个国家决定统一，成为一个大国，改名为凯尔特伊比利亚，以表明这是两个民族共有的国家。凯尔特伊比利亚人无论是作为骑兵还是步兵，都是勇猛善战的。如果马受伤了，骑兵会毫不犹豫下马，直接改为步兵作战。士兵身着粗羊毛制成的披风，钢铁的头盔上有红羽毛做的装饰，拿着圆形盾牌，还有精细淬炼的双刃剑。土地和收成都要平均分配，如果夺取别人的，就会被处死。这些热情好客的人民认为招待客人会得到上天的祝福。但是，他们也献祭活人，观察内脏的形态以作出对将来的预言。

女性戴着铁领子，后面有相同材质的杆子，又弯曲伸向前方，上面挂着头纱，这是她们的传统服饰，至今还有西班牙女性这样穿戴。她们前额的头发都被拨开，额头上抹油，因为发光的额头在这一文化中是美丽的象征。每一年，长老会议都会查验女性这一年的手工制品，做得最好的人会得到奖励。但是，这个民族的野蛮也表现在表达爱意的最佳手段是将被杀的敌人的头颅装在罐子里献给自己的爱人。

腓尼基人与西班牙的居民有贸易往来（前1000）。腓尼基人用铁、珠子、小饰品及类似的商品来交换西班牙人的银子。最开始，人们认为银矿储备丰富，即便是最常用的器具也用银制。腓尼基商人将货船装满银制品后，甚至还制造了银船锚，这样可以带走更多银子。接着他们在阿拉伯兑换金子——从中牟取了至少10倍的利润。

腓尼基人沿着海岸线建立工厂，并逐渐将其发展成殖民地，这让当地人嫉妒不已。殖民地中最古老的是他施，有城镇、岛屿，俨然是瓜达尔基维尔河入海口附近的小国家，人称贝蒂斯。其次是加迪克斯，即如今的加的斯，这是一座繁荣的小城，名字也只是其古代名称稍加改动。

迦太基人介入了腓尼基人的贸易，很长时间内他们的势力都无法超过肆意欺诈的前辈。然而，他们最终还是站稳了脚跟，掌握了西班牙南部的一大片贸易区域，他们称这片地区为贝提卡，后改名为安达卢西亚及格拉纳达。罗德岛人、福西亚人、萨摩斯人及其他地区的希腊人都迫不及待地加入这一诱人的行业中来，也沿着海岸线建立了工厂。

希腊作家留下了许多关于西班牙土著的记载。当时社会中有许多独立的部落，我们列举了其中的17个①——每个都有自己的特点

---

① 靠近菲尼斯特雷角是阿塔布里人，布拉卡里人的主要城镇在布拉加，卢森斯人的主要城镇在卢戈。这三个部落构成了加利西人，现在加利西亚的名字就来源于此。东面是阿斯图斯人，他们居住于现在属于阿斯图利亚斯的部分地区。他们的首府在阿斯托加。再往东是瓦卡伊人，凯尔特伊比利亚人最落后的部落。在比斯开以及阿斯图利亚斯部分地区，是坎塔布里人，他们两人一马出去征战。埃布罗河北面是瓦斯科内斯人，也是加拉森人的祖先。加萨塔尼人分布在阿拉贡的比利牛斯山脉斜坡上。加泰罗尼亚居住着切雷塔尼、印第戈提斯、奥斯塔尼、科斯塔尼及其余部落。埃布罗河南面是塞戈维亚的阿雷瓦西人，以及索里亚和孟卡尼山的潘雷多人。伊丹人，最强大的部落之一，遍布埃布罗河及阿尔巴力诺山脉之间。另一个与之比肩的民族，伊莱利亚人，生活在胡卡尔河上游及埃布罗河下游地区。哥佩塔尼亚人靠近托莱多，奥坦尼人在他们南部。奥莱卡德人在胡卡尔河流域，巴斯蒂亚尼人在穆尔西亚中部，他们经常侵犯贝提卡。康斯坦尼人居住在从帕洛斯角到胡卡尔河的地区。在葡萄牙，塞纳图姆是法鲁最早的居民。凯尔特人居住在瓜迪亚纳河和塔霍河之间。维顿多人在格雷多山脉之下。卢西塔尼亚人是一群海盗，居住在埃斯特雷马杜拉，所在的行省因他们而得名。他们的主食是面粉和甜橡子，喝啤酒，他们性格活泼，不畏辛苦，擅长远行，往往载歌载舞去往战场。巴斯蒂帕尼人居住在贝提卡，在地中海海岸线上。贝托特人也居住在沿海地区，在贝艾提斯河入海口。图尔德泰尼人住在阿拉塞纳山南坡，是所有部落中第一个接受文明的。这个国家有很多银矿。——原注

和风俗习惯，而这是由国家的地理特质决定的，这些地区的山脉如同分割的网格将不同的部落一一分开。

罗马和迦太基在争夺西方领土时，都把西班牙作为战场。迦太基人的残忍掠夺在一定程度上阻止了他们与国内土著的友好往来及攻守联盟，但是海岸地带一直由迦太基人统治。萨贡托，一座靠近埃布罗河入海口的希腊城市，与罗马结盟，埃布罗河是它的边界。迦太基将军汉尼拔占领了萨贡托，引发了第二次布匿战争（前218）。

萨贡托城内居民看到获胜无望，就将城市付之一炬，与自己的妻子儿女同归于尽，财产也化为乌有。但是汉尼拔依然在城内搜掠了战利品，接着向意大利进军。在当地居民的协助下，三位迦太基将军将驻扎在西班牙的罗马军队各个击破，罗马军队的统帅普布利乌斯·西庇阿和塞尼乌斯·西庇阿也在这场战争中被杀。

普布利乌斯的儿子普布利乌斯·科尔内利乌斯·西庇阿，即“大西庇阿”，或称“非洲的征服者西庇阿”，当时大约21岁，在罗马军队的护卫下前往西班牙。对罗马人而言，那是一段艰难的时期，因为汉尼拔刚从他们手中几乎夺得整个意大利，又在坎尼歼灭了罗马军队。

然而，年轻的西庇阿在4年内就把迦太基人完全赶出了西班牙，他征服了一个又一个部落，直至整个国家都臣服于罗马。但这种臣服完全缘于罗马的武力镇压，罗马将军骁勇善战，在镇压了一次次反叛的同时，也造成了残酷长久的战争。一直到奥古斯都时期，西班牙才完全罗马化，变成罗马行省，这里的语言、风俗习惯都与帝国其他地区完全一致。

有一首诗歌的主题恰巧是关于年轻的西庇阿攻取新迦太基城

（现在称卡塔赫纳）的，那场战争中有5.4万人横尸旷野。这座城市里有来自各个部落的人质，他们是西班牙的青年贵族和有名望家族的少女。战后，一切美好的事物都属于胜利者西庇阿，其中最美丽的姑娘都被选出来留给将军，为此，诗人这样写道：

她轻轻地走过，眼里含着悲伤，
这一丝悲伤留下了痕迹——时不时地
她的眼泪从脸庞滚落，
罗马军团疲顿不振，因为艰难的战争
而不是怜悯。

西庇阿询问她，发现她已经爱上了一位年轻的国王，这位国王

——忘记了他的锁链，
他失去的领土，因为只有她
为他柔软的灵魂落泪。

突然间，被一种从未体验过的感受触动，这位罗马将军把她的爱人和父母都召唤过来。这些俘虏非常紧张，而整个军队也好奇又疑惑地注视着这一幕。将军打破了沉默。“我们都知道，”他对国王说，“罗马人能攻打敌人，也能收服他们的心。现在，你可以带走你可爱的新娘，我也给你国家和自由，如今重获这一切，希望你与罗马人化敌为友。”

这对恋人充满喜悦，目瞪口呆，
喧闹的人群，此起彼伏的欢呼
让他们回过神来。
为此，国王的美名响彻西班牙，
如同长了翅膀，快速传开
对罗马人的敬仰与日俱增。

公元前133年，小西庇阿围攻努曼提亚，他的残酷使这次围攻带给人民大为不同的感受。这座城市营垒坚固，围攻动用的罗马军队有6万人，守卫的只有6 000人，但是谨慎的将军决定只围困城市，不发动强攻，待粮草耗尽，对方就会投降。强攻这些要塞相当困难，极有可能徒劳无功，但饥饿对城内的人来说却足以致命。饥饿的人们开始吞食伤病的同胞，甚至吃死尸。

努曼提亚人想要求和，却被拒绝；他们5次乞求罗马人的怜悯，却没有成功；他们请求公平战斗，有尊严地死去，但没有被许可。冷酷的罗马人宣布他们愿意等到最后，看看饥荒会带来什么结果。这一回应让城里的人民充满愤怒，同时也带来巨大的恐慌。疯狂的人们冲向罗马军队，有些人被杀，剩下的被赶回城内。小西庇阿下令不杀这些人，讽刺地说：“剩下的人越多，城里的粮食消耗得越快。”

绝望笼罩了整座城市。一部分人服毒自杀了，有一些用剑结束了自己的生命，有些人把房子付之一炬，自己也在火中灰飞烟灭。剩下的人则聚集到广场上，两两决斗，战败者被立即斩首，尸体被扔到一堆巨大的火堆中。父母、儿女、亲戚、朋友都自相残杀，幸存者胜利的呼喊冲进火堆，无一例外。废墟、血腥、恐慌，这一切都映入了残酷的围城者的眼帘，他也开始反思自己恶魔般的行为。

罗马人的统治对西班牙来说并非无益。他们建造了美丽的城市，修建了道路，不仅教会土著成为建筑师、工程师、泥水匠、木匠等，也帮助他们成为更熟练的农民，学会怎样使用新的工具和技术。这里的人民，就像英国的哥特人一样，成了安宁的农夫、牧羊人、工匠，而罗马驻军和总督管理、保护着他们。这种情形持续了4个世纪，直到罗马的权力开始衰落，皇帝不得不放弃海外殖民地，这里随即陷入了无保护状态，而他们也软弱得无法自保。

第345章

哥特人统治下的西班牙

（419—714）

罗马军团撤退了，人们发现自己对付不了来自北方的勇猛武士，被这些蛮族猛烈攻击。这些蛮族曾在罗马帝国中部诸行省迅速发展，同样的原因让他们向南推进。来自不同部落、半身赤裸的勇猛战士之间进行了一场又一场的战争，他们都为南方晴朗宜人的气候及富饶的土地所吸引，想要夺取历代和平发展所积累的财富。这些来自北方寒冷贫瘠地区的人们就像贪婪捕食的秃鹫，为掠夺土地而互相征战，而战争的受害者则是手无缚鸡之力的罗马人民。

因此，在4世纪早期，苏维汇人、汪达尔人及西哥特人几乎毫无阻挡地入侵半岛地区，他们与凯尔特人、伊比利亚人和摩尔人经过长期的融合，表现出了不同的体貌特征，这些特征在西班牙的人民中至今仍清晰可见。

苏维汇人沿着杜罗河繁衍生息，在埃梅里克的带领下，定都布拉加。汪达尔人在盖萨里克的带领下，在王国中部定居，托莱多是他们的主要城市，但是他们只在那里生活了15年。西哥特人征服了高卢，放弃图卢兹，进攻西班牙，迫使汪达尔人逃往非洲——他们在贝提卡短暂停留，改名为旺达卢西亚，也就是今天的安达卢西亚。在阿陶尔夫的领导下，西哥特人终于在西班牙定居，狄奥多里克一世于419年建立了西哥特王朝。

哥特这个民族勇敢热情，却闭塞无知，他们为自己的独立盲目骄傲，认为战争是人得以独立的唯一途径。他们轻视贸易，重视和平时期的技艺；他们征服西班牙之后，使整个国家倒退到野蛮未开化的水平。他们争夺土地，并按照战争规则，把人民作为奴隶。如果有人获得土地，就会把它划分成不同大小的许多地块，参与战争的所有战士都可以按照功劳分得相应的地块，而土地上的奴隶就是战败的人民。

哥特人的服装颜色丰富，几乎长达膝盖。袖子很短，因此胳膊和腿都露在外面，但是他们脚上通常穿着短靴，头发绾成低发髻垂在肩膀上。

宗教方面，这个征服民族基本上属于基督教的阿里乌斯派，与罗马天主教不相容，但在589年，哥特国王雷卡雷德一世采取了天主教派的一些教条规定，而王国里大部分臣民顺从了。从那时起，西班牙的神职人员就掌握着极大的权力，他们在国家议会中位于首位。事实上，世界上没有哪个国家的神职人员有过这样大的权力。

哥特人似乎采用了被征服民族所说的拉丁语，他们生活方式简朴，房屋比较简陋，虽然在几个世纪后，哥特式建筑通常在许多方面都代表了近代的水准与品位。哥特人在西班牙定居后就开始发展宗教，在那个暴力的年代，人民非常向往修道院式平静安全的生活，因此，修道士和修女一度占据了人口的大部分。

西班牙的西哥特王国大约延续了300年，在此期间，早期征服者的后裔已经四散到全国各地，实际上当时的西班牙土著处于即将灭绝的境地，仅存的少量人口也被迫为奴。西班牙语中的绅士被称为hidalgo，即hijo del Goda的缩写，意为“哥特人的后裔”。

王位由选举产生，如果国王去世，人民会选举新国王，王室成员有优先被选举的权利。选举日当天，选举人，主要是大主教和贵族，聚集在空旷的广场上，有无数人围观。候选人各自做竞选陈述，得到欢呼声最多的为国王。选举结果产生后，新国王便宣誓全力效忠国家。之后，他会被群众用大盾牌抬起来，接受人民的高声庆贺。随着时间的推移，这一粗犷的仪式——起源于获胜士兵的庆祝方式——逐渐被废除了，西哥特王国后期的君王都由大主教加冕，戴金子做的王冠，着紫色的王袍。加冕过后，国王坐在银制的庄严宝座上，接受臣民的跪拜。

第一任君王阿陶尔夫统治的仅是一个叫加泰罗尼亚的小王国，但是他的追随者渴望取得更大胜利，因而杀死了他，选择西格里克为王。西格里克为人残忍凶暴，随后也被刺杀。一位勇猛的领袖瓦利亚被选中接替他。瓦利亚征服了整个西班牙、葡萄牙以及法国南部，定都于图卢兹。在他之后，狄奥多里克一世继位，但他在451年与匈人王阿提拉的战争中被杀。随后他的3个儿子相继继位，其中最小的儿子尤里克编纂了哥特人有史以来第一部法典。此前，他们遵循的都是习惯法。

尤里克的儿子阿拉里克二世继位，他把宫廷设在波尔多。法兰克王国国王克洛维决心把哥特人逐出法国，因此与他开战，在战争中杀死了阿拉里克二世。阿拉里克的儿子阿马拉里克当时还是婴儿，但是在外祖父狄奥多里克大帝的大力扶持下被立为王。狄奥多里克派遣军队守护婴孩，指派大臣为他管理国家直至成年，还引诱克洛维将女儿克罗蒂达嫁给这个孩子。

婚礼按时举行，阿马拉里克顺利执政，将宫廷搬到塞维利亚——西班牙的主要城市。但是他和妻子的生活并不幸福，因为他们的宗教信仰不一致，国王是阿里乌斯派信徒，而妻子是天主教信徒。他们争执不断，王后向她的哥哥法兰克国王希尔德贝尔特一世抱怨，两国因此而开战，希尔德贝尔特一世于531年杀死了阿马拉里克，将妹妹接回自己的国家。

此后的140年间，西哥特王国出现了许多国王，他们当中只有极少数有值得称赞的美德，创造良好政绩的人更是罕见。利奥维吉尔德就是这样一个罕见的君王，他在位14年，为人有智慧，又能秉公执法，因此制定了相当杰出的法律，政治上的成就也是许多后人无法超越的。他的儿子雷卡雷德一世于586年继位，作为天主教徒，将天主教带入自己的国家，这一点我们在前面已经提到了。

这一统治时期，西班牙诸省都由公爵在封建制度的基础上进行管理，他们的地位仅次于国王。每个城市有一位总督，对公爵负责；小的城镇或者村庄都由地方法官管理，他们负责保证自己的辖区内没人违法乱纪。

到这时，哥特人在半岛上已经生活了250年。他们的生活方式并不复杂，在这样温暖丰饶的气候下，他们开始变得懒惰又软弱。祖先身上带来巨大成功的军事特质已经消失了，这样的自我放纵同时也抹掉了许多初期哥特人所具备的优良品德。因此，这一民族逐渐颓废，不追求战争、贸易或者知识，也不从事实用的行业，自然而然陷入恶习。罪恶的盛行注定要亡国。由果溯因从来都不难，就哥特人而言，这两者的联系则更加明显。

公众缺乏品行，爱国主义逐渐消失，有权有势的人迅速表现得厚颜无耻和自私自利，这一切在雷卡雷德二世于621年去世时达到顶峰。篡权者互相算计，要夺取王位，他们的手段极其邪恶卑鄙。过了几十年，人民终于厌倦了混乱，他们决定选举有美德的人，希望能就此重建国家秩序。

在离当时的首都托莱多不远的一座城市里，有一位名叫万巴的哥特贵族。他乐得清闲，很少去城里，终日在农场里干活。认识他的人都知道他的才干与品德，明白他正是国家需要的人。因此，代表们来问他是否愿意继承王位。

起初，他非常不愿意接受这份荣誉，说自己“已经是个老人了，不习惯忙碌的公共生活，希望在田野中度过余生，而不是在宫殿里”——他也提出了许多其他借口。代表团耐心地听了很长时间，然后他们的团长——一位精力充沛、才思敏捷，同时具有古哥特式坚定意志的人——这样对他说：“最尊贵的万巴先生，当我们看着你的时候，我们能看到你依然渴望为公众谋幸福，因此，你有责任牺牲自己的喜好，成就国家利益。如果你还是拒绝我们，那我们只能把你当作敌人了。”说这话时，团长拿出匕首，威胁这位谦卑的农夫，如果他不接受王位，就要杀掉他。万巴因此被迫妥协，他的即位对国家而言大有裨益。他殚精竭虑，为了追求人民的幸福，制定了许多有益的法律，制止混乱，避免国家走向灭亡。他的美德被人称颂了至少半个世纪，继任者们继续帮助西班牙的西哥特王国避免混乱。

此时，非洲的阿拉伯人因新生的狂热而十分活跃，他们趁着西哥特王国秩序混乱，开始入侵王国的海岸，并很快成为西班牙的强敌。万巴组建了舰队，在海上与他们作战——这在西班牙历史上尚属首次，由此开启了西班牙海上战争的历史。几年后，万巴因为日夜操劳，或是因为看出了无法彻底改变国家的命运，便隐居到一所修道院[①]，将王位让给了另一位贵族埃维格。埃维格在各方面都有很强的能力，但最终也退居修道院。接连更替3位君王后，王位最终到了罗德里克手中，他是西哥特王国最后一位国王。

阿拉伯人埋伏在非洲另一端的海岸线上，就如同沙漠里的狮子一样，全神贯注地盯着自己的猎物，等待时机来到，就猛扑上去。罗德里克的堕落给了他们宝贵的机会，他们迫不及待地出手了。

朱利安本是出身高贵的西班牙人，但为人傲慢，报复心强，他是西班牙人在直布罗陀海峡非洲一侧的领土毛里塔尼亚省的总督。罗德里克强暴了他的女儿，践踏了朱利安伯爵家族的荣誉，致使这位父亲打消了重重顾虑，忘记了身为总督及西班牙人的爱国情怀，一心要为女儿复仇。朱利安伯爵与一些阿拉伯人结盟，允许他们的两位大将穆萨与塔里克进入毛里塔尼亚省——这一点我们在别处也曾提到，并协助塔里克潜入西班牙，带领萨拉森人的大军与西班牙

① 有些作家认为，万巴身体很虚弱的时候，人们便认为他快要去世了，根据习俗，匆匆忙忙地给他剃头，让他退居修道院做修道士，这也是赎罪仪式的一部分。但是，他身体却恢复了，但也不得不继续过着隐居的生活，虽然这可能并非出于他的自愿。——原注

人在赫雷斯平原打了一场著名的战役。

基督徒与萨拉森人的战争持续了3天，最后萨拉森人获胜，但是国王罗德里克消失了。在被杀者的尸体中，人们没有找到他的尸首，也没有人再听说过他，他的命运最终如何，迄今为止仍是个谜。他就这样于714年终结了西哥特王国的统治。这一王朝通过血腥的篡权得以建立，施行着残忍的奴隶制度——有迫害，有宗教压迫——因此，即便是由最血腥的战争结束，也不值得我们同情，因为它罪有应得。

第346章

摩尔人统治下的西班牙

我们在阿拉伯历史中已经提到了萨拉森人的急速征服，以及他们在法国中部地区被查理·马特打败。曾经无人占领的土地，被之前居民抛弃的地方，都被阿拉伯首领们争抢。这些城镇很快就挤满商人，住满居民，其中有大量来自非洲及阿拉伯的居民。他们带着妻子、家人和财产，以及来自东方诸国的奢侈品而来，而这些对于欧洲人仍是新鲜事物。他们的习俗也传入西班牙，这些都可以从有关东方生活的忠实记录——《天方夜谭》中得知。

40多年来，这些领土都被认为是由信仰另一种宗教的东方君主所统治，他们从大马士革派遣埃米尔（或称总督）来管理行政事务。但是这些统治者，以及他们指定的总督都很残暴，最终迫使所有的大酋长联合起来，试图找到一种更好的政府形式。他们下定决心：一个如此美好的国家——拥有丰富的宝藏，能够变成一个富强的帝国——不应该被不称职的管理者毁掉；就此，他们一致同意从大马士革的哈里发那里独立出来，选出自己的最高统治者，他应该生活于他们之间，保护他们的利益。

于是，一场革命爆发了，使阿拔斯轻松登上了大马士革的王位。阿拉伯国家屈从于篡位者，而西班牙的摩尔人拒绝承认他。王子阿卜杜·拉赫曼成功地从对他家族的屠杀中逃脱了。我们之前提到过，他当时外出狩猎，得知这一悲痛消息，立即在阿拉伯的贝都因部落藏了起来，后来又藏身于非洲国家。他的不幸遭遇、学识、礼节及俊秀的相貌很快使他赢得了沙漠居民的爱戴，他们多次帮助他从仇敌手中死里逃生。

巴萨总督哈比比虽然身受倭马亚王朝的厚恩，现在却是这位东躲西藏的王子最积极的追杀者。有一次，他的骑兵队在夜里包围了贝都因人的帐篷，询问他们是否藏匿了叙利亚的年轻人。他们所寻找的人的样貌特征与王子符合，之前新王已将王子的画像传遍了全国各个城镇。贝都因人意识到他们的客人就是被搜查的对象，而来搜查的人又不怀好意，他们就回答说年轻人出去打猎了，可能在一个遥远的山谷里。骑兵队一离开，忠心的贝都因人就叫醒了客人，告诉了他所发生的一切。王子颇为感动，眼含泪水，感谢了这些爱戴他的人民，在部落最坚忍果敢的一队年轻人的保护下，他逃往沙漠深处。经历了重重冒险后，他安全抵达了毛里塔尼亚，受到了一位贵族酋长的欢迎，他们是亲属。

这位受人爱戴、颇具才干的王子显然是统一涣散的西班牙摩尔人的最佳人选。他的故事在各个酋长间流传。“让阿卜杜·拉赫曼成为我们的君主吧！”这一口号成了他们共同的期盼。酋长们很快就派遣代表去见王子，没有隐瞒或者美化他可能会经历的困难，但是也向他表明了他们的忠心，也表示了阿拉伯、叙利亚及埃及部落对他的臣服。“尊贵的代表们，”王子这样回答，“我的命运就是你们的命运，我会为之奋战；我不怕困难，也不怕战争。虽然我年轻，但是我希望苦难已经证明了我，也从未发现我不够好。”他也表示，会将此事告诉保护过他的朋友们，也会听取他们的建议。“去吧，孩子，”一位年长的酋长，他的亲戚，鼓励他，“真主会保佑你！相信我们所有人，只有弯刀才能恢复你家族的荣耀。”整个部落的年轻人都渴望跟他同去，但是他只选择了750名装备精良的骑兵一同踏上艰苦卓绝的征程。

755年初，阿卜杜·拉赫曼在安达卢西亚上岸。当地的人民及酋长热烈欢迎他，欢呼声响彻天际。他的外貌、他的地位、他威严的神态、他自信的面容，为他赢得了民众的喜爱。他继续向塞维利亚进军，同样赢得了胜利。2万人一起欢呼他的胜利，2万柄弯刀由强壮的膀臂挥舞着，听从他的支配。周围的城镇立即遣来议和的代表，表示任他差遣。大马士革哈里发的总督在惊愕中从一个省逃往另一个省，以便能集结可以与之匹敌的军队。但是他被推翻了，在短短一年间，阿卜杜·拉赫曼战胜了所有的敌人；尽管他的敌人力量强大，数量惊人，但他依然成功地进入科尔多瓦城，坐到了西班牙王座上。

这就是摩尔帝国的开端，而同一时期的英格兰正处于七国时期；在接下来的几个世纪中，摩尔帝国是欧洲最富饶、最强大的国家，同时也是欧洲最文明的国家。阿卜杜·拉赫曼以制定保证国家秩序和繁荣的规章开始其统治。

他不能制定新的法律，因为他们所信仰宗教的法律已经由先知在经典中赐给他们了，不容许任何更改；但是他花心思确保每个城镇的地方法官都是正直善良的人，并且免除了基督徒的大部分赋税，使他们可以拥有更好的物质生活。他沿着海岸线建造了码头，以促进商业发展和人民就业。在他的鼓励下，城镇中商人的数量大大增加，与当时世界各国都开展了贸易。

他改造首都，为其增添了1 000件艺术作品。将瓜达尔基维尔河的河床修窄，加固堤岸。河床余出的空地用来建造花园，在花园中央竖立尖塔，从而拥有开阔的视野。阿拉伯人中出现了技艺精良的建筑师、石匠、工人。曾经精通罗马艺术的人也没有从西班牙消失。阿卜杜·拉赫曼将当时建筑业的精英聚集起来，在科尔多瓦建成了当时世界上最壮观的清真寺，而这些清真寺迄今依然矗立，它也是在他统治下人民文明开化的纪念碑。它由365根大理石柱支撑，有19扇精雕细琢的铜门，内有4 700盏长明灯。

传说是阿卜杜·拉赫曼将棕榈树移植到了西班牙，这里的气候适宜其生长。东方人对树有着特殊的感情，将植树与个人事业及家庭大事联系起来。阿拉伯诗人赞扬着伟大的君主，因为对他有特殊的感情，就假借棕榈树来赞颂他。“美丽的棕榈树！你就好似我一样，在这里是异乡客，但是西方的风亲吻着你的枝叶，你的根紧紧扎入肥沃的土地，你的头冲向无垠的天际。在残酷的阿拔斯将我从家乡流放之前，我的眼泪常常流在幼发拉底河畔的树木上，可是它们不曾记得我的悲伤。美丽的棕榈树啊！只有你！能让我忘了哀伤！”

摩尔帝国包括瓦伦西亚、穆尔西亚、格拉纳达、安达卢西亚、葡萄牙以及卡斯蒂利亚大部分地区。在其强盛时期，帝国的疆域也得以扩张。在阿卜杜·拉赫曼统治时期，还包括了加泰罗尼亚、阿拉贡及莱昂，连阿斯图利亚斯都向他进贡。除了查理曼在加泰罗尼亚及阿拉贡部分地区岌岌可危的统治，比利牛斯山以南的整个半岛都在摩尔人的统治之下。但是，疆域太大给他们的统治造成了困难，尤其是在阿斯图利亚斯山脉脚下的平原地带，基督徒曾在此避难，他们的人数逐年增长，由于征战，他们的领地也逐步扩张。基督徒和萨拉森人之间的战争一直持续，在摩尔人掌权期间只有为数不多的几次停战。

然而，虽然国家之间彼此敌对，西班牙人有时还是会娶摩尔少女，也有许多年轻的勇士战胜了重重困难娶了基督徒新娘。这样的婚姻渐渐笼上了浪漫冒险的色彩，因为常常受到双方的阻挠，反而更让人向往。此外，这似乎成了年轻人要见到心上人必经的考验。并且，他常常会带一束鲜花，与东方所约定俗成的婚书不同，每种花朵都被赋予了独特的含义。

摩尔人是勤劳肯干的民族，在他们统治期间，西班牙的农业得到极大的发展，呈现出前所未有的繁荣。他们带来糖、大米及棉花的种植技术，这是他们从做黑奴时就世代流传并掌握的，也为后人研发了许多实用科技，尤其是在化学方面。欧洲首次的造纸就是他们完成的。他们的地毯、丝绸、金银刺绣术、制造钢铁与皮革的技术长久以来都无人超越；他们带来了我们运算中经常使用的简单数字——阿拉伯数字，这是全世界通用的特殊字母体系。他们教授数学、天文学、哲学及医学，总体而言，他们的知识体系都站在欧洲前沿。因此，许多基督徒都来到科尔多瓦的阿拉伯学校学习。

阿卜杜·拉赫曼选择这座城市作为首都，表明了他有绝佳的品位。这座城市周边的城镇相当美丽，树林以橘黄色和柠檬色为主，倒映在瓜达尔基维尔河中，河岸风景如画，旁边有巨大的花园，又有令人愉悦的凉亭，宫殿有风格统一的萨拉森人的传统装饰。东方人对花园的热爱，以及对植物的研究——他们最喜欢的事业，在阿拉伯人身上完美融合，因而他们熟知各种草药的特质。因此，与犹太人一样，他们的医术远近闻名。

西班牙摩尔人的特征与欧洲人大为不同，也与土著阿拉伯人有所差异，因为他们受到波斯人、叙利亚人及突厥人的巨大影响。女性单独居住，有她们自己的房间，男性访客不得入内，只有自己的丈夫可以出入其间。她们被教授刺绣技艺，也弹琵琶，每天花大量的时间装扮自己。她们穿着宽大的突厥式裤子，短的开襟外袍，戴长纱巾，裙子上有大量金线和珠子装饰。座位是矮的抱枕，或者垫子，或者是地上的地毯。吃肉的时候有用人服侍，用的桌子离地面只有几英寸高。她们不喝酒，因为先知的律法禁酒，但是会用葡萄酿一种雪莉酒。她们喜爱咖啡，也喝果子露，或者是加了水和糖的果汁。她们不常吃肉，但是擅长做各种糕点和糖果，而这也是她们每顿饭的主食。

男人的服装通常是长而宽松的袍子，里面是宽大的裤子，在腰部用刺绣的皮革腰带系住，腰带里有匕首。有的外袍是布的，有的则是丝绸的。头巾是丝绸的或者平纹细布的，常常绣有金线。

政府是一种父权制的形式，即把君主视为大家族的父亲，儿女们可以到父亲那里倾吐抱怨。摩尔君主可以自由选择继承人。如果他们认为小儿子更适合做君王，也会把王位传给小儿子，而不是大儿子。

第347章

科尔多瓦的摩尔君主

（787—1492）

阿卜杜·拉赫曼一世建立了西班牙的摩尔帝国，他是当时国家所需要的英雄及立法者，为国家的繁荣奠定了坚实的基础。他的小儿子希沙姆一世，人称“公正者”，也同样致力于为人民谋福利。在希沙姆一世的儿子和继任者——残暴者哈卡姆一世的统治时期，国家则充满了动乱。他的性格中有两种特质——喜爱奢侈，热爱血腥，集这两种特质于一身的人十分罕见。为了满足这种残暴的嗜好，他有一次杀了300人，另一次杀了400人。他放纵无度，完全无视国家利益、人民的福祉。

他大部分时间在自己的宫殿里闭门不出，在女仆的陪伴下欣赏歌曲，或者观赏淫荡的舞蹈。815年，他将管理王国的重任推给了儿子，这样就能毫无顾忌地享受世俗的宴乐；他还为自己高薪聘请了500名保镖，以确保自己的安全，保证自己不被愤怒的人民伤害。为了支付这项支出，他增加赋税，拒绝缴纳的人会受到惩罚，这一矛盾引发了暴乱。仅仅在几分钟内，首都的大街小巷里就横尸满地，300名参与反抗的人民被残忍杀害。郊区也被扫荡，居民被迫流亡，有8 000人逃向非洲对岸的菲斯，1.5万人逃到埃及的亚历山大。依然留在城内的人通过行贿去了克里特岛，在那里建立了干地亚城。

因为此事，残暴者哈卡姆一世心中充满悔恨；他无法忍受孤独，几乎整夜不睡。夜深人静时，他会召唤歌手和舞者前来表演，也召唤大臣和法官们前来，官员们就这样听着、看着，以为有公务要处理，但是等了很久，也没等到处理事务的消息，然后他会冷冷地叫他们回家。这位反复无常的君主于821年去世。

他儿子阿卜杜·拉赫曼二世颇有能力，受人爱戴，在其统治期间，诺曼人，又称“海王”，入侵西班牙及葡萄牙的沿海，甚至毁坏了塞维利亚的大部分地区。这些掠夺者是如此可怕，以至于无人敢靠近他们，因此他们大都毫发无损地返回自己的船上。接下来的两年内发生了旱灾和蝗灾，引发饥荒，国王为了缓解灾情，从非洲进口粮食。在统治早期他就确立了王位继承人，避免了大臣们因为拥护不同的继承人而起纷争。国王美化了首都，增加了装饰物，采用铅管引入大量清水。他也吸引了天才、学识渊博或才华横溢的人到他的宫廷，这些人有本国人和外国人。

穆罕默德一世于852年即位——他颇有学问，与文人学者往来密切，但迫害基督教臣民。他的儿子和继承人蒙齐尔只在位两年，就在与叛乱者奥马尔·伊本·哈夫斯的儿子卡利比的战斗中去世。阿卜杜拉即位，就在他去世之际，卡利比这位曾击败6万人军队的劲敌掌控了托莱多，统治了超过半数的西班牙穆斯林。卡利比的父亲曾是龙达城的苦力，但在安达卢西亚作为一个小强盗骚扰了这个地区之后，他进入了比利牛斯山脉，成了一位国王。他和他的儿子使整个国家的力量与科尔多瓦的皇权处于对抗之中。

阿卜杜拉的孙子阿卜杜·拉赫曼三世于912年继位，他给自己和国家都带来了荣耀。他的统治被人称为摩尔帝国的黄金年代。他还是王子的时候，就赢得了全国人民的热爱，因为他态度温和，为人慷慨，学识渊博；同时，他也被称为“信徒王子”“真主信心的护卫者”，因此，他也是家族内首位赢得穆斯林最高统治者荣耀的人。

他的首要目标是歼灭长久以来滋扰国家的蛮族叛军。为了达成这一目标，他派出自己的叔叔——著名的阿穆达法，带领4万精兵征讨卡利比，并在胡卡尔河岸赢得胜利。他们损失了士兵7 000人，皇家卫队3 000人，但使得整个国家迅速恢复了对国王的忠诚。不久后，阿卜杜·拉赫曼三世又打败了非洲的菲斯王国。在统治初期，他与基督徒也有过战争。

这位统治者的政绩并不仅仅在战争方面，他更愿意追求和平的艺术。他的美德以人民的爱戴和国家的繁荣作为回报。在处理内政时，他以伟大的思想能力、无穷无尽的自由、无与伦比的辉煌和不屈不挠的正义而闻名；他如果不这么操劳的话，可能会享受到生活的快乐。这位国王在50年的统治期内只休息了14天！

他的品位在宫殿中得到体现，宫殿所在的城市离科尔多瓦约6英里远，是为了纪念他挚爱的妻子建造的，按她的名字被命名为爱资哈尔城。在城内有一座清真寺，与科尔多瓦遥遥相对。宫殿的房顶是由4 000根彩色大理石柱支撑，地板和墙壁同样用料昂贵。主要的套房内引入温泉，用以洗澡。整座宫殿被美丽的花园围绕，中间有凉亭，凉亭的柱子由白色点缀金色的大理石制成，异常优美。在凉亭的中间有闪着银光的喷泉，反射着阳光，令人赏心悦目。

阿卜杜·拉赫曼三世向世人证明了自己公正无私的品格，就像罗马共和国的首任执政官布鲁图斯所做的一样。国王指定了自己的小儿子哈卡姆为继承人，然而大儿子阿卜杜拉怀恨在心，密谋杀害或者终身囚禁自己的弟弟。这一阴谋被揭发后，阿卜杜拉承认了自己的罪恶。他的兄弟哈卡姆虽然受了伤，却转而为他求情，认为他一定是被人欺骗误入歧途。

哈里发的回答是愧为“他们中最令人自豪的罗马人”。“你们的请求，”他说，“是出于好心，如果我是平常人的话，也会应允；但是作为哈里发，我需要让我的人民和后继者看到公正的榜样。我深深地为我儿子的命运感到悲伤，我一生都会为此悲痛，但是我的眼泪和悲痛都不能免除他将要接受的惩罚。”王子被绞杀，虽然这位固执的父亲是出于责任感作出这样的决定，但是他从此再没有真正开心过。他对朋友的倾诉催人泪下：“阳光灿烂的日子过去了——黑夜来临了，没有任何晨光能驱散这阴影！”

他的统治时期，是西班牙的阿拉伯人历史上最辉煌的时期。商业的繁荣和财富的积累都达到了前所未有的程度；建成了强大的海军并保持充分的活动；艺术和科学受到热情的培养，因为教授们得到了慷慨的奖励；许多优秀的公共工程都在这一时期的西班牙建成；权力是勤劳、美德和穷人的朋友；哈里发的名望广为流传，使得远在君士坦丁堡的使节来访。

因此，摩尔帝国在建立200年后，终于达到了繁荣的顶峰。商人富足，丝绸、羊毛、棉花及细麻布的制造业极为发达，成千上万的人因此而得到工作；国内生产的盘子和珠宝，到处都在使用；土地在人民的勤劳耕作及不懈灌溉下重焕活力。水稻、糖及棉花广泛地种植，地主和农民比在西哥特王国时更加富足，因为在西哥特王国时期，他们要交出1/3的土地产出作为赋税，而现在只需要缴纳1/10。

萨拉森人在地中海地区的贸易比基督徒的贸易范围更加广泛，而他们的海军力量更是强大。哈里发建造了前所未有的大船，上面装满贵重的货物，销往东方。船只返航时，满载着哈里发可以使用的货物，也带来了美丽的女奴，她们擅长歌舞，活跃于哈里发的宴席之上。

国家的物产相当丰富，各省的官员都建造了与哈里发不相上下的宫殿和花园。他们身边同样拥有艺术家、诗人、哲学家和具有其他才能的人，他们慷慨款待这些人，在各大城市建立了许多公共图书馆和学校，供科学及文学发展之用。这一时期，医学在其他地方不为人所知，但是科尔多瓦的医生地位极高，很多王公贵族都来到哈里发的宫廷，希望能治愈身上的病痛。

哈卡姆二世于961年继位，他与自己的父亲德行相仿——这在繁荣帝国的历史上并不多见。他厌恶战争，喜爱和平，也相当爱好文学。他的代理人们不断地在东方为他搜寻珍稀书籍，他也亲自给有名的作家写信，请求他们寄来自己的作品，也付给他们颇为可观的报酬；如果有的书是不出售的，他就派人抄写一本。他的图书馆藏书目录虽然还没有完成，但是目录本身已经达到了44卷之多。在继位宣誓的时候，他明白自己主要的时间应当用来处理国家事务，但是为了不忽略心爱的兴趣，他让自己的一个兄弟来打理图书馆，而另一位则负责保护文学机构，赏赐有学识的人。他在位的时期是阿拉伯文学在西班牙发展的鼎盛时期。

尽管如此，这位哈里发也曾有过一次独裁的罪行，这一行为的结果却为他赢得了赞扬。他想要扩大一个花园，因此需要买下周边的土地。土地所有者拒绝卖地，他却强行夺取了这块土地。土地所有者向法官投诉，法官带着麻袋，牵着骡子，亲自到现场去查看。

法官看到哈里发正忙着比画哪里要建凉亭，便请求哈里发给他一袋泥土。把麻袋装满泥土后，他恭恭敬敬地请求哈里发帮助他把麻袋放到骡背上。哈里发认为法官在开玩笑，但出于好心他还是抓住了麻袋的一头，但是发现麻袋太沉了，抬不起来。“哦，我的陛下，”法官说，“如果您现在抬不起麻袋里这一点点自己篡夺的土地，那等审判日到来时，您怎么能抬得起所有抢夺的土地呢！”哈里发感谢了这位正直的官员，归还了这块土地。

哈卡姆二世去世后，希沙姆二世继位时只有11岁，皇太后任命她的侍从长阿尔曼左尔摄政。这是一位智慧、正直、勇猛的人，“阿尔曼左尔”就是“征服者”的意思，与基督徒作战获得的胜利为他赢得了这一称号。据说他曾经打胜过44场战争，年老时因为一场战役的失利，在沮丧中去世。

这位摄政王——他也表现得像个君王——不仅是英勇善战的士兵，也是颇具才干的政治家。他鼓励科学和艺术的发展，为人良善，具备各种美德。他于1002年去世，对科尔多瓦来说这是一个巨大的损失。

在接下来的200年间，帝国从巅峰滑落，并逐渐走向灭亡，美丽的首都落到基督徒手中。这一时期的历史记录都是血腥的记载，充满了战争、围城、反叛、迫害、部落首领的琐碎胜利等，见证了民族精神的衰退和中央权力的缺失——简而言之，是身体的抽搐，因为“整个头部生病了，心也跟着昏厥了”。

国家灭亡的一个重要原因在于分封导致王国分裂，起初成功的政客获得了封地，并由此形成世袭的家族领地。[①]于是这个国家由中央集权时代——中央政府能够保护所有人的权利，各级官员的权力得到合理的分配——回到野蛮人时代或是封建时代，这种制度通过许多人的奴役和堕落，以及盲目和任性的少数人相互冲突的自私，给欧洲带来并正在带来如此可怕的邪恶。

希沙姆三世本不愿当哈里发，但在人民的拥护下于1027年即位。他希望自己能配得上人民的爱戴，于是他平反冤案，鼓励手工业发展，推行公义、毫无偏袒，解放穷苦人，取消地方官的苛税。官员们开始反抗，他试图取消他们的封地，但是他们的力量太强大了，国王只能妥协。既然成功无望，他不可避免要失败。

反叛者甚至给他捏造了罪名，在大街小巷游行，企图废黜他的王位。他就此欣然退位，过起了普通人的生活。他虽然不在位了，但人民仍然记得他的美德，阿拉伯的作家评价说“与时代相比，他

① 懦弱者希沙姆二世被篡位的人扔进了监狱，本应就此终结生命，但是一位首领将他带回民众的视野，把他作为傀儡，并成功取得了他的信任，继而获得将封地世袭化的特权。因此，一些最有权力的官员曾一度被希沙姆二世吸引，但是他们也是为了自己能够得到更大的封地，并各自为王。希沙姆二世的敌人苏莱曼，也用同样的手段来对付他。他将克拉特拉瓦、萨拉戈萨、梅迪纳塞利、瓜达拉哈拉这些土地分给官员，并给他们世袭的特权和长久的权力，以此获得他们的强力拥护。这也标志着无数小的独立王国的出现。穆斯林在西班牙也逐渐走向灭亡。他们之所以能够对抗基督徒，是因为团结统一，然而当权力开始分散，他们也就各自衰落了。摩尔酋长们被鲁莽的激情冲昏头脑，他们的盲目追求导致了这种致命的后果。——原注

太过善良了”。

1031年，他的去世终结了倭马亚王朝的世系，而帝国似乎即将沉沦。阿尔曼左尔重新征服非洲和西班牙不到30年，这个曾有可能完全毁灭基督徒、把他们驱逐到半岛偏僻角落的帝国就要成为历史。此时，非洲已经丢失，基督徒掌管了2/3的国土；独立的小封地统治者——他们中最胆大的人听到阿尔曼左尔的名字都要颤抖——已经敢于公开羞辱科尔多瓦的统治者，因为他的统治地域仅局限于首都。“毫无疑问，”一位历史学家说，“如此惊人的灾难，在历史上是不可能再有的。”

从这一时期起到格拉纳达王国建立，即从1031年至1228年，西班牙的阿拉伯人再没有最高统治者，唯一的例外是穆拉比特王朝及穆瓦希德王朝——都来自非洲，他们的统治转瞬即逝，领地刚刚建立就被摧毁了。国内没有被基督徒占领的土地都处于各自为政的小君主的统治下，我们没有篇幅去描述这些鲜为人知的统治者，读者也不会有兴趣一一阅读。

格拉纳达王国，从繁荣时期的浪漫传说，到灭亡时的忧郁故事，对其描述要超出我们既定的篇幅。它的历史值得我们注意，因为不止一位美国作家曾写过它的历史，最杰出的作家将美丽的花朵扔到王国的坟墓上，令每个人都对“摩尔人的最后一声叹息”心有戚戚焉。

在1238年前，西班牙土著在不懈的努力下，一座城池接着一座城池，逐渐收复了他们祖先的土地。阿拉贡、纳瓦拉、卡斯蒂利亚及葡萄牙，都是比较强大的国家。简而言之，除了南方美丽富饶的格拉纳达，整个半岛基本处在基督徒的统治之下，格拉纳达已经是仅次于科尔多瓦的王国，只是领土面积稍小。在长达两个半世纪的时间里，格拉纳达抵抗着西班牙基督徒的进攻，直到几个基督教国家联合成一个强大的王国将它攻破为止。

穆罕默德一世・本・阿尔哈马尔，西班牙南部的国王之一，似乎是唯一有能力抵抗基督徒的人。穆罕默德一世从摩尔人手中占领了瓦伦西亚后，有5万穆斯林离开瓦伦西亚，寻求他的庇佑，穆罕默德一世因此而实力大增。国王将宫廷定在格拉纳达，并于1238年加固了城防。他决定扩张，或者至少保持自己的领土既不受摩尔的小统治者们也不受基督徒们的侵扰。他给莱昂兼卡斯蒂利亚国王斐迪南三世进贡以维持和平，但是他的继任者们拒绝称臣，战争便又重新打响。

虽然穆罕默德一世精力充沛、英勇无畏，但他性格温和，为人谨慎，愿意多方听取意见，个人品位高雅。他修缮了王国前线的要塞，自阿尔赫西拉斯延伸至阿尔梅里亚，直至内陆省份哈恩以及韦斯卡尔。根据国家法律和社会惯例，每个穆斯林都是士兵，但他们却没有任何固定收入。格拉纳达国王不但以固定的收入维持着一支强大的军队，并且给每个士兵分配土地，让他们能够养活自己、家人和一匹马——阿拉伯人亲密的朋友。这些位于前线的土地就变成了对抗敌人的一个个小堡垒，比城墙更可靠，因为士兵们会竭尽全力保护自己的家庭所在地。

在穆罕默德一世的善政下，王国在外部得到了保障，很快就和科尔多瓦一样，在农业、商业、艺术、制造业——特别是丝绸业，以及财富和产业方面，享有盛誉。所有行业的优秀技工都会得到奖励，尤其是技艺高超的丝绸和羊毛纺织工。仓库、医院、救济院、市场、学校、大学、良好的旅馆随处可见。国王的住所是辉煌的阿尔罕布拉宫，那里至今都吸引着大批游客。首都也得到美化，有浴室、喷泉、令人赏心悦目的游廊、花园，而这一切没有花费任何税收，由国王的金矿和银矿产出支付。

每座城市都被划分为不同的区，每个区有各自的官员负责；每天傍晚定时关闭城门，晚上有巡逻兵看守街道；法庭每天都有秉公执法的法官开庭，审理案件。慈善精神也得到发扬——不仅用金钱、水果、粮食、牛羊和物资来救济穷苦人，更是普遍关注患病之人。在热情好客方面——人民普遍表现出对客人的殷勤款待，这也是他们的信仰所倡导的。

格拉纳达王国经历11位国王后，第12位国王由篡位得立，而第13位国王优素福三世的故事同样独一无二。他的哥哥将他囚禁，篡权上位，统治了10年后身染重病。这位哥哥下令卫兵将弟弟处死，以确保自己的儿子继位。但是，看守对无辜失去王位的王子心存怜悯，在传达命令的信件抵达之时他们俩正在下棋。优素福从看守的表情上猜出了信件的内容，就要求把这一局棋下完再赴死。

棋局尚未结束，另一个传令兵到了，篡权的国王已经死了，由优素福三世即位。可能因为经历过苦难，他统治得非常出色。王国以壮观的骑士马上比武而闻名，因此，许多热血的年轻人从法国以及其他不允许决斗的国家来到格拉纳达一决胜负。传说正是摩尔人将骑士马上决斗制度引进欧洲的，也将斗牛这一传统带到西班牙。

从优素福三世统治时期直到格拉纳达王国没落，西班牙的战争依然继续，中间的停战时期极为短暂。基督徒和穆斯林相互争斗，想要占领对方的土地，他们雇佣士兵，在别人投入战争之时去破坏周边的土地，砍断果树、削掉葡萄枝、毁坏麦田、破坏花园，因此，他们所到之处都一片荒芜。这种自毁式政策的贻害至今仍能在西班牙的土地上找到。

在这些不间断的边境战争中发生了无数浪漫的冒险故事——这也是许多西班牙农民依然传唱的民谣的主题，他们常常在夏天的夜晚坐在树下吟唱这些引人入胜的通俗故事。下面就是其中一个范本。一队西班牙侦察兵抓到一位摩尔军官，他衣着华丽，骑着优良的阿拉伯战马。他被带到基督教总督面前时，泪流满面，让大家无比诧异。他告诉大家他是龙达要塞指挥官的儿子。“眼泪是不属于军人的，特别是你。”总督这样告诉他，因为他知道要塞指挥官是最勇猛的士兵之一。

“啊呀！”囚犯这样回答，“我不是为自己流泪，我爱慕一位姑娘，她比太阳更美丽，我爱她胜过爱自己的生命。今晚她本应成为我的新娘，但是如今她却无法知道我去了哪里。”总督对他的悲伤深表同情，允许他回去通知自己的爱人，但条件是第二天必须立即返回。令总督惊讶的是，第二天新娘跟他一起回来了，表示愿意与他一同被囚为奴。这位年轻人的言出必行感动了总督，新娘对他忠贞不移的爱更令总督震撼，总督因此释放了两人，让他们重获自由。

西班牙摩尔人将文学及艺术的优雅发挥到极致，而欧洲其他国家依然处于未开化状态。君主的慷慨大方和品位在公共建筑、宫殿、清真寺和医院等地方都能明显看出来，此外，码头、喷泉、桥梁、从山间引水的沟渠、穿越山谷的拱桥也充分展现了这一点，甚至可以与古罗马时期的作品媲美。

格拉纳达的繁荣幸福持续了近200年，随后由于两位王子的王位之争，一场惨绝人寰的内战爆发了。而在同一时期，西班牙的基督徒王国结束了内战，在阿拉贡的斐迪南和卡斯蒂利亚的伊莎贝拉的联合下统一起来，他们想要征服格拉纳达，进而统治整个西班牙。尽管失去了一座又一座城市，格拉纳达的国王仍然奋勇抵抗，直到1492年首都沦陷才放弃抵抗，格拉纳达王国随之灭亡。

当时的国王阿布·阿卜杜拉，即穆罕默德十二世，看到守城无望，同时又面对敌对党派的攻击，最终决定投降，条件是摩尔人可以保留自己的宗教和法律。这些条件谈妥后才打开城门投降。摩尔王朝最后的君王于1492年1月4日被流放到非洲，在那里度过余生。当时他走上山头，回头注目历代君王的迷人居所，向他青年时期的家园告别，自此之后，这座山峰就被称作“摩尔人最后的叹息”。

第348章

西班牙君主国

（718—1849）

我们看到，1492年，西班牙君主国已经扩张到半岛的所有角落。现在有必要回顾一下王国是在什么基础上、采用何种手段建立起来的。差不多800年前，残余的基督徒——包括哥特人及西班牙人——来到西班牙西北部山上的要塞，守着那些原始的房屋，捍卫着自己的土地和自由，对抗从南方来的侵略者。而西班牙土著也在那里

斐迪南与伊莎贝拉

避难，以逃离海边、东面及北面来的入侵者。

开始只有几个人，但是在这里避难的人数迅速增多，穆斯林的侵略越来越频繁，越来越让人无法忍受，投降或者签订和约都不能保证之后没有掠夺、迫害、屠杀。然而，这些流亡者也足够强大，他们决定建立自己的国家。

“看护因托莱多沦陷而小心翼翼运至此地的神圣遗物；既有高级教士，也有流着哥特血脉的贵族；为正义事业献身的精神、由逆境激发的责任感以及必要的自我保护意识——将难民们团结成不可分割的整体。”他们推选出身哥特王族的佩拉约为国王，以古代的形式为他举行了即位典礼；随着约定的信号发出，盾牌出现在大家眼前：

八位因为力量和身高被选中的人，
来到尊贵的位置。他们围站在盾牌旁，
将其放低，请首领踩上去。
然后，他们慢慢将盾牌抬至肩膀，抬起首领。
佩拉约巍然站立，
他三次挥舞闪亮的宝剑。
大主教向集会的人们喊道：
“西班牙人，看看你们的国王！”
然后民众齐声呐喊，大声欢呼！

这群爱国者、为了自由和宗教而流亡的人，很快就经受了严峻的考验。一位战无不胜的敌军将领在他们撤退时大举进攻。在科拉顿加的高地和圣玛丽的洞穴里，一小支坚定的佩拉约部队隐蔽起来，等待进攻。当阿拉伯人爬上陡峭的山洞时，巨大的岩石和石块轰隆隆地打在他们密密麻麻的队伍中。数千人被击中，从高处落下。袭击者被打败，想要逃走，基督徒突然从藏身处出现，给逃亡者以重创。后来，他们又两次获得大胜，建立起了新生的阿斯图利亚斯王国，王国的名字来源于奥维耶多王国的首都。

纳瓦拉王国的起源已经无法考证。它的伯爵们可能依附于阿斯图利亚斯王国，有时会依附于阿拉伯人和法兰克人。查理曼于777—778年征服这个国家。伊尼戈的桑乔于873年独立，是第一个独立的伯爵。

摩尔人征服60年后，卡斯蒂利亚王国的贵族和人民不再向科尔多瓦称臣，转而成为奥维耶多国王的盟友和臣民，奥维耶多国王帮助他们摆脱了摩尔人的控制。在这位国王的统治下，卡斯蒂利亚王国被分配给几个小的首领，他们被称作卡斯蒂利亚伯爵。奥多尼奥二世将宫廷从奥维耶多迁到了莱昂，之后将国家命名为莱昂王国。他越来越嫉妒伯爵的权力，于是邀请他们来参加会议，随即通过奸诈的手段暗杀了这些人。这一暴行大大激怒了卡斯蒂利亚的人民，他们在一名被称为“伯爵”的首领的带领下发动起义，并宣告从奥多尼奥二世的统治中独立出来，而奥多尼奥二世正忙于抵抗阿尔曼左尔，无力收复卡斯蒂利亚王国。

纳瓦拉国王桑乔大帝在1002年击败摩尔人的战役中起了决定性的作用，他娶了卡斯蒂利亚伯爵的妹妹。伯爵死后无嗣，桑乔便以妻子的名义接管了卡斯蒂利亚。他也因此成为西班牙最强大的君主，因为他当时已经将阿拉贡的大部分地区收入纳瓦拉的统治下。

他临死之际将王国分给3个儿子，斐迪南一世分得了卡斯蒂利亚，也继承了国王的称号。1037年，他与莱昂的女继承人联姻，将莱昂王国与自己的王国联合起来，让卡斯蒂利亚成为西班牙最重要的国家，史称“卡斯蒂利亚和莱昂王国”，并提供了西班牙硬币上著名的狮子和城堡的标志。斐迪南一世于1065年去世，是西班牙最伟大、最英明的国王之一。

此时，西班牙人在文明程度上远远不及摩尔人，他们不公正的法律体系建立在哥特法律基础上，他们的政府形式也沿袭封建制度。商业、艺术和除了武器的制造业，都非常落后。野蛮的决斗仍被允许，而浪漫的骑士精神尚未出现。

然而，依然有骑士凭借自己的勇猛及大度扬名世界，其中最著名的当数《熙德之歌》的主人公罗德里高·迪亚兹·德·维瓦尔，他也是许多传奇故事及民谣的主角。他在还是个孩子的时候，就与久经沙场的战士交战，因为那个战士侮辱了他父亲。最后他取得了胜利，砍下了对方的头颅，放在前鞍桥里带回家。这让好战的父亲十分欢欣，虽然当时的习俗不允许孩子与父母同坐，但父亲还是让孩子坐在桌子前比自己还重要的位置上。熙德是卡斯蒂利亚的英雄，在与摩尔人的战争中取得了辉煌胜利，国王也因此赐给他骑士的封号。

国王被刺杀后，阿方索六世继位。熙德被传召到国王面前，让他宣誓表明与暗杀无关，这一举动造成了英雄与君主间的隔阂，也成为他后来被流放的托词。有许多同样被流放的人愿意追随他，他决定建立自己的王国，并从摩尔人手中夺得瓦伦西亚，成为它的国王。他政绩卓著，卡斯蒂利亚国王与他重修旧好，他又回到国王的宫廷。熙德的余生都在英勇地讨伐摩尔人。

这就是这位民族英雄的传奇，但许多史学家怀疑它的真实性。熙德在世时，他的声望足以震慑摩尔人；但他去世后，摩尔人重新焕发勇气，大胆地向西班牙人发动进攻，甚至进攻熙德遗体的所在地瓦伦西亚。故事往下讲述——这个故事可以作为与熙德有关的传说的范本——西班牙人出城迎战时，他们看到有一位身穿熙德生前战袍的勇士，面露死亡之相，位于队伍之首。摩尔人认出了这位勇士，惊恐万分，纷纷逃跑，认为奇迹降临在西班牙人身上。事情的真相却是，基督徒们把熙德从坟墓中挖出来，安置在他曾经的战马身上。熙德在去世之后，面对敌人也依然取得了胜利。这一故事充分证明了熙德声名远扬，不仅在自己的人民中口口相传，也在敌军中流传。

熙德和他的爱人

这一时期的两大特殊事件值得我们注意——自由城市的建立以及一些骑士团的建立。西班牙的城镇之前大都处于封建专制统治下，但是，因为战事频繁，有许多封建领土已经荒无人烟。据说曾经有国王在这片土地行进了15天，也没有见到文明的迹象或者有人居住的痕迹。因此，许多小城镇的封建主宣布，只要有人愿意接手这些荒地，在此定居，建造村庄，就可以免除封建苛捐及各种赋税，这当然也成了罪犯的避难所。但是，许多城镇就这样成为洋溢着自由精神的大城市，这也是独立富足的中产阶级的起源。

与圣殿骑士团类似的几个骑士团，都起源于自由城市。所有这些骑士团的目的都是支持基督教、反对那些不信教的人，并将他们驱逐出境。只有出身高贵的人才能成为骑士，不同的骑士团由不同的徽章划分，例如，阿尔坎塔拉骑士团的盾牌上都有绿十字，卡拉特拉瓦骑士团则是红十字，圣地亚哥骑士团则以剑状的十字架为标志。

后来的骑士团建立的传说体现了时代的特点。有许多年轻的卡斯蒂利亚贵族，因为自己的铺张浪费而陷入困境，决定改做强盗，以莱昂山间的一座废弃城堡为据点，抢劫过路旅客的钱财并堆集在那里。最后，他们对罪行感到后悔，宣誓将自己的余生奉献给基督教事业，以讨伐摩尔人为己任。卡斯蒂利亚国王封他们为骑士，按照他们的意愿，建立一个新的骑士团，他们便是圣詹姆斯骑士，职责便是守护圣地亚哥圣人的坟墓——基督徒朝圣的圣地——并保护来自西班牙及欧洲各地的朝圣者。

战争持续了200年，在此期间，第一个首都在科尔多瓦的摩尔帝国逐渐被西班牙人征服，西班牙人时常得到去圣地的十字军的帮助。护卫罗伯特国王心脏去往巴勒斯坦的苏格兰道格拉斯伯爵就在其中的一场战役中倒下了。阿方索六世征服了远至马德里的所有地区，重建了在战争中被毁坏的城镇，将古哥特首都托莱多重建为大主教的城市，也建立了新卡斯蒂利亚省。他的一个女儿嫁给了法国伯爵，这位伯爵从新娘父亲手里得到作为嫁妆的葡萄牙北部的领土。从那时（1095）起，西班牙和葡萄牙可能就被看作是两个独立的国家。

斐迪南三世完成了对科尔多瓦的征服（1248），只给摩尔人留下了格拉纳达这座城市。美丽的城市科尔多瓦在战争中被摧毁，没有留下任何古代的遗迹，在曾经宏伟的清真寺遗址上建立了一座基督教堂。

斐迪南三世拥有许多令人称赞的品质，但都遮掩不了他残暴偏执的个性。数不胜数的犹太人在他统治期间被活活烧死，他自己也参与了这样的暴行。他设立萨拉曼卡大学，为贵族和教士组建了议会，还颁布了法典——是西班牙现行法律的基础。他的宫廷以壮观的骑士比武而闻名，爱德华一世就是被他女儿埃莉诺公主的优雅所吸引，让她成为英格兰的王后，她把优雅的摩尔习俗带到英格兰。

接下来还有许多著名的西班牙国王，我们可以列举一下：阿方索十世，以博学著称；阿方索十一世，是当时最强大的君主之一；残忍者佩德罗一世，英格兰的爱德华三世曾将女儿许配给他，但她在婚礼前就去世了。后来，佩德罗一世与波旁家族的布兰琪成婚，但是他软禁了她，并且，据推测，最后毒杀了她。他的罪行远不止于此。

国王胡安一世允许4名平民进入议会，这是中产阶级的力量日益增长的结果。国王恩里克三世打猎回来，只能饥肠辘辘地等待自己的猎物被烹饪好才有东西吃，因为商人们并不相信他的管家，不愿意赊给他任何食物，他为此而勃然大怒。他得知贵族们正与托莱多的主教们享受宴席时，只能偷偷溜进宴席吃饱。随后他假装染上重病，让所有的贵族和主教都来到宫殿，他们因为挪用国家财产而被训斥并被软禁，直到他们把所有盗取的土地和要塞都还给国王才重获自由。

恩里克三世去世后，国家进入无政府状态。在此期间，神圣兄弟会成立了——这是一个为了纠正不公、拨乱归正的私人机构——类似于美国西部边境的“监管者”。后来，西班牙爆发内战，恩里克四世被废黜，阿方索即位后很快去世，恩里克再次登上王位，条件是他要指定妹妹伊莎贝拉为继承人。伊莎贝拉后来与阿拉贡的继承人斐迪南联姻。

恩里克四世于1474年去世，斐迪南和伊莎贝拉——这对引人注目的夫妇——继位，他们将卡斯蒂利亚和阿拉贡联合起来，掀开了西班牙光辉荣耀的新篇章，这对全世界来说也是一个新的开始。

这是一个多事之秋，也是许多重大目标完成的时代：格拉纳达被征服，整个西班牙统一到一个王朝之下；哥伦布发现了美洲新大

哥伦布登船出发

陆；清扫了国内的土匪，摧毁了他们藏身的城堡；通过复兴神圣兄弟会并扩大他们的权力，抑制贵族的专横。此时的神圣兄弟会变成一个骑马的巡逻队或骑警及武装警察，他们把所有可疑的人，无论何种级别，带到正式任命的法官面前；他们得到公民缴纳的税收的支持。最后，在这一时期，如同其他省份的贵族那样，加泰罗尼亚男爵被迫解放了农奴，从而削弱了封建统治。

伊莎贝拉女王是一位极其不寻常的女性，她与丈夫一起执掌国政。她和蔼可亲，受人尊敬，为人谨慎、虔诚、仁慈。斐迪南也很谨慎，在思想行为上却不如她那般豁达。他们在公正执法方面很严谨，在法律面前秉持人人平等的理念。因为地方法官可能被贿赂，因此主法官（也被称为“监督官”）常常去各个城镇，审查法官的行为，确保公正无误。

然而，这些举措带来的好处很快却被可憎的机构——宗教裁判所抵消了。这是西班牙首创的机构，于1481年在塞维利亚设立，目的是审查异教徒——包括犹太人及所有其他不信奉罗马天主教的人。这个很快得到普及的暴政机构极大地损害了西班牙的发展，直到1836年才被完全废除。西班牙驱逐摩尔人则是另一个悲惨的政策，成千上万的手工业者、熟练的工匠、农民以及商人就这样被迫离开。

在妻子去世几年后，斐迪南于1516年去世。他曾在伊莎贝拉去世后肆无忌惮地侵占了纳瓦拉，使用虚伪卑鄙的手段将那不勒斯王国据为己有，就像我们在其他章节看到的那样。在他去世后，王冠被他的外孙查理五世继承，查理同时也是神圣罗马帝国皇帝。查理很少到西班牙来，将王国的管理事务交给了红衣主教阿德里安。

西班牙人对与他们不相干的战争毫无兴趣，却要为此被征收赋税，他们便起来反抗。国王不得不亲自来处理，在此期间，他表现出极大的宽仁。有一天，有几个好事之徒来告诉他，一个被判处死刑的人逃走藏起来了，他则回答："你们应该告诉那位不幸的先生我在哪里。"

1556年，查理五世退位，他的儿子腓力二世继位。他也是英格兰女王玛丽一世的丈夫。腓力二世于1558年至1598年在位。此时的西班牙已经走到了繁荣的顶点。偏执的腓力二世痛恨除了天主教的一切宗教，对德意志人的迫害也使他最终失去了对荷兰的统治。英国人帮助荷兰人取得了独立，英格兰还成为新教徒避难的堡垒，腓力决心入侵英格兰。为此，他做了大量准备，多年间西班牙各地都回响着制造武器的声音。最终，一支由120艘船组成的号称"无敌舰队"出发了。但是，舰队的部分船只被风暴摧毁，一部分船只被英格兰舰队击败，这样的结果无疑让骄傲的西班牙蒙受了极大羞辱。

差不多同一时间，摩尔人的后裔发动了反叛。1567年圣诞节那天，这些摩里斯科人，或者说基督徒摩尔人，在从非洲来的摩尔人的帮助下，突然武装起来，先杀戮神父，然后是地方行政官，接着把愤怒发泄到他们遇到的每一个基督徒身上。内战随之而来，双方都实施了惨无人道的暴行，最终的结果是摩里斯科人被彻底征服，他们被迫分散到全国各地，很快就淹没在基督教的人口之中。

1583年，在其他继承人默认的情况下，腓力二世继承了葡萄牙王位，也获得了葡萄牙的所有殖民地。他就此成为当时最有权力的君主。但是他的葡萄牙臣民痛恨西班牙政府。在他统治期间，菲律宾群岛被西班牙人殖民。腓力是第一位将马德里定为首都的西班牙君主。在城外约30英里处，他建造了美丽的埃斯科里亚尔修道院，据说设计灵感来自圣巴塞洛缪殉难时用的铁架。这座宫殿共有80处楼梯、73座喷泉、1 860个房间、8架管风琴以及1.2万个门窗。

腓力三世下令所有的基督徒摩尔人在30天内离开这个国家，不准携带任何物品。随着这一残忍法令的实施，60万摩尔人的后裔被迫身无分文地离开了。

葡萄牙寻求独立，宣布布拉干萨公爵为国王，腓力四世因此失去对葡萄牙的统治。

卡洛斯二世于1665年即位，他生性软弱，被大臣和主教控制。1700年，在他去世前，爆发了灾难性的“王位继承战争”。王位继承人分别是由卡洛斯二世亲自提名的路易十四的孙子腓力，以及腓力三世曾孙女的儿子奥地利大公查理。

英国、法国、葡萄牙以及部分意大利省份支持奥地利大公。在战争中，英国人从西班牙手中夺走直布罗陀海峡，将荷兰让渡给奥地利。当奥地利大公继任了德意志皇帝后，他放弃了西班牙，因此，腓力五世得以继承西班牙王位。他是波旁王朝的首位西班牙君主，也是一位生性善变的君王。

斐迪南六世于1746年即位，在位13年，去世时将王位留给自己的弟弟那不勒斯国王卡洛斯。卡洛斯放弃了那不勒斯王位，继承了西班牙王位，被称为卡洛斯三世。

他统治期间唯一扰乱和平的事件是马德里的一场暴乱，这场暴乱是针对一项防暗杀的法令，即禁止戴大帽子和穿披风。这项法令对人民来说是如此无礼，以至于他们群起反抗。被认为是暴乱挑唆者的耶稣会士，也因此被逐出西班牙，限令他们3个小时内收拾行李离开。

最初，意大利也禁止他们进入，后来，他们被允许在意大利逗留，而西班牙政府为他们提供每人每天一先令的抚恤金。国王禁止了宗教裁判所实施火刑，允许他们在莫雷纳山脉殖民[①]，这片土地虽然位于王国中央，但当时荒无人烟，上面只有森林覆盖。

1789年，卡洛斯四世即位。他当上国王后，法国便爆发了大革命。国王被迫与法兰西共和国结盟，并被卷入了与英国的战争。1805年，这也是拿破仑称帝的第二年，在纳尔逊将军的指挥下，英国舰队在特拉法尔加附近击败了法国与西班牙的联合舰队。西班牙之前的威势已大为消退，军队既不英勇，也没有善战的将军，更不复旧日的纪律。在拿破仑一世眼里，卡洛斯四世只是一个软弱不堪的国王。

1808年，传言法国军队已经进入西班牙，皇室这才想要效法葡萄牙的先例，移居美洲。曾与法国议和、人称“和平亲王”的戈多伊被认为提出了这一主张，人们因此围攻他，他被迫逃亡。人民围堵大街小巷，以致王室无法离开本土。骚乱越发激烈，国王慌乱之中退位，由儿子斐迪南七世继位。父子俩在法国卫兵的保护下与拿破仑在巴约讷进行会谈，而马德里则由法国军队驻扎。在巴约讷，卡洛斯四世和斐迪南七世被迫妥协，放弃了西班牙王位，拿破仑随即将王位赏赐给了自己的哥哥约瑟夫。

西班牙的爱国人士在英国的帮助下集结军队，发动了“半岛战

① 贫穷的德意志农民被诱导在此定居，他们10年内不需要缴纳赋税，还给每家一间小屋和厨房、耕种的种子、农具、10头牛、一头驴、几头猪以及一些家禽。这些定居点如今成了西班牙最为整齐、繁荣的村庄。——原注

争”，这是西班牙有史以来最为血腥及传奇的战争之一。阿瑟·韦尔斯利公爵，即第一代威灵顿公爵，在战争的开始和最后阶段率领英国军队在西班牙作战，直到1813年将法国军队从西班牙逐出。所有的省份都陷入战争之中，城镇被围攻，村庄陷入火海之中，城里充满了烧杀掠夺，人民贫困到极点，苦不堪言。如果不是教士的救济，恐怕成千上万的人就这样衣食无着地死去，教士们在这样贫困的时期，倾尽所有帮助苦难中的人民。

拿破仑释放了斐迪南七世，敦促他再次登上王位，然而在重建国家秩序的同时，也为祸事埋下了伏笔。这一切带来了公共和私人的冤屈、革命、屠杀及暗杀，而这些行动一直持续至今。拿破仑废除了宗教裁判所，打开了修道院的大门，让修道士们成为生产性的劳动力，售卖教堂的土地，镇压了所有具有压迫性的封建制度残余。

这样，农民不再是大地主的附庸，他们可以自由开办旅馆、磨坊、烘焙房、渔具店等，以此谋生，而不再靠地主生存。议会通过法律，史称“1812年西班牙宪法”。宪法让人民受益。然而，国王禁止实施这一法律，并且囚禁和流放了议会的一些重要成员。他规定了审查制度，破坏了出版自由。墨西哥及南美共和国迅速宣布独立，西班牙的海外殖民地中只有古巴、波多黎各、加那利群岛、菲律宾等一些不重要的地区没有独立。

斐迪南七世于1833年去世，留下了年仅3岁的女儿伊莎贝拉二世继承王位，伊莎贝拉二世的母亲克里斯提娜王太后被任命为她未成年期间的摄政王。斐迪南七世的弟弟唐·卡洛斯依据《萨利克法典》中女性不得继承王位的规定，宣布继位。

内战随即爆发，将国家逼到了毁灭的边缘，整个国家都毫无秩序可言，人民垂头丧气。教士和北方地区支持唐·卡洛斯，马德里及南方地区支持伊莎贝拉二世。1836年，在王太后摄政期间，议会制度被重新恢复，宗教势力被压制，西班牙人享受到了一定程度的自由。

1840年，任命了以埃斯帕特罗为首的4位摄政后，王太后克里斯提娜退居到意大利。自由而又充满活力的政府使得国家重新恢复了往日的平静。

1846年，伊莎贝拉二世与西西里王国的特拉帕尼亲王结婚，而妹妹作为西班牙公主与后来成为法国国王路易·菲利普一世的儿子蒙庞西耶公爵结婚。唐·卡洛斯依然偶尔会发动几场叛乱，但是在伊莎贝拉女王的统治下，国家似乎终于从长久以来的痛苦与不幸中开始恢复过来。

西班牙君主列表

王朝	君主	即位时间（公元年）
西哥特王朝	狄奥多里克一世	419
	托里斯蒙德	451
	狄奥多里克二世	452
	尤里克	466
	阿拉里克二世	484
	盖萨莱克	506
	狄奥多里克大帝	511
	阿马拉里克	526
	狄乌蒂斯	531
	狄乌蒂吉斯克鲁斯	548

（续表）

王朝	君主	即位时间（公元年）
西哥特王朝	阿吉拉一世	549
	阿塔纳吉尔德	554
	利乌瓦一世	567
	利奥维吉尔德	572
	雷卡雷德一世	586
	利乌瓦二世	601
	维特里克	603
	冈德马尔	610
	希瑟布特	612
	雷卡雷德二世	621
	苏因提拉	621
	希森安德	631
	奇恩蒂拉	636
	图尔加	640
	辛达苏因施	642
	雷克塞苏因施	649
	希尔德里克	672
	万巴	672
	埃维格	680
	埃吉卡	687
	维提扎	702
	罗德里克	710

（续表）

王朝	君主	即位时间（公元年）
摩尔帝国	阿卜杜·拉赫曼一世	756
	希沙姆一世	788
	哈卡姆一世	796
	阿卜杜·拉赫曼二世	822
	穆罕默德一世	852
	蒙齐尔	886
	阿卜杜拉	888
	阿卜杜·拉赫曼三世	912
	哈卡姆二世	961
	希沙姆二世	976
	苏莱曼	1012
	阿里	1015
	阿卜杜·拉赫曼四世	1022
	阿卜杜·拉赫曼五世	1023
	穆罕默德二世	1023
	希沙姆三世	1027
格拉纳达王国	穆罕默德一世	1238
	穆罕默德二世	1273
	穆罕默德三世	1302
	纳赛尔	1309
	伊斯梅尔	1313
	穆罕默德四世	1325

（续表）

王朝	君主	即位时间（公元年）
格拉纳达王国	优素福一世	1333
	穆罕默德五世	1354
	伊斯梅尔二世	1359
	阿布-赛义德	1360
	优素福二世	1391
	穆罕默德六世	1396
	优素福三世	1408
	穆罕默德七世	1423
	穆罕默德八世	1427
	穆罕默德七世（再次登位）	1429
	优素福四世、穆罕默德七世（第三次登位）	1432
	穆罕默德九世	1445
	穆罕默德十世	1454
	穆雷·阿里	1463
	阿布·阿卜杜拉	1482
阿斯图利亚斯和莱昂王国	佩拉约（来自哥特王室）	718
	法维拉	737
	阿方索一世	739
	弗鲁埃拉一世	757
	奥雷利欧	768
	马乌雷加托	774

（续表）

王朝	君主	即位时间（公元年）
阿斯图利亚斯和莱昂王国	贝尔穆多一世	788
	阿方索二世	791
	拉米罗一世	842
	奥多尼奥一世	850
	阿方索三世	866
	加西亚一世	910
	奥多尼奥二世	914
	弗鲁埃拉二世	924
	阿方索四世	925
	拉米罗二世	931
	奥多尼奥三世	951
	桑乔一世	956
	拉米罗三世	966
	贝尔穆多二世	982
	阿方索五世	999
	贝尔穆多三世	1028
卡斯蒂利亚王国	桑乔一世 （同时也是纳瓦拉国王）	1026
	斐迪南一世 （也是莱昂国王）	1035
	桑乔二世	1065
	阿方索六世	1072

（续表）

王朝	君主	即位时间（公元年）
卡斯蒂利亚王国	乌拉卡一世 （丈夫阿方索七世是莱昂国王）	1109
	阿方索七世（皇帝）	1126
	桑乔三世	1157
	阿方索八世	1158
	恩里克一世	1214
	斐迪南三世 （1230年成为莱昂国王）	1217
莱昂及卡斯蒂利亚王国	阿方索十世	1252
	桑乔四世	1284
	斐迪南四世	1295
	阿方索十一世	1312
	佩德罗一世	1350
	恩里克二世	1369
	胡安一世	1379
	恩里克三世	1390
	胡安二世	1406
	恩里克四世	1454
	伊莎贝拉及丈夫斐迪南五世 （斐迪南五世在1479年成为阿拉贡的斐迪南二世）	1474
	胡安娜和奥地利的腓力一世	1504
	纳瓦拉与卡斯蒂利亚合并	1512
	阿拉贡与卡斯蒂利亚统一	1516

（续表）

王朝	君主	即位时间（公元年）
奥地利王朝	卡洛斯一世 （神圣罗马帝国皇帝查理五世）	1516
	腓力二世	1556
	腓力三世	1598
	腓力四世	1621
	卡洛斯二世	1665
波旁王朝	腓力五世	1700
	斐迪南六世	1746
	卡洛斯三世	1759
	卡洛斯四世	1788
	伊莎贝拉二世	1833

第349章

这样的西班牙

对希腊的古代作家来说，西班牙是一片浪漫的土地，充满神话色彩。时至今日，西班牙仍是纯文学中的仙境。在地理位置上远离欧洲其他国家，历史事件与非洲和东方紧密相连，这里从来都不是欧洲思想交汇的康庄大道，但是在这里东西方思想相互融合，形成了独具一格的特色。西班牙国内有巨大的潜能。土地、气候、港口及人民——这一切都为它的伟大奠定了基础。西班牙人民具备与众不同的骑士风度、自豪感、对污秽思想的轻蔑、荣誉感、知识素养及道德标准。

西班牙国王手里掌握着祖先留下的权力，或者说良知赋予他们的权力，这份权力在别人手里可能会给社会带来致命的影响，然而，除了极个别例子，大部分西班牙国王都没有成为暴君。它的贵族和绅士阶层之所以杰出，凭借的不是显赫的出身，而是无上的荣耀和无限的慷慨。许多神职人员，除了毫无用处且挥霍无度的修道士——特别是那些世俗的神父——在学识方面可以与任何国家的神职人员相媲美，他们通常不仅仅是爱国者，更是民权的重要捍卫者。

西班牙走私者

西班牙公民，即便是乡下人，也明显与众不同，因为他们天生聪慧、诚实、有自豪感，热情好客，心思单纯，待人真诚，在某种程度上，这些品格无与伦比。然而，走私犯肆无忌惮、无法无天，几乎在西班牙各个地方从事违法活动，他们拉低了下层社会人民的素质。

虽然有许多民族在这里相互交融，但是西班牙的民族性格依然展现出很大程度上的统一性，我们已经列举了这些特点。尽管有统一性，不同的地区也有不同的表现。统一的特质随处可见，只是表现形式多有不同，西班牙的不同省份之间的不同比欧洲别处不同国家之间的差异更大。工业水平低下、地理环境闭塞及道路的缺乏，阻碍了人们自由、频繁地交流，无法使处于不同地理位置的民族在性格上完全一致。

因此，可以根据地理位置描述某些省份的居民性格上不讨喜的特点。比斯开人傲慢、暴躁，却富有激情；加利西亚人忧郁、不合群，却勤劳勇敢；加泰罗尼亚人性情散淡，却精力充沛、不屈不挠；阿拉贡人热爱自己的国家，热爱古老的习俗；卡斯蒂利亚人庄重却高傲；埃斯特雷马杜拉人既无礼又虚荣；安达卢西亚人自大；穆尔西亚人呆板；瓦伦西亚人沉闷。

这就是西班牙人性格的要点。最重要的特点是高贵和高尚，但不幸的是，由于长期受到政治及宗教压迫，很大一部分人在无知和贫困中走向堕落，特别是城镇居民。这确实体现了政府对国家精神的影响，因而，几个世纪以来，西班牙在欧洲的大平衡中一直处于相对软弱、微不足道的地位。

现在的政府是君主立宪制政府，这给了西班牙重塑往日辉煌的希望。根据现行宪法（其根基是1812年宪法），如果要将人监禁，必须经过公正的审判；统治者不可随意没收财产；征税也得到了监督，所有人都按照自己的份额纳税；已经建立了新闻自由；有德行的人即便不是出身贵族，也可以从事各种被人尊重的职业。城市的代表每3年选举一次，由贵族、高级教士及这些代表组成的议会每年定期召开会议。

西班牙议会是西班牙特有的机构。在1188年的莱昂议会及同年召开的卡斯蒂利亚议会上，首次提到了人民的代表。因此，在布尔戈斯召开的诸邦议会上，有48个城镇抽签选出的代表出席。在斐迪南四世统治时期，议会召开得颇为密集。1295年，32个城镇的代表组成了兄弟会，以捍卫民众的权利不受暴力侵犯。1315年，又有100名贵族及代表因为同样的目的结成同盟。然而，议会无力阻止当时社会的混乱，只有手握大权的阿方索十一世强力弹压才能带来国家安宁。他用罗马的法律体系取代了日耳曼人的法律体系。

篇幅所限，我们无法进一步追溯西班牙宪法的发展，它“在某种程度上是意外的产物”，是时间和环境的自然发展。我们只能说，14世纪是城市自治和民众代表制度最辉煌的时期。但是即便在当时，代表制度也很不完善，而且在接下来的世纪中，议会被局限在18个城市内，完全成了为统治便利而生的工具，仅仅为了登记王室法令和筹集物资，就像俄罗斯的元老院一样。在斐迪南和伊莎贝拉统治时期都是如此。

最高司法官是西班牙的另一个特殊职位。根据古老的阿拉贡宪法，拥有这一职位的人是神圣的，他的管辖权几乎是无限的。他是法律的最终解释者，也是最后的仲裁者，甚至有权审查国王的行为，这一职位将雅典监察官及罗马保民官相结合。许多有才能的人曾经担任这一职位，使其具备了尊严和稳定性。因此，作为仲裁者，他在国王、贵族和人民之间，君主和臣民之间，弱者和强者之间，以及国家和个人之间起到了重要作用。但是，其权力来源和范围仍存在很大争议。

西班牙唯一许可的宗教就是罗马天主教。我们已经在前面介绍过西班牙的神父和方济各会士，以及令人生畏的精神暴政工具——宗教裁判所。与其他民族相比，西班牙人天生热衷于宗教信仰，于是西班牙也就成了神父们的天堂。有教堂的城镇不计其数，教会积累了大量财产；尽管大部分财产已经转移到他人手中，有些主教的收入仍然很高。

朝圣和游行一直是宗教虔诚的最佳表现方式。在这个虔诚的国家，设立了许多宗教条例，但是没有一条比1198年颁布的为赎回基督徒俘虏的特赦令更为崇高和神圣。40年间，共有600所庇护所致力于解救战争中不幸被俘为奴的人。

西班牙并不存在大众教育体系。虽然西班牙的大众教育体系存在很大不足，但西班牙的大学在过去几个世纪颇负盛名，人们对大众教育的关心也在不断增加。不过，只要社会的根基是宗教专制，教育就不可能取得大的成功。

西班牙语高贵而富有韵律，来源于拉丁语、哥特语及西班牙土著的方言，也有丰富的阿拉伯语外来词。在8世纪及9世纪，意大利教授拉丁语的老师都来自西班牙。16世纪是西班牙文学的奥古斯都时代。塞万提斯、卡尔德隆、洛佩·德·维加、阿隆索·德·埃尔西利亚·伊·苏尼加、弗朗西斯科·德·戈维多等都是这一时期的伟大人物。

塞万提斯的《堂吉诃德》是塑造那个时代的伟大著作，至今仍为人阅读和称颂。洛佩·德·维加是一位多产的剧作家，与卡尔德隆一样，有着出色的诗意语言及丰富的创造力。埃尔西利亚的史诗《阿劳加纳》歌颂了西班牙人与南美不屈不挠的阿劳坎人的斗争，是少数流传至今仍被诵读的史诗之一。西班牙作家流派众多，不计其数，难以一一列举。他们的著作可以追溯到12世纪末，当时作为西班牙语标准的卡斯蒂利亚语已经具有规范的形式。现存最早的西班牙文学作品是1200年的《熙德之歌》。

目前很难估计西班牙的政治实力，因为这在很大程度上取决于召唤它将自己的力量转化为行动的情感的广度与深度。

塞万提斯

作为国家力量重要组成部分的西班牙城市正在复兴，并呈现出繁荣之势，这表明它的财力正在增长。从历史角度来看，这一点颇为有趣。马德里城建在一片干旱的土地中央，腓力二世没有选择里斯本作为首都，似乎犯了一个大错。这座城市虽然有许多庄严的建筑，但由于不计其数的修道院都建有长长的、死气沉沉的高墙而显得气氛阴郁。城内人口将近25万人。

巴塞罗那是西班牙最自由的城市，有一两条精雕细琢的街道和忙碌、精力充沛、热爱自由的人民，他们大多从事制造业和地中海贸易。加的斯位于王国的另一端，也因其自由的思想而闻名——这是商业和实业发展的结果。它长期垄断殖民贸易，现在也掌握着西班牙在大西洋上的经济命脉。

卡塔赫纳目前无足轻重，但摩尔历史上的著名城市马拉加，依然拥有重要的商业价值，特别是周边地区富饶的葡萄园。托莱多以教会出名。科尔多瓦、塞维利亚及格拉纳达都在与摩尔人的战争中为人所知。这些依然繁荣美丽的城市有许多引人入胜的历史遗迹。潘普洛纳及萨拉戈萨凭借近代的英雄主义行为，在古代战争中的声誉更加显赫。直布罗陀是世界上最坚固的要塞之一，海峡东端北岸有一座城，城内的商业也颇具规模。要塞和城市都属于英国人。比斯开

直布罗陀海峡

湾边有几个港口，那里的人民节俭、活泼、勤劳，以打鱼为生。羊毛、丝绸、橄榄、葡萄、葡萄酒和肥皂是主要农副产品，使西班牙各大城镇蓬勃发展。

这个管理不善的国家不仅遭受外敌侵扰，更有内战的忧患，但它可能只是在沉睡。昔日的繁荣来自人民性格的力量，一旦这种力量被彻底唤醒，将重振雄风。自由——人身的自由、意志的自由及信仰的自由——可能给西班牙带来无限的荣耀，远远超过墨西哥及秘鲁的金矿带来的繁荣。

西班牙海军规模较小，陆军人数为9万。每年的收入增加到3 000万美元。我们有理由相信，长期以来阻碍西班牙人民正常发展的政府、社会及宗教的不良影响，现在已经在很大程度上没有了；并且，在目前比较开明的——我们相信未来必将更为完善的——宪法之下，西班牙可能会成为值得人民骄傲的国家——人民的幸福与辉煌将与其极高的天赋相称，与其经历的长期而严厉的教育相称。

第350章

吉卜赛人

如果不提及吉卜赛民族，我们对伊比利亚半岛的历史记载就是不完整的。这个民族长久以来存在于国家之内，却又独立于其他群体。在欧洲的其他几个国家，也能发现他们的身影。在西班牙境内，据说有4万或5万吉卜赛人，因此，有关他们的记载也最为全面。

吉卜赛民族以在各地流浪为生，他们的精神如民歌中所唱：

> 休息太多会生锈，变化总会带来快乐；太过依赖就会失败，还是站起来游荡吧。

他们基本上住在帐篷里，走到哪里帐篷就扎到哪里，当附近的资源都枯竭时——也就是他们能找到的鸡窝都被偷过，他们能偷鸡摸狗的东西都被盗走，愿意与他们打交道的人都被他们欺骗过，愿意从他们那里开药的人畜都已经开了药，附近所有天真真诚的女人也已经找他们算了命——这一流浪民族就会突然将帐篷从地上拔起来搬走。虽然他们天生是最美丽的民族之一——这一点仍能从他们的婴儿身上看出来——然而，长年累月暴露在阳光下，霜冻的摧残、雨雪的侵蚀都早早破坏了他们年轻时的容貌。

400多年来，这个奇特的民族就像外国人或陌生人一般一直在欧洲流浪。他们“的手要攻打人，人的手也要攻打”他们，他们就是文明时期的以实玛利的后裔。非洲不会让他们的肤色更黑，欧洲也不会让他们更白；他们在西班牙学不会懒惰，在德意志也不会格外勤勉；在基督教国家不会成为基督徒，在土耳其也不会成为穆斯林。

他们初次出现在欧洲的岁月已经无迹可寻，但是很明显，他们并不是起源于这个大陆的民族。在俄罗斯，他们被称为茨冈人；在土耳其和波斯，被称为金加利人；在德意志，被称为罗姆人；在西班牙，被叫作金卡利人，意为黑人，或是印度人。确实有学者在印度河附近发现过他们的踪迹，也猜测他们可能是地位非常低的印度人，被鞑靼人逐出自己的家乡。在西班牙，他们也被称为吉塔诺人，在英

漂泊不定的吉卜赛人

国，他们被称为吉卜赛人，因为通常认为他们来自印度。法国人称他们为波希米亚人，因为他们在波希米亚首次得到关注，尽管他们已经在斯拉沃尼亚的荒芜地区游荡了很久。在他们自己的语言中，他们称呼自己及语言为罗姆尼，词根来自梵语，表示丈夫。他们的行为及生活方式都明确地表明他们的祖先来自遥远、古老的东方。

1417年，有记载提到吉卜赛人出现在北海附近；第二年，在瑞士；1422年，在意大利；几年后，在法国和西班牙。他们不是集体出行，而是以部落为单位，每个部落有自己的首领，有时被称作伯爵，在英国，他们的首领依然被称为“乞丐之王”。他们中有人自称是公爵或者小埃及王。人们认为他们是埃及人和清教徒，由于某些宗教原因才被迫四处流浪。

吉卜赛人擅长讲述动人的故事，并使听众相信这一点，也正因为这些传说为人所信，他们所到之处都畅通无阻。即便是在西班牙，宗教裁判所也没有注意到这些异教徒的目的是掠夺钱财，获取更大的利润。在匈牙利也一样，虽然他们混迹于奴隶当中，却没有失去多少自由。以上提及的吉卜赛人的黄金年代大约持续了半个世纪，人们才发现他们本质上是无业游民。从那以后，他们就开始遭受迫害。

在俄罗斯，除了圣彼得堡，到处都有吉卜赛人的身影，而圣彼得堡禁止他们入内。在大多数城镇里，他们以沿街叫卖或医治马匹为生，但是，更大一部分人游荡在广袤的荒原里，那里有他们牲畜可以食用的牧草，也有各式各样的野味。算命和抢劫是他们的本行。他们极耐寒冷，人们经常能在雪地里发现他们的帐篷，在薄薄的帆布帐篷里，有时温度能下降到零下-30℃~-25℃。然而，在莫斯科的吉卜赛人中，也有人定居在富丽堂皇的大宅里，外出坐着装备豪华的马车，与上流社区[1]通婚，并不屈居于高贵的俄罗斯人之下；外貌上不输于他们，精神层面也不亚于他们，获得这种身份地位的大都是精通声乐的吉卜赛女性。

在匈牙利，他们的小屋满是污秽，衣服都是破布，食物糟糕透顶。然而，没有人比他们更快乐。他们的歌舞从不停歇，小提琴也拉得相当棒。他们热衷于买卖马匹，还是小打小闹的修补匠和工匠。在这个国家，如同在其他国家一样，他们也从事偷盗和算命的行当。拿破仑在从匈牙利到西班牙的行军途中带了几名吉卜赛人，他们和自己的同胞吉诺塔人之间发生了许多有趣的事情，吉诺塔人对自己的同胞如此精通神秘的偷窃艺术感到惊异，因而非常尊敬他们，视他们为超人。

吉卜赛人3个世纪之前就出现在英国，但是遭受了将要灭绝他们的迫害，英国文明史上引人注目的绞刑架因为被屠杀的吉卜赛人之多之重而发出呻吟。但是那些日子已经过去了，幸存的可怜人从藏身之处爬出来，繁衍生息，每个家族或者部落走一条特定的路线，公平划分这片土地，作为他们的觅食之地。

男人做赛马骑师，闲暇时就帮人修修补补，在赛马跑道上总能发现他们的身影。女人给人算命。无论男女，他们都欺诈作弊，小偷小摸。他们的帐篷一般扎在绿茵地上，或者在村庄旁边的公用草地上，在河岸、大树或者树篱的荫蔽之下。英国的吉卜赛人是他们

① 在本书中，社区指在一定地域形成的社会生活共同体，与我国城镇按地理位置划分的居民区有着较大的不同，请读者稍加留意。——编者注

民族中最为俊美的，他们的英语也说得很流利，步调和风度中有荒野之子的轻松和优雅。

在法国，警察将他们基本上驱赶尽了。在意大利，他们不能在同一个地方停留超过一晚。虽然人数不多，但是他们依然分散在德意志、丹麦和瑞典。土耳其也有很多吉卜赛人，特别是君士坦丁堡，吉卜赛女性经常出入高贵夫人的房间，假装给他们的孩子治疗“邪恶之眼”，还负责解梦。她们也在咖啡屋里做舞女，兜售宝石；有的也被关进监狱。摩尔多瓦、瓦拉几亚、塞尔维亚都能发现吉卜赛人的身影。

西班牙的吉卜赛人，自抵达这个国家以来，许多年间都没有改变自己流浪民族的习惯，并且因为国家内部秩序混乱而更加肆无忌惮，常常与走私犯沆瀣一气。他们也会大批驻扎在偏远村庄附近，衣不蔽体地生活在那里，直到把所有能触及的资源消耗殆尽才离开，或者直到地方行政官把他们赶走为止。

离开时他们就如同在急冲锋一般，女人和孩子们骑在瘦弱却精神无比的驴子上，沿着田野一路向前奔。衣衫褴褛的男人挥舞着鞭子或马杆，或跟在旁边，或尾随她们。而一小队人骑着大马，背着生锈的火绳枪或者军刀走在最后面，威吓远方的敌人，时不时地吹响嘶哑的吉卜赛号角以震慑他们。

“让我们假设一下，”一位近代作家说，“有个不幸的旅人，骑着俊俏的驴子，或者是别的值钱的牲口，手无寸铁，天色将晚之际只身一人遇到这样一群暴民，同时又是在偏僻的荒野里，例如拉曼哈这样的地区。我们可以猜想他是要从塞维利亚去往马德里，因此他身后就是阴森可怕的莫雷纳山脉。之前，他相当惴惴不安，现在紧张的心情终于可以放松，血管里因恐惧而变得冰冷的血液也开始有了温度，他在急切地寻找远处是否有小旅馆，可以吃上美味的煎蛋卷。太阳快速落入他背后的荒山里，他正好走到一个小山谷底部，这里有小溪流淌，他让自己疲惫的牲口停下来喝点水。他即将登上山坡，视线向上，突然间，山顶上奇怪而粗俗的身影引起了他的注意。在落日的照耀下，他看到了红色的披风，不时地出现一个戴着头巾的人，或是长长的、飘逸的头发。这位旅人有点迟疑，但是想到自己已经不在山中，而且走在开阔的道路上，不会有土匪出现，他就继续向前走。不过一会儿的工夫，他就被吉卜赛人包围了，大家都停了下来。火红的如同蛇一样的眼睛盯住了他，让他感觉十分紧张，他听到一串叽里咕噜的声音，耳朵里全是听不懂的语言。最终，一个丑陋的顽童从一头蹒跚的骡子臀部跳了下来，口齿不清地以玛利亚的名义恳求施舍。这位旅人颤抖着摸出钱包。顷刻间，不知道是谁伸出手，用一根巨大的带着节疤的棍子，将他从驴子上一下子打倒了。第二天早上，一具尸体赤裸着躺在路边，身上满是血和脑浆。一周内，按照西班牙的习俗，这里立起了一个简陋的十字架，记录了发生的事情。这就是西班牙作家笔下关于吉卜赛人的轶事。”

现在西班牙的吉卜赛人已经在很大程度上放弃了流浪的生活，在城镇里定居，

吉卜赛算命人

因此也更加文明，精神文化不再完全被忽略；据说他们的教育和学识在总体上不亚于西班牙的下层阶级。在半岛地区频繁卷入的激烈内战所导致的社会大范围解体期间，这些定居的吉卜赛人也没有恢复惯常的游荡习惯。

在吉卜赛人的共同特征中，除了拒绝农业和各种日常服务，还有已经列举的污秽、赌博、偷窃、打铁、修补和算命——可以说，他们对自己独特的生活习惯和思维方式有着强烈的依恋；除了在女性贞洁方面，他们缺乏基督教的道德观念，过着无神论者的生活，既不崇拜也不相信灵魂不朽。

一旦特定的习俗或是观点形成，他们就会严格遵守，不加变更，而那些曾经在他们心目中占主导地位的情感，也会保留很长时间。他们的婚礼常常盛大而热闹，过分奢侈。他们的诗歌题材粗犷，通常只有一两句或者只是短的片段，反映了吉卜赛生活的真实场景，例如偷牛、监狱历险、暗杀、复仇等。在对这些事件的描述中也会有温柔美丽的思想，但是为数不多，就好像是陡峭岩壁上、阴暗土坑里偶然冒出来的鲜花、长出来的灌木一样令人赏心悦目。

葡萄牙

第351章

葡萄牙

葡萄牙占据了伊比利亚半岛的西部：长350英里，宽约120英里。这个国家的气候、地貌和物产都与西班牙相似。塔霍河是最主要的河流。首都里斯本位于塔霍河北岸，距离河口约有10英里。

下表是这个国家的行政区划：

省份	人口	首府
米尼奥	87.24万	波尔图
山后-上杜罗	33.1万	雷亚尔城
上贝拉	99.635万	科英布拉
下贝拉	11.1万	
埃斯特雷马杜拉	79.07万	里斯本
阿连特茹	31.43万	埃武拉
阿尔加维	13.54万	法鲁
葡萄牙总人口 355.115万		

最初，葡萄牙商业的崛起使其在世界许多地方拥有殖民地，现在，这些殖民地缩减为亚速尔群岛、马德拉、佛得角、几内亚群岛，非洲的安哥拉和莫桑比克，亚洲的果阿邦、帝力等。

从地理角度而言，葡萄牙不过是西班牙的附属，因此两国的历史直到11世纪都相互交融。葡萄牙古称琉息太尼亚，现用名葡萄牙是由“波尔图”（Oporto）一词演化而来，波尔图是葡萄牙的主要城镇之一。它附属于西班牙时期的历史，可在西班牙历史中查阅。我们现在要详细叙述它作为独立国家的历史。

葡萄牙政府的领地位于米尼奥河至塔霍河之间。1095年，卡斯蒂利亚国王阿方索六世将远至瓜迪亚纳河的土地征服的权力授予了贝桑松的亨利。亨利于1072年与国王的私生女特蕾莎结婚。这片领土是完全交由亨利来统治，还是只作为一块封建制度下的封地，充满争议，但是普遍更倾向于是封地。①亨利，人称亨里克伯爵，是一个精力充沛的人，无论与岳父一起，还是单独征讨摩尔人，都取得了众多且重大的胜利。他于1112年去世，由于他对宗教的尊重和宽容，葡萄牙的主要城市拥有众多教会机构。

特蕾莎，亨利伯爵的遗孀，在儿子阿方索一世未成年期间掌控

① 3个世纪以来，葡萄牙北部大都由附属于加利西亚伯爵的当地统治者来管理，但是穆斯林有时会攻下部分堡垒，能占领多久就占领多久。因此，虽然科英布拉、维塞乌及拉梅谷被阿方索六世及其直接继承人占领，但是997年，阿尔曼左尔收复了这些失地。1027年，阿方索五世在进攻维塞乌时中箭身亡，便放弃了进攻。1057年，莱昂国王阿方索五世的女婿斐迪南一世又收回了维塞乌及拉梅谷，次年又攻下了科英布拉。1093年，阿方索六世攻下了圣塔伦、里斯本及辛特拉，这位伟大的托莱多征服者总是能取得别人眼中看似不可能的胜利。然而，如文中所述，这些领地因为总是受到穆拉比特王朝的侵扰，最终于1095年被放弃。——原注

大权。她是一个暴力、放荡以及对儿子极端嫉妒的女人，最终，阿方索一世不得不于1128年使用武力从她手中夺权。

阿方索一世是令摩尔人闻风丧胆的敌人，1139年，他在奥里基战役中取得重大胜利，进而获得国王的头衔。

当时，阿方索一世已经在科英布拉集结了军队，要攻打葡萄牙南部的阿尔摩拉维德要塞。巴达霍斯的穆斯林总督则向周边所有省份请求武力支援，还从非洲请来了援兵，并行进到拉各斯东北40英里的欧里基平原，基督徒军队当时刚刚抵达那里安营扎寨。

基督徒军队遇到漫山遍野的敌军时，大为沮丧，但是阿方索一世占据了一块高地，加强了防御，凭借自己的英勇无畏，将军队的顾虑一扫而空，他那种坚不可摧的精神也极大地振奋了士兵们。在战争的前夕，阿方索一世打开《圣经》，他看到的第一个故事就是基甸的胜利，然而他突然睡着了，睡梦中救世主显现，承诺他会战胜摩尔人，并且繁荣地统治到第16代。这个神奇的故事极大地激励了士兵们的宗教热情。怀着对胜利的信心和殉道的决心，士兵们与敌人展开激战，大获全胜。

阿方索一世多次受到东征到圣地的十字军的帮助。其中，英国国王威廉一世带领的舰队就曾帮助他收复了里斯本。攻取埃武拉时发生的事情也颇有当时的历史特色。吉拉尔多为了逃避正义的审判，逃到了阿连特茄的荒野里做了土匪，这也变成了摩尔人和基督徒的噩梦。最终，他感到悔恨，想做点事情来弥补过失，以求得到宽恕。

他注意到埃武拉城疏于防守，便在城门旁一处稍稍凸起的地方找到藏身之处。守门人也是摩尔人，他睡觉的时候就让自己的女儿看管城门，但是她也睡着了。吉拉尔多爬上城门，砍掉他们的头颅，挂起来给下面的军队做信号。军队中的一小部分人现身，前进到城门下，而大部分军队依然埋伏着。守门的驻军看到只有这么一小股军队，就放松了警惕，在一片混乱中冲上前去，而受到追击的基督徒军队快速逃跑。伏击的军队抓住机会，冲进无人看守的城门，沿着大街小巷冲进各家各户，肆无忌惮地到处屠杀，直到人们向阿方索一世投降。因此，土匪头子获得了国王的赦免，并成为被自己攻陷的这座城的总督。

攻陷圣塔伦则呈现了那个血腥的年代更加黑暗的一面。城里的要塞非常坚固，因此需要采取计谋。一小队突击队在夜深人静时出击，攀墙而上，打开城门，基督徒军队便一拥而入。随后的争战虽然被夜色掩盖，但是武器的碰撞，打斗的呼喊，奄奄一息的士兵的呻吟，女人孩子不分青红皂白被屠杀之际的啼哭——画面之可怕，连残暴的战争之神都不忍目睹！

福阿斯·洛比胡是这些战争中最著名的英雄之一。他是国王儿子桑乔手下的一位将领，留下了许多传奇的故事。有一天他带着一小支军队回到自己的要塞时，发现要塞已被不计其数的敌军围攻。他的手下想要从侧翼进攻，但是他认为自己的守军足够应敌，就暂时按兵不动。夜幕降临，经过了白天的战斗，摩尔人已经精疲力尽，回到帐篷内。“现在，”将军对自己的手下说，“上帝已经把这些人放在了我们手里。”他们如同轻软的山雾一样溜下山坡，轻松杀死了还在睡梦中的摩尔人，只有极少数人逃脱。国王将一支舰队交给了福阿斯，在新的战场上他也所向披靡，毁灭了敌军的海军，甚至一路打到巴巴里海岸。

1185年，阿方索一世的儿子桑乔一世继位。在他统治期间，葡萄牙经历了教皇的震怒、瘟疫及饥荒。教皇的震怒是因为国王将自己的女儿嫁给了她的表亲莱昂国王阿方索九世。教皇以近亲不能结婚为由向葡萄牙及莱昂两国都发出禁令。迷信的人将其他两个灾害的原因也归咎于此。他在位的最后8年相对安宁，桑乔一世也致力于发展人口、减轻人民的负担、为他们谋取真正的幸福。

他的继位者阿方索二世拒绝支付父亲遗嘱分给自己兄弟们的巨额金钱，并且拒绝将已经赐给他姐姐的两座要塞交付她们，但她们后来被封圣，分别为圣特蕾莎及圣桑奇亚。教皇安排圣殿骑士团为他的姐姐们守卫要塞，等姐姐们去世后再归还给国王。国王长得很胖，在与摩尔人的战争中起不了什么作用。然而，根据旧时的史册记载，当他真正为十字架而战时，并不缺乏神迹奇事。

这一时期，攻取军事要地莫拉的故事带着传奇浪漫的色彩。萨卢吉亚，一位将军的女儿，与摩尔贵族布拉法玛订婚了，而这座城堡就是她的嫁妆。在预定要举办婚礼时，两个基督教贵族带着一队乔装打扮成摩尔军队的基督教随从，突袭并杀害了接近要塞的新郎及其仆人。接着他们骑马往城内行进，萨卢吉亚仍然站在塔楼上等待自己的新郎来临。他们用阿拉伯语向她打招呼，说他们是跟随快乐的新郎来的。于是她下令打开城门，但是她随即看到了大屠杀，便猜到了事实。她不愿意被杀害她爱人的凶手所俘虏，因此从塔楼上一头栽下。此后，这座塔就被称为莫拉，或是摩尔塔。

阿方索二世向教会的财产征税，在这一点上没什么问题，但他要求教士带领自己的家臣出战，却是大错特错了。布拉加的大主教提出抗议，并最终开除了国王及大臣的教籍，他也因此被剥夺了自己的财物，被迫逃往国外。教皇洪诺留三世派了3名卡斯蒂利亚主教去要求足额赔偿。这一要求被拒绝后，他们正式废除国王的教籍，禁止葡萄牙国内进行任何礼拜仪式和宗教活动。痛苦不安的人民要求和解，国王迫于压力作出了让步，从而得到宽恕，禁令也被解除。

在此期间，国王去世了。他的儿子，继任者桑乔二世不敢撤回父亲作出的让步，就专心与摩尔人的战争，并取得巨大胜利。他攻破了一座又一座要塞，重新获得阿尔加维的统治权。国王的体质很弱，虽然心肠不坏，但意志比较薄弱。巨大的灾难折磨着他的王国，本国的历史学家也污名化了他的记忆，毫无疑问，这主要是因为他对神职人员豁免权充满了敌意。国王似乎并没有压制贵族们的争斗和僭越，对人民的不满也表现出蔑视。因此，教皇英诺森四世将王位授予了他的弟弟阿方索三世。

1248年，阿方索三世在卡斯蒂利亚人的帮助下夺取了王位。阿方索三世统治时期，最为人所知的是国王的重婚以及与教士和军队的无耻争端。就如常常发生的那样，篡位者虽然起初有许多慷慨的承诺和恩惠，但在登上王位后却不予兑现，他也是一个贪婪又毫无原则的暴君。

阿方索三世的儿子迪尼什一世于1279年继位，虽然父亲无能，但他却是葡萄牙历史上最伟大的国王之一。他意识到同此前的国王一样，自己也要卷入与教会的纷争中，还察觉到教会最终要占上风——在那个年代，教皇的入侵是系统的、统一的，而且总是成功的——他便自愿妥协，以换取有利条件。他又召集高级教士会议，和教会彼此让步，达成了和解。他经历了亲兄弟的谋反，以及儿子与养子间的争斗——这是对他挑起邻国卡斯蒂利亚王国叛乱公正的惩罚。

这位国王统治了45年。他爱好文学，建立了里斯本大学及科英布拉大学。这两所大学很快就挤满了学生，他们当中许多人都有志于从事法律行业，因为对于出身高贵的年轻人而言，从商有失他们的身份。然而，贸易开始繁荣起来，国王也付出了巨大的努力促进工业及制造业的发展。在这一时期，圣殿骑士团被废除了。

他的儿子阿方索四世生性反叛，喜爱与一些游手好闲、以享乐为业的败家子混在一起。他甚至不顾垂死父亲的劝告，无心正业，把全部时间都花在狩猎上。他于1325年即位，此后不久，作为国王的他整整外出一个月打猎远足，耽误了一些重要事务。

他回来后，大臣们告诫他，如果他再这样只顾追求享乐、任意妄为，他们将会选出一位新国王。阿方索四世穿着狩猎服，满身尘土走进会议室，听到这样的话便怒气冲冲地离开了；但是，反省之后他认识到自己的错误，便换上适宜的衣服回来了。带着威严迈上王座后，他宣布将约束自身的行为，不再做猎手而专心做国王。他信守了自己的诺言，在统治期间，国家呈现出与迪尼什一世在位时同样的繁荣景象。

但是，阿方索四世为人冷酷，铁石心肠，在安置伊内斯·德·卡斯特罗这件事情上，充分体现了这一点，而她悲惨的命运至今仍让人感伤。作为一位年轻貌美的卡斯蒂利亚女子，她秘密与国王的长子佩德罗结婚了（当时王子已经有了国王为他选好的妻子），但是王子不敢告知父亲这个事实，他便将自己的妻子藏匿在科英布拉附近一处废弃的住宅中，而尽可能多地去看望她，也尽最大努力不引起别人的怀疑。但是，有几个随从发现了这个秘密，便告诉了国王。

国王直接来到儿子面前，询问这是否是事实。佩德罗告诉父亲这是个误会，但大家都由此确定伊内斯就是他的妻子。贵族们嫉妒伊内斯所在的卡斯特罗家族，也害怕伊内斯的孩子可能会与佩德罗前妻（他们的地下情被发现前已去世）的儿子争夺王位，便密谋杀害伊内斯，而国王也参与了这一计划。

带着3名最为强横的随从，国王在儿子外出打猎时抓回了儿子的妻子。可怜的伊内斯面色苍白，浑身颤抖，带着3个孩子来到冷酷无情的国王面前。国王是自己进来的，脸上的表情已经说明了他此行的目的。

伊内斯跪在他脚下，乞求他不要伤害自己，当国王看到自己的儿媳如此年轻可爱，又带着3个孩子的时候，他的心确实软了，没有伤害她就离开了。但国王的随从看出了他的动摇，便劝他硬起心来，他便吩咐他们去完成自己没有完成的事情。他们丝毫没有给他任何反悔的时间，迅速来到这可怜女人的居所，不一会儿，她的声音就完全消失了。①

当佩德罗打猎回来，见到这样残忍的暴行，他的愤怒和悲伤无法言表。他召集了强大的军队，虽然他没有亲手杀死凶手，但是摧毁了他们的庄园，并将他们所在的省份夷为平地。在这些人逃亡国

① 1361年，佩德罗一世在诸国大会前宣誓，伊内斯是自己的合法妻子，以此证明这位女士是无罪的；他的管家及一位主教也宣誓他们是这场婚姻的见证人。教皇约翰二十二世为此颁发了特许状。——原注

外后，他解散了军队，与父亲和好了。国王不久后就在悔恨交加中于1357年去世。

愤怒的王子继位后称佩德罗一世，他无法抑制地想要为心爱的伊内斯报仇，而凶手正在卡斯蒂利亚寻求庇护。于是他向卡斯蒂利亚国王提议互相交换逃犯，以便在自己的国家对他们进行审判。佩德罗一世换回了两名凶手，在对他们进行了残酷的折磨后将他们处死。第三名凶手帕克切化装逃走了。他经常接济的乞丐帮他打扮成乞丐，让他从自己城市的边门逃了出去。他跟着去阿拉贡的骡队安全抵达了阿拉贡，然后去了法国，一段时间后才从那里返回自己的国家。

国王因为亲眼看见帕克切的两名共犯遭受的折磨，而得到一个广为人知的头衔——残忍者佩德罗。确实，妻子被杀这一残忍行径是无法教会他仁慈的。一位主教因为非法同居，被他用马鞭鞭打，而通奸的人则直接被处死。他也限制贵族们铺张浪费，骗取钱财。他处罚赊买赊卖的人，初犯者给予惩罚，再犯的话就直接处死。

有一次，下级法律官员抱怨，一位接受过他服务的绅士打了他，还扯掉了他的胡子。佩德罗一世就转向主审法官，说“我的臣民打我，扯我的胡子”。法官明白了他的意思，逮捕了嫌犯并将其斩首。

他意识到诉讼频繁、乏味而且昂贵，在明智地分析了原因后，他裁撤了法庭上所有的辩护人和诉讼代理人，以及所有对诉讼表面有兴趣的人，将程序简化为案件相关人员直接简单陈述，法官作出判决；但是，他保留了自己审理上诉的特权。这一举措大大减少了诉讼数量——正如当医生被驱逐出罗马后，疾病的数量骤减一样。佩德罗一世不吝惜赏赐别人，而且热爱音乐和舞蹈。

佩德罗死后，他与前妻康斯坦莎的儿子斐迪南一世继位。斐迪南一世为人冲动善变，做事懈怠，却又优柔寡断。他心肠软弱，常常被人利用。他妻子利奥诺拉野心勃勃，厚颜无耻，完全把他变成了自己手里的工具。她不忠、说谎、谋杀他人，给他带来极大的精神折磨，再加上体弱多病，斐迪南一世很早就进了坟墓。他的统治时期是葡萄牙历史上最糟糕的时期之一。

斐迪南一世于1383年去世后，他的女儿比阿特丽斯——卡斯蒂利亚王国的王后——是王位的真正继承人。但是，她结婚时有明文规定，如果父亲去世，则由他人摄政，直到她生下儿子可以继位为止，并且这个儿子必须在葡萄牙接受教育。

国王去世时，她还没有子女，因此，她丈夫胡安宣布代替她继承王位。这给葡萄牙人带来烦恼，他们不喜欢胡安，也不喜欢国王遗嘱中指定摄政的利奥诺拉，人民拥护的是佩德罗一世和伊内斯的儿子若昂，但是他和哥哥都在卡斯蒂利亚的地牢中饱受折磨。

最终，另一位若昂，佩德罗的私生子，手握军权，继而篡夺了摄政权，他也受到了人民的拥护。他为人潇洒，行动敏捷，充满勇气，并不为良知所束缚。他通过给予各种罪犯和囚犯以大赦，扩大了军队的规模，谋杀、劫掠、强奸和亵渎在军队里经常发生。卡斯蒂利亚国王入侵葡萄牙，但是没有成功，因此各国于1385年承认他为葡萄牙国王。他建立的王朝一直延续到1580年。

若昂一世，和他的妻子英国兰开斯特公爵的女儿菲利帕共有5个儿子，每一个都英勇善战，尤其是老三亨利王子，不仅在与非洲摩尔人的战争中表现突出，更在哲学、天文学和航海方面拥有杰出的天赋，因此，他成为葡萄牙航海发现之父，被称为“航海者”。他的目标是找到沿着非洲去往印度的航路，但是这一目标直到几十年后才达成。不过他的舰队成功抵达了几内亚。

据史料记载，在约翰二世统治时期，迪亚士于1488年发现了好望角。若昂二世被称为“完美太子”，他的目标是削弱封建主的力量，提高中产阶级的地位。因此，他审查了他们的封地和特权，发现有许多不当之处，僭越的封地被没收，许多城镇和乡村都成了自由的土地。许多城镇也获得了自由城市的特许状。国王取消了贵族在封地里担任治安官或者法官的权力，因此他们不能主宰封地内人民的生命和财产安全。相反，他规定每个人都应该得到独立法庭的公正审判。这样公正的法律体系自然会提升国家的潜能，不久，葡萄牙崛起成为世界首屈一指的海洋强国。若昂二世的重大错误在于他在宗教方面的偏狭，特别是对于犹太人。他迫使犹太人为奴，用各种方式羞辱他们。

他处死了国内的大贵族布拉干萨公爵，罪名是反对改革，同时还驱逐了这个有权势的家族。因此，贵族们联合起来，密谋刺杀国王。一天，他在宫殿里独自上楼的时候遇到了这些恶棍，他察觉到他们的阴谋。看到其中一人突然发出信号，他就问“有什么事吗”，言语中透露着平静及他作为国王特有的威严。“没事，”刺客回答，“我就是差点儿掉下去了。”“小心点儿，别掉下去。”国王冷静地回答，然后走开了——虽然完全是虚张声势，却成功打消了刺客的企图。

几天后，当他在教堂里时，身边又围着这些密谋杀害他的人，但是凭借自己的威严气势，最终无人敢对他动手。然而，他们的命运走到了尽头。国王叫来自己的表亲维塞乌公爵，这场阴谋的主要策划者。国王佯装要派他执行秘密任务，随意地聊了几句后，他装作漫不经心地问："如果你知道有人发誓要取你性命，你会怎么办呢？""我会先杀掉对方。"公爵这样回答。"那你去死吧。"国王边说着，边把匕首插进公爵的心脏。其余的贵族也被处死，这场叛变就这样被平定了。

1491年，若昂二世唯一的儿子和王位继承人从马上坠亡。国王悲痛了一段时间，拒绝任何安慰，他旺盛的精力好像一下子就消失了。他的人民也一同为此悲痛，委婉地责备他，告诉他必须为了他们活下去，因为他们就是他的子民。"我的子民们的幸福，"他回答，"确实是我唯一的安慰了。我愿意为他们的幸福而付出，但是也请他们原谅我，人的本性是软弱的，而我也不过是普通人而已。"

这位伟大的君王于1495年去世。他的统治取得了无与伦比的成功，他给人民带来了勤劳的精神和安逸的生活，极大地增加了国家资源，从许多方面来说，他是葡萄牙历史上最伟大的君王。

在他的继位者曼努埃尔一世统治期间，1497年，一位名叫瓦斯科·达·伽马的葡萄牙航海家发现了通往印度的航线。在一次危险的旅程后，他到达了位于马拉巴尔海岸的科泽科德，那里将成为印度的贸易中心。与外国的贸易往来过去掌握在阿拉伯人的手里，他们在这里采购香料、宝石、丝绸、棉花、布料、平纹细布等，然后经由亚历山大运到意大利。

心生嫉妒的阿拉伯人立刻在这个国家的国王面前进谗言陷害他们，葡萄牙人不得不落荒而逃，好不容易才保住了性命。经过两年多的航行，他们终于回到葡萄牙。达·伽马回到葡萄牙时受到欢迎的程度不亚于哥伦布发现美洲后回到西班牙。曼努埃尔一世派出由

13艘船组成的舰队，由卡布拉尔指挥一路去往印度，沿途他发现了巴西，根据发现权，巴西属于葡萄牙。

舰队到达科泽科德的时候，那里的人们已经完全听信了阿拉伯人的偏见，立刻杀死了舰队中的50名成员。于是葡萄牙人放火烧掉了这座城市以及阿拉伯人的船只，去往这个国家的另一座城市。为了建立东方霸权，他们建立了许多定居点，派遣了众多传教士，阿尔布克尔克和其他人开始了征服之路，我们已经在印度的历史中详述了这些内容。

葡萄牙包揽了与印度及非洲的贸易，资源得到充分开发，人民的活力被激发，此时的葡萄牙正处于繁荣鼎盛的时期，曼努埃尔一世也成为欧洲最伟大的君主之一。他是第一位派使节到中国的欧洲君主，并与中国建立了直接贸易关系：事实上，在1516年葡萄牙船只到访广东之前，西方世界与这个东方帝国并没有实质性的直接联系。

1521年，若昂三世即位时，西班牙人与葡萄牙人的势力已经包括了整个世界。他们通过武力获取黄金，并由此变得富有，因为他们是在战争中历练出来的，所以他们愿意远征，去掠夺新大陆的土著而迅速发财。但是这些手段很快就用尽了，他们也没有追求更慢却更稳定的工业发展，因此他们的繁荣并没有持续下去。

若昂三世性格忧郁，在葡萄牙建立了宗教裁判所，迫使犹太人改信基督教。他与耶稣会士联系紧密，在他的资助下，耶稣会士可以把整个未开化部落的人都吸引到自己的信仰之下，并教给这些人文明生活的技艺。他于1557年去世，他的孙子塞巴斯蒂昂一世只是个婴儿，便由婴儿年老又胆小的叔祖红衣主教恩里克摄政。在此期间，葡萄牙失去了印度及非洲的许多领土，土地丧失的速度远远超过了当时赢得这些领土的速度。

塞巴斯蒂昂成年后，凭着青年人的冲动，决意远征非洲，要将摩洛哥王国纳入自己的国土，同时收复国家失去的领土。所有朋友的劝告他都听不进去，竭尽所能召集了一支军队——但是，人数仍然不够。与他一同出征的大部分是葡萄牙的青年贵族，这些人注定要踏上一条不归路。他们抵达后，立即展开了一场殊死战斗，而他们不是被杀就是被俘。大部分人倒在了自己年轻的国王身旁，因为他鲁莽地直冲到战场中央。有一具尸体，疑似是国王的，已经不成样子，很难辨认，但是这具尸体依然被带回国，庄严下葬。直到今天，葡萄牙的普通人都相信他们颇具骑士风度的国王依然被关押在摩尔人的神秘城堡中，终有一天会回来重振王国的雄风。

恩里克主教又统治了两年，在他死后，王位已经没有了直接继承人，由此引发了大量的血腥争斗。最终决定西班牙的腓力二世继承了王位，在未来60年的时间里，两个国家都由一位君主统治，就像现在的英格兰和苏格兰一样。但是葡萄牙人不愿意自己的王国由一位国王派来的总督统治，也不愿低人一等。当时腓力二世正与荷兰交战，因而禁止葡萄牙人给荷兰提供任何印度商品，这相当于促使荷兰直接与印度交易，因此极大地损害了葡萄牙与这个富饶国家的贸易往来。

一些主要的贵族和教士谋划并实施了政变，在经历了23年的战争后，重新恢复了这个国家的独立。布拉干萨王朝开始其统治，若昂四世于1640年即位，建立了至今仍在统治葡萄牙的王朝。

我们记叙一下葡萄牙历史上值得注意、代表其衰落趋势的几个历史事件。阿方索六世道德败坏，行为不检，刚愎自用，被自己来自法国的王后罢免。王后指控他性无能，与他离婚，并嫁给了他的弟弟佩德罗。

佩德罗二世于1668年执掌国家大权，在哥哥1683年去世后正式继位。若泽一世对国家进行了有益的改革，他建立学校，讲授培根而不是亚里士多德的哲学，废除了奴隶制度。他的行为值得人民建造铜像来纪念他。自腓力一世后，他是葡萄牙王朝最优秀的国王。

1755年11月1日，在若泽一世统治期间，一场可怕的灾难袭击了里斯本。那天早晨，天空明亮，万里无云，突然间大地开始颤抖，房子的墙壁也随之摇晃。男女老少惊恐地跑到街上，顷刻之间，随着一声巨响，许多房子倒塌了，大地上出现了巨大的裂缝，使得飞奔着想要逃命的人无路可去。到处充满恐惧、困惑和绝望。

几分钟内，美丽的里斯本城就成了一片废墟。令人惊叹的天主教堂、基督教堂、修道院、宫殿、各式各样的公共建筑，瞬间就变成一堆废墟，2万条生命被夺走。随之而来的火灾加剧了地震带来的恐惧。接下来的整个冬天都是阴郁的，里斯本的人们除了在荒野里支起来的帐篷无处藏身。没有食物、没有衣服，如果不是有慈善接济，他们只能坐以待毙。英国议会发放了大额的金钱、粮食、服装、毯子等，帮助他们渡过难关。西班牙同样也竭尽所能地提供了帮助。

若泽一世没有儿子，他的女儿玛丽亚一世于1777年即位，她嫁给了自己的叔叔。当她精神失常后，她的儿子若昂六世摄政，当时法国大革命正拉开序幕。葡萄牙拒绝与英国断绝同盟关系，尽管英国几乎使他们沦为殖民地，拿破仑便于1807年派朱诺将军入侵。王室成员被迫逃到巴西，这一事件在巴西历史上比在葡萄牙历史上更引人注意。

第二年，英国人将法国人从葡萄牙驱逐出境，在半岛战争中，葡萄牙人积极对抗法国人。1820年，因为皇室成员一直在巴西逗留，葡萄牙爆发了一场起义——宪法被制定，巴西也于1822年与葡萄牙分离。国王回到里斯本，此后，混乱、革命、内战一直困扰着这个国家。米格尔一世是一位血腥残忍的暴君，1828年即位后，便废除了宪法。他被自己的哥哥、巴西皇帝佩德罗废除，佩德罗随即将王位给了自己的女儿玛丽亚二世。玛丽亚二世于1834年即位。然而，葡萄牙国内依然一片混乱，前景黯淡。

修道士们支持米格尔，这招致了佩德罗的不满，他开始镇压王国内所有修道院，没收他们的财产。他死后，葡萄牙议会将没收来的土地划分成小块，并以低价卖给普通劳动者——这一举措的目的是使王国迅速恢复过来。

修道士或称神仆的人，是宗教团体内最懒惰、放纵、无知的人。“这个阶级比世界上任何阶层更虚伪、道德败坏。他们没有原则，没有行为规范，由社会的渣滓构成，之所以保持修道士的习惯，只是为了逃避劳动。他们到处游荡，借用宗教的面具向弱者勒索钱财，勾引那些好客之人的妻子和女儿——哪个国家包庇他们，他们就是哪里的诅咒。”相对而言，神职人员的形象更好一些。

葡萄牙人内部比西班牙人更为统一一些：乡村的人民友善、好客、温文尔雅，但是总体性格不如西班牙人。阿尔加维广阔而荒芜，是最后从阿拉伯人手里夺回的地区，这里的土著身上依然折射出摩尔人的影子。他们格外迷信，相信每一座旧城堡被施了魔法，有来自东方的精灵守护，直到所有的摩尔人都被聚集到他们远古的帝国，重现旧日的荣光为止。

西班牙人和葡萄牙人虽然血脉相连，语言、宗教相近，但依然彼此心存敌意。西班牙人中有一句谚语说：如果把一个西班牙人身上所有的良好品质都丢掉的话，他就成了一个不错的葡萄牙人。

葡萄牙王国的商业涉及各个方面。葡萄酒、油、柑橘、柠檬及其他水果都用来交换亚麻和羊毛衣物、丝绸、平纹细布、针织品、家具、餐具、五金制品等，因为这些物品在其他地方生产得更好，也更便宜。

葡萄牙的制造业总体而言次于西班牙。机械制造比较拙劣。木匠、泥瓦工、铁匠等各种工匠都不出众，但是里斯本有技艺高超的金匠和珠宝商。农民格外贫困。国内到处都有不计其数的土匪——毫无疑问，内战迫使一些人以此为生。他们常常绑架人来勒索赎金。暗杀事件频繁，以致在许多地区政府都暂停签发“保证书”——类似于美国的“人身保护令”。

基于葡萄牙现在的处境，很难估算它的资源及国力。政府强大的时候，大概能调动2万人的军队。葡萄牙的海军已经无足轻重。它已经失去了大部分外国领地，国家的海军力量已今非昔比。

葡萄牙语与西班牙语相似，在交流的便利性方面优于西班牙语。葡萄牙语自称“拉丁语的长女”，其地位曾低于哥特人和摩尔人的语言，但是母语在葡萄牙占据主导地位，甚于世界上任何其他地区。葡萄牙语中阿拉伯语的比重与卡斯蒂利亚语中阿拉伯语的比重相同，只是没有任何喉音字。

葡萄牙文学取得了一定成就，但描述葡萄牙人功绩的宗教史诗《卢济塔尼亚人之歌》几乎是现在人们提到葡萄牙文学时唯一想到的作品。然而，这个国家造就了一位杰出的剧作家吉尔·维森特和几位颇有才情的历史学家。没有哪个国家拥有如此卓越的编年史学家，其中费尔南·洛佩斯、若昂·德·巴罗斯、蒂欧格·都·科托都极负盛名。

葡萄牙君主列表

王朝	君主	即位时间（公元年）
勃艮第王朝	阿方索一世	1139
	桑乔一世	1185
	阿方索二世	1211
	桑乔二世	1223
	阿方索三世	1248
	迪尼什一世	1279
	阿方索四世	1325
	佩德罗一世	1357
	斐迪南一世	1367
阿维什王朝	若昂一世	1385
	杜阿尔特一世	1433
	阿方索五世	1438
	若昂二世	1481
	曼努埃尔一世	1495
	若昂三世	1521
	塞巴斯蒂昂一世	1557
	恩里克一世	1578

（续表）

王朝	君主	即位时间（公元年）
哈布斯堡王朝	腓力一世（西班牙腓力二世）	1581
	腓力二世（西班牙腓力三世）	1598
	腓力三世（西班牙腓力四世）	1621
布拉干萨王朝	若昂四世	1640
	阿方索六世	1656
	佩德罗二世	1683
	若昂五世	1706
	若泽一世	1750
	玛丽亚一世	1777
	若昂六世	1816
	佩德罗四世	1826
	米格尔一世	1828
	玛丽亚二世	1834

法国

第352章

法国是个什么样的地方？

这个国家以人民的活力及优雅闻名于世，它给欧洲带来了极大的影响，尤其是在近现代。法国北临英吉利海峡、比利时和普鲁士，东至巴登、瑞士及撒丁岛，南濒地中海与西班牙，西接大西洋。

塞文山脉构成了法国中部山脉，源于罗讷河西面的法国南部地区，在罗讷河和卢瓦尔河之间向北延伸，并分成东、西两个分支。在卢瓦尔河上游，主山脉西侧，有一条支脉叫多姆山，其中有几座死火山。南侧支脉称作康塔尔，两条支脉中间夹着法国最高的山峰勃朗峰，这些支脉被称作奥弗涅山脉。最高峰桑西山，海拔约6 187英尺。

法国东部边界上是孚日山脉，海拔相对较低，也较平缓，向南北方向延伸。山上遍布肥美的牧场，南坡和东坡都是葡萄园。这里矿产丰富。这些山脉的最高峰约为4 680英尺。在与瑞士接壤的国境线上是汝拉山脉，再向南就是阿尔卑斯山，将法国与瑞士和意大利分隔开来。南部是比利牛斯山，把法国与西班牙分开。这些山脉几乎都是东西向延伸，西端延伸到西班牙。

法国水资源丰富。北面有塞纳河，一路向西北于勒阿弗尔汇入英吉利海峡。全长450英里，沿岸大部分地区极为美丽富饶。塞纳河流经巴黎，但是大型船只不能通航进入城市。

卢瓦尔河是法国最长的河流，河道总长600英里，发源于塞文山脉，从北向西汇入比斯开湾，船只能一路通航到离发源地90英里之处。卢瓦尔河位于翁热及南特之间，是世界上最优美的河流之一，流域宽广，有树木茂盛的岛屿，以及轮廓清晰、便于耕种的河岸。河流入海口沉积形成的浅滩面积也在逐渐增加。

加龙河发源于比利牛斯山，在加泰罗尼亚境内，向西北汇入比斯开湾，全长400英里。在近海处，与东面的多尔多涅河交汇，交汇后的河流被称为吉伦特河。入海口有沉积浅滩。波尔多就矗立于吉伦特河边，在多尔多涅河交汇口的上方；图卢兹在河的上游沿岸。这些城市间可以由大点的船只通航，自波尔多到大海，则可以让轮船通航。

在法国的众多河流中，罗讷河的特殊之处在于它迅猛的流势及深度。它发源于瑞士圣哥达峰西部的冰川，在瑞士境内流淌100英里后汇入日内瓦湖，接着向西流入法国。在莱昂与北面来的索恩河汇合，汇合后的河流称为罗讷河。接着向南流入地中海，主要有两处入海口。西侧的支流只能供小船通行，东侧支流更深，水流更急，因此沿河而上更加困难。罗讷河总长540英里。从莱昂到阿维尼翁，河道长度为140英里。

罗讷河岸的风景格外优美，沿河有岩石和山脉，给人带来赏心悦目又浪漫多变的景色。在莱昂和维埃纳之间的河流沿岸则有森林、葡萄园、引人注目的城堡以及隐藏在树林里的小屋。这些与大河之上繁忙的交通运输、河边欣欣向荣的村庄交相呼应，给人带来目不暇接的壮观景象。索恩河在莱昂北面汇入罗讷河，河流非常平静，甚至觉察不出有洋流汇入。

莱茵河、摩泽尔河及默兹河的河道只有一部分在法国境内。其他主要河流包括：索姆河，汇入英吉利海峡；夏朗德河和阿杜尔河，汇入比斯开湾；瓦尔河，汇入地中海；马恩河及瓦兹河，为塞纳河的支流；阿列河、萨尔特河、马耶讷河，为卢瓦尔河的支流；洛特河、塔恩河，为加龙河的支流；伊泽尔河、迪朗斯河，为罗讷河的支流。

北面狭长的海湾，英国人称之为英吉利海峡，法国人称它为拉芒什海峡，海峡迎面而来的是狂风巨浪。比斯开湾，或称加斯科涅湾，位于法国西面、西班牙北面。利翁湾——常被误写为里翁湾——也是地中海的一部分，这里的水流汹涌澎湃。

比斯开湾内坐落着奥莱龙岛、雷岛、努瓦尔穆捷及贝尔岛。向北更远一点就是阿申特岛。英吉利海峡内的奥尔德尼岛、根西岛、泽西岛行政上都隶属于英国。南侧海岸上有伊埃雷。前面已经提及，科西嘉岛属于法国。这座岛屿位于地中海上，距离意大利约有50英里，离法国海岸线约有100英里。

法国的地貌多变。相对而言，北方较为平坦。山区因为种植着大片茂密的栗子树而更加风景如画。在南方，橄榄的深色给周围的景致增添了一抹忧郁的色彩。从加龙河口到西班牙边界，有一片平坦的沙地，属于朗德省，向国内绵延30英里。法国其他地区的地形在总体上波动不大，但依然富有变化。

法国北部和西部的海岸主要由巨大的丘陵或沙洲组成；即使是悬崖形成的海岸，也很少有船只安全地靠近；因此，这里港口很少。在地中海沿岸，朗格多克的海岸是危险的，但普罗旺斯的海岸却有很多好的港口。

总体而言，法国算是土地富饶的国家，但是不同地区土地状况也各不相同。东北部土地最为富饶，沿着塞纳河、摩泽尔河及莱茵河河岸都是玉米的高产区。香槟镇和勃艮第的山区出产绝佳的葡萄酒。奥弗涅的利马涅山谷，在阿列河沿岸，是世界上最富饶的地区之一。朗格多克的山谷也颇为多产。在法国西部有大片的石楠树，在西南部，朗德省有大片沙洲，只有金雀花、石楠树、杜松能在那里生长。

北方空气湿润，冬天有大量降雪及霜冻。在巴黎，塞纳河经常结冰，上面甚至可以滑冰。在中部地区，有的时候许多年都没有降雪。霜冻很少出现，空气清洁干净。农忙时节从6月末开始，要持续到7月中旬。位于高原的奥弗涅地区荒凉寒冷，孚日山脉的所有地区都受降雪影响，有时山区的降雪会持续到6月末。

南方诸省夏季格外炎热。葡萄收获的季节是9月。夏天结束的时候，经常有暴雨。但是10月和11月是一年中最令人愉悦的季节。从12月到2月，天气也不错，但是2月之后，有被称为“密史脱拉风”的强劲东北风，有时还夹带降雪，不过基本都是晴天。法国南部的气候可以说温和宜居。

常见的树木为橡树、桦木、榆木、岑树及山毛榉。松树及云杉树林顺着大西洋海岸一直延伸至孚日山脉及汝拉山脉。国内出产的水果包括无花果、苹果、梨以及李子。樱桃树和葡萄藤是罗马人从东方引进的，地中海沿岸的希腊殖民地从亚洲引进了当地出产的橄榄。橘子、柠檬及白桑是从印度或中国引进的，桑葚则来自小亚细亚，杏子来自亚美尼亚，桃子来自波斯，杏仁、核桃及蜜瓜来自亚洲不同的地区，石榴来自非洲。

煤炭储藏量充足，但是矿床都在远离海岸的地方，因此很少被挖掘。曾经有过许多铜矿，但是现在大都被废弃了。布列塔尼有铅，锰的储藏量也足以供应整个欧洲。银、铁、钴、镍、朱砂、砷都曾被发现。在法国至少有240处温泉。法国南方艾克斯地区的温泉为罗马人熟知，富含硫酸、石灰和盐。

法国有不计其数的熊，主要分布在比利牛斯山和阿尔卑斯山区，它们经常破坏玉米田。许多地方的森林里发现过野狼和野猪。阿尔卑斯山区及比利牛斯山区也是羱羊及岩羚羊的栖息地。不同的地区分布着狐狸、水獭、山猫、松貂、松鼠及河狸，蝎子常见于南方诸省。

法国改善了很多基础建设，包括86条运河和许多铁路。首都巴黎是欧洲的品位、艺术及时尚之都。里昂、马赛、鲁昂、波尔多、斯特拉斯堡等都是重要的大城市，我们会分别进行详细讲述。

法国的历史起始于约公元前3或公元前2世纪，从与罗马人的战争开始。尤利乌斯·恺撒于公元前50年左右征服了这片区域。随后的500年间，法国一直处于罗马的统治之下，罗马人建造了城市，并将他们的艺术和文明带入这个国家。480年，一位名叫克洛维的法兰克酋长奠定了王国的基础，这个王国一直延续至今。

希腊人曾将这里称作加利亚，罗马人曾称它高卢。最初的居民是比利其人，也就是现在的比利时人。他们与邻近的日耳曼民族相融合：高卢人，或者说凯尔特人，定居于北方；阿基坦人则在西南方定居，阿基坦人靠近西班牙，因此也与那个国家的民族进行了融合。因此，古代高卢大概分为3个地区，由3个民族定居；但在罗马征服之后，被划分成四个部分，称为高卢四部，如下[1]：

部分	行省数量	主要城市	现在名称
纳尔波高卢	5	内毛苏斯	尼姆
		托洛萨	图卢兹
		纳尔波	纳博讷
		维尼西斯	维也纳
		阿文尼奥	阿维尼翁
		格拉提安波利斯	格勒诺布尔
		马西利亚	马赛
		特洛马修斯	土伦
阿奎塔尼亚	3	阿瓦利肯	布尔日
		奥古斯托内梅图姆	克莱蒙
		奥古斯都里通	利摩日
		波尔迪加拉	波尔多
		拉珀杜姆	巴约讷

① 之前被划分为33个大省，名称与许多历史事件紧密相连，至今仍在使用，下列是省份古代名称与现代名称的对应。——原注

（续表）

部分	行省数量	主要城市	现在名称
卢格敦高卢	4	卢格杜努姆	里昂
		奥古斯托杜努姆	欧坦
		阿莱西亚	阿利斯
		阿戈丁库姆	桑斯
		奥特里库姆	沙特尔
		鲁特西亚	巴黎
		奥古斯托波纳	特鲁瓦
		洛托玛古斯	鲁昂
		阿雷基努斯	巴约
		布里维特斯波图斯	布雷斯特
比利时高卢	5	奥古斯塔	特里尔
		迪沃杜伦	梅斯
		维诺杜努姆	凡尔登
		杜诺科托努姆	兰斯
		杜拉卡塔老努姆	沙隆
		恺撒洛玛古斯	博韦
		图纳库姆	图尔奈
		科洛利亚阿格里皮纳	科隆
		卢格杜努姆巴塔沃乌姆	莱顿
		莫古提亚库姆	美因茨
		康弗洛恩特斯	科布伦茨
		阿根托拉图姆	斯特拉斯堡

第四部包含比利时、法国、德意志的部分地区。在占据过古代高卢的三大民族中，凯尔特人是目前为止人数最多的。这些人，同比利其人和阿基坦人一样，都分成许多不同的部落，就如美国的印第安人被发现时也有不同的部落一样。他们都被罗马人征服，后来又被法兰克人征服。法兰克人统治国家，驱逐他们，几乎将这片土地的土著灭绝。这些历史事件将会在后面的章节中阐述。

现在的法国被划分为86个省，下面又分为区、州、市镇等。国土面积超过20万平方英里，人口3 500万人。

北部地区

古代行省	现在省份	首府	1827年人口
佛兰德斯	北部省	里尔	69 086
阿图瓦	加莱海峡省	阿拉斯	22 173
庇卡底	索姆省	亚眠	42 032
诺曼底	下塞纳省	鲁昂	93 000
	厄尔省	埃夫勒	9 729
	卡尔瓦多斯省	卡昂	38 161
	芒什省	圣洛	8 509
	奥恩省	阿朗松	14 071
法兰西岛	塞纳省	巴黎	1 100 000
	塞纳-瓦兹省	凡尔赛	39 986
	塞纳-马恩省	默伦	7 199
	瓦兹省	博韦	12 865
	埃纳省	拉昂	7 354

（续表）

古代行省	现在省份	首府	1827年人口
香槟	阿登省	梅济耶尔	4 159
	马恩省	马恩河畔沙隆	12 419
	奥布省	特鲁瓦	25 587
	上马恩省	肖蒙	6 927
洛林	默兹省	巴勒迪克	12 520
	摩泽尔省	梅斯	45 276
	默尔特省	南锡	29 122
	孚日省	埃皮纳勒	7 951

中部地区

古代行省	现在省份	首府	1827年人口
奥尔良诺斯	卢瓦雷省	奥尔良	40 340
	厄尔-卢瓦尔省	沙特尔	13 703
	卢瓦尔-谢尔省	布卢瓦	11 337
图赖讷	安德尔-卢瓦尔省	图尔	20 927
	安德尔省	沙托鲁	11 010
贝里	谢尔省	布尔日	19 500
尼韦内	涅夫勒省	讷韦尔	15 782
波旁奈伊	阿列省	穆兰	14 525
马尔彻	克勒兹省	盖雷	3 448
利穆赞	上维埃纳省	利摩日	25 612
	科雷兹省	蒂勒	8 479

（续表）

古代行省	现在省份	首府	1827年人口
奥弗涅	多姆山省	克莱蒙费朗	30 010
	康塔尔省	欧里亚克	8 576

西部地区

古代行省	现在省份	首府	1827年人口
曼恩	萨尔特省	勒芒	19 477
	马耶讷省	拉瓦勒	15 840
安茹	曼恩-卢瓦尔省	昂热	29 978
布列塔尼	伊勒-维莱讷省	雷恩	29 377
	阿摩尔滨海省	圣布里厄	9 963
	菲尼斯泰尔省	坎佩尔	10 032
	莫尔比昂省	瓦讷	11 289
	大西洋卢瓦尔省	南特	71 937
泊松	维埃纳省	普瓦捷	21 563
	德塞夫勒省	尼奥尔	15 799
	旺代省	波旁旺代	3 129
奥斯尼、圣东日行及昂古来姆	滨海夏朗德省	拉罗谢尔	11 173
	夏朗德省	昂古莱姆	15 306

东部地区

<table>
<tr><th>古代行省</th><th>现在省份</th><th>首府</th><th>1827年人口</th></tr>
<tr><td rowspan="2">阿尔萨斯</td><td>上莱茵省</td><td>科尔马</td><td>15 495</td></tr>
<tr><td>下莱茵省</td><td>斯特拉斯堡</td><td>49 708</td></tr>
<tr><td rowspan="3">弗朗什-孔泰</td><td>上索恩省</td><td>沃苏勒</td><td>5 252</td></tr>
<tr><td>杜省</td><td>贝桑松</td><td>28 795</td></tr>
<tr><td>汝拉省</td><td>隆勒索涅</td><td>7 804</td></tr>
<tr><td rowspan="4">勃艮第</td><td>约讷省</td><td>欧塞尔</td><td>12 348</td></tr>
<tr><td>科多尔省</td><td>第戎</td><td>23 845</td></tr>
<tr><td>索恩-卢瓦尔省</td><td>马孔</td><td>10 963</td></tr>
<tr><td>安省</td><td>布雷斯堡</td><td>8 424</td></tr>
<tr><td rowspan="2">里昂</td><td>罗讷省</td><td>里昂</td><td>150 000</td></tr>
<tr><td>卢瓦尔省</td><td>圣艾蒂安</td><td>5 156</td></tr>
</table>

南部地区

<table>
<tr><th>古代行省</th><th>现在省份</th><th>首府</th><th>1827年人口</th></tr>
<tr><td rowspan="8">朗格多克</td><td>上卢瓦尔省</td><td>勒皮</td><td>14 998</td></tr>
<tr><td>阿尔代什省</td><td>普里瓦</td><td>4 199</td></tr>
<tr><td>洛泽尔省</td><td>芒德</td><td>5 445</td></tr>
<tr><td>加尔省</td><td>尼姆</td><td>39 008</td></tr>
<tr><td>埃罗省</td><td>蒙彼利埃</td><td>35 842</td></tr>
<tr><td>塔恩省</td><td>阿尔比</td><td>10 993</td></tr>
<tr><td>奥德省</td><td>卡尔卡松</td><td>17 755</td></tr>
<tr><td>上加龙省</td><td>图卢兹</td><td>55 319</td></tr>
</table>

（续表）

古代行省	现在省份	首府	1827年人口
鲁西荣	东比利牛斯省	佩皮尼昂	15 357
富瓦伯爵领地	阿列日省	富瓦	4 958
吉耶纳-加斯科涅	多尔多涅省	佩里格	8 588
	吉伦特省	波尔多	98 549
	洛特-加龙省	阿让	11 971
	洛特省	卡奥尔	12 413
	塔恩-加龙省	蒙托邦	25 466
	阿韦龙省	罗德兹	7 747
	朗德省	蒙德马桑	3 088
	热尔省	欧什	10 844
	上比利牛斯省	塔布	8 712
萨利耶德贝阿尔恩	下比利牛斯省	波城	11 761
多菲内	伊泽尔省	格勒诺布尔	22 149
	德龙省	瓦朗斯	10 283
	上阿尔卑斯省	加普	7 015
维奈桑伯爵领地	沃克吕兹省	阿维尼翁	31 180
普罗旺斯	下阿尔卑斯省	迪涅莱班	3 955
	罗讷河口省	马赛	115 941
	瓦尔省	土伦	8 035
科西嘉岛	科西嘉省	阿雅克肖	7 088

第353章

从早期居民到墨洛温王朝

（前800—741）

古代高卢的范围包括现在的法国和比利时、荷兰的部分地区、普鲁士、巴伐利亚以及瑞士。高卢人，或称凯尔特人，在北方；伊比利亚人，或称阿基坦人，在南方，他们似乎是法国境内最早的居民。虽然毗邻而居，但是这两个民族的语言、习惯和风俗都不相同，从来没有融合过。

凯尔特人通常是一大群人聚集，他们爱喧闹、宴乐，勇猛，经常远征，参与冒险的战争。伊比利亚人则正相反，据斯特拉波描述，他们分成小部落聚居，有耐心，爱劳动，安居在山区里，耕种谷物，冶炼金属。显而易见，他们的语言从远古时期一直流传下来。事实上，伊比利亚语言在巴斯克语中依然存在，与西班牙接壤的地区也能听到这种语言。凯尔特语则在2 000多年的变迁中演化成了法国下布列塔尼地区农民使用的本地方言，也是英国的爱尔兰及威尔士地区的方言。

凯尔特人更加强大，因为他们人数众多，而且更加团结。他们将伊比利亚人驱逐到比利牛斯山外。之后，腓尼基人来到了高卢沿海地区，想要挖掘这里丰富的矿产。福基斯的爱奥尼亚人建立了马赛，并于公元前590年将其变成富饶的殖民地。

这一事件之前，一个新的凯尔特民族加入了高卢凯尔特人中。关于这一点，在这些远古时期的含糊记载中，最广为人接受的观点即为，辛梅里安人，或者说辛布里人同样属于凯尔特民族，他们从远古时期就独立出来，分散到了莱茵河及多瑙河沿岸，甚至行进到了黑海附近。公元前7世纪左右，亚洲南部人口发生的大迁徙以及带来的巨大冲击，迫使黑海附近的辛布里人回到西部；与自己的同胞争斗了半个世纪后，这些凯尔特人大部分定居在塞纳河与卢瓦尔河

凯尔特人的村庄

谷地区之间的高卢西北地区——约公元前630年。

从这一时期起，高卢地区一直受到这些新居民的影响，他们将德鲁伊教从亚洲的边界带到了欧洲的最远处，留给后代众多让人惊叹的纪念碑；这种宗教非常恐怖，还带有阴暗的神秘色彩，他们的神庙常常位于森林中，隐藏在橡树下，或是在狂风暴雨肆虐的山崖边上；它有用人类献祭的野蛮传统，认为这样能使灵魂永恒，也相信有另一个世界存在。

凯尔特人和辛布里人常被统称为高卢人，自早期就挥舞刀剑与罗马人作战。当时罗马还是一座不知名的小城，正默默在摇篮中为征服世界积蓄力量。高卢人越过亚平宁山脉攻打罗马，惊恐无比的居民主动弃城投降。两个世纪以来，高卢人都是罗马人最可怕、最强大的敌人。

汉尼拔带着军队进入意大利，正是在高卢人的帮助下，才在色雷斯曼奴斯和坎尼大败罗马人。根据历史学家的记载，高卢士兵满腔怒火，他们与自己国家未来的征服者罗马人展开了激烈的战斗，仿佛被这盲目而本能的仇恨冲昏了头脑。

大约公元前150年，一些高卢部落间发生内讧，罗马人趁虚而入，渗透到这个国家内部，统治了东南部30年之久。强大的辛布里人和日耳曼人的入侵迫使他们中止了继续征服的计划，我们曾在罗马历史中对此做过介绍。这些部落最终被马略歼灭，大部分男人在战场上被杀，女人们切断自己孩子的喉咙，或者把自己绑在牛角上，任由自己被牛冲撞死去。

尤利乌斯·恺撒，这位罗马历史上最负盛名的人物，完成了对这个国家最终的征服。经过8年的反抗，高卢终于向这位战无不胜的

古凯尔特武士

将军投降。在他所著的《高卢战记》中，恺撒提到高卢人是欢乐轻松的人民，感情短暂易逝，并不深刻持久。他们以打猎和捕鱼为生，武器是弓箭斧头。他们的裤子通常很紧，肩上披着披风。他们没有教堂，人们会聚集在森林深处，由他们的祭司，也就是德鲁伊，向他们敬拜的神献上祭品。当时的巴黎城不过是一片由灰泥搭建的小屋，看上去就像后世美洲印第安人的棚屋。

恺撒征服高卢的最后一次战争发生于公元前50年，据说9次战役后，已经有100万人被杀。罗马人统治了4个多世纪，其间没有中断。这个国家迅速习惯了罗马的习俗和法律。高卢人这个称呼被高卢罗马人所取代。法国的语言、法律及行政管理的基础都源自罗马。当地居民身上依然有着非常明显的意大利人和凯尔特人融合的痕迹。

在罗马统治期间，高卢的历史几乎没有什么显著之处，也没有什么伟大的人物，它的历史属于罗马帝国，而不属于法国。罗马有高卢的演说家、高卢的学者和高卢的将军。而罗马则带来了优雅，很快又带来了迷信和腐败。我们已经详细叙述了蛮族于5世纪入侵罗马，而罗马则于476年衰落。高卢的命运与罗马相似，它被这些可怕的蛮族占领，最终与意大利分道扬镳。

约376年，生活在里海北面的匈人开始沿着中国的边界向西方出发。即便是蛮族部落也害怕他们的进攻。罗马人将他们描述成两足行走的野兽，是巫师或者魔鬼的后代。没有什么能缓解这些部落引起的恐惧。匈人大肆攻击其他国家，阿兰人流离失所，哥特人被赶出家乡，日耳曼人立即陷入混乱，匆匆逃往西部边境。

413年，勃艮第人首先在高卢站稳脚跟。与汪达尔人、苏维汇人及伦巴第人一样，他们都发源于波罗的海的沿岸，曾帮助罗马人抵御日耳曼人，多年来他们在阿尔卑斯山上安营扎寨，驻扎在莱茵河及多瑙河的发源地之间。虽然历史上对于勃艮第人的记载不多，但是他们身材高大，性情温和，思想淳朴。他们大部分人在当地工作，尤其擅长木工。在这些工作中他们找到了平和的心境，勤劳致富的资源，而其他民族只会在战争与抢劫中寻找这些。

西哥特人是第二批安定下来的居民，跟勃艮第人一样，他们并没有对高卢人表现出敌意。他们原本野蛮的行为举止在与罗马人的交流中逐渐改善。根据历史学家的描述，他们性格活泼而富有智慧，懂得欣赏美好的艺术及壮观的罗马文明。他们全族携家带口，赶着牲口，寻找可以重建家园的地方。

墨洛温王朝君主

另一个被称作法兰克的民族，也来到了高卢，但他们是怀着不同的目的而来的。他们居住的地区包含现在的法兰克尼亚、黑森-卡塞尔、威斯特伐利亚。但是对他们在那个时期的历史或者起源人们知之甚少。一般认为，他们是在420年左右被一位名叫法拉蒙德的国王带到法国的。他们粗鲁凶猛，在打胜仗后，便瓜分征服的土地，将战俘当作奴隶。

法拉蒙德有两位继任者：国王克洛迪奥及墨洛维。一直到克洛维时代，法兰克人才完全在高卢站稳脚跟。早期的君主政权被统称为墨洛温王朝，从法拉蒙德的继任者墨洛维的名字演化而来，国王们也被称为“长发王”，因为他们都有飘逸的头发，这随后成了贵族的标志。虽然历史上缺少法拉蒙德、克洛迪奥及墨洛维存在的史实证据，但是有关克洛维的历史却毋庸置疑。自克洛维开始的历史清晰而准确，是他征服了这个国家的其他地区，将高卢改名为法兰克王国，并定都巴黎。

496年圣诞，克洛维在兰斯受洗，就此成为法国第一位基督徒国

克洛维与他的军队

王。装有圣油的小玻璃瓶一直保存至今，被称为“天赐圣瓶”。克洛维可以被看作是法国君主制的创始人，因为他首次将占领法国的几个不同的民族统一起来。

他制定了许多公平的法律，并推进了《萨利克法典》的编纂，其中一条仍然有效，即女性没有王位继承权。从克洛维时代至今，法国从来没有出过一位单独的女王执政，虽然国王的妻子与女王是同一个单词。他30年来都在不断征战，生活在自己的士兵之中，因此他更像是一名将军或者强盗首领，而不是一位国王。为了巩固自己的权威，他剃光了许多亲戚的头发；后来，要是头发再长长的话——这是皇室的象征——他就把他们处死。

克洛维于511年去世，他将王国分给了4个儿子：提乌德里克一世、克洛多梅尔、希尔德贝尔特一世、克洛泰尔一世。他们自512年起共同执政。克洛泰尔一世是他们中活的时间最长的，于561年去世，他有4个儿子：查理贝尔特一世、贡特拉姆、希尔佩里克一世、西吉贝尔特一世继位。西吉贝尔特娶了西班牙国王的女儿布伦希尔德，希尔佩里克一世娶了农民的女儿弗雷德贡德。两位王后的纷争使法国血流成河。

达戈贝尔特一世

贡特拉姆是兄弟中活的时间最长的，死于593年。法兰克王国又分给了西吉贝尔特一世的儿子希尔德贝尔特二世及希尔佩里克一世的儿子克洛泰尔二世。628年，克洛泰尔二世的两个儿子达戈贝尔特一世及查理贝尔特二世继位。631年，达戈贝尔特一世谋杀了自己的兄弟，成为唯一的国王。他犯下了许多残暴的罪行，但是却以执法公正闻名。他多次战胜了萨克森人、斯拉沃尼亚人及加斯科涅人。但是他的残忍及放荡却使胜利蒙羞。在战胜萨克森人后，他把所有身高超过自己佩剑长度的人都处死。在他统治期间，法兰克王国在一定程度上引起了世界的关注。

查理·马特

达戈贝尔特一世于638年去世，继位的君主们被称作“懒王”。他们在政府中毫无作为，懒散度日，权力落到大臣或是他们所称的宫相手里。688年，丕平二世成为宫相，获得了全部的权力，国王们不过是戴着王冠的傀儡。丕平二世于714年去世，他的儿子查理·马特接任，因为他在战争中使用的锤子很重，因而他被称为“铁锤查理”。正如我们在前面的历史中讲述的，他从萨拉森人手中拯救了王国。737年，提乌德里克二世死后，马特没有继续任命一位名义上的国王，以宫相的名义统治整个国家。741年，他在去世之际将王国交给自己的两个儿子丕平和卡洛曼，他们继承了国王的权力，终结了墨洛温王朝，或者说终结了克洛维家族自481年至741年的统治。

第354章

矮子丕平与加洛林诸王

（741—986）

查理·马特把王国一分为二没有持续多长时间。丕平三世，通常被称为“矮子丕平”，虽然身材矮小，却精力充沛、雄心勃勃，他很快劝说卡洛曼进了修道院，并加强了自己的权力，进而成为法兰克王国的国王，也是新王朝的创建者。

用圣瓶里的油涂在头上也由此沿袭下来，成了法国国王加冕时的仪式之一。此时的法兰克王国国力强大，丕平三世的名声甚至传到了君士坦丁堡，东罗马帝国的统治者给他送来许多大礼。生活的舒适乃至奢侈已经很常见了，王国内也定期有集市。在这些集市上，意大利及南方的商人常常出现，带着来自外国的商品售卖。

这一时期，整个欧洲的礼仪及习俗都受到封建制度的巨大影响。我们在这里只做简单陈述，读者如果想要详细了解，可以读一下德意志的历史，因为封建制度从那里起源。早期的国王往往是勇猛的战士，带领自己的军队征战，受到贵族拥护。这些贵族对国王的支持不会给他们带来钱财，而是得到土地，条件是他们必须服从国王，并且每次战争都要率领相应人数的士兵出战。他们的土地可以在父子之间继承，但是女性没有继承权。得到王室赏赐土地的贵族因此被称作国王的封臣，他们的土地则被称作封地。

封地通常相当广阔，国王的封臣也可以将自己封地里的部分土地封给爵位低一级的男爵，而被封赏的人则需要服从他们并为此承担义务，就像他们对国王承担义务一样。这样，王国里每个人都是自己封君的封臣，封君被称为领主。至于农奴，或说奴隶，被限制于自己出生的土地上，随那块土地一起被买卖，就像牛羊一样。在当时的年代，领主对自己封臣或者奴隶的生命和财产有绝对支配权力。因此，封建制度是建立在大批人服从于贵族或领主这一小部分土地所有者的基础上的。

丕平三世于768年去世，将王国留给了他的两个儿子：查理和卡洛曼。卡洛曼在丕平死后只活了两年，因此，查理成了法兰克王国的唯一统治者，他被称为“查理曼”或“查理大帝”。从他开始，由他父亲创建的这个王朝就被称为加洛林王朝。

查理曼

他是那个时代最著名的战士，在位期间共远征53次，其中与伦巴第人、萨克森人以及萨拉森人的战争最为引人注目。与伦巴第王国的战争持续了3年，最终以伦巴第于776年投降而结束，王国的土地随即变成了查理曼封给儿子丕平的一个独特的王国。与萨克森人的战争是一个国家向另一个国家发动的最为惨烈的战争之一，共持续了33年，基本上是在萨克森人荒无人烟的土地上进行的。查理不在本国的边境上等待他们，而是穿过前线，去他们的大本营进攻他们。他坚持不懈，在武力失效时甚至动用神父和传教士去布道，经过18场战争后，他终于征服了萨克森人。他漫长军事生涯中唯一一次失败，就是远征西班牙时与萨拉森人的战争。

管理这个庞大的国家所需要的天赋，不亚于征服现在已经并入这个庞大国家的各个民族。他在亚琛——在普鲁士——建立了王宫，在那里他可以轻松地监督被自己征服的蛮族。另外，无论从品位上、从感情上，还是从家族记忆上，他都被那里吸引。他是日耳曼人，出生在巴伐利亚的萨尔茨堡。他所有的行为都展现出对日耳曼习俗的偏爱。

但是，在治理国家方面，他必须寻求更高层次的指引和榜样。在德意志，他能找到的只是未开化的政府，对游牧部落和未开化的部落在有限的范围内行使权力。然而，罗马帝国统治最佳时代范例的光芒从南方照到这里，他借鉴了其中一些思想，加以改进，用来统治自己更为粗鲁的人民。他采用了罗马行省管理的体制，给自己统治下偏远领地设立了总督，他称之为公爵或伯爵。他们负责征兵、执法和收税。为了避免权力的不公，查理曼创建了一个皇家使节或巡视员机构，负责观察各地政府运行的情况并按时呈交报告。

他在位期间召开了35次国民大会，讨论法律问题，查理曼希望通过这种方式将他的人民纳入统一的民事和宗教的立法之下。然而，很显然他失败了，因为每个民族都有自己独特的法律、习俗和宗教信仰，想要将这么多民族融合在一起是不可能的。虽然他的宏伟蓝图不可能实现，但是这一勇敢的尝试仍然值得赞扬。

查理曼是自己所在年代最具学识的人之一，尽管他的知识在我们今天看来是相当浅薄的。在一生繁忙的事业中，他仍然抽出时间学习语法、历史、神学、天文学、法律及音乐。他致力于唤醒臣民们的文学品位及对文学的追求。当时，修道院的修道士几乎是唯一的学者群体，贵族基本上不识字。查理曼为年轻人设立学校，创建巴黎大学，资助修道院，鼓励教授，给他们丰厚的薪水。

在这一时期——800年——罗马加冕他为皇帝。历史学家们证实这并未事先取得他的同意。他在梵蒂冈参加弥撒。据说，教皇在圣所里突然走向查理曼，将圣油倒在他头上，宣布他为法兰西帝国皇帝。这更有可能是教皇和他串通好的一个阴谋。毕竟，西罗马帝国灭亡后，没有人的权力能与他相提并论。他在加冕为帝后活了14年，年事渐高也从来没有减少他一丝一毫的成就。

查理曼统治时代连接了古代与现代历史，标志着法国历史上开始鼓励学识和艺术的发展：在罗马帝国灭亡后，他可以被称作是西欧文明的重启者。他众多的个人美德，他的公正，对培育科学的热情，以及对改善臣民风俗的极端热忱，完全值得法国人与德国人以这个时期为傲。

他于814年1月在亚琛去世。在生命的尽头，他用低沉而颤抖的语调说：“主啊，我将灵魂交在你手中。”他享年72岁，在位47年。他的遗体存放在教堂的拱顶里。他被放在金宝座上，身穿国王服制，头戴王冠，佩带宝剑。他的膝盖上放着《圣经》，祭服底下是忏悔者穿的苦衣，他依然拿着朝圣者的包裹，那是他每次去罗马朝圣时随身携带的。

在他去世之际，帝国向南扩张到了埃布罗河，向东、向北分别扩张至艾德河和维斯瓦河，向西扩展至大西洋。他的领土包括意大利、整个德意志以及现在的匈牙利、波希米亚、波兰、普鲁士、半个西班牙和整个法国。

查理曼的儿子虔诚者路易继承了皇位，但是他既没有父亲的智慧，也没有父亲的精力。他两次被3个儿子废黜，但都被第四个儿子也是小儿子重新扶上帝位。他于840年去世，帝国分给了儿子们。大儿子洛泰尔分到了意大利和德意志王国的一部分地区，继承了皇帝的头衔；第三子路易，被称作日耳曼人，占领了德意志王国剩余的地区；幼子秃头查理做了法兰克国王。

诺曼人，又称北方人，是居住在欧洲北部地区瑞典、挪威和丹麦的野蛮民族，开始成为他们周边国家的威胁。他们是技术娴熟的水手，也是强大的敌人；他们靠着海岸航行，溯河而上，在沿途的村庄和农场里烧杀掠夺，人的生命和财产难以保全。破坏活动主要发生在法国。这种情况持续了好几个君主统治时期，但随后发生的一个事件，将诺曼人从一群强盗变成了一个强大的民族。

路易二世是秃头查理的儿子，因为有语言障碍而被称为“口吃者”，他只在位两年，于879年去世。王国分给了他的两个儿子路易和卡洛曼。他们也不长寿，法国王位就被贵族和主教们赐给了胖子查理，他是日耳曼人路易的儿子。胖子查理已经是德意志王国的国王，现在又是法兰克王国的国王，查理曼的庞大帝国，除了普罗旺斯，又在他重孙手里统一了。

他的愚蠢统治使诺曼人的势力不断壮大。他们对法国的怒气越燃越烈。886年，他们围攻了巴黎。当时的巴黎还是一座小城，几乎没有士兵看守。国王和王宫当时在意大利的帕维亚。巴黎伯爵厄德带领法国最勇猛的人守卫巴黎。这位将军派人送了好几封信给国王，恳求他派兵支援这座陷入困境的城市。查理却在巴黎被围困4年后才首次率军出现。但是，查理并没有开战，由于恐惧而直接派人向诺曼人的首领求和，提出给他一大笔钱，请他撤军，并且同意他可以向另一个地方进军、劫掠以及将其夷为平地。

查理的臣民因为这一举动受到了极大的侮辱，对国王无比厌恶，宣布不再效忠于他，国王也正式被废黜。他被剥夺了国王头衔，被全世界抛弃，就这样，在自己的领地上成了一个可怜的弃儿。他本可能就这样饥寒交迫地死去，但是一位牧师怜悯他，给他食物和衣服，直到他去世。

厄德伯爵被选为国王，统治了10年。在位期间，他不断抵御诺曼人的入侵，因为诺曼人决意要在这个国家占有一席之地。他死于898年，路易二世的儿子查理三世继位，他因为能力不足，故被称为“糊涂王”。他智力低下，并不适合执掌大权，因而他不过是野心勃勃的贵族手中的傀儡。他将法国的一整块土地都割让给了诺曼人，当时这片土地被称为纽斯特利亚，即后来的诺曼底，条件是他们的首领罗洛接受基督教信仰，也必须因自己的新领土而向国王效忠。

罗洛接受了这些条件，但在效忠礼式上出了一点小差错，他本应当去亲吻国王的脚，而傲慢的首领拒绝做出这种臣服的行为。他最终同意由人代劳，选了一个自己的士兵代替他去完成这个象征顺服的仪式。但是，粗鲁的诺曼士兵似乎也不愿意替主人行使他颇觉羞辱的使命。他没有按照规矩跪下去亲吻国王的脚，而是用手把国王的脚抬到自己嘴边，他抬得太快了，国王一下子失去平衡，从宝座上摔了下去。

这种大不敬的行为被忽略了，罗洛和部下都接受了洗礼，在新的领地安定下来。罗洛是第一位诺曼底公爵，他成为一长串英格兰国王的祖先，也是征服者威廉的曾曾祖父。他放弃了烧杀掠夺的习惯，建立学校，创立了一套明智的法律体系。他的部下在一两代人之后也被法国的语言、风俗习惯同化了。在罗洛的治理下，诺曼底很快就成为法国最繁荣富饶的地方。

有太多的证据证明糊涂王查理三世没有治理国家的能力，因此臣民们于922年将他废黜。他于928年去世。王位交予厄德的侄子伟大的于格，但于格拒绝了，他将王位转给了自己的姐夫拉乌尔一世，而自己则掌握着实权。

拉乌尔一世于935年去世，王位又转到于格手里。于格再次拒绝，把糊涂王查理的儿子路易从英格兰接回来继位，路易因为父亲被废黜而流放到英国。于格热烈欢迎他回国，尊他为路易四世。但他有时被称为“海外归来者”，在位18年，死于954年，没有任何重要政绩。

于格于两年后去世，被认为是最有权势却没有戴过王冠的人。他几乎是政权的绝对掌控者，尽管从未称王。他结婚3次，每次都是跟某一位国王的女儿结婚。他所有的财产和权力由儿子于格·卡佩继承。

路易四世死后，他的儿子洛泰尔继位，自954年至986年执政。

他执政期间没有什么大事发生。他的儿子路易五世随后继位，绰号“懒王”，但他只当了几个月的国王。此时，查理曼家族已经没有男丁可以继承王位了，于是于格·卡佩因自己的财富及影响力称王。这也为延续了276年的加洛林王朝画上了句号。

正如我们前文所述，查理曼及日耳曼人路易统治时期，其疆域包括了意大利、德意志、普鲁士、法国及西班牙的部分地区，而加洛林王朝后期逐渐没落，领地减少到只有兰斯和巴黎附近的一小块地区。这一时期法国绝大部分土地是贵族的封地，他们认为自己不受国王的支配。于格虽然获得了王位，名义上拥有一个王国，却只能统治其中的一小片土地。大贵族们认为自己是他的封臣，却不服从他的统治，每个人在自己的封地各自为政。

第355章

卡佩诸王

（986—1108）

当时有7个大的公国独立于王权之外，分别为勃艮第、阿基坦、诺曼底、加斯科涅、弗拉芒、香槟、图卢兹。下面的对话充分说明了当时王室权威的无足轻重。当于格问：“是谁封你为伯爵的？”这些自治的领主中有一位反问：“是谁让你成为国王的？”这使得于格和他的继任者们大为不满，他们的主要目标就成了削弱这些傲慢封臣们的势力。

这一目标直到腓力二世·奥古斯都时期才得以实现，而那已经是两个世纪后的事情了。但于格是一位明智的统治者，他的政绩使得卡佩王朝一直存在至法国大革命，这也是现存最古老的王朝。欧洲共有118位君主出自这一王朝，其中，法国36位，葡萄牙22位，那不勒斯及西西里11位，西班牙5位，匈牙利3位，君士坦丁堡3位，纳瓦拉3位，勃艮第公爵17位，布列塔尼公爵12位，洛林公爵2位，帕尔马公爵4位。在四次被推翻，但又重新恢复王位后，卡佩家族作为第一个也是最古老的欧洲政治合法性原则的支持者巍然耸立。

于格定居在巴黎，从那时起，巴黎就成了政府所在地。统治国家10年后，他于996年去世，留下一个儿子、3个女儿。当时已经接近尾声的10世纪被称为欧洲的铁器时代，这是一个充斥着谋杀、残暴、无耻及无宗教信仰的时代。

萨拉森人在7世纪征服了埃及，切断了那里与欧洲的联系。写书用的纸莎草纸无法购得，所以用羊皮纸作为记载的材料，而这种纸非常昂贵，因此罗马人的作品被抹去，以便记载新的篇章。要买一卷书就要花掉一大笔钱。安茹的一位伯爵夫人为了买一小卷宗教书，就花了200只羊、5夸脱小麦、5夸脱黑麦和5夸脱小米。

于格·卡佩的继位者是他的儿子罗贝尔二世（虔诚者）。有关这位国王的记载不多，而出现这一情况的原因也很奇特。当时的人们普遍认为基督教纪元开始后1000年，世界就会毁灭，而那时已经颇为接近这一终点。如果世界就要毁灭，没有人想要写任何年鉴，郑重而虔诚的人变得更加笃信，归隐到与世隔绝的地方，默默祷告忏悔。而一无挂虑的人决定及时行乐，更加荒废时光。

在1000年来临之时，世界依然继续运转，只不过蒙上了愁云惨雾。大片大片的土地被荒废，劳动也陷于停滞。传说中世界要毁灭的那一天来了又去了，可怕的一年来了又走了，1001年就这样到来了，人们渐渐重拾勇气，回归正常的生活。奇怪的谣言就这样消散了。

从关于于格·卡佩儿子的有限记载中，我们可以看出，他更适合做个修道士，而不是国王。他非常虔诚，乐善好施，脾气温和。也正因为这些美德，他的统治平庸无奇。

罗贝尔二世娶了一个自己非常喜爱的妻子。然而，教皇格里高利五世命令罗贝尔二世与他妻子伯莎离婚，因为她是他的远房表妹。他们拒绝这样做，教皇勃然大怒，开除了他们的教籍，惊恐的宫廷立即抛弃了这对国王夫妇。王国随即处于“禁行圣事令”之下，也就是说，所有宗教机构的宗教活动都要停止。教堂关闭，没有人能受洗，也没有人能结婚，就连去世的人都缺少了下葬必备的仪式。各方压力迫使罗贝尔二世妥协，由于国王的迷信，教皇最终占了上风。他同意离开伯莎，伯莎进了修道院。1002年，罗贝尔二世再婚，娶了普罗旺斯的康斯坦丝。

有关国王的轶事中，最令人惊奇的是他对身边朋友的选择。他更愿意和乞丐们在一起，而不是和王后及她的朋友们相处，王宫里基本上每天都有300个左右的乞丐。他小心翼翼地使他们藏在康斯坦丝看不到的地方。

有一天，他吃饭时将一个乞丐藏在桌子下面，当王后时不时地看向别处，他就灵巧地扔给乞丐一块肉。晚餐过后，乞丐走了，让人不解的是，国王披风上的金饰也不见了。如果不是和乞丐朋友在一起的话，罗贝尔二世就与修道院的修道士们在一起，或者在朝圣。1031年，在朝圣回来的路上，他生病了，并在米兰去世，终年60岁，在位34年。

他的儿子亨利一世继位。在卡佩王朝的存续过程中，或者说，法国国王的第三个王朝，法国的君主政体由以前的选举产生变成了继承制，王位父子相传。为了确保这种继承形式，前6位国王都将长子封圣。在封圣仪式上，采用了特定的形式，使人民铭记自己的选举权利。他们会被问是否同意接受新的君主，但是因为他们总是回答接受，而且即便他们拒不接受，他们的意见也不在考虑范围内，因此这种貌似征求意见的做法仅仅流于形式，他们的决定对结果影响不大。

母亲康斯坦丝对亨利一世的继位颇有异议，她希望最小的儿子罗贝尔能继承王位，于是挑起一场叛乱来反抗他的统治。在宽宏的罗贝尔的帮助下，亨利一世平息了这场叛乱；宽宏的罗贝尔是诺曼底公爵，因为恶行，他有时也被称为“魔鬼罗贝尔”。康斯坦丝被关进修道院，并在那里去世。亨利一世为了安抚自己的弟弟，便把勃艮第赐给他，并慷慨赏赐了宽宏的罗贝尔。

宽宏的罗贝尔因为对以前罪过的悔恨，出发去耶路撒冷朝圣，出发前要求贵族们宣誓效忠自己的私生子威廉。宽宏的罗贝尔最后死于圣地，有几个诺曼贵族联合起来，试图从威廉那里争夺遗产并将其瓜分。

然而，威廉虽然年轻，却展现出了惊人的才能，在法国国王亨利一世的帮助下保住了自己的权力，而他的才能后来使他脱颖而出。然而法国国王很快就开始嫉妒这位年轻的公爵势力的日益壮大，便入侵诺曼底。在遭受了巨大的损失后，他被迫讲和。这一举动为后来英法君主之间的仇恨埋下了伏笔。诺曼底公爵威廉，或者说更为人熟知的征服者威廉不久便战胜了最后一位撒克逊国王哈罗德，成为英格兰国王。

亨利一世于1060年去世，在位29年。他是个无足轻重的人物，当时的法国历史学家似乎都忘记了曾经有过这样一个君主。在权力上，他的一些贵族使他黯然失色，同期发生的重要历史事件中也找不到他的身影。人民以前所未有的步伐大步前进着。在这个时代出

游侠骑士

现了一个新的阶层，他们对法国社会影响非凡，使社会风气发生了巨大变化。他们向一群粗鲁的人介绍了秩序、优雅和礼貌，而这群人之前虽然跟野蛮时期的法兰克人相比有了很大进步，但依然算不上是文明开化的人。这一阶层的成员被称为游侠骑士，这种精神被称为骑士精神。

我们必须明白，在这一时期，不平等和压迫普遍存在：法律是由动荡不安的贵族们制定的，而他们彼此纷争不断。游侠骑士站出来保护那些无法保护自己的人。他们将剑献给上帝，并发誓剑只为了保护那些软弱被压迫的人而用。这种浪漫精神迅速蔓延，骑士很快成为一种正规职业；每个贵族都渴望获得骑士这项荣誉。只有出身高贵的人才能加入这一组织。

但是，除了贵族血统，骑士必须彬彬有礼、慷慨大方，并且尊敬上级、尊敬女士；对于追求骑士荣誉的人来说，这些特质都是必须具备的。这样做的一个重要后果是，对于年轻人的教导变得更加认真细致，那些愿意遵守骑士精神的人也珍惜礼貌、求真和服从这些品格。社会进步的第一步就这样迈出了；除了纯粹的蛮力，还需要其他东西来获得荣誉，而这已经不再是公认的“强权即真理”的准则。

加入骑士组织的仪式很特别。候选者达到21岁，表现出自己具备必备的资质，并被送到浴缸里，他的罪因此被洗去。然后他穿上衣服，先是白色的束腰外衣，接着是深红色的背心，最后穿戴一整套完整的黑色盔甲：白色外衣象征着他宣誓要过的纯洁生活，红色背心象征着他将要洒出的热血，黑色盔甲则象征他时刻准备好面对的死亡。然后再戴上腰带以及一副马刺，这表示他已经准备好去执行任务了。最后，他佩带好宝剑；在这一部分会有劝勉，鼓励他勇敢忠诚。仪式的最后，将会用剑背轻拍其肩部，相当于纪念，使其在脑海中永远铭记骑士精神。

仪式完成之后，新骑士就准备好周游世界，献身于冒险了。这些人做出了许多冒险之举，因为他们的主要荣耀就在于克服困难，战胜危险。他们宣誓保卫自己的祖国、宗教、君主，保护女人和孩子，时刻准备为受压迫的人而战。他们不必缴税，也不是别人的附庸，无论到哪里都受到欢迎。有游侠骑士到的地方，城堡的大门总是为他们敞开，如果他愿意逗留，总会得到热情的接待。

虽然骑士是为了捍卫弱小无助者而生的，但是产生的直接影响远远超出了这一目标。它改进了贵族的礼仪规范，引入了消费习惯，从而刺激了工业的发展。贸易大大增加，鼓励培养人才和创造能力。国内的贸易和人流不再局限于游荡的商贩，城镇再次住满居民，街道上满是店铺和仓库，商人们变得富有，能够从事国外贸易。乡下居民和农民的条件也得到了改善，虽然他们依然为农场主卖力，不会太富有，但是他们受到的人身伤害少了。游侠骑士们规定不得骚扰田地里的劳力，或是抢夺他们赖以为生的工具。

虽然骑士精神给人带来的感觉常常是极度狂热的爱及荣誉感，

但是在净化及完善行动动机方面它功不可没。对他们的敬畏阻止欧洲人再次陷入野蛮时代，消灭了以封建制度为根基的社会中不可避免的堕落趋势。骑士精神也给诗歌带来了巨大的影响。法国南方的游唱诗人、北方的吟唱诗人、英国的吟游诗人、德国的吟游歌者都歌颂着热情好客、盛情款待他们的骑士们的功绩。与东方的交流在十字军东征时期逐渐发展起来，童话故事、魔法奇迹从世界的那一方传入了浪漫主义或富有骑士精神的诗歌中。骑士制度实行不久之后，骑士们就获得机会成为宗教的捍卫者。亨利一世去世后，他的儿子腓力一世继位。1096年，第一次十字军东征拉开了序幕，这也是后来多次著名远征的开端。

自基督教早期开始，欧洲就有去圣地朝圣的习俗。徒步去往意大利或者巴勒斯坦的圣地被认为是赎罪的最佳方式。在查理曼时期，法国的道路上熙熙攘攘，都是去朝圣的基督徒，不管高低贵贱，不分男女老少，从英国去往罗马，甚至国王的大部分收入来自他们沿途交的过路费。

后来，朝圣者的旅程延伸到了耶路撒冷，这是一条更漫长、更危险的道路。虽然巴勒斯坦属于东罗马帝国，但虔诚的朝圣者仍然不顾危难前往。在萨拉森人统治时期，朝圣者只需要缴纳一小笔税款就可以进入圣城。但在这个时候，耶路撒冷已经落入突厥人手中，朝圣之旅不仅危险而且昂贵，更常常有人死亡、被俘或者殉道。修道士们被侮辱、剥光衣服、扔进地牢。在圣地被发现的许多基督徒都受到残忍的折磨。

朝圣者在突厥人手中受到的虐待使整个欧洲为之愤慨。一位名叫隐士彼得的修道士，曾去过耶路撒冷，亲眼看见了突厥人的暴行，教皇批准他发动武装的基督徒战士，讨伐圣地的异教徒。他穿着破衣烂衫，赤着脚，四处奔波，从一个宫廷到另一个宫廷，从一座城堡到另一座城堡，从一座城市到另一座城市。人们把他当作先知，受到他的鼓舞，激发出同样的热情，投身于神圣的事业。

东征队伍的标志就是缝在披风肩膀处的红色十字架，东征也因此得名十字军东征。

此时，整个法国就如同波涛汹涌的大海。当时的人们热衷于战争及冒险。贵族们出售并抵押他们的土地，以获得加入远征军的资格，而平民就抓住这个机会，以低廉的价格购买头衔和特权。教皇承诺，只要加入远征，一切罪行可以得到赦免，因此，成千上万的穷凶极恶的罪犯决定与其经历漫长严苛的忏悔，还不如选择更愉快的方式——去参战，在东征中赎罪。如果成功了，今生还可以发一笔财；如果战败，他们死后还可以得到殉道者的荣耀。因为物质或精神的吸引，很快有100多万人宣誓参战，其中大部分是乞丐、妇女和儿童。因为他们不需要做任何战前准备，所以他们也不愿意等待其他人，想要立刻开战，人数有30万之多，隐士彼得和穷汉瓦尔特就带着这样的队伍出发了。

在这支五花八门的队伍中，只有8个骑兵，而且在其他方面也毫无准备。他们不知道要走多远，要经过多少国家，当他们穿过法国边境，听到一种奇怪的语言，就认为自己已经到达旅程的终点。孩子们去各个城镇询问是不是已经到了耶路撒冷。他们的统帅也完全不知道去巴勒斯坦的路，带着迷惑的追随者们穿过匈牙利，有时跟着动物的踪迹行进，有时靠天空的飞鸟指引方向。

这支可怜的探险队伍认定上帝会产生奇迹，供给他们所需的，

教皇乌尔班二世为东征的十字军祝福

就像以色列人在荒野中得到食物一样。但是，没有等到期望里的鹌鹑和吗哪（以色列人在荒野40年中神赐的食粮），他们不得不向沿途的国家征税。当地居民起来反抗他们，与他们交战。几乎所有人都沦为袭击者发泄怒火的牺牲品。几乎所有从饥饿、疲劳、瘟疫中死里逃生的人都倒在了剑下，死在他们前去营救的城市和他们家园间的半途中。彼得和瓦尔特在少数幸存者之列：他们进入君士坦丁堡，等待更训练有素的军队前来。在他们动身离开法国时，那支军队还在做战前准备。

这支庞大的军队，总共有30多万来自不同国家的战士，但主要还是来自法国。军队分为三支：布永的戈弗雷，一名声名显赫的勇士，带领第一支军队；法王腓力一世的兄弟弗蒙杜瓦伯爵于格、诺曼底公爵罗贝尔和许多其他公爵共同指挥第二支军队；图卢兹伯爵雷蒙德率领第三支军队。

十字军的征程我们就不做详述了。他们横扫东部帝国，使得君士坦丁堡的皇帝在宝座上心惊胆战。因为十字军认为自己的征战是神圣的，对待这位皇帝和他的臣民更像是奴隶，而不是盟友。然而，没有统帅来统领整场战争的弊端很快就显露出来。

一座城市被攻占后，就会对城市的归属产生纷争。最终，不同的军队分道扬镳，为利益各自为战，为自己赢得一个王国。有些人成功了，有些人就此销声匿迹。有一些依然忠于自己的誓言，但离开欧洲的强大军队中，只有一小部分在布永的戈弗雷率领下抵达圣城。耶路撒冷于1099年7月15日被攻克，城墙上竖起了十字架的标志。戈弗雷被选为耶路撒冷国王，他戴上荆冠，而不是金冠，以象征他的权威。

自那时起，十字军东征享有盛誉：欧洲最伟大的君主领导了多次东征，几乎每个国家的每一个骑士或贵族都参加过这些战斗。在接下来的两个世纪中，有7次[1]这样狂暴的战争。在花费了巨额金钱，超过200万的欧洲人因此丧生后，东征终于被放弃了。我们会在后面的章节详细叙述几次收复圣墓[2]的战争。尽管有生命的损失，但东征并非一无所得：那时的亚洲人比欧洲人更高雅，而且他们掌握了许多欧洲人并不熟知的技术。这些知识通过十字军从亚洲传入了欧洲，并得到改良，又传遍了西方。

① 从1096年至1291年，前后共有8次十字军东征。——编者注

② 第一次十字军东征，始于教皇乌尔班二世在克勒芒宗教大会上的号召西欧军事贵族集团以“收复主的圣墓，支援基督教兄弟”的名义进行。——编者注

第356章

腓力二世·奥古斯都与圣路易的统治

（1108—1328）

在48年懒散又可耻的统治之后，腓力一世于1108年去世。他去世时，法国君主的统治范围已经降到了最低点，因为它仅仅覆盖了120平方英里的地区，以巴黎为首都。腓力一世意识到自己的能力不足，名声不好，不配安葬在圣德尼修道院，因此他提出不要把自己葬在那里。那里通常是法国国王的安葬地，他说他这样一个大罪人不配把自己的尸骨安置在伟大的殉道者旁边。

他的儿子路易六世继位。路易六世热爱正义，而此时一个新的社会阶层——市民阶层奠定了自由、财富的基础。此前没有任何中间阶层，全部人口由贵族及其附庸组成。商人们并不是为了自己的利益而自由地进行贸易，他们大部分是可怜的技工，住在封建领主的领地上，是领主的农奴和附庸。路易六世知道，如果劳动所得的财富都被贪婪的贵族掠走的话，没有人愿意努力劳作，于是他决定改变这一弊端。他给许多城镇颁发了特许状，使公民能够自卫。因此，人民获得了选举自己的地方治安官和组织民兵捍卫自己城市的权利。他们不再受奴役，不再受任性残暴的封建主的摆布。

国王的举措遭到贵族的强烈反对，因为他们的权力被大大削弱，但是由于十字军东征，贵族们已经失去了绝大部分的影响力。他们当中的很多人身在巴勒斯坦，多年未在法国露面，而其他人则为了给十字军东征筹集资金，卖掉自己的田产，抵押自己的爵位和特权。从这时起，城市的财富开始增长，地位得到提高，市民成为受人尊敬、颇具影响力的阶层。

艺术、科学、商业蓬勃发展，荒芜的土地得到耕种。自由很快就从城镇蔓延到乡村地区，农民最终不必再辛苦耕种只为糊口了。因此，人民对国王怀着深厚的感情，国王的权力也大大增强了。他成功控制住了贵族：他们当中许多人并不比无法无天的土匪好多少，带着一群武装的随从横行霸道。国王与其中最臭名昭著的贵族强盗开战，包围了他们的城堡，迫使他们今后更遵纪守法地生活。

路易六世于1137年8月1日去世，他的臣民们深切地怀念他，他不仅是他们的国王，也是他们的朋友和保护者。他的儿子路易七世继位。这位国王天性和善，却没什么才能。他娶了阿基坦公爵唯一的女继承人埃莉诺为妻，这片辽阔的土地因此为王室所拥有。

他刚继位，香槟伯爵蒂博就举行反叛，在随后的战争中，国王焚毁了维特里大教堂，在其中避难的1 300人全部被烧死。这一惨剧使路易七世极为震惊，他放弃了战争，为了赎罪，决定去耶路撒冷朝圣，由此发起了第二次十字军东征。德意志皇帝康拉德三世也加入了法国国王的行列，每一位君主都率领一支庞大而壮观的军队。

然而，这是一项极其不幸的事业。每支军队有大约20万人，在到达亚洲之前就被突厥人杀得七零八落。大约只有100名战士抵达巴勒斯坦，其中包括路易七世。他羞愧难当，不敢回国，内心的自责完全改变了他的脾气。他开朗的性格不复存在，变得暴躁，郁郁寡欢。他与妻子埃莉诺争吵，最终离婚。埃莉诺嫁给了诺曼底的亨利二世·金雀花，亨利后来成为英格兰国王，也因此拥有了法国的一块领地，成为阿基坦公爵。

纳瓦拉宫廷关于王室婚礼的记载为我们提供了关于这个时代的行为举止的有趣说明。王子和公主以观看两个盲人和一只猪战斗为乐。盲人手持棍棒，谁能敲到猪头谁就获胜，奖品就是那只猪。但是，猪因为能看得见，通常可以避开对它的击打，而盲人因为看不见，常常打不到猪，而是打到对方。这场运动似乎就是这样吸引观众的。

路易七世于1180年去世，将王位留给他的儿子腓力二世，史称腓力二世·奥古斯都。他继位时，法国一片安宁，因此他投入大量时间美化首都巴黎。他扩大了城市的边界，使用水渠将水引入城内，建造了卢浮宫，铺设了一些街道。这些和平的活动很快使他失去了兴趣，他又开始挑起英国和法国间的纠纷。

英国国王亨利二世想要维持和平，腓力感觉非常受挫。他又用诡计欺诈亨利二世的长子理查并将他诱至自己的保护之下。两个人很快成为亲密的朋友，用同一个杯子喝水，住在同一个帐篷内，睡在同一张床上。亨利二世去世后，理查成为英国国王，称为理查一世，又称“狮心王”。两人结成联盟，准备东征。他在这个时期的重要人生目标似乎就是对抗异教徒。英法两国的贵族和骑士都急切地想要加入十字军东征。除了士兵，任何朝圣者都不准加入；因此，这是离开欧洲的最强大的远征军。

两位国王的友谊迅速变成了憎恨。理查一世是当时最负盛名的骑士，不断被称赞，他的英雄特质逐渐让腓力心生嫉妒，因此腓力在阿卡城离开了十字军，返回欧洲。然后他进攻了诺曼底，那里当时还是英国的领土。但是，直到理查一世去世，他才成功把它从敌人手里夺回来。他也夺取了另外一些有价值的领地，这使国王的权力不断增加，因为每夺得一块领地，就意味着封建主的统治终结，君主的统治增强。在扩张王国疆域的同时，他也通过鼓励学识、商业和艺术的发展，对王国加以改善。

腓力二世统治后期发生了暴乱，发起者是一群曾经被他迫害过的称作阿尔比派的基督徒。他们长期以来平静地生活在普罗旺斯和朗格多克的山谷中。因为地中海贸易的发展，他们更加富裕，在与生活在西班牙的阿拉伯人打交道的过程中培养了对诗歌的兴趣。他们生活在图卢兹伯爵雷蒙德的领地内，雷蒙德容忍他们的宗教理念。

然而教皇无法容忍精神信仰的细微差别，将雷蒙德逐出教会，并向阿尔比派宣战。这是历史上记载的最残酷、死伤最多的战役之一。成千上万的虔诚教徒被无情屠杀，愿意毁灭他们的人可以得到豁免和奖赏。他们被彻底征服，由此南方诸省也归于国王统治之下。正是在这个时期，一个可怕的法庭——宗教裁判所成立。这个裁判所后来被引入其他天主教国家，在西班牙，其审判程序残酷无比，使得它的名字令人闻之生畏。

腓力二世死于1223年，在位43年。在他统治期间，法国的疆域几乎扩大了一倍，封建制度带给贵族的权力被摧毁，此后再无优势。他儿子路易八世的统治非常短暂，基本上都在延续与阿尔比派的战争，人们说他“是一位伟大父亲的儿子，也是一位伟大儿子的父亲”。

路易八世于1226年去世，留下的几个儿子中，最大的路易只有12岁，他继承王位。他的母亲布兰卡王太后被任命为摄政王。由于她的果断和敏捷，她一直执掌大权，直到儿子21岁时才辞去了摄政王之位。

路易九世，即圣路易，是法国有史以来最伟大的国王之一。他温和又宽容，同时勇猛又坚定。他的收入只来自自己的产业，而不是来自人民的钱包。他继位不久就身患重病，他的身体饱受疼痛折磨，甚至无法说话。当他再次开口说话时，他发誓要与异教徒开战。他完全康复之后，就开始准备十字军东征。

他花了6年的时间，整顿国家秩序，然后出海进攻埃及。没有什么比这更悲惨的经历了。军队被尼罗河困住，绝大部分人死于疾病、饥荒或异教徒的刀剑。国王和主要大臣被俘虏，付了巨额赎金后才重获自由。路易去了巴勒斯坦，但是当得知母亲因为他的不幸而悲伤过世后，他又返回法国。他受到了人民的欢迎和尊敬，但人们注意到他仍然把十字架戴在肩膀上。

他现在致力于修复自己不在期间法国遭受的破坏。他用法院审判代替了决斗审判（也称为决斗断讼法）的野蛮习俗。他听取穷人的抱怨，为他们平反冤屈。他常常坐在一棵橡树下的空地上处理国家事务，这棵树迄今仍然矗立在万塞讷森林里。在16年英明的治理后，法国终于完全安定下来，财力也得以恢复。

万事俱备，一切都有利于他再次执行最喜欢的计划——另一次东征。1270年7月，他与一些贵族一起出征，向非洲进发，寄希望于让突尼斯国王改变信仰。他立即遭到了突厥人的袭击，在他忙于防守的时候，营内暴发了瘟疫，使他丧失了大量士兵。国王本人很快也被传染了。临死之际，他挣扎着从床上起来，躺在了地上的一堆灰里。在他统治的第44年，他在一个难以描述的恐怖场景中死去。剩下的几个不幸的十字军战士与他的儿子腓力一同回到了法国。腓力继承了王位，被称为“勇敢者”，因为他在东征突尼斯的灾难中幸存。1270年，第八次也是最后一次十字军东征就此结束。

勇敢者腓力在位期间没有发生什么重大事件。他在位15年后去世，儿子腓力四世，绰号“美男子”，于1285年继位。腓力四世在统治早期制定了所谓的禁奢法律，这些法律制定的目的是防止人们过度消费，并迫使他们量入为出。一天只准吃两顿饭——10点的正餐及5点的晚餐——这通常是一天的主餐。10点的正餐可以有一道肉菜，5点的晚餐可以有两道。

在禁食的日子，可以食用鲱鱼代替固体食物。但是，在一道菜上多放几种肉，就能躲过法律的制裁。不同阶层的着装也有法律规定。舞会上常常有人被抓，因为穿得太讲究而被送进监狱。从一个人的鞋子长度可以看出他的阶级。鞋尖是朝前朝上的，就像牛角一样，这些可怕的装饰物靠近膝盖的程度决定了穿着者的阶级。教士公开反对这样荒唐的习俗，继位的国王便将它们废除了。于是，12英寸长的鞋被禁穿，12英寸宽的鞋却立刻出现了，因为这些滑稽的法令规定过如果长度不足，则必须用宽度补上。

腓力四世热爱财富，为了钱可以不择手段，不惜代价。他极大地增加了法国国王的财产。他娶了胡安娜，纳瓦拉的女继承人，因为图卢兹伯爵去世时没有留下子嗣，其领土就归法国国王所有。

他与教皇共同制订了计划，解散圣殿骑士团，并且继承他们的财产。这些人保护过虔诚的基督徒，曾经赢得了整个基督教世界的敬仰。他们中有许多人从东方回来，住在自己壮丽的城堡中，遍布整个欧洲。圣殿骑士团的每一位成员都在同一天被捕。他们被扔进地牢，深受折磨，许多人不堪酷刑而认罪。大团长雅克·德·莫莱被活活烧死。据说，在上火刑架前，他曾诅咒说教皇将在40天内面临永恒的审判，为谋杀他的罪行付出代价，而国王也活不过4个月。这话最后应验了，他们两个人都没有活过他说的日子。

圣殿骑士团

美男子腓力死于1314年，留下3个儿子，他们先后继位。长子路易十世宣布敕令：奴隶可以挣破枷锁，成为自由人。这不是出于人道，而是为了筹钱。任何奴隶只要付出一点赎金就可以重获自由。但是，许多人宁愿要钱也不要自由，因此，国王又颁布了一条奇特的命令，强迫他们赎身，无论他们愿意与否。大贵族们纷纷效仿国王，全法国都废除了奴隶制。

路易十世死于1316年，只留下一个女儿。《萨利克法典》不允许女性继承王位，这也是几个世纪以来此法第一次得到应用。许多人提出怀疑，然而议会承认这条法律有效。路易十世的弟弟腓力五世继位，在位6年，政绩平平。因为他也只有女儿，所以他的弟弟查理四世继位。查理四世于1328年去世，没有留下儿子继承王位。因此，王位从于格·卡佩一系传到了腓力六世（卡佩家族的旁系），史称“瓦卢瓦王朝”。

第357章

英法百年战争及其前因后果

（1328—1430）

上述事件是英法之间一系列战争的起源。由腓力六世继承王位受到了英格兰国王爱德华三世的质疑，他声称王位应当由他继承，因为他母亲是腓力四世的女儿。然而，根据《萨利克法典》，女性无权继承王位，爱德华三世也不可能继承王位，因为母亲既然无权继承王位，就不可能把没有继承到的王位让给自己的儿子。

爱德华三世野心勃勃，凭此毫无根据的理由进攻法国，拉开了英法百年战争的序幕，即便中间有停战，战争依然持续了100多年。英国国王率领大军进攻法国，他的儿子黑太子爱德华随他一起出征。之所以称“黑太子”，是因为爱德华常穿黑色盔甲，佩戴黑色羽毛。

1346年8月27日，著名的克雷西会战打响了，法国在这次战役中遭受了致命打击，无异于一场浩劫。战场上躺着无数的尸体，包括2位国王、11位王子、80位大贵族、1 200名骑士、3万多名士兵。火药是才被发明创造出来的，所以大炮是第一次在战争中被用作杀伤性武器。英国军队携带了6门大炮，这些大炮笨重而不易操作。腓力六世虽然英勇作战，但不得不撤退。

爱德华三世包围了加来，这座城市位于法国海岸，被称为“法兰西之门”。在抵抗了12个月后，这座城市终于投降了。很快，英法两国达成了和平协议。两国君主都没有钱来继续进行战争，于是他们决定休战10年。

意大利诗人彼特拉克曾在这一时期到访法国，他说：“由于战火纷飞，整个乡村一片荒凉。田野荒芜，寸草不生，房屋坍塌，一片废墟，偶尔有一两个堡垒还矗立着。巴黎空旷凄凉，荒无人烟。街道上杂草丛生，人民愁容满面，垂头丧气。”整个法国被笼罩在饥荒和瘟疫之中，悲惨又荒凉。在这种灾难时期，土匪横行，从垂死者和死者身上抢夺东西，四处劫掠。

腓力六世在位期间，王位继承人有了“多芬”（Dauphin，意译为法国王太子）的头衔。原因是多芬大区公爵被迫售卖土地偿还债务；他自愿做这件事，因为他没有子女继承财产。法国国王其实早就期盼将这片土地划到自己的领土之下，于是购买了这片土地，并且承诺国王的长子会一直以“多芬”作为头衔。因此，到大革命之前，法国的王储一直拥有这个与众不同的头衔。无独有偶的是，英国国王或者女王的长子则一直被称为“威尔士亲王”。

腓力六世于1350年去世，长子约翰继位，为约翰二世。这是法国历史上最悲惨的统治时期之一。10年的休战期刚刚结束，黑太子就再次登陆法国。约翰二世集结了所有兵力，与爱德华在普瓦捷进行会战，希望能阻止他。爱德华只带了8 000人，很快就被法军包围。此时的法军约有6万人。然而，战事的发展超出了双方的预料。在交战中，法国军队陷入恐慌，英军取得了彻底的胜利。英军俘虏到的人比自己军队的士兵还多。

约翰二世被俘后，将剑交给了几个英国贵族，被尊敬又客气地带到英国国王的帐篷里。他被送往英格兰，在那里被囚禁了4年。他不在法国期间，人们在巴黎圣母院点上蜡烛，一直亮到他回来，据说这一迷信之举可以帮助他早日归国。蜡线长达6英里，能够绕巴黎一圈，就像绳子一样缠绕在一个大轮子上。

国王被扣押在英国期间，法国国内一片混乱。多芬摄政，可是他没有足够的能力维持秩序。贵族们没了约束，又极力压榨佃农，几乎使他们沦为奴隶。贵族烧掉农民的房子，迫使他们像野兽一样在树林里寻找栖身之处。随着农民赋税的增加，穷人对富人的仇恨也增加了。增加赋税是为了筹钱赎回在普瓦捷战役中被俘的贵族。穷人本来就对赎回他们的压迫者不感兴趣，这时，有人振臂一呼，农民和苦力就武装起来对抗贵族，发誓要消灭王国里的所有贵族。他们拿起了镰刀、木杈或者手边可以用来做武器的东西。他们的人数每时每刻都在增加，像洪水一样向前冲，到处破坏，所到之处一片荒芜。他们犯下了许多暴行，最终，这场起义被一位著名骑士加斯顿·德·富瓦镇压了，他带着少量的追随者杀死了几千名起义者。这一事件被称为“扎克雷起义”，因为法国农民常被称为“扎克雷”（法国封建主对农民的蔑称，意为“乡巴佬”）。

国内重获安宁之后，多芬就努力争取父亲获释，而爱德华三世提出的条件非常苛刻，因此战争再次爆发。爱德华三世率领一支庞大的军队进入法国，悠闲地从一处逛到另一处，以鹰和猎犬取乐。

但是突然间，暴风雨袭来，据当时的史料记载，这是大洪水之后最可怕的一场暴风雨。电闪雷鸣，一刻不停，冰雹又大又猛，致使英国军队中6 000匹战马被打死。国王吓坏了，立即讲和，释放了王室俘虏。

他提出要一大笔赎金，分3次付清，并留下国王的儿子和30个贵族作为履行合同的担保。其中两名人质是国王的两个儿子，他们因为对迟交赎金不满，在假释期间逃走了。约翰二世为了避免被怀疑与这种背信弃义的行为有关，回到英国，向爱德华投降。他于1364年4月8日在伦敦去世。

多芬继位，就是查理五世。英国依然占据着法国的西南部，查理五世自然急于摆脱这个麻烦的邻居。他召见爱德华三世，告诉他可以作为封臣向自己效忠。作为加斯科涅的领主，爱德华三世本就应该这样做。但是爱德华三世拒绝了，查理五世宣布他为叛臣，没收了他在法国的领地。对爱德华三世的一场胜利的战争结束了两国间的纷争，也使法国恢复了和平。

英国人被逐出法国，几年内，除了加来及南方的波尔多和巴约讷，英国人在法国没有其他领地。查理在位16年，他审慎的执政为他赢得了“英明王”的称号。他建造图书馆，鼓励文化的发展。他组织将许多古希腊和拉丁作家的作品翻译成法语。可以从下面的事实来推断这些翻译的方式和风格：当代作家曾代表原作者大声抱怨这些译者无知，把无中生有的意思强加到了他的作品里面。

这个时代的画风都很奇特。画家们可能不相信自己的能力，因为每个人物嘴里都有标签，以防弄错画中的意思。现在依然存在一部分这样的作品。法国的第一座公共时钟是由一个德国人按照查

巴士底监狱

理五世的意愿制造的。它被放置在宫殿的塔楼上，报时的规律及准确性令人惊叹。著名的巴士底监狱也是这一时期建造的。查理五世于1380年中毒身亡，投毒者是纳瓦拉国王。

查理六世，又称“可爱的查理”，父亲去世时他只有13岁。他情感丰富，乐于助人，常常随手行善，从不背信弃义。他的过人之处在于对人过目不忘，并且能记住听过的每一个人的名字。尽管他有良好的品格，但是他统治时期依然是法国最悲惨的时期之一。

当他还小的时候，他的叔父们——安茹公爵、贝里公爵及勃艮第公爵就夺取了摄政权；他们执政下的法国很快陷入一片混乱，国家内乱不断。安茹公爵得到那不勒斯女王乔安娜的馈赠，组建了一支庞大的军队，进军意大利。这次远征就是一场灾难，军队被毁灭，公爵死于贫穷和痛苦。1386年，勃艮第公爵决定进攻英国。他集结了一支由1 387艘船只组成的舰队。每位参与远征的绅士都有一名随从，称作“掠夺者”，他的任务就是为了主人的利益而掠夺。这次尝试也同样失败了：舰队被滞留到暴风雨季节开始，而那时，绝大部分的舰船就这样撞到附近海岸的岩石上成了碎片。

1388年，查理六世成年，开始处理政务。他执掌政府早期的行动让人感觉未来可期，但很快他就开始表现出明显的精神失常的症状。第一次是在去布列塔尼的路上穿过森林时，他突然发疯，拔出剑疯狂地冲向随从，使他们四散而逃。后来，他的精神更加错乱，最后彻底疯了，一直到去世。30年间，他只是偶尔清醒。

虽然外在上他依然拥有王室的身份，但他却受到身边人的鄙弃和忽视。王后将他和孩子交给仆人照顾，将所有的收入用于享乐，而国王甚至没有钱买生活必需品。人们认为，纸牌是这一时期发明的，在查理六世清醒的时候供其享乐：但这几乎是不可能的，因为一些权威人士表示，禁止赌博的法律在查理六世统治时期之前就出台了，其中明确提到了纸牌和骰子。

国王精神失常，不能再掌管国家，他的叔父勃艮第公爵和奥尔良公爵都要争夺摄政权。因此，两个家族爆发内讧，使国家多年来都处于骚动和血腥之中。

最终，英格兰国王亨利五世利用法国动荡的时局来满足自己的野心。他重申了爱德华三世有王位继承权这一主张，以此为由侵略法国。

法国的圣旗因此展开了。过去时代的修道士假想出来的这面旗帜是由上帝交给克洛维的。人们认为国家的安危取决于旗帜的存亡。亨利五世肆

英国国王亨利五世面前的法国传令官

无忌惮地破坏法国，没遇到任何抵抗，最后在阿金库尔首次与法军相遇。1415年10月26日，法国经历了比克雷西、普瓦捷会战更加惨烈的失败。因为将军的指挥失误，他们不慎进入沼泽，每走一步都陷进齐膝深的泥地。在一场悲惨的战争之后，英军大获全胜。一位法国传令官走到亨利五世面前，恳求他允许法国人埋葬死者。“山上的那座城堡叫什么名字？”亨利问他。他说：“叫阿金库尔城堡。”“那么，”国王回答，“这场战争就叫阿金库尔战役吧。”亨利五世获得继位权，开始摄政。他娶了可怜的老国王的女儿凯瑟琳公主。神志不清的查理六世被迫同意了这一切，这位不幸的国王于1422年10月21日在万塞讷去世。

亨利五世也差不多同时去世，留下一个只有几个月大的儿子，贝德福德公爵被任命为摄政。查理六世的儿子作为多芬决心孤注一掷，恢复本来属于自己的王位。南方诸省支持他，而北方诸省则听命于贝德福德公爵，由此引发的战争使整个国家荒凉不堪。

土地荒芜，野狼饥不择食，一路冲进巴黎，甚至开始攻击市民。长久以来，同法国的多芬相比，英国一直保有优势。整个法国只有奥尔良这片土地属于他，而1428年英国人还围攻了这里。年轻的多芬感觉前途渺茫，毫无希望，然而，历史上最著名的事件之一帮他扭转了局势。这就是圣女贞德（人们也叫她“奥尔良的少女”）的出现。

这位有趣的姑娘来自穷苦的农民家庭，出生在一个名叫栋雷米的小镇上。从幼年起，她就被教导着要憎恶英国人，她每天所见的荒凉景象，是所交往的人的日常谈话内容。因此，贞德对政治和政党利益产生了兴趣。她自称在13岁那年第一次遇见神迹，得到了

“上帝的启示”。从那时起，那些声音就一直萦绕在她的心头，回应着她内心热烈而不安的愿望。

这些声音就是她的访客及导师，督促她离开自己的家乡，拿起武器，赶走敌人，帮助多芬在兰斯加冕。当她17岁时，多芬的命运正处于最低谷，她去找他，提出帮他把奥尔良从暗淡的命运中解救出来，助他加冕为王。大臣们都以为她疯了，但是多芬在犹豫之后接受了她的提议。贞德穿上了全套盔甲，由军队护送，被任命为军队的指挥官。

她已经名声在外。她带着军队毫发无损地穿过了敌军的阵营，进入奥尔良。英国士兵们惊恐万分。她护送着粮食进入被围困的城市，人们的心也从绝望变成了对胜利的信心和憧憬。此前英国军队在每一次交锋中都战胜了法国，然而他们的勇气却似乎被这个女孩所麻痹，不管她进攻哪里，他们都扔下武器就跑，许多人直接弃城投降。

因此，英国发布了一个公告，谴责那些因为“害怕贞德”而弃战的人。贞德数次受伤，但是她从未亲手杀过任何人，也没有伤过别人。法国数次胜利后，奥尔良的围困被解除了。贞德到达后一周，这座陷入困境的城市得到解放。她随即宣布自己已经准备好进行第二步。

兰斯距离很远，还在英国人手中。多芬的军队很少，路上还有很多守备森严的堡垒。但是他遵从了贞德的建议，踏上征程。沿途的所有城镇不费一刀一箭就投降了，前进就意味着胜利。在兰斯，人民把城门的钥匙给了他。多芬的加冕典仪在这座城市的大教堂里举行，涂抹克洛维用过的圣油。在加冕仪式上，贞德全副武装地站

圣女贞德雕像

在祭坛旁，手里拿着军旗。

仪式结束后，她跪在国王脚下，他现在是查理七世了。贞德说：“哦，尊贵的国王，现在上天的旨意完成了，我解除了奥尔良的围困，助你在兰斯完成加冕，请允许我回到父母身边。”她似乎完全失去了之前的激情，也认定自己的使命已经完成。但是，国王希望她留在军队里，直到把英国人完全赶出法国为止。一系列的胜仗之后，她在一次战役中战败，于1430年在一次小战役中被英军俘虏，落入贝德福德公爵手中。

尽管所有法律都规定她应当被当作战俘对待，但英国人却把她当作女巫和异教徒来审判。审判她的主教是贝德福德的代表，判处她死刑。在鲁昂的老集市广场上准备了一堆木头，一群法官和教士围在外面。她被烧死了，骨灰被扔进塞纳河。后来公众转而支持她，判处她死刑的主教每次出现都受到众人的叱责。上帝的审判似乎最终落到了他们的身上，因为他们每个人都死于暴力。1454年，这一案件得以重审，贞德被改判无罪，在她被处死的地方竖立了一座雕像纪念她。她的家族被国王立为贵族，而国王的命运可以说也是因她而改变的。

第358章

从路易十一到圣巴托洛缪大屠杀

（1430—1572）

尽管圣女贞德被捕，但英国在法国的领土每天都在丧失。查理七世攻破了一座又一座城市。在贞德去世6年后，他收复了巴黎，这是他离开17年后第一次公开回归。摄政王贝德福德因为法国的胜利而抑郁不振，最终去世，英国在法国的领土只剩下加来。

在本国政府的良好统治下，法国慢慢恢复繁荣。然而，在查理七世统治期间，发生了一场可怕的饥荒，国家一片荒芜。巴黎死亡人数极多，以至于野狼如入无人之境，在父母的眼皮底下就把孩子叼走了。查理七世在位39年，因为担心儿子路易的人会在饭里给他下毒而拒绝吃饭，于1461年饿死。

父亲的死讯传来时，路易正在勃艮第。他赶在弟弟回来之前在兰斯加冕，称为国王路易十一，然后从那里返回巴黎。他的卑劣行径激起了所有人的愤慨。他像罗马皇帝尼禄一样残酷，此外，还卑鄙、无耻、自私、奸诈。他辞退了父亲的所有顾问，只把权力给那些像他一样卑鄙并且愿意执行他命令的人。他的首要目标是建立一个专制政府，这就意味着必须摧毁贵族的权力，因此，从继位伊始，他就决定把所有反对的声音完全铲除。

为了达到这个目的，他囚禁了许多大贵族，把他们的封臣抓起来吊死在森林里的树上；其他的贵族被关在笼子里，像野兽一样到处展览。这些曾经比国王权力更大的贵族们开始反抗，他们给自己的封臣配备了武器；但是奸诈狡猾的路易十一给他们空头承诺，哄骗他们放下武器。宫廷再也没有曾经显赫的光彩了。只有少数的贵族还拥有自由，但他们不敢畅所欲言。王宫不像宫殿，更像监狱：国王本人则因为衣衫褴褛、帽子破旧而格外扎眼。

这一时代的服饰很奇特。查理六世统治时期，门必须建得更宽，这样女士们才能进得来，因为她们的头饰足有6英尺宽。同样，门也要建得更高，因为她们的头饰结构很奇特，有3英尺高。外表看来是头巾的样子，越往上越尖细，再用丝绸手帕或者其他轻质材料围起来，边角垂落到地上。男士们穿着有垫肩的上衣，这样他们看起来更魁梧。头发留得很长，遮住眼睛和脸。当时的贵族作家抱怨说，普通市民甚至仆人们都穿着绸缎和天鹅绒的外衣，几乎所有人的鞋尖都有一英尺长。

路易十一的统治一直被他和勃艮第公爵大胆查理之间持续不断的战争所搅扰。法国以前的封地现在只有两块不属于国王，就是勃艮第和布列塔尼。勃艮第的面积与路易十一的领土面积不相上下，包括荷兰、勃艮第公国以及阿图瓦。路易十一把公爵看作一个能与之抗衡的君主，而不是一个附庸的贵族。

两者间的敌意和嫉妒引发了这一时期的一系列事件。1475年，英格兰的爱德华四世率领大军进入法国，索取王位。路易十一采取了惯用的手段，通过空头承诺和甜言蜜语收买了爱德华的大臣，最终通过贿赂使这位君王回到英国。路易十一又花费巨额钱财款待英国的士兵，给他们送去几车葡萄酒和其他物品，英国军营里充满了欢声笑语。他要求与爱德华四世面谈，两个国王便在一座桥上会面，桥中间有及胸高的粗重的木栅栏。他们隔着栅栏相拥，发誓遵守双方立下的和平约定，又随意交谈了一会儿。

勃艮第公爵查理不久后死于与瑞士的战争，只留下一个女儿，即勃艮第的玛丽。她本应继承父亲的领地，但是路易十一宣布根据《萨利克法典》，她不能继承法国境内的任何领地，然后他把这些领地据为己有，勃艮第的领地就成了国王的领地。英国的爱德华四世此时也去世了，路易摆脱了他最可怕的对手。

但是，他身体也大不如前，被死亡与暗杀的恐惧笼罩着。他将自己关在普莱西斯城堡内，连自己的女儿未经邀请都不得探望。如果不预先通知他，任何靠近的人都会被杀死。这座悲惨大宅的道路

路易十一和他的刽子手

两旁不是树木，而是绞刑架，国王最熟悉的3个随从之一就是他的刽子手，另外两个是他的理发师和医生。医师佯称，有人预言，他会比国王早死几天。因此，路易特别关注医生的生活，给他送各种礼物。

他最大的娱乐是看猫捉老鼠。他喝小孩子的血，希望把活力和健康注入他的血管。他令人配制可怕而神奇的药物。死亡的脚步越近，他就越害怕。他试图用迷信的手段阻止死亡，想要像他欺骗别人一样欺骗上帝。他身上戴着各种护身符，帽子周围挂着各种铅制的小图标。临死之际，他祈祷自己能在星期六去世。这一愿望实现了，他于1483年5月20日星期六去世。

路易十一的伟大目标是消灭封建领主的权力，他自命不凡。为了实现这一目标，他付出了不懈的努力，并取得了显著的成就，尽管他的目的并不是为了别人的益处。他打压贵族，就是为了独占权力。封建贵族制度确实与他一起消亡了，取而代之的是君主专制，一直持续到法国大革命。

他从来没有追求过国土的扩张。热那亚人曾主动提出由他来做君主，他回答说："热那亚人把自己交给我，我就把他们交给魔鬼！"他不断地努力，为了使法国达到他心目中的统一——一片领土，一人掌权。他从来不犯与他无益的罪行，但如果为了达到目的，他也不惜付出一切代价。他并非天性残忍，但实施残忍的举措时却心狠手辣，从不后悔。他避免与良善之人打交道，每一件事都采取卑鄙的手段达成。他让自己的走狗担任传令官，将他的理发师任命为大臣。刽子手是他天性中最熟悉的人。

他生活在断头台、监狱、铁笼子和锁链中间，死时身边围绕着庸医、隐士和占星家。他统治期间没有任何伟大的人物出现，道德标准也很低。除了恐惧，人们感受不到其他的情感，他们就像厨房里的奴隶一样对一切言听计从。

路易十一留下了一个儿子、两个女儿。儿子即是后来的查理八世，虽然已经14岁，但是不被允许执掌国家大权，由大姐安妮·德·博热摄政。王室的诸王子，特别是奥尔良公爵并不甘于这样的安排，他试图从安妮手里篡权，但失败了，于是逃到了布列塔尼。这是唯一独立于法国国王统治的领地，法国的统治者早就对这里垂涎三尺，安妮很高兴，终于有借口开战了。

布列塔尼在圣欧班之战中失败了，奥尔良公爵成了阶下囚，布列塔尼公爵战败后不久就死了。他的女儿，公爵的唯一继承人，当时只有13岁，但表现出超乎自己年龄的判断力。有人建议她嫁给查理八世，以解决眼前的困难，但是她认为查理八世是自己家族的敌人而拒绝了。当查理八世乔装打扮来到她的宫殿拜访她，就此事提出恳求时，她同意了。

他们于1491年成婚。至此，在几个世纪之后，法国再次成为一位君主统治下的统一王国。封建政体的最后一丝残余也被并入君主政体，王国的权力达到高度统一。国家终于和平了，内战也终止了。之前被消耗在内战上的精力及对领土的渴望现在使法国越过边界，向外国进军。

1494年，查理八世决心进军意大利，以查理一世留给路易十一的遗产为由，要回那不勒斯。他带着1.8万人入侵意大利。那不勒斯国王和意大利的王公们都以为这不是真的要开战，一切会以闲谈告终，因此没有采取任何防御措施。一位过去时代的历史学家说：

“就像上帝蒙上了他们的眼睛，绑住了他们的双手，让这位年轻的国王来惩罚他们，因为他只带了很少的士兵和一群毫无头脑的谋臣。”他所到之处，城门大开。

在这里逗留了3个月后，一个强大的联盟起来反对他，要迫使他回到法国。他最终突出重围，冲破了敌人的大军封锁。因此，他在很短的时间内征服的意大利领土又快速丧失了。他于1498年去世，年仅28岁。他和蔼可亲的举止使他深受欢迎，人们称他为“温厚王”。

查理八世没有留下子女，王位由查理五世的曾孙路易继承。此前，我们称呼他为奥尔良公爵，现在他被加冕为路易十二。人民曾经担心当他手握大权，会向安妮·德·博热复仇。但是，当人们询问他需不需要将圣欧班战役后囚禁他的将军革职时，他说：“我成为法国国王不是为了替当年的奥尔良公爵复仇的。”他被称为“人民之父”，因为他减免赋税，控制政府开支；在节俭的同时，还使一切有条不紊。

他与妻子让娜离婚，与布列塔尼的安妮，即查理八世的遗孀结婚。他在位的大部分时间，都在与意大利打仗，不仅为了收复那不勒斯，也是为了米兰公国。他征服那不勒斯后，因为西班牙国王斐迪南二世的背信弃义，他又失去了这座城市。他虽然两次作为征服者进入米兰，但最终还是被迫放弃了对意大利的征服。

1513年，法国有了新的敌人，就是英国国王亨利八世。他侵犯法国领土，在庇卡底获胜，史称“踢马刺战役”。在法国人看来，这更像一场打架而不像战争。但是路易十二厌倦了战争，他与所有的敌人讲和。

布列塔尼的安妮于1514年去世后，他娶了亨利八世的妹妹玛丽·都铎。她当时只有16岁，喜爱宴乐，常常熬夜。为了取悦这位年轻的新娘，路易放弃了自己安静规律的生活习惯。他不再像以前一样早晨8点吃饭，晚上6点休息，他开始追求时尚的生活方式，经常半夜还醒着。这些新习惯并不利于他的健康，给他带来了致命的疾病。他死于1515年，没有留下子嗣，王位传给了他的表弟昂古莱姆伯爵弗朗索瓦。

法国历史学家认为这是法国现代史的开端。16世纪初，世界似乎开始了一个新纪元。西方国家刚刚发现美洲，使科学有了新的探索领域、新的世界去发掘。被土耳其人赶出家乡的希腊人，将自己的艺术和古董带到了西方，而当时刚刚开始发展的印刷术，似乎就是为了传播这些财富应运而生的。封建制度被摧毁，紧随这些事件之后的宗教改革宣告了中世纪的结束、光明和智慧时代的开始。

弗朗索瓦一世21岁继位。他相貌帅气，体形匀称，风度翩翩，性格开朗，这使他大得人心。他渴望在财富和教养方面使法国发展到与意大利同等的高度。他聚集了当时最有学识的人和最有才华的艺术家，成立了专门研究希腊语和拉丁语的学院，不遗余力地推动印刷术的发展。

当时印刷术有了巨大的进步。弗朗索瓦一世希望被认为是那个时代最伟大的人。而欧洲的另一位君主不容许任何人与自己竞争，他就是西班牙国王及德意志皇帝查理五世。与弗朗索瓦一世相比，他更强大，因为他的领土包括德意志、西班牙、荷兰以及像秘鲁和墨西哥这样的富裕国家。但是，他们都明白同一片天空中不能有两个太阳，因此，他们都努力蚕食着对方。他们活着的时候，欧洲一直

亨利八世和弗朗索瓦一世

为他们之间的战争所困扰。

因为这些纷争，法国国王及英国国王亨利八世在加来进行会面，通常称为“金缕地会晤”。法国国王迫切希望赢得英国国王的好感，邀请他参与这次娱乐活动。两位国王骑在马上见了面，在隆重的问候后，他们下马走进一座华丽的凉亭，开始非常严肃地讨论一些并非实质性的问题。但是他们很快就厌倦了这种严肃的事情，将这些事都交给大臣解决。

随后的18天中，他们观看比赛，参加宴会，享受各种各样的娱乐活动。有一次，弗朗索瓦一世开玩笑地用剑尖指着亨利八世，让他从床上下来。他们离开的时候双方关系好得不得了。亨利随即去往法国北海岸的一座小城格拉沃利讷。西班牙国王查理五世设法在这里与他会面，抵消了弗朗索瓦一世给亨利八世留下的好感，让他承诺将在自己与弗朗索瓦一世之间的战争中保持中立。

战火很快就点燃了。弗朗索瓦一世第一战并不成功。他最优秀的将军夏尔三世·德·波旁背叛了他，加入了查理的阵营。波旁将军受到了热烈欢迎，并且与亨利八世共同设计了一个关于入侵及分裂法国的计划。然而这次入侵失败了，弗朗索瓦一世因此大受鼓舞，率领军队进攻意大利，围攻帕维亚。拉诺瓦将军与波旁将军带着大军攻击了法国的要塞，解除了弗朗索瓦一世对帕维亚的围攻。

法国军队陷入了恐慌，有一位王室成员逃离了战场，一路逃到莱昂，在那里抱愧死去。弗朗索瓦一世被俘，拉诺瓦收缴了他的武器。他被转押至马德里，在那里他得了重病。查理五世拒绝见他，这种对国王的不幸遭遇漠不关心的态度加重了他的病情。查理最终同意见他，这种好意又使他的病情大为好转。被囚15个月后，他终于重获自由，但是条件极为苛刻，他的两个儿子还因此被扣押做人质。弗朗索瓦一世从未履行这些条件，借口是监狱里所作的承诺不能算数。

他煽动意大利的各种势力反抗查理五世的统治，当他们同意拿起武器时，他又抛弃了他们，而他们就得承受国王的复仇。他这样做，是希望查理五世能重新修订马德里和约。1529年签署的《康布雷齐和约》是对他这种背信弃义行为的回馈。

和约签订之后，弗朗索瓦一世同意娶皇帝的姐姐奥地利的埃莉诺为妻，并支付一大笔赎金，以换取两个儿子的自由。他如约完成了这些条件。但是，查理五世和弗朗索瓦一世都离不开战争带来的刺激。1536年至1544年间，他们几乎纷争不断，最终，双方在克雷西签订了和约。弗朗索瓦一世于1547年去世，共在位32年。

他的儿子亨利二世立刻继承了王位。在性格上，他与父亲有很多相像的地方。这一时期开始的宗教改革引发了广泛的骚动，使社会各阶层形成了许多派别。由于印刷技术的发展，马丁·路德的观点和教义在所有基督教国家广为人知。在法国，遵循这些教义的人被称为胡格诺派教徒，虽然这个名称的来源不得而知。

波旁王朝巡警

亨利二世死于1559年，由于长期内战，法国陷入了悲惨的境地。弗朗索瓦二世继位时16岁，在他统治的短短17个月中，他极其残忍地迫害胡格诺派教徒。尽管遭受了这样残酷的迫害，胡格诺派的人数依然日益增长，直到整个城市变成新教徒的领地。

这位年轻的国王死后，他更年幼的弟弟查理九世继位。因为他只有9岁，政权落入了吉斯公爵和查理的母亲凯瑟琳·德·美第奇的手中。前者是一位高傲又野心勃勃的贵族，他强烈反对宗教改革；而后者是佛罗伦萨贵族，以罪恶、阴谋和才干闻名。她从小就熟悉政客们的谎言和罪恶，性格里也有很多自相矛盾的品质。

她天性残忍，却又喜爱优雅和感性的生活艺术。她家财万贯，却又贪婪无比。她把欺骗和遮掩看作是智慧和政策。她从不真诚待人，也从未失去理智。她教导儿子们欺骗的艺术，而且在她摄政期间，查理九世尚未成年，她便鼓励他完全放纵寻乐。当时负责照顾查理九世的典礼官雷茨也是精通各种罪恶的高手。因而年轻的国王在自由自在中学的全是坏东西。

但是，雷茨绝不能让国王成为酒鬼。雷茨曾经诱使国王喝得酩酊大醉，但是国王非常厌恶喝酒后的感受，此后他就非常节制。国王天性热情，做每一件事情都热情洋溢。跳舞时，节奏相当快，宫廷里的女士们都害怕成为他的舞伴。国王还喜爱各种重体力劳动，以在铁匠铺里打铁为乐。

凯瑟琳和吉斯公爵现在只想获得更多权力。吉斯公爵首先挑动胡格诺派教徒拿起武器，公然向天主教宣战。一点火花就点燃了整个王国。有几个胡格诺派教徒在谷仓里祈祷时，碰巧路过的吉斯公爵的仆人侮辱了他们。一场斗殴随之发生，公爵本人也被石头砸伤。他的仆人们不顾一切地攻击新教徒，杀死了好几个人。胡格诺派认为这次袭击代表着一场预谋已久的敌对战争的开始，他们立即拿起了武器。

由此，多年的宗教战争拉开帷幕，这场可怕的战争使法国陷入荒凉。战争肆虐的程度几乎前所未见，家庭被拆散，社会关系被切断，每个城镇都成了堡垒，乡下人和城里人在大街上互相割断喉咙。凯瑟琳是狂热的天主教徒，她本身就极其痛恨新教徒，花了两年时间策划了有史以来最邪恶的阴谋，而这无异于对法国所有胡格诺派教徒的大屠杀。

起初，国王在这样的罪恶面前选择了退缩，但最终还是勉强同意，他近乎疯狂地怒喊道："我同意，只要你能把他们都杀了，不留一个幸存者来指责我。"凯瑟琳希望将纳瓦拉国王，即后来的亨利四世也包含在内，因为他信仰新教，但是查理九世拒绝牺牲自己的姐夫。

大屠杀定于1572年8月24日的晚上，以敲响巴黎王宫的大钟作为信号。预定的时间越来越近，但是国王并不像她母亲那样冷酷无情，他焦躁不安，浑身发抖。为了防止他后悔，他母亲提前敲响了信号钟。受人尊敬的加斯帕尔·德·科利尼上将是第一个受害者。

大街小巷都充满了“杀！杀！”的呼喊。大部分新教徒还在睡梦中就惨遭杀害。

8天里，街道上血流成河，排水沟中堆满了尸体。不仅仅在巴黎，法国各地都上演着类似的场景。一位天主教徒甚至炫耀自己买了30个胡格诺教徒，只为了折磨他们。查理九世本人目睹了这样的血腥后，忘记了自己当初的犹豫和顾忌，开始射杀从卢浮宫窗前逃窜的受害者。纳瓦拉的亨利在公开放弃自己的新教信仰后，才得以存活。

第二天，一棵山楂树在公墓里无辜被杀者的坟墓上，开了这一年的第二次花。这被天主教的狂热教徒解释为上天喜悦他们这样的行为，于是屠杀又开始了。自开始的那一天起，有10万人在这场无情的大屠杀中丧命，史称“圣巴托洛缪大屠杀”。许多天主教徒也失去了生命，或是因为误杀，或是因为个人恩怨。①

查理九世说过不希望有人幸存来谴责他，但这个愿望落空了：有200万人幸存下来。熊熊燃烧的怒火将内战又点燃了。偏执并没有让一些人对人类的每一种情感都感到麻木，这些人同情新教徒的遭遇，这让新教徒们更加坚定，而犯下这些滔天罪行的罪魁祸首感到窘迫，因为他们发现自己做了无用功。

---

① 罗马教皇格里高利十三世对这场大屠杀颇感兴趣。他庄严列队前往教堂，感恩屠杀异教徒，甚至锻造了勋章来纪念这一辉煌事件。这枚勋章的复制品仍然存在，它一面是教皇的名字和画像，另一面是天使向一群被杀的人献上十字架。铭文是拉丁语——“胡格诺派大屠杀，1572”。——原注

第359章

从查理九世到路易十三

（1572—1643）

圣巴托洛缪大屠杀过后，查理九世的健康状况急剧恶化。他夜不能寐，心神不安，睡眠也不能让他恢复精神；常常有人听到他痛哭流涕，唉声叹气。在他弟弟波兰国王从波兰赶回继承王位之前，他母亲凯瑟琳被迫摄政。查理九世死于1574年，年仅24岁，执政13年。

他的弟弟亨利从波兰的克拉科夫夜间秘密动身，离开前也没有对政府作出任何安排。一到达法国，他就被加冕为亨利三世。在登上王位的第一年，他表现出一种为臣民的利益而治理国家的倾向，但是他性格中所有讨人喜欢的特质很快就消失了。他将大把的时间花在设计服饰上，将自己的脸涂成红白相间的颜色，晚上也在脸上涂膏药以改善肤色。他染了发色，以掩盖天生的红发。他使用的染发剂没有达到预期的效果，但也不是完全没有效果，因为染发剂把头发毁了，所以他变成了秃头。他经常坐在壁橱里，身旁放着剑，脖子上挂着篮子，里面放了一窝小狗，他就这么坐着，玩着杯子和球。

在他这样玩忽职守的同时，他那不幸的王国继续陷入内战。兄弟之间反目成仇，敌对势力随处可见，亲属之间互相谋杀，人们在耕种的时候，也是一手拿着剑，一手扶着犁。这种状况对人们思想的影响确实令人沮丧。他们见惯了血腥场面，所以心越来越冷，甚至无法分辨是非。新教徒的人数迅速增加，他们逼求亨利三世同意在除了巴黎的任何地方举行公众礼拜的权利。这种让步使教皇大为不满，他联合欧洲其他信仰天主教的君主形成了“神圣联盟”，决心剥夺胡格诺派教徒新获得的权利。

但是他们的威胁没能使国王改变法令。属于联盟的凯瑟琳不久就去世了，她对自己的计划给民族带来的毁灭和痛苦感到懊悔，这加速了她的死亡，但是这些不幸还在继续发生。亨利三世于1589年被刺身亡，刺客是一名叫作雅克·克列孟的修士。至此，统治了261年的瓦卢瓦王朝结束。

这一王朝共有13位君主，可以说他们中的大多数很勇敢、伟大而且热爱艺术。他们驱逐了英国人，将多芬、勃艮第、普罗旺斯和布列塔尼收归治下，给后世留下了完整而庞大的领土。但在另一方面，他们中除了少数例外，大都专制而野心勃勃，毫无顾忌地践踏人民的权利。

亨利三世死后，神圣联盟拒绝承认亨利四世继承王位，他们不接受他的信仰；虽然他在圣巴托洛缪大屠杀时宣布脱离胡格诺派信仰，但那只是为了保命，一脱离危险，他就立即回到胡格诺派教徒中间，不认为自己需要对被迫发下的誓言负责。他继位的权利是无可争辩的。他是圣路易的第六子克莱蒙伯爵罗贝尔的后嗣，这个家族的王子们是唯一存活下来的王室支脉。

然而，神圣联盟却让他的叔叔波旁的红衣主教宣誓即位。新教徒宣称除了亨利，他们不接受任何人为法国国王，他们愿意为之献身。一场惨痛的战争就此爆发，持续了5年。胡格诺派军队缺衣少食，受尽了苦楚。伊丽莎白女王多次从英国给亨利送来军队补给及金钱，即便如此，他的衣服也常常是破的，他和士兵除了黑面包没有其他东西可吃。1590年，联盟终于丢掉了立王的幻想，同年，亨利围攻巴黎。但是，他不想让这座城市遭受暴力的破坏，尽管完全有这个能力，他不愿意采取暴力的方式取胜。

他想通过饥荒来征服巴黎人民。巴黎人吃光了他们所有的粮食，就吃猫狗，甚至孩子，将死人的骨头磨成粉来做面包。亨利对他们心生怜悯，允许士兵用长矛将食物递给被围困的人，他也意识到饥饿不能使他们妥协，就撤军了，没有伤害巴黎的民众。据说，他给自己的行为作出的解释是——“我宁愿不拥有巴黎，也不愿意伤害这么多人的生命。我不希望城市成为墓地，也不希望统治尸体。”

在亨利和他的谋臣们看来，只有一个方法能给这个处于战乱中的国家带来和平，因此，在仔细思考和商量之后，他同意妥协。他宣布放弃胡格诺派信仰，并于1593年7月25日，在圣德尼大教堂宣布信奉天主教。次年年初，他被加冕为亨利四世。

他一继位，就立刻宣布赦免所有拿起武器反对他的法国人，整个国家都臣服于他的统治之下。至此，法国37年来的战乱纷争终于结束。胡格诺派教徒的权利也因为“南特敕令”的颁布而得到了保障。此前，新教徒除了在自己的城镇，不能担任地方官，或者担任政府公职；但是现在他们拥有与其他公民同等的权利；他们可以建造教堂，和天主教徒一样享有国王的认可和法律的保护。这样，亨利四世得到了12年的和平时期，可以在某种程度上修复过去40年内法国杀戮以及内外战乱带来的破坏。

财政方面也井然有序，取缔了历届政府的挥霍浪费之风。他逐步偿还了王室的债务。现在的农民重复着亨利大帝的愿望，“我希望农民在每个星期天锅里都有一只鸡”。这个愿望可能微不足道，却很好地表达了他如父般的亲情。堡垒得以修复，弹药库和军火库得到补充，公路得到了养护，司法制度得以改革，两种信仰和平共处。

一位曾经在其他时期去过法国的大使，有一次对国王说，相对于之前萎靡不振、令人抑郁的那个法国，他现在真的不认识这个国家了。“啊，”亨利四世说，“那是因为当时家里的父亲不在家里，他现在在这里，他的孩子们都很好。”在国王的励精图治中，他有一位得力助手，就是苏利公爵，他是国王的朋友，也是大臣。他是胡格诺派教徒，教皇曾经竭尽所能想让他改换信仰，但是苏利公爵的回答是，他永远不会停止祈祷，希望教皇陛下改变信仰。

此时国内外一片和平，亨利四世计划着在新的基础上重新构建欧洲，使基督教世界能联合成一个基督教共和国，在此框架内国家不再互相侵略。但是这一计划突然中止了。一段时间以来，谣言盛行，说国王命不久矣。5月14日，他和6个贵族一起坐马车出发，前往军火库，苏利的住所。在一个十字路口，他被一排朝不同方向行驶的车辆拦住了，一个名为弗朗索瓦·拉瓦莱克的恶棍看到了国王，就跳上车轮，伸手朝他胸口刺了两刀。亨利长长地叹了口气，没有留下一句话就死去了。

朝臣们立即陷入一片混乱，无法决定该做什么。王位继承人只有9岁，由他母亲玛丽·德·美第奇摄政。人们在惊愕之余，陷入深切的悲痛之中，像悼念父亲一样悼念他。他是唯一一位时至今日仍被人民深情怀念的法国国王。凶手拉瓦莱克被捉住，在架子上被拷打了一个小时，他平静地忍耐着一声不出，直到最后仍宣称他没有同谋。后来他被五马分尸。

亨利四世的英年早逝对法国来说是巨大的不幸，他的儿子路易十三只是个孩子，之后也没有表现出他父亲身上如此杰出的美德；摄政的王后软弱又愚蠢，挥霍了已故国王积累的大量财富。苏利公爵引退，在卢瓦尔河畔的城堡里度过余生。

路易的导师吕伊内公爵很快当上了首席大臣，成了王国的真正掌权者。他非常狂傲自大，据说世界上有3件最难的事情：化圆成方，找到贤者之石，还有和吕伊内公爵谈话。巴黎抢劫谋杀横行，没有一夜不是流血度过的，绅士贵族们认为站在街角拦路，偷个斗篷，或抢走别人鼓鼓的钱包不算犯罪。随着国王长大成人，人民对他寄予厚望，希望他能展现出更多魄力，像他父亲那样治理国家。但是这些愿望落空了。吕伊内公爵于1621年去世，他在国王心中的地位迅速被著名的黎塞留取代。

这个非凡的人出身高贵，受到教会的教育。凭借自己的能力和精明，他接替了吕伊内公爵，从那时起直到他1642年去世，他成了法国的专制统治者。他于1629年成为首相，掌管了政府和军队，经常亲自上阵。他毕生的追求只有两件事——对权力的贪得无厌及对虚荣的过分追求。他执政期间的重大事件是推翻贵族制度和打败新教徒或胡格诺派。

那个时代最显著的事件是围攻并夺取胡格诺派教徒的战略要地拉罗谢尔，这充分体现了黎塞留伟大的能力、无限的精力和不懈的毅力。他决定摧毁这座城，但是，居民也同样坚定，准备好了将保卫战进行到最后一刻。

拉罗谢尔是港口城市，位于比斯开湾。在之前的围攻中，人民从英国人那里得到了补给，这里的地理位置决定了要切断水路补给线非常困难。然而，为了达到目的，黎塞留在港口建造了巨大的堤坝：堤坝曾经被风浪推倒了两次，但是他命令马上重建，毫不拖延。他每天都读昆提乌斯·库尔提乌斯的著作中有关亚历山大在提尔城前建造长堤的记载。在围攻期间，国王路易十三亲自来到战场。

城里的居民，在苏利的女儿玛格丽特·德·罗汉公爵夫人的鼓舞之下，一同忍受着极大的痛苦。3个月来，公爵夫人和她的女儿每天除了马肉和一点面包，没有别的食物。饿肚子的可怜人快承受不住了，他们恳求市长放弃守城，但是他回答："如果还有一个人有力气关上城门，我们为什么要投降呢？"

人民的抵抗最终还是没能战胜饥荒。从英国获得援助的希望破灭了，他们终于投降了。2.6万人中，只剩下4 000名幸存者。还有许多人死于贪婪，死于他们吞下的递给他们的第一份食物。在投降的第二天，出现了猛烈的暴风雨，巨浪第三次把那座将城市置于死地的大堤击垮了。拉罗谢尔之围对全法国的新教徒来说是致命的打击。失去了希望，他们手中的城镇一个接一个地投降，宗教自由的目标被粉碎。

黎塞留接着致力于压制奥地利的势力。法国在这些战争中获得了一定的影响力，但是领土基本没有增加。与此同时，他的健康状况每况愈下。尽管疾病缠身，他仍然坐在一台铺满锦缎的机器里，由卫兵扛着出席宫廷的会议。他依然希望自己能活得比国王长，还在策划着稳固摄政权力。他于57岁时去世，指定红衣主教儒勒·马扎然接替他的职位。

没有人可以质疑黎塞留作为政治家的巨大能力；然而，从我们这个时代来看，他似乎给国家带来了无数灾难。在镇压贵族时，他唯一的目的是消除绝对王权统治的障碍；在消灭新教徒时，他熄灭了精神独立的火焰，摧毁了个人真理、荣耀及尊严的根源。从那时起，所有人都变得卑躬屈膝，屈从于神权和王权。

路易十四很快完成了黎塞留所开始的事业，取得了成功。在他看来，所有权力高度集中到王权就是完美的政府。这从他的一句简短格言中即可看出——“朕即国家”。这也成为后来发生的惨痛事件的关键，法国又一次血流成河，一系列的革命罪行玷污了它的历史。

就个人性格而言，黎塞留喜欢炫耀和富丽堂皇。他下令建造了被称为“皇家宫殿”的大厦和索邦教堂，还有著名的巴黎植物园。他不仅贪图同时代人的赞美，还觊觎死后的名声。他资助文人，这样在他们笔下，他的名字就可以永垂不朽。

他建立法兰西文学院——至今仍存在的学术机构——明确目的是改进法语。只有得到这一机构成员批准的词汇或短语才被称为正规的法语。路易十三只比这位野心勃勃的大臣多活了5个月，他任命王后奥地利的安妮摄政，然后就镇静地为死亡做准备。他死于1643年，在位33年。

第360章

从路易十四到路易十五

（1643—1783）

接替黎塞留担任大臣的红衣主教儒勒·马扎然，做每件事情要么与前任相反，要么不如他。黎塞留为人傲慢霸道，打击所有的不同意见；马扎然柔顺含蓄，举止温和。德意志人及奥地利人希望从黎塞留的死得到一些好处，因为此时政局通常会出现动荡，但是当时的军队领袖康德将军，取得了一系列辉煌的胜利，迫使德意志皇帝于1648年签署了《威斯特伐利亚和约》。马扎然很高兴能讲和，因为国内的动荡足以使他烦心。

他是意大利人，他的外国口音常常被人嘲笑。他很快就失去了人民的好感，人民拒绝执行他的命令，并在街上设置路障。一场长久的骚乱就此开始，史称“投石党运动”，源于法语中“投石器”一词，目的是恫吓或谴责。最初人民使用的武器仅限于语言上的嘲弄，歌谣和警句一度是最致命的炮弹。

但掠夺和破坏随之而来，骑兵在主人面前将玉米田踏为平地。女性也参与了这场骚乱。蒙庞西耶公爵的女儿是国王的表亲，也是这场骚乱的积极领导者。有权势的贵族则为给他们钱最多的一方卖命。有些是被金钱和地位收买的，有些是被世袭的名号收买的；当他们得到了自己想要的，居然也可以马上被另一方收买。骚乱持续了4年，马扎然有一段时间在王宫，有一段时间在外地，但是无论在哪里，他都对王后有绝对的影响力。

年轻的国王这时候已经逐渐长大成人，但是马扎然刻意使他远离政局。1661年这位政客去世之后，国王宣布亲自执政。从那一刻起，直到他生命结束，路易十四不仅是这个国家名义上的，也是实际上的统治者，而且他严格控制所有的大臣。他的统治持续了73年，前18年他还未成年，由马扎然摄政。

他统治的早期相对成功和辉煌，而晚年则是一连串令人感到悲哀的倒退。他喜欢战争，在世的不同时期几乎与欧洲的每一个国家都进行过战争。他率领一支训练有素的庞大军队进攻荷兰：弹药充足，有两位能干的大臣，还有蒂雷纳子爵做将军——这些都是路易十四实现征服计划的优势。

3个月内，有3个省及40个强固的堡垒被攻破。对荷兰共和国而言，毁灭似乎不可避免。5万户家庭准备去往东印度群岛避难，因此，当时欧洲最繁华富饶的国家将成为荒芜之地，而这种可悲的荣耀将是征服者唯一的奖赏。但此时，西班牙国王公开宣布支持荷兰，路易因此撤回了军队，放弃了征服。

军事荣誉是体现国王野心的最大目标，但他并没有因此忽视改善自己的领地。他没有忘记法国曾经的投石党运动，因此，将宫殿迁往圣日耳曼昂莱，后来又迁往凡尔赛，并在此地建造了欧洲最宏伟的宫殿。在建筑和地面上，花费了两亿美元。他的大臣，著名的柯尔贝尔，为促进国家繁荣兢兢业业地帮他打理国家事务；为进一步实现这一目标，他努力使之前需要进口的工业品实现自产自足，让法国在经济上不依赖任何国家。

当时精良的布匹是从英国进口的，但是，在他的大力资助下，法国实现了自主生产。通过促进桑树的种植，丝绸生产商也不必进口生丝了。平板玻璃原本从威尼斯进口，地毯从土耳其和佛兰德斯进口——但是法国人的技术很快就超过了原产国。织袜子的机器是从英国引进的；锡器、钢、瓷器和摩洛哥皮革，原本都从国外进口，现在都可以在法国本土生产制造。

路易十四虽然目不识丁，但大力赞助文学创作。戏剧作家皮埃尔·高乃依、莫里哀、让·拉辛，诗人尼古拉·布瓦洛、让·德·拉·封丹、樊尚·瓦蒂尔，哲学家孟德斯鸠、贝尔纳·勒·布耶·德·丰特奈尔，神学家雅克-贝尼涅·博须埃、弗朗索瓦·芬乃伦——都是他在位时期的有名人物。

全欧洲的知名文人，法国国王都给他们提供资助，因而确保自己比任何一个现代国王从真正有学识的人那里得到的赞扬都要多。塞维涅夫人也生活在这个时期。她的书信生动地记叙了那个时代，被认为是书信写作的范本。

1685年，路易十四与著名的曼特农侯爵夫人结婚，她是身患残疾的老诗人保罗·斯卡龙的遗孀。与这位诗人结婚时，她非常贫穷，斯卡龙形容她的嫁妆只有“两只有趣的大眼睛，匀称的身材，一双修长的手，满是智慧的脑袋，以及四美元”。他去世后，她并没有比以前富有多少，但她是宫廷的女教师，她优雅的举止、合宜的谈吐使国王着迷。

她从来没被封为王后，也没有因为地位上升而摆出一副高高在上的样子。当国王与大臣们在她的居所讨论各项事务时，她通常坐在那里缝纫或者读书。有时国王会询问她的意见，说："冷静夫人怎样想呢？"但是她很谨慎，避免一切对国家事务的表面干预，尽管有理由相信她暗地里必定施加了相当大的影响，也参与了一些政治阴谋。

圣巴托洛缪大屠杀现在已经过去100多年了，拉罗谢尔之围也已经过去60年了；许多在拉罗谢尔之围时还是婴儿的人，已经成了祖父母；许多当时还没出生的人，现在已经是大家庭的父母了。新教徒再次占据了法国人口中相当大的一部分，在全国各地建造了约700座教堂。路易十四是一个固执的罗马天主教徒，坚信按照天意，不相信天主教的人就应当被处死。

一向保护胡格诺派的柯尔贝尔已经去世了，现在大臣们的影响和国王的意图不谋而合。保障新教徒信仰自由的南特敕令被撤销，他们曾经享受的权利不复存在，保护他们不受伤害的法律也被废除。新教徒经历了前所未有的残酷迫害。

传教士被派往全国各地规劝他们改信天主教，龙骑兵紧随其后。如果有人拒绝接受，龙骑兵就进入他们家中，掠夺财产，毁坏田地。接着他们袭击新教徒，逼迫他们进入森林，毫不留情地将其杀害。男人们被扔进地牢，女人们被赶进修道院，除非改换信仰，否则再也不能出来。

在这样的迫害下，许多家庭被迫寻找新的国家落脚，这能够让他们按照自己的心意敬拜上帝。然而，所有试图逃跑的人都受到了一定的死亡威胁，边境上的守卫增加了一倍，农民也接到命令，凡是遇到逃犯就要攻击他们。一旦被抓，所有的积蓄都会被抢走，还要戴上镣铐，遭受酷刑。

尽管政府严防死守，还是至少有50万人设法逃了出去，带着积蓄、从事制造业的技艺以及勤劳致富的经验去了其他国家。一大部分人到了美国避难，居住在现在的南北卡罗来纳州。法国的工业始终没有从这一打击中恢复过来。

胡格诺派教徒是宁静温和的公民，专门从事不同门类的贸易。制锡和制钢的技术只有他们掌握，法国因而丧失了这门技术。有人说，这一时期“法国就像一个病人，砍掉了胳膊和腿来治疗功能紊乱，而这病本来凭借温和和耐心完全可以治愈”。从这一时期开始，有关法国新教徒的历史记载几乎没有了。直到法国大革命以后，信仰自由才得到保障。

从这一时期到1711年，路易十四一直处于战争之中。到了后期，他经历了一系列失败和灾难。1688年，詹姆斯二世退位，英国革命将荷兰的奥兰治亲王拥上了王位。詹姆斯二世来到法国，得到了路易十四的热情接待。不久，爱尔兰就发生了政变，意图恢复詹姆斯二世的王位。路易十四派了一支6 000人的舰队协助叛乱。然而，1690年7月，他们在博因河战役中大败。

西班牙国王的去世导致了另一场长达15年的战争，起因是几个欧洲国家之间的纷争，纷争的焦点是应当由路易十四的孙子腓力继位，还是由奥地利大公查理继位。经过了许多血腥和惨痛的战争，腓力获得了王位。1713年签订《乌德勒支和约》，终于实现了和平。

虽然西班牙“王位继承战争”发生在西班牙、德意志和意大利，但法国依然付出了生命和金钱的惨重代价。国家再次贫穷不堪，国王已经76岁了，生命也快走到尽头。他经常反思和冥想，这时，接二连三的家庭不幸降临到他身上，使他产生了一连串的宗教思想。他开始意识到他误解了生命的真正目标以及他的权力被赋予的所有目的。1715年，在他最后一次生病时，他表现出很少有人能做到的坚强和谦卑。他想到了自己的弱点，并且坦然承认了。他于1715年9月1日去世，即他77岁生日后的第四天。

在最后的岁月里，路易十四身边总是包围着数不清的朝臣：对这些卑微的奴才来说，皱眉就相当于难以承受的惩罚，禁止上朝就相当于死刑。在国王更衣时，被允许举着蜡烛的人，成了人人羡慕的对象。

这位君主的性格充满了矛盾。他有很多伟大的品质，这一点不容否认，也确实让他具有超越自己那一代人的优势。法国人称他为“大王”，不仅认为他是最伟大的君主，也是任何时代或国家中最有成就的绅士。

但是，现在人们对他的性格有了不同的评价，不管是作为公众领袖还是作为个人，他的政策是自私的，除了追求自己的荣耀别无他求，常常鼠目寸光，并且造成了难以估量的灾难和痛苦。国王个人华而不实，却喜欢将自己的观点强加于他人。他的艺术作品，就艺术本身而言，是伟大的。他的真实性格是追求

路易十四在朝臣面前更衣

虚荣和自我欣赏，为了满足这种过分的欲望不惜牺牲一切。①

① “关于路易十四，后人似乎终于作出了正确的评价。他不是出色的将军，也不是伟大的政治家，但是，从某种意义上说，他是一个伟大的国王。没有哪位国王像他一样完美掌握了詹姆斯一世所谓的‘为王之道’——能完全彰显一位国王的优点并且完全掩盖缺点的艺术。虽然他对内治理不善，虽然他统治初期的军事胜利不是靠他自己取得的，虽然他晚年饱受失败和羞辱，虽然他知识浅薄，几乎不认识自己弥撒书中的拉丁文，虽然他受到一个奸诈的耶稣会会士的控制，还有另一个更奸诈的老女人的蒙骗，但是在他的臣民心中，他就像伟人一样；并且最令人惊奇的是，他并没有避免出现在公众眼前，这与那些东方君主大为不同，他们从不抛头露面，甚至提及他们的名字都是犯罪。

“据说，仆人眼中没有英雄；但是仆人见到的路易十四，世人也都见到了。曾有500个人聚到一起看他早晨刮胡子，穿裤子，然后看他跪在床边祷告。这时，全体人员静静地等待着，传道者也跪在地上，不信教的人摘下帽子盖住脸。他在花园里散步时，后面会跟着200个朝臣。全凡尔赛宫的人都来看他吃饭喝汤。晚上他被安排在一大群人中睡觉，和早晨看他起床的人一样多。他当众服下催吐药，把大大小小的主菜吐得到处都是。

“然而，尽管他不断把自己暴露在公众视线之下，在这种情况下，任何人都很难保持自己的尊严，但他自始至终留给身边人的印象都是最深的敬畏和崇敬。他给自己的崇拜者带来的错觉只能与热恋中的人求爱时产生的错觉相提并论。这种错觉甚至影响到了感官。路易十四同时代的人觉得他很高。伏尔泰可能亲眼见过他，也曾与他最重要的朝臣一起生活过，多次提到他伟岸的身躯。但可以肯定的是，他低于而不是高于平均身高。路易十四似乎有特殊的站立、行走、挺起胸膛抬起头的方式，欺骗了大众的视线。他去世80年后，王室坟墓被革命军破坏，棺材被打开，尸体被拖出来，大家才看到被传颂了这么久的威武国王，其实是个矮小的人。

“他的个人和统治有着同样的命运。虽然有证据表明他人并不出众，执政也不算出色，但是他有技巧，让自己显得高大威猛，让政府显得无比优秀。死亡和时间都解开了骗局。国王的朝臣给他测量身高时，甚至不敢看他的鞋带，此时他的尸体会告诉人们他的真实身高。

“不像布瓦洛和莫里哀那样怀着希望和恐惧的人，已经仔细审视过他的公众形象。在坟墓里，这位最伟大的国王只有五英尺八英寸；在历史上，这位英雄及政治家变成了虚荣而软弱的暴君、教士和女人的奴隶——战争中鲜有胜利，执政上鲜有政绩，除了虚张声势，夸大自己的形象，没有任何值得一提的事情。”

——英国著名历史学家麦考莱

——原注

路易十四唯一成年的儿子于1711年去世，但他留下了3个儿子——勃艮第公爵、西班牙国王腓力以及贝里公爵。西班牙国王宣布放弃法国国王的继承权，而勃艮第公爵和贝里公爵到路易十四去世时早已躺在坟墓里了。贝里公爵的儿子，即后来的路易十五，作为路易十四的曾孙，成了王位的继承人。

路易十五此时只有5岁，需要摄政王掌握大权。奥尔良公爵腓力承担了这个责任。这一时期最广为人知的事件之一就是约翰·劳的密西西比计划。路易十四生活奢靡，耗尽了国家的所有资源。国库空虚，国债债主叫嚷着还债。约翰·劳向摄政王提议，由银行用纸币代为偿还国债。银行的利润将通过在密西西比河谷的乡村进行贸易获得。为了提高银行发行的纸币价值，采取措施压低了金银币的价值。因为银行纸币的价值绝不会低于它们所代表的价值，所以，拥有金银货币的人匆忙换取了纸币。

银行的工作人员无法满足这么大的需求，因此人民又带着金银币大量涌入巴黎，围在银行的门前。首都从来没有出现过这样的场景。许多人卖掉房子田产，以购买银行的股票，银行承诺将赚取巨额利润。所有的阶层——从教士到俗众，从贵族到平民，从政治家到烟囱清扫工，甚至很多女士——都变成了股票投机商，争先恐后出高价赎买对方手里的股票。

到1719年11月，股价与最开始相比增长了60倍。有一次，约翰·劳生病了，公司的股价立即跌了8个百分点，然后，谣言又说他恢复健康了，股价立刻上涨，甚至超过了之前的价格。这一辉煌的计划短暂施行后轰然倒塌，成千上万的家庭受到牵连。银行宣布破产，股票变得一文不值。金银消失了，只留下银行的纸币，半个法国也毁了。约翰·劳立即出逃，在德意志到处游荡，1729年死于威尼斯。

奥尔良公爵于1722年终止摄政，但依然担任首相，继续掌握大权。路易十五几乎没有什么天赋，他知道自己是国王，自己的意愿对身边人来说就是法律，他总是拒绝学习。他的家庭女教师也知道鞭打国王无异于犯下叛国罪，就选择了一个贫困家庭的男孩做国王的伴读。路易如果走神或者功课不好，这个不幸的男孩就代替他挨鞭子。

这位年轻的国王非常英俊，喜爱安静，虽然心肠恶毒、言语轻浮，外表上却表现出了超然的皇家风度，举止庄重又有威严。在他统治初期，发生了几场无关紧要的战争：但1748年签订的《第二亚琛和约》使国家恢复了和平。和约签订后的几年和平岁月是法国有史以来最繁荣的时期之一。制造业和商业蓬勃发展，殖民地的财富快速增长，尤其在圣多明各。

在国王的资助下，科学，特别是数学和天文学得到扶植和发展。但是，说到品位，特别是建筑和着装，就没有什么特点了。人们喜爱花哨浮夸的装饰品，这一点显而易见。裙箍和高跟鞋搭配长裙才是最美的。人们还会特意把颜料，尤其是红色或者白色颜料涂到脸上、脖子上、手上。头发上涂着大量的发油和发膏，发根上还要擦上细粉。

1754年，英法北美战争爆发。这场战争的细节中有关美国和加拿大的部分会在它们各自国家的历史中详述。一直到1756年，战争才延伸到欧洲，通常被称为“七年战争”。这场战争对法国最重要的影响就是将加拿大割让给了英国。这场战争的花销使已经在痛苦中挣扎的人民负担加重。路易十五于1774年去世。随着这一系列事件的发生，越来越多的迹象表明人民的不满将会使下一位国王统治期充满动荡。社会的各个阶级都人心惶惶，每个人都任意妄为，没有任何对国家的忠诚可言。

继任路易十五的新国王——路易十六，是路易十五的孙子，是一位“在最腐败的宫廷中过着最不腐败的生活”的国王。他登基时举国欢庆。他迅速致力于抚平人民的伤痛，遣散不忠的大臣，废除路易十五放荡的随从。他毕生的追求似乎就是人民的幸福。

但是在巴黎人眼里，他的优异品质却不能弥补特定的个人缺陷。他步态不稳，衣服脏污，面容沉重，令人不快。他看上去不像国王，也更喜欢在作坊里锻造锁和钥匙，而不是主持宴会。他的婚姻使他更加不受欢迎，即位4年前与奥地利女王玛丽娅·特蕾莎的女儿玛丽·安托瓦内特结婚。法国人不喜欢奥地利人，担心奥地利王室的影响，以及王后与法国政府的关系太紧密。

就在此时，富兰克林博士抵达巴黎，向法国寻求援助，当时美国正为了自由而与英国开战。这对路易十六来说，是一个削弱老对手的好时机。但是，作为国王，路易十六并不同情被称为反叛者的殖民者，也不想鼓励臣民反抗他们的君主。

然而民众的意愿很强烈，路易十六便屈服了，以条约的形式承认美国的独立。这对英国来说无疑是宣战。接下来的战争基本在海上，虽然胜负多变，但总的来说对法国有利。英美双方最终于1783年1月在凡尔赛宫签订了和约，法国就此收复了之前在战争中失去的除了加拿大的大部分领土。

第361章

法国大革命

（1783—1794）

法国大革命是欧洲历史上最令人震惊的事件，紧随美国独立战争之后。法国因参战产生的费用增加了公共债务，人民的不满情绪与日俱增。1783年，法国财政总监卡洛讷提出新举措，尽管公平合理，却是在其他所有筹钱方法都无用之后才提出的。这一举措是对贵族和教士的土地征收相应的土地税，使其承担公共财政压力。然而没有贵族和教士的同意，抑或全体国家会议的批准，这一措施也无法实施。

召开有各个社会等级代表参加的三级会议是自然而然的选择。这一会议被推迟，取而代之的是召开了贵族会议。参与者是国王亲自挑选的、来自全国各地、更高阶层的人。他们拒绝听取卡洛讷提出的措施，卡洛讷因此而被迫辞职。当时雅克·内克尔是财政总监，他也同样不成功。在听取了内克尔的建议后，国王决定于1789

年5月1日在凡尔赛宫召开三级会议。

会议盛大开幕，由王国教士、贵族、人民三个等级的代表参加。来自教士和贵族等级的一些人也加入了民众的一方，他们后来宣布自己是国家的立法机关，取名国民议会。贵族们意识到，除非国王采取一些果断的措施，否则一切都将无法挽回。

贵族恳求国王解散国民议会。6月20日早晨，国王卫队阻止国民议会的主席和成员进入大厅，并告知他们房间正在为王室会议做准备，之后三大等级代表要在此聚会，听取国王的演讲。议会的成员对此非常愤怒，他们匆忙赶往一个旧网球场，冒着狂风暴雨举行了自己的会议，并决定议会继续举行，直到为国家制定出宪法。

国王屈服于王后的影响，开始在巴黎及凡尔赛召集军队。他自己已经完全失去了判断力，人民对他失去信心，此时他们唯一能依靠的就是内克尔了。然而，内克尔很快就被免职，并被命令离开法国。因为这个意料之外的结局，巴黎人民的怒火爆发了。

他们成群结队聚集在一起。王后和宫廷的反对者帽子上戴着三色帽徽，没有戴这个徽章的人会受到侮辱，甚至被打死，因为这是与人民为敌。士兵们得到命令，驱散这些集会的人，但他们拒绝向自己的同胞开枪。他们与市民联合起来，以国民警卫队为名组成民兵组织，选择拉法耶特侯爵为他们的将军。

1789年7月14日，针对国王的敌对行动开始了，他们攻破了巴士底狱——这座阴森可怕的监狱长期以来一直是政府手中的暴政工具。原本负责守卫监狱的政府军队攻破这里，将其夷为平地，钥匙后来被送给了华盛顿将军。巴士底狱所在的地方现在变成美丽的广场，广场的中央竖立着“七月柱”——上面装饰着象征自由的雕

国民警卫队

塑。此时，反对公众意愿显然是徒劳的，内克尔被召回，国民议会急切地实施了对滥用职权的改革，王国中所有的专属权利和特权最终都被废除。

在这段时间，王室成员生活在凡尔赛宫。10月6日，在巴黎渔妇的带领下，一大群起义者冲进凡尔赛宫，在皇宫里大肆破坏。如果不是拉法耶特将军的介入，宫内所有人都会被杀害。在拉法耶特的建议下，国王对暴乱的民众作出妥协，并重返巴黎。国民议会制定的宪法条例得到国王的批准，那天正是巴士底狱被毁一周年的日子。30万人民在战神广场举办了庆祝活动，所有的女士都穿着洁白的衣服。在这一盛大的庆祝活动中，国王、国民议会的成员、国民警卫队代表拉法耶特侯爵宣誓遵守并捍卫宪法。

巴黎天天发生流血伤亡事件，看到依然对他忠心耿耿的官员和仆人被杀，国王很快就意识到王室成员在巴黎已经不再安全了。巴黎人几乎无时无刻不在武装着，甚至有一两次，起义者闯入宫殿，威胁到王后的生命。最后，这位不幸的国王决定逃跑。王室成员逃亡以及他们再次被捕的细节，构成了历史上关于落魄君主最令人惆怅的画面。

他们乔装出行，乘坐破旧的马车，用的是假身份。尽管他们小心翼翼，还是在靠近德意志边境的一个小旅馆里被发现了，他们在那里停下来换马。这些落魄的逃犯被带回巴黎，被安置在杜伊勒里宫严加看管。路易十六剩下的故事就很简单了。他的敌人意图处死他，并让他退位。王室的成员被关押在之前属于圣殿骑士团的古旧阴森的建筑内，现在那里仍被称作圣殿。不允许他们使用笔墨纸张，以防他们与外面的朋友通信。他们常常被羞辱，总是有人对他

起义者前往凡尔赛宫

们出言不逊，这些人所做的一切都是为了折磨王室成员。王室成员却以极其豁达的态度承受着一切，没有说过一句抱怨的话。

1792年9月20日，立法议会被国民公会所取代。国民公会开幕之日，颁布了“法国废除王权”的法令。会上提交的几乎所有提案被一致通过了。但是，关于怎样处置王室成员和其他一些措施，有两派意见。最为保守的为吉伦特派，其中大部分人来自吉伦特省；另一派为山岳派，因为他们开会占据的座位一排一排地上升，而他们更广为人知的名字是雅各宾派，因其成员属于雅各宾俱乐部，他们最大的目标是将国王处死。

虽然在人数上比不上吉伦特党，但是，雅各宾派的威胁使保守派感到恐惧，也同意采取最暴力的措施。他们设立了一种法庭，将不同性别、不同年龄的囚犯带到法庭上审判，以此嘲弄一切形式的司法制度。在1792年9月期间，仅在巴黎，这个法庭就处死了几千人。

1792年12月25日，国民公会命令路易十六出庭，以在统治期间实施暴政，以及试图逃离王国的叛国罪指控他。他因这些指控被判有罪，无情的法庭判处他死刑。他于1793年1月21日被处决。迈着坚定而庄重的步伐，他登上了断头台，即使在这个时刻，他依然保持着经受历次磨难时的平静与坚忍。他坚称自己无罪，但是特意放在他旁边的鼓被敲打的声音淹没了他的话语。他死时39岁，成了他的前任愚蠢和罪恶行为的牺牲品。玛丽·安托瓦内特也受到审判、定罪和斩首。她也同样坚毅沉着地面对命运。

路易十六的命运很快被英国知晓，英国随即向法国宣战。奥地利人从革命开始就与共和党人交战。1793年2月1日，国民公会向英国和荷兰宣战，两个星期后又对西班牙宣战。法国人民热情高涨，

国王宣誓服从宪法

都想要作出自己力所能及的贡献。没有钱就把自己的首饰捐了，放在公会的大厅里。不能亲自上战场的老年人或女士负责士兵们的后勤。1794年底，整个荷兰被征服，从那时起一直到革命战争结束，都依附于法国。

自从国王被处死，雅各宾派一直在国民公会中占据着主导地位。罗伯斯庇尔、丹东、马拉都是这一派的领袖，以绝对的影响力统治着这个国家。罗伯斯庇尔很快找到了摆脱竞争对手的方法，成为法国唯一的统治者。他控制政府的时期被称为恐怖统治时期。

不仅在巴黎，在各个乡村小镇都设立了特别法庭，稍微不顺从他的人就被处死，哪怕对君主政体表示一丁点儿支持，就足以成为被逮捕的理由；而有的人一旦被关进监狱，就再也看不到第二天的太阳，

断头台上的玛丽·安托瓦内特

除非是在去断头台的路上。监狱里挤满了人，男女都有，他们的罪名就是反对革命。

在田里干活的妇女以及年轻的农家女孩，常常被拖进令人憎恶的地牢，只因为哼了一首带有忠诚意味的歌曲，或者说了几句同情受害者的话。在一些人口稠密的城镇，囚犯们被带到宽敞的空地上，直至全部被士兵开枪打死。

与此同时，与外敌的战争迫使法国必须征兵，这又带来了新的压迫，称之为“征兵制”。国民公会颁布法律，规定所有18至25岁的男青年必须参军，无论愿不愿意。法国西部有一个省叫旺代，这里的居民拒绝服从这项法令，并公开宣称自己是保皇派。一场针对他们的战争就此爆发，这个地区长久以来未受干扰的和平与安宁被无情地打破了。乡村被夷为平地，城堡和村舍被付之一炬，居民要么被赶走，要么被杀害。

头衔已经被废除，残余的贵族最终都被逐出法国。公民或者女公民这样的词汇取代了先生、夫人这样的贵族称呼。大多数贵族要么移居国外，要么死在了断头台上。教士现在成了被迫害的对象。罗伯斯庇尔公开宣称法国应当废除基督教，所有的教士，除非放弃信仰，否则要么被杀，要么被囚。教堂被关闭，成千上万的神父逃往英国和意大利避难。其余的神父被杀害。

罗伯斯庇尔是这些血腥行为的主要推动者：他之所以能成为雅各宾派的领袖，就是因为他比同党派其他人更严酷。从外表上，完全看不出他是这种人。即使在最血腥黑暗的时期，他也以衣服精致到无可挑剔而著称。边上镶着玫瑰红丝绸的细棉背心和柔和的淡蓝色外套是他最爱的衣服。他为了巩固自己的权力而采取的措施，却成就了他的毁灭。为了摆脱具有威胁性的对手，他处决了党内许多有影响力的人。国民公会尚存的人最终决定团结起来以维护自己的安全。1794年7月28日，罗伯斯庇尔被囚，第二天即被处死。他的死讯不仅使法国，甚至使整个欧洲都欢呼雀跃。

对历史学家来说，罗伯斯庇尔的性格和职业生涯一直是个谜。他因为努力废除死刑而走入公众的视野。我们对此毫无怀疑，也不否认他早期对人民自由事业的奉献。他的很多作品洋溢着如今被这个国家甚至是全世界接受的观点和信条。

公正评价了他的性格后，人们认为，由于缺乏原则，他被重大事件带来的兴奋冲昏了头脑，因此，判断力被野心取代，理智则被偏执代替。将崇高的公共利益交给道德及宗教性格不健全的人所带来的危险和错误，从罗伯斯庇尔及其同伴的职业生涯中就能得到最有力的说明。如果我们没弄错的话，那么从那天到现在，法国的大部分政治问题，都是因为他们的公众人物缺乏信仰的底线。

在此之前，有一个名叫夏绿蒂·科黛的诺曼底女孩听说了国民公会的领导者在巴黎犯下的可怕罪行，便决定去刺杀他们，而她真的独自来到巴黎实施自己的计划。她本身是共和党人，为君主制的垮台感到高兴；但她相信罗伯斯庇尔及其同僚的暴政同样伤害了人民的自由。她为自己的计划兴奋不已，甚至到了疯狂的程度。来到巴黎后，她认定马拉是3位领导中最坏的一个，决定对马拉下手。她假装有文件要交给他，借机与他会面；当他从她手中接过文件时，她将一把刀插进他的胸膛，马拉当场毙命。这个痴狂的姑娘认为自己所做的事情非常伟大，她被判处死刑，但直到生命的最后一刻，都声称不后悔自己的所作所为，很乐意为这个世界除掉一个怪物。

第362章

拿破仑·波拿巴的兴衰

（1794—1814）

当大多数法国人民默默忍受着国民公会的统治时，自由党派在一些地方进行了抵抗，而国王的追随者也在另一些地方进行着抵抗。这些不满的城市中有土伦城，城内的人向由胡德子爵统率的英国舰队投降，条件是将土伦城交由路易十六的次子路易十七统治。国民公会的军队迅速抵达土伦，围攻军队的大炮由一名注定在世界事务中扮演重要角色的人指挥。他就是拿破仑·波拿巴。他在土伦围城战役中的突出表现引起了许多重要人物的注意。因为他的计谋和英勇，土伦城被攻下，他被任命为驻扎在巴黎附近的军队的统帅。

正是在这一时期，他与博阿尔内子爵的遗孀约瑟芬结婚，她的丈夫招致了罗伯斯庇尔的不满，被以叛国罪的罪名在这个暴君倒台之前4天被处死。与此同时，大多数为了恢复法国君主制而与革命者交战的国家，都没有取得成功，因此，他们放弃了战争，开始讲

拿破仑

约瑟芬

和。托斯卡纳大公国、西班牙、瑞典、丹麦、普鲁士以及瑞士邦联都承认了新的共和国，但是英国、奥地利、俄罗斯以及意大利的一些城邦国家仍然与法国交战。

以其名义犯下了不少罪行的国民公会，于1795年10月27日解散。一种新型的政府被建立起来。立法机构分为上下两院，上院称元老院，下院称五百人院。执政权交给5名督政官，称为督政府。

1796年春天，督政府派出三支强大的军队出征。其中两支在德意志作战，由莫罗将军和儒尔当将军统率；拿破仑被委派率领第三支军队去征服意大利。他在意大利的事迹在几个城邦国家的历史上都有记载。他迅速取得了多场胜利，在不到两年的时间内就征服了意大利半岛的大部分地区。他一个接一个地击败了5支前来应战的奥地利军队。全欧洲的目光都聚焦在他身上。他成为旧帝国的噩梦，新国家的缔造者。

他指挥军队向德意志进发，不到20天就在10场战役中击败了奥地利。拿破仑允许休战5天，于1797年4月18日在莱奥本签订了停战协定，同年10月17日缔结了《坎波福米奥和约》，最终带来和平。德意志皇帝向法国投降，将荷兰及莱茵河以西的德意志领土割让给法国，莱茵河成了法国和德国的分界线。意大利很大一部分地区形成一个新的国家，叫作奇萨尔皮尼共和国。

接下来是我们已经详细叙述过的法国远征埃及，这个任务现在交给了拿破仑。在取得了辉煌而决定性的胜利后，他于1799年7月25日在阿布基尔海战后，结束了自己在埃及的远征。同年10月，他回到法国。

在他远征期间，德意志皇帝答应了英国的请求，重开战火。俄罗斯也加入反对法国的队伍中。法国人民经历了许多挫折，人民开始不满。拿破仑回归的消息，被认为是更大胜利的先兆。他能从地中海岸边回到巴黎就是一次胜利。立法委员会在距离巴黎约有6英里的圣克劳德开会。

1799年11月10日，拿破仑在一大群官员的陪伴下进入五百人院的会议厅。五百人院被迫解散，督政府也烟消云散。一个新的政府成立了，拿破仑以第一执政的头衔担任政府首脑。这一事件在法国历史上被称作“雾月政变”，标志着法国大革命的终结——这次事件给人民的心灵留下恐怖的阴影。它带来的震荡并不局限于法国，还延伸到其他国家；欧洲的君王们联合起来，要粉碎遍布他们领地的自由精神。

一系列的战争接踵而至，使整个基督教世界沉浸在血雨腥风之中。这样惨无人道的罪行是谁的责任呢？显然不是数百万被压迫的民众，他们不过是不堪压迫之苦，想要寻求解脱。这个责任应由造成这些苦难的专制统治者来负。法国大革命至少告诉世界，腐败的君主和自私的王朝必受惩罚。除此之外，革命也打击了君权神授——上天选定拥有王室血统的人，代替他们行使神圣的统治权——的思想；并且立刻使人民认识到自己的权利，认识到选择君主是他们自己的责任。

虽然并不是所有希望都能成真，但是很明显，这一事件是欧洲历史上新时代的开始；并且这个时代不会结束，除非新的思想在理论上和实践上得以确立，那就是——人民的利益是政府执政的真正目标，人民是政治权力唯一合法和可靠的保障者。

第一执政的首要举措之一就是向奥地利及英国提出讲和，但是两国都拒绝了。1800年5月6日，他离开巴黎，率领一支在瑞士秘密集结的6万人的军队出发。5月15日，历史上著名的“跨越阿尔卑斯山”之旅开始了。

在圣皮埃尔的一个小村庄里，他们的征程似乎走到了尽头。圣伯纳山巍然矗立，高不可及，冰雪覆盖，寂静荒凉。悬崖峭壁，沟壑深谷，无边无际的大雪，似乎哪怕一点点响动就会造成惊天动地的雪崩，将整个大军埋在下面——这一切都在昭示，除了岩羚羊，没有什么能征服这条山脉。大炮被放在精心挖空的树干中，成百人组成队伍拉着它向前。马车被拆成碎片，系在骡子背上。

军乐队走在队伍前面，时不时奏响音乐，在特别难走的地方，鼓点敲响，鼓励士兵们与大自然抗衡。这些士兵没有什么吃的，只能偶尔把饼干在雪里蘸一蘸吃下去。在圣伯纳修道院，修道士们向每一个经过的士兵分发面包和奶酪，还有一杯红酒。下山比上山更

拿破仑在意大利

为艰难，军队却在没有任何物质损失的前提下做到了。5月16日，先遣卫队占领了皮埃蒙特的奥斯塔村。军队的到来，尤其是以迄今为止没有人成功地翻越阿尔卑斯山的方式出现，对奥地利人来说似乎是可怕的魔咒。

6月14日，著名的马伦哥战役打响了，法国人获得大胜。这决定了意大利的命运。在不到两个月的时间里，拿破仑收复了他在埃及远征时法国失去的所有疆土。12月3日，奥地利军队在霍恩林登败给了莫罗将军率领的法国军队。1801年2月9日，法国与奥地利签订《吕内维尔条约》。1802年3月27日，法国和英国在亚眠缔结了和约。

第一执政的职位原本只有几年的任期，但是法国人现在让拿破仑做终身执政，并有权任命他的继任者。拥有绝对权力却并不能满足他的野心，他还想要一个名副其实的头衔。1804年，他将法兰西共和国改为法兰西帝国，成为法国的世袭皇帝，还在巴黎圣母院进行了庄重的加冕仪式。

查理曼曾被迫去罗马举行加冕仪式；拿破仑决定让教皇来法国主持这个仪式。教皇庇护七世在巴黎主持了宣誓，他念一句，拿破仑跟着念一句。王冠受到教皇的祝福，拿破仑亲手把它戴到头上。奇萨尔皮尼共和国改制为意大利王国，由拿破仑本人担任国王。1805年5月26日，在米兰，他亲手戴上了铁王冠，据说那是伦巴第王国的国王曾经戴过的。

篇幅有限，我们无法详述接踵而至的重大事件。有时几个国家联合起来反对拿破仑，但其中又有一个或多个国家与他结盟。每签订一个新条约，法国的国土都随之扩大。在1805年初，奥地利和俄罗斯向拿破仑宣战。他10月进入了德意志，在11月13日占领了奥地利引以为傲的首都维也纳。11月27日，俄罗斯和奥地利在著名的奥斯特里茨战役中被彻底击败，不久后就签订了《普莱斯堡和约》，承认拿破仑为法国皇帝。

至此，欧洲的大部分土地已经被他踩在脚下。他随意设立国王，撤换国王。他让自己的哥哥约瑟夫做那不勒斯国王，弟弟路易·波拿巴做荷兰国王。德意志的汉诺威是英国国王的世袭领地，被他赐给了普鲁士国王，作为后者在战争中保持中立的奖赏。有14位权力最弱的德意志国王以莱茵邦联的名号联合起来，置身于拿破仑的保护之下。

皇帝权力的高度集中引起了其他国家的警惕。奥地利已经自顾不暇，无法进行任何抵抗，但普鲁士还没有显示过自己的力量。国王腓特烈·威廉三世向法国宣战，拿破仑迅速派出军队。1806年10

月14日，拿破仑取得了耶拿战役的决定性胜利；同月25日，他进入普鲁士的首都柏林。

在战争方面，他继续取胜，先后在波兰的埃劳战役和弗里德兰战役中大败俄罗斯军队。战争中征服的一部分土地形成了新的威斯特伐利亚王国，由拿破仑的幼弟热罗姆担任国王。至此，欧洲北部的王国已经全部被他征服，他将注意力转向南方。1807年11月30日，一支法国军队进军至葡萄牙首都里斯本。第二年，西班牙国王主动让位给拿破仑，拿破仑将王位授予了哥哥约瑟夫，空缺的那不勒斯国王则被授予缪拉，他娶了拿破仑的一个妹妹。

被征服者制服的欧洲诸国并没有就此停歇，它们只是在等待一个有利的机会来摆脱束缚。1809年春天，奥地利的蒂罗尔发生起义，而威斯特伐利亚人赶走了热罗姆，普鲁士似乎要与奥地利联手，打一场决定性的战争来恢复独立。但是拿破仑立即从马德里返回，带领军队进入德意志领土的中心，相继取得埃克米尔之战、埃斯灵会战及瓦格拉姆战役①的胜利。维也纳再次被占领，欧洲大陆再次臣服于拿破仑脚下。

1809年10月14日，他迫使奥地利签订了《维也纳和约》。他决定与欧洲最古老、最显赫的家族联姻。为了自己的大业，拿破仑与约瑟芬离婚，和玛丽·路易丝——奥地利皇帝弗朗茨一世的女儿结婚。1811年4月2日，他们的儿子出生，被授予“罗马王”的头衔。

---

① 这一著名战役始于1809年7月5日，这一整天，奥军全线受到法军猛烈攻击，法军拥有大量炮兵和许多重口径大炮，但奥地利人坚守阵地。第二天，战斗重新开始，法军的进攻更加猛烈，最后奥军左翼被攻破，他们被迫撤退，伤亡惨重。这是拿破仑亲自参与的最艰苦的战斗之一。——原注

皇后玛丽·路易丝与年幼的罗马王

1812年，拿破仑率领60万大军进攻俄罗斯。这场战争的惨痛细节我们必须留在俄罗斯历史的部分来讲述。12月18日，拿破仑回到巴黎，他的精锐部队仅剩下不足3万人，这些士兵跟随他穿过北方的雪地，军队的制服破损，只能用妇女穿的毛皮或者能捡到的破布来遮体，他们赤着脚，流着血，或者用一堆破布包着脚。

拿破仑的全盛时代终于走到了尽头。欧洲所有的大国组成反法同盟——俄罗斯沙皇和奥地利皇帝、普鲁士国王、瑞典国王贝纳多特——他曾在法国军队中担任将军、巴伐利亚国王和符腾堡国王以及莱茵邦联的其他国王。虽然有这么多可怕的势力反抗他，但拿破仑并没有失去自己的勇气或军事天赋。整个欧洲都惊叹于他的足智多谋。他在德意志领土上进行了一系列战争，但未能阻止敌人的前进。蒙马特高地一战后，敌军通往巴黎的道路畅通无阻。1814年3月31日，俄罗斯的亚历山大一世和普鲁士的腓特烈·威廉三世占领了法国首都巴黎。他们随即发布了一项声明，决定恢复波旁王朝的统治。

拿破仑在枫丹白露还有一支军队，士兵们对他忠心耿耿，乐于随他再次出战。但是元帅和军官们认为这场战争获胜无望，不愿意听从他的指挥。拿破仑希望通过退位来保住自己儿子的王位，于是在1814年4月4日正式放弃王位。然而这一举动毫无用处。反法同盟决定将他流放到地中海上的一个小岛厄尔巴岛，他可以保留皇帝的头衔，享有属于皇帝的所有荣耀，拥有自己的陆军和海军，但是这一切仅限于他被流放的小岛。这个小岛长约60英里，大约有1.2万居民。这一决议立即生效。他的皇后玛丽·路易丝及幼子被送往维也纳。

在被反法同盟的军队占领期间，巴黎呈现出一幅奇特的景象——许多国家的士兵，俄罗斯人、奥地利人以及来自斯基泰沙漠的游牧者都驻扎在那里，仿佛同在一个巨大的军营中。在宽阔的街道上，士兵们搭起了棚屋，能看到他们有的人在门口做饭，有的人在缝补稀奇古怪的衣服。马被拴在美丽花园里的树上，忙着剥树皮。

周围都是一堆堆的战斗装备，还有各种各样的武器，有蛮族的弓箭长矛，也有更先进的手枪军刀。巴黎人表现得极其镇定。林荫大道和公园里一片欢乐景象，仿佛没有敌人驻扎在那里。当敌人的炮声在他们附近轰鸣时，他们也淡然自若，相信皇帝的筹策和好运气。当得知战败了，敌人已经到了他们的城门内，他们看起来还是很知足。最近刚喊“拿破仑万岁”的人，现在大声喊着“路易十八万岁”。

第363章

从滑铁卢战役到1848年革命

（1814—1849）

拿破仑战败使欧洲各国重获和平，也使大家欢欣鼓舞。因为这次出乎意料的转折，许多被赶下台的国王重归王位，其中包括西班牙国王斐迪南七世、撒丁国王以及教皇庇护七世。在维也纳召开了会议，出席的有反法同盟的君主及德意志诸国国王，目的是重新分割欧洲的领土，确定每个国家的边界。

自法国大革命以来一直流亡在外的路易十八，也就是路易十六的弟弟，重新成为法兰西王国的国王。他还没在自己的领土上安顿下来，拿破仑就秘密逃离了厄尔巴岛，带着不到1 000人的兵力回到法国。经过的每一个省，都有成百上千人聚集到他麾下。

拿破仑已经登陆并且畅通无阻向巴黎进发的消息，使波旁王朝的统治者及追随者感到惊恐。国王和朝臣逃离了巴黎，就在他们离开的那一天，拿破仑进入巴黎。除了少数军官，整个军队和几乎所有政府官员都拥护拿破仑回归。复辟后的皇帝首先采取的行动之一，就是试图诱使反法同盟默许他的复辟，但他们一致宣布，坚决不与他签订条约，双方因此大规模备战。

6月初，在英国的威灵顿和普鲁士的布吕歇尔的率领下，英普联军在布鲁塞尔附近安营扎寨。拿破仑率领15万人迎战。1815年6月18日，滑铁卢战役打响了，这场战役标志着拿破仑辉煌军事生涯的终结。[①]20日，他逃到了巴黎。29日，他逃往罗什福尔，打算去美国避难。他一到达，就发现港口被英国舰队严密把守。与其冒着被俘的危险逃跑，他宁愿相信英国政府会宽大处理自己，因此，他自愿登上了一艘英国战舰。

7月24日，他抵达英国，他不被允许登陆，也不被允许和岸上的人有任何接触。他写信给英国的摄政王，请求允许他在这个国家寻求庇护。但是英国政府认为他是个危险人物，不能让他逍遥法外，将他流放到了南大西洋上的一座岩石小岛圣赫勒拿岛。

滑铁卢战场

① 这一战役是现代最著名的战役，在一座叫滑铁卢的小村庄打响，村庄位于布鲁塞尔东南约10英里的地方。威灵顿公爵指挥联军，打败了拿破仑，这使他在当代名人中占据了一席之地。滑铁卢战役不仅在政治影响上意义重大，更因死伤惨重而被铭记，约有8万人在这场战役中伤亡。——原注

路易十八

他被囚禁在那里，并被严密看守，以免他逃脱。海岸上布满了军队，军舰不断地在岛边巡逻。仍有许多法国人盼望着拿破仑可以逃脱，再次出现在法国，但是拿破仑的死击碎了他们最后的希望。1821年5月5日，拿破仑死于圣赫勒拿岛。

路易十八回到巴黎，但他的处境颇为尴尬，人民并不认可他，他那笨重的身躯与拿破仑充沛的精力及惊人的成就形成鲜明的对比。他如今也年老体衰，无法应对困难的处境。他限制新闻出版自由，采取各种措施来增加政府的权力。

尽管他倾向于采取温和的措施，但旧君主的拥护者依然对他施加了很大压力：他们不断敦促他限制人民的自由。而他在位期间看似真的以国家的福祉为统治目标。他于1824年9月16日去世，王位由他的弟弟阿图瓦伯爵继承，就是查理十世。

查理十世性格专横，失去了人民的信任。他实施的措施表明，他坚决反对新闻出版自由和民众党派，为了增加王权的影响，他封赏了大量新贵族。他解散众议院，希望新选出来的成员能更有利于政府的统治，但是选举结果与预期背道而驰，反而削弱了部长们的权力，他们因此辞职了。自由主义者得到任命，但他们没有得到国王的信任。

1829年，朱尔·波利尼亚克亲王被任命为首相。波利尼亚克这个名字本身就被人民所恨恶，他们认为这个家族在玛丽·安托瓦内特不幸的事件中施加了影响。议院再次解散，在随后的选举中，更多的自由主义者被选中，但新一届议院在成员聚集之前就解散了。国王及新贵们决定采用新的选举方式。

人民开始公开显露出不满情绪。大批市民聚集在巴黎街头，蠢蠢欲动。7月28日，军队与民众之间爆发了一场激烈的冲突。人民不断地向窗户外面的军队投掷火把，不仅如此，他们还从屋顶向军人头上扔石头、瓦片和其他任何可以找到的东西。据说有一位女士在女仆的帮助下，把一架钢琴从窗户扔到了下面的军队中。

那天晚上，人们在主干道上架设路障。马车和公共马车被掀翻，路面被拆毁，堆成土堆，此外还有随地可见的木板和家具的碎片。大约在29日中午，军队宣布要为了人民而战。国王撤到朗布依埃，8月2日，宣布退位，王位由他的孙子波尔多公爵继承。没有人在意这个变化。

成千上万暴乱的民众准备向朗布依埃进军，国王又逃到了英国，并于1836年死于奥地利。仍然有少数对这个家族忠心耿耿的人，视查理十世的孙子波尔多公爵也就是亨利五世，为他们的合法君主。这些人组成的政党被称为保皇党正统派。

法国现在要成立一个政府。拉法耶特侯爵虽然本质上是共和党人，但他支持有限君主制。领导者们经过深思熟虑，决定将王位授予路易·菲利普一世——法国人一直尊崇的亨利四世的后代。他所受的教育让他更倾向于自由派，在革命初期他也为此而战。为了躲避雅各宾派的怒火，他不得不移居国外，在瑞士教授数学，以养活自己和两个弟弟。他还在美国待过一段时间。从1800年到拿破仑垮台，他一直待在英国。

1830年8月9日，他受到邀请成为——不是法兰西国王，这是旧王朝的称呼——法国人民的国王，借此表示国家属于人民，而不是属于国王的。他以遵守宪章的规定为前提，接受了这个职位，并且庄严宣誓绝不侵犯人民的权利，承诺人民享受宗教信仰自由，保证新闻出版自由，投票选举立法会议成员的权力向更多的人民开放。

旧的贵族以及拿破仑新封的贵族同样被认可；但是国王有权授予任何人贵族爵位，只要他认为这个人配做贵族；获封贵族之后，这些人有权在贵族议院拥有席位。但是，贵族头衔不能世袭。

1841年，一支远征军受命出行，准备将拿破仑·波拿巴的遗骸带回法国。路易·菲利普遵照人民的意愿，下达了这条命令。儒安维尔亲王弗朗索瓦·奥尔良乘坐护卫舰“法国拉贝尔伯爵号”（又译为“美丽少女号”）前往圣赫勒拿岛，完成这项令人关注的使命。

皇帝的遗骨从坟墓中被取出，运回法国。法国人民举行了盛大而庄严的仪式，数百万人为之叹息流泪，他的遗体被隆重安葬在巴

拿破仑的灵车

黎荣军院，得到一个伟大的君主应受的待遇。灵车由16匹马拉着，上面覆盖着金色的布，饰有白色的羽毛。

路易·菲利普即位之后，除了在阿尔及利亚的军事行动，整个国家没有受到外战的侵扰。他在位期间，制造业得到极大发展，农业和商业也得到极大的改善。他多年来的措施似乎实现了拥护他即位的人的希望。但随着时间的推移，年龄的增长，一切似乎都在提醒他，手中的权力很快就要失去，他变得心神不宁，渴望按照旧的但又与现在具有关联性的合法原则，建立一个王朝。

这就需要把政府的权力集中在君主手中，实现的途径是大幅度增加公职、维持庞大的常备军队以及腐化的立法机构的两个部门。在这一过程中，公债扩张到了令人瞠目结舌的程度，新闻出版自由逐渐被压制，人身自由也受到限制。在这种情况下，许多睿智的自由主义者开始警觉起来，众议院和新闻媒体也进行了有力的反对。

拉马丁

1841年，人民越来越渴望改革，特别是普通民众希望扩大选举权，实行社会变革的呼声越来越高。法国各地都出现了所谓的“宴会运动”，要求改革选举制度。议院宣布这些集会是非法的。在1848年2月，本计划在巴黎举行的一场改革宴会，被议院的公告取消。巴黎人民拿起武器反抗国王的暴政。

1848年革命（二月革命）随后发生，很多读者对这一事件依然记忆犹新。这一革命在许多方面类似于1830年革命（七月革命），都在3天内完成，都没有造成很大伤亡，都以国王退位、让位给他的孙子而告终。路易·菲利普与查理十世一样逃到了英国。以诗人兼历史学家拉马丁为首的革命临时政府成立，宣布成立共和国，人人都有选举权。国民议会由人民根据拉马丁及其同僚制定的选举制度选出。

这个议会于1848年5月4日召开会议，着手完成会议的首要目标——法兰西第二共和国宪法的制定、讨论和通过。同时，讨论并投票产生了新国家制度所需的法律，并由5人组成的执行委员会负责执行。6月爆发了一场可怕的叛乱，委员会被迫辞职，战争部长欧仁·卡芬雅克被授予绝对权力。经过4天的激烈战斗，叛乱被平息了。卡芬雅克继续执政，直到总统被选举出来。

宪法于1848年秋季投票通过。12月10日，由人民选举产生了总统。两位主要的总统候选人分别是卡芬雅克和路易-拿破仑·波拿巴（后来的拿破仑三世）。后者凭借约3/4的选票获得了成功。几天后他在国民议会大厅宣誓就职。他立即开始履行自己的职责，并继续行使这些职责（1850）。他于1852年卸任，根据宪法，必须由他人接任：除非他第一届期满已过4年，否则不能连任。

法国国王列表

王朝	君主	即位时间（公元年）
墨洛温王朝	克洛维	481
	提乌德里克一世	512
	克洛多梅尔	
	希尔德贝尔特一世	
	克洛泰尔一世（克洛维4个儿子共同执政）	
	查理贝尔特一世	561
	贡特拉姆	
	希尔佩里克一世	
	西吉贝尔特一世（克洛泰尔一世的4个儿子共同执政）	
	希尔德贝尔特二世（西吉贝尔特一世之子）	593
	克洛泰尔二世（希尔佩里克一世之子）（共同执政）	
	提乌德贝尔特	595
	提乌德里克二世（希尔德贝尔特二世之子，与克洛泰尔二世共同掌权至613年，然后克洛泰尔二世成为唯一的君主）	
	达戈贝尔特一世	628
	查理贝尔特二世（克洛泰尔二世之子）	
	西吉贝尔特二世	638
	克洛维二世	

（续表）

王朝	君主	即位时间（公元年）
墨洛温王朝	达戈贝尔特二世	655
	克洛泰尔三世	
	提乌德里克三世	
	希尔德里克三世	
	克洛维三世	
	达戈贝尔特三世（懒王，名义上拥有头衔至714年，由丕平二世做宫相执政）	
	希尔佩里克二世	714
	克洛泰尔四世	
	提乌德里克四世（懒王，由查理·马特做宫相执政）	
	查理·马特独自掌权到741年	737
	矮子丕平，做宫相至751年，751—768年担任法兰克王国国王	741
加洛林王朝	查理曼（丕平之子）	768
	虔诚者路易	814
	秃头查理	843
	路易	877
	路易三世和卡洛曼	879
	胖子查理	886
	厄德一世	888
	糊涂王查理三世	898
	罗贝尔一世	922
	拉乌尔一世	923

（续表）

王朝	君主	即位时间（公元年）
加洛林王朝	海外归来者路易	936
	洛泰尔一世	954
	路易五世，加洛林王朝终	986
卡佩王朝	于格·卡佩	986
	虔诚者罗贝尔	996
	于格二世	1017
	亨利一世	1031
	腓力一世	1060
	胖子路易	1108
	年幼者路易	1137
	腓力二世·奥古斯都	1180
	狮子路易	1223
	路易九世	1226
	勇敢者腓力	1270
	美男子腓力	1285
	路易十世	1314
	高大者腓力	1316
	美男子查理（查理四世没有子嗣，王位由卡佩王朝的直系转入支系瓦卢瓦家族。腓力六世继位，他是腓力三世的孙子）	1321
瓦卢瓦王朝	腓力六世	1328
	好人约翰	1350

（续表）

王朝	君主	即位时间（公元年）
瓦卢瓦王朝	英明王查理五世	1364
	查理六世	1381
	胜利王查理七世	1422
	路易十一	1461
	温厚王查理八世	1483
	人民之父路易十二	1498
	弗朗索瓦一世	1515
	亨利二世	1547
	弗朗索瓦二世	1559
	查理九世	1560
	亨利三世（亨利三世无嗣，王位转由亨利四世继承，他是圣路易第六子的第十代子孙）	1574
波旁王朝	大帝亨利四世	1589
	路易十三	1610
	路易十四	1643
	路易十五	1715
	路易十六	1774
	路易十八	1814
	查理十世	1824
	1830年革命（七月革命）后，王权从波旁王朝转入奥尔良支系，路易·菲利普一世是路易十四弟弟的第五代子孙	

（续表）

王朝	君主	即位时间（公元年）
奥尔良王朝	路易·菲利普一世	1830
	斐迪南·菲利普，路易·菲利普一世的长子，奥尔良公爵，显然他是法国王位的顺位继承人，但是于1842年去世，当时他乘坐的马车惊了马，他从马车中跳出身亡	
	1848年革命（二月革命）推翻了法国的君主制，标志着卡佩家族的直系和旁系的所有王朝终结	
波拿巴王朝	卡洛·波拿巴，拿破仑一世的父亲，科西嘉岛阿雅克肖的一名律师，1785年去世	
	约瑟夫，拿破仑一世的长兄，那不勒斯和西西里岛国王，后成为西班牙国王	
	拿破仑，皇帝	
	吕西安·波拿巴，拿破仑一世的三弟，不肯接受他哥哥拿破仑给予的任何王位	
	路易，拿破仑一世的四弟，荷兰国王	
	热罗姆，拿破仑一世的幼弟，威斯特伐利亚国王	
	拿破仑·弗朗索瓦，拿破仑的儿子，赖希施塔特公爵，罗马王。1832年去世	
	路易-拿破仑，路易的儿子，1848年当选法国总统	

第364章

这样的法国

在经历了近14个世纪的君主制之后，现在的法国是共和国。现行的宪法是1848年制定的。根据宪法，年满21岁的法国公民都拥有选举权。总统是法国的政府首脑，由普选产生，任期4年，第一任期结束后需再过4年才有重新被选举的资格。

副总统由议会从总统提出的3位候选人中选出。法国的立法部门只有一个议院，称为国民议会，是永久性的机构。国民议会约有750名议员，每人任期3年。议员代表的分区并不一定是自己所居住的地区。法国的86个省下面有许多分区，各分区按照自己的人口数量选举对应比例的议员。

法国没有国教。3 500万人口中，大约200万人是新教徒，其余的被认为是天主教徒。在偏远的省份及一般的乡村地区，民众都属于天主教会，遵循天主教的仪式和习俗；在受过教育的阶层中，即便人们去做弥撒和忏悔，也普遍持有怀疑论。伊壁鸠鲁哲学似乎构成了基本的道德体系。便利是行为准则的基础，每个人都会根据自己的利益对此进行解释，并且在我们大部分人看来，这体现了自行决定的自由。

然而，显而易见的是，人类需要一种超越他们自身利益而产生的法律，如果没有这种法律，没有人能够达到或者维持最高程度的文明。法国发展的最大障碍，尤其在它的政治体系之下，是缺乏对真理与谬论——或者说对与错的严格检验，以及随之而来的这些坚定美德的缺失；尤其在高级知识分子阶层中，这一阶层以一种爱国的热情来履行公民的多重职责，这对于国家的发展不可或缺。然而，人民在专制统治中变得腐败，甚至宗教都成为堕落的工具，我们有理由相信，最能确保他们恢复真正道德体系的方法就是政治上的独立。

法国的城市在这里不需要详细叙述。首都巴黎无疑是世界上最宜人的城市。这里有宏伟的大厦、宫殿、长廊、公园、喷泉和娱乐场所。这些建筑用的石头大都来自城市下面的采石场。这样大量挖掘而产生的空穴，称为地下墓穴，被用来存放尸骨，常常会有华丽的坟墓。杜伊勒里宫是法国国王的主要居住地。国家图书馆藏书多达40万册，展出的画作及雕塑令人叹为观止。国家公园有全世界最大最全的动物物种、化石和植物种类。这个欢乐的城市，最初似乎仅为享乐而生，但在城墙之内，却又能找到任何其他国家或时代所孕育的最严谨、最渊博的学者。

巴黎是阴谋、政治、学术和权力的中心，同时也引领了欧美的时尚。这里拥有大量裁缝，从事庞大的时装贸易。女装时尚经常变化，男装每隔几个月就有新的潮流。大都市的时尚变幻无常，但在法国很多地方，时尚从不改变。在巴黎，总会看到来自共和国不同地区的人，穿着一个世纪之前流行的服饰。

除了巴黎，法国还有许多著名的大都市。里昂以盛产丝绸制品和金银制品而闻名，马赛是出名的港口，波尔多的红酒远近闻名，布雷斯特及土伦港是海军基地，蒙彼利埃是度假休养的好去处，凡尔赛的宫殿闻名遐迩，斯特拉斯堡天主教堂的尖顶是世界上最高的人工建筑之一，兰斯的教堂是法国国王的加冕之地。

法国的制造业规模庞大，种类繁多，贸易正在不断增长，但是远不及英国和美国。法国陆军约有40万人，海军由125艘战舰组成，其中61艘为轮船，人数是22 561人。

在诸多的艺术和科学领域中，法国都处于欧洲的前沿。总体而言，在化学、矿物学、植物学以及自然科学领域，法国都超越了其他国家。法国人不仅擅长这些领域的理论研究及发现，更善于将科学应用到生活中的各个方面。这个国家的天才们似乎都具备自相矛盾的特质——反应迅速且心细敏感，同时具有非凡的抽象能力。

我们看到他们在美术及哲学方面有突出成就，一方面体现在绘画、音乐、雕塑和建筑领域，另一方面体现在数学和形而上学方面。他们对细节探索有着非凡的天赋，在系统安排及科学规划方面也同样成功，他们的天赋既体现在小玩意儿、玩具和饰品，例如珠宝首饰和女帽饰品上，也同样体现在更高层次的理解方面，例如人类思想和行为的两大领域——文学和政治方面。我们所做的历史简介充分证实了这一论断的后半部分。

想要公正评价或者透彻了解法国人，就必须回顾其早期历史。法国人民具有强烈的民族性，这种民族性融合在一种精神之中，但不同省份的人民仍然保留着各自的特色，这种鲜明的特色源自他们遥远的祖先。这看似是悖论，却是极易证明的事实。

法国各地都使用法语。我们在每个地方都能看到活泼、礼貌、健谈的人们——快速反应和清晰表达——对音乐和舞蹈的热爱，对女人和战争的喜欢，对一种性别的卖弄、对另一种性别的殷勤。无论走到哪里，我们都能看到这个民族所特有的和蔼性情，以及思想与感情、理智和情感快乐地交织在一起。

与此同时，在布列塔尼的游人会注意到，那里的人相对贫穷，生活艰难，桀骜不驯，颇为顽固。法国历史学家米什莱说："沿着海岸线，自然的力量退缩，人性更加冷酷无情。在塞恩岛、巴茨岛和乌尚岛上，婚礼仪式本身就是悲伤和严肃的。姑娘们必须厚着脸皮求婚，因此这里的女性相对男性更为坚强；在阿申特岛，女性更高大更强壮。"

普瓦图的地区特色更加错综复杂，但相当独特。这是一位古代作家对这个地区的一位土著的描述，他写道："他是一个优秀的基督徒，杰出的骑士，他周游世界，欺骗女性！"正是在普瓦图这片土地上，许多坚定的新教徒定居下来，在拉罗谢尔避难。这座城市因为著名的围城而与外界切断了联系——这一事件使法国失去了大部分最优秀的人才，也被认为是宗教和道德软弱的主要原因之一。

在普瓦图，旺代犹如隐匿在树林和篱笆间的小城。在法国大革命期间，外来入侵打破了这里的平静，农民们挺身而出，成为民族英雄。上利穆赞也位于普瓦图，那里的人民生活在岩浆冷却而形成的岩石之间，以粗制葡萄酒及苦奶酪为生。这样的生活艰苦、阴郁，带着野蛮，与下利穆赞人民的生活形成了奇异的对比，下利穆赞的人民以活泼、欢乐、智慧而闻名。

比利牛斯山附近省份的居民自第一代起就是不同的民族交织在一起。例如，在塔布，你可能在集市见到1万人，他们来自周边60英里的村庄。可以看到，来自比戈尔的戴着白帽子，来自富瓦的戴着棕帽子，来自鲁西荣的戴着红帽子，来自阿拉贡的戴着扁平的帽子，来自纳瓦拉的戴着圆帽子，来自比斯开的戴着尖顶帽子。

朗格多克是葡萄酒之乡，位于南方的角落。由于这里民族和宗教繁多，冲突频繁，悲剧时有发生。“朗格多克人的坚忍和顽强，”米什莱说，“与吉耶讷人的机智轻浮和普罗旺斯人的暴躁没有本质上的区别：但朗格多克人与吉耶讷人之间又确有区别，这种区别如同山区居民与吉伦特派的区别，如同法布尔与巴纳夫的区别，如同吕内尔的烟熏白葡萄酒与红葡萄酒的区别。”

朗格多克人信仰强烈、毫不宽容；没有信仰的人也是如此。吉耶讷则恰恰相反，蒙田和孟德斯鸠在信仰和怀疑之间漂浮不定。费奈隆，名流中最虔诚的人，几乎成了异端。当我们朝着加斯科涅前进时，情况变得更糟了——这是可怜人聚集之地——无忧无虑又不顾后果，每个人都会像亨利四世一样说：“我将铤而走险。”这样的人为了成功不惜一切代价，也确实成功了。阿马尼亚克家族与瓦卢瓦王朝结盟，阿尔布雷家族与最后成为法国王室的波旁家族融合。

“普罗旺斯抵抗过，也庇护过所有的民族。他们都唱过跳过阿维尼翁及博凯尔的歌舞，都曾停驻在罗讷河上的关口，以及南方公路的大十字路口。普罗旺斯的圣徒为他们架起了桥梁，并开始与西部融洽相处。阿尔勒与阿维尼翁那些活泼可爱的姑娘们——为了继续她们出色的工作——拉着希腊人、西班牙人和意大利人的手，跳起了法朗多尔舞曲，不管他们会不会跳。这些陌生人也不想再离开了，他们在普罗旺斯建造了希腊、摩里斯科以及意大利风情的小镇——比起爱奥尼亚和图斯库卢姆，他们更喜欢弗雷瑞斯小镇居民热情的面容。他们在激流中抗争，将山丘变为梯田，在只产百里香和薰衣草的岩石山脊上种植葡萄。”

在法国进行类似的调查时，我们注意到，在多芬、弗朗什孔泰、洛林和阿登——在勃艮第、香槟和皮卡第，都有非常明显的地区特色，这一点得到共识。只有在首都巴黎，一切才形成一个统一的整体；但即使在巴黎，地区及各省的特色也没有完全消失。巴黎人的思想能立刻体现出法国人最复杂、最高形式的天赋。

表面看来，地域性政策消亡的结果必然是负面的，但事实并非如此。“从所有这些对物质、局部及特殊思想的否定中，产生了一种现存的普遍性、一个积极的事实、一种生动的力量。”“当目光由法国中心蔓延至四周，所及之处，会看到一个广阔而强大的有机体，不同的部分是如此恰如其分地契合在一起，既彼此不同，又互相融合——有弱有强，有积极有消极——勃艮第的雄辩狡黠与香槟镇的诙谐天真，弗朗什孔泰和洛林的批判、善辩与勇猛粗犷，普罗旺斯人的率性与加斯科涅人的冷漠衬托了朗格多克人的狂热，而诺曼征服的欲望和精神被抑制在布列塔尼人的克制与佛兰德斯人的厚重之间。这一切构成一幅伟大而绝妙的景观。”

奇怪的是，在巴黎，本地人相对较少。一位法国散文作家在描述巴黎一栋7层楼的住宅时，对住户的描述如下：首先，在较低的楼层中有两位来自外省的药剂师；接着，再上一层楼，有一位来自意大利的牙医，一位来自卡尔卡松的紧身胸衣制造者和一位来自热那亚的投机商人。再上一层是一位诺曼公证人以及8位书记员，都来自外省。

接下来是一位来自南方的议会代表和他的家人，急切地想知道他在议院里地位如何。接下来是一位乳母，还有一个伪装成美国旅行家的年轻人。接下来是一位意大利男高音歌唱家，每天花12个小时练习胸腔发音。还有一位来自莱比锡的文学家；一位西班牙的侯爵，名字是Don Beltram de las Marismas，de las Campanadas，de las Cardonas，de las Blagadas——他的生活就是一支接一支地抽烟。

接下来是一位来自佩里戈尔的律师；一位英国游客，在自己的房间里画法国素描；还有一位来自德意志的大学生。然后是一位沉迷于炼金术的瑞士老人和一个犹太人。犹太人给画家做模特，模仿特洛伊国王普里阿摩斯、李尔王，以及使徒和圣人；他的女儿则模仿希腊神话中的尼俄伯、美惠女神、维纳斯等。还有一个年轻的巴伐利亚女孩，靠清洗绑腿扣每天可以赚17苏（原法国的一种辅助铜币）。她有两个邻居：一个是来自南特的镀金工人；一个是匈牙利人，他用腐肉在床底养蛆，然后卖给塞纳河边的渔夫做鱼饵。阁楼，算是第八层，住着用人们，他们来自皮卡第、勃艮第、布列塔尼等。最后，房顶的尖塔上住着送水的人、打杂的人、开车门的人、点灯的人，还有靠捡雪茄烟头为生的人！

这个作家告诉我们特定省份的人来到首都后似乎都做同类的工作，例如，石匠来自克勒兹省和利穆赞省，扫烟囱的、送水的、打杂的、锡匠和修补匠都来自奥弗涅及其周边地区，裁缝和制靴工来自斯特拉斯堡地区，护士都来自勃艮第等。

这些描述并不仅仅是空想，而是来自一些众所周知的事实。我们会发现几乎所有著名的作家、艺术家、政治家等都来自外省。让我们来列举几位巴黎作家：大仲马来自维莱·科特雷，维克多·雨果来自贝桑松，巴尔扎克来自都兰，尤金·吉诺特和梯也尔来自马赛，朱尔斯·贾宁来自圣艾蒂安，泰奥菲尔·戈蒂耶来自塔布，3位阿拉戈都来自埃斯塔热，阿尔方斯·德·拉马丁来自马贡，弗朗索瓦·基佐来自尼姆，乔治·桑来自贝里，于格·费利西泰·罗贝尔·德拉梅内来自布列塔尼，等等。

因此，这就是法国，既是同质的，又是零碎的，既是国家的，又是地方的。没有哪块土地像法国这样注重以国家为中心。美丽的法国是偶像崇拜的对象，然而，正如我们前文所述，地域特色仍然很明显。法国就像一幅油画，有一个宏伟的构图，既显示了画布上不同的线条，又超越了使表面和谐统一的色彩。

这种现象的解释是可以在法国的早期历史中找到的。凯尔特人——一个喧闹的民族，“手里握着剑横跨欧洲大地，他们虚荣自负又躁动不安，渴望看到一切，了解一切，不虚度时光”——仍然是一个和蔼可亲、善于交际的民族。他们是法国现在人口的基础，给社会构成奠定了基调和色彩。他们分为许多分支和部落，在国家的不同地区繁衍生息，保留着自己的民族特质，并利用当地的土壤和气候使这些特质发扬光大。

尽管现代高卢民族以凯尔特血统为基础，我们仍须记住在马赛和附近地区，许多人有希腊血统；在诺曼底，许多人有诺曼血统；还有许多法国人有罗马血统，因为这里近5个世纪被罗马人统治；最后，由于勃艮第人、西哥特人、法兰克人的迁徙，很多人有日耳曼血统。民族的融合给法国带来了极大的优势。简单原始的民族更倾向于破坏，而不是收获文明开化的果实，这似乎是一条普遍的规律。

如果没有民族融合，仅有的民族似乎永远都是孩子，对他们来说，身体是最重要的。

历史学家这样评价早期的欧洲人，“拥有高大、美丽、柔软、丰满的身体”，如同一个新生世界的婴儿。这就好像通过嫁接，才能产出最好的水果。如果野生酸苹果树不与其他种类的果树嫁接，它结的果子永远都是酸的。优质的苹果是经过各种不同品种长时间精心嫁接之后的结果。

因此，正是在那些相互交融的民族中，我们看到智慧战胜了物质；也正是在那些血脉里混杂着各种血统和语言的民族中，我们找到了智慧和道德天赋的最高水准。英格兰的盎格鲁-撒克逊人在与诺曼法国人混合之前又算得了什么？值得它吹嘘的所有丰碑，难道不是在诺曼征服之后才有的吗？在早期，战争——未开化的人类的本能——如天意一般实现了人类的混合，使人类得到发展。在更加开明的时代，秉承福音的精神将其祝福同样延伸到犹太人和外邦人的身上，每个人都应当接纳不同的民族，使民族和国家更有博爱包容之心，以促进社会的进步。

法国各部落形成一个民族的方式，可以从高卢民族强烈的共同情感和社会本能中找到；正如我们所提到的，这些共同情感和社会本能来自他们的凯尔特祖先。正因如此，两个独立的省份尽管起初在习惯、气候、语言等方面各不相同，也能互相理解和接纳。

沿着边境线，法国展现着“与英国相对的是强硬的布列塔尼和顽强的诺曼底，与庄严肃穆的西班牙相对的则是嗤之以鼻的加斯科涅，向意大利展示了普罗旺斯之火，向庞大的德意志帝国展示了阿尔萨斯和洛林坚不可摧的军队，与比利时的夸张和愤怒相对的则是皮卡第的冷静和暴怒——伴随着阿登与香槟文明的庄重、审慎和天赋”：就这样，法国被一面活生生的墙包围着，既有防御性又有排斥性——而普遍存在的民族精神将其牢牢凝聚在一起。没有一个国家的地方生活和私人生活像法国那样保持独立，也没有一个国家像法国那样具有如此广泛和牢固的爱国精神。

就这样，高卢民族的友好精神已经传遍了法国，但并没有止步于国境线之内。法国历史学家基佐说：“我必须承认法国是欧洲文明的中心与焦点。如果说法国在任何场合都领先于其他国家，那可能有些夸张。意大利在艺术上曾经多次超越法国，英国在政治制度上已经远远超过法国，也许在某些时刻，我们会发现欧洲其他国家在某些方面都比她优越；但是我们必须承认，每当法国在文明事业上取得进展时，她就焕发出新的活力，很快就会赶上或超越所有的竞争对手。

“不仅如此，那些促进文明发展的思想和制度，尽管它们是在其他国家诞生的——但在它们具备普遍性，或产生成果之前，在它们能被移植到别的国家，或造福整个欧洲文明之前——必须先在法国历经一段崭新的准备过程；它们是从法国，从第二个更加富饶的故乡开始征服欧洲的。任何一个伟大的想法，任何一个伟大的文明原则，都是首先经过法国才走向世界的。

“在法国人的天赋中，的确有一部分关乎社交、关乎同感——比任何其他民族的天赋都更容易传播，并且更具活力。它可能存在于法兰西民族的语言中，或是特定的思想转折中；也可能是在他们的举止中，或是他们的思想更受欢迎，能更清晰地呈现在大众面前，更轻松地渗透到他们中间。总之，清晰、合群、同感这些是法国和法国文明的显著特征；这些特征显然使法国有资格走在欧洲文明的前列。”

欧洲南部国家对法国大革命的同感是这些观察的有力证据。1789年、1830年及1848年，激荡巴黎民众的巨浪，动荡起伏，持续发酵，影响到了比利时、意大利和德意志南部的数百万人。当英国仍然处于阴郁的孤立状态时，法国的精神已经影响了欧洲1/4的土地。毫无疑问，正是基于对这一事实的认可，柯勒律治在发泄自己的民族怨恨的同时，也为法国伸张正义。“法国人，”他说，“就像火药一样，就其个人而言，他们卑鄙下流，就像一粒粒的粒子，但是作为一个民族，他们会像火药爆炸一样可怕。”

总体而言，法兰西民族是欧洲最聪明、最节俭、最勤劳、最温和的民族。虽然他们很容易激动，但每个人都靠着自己的收入过着美好的生活——因此表现得节制而有序。在1789年的革命中，虽然经历动荡和政府腐败，但在战争的血腥恐怖中，很多人依然能够自得其乐。在更近的1830年及1848年革命中——尤其在1848年的革命中——巴黎的底层阶级展现出无与伦比的仁慈和克制——这确凿地证明，即使只享有有限的政治自由，他们也受到了文明开化的影响。

因此，我们可以很容易就看出来，如果一个美国人来到法国，他以前只从英国人的描述中了解过法国，那他就会切身感受到那些描述的失实；因为从很多方面来说，那些描述甚至不如讽刺画准确。英国人似乎天生痛恨法国人，这足以成为他们诽谤法国的理由。

英国剧作家奥利弗·哥德史密斯在塑造他的一个人物形象时，不仅为英国人的感受献殷勤，更体现了民族偏见。他这样写道：

“我讨厌法国人，因为他们是奴隶，穿木鞋。”当然，法国人也同样痛恨英国人，仇恨英国是一种民族特征。即便是开明的米什莱也说：“羊毛和肉是英国及英国人的原始基础。他们最伟大的作家莎士比亚原来是个屠夫！”

尤利乌斯·恺撒将法国人的祖先描述成他曾经征服过的最优雅的野蛮人，虽然他们的祖先曾经野蛮，他们的后裔却走在文明的前沿。古罗马历史学家斯特拉波曾说法国早期居民妒忌彼此的荣誉，对邻居的侮辱总是睚眦必报。像英国人一样，法国人不是没有骄傲，但是却不像英国人那样停留于个人层面，而是上升到国家层面；在法国的荣誉面前，个人荣誉就无足轻重了。荣誉是法国人的激情，如果国家荣誉在前，那个人的甚至是公众的灾难都不会受到重视。对荣誉的追求已经得到了充分满足，虽然这是以人类生命的巨大牺牲为代价的。

在情感方面，法国人对快乐比对悲伤更敏感，他们感受善良，忘记邪恶。对他们而言，现在比将来更重要，当下的冲动可以成为主导。这就是英国人称之为虚伪的不稳定因素。这也产生了一种适应环境的能力，使他们比其他任何人都能更好地承受挫折，使他们可以四海为家——无论是在厅堂还是在野外，甚至在原始部落，都是如此。值得注意的是，在美国，法国人在森林中的定居者比其他欧洲人更早得到印第安人的认同。法国人天性中的乐观是由其城市固有的文化特性所维系的，这种特性在其他国家中并不存在；他们的礼貌既是一种情感，也是一种习惯。

法国人的欢乐并非喧闹，也不只是偶尔出现，这种欢乐持续不断，与友好的感情紧密相连。他们的家庭很少分裂，生活方式几乎是父权制，几代人经常生活在同一个屋檐下。整个大家庭，从老到小一起出去享受假日或一起聚餐是一幅常见又令人愉快的景象。

无论在哪里，法国人聚集时，总是散发着欢乐的气息；每一张面孔上都洋溢着欢乐和活力。在法国，基本上没有争吵或醉酒。欢乐时就跳舞，悲伤时就哭泣；在法国，旅行者不用走多远就能看到一场乡村舞会，并没有什么休闲活动，他们民族性格中的乐观是促成舞会的唯一动力。法国社会中最令人愉悦的情形之一就是，无论是在乡村的节日庆祝还是在巴黎的社交晚会上，年长的男女都是最受欢迎的成员。

重要词汇英汉对照表

1812年西班牙宪法 Spanish Constitution of 1812
1848年革命 European Revolution of 1848
C. 苏尔皮西乌斯·加卢斯 C. Sulpicius Gallus

A

阿拔斯 Abbasid
阿贝拉 Arbella
阿庇乌大道 Appian Way
阿庇乌斯 Appius
阿庇乌斯·克劳狄乌斯 Appius Claudius
阿波罗 Apollo
阿波罗神庙 Temple of Apollo
阿卜杜·拉赫曼 Abd al-Rahman
阿卜杜·拉赫曼一世 Abd al-Rahman I
阿卜杜·拉赫曼二世 Abd al-Rahman II
阿卜杜·拉赫曼三世 Abd al-Rahman III
阿卜杜·拉赫曼四世 Abd al-Rahman IV
阿卜杜·拉赫曼五世 Abd al-Rahman V
阿卜杜拉 Abdulla
阿卜杜勒·哈米德一世 Abdul Hamid I
阿卜杜勒-迈吉德一世 Abdul Medjid I
阿布·阿卜杜拉 Abu Abdulla
阿布基尔海战 Battle of the Aboukir
阿布-赛义德 Abu-Said
阿达河 Adda River
阿德巴尔 Adherbal
阿德里安 Adrian
阿德里安堡 Adrianople
阿德里安一世 Pope Adrian I
阿登 Ardennes
阿杜尔河 Adour River
阿尔巴 Alba
阿尔巴力诺山脉 Albaracino Mountains
阿尔巴隆加城 Alba Longa
阿尔巴尼亚 Albania
阿尔巴尼亚人 Albanian
阿尔卑斯白兔 Alpine hare
阿尔卑斯山 Alps
阿尔比努斯 Albinus

阿尔比派 Albigenses
阿尔博因 Alboine
阿尔布克尔克 Alboquerque
阿尔布雷家族 the Albrets
阿尔达希尔一世 Ardashir I
阿尔代亚城 Ardea
阿尔方斯·德·拉马丁 Alphonse de Lamartine
阿尔戈利斯 Argolis
阿尔戈斯 Argos
阿尔赫西拉斯 Algeciras
阿尔及尔 Algiers
阿尔及利亚 Algeria
阿尔加维 Algarve
阿尔克迈翁 Alcmaeon
阿尔勒 Arles
阿尔诺河 Arno River
阿尔曼登 Almaden
阿尔曼左尔 Almanzor
阿尔梅里亚 Almeria
阿尔摩拉维德 Almoravide
阿尔塔巴左斯 Artabazus
阿尔塔费尼斯 Artaphernes
阿尔塔薛西斯二世 Artaxerxes II
阿尔忒弥斯 Artemis
阿方索一世 Alfonso I
阿方索二世 Alfonso II
阿方索三世 Alfonso III
阿方索四世 Alfonso IV
阿方索五世 Alfonso V
阿方索六世 Alfonso VI
阿方索七世 Alfonso VII
阿方索八世 Alfonso VIII
阿方索十世 Alfonso X
阿方索十一世 Alfonso XI
阿非利加 Africa
阿佛洛狄忒神庙 Temple of Aphrodite
阿伽门农 Agamemnon
阿戈丁库姆 Agedincum
阿格里皮娜 Agrippina
阿格里真托 Agrigento
阿格西劳斯 Agesilaus
阿根托拉图姆 Argentoratum
阿基劳斯一世 Archelaus I
阿基米德 Archimedes
阿基坦 Aquitaine
阿基坦人 Aquitani
阿吉拉一世 Agila I
阿加 Aggar
阿加索克利斯 Agathocles
阿金库尔 Agincourt
阿喀琉斯 Achilles
阿卡 Acre
阿卡德米 Academy
阿卡德米学派 Academic
阿卡德摩斯 Akademos
阿卡狄乌斯 Arcadius
阿卡迪亚 Acadia
阿卡纳尼亚 Acarnania
阿卡纳尼亚人 Acarnanian
阿克罗科林斯 Acrocorinth
阿克苏姆 Axum
阿克西俄斯河 Axius River
阿刻罗俄斯河 Achelous River

阿奎莱亚 Aquileia
阿奎塔尼亚 Aquitanla
阿昆库姆 Aquincum
阿拉伯 Arabia
阿拉伯语 Arabic
阿拉戈 Arago
阿拉贡 Aragon
阿拉里克 Alaric
阿拉里克二世 Alaric II
阿拉塞纳山 Sierra de Aracena
阿拉斯 Arras
阿莱西亚 Alesia
阿兰人 Alan
阿朗松 Alencon
《阿劳加纳》*La Araucana*
阿劳坎人 Araucanian
阿雷基努斯 Araegenus
阿雷瓦西人 Arevaci
阿里阿德涅 Ariadne
阿里斯托得摩斯 Aristomachus
阿里斯托芬 Aristophanes
阿里斯托革顿 Aristogeiton
阿里斯托梅尼斯 Aristomenes
阿里乌斯派 Arianism
阿里亚河 Allia River
《阿历克塞传》*Alexad*
阿莱克修斯一世·科穆宁 Alexios I Komnenos
阿莱克修斯二世 Alexios II
阿莱克修斯三世 Alexios III
阿莱克修斯四世 Alexios IV
阿利安 Alien
阿利斯 Alise
阿连特茹 Alemtejo
阿列河 Allier River
阿隆索·德·埃尔西利亚·伊·苏尼加 Alonso de Ercilla y Zúñiga
阿伦斯 Aarons
阿马尔菲 Amalfi
阿马尔菲共和国 Repubblica di Amalfi
阿马拉里克 Amalaric
阿玛拉松莎 Amalasontha
阿米尔塔尼乌斯 Amyrtaeus
阿米克莱 Amyclae
阿敏塔斯三世 Amyntus III
阿莫尔戈斯岛 Amorgos Island
阿姆菲萨人 Amphissa
阿姆斯特丹 Amsterdam
阿穆达法 Almudafar
阿穆利乌斯 Amulius
阿那克里翁 Anacreon
阿那克萨戈拉 Anaxagoras
阿那克西曼德 Anaximander
阿纳斯塔修斯二世 Anastasius II
阿纳托利科 Anatolico
阿尼加湖 Lake Onega
阿涅内河 Aniene River
阿佩利斯 Apelles
阿普利亚 Apulia
阿普利亚共和国 Republic of Apulia
阿瑞斯之石山 Hill of Ares
阿瑟·韦尔斯利 Arthur Wellesley
阿申特岛 Ouessant Island
阿施塔特 Astarte

阿斯蒂帕莱阿岛 Astipalaia Island
阿斯卡尼乌斯 Ascanius
阿斯克拉 Ascra
阿斯普罗波塔莫斯河 Aspropotamos River
阿斯塔科斯 Astakos
阿斯图利亚斯 Asturias
阿斯图利亚斯王国 Kingdom of Asturias
阿斯图斯人 Astures
阿斯托加 Astorga
阿索斯角 Promontory of Athos
阿塔布里人 Artabri
阿塔拉里克 Athalaric
阿塔罗斯 Attalus
阿塔纳吉尔德 Athanagild
阿陶尔夫 Ataulf
阿特柔斯 Atreus
阿提卡 Attica
阿提拉 Attila
阿提密西安海峡 Artemisium Strait
阿提乌斯·奈维乌斯 Attius Naevius
阿图瓦 Artois
阿瓦尔人 Avars
阿瓦利肯 Avaricum
阿韦尔萨 Aversa
阿维拉 Avilla
阿维尼翁 Avignon
阿维图斯 Avitus
阿文丁山 Aventine
阿文尼奥 Avenio
阿西乔里乌斯 Acichorius
阿希达穆斯 Archidamus
阿雅克肖 Ajaccio
埃阿科斯 Aeacus
埃阿斯 Ajax
埃庇米尼得斯 Epimenides
埃布罗河 Ebro River
埃俄罗斯 Aeolus
埃尔西利亚 Ercilla
埃菲阿尔特斯 Ephialtes
埃夫勒 Evreux
埃夫里普海峡 Euripus Strait
埃夫罗塔斯河 Evrotas River
埃盖斯塔 Egesta
埃格里波 Egripo
埃格里普斯城 Egripos
埃格里亚女神 Egeria
埃勾斯 Aegeus
埃癸斯托斯 Aegisthus
埃及 Egypt
埃吉卡 Ergica
埃克米尔之战 Battle of Eckmuhl
埃拉托色尼 Eratosthenes
埃莱夫西斯 Eleusis
埃雷特里亚 Eretria
埃律特莱亚 Erythrae
埃莉诺 Eleanor
埃莉萨 Elisar
埃梅里克 Ermeric
埃米尔 emir
埃米利安努斯 Aemilianus
埃米利乌斯·保卢斯 Aemilius Paulus
埃纳省 Aisne
埃涅阿斯 Aeneas

埃皮达鲁斯 Epidaurus
埃塞俄比亚 Ethiopia
埃斯科里亚尔修道院 El Escorial
埃斯库罗斯 Aeschylus
埃斯奎里山 Esquiline
埃斯灵会战 Battle of Essling
埃斯帕纳 Espana
埃斯帕特罗 Espartero
埃斯塔热 Estager
埃斯特雷马杜拉 Estremadura
埃斯特雷马杜拉人 Estremadurans
埃特纳火山 Etna Volcano
埃提乌斯 Aetius
埃托利亚 Aetolia
埃托利亚人 Aetolian
埃瓦戈拉斯 Evagoras
埃维格 Ervigor
埃维亚岛 Euboea
埃武拉 Evora
埃伊纳岛 Aegina Island
埃伊纳湾 Gulf of Aegina
矮子丕平 Pepin the Short
艾德河 Eider River
艾哈迈德 Ahmed
艾哈迈德一世 Akhmat I
艾哈迈德二世 Akhmat II
艾哈迈德三世 Akhmat III
艾克斯 Aix
埃劳战役 Battle of Eylau
艾摩那 Aemona
艾斯图尔夫 Astulphus
爱奥尼亚 Ionia
爱奥尼亚海 Ionian Sea
爱奥尼亚群岛 Ionian Isles
爱奥尼亚人 Ionian
爱奥尼亚学派 Ionian School
爱奥尼亚语 Ionic
爱奥尼亚柱式 Ionic Order
爱德华一世 Edward I
爱德华三世 Edward III
爱德华四世 Edward IV
爱尔兰 Ireland
爱利亚学派 Eleatic School
爱琴海 Aegean Sea
爱沙尼亚人 Esthonian
爱资哈尔城 Azhara
安达卢西亚 Andalusia
安达卢西亚人 Andalusian
安达卢西亚山脉 Andalusian Mountains
安德里斯库斯 Andriscus
安德烈 Andre
安德烈亚・帕拉第奥 Andrea Palladio
安德鲁・多利亚 Andrea Doria
安德鲁克里斯 Androcles
安德罗尼卡 Andronicus
安德罗尼卡一世 Andronicus I
安德罗尼卡二世 Andronicus II
安德罗尼卡三世 Andronicus III
安德罗斯岛 Andros
安德洛玛刻 Andromache
安登奈 Antemnae
安东尼奥・卡诺瓦 Antonio Canova
安东尼・庇护 Antoninus Pius
安菲特里忒 Amphitrite

安哥拉 Angola
安科纳 Ancona
安库斯·马尔西乌斯 Ancus Marcius
安纳托利亚 Anatolia
安娜·科穆宁娜 Anna Comnena
安妮·德·博热 Anne de Beaujeu
安茹的查理 Charles of Anjou
安茹公爵 Duke of Anjou
安特米乌斯 Anthemius
安提柯 Antigonus
安提柯二世 Antigonus II
安提帕罗斯 Antiparos
安提帕特 Antipater
安提斯泰尼 Antisthenes
安条克 Antiochus
昂古莱姆伯爵 Count of Angouleme
盎格鲁-撒克逊人 Anglo-Saxon
奥得河 Oder River
《奥德赛》*Odyssey*
奥德修斯 Odysseus
奥地利大公查理 Charles the Archduke of Austria
奥地利的埃莉诺 Eleanor of Austria
奥地利的腓力一世 Philip I of Austria
奥多尼奥一世 Ordoño I
奥多尼奥二世 Ordoño II
奥多尼奥三世 Ordoño III
奥多亚克 Odoacer
奥恩省 Orne
奥尔德尼岛 Alderney
奥尔汗 Orhan Khan
奥尔良的少女 Maid of Orleans
奥尔良公爵腓力 Philip the Duke of Orleans
奥弗涅 Auvergne
奥弗涅山脉 Auvergne Mountains
奥古斯都 Augustus
奥古斯都里通 Augustoritum
奥古斯塔 Augusta
奥古斯托波纳 Augustobona
奥古斯托杜努姆 Augustodunum
奥古斯托内梅图姆 Augustonemetum
奥杰吉厄岛 Ogygia
奥克苏斯河 Oxus River
奥莱卡德人 Olcades
奥莱龙岛 Oléron
奥勒良 Aurelian
奥勒留·卡鲁斯 Aurelius Carus
奥雷利欧 Aurelio
奥里基平原 Plain of Ourique
奥里基战役 Battle of Ourique
奥利弗·哥德史密斯 Oliver Goldsmith
奥利斯 Aulis
奥林匹斯山 Oros Olympos
奥林匹克运动会 Olympic Games
奥林匹亚宙斯神殿 The Temple of Olympian Zeus
奥林托斯 Olynthus
奥马尔·伊本·哈夫斯 Omar ben Hafs
奥萨山 Mount Ossa
奥斯曼二世 Osman II
奥斯曼三世 Osman III
奥斯曼土耳其人 Ottoman Turk
奥斯塔尼 Ausctani

奥斯特里茨战役 Battle of Austerlitz
奥斯提亚 Ostia
奥索纳人 Ausone
奥索尼亚 Osogna
奥塔里 Otari
奥坦尼人 Orctani
奥特朗托 Otranto
奥特里库姆 Autricum
奥托 Otto
奥托·德拉·罗什 Otto de la Roche
奥托王子 Prince Otto
奥托一世 Otto I
奥维德 Ovid
奥维耶多 Oviedo
澳门 Macao
傲慢者塔克文 Tarquin the Proud

B

巴巴里诸国 Barbary States
巴巴罗萨·海雷丁Barbarossa Hayreddin
巴比伦 Babylon
巴茨岛 Batz Island
巴达霍斯 Badajoz
巴达维亚 Batavia
巴登 Baden
巴尔比努斯 Balbinus
巴尔干山脉 Balkan Mountains
巴耳馨 Barsine
巴尔扎克 Balzac
巴伐利亚 Bavaria
巴伐利亚的路德维希 Ludwig of Bavaria
巴格达 Bagdad
巴克特里亚 Bactria
巴勒莫 Palermo
巴勒斯坦 Palestine
巴黎 Paris
《巴黎和约》 *Peace Treaty of Paris*
巴黎圣母院 Notre Dame
巴利阿里群岛 Balearic Isles
巴利亚多利德 Valladolid
巴门尼德 Parmenides
巴纳夫 Barnave
巴萨诺 Bassano
巴塞罗那 Barcelona
巴士底狱 the Bastille
巴斯蒂亚 Bastia
巴斯克语 Basque
巴索拉 Bassola
巴西 Brazil
巴西尔一世 Basil I
巴西尔二世 Basil II
巴亚城 Baiae
巴耶塞特 Bayezid
巴耶塞特一世 Bayezid I
巴耶塞特二世 Bayezid II
巴约 Baycux
巴约讷 Bayonne
白海 White Sea
柏拉图 Plato
柏林 Berlin
拜伦勋爵 Lord Byron
拜占庭 Byzantium
拜占庭帝国 Byzantine Empire
班迪内利 Bandinelli

班杜里 Banduri
半岛战争 Peninsular War
薄伽丘 Boccaccio
保加利亚 Bulgaria
保加利亚人 Bulgarian
保利 Poly
保卢斯 Paulus
保罗·斯卡龙 Paul Scarron
保罗三世 Paul III
保罗四世 Paul IV
鲍德温 Baldwin
鲍德温二世 Baldwin II
北冰洋 Arctic Ocean
北海 North Sea
北欧 Northern Europe
北斯波拉泽斯群岛 Northern Sporades
贝艾提斯河 Baetis River
贝德福德公爵 Duke of Bedford
贝蒂斯 Betis
贝都因部落 Bedouin
贝尔岛 Belle Island
贝尔格莱德 Belgrade
贝尔加莫 Bergamo
贝尔穆多一世 Bermudo I
贝尔穆多二世 Bermudo II
贝尔穆多三世 Bermudo III
贝尔纳·勒·布耶·德·丰特奈尔 Bernard Le Bovier de Fontenelle
贝尔纳博·维斯孔蒂 Bernabo Visconti
贝勒贝伊里克 beglerbegship
贝里 Berry
贝里公爵 Duke of Berry
贝利撒留 Belisarius
贝卢诺 Belluno
贝鲁特 Beirut
贝纳多特 Bernadotte
贝内文托战役 Battle of Benevento
贝桑松 Besancon
贝桑松的亨利 Henri of Besancon
贝苏斯 Bessus
贝特霍尔德·施瓦茨 Berthold Schwartz
贝特朗·格斯 Bertrand de Goth
贝提卡 Baetica
贝托特人 Baturi
贝伊 Bey
本德尔 Bender
本都 Pontus
本笃会修道院 Benedictine monastery
本尼维斯山 Ben Nevis
比阿特丽斯 Beatrice
比戈尔 Biorre
比雷埃夫斯港 Port of Piraeus
比利牛斯山脉 Pyrenees Mountains
比利其人 Belgae
比利时 Belgium
比利时高卢 Gallia Belgica
比利时人 Belgian
比萨共和国 Republic of Pisa
比萨拉比亚 Bessarabia
比萨人 Pisan
比塞弗勒斯 Bucephalus
比斯开人 Biscayan
比斯开湾 Bay of Biscay
比提尼亚 Bithynia

比提尼亚王国 Kingdom of Bithynia
彼得 Peter
彼得·贝内萨 Peter Benessa
彼得罗瓦拉丁 Petrovaradin
彼特拉克 Petrarch
毕阿斯 Bias
毕达哥拉斯 Pythagoras
庇护二世 Pius II
庇护六世 Pope Pius VI
庇护七世 Pope Pius VII
庇护九世 Pius IX
庇卡底 Picardie
庇塔库斯 Pittacus
庇西特拉图 Pisistratus
波的尼亚湾 Gulf of Bothnia
波多黎各 Puerto Rico
波尔迪加拉 Burdigala
波尔多 Bordeaux
波尔塔瓦会战 Battle of Pultowa
波尔图 Porto
波河 Po River
波焦·布拉乔利尼 Poggio Bracciolini
波兰 Poland
波兰人 Pole
波里德克特斯 Polydectes
波利比乌斯 Polybius
波利齐亚诺 Poliziano
波罗的海 Baltic Sea
波罗斯 Poros
波吕克斯 Pollux
波培娅 Poppaea
波塞冬 Poseidon
波塞那 Porsenna
波斯尼亚 Bosnia
波斯尼亚人 Bosnian
波西多尼乌姆 Posidonium
波希米亚人 Bohemian
波西斯 Persis
波伊提乌 Boethius
玻尔癸俄斯 Bolgius
伯里克利 Pericles
伯罗奔尼撒半岛 Peloponnesus
《伯罗奔尼撒战争史》 *History of the Peloponnesian War*
伯莎 Bertha
伯伊杜努姆 Boiodurum
勃艮第 Burgundy
勃艮第的玛丽 Mary of Burgundy
勃艮第公国 Duchy of Burgundy
勃艮第公爵 Duke of Burgundy
勃艮第人 Burgundian
勃朗峰 Mount Blanc
博阿尔内子爵 Count de Beauharnois
博戈斯拉夫 Bogoslav
博凯尔 Beaucaire
博洛尼亚 Bologna
博尼法乔海峡 Bonifacio Strait
博斯科维奇 Boscovich
博斯普鲁斯海峡 Bosporus Strait
博韦 Beauvais
博亚尔多 Bojardo
博伊 Booy
博因河战役 Battle of the Boyne
卜尼法斯八世 Boniface VIII

不列颠 Britain
布达 Buda
布尔戈斯 Burgos
布尔日 Bourges
布加勒斯特 Bucharest
布拉法玛 Brafama
布拉干萨公爵 Duke of Braganza
布拉干萨王朝 Dinastia de Braganza
布拉加 Braga
布拉卡里人 Bracari
布拉曼特 Bramante
布莱尔博士 Dr. Blair
布兰卡王太后 Queen Blanche
布兰琪 Blanche
布雷努斯 Brennus
布雷斯特 Brest
布雷西亚 Brescia
布里塔尼库斯 Britannicus
布里维特斯波图斯 Brivates Portus
布列塔尼 Brittany
布列塔尼公爵 Duke of Brittany
布列塔尼人 Breton
布林迪西 Brindisi
布鲁塞尔 Brussels
布鲁提姆 Bruttium
布伦迪西乌姆 Brundisium
布伦希尔德 Brunhilde
布罗斯 Broas
布匿战争 Punic Wars
布永的戈弗雷 Godfrey of Bouillon

C

财神 Mammon
残忍者佩德罗一世 Petro I the Cruel
查理·马特 Charles Martel
查理八世 Charles VIII
查理贝尔特一世 Charibert I
查理贝尔特二世 Charibert II
查理大帝 Charles the Great
查理曼 Charlemagne
查理一世 Charles I
查理四世 Charles IV
查理五世 Charles V
查理六世 Charles VI
查理七世 Charles VII
查理九世 Charles IX
查理十世 Charles X
查理十二世 Charles XII of Sweden
查士丁二世 Justin II
《查士丁尼法典》 *Codex Justinianus*
车尔尼·乔治 Czerny George
成吉思汗 Genghis Khan
《垂死的角斗士》 *The Dying Gladiator*
茨冈人 Tzigane

D

达·芬奇 Leonardo da Vinci
达达尼尔海峡 Dardanelles
达尔马提亚 Dalmatia
达尔马提亚人 Dalmatian
达戈贝尔特一世 Dagobert I
达戈贝尔特二世 Dagobert II

达戈贝尔特三世 Dagobert III
达米亚诺 Damiano
达那俄斯 Danaus
达那人 Danaan
达尼伊丽丝 Danielis
达提斯 Datis
达西亚 Dacia
鞑靼人 Tartar
大不列颠 Great Britain
大弗里吉亚 Greater Phrygia
大流士・希斯塔斯普 Darius Hystaspes
大流士一世 Darius I
大流士二世 Darius II
大马士革 Damascus
大皮拉斯基部落 Great Pelasgic tribe
大萨索山 Gran Sasso d'Italia
《大王和约》*King's Peace*
大维齐尔 Grand Vizier
大卫・科穆宁 David Comnenus
大西庇阿 Scipio the Elder
大西洋 Atlantic Ocean
大仲马 Alexandre Dumas
戴克里先 Diocletian
丹东 Danton
丹麦人 Dane
但丁 Dante
道格拉斯伯爵 Earl of Douglas
德尔斐 Delphi
德尔斐神谕 Delphic Oracle
德基乌斯 Decius
德拉古 Draco
德里纳河 Drina River
德鲁苏斯 Drusus
德鲁伊教 Druidism
德律阿得斯 Dryades
德谟克利特 Democritus
德摩斯梯尼 Demosthenes
德摩斯梯尼之灯 Lantern of Demosthenes
德墨忒尔 Demeter
德意志 Germany
德意志人 German
地米斯托克利 Themistocles
地中海 the Mediterranean
的尔杰斯特 Tergeste
的黎波里 Tripoli
的里雅斯特 Trieste
的里雅斯特湾 Gulf of Trieste
狄埃乌斯 Diaeus
狄奥多拉 Theodora
狄奥多里克 Theodoric
狄奥多里克一世 Theodoric I
狄奥多里克二世 Theodoric II
狄奥多罗斯 Diodorus
狄奥多图斯 Theodotus
狄奥多西 Theodosius of Alexandria
狄奥多西三世 Theodosius III
狄奥斐卢斯 Theophilus
狄奥尼修斯 Dionysios
狄奥尼修斯二世 Dionysios II
狄奥尼修斯之耳 Ear of Dionysios
狄俄尼索斯 Dionysus
狄那里克阿尔卑斯山 Dinaric Alps
狄翁 Dion
狄乌蒂吉斯克鲁斯 Theudigisel

狄乌蒂斯 Theudis
狄西德里乌斯 Desiderius
迪迪乌斯·尤利安努斯 Didius Julianus
迪尔拉奇乌姆 Dyrrachium
迪朗斯河 Durance
迪尼什一世 Dinis I
迪沃杜伦 Divodurum
迪亚士 Dias
底比斯 Thebes
底格里斯河 Tigris River
帝力 Dili
第二次布匿战争 The Second Punic War
《第二亚琛和约》 *Treaty of Aix-la-Chapelle*
第勒尼安海 Tyrrhenian Sea
第聂伯河 Dnieper River
威灵顿公爵 Duke of Wellington
第一执政 First Consul
蒂罗尔 Tyrol
蒂米什瓦拉 Timisoara
蒂诺斯岛 Tinos
蒂欧格·都·科托 Diogo-do-Couto
蒂萨河 Tisza River
蒂沃利 Tivoli
东哥特人 Ostrogoths
东哥特王国 Ostrogothic Kingdom
东罗马帝国 East Roman Empire
东洛克里斯 Eastern Locris
东正教 Eastern Orthodox Church
栋雷米 Domremy
都尔主教 bishop of Tours
都兰 Touraine
都灵 Turin
督政府 the Directory
独眼巨人 Cyclop
杜卡特金币 ducat
杜拉卡塔老努姆 Durocatalaunum
杜拉佐 Durazzo
杜罗河 Douro River
杜诺科托努姆 Durocortorum
杜塞提乌斯 Deucetius
杜伊勒里宫 Tuileries Palace
顿河 Don River
多多拿 Dodona
多尔多涅河 Dordogne River
多尔西斯 Dorcis
多芬 Dauphin
多拉贝拉 Dolabella
多立克柱式 Doric Order
多丽斯 Doris
多利安人 Dorian
多利安语 Doric
多利买 Ptolemais
多利斯 Doris
多灵 Taurinorum
多梅尼基诺 Domenichino
多姆山 Dome Hill
多纳泰罗 Donatello
多瑙河 the Danube

E

《俄狄浦斯在克罗诺斯》 *Oedipus at Colonus*
俄耳甫斯 Orpheus

俄罗斯 Russia
俄瑞阿得斯 Oread
俄瑞斯忒斯 Orestes
厄德 Eudes
厄俄斯 Eos
厄尔巴岛 Elba Island
厄尔省 Eure
恩里克·丹多罗 Enrico Dandolo
恩里克一世 Enrique I
恩里克二世 Enrique II
恩里克三世 Enrique III
恩里克四世 Enrique IV
恩尼乌斯 Ennius
二月革命 February Revolution

F

法布尔 Fabre
法布里修斯 Fabricius
法尔纳克 Pharnaces
法国 France
法国大革命 French Revolution
法拉蒙德 Pharamond
法兰克 Frank
法兰克人 Frank
法兰克尼亚 Franconia
法兰西岛 France Island
法兰西帝国 French Empire
法兰西共和国 French Republic
法兰西王国 Kingdom of France
《法令集》*Capitulary*
法鲁 Faro
法马古斯塔 Famagusta
法萨罗之战 Battle of Pharsalus
法维拉 Favila
《法学阶梯》*The Institutes of Justinian*
法亚尔岛 Faial Island
凡尔登 Verdun
凡尔赛 Versailles
凡尔赛宫 Palace of Versailles
樊尚·瓦蒂尔 Vincentius Voiture
梵蒂冈 Vatican
方旗骑士 Banneret
菲斯 Fez
菲狄亚斯 Pheidias
菲利帕 Philippa
菲利皮科斯 Phillipicos
菲利普 Philip
菲利斯·丰塔纳 Felice Fontana
菲洛帕波斯纪念碑 The Monument of Philopappos
菲洛皮门 Philopoemen
菲尼斯特雷角 Cape Finisterre
菲耶索莱 Fiesole
腓力 Philip
腓力一世 Philip I
腓力二世 Philip II of Macedon
腓力二世·奥古斯都 Philip II Augustus
腓力三世 Philip III
腓力三世·亚克大由斯 Philip Aridaeus
腓力四世 Philip Ⅳ
腓力五世 Philip V
腓力六世 Philip VI
腓尼基 Phoenicia
腓尼基人 Phoenician

腓特烈·威廉三世 Frederick William III
腓特烈一世 Frederick I
斐迪南一世 Ferdinand I
斐迪南二世 Ferdinand II
斐迪南三世 Ferdinand III
斐迪南四世 Ferdinand IV
斐迪南五世 Ferdinand V
斐迪南六世 Ferdinand VI
斐迪南七世 Ferdinand VII
费阿刻斯人 Phaeacian
费德奈人 Fidenate
费尔南·洛佩斯 Ferdinand Lopez
费尔特雷 Feltre
费拉拉 Ferrara
费奈隆 Fenelon
芬兰人 Finn
愤怒角 Cape Enrage
丰塔纳 Fontana
枫丹白露 Fontainebleau
弗拉芒 Vramant
弗拉维奥·吉奥亚 Flavio Giaoa
弗莱德加 Fredegaire
弗朗切斯科·斯福尔扎 Francesco Sforza
弗朗什孔泰 Franche-Comté
弗朗索瓦·奥尔良 Francois d'Orleans
弗朗索瓦·芬乃伦 Francois Fenelo
弗朗索瓦·基佐 Francois Guizot
弗朗索瓦·拉瓦莱克 Francois Ravaillac
弗朗索瓦一世 Francois I
弗朗索瓦二世 Francois II
弗朗切斯科·福斯卡里 Francesco Foscari
弗朗西斯科·德·戈维多 Francisco de Quevedo
弗雷德贡德 Fredegonde
弗雷瑞斯 Fréjus
弗里德兰战役 Battle of Friedland
弗留利 Friuli
弗鲁埃拉二世 Fruela II
弗鲁埃拉一世 Fruela I
伏尔加河 Volga River
佛得角 Cape Verde
佛兰德斯 Flanders
佛兰德斯伯爵 Count of Flanders
佛罗伦萨 Florence
佛罗伦提亚 Florentia
孚日山脉 Vosges Mountains
符腾堡 Wurttemberg
福阿斯·洛比胡 Dom Fuas Roupinho
福基斯 Phocis
福基斯圣战 Phocian Sacred War
福基翁 Phocion
福卡斯 Phocas
福利乌斯·卡米卢斯 Furius Camillus
福门特拉岛 Formentera
福斯图卢斯 Faustulus
福西亚人 Phocaean
复仇三女神 the Furies
富尔克 Fourques
富兰克林 Franklin
富瓦 Foix

G

伽利略 Galileo

伽列里乌斯 Galerius
盖利默 Gelimer
盖萨莱克 Gesalec
盖萨里克 Gaiseric
盖塔 Geita
盖乌斯·马略 Gaius Marius
盖乌斯·穆奇乌斯 Gaius Mucius
盖约·格拉古 Caius Gracchus
冈比西斯 Cambyses
冈德马尔 Gundemar
冈朵拉 Gondola
高佛瑞·维尔阿杜安 Geoffrey Villehardouin
高加米拉 Gaugamela
高加索人 Caucasian
高加索山脉 Caucasus Mountains
高卢 Gaul
戈尔迪安 Gordian
戈耳工 Gorgon
戈佐岛 Gozo Island
哥伦布 Columbus
哥佩塔尼亚人 Carpetani
哥特人 Goth
革隆 Gelon
格拉纳达 Granada
格拉纳达王国 Emirate of Granada
格拉尼库斯河 Granicus River
格拉提安 Gratian
格拉提安波利斯 Gratianapolis
格拉沃利讷 Gravelines
格拉沃萨港 Harbor of Gravosa
格勒诺布尔 Grenoble
格雷多山脉 Sierra de Gredos
格雷戈里 Gregory
格里高利三世 Gregory III
格里高利五世 Gregory V
格里高利七世 Gregory Ⅶ
格里高利十三世 Gregory XIII
格里高利十六世 Gregory XVI
格利凯里乌斯 Glycerius
格鲁吉亚 Georgia
格皮德人 Gepids
根西岛 Guernsey
《工作与时日》 *Works and Days*
贡特拉姆 Guntram
古巴 Cuba
古登堡 Gutenberg
古典时代 Classical Age
古希腊七贤 Seven Wise Men of Greece
瓜达尔基维尔河 Guadalquivir River
瓜达拉哈拉 Guadalajara
瓜迪亚纳河 Guadiana River
寡头制 oligarchy
归尔甫党 Guelphs
圭多·雷尼 Guido Reni
圭斯卡德 Guiscard
国民公会 the National Convention
果阿 Goa

H

哈比比 Habibie
哈德良拱门 Arch of Hadrian
哈迪斯 Hardess
哈恩 Hahn

哈尔伯施塔特 Halberstadt
哈尔基斯 Chalcis
哈尔摩狄奥斯 Harmodius
哈耳庇埃 Harpie
哈卡姆一世 Alhakem I
哈卡姆二世 Alhakem II
哈勒姆 Hallam
哈利卡那索斯 Halicarnassus
哈罗德 Harold
哈玛德律阿得斯 Hamadryads
哈若斯 Charops
海伯尼亚 Hibernia
海达斯佩斯河 Hydaspes River
海德拉 Hydra
海伦 Helen
海梅一世 Jaume I
海外归来者 the Stranger
汉尼拔 Hannibal
好人约翰 John the Good
好望角 Cape of Good Hope
“和平亲王”的戈多伊 Príncipe de la Paz Godoy
荷兰 Holland
荷兰共和国 Dutch Republic
荷兰人 Dutch
荷莫波里斯 Hermopolis
贺拉斯 Horace
贺雷修斯·科克勒斯 Horatius Cocles
赫布鲁斯河 Hebrus River
赫尔米奇斯 Helmichis
赫尔墨斯 Hermes
赫尔维蒂亚 Helvetia
赫尔维乌斯·佩蒂纳克斯 Helvius Pertinax
赫菲斯托斯 Hephaestus
赫克托耳 Hector
赫库兰尼姆 Herculaneum
赫拉 Hella
赫拉克勒斯 Heracles
赫拉斯 Horatius
赫勒斯滂 Hellespont
赫雷斯 Jerez
赫利孔山 Helicon
赫鲁利人 Heruli
赫罗迪科斯 Herodicus
赫施 Hirsch
赫斯珀洛斯 Hesperus
赫斯提亚 Hestia
赫西俄德 Hesiodus
黑海 Black Sea
黑利阿迦巴鲁斯 Heliogabalus
黑塞哥维那 Herzegovina
黑森-卡塞尔 Hesse-Cassel
黑太子 Black Prince
亨里克伯爵 Count Henrique
亨利 Henry
亨利一世 Henry I
亨利三世 Henry III
亨利四世 Henry IV
亨利五世 Henry V
亨利八世 Henry VIII
亨利王子 Don Henry
红党 the Red
洪达日比亚 Fontarabia

后三头同盟 the Second Triumvirate
胡安 Juan
胡安一世 Juan I
胡安二世 Juan II
胡安娜 Juana
胡格诺派 Huguenots
胡卡尔河 Júcar River
糊涂王查理三世 Charles III the Simple
滑铁卢战役 Battle of Waterloo
怀疑论学派 Sceptical
《回忆苏格拉底》 *Recollections of Socrates*
霍恩林登 Hohenlinden
霍拉斯 Hollars
霍勒斯・沃波尔 Horace Walpole
霍诺里乌斯 Honorius

J

基奥贾战争 War of Chioggia
基甸 Gideon
基督教 Christianity
基尔诺斯岛 Kirnos Island
基克拉泽斯群岛 Cyclades Isles
基拉西乌斯一世 Sanctus Gelasius I
基斯诺斯岛 Kythnos Island
基西拉岛 Cythera
基佐 Guizot
吉伯林党 Ghibellines
吉尔・维森特 Gil Vicente
吉拉尔多 Giraldo
吉伦特河 Gironde River
吉卜赛人 Gypsies
吉普斯夸 Gipuzkoa
吉斯公爵 Duc de Guise
吉塔诺人 Gitano
吉耶讷 Guyenne
《几何原本》 *Euclid's Elements*
几内亚群岛 Guinea Isles
季比奇 Dibich
加埃塔 Gaeta
加的斯 Cadiz
加迪克斯 Gadix
加尔达湖 Lake Garda
加尔瓦尼 Galvani
加拉塔 Galata
加来 Calais
加里波第 Garibaldi
加利波利 Gallipoli
加利尼科斯 Callinicus
加利西人 Calleci
加利西亚 Galicia
加利西亚人 Galician
加利亚 Careah
加龙河 Garonne River
加卢斯 Gallus
加洛林王朝 Carolingian Dynasty
加拿大 Canada
加那利群岛 Canary Isles
加萨塔尼人 Jacetani
加斯顿・德・富瓦 Gaston de Foix
加斯科涅 Gascony
加斯科涅湾 Gulf of Gascony
加斯科涅人 Gascons
加斯帕尔・德・科利尼 Gaspard de

Coligny
加塔角 Cape Gata
加泰罗尼亚 Catalonia
加泰罗尼亚人 Catalonian
加图 Cato
加西亚一世 Garcia I
伽利埃努斯 Gallienus
迦勒底 Chaldea
迦太基人 Carthaginian
贾士丁 Justin
教皇国 Papal States
杰拉 Gela
杰拉德 Gerard
杰姆 Jim
杰森 Jayson
《金册》 *The Golden Volume*
金角 Golden Horn
金卡利人 Zincali
金缕地 Field of the Cloth of Gold
禁行圣事令 Interdict
《居鲁士的教育》 *The Education of Cyrus*
军旗战车 carroccio
君士坦丁 Constantine
君士坦丁堡 Constantinople
君士坦丁堡海峡 Constantinople Strait
君士坦丁大帝 Constantine the Great
君士坦丁二世 Constantine II
君士坦丁五世 Constantine V
君士坦丁六世 Constantine VI
君士坦丁七世 Constantine VII
君士坦丁八世 Constantine VIII
君士坦丁九世 Constantine IX
君士坦丁十世 Constantine X
君士坦丁十一世·帕里奥洛格斯 Constantine XI Palaiologos
君士坦斯 Constans
君士坦提乌斯 Constantius

K

喀尔巴阡山脉 Carpathian Mountains
喀罗尼亚 Chaeronea
喀提林阴谋 Catilinarian Conspiracy
卡埃利安山 Caelian
卡昂 Caen
卡布拉尔 Cabral
卡德米亚 Cadmea
卡德米亚人 Cadmeian
卡德摩斯 Cadmus
卡厄斯·马歇斯·科利奥兰纳斯 Caius Marcius Coriolanus
卡尔德隆 Calderon
卡尔梅克人 Kalmyk
卡尔瓦多斯 Calvados
卡芬雅克 Cavaignac
卡拉·穆斯塔法 Kara Mustafa
卡拉布里亚 Calabria
卡拉夫里塔 Calavrita
卡拉卡拉 Caracalla
卡拉马塔 Kalamata
卡拉努斯 Caranus
喀里多尼亚 Caledonia
卡里拉欧斯 Charilaus
卡利比 Calib

卡利古拉 Caligula
卡利马什 Callimachus
卡利亚里 Cagliari
卡罗琳·波拿巴 Caroline Bonaparte
卡洛· 波拿巴 Carlo Bonaparte
卡洛·阿尔贝托 Carlo Alberto
卡洛曼 Carloman
卡洛讷 Calonne
卡洛三世 Carlo III
卡洛王子 Prince Carlo
卡洛斯一世 Carlos I
卡洛斯二世 Carlos II
卡洛斯三世 Carlos II
卡洛斯四世 Carlos IV
《卡洛维茨条约》*Peace of Carlowitz*
卡洛扬·阿森 Kaloyan Asen
卡吕普索 Calypso
卡帕多西亚 Cappadocia
卡帕多西亚王国 Kingdom of Cappadocia
卡尔帕索斯岛 Karpathos
卡佩王朝 Capetian dynasty
卡皮托林竞技会 Capitoline Games
卡皮托林山 Capitoline
卡普里 Capri
卡普亚 Capua
卡戎 Charon
卡瑞斯 Chares
卡山德 Cassander
卡斯蒂利亚 Castilla
卡斯蒂利亚伯爵 Count of Castilla
卡斯蒂利亚人 Castilian
卡斯蒂利亚王国 Kingdom of Castilla
卡斯卡 Casca
卡斯塔利亚圣泉 Fountain of Castalia
卡斯特里 Castries
卡斯托尔 Castall
卡塔赫纳 Cartagena
卡塔罗 Cattaro
卡塔纳 Katana
卡塔尼亚 Catania
卡图卢斯 Catullus
卡西乌斯 Cassius
卡西乌斯·塞维鲁 Cassius Severus
凯尔特人 Celt
凯尔特伊比利亚 Celtiberia
凯尔特伊比利亚人 Celtiberians
凯尔特语 Cornish
凯法利尼亚岛 Kefallinia
凯鲁比尼 Cherubini
凯穆纳岛 Kemmuna
凯尼纳 Caenina
凯瑟琳·德·美第奇 Catherine de’ Medici
凯瑟琳·科纳罗 Catherine Cornaro
恺撒洛玛古斯 Caesaromagus
坎鲍雷斯 Cambaules
《坎波福米奥和约》*Treaty of Campo Formio*
坎尼 Cannae
坎帕尼亚 Campania
坎佩尼亚人 Campanian
坎塔布里人 Cantabri
《康布雷齐和约》*Treaty of Cambrai*
康弗洛恩特斯 Confluentes

康拉德 Conrad
康拉德三世 Conrad III
康拉丁 Conradin
康茂德 Commodus
康涅狄格州 Connecticut
康斯坦茨大公会议 Council of Constance
康斯坦尼人 Contestani
康斯坦莎 Constantia
康斯坦丝 Constance
康塔尔 Cantal
考迪乌姆 Caudium
柯尔贝尔 Colbert
柯勒律治 Coleridge
科布伦茨 Coblentz
科德鲁斯 Codrus
科尔多瓦 Cordoba
科尔基斯 Colchis
科尔基斯人 Colchian
科尔诺山 Mount Corno
科尔特 Coalter
科尔托纳 Cortona
科孚岛 Corfu
科克乌斯·涅尔瓦 Cocceius Nerva
科拉提努斯 Collatinus
科里班特人 Corybante
科林斯 Corinth
科林斯地峡 Isthmus of Corinth
科林斯柱式 Corinthian Order
科隆 Cologne
科隆纳角 Cape Collonna
科卢乔·萨卢塔蒂 Coluccio Salutati
科罗封 Colophon
科洛利亚阿格里皮纳 Colonia Agrippina
科米诺岛 Comino Island
科米诺托岛 Cominotto
科莫 Como
科莫湖 Lake Como
科派斯湖 Lake Copais
科普特语 Coptic
科斯岛 Kos
科斯鲁 Kosrou
科斯塔尼 Costani
科西嘉岛 Corsica
科西莫·德·美第奇 Cosimo de' Medici
科英布拉 Coimbra
科泽科德 Kozhikode
克基拉 Corcyra
克基拉岛 Kerkira
克拉苏 Crassus
克拉特鲁斯 Craterus
克莱奥姆波洛图斯 Cleombrotus
克莱俄布卢 Cleobulus
克莱夫 Clive
克莱蒙 Clermont
克劳狄一世 Claudius I
克劳狄二世 Claudius Ⅱ
克勒兹 Creuse
克雷马 Crema
克雷芒五世 Pope Clement V
克雷莫纳 Cremona
克雷乌斯角 Cap de Creus
克雷西会战 Battle of Crecy
克拉佐美尼 Clazomenae
克里昂米尼 Cleomenes

克里昂米尼三世 Cleomenes III
克里米亚半岛 Crimean Peninsula
克里斯提娜 Cristina
克里特岛 Crete Island
克里特斯人 Curete
克利奥帕特拉 Cleopatra
克利尔角 Cape Clear
克利斯提尼 Clisthenes
克列伊尼阿斯 Clinias
克卢西乌姆 Clusium
克鲁亚 Kruja
克罗地亚 Croatia
克罗蒂达 Clotilda
克罗托内 Crotona
克洛迪奥 Clodion
克洛多梅尔 Clodomir
克洛诺斯 Cronus
克洛泰尔一世 Clothaire I
克洛泰尔二世 Clothaire II
克洛泰尔三世 Clothaire III
克洛泰尔四世 Clothaire IV
克洛维 Clovis
克洛维二世 Clovis II
克洛维三世 Clovis III
克吕泰涅斯特拉 Clytemnestra
克瑞斯丰忒斯 Cresphontes
克塞诺芬尼 Xenophanes
克桑提普斯 Xanthippus
刻耳柏洛斯 Cerberus
刻克洛普斯 Cecrops
客蒙 Cimon
库尔德斯坦 Koordistan
库里亚提 Curiatii
库隆 Coullons
库迈 Cumae
库那克萨 Cunaxa
库那克萨战役 Battle of Cunaxa
库尼奇 Kunich
库诺斯克法莱战役 Battle of Cynoscephalae
库思老二世 Khosrau II
奎里纳尔山 Quirinal
昆卡 Cuenca
昆提卢斯 Quintillus
昆体良 Quintilian

L

拉·瓦莱特 Lavalette
拉昂 Laon
《拉奥孔》*Laocoon*
拉达曼迪斯 Rhadamanthys
拉丁姆 Latium
拉丁人 Latin
拉多加湖 Lake Ladoga
拉法耶特 Lafayette
拉斐尔 Raphael
拉各斯 Lagos
拉古萨 Ragusa
拉古萨共和国 Republic of Ragusa
拉古西姆 Ragusium
拉霍格角 La Hogue
拉科尼亚 Laconia
拉里萨 Larissa
拉罗谢尔 La Rochelle
拉马丁 Lamartine

拉曼恰 La Mancha
拉芒什海峡 La Manche
拉米罗一世 Ramiro I
拉米罗二世 Ramiro II
拉米罗三世 Ramiro III
拉珀杜姆 Laperdum
拉普兰 Lapland
拉普人 Lapp
拉齐奥 Lazio
拉提努斯 Latinus
拉韦纳 Ravenna
拉维尼娅 Lavinia
拉乌尔一世 Raoul I
拉西姆 Rasim
拉西亚 Rasia
拉亚人 Rayah
拉约什一世 Lajos I
拉詹尼 Trajani
来库古 Lycurgus
莱昂 Leon
利昂提奥斯 Leontius II
莱昂王国 Kingdom of Leon
莱奥本 Leoben
莱巴赫 Lebach
莱顿 Leyden
莱夫卡斯岛 Levkas
莱芒湖 Lake Leman
莱山德 Lysander
莱斯沃斯岛 Lesvos Island
莱茵河 Rhine River
赖希施塔特公爵 Duke of Reichstadt
兰开斯特公爵 Duke of Lancaster
兰斯 Rheims
兰兹角 Land’s End
蓝党 the Blues
懒王 the Sluggards
朗德 Landes
朗格多克 Languedoc
朗基努斯 Longinus
劳西姆 Lausimn
老卡斯蒂利亚-莱昂 Old Castilla and Leon
老普林尼 Pliny the Elder
勒阿弗尔 Le Havre
勒班陀 Lepanto
勒班陀湾 Gulf of Lepanto
勒托 Leto
雷必达 Lepidus
雷茨 Rahtes
雷岛 Ile de Re
雷蒂亚 Rhoetia
雷吉鲁斯湖 Lake Regillus
雷焦 Reggio
雷卡雷德一世 Recared I
雷卡雷德二世 Recared II
雷克塞苏因施 Receswind
雷蒙德·杜比 Raymond Dupuy
雷穆斯 Remus
雷斯·阿凡提 reis effendi
雷提那 Retina
雷希德 Redschid
雷亚尔城 Ciudad Real
黎凡特 Levant
黎塞留 Richelieu

李奥纳多·布鲁尼 Leonardo Bruni
李维 Livy
李锡尼 Licinius
里昂 Lyons
里恩佐 Rienzi
里尔 Lille
里海 Caspian Sea
里斯本 Lisbon
里窝那 Livorno
里沃阿尔托 Rivoalto
里希尼乌斯·登塔图斯 Licinius Dentatus
里亚尔托桥 Bridge of Rialto
理查一世 Richard I
立陶宛 Lithuania
立陶宛人 Lithuanian
利昂提尼斯人 Leontine
利奥波德 Leopold
利奥一世 Leo I
利奥三世 Leo III
利奥四世 Leo IV
利奥五世 Leo V
利奥六世 Leo VI
利奥九世 Leo IX
利奥十二世 Leo XII
利奥诺拉 Leonora
利奥维吉尔德 Leovigild
利比乌斯·塞维鲁 Libius Severus
利比亚 Libya
利古里亚 Liguria
利基翁 Rhegium
利里河 Liri River
利马涅 Limagne
利马索尔 Limassol
利摩日 Limoges
利姆诺斯岛 Lemnos Island
利穆赞 Limousin
利努斯 Linus
利帕里岛 Lipari Island
利瓦迪亚 Livadia
利翁湾 Gulf of Lion
利乌特普兰德 Liutprand
利乌瓦一世 Liuva I
利乌瓦二世 Liuva II
利西马科斯 Lysimachus
利西亚 Lycia
两西西里 Two Sicilies
两西西里王国 Kingdom of Two Sicilies
列昂纳托 Leonnatus
列奥尼达 Leonidas
列巴狄亚 Lebadea
林德斯内斯角 Lindesnes
林贡斯 Lingones
林佐斯 Lindos
刘易斯·法尔内塞 Lewis Farnese
留基伯 Leucippus
龙达 Ronda
卢戈 Lugo
卢格杜努姆 Lugdunum
卢格敦高卢 Gallia Lugdunensis
《卢济塔尼亚人之歌》 *The Lusiads*
卢卡 Luca
卢卡和皮翁比诺公国 Duchy of Lucca and Piombino
卢卡尼亚 Lucania

卢卡努斯 Lucanus
卢克蕾提亚 Lucretia
卢森斯人 Lucences
卢瓦尔河 Loire River
卢修斯 Lucius
卢修斯・塔克文 Lucius Tarquinius
卢修斯・朱尼厄斯・布鲁图斯 Lucius Junius Brutus
卢修斯二世 Pope Lucius II
鲁昂 Rouen
鲁马尼人 Rumani
鲁米利亚 Rumelia
鲁特西亚 Lutetia
鲁西荣 Roussillon
路德宗 Lutherans
路奇乌斯・维鲁斯 Lucius Verus
路易・菲利普 Louis Philippe
路易・菲利普一世 Louis Philippe I
路易二世 Louis II
路易三世 Louis III
路易四世 Louis IV
路易五世 Louis V
路易六世 Louis VI
路易九世 Louis IX
路易十世 Louis X
路易十一 Louis XI
路易十二 Louis XII
路易十三 Louis XIII
路易十四 Louis XIV
路易十五 Louis XV
路易十六 Louis XVI
路易十七 Louis XVII
路易十八 Louis XVIII
路易-拿破仑・波拿巴 Louis-Napoleon Bonaparte
卢西塔尼亚人 Lusitani
伦巴第 Lombardy
伦巴第联盟 Lombard League
伦巴第人 Lombard
伦巴第-威尼西亚王国 Kingdom of Lombardy-Venetia
罗贝尔 Robert
罗贝尔一世 Robert I
罗贝尔二世 Robert II
罗伯斯庇尔 Robespierre
罗伯特 Robert
罗伯特・德・欧特维尔 Robert de Hauteville
罗伯特・圭斯卡德 Robert Guiscard
罗伯特一世 Robert I
罗德岛 Rhodes
罗德岛骑士团 Knights of Rhodes
罗德岛人 Rhodian
罗德里高・迪亚兹・德・维瓦尔 Rodrigo Díaz de Vivar
罗德里克 Roderick
罗杰 Roger
罗杰・德・欧特维尔 Roger de Hauteville
罗杰・费尔普特 Roger Fylpot
罗杰二世 Roger II
罗卡角 Cape Roca
罗克塞拉娜 Roxelana
罗洛 Rollo
罗马 Rome

罗马斗兽场 Colosseum
罗马尼亚 Rumania
罗马涅 Romagne
罗马天主教 Roman Catholics
罗马王 King of Rome
罗曼努斯·阿吉鲁斯 Romanus Argyrus
罗曼努斯一世 Romanus I
罗曼努斯二世 Romanus II
罗曼努斯三世 Romanus III
罗曼努斯四世·第欧根尼 Romanus IV Diogenes
罗梅利亚 Romelia
《罗密欧与朱丽叶》 *Romeo and Juliet*
罗姆尼 Rommany
罗姆人 Roma
罗慕路斯 Romulus
罗慕路斯·奥古斯都 Romulus Augustus
罗讷河 Rhone River
罗塞利尼 Rossellini
罗莎蒙德 Rosamund
罗什福尔 Rochefort
罗西尼 Rossini
洛迪 Lodi
洛克里斯 Locris
洛雷托 Loreto
洛林 Lorraine
洛林大公 Grand Duke of Lorraine
洛林公爵 Duke of Lorraine
洛佩·德·维加 Lope de Vega
洛泰尔 Lothaire
洛特河 Lot River
洛托玛古斯 Rotomagus
吕内尔 Lunel
《吕内维尔条约》 *The Peace of Luneville*
吕西安·波拿巴 Lucien Bonaparte
吕西克列斯 Lysicles
吕伊内 Luynes
绿党 the Greens

M

马德拉 Madera
马德里 Madrid
马丁·路德 Martin Luther
马丁五世 Martin V
马铎尼斯 Mardonius
马恩河 Marne River
马尔克卢斯 Marcellu
马科斯·博察里斯 Markos Bozzaris
马尔马拉海 Sea of Marmora
马尔佩苏斯山 Mount Marpessus
马尔西战争 Marsic War
马耳他岛 Malta Island
马格尔岛 Magerya
马贡 Maconnais
马哈茂德二世 Mahmud II
马基雅维利 Machiavelli
马焦雷湖 Lake Maggiore
马可·奥勒留 Marcus Aurelius
马克·安东尼 Mark Antony
马克森提乌斯 Maxentius
马克西米安 Maximian
马克西米努斯 Maximinus
马克西穆斯 Maximus
马库斯·库尔提乌斯 Marcus Curtius

马库斯·曼利乌斯 Marcus Manlius
马库斯·瓦莱里乌斯 Marcus Valerius
马拉 Marat
马拉巴尔 Malabar
马拉德塔山 La Maladetta
马拉加 Malaga
马拉莫科 Malamocco
马拉松平原 Plain of Marathon
马里查河 Maritsa River
马力诺 Marino
马伦哥战役 Battle of Marengo
马略卡岛 Majorca
马梅尔定监狱 Carcere Mamertino
马其顿 Macedonia
马其顿的腓力 Philip of Macedon
马其顿方阵 Macedonian phalanx
马其顿王朝 Macedonian dynasty
马荣 Mayon
马萨 Massa
马萨尼埃洛 Masaniello
马萨诸塞州 Massachusetts
马赛 Marseilles
马塔潘角 Cape Matapan
马乌雷加托 Mauregato
马西利亚 Massilia
马西瓦 Massiva
马耶讷河 Mayenne River
马约 Maio
马约里安 Maiorianus
马志尼 Mazzini
玛尔斯 Mars
玛格丽特 Margaret
玛丽·安托瓦内特 Marie Antoinette
玛丽·德·美第奇 Marie de Medicis
玛丽·都铎 Mary Tudor
玛丽·路易丝 Maria Louise
玛丽亚一世 Maria I
玛丽亚二世 Maria II
玛丽娅·特蕾莎 Maria Theresa
玛丽一世 Mary I
玛利亚海角 Cape Malea
玛末丁人 Mamertine
吗哪 manna
迈登 Medon
迈索隆吉翁 Mesolongion
迈锡尼 Mycenae
麦加 Mecca
麦加克勒斯 Megacles
麦加利斯 Megaris
麦加利斯人 Megarian
麦提乌斯·弗费提乌斯 Mettus Fuffetius
麦西尼 Messini
麦西尼亚 Messenian
曼弗雷德 Manfred
曼弗雷多尼亚湾 Gulf of Manfredonia
曼努埃尔一世 Manuel I
曼努埃尔二世 Manuel II
曼努埃尔一世·科穆宁 Manuel I Comnenus
曼提尼亚 Mantinea
曼图亚 Mantua
曼托瓦 Mantova
曼托瓦侯爵 Marquis of Mantova
芒什 Manche

毛里塔尼亚 Mauritania
玫瑰平原 Plain of Roses
梅蒂奥拉努 Mediolanum
梅格洛波利斯 Megalopolis
梅勒达岛 Meleda Island
梅利塔 Melita
梅洛里亚岛海战 Battle of Meloria Island
梅诺卡岛 Minorca Island
梅斯 Metz
梅塔蓬图姆 Metapontum
梅特卢斯 Metellus
美狄亚 Medea
美惠三女神 the Graces
美男子查理 Charles the Fair
美塞尼亚 Messenia
美塞尼亚人 Messenian
美塞尼亚战争 Messenian War
美索不达米亚 Mesopotamia
美因茨 Mainz
蒙彼利埃 Montpellier
蒙达 Monda
蒙菲拉托 Monferrato
蒙马特 Montmartre
蒙庞西耶公爵 Duke of Montpensier
蒙齐尔 Abu Munthir
蒙塞拉特山 Montserrat
蒙扎 Monza
孟德斯鸠 Montesquieu
弥诺陶洛斯 Minotaur
米底 Media
米格尔一世 Miguel I
米海尔一世 Michael I
米海尔二世 Michael II
米海尔三世 Michael III
米海尔四世 Michael IV
米海尔五世 Michael V
米海尔六世 Michael VI
米海尔七世 Michael VII
米海尔八世 Michael VIII
米卡尔 Mycale
米开朗琪罗 Michelangelo
米克诺斯岛 Mykonos
米兰 Milan
米兰大教堂 Cathedral of Milan
米兰公国 Duchy of Milan
米兰语 Milanese
米利都学派 Milesians
米隆尼德斯 Myronides
米洛斯 Milos
米洛斯岛 Milos Island
《米洛斯的阿佛洛狄忒》 *Aphrodite of Melos*
米南德 Menander
米尼奥 Minho
米尼奥河 Minho River
米尼聂乌斯・阿格里帕 Menenius Agrippa
米诺斯 Minos
米塞努姆 Micenum
米什莱 Misley
米斯特拉 Misitra
米特拉达梯 Mithridates
米提利尼 Mitylene

米提亚德 Miltiades
米西亚 Mysia
密涅瓦 Minerva
密史脱拉风 Lemistral
明戈瑞利亚 Mingrelia
明图尔诺 Minturnae
冥河 the Styx
冥神 Hades
命运三女神 the Fates
摩德纳 Modena
摩德纳公国 Duchy of Modena
摩尔达维亚 Moldavia
摩尔帝国 Moorish Empire
摩尔人 Moor
摩里斯科人 Moriscos
摩里亚 Morea
摩洛哥 Morocco
摩纳哥 Monaco
摩泽尔河 Moselle River
魔鬼罗贝尔 Robert the Devil
莫顿 Modon
莫古提亚库姆 Moguntiacum
莫拉 Maura
莫雷纳山脉 Sierra Morena
莫里哀 Moliere
莫里斯一世 Maurice
莫罗将军 General Moreau
莫奈姆瓦夏 Monemvassia
莫塞尼戈 Mocenigo
莫桑比克 Mozambique
墨伽拉 Megara
墨勒阿革洛斯 Meleager
墨洛维 Merovech
墨洛温王朝 Merovingian dynasty
墨涅拉奥斯 Menelaus
墨丘利 Mercury
墨西拿城 Messina
墨西拿海峡 Messina Strait
默兹河 Meuse River
默伦 Melun
默西亚 Mercia
缪拉 Murat
缪塞俄斯 Musaeus
牧神节 Lupercalia
牧神潘 Pan
穆提那 Mutina
穆尔西亚 Murcia
穆尔西亚人 Murciano
穆罕默德·阿里 Mohammed Ali
穆罕默德一世 Mohammed I
穆罕默德二世 Mohammed II
穆罕默德三世 Mohammed III
穆罕默德四世 Mohammed IV
穆罕默德五世 Mohammed V
穆罕默德六世 Mohammed VI
穆罕默德七世 Mohammed VII
穆罕默德八世 Mohammed VIII
穆罕默德九世 Mohammed IX
穆罕默德十世 Mohammed X
穆罕默德十二世 Mohammed XII
穆拉比特王朝 Almoravid dynasty
穆拉德一世 Murad I
穆拉德三世 Murad III
穆拉德四世 Murad IV

穆拉森山 Mulhacen
穆雷・阿里 Muley Ali
穆米乌斯 Mummius
穆萨 Musa
穆斯塔法 Mustafa
穆斯塔法一世 Mustafa I
穆斯塔法二世 Mustafa II
穆斯塔法三世 Mustafa III
穆斯塔法四世 Mustafa IV
穆瓦希德王朝 Almohad Caliphate
穆祖尔夫 Murtzulph

N

拿破仑 Napoleon
拿破仑・波拿巴 Napoleon Bonaparte
拿破仑・弗朗索瓦 Napoleon François
拿破仑一世 Napoleon I
拿破仑三世 Napoleon III
那不勒斯 Naples
那不勒斯王国 Kingdom of Naples
那伊阿得斯 Naiads
纳博讷 Narbonne
纳尔波 Narbo
纳尔波高卢 Gallia Narbonensis
纳尔奇苏斯 Narcisus
纳尔西斯 Narses
纳尔逊 Nelson
纳夫普利翁 Nafplion
纳夫普利亚 Nauplia
纳克索斯 Naxos
纳克索斯岛 Naxos Island
纳赛尔 Ennaceur
纳沙泰尔湖 Lake Neuchatel
纳瓦拉 Navarre
纳瓦里诺 Navarino
南斯波拉泽斯群岛 Southern Sporades
南特 Nantes
南特敕令 the Edict of Nantes
南意大利学派 Southern Italian School
内布罗斯 Nebrus
内格罗蓬特 Negroponte
内华达山脉 Sierra Nevada
内毛苏斯 Nemausus
尼波利斯 Neapolis
尼波斯 Nepos
尼布尔 Niebuhr
尼俄伯 Niobe
尼格尔 Negel
尼格里西亚 Nigritia
尼古拉・布瓦洛 Nicholas Boileau Despreaux
尼古拉五世 Nicholas V
尼基弗鲁斯二世 Nikephoros II
尼基弗鲁斯三世 Nikephoros III
尼卡暴动 Nika Insurrection
尼科米底亚 Nicomedia
尼科亚 Nicoya
尼禄 Nero
尼曼河 Niman River
尼米亚 Nemea
尼米亚竞技会 the Nemean Games
尼姆 Nimes
尼普顿 Neptune
尼萨 Nisaea

尼斯 Nice
尼开 Nicoee
尼西亚 Nicea
尼西亚斯 Nicias
尼扎米・贾迪德 Nizami Djedid
年幼者路易 Louis the Young
聂斯托利派 Nestorianism
涅尔瓦 Nerva
涅琉斯 Neleus
涅柔斯 Nereus
涅锐伊得斯 Nereids
纽斯特利亚 Neustria
农神节 Saturnalia
努比亚 Nubia
《努波斯》*Nubes*
努马・庞皮留斯 Numa Pompilius
努曼提亚 Numantia
努弥托尔 Numitor
努米底亚 Numidia
努瓦尔穆捷 Noirmoutier
挪威 Norway
挪威人 Norwegian
诺尔辰角 Cape Nordkyn
诺盖人 Nogay
诺拉 Nola
诺里库姆 Noricum
诺曼底 Normandy
诺曼底公爵罗贝尔 Robert of Normandy
诺曼人 Norman
诺帕克特斯 Naupactus
诺托・博察里斯 Noto Bozzaris
诺瓦拉 Novara
诺伊霍夫男爵 Baron of Neuhof
挪亚 Noah

O

欧根亲王 Prince Eugene
欧几里得 Euclid
欧里庇得斯 Euripides
攸里梅敦河 Eurymedon River
欧罗巴 Europa
欧律斯透斯 Eurystheus
欧迈尼斯 Eumenes
欧坦 Autun
欧特维尔城堡 Hauteville Castle
欧伊诺特里亚 Oenotria

P

帕埃斯图姆 Paestum
帕多瓦 Padua
帕尔马 Parma
帕尔马公爵 Duke of Parma
帕尔马公爵夫人 Duchess of Parma
帕尔米拉 Palmyra
帕尔纳索斯山 Mount Parnassus
帕夫拉戈尼亚 Paphlagonia
帕格尼尼 Paganini
帕加马 Pergamon
帕加马王国 Kingdom of Pergamon
帕克切 Pacheco
帕克索斯岛 Paxos Island
帕拉蒂尼山 Mount Palatinus
帕拉丁山 Mount Palatine
帕拉修斯 Parrhasius

帕里斯 Paris
帕伦西亚 Palencia
帕罗斯岛 Paros Island
帕洛斯角 Cape Palos
帕诺姆斯 Panormus
帕皮里乌斯·库尔索尔 Papirius Cursor
帕齐 Pazzi
帕斯加尔二世 Pope Paschal II
帕特雷 Patras
帕特农神庙 Parthenon
帕维亚 Pavia
帕西洛里蒂 Psiloriti
帕伊谢洛 Paislello
潘菲利亚 Pamphylia
潘雷多人 Pelendones
潘诺尼亚 Pannonia
潘诺尼亚人 Pannonian
潘普洛纳 Pamplona
庞贝 Pompeil
庞波尼亚努斯 Pomponianus
庞培 Pompey
胖子查理 Charles the Fat
胖子路易 Louis the Fat
培松 Python
培琉喜阿姆 Pelusium
佩德罗二世 Pedro II
佩德罗三世 Pedro III
佩德罗四世 Pedro IV
佩尔狄卡斯 Perdiccas
佩拉 Bhera
佩拉约 Pelayo
佩里安德 Periander
佩里戈尔 Perigord
佩鲁贾 Perugia
佩洛皮达斯 Pelopias
佩乌塞斯塔斯 Peucestas
丕平 Pepin
丕平二世 Pepin Ⅱ
丕平三世 Pepin III
皮阿斯特 Piastre
皮埃尔·高乃依 Pierre Corneille
皮埃蒙特 Piemonte
皮德纳 Pydna
皮尔戈斯 Pyrgos
《皮尔佩寓言集》 *The Fables of Pilpay*
皮格马利翁 Pygmalion
皮卡第 Picardy
皮克特人 Pict
皮库岛 Pico Island
皮拉斯基人 Pelasgian
皮浪 Pyrrho
皮立翁山 Mount Pelion
皮洛士 Pyrrhus
皮尼奥斯河 Pinios River
皮凯努姆 Picenum
皮提亚竞技会 the Pythian Games
皮翁比诺公爵 Duke of Piombino
皮亚琴察 Piacenza
品达 Pindar
品都斯山脉 Pindus Mountains
珀奥尼亚 Paionia
珀耳塞福涅神庙 The Temple of Persephone
珀尔修斯 Perseus

珀耳塞福涅 Persephone
珀加 Pegae
珀涅罗珀 Penelope
葡萄牙 Portugal
葡萄牙人 Portuguese
蒲柏 Pope
浦尔契 Pulci
普布利乌斯·德西乌斯 Publius Decius
普布利乌斯·科尔内利乌斯·西庇阿 Publius Cornelius Scipio
普布利乌斯·瓦莱里乌斯 Publius Valerius
普拉提亚 Plataea
《普莱斯堡和约》 *Peace of Pressburg*
普莱西斯城堡 Castle of Plessis
普雷斯托阿纳克斯 Pleistoanax
普里阿摩斯 Priam
普里阿普斯 Priapus
普里埃内 Priene
普利亚 Puglia
普鲁萨 Prusa
普鲁士 Prussia
普鲁塔克 Plutarch
普路托斯 Plutus
普罗布斯 Probus
普罗卡斯 Procas
普罗柯比 Procopius
普罗克勒斯 Procles
普罗彭提斯 Propontis
普罗奇达岛 Procida Island
普罗奇达岛的约翰 John of Procida
普罗透斯 Proteus
普罗托耶尼斯 Protogenes
普罗旺斯 Provence
普尼克斯山 Pnyx
普皮恩努斯 Pupienus
普萨尼亚斯 Pausanias
普瓦捷 Poitiers
普瓦图 Poitou

Q

七年战争 Seven Years War
七月革命 July Revolution
七月柱 Column of July
奇恩蒂拉 Chintila
奇里乞亚 Cilicia
奇伦 Chiron
奇萨尔皮尼共和国 Cisalpine Republic
奇维塔韦基亚 Civitavecchia
契玛罗萨 Cimarosa
前三头同盟 the First Triumvirate
虔诚者路易 Louis the Pious
乔安娜 Joanna
乔凡尼·洛伦佐·贝尼尼 Gianlorenzo Bernini
乔南德斯 Jornandes
乔万娜 Giovanna
乔治·卡斯特里奥蒂 George Kastrioti
乔治·马尼亚斯 George Maniaces
乔治·桑 George Sand
切拉诺湖 Lake Celano
切雷塔尼 Cerretani
穷汉瓦尔特 Walter the Penniless
丘比特 Cupid

丘尼卡 Tunica
《权利法案》*Bill of Rights*
犬儒学派 Cynicism
群岛海 Archipelago Sea

R

让·德·拉·封丹 Jean de la Fontaine
让·拉辛 Jean Racine
让娜 Jeanne
热罗姆 Jerome
热那亚 Genoa
热那亚共和国 Republic of Genoa
热那亚人 Genovese
热那亚湾 Gulf of Genoa
热努亚 Genua
日德兰半岛 Jutland
日耳曼海 Germanic Ocean
日耳曼民族 Nordic
日耳曼尼库斯 Germanicus
日耳曼人 German
日内瓦湖 Lake Geneva
茹图利人 Rutuli
儒尔当 Jourdan
儒勒·马扎然 Lemondo Massarino
儒略年 Julian year
汝拉山脉 Jura Mountains
瑞典 Sweden
瑞典人 Swedish
瑞士 Switzerland
瑞士人 Swiss
若昂 Joao
若昂·德·巴罗斯 Joao de Barros
若昂二世 Joao II
若昂六世 Joao VI
若昂三世 Joao III
若昂五世 Joao V
若泽一世 Jose I

S

撒丁岛 Sardinia
撒丁王国 Kingdom of Sardinia
萨宾人 Sabine
萨蒂尔 Satyr
萨迪斯 Sardis
萨尔茨堡 Salzburg
萨尔马提亚 Sarmatia
萨尔特河 Sarthe River
萨尔瓦多·罗萨 Salvator Rosa
萨伏依 Savoy
萨伏依公爵 Duke of Savoy
萨福 Safo
萨贡托 Sagunto
萨克森 Saxony
萨克森-科堡 Saxe-Coburg
萨克森人 Saxon
萨拉戈萨 Zaragoza
萨拉曼卡 Salamanca
萨拉米斯岛 Salamis Island
萨拉森人 Saracen
萨莱诺 Saleno
《萨利克法典》*Salic Law*
萨列里 Salieri
萨卢吉亚 Saluquia
萨罗纳 Sarona

萨洛纳 Salona
萨摩斯岛 Samos Island
萨摩斯人 Samos
萨摩耶德人 Samoyed
萨莫拉 Zamora
萨莫奈 Samnium
萨莫奈人 Samnite
萨莫奈战争 Samnite War
萨莫色雷斯岛 Samothrace
萨斯提利乌斯 Sextilius
萨索斯岛 Thasos
萨图尼亚 Saturnia
萨瓦河 Sava River
萨沃纳山谷 Savona Valley
撒路斯提乌斯 Sallustius
塞奥彭普斯 Theopompus
塞巴斯蒂昂 Sebastian
塞巴斯蒂昂一世 Sebastian I
塞巴斯托克拉特 Sebastocrator
塞蒂穆莱乌斯 Septimuleius
塞恩岛 Sein Island
塞尔马海角 Cape Therma
塞尔维乌斯・加尔巴 Servius Galba
塞尔维乌斯・图利乌斯 Servius Tullius
塞尔维亚 Servia
塞尔维亚人 Serb
塞尔柱突厥人 Seljuk Turk
塞戈维亚 Segovia
塞克斯图斯 Sextus
塞莱 Sele
塞里福斯岛 Seriphus
塞利姆 Selim
塞利姆二世 Selim II
塞琉古 Seleucus
塞曼德里亚 Semendria
塞纳-马恩 Seine and Marne
塞纳省 Seine
塞纳图姆 Seinetum
塞纳-瓦兹省 Seine and Oise
塞尼乌斯・西庇阿 Cneius Scipio
塞涅卡 Seneca
塞浦路斯 Cyprus
塞浦路斯王国 Kingdom of Cyprus
塞普蒂米乌斯・塞维鲁 Septimius Severus
塞壬 Siren
塞萨利 Thessaly
塞萨洛尼基湾 Thessaloniki Gulf
塞斯比人 Thespian
塞万提斯 Cervantes
塞维利亚 Seville
塞维涅夫人 Madame de Sévigné
塞文山脉 Cevennes Mountains
塞扬努斯 Sejanus
三级会议 Estates-General
桑达利奥提斯 Sandaliotis
桑贾克 Sancak
桑乔大帝 Sancho the Great
桑乔一世 Sancho I
桑乔二世 Sancho II
桑乔三世 Sancho III
桑乔四世 Sancho IV
桑斯 Sens
桑坦德 Santander
桑特岛 Zante Island

桑西山 Sansi
色拉西布洛斯 Thrasybulus
色雷斯 Thrace
色诺芬 Xenophon
森塔 Zenta
沙隆 Chalons
沙特尔 Chartres
山后-上杜罗 Tras-os-Montes
上贝拉 Upper Beira
上利穆赞 Upper Limousin
上默西亚 Moesia Superior
《神谱》*Theogony*
《神曲》*Divine Comedy*
神圣联盟 the Holy League
神圣罗马帝国 Holy Roman Empire
圣艾蒂安 St. Etienne
圣安布罗斯 St. Ambrose
圣巴托洛缪大屠杀 Massacre of St. Bartholomew
圣保罗 St. Paul
圣彼得堡 St. Petersburg
圣伯纳修道院 Monastery of St. Bernard
圣德尼大教堂 Abbey Church of St-Denis
圣地亚哥 San Diego
圣殿骑士团 Knights Templar
圣哥达峰 Mount St. Gothard
圣公会 Episcopal Church
圣赫勒拿岛 St. Helena Island
《圣经》*Bible*
圣克劳德 St. Cloud
圣路易 St. Louis
圣罗曼努斯塔 Tower of St. Romanus
圣洛 Saint Lo
圣马可广场 Square of St. Mark
圣马力诺 San Marino
圣马力诺共和国 Republic of San Marino
圣玛格丽特大教堂 Saint Margaret's Church
圣米格尔岛 San Miguel Island
圣女贞德 Joan of Arc
圣皮埃尔 St. Pierre
圣乔治银行 Banco di San Giorgio
圣桑奇亚 Saint Sancha
圣山 Sacred Mount
圣索菲亚大教堂 Church of St. Sophia
圣塔伦 Santarem
圣特蕾莎 Saint Theresa
圣文森特角 Cape St. Vincent
圣像破坏运动 Iconoclasm
圣像破坏者 Iconoclast
圣伊利亚斯 Agios Ilias
狮心王 King the Lion-hearted
狮子路易 Louis the Lion
施莱格尔 Schlegel
施蒂里亚 Styria
《十二铜表法》*Law of the Twelve Tables*
十人委员会 Council of Ten
《十日谈》*Decameron*
十字军 crusader
十字军东征 Crusades
使徒保罗 Apostle Paul
士麦那 Smyrna
士瓦本 Swabia
市政广场 Municipal public square

司提反三世 Pope Stephen III
斯巴达克斯 Spartacus
斯波拉泽斯群岛 Sporades
斯波莱托 Spoleto
斯波列提乌姆 Spoletium
斯蒂芬 Stephen
斯蒂芬·科隆纳 Stephen Colonna
斯多葛学派 Stoicism
斯基罗斯岛 Skyros
斯基泰 Scythia
斯基泰人 Scythian
斯卡恩角 Cape Skagen
斯卡格拉克海峡 Skagerrak Strait
斯卡拉 Scala
斯堪的纳维亚山脉 Scandinavian Mountains
斯坎德培 Skanderbeg
斯库塔里 Scutari
斯拉夫民族 Slavdom
斯拉沃尼亚 Slavonia
斯拉沃尼亚人 Slavonian
斯洛文尼亚 Slovenia
斯诺登山 Mount Snowdon
斯帕蒂文托角 Cape Spartivento
斯帕兰扎尼 Spallanzani
斯佩齐亚 Spetzia
斯蓬蒂尼 Spontini
斯匹茨卑尔根岛 Spitsbergen
斯珀奇乌斯河 Sperchius River
斯普里乌斯·卡西乌斯 Spurius Cassius
斯塔比亚 Stabiae
斯塔基拉 Stagira
斯特拉波 Strabo
斯特拉斯堡 Strasbourg
斯维亚托斯拉夫 Svyatoslav
苏丹 Sudan
苏格拉底 Socrates
苏格兰 Scotland
苏格兰人 Scottish
苏拉 Sulla
苏莱曼 Suleyman
苏莱曼二世 Suleyman II
苏利 Sully
苏维汇人 Suevi
苏因提拉 Suintila
梭伦 Solon
所罗门 Solomon
索布人 Sorbian
索恩河 Saone River
索菲亚 Sofia
索福克勒斯 Sophocles
索格狄亚那 Sogdiana
索里亚 Soria
索姆 Somme

T

塔布 Tarbes
塔恩河 Tarn River
塔尔苏斯 Tarsus
塔尔塔洛斯 Tartarus
塔古斯河 Tagus River
塔霍河 Tajo
塔克文·普里斯库斯 Tarquinius Priscus
塔克文·苏佩布 Tarquinius Superbus

塔兰同 Talent
塔兰托 Taranto
塔里克 Tarik
塔林敦 Tarentum
塔林敦人 Tarentine
塔西佗 Tacitus
台伯河 Tiber River
泰奥菲尔·戈蒂耶 Theophile Gautier
泰格图斯山 Mount Taygetus
泰勒斯 Thales
泰斯庇斯 Thespis
泰西凡 Ctesiphon
坦克雷德 Tancred
唐·胡安 Don Juan
唐·卡洛斯 Don Carlos
《堂吉诃德》*Don Quixote*
陶里尼 Taurini
陶片放逐法 Ostracism
忒奥克里托斯 Theocritus
忒墨诺斯 Temenos
忒提斯 Thetis
忒修斯 Theseus
忒修斯神庙 Theseum
特尔戈维斯特 Targovishte
特夫利斯 Teflis
特吉亚 Tegaea
特拉布宗 Trebizond
特拉法尔加 Trafalgar
特拉帕尼 Trapani
特拉西梅诺湖战役 Battle of Trasimeno
特兰西瓦尼亚 Transylvania
特蕾莎 Theresa
特里波利斯 Tripolitza
特里波尼安 Tribonianus
特里尔 Treves
特里克特拉 Triquetra
特里纳基亚岛 Trinacria
特里同 Triton
特鲁瓦 Troves
特罗曾 Troezen
特罗弗尼乌斯 Trophonius
特罗亚 Troia
特洛马修斯 Telo Martius
特洛伊平原 Trojan Plain
特洛伊战争 Trojan War
特塞拉岛 Terceira Island
滕比河谷 Vale of Tempe
梯也尔 Thiers
踢马刺战役 Battle of Spurs
提奥多雷一世·拉斯卡利斯 Theodore I Laskaris
提比略 Tiberius
提比略·格拉古 Tiberius Gracchus
提布尔 Tibur
提尔 Tyre
提洛岛 Delos Island
提曼忒斯 Timanthes
提莫莱昂 Timoleon
提纳鲁斯海角 Cape of Taenarus
提奇努姆 Ticinium
提图斯 Titus
提图斯·塔提乌斯 Titus Tatius
提乌德贝尔特 Theudebert
提乌德里克一世 Theuderic I

提乌德里克二世 Theuderic II
提乌德里克三世 Theuderic III
提乌德里克四世 Theuderic IV
提香 Titian
《天方夜谭》*Arabian Nights*
条顿人 Teuton
铁锤查理 Charles the Hammer
廷达瑞俄斯 Tyndareus
投石党运动 War of the Fronde
秃头查理 Charles the Bald
突尼斯 Tunis
图布罗尼・塞尔瓦 Tuberoni Cerva
图尔德泰尼人 Turdetani
图尔加 Tulga
图尔奈 Tournay
图卢斯・霍斯提利乌斯 Tullus Hostilius
图卢兹 Toulouse
图卢兹伯爵雷蒙德 Raymond of Toulouse
图密善 Domitian
图纳库姆 Turnacum
图斯库卢姆 Tusculum
土巴 Tubal
土耳其 Turkey
土耳其人 Turk
土伦 Toulon
托加高卢 Gallia Togata
托加袍 Toga
托卡伊 Tokaj
托莱多 Toledo
托莱多山脉 Montes de Toledo
托勒密 Ptolemy
托勒密・克劳诺斯 Ptolemy Ceraunus
托勒密二世 Ptolemy II
托里拆利 Torricelli
托里斯蒙德 Thorismund
托洛萨 Tolosa
托马斯・阿尼埃洛 Thomas Aniello
托斯卡纳 Tuscany
托斯卡纳大公 Grand Duke of Tuscany
托斯卡纳大公国 Grand Duchy of Tuscany
托提拉 Totila

W

瓦尔达尔河 Vardar River
瓦尔河 Vaal River
瓦尔泰利纳 Valtellina
瓦格拉姆战役 Battle of Wagram
瓦哈比教徒 Wahabee
瓦卡伊人 Vaccei
瓦拉乔里 Vrachori
瓦拉基人 Vlachi
瓦拉几亚人 Walachian
瓦莱塔 Valletta
《瓦勒里法》*Lex Valeria*
瓦莱里乌斯・弗拉库斯 Valerius Flaccus
瓦勒良 Valerian
瓦利亚 Valia
瓦莱里乌斯・科尔维乌斯 Valerius Corvus
瓦卢斯 Varus
瓦伦斯 Valens
瓦伦提尼安 Valentinian
瓦伦提尼安三世 Valentinian III
瓦伦西亚 Valencia

瓦伦西亚人 Valencian
瓦卢瓦王朝 Valois dynasty
瓦斯科·达·伽马 Vasco de Gama
瓦斯科内斯人 Vascones
瓦兹河 Oise River
万巴 Wamba
万塞讷 Vincennes
汪达尔人 Vandal
王政时代 Period of Rex in Rome
旺达卢西亚 Vandalusia
威尔士 Welsh
威尔士亲王 Prince of Wales
威廉·德·波塞莱特 William de Porcelet
威廉一世 William I
威尼斯 Venice
威尼斯共和国 Republic of Venice
威尼斯湾 Gulf of Venice
威尼西亚 Venetia
威斯敏斯特 Westminster
威斯特伐利亚 Westphalia
《威斯特伐利亚和约》 *The Peace of Westphalia*
威斯特伐利亚王国 Kingdom of Westphalia
韦尔切利 Vercelli
韦雷斯 Verres
韦利诺山 Mount Velino
韦诺萨 Venosa
韦帕芗 Vespasian
韦斯卡尔 Huescar
维埃纳 Vienne
维奥蒂亚 Boeotia
维顿多人 Vettone
维多利亚 Victoria
维尔阿杜安 Villehardouin
维尔吉妮亚 Virginia
维尔吉尼乌斯 Virginius
维吉尔 Virgil
维克多·雨多 Victor Hugo
维莱·科特雷 Villers-Cotterets
维罗纳 Verona
维纳恩湖 Lake Vanern
维纳斯 Venus
维内蒂人 Veneti
维尼西斯 Viennensis
维努西亚 Venusia
维诺杜努姆 Verodunum
维琴察 Vicenza
维塞乌 Viseo
维斯塔女神 Vesta
维斯瓦河 Vistula River
维苏威 Vesuvius
维苏威火山 Mount Vesuvius
维特里大教堂 Cathedral of Vitry
维特里克 Witteric
维特里乌斯 Vitellius
维提吉斯 Vitiges
维提扎 Wittiza
维托里奥·阿梅迪奥二世 Vittorio Amedeo II
维也纳 Vienna
《维也纳和约》 *The Peace of Vienna*
维也纳会议 Congress of Vienna
伟大的洛伦佐 Lorenzo the Magnificent
委罗内塞 Veronese

温泉关 Thermopylae
文策尔一世 Wenzel I
文德人 Wend
文多波纳 Vindobona
翁布里亚 Umbria
翁热 Angers
倭马亚王朝 Umayyad Caliphate
沃尔斯奇人 Volsci
沃尔泰拉 Volterra
沃尔特·雷利 Walter Raleigh
《乌德勒支和约》*Treaty of Utrecht*
乌迪诺 Oudinot
乌尔班 Urban
乌尔班四世 Urban IV
乌尔班五世 Urban V
乌尔姆 Ulm
乌拉尔河 Ural River
乌拉尔山脉 Ural Mountains
乌拉卡一世 Urraca I
乌拉诺斯 Uranus
乌莱玛 Ulama
乌尚岛 Ushant Island
乌提卡 Utica
屋大维 Octavius
无敌舰队 Spanish Armada
五百人院 Council of Five Hundred
雾月政变 Brumaire Coup

X

希奥岛 Scio Island
西奥多 Theodore
西班牙 Spain
西班牙人 Spaniard
西班牙王位继承战争 War of the Spanish Succession
西伯利亚 Siberia
《西卜林书》*Libri Sibyllini*
西尔维亚 Sylvia
西哥特人 Visigoth
西哥特王朝 Visigothic dynasty
西格里克 Sigeric
西格乌姆 Sigeium
西基昂 Sicyon
西吉贝尔特一世 Sigebert I
西吉贝尔特二世 Sigebert II
西卡尼亚 Sicania
西坎人 Sican
西克斯图斯五世 Sixtus V
西库尔人 Sicel
西劳鲁斯河 Silaurus River
西里西亚 Silesia
西玛库斯 Symmachus
西蒙 Simon
西摩尼得斯 Simonides
西奈吉鲁斯 Cynegirus
西帕利萨 Cyparissa
西塞隆山 Mount Cithaeron
西塞罗 Cicero
西塔维奇亚 Citta Vecchia
西西弗斯 Sisyphus
西西里岛 Sicily
西西里海 Sicilian Sea
西西里晚祷 Sicilian Vespers
希庇亚斯 Hippias

希波克拉底 Hippocrates
希布拉 Hybla
希俄斯岛 Chios
希尔德贝尔特一世 Childebert I
希尔德贝尔特二世 Childebert II
希尔德布兰德 Hildebrand
希尔德里克三世 Childeric II
希尔佩里克一世 Chilperic I
希尔佩里克二世 Chilperic II
希拉克略 Heraclius
希腊 Greece
《希腊编年史》*Greek Chronicle*
《希腊罗马名人传》*The live of the Noble Grecians and Romans*
希腊正教 Greek Orthodox Church
赫伦人 Hellene
希罗多德 Herodotus
希罗一世 Hieron I
希罗二世 Hieron II
希洛人 Helot
希梅拉 Himera
希帕克斯 Hipparchus
希瑟布特 Sisebert
希森安德 Sisenand
希沙姆一世 Hisham I
希沙姆二世 Hisham II
希沙姆三世 Hisham III
昔兰尼加 Cyrenaica
锡巴里斯 Sybaris
锡弗诺斯岛 Sifnos
锡拉岛 Thera
锡拉库扎 Syracuse
锡利斯特拉 Silistra
锡罗斯岛 Syros Island
锡耶纳 Siena
《熙德之歌》*Cantar de Mio Cid*
下贝拉 Lower Beira
下布列塔尼 Lower Brittany
下塞纳 Lower Seine
夏尔三世 Charles III
夏朗德河 Charente River
夏绿蒂・科黛 Charlotte Corday
香槟 Champagne
逍遥学派 Peripateticism
小弗里吉亚 Lesser Phrygia
小居鲁士 Cyrus the Younger
小西庇阿 Scipio Aemilianus
小希拉克略 Heraclius the Younger
小亚细亚 Asia Minor
辛布里人 Cimbri
辛吉杜努姆 Singidunum
辛梅里安人 Cimmerian
辛辛纳图斯 Cincinnatus
新地岛 Nova Zemlya
《新法典》*The Novels*
新教 Protestantism
新卡斯蒂利亚 Governorate of New Castilla
匈人 Huns
匈人王 King of the Huns
匈牙利 Hungary
匈牙利人 Hungarian
修昔底德 Thucydides
叙利亚 Syria

薛西斯 Xerxes
《学说汇纂》*The Title of the Pandeets*

Y

雅典 Athens
雅典娜 Athene
雅典娜神庙 Athenaeum
雅各宾派 Jacobin
雅各派 Jacobites
雅克・德・莫莱 Jacques de Mola
雅克・内克尔 Jacques Necker
雅克-贝尼涅・博须埃 Jacques-Benigne Bossuet
雅努斯 Janus
雅努斯神庙 Temple of Janus
雅西 Jassy
亚琛 Aix-la-Chapelle
亚得里亚海 Adriatic Sea
亚该亚 Achaea
亚该亚同盟 Achaean League
亚科哥林德斯山 Acrocorinthus
亚克兴 Actium
亚拉图 Aratos
亚里士多德 Aristotle
亚里斯泰迪斯 Aristides
亚历山大・塞维鲁 Alexander Severus
亚历山大大帝 Alexander the Great
亚历山大一世 Alexander I
亚历山大三世 Alexander III
亚历山大四世 Alexander IV
亚历山德里亚 Alexandria
亚略巴古 Areopagus
亚诺什・匈雅提 Janos Huniades
亚美尼亚 Armenia
亚美尼亚人 Armenian
亚眠 Amiens
《亚眠和约》*Treaty of Amiens*
亚平宁山脉 Apennines
亚述 Assyria
亚速尔群岛 Azores
亚速海 Azov Sea
亚特兰蒂斯 Atlantis
《亚特兰蒂斯岛的历史》*History of the Atlantic Island*
亚西比德 Alcibiades
宴会运动 Reform Banquets
扬三世・索别斯基 Jan III Sobieski
耶路撒冷 Jerusalem
耶路撒冷圣约翰骑士团 Knights of St John of Jerusalem
耶拿战役 Battle of Jena
伊阿宋 Jason
伊埃雷 Hyeres
伊奥利亚人 Aeolian
伊巴密浓达 Epameinondas
伊比利亚 Iberia
伊比利亚半岛 Iberia Peninsula
伊庇鲁斯 Epirus
伊壁鸠鲁 Epicurus
伊壁鸠鲁学派 Epicurus School
伊达山 Mount Ida
伊丹人 Edetani
伊笛可 Hildico
伊菲格涅娅 Iphigenia

伊克努萨 Ichnousa
伊克西翁 Ixion
伊拉罗斯 Inaros
伊莱利亚人 Ilereaone
伊丽莎白女王 Elizabeth I
伊利里库姆 Illyricum
伊利里亚 Illyria
伊利斯 Elis
《伊利亚特》*Iliad*
伊琳娜 Irina
伊姆布罗斯岛 Imbros Island
伊那科斯 Inachus
伊内斯・德・卡斯特罗 Inez de Castro
伊普萨拉岛 Ipsala Island
伊萨哥拉斯 Isagoras
伊萨卡岛 Ithaca
伊萨克一世 Isaac I
伊萨克二世 Isaac II
伊萨克・安杰洛斯 Isaac Angelus
伊莎贝拉 Isabella
伊莎贝拉二世 Isabella II of Spain
伊斯兰教 Islam
伊斯梅尔 Ismail
伊斯梅尔二世 Ismail II
伊斯美努斯 Ismenus
伊斯奇尼斯 Aeschines
伊斯特尔 Istel
伊斯特拉 Istarska
伊斯特摩斯竞技会 Isthmian Games
伊苏里亚王朝 Isaurian dynasty
伊特鲁里亚 Etruscan
伊特鲁里亚人 Tyrrhenian
伊维萨岛 Ibiza
伊亚罗斯岛 Gyaros
伊泽尔河 Isze River
医院骑士团 Knights Hospitaller
《以赛亚书》*Book of Isaiah*
以实玛利人 Ishmaelite
艺术女神缪斯 Muses
易北河 Elbe River
易卜拉欣 Ibrahim
易卜拉欣一世 Ibrahim I
意大利 Italy
意大利人 Italian
因森托 Innstadt
因苏布雷 Insubres
隐士彼得 Peter the Hermit
印第安人 Indian
印度 India
英格兰 England
英吉利海峡 English Channel
英明王查理五世 Charles V the Wise
英诺森三世 Innocent III
英诺森四世 Innocent Ⅳ
英西塔土斯 Incitatus
勇敢者腓力 Philip the Bold
优卑亚岛 Euboea Island
优素福一世 Yusuf I
优素福二世 Yusuf II
优素福三世 Yusuf III
优素福四世 Yusuf IV
攸克西亚人 Uxian
尤金・吉诺特 Eugene Guinot
尤里克 Eurich

尤利乌斯·恺撒 Julius Caesar
尤利乌斯二世 Julius II
尤利安 Julian
尤路斯 Iulus
尤瓦努姆 Juvanum
尤维纳利斯 Juvenalis
犹太教 Judaism
犹太人 Jew
幼发拉底河 Euphrates River
于格 Hugues
于格·卡佩 Hugues Capet
于格二世 Hugues II
元老院 senate
若阿尚·缪拉 Joachim Murat
约安尼斯·卡波狄斯特里亚斯 John Capodistrias
约翰 John
约翰·福蒂斯丘 John Fortescue
约翰·劳 John Law
约翰·普尔特 John Poet
约翰·朱斯蒂尼亚尼 John Giustiniani
约翰一世·齐米斯西斯 John I Tzimiskes
约翰二世·科穆宁 John II Comnenus
约翰二世 John II
约翰五世 John V
约翰八世 John VIII
约翰尼斯 Johannes
约克 York
约瑟芬 Josephine
约瑟夫 Joseph
约瑟夫·波拿巴 Joseph Bonaparte
约维安 Iovianus

Z

泽费罗斯 Zephyrus
泽西岛 Jersey Island
扎克雷起义 La Jacquerie
扎拉 Zara
詹姆斯 James
詹姆斯二世 James II
战神山议事会 Areopagus
长老会派 Presbyterians
征服者威廉 William the Conqueror
芝诺 Zeno
芝诺比娅 Zenobia
直布罗陀海峡 Strait of Gibraltar
宙克西斯 Zeuxis
朱巴 Juba
朱庇特 Jupiter
朱尔斯·贾宁 Jules Janin
朱古达 Jugurtha
朱利安 Jullian
朱利亚诺 Giuliano
宗教裁判所 inquisition
宗教改革 Reformation
佐凡尼·微拉尼 Giovanni Villani
佐伊 Zoe

全球通史
欧洲
（下）

A HISTORY OF
All Nations
5
EUROPE

SAMUEL GOODRICH
[美] 塞缪尔·古德里奇 著

李江艳 译

天地出版社 | TIANDI PRESS

目录

大英帝国

德意志

瑞士

低地国家荷兰

比利时

丹麦

瑞典

挪威

拉普兰

芬兰

俄罗斯

波兰

匈牙利

全欧洲

大英帝国

第365章

不列颠群岛是个什么样的地方？

不列颠群岛位于欧洲大陆的西海岸。在南边，英吉利海峡把它与法国隔开；在东边，有一片广阔的海，叫作日耳曼海，也就是北海，把它与荷兰、丹麦和挪威隔开；在北边和西边则是大西洋。因此，不列颠群岛的地理位置非常有利，战争时期易守难攻，和平时

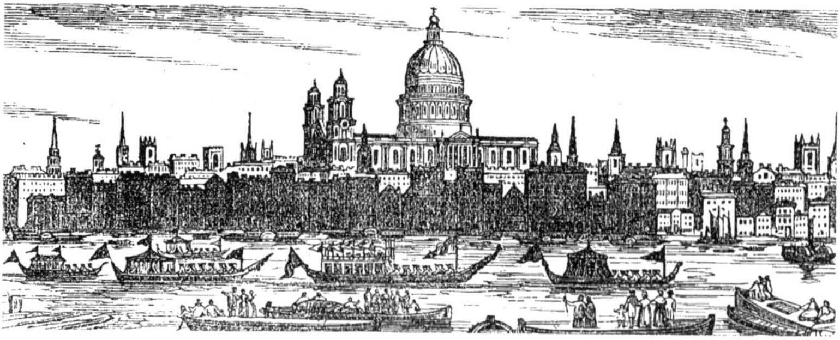

伦敦风景

期适合开展贸易。它主要由两个大岛——大不列颠岛和爱尔兰岛组成，还有许多较小的岛屿，主要分布在大不列颠岛的北部和西部海岸。大不列颠岛是不列颠群岛中最大的岛屿，南北长580英里[①]，东西最宽370英里[②]。

通常认为大不列颠岛分为三部分，即英格兰、苏格兰和威尔士；它们虽然现在已合并为一个王国，但在某些方面却各有特点。爱尔兰岛位于大不列颠岛的西边，南北长235英里，东西最宽182英里。不列颠群岛的气候凉爽、潮湿，北部地区的雨水和雾很多。大不列颠岛的土壤总体上比较肥沃，但北部地区多岩质、贫瘠的土地。而这里的农业技术非常成熟，且工业发达，大不列颠岛的大部分土地具有很高的生产力。爱尔兰的土壤更肥沃，但农牧业水平不如英国。

古代腓尼基人似乎知道这些岛屿，并为了商业目的访问过这里，但是我们对这个国家及其居民在久远年代的情况几乎是一无所知的。罗马人征服高卢后，尤利乌斯·恺撒入侵了不列颠，第一次认识了这片土地，并在大不列颠岛的南部建立了自己的统治，然而他没有征服苏格兰北部和爱尔兰。英格兰、苏格兰、威尔士和爱尔兰在各自政府的统治下延续了好几个世纪。英格兰逐渐获得优势地位，并最终合并了其他几个国家。12世纪，爱尔兰被征服；13世纪，威尔士被征服。17世纪，苏格兰和英格兰联合，由同一位君主统治；18世纪初，两个国家合二为一。1800年，爱尔兰与大不列颠

① 1英里≈1.61千米。——编者注

② 本书的统计数据均为成书时的数据。——编者注

联合，于是整个国家获得了大不列颠及爱尔兰联合王国的名称。

不列颠群岛是这个帝国的中心，首都是伦敦。下面是它和几部分的面积及人口：

地区	面积（平方英里①）	人口
不列颠群岛	11.67万	2 685.79万
英格兰和威尔士	5.51万	1 603.5万
苏格兰	2.96万	262.89万
爱尔兰	3.2万	820万

除了这些地区，大英帝国在其他几大洲也有领土，所以有“太阳永远照耀着大英帝国的领土和人民”这种说法，大英帝国也被称为“日不落帝国”。从领土范围、商业、语言，以及军事力量（尤其是海军）和资源来看，毫无疑问它是世界上已知的最伟大的帝国。整个帝国的人口可能超过1.6亿人，具体分布如下：

地区	范围	人口
不列颠群岛	奥尔德尼岛、根西岛和泽西岛，以及法国海岸、直布罗陀、马耳他和赫里戈兰等	2 700万
北美洲殖民地	加拿大、西北地区、新不伦瑞克、新斯科舍、布雷顿角、爱德华王子岛、纽芬兰、洪都拉斯、百慕大群岛	170万

① 1平方英里≈2.59平方千米。——编者注

（续表）

地区	范围	人口
西印度群岛和南美洲	牙买加、特立尼达、巴巴多斯、安提瓜、多米尼克、格林纳达、圣卢西亚、圣文森特、巴哈马群岛、英属圭亚那	84.5万
非洲殖民地	毛里求斯、圣赫勒拿岛、冈比亚、塞拉利昂、好望角	30万
亚洲殖民地	东印度公司的领地以及政府在印度的殖民地、锡兰、东南亚地区、新加坡等	13 000万
澳洲殖民地	澳大利亚、塔斯马尼亚岛、新西兰	60万
合计		16 044.5万

以上是对大英帝国的总体描述，接下来将详细叙述它的历史，包括在英格兰领导下重大事件的主要进程，对威尔士、苏格兰和爱尔兰的单独叙述，以及这三个国家在帝国历史上消失的几个时期。

第366章

英格兰：从古代的布立吞人到英格兰王国的建立

（前55—829）

在不列颠群岛的历史上，英格兰占有举足轻重的地位，因此，在通常的说法中，英格兰往往指代整个帝国，英格兰人往往指全体人民。其实，英格兰只占据着大不列颠岛的东南部和中部，威尔士在西部，苏格兰在北部。泰晤士河长160英里，流入北海，船只经由泰晤士河航行60英里到达伦敦。塞文河发源于威尔士，长200英里，流入英吉利海峡。

英格兰的地貌多种多样，西部地区山地较多，不过没有一座山峰超过3 500英尺[①]，中部是丘陵，东部是广阔的平原和沼泽。虽然土壤并不肥沃，但除了贫瘠的荒野和平原，整个英格兰像一座大花

① 1英尺≈0.30米。——编者注

园，种植各种农作物。英格兰的矿藏——锡、铜、铁、煤等——都很丰富，为帝国的财富和权力作出了巨大贡献。

不列颠，这个古老的名字据说来自腓尼基人，他们在公元前1000年或公元前800年的时候访问过这片土地，目的是寻找锡矿。称这里为“不列颠”，意为“锡的国度”。阿尔比恩是英格兰的古称，其拉丁文原意是“白色的土地”，得名于南部海岸高耸的白垩质山崖。“英格兰”这个称呼来自盎格鲁人，他们于7世纪定居在这里，与撒克逊人融合在一起，所以英格兰人也被叫作盎格鲁-撒克逊人。

据我们所知，不列颠最早的居民基本上属于凯尔特人。凯尔特人在欧洲中部和西部都有分布。威尔士人和丹麦人的传说表明他们也是来自日德兰半岛的移民；“Cymry”的名称则显示他们应该是辛梅里安人——在更古老的年代，辛梅里安人生活在黑海北部，后来被斯基泰人驱逐，沿着西北方向穿过欧洲，在波罗的海和易北河河口附近建立了新的定居点。他们中的一部分来到了不列颠，后来的撒克逊人和盎格鲁人也经由相同的路线来到这里。凯尔特人是从旁边的高卢过来的，威尔士人的传说中有两支移民，一支来自加斯科涅，另一支来自阿莫里凯。

后来比利其人攻击了大不列颠岛的南部和东部海岸，并在那里定居，将凯尔特人驱赶到内陆地区。比利其人是庞大的日耳曼民族的一个分支。因此，不列颠早期的定居者有来自法国的凯尔特人，来自日德兰半岛的威尔士凯尔特人，以及局限于东南部海岸地区的比利其人。

恺撒是第一个提供关于这个岛屿真实细节的作家。或许为了追求军事声望，也可能是由于第一次率领罗马军队登陆不列颠感受到的荣耀，恺撒告诉我们，他在高卢的敌人主要是布列塔尼的瓦讷人，以及西高卢其他凶猛的沿海民族，这些人得到了来自不列颠的援助，因此，他感到非常愤怒，决心入侵大不列颠岛。作为准备，恺撒召集了在大不列颠岛上做生意的商人来到营地，当时只有高卢人了解这个岛屿，恺撒向他们询问了各种各样的问题。然而，要么是这些商人谨慎，要么是他们无知，恺撒无法从他们身上了解到多少有用的信息。试图从商人身上了解大不列颠岛的努力失败后，恺撒派出一个名叫盖乌斯·沃卢森努斯的军官前去侦察，但是沃卢森努斯到了大不列颠岛却不敢下船，他害怕一上岸就会被岛上的土著包围。恺撒没有因为情报匮乏而退缩，他召集了一支舰队，准备集中兵力发动一场登陆战役。

恺撒登陆不列颠

恺撒踏上了这片土地，正如他的战记告诉我们的那样：“从他们现有的风俗来看，居住在这里的人应该是岛上的土著；在海岸地带，则是为了掠夺或者发动战争的比利其人——他们几乎在任何情况下都保留着自己家乡的名字，他们在岛上四处征战，随后定居下来，并开始耕种土地。这里人口众多，建筑也非常多，风格与高卢人的极为相似。牛群的数量相当大。他们用一定重量的铜或铁环作为货币。锡是在中部地区开采出来的，沿海地区出产数量很少的铁，他们使用的铜都是进口的。除了山毛榉和冷杉，这里的每一种树木都可以在高卢找到。这里的人认为食用野兔、母鸡和鹅是非法的行为，他们养殖这些动物只是为了消遣娱乐。这个国家的气候比高卢温和，没有那么寒冷。

……

“在所有的土著中，住在肯特——靠近海岸的地区——的人是目前为止文明程度最高的，风俗习惯和高卢人没有太大差别。内陆地区的人大多不种谷物，而靠牛奶和肉为生，用兽皮做衣服。然而，所有的不列颠人都会用靛蓝颜料把自己染成蓝色，这会使他们在战斗中看起来更可怕；他们都留长发，除了头部和上唇，身体每个部位的毛发都要剃光。每10个人或12个人都有共同的妻子群，兄弟之间或父子之间共妻；孩子出生，大家都会认为先娶处女为妻的男子是孩子的父亲。”

从记载来看，这些城镇似乎是杂乱的棚屋，通常分散在树林中，用泥土筑起防御工事。不列颠人被划分成许多部落或民族，即使与欧洲大陆的高卢人相比，他们也处于野蛮状态。在大不列颠岛上的许多地方，人们甚至都不知道穿衣服。南部的人穿着粗糙的兽

早期的不列颠人

皮。他们主要的武器是剑和长矛。战士们会乘坐马拉的战车，战车上还装备着长柄镰刀。从举止上看，他们是凶狠、残忍、嗜杀的民族。至少第一批到达这里的罗马人是这样描述的。

在高卢、西班牙、爱尔兰和英格兰的凯尔特人中，德鲁伊教徒似乎一直都扮演着祭司、立法者和法官的角色。他们教导人们崇拜的神，类似于希腊人的宙斯、战神阿瑞斯和智慧女神雅典娜。这些神明受到人们的尊敬，地位甚至比君主和酋长还要高。他们在小树林里或者由巨石围成的庙宇里祭祀。直到今天，人们还能在法国、英国和爱尔兰找到这样的遗迹。人们聚集在一起，见证他们的民事判决和宗教仪式。活人献祭这样的行为也出现在宗教仪式中。德鲁伊教徒是年轻人的导师，他们以诗歌的形式向众人传授传说中神秘的知识。有些德鲁伊教徒自称是吟游诗人。德鲁伊教徒不用纳税，也不用打仗。被献祭的人通常是

德鲁伊教徒

罪犯，德鲁伊教徒认为对被献祭者的折磨越大，神就会越高兴。活人献祭的一种方法是把被献祭者放在柳条篮里用火烧死。德鲁伊教徒在民事和宗教事务上的法令得到了最崇高的尊重，事实上，这些祭司似乎获得了与古埃及和印度的祭司一样的权势。这样看，德鲁伊教应该起源于东方。

在与当地人发生激烈冲突后，恺撒在多佛附近登陆，继而占领了这个地方。他没有征服这里的人民，直到一个世纪后，克劳狄乌斯成为罗马皇帝后，罗马人才永久地征服了大不列颠岛。征服不列颠人既耗时又费力，还有一些地方从未屈服于罗马军队。罗马皇帝韦帕芗统治时期，不列颠的罗马军队最高指挥官阿格里科拉在北部边境抵御住了皮克特人和苏格兰人的猛烈进攻，还修建了一座长城，从福斯湾到克莱德湾，拦住了全岛最狭窄的部分。120年，罗马皇帝阿德里安在这一地区修建了更多的城墙，另一位皇帝安东尼在138年继续扩建了这些城墙。苏格兰北部和威尔士山区从未被罗马人征服过。许多不列颠人从罗马人的统治下逃到了威尔士，他们世世代代对征服者都怀有刻骨的仇恨。

罗马人似乎铲除了大不列颠岛上被征服地区的其他政权。当地人古老的宗教消失了，德鲁伊教的庙宇变成了废墟。我们今天仍然可以在英格兰南部索尔兹伯里平原上看到古老的巨石阵，也就是德鲁伊教庙宇的遗迹，样子非常奇特。这些非凡的遗迹包括两个圆形和两个椭圆形的石阵，它们有一个共同的圆心。外圆的直径是108英尺，整个圆阵由38根直立的巨石组成，有18到20英尺高，顶部由横置的巨石连接。里面的两排由30英尺高的巨石组成。这种建筑被认为是最古老的德鲁伊教庙宇。巨石阵现在处于被毁坏的状态，其中

巨石阵的复原图

很多部分被扔掉或者拿走了。上页插图表现的是巨石阵的复原外观。

罗马人在不列颠驻留了大约500年。在这期间，他们传播罗马人的法律、习俗、艺术和科学。罗马军团维持着他们的权力，而布立吞人（受罗马人统治的不列颠人）只得被迫臣服。5世纪早期，罗马帝国的衰落使其不得不放弃不列颠行省，驻留不列颠的罗马军团也被撤走。随后，布立吞人遭到了来自北方的皮克特人和其他蛮族的袭击。此前罗马军团一直将他们阻挡在北部，不让踏入岛屿南部。南部居民陷入困境，并向在高卢的罗马将军埃提乌斯求援。他们的请愿书名为“布立吞人的呻吟”，其中有一段非常富有表现力的文字：“野蛮人把我们赶进大海，而大海又把我们扔回野蛮人的面前。我们只有一个艰难的选择，要么被刀剑杀死，要么被大海淹死。”然而，罗马人忙于抵御法兰克人的进攻，无暇顾及不列颠人的安全，因此不列颠人只能听任北方蛮族的摆布。由于无法保护自己，不列颠人离开了自己的居所和田地，逃进森林寻找栖身之所，在那里，他们既能躲避饥荒，又能躲避敌人。

最后，在不列颠的一个国王或酋长沃蒂根的提议下，他们决定

萨克森人在英格兰登陆

向萨克森人求援。这是一个日耳曼人的部落，他们与另一个日耳曼人部落盎格鲁人一起，从很小的地方开始，逐渐将势力范围从莱茵河口扩展到日德兰半岛的海岸，也就是现在的丹麦。此时他们的舰队在海上劫掠，并入侵沿海城市，大不列颠岛也经常被洗劫，不得不向他们纳贡。亨吉斯特和霍萨两兄弟是萨克森人中最有影响力的酋长，他们声称自己是日耳曼人守护神沃登的后裔。沃蒂根向他们求援。亨吉斯特和霍萨欣然接受了邀请，率领1 600名同胞于449年登陆不列颠。萨克森人轻松征服了皮克特人和苏格兰人，并很快就有了征服全岛的计划。

萨克森人没有返回，反而邀请大批同胞来到不列颠，接着，一场旷日持久的新战争爆发了。撒克逊人[①]和盎格鲁人几乎在每一次交锋中都战胜了不列颠人，最终把残存的不列颠人驱赶到了威尔士和康沃尔的山区。这场斗争持续了将近一个半世纪，最终，日耳曼人在不列颠南部建立了7个王国。于是七国时代开始

撒克逊战士

① 撒克逊人原本是萨克森人的一部分，而萨克森人是日耳曼民族的一支，生活于易北河地区，8世纪末被查理曼征服。萨克森人的一部分在公元5世纪趁罗马军团撤出不列颠岛而入侵该地区。在中文史学界，为了与留在本土的萨克森人相区别，将这部分留在不列颠岛的萨克森人译为“撒克逊人”。撒克逊人与盎格鲁人并称盎格鲁-撒克逊人，是英国的主体民族。——编者注

了。这些王国是肯特王国、苏塞克斯王国、威塞克斯王国、东盎格利亚王国、麦西亚王国、埃塞克斯王国和诺森伯兰王国。盎格鲁人是岛上人数最多的日耳曼部落，因此，日耳曼人在不列颠的领土就被称为“盎格鲁人之地”，即英格兰，正如我们前面所说，“英格兰”这个称呼来自盎格鲁人。

罗马人统治时期，不列颠人并没有皈依基督教。在不列颠，最早建立基督教信仰的是肯特王国，这个王国是撒克逊君主国中建国最早、最强大的一个。肯特国王埃塞尔伯特虽然是异教徒，但娶了一位信奉基督教的公主——查理贝尔特的女儿伯莎，查理贝尔特是法兰克国王克洛维的继承者之一，埃塞尔伯特向伯莎承诺保障她的宗教信仰自由。伯莎对埃塞尔伯特和他的朝臣们产生了很大的影响。

597年，在埃塞尔伯特统治期间，教皇格里高利派遣传教士到英国传教。圣奥古斯丁是这项任务的负责人，他在埃塞尔伯特的宫廷里受到了极大的尊重，并开始向肯特王国的人们宣讲福音。圣奥古斯丁严格朴素的态度和苛刻苦修对蛮族的心灵产生了强烈影响，使人们很愿意相信为了使他们皈依而制造的虚假神迹。埃塞尔伯特和大多数臣民很快就被接纳进了教堂。圣奥古斯丁是第一位坎特伯雷大主教，在得到这一尊贵职位后不久，东撒克逊人的国王塞伯特建造了威斯敏斯特大教堂。英格兰的第一座石头教堂建于约克城。

7个王国之间的战争从未停止，但是这些争斗完全不值得注意，独立王国的历史只不过是一串模糊的名字。麦西亚王国的国王奥法可能是一个例外，他对扩大教皇在英格兰的权力投入了极大的热情，还建造了宏伟的圣奥尔本斯修道院。查理曼曾希望与他建立友谊并达成联盟。799年，当埃格伯特登上威塞克斯王国的宝座时，麦西亚王国几乎获得了7个王国的最高权力。但是埃格伯特瓦解了麦西亚人的势力，确立了自己在其他国家的影响力，并把整个盎格鲁-撒克逊人的领土统一为一个王国。英格兰历史上这一重要事件发生在829年，即撒克逊人第一次到达不列颠近4个世纪之后。因此埃格伯特是英格兰的第一位国王。

第367章

从阿尔弗雷德的统治到黑斯廷斯的入侵

（829—899）

撒克逊人热衷于战争。他们勇敢、顽强、好动、精力充沛，由于当时的习俗，他们无法将脑力和体力用在有益的地方。农业只能提供很少的就业机会，而这主要局限于奴隶阶级。几乎没人知道对外贸易，也很少有工业品或者艺术品可供贸易之用。撒克逊人不再是海盗；他们没有文学；尽管有些人已经皈依了基督教，但宗教在改善道德方面的作用几乎看不出来。他们的贵族和君主很有魄力，但又野心勃勃、贪婪、好斗。这样一个民族的自然倾向必然是战争。因此在七国时代，战争是盎格鲁-撒克逊人的共同职业。

埃格伯特巩固了撒克逊人的权力，给这个民族带来了和平，并为逐渐改善人们的生活方式奠定了基础。埃格伯特的统治非常成功。839年，他的儿子埃塞尔沃夫继承了王位。埃塞尔沃夫的第四个儿子就是阿尔弗雷德大帝，他在871年登上王位。他是英格兰所有撒克逊人国王中最著名的。5岁时他被父亲送到罗马，在那个时代，他12岁才开始学习识字。从那时起，他成了一个勤奋的学生。不过这一时期的情况很难研究清楚。

大约就在这一时期，一群来自波罗的海沿岸的蛮族在西欧沿海地区大肆屠杀和破坏，他们被称为丹麦人或者北欧人。他们第一次出现在英格兰是在8世纪后半叶，遭到了当地居民的激烈反抗。当在某个地区被击败之后，丹麦人会转向另一地区，毁坏所见到的一切。他们虽然经常被击退，但从不气馁，反而总是带着越来越多的人再次返回，直到在泰晤士河口的萨尼特岛和谢佩岛站稳脚跟，从那里不断地入侵邻近的地区。丹麦人逐渐侵占了英格兰的大部分地区，建造城堡和要塞来巩固在这个国家的统治，并压迫和虐待当地居民。

阿尔弗雷德在牧牛人的小屋

阿尔弗雷德统治的前7年似乎并不光彩，还失去了人民的信任。在与丹麦人的第一次斗争中他遭遇惨败，甚至不得不放弃军队，乔装改扮后在英格兰西部四处游荡。在西部一个牧牛人的小屋里他找到了栖身之所，干了一段时间最卑贱的工作。

有一个广为流传的故事说：有一天，这位国王负责去照料壁炉里烤的蛋糕。

当时他陷入了沉思，不料蛋糕被烤焦了，主妇严厉斥责了他的粗心大意。还有一次，阿尔弗雷德和一个知道他身份的伙伴在乡间漫游时，听到有人骑马过来。他们害怕来的是丹麦人，就藏在灌木丛中。等走近一看，阿尔弗雷德发现来人是伯克斯伯爵，一个撒克逊贵族，还带着许多随从。伯克斯伯爵看见阿尔弗雷德站在路边，就上前询问到陶顿的路怎么走。国王告诉了伯爵。伯克斯伯爵听见这个人的声音吃了一惊，问他到底是谁，这时阿尔弗雷德把伯克斯伯爵从随从身边拉到了灌木丛里，取下自己的农夫帽，在惊讶的伯爵面前露出了那张众所周知的撒克逊国王的脸。

伯爵告诉国王，他要召集随从，拿起武器去对付丹麦人。他们一起商量了对策，然后伯克斯伯爵就离开了。阿尔弗雷德回到了牧牛人的小屋，等待时机进攻敌人。最后，他设法在索恩河上的埃瑟林盖岛上召集追随者——索恩河最后注入英吉利海峡。在这里，他经常成功地袭击丹麦人。有一次，他扮成演奏竖琴的人，冒险进入丹麦人的营地，发现他们非常懒散，而且疏于防卫。在了解了敌人的人数和战斗力之后，阿尔弗雷德重新回到了追随者中。他把撒克逊人召集到塞尔伍德森

阿尔弗雷德在丹麦人的营地

林与他会合，并带领他们与敌人作战。丹麦人对英格兰军队的突然出现十分震惊，一听到阿尔弗雷德的名字就心惊胆战，只进行了微弱的抵抗就崩溃了，阿尔弗雷德获得了彻底的胜利。最终双方签订了条约，英格兰被撒克逊人和丹麦人瓜分。

这个国家迎来了一段安宁的时期。阿尔弗雷德重建了伦敦并加固城防，修复了被毁坏的城市，还在英格兰各地建起了城堡和要塞。他建立了正规的民兵组织，并组建了一支由120艘战船组成的舰队以保护海岸。一个名叫黑斯廷斯的诺曼人海盗首领多年来一直四处劫掠，对法国和英格兰沿海城镇的进攻屡屡得手，人们对他感到恐惧。891年，黑斯廷斯入侵英格兰，并在岛上坚持了6年，试图征服撒克逊人。外敌入侵激发了阿尔弗雷德的军事才能，他以不屈不挠的精神奋起抵抗，并最终把侵略者驱逐出了大不列颠岛。这是阿尔弗雷德军事声望最高的时期。在统治的最后5年里，他建立了对整个英格兰的统治，尽管威尔士仍然独立，但威尔士人十分爱戴他。

阿尔弗雷德在英格兰建立了学校，为了鼓励普通人的孩子接受教育，他把自己的儿子送到学校去跟平民的孩子一起学习。他命令贵族建造城堡来保卫国家不受北欧人的侵犯。他严格恪守挑选人才的原则，只挑选能够尽职尽责的人担任官职。那些从小就是文盲的伯爵、地方长官和大臣都被要求学习读书写字，否则就会失去他们的身份地位。他对司法工作管理十分严格。有人认为陪审团制度是阿尔弗雷德创立的，但这种说法并不确定。他将两名法官判处绞刑，因为他们未经陪审团的裁决就将人判处死刑。阿尔弗雷德还把英格兰分成了几个郡。他还改革了法律。阿尔弗雷德的努力让自己成为当时最伟大的战士、立法者和学者。阿尔弗雷德死于899年。

在阿尔弗雷德时代，撒克逊人被分为贵族、牧师、自由民和奴隶。奴隶世代为奴，像牲口一样被贩卖。君主、贵族和有钱人都戴着黄金饰品，喜欢装饰打扮。撒克逊人的房子只是茅屋。他们养了很多的马、牛、羊和猪。苹果酒和蜂蜜酒是常见的饮品。撒克逊人似乎拥有大量的黄金——这是一个很难解释的事实，因为他们几乎没有对外贸易。早在6世纪，来自欧洲大陆的船只就访问过伦敦，但是大不列颠岛似乎没有任何东西可供出口。

阿尔弗雷德和伯克斯伯爵

撒克逊人拥有各种各样的机械工艺。农具、狩猎用具、刀剑、长矛、头盔、盾牌等物品都由他们自己的工匠制作。铁匠在撒克逊人中备受尊敬。还有一个习俗使他们有别于那个时代的其他民族。他们成立了兄弟会和社团，即行业公会。出于公益目的，这些公会成员会捐款成立一项共同基金，用于补贴他们自己和已故成员的家属。今天的伦敦市政厅可能就起源于协会和社团，它们在英格兰仍然拥有很高的地位。撒克逊人比较迷信，但不能说他们比同时代的其他民族更愚昧。他们的娱乐活动是打猎、宴饮和听吟游诗人演

一群撒克逊人

唱。这些吟游诗人会一边用竖琴演奏一边演唱歌曲或者民谣。

撒克逊人的语言是现代英语的基础。在阿尔弗雷德时期之前，他们的语言几乎没有被用于写作。拉丁语是书籍和文件的通用语言，但是在撒克逊人中，写书和任何形式的写作都非常罕见。阿尔弗雷德本人就是一个作家。他的著作之一是把波伊提乌的作品从拉丁语翻译成撒克逊语。这本译作至今仍存于世。

第368章

从长者爱德华到征服者威廉

（899—1087）

长者爱德华继承了父亲阿尔弗雷德的王位。他统治的大部分时间是在与丹麦人的战争中度过的，当时丹麦人不断侵占撒克逊人的领土。在长者爱德华的直接继承者统治期间，丹麦人的力量更强了，但是这时期的军事事件并不值得过多关注。

圣邓斯坦生活在10世纪中叶，那是埃德温统治时期，非凡的性格使他在英格兰历史和民间传说中都享有盛名。925年，圣邓斯坦出生于格拉斯顿伯里。他掌握了12世纪所有已知的数学知识，而且很擅长音乐、绘画、工程学以及金银铜铁等金属的加工工艺。尽管是本笃会的修道士，但他渊博的知识却被人们认为是魔鬼的技艺。他住在一个山洞里，在那里他用宗教礼拜和金属加工来消磨时间。有一天晚上，邻居们听到他住的山洞里传出可怕的号叫声，都被吓坏了。第二天早晨，圣邓斯坦告诉他们，魔鬼一直在引诱他，并把头伸进了洞口，于是他用钳子狠狠地钳住了魔鬼的鼻子，魔鬼就号叫起来，发出他们听到的那种可怕叫声。和圣邓斯坦同时代的人完全相信这个荒谬的故事，这是他们都非常轻信的一个例子。圣邓斯坦的性格中带有圣洁的神性，这使他获得了极大的影响力，甚至使国王、贵族、神职人员和整个王国都顺从于他的意志。他彻底改革了教会事务，教会建立起的权力延续了几个世纪。

丹麦人继续与英格兰人的战争。993年，丹麦国王斯韦恩和挪威国王奥洛斯率领着强大的军队驶向亨伯河上游，他们四处破坏，烧杀抢掠。这场战争持续了好几年，直到斯韦恩在1014年被承认为英格兰国王才结束。1030年，斯韦恩的继任者之一克努特征服了挪威，并强迫苏格兰国王马尔科姆承认他为自己的封君。克努特拥有大量的财富，还花巨额费用去罗马进行朝圣之旅。据说这位君主曾把椅子放在海岸上，命令海水退去。有些历史学家将此看作一个碰巧得到尊贵地位的人身上具有虚荣和愚蠢的范例，而另一些人则认为这是一位知人识人的君主给身边阿谀奉承者的一个教训。

克努特责备阿谀奉承者

1035年，哈罗德一世继承了克努特的王位。他发动了一场对撒克逊人的屠杀，并抢夺了撒克逊贵族的领地，这让他短暂的统治蒙上了恶名。

1040年，英格兰最后一位丹麦国王哈德克努特登上王位。他的统治充满了杀戮和暴政，两年后，他在一个丹麦贵族的婚礼上纵酒狂欢时死去。这为英格兰人挣脱征服者的枷锁提供了一个十分有利的机会。挪威国王斯韦恩是克努特的长子，克努特去世的时候他还在挪威。撒克逊人的目光都转向了爱德华，他是一位撒克逊贵族。在这个关键时刻，爱德华恰巧在宫廷中。在英格兰南部最有权势的贵族戈德温伯爵的影响下，爱德华登上了王位。爱德华智力较低，更适合当一个修道士而不是国王。他简朴的举止和苦修使他获得了圣徒头衔，人们称他为“忏悔者”，这个称谓是那个时代的修道士历史学家取的。

爱德华娶了戈德温伯爵的女儿为王后，戈德温对他有很大的影响力。经过一段并不光彩的统治后，爱德华于1066年去世，这一年也是英格兰历史上的多事之秋。

关于那个时代的风俗习惯和政治习俗，我们可以用戈黛娃夫人的故事来说明。一位叫利奥弗里克的贵族在考文垂拥有一座城堡，按照当时的惯例，他利用自己的军事力量以征收通行费和关税的方式从周围城镇和居民那里攫取钱财。这对考文垂的人民而言是沉重的负担，他们请求减轻费用，但徒劳无功。利奥弗里克的妻子是美丽

纪念戈黛娃夫人的游行

的戈黛娃夫人，也是林肯郡郡督的妹妹。戈黛娃夫人经常恳求丈夫支持市民的诉求，但没有效果，直到有一天他暴躁地告诉戈黛娃夫人，只要她不穿衣服骑马穿过城市，自己就会答应她的请求。结果她答应了。

她一丝不挂地骑马来到街上，用头发遮住自己的脸。据说，利奥弗里克对自己的鲁莽很后悔，命令在戈黛娃夫人行进的路上所有人远离街道和窗户，否则就要被处死。但是有一个好奇的人偷偷地瞥了一眼，于是他被人们厌恶地称为“偷窥狂”。戈黛娃夫人的行为使考文垂的人民迎来了自由宪章。直到今天，人们每年都会举行盛大的游行，还会模仿戈黛娃夫人的行为来纪念她。

忏悔者爱德华没有子嗣。根据遗嘱，他把王位留给了自己的亲戚诺曼底公爵威廉。但是戈德温伯爵之子哈罗德——后来的哈罗德二世对这份遗嘱提出了异议，并声称自己有权继承英格兰王位。尽管有忏悔者爱德华的遗嘱，但身为撒克逊人的哈罗德仍然得到了全国人民的支持。诺曼底公爵威廉一直很嫉妒哈罗德，因为他是自己夺取英格兰王位的有力竞争者。在忏悔者爱德华死前，哈罗德曾去过诺曼底。威廉当时非常关心他，还引导哈罗德在主教面前宣誓，让他承诺帮助自己取得

哈罗德起誓

英格兰王位。尽管如此，忏悔者爱德华一死，哈罗德立即占有了王位，还准备用武力来捍卫自己的权力。

威廉也做好了战争的准备。同年秋天，他率领一支庞大的舰队从诺曼底出发，大举入侵英格兰。他在南部海岸登陆，在距伦敦东南约60英里的黑斯廷斯遭遇哈罗德的军队。1066年10月14日，决定英格兰命运的战役打响了。战斗异常激烈。有一段时间，英格兰人似乎胜券在握，但由于冒进，他们失去了胜利的机会。哈罗德和他的两个兄弟被杀，英格兰人四处逃窜，诺曼人大获全胜。整个英格兰立刻对征服者俯首称臣。

征服者威廉加冕为英格兰国王，被称为威廉一世。这场巨变不仅颠覆了英格兰的统治王朝，也彻底改变了英格兰的人口、法律、语言、风俗习惯和社会制度。时至今日，不仅在大不列颠，而且在整个文明世界，尤其是在有英格兰血统的民族中，都能明显感觉到这一事件带来的后果。

起初，诺曼征服似乎是一场巨大的灾难。撒克逊人失去了自由，备受压迫。征服者威廉把英格兰所有的土地都分封给了他的追随者。他们像对待奴隶一样对待被征服的民族。征服者威廉把封建制度引进英格兰。整个英格兰被划分为大片的私有土地或者贵族领地，并封给诺曼人首领，条件是他们必须向国王提供服务和纳贡。获得土地的贵族也有同样的义务将自己的土地分给他们的封臣和骑士。许多撒克逊贵族保留了他们的头衔和一定程度的权力，但被排除在第一等级的贵族之外。

征服者威廉试图彻底废除撒克逊语，命令所有的学校只能教授法语和拉丁语。然而，没有哪一个暴君能够消灭一种语言。法语成了英格兰的法定语言，宫廷和上流社会说法语，但大多数人继续使用撒克逊语，并最终取代了诺曼人的法语，将法语与自身的语言结合，进而形成了现代英语。现代英语的基本结构还保留着撒克逊语的特征。

在征服者威廉统治期间，最引人瞩目的是《末日审判书》，也就是《土地赋税调查书》的编纂。这本书是对英格兰土地数量和价值的官方调查和记录，还标明了土地所有者的名字。这本意义非凡的书至今保存完好。他实行了宵禁制度，日落后不久就敲钟，人们听见钟声必须熄灭炉火和蜡烛。这绝不仅仅是一项治安规定，更是一个为了防止有人夜间集会串通阴谋的制度。威廉最令人憎恶的行为之一是在温彻斯特附近打造了一片“新森林”，把30英里范围内的所有居民驱逐出去，把此地变成一个猎场供自己消遣。因为这个猎场，包括22座教堂在内的好几个城镇和村庄被毁。英格兰的狩猎法起源于征服者威廉。

第369章

从红脸威廉到亨利三世第一次召集下议院

（1087—1272）

征服者威廉死于1087年，他的儿子威廉·鲁弗斯继承了英格兰王位，史称威廉二世。“鲁弗斯”在拉丁语中的意思是红脸，威廉二世也被称为“红脸威廉”。

这一时期的历史特征，主要是国王专制、残暴的统治；强大贵族的反抗，有时甚至是反叛；教皇的权力被侵犯；广大人民所受的压迫和屈辱。不过红脸威廉建造了许多精美的建筑来装饰王国，著名的威斯敏斯特大厅（议会大厅）便是其一，直到今天仍保存完好。1100年，红脸威廉在新森林狩猎时意外中箭身亡。亨利一世继承了王位，并试图通过降低法律的严厉程度来安抚臣民。1135年，斯蒂芬继位，其统治因内战而非常混乱。1154年，亨利二世即位，他的统治因托马斯·贝克特殉教而闻名。

托马斯·贝克特是一个教士，出身低微，后来成了国王面前的大红人，获得了极高的荣耀和待遇，生活方式甚至比贵族还要奢华。亨利二世采取措施以限制神职人员的权力，而这些措施在当时的英格兰是最过激的行为。托马斯·贝克特暗下决心反对亨利二世，但他始终小心翼翼地掩饰自己的情绪，直到被任命为坎特伯雷大主教，这一职位赋予他的尊贵地位使他在宗教事务上比国王更有权威，然后他试图通过采取朴素、严格的苦修以提高自己在人民中的声望。他放弃了打猎，放弃了所有使他成为国王好伙伴的运动和娱乐。他每天只进食面包和水，穿着一件悔罪的衬衫，像当时的普通修道士一样忍受禁欲的折磨。他因此被人们尊为“圣人”，这一头衔在抵制国王的措施中产生了巨大影响。

托马斯·贝克特对计划的成功兴奋不已，并用令人难以忍受的傲慢姿态对待国王。亨利二世被激怒。有一天，亨利二世暴跳如雷地怒吼：“这个家伙当初骑着一匹瘸腿的马来到我的王宫，身无长

12世纪的运动员

物，现在竟然敢对我如此傲慢无礼，藐视我和整个王国！我养了这么多骑士，难道都是懒惰的懦夫吗？就没有谁站出来帮我干掉这个作乱的牧师吗？”国王的话被一些贵族认为是他想谋杀大主教的暗示。

于是在1170年，这些贵族赶到坎特伯雷大教堂，刺死了托马斯·贝克特。亨利二世听说这件事时大为震惊，或者装作如此。他给教皇写信，表示为了弥补谋杀的罪行，愿意执行任何教皇认为合适的惩罚。他宣布自己将前往圣地耶路撒冷或西班牙，在与萨拉森人和摩尔人作战的军队中服务3年。教皇命令他在托马斯·贝克特坟墓前忏悔一天一夜，其间不得进食，并由修道士监督。亨利二世执行了这个羞辱性的忏悔。托马斯·贝克特被封为圣徒，一年之内，有10万人去他的圣祠祭拜。人们相信他的遗物能够创造奇迹，前往坎特伯雷朝圣的行为延续了好几个世纪。

亨利二世征服了爱尔兰，并将它并入英格兰。他的权力还延伸到诺曼底公国、安茹和法国西北部最富饶的省份。他改革了司法行政，保护了几乎在欧洲每一个地方都受压迫的犹太人。在他统治

托马斯·贝克特遇刺

期间，伦敦的贵族和其他知名人士经常结成一百多人的团伙公开抢劫。亨利二世竭力压制这些非法活动。同样是亨利二世统治时期，伦敦出现了第一家餐厅，这在历史上被认为是时代的进步。

1189年，理查一世继位为英格兰国王，因为他异常勇敢，人们称他为“狮心王理查”。作为十字军东征历史上的著名人物，我们在后文会提到他的功绩。理查一世很少和他的人民在一起，几乎没有为国家作出过有益的贡献，但是他热衷大胆冒险和浪漫传奇，这使他成了英格兰历史上最著名的君主之一。其统治时期，一半的时间在巴勒斯坦的十字军东征中度过，另一半则在与邻国的战争和镇压诺曼底的叛乱中度过。

十字军东征期间，理查一世经常与其他基督教领袖发生争吵，他的高尚行为以及相较他人的优越感冒犯了其他领袖。有一次，理查一世把他的旗帜插在十字军营地的中央，作为他拥有最高指挥权的标志，但是奥地利大公感觉自己被冒犯了，并在旁边竖起了自己的旗帜。理查一世立即扯下了后者的旗帜，还把它踩在脚下。后来理查一世从圣地耶路撒冷返回英格兰，试图穿过奥地利大公的领地时，被奥地利大公囚禁

狮心王理查将奥地利大公的旗帜踩在脚下

了，直到英格兰筹集了大笔赎金才把他救回来。最后，理查一世在法国的查勒斯城堡围攻战中中箭身亡。在理查一世统治时期，伦敦第一位市长由选举产生。舍伍德森林里著名的亡命之徒罗宾汉也生活在这个时期。

1199年，理查一世的弟弟约翰继承了英格兰王位。约翰囚禁并处死了自己的侄子亚瑟，继而篡夺王位。约翰的统治充满了暴政和压迫，人们非常憎恨他。贵族们密谋反对他，强迫他签署了《大宪章》，这也被认为是英格兰自由的基础。这一具有历史性意义的章程纠正了封建制度众多不公之处，废除了国王原有的许多专制特权，并将公民的生命、财产和自由置于法律保护之下，从而确立了公民的私人权利。《大宪章》又称《自由大宪章》，于1215年6月15日在温莎城堡附近的兰尼米德签署。

约翰卷入了与教皇的争执中，教皇认为在英格兰任命神职人员是自己的权力，而约翰希望改变这一现状。教皇对整个英格兰王国实施了禁罚令，在那个愚昧迷信的年代，这样的事情被认为是最可怕的灾难。教堂关闭了，没有钟声响起，没有对死者的祈祷，所有的娱乐活动也都停止了。经过三年的抵抗，约翰还是屈服了，并把王冠交给了教皇，他的理解是应该以教皇封臣

约翰和贵族们在兰尼米德

身份再次接受王冠。法国国王腓力二世·奥古斯都利用约翰受辱的机会，夺走了他在欧洲大陆上所有的领地。

1216年，亨利三世继承了约翰的王位。在他长达56年的统治中，英格兰陷入了前所未有的悲惨境地。国王登基时还是个10岁的孩子，整个王国被王位争夺、内战、教会斗争、强取豪夺和压迫弄得民不聊生，此外还有与苏格兰、法国和威尔士的战争。莱斯特伯爵一度掌握了贵族委员会的最高权力。1265年，他进行了一项重要的宪法修改，首次召集下议院参加国会，而这个机构以前只能由贵族、教士和骑士参加。在该时期，英格兰开始使用煤，但最开始烧煤因产生烟雾被看作一种妨害，并被法律禁止。在这一时期地毯首次被使用，但只有在皇宫中才能看到。此后多个世纪里，英格兰的房屋地板上都铺满了灯芯草。在其漫长统治的末期，亨利三世变成了别人的一个傀儡。1272年，爱德华一世继承了亨利三世的王位。

第370章

从爱德华一世到约翰·威克里夫

（1272—1382）

爱德华一世也叫长腿爱德华，是一位善战而富有进取心的君主。他统治时期的主要事件是征服威尔士和苏格兰。他的伟大抱负是把大不列颠的3个王国统一为一个国家。威尔士被认为已经承认了英格兰的主权，而爱德华一世伪称威尔士君主卢埃林没有向他表示敬意，于是入侵了威尔士，镇压了当地人民的抵抗并征服了它。苏格兰也为爱德华一世提供了一个同样貌似合理的干涉理由。苏格兰王位的直接继承人没能成为国王，然后巴利奥尔、布鲁斯和黑斯廷斯这三个竞争对手都声称自己拥有继承权。

为了避免内战，他们同意遵守爱德华一世的调解。爱德华一世宣布支持巴利奥尔，因为之前与二人达成过协议，如果爱德华一世帮助巴利奥尔登上苏格兰王位，那么苏格兰将成为英格兰的一个附属国。巴利奥尔成了苏格兰的国王，但他很快就厌倦了爱德华一世的操控，并努力恢复苏格兰的独立。1296年，他与爱德华一世开战，被击败并被俘虏，被迫放弃王位。苏格兰臣服于爱德华一世，但不时会爆发叛乱。苏格兰英雄威廉·华莱士率领起义军在斯特灵打败了英格兰人。他成了苏格兰的摄政王。没过多久，华莱士被爱德华一世击败并俘虏，最后在伦敦被处死。

爱德华一世以为这种残酷、严厉的惩罚会使苏格兰人害怕，但事实证明并非如此。威廉·华莱士的死激起了他同胞们的复仇心理，他们很快找到了另一个领袖罗伯特·布鲁斯，他就是和巴利奥尔争夺苏格兰王位的布鲁斯的儿子。战争很快变得对苏格兰人有利，他们攻下了被占领的所有城堡，将英格兰人逐出苏格兰，并宣布罗伯特·布鲁斯为他们合法的国王。爱德华一世率领一支强大的军队向苏格兰进军，但在到达之前，他病倒了。1307年，爱德华一世病死于坎伯兰。

爱德华一世统治时期因罗吉尔·培根而熠熠生辉。罗吉尔·培根通常被称为“修士培根”①，他的天才远远超前于那个落后时代。他

---

① 1214年，罗吉尔·培根出生于英格兰萨默塞特郡的伊尔切斯特。他曾在牛津大学学习，接受当时的学术教育，但是他的大胆和求知欲使他把研究扩展到更广泛的知识领域。他在自然哲学方面的发现虽然获得了普遍赞赏，但也招来了修道士同行的羡慕和嫉妒。他们努力散布关于罗吉尔·培根的一份报告，造谣他与邪灵交谈，还会使用魔法，谣言最后传到了教皇那里；还有人说他试图引入破坏教会安宁的创新和改革。因此他被禁止在大学里授课，最终被关进了监狱。但他受到不公待遇的真正原因似乎在于，他是最早发现并谴责罗马教会腐败堕落的人之一。在著作中他严厉批评神职人员的无知和不道德行为，甚至直接给教皇写信，强调宗教改革的必要性。被释放后不久，罗吉尔·培根再次被教皇监禁，其著作被列为禁书。他在监狱里被关了10年，后来经过一些英格兰贵族的调解和求情他才重获自由。罗吉尔·培根死于1292年。——原注

在科学领域获得了重大发现，并掌握了放大镜的使用方法及一些化学原理。人们通常认为是他发明了火药，但这并非事实。如果他的许多发明和建议没有因为时代的无知和偏见而被否定，也许会对人类文明的进步大有裨益。

爱德华一世时期的服饰

爱德华二世曾在父亲临终前庄严承诺，自己将继续与苏格兰人作战，然而他没有意愿与能力去践行诺言。在人力和财力方面，他都无法支撑对苏格兰的战争，况且有一段时间他完全沉溺于懒惰和享乐。7年后，他还是集结了一支庞大的军队，率军进攻苏格兰。1314年，布鲁斯率领的一支苏格兰军队在班诺克本战场上与爱德华二世相遇。这场战役以英格兰人的全军覆没而告终。这一事件确保了苏格兰的独立。爱德华二世几年的混乱统治，激起了贵族们的反叛。他的妻子伊莎贝拉王后也加入了反叛者的行列，并在荷兰召集军队支持叛军。国王被迫逃到威尔士，叛军追捕并俘虏了他。1327年，在经过9个月的监禁后，爱德华二世在伯克利城堡被残忍杀害。

爱德华三世15岁成为英格兰国王，他统治的早期，国务被委托给一个摄政王。在统治的第10年，英国开始了与法国的一系列战争，并断断续续持续了一个多世纪。因为他的母亲是法国王室成员，爱德华三世宣称因为母亲的血统，自己有资格继承法国王位。

然而根据《萨利克法典》，女性不被允许继承王位。因此，他声称能从母亲那里继承王位的诉求是无效的。爱德华三世还是入侵了法国，血腥的战争由此开始。虽然战争在法国的土地上进行得如火如荼，但英格兰国内依然繁荣昌盛。正是在爱德华三世统治的50年里，议会确立了英格兰政府的三项基本原则，即未经议会同意筹集资金属于非法行为，立法需要两院的同意，下议院有权调查滥用权力的行为和弹劾大臣。

1345年，爱德华三世召集了一支军队，在儿子黑太子爱德华的陪同下入侵法国。沿着塞纳河的河岸，他们蹂躏了这个国家，还向巴黎进发。那时还没有一种系统的方法通过军用仓库向军队提供给养，而战争基本上就是掠夺性的行军。

在这种行军中，参战双方都要靠搜刮和掠夺维持补给。英格兰

爱德华二世、爱德华三世时期的战士

军队很快耗尽了附近的粮食，饥荒迫使他们从皮卡第撤退到佛兰德斯。当军队到达塞纳河的一个支流索姆河时，所有的桥梁都被毁坏了。与此同时，法国人已经集结好了大军，正在迅速追击他们。此时的英格兰人面临全军覆没的危险，因为整支军队都处于最虚弱、最饥饿的状态。当时法国军队的人数是他们的8倍。

在困境中，爱德华三世下令在附近地区发布公告，凡是能告诉他过河方法的人可以得到一袋金子作为奖赏。一个叫格林·阿加斯的法国农民受到诱惑，来到爱德华三世面前，告诉他索姆河的某处有一个浅滩可以过河。国王下令军队前进，在这个农民的陪同下前往浅滩。英格兰人发现有一队法国人守在那里，爱德华三世立刻发动突袭驱散了他们，然后整支军队安全地渡过了索姆河。

1346年，英法两国军队在克雷西展开了一场战役，这是英格兰编年史上最著名的战役之一。法国人在国王腓力的指挥下遭遇惨败。英格兰军队中有6门加农炮，这是欧洲战争史上第一次出现火器。英格兰人和法国人最早使用的加农炮不是铸造的，而是用铁条箍在一起制成的，发射的炮弹是用石头做成的圆球。莎士比亚谈到过这种炮弹，由此看出，在他那个时

格林·阿加斯和爱德华三世

代，也就是克雷西战役后近300年，人们还不知道金属炮弹。

国王收到瓦特·泰勒的信件

理查二世是爱德华三世的孙子，他父亲就是著名的黑太子。1377年，未满12岁的理查就登上了王位。他的统治非常失败。在他统治早期的1381年，爆发了瓦特·泰勒起义。英格兰人民当时受到税收和封建徭役的痛苦压迫，一个叫瓦特·泰勒的铁匠领导人们发动了起义，瓦特·泰勒的女儿曾被一个税务官粗暴地侮辱过。他们占领了伦敦的很多区域，在那里为所欲为。叛乱的火焰似乎很难扑灭，国王不得不和瓦特·泰勒谈判，并询问人民的诉求。

泰勒回答说，他们想要废除封建束缚，在市场上自由贸易，废除耕种土地必须向领主提供徭役的惯例，这样一来，农民就可以脱离附庸，不再受土地束缚了。这些要求很合理，国王承诺满足人民的愿望。但就在谈判持续期间，瓦特·泰勒却被伦敦市长沃尔沃斯奸诈地杀害了。起义者因失去领袖也各自散去。国王的承诺被遗忘了，很多人由于参与叛乱而被处以绞刑。

英格兰在理查二世统治时期最为不幸。国王是个意志薄弱、性情恶毒的人。他在晚年变得极其暴虐和奢侈，以至于激起了人们普遍的憎恨。暴政最终引发了一次叛乱。理查二世的堂弟、兰开斯特的亨利（赫里福德公爵）成了反叛者的领袖。1399年，理查二世发现没有希望保住王位，就向他高傲的堂弟投降了。关于他后来的遭遇，没有确切的说法。他被囚禁在庞蒂弗拉克特城堡，死因不得而知。亨利成为英格兰国王，他就是亨利四世。

在这个时期，英格兰出现宗教改革的征兆。罗马教会的腐败遭到英格兰神父约翰·威克里夫的强烈谴责。1382年，教会召开了一个全国性的宗教会议，调查并声讨约翰·威克里夫的学说。然而人们并不理会罗马教会的调查，很快接受了约翰·威克里夫的学说，一些门徒还把这种学说带到欧洲大陆。虽然他的门徒在欧洲大陆也受到了迫害，但他的学说还是变得兴盛起来。

在这个时期，一小群苏格兰人在詹姆斯·道格拉斯勋爵的率领下入侵英格兰。诺森伯兰郡伯爵的儿子因脾气暴躁和鲁莽的勇气被称为“暴躁的哈里”。他向詹姆斯·道格拉斯发起挑战，要和后者决斗。詹姆斯·道格拉斯获胜，并夺走了哈里的长矛和旗帜。后来詹姆斯·道格拉斯撤回苏格兰，哈里率领一群骑士追赶，最后在奥特本展开战斗。双方在这场战斗中都充分展现了骑士风度及勇气。詹姆斯·道格拉斯

奥特本之战

在战斗中展现了惊人壮举，但最终被杀死，而英格兰人几乎全军覆没。著名的法国编年史作家和历史学家傅华萨喜欢讲述英勇事迹和骑士的壮举，曾用生动的语言描述这场战斗。后来哈里和英格兰国王亨利发生争执，转而加入了威尔士人的队伍，此时欧文·格伦道尔领导威尔士人发动了起义。

第371章

从亨利四世到亨利七世开始设立海军

（1399—1509）

虽然是个篡位者，亨利四世却深受人民的爱戴。他统治的第一步是处心积虑地让人们默许他登上王位。他的篡位导致了约克家族和兰开斯特家族的内战。亨利是兰开斯特家族的第一位英格兰国王，这个家族的徽章是红玫瑰，而敌对的约克家族选择白玫瑰作为他们的徽章，因此这场内战被称为“玫瑰战争”。这两个家族对王位的争夺使英格兰多年处于杀戮、动荡的状态。终其统治时期，亨利四世都在为保住王位斗争。大贵族们对亨利四世国王头衔的合法性看法不一，分歧很大。在召开第一次议会的时候，他们爆发了激烈的争吵。40只象征蔑视的长手套被扔在地板上，人们愤怒地相互指责，“说谎者”和“叛徒”这样的字眼在议会大厅回响。接着爆发了内战，很多人死在了刽子手的斧子下。

亨利试图通过向神职人员示好来增强自己的力量。宗教迫害始

什鲁斯伯里战役，亨利王子援救自己的父亲亨利四世

于这一时期。约翰·威克里夫已经死了，他的门徒们被烧死在火刑柱上。由欧文·格伦道尔领导的威尔士人奋起反抗，加入了反对亨利四世的诺森伯兰的培西家族，这是一个帮助亨利获得王位的贵族家族，但他们的贡献没有得到预期的回报。1403年，叛乱分子在什鲁斯伯里战役中被亨利四世消灭。国王亲自参加了战斗，还从马上摔了下来，差点儿成为俘虏，但他儿子亨利王子救了他。

1413年，亨利五世继承了王位。这位君主就是莎士比亚戏剧中的人物哈尔王子。他早年的生活放荡不羁，终日与狐朋狗友为伴，挥霍无度，有时还会在外面拦路抢劫。但是登上王位后，他立刻抛弃了那些不合规矩的习惯，以一种符合身份的方式行事。他再次宣称英格兰国王有权继承法国王位，并入侵了法国，在那里他取得了阿金库尔战役的胜利，并于1415年占领了巴黎。通过条约和联姻，他希望儿子能成为英格兰和法国这两个国家的国王。1422年，他死在巴黎附近。

亨利六世未满一岁就继承了王位。他的统治是一连串的不幸和无休止的内战。在未成年时，他的亲戚为国政争吵不休。英格兰议会任命贝德福德公爵为摄政王，头衔是“英格兰护国公”。在他摄政时期，英格兰开始了一系列与法国的战争，而最终的结果却是英格兰人几乎被逐出了在欧洲大陆的所有领地。失去了曾经大大满足民族虚荣心的战利品，人民对兰开斯特家族的感情开始变得疏远；而亨利六世的王后安茹的玛格丽特由于傲慢更加剧了人们的反感。

在随后的内战中，这位王后经历了巨大的命运变迁和千钧一发的死里逃生。1461年，在约克郡的陶顿战役中，玛格丽特的军队被爱德华率领的约克党人彻底击败。爱德华是亨利六世的对手，他要争夺英格兰王位。一场猛烈的暴风雪决定了这场战役的胜负方。暴风雪吹打在王后一方士兵们的脸上，使他们无法瞄准射箭。敌人没有怜悯他们，这一场战役王后损失了3万人。亨利六世和玛格丽特逃到苏格兰。由于国王没有能力执政，一切事务由王后负责。他们又召集军队，回到英格兰继续作战，但在赫克瑟姆战役中再次被击败。

亨利六世和玛格丽特已经绝望，两个人不得不分头行动，寻找地方逃生。国王躲藏了一段时间后被抓住，关进了伦敦塔。

王后带着她的儿子逃到森林里，在那里遭到了强盗袭击。强盗抢走了她的戒指和珠宝，还对她非常无礼。接着，强盗们吵着瓜分战利品。抓住这个机会，王后带着儿子逃走了。她在森林里徘徊，不知道该怎么办。最后，她看见另一个强盗向她走来，手里拿着出鞘的剑。玛格丽特觉得自己不

王后玛格丽特和强盗

可能逃脱了，突然决定寻求这个强盗的保护。王后走到强盗跟前，把儿子介绍给他，并对他说："朋友，现在我把国王的儿子、威尔士亲王交给你来照管。"强盗对这次邂逅无比震惊，于是他跪下来，表示愿意为王后效劳。王后跟着强盗回到他的小屋，在那里躲藏了一段时间，后来她找到了一个逃到海边的机会，并设法弄了一艘船，逃到了佛兰德斯。

玫瑰战争使英格兰蒙受了巨大的灾难。经过了太多流血，白玫瑰家族获得胜利。1461年，亨利六世被废黜，约克家族的爱德华四世继位。他的统治劣迹斑斑，充满了残酷和放荡的恶行。

爱德华四世死于1483年，理查三世夺取了王位，他原本是格洛斯特公爵，人们通常称他"驼背暴君"。在莎士比亚的戏剧里，他的性格被描绘得令人憎恶，在他的继任者统治时期所写的历史记录里也是如此，而且他还被认为是为了登上王位而谋杀自己年幼侄子的凶手。然而我们有充分的理由相信他的罪行被夸大了。里士满伯爵亨利·都铎代表兰开斯特家族要求得到王位，组织军队反对理查三世，并在1485年的博斯沃思战役中击败了国王。亨利·都铎娶了爱德华四世的女儿，在没有反对的情况下登上了王位，从而永远消除了约克和兰开斯特这两个家族之间的敌意。

年幼的王子被谋杀

亨利·都铎就是亨利七世，是一位很有才干

的君主，但他为人苛刻、谨慎多疑，而且贪得无厌。他的主要政策是鼓励贸易和打击贵族势力，在这些计划中，他清楚地看到了时代的真正趋势。

亨利七世在博斯沃思的战场上加冕

在他统治期间发生了多次叛乱。有两个冒名顶替者兰伯特·西姆内尔和珀金·沃贝克，在不同的时期冒充爱德华四世的儿子，假装是从伦敦塔逃出来的王子，因为人们传言，爱德华四世的儿子被关在伦敦塔并被理查三世下令谋杀了。这两个骗子在英格兰建立了强大的党派，还获得了权贵的支持，但是亨利七世成功地镇压了叛乱，并抓住了这两个冒名顶替者。兰伯特·西姆内尔成了御膳房的帮厨，而珀金·沃贝克被处死。英格兰在亨利七世的统治下总体来说是繁荣昌盛的。经过长期的动乱，这个国家终于得到了安宁。人们默许了国王的专制统治，他们宁愿这样也不愿再发生内战。我们可以把“皇家特权”这一近乎偶像崇拜的理念的主要起源归在英格兰国王

亚瑟王子被囚狱中

身上，直到1688年的革命最终驱逐了斯图亚特王朝的君主。

亨利七世不仅通过促进贸易启动了对国内资源的开发，而且还被认为是英格兰海军的奠基人。在他之前，英格兰政府只能采用雇佣的方式组建舰队，留下深刻印象的只是商业船队。亨利七世建造了一艘巨大无比的战舰，取名为“伟大的哈里”号。这艘战舰花了1.4万英镑——在当时简直是一笔巨款。亨利七世死时，国库中有近200万英镑，都是他通过各种各样吝啬和敲诈行为积攒下来的。皇家金库是当时唯一的国库，君主的储蓄被认为是国家的收益。

第372章

从亨利八世到玛丽女王

（1509—1558）

1509年，亨利八世继承了他父亲的王位。他很年轻，起初很受人民的喜爱，他喜欢炫耀和富丽堂皇的气势，这使人民高兴。很快他就把积蓄挥霍得一干二净。在法国加来附近，亨利八世和法国国王弗朗索瓦一世进行了一次会晤，两边都展示着极尽奢华的场面，这个地方因此得名“金缕地”。亨利八世的虚荣心使他成了狡猾的外国人欺骗的对象。教皇和西班牙国王诱使他与法国开战，但他并没有从中获利。苏格兰人入侵英格兰，但在1513年被萨里伯爵率领的英格兰人在弗洛登战役中击败。

红衣主教沃尔西是这一时期最著名的人物之一，身为屠夫的儿子，他凭借才能成了亨利八世的首相，也成了英格兰王国最富有的大臣。国王将沃尔西视为最宠爱的近臣，在很长一段时间里，他的主要目标就是提升这位傲慢主教的权力和地位。沃尔西治理英格兰

16世纪对英国政坛有重大影响的几位主教

近20年，国王把所有的公共事务都交给他，而自己尽情运动和饮酒作乐。沃尔西大力鼓励学术研究，还创办了几所大学。德意志已经开始宗教改革，但是亨利八世对马丁·路德的教义很敌视，并用拉丁文写了一本反对新宗教观点的著作，这使教皇极为满意，并授予他“信仰捍卫者”头衔。

亨利八世的王后是西班牙公主阿拉贡的凯瑟琳，凯瑟琳之前是他哥哥的妻子。和凯瑟琳结婚17年后，亨利八世被宫廷里一个叫安妮·博林的年轻宫女迷住了，想和王后凯瑟琳离婚，然后和安妮·博林结婚。

16世纪的服饰

然而教皇拒绝批准他的离婚请求。亨利八世通过议会法令自行宣布婚姻无效，让安妮·博林成了英格兰的王后。沃尔西反对亨利八世这么做，触怒了国王，还失去了一切。亨利八世惩罚了沃尔西，剥夺了他的巨额财富，并将他流放。最后沃尔西在修道院郁郁而终。亨利八世彻底放弃了对教皇的忠诚。

1534年，亨利八世召集议会，宣布国王是英格兰王国教会的唯一领袖，而且教皇在英格兰不能拥有任何权威，圣座献金税也被废除，这是在七国时代为筹集献给教皇的金钱而制定的一项每户每年一便士的税收。议会还同意将此前上交教皇的所有税收都转给国王；神职人员召开宗教会议，还投票通过一项法律，宣布根据上帝的律法，罗马教皇在英格兰没有比其他任何外国主教更大的管辖权。

经由这些程序，英格兰从此永远独立于罗马教会。不过英格兰仍然保留着天主教信仰。亨利八世是新教徒的敌人，并将许多新教徒烧死在火刑柱上。英格兰大法官托马斯·莫尔爵士因拒绝宣誓效忠国王被处死。修道士们运用所有的影响力来煽动人们反对政府，这导致亨利八世对修道院残酷的镇压。年轻的王后安妮·博林冒犯了他，并因为行为轻浮引起了他的嫉妒，亨利八世把她送上了法庭定罪，最后将她斩首。

之后亨利八世娶了简·西摩。简·西摩死后，他又娶了一位德意志公主克利夫斯的安妮，但他很快就觉得新妻子不符合他的口味，不久就离婚了。亨利八世的第五任妻子是凯瑟琳·霍华德，她遭遇了和安妮·博林一样的命运。第六任妻子是凯瑟琳·帕尔，很幸运，她比亨利八世活得更长久。

1546年，亨利八世率领3万大军入侵法国，并占领了布洛涅；但是不久就和法国达成了和平，结束了征服计划。他还与苏格兰人作战，在这场战争中，两个国家互相入侵。在生命的后半段，亨利八世的暴虐脾气因疾病而变本加厉，许多老朋友成了他喜怒无常和暴政的牺牲品。

亨利八世死于1547年，他贪婪、残酷、任性，还彻底地摧毁了英格兰人的精神，使后者像奴隶一样，甚至堕落到对最专制、暴虐的行为感到钦佩的程度。即使在专制统治中，亨利八世也表现出自相矛盾的行为。他把英格兰民族从教皇的压迫中解放出来，这也算是对自己专制统治的一次纠正。他让奴隶重获自由，并宣称既然所有人生而自由，剥夺上帝赋予的自由是残忍和不公平的。拥有奴隶的贵族纷纷效仿国王，把自由还给了奴隶，最后奴隶制度从这片土地上彻底消失了，而这是在没有制定任何一项法律的情况下完成的。

在亨利八世之前，今天在英格兰常见的蔬菜品种都还没有开始种植，人们没有见过土豆，胡萝卜、萝卜、生菜、芹菜等是从荷兰进口的；但是在其统治后期，英格兰开始种植这些蔬菜品种。啤酒花从佛兰德斯引进到了肯特郡，红醋栗从意大利引进到了英格兰。

亨利八世死后，爱德华六世继承了王位。他9岁成为英格兰国王，一生体弱多病，英格兰政府完全掌握在其他人手中，因此他几

玛丽女王时期的宫廷服饰

乎不能被看作是一位君主。在这一时期，英格兰法律确立了新教的地位。但是，以爱德华六世为代表的少数派制造的麻烦，以及他的监护人的野心，使新教教会无法建立一个牢固的基础。爱德华六世死于1553年，年仅16岁。

此时有4名女性宣称自己应该继承英格兰王位——亨利八世的女儿玛丽和伊丽莎白，苏格兰女王玛丽·斯图亚特，以及简·格雷夫人。后来简·格雷夫人成为英格兰女王，但是人民都宣布支持亨利八世的女儿玛丽，简·格雷夫人在位仅仅10天就被迫退位，并被送上了断头台。

玛丽登上了王位，还嫁给了西班牙国王腓力二世——这是英格兰人民最憎恨的一桩联姻。腓力二世是一个性情孤僻、顽固偏执的天主教徒，玛丽女王的个性和他很像。在被宣布成为英格兰女王之前，她曾向人们承诺，英格兰人民享有完全的宗教自由。然而在她的权力被确立不久，她就开始了对新教徒残酷、血腥的迫害。包括妇女和儿童在内的数百名新教徒被绑在火刑柱上烧死。其中有圣保罗教堂的受俸牧师约翰·罗杰斯、胡珀主教、雷德利以及大主教克兰默。英格兰到处出现恐怖场面，天主教因为这种迫害而成了人们普遍憎恶的对象。天主教主教邦纳和加德纳在这些暴行中扮演了主要角色。

对英格兰人来说，玛丽的统治是非常不幸、可耻的。1557年，法国人占领了加来，自爱德华三世时代开始，加来一直属于英格兰。加来不仅是入侵法国的前站，还是出口到欧洲大陆的商品的存放地，这个港口城市对英格兰来说非常重要。这场灾难带来的屈辱，以及英格兰臣民普遍的憎恨对玛丽产生了严重的影响。1558年，玛丽郁郁而终。她的性格中有许多令人憎恶的恶习——偏执、顽固、残暴、狠毒和报复。在历史上，她的统治被称为“玛丽女王的血腥统治”。

第373章

伊丽莎白女王[1]

（1558—1603）

伊丽莎白女王

伊丽莎白在举国欢庆的气氛中登上了王位。她的即位是英格兰宗教改革的转折点。她是安妮·博林的女儿，而安妮·博林与亨利八世的婚姻并没有得到罗马教会的批准。因此，伊丽莎白的女王头衔没有得到天主教徒的承认，而法国国王允许他的儿媳——苏格兰女王玛丽·斯图亚特宣称自己是英格兰女王，并将英格兰王室纹章用于自己的军队。

① 伊丽莎白女王即伊丽莎白一世（1558—1603年在位），2022年去世的英国女王为伊丽莎白二世（1952—2022年在位）。——编者注

为确保自己王位稳固，伊丽莎白与苏格兰新教领袖秘密结盟，而后者已经成功地使苏格兰脱离了对教皇的效忠。于是欧洲的新教徒自然地将伊丽莎白女王视为领袖，与此同时，西班牙国王腓力二世成了天主教的重要捍卫者。

在这个时代，英格兰成为制衡西班牙的力量，就像法国之前扮演的角色一样。伊丽莎白女王性格坚强，身上有一种阳刚气质。虽然脾气并不随和，举止也远非温文尔雅，但她挑选了能干的大臣来辅助她治理国家，并懂得如何维护国家的最大利益。通过对公共财富的有效管理，以及在公共场合表现出的和蔼可亲，伊丽莎白女王获得了人民的拥护和爱戴，从某种程度上来说，她赢得的声望超过了其他的英格兰君主。然而，她傲慢专横，对待不幸的苏格兰女王玛丽极为残酷，这毫无疑问是她人生中的污点。多才多艺、美丽动人的苏格兰女王玛丽因内战被迫放弃自己的王国，逃往英格兰。伊丽莎白却因为她的美貌憎恨她，并担心她会争夺英格兰王位，将她囚禁了18年，于1587年以谋反的罪名将她处死。

菲利普·西德尼爵士

当荷兰人民反抗西班牙国王腓力二世的暴政时，伊丽莎白女王为他们提供了帮助。菲利普·西德尼爵士创作的田园诗以及他的骑士精神，使他在伊丽莎白统治时期得到了全国人民的喜爱，他在荷兰的英勇战斗更使他声名远扬，不幸的是，他在1586年战死沙场。对荷兰的援助导致了英格兰与西班牙的战争。腓力二世制订了一个征服英格兰的计划，并为此组建了一支庞大的舰队。这是当时已知的规模最大的舰队，无论战舰的数量还是大小，都堪称前所未有。西班牙人自负地将这支舰队命名为“无敌舰队”。

英格兰人对这种迫在眉睫的危险感到惊慌。他们为国家提供了大量金钱、武器和船只，一支庞大的舰队和军队很快就做好了迎战准备。在这个共同的危机面前，英格兰人放下了所有的个人恩怨。

1588年7月，英格兰人发现西班牙的无敌舰队正在靠近英格兰海岸。这支舰队排成了一条长达7英里的直线，以新月形的阵型驶入英吉利海峡。英格兰人在夜间派出火攻船闯入无敌舰队，使他们陷入混乱。接着发生了一场激烈的战斗，持续一整天，无敌舰队被击败了。它们试图向北绕过不列颠群岛撤回西班牙。在奥克尼群岛附近，西班牙人遭遇了一场猛烈的暴风雨，舰队被打得七零八落，大量船只被毁，只有不到一半的船只安全返回了西班牙。这是腓力二世庞大计划的灾难性结局。

伊丽莎白女王时代向美女献殷勤的花花公子

伊丽莎白女王终身未嫁。其他国家的王公贵族和英格兰杰出的臣民曾多次向她求婚，但始终如一地被拒绝了。虽然是拒绝，但她态度很温和，通常会鼓励求婚者坚持自己的希望。其实伊丽莎白女王有喜欢的人，如历史上著名的人物莱

莎士比亚为伊丽莎白女王朗读

斯特伯爵和埃塞克斯伯爵。

莱斯特伯爵是个坏人，但伊丽莎白女王非常喜欢他，人们相信女王会嫁给他。他私下娶了一个年轻貌美的妻子，并把她藏在自己乡下的房子里。据说莱斯特伯爵曾下令谋杀了妻子，这样她就不会妨碍自己获得女王的恩宠。

作为年轻的贵族，埃塞克斯伯爵才华横溢、为人高尚，但太过鲁莽和草率，让女王对他的宠爱摇摆不定。这使得埃塞克斯伯爵逐渐心生不满。在经历了许多次冒险后，他试图在伦敦发动一场叛乱，因此被斩首。当时伊丽莎白女王已年近七旬，却对埃塞克斯伯爵怀有一种浪漫的情愫。她始终没有从埃塞克斯伯爵的死亡带来的忧伤中恢复过来，直到于1603年去世。

伊丽莎白女王的性格表现出强烈的反差。作为君主，她有伟大的品质，但作为一个女人，她身上又有许多弱点。在公共政策上她坚决果断，也渴望真心、同情和真挚的感情。她喜欢听人奉承，即使上了年纪也心甘情愿地接受别人对她美貌的赞美，这是她性格中一个可笑的地方。她暴躁、易怒，她发脾气时经常会打身边人的耳光，根本不管那个人的地位和尊严。然而，英格兰人民得到了伊丽莎白女王执政所带来的种种好处，却没有因为她个人的性格缺陷受到伤害，英格兰人民始终带着深深的喜爱之情怀念这位女王，他们至今仍满怀热情地谈论着“伊丽莎白女王的黄金时代”。

伊丽莎白女王执政时期，政府管理非常武断专制。这个国家在财富、繁荣和国际地位上取得了巨大进步，通过商业和农业，国家资源得到了迅速开发。文学的光辉空前绝后，因为这是伟大的文学家莎士比亚、斯宾塞和本·琼森的时代。人民的天才和政府的智慧克服了一切障碍，使英格兰站上了欧洲国家的顶峰。

伊丽莎白女王的统治令人难忘，其中包括制定济贫法，将马车引入英格兰，以及建立第一家造纸厂。英格兰人的习俗介于封建时代的野蛮和现代的高雅之间。每逢星期日，人们会举行纵犬咬牛、斗鸡和其他这种类型的不人道游戏，贵族名流、女士也会参加。伦敦市民晚上外出时，仆人或者学徒会带着灯笼和棍棒在身边以保护他们。餐桌上没有叉子，人们用手拿起食物送到嘴里。

伊丽莎白统治时期的建筑风格

第374章

詹姆斯一世

（1603—1625）

根据伊丽莎白女王的遗嘱，英格兰王位由苏格兰的詹姆斯六世，也就是玛丽女王的儿子继承。即位后，苏格兰的詹姆斯六世就成了英格兰国王詹姆斯一世。英格兰和苏格兰的国王是同一个人，两国长期存在的战争就此宣告结束。

在詹姆斯一世统治早期发生了一起历史上最离奇的事件，它就是“火药阴谋”。伊丽莎白女王去世的时候，英格兰的天主教徒对继任者抱有很大的期望，并相信因为玛丽女王是天主教徒，所以詹姆斯一世会恢复或者宽容天主教信仰。然而结果令他们十分失望，詹姆斯一世宣布了坚定支持新教的决议。这激怒了天主教徒。于是其中一些最无耻、最狂热的人密谋消灭国王和国会，计划将大量火药偷偷运进议会大厦，在会议开始的那一天炸毁大厦，因为国王当天也会出席，这样就能一举消灭天主教的敌人。

盖伊·福克斯和他的同谋

这群人采纳了这个狠毒的计划，一个叫盖伊·福克斯的西班牙军官负责监督并实施它。这些阴谋家以售卖木柴为借口租用了议会大厦的地窖。在成堆的木头下，他们藏了36桶火药，火药上放满了一束束木柴以掩人耳目。为了不让人怀疑，他们还让地窖的门打开着。导火线已经铺设好，瞬间就能引爆所有的火药。

如果不是一个同谋者急于救他朋友，这个阴谋本来是可以得逞的。在约定时间的前几天，上议院议员蒙蒂格尔勋爵收到一封匿名信，建议他在1605年11月5日，也就是议会开幕的日子远离议会大厦；来信非常肯定地告诉他，某些人会面临可怕的灾祸，遭到“看不见的打击”。

这封信引起了蒙蒂格尔勋爵的怀疑，于是他把信拿给了国王。国王推测所谓的灾祸可能是有人要引爆火药。在指定日期的前一个午夜，一群武装者冲进了议会大厦的地窖，抓住了盖伊·福克斯，发现他守着一个遮光的提灯和火柴，准备随时点燃导火索。其他同谋躲在沃里克郡，对阴谋的成功充满信心，准备等火药爆炸后就拿起武器发动叛乱。他们很快被击败了，而阴谋的领导者，包括盖伊·福克斯，被送上法庭接受审判，其后被处死。如果国王没有幸运地挫败这个邪恶的阴谋，后果一定无法想象。从那以后，每年的11月5日就成了英格兰的篝火节，也被称为“盖伊·福克斯之夜”。男孩子会在这一天焚烧盖伊·福克斯的画像。在美国发动独立战争前，作为英国人的殖民地也以同样的方式来庆祝这个节日。

詹姆斯一世意志薄弱，对王室特权怀有最奢侈的想法。他把自己想象成一个无与伦比的外交大师，将自己的政策称为“王道”，实际上他是所有狡猾朝臣的愚弄对象。他的无能使整个欧洲都瞧不起他。他很有学问，但不过是迂腐过时的东西罢了。他写了很多书，其中有一本是为君主制辩护的；还有一本关于鬼神学的，他自己对此深信不疑；另外他还写了一本书专门反对烟草，当时英格兰引进这种商品不久，而他对烟草深恶痛绝。

詹姆斯一世统治时期还发生了另一个阴谋，其目的是废黜国王，把阿拉贝拉·斯图亚特夫人推上英格兰王位。这个阴谋失败了。著名的沃尔特·雷利爵士是这个阴谋的当事人之一，他在伦敦塔被监禁了13年，并在狱中创作了著名的《世界史》。后来他付了赎金重获自由，并宣称知道在西班牙所属的圭亚那省有一个富饶的金矿。国王允许他远航去寻找这个金矿，但金矿完全是他编造的故事，这次远航没有完成任何有益的事情，也没有帮他获得声誉，最后他不得不两手空空地返回英格兰。西班牙法庭控诉沃尔特·雷利爵士入侵了他们的领土，为了安抚西班牙，詹姆斯一世把雷利爵士送上了断头台。

詹姆斯一世的行为不符合国王的身份，他的吝啬和对国家的不负责任使英格兰人对他非常不满。他沉溺于大吃大喝、打猎和斗鸡。为了钱，他出售各种特权和头衔。他通过垄断损害了整个国家的商业，并使用各种强买强卖的卑鄙伎俩来搜刮钱财。然而，他仍然没钱，还是一个很坏的雇主，据说仆人甚至在街上拦住他的司库，坚持要求给他们发工资，店主们都宣称在他未结清账款之前不会再信任他。他迫害清教徒，把他们赶到新英格兰殖民地，清教徒在詹姆斯一世统治时期首次在美洲定居。

在伊丽莎白统治时期，英格兰人曾到过弗吉尼亚，但在詹姆斯一世当政时第一次在美洲建立永久的定居点。他试图教化爱尔兰人。由于长期的压迫和迫害，爱尔兰人变成了一个狂暴的民族，不断与当地的英格兰居民交战，而英格兰人无法使他们臣服。他把大量的移民运送到爱尔兰北部的阿尔斯特省，这些移民把有用的工艺和产品带到爱尔兰。培根爵士①在这一时期担任英格兰大法官，他的哲学著作使全世界受益匪浅。

培根爵士

詹姆斯一世非常希望他的儿子查理娶西班牙国王的女儿为妻，尽管查理王子曾亲自到西班牙去看望父亲为他选定的妻子，但是和西班牙国王联姻的计划还是在多次谈判后宣告失败。国王和议会的激烈争端标志着国王统治的结束，而这也

① 培根爵士指弗兰西斯·培根（1561—1626），是英国哲学家，英国唯物主义和现代实验科学的始祖；毕业于剑桥大学，历任律师、下院议员、掌玺大臣、大法官，授子爵。——编者注

詹姆斯一世时期的圣诞颂歌

为詹姆斯一世的继任者带来了致命后果。伦敦的街道第一次铺上了石板，每个市民都被要求在自己的房子前面铺设石板。市民们还被命令用石头或砖建造房屋的正面。在这一时期，我们发现英格兰第一次提及蒸汽机，而有些人认为蒸汽机是从意大利传入英格兰的。

庆祝节日的习俗并没有随着天主教的消失而消失。圣诞节期间，人们会把所有的事情搁在一边，从国王到乞丐只想着欢庆和宴会。庆祝圣诞节的方式多种多样，尤其值得一提的是，人们会组成一个庞大、欢乐的游行队伍向牛里脊肉致敬，这是一种愉快的象征。新年前夜，村镇的年轻人会端着被称为“祝酒杯”的大碗，里面盛满了添加香料的麦芽酒，挨家挨户地劝酒，凡是尝过的人都要给劝酒的人送点东西。直到今天，伦敦市长的餐桌上还会分发祝酒杯。

第375章

查理一世从即位到出逃

（1625—1642）

查理一世于1625年继承了他父亲的王位。他专横跋扈，受过最奢侈的王室特权教育。查理一世认为，作为国王，自己对国家拥有无限权威，而议会的唯一特权就是批准他的法令。持着这种观点，他在朝臣那里得到了鼓励，因为他们只表达为了讨好国王而精心设计的意见。

在詹姆斯一世执政时期，人们对自由的热爱和反抗专制权力侵犯的精神日益增长。但查理一世对这些思想的进步完全视而不见，只想作为一个专制君主统治国家。他首先卷入了与议会的争吵，其内容是关于为进行对外战争而征收的款项。这项提议被拒绝了，国王开始动用自己的权力征税并筹集资金，但这违反了宪法。查理一世和下议院的所有争端都出于同一个原因和目的，即国王决定不受控制地任意妄为，下议院决定反抗他，并维护他们在政府中应有的权力。

查理一世娶了法国国王亨利四世的女儿亨丽埃塔，她虚荣傲慢，为人自私、顽固。亨丽埃塔助长了丈夫的专制主义情绪，最终导致了他的毁灭。许多受到迫害的清教徒移民到新英格兰殖民地。那些留在英格兰的清教徒在迫害之下变得更加坚定和积极，人们对君主政府的敌意与日俱增。

下议院的反对是如此强烈，为了维护国家的安定，查理一世不得不签署了《权利请愿书》的法令。这项法令确保了君主立宪制的基础，君主和人民的权利都会得到尊重。但很快，国王违反了这项法令，未经国会同意就继续征税。当下议院激烈抗议时，他在1629年解散了议会，并下定决心在英格兰人民变得更顺从前绝不会再次召集议会。

宗教争端加剧了政治上的敌对。当从教皇手中夺取教会的权威时，英格兰国王在教会事务中获得了绝对权力，英格兰人民已经屈从于一个和专制王权同样专制的宗教裁判权。在国王的直接领导下，英格兰成立了名为“高等宗教事务法庭”的教会法庭，肆无忌惮地实施着查理一世的精神专制。

国王压制人民自由的计划得到了大臣们的鼓励，其主要人物是斯特拉福德伯爵托马斯·温特沃斯，他从人民这边倒戈，转而支持国王；另一个是坎特伯雷大主教威廉·劳德。他们都是专制理念的支持者。斯特拉福德伯爵毫无道德地利用各种手段来达到自己的目的，威廉·劳德则是最顽固的高级教士之一。在这些人的邪恶建议下，查理一世的专制倾向完全被激活了。他毫不顾忌《权利请愿书》，不顾人民的要求，在没有议会授权的情况下征税，并把广泛的司法权交给高等宗教事务法庭和另一个叫“星室法庭”的专制法庭，而宪法授权的普通司法行政几乎完全停止了。

查理一世也有自己的追随者，他们为国王的专制暴政辩护。全国人民要么站在国王一边，要么站在下议院一边。拥护国王的群体被称为“骑士党”。他们衣着华丽，披着鬈发，身穿开叉式长袖和带花边衣领的丝绸紧身上衣，头戴一顶插着羽毛的阔边獭皮帽，腰上系着刺绣的佩剑腰带，通常披着一件短斗篷。另一拨人被称为“圆颅党”。他们把头发剪得很短，穿着朴素，都是灰色、黑色或者棕色的粗布衣服，头戴一顶高帽子。双方的敌意达到了可怕的程度，内战似乎不可避免。查理一世却依然盲目地坚持造成巨大麻烦的专制措施。他发布了一道命令，禁止清教徒离开这个国家，还企图使苏格兰人服从英格兰国教的规定，从而招致整个苏格兰民族的憎恨。

约翰·汉普登的行为进一步唤起了英格兰人民的权利意识。他拒绝缴纳国王非法征收的船税。约翰·汉普登在法官面前进行了辩论，国王对这些法官的影响太大，因此他们对约翰·汉普登作出了有罪判决，然而人民也看清了宪法权利究竟是为哪一方制定的。现在，民众对查理一世的敌意更强烈了。苏格兰人入侵英格兰，并击败了英格兰军队。查理一世在茫然中召集了议会。下议

约翰·汉普登

院立即以叛国罪弹劾了斯特拉福德伯爵和大主教劳德。他们受到审判并被定罪。国王签署了处决斯特拉福德伯爵的命令，并于1641年将其斩首。4年后，威廉·劳德也被处决。

然而，查理一世关于国民权利和下议院权利的所有承诺都是虚伪之词。他继续玩弄各种阴谋诡计。最终，查理一世背信弃义地试图逮捕5位主要议员，从而导致愤怒的人民发起了一场激烈的暴动，伦敦市民护送这5位议员成功地回到议会大厦，与此同时，国王只得在极度的羞愧和恐惧中从伦敦逃往汉普顿宫。

第376章

英国内战

（1642—1651）

内战无法避免，1642年8月25日，查理一世在诺丁汉竖起了军旗。他宣称下议院想要剥夺他的正当王权，所以自己起兵师出有名。另一方面，下议院的主张是同意国王享有与国民权利不矛盾的任何权力，可以肯定的是，国王从一开始就错了。在这次危机中，由于之前多次的背信弃义，他已经彻底失去了人民的信任。内战开始时，许多贵族和绅士站在国王这边；自由民、商人和城镇居民则加入了议会一边。双方都集结了军队。

埃塞克斯伯爵、费尔法克斯将军和奥利弗·克伦威尔都是议会军队中的重要人物，但克伦威尔的军事天才很快使他成为领袖。在克伦威尔脱颖而出之前，国王的军队占有优势；而议会为了增强力量，与苏格兰长老会誓约拥护者结成联盟，这些苏格兰人曾拿起武器反对将英格兰教会的主教制度引入苏格兰。

奥利弗·克伦威尔

最后，奥利弗·克伦威尔成了议会军队的最高指挥官，并于1644年7月在马斯顿荒原与鲁珀特亲王率领的保王党军队展开了激烈的战斗。5万名士兵在这里进行了一场顽强、血腥的厮杀。这场战斗的结果是保王党军队被彻底击败。他们随后又集结了另一支军队，但还是在纽伯里战役中被克伦威尔击溃。这时候，国王已经走投无路了，如果议会团结一致，很可能迫使查理一世无条件投降；但在这个关键时刻，下议院在教会管理的问题上出现了分歧：一方倾向于长老会形式，而另一方则倾向于公理会这种更受欢迎的形式。多数议会成员支持长老会，但是军队中支持公理会的人更多，而且奥利弗·克伦威尔也是其中之一。

后来在纳西比战役中，奥利弗·克伦威尔第三次战胜了保王党的军队，这也使支持公理会的力量变得更强大。查理一世无法保住阵地，只好听任苏格兰人的摆布，在和他们的首领谈判后，查理一世轻信了一些不可靠的承诺，冒险来到苏格兰人的营地，在那里成了俘虏。所有以他的名义建立起来的城镇和要塞很快向议会军投降。

内战就这样结束了，但是在试图重新建立政府的过程中又出现了新困难。苏格兰人把国王交给了议会，议会试图与国王谈判，恢复他的权威并建立一个立宪制政府。查理一世作出了很多庄严的承诺，这似乎足以作为一种解决方案的基础。但是他欺骗的伎俩很快败露了。他给当时身在法国的妻子写了一封信，结果这封信被截获。他在信中说作出这些承诺只是为了欺骗人民，并打算一有机会就反悔。查理一世发现自己被怀疑时就逃往怀特岛，但被抓住并落入奥利弗·克伦威尔手中。从这一刻起，克伦威尔就成了国王命运的主宰。查理一世被押往伦敦受审，议会宣布他犯有叛国罪。为了审判国王，议会专门成立了一个特别高等法庭，查理一世在那里经过审判后被判处死刑。

1649年1月30日，查理一世在白厅宴会厅前被送上了断头台。这是查理一世的结局，虽然严格地说审判和判决他的法庭并不是完全合法的，但被斩首肯定是他暴虐和毫无信用的报应。

国王死后，英格兰成了一个共和国。上议院被废除，整个政府权力归于下议院。奥利弗·克伦威尔成为这个国家最有权势的人。爱尔兰爆发了反对英格兰人的叛乱，克伦威尔率领一支军队前去镇压，并很快使整个爱尔兰臣服。由于苏格兰人宣布拥立查理一世的儿子查理二世，克伦威尔又展开了与苏格兰人的战斗。在邓巴战役中，克伦威尔彻底击败了苏格兰军队。查理二世逃到英格兰并组建了一支军队，克伦威尔向他发起进攻，并于1651年9月3日在伍斯特取得

伍斯特战役中，查理二世逃跑

了一场决定性的胜利，彻底粉碎了英格兰的保王党。查理二世险些被俘，不得不乔装改扮、四处流浪。在战后的45天内他始终处于危险中，有一次他在树上过夜，后来这棵树被命名为“皇家橡树”。

很多人都知道他的行踪，虽然悬赏公告宣布抓住查理二世就可以获得一大笔赏金，但这些人都忠诚地保守着这个秘密。最后，查理二世到达了英吉利海峡。当他坐在海滩上时，一个粗鲁的渔夫嘴里叼着烟斗坐在他旁边。他的同伴非常害怕被发现，赶紧请求那个渔夫不要让烟斗“离那位先生太近”。渔夫回答道：“呸！一只野猫你们还当成国王！”最后查理二世安全逃到了法国。

第377章

从克伦威尔解散长期议会到黑麦屋阴谋

（1651—1685）

奥利弗·克伦威尔在民众中的影响力达到了顶峰，这引起了议会的嫉妒，议会试图通过解散部分军队来抑制他的权力。但克伦威尔在士兵中拥有无限的权威，他解散长期议会的方式显示出士兵们对他的盲从，也显示出他杀伐果决、强硬的性格。这一届议会无间断地延续了12年而被称为“长期议会”，也是英格兰历史上不经选举成立的时间最长的议会。

1653年，议会驳回了克伦威尔要求支付军费的一份申请，于是他带着一队士兵来到议会大厅把议员们赶出门外，并将钥匙放进了自己的口袋。随后，他召集了一个由自己的党羽组成的新议会。新议会制定了宪法，并宣布克伦威尔拥有共和国最高的权力，头衔是“护国公”。

克伦威尔用他的才干和过人精力治理国家。他行使国王的一切权力，同时也制定了明智的法律，捍卫国家荣誉和海外利益。在克伦威尔执政期间，英格兰与荷兰、西班牙之间爆发了战争，但英格兰海军始终保持优势。海军上将布雷克打败了荷兰人，并惩罚了阿尔及利亚人和突尼斯人。海军上将维纳布尔斯从西班牙人手中夺取了牙买加。1656年，议会正式提出请克伦威尔加冕为英格兰国王。据说他愿意接受，但共和派的力量太强大了，他的家族也急忙劝他不要这么做。克伦威尔便放弃了国王头衔，满足于成为终身护国公，并有权指定继任者。克伦威尔以卓越的才能治理英格兰，他死于1658年9月3日，也就是邓巴战役和伍斯特战役的纪念日。临终前，他任命儿子理查德·克伦威尔为继任者。

理查德·克伦威尔和平地继承了他父亲的权力和头衔。人们认为只要他具备一般的精力和才能，那么英格兰共和国就可以一直延续，但他在公共事务中表现出的只是胆怯和优柔寡断。他的无能如此明显，以至于他很快放弃了自己的权威。这时的政府由军官们组成，随之而来的是巨大的混乱。在苏格兰指挥英格兰军队作战的蒙克将军成功地将势态转变得对自己有利。他见风使舵，还与保王党秘密通信，最后宣布支持查理二世。在他的影响下，议会召开了归还王权的会议，查理二世返回英格兰，并于1660年登上王位。

查理二世抵达英格兰时人们举行了盛大的庆祝活动，他们如此鬼迷心窍，用那么多鲜血从残暴的查理一世那里换来的所有自由，竟然被他们以漫不经心、麻木不仁的方式抛弃——拥立查理一世的儿子，同样残暴、反复无常的查理二世为英格兰国王。他们的愚蠢受到了严厉的惩罚。查理二世的统治是英格兰历史上最可耻的事情。这位君主是一个毫无廉耻的浪荡公子，纵情享乐、挥霍无度，

查理二世返回英格兰

为了金钱不惜出卖国家的利益、荣誉和宗教信仰。他迫害教会里的异见者，已经被推翻的绝对服从王权、不可反抗王权的政治原则在他手中死灰复燃。为了向法国国王路易十四索取贿赂，他向荷兰人开战，并同意了一项计划，准备使用武力将天主教强加给英格兰人民。荷兰舰队沿着泰晤士河而上，烧毁了河上的英格兰船只，整个伦敦惊慌失措。但在接下来的一年里，英格兰人在荷兰海岸战胜了荷兰人，再次确立了海上优势。在美洲，英格兰人从荷兰人手中夺取了新阿姆斯特丹，并将其命名为纽约。

1665年伦敦发生了大瘟疫，一年间7万居民死于这场灾难。第二年，伦敦发生了一场大火，持续了4天，烧毁了市中心约1.3万幢建筑物。这场火灾是一场偶然事故引起的，但当时的宗教仇恨使人们怀疑是天主教徒纵火，他们被指控是这场灾难的始作俑者。人

克里斯托弗·雷恩爵士

们竖立了一座纪念碑，并刻下铭文纪念死于火灾的遇难者。后来碑文被政府当局抹去了。圣保罗教堂在这场大火中被毁，然后建造了现在这座宏伟的大教堂，新教堂是由克里斯托弗·雷恩爵士设计和建造的。

国王强迫人民接受天主教的计划，以及他的亲信对苏格兰长老会拥护者的残酷迫害，使整个国家蒙上了一层阴影，并使人民对任何危险的征兆十分恐慌。专制、顽固的法国国王路易十四获得的成功更是加剧了这种倾向。路易十四凭借《奈梅亨条约》获得了对荷兰人的极大优势，从而大大扩张了势力，这对邻国而言是非常危险的事情。

在这种状态下，一个天主教阴谋的故事震惊了整个英格兰。一个叫提图斯·奥茨的骗子编造了一个故事，谎称天主教耶稣会会士密谋铲除新教，还想谋害国王。火药阴谋的记忆使人们相信了这个疯狂的故事，整个国家因恐怖和激愤而疯狂。许多人被指控参与了这个阴谋而受到审判和处决，好几年里人们都坚信这个阴谋是真实存在的。

另一个被称为“黑麦屋阴谋”的事件导致了悲剧性的后果。查理二世时政府专制、暴虐，使许多人结成联盟，目的是抵制专制政权。这些人中包括拉塞尔勋爵、沙夫茨伯里伯爵和阿尔杰农·西德尼。他们在黑麦屋的乡间别墅里举行了会议。该联盟的一些低级成员图谋处死国王，但领导人并没有这样的意图。结果这个阴谋被发现了。1683年，拉塞尔勋爵和阿尔杰农·西德尼被指控犯有同谋罪并接受审判，虽然没有找到对他们不利的法律证据，但他们还是被处死了。

1685年，查理二世的弟弟詹姆斯二世继承了英格兰王位。人们并不欢迎这位信仰天主教的新国王。但是，他承诺不会干涉英格兰的国教信仰，所以他还是平稳地登上了王位。詹姆斯二世为人固执、心胸狭窄、没有信仰。一建立起稳固的权力，他就开始采取措施获得专制权力，并试图推翻国教，用天主教取而代之。英格兰人对新教原则的忠诚是如此强烈，以至于詹姆斯二世遭到了坚决的反对。

查理二世的私生子蒙茅斯公爵是一个优柔寡断、虚荣心强又野心勃勃的人，他伪称他的母亲和查理二世有过秘密的婚姻，试图以此登上英格兰王位。许多对詹姆斯二世心怀不满的人怂恿他这么做，于是蒙茅斯公爵与阿盖尔伯爵合作，计划入侵英格兰和苏格兰。阿盖尔伯爵率领一支小部队在苏格兰登陆，开始他的计划，但他很快发现，这个国家并不像他所认为的那样已经到了要起义的地步。在敌人的包围下，他试图强行进入苏格兰西部那些存有反叛意向的地区，但是追随者们逐渐抛弃了他。他成了俘虏并被押送到爱丁堡，在那里被送上了断头台。

蒙茅斯公爵在英格兰西部登陆，还受到了热情的欢迎，这似乎证明了人民对他的感情。蒙茅斯公爵因此大受鼓舞，他冒险在塞吉摩尔向国王的军队发起攻击，但是，由于骑兵指挥官格雷勋爵的懦弱，加上蒙茅斯公爵的无能，叛军遭到了致命打击，溃不成军。蒙茅斯公爵逃离战场，痛苦地四处游荡了好几天，最后被俘。冷酷无情的詹姆斯二世先是诱导这个不幸的侄子低声下气地乞求活命，然后把他送上断头台。

残忍的柯克上校和更加臭名昭著的杰弗里西法官残酷地屠杀了所有被怀疑参与这次叛乱的人。这场暴行令人震惊。他们在西部地区散播了一种恐慌，但暴行也激起了人民心中对专制残暴的国王的敌意。詹姆斯二世成功地镇压了叛乱，他备受鼓舞，并开始毫不掩饰地展示自己铲除新教的计划。国家的法律完全被蔑视。为了实现推翻新教的目标，詹姆斯二世和亲信采取了专制残暴的手段。这个国家的独立精神被唤醒了，人们密谋把他赶下王位，并拥立奥兰治亲王威廉为英格兰国王。奥兰治亲王威廉是荷兰执政，信奉新教，娶了詹姆斯二世的女儿玛丽为妻。他在欧洲大陆有相当大的影响力，他政策的主要目标是建立一个屏障，抵御法国国王路易十四的危险力量及其入侵。

密谋拥立奥兰治亲王威廉的人包括英格兰最受尊敬的贵族和最有影响力的名流。威廉欣然接受了这个计划。他在荷兰组建了一支庞大的海军，并于1688年11月在英格兰西部登陆。最开始，公开拥护他的人很少，他还考虑要返回荷兰——柯克上校和杰弗里西法官在这些地区的血腥暴行造成的恐怖，让人们迟迟没有站到他这一边来。几天后，英格兰的贵族和领袖人物从四面八方赶来，加入他的队伍。詹姆斯二世的追随者和亲信一个接一个地抛弃了他，奥兰治亲王畅通无阻地率军前往伦敦。发现自己被彻底抛弃后，詹姆斯二世就逃往法国，在经过泰晤士河的时候把英格兰国王的玉玺扔进了河里。

奥兰治亲王威廉通过这场革命登上了英格兰王位，被称为威廉三世。他的统治通常被称为“威廉和玛丽”的共治，议会宣布国王和王后共同加冕为英格兰国王，但王后并不参与政府事务。在加冕前，威廉被要求签署一项名为《权利法案》的法令，其旨在保护英格兰人民的自由不会受到斯图亚特王朝君主的侵犯。根据这项法案的规定，未经议会同意，国王不得征税，也不得以任何方式筹集资金；自由选举；国王无权改变或者中止某项法律；那些惨无人道的酷刑被彻底废除，例如割耳朵、割鼻子等；更加频繁地召开议会。

《权利法案》和紧随其后的各项措施使新闻自由得到了保障，宗教宽容得到了确立，也为人民的权利奠定了坚实的基础。实施这些自由制度的英格兰在欧洲大陆获得了前所未有的尊重和影响力。威廉三世与荷兰的关系，以及詹姆斯二世为夺回王位所作的努力，导致了英格兰与法国的战争。这场战争使英格兰海军增强了实力，同时也是国家债务的开始，从那以后，国家债务一直在不断增加。1694年，英格兰银行成立。

安妮女王

1702年威廉三世去世后，詹姆斯二世的女儿安妮继承了英格兰王位。安妮嫁给了丹麦的乔治王子，但他非常愚蠢，没有参与任何政府事务。在查理二世统治时期兴起的辉格党和托利党曾一度分裂了整个国家。辉格党人支持奥兰治亲王，并引发了1688年的革命，他们的主要政策是削弱王权；而托利党却试图扩大王权。两个党派一直延续到今天，尽管有时候辉格党是执政党，托利党是反对党。

此时欧洲正处于西班牙王位继承战争时期，各国打得不可开交。在这场战争中，路易十四试图将西班牙的王位传给自己的家族后人。英格兰人、荷兰人和奥地利人则联合起来阻止法国国王这个野心勃勃的计划。英格兰军队的指挥官是马尔伯勒公爵，他证明了自己是那个时代最伟大的将军。他在德意志多次战胜法国军队，其中最著名的是布伦海姆战役和拉米伊战役。对英格兰来说，参与欧洲大陆的战争代价高昂，几乎没有什么好处。在这一时期，唯一具有永久重要性的征服是夺取直布罗陀海峡。英格兰于1704年从西班牙人手中夺走了直布罗陀海峡，此后一直牢牢地把它控制在手中。1707年，英格兰和苏格兰两个王国合并，被称为“大不列颠王国”。两国人民获得了同等的权利和自由；苏格兰议会被废除，大不列颠王国只有一个议会，设在伦敦威斯敏斯特大教堂。蒲柏、斯威夫特、艾迪生、盖伊和许多其他著名文学家都生活在安妮女王的统治时期。

第378章

乔治一世与乔治二世的统治

（1714—1760）

1714年安妮女王死后，德意志汉诺威选帝侯乔治成为大不列颠王国的国王，被称为乔治一世。根据之前的议会法案，乔治一世继承王位，其目的是宣布流亡在外的斯图亚特家族成员无权继承王位，因为他们不断地鼓吹有资格继承王位。乔治一世原本是汉诺威公国的君主，因此这一时期通常被称为汉诺威王朝。他的统治引起了政党的变化。之前的在野党辉格党现在成了执政党，他们利用自己手中的权力打压政治对手，以叛国罪弹劾了安妮女王内阁的主要成员并将他们流放。斯图亚特派的支持者——詹姆斯二世党人

乔治一世

抓住这个机会在苏格兰发动了一场叛乱。1715年，他们组织军队试图夺回英国王位，但叛乱很快被镇压了。

这一时期出现了一起罕见的事件，那就是发生在1720年被称为“南海泡沫”的金融骗局。这个项目由约翰·布朗特爵士设计，主要特点是模仿约翰·劳在巴黎炮制的著名的“密西西比计划”。南海公司最初是为了开展太平洋贸易而成立的。约翰·布朗特计划将公开发行的股票与公司其他交易结合，以此扩大公司业务。通过接管所有的政府债券，南海公司将成为整个国家唯一的债权人——这样的安排会使他们在业务交易中获得巨大的优势。

人们似乎并没有完全理解这些操作的性质，只关注到这个公司的业务将会带来极为可观的利润；由于项目新颖的形式以及给人留下深刻印象的陈述，约翰·布朗特的计划很快获得了成功。政府债券的持有人欣然同意用手中的债券来换取南海公司的股票。股票价格上涨，人们疯狂地炒股。一方面由于人们普遍的轻信，另一方面由于项目设计者不诚实的行为，人们相信南海公司将按股票面值支付50%的红利，结果股票价格上涨到原价的10倍。伦敦的股票交易所从早到晚都挤满了形形色色的人，每个人都激动不已，场面喧嚣纷乱。这些人中有妇女，有贵族，也有最下层的人，他们除了赚钱，对一切都漠不关心。

股票交易创造了巨大的财富，其他一些过度投机的买卖也开始出现，并且在短时间内取得了类似的成功。然而，这样的状况不可能持续太久。人们开始怀疑南海公司并不可靠。一些谨慎的股票持有者出售了股票。紧接着出现了一场大恐慌。人们发现南海公司股票的价值完全是虚构的，股票价格下跌的速度和之前上涨的速度一样快。成千上万之前还腰缠万贯的人突然发现自己将沦为乞丐，要不是议会的及时干预，他们早就破产了。这场骗局的主要策划者受到了惩罚，其中包括许多身份地位显赫的人。

这一时期的英国没有卷入任何重要的对外战争。担任首相的是罗伯特·沃波尔爵士。他是一个腐败的政客，但他通过维护和平为国家作出了贡献。乔治一世从未受到英格兰人的欢迎，也从未在英国人中间感到自在。他死于1727年。

乔治二世继承了父亲的王位，他也是个德意志人。在他统治早期，国家安定，但随着与外国的贸易不断增加，英国变得更加繁荣昌盛。罗伯特·沃波尔爵士继续担任首相，一直保持着国家的和平状态，直到1739年英国与西班牙在美洲的贸易纠纷导致了战争。英国派遣舰队攻击西班牙在美洲的殖民地。海军上将弗农攻占了波托韦洛，安森勋爵绕过好望角，在太平洋上巡航并与西班牙人作战。然而英国人此次远征的结果却是灾难性的。海军上将弗农在一场战役中被击败，这支为了征服西班牙人组建的庞大舰队一共损失了1.5万人，被迫撤回英国。安森勋爵途经好望角时损失了一半的舰队，在太平洋上也损失惨重，后来只剩下一艘战舰。就是靠最后一艘战舰，安森勋爵很幸运地俘获了一艘运送财宝的西班牙大帆船，这些战利品在某种程度上补偿了远征的费用。英国人此后再没有向南美洲进军。罗伯特·沃波尔于1739年被迫辞职。

这一时期的英国在文学和科学领域涌现出了一批最杰出的人物——休谟、吉本、罗伯逊、约翰逊博士、哥德史密斯、菲尔丁、理查德森、格雷等。文学过去主要依靠上流人士的支持，现在开始变得流行，很受大众喜爱，也获得了各个阶层读者的支持。作家这

约翰逊博士

个职业开始变得有利可图。一个有能力的作家可以靠写作维持生活，并发现自己已经从对大人物的卑躬屈膝中解脱出来，而之前作家为大人物的献词和奉承经常会表现出十分卑微的姿态。

为了支持奥地利女皇玛丽娅·特蕾莎，英国政府决定加入奥地利王位继承战争。他们扩充了军队，派遣大批军队进入荷兰以对抗法国，并向丹麦人、黑森人和奥地利人提供资金援助。1743年，乔治二世亲自率领军队在德廷根战役中击败了法国人。但由于他的无能，这场胜利并没有为英国人和盟友带来任何利益。为了保持大不列颠与欧洲大陆之间的联系，英国政府的政策产生了一些新的支出，国家债务也出现了惊人的增长。

1745年，当国王在欧洲大陆作战时，苏格兰发生了一场支持斯图亚特家族的叛乱。王位觊觎者查理·斯图亚特在法国国王路易十五的怂恿下，率领一支小规模的法国军队在苏格兰登陆，并挂起了自己的旗帜。很多苏格兰高地人加入了他的队伍，怀着极大的热情支持查理的事业。从苏格兰高地下来，查理·斯图亚特成为爱丁堡的主人。在苏格兰指挥英格兰军队作战的是约翰·科普爵士，他率军向叛军发起进攻，但是在普里斯顿潘斯战役中，英格兰军队被彻底击败。如果查理·斯图亚特行动果断、精力充沛，很可能会进军伦敦，夺取政府的权力，但他把时间浪费在了爱丁堡无聊的华丽排场上，这给了英格兰政府时间，以召回在佛兰德斯作战的军队。查理·斯图亚特后来率领叛军入侵英格兰，向德比郡进发，然而已经错过了最佳时机。此时英格兰已集结了相当庞大的兵力，他被迫撤到苏格兰。英格兰军队在坎伯兰公爵的指挥下，经过多次行军，在卡洛登遭遇了叛军主力。查理·斯图亚特的军队被击败。胜利者残酷地屠杀高地人。这样的暴行持续了好几个星期。叛乱者的家园在战火中变成了废墟，成千上万的高地人被杀，男人们躲在山上像野兽一样被追捕，妇女和儿童逃出被烧毁的茅屋，满目疮痍的荒野上尸体遍地。在5个月内，查理·斯图亚特一直躲藏在高地和苏格兰西部的岛屿上，尽管英格兰人悬赏3万英镑要他的人头，但还是有50多人为他保守了秘密。在经历了令人难以置信的艰难险阻后，查理·斯图亚特成功逃到了法国。英格兰政府的复仇之剑狠狠地落在了他的追随者身上，很多参与叛乱的领导者被送上法庭接受审判，然后被处决。他们的头颅被悬挂在伦敦的城门上示众，一直挂了很多年。

1748年，奥地利王位继承战争的参战国签订了《第二亚琛和约》，结束了欧洲大陆的战争。但没过多久，英国和法国在北美殖民地的边界问题上又陷入敌对状态。这场战争开始于1754年，起初战场在美洲，后来扩展到欧洲，历史上称为“七年战争”。1756年，因担心法国可能入侵引起的恐慌在英国蔓延开来，英国政府雇用了汉诺威和黑森人的军队来保卫国家。法国人从英国人手中夺取了地中海西部的米诺卡岛，海军将领约翰·拜恩指挥英国舰队试图夺回岛屿，但他在与法国舰队交战时缺乏勇气，后来被送上军事法庭接受审判并被枪决。

英国人在美洲和印度的战争产生了重要结果，我们可以在这些国家的历史中找到具体细节。在这里我们只需说明，罗伯特·克莱武在印度建立了英国人的政权，詹姆斯·沃尔夫从法国人手中夺取了加拿大。在乔治二世统治后期，英国政府的首脑是老威廉·皮特（后来的查塔姆伯爵），他的卓越才能在很大程度上促成了英国军事上的成功。新历法被引入英国，引起了许多愚昧无知之人的不满，他们反对新历法，甚至有一名议员因为投票赞成新历法而落选。

英国首次确立了公路税，而此前英国的道路通常很不完善，现在得到了系统的改善。伟大的音乐家亨德尔在英国居住了50年，在他的支持下，学音乐变得非常时髦。英国引进了各种各样的改进措施，尤其是通过开挖运河来联通国内的水运航道，后来这在英国得到了极大的推广，为贸易和工业带来了好处。伦敦的旧城门被拆除，威斯敏斯特与这座城市合并在一起。艺术、制造业和商业等领域的公会和社团都是在乔治二世统治时期成立的。

第379章

乔治三世的统治

（1760—1815）

1760年乔治二世去世后，他的孙子乔治三世成为英国国王。乔治三世即位的3年间，欧洲大陆的战争仍在继续，直到1763年2月10日《巴黎条约》签订才结束了战争。七年战争的结果是奥地利和普鲁士成为欧洲的一流强国，法国失去了政治上的主导地位，英国放弃了在欧洲体系中的影响力，只保留了与葡萄牙和荷兰的密切关系。通过殖民地战争，英国获得了绝对的海上霸权，垄断了北美洲

埃德蒙·伯克

和印度的贸易，并在西印度群岛的贸易中占据明显的优势。

七年战争期间，欧洲出现了一个问题，并引起了一场意义重大的讨论。由于无法与殖民地保持商业往来，法国向中立国开放了贸易，英国宣布这种贸易是非法的，并凭借其海上优势，扣押了去敌对国港口进行贸易活动的中立国船只和财产。欧洲大陆的回归和平曾一度结束了这场争论，但在之后的每一场战争中，这个问题都是参战各方愤怒争论的焦点，导致1812年英美关系破裂的各种困境的根源就在于此。

乔治二世发动的战争以及乔治三世早期的统治，导致了当时另一个无法预见的后果。国家债务增加到了1.45亿英镑，王国内部的状况由于国债体系的扩大而迅速得到改善，而战争所需的贷款一般是在英国筹集的。因此，政府与人民的经济事务紧密相连，国家债务的增加使统治者和被统治者为了共同的利益更紧密地团结在一起。这种变化几乎没有引起人们的注意，尽管这正是英国持久和稳定的主要根源，而此时欧洲爆发的革命则有颠覆所有其他王朝之势。

约翰·卫斯理

英国国教的势力范围内出现了一个新的教派，即卫理公会派，它在英国和其他国家逐渐获得了永久性的重要地位。约翰·卫斯理是一位学识渊博、非常虔诚的布道者，接受过国教会的教育，但是为了促进宗教改革，他决定创立一个新的教派。在这个事业上，约翰·卫斯理得到了乔治·怀特菲尔德的帮助。作为十分受欢迎的传教士，乔治·怀特菲尔德口才非凡。为了实现伟大目标，二人访问过美洲，通过努力，卫理公会派在大西洋两岸广泛而牢固地建立了起来。

这时候，派系斗争开始困扰英国议会。当人们有理由担心斯图亚特家族会带来危险时，辉格党人必然会支持汉诺威王朝；从原则上讲，托利党人更倾向于支持流亡的斯图亚特家族。但当人们对王位觊觎者的恐惧全部消失后，托利党人又会获得王室的偏爱。私下的友谊促使乔治三世任命布特伯爵为内阁首脑，但是他的权势激起了一直作为国王和国家专宠的辉格党人的嫉妒。新首相利用自己对国王的影响力，为许多苏格兰同胞、特别是他的亲属谋取了职位和养老金，这使他变得很不得人心，国王不得不解除了他的首相职务。然而，人们认为他私下里还是保持着在内阁中的影响，因此人们对他不欢迎的态度很大程度上转移到了他的继任者身上。

政府试图对北美殖民地征税，其坚持这一政策而不顾殖民地人民的抗议，最终导致了1775年北美爆发独立战争。关于这场战争的细节我们将在本书中美国部分加以叙述。法国、西班牙和荷兰也卷入了这场冲突，但是这时候英国在欧洲大陆上没有驻军。独立战争期间诺斯勋爵是内阁首脑。1780年，因政府废除了针对天主教徒的刑法，伦敦发生了可怕的骚乱。乔治·戈登勋爵几近疯狂，他极力鼓动、怂恿民众以“没有天主教”为口号，在伦敦实施各种各样的暴行，有好几天伦敦完全听凭暴徒的摆布。一些天主教教堂被烧毁，许多私人房屋也被摧毁。然而，宗教似乎只是这些暴行的借口，暴徒通常是被掠夺和肆意妄为的欲望煽动的。后来由于军队的干预，伦敦恢复了平静。

由于发现无法继续与美国的战争，诺斯勋爵辞去了自己的职务。罗金厄姆侯爵接替了他，并开始了与殖民地的谈判。1782年，双方达成了和平，英国承认殖民地的独立，第二年实现了全面和平。

在这一时期，英国的国内事务远远不及对外事务重要。和欧洲其他地方一样，英国也陷入了法国大革命引起的动乱。1793年，英法爆发了战争，其间虽有几次轻微的中断，但一直持续到1815年。这一时期英国的首相是小威廉·皮特、查尔斯·福克斯、亨利·阿丁顿、查尔斯·格雷、斯宾塞·珀西瓦尔和利物浦伯爵罗伯特·詹金森。

在这次英法战争中，英国政府公开宣称首先要抑制法国共和主义精神，然后要对抗拿破仑野心勃勃的计划。他们认为这是一场为国家生存而进行的斗争，而为维护国家利益他们付出了巨大的努力。政府通过贷款和税收筹集了大量的资金，以支持英国在欧洲大陆的军队。英国海军遍布整个海洋，在著名海军将领霍雷肖·纳尔逊和其他优秀指挥官的指挥下取得了许多辉煌的胜利。法国的贸易被彻底摧毁，战舰被迫停泊在港口不敢出来。依靠海军优势，英国无视任何法律，对待弱小国家的方式傲慢蛮横，毫无顾忌地侵犯中立国的权利。

在18世纪末，科学家获得了一项重要的科学发现，为整个人类带来了重大的益处。1796年5月14日，爱德华·詹纳成功完成了接种牛痘的实验，并证明接种牛痘可以预防天花。由于这一重大发现，英国议会拨款3万英镑表彰詹纳，甚至普鲁士首都柏林都会在每年的5月14日举行纪念爱德华·詹纳的活动。

1802年，英法之间的战争出现了和解的倾向。英国人民似乎已经被战争弄得疲惫不堪。国家债务增加到4.51亿英镑，财政事务如

医学家爱德华·詹纳

此尴尬，以至于1797年以来英格兰银行一直处于没有储备资金的状态。沉重的赋税压垮了所有阶级的人民，粮食的匮乏又加剧了普遍的不幸。英国政府以恢复波旁王朝为公开目标发动了这场战争，但这一目标现在看起来比以前更加遥不可及。1802年3月25日，出于对和平的渴望以及其他考虑，英国政府与法兰西共和国在亚眠签订了一项条约。根据条约，英国拒绝放弃马耳他。1803年5月，由于相互猜忌，战争再次爆发。英国保持着海上霸权，并于1805年在特拉法尔加海战中击败了法国和西班牙的舰队。

法国大革命期间，英国政府完全处于查塔姆伯爵的儿子小威廉·皮特的控制之下，他在乔治二世统治后期和乔治三世统治初期充分展现了自己的治国才能。小威廉·皮特执政时期风云变幻但十分重要，各党派的关系发生了彻底的变化，整个欧洲突然陷入了历史上范围最广、最血腥的战争。小威廉·皮特是欧洲君主国为了抵抗法国大革命精神而组成的联盟的灵魂人物，然而联军在奥斯特里茨战役中惨败，反法同盟也就此瓦解，这使他感到耻辱与沮丧。小威廉·皮特于1806年1月23日在痛苦中死去。

这个著名的政治家家族以非凡的才能著称，而其古怪性格也给人留下了深刻印象。关于这一点，我们可以从海丝特·斯坦霍普夫人——小威廉·皮特的外甥女身上了解到。小威廉·皮特死后，她立即离开了英国，到欧洲各地游历。她年轻貌美，还非常富有，在地位、财富和女性魅力的激发下，到处都有热切追求她的人，但她拒绝了所有人。在君士坦丁堡待了7年，她带着大量财产和价值连城的珠宝乘船前往叙利亚。不幸的是，船只在卡拉马尼亚海岸附近遭遇了风暴，全部财富都沉入海底，海丝特·斯坦霍普夫人漂到一个荒岛上，后来得救。

她回到英国，带着剩余的财产再次航行去叙利亚。最后她在叙利亚安全登陆，专心学习阿拉伯语，并与当地的阿拉伯人、德鲁兹人、马龙派教徒和其他居民交往。她组织了一支庞大的商队，走遍了阿拉伯的每一个角落。在帕尔米拉，很多阿拉伯游牧部落聚集在她的帐篷周围，人数多达5万人。他们为她的美丽和优雅而着迷，也为她那些衣着华丽的随从所折服，最后他们宣布她为帕尔米拉女王。过了一段这样的流浪生活后，她在离古城西顿不远的黎巴嫩山区定居下来，过着几乎与世隔绝的隐居生活。在这里她建造了一座城堡，包括一座东方风格的美丽花园，她很多年都过着东方那种富丽堂皇的生活。她身边聚集着阿拉伯人、担任警卫和翻译的欧洲人，以及众多的女仆。她与君士坦丁堡政府、叙利亚高官、

海丝特·斯坦霍普夫人

穆斯林酋长、黎巴嫩君主等显贵人物都保持着友好的交往，与那些沙漠地区的阿拉伯酋长更是私交甚笃。海丝特·斯坦霍普夫人死于1839年，她是一个令东方欣赏和钦佩的人物，也是一个令欧洲惊讶的人物。

在欧洲大陆，拿破仑的军队战胜了所有的敌人。他夺取了西班牙的王位。英国人派遣军队进入了西班牙。开始时，英格兰军队屡屡失败，损失惨重。后来在威灵顿公爵的指挥下，他们成功击败了法国人，从拿破仑手中夺取了西班牙和葡萄牙。英国满怀热情地投入这场旨在遏制拿破仑在欧洲大陆建立霸权的斗争中，全世界都感受到了它强大的国力和积极的精神。这些努力加上法国对俄罗斯发动的战争在1812年遭遇了灾难性的后果，使英国及其盟国取得了最后的胜利。1814年盟军攻占巴黎，拿破仑被迫退位，同年欧洲实现了全面和平。1815年5月，拿破仑从厄尔巴岛返回法国，战争再次爆发，但是同年6月在滑铁卢战役中拿破仑被彻底击败，也为这场战争画上了最后的句号。这部分内容在本书法国部分中有详细描述。1812年，英国与美国展开了一场战争，双方在1815年春签订了条约，从而结束了这场战争。至此，英国再次与全世界和平相处。

1811年，一艘蒸汽船在苏格兰的克莱德河上启航。4年后，富尔顿制造的蒸汽船在美国哈得孙河①上成功进行了历史性的航行。在经过近20年的激烈辩论后，1807年议会通过一项法案，废除了奴隶贸易。威廉·威尔伯福斯、格兰维尔·夏普和其他博爱主义者在实现这一伟大目标的过程中付出了不懈努力。

① 哈得孙河，也有译为哈德逊河。——编者注

第380章

从乔治四世到维多利亚女王的统治

（1815—1849）

从战争到和平的过渡使所有的商业活动发生了彻底的变化，信用被动摇，贸易被损害，制造业受到抑制，成千上万的工人和商人失去了工作。这些不幸在英国比在其他任何国家都更加明显，在制造业发达的地区引发了许多严重的骚乱，伦敦蔓延着令人震惊的不满情绪，人们举行集会并威胁要发动革命。英国政府采取了非常严厉的镇压措施，直到商业危机过去，社会才恢复了安宁。尽管动乱已经结束，人民仍然痛苦和不满，战争的结束也没有减轻他们的赋税负担。国家债务已经增加到令人震惊的8亿英镑，而且每年必须支付巨额利息。沉重的赋税和停滞的贸易给商业和制造业带来了毁灭性压力。

乔治三世在位长达60年，这也是英国历史上时间最长、变故最多的时期。他于1820年1月29日去世。而在此前很多年，他已经完全丧失理智，他的儿子作为摄政王行使国王的权力。父亲死后，乔治四世正式登上王位。乔治四世与王妃卡洛琳分居多年，当他继位后，卡洛琳立即返回英国，要求享有王后的特权。国王对妻子恨之入骨，拒绝让她参加自己的加冕典礼。这件事在英国引起了极大的轰动。人们认为王妃受到了她丈夫的不公平对待，都选择站在王妃这边。在国王的建议下，英国政府以诽谤和行为不检的罪名将王妃带到上议院接受审判。

亨利·布鲁厄姆和托马斯·登曼是英格兰最有才干的律师，他们为卡洛琳辩护，人民普遍强烈反对审判王妃，所以乔治四世放弃了这个想法。卡洛琳于1821年病死。1827年，利物浦伯爵罗伯特·詹金森从首相的职位上退休，乔治·坎宁接替了他的位置，但他担任首相仅仅3个月左右就去世了。戈德里奇子爵接替了乔治·坎宁，不久威灵顿公爵出任首相。这一时期唯一的重要事件是允许天

托马斯·登曼

乔治·坎宁

主教徒获得议会席位。乔治四世于1830年6月26日去世。

乔治四世去世后，他的弟弟威廉四世登上了王位。一个月后，巴黎爆发了“七月革命”。这场革命给英国带来了巨大影响。农村地区多年以来的骚乱和焚烧柴草已经显示出民众的强烈不满，同时要求议会改革的呼声也日益高涨。法国国王查理十世被推翻，这一事件大大增强了英国人民的信心。1830年底，以威灵顿公爵为首的托利党内阁被迫辞职，取而代之的是由格雷伯爵为首的辉格党内阁。

新政府立刻采取了措施，其中之一是提出关于议会改革的法案，剥夺没有足够选民的选区推举议员的权利，因为这些选区有名无实，并将权利授予迄今为止一直没有议会代表的大城市。在旧体制拥护者的激烈反对下，改革法案于1832年6月通过。这是英国政府体制多年来最重要的变化。反对这项措施的人担心它会导致英国君主制度的瓦解，然而实际情况并非如此。必须补充的是，支持者认为该法案能立即带来巨大的好处，但这种观点在实践中同样没有得到证实。立法机构的形式有所改变，但精神没有任何改变。

威廉四世于1837年6月20日去世。他的统治是非凡的，因为这是英国历史上唯一一个没有对外战争，也没有人因叛国罪而被处死的时期。威廉四世的继任者是维多利亚女王，她于1840年2月10日与萨克森-科堡-萨尔费尔德公国的阿尔伯特亲王结婚。阿尔伯特亲王是德意志人，英国政府事务完全由维多利亚女王负责。在其统治时期，英国政府在国外以及殖民地处理了一些重要事务，例如阿富汗战争、与中国的战争、旁遮普战争、加拿大叛乱等重大事件。这些事件的历史可以在本卷的其他部分找到。尽管与欧洲各国保持和平，但英国人民因为失业和食物匮乏遭受了沉重的苦难。最痛苦的是爱尔兰，1847年，由于马铃薯歉收，爱尔兰暴发了一场大饥荒，将近50万人丧生。这场灾难增加了英国向外移民的数量，成千上万的人放弃了自己的家园移民美国。

1848年，法国国王路易·菲利普被推翻后不久，宪章派在英国引起了恐慌。这是一个人数众多的团体，主要由下层阶级组成，他们赞成对政府进行彻底的改革，并主张制定成文宪法。宪章派在伦敦和其他大城市举行了多次会议，并一度威胁要发动革命，像巴黎人民一样推翻国王。可是大多数人不赞成他们的行动，人们很快就不再关注宪章派。同年，在大饥荒的影响下，爱尔兰爆发了叛乱，史密斯·奥布莱恩带领人们拿起武器反对政府，然而很快就被镇压了，史密斯·奥布莱恩和一些同胞被判处死刑或被流放。

英格兰君主列表

王朝	君主	即位时间（公元年）
布立吞人王朝	沃蒂根	445
	沃蒂默	454
	安布罗斯	465
七国时代	肯特国王亨吉斯特	454
	苏塞克斯国王艾拉	491
	威塞克斯国王瑟蒂克	519
	埃塞克斯国王厄尔奇文	527
	诺森伯兰国王艾达	547
	东盎格利亚国王奥法	575

（续表）

王朝	君主	即位时间（公元年）
七国时代	麦西亚国王克里达	582
	东盎格利亚国王洛达尔德	617
	诺森伯兰国王埃德温	624
	几个王国的国王奥斯文	643
	苏塞克斯和威塞克斯国王卡德瓦拉	656
	威塞克斯国王伊纳	688
	麦西亚国王埃塞尔博德	707
	东盎格利亚和麦西亚国王埃塞尔博德，七国时代结束	717
西撒克逊王朝	埃格伯特	829
	埃塞尔沃夫	839
	埃塞尔巴德	858
	埃塞尔伯特	860
	埃塞尔雷德一世	866
	阿尔弗雷德大帝	871
	长者爱德华	899
	埃塞尔斯坦	924
	埃德蒙一世	940
	埃德雷德	946
	埃德威	955
	埃德加	959

（续表）

王朝	君主	即位时间（公元年）
西撒克逊王朝	爱德华二世	975
	埃塞尔雷德二世	978
	埃德蒙二世	1016
丹麦王朝	斯韦恩	1014
	克努特一世	1016
	哈罗德一世	1035
	哈德克努特	1040
盎格鲁-撒克逊王朝	忏悔者爱德华	1042
	哈罗德二世	1066
诺曼王朝	威廉一世	1066
	威廉二世	1087
	亨利一世	1100
	斯蒂芬	1135
金雀花王朝	亨利二世	1154
	理查一世	1189
	约翰	1199
	亨利三世	1216
	爱德华一世	1272
	爱德华二世	1307
	爱德华三世	1327
	理查二世	1377

（续表）

王朝	君主	即位时间（公元年）
兰开斯特王朝	亨利四世	1399
	亨利五世	1413
	亨利六世	1422
约克王朝	爱德华四世	1461
	爱德华五世	1483
	理查三世	1483
都铎王朝	亨利七世	1485
	亨利八世	1509
	爱德华六世	1547
	简·格雷	1553
	玛丽一世	1553
	伊丽莎白一世	1558
斯图亚特王朝	詹姆斯一世	1603
	查理一世	1625
	英格兰共和国	1649
	护国公奥利弗·克伦威尔	1653
	护国公理查德·克伦威尔	1658
	查理二世	1660
	詹姆斯二世	1685
奥兰治王朝	威廉三世	1689
斯图亚特王朝	安妮	1702

（续表）

王朝	君主	即位时间（公元年）
汉诺威王朝	乔治一世	1714
	乔治二世	1727
	乔治三世	1760
	乔治四世	1820
	威廉四世	1830
	维多利亚	1837

第381章

英格兰的社会生活

英格兰人性格鲜明，在他们许多优秀品质中我们会发现一些不讨人喜欢的特点，这并不让人惊讶。他们是强烈的民族主义者，因此几乎不会完全公正地对待其他国家。或许并不是有意为之，但英格兰的旅行者经常歪曲描述他们访问的国家。期刊媒体本来是传播意见和报道当今世界事务的重要媒介，却常常被以民族憎恶和个人憎恶或者个人利益为目的的人收买。英格兰人轻视和妒忌法国人或许是一种虚弱的表现，但可以肯定的是，几乎没有英格兰作家对这种轻视和妒忌有过公正和正确的评判。

英格兰人的民族主义和他们的忠诚一样引人注目，这确实是大多数英格兰人的主要情感，它优先于宗教信仰和爱国主义。英格兰人对王室与贵族有着无休止的强烈兴趣，如果这不算是国家耻辱的话，至少也是国家的不幸。这些名流显贵最普通的事情、最简单的日常生活行为，甚至举手投足都被认为是值得记录的大事，并构成了许多出版物的主要内容，而这些出版物大都受到追捧。如果其他民族的自豪感在英格兰人眼里是一种让人恼火的自负，那么他们也不应该惊讶其他民族以同样的眼光来看待他们对王室和贵族的崇拜，因为王室和贵族是建立在虚构和欺骗的基础之上——所有的君主制和随之而来的贵族制度都建立在这样一种假设之上——某个家族或者某些家族天生就被赋予了王室或者贵族的血统；也就是说，自然、天意、神在创造这些人的时候就使他们具备了比别人更高级、更优秀的品质，因此他们可以要求统治权、尊敬、财富和特权。当然，这一切都是虚构的谎言。上帝并没有在造物中施加这些差别，上帝面前人人平等既是理性的原则，也是基督教教义。因此，王室和贵族都是主观臆想。

然而，那些渴望将他们所谓的神圣起源强加给大众并使大众保持对自己高贵血统的尊敬和敬畏的人，会小心翼翼地让自己置身于最令人敬畏的庄严环境中。他们住在富丽堂皇的宏伟宫殿里，他们坐在镶金镀银的马车里，马车上刻有高贵血统的标志，他们的姓氏和头衔象征着尊贵，很少与人民交往，在人民眼中，他们总是高高在上不可企及，总是被无限的财富和权力包围。王室家族就像东方的蒙面先知一样远离大众。他们的王宫极尽奢华，到处都彰显着令人惊叹的财富和尊贵。只有那些拥有贵族血统的人才能接近国王和王后。在令人敬畏的威严中，国王和王后被奉为神圣，他们被“陛下”这个可怕而神秘的称谓笼罩在阴影之中！这就是利用谎言强加给一个国家的制度。

《王室统计资料》一书列出了王室开销项目，读者可以参看《这样的大不列颠及爱尔兰联合王国》这一章节，第212页——根据我们的理论——王室和贵族至少是同样令人厌恶的。英格兰人也许受人尊敬，但在其他国家没有多少人真正喜爱他们，几乎整个欧洲大陆的人都打心底里讨厌他们。除了通过外交施加的政治力量，他们的影响力其实非常小，在文学、艺术、宗教和社会制度方面更是如此。几乎全世界的人都厌恶这个民族，即使英格兰人拥有美德、智慧和良好的制度，也无法获得人们的赞许。这很容易解释，因为他们在所有交往中都带有类似傲慢、排外的腔调，没有人喜欢这种态度。

英格兰的民族精神，尤其是在公共事务方面，从他们为战舰的命名就可见一斑，这些战舰大部分是最近建造的蒸汽轮船：黄泉号、蝰蛇号、复仇女神号、复仇者号、怪蜥号、血猎犬号、斗牛犬号、鳄鱼号、黑暗之神号、煽动者号、狂怒号、角斗士号、巨人号、鸟身女妖号、冥界之神号、猎犬号、豺狼号、獒犬号、冥王号、响尾蛇号、复仇号、火蜥蜴号、野人号、毒蝎号、天灾号、巨蛇号、蜘蛛号，凶恶号、怒火号、冥河号、硫黄号、鞑靼号、深渊号、强敌号、袭扰号、骇人号、恐怖号、毒蛇号、雌狐号、巾帼英雄号、火山号、秃鹫号、厌战号、野火号、野狼号、狼獾号。战舰是专门用于战争的，但不等于必须使用这样的名字，很明显，其他国家的战舰一般都不会叫这些恶魔般的名字，很多都是用主要城市或者河流来命名。因此，这些名字可以说是英格兰人品位和情感的象征。

英格兰民族的傲慢自大在爱国歌曲中可见一斑，例如他们的海军军歌《统治吧！不列颠尼亚！》大胆地宣称对海洋的主权；直到今天，英格兰人在节日庆典上仍然会怀着无限的热忱和激情来演唱国歌《天佑国王》，即《天佑女王》。

我们可以欣赏一下1745年《天佑国王》的歌词原文：

上帝保佑我们伟大的乔治国王！
高贵的国王万寿无疆；
上帝保佑国王。
常胜利，沐荣光；
孚民望，心欢畅；
治国家，王运长；
上帝保佑国王！

扬神威，张天网，
保王室，歼敌人，
一鼓荡平；
破阴谋，灭奸党，
把乱盟一扫光；
让我们齐仰望，
上帝保佑国王！

备好礼，献国王，
万岁国王！
愿他捍卫国法，
使民心齐归向，
一致衷心歌唱，

上帝保佑国王！

现在我们再来欣赏一下1792年《马赛曲》的歌词原文：

起来吧！法兰西的儿女们！
听啊，听啊，有多少人要你起来啊！
看看你们的孩子、妻子和白发苍苍的爷爷奶奶，
看看他们的眼泪，
听听他们的哭泣！
岂能让可恨的暴君和他那些残暴的走狗，
使我们的土地变得恐怖和荒凉，
使和平和自由躺在血泊里？
（合唱）
拿起武器，拿起武器，勇敢的人们！
复仇之剑已经出鞘。
前进，前进，大家都下定决心，
不自由，毋宁死！
奸诈歹毒的国王和他的走狗掀起了危险的风暴，
风暴正在肆虐，
这些引起战祸的豺狼正在嚎叫；
看！我们的农田和城市一片火海。
无法无天的军队带着罪恶的步伐四处肆虐，
暴君的双手沾满了罪恶和鲜血，
我们岂能任由他们将我们的家园都变成一片废墟？

身处无尽的奢华，享受至高的荣耀，

而这些卑鄙、昏庸的暴君对财富和权力的欲望永无止境，

他们恨不得出售阳光和空气。

他们让我们做牛做马，

把我们当作崇拜暴君的奴隶。

但是生而为人，谁又比谁更高贵？

他们再也不会对我们奴役和鞭笞。

自由啊！人一旦感受过你慷慨的自由之火，又有谁能将你放弃？

地牢、门锁和铁栏，

岂能将你禁锢？

岂能驯服你那高贵的灵魂？

要么勇敢，要么死亡！

暴君用谎言欺骗人民，挥舞着刀剑，

使大地哭泣了太久太久；

但自由就是我们的剑和盾，

他们的一切手段都将是徒劳！

他们的一切手段都无济于事！

无论是谁将这首歌和法国国歌《马赛曲》做比较，都会发现前者粗鲁排外的自私和世俗化的过度忠诚，以及后者熊熊燃烧的爱国主义和对他人的慷慨博爱。对很多善良的英格兰人来说，这是一件恐怖的事情。在道德和社会方面，英格兰人对欧洲大陆的影响微乎其微，同时，整个欧洲都很同情法国的历次运动，这样的事实可以

从两个国家国歌中找到很好的解释。

在英格兰人大胆而鲜明的性格特点中，最突出的是遍及各阶级的对自由的热爱。英格兰人争取的自由包括思考、言论和写作的自由，以及按照他们的观点、倾向、奇思怪想和偏见来行事的权利。这就是英格兰人的自由理论。然而，在很大程度上这似乎是想象中的恩惠。一部分人——上层和中产阶级——可能的确实现了他们要求的自由；大部分人，包括英格兰、苏格兰和爱尔兰的人民大众都生活在无知和贫穷中，根本不可能享受实际的自由，不可能改变他们出生的环境，无法选择他们的居住地、职业、朋友、宗教信仰和社会地位。难道这就是他们所谓的自由？对于美国人民来说，他们可以接受教育，选择专业，选择自己喜欢的地方和气候去居住，选择自己的职业和社会地位，英格兰人的自由在他们眼里似乎只是欺骗和笑柄。①

英格兰人性格中的矛盾非常明显。或许整个欧洲没有任何一个国家的人比英格兰人更坚定地按原则办事，但同时也没有任何一个国家有这么多人习惯性、公然地违反所有的原则，而且还频繁地蔑视法律条例。犯罪的数量，尤其是最近的犯罪数量简直令人震惊。然而，英格兰人为建立良好家庭生活的努力超过了欧洲其他任何国家的人，婚姻的神圣性也得到了谨慎的维护。也许英格兰人最可贵的品质是普遍认可伟大的正义原则，这是上层阶级所有高贵行为的源泉，也是低层阶级公平竞争的源泉。作为国家，英格兰却犯下了

① 因为作者为美国人，对自己的国家不乏偏袒和溢美之词，读者在阅读时需要加以注意。——编者注

许多罪行，其不公正、劫掠和压迫的行为在某种程度上或许超过了除古罗马的任何一个文明国家。

公正地评价，英格兰人在智力品质方面是傲然超群的。培根、波义耳、洛克、牛顿、戴维以及这个国家的其他许多人，向人类揭示的重要真理也许比其他所有欧洲哲学家还要多。在哲学追求方面，英格兰人表现出了坚定、清晰和健全的意识。在作品想象力方面，这个民族的天才表现出了大胆、创新和充满活力的特点。在戏剧方面，凭借对人类广泛和深刻的理解，对大自然的无限观察力，精彩绝伦的想象力，在崇高、哀伤、恐怖和幽默等各种思想和情感上不可抗拒的感染力，莎士比亚在所有诗人中堪称无与伦比。在史诗方面，弥尔顿的地位高于所有现代诗人。斯宾塞和德莱顿都是杰出的文学家，前者的文风愉快、华美，后者多产而手法多变。蒲柏的诗歌简洁精练、无与伦比。除此之外，斯威夫特、巴特勒、格雷、汤姆森、柯珀、斯科特、骚塞、华兹华斯、拜伦等也是英格兰著名的诗人。在历史著作方面，英格兰拥有许多显赫的作家，主要有吉本、休谟、罗伯逊和麦考莱。在演讲方面，英格兰的一些政治家拥有很高的声誉，不过议会和法庭普遍更欣赏清晰的理念和有力的论证，而不是像古代伟大的演说家那样根据听众的想象和激情精雕细琢地高谈阔论。

英格兰的公共教育机构非常杰出，而且资金雄厚。牛津大学和剑桥大学不仅是欧洲最富有的大学，也是最古老的大学。这两所大学享有很多特权，其中包括在议会各拥有两个席位。除了大学，英格兰的公立学校也很多，但是下层阶级的教育却被政府忽视。非常肯定的是，英格兰的领袖人物反对普及教育。与欧洲大陆的一些国

约书亚·雷诺兹爵士

家相比，英格兰对美术的鼓励要少一些，但这个王国收藏了很多著名的绘画和雕塑艺术品。英格兰最杰出的画家是约书亚·雷诺兹爵士，他在18世纪开创了一种原创的肖像画风格。

英格兰人最喜欢把新鲜空气和运动的好处结合在一起的娱乐方式。在以前，打猎几乎是英格兰乡绅生活中唯一的消遣；虽然现在的品位已经大不相同，也无论其形式如何，这种原始的娱乐仍然受到追捧。贵族和社会上流人士都热情地支持赛马运动。整个国家最显赫的人物，包括身份高贵、家财万贯的名流几乎都会参加在唐卡斯特、约克和纽马克特举行的赛马会。在平民中间，拳击十分受人喜爱，但这种活动似乎在减少。纵犬咬牛在以前很流行，现在被法律禁止了。

英格兰的建筑几乎没有什么严格意义上的民族特色。在这个国家可以找到各种各样的建筑物。在城市和较大的村镇里，砖是建造房屋的常用材料。砂岩建造的房屋更昂贵。英格兰人的住宅是世界上居住起来最便利和舒适的住宅。在饮食方面，英格兰人和美国人没有太大的区别。英格兰人最喜欢麦芽酒。狂饮无度长久以来是英格兰人的耻辱，现在这种现象越来越少了。

在以前英格兰的人口统计非常不完善，只有模糊的调查和估计。伊丽莎白女王统治时期进行了一次仔细的人口统计，统计结果显示共有450万居民。在19世纪初，政府建立了一套定期的人口普查制度，每隔10年统计一次。最近一次的人口普查是在1841年，当时英格兰和威尔士约有1 600万人。

无论在古代还是现代，英格兰的生产性行业都远远超过任何一个国家。英格兰土壤的肥力比不上欧洲南部的那些国家，但是通过农业和工业的改进，它获得了很高的生产力。英格兰广泛种植了几乎所有有价值的谷物，而且质量很高。相对于在农业上的巨量产出，英格兰的制造业更令整个世界震惊，在这方面拥有相较于其他国家的绝对优势。世界各地的人都穿着英格兰出产的羊毛和棉布衣服，英格兰的金属制品也出口全球。

英格兰是世界上最大的商业国家，它出口的商品几乎全部是制成品。最重要的物品是棉布，其次是羊毛制品、金属制品。进口商品几乎包括所有生活必需品和奢侈品。英格兰的内河航运是这个国家繁荣的主要源泉之一。英格兰的运河非常多，铁路更是遍布各地。世界上任何地方的公路都比不上英格兰的，桥梁也是如此。

伦敦的商店

伦敦是英国的首都，也是欧洲最大的城市。它坐落在泰晤士河畔，处于船舶航道的最前端。伦敦非常大，约为7英里长，5英里宽，它不同部分有不同的名字，隶属于不同

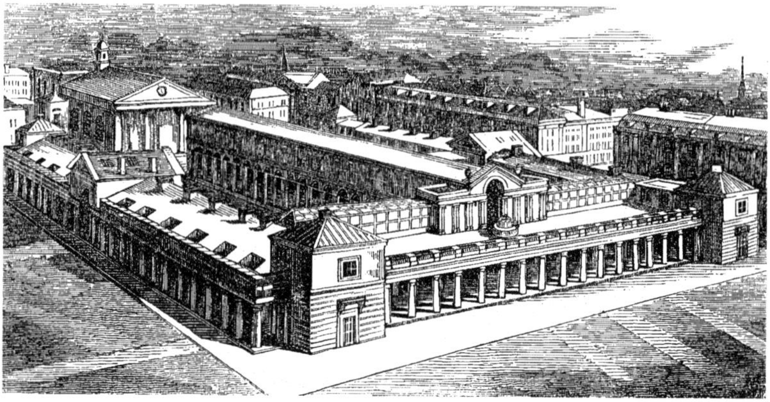

考文特花园市场

的市政部门管辖。总体来说，它的市政建设非常好，路面铺设了石板，有公共照明，供水充足。

从欧洲大陆来的外国人第一次参观这座城市时，很快就会发现伦敦的主要特点是实用，而不是装饰精美；这里的居民忙于工作，而非沉迷于娱乐消遣。主要的街道相当宽敞，但是笔直或者很规则的街道较少。伦敦的房屋是用暗色的砖砌成的，加上空气中总是充满烟雾，街道显得昏暗、阴沉。上流人士住在伦敦西区，那里有许多宽敞的广场。伦敦有一些宏伟壮观的建筑，但几乎没有一个看起来很漂亮，因为烟雾不仅遮蔽了远处的建筑物，还把所有暴露在空气中的东西弄脏了。克里斯托弗·雷恩爵士的杰作——圣保罗教堂是英格兰最好的建筑，仅次于罗马的圣彼得大教堂，但周围的建筑物将它紧紧包围，使人们无法清楚地欣赏美景。

威斯敏斯特大教堂是哥特式建筑的典范，里面有许多纪念国王、勇士、政治家、哲学家和诗人的纪念碑。伦敦其他值得注意的建筑有新国会大厦、白厅和白金汉宫、萨默塞特宫、皇家交易所、银行、邮局、考文特花园市场等。在1666年伦敦大火的发生地附近，矗立着纪念碑，高达202英尺，是这座城市最引人注目的地标之一。泰晤士河在伦敦有7座桥，河底有一条隧道，大型船只就在正上方的河面航行，泰晤士河隧道是隧道史上最出色的杰作。

伦敦是商业中心，也是全世界重要的金融市场。英格兰银行是世界上规模最大的银行机构，每年发行的货币约为2 000万英镑。伦敦是整个王国的文学中心，几乎所有重要的书籍都会在这里印刷、出版。它也是公共事务的信息中心，数量惊人的报纸和期刊都在这里发行。伦敦的贸易和制造业几乎涉及人类产业的每一个部分。1841年伦敦的人口为1 873 676人，而目前的人口估计是250万人。

利物浦是英格兰西部的主要海港城市，也是一个重要的制造业中心。这里的贸易非常发达，也有一些漂亮的公共建筑。最引人注目的是市政厅和交易所。港口供商船停靠和卸货的码头十分宽敞。从利物浦到世界各地有无数货运航线，欧洲和美洲之间最经常、最直接的交通就是海运，海运航线把这个城市与波士顿和纽约连接在一起。利物浦大约有30万人口。

曼彻斯特是大不列颠的工业和制造业中心，位于利物浦附近，两个城市间有铁路。曼彻斯特并不是一个很漂亮的城市，大部分地区由狭窄的街道组成，无数工厂和仓库拥挤排列。曼彻斯特主要的制造业是棉布服装、蕾丝花边和丝绸。这座城市以为穷人设立的慈善机构、医院和学校而闻名。曼彻斯特的人口大约25万人。伯明翰是另一个制造业城市，大约有20万人口。

塞文河畔的布里斯托尔曾经是英格兰的第二大城市，也是西部

巴斯城

地区制造业的主要贸易中心和前站，后来被快速发展的利物浦超越。这座城市至今仍然拥有广泛的制造业和对外贸易，人口大约11万人。距离布里斯托尔不远的巴斯是英格兰最美丽的城市。那里的街道宽敞，用优质砂岩建造的房子整齐漂亮。得天独厚的地理位置为巴斯带来了很大的好处。巴斯是许多病人和有钱的闲人喜欢光顾的度假胜地，他们到这里泡温泉，享受大不列颠温泉疗养地各种时髦的水上消遣活动。牛津、剑桥和约克也是英格兰值得一提的城市。牛津和剑桥以那两所杰出的大学而闻名，约克以宏伟的约克大教堂著称。

第382章

威尔士：从古代威尔士人到卢埃林

（前100—1277）

威尔士以前是一个独立于英格兰的公国，位于不列颠岛的西部。它北边和西边是圣乔治海峡，东边是英格兰的切斯特市、什洛普郡、赫里福德郡和蒙茅斯郡，南边靠近布里斯托尔海峡。威尔士南北长约180英里，东西宽约80英里。威尔士的地理特征与英格兰截然不同，崇山峻岭连绵不断，深谷纵横交错，和大片谷地一起呈现出野趣盎然的浪漫风光。

最高的山是斯诺登山，海拔3 700英尺。斯诺登山附近有许多湖泊和溪流。虽然与英格兰在同一纬度上，但威尔士的气候有很大的不同。威尔士经常刮大风，山区的气候非常阴冷，但在谷地和靠近大海的地方，尤其是著名的格拉摩根谷，气候温和许多。威尔士降雪比英格兰更频繁，斯诺登山顶一年中好几个月被积雪覆盖。

古代威尔士人称他们的国家为“坎布里亚”，有自己的语言，直到今天还有威尔士人使用这个称呼。“威尔士”这个名字的来源并不确定，盖尔人、高卢人以及一些其他民族的语言中都出现过这个词，似乎是撒克逊人在6世纪首次用“威尔士”来称呼这个国家。

古代的威尔士人是不列颠群岛土著的一部分。由于罗马人的入侵，很多不列颠人被驱赶向西到了这个国家，威尔士的人口因此而增加。侵略者通过建立据点和派遣驻军占领了英格兰的中部，然后把注意力转向了威尔士这个未被征服的国家。第一次抵达威尔士，罗马人发现这里被古奥陶、西卢尔和迪美特3个部落占据。他们已经建立了稳定的政府，有训练有素的正规军队，分为战车兵、骑兵和步兵。他们种植谷物，在牧场上蓄养着大量的牛、羊和猪。他们的货币是用铁环串在一起的小铁片。

德鲁伊教的主要中心似乎在这个国家。它的大祭司即大德鲁伊居住在莫纳岛——现在被称为安格尔西岛。这个神秘宗教最庄严的仪式是在漆黑的橡树林或由巨石围成的庙宇中举行的。在仪式上，他们用活人献祭，这些被当作牺牲的人都是战争中的俘虏和被判处死刑的罪犯。这些可怜的受害者会被关进大柳条笼子里，在祭坛前烧死。

恺撒在《高卢战记》中写道：“德鲁伊们认为，对那些因偷窃、抢劫或其他罪行而被捕的人施以酷刑，会使不朽的神灵更满意。但是当罪犯的人数不足时，他们会毫不犹豫地对无辜者施加这种可怕的折磨。德鲁伊教崇拜的主神是墨丘利。在他们的理念里，墨丘利拥有很多种形象，还认为墨丘利是一切艺术的创造者，是旅行的向导、贸易和商业的伟大掌控者。”德鲁伊教对人民的权力远远超过了君主，人们很少敢质疑祭司的法令。如果有人冒犯和反对，就会被禁止参加祭祀——这是类似于基督教逐出教会的惩罚。

威尔士的德鲁伊被认为精通魔法。他们身穿白色长袍，蓄着长长的胡须，手里拿着法杖，在蒙昧无知的年代，这样的装扮很容易使人们认为他们就是魔法师。每个德鲁伊的脖子上都挂着一个用黄金包裹的蛇蛋，据说这使他们拥有对抗邪恶的魔力。虽然传播了许多关于巨蛇、河流、树木、火和其他神圣事物的迷信崇拜，但他们崇拜的主要对象是生长在橡树上的槲寄生。德鲁伊教的重大节日是新年，每到这个时候，他们都会举行最庄严的宗教仪式来割取橡树上的槲寄生。

在这个仪式上，德鲁伊们穿着礼袍，列队走向那棵生长着神秘植物的橡树。一个人爬上橡树，用一把金刀割下槲寄生，另一个人站在树下用衣襟接住掉落的槲寄生。还要献祭两头乳白色的公牛，继之而来的是盛大的宴会和欢庆活动。除了割取槲寄生的新年节日，德鲁伊教每年还有3个重要节日。其中一个节日是5月1日的五朔节，目的是祈求大地丰产；另一个是在仲夏夜，为了祈求神灵保佑即将收割的谷物；第三个在10月，是为了丰收而感恩。在节日里祭祀、宴会、歌咏、音乐必不可少，另外还有一种不变的欢庆方式——点起巨大的火堆，人们拿着燃烧的火把在田野里转来转去。因此现代的篝火、彩灯、焰火等庆祝活动都可以追溯到古老的德鲁伊教习俗，尤其是保留至今的“五朔节”和仲夏夜举行的庆祝活动，很多英格兰的村庄仍然沿袭着古代德鲁伊教的遗风。

1世纪，罗马人在苏维托尼乌斯·保利努斯的率领下入侵威尔士。他们战胜了北部的古奥陶部落，并发动了一场消灭德鲁伊教的战争。罗马军队一路杀戮，砍倒了神圣的树林，德鲁伊教徒都被处死。

幸存的德鲁伊教徒寥寥无几，最后和追随者一起逃到了莫纳岛。

威尔士是一个很难征服的地区。西卢尔部落的人们在东南地区为自由斗争了很多年。在罗马皇帝韦帕芗统治时期，著名的指挥官尤利乌斯·阿格里科拉率领一支强大的军队来镇压他们，并在凯尔-卡拉多克战役中击败了威尔士人，将这片土地完全纳入罗马人的控制。阿格里科拉的和蔼可亲赢得了当地人民的喜爱，并使他们倾向于模仿罗马人的习俗。阿格里科拉给予他们公民权，把他们编入军队，为他们提供教育，并以非常亲切的方式与他们生活在一起。就这样，他用高明的施政之道维护了对这片用武力征服而来的土地的统治，使它成为罗马帝国的领土，坎布里亚获得了“第二不列颠尼亚”的称号。

罗马人从不列颠撤出后，威尔士人又恢复了古代的政府形式，这个国家似乎被划分为六七个君主国。他们与撒克逊人、盎格鲁人战争不断。大约在6世纪中叶，北威尔士的国王麦尔格温似乎成了这片土地的最高统治者。这个政权一直持续到703年，当时是卡德瓦拉的统治时期。由于和撒克逊人的战争大大削弱了威尔士人的力量，撒克逊人成功入侵威尔士，并在相当大的程度上确立了他们在这里的统治地位。

丹麦人入侵英格兰转移了撒克逊人的注意力，所以在这段时期威尔士相对平静。丹麦人后来也入侵了威尔士，但没能永久性地征服。诺曼人征服英格兰后，威尔士人拒绝向撒克逊国王交纳作为臣服标志的岁贡。威廉一世派遣强大的军队入侵了威尔士，很快使他们臣服，迫使他们宣誓效忠，承认他为威尔士的最高领主。从这个时期开始，英格兰君主就一直宣称威尔士是他们的世袭领地。

威廉一世死后，威尔士人为自己卑微的处境感到痛苦，试图恢复过去的独立。他们与一些顽固的英格兰贵族联合发动叛乱，攻入英格兰，四处烧杀抢掠。这些暴行使威廉二世决心征服威尔士。为此，威廉二世鼓动贵族组建军队去征服威尔士，宣布只要贵族效忠于自己，在威尔士征服的土地就归他们所有。于是这些贵族想方设法让英格兰人移居到自己在威尔士占领的土地上，并建立坚固的堡垒，使他们免受威尔士人的侵袭，以此来保护战果。

英格兰人从四面八方来到了这里，南威尔士被征服了，而领土大大缩小的北威尔士则保留了民族性并维持独立。在很长一段时间里，这个地区的居民依靠当地多山的地理特点，坚持和侵略者进行着力量悬殊而意志坚定的斗争。1237年，北威尔士君主卢埃林的长子格里菲斯背叛了他的父亲，发动叛乱。卢埃林被迫向英格兰国王亨利三世求助，接受了亨利三世的屈辱条件，向英格兰国王俯首称臣。

卢埃林的儿子大卫在他父亲死后继承王位，并宣布向英格兰国王效忠。他抓住自己的兄长格里菲斯并交给了亨利三世。亨利三世把格里菲斯囚禁在伦敦塔，在他后来试图逃跑时将其处死。亨利三世剥夺了大卫对威尔士的统治权，宣布自己的儿子也就是后来的英格兰国王爱德华为威尔士国王。大卫向教皇寻求帮助，提出将威尔士作为罗马教廷的领地。教皇免除了大卫对亨利三世的效忠誓言，并派人召唤英格兰国王前往罗马教廷，向教皇解释剥夺大卫权力的行为。据说亨利三世用了很大一笔钱才使教皇放弃了对大卫的支持。

大卫死后，格里菲斯的儿子小卢埃林成为北威尔士的国王。当爱德华一世登上英格兰王位时，他派人召小卢埃林到伦敦以表达敬意，但小卢埃林拒绝了。他说除非英格兰国王愿意提供人质以保证他前往英格兰的安全，并送回被爱德华一世囚禁的妻子，否则不会去伦敦。爱德华一世拒绝了他的要求，并于1277年向小卢埃林宣战。

在这场战争中，爱德华一世得到了小卢埃林两个兄弟大卫和罗德里克的支持，因为他们被小卢埃林剥夺了继承权。小卢埃林在卡那封郡人迹罕至的群山中死守，但英格兰人将他的军队严密包围，经过恐怖的围困后，他们不得不向爱德华一世投降，并接受他的全部条件。爱德华一世的条件包括：威尔士人赔偿5万英镑；卢埃林和他的贵族必须宣誓效忠于英格兰国王；放弃部分领土；作为补偿，向大卫和罗德里克支付一笔钱。

第383章

从小卢埃林第二次起义到与英格兰合并

（1277—1840）

获胜的英格兰人统治残暴，对被征服地区的人民极为苛刻。天性暴躁易怒的威尔士人再次奋起反抗。大卫被民族精神感染，与兄弟小卢埃林言归于好，承诺会与同胞团结起来以保卫威尔士的自由。面对新的叛乱，爱德华一世并没有感到不快，这正好使他找到理由彻底征服威尔士。

1283年，爱德华一世再次集结军队向威尔士进发。同时，英格兰舰队袭击了安格尔西岛，并以完全能征服该岛的兵力登陆。安格尔西岛与威尔士大陆间隔着一条狭窄的海峡，英格兰人在海峡上用船架起了一座浮桥，但威尔士人安排了一支强大的军队在海岸防守，小卢埃林亲自在斯诺登山上一个隐蔽的营地里监视整个安格尔西岛。英格兰人第一次试图通过浮桥时，被威尔士人击退并损失了300人。一个威尔士叛徒帮助了英格兰人，他们才成功通过了这个海峡。这个背信弃义的威尔士人告密说某处有一个浅滩，英格兰军队通过浅滩，在不被威尔士人察觉的情况下开辟了一条通道，进而占领了小卢埃林营地的后方。

小卢埃林并不知道自己已经被出卖了，从山上下来侦察敌人的位置。他以为自己十分安全，身边只带了一个随从。他在观察了安格尔西岛的海岸后，躺在谷仓里休息，忽然听到一阵喊杀声。他问随从："我们不是守着浮桥吗？"得到了肯定的回答。他松了一口气说道："那么我们是安全的，英格兰人应该还在对岸。"但很快，小卢埃林就听见杀声四起，他看见英格兰军队的旗帜正在向他逼近，立刻大惊失色。威尔士人的前沿阵地遭到进攻，很快就溃败了。小卢埃林用马刺使劲刺他的马，想赶紧返回山上的营地，但突然被一个英格兰骑士挡住了去路。那人认出小卢埃林是个威尔士人，但并不知道他的身份，骑士拿着长矛向他冲过来。战斗很快就结束了，小卢埃林被对手的长矛刺死。

这个骑士不知道自己已经立下奇功，转头退了回去，加入了同胞们正在迅速朝山峰攀登的队伍。山上的威尔士人严阵以待，焦急地等待君主归来。时间一点儿一点儿地过去了，但他还是没有出现。威尔士人看见英格兰的骑兵出现在了周围的山峰上，在震惊中，他们遭到了来自四面八方的攻击。可怕的恐慌在威尔士军队中迅速蔓延，他们仓皇而逃。

得知小卢埃林失踪的消息，之前杀死小卢埃林的骑士又下到山谷去查看他遭遇的人到底是谁。尸体还在地上，经过仔细查看，他才知道这就是小卢埃林。骑士急于拿到奖赏，立刻割下了小卢埃林的头颅送到了爱德华一世手中。爱德华一世将小卢埃林的头颅挂在齐普赛街上示众，为了表示嘲讽，还在上面放了一个银质皇冠，后来又把它挂在伦敦塔上。

小卢埃林死后，大卫成了威尔士的统治者，但是他无法召集足够的军队与英格兰人作战。他一直被英格兰人追赶，只得东躲西藏。他乔装改扮试图隐瞒身份，但还是被叛徒出卖，落到了英格兰人手里。他被押解到什鲁斯伯里，爱德华一世让他在英格兰贵族面前接受审判。最后他被判处英式车裂，刽子手执行了这种可怕的刑罚。除此之外，爱德华一世意识到必须彻底消除威尔士人的战斗精神，包括他们对过去荣耀的记忆、在节日的欢乐气氛下传唱的诗歌，这些都会在威尔士年轻人的心灵里留下不可磨灭的印象，据说他召集了所有的威尔士吟游诗人并将他们全部处死。也有人对爱德华一世是否该这样做表示了怀疑。一些作家将吟游诗人的消失归因于威尔士独立主权的丧失，他们认为这导致吟游诗人失去了所有的赞助和支持。

据说征服威尔士使英格兰国王的长子获得了威尔士的统治权。根据修道士作家们讲述的一个故事，在征服威尔士不久，爱德华一世召集了威尔士人的首领们，许诺未来的威尔士国王将会是一个出生在威尔士、只会说威尔士语的人，使他们所有人无可挑剔。当威尔士人欢呼雀跃地发誓将效忠于这样的国王时，爱德华一世宣布将威尔士的统治权授予他的儿子爱德华，当时他还是一个襁褓中的婴儿，出生在威尔士的卡那封。后来，这个小爱德华成了英格兰国王爱德华二世，威尔士附属于英格兰王室，从那时起，英格兰国王的长子都会被封为“威尔士亲王”。

小卢埃林和大卫死后，所有的威尔士贵族都臣服于英格兰征服者。英格兰人在威尔士建立了法律和司法体系，而威尔士人以前对这些一无所知。然而，民族间的敌对情绪是不容易消除的。为了控制威尔士，爱德华一世不得不在边境和内部地区建立很多非常牢固的堡垒，但这也没能阻止威尔士人发动叛乱，其中有一次是在亨利四世统治时期。威尔士人的首领欧文·格伦道尔很多年都以独立君主的身份自居。但是，威尔士与英格兰的合并逐渐使两国人民走向和平，在过去的300年，威尔士人就像英格兰王室的其他臣民一样平静安宁。

第384章

威尔士人的社会生活

根据罗马作家的记载，在信史时期的早期，威尔士存在君主政体。这个岛被分成几个小王国，每个王国由一个独立的君主统治。若遇到紧急情况或者危险，他们会联合在一个领袖之下。这个领袖被称为“潘德拉贡”，类似于古罗马人的独裁官。潘德拉贡的权力是暂时的，但尊贵的地位是世袭的。几个小王国的王位继承体系不固定，有时候国王需要经过贵族同意才能指定继承人。威尔士人很早就有类似于议会的组织。国王从每个地区召集6名最聪明、有权势的人协助立法。他们被称为地方贵族。国王分土地给他们，他们以领主的身份管理领地。人民大众的身份是农奴，他们要在战争中服兵役并捐献财物。

在被征服后的许多年间，威尔士人一直对英格兰人怀有强烈的敌意，而英格兰人针对威尔士人制定的法令中，几乎没有考虑要消除这种敌意。过了很长时间，威尔士人才获得与英格兰人同等的地位。在亨利四世和亨利六世统治时期，针对威尔士的吟游诗人，英格兰通过了严厉的法律，因为这些吟游诗人通过歌颂威尔士过去的荣耀和叙述英格兰人所犯的错误，使威尔士人始终保持着强烈的民族情绪。英格兰人多次镇压，但吟游诗人仍继续活跃了好几百年。

人们认为威尔士吟游诗人拥有鼓舞人心的力量。无论是在公开场合还是私人场合，他们都被认为是历史知识的保管者。吟游诗人是最优秀的系谱专家，对从古至今威尔士的演变了如指掌，正是这种特殊的才能使他们成了最受威尔士贵族喜爱的群体。他们通过歌颂祖先的事迹来满足贵族和追随者的虚荣心。当时，如果没有吟游诗人出席，任何公开的仪式、盛大的宴会或者婚礼都不可能举行。他们会展开光荣的竞争，最优秀的吟游诗人将获得奖赏。

宫廷吟游诗人的身份是家臣。他可以得到不用纳税的土地，国王会赐给他一匹马和一件羊毛衣服，王后会赐他一件亚麻衣服。在圣诞节、复活节和圣灵降临节这三个主要的节日里，他会坐在宫廷总管的身边，宫廷总管亲手把竖琴递给他，让他演奏。吟游诗人也会随军出征，获得胜利后还可以从战利品中得到一头公牛或者母牛作为奖赏。军队准备进攻前，他会站在士兵们面前放声歌唱。这是为了提醒威尔士人，他们的祖先曾经拥有整个英格兰王国。对威尔士人来说，他们认为自己是古代不列颠人唯一的直系后裔，而现在的英格兰人是侵夺他们领土的撒克逊入侵者。古老的威尔士歌曲的主题表现了当时的习俗。吟游诗人喜欢叙述动荡、流血和掠夺的场面。他们经常描述一些刻意修饰的形象，如四处觅食的狼、喷涌的鲜血、将人类当成猎物的尖叫着的巨鹰等。

直到爱德华一世征服威尔士并平息了边境战争，他们的创作才转向了更为温和的主题。从那以后，吟游诗人在美丽的田园风光和大自然中找到了与以前一样的快乐，而这样的快乐原来只会出现在杀戮和破坏的主题中。

在某种程度上，威尔士人的风俗习惯使他们有别于英格兰人。他们是极端的民族主义者，虽然威尔士并不富饶，但他们对故土群山怀有强烈的依恋。在外国移民中很难找到威尔士人。多山的风景特别容易使人幻想出一些迷信对象，威尔士就是一个典型的例子。直到现在，这里的人仍然有强烈的巫术信仰，还认为超自然的力量经常会给人带来致命影响。在每所房子里都可以看到一个马蹄铁、一个十字架或者其他一些保护主人免受伤害的护身符。

许多老妇人极度害怕超自然的力量会使奶牛不产奶、人和牲畜生病。一些所谓的女巫发现鼓励这种迷信对自己很有好处，所以当人们指控她们操纵某些超自然力量时，这些女巫从不否认，她们就这样靠想象中的神奇力量维持生计。在威尔士的传说中有一种奇特的叫作“敲击者”的魔鬼。威尔士的矿工们幻想在地下会听到“敲击者”的声音，通过“敲击者”发出的代表不同开采阶段的声音，他们相信可以找到通往丰富矿脉的准确路线。

威尔士语属于凯尔特语系，是一种非常古老的语言。人们认为所有的欧洲语言中，它最纯正、古老。威尔士语拥有许多原始词汇，尤其是专有名词，而其他语言中的术语通常借用希腊文，或者通过烦琐的冗词赘句来表达。今天还有很多民众在使用这种古老的语言，不过它正在慢慢被废弃。较高阶层的威尔士人几乎都在英格兰接受教育，他们中已经很少有人会说威尔士的通俗方言了。

对血统的自豪是威尔士人的一个突出特征。只有希伯来人和威尔士人会如此看重宗谱，并把它的意义抬高到无以复加的程度。除了威尔士的系谱学家，要是还有人把宗族的荣耀追溯到如此久远和微小的细节中，那一定会受到所有人的嘲笑。在威尔士，这种情感如此根深蒂固，即使是最下层的威尔士人也会小心翼翼地保存他们家族的来历和历史，并能把祖先的名字追溯到遥远、模糊的古代。

第385章

苏格兰：从阿格里科拉入侵到基督教传入苏格兰

（前200—600）

苏格兰位于不列颠群岛的北部，面积约为英格兰的一半。它由三个截然不同的部分组成——高地、低地和岛屿。高地包括苏格兰北方的中西部地区，是一片人烟稀少的崎岖山地。山脉几乎与旁边的湖泊和海平面完全垂直，山谷海拔也很高，除了一些粗劣的谷物，这里什么东西都无法种植。

低地包括苏格兰南部，往南直到最南端，往北到福斯湾和克莱德湾。低地部分有一些肥沃的土地，然而总体上看，这个国家的土壤坚硬又贫瘠。苏格兰大部分是岛屿，包括北部的奥克尼群岛和设得兰群岛、西部的赫布里底群岛。与苏格兰的山区一样，岛屿都是岩石，一片荒芜，气候多雾多雨，常年暴露在大西洋的暴风雨中。有些岛屿只不过是被海浪冲刷得光秃秃的岩石，是无数海鸟的栖息

卡特琳湖

地。但即使是这样的地方，也有人居住，他们以捕鱼和捕鸟为生。

湖泊是苏格兰的特色。许多湖泊像是大海伸出的长臂，延伸到群山中心。其中洛蒙德湖以美丽和壮阔而闻名于世。卡特琳湖稍小一些，但因独特的风格而备受推崇，那里的景色既呈现出静谧之美，又诠释了大自然的粗犷。沃尔特·司各特创作的叙事长诗《湖上夫人》中有对这些地区的描述，不仅在地理学上非常准确，而且极具诗意。奥湖也叫敬畏湖，那里的风景也非常著名。

苏格兰最早的居民应该是一个辛布里人部落。辛布里人是一个古老的丹麦民族，他们大约在公元前200年从日德兰半岛迁移过来。但这只是一种猜测。希腊和罗马的作家并不认为苏格兰是一个与不列颠岛南部不同的国家。曾有一段时间人们给这个地方起名叫“喀里多尼亚”，这个名字来源于喀里多尼亚人，即皮克特人。他们是一个古老的北欧部落，据说他们从挪威入侵不列颠岛，并把第一批

奥湖远眺

定居者驱赶到南部地区。喀里多尼亚的意思是森林人或野人。

在罗马皇帝提比略统治时期，罗马人第一次入侵喀里多尼亚。在历史学家塔西佗的岳父阿格里科拉的指挥下，他们深入格兰扁山脉，在一场激烈的战斗中，罗马军团的技巧和纪律战胜了蛮族的蛮勇。侵略者占领了所有的开阔地带，但北部人迹罕至的山区是罗马人在这一地区扩张的永久性障碍。为了实施军事占领，罗马人建立了许多营地。他们在不同时期筑起了两道绵延的城墙，以抵御当地人的袭扰，一道位于克莱德河和福斯河间，另一道位于索尔韦河和泰恩河间。5世纪时罗马人放弃了这个国家。后来喀里多尼亚人入侵了不列颠岛的南部地区，正如我们在英格兰历史中叙述的那样，他们还迫使不列颠国王沃蒂根向撒克逊人求援。

“苏格兰”这个听起来比较奇怪的称呼来源于爱尔兰人。他们最初就被称作“苏格兰人”，他们的国家叫“斯科舍”。在6世纪，他们移民到喀里多尼亚的西部，人口很快增长起来，形成了一个与皮克特人截然不同的族群。在两三百年间他们和皮克特人一直处于敌对状态，直到836年肯尼斯成为国王，在他杰出的统治下，他们最终战胜了皮克特人的国王瑞德，成了整个国家的统治者，从此这个国家就被称为“苏格兰”。

与此同时，撒克逊人占领了东南地区，他们的势力范围一直到福斯河。诺森伯兰王国的国王埃德温是盎格鲁-撒克逊人，他建立了埃德温堡，也就是现在的爱丁堡。直到今天，苏格兰高地人仍称呼低地人为撒克逊人。在被罗马人占领的地区也有古不列颠人的后裔，他们建立了斯特拉斯克莱德王国。这个王国因亚瑟王和骑士们的名字和功绩而闻名，大约繁荣了300年。508—542年，亚瑟王和他的骑士们统治着苏格兰南部和英格兰北部。这个王国的首都是阿尔克莱德，后来被称为登巴顿，坐落在克莱德河口险峻的峭壁上，757年被撒克逊人占领，斯特拉斯克莱德王国灭亡。撒克逊人把整个苏格兰南部变成了殖民地，低地地区接受了日耳曼人的语言和习俗，盖尔人则被限制在山区。直到11世纪，苏格兰北部还保留着“皮克特兰”的称谓，意思是皮克特人的土地。南部地区被称为瓦伦西亚和坎布里亚。

根据传说，爱尔兰人圣哥伦巴在6世纪时将基督教传入苏格兰。据说他在爱奥那岛上建立了修道院，至今还能看到修道院的遗迹。爱奥那岛属于赫布里底群岛。它旁边是斯塔法岛，上面有著名的芬格尔山洞。这个神奇的洞穴由玄武岩石柱构成，人们认为就是在这里，圣哥伦巴建立了被称为库尔迪教派的修道会。这个教派的修道士恪守着严格的会规，穿着羊皮衣服，靠自己的辛勤劳动生活。他

斯塔法岛

们是基督教在苏格兰最早的牧师和僧侣，但由于他们在某些观点上与罗马教会不同，而且不承认教皇至高无上的地位，后来受到很多迫害。圣哥伦巴为了使修道士远离世俗的喧嚣，才选择这些人烟稀少的岛屿，据说他在上百个岛屿上建立了修道院。

第386章

从挪威人征服奥克尼以及设得兰群岛到与英格兰的诺曼征服者的交往

（600—1093）

在9世纪，强大的挪威国王哈拉尔一世迫使丹麦和挪威的众多酋长向他俯首称臣。他被称为“金发王”，是一位非常勇敢的战士。但也有许多勇敢的酋长不愿低下骄傲的头颅，不想成为征服者的附庸，因此试图从海上寻找出路。他们在海上胆大妄为地抢劫财物，使欧洲所有的海上国家都感到恐怖。其中一些冒险者占领了奥克尼群岛和设得兰群岛，这些岛屿以前是皮克特人的居住地。但是挪威国王哈拉尔一世率领一支强大的舰队尾随其后并击败了他们。哈拉尔一世占领了岛屿，还将岛屿给了一个挪威贵族，并授予他奥克尼伯爵的头衔，条件是必须作为挪威国王的封臣才能得到爵位。

第一代奥克尼伯爵是罗洛的父亲，罗洛是第一代诺曼底公爵。丹麦人和挪威人用最简单的方法在海上航行，也经常去这些岛屿。

当时欧洲人还不知道指南针，但在远离陆地的海域航行时也有一些非常巧妙的导航手段。一个著名的挪威人酋长发明了一种独特的导航方法，当他从设得兰群岛航行去冰岛时，会在船上带一些乌鸦，航行到看不到陆地时，便放出一只乌鸦，乌鸦会立刻朝起航的方向飞去。通过这一点可以推测已经驶出了多远。乌鸦朝之前起航的方向飞去，是因为它在高空中可以看见陆地。继续航行一段后，又放出一只乌鸦，但这次乌鸦会飞回来，这说明它已经看不见陆地了。第三次放出乌鸦时，它会径直朝前飞，这说明它看见了前面的陆地，而船队在乌鸦的指引下能安全抵达冰岛。

从肯尼斯到麦克白之间的200年间，苏格兰的历史几乎就是与丹麦人的一系列战争。撒克逊人成了苏格兰国王，而苏格兰人的君主保留了一部分低地地区和在英格兰的一些领土，变成了英格兰国王的封臣。在随后的一段时期，爱德华一世正是以此为借口宣称他拥有对苏格兰的统治权。莎士比亚的天才使“麦克白”成为一个普通读者都耳熟能详的名字。11世纪，麦克白篡夺了苏格兰王位。但他是否犯有这样的罪行，并不确定。邓肯和麦克白是表兄弟，都是苏格兰国王马尔科姆二世的外孙。根据苏格兰的继承法，麦克白有优先的王位继承权。邓肯继承了王位，在统治苏格兰6年后，他在旅途中被谋杀。和莎士比亚戏剧中的情节不同，邓肯并不是在麦克白的城堡里被谋杀的；莎士比亚这么写是为了有更好的戏剧效果。尽管麦克白有谋杀邓肯的嫌疑，但他到底是否参与其中从来没有得到证实。

邓肯死后，他的两个儿子马尔科姆和唐纳德逃离了苏格兰，马尔科姆逃到英格兰国王忏悔者爱德华的宫廷，唐纳德逃到了西部的岛屿。麦克白继承王位，在其统治下，农业和商业得到了极大的发展，国家宁静而繁荣，这是苏格兰历史上从未有过的盛世，他因此深受人民的爱戴。麦克白对鲱鱼业给予了极大的关注，鲱鱼是当时苏格兰对外贸易的主要产品之一。

在统治苏格兰大约12年后，麦克白穿上朝圣者的长袍开始了前往罗马的朝圣之旅。这期间，马尔科姆在英格兰努力组织一个政党。在忏悔者爱德华的宫廷里，他看到了许多举止优雅的法国人，还学会了说法语。撒克逊君主曾在法国接受教育并将法国的风俗习惯引入英格兰的宫廷。马尔科姆在英格兰待了大约15年，这使他有机会了解苏格兰人粗鲁的习俗与诺曼人更文明举止间的差距。后来马尔科姆率领一支庞大的军队回到苏格兰与麦克白争夺王位。双方在邓斯纳恩城堡附近展开了一场激烈的战斗，麦克白被击败并被迫撤退。战争持续了两年，麦克白被杀，1057年，马尔科姆登上苏格兰王位。

当诺曼人威廉征服英格兰时，大量的撒克逊人逃往苏格兰，这包括英格兰撒克逊国王的继承人埃德加王子和他的姐姐玛格丽特。玛格丽特后来嫁给了马尔科姆，成了苏格兰王后。由于与撒克逊王室的联姻，以及感激和友谊，马尔科姆和撒克逊王室结成联盟，还组织军队帮助撒克逊人反抗威廉入侵英格兰。然而，诺曼人太强大了，而苏格兰人能做的事情就是掠夺英格兰北部地区，把那里的居民作为奴隶卖掉。很多年后，几乎在所有苏格兰南部村庄都能找到英格兰人奴隶。1072年，两国达成和平，从彼此的交往中，苏格兰人获得了很大的进步。奢侈和文雅的生活品位开始流行，政府鼓励进口苏格兰没有的各种商品。1093年，马尔科姆在诺森伯兰的阿尼克战役中阵亡。

第387章

从挪威人马格努斯征服苏格兰到狮子威廉

（1093—1214）

马尔科姆战死的那一年，挪威国王马格努斯入侵了苏格兰群岛。他首先在奥克尼群岛的主岛登陆，废黜了奥克尼伯爵，占领了该岛。然后他去了赫布里底群岛，除了爱奥那岛——即使是凶猛的北欧人也将这个岛屿尊崇为神圣的地方，所有的岛屿都被洗劫。马格努斯又发动了对苏格兰的战争，不过在几次劫掠后，双方达成了和平协议，条件是苏格兰君主必须完全放弃可以用有舵的船环绕航行的岛屿。苏格兰人答应了。狡猾的马格努斯把一条小船划到了连接金泰尔半岛和苏格兰的狭长陆地附近，这里涨潮时会被水淹没。马格努斯手里掌着舵坐在船上，等到涨潮了驾船驶过那里。由于完成了环绕航行，他声称整个金泰尔归自己所有，因为协议里有这样的条款。

马尔科姆死后，苏格兰发生了几次革命，1107年，亚历山大一世成为苏格兰国王。在这一时期，苏格兰被划分为13个地区，每个地区由一位领主管辖，领主的权力非常大，几乎不受国王的支配。每个宗族都有独特的风俗习惯，而且有自己的法律。这一时期，没有国民大会或者议会为整个国家制定法律。

大约在此时，著名的丹麦海盗，也就是当时的海盗王斯韦恩横行一时。他是盖尔赛岛的领主，那是属于奥克尼群岛的一个小岛，他和那些无法无天的海盗盘踞在那里，似乎一直过着双重身份的生活，在家是农民，出海就是强盗。他们习惯于春天播种，家里的农作物自然生长的时候，他们乘船出海掠夺周围的海岸。曾经发生过这样的事情：有一次，斯韦恩独自驾船外出，遇到了奥克尼伯爵。两人素来不和，奥克尼伯爵试图抓住斯韦恩。斯韦恩不得不拼命逃跑，把船划到了一个很小的无人岛上的洞穴里，躲过了奥克尼伯爵的追赶。后来海水涨潮，斯韦恩藏身的洞穴被水淹了，他在洞里听见追兵正在四处寻找他的踪迹。之后有一段时间，斯韦恩都没有在奥克尼群岛露面，人们都以为他死了。

有一天，有人看见一艘商船从西边驶来，甲板上站着几个人。他们靠近了奥克尼伯爵居住的罗内岛并向岛上的人打听消息。人们告诉他们，奥克尼伯爵到岛的另一边去捕猎海豹了，他们不知道这艘商船上就藏着斯韦恩和他的随从。这些陌生人就朝那个方向驶去，很快发现了奥克尼伯爵和他的同伴。这时，斯韦恩带着一些配有武器的随从立即从藏身的货舱里冲了出来，抓走了伯爵，杀死了其他人。后来再也没有人听到过奥克尼伯爵的消息，但据说奥克尼伯爵被关进了一所修道院。许多年间，斯韦恩一直是最可怕的海盗。1159年，他在袭击都柏林时被杀。上面这些叙述可以作为那个时代社会风气的一个典型范例。

1124年，大卫一世成了苏格兰国王。他修建了荷里路德修道院，并将王宫定在爱丁堡。在他统治之前，珀斯是苏格兰的首都。利用苏格兰君主的软弱，赫布里底群岛的海盗建立起了一种势力。和英格兰一样，这一时期也是苏格兰的骑士时代，十字军东征巴勒斯坦的英雄中包括许多勇敢的苏格兰骑士。由于十字军东征，这个国家变得贫困不堪，最富有的贵族带着能筹集到的钱财离开苏格兰到东方去追求名望，而不是留下来改善这个国家的状况和人民的生活。因为需要大量的资金支持十字军东征，英格兰国王理查一世放弃了对苏格兰的主权。

当时苏格兰的人口由几个不同的民族组成。挪威人占据了奥克尼群岛和设得兰群岛，早期居民凯尔特人的后裔占据了北部高地，撒克逊人和诺曼人则占据了南部地区，他们被称为“低地人”。撒克逊人和诺曼人的后裔成了苏格兰主要的贵族阶级，此时他们已经非常强大了。和英格兰的贵族一样，每个苏格兰大贵族都拥有坚固的城堡、封地，也有封臣、扈从和奴隶。南方的人们使用的语言几乎和盎格鲁-撒克逊人一样，而高地人继续使用原来的盖尔语，穿着古老款式的服装，依然遵循祖先粗鲁的习俗而生活。他们和低地人之间存在很深的敌意，并认为低地人是侵夺他们祖先土地的入侵者。

1165年，狮子威廉成了苏格兰国王。当围攻诺森伯兰的阿尼克城堡时，他与英格兰国王发生了争执，并率领军队入侵英格兰。结果狮子威廉被英格兰贵族俘虏了，他们把他交给了英格兰国王。他一直被囚禁，直到后来同意俯首称臣，并向英格兰国王宣誓效忠，作为忠诚的保证还把贝里克和罗克斯堡这两座坚固的城堡交给英格兰国王，这才获得释放。答应了这些苛刻的条件，狮子威廉终于重获自由，以附庸国国王的身份回到了苏格兰。

在这期间，苏格兰出现了许多拥有大量土地的修道院，而且这些土地都是这个国家最丰产的良田，修道士的仆人和奴隶只要在修道院的土地上劳作一定年限，就能获得属于自己的农田和宅地。在那个年代，修道院是受压迫者最可靠的避难所，也是旅人最安全的宿处。

第388章

从亚历山大二世到班诺克本战役

（1214—1314）

1214年，亚历山大二世接替狮子威廉成为苏格兰国王。他在位期间与群岛领主、英格兰国王发生了一系列的战争。对于各个群岛领主，他希望缩减他们的权力，并使他们保持对苏格兰国王的附庸和依赖；而对于英格兰国王，他希望夺回以前苏格兰人在英格兰拥有的领地，包括诺森伯兰和其他地方。当时赫布里底群岛仍属于挪威。亚历山大二世向挪威国王哈克提出掏钱购买赫布里底群岛的建议，但是没有成功，因为哈克宣称自己根本不缺钱。于是亚历山大二世发动了一场对挪威人的远征，但他却在赫布里底群岛病倒了，后来死在那里。

他8岁的儿子继承了王位，也就是亚历山大三世。哈克继续袭击和劫掠苏格兰沿海地区，亚历山大三世一成年就组织了一支军队向侵略者进攻，双方在克莱德河口展开了激战，亚历山大三世大获全胜，哈克狼狈地逃往奥克尼群岛，在那里郁郁而终。哈克的儿子马格努斯和亚历山大三世达成了和平协议，收下一笔钱后将赫布里底群岛卖给了他。奥克尼群岛和设得兰群岛仍然服从挪威的统治，那里的居民主要是挪威人。

亚历山大三世把他的女儿玛格丽特嫁给了挪威王子埃里克，从而加强了与挪威的友好关系。在历史上，埃里克和玛格丽特的女儿被称为“挪威少女”。1286年亚历山大三世死后，“挪威少女”成了苏格兰王位的继承人，她从挪威前往苏格兰即位，但是死在了路上。这对苏格兰而言是一场巨大的灾难，由于王位继承权成了一个颇有争议的问题，很多与苏格兰王室有亲戚关系的人都宣称有权继承王位，结果自然导致了争夺王位的一系列战争，使这个国家长期处于悲惨的境地。

在众多要求继承王位的人中间，有两个人——罗伯特·布鲁斯与约翰·巴利奥尔的继承条件优于其他人，因此成为最后的王位争夺者。他们都是苏格兰贵族。英格兰国王爱德华一世以仲裁者的身份介入了王位继承人的选择，而苏格兰贵族为了避免内战，同意由他来决定这件事情。1292年，爱德华一世宣布支持约翰·巴利奥尔，约翰·巴利奥尔因此被加冕为苏格兰国王，但不是作为一个独立的君主，而是作为附属国的国王，服从于英格兰国王的权威。

新国王很快就发现爱德华一世的残暴。爱德华一世似乎想故意采取压迫的手段激怒约翰·巴利奥尔，诱使他发动叛乱，然后夺取苏格兰，使其成为英格兰国王的领土。因为根据封建法律，如果封臣发动叛乱，那么他领地的所有权将属于他的封君。爱德华一世的阴谋很成功，约翰·巴利奥尔在压迫下开始试图摆脱对英格兰国王的附庸关系。爱德华一世在邓巴打败并俘虏了约翰·巴利奥尔，剥夺了他的王位。接着爱德华一世在苏格兰所有重要的地方修建了坚固的要塞，并部署军队，他相信自己已经完全征服了这个国家，便放心地返回了英格兰。

不过苏格兰人并没有屈服，他们不甘心失去自由，一个有能力的领袖挺身而出，他就是威廉·华莱士。这个年轻人英勇、大胆，喜欢冒险，拥有非凡的个人能力。如同大多数伟大的英雄人物一样，人们或许高估了威廉·华莱士的精神品质，但有一点毫无疑问，他拥有比那个时代所有苏格兰武士更高级别的才能。他作为这个国家最杰出的勇士挺身而出时，成千上万的人聚集在他的旗帜下，他很快成了一支庞大军队的领袖。在斯特灵，他们与英格兰人展开了激烈的战斗，苏格兰人获胜，并迫使英格兰总督逃离苏格兰。英格兰人的要塞投降了，他成为苏格兰的摄政王，这时约翰·巴利奥尔还被关在英格兰的监狱里。

苏格兰爆发叛乱时，爱德华一世在佛兰德斯。他立刻赶回英格兰，召集了一支庞大的军队进攻苏格兰，在1298年的福尔柯克战役中击败了威廉·华莱士。爱德华一世恢复了对这个国家的统治权，大多数反叛的苏格兰贵族都宣誓效忠于他。威廉·华莱士拒绝屈服，并坚持与英格兰人斗争了很长时间。由于朋友的出卖，威廉·华莱士被押往伦敦。1304年，他在伦敦被判处叛国罪并被处决。

1306年，约翰·巴利奥尔的竞争对手罗伯特·布鲁斯成为苏格兰起义军的领袖，并坐在斯昆石上加冕为苏格兰国王。斯昆石是历代苏格兰国王加冕时使用的一块砂岩。在与英格兰人的第一次较量中，罗伯特·布鲁斯被打败了，不得不逃到森林里躲起来，身边只有几个追随者。由于躲在森林里很不安全，他逃到了爱尔兰海岸附近的拉斯林岛。得知苏格兰人已经准备好帮助自己，他立刻返回苏格兰，加入了他们的队伍，并发现有相当多的军队已经准备好战斗了。

按照当时历史学家的说法，英格兰国王爱德华二世率领了一支10万人的军队攻打罗伯特·布鲁斯，而苏格兰人的军队不超过4万人。然而，苏格兰军队极为勇猛，且为自己追求的自由备感鼓舞，所以当他们看到英格兰大军逼近时丝毫没有慌乱和畏惧，并为这场决定苏格兰命运的重大战役做好了准备。1314年6月4日，双方在班诺克本发生了一场激烈的战斗，爱德华二世被彻底击败。这场胜利确保了苏格兰的独立，同时也巩固了罗伯特·布鲁斯的王位。

第389章

大卫二世统治时期的苏格兰

（1314—1371）

虽然英格兰人已经失去重新获得苏格兰统治权的任何希望，但他们与苏格兰仍然长期保持敌对状态。当英格兰国王爱德华三世正在与法国人作战时，苏格兰国王大卫二世入侵了英格兰。但他遭到了英格兰北方贵族的阻击，并在1342年的内维尔十字战役中被击败。大卫二世成了英格兰人的俘虏被押往伦敦，囚禁在伦敦塔里。被囚禁11年后，大卫二世答应支付10万英镑赎金才被释放。这是一笔巨款，根据当时的货币价值，这笔钱在今天可能相当于1 000万美元。

之前构成苏格兰人口的几个民族，现在已经高度融合了，只剩下两个明显不同的族群——苏格兰高地人与低地人。低地人的文明程度超过高地人很多，在国家动荡不安的情况下低地人还发展出了许多有用的工艺和高雅的艺术，而他们的北方邻居非常鄙视文明生活的习俗和追求，认为自己不受法律约束，并将酋长视为唯一合法的统治者。氏族制度在低地人和高地人中盛行，实际上，低地人的大贵族和高地人的酋长一样不受君主约束。他们可以召集自己的氏族成员来保卫城堡和土地；几乎所有的氏族成员都会为自己效忠的君主战斗到最后一刻，在他们眼中，首先要服从君主的命令，而不是国家的法律。

封建贵族对其封臣和奴隶的权力在苏格兰和英格兰几乎是一样的，而且这两个国家的大人物所追求的生活方式也非常相似。他们的城堡里挤满了骑士、绅士、侍从和各种级别的家臣。在富丽堂皇的大厅里，宴会和观看吟游诗人表演是主要的娱乐；在户外，他们寻求更大胆的消遣，例如打猎、鹰猎和骑士比武。贵族家庭中许多职务是世袭的，例如吟游诗人、面包师、酿酒师、磨坊主和护林人。其中护林人的工作非常重要，因为他要负责照看主人森林里的所有猎物。按照惯例，年轻的首领在第一次狩猎远征回来时，要把猎装和武器交给护林人。所有的世袭职位都有一些额外津贴。当佃户把谷物拿到贵族的磨坊去磨时，要向贵族缴纳一定数量的粮食，其中一半属于磨坊主，1/4属于磨坊主的雇工。

苏格兰高地人聚集在一起

那时的神职人员也是猎人和战士，会

带领他们的臣属参加打猎和战斗。在战场上，他们与世俗贵族的唯一区别就是穿在盔甲外面的教士长袍。主教与修道院院长长期以来都是最主要的商人，只有他们才能拿出足够的资金从事商业活动，而且他们最早获得了渔业的专营权。在每一个封建庄园里都有一些佃户是自由的农民，他们租用贵族的土地，可以随时搬走。但仍有很大一部分人处于被奴役的状态，直到很久以后奴隶制度的残余才全部消失。战争时期发生的变化使许多人获得了自由，奴隶主也常常把自由当作礼物授予他们的奴隶，但是解放奴隶的事业进行得非常缓慢。15世纪末以前，苏格兰一直有奴隶。

与此同时，市民阶级迅速崛起，他们很快变得富裕和重要。市民这个称谓来源于自治城镇，起初是指商人和工匠的小型聚居地，这些人已经从领主那里获得了自由。他们组成了贸易社区①，改善了他们的小村庄，直到发展成城镇。国王时常会赋予这些城镇特权，他们知道国家的繁荣在很大程度上取决于对艺术和商业的鼓励。苏格兰最早的自治城镇是爱丁堡和罗克斯堡。市民们逐渐获得了选举地方行政长官和向议会派出代表的权利。他们主要的职业是铁匠、军械工、金匠、制革工、染色工和帽匠。苏格兰的铁匠和军械工不如英格兰的同行技艺高超，这导致英格兰政府制定了一项法律，规定不能将盔甲带往苏格兰，而且这一点总是会在通行证上被专门提及。当时的苏格兰人被英格兰人视为外国人。

在封建时代，苏格兰的教育状况与其他国家基本相同，知识完

① 在本书中，社区指在一定地域形成的社会生活共同体，与我国城镇按地理位置划分的居民区有着较大的不同，请读者稍加留意。——编者注

全掌握在修道士和神职人员手中，除了为教会服务而受教育的人，几乎没有人能读会写。在主要的城镇有一些修道士开办的学校，专门招收将来从事神职的男孩。他们通常会去牛津或巴黎完成学业，因为在罗伯特三世统治时期过后苏格兰才有自己的大学。

据说在14世纪，所有的苏格兰贵族都不会写自己的名字。不过这样的缺陷也不是什么丢脸的事情，因为在那个时代，好战的贵族们并不怎么看重学问。

无论高地、低地，所有阶层的人都穿格子布，每一个部落都以格子布的颜色和图案来区分。每个族人都会使用自己族长的姓氏，身上穿的格子布也是族长专有的颜色和图案。因此，想知道当时的人是哪个族长的族人，看他的姓氏和服装就可以了。制作格子布为苏格兰女性提供了源源不断的工作机会，因为把羊毛纺成线、染色和织布这些工序都是由女人完成的。

第390章

斯图亚特王朝

（1371—1509）

1371年，布鲁斯王室彻底灭亡，斯图亚特家族的罗伯特二世登上了苏格兰王位。斯图亚特这个名字来源于宫廷总管这一官职，由苏格兰公主玛杰里·布鲁斯的丈夫担任。她的儿子罗伯特是斯图亚特王朝的奠基人，在苏格兰与英格兰合并前，这个王朝一直统治着苏格兰。

贵族们拥有为自己而战的权利，并经常因此而造成混乱。如果有谁对他们的臣属造成了哪怕微不足道的伤害，他们就会使用武力去报复。这种私人战争性质的争斗经常发生在苏格兰和英格兰的贵族之间，边境地区总是遭到侵袭，并一直饱受着掠夺和流血的磨难。每一次争执后都会发生远征，这种类型的远征被称为“掠夺”，大批牲畜和俘虏被当成战利品带走。英格兰和苏格兰因此一直保持着敌对情绪，法国国王鼓动着这种敌对并与苏格兰君主缔结了联盟。

奥特本之战

1377年，理查二世成了英格兰国王，他就与苏格兰爆发了战争。一支法国军队被派往苏格兰，由海军上将让·德·维埃纳指挥，他是当时最伟大的战士之一。理查二世率领一支庞大的军队进入苏格兰，一直推进到爱丁堡，将这座城市洗劫一空并焚毁，只有荷里路德修道院得以幸存。侵略者摧毁了许多宏伟的建筑物，包括美丽的梅尔罗斯修道院。英格兰人的这次入侵并没有让自己占到什么便宜，因为这个国家被彻底摧毁了，入侵者最终因缺乏给养被迫撤退。正是此时，也就是1388年，发生了奥特本之战，这次战役我们已经在英格兰历史中叙述过了。有一首名为《切维蔡斯》（切维蔡斯是奥特本的别称）的古老民谣专门赞美这一事件。

1424年，詹姆斯一世对政府进行了大幅度的改良，尽可能地以英格兰议会为模式重建苏格兰议会。他设立了执法公正的普通法院，取消了贵族在自己领地上的独裁权力——这是欧洲各国封建贵族长期享有的特权，这种特权使贵族拥有对其封臣生命和财产的绝对控制权，取消这一特权大大限制了贵族的权力。经过一段时间，詹姆斯一世终于通过这些手段完成了他的伟大计划，使贵族附属于君主的权力之下，并改善了中下层阶级的状况。

他还用本国语言替代之前的拉丁语，重新编写了所有法律。这一时期颁布的法律中有一条与被称为“强求膳宿者”的乞丐人群有关。这些人假装是绅士，到处游荡，闯入别人的家里并坐在餐桌旁，把主人给的东西视为自己的权利而不是恩惠。他们声称自己出身高贵，其中有些人还毫无顾忌地带着随从骑着马在乡间游荡，而这些随从其实也是乞丐。为了打击这种恶劣行径，政府颁布了一项法令，不允许这种人在农舍或者任何住所请求或索取招待。不过有一种人例外，即获得许可的乞丐，他们被称为“蓝袍”或者“国王的受施者”。这些都是70岁以上，或是陷入不幸但值得尊敬的人。地方行政长官会授予徽章来区别身份，这个关于行乞者享有特权的可敬规则在苏格兰一直延续很长时间。

詹姆斯三世统治时期，他通过与丹麦公主的联姻把奥克尼群岛和设得兰群岛并入苏格兰。当时整个欧洲盛行对占星术的信仰，几乎所有君主都会时不时地向被认为精通这门想象科学的人寻求关于未来事件的信息。詹姆斯三世对此非常上瘾。一位占卜师曾对他说，他会死在最亲近的人手里，于是他以“叛国罪”的罪名将自己的两个兄弟囚禁起来。这一行为与他的另一些为政举措使他不得人心。他是一位伟大的艺术赞助人，尤其是建筑艺术，并把大部分时间花在这上面了。他对建造豪华建筑的嗜好到了可怕的程度，以至于加剧了人民的不满，因为国王的开支增加了他们的纳税额。国王还攫取了原本属于教会的部分收入，对神职人员来说这是严重的冒犯。

这一时期，贵族的权力极大地增加，而詹姆斯三世采取了一系列措施以削弱贵族的权力。这些措施加上他先前不受欢迎的行为，引发了叛乱。南方的贵族拿起武器，公开宣布废黜国王，并让国王的儿子罗撒西公爵登上王位。年轻的王子被贵族邪恶的计谋误导了，站到了他们那边，拿起武器反对自己的父亲；北方的贵族则拥护詹姆斯三世。双方进行了战斗，地点就在令人难忘的班诺克本战役发生地1英里外。国王看到他的儿子率领敌人向他发起了攻击，或者是想起了那个占卜师的预言，或者眼前的情景使他深感震撼，这个不幸的父亲因此失去了所有的勇气，逃离了战场。

当他穿过班诺克本的一条小河时，一个正在打水的可怜女人被他飞驰而过的马吓了一跳，把手中的水罐扔在了他面前。受惊的马突然直立起来，詹姆斯三世被掀翻在地，摔成了重伤，接着被带到了附近的一个磨坊里。一个正在追赶国王的叛乱者听到磨坊里传出那个女人的求救声，就冲了进去，认出了詹姆斯三世，立刻用剑刺穿了他的心脏。1487年，詹姆斯三世的儿子接替了王位。

虽然詹姆斯四世对他父亲做出了违背人伦的行为，但他对苏格兰的统治却很明智，苏格兰人在他统治期间享受了前所未有的安宁和繁荣。在亨利七世时期，珀金·沃贝克觊觎英格兰王位，詹姆斯四世为他提供庇护，还入侵了英格兰，希望能推翻亨利七世。在发现这样行不通后，詹姆斯四世和亨利七世达成了停战协议，不再保护珀金·沃贝克。詹姆斯四世后来娶了英格兰国王的女儿玛格丽特公主，与英格兰结成了更紧密的联盟。这场联姻使两国签订了一项和平条约，根据条约，贝里克镇将永远割让给英格兰。詹姆斯四世和玛格丽特的结合对两个王国未来的命运产生了巨大影响，因为玛格丽特是苏格兰玛丽女王的祖母。

第391章

从弗洛登战役到里奇奥被谋杀

（1509—1566）

亨利七世活着的时候，苏格兰和英格兰一直保持着和平，但在他死后，詹姆斯四世和亨利八世产生了许多分歧，还导致了战争的再次爆发。英格兰人以“海盗罪”扣押了两艘苏格兰舰船，尽管很清楚这是属于苏格兰国王的战舰。詹姆斯四世决定入侵英格兰。他手下最明智的大臣都竭力劝阻，希望他不要鲁莽行事，但他一心想发泄怨恨，还是召集了所有能参战的人，命令他们带着40天的给养到爱丁堡。人们心情悲凉，却只能服从，因为他们明白这件毫无用处的事情极可能导致毁灭性的结局。

詹姆斯四世集结了一支庞大的军队，带着贵族精锐一起进入英格兰。当时亨利八世在法国，萨里伯爵受命指挥英格兰军队迎战苏格兰人。当詹姆斯四世越过边界时，萨里伯爵已经到达了诺森伯兰。1513年9月，双方在弗洛登展开了战斗。苏格兰人被打败了，詹姆斯四世和大多数贵族一起被杀。詹姆斯四世的尸体始终没有找到。

詹姆斯五世接替了苏格兰王位，他竭尽全力重建与英格兰的和平，并试图与难以驾驭的苏格兰族长友好相处。他率领一支由士兵与猎人组成的非正规军队，假装打猎偷偷在乡间前进。他用武力夺取了几座城堡，将那些有违法犯罪行为的族长处死，并把他们的土地变成牧羊场，还因此获得了巨大的利润。他的舅舅亨利八世因此称他为“农场主”。然而，这在那个时代很平常，所有的大人物——国王、贵族、主教、修道院院长等等——都会养羊，并将羊毛运到国外销售，所以他们都是商人，其中许多人通过商业交易获得了大量的财富。

詹姆斯五世娶了法国公主玛丽，她是法国大贵族吉斯公爵的妹妹，对迫害法国新教徒非常积极。正是由于和这个强大家族的联姻，詹姆斯五世成了宗教改革的死敌，而当时宗教改革在苏格兰迅猛发展。他残酷地迫害新教徒，很快就因宗教问题卷入了与亨利八世的争斗。战争爆发了，詹姆斯五世试图召集庞大的军队，但是臣民对他极为不满，他的努力因此徒劳无功。那些决心跟随他的人并没有给予有力的支持，以致他所有的军事行动都失败了。在入侵坎伯兰的战役中，一支1万人的苏格兰军队竟然被500名英格兰人击败了。这场耻辱的失败加上手下贵族轻蔑的态度使詹姆斯五世羞愧难当，他选择了在福克兰城堡隐退。1542年，詹姆斯五世在他不幸的女儿，即后来的苏格兰女王玛丽出生的第六天，在懊丧中郁郁而终。

苏格兰的王位现在传给了一个女婴，亨利八世希望苏格兰女王能和他的儿子爱德华结婚，从而使两个国家联合。苏格兰议会按理说会同意这个提议，但亨利八世希望女王成年前由他治理苏格兰。

关于这一点的争执导致亨利八世向苏格兰宣战，玛丽被送往法国避难，在那里接受教育，并嫁给了法国国王亨利二世的皇太子。玛丽再次回到苏格兰时，距离詹姆斯五世去世已经17年了。正是在这段时间，宗教改革运动在苏格兰取得了成功。在英格兰，国王已经下令废除天主教。在苏格兰，加尔文的门徒、著名的宗教改革领袖约翰·诺克斯通过布道也废除了天主教。

玛丽的丈夫成了法国国王，即弗朗索瓦二世。他即位后不久就死了，当时只有19岁的玛丽被召回自己的祖国继承王位。玛丽的表姑伊丽莎白当时是英格兰女王，而很多人认为玛丽比她更有资格继承英格兰王位。因此，玛丽在她丈夫还在世时，曾被劝说接受过“法兰西王后与英格兰女王”的头衔，这是伊丽莎白永远不能原谅的僭越行为。苏格兰人起初对这位年轻的女王非常满意，但是玛丽对臣民却不太满意。她是天主教徒，接受的是法国的礼仪教育。对她来说，苏格兰就像异国他乡。人民对天主教会的反对情绪十分强烈，整个国家处于极不稳定的状态。敌对的族长间内战不断；很多地方强盗成群，他们住在古堡的废墟或者废弃的修道院里，这些地方为他们自己和掠夺而来的战利品提供了安全。

玛丽女王的不幸开始于她与苏格兰贵族达恩利勋爵的婚姻。达恩利和玛丽女王一样，也有继承英格兰王位的资格。伊丽莎白想尽一切办法来阻止他们的结合。苏格兰的新教贵族也反对这桩婚事，因为达恩利是天主教徒。随后新教徒发动了叛乱，玛丽女王亲自率领军队与他们战斗。叛乱分子很快被击溃，四散而逃了。然而，玛丽女王却卷入了家庭纠纷。达恩利是个自私自利的人，意志薄弱、脾气暴躁，他很快就失去了女王的垂青。达恩利的嫉妒和猜忌使玛丽女王烦恼不堪。无论她和谁交往，只要她表现出似乎很高兴的样子，那个人就会成为丈夫怀疑的对象。她有一个秘书名叫大卫·里奇奥，来自意大利，受过良好的教育，还是一位出色的音乐家。玛丽女王给了他一定程度的恩宠，这引起了许多宫廷大臣的憎恶，使他树敌无数。达恩利更是对里奇奥产生了强烈的嫉妒，一天晚上，当玛丽女王和几位女伴一起与里奇奥享用晚餐时，达恩利带着几个亲信的贵族冲进房间，把里奇奥从餐桌上拖了下来，当着女王的面用剑刺穿了他的心脏。女王试图阻止，但也没能挽救他的生命。

第392章

从谋杀达恩利到苏格兰内战

（1566—1573）

玛丽女王从荷里路德宫逃到了邓巴城堡，决心报复达恩利的残忍行为。她召集了利益相关的贵族，并组建了一支8 000人的军队。达恩利假装对自己的罪行感到后悔，加入玛丽的队伍和她一起对付杀死里奇奥的其他同谋。其中的主要人物是莫顿伯爵和鲁斯凡勋爵，他们已经逃到英格兰去了，与此同时，莫里伯爵和其他一些曾因为反对女王的婚姻遭到放逐的人返回了苏格兰，并再次得到了女王的恩宠，其中包括博思韦尔伯爵。他是一个大胆、野心勃勃的人，也是达恩利的死敌。尽管他对女王的丈夫怀有很深的敌意，但女王还是授予他很高的荣誉。

后来达恩利染上了天花，被转移到爱丁堡附近的一个教堂里。一天晚上，就在玛丽女王离开达恩利返回荷里路德宫的路上，教堂被火药炸毁，达恩利也被炸死了。毫无疑问，博思韦尔伯爵是这起谋杀案的主谋，他因此受到了审判。但是，按照当时的习惯，他走进法庭时身边簇拥着全副武装的朋友，还跟着一队雇佣兵。法官们不敢拿自己的生命冒险宣判他有罪，最后他被无罪释放了。

玛丽女王后来的行为强烈地表明她也参与了这场谋杀。仅仅过了几个月，她就嫁给了博思韦尔伯爵，因此她失去了大部分臣民的尊敬和爱戴。她的罪行从未被公开证实，但人们相信她犯下了谋杀罪。玛丽女王的儿子，年幼的詹姆斯王子被软禁在斯特灵城堡，马尔伯爵负责监视他。人们对玛丽女王可耻的婚姻如此愤怒，以至于许多贵族联合起来想要把她赶下王位。

女王和博思韦尔伯爵逃到邓巴城堡，在那里集结了军队，打算与叛乱分子作战。但是几乎所有人都对女王不满，甚至连她的同党都宣称除非将博思韦尔驱逐出境，否则拒绝站在她这边。她很不情愿地答应了这个条件，然后博思韦尔就去了奥克尼群岛。后来他被丹麦人俘虏，被带到挪威，又从挪威被带到瑞典，最后死在马尔莫城堡里。

博思韦尔离开后，玛丽女王表示愿意与叛乱分子和解。她回到了爱丁堡，却发现自己已经完全失去了人民的尊重。事实上，那些拿起武器反对她的贵族已经决定再也不让她统治苏格兰了。他们将玛丽女王监禁在位于一个湖心小岛上的列文湖城堡，并派守卫时刻严密监视她。1567年，在经历了几周的监禁和苛刻待遇后，玛丽女王被迫签署了一份退位文书，将王位让与自己年幼的儿子。玛丽女王统治苏格兰大约7年，尽管还不到26岁，但她已经结过三次婚了。

莫里伯爵被任命为摄政王，而玛丽则继续在列文湖城堡被监禁了10个月。最后她逃跑了，几个贵族加入了她的队伍，还召集了

苏格兰女王玛丽被监禁在列文湖城堡

5 000人的军队试图帮助玛丽夺回王位。这支人数不多的军队在朗塞德遭遇了摄政王莫里的精锐部队。1568年，玛丽的军队被击败了，她轻信了表姑英格兰女王伊丽莎白的慷慨大方，逃到了英格兰。结果这位冷酷自私的英格兰女王将玛丽关进了监狱，对待她就像对待自己的政治对手一样充满嫉妒。在被囚禁长达18年后，伊丽莎白女王以“谋反”的罪名判处玛丽死刑。1587年，不幸的苏格兰女王在佛斯里亨城堡被斩首。在苏格兰历史上，没有哪一段历史比这位著名女王的性格更能引起人们的讨论了。一些作家坚持认为在达恩利被谋杀的事情上她是无辜的，但历史上的普遍说法都对她不利。她的美貌、才艺和不幸使人们在评判她所犯的错误时变得温和，而她的悲惨结局，与其说是因为她的轻率鲁莽，不如说是因为对手伊丽莎白的嫉妒、狠毒和报复心理。

玛丽逃离苏格兰后，这个国家又发生了漫长的内战。摄政王莫里骑马穿过林利斯戈的街道时，被一名躲在窗户后面的玛丽党羽一箭射死。伦诺克斯伯爵被任命为新的摄政王，但他很快就在与玛丽党羽的战斗中被杀了。

接替他的马尔伯爵不久后在参加莫顿伯爵举行的宴会时突然死了，当时的情况使人怀疑有人给他下毒，而接任摄政王的正是莫顿伯爵。这段时期，苏格兰处于非常悲惨的境地。人们分成两派——“女王派”和“国王派”，这是一种致命的对立，导致父子之间刀兵相见，兄弟同室操戈。和平时期的所有职业都中断了，商业和农业被荒废了，村庄被烧毁，双方抓获的俘虏被处决。

在这个不幸的时期，苏格兰充分展现了内战带来的恐怖。两个政府同时存在。摄政王在斯特灵召开了一次议会，而同一时间女王派则在爱丁堡召开了议会，他们一直占据着那里的城堡。据说莫顿伯爵与英格兰女王伊丽莎白曾秘密通信，并按照她的指示行事，也就是说伊丽莎白把苏格兰女王关进监狱后，用这种方式对苏格兰行使了间接权力。“女王派”逐渐衰落，摄政王于1573年攻陷了爱丁堡城堡，为这场斗争画上了句号。

第393章

从詹姆斯六世即位到英格兰与苏格兰合并

（1573—1707）

詹姆斯六世15岁时开始掌权治理苏格兰。由于种种原因，莫顿伯爵成了詹姆斯六世讨厌的对象，他被指控参与了达恩利谋杀案，虽然从未得到令人信服的证据，但他还是被判处死刑，财产也被没收了。这时玛丽还在英格兰的监狱里饱受折磨，但是詹姆斯六世没有为解救自己的母亲作出任何努力。他生性懒惰，是个十足的懦夫。对伊丽莎白的惧怕彻底打消了他对母亲的感情和为人子的孝心。在他统治早期，不满的贵族们一直策划针对他的阴谋，边境部落和高地人长期争斗不休，以及国王与长老会神职人员在主教制度问题上的争执，都使他心烦意乱，扰乱了他的统治。那个时期的苏格兰几乎所有贵族都会拿起武器去和某个与自己敌对的族长争斗。

1603年，伊丽莎白女王去世，詹姆斯六世继承了英格兰王位。这两个国家仍然是独立的王国，各自有自己的议会和不同的法律，但由同一个国王治理。此时守卫边境已经没有必要了，也因为人们希望最好能把一些最不安分的部落从他们的领地迁走，所以他们被派往荷兰参战，那里的人正在为摆脱西班牙人的统治而战斗。这一措施结束了那些地区长期以来使人感到头疼的纷争。

詹姆斯六世最热衷的目标是恢复主教制，意图迫使苏格兰人接受英格兰教会的礼拜仪式。苏格兰在宗教改革时期废除了所有的节日。詹姆斯六世决心以英格兰教会的管理制度为范本整顿苏格兰的教会，抱着这样的想法，他在1617年回到了苏格兰，但是他的尝试失败了，唯一的结果是他在苏格兰非常不受欢迎。

詹姆斯六世死于1625年，他的儿子查理一世继承了两个王国的王位。在查理一世即位后的12年里，苏格兰一直处于和平状态，人民的生活状况也得到了很大的改善。然而，苏格兰美好的前景却被国王鲁莽轻率的行为毁于一旦，正如我们已经在英格兰历史中提到过的一样，查理一世试图废除苏格兰长老会形式的教会管理制度，并根据英格兰教会的模式引入主教制度。结果很快引发了叛乱，苏格兰人民签订了《庄严同盟与圣约》，不惜一切代价维护长老会的礼拜形式。

这个著名的盟约是由爱丁堡的大多数人签署的——贵族、神职人员和各个阶层的公民。盟约的副本被送到苏格兰所有主要的城镇，都受到了热烈拥护，人们成群结队地签署盟约。国王决定用武力来镇压誓约派，而后者决心抵抗到底。双方都集结了军队，一场内战再次打断了这个国家良好的发展势头。国王的军队被打败了，被迫撤退到英格兰。后来英格兰内战爆发，使他无法进一步关注苏格兰的事务。

苏格兰人完全无法与英格兰的共和党人达成一致；后来当查理一世1649年被处死的时候，他们立刻宣布拥立他的儿子查理二世为苏格兰国王。查理二世当时在欧洲大陆，他一到苏格兰，国内的贵族和领袖就强迫他签署了盟约，并郑重承诺支持苏格兰现有的宗教形式，然后才向他宣誓效忠。

克伦威尔率军进入苏格兰，反对查理二世成为国王。苏格兰人集结了一支庞大的军队，由莱斯利将军指挥，准备抵御英格兰人的进军。他们在邓巴向克伦威尔发起了进攻，但是被克伦威尔彻底击败。克伦威尔将查理二世赶出了苏格兰，一直把他赶到了伍斯特，我们在前面已经提到过。蒙克将军率领英格兰军队占领了苏格兰，在接下来的9年里，由英格兰国王任命的行政长官统治着苏格兰，同时苏格兰派遣一定数量的议员去参加英格兰议会。

1660年，流亡在外的查理二世又重新成了英格兰和苏格兰两个国家的国王。他在苏格兰的统治充满了残暴和压迫。他迫害长老会的支持者，处死了阿盖尔侯爵①——阿盖尔是长老会的重要支持者，也是当初迫使查理二世签署盟约的主要人物。长老会的神职人员被驱逐出家园，被迫逃到山洞里避难。监狱里挤满了不信奉英格兰国教和不愿意遵循英格兰教会礼拜方式的人。当监狱里人满为患，囚犯们则被送到大西洋彼岸的种植园里，当作奴隶出售。

正是这个时期，苏格兰军事指挥官克拉弗豪斯的约翰·格雷厄姆以他对盟约派的血腥暴行闻名。起初，盟约派在面对国王的军队

---

① 英国国王理查一世为拉拢第八代阿盖尔伯爵，于1641年晋升其为侯爵。——编者注

时获得了优势，击败了约翰·格雷厄姆率领的强大的骑兵部队，并占领了重镇格拉斯哥。但最后，蒙茅斯公爵率领军队从英格兰向格拉斯哥挺进，并在1679年的博思韦尔桥战役中击败了盟约派。这场战役宣告盟约派的暴动被彻底镇压。

从这一时期到1688年英格兰的光荣革命前，苏格兰的历史充斥着由宗教纷争引起的麻烦。詹姆斯二世像他的前任一样残暴地统治苏格兰，并试图把天主教强加给苏格兰人民。然而，威廉三世的即位结束了所有迫害，长老会的礼拜形式得以恢复。在其继任者安妮女王的统治时期，英格兰和苏格兰于1707年签署了《联合法案》，成为一个共同的君主制国家，即大不列颠联合王国。

第394章

苏格兰的社会生活

苏格兰首府爱丁堡的地理位置非常奇特，这座城市坐落在3条山脊上，中间被深深的峡谷隔开。直到18世纪末，整座城市就是坐落在中央山脊上的旧城。那里的房屋都挤在最狭小的空间里，有些房屋甚至建在12层或14层楼那么高的地方。几乎所有的富人和上流社会人士都住在新城。新城是用精美的砂岩建造而成的，是整个大不列颠最优雅的城镇之一。

特殊的地理位置为爱丁堡的美景增色不少。城市的一侧是爱丁堡城堡，城堡坐落在一片高地之上，从那里可以俯瞰这座城市；另一侧是一排陡峭的山冈，其中最高的山叫亚瑟王座山。这个城市给人留下最深印象的不是它的总体，而是它特有的建筑之美。爱丁堡的主要建筑物有荷里路德宫、赫里奥特医院和圣吉尔斯大教堂，最近还竖起了一座沃尔特·司各特爵士的纪念碑。爱丁堡的法庭吸引了大量游客前来参观。这是一座科学和文学气息极为浓厚的城市，在大不列颠被称为“现代雅典”。这里的图书销售和出版业务规模很大。海上贸易是通过爱丁堡的港口利斯进行的。爱丁堡有17万人口。

格拉斯哥是苏格兰的商业中心，是整个大不列颠人口第三多的城市。这座城市建造得非常漂亮，而且那里的大教堂是苏格兰最好的教堂之一。公共建筑也因其优雅而引人注目。格拉斯哥有一所400年历史的大学，里面有3座公共图书馆和1座植物园。这座城市的人口大约有30万人。格里诺克是格拉斯哥的海港，那里的贸易量很大。

佩斯利是一个大型的制造业中心，出产质地最好的细棉布。那里也有一些非常精美的建筑。

阿伯丁被称为“北方女王”。这座城市由新城和旧城两个部分组成。旧城看起来有点像村庄，但国王学院那些历史悠久的精美建筑为它增色不少。新城是一座非常漂亮的城市，用附近大量出产的花岗岩建造而成，人口大约2万人。邓迪是苏格兰人口和财富排名第四的城市，其亚麻布和帆布的产量很大。

苏格兰耕地面积所占的比例很小，而且那里的居民长久以来都厌恶农业生产。苏格兰只有1/4的土地在耕种，尽管土地贫瘠的自然条件使苏格兰永远不可能成为一个丰产的国家，但在不到一个世纪的时间里，这个国家的农牧业仍然获得了很大的发展。人们饲养了大量的黑牛，山坡上到处都可以看到放牧的羊群。苏格兰主要的农作物是燕

苏格兰牧羊人

麦，那是农村人口的主要食物。大麦的种植也有一定的比例，不过其主要是用于酿酒。在高地，大麦是一种非常原始的农作物。苏格兰的主要出口商品是牛羊，销往英格兰的数量非常可观。制造业的主要产品是亚麻布，大部分原材料是进口的。渔业是这个国家一个重要的产业分支，沿海地区盛产鲱鱼和鳕鱼，主要与波罗的海国家进行贸易。

苏格兰是一个严肃、爱思考，同时也勇敢、有进取心、有抱负和不屈不挠的民族。在这些品质的推动下，他们义无反顾地离开了自己的祖国，到英格兰或者大西洋彼岸的国家去追求他们渴望的财富和名望。苏格兰人生来高傲的性格直到现在仍然很普遍，尤其是在高地部落中。文学在欧洲复兴后不久，苏格兰人就以一种特殊的热情投入文学发展中。即使是在追求学术的年代，司各脱和克赖顿在整个欧洲也享有盛名。当人们对古典知识有了更深刻的认识之后，布坎南用极为纯正的拉丁语创作的作品赢得了广泛的赞誉。几个世纪以前，苏格兰对纯文学的研究水平比其他许多国家都要更胜一筹，不过后来许多国家在这方面已经超过了苏格兰。现在被称为“苏格兰土腔”的方言以前是一种文雅的宫廷用语和有修养的民族使用的语言。

苏格兰人早期的文学作品在表现细腻情感方面或许没有比现代作品更高明，但至少也是不相上下的。在苏格兰文学的早期和现代之间曾有过一段特殊的时期，文学在当时备受冷落。

大约在18世纪中叶，苏格兰文学又以极大的活力恢复了生机，并继续蓬勃发展，直到今天仍然光彩夺目。苏格兰有很多杰出的作家，历史方面有休谟、罗伯逊和麦考莱；道德哲学和政治哲学方面

罗伯特 · 彭斯

有里德、史密斯、弗格森、凯姆斯、斯图尔特和布朗；诗歌方面有国王詹姆斯一世、道格拉斯、巴伯、拉姆塞、彭斯和沃尔特·司各特爵士；尤其是沃尔特·司各特爵士，他将浪漫主义小说提高到了一个新的高度并赢得了无与伦比的声誉。

在自然科学方面，苏格兰也有很多值得骄傲的人物，格雷果里、西姆森、布莱克、普莱费尔、赫顿和莱斯利都是非常著名的科学家。长期以来，苏格兰都是欧洲学识最渊博的民族之一。这得益于他们的教区学校，穷人也可以用很少的费用让他们的孩子在这些学校里接受教育。在苏格兰，几乎没有不送孩子去学校上学的父母。

苏格兰一直是一个非常虔诚的民族。在天主教时代，天主教会在苏格兰的影响力比在英格兰更大，而且教会在苏格兰获得的国民财富也比在英格兰多得多。但是苏格兰人民满怀热情地开始了他们宗教改革的事业，把他们的邻居远远抛在了后面。这场决定王国政治命运的殊死斗争延续了近一个世纪，苏格兰人最终争取到了他们钟爱的长老会形式，这与他们最深恶痛绝的浮华仪式有着天壤之别。长老会的原则在于全体神职人员完全平等，每个牧师都有各自的教区，由他们履行所有的教会职能。长期以来一直与财富和权力联系在一起的主教头衔被取消了，取而代之的是牧师的头衔。教政管理由长老监督实施，长老是由某一地区的牧师和信徒开会选举产生的。

堂会由一个牧师和一些年长者组成，是教政管理体系中最基层的裁决机构。区会由几位长老联合组成。总会是最高级别的教政机构，由来自各个区会和堂会的代表组成，其中一部分是牧师，一部分是信徒。总会每年举行会议，所有与宗教事务有关的问题都可以在会议上讨论、申诉。国王派遣一个专员去出席总会会议，并自称有权召集和解散会议；但是，长老会教派本身就否定了这种权利，因为它不承认国家的干预，并认为教会和国家的权力是相互独立的。1696年，苏格兰通过议会法案，长老会成为国教。

苏格兰人对他们的国教怀有非常强烈的感情。他们比英格兰人更注重星期日的宗教仪式。他们对牧师的选择极为苛刻，在很长一段时间里，长老会的惯例是任何人担任教职都必须经过教区民众同意。教会最近在这一点上出现了一次非常严重的分裂，许多人脱离了现有的长老会体系。

沃尔特·司各特爵士

尽管文明在进步，文学和商业的广泛传播对消除地方偏见也发挥了作用，但苏格兰还没有真正成为一个民族。他们仍然被划分为高地人和低地人——两个不同的阶层，他们在衣着、语言和整体社会观念方面都大不相同。高地人在身体上和精神上都保留了许多古老的特征，这些特征非常明显，但在大不列颠其他地方几乎看不到了。他们说盖尔语，穿着他们特有的服装布料。这种布料是苏格兰格子呢，用亚麻和羊毛混纺而织成的织物，上面装饰着色彩艳丽的条纹，这些条纹交叉在一起的不同样式就是区分不同宗族的标志。男人们穿着传统短褶裙，紧身裤的裤脚紧紧扎在膝盖下面；边境上的牧羊人现在仍戴着一种款式与众不同的软帽。低地人在衣着和习俗上更接近英格兰人。他们说英语，带有各种斯堪的纳维亚方言的口音。

苏格兰大城市的建筑风格与英格兰没什么区别；但苏格兰农民的住所粗陋得让人吃惊，尤其是在高地地区。农民住的茅屋一般是由碎石瓦砾砌成的，上面抹着一层泥巴。屋里隔出一部分养着猪和牛；没有烟囱，烟是从屋顶上的洞排出去的。床上铺的是羊齿草。

苏格兰人在饮食方面很节俭。农民们吃得很差，很少能吃到小麦面包，吃肉对他们来说是过节才有的待遇。他们的食物基本上是燕麦薄饼和燕麦粥，也会加上一些蔬菜，他们的小菜园里主要种着甘蓝。苏格兰人有一些他们全民族所钟爱的菜肴，其中排在首位的是肉馅羊肚，这道菜是把燕麦、肥肉、羊内脏和洋葱混在一起塞进羊胃里煮熟而成。

一般说来，苏格兰人对大不列颠联合王国的王权非常忠诚，他们已不再怀有民族独立的思想。他们喜爱一种简单而悲凉的乡土音乐，表达的是他们钟爱的乡村情怀和情感。从严格意义上来说，全国性的娱乐活动只有足球和高尔夫球。滑冰和冰壶在冬季也非常受欢迎。上流社会的娱乐活动几乎和英格兰一样。高地人喜欢跳舞，他们有最钟爱的民族舞蹈。

第395章

爱尔兰：古代的爱尔兰人

（前200—432）

爱尔兰岛的地貌多种多样，但不像苏格兰那样多山。中心部分比较平坦，北部和南部高山较多。爱尔兰的沼泽是这个国家一个显著的特征，面积非常大，占整个岛屿面积的1/10。沼泽大多是泥炭地，深达15~40英尺。岛上的湖泊虽然很小，但数量很多。大部分土壤易于耕种；总的来说，这是一个肥沃丰产的岛屿。海岸通常有很多岩石。北岸是著名的玄武岩石柱群，被称为“巨人的堤道”。

从语言上看，爱尔兰最早的居民，也就是现在土著民族的起源，似乎属于凯尔特民族的一个部落。这个国家的历史直到罗马人征服英格兰很久以后才为人所知。然而，对爱尔兰出土的精美文物的思索引出很多推测，填补了这一段空白的历史。据说，迦太基人和腓尼基人在公元前好几百年的时候就曾航行到爱尔兰，并在这个岛上定居，这种说法是有一定的事实依据的。这个国家现在仍然可

爱尔兰圆塔

以看到许多被称为圆塔[1]的古代建筑，那应该是腓尼基人建造的。有些人认为这些圆塔是波斯的火神庙，也有人认为是挪威人或丹麦人建造的。关于这一点没有完全令人信服的结论。古人曾给这个岛起名为“海伯尼亚”。

爱尔兰人有一个传说，大意是约公元前200年，一个来自欧洲大陆的蛮族部落经由西班牙移民到爱尔兰，并占据了整个岛，他们被称为司格提人或者米利西安人；但是关于这些人的信息，我们只

① 爱尔兰现在已知的圆塔或者塔的遗迹有107个。它们高低不一，通常高80英尺，也有一座塔高120英尺。它们的历史非常悠久，正如最早的作家谈到这些圆塔时所说的那样，它们非常古老，来历不明。这些圆塔似乎分为三层，上面有一层锥形的石头屋顶。门位于距离地面很高的地方，在靠近顶部的位置有窗户或者气孔。一些圆塔是用凿得很精细的石材建成的，而另一些则很粗糙。——原注

能在吟游诗人的传奇故事里找到，而这些故事无疑是既有事实又有虚构成分的。因为司格提人这个名称，爱尔兰就被称为苏格兰，这两个国家的早期历史也因此令人困惑不已。罗马人在占领不列颠岛期间，没有试图入侵爱尔兰，所以那里的古代居民在很长一段时间内没有发生因为外族融合而带来的改变。很多当地人仍在说最初的凯尔特语，在被英格兰人征服之前几乎没有什么改变。当罗马人在开化和改善不列颠岛时，爱尔兰这个与其邻近的岛屿仍然保持着在第一次殖民时的原始状态；或者我们承认爱尔兰历史学家宣称的观点——在这个时期，爱尔兰土著文明达到了很高的水平。

我们听说在爱尔兰早期历史上，有5位国王统治着这个岛，他们分别是阿尔斯特王、芒斯特王、伦斯特王、康诺特王和米斯王。米斯王是其中最有优势的一位。除了这5位国王，还有许多地位较低的酋长，他们也自称为国王，在各自的部落都是拥有绝对权力的统治者，就像苏格兰高地的族长一样；但他们都是5位国王各自统治范围中的从属，作为附庸国向其中一位纳贡。这5位国王之间的战争几乎从未停止，他们各自的从属会在这些冲突中提供帮助。

在米斯王的领土上有一个地方叫塔拉王宫。这是古代爱尔兰国王的住所，也是一年一度召开国民大会的地方。立法者是德鲁伊教的一个阶级，被称为布里恩，他们担任地方官和法官。这些古代的法官坐在山顶上露天的审判席上，听取所有的控诉，然后根据自己的是非观念来决定每一件事情。《布里恩法》主要是关于土地继承的法律，因为当时土地的管理方式常常引起争执和流血事件。

爱尔兰人的主要目标是获得对他人的权力；由于他们的力量取决于领土范围，所以每个酋长都渴望得到尽可能多的土地。那个时期的爱尔兰，货币还没有出现，都是用牲畜来完成交易。人们穿着羊皮，大部分住在山脚下挖的洞穴里。酋长的住所是一间小木屋，外面用土墙围起来作为防御工事。

据说基督教是由圣帕特里克传入爱尔兰的，关于圣帕特里克，我们知道这样的传说：一个爱尔兰酋长曾入侵法国北部海岸，带回了很多俘虏，其中有一个年轻人叫帕特里修斯，也就是帕特里克。他在爱尔兰被当成奴隶卖了，主人让他去放羊。由于他的宗教思想，他惯常一边带着羊群在山上漫步，一边沉思爱尔兰人的偶像崇拜。被奴役了6年后，他逃回了法国；但是他不能忘记逃离的那片土地。

他致力于宗教研究，直到45岁时，他向教皇申请允许他重访爱尔兰，目的是向当地人宣讲基督教。教皇很乐意地答应了他的请求，并任命几位神职人员一起去协助他完成这项事业。帕特里克大约在432年回到爱尔兰。一些牧民赶着牛群碰巧走到这几位基督徒登陆的地方，牧民被他们奇怪的外表吓坏了，急忙跑到他们的主人那里，告诉他有一群海盗已经在海岸登陆。酋长立刻召集他的族人，出去攻击入侵者；但当他看到这群可敬的人走过来时，立刻被帕特里克温和而高贵的面容

圣帕特里克

所打动，于是邀请帕特里克和他的同伴们到自己家去。他们雄辩的言辞很快使酋长和他的全家改变了信仰。帕特里克的事业就这样愉快地开始了。他前往塔拉，在国王和所有贵族面前布道。无论他走到哪里，人们都会聚集在他周围，然后被他改变信仰。在很短的时间内，所有的偶像都被摧毁，活人祭祀被废除，而且整个爱尔兰都接受了基督信仰。这就是爱尔兰人改信基督教的故事。然而，有必要指出，这一说法并没有被完全证实，不过托马斯·穆尔在他关于爱尔兰历史的作品中采用了这一说法，读者可以参考其中的学术性陈述。

第396章

从丹麦人入侵爱尔兰到德莫特·麦克默罗被驱逐

（432—1166）

8世纪早期，丹麦人或者北欧人入侵了爱尔兰。在这个时期，这个国家的国王多如牛毛，据说甚至在一场战役中就有200位国王被杀。似乎每一个只拥有一小块土地和几个衣不蔽体的追随者的末流酋长都能获得国王的头衔。丹麦人对爱尔兰曾有过几次海盗式的侵袭，但在近一个世纪的时间里，当他们带着大队人马登陆爱尔兰并与当地人展开激战的时候，似乎看不出他们产生过永久占领这个岛的企图。

大约在815年，他们在阿尔马建立了自己的王国；9世纪中叶，一位名叫图尔盖斯的挪威酋长率领一支强大的舰队来到这里，征服了爱尔兰大部分地区。他在海岸四周建造堡垒和高塔，最后成了爱尔兰国王。他强迫所有爱尔兰酋长向他进贡并对所有当地人强行征税，这个税款被称为“鼻子钱”，因为拒绝交税的人都被他砍掉鼻子。

此后不久，3位挪威君主奥洛夫、西特里克和伊凡率领大批丹麦人来到爱尔兰，占领了3个主要城镇——都柏林、利默里克和沃特福德。在这3位挪威君主的影响下，整个爱尔兰开始享受贸易带来的好处。3个被占领的城镇经常迎来满载着谷物、葡萄酒、布料和其他物品的外国船只。侵略者与当地人之间的敌意持续了一段时间；但到了第二代人时，他们似乎变得友好了。

丹麦人在爱尔兰定居大约200年后，著名的爱尔兰首领布赖恩·博鲁登上历史舞台。他是芒斯特国王，通过不断战胜对手赢得了至高无上的地位，最终成为爱尔兰国王。对丹麦人，他也取得了巨大优势，并把他们逐出了爱尔兰。他结束了小王国之间的战争，使整个爱尔兰在他的统治下实现了和平。

在他统治期间，丹麦人只能在爱尔兰从事商业活动。据说布赖恩·博鲁一直是教会的慷慨捐助者，不过只要是受到欧洲修道士编年史作家赞扬的国王都是如此。毫无疑问，布赖恩·博鲁是一位勇敢而能干的君主；他的英雄事迹在爱尔兰的传说和诗歌中随处可见，但是这些故事都非常夸张。人们对他统治下的爱尔兰幸福和繁荣的状态有过许多精彩的描述。有一个故事是这样的：一位女士独自一人在这个国家旅行，她戴着珠宝，手里拿着一根顶部装饰着黄金的白色手杖。爱尔兰人非常遵纪守法，这位女士整个旅程都没有遇到抢劫。关于阿尔弗雷德大帝和诺曼底公爵罗伯特一世也有类似的故事。据说他们俩把自己的领土治理得秩序井然，有的故事甚至说有人不小心把金手镯掉在路边，过了3年都没有人动过。

1014年，布赖恩·博鲁与丹麦人在克隆塔夫展开了一场大战。

当时丹麦人已经被击败，彻底失去了在爱尔兰的权力，但布赖恩·博鲁也在战役中阵亡。随后爱尔兰酋长之间就爆发了内战。在11世纪末，瓜分爱尔兰的两个国王之间展开了决战，其中一个征服了对手，整个岛屿再次统一在一位君主之下。这一时期发生的事情对读者没有什么吸引力，而且人们对这一时期爱尔兰的情形和人民的状况知之甚少。

这个国家的神职人员和修道士似乎已经掌握了当时基督教士通常具备的学识；但民众非常无知，人们根本不重视农业、制造业等和平的事业，而酋长们只想征服和掠夺他们的邻居。下层阶级的生活极为贫穷和不幸，主要靠修道士们的施舍生活。然而，个人自由是普遍的；爱尔兰没有引入封建制度，也没有像英格兰和苏格兰那样依附于土地的奴隶。仅有的奴隶是那些原本就是奴隶的人被卖到了这里，或者是战争中的俘虏。

在亨利二世统治英格兰时期，爱尔兰有一个名叫德莫特·麦克默罗的伦斯特国王，他的种种暴行使他树敌无数。德莫特·麦克默罗曾对康诺特的一个名叫奥卢阿克的贵族造成了极大伤害，于是奥卢阿克向爱尔兰最高国王罗德里克·奥康纳申诉，要求惩罚德莫特·麦克默罗。他们组成了一支联军，把德莫特·麦克默罗驱逐出了这个国家。

德莫特·麦克默罗逃到英格兰寻求亨利二世的庇护。当时亨利二世在诺曼底，他一直怀有征服爱尔兰的野心。对他来说，这似乎是完成这件事的天赐良机。因此，亨利二世以非常友好的方式接待了德莫特·麦克默罗，并答应帮助他夺回伦斯特王国，条件是承认英格兰国王是他的封君，而且要帮助英格兰人征服爱尔兰其他地方。

第397章

与教皇商讨征服爱尔兰及亨利二世分封土地

（1166—1173）

德莫特·麦克默罗欣然接受了亨利二世的建议。亨利二世立即写信给教皇，请求允许他征服爱尔兰，并承诺只要成功征服这个国家，爱尔兰人将每年向教皇缴纳圣座献金税，而他们以前从未这么做。当时的教皇是阿德里安四世，他是英格兰人，原名尼古拉斯·布雷克斯皮尔，是这个国家唯一一个登上教皇宝座的人。他自然比一个意大利籍教皇或一个法国籍教皇更关心英格兰的事务。他不仅同意了亨利二世征服爱尔兰的请求，还送给亨利二世一枚镶有精美绿宝石的金戒指，这意味着他把绿宝石岛（爱尔兰的别名）作为礼物送给了亨利二世。

德莫特·麦克默罗得到亨利二世帮助自己的承诺后，就与彭布罗克伯爵理查·德·克莱尔建立了联系。理查·德·克莱尔是一位英格兰贵族，因箭术超群而被称为“强弓”。双方一致同意由理查·德·克莱尔为入侵爱尔兰提供人马，完成征服后他将得到一些爱尔兰的土地作为回报。另外还约定理查·德·克莱尔将与德莫特·麦克默罗的小女儿伊娃结婚，他们的后代必须继承伦斯特王国的王位。达成这样的协议后，他们组织了一支军队，并于1172年向爱尔兰进发。他们首先包围了沃特福德，很快，这座城市在神职人员的建议下选择了投降，牧师们都倾向于支持德莫特·麦克默罗，因为他对教会的捐助慷慨大方。

占领沃特福德后，德莫特·麦克默罗立刻就把贵族爵位授予两位随他参加这次远征的年轻诺曼骑士莫里斯·菲茨·杰拉德和罗伯特·菲茨·斯蒂芬，让他们统治这座城市和周边领地。他还将封地授予其他几位陪同而来的骑士和贵族；封建制度这时候被引入爱尔兰，而这些贵族领地上的居民在很长一段时间里都与当地人格格不入，彼此语言和习俗上存在很大的差异。

占领沃特福德对德莫特·麦克默罗来说非常重要，因为这座城市是他驻军的要塞，他可以从这里攻击邻近的爱尔兰酋长。诺曼人在这些入侵行动中所实施的暴行引起了爱尔兰最高国王罗德里克·奥康纳的注意，但他天生就是个既不勇敢也不积极的人；他召集爱尔兰贵族和酋长到塔拉参加集会，一起商讨如何保卫国家。这些首领不但没有达成赶走敌人的计划，反而互相争吵埋怨，然后各自回家了。

相比于与凶猛的诺曼人开战，罗德里克·奥康纳更愿意和他们讲和，所以他和德莫特·麦克默罗签订了一项条约。条约规定：只要德莫特·麦克默罗向爱尔兰最高国王效忠并遣散所有为他效力的外国人，就承认他为伦斯特国王。德莫特·麦克默罗愿意遵守这些条款，但位于伦斯特王国的都柏林的居民选择了一个丹麦血统的国王作为他们的首领，拒绝承认德莫特·麦克默罗。这样的拒绝使德莫特·麦克默罗极为尴尬，他和他的盟友陷入混乱不堪的局面之中。他率军包围了都柏林，很快攻占了这座城市。之后都柏林发生了叛乱，但被再次攻占。理查·德·克莱尔从英格兰带来了大量援军，战争一直持续。英格兰国王亨利二世对理查·德·克莱尔的行动很不满意，下令他停止在爱尔兰远征，然而理查·德·克莱尔抗命不从。亨利二世便征召了一支军队，准备亲自征讨爱尔兰。这次远征所需的费用大得惊人，而且亨利二世根本没钱维持军队，所以他强行向所有地主征收兵役免除税，也叫“盾牌钱”，因为这些钱是用来代替纳税者本人在军中服役的，拥有土地的人根据其封建义务必须为国王服兵役。

亨利二世率军来到格洛斯特郡时，遇到了前来向他请求宽恕的理查·德·克莱尔。经过谈判，亨利二世同意原谅他，条件是他必须交出在爱尔兰攻占的所有海港和军事要塞，同时亨利二世也答应将他占领的其他地方作为英格兰国王的封地赐给他永远世袭。双方达成了协议，一起率军向爱尔兰进发，并于1171年10月18日在沃特福德登陆。

英格兰国王的亲征对爱尔兰人产生了一种神奇的影响，他们丝毫没有反抗亨利二世的意思。亨利二世征服爱尔兰是历史上最容易的一次征服，一场战斗都没有发生过，岛上的所有君主和酋长都主动前来臣服并承认他在爱尔兰的最高统治权。亨利二世采取的措施为：每个首领必须效忠于英格兰国王并放弃自己的领地，然后以封臣的身份重新获得这些领地。长久以来作为独立主权国家统治者的爱尔兰君主，从这时起成了英格兰国王的封臣。最后一位爱尔兰国王罗德里克·奥康纳也不得不接受这样的安排。爱尔兰此后就一直是英格兰的从属国。

亨利二世在爱尔兰建立了封建制度，就像在其他国家一样，他通过将领地授予军官使他们向自己宣誓效忠并服兵役；他认为以这种方式授予土地所有权非常重要，因此他迫使理查·德·克莱尔放弃通过婚姻获得的伦斯特王国的领土，并接受以宣誓效忠和服兵役的条件重新获得这些土地。亨利二世还把都柏林交给了布里斯托尔的居民，他们从事商业，曾与爱尔兰长期保持着广泛的贸易往来。

第398章

从英格兰属地的确立到国家的混乱

（1173—1361）

亨利二世强行对爱尔兰人征税，规定每宰杀10头牛要上交1张牛皮。由于爱尔兰人蓄养牛的数量庞大，而且他们拥有的动产主要就是这些牛，因此从牛身上产生的税收十分可观。罗德里克·奥康纳表面上仍然是这个国家的君主，但他在英格兰贵族拥有的土地上没有任何权威，这些土地被称为英格兰属地，包括整个米斯王国和伦斯特王国、都柏林、沃特福德以及邓加文到沃特福德之间的土地。英格兰属地可以看作是英格兰在爱尔兰的一部分国土，其余则属于爱尔兰。1174年，教皇将爱尔兰王国正式授予亨利二世的诏书在爱尔兰公布。

北方的阿尔斯特省没有卷入之前的战争和革命之中，那些战争和革命摧毁了爱尔兰其余的地区。阿尔斯特的居民主要是苏格兰人，尤其在靠近苏格兰的地区，几乎全是苏格兰人，他们在这里养牛。在一个名叫德·库西的骑士来到这里之前，他们一直过着比较宁静的生活。爱尔兰总督理查·德·克莱尔死后，他的继任者菲茨·阿德尔姆带着德·库西一起从英格兰来到这里。德·库西幻想着自己命中注定要成为阿尔斯特这个未被征服省份的征服者。

中世纪有不少喜欢空想的骑士沉醉于追求冒险的激情中不能自拔，德·库西就是其中之一。他征服阿尔斯特的计划源于一本古老的预言书，其中有一个预言说阿尔斯特将被一个身穿白衣、骑着白马，盾牌上带着鸟的骑士所征服。德·库西坚信自己就是预言中提到的那个骑士，于是他给自己买了一匹乳白色的骏马，还用蜜蜂——可能被误认为是预言中的鸟来装饰盾牌。菲茨·阿德尔姆知道亨利二世的政策是让每一个缴纳贡金的省份都保持安定，因此命令库西放弃这个计划，但德·库西下定决心要去碰碰运气。他无视一切权威，违抗命令擅自率领一队士兵前往阿尔斯特的首府唐帕特里克。

黎明时分，唐帕特里克的居民在睡梦中被英格兰军号声惊醒，起来一看，只见街上满是全副武装的军队。士兵们强行闯进居民家里并大肆抢劫，他们很快就成了这个城市的主人。阿尔斯特的国王奥尼尔勇敢地站出来反抗侵略者，双方展开了一场激战，最后爱尔兰人被彻底击败，而德·库西成了阿尔斯特的统治者。

随着这一事件的发生，爱尔兰作为一个独立国家的历史可以说就此结束；之后的历史与其说是爱尔兰土著的历史，不如说是英格兰人在爱尔兰的历史。爱尔兰人被赶出这个国家最好的地方，侵略者占领了那些地方，因此今天被认为是爱尔兰人的人之中有很大一部分的祖先就是这些侵略者。土著被赶到这个国家的山区，几年之后，他们被视为劣等民族，被称为“爱尔兰野蛮人”。

当英格兰国王理查一世忙于十字军东征时，爱尔兰陷入了极度混乱的状态。首领们知道英格兰最好的战士都前往圣地而无法顾及爱尔兰的事务时，就利用这个机会入侵英格兰的领地。与此同时，德·库西公然蔑视法律，随心所欲地发动战争。这个胆大包天的骑士修建了几座修道院，因为通过修建宗教建筑来赎罪在当时是一种风尚。从那时起到之后的很多年里，在爱尔兰久留但没有犯下重大罪行的贵族少之又少。因此，爱尔兰修道院和教堂的数量不断增加。

这一时期修建的修道院中最著名的是廷特恩修道院，建造者是英格兰马歇尔伯爵威廉，他娶了理查·德·克莱尔的女儿伊莎贝尔为妻，因此他后来成了彭布罗克伯爵。威廉被任命为爱尔兰总督，赴任途中他在海上遇到了暴风雨，危难时刻他立下了誓言，如果他能安全到达陆地，一定在上岸的地方修建一座修道院。这就是廷特恩修道院的由来。来自威尔士丁登修道院的修道士曾在此居住，这座修道院也因此而得名。

在亨利三世漫长的统治时期里，爱尔兰一直处于冲突和杀戮的状态。爱尔兰每个地方的土著都变得更加贫穷，为了摆脱越来越令人无法忍受的暴政，他们进行了殊死的斗争；但是他们毫无组织和纪律，能做的事情只是放火烧毁英格兰人的城堡，杀掉所有落在他们手中的人——留下活口肯定会遭到可怕的报复。

在14世纪，英格兰国王对这个国家的权威被大大削弱。绝大多数的英格兰属地掌握在十来个贵族手中，他们完全无视法律，像专制的暴君一样统治着自己的领地。封建制度在当时的英裔爱尔兰人中间十分盛行。贵族们有权在自己的领地内建立法庭，甚至可以对封臣判处死刑。

在一个以这种方式统治的国家里，和平或者良好的秩序是不存在的。贵族间的战争持续不断，土著总是叛乱。还有许多人的土地位于英格兰属地的边界上，但他们待在英格兰，也没有采取任何防范措施来保护他们在爱尔兰的土地。因此，当地人频繁侵入英格兰的领土，并进行可怕的掠夺和破坏。他们经常趁教堂里挤满人的时候放火，而那些从火焰中逃出来的人都死于爱尔兰人的刀剑之下。直到爱德华三世统治的时期，他才开始采取措施来阻止这些可怕的场面。他制定了几项明智的法律，在一定程度上减轻了这个国家长期以来因为混乱不堪所遭受的痛苦。

第399章

从《基尔肯尼法令》到伊丽莎白女王把新教引入爱尔兰

（1361—1580）

1361年，爱德华三世任命克拉伦斯公爵为爱尔兰总督。在他执政期间，爱尔兰东南部城市基尔肯尼召开了一次著名的会议，会上通过了一项被称为《基尔肯尼法令》的法案。

我们先解释一下《基尔肯尼法令》的性质。自从英格兰人到爱尔兰定居，已经过去了两个世纪。长久以来，虽然两个民族之间的状况一直截然不同，而且大部分时间里互相敌视，但双方还是有很多通婚行为，也建立了友谊，所以很多第一批英格兰移民的后裔现在完全是爱尔兰人，他们不仅说爱尔兰语，身穿爱尔兰服饰，而且认可《布里恩法》。还有一种被称为“寄养”的习俗在爱尔兰十分盛行，这种习俗在当地人和英格兰人之间形成了一种比最亲密的关系更牢固、更神圣的纽带。寄养是指英格兰人的孩子一出生，就交由爱尔兰妇女照料，由她们抚养长大，成年后再回到父母身边。

这种习俗，以及其他所有有助于促进英格兰人和爱尔兰人之间友好交往的事情，都遭到了英格兰政府的反对，制定《基尔肯尼法令》的目的就是为了防止两个民族的融合。这一著名的法令宣布，“寄养”、与当地人通婚等行为将被视为叛国罪，并受到相应的惩罚；任何有英格兰血统的人，如果使用爱尔兰的名字，说爱尔兰语，或采用当地的法律、习俗和服饰，都将被没收所有的土地和财产，或被监禁。这个法令还禁止英格兰人招待爱尔兰歌手和吟游诗人，也禁止听他们的歌曲和故事。

法令还规定英格兰人不能让爱尔兰人在自己的土地上放牧；不能让他们进入宗教场所；也不能让他们担任任何教会职务。这样一来，爱尔兰人就被排除在各种福利之外，下层阶级被禁止在英格兰领土范围内那些最好的牧场里饲养牛群，上层阶级被禁止在教会里寻求财富和荣誉。

1390年，英格兰国王理查二世率领大军亲征爱尔兰，镇压在爱尔兰到处闹事的叛乱分子。他轻而易举地平定了叛乱。爱尔兰酋长们很快都投降了，他们解下腰带跪倒在理查二世面前。值得注意的是，不管这些本地贵族对英格兰人有多么憎恨，不管他们有多么桀骜不驯，只要英格兰国王出现在他们面前，他们总是乐于甚至渴望臣服在他脚下；他们对王权的崇拜达到了无以复加的程度。这种意向似乎依然十分强烈。

关于这一时期爱尔兰人的描述与现代的描述非常接近。他们生活在远离文明的地方，有的住在岩洞里，有的住在简陋的棚屋里，他们的土地通常是共有的。爱尔兰人居无定所，只耕种很小块的土地，总是带着他们的牲畜到处迁移，寻找有牧草、木头和水的地方建造棚屋。他们通常直接睡在地上，身上裹着男女共用的粗糙毛毯。他们的食物包括各种野菜、牛奶、黄油、燕麦面包和牛肉汤。爱尔兰人非常迷信，他们对女巫、仙女、魔力和咒语深信不疑。

当亨利八世使英格兰摆脱教皇的权威之后，他试图在爱尔兰实施同样的改革。都柏林大主教欣然接受了这一提议，并宣布反对教皇。他建议召集议会废除教皇的权威。爱尔兰因此召开议会并通过了一项法案，规定所有神职人员的首年俸禄以及目前向教皇支付的所有其他款项，从现在开始必须支付给国王，因为国王是教会最高领袖。不久之后，亨利八世就派遣专员去废除爱尔兰的修道院，就像他之前在英格兰所做的一样。即便如此，爱尔兰人也从未完全接受新教，亨利八世夺走了修道院的房产和土地，但修道士团体仍然存在，直到今天，绝大多数爱尔兰人仍然是天主教徒。

英格兰女王玛丽一世即位后恢复了爱尔兰的天主教信仰，就像在英格兰一样，也归还了原来属于教会的大部分土地。后来伊丽莎白女王又推翻了这些措施，她试图在整个爱尔兰支持新教，并制定法律要求人们加入新教教会。伊丽莎白女王试图用武力改变爱尔兰人的宗教信仰，这迫使他们发动了叛乱。西班牙国王向德斯蒙德伯爵领导的爱尔兰叛军提供了援助，然而叛乱很快就被镇压了。

在这场战争中，沃尔特·雷利爵士是英格兰军队的指挥官之一，后来伊丽莎白女王将一部分从叛军手中没收的土地授予他作为奖赏。这是爱尔兰历史上值得纪念的一个时刻，因为沃尔特·雷利爵士把马铃薯从美洲引进到了自己在爱尔兰的种植园；现在马铃薯已经成为这个国家主要的农产品。从这个角度看，爱尔兰通过种植马铃薯获益不少；然而从整体上看，这到底是不是一件好事还很难说。沃尔特·雷利爵士也尝试过在爱尔兰种植烟草，但发现这里的气候并不适合烟草生长。

第400章

从夜间集会到爱尔兰暴发瘟疫

（1580—1649）

伊丽莎白统治时期，战争和叛乱一直使爱尔兰混乱不堪。全国各地的土著都习惯在山上开会，商讨国家大事；由于这些集会的目的通常都是密谋反对英格兰政府，他们经常在开会的时候遭到大批英格兰士兵的突然袭击，不少人在战斗中被杀，所以与会人员总是全副武装。爱尔兰人似乎总是对很高的地方怀有一种迷信的崇拜。古代的爱尔兰君主加冕的地方都在山顶上，他们的城堡和宫殿都建在高处，早期的国民大会是在塔拉山上举行的，从前爱尔兰国王的宫殿就在这座山上。

詹姆斯一世即位后，制定了一个在阿尔斯特省实行殖民统治的计划，通过没收叛乱者的土地，让这一地区归国王所有。他向伦敦市民宣布了自己的计划，然后伦敦市民筹集了2万英镑来实施这个计划。詹姆斯一世派遣专员前去进行实地考察，并仔细记录适合建造塔楼和城堡的位置。国王的目的是重新规划这些土地，以便引进艺术和制造业，并促进英格兰人和爱尔兰人之间更友好的交流。在此之前，除了莱因斯特，爱尔兰的任何地区都没有划分成郡。詹姆斯一世在这个王国的每一个地区都建立了这种行政划分，每一个郡都设有集市和市场，指派法官定期巡视，并颁布法令，宣布英格兰的法律就是爱尔兰的全部法律。旧有的《布里恩法》被彻底废除了。在9年的时间里，詹姆斯一世在推动爱尔兰文明化上超过了之前的所有英格兰国王在这方面的总和。

但是这些美好的前景在他的继任者查理一世统治时期遭到了破坏。和议会之间的纷争使这位君主陷入困境，对爱尔兰人来说，这是一个发动叛乱的绝佳时机。

罗杰·奥摩尔制订了一个全国暴动的计划。他曾在西班牙军队任职，对天主教充满热情。他设想，如果整个爱尔兰的天主教徒突然一起暴动，那么英格兰人可能会被驱逐，而爱尔兰人将永远摆脱外国的统治。全面恢复天主教是他计划中的一部分，因此他估计可以得到英格兰属地上的天主教贵族的帮助，而其中大多数人也果然参与了这场暴动，并与罗杰·奥摩尔和爱尔兰最有权势的酋长菲利姆·奥尼尔一起商议如何行动。全国各地将在同一天开始暴动，一旦接到信号，叛乱分子就会马上占领英格兰人的堡垒。

这个秘密一直被保守到执行计划的前一天晚上，一个名叫康诺利的爱尔兰人泄露了这个秘密，他供认了袭击都柏林城堡的计划，那里存有大量的武器和军用物资。两三个同谋者立即被捕，但是已经没有时间来阻止暴动了。1641年10月23日，这场极为猛烈的暴动爆发了。阿尔斯特的殖民者根本没想到会发生这样的事情，他们突然发现自己已经被一群愤怒的爱尔兰暴动者包围了，这些人一边挥舞着棍棒、干草叉等各种简陋的武器，一边发出可怕的咆哮。一场屠杀随即发生了——这是历史上最残酷的大屠杀之一。无论男女老幼，无一幸免；在毫无预兆的情况下，手无寸铁的英格兰人被他们身边最近的邻居残忍地杀害了，而他们长期以来一直怀着斡旋的态度和这些邻居保持着友好的交往。当躲在家里的英格兰人准备自卫时，暴动者放火烧了他们的房子，里面的人都葬身火海。在这些暴行发生时，呼喊上帝的声音在四面八方回响，然而这不是为了制止凶手们行凶，而是为了让他们继续杀戮，使他们心如铁石，不要让人道主义的同情心在心中泛起。因为天主教神父明确说过，英格兰人都是被上帝和圣人憎恶的异端分子，应该把他们杀光。暴乱的火焰从阿尔斯特迅速蔓延到爱尔兰各地。那些幸免于屠杀的英格兰人被赶出自己的房子，连衣服也被剥得精光，赤身露体地被扔在严寒的户外。都柏林的暴动失败了，这座城市也成了幸存的英格兰人在爱尔兰的避难所。路上随处可见成群的逃亡者正赶往都柏林寻求庇护。当城门打开时，都柏林的居民们对眼前这前所未有的悲惨景象震惊了。这场无法忘却的大屠杀令人惊骇，对这些恐怖惨状的详尽叙述会使读者非常反感。估计有20万人在大屠杀中丧生，尽管遇难人数在当时经常被夸大，但也足以显示这场灾难有多么恐怖。

这场叛乱之后，战争持续了10年，使整个爱尔兰陷入极度贫困和悲惨的境地。没有死于战火的人们被饥荒和疾病夺去了生命。瘟疫在爱尔兰暴发了，据说是由于饥饿的人们被迫食用不健康的食物引起的。在这不幸的时期里，瘟疫几乎一直在爱尔兰肆虐。

第401章

从克伦威尔征服爱尔兰到詹姆斯二世的统治

（1649—1780）

查理一世被处死后，英格兰议会任命奥利弗·克伦威尔为爱尔兰总督，统率爱尔兰军队。声名卓著的克伦威尔已经证明了自己非凡的军事才能，他怀着彻底结束叛乱的决心前往爱尔兰。1647年8月，克伦威尔率领一支1.2万人的军队在都柏林登陆。之前与爱尔兰人作战的英格兰人是保皇派，所以克伦威尔一到都柏林，就被爱尔兰人和保皇派的英格兰人视为共同的敌人，他们联合起来反对这位新总督。

克伦威尔此行的目的似乎毫无希望达成，但他的伟大的天才战胜了一切阻碍。他一看就明白应该如何应对，马上找到了赢得胜利的最佳方案，并毫不犹豫地付诸行动。有好几个爱尔兰城镇重新加固了城防，以抵御克伦威尔的围攻。德罗赫达城就是其中之一，爱尔兰人在那里有重兵驻防。克伦威尔用兵非常灵活主动，对他来说围城太慢了，他决定采取猛攻的方式夺取德罗赫达城。这个计划成功了，但也是一场令人恐怖的胜利；克伦威尔用大炮在城墙上炸开了一个缺口，士兵们立刻冲了进去，杀死了里面所有的守军。

这场可怕的屠城在整个爱尔兰引起了恐慌，克伦威尔继续前进，几乎没有遇到什么抵抗，占领了一个又一个城镇，最后他征服了这个国家。做完这一切后，他认为把剩下的事情交给别人去完成不会有什么风险，便前往苏格兰，镇压由支持查理二世的苏格兰人发动的叛乱。他允许那些向他臣服的爱尔兰酋长带着他们的追随者一起离开这个国家。于是，4万爱尔兰人移民到了欧洲大陆，其中许多人加入了欧洲天主教君主的军队。他还将成千上万的爱尔兰穷人运到西印度群岛，让他们在种植园里劳动。

对爱尔兰的征服与诺曼人征服英格兰的情况在许多方面都很相似，当时诺曼人就是用从当地人手中夺取的土地来支付士兵的费用。被诺曼人驱逐的撒克逊人逃到森林里形成了强盗团伙；爱尔兰人也逃到森林和沼泽里，并经常在野外拦路抢劫。这些抢劫者被称为“爱尔兰强盗”，他们的势力变得越来越强大，政府为了抓住他们提供了巨额悬赏。抓住一个强盗首领赏金100基尼（英格兰旧时金币名），抓住一个小头目赏金40基尼。

想抓住这些人可不是容易的事，跟踪他们极其危险，因为追踪者都不认识路，而且沼泽上面长满草或苔藓，看起来坚硬的陆地，实际上很软，人踩上去立即就会沉下去，窒息而死。这些沼泽中有许多地方仍然保持着原来的状态，直到今天都经常发生牛走到这些沼泽中失踪的事情。

1688年，詹姆斯二世被逐出英格兰，法国国王为他提供了一支舰队和一支军队，他带着这支舰队和军队来到爱尔兰，希望在爱尔兰人的帮助下重新夺回王位。1689年3月17日，他在金塞尔登陆，紧接着召开了议会并发布公告，命令所有臣民联合起来反对奥兰治亲王。他的行为非常残暴。他开除了议会中所有的新教成员，禁止信奉新教，发行伪币并命令人民接受，以此支付他维持军队的费用。价值4便士的黄铜块被制成面值5英镑的货币。但不管怎样，詹姆斯二世都无法在爱尔兰继续支撑下去。新教徒拿起武器反对他，并得到英格兰军队的帮助。最后英格兰国王威廉三世亲自率军前来，于1690年6月30日在博因河战役中击败了詹姆斯二世。詹姆斯二世被迫再次逃到法国避难，整个爱尔兰都臣服于威廉三世。

从这时候到乔治三世统治时期，爱尔兰一直保持着和平；但由于缺乏良好的政府，人们只能在非常有限的程度上感受和平与幸福。贸易恢复了，但英格兰议会对爱尔兰的贸易施加了种种限制，爱尔兰人从中几乎没有得到什么好处。爱尔兰议会颁布的法律只有经英格兰议会批准后才能生效。天主教徒不允许购买任何地产，也不允许在政府中担任任何职务，并遭到各种其他限制。爱尔兰出口的商品主要是盐腌食品，但以此变得富裕的是商人和畜牧业者，而不是农民，大多数农民除了种植土豆没有别的谋生手段。

在乔治三世统治时期，爱尔兰议会试图通过为运河、道路、码头等有益的公共工程拨款来创造贫困工人就业的机会。但是，爱尔兰有成千上万人过着既没有食物也没有住所的悲惨生活，这些改善只是局部地缓解痛苦，因为在爱尔兰没有《济贫法》来照顾老弱病残和赤贫者。

大多数大地主不在自己的土地上，也就是说，他们住在英格兰，而不是待在自己的庄园里。他们通常把管理爱尔兰地产的工作交给代理人，而这些代理人的主要目的只是从中尽可能为自己谋利。代理人对贫困的佃户几乎从没有怜悯之心，哪怕佃户们的孩子在忍饥挨饿，仍会被逼交租。

第402章

从爱尔兰公地的圈地运动到史密斯·奥布莱恩的叛乱

（1780—1849）

爱尔兰公地的圈地运动给爱尔兰农民带来了苦难，在以前，穷人享有在这些土地上放牧的权利。那些有幸拥有两三只羊、一头牛或一头驴的人，可以用公地来饲养它们；但这种权利被剥夺了，因为领地内有公地的地主为了自己的利益开始了圈地运动。

在这种穷困潦倒的情况下，穷人们常常在夜里集会，并向他们眼中的苦难制造者实施报复，如推倒围住公地的栅栏等。他们因此被称为“平等派”，后来又被称为“白衣会会员”，因为他们统一身穿白衬衫或白裙子，这样他们在晚上就可以互相认出对方了。白衣会的暴行很快就走向极端：他们杀害了很多收租人。缴纳什一税被认为是一种特别不公平的事情，因为天主教徒必须向新教的神职人员缴纳什一税。由于这个原因，科克城和凯里郡爆发了一场可怕

爱尔兰农民

的骚乱，大批农民在那里成群结队地游行，自称是公正的人，并强迫他们遇到的所有人发誓，只能拿出不超过一定数目的钱来支付每英亩[①]地的什一税。还有一些暴民被称为“黎明伙伴”，这是新教徒组成的协会，他们联合起来反对天主教徒。因为习惯于在拂晓时分集合，然后一起出发去攻击敌人，所以他们被称为“黎明伙伴”。他们后来被称为“奥兰治党”，这个名字来源于威廉三世即奥兰治的威廉，是他将詹姆斯二世驱逐出了爱尔兰。

1791年，都柏林成立了一个名为“爱尔兰人联合会”的社团。领头的是拥有地位和财富的人。这个社团有一个秘密目的，希望在不同的团体中尽可能多地聚集一些心怀不满的人，一旦他们觉得自己足够强大，就致力于将爱尔兰从大英帝国分离出去，建立一个独立的共和国。都柏林还成立了一支国民警卫队，队员们都穿着一套绿色制服，纽扣上系着一把竖琴，上面戴着一顶象征自由的垂尖圆锥帽。

① 1英亩≈4046.86平方米。——编者注

这些革命的征兆惊动了英格兰政府，他们雇用间谍刺探到爱尔兰人联合会正在与法国政府秘密通信，而当时英国正与法国交战。英国政府立即采取了措施，以防爱尔兰人的起义。英国政府暂停了《人身保护法》，将所有嫌疑人逮捕并关进了监狱。就这样，爱尔兰人联合会的阴谋彻底暴露了，但这并没有阻止1797年爱尔兰起义的爆发。大量农民拿起武器集结在一起，法国政府派了一支舰队去支援他们。然而，英国政府采取了非常迅速和果断的措施，将起义镇压了。爱尔兰人在醋山战役中被彻底击败，这是对爱尔兰起义的致命打击。几年后，一个名叫罗伯特·埃米特的年轻人试图在都柏林再次组织一场起义，但只有很少一部分人加入了他的队伍，起义者在制造了几个小时的骚动后，全部被抓了起来。1803年，埃米特因发动叛乱被判处绞刑。

在埃米特叛乱事件之前，爱尔兰已经与大不列颠联合王国合并，形成一个统一的君主制国家，即大不列颠及爱尔兰联合王国。这个新的王国成立于1801年。爱尔兰因此获得了相当大的商业利益，人们希望像苏格兰的成功例子一样通过合并得到全面和平。然而，这一期望并没有实现。南方的农民们被民族之间的嫉妒、宗教仇恨和他们所遭受的严重贫困所激怒，继续处于一种倾向于叛乱的动荡状态。

与大不列颠的合并，虽然一开始得到了大多数爱尔兰人民的默许，但很快就变得不受欢迎了。1810年，都柏林举行了一次会议来讨论废除合并的问题。在这次会议上，丹尼尔·奥康奈尔第一次作为爱尔兰独立事业的拥护者出现在人们的面前；从这一时期开始，他作为爱尔兰解放运动的倡导者，一直坚持不懈地致力于这一事业，直到1847年去世。由于这一问题在爱尔兰日渐成为一种全民议题，英格兰议会的注意力被吸引到爱尔兰事务上，而那些使他们在政治上处于不利地位的针对天主教徒的刑法也逐渐被废除。最终，爱尔兰于1829年通过了《天主教解放法案》，根据该法案，天主教徒获得了与新教徒在竞选国会议员资格上的平等地位。

然而，这项措施就像其他所有旨在救济爱尔兰人的措施一样，使其设计者备感失望。爱尔兰人继续过着悲惨的生活，结果他们变得越来越焦躁不安且难以驾驭；到了1833年，暴动和骚乱达到了如此令人惊恐的程度，以至于《人身保护法》被迫中止。为了维持爱尔兰的和平，英格兰在这个国家保留了相当数量的军队。通过这些手段，爱尔兰在某种程度上恢复了平静，但是贫困阶层的状况并没有得到改善。

他们的主要食物来源马铃薯出现了问题。在过去的几年里，爱尔兰出现了一种叫作马铃薯软腐病的新病害，导致严重歉收，在整个国家造成了最可怕的灾难。据估计，在1847年，爱尔兰有将近50万人死于饥饿和因食物匮乏引起的疾病。自从这场大灾难发生以来，爱尔兰所表现出的贫困和苦难在世界上绝无仅有。这种令人痛心的景象激发了所有文明国家的同情和援助。美国人民派了两艘满载救济物资的货船开到爱尔兰，甚至土耳其苏丹也慷慨解囊。

一年过去，马铃薯歉收所造成的痛苦没那么严重了，爱尔兰的贫困状况仍然令人震惊，成千上万的人继续向国外移民。1848年，威廉·史密斯·奥布莱恩试图发动叛乱。他以革命领袖的身份号召爱尔兰民众拿起武器反对英国政府。大多数人并没有支持他的行为；他率领为数不多的追随者在英国军队面前稍做抵抗之后便打算逃出这个国家，但他还是被俘虏了。奥布莱恩和他的几个同伙被判处死刑，但后来获得减刑，改判流放。

从我们讲述过的内容中可以明显看出爱尔兰所蒙受的政治罪恶。从最早的时代开始，这个国家就处于被征服的状态，但从未向统治者妥协，也从未被统治民族同化。在过去的两个世纪里，因为爱尔兰人虔诚信仰的宗教与其统治者截然相反，他们遭受了无法形容的痛苦。另外，由于反复的叛乱和没收地产，爱尔兰大部分土地都落入英格兰人和新教徒地主手中，这些人对其领地上的爱尔兰居民产生不了任何民族性的影响，他们只能通过令爱尔兰人憎恨的领地统治权和法律来保住自己的地位。尽管爱尔兰已经与大不列颠联合，但这个岛在很大程度上仍然保留着一个独立王国的面貌。①

长久以来，爱尔兰北部居民一直以其优越的财富和勤劳在其他地区中鹤立鸡群。他们是苏格兰人，主要从事制造业，具有苏格兰民族审慎和深谋远虑的品质，绝大多数是长老会新教徒。东部和香农河以南地区居住着英格兰贵族和纯爱尔兰血统的农民。东部海岸的居民几乎都是英格兰血统。在西部，也就是这个岛上最蛮荒的地区，居住着古老的爱尔兰部落，他们仍然保留着古代酋长的姓氏。

位于西部的戈尔韦是爱尔兰最有趣的地方之一，那里的人们和

---

① 由于英格兰人对爱尔兰人所表现出的仇恨和蔑视，他们对正确的政策方针视而不见，对爱尔兰这个兄弟岛屿上的土著所要求的公正和人道主义也无动于衷。在爱尔兰最近发生的灾难性饥荒期间，伦敦的主要刊物公开宣称，爱尔兰唯一的希望在于“人的改变”——换句话说，就是种族灭绝！这种情绪使英格兰对爱尔兰的政策时常处于摇摆不定的状态，而一个带着这种情绪实施统治的民族或许会走向堕落、残暴甚至毁灭——他们根本不想护佑和教化他们的臣民。——原注

西班牙人惊人地相似，那里的建筑和西班牙古老城市的建筑风格几乎如出一辙。对戈尔韦非常熟悉的旅行者认为，这个地区的人们毫无疑问是西班牙人的后裔。戈尔韦的农民有着和西班牙农民一样的黝黑肤色，大大的黑眼睛，连独特的面部表情都一模一样。来到戈尔韦的修道士看到的景象进一步证实了这座城市和西班牙城镇的相似之处，戈尔韦所有的墓地里都有数百个黑色的小十字架，就像在西班牙的墓地里看到的一样。

爱尔兰西部居民的主要职业是养牛，这是他们祖先从最早的时代就已经开始从事的职业。除了牧羊，有些人还拥有300多头公牛和母牛，所以他们的日子比这个国家其他地区的农民要好过不少。然而，这些人属于未开化的民族，他们如此喜欢战斗，以至于他们的市集和欢乐活动通常都会以一场战斗结束。尤其是在市集上，他们一定会叫人来表演棍术。由于这个国家在过去许多年里一直处于贫困和混乱的状态，上述这些地区和其他地区一样，谋杀案的数量增加到令人恐怖的程度。受害者通常是地主或代理人，他们会把没有支付租金的租户赶走，他们因此经常被人谋杀。

爱尔兰人躲在他们的小茅屋里用大麦蒸馏威士忌，以逃避税务官员的监视。这些非法生产的酒被称为私酿威士忌。这种酒最初在爱尔兰被人们称为“生命之水”，后来统称为“威士忌”。爱尔兰下层人大量饮用这种酒水，他们喜欢在各种聚会上喝酒。这种爱好或许可以追溯到爱尔兰人用酒唤醒死者亡灵的风俗。每当有穷人去世的时候，邻居们就会聚在一起喝酒抽烟，一起哀悼死者的离去。这是一个非常古老的风俗，被爱尔兰人视为不可或缺的责任。如果一个工人家里有亲属死了，他就会花费一个月的工资买来威士忌和烟草招待前来守丧的男女朋友，聚会通常会持续三天三夜。不过爱尔兰人酗酒的行为后来在某种程度上被马修神父制止了。

爱尔兰猪倌

爱尔兰农民住的小泥屋可以说是人类建造的最简陋的居所。墙壁是用普通的泥土或黏土在阳光下晒硬后制成的；屋顶是用树枝和稻草铺成的；地面是裸露的土地，通常非常潮湿，而且有时候会有积水。小泥屋既没有窗户也没有烟囱，通常只有一个房间。如果家里比较富裕，养着一头猪的话，人和猪就住在同一间房间里。实际上，拥有一头猪就是一个家庭富裕的标志。

小泥屋的旁边是土豆园，土豆通常是唯一的食物，下层社会的人们几乎没有吃过别的东西。这种破房子每年的租金高达30~40先令，还不包括菜园在内。工人的工资每天从6便士到8便士不等。许多人都会在收获季节去英格兰工作，当他们不在的时候，他们的妻子和孩子便只能以乞讨为生。这就是在爱尔兰旅行的人总会被一群乞丐包围的原因。尽管经历了这么多苦难，爱尔兰下层社会的人们却有着敏捷的机智、温暖的心灵、乐于助人的精神和在其他国家相同阶层中很难见到的慷慨大方。

爱尔兰的地主通常都不居住在这个国家，他们中的许多人甚至从未见过自己在爱尔兰的地产。他们从不花钱改良土地，也不关心租户住得怎么样，只要每半年能从代理人那里拿到租金就心满意足了。大地主普遍都会把自己的地产长期出租给代理人，他们也被称为“中间人”，爱尔兰农民的贫困在很大程度上就是这种做法导致的。这些中间人拿到土地后会再分成小份租给佃户耕种。中间人在爱尔兰形成了一个庞大的绅士阶层，他们实际上就是在当地定居的地主。这种毁灭性的制度对承租人和土地所有者都是有害的。

中间人以高于他们所支付的价格转租土地，而许多农民又把他们租来的小块土地分成更小块，再转租给出价最高的人。可怜的劳动者被迫用最高的价格获得一小块土地，这块可以种植土豆的土地是他们对抗饥饿的唯一避难所。最短期的土地租用是为期一熟也就是一个种植季的小块土地出租。这种租金通常是靠佃户去乞讨得来的钱或是在收获季节前往英格兰劳动获得的报酬来支付的。

第403章

爱尔兰的社会生活

爱尔兰政府由一个英格兰王室任命的爱尔兰总督领导。这个官员在某些方面和王室的状态差不多，并行使一些王室职能。他和家人住在都柏林城堡，有自己的大臣、秘书和其他国务官员。爱尔兰的司法系统和各级别的地方行政长官几乎和英格兰的体系一样。爱尔兰向英格兰议会派遣105名议员。

爱尔兰的首都都柏林是一个非常漂亮的城市。它坐落在东海岸一个美丽海湾的尽头，从海上靠近这座城市时，可以看到一幅堪比意大利美丽海港那不勒斯的景色。都柏林相当一部分城区都建造得非常规则，可以说是精美建筑的典范。萨克维尔街是城里最漂亮的大街。这条街有170英尺宽，两侧许多华丽的高楼大厦为它增色不少。都柏林的广场以其宽敞整齐的特点备受赞誉。西部城区被称为旧城，有点衰落的迹象。再往西是一个叫作“自由区”的地方，那里不受都柏林地方官员的管辖。居住在自由区的都是最底层的人们，他们的生活比大不列颠所有其他城市都更脏乱和悲惨。自从爱尔兰和英格兰合并以来，爱尔兰的贵族和绅士们不再参加爱尔兰议会，他们都搬到伦敦去居住，在都柏林的豪宅也不再是显赫人物的府邸，都柏林也变得衰落了。都柏林的人口大约26万人。

科克是爱尔兰的第二大城市，大部分城区由狭窄拥挤的街道组成，但也有一些漂亮的新街道。曾经引人注目的修道院建筑几乎全部消失了。这座城市目前的繁荣是现代经济发展的结果，得益于粮食贸易，科克正是主要的粮食贸易市场。科克湾是世界上最好的天然良港之一。科克的人口大约17万人。

利默里克位于香农河畔，地理位置优越，是爱尔兰出口谷物和粮食的主要港口之一。这座城市曾经是爱尔兰最强大的地方，人口大约6万人。贝尔法斯特和伦敦德里是爱尔兰北部的大城市。

爱尔兰人的性格非常鲜明，其中包括许多值得称赞、和蔼可亲的特点。慷慨好客是他们的普遍特点，而且与陌生人慷慨分享他们本就不多的东西使人们对爱尔兰人的这种性格印象更加深刻。爱尔兰人对亲人朋友的眷恋之情非常显著，这种感情使他们即使身处贫穷和苦难，也会用最纯粹的善意去帮助熟识的亲友。他们的缺点是不太讲究清洁，缺乏对文明、便利生活的品位和向往。他们大都缺乏英格兰人身上特别突出的那种冷静而坚定的进取精神。爱尔兰人不会单枪匹马行动，而是成群结队地大规模作战。当一个人觉得自己受到侮辱时，他会找他的同伴、朋友和乡亲，然后聚集一群人联合攻击冒犯他的人。这也是他们在美洲的处事方式。

爱尔兰人还有一些小缺点，例如虚荣心强、多话、说话做事冲动、考虑问题仓促混乱等，这些缺点使他们常常口无遮拦地胡说。

萨克维尔街头风景——纳尔逊纪念柱

娱乐是爱尔兰人生活中一种非常丰富的元素。天主教徒众多的节日为他们提供了充足的娱乐活动时间，新教徒在这方面也不相上下。集市为娱乐消遣提供了一个大舞台。最受欢迎的运动是爱尔兰式曲棍球。另外还有赛马、斗鸡、棍术、格斗、跳高、舞蹈、喝威士忌等娱乐活动。

爱尔兰农民的服装主要是用本地出产的羊毛粗劣加工制成的粗呢和亚麻羊毛混纺呢，因为他们几乎没人穿得起自己生产的细亚麻布面料。但是，就连粗呢和混纺呢这种劣质面料在下层阶级中也非常匮乏。在很多情况下，爱尔兰穷人身上的这些粗劣服装都短小得不成样子，衣不蔽体的形象，一看就是极度贫困的穷人。如果衣服合身，爱尔兰人会热衷于炫耀他的全部行头，即使是在仲夏时节赶集时，他都会把所有衣服都穿上。爱尔兰农民的饮食和他们的衣着、住所一样匮乏——全是土豆，几乎没有别的蔬菜；只有生活条件更好的人才会在土豆里加入一些脱脂牛奶。爱尔兰北方和苏格兰一样，人们的常见食物是燕麦饼和浓汤。

最开始的时候，爱尔兰的制造业几乎全部分布在北方，在南方建立制造业的尝试都失败了，直到最近才有所改观。爱尔兰主要的工业品是亚麻布，这个产业在整个阿尔斯特地区都很兴盛，全国各地或多或少也都出产亚麻制品。从某几个方面来看，爱尔兰的亚麻布生产方式是简陋和不完善的。亚麻布产业在爱尔兰通常由一些持有一点土地的人经营，他们在这些土地上种植亚麻并自行纺织加工。在很多情况下，他们自己或者整个家庭一起种植亚麻，收集纤维，纺成纱线，再织成布料。爱尔兰最近也引进了纺纱厂，但绝没有达到普及的程度。爱尔兰也出产棉布和羊毛面料。这个国家的商业主要是和大不列颠之间的贸易。

爱尔兰的教会状态是造成这个国家动荡局面的主要原因之一。爱尔兰土著无论如何都不赞成在英格兰和苏格兰一致通过的宗教改革。当英格兰教会作为国教被引入时，大部分爱尔兰人被当作不信仰国教者遭到否定。从苏格兰移民而来的新教徒中有很大一部分是长老会成员。天主教神职人员得不到政府的津贴，只能靠他们的信徒供养。他们形成了一种有规则的等级制度，为首的是4位大主教。

除了几百名托钵会士，爱尔兰的天主教神父的人数估计是1 400人。爱尔兰的教育机构与人口很不成比例。全国只有一所大学，那就是伊丽莎白女王创办的都柏林大学。梅努斯有一所天主教的学院，英格兰议会最近得到了慷慨的捐资来资助这所学院。大众教育的普及程度很有限。

爱尔兰的文学自古以来就被认为是很有价值的文学财富。基督教传入爱尔兰后，许多作家立即脱颖而出，他们的作品流传至今。这些作品中包括一些圣徒的生平，也有不少虔诚而严谨的著作，在充满好奇心的读者看来，这些作品表现出了人类思想史上许多非凡的特点。其中描绘的民族风俗和时代特征即使比较粗略，但也堪称恰如其分。确切地说，之后时代的爱尔兰民族文学并没有太大吸引力；但这个国家曾涌现出众多文学天才，直到今天他们的名字在英国文学史上都占有一席之地，如斯威夫特、哥德史密斯、伯克、谢里丹、摩尔和埃奇沃思小姐，一些比较优秀的英语作家也是爱尔兰人。

爱尔兰作家哥德史密斯

第404章

这样的大不列颠及爱尔兰联合王国

大不列颠及爱尔兰联合王国也叫“大英帝国”，政府在形式上是君主政体，但寡头政治占据着主导地位，立法机关的分支拥有一些有限的对其限制的权力。没有关于政府的成文法：所谓的英国宪法是由一些从遥远的时代传下来的惯例组成的，偶尔也会通过立法的方式加以修改。除了这种模糊而混乱的法律和传统体系，政府没有其他的指导和监督方式。

君主政体的要素在于世袭的君主。寡头政治和共和政治同时存在于议会，由世袭的上议院和选举产生的下议院组成。虽然英国人的高度忠诚使君主几乎上升到神的地位，但从理论上讲，国王并不能凭借君权神授或任何不可推翻的世袭权力来继承王位。国家通过最高委员会也就是议会制定了一些控制继承权的特定规则。

所有的法律都是由国王、上议院和下议院共同制定的。发动战争和缔结和平的权力则完全属于国王。他被认为是永远正确的，国王所有的错误行为都应该归咎于他的大臣，滥用权力的大臣必须受到相应的惩罚。所有的财政收入和税收是由议会授权筹集的，所有划拨给公共用途的资金也是由议会授权支付的。因此，掌握公共资金的一部分人民代表也制约着王室的特权。国王可以组建和指挥舰队，但没有议会的同意，他无法维持舰队的开支。国王可以任命官员，但没有议会的同意，他也无法支付官员的薪水。国王可以宣战，但没有议会的支持，他同样无法进行下去。国王拥有召集议会的专有权，但法律要求他每3年才能召集一次。国王是教会的最高领袖，但他不能改变国教。

英格兰所有的终身贵族都是上议院议员，但苏格兰和爱尔兰只有一部分终身贵族作为代表参加议会。投票选举下议院议员的资格在不同的城镇和地区有所不同；但总的来说，大英帝国政府对投票权的限制比美国要多得多。国王有权随时解散议会，并下令选举新议员。大英帝国的国教是圣公会，即主教制教会，但同时也允许各种礼拜方式存在。

大英帝国的财政收入极为庞大，年收入高达2.25亿美元左右。其中近1/3来自海关税收，即国家对进出口货物征收的关税；还有1/3来自消费税，即对国内消费的物品的征税；剩下的1/3来自邮票、税金和邮政费的收入。主要的支出项目是王室年俸，也就是王室每年的津贴，共计250万美元左右；陆军军费，3 200万美元；海军军费，2 300万美元；退休金，200万美元；司法支出，140万美元。

大英帝国的国债大约是40亿美元。这笔巨款是通过借债积累起来的，并根据国家每年的预期收入来支付利息。国债分为偿付本息的长期贷款和无息的短期贷款。短期无息国债包括政府应付款不足时的借债，这些债务没有政府的严格担保，也没有利息；还有财政部为支付临时开支而发行的票据或本票。当这类债务积累起来需要偿还时，就有必要兑付，要么偿还债务，要么向债权人提供本金担保，并定期支付利息。在这种情况下，通常的做法是选择后者，并将实际收入的一部分作为支付债务利息的抵押。这种借入资金的方式被称为短期借款转长期公债。公募基金和股票也不外乎都有公债的性质；持有这样的股票就等于成为国家的债权人。当时用于支付国债利息的资金占整个国家开支的60%。

和平时期，大英帝国陆军常备军约为11万人，主要驻扎在爱尔兰和海外殖民地。招募陆军正规军的唯一方式是志愿兵役制，但当国家安全受到威胁时，政府会以抽签的形式征召所有18岁至45岁的壮丁来组建民兵。海军一共有400艘舰船，其中200艘是长期服役的。海军的招募方式和陆军一样，但在战争期间需要大量水兵时，政府也会采取强制征兵的方式来充实海军；也就是说，当爆发战争时，水手可能会在街上或者商船上被强行带走，并被迫在军舰上服役。

对于一个只看表面的观察者来说，大英帝国所展示出的雄伟气势在全世界可谓独占鳌头。这个国家拥有无数殖民地、庞大的商业、惊人的军事力量和海上霸权、华丽的宫廷以及杰出的贵族阶级，数不清的艺术、学术、宗教和慈善机构——这一切必然会在旁观者心中激起一种尊敬和赞赏的情感。我们中间有许多人被事物的这种外在方面迷惑，他们认为，大英帝国在宗教、政府、法律、社会等方面的模式在全世界范围内都堪称伟大。但进一步审视，我们就会发现，在这种国家荣耀的展示之下，隐藏着或许是人类历史上绝无仅有的大量苦难、不公正和腐败。这绝不是危言耸听，事实的确如此，这种观点在整个国家都很普遍，大英帝国正迅速滑向革命和毁灭的深渊。许多有远见的人都预见到国家将迅速破产，这很可能会导致当前政治体制的彻底崩溃。大英帝国对整个国家和殖民地政府和权力实施的中央集权化正在招致殖民地的反感①，其中一些殖民地似乎已经下定决心摆脱宗主国的枷锁；因此，构建大英帝国财富和权力结构的主要手段可能很快就会遭遇失败。与此同时，普遍的不满情绪、贫困以及随之而来的瘟疫、骚动和叛乱已经蔓延到全国各地。

这种表面上的繁荣与国内真实的苦难是并存的，我们从最近的

---

① 现在大英帝国的所有殖民地都可以听到反对殖民地政府实施中央集权化的抗议。加拿大、开普殖民地、锡兰、凯法利尼亚岛、西印度群岛等殖民地都提出了不容置疑的自治要求，完全不考虑帝国的利益。加拿大渴望脱离——这是毫无疑问的事实，而且已经宣布即将脱离，即使像新英格兰一样不得不走向战争，也要和大英帝国政府据理力争。开普殖民地明确表示他们拥有自己的意志，拒绝接收格雷勋爵从米尔班克和本顿维尔监狱送来的大批杀人犯和暴徒；只要这些罪犯被送到开普殖民地，这里的人民很可能会借鉴波士顿人对待到港的茶叶那样，立刻把他们扔进海里。锡兰的人民虽然从来没有听说过卡姆登勋爵，但采纳了这位坚决拥护宪法的律师的格言，明确告知大英帝国政府，如果没有代表权，征税就是暴政；因此，如果伦敦那些高贵的贵族再向锡兰征税，那他们就会发动叛乱。凯法利尼亚岛和加拿大一样，也希望脱离大英帝国，而且他们更愿意选择比伦敦更近的雅典作为中央政府，因为大英帝国中央集权的政策使他们没有任何机会坚持自己的原则。西印度群岛由于帝国的利益需要廉价的糖而备受剥削，他们正在抗议国内关于殖民地的现行理论，如果暴动可以为他们带来什么利益的话，他们很可能最近就要采用这种方式来表明他们的想法。“因此，中央集权的原则在欧洲大陆已经彻底失败，欧洲的政治家必须寻求另一种更安全的原则。试图建立民主政治，但又要通过旧的官僚体制来实现民主，这显然是荒谬的。如果权力被分散，那么权力机构势必成倍地增加。如果由大多数人来选择政府，政府就必须延伸到更大的层面上。”——《利物浦日报》，1849年9月。——原注

一份英文出版物《黑皮书》[1]中找到一些事实，并为读者摘录其中一部分来对此加以解释。这些内容极具指导意义，因为它们显示了维持这个备受尊崇的君主政体和贵族政治需要怎样的代价，也揭露了伪善和假道学的代表——大英帝国国教的内部是何等可怕。

> 政府的目的很简单，就是通过联合来保护人民。它是人民的保护机构，是人民的团结所向。所有人都是这个由公民组成的庞大公司的股东；所有人对这个公司获得的成功享有平等的利益；所有人都应该平等地参与其中，就像其他股份制公司里的股东一样。但是现在的政体设计竟然和这样的宗旨如此背离！贵族们已经把政府的全部管理权掌握在自己手中；而且他们发现这样的体系对他们极其有利，所以他们决定保持现状。事实上，只有一场革命才能使他们感到害怕并屈服于公正和正义的要求。
>
> 他们几乎占有了全国所有的地产，这些财产由他们根据各自的继承法和长子继承制代代相传。教会也把持在贵族手中，每年从中收入近千万英镑，他们把自己的兄弟、儿子和谄媚者都安插进教会；因为地产归长子所有，其余的支系后代必须安排在可以搜刮那些没有反抗手段的人民的位置上。他们还拥有一支庞大的军队，出于同样的原因，军官都由他们的亲属担任，这些人身穿红色的外套，戴着金色的肩章，享受着丰厚

① 《黑皮书》中的统计数据大部分来自议会的反馈。我们按5美元兑换1英镑的汇率折算书中的金额。——原注

的养老金。因此，与政府有关的高昂支出主要来自巨额的退休金、安逸的高官职位、驻外使馆，以及大量为宫廷和皇室人员服务的高收入官员。为这一切买单的是人民！贵族征税——人民掏钱。整个国家2/3的税收是由大英帝国治下的绝大多数人缴纳的，然而他们在议会中没有任何代表权。

议会代表权的狭隘限制和不平等。——在大不列颠和爱尔兰2800万人口中，拥有选举权的人数平均不超过100万。

在英格兰的人口中，享有公民权的人只占1/19，苏格兰是1/30，爱尔兰是1/43。

在英格兰的人口中，享有议会代表权的成年男性只占1/7，苏格兰是1/11，爱尔兰是1/17。

也就是说，在大不列颠有超过6/7的成年男性根本没有议会代表权，但他们必须服从拥有代表权的1/7的人制定和颁布的法律，也必须纳税。

根据现行制度，下议院的大多数席位实际上是由大不列颠1/5的登记选民选举产生的。这1/5的选民，也就是不到20万人的选民团体完全被贵族控制，因此很难指望他们按照自己的主见独立行使投票权，他们其实就是奴隶，像奴隶一样唯命是从。

根据官方对公众的说法，大不列颠最富裕、最发达城镇的300万居民应该只有32个下议院席位，而来自最贫穷、最落后的24个城镇的12.2万人拥有的下议院席位不少于48个。这24个小城镇的人口总数还不到曼彻斯特一个大城市的一半；而他们号称拥有48个下议院席位，同时曼彻斯特只有区区2个席位！实际上这24个小城镇都是被腐败贵族垄断的肮脏巢穴，他们拥有的下议院投票权甚至比伦敦、格拉斯哥、布里斯托尔、曼彻斯特、利兹、爱丁堡、谢菲尔德和伯明翰这些主要的大城市更多！

如果我们有足够的篇幅，大英帝国政治制度严重不平等的例证举不胜举。我们可以列举英格兰70个小行政区的名单，其人口总数仅为2.65万人，拥有的议会席位却等于整个爱尔兰拥有的席位。整个大英帝国1/140的人口，大约1/5的选民，不到20万人选举出了367名议员，这占了下议院席位的绝大部分。一半议员是由人口不到1万人的城镇选出的，68名议员是由人口不到5 000人的小行政区选出的。

贵族化的下议院。——下议院有250名议员与这个国家的贵族阶层有直接或间接的关系，这种情况足以说明大英帝国的议会制度是如何运作的。这些人中包括6位侯爵、7位伯爵、21位子爵、34位勋爵、47位名誉爵士、56位准男爵、9位骑士、8位郡长、74位副郡长、53位地方官、63位低阶官员、108位教会赞助人等；除此之外还有在和平时期不断增多的退休军官，包括3位海军上将、3位陆军中将、3位陆军少将、22位陆军上校、28位陆军中校、16位陆军少校、43位陆海军上尉、21位陆海军中尉、4位掌旗官等。简而言之，在下议院658位议员中，只有不到200人既没有头衔、官职和养老金，也不是教会赞助人或每年通过滥用政府权力而获得大量金钱的贵族直系亲属。

我们必须清楚地认识到，这种制度带来的问题是各种形式的腐败——国家和教会中最严重、范围最广的腐化和堕落，同时现在已经肮脏不堪的代议制显然就是为了设法维护这种腐败。除了腐败的下议院，我们还要记住仅以贵族为代表的上议院，其成员都是终身贵族、主教、享受退休金的律师等上流人士，他们的利益与现行制度密不可分。

如果我们牢记这一点，就不会为大英帝国惊人的社会弊端感到吃惊，如此多的公共权力被滥用——如此多的人可以从国库里领取退休金——如此多的主教和神职人员拿着畸高的薪俸——如此多的大使、总督、将军和上校——如此多的巧立名目的佣金——如此多的秘书和各种吏员；也不会为同样惊人的不公正现象感到迷惑，上层阶级和拥有头衔的人在这种情况下不会为没有代表权、必须支持现行制度、为贵族的奢侈生活纳税的劳动人民考虑太多，更不可能免除那些除了出卖劳力一无所有的贫困人群身上沉重的负担和赋税。

贵族政府。——整个制度的目的和敌意昭然若揭。这个帝国的政府并不是一个人民为了保护自己而组成的联盟，而是贵族阶级精心谋划的诡计，目的是让穷人供养富人——让勤劳者供养懒惰者——让富人更富，穷人更穷。

贵族精神遍及整个立法体系。贵族阶级控制并构成了大英帝国议会的上下两院。他们是统治者，他们是立法者，他们征税，他们建立垄断，他们指挥军队，他们操控着王位继承，他们就是“国家”。

贵族是最优等的阶级。但事实果真如此吗？难道大多数贵族没有被他们用不正当手段获得的巨额财富腐蚀吗？难道他们没有挥霍无度的习惯吗？不过我们也承认有一些杰出的贵族是例外。但是，真正了解贵族阶级的人，谁不知道他们的风流韵事，他们令人吃惊的赌博行为，他们腐化堕落的政治活动，他们不计后果地陷入债务，他们在选举中的贪污腐败，以及他们数不清的罪恶行径呢?

贵族不是勤劳的人；他们不过是消费者和破坏者，操盘者和勒索者。他们不会教给别人任何东西，而他们自己很需要被教导。他们没有在人民面前树立任何良好的道德榜样，反而通常都表现得奢侈、浪费、放纵、好色，往往成了邪恶和卑鄙的榜样。他们不宣扬宗教信仰，反而把宗教信仰视为一钱不值。尽管他们会为牧师提供优渥的生活，也会经常资助主教大笔金钱，但实际上他们认为自己完全不用履行与宗教信仰有关的任何承诺和具体职责。贵族从出生到死亡都生活在一种欺诈、奉承、虚伪和腐败的气氛中。寄生于贵族阶级的保姆、阿谀奉承者、钻营谋职者，以及一大群时刻紧拽着贵族衣角的谄媚者，他们毒害并消灭了贵族精神中诚实独立和阳刚之气等美德的最后残余。

英格兰贵族阶级似乎对他们所统治的国家和人民一无所知。尽管时代在进步，而且欧洲各国都在爆发革命，但他们仍然顽固地决定继续故步自封。他们只想用陈腐的封建方式来统治人民。他们完全没有考虑这一时期人们严肃认真的思想和激情燃烧的心灵。对于现代社会的需求，他们既没有认真去观察，也没有用心去感受，更没有用头脑去理解。他们对这个时代的趋势一无所知。他们仅有的一点意志就是决心坚持现状，只要还有一点反抗能力，就永远不会放弃自己掠夺人民劳动果实的权利。

大英帝国的贵族阶级到底有多少人？我们可以从下面的事

实中找到答案，英格兰所有的土地被不到3万人垄断着；苏格兰的土地属于3 000名地主；爱尔兰有6 000名地主。为了说明这种带有继承性的土地垄断是如何席卷了整个国家的土地，我们可以这样陈述，在1780年，英格兰土地所有者的人数大约是25万，而不是现在的3万，目前土地兼并的进程仍然在快速进行着。看看这种土地垄断带来的结果——数量庞大的劳动者忍饥挨饿，他们忙碌工作创造的财富和税收都被用来供养拥有土地的懒惰的贵族阶级——英格兰有150万真正的赤贫者，而爱尔兰的赤贫者多达300万，足以证明这种畸形而可怕的贵族体制带来的令人憎恨的影响。

王室开支（美元）

女王的私人开销、王室成员的薪俸、商人的账单、王室赏金等——1 960 825

阿尔伯特亲王的年金——15 000

阿尔伯特亲王作为陆军元帅和陆军上校的薪俸——4 000（阿尔伯特亲王每年还会得到特勤局的一笔数额相当大的拨款，具体金额我们无从得知）

坎伯兰公爵，即汉诺威国王——105 000

剑桥公爵——135 000

格洛斯特公爵夫人——80 000

索菲娅公主——80 000

王太后阿德莱德——500 000

肯特公爵夫人——150 000

比利时国王利奥波德——250 000（这笔支出每年都要投票

表决，目前尚未拨出）

剑桥乔治王子——30 000

剑桥奥古斯塔·卡洛琳公主——15 000（这笔令人生厌的勾当发生在1843年，当时这位公主与梅克伦贝格–斯特雷里茨世袭大公的儿子结婚了，这位世袭大公在英格兰领取丰厚的年金，因为他是夏洛特王后的侄子，所以英格兰人民必须供养他）

共计——3 324 825美元

皇家宫殿和花园——维保费用，1838年至1842年。（1842年3月23日议会公布的数据）

圣詹姆斯宫——议会拨款支付150 000

皮姆利科皇家马厩——议会拨款支付30 000

肯辛顿宫——议会拨款支付70 000

肯辛顿花园——议会拨款支付15 000

肯辛顿花园——议会投票通过的王室收入支付30 000

卡尔顿马厩外部维修——议会拨款支付2 000

汉普顿王宫——议会拨款支付130 000

汉普顿花园——议会投票通过的王室收入支付20 000

汉普顿宫种马房——议会拨款支付5 000

邱宫——议会拨款支付35 000

邱宫花园——议会拨款支付50 000

邱宫花园——议会投票通过的王室收入支付65 000

白金汉宫——议会拨款支付170 000

白金汉宫——议会投票通过的王室收入支付7 000

白金汉宫花园——议会投票通过的王室收入支付35 000

布莱顿行宫——议会拨款支付42 000

布莱顿温莎城堡——议会拨款支付140 000

温莎浮若阁摩尔宫——议会拨款支付7 000

温莎新马场和马厩——议会投票通过的王室收入支付350 000

温莎和浮若阁摩尔的新果菜园——议会投票通过的王室收入支付110 000

荷里路德宫——议会拨款支付5 000

林利斯戈宫——议会拨款支付1 000

皇家公园（全部由议会投票通过的王室收入支付）

海德公园、圣詹姆斯公园、格林公园——380 000

摄政公园——130 000

格林尼治公园——25 000

里士满公园——170 000

汉普顿宫和布希公园——75 000

温莎大公园和农庄——450 000

阿斯科特皇家看台和马厩——12 000

阿斯科特皇家猎鹿犬舍——6 000

都柏林凤凰公园——220 000

邱宫旧鹿苑——5 000

5年间，花费在皇家宫殿、花园、马厩、游乐场所和公园上的公共资金共计——2 942 000美元。

这个总额中花费在被称为伦敦之肺的海德公园、圣詹姆斯公园、格林公园、摄政公园、汉普顿公园和里士满公园，都柏林的凤凰公园，以及苏格兰的两座王宫上的费用是——1 175 000

美元。

余下费用是5年间用于王室住所的支出——1 767 000美元。

平均每年用于王室住所的支出大约是——353 400美元。

之前我们列出的王室薪俸和开支是——3 324 825美元。

所以我们可以计算出英格兰王室每年的直接费用是——3 678 225美元。

王室服务人员的养老金——如果我们稍稍进一步观察，就会发现还有一大群各种各样有头衔的养老金领取者紧紧拽着王室成员的衣角，从照顾王室成员婴儿的保姆和舞蹈老师，到服侍成年王室成员的宫女、侍从和礼宾官。所有已故君主的仆人，除了在任职期间获得的极高薪水，还可以通过那个最简单的手段——假公济私——从公共资金里拿到养老金。（关于这一问题令人震惊的细节，由于篇幅所限，我们不得不进行一些省略）

王室高级服务人员的薪水（美元）
——这些费用属于王室内务开支

宫务大臣——10 000

宫廷管家——10 000

马厩总管——10 000

猎鹿犬舍总管——8 500

家务总管——5 790

副宫务大臣——4 620

司库——4 520

审计官——4 520

侍卫长——5 000

4名侍卫，每人3 750，合计——15 000

服饰主管——2 500

8名侍寝女仆，每人2 500，合计——20 000

8名宫女，每人2 000，合计——16 000

8名侍从主管，每人3 510，合计——28 080

8名侍从，每人1 675，合计——13 400

光是女王的御用驯马师、车夫和侍从每年就要花费62 815美元，而美国政府所有高官的年薪加起来还不到20 000美元！8名侍从主管每年领取的薪水竟然超过了美国总统的年薪！

下面令人惊奇的陈述可谓闻所未闻：

王室宫廷管家一年的支出单（美元）

——单中的费用属于王室内务开支

面包——10 250

黄油、培根、奶酪和鸡蛋——24 880

牛奶和奶油——7 390

肉——47 360

禽类——18 165

鱼——9 895

食品杂货——23 220

油——8 965

水果和甜食——8 705

蔬菜——2 435

葡萄酒——24 250

烈性酒——9 215

麦芽酒和啤酒——14 055

蜡烛——9 885

兽脂蜡烛——3 395

油灯——23 300

燃料——34 230

文具——4 120

木器——1 895

铜器——4 450

瓷器和玻璃器——6 640

亚麻布——5 425

布草洗涤——15 650

盘子——1 775

共计——319 550美元

王冠——我们不应该忽略女王在出席议会开幕式时戴着的王室专有的奢华装饰品。我们从专业工艺的角度来估算一下这顶华丽的王冠的价值（美元）：

一圈钻石共20颗，每颗7 500——150 000

中间两颗大钻石，每颗10 000——20 000

镶在角上的54颗小钻石——500

4个十字架，每个由25颗钻石组成——60 000

4个十字架顶部各有一颗大钻石——200 000

百合花上的12颗钻石——50 000

百合花上的18颗小钻石——10 000

拱顶上的珍珠和钻石——50 000

拱顶上的141颗小钻石——2 500

上方十字架上的26颗钻石——15 000

边缘的两圈珍珠——1 500

不包括王冠的金属部分，仅宝石的价值，共计——559 500

政府开支

根据议会提供的数据，下议院在1843年7月27日公布的大不列颠国家政府开支如下（美元）：

王室开支：女王的私人开销、王室成员的薪俸、商人的账单等（由人民支付）——1 859 000

王室主要成员的年金——1 590 000

爱尔兰总督的开销——152 770

议会上下两院的薪水和开销——619 235

政府官员的薪水、养老金等——2 623 865

其他年金、养老金等——1 563 205

王室成员养老金——25 600

年度开支共计——8 433 675

养老金——整个大英帝国财政体系中最不同寻常的部分就是养老金。其中一部分项目令人备感震惊，尤其是那些支付给王室和贵族的情妇和私生子的款项。还有一些支付给了很多地位最高的贵族，每人每年的金额高达5 000至55 000美元不等，然而他们没有为国家提供任何相应的服务。不少养老金已经连续支出了好几个世纪。下面是众多实例之一：

格拉夫顿公爵是世袭的养老金领取者之一，政府每年向他支付42 000美元的养老金，这还不算他从邮局获得的17 000美元的收入。最初领取这笔养老金的是查理二世众多私生子中的一个，大英帝国的人民直到现在还要为当初王室成员的风流债买单。这笔支付给格拉夫顿公爵的养老金已经延续了173年，所以仅仅这一位世袭贵族就使人民为其支付了至少10 288 290美元的惊人巨款。

大多数人领取养老金的所谓理由都是“考虑到当事人的具体情况”。那么问题就来了，这些人都有富裕或者头衔显赫的亲戚，这些亲戚为什么不管他们呢？当一个较低阶层的人陷入贫困时，他能立刻去地区教会寻求救济吗？在陷入贫困之前，他难道不会想尽一切办法谋求生计吗？难道他们不会去努力找工作，寻求可靠的生活吗？但是，陷入贫困或者没落的贵族不会放弃心中的傲慢，更不会这么去做。他们根本不会想去自力更生地工作——他们只想让劳动人民来供养他们——这是他们显赫的亲友可以帮他们得到的利益——通过每年高达5 000至55 000美元不等的养老金，他们不用工作也生活得很安逸。我们还发现，富有的萨瑟兰公爵的姐妹像靠政府救济度日的穷人一样待在这个国家。劳动人民哪个不是用辛勤的工作来维持他们贫困无助的亲人的生活，工人必须用自己的劳动换取工资，小店主必须卑躬屈膝地讨债。然而这些贵族会做的事情只是毫不犹豫地利用征税的手段，同时不会感到哪怕一丝一毫的愧疚。这两种人代表了两种极端，勤劳的劳动者身上体现出极致的贵族精神，而懒惰的贵族却是最卑鄙无耻的代表。

目前帝国政府的所有雇员人数大约是2.4万，其中841人每半年的开支就高达700万美元。这还不包括法庭的公职人员、王室服务人员、殖民地官员等，要是再加上各种领取佣金的人员，总人数将大到无法想象。

军人的费用——军人群体和贵族中有军职身份的人每年的开支确实十分惊人。

自从1815年战争结束以来，大英帝国的军费支出超过了5.49亿英镑，也就是27.45亿美元之巨——主要是为了支付贵族子弟担任军职的薪俸，也是利用公共开支来维持他们的收入。

关于政府开支项目的问题，我们可以看看下面这个实例：

国家一共向威灵顿公爵支付了1 400万美元！

再加上公爵的儿子、侄子、女婿和其他亲属在军队和教会里领取的薪水，还有他们的养老金，总金额将更加惊人！

贵族的征税——如何获得这么多钱来维持如此铺张的开销呢？手段非常简单——伸手到公众的钱包里掏钱，一直掏。贵族根本不会问被征税的人们是否同意，实际上他们只关心如何尽可能地将纳税人排除在决策层之外。他们在纳税人眼里是这样的：他们向我们征税并强迫我们纳税，他们身后站着大批警察、士兵和各种可怕的力量。我们除了乖乖纳税还能怎么样？我们愤怒地咬紧牙关默默忍受，但不得不纳税。

地主阶级的免税权——我们再来看看，贵族为了逃避他们为这个国家纳税的责任是如何精心谋划的。欧洲所有其他国家，甚至是被视为最专制的国家，其主要的税收来源理所当然都是土地。但在英格兰，土地竟几乎没有贡献税收，土地所有者格外注意如何逃避土地税收。下面是几个国家的税收情况（美元）：

大不列颠（1847年）

土地税——5 915 000

其他税收——247 160 000

合计——253 075 000

法国

土地税——116 250 000

其他税收（不包括所得税）——87 500 000

合计——203 750 000

普鲁士

土地税——19 970 000

其他税收——18 335 000

合计——38 305 000

奥地利

土地税——38 985 000

其他税收——38 500 000

合计——77 485 000

因此我们可以看出，在法国、普鲁士和奥地利，政府总收入的一半来自土地税收，在大英帝国的贵族政治体系之下，一年的土地税收仅占总税收的2%。税收主要来自没有代表权的劳动阶级日常使用商品的消费税，总税收的2/3都是从那些最无力承担赋税的人身上榨取的，而同时富人既不用纳税，还以最肆无忌惮、最荒淫无度的方式挥霍着从穷人身上勒索来的税款。

穷人背负的繁重税款——1812年，有人向议会提交了一个案例，显示了当时沉重的税收，就像现在穷人身上沉重的负担：威廉·格拉德斯通是一名工人，每星期挣2.75美元，食物开销1.81美元，具体如下：1盎司茶叶、2盎司咖啡、8盎司糖、8盎司谷物、8磅[1]面粉、7品脱麦芽酒和1/4品脱白兰地。

这些食物的不含税价格——0.56美元

支付的消费税——1.25美元

共计——1.81美元

因此，这个工人要拿出差不多一半的总收入，或者说要从每年140美元的总收入中拿出65美元向政府纳税；而与此同时一个年收入50万美元的贵族为国家贡献的税款每年还不到其收入的5%。

大英帝国人民背负的税收是世界上最高的！我们来看看下面的实例：

在英国，无论男女老幼，每个人背负的税收高达——1300美元，远远超过其他国家的情况。

美国——225美元

俄罗斯——225美元

奥地利——275美元

普鲁士——300美元

法国——600美元

大英帝国贵族政治体系导致了非常严重的后果——一方

① 1磅≈0.45千克。——编者注

面，这个国家的所有土地和政府被懒惰的少数人垄断，他们攫取着巨大的利益，认为立法权是他们与生俱来的权利，他们通过法律提高税收，每年花费的公共税收超过2.5亿美元；另一方面，这个国家的劳动人口数量巨大，他们从早到晚辛苦地工作，通常只能得到最微薄的工资，没有任何政治权利，但不得不服从法律，缴纳赋税，忍受着贫困而悲惨的生活。国家的绝大部分收入都花费在那些富有的贵族身上，懒惰的少数人积累了大量的财富，而广大劳动人民普遍忍受着贫困的折磨。

教会

教会是这个国家另一个开销巨大的贵族机构。最开始的时候，教会的收入被分为三部分，第一部分用于维持神职人员的薪俸，第二部分用于教堂等建筑的维修保养，第三部分用于救济穷人。但神职人员在他们的贵族赞助人的帮助下，设法将建筑维保和救济穷人的费用都强加在了人民身上——这样神职人员就能随心所欲地侵吞原本不属于他们的那两部分资金！

在此，我们必须说明，大英帝国的国家教会在任何方面都不能代表耶稣基督传给门徒的基督教精神。它代表的是贪神的精神，而不是耶稣基督的精神。它真正信仰的神是金钱——丰厚的薪俸——真金白银。国家教会的神职人员在讲坛上宣讲的《新约全书》中的原则被公然蔑视。等级森严和背叛信仰是国家教会的惯例。

根据议会最近公布的数据，英格兰25个大教区主教每年瓜分的金钱高达90万美元！这些人死后都留下了巨额遗产。议会还提供了一个数据，证明爱尔兰11个大教区主教在四五十年的时间里，竟然聚敛了937.5万美元的巨额财产！下面是从议会公布数据中摘录的一段名单：

爱尔兰主教的遗嘱认证（美元）

科克主教斯托福德——125 000

德罗莫尔主教珀西——200 000

弗恩斯主教克利弗——250 000

利默里克主教伯纳德——300 000

基拉卢主教诺克斯——500 000

都柏林主教福勒——750 000

蒂厄姆主教贝雷斯福德——1 250 000

拉弗霍主教霍金斯——1 250 000

阿尔马主教斯图亚特——1 500 000

克洛赫主教波特——1 250 000

卡舍尔主教阿尔加——2 000 000

共计——9 375 000

我们完全可以肯定，这位卡舍尔主教一生中所搜刮的高达200万美元的财富使无数人遭受了贫困的折磨，因为这些钱财都是从世界上所有国家中最贫穷、最缺衣少食的人民身上压榨出来的！我们也可以想象，都柏林、蒂厄姆、阿尔马和克洛赫的主教为了聚敛数以百万计的巨额财富，会将慈善精神和基督美德践踏到何等程度！这就是爱尔兰教会的主教，而大英帝国为了保卫爱尔兰的安全，在这个国家驻扎着一支警察部队和一支34 000人的军队。

英格兰教会的收入——要算出英格兰教会总收入的确切金

额很困难。在这个问题上，教会向来极不愿意提供任何信息；即使是政府询问这个问题时，他们也都是支支吾吾，甚至毫无顾忌地撒谎来搪塞。所以在1835年议会要求教会归还神职人员的收入时，他们承认的教会净收入仅为17 284 255美元，而实际数字毫无疑问远远不止1 000多万美元。但是从那以后，《什一税法》开始实施，于是神职人员只关心如何尽可能地索取利益，完全忘却了他们以前提供的回报。这带来了怎样的结果呢？教会从什一税中获得的收入立刻比几年前增加了一倍；根据主管什一税官员的报告，每年未征收的什一税为2 500万美元，征收的什一税为740万美元，总额为3 240万美元。如果教会征收到所有的什一税，每年仅从这一税款中就能获得三四千万美元的收入。下面是教会的收入项目（单位：美元）：

教会什一税（估算）——40 000 000

主教的薪俸（按照各主教的具体数字）——1 030 235

地方教会的费用——2 470 000

牧师的薪俸和享有的土地及住宅——1 250 000

副牧师的薪俸——375 000

教区外神职人员的薪俸——162 250

葬礼、婚礼、洗礼等仪式的教会费用——2 500 000

祭品、贡物等——400 000

创办大学和学校的费用——3 410 750

城镇和人口密集区的布道师的薪俸——300 000

公共机构的礼拜堂牧师和其他教职的薪俸（此项目的金额被严重低估）——50 000

新建教堂和小礼拜堂的费用——472 500

共计——52 420 735

主教的收入——我们来看看主教们是如何将教会的收入据为己有的。他们冠冕堂皇地向教民宣扬“不要聚敛财富”，指示世人“贪财是万恶之源”，然而他们自己实际上又是怎么做的呢？下面是议会在1845年5月公布的一组数据，我们知道那些来自教会的上流人士之前对收入问题就有过推诿搪塞甚至撒谎，因此完全有理由相信这些数字也是被大大低估了。

1843年英格兰主教的收入（美元）

坎特伯雷大主教——138 525

约克大主教——100 705

伦敦主教——67 595

达勒姆主教——112 080

温切斯特主教——57 995

圣亚萨主教——40 420

班戈主教——37 335

巴斯和威尔斯主教——14 835

卡莱尔主教——12 380

切斯特主教——9 465

奇切斯特主教——32 595

圣大卫主教——23 760

伊里主教——32 430

埃克塞特主教——5 460

格洛斯特和布里斯托尔主教——26 130

赫里福德主教——29 680

利奇菲尔德主教——47 500

林肯主教——28 050

兰达夫主教——4 450

诺维奇主教——43 825

牛津主教——12 530

彼得伯勒主教——20 300

里彭主教——23 815

罗切斯特主教——5 510

索尔兹伯里主教——64 395

伍斯特主教——36 470

共计——1 028 235

由于许多主教除了担任本职，还会从一些挂名闲职中获得薪俸，所以这里列出的数字根本不能代表他们的总收入。

英格兰国教在爱尔兰的状况——虽然我们看到上述这些惊人的罪行时尽量保持了忍耐，但谈到英格兰教会在爱尔兰的征服和掠夺时，再也无法忍受内心的愤怒——这是一段非常血腥的历史。爱尔兰教会被形容为“文明世界现存的所有制度中最荒谬、最站不住脚的制度”“整个欧洲最可怕的教会暴行”。

我们用简单的几句话就能表达爱尔兰教会的丑陋和可怕。爱尔兰有8 175 124人，其中赤贫者多达2 385 725人。3 470 725人居住在极为简陋的小泥屋或小窝棚里，只有一个房间和一扇门，这扇门既是出入口，又是窗户和烟囱。在这个国家的北部，人们每天的工资大约是17美分到24美分，而在西部和南部，大多数人每天的工资仅为8美分到21美分。爱尔兰有3 766 666人是不识字的文盲——因为这个国家的穷人长期以来完全被排除在教育系统之外。

截至1843年12月，爱尔兰的军队一共有32 603人，其中陆军21 210人，海军2 350人，武装警察9 043人。之后又增派了大约10 000名士兵和1 000名武装警察——所以现在爱尔兰的军人总数是4万多人。我们再来看看爱尔兰人民的宗教情况。800多万的总人口中有700万人是天主教徒，70万人是圣公会也就是英格兰国教教徒。为了这一小部分信仰英格兰国教的爱尔兰人，或者确切说是在爱尔兰的英格兰人，爱尔兰维持着一个奢华的国家教会，支撑教会的庞大费用却由那些信仰天主教的爱尔兰穷人来支付，而他们都过着饥寒交迫的悲惨生活；如果他们拒绝支付，教会就会立刻采用各种残暴的手段迫使他们改变信仰。

爱尔兰教会的收入（美元）

大主教和主教的薪俸——755 638

地方教会的费用——113 121

教会享有的土地——460 000

什一税——2 658 908

牧师薪俸——50 000

共计——4 037 667

从上面的数据可以看出，爱尔兰主教每年薪俸总额高达75万美元；然而这些只是他们实际年收入中很小的一部分，因为还要加上67万英亩土地的租金和收益！

我们再来看看关于神职人员工作的问题。在全国2 384个教区中，155个教区根本没有新教居民；895个教区的新教居民男女老幼加起来还不到50人。但是这些教区并没有因此被免除向教会支付的款项，一直被教会强行勒索。在1 385个圣职人员中，有233人管辖的新教徒人数少于50人。在300名高级牧师中，有75人无事可做，还有86人根本就是挂名闲职。拉福的地方主教的年薪是7 455美元，利斯莫尔的圣歌领唱的年薪是2 240美元，米斯的领班神父的年薪是3 655美元，然而根本不存在需要他们完成的工作，因为他们那里就没有需要帮助和治愈的新教徒的灵魂。下面这几个地方的数据可以反映出目前爱尔兰各地荒谬而可怕的状况：

莫德里格镇——新教徒人数，4；神职人员人数，0；教堂数量，0；什一税，2 200美元。

塞凯恩纳恩镇——新教徒人数，3；神职人员人数，0；教堂数量，0；什一税，1 675美元。

克勒米镇——新教徒人数，17；神职人员人数，0；教堂数量，0；什一税，2 800美元。

埃费因镇——新教徒人数，10；神职人员人数，0；教堂数量，0；什一税，1 600美元。

吉尔伯特斯顿镇——新教徒人数，8；神职人员人数，0；教堂数量，0；什一税，1 250美元。

马胡纳镇——新教徒人数，8；神职人员人数，0；教堂数量，0；什一税：2 500美元。

基莱科迪镇——新教徒人数，12；神职人员人数，0；教堂数量，0；什一税，2 420美元。

共计——新教徒人数，62；神职人员人数，0；教堂数量，0；什一税，14 445美元。

我们可以看出，这些地方既没有教堂也没有牧师，却要征收什一税，而62名新教徒必须每人每年向教会支付233美元。在克洛因主教辖区的另一个教区，新教徒无论男女老幼每年都必须向教会支付140美元。.

我们几乎没有必要进一步揭露这种罪大恶极的暴行，因为上述简要的事实已经足以告诉我们教会的丑恶和残忍；但当我们认真思考这些现象时，仍然会对这种充满罪恶的制度感到无比震惊——黑暗、腐败到极点——百害而无一益——只会给爱尔兰人民带来贫困和不幸，并使这个国家自从与英格兰贵族政府联合以来就一直处于叛乱的边缘！

这是英国人自己提供的有关大英帝国实际状况的事实。不可否认，大英帝国拥有君主政体和贵族政治的最高典范，也拥有世界上最受赞誉的国教；然而，这些到底给英格兰、苏格兰和爱尔兰这三个王国的人民带来了什么呢？

我们很乐意承认大英帝国的国家荣耀，完全公允地看待大英帝国大部分人民创造的高度文明，也认同英格兰人的品格、法律、观念和政策的基础是公正和正义；我们认为盎格鲁-撒克逊民族是一个伟大的民族，这个名字代表着荣耀；我们会坚持这一观点——英格兰是真理、宗教和良好原则的捍卫者，并通过文学作品、演说家和殖民地将这些人类的财富传播到全球1/4的地区；我们希望，同时也相信，在人类未来的道路上，这个国家仍然注定要扮演一个充满影响力而且令人瞩目的重要角色；在真理和正义遍布全世界之前，这个说着与莎士比亚和弥尔顿相同语言的民族，这个诞生过查塔姆、福克斯、柏克、汉普登和霍华德的民族，永远不会衰落，也不会终止为人类谋福祉的崇高使命。

但承认这些的同时，我们不可能对这个国家的现状视而不见，目前的帝国政府既不能保证管辖下人民的幸福，也不能在世界各国的大规模竞争中实现应有的命运。政治体制的弊端已经渗透到社会的每一个角落——甚至连道德和宗教的源头都正在遭受腐蚀。很多教会领袖因为贪婪和欺诈的行为被国家司法机关宣判有罪，而且法官认为他们几乎没有进行辩护的必要。这个国家地位最高的阶层心安理得地拿着国库里的钱过着富丽堂皇的奢侈生活，然而他们根本没有体现出对等的价值，甚至对此毫无愧疚，因为这就是大英帝国的惯例和法律。当这个国家的上层阶级炫耀着世界上绝无仅有的财富和奢华时，下层阶级仅仅一年间死于饥荒和随之而来的瘟疫的人数竟然高达30多万人，这更是世界上绝无仅有的悲惨和贫困景象！

德意志

第405章

这样的德意志[①]

德意志北面是日耳曼海、丹麦和波罗的海；东面是普鲁士和波森的普鲁士人省份，属于俄罗斯的波兰[②]，以及属于奥地利的加利西亚和匈牙利；南面是亚得里亚海，意大利和瑞士；西面是法国、比利时和荷兰。

德意志的中部和南部地区有多条山脉穿过。多瑙河以南的山脉属于阿尔卑斯山系。北部的山脉属于喀尔巴阡山系，这个山系延伸出众多的分支。哈茨山脉是地理位置最靠北的山脉，也属于喀尔巴

① 因为当时的德意志没有统一为独立的民族国家，起主导作用的奥地利和普鲁士不完全在德意志邦联内，而且是独立的主权国家；同时为了前后历史的连贯，译者在翻译时不将“Germany”翻译成“德国”，而译为“德意志”。——译者注

② 经过1772年俄、普、奥，1793年俄、普，1795年俄、普、奥的三次瓜分，波兰最终亡国，而俄罗斯掠夺了原波兰62%的领土。直到1918年第一次世界大战结束，波兰才得以复国。——编者注

阡山系。著名的“布罗肯幽灵”[1]就出现在这个地区。北部的地势低而平坦，一直向北海和波罗的海下降。

德意志有500条河流，其中60条可通航。多瑙河流经南部地区。威悉河、易北河和奥得河是德意志的主要河流，它们的许多支流都可以通航。莱茵河发源于瑞士，流经德意志，最终从荷兰流入大海。

德意志的气候因各地区地表高度和日照程度的不同而变化。为了进行概括性的描述，可以把它分为三个区域。第一个区域，即北部平原地区，虽然不算寒冷，但是气候潮湿多变：因为它常年受到海洋上升起的雾气和风暴的影响。西北平原，由于靠近北海，经常受到雨水和风暴的侵袭。波罗的海对东北平原的影响较小，因此气候虽然较冷，但变化较小。

第二个区域包括德意志中部所有地区。由于山地的屏障，该地区免受多变潮湿的海洋性气候的影响。因此，该地区成为德意志气候最宜人的地区。纬度从北纬48°延伸到51°。由于地表的总体高度比其他地区高，其比同纬度的其他欧洲国家要冷。

第三个区域是阿尔卑斯山地区。该区域急升和陡降的地势，使

① 所谓“布罗肯幽灵”是一个空中人像，许多旅行者曾看到并描述过它。其中一个登山者这样记述道：“在我第30次从汉诺威登上哈茨山的主峰时，终于幸运地见到了这种景象。我站在山顶时，看到远处有一个巨大的人影。这时，一阵狂风几乎把我的帽子吹走，我赶紧用手去扶，而这个巨大的人影也照着做了。于是，我又做了一个动作，弯下自己的身子，这个身影也照着做了。它曾消失了一会儿，又出现了。之后，我去叫来附近旅店的老板，我们一起站在我刚才站过的地方，这回我们都看到了两个巨大的身形。当我们鞠躬表示问候时，它们也以同样的姿势作答。之后就都消失不见了。”——原注

布罗肯幽灵

各种不同的气候紧密相连。蒂罗尔和萨尔茨堡地区常年不化的冰川与施蒂里亚和卡林西亚地区的葡萄藤覆盖的山谷相连，距离的里雅斯特的橄榄树林和常年盛开的意大利花园也并不遥远。葡萄、水稻和玉米在北纬54°以内都可茁壮生长；超过这个纬度，它们的生长就达不到理想水平了；只有在德意志南部北纬46°以南的小部分地区，橄榄树和蚕才适宜生长。

德意志的土地普遍比较肥沃。北部平原也有不少贫瘠的土地，但沿着河流两边的土地都是丰产的沃土。在南部山区有一些贫瘠或肥力稍低的土地，但在河流沿岸那些美丽的山谷和小平原，都是最肥沃的冲积平原。一般来说，北方的多为难耕的黏重土，最适合种植玉米；而南部是轻质的沙土，最适合种植葡萄树。最好的土壤是位于山区和沙质平原之间的中部地区。

所有宗教信仰在德意志都不受限制。一半以上的居民信仰罗马天主教，而新教徒占总人口的2/5以上。在很多地方，路德宗和加尔文宗已经联合成一个教会，并以福音派教会的名字命名。此外，还有一些门诺派教徒、摩拉维亚教徒以及胡特派教徒。在德意志大约有30万犹太人。

德意志邦联成立于1815年[①]，目的是保护加入该联盟的邦国独立和安宁。邦联法案的当事方为34个君主制国家和4个共和形式的自由城市。邦联机构是由拥有主权的成员国的全权代表组成的一种议会。它以两种不同的形式构成：一、全体会议，也叫全体大会，其中每个成员拥有至少一票的投票权，大的邦国有多票投票权；奥地利、普鲁士、巴伐利亚、萨克森、汉诺威和维滕贝格各有4票；巴登、黑森、黑森-卡塞尔、丹麦（因为荷尔斯泰因和劳恩堡）和荷兰（因为卢森堡）分别为3票；不伦瑞克、梅克伦堡和拿骚各2票；其他各1票；共计71票。二、普通议会是全体大会的另一种组成形式；只有17票，主要邦国（上面提到的11个大邦国）各有1票的表决权，而其他小邦国则以集体参与的方式表决。普通议会讨论所有问题，并向全体大会提议，执行法令，全面管理邦联事务。最终由全体大会来决定普通议会的提议，进行战争与缔结和约等重大事务的决策。

邦联军队由30万人组成，每个邦国都按其人口比例提供一支军队。有几个城市被认为是邦联要塞，它们是卢森堡、美因茨、兰道

① 欧洲最近的动乱打乱了这种安排，并有可能导致此处所提到的德意志邦联的永久改变。但是，在目前局势依然动荡的情况下，我们仍然基于该体系来论述德意志的历史和地理是最可行的办法。——原注

和乌尔姆等。

邦联绝大多数居民是日耳曼人，或者是古老的条顿部落的后裔。他们自有史以来就一直占据着这片土地。他们自称为德意志人，也称自己的国家为德意志兰。德语有各种各样的方言；有教养的阶级和文学中使用的语言叫作高地德语，但任何地方都不会有人说纯正的高地德语。北部地区使用的是低地德语的各种方言。斯拉夫人主要定居在奥地利和普鲁士的一些省份。

德意志地理常常令地理学家感到迷惑，但是，对于熟悉几个不同地区主权的体系或国家制度的美国人来说，这并不难理解。从广义上讲，德意志包含那些日耳曼人或条顿人后裔建立的国家。它的边界也并不仅仅基于政治上的划分；因此，在奥地利和普鲁士，只有属于日耳曼人的部分地区才被囊括在德意志邦联之中。

关于德意志的历史，我们将首先概述构成这个国家古代历史的早期定居者。然后，我们从查理曼的统治开始讲述德意志帝国[①]的历史，一直到邦联时代，并对德意志的现代历史进行陈述。我们也会分别介绍德意志的各个邦国。

---

① 当前普鲁士尚未统一德国，书中的德意志帝国，指的是神圣罗马帝国。德意志王国，原本是东法兰克王国，与德意志帝国在实体上是重合的。书中称德意志王国的时候，指的其实是东法兰克王国；称德意志国王的时候，表示国王没有被加冕为皇帝而已。——译者注

德意志邦联行政区划分

邦国	级别	面积（平方英里）	人口	宗教	首府	人口
奥地利，大约1/3地区	帝国	81 000	11 500 000	天主教	维也纳	350 000
普鲁士，大部分地区	王国	71 000	11 090 000	新教	柏林	335 000
巴伐利亚	王国	28 435	4 300 000	天主教	慕尼黑	106 000
萨克森	王国	5 705	1 680 000	新教	德累斯顿	70 000
汉诺威	王国	14 600	1 679 000	新教	汉诺威	28 000
维滕贝格	王国	7 568	1 610 000	新教	斯图加特	40 000
巴登	大公国	5 712	1 240 000	天主教	卡尔斯鲁厄	21 000
黑森-卡塞尔	侯国	4 386	699 000	新教	卡塞尔	26 000
黑森州	大公国	3 198	765 000	新教	达姆施塔特	22 000
黑森-霍姆堡	伯爵领地	154	24 000	新教	霍姆堡	3 500
梅克伦堡-什未林	大公国	4 701	472 000	新教	什未林	12 000
梅克伦堡-斯特雷利茨	大公国	1 094	85 300	新教	新斯特雷利茨	6 000
荷尔斯泰因	公国	3 168	420 000	新教	格鲁克斯塔德	——
劳恩堡	公国	451	45 000	新教	劳恩贝格	3 400
拿骚	大公国	1 736	372 700	新教	威斯巴登	7 000
卢森堡	大公国	2 420	275 000	天主教	卢森堡	11 242

（续表）

邦国	级别	面积（平方英里）	人口	宗教	首府	人口
奥尔登堡	大公国	2 470	260 000	新教	奥尔登贝格	5 564
不伦瑞克	公国	1 525	250 000	新教	不伦瑞克	36 000
萨克森-魏玛-艾森纳赫	公国	1 403	240 000	新教	魏玛	10 000
萨克森-迈宁根-希尔德布尔格豪森	公国	880	113 700	新教	迈宁根	5 000
萨克森-科堡-哥达	公国	790	7 600	新教	哥达	11 000
萨克森-阿尔滕堡	公国	491	113 700	新教	阿尔滕堡	12 000
利珀-代特莫尔德	亲王国	432	79 000	新教	代特莫尔德	2 800
绍恩堡-利珀	亲王国	205	26 000	新教	比克堡	2 100
施瓦茨堡-鲁多尔斯塔特	亲王国	366	64 500	新教	鲁多尔斯塔特	4 000
施瓦茨堡-松德尔斯豪森	亲王国	396	54 000	新教	松德尔斯豪森	3 300
罗伊斯-罗本施泰因	亲王国	548	60 000	新教	罗本施泰因	3 000
罗伊斯-格赖茨	亲王国	140	30 000	新教	格赖茨	7 000
安哈尔特-德绍	公国	337	57 600	新教	德绍	10 000
安哈尔特-贝恩堡	公国	336	45 500	新教	贝恩堡	5 000

（续表）

邦国	级别	面积（平方英里）	人口	宗教	首府	人口
安哈尔特-科腾	公国	316	36 400	新教	科腾	6 000
瓦尔德克	亲王国	455	56 000	新教	科尔巴赫	2 000
霍亨索伦-锡格马林根	亲王国	383	42 830	天主教	锡格马林根	1 400
霍亨索伦-黑兴根	亲王国	136	21 000	天主教	黑兴根	3 000
列支敦士登	亲王国	52	5 800	天主教	列支敦士登	600
汉堡	自由城市	149	153 000	新教	汉堡	——
法兰克福	自由城市	91	56 000	新教	法兰克福	——
不来梅	自由城市	67	57 800	新教	不来梅	——
吕贝克	自由城市	142	46 500	新教	吕贝克	——
总计		247 438	38 133 930			

第406章

从罗马人入侵到查理曼

古代德意志的边界是北海、波罗的海、莱茵河和阿尔卑斯山。它的东部边界反复变化；有时候日耳曼部落一直征服到黑海，有时则被驱赶回维斯瓦河。对于居住在阳光普照的意大利的罗马人来说，每当说起这片广阔土地上的荒野和沼泽，以及那里寒冷和严酷的气候时，总是会带着恐怖的语气。在他们的意识中，这片被称为黑希尼亚森林，从维斯瓦河的托伦一直到莱茵河的斯特拉斯堡之间长度为60天路程、宽度为9天路程①的荒凉地带，一直与阴暗和恐怖相连。

这些日耳曼部落来自中亚，但是是什么时候和怎样迁移到这里的，还没有确证。在恺撒时代以前，他们几乎不为人知。在随后的

① 这是过去西方人统计时间的一种方式，与中国人常用的“一盏茶”“一袋烟”的时间相似。这里一般指人步行所走的路程。——编者注

世纪，塔西佗写了一部关于他们的著作。而普林尼在不久之后总体将他们分成5个日耳曼部落：温底尔人，其中包括勃艮第人、瓦累尼人、喀林人和古顿人；印格伏南人，其中包括辛布里人、条顿人和卡乌基人；住得最靠近莱茵河的是伊斯特沃内人；住在这块土地中央的是厄尔密诺内斯人，其中包括苏维汇人、赫蒙杜利人、卡蒂人、切鲁西人；第五个部落是达契亚附近的佩夫金人及巴斯塔奈人。

日耳曼人身材高大，肤色白皙，留着长长的黄色头发，蓝色的大眼睛时不时从头饰下面露出凶悍的目光。他们佩戴的头饰是用野猪牙或野牛角磨制的饰物，也有用动物毛皮做成的帽子。这些凶悍的战士具有与他们相称的粗鲁习惯。他们没有神职人员。他们崇拜太阳、月亮和火；半神提斯科被认为是日耳曼民族的创造者，现代英语和荷兰语里的星期二就是从他的名字而来；女神赫塔，居住在鲁根岛的一个湖边的神圣树林中；沃登神象征一切都好，是星期三这个词的来源。战神托尔，是星期四这个词的来源。婚姻女神弗里亚是星期五这个词的来源。

据传说，到了某个季节，女神赫塔就会变成人类的样子出现：她的白色小母牛拉着华丽的车子来到湖岸边。在那里，她的仆人和奴隶一起把她的车子清洗干净。在仪式结束后，这些人将被杀死。据传说，日耳曼人的英雄死后会进入一个叫瓦尔哈拉的地方，即“英雄名人堂”。在那里，他们白天战斗和追逐，夜晚在号角声中参加天堂的夜宴。那些在白天战斗中死去的英雄，到了晚上又重新毫发无损地加入狂欢的行列。他们用死者的头盖骨当作器皿豪饮着蜂蜜酒。

在公共事务管理和礼仪上，日耳曼人通常都很简单。当没有受到战争或追赶的刺激时，这些人就舒适地坐在毛皮垫子上痛饮作乐。他们的国家事务通常是在欢闹的宴会上讨论完成的，而且这样的宴会上经常发生流血事件。古代日耳曼人沉迷于醉酒和赌博。他们的赌注包括武器、房屋、妻子、孩子、奴隶，甚至自己的人身自由。他们没有城镇：一个自由人只要在哪里找到了一片理想的地方，就会盖起一个小屋，与妻子、孩子和仆人住在哪里。作为此地的绝对主宰——他可以按照自己的意志进行裁决、惩罚和奖励。他的奴隶来自俘虏，会受到比较善意的对待。奴隶居住在较小的房屋中，要向这个自由人缴纳他们耕种土地的一部分产出并保卫他免受敌人的攻击。

自由人家中的仆人包括牧人、马夫、厨师和裁缝。这些职位后来发展成为德意志宫廷中声名赫赫的头衔。几间小屋就形成了一个村庄。村庄有一个公共场所，每隔14天，每个家庭的家长会在被称为格拉夫或伯爵的一位首领主持下在那里开会，解决出现的争端。几个村庄构成一个赞特，几个赞特构成一个高。因此会有相应级别的首领。几个高就构成一个领地，会有一个国王。国王的名称也是由家庭衍生而来的。①

国王既没有权力也没有收入。他的收入只能从他的私人财产中获得。他的职责是召集所有家庭的家长开会，向家长们提出他认为必要的建议；他们则以碰撞武器的声音表示赞同，或以嗡嗡低语表示反对。他们经常把牛或其他物品献给国王表示敬意。国王的手下

① 本段中的赞特、高，名称比较特别，是古代日耳曼部落基本的组织单位。——编者注

有很多自由人和奴隶。他的头发比他的手下人更长更飘逸，头上戴着一个金环。

每个自由人都是一名战士，时刻准备战斗。骑兵的马匹敏捷而壮实。骑兵的一侧会有一个步兵抓着马鬃奔跑，随时准备在骑兵掉下马时顶替他的位置。他们以长矛做武器，同时还佩有一把很长的双手剑用来防御。他们左手握着一个木制或藤制的盾牌。盾牌有四五英尺长，两英尺宽。国王如果胜任的话，就担任统帅，否则就从其余首领——王族或贵族中选出一位，称为公爵。

当他们面对敌人时，这些勇敢的战士都会爆发出一阵阵狂野凶悍的吼声，伴随着粗野的号角声、战鼓的咚咚声、长矛和盾牌的撞击声发起进攻。整支军队以楔形阵型冲锋，他们所展示出的力量和勇气，甚至能击败强大的罗马军团。

实际上，罗马人从未征服过日耳曼人。他们首次相遇是在公元前113年。当时辛布里人袭击了位于意大利东北边境的罗马的诺里库姆行省。罗马将军卡波对此提出了严厉的抗议，但后来他似乎接受了辛布里人回复的借口。辛布里人的借口是对诺里库姆与罗马之间的同盟关系毫不知晓。辛布里人自以为这一诡计得逞，却没有料到大批罗马军队对他们发动了突然袭击；尽管他们在毫无防备的情况下受到攻击，却以不可抵挡的英勇气势实施了反击，将卡波的军队彻底击溃。

7年后，他们再次击败了罗马人，但另一位罗马将军马略在普罗旺斯地区的艾克斯击败了他们的盟友条顿人，近10万条顿人被杀。马略随后又向辛布里人进攻。这时候，辛布里人正向罗马挺进。罗马人最终围歼了他们。过了47年，恺撒渡过莱茵河，对日耳曼人进行了18天的屠杀。这一事件发生在公元前59年。

根据传说，公元前9年，罗马将军德鲁苏斯在取得一系列胜利后，正准备渡过易北河的时候，一位身材极为高大、表情狰狞的女人鬼魂突然出现在罗马军队面前。她声色俱厉地对德鲁苏斯喝道："你这个永不满足的强盗！你要去哪里？离开这里！你的恶行和生命就要到头了！"德鲁苏斯对这个鬼魂的出现感到害怕和沮丧，于是立即撤退，不到1个月，他就从马上掉下来摔死了。然而，在公元元年前不久，罗马人还是征服了莱茵河、易北河、阿尔卑斯山和多瑙河之间的所有土地。

但是，可怕的逆转正等待着罗马军队。9年，被征服地区北部的总督瓦卢斯正率领一支军队去镇压远方的反叛。当时日耳曼人的领袖是赫尔曼，他是一位日耳曼贵族，曾在罗马军队中服役，极度憎恨这些征服者。他很有才华，并且拥有那种粗鲁而充满激情的口才，这对日耳曼人的头脑产生了无限深远的影响。在森林深处隐秘的地方，他促使他的同胞们起誓摧毁罗马军队。

当瓦卢斯进军时，他发现道路被折断的树干阻塞，无数看不见的敌人从浓密树林中的隐身处向他们投掷标枪；秋天的大雨使道路变得非常泥泞，而且士兵们也因为寒冷变得行动迟缓。瓦卢斯下令烧毁了部分辎重以减轻他们的行军负担。

经过3天的艰苦行军，罗马军队到达了利珀，也就是现在的代特莫尔德附近森林的一片空地。在这里，一场大战开始了。连绵的大雨、缠绕的树林和泥泞的地面，这些都有利于轻装上阵而且不惧寒冷的日耳曼人。罗马人以他们一贯的勇气开始战斗，但很快被击溃，军旗也被夺走，3个军团的骑兵和步兵全部溃败。瓦卢斯看到失败已经不可挽回，就用自己的剑结束了自己的生命。为数不多的幸存者都成了俘虏，有的被杀死祭祀神灵，其余的被卖为奴隶。

灾难的消息传来，年迈的罗马皇帝奥古斯都在宫殿中徘徊了许多天，甚至用头撞墙，疯狂地叫喊着，要瓦卢斯将他的军团还给他。罗马人民彻底陷入沮丧，拒绝再对“那些可怕的野蛮人”发起战争。不过罗马将军日耳曼尼库斯还是率领另一支军队进入了这片致命的战场，焚烧了死者的尸骨，但很快不得不在日耳曼人面前撤退。第二年，日耳曼尼库斯击败了日耳曼人两次，然而罗马人还是被迫选择了撤退。日耳曼尼库斯接到新的罗马皇帝提比略的命令返回罗马，将日耳曼地区留给了日耳曼人。

这片地区在随后的3个多世纪中，除了国内争端，一直没有受到外国的侵略。根据经验，日耳曼人明白了他们的力量来自联合。因此，日耳曼人组成了几个较小的部落联盟。在3世纪时期，日耳曼人形成了四个较大的部族——萨克森人、法兰克人、苏维汇人和哥特人。

萨克森人占领了北方地区，据说他们最初是属于亚历山大大帝的军队，在进入易北河河口后，他们从图林根人那里买了一件装满泥土的上衣，然后把土撒向哪里，就声称哪里归自己所有。不过他们的早期历史依然晦暗不明。法兰克人住在莱茵河下游，后来向西和向南扩展。在3世纪中叶，他们入侵了高卢、非洲和小亚细亚。苏维汇人居住在南部和西南部，他们称自己的部族联盟为“阿勒曼尼亚”，意思是各式各样的人。因此，法国人至今仍称德意志为“阿涅曼”。哥特人则沿多瑙河向东定居。

376年，在日耳曼人的东部边境出现了一个皮肤又黑又黄的民族。他们身材矮小粗壮，宽肩膀，扁鼻子，脖子短而粗，颧骨突出，眼睛很小。就民族比较而言，这个民族可以说是长着两条腿的野兽，他们的腿就像雕刻粗糙的桥墩。他们是匈人，来自亚洲西北部。这个民族以凶猛、人数众多、善于马术和使用标枪而令人畏惧。关于该民族的起源，我们在鞑靼人历史的章节中进行了介绍，其中涉及匈人和芬兰人。有关他们的更多内容可以参见匈牙利历史的章节。

在匈人攻击哥特人的战争中，许多日耳曼部落被他们灭绝了，并且其他日耳曼部落被赶过了多瑙河。但是不久，匈人在对阿德里安堡的攻击中被击退。之后，哥特人的残余分子与匈人联合在一起，在一场血腥的战斗中推翻了罗马人，这场战斗使一位罗马皇帝命丧战场。几年后，与东哥特人发生争执的西哥特人和匈人一起与罗马人达成了联盟。罗马帝国在这个时期已经分裂为东西两个部分。395年，在东罗马帝国皇帝的宫廷中服过役的哥特人阿拉里克被哥特人推选为首领。他野心勃勃，意在征服欧洲，但他被另一位同样出身于日耳曼民族的汪达尔酋长、东罗马帝国将领斯提里科逐出了伯罗奔尼撒半岛和罗马。

大约10到12年后，阿拉里克再次攻入意大利，并强迫罗马支付5 000磅黄金、3万磅白银和其他贵重物品作为赎金。这些长期以来饱受虐待、蹂躏、奴役和屠杀的蛮族，觉得这回轮到他们“把罗马当成度假胜地”了。但正如历史所记载的那样，阿拉里克在收到赎金后，于409年8月23日再次返回并占领了这座城市。

然后阿拉里克前往非洲，但是他的舰队遭遇了海难，他本人不久后也死了，死时年仅34岁。西哥特人拥立他的妻弟阿陶尔夫作为新的首领，在法国和西班牙建立了西哥特王国，这部分内容我们在西班牙的历史中已经讲述过。

另一个日耳曼部族汪达尔人迁移到了西班牙，然后到了非洲；后来在叛变的罗马总督的邀请下回到了欧洲。他们的国王盖萨里克率领舰队掳掠了地中海沿岸之后，于455年占领了罗马，还将他获得的大批财宝运回非洲以装饰他在非洲的新首都迦太基，但这些载有希腊和罗马最杰出艺术品的船几乎都沉没了。

大约在5世纪中叶，阿提拉成为匈人首领，他是一位著名的战士。他不仅领导着整个匈人，而且东部日耳曼部落的相当一部分人也接受他的指挥。他开始对东哥特人宣战，并于449年在一系列战斗中击败了他们。次年，他开始进攻君士坦丁堡，后来接受了贿赂同意撤离。接着匈人进军高卢，却遭到了哥特人和罗马联军的包围与进攻，大败撤退。第二年，他们越过阿尔卑斯山，攻占了阿奎莱亚，当地居民逃到了布伦塔河口的岛上，在那里建立了威尼斯。最终，被称为“上帝之鞭”的阿提拉出现在罗马帝国的都城前，但他在罗马大主教的劝诱下撤离了，不久后就死了。他的遗体被放进一个金棺里，外面再罩上一层银的外壳，然后放在一个铁箱子里。他的大军都为阿提拉的遗体送行，到了埋葬地点附近，就只交给奴隶处理了。这些奴隶将阿提拉的遗体埋葬之后就被处死，没有人知道阿提拉的埋葬之地。

从个人外貌上来看，阿提拉与他的同胞截然不同。他的力量、意识甚至使他的粗犷外表也显出一些庄重的气息。每当他用眼睛凶狠地环视四周时，人们都会害怕得颤抖，他似乎很乐于看到自己的外表所激发的恐怖。

长久以来，他和身边的人都习惯用一柄剑插在地上的仪式来崇拜战争之神。有一天，一个牧民把一把老旧生锈的剑献给阿提拉，这个牧民刚刚用这把剑杀死了自己的一头牛。阿提拉老练地将这把剑放在高高的祭坛上，召唤人们前来，宣称自己是这把“战神之剑”的主人，也是整个大地的君主。就这样，他也像其他征服者一样，在追随者中间煽动起了可怕的狂热。他对同胞的影响如此之大，给自己戴上的神圣光环如此之强，以至于他们中最勇敢的勇士也不敢直视他的面容。我们之所以介绍阿提拉和阿拉里克等人的历史，是因为如果没有对这些人物的叙述，日耳曼人的历史将是不完整的。

自376年匈人第一次大进军以来，直到500年以前，法国、西班牙、英格兰和巴巴里沿海地区都接纳了作为殖民者或征服者的日耳曼人。大约从那时起，图林根王国，也就是现在的萨克森王国，成了一个强大的拥有独立主权的国家；但这个王国被法兰克人克洛维的儿子们推翻了。在莱茵河和易北河河口之间居住的萨克森人和弗里塞斯人，在后来的许多世纪里保持着独立。

斯拉夫人，即古老的萨尔马提亚人占领了德意志东部的许多地区。他们和日耳曼人之间由于语言和宗教以及近代的民族偏见而保持距离。6世纪和7世纪，斯拉夫人占领了梅克伦堡、波美拉尼亚、勃兰登堡、迈森、西里西亚、波希米亚、摩拉维亚、施蒂里亚、卡林西亚以及另外几个地区。在上述地区中，他们的许多后代绵延至今。

在多瑙河的北部居住着格皮德人和伦巴第人。后来伦巴第人占据了意大利北部，并将那里命名为“伦巴第”。在莱茵河和多瑙河流域属于罗马人的那些地区，涌现出许多自由城市。在这些城市中，罗马的奢华、建筑、语言和法律是绝对主流。在君士坦丁大帝认可基督教之后，基督教教义正是从这些城市开始向整个德意志地区传播的。

每当日耳曼人征服一块领土时，国王和他的追随者就将全部（或更普遍的做法是将一部分）领土进行分割，权力越大的人得到的份额就越大。为了避免首领的影响力随着某次行动而结束，他们就设计了一种可以保持他们权威的方法，即他们拿出一小部分土地赠予追随者，条件是追随者必须保证充当领主忠实的封臣和仆人。这种做法一开始是由一些大的部落酋长引入的，后来被其他较小规模的部落酋长效仿。就这样，封建制度最终建立起来，整个地区分割成许多小的独立国家。

在6世纪，以拉丁文写成的书面法律已经非常普遍。法律中定义了自由人与农奴、日耳曼人与罗马人之间的关系；规定每一次伤害或者侮辱都会得到相应的惩罚；所有审判都要在与被告有同等层次的人组成的陪审团面前公开进行。在所有的日耳曼王国中，人民大会常常以不同的名字命名，例如，在英格兰有“贤人会议”，在法兰克人中是“3月田野”。在这些会议上，各方就和平和战争问题展开辩论。如果决定进行战争，国王就会召集各个级别的队伍，带着武器装备在指定的时间和地点紧急集合。在那里，每个公爵和伯爵封地的士兵都在各自公爵或伯爵的旗帜下集结。国王担任统帅。

9世纪初，日耳曼民族进入了查理曼统治下的伟大时期。在法国历史中，我们已经就法兰克人克洛维在德意志的征服以及这位君主的血统传承，做过足够详细的叙述。从中可以看出，查理曼在771年登上整个法兰克帝国的君位后，就已经成为西德意志大部分地区

查理曼跨越阿尔卑斯山

的君主。他的性格、语言、祖先、首都和名字，以及他最初的奥斯特拉西亚王国，都是日耳曼的。从此，这位法德联盟的君主开始了历史上罕有的成功生涯。他确实属于“天降大任于斯人”的那一类人。

由于伦巴第国王迪迪埃出面替查理曼的侄子争取帝国的一部分权力，查理曼便越过阿尔卑斯山围困了伦巴第首府帕维亚。他的这次穿越，与过去其他军队穿越阿尔卑斯山的永恒冰峰所表现出来的夸张和悲惨形成了鲜明对比。与他火热的激情相比，这些横亘在国家之间的天然屏障形同虚设。帕维亚的守卫部队很快就因为饥荒而被迫投降。最后，查理曼将迪迪埃送进了修道院，把伦巴第国王的铁王冠戴在了自己头上。

下面的叙述形象地描绘了查理曼进军帕维亚的情景。内容取自圣高尔修道院的修道士所撰写的历史著作，展示了这位伟大的战士和政治家在他的下一代人眼中的形象。这位古代的编年史作家这样写道：

帝国的一位贵族叫奥格尔，他做了什么事使可怕的卡尔①

① 查理在德语的发音为卡尔。查理曼就是查理大帝的意思。——译者注

感到很不快。为了逃避他的报复，奥格尔躲到伦巴第国王迪迪埃那里避风。当伦巴第人得知令人畏惧的法兰克国王正在接近时，迪迪埃和奥格尔登上了一座高塔的塔顶，从那里可以俯瞰四周发生的一切。他们先是看到最前面的战争器械，就像大流士和恺撒的军团中出现过的一样。

“卡尔会跟这支军队在一起吗？”伦巴第国王问道。

“不。”奥格尔回答道。

接下来逼近的是浩浩荡荡的士兵。

国王再次问道：“耀武扬威的卡尔一定就在这群前进的队伍中间，对吗？”

奥格尔回答道：“不，我还没看见他。”

国王很担心地问道：“他没来吗？那要是他亲自带着比这支军队还多的人来，我们应该怎么办？”

奥格尔回答道：“如果他来了，你就会看见到底如何了。但那时我们会遭遇怎样的命运我就不知道了。”

正在这时候，一支精神抖擞的帝国卫队在远处出现了。

惊恐的迪迪埃大叫道：“卫队后面肯定是卡尔本人了！”

奥格尔回答道：“不，我还是没有看到他。”

紧跟在卫队后面的应该是主教、神父、皇家礼拜堂的神父和帝国的伯爵。迪迪埃相信指挥眼前这支军队的统帅就是死神的化身，他哭喊道：“咱们还是赶紧下去，找个地缝藏起来，你看这支凶猛而愤怒的军队吧！我必须躲得远远的才行！”奥格尔也吓得发抖，因为他非常清楚皇帝可怕的力量，但他确信卡尔并不在这支军队中，所以他阻止了迪迪埃的退缩。他说：

“别害怕，卡尔没来。我告诉你，当你看见田里的谷物在战栗，而且像在暴风雨中一样弯曲；当你看见波河都变得惊恐不已，泛起铁一样黑的巨浪淹没了你的城墙——这时候你就应该明白是卡尔来了。”

他的话几乎还没说完，西边的地平线上就升起了一团像乌云一样的东西，原本一直晴朗的天空突然被遮盖住了。地上的人们从这朵乌云的中间惊恐地看到武器的光芒正在闪耀。卡尔本人在天空中出现了——卡尔，那个钢铁意志的铁人，他的头上戴着铁盔，手上戴着铁手套，铁甲保护着他宽阔的胸膛和双肩，他左手挥舞着铁矛，右手挥舞着那把战无不胜的铁宝剑；他的大腿内侧覆盖着铁鳞甲（这是其他骑士为了更自如地骑乘战马连皮护具都不戴的部位）。他的脚上穿的是和全军一样的铁靴，盾牌也是铁制的，胯下铁色战马显示出铁的力量。冲在他前面的人，跟在他身后的人，簇拥在他身边的人，整个军队所有人的装备都是如此。铁覆盖了田野，铁覆盖了道路，太阳的光芒在无数的铁器上闪烁。一个钢铁意志的民族全身披着强大的铁甲。这种壮观铁阵的场面让整座城市笼罩在一片恐惧之中，街道上每一个奔逃的人都惊呼着：“噢！铁人来了！铁军来了！”

勇敢但仍未开化的萨克森人使查理曼再次回到北方，因为他们拒绝改变信仰。于是查理曼决心动用武力。这场战争持续了30年，尽管多次战败并惨遭屠杀，但在威特金德和阿尔博因的带领下，萨克森人躲在阴暗的森林和沼泽地的深处，发誓报仇，随时准备集结起来反抗这些压迫者。

然而，到了803年，和平得以实现，所有萨克森人都承认法兰克国王是他们的君主。在此之前的778年，查理曼将埃布罗河以北的西班牙地区从摩尔人手中拯救出来。这次远征的主帅之一就是法国史诗中的英雄罗兰，他在穿越比利牛斯山脉的龙塞斯瓦耶斯峡谷的战斗中英勇战死。787年，贝内文托公爵——他的领土从那不勒斯南部一直到布林迪西——宣誓效忠查理曼。几年后，在整个匈牙利筑起坚固的环形要塞的阿瓦尔人，还有波兰人和波希米亚人，都被查理曼征服了。

从埃布罗河到蒂萨河和拉布，从贝内文托到埃德尔，所有日耳曼部落第一次联合在同一个君主的领导之下。因此，查理曼的帝国形成了一道宽阔的城墙，阻挡住了萨拉森人在南部和西南部的入侵，也阻挡住了北部、东北部和东部的异教徒。

800年，查理曼从罗马教皇利奥三世手中接过了神圣日耳曼-罗马帝国的皇冠。这个伟大的头衔注定成为日耳曼民族长达1006年统一的象征。查理曼这个“北方的野蛮人”获得了皇帝头衔，他开始满怀喜悦地幻想重新恢复古代罗马帝国的荣光。他把手伸向君士坦丁堡的女皇艾琳，希望可以像恺撒时代那样造就东西方帝国的联合，但是被这位女皇轻蔑地拒绝了。查理曼对他在西方的统治感到很满意。这位君主把他的全部精力都放在将所有旧的自由邦和王国合并为一个强大帝国的努力上；伴随着新帝国的建立，人们也接受了新的观念和新的角色。到此，古代日耳曼人的历史以查理曼的巅峰统治而结束。

第407章

从神圣罗马帝国的制度到宗教改革

（814—1519）

查理曼的整个统治体系建立在封建制或封臣制的基础上，再由教皇加以确认——这种制度已经在本书其他部分详细讲述过了。他让整个帝国所有年满12岁的男性都发誓说他们将会“以家臣服从封君的方式来服从皇帝”。这样一来，克洛维希望独立贵族臣服的计划终于实现了。皇帝成为一切政府行为的出发点。查理曼的法典《法令集》是严厉甚至残酷的：为了形成法律，他收集了所有邦国的律法，并

奥托三世和腓特烈一世

逐一摆在统帅、各省总督、大主教、主教和修道院院长的面前，请他们提出意见。通过这样的程序，法律得到确认或否决。查理曼的重要信件都由本人亲笔书写，并用他剑柄上的印来盖章。然后，他将这封信放在适当人员的手里说：“这是我的命令；而这个，”他指着自己的剑接着说，“就是能使他们服从的东西。”然而，所有德意志的封建领主也同时是教皇的附庸，他们的王冠是从罗马教皇那里以受赐的形式获得的，因此，教皇又被公认为帝国精神事务上的绝对主宰。

在罗马1 000年历史的荣光里，帝国只承认剑的威力；现在，查理曼的帝国又完全注入了北方民族性格中的宗教元素，主教权杖与剑结合在一起，成为下一个1 000年的力量象征。十字军本身就是罗马征服欲的化身；而反过来，随着贸易精神取代十字军精神，钱袋又将取而代之，逐渐成为帝国的形态。

查理曼不遗余力地支持面向所有阶层的学校。“他建立了这样的学校，”我们前面已经提到过他同时代的编年史家、圣高尔修道院的那位修道士这样写道，“在他统治的不同地区，不论贫富，所有臣民都必须把孩子送进学校，去接受被任命的合适的人作为教师的指导。

“有一天，当他参观其中一所学校时，贵族的孩子表现出了极大的无知，而穷人的孩子却给出了令皇帝满意的回答。于是，他让穷人的孩子站在他的右手边，富人的孩子站在左手边。他首先对穷人的孩子说：‘谢谢你们，我的孩子们。你们听从了我的命令；继续追求完美吧，我会给你们主教和修道院的职位，你们将得到我的恩宠。’然后，他带着愤怒的表情转向左边的那些孩子们，说道：

‘你们这些出身高贵的、我最杰出的贵族的孩子们！笨蛋和花花公子们！在你们显赫的出身和财产中，你们无视我的命令，让自己陷入无所事事、骚乱和混乱之中；但是，’——这时他做出威胁性的手势——‘我指着上天起誓！如果你们不通过勤奋用功来改邪归正，那么你们就别指望从卡尔这儿得到什么好处。’”

尽管这位征服者皇帝亲自参加了不下于53次的战役，但他仍有时间去学习和完善他的德语和文学。为此，他收集了各个日耳曼部落的民间歌曲，但是这些珍贵的文物却被他儿子们毁掉了。查理曼也非常重视农业技术的进步。他自己的庄园就是整洁的样本。整个产业都是根据他自己写的指令进行管理的。葡萄树和果树的种植，以及牛的饲养都取得了成功。这大大增加了皇室的收入。

他还通过只征收最必要的税赋、建造桥梁、维护道路、建立集贸市场，以及从意大利的商业城镇招募工匠来鼓励商业和制造业的发展。在法兰克福和英格尔海姆——他最喜欢的住所，以及他的首都亚琛，那些奇伟非凡的建筑都是由皇帝指挥建造的。据说，当时他正骑着马在森林里行走，马把脚踏进了温泉，以便引起主人的注意，由此发现了查理曼后来使用的奇妙温泉水，乃至使亚琛成为整个欧洲的病人疗养胜地。一座美丽的城市在那里兴起，由来自世界各地的工匠在那里为这位君主建造了一座宏伟的宫殿。在这方面还应该提及的是巴格达著名的统治者哈伦·拉希德，为了表示对对手的尊重，他不但向这位基督教皇帝送来大象和昂贵的帐篷，还送来了一个代表东方艺术的范本——一只水钟，里面装有12个小铜球。每个小时结束的时候，其中一个铜球就会落入一个盆中；而就在同一瞬间，一个窗口同时打开；从窗口中可以看到，因为小时数的不同，会有不同数量的骑士在进行操练。

查理曼身材匀称，容貌出众，比普通男人高1英尺。他擅长所有方面的身体锻炼，尤其擅长游泳，这是他最喜欢的娱乐方式。他的皇冠至今仍保存在维也纳。从实物可以看出，只有身材极其魁梧的人才适合戴这顶皇冠。他非常节制，除了必要的场合，穿着非常简单。

799年，他在帕德博恩举行的华丽宫廷集会上，他漂亮的女儿们通过展示她们精湛的马术令来宾们感到快乐。去世前一年，在一次重病之后，他在亚琛皇宫召集了宴会。在众人面前，他告诫与他一起站在大教堂高高祭坛前的儿子路易：要敬畏上帝；要保卫教会；善待族人；给予神职人员荣耀；爱民如子；只选择具有无可指摘品性的人做大臣；不冒犯上帝和人的良知。他继续说道："我的儿子，你能完成这些吗？"路易王子回答说："在上帝的帮助下，我能。"然后，皇帝命令路易从祭坛上取下皇冠戴在自己的头上，这是813年。

像他以前的恺撒和之后的拿破仑一样，当时出现了一系列被迷信者认为是不祥的预兆，来向世界宣布这一强有力的大帝生命的终止。他的亲密朋友、秘书、女婿和传记作者、骑士艾因哈德说："人们看到了许多异象，都显示离皇帝辞世越来越近了；他自己以及其他人都认为这些都是超自然的警示在对他说话。在他生命的最后3年中，经常出现连续7天的日食和月食；在太阳上能看到一个黑点；查理曼花了大笔费用建造的将大教堂和宫殿连接起来的走廊，在耶稣升天节那天垮塌了；他在美因茨建造的横跨莱茵河的木桥——建筑技术的杰作，10年巨大劳动的成果，似乎注定要永远存在下去——突然在短短的3个小时内被大火烧毁了，除了在水下的残骸，没有留下任何痕迹。”

在他最后一次进军至萨克森邦，讨伐丹麦国王戈德弗雷德时，查理曼在太阳升起之前就离开帐篷，开始行军。他看到，巨大的光突然从天上照下来，在令人窒息的气氛中，左右来回闪动。当整支军队都在观看异象并猜想这会预兆着什么的时候，皇帝的马突然头朝下跌倒，皇帝一下子摔到地上，使他的斗篷撕裂，剑折断；如果没有随从的帮助，他自己根本就无法站起来。他们帮他卸掉了护甲。他手里拿着的标枪，从他摔倒的地方向前飞了20多英尺。

亚琛皇宫受到地震的剧烈摇撼，能听到皇帝那间寝宫的天花板的破裂声。从天上降下神秘的火，落到后来埋葬他的教堂的顶上。闪光击中装饰屋顶的金球，将其击碎，碎片散落在与教堂相邻的主教住的房子上。在这座教堂的飞檐边上，上下拱廊之间，是大厦奠基人的题词，最后一行是“查理王子”。据说在皇帝去世前几个月，“王子”这个字黯淡得几乎无法辨认。查理曼对这些来自上天的征兆没有表现出丝毫恐惧，他表现出的漠视就仿佛这些与他的命运无关。

查理曼死于814年1月28日3时①，享年72岁，在位47年。他没有留下任何关于安葬自己的指示，因此关于安葬地的选择引起了争议。最终，正如我们在法国史中记述的那样，他在艾克斯建造的宏伟教堂被选作他最后一座永久的宫殿。他就长眠在圣母像下；用金叶装饰的坟墓散发着芬芳；古铜色的门关闭并且用砖砌住了；竖

---

① 在法国历史上，查理曼及其继任者已经广为人知；在这里，在德意志历史中，也做一些特别的叙述。在此，我们有意避免了重复，除非为了两者的完整性和连续性有必要这样做。——原注

立的凯旋门，上面刻有以下铭文：“在这块石头下躺着伟大而正统的皇帝卡尔的遗体。他极大地扩展了法兰克王国，幸福地统治了47年，活过了70岁。死于我主降临的第814年2月5日。”

查理曼的闲暇时间都是与博学的人一起度过的。他说拉丁语，懂希腊语。他最杰出的文学和教会伙伴是阿尔昆。阿尔昆是一位英国修道士，也是他的精神顾问，一个学问上的天才，皇帝及其家人的家庭教师。他其他的亲密朋友包括：勇敢而聪明的艾因哈德；保罗执事，一位博学多闻的伦巴第人；图尔平主教，皇帝的传记作家；以及他的密友安吉尔伯特。

在对自己的家庭管理方面，查理曼似乎极其宽容。他的女儿爱玛爱她父亲的朋友艾因哈德，他们经常私会。一天早晨，在与情人度过了一段时间之后，艾因哈德正准备离开，却发现夜里下了大雪，以至于不可能在不留下脚印的情况下离开皇宫。在这样的困境下，爱玛让他骑在自己的肩上，准备把他带到自己的房间。这一幕恰好被当时站在宫殿窗户旁的查理曼看见。这对恋人因暴露而坦承了一切，但是善良的君主在责备了艾因哈德的行为之后，原谅了他们，并批准了他们的婚姻。查理曼大帝有3个儿子：大儿子查理和非常有前途的二儿子丕平都英年早逝；只留下最小最无能的路易，于814年继承了他的皇位。

路易不适合对半野蛮的臣民摆弄权杖，却很快成为神职人员的谄媚对象，他得到了“虔诚者路易”的称号。他在所立的遗嘱中，犯了将统治权在儿子们中间平分这个普遍但致命的错误。这引起了三兄弟的争执和叛乱，并将他在840年送进了坟墓。三兄弟中的两个现在联合起来反对另一个。在随后的战争中，有10万名士兵战死。

最后，在843年，他们同意将帝国在3人之间均分。三兄弟中最大的洛泰尔获得了皇帝的称号，并获得了赫尔维蒂亚和洛林的统治权；秃头查理获得了洛林以西的全部地区以及法兰西国王的称号；日耳曼人路易获得了全部德意志地区以及德意志国王的称号。就这样，强有力的查理曼一生的艰辛努力迅速毁于一旦。后来，3个王国都归到了路易儿子的名下，胖子查理成为他们的唯一继承人。日耳曼帝国的碎片在短期内又重新聚合在一起。但是胖子查理的臣民因他对诺曼人的怯懦感到厌恶，罢免了他，每个国家都选出了自己的国王。

萨克森的亨利（外号“捕鸟者”）于917年成为德意志王国的国王。大主教提议为他加冕，但是他宣布，只靠上帝的恩典和人民的选择来实行统治就足够了，并请主教“留着他的膏油准备给更虔诚的君主吧”。他的王国曾分裂为5个小国——萨克森与图林根、法兰克尼亚、士瓦本、巴伐利亚以及洛林，他把它们统一起来；但是他不得不与一直侵扰东部边境的匈牙利人休战9年。这些匈牙利人都骑马作战。亨利为了改善骑兵，下令所有有资格的人都要进行骑马训练。高贵的女士们出席观看这些演练并对成功的骑士报以微笑的奖励。根据某些作家的观点，这就是锦标赛的起源。就这样，到休战期结束时（933），亨利发现自己能够与匈牙利人反复作战并将他们击溃，这个过程伴随着惨烈的屠杀。

955年，奥托一世在一次战斗中击败了匈牙利人，杀死了6万人。自那以后，匈牙利人再未入侵过德意志。接下来，斯拉夫人被降服。至于意大利人，他们已经把意大利的王冠给了奥托一世。此后，奥托一世功德圆满，再无烦恼，德意志也一直处于繁荣、安宁和强大之中，直到他于973年去世。

奥托三世在3岁时继承了父亲奥托二世的王位。在未成年期间，他在当时最博学的格伯特指导下学习，取得了长足的进步，以至于被称为神童。巴伐利亚公爵试图从他手中夺取王位继承权，但由于贵族和神职人员的忠诚而受阻。15岁的奥托三世在罗马被加冕为神圣罗马帝国皇帝。然而，教皇和民众很快就背叛了他。年轻的皇帝不得不返回罗马，宣布罢黜教皇并任命格伯特为新的教皇。

时间到了1000年，人们普遍相信世界将终结——每个人都在为审判日做准备。奥托三世利用一段安宁时光到波兰朝圣，返回后，他打开了查理曼在亚琛的墓。在奥托三世第三次巡行罗马时，民众发起了暴动，但是他对大众发表一番散发着宗教热情的光辉演讲，立即平息了骚乱。

略过一些次要的统治者，我们来看看亨利四世的事迹。这位君主使他与教廷之间的矛盾公开化了，随之而来的教皇与皇帝的大争斗，成了持续几代的重大的历史事件。格里高利七世，原名希尔德布兰德，他认为："上帝将万物放在他儿子耶稣基督的脚下，而彼得是基督的继承人，教皇又是圣彼得的继承人。因此，所有世上的王公、权力以及领土都应服从于他这位上帝在世间的代表。"

他的前任增加了教廷的财产，他则更进一步。除了其他的重大改变，他还设法做到了只让神职人员有权选举主教，然后必须由教皇确认。他最有远见的策略是要求所有神职人员必须独身，这样他们的全部精力就会被用到增强教会的权力上，从而使教会的野心在没有对手的情况下，在较强健的头脑中占主导地位，而对于那些较弱的大脑来说，他们本来已经完全依赖于教会了，将进一步成为谄媚和无节操的奴隶。因此，父亲、丈夫、公民、爱国者融合在一起，形成了怪物。使他们除了狂热和迷信这两个暴君，不会听命于任何权威。

1075年，亨利四世在教皇对他与部分臣民之间的事务进行干涉之际，召集了德意志主教，废黜教皇，并且在一封极其粗暴无礼的信中任命了另一位教皇。他草率地卷入了与教皇格里高利七世的争斗，但是他并不是那个老谋深算的人的对手。他被开除教籍，他的臣民像躲避麻风病人那样躲避他。这场对抗的结果是，皇帝被迫来到意大利的卡诺萨，穿着忏悔者的苦行衣，光着头，赤着被粗糙的路面划伤的脚，请求教皇的接见。

他被傲慢地命令在院子里等待，直到教皇高兴的时候才能被接见。在严寒的冬天里，他在院子里站了三天三夜。最后，他见到了教皇，但毫无作用。回国后，他发现已经有了一位新皇帝，是教皇任命且经贵族同意的。现在整个帝国陷入了混乱：同时有两个皇帝和两个教皇；在每个公国里都有两个公爵；在每个教区里都有两个主教；兄弟对战，父子反目。亨利四世围攻罗马3年，教皇最后逃到意大利南部诺曼人那里避难。在格里高利七世去世后，继任的乌尔班二世和帕斯卡尔二世继续了这种争斗。这同样激发亨利的儿子们一个接一个地反抗他们。

在亨利四世的长子死后，在教皇和贵族的支持下，以及皇帝阵营中叛徒的帮助下，次子亨利对父亲进行了彻底的剥夺。后者跪伏在自己毫无人性的儿子脚下，泪流满面地恳求他可怜自己这满头白发。但这个忤逆的怪物和同盟者对这些请求充耳不闻，继续逼迫老人签下了退位书并承认他以亨利五世的名号继位。时间是1106年。不久之后，这位心碎的父亲就结束了悲惨的一生。亨利四世晚年如此穷困潦倒，以至于他不得不卖掉自己的靴子换取面包。在他统治时期的1096年，欧洲开始了第一次十字军东征。1122年，皇帝和罗马教会签订了一份合约，其中明确规定了皇帝和教皇的权力。

3年后，亨利五世去世。德意志的公爵、贵族，以及他们的封臣和骑士，聚集在美因茨和沃尔姆斯之间的莱茵河畔，选举皇帝的继承人。参加这次会议的有德意志4个主要邦国萨克森、法兰克尼亚、士瓦本和巴伐利亚的代表，共有6万人，他们全副武装，随时待命。每个邦国选出10名贵族，再从这10个人中选一个，最后，皇位就从这4个竞争者中产生。萨克森的洛泰尔于1125年当选。为了抵御霍亨斯陶芬家族的分裂威胁——洛泰尔在位的大部分时间里都与霍亨斯陶芬家族进行着血腥的战争，他放弃了1122年合约的所有有利条件，只保留了教皇给他的那顶皇冠。

1137年，洛泰尔去世，德意志王国被两个党派分裂了——教皇派，他们是巴伐利亚和萨克森公爵亨利的支持者；皇帝派，后者推举霍亨斯陶芬家族的康拉德三世为德意志王国国王和神圣罗马帝国皇帝。教皇派也就是归尔甫党，这个词是韦尔夫，即“小狗”的变体。其来自一个荒唐的传说：一位伯爵打趣一名妇女一胎生下3个孩子，这名妇女就诅咒伯爵的妻子一次生下12个。伯爵夫人果然一胎生了12个孩子，她派人把其中的11个送去淹死。然而伯爵遇见了夫人的使者（女性），问她篮子里装的是什么，她说：“小狗。”当伯爵揭起篮子上盖的布，发现都是孩子，就命令把这些孩子都送回宫里去。在那里，他们被精心地抚养大。他们的后代，包括英格兰的汉诺威王朝，都被叫作韦尔夫或归尔甫。皇帝派也被称为吉伯林党，吉伯林据说是威布灵格这座城堡的名字的变称。

康拉德三世剥夺了亨利的两个公国，亨利的封臣为了亨利的事业进行了艰苦的战斗，而他的兄弟韦尔夫公爵死守自己的魏恩斯贝格。经过长期的围困，城堡的守军终于在1140年决定投降，但投降的条件是允许所有的妇女离开并带走她们可携带的财产。投降条款签署以后，城堡大门打开了，使围攻者大吃一惊的是，公爵夫人出现了，她肩上背着自己的丈夫，那就是她要带走的财产。城里所有的妇女都紧随其后，背着自己的丈夫离开。至今，她们越过的山丘仍被称为“Weibertreue”，意思是“女人的忠诚”。

1149年，康拉德三世在第二次十字军东征回来后中毒而死。死前他曾向选民推荐了他的侄子腓特烈，也叫“红胡子”或“巴巴罗萨”，作为他的继承人。腓特烈一世的父亲这一边属于吉伯林党，母亲这一边则属于归尔甫党。

腓特烈一世即位时30岁。他是德意志男子气概的典范。他那金黄而卷曲的短发盖在宽阔的额头上；他的肤色白皙，蓝眼睛里充满了智慧和勇气，嘴唇丰满而细腻。他虽然是虔诚的基督徒，却坚决反对教皇的世俗统治，他还意识到，这样的想法要产生实际的效果，就必须亲自到罗马命令教皇放弃世俗权力。于是他动身前往罗马，在路上的时候，伦巴第人恳求他帮助对付米兰人。他向后者写了一封抗议信，但是他们却将它撕碎，扔到使者的脸上。这是一次他们应当为之后悔的侮辱。我们已经在本书意大利部分叙述了腓特烈一世在阿尔卑斯山以南的功绩。[①]在占领罗马以后，他毁掉了

① 1162年，当米兰被腓特烈一世占领时，第一次十字军东征时存放在那里的假冒的东方三博士或东方智者的头骨被转运到科隆大教堂。在那儿仍以三位科隆国王——卡斯帕、迈尔基奥尔和巴尔塔萨的名字接受供奉。——原注

一幅表现德意志国王作为封臣从教皇手中接过王冠的画作。他大叫道："你先从绘画开始，然后接着用文字，希望把我们踩在你们的脚下。"

回到德意志后，腓特烈一世平息了贵族间的世仇；摧毁了许多长期以来一直袭击商旅的城堡——长期以来，它们一直劫掠和平的旅行者，尤其是教士和商人，索要大量的赎金。他还鼓励被压迫的农民到城市寻求庇护，从而以一个独立的公民阶层取代原来的农奴。腓特烈一世在国外享有很高的声誉，以至于英格兰的亨利二世给他写了一封信，承认他的卓越才能并表示愿意向他致敬。腓特烈一世于1190年第三次十字军东征时溺水身亡，死于亚洲，葬在安条克。但是仍然有传说认为，这个红色胡须的人睡在图林根一块岩石的裂隙中，他的头靠在手上，胡须穿过他所倚靠的石桌生长。他会在将来的某个日子醒来——"当乌鸦不再在山上盘旋时，把黄金时代带回给德意志"。

腓特烈一世的儿子亨利六世是个残忍的暴君。尽管他不过就是士瓦本公爵的孙子，但是他却戴有五顶王冠——德意志、勃艮第、伦巴第、神圣罗马帝国和西西里岛。亨利六世死于西西里岛，被埋葬时治下的百姓无不额手称庆。这时候，亨利六世的儿子腓力才3岁，亨利六世的一个弟弟就不情愿地被推上王位。新国王于1209年被暗杀。奥托四世继位。他承认续任权和任命主教的权力归教皇英诺森三世所有，但不久就与教皇发生争执，被逐出教会。

在教皇的策动下，贵族和各邦国于1212年选举腓特烈二世为新皇帝，他是教皇亲自教育出来的。但是，由于不是足够听话，腓特烈二世同样被逐出了教会。他去了巴勒斯坦，以宽容的精神赢得了

腓特烈二世和马克西米利安

苏丹的心，苏丹向他敞开了耶路撒冷的城门。这样，基督徒就被允许在圣城里自由地敬拜上帝。腓特烈二世从巴勒斯坦回来以后，在他的阿普利亚王国过着优雅而奢侈的生活。那里满是宫殿和花园。他还醉心于诗歌、天文学和自然历史的研究，收集各种珍奇动物，以及撰写鸟类的自然史。

在北方，由于条顿骑士团的统治和开拓——他们征服了普鲁士，依靠剑与十字架使爱沙尼亚归化，从而扩大了腓特烈二世的帝国。

由于母亲是意大利人，腓特烈二世的性格，将德意志的力量、稳定与意大利的热情与优雅融为一体。他的第三位妻子是英格兰国王亨利三世美丽的妹妹伊莎贝拉。当新娘进入科隆时，人群在她行走的路上铺满鲜花。许多天，她都给平民分发贵重的礼物。这场盛大庆祝游行活动的场景之一，是一艘由隐藏在里面的人拉着的船，让人看起来似乎是在陆地上航行。婚礼是在沃尔姆斯举行的，场面极其气派，共有75位王公和1.2万名骑士作为来宾参加了婚礼。在随后举行的宴会上，宣布实现全面和平，要求所有人必须将自己受到的不义对待移交给法庭，而不是像以往那样将要求正义的手段掌握在自己手中。该法令是第一个以德语发布的法令。此前，也就是1236年以前，德意志人一直使用拉丁语。

在这段浪漫的统治时期，正如我们在鞑靼历史中所记述的那样，德意志正被蒙古人蹂躏。腓特烈二世与教皇长期的斗争，使他后期的生活陷入了一连串的不幸，而德意志也处于可怕的混乱之中。出于互相保护而产生了著名的汉萨同盟，其中包括汉堡、吕贝克、不来梅、不伦瑞克等城镇，都称为“汉萨城镇”，一度共有85个城镇参加。1630年，旧联盟瓦解，吕贝克、汉堡和不来梅组成了一个新的联盟。关于这个联盟我们在其他部分还会讲到。

腓特烈二世的儿子康拉德四世继承皇位时有争议，所以他死后，皇冠就给了出价最高的人；英格兰人亨利三世的弟弟康沃尔的理查买通了美因茨大主教因而当选。跟随理查进入德意志的是32辆马车，每辆马车上都装着一大桶黄金。但是，特里尔大主教支持卡斯蒂利亚的阿方索，而阿方索的出价是每个选帝侯[①] 2万马克。

理查死后，教皇和贵族开始寻找新的皇位继承人。他应该是有名的战士，在某种程度上是人民的宠儿，但同时还要是一位贵族利益的热心推动者，还要是教廷的盲目奉献者。最终，他们在哈布斯堡的鲁道夫身上找到了这些品质，于1273年为他加冕。在镇压了波希米亚国王奥托伊尔的反叛之后，鲁道夫清除了乡间的强盗贵族，并在图林根摧毁了66个这样的城堡，把29个最臭名昭著的劫掠者在

① 选帝侯指拥有选举“罗马人皇帝”权利的德意志诸侯。1356年，神圣罗马帝国皇帝查理四世颁布《黄金诏书》，正式确认神圣罗马帝国皇帝由选帝侯选举产生。初期7位选帝侯，包括3位教会选帝侯——科隆大主教、美因茨大主教、特里尔大主教，4位世俗选帝侯——巴拉丁选帝侯、萨克森选帝侯、勃兰登堡选帝侯和波希米亚国王。七大选帝侯制度就此确立下来，中间虽有变动，但形式上基本上是稳定的。1806年，神圣罗马帝国灭亡，选帝侯制度便失去了实际的意义，逐渐消亡。——编者注

埃尔福特绞死。时至今日，德意志农民仍然津津乐道于那些关于鲁道夫的魄力和维护正义的故事。

下一位皇帝是鲁道夫的儿子，奥地利的阿尔布雷希特。他试图将瑞士的部分地区并入他家族可继承的产业中，从而激发了起义，结果导致了瑞士的独立。他的继任者亨利七世虽然以查理曼、腓特烈一世和腓特烈二世为楷模，但却被人用毒药谋杀了。事情发生在1313年，他在一个神职人员主持的仪式上食用了有毒的圣餐。本来他的性命可能得到挽救，但是他迷信地拒绝让那些神圣的元素从他的胃中被吐出。巴伐利亚人路易四世是最后一位被逐出教会的皇帝。①他在一场血腥的战斗中击败了对手奥地利的腓特烈，扫荡了奥地利最勇敢的贵族；但是后来他去监狱里探望了腓特烈，并提议腓特烈与他同享皇权。这样一来，他们两个人的签名顺序就每天发生变化。为此，他们各自刻了一个印章，在印章上把他同事的名字置于自己的名字之上。

路易四世后来进军意大利，废除了教皇，扶植尼古拉五世当上教皇。奥地利的腓特烈于1330年去世。1338年，路易四世召集了一次宴会，选帝侯们一致决定：“德意志皇帝拥有最高的世俗权力，他的选举只取决于德意志的诸侯。”

---

① 教皇的文书中有下面这些不合基督教规范的恶魔般咒骂：“愿全能的神将路易扔到他的敌人和追捕者手中！愿他陷入无法预料的罗网之中！让他的出行和归来都遭到诅咒！愿上帝以愚昧和盲目重击他！愿上天用闪电击中他！愿上帝的怒气，以及使徒彼得和保罗的愤怒，像在今世及来世的大火烧灼他！愿整个世界都武装起来反对他！愿深渊敞开并快快吞噬他！愿他的名字被彻底忘记，人们对他的记忆尽快消失！愿所有的人群起来反对他！愿他的房子塌毁，他所有的孩子都被驱离住处，在他们父亲的眼前被仇敌杀死！”——原注

1347年路易四世死后，查理四世用毒药除掉了他的对手贡特尔，当上了神圣罗马帝国皇帝；又经过耐心运作，结束了教皇乌尔班五世与法国的同盟并把他带回罗马。1356年，出现了两位教皇，一位在罗马，一位在阿维尼翁。在这一年，查理四世发表了著名的《黄金诏书》，它由30个章节组成。它规定了波希米亚国王的权限；为皇帝的选举和加冕制定了规则；禁止城市进一步侵蚀贵族，建立了征税的有益规定。一直到帝国终结，这部法律一直被视为德意志宪法的基础。

此外，查理四世还在布拉格建立了第一所德意志大学。布拉格是他建立的城市，也是他的首都。此后，哈布斯堡家族和巴拉丁家族都以他为榜样，分别建立了维也纳大学和海德堡大学。其他的大学则是由那些精神的王公建立的，即由美因茨、特里尔和科隆的大主教，分别在科隆、埃尔福特和维尔茨堡建立了大学。布拉格的大学很快就吸引了7 000名学生①。然而，德意志各地劫匪蜂起，皇帝不得不鼓励城市联盟加以镇压。

下一位皇帝文策尔一世（波希米亚国王瓦茨拉夫四世）像一个疯子。有一次，他搭了3个帐篷，一个是黑色的，一个是白色的，另

---

① 始建于14世纪的每所大学都是由管理者和学者组成的联合体，受其法律管辖，并享有特权。整个学院体系划分为一些不同的“王国”，每个王国都有自己的官员。大学的校长是由这些王国共同选择出来的。学者们享有与校长同等的投票权。所有学生都可以从一所大学流动到另一所大学去。这种流动一般都是由他们自己提出申请。他们的学习课程分为4个系，其中前3个系（神学、医学和法学）被称为科学。任何已经完成以上其中一门科学的学业的学生，可以被授予博士学位。第四系科目包括文理学科，共7门，即语法学、修辞学、逻辑学、数学、物理学、形而上学和道德哲学，这些学科的精通者被称为硕士。——原注

一个是红色的，然后邀请贵族来参加宴会。他先将他们一个接一个地引到黑色的帐篷中，那些交出了他所要求东西的人，在白色的帐篷中参加盛宴；那些拒绝他要求的人在红色帐篷里被砍头。他还会对客人放猎犬，他的妻子躺在床上的时候，就多次被这些凶猛的动物抓伤。有一次，他用烤肉叉把他的厨师烤了，因为厨师上了一道没做好敷料的阉鸡。

1411年，德意志出现了3位皇帝，而基督教世界则出现了3位教皇。很快，傲慢自大又寡廉鲜耻的西吉斯蒙德成了唯一的皇帝。为了解决教皇的问题，他在康斯坦茨召集了一次宗教会议。参会者有皇帝，全体选帝侯，大批贵族，外国君主的全权代表，3位教皇，33位红衣主教，47位大主教，145位主教，22位修道院院长，1 800位牧师，750位医生和几位隐修士。正是这个康斯坦茨会议，虽然保证给予安全，但在1415年还是将著名的殉道者约翰·胡斯和布拉格的杰罗姆宣判为异端并用火烧死①。他们随后选举出了马丁五世教皇，马丁五世很快使教会再次披上了厚厚的黑幕，而此前教会不透明的弊端已经得到了一定程度的改善。

胡斯之死引发了一场“胡斯战争”。在这场战争中，起义领导者杰式卡多次带领农民和妇女击败庞大的帝国军队，使波希米亚一

① 胡斯主张，教皇的权力并不比任何其他主教大；那些无用的假日应该废除掉；炼狱学说在《圣经》中没有基础；坚振礼和临终涂油礼都不是神圣的；告解忏悔是无用的；祭坛、祭司的服装、神像和供奉的器皿都是没用的；祷告不应该仅仅在教堂里进行，因为整个大地都是上帝的，任何地方都可以成为他的圣殿；领受圣餐应该由信徒以两种方式进行；圣餐中的面包和酒不应该被解释为基督的身体和鲜血的化身。基督真实的身体和鲜血应该以精神和神秘的方式领受。——原注

度独立。他像毁灭天使一样在乡村中四处游走，对那些败坏的神职人员及其教唆者进行报复，拆毁女修道院，焚烧教堂和修道院，给敢于阻挡他前进的每一个城镇和乡村带来火与剑。最终，这些正义、愤怒的极端分子迫使西吉斯蒙德保证，在某些条件下，准许布道自由，“两种圣餐并存”，不能让神父太富有，分配教会财产。

1438年，奥地利的阿尔布雷希特被选为西吉斯蒙德的继任者。从那时起，几乎每任皇帝都是奥地利人。他在两年后死亡。最后一位从教皇手中接受皇冠的是无能的腓特烈三世。他在位53年，似乎正应了那句古话——“王冠成了睡帽”。在此期间，在世俗权力与宗教权力之间，以及大小诸侯之间，都展开了全面的斗争。与此同时，匈牙利和波希米亚脱离奥地利，选出了自己独立的国王。

下一位皇帝马克西米利安一世是这样一位英雄。在个性、举止和功绩方面，正是吟游诗人所喜欢传唱的那种骑士风范；但他心性不定，常常令人感到轻浮和不求上进；而对于正在滚滚而来的伟大的宗教改革时代，他既没有觉知也没有起到什么作用。1516年，他试图为了与土耳其进行战争而征兵，但是一场更大的战争即将来临。当时的一位作家写道：“我们必须战斗。不是反对土耳其人，而是反对教皇。”在宗教改革先驱威克里夫（见英国历史章节）和胡斯已经在罗马教皇的城墙打开的突破口上，加农炮和闪闪发光的钢铁开始发挥作用——那就是路德堪比大炮的雄辩和梅兰希通雅致而博学的笔锋。

第408章

宗教改革后的德意志

（1519—1849）

就连一个教皇党的红衣主教也这样承认：“在路德宗和加尔文宗的异端爆发之前的几年，宗教精神没有严格的规定，没有道德方面的纪律，没有对基督教知识的获取途径，没有对神圣事物的尊重；简而言之，就是几乎没有宗教遗风。”

另一名教皇党主教还断言：“那时候，大多数牧师在布道中只是阐述与神职人员有关的放纵、朝圣和施舍等问题，而与信仰的基础无关。”正是那位遭到唾弃的修士台彻尔，试图通过出售纵容或赦免过去或未来犯下的罪过的赎罪券——以便筹集资金在罗马修建圣彼得大教堂——引发了这场危机。

路德，这位虔诚的修道士和渊博的学者，似乎天生以及他所接受的教育都是为了来引导这场辩论和反抗风暴。这场风暴最终摧毁了传统和欺骗的束缚，使长久以来遭到禁锢的人类精神解脱

路德

出来。1517年10月，路德将他的《九十五条论纲》贴在维滕贝格城堡教堂大门上，从而开始对教会兜售赎罪券以及其他权力的滥用公开宣战。他的大胆挑战就像火星落在火药上一样。成千上万人暗中思忖却不敢公开表达的，成千上万人一直怀疑而不敢说出来的，这时候都感觉到是真的。

讲述路德生涯的细节，以及温和而坦率的梅兰希通对他的帮助，将使我们的话题过于宽泛。简要地说就是，路德被传唤到了罗马，而一心想使教皇屈服的德意志皇帝马克西米利安一世与萨克森选帝侯腓特烈持相同的观点，萨克森选帝侯以这位仗义执言的教授为维滕贝格大学赢得的声誉感到骄傲。他们都认为路德必须得到宽恕。

于是，这位坚强的改革家会见了由教皇委派的多明我会领导者卡耶坦。此举是为了即将在1519年8月召集的会议而安排的。当这位特使发现路德不会收回自己的言论，拒绝讨论他的《九十五条论纲》之后，“盛怒之下”取消了会议。教皇随后革除了路德的教籍。而路德在维滕贝格大学的所有教授和学生面前，公开焚毁了对他的驱逐令。

1521年，神圣罗马帝国皇帝查理五世传唤路德参加沃尔姆斯宗教会议。他以为通过讨论就能立刻消除异端。宗教改革的拥护者及反对者很快就在整个德意志乃至整个欧洲大部分地区集结对立起来。改革者之所以被称为“新教徒”，是因为萨克森选帝侯和其他诸侯反对这种颠覆，因为萨克森和其他王公的选民在随后的帝国议会中抗议推翻前次帝国议会通过的“每个世俗王公都应该管理自己领地内宗教事务”的法令。

宗教改革引发的战争持续了近百年时间。支持路德观点的诸侯结成了“施马尔卡尔登联盟”，迫使查理五世先后于1532年和1552年承认新教徒的信仰自由和与天主教徒平等的公民权利。但到1618年，两派再次诉诸武力，“三十年战争”由此开始。

关于16世纪的欧洲政治局势，我们可以在以下所引述的席勒的叙述中看到：“天主教派在人数上多得多，而且受到帝国宪法的青睐；而新教徒仍然拥有肥沃的领土、尚武的诸侯和贵族、众多的军队、海洋的统治权、繁荣的城镇，以及天主教诸邦中的众多支持者。如果说天主教派那一方有西班牙和意大利的支持，那么威尼斯、荷兰和英国就随时准备向新教徒提供物资上的援助，北部各邦和土耳其将会提供军队。支持新教的诸侯中有三位是选帝侯。如果私人利益不受到公共利益制约的话，那么一切事都会干出来的。在欧洲事务中，法国昔日亨利四世的光辉已经不再；荷兰蒸蒸日上，但需要把自己全部的力量用来捍卫自己新获得的自由；英格兰的力量虽然因为获得了苏格兰而加强，但是由于精干的伊丽莎白女王所创造的新教，在欧洲的影响力正在丧失。孱弱的詹姆斯一世让他的女儿和女婿腓特烈被毁灭而不予施救。西班牙开始感受到因为急于从美洲获得黄金而忽视国内农业发展的错误政策的恶果。教皇仍生活于对他可怕邻邦米兰和那不勒斯总督的恐惧中。作为教会的领袖，他当然希望天主教成功；但是作为一位尘世的君主，他很高兴新教徒使德意志皇帝在国内自顾不暇。威尼斯共和国在奥地利人掌控的蒂罗尔和西班牙人掌控的米兰有两个危险的邻居。萨伏依介于这些地区和法国之间。而在北部，有两个受人尊敬的强大君主——丹麦的克里斯蒂安四世和瑞典的古斯塔夫·阿道夫。”

帝国将领蒂利和华伦斯坦已经镇压了大部分地区的新教反叛者，但是由于瑞典国王古斯塔夫·阿道夫的干预，新教徒绝处逢生。奥地利王室虽然在后来占据了皇帝的宝座，却由于古斯塔夫·阿道夫的成功而被严重削弱。1648年签订的《威斯特伐利亚和约》确保了德意志境内的信仰自由和从事一切宗教的自由——奥地利领土除外。

再回到我们的历史脉络上来——查理五世是马克西米利安一世的孙子。他是西班牙、那不勒斯和西西里、荷兰和米兰的国王，还在1519年皇帝去世后战胜了法国具有骑士精神的弗朗索瓦一世，以及新教徒萨克森的腓特烈公爵，成为皇位的继承人。在签署了一项将确保帝国诸侯所有权利的文书后，19岁的查理五世接管了帝国的权力。

退位的查理五世

两年后，他在亚琛举行了盛大的加冕仪式，并且从此完成了从以前放荡不羁的生活向有规律生活的转变。他统治了40年，是那个时代最伟大、最有力的君主。在此期间，他大部分时间是在与杰出的竞争对手弗朗索瓦一世交战。他坚决反对新教。1556年，他自愿将西班牙、那不勒斯、西属美洲和荷兰的王冠交给儿子腓力二世，将德意志的皇冠交给弟弟斐迪南一世，自己退休至西班牙的圣尤斯特修道院，全力投入修道院朴素而遁世的生活，直到1558年去世。

斐迪南一世之后，斐迪南二世继位。三十年战争的大部分时间都在他的统治期内。斐迪南二世于1637年去世。很少有君主能留下比他更令人憎恶的名声了。在宗教狂热的外衣下，他使自己的国家遭受了血与火的劫难。异教徒遭受迫害，不是因为他们的学说多么可恶，而是在他看来，那些敢于表现出与统治者不同的行为就已经犯了叛国罪。因为他这项不公正而残酷的政策，有1 000多万人丧生。

耶稣会士给他的思想里烙印了深刻的地狱格言："宁肯任土地荒芜，也比让上面住着异端和叛乱者更好。"他毕生都在践行这条原则，使德意志美好的平原和田野变成了狂风呼啸的荒野。在那上面，是放纵的士兵和半饥饿、悲惨的农民。饥荒和苦难早已扑灭了他们的人性。他们像恶魔一样在那里徘徊，随时准备把朋友和敌人一样吞噬。这位皇帝去世的那一年，可怕的饥荒降临到了这块长久陷于战争恐怖中的土地上。人们挖出尸体吃掉，甚至猎杀人类吃他们的肉。接着暴发了瘟疫，带走了成千上万人的生命。还有很多人因为无法忍受饥饿的折磨而结束自己的生命。灾难中对这种行为的许可，彻底摧毁了德意志曾经引以为傲的道德品质。

随后的一个世纪，由于路易十四时代的影响，德意志人的品格大为改变，其中一个重要的改变就是对法国人的憎恨。1700年，西班牙国王卡洛斯二世去世。在西班牙王位继承大战中，整个欧洲分裂成敌对的两派——法国派和德国派。要求继承王位的一方是路易十四的孙子，另一方是德意志皇帝利奥波德一世的儿子。这场战争让血流成河，数以百万的财富被浪费，最后结束于1715年，也就是英格兰女王安妮和法国国王路易十四去世的那一年。战争毫无结果。双方几乎没有带来任何变化。

在18世纪上半叶，土耳其人入侵德意志帝国。在彼得罗瓦拉丁和贝尔格莱德的血腥交战中，欧根亲王率军大败土军，杀死了他们大维齐尔[①]以及精锐部队，迫使他们求和。贝尔格莱德的2/3，以及瓦拉几亚和塞尔维亚的一部分被割让给奥地利，但这一部分土地又于1739年被土耳其收复。为了防止土耳其再次入侵，欧根亲王在沿土耳其边境全线设置了军事殖民地。

查理六世试图通过《国事诏书》来确保女儿玛丽娅·特蕾莎的皇位继承权。也就是说，不仅通过帝国议会，而且通过欧洲主要国家君主的默许，来保证权力的交接。但是，玛丽娅·特蕾莎的继位还是遭到了一个包括法国国王、普鲁士国王、巴伐利亚选帝侯的强大联盟的反对，后来萨克森、西班牙和波兰都加入进来。女皇最后被迫将西里西亚交给普鲁士人；法国军队占领了波希米亚的大部分地区。

① 大维齐尔，土耳其宰相的称谓。——译者注

玛丽娅·特蕾莎和匈牙利贵族

奥地利曾经剥夺了匈牙利选举自己国王的权利，匈牙利贵族因此非常不满；但是当美丽的玛丽娅·特蕾莎怀里抱着婴儿走进宴会厅号召他们，以他们的骑士誓言救援一个受到迫害的女人的时候，他们一致站起来，拔出佩剑，宣布自己已经准备好以鲜血保卫她。在令人难以置信的短时间内，他们就召集了一支由潘多尔人、克罗地亚人和其他蛮族组成的强大军队。一周之内，整个上奥地利的敌人都被赶了出去；与玛丽娅·特蕾莎争夺皇位的皇帝在法兰克福接受加冕的那天，这些胜利的蛮族进军巴伐利亚，成为慕尼黑的主人。1745年，双方在亚琛缔结了全面的和平条约。帝国皇位被授予玛丽娅·特蕾莎的丈夫洛林的弗朗茨，确认了女王对世袭领地的统治权，以及把西里西亚划归普鲁士。随后，又爆发了“七年战争”。七年战争开始于1756年，1763年结束。战争使整个欧洲陷入苦难，然而结果是各方的政治地位重新回到了战前的起点。

18世纪上半叶的帝国和德意志宫廷的排场是豪华而可耻的。从受压迫和贫穷的人民那里压榨而来的钱被这些压迫者用在最粗俗的铺张上。皇家宫廷是严格按照西班牙礼仪进行的，有4万人以不同的方式依附于它。其无限制的支出为某些人提供了狂欢作乐的手段，而侍臣、逢迎者和仆人的肆意挥霍，则向社会的各个阶层传递着影响。吃、喝和放荡被认为是生活中主要且唯一的事情。

“维也纳的一半人吃的都是从宫廷的厨房和地下室来的。”庄严的盛宴、游行和焰火用来愉悦外国宾客。连喂养女皇鹦鹉的面包都要放到托卡伊葡萄酒中浸一下，为此，每天要消耗掉两大桶上好的葡萄酒。此外，每天需要12加仑最好的葡萄酒用来做牛奶甜酒；12桶用来洗澡。萨克森选帝侯的宫廷同样挥霍无度，但规格要降低不少。强力王奥古斯特[①]死于1733年，留下了352个孩子。他的统治就是一幕粗野的放荡，是最肆意的挥霍场景。一次，他为最宠爱的一个情妇举办宴会：把海神雕像点缀在易北河上；护卫舰、威尼斯的冈朵拉和炮艇都来助兴，船员们穿着缎子夹克和丝袜；此外还有土耳其禁卫军、摩尔人和瑞士长戟兵守卫着河岸；岸上一堆熊熊燃烧的木头照亮了一幅长达6 000码的寓言式图画。一场在马尔堡举办的吉卜赛晚会花费了300万美元。他的私人金库里装满了宝石和黄金，以及编织成怪诞形状的人物，鸵鸟蛋组成的柱子，音乐钟和数百种其他玩具。这些都花了巨大代价收集而来。他使用日本宫殿的地板，用羽毛地毯覆盖；一个房间里堆满了鸵鸟和苍鹭的羽毛。这些羽毛供宫廷节日使用。

宗教贵族几乎和最糟糕的教民一样放荡和堕落，教会最高神职人员有时甚至会表现出完全无礼的举动。科隆大主教在凡尔赛逗留期间发出通告，说他打算4月1日在宫廷教堂里布道，因此聚集了一大群听众。大主教登上讲坛，向观众鞠躬，大声喊道“愚人节”，

---

① 强力王奥古斯特，萨克森选帝侯，同时担任波兰国王。——译者注

然后他在满堂的笑声、喇叭声、号声和鼓声中跑下台阶。当时正值同一教会对萨尔茨堡山区的大约两万名纯朴而高尚的农民进行最不人道的迫害。他们甚至没有被指控为异端，只是因为渴望实践福音的真理，并且避免腐败的神职人员的亵渎。他们遭到酷刑的折磨，像野兽一样被猎杀，最后一无所有地被放逐至北方的荒野，甚至不允许带换洗的衣服。1 000多名父母与他们无助的孩子被拆散了。对每一次抗议或绝望呼喊的唯一回答就是：“这是皇帝的旨意！”

弗朗茨一世死于1765年，他的儿子约瑟夫二世继位，但是直到1780年玛利娅·特蕾莎去世，他几乎没有行使什么权力。在他统治期间最重要的事件是波兰的解体和巴伐利亚的继承战争。在与土耳其的一次战争中，他损失了3.3万人。他是一位正直而又出色的国王，非常渴望谋求帝国的福祉。他查禁了数百座修道院和所有托钵修道团，还进行了许多改革。但是，他的改革却不仅遭到了压迫者出于既得利益的反对，而且遭到了那些他所施与福利的人出于无知和任性的反对。最终，这位善良的皇帝于1790年心碎而死。然后利奥波德二世继位，却于1792年去世。

对法国大革命备感震惊的利奥波德二世于1791年与普鲁士国王腓特烈·威廉结盟，一起维护德意志帝国的宪法和法国的皇室。这种同盟使许多革命者做出了过火的行为并在德意志引起了极大的反应。1801年，莱茵河成为法国和德国的边界，而后者被剥夺大片领土。1804年，奥地利人将自己剩余的领土拼凑成一个帝国，古老的德意志帝国开始摇摇欲坠。它的真正解体是在1806年拿破仑组建莱茵联邦的时候。通过这一行动，16位德意志诸侯放弃了与帝国的联系，与法国结盟，选择拿破仑为领袖。此后不久，即1806年，德意志帝国的最终解散由皇帝弗朗茨二世完成。他放弃了德意志帝国的皇位，将他的统治区与德意志剩下的地方隔离开来，采用了“奥地利皇帝弗朗茨一世”的称号。

在推翻拿破仑后，德意志帝国并没有恢复过来，取而代之的是成立了一个松散的“德意志邦联”。该联盟定期在法兰克福召开议会，讨论普遍关心的问题。奥地利帝国1/3的部分参加邦联议会。作为最古老的成员，它的代表成为会议主席。但是，在1848年法国革命发生之后，德意志各地都发生了骚乱，最后大多数诸侯被迫接受了人民对新闻自由、在政府中要有自己的代表等的要求。几个国家的君主被迫从自己的首府逃离。整个君主制似乎正在走向崩溃。于是，一个旨在把整个德意志地区组成一个大联盟的主张被提了出来。1848年5月，在法兰克福成立议会，由来自德意志各个州通过普遍选举产生的434个议员组成。

1848年6月24日，奥地利大公约翰当选为新帝国的临时主席，头衔是总督。他于7月12日就职，任命了一些部长。但与此同时，议会分裂成多个派别，革命者似乎无法与温和派联合。大约在同一时期，广大法国人民对激进分子的放纵行为感到震惊，在欧洲已经能看出针对革命者态度的全面转折。这种趋势受到俄罗斯的欢迎，当时，它更加重视合法性。奥地利以无情的铁腕制止了意大利的起义，并在俄罗斯的帮助下镇压了匈牙利声势浩大的暴动。德意志新议会消失了。在1849年末，专制主义似乎在中欧和北欧再次取得胜利。但是在德意志，事态还很不稳定，要采用什么制度仍处于悬而未决中。

德意志皇帝列表

君主	即位时间（公元年）
查理曼	800
虔诚者路易	814
日耳曼人路易	843
秃头查理	875
胖子查理	881
阿努尔夫	888
童子路易	899
法兰克尼亚的康拉德	911
捕鸟者亨利	917
奥托一世	936
奥托二世	973
奥托三世	983
亨利二世	1002
康拉德二世	1024
亨利三世	1039
亨利四世	1056
亨利五世	1106
洛泰尔二世	1125
霍亨斯陶芬家族的康拉德三世	1138
腓特烈一世	1152
亨利六世	1190

（续表）

君主	即位时间（公元年）
奥托四世	1198
腓特烈二世	1212
康拉德四世、荷兰的威廉、康沃尔的理查，中间有间断	1250
哈布斯堡的鲁道夫一世	1273
奥地利的阿尔布雷希特	1298
卢森堡的亨利七世	1308
巴伐利亚的路易四世与奥地利的腓特烈三世共治	1314
巴伐利亚的路易四世成为唯一统治者	1330
查理四世	1347
文策尔一世	1378
鲁珀特	1400
西吉斯蒙德	1411
阿尔布雷希特二世	1438
施蒂里亚的腓特烈三世	1440
马克西米利安一世	1493
查理五世	1519
斐迪南一世	1556
马克西米利安二世	1564
鲁道夫二世	1576
马蒂亚斯	1612

（续表）

君主	即位时间（公元年）
斐迪南二世	1619
斐迪南三世	1637
利奥波德一世	1658
约瑟夫一世	1705
查理六世	1711
查理七世	1740
弗朗茨一世	1745
约瑟夫二世	1765
利奥波德二世	1790
弗朗茨二世，直到1806年德意志帝国解散	1792

奥地利

第409章

奥地利

（800—1849）

这个地域辽阔、人口众多的帝国不仅包括构成日耳曼邦联那一部分的奥地利地区，还包括其他领土，其人民也来自各个民族。如果把它的几个领地合在一起看的话，四面边界接壤的情况是这样的：北部是巴伐利亚、萨克森、普鲁士和波兰；东部是俄罗斯和摩尔达维亚公国；南部是瓦拉几亚、塞尔维亚、奥斯曼帝国、亚得里亚海和波河；西部是撒丁岛、瑞士和巴伐利亚。它从北纬42°延伸到北纬51°，从东经8°延伸到东经26°，面积为26万平方英里，有3 500万居民。

奥地利境内有阿尔卑斯山脉和喀尔巴阡山脉向多个不同方向的穿越。多瑙河以南的山脉属于阿尔卑斯山脉。雷蒂亚阿尔卑斯山脉穿越蒂罗尔；诺里克阿尔卑斯山脉横跨萨尔茨堡和施蒂里亚，一直延伸到维也纳附近；卡尔尼克阿尔卑斯山脉从布伦塔河的源头延伸到菲拉赫，将蒂罗尔和卡林西亚与威尼斯诸省分开。这条山脉一直延伸到东南，以朱利安阿尔卑斯山的名字命名。

喀尔巴阡山脉的主链像半圆一样围绕着匈牙利平原，将匈牙利和特兰西瓦尼亚与摩尔达维亚、加利西亚分开，将波罗的海的水域与黑海的水域分开，最后在多瑙河的奥尔绍瓦终止。它们的主峰都没有超过1万英尺的高度。

奥地利有许多通航的河流，通向欧洲的四大海洋。多瑙河穿过上、下奥地利的首府，以及匈牙利的一部分向东流去；然后转向南，到达匈牙利王国的南部边界；再向东流去，将匈牙利与塞尔维亚分开，最后在奥尔绍瓦进入奥斯曼帝国。多瑙河在奥地利的主要支流是摩拉瓦河；蒂萨河是来自北方的支流；因河、德拉瓦河和萨瓦河是来自南方的支流。易北河横穿波希米亚，进入普鲁士；从布拉格下游流入的莫尔道河是其主要支流。奥得河在苏台德山脉发源，向北流入普鲁士；维斯瓦河从喀尔巴阡山脉发源，进入波兰；德涅斯特河也发源于同一座山上，但流向相反，进入了俄罗斯。

匈牙利的主要湖泊有巴拉顿湖，长45英里，宽6~10英里；诺伊齐德勒湖，长20英里，宽6英里。除了这两个较大的湖泊，还有位于卡尔尼奥拉的间歇性的齐尔克尼茨湖。齐尔克尼茨湖位于高山之中，由于一些地下暗道造成的湖水流失，所以每年都要干枯几个月。在此期间，湖床会被耕种。但是大约4个月后，水又会涌进来，并在24小时内再次注满这片盆地。

这里的气候多种多样。在波希米亚边界的蒂罗尔和施蒂里亚等高原地区，空气很凉，但纯净而流动性大。在多瑙河的河谷中，气候炎热。在波希米亚、摩拉维亚、西里西亚和加利西亚，气候大部分是温和的。但是，在波希米亚的一些山区，气候却相当寒冷。

奥地利大公国土地肥沃。波希米亚和摩拉维亚的土壤总体上良好，牧场极佳。奥地利各省矿产资源丰富。波希米亚、奥地利、施蒂里亚和卡林西亚的许多地区铁矿石、锡和铜含量丰富。岩盐也很丰富。加利西亚的盐矿是欧洲最重要的盐矿。从摩尔达维亚到苏比亚，在喀尔巴阡山脉的两侧都发现了这种珍贵的矿产。帝国内至少有600处温泉，其中150个位于波希米亚。

地理学家经常将奥地利分为四个主要部分：德意志各省；波兰各省或被帝国吞并的波兰地区；匈牙利地区；意大利各省。从行政上划分，帝国由15个政区组成。它们按名称和管理方式的不同，进一步细分为政区、省和县等等。下表列出了这些不同的政区：

德意志地区

省份	人口①	主要城镇	主要城镇人口
下奥地利	1 341 039	维也纳	326 350
上奥地利	850 321	林茨	23 310
蒂罗尔	831 298	因斯布鲁克	10 730
施蒂里亚	940 951	格拉茨	39 770

斯拉夫地区

<table>
<tr><th>省份</th><th>人口</th><th>主要城镇</th><th>主要城镇人口</th></tr>
<tr><td>卡林西亚</td><td rowspan="3">12 099 51</td><td>克拉根福特</td><td>12 000</td></tr>
<tr><td>卡尔尼奥拉</td><td>莱巴赫</td><td>13 000</td></tr>
<tr><td>伊利里亚海岸</td><td>的里雅斯特</td><td>44 530</td></tr>
</table>

① 本章的人口都以1838年的统计数量为准。——编者注

其他地区

地区名	人口	主要城镇	主要城镇人口
波希米亚	4 128 661	布拉格	102 918
摩拉维亚	2 443 052	布鲁恩	36 700
西里西亚		特罗保	12 550
加利西亚	4 642 827	莱姆伯格	54 960
达尔马提亚	381 476	扎拉	6 461
特兰西瓦尼亚	1 963 435	克劳森堡	14 500
匈牙利，包括军事前线	12 505 631	布达	40 600
军事前线		佩斯	64 000

意大利地区

地区名	人口	主要城镇	主要城镇人口
伦巴第	2 528 854	米兰	150 900
威尼西亚	2 100 500	威尼斯	97 150
帝国总人口	35 867 996		

奥地利或奥地利大公国在罗马帝国时期，是诺里库姆诸行省[①]的一部分。它形成了帝国的核心，其他部分通过征服或谈判而相继归附。

蒂罗尔与瑞士类似，被阿尔卑斯山分割。在山区特征上它超过

① 诺里库姆包括现在的施蒂里亚、卡林西亚和萨尔茨堡，以及奥地利和巴伐利亚的一部分。——原注

了瑞士。在早期，它是古罗马雷蒂亚行省的一部分，在奥古斯都时代被罗马人征服。

施蒂里亚为公爵领地。它是被提比略征服的，东部与潘诺尼亚行省合并，西部与诺里库姆行省合并，后来又被查理曼征服，于12世纪被并入奥地利，此后一直保持这个状态。

卡林西亚也是公爵领地。自14世纪以来一直是奥地利王权的附属物。它构成古代诺里库姆行省的一部分。

卡尔尼奥拉也是公爵领地，隶属于奥地利已经4个世纪了，它是古罗马伊利库姆行省的一部分。

伊利里亚海岸和前面的两个行省一起组成了伊利里亚王国。它被分为莱巴赫和的里雅斯特行政区。

波希米亚的名字来自一个叫作波伊的古老部落。经过多次变迁，它于1526年成为奥地利的领土。

摩拉维亚在古代曾经是夸地人和马科曼尼人的居住地。到了9世纪，它成为一个王国，包括波希米亚、西里西亚，以及匈牙利的一部分。1526年，它与波希米亚一起被奥地利吞并。

西里西亚曾是古代夸地人的居住地，在6世纪时归属于波兰，在14世纪被波希米亚国王征服。1745年，根据《德累斯顿和约》，普鲁士和奥地利将其瓜分。现在它已经与摩拉维亚合并为一个省。

加利西亚曾经是匈牙利的一部分。1374年，它成为波兰的一部分。1773年，它被以“加利西亚及洛多梅里亚王国”的名义并入奥地利。

达尔马提亚（在古代是伊利里亚的一部分）在15世纪以前一直属于匈牙利。在很长一段时间内，它成为奥地利人和土耳其人反复争夺的地方。1797年，它被并入奥地利。

特兰西瓦尼亚长期属于匈牙利，在1699年被奥地利吞并。

匈牙利、伦巴第和威尼西亚都是单独的国家。

奥地利的名字取自“oost ryck”（“位于东方的国家”）一词。在9世纪和10世纪，这一名称代表的地区是德意志帝国与蛮族对抗的边境所在。它位于多瑙河的两岸，从帕绍到普雷斯堡。928年，捕鸟者亨利把它授予利奥波德。奥托一世将其封为侯爵领地；腓特烈一世，也就是巴巴罗萨把它变为公国；在公爵家族灭绝后，人们邀请波希米亚国王奥托卡二世进行统治；但是皇帝鲁道夫一世拒绝授予它公国的资格并在战争中杀死了奥托卡二世，将其分配给自己的家族。该家族的财产已经包括蒂罗尔和瑞士其他地区。

1283年，施蒂里亚和卡尔尼奥拉被吞并，维也纳成为公爵宫廷的所在地。14世纪，瑞士人发动了起义，这部分内容已在本书第417章做了介绍。1437年，奥地利公爵阿尔布雷希特二世继承了匈牙利和波希米亚的王位。1477年，皇帝腓特烈三世为他的儿子马克西米利安成立了奥地利大公国，比帝国其余各邦享有更多特权。这位王子通过与勃艮第的女继承人结婚，将荷兰纳入其家族的财产。1496年，他的儿子腓力通过与阿拉贡和卡斯蒂利亚的女继承人结婚，也将妻子的西班牙财产带到奥地利家族中。查理，即后来的皇帝查理五世继承了所有的遗产。

1556年，查理五世去世后，奥地利、波希米亚和匈牙利被传给了他的第二个儿子斐迪南。在1763年，这些领土由于西里西亚被割让给普鲁士而减少了；但是10年后，由于从波兰获得了加利西亚，领土又得到了扩大。米兰和曼托瓦通过《乌德勒支和约》被割让给了奥地利；奥地利于1797年放弃了伦巴第和荷兰，换取了威尼斯的大部分领土。在1805年，奥地利失去了意大利的所有省份及德意志的大部分地区。奥地利于1806年成为帝国，1809年失去了更多领土；但是拿破仑被推翻后，它获得了现在的疆界。根据以上所述，这使得奥地利在领土方面比以往任何时候都更加庞大。

奥地利的历史与德意志帝国的历史有着很多相同之处，因此不必详述其所有早期事件了。其中很多内容，我们也会在组成奥地利帝国的国家的单独历史中讲述。在奥地利君主的编年史中，鲁道夫二世的独特个性和举止尤其引人注目。他在1576年继承了他父亲马克西米利安二世的皇位。他脾气招人喜爱，热爱科学和艺术，不幸的是，他性格软弱，没有决断，完全受西班牙、罗马和教育他的耶稣会士的影响。他们知道如何让他陷入博学的无事空忙中，以便他们按照自己的方式来管理事务。新教的传教士被从奥地利放逐；所有的皇家城市都禁止信奉新教，尤其是维也纳。

当匈牙利人在土耳其人的帮助下将奥地利人赶出自己的领土，艾哈迈德一世任命西吉斯蒙德为国王的时候（1605），皇帝鲁道夫二世陷入了严重的忧郁状态，他不再在自己的人民面前露面了。实际上，他对公共事务漠不关心并开始表现出精神异常的迹象。德意志的宗教在天主教联盟和福音派联盟的斗争中相互对立，但是他哪一方都不参加。他的王国因混乱而分散了，从东到西，从南到北；但是这位皇帝因为对朝政的厌恶而对人民产生了仇恨。

他整天沉迷于化学方面的娱乐，如蒸馏香料等等；或者就是切割宝石、建造大厦和观察星星。1597年，他聘用了著名的丹麦天文学家第谷·布拉赫为他服务。第谷也是一位迷信的占星家，他向国王预言他将死于近亲之手。因此，鲁道夫二世一直害怕结婚，尽管他已将代理人派往几乎欧洲每个宫廷，为每位待嫁公主画像并把最美丽的肖像连同她们的脾气禀性一起传送回来，但他到死都是一个单身汉。

在上述愚蠢的预言出现之后，轻信的鲁道夫二世被永久的恐怖所刺激，将自己完全与世界隔离了。他把自己封闭在宫殿里，使近臣无法见到他，外国大使甚至大臣们都不例外。他也不再去教堂。为了自己看马的乐趣不被干扰，他修建了一个从城堡通往马厩的封闭走廊。这里的采光是通过狭窄的窗户以倾斜的角度，让阳光照射进来，这样他就可以在里面从容散步，而不会有被射中的危险。

除了马，他最爱的就是他的情妇了，但是很少有人能令他动心一个星期的。除了马厩和后宫，他还有一些稀有动物。有时他会坐在那里连续好几个小时一动不动，看着一个制钟匠或画家工作。谁在这样的享乐时刻来打扰他，就要倒大霉，随手能够着的一件家具就会飞到打扰者头上。与此同时，侍臣和宠臣们则趁机掌控一切，盗空了国家的金库并使每一项伟大的事业陷于瘫痪。

新教改革也使奥地利宫廷卷入一些北方大国的事务。在奥地利帝国，君主们用来压制新教徒的方法非常简单，就是冷血无情的专制主义，这使得奥地利几乎成为暴政的代名词。1684年，在匈牙利发现了一起贵族的阴谋。当时的皇帝利奥波德一世将阴谋的领导者全部处死。而在人们尚未从这种专横的暴政所带来的惊恐中完全恢复过来之时，250名路德宗牧师被召到普雷斯堡，以类似的罪名受审并被卖给那不勒斯人当家奴——尽管根本就没有拿出他们有罪的证据！

这些被剥夺了牧师的人民，由于受到耶稣会士无法忍受的迫害，爆发了叛乱，并在绝望中请求土耳其人的帮助；土耳其君主在法国路易十四派出的使节不懈的教唆下，同意在宰相卡拉·穆斯塔法的指挥下，带领28万军队进入匈牙利。在这支势不可挡的军队面前，人们惶恐逃命，军队几乎没有遇到什么抵抗就攻到了维也纳城下。

维也纳被围攻了两个月，在奥地利正准备投降之际，作为最后的希望，守军指挥官斯特拉伦堡伯爵下令，从圣斯蒂芬教堂的塔楼发射火箭。在令人焦虑的一段时间的等待之后，一团明亮的火焰从卡伦贝格山上射出，向被围困者宣布救援已经到来。皇帝召集的部队比皇帝预期的来得快，当时由波兰国王扬·索别斯基指挥的一支由德意志人和波兰人组成的庞大部队正向这里前进。

土耳其人对军事战术如此无知，以至于他们忽略了占领关口，因帝国军队突然到来而大吃一惊，被彻底击败。他们的辎重、行李和财宝，以及宰相与路易十四之间的全部书信都落入了胜利者手中。第二天，波兰国王在市民的欢呼声中进入维也纳。他的英勇把这些人从死亡和奴役中解救了出来。但是皇帝利奥波德一世却因为一贯的嫉妒成性，以侮辱性的冷漠接待了波兰国王，并拒绝为他的军队提供住所。

奥地利刚刚从土耳其人手中被解救出来不久，利奥波德一世就迫不及待地把他的全部仇恨撒在了见死不救的匈牙利人头上，他们自1678年以来就在著名的特克伊领导下发动起义。在由意大利伯爵卡拉法和条顿骑士团大团长安布林格主持的法庭审判下，数千匈牙利人被监禁、折磨和判处死刑。这个法庭因血腥而被称为“帝国屠宰场”。城市的中心竖起了脚手架。在随后的9个月里，有30名刽子手在此忙于处死那些日耳曼军队带过来接受审判的人。于是，匈牙利人选举自己国王的权利被德意志军队夺走了。匈牙利的王冠成了哈布斯堡家族的世袭财产。关于这两个国家间的斗争，我们在匈牙利历史部分还要讲。

约瑟夫一世统治时期，匈牙利爆发了新的起义；与法国路易十四的西班牙王位继承战争继续进行。这一部分内容我们将在介绍那个著名君主的部分再讲。在与法国人的战争中，情况变得对奥地利人有利；而与匈牙利人的战争则正相反。约瑟夫一世在1711年去世时才33岁，没有子嗣。他将奥地利王位留给了弟弟查理大公。

土耳其人征服摩里亚之后，再次威胁到维也纳，也威胁到罗马。但是欧根亲王渡过多瑙河，袭击了他们15万人的营地，在彼得罗瓦拉丁把他们击溃——这是1716年——杀死4万人，包括他们的大维齐尔。这在别的部分已经介绍过。他们在匈牙利占领的最后一个地方蒂米什瓦拉被夺回，这导致了所有巴纳特人和部分瓦拉几亚人归顺奥地利。1717年，欧根亲王摧毁了另一支土耳其军队并占领了贝尔格莱德。在第二年签署的和约中，奥地利获得了巴纳特、塞尔维亚以及瓦拉几亚、波斯尼亚和克罗地亚的一部分；但是这些战果由于1739年帝国军队在格罗茨卡损失了6万人的惨败而全部失去。查理六世第二年懊恼而死——奥地利皇室的男丁就此断绝。

在18世纪初期，随着荷兰和撒丁岛被纳入版图，奥地利人自然而然地想到了建立海上贸易和海军的想法。因此，他们在亚得里亚海建立了几个新的港口，以吸引黎凡特的贸易和东方的财富。还成立了一个商业公司。另一家与土耳其在多瑙河地区进行贸易的公司对内陆贸易有重要意义。1722年，在这些企业的成功鼓舞下，查理六世在奥斯坦德成立了东印度贸易公司。这引起了英国人和荷兰人的嫉妒并引发了一系列复杂的谈判，结果包括：康布雷会议（1724）、里珀达会议、汉诺威同盟、《巴黎议定书》（1727）、《柏林条约》（1728）、苏瓦松大会（1729）、《塞维利亚条约》（1730），最终达成《维也纳和约》（1731）。

我们在本书的第408章已经提到过，奥地利王位继承人的惨烈战争使已经衰弱的奥地利皇室的疆土被分割。但是匈牙利贵族骑士精神的援助和英格兰的钱财支持，使玛丽娅·特蕾莎女王能够顶住法国、西班牙、巴伐利亚、普鲁士和萨克森联盟的进攻，最终在1746年战争结束后，使自己成为世袭领土的统治者，她的丈夫弗朗茨获得德意志皇帝的头衔，与她共同管理从父辈那里继承来的遗产。在经历了七年战争，试图把西里西亚从普鲁士人手中重新夺回的努力宣告失败之后，玛丽娅·特蕾莎把精力投入建设自己庞大的家族产业中去。①她的长子约瑟夫大公于1765年被加冕为德意志皇帝，并且她宣布在她的统治地区内所有军事事务都由他与她一起管理。1780年，他以约瑟夫二世的头衔继承了他母亲在奥地利各邦的权力和地位。

约瑟夫二世曾经跟随法国哲学家和政治经济学家学习。他被期望进行一系列类似于法国制宪议会的法令那样的改革。他与那些成

① 这位皇家母亲为她的第二个儿子彼得·利奥波德谋得了托斯卡纳大公；安排第三个儿子斐迪南娶了摩德纳的女继承人；第四个儿子马克西米利安成为科隆选帝侯。至于女儿们，安妮和伊丽莎白领受了在布拉格和因斯布鲁克富有的修道院；克里斯蒂娜嫁给了萨克森选帝侯；阿米莉亚嫁给了帕尔马公爵；卡罗琳嫁给了那不勒斯国王；玛丽·安托瓦内特嫁给了法国的皇太子，也就是后来的路易十六。——原注

员来自同一所学校。当时的奥地利政体跟现在一样，国家由几个具有不同的礼仪、语言和政府的邦国组成。封建制度贯穿始终。玛丽娅·特蕾莎已开始将几个民族融为一体的努力，但进展缓慢；她还通过适度和连续的改革以改造封建制度。

约瑟夫二世心绪浮躁，无法以同样缓慢的速度行动。他希望在各邦之间立即实现统一。他把整个君主政体分成13个政府，通过它们在各处以君主的绝对意志代替贵族的意志和封建习俗。他强制所有的臣民使用德语，可实际上他们使用着30种不同的方言。他以单一税取代了各种地方性的赋税；他废除了封建奴役和领主权利，宣称法律面前人人平等，建立征兵制。

为了发展商业和工业，他裁撤了省级海关；他开辟新路，开凿运河，宣布的里雅斯特为自由港，公布了旨在保护奥地利制成品不受外国产品冲击的关税。他限制了罗马教廷的权力，废除了900所女修道院，取消了神职人员的审查权力，彻底改造公共教育体系，确保所有人享有信仰自由，恢复了新教徒和犹太人的公民权利。但是，正如我们在其他地方提到的那样，这些创新在所有省份都引起了广泛的反对，尤其是在匈牙利，因为这侵犯了既得利益者贵族的特权。他还希望通过以荷兰交换巴伐利亚来巩固君主制，但是普鲁士国王认为这会导致奥地利在德意志地区占据太大的优势，因此鼓动英格兰国王（当时也是汉诺威选帝侯）、萨克森国王和德意志一群小诸侯在1785年对约瑟夫二世宣战，迫使他不得不放弃自己的计划。

其他严重的麻烦很快使这位善意的皇帝不知所措。1789年在他参加土耳其战争时，荷兰爆发了起义。奥地利总督被赶出布鲁塞尔。约瑟夫二世身体衰弱，被众多敌人的算计分心，匈牙利又爆发新的起义，阻止他实现把土耳其人赶出欧洲的计划。本来这是他希望在第三次战争中做到的。于是他被迫放弃对土耳其的大胆计划，开始在匈牙利推行改革，但是不久之后的1790年，他就去世了。这位可怜皇帝的主要罪过是他的思想先于他的时代。毫无疑问，气恼加速了他的死亡。“在我的坟墓上这样写，”他在临终一刻这样说道，“这是一位意图纯洁的君王，但不幸的是，他的所有计划都失败了。”

他的继任者利奥波德二世本着真正的奥地利惯性，废除了约瑟夫二世的所有改革，使所有事物回到现状并立志反对法国和法国大革命。但是，1792年至1797年五年战争的结果是，他结成的反对法国的联盟最终使奥地利失去了意大利北部、佛兰德斯、比利时和荷兰，以及莱茵河左岸所有的地区。1797年，拿破仑挺进到离维也纳只有几里路的地方，奥地利被迫承认奇萨尔皮尼共和国，以把比利时归还法国来交换威尼斯的大部分地区。

1795年，奥地利通过第三次瓜分波兰获得了西加利西亚。1799年，奥地利与英国、俄罗斯联合对法国进行了第二次战争，结果是再一次对法国割让土地。奥地利所得到的补偿是获得了伊斯特利亚和达尔马提亚。1804年，弗朗茨二世把他的世袭领地建成了一个帝国。我们在本书的其他地方提到过。

第三次对法国的战争始于1805年，在同一年结束。结果是奥地利在《普雷斯堡和约》中，除了其他领土割让——总共约10万平方英里的面积和300万臣民，承认了巴伐利亚王国和符腾堡王国，把威尼斯和达尔马提亚交给新的意大利王国。第二年，德意志帝国被拿破仑解散。弗朗茨二世仅剩下奥地利皇帝一个头衔，改称奥地利弗朗茨一世。第四次反法战争以《维也纳和约》结束，奥地利丧失了350万臣民，皇帝的女儿玛丽·路易丝成为拿破仑的妻子。

但是拿破仑在俄罗斯不幸失利后，奥地利与英国、俄罗斯结成反法同盟。尽管盟军在德累斯顿被击败，但还是在1813年赢得了莱比锡战役的胜利。这一事件导致拿破仑被流放到了厄尔巴岛并让盟军随意瓜分他们假称解放的欧洲；少数人的利益再次压倒了多数人的利益。滑铁卢战役以后，奥地利收回了除了比利时的全部损失，还吞并了新的伦巴第-威尼西亚王国，并把哈布斯堡家族的旁系分封到托斯卡纳大公国、摩德纳、帕尔马和皮亚琴察等公国。

在此之后，奥地利成为“神圣同盟”的首领，成为既有的合法性的拥护者和所有革命及改革的敌人，一再派出士兵前去镇压；它建立了对新闻极为严格的审查制度；凶残地镇压意大利一些无关紧要的所谓反叛阴谋；奴性十足的警察在斯皮尔博城堡的地牢中堆满了受害者的尸体。

1835年，斐迪南一世即位。尽管他宣布赦免一些政治犯并减轻对其他犯人的野蛮待遇，在政府体制方面却没有发生什么有益的改变。虽然如此，他却无法阻止世界朝好的方向改变。对此，他只好不动声色地忍耐着。他的体制是苟且的、权宜的、完全被动的，其特点是对运动和进步怀有一种模糊的、孩子气的恐惧。他的首相梅特涅是一位不是政治家的政治家，似乎是专门为奥地利政治量身定制的。他知道怎样去计划每一件事情，怎样从微妙处抓住它；他可以说是左右逢源；在他那无穷无尽的诡计中非常善于利用女人和下属；他尤其善于巧妙地使用金钱，这方面跟路易十四相仿。他没有什么要做的大事或难事，只希望维持现状，因此，他的内阁统治了很长时间。

但是，当1848年法国革命爆发时，自由之火迅速蔓延到欧洲其他地方，甚至席卷了奥地利这个专制合法性受到重重保护的国家。维也纳成了流血起义的舞台。3月13日，梅特涅在愤怒的民众面前逃走，皇帝作出了让步，但这些都不令人满意，起义者占领了首都。斐迪南逃跑了，后来把王位让给了他的侄子弗朗茨·约瑟夫。大约在同一时间，伦巴第、南蒂罗尔、威尼斯、的里雅斯特和波希米亚也都发动起义。匈牙利紧紧跟随这些榜样，于1849年4月14日宣布独立。

看来奥地利帝国行将解体了；而且，就像其各个王国会变成自由政府一样，奥地利的命运似乎也牵涉到欧洲君主制本身的命运。在这种情况下，尽管法国和英国都在拖延时间，而俄罗斯皇帝却抓住了关键时刻，以10万大军进军匈牙利的方式解决了这个问题。奥地利很快就在意大利取得了优势，在那个地区完成了对起义的镇压。在完成了这些行动以后，它就能把自己的力量投入与匈牙利的冲突中去。那里的人们举行了一次光荣的解放运动，但力量是不对等的。没有一个欧洲政府援助他们，匈牙利爱国者最终失败了。奥地利取得了胜利，但是，它在世人面前所持的态度，唤起了人们对它过去的暴虐和血腥历史的清晰而愤慨的回顾，并留下了一份不公正、残酷和犯罪的沉重的、新的记录，以便在将来予以清算。

无论政治世界表面上是什么样子，没有人能否认，在1848年事件之后，公众舆论正在成为基督教世界的真正主宰。既然这个世界已经被奥地利和俄罗斯及其秘密和公开的盟友所激怒，那么清算也不会遥远。1848年欧洲争取自由的斗争失败了，因为领袖们没有充分考虑我们所说的舆论必须起支配作用这一事实。他们没有采取温和的措施，使之与他们相适应，而是通过他们的分裂和极端主义使形势有利于专制主义。但智慧来自经验；与此同时，我们可以相信，在当今这个充满智慧的时代，革命不可能一直倒退。

第410章

波希米亚、摩拉维亚和蒂罗尔

现在我们来看一下奥地利帝国几个组成部分的单独历史。

波希米亚自1438年至今，400年来一直是奥地利皇室的封地。此前，它还没有自己的特征和历史。据说这个名字意为“波伊人的家”。波伊人是一个部落。在早期，他们征服或驱逐土著人，然后反过来又被马科曼尼人驱逐。这里是一个地势很高的菱形的山谷，散布着低矮的山和孤立的山峰，四周被荒凉而沉寂的群山包围。

作为一个王国，波希米亚包括了摩拉维亚的边缘地带和上西里西亚的一部分。在1635年之前，卢萨蒂亚属于它；从那时起，它们就被并入了萨克森。这里的人民性格温和、忠于政府、勇敢、坚决、好客、仁慈。大量的农民处于农奴状态。农业相当发达，制造业更是如此。首都布拉格有许多历史称号。

胡斯派和杰式卡是后来的波希米亚编年史中人们感兴趣的主要话题。他们为宗教自由而进行的摧毁性斗争在我们对德意志的描述中进行了回顾。吉卜赛人有时被称为波希米亚人，因为他们首先是在这里吸引欧洲的注意的。关于这些奇人的历史我们将在西班牙历史中进行讲述。

自1438年以来，摩拉维亚也被卷入了奥地利皇室的命运之中：它作为独立国家的编年史只限于之前的时期。摩拉维亚这个名字来源于流经它的摩拉瓦河。古时候，夸地人住在这里，他们被斯拉夫人赶了出来。这个王国曾经是强大而独立的，但在908年被德意志人、波兰人和匈牙利人瓜分了。1086年，这部分被称为摩拉维亚的地区被德意志皇帝亨利四世与波希米亚地区合并到一起，从此，这里的公爵和国王就一直臣属于德意志帝国。

摩拉维亚弟兄会是一个宗教派别。它起源于15世纪中叶的波希米亚，来自更为严格的胡斯派的残余。1500年，他们建立了200个社区。16世纪时，他们的主要信众都居住在摩拉维亚，并因此得名。1722年，他们中的一部分在钦岑多夫伯爵的领导下进行了重组，成为联合弟兄会，遵循建立一个基督教社会组织的共同理念，以符合福音的简单性和纯粹性。但是，他们不允许本组织干涉政治或民事。社区是独立和自给自足的。作为成功的传教者，他们以谦逊的英雄主义著称。现在他们遍布欧洲和美洲，始终保持着一种几个世纪以来使他们获得社会和国家尊重的品格。

特兰西瓦尼亚被奥地利帝国最遥远的东部边境上的喀尔巴阡山脉所包围，从1699年起就一直与奥地利的命运联系在一起。它是通过《卡洛维茨条约》被并入奥地利的。土耳其也承认该领土的转移。在我们对波兰的叙述中，我们会讲到奥属波兰，它在古代的重要性和悲剧性都要求使它成为独立的一章。匈牙利虽然长期以来一直是奥地利帝国的一部分，但无论是过去还是现在，其都在东欧历史上发挥了引人注目的作用，因此我们也专门为它单立一章。在帝国的另一边，伦巴第和威尼斯的历史，也要求其在我们的作品中占有一个单独的位置。我们已经这样做了。

蒂罗尔长期以来一直是奥地利帝国哈布斯堡王朝的封地。在1806年之后很短一段时间里，它被暂时并入了巴伐利亚。由于它所处的特殊环境和特殊族群，所以它值得单独叙述。

几个世纪以来，蒂罗尔的高山一直是自由的所在。虽然它名义上臣属于哈布斯堡王朝，但是那里的居民一直享受着共和的特权。他们可以选择自己的法官；为皇家输送的军队指挥官是自己选举产生的；服饰和纪律都按照他们自己的古老传统。作为对这些特许的回报，这些强壮的山民对他们的皇帝忠心耿耿。

正是为了维护君主的权力，维护自己领土的不可侵犯性，在西班牙王位继承战争期间，蒂罗尔人才出了名。巴伐利亚站在法国一边反对奥地利帝国。1703年6月，巴伐利亚选帝侯率领1.6万人入侵蒂罗尔。在成为因斯布鲁克的主人后，这些巴伐利亚人的大部队开始沿着布伦纳河向上游挺进。在努维翁将军的指挥下留下一支小分队，在因河河岸上随后跟进。

夜幕降临时，一排烽火燃起来了。这是在向侵略者宣告，人民正在准备抵抗他们的进攻。不过，努维翁不以为意，指挥部队继续前进，一直挺进到了蓬泰拉戈的断桥边。正准备渡河时，突然，一阵疾风暴雨般的子弹射过来——蒂罗尔神射手隐藏在峭壁后面，以致命的准确性向他们射击——巴伐利亚人首先停下来，然后撤回到刚才离开的河岸。他们才回到原来的位置，上面的群山就仿佛炸开了，大块的岩石碎片带着巨大的冲力掉下来，砸在士兵的头上。巴伐利亚人顿时惊慌失措，他们仓皇逃向扎马桥。但是他们到达时发现桥已经塌了，河也渡不过去。他们被四面八方的敌人包围住了。这时候，他们发觉抵抗和逃跑是不可能的，于是放下武器，向蒂罗尔指挥官马丁·斯特辛格投降。与此同时，巴伐利亚选帝侯从布伦纳河撤退，穿过蒂罗尔地区，损失了2/3的军队，返回了巴伐利亚。

大约一个世纪后，蒂罗尔人再次证明了他们并没有失去祖先勇敢而独立的精神。忠实于传承下来的忠诚，他们从心里感到自己从属于奥地利王室。因此，1805年，当他们得知皇帝弗朗茨将蒂罗尔割让给巴伐利亚国王马克西米利安·约瑟夫时，他们非常懊恼。1806年1月14日，这位新国王向他的新臣民们发布了一份公告，宣布他不仅要确保他们享有德意志帝国古老的宪法特权，而且还打算采取积极的措施来改善他们的政治和社会状况。最后这句话说得不好，因为它是对那些对自己过去的制度心存依恋、对任何可能使改革成为必要或可行的缺陷都不以为然的人说的；更不幸的是马克西米利安履行诺言的手段。

不论是国王可能忘记了维护他们的宪法，还是他完全不知道他们的情况和性格，所以才试图把他在巴伐利亚世袭王国中成功的措施应用到蒂罗尔人身上，这两种行为都是不适合蒂罗尔人的。在巴伐利亚，人们被懒惰的神职人员榨取得一贫如洗，他们的道德也被亲眼看见的几乎在每个教区都存在的教士的放荡堕落弄得败坏了。但是在蒂罗尔，与他们人群的数量相比，神父的人数很少。这些神父习惯简单、贫穷、自我克制，是人民的朋友和顾问，准备支持他们抵抗新君主的教会改革。

对于长期不习惯服兵役的巴伐利亚人来说，需要采取像征兵制这样严格的措施，使他们达到并保持某种水平；但是对蒂罗尔人这种凶猛的山民来说，他们从未喜欢过纪律的约束，现在也不打算接受一套新的政治和司法制度，尽管这对巴伐利亚人来说是必要的。而在一个尚不知道腐败、不公正和法律延误为何物的地方，这一制度非但没用，反而更糟。国王还做了一件让他的新臣民感到厌恶的事，就是他把国家改名为“南巴伐利亚”；此外他还出售了蒂罗尔城堡，而根据一个历史悠久的预言，只有城堡的拥有者才能够让蒂罗尔人顺服。

因此，当奥地利再次向法国和法国的盟友挑起争端时，它就需要依靠蒂罗尔人的合作。1808年，一个由安德烈亚斯·霍费尔率领的代表团来到了维也纳。霍费尔是一个富有的农民，也是蒂罗尔旅馆的老板，他长期以来深受蒂罗尔人的信任，现在他发誓要发动起义来反对巴伐利亚。奥地利准备为他们的起义提供援助：这将在春天河水上涨的时候举行，这样能阻止入侵的军队。虽然成千上万的蒂罗尔人都知道这种安排，但对于巴伐利亚将军金克尔和他的法国同事布里松来说，却是个秘密。

1809年4月9日的晚上，一面小红旗——同盟军事先约定的信号——在旅店门前的溪流中漂过来。随着小红旗的漂过，不同的村庄都响起了警报；在山顶上一排排炮弹和信号弹齐射，向蒂罗尔人宣布他们解放的时刻来到了。这些山民所采用的简单战术与一个世纪以前取得成功的那次一样。在法国和巴伐利亚的军队要经过的地方，巨大的石头、岩石碎片和树干被收集在一起。敌人刚刚全部进入峡谷，就听见在明净的空气中有一个洪亮的声音喊道：“开始行动！”于是所有的东西全都轰然滚到下面的山谷中，砸在侵略者的头上；与此同时，在所有能掩蔽的地方都隐藏着神射手。他们用准确无误的来复枪射出毁灭性的子弹。直到最后，那些剩下的可怜人，在困惑不解和毫无希望中终于无条件投降了。有8 000人，100多名军官，以及所有的大炮、行李和弹药，落入蒂罗尔人的手中。

但是，当它忠实的臣民需要帮助的时候，奥地利却抛弃了他们：大批法国军队向因斯布鲁克挺进，蒂罗尔人在得不到援助的情况下，无奈地屈服了。最后，他们被法国人的暴行激怒得忍无可忍，便拿起武器，再次推选霍费尔为首领。他们用铁箍捆起松木做成大炮，像以前一样用巨石加固他们的峭壁，把法国人赶出了这个国家。霍费尔执掌了政权。蒂罗尔人在奥地利大公约翰的劝说下放下了武器。不久，霍费尔被假情报蒙骗了，再次举起义旗，但是他的同胞们的精神已经崩溃了。他意识到已经不可能再把他们召集起来了，于是退到一座终年积雪的孤零零的山上。即使在那里，他也遭到了背叛，他被出卖给了他的敌人。他们根据拿破仑的命令，在1810年枪毙了他。在几年后欧洲获得和平时，蒂罗尔再次回到奥地利的怀抱。

第411章

这样的奥地利帝国

奥地利帝国的居民属于几个完全不同的民族。1.德意志人：构成了奥地利大公国的人口，也是施蒂里亚和蒂罗尔地区的主要人口，以及匈牙利和波兰各省、波希米亚、摩拉维亚和西里西亚的少数民族。2.斯拉夫人：占总人口的将近一半，由几个不同的民族组成：他们是捷克人或波希米亚人；在摩拉维亚和匈牙利的斯洛伐克人；加利西亚的波兰人；施蒂里亚、卡尔尼奥拉、卡林西亚以及蒂罗尔地区的文德人；克罗地亚人、达尔马提亚人等等。3.乌拉尔人：是构成匈牙利和特兰西瓦尼亚的主要民族，也叫马扎尔人。4.拉丁民族：包括意大利人、匈牙利的瓦拉几亚人、特兰西瓦尼亚人和军事边境的住民。

斯拉夫人四处分散。我们前面已经说过，他们是全部人口中最落后无知的部分。他们通常在单纯的乡村劳作中被雇用，许多人仍然处于被奴役的状态。因此，在波希米亚和摩拉维亚，德意志人从事公共事务管理，从事商业，掌握着机械技艺，而斯拉夫人则是普通劳动者；在匈牙利，马扎尔人虽然普遍目不识丁，但他们是一个生气勃勃、聪明伶俐的民族，喜欢从事积极的工作和过军事生活，把更卑微的工作留给那些斯拉夫居民。事实上，斯拉夫人是被征服的土著人。他们或沦为奴隶，或被征服者置于从属地位。在波兰各省，斯拉夫人几乎构成了那里的全部人口。他们表现出对机械技艺和商业的厌恶。那里的商人，就像在波兰一样，大多是犹太人。

在奥地利这样的农业国，海关收入很少，税收主要来自土地和人头税。在匈牙利，贵族是免税的。奥地利的税收比英国或法国少得多，不超过7 000万美元；债务可能有4亿元。它的军队通常有27万人。

绝大多数奥地利居民信奉罗马天主教。在特兰西瓦尼亚、匈牙利南部、克罗地亚、斯拉沃尼亚和加利西亚有很多希腊教会的信徒。在匈牙利、加利西亚和德意志各省有许多新教徒，在特兰西瓦尼亚有一些索齐尼派或唯一神教派教徒。整个帝国中希腊派基督徒约有150万，新教徒300万，天主教徒2 800万。大约有50万犹太人，主要分布在加利西亚、摩拉维亚、匈牙利和波希米亚。在奥地利，所有宗教都是被容忍的。维也纳大主教是奥地利教会的首脑。教会的地产很广，帝国里有300所修道院和500多所女修道院。

为了表现奥地利天主教徒的宗教特征，我们在这里给出一幅前往玛丽亚采尔朝圣的插图。这是施蒂里亚省的一个小镇，坐落在这个多山国家最浪漫的山区。圣坛和圣母玛利亚的古老画像被认为具有不可思议的力量，赋予了这个地方重要的地位。自从8世纪或9世纪发现这幅画像以来，一直到我们生活的今天，这里每年都吸引着成千上万的朝圣者。这些在荒野和山上跋涉的虔诚奉献者，不仅

人们前往玛丽亚采尔朝圣

仅来自上下施蒂里亚地区，而且来自卡林西亚、摩拉维亚、西里西亚、蒂罗尔、波希米亚、首都维也纳，以及奥地利帝国许多其他遥远的地方。

政府管理一年一度的朝圣活动。总是在炎热的7月或8月，朝圣者们就要确定好出发的日子。为此，在圣斯蒂芬教堂的大门上张贴着一份帝国公告，要求朝拜者在圣母圣坛前为哈布斯堡王朝的繁荣昌盛而祈祷。到了指定的日子，信徒们会在黎明时分聚集在那座哥特式大教堂里。在凌晨4点，举行大弥撒。然后是一长列美丽如画的队伍，男女老少都有，被宗教旗帜和十字架分隔成不同的方阵，开始艰难地向崎岖的施蒂里亚山行进；朝圣者一边走，一边唱赞美诗，他们疲惫的脚步不时被吹号和铜鼓的乐声所鼓舞。每支队伍里都有乐手，一般都走在最前面。

一位在1822年亲眼看见这一情景的旅行者说，他所看到的朝圣队伍在离开维也纳的时候有近3 000人，他们都是比较穷的人。女性占大多数。在众多的年轻女子中，他注意到许多人长得很漂亮，朝圣的服装也很优雅。几乎所有的人都光着脚；他们拿着用鲜花缠绕的长手杖，戴着无边的草帽，以保护脸不受烈日的灼伤。这种女性的服装在不同的省份有很大不同，每个省都有自己独特的服装。当来自不同地方的朝圣者聚集在他们共同的中心——玛丽亚采尔神殿时，这一场景就更生动了。

无论他们从哪里来，朝圣者总是登上玛丽亚采尔的崎岖山峰，为圣母唱赞美诗。到了这里，年轻的妇女们摘下草帽或者白色的亚麻帽，让头发披散在肩上；更坚定的朝圣者，为了增加苦修和路上的困难，在他们身后拖着巨大沉重的木制十字架爬上陡峭的山坡。一登上山顶，看到那阴暗古老的教堂，所有的朝圣者就都匍匐在地，发出持续的叫喊；然后，他们在胸前画十字，站起来，缓慢而恭敬地走进神殿，齐声高歌；庄严的音调在群山中回荡。

他们环绕着保护圣殿的巨大的银栏杆跪成两排：里面的一排跪着的是女性，外面一排是男性，他们靠在柱子旁。他们对着自己几乎看不见的画像祈祷。在天主教国家，傍晚时分是圣母玛利亚教堂的神圣时刻。在这幽静的黄昏时刻，教堂里的场景浪漫如画。当太阳消失的时候，圈子里的年轻女人开始慢慢地绕着栏杆用膝盖移动。她们唱着圣歌，歌声中充满了和谐感；而那些男人站着不动，在每一节结束的时候，他们就在圣像前俯伏跪拜。

当礼拜结束时，其他一些同样浪漫的场景会发生在附近的树林里。许多人喜欢户外的空气，而不喜欢城镇里拥挤的旅馆。成千上万的朝圣者在树林里分营宿营。在那里，他们大半个夜晚都在歌唱，一群人与另一群人互相以合唱作答。天刚蒙蒙亮，他们就一个接一个地从树林里和城里出现了，直到山的两边和下面的山谷似乎都布满了白帽。

由于施蒂里亚首府格拉茨的妇女与维也纳的妇女之间因敌对而产生的丑闻和混乱，约瑟夫二世禁止维也纳人朝圣。他夺取了玛丽亚采尔的大部分财宝，熔化成他母亲和兄弟姐妹的银制肖像，挂在神殿前，作为代替他母亲玛丽娅·特蕾莎女皇的虔心奉献。后来，奥地利皇帝弗朗茨一世恢复了朝圣之旅并加以鼓励。

奥地利的首都维也纳坐落在多瑙河上，风景如画，土地肥沃。它由城区和34个郊区组成。城区很小，四面围墙；郊区宽阔的街道和优雅的建筑物与城区狭窄的街道和简陋的建筑物形成鲜明的对比。维也纳有18个公共广场，20座修道院，5座剧院，50座教堂，众多的科研和慈善机构、宫殿等等，以及30万居民。最好的步行场所在多瑙河的普拉特岛上。那里有富丽堂皇的马车、欢乐的人群、优美的步道和各种各样的娱乐活动，使它成为欧洲无与伦比的地方。皇宫是一座华丽而又不规则的建筑，里面收藏着无数的艺术珍品，还有一个精美的、藏书30万册的图书馆。

在维也纳，贵族们的许多富丽堂皇的宫殿以绘画、雕塑、勋章陈列柜、科学收藏品等充实其中。在众多教堂中，圣斯蒂芬教堂是一座宏伟而高贵的哥特式建筑。塔楼高达450英尺，是欧洲最高的建筑之一。卡普齐纳教堂因为里面的皇家墓穴而闻名。维也纳大医院因规模而引人注目。它由7座庭院构成，里面广植树木；有111个大厅和2 000个床位。它每年接收大约1.6万名病人。文化机构也具有重要地位。维也纳大学是欧洲最好的大学之一，尤其是医学系。它的图书馆有11万册藏书。

在维也纳及其周边地区，有着世界上数量最多的植物园，其中有几个是任何地方都无法比拟的。维也纳居民最大的职业是享乐。他们周围有许多公园和美丽的城镇。美泉宫和卢森堡是皇帝最喜欢的避暑地。

奥地利大公国的其他城镇有：诺伊施塔特，有8 000名居民，制造业发达，与维也纳有一条运河相连。林茨，2万名居民，有大量的羊毛制品，与格蒙登的盐厂有一条铁路相连。斯泰尔，有1万名居民，以其物美价廉的餐具闻名，这些刀叉出口到欧洲各地。还有萨尔茨堡，拥有1.4万名居民，一座大教堂、大主教的宫殿、几家文化机构和工厂。

格拉茨是一个建筑良好的城镇，也是施蒂里亚的首府。这里有一所大学，有丰富的图书馆，还有许多其他的教育机构，其中最著名的是约翰大公创办的约翰大学。它生产棉织品、五金制品、丝绸等多种产品，有3.4万名居民。

因斯布鲁克是蒂罗尔的首府，拥有1万居民。有一所大学和其他的文化机构。蒂罗尔地区的其他重要城镇包括：以集市闻名的博尔扎诺，有8 000居民；特伦特，有1万居民，是历史上著名的最后一个天主教总会的所在地（从1545年到1563年）。罗维雷多，有1万居民，是一个繁忙的制造业汇集地。

的里雅斯特位于威尼斯湾的最北端，是帝国主要的商业城镇。它包括邻近的地区，有美丽的花园、葡萄园和乡间别墅。有4.2万名居民。

莱巴赫，从前是卡尔尼奥拉公爵领地的首府，现在是伊利里亚王国的首都。贸易活跃，制造业丰富。1820年在这里召开了欧洲君主大会。有1万名居民。在这一地区的另外一座城市伊德里亚，因出产丰富的水银矿而获得重要地位，有5 000名居民。

克拉根福特是一个繁忙的制造业城镇，有9 000名居民，是前卡林西亚公国的首都。罗维尼有一个很好的港口，商业很活跃，有1万名居民。在波拉附近，有一些宏伟的罗马遗迹，其中有一座保存完好的神庙；一个巨大的圆形剧场，由三层楼组成，每层有72个拱门，可以容纳1.8万人；还有一座美丽的凯旋门，叫作金门。

布拉格是波希米亚的首都，是一座繁华的大城市，坐落在莫尔道河的两岸，河上有一座由16个拱桥组成的壮观大桥。它有48座教堂，16座修道院，9座犹太教堂；还有一些优雅的宫殿，其中有一座是皇家城堡，以及巨大的瓦伦斯坦宫殿和其他公共建筑。这座城市被大量的工程特别加固过。这里的大学是最古老的大学之一，长期以来也是欧洲最著名的大学之一。大学图书馆藏书10万册。布拉格是波希米亚的商业中心，也是所在地区活跃的制造业集散地。人口15万人，其中7 500人是犹太人。这里有历史上著名的波希米亚宗教改革家胡斯的住宅，也是他的门徒杰罗姆的出生地。

莱森伯格拥有1万名居民，是一个繁荣的小镇，拥有大量的棉、毛制品。布杰约维采有6 000名居民，贸易活跃；约阿希姆斯塔尔有4 000名居民，以银和钴矿以及一个开采铅和锡的矿区中心而著称。比尔森有8 000名居民，因羊毛制品和附近的铁矿、明矾矿而知名；其他最重要的波希米亚风格的城市还有卡尔斯巴德、托普利茨和塞德利兹，它们以矿泉水而闻名。

摩拉维亚的首府布鲁恩是一个繁荣的制造业城市，有3.8万名居民，是帝国产量最大的毛织品中心。附近山上的斯皮尔博城堡要塞现在被用作监狱。1805年，拿破仑在距布鲁恩10英里的奥斯特里茨大胜俄罗斯和奥地利军队。奥洛穆茨是一个有1.3万名居民的要塞，曾一度是拉法耶特的监狱。伦贝格是奥地利的波兰，即加利西亚王国的首府，是一座建筑良好的大城市，人口有5.2万人，其中犹太人有2万人。布罗迪是加利西亚的第二大城市，也是加利西亚最重要的商业中心，人口有2万人，其中1.6万人是犹太人。

除了意大利各省的大学，帝国还有6所大学。它们分别在维也纳、布拉格、佩斯、伦贝格、因斯布鲁克和格拉茨。在该国的一些地区还建立了中学和小学；但是，总的来说，国民教育是极度缺乏的。

奥地利实行的是君主制。正如前面所述，虽然在不同的地区政体有一定的差异，但除了匈牙利和特兰西瓦尼亚在1848年颁布了新宪法，其他的地方变化并不大。

虽然奥地利有大片肥沃的土壤，但农业十分落后，生产力不高。畜牧业的生产过程和生产设备极其不完善。这个国家相当大一部分地区为森林覆盖，森林为居民提供燃料，而煤则很少被使用。在一些省有广阔的牧场和天然森林，那里有大量的野生状态下的牛群。奥地利的葡萄酒备受推崇，但运输的困难使它们无法大量生产以出口。

奥地利的制造业在总体上是丰富的，但是，一般都是在相当小的规模上进行；奥地利人既没有西欧工厂里那种完美的做工，也没有精巧的机器。羊毛、亚麻、棉织品、纸张、餐具、五金、皮革和玻璃制品是制造业中最重要的产品。

奥地利的地理位置对外贸不利。它的北部省份只能通过易北河和维斯瓦河与大海相连，这是一段漫长而艰难的航行；东部有可航行的水域，可以通往不适应商业活动的地区；亚得里亚海沿岸虽然有一些良港，但与内陆之间被连绵的山脉分隔开，这就使得交通十分不便。的里雅斯特是主要港口，商业活动相当活跃。阜姆是匈牙利省的入口，拉古萨是达尔马提亚的入口。奥地利的内陆贸易十分活跃和繁荣。

奥地利君主列表

君主	即位时间（公元年）
侯爵	
杰出者利奥波德一世	983—1156
反叛者亨利一世	
胜利者阿达尔伯特一世	
勇敢的恩斯特	
美男子利奥波德二世	
利奥波德三世	
圣利奥波德四世	
亨利二世	
利奥波德五世	
公爵	
腓特烈一世	1156—1246
利奥波德六世	
腓特烈二世	
利奥波德七世	

（续表）

君主	即位时间（公元年）
过渡期	1246—1282
鲁道夫二世	1283
阿尔布雷希特一世（德意志皇帝，1298）	1283
鲁道夫三世	1298
金发腓特烈三世	1308
阿尔布雷希特二世和奥托一世	1330
鲁道夫四世	1358
阿尔布雷希特三世与利奥波德三世（另一位）	1365
阿尔布雷希特三世	1386
阿尔布雷希特四世	1395
阿尔布雷希特五世.	1404
日耳曼人阿尔布雷希特二世	1437
拉迪斯劳斯	1440
腓特烈四世（皇帝）和阿尔布雷希特六世	1457
腓特烈四世	1464
大公	
马克西米利安一世	1493
斐迪南一世	1521
马克西米利安二世	1564
鲁道夫五世 （德意志皇帝鲁道夫二世）	1576
马蒂亚斯	1608

（续表）

君主	即位时间（公元年）
斐迪南二世	1619
斐迪南三世	1637
利奥波德一世	1657
约瑟夫一世	1705
查理三世（德意志皇帝查理六世）	1711
玛利娅·特蕾莎	1740
约瑟夫二世	1780
利奥波德二世	1790
弗朗茨一世（原来为德意志皇帝弗朗茨二世，1804年奥地利帝国成立后，改成奥地利皇帝弗朗茨一世）	1804
斐迪南一世	1835
弗朗茨·约瑟夫一世	1848

普鲁士

第412章

从土著到大选帝侯腓特烈·威廉一世

（800—1740）

这个王国是由被德意志各邦隔开的两块截然不同的领土组成的。[①]它北临荷兰、汉诺威、梅克伦堡和波罗的海；东临俄罗斯和波兰；南临奥地利、萨克森和几个德意志小邦；西邻比利时。最北端处在北纬55°；南端在北纬49°；东端在东经23°；西端在东经6°。东部地区面积8.88万平方英里，西部地区面积1.86万平方英里，总人口1 380万人。

东部地区的部分区域被哈茨和苏台德山脉环绕。在西部，也有一些山脉。东部是一片广阔的平原，与海平面如此接近，如果没有沙地的保护，海岸就会被洪水淹没。这些河流几乎没有高低落差来带

① 瑞士的纳沙泰尔州也承认普鲁士国王的统治权；但这只是作为他个人的权利，而不是普鲁士国王的权利。纳沙泰尔州形成了一个独立的邦。——原注

走它们的河水，只有流入死水湖泊。这两个地区都有大面积的森林。

奥得河发源于摩拉维亚，流经整个普鲁士东部和南部，向西北方向注入波罗的海。它有460英里长，大部分是可以航行的。易北河从萨克森进入普鲁士，向西北方向经过大约580英里的航程，在库克斯港流入北海。施普雷河、萨勒河、哈弗尔河和埃尔斯特河是易北河的支流。东北部地区的主要河流是普雷格尔河、尼曼河和维斯瓦河。维斯瓦河全长约650英里，由几个河口流入波罗的海，可航行到克拉科夫。在西部，莱茵河从东南方一直贯穿到西北方。

普鲁士在波罗的海沿岸有500英里的海岸线，包括广阔的但泽湾和三个封闭的海湾——库尔斯湾，它接收尼曼河入海；维斯瓦河口的弗里舍湾和奥得河口的什切青湾。普鲁士的湖泊非常多，但是一般都很小。在波罗的海的波美拉尼亚海岸，有一个吕根岛，是德意

柏林街景

志最大的岛屿，面积370平方英里，一部分被山毛榉林覆盖。岛上的土地基本是肥沃的。岛上有28 150名居民，主要城镇是卑尔根，人口2 200人。吕根岛周围还散布着几个小岛。

普鲁士的气候总体上是温和而有益健康的，尽管在不同的省份有很大的差异。波罗的海沿岸气候寒冷、潮湿、多变。在内陆，气候则舒适得多。在东部，除了沿着海岸和河流的狭长的低洼沼泽地带，几乎没有肥沃的土地。其余的是沙地和杂草丛生的荒地。西部的土壤要好一些，但这里也有不少多石的不毛之地。山区有铁、铜、铅和银矿。盐取自普鲁士萨克森的泉水。

布隆伯格运河连接着维斯瓦河的支流布拉希河和奥得河的支流内策河，全程16英里。腓特烈·威廉运河将奥得河与施普雷河连接起来，普劳恩运河将奥得河和哈弗尔河连接起来。还有其他一些运河，但规模不大。最近修建了几条铁路。首都柏林坐落在施普雷河上的一片沙质平原中间，是一座美丽的城市，街道宽敞而规则，装饰着许多精致的广场和优雅的建筑物。它拥有优秀的科学、文学和美术机构。波茨坦有一座皇家宫殿，修建得非常好。附近是新宫殿和大理石宫殿。

普鲁士王国划分为8个省，再分为25个政区和328个县。两个省在西部，其余都在东部。

东普鲁士各省：

普鲁士、波森大公国、萨克森、西里西亚、波美拉尼亚、勃兰登堡

西普鲁士各省：

威斯特伐利亚、莱茵

普鲁士王国成立得很晚。关于它的起源，通常的说法是始于勃兰登堡的大选帝侯。他的儿子在1701年获得了国王头衔。然而，普鲁士的建立可以追溯到1226年——在此之前，它似乎一直被居住在波罗的海沿岸一个树木繁茂地区的部落占据。古代，温底尔人和爱斯堤人住在这里；查理曼时期，维内德人和其他萨克森人住在这里。1226年，波兰的一位国王由于无法保护自己的边境免受普鲁士异教徒的攻击——这些人受到顽固基督徒的反复伤害，而他们又对波兰边境进行不断的骚扰和入侵——决定拿出维斯瓦河沿岸领土的一部分给条顿骑士团，条件是他们保护波兰、对付这些凶蛮而令人懊恼的边境居民。于是，100名骑士被他们的大团长派去履行这一使命。

现代普鲁士人大多是日耳曼人，但是这个国家的早期居民是一个高大的文德-哥特民族，说着类似立陶宛的语言。他们的眼睛是蓝色的，头发是金黄色的，肤色红润。他们的主要职业是农业，他们很早就醉心于此。粮食、蜂蜜、牛羊肉、野生动物是他们的主要食物；除了用野牛角制成的杯子豪饮一种能醉人的马奶制成的酒，蜂蜜酒也是他们的饮料。他们的衣服是兽皮制成的；他们还制作铁制武器，用黏土做日常用具。这些有趣的人，最初被日耳曼骑士强加基督教和奴役时是坚决拒绝的。在经过多年最顽强和流血的抵抗之后，他们还是被骑士们悲惨地消灭或奴役。

就这样，一个新奇而独特的政府建立起来了。条顿骑士团在这片领地上，就像诸侯在被征服的国家一样，认为自己是土地的主人，至高无上，是一切权力的源泉。富裕的普鲁士贵族是主要的地主，也被称为威辛斯。他们拥有世袭的田产，免除一切赋税，甚至连什一税也不收；他们只在保卫本土和参加对外战争时，才有军事上的义务。数量最多的地主阶层以自由人的身份拥有世袭的封地，并由雇农耕种，他们对雇农可以行使民事和刑事的管辖权。日耳曼居民拥有分配的土地——免除什一税和劳役，而司法权由村长施行。他们必须支付一小笔人头税，并被要求服兵役。大量的普鲁士人没有自己的土地，只能依附于日耳曼人的土地，沦为农奴，隶属于条顿骑士团。

城市受到特权的鼓励。条顿骑士团的一名代表统治着这个国家，对大团长和全体骑士负责。在这位代表或元帅之下，整个地区又被划分为多个骑士团管理地，每个骑士团管理地都建有一座城堡，每个城堡中都有12~24个骑士组成的大会，他们管理着这个地区的民事并领导当地的军队。他们可以被替换，并有义务向元帅提交一份行政管理的年度报告。

在15世纪，条顿骑士团的领土从奥得河一直延伸到芬兰湾，许多大城市都被囊括其中；但是他们的政府已经变得异常专制，令人难以忍受，以至于贵族和城市转而寻求波兰的保护。战争接踵而至，到处是屠杀、瘟疫和各种苦难，整个国家日益荒凉。为了加强自己的力量，骑士们选举了安施帕赫侯爵之子勃兰登堡的阿尔布雷希特担任大团长。

阿尔布雷希特无法从任何方面获得支持，也无力重振日益衰落的骑士团，于是在1525年，他宣布废除普鲁士的骑士团制度。该地区变成了由勃兰登堡选帝侯世袭统治的普鲁士公国，为波兰的封地。阿尔布雷希特因此获得了维持政府的手段。他授职用的旗帜是一只胸前带着S的黑鹰。1657年，勃兰登堡选帝侯的一位继承者正式获得波兰共和国承认成为普鲁士的君主。

勃兰登堡是个强有力的家族，倔强而专横。在新教徒反对查理五世的战争中，勃兰登堡的阿尔布雷希特准备在霍亨兰茨堡的一座高塔里饿死一群人质，其中有班贝格的80位杰出的居民。这个凶残的暴君如此迷恋残忍之行，当一位父亲恳求暴君放过他的3个儿子中的一个——只一个——的时候，阿尔布雷希特问他哪个是他最喜欢的，然后暴君从这位可怜老人指出的年轻人开始，把他们一个一个地都处死在他们的父亲面前！但是他的恐怖生涯很快就结束了。1553年，他在锡沃斯豪森战役中战败，负伤逃到法国。在那里，他的暴行很快就使他丧命。

1630年，当新英格兰的清教徒移居海外，开始享受宗教自由并建立他们的清教徒之都时，普鲁士的新教徒们正在为他们的信仰而受苦，但痛苦的程度要严重得多。从荷兰到卡林西亚山脉，从普鲁士到伯尔尼的阿尔卑斯山，凡是说德语的地方，路德和加尔文的学说都深入人心。除了巴伐利亚和蒂罗尔，德意志的每一个地区都曾为信仰自由而战；然而，除了普鲁士的马格德堡这座孤城，别的地方已无残存的痕迹。正是在这里，勇敢的防御者抵抗着德意志帝国凶残的统帅蒂利将军的猛攻。

前来解救的瑞典国王古斯塔夫·阿道夫从瑞典前来；当他发现无法得到北方新教徒支持的时候，他宣布，除非得到援助，否则在解救马格德堡之后，他将返回斯德哥尔摩。萨克森和勃兰登堡州的选帝侯们在这场危机中退缩了，古斯塔夫犹豫着，不想因为进攻一座城市而得罪其中任何一个。由于这种迟疑不决，他就没有前去解救马格德堡，而只是派了一个叫法尔肯斯坦的信使，伪装成船夫进城，接管指挥这座城市已经虚弱不堪的守备部队。古斯塔夫的延误对这座城市是致命的。5月10日凌晨4点，正当法尔肯斯坦与地方长官商议时，敌人在一处哨兵睡着了的地方爬上城墙。还没等警报响起，敌人就已经全副武装地出现在市政厅。法尔肯斯坦冲了出来，当场就被击毙了。市民们勇敢地抵抗，直到弹药用尽后无条件投降。帝国的军队从两个解除了武装的大门进入，接着发生了一件可怕到难以形容的事情。一些官员恳求残暴的蒂利怜悯那些没有参加抵抗的市民，他们被命令在一个小时之后再回来。“那时候，”他说，“我再看看能做些什么；但是我的士兵必须为他的辛劳和危险得到点什么。”还不到指定时间的一半，血腥的屠杀已经达到了顶峰。狂暴的士兵不分男女老幼，见人就杀，几乎所有的男人都被砍头，大量的女人也被杀死。两名牧师站在圣坛前被杀。这座城市被付之一炬，化为灰烬。

这样的场面一直持续到13日，蒂利自己进来后恢复了纪律。有4 000人曾在防火的大教堂里避难，现在被允许出来了；3天来他们第一次有点儿东西可吃。这位可怕的指挥官，穿着一种煞有介事的装束——绿缎的短夹克，戴着高高的帽子，上面红色的羽毛耷拉在他可怕的脸上。这种装扮让蒂利看起来像个疯狂的江湖郎中。蒂利缓慢地骑马穿过小镇，对街道上成堆的尸体感到扬扬得意。他在给皇帝的一封信中，把这种屠杀和荒凉的场面，说成是自占领特洛伊和耶路撒冷以来取得的最伟大的胜利。“说实在的，”他补充道，“我真同情你们皇室的夫人们，她们是没法看到这样的场面的！”

古斯塔夫决定不再给这些选帝侯们犹豫的时间了，是他们的优柔寡断造成了这场可怕的灾难。他出现在柏林，让乔治·威廉二选一，要么立即加入他的行列，要么看着他的首都化为灰烬。惊恐万状的选帝侯签署了同盟条约，古斯塔夫进驻了柏林、斯潘道和科斯琴的要塞。萨克森选帝侯也带着1.8万萨克森军队加入进来。不久，光荣的瑞典人就在1631年赢得了莱比锡战役的决定性胜利。

随着1640年腓特烈·威廉的即位，普鲁士开始了一个新的时代，他因此而被历史赋予“大选帝侯”的称号。大选帝侯在荷兰长大，其间的不幸和危险让他不断地进步，并因此获得了宝贵的经验和最有价值的知识。他具有敏锐的头脑和坚定的勇气。在大选帝侯20岁登上君主大位的时候，普鲁士还是一个几乎不能称为国家的国家，是他把它从完全的低能提升到力量和伟大的顶点。普鲁士周围强敌环伺，这些敌人在嫉妒它的同时也彼此妒忌；大选帝侯不得不与他们轮番结盟和作战。这需要最大的力量和智慧来防止他令人尴尬的国家被他们粉碎并瓜分。然而，大选帝侯不仅保住了国土的完整，还扩大了领土范围。

1648年，三十年战争结束时，大选帝侯利用战争中的短暂喘息之机，通过帮助臣民改善生活条件，恢复了国家的元气。但普鲁士很快又成为1655年瑞典-波兰战争的战场。查理·古斯塔夫入侵并征服了波兰，大选帝侯徒劳地试图在交战双方间保持中立。大选帝侯的部分领土被侵占，他不得不接受普鲁士成为瑞典的封地这一现实。当波兰国王扬·卡齐米日能够再次与瑞典人对抗，召集了一支4万人的军队——他们中有波兰人、俄罗斯人和鞑靼人——驻扎在华沙附近时，大选帝侯手下只有1万瑞典人和6 000勃兰登堡人。大选帝侯在连续三天的艰苦战斗中打败了波兰国王。丰富的战利品落入胜利者的手中。

这时候（1656），瑞典人为了争取这位主动而精明的盟友的进一步合作，不得不正式授予大选帝侯独立君主的地位。出于对瑞典强大的嫉妒，德意志皇帝、荷兰人和丹麦人加入了波兰一方。大选帝侯利用这个机会恢复了自己国家的和平。1657年，大选帝侯与波兰国王扬·卡齐米日签署了一项条约。在条约中，大选帝侯归还了从后者手中夺走的一切，并承诺向波兰提供军事援助。作为回报，波兰国王承认腓特烈·威廉是普鲁士的绝对君主，放弃了对普鲁士的一切权力诉求。瑞典人失去了很多领土，最终在1660年查理·古斯塔夫去世后，与各国达成和平协议。大选帝侯再一次把注意力用于改善自己的国家。

但是，由于对法国在荷兰的胜利感到震惊，大选帝侯与奥地利、丹麦和其他强国结盟，向莱茵河进军，与路易十四的军队作战。趁此机会，法国的盟友瑞典人再次入侵普鲁士。大选帝侯以迅速而秘密的进军，使正在集中兵力的敌人大吃一惊。1675年，双方在费尔贝林开战，瑞典名将弗兰格尔率领的1.1万名瑞典士兵被5 600名因急行军而疲惫不堪的普鲁士骑兵打败了。这场辉煌的胜利确立了大选帝侯的军事声望，摧毁了人们“瑞典不可战胜”的观念。瑞典人最终被赶出了普鲁士，但是从他们手里收获的东西最后却被莱茵河上的损失所抵消。法国人从大选帝侯手中夺去了克利夫斯和威斯特伐利亚，并迫使他签订了一项新的条约，宣布放弃他大部分的征服所得。

虽然大选帝侯的注意力不断地被欧洲的长期战争和其他君主间公共事务所吸引，但这位大选帝侯还是抽出时间，认真地处理每一件能促进国内繁荣的事务。从即位开始，大选帝侯便通过公平而有利的政策，把大量的外国移民从德意志、荷兰甚至瑞士吸引过来，使几乎完全被三十年战争摧毁的农业恢复了生机。沙质荒地上到处是收获的庄稼；沼泽很快被排干；奥得河、瓦尔塔河、耶策尔河和哈弗尔河的河岸以前一直是贫瘠的，现在却变成了良田。房舍从灰烬中重生，新村庄的数目大大增加。

当法国取消《南特敕令》，把两万名法国新教徒赶出法国时，大选帝侯立即抓住一切可以利用的机会，向两万名新教难民提供庇护。这些陌生人带来了一种文明和对奢侈品的品位，这是当时的普鲁士人闻所未闻的。他们创造了新的财富来源，开辟了新的工业道路。城市因重要的制造业而繁荣，并配备了新组建的警察。柏林和波茨坦都被扩建和装饰了长廊和宏伟的建筑。1650年，公路的改善和邮局的建立有力地促进了内地商业关系的发展。腓特烈·威廉运河的修建把施普雷河和奥得河连接起来。

对外贸易也是大选帝侯关心的问题。他甚至使贸易延伸到非洲和美洲的海岸。1681年，他成立了一家公司与几内亚进行贸易；派出一支小船队离开普鲁士港口，在那里建造了腓特烈堡，后来卖给了荷兰人。他还改革了古老的学校，建立了新的科学机构，旨在把教育的益处惠及社会的各个阶层。由于开明的自由，他把有学问的人和艺术家吸引到他的国家。这些人在他的宫廷和他所建立的大学周围散发出永恒的光辉。

1688年春天，这位伟大的君主去世了。大选帝侯统治勃兰登堡和普鲁士48年，建立了欧洲最强大的国家之一。当然必须承认，他的措施往往非常武断，那些反对他侵犯贵族和市民古老特权的人被逮捕，并被处以终身监禁或死刑。当大选帝侯觉得自己时日无多的时候，他把儿子和顾问叫到自己的房间里，郑重地向他们告别。他说，他打过许多仗，也经历过忧虑，也曾把严重的痛苦加诸别人身上，“但是上帝知道，”垂死的老人继续说道，“在我父亲死后，我接手的是怎样一个国家，我都为它做了些什么。”[①] 然后大选帝侯告诫儿子要以他为榜样，谨慎行事，时刻准备保卫国家，爱自己的臣民，听从忠实顾问的建议。

他的儿子继位为选帝侯，最终获得皇帝的同意，让自己加冕成为普鲁士国王腓特烈一世。他与自己的父亲正好相反，那位先王不知疲倦的活动都用在了增强自己的国家上，而儿子却用在了安排一些浮华的盛宴上。腓特烈一世把政府事务交给了亲信，他唯一关心的事就是增加宫廷的光彩。他努力通过华丽的服装来掩盖身材的瘦小；他长长的带鬈假发垂在背上，徒劳地试图掩盖他的驼背。

宫中一切都按照最严格的礼仪进行，即使在吸烟这件事上也是如此。除了那些德意志人的习俗，一切都是法国式的。这位迷恋法国的君主，吸引来了大批的法国人。腓特烈一世给他们行政和军事上的职位。这些人把自己的语言、文学、时尚、风度等等，总而言之，把他们的文明介绍到这个社会的各个阶层中去，而这些文明就逐渐地在首都那些阶层中流行起来。因此，柏林市民的恶毒、好挖苦和浮躁的性情一直延续至今。宫殿奢侈得令人发指，国家却陷入了饥荒。接着，一场瘟疫夺走了1/3的人口。这个国家变得如此堕

① 在他即位时，大选帝侯发现整个领地处于废弛状态：面积只有1 377平方英里，人口有50万人，一支纪律很差的3 000人的军队，40万~50万克朗的税收和一个空虚的国库。他死后，留下了一个繁荣的国家：面积有1 930平方英里，人口有150万人，2.4万名训练有素、经验丰富的士兵，150万克朗的税收和60万克朗的国库。——原注

落，以至于要把孩子和他们的父母分开；正义被践踏在脚下；人们学会了全身心地投入物质享受中去。对犯罪的刑罚却似乎增加了罪恶。由于不敢颁布严厉的法律来镇压日益增长的混乱而使放荡和犯罪肆无忌惮。

腓特烈一世的死亡，既离奇又悲惨。他的第三任妻子，梅克伦堡的路易丝陷入了一种让人改信宗教的狂热中，这极大地损害了这位国王后半生的生活。有一天，腓特烈一世在一张安乐椅上睡着了；他的妻子因过分虔诚导致精神错乱突然发作，撞到了一扇玻璃门上，把他惊醒了。然后她用一连串最猛烈的痛斥把他彻底击溃了。国王害怕这个幽灵般的女人——她的头发蓬乱地披散在肩膀上，面容因激情而扭曲得通红，还穿着一身白色衣服——这让他以为看见了著名的白衣女鬼——根据一个古老的传说，这位白衣女鬼总是在勃兰登堡家的成员即将死去的时候，在宫殿里显现。腓特烈一世因为惊吓而病倒了，6周后死去，时间是1713年。

腓特烈一世的儿子腓特烈·威廉一世继承王位，也把截然相反的品位、性情和习惯带到了王位上。他的节俭和已故国王的挥霍无度一样极端；他表现的不是上一届统治者的艳丽和浮夸品位，而是一种几近于野蛮的、粗鲁的平易。腓特烈·威廉一世从解雇宫廷里的男仆开始，接着出售宫殿的装饰物，并在政府的各个部门引入最严格的审查和经济核算。喧闹的宫廷突然变得安静而沉寂，华丽让位于简朴，阅兵取代了盛宴和豪华的服装。在宫殿的各处走动的只有穿制服的人，他们中的一些人甚至还担当起了大臣的角色。

由于对奥地利和法国的外交取得了有利的地位，它们和荷兰、瑞典一起，承认了普鲁士的王国地位。27年来，腓特烈·威廉一世无时无刻不在为国家节约资源，积累财富，扩充军队，行使绝对君主的权力。他要求一种即刻的、绝对的、盲目的服从。他是苛刻的、严厉的、热情的，有时甚至是残酷的。他让身边所有的人都感受到了他毫不妥协的性格：不仅他的妻子和孩子，还包括每一个工作人员，从最卑贱的职员到政府首相，从士兵到将军——贵族和平民，神职人员和世俗之人，都被迫觉得自己有一个执拗的主人。

腓特烈·威廉一世痛恨各种各样的仪式。讨论国家大事，都是在他所谓的“烟草学院”里。在那里，他每一个亲密的朋友都可以完全放松，但是必须抽烟，或者假装在抽，然后自由地发表意见。在这里，军人的率真和坦诚比乏味的巧加修饰的流氓腔调或宫廷辞令更受推崇。政客受到鄙视，但士兵却被尊敬地倾听。

国王那张简陋而有节制的餐桌上每一道菜的购买都受到了仔细的检查，每一餐的残羹剩饭都得到了极大的关切；但在与将军们一起用餐时，国王总是兴致勃勃，而且不乏美味佳肴。腓特烈·威廉一世自己从早到晚努力工作，要求别人也这样做。他睡得很少，总是睡不好。他习惯了各种各样的疲劳和经历生活上的种种不便。

腓特烈·威廉一世习惯了最恶劣的天气和最糟糕的道路，也要求侍从们同样冷漠和勇敢。他的仆人到他面前来，无不惧怕。他的残暴的确超越了一切正常的界限。他经常随身带着两支装着盐的小手枪，当仆人不能迅速执行他的命令时，他就向他们射击。他把大臣们当作办事员，用最粗野、最粗鄙的语言训斥他们，用可怕的惩罚威胁他们，把他们关在堡垒里。

腓特烈·威廉一世总是在忙，因此他认定世界上的其他人也应该像他一样警觉和主动；于是，他就总是随手带一根巨大的手杖，用来责打游手好闲的人。因此，恐惧成为他的开路使者，当他走近时，每个人都赶紧闪开，试图避开他的眼睛和手杖。在工作之余，当他来到大街上漫步，或检查大厦的兴建的时候，他经常用他沉重的手杖责打那些时尚懒人或游手好闲的工人。腓特烈·威廉一世会从街的这头追到那头，直到这个不幸的因为疼痛和恐惧而半死的人跪到地上大声求饶。“你为什么要从我身边跑开呢，坏蛋？”他对一个可怜的犹太人说。“我害怕了，请陛下原谅。”这人颤抖着回答。“你怎么敢害怕，先生？”腓特烈·威廉一世反问道，举起他的手杖，用力地打在那人的头上和肩上，“傻瓜，你难道不知道我是人民的父亲，我希望被爱，而不是被怕吗？”

腓特烈·威廉一世有时在主持公道的时候，也表现出同样古怪的专制。一个贵族因敲诈勒索而被判处监禁。“一派胡言！”国王很有道理地说，“如果一个饥饿的穷鬼偷了几块钱，你就处死他；但是这样一个人，整个家族都被他的恶行毁了，我们却必须宽恕他，因为他是一个贵族？——让他的贵族身份立即被绞死吧。”国王的儿子，即后来的腓特烈大帝，由于国王认为他的勇气值得怀疑而很少用除了“懦夫”“蠢货”“花花公子”“木偶”“蠢驴”的亲昵字眼称呼他。有一次腓特烈·威廉一世用拳头不停地打这个倒霉的年轻人，直到他的脸血流不止。

腓特烈·威廉一世在组织军队上是如此成功，以至于继任者能够率领一支装备精良、纪律严明的7.2万人的军队出征。虽然腓特烈·威廉一世在大多数事情上很吝啬，但他却为了达到他心爱的目的而不惜铺张浪费。他那著名的“巨人卫队”是花了一大笔钱，而且是通过各种各样的不公正行为从别的国家招募而来的。有些国家的特务人员经常绑架个子最高的人，把他们送到普鲁士去。

像俄罗斯的彼得大帝最想要技工，而不是掷弹兵，所以他同意把领土上所有身材高大的巨人都派给腓特烈·威廉一世，条件是允许他带走同等数量的威斯特伐利亚锡铁匠。他一共找到43个大高个，花了43万美元，每个大高个耗费他1万美元。这个古怪的君主1740年去世时，国库里留下的是870万美元，以及一支大约8万人的军队，王国的领土扩大到2 275平方英里，人口224万人，税收750万法郎。尽管腓特烈·威廉一世被认为是历史上最贪婪、最吝啬的国王，但他还是花了1 100万克朗用于鼓励农业和重建被瘟疫摧毁的省份。

腓特烈·威廉一世的目标是在黄金和钢铁的双重基础上稳固地建立他的王国：因此，金钱和士兵是他的最爱。王国需要防御的边疆非常广阔，因此，出于严格的实际考虑，腓特烈·威廉一世把组织军队和积累财富作为自己的职责。“金钱万能！”这是他最喜欢的格言。他管他的士兵叫“我亲爱的蓝孩子”。无知、残忍和服从，构成了他理想中的英雄战士。腓特烈·威廉一世给了他最喜欢的士兵很多优于市民的特权。任何一个士兵在任何时候都可以自由地接近他；他对自己巨人警卫的喜爱变成了一种完全的狂热。

腓特烈·威廉一世的儿子和继承人腓特烈二世，也被称为腓特烈大帝，比这位父亲受过更好的教育，有更高的品位，思考更广泛，头脑更平衡。腓特烈二世还是个孩子的时候，就表现出了过人的智力和美好的性情。他喜爱文学、绘画和音乐——而在他父亲看来，这些都是多余的，甚至是可恶的。腓特烈二世的其他爱好也与他父亲的截然相反，因此他经常被父亲以非常粗暴的方式对待，不仅被拳打脚踢，甚至被用手杖敲打。为了逃避这种虐待，年轻的腓特烈二世曾设法逃出这个国家，但是没有成功。一个帮他逃跑的青年贵族朋友，在他眼前被处决了。腓特烈二世自己也被监禁起来，受了很长一段时间极度耻辱的待遇。

这时候，腓特烈二世在军队中的军衔是陆军中校，因此，他的父亲下令将他送交军事法庭进行审判，他可能被作为逃兵枪决。但法庭不顾暴君的一再命令，拒绝宣判，称他们对中校有权力，但对王储没有权力。腓特烈·威廉一世嘲笑这种区别，并着手下令处决自己的儿子。

整个宫廷都被这种不正常的残忍行为吓坏了，腓特烈·威廉一世最喜欢的将军们以及所有的外国大使，都来恳求这位父亲不要让自己的双手沾满儿子的鲜血。腓特烈·威廉一世仍然坚持他的决心；这时候，他一个最老的军官，冯·布登布洛克将军，撕开自己的马甲喊道："如果陛下想要血，就把我的拿去吧；但只要我还有生命和力量反抗，你就不能要他的血。"腓特烈·威廉一世心软了，王子也因为收到了他逃亡同伴劝他顺从的遗言，而从遗传的固执中放松下来。

不久，王子就被释放了，条件是不能离开这座城市。后来腓特烈·威廉一世原谅了他，允许他参加妹妹的婚礼。仪式已经开始了，腓特烈二世穿着一件朴素的灰色长袍，身上没有任何装饰和头衔，身处仆人之中。后来他被人们发现了。他的父亲把他拽到王后面前，对她说："瞧，夫人，我们的弗里茨回来了！"第二天，王子官复原职，在军事指挥部和皇家领地服务了几个月。在1732年结婚后，他住在莱因斯堡的城堡里，和朋友们在一起，轻松愉悦地研究伏尔泰的著作和古典名著的法语译本。

第413章

腓特烈大帝及其继任者

（1740—1850）

1740年，腓特烈二世的父亲去世，他被推上王位。他开始认真履行国王的职责。“我们的玩闹已经结束了，”他对他在莱因斯堡狂欢、快乐的同伴们说，“从今往后，让我们研究怎样才能最好地履行君主的重大职责。”他早期的一些统治措施使他非常受欢迎。他习惯于亲自处理每一件事，在柏林附近的无忧宫过着一种隐居的生活。除了大臣和将军，宫廷里所有的人都是法国人。他最喜爱的伏尔泰分别在1745年和1750年拜访过他；但他的行为自负而傲慢。在最后一次访问期间，这两位哲学家吵了起来，伏尔泰心怀厌恶地离开了普鲁士。

在这位活跃的君主英明有力的治理下，普鲁士以惊人的速度上升到欧洲一流强国的地位。在他即位后的10年内，什切青附近的一片从前没有人居住的广阔沼泽地带，竟然发展成为拥有280个村庄、住满了勤劳的机械师和农学家的繁荣之地；奥得河可以通过运河通航；巨大的仓库建在河岸上，聪明的外国人把资本投入商业和农业投机活动。引进了马铃薯，并加强了马铃薯的种植与推广。为了提高人民的智力水平，腓特烈在柏林建造了一座富丽堂皇的歌剧院，还为公共图书馆增加了数千册藏书，并斥巨资购买绘画和雕塑。

这是他在1744年和1745年的战争之后，利用10年的和平时期取得的成就。关于1742年腓特烈穷凶极恶地夺取西里西亚，我们在奥地利历史部分已经提到过。在1741年和1742年两次战胜奥地利后，他获得了自己领土中最宝贵的那部分。这向欧洲表明他是一个雄心勃勃的君王和能干的指挥官。他保卫自己收获的军事能力也同样引人注目。奥地利劝诱英国和萨克森联合起来对付普鲁士。

1744年夏，腓特烈突然进军波希米亚。一支庞大的奥地利军队逼近，迫使他退出西里西亚。1745年，他在霍亨弗里德堡和索尔的辉煌胜利挽救了西里西亚。在索尔战役中，1.8万人的普鲁士军队打败了5万人的奥地利军队。在得知奥地利将军洛林的查理打算在冬季对他发动突然袭击后，他率军在西里西亚扎营，取得了在亨纳斯多夫对萨克森人的胜利。在另一个方向，他经验丰富的指挥官德绍在凯瑟尔斯多夫取得胜利，打开了通往德累斯顿的大门。10天后，一项和平条约签订，萨克森同意支付战争费用，奥地利放弃了对西里西亚的领土要求，腓特烈承认玛丽娅·特蕾莎的丈夫为德意志皇帝。

1756年，当玛丽娅·特蕾莎还在策划收复西里西亚时，腓特烈已与英国结盟，保护德意志不受外国侵略，防止汉诺威受到法国人的侵略。这个联盟使法国对普鲁士产生了敌意。奥地利、萨克森、俄罗斯、法国，以及不久之后加入的瑞典，组成了一个秘密的联盟，以图从内部分裂普鲁士，使腓特烈二世只保留勃兰登堡选帝侯国。普鲁士立即到了面临生死存亡的关键时刻，但腓特烈二世毫不畏惧。

这位精力充沛的国王，按照习惯，立即发动了进攻。他以一贯的神速，率领6万人入侵萨克森，从而发出了七年战争开始的信号，这对腓特烈的名声非常有利。15天内，他就成了整个萨克森的统治者。他留下3.2万名士兵，把萨克森军队围困在皮尔纳的营地，然后率领其余的军队在罗布西茨击败了奥地利人。不久，1.6万名萨克森人在皮尔纳投降，结束了1756年的战役。

第二年，10万俄罗斯军队入侵普鲁士东部边境；一支同样数量的法国军队威胁着莱茵河的各个省份；5万瑞典人准备占领波美拉尼亚；德意志帝国的诸侯们集结了6万大军，从另一个方向威胁着腓特烈二世。除此之外，奥地利人还派出了20万大军。腓特烈二世只有18万名士兵，但要对抗50多万敌军。国王亲自指挥普鲁士主力对阵奥地利人，列瓦尔德受命率领2.4万名普鲁士士兵防御东部与俄罗斯接壤的边境；来自英国的坎伯兰公爵率领一支由普鲁士人、汉诺威人、黑森人、不伦瑞克人组成的军队，负责在莱茵诸省对抗法国人。

这场战争是可怕的，一个强大国家的生命危在旦夕；但是年轻的巨人在这场角力中勇敢地坚持了下来。在腓特烈二世高超的才智和不可征服的活力的指导下，普鲁士人为自己赢得了永久的军事声誉；他们的君主也在整个欧洲为自己赢得了“腓特烈大帝”的称号；在那些崇拜他的臣民眼中，他是独一无二的腓特烈。1757年3月，国王的军队从四个方向同时进入波希米亚，并沿着四条不同的路线一直推进到波希米亚首都；同一天，也就是5月6日，四个方向的军队在布拉格会师。随后是一场可怕的战斗。普鲁士虽然在战场上牺牲了1.6万名士兵，但是赢得了胜利。施维林元帅也倒下了，用国王的评价，他一人就“相当于1万军队”。奥地利损失了1.9万人，死者中包括布朗元帅，他是敌军的两名主要指挥官之一。但是，3万普鲁士士兵向驻扎在布拉格附近的柯林高地、两倍于他们兵力的军队发起了进攻，经过一场顽强的殊死战斗，普鲁士人被打败了。腓特烈不得不停止对布拉格的围攻，并撤出波希米亚。

列瓦尔德在耶格尔斯多夫也被俄罗斯人打败了，而坎伯兰公爵最后关头在克洛斯特赛文可耻地向法国人投降了。一支3万人的军队正在前进，准备与德意志帝国军队会合，一起夺取萨克森。萨克森是普鲁士国王获取金钱、给养、武器和士兵的重要基地。腓特烈二世留下3.6万人在西里西亚监视奥地利人，并命令他的两名将军驱逐占领柏林的克罗地亚人。经过一阵绝望之后，腓特烈二世以1.6万人的兵力向6万人的德意志帝国军队进攻。在罗斯巴克的激战（1757）中，他彻底击溃了德意志帝国军队和法国人。

与此同时，在西里西亚，腓特烈失去了他最能干的将军之一温特菲尔德。施韦德尼茨要塞连同其丰富的给养和战争物资，被奥地利人夺走了；贝文公爵的军队在布雷斯劳被击败，那座城市也被敌人占领了。不可征服的国王急忙召集了一支1.4万人的军队，把他们加入贝弗伦1.6万名沮丧而惊恐的败军中去。

腓特烈通过与将士们友好的交谈，推心置腹的安慰，赞扬他们的英勇，悲叹他们的厄运，给他们分发酒和食物，鼓舞了他们沮丧的情绪，重新唤起了他们的勇气、进取心以及获胜所必需的信心。

国王带着3万人，勇敢地向道恩率领的8万人发起进攻。夜晚的黑暗使德意志帝国军队免于全军覆灭的命运，但有2.8万奥地利人在这场血腥的洛伊滕会战中阵亡。西里西亚重新被腓特烈征服了。

在接下来的一次战役中，腓特烈率领1.4万精兵，在曹恩道夫与8万俄罗斯军队激战了10个小时，最终击退了俄罗斯人。在霍赫基尔希也发生了类似的恶战。德意志帝国军队在夜间袭击了普鲁士军队，杀死了9 000人。由于这位非凡君主的积极活动，以及他那些能干而成功的将军们的支持，奥地利、瑞典和法国军队都被压制；因此，整个战役以腓特烈二世获得优势而告终。

但是在1759年，普鲁士军队却屡遭失败，国王只剩下3万军队。1760年的战役也同样是灾难性的；一开始的兰茨胡特战役和德累斯顿的围城战都是如此；但是普鲁士国王在里格尼茨和托尔高战役中取得了胜利。到了第二年战役的尾声，腓特烈似乎完全被打垮了。没有钱，没有士兵，失去了他世袭的领地，也失去了萨克森的大部分土地，他自己也几乎没指望会挺过下一场战役。

但幸运的是，他的死敌俄罗斯女皇伊丽莎白一世在1762年初去世，把王位留给了彼得三世。彼得三世是腓特烈的崇拜者和朋友，他急忙与普鲁士讲和。彼得三世以历史上从未有过的慷慨，归还了所征服的土地，没有要求任何赔偿，还派去一支俄罗斯军队支援普鲁士。瑞典国王不久也仿效俄罗斯讲和了。彼得三世的继任者叶卡捷琳娜二世宣布中立。施韦德尼茨被普鲁士人重新占领，他们在弗赖堡也取得了巨大的胜利。由于法国和俄罗斯的有力干预，这些战役促使奥地利与普鲁士讲和（1763），西里西亚第三次成为普鲁士的领土。

腓特烈大帝

这位著名君主统治的后期最重要的事件是1772年瓜分波兰。在这件事上，腓特烈表现出一种比他那些穷凶极恶的同谋更可耻的急切心情，他得到了几乎整个波兰的普鲁士地区。因此，他获得了各省之间自由通行的便利，维斯瓦河广阔的边界；他的海上贸易得到了更大的扩展，开化的臣民也大量增加。

腓特烈的最后一次战役是为了保卫巴伐利亚，因为奥地利在巴伐利亚问题上提出了不公正的主张；但是双方通过高超的军事技巧，使这场战役没有流血。由于法国和俄罗斯的调停，巴伐利亚得以保持独立。1785年，当奥地利试图以牺牲巴伐利亚为代价，阴险地谋求自己的扩张时，腓特烈成立了“诸侯联盟”，目的是维护德意志帝国的完整及其成员的特权。不久，腓特烈与美国缔结了友好通商条约；这是他最后一次外交行动。

由于他向外国征收了巨额的赔偿费，普鲁士虽然在战争中支出了1.25亿克朗，在这场生存竞争中却没有负债。但是这个国家遭到了可怕的破坏。农业缺少劳动力——16岁以上的男性，都在战争中被征召当兵了——耕种是由女性完成的。商业和制造业一蹶不振。债台高筑的贵族们任凭高利贷者摆布，濒临破产。

国王现在把他全部的智力和道德精力都集中在解决这么多不幸的艰巨任务上。他的仓库里有粮食；他把粮食和种子分给农民，又给他们军队的所有驮马。他拿出备用基金的一部分用于重建遭受损失的城市和村庄，并帮助陷入债务困境的地区。在一段时间内，征税也被取消了。但是，对农业最有用的措施是建立“抵押银行”，以土地留置权为担保，向农民提供经营农场所需的资金。一条连接什切青和哥尼斯堡的运河的建成鼓励了制造业，促进了内陆贸易。国王还通过颁布一部新的法典，确立了正义原则，减少了诉讼费用和延迟等不义的帮凶。科学和天才受到鼓励。军队是他特别关心的对象，即使在和平时期也要为其进行大量的投入。为了填满国库，他觉得有必要采取垄断和增加各种间接税收。

在经过专制却非凡的46年统治之后，腓特烈大帝于1786年去世。他去世的时候，普鲁士的情况比他刚当上国王的时候繁荣得多。他把国家的领土扩大了一半，居民几乎增加了两倍。他使4.2万户外国殖民者移居到无人居住的土地上，并建立了500个新的定居点和村庄。他在原有的12个堡垒的基础上又增加了4个；把收入从750万增加到2 800万克朗；他在国库中留下了7 200万克朗，而他接手时那里只有870万克朗；虽然他进行了11年的战争，但是他在各种公共建设中花费了2 400万克朗！

腓特烈大帝的侄子和继承人腓特烈·威廉二世，完全不配拥有他的血统和地位。在昏昧顾问和无耻女人的摆布下，他成了欧洲其他内阁的傀儡和附庸。但是他在国内管理方面，颁布了一部新的法典，鼓励发展各种工业，修建了堤坝、道路和运河。

1792年，在英国的资助下，他与奥地利结盟，率领一支5万人的军队前往莱茵河，去恢复法国移民被剥夺的权利；这些人被集中在那里，因为他们在自己的国家最需要的时候离开了祖国。经过三次战役，却与法国在1795年签订了一项屈辱的条约，被法国夺走了普鲁士在莱茵河左岸的所有土地。虽然腓特烈·威廉二世在1791年曾承诺要保卫波兰和波兰宪法，但在1793年，他在这个不幸的国家第二次被强大的邻国瓜分时，也得到了一份战利品：面积达900平方英里的土地和110万居民！第二年，在波兰遭第三次瓜分时，他又夺取了1 000多平方英里的土地和100万居民。腓特烈·威廉二世死于1797年。他不仅把伯父留下的巨额财富挥霍在贪婪的情妇和毫无价值的宠臣身上，而且使国库负债达2.87亿克朗。他的错误和愚蠢彻底毁灭了普鲁士在欧洲已经取得的影响。

与他父亲的性格形成鲜明对比的，是普鲁士的下一任腓特烈·威廉三世的名声，他所建立的基础甚至比腓特烈大帝还要意义深远。正是这位品德高尚、勤俭节约、井井有条的君主，使普鲁士的普通教育制度或称“公学制度”臻于完善，成为众所周知的效率和完善的典范。完全可以说，在他去世的10年前，通过最严格的统计数据显示，在1 400万子民中，6~14岁的孩子接受小学教育的普遍程度，比世界上任何国家都要高。这些教育服务都是由政府提供的。

普鲁士历史上因拿破仑的野心所引发的事件，我们在法国历史部分已经讲到过。1803年，拿破仑夺取了汉诺威，在1805年与法国签订的条约中，它又被割让给普鲁士。然而，普鲁士国王的无足轻重使拿破仑在第二年又重新占有了它。这激怒了普鲁士，它遂向法国宣战，但很快就在耶拿-奥尔施泰特战役中被击败，领土也被法国军队占领。拿破仑在柏林确立了他是所有普鲁士人的主人的地位。1807年，腓特烈·威廉三世签订了《提尔西特和约》，失去了半个王国。到1815年拿破仑被推翻后，它又恢复了以前的国界。普鲁士的青年们怀着爱国主义和自由的激情，拿起武器，奋起反抗法国侵略者；但是国王在他的王位再次稳固之后，拒绝向他的臣民们提供他在危难时刻所承诺的立宪自由，而且在有生之年也没有兑现他的承诺。直到1847年，政府仍然是一个专制政权，统治的确很有力，却没有一个文明国家应有的保障。

由于认识到宗教能给国家带来巨大的力量，因此，普鲁士政府的目标是成为德意志的新教中心，并在欧洲大陆建立类似于英国的教会和国家体制。为此，腓特烈·威廉三世强令加尔文宗和路德宗合并为一个教会。这两个教派，怀着3个世纪的血海深仇，在冲动的路德宗看来永远也没有和解的可能性，现在在普鲁士内阁的命令下友好地合并了。一种新的礼拜仪式，更加包容；其中的每一次忏悔都使宗教信条隐隐约约地显现出来，从而巩固了联合。同一位牧师在同一教堂里同时对两派教众布道。

但是，就像在英国发生的那样，结果是，很多人对国教的天主教倾向表现出厌恶；或者他们觉得自己对教义和生活纯洁的偏爱受到了伤害，因而与牧师发生争吵，或不参加任何教会而被政府监视；还有一些人移民去了美国。但很显然，所有人都服从了君主的意志；路德宗的教义给了君王统治教会的权力。

“教会已经成为国王的新娘，每个公民都是他们结合的结果。”助理牧师既是神职人员，又是文官；“承认是基督徒本身就会获得公民的权利和特权；洗礼同时是宗教的也是公民的仪式，通过它，个人一次性获得在此世和来世幸福的保障；他同时是天国和普鲁士的子民。”

普鲁士国王腓特烈·威廉四世于1840年即位。他臣民中的自由主义者，根据他以前的性格和所受的教育，对他怀着很大的希望，以为他会顺应时代的要求。但是他对那些胆敢谦卑地向他提出兑现很久以前他父亲承诺的立宪请求的严厉回答，很快使这些人的希望破灭了，显示出他和他的前任一样是相同的独裁者。政府体制仍然沿袭那种“政治多神教，即以君主的思想和意志来统一国家；君主既是教皇又是国王，既是世俗又是精神的统治者，以及政治上、军事上和宗教上的最高统帅”。

就像政府可以成为教会一样，为了使自己适应各个时代和具备各种能力，普鲁士政府也以同样的方式建立了庞大的普鲁士学校体制。所有公共教育机构要么在政府的直接指导下，要么受其监管。学校遍布全国所有的城市和乡村，并通过教会或文职官员与政府联系，接受他们的监管。它不害怕智力的传播，因为智力本身就能明察秋毫，也是最优秀的监管者。

政府，由于通过控制教会、科学和智慧，就控制了国家信仰和宗教；通过它指定的教育，因而也就拥有了国家的物质力量；通过它一直控制的军队，那些“加冕的工作，行政的事务，以及其他所有的枝节”，它向这些分支传递着规则和统一，使它成为一部巨大的机器，正是这个政权的特征。在普鲁士，每个公民都是天生的军人；不论他是富人还是穷人，贵族还是普通人，君王还是臣民，每个人都必须至少服役3年。兵营是一种修道院，士兵被关在那里，像僧侣一样过着独身的生活；但是，在那里新兵的文学和科学教育仍在继续。通过殴打和可怕的惩罚强制执行而造就的服从，使士兵服从他的军官，下级服从他的上级，所有人都服从最高统帅，即国王。

在所有这些严格的训练下，我们会认为普鲁士人的性格是被动的，缺乏创造性的，而事实正是如此。他们每一件事都要等待政府的反应，等待政府来启动，普鲁士人的性格是最好的臣民，但是缺乏一个好公民最基本的特征——一种活跃的、自主的公共精神，以及在处理公民事务中所体现出来的实际效率。个人容易迷失在机器中。他们在其他方面都很聪明，受过良好的教育；在举止文雅方面，尤其是在首都，他们比大多数德意志人更胜一筹。

1848年法国革命后不久，柏林（3月13日）也发生骚乱，迫使国王向人民作出重大让步。随后发生了一些重要事件，但事态仍未稳定下来。①

普鲁士君主列表

君主	即位时间（公元年）
公爵	
勃兰登堡的阿尔布雷希特	1525
阿尔布雷希特·腓特烈	1568
摄政者	
格奥尔格·腓特烈	1577
约阿希姆·腓特烈（勃兰登堡选帝侯）	1605
约翰·西吉斯蒙德（勃兰登堡选帝侯）	1609

① 1848年革命期间，普鲁士国王腓特烈·威廉四世被迫宣布成立“自由派政府”，召开制宪会议。然而革命一结束，国王就转向专制主义。——编者注

（续表）

君主	即位时间（公元年）
公爵	
约翰·西吉斯蒙德	1618
格奥尔格·威廉	1621
腓特烈·威廉（大选帝侯）	1640
国王	
腓特烈一世（选帝侯腓特烈三世）	1688
腓特烈·威廉一世	1713
腓特烈二世（大帝）	1740
腓特烈·威廉二世	1786
腓特烈·威廉三世	1797
腓特烈·威廉四世	1840

第414章

威斯特伐利亚

普鲁士最重要的部分之一就是威斯特伐利亚。由于它经历了太多的变化，所以必须单独拿出一章进行讲述。这个名字在不同的时代所表述的地域概念不尽相同。它现在是普鲁士的一个省，面积相当于美国的马萨诸塞州，人口将近150万人。四周与汉诺威、不伦瑞克、黑森-卡塞尔和黑森-达姆施塔特相邻。在中世纪，这片处于威悉河和易北河之间的土地是萨克森大公领地的一部分，当时被人们称为绍尔兰——“红土地”的意思。1179年，科隆大主教从德意志皇帝那里接受绍尔兰为封地，取名为威斯特伐利亚。1802年，在大主教区被废除以后，威斯特伐利亚作为一个公国成为黑森-达姆施塔特的一部分，并且在1815年被割让给普鲁士。那时候的面积是1 500平方英里。

威斯特伐利亚政区在《吕内维尔条约》签订之前，一直属于德意志帝国，面积2.7万平方英里，居民250万。它北面是日耳曼海，东面是下萨克森，西面是尼德兰，南面是下莱茵政区。威斯特伐利亚地区有很多历史遗迹，因为它是古代“菲麦”的发源地，也是再洗礼派奢侈挥霍、犯下罪行和遭受苦难的发生地。

菲麦就是中世纪的“法庭”，前身是日耳曼人为建立正义所作的原始努力的遗留，也是在1220年对从前异教时期的“野外法庭”的复兴，法官由祭司担任。在德意志基督教化以后，16名法官由某些神职人员选举产生。查理曼规定开会的地方要加盖屋顶，但保留了原来的名字Mall——直到现在，这个称谓仍然适用于波士顿公园周围的露天步行道。高级成员以伯爵的身份出现，低级成员以传唤者的身份出现，其余14人充当陪审员。

在古代，法庭——被称为“国王的凳子”——是一个长宽都是16英尺的绿色方形场地。场地一边的长度用棍子来测量，而这根棍子的长度是由公爵的右脚来量出的。这可能就是我们的杆测量的起源。然后，那个传唤者在场地中央挖一个坑，以此来把场地神圣化为正义：每个法官都往坑里撒一把灰、一块砖和一块煤，再把坑填上。

当要审判一个罪犯，或者有一项公事要决定时，“自由伯爵”和“自由陪审员”就在这样神圣化了的地方聚集。先由传唤者宣布肃静，然后他以一种笨拙的韵脚对伯爵道白，翻译出来如下：

伯爵先生，
凭着您的衣袖，
也带着顺从，
我请求准许——

请告诉我，我请求，
大人您准许，凭您的恩典
把这个座位放在国王的位置上。

对此，这位伯爵以另外一种韵脚答道：

既然太阳同样地照着
主人和奴隶，高贵和卑贱，
农夫的劳累，贵族的关心，
我正义之神在这里宣布——
把座位公平地放好，
让公平降临到每一个人。
所有人都无偏私地倾听
控告和答辩。

传唤者就把座位放在场地的正中央，再次对伯爵说道：

伯爵先生，好心的大人，
凭着您的荣耀，我向您表示
我会服从您：
因此，请告诉我，
这些棍子是否是正而直的，
对于穷人和富人，
土地、房产和工具，都一样测量？

告诉我吧，因为我们都害怕地狱。

伯爵把木棍放在地上，用他的右脚量了量——这一动作也由每位陪审员做一遍。然后，传唤者又开口了：

伯爵大人，
我请求您准许，
（如果您乐意的话）
我要用您的这根棍，
公开而不欺骗地，
测量这个国王的自由审判席。

伯爵答道：

我准许，
这里不能有错误，
在我们古老的法律约束之下。

在依法测量完场地之后，伯爵坐到了他的位置上，对陪审团说出以下这些话：

所有今天在场的人：
经你们的同意在此公开地举行，
在白昼的天幕下，

我们自由的法庭。
来吧，趁阳光仍在照耀——
来吧，趁你的嘴尚未进食。
按规则设立审判席，
用这根棍我们测量。
你们要诚实地审判，不要偏私也不要惧怕。
进来吧，被告和原告，趁着现在还是白天。

接着宣布三次，任何人都不要以语言或手势打扰审判。然后陪审员们光着脑袋，不能携带武器，围绕法官席位就座。现在被告和他的赞助人一起出现。如果他对着剑上的十字起誓无罪，又没有人起誓反对他，他就会被释放；然后他拿起一枚十字的硬币扔在伯爵面前，转身离去——这时候，不论是谁，要说出一句古老的法律："现在谁妨碍或阻碍他，都会破坏国王的和平。"如果他承认犯罪，或根据多数人的誓言而被判有罪，伯爵就宣布判处死刑、流放或罚款。被判死刑的罪犯，宣判后立即被带走，在最近的树上绞死。

威斯特伐利亚的古老法庭，在1220年腓特烈二世时期重新启用，法庭有一个世袭的主席，由地区的领主或他的代表担任。主席指定陪审员。公共法庭每年举行三次。如果有人被传唤时拒绝出庭，他就会由一群被称为"初审者"的法官在秘密法庭上审判。他们的会议一般在科隆主教宫的大厅里进行。陪审员们庄严地宣誓在可怕的惩罚下忠于他们的信仰、严守秘密。他们有共济会标志和手势等等，他们以此识别对方。

原告和被告做了宣誓；后者如果拒绝出席，将被判有罪，并被诅咒。之后不久，这位被判有罪者的尸体肯定会被发现挂在树上，树干上会插着一把匕首；上面刻有法庭的神秘代码S. S. G. G.——代表棍子、石头、草和呻吟——这些字可能含有秘密的意义。这些审判者也在白天和晚上巡逻，有权当场处决被抓的罪犯。最高法庭由皇帝或他的代表即威斯特伐利亚的君主主持。这种制度遍布德意志各地，在14世纪有10万名成员；但到了下个世纪，它就变得无足轻重了。在明斯特附近召集的最后一次古老法庭于1811年被《法兰西法典》所取代。

再洗礼派，正如他们的名字所表示的，认为婴儿的洗礼是不符合《圣经》的，因此那些受洗的人必须“再次受洗”，以便成为基督教会的成员。他们也反对路德宗，教导反抗不公正的君主是正确的，并在地球上寻找一个圣徒的王国——一个精神上的共和国。

该教派在茨维考兴起，以一个叫克劳斯·斯托希的织工为领袖，又得到了十二使徒、七十二门徒。他们被逐出茨维考，来到维滕贝格，又被路德宗赶了出来。闵采尔是十二门徒之一，他劫掠了萨克森的修道院和富人的家，并在基督徒中传播财产公有的信条。他的宣传集结了一支由农民和矿工组成的军队，他们被萨克森、黑森和不伦瑞克诸邦的联军打败了，损失了500人。闵采尔在1525年的战斗之后被处死。

1529年，再洗礼派在圣加尔、巴塞尔、斯图加特和埃尔福特犯下了最残忍的暴行。他们抢劫百姓，赤身裸体地行走——仿佛在天堂里，衣服是多余的——他们像孩子一样骑着木马、扫帚等四处游荡。几名领导者被抓住，被政府处以绞刑。

1527年，威斯特伐利亚的明斯特人起来反对当地的主教；起义的首领加入了再洗礼派，再洗礼派教徒在裁缝出身的莱顿的约翰和他的副手克尼佩尔多林的领导下，成了这座城市的主人。新首领开始了他的行动，一丝不挂地在街上跑来跑去，喊着：“天国的国王来了。”他的副手喊道：“凡高的必降为卑。”暴民们立刻把城里所有的尖塔都推倒了。这时，这个教派的许多人都涌向了明斯特，他们当中，女人的数量是男人的6倍。约翰因此提出要实行一夫多妻制，并以身作则，娶了17个女人！这座城市被主教和他的盟友包围了，教徒的士兵们保卫城市，孩子们也帮忙射出致命的箭，妇女们则把湿石灰和熔化的沥青浇在围攻者的头上。饥荒很快就出现了，但起义的领导者却仍在纵情狂欢。约翰的一个妻子谴责了这种行为，他就杀了她，并且和他的其他妻子围着她的尸体跳舞。城市最后被攻陷，起义者被用剑砍死，他们的领导者被拷打，然后被装在笼子里吊在高塔上，悲惨地死去。

威斯特伐利亚王国是拿破仑在1807年建立的，国王是他的哥哥约瑟夫。它包括黑森-卡塞尔、不伦瑞克和其他小邦的一部分，还有帕德博恩、明登、哥廷根、马格德堡等。总共14 500平方英里，约200万居民。首府是卡塞尔。它的宪法完全是按照法国的模式制定的；之前因为战争而残破不堪，但这个国家后来因得到良好的治理而开始复苏。1810年，汉诺威被加入进来，但很快又被移走了。它为拿破仑的远征俄罗斯提供了一支2.4万人的军队，但大多数有去无回；1.2万名威斯特法利亚人随后跟随他到了萨克森。但就在这一年，即1812年，普鲁士政府恢复，威斯特伐利亚王国被废除。

德意志诸小邦

第415章

巴伐利亚、萨克森、汉诺威、符腾堡及其他邦

巴伐利亚

巴伐利亚的名字源于古典时期欧洲的Boii或Boioarii，从其德语名称拜恩而来。它最初的领土形成了欧洲最古老的公国之一。现在的面积比1777年增加了一半，包括从前的巴伐利亚和法兰克尼亚的大部分地区，以及士瓦本、安施帕赫、拜罗伊特、班贝格、维尔茨堡、奥格斯堡、埃赫施塔特、弗赖辛，以及美因茨、富尔达和施拜尔的部分地区。1777年，巴拉丁选帝侯查理·西奥多继承这片领地，还为它增加了4 240平方英里的面积（他原来的领地）。现在，巴伐利亚的面积达到了3.1万平方英里，在德意志各邦中仅次于奥地利和普鲁士。人口超过400万人。

这里气候宜人，很少有国家拥有比这里更肥沃的土壤了；然而，由于无知和懒惰，许多土地被荒废，直到开明的政府采取措施

汉堡风景

加以利用。谷物、葡萄酒和啤酒花是主要产品。

1818年，巴伐利亚在宗教问题上确立了完全的信仰自由。大约1/4的人口是新教徒，有6万犹太人，其余的是天主教徒。公学是一种完备而有效的教育组织体系。政府是按照宪法建立的；1818年，马克西米利安·约瑟夫根据宪法确保他的人民宗教信仰自由，法律和税收面前人人平等，立法机构由各阶层的公民选举产生，享有讨论和批准法律的权利，参与公共税收投票，并有权利要求所有侵害宪法赋予的权利的行为作出赔偿。税收收入总计约1 350万美元，平均每人约3美元。

在军事资源方面，每个巴伐利亚人在21岁以后都应该参加民兵组织；18~30岁的人都可能被征召加入正规军；没有一个巴伐利亚人在完成军事法律所要求的一切义务前，能够定居、结婚或得到一个明确的任命。有效的军事力量将近6万人。巴伐利亚共有2 407个贵族家庭，其中有1 000个没有土地。

公元前600年，波伊人从高卢迁来，征服了当地人，在多瑙河上游和阿尔卑斯山间定居下来。他们被罗马人征服，在奥古斯都时代，成了文德利基亚的一部分。在2世纪和更晚的时期，没有一个国家像巴伐利亚那样，遭受了北方民族那么多次的入侵，使它处于悲惨和被奴役的状态。

在5世纪和6世纪，赫鲁利人、马科曼尼人、图林根人和其他部落永久地定居在诺里库姆地区。它属于现在巴伐利亚的一部分；采用波伊阿里的名字，给那个国家取名为波伊阿里亚；迫使原来的土地所有者放弃母语和习俗，改用日耳曼民族的。巴伐利亚由罗马人手里转到了东哥特人手里，然后是法兰克人手里。他们允许人民从阿吉洛尔芬家族中选出自己的公爵。这些公爵独立行使权力几乎达250年之久。783年，末代公爵塔西洛被迫向查理曼投降。

1070年，皇帝把巴伐利亚赐给了韦尔夫家族。1180年，皇帝又把它赐给了维特尔斯巴赫伯爵奥托。他是一个土生土长的君主，现在的君主都是他的后代。1777年，由于直系血统的失传，巴拉丁选帝侯查理·西奥多继承君位，并与自己的巴拉丁领地并到一起。正如前面所说的那样，同时他把因河地区——面积840平方英里——割让给了奥地利。后来的改变，通过增加或减少一个地区或另一个地区，使其领土变成了上述的形态。

巴伐利亚的第一位国王马克西米利安·约瑟夫，1806年即位。他在1825年把王位留给了儿子路德维希一世。1848年，这个国王迷恋上了一个女投机分子，也就是那个臭名昭著的萝拉·蒙蒂斯，这使臣民瞧不起他。因此，在1848年的3月22日，他不得不把王位让给了他的儿子马克西米利安二世。这位君王显然在用智慧和宽容来统治国家。

当时的巴伐利亚国王路德维希一世——是德意志君主中最开明的一位——他为了满足在所有说德语的人心中的强烈民族感，构想出要在连接德意志的两大河——莱茵河和多瑙河之间的运河旁边，竖立一座建筑，以提醒和象征德意志的民族精神；并把德意志过去的记忆与现在的骄傲以及未来的希望联系起来。为了纪念日耳曼民族最早的事迹，他把这座建筑叫作瓦尔哈拉——英灵殿——它在日耳曼人的信条中非常著名，日耳曼民族就是从中衍生出来的。

我们在德意志古代史中已经提到过，在日耳曼人的神话中，瓦尔哈拉是他们的英雄死后要去的天堂；这座为了纪念日耳曼不朽的男人和女人、事迹、艺术和思想的建筑被命名为瓦尔哈拉再恰当不过了。该建筑的外部模仿雅典的帕特农神庙；内部独特，但也完全是古典的。它有104英尺高，225英尺长，175英尺宽，是由大块坚实的大理石砌成，建在梯级石座上。它建在山顶上。墙有8~9英尺厚，顶是用青铜和铁做的。里面装饰得富丽堂皇，两侧摆着日耳曼民族伟大男女的半身像。

巴伐利亚民族众多，居民在性格上也有很大的差异；巴伐利亚人来自蒂罗尔附近的高地，以及王国北部的法兰克尼亚人，与任何两个德意志人都不一样。事实上，这个年轻王国的各个部分是最近才统一起来的，说它的居民没有多少共同之处也是容易理解的。上巴伐利亚的本地人身材矮小，吃苦耐劳。许多巴伐利亚人以机械天赋著称。

萨克森

前面提到过关于萨克森起源于亚历山大大帝的士兵的传说。他们在中欧北部的部落中最早为人所知的名字是卡乌基人、切鲁西人——他们打败了罗马人、辛布里人和条顿人，后来才被称为萨克森人——来源于一种短剑的名字。3世纪时，萨克森人是一个庞大的民族，勇猛且喜欢在海上劫掠，经常洗劫比利时和不列颠的海岸。不列颠在5世纪遭受了亨吉斯特和霍萨率领的两大批萨克森人的入侵。这一民族中那些仍然留在德意志的东、西巴伐利亚人和盎格鲁人，占有了一部分难以清晰统计的国土。查理曼与萨克森人进行了30年的战争。他们在著名的威斯特伐利亚公爵维杜金德的领导下，顽强不屈，但最终还是被征服并皈依了基督教。

845年，出现了萨克森公爵这个爵位；在新的德意志王国中，萨克森人是6个德意志部族——东法兰克人、萨克森人、弗里斯兰人、图林根人、士瓦本人和巴伐利亚人——中最强大的。919年，萨克森公爵亨利被选为德意志皇帝，加冕为亨利一世。之后，他把皇位传给了儿子、孙子和曾孙。后来，萨克森公国在1125年传给了韦尔夫家族的巴伐利亚旁系，其中狮子亨利——因他与皇帝的对抗而闻名——是其中一员。经过几次变迁，战士腓特烈，也是迈森的侯爵和图林根的领主，于1424年成为萨克森公爵和选帝侯。

这3个国家的联合使萨克森选帝侯成为德意志最有权势的诸侯之一。智者腓特烈[1]被誉为“路德的保护者”。在他的保护下，路德

---

① 智者腓特烈在位时间为1486—1525年。——编者注

避免了胡斯那样的命运，成为宗教改革的推动者以及维滕贝格大学的创始人。在15世纪末，萨克森被分成三个政区：上萨克森、下萨克森和威斯特伐利亚，直到1806年。

在1815年欧洲媾和时期，一直效忠于拿破仑的萨克森的独立存在，引起了争议；最后，普鲁士从萨克森割走了9 000平方英里的领土，形成了普鲁士的萨克森省和威斯特伐利亚省；萨克森则缩小到现在的面积，只有5 800平方英里，150万居民，这些剩余的部分被称为萨克森王国。尽管它是欧洲最小的王国，但人民是最优秀、受教育程度最高的。聪明、勤劳和诚实的品质使他们与众不同。

汉诺威

汉诺威的面积为14 570平方英里，人口有100万人。西北部是日耳曼海，东北部是易北河，东南部邻接普鲁士和不伦瑞克，西南面是利珀、黑森-卡塞尔和普鲁士，西面是荷兰。群山间的山谷都是沃土，肥沃的丘陵牧场放牧着庞大的羊群。当石南开花的时候，大约有6万个蜂房被带到这片草原上，蜂蜜的价值每年可达20万美元。税收收入在四五百万美元左右；军队编制有2万名步兵，2 700名骑兵和1.8万名民兵。在民兵制度中，所有17~50岁的男性都有服兵役的义务。大约有20万天主教徒和1万犹太人，其余的人都是新教徒。政体是君主立宪制。

这片土地上已知最早的居民是几个独立的猎人和牧民部落。它被称为切鲁西人、卡乌基人和伦巴第人的住所。当查理曼把基督教引入这里时，这里的居民是萨克森人。几百年来，它一直是萨克森的一部分。13世纪时，组成汉萨同盟的85个城镇中，有13个是汉诺威的。英国的安妮女王去世时，汉诺威的选帝侯不伦瑞克-吕讷堡家族得到了英国王位，一直延续到维多利亚女王即位，两国才算分开。因为汉诺威选帝侯只能传给男性后代，所以英格兰国王威廉四世健在的长兄坎伯兰公爵在1837年登上了汉诺威的君位，称号是“欧内斯特·奥古斯都”。他仍然统治着国家；尽管强烈反对改革，但他不得不屈从于人民对权利的普遍要求，并于1848年3月同意授予臣民出版自由、政治罪犯大赦、州议会和公共宣言或代议制大会制度。

符腾堡

符腾堡是一个王国，长140英里，宽100英里，位于巴登东部和巴伐利亚西部之间，面积约7 500平方英里。领土中有不少山区，大部分土地极其肥沃。无论是在农业和制造业，还是在对外贸易和国内贸易方面，符腾堡都是非常繁荣的。符腾堡的人民性情善良，受过良好的教育，身体健壮。图宾根大学在世界上已经获得了极大的声誉，在优良的公学体系中就读的儿童人数占总人口的1/6——比英国和法国的比例还高。王国的财政收入约有1 000万弗罗林，军队在和平时期的建制有五六千名士兵，在战争时期的建制有1.9万名士兵。每个公民都有义务在军队服役6年。从前它是一个简单的君主制国家，自1819年以来，它一直是一个世袭的君主立宪制国家。首都是斯图加特。

阿勒曼尼人，罗马著名的敌人和它的战胜者，在4世纪初就住在这里。496年，他们被克洛维率领的法兰克人征服。这个国家后来被称为士瓦本，在古代包括了符腾堡、巴登、奥格斯堡和乌尔姆，公爵们最后获得了帝国的皇冠；但是，1268年康拉丁死后，士瓦本公国分裂成了一些小的邦国，现在各自都独立了。

符腾堡伯爵乌尔里希一世是这些小国国王中的一位，也是这个王朝的始祖。“杰出者埃伯哈德”统治了60年，其间发生了很多事情。他的事业开始于对城市权利的追求，这就是所谓的“城市之战”。这场战争在贵族和市民间进行了200年。他被传唤到帝国法庭去回答某些指控，结果他带着200人的军队出现了，并宣称自己不是任何人的奴仆。后来他被置于帝国的禁令之下，国家完全被控制，帝国军队犯下了无边的暴行。然而，在皇帝死后，他收复了所有的领土，还增加了相当多的土地。

埃伯哈德五世在经历了一个放荡的青年时期之后，于1482年继承了君位。他忠诚地致力于王国的福利。他第一次建立了代议制宪法。1496年，皇帝马克西米利安在他的坟墓前宣布：“在他所留下的君主美德上，帝国无人可及。”克里斯托弗于1550年开始统治。他拥有头脑和心灵的伟大天赋以及最高贵的思想。正是他彻底确立了新教的地位，并在教会和国家中制定了宪法，其主要特征一直延续至今。由于位于德国和法国之间，符腾堡在三十年战争、西班牙王位继承战争和七年战争，以及法国大革命中所产生的敌对行动中，遭受了可怕的破坏。1797年，腓特烈·威廉·查理登上君位；1816年，现任君主威廉继承君位。

巴登

巴登是一个大公国。面积6 000平方英里，人口超过100万人。它有长长的莱茵河谷，从巴塞尔到曼海姆，从黑森林向下倾斜，像圆环一样包围着它，然后分成很多优美而宽阔的山谷。那里的土壤极其肥沃，山坡上覆盖着最肥沃的牧场。巴登的过境贸易非常发达，人民勤劳，社会也很繁荣。卡尔斯鲁厄现在是首府；但是巴拉丁选帝侯宏伟的古老宫殿在海德堡。这个公国的名字来自巴登；这座城市因温泉浴而得名，至今仍吸引着病人和度假的人来此疗养。巴登的教育机构涵盖非常广泛，除了公学和小学，还有13个体育馆、4个学园和两所大学。自1817年以来，它就有了一个与巴伐利亚州或符腾堡州类似的代议制宪法。

从1052年到1527年，巴登一共有16位君主。1527年，它被分为两个邦国：巴登-巴登和巴登-杜拉赫。到1761年，前者有8位君主，后者有9位君主。其中查理·腓特烈活过了巴登-巴登的最后君主，两国再次统一，因为按照两位君主的约定，将由活得更长的那一位来统一。1801年，《吕内维尔条约》使查理·腓特烈上升到了选帝侯的地位；此后他一直站在法国一边。现在的大公利奥波德于1830年获得君位，1848年的革命促使他采用了自由主义的宪法。

德意志其他邦

其他各邦的面积从52平方英里到5 712平方英里不等，人口从五六千人到七八十万人不等。（见之前的表格）它们包括1个选帝侯国，6个大公国，10个公国，10个君主国，4个自由城市和1个伯爵领地。叙述这些小邦的历史细节将使本书超出既定范围，所以我们只能简要地加以介绍。

黑森-卡塞尔是一个风景如画的国家。它主要位于富尔达河及其支流上，周围环绕着萨克森-魏玛、巴伐利亚、黑森-达姆施塔特、拿骚和汉诺威诸邦，以及普鲁士的萨克森和威斯特伐利亚两省。其古代领主都是尚武而强有力的统治者。在1807年至1813年期间，它曾作为热罗姆·波拿巴短暂的威斯特伐利亚王国的中心部分，现在它又重新恢复到选帝侯国时期的地位。1848年，选帝侯在国家发生了严重的暴动之后，才屈服于人民的权利要求。

黑森-达姆施塔特由两部分组成，它被美因河和法兰克福的领土分开。国内有著名城市美因茨和沃尔姆斯。它现在有了一部自由宪法。从1257年到法国大革命期间，这两个被称为“上”和“下”的黑森组成了一个国家，共经历了18位国王。它的近代君主因出租臣民的四肢、血液和生命来获取财富而臭名昭著。黑森雇佣兵在美国独立战争中服过役。

黑森-霍姆堡位于法兰克福和拿骚之间，其存在应归功于最近奥地利的支持。居民只有2.5万。

梅克伦堡-什未林比康涅狄格州大一点，位于易北河、波罗的海、荷尔斯泰因和普鲁士之间。狮子亨利征服了这里；但在1164年，它又变成了一个侯国，长官普里比斯拉斯接受了基督教。到法国大革命时候为止，梅克伦堡有22位君主。法国大革命给他们带来了很大的灾难。

梅克伦堡-斯特雷利茨比罗德岛略小；它位于普鲁士的勃兰登堡省和波美拉尼亚省之间，西北部是什未林地区。它给大不列颠输送了两个王后。

荷尔斯泰因和劳恩堡隶属于丹麦。自1448年以来，荷尔斯泰因家族就一直享有统治权。这里是萨克森人的原始居住地。荷尔斯泰因一度属于德意志帝国，后来，与劳恩堡一起被赠予丹麦国王，并让它在德意志邦联中拥有一票的投票权。1848年，荷尔斯泰因发生了叛乱。正如我们在丹麦历史中叙述过的，在普鲁士的支持下，经过一场血腥的争夺后，它在新德意志议会或联邦中获得了独立的地位。

拿骚由一个家族几个分支的领土联合而成，现在几乎和特拉华州一样大。它位于黑森和西普鲁士之间，南部有莱茵河和美因河，以霍克和布莱谢特的葡萄酒而闻名。拿骚伯爵中曾出过一位德意志皇帝——阿道夫一世，他于1298年即位。

卢森堡，不论谁统治这里，都可以在德意志联邦中多获得一票的投票权。卢森堡出过4位德意志帝国皇帝。到1830年革命时，卢森堡已成为新比利时王国的一部分。读者可以参看比利时的这段历史。这里有很多像瑞士那样的群山，呈现出一派蛮荒而壮丽的景象。首府卢森堡是欧洲最坚固的堡垒之一。

奥尔登堡几乎被汉诺威包围。它因为君主的地位高而闻名，这些君主与俄罗斯和北方其他的强国都有家族联盟。这是一个平坦、潮湿、类似荷兰的地区。它在威悉河河口有丰富的牧场，在德意志北部的不同地区都有片状领土。它在历史上不怎么著名。奥尔登堡的面积与卢森堡相当，比美国的特拉华州大1/5。

不伦瑞克由三块独立的领土组成；它们的面积大小不一，分别位于汉诺威和普鲁士中间，主要位于易北河和威悉河之间。它是德意志最庞大、最古老的家族之一——韦尔夫家族的封地，他们的首领之一狮子亨利曾与士瓦本家族争夺帝国的统治权，但后来被打败了，并被置于帝国的禁锢之下。英国国王是不伦瑞克-吕讷堡一支的后裔。政府一直拥有绝对的权力，直到大约20年前，一场剧烈的王朝变动之后，人民才获得了代议制的宪法。它曾经产生过一些出色的将军。

萨克森-魏玛-艾森纳赫是一个小国，被称为德意志的雅典，它虽然领土狭小，但在智慧上取得了辉煌的成就。它夹在巴伐利亚、普鲁士、萨克森和黑森之间，因此在政治上不太可能受到重视；但是通过统治者的智慧，它在小邦中处于领先地位，从而把当代最伟大的学者吸引到耶拿大学以及魏玛的宫廷里来。这些群星璀璨的天才包括维兰德、赫尔德、席勒、歌德——这些人享受到他们君主赐予的极大荣耀，也为君主带来了巨大荣耀。这里的自由主义报纸对德意志的专制主义者来说是一个巨大的烦恼，开明和受欢迎的公爵是第一个给臣民代议制宪法的人。

萨克森-迈宁根-希尔德布尔格豪森位于威拉河上，这里有很多盐矿、煤矿和铁矿。

位于萨克森-迈宁根-希尔德布尔格豪森东北和东南的萨克森-科堡-哥达，现在的国王是阿尔伯特亲王，他是英国维多利亚女王的丈夫。

萨克森-阿尔滕堡由被萨克森-魏玛和罗伊斯隔开的两部分组成。它没有特别著名的历史名人。

利珀-代特莫尔德有一片很小的领土，因瓦卢斯统率的罗马军队在那里被日耳曼人击溃而闻名，这一点我们前面已经提到过了。它东邻不伦瑞克，几乎被威斯特伐利亚包围。

绍恩堡-利珀位于德意志最北部，在汉诺威的北面。它曾有一位君主在为葡萄牙服务时，成了杰出人物。

施瓦茨堡-鲁多尔斯塔特位于萨克森-魏玛的中心。

施瓦茨堡-松德尔斯豪森在稍北的方向，在普鲁士萨克森省的南部。这两个地方由一个古老家族的旁支统治。该家族在波希米亚和奥地利的其他地区拥有大片地产。

罗伊斯-罗本施泰因和罗伊斯-格赖茨是萨克森和萨克森-魏玛之间相邻的领土，分别由罗伊斯家族年长和年轻的支系统治。埃尔斯特河把它们隔开。

安哈尔特-德绍位于穆尔德河和易北河的交汇处。统治者是一个古老并产生过卓越人物的家族。它的分支是萨勒河以西的安哈尔特-贝恩堡。这两个部分彼此分离，但是很接近。东部邻接家族的另一个公国——安哈尔特-科腾，将其与安哈尔特-德绍连接起来。

瓦尔德克由黑森和汉诺威之间的两个丘陵地区——不伦瑞克和利珀组成。其重要性应该归功于皮尔蒙特的温泉。

霍亨索伦-锡格马林根和霍亨索伦-黑兴根形成了符腾堡以南、在符腾堡和巴登之间两个相连的君主国。

列支敦士登位于莱茵河流域，在康斯坦斯湖的上游，处于萨克森的厄尔士山脉之中，只有5 500名居民。尽管领土如此狭小，但其君主作为奥地利贵族，是欧洲最富有的人之一，而他的家族以学识闻名于世。

汉萨同盟城镇——汉堡、法兰克福、不来梅和吕贝克，这是四个具有自治权的自由城市。它们是汉萨同盟城镇和帝国城市仅存的硕果。

同一个政策导致了萨克森一系的皇帝鼓励宗教贵族夺权，以制衡世袭贵族的日益骄横，也受到了市民阶层的欢迎。这些居住在城镇里的市民，直接隶属于皇帝，或者在某个公爵或主教的保护下，形成我们所说的“自由城市”。

在所有这些城镇中，核心人口是自由市民或地主，他们在自己的土地上建造房屋；而他们的租户虽然在城市中没有财产，却是其他地区土地的所有者。此外还有一群人，原来是从事机械行业的农奴，或者是受雇于自由市民的家仆。这些定居者中的许多人已经在城市避难，以逃离宗教贵族的专制。他们在数量上虽然远比自由市民多，却遭到那些城镇贵族的轻视，城镇贵族既不允许他们举行公开集会，也不准许他们参与任何公共事务的管理。

在后来的时代，当商人变得更强大时，他们形成了自己的工会，称为“行会”；每个行会由一个行会会长管理，整个行会由一个从他们组织中挑选出来的市长主持。整个城市的最高长官是帝国的总督，通常是一些邻近的伯爵担任首席法官以及市民部队的统帅，当然，这两个职位有时是分开的。在他手下有12个顾问，是由市民选举产生的议员。议员的首领被称为市长，起初他只管为了解决有争议的债务而设立法庭，这是他名称的含义；但是渐渐地，随着皇帝赋予城市一个又一个的特权，这个官员就代替了很少访问这个城市的总督（在某些情况下甚至被帝国法令停职）的职能。以市长为首的12位市议员组成了市议会。

在1250年以前，许多城市已经变得人口稠密而且富有了。它们联合起来反对封建压迫，抵抗劫掠和海盗。在从1200年到1300年，以及之后的一段时间里，莱茵河沿岸的一些城市以及瑞士的一些城市，在莱茵河上共同出资维持一支武装部队。类似的原因使欧洲北部海岸从波罗的海到荷兰的几乎所有商业城市联合起来，包括一些德意志的内陆城市。它们被称为“汉萨同盟”。“汉萨”一词表示一个联盟、集团或联合会。1241年，汉堡和吕贝克在联盟中崭露头角。1260年，包括海上和内陆的共85个城镇成为汉萨同盟的成员。它们派代表参加在吕贝克举行的三年一次的会议。它们在伦敦、布鲁日、诺夫哥罗德和卑尔根都有工厂。

大约在1361年，该联盟获得了皇家特许状，并受到了诸侯的青睐，因为他们发现同盟海军和陆军力量在控制封建领主和镇压海盗方面很有用。获得皇家支持的回报是获得捐赠和皇家拨款。该联盟提供了如此重要的服务，以至于一些成员获得了永久的自由，并被称为“自由城市”。前面提到的四个城市一直延续到了今天。

该联盟在1248年就已经非常强大，拥有一支由248艘船和1.2万名士兵组成的舰队。联盟废黜了瑞典的一位国王，把王位给了另一位国王。但正是因为这个联盟崛起于欧洲的社会和政治混乱之时，所以，当欧洲政治权力稳定下来之后，它注定要衰落。君主们能够使汉萨城市服从于他们的统治。当商业变得普遍，联盟便不再继续发挥作用。大约在1650年，该联盟就不复存在了。1815年，维也纳议会的成员，尽管对任何共和性的东西都不友好，但是也认为汉堡、法兰克福、吕贝克和不来梅这四个城市属于完全建成的政府，也因为其古老的历史受人尊敬，人们承认它们是德意志不可分割的一部分。

第416章

这样的德意志

尽管很容易看出普鲁士、奥地利、巴伐利亚、波希米亚和萨克森这些民族之间的性格差异，但是他们都具有一些易于识别的德意志人共同的普遍品质——这些品质属于生活在中欧、说德语的4 000万人。

颇受欢迎的爱国诗人阿恩特在他激动人心的诗歌《哪里才是德意志人的祖国？》中就表达了这种特性。我们从译文中摘录如下：

哪里才是德意志人的祖国？
是普鲁士人的土地，还是士瓦本人的土地？
抑或莱茵地区累累果实闪烁的地方？
还是海鸥尖叫的海面？
都不是。
他们的祖国更辽阔。

德意志人，说出你祖国的名字。
是巴伐利亚土地，还是威斯特伐利亚的土地？
抑或狂野的沙子在飞舞的沙丘？
还是喧嚣奔流的多瑙河？
德意志人，说出你祖国的名字。
是蒂罗尔还是退尔的国土？
是奥地利皇冠下臣属的王国，
还是遍布胜利和名望的土地？
都不是。
他们的祖国更辽阔。

哪里才是德意志人的祖国？
啊，最后说出的是一片广大的地方，
那是所有说德语的地方，
德语的赞美诗在向上帝献唱，
这就是那片地方。
那是德意志人的祖国，
在那里，信念握在手里，
在那里，真理从闪烁的眼睛里射出光芒，
在那里，有心中温暖的爱巢。
就是那片土地。
那片光荣的土地给了我们荣耀。
噢，上帝，从天穹上向下俯望，
请你赐给我们德意志人以忠诚，好让我们，

忠实地爱我们的国家，
爱我们的土地。

坦率、诚实、好客、不会欺骗和伪装、勤奋、专注、坚韧不拔和严肃认真，这些优秀品质构成了数千万人品格中最值得尊敬的基础。在发明天才方面，他们并不落后。可以这么说，改变了文明世界面貌的两大发明：印刷术和火药就是他们发明的。[①]在所有较高的艺术门类中，德意志有一大批名字在名人榜上熠熠生辉；在日常生活的艺术门类中，德意志也与最先进的国家平起平坐；在矿业方面，德意志名列第一；在文学领域，德意志人也出类拔萃，没有哪个国家的书籍如此丰富。

德语是如此丰富、有力，同时又如此柔顺，以至于它同样适应于“哲学的精微之处、交谈的多样性和诗歌的温暖”。的确，在诗歌中，德意志人的思想似乎比任何其他形式都更充分地表达了自己——给情感的深度赋形，把崇高的、反思性的、主观的精神，用强烈、独特、独创的语言表达出来。然而，必须承认，德意志诗歌和哲学经常被神秘主义掩盖。歌德、席勒、维兰德、赫尔德、克洛普斯托克、莱辛、格斯内、诺瓦利斯和科尔纳，这些都是德意志知识分子中占统治地位的各种人物代表，虽然这些人只是使德意志人

① 这是以作者为代表的一部分西方人的观点，他们认为德意志人贝瑟特·施瓦茨发明了火药，古登堡发明了活字印刷术。实际上，中国人在9世纪就发明了火药，而火药在10世纪后半叶被中国人应用于军事。而中国宋代的平民毕昇在北宋庆历年间（1041—1048）便发明了活字印刷术。四大发明（造纸术、指南针、火药、印刷术）是中国对世界文明的重大贡献。——译者注

的名字变得显赫的众多人物中的一小部分。

在《圣经》文学和语言学方面，德意志学者远远领先于所有其他国家。在这些知识领域，有如此多的杰出名字，我们没有空间列出这些名单。

这个国家在历史方面，尤其是历史哲学方面也享有同样的声誉。人类思想的历史，民族进步的文明，文学和艺术的历史，是阿德隆、赫尔德、艾希霍恩、布特维克和施莱格尔等作家关注的领域。在杰出的德意志历史学家中，我们还必须把尼布尔、瓦克斯穆特、冯·米勒、雅恩、冯·哈默、赫伦、劳默等名字单独提出来，因为他们在出色的研究、耐心的努力和正确的判断等方面，甚至超过其他国家那些同时代的名人。

地理学是历史学的孪生姐妹，这方面有许多杰出的德意志研究者，站在他们前列的是洪堡、里特和克拉普罗特。在形而上学方面，德意志人创立了一些学派，把思想世界按康德、高尔、费希特、谢林和施普尔茨海姆等大师而划分，虽然斯达尔夫人和许多其他人都认为“空中帝国”是德意志形而上学家的特殊领域。在自然科学和抽象科学中，他们有莱布尼茨和开普勒这样伟大的名字；在医学上有冯·斯维腾和哈内曼；矿物学方面有维尔纳、莫斯等。

在所有国家中，德意志的文学和科学收藏是数量最多、最有价值的。它的7个最大的图书馆藏书超过200万册；另外7个图书馆各有10万册。一位活跃的德意志作家评论道：“我们的活动主要是写作；没有什么有趣的事是不能写的。无论我们转向哪一边，我们看见的都是书籍和读者。无论我们在一只手里拿着什么东西，另一只手里一定有一本书。从政府到儿童的摇篮，每一件事都已成为一门科学，必须加以研究。书对一切都有帮助。一个人不知道的，总可以在书里找到。我们管理、治疗、贸易和旅行、煮和烤都根据书籍进行。孩子和书总是我们经常同时想到的。”据说德意志的1万名作家每年创作4 000多部新作品。他们尤其擅长写那些需要孜孜不倦地埋头苦干和无穷无尽地研究的作品。

对德意志人娱乐活动的描述要比对他们性格的描述令人感到优雅愉快得多，而且让人期待。音乐和舞蹈是用极端的热情培养出来的。在服饰上，奥地利人和匈牙利人展示了令其他国家眼花缭乱的华丽排场与珠宝。虽然法国时尚使各地上流社会的衣着趋于一致，但是在普通民众中，还有许多奇装异服的风尚尚未屈服于法国时尚的支配。军人的形象很受推崇，皮靴铁跟的叮当声，军乐队的铿锵声和庄严士兵有节奏的步伐声，是德意志城市中常见的声音。

德意志社会的上层阶级认为，他们与国家主体之间有着最明显、最确定的界限。他们喜欢头衔、血统和排场，对没有头衔的人充满了偏见。小王公们的周围都是空洞的浮华，他们有许多封建的感情和男爵特色的傲慢；高级贵族自己拥有统治权，或者是那些拥有统治权的人的后代；低级贵族不能夸耀这一点，有渊源的贵族必须能数出16个贵族祖先来，无法做到的就算新贵族或短期贵族。世袭的城市贵族仍然是另一个阶级。德意志人的体格也许造就了欧洲最勤劳的民族——迟缓、沉重、勤劳。他们的行为举止朴实无华，生活习惯朴素而家庭化，他们的忠实通常标志着他们做事时的信誉，他们创造了蓬勃兴起的殖民者。

在外国人看来，德意志人性格中最明显的缺陷是缺乏处理事务的实际能力——想入非非而且思想矛盾；这也许是由于人们习惯于期待一切都由政府来支配；事实上，在许多邦，这种习惯已经使人们无法进行一定范围的思考，结果只能成为被动地从事分配给他们的日常工作的机器。这样，他们的个性就失去了；这些“受控者”很少能从操纵者的提线中逃脱出来，就只有陷入梦想和狂妄。德意志人的头脑似乎更习惯于专注特定的主题，而不是采取我们的制度——自由的制度——设计所要发展的那种自主的、多方面的、进取的、多才多艺的、常识性的个性特点。

德意志最伟大和最聪明的头脑现在正在为一个更广阔的行动领域而奋斗，并致力于团结数百万说德语的人。因此，他们希望建立一个共同的政治权力中心。普鲁士政府精明地从这种德意志民族情绪中获益，而一个长期和平的工业发展又会带来新的利益，为此，他们在不同的邦之间建立了一个联盟——关税同盟——这样就把整个德意志的商业、制造业和农业产品的流通集中在自己手里，而由其支付货币。①这样一来，通过获得对德意志国家经济利益的巨大影响力，并设法将其纳入关税联盟体系之中，普鲁士就可以确保自己的政治优势。这正是腓特烈大帝雄心勃勃努力实现的目标。

但是，普鲁士已经认识到，物质利益并不是一个充分的联合纽带，也不是权力的基础；1849年，在欧洲革命风暴的逼迫下，他们作出了让步，提议建立一个联邦，作为德意志民族的纽带。以协商

① 德意志人对商业的限制，与这样聪明的民族形成了强烈的对比。我们曾经详细地介绍过，在它早期的300个小邦，以及近年来的四五十个主权国家中都有对过境商品征收关税的习惯。因此，同一件商品，在莱茵河上游或下游，要交27次关税；威悉河上要交23次；易北河上，要交32次！因此，很难想象还有比这更有效的扼杀商业的方法。——原注

和表面上的让步来平息改革的要求；通过一种联盟来安抚德意志人的感情，普鲁士希望获得一种道德力量的指导，使它获得其宿敌奥地利在老德意志帝国中曾经占据的主导地位。

欧洲历史的教训告诉我们，假如没有自由选举权，并不把人民对政府的关心调动起来，那么不论什么样的发明或改革，都不能给欧洲政治带来稳定，也不能使德意志人民的性格得到充分发展，并使其在世界文明中占据主要的地位并产生重要影响——促进人类普遍大家庭的进步——而这是该民族与生俱来的权利。

瑞士

第417章

瑞士

（前50—1849）

瑞士是中欧内陆一个多山的国家，东面和北面是德意志，南面是意大利，西面是法国。国土东西长200英里，南北长130英里，面积为1.5万平方英里，差不多是美国马萨诸塞州面积的两倍。

这个国家大部分是山区，包括阿尔卑斯山脉的最高峰。“关于瑞士地理的概念，可以把这个国家想象成一个大城镇，山谷就是城里的一条条街道，群山就是一幢幢房屋。”这样的说法是比较贴切的。

莱茵河、罗讷河、提契诺河和杜河都发源于瑞士。这个国家的湖泊因面积和深度而闻名，纯净的湖水和周围美丽的风景非常引人注目。日内瓦湖、康士坦茨湖、纳沙泰尔湖、琉森湖和苏黎世湖是瑞士的主要湖泊。

气候取决于海拔高度和冰川对气温的影响[1]，应该说阿尔卑斯山区气候寒冷，平原地带气候温和，一些山谷地区夏季比较炎热。

除了制造业发达的地区，瑞士居民都会蓄养大量牲畜，这也是他们的主要财产。这个国家的野生动物有野山羊、岩羚羊和土拨鼠，在人迹罕至的地区，熊、猞猁和狼也很常见。还有不少猛禽，其中包括胡兀鹫，也叫髯鹫，这种可以叼走小羊羔的猛禽是欧洲最大的鸟类。瑞士的国土一般都是山地，崎岖程度超过了欧洲其他任何地方。整个国家由山脉和山谷组成，幽暗的森林、崎岖的岩石、青葱的草木和终年不化的冰雪一起呈现出最鲜明的对比。在肥沃的山谷边缘，冰峰高耸入云，茂盛的玉米地被广阔、沉闷的冰原所包围。高耸入云的冰峰紧挨着下面肥沃的山谷，茂盛的田地周围环绕着冰原。

瑞士联邦由22个州组成：

州名	人口	首府	首府人口
格劳宾登州	880 000	库尔	3 000
伯尔尼州	350 000	伯尔尼	18 000

① 冰川是阿尔卑斯山最具魅力的美丽风景之一。它们是由雪和冰堆积而成的，通常有15~20英里长。虽然冰川上的每一块冰晶都是纯白色的，但整体看起来却是蓝色的，色调从最浅的天蓝色到很深的青金石色，相当丰富。这些冰川以一种不同寻常的方式与周围的土地形成了鲜明对比，最下端通常与草地和森林相连，草地上最美丽的花草和森林里最挺拔的冷杉和冰雪相映成趣。雪崩在阿尔卑斯山比在其他山上更常见，因为阿尔卑斯山的山坡很陡。最常见的情况是雪崩从最高的峰顶开始往下掉，规模和速度在冲下山谷的时候都会增加，有时候会变成无法阻挡的灾难。迅猛的雪崩会席卷所经之处的一切，无论是人和牲畜，还是村庄和森林；还会阻塞河道。这样的雪崩是旅行者在翻越阿尔卑斯山时面临的最大危险。在人们往来阿尔卑斯山最频繁的道路上，有些地方每年都会发生雪崩，因此这些山路非常危险。阿尔卑斯山的雪线位于海拔8 000英尺的高度。——原注

（续表）

州名	人口	首府	首府人口
瓦莱州	70 000	锡永	3 000
沃州	170 000	洛桑	10 000
提契诺州	102 000	卢加诺①	4 000
圣加仑州	144 000	圣加仑	9 000
苏黎世州	218 000	苏黎世	11 000
琉森州	116 000	琉森	6 000
阿尔高州	150 000	阿劳	3 000
弗里堡州	84 000	弗里堡	7 000
乌里州	13 000	阿尔托夫②	2 000
施维茨州	32 000	施维茨	5 000
格拉鲁斯州	28 000	格拉鲁斯	4 000
纳沙泰尔州	51 500	纳沙泰尔	5 000
图尔高州	81 000	弗劳恩费尔德	2 000
翁特瓦尔登州	24 000	施坦斯	2 000
索洛图恩州	53 000	索洛图恩	4 000
巴塞尔州	54 000	巴塞尔	16 000
阿彭策尔州	55 000	阿彭策尔	3 000
沙夫豪森州	30 000	沙夫豪森	6 000
日内瓦州	62 500	日内瓦	26 000
楚格州	14 500	楚格	3 000

① 现在的首府为贝林佐纳。——译者注

② 现在的首府为阿尔拜赫雷。——译者注

这个国家被罗马人称为赫尔维蒂亚，居住在这里的赫尔维蒂人是人数最多、最凶猛的凯尔特部落之一。大约公元前50年，大部分赫尔维蒂人决定迁徙到更肥沃的高卢地区。但他们在高卢被尤利乌斯·恺撒击败，并遭到屠杀。幸存者被允许返回家园，从此成为罗马帝国的盟友和附庸国。在完全征服高卢后，罗马人在赫尔维蒂人的土地上建立了殖民地，把文明也引入了赫尔维蒂亚。直到今天，在瑞士拉丁语区还可以看出这个国家在古代曾被罗马人征服的痕迹。

在西罗马帝国灭亡之前，3个日耳曼民族将这个国家从外国统治中解放出来。他们是法兰克人、勃艮第人和东哥特人。基督教已经被引入赫尔维蒂亚。接着匈奴人的入侵打破了阿尔卑斯山的平静山谷，罗马文明消失了。在6世纪中叶，整个赫尔维蒂亚被法兰克人征服，并成为他们帝国的一部分。但是这个国家保留了自己古老的法律体系，当地的罗马人和土著都服从罗马法律，而其他各部落则服从各自特有的法典。基督教得到恢复，荒芜的田地又得到了耕种。在查理曼统治时期，艺术和科学在这片土地上很受鼓励。

从这一时期到13世纪末的哈布斯堡王朝的奠基人鲁道夫一世统治时期，瑞士的历史呈现出的只是一系列乏味的内战。当时封建制度在这个国家特别盛行，伯爵和公爵控制着一切。这些贵族是德意志国王的附庸，他们多数时候在互相争战，而这片纷争不断的土地上的人民不得不忍受着悲惨的命运。

后来为夺回圣墓而战的渴望像暴风雨一样席卷了欧洲，这时候很多瑞士贵族也参加了十字军东征，前往巴勒斯坦；于是这个国家暂时摆脱了压迫。瑞士贵族组成了一支全副武装的军队，带着给养翻越阿尔卑斯山到了意大利，可以说十字军东征促进了瑞士商业发展，也改善了城市的状况。后来十字军带回了新的发明和艺术。瑞士开始仿造意大利和东方国家的黄金和丝绸制品；文雅取代了粗鲁，诗歌成为贵族们最喜爱的娱乐方式。

这一时期，哈布斯堡伯爵鲁道夫登上了历史舞台。虽然领地很小，但他的野心却是无限的，通过一系列征战和谋略，最终在1273年他成为德意志国王鲁道夫一世。当时的奥地利王室就是从他那里传承下来的。几代人以来，这个家族的女儿都以美貌著称，正是通过与欧洲各国主要的统治家族联姻，奥地利才实现了扩张。

鲁道夫一世的儿子阿尔布雷希特一世继承了王位，他的统治将被称为“瑞士拯救者”的威廉·退尔推上了历史舞台。阿尔布雷希特一世的残暴和顽固极大地激怒了瑞士人，并最终导致了瑞士各州第一次组成了联邦。当感受到瑞士人民心中的不满时，阿尔布雷希特一世就命令两名总督去压制和惩罚他们。这两名总督是盖斯勒和兰登伯格。瑞士人民饱受他们的迫害，因为这两个人急于通过滥用权力来讨好愤怒不已的主人。除非身边簇拥着大队卫兵，否则盖斯勒和兰登伯格就不会在公共场合出现。他们在可能怀有叛意的地方修建了军事要塞，不管是谁，只要有一点可疑的言行就会被抓起来。盖斯勒是一个虚荣心极强的人，为了满足不可理

威廉·退尔

喻的虚荣心，他在阿尔托夫的市场上竖起一根木杆，并在木杆上放了一顶帽子，他命令所有过路的人要像见到他本人一样对这顶帽子恭敬地行礼。各种侮辱和暴行使人民感到无比悲愤，但他们非常害怕身边的那些军事堡垒，不得不陷入敢怒不敢言的绝望中。

1307年11月17日，三位热爱自由的爱国者在琉森湖畔人迹罕至的吕特利草原会面了，他们是施陶法赫尔、沃勒·福斯特和梅尔希塔尔。他们每人身边都带着10名精心挑选的同伴。3个人会谈的目的是商议为全面起义做必要的准备。但是大家放弃了所有立即起义的想法，并决定在新年的第一天发动起义。

然而这期间发生了一件事，几乎彻底摧毁了他们的希望。威廉·退尔，这个将永远载入瑞士史册的人，有一天他带着自己的儿子碰巧经过阿尔托夫，看到了盖斯勒立在那里的木杆和帽子，他不但没有对这种荒唐的摆设弯腰致敬，反而轻蔑地不屑一顾。

士兵将他拖到盖斯勒面前，这位怒不可遏的总督命人在威廉·退尔年仅6岁的儿子头上放一个苹果，然后命令威廉·退尔用弓箭去射那个苹果，如果射中就免他一死。威廉·退尔犹豫了一会儿，但还是对自己能准确无误地射中目标充满自信，接受了这个可怕的考验。他迈着坚定的步伐走上前去，周围的人们看到眼前的景象都吓得发抖。只见威廉·退尔拿起弓，拉开弦，“嗖”一声，射中了儿子头上的苹果。人群中爆发出的呼喊声响彻云霄，四周不断回响着喜悦的欢呼。这位箭术超群的英雄飞快地跑向自己的儿子，把他紧紧抱在怀里。他一边从身上抽出另一支箭，一边转身对盖斯勒大声说道：“假如刚才我的儿子死了，我手上这支箭就一定会要你的命！”

盖斯勒感到自己受到极大的羞辱，暴怒地命令卫兵立刻抓住这个胆大妄为的冒犯者。短暂的打斗之后，威廉·退尔被抓住了，士兵们将他押上了一艘船，准备送往某个远处的要塞。盖斯勒带着随从也上了船，他要亲自押送威廉·退尔。

他们刚一离开湖岸，山顶上的一大片乌云就飘过来，变成了一场猛烈的暴风雨。狂风在湖面卷起了巨浪，四周的岸边都是犬牙交错的岩石，看起来十分可怕。水手们试图用力划桨控制住船，但毫无用处，他们在恐惧中放下船桨向上帝乞求保佑，失去控制的船现在只能听天由命了。盖斯勒得知威廉·退尔是个熟练的舵手，就命令他来控制这艘船。士兵松开了他身上的绳索，他立刻跑过去掌舵。在他的引导下，水手们恢复了信心，大家也没那么害怕了。

就在他们快靠岸的时候，威廉·退尔拿着弓箭勇敢地跳进了水里。他一只手抓住一块突出的岩石，另一只手用力将船推回巨浪之中。这时候暴风雨减弱了，盖斯勒回到了岸边。他虽然躲过了葬身水底的命运，却被威廉·退尔一箭射死[①]。

这件事像闪电一样迅速在热爱自由的人们中间传开了。瑞士各

---

① 威廉·退尔的故事有时会被人们质疑。然而，确实有为了纪念他修建的小教堂，人们还可以指出他当时抓住的那块岩石，而且很多关于这个故事的绘画和其他证据都能证明这个故事的真实性。人们常常到他当年跳上岸的地方去瞻仰遗迹。1388年，也就是人们认为威廉·退尔去世大约40年后，乌里州还在那个岸边修建了一座小教堂，此后每年都要在那里宣读悼词来纪念他。这座小教堂建好的时候，曾有114个认识威廉·退尔的人前来悼念他。所有的古史都证实了这一点，席勒在他著名的歌剧《威廉·退尔》中也遵循了民间传统的说法。关于威廉·退尔后来的生平，人们所知甚少。他参加了著名的莫尔加藤战役，据说他后来在1350年的一场大洪水中不幸丧生。过去的历史已经为暴君们留下了足够多的教训，同时也证明即使在最荒凉、最崎岖的自然环境里，也能找到自由的捍卫者。——原注

威廉·退尔拒绝向盖斯勒的帽子弯腰行礼

地都爆发了起义。在一天时间里，翁特瓦尔登州的萨尔嫩城堡和罗茨贝格城堡、施维茨州的施瓦瑙和库什纳奇城堡以及乌里州新建的堡垒都被起义军烧毁了。专制统治的所有残余随之灰飞烟灭。鼓舞人心的消息迅速地从一座山传到另一座山。每个牧羊人都立即丢下手头的工作，武装起来为共同的自由事业而战。施维茨州、乌里州和翁特瓦尔登州就这样赢得了独立。

但奥地利王室并不打算放弃，仍然要为失去的特权而争斗。1315年，瑞士人赢得了莫尔加藤战役的胜利，从而建立了这些州的永久联盟。在接下来的3个世纪里，瑞士其他州也不断地加入这个联盟。在16世纪早期，州联盟从米兰人手中夺走了都灵。1560年，伯尔尼人夺走了属于萨伏依的沃州。在16世纪和17世纪，瑞士人被宗教和政治方面的纷争所困扰。1646年，《威斯特伐利亚和约》承认了瑞士与德意志帝国完全分离。在18世纪，瑞士的共和政体对外国政治几乎没有产生任何影响，直到18世纪行将结束的时候，也几乎没有受到外国的干涉，然后震动整个欧洲的大动乱时代到来了。

法国大革命使所有公开反对革命的君主制国家陷入了骚乱。法国革命委员会向瑞士各州提出了新的宪法形式，要求瑞士人民接受。当他们拒绝新宪法并坚持自己古老而备受尊敬的自由形式时，一支法国军队进入了瑞士，镇压了瑞士人民勇敢顽强的抵抗，他们不得不服从法国人的命令。瑞士沦为法国、奥地利和俄罗斯之间的战场，法国最终赢得了胜利。拿破仑即位后，瑞士各州试图恢复独立，但遭到了镇压，日内瓦和瓦莱州被并入法国，不过法国也作出了一些让步。拿破仑垮台后，瑞士再次独立。参加维也纳会议的8个国家通过了一项单独法案，宣布瑞士永久中立，其领土不可侵犯。从那以后，这个国家不时被国内的叛乱困扰着。宗教争端引起了瑞士的骚乱，1830年和1848年的法国革命为起义和动乱树立了榜样。

但这些都是暂时的。

瑞士人民生活在崇山峻岭的天然屏障中，似乎与世隔绝，他们的政治活动和内部事务对山外的世界几乎没有什么影响。瑞士联邦是由20个共和政体组成的联邦制国家，各自的内政相互独立。但由于联邦政府也就是联邦议会作为共同的纽带，所有成员都紧密团结在一起。联邦议会由各州的代表组成，负责处理外交与国防有关的所有事务。苏黎世、伯尔尼和琉森轮流成为联邦的首都，每两年轮换一次。

联邦军队是由分遣队组成的，各州按其人口比例都有义务提供相应人数的分遣队。1816年，联邦军队的人数为67 516人，其中一半是预备役。瑞士军事制度有一个显著特点，就是让本国公民作为雇佣军为外国服务。尽管瑞士人热爱自由，但每天75美分的报酬使他们纷纷涌向瑞士最顽固的敌国的旗帜之下。“坚强的品质，军人和刀剑”是瑞士这个国家最杰出的产品。从路易十一到路易十五，瑞士向法国提供了1 110 798名士兵，法国为此支付的费用超过了两亿美元。这个雇佣军制度是由瑞士政府定期授权的。瑞士的人口大约有200多万人，其中一半以上是新教徒。

自然条件严格地限制了瑞士农业的发展，这个国家有很多人根本无法到达的地方。瑞士主要的自然财富是牧场。人们割草的时候特别小心仔细。天气恶劣的时候，牧人整夜看护着牲畜，在阿尔卑斯山恐怖的暴风雨中，用他们的声音安慰着受惊的牛羊。这个国家的粮食主要依靠从邻国进口。

瑞士一些低处的坡地也出产葡萄酒，那里生长着大量的木材，主要是冷杉和松树。瑞士的制造业种类繁多，在世界上拥有重要地

瑞士人的房屋

位。大部分农业人口在冬季会受雇于织布厂主或其他制造业主。

在瑞士法语区，手表、音乐盒、珠宝等精密制造业最发达；在更北边的地区，棉织品和丝织品产业是主要的就业来源。亚麻织品、锦缎、羊毛织品、纸张、皮革、草编织品和铁制品在瑞士各地都有生产。

作为内陆国家，瑞士的对外贸易非常有限，主要是用牲畜来交换粮食和其他农产品。在最崎岖、最险峻的阿尔卑斯山脉上修建道路堪称人类的壮举，这一伟大事业展现了瑞士人民身上勤劳和勇敢的完美结合。辛普朗山上的道路虽然是拿破仑为了军事目的修建的，但也带来了巨大的商业价值。

瑞士的每个地区都有小学和中学，孩子们都可以在小学里受到基础教育，学习地理、历史、歌唱等；中学里教授古代语言、现代语言、几何、自然史、美术等。无论在小学还是中学，富人和穷人的孩子都在一起接受教育，而且穷人上学是免费的。在瑞士，如果一个人从小就没有领受圣餐，就不能行使公民权，也不能参与任何政务活动，但只有受过一定程度教育的人才有资格领受圣餐。在儿童入学率方面，瑞士远远超过了英国、奥地利、比利时和法国。教育是他们政治制度的基础。每个教区都有义务帮助辖区内的穷人，但是只有那些有公民权利的人才有资格获得救济。

人们这样评论——除了自然风光，瑞士巨大的魅力在于幸福的气息、干净整洁的环境，以及刻在人民心中和他们住所上的财产意识。对于房屋和土地，瑞士人有一种鲁滨孙式的勤勉，他们总是不停地修建、改造、修理和改善他们的住所。人们在瑞士所看到的一切，无不反映着这种主人翁精神。例如，有些农舍上装饰着大段《圣经》中的经文，这些经文被画在或烙在屋子的木门上，也会写上房屋建造者和所有者的族谱。

明亮的窗户和对房屋原有面貌的改动体现着主人的现代品位，很多瑞士人的房屋风格都体现在新窗户上，或者是对原有住宅的补充上。原来的巨大屋顶伸出的长长屋檐，为这些后来增加的部分遮风挡雨，看起来就像一只母鸡张开翅膀庇护着身下的一窝小鸡。

瑞士民族朴素、勇敢、诚实、单纯，一直享有很高的声望，直到今天，他们中间还保留着一些世界上仅存的古老而原始的风俗习惯。生活资料的匮乏使他们必须节约资源，同时发展资源又十分困难，这一切塑造了他们冷静、勤劳和节俭的品质。

瑞士人之间的唯一差别就是语言，法语、德语和一种走样的意大利方言是人们使用的主要语言。这个民族最热衷的娱乐方式是捕猎岩羚羊。

在服饰方面，上流社会的人通常都会效仿法国的时尚。民族服饰仅限于女性，这种服饰包括一条齐膝短裙，露出小腿上的丝袜，以及一顶可以系在下巴上的宽边扁帽。有时候也会换成一顶看上去很奇怪的黑色帽子，帽檐立在脸的两侧，形状就像两只蝴蝶翅膀。在瑞士某些地方，男性都不穿现代款式的吊袜带，他们通常穿着一件短上衣和一条短马裤，衣服和裤子之间的间隔很大，穿者会用带子把衣服和裤子紧紧地系在一起，但腹部还是露在外面。

年轻人星期六晚上的约会是瑞士特有的风俗之一。这当然是求爱的好机会。每到星期六晚上，年轻的瑞士小伙子就会走到他打算求婚或者希望结识的窈窕淑女的窗户下。在约会之夜，美丽的女孩也期待能遇到自己喜欢的人，所以会梳妆打扮之后站在窗前，接受或者拒绝小伙子的求爱。

小伙子会按正规形式把请求写出来，通常是以诗歌的方式，然后用心背下来。如果得到心上人的允许，小伙子就会爬上窗户，通常是在三楼；因为瑞士人修建房屋的时候都会考虑到年轻人约会的习俗，所以小伙子不必担心难以攀爬和掉下去摔断脖子的风险。然后他坐在窗户上，和心上人一起享受着美味的姜饼和樱桃酒。

如果小伙子的态度确实真诚，也证明了自己值得接受，他会被允许进入闺房，否则就只能坐在窗户上。这样的聊天会持续很久，常常天明时分还没有结束。有时候一个幸福的恋人在回家的路上会被求爱失败的情敌拦住，甚至还会发生激烈的打斗。在伯尔尼州的山区，人们至今仍保留着一种习俗，即将成为姻亲的家庭会在一起制作一个巨大的奶酪。奶酪上刻着将要结婚的人的姓名，而且当他们的后代举行婚

瑞士女孩

礼时常常也会拿出这块奶酪。

日内瓦作为瑞士的主要城市，尽管面积相对小，但名气却不亚于欧洲大国的首都。日内瓦的地理位置非常独特，周围环绕的城镇、湖泊和陡然从平原上拔地而起的形态各异的群山一起形成了非常壮丽的风景。这座城市曾经是宗教改革运动的中心和避难所，也因此而闻名于世。

日内瓦有很多著名的公共建筑，其中一个公共图书馆有8万册图书。日内瓦大学一直以学术中心而著称。它的人口大约3万人。伯尔尼是这个国家的首都之一，以浪漫的风景和整洁的街道著称。

苏黎世拥有很多美丽的花园和步道，其文学成就和公共机构备受瞩目。巴塞尔是一个贸易量巨大的城市，丝绸产业十分发达。洛桑也是一座美丽的城市，杰出的历史学家爱德华·吉本就是在这里创作了他的大部分历史著作。

瑞士诞生了许多杰出的人物，但是他们的名声并没有给祖国带来什么影响，因为他们几乎都移居国外。瑞士文学与德意志和法国的文学可以说是融为一体。让·雅克·卢梭、拉瓦特、胡贝尔、西斯蒙第、哈勒、巴拉赛尔苏斯、欧拉、勒萨日、内克尔、裴斯泰洛齐和斯达尔夫人都是瑞士人。

低地国家荷兰

第418章

从被罗马人征服到自由城镇的崛起

（前30—1560）

荷兰曾经是一个共和国，现在是一个王国，北面和西面是日耳曼海，东面与德意志为邻，南面是比利时。比利时与荷兰在很长一段时间内由同一个政府统治，也分享着同样的政治命运。根据这两个国家的地理特征，它们被统称为“尼德兰”，也就是“低地国家”；两个国家很多个世纪的历史都是一样的。它们处于整个欧洲大陆海拔最低的部分。这片低地

荷兰风景

北部是荷兰王国，其国土在涨潮时大多低于海平面，当地居民耗费庞大的人力财力建造堤防来挡住海水，这些堤防堪称人类工业史上最非凡的纪念碑之一。比利时的大部分地区与海平面持平，地势比荷兰略高一些；与德意志接壤的东南部有很多山区。低地国家气候凉爽湿润，土壤沙质，自然条件比较贫瘠；然而，人民的勤劳使这片土地成为欧洲最富足和人口最密集的地区之一。

荷兰王国行政区域划分

省份	首府	首府人口
北荷兰省	哈勒姆	21 667
南荷兰省	海牙	56 015
泽兰省	米德堡	14 700
北布拉班特省	斯海尔托亨博斯	20 489
乌德勒支省	乌德勒支	43 407
海尔德兰省	阿纳姆	14 509
上艾瑟尔省	兹沃勒	15 640
德伦特省	阿森	2 184
格罗宁根省	格罗宁根	30 260
弗里斯兰省	莱瓦顿	20 938

在罗马人的时代，尼德兰的大部分地区是单调的沼泽地，经常被海水淹没，只有很少的日耳曼民族居住在那里，他们被称为巴达维人和弗里西人。从古代作家的描述来看，当罗马人第一次来到这个国家时，整个潮湿多水的平原上看不到一个成规模的城镇或

村庄，也看不到生机勃勃的绿色植被。只有一些零零散散的简陋小屋，都建在木桩上或沙堆上，在海水涨潮时为这里的居民提供安全的避难所。他们似乎是靠海产品为生的。

在这些沼泽地带的南边，是一个地势较高的地区，与高卢接壤，包括阿登的原始森林。那里居住着一个叫比利其人的部族，他们在森林中建立了城镇和村庄，以狩猎和农业为生。当高卢人被尤利乌斯·恺撒征服后，比利其人也屈服于罗马人的统治，罗马人在这里建立了殖民地，与其邻近的地区一起被命名为“比利时高卢”。征服者的军队没有继续向北前进，因为他们怀疑那里不是陆地而是海洋。他们与居住在荷兰的巴达维人结盟，但是居住在最北部，也就是现在的弗里斯兰的弗里西人，拒绝与罗马人进行任何交流，他们拥有完全的自由。

400多年来，罗马人一直是比利时高卢的统治者，在这期间，低地的居民学习了他们的艺术，并通过开凿运河来排干沼泽，建立堤坝来阻挡海水，从而改善他们的国家。即使在早期，低地人民也都是勤劳、不屈不挠的民族。一条著名的法律激发着他们的勤勉，这条法律规定，无论是谁从海里围坝获得了土地，那他就是这些土地的主人。因此，弗里西人变成了自由地主，也就是自耕农，而不是封建领主的附庸。随着时间的推移，大片土地变得足够干燥和坚固，可以在上面建造房屋，各地都形成了村庄，沼泽和泥塘变成了养猪和养牛的牧场。随着这片土地变得越来越适宜居住，这里的人口也越来越多，并与布立吞人建立了贸易往来，在后来的时代，互通贸易成了两国财富和繁荣的源泉。

罗马帝国衰落时，法兰克人入侵并征服了高卢。比利时高卢也遭遇了同样的命运，并在很长一段时间里都是法兰克王国的一部分。当时的巨变使其他日耳曼部落与低地国家的土著融合在一起；所以，在查理曼时代，这里的大部分人口很可能是萨克森人，或者至少属于日耳曼民族。在克洛维时代和查理曼时代之间，整个国家得到了极大的改善；大城镇形成了，并从外国引进了许多艺术和制造业。根特、布鲁日、安特卫普、贝亨奥普佐姆以及许多其他城市，已经成为欧洲相当重要的贸易基地。这里生产的羊毛布料质量比法兰克人或英格兰人的更好。基督教是由法兰克人和来自不列颠的传教士传入的，在9世纪初，各地已经修建了许多教堂和修道院。

然后尼德兰又成了查理曼庞大帝国的一部分，他在这里建立了与之前法兰克人和日耳曼人统治时期几乎完全一样的政府形式。每个省都有一个总督，享有伯爵的头衔和地位，也拥有自己的领地，但头衔和领地都不是世袭的。上任总督死后国王会重新任命总督。

后来，这些官员大多数通过武力争夺或者签订条约，从不同的君主那里为后代赢得了继承权；因此，尼德兰逐渐出现了一些小公国，其中一些隶属于法国，另一些隶属于德意志帝国，如佛兰德斯、布拉班特、列日等王国。农民是他们所居住地区领主的附庸，但是城镇居民，主要是商人和制造商，则享有自由公民的所有权利。他们选举自己的行政长官，制定自己的法律，用城墙和护城河加强城市的防御，组织正规的自卫军队。在面临危险的情况下，每个城市公民都是士兵，因此他们能够保护自己的自由，在战争期间免受贵族的侵犯，在中世纪也没有遭到强取豪夺。

尼德兰所有的德意志地区，一直到斯海尔德河流域，都被称为洛林。10世纪时，皇帝奥托二世在洛林建立了两个公国。下洛林后来被称为布拉班特，是尼德兰面积最大、实力最强的君主国。布拉班特的首府是布鲁塞尔，据说布鲁塞尔这个名字来源于荆棘，也就是野蔷薇，这种植物曾遍布于此。

在9世纪，西法兰克国王、后来成为神圣罗马帝国皇帝的秃头查理将一位热衷于冒险的骑士鲍德温封为伯爵，并将佛兰德斯作为一个封国赐给了他。然而鲍德温竟然带着皇帝的女儿朱迪丝公主私奔并娶她为妻。皇帝得知鲍德温拐走了自己的女儿后怒不可遏，对女婿发动了战争；不过皇帝最终原谅了他，还赐给他佛兰德斯的世袭统治权。后来在十字军东征中，数代佛兰德斯伯爵都赢得了很高的声望，他们的祖先可以追溯到查理曼，因为朱迪丝公主的曾祖父就是这位伟大的皇帝。

这一小块领地现在是荷兰的一个省。11世纪初期以前，这里几乎没有什么居民，直到一位叫蒂埃里的贵族逃到这里避难。他是毗邻地区的总督，被弗里西人赶出了领地。1018年，蒂埃里和他的追随者先是在一个小岛上避难。蒂埃里通过在海边围坝筑堤逐渐扩大了这块地方，最后皇帝把这里的统治权授予了蒂埃里，并封他为荷兰伯爵。蒂埃里的继承者们和弗里西人之间的战争不断，其中有很多代荷兰伯爵都参加过十字军东征并到过圣地耶路撒冷。

在14世纪初，阿姆斯特丹还是一个小镇，属于一个封建贵族的领地。这个贵族的头衔是“阿姆斯特尔勋爵”，拥有一个小城堡和一块河边的沼泽地。阿姆斯特尔勋爵的祖先曾在这里建立了一个小村庄，当时只有几间又小又破的渔民棚屋，屋顶上铺的是稻草。一些荷兰总督授予这里的渔民带着鱼过境而不用交税的特权，因此他们迅速变得富裕起来，阿姆斯特丹也很快变成了一个大城市。

大约在14世纪初，勃艮第公爵通过继承和联姻获得了几乎整个尼德兰的统治权。就在这一时期，这个国家制造业和商业的繁荣达到了顶峰。荷兰和佛兰德斯从法国和英格兰进口原材料——当时英法两国还是比较落后的农业国家，然后制成成品出口。据说仅在根特就有4万台织布机。布鲁日和安特卫普先后成为西欧的商业中心。

荷兰人筑起了大量的堤坝，他们通过围海造田获得的土地比他们现在拥有的土地多得多。被称为须德海的大海湾曾经是一个被陆地包围的大湖。在10世纪之后的某个时期，海水突然决堤，淹没了一大片土地，这片土地也永远消失了。决堤事件发生的具体时间并不确定，这一点很不寻常，因为这场大灾难中被海水淹没的土地长达70多英里，宽达40多英里，一定导致了很多人遇难，没有确切记载的确很罕见。在15世纪早期，另一场大洪水突然席卷了70多个城镇和村庄，所有居民因此丧生。

1497年，勃艮第公爵查理在一场与瑞士人的战役中被杀。他留下了一个18岁的独生女，是欧洲最富有的女继承人，许多王公贵族都想娶她为妻。最后她嫁给了奥地利大公马克西米利安。通过这桩婚姻，奥地利王室成为尼德兰的统治者。原本是根特人的皇帝查理五世也从这里获得了重要的权力和财富，但他在尼德兰实施着残暴的统治。1555年，他的儿子腓力二世继承了这片领地。腓力二世是一个比他父亲更残暴的暴君。这一时期，整个尼德兰正处于商业繁荣的顶峰。安特卫普是欧洲最大的贸易中心，各地的制造业都处于最繁荣的状态。荷兰人栽培商品花卉的技术举世闻名，也是在这一时期，他们将花卉栽培工艺引入了英格兰。

腓力二世是一个心胸狭窄的人，性格阴郁而顽固，他的所有激情只在于对天主教的狂热信仰。开始于德意志的宗教改革在查理五世的统治时期传播到了尼德兰。查理五世针对那些接受新观念的人颁布了一些非常严厉的法令，不过他并没有采取残酷的迫害措施。他的儿子腓力二世决心用武力将新教从他的领土上彻底铲除。他在尼德兰成立了宗教裁判所，很多新教徒被当成罪犯关进监狱，还有很多被残忍地烧死在火刑柱上，人民的政治权利和自由荡然无存。大量居民为了求生不得不逃往外国。很多人移民去了英格兰，他们将尼德兰的制造业和工艺引入了英格兰，为这个国家带来了巨大的好处。诺里奇、坎特伯雷、南安普顿、科尔切斯特以及其他许多衰败的英格兰城镇都变成了人口稠密的忙碌城市，到处都是丝织品、羊毛制品和亚麻制品的制造商，各地都有很多染坊，而种植商品花卉的花园和苗圃则遍布周围的乡村。

第419章

从阿尔瓦公爵的残暴统治到路易十四入侵

（1560—1840）

当时尼德兰的西班牙总督中，最残暴的是阿尔瓦公爵，他是一个杀人狂，以暴政和嗜血著称。国王授予他的无限权力被他毫不留情地用来对付所有涉嫌支持宗教改革和人民自由的人。他不仅完全掌控着宗教裁判所，而且还设立了另一个法庭，目的就是判处新教徒死刑，这个新成立的法庭因残暴的法令和血腥的杀戮而被人们称为“血腥委员会”。这一时期在尼德兰发生的可怕景象，只有法国大革命恐怖统治时期的血腥暴行才能与之相比。众多受害者中包括埃格蒙特伯爵和霍恩伯爵，他们是尼德兰地位最高的贵族，都信奉天主教。他们没有任何不忠的行为，只因为支持人民的权利而被处死。

奥兰治亲王和他的兄弟们也被血腥委员会查讯，但是他们拒绝相信委员会的权威，一场大起义很快爆发了。伊丽莎白女王向起义军提供了物资和资金，一场血腥而又顽强的战争开始了，并持续了50年。在阿尔瓦公爵统治时期，有1.8万人死在断头台上，他以此自吹自擂并引以为荣。然而，他却无法征服内心充满独立精神的荷兰人。北部省份的荷兰人为了自卫，打开了堤坝，把他们的家园淹没在海水中。荷兰人的勇气和毅力，以及奥兰治家族前两位君主的才能，加上伊丽莎白女王的友谊，使他们最终获得了独立。1597年，荷兰的7个省组成了一个相互保护和支持的联盟，叫作乌德勒支同盟。通过这个同盟，他们组成了一个名为“七省联盟”的独立国家，通常被称为“荷兰共和国”。荷兰其他地区仍然处于西班牙的统治之下。

新教在荷兰共和国的地位非常牢固，但也允许其他任何形式的宗教信仰。这个国家宗教自由的氛围吸引了大批来自法国、英格兰和德意志的人前来避难，以躲避他们在祖国因为宗教信仰所受到的不公平待遇。荷兰各省很快吸引了大部分的制造业和所有的商业贸易，这也使佛兰德斯的城市达到了非常繁荣的程度。

当时处于西班牙统治之下的葡萄牙拥有东印度群岛最好的殖民地，荷兰人战胜了葡萄牙人并夺取了那些地方，这使阿姆斯特丹成为当时欧洲与印度巨额贸易的商业中心。荷兰人的捕鱼业规模也非常大，尤其是鲱鱼捕捞。他们成了当时世界上首屈一指的海洋民族。荷兰获得如此大的商业利益，一部分应该归功于这个国家特殊的地理条件、国民的勤奋与经济头脑和作为共和国实施的自由开明的政策，还有一部分原因是在16世纪和17世纪，欧洲大多数国家普遍陷入战争和动乱，这种局面阻止了其他国家效仿荷兰的成功之处。

查理一世在英格兰被推翻后不久，由于奥兰治家族和斯图亚特家族之间的关系，英格兰人对荷兰人产生了敌意。议会开始为与荷兰开战寻找借口，很快就在两国与美洲的贸易争端中找到了一个借口。英格兰议会通过了一项名为《航海法案》的法令，禁止英格兰商人用荷兰船只进出口货物，而在此之前这是他们一直以来的习惯做法。英格兰人以必须执行议会法令为借口，经常搜查荷兰船只，有时候会扣押有嫌疑的货物，而且从不归还。这使货主蒙受了巨大损失，因此他们非常恼火。这些矛盾最终导致英荷两国在1652年开战。

在9个月的时间里，荷兰和英格兰的海军舰队发生了7次海战，荷兰舰队由马顿·特龙普、德·勒伊特和德维特指挥，英格兰舰队的统帅是海军上将布莱克。开始的时候，荷兰人占了上风，马顿·特龙普得意扬扬地沿着英吉利海峡航行，他在自己旗舰的桅顶上挂上了一把扫帚，表示要扫除海上所有的英格兰船只。然而第二年，1653年7月21日，一场决定性的战役在海牙附近的斯赫维宁根打响，荷兰人战败，马顿·特龙普阵亡。这也是这场战争的最后一次海战。荷兰人因失去他们伟大的指挥官感到十分沮丧，于是要求和平谈判，他们接受了英国护国公克伦威尔开出的条件，双方在1654年4月签订了《威斯敏斯特和约》。

查理二世复辟之后，为了取悦路易十四，再次发动了对荷兰的战争——他惯于接受法国国王的贿赂。双方展开了几次惊心动魄的海战，其中一次战斗持续了4天，最后荷兰人战败。这场战争持续了两年，其间荷兰损失了大量的船只和一些最优秀的海军指挥官。在荷兰受到路易十四完全征服的威胁之前，荷兰迎来了一个短暂的和平时期。

路易十四在1672年对荷兰发动了战争，当时法国和荷兰没有任何纠纷，战争的原因仅仅是法国国王为了获得征服者的名声。他的军队占领了整个荷兰南部地区，并逼近到距离阿姆斯特丹不到3英里的地方。

荷兰人当时处于最绝望的境地。法国军队数量众多，英格兰人也是他们的盟军，因此荷兰人毫无希望从任何方面得到援助。荷兰政府派遣代表前往法国，希望能和路易十四达成协议，但那位傲慢自大的太阳王对他们十分轻蔑，要求荷兰人接受非常屈辱的条件。荷兰人因此宣称宁愿为捍卫自由而死，也不愿屈服于这种羞辱。

起初，荷兰政府想让所有的居民带着尽可能多的财富，乘上他们的船驶向印度，但这样就等于把他们的祖国拱手让给了侵略者。这个方案遭到了否决。下一个方案是拆毁堤坝，让海水淹没这个国家。荷兰人真这么做了，汹涌的海水瞬间吞没了这片土地，阿姆斯特丹看上去就像海洋中一座巨大的堡垒，周围都是荷兰舰队，军舰包围着这座城市的大门。荷兰人破釜沉舟的做法阻止了法国国王的征服，但这个国家蒙受的损失和痛苦是不可估量的。路易十四几乎毁灭了这个欧洲最美丽、最繁荣的国家，而他发现即使彻底将其毁灭也毫无荣耀可言，于是撤军回到了巴黎。

一些邻国也开始害怕法国国王日益膨胀的野心，他们选择了帮助荷兰，于是荷兰人在6年的时间里收复了所有被法国人占领的地方。1678年，路易十四被迫与荷兰讲和，他在这场战争中花费了无数金钱，却没有从这次无缘无故的非正义入侵中得到任何真正的好处。

因为这些战争，也因为不明智地参与了欧洲大陆列强的政治博弈，荷兰共和国最终变得衰弱无力。党派精神导致了一些有害的派系斗争。大约在18世纪中期，荷兰政府又经历了一次巨变，因为奥兰治亲王被任命为荷兰的世袭执政。这样一来，荷兰政府原有的共和性质就被抹去了，取而代之的是一种君主制的精神。在东印度贸易中，英格兰人已成为荷兰人强有力的竞争对手，甚至占了上风，而荷兰人的贸易量每个季度都在下滑。后来在美国独立战争时期，荷兰与英格兰之间爆发的战争最终彻底摧毁了荷兰的对外贸易。

法国大革命不可能不对荷兰这样一个与法国联系如此密切的国家产生重大影响。“反法同盟”的力量根本无法在比利时的平原上与法国军队抗衡。1794年，杜穆埃占领了比利时，与此同时，法国还派遣皮舍格吕将军率领一支军队进入荷兰。皮舍格吕的到来受到了当地大部分居民的欢迎。政党精神一度高涨，阻止荷兰人民废除世袭执政制度的国家也只有普鲁士了。荷兰人民现在看到了机会，认为在法国人的帮助下可以实现这一目标。奥兰治亲王也有他的支持者，但与人民的呼声相比，他们显得虚弱无力；在法国人向阿姆斯特丹进军时，奥兰治亲王逃往英格兰。法国人在一片欢呼中进入了这座城市，一个以法兰西共和国为榜样的新政府成立了。政府宣布所有的社会成员都是平等的，执政制度被永远废除了，荷兰被命名为巴达维亚共和国。

英格兰人向荷兰人宣战，因为他们与法兰西共和国关系密切，并趁势夺取了好望角、锡兰以及其他许多非常有价值的荷兰殖民地。巴达维亚共和国存在的时间很短，而且当时的荷兰完全处于法国人的控制之下。拿破仑成为皇帝后，开始考虑为他的各个家庭成员谋取国王的宝座。1806年，荷兰成为一个王国，拿破仑的弟弟路易得到了王位。他为人和蔼可亲，对这个国家充满善意，但他很快发现不可能按照拿破仑的计划来统治这个王国。拿破仑希望他禁止英格兰船只出入荷兰港口，这是为了实现拿破仑著名的大陆封锁体系，这个体系旨在对英格兰实行贸易封锁，进而彻底摧毁英格兰的经济。路易不愿意采取这一措施，因为这对荷兰商业的打击也将是毁灭性的，两兄弟间的关系由此变得非常冷淡，最后路易于1810年7月1日辞去了他的王位。

紧接着，荷兰被并入法兰西帝国，并一直保持这种关系，直到拿破仑1812年对俄罗斯发动战争。当拿破仑明显呈现出败势的时候，荷兰人摆脱了对法国的依附，并召回了奥兰治亲王，他于1813年11月回到荷兰，被宣布为这个国家的君主。比利时诸省与荷兰合并，成为一个君主国，称为尼德兰王国。1830年，比利时发生革命，再一次与荷兰分离，成为一个独立的王国。我们将在比利时的历史中了解这一事件。由于比利时人的反抗，尼德兰王国的面积缩小到原来的一半以下。1840年10月，威廉一世将王位让给了他的儿子威廉二世。

第420章

荷兰的社会生活

荷兰的主要城市阿姆斯特丹坐落在流入须德海的阿姆斯特尔河岸边。这个城市建在土堆上，周围都是沼泽。人们常抱怨说，这里的房子地基和地上部分一样昂贵。整个阿姆斯特丹都在一个水平面上，和威尼斯一样，这里也有许多运河纵横交错，运河上都有吊桥，河边多美丽的树木。这些运河通过可以调节水位的水闸相互连接。维保和清淤的费用非常高。

荷兰人为了防止海水淹没这座城市建设了伟大的工程，这种惊人的方式展现了他们勤奋和不屈不挠的优秀品质。阿姆斯特丹3条主要街道的宽敞程度和街边建筑的华丽程度在欧洲几乎是首屈一指的。历史悠久的市政厅现在是国王的宫殿，这是世界上最精美的建筑之一，装饰着很多描绘商业和贸易的柱子以及雕塑。建造这座巨大建筑的地基时打下的地桩超过1.3万根。

阿姆斯特丹的国家美术馆里收藏了许多荷兰画派画家的珍品。

阿姆斯特丹的监狱、矫正所、感化院等机构比欧洲其他地方的类似机构效率更高。警察都很优秀，犯罪率很低，街上几乎看不到乞丐。这个城市的港口不算方便，但这种不便通过一条与西北部港口城市海尔德相连的运河得到了改善。阿姆斯特丹的商业虽然比共和国最繁荣的时期衰退了很多，但规模仍然很大，这里的商人是欧洲最富有的资本家。阿姆斯特丹有202 364人。

鹿特丹是荷兰的第二大城市，坐落在默兹河口，有一个非常好的港口。这座城市具有荷兰城镇所有的优秀特点，建筑整洁而统一，高高的房子和运河形成了美丽的风景。鹿特丹是一个非常繁荣的商业城市，制糖产业非常发达。著名学者伊拉斯谟就出生在鹿特丹，人们为了纪念他，在城里竖立了一座漂亮的雕像。鹿特丹有78 098人。

莱顿是荷兰内陆一座美丽的古城，四周环绕着荷兰最肥沃的草场。这里的羊毛制品产业很发达，黄油和奶酪的贸易量也非常大。人口3万人。

海牙通常被人们看作是乡村，但事实上，它是欧洲最美丽的城市之一。街道和广场都建得很好，周围有很漂亮的人行道和林荫大道。海牙被认为是荷兰王国的首都。人口5.4万人。

乌德勒支是一座历史非常悠久的城市，在罗马时代就以修建在这里的莱茵河渡口要塞而闻名。乌德勒支在荷兰城市中也很有名，因为地势比较高，从城墙和大教堂的顶部可以俯瞰荷兰广阔的平原和宽阔的水域，景色美不胜收。人口4.5万人。

哈勒姆、代尔夫特和多特也是荷兰繁荣的大城镇。斯希丹出产的杜松子酒，也就是金酒，非常有名，这个城市有100多家酿酒厂。

荷兰人口以其高密度而著称，平均每平方英里为232人。除了比利时，没有任何一个欧洲国家的人口密度如此之高。人口总数为254.5万。出生率和结婚率都超过了法国和英国。

荷兰政府为一个有限君主制政府，立法权属于议会。每个省都有自己的议会，负责管理地方事务，就像美国的州政府一样。荷兰选举的方式非常独特。人们不是去投票站投票，而是带着票箱挨家挨户发放选票，然后选民逐个签名盖章投票。荷兰议会由参议院（上院）和众议院（下院）组成。参议院不是由世袭贵族组成，而是一个委员会，其成员由国王任命并终身任职。荷兰的公共债务大约是5亿美元。

按照比例来看，整个欧洲，也许整个世界都没有任何一个国家能像荷兰这样，以这样的国土面积生产出这么多有价值的商品，而且这个国家完全没有矿产资源。荷兰的国土是一片辽阔的草场，上面有很多纵横交错的运河，到处都有成片的树林。牲畜在冬天会被圈养起来，但在夏天它们会一直露天吃草。荷兰的乳制品业非常发达，现在是一个重要的出口产业。

荷兰的黄油和奶酪在全世界享有很高的声誉。园艺在其他国家可能只是一种娱乐活动，但在荷兰却成了一项支柱产业。荷兰人种植的蔬菜除了保证国内市场充足的供应，还大量出口到挪威以及其他气候不利于种植蔬菜的国家。哈勒姆每天都进行着巨量的花卉贸易，并向英国和其他国家出口大量的球根花卉。许多年前，荷兰人对郁金香产生了迷恋，他们把这种感情发展到不可理喻的地步，以至于一种特殊品种的郁金香卖到了4 000美元一朵。对郁金香的投机倒把演变成一种赌博行为，政府不得不叫停了郁金香的生意。

荷兰的制造业品类繁多，制造商数不胜数，他们在政府的保护下不断发展。莱顿和乌德勒支出产羊毛面料，哈勒姆和阿姆斯特丹出产丝绸和天鹅绒，哈勒姆出产亚麻和棉织面料。纸张、皮革以及其他商品在全国各地都有生产。

代尔夫特曾经以生产陶器和餐具而闻名于世，不过现在已经失去了大部分美誉。荷兰的商业欣欣向荣。出口产品包括上面已列举的产品，以及精制糖、盐、杜松子酒、啤酒、肥皂、鱼、烟斗等。

运河是荷兰经济最显著的特征之一，也是荷兰繁荣的主要原因。从这个国家地势很低的特点来看，这些运河的构造可谓独具匠心。运河的数量几乎数不清，每一个城镇和村庄都有运河通过。运河穿行在城市的街道上，船只可以在商店门口装卸货物。在河面结冰的时候，运河就像高速公路一样，荷兰妇女带着沉重的货物在上面滑冰，以惊人的速度从一个城镇滑到另一个城镇。连接阿姆斯特丹和海尔德的运河规模最大。它有50英里长，125英尺宽，20英尺深，可供1 000吨的船只航行。这条运河始建于1819年，于1825年竣工。

荷兰的主流宗教是加尔文宗。神职人员由政府任命和发放薪水，但教区居民的民意总是会得到尊重。荷兰是第一个在自己的国家确立完全宗教宽容的民族。荷兰人曾以博学闻名，国家现有的教育机构非常完善。莱顿大学和乌德勒支大学一直在欧洲享有很高的声誉。莱顿大学曾被称为欧洲第一医学院，现在仍然备受尊重。尽管这个国家产生了许多伟大的学者和天才，但荷兰文学在国外却鲜有人知。大多数荷兰文学作品是用拉丁语写的，而且这些作品几乎没有体现出民族精神。格劳秀斯和伊拉斯谟都是荷兰人，他们被认为是那个时代的杰出人物。布尔哈夫是当时最伟大的医学作家。

荷兰人对绘画的热爱孕育出了美术史上伟大的成就之一，他们开创了自己的画派。伦勃朗以极强的表现力描绘了日常生活的场景和平民化的诙谐。克伊普、雷斯达尔、霍贝玛、范德维尔德等画家擅长描绘荷兰美丽的风景。

荷兰的整体风貌与除比利时的任何国家都截然不同。荷兰风景的主要特征包括辽阔的草地、一行行柳树和杨树、数不清的运河和风车。这个国家没有公园和森林，绿意盎然的小路两旁都没有篱笆和围墙，许多道路都没有树木遮蔽；但也有很多地方绿树成荫，每个庄园都以运河和沟渠为界。在这个略显奇怪的国家里，所有东西似乎都是人造的，因此有人说荷兰人建造了荷兰整个国家。

在荷兰，石头是如此罕见，以至于在许多城镇的街道上铺的都是贝壳，大部分公路也是用贝壳和泥土混合在一起铺成的。在园艺方面，荷兰人表现出一种独特的品位，他们把树修剪成各种规则形状，并按照数学精度种植花卉。他们的别墅，或者说乡间农舍，前面通常有一小块草坪，上面有小树丛和林荫道，修剪得很短，像装饰品一样点缀着房子。每幢这样的别墅都有一个感性的名字，如“满足小屋”“甜蜜之屋”“宁静别墅”等。这些名字通常刻在前面的大门上。

作为一个商业民族，这个国家的国民性格很自然地展现出可靠、坚定、和平和勤劳的品质，也热衷于积聚财富，但他们追求富裕的方式是节俭和毅力，而不是靠投机。他们热爱整洁的美德几乎到了过分的地步；在荷兰，最令人惊叹的就是一切事物都在人们精心打理下显得井井有条，无比整洁干净。醉鬼或衣衫褴褛的人是很少见到的，如果一个乞丐出现在街上，他会立即被送进济贫院。商人都非常节俭和谨慎，他们很少会出现信贷违约，破产更是非常罕见。

农村人口大部分是农民，他们从地主那里租用耕地，因为地主很少耕种自己的土地。农场通常很小，租期一般为6年。在较大的农场里，农场主会雇用许多雇工，他们都和农场主同吃同住。一些农舍里只有一间卧室，全家人都睡在里面，床就像船上的铺位一样嵌在墙上的壁龛里，睡觉时就放下来。大村镇和城市里的居民穿着打扮像英格兰人，但农民有他们当地的传统服装，男人穿非常宽大的下装，女人穿短上衣。

荷兰人不认为娱乐是一件很重要的事情。周围邻国的大部分娱乐活动在荷兰也有，但他们对这些消遣并不十分热心。人们的大部分时间是在吸烟中度过的，而一个荷兰人如果嘴里没有烟斗，看起来就好像缺了点什么。河流和运河穿过街道，人们可以从自家窗口伸出鱼竿钓鱼。

荷兰曾经是举世闻名的渔业大国，直到今天还会定期举行和捕鱼业有关的纪念仪式。有一个特别的节日是专门为捕捞鲱鱼而设立的，渔船在这一天都会聚集在港口城市弗拉尔丁恩的默兹河口。渔民排着队前往市政厅，在市长面前庄重地说出古老的誓言——到了6月24日晚上12点，再等5分钟才能开始捕鱼。之后他们会升起桅杆上的旗帜，一起去教堂祈祷好运。

船队出发的那天是这个城市和所有捕捞鲱鱼渔村的假期。腌制鲱鱼的过程非常快，因为鲱鱼在捞起来几分钟之后就要用盐腌好并装进桶里。第一个装着鲱鱼的木桶会由一艘快船送往海牙，船上装饰着花环，渔夫会一边举着旗帜一边奏乐，把这个木桶献给国王。国王会赐给这个幸运的渔夫一大笔赏金。接下来的两三桶鲱鱼也会被运往海牙，以拍卖的方式出售，拍得鲱鱼的买家随后再以高价零售。首批捕捞的鲱鱼有时候会卖到一美元一条，因为数量很少，所以人们认为这样的鲱鱼是送给朋友的精美礼物。经常可以看到一个穿着制服的仆人端着盘子，里面是一两条鲱鱼，盘子上盖着一张白色的餐巾，还有一张送给朋友的贺卡。渔夫和他们的妻子都穿着古老的民族服饰。

在这个国家，风车随处可见。赞丹有一种奇怪的习俗，那里的人们举行丧礼和婚礼的方式非常独特。举行丧礼时，所有属于死者家族磨坊的风车都必须停止转动。举行婚礼时，新郎和新娘的亲戚都要用彩带和花环来装饰他们磨坊的风车，并在翼板的顶端戴上花

荷兰人拍卖鲱鱼

冠。这样装饰以后，风车在转动时会呈现出一种非常艳丽而且不可思议的美妙景象。

荷兰政府对新闻界和出版界的控制非常严格。如果没有获得许可证，任何人都不能印刷一本书或一份报纸，甚至一张传单或广告都不能印刷。未经政府批准，任何图书都不得在学校使用。

比利时

第421章

比利时

（1600—1850）

比利时王国北面与荷兰接壤，东面与普鲁士接壤，南面毗邻法国，西面毗邻英吉利海峡。这个国家像荷兰一样，大部分土地与海平面持平，但也有一些丘陵地带。这里的土壤和荷兰很相似，但空气没有那么湿润。我们对荷兰的很多描述也适用于这个国家。比利时的北部和东部地区在整体风貌上与荷兰相似，地势平坦，每个地区都有许多纵横交错的运河。与荷兰一样，这里的土地也需要堤坝的保护，否则就会被海水淹没。

比利时的城镇和村庄非常多，人口密集。但是与法国和德意志接壤的南部和东部省份却有大不相同的特点，这些省份有很多地方是地势起伏不平的茂密森林。比利时是欧洲人口最稠密的国家。首都布鲁塞尔是一个非常漂亮的城市。下面是比利时行政区域划分：

省份	首府	首府人口
南布拉班特省	布鲁塞尔	112 000
安特卫普省	安特卫普	75 000
东佛兰德斯省	根特	85 000
西佛兰德斯省	布鲁日	35 000
埃诺省	蒙斯	23 500
那慕尔省	那慕尔	19 169
列日省	列日	54 000
林堡省	马斯特里赫特	21 000
卢森堡省①	卢森堡	10 000

我们之前已经提到过，荷兰人反对西班牙统治而发动的起义，导致了17世纪早期比利时与荷兰分离。与西班牙的长期战争使荷兰和比利时的关系每况愈下，这两个国家都陷入了非常贫困和悲惨的状态。1609年，法国的调停使西班牙签订了停战协议，战争中止了12年，在此期间荷兰被视为一个独立的国家，但尼德兰其余地区仍属于西班牙。该停战协议是一项永久性安排的基础，根据这项安排，荷兰获得了独立。

继续被西班牙统治的比利时各省则被称为西属尼德兰，有时候也被称为佛兰德斯，因为佛兰德斯地区是西属尼德兰的主要省份。战争和西班牙人的压迫使这里的人民饱受贫困折磨，许多从前在布鲁塞尔和安特卫普过着富裕生活的家庭为了维持生计，不得不卖掉

① 卢森堡省，现为卢森堡大公国，是西欧的一个独立国家。——译者注

家具；一半的村庄完全凋敝了，一个村民都没有，狼群悠闲地在周围游荡。后来经过一段很长的和平时期，加上西班牙政府的统治有所改善，这片土地终于恢复了以前的面貌；但是，几个世纪以来作为经济支柱的贸易却遭到了破坏，佛兰德斯和布拉班特地区的大城市再也没有恢复勃艮第公爵时代的富有和重要地位。

不幸的是，在奥地利和法国为了争夺霸权、长达两个世纪的战争中，西属尼德兰沦为了双方的战场。根据1659年签订的《比利牛斯条约》和1668年签订的《亚琛和约》，西班牙被迫将西属尼德兰的一部分割让给法国，这部分领土被称为法属佛兰德斯或法属尼德兰。

在西班牙王位继承战争期间，马尔伯勒公爵在这里指挥英格兰和荷兰军队与法国军队作战，佛兰德斯和布拉班特地区的许多城市被他们包围。法国军队和西班牙军队守城抵抗。1706年，马尔伯勒公爵赢得了拉米伊战役的胜利，因此法国人不得不撤出他们占领的所有领土。这场战争结束于1713年，根据参战各方签订的《乌德勒支条约》，西班牙国王放弃了对尼德兰的主权，奥地利人成为这片土地的统治者。

在奥地利的统治下，比利时各省恢复了相当程度的繁荣。1780年，约瑟夫二世即位为皇帝。他一上台就试图在这个国家实施一系列不得民心的改革，其中包括镇压比利时城市的一些修道院。这引起了一场大骚乱，不久就演变成暴动。奥地利军队遭到当地人民的攻击，并被赶出了这个国家。人们随后召开了国民大会，决定成立一个独立自由的比利时共和国。在这期间，约瑟夫二世死了，他的兄弟利奥波德继承了王位。利奥波德采取了温和的安抚措施，说服叛乱的各省又重新效忠于奥地利。

法国革命政府对奥地利发动战争时，曾派遣杜穆埃将军率领一支军队入侵比利时。1792年11月，他在热马普战役中击败了奥地利军队，胜利地进入了布鲁塞尔。在很短的时间内，这一地区所有属于奥地利的领土都落入法国人手中。不过他们并没有遭到当地人的反抗，法国人的占领很顺利。一支庞大的奥地利军队很快被派往比利时，而约克公爵率领的荷兰和英格兰的联军也与奥军会合。在两年的时间里，比利时沦为战场，完全被各国间的争斗摧毁了；但法国人最终在滑铁卢附近的弗勒吕斯取得了重大胜利，完全控制了这个国家。比利时于1795年并入法兰西共和国。

与邻国荷兰相比，比利时人对法国政府更为满意，因为他们早已习惯了外国的统治，而荷兰人则享有两个多世纪以来作为独立共和国的全部自由。法国的法律也更适合比利时，而不是荷兰。比利时是拿破仑统治下的法兰西帝国的重要组成部分之一，拿破仑打算在这片领土上组建一支强大的海军。他成了安特卫普的大恩人，恢复了这个港口的贸易，这个港口在17世纪的战争中已经被摧毁了。他还在这里建造了巨大的造船码头，直到今天这些地方仍然是拿破仑宏伟计划的丰碑。

比利时是拿破仑从厄尔巴岛回来后最后一次战役的战场。1815年6月18日，拿破仑在滑铁卢战役中被彻底击败。正如我们前面所提到的那样，比利时和荷兰合并成了尼德兰王国。这次合并，让比利时人的税收负担增加了很多，因为荷兰政府欠下了一大笔国家债务，而比利时人不得不帮他们支付这笔债务。

这引起了比利时人极大的不满。此外，国王并没有履行他在就职典礼上所作的承诺，反而对人民进行专制统治，违背了自己要维护宪法权威的誓言。他废除了比利时人从法国人那里得到的大有裨益的陪审团制度；他颁布专制法令取代了当地的法律；他未经人民同意就征税；他在教育方面滥用职权，禁止任何人在未经政府许可的情况下从事教学工作，即使在家里也不行；这些都是倒行逆施的行为。他这些残暴的行为使很多人被迫离开了自己的国家。他利用一切手段贬低、压迫和侮辱比利时人。几乎所有的军政荣誉都授予了荷兰人；法庭全部迁到了海牙；在法律程序中，荷兰语代替了所有其他语言；由于很少有比利时人会说荷兰语，因此地方官员、法官以及所有担任公职的比利时人都失去了职位。

这些事情在比利时各地引起普遍不满，但尼德兰王国的国王威廉一世却愚蠢地对可能引发的恶果视而不见。那些冒险警告他目前危险局面的大众媒体都被专制权力压制，很多新闻界人士被罚款、监禁甚至流放。比利时一些最受人尊敬、最正直的人因言论自由而受到严厉惩罚。即使在1830年7月查理十世被逐出法国之后，尼德兰国王仍然顽固地坚持他的专制意志，他拒绝听取身边一些明智谋臣的建议，他们已经预见到了可怕的局面即将到来，并恳求国王通过改正一些错误的措施来消除人民的不满，以避免即将发生的灾难。1830年8月25日，布鲁塞尔人民发动起义，赶走了国王的军队，成为这座城市的主人。起义立即蔓延到整个比利时，王室权威被彻底推翻，只有安特卫普城堡仍在王国军队的控制之下。

局势非常明显，尼德兰国王已经完全失去了比利时，而且没有任何收复的希望。因此，欧洲的主要大国认为，最好是让比利时人保持他们已经获得的独立。在俄罗斯、奥地利、普鲁士和英格兰的默许下，比利时人建立了一个独立的君主国家，被称为比利时王国。

利奥波德一世

比利时人最初打算将王位交给法国国王路易·菲利普的次子内穆尔公爵，但内穆尔公爵拒绝了，这可能是其他欧洲大国共同干预的结果，因为它们不希望法国扩大在低地国家的影响力。然后比利时人又询问萨克森-科堡的利奥波德亲王是否愿意成为比利时国王，经过一番犹豫后，他同意了，并于1831年7月4日在布鲁塞尔向宪法宣誓，成为比利时王国第一位国王利奥波德一世。

然而尼德兰国王一如既往地固执，拒绝接受这样的安排。他坚持死守安特卫普城堡，但这种徒劳的反抗自然毫无用处，法国人派遣了一支6万人的军队包围了那里。城堡几乎被打得粉碎，里面的人几乎全部被杀死，尼德兰国王威廉一世被迫投降。这是迄今为止在尼德兰发生的最后一起敌对行动的事件。1839年，两国终于达成了一项分离条约，从此两国都享有了长久的和平。

比利时的首都布鲁塞尔是欧洲最华丽、最优雅的城市之一。它坐落在一个雅致的山谷里，塞纳河从那里流过；一条运河把它和安特卫普连接在一起。布鲁塞尔市政厅是现存最精美的哥特式建筑之一，有一座高达348英尺的塔楼。市场和城市公园是这个城市的重要装饰。城市公园是一个面积很大的公共游乐场所，里面点缀着漂亮的树木、喷泉和雕像。布鲁塞尔由旧城和新城两个不同的部分

布鲁塞尔植物园

组成。旧城是制造业所在的地方，居民主要是工人阶级。旧城看起来比较简陋，但也有很多装饰精美的老式建筑——布拉班特的贵族从前就住在那里，但现在被改建成了工厂和仓库。新城充满了现代气息，由于它与法国首都巴黎有很多相似之处，也被称为“小巴黎”。18世纪，这座城周围环绕着防御工事和护城河，但现在都被拆除了，取而代之的是漂亮的林荫大道，路旁的树木形成了一条非常宜人的散步长廊。布鲁塞尔有一所大学和一个精致的植物园。人口102 702人。

安特卫普坐落在斯海尔德河口。在15世纪末，它在欧洲的商业城市中几乎没有对手，但是现在的地位已经下降了很多。这座城市的大教堂是一座宏伟的哥特式建筑。大教堂宏伟的尖塔高达466英尺，从塔顶上可以俯瞰蜿蜒的斯海尔德河令人赏心悦目的风景，还能看到远处根特、梅赫伦、布雷达等城市里的高塔。大教堂里面装饰着著名画家鲁本斯和范戴克最杰出的作品。离大教堂不远的地方有一口水井，周围装饰着铁栏杆，这是著名艺术家昆丁·马西斯的杰作，以精巧的装饰和绝佳的做工而备受推崇。近些年来，安特卫普已经恢复了一些失去的商业繁荣，未来有望再次成为比利时的首要商业中心。人口大约是8万人。

位于安特卫普的昆丁·马西斯的水井

根特是欧洲最宏伟的古老城市之一，即使在目前的衰落状态下也是如此。根据查理五世的吹嘘，根特是一个极大的城市，一望无际的城墙可以把整个巴黎都囊括其中，我们现在仍然可以看到那些城墙的遗迹。根特是一个内陆城市，却建在27个岛屿上，大部分岛屿有令人赞叹的大码头，整个城市由300座桥梁连接在一起。街道大多宽敞漂亮，还有许多漂亮的老教堂。城市的外观总体上比佛兰德斯的一些城镇更具现代感，主要部分是按照意大利风格重建的。房子有宽敞的庭院、高大的楼梯和高高的窗户，窗户的外面通常安着一面镜子，使里面的人可以看到街道的景象，而街上的行人则因为镜子的反光看不见里面。根特现在是比利时最繁荣的制造业城市之一，主要的产品是棉织品和蕾丝。人口83 783人。

布鲁日曾经是安特卫普在商业上的竞争对手。这是一个古老的城市，街道狭窄，房屋高大。布鲁日以蕾丝制造而闻名，所有穷人家的女孩子都会在专门教授蕾丝生产工艺的学校里学习这种技艺。这座城市里点缀着许多宏伟的教堂，一些教堂里收藏着佛兰德斯画派伟大画家的杰作。人们认为油画是布鲁日人发明的。人口41 914人。

梅赫伦从前以出产美丽的蕾丝而闻名，但由于时尚变幻莫测，产量的下降使这座城市失去了原来的重要地位。梅赫伦是一座古城，有许多古老的大房子和始建于中世纪的哥特式教堂。人口22 895人。

奥斯坦德是一座古老的城市，曾经是重要的军事重镇，也是佛兰德斯为数不多的良港之一。在奥地利的统治下，这里成了比利时主要的贸易港口。拿破仑重建了这里的工事，而反法同盟后来进一步加强了防御工事。奥斯坦德现在的人口只有以前的1/3，但与英国仍然保持着活跃的贸易往来。这座城市看起来和英国城镇几乎一样。人口11 390人。

列日曾经是一个独立公国的首府，也是一个古老的大城市，但建设得不算很好，显得昏暗。这里有精细羊毛制品的制造厂。人口59 600人。

斯帕坐落在一个风景浪漫的岩石地区，是欧洲最著名的温泉胜地之一。这里的游客虽然比从前大为减少，但仍然相当多，而且来这个小镇享受富含矿物质温泉的人都是地位显赫的名流。

滑铁卢位于布鲁塞尔以南10英里的苏瓦尼森林边上，这里是拿破仑在1815年6月18日最后一次大战的战场。在这片平原的中心，也就是战斗发生的地方，有一个小农舍，也是一个客栈，叫作“佳姻庄”。法国人逃离战场后，威灵顿和布吕歇尔就是在这里碰面的。

滑铁卢佳姻庄

为了纪念这次伟大的胜利，人们在滑铁卢竖起了一座纪念碑。纪念碑由一个圆锥形的土丘构成，土丘底部直径700英尺，高200英尺。顶上有一根柱子，高60英尺，支撑着最上面的一个狮子雕塑。狮子长21英尺，高12英尺。滑铁卢约有2 000居民。

比利时每一座古老的城镇都有各自不同的特点，因为它们都有各自独特的历史，而且很多城镇在过去有自己的君主；除此之外，这些城镇中的许多遗迹和文物都非常值得一看，它们至今仍然诉说着这些城镇昔日的繁华和遥远年代那种粗犷的壮美。

比利时是欧洲人口最稠密的国家，每平方英里平均有338人。总人口423万人。自从1816年的人口普查以来，人口一直在持续增长。政府为君主立宪制政府。立法机构由参议院和众议院组成，议员均由人民选举产生。贵族没有任何特权，所有人无论高低贵贱在政治上都是平等的，国王可以册封头衔，但国王不能享有任何与最卑微平民不同的政治特权。教育免费，宗教信仰完全自由。

比利时人的性格可以说是法国人和荷兰人的混合体。这个王国的人民和荷兰人一样以诚实、热爱自由和独立著称；在轻松愉快、礼貌、喜爱奢华和排场等方面，他们又很像法国人。与法国接壤地区的农民被称为瓦隆人，他们被认为是好战部落的后代。在罗马帝国时期，这些部落居住在阿登森林里，被称为比利时高卢人。他们的语言很独特，既不是荷兰语、德语，也不是佛兰德斯语。整个比利时广泛使用法语。

之前我们谈到的关于荷兰农业、制造业等方面的内容，大部分也适用于比利时。不过比利时也有一些不同之处。比利时的农场和荷兰一样，通常都很小，但都是由农场主自己耕种的；比利时有关地产的法律与法国是一样的，父亲去世后，财产将平分给他的子女。较为优越的佛兰德斯农民的生活方式与18世纪英国富裕农民非常相似。仆人和雇工们与主人坐在同一张餐桌上，所有人都用锡盘吃饭。境况较差农民的生活也算比较舒适，他们的小屋很坚固，建得很好，一般都有两层，上面一层是卧室，下面是厨房和乳品房。比利时的农业在近几年内得到了很大发展。比利时人的花卉培育举世闻名，他们在这方面甚至超过了荷兰人。在城镇的近郊地区，每家每户都有漂亮的花园。根特附近有很大的园艺花园，这里每年举办两次花卉展览。这个城市已经成为主要的花卉市场，花卉销售形成了一个重要的产业。

大部分比利时人为天主教徒，他们的宗教仪式非常严格。为了方便劳动者阶层，所有的教堂在清晨五六点钟就早早开放了，因为他们通常会在开始工作之前去教堂做礼拜。神职人员对农民的影响非常大，就像在爱尔兰一样。在所有的城镇里，经常可以看到神父们穿着圣袍，带着神像和其他信物列队行进，路人都会向他们鞠躬行礼。比利时人在星期天的下午和晚上会进行各种各样的娱乐活动，有地位的人会去剧院看戏，中下阶层的人会去茶馆和舞厅消遗。世界上没有哪个民族比这个国家的人更爱喝啤酒。在比利时，一个小镇就可能有四五十家啤酒厂。

比利时人像德意志人一样喜爱音乐。在布鲁日、根特和安特卫普，每年都会举行音乐节，表演者都是业余爱好者，优胜者会获得奖品。这种对音乐才能的评判引起了比利时人极大的兴趣，每个参赛者都被认为是某个特定地区的代表，那里的人们会支持他赢得优胜。每个表演者有各自的支持者，他们身穿盛装，举着画有标志性图案的横幅，护送他游行到市政厅。比利时人对音乐的爱好和高品位是非常普遍的，连劳动人民都是如此，一群农民在工作时合唱的歌曲，即使是最有音乐修养的人听了也会感到非常愉快。整个民族对和声的热爱体现在他们各种各样的钟琴上，这些钟琴有20键、50键、100键不等，比利时的教堂塔尖和市政厅塔楼上都能听到这种钟琴演奏的音乐。演奏者都是优秀的音乐家，他们的薪水很高，在某些特定的日子里，他们会演奏一些最杰出作曲家的作品来娱乐大众。在有些地方，钟琴如此之多，以至于一段音乐刚停下来，另一段音乐就会立刻响起，因此几乎每时每刻都能听见钟琴的演奏。

比利时上层阶级的生活方式与周围国家的上层阶级并无本质区别。布鲁塞尔的人们穿着法国服装，讲法语，服饰和用具跟巴黎一样。安特卫普女性的穿着多少有点像西班牙的款式，两三百年前这种时尚在低地国家很流行。她们出门时会戴着镶有华丽花边的帽子，一条长长的黑色丝巾从头上披到肩上，把丝巾系在胸前，既能当披肩又能当头巾。

比利时有4所大学，分别在布鲁塞尔、根特、鲁汶和列日。布鲁塞尔大学的主要专业是法律和医学；鲁汶大学是神学，那里的神学院只招收天主教教徒。这个国家民众教育机构非常缺乏。比利时在美术方面有比较高的成就；安特卫普在鼎盛时期一度堪称比利时的佛罗伦萨。鲁本斯和范戴克是佛兰德斯画派的杰出人物。这个画派画家的特点是色彩绚丽、构图宏伟以及富有超强的表现力。然而他们缺乏对朴素简洁艺术风格的研究，作品在纯净和古典风格方面存在不足。从一个铁匠蜕变成一个技艺高超的画家的昆丁·马西斯也是比利时人。1460年，昆丁·马西斯出生于安特卫普。他在20岁时深深地爱上了一个女孩，并因她而投身绘画。这个女孩的父亲是安特卫普一位画家，他拒绝将女儿嫁给昆丁·马西斯，并宣布只有和他自己一样伟大的画家才能娶他的女儿。于是昆丁·马西斯开始十分勤奋地学习绘画，并很快证明了自己的艺术才华。当女孩的父亲不在的时候，昆丁·马西斯到他的画室里画了一只正在花上采蜜的蜜蜂。女孩的父亲回来后看到了这幅画，立即对这幅作品的精湛技巧大为赞叹。于是他问作者是谁；他听到作者就是昆丁·马西斯时，便立刻同意了女儿的婚事。

丹麦

第422章

斯堪的纳维亚历史上的英雄时代

（前1038—1523）

丹麦是一个半岛，北面被海峡与挪威隔开，东面也被海峡与瑞典隔开，南面与德意志以及波罗的海接壤，西面是被日耳曼海隔开的英国。连同岛屿部分，丹麦位于北纬53° 21′ 到57° 42′ 之间，东经8° 到12° 30′ 之间。南北长大约300英里，东西宽100英里。面积2.2万平方英里。人口200万人。

丹麦最重要的河流是艾德河，发源于波罗的海附近，长56英里，向西奔流至滕宁，汇入日耳曼海。其余的河流大都比较小。丹麦有400多个湖泊，但面积都不大。位于荷尔斯泰因的普伦湖是最大的湖泊之一，方圆也不到10英里。

波罗的海上的岛屿是丹麦王国土地最肥沃、人口最多的地区，其中西兰岛最大。岛上的土地很平坦，除了海岸的一小部分，其余部分几乎都和海平面持平。西兰岛面积2 800平方英里。人口36万人。菲英岛是丹麦仅次于西兰岛的重要岛屿，大约50英里长，40英里宽。它与西兰岛之间隔着一条海峡，叫作大贝尔特海峡。菲英岛的首府是欧登塞。博恩霍尔姆岛周围都是岩石，对航海家来说非常危险，岛上有7座城镇。朗厄兰岛位于菲英岛和洛兰岛之间。洛兰岛的谷物贸易量很大。法尔斯特岛位于洛兰岛东。

由于海洋的侵蚀作用，丹麦海岸形成了很多峡湾。厄勒海峡是连接卡特加特海峡和波罗的海的3个海峡之一，也是世界上最繁忙、经过旅客最多的水道之一。

在同一纬度上，海洋附近的空气比内陆更为湿润和温和。丹麦的天空经常被雾遮住，一年中至少有1/3的时间在下雨。夏天常常是又湿又热，这种让人有些无法忍受的气候开始于6月，结束于9月。丹麦大部分土壤是沙质的。某些地方有非常肥沃的腐殖土，含有丰富的泥灰岩和沥青物质。沼泽地和湿地随处可见。

丹麦分为三个部分：第一部分是丹麦王国本土；第二部分是石勒苏益格、荷尔斯泰因和劳恩堡3个公国，后两个公国现在属于德意志邦联；第三部分是法罗群岛，但法罗群岛被认为是殖民地。丹麦王国本土由日德兰半岛和邻近的岛屿组成。

哥本哈根位于西兰岛东侧一个低洼的沼泽海角，是丹麦王国的首都，也是这个国家最大的城市。这里有世界上最好的港口，码头和船坞都很壮观。整齐干净的街道、美丽的广场和大量风格高雅的建筑，使哥本哈根成为欧洲最美丽的城市之一。克里斯蒂安皇家城堡是一座宏伟的宫殿，拥有藏品丰富的画廊，还有一座藏书30万册的精美图书馆。哥本哈根是活跃的商业中心，也是繁荣的制造业中心，人口12万人。

埃尔西诺距离哥本哈根大约20英里，位于厄勒海峡最窄的地方，有一个极佳的锚地。宏伟的克伦堡守卫着这座城市。从这里通过厄勒海峡的船只要向丹麦人支付通行费。人口7 000人。

阿尔托纳坐落在易北河畔，位于汉堡以南，是荷尔斯泰因的主要城市，也是丹麦王国第二大商业和制造业城市。人口2.7万人。

法罗群岛位于冰岛和设得兰群岛之间，由18个岛屿组成，其中17个有人居住，其余的岛屿上面都是光秃秃的岩石。法罗群岛面积是500多平方英里，上面有6 800名居民。这些岛屿主要由玄武岩构成，上面有一些海拔3 000英尺的高山。岛上的气候非常恶劣，没有树木，只有一些野草莓。这里的居民主要以捕鸟和捕鱼为生，主要的财产是他们蓄养的绵羊和体形较小的牛。其他的殖民地是冰岛和格陵兰岛；西印度群岛的圣克罗伊岛、圣托马斯岛和圣约翰岛；几内亚海岸的克里斯蒂安堡和另外几座堡垒；印度的特兰奎巴和科罗曼德海岸的一些工业区。这些地方的总人口大约是20万人。

人们普遍认为，古代斯堪的纳维亚，也就是现在的丹麦、瑞典和挪威，最早是哥特人的殖民地。我们已经多次提到过，早在公元前2000年以前，他们就定居在黑海海岸。通过一系列的征服，这些凶猛而不安分的蛮族部落把统治范围扩大到了日耳曼海，后来又作为罗马帝国的颠覆者而举世闻名，现代欧洲的大部分民族是他们的后裔。

北欧编年史家所记载的内容，发生在公元前的事情都被认为是神话传说。12世纪末，萨克索·格拉玛蒂克斯创作了一部名为《丹麦人历史》的著作，书中将丹麦王国开始的时间确定为公元前1038年，并宣称是一位名叫“丹”的伟大战士建立了这个王国。丹因为自己杰出的军事才能而成为国王。但许多学者对萨克索·格拉玛蒂克斯的说法表示怀疑。

在北欧所有的古老歌谣中，这片土地上的土著都被描绘成身材魁梧、力量惊人的形象。他们相貌凶狠，蓬松的头发又长又乱。但是，大约在公元前112年发生了一起著名的历史事件，那就是辛布里人和条顿人入侵意大利，这一事件是我们关于这个人口众多、凶猛无畏的北欧族群的第一次真实历史记载。在那个年代，其他欧洲民族对他们几乎一无所知。

当罗马国内纷争不断的时候，一个令人震惊的消息从外部传来：一支30多万人的辛布里大军已经占领高卢，正向意大利进发。蛮族对罗马人的进攻起初获得了很大成功，但条顿人最终被马略指挥的罗马军队彻底击败。之后，辛布里人在韦尔切利平原与马略的军队交战，遭到了毁灭性打击。在那场可怕的屠杀中，据说有14万辛布里人阵亡，约6万人被俘，整支远征军几乎全军覆没。

再后，在充满神话色彩的奥丁的率领下，哥特人入侵斯堪的纳维亚半岛，任命他们的人为丹麦、挪威和瑞典的首领。据说斯高德是丹麦的第一位哥特人统治者，但是关于斯高德及其继任者的历史都像是无法辨别真伪的传说。我们唯一可以肯定的是，这个时期的丹麦被分成许多小国家，当地居民靠当海盗为生，将恐怖散播到他们所能到达的海域和沿岸地区。当罗马人的势力开始衰落时，丹麦人或诺曼人常常袭扰南方一些原本有罗马舰队保护的海岸地区。

诺曼人，包括丹麦人、瑞典人和挪威人，于832年登陆英格兰，并在那里建立了两个王国。大约在900年时，他们在罗洛的领导下从诺曼底登陆法国，并占领了法罗群岛、奥克尼群岛、设得兰群岛、冰岛和一部分爱尔兰的领土，然后继续向西班牙、意大利和西西里岛进军。他们的勇猛、残忍和贪婪，使他们所到之处充满恐怖，人们谈虎色变。

这些远征并没有对他们自己的政府产生什么影响，仍然是一种联邦体制，由很多部落和宗族组成，各自有自己的首领，统一听命于一位君主。

当加洛林王朝的德意志国王试图干涉他们的内政时，各部落间结成了更紧密的联盟，挪威人和丹麦人建立了两个独立的国家。863年，“老王”高姆首次征服了整个日德兰半岛，并使所有的丹麦小国全部臣服于他的权力之下，直到920年。高姆的孙子斯韦恩一世是一个好战的君主，他于1000年征服了挪威的一部分领土，又于1014年征服了英格兰一部分领土。1016年，斯韦恩的儿子克努特不仅征服了英格兰，还征服了苏格兰的一部分领土，并在1030年征服了整个挪威。在他的统治下，丹麦王国的势力达到了顶峰。出于政治动机，克努特皈依了基督教，并将其引入丹麦，宗教信仰使人民的性格发生了巨大的变化。

克努特死于1036年，留下了一个强大的王国，他的继任者却没有守住基业，于1042年失去了英格兰，1047年又失去了挪威。在此之后，由于内部纷争，曾经强盛一时的丹麦王国衰落下来。斯韦恩·马格努斯·埃斯特里特森，也就是斯韦恩二世于1047年即位，建立了一个新的王朝；但斯韦恩一世和克努特统治时期引入的封建制度大大削弱了这个王朝的力量，它只出过一位伟大的国王：“胜利王”瓦尔德马二世。其余历代君主都乏善可陈，王位被主教和贵族所操纵，农民沦为奴隶，导致这个国家的农业大大衰退，与德意志汉萨同盟间的商业贸易也完全终止。

1375年，瓦尔德马三世死后，这个王朝的男性继承人绝嗣，他的女儿是著名的丹麦女王玛格丽特一世。1387年，玛格丽特的儿子奥拉夫三世死后，她接管了丹麦王国的统治权，并于1397年通过《卡尔马条约》建立了卡尔马联盟，获得了挪威王国的终身统治权。

第一位哥特统治者斯高德的家族灭亡之后，丹麦人于1448年选举奥尔登堡伯爵克里斯蒂安一世为国王。克里斯蒂安一世是丹麦奥尔登堡王室的奠基人，此后，这个家族一直拥有丹麦王位，直到现在。俄罗斯、瑞典和奥尔登堡的统治者都是丹麦王室的成员。他将石勒苏益格和荷尔斯泰因纳入了丹麦王国的统治之下。由于克里斯蒂安一世签署的一些限制性条款，他似乎更像是王室委员会的首脑，而不是至高无上的国王。1481年签署的更严格的条款使克里斯蒂安一世的儿子约翰作为丹麦国王的权力受到了更大的限制，而且他在挪威的权力也受到了很大限制。荷尔斯泰因和石勒苏益格由汉斯和他的兄弟弗雷德里克共治。

汉斯的儿子克里斯蒂安二世是一个邪恶而残忍的人，但绝非一个软弱的君主。他企图摆脱国家对他的限制，但在这个过程中，瑞典于1523年退出了卡尔马联盟，于是他失去了这个国家。不久之后，他又被剥夺了丹麦和挪威的王位。

第423章

丹麦的宗教改革

（1523—1670）

大约在1523年，路德宗向欧洲北部发展，宗教信仰的问题导致当时瑞典和丹麦发生了一场重要革命。当克里斯蒂安二世登上王位时，丹麦人由于再次受到压迫，发动了起义，并推选出了自己的首领。瑞典人民的情况也差不多，瑞典大主教特罗洛与克里斯蒂安二世密谋镇压人民自由的诉求。这位主教设法拿到了教皇利奥十世的诏书，宣布要把瑞典逐出教会，惊恐的瑞典人因为恐惧立即重新效忠于国王克里斯蒂安二世。国王邀请瑞典主要的贵族来参加宴会，大部分人都来了。在宴会上，特罗洛，也就是那位瑞典大主教出现了，大声宣读了教皇诏书，然后国王命令卫兵逮捕了所有贵族和王室委员会的成员。大量贵族和市民被杀，94名王室委员会成员被无情地处死，瑞典首都斯德哥尔摩一片血腥屠杀的景象。

丹麦人对克里斯蒂安二世的压迫感到非常愤怒，决定摆脱国王统治的枷锁。克里斯蒂安二世的叔父，荷尔斯泰因的弗雷德里克是丹麦起义的领袖，他代表贵族宣布正式罢黜克里斯蒂安二世，并在哥本哈根的王宫里将判决文书转交给了克里斯蒂安二世本人。这个曾经像暴君一样统治国家的国王，这时候像一个懦夫一样接过文书并听凭处置。弗雷德里克被推选为丹麦和挪威的国王。带领瑞典人推翻克里斯蒂安二世统治的古斯塔夫·瓦萨，作为这个国家的拯救者被宣布为瑞典国王。

教皇利奥十世的诏书使瑞典人和丹麦人的思想与罗马教会完全疏离。瑞典国王古斯塔夫·瓦萨改变信仰，转而支持路德宗。丹麦国王弗雷德里克和他一样，也支持路德宗。他们发现，推行宗教改革取代原来的天主教并不是一件困难的事情。

弗雷德里克死后，他的儿子弗雷德里克二世继承了丹麦和挪威的王位，但是新国王的统治很快就被战争打乱了。弗雷德里克二世和荷尔斯泰因公爵签订了一项协议，准备一起出兵攻打荷尔斯泰因西边的迪特马尔申，然后瓜分这片土地。他们组成了一支2.5万人的联军，其中包括丹麦和荷尔斯泰因的贵族精英，向这片土地上骁勇的民族发起进攻，而迪特马尔申人只有7 000人。联军的统帅是约翰·兰曹，他是一位大名鼎鼎的战士，这时候已经步入暮年。不幸的迪特马尔申人在一场激烈的战役中被丹麦人击溃，他们的据点被攻占。1559年，双方签订了和约，迪特马尔申人被迫向征服者投降，所有人不得不放下武器聚集在一起向胜利者俯首称臣。他们解下盔甲，举起双手，跪倒在地，承认丹麦国王和荷尔斯泰因公爵的统治权，并宣誓永远效忠。

弗雷德里克二世凯旋，并在哥本哈根举行了盛大的庆祝仪式，同时宣布丹麦是一个实施选举制的自由王国，确认了贵族的权力。这次胜利之后，弗雷德里克二世又与瑞典进行了一场漫长的战争。这场灾难性的战争持续了7年，除了皮洛士式的胜利和相互毁灭，别无成果。最后两国建立了自由贸易关系，瑞典的船只通过丹麦境内的海峡时免收通行费。

弗雷德里克二世统治的其余时间都致力于国内治理。他死于1588年，时年54岁。

弗雷德里克二世的继任者是克里斯蒂安四世，他又与瑞典人进行了一场漫长而毫无益处的战争。瑞典人在国王查理九世的领导下中断了丹麦与里加湾港口之间的贸易，并要求得到一些存在争议的领土，这导致两国爆发了血腥的战争，这场战争通常被称为“卡尔马战争”。1611年查理九世死后，他的儿子，杰出的瑞典国王古斯塔夫·阿道夫继承了王位，并于1613年通过签订条约结束了与丹麦的战争。大约在这个时期，欧洲爆发了著名的“三十年战争”。丹麦国王克里斯蒂安四世成了新教同盟的领导者，但遭到蒂利和华伦斯坦领导的天主教军队的猛烈进攻。

第424章

从克里斯蒂安五世到弗雷德里克六世

（1670—1798）

1670年，丹麦国王弗雷德里克三世的长子克里斯蒂安五世继承王位。尽管他父亲在位时的施政措施都比较谨慎，但克里斯蒂安五世仍然感到自己接手的是一个陷入混乱的王国，整个势态预示着他的统治不会安稳。

最大的威胁来自瑞典的崛起。克里斯蒂安五世即位后不久便下令向瑞典宣战。荷兰和丹麦的联合舰队在斯堪尼亚海岸的博恩霍尔姆岛附近遭遇了瑞典舰队；战斗持续了几天，最后联军取得了彻底的胜利。瑞典和丹麦间的战争很激烈，一直持续了好几年，双方都遭受了各种损失和失败，最后两国在1679年签订和约，战争才宣告结束。克里斯蒂安五世的领导才能和勇气与当时的伟大人物同样出色，但付出了巨大努力，却被迫中止自己的事业并放弃了一切优势，他的一切期望都化为泡影。在余下的统治时期里，这位伟大君主的注意力主要集中在国内事务和维护与邻国的和平上。克里斯蒂安五世死于1699年，他在丹麦人民心中留下了智勇双全的崇高声誉。

克里斯蒂安五世的儿子弗雷德里克四世的整个统治时期都比较安宁。他具有睿智君主的品质，极富进取心，强烈地希望为他的臣民谋福利。弗雷德里克四世死于1730年，他的儿子克里斯蒂安六世继承了王位。克里斯蒂安六世是丹麦历史上最受欢迎的君主之一，在他的统治下，丹麦一直保持着和平。他做的每一件事都是为了促进科学、艺术和制造业的发展；虽然废除了沉重的赋税，但他仍然在不增加臣民负担的情况下，维持着丹麦强大的舰队和陆军。

历史学家注意到，尽管大多数丹麦君主很糟糕，但他们的运气却比其他王国的君主要好。克里斯蒂安六世统治后期的有益成果在他儿子弗雷德里克五世继位后继续保持了下来。

弗雷德里克五世既是一位伟大的立法者，又是一位杰出的金融家和理财家。凡是可以使丹麦压制敌对国家和为人民谋福利的事情，他都没有漏掉。在艺术、科学和宗教方面，他是慷慨的赞助人。自克里斯蒂安六世即位以来，几乎所有欧洲国家都卷入了战争，整个德意志变成了战场，但是丹麦基本上没有参与其中。彼得三世成为俄罗斯皇帝后，立刻决定向丹麦复仇，要为他的祖先一雪耻辱，弗雷德里克五世几乎无法避免这场战争。彼得三世的计划得到了普鲁士国王的支持。就在弗雷德里克五世准备迎战时，却传来了彼得三世的死讯，丹麦的压力解除了。弗雷德里克五世和俄罗斯女皇叶卡捷琳娜二世通过签订和约解决了纠纷。根据该和约，叶卡捷琳娜二世以她儿子的名义将石勒苏益格公国和荷尔斯泰因很大一部分领地割让给弗雷德里克五世家族的戈托普一支。

弗雷德里克五世死于1766年，他的儿子克里斯蒂安七世继承了王位。克里斯蒂安七世娶了英国公主，国王乔治三世的妹妹卡罗琳·玛蒂尔达。他统治时期的主要事件是王后因为婚外情被流放，她年仅23岁就病死了。在克里斯蒂安七世生命的后半段，陷入一种精神错乱的状态，国政由王太后和王子弗雷德里克主持。根据之前弗雷德里克五世和俄罗斯女皇叶卡捷琳娜二世签订的和约，俄罗斯于1773年将荷尔斯泰因的领地割让给丹麦。这对丹麦来说是一个非常重要的收获，因为这样一来，它就能控制整个辛布里半岛[①]，并可以从基尔开凿一条运河，从而将波罗的海和日耳曼海连接起来。

在1788年至1793年的欧洲大陆战争中，丹麦保持中立，作为强大的中立军事力量，丹麦引起了英国的疑虑和怨恨。英国怀疑丹麦不仅会支持俄罗斯，还会支持法国，结果使丹麦卷入了一场纷争，最终损失惨重。克里斯蒂安七世死于1788年，他的儿子弗雷德里克六世继承了他的王位。

---

① 辛布里半岛，即现在的日德兰半岛。——译者注

第425章

参与法国大革命战争

（1798—1849）

长期享有安宁的丹麦不愿卷入席卷整个欧洲的法国大革命战争。然而，这个平静的王国却是第一个卷入与英国的战争的国家，并最终在战争中遭受了比其他北方强国更多的伤害。冲突的原因是丹麦不愿意接受英国要求的对中立国船只的临检权和搜查权。英国的这一主张也遭到了其他北方强国的抵制。1800年，由丹麦、瑞典、俄罗斯和普鲁士4个国家组成了一个反对英国的联盟。由于采取了这些敌对措施，几百名波罗的海商人在海上和英国港口被逮捕。1801年3月，在英国海军上将帕克和纳尔逊的指挥下，一支庞大的英国舰队逼近哥本哈根港口。

虽然丹麦人长期保持着和平，但被勇敢祖先的勇气所激励，他们准备迎战英国人强大的舰队。丹麦的贵族精英、农民、学者和工匠都涌向造船厂和兵工厂，不遗余力地为祖国而战。两国海军舰队炮声震天，在不到一英里半的范围内，有2 000多枚炮弹倾泻而出。然而丹麦人的英勇反抗是徒劳的，他们的海军在很短的时间里就被击败，并遭到屠杀。在这场可怕的战争中，所有丹麦人的爱国主义情感达到最热烈的程度，国民英勇无畏的精神从未如此光辉灿烂。不久，俄罗斯、丹麦和瑞典缔结了一项公约，承认英国所要求的海上权利，从而恢复了这几个强国间的友好关系。

随后法国和瑞典在波罗的海沿岸又爆发了战争，丹麦在此期间明智地考虑了自己的利益，谨慎地保持中立。法国对其他国家的贸易限制对丹麦来说实际上是一种优势，因为这种措施增加了丹麦的贸易量，被封锁的国家之前所进行的贸易中有很大一部分现在属于丹麦人，忙碌的港口因此而变得拥挤不堪。正是在这个繁荣的时期，丹麦首都第二次受到强大的英国海军的入侵。英国人这次进攻的目的是要挫败拿破仑的阴谋，因为拿破仑想强迫丹麦封锁厄勒海峡，阻止英国船只通行，并且利用丹麦海军的援助来入侵英国。

英国人很快派出一支由2万名士兵组成的军队，在强大舰队的支援下，从陆路和海上同时围攻哥本哈根，丹麦人被迫投降。城堡和船坞都被占领，丹麦舰队也被俘虏并派往英国。

1813年，当其他北方国家准备反抗法国的霸权时，丹麦并没有站在他们一边。丹麦选择反对俄罗斯并支持拿破仑。丹麦水手加入了法国舰队，英国的海上贸易也受到丹麦人的干扰。直到拿破仑在莱比锡战役中战败，丹麦军队都一直与法军协同作战。之后丹麦加入了反法同盟，并承诺派遣一支1万人的军队一起对抗拿破仑。1814年1月，丹麦国王弗雷德里克六世签署了一项条约，宣布永久放弃挪威。1814年6月，丹麦、俄罗斯和普鲁士之间达成了一项和平协议，根据该协议，三国间的政治和商业关系将恢复到战前的状态。

虽然1660年通过的丹麦宪法赋予君主无限的权力，但君主行使权力时不能让人民沦为奴隶，1834年，丹麦将宪法中关于君主权力的部分进行了很大的修改，并成立了一个通过选举产生的政府机构。这种改革似乎更多地是由这个时代的开明精神所决定的，而不是人民对现有制度存在任何的不满。颁布修改后的宪法极大地提高了弗雷德里克六世的声望。1839年，克里斯蒂安八世继承了王位。克里斯蒂安八世死于1848年1月20日，他的儿子弗雷德里克七世继承了王位。

1848年，石勒苏益格和荷尔斯泰因发生了叛乱，他们希望加入新的德意志邦联。他们的事业得到了普鲁士的支持，然后德意志邦联议会，派遣普鲁士军队，在石勒苏益格和荷尔斯泰因的协助下与丹麦军队展开了战斗。这场伤亡惨重的战争结束于1849年7月，双方达成了停战协议。协议规定：1.石勒苏益格应该有一套单独的宪法，不与荷尔斯泰因合并。2.缔约双方应该为石勒苏益格公国确立清晰的体制和架构。3.协议也适用于荷尔斯泰因公国和劳恩堡公国。4.暂时搁置继承权的问题，未来再制定继承制度。5.欧洲列强担保缔约双方确实执行协议中的条款。

尽管由于对外国进口产品征收重税导致丹麦商业遭到严重损害，但自1815年的和平时期以来，丹麦商业仍然保持稳步发展。这个国家对航运业极为关注。目前，丹麦船只数量估计在3 700艘以上，载重量总计超过14.38万吨。1836年，丹麦出口的物品总价值约为1 000万美元。

丹麦土著为日耳曼人，但属于3个不同的民族——丹麦人，他们占据着日德兰半岛和周围的岛屿；德意志人，他们居住在荷尔斯泰因和劳恩堡；弗里斯兰人，他们居住在西海岸的小岛上。丹麦语是斯堪的纳维亚语系的一个分支，与挪威语和瑞典语之间的联系非常紧密。它是欧洲最柔和的语言之一。丹麦文学中有许多非常有价值的作品。

丹麦人身材中等，肤色白皙，和欧洲北部的其他居民一样，他们比南欧人更喜欢食用肉类和饮用烈酒。除了在首都哥本哈根的人们，大多数丹麦人不熟悉欧洲更文雅国家的那些讲究。尽管自19世纪初以来，丹麦农民已经完全摆脱了奴隶身份，但封建制度的痕迹仍有很多。由于几乎没有资本，佃户们只得用实物支付土地租金，或者用他们自己和牲畜的劳力来支付。从很多农民穿着木头做的鞋可以看出他们的贫困程度，穷人们都会在漫长的冬夜里纺线和制作家人的衣物。

冰岛

相对于欧洲来说，这个岛屿更靠近美洲，但冰岛的历史和政治情况一直和旧大陆联系在一起。作为丹麦的附属国，我们在这里应该对冰岛加以关注。这个岛屿位于格陵兰岛海岸以东约200英里处，面积

丹麦农民

有4万平方英里。海岸地带有很多海湾，这些海湾是由发源于冰岛的山脉和发源于冰川的河流形成的。它被很多不规则的山脉所覆盖，这些山脉有无数支脉。冰岛有很多由火山岩组成的著名山脉。最主要的火山是赫克拉火山，这座火山喷发很频繁，以前常常造成灾难。在冰岛南部，被称为“间歇泉”的沸腾泉水是著名的神奇景观。

冰岛被一些人想象成维吉尔所说的极北之地，但没有证据表明罗马人知道这个地方。人们第一次发现冰岛应该是在860年，当时有一个名叫纳多德的挪威海盗为了躲避追赶逃到了这个岛上。

874年，挪威人在这里建立了第一个殖民地。在挪威国王哈拉尔一世，也就是金发王统治时期，许多名门望族逃离挪威，移民到冰岛。他们建立了一个共和政府，任命自己的执政官，并在冰岛南部的辛格那拉举行一年一度的国民大会。这种状态持续了将近4个世纪。

大约在1000年，基督教会在冰岛建立。1057年，斯考尔赫尔特的主教伊斯莱夫将拉丁文引入了冰岛，而在此之前，冰岛人的文字只是刻在石头、木头或金属上的北欧符文。不过口语教育仍保留了历史传说，冰岛人的歌谣记录了祖先的丰功伟绩。

引入拉丁文后，冰岛文学开始发展。文学团体最初的目的是相互指导和教育。从那以后，被称为“萨迦”的历史作品开始出版，许多歌谣和诗歌也陆续面世。1120年，冰岛人制定了一部《灰雁法典》。

斯诺里·斯图鲁松，一位冰岛本地人，作为一位杰出的文学家，他是古冰岛诗集《埃达》的作者或编纂者之一。这部诗集堪称斯堪的纳维亚古代神话和诗歌的一座丰碑。他还写了一部关于挪威历史的著作。一些修道士，尤其是辛盖拉修道院本笃会修士为冰岛文学作出了巨大贡献。

1264年，冰岛人在阴谋和恐惧的威胁下，被迫向挪威国王哈康俯首称臣，但条件是他们的法律和权利必须保留。屈服于挪威使冰岛人的文学精神倒退，他们的商业发展也日益恶化。1387年，冰岛和挪威一起并入丹麦。

大约在1529年，印刷术传入冰岛，霍伦和斯考尔赫尔特成立了印刷厂。1550年，宗教改革在冰岛产生了重大影响，大部分修道院不复存在，很多具有国家和民族价值的珍贵手稿也在动乱中丢失。

冰岛语是北欧方言即斯堪的纳维亚方言分支。瑞典人、丹麦人，甚至挪威人，或多或少都受到日耳曼哥特人语言的影响，而冰岛人在9世纪从挪威来到这里以后，却始终保留着他们纯正的母语。

冰岛首都雷克雅未克

最开始的时候，冰岛人将他们的语言称为挪威语，直到现在，奥克尼群岛的一些地方还说这种古老的方言。这种语言在斯堪的纳维亚已经不再使用，所以被称为冰岛语。

斯堪的纳维亚或古斯堪的纳维亚文学诞生于北欧人还处于偶像崇拜的时代，其中很大一部分作品是歌颂他们的神祇和英雄人物的《萨迦》和歌谣。我们可以从这些文学作品中推断，在古代北欧人中有一群吟游诗人，他们既是诗人又是历史学家。这些吟游诗人在战争时期和他们的酋长一起上战场，和平时期就住在宫廷里。他们的歌谣常常可以带来丰厚的回报，事实上他们总是可以获得战利品作为奖赏。直到现在，我们仍然可以在冰岛语里找到多达230位最杰出的吟游诗人名单，其中有几位也是武士，甚至还是国王。古代斯堪的纳维亚的字母系统是一种符文，被称为Runic，意思是秘密和神秘，因为那时候用这些符文写字的祭司把它们当作玄之又玄的神秘知识。符文包括16个字母，应该属于腓尼基人字母表的衍生物。

冰岛人是真正的古代北欧人的后裔——身材高大，脸色红润，淡黄色的头发，开朗而率真的面容。冰岛女孩通常很漂亮。孩子们在教区牧师的帮助下接受父母的教育。所有人都识字，冰岛人的娱乐活动中有很大一部分是细读《埃达》和古老传说，以及吟诵那些传奇故事。他们绝大多数是路德宗信徒。冰岛首都是雷克雅未克。

法罗群岛

由北方遥远的18个岛屿组成，几乎位于北极地区的边缘。岛上都是陡峭的岩石，上面覆盖着一层薄薄的土壤，只能长出一些野草。沿岸地带有些石山高达1 800英尺。这些岛屿的气候非常寒冷，夏季只有7月和8月。这里常年刮着狂风，阻碍了树木的生长，人们只能定居在避风的谷地。岛上的野禽很多，有小型品种的马和牛。首府是托尔斯港。最大的岛是斯特罗摩岛，有27英里长。

挪威人在9世纪发现了这些岛屿，并开始在岛上定居。自从挪威在14世纪与丹麦合并以来，法罗群岛就一直属于丹麦王国。这里的人们说挪威语，同时带有丹麦口音。他们体格健壮，长得很漂亮，信奉路德宗，待人热情真诚，行为举止率真平和。

丹麦国王列表

君主	即位时间（公元年）
斯韦恩	1000
哈德克努特	1036
马格努斯	1042
斯韦恩二世	1047
哈拉尔三世	1074
圣克努特	1076
奥拉夫一世	1085
埃里克一世	1095
尼尔斯	1107
埃里克二世	1135
埃里克三世	1139
克努特五世	1147
斯韦恩三世	1155
瓦尔德马一世	1157
克努特六世	1182

（续表）

君主	即位时间（公元年）
瓦尔德马二世	1202
埃里克四世	1242
艾贝尔	1251
克里斯托弗一世	1252
埃里克五世	1259
埃里克六世	1286
克里斯托弗二世	1321
瓦尔德马三世	1332
玛格丽特	1375
埃里克七世	1412
克里斯托弗三世	1441
克里斯蒂安一世	1448
汉斯	1481
克里斯蒂安二世	1513
弗雷德里克一世	1523
克里斯蒂安三世	1534
弗雷德里克二世	1559
克里斯蒂安四世	1588
弗雷德里克三世	1648
克里斯蒂安五世	1670
弗雷德里克四世	1699
克里斯蒂安六世	1730

（续表）

君主	即位时间（公元年）
弗雷德里克五世	1746
克里斯蒂安七世	1766
弗雷德里克六世	1808
克里斯蒂安八世	1839
弗雷德里克七世	1848

瑞典

第426章

瑞典

（90—1849）

现在的瑞典和挪威合并成了一个王国，形成了一个领土广大的国家；从温带的最北端一直延伸到北极圈的冰封地带。瑞典的北面与挪威接壤，东面是波的尼亚湾和波罗的海，南面是波罗的海，西面是波罗的海和挪威。整个国家的气候十分寒冷。与大多数其他欧洲国家比起来，即使是瑞典的南部地区也因过于寒冷而令人难以忍受。幽暗的松树林覆盖在平原或山上；一年中有5个月的时间地上都堆着厚厚的积雪。在全国范围内，人类劳作的迹象十分罕见：耕种只出现在非常分散的地块上；而且农业长期以来无法为当地居民提供足够的食物。山脉、森林、岩石峭壁、零星的溪流和众多的湖泊构成了瑞典地貌的主要特征。总体来说，瑞典虽然看起来像蛮荒之地，但仍不失为一个风景秀美的国家。瑞典的面积是17万平方英里，全国人口310万人，首都是斯德哥尔摩。

在古希腊和古罗马地理学家已经相当精确地描述德意志和高卢，甚至不列颠和丹麦的时候，瑞典这个国家似乎还完全不为外界所知。托勒密和普林尼是这些古代学者中知识最丰富的，但他们的知识似乎也刚刚能够把瑞典和德意志区分开。他们这样写道：在德意志的海岸之外，有一个很大的岛屿，他们称为波罗的亚；但是他们对这个地区的范围和特性一无所知。第一批居民被认为是来自伏尔加河沿岸和高加索山脉附近的芬兰人。他们很早就被来自德意志的日耳曼人赶走了，因此瑞典南部也被称为哥特兰岛。整个瑞典，连同挪威和丹麦，被称为斯堪的纳维亚，或斯堪尼亚。

瑞典农民

这个地区也被称为“北欧蜂巢”，意思是推翻罗马帝国的那一群人是从斯堪的纳维亚半岛的深处蜂拥而出的。这似乎是一个错误，因为一个被森林完全覆盖、自然条件导致生产力如此低下的地区，是不大可能供养得起后来遍布南欧大部分地区的庞大人口的。这个地区长期处于异教的蒙昧中，直到11世纪，基督教才传播到瑞典。在早期，瑞典的政府经历了多次变革。瑞典王国与哥特人的国家一直是分开的。直到1132年，两国共同以东哥特国王斯渥克尔为君主，合并成一个君主制国家。斯渥克尔以及他的继任者都使用“瑞典人和哥特人的国王”这个头衔。后来，这两个国家达成协议，由瑞典人和哥特人轮流担任国王——这导致了许多血腥的内战。

14世纪后期，瑞典国王马格努斯·斯梅克在他的领土上增加了斯霍耐省及瑞典南端的邻近地区，这个君主的统治终结了瑞典人和哥特人的王室传承。有着“北方的塞米勒米斯”绰号的丹麦女王——瓦尔德马的玛格丽特以她卓越的才能和野心，在1397年成功地获得了瑞典和挪威的统治权。前面我们已经提到过，因为卡尔马联盟，瑞典和丹麦才合并成一个国家。但瑞典人不愿意失去独立性，因此，在玛格丽特死后不久，他们就起来反叛。但他们试图建立一个独立王国的多次努力总是归于失败，直到克里斯蒂安二世的残暴统治将事情推向极端，导致了16世纪早期的一场新的革命。

古斯塔夫·瓦萨，或称瓦萨，是古代瑞典国王的后裔，他为了躲避克里斯蒂安二世的暴政，从斯德哥尔摩逃到达勒卡里亚的森林里。

达勒卡里亚居民

1520年，克里斯蒂安二世在斯德哥尔摩进行了一场不义的血腥屠杀，激起了瑞典人的反抗。古斯塔夫在达勒卡里亚升起了瑞典国旗，很快就有大批同胞加入了他的行列。他打败了国王派来对付他的丹麦军队，并在战斗中不断地取得胜利。在起义开始3年后，他成功进入了斯德哥尔摩。经过长期的斗争，丹麦国王被迫承认瑞典的独立，古斯塔夫于1523年加冕为瑞典国王。随着瓦萨王朝的建立，瑞典作为一个独立和受人尊敬的王国的历史开始了。古斯塔夫将新教引进这个国家，鼓励学术和发展工业，把他的王国从半野蛮和附属国的状态提升到一个更高的文明状态。

他最杰出的后代古斯塔夫·阿道夫，于1611年即位。对于瑞典来说，这是一个光荣的时代。这个王国被认为是新教事业的主要支柱，而新教事业遭到了欧洲南部强大联盟的攻击。奥地利人对德意志新教徒的胜利，似乎给宗教改革事业带来毁灭性的威胁。

古斯塔夫·阿道夫被选为新教联盟的统帅。1630年，他只率领1万瑞典军队在德意志作战，但他周围聚集了德意志所有的新教徒。古斯塔夫·阿道夫以同样的勇气和好运，抵抗帝国军队，捍卫了新教联盟。

他证明了自己是那个时代最杰出的将军，并以娴熟、独创的战术，开创了战争艺术的一个新时代。他以卓越的能力展开了对俄罗斯、波兰、丹麦和奥地利的军事行动，取得了一个又一个的胜利。莱比锡和布莱登菲尔德的辉煌胜利使奥地利王室屈服，因而获得了德意志帝国的公民权利和宗教自由。1632年11月6日，在吕岑战役中，38岁的古斯塔夫·阿道夫倒在了胜利女神的臂弯里。然而，即使在他战死后，他的将军们仍继续进行了30年艰苦卓绝的战争，最终迫使天主教联盟放弃了它的主张。“三十年战争”后，瑞典从德意志获得了波美拉尼亚和其他重要的领土，并且一直到17世纪末，都对欧洲事务有着强大的影响。

查理十二世于1697年登上瑞典王位，当时他只有15岁。俄罗斯、波兰和丹麦的君主们联合起来要瓜分他的领土。查理以使全欧洲震惊的精神和力量挫败了这个可怕的阴谋。他出其不意地进攻丹麦国王，迫使其在6周内讲和。接下来，他向沙皇彼得进攻，并在纳尔瓦击败了沙皇率领的一支庞大的军队。随后，他入侵波兰，节节胜利，占领了里加、华沙和克拉科夫，到两年后战争结束时，也就是1704年，他扶植的新国王登上了波兰的王位。

接下来，他入侵俄罗斯，向南进军，进入乌克兰，与哥萨克首领马泽帕会合。1709年7月，在波尔塔瓦会战中，查理十二世的军队彻底被彼得大帝指挥的俄罗斯军队打败。查理十二世逃到土耳其，在本德待了5年。他通过战争的征服所得的领土，也迅速失去。

查理在回国后不久，就在1718年挪威的腓特烈堡围城战中战死，这可能是遭遇了背叛。查理十二世的胜利给瑞典带来了狂野而浪漫的篇章；然而，这一切都以瑞典在欧洲失去政治地位而告终。

瑞典的影响力从此完全局限在国内，几乎算不上一个二等强国。瑞典在18世纪所表现出来的唯一的显著变化是由1772年和1789年的革命所引起的，古斯塔夫三世成功地将政府变成了一个绝对君主制国家。法国大革命爆发后，瑞典加入了英国对法国的战争。1808年，瑞典在与俄罗斯的战争中失去了芬兰。

1810年，瑞典人与拿破仑建立了联盟；由于王室缺少继承人，拿破仑最能干的将军之一贝纳多特就被选为瑞典王储。这使该国的政治状况发生了巨大的变化。为了安抚他的新臣民，贝纳多特恢复了已经形同虚设的瑞典代议制宪法。在加入盟军对抗拿破仑以后，瑞典得到了挪威作为对失去芬兰的补偿。1818年，瑞典国王去世后，王储贝纳多特登上了王位，他被称为查理·约翰。他的统治持续到1844年，实现了王国统一和日益繁荣的局面。他死于1844年3月，王位由他的孙子奥斯卡一世继承。

斯德哥尔摩是瑞典的首都，位于梅拉伦湖和海洋的交汇处。从外面看，这是世界上最美丽的城市之一，但城内的景象却令人失望：街道狭窄，没有人行道；房子都非常高；一些公共建筑很壮观。人口大约有8万人。其他的主要城镇有哥德堡、诺尔雪平、卡尔斯克鲁纳和卡尔马。

瑞典的宪法是欧洲为数不多的几部保留很久以前形成的代议制部分的宪法之一。政府形式是有限君主立宪制。议会是一种陈旧而烦琐的立法机构，由贵族、神职人员、市民和农民四个阶层组成；代表民众的力量在逐渐增强。瑞典人都是新教徒，路德宗是国教。

瑞典人言谈举止很朴实，旅游者通常对他们赞不绝口。他们热情好客、勇敢、温文尔雅，这使他们获得了“北方法国人”的称号。据说他们很爱饮酒，几乎每家每户都蒸馏酿酒。可以看到孩子照管蒸馏炉时用吸管喝酒，常常酩酊大醉。道德上普遍比较放纵。

瑞典有丰富的铁、铜、银矿，很大一部分人口从事采矿业。教育普及程度很高，因为法律规定，所有的人，无论男女都要学习读写。有两所大学——乌普萨拉大学和隆德大学。纯文学专业很受鼓励。

在介绍冰岛时，我们已经提到了斯堪的纳维亚文学。在这些文学遗产中，《奥丁神的后裔》和《勇士哈罗德》流传最广。瑞典的通俗诗歌与丹麦的诗歌相似。瑞典人是伟大的歌唱家，他们对本国歌曲的喜爱不亚于苏格兰人。

在科学领域，瑞典以林奈和斯威登堡这样的科学家而自豪。丹吉尔的诗歌和布雷默小姐的小说，最近引起了整个基督教世界人们的兴趣。塔里奥妮和珍妮·琳德——当代最著名的舞蹈家和最甜美的歌唱家——都是瑞典人。

瑞典国王列表

君主	即位时间（公元年）
奥洛夫	995
阿农德一世	1022
埃德蒙	1035
阿坎	1040
斯滕克尔	1060
英格一世	1079
英格二世	1110
拉格瓦尔德	1125
斯渥克尔二世	1130
圣埃里克	1150
查理七世	1161
克努特一世	1167
斯渥克尔三世	1192
埃里克十世	1210
约翰一世	1216
瓦尔德马一世	1250
马格努斯三世	1275
比耶	1280
马格努斯四世	1319

（续表）

君主	即位时间（公元年）
阿尔布雷希特	1362
卡尔马联盟	1397
古斯塔夫·瓦萨	1523
埃里克十四世	1560
约翰三世	1568
齐格蒙特三世	1592
查理九世	1599
古斯塔夫·阿道夫	1611
克里斯蒂娜	1632
查理十世	1654
查理十一世	1660
查理十二世	1697
乌尔丽卡·埃利诺拉	1718
弗雷德里克一世	1720
阿道夫·弗雷德里克	1751
古斯塔夫三世	1771
古斯塔夫四世·阿道夫	1792
查理十三世	1809
查理·约翰	1818
奥斯卡一世	1844

挪威

第427章

挪威

（940—1814）

挪威位于欧洲的最北端。它的北面是北冰洋，东面是瑞典和俄罗斯，南面是瑞典和卡特加特海峡，西面是大西洋。它的面积大约有12万平方英里，人口115万人。除了北部地区更冷，挪威在气候、土壤和整体地貌上，都与瑞典类似。离北海海岸不远的地方有一个涡流，被称为“大旋涡”。这里夏天并不危险，但冬天会非常危险，尤其当西北风抑制了潮汐的回流时。这时，涡流会猛烈地咆哮，几英里外都能听到；而且经常会吞没船只，甚至吞没那些敢于冒险靠近它的鲸鱼。

挪威土著应该是一个斯堪的纳维亚部落，他们靠捕鱼和狩猎为生。在最早的时代，他们似乎有一种原始的代议制政府；虽然他们要听命于酋长或国王——他既是法官又是大祭司，但国王的权力受到完全由自由民组成的全民议会的限制。人们对挪威10世纪以前的

卑尔根

历史几乎一无所知。那时候，挪威被分成几个小国家。这些小国家承认瑞典和丹麦国王的统治地位。

金发王哈拉尔即哈拉尔一世是北欧第一个伟大的海上霸主。大约在9世纪末，他在挪威建立了一个独立的王国，并通过一系列令人生畏的远征，在中世纪的欧洲获得了广泛的声誉。在他的影响下，挪威的几个地区联合起来，成功地入侵了设得兰群岛、奥克尼群岛和赫布里底群岛①，并在那里建立了自己的统治。

许多世纪以来，哈拉尔一世的继承者——挪威和丹麦的君主，都完全占有这些岛屿。他们中还出过一位英格兰国王，并在诺曼底建立了一个永久的基地。11世纪初，统治挪威的奥拉夫·特里格瓦松因在海上和陆地上的大胆冒险而闻名。

从最早的历史时期开始，北欧古老的异教在所有斯堪的纳维亚国家盛行。奥拉夫试图以暴力和血腥的手段引入基督教来替代异教，他在这方面取得了一定的成功。奥拉夫二世1015年到1030年在位，他在暴政和维护神职人员利益方面的举措更进一步。罗马教会封他为圣徒，他被称为“圣奥拉夫”。人们甚至在君士坦丁堡修建了一些庙宇来纪念他，来自挪威和整个欧洲的朝圣者都来瞻仰他的陵墓。

---

① 赫布里底群岛现在属于苏格兰。——编者注

11世纪，挪威国王哈康在苏格兰遭遇失败以及英格兰的克努特对挪威的征服结束了挪威海上霸主的地位。从此以后，尽管斯堪的纳维亚国家拥有强大的海上力量，但在欧洲强国中，从来没有超过二等海上强国的地位。挪威于1034年再次独立，据说挪威国王曾统治过丹麦一段时间。

14世纪末，挪威、瑞典和丹麦三国合并为一个君主国，这一点我们前面已经讲过了。当瑞典人反抗克里斯蒂安二世并获得独立后，挪威仍然保持与丹麦的附属关系。这种情况一直持续到1814年挪威与瑞典王国以联合执政的名义合并。挪威人有充分的理由反对这种强制性的联盟转移，但是这种变化在一些重要方面对他们是有益的。以前，丹麦剥夺了他们的自由宪法，现在他们重新获得了自由；以前由丹麦国王控制政府，他为了把王国的财富和商业集中在哥本哈根而压制挪威。

在与瑞典人的战争中，挪威人组成了一支军队，他们脚穿滑雪鞋，装配步枪和剑。对他们发动攻击是很困难的，而他们机动性极强的袭扰却能给敌人造成巨大的麻烦。大炮对他们几乎不起什么作用，因为他们很分散，彼此相距二三百步远。他们在冰雪上如履平地，穿越沼泽、湖泊、河流和山脉也都一样便利。对于这支不需要道路的挪威军队，任何敌

正在滑雪的挪威士兵

人都只能被动挨打。

共和精神盛行于挪威，古代贵族的影响几乎消失殆尽。这个国家有自己古老的立法议会，后来被贝纳多特恢复。这个议会拥有比瑞典议会更高的权力，可以更频繁地在固定时间集会，不受国王的控制。国王只有暂时否决权，议会可以迫使他接受已经在议会投票通过三次的法律。贝纳多特承认了这些权力之后，给自己的权力带来了很大压力，因此他又试图削减这些权力，但没有成功。

挪威的首都克里斯蒂安尼亚，也就是现在的奥斯陆，坐落在一个广阔而美丽的海湾上，风光秀丽。它几乎是挪威唯一不用木头建造的城市；因此200多年来，它几乎没有受到火灾的毁坏，而其他许多城镇已经化为灰烬。城里的建筑多为石砌，结构规整。这里的贸易主要是木材和木板。克里斯蒂安尼亚拥有可观的财富和一所大学。城市人口2万人。卑尔根和特隆赫姆是重要的海港。

挪威人的风俗与瑞典人没有太大区别。他们的城镇建造得很不紧凑，房屋比较分散。人民勤劳而节俭，都会积累财富，几乎没有极端贫困的人口。神职人员受过良好的教育，他们积极促进人民的教育。尽管挪威人有自己的语言，但他们普遍说丹麦语。

挪威国王列表

君主	即位时间（公元年）
斯韦恩	1000
圣奥拉夫二世	1015
克努特大帝	1028
马格努斯一世	1035

（续表）

君主	即位时间（公元年）
哈拉尔三世	1046
奥拉夫三世	1066
马格努斯二世	1070
哈康一世	1093
马格努斯三世	1093
西居尔一世	1103
马格努斯四世	1130
西居尔二世	1136
哈康二世·西居尔松	1159
马格努斯五世	1162
斯韦雷	1177
哈康三世	1202
马格努斯六世	1263
埃里克二世	1280
哈康五世	1299
马格努斯七世	1319
哈康六世	1343
奥拉夫四世	1380
卡尔马联盟	1397

拉普兰

第428章

拉普兰

（1100—1840）

拉普兰风景

拉普兰[1]是欧洲最北的国家。北面是北冰洋，东面是白海，其他方向与俄罗斯、瑞典和挪威接壤。它的边界并不非常精确，可以说由三个部分组成：俄罗斯部分、瑞典部分和挪威部分。俄罗斯部分位于托尔尼奥的东面；

① 拉普兰，现为挪威北部、瑞典北部、芬兰北部和俄罗斯西北部在北极圈附近的地区，已不是一个主权国家了。——编者注

瑞典部分面积最大，处于中央位置，位于托尔尼奥的西部；挪威部分是最小的一个地区，由北部和西部海岸的狭长地带组成。

拉普兰风景

整个国家都受到极地酷寒气候的影响。山上终年积雪。南部有大量的松树林，但北部都是光秃秃的岩石，只有很少的灌木丛及零星树木，以及一种叫作驯鹿苔的地衣植物。由于拉普兰的大部分地区位于极圈内，所以夏季可看作是漫长的一个白天，而冬季则是一个漫长而沉闷的夜晚。

土著拉普人对他们的民族起源一无所知；但毫无疑问，他们是这片土地上的第一批居民。一些学者认为他们的祖先是斯基泰人，另一些说是希伯来人；但普遍的看法是，他们的直系祖先是古代芬兰人。根据塔西佗和托勒密的描述，古代芬兰人与今天山地的拉普人极为相似。他们被认为就是希罗多德所指的狗头人、穴居人和俾格米人即侏儒人。他们拒绝接受拉普兰人或拉普人的名字，因为这是瑞典人在第一次征服这个国家时，对他们的一种羞辱性称呼。词源学家们对这个词的确切含义和来源看法不一，有人从拉丁语lippus（“眼睛模糊的人”）来推断这个词，因为当地人被棚屋里的烟雾熏得眼睛半睁半闭；另一些人则认为是从瑞典语lappa即“破布”一词衍生而来，指的是拉普人穿的破衣服；还有人把它与芬兰语里的lappi联系起来，意思是“流亡者或离家出走者”，认为他们来自芬兰移民或逃犯。

一些著名的人种学家已经得出结论，认为拉普人、萨摩耶德人、爱斯基摩人①和格陵兰人，这些生活在北纬同一个纬度的民族，原本是同一个民族。他们认为，拉普人从白海向挪威和瑞典迁移；而另一方面，芬兰人则是从爱沙尼亚通过芬兰迁移。在挪威北部，拉普人被称为芬兰人。拉普兰语被认为与芬兰语非常相似，而且与希伯来语也有某些明显的相似之处。拉普兰语具有一种优雅的简洁性，一个词就能表达出大多数语言需要几个词才能表达的内容。

拉普兰几乎没有什么历史，当地居民并不知道遥远古代的事情。当他们在12世纪第一次引起人们注意的时候，拉普人是作为一个单独的民族出现的。不久之后，很多斯堪的纳维亚民族的部落来到这里，他们沿着挪威海岸向北迁移，罗弗敦群岛的鳕鱼将他们吸引到这里。移民们在这里定居下来，斯堪的纳维亚人和拉普人开始了交往。拉普人对农业一无所知。农业是他们新来的朋友引进的。斯堪的纳维亚人很快就对拉普人产生了影响。在13世纪，我们发现拉普兰被认为是挪威国王的属地。然而，挪威最初对拉普兰几乎没有实际主权。后来，瑞典人和俄罗斯人都效仿挪威人，在拉普兰建立了定居点。

当瑞典人对拉普人有了一定程度的控制后，他们试图使拉普人改信基督教。然而，当地人坚持他们古老的异教信仰，崇拜许多神灵，其中最主要的神为拉丁·阿兹希，他和他唯一的儿子被认为是

① 即因纽特人。“爱斯基摩人”是旧称，现渐趋弃用。考虑成书时间，保留原貌。——编者注

世界的创造者和统治者。其他的神是太阳神、天空之神、雷神、山神、地狱使者、死神、地狱之神。灵魂不朽以及来世的奖赏和惩罚是拉普兰信仰的一部分。这样看来，这些粗糙的、没有文字的信仰，与希腊人的神话相比，还是有很多相似之处的。

拉普人皈依基督教的时间晚于17世纪中叶。当时他们的宗教还很不完善，只是接受洗礼，取基督徒的名字和勉强参加一些教会活动。他们保留了许多古老的迷信，甚至在采用的基督教仪式中也是如此。他们认为圣礼有一种强大的魔力，以保护他们远离邪灵。

他们对魔法和咒语的信仰一如既往地强烈，他们通过敲击北欧古代的一种鼓来实施巫术。这是一种木制乐器，上面挂着密集的黄铜丝，轻轻一碰就会共同发出沙沙的响声。鼓皮上绘有代表不同神灵和其他神秘人物的图形。鼓的年代越久远就越珍贵，因此总是被非常小心翼翼地藏起来。

在遇到重大事件时，人们会这样占卜：他们在鼓头上安一个环，用鹿角小锤敲打它，使环在彩绘的鼓皮上来回转动；根据它所走的路线，或它所触碰出的形状，来解释预兆的吉凶。普通家庭也会用自己的鼓占卜一般的事情，但在重要的公共事务上，例如人和牲畜发生瘟疫时，那些专门接受巫术训练、享有特权的占卜师就会公开占卜神谕。占卜者会在仪式上做出很多可怕的鬼脸，还要吞下大量的白兰地和烟草，从而进入类似昏迷的状态。当他醒来时，他就假装自己被送去了一座圣山，在那里与众神会面，从而能将众神的启示公之于众。

在拉普人这样的民族中，没有正规的政府。普遍来说，他们承认瑞典国王的统治权，并遵守瑞典政府在他们国家建立的法律。还有一小部分人归于俄罗斯的统治。拉普人估计不超过6万。其中相当一部分是瑞典人带来的芬兰殖民者与拉普土著的混血后裔。

纯种拉普人皮肤黝黑，头发短黑，嘴巴宽阔，有凹陷的脸颊和尖下巴。他们湿润的眼睛没有神采，这应该是他们烟气缭绕的居住环境或冬天耀眼的白雪造成的。拉普人狩猎归来后的几天会出现短暂的雪盲症。

拉普人体力惊人，能够承受巨大的劳动量。身体非常敏捷，从婴儿期开始就习惯了各种奔波和劳累。他们身材相当矮小，而且无精打采的步态让他们看起来比实际更矮。他们的黑皮肤可能主要是由于居所里的烟气熏的，因为访问过拉普兰的瑞典学者林奈说他们被衣物遮蔽的皮肤其实很白嫩。

山区的拉普人没有固定的住所，他们住在帐篷里。为了给他们的驯鹿寻找食物，他们从一个地方迁徙到另一个地方。海边的拉普人住在用草皮建造的小屋里，屋顶是桦树皮，地上铺着树枝，上面再铺上鹿皮，一家人坐卧在鹿皮上，因为低矮的小屋里没法站直。棚屋或帐篷的中央一年四季都生着火，所以屋里总是烟熏火燎，而烟雾被认为是夏天防虫和冬天御寒的最好方法。

拉普人穿的是羊毛和毛皮制成的粗糙衣服。他们的饮食几乎全是肉类。沿海居民主要以鱼为食；山地居民主要食用驯鹿的奶和肉。驯鹿是拉普人最宝贵的财产，也是他们最重要的照料对象。这些驯鹿夏天吃草，冬天吃拉普兰各处生长的驯鹿苔，驯鹿知道如何把雪扒开吃到这些苔藓。一个富有的拉普人往往拥有1 000多只驯鹿。它们的价值不仅在于它们的奶、肉和毛皮，更在于它们被训练在雪地上拉雪橇。这些雪橇由桦木制成，形状像一条船；驯鹿有时能以时速10英里的速度拉着雪橇行进。

拉普人的主要工作是打猎和捕鱼。他们会使用火器，是优秀的射手。虽然他们的生活充满了艰辛，也充满了苦难，但他们对故土的依恋却异常强烈。他们无知又迷信，却没有文明国家的那些罪恶。他们不会盗窃，在夏天睡觉时通常都敞着门，非常安全。他们也不知道乞丐为何物，老年人和体弱多病的人都会得到最细心的照顾。

在冬天，拉普人会与瑞典人进行贸易，用动物皮毛、干鱼和鹿肉，交换毛织品、金属、烟草、白兰地、面粉和盐。拉普兰没有城市，只有几个永久定居点。18世纪访问过拉普兰的旅行家阿切尔比在凯于图凯努找到了政府所在地，那里只有4个家庭和一位牧师。哈默菲斯特是一个更现代化的定居点，但也非常小。

芬兰

第429章

芬兰

（50—1808）

芬兰的大部分土地原属瑞典王国，但整个国家现在是俄罗斯帝国的一部分。北面是瑞典的拉普兰，东面是俄罗斯，南面是芬兰湾，西面是波的尼亚湾。与这一地区相连的是奥兰群岛，大约由80个岛组成，位于波的尼亚湾的河口。芬兰现在的名字是瑞典人取的，但当地居民称他们的国家为“苏奥门纳”，即湖泊和沼泽地区的意思。事实上，芬兰整个东部和中部地区都是湖泊、河流和沼泽，其间有长满青苔的沙质平原，散布着一些低矮的小山；北部和西部多山；南部是广阔的森林，主要是冷杉和松树。湖泊和沼泽覆盖了全国1/3的面积。但这里的气候总的来说是宜人的。整个芬兰多雾，冬天十分寒冷。

历史上第一个提到芬兰人的是塔西佗，他把芬兰人归为日耳曼人。托勒密也提到了他们，但和塔西佗一样含糊不清。芬兰人应该是亚洲民族，他们的领土曾经从鄂毕河源头和伏尔加河沿岸一直延伸到普鲁士东北部波罗的海沿岸。他们向西迁移的时间是未知的。塔西佗把他们描述成一个野蛮的民族，没有马匹和强大的武器，也不使用铁器。他们的主要工作是打猎，他们的箭头是骨制的。

大多数学者认为，芬兰人最初居住在乌拉尔山脉，然后从那里向西扩展。他们被认为和在匈牙利建立马扎尔王国的部落属于同一民族。历史上，他们最开始大约是作为一个游牧部落出现在芬兰附近。芬兰人似乎没有好战倾向，因为他们很容易就被挪威人、瑞典人和俄罗斯人相继征服了。

挪威人从征服芬马克开始，在不同的时期入侵了彼尔姆人的领土。彼尔姆人是居住在白海附近的一个古代芬兰人部落。挪威人的入侵最终被诺夫哥罗德的君主阻止了，他们统治了彼尔姆人的领土。蒙古鞑靼人也阻止了挪威人的入侵。随后是俄罗斯人占领了芬兰领土，主教斯蒂芬将东正教引入芬兰，试图取代他们的异教崇拜。大约在12世纪中叶，瑞典人入侵了这个国家，瑞典国王“虔诚的埃里克”在1156年使芬兰居民皈依了基督教。

这个国家后来的历史乏善可陈。瑞典根据1721年和1741年的两项条约，把芬兰的一部分领土割让给了俄罗斯。俄罗斯却觊觎整个芬兰。瑞典和俄罗斯军队在芬兰进行了多次血腥的战争，最后芬兰在1808年被俄罗斯完全占领，并很快通过条约割让给了沙皇。这个国家因为瑞典国王的无能和愚蠢遭遇灭亡；在芬兰的勇敢守军孤立无援，被俄罗斯军队消灭，而瑞典人却在徒劳地试图征服挪威和波罗的海的丹麦群岛。

芬兰的人口大约有300万人。埃博是最大的城市，坐落在奥拉贾基河畔，四周群山环绕。这座城市大都是木质建筑，主要的贸易品是木材和粮食，也出产烟草和帆布。埃博曾经有一所由古斯塔夫·阿道夫创办的大学，但是1827年的一场大火烧毁了埃博780幢建筑，整个大学也化为灰烬，包括图书馆和科学收藏品。经过这场灾难后，这个大学被转移到另一个商业城镇赫尔辛弗斯①，那里有一个良港，现在是芬兰首都。埃博的人口有12 550人。芬兰是俄罗斯帝国的一个公国。

现代芬兰人是一个举止庄重、勇敢、不屈不挠的民族。他们能忍受最可怕的困难，但他们的固执和毅力一样坚定。对故土、习俗和语言的依恋，使他们无法接受瑞典人急于向他们传播的文明。即使在今天，俄罗斯政府也不得不对芬兰人的民族精神作出让步。俄罗斯帝国和芬兰公国名义上是两个截然不同但又不可分割的国家，这是一个非常矛盾的描述，但起到了让俄罗斯的芬兰臣民保持沉默的效果，因为这满足了芬兰人对名义上独立的热爱。

纯种芬兰人身材矮小，脸很扁平，深灰色眼睛，胡须浓密，黄褐色的头发，肤色灰黄。那些住在南部和西部地区的芬兰人，虽然保留着当地的民族特色，但在风俗习惯上很难与瑞典人区分开来。在俄罗斯的芬兰地区，居民们生活节奏缓慢，精神消沉，相貌质朴近乎愚钝，这与俄罗斯人生动的表情、机敏的动作和欢快的幽默形成了鲜明对比。但这些也可能是由于他们是作为被征服民族的情况造成的。他们比俄罗斯人耐寒，衣服不厚，也很少穿羊皮。他们的衣服是一种粗毛衫，几乎不考虑外观，只用一条带子束在身上，下

① 赫尔辛弗斯即赫尔辛基，瑞典语中称赫尔辛弗斯。——译者注

面是一条粗麻布裤子和一双草鞋，腿上缠着毡布或草绳。

一部分芬兰人是与瑞典人和俄罗斯人的混血，但大多数是纯正的芬兰人。这里并不像俄罗斯帝国的其他地方，并不存在农奴制，所有芬兰人都是自由的。他们没有贵族，但公民和商人的地位高于农民，政府官员都会得到尊重。大部分人喜爱农业劳动。他们还从事渔业和造船。妇女们都很节俭，非常专注于家庭职责，为家庭编织粗制的亚麻布和毛织品。农民住在只有一个房间的棚屋里，有些像美洲人的小木屋，用一个大火炉取暖，炉子里的烟通过窗户或者屋顶的洞口排出。在冬季漫长的夜晚，他们用松节油而不是蜡烛照明。

他们对外乡人很照顾，大家会努力让他高兴。所有芬兰人都喜欢蒸气浴——这是北方斯拉夫民族的普遍习俗。浴室会用蒸汽加热到65℃，蒸汽是用沸水倒在炽热的石头上产生的。当洗澡的人热得出了很多汗时，他就跑出浴室：如果是冬天，就在雪地里打滚；如果是夏天，就在草地上打滚。这种做法在其他地方的人看来可能是非常有害的，但芬兰人却非常热衷，认为这是一种使人振奋的方法。

芬兰人大多是基督徒。东部的居民受到俄罗斯人的影响信奉东正教；西部的芬兰人是新教徒，但有些部落仍然信奉异教。几乎每个芬兰人都是诗人或音乐家。在这个国家的内陆，常常有吟游诗人住在一个被森林和沼泽环绕的小木屋里，他们质朴而简单的歌曲可以使所有的村民活跃起来。他们的诗歌具有强烈的民族特色和独创性，伴着芬兰七弦琴演唱。无论是公共活动还是私人活动，他们都会请诗人来助兴。在公共场合朗诵诗歌的方式源于古代的习俗。两个诗人站在一个圆圈中间，交替朗诵着诗句，每一句都以前一句的最后一个词为开头。书面文学在芬兰几乎不存在。许多城镇都有学校，但公共教育没有普及，识字率不到1%。著名的弗雷德丽卡·布雷默就是芬兰人，尽管她的名字像一个瑞典人，人也住在瑞典。

俄罗斯

第430章

这样的俄罗斯

（862—1604）

俄罗斯帝国几乎涵盖了东方大陆的整个北部区域，从大西洋到太平洋，领土横跨半个地球，或者说跨越了约180°的经度。关于俄罗斯在亚洲的部分——高加索地区和西伯利亚——我们在前文已做概述。现在我们将介绍在欧洲的部分，这一部分的面积虽不如亚洲部分那么大，但从政治和历史的角度来看，却是这个国家人口最多、最重要的部分。

俄罗斯在欧洲的领土，北边以北冰洋为界；东边是俄罗斯的亚洲部分，中间被乌拉尔山和乌拉尔河隔开；南邻里海和高加索山，与土耳其之间隔着黑海和多瑙河；西邻摩尔达维亚，与奥地利、普鲁士、波罗的海、波的尼亚湾和瑞典领土之间隔着普鲁特河。这片领土从北纬40°延展到北纬70°，面积超过200万平方英里，约有5 500万居民。

乌拉尔山绵延1 200英里，从北冰洋向南几乎延伸到里海，是亚洲和欧洲的天然分界线。芬兰山脉是斯堪的纳维亚山脉的延续，从白海和波的尼亚湾之间延伸到俄罗斯。阿劳连丘陵是芬兰湾东南部较为平缓的高地。南部是克里米亚山脉，它是高加索山脉东南部的分支。喀尔巴阡山连绵的山脉穿过波兰及俄罗斯的波兰诸省，这些山脉的海拔都不高。

俄罗斯有很多河流，其中包括欧洲最长的河流——伏尔加河。伏尔加河发源于特维尔，向东南流经特维尔、雅罗斯拉夫尔、喀山、阿斯特拉罕，经70个河口注入里海。它的主要支流是西边的奥卡河，以及东边又深又宽的卡马河。伏尔加河水流平缓，流程2 500多英里，可容纳5 000多艘船只通航，珍贵的鲟鱼吸引了无数渔船前来。

乌拉尔河发源于乌拉尔山东麓，是欧洲和亚洲的分界线，流程1 300英里，最后注入里海。

捷列克河和卡马河都是发源于高加索山脉、注入里海的主要河流。

顿河起源于图拉，有许多大支流汇入。顿河流程850英里，途经亚速，注入亚速海。第聂伯河也是欧洲最大的河流之一，是一条适宜通航的河流。它发源于斯摩棱斯克，绵延近1 000英里，流经斯摩棱斯克、基辅，注入黑海。

德涅斯特河发源于加利西亚的喀尔巴阡山，也注入黑海。

维斯瓦河穿过波兰进入普鲁士，尼曼河也流经普鲁士境内。在伏尔加河源头附近发源的杜纳河或南德维纳河向北流入利沃尼亚湾（里加湾）。

涅瓦河是拉多加湖的出海口，引人注目的是水量而非长度，这是一条宽阔、流量极大的河流，经常泛滥而造成巨大的破坏。涅瓦河最后汇入北冰洋。多瑙河和阿尼加河是涅瓦河的主要支流。

俄罗斯的湖泊星罗棋布。拉多加湖是欧洲最大的湖，长120英里，宽70英里，水源主要来自阿尼加湖，南部的伊尔门湖以及芬兰的一些湖泊，其中阿尼加湖长150英里，宽45英里。

北部的白海和北冰洋相通的地方是一个狭长的海湾，这里一年中的大部分时间处于冰封期，只在5月中旬到10月可以通航。芬兰湾和利沃尼亚湾是波罗的海的两个战略性海湾，亚速海是黑海的一个大海湾。

新地岛由北冰洋上的两个大岛组成，一年中的大部分时间被冰雪覆盖，一片荒凉贫瘠的景象。那里的土壤只能生长一些灌木和苔藓，岛上没有人居住，但是有大量的驯鹿、貂、北极熊、海豹和鱼类，因此经常有渔人和猎人光顾。西北部是斯匹茨卑尔根岛的岩石和山区，那里几乎永远是冬天。周围有很多北极熊、鲸鱼和海豹。阿尔汉格尔的一些商人试图在这里建立狩猎和捕鱼的据点，这里是地球上最北边的人类居住地之一。

波罗的海的奥兰群岛和萨列马岛属于俄罗斯。

从上一年9月到第二年6月，白海和北部沿海地带都是冰封状态，这一地区的河流每年的冰封期更长。在沼泽和湖泊里一直都有霜冻，太阳的热量无法穿透沼泽的土壤。这里的夏天短暂而阴郁，空气中始终弥漫着浓雾。圣彼得堡的气温比较温和，但是涅瓦河从11月到第二年3月都处于冰封期。南方气候宜人，植被丰茂。

俄罗斯有一片广阔的平原，从奥地利和普鲁士一直延伸到乌拉尔山脉。这个国家中部地区的海拔不到1 200英尺，逐渐向南和向北下沉，里海附近的地区甚至低于海平面几百英尺。

俄罗斯最肥沃的土地在南方的顿河和第聂伯河流域，但伏尔加河流域也有许多丰产的土地。在伏尔加河和顿河之间，在克里米亚、伏尔加河和乌拉尔山之间有广阔的草原和干燥的平原，这些草原和平原为游牧的鞑靼人提供了牧场。波兰的土质一般比较薄，多为沙土，有许多沼泽地带。北方是贫瘠的草原和沼泽。芬兰有许多肥沃的土地。

乌拉尔山发现了金、银、铂、钻石和铁矿，不过主要分布在亚洲一侧。俄罗斯盐矿丰富，主要来自大量的盐湖。

星罗棋布的河流与湖泊，以及三面与领土毗邻的海域形成了得天独厚的水利条件，俄罗斯将航运系统运用到了极致。铁路也在大规模建设中。俄罗斯的首都是位于芬兰湾最东端的圣彼得堡。

俄罗斯在欧洲的领土分为6个地理区域，分别是波罗的海诸省、大俄罗斯、小俄罗斯、南俄罗斯、西俄罗斯和波兰王国。详细划分如下：

波罗的海诸省

地区	政区	面积（平方英里）	首府	首都人口
彼得堡	9	18 600	圣彼得堡	476 386
芬兰大公国	8	134 000	赫尔辛弗斯	14 000
爱沙尼亚	4	7 224	雷维尔①	15 000
利沃尼亚	5	17 340	里加	71 228
库尔兰	5	10 000	米塔乌②	16 500

① 雷维尔，即现在爱沙尼亚的首都塔林。——译者注

② 米塔乌，即现在的叶尔加瓦。——译者注

大俄罗斯

地区	政区	面积（平方英里）	首府	首都人口
莫斯科	13	11 500	莫斯科	348 562
斯摩棱斯克	12	20 000	斯摩棱斯克	12 000
普斯科夫	8	21 960	普斯科夫	12 000
特维尔	12	23 560	特维尔	24 000
诺夫哥罗德	10	54 100	诺夫哥罗德	10 000
奥洛涅茨	8	50 000	彼得罗扎沃茨克	4 000
阿尔汉格尔	7	320 000	阿尔汉格尔	17 000
沃洛格达	10	161 000	沃洛格达	14 000
雅罗斯拉夫尔	10	17 000	雅罗斯拉夫尔	28 000
科斯特罗马	10	30 000	科斯特罗马	10 000
弗拉基米尔	13	17 500	弗拉基米尔	7 400
下诺夫哥罗德	11	20 180	下诺夫哥罗德	24 995
坦波夫	12	24 200	坦波夫	20 000
梁赞	12	16 000	梁赞	9 000
图拉	12	11 200	图拉	51 231
卡卢加	11	10 560	卡卢加	32 345
奥廖尔	12	17 830	奥廖尔	40 000
库尔斯克	13	16 580	库尔斯克	25 000
沃罗涅日	12	29 400	沃罗涅日	43 800

小俄罗斯

地区	政区	面积 （平方英里）	首府	首都人口
基辅	12	16 800	基辅	44 633
切尔尼戈夫	12	20 000	切尔尼戈夫	10 000
波尔塔瓦	12	22 300	波尔塔瓦	10 000
哈尔科夫	12	29 000	哈尔科夫	18 000

南俄罗斯

地区	政区	面积 （平方英里）	首府	首都人口
埃卡捷里诺斯拉夫	8	25 000	叶卡塔里奥斯拉夫	8 000
赫尔松		23 300	赫尔松	14 000
陶里达①	6	22 500	辛菲罗波尔	5 800
顿河哥萨克		53 650	切尔卡斯克	15 000
比萨拉比亚		16 800	基什尼奥夫②	42 636

西俄罗斯

地区	政区	面积 （平方英里）	首府	首都人口
维尔纳③	11	24 400	维尔纳	58 000

① 陶里达，克里米亚古称。——译者注

② 基什尼奥夫现称基希讷乌。——译者注

③ 维尔纳现为立陶宛首都维尔纽斯。——译者注

（续表）

地区	政区	面积（平方英里）	首府	首都人口
格罗德诺	8	14 000	格罗德诺	10 500
维捷布斯克	12	16 800	维捷布斯克	15 500
莫吉廖夫	12	19 300	莫吉廖夫	21 000
明斯克	10	37 000	明斯克	20 000
沃利尼亚	2	28 300	日托米尔	8 500
波多利亚	12	14 500	卡缅涅茨	16 000
比亚韦斯托克		3 400	比亚韦斯托克	6 000

波兰王国

地区	政区	面积（平方英里）	首府	首都人口
克拉科夫	4	4 800	凯尔采	5 000
桑多梅日	4	5 500	桑多梅日	3 000
卡利什	5	6 540	卡利什	15 000
卢布林	4	6 650	卢布林	12 000
普沃茨克	6	6 500	普沃茨克	8 000
马索维亚①	7	7 350	华沙	136 100
波德拉奇亚	5	7 250	谢德列茨	4 420
奥古斯托夫	5	7 820	奥古斯托夫	3 300

① 马索维亚现为波兰的马佐夫舍省。——译者注

9世纪以前，俄罗斯在欧洲的领土只是一片被游牧部落占领的广袤平原。这些游牧部落和那些至今仍生活在亚洲北部和中部的部落十分相似。他们最早的历史可以追溯到我们之前所叙述的鞑靼人。

躁动不安的北欧人在那些深入平原的海湾中横冲直撞，大约在862年，一位诺曼海盗首领留里克带领瓦兰吉人穿过芬兰湾并沿着河流和湖泊继续前行，最终抵达诺夫哥罗德。这个城市的房屋几乎都是木质的，里面住着蛮族商人，他们用各种商品来交换北方出产的皮毛。成为这个城市的主人之后，留里克和诺曼追随者在这里定居了下来，并获得了“大公”的头衔。他的同胞也一批批来到这里，留里克占据了一大片领土并将土地分给他的士兵。就这样，留里克建立了一个国家，将其命名为罗斯①，并执行斯堪的纳维亚法律。

与此同时，另外一个诺曼人首领，也是他的一个追随者占领了基辅，那里的人们与君士坦丁堡有贸易往来。人们认为这座城市是极北之国的都城，在古典传说中以黄金时代的美德而闻名。留里克的儿子伊戈尔将都城迁到了这座著名的城市，不久他们的舰船就驶入黑海，多次袭击君士坦丁堡。

罗斯公国通过新的征服不断扩大，获得分封的酋长们进一步扩张和建立城市，进而取得大公统治下的公爵头衔。弗拉基米尔一世为了加强与东罗马帝国皇帝的同盟关系而向其妹妹求婚，东罗马帝

① 一些学者认为这个名字来源于一个萨尔马提亚人的凶猛部落，希伯来先知以西结将其称为罗斯，后来古典作家将其称为罗科索拉尼，他们生活在塔内斯河和玻里斯提尼斯河的源头附近。这个部落经常袭扰罗马帝国的边境。68年，他们突袭了默西亚；166年，他们和马科曼尼人开启战端；270年，他们被罗马皇帝奥勒良击败。——原注

国皇帝要求信仰异教的罗斯公国接受基督教信仰。弗拉基米尔一世同意了，在结婚后颁布法令，命令毁掉他统治下的所有异教神庙并在这些地方建立基督教堂。他的臣民也被命令接受洗礼，他们聚集在河边，东正教的神父曾一次给数千人施洗。

弗拉基米尔一世将领土扩展到立陶宛、利沃尼亚和加利西亚，他建立了城市并鼓励那些游牧臣民定居下来。和大多数封建国只有贵族、农奴和军事封臣不同，他们的城镇里还有自由的商人，他们的土地由自由的农民耕种，这些自由、勤劳的农民为富有的地主劳作。如果土地没有被征用的话，所有人都要向所在地的贵族或大公进贡，或者更确切地说是以实物的形式缴租。他们的军队主要由贵族及其侍从组成，大多是诺曼人。商人和农民基本是土著的后代。

弗拉基米尔一世于1015年去世，那个时代最凶残的首领雅罗斯拉夫在打败了自己的兄弟们后，成为这个辽阔国家的唯一统治者。在他的统治下，国家的疆域甚至扩张到了匈牙利和摩尔达维亚的边界。

雅罗斯拉夫的成功主要得益于诺夫哥罗德为他提供了一支4万多人的军队，当时这座城市已发展为一个强大的商业中心，人口众多而且非常富有。他们常常自夸："谁能抗拒上帝和伟大的诺夫哥罗德！"城市管理由市长和市议员共同实施，他们的市议员又被称为波雅尔，意思是古罗斯拥有世袭领地的大封建主阶层。市议员由年度选举产生，同时也隶属于各省总督。市长未经人民同意无权宣战、讲和和征收新的赋税。要决定这些重大事务需要敲响巨钟，召开全体市民大会。雅罗斯拉夫对诺夫哥罗德公民们的忠诚给予了回报，他制定了一些非常明智的法律，并创办了一所公立学校，300个公民的子女可以在那里免费接受教育。

这一时期，罗斯的文明程度和其他欧洲国家一样高，首都基辅甚至比巴黎和伦敦都好得多。居民们模仿希腊人的衣着和生活方式，他们在餐桌上使用银质的盘子进食，饮用美味的黎凡特美酒，举办豪华的宴会，用东方的方式装饰他们的房子。据说这个城市有300座教堂。

尽管经常受到内战和外国侵略的干扰，但这个国家的政府组织在两个世纪里几乎没有发生什么变化。然而在1223年，他们遭到了来自东方的强大民族——蒙古鞑靼人的入侵。罗斯一方面由于希腊人、波兰人和匈牙利人的竞争而日渐衰弱，另一方面遭到了蒙古鞑靼人的重创。罗斯贵族沦落为卑贱的臣民，大部分领土被蒙古鞑靼人统治了200多年。

在这期间，罗斯人的文明状态，和征服者几乎没有什么区别。正如我们提到的那样，成吉思汗的儿子术赤在亚速海沿岸击溃了所有罗斯贵族的联军，他们劫掠了大量的战利品和无数俘虏后返回了亚洲。几年后，术赤的儿子拔都又带领一支军队前来，在6年的毁灭性战争中，基辅、莫斯科和罗斯的许多其他城市变成了废墟。鞑靼人唯一的目标就是掠夺和进攻，而不是占有土地和建立殖民地。他们的可汗在伏尔加河沿岸定居，他住在金色的帐篷里，因此这个王国也被称为金帐汗国，我们在讲述鞑靼的历史中讲了这个王国的历史。可汗每年派使者去收集贡品，而罗斯的每一位新任大公都要接受可汗的册封。

只有诺夫哥罗德保留了独立选举执政官的权利，但当地人也要向可汗进贡。诺夫哥罗德的执政官中有一位大名鼎鼎的圣·亚历山大·涅夫斯基公爵。他因为抵御丹麦、瑞典和条顿骑士团的联军而名声大振。除了鞑靼人，当时的罗斯还要对付这些敌人。他在涅瓦河的汉克斯与敌人进行了一场战斗，并取得了辉煌胜利，由此获得了“涅夫斯基”——涅瓦河上的征服者——的称号。

大约这一时期，基辅大公承认教会的领袖是罗马教皇而非东正教牧首，但这在蒙古可汗看来是反叛行为。基辅大公把自己的妹妹嫁给了拒绝向可汗进贡的弗拉基米尔大公，勃然大怒的可汗派军队废黜了这两位大公并把他们的领土赐给了亚历山大·涅夫斯基，同时授予了他罗斯大公的头衔。涅夫斯基极力维持国家和平，用他的财富重建城镇，并鼓励各种有益事业的发展。他得到了民众的爱戴，他死后（1263）被封为圣徒，直到现在他依然被尊为圣人，俄罗斯人为纪念他而举办节日。诺夫哥罗德在他死后不久加入了汉萨同盟。

涅夫斯基去世后的许多年里，内部小国间的战争不断，所有首领都渴望赢得可汗的青睐，获得最大的权力。因此，在金帐汗国宫廷里也如同基督教君主的宫廷一样，充满政治阴谋和党派之争。与此同时，罗斯的首都迁到了重建的莫斯科，公国名称也由此更名为莫斯科大公国。基辅落入立陶宛人之手，波兰也夺取了罗斯的几个邦。在这些战争中，许多罗斯人背井离乡，携家带口去往无人居住的地方逃难。随着难民数量的增加，他们建造村庄，耕种土地并自发建立了军事共和国。这些人被叫作哥萨克人，这一名字源于和他们混居的亚细亚部落。

哥萨克人本身是高加索人和鞑靼人的混血后裔。关于这一点，我们在关于鞑靼的章节中已经讲过。欧洲部分哥萨克人的名字来自他们的所在地，因此有顿河哥萨克、乌克兰哥萨克和黑海哥萨克。

他们几乎是独立的，只需要在沙皇的军队里服兵役。许多人的房子都有赏心悦目的花园，从他们的家园可以看出他们热爱和平、追求简单的田园生活和喜欢农耕的美德。

他们比罗斯人更高大，也更英俊，同时更诚实，更有尊严。旅行者描述顿河哥萨克首府切尔卡斯克的哥萨克人，认为他们有教养、好客、慷慨无私，对穷人温和体贴。在欧洲，哥萨克人是众所周知最具骚扰性的轻装部队，他们作为辅助军队跟随正规军队参加掠夺性战争。巴黎人不会忘记这些骑兵，他们裹着羊皮，身上爬满了寄生虫。蹂躏巴黎时，哥萨克人的野蛮行径使人震惊。沙皇长子拥有“哥萨克将军”的名号，但只是空衔，由哥萨克副将军实施管理。

在鞑靼人的统治下，罗斯的商业逐渐繁荣起来，他们举行盛大的集市，希腊、意大利和亚洲的商人经常光顾这里。1320年即位的伊凡一世非常富有，他总是随身带着一袋钱，分发给他遇到的穷人。德米特里在顿河河畔取得了对鞑靼人的胜利，并因此获得了“顿斯科伊”——顿河的英雄——的称号。他是第一个想把鞑靼人彻底赶出这个国家的罗斯贵族，遗憾的是最终他没取得成功。

在这一时期，中亚的帖木儿为了报复，入侵并吞并了俄罗斯的金帐汗国。报仇后，帖木儿率军长驱直入罗斯各省，烧毁了莫斯科和其他大城市。

1472年，伊凡·瓦西里耶维奇即位，当时的罗斯仍处在鞑靼人的统治之下。和前任一样，当可汗派来傲慢的大使带着册封文书到达时，伊凡·瓦西里耶维奇必须亲自骑马去迎接，以最尊贵的礼节将大使迎入礼堂。大使的座位铺着最昂贵的皮毛，而罗斯大公和其他贵族则要环跪四周，战战兢兢地聆听主人的信函训示。高傲的伊凡无法继续忍受这样的羞辱，当可汗的大使到来时，他直接从对方手中接过信函，撕成碎片踩在脚下。随后他把所有鞑靼商人赶出首都，准备开战。他屡次打败可汗的军队，摧毁了他们的要塞和所有定居点，在他即位后的大约20年里，鞑靼人被彻底赶出了罗斯。

在伊凡的统治初期，诺夫哥罗德彻底失去了自己的地位。一个富有的寡妇想扶植一个立陶宛人为诺夫哥罗德公爵，据说这个人是她的情人。她花重金贿赂一个强大的政党来反抗并试图推翻在位的公爵，这个公爵只能向伊凡求助。伊凡违背了诺夫哥罗德拥有独立自治特权的承诺，率领一支大军进入城市，大肆抢夺商品、珠宝和金钱，并把反抗的贵族抓起来，囚禁在莫斯科。诺夫哥罗德后来发生了反叛，伊凡包围并占领了这座城市，迫使这里的人民放弃了自由，承认他是诺夫哥罗德的君主。1477年，伊凡将诺夫哥罗德的巨钟搬到了莫斯科，曾经辉煌一时的诺夫哥罗德日渐衰落，最后变得无足轻重。

伊凡迎娶拜占庭帝国的公主索菲娅为第二任妻子，她是25年前被土耳其人征服的拜占庭帝国最后一位皇帝的侄女。这位美丽优雅、受过高等教育的年轻女士带着不少意大利人和希腊人来到俄罗斯①宫廷，使伊凡迫切想把希腊和意大利高雅而实用的艺术引入俄罗斯。许多建筑师、铸造师和采矿师都来到了这个国家，俄罗斯开始了系统的改良，后来彼得大帝继续致力于这项伟大的事业并取得

---

① 伊凡三世是使近代俄罗斯从蒙古人的统治下独立出来的莫斯科大公，索菲娅公主的嫁入，让莫斯科取代君士坦丁堡成为东正教的中心。为了区分和衔接，本书将这个时期后的Russia翻译成“俄罗斯”，取代前面的“罗斯”。——译者注

了成功。伊凡于1505年去世。

1533年，伊凡四世即位，他继承了祖父伊凡·瓦西里耶维奇的遗志，最终成为俄罗斯第一位沙皇。一位驶入白海的英国船长在阿尔汉格尔登陆，他前往莫斯科请求沙皇允许英国人在阿尔汉格尔开展贸易。当时伊凡四世在波罗的海没有港口，不得不使用利沃尼亚人的港口，而这些港口随时可能对他关闭，所以他非常乐意接受英国船长的建议。从事这项有利可图的贸易的英国公司获得了很大特权。伊凡四世还是英国女王伊丽莎白的求婚者之一。

他在统治早期建立了一支常备军，这是俄罗斯的第一支正规军。同时顿河的哥萨克人自愿在他的军队中服役，这极大加强了他的军事力量，并帮他征服了喀山和阿斯特拉罕诸省，由此打通了里海与波斯之间的贸易路线。这条线路很快被英国商人采用。他在统治后期征服了西伯利亚。

虽然伊凡四世是一位非常有作为的君主，但他对诺夫哥罗德的人民却十分残忍，人们将他称为“恐怖的伊凡”。诺夫哥罗德准备叛投波兰，伊凡四世得知消息后立刻带领军队前去关闭城门，士兵们占领了城里的街道。他成立了一个法庭来审判反叛者，每天处死许多人，这个法庭被称为“血腥法庭”。一时间，悲伤、恐怖和绝望笼罩着诺夫哥罗德的每一个家庭，因为他们无法逃避也无力抵抗。这位嗜血的暴君就像一只被激怒的老虎一般肆虐了6个星期，据说有6万人死于他的暴怒。类似的屠杀也在特维尔、莫斯科和其他城市上演过。

伊凡四世很小的时候就展现出这种残忍的性格。在13岁的时候，他曾召集身边的大贵族，告诉他们，自己不需要他们的指导，也不会再容忍他们对王权的冒犯。他说："我本该惩罚你们所有人，因为你们都冒犯了我，不过我姑且饶恕你们一次，只惩罚你们中最坏的安德烈·舒斯基。"安德烈·舒斯基是一个在沙皇少年时期掌握政权的贵族领袖，他极力辩解，然而伊凡四世置若罔闻。年少的暴君怒吼道："把他给我绑起来！扔去喂我的狗！"伊凡四世非常喜欢饲养猎犬，这时一群凶猛的猎犬被带到了窗下，发出可怕的狂吠声。安德烈·舒斯基被扔到这群猎犬中，他凄惨的哀嚎刺激了猎犬的嗜血本性，整个人瞬间被撕碎吞噬。

诺夫哥罗德所有富裕的市民都死了，不过这座城市在彼得大帝将国家的贸易中心转移到圣彼得堡之前，依然保持着一定的重要性。波兰和俄罗斯的战争开始了，波兰人在克里米亚鞑靼人的帮助下很快占领了莫斯科并将其纵火焚毁，成千上万的居民在大火中丧生。伊凡四世躲入一座戒备森严的修道院。这次短暂的避难后，他那满头浓密的黑色鬈发已经谢顶，胡子稀疏，身形消瘦，五官的憔悴让他更显得面目狰狞。他比以前更加残暴，或许是他在诺夫哥罗德大肆屠杀的报应，或许是一时冲动，他用铁棍打死了自己的儿子。事后他十分懊悔，没过几个月就死了。

在伊凡一世之前，俄罗斯农民是自由的，不过奴隶的数量一直在逐渐增加。直到伊凡四世死后，在鲍里斯·戈东诺夫的统治时期，俄罗斯才正式颁布法律将农民束缚在所出生的土地上。值得注意的是，当这种侮辱人格的奴役制度在俄罗斯开始时，欧洲其他地区正在逐步废除这种制度。

伊凡四世的儿子费奥多尔继承了皇位，他是留里克最后的子孙，为人软弱。他把政府完全托付给妻兄鲍里斯·戈东诺夫，此人野心勃勃，专权暴虐，为了篡取王位谋杀了费奥多尔的弟弟德米特里。1598年，鲍里斯·戈东诺夫登上沙皇之位，他那令人深恶痛绝的统治在1604年结束。

这几年间出现了7个假冒德米特里的人，他们宣称之前从鲍里斯·戈东诺夫手中侥幸逃脱。这些人多次使国家陷入混乱，其中一个在波兰国王的支持下登上皇位。但他对人民的宗教信仰不明智的漠视引发了骚乱，也令他死于动乱。之后的7年间，这个国家被另外6个假冒者所搅扰，但一直没有人能正式获得沙皇的皇冠。莫斯科被波兰占领，诺夫哥罗德被瑞典夺走。

在俄罗斯贵族博雅斯基和一个叫米宁的小贩的带领下，一些爱国公民决心拯救国家，他们中的很多人为了这个伟大的事业付出了自己的财产、生命、妻子和孩子。最终他们夺回了莫斯科，米哈伊尔·罗曼诺夫被推选为沙皇。

第431章

从彼得大帝到尼古拉一世

（1604—1849）

从米哈伊尔·罗曼诺夫即位开始，俄罗斯历史开启了全新的篇章，这个显赫的家族至今仍统治着整个帝国。从那时起，俄罗斯不再被视为一个亚洲国家，而被认为是一个欧洲国家。

这位年轻的沙皇谨慎地与瑞典和波兰达成和平协议，将部分土地割让给两国，并在33年的统治期间恢复了国家的繁荣景象。没有哪一位君主比他更受俄罗斯人民爱戴和尊重。

1645年，他的儿子阿列克谢继承了皇位。阿列克谢才能卓著，为国家制订了许多计划，这些计划在彼得大帝时期得以贯彻落实。乌克兰的哥萨克人向他效忠，成为帝国强有力的军事力量。

1676年，阿列克谢的儿子费奥多尔三世继承了皇位，他和土耳其人进行了第一次俄土战争，废除了贵族世袭制度。当时关于贵族家族的优先权和特权的争论甚嚣尘上，常常令沙皇困扰不已，有时一个古老家族的贵族会拒绝屈从于另一个家族不那么古老的贵族。因此沙皇下令销毁所有记载家谱的书籍，并颁布法令宣布凡是获得功勋的士兵均视为出身高贵，任何不在军中的人，即使是贵族也不能凌驾在他之上。

1682年，阿列克谢的另一个儿子彼得即位，开创了俄罗斯政治、工业、商业和风俗的新纪元，后来他被称为彼得大帝。当时彼得只有10岁，但他的才智却远在哥哥伊凡之上，于是两人被宣布为共治沙皇。政务被委托给他们的姐姐索菲娅公主，她容貌美丽、天资聪颖，而且多才多艺，却辜负了国家对她的信任，最终和她的大臣戈利岑一起被流放到西伯利亚。

彼得大帝18岁时亲政，他的首要任务是建立强大的海军和陆军，使俄罗斯在欧洲列强中可以占据一席之地。他派遣年轻的贵族去意大利、荷兰和德意志学习有用的科学技术，还亲自去荷兰的船坞劳动，并参观了英国的一些船坞。彼得大帝在涅瓦河畔住过的小房子至今保持完好，那里可以看到一艘由这位沙皇亲手打造的小船，它被称为“小祖父”，是现在俄罗斯强大海军的萌芽。

彼得大帝的生平和光辉事迹足以写好几卷书。他的缺点是残酷和专制。在他的改革中，我们有必要关注的几点是：他对当时俄罗斯低下的制造工艺的有效提升。将俄罗斯女性从奴隶般的附庸地位和与社会的自我隔离中解放出来，并让她们享受到和男性同等的教育。他创办了学校和大学。他修改历法，采取公元纪年，使俄罗斯历法与欧洲其他地方的历法一致。他废除了民族服装。他新建公路，沿路开设旅店和邮局并设立路标。他开凿了连接大河的运河。所有城市都灯火通明，监管有力。在位43年之后，他在生命中的最后一年将王位传给了皇后叶卡捷琳娜一世。

彼得大帝死于1725年，没有任何一位近代帝王能在同样短的时间里取得如此巨大的成就。他先是向外扩大领土，从土耳其手中夺得亚速，由此获得了对黑海北岸及其港口的控制。然后他在西北部建立了新的首都——圣彼得堡，以保障波罗的海的贸易，并通过占领芬兰、利沃尼亚、英格里亚和卡累利阿而使新首都处于中心位置。在里海，他占领的领土囊括通往波斯、鞑靼和印度大部分地区的交通要道。此外，他还通过西伯利亚与当时非常富有的中国进行友好往来。

我们可以从这位伟大的沙皇第二次西化改良的历程中了解到他坚韧不拔的品质。法国国王路易十五为招待彼得大帝在巴黎预备了盛大的欢迎仪式，然而伟大朴实的彼得大帝却选择在旅店下榻。他这样说："我是一名军人，只要面包和啤酒就够了，不需要什么别的。小房间对我来说很合适，我不喜欢劳师动众，动辄前呼后拥。"但他仔细参观了巴黎所有的著名工厂，拜访了最著名的画家、雕刻家、金匠和数学仪器制造商，从他们那里获得了很多有价值的信息。

他总是渴望获得有用的知识，在沿着法国乡间小路行进的时候，他经常停下马车去和田间劳作的农民交谈，请他们展示各种工具的用法，遇到不熟悉的工具还会画下草图。有一天，彼得大帝碰巧看到一个法国神父在自己的农田里劳作，他对身边的人说："看！多么好的乡村神父！他自己酿造苹果酒和葡萄酒，用自己的双手赚钱，等回到俄罗斯之后，请一定记得提醒我把这事告诉咱们的神父。"

历史学家们过度夸大了彼得大帝的功绩和善行，这些歌功颂德的声音完全掩盖了他的罪行。身为帝王，他不惜自贬身价，亲手斩杀反叛者，自己厌倦亲手杀戮后，就转而津津有味地欣赏血腥的屠杀场面。他无缘无故地否定自己的妻子并和她断绝关系，还用皮鞭对她进行可怕的折磨。他下令处死了自己的儿子，后人甚至怀疑是他亲自动的手。

作为战士和立法者，彼得大帝无疑是伟大的，但是作为一个人是可鄙的。彼得大帝是一个集邪恶与美德于一身的非凡人物。哪怕对他的家庭生活进行最表面的探究都会使人们毛骨悚然。我们可以说他是伟大的改革家，几乎可以说他一手缔造了伟大的俄罗斯帝国，他征服了同样杰出的瑞典国王查理十二世，但他也是一个酒鬼，一个粗俗的肉欲主义者，一个糟糕的父亲，一个残酷而不忠的丈夫。他的一些行为的确令人费解，在好几个后代身上都能看到他那种残暴的疯狂。无数受害者死在他的手上，而他罕见的仁慈总是来得太迟。

在叶卡捷琳娜一世短暂的统治期间（1725—1727），政府主要由缅什科夫主导。他原本是一个糕点师的跟班，彼得大帝将他培养成首相。因此，当时欧洲最大帝国的实际统治者是这样两个人：一个出身于女仆，一个出身于跑堂跟班。1727年，叶卡捷琳娜一世去世后，彼得二世继承了皇位，缅什科夫遭到放逐，他的敌人——那些旧贵族重新掌权。

彼得二世的统治于1730年结束，彼得大帝的侄女库尔兰女公爵安娜成为女皇。她被残暴的大臣比隆摆布，实权都落入比隆之手，据说他至少把2万人流放到了西伯利亚。不过1740年安娜女皇死后，比隆被迫放弃摄政王的宝座，他的政敌将他流放到西伯利亚。

在另一个阴谋家的拥立下，彼得大帝的小女儿伊丽莎白于1741年登上皇位。在她的统治下，国家十分繁荣，宫廷装饰得富丽堂皇，一些俄罗斯贵族成为欧洲最富有的人，制造业得到改善，商业蓬勃发展，上流社会开始感受到教育进步的有益影响。

1761年伊丽莎白死后，她的侄子彼得三世继承了皇位，但由于他试图在军队中推行普鲁士式的管理，在神职人员和贵族中推行其他令人不快的改革，所以他很不受欢迎，就连他的妻子都设法组织了一个政党来反对他。1762年，即位不到6个月，彼得三世被迫退位并被谋杀。他的妻子，德意志王公的女儿叶卡捷琳娜二世继承了皇位。彼得三世当初娶她完全是依照姑母伊丽莎白的意愿，事实上夫妻双方都对彼此深恶痛绝。

叶卡捷琳娜二世富有教养、精力充沛，而且很聪明，但作为一个女人，她的性格却令人讨厌。她统治时期的主要事件有：任命了一位波兰国王。通过与土耳其人的战争赢得了克里米亚，那是布格河和德涅斯特河之间的大片领土，实现了在黑海和达达尼尔海峡的自由航行。在此期间，莫斯科暴发过一场可怕的瘟疫。她剥夺了贵族处死农奴的权力；鼓励德意志人在俄罗斯的荒地上殖民；建立女子学校，开办男子大学。这位睿智的女皇还建立了很多有益的机构。

在1768年至1774年的第五次俄土战争中，波将金率领俄军连战连捷，他是俄罗斯帝国首相、将军以及叶卡捷琳娜二世的情夫。据说在南方的一次战役中，他命令随军的一个英国园丁和600名助手带着各种各样开花的灌木和植物提前一天行进，在他每一处要扎营的地方搭建临时花园。

1796年，叶卡捷琳娜二世去世，她的儿子保罗一世继承了皇位。保罗一世释放了柯斯丘什科和波兰的囚犯，做了几件慷慨而公正的事情。他命人挖出父亲的尸体，进行庄严的加冕——这是彼得三世在世时从未举行过的仪式。但实际上，保罗一世是一个生性多疑的暴君，在他睚眦必报的专制统治中，俄罗斯人民饱受可怕的折磨，他的密探几乎无处不在。在1801年发生的一场阴谋中，保罗一世被秘密处死，他的长子亚历山大一世被推上了皇位。

亚历山大一世是一位温和仁慈、很有才干的君主，他迫切希望为国家谋求福祉；同时也很有野心，希望俄罗斯能成为真正的强国并构成对邻近国家的威胁。他即位的时候，俄罗斯正处于关键时期。他在加冕时就颁布法令禁止贵族出售农奴，除非同时出售农奴所居住的土地。他还通过法律来保障每个人的劳动成果，给予每个自由人购买土地的权利。为了普及教育，亚历山大一世开办了学校，不过这些学校所遵循的教义采纳了统治者的专制思想，要求孩子们和人民把沙皇看作是神在人间的代表，要对沙皇保有几乎和崇拜神明一样的尊敬。

亚历山大一世拒绝实施拿破仑的大陆体系，因为该体系会给俄罗斯的商业造成巨大伤害，这最终导致俄法两国的决裂。当时已经预见到冲突不可避免的沙皇在1811年花了整整一年的时间准备迎战法国人。拿破仑在1812年6月24日向俄罗斯宣战，他率军侵入俄罗斯，向莫斯科进发。经过激烈的战斗之后，法国军队第一次看到了俄罗斯的古都。

这座城市就在他们面前，高耸的塔尖、坐落在美丽树丛中的宫殿、在阳光下闪闪发光的镀铜圆屋顶，近在咫尺。然而这座城市就像沙漠般寂静无声，拿破仑等了两个小时后，得到了一个令人惊讶的消息：莫斯科被遗弃了，城里空无一人。法国军队进了城，对四周空荡荡的寂静街道非常惊奇。

这种寂静很快就被打破了，原来俄罗斯人离开之前在莫斯科的好几个地方放了火，火势以惊人的速度蔓延。面对这意想不到的敌人，法国人迅速逃离，街道上火光冲天，热气灼人，熊熊的大火燃烧了整整4天。这座城市里用了几个世纪才建立起来的一切都被付之一炬。

冬天即将来临，俄罗斯人宣称要切断法国军队的补给线，因此法国人除了撤退别无他法。1812年10月18日，法国军队被迫撤离莫斯科。这次撤退遭遇了最可怕的灾难和痛苦，无数人死于路上，拿破仑在俄罗斯的冰天雪地里损失了50多万人，最后跟着他安全逃回法国的不到3万人。

拿破仑这最后一搏的结果，证明俄罗斯可以依赖人民的爱国主义和严酷气候获得安全。滑铁卢之战后，作为独立国家的波兰被俄罗斯吞并，亚历山大一世加冕为波兰国王。在生命的最后10年，亚历山大一世为他的臣民付出了值得称颂的努力，却无法纠正那个专制时代哪怕1/10的弊端。在他极力想要遏制的腐败体制中，从最卑微的职务到最高阶的官员都已经无可救药。1825年，亚历山大一世在深深的失望中死去——他最后的日子因为一场阴谋而痛苦不堪，这个阴谋的目的是将他的帝国分裂成几个独立的国家。

亚历山大一世把皇位传给了他的弟弟尼古拉一世，但是有许多士兵宣称支持尼古拉一世的哥哥康斯坦丁大公。不过亚历山大知道，康斯坦丁的脾气太过暴躁不适合执政。经过一些流血冲突，坚定而懂得节制的尼古拉一世赢得了这场斗争的胜利。他很快得到承认，并在莫斯科举行了隆重的加冕仪式。

康斯坦丁大公被任命为波兰总督，但他的统治不当导致了叛乱。1830年，因为无法忍受他的暴政和严重违反宪法的行为，波兰华沙发生了大暴动。在可怕的破坏和流血事件之后，俄罗斯军队于1831年9月镇压了这场暴动。成千上万的波兰人，不论男女老幼，无论贫富贵贱都被无情地流放到西伯利亚，人民流离失所，波兰王国也被并入俄罗斯，从此成为俄罗斯帝国的一个省。这一事件严重违反了文明世界的道德观念，也是俄罗斯沙皇长期奉行绝对专制主义的一个例子。

在亚历山大一世统治时期，俄罗斯取得过对波斯战争的胜利。尼古拉一世即位不久，双方因为边界争端又爆发了一场战争。关于这场战争，我们在波斯的历史中有过具体描述。波斯人输了几场战役，他们的统帅阿巴斯·米尔扎被迫在1828年与俄罗斯达成和平协议，高加索诸省之前已经割让给了亚历山大一世，这次波斯又放弃了里海西南海岸的大片领土。

1829年，俄罗斯与土耳其爆发了战争，起因是俄罗斯试图促成希腊独立。俄罗斯军队越过巴尔干半岛，赢得几场胜利后，在土耳其的阿德里安堡制定了和平条款。希腊获得自由，土耳其将整个切尔克西亚割让给了俄罗斯。但切尔克西亚人在土耳其的统治下享有很大程度的自由，他们只需要缴纳少量贡品，俄罗斯对此表示拒绝。因此自1829年起，切尔克西亚人就一直进行着徒劳的反抗。

我们在鞑靼历史中提到过希瓦战争。希瓦是俄罗斯和印度贸易的必经之地，希瓦人征收繁重的商业税和其他一些令人难以忍受的行为激怒了俄罗斯商人。希瓦人还掳走定居在里海附近的俄罗斯殖民者，入侵俄罗斯统治下的吉尔吉斯人的部落，强迫其中一些部落进贡，并煽动叛乱。1839年，俄罗斯沙皇对希瓦宣战，由于鞑靼沙漠艰苦的地理条件，俄罗斯人输掉了一场战役；不过在1841年，他们经过激战之后取得了第二次战役的胜利，占领并洗劫了希瓦的首都，释放了无数从波斯和俄罗斯抓来的俘虏。俄罗斯商队可以畅通无阻了，他们的货物免收通行费。

俄罗斯历史上最后一个重要事件是1848年至1849年干涉奥地利和匈牙利之间的斗争。沙皇插手这件事的表面动机是维护维也纳会议规定的奥地利帝国的领土范围，但其真正目的是阻止自由进步思想的传播，摧毁数百万被奴役的欧洲人为争取自由而建立的堡垒。匈牙利发生的事件在全世界范围内造成了深远的影响，引发的深思绝不仅仅局限于那些勇敢人民的权益被暴君所践踏。经过这一事件，俄罗斯的实际权力、政府的能力和倾向以及当权者的性格特点都成为深思者最关心的话题。

自拿破仑被推翻之后，俄罗斯在世界上的政治地位迅速上升。沙皇亚历山大一世是俄罗斯、奥地利、普鲁士和法国组成的神圣同盟的领袖，而这个同盟公然地残酷镇压人民的革命。1848年，欧洲发生一系列革命事件之后，尼古拉一世接着成为新的神圣同盟的领袖，他是维护君主制合法性的主要希望。毫无疑问，他完全有资格成为这个同盟的领袖，他的帝国土地辽阔，人口众多，那些奴性深重的臣民绝对忠于他的意志，而且无论从个人角度还是政治角度，尼古拉一世都奉专制主义为圭臬。

几个世纪以来，俄罗斯的历史始终展现着一种永无休止的侵略精神，不断向外扩张领土。在这个国家争夺领土和走向霸权的道路上，不存在正义感，也不存在任何原则。不论是谁统治俄罗斯，都会奉行同样的专制政策，这似乎就是这个国家的宿命。

沙皇对那些唯唯诺诺、卑躬屈膝的臣民往往表现得宽厚仁慈；对于那些具有独立精神、主张自己有权思考和行动的人，沙皇的报复会像老虎般无情。

当时的沙皇尼古拉一世在很大程度上融合了这些完全对立的特点，他似乎非常渴望增进人民福祉，常常被称赞是好父亲和好丈夫。然而，一个皇帝通过强调这些私人生活中的美德得到赞誉，这是多么苦涩的讽刺！因为这意味着臣民对他的道德要求通常比普通人还低。所以尼古拉一世在人民中很受欢迎，那些希望维护君主制合法性的群体也将他视为希望和榜样。

然而这个世界要面对的是君主的公众形象，必须评判他在国际舞台上的行为。那么评判尼古拉一世的时候应该听一听波兰、切尔克西亚和匈牙利的证言，听一听成千上万流亡者的叹息和哭声、数万人临死前的惨叫和数百万被奴役者的呻吟——这些都是对尼古拉一世的控诉。在这个世界上，这种暴君永远都是自由精神最大的敌人，也是专制制度的天选捍卫者。

俄罗斯君主列表

王朝	君主	即位时间（公元年）
大公		
	留里克	882
	摄政者奥尔加	955
	伟大的弗拉基米尔	988
	尤里一世	1156
	安德烈	1157
	鞑靼人入侵	1395
	伊凡三世	1474
沙皇或国王		
	伊凡四世	1533
罗曼诺夫王朝	米哈伊尔·罗曼诺夫	1613
	阿列克谢	1645
	费奥多尔	1676
	伊凡五世	1682
	彼得大帝	1696
	叶卡捷琳娜一世	1725
	彼得二世	1727
	安娜女皇	1730
	伊凡六世	1740
	伊丽莎白女皇	1741

（续表）

王朝	君主	即位时间（公元年）
荷尔斯泰因王朝	彼得三世	1762
	叶卡捷琳娜二世	1762
	保罗一世	1796
	亚历山大一世	1801
	尼古拉一世	1825

第432章

俄罗斯的城市及法律

圣彼得堡是俄罗斯帝国的重要中心，位于芬兰湾最东端。城市的一部分建于陆地之上，一部分坐落于涅瓦河口附近的小岛上。圣彼得堡有一个城门装饰着华丽的凯旋门。由于地势很低，圣彼得堡经常被芬兰湾的海水淹没，城市的地基非常潮湿。

彼得大帝于1703年建成这座城市，当时这里只有几间渔民的小屋。现在城市街道的宽度为70英尺到150英尺，许多宽阔的运河穿城而过，旁边有石头筑成的堤坝，河上有结构优雅的拱桥。涅瓦河岸的码头非常壮观，这座城市是世界上最美丽、最引人入胜的城市之一，人口有48万人。

前首都莫斯科坐落在莫斯科河畔，位于圣彼得堡东南487英里。在法国入侵前，这里是欧洲最大的城市，周长近20英里。克里姆林宫是一个巨大的建筑，或者更确切地说是一个华丽的建筑群，包括皇宫、小教堂、政府办公区、大主教教堂、其他教堂以及兵工厂。

1812年法国入侵时，莫斯科被焚毁，城市的2/3化为灰烬。现在这座城市得以重建，呈现出一种东西方相结合、跨越了各个时代和民族的特色。

利沃尼亚的首府里加位于多瑙河畔，靠近入海口。芬兰的首府是赫尔辛基，在芬兰湾有一个良港。阿尔汉格尔也有一个不错的港口，但一年中有9个月因为冰封不能使用。

人口1.1万人的斯摩棱斯克和人口8 000人的诺夫哥罗德在俄罗斯历史上非常重要。斯摩棱斯克曾有20万居民。诺夫哥罗德曾属于汉萨同盟，是以前亚洲和欧洲北部的贸易中心，曾统治过罗斯大部分领土，据说人口曾达到40万人。

坐落于第聂伯河畔丘陵地带的基辅是一座历史悠久的城市，曾经是俄罗斯的圣城之一。敖德萨是欧洲最繁华的城市之一，是黑海沿岸的主要商业中心，也是俄罗斯南部的出口中心。

俄罗斯的法律由数千条敕令或法令组成，都由俄罗斯沙皇颁布，其实是沙皇意志的宣言，而这些就是俄罗斯统治国家的唯一法律。俄罗斯没有议会，参议院由62名成员构成，但他们只负责记录和发布敕令并给出建议，并不具备任何独立的政治权威。沙皇可能会向大臣们咨询，却绝不会受他们的控制，正如贵族是农奴的主人一样，沙皇是所有臣民的主人，他可以轻而易举地剥夺他们的财产、自由和生命。

除了专制，俄罗斯最大的祸根是奴隶制度。尼古拉一世树立了解放农奴的良好榜样，他解放了皇室领地上的所有农奴，自1839年起，这些农奴成为自由佃农，有权获得财产，并可以按自己的意愿把财产传给继承人。

在此之前，俄罗斯有大约2 000万农奴，现在农奴的数量少了一大半，但有些贵族尚未效仿沙皇，他们宣称那些农奴不希望自由，因为这意味着他们要承担养活自己的重任。如果这是真的，那么这些农奴身上的奴性简直已深入灵魂。可怕的奴性已经抹杀了独立的本能，抹杀了进步的萌芽，抹杀了个人道德和公共道德的基础。

事实上，与遥远时代的中国和近代的欧洲一样，俄罗斯正在进行着相同的摆脱封建主义灾难的斗争。沙皇似乎也在努力削弱贵族的权力，提倡君主制，通过集权把帝国打造成统一、进步的政体。因此，士兵可以通过军阶晋升为军官，而军官享有和贵族同等的地位；城市被合并，被赋予一些权利；商人和技工得到信任和尊重，并享受一定的豁免权；从主人手中逃脱的农奴不会被当成罪犯逮捕。这一切的目的是打造一个中产阶级，他们掌握着国家的经济命脉，对统治者心存感激，和坚定的军队一起构成统治者的左膀右臂。

到目前为止，最近两位沙皇的才能使他们具备了和旧贵族抗衡的能力，不过他们从贵族手中夺走的权力全部转移到了沙皇的皇冠上。俄罗斯有效的军事力量约为70万人，不过其动员力几乎是无限的，海军，特别是黑海的海军非常强大。俄罗斯帝国的财政状况应该比任何一个欧洲国家都好。

俄罗斯政府所实施的惩罚之一是将人流放西伯利亚。帝国的法律规定所有被判处流放的人都必须途经莫斯科。几乎每个星期都能看到这些被流放者凄惨的景象。他们的脚踝上戴着沉重的脚镣，脚镣间相连的粗锁链大约有两英尺长。这些罪犯不论是杀人犯、小偷、爱国者，是民事犯还是政治犯，也不论是贵族还是平民，都要完成长达6个月的步行才能到达西伯利亚。他们4个人一组被锁在一起，由全副武装的士兵监管。女犯人走在一起，不用锁链，但也有士兵看守。男犯人的妻子，如果本身不是罪犯，可以带着孩子和行李坐车而行。

不论男女老幼、高低贵贱，即便是最优雅、最有教养、最出色的人，只要直率地表达了自由观点就会遭到这种残忍可怕的厄运。到达西伯利亚的托博尔斯克之后，这些人大都会得到较好的待遇，但最恶劣的罪犯会被强迫到矿井里劳作——这是最严厉的惩罚——他们永远关在里面，不见天日，也得不到任何同情。

现在我们来看看俄罗斯的语言、文学作品和他们的性格。

首先我们必须指出俄罗斯有大约80种不同的方言。[①] 俄语是在斯拉夫语的基础上形成的，至少有1万多部著作是由俄语写成，说俄语的人大约有4 000万。沙皇为了发展文学，尤其是民族文学，付出了巨大的努力。据说俄罗斯主要的科学荣誉来自帕拉斯、格梅林、欧拉、伯努利以及其他一些德意志人，叶卡捷琳娜二世曾花重金请他们在圣彼得堡居住。在俄罗斯贵族中最受欢迎的是法国文学。罗蒙诺索夫和苏马罗科夫是俄罗斯最伟大的诗人。卡拉姆津凭借优秀

---

① 除了西伯利亚方言区，俄罗斯方言区包括：俄语区；芬兰和拉普兰的芬兰语区；东芬兰语区，包括500平方英里的领土，以乌拉尔地区为界，包括8种方言，属于土耳其语和芬兰语的结合；爱沙尼亚语区；利沃尼亚语区；立陶宛语区；波兰语群；斯洛伐克语区；罗马尼亚语区；哥萨克语区；土耳其语区，有4种方言，包括喀山的鞑靼人、纯种土耳其人和一些文明的亚洲民族；大约有20万人说巴什基尔语；一些民族和巴什基尔人的混血后裔有3万人，他们说一种自己的方言；那海汗国的鞑靼人有自己的方言，他们是1772年从黑海和里海之间迁徙来的鞑靼人的后裔；蒙古人说的是蒙古语。除此之外，还有亚美尼亚语区，高加索地区的各种方言，以及德意志、意大利、犹太、希腊等民族的各种方言。俄罗斯在欧洲的领土上的各种方言多达几十种。——原注

顿河哥萨克人

巴什基尔人的服饰

的纯文学作品不仅在俄罗斯赢得了广泛声誉，在国外也备受称赞。科学在沙皇的慷慨资助下大获成功；科研机构和图书馆都得到了鼎力支持。

俄罗斯人的性格表现在两个极端上——半野蛮的贵族和愚昧无知的农奴，因为中产阶级在这个国家还处于萌芽阶段。俄罗斯6 000万人口中最主要是斯拉夫人，这个民族有特有的语言，具有耐心、开朗、坚忍、倔强以及忍耐的性格，但他们接受的教化非常有限。斯拉夫人性格的缺陷是长期被压迫和奴役的结果，而且在地理位置上，他们处于辽阔而单调的大草原和沙漠中，这种与世隔绝使他们远离了追求

克里米亚的鞑靼人

文明和充满活力国家的推动。俄罗斯人没有爱清洁的习惯。他们非常适合当兵，俄罗斯军队纪律严明，可以说是世界上最强大的军队之一。

俄罗斯欧洲领土的人口中有300多万人是芬兰人；鞑靼人生活在克里米亚和南部大草原的一些地区；巴什基尔人生活在东南部地区，他们是鞑靼人的一个分支。

波兰

第433章

波兰

波兰的意思是“平原”，在领土最广的时期，波兰人口可能有2 000万人。[①] 但从1832年以来，它就不再作为一个独立的国家而存在了。

波兰人属于斯拉夫民族，斯拉夫族群非常庞大，从波罗的海到亚得里亚海，从易北河到第聂伯河河口都有他们的居住地。但是，无法确定波兰人究竟是哪个亚洲部落的后裔。他们很可能是当地人与来自亚洲连续不断的入侵者融合产生的混合族群。由于波兰人和俄罗斯人有共同的起源，他们之间的血缘关系也很亲近；他们与阿提拉的匈人也有因融合产生的血缘关系；他们与日耳曼民族长期融合，所以和波希米亚人也有血缘关系。

---

① 波兰曾经包括旧时的普鲁士波兰、波森、加利西亚、克拉科夫、波兰王国、俄罗斯波兰和库尔兰。在古代，匈牙利和波希米亚有时也由波兰国王统治。——原注

在9世纪之前，波兰人不过是众多独立部落的聚合，每个部落有一位酋长或领主，这些酋长或领主又在一位首领或公爵的领导下联合在一起，以防外来侵略。这些部落居住在一个被普鲁士、喀尔巴阡山脉、布格河和奥得河包围的地区，最主要是维斯瓦河沿岸的地区。关于他们的一些古代典籍宣称，这些部落是挪亚的一支直系后裔，在古萨尔马提亚的这一部分定居下来。

在这个国家早期编年史的生动传说中，有一个关于波兰公爵波皮耶二世的故事。他使这个国家充满了放荡和残忍，因此，他的叔叔们试图领导人民约束他的恶行，但叔叔们都被他以狡诈的方式毒死了，还不允许埋葬他们的尸体。虽然臣民对他无可奈何，但他最终还是没有逃脱惩罚。

那些没有被埋葬的尸体里蹿出无数只大得惊人的老鼠，立刻把宫殿填满了，它们专门攻击罪孽深重的波皮耶二世和他贪婪恶毒的妻子以及他们的孩子。老鼠难以阻挡，消灭了一批，又有更大的一批涌了进来。公爵让人在他们一家周围点燃了火，围成一个火圈，但并没有什么用，那些凶猛的动物很快就越过了火焰，毫不犹豫地攻击他们，而且只攻击他们。逃到另一个地方也没有用，老鼠们尾随着他们，一直来到附近的湖边。他们逃到船里，老鼠们就跳进水里咬他们的船舷。他们赶紧登陆，晚一点船就被老鼠弄沉了。他们刚一上岸，老练的敌人又跟上来了。公爵的侍从明白这是天谴，也就不再保护他们了。公爵带着妻子和孩子逃到附近的一座塔上，登上了最高的尖顶，但老鼠还是跟着他们，门和栅栏都抵挡不住。他的两个儿子先被吃掉了，然后是公爵夫人，最后是公爵自己。老鼠吃得如此彻底，他们四个人连一根骨头也没剩下。

波兰真正的历史应该开始于梅什科一世。那时波兰是德意志皇帝奥托一世的封地。大约在960年，梅什科一世成为皮亚斯特王朝的第一位波兰君主。965年，他和他的臣民皈依了基督教。对于一个从远古时代开始就对酗酒、纵欲、强奸、抢劫和流血事件乐此不疲的民族来说，基督教教义的严肃道德约束一定令他们难以忍受，尤其是控制像斯拉夫这样缺乏耐心的民族时，它会更加令人生厌。

然而在14年的时间里，在公爵的推动和虔诚的传教士（其中包括著名的圣阿德尔伯特）的帮助下，人们完全接受了基督教。梅什科一世皈依基督教的故事，在一些民族的基督教归化史上并非绝无仅有。他曾向匈牙利国王的女儿多姆布罗卡求婚，但是国王父女俩都拒绝了这个异教徒。因此他请来基督教牧师，在同一天受洗和举行婚礼，并下令在全国范围内销毁偶像。

1025年，波兰在梅什科一世的继承人波列斯瓦夫一世的统治下成为一个王国。这个国家成功地退出了与波希米亚、德意志帝国和罗斯人的战争，领土大大增加了，力量变得空前强大。这位能干的君主的后半生都献给了为人民谋福祉。

在波列斯瓦夫二世统治时期，波兰再次与波希米亚人、匈牙利人和罗斯人开战。在占领了罗斯人的大城市基辅后，那些跟随国王打仗的贵族们沉浸在享乐之中，似乎已经忘记了被他们遗弃的家园。在这种情况下，大多数贵族的妻子据说与留下管理庄园的农奴结了婚。等这些贵族终于回来的时候，奇特的场面发生了：一些妻子受到了惩罚；但由于意识到自己同样有过错，大多数不忠的丈夫原谅了他们不忠的妻子，转而惩罚那个农奴和奴役他们所生的孩子。

这一时期发生了一件大事，就是克拉科夫主教圣斯坦尼斯瓦夫被杀。他冒险以温和的方式规劝国王改正他的罪恶和荒淫，但并没能阻止国王，于是他就把国王逐出教会，并最终对首都克拉科夫的教堂下了禁行圣事令。恼羞成怒的国王来到乡下的一个小教堂，斯坦尼斯瓦夫正巧在那里主持仪式。等到仪式结束后，国王派卫兵进去杀死他。他反复派人进去，但是士兵们都不敢下手。最后国王亲自走进教堂，拿起武器重重一击，把这位忠诚的神父打得脑浆迸溅。后来教皇格里高利七世废黜了这个罪行严重的国王，他最终在逃亡和流放中死去。

在那些暴力的年代，波兰也和其他地方一样，出现过中世纪的黑暗场景。有时候，国王是暴君；有时候，贵族篡夺了他的全部权力；还有时候重新回到混乱的无政府状态，整个国家四分五裂。然而，也有一些光明的场景缓解了普遍的悲观情绪，其中之一是正义王卡齐米日二世于1177年开始统治波兰。他改革了各种弊端，并孜孜不倦地致力于人民的幸福事业。在13世纪初，波兰与条顿骑士团的战争以许多条顿骑士定居在波兰领土而告终——他们成为波兰有效的边防力量。

在13世纪末，莱谢克二世死后可怕的无政府状态似乎要把波兰拉向灭亡，但在1295年，贵族和神职人员选举杰出的普热梅斯瓦夫二世为国王，他结束了纷争。普热梅斯瓦夫二世在格但斯克[①]周围建了一堵木墙。这是波兰的第一个防御工事。他用智慧治理着国家，但是，3个世纪以来的种种罪恶是不容易根除的。他很快就被暗

① 格但斯克，德国人称为但泽。——译者注

杀，继任者瓦迪斯瓦夫一世不得不与立陶宛人联合起来对抗条顿骑士团。立陶宛人奴役了大约2.4万名波兰俘虏；当立陶宛公爵的女儿嫁给瓦迪斯瓦夫一世以巩固联盟时，作为新娘的嫁妆，这些人被释放并送回他们的祖国。

卡齐米日三世被冠以“大王”的称号可以说实至名归。他于1333年即位，很快使国家恢复了和平，并消灭了横行的强盗团伙；他用砖块和石头代替木头和稻草来改善城镇建筑；他修建良好的道路并制定了明智的法律；他赋予农民财产权，并让他们拥有在有正当理由的情况下离开主人的权利；他通过给予犹太人特权来鼓励贸易，从而吸引了许多犹太人来到波兰，让他们至今仍是波兰的一大群体。这些犹太人在克拉科夫——已经取代格涅兹诺成为新的首都——变得如此富有，以至于当卡齐米日三世的侄女结婚时，有一个犹太人请求为她献上礼物，结果这个犹太人给的钱和她叔叔给的嫁妆一样多。

由于卡齐米日三世没有孩子，他希望他的侄子——匈牙利国王路易继承他的王位，贵族们同意了，因为王位是选举产生而不是世袭的，但条件是路易要签署一份承诺所有贵族出身的波兰人可以免税、所有的官职都属于波兰人的文件。卡齐米日三世和路易一世死后，皮亚斯特王朝绝嗣。

路易一世死后，他的女儿雅德维加尽管已经和别人订了婚，但为了祖国的利益，她认为有必要嫁给立陶宛公爵雅盖沃——由于雅盖沃非常渴望这门亲事，他信奉了基督教；并且在他的领土上废除了异教，因为这是雅德维加的唯一条件。这位立陶宛贵族相貌英俊、彬彬有礼、举止高贵，经过洗礼他被命名为瓦迪斯瓦夫二世，建立了统治波兰数个世纪的雅盖隆王朝。

他的儿子瓦迪斯瓦夫三世继承了他的王位，在经历了少数民族的叛乱之后，瓦迪斯瓦夫三世又当选为匈牙利国王。在土耳其穆拉德二世统治时期——他的宫廷设在阿德里安堡，瓦迪斯瓦夫三世卷入了一场与土耳其人的战争。国王率领一支庞大的军队，在当地匈牙利人的帮助下，取得了几次胜利，随后与土耳其人签订了有利的和约，并维持了10年和平；但是教皇说服他撕毁了和约，使他又一次踏上战场。他在1444年的瓦尔纳战役中战死，年仅20岁。

瓦迪斯瓦夫三世死后，卡齐米日四世继承了王位。当时波兰许多城市和普鲁士贵族以及波美拉尼亚人都发动了反抗条顿骑士团的起义，卡齐米日四世利用这些有利条件最终推翻了条顿骑士团的统治。在这场毁灭性的12年战争中，据说有30万人死去，1.7万个村镇被烧毁。

他即位时拒绝宣誓遵守惯例，在被迫出席波兰议会时，他被指责为暴君和叛徒；但他对大家愤怒的叫喊表现出令人更加愤怒的冷漠。大贵族们当着他的面开会决定，如果他继续顽固不化就废黜他，结果国王让步了。因此从1445年那一刻起，波兰成了一个实际上的共和国——而且已经开始用这个名字了。国王不过是议会的代理人。在这一时期，贵族们对政府任命议会代表作了进一步的改革。议会代表只能由选民选举产生。

齐格蒙特一世于1506年即位。他是波兰最优秀的君主之一。在漫长的统治期间，波兰人享有前所未有的繁荣，因为他崇尚学问和勤奋，喜欢和平胜过战争。在宗教改革时期，波兰政府很少反对新教；当严厉的阻止措施失败之后，齐格蒙特一世就明智地放弃了压制新教的企图，仅规定新教徒不能担任公职。在这个时期，仅在克拉科夫就有超过50台印刷机，王国里有80多个城镇可以印刷书籍。这是唯一一个允许出版自由的国家。天文学家哥白尼和齐格蒙特一世是同时代的人。哥白尼出生在托伦，当时属波兰，现在属于普鲁士。

1572年，齐格蒙特·奥古斯特结束了雅盖沃王朝一脉。随后，王位完全由选举产生，与血统无关。选举国王是一件令人非常兴奋的事。全国各地的大贵族都带着武器骑着马，前往首都华沙为选举造势，每个人都带着一大批侍从，城市里盛况空前。那些不被允许参加的人也经常会因为支持不同的候选人而争斗。在华沙附近的沃拉平原上的一座临时建筑里，议会起草等待君主签署的传统公约；其中的条款在每一个新君主的选举中还会增改，最后国王几乎没有任何实权。

选举那天，大批骑士聚集在平原上，来的人实在太多了，以至于方圆12英里的场地都容纳不下。元老会和教皇特使坐在中间，每一个参加王位选举的贵族都带着各自的队伍站在自己的旗帜下。大主教跪在地上诵读祷文，宣布几位候选人的名字，然后骑着马收集选票；选票由元老会统计，得票最多的贵族立即被宣布为波兰国王。

大约在17世纪中叶，元老会实施了一项冒险的创新，所有元老会成员都可以阻止法律的通过，甚至可以通过行使否决权来解散议会。这一荒谬做法带来了可怕的混乱，所以许多波兰学者把国家的毁灭归咎于此。

罪恶愈演愈烈。社会中没有中产阶级——而他们是君主制国家唯一的自由守护者。贵族之间的纷争，对奴隶的暴政，投票选举一个只是傀儡的国王，这些根本不能称为自由。一方面，波兰只有农奴，他们毫无权利，缺乏教育；另一方面，贵族则傲慢自大，只顾自私自利和奢侈享受。波兰古代和现代的政治罪恶都是从这种社会状态中直接或间接地衍生出来的。

扬·卡齐米日统治时期（1649—1668）是一个不幸的时代，虽然与法国的交往把文明生活引入了波兰，但是与哥萨克和鞑靼人的毁灭性战争摧毁了波兰商业，教育也受到极大的阻碍。

扬·索别斯基是一位非常有名的将军，他在1674年被选为国王。他死后，有一年的王位中断期，这显示出这个王国的虚弱。弗里德里希·奥古斯特一世于1697年被选为国王。他与彼得大帝结盟，共同对抗瑞典国王查理十二世。查理十二世占领了波兰，于1705年废黜了波兰国王。王位空缺5年后，他又于1710年把斯坦尼斯瓦夫推上了波兰王位。这时候，内战、瘟疫和无政府状态折磨着波兰。同年，弗里德里希·奥古斯特一世被华沙议会恢复王位。在他统治期间，一些路德宗的孩子和耶稣会士学生之间的小争吵成了暴乱的起因；新教徒受到不公正的谴责，并被议会处以最血腥的惩罚。这种肆无忌惮的野蛮行径玷污了共和国。这个伴随着一连串灾难的统治于1733年结束。

在接下来的选举中，富于哲学气质的斯坦尼斯瓦夫赢得6万张选票，重新登上王位；他就是洛林国王，也是法国国王路易十五的岳父。但波兰的政治命运已不再是国王能掌控的了。奥地利和俄罗斯无视国际法，强迫波兰人接受弗里德里希·奥古斯特二世为国王，这种事情在欧洲列强中并不罕见。弗里德里希·奥古斯特二世只喜欢打猎和抽烟，对其他事情都非常厌恶，他死于1763年。

俄罗斯的叶卡捷琳娜二世趁此机会独自决定波兰王位的归属。

她选定了一位年轻的波兰贵族——斯坦尼斯瓦夫·奥古斯特·波尼亚托夫斯基伯爵，据说此人曾是她的情人。波兰人对此很不满，但她的回答是：“我希望他成为波兰国王，那他就是国王。”1763年，1万名俄罗斯士兵进入华沙执行女王的意志。国王和国会都没有任何实权。1772年，俄罗斯、普鲁士和奥地利瓜分了波兰王国的大部分领土，这一事件我们在其他部分介绍过。

波尼亚托夫斯基为人和善可亲，竭力为留给他的那一部分波兰领土争取利益。但在1793年，俄罗斯和普鲁士再次瓜分了剩下的波兰大部分领土，波兰领土只剩下一小块。

这种暴行激起了波兰爱国者的愤怒，他们在塔德乌什·柯斯丘什科伯爵的领导下试图拯救国家。柯斯丘什科曾在美国独立战争中光荣地为美国人民服务，现在希望成为波兰的拯救者。他在克拉科夫驱逐了俄罗斯驻军，全国委员会宣布他为执政。波兰人虽然取得了一些胜利，但是4万普鲁士人在腓特烈·威廉三世的率领下扭转了战局，彻底粉碎了这些爱国者的希望。波尼亚托夫斯基被迫放弃王位，波兰最后剩余的领土被俄罗斯、奥地利和普鲁士瓜分。这个曾经强大的王国就此宣告终结。

柯斯丘什科

后来的拿破仑原本可以使波

兰复国，而且他似乎就是这样计划的，但是他从莫斯科的撤退导致了变化。我们之前提到过，波兰人在1830年掀起了一次对俄罗斯康斯坦丁大公违反宪法以及其他暴行的起义；这次起义虽然显示了高尚的爱国主义，但结果却只是把将波兰身上的枷锁变得更紧——被并入俄罗斯，成千上万的爱国者被流放到西伯利亚。整个国家沦为一个被征服的省份。

克拉科夫自由市——这座城市位于维斯瓦河畔，也是波兰的第二首都，领土大约有490平方英里，人口有19万人。1815年的维也纳会议，列强最后一次瓜分波兰时，未能就克拉科夫到底应该属于俄罗斯、普鲁士还是奥地利达成一致。因此，他们确立了它作为一个不可侵犯的中立共和国的地位，条件是不能收留3个大国的任何敌人。

议会由普通民众选出的代表组成，再加上6名教会成员和3名参议院成员，议会由1名参议院成员主持。参议院由12名成员和1名主席组成。议会和参议员的任期都是3年。作为一个活跃的商业中心，克拉科夫繁荣了30年。但是，奥地利借口克拉科夫是政治煽动者的庇护所，于1846年终结了这个共和国——波兰最后的独立残存——并把这块领土据为己有。法国、英国和俄罗斯都默认了这次吞并。

华沙是波兰的首都，坐落在维斯瓦河畔广阔的沙质平原上。这座城市的建筑简陋，但郊区却有漂亮的街道和优雅的建筑。普拉加是华沙的郊区之一，维斯瓦河把这里与市区隔开。在1830年至1831年的起义前，华沙有15万人口；但恢复波兰独立的崇高事业带来了灾难性后果，大大减少了华沙的人口。这座城市有几座宫殿和政府大楼、一所大学，还有一些修道院和医院。

这里的人们就像永远在举行假面舞会一样——留着长胡子的犹

太人，穿着各种长袍的神职人员，蒙着面纱、遮盖严密的修女，穿着最鲜艳的丝绸斗篷在广场上漫步的波兰年轻女子，留着八字胡、穿着束腰外衣、佩带军刀、脚上穿着红色或黄色靴子的令人肃然起敬的波兰老贵族，追随巴黎最新时尚的新贵族，另外还有土耳其人、希腊人、俄罗斯人、意大利人、德意志人和法国人，组成了五彩缤纷的人群。

维斯瓦河岸边商业发达，还有很多布料、亚麻、地毯、长袜、马车和马具的制造业。其他的波兰城镇都很小。其中最大的是卢布林，人口有1.2万人；卡利斯克，人口有1.5万人。

波兰人以勇敢、尚武精神和讨厌束缚著称。他们正直、好客、礼貌、活泼，但也有些放荡。富有的贵族们过着奢侈的生活，以豪华的方式款待他们的朋友和陌生人。波兰女性很有魅力。农民贫穷，也没有整洁的概念。犹太人普遍是商人，在波兰享有的政治自由，使他们在性格和外表上都比那些在其他国家受压迫的犹太人更好。但其中某些人有敲诈勒索的倾向。

波兰君主列表

<table>
<tr><th>君主</th><th>即位时间（公元年）</th></tr>
<tr><td colspan="2">公爵</td></tr>
<tr><td>莱赫一世</td><td rowspan="2">560</td></tr>
<tr><td>莱赫二世</td></tr>
<tr><td>文达女公爵</td><td rowspan="2">750</td></tr>
<tr><td>莱谢克一世</td></tr>
</table>

（续表）

君主	即位时间（公元年）
莱谢克二世	804
莱谢克三世	810
波皮耶一世	815
波皮耶二世	830
皮亚斯特一世	842
谢莫维特	860
莱谢克四世	892
谢莫梅斯乌	921
大公	
梅什科一世	960
波列斯瓦夫一世	992
国王	
波列斯瓦夫一世	1025
梅什科二世	1025
中断	1034
卡齐米日一世	1041
波列斯瓦夫二世	1058
瓦迪斯瓦夫一世	1079
波列斯瓦夫三世	1102
瓦迪斯瓦夫二世	1138
波列斯瓦夫四世	1146

（续表）

君主	即位时间（公元年）
梅什科三世	1173
正义王卡齐米日二世	1177
莱谢克一世	1194
瓦迪斯瓦夫三世	1202
莱谢克一世（再次）	1206
波列斯瓦夫五世	1228
莱谢克二世	1279
无政府状态	1289
普热梅斯瓦夫二世	1295
瓦茨拉夫二世	1300
瓦茨拉夫三世	1305
瓦迪斯瓦夫一世	1306
卡齐米日三世，大王	1333
路易一世	1370
中断	1382
雅德维加女王	1384
雅盖隆瓦迪斯瓦夫二世	1386
瓦迪斯瓦夫三世	1434
卡齐米日四世	1447
扬·奥尔布拉赫特	1492
亚历山大一世	1501

（续表）

君主	即位时间（公元年）
齐格蒙特一世	1506
齐格蒙特二世·奥古斯特	1548
中断	1572
亨里克五世	1573
斯蒂芬	1576
齐格蒙特三世	1586
瓦迪斯瓦夫四世	1632
中断	1648
扬·卡齐米日	1649
米哈乌	1668
中断	1673
扬·索别斯基	1674
中断	1696
弗里德里希·奥古斯特一世	1697
被查理十二世废黜并中断	1705
弗里德里希·奥古斯特一世（恢复）	1710
弗里德里希·奥古斯特二世	1733
中断	1763
斯坦尼斯瓦夫·奥古斯特·波尼亚托夫斯基	1764—1795

匈牙利

第434章

匈牙利

匈牙利这个名字意为“匈人的土地”，现在指的是一片辽阔的领土，人口超过1 300万。西面毗邻摩拉维亚、奥地利本土、施蒂里亚和伊利里亚。在南面，与土耳其之间隔着面积超过1.8万平方英里的军事边界。

匈牙利的军事边界是一个狭长地带，居住着100多万不同民族的人，各自处于完全不同的政府体系之下。它沿着土耳其边境绵延1 000英里，从亚得里亚海到布科维纳河，划分为4个军事政府——克罗地亚军事边境、斯拉沃尼亚军事边境、匈牙利军事边境和特兰西瓦尼亚军事边境，所有的文职官员都是由军人担任。它的人民以承担兵役来确保拥有土地；这些人随时会被征召，必须立即拿起武器保卫边境；他们在平时也必须保持军事组织和纪律。这样一来，就有6万名精锐部队的储备而无需国家供养。

整个军事边界的军事指挥权一般授予克罗地亚或匈牙利的指挥

官班；一般事务交给维也纳的一个特别委员会或理事会处理。这个边境政府是奥地利在16世纪初建立的，目的是抵御土耳其人的入侵；但是自从那个国家停止侵略，它的主要用途就是作为对付瘟疫的“防疫线”。

“班”是一个古老的词，意思是“首领”，用来指某些半军事区的指挥官；这种地区叫作巴纳特。在匈牙利一共有两个巴纳特，其中大的一个以蒂米什瓦拉为首府，位于马罗斯河、蒂萨河和多瑙河之间。另一个在克罗地亚。但通常认为这里属于匈牙利的东部与瓦拉几亚、摩尔达维亚和俄罗斯的接壤地带。北面是喀尔巴阡山，将匈牙利与加利西亚隔开。

匈牙利的领土面积，包括军事边界，大约9万平方英里。在古罗马时代，它的一部分属于古代潘诺尼亚行省，一部分属于达契亚行

匈牙利军官

省，达契亚构成了罗马人在这一地区的堡垒和边界。

匈牙利的政区划分如下：1.匈牙利本土，细分为4个地区；2.斯拉沃尼亚地区，分为3个县；3.匈牙利的克罗地亚地区[①]，包括卡尔斯塔特政区，以前是伊利里亚的一部分和匈牙利的沿海地区。

特兰西瓦尼亚是匈牙利的一部分，面积大约2万平方英里，人口有200万人。位于古罗马人的达契亚行省东部，但在1713年成为奥地利的属地。1765年，玛丽娅·特蕾莎在这里建立了一个大公国，从那以后就一直保持着这种状态。原来领土的一部分被划归匈牙利，另一部分则被划入军事边界。这里的居民是马扎尔人、萨克森人、瓦拉几亚人、吉卜赛人、斯拉沃尼亚人和亚美尼亚人。

斯拉沃尼亚被称为一个王国，是古代潘诺尼亚的一部分。这个名字来自7世纪定居于此的斯拉夫人，并形成了萨尔马提亚人大家族的一个分支，统称为斯拉沃尼亚人。在10世纪，它被匈牙利统治，并在1699年由《卡洛维茨条约》确认归属奥地利。

匈牙利是古罗马潘诺尼亚行省的一部分。早期的居民是日耳曼人，被罗马皇帝奥古斯都征服。4世纪，匈人暴风骤雨般从亚洲冲进欧洲。

在我们对鞑靼、德意志和意大利的叙述中，匈人的历史被追溯

---

① 克罗地亚是一片古老的土地。它四周的边界是亚得里亚海、伊利里亚、斯拉沃尼亚、达尔马提亚和波斯尼亚，现在有一半在土耳其的统治下。最早的居民似乎是潘诺尼亚人，后来又相继由匈人和阿瓦尔人占有；640年，来自波希米亚的温德人在这里定居。从他们给这个国家取的名字Hrovasch，衍生出了现在的名字克罗地亚和克罗地亚人。这个民族极为凶猛，生活在与世隔绝的山区。他们在12世纪时被奥地利统治，从那时起几乎一直如此。——原注

到阿提拉时代。453年，匈人的势力随着阿提拉的去世而衰落。他们中的一部分人定居在这里，这个国家也因为他们而被称为匈牙利。

一些学者指出，在查理曼对他们发动的长期战争中，古代匈人已经被消灭了；后来邻近的民族占领了这片领土，而现在的匈牙利人就是从这些邻国来的移民。

但其他更权威的学者认为，今天的匈牙利人就是古代匈人与其他民族的混合民族。仅从匈人的外貌看，并不支持这种观点；但是，如果说“构成匈牙利民族根源的芬兰人部落”，随着时间的推移，与突厥人、斯拉夫人和日耳曼人融合在一起，几乎完全改变了他们的外貌特征，还是完全可能的。现在的匈牙利语正是由芬兰语、突厥语、斯拉夫语和德语的元素组成的。

推翻匈人的哥特人和格皮德人，在526年被伦巴第人征服。568年，当这些人移居意大利时，阿瓦尔人乘虚而入，占领了这个国家。他们把领土延伸到巴伐利亚，但是查理曼征服了他们，并强迫他们信奉基督教。

在9世纪，原本属于中亚地区的马扎尔人入侵了这个国家，并在10年内征服了它。他们的首领对这个地区进行了分配。首领阿尔帕德自己占有了一半领土，剩余的被分配给下级首领及其追随者。古代的土著变成了农奴。

阿尔帕德的孙子盖萨皈依了基督教，盖萨的儿子斯蒂芬，也是最后的公爵，在1000年开始使用国王的头衔，并把特兰西瓦尼亚并入了王国。拉斯洛一世和卡尔曼征服了斯拉沃尼亚和克罗地亚，并在经过多次战争后，征服了达尔马提亚；贝拉二世征服了波斯尼亚；伊姆雷征服了塞尔维亚；安德烈二世和他的儿子卡尔曼征服了加利西亚。

1308年，法国路易九世的弟弟查理被加冕为匈牙利国王。他把这个王国的地位提升到了一个新的高度。查理娶了波兰国王卡齐米日三世的妹妹，因此，查理的儿子拉约什成为匈牙利国王之后，又在1370年继承了波兰的王位。这位被称为拉约什大帝的国王于1342年至1382年在位，他的联合王国从波罗的海一直延伸到亚得里亚海。

在他逝世后，波兰和匈牙利再次分裂，内乱爆发。1387年至1437年在位的西吉斯蒙德几乎失去了所有原来吞并的领土。土耳其人接近边境，并卷入每一次内战。奥地利大公阿尔布雷希特娶了西吉斯蒙德唯一的女儿为妻，于1437年继承了匈牙利的王位，但是他在1439年与土耳其人的战争中死去。后来这些土耳其人被勇敢的亚诺什·匈雅提击败，其子马加什一世于1457年被选为国王。事实证明，马加什一世是一位非常能干又很幸运的国王。他统治着摩尔达维亚、瓦拉几亚、摩拉维亚、西里西亚、卢萨蒂亚和奥地利的大部分地区，建立了一个面积为25.6万平方英里的帝国——与现在的奥地利帝国差不多。

1490年马加什一世去世后，这个王国分崩离析，内乱和糟糕的政府使土耳其人乘虚而入。拉约什二世在1526年的莫哈奇战役中战死。这严重地削弱了匈牙利人的力量，以至于他们在160年的时间里都无法将自己的国家从基督教世界的敌人手中解放出来。奥地利的斐迪南一世娶了拉约什二世的妹妹，因此成为匈牙利国王。得到这个国家后，他的力量确实极大增强了，但他不得不把奥芬这个匈牙利最美丽的地方割让给土耳其人，直到1686年才将他们驱逐出去。

土耳其人得势在一定程度上是由于奥地利王室在当地不受欢

迎，因为其专制习惯和宗教上的不宽容是匈牙利贵族最为反感的。因此纠纷和叛乱频繁发生，叛乱分子在某些情况下甚至会向土耳其人求助。

著名的匈牙利领导者特克伊就是这么做的。他和他的异教徒盟友在1683年几乎攻占了维也纳；维也纳的保全主要归功于索别斯基率领的波兰军队，这我们已经讲过了。1699年的《卡洛维茨条约》把特兰西瓦尼亚和匈牙利，1718年《帕萨洛维茨条约》把巴纳特，从土耳其人的奴役下解救出来。1711年，迄今为止危害最大的内战和叛乱结束了；从那时起，奥地利皇室就一直安稳地拥有这个国家。从玛丽娅·特蕾莎的时代一直到现在，匈牙利人在各种情况下都表现出他们是君主最忠诚的臣民。

但1848年爆发了一场起义。这场起义超出了最初争议的起因，目的是将匈牙利从奥地利的统治中分离出来，获得独立，从而摆脱日耳曼人的束缚，成立独立的匈牙利国家。

为了理解这一事件的起因，有必要做一些初步的说明。约瑟夫二世一直渴望在维也纳实行中央集权统治，而这也一直是奥地利政策的特征；他试图把匈牙利并入奥地利，但这个国家勇敢而成功地进行了抵制，并在1790年的普雷斯堡会议上，向他提出承认匈牙利人权利的要求，即在条款中郑重宣布“在立法和管理的整个体制方面，匈牙利是一个自由和独立的国家，不受任何其他国家或任何其他人的约束，拥有独立的生活方式及宪法；因此，将由根据国家法律和习俗加冕的国王统治”。这样一来，匈牙利就有了自己的议会；奥地利的皇帝相继加冕，成为匈牙利国王；王室的权力被委任给一个名称为“巴拉丁”的官员。

在匈牙利的几个民族中，马扎尔人拥有最高地位，尽管他们不到总人口的1/3。他们几乎是唯一的土地拥有者，也没有其他民族比他们拥有更多的选举国会议员的特权，这使他们的地位优于其他民族。他们斗志昂扬，珍惜自己的权利，不断抵抗着奥地利势力的侵犯；同时，他们也对匈牙利的斯拉沃尼亚人和克罗地亚人非常傲慢。在这种情况下，奥地利的政策是显而易见的：必要的时候，只向马扎尔人让步；煽动其他民族的嫉妒，准备在适当的时候采取行动，以帮助他们推翻傲慢和不安分的马扎尔人。

1848年2月巴黎事件引发的革命运动，使匈牙利领导人有机会表达他们长久以来对奥地利侵犯宪法权利的愤慨。在这种刺激下，他们与奥地利彻底摊牌，发表了1848年匈牙利独立宣言。拉约什·科苏特是这场及随后运动的领导者。他原本是一名默默无闻的地方律师，作为一名杂志编辑，一直活跃在启发公众思想方面，曾为此遭到监禁。这位杰出的人物对大众思想孜孜不倦的教诲和提升的成果，终于得到了证明：1849年4月，匈牙利正式宣布独立，采用共和政体，各阶层公民享有平等的权利。他们就这样用一种光荣的行动，抹去了强大民族压迫弱小民族的记忆，使他们得到了每一个热爱自由的人的同情和祝福。

科苏特被选为总统。他以不懈的热情支持所拥护的事业，一直坚持到最后。奥地利政府曾一度因维也纳的叛乱和意大利的叛乱而陷入困境，但最终还是派遣军队来到匈牙利，并得到由著名的耶拉契奇领导的克罗地亚军队的帮助。

有一段时间，匈牙利的将军们——贝姆、戈尔盖和登宾斯基取得了成功，使人们对匈牙利独立的最后胜利抱有希望。但这种前景很快就变得黯淡，俄罗斯沙皇派遣15万人的军队帮助奥地利镇压匈牙利人。

克罗地亚统帅耶拉契奇

当欧洲其他大国都保持沉默时，匈牙利血流成河。科苏特和大多数同胞勇敢地想尽一切办法抵抗，但力量对比还是太悬殊。一仗又一仗，一个城市接着一个城市向势不可挡的联军投降。最后，匈牙利将军乔治和3.5万人于1849年8月向俄罗斯将军帕斯克维奇投降。匈牙利人发现再抵抗下去也毫无希望，被迫放下武器投降；科苏特和一些同伴则向土耳其寻求庇护。为了保持对匈牙利的专制统治，俄罗斯沙皇要求土耳其苏丹交出流亡到那里的匈牙利人，但被土耳其拒绝了。

匈牙利投降后，许多起义的领导者落入胜利者手中，然后被处决。这些屠杀都是由维也纳的宫廷下令，并在海瑙将军的指挥下完成的。这些残暴的景象令文明世界震惊，但仍然难解奥地利人的心头之恨。他们正式宣布“匈牙利之前的宪法被革命推翻了”；所有匈牙利人的特权都被废除；他们为这个被征服的国家建立了一套专制制度，那就是扼杀人民的声音，将领土划分为若干地区，由军事指挥官负责，他们有权维护公共和平、颁布法令、惩罚犯罪和管制新闻。奥地利人就这样完成了中央集权体制，一切服从于军事统治，民事官员也是如此。这就是所谓的“例外国家”匈牙利。奥地利人的专制统治实际上就是这个国家的唯一宪法，而且可能会持续很多年。

匈牙利大约一半人是天主教徒，还有200万希腊正教徒，100万路德宗信徒，200万加尔文宗和唯一神派信徒。几个民族的人口比例如下：马扎尔人，属于统治民族，在1825年大约有400万人口；斯拉夫人，是臣属民族，由斯拉沃尼亚人、克罗地亚人和塞尔维亚人组成，超过400万。除此之外，匈牙利还有大约70万瓦拉几亚人、70万德意志人、20万犹太人、5万吉卜赛人，还有希腊人、亚美尼亚人等。

匈牙利没有中产阶级，社会由傲慢的贵族、贫穷的农民和街头商贩组成。贵族勇敢、慷慨、坚强，对凡是匈牙利的东西都全身心热爱，对德意志的东西从根本上反感。匈牙利的农民在穿着、外表和礼仪方面，几乎和罗马人首次征服伊利里亚的时候一样；那时候斯基泰人营地的马车不见得会比现在挤满普雷斯堡街道的马车更笨拙。

匈牙利贵族和农奴

在1848年战争中，匈牙利军队中的一些辅助军队使我们想起了他们可怕的斯基泰人祖先。他们是内陆大草原和森林里的蛮族，大多是牧马人、渔夫和猪倌。这些渔夫在战场上会用一种独特的方法架设木桶浮桥，常常被敌人嘲笑，但结果证明非常有效。猪倌一般都是农奴，他们的武器是一把长柄小斧头，投掷起来非常精准，可以在80步或100步开外的地方给予敌人致命一击。

奥地利军队尤其惧怕这些牧马人致命的武器和技能。其实他们的武器只不过是用来捕捉野马的鞭子。这种鞭子在战争中的应用相当新奇，把手长度不超过两英尺，而皮鞭的长度是15英尺到20英尺，前端固定着一个铅球。当铅球被抛出时，它就像一个套索把人或马缠住，或者直接打死。

牧马人使用鞭子十分熟练，在他们骑马全速飞奔时，能够准确无误地击打敌人身体的任何部位。在小规模的战斗中，一个孤立的步兵如果开枪却没有命中，那他就完了，在他还没来得及再次装弹的时候，勇敢的骑士就冲了过来，用带着铅头的鞭子甩出致命一击。

匈牙利军队中有数千名这样的人，他们经常飞快地从马上袭击奥地利人。鞭子造成的伤害非常可怕。在人们知道这些牧马人在匈牙利军队中服役之前，就有大批受伤的奥地利重骑兵被送到佩斯救治。军医无法解释他们的伤情，因为那既不是刀剑伤也不是枪伤，伤员很长一段时间都羞于承认这是由鞭子这种粗劣的武器造成的。但鞭子只能在骑手有足够空间的情况下施展，阵型密集的时候可能会伤及友军。

曾有一个牧马人被奥地利人俘虏，也许是为了确切地了解他使用武器的威力，他被命令在营地里展示他的技能。一个人偶摆在中间，奥地利军官给他指示攻击的部位。前两次他都按照军官的要求做了，但是在第三次，他做出了一个令人吃惊的举动。他用力抡开鞭子，催马冲向围观的士兵，冲开一条路转眼就跑了，身后朝他齐射的枪弹都没打中他。

匈牙利人的娱乐主要是民族舞蹈，特别是在丰收季节，人们会举行狂欢。匈牙利军服——轻骑兵华服——图案生动、威武，其他欧洲国家纷纷效仿。农民戴着一顶涂了漆的宽边帽子，头顶部分低而圆，他们蓬乱的黑色长发随意地编成辫子或者打着结，身穿蓝色的夹克和裤子，外面披着一件羊毛粗呢或羊皮斗篷。他们住在小村庄道路两旁一簇簇房舍里，这些房子都粉刷过，屋顶铺着茅草，里面通常有3间相当舒适的房间。

克罗地亚人的生活方式与中国人相似。所有的家庭成员一起居住，由最年长的男性家长管理；他们的儿子和各自的小家庭占据同一幢房子的一部分；房子会不断扩建，为新增的人口准备住处；一幢房子里有时住有七八十人。这种风俗尤其盛行于军事边境。

总的来说，匈牙利是一个物产丰富的国家。这里葡萄种植业很发达，有100多万英亩的土地用于种植葡萄。还有成片的栗树、樱桃树和梅树。南方有很多橘树。烟草是主要的农产品，各种谷物也很丰富。

夜色中的克罗地亚士兵

尽管匈牙利的河流通航条件很好，但商业却很落后，主要因为缺乏海岸线。多瑙河口被土耳其人占据，河上的航运经常受到阻碍，土耳其人一直堵塞着经过黑海的通道。内陆的交通相当繁忙，道路上总是挤满了犹太人、吉卜赛人和其他外国人驾驶的马车和牲畜。他们不断地奔往各地的集市，全国各地每年会有2 000场集市。佩斯和德布勒森是内陆主要的交通枢纽。匈牙利的对外贸易是用原材料换取制成品。

佩斯曾经是革命政府的首都，人口有5万人；普雷斯堡4万人，开姆尼茨2.3万人，布达3万人；松博尔2万人，玛丽亚・特莱西恩施塔特3.5万人，科莫恩1.7万人，莫哈奇8 000人。这些都是匈牙利本土的城市。斯拉沃尼亚的主要城镇是奥西耶克，有1.2万居民。

匈牙利的教育比较落后，这在很大程度上是语言的多样性造成的。这种情况导致人们在政府事务、国会会议以及日常会话中不得不使用拉丁语。马扎尔人试图使他们的语言成为标准语言，但是奥地利一直抵制，并激起了克罗地亚人和其他民族对这项措施以及对马扎尔人的嫉妒。这也是导致受欢迎的领袖耶拉契奇领导的克罗地亚人在1848年的斗争中加入奥地利一方的原因之一。一些匈牙利贵族受过良好教育，举止优雅。

斯拉夫语言可能起源于印度，据说大约有6 000万人使用这种语言。俄语、波兰语和塞尔维亚语是斯拉夫语中的主要分支。塞尔维亚语应该是其中最精致的，有许多非常美妙的民谣。马扎尔语被认为属于芬兰语，而不是斯拉夫语。马扎尔语在不同文学类别里有许多有价值的作品。鲍林将他们的一些民谣译成了英文。

作为叙述匈牙利部分的结语，我们应该指出，这个伟大国家看来具有一种强大民族的基因，指望他们同化于日耳曼人是不可能的。毫无疑问，俄罗斯想把匈牙利人并入自己已经过度增长的人口中，但匈牙利人近来表现出了一种精神和力量，随着奥地利的日益衰弱，这种精神和力量似乎在不久后就能使他们赢得独立——甚至在面对俄罗斯的压倒性力量时，可能也会很快发挥重大作用。

匈牙利国王列表

王朝	君主	即位时间（公元年）
圣斯蒂芬王朝	圣斯蒂芬一世	997
	彼得一世	1038
	阿巴	1041
	彼得一世（复位）	1044
阿尔帕德王朝	安德烈一世	1047
	贝拉一世	1061
	所罗门	1064
	盖萨一世（大帝）	1074
	圣拉斯洛一世	1077
	卡尔曼	1095
	斯蒂芬二世	1114
	贝拉二世（盲人）	1131
	盖萨二世	1141
	斯蒂芬三世	1161
	贝拉三世	1173
	伊姆雷	1196
	拉斯洛二世	1204
	安德烈二世	1205
	贝拉四世	1235

（续表）

王朝	君主	即位时间（公元年）
阿尔帕德王朝	斯蒂芬四世	1270
	拉斯洛三世	1272
	安德烈三世	1290
安茹王朝	查理一世	1308
	拉约什一世（波兰国王）	1342
	玛丽女王	1382
	西吉斯蒙德（皇帝）	1387
	伊丽莎白与阿尔布雷希特二世	1437
	拉斯洛四世	1440
	中断	1444
	拉斯洛五世	1452
	马加什一世	1457
	拉斯洛六世	1490
	拉约什二世	1516
奥地利王朝	斐迪南一世	1526
	马克西米利安	1563
	鲁道夫二世	1572
	马加什二世	1608
	斐迪南二世	1618
	斐迪南三世	1625
	斐迪南四世	1647
	利奥波德一世	1655

（续表）

王朝	君主	即位时间（公元年）
奥地利王朝	约瑟夫一世	1687
	查理三世	1711
	玛丽娅·特蕾莎	1740
	约瑟夫二世	1780
	利奥波德二世	1790
	弗朗茨二世	1792
	斐迪南五世	1835
	弗朗茨·约瑟夫一世	1848

全欧洲

第435章

古代欧洲的民族

欧洲已知有近4 000年的历史。欧洲土著的起源并不确定，但是西方作家一般都认同他们是挪亚的儿子雅弗的后裔。在希伯来作家的笔下，欧洲被称为“外邦群岛”，但他们对欧洲北部一无所知，除了希腊南部、意大利和西班牙，对西欧的了解也很少，尽管在远古时期，波罗的海和黑海可能是相通的。即使是喜欢四处打听的希腊人也完全不了解北欧地区；腓尼基人虽然到过波罗的海沿岸寻找琥珀，但一直故意隐瞒他们因此获得的地理知识。

我们发现大约在公元前1500年，皮拉斯基人和伊特鲁里亚人在南边与后来从亚洲迁徙来的民族发生了融合，在西边与凯尔特人发生了融合。在非常早的时期，拉普人和芬兰人可能生活在欧洲北部，一些亚洲部落生活在欧洲中部和东部；因为欧亚大草原从蒙古一直延伸到中欧，所以当亚洲的游牧民族席卷欧洲时，中欧一半的地方都见证了部落大迁徙，就像我们在鞑靼历史中提到的一样。

一代代游牧民族不断地涌入，不断地赶走原来的居民并取而代之；哥特人被驱赶到斯堪的纳维亚，芬兰人和拉普人被驱赶到北极海岸，凯尔特人和一些较弱的部落被驱赶到大西洋的岛屿上或者平原旁边的山区里。查理曼的帝国、波兰人的匈牙利王国和俄罗斯帝国相继崛起，这几个国家先后阻止了亚洲游牧民族的军队在欧洲泛滥，这些冲突事件见于历史记载；冲突双方主要是日耳曼部落和匈人。亚洲游牧民族最后一次入侵欧洲是自称成吉思汗后裔的帖木儿率领鞑靼人的入侵。

欧亚大草原的南部边界是阿尔卑斯山和喀尔巴阡山。我们可以这样设想，正是这些山脉保护了伊特鲁里亚人和皮拉斯基人，使他们免受游牧民族从东北部的入侵，这样他们才能安定地居住在自己的家园，才有足够长的和平时期来发展自己的文明，尤其是伊特鲁里亚人早期的文明成果。

皮拉斯基人似乎是沿着小亚细亚的北岸，通过色雷斯进入欧洲的；哥特人应该是从高加索山沿着俄罗斯南部海岸进入欧洲的；日耳曼人应该是从中亚沿着里海北部海岸进入欧洲的；斯基泰人是一支独立的鞑靼人；萨尔马提亚人来自蒙古；阿瓦尔人来自突厥斯坦；匈人来自西伯利亚。关于这些民族的详细情况我们在下面加以说明：

皮拉斯基人在政治上带来了民主体制的政府形式；在艺术方面留下了那些被称为巨石堆的宏伟建筑，这些建筑由未经雕刻的石窟、石冢和巨石堆组成，巨石排成巨石阵一样的圆形围墙，虽然每块石头大小不一、形状各异，但看起来很协调，表面通常也都很光滑。直到今天，在小亚细亚和南欧的很多地方还能看到这些巨石堆的遗迹。

色雷斯、马其顿、意大利南部、地中海岛屿和希腊似乎是皮拉斯基人主要居住过的地方。皮拉斯基人和希腊人有血缘关系。据说皮拉斯基人的意思是流浪的石匠和牧羊人。他们既是牧人又是农民，烤面包、犁的使用和土地丈量都是他们发明的。古希腊民族中最正统的皮拉斯基人后裔是阿提卡的爱奥尼亚人和定居在小亚细亚的希腊移民，他们很少与外来民族融合。在文明和知识素养方面，他们是发展得最早、最迅速的民族。或许希腊人在历史上所有与众不同的杰出成就都应该归功于他们从皮拉斯基人身上继承的文明基础。

伊特鲁里亚人主要生活在托斯卡纳。这个民族的起源并不确定，一些最权威的古文物研究专家认为他们也属于皮拉斯基人。在宗教和文明方面，他们是早期罗马人的老师；在艺术方面，他们在埃及人和希腊人之间扮演着承前启后的角色。农业是伊特鲁里亚人的立身之本，他们的宗教信仰充满阴郁和迷信，预言和占卜的仪式成了一门学问。他们早期单纯朴素的生活方式后来被低俗的感官享受所腐蚀。伊特鲁里亚人精力旺盛，是一个充满活力的民族，他们征服了广阔的领土，也是勇敢、熟练的航海家。

凯尔特人生活在大不列颠岛、爱尔兰、法国和西班牙。凯尔特人有很多分支，包括：高卢人和盖尔人，曾经生活在法国，现在还可以在爱尔兰和苏格兰找到他们；威尔士人，现在居住在威尔士、康沃尔和法国西部的布列塔尼；巴斯克人，曾经生活在法国西南部、整个西班牙，现在还可以在比利牛斯山以西找到他们。

但也有一些学者有不同看法，他们把巴斯克人称为伊比利亚人，认为这是一个完全不同的远古民族；盖尔人和威尔士人是同宗同源的两个民族；而且认为巴斯克语、苏格兰语和威尔士语这三种语言同属于印度第二大语言梵语语系的一个大分支。

凯尔特人这个名称的意思是居住在森林里的人，但他们什么时候、如何从东方迁徙到欧洲不得而知。一些年代学家认为，公元前1993年，欧洲存在一个凯尔特人的帝国。盖尔人的势力范围是爱尔兰和苏格兰高地，关于他们的历史主要是那些模糊的边界战争和内部纠纷；威尔士人被撒克逊人赶出了英格兰的平原；但高卢凯尔特人所经历的事迹比其他任何西方民族都更辉煌、更起伏跌宕。

最开始的时候，他们是游牧民族，足迹遍及欧洲、亚洲和非洲；几乎每个国家的编年史上都有关于他们恐怖威名的记载。他们焚毁了罗马城，从亚历山大大帝的强大军团手中夺走了马其顿，强占了温泉关，洗劫了德尔斐，一路杀到特洛德平原，攻入米利都，越过哈吕斯河，进入小亚细亚，来到了尼罗河畔；他们围攻迦太基，勒索孟斐斯，东方那些最强大的王朝都要向他们纳贡；他们在北意大利即山南高卢建立了一个强大的帝国；占领弗里吉亚王国之后，他们又在那里建立了另一个名为加拉太的强大帝国，这个帝国在很长一个时期里统治着整个小亚细亚。使徒保罗的书信集里可以找到一些关于这个小亚细亚帝国的线索。

我们已知的芬兰人和拉普人的早期历史，已经在拉普兰和鞑靼的历史里讲过了。他们中似乎有一部分在北冰洋海岸生活，保持着和原来差不多的文明状态，例如爱斯基摩人；另一部分，也就是匈人，与鞑靼部落结合在一起，成了令人恐怖的欧洲毁灭者，并为匈牙利人后来建立强大的国家打下了坚实的基础。

条顿人是一个日耳曼部落，历史上对他们最早的记载是居住在中欧的一个亲缘族群。条顿人通常被认为是亚洲游牧民族的后裔；但他们什么时候、如何迁徙到欧洲并不清楚。冯·哈默将这些日耳曼人称为巴克特里亚-米底民族。公元元年之前，他们分化成好几个分支，包括：印盖窝内斯人，他们是海洋民族；厄尔密诺内斯人，生活在德意志中部地区；伊斯特沃内人，生活在德意志其余地区；我们现在所说的德意志人就属于这些民族的分支。

大约在公元前106年，不知道出于什么原因，来自易北河以北的一大批蛮族——条顿人、辛布里人等，还有一群身材高大、极为凶猛的日耳曼人和斯堪的纳维亚人的混血后裔，他们一起向南边席卷而来。在路上，一批凯尔特人加入了他们的队伍，这些人是凯尔特人中的提古林尼部落。罗马人已经征服诺里库姆，势力范围延伸到了比利牛斯山，这时候正在向现在的奥地利和法国土地进军，但他们分别被日耳曼人和凯尔特人击败。第二年，即公元前105年，罗马人在法国的土地上再次遭遇惨败，但罗马将军马略很快击溃了辛布里人和他们的联盟部落，这些蛮族试图从东北部入侵意大利；然后条顿人和阿姆布昂人也在法国南部的土地上被马略彻底击败。蛮族在这两场战役中损失了近50万人。

苏维汇人这个名称的意思是红头发的人，他们是德意志东部的一个强大民族，势力范围从波罗的海一直延伸到多瑙河流域。伦巴第人、萨莫奈人、马科曼尼人、卡蒂人等民族就是苏维汇人的分支。苏维汇人在狭义上是指上面这些民族中生活在士瓦本的一部分人，士瓦本就是现在的维滕贝格和巴登。

阿兰人属于斯基泰人的分支，他们的起源我们在鞑靼人的历史中提到过。欧洲的阿兰人生活在伏尔加河和顿河之间的地方。他们的势力一度从西伯利亚延伸到印度；但是由于匈人的入侵，一部分阿兰人被驱赶到高加索山，一部分加入匈人的行列一起向哥特人的势力范围进军，剩下的一部分和北方的日耳曼人融合在一起侵入罗马、法国和西班牙。

阿勒曼尼人是一个日耳曼部落联盟，在罗马皇帝卡拉卡拉统治时期，他们在莱茵河上游地区联合在一起抵御罗马人的进攻。后来法兰克国王克洛维击败并驱散了他们。

被罗马将军马略击败之后，逃走的蛮族越过莱茵河并形成了一个新的部落，他们就是马科曼尼人。在之后的一个世纪里，一位蛮族首领联合其他几个部落组成了马科曼尼联盟，征服了波希米亚和法兰克尼亚的强大王国，并建立了一个拥有7万人军队的强大帝国。

马科曼尼人的竞争对手切鲁西人在著名的条顿森林战役中彻底击败了罗马总督瓦卢斯率领的罗马军团，罗马人全军覆没，瓦卢斯也被迫自杀，从此切鲁西人成了蛮族的领导者，马科曼尼人失去了原有的地位。

由于内部纠纷不断，切鲁西人走向衰落，随后卡蒂人崛起，但他们后来被罗马人击败。这时候的罗马帝国已经日渐衰落，但不断的内部纷争使日耳曼部落无法好好利用这个机会。

最后，西边的一个部落获得了决定性优势，他们是生活在荷兰的巴达维人；而且马科曼尼战争使那些强大的日耳曼部落再次紧密地团结在一起对抗罗马人。这一时期的战争中，蛮族和罗马人互有胜负。

5世纪初，蛮族开始从四面八方向罗马帝国发动进攻。汪达尔人、苏维汇人和阿兰人入侵西班牙；勃艮第人入侵高卢；西哥特人入侵意大利和西班牙；东哥特人和西哥特人之间爆发了战争，伦巴第人也和东哥特人交战。无数游牧民族就这样开始了向西和向南的迁徙，这就是历史上著名的民族大迁徙，最终以罗马帝国的灭亡告终。

关于哥特人，最早的说法是他们生活在多瑙河河口附近，是一个凶猛的日耳曼民族。希罗多德将他们称为色雷斯人中最勇猛的部落。我们在鞑靼的历史中已经提到过，一个金发碧眼的哥特人部落曾在鞑靼人的土地上建立了一个帝国。

罗马人将斯堪的纳维亚半岛、瑞典、挪威等国家的人都称为哥特人。但传统的说法是一支来自高加索山附近的亚洲部落征服了斯堪的纳维亚，他们的首领在那里建造了西格图纳城和一些神庙，建立了一种宗教信仰，引入了符文字母，简而言之，他们是北欧的统治者和北欧文明的缔造者。这应该发生在公元前50年左右，但也有一些历史学家认为发生在公元前5世纪，也就是波斯国王大流士一世入侵斯基泰的时候。

罗马人所了解的斯堪的纳维亚人在1世纪被称为希勒尔隆斯人。塔西佗将瑞典人称为绥约内斯人，将挪威人称为西顿尼斯人。

哥特人的名字第一次出现在历史上是在3世纪中叶，当时他们越过了德涅斯特河，蹂躏了达契亚和色雷斯，但一番洗劫之后他们又回去了。他们随后向东发展——形成了东哥特民族——越过黑海，在黑海南部海岸掠夺。269年，他们入侵马其顿，但是失败了；272年，西哥特人占领了达契亚。这些西哥特人在君士坦丁一世时期试图入侵伊利里库姆，但没能成功；到了君士坦丁二世时期，他们定居在默西亚，在这里他们皈依了基督教。

大约在4世纪中叶，哥特主教乌尔菲拉翻译了《圣经》。在375

年，被匈人驱赶的东哥特人进攻了默西亚的西哥特人，后来西哥特人侵入色雷斯，并对东罗马帝国产生了重大影响。他们在阿拉里克统治下的历史我们在意大利、德意志和西班牙的历史中都提到过。

匈人覆灭之后，定居在潘诺尼亚的东哥特人将他们的势力范围扩张到诺里库姆和伊利里库姆地区，并于489年入侵意大利，这段历史我们也提到过。544年，东罗马帝国统帅纳尔西斯将哥特人彻底击败，他们在欧洲的势力范围仅剩下西班牙。

哥特人在斯堪的纳维亚曾建立过一个与瑞典王国并存的王国，直到12世纪与瑞典王国合并。人们认为东哥特人和西哥特人都来自斯堪的纳维亚。160年，汪达尔人（意为漫游者）的出现使罗马人饱受困扰；他们和苏维汇人、阿兰人一起于419年进入西班牙；这几个民族很快又到了非洲，并入侵意大利，他们在罗马烧杀抢掠，在罗马人眼里，他们简直就是赶尽杀绝的代名词。

8世纪，来自斯堪的纳维亚的北欧人乘着船袭扰几乎所有的欧洲海岸地区，从芬兰湾直到西班牙安达卢西亚海岸，他们一路散布着恐怖。他们被称为维京人，意思是海上之王，也就是海盗，只要是沿着海湾能够到达的地方都遭到了他们的洗劫，沿岸城市几乎无一幸免。

维京人于862年在诺夫哥罗德和基辅建立了强大的王国，于10世纪在诺曼底建立了强大的王国，于11世纪中叶在西西里岛和意大利南部建立了强大的王国。1066年，这个斯堪的纳维亚民族征服了英格兰，并将这个民族最先进的一些东西带到了英格兰。

东欧平原上的早期居民也值得我们注意。这片辽阔的平原被认为是斯基泰的一部分，后来被称为萨尔马提亚。大约在公元前1000

年至前500年之间，在俄罗斯南部的希腊移民最早定居在这一地区，他们在这里进行皮毛贸易。公元前669年至公元前616年，辛梅里安人被斯基泰人赶出亚速海岸地区，然后从科尔基斯入侵小亚细亚。

有一些学者认为丹麦的辛布里人和威尔士人可能就是这些辛梅里安人的分支。公元前500年，波斯国王大流士一世入侵俄罗斯南部；他越过多瑙河向伏尔加河进发，到达了匈牙利；但付出了巨大的代价，他也没能完全征服斯基泰人。

他遇到了生活在顿河以南地区的萨尔马提亚人，生活在顿河和伏尔加河之间的布迪诺伊人，生活在顿河和伏尔加河上游的狩猎民族塞拉萨格塔伊人，生活在顿河和第聂伯河之间的美兰克拉伊诺伊人（意为黑衣人），他们是俄罗斯人的祖先。

在第聂伯河支流普里佩特河沿岸有一个叫作昂多罗帕哥伊的食人族，他们既没有法律也没有法官；往西南是涅乌里人；往东南，在匈牙利有一个叫作阿迦杜尔索伊的民族，可以看出他们达到了原始文明的较高程度。

在2世纪中叶，东西方向从维斯瓦河、喀尔巴阡山、德涅斯特河到伏尔加河，南北方向从北冰洋到高加索山的这一片地区被称为萨尔马提亚，中间以顿河为界，往西是欧洲部分，往东是亚洲部分。这里的大多数民族被称为马车上的民族，因为他们就像亚洲的斯基泰人一样，多数带着马车四处游荡。

斯基泰（Scythia）这个词现在已经演变成了亚细亚（Asia），也就是亚洲的意思。565年，阿瓦尔人的帝国统治了这片大平原，他们的势力范围从易北河、多瑙河、波罗的海和北冰洋一直到黑海和伏尔加河。

大约在查理曼时期，罗斯大公占据了拉多加湖以南的地区。与此同时，周围的可萨人帝国控制着第聂伯河上游、德涅斯特河下游、黑海、高加索山和伏尔加河之间的地区。哥特人和希腊人被挤在他们中间的克里米亚。1000年，罗斯大公几乎吞并了俄罗斯在欧洲部分的南部所有地区；他的领地和波罗的海之间是爱沙尼亚、利沃尼亚和波兰。

因为欧洲早期部落和民族的历史比较重要，所以我们用一个名称列表加以介绍，以便读者参考。

A
阿尔比西人，马赛山区的部落。
阿尔吉帕人，萨尔马提亚人部落。
阿耳吉维人，希腊阿尔戈斯的民族。
阿迦杜尔索伊人，公元前500年一个开化的匈牙利民族。
阿基坦人，法国西南部的伊比利亚高卢人部落。
阿兰人，顿河和伏尔加河之间的一个民族，后来势力范围延伸到德意志和印度。
阿勒曼尼人，公元前50年上莱茵河地区的部落联盟。
阿雷瓦西人，努曼提亚地区的凯尔特人部落。
阿洛布罗基人，公元前200年皮埃蒙特地区的高卢人，是高地人部落。
阿姆比亚尼人，亚眠地区的比利时高卢人。
阿姆布昂人，法国莱茵河地区的部落。
阿斯图雷斯人，西班牙阿斯托加的部落。
阿特雷巴蒂人，英格兰泰晤士河地区的部落。

（续表）

阿特雷巴特人，法国阿拉斯的比利时高卢人部落。
阿瓦尔人，东芬兰人的部落，和匈人很像，他们于6世纪在俄罗斯地区建立起了辽阔的帝国。
埃蒂塔尼人，西班牙瓦伦西亚地区的部落。
埃杜维人，公元前75年高卢中部地区的一个强大民族。
埃魁人，古罗马城附近的一个小部落。
爱斯提人，波罗的海东南海岸的民族。
爱西尼人，英格兰萨福克、剑桥等地区古老的不列颠人部落，因其在50年对罗马人发动的血腥起义而闻名。
安巴里人，法国索恩河地区的高卢人。
盎格鲁人，荷尔斯泰因地区的日耳曼人。
奥德里西亚人，人口众多、凶猛的色雷斯人部落，他们的帝国从阿夫季拉延伸到多瑙河地区，从斯特里蒙河延伸到君士坦丁堡。
奥皮坎人，也就是奥斯坎人，意大利土著部落。
奥斯坎人，意大利中部的土著部落，萨莫奈人、萨宾人等是他们的分支，他们说的奥斯坎语是意大利古老的方言。
奥特西人，高卢人3个部落的联盟。
B
巴达维人，莱顿地区的卡蒂人部落。
巴斯克人，西班牙纳瓦拉地区潘普洛纳附近的部落。
巴斯塔奈人，从波兰和普鲁士迁徙到博格河地区的部落。
比利其人，塞纳河附近的日耳曼部落。
比图利及人，波尔多地区的高卢人部落。
庇克东内斯人，法国普瓦捷地区的高卢人部落。

（续表）

波伊人，从高卢迁徙到波希米亚，再到巴伐利亚的部落。
勃艮第人，公元前500年从普鲁士迁徙到勃艮第的部落。
不列颠人，不列颠的土著部落。
布迪诺伊人，公元前500年顿河和伏尔加河之间区域的部落。
布里甘特人，从色雷斯迁徙到约克的部落，是不列颠人最大、最古老的部落。
布鲁提人，意大利南部的部落。
布伦尼人，意大利马焦雷湖附近的部落。
C
查奥尼人，希腊伊庇鲁斯的部落。
D
达尔马提亚人，从色雷斯迁徙到亚得里亚海岸地区的海盗部落，公元前1世纪被罗马人征服。
达姆尼人，苏格兰克莱兹代尔地区的古老部落。
达姆诺尼人，英格兰康沃尔地区的部落。
达奈人，希腊阿尔戈斯地区的部落。
达契亚人，即盖塔人，特兰西瓦尼亚、摩尔达维亚和匈牙利的部落，被萨尔马提亚人、哥特人、匈人和萨克森人征服。
东哥特人，奥地利的部落，488年征服了罗马。
多利安人，希腊最强大的赫伦人部落。
多罗披亚人，希腊塞萨利东南部的部落。
E
厄勃隆尼斯人，列日地区的比利时高卢人部落。
厄尔密诺内斯人，德意志中部的部落。

（续表）

F
法兰克人，2世纪与萨克森人对立的日耳曼人部落联盟。500年，克洛维统一法兰克诸部落，成为法兰西民族的起点。
法利希人，与罗马开战的伊特鲁里亚人部落。
弗里西人，莱茵河口东部弗里斯兰的部落。
福基斯人，希腊中部的部落，莱勒格斯人的后裔。
福西亚人，公元前600年从小亚细亚的福西亚迁徙到法国马赛定居，他们为法国人的性格带来了希腊元素。
G
盖塔人，多瑙河口附近的哥特人部落。
哥特人，公元前500年从高加索地区迁徙到斯堪的纳维亚的部落。
格尔西人，第聂伯河源头附近的斯基泰人部落。
格洛尼人，俄罗斯古老的开化民族，在俄罗斯南部建有木质房屋的城市。
古奥陶人，威尔士北部的古老部落。
H
海内蒂人，从小亚细亚迁徙到威尼斯附近的部落。
赫尔尼基人，罗马附近的部落，和罗马人争斗了200年。
赫尔维蒂人，莱茵河和罗讷河之间地区的部落。
赫尔维人，罗讷河西岸的高卢人部落。
赫拉克勒斯族，赫拉克勒斯的后裔。
赫鲁利人，被丹麦人从瑞典赶走的部落，后来定居在亚速海附近，通过击败东哥特人，在多瑙河地区建立了强大的帝国。476年，在奥多亚克的率领下攻占了罗马。
赫蒙杜利人，阿勒曼尼东部和东北部的强大部落。

（续表）

J
极北之地部落，传说中生活在北极地区的人。
加利人，比利其人部落，和凯尔特人混居。
金姆里人，威尔士凯尔特人，古威尔士人部落。
巨人族，马其顿的部落。
K
卡蒂人，德意志黑森的部落，在卡塞尔附近。
卡尔尼特人，法国沙特尔的高卢人部落，这里是德鲁伊教的中心。
卡莱西人，西班牙加利西亚的部落。
凯尔蒂奇人，葡萄牙贝雅附近的部落。
凯尔特伊比利亚人，高卢人和西班牙中部地区的巴斯克人的联盟。
凯尔特人，欧洲西部的高卢民族。
坎塔布里人，西班牙比斯开湾附近的部落，抵抗罗马人200多年，公元前19年被征服。
康坎尼人，西班牙带有斯基泰人习俗的部落。
科拉利人，多瑙河口附近的蛮族部落。
克里特人，定居在克里特岛的海盗部落。
库克罗普斯人，西西里岛的部落，也可能是神话传说。
夸地人，摩拉维亚的部落，曾加入马科曼尼人一起对抗罗马皇帝，他们的历史中断于15世纪。
奎里特斯人，罗马人的美称，意为古罗马市民。
L
拉庇泰人，希腊塞萨利地区的农耕部落。
拉丁人，罗马附近拉丁姆地区的罗马人部落。

（续表）

拉塞达埃蒙人，古斯巴达人，公元前1490年至公元前145年希腊拉科尼亚地区的斯巴达人。
莱勒格斯人，希腊的原始部落，可能是皮拉斯基族人。
莱摩维斯人，法国利摩日地区的高卢人部落。
雷米人，法国兰斯地区的高卢人部落。
雷蒂人，瑞士格劳宾登、乌里、蒂罗尔等地区的部落。
雷东内斯人，法国雷恩地区的高卢人部落。
利布尔尼亚人，克罗地亚的伊利里亚人部落。
利古里亚人，从罗讷河迁徙到意大利托斯卡纳的巴斯克人部落，在热那亚湾和法国里昂地区定居，他们特有的语言至今仍然存在。
林贡斯人，孚日山区最凶猛的高卢人部落。
卢西塔尼亚人，葡萄牙早期土著部落。
伦巴第人，从瑞典迁徙到易北河和奥得河之间地区以及勃兰登堡的部落，他们征服了意大利。
罗刹人，罗斯人和阿兰人，顿河和第聂伯河源头附近的早期俄罗斯部落，1世纪至3世纪占领了波兰南部和俄罗斯大部分地区。
洛克里斯人，希腊部落，莱勒格斯人的后裔。
M
马科曼尼人，摩拉维亚的部落，后来迁徙到波希米亚。
马其顿人，希腊北部的伊利里亚人部落，隶属于希腊君主。
玛尔迪人，罗马附近的部落，公元前92年与罗马人开战争取自己的权利。
梅狄奥马特里契人，法国梅斯地区强大的高卢比利时人部落。
美兰克拉伊诺伊人，俄罗斯南部身着黑衣的罗刹人部落。
门奈比人，莱茵河和默兹河之间地区的部落，公元前50年居住在木质房屋里，没有建立城市。

（续表）

密尔弥多涅人，希腊塞萨利南部地区的部落，参加了特洛伊战争。
莫洛西人，即伊庇鲁斯人，阿尔巴尼亚都城亚尼纳附近的部落。
N
内尔维人，斯海尔德河地区的高卢比利时人部落，康布雷和图尔奈是他们的都城。
涅乌里人，德涅斯特河和博格河源头附近的斯基泰人部落。
O
欧伊诺特里亚人，意大利南部的原始部落。
P
培奥尼亚人，马其顿的古老部落，人口众多。
皮克特人，苏格兰土著部落。
皮拉斯基族人，希腊已知最早的部落。
Q
切鲁西人，威悉河和易北河之间地区的民族，10年击败了罗马将军瓦卢斯。
琴陶里人，希腊塞萨利地区的山地部落。
R
日耳曼人，阿姆河地区的日耳曼人部落。
S
撒丁人，撒丁岛的部落，据说是赫拉克勒斯的后裔，公元前1500年建造了巨石堆纪念碑。
撒拉西人，意大利阿尔卑斯山区的部落。
撒乌洛玛泰伊人，顿河、伏尔加河和高加索山之间地区的亚洲萨尔马提亚人部落。
萨宾人，意大利中部最古老的部落之一。

（续表）

萨克森人，荷尔斯泰因的土著部落，他们扩张到德意志北部和英格兰等地区。
萨莫奈人，罗马东部的萨宾人部落，极为凶猛，很长时期都是罗马的敌人。
塞姆诺内斯人，易北河地区的日耳曼部落。
塞农人，公元前282年入侵意大利并洗劫罗马的高卢人部落，定居在翁布里亚。
色雷斯人，土耳其境内早期强大的开化部落，希腊等国家深受其影响。
食人族，公元前500年波兰、俄罗斯地区的食人族部落。
司格提人，从西班牙经由爱尔兰入侵苏格兰并在此定居的凯尔特人部落。
斯巴达人，希腊拉科尼亚地区的部落。
斯基泰人，俄罗斯南部的部落。
斯卡姆布里人，莱茵河和利珀河地区强大的日耳曼部落，被罗马人征服。
斯堪的纳维亚人，斯堪的纳维亚半岛即瑞典和挪威的土著部落。
斯科迪斯奇人，伊利里亚的高卢人部落，他们的帝国从色雷斯延伸到多瑙河地区。
斯拉夫人，德涅斯特河和顿河之间地区强大的部落。人口众多，曾与法兰克人开战，6世纪越过多瑙河定居在斯拉沃尼亚。分支非常多，俄罗斯人、波兰人、波希米亚人、斯洛伐克人等都是其后裔。
苏埃西翁人，法国苏瓦松地区的部落。
苏维汇人，多瑙河到波罗的海地区的日耳曼人部落联盟，包括伦巴第人、塞姆诺内斯人、卡蒂人等部落。
绥约内斯人，瑞典的部落，这个国家以他们命名。
T
坦格里人，第一个越过莱茵河的日耳曼部落。
陶里尼人，波河上游地区的部落，曾被汉尼拔劫掠。

（续表）

陶里人，克里米亚的部落，他们杀死所有陌生人献祭。
特克托萨季人，比利牛斯山附近人口众多、强大的高卢人部落，一部分迁徙到小亚细亚。
特里波齐人，斯特拉斯堡地区的日耳曼部落。
特里布里人，最强大的色雷斯人部落。
特里诺文特人，英格兰埃塞克斯和米德尔塞克斯地区的古老部落。
条顿人，日耳曼部落联盟，公元前100年被罗马人击败。
图尔德泰尼人，荷马笔下极乐之地安达卢西亚的部落。
托斯其人，著名的伊特鲁里亚人部落。
W
汪达尔人，489年从瑞典迁徙到德意志、西班牙和北非的哥特人部落。
威尼蒂人，从小亚细亚迁徙到波河地区的部落，15世纪建立了威尼斯王国。
维爱人，罗马附近的部落，被罗马人围攻10年后被征服。
维内蒂人，维斯瓦河口附近的凯尔特人部落。
文德利基人，维滕贝格和巴伐利亚的部落。
沃尔卡人，法国南部人口众多的强大部落。
沃尔斯奇人，罗马附近的部落，与罗马争斗了200年。
乌比人，科隆地区的日耳曼人部落。
X
西顿尼斯人，斯堪的纳维亚梅拉伦湖南部的古都锡格蒂纳附近的日耳曼部落。
西坎人，西西里岛已知最早的部落。
西卢尔人，威尔士南部卡利恩地区的部落，1世纪被罗马人征服。

（续表）

希波波第斯人，斯基泰人部落，被称为马背上的部落。
赫伦人，即古希腊人，最早是公元前1384年的塞萨利部落，后来征服了希腊。多利安人、伊奥利亚人、亚该亚人和爱奥尼亚人都是赫伦人的分支。
希勒尔隆斯人，斯堪的纳维亚人部落。
希洛人，多利安人中斯巴达人的奴隶。
希特鲁利亚人，意大利托斯卡纳地区的伊特鲁里亚人部落。
辛布里人，日德兰半岛的部落。
辛梅里安人，俄罗斯南部的部落。
辛内特斯人，欧洲最西端的部落。
匈人，乌拉尔地区和西伯利亚的鞑靼人部落，374年从伏尔加河和亚速海附近出发，蹂躏了整个欧洲。
Y
亚庇德斯人，伊利里亚的原始部落，公元前1世纪被罗马人征服。
亚庇格斯人，意大利南部原始的蛮族部落。
亚该亚人，希腊伊欧里斯人的一个主要分支。
亚兹格斯人，亚速海沿岸以及多瑙河和泰斯河之间地区的斯基泰人部落。
伊奥利亚人，希腊民族的一个主要分支。
伊比利亚人，西班牙最早的部落，巴斯克人是他们的后裔。
伊利里亚人，亚得里亚海岸的渔民部落。
因苏布雷人，意大利的高卢人部落，米兰是他们的都城，曾极力帮助汉尼拔进攻罗马。
尤加内人，威尼斯人部落。
Z
朱特人，日德兰半岛的哥特人部落，445年登陆英格兰。

第436章

欧洲的基督教

我们已经概述了欧洲古代的民族，现在来看看他们是如何皈依基督教的。在君士坦丁时代（335），莱茵河和多瑙河以南的所有地区都成了信仰基督教的罗马帝国的领土；而且正如我们已经注意到的一样，作为文明中心的罗马帝国的城市群正好位于基督教世界和异教徒之间的分水岭上。

大约在8世纪中叶到9世纪初，罗马教皇获得了俗世权力和领地，不但拥有至高无上的宗教地位，还能废立别国的国王。当时查理曼非常支持教皇拥有这些权力，他也得到了教皇的大力支持；作为一个基督徒皇帝，他致力于将基督教在俗世和宗教两方面的统治权向外扩张，他帝国的北面和东面是异教徒，西南面是敌对的穆斯林。因此他进攻摩尔人统治下的西班牙，用30年时间完成了对异教徒萨克森人的征服，使他们皈依了基督教。

日耳曼部落的皈依是由教会的一个激进组织——条顿骑士团推

动的，他们在13世纪征服了普鲁士的异教徒。不久之后，教会另一个骑士团血腥地征服了爱沙尼亚和利沃尼亚，基督教世界进一步扩大。965—969年，波兰人皈依。大约在这个时候，圣阿达尔贝特作为一位成功的传教士也在匈牙利、波兰、波希米亚和普鲁士向人们布道。

从这些事情我们可以看出，多年以来，虔诚的基督教传教士一直致力于使欧洲的异教徒皈依基督教。在9世纪和10世纪，立陶宛皈依了基督教，罗斯在弗拉基米尔大公的统治时期通过与君士坦丁堡的交流皈依了基督教。

基督教会最初的结构非常简单。作为神父的主教领导着一个或几个教区的教众。当然，罗马作为最重要的宗教中心，其主教在教会代表的会议上拥有主导地位。但过了一段时间，罗马主教宣布他拥有非凡的权力，甚至坚持认为他就是使徒彼得的继承者，并声称使徒彼得仅次于耶稣基督的地位是耶稣基督本人授予的！

这种说法引起了争议，尤其是君士坦丁堡的牧首，作为东罗马帝国宗教中心的首席神父，他在人们心中的地位也很高。经过长时间的争论，这种观念上的冲突最终导致东罗马教会，即承认君士坦丁堡牧首的东正教会，在11世纪与西部罗马教会，即视罗马教皇为教会领袖的天主教会彻底分裂。

东正教现在是俄罗斯和希腊的国教，奥地利也有一部分地区信奉东正教。世界上的东正教信徒超过6 200万，大约90%在欧洲。东正教堂通常装饰着非常华丽但有些俗气的图画和帷幔，还有很多浮华的金银浮雕和金箔。东正教只承认两种神圣的圣礼——洗礼和圣餐礼。圣礼的仪式与罗马天主教相似，但更简单。

我们再来看看欧洲的其他宗教，穆斯林有600万，天主教徒有1.2亿，新教徒有5 000万。总体来看，宗教分布状况可以说是东正教徒占据东欧，天主教徒占据南欧，新教徒占据北欧。

正如我们已经提到的那样，新教起源于一种日益增长的愿望，那就是要把俗世政治从罗马教会的暴政中解放出来，净化宗教中传统的腐败和堕落神职人员的各种罪恶。

1226年，法国的阿比尔派因为拒绝承认教皇至高无上的地位，遭到残忍的屠杀。同样的灾难也发生在瑞士沃州的基督徒身上，幸存的沃州人逃进深山避难，至今还有2万人生活在山里。在接下来的一个世纪里，英格兰的威克里夫致力于从《圣经》文本中恢复基督教最初的纯朴。在15世纪，波希米亚的胡斯派信徒继续着威克里夫的事业。但这些基督教内部的改革派没有足够的力量抵抗拥有统治地位的天主教会和教皇的迫害。直到16世纪初，凭借一些国家国王和政府的美德和勇气，以及宗教改革家个人的智慧，基督教内部的改革派才被从火刑架和地牢中拯救出来。

路德宗最终获得承认，宗教改革运动已经完成；随着基督教一些教派的独立，宗教改革还会继续不断发展。

在宗教改革之前，欧洲历史上出现了几个有趣的阶段。封建制度、教皇制度、十字军东征和骑士制度在整个中世纪——从500年到1500年之间——都产生了巨大的影响，而且这些影响还没有结束。

由于推翻罗马帝国的蛮族部落在组织上的不完善性，封建制度的产生是必然的。我们可以从北方蛮族的原始家园——鞑靼现在和过去的政治军事组织中观察到封建制度的最初形态。奴隶制度是封建制度的基础，被征服者当然是奴隶，士兵则是公民。战争是常态，那些铁器时代的人们总是枕戈待旦，休息的时候不会解下盔甲，用餐时戴着铁手套，喝酒时戴着头盔。战争是他们唯一的事业和荣耀，对他们来说，文学不值得一提，强权就是正义。

封建制度带来了许多至今依然盛行的错误的荣誉观念——蔑视任何劳动，只以屠杀为荣；森严的社会等级，世袭的贵族制度，以及无数种不公平的特权。这些东西从过去到现在一直都是灾难的根源，即使在世界最文明的地方也是如此。但在我们这个时代，封建制度的残余一个接一个地在理性自由的进步面前屈服和崩溃。

教皇制度也许是塑造中世纪乃至现代欧洲特征最强有力的工具。起初，蛮族靠武力赢得了一切；但渐渐地，基督教神父的地位稳步提高，随着蛮族的残暴逐渐消解，这种地位获得了平稳的上升。

查理曼死后，神职人员确实对上层社会产生了不可估量的影响，罗马精神伴随着可怕的钢铁军团恢复了罗马帝国的统治。罗马教会对民众的影响也是如此。教会成员来自各个阶级，即使是最卑贱的人，只要有真才实学，也能获得与最高贵的贵族平起平坐的地位，甚至能凌驾于最强大的皇帝之上。因此，教会常常站在权贵和受压迫者之间，有时候也代表社会的民主元素。低等级的神职人员发誓永远安贫乐道，这无疑最能触动民众的内心。

当人们认识到教会的等级制度被权力的欲望所腐蚀，神职人员沉溺于贵族式的自私和奢侈之中的时候，毫无疑问会感到缺乏心灵的寄托，他们渴望宗教变得更加纯洁，渴望信仰变得更加虔诚。

随着时代和社会从蒙昧的黑夜走向开化的黎明，神职人员也感觉到他们对上层社会的掌控越来越不可靠。因此，历任教皇都致力于在更广泛的基础上建立他们的影响力。教皇声称为了制止这个时代的自我放纵和堕落，巧妙地构思出托钵会修士制度，并授予这些神圣的乞讨者很多不合理的豁免权与其他特权。这样，他们就成功地把一大批托钵会修士从原本要成为宗教改革者的人变成了教皇制度最坚定的支持者，而这些人之前曾发誓要推翻这种制度。

彻底推翻旧世界的刺激在10世纪和11世纪煽动着所有人心中的火焰，当这种情绪平息下来后，在神职人员的不懈努力和那个时代传教士精神的影响下，欧洲人的宗教感情普遍变得更加深刻，这在十字军东征中得到了充分体现。

贫穷的修道士彼得光着脚从一个王国走到另一个王国，用骇人听闻的语言向人们描述他们的基督徒同胞们遭到异教徒的残暴迫害，还告诉他们异教徒践踏了神圣的耶稣基督的坟墓。教皇乌尔班二世大力支持他。

1096年春，第一次十字军东征开始，骑士们浩浩荡荡向巴勒斯坦进发。彼得率领8万人，随后又有20万人加入。这群被宗教狂热冲昏头脑的匪徒残暴地屠杀犹太人。这支十字军在路上被杀死了2/3，剩下的人被塞尔柱苏丹苏莱曼消灭。但布永的戈弗雷很快就率领一支精锐的军队和一批能干的将军，共计10万骑兵和60万步兵，于1099年攻占耶路撒冷，并建立了耶路撒冷王国。

第二次十字军东征是圣伯纳德鼓动的。1147年，由康拉德三世和路易七世领导的30万德法联军向亚洲进发。康拉德三世在小亚细亚的以哥念被击败，路易七世在小亚细亚的劳迪西亚被击败。

1187年，埃及苏丹萨拉丁攻占耶路撒冷。为了夺回圣地，法国国王腓力二世·奥古斯都、英国国王理查一世和德意志国王腓特烈一世于1189年发动了第三次十字军东征。腓特烈一世在路上溺水身亡，另外两人攻占阿卡之后发生了争执，最后腓力二世·奥古斯都心怀怨恨地独自返回欧洲。理查一世在阿斯卡隆击败萨拉丁后，双方达成了和平协议。理查一世在返回英国途中被囚禁在德意志。

1202年，佛兰德斯伯爵鲍德温率领一支庞大的军队开始了第四次十字军东征，但占领了君士坦丁堡之后再也没能前进一步。

布里昂的约翰发动了第五次十字军东征（1217），他率领10万大军入侵埃及，企图摧毁敌人的老巢；尽管攻占了达米埃塔，但他最后不得不放弃，从而结束了这次十字军东征。

1248年，法国国王路易九世发动了第七次十字军东征，他带着王后、3个兄弟和所有法国骑士入侵埃及。他被打败并被囚禁，但他缴纳赎金重获自由。在返回法国之前，他在圣地待了一段时间。经过12年明智的统治之后，路易九世又向摩尔人发起了一场十字军东征。1270年，在他围攻突尼斯的时候，一场瘟疫让他和他的军队尽数覆灭。就这样，第八次也是最后一次十字军东征结束了。

有些学者认为一共有10次十字军东征，分别发生在1096年、1110年、1150年、1190年、1195年、1209年、1217年、1228年、1240年、1248年。

十字军东征所激发和维持的情感中最奇特、最不可思议的例子之一，就是所谓的儿童十字军东征。1212年，在法国的旺多姆地区有一个叫斯蒂芬的牧童，他展示了一封据说是耶稣基督亲自交给他的信，授权他去征服巴勒斯坦的异教徒。他说："只有天真无邪的孩子才有希望成功收复圣地，因为耶稣基督已经说过天国里都是这样的人。"此后，7 000个孩子被带到亚得里亚海岸，但他们在那里被海盗杀害了。后来又有3万多少男少女从马赛登船出发，他们在非洲海岸遭遇海难，不是被淹死就是沦为奴隶。

只有在十字军东征这样的事件中，骑士制度才能达到完美。封建制度下的人们虽然认为士兵是人类的最高形式，对战争中合法化的谋杀感到光荣，但人并不都是魔鬼，减轻痛苦的天性仍然存在。这些观念是贵族生活的骄傲和品位，以及荣誉准则的根源所在。

日耳曼人心中燃烧着勇敢的火焰，如同他们从远古时代开始献给心爱女子的热烈的爱慕之歌。日耳曼人对性别的衷心尊重；共同的宗教扩大了他们的同情心，并让他们致力于同一个目标；再加上对荣耀永无止境的渴望，对超人般卓越的渴望；这就是日耳曼人的品质。

上面这些就是骑士精神的全部元素。荣誉、礼貌、虔诚、无私和勇敢是骑士精神和骑士制度的灵魂，这些品质常常使骑士们在行动中体现出崇高的道德。骑士制度，作为欧洲一个正规的制度，可以追溯到11世纪的十字军东征，当时基督教国家为了共同的事业武装起来第一次向巴勒斯坦进发。

骑士团的数量非常多，他们的管理与修道士类似。这种社团最早可以追溯到499年法兰克国王克洛维一世时期。722年，纳瓦拉国王西曼乃斯成立了橡树骑士团；726年，查理·马特成立了灵猫骑士团。十字军东征时期最早的骑士团是耶路撒冷的圣约翰骑士团，还有圣殿骑士团、条顿骑士团、医院骑士团等。成立于1350年的英国嘉德骑士团至今仍然存在；苏格兰的蓟花骑士团于1687年重新恢复；圣帕特里克骑士团成立于1783年；巴斯骑士团于1725年重新恢复。

中世纪的风俗有许多令人反感的地方，但也有许多是生动有趣的，与现代生活的单调一致形成了鲜明对比。但是，当盛行于上层阶级的空洞虚幻的骑士精神掩盖着几乎全社会的堕落放纵时，各种野蛮低下的行为还是彰显出了人们的粗俗。

蛮族在高卢、西班牙和意大利的定居终结了文学和古典学术。国王和贵族都是文盲，他们的臣民完全没有受过一点文化的熏陶，连贵族的子弟也几乎没有人能读会写，甚至神职人员也是如此；社会很快陷入无知的深渊。就文学而言，法国在8世纪初，英国在9世纪中叶落到了最低点，在整个10世纪，英国和意大利的文坛都处于可悲的状态。有学者断言，在992年，罗马几乎没有人认识字母表，1 000名西班牙神父中可能没有一个人会写信。

迷信在这种浓浓的黑暗中不断加重，并滋生出无数愚昧的幽灵；尝试扭转的斗争全部宣告失败，理性已经荡然无存。犯罪活动频繁，尤其是毫无信义的作伪证发伪誓，而诚信原本是所有社会保障的根基。总之，社会的堕落是彻底的。然而，在这种混乱中，某种程度的秩序已经诞生。

欧洲的艺术就是战争的艺术。在过去的5个世纪里，法国的战争时长长达326年，其中有35年是内战，40年是宗教战争；发生在本土的有76年，发生在国外的有175年。血腥的重大战役多达84次。其他国家会呈现出令人怜悯的景象。在16世纪，战争时期长达85年；17世纪，59年；18世纪，58年；这3个世纪中的战争时长竟然长达202年，和平时期只有98年！希腊和罗马的历史，也就是早期欧洲的历史，可以说完全是由一系列战争组成。

现在火药的威力已经取代了从远古时代就有的长柄镰刀战车、攻城车、巨弩、标枪等一切破坏性武器。这种变化使智力面对蛮力时拥有压倒性优势，人数和强壮不再是关键因素。战争通常变得更短，人员伤亡更少，而且主要由职业雇佣军进行，因此普通家庭承受的痛苦也变得更小。如果能实现在战争中引进蒸汽动力和电力，那么科学对人数的优势很有可能会变得更大。

现代战争的规模如此之大，战争的必需品如此昂贵，以至于无论哪个国家的国王在没有金融界的帮助情况下都无法进行战争；而资本对战争及其所有的浪费和不确定性永远都会本能地排斥。权力已经从刀剑转移到财力；如果西欧的银行家拒绝向东欧的强国提供战争所需的资金，那么其惊人的军事力量瞬间就会瘫痪——其雇佣兵会在兵营里造反，战舰永远都无法完工！

无数科学发明的问世，为之后几个世纪的欧洲文明带来了福祉，也消除了人们对欧洲将再次陷入混乱的所有恐惧。我们现在来看看这些发明。人们的精神不会再被黑幕所蒙蔽，因为印刷术已经发明出来了。神职人员的计谋再也不能麻痹人们的心灵，因为躲在阴暗角落里的迷信已经被科学驱逐。整个文明世界不再受到专制的压迫，因为商业已经缔造了全新的世界，在那里，自由女神的双翼护佑着热爱自由的人们不受侵犯。国家间再也不会把彼此视为死敌，由于艺术和科学的进步以及越来越便利的贸易和旅游，国与国之间建立起了千丝万缕愉快而有益的联系。战争不再是国家的头等大事，因为大多数社会成员是中产阶级，他们不愿意自己舒适的生活受到任何威胁，无论是现在还是未来，他们都坚信战争是悲惨、荒谬的事情。

3 600年前，欧洲的历史始于野蛮人、海盗和盗贼，他们与野兽争夺土地。在经过了千百年无穷无尽的艰辛、苦难、斗争和胜利之后，欧洲在罗马帝国皇帝的统治下达到物质文明的顶点，1.2亿人在欧洲和平的土地上享受着他们所能享受的一切。但几个世纪之后，一切都陷入了混乱。哲学家对那种只会给他带来新的痛苦的科学感到厌恶，他不敢探索，也不敢超越自己，陷入了从周围的痛苦中攫取快乐的享乐主义。甚至连基督徒也放弃了他本应为人类而战的身份，偷偷溜进了修道院，或者干脆当了隐士。中世纪的黑暗笼罩了整个欧洲，几乎和原始社会同样漫长。

而现在，对于哲学家和基督徒来说，这个世界呈现出的前景可以说是拨云见日。诚然，邪恶依然存在；人类灾难的根源——专制统治——依然统治着欧洲的大部分地区，享有特权的少数人拥有无限的财富、过人的智力和优雅精致的生活，与之形成鲜明对比的是千百万人无可救药的贫困、低贱的无知和难以形容的苦难。

但是我们可以看到，创造并维护这种局面的君主制度，作为人类所能设想到的最好的体制，不是摇摇欲坠面临迅速垮台，就是正在进行改革，并最终不可避免走向解体。君主制本身的基础已经被破坏殆尽。

长久以来，欧洲社会一直信奉这样一种信条，即君权神授，国王、神职人员和贵族的权力是上帝赋予的，任何试图改变这一制度的行为都是叛国和不敬。但这种绝对保守主义的信条已经被进步的学说取代。现在，进步学说差不多是半个欧洲的共同信仰。“好日子就要来了。”这不仅是千百万民众念想的呼声，也是慈善家心中的信念，也是党派人士和政治家最爱说的话。

在法国，君主制已经彻底死亡，再也不可能长期存在。在目前这个开明的时代，对王朝的忠诚、历史悠久的贵族制度、与国家结盟的教会以及支撑王权所必需的任何其他支柱都已经不复存在，而且一个已经学会鄙视这些东西的民族绝不会任其死灰复燃。我们会看到，法国必将建立一个受人民欢迎的政府，而且所有南欧国家很快就会效仿。

对于这个问题，事态的发展几乎是不可避免的。在一切尘埃落定以前，欧洲可能会发生剧烈的动乱；但是，我们可以期待，作为对黑暗和专制时代的补偿，自由、和平和繁荣不久就会到来。

重要词汇英汉对照表

A

阿巴 Aba
阿巴斯·米尔扎 Abbas Mirza
阿比尔派 Albigenses
阿伯丁 Aberdeen
阿道夫·弗雷德里克 Adolphus Frederick
阿道夫一世 Adolphus I
阿德里安 Adrian
阿德里安堡 Adrianople
阿德里安四世 Adrian IV
阿德隆 Adelung
阿登 Ardennes
阿登森林 Ardennes Forest
阿恩特 Arndt
阿尔卑斯山 Alps
阿尔比西人 Albici
阿尔伯特亲王 Prince Albert
阿尔布雷希特 Albrecht
阿尔布雷希特一世 Albrecht I
阿尔布雷希特二世 Albrecht II
阿尔布雷希特三世 Albrecht III
阿尔布雷希特四世 Albrecht IV
阿尔布雷希特五世 Albrecht V
阿尔布雷希特六世 Albrecht VI
阿尔弗雷德大帝 Alfred the Great
阿尔戈利斯 Argolis
阿尔汉格尔 Archangel
阿尔及利亚人 Algerian
阿尔吉帕人 Argippaei
阿尔杰农·西德尼 Algernon Sidney
阿尔克莱德 Aleluyd
阿尔昆 Alcuin
阿尔马 Armagh
阿尔帕德 Arpad
阿尔斯特 Ulster
阿尔托夫 Altorf
阿尔托纳 Altona
阿尔瓦公爵 Duke of Alva
阿耳吉维人 Argivi
阿夫季拉 Abdera
阿富汗战争 War In Afghanistan
阿盖尔伯爵 Earl of Argyle
阿格里科拉 Agricola

阿吉洛尔芬 Agilolfinger
阿基坦人 Aquitani
阿迦杜尔索伊人 Agathyrsi
阿金库尔战役 Battle of Agincourt
阿卡 Acre
阿拉伯人 Arab
阿拉伯语 Arabic
阿拉贡的凯瑟琳 Catherine of Aragon
阿拉里克 Alaric
阿拉斯 Arras
阿兰人 Alan
阿劳连丘陵 Alaunian Hills
阿勒曼尼 Alemanni
阿勒曼尼人 Alemanni
阿勒曼尼亚 Alemania
阿雷瓦西人 Arevaci
阿列克谢 Alexis
阿洛布罗基人 Allobroges
阿莫里凯 Armorica
阿姆比亚尼人 Ambiani
阿姆布昂人 Ambrone
阿姆河 Amu Darya
阿姆斯特丹 Amsterdam
阿姆斯特尔河 Amstel River
阿尼加河 Onega River
阿尼加湖 Lake Onega
阿尼克 Alnwick
阿涅曼 Allemagne
阿农德一世 Anund I
阿努尔夫 Arnulph
阿普利亚王国 Kingdom of Apulia
阿切尔比 Acerbi
阿斯卡隆 Askalon
阿斯科特 Ascot
阿斯特拉罕 Astrakhan
阿斯托加 Astorga
阿陶尔夫 Ataulf
阿特雷巴蒂人 Atrebati
阿特雷巴特人 Atrebates
阿提拉 Attila
阿瓦尔人 Avars
阿维尼翁 Avignon
埃伯哈德五世 Eberhard V
埃博 Abo
埃布罗河 Ebro River
《埃达》*Edda*
埃德尔 Eyder
埃德加 Edgar
埃德加王子 Prince Edgar
埃德雷德 Edred
埃德蒙 Edmund
埃德蒙一世 Edmund I
埃德蒙二世 Edmund II
埃德威 Edwy
埃德温 Edwing
埃德温堡 Edwinsburg
埃蒂塔尼人 Editani
埃杜维人 Aedui
埃尔福特 Erfurt
埃尔斯特河 Elster River
埃尔西诺 Elsinore
埃费因镇 Effin
埃格伯特 Egbert
埃格蒙特伯爵 Count of Egmont

埃赫施塔特 Eichstadt
埃克塞特 Exeter
埃魁人 Aequi
埃里克 Eric
埃里克二世 Eric II
埃里克三世 Eric III
埃里克十世 Eric X
埃里克十四世 Eric XIV
埃里克四世 Eric IV
埃奇沃思 Edgeworth
埃塞尔巴德 Ethelbald
埃塞尔伯特 Ethelbert
埃塞尔博德 Ethelbald
埃塞尔雷德一世 Ethelred I
埃塞尔雷德二世 Ethelred II
埃塞尔斯坦 Athelstan
埃塞尔沃夫 Ethelwolf
埃塞克斯 Essex
埃塞克斯伯爵 Earl of Essex
埃塞克斯王国 Kingdom of Essex
埃瑟林盖岛 Aethelingay Island
埃提乌斯 Aetius
艾贝尔 Abel
艾达 Ida
艾德河 Eider River
艾迪生 Addison
艾克斯 Aix
艾拉 Ella
艾琳 Irene
艾希霍恩 Eichhorn
艾因哈德 Eginhard
爱奥那岛 Iona Island
爱奥尼亚人 Ionian
爱德华·吉本 Edward Gibbon
爱德华·詹纳 Edward Jenner
爱德华一世 Edward I
爱德华二世 Edward II
爱德华五世 Edward V
爱德华六世 Edward VI
爱德华王子岛 Prince Edward Island
爱丁堡 Edinburgh
爱尔兰岛 Ireland Island
爱尔兰公地 Irish Commons
爱尔兰强盗 Rapparee
爱尔兰人联合会 United Irishmen
《爱尔兰史》 *History of Ireland*
爱玛 Emma
爱沙尼亚 Esthonia
爱斯堤人 Aestii
爱斯基摩人 Esquimaux
爱西尼人 Iceni
安巴里人 Amrarri
安布罗斯 Ambrose
安达卢西亚 Andalusia
安德烈 Andre
安德烈·舒斯基 Andre Schusky
安德烈一世 Andre I
安德烈二世 Andre II
安德烈三世 Andre III
安德烈亚斯·霍费尔 Andreas Hofer
安东尼 Anthony
安格尔西岛 Anglesey
安哈尔特-贝恩堡 Anhalt-Bernburg
安哈尔特-德绍 Anhalt-Dessau

安哈尔特-科腾 Anhalt-Cothen
安吉尔伯特 Angilbert
安妮·博林 Anne Boleyn
安茹的玛格丽特 Margaret of Anjou
安茹王朝 House of Anjou
安森勋爵 Lord Anson
安施帕赫 Anspach
安施帕赫侯爵 Margrave of Anspach
安特卫普 Antwerp
安提瓜 Antigua
昂多罗帕哥伊 Androphagi
盎格鲁人 Angle
盎格鲁-撒克逊人 Anglo-Saxon
敖德萨 Odessa
奥波德五世 Leopold V
奥得河 Oder River
奥德里西亚人 Odrysae
奥地利 Austria
奥地利大公阿尔布雷希特 Albrecht Archduke of Austria
奥地利大公国 Archduchy of Austria
奥地利大公马克西米利安 Maximilian Archduke of Austria
奥地利的腓特烈 Frederick of Austria
奥地利皇帝弗朗茨一世 Emperor Franz I of Austria
奥地利王位继承战争 War of the Austrian Succession
奥地利大公约翰 John Archduke of Austria
奥丁 Odin
《奥丁神的后裔》 *The Descent of Odin*
奥多亚克 Odoacer
奥尔德尼岛 Alderney
奥尔登堡 Oldenburg
奥尔加 Olga
奥尔绍瓦 Orsova
奥法 Offa
奥芬 Ofen
奥格尔 Ogger
奥格斯堡 Augsburg
奥湖 Loch Awe
奥卡河 Oka River
奥克尼伯爵 Earl of Orkney
奥克尼群岛 Orkney Isles
奥拉夫·特里格瓦松 Olaf Trygvason
奥拉夫二世 Olaf II
奥拉夫三世 Olaf III
奥拉夫四世 Olaf IV
奥拉贾基河 Aurajaki River
奥兰群岛 Aland Isles
奥兰治党 Orangemen
奥兰治亲王 Prince of Orange
奥兰治王朝 House of Orange
奥利弗·克伦威尔 Oliver Cromwell
奥卢阿克 O'Ruark
奥洛夫 Oloff
奥洛穆茨 Olmutz
奥洛涅茨 Olonetz
奥洛斯 Olaus
奥皮坎人 Opikoi
奥斯卡一世 Oscar I
奥斯坎人 Oscans
奥斯坎语 Oscan

奥斯陆 Oslo
奥斯曼帝国 Ottoman Empire
奥斯坦德 Ostend
奥斯特拉西亚王国 Kingdom of Austrasia
奥斯特里茨 Austerlitz
奥斯特里茨战役 Battle of Austerlitz
奥斯文 Oswyn
奥特本 Otterburn
奥特本之战 Battle of Otterburn
奥特西人 Auterci
奥托一世 Otho I
奥托二世 Otho II
奥托三世 Otho III
奥托四世 Otho IV
奥托卡二世 Othocar II
奥西耶克 Osijek
澳大利亚 Australia

B

巴巴多斯 Barbados
巴巴罗萨 Barbarossa
巴伯 Barbour
巴达维人 Batavi
巴达维亚共和国 Batavian Republic
巴登 Baden
巴登-巴登 Baden-Baden
巴登-杜拉赫 Baden-Durach
帕尔米拉 Palmyra
巴伐利亚 Bavaria
巴伐利亚人 Bavarian
巴伐利亚选帝侯 Elector of Bavaria
巴哈马群岛 Bahamas
巴拉丁 palatine
巴拉丁选帝侯 Elector of Palatine
巴拉赛尔苏斯 Paracelsus
巴拉顿湖 Lake Balaton
《巴黎条约》 *The Treaty of Paris*
《巴黎议定书》 *The Protocols of Paris*
巴利奥尔 Baliol
巴纳特 Banat
巴塞尔 Basle
巴什基尔人 Bashkirs
巴斯 Bath
巴斯克人 Basque
巴斯克语 Basque
巴斯骑士团 Order of the Bath
巴斯塔奈人 Bastarnae
巴特勒 Butler
拔都 Batu Khan
白海 White Sea
白金汉宫 Buckingham Palace
白厅 Whitehall
白衣会会员 Whiteboy
百慕大群岛 Bermuda
《柏林条约》 *Treaty of Berlin*
拜恩 Baiern
拜伦 Byron
拜罗伊特 Bayreuth
班贝格 Bamberg
班戈主教 Bishop of Bangor
班诺克本 Bannockburn
邦纳 Bonner
保罗一世 Paul I
保罗执事 Paul Diaconus

鲍德温 Baldwin
鲍里斯·戈东诺夫 Boris Godunov
鲍林 Bowring
卑尔根 Bergen
北欧人 Northmen
贝德福德公爵 Duke of Bedford
贝尔法斯特 Belfast
贝尔格莱德 Belgrade
贝亨奥普佐姆 Bergen op Zoom
贝拉一世 Bela I
贝拉二世（盲人） Bela II the Blind
贝拉三世 Bela III
贝拉四世 Bela IV
贝里克 Berwick
贝姆 Bem
贝纳多特 Bernadotte
贝内文托 Benevento
贝内文托公爵 Duke of Benevento
贝文公爵 Duke of Bevern
贝雅 Beja
本·琼森 Ben Jonson
鼻子钱 nose-money
比尔森 Pilsen
《比利牛斯条约》 *Treaty of the Pyrenees*
比利其人 Belgae
比利时 Belgium
比利时高卢 Gallia Belgica
比利时人 Belgian
比利时王国 Kingdom of Belgium
比隆 Biron
比图利及人 Bituriges
比耶 Birger
彼得堡 Petersburg
彼得大帝 Peter the Great
彼得二世 Peter II
彼得三世 Peter III
彼得罗瓦拉丁 Petrovaradin
彼得罗扎沃茨克 Petrozavodsk
彼尔姆人 Permian
俾格米人 Pygmies
庇克东内斯人 Pictones
冰岛 Iceland
波茨坦 Potsdam
波的尼亚湾 Gulf of Bothnia
波尔多 Bordeaux
波尔塔瓦会战 Battle of Pultowa
波将金 Potemkin
波拉 Pola
波兰 Poland
波兰公爵 Duke of Poland
波兰人 Pole
波列斯瓦夫一世 Boleslas I
波列斯瓦夫二世 Boleslas II
波列斯瓦夫三世 Boleslas III
波列斯瓦夫四世 Boleslas IV
波列斯瓦夫五世 Boleslas V
波罗的海 Baltic Sea
波罗的亚 Baltia
波美拉尼亚 Pomerania
波皮耶一世 Popiel I
波皮耶二世 Popiel II
波森 Posen
波斯尼亚 Bosnia
波托韦洛 Portobelo

波希米亚 Bohemia
波希米亚人 Bohemian
波雅尔 boyar
波伊阿里 Boioarii
波伊阿里亚 Boioaria
波伊人 Boii
波伊提乌 Boethius
波义耳 Boyle
伯尔尼 Berne
伯尔尼人 Bernese
伯克 Burke
伯克利城堡 Berkeley Castle
伯克斯伯爵 Earl of Berks
伯罗奔尼撒半岛 Peloponnesus
伯明翰 Birmingham
伯努利 Bernoulli
伯莎 Bertha
勃艮第公爵 Duke of Burgundy
勃艮第人 Burgundian
勃兰登堡 Brandenburg
博恩霍尔姆岛 Bornholm
博尔扎诺 Bolzano
博格河 Bog river
博思韦尔伯爵 Earl of Bothwell
博思韦尔桥战役 Battle of Bothwell Bridge
博斯沃思战役 Battle of Bosworth
博雅斯基 Pojarski
捕鸟者亨利 Henry the Fowler
不来梅 Bremen
不列颠群岛 British Isles
不列颠人 Britanni
不伦瑞克 Brunswick
不伦瑞克-吕讷堡 Brunswick-Lunenburg
不伦瑞克人 Brunswicker
布达 Buda
布迪诺伊人 Budini
布格河 Bug River
布杰约维采 Budweis
布坎南 Buchanan
布科维纳河 Bukowina River
布拉班特 Brabant
布拉格 Prague
布拉格的杰罗姆 Jerome of Prague
布拉希河 Brahe River
布莱登菲尔德 Breitenfeld
布莱克 Blake
布莱谢特 Bleschert
布赖恩·博鲁 Brian Boru
布朗元帅 Marshal Brown
布雷达 Breda
布雷顿角 Cape Breton
布雷克 Braker
布雷默小姐 Miss Bremer
布雷斯劳 Breslau
布里昂的约翰 John of Brienne
布里恩 Brehon
《布里恩法》 *The Brehon Laws*
布里甘特人 Brigantes
布里斯托尔 Bristol
布里斯托尔海峡 Bristol Channel
布里松 Brisson
布立吞人 Briton
《布立吞人的呻吟》 *The Groans of the*

Britons
布列塔尼 Brittany
布林迪西 Brindisi
布隆伯格运河 Bromberg Canal
布鲁恩 Brunn
布鲁日 Bruges
布鲁塞尔 Brussels
布鲁塞尔大学 University of Brussels
布鲁斯 Bruce
布鲁提人 Bruttii
布伦海姆战役 Battle of Blenheim
布伦纳河 Brenner River
布伦尼人 Brenni
布伦塔河 Brenta River
布罗迪 Brody
布罗肯幽灵 Brocken Specter
布洛涅 Boulogne
布吕歇尔 Blucher
布特伯爵 Earl of Bute
布特维克 Bouterwek
布希公园 Bushy Park

C

查奥尼人 Chaones
查尔斯·福克斯 Charles Fox
查尔斯·格雷 Charles Grey
查勒斯城堡 Castle of Chalus
查理·腓特烈 Charles Frederick
查理·西奥多 Charles Theodore
查理·约翰 Charles John
查理贝尔特 Charibert
查理大公 Archduke Charles
查理一世 Charles I
查理二世 Charles II
查理七世 Charles VII
查理十世 Charles X
查理十一世 Charles XI
查理十二世 Charles XII
查理曼 Charlemagne
查塔姆伯爵 Earl of Chatham
成吉思汗 Genghis Khan
曹恩道夫 Zorndorf
茨维考 Zwickau
醋山战役 Battle of Vinegar Hill

D

达恩利勋爵 Lord Darnley
达尔马提亚 Dalmatia
达尔马提亚人 Dalmatian
达勒卡里亚 Dalecarlia
达米埃塔 Damietta
达姆尼人 Damnii
达姆诺尼人 Damnonii
达奈人 Danai
达契亚人 Dacian
鞑靼人 Tartar
大贝尔特海峡 Great Belt
大不列颠岛 Great Britain
大不列颠及爱尔兰联合王国 United Kingdom of Great Britain and Ireland
大不列颠联合王国 Kingdom of Great Britain
大陆封锁体系 continental system
大卫 David

大卫·里奇奥 David Rizzio
大卫一世 David I
大卫二世 David II
大西洋 the Atlantic
《大宪章》 *Magna Carta*
大选帝侯 Great Elector
代尔夫特 Delft
戴维 David
丹吉尔 Tangier
丹麦 Denmark
丹麦群岛 Danish Isles
丹麦人 Dane
丹麦王国 Kingdom of Denmark
丹尼尔·奥康奈尔 Daniel O'Connell
但泽湾 Gulf of Danzig
道恩 Daun
道格拉斯 Douglas
德·库西 De Courey
德·勒伊特 De Ruyter
德比郡 Derby
德布勒森 Debrecen
德尔斐 Delphi
德拉瓦河 Drava River
德累斯顿 Dresden
《德累斯顿和约》 *Treaty of Dresden*
德鲁兹人 Druze
德鲁苏斯 Drusus
德鲁伊教 Druidism
德鲁伊教徒 Druid
德罗赫达 Drogheda
德米特里 Demetrius
德莫特·麦克默罗 Dermot McMurrough
德涅斯特河 Dniester River
德绍 Dessau
德维特 Dewitt
德意志邦联 Deutscher Bund
的里雅斯特 Trieste
邓巴城堡 Dunbar Castle
邓巴战役 Battle of Dunbar
邓迪 Dundee
邓加文 Dungarvan
邓斯纳恩 Dunsinane
低地德语 Low German
低地国家 Low Countries
低地人 Lowlander
迪迪埃 Didier
迪特马尔申 Dithmarschen
《第二亚琛和约》 *Treaty of Aix-la-Chapelle*
第谷·布拉赫 Tycho Brahe
第聂伯河 Dnieper River
蒂埃里 Thierry
蒂厄姆 Tuam
蒂利 Tilly
蒂罗尔 Tyrol
蒂米什瓦拉 Timisoara
蒂萨河 Tisza River
丁登修道院 Tintern Abbey
东盎格利亚王国East Anglia
东撒克逊人 East Saxon
东印度贸易公司 East India Trading Company
东正教会 Eastern Orthodox Church
都柏林 Dublin

都铎王朝 Tudor Monarchs
都灵 Turin
杜河 Doubs River
盾牌钱 shield-tax
顿河 Don River
顿河哥萨克 Cossacks of the Don
顿斯科伊 Donskoy
多利安人 Dorian
多罗披亚人 Dolopes
多米尼克 Dominica
多明我会 Dominican Order
多姆布罗卡 Dombrowka
多特 Dort

E

鄂毕河 Ob River
厄勃隆尼斯人 Eburones
厄尔巴岛 Elba
厄尔密诺内斯人 Hermiones
厄尔奇文 Erchenwin
厄尔士山脉 Ore Mountains
厄勒海峡 Oresund Strait

F

法尔肯斯坦 Falkenstein
法尔斯特岛 Falster
法国大革命 French Revolution
法兰克福 Frankfort
法兰克尼亚 Franconia
法兰克尼亚的康拉德 Conrad of Franconia
法兰克尼亚人 Franconian
《法兰西法典》 *The French Code*
法利希人 Falisci
《法令集》 *The Capitularies*
法罗群岛 Faroe Isles
范戴克 Vandyke
范德维尔德 Vandervelde
菲茨·阿德尔姆 Fitz Adelm
菲尔丁 Fielding
菲拉赫 Villach
菲利姆·奥尼尔 Phelim O'Neil
菲利普·西德尼 Philip Sidney
菲麦 Vehme
菲英岛 Funen Island
腓特烈·威廉 Frederick William
腓特烈·威廉·查理 Frederick William Charles
腓特烈·威廉一世 Frederick William I
腓特烈·威廉二世 Frederick William II
腓特烈·威廉三世 Frederick William III
腓特烈·威廉四世 Frederick William IV
腓特烈·威廉运河 Frederick William Canal
腓特烈大帝 Frederick the Great
腓特烈一世 Frederick I
腓特烈二世 Frederick II
腓特烈四世 Frederick IV
腓特烈堡 Fort Fredericksberg
斐迪南二世 Ferdinand II
费奥多尔三世 Feodor III
费尔贝林 Fehrbellin
费尔法克斯将军 General Fairfax
费希特 Fichte
芬格尔山洞 Fingal's Cave

芬兰大公国 Grand Duchy of Finland
芬兰湾 Gulf of Finland
芬兰人 Finn
芬马克 Finmark
冯·布登布洛克 Von Buddenbrock
冯·哈默 Von Hammer
冯·米勒 Von Muller
冯·斯维腾 Von Swieten
弗格森 Ferguson
弗拉尔丁恩 Vlaardingen
弗拉基米尔一世 Vladimir I
弗莱堡 Freiburg
弗赖辛 Freising
弗朗茨 Franz
弗朗茨·约瑟夫 Franz Joseph
弗朗茨一世 Franz I
弗朗茨二世 Franz II
弗兰格尔 Wrangel
弗朗索瓦一世 Francois I
弗朗索瓦二世 Francois II
弗勒吕斯 Fleurus
弗雷德里克一世 Frederick I
弗雷德里克二世 Frederick II
弗雷德里克四世 Frederick IV
弗雷德里克五世 Frederick V
弗雷德里克六世 Frederick VI
弗雷德里克七世 Frederick VII
弗雷德丽卡·布雷默 Frederika Bremer
弗里茨 Fritz
弗里德里希·奥古斯特一世 Frederick Augustus I
弗里德里希·奥古斯特二世 Frederick Augustus II
弗里吉亚 Phrygia
弗里塞斯人 Friese
弗里舍湾 Frische Haft
弗里斯兰 Friesland
弗里斯兰人 Frisian
弗里西人 Frisii
弗里亚 Fria
弗洛登战役 Battle of Flodden Field
弗农 Vernon
伏尔加 Volga River
伏尔泰 Voltaire
佛兰德斯 Flanders
佛兰德斯伯爵 Count of Flanders
佛兰德斯画派 Flemish school
佛斯里亨城堡 Fotheringay Castle
孚日 Vosges
符腾堡 Wurtemberg
符腾堡伯爵 Count of Wurtemberg
福尔柯克战役 Battle of Falkirk
福基斯人 Phocian
福克兰城堡 Falkland Castle
福克斯 Fox
福斯河 Forth River
福斯湾 Frith of Forth
福西亚人 Phocean
福音派教会 Evangelical Church
福音派联盟 Evangelical Union
甫洛纽斯 Phoroneus
傅华萨 Froissart
富尔达 Fulda

G

盖尔人 Gael
盖尔赛岛 Gairsay
盖尔语 Gaelic
盖萨 Géza
盖萨一世（大帝） Géza I the Great
盖萨二世 Géza II
盖斯勒 Gessler
盖塔人 Getae
盖乌斯·沃卢森努斯 Gaius Volusenus
盖伊·福克斯 Guy Fawkes
冈比亚 Gambia
冈朵拉 Gondola
高 gau
高地德语 High German
高等宗教事务法庭 Court of High Commission
高尔 Gall
高加索 Caucasus
戈黛娃夫人 Lady Godiva
戈德弗雷德 Gudfred
戈德里奇子爵 Viscount Goderich
戈德温 Godwin
戈尔盖 Georgey
戈尔韦 Galway
戈弗雷 Godfrey
戈利岑 Galitzin
戈托普 Gottorp
哥本哈根 Copenhagen
哥德堡 Gottenburg
哥德史密斯 Goldsmith
哥尼斯堡 Konigsberg
哥萨克人 Cossack
哥特兰岛 Gothland Island
哥廷根 Gottingen
歌德 Goethe
格奥尔格·腓特烈 George Frederick
格伯特 Gerbert
格但斯克 Gdansk
格尔西人 Gerrhi
格拉茨 Graz
格拉夫 graf
格拉夫顿公爵 Duke of Grafton
格拉摩根谷 Vale of Glamorgan
格拉斯顿伯里 Glastonbury
格拉斯哥 Glasgow
格兰维尔·夏普 Granville Sharpe
格劳宾登 Grisons
格劳秀斯 Grotius
格雷 Gray
格雷伯爵 Earl Grey
格雷果里 Gregory
格雷勋爵 Lord Grey
格里菲斯 Griffith
格里高利 Gregory
格里高利七世 Gregory VII
格里诺克 Greenock
格林·阿加斯 Golin Agace
格林公园 Green Park
格林纳达 Grenada
格林威治公园 Greenwich Park
格陵兰岛 Greenland
格陵兰人 Greenlander

格罗茨卡 Grotzka
格洛尼人 Geloni
格洛斯特 Gloucester
格洛斯特郡 Gloucestershire
格蒙登 Gmunden
格梅林 Gmelin
格涅兹诺 Gniezno
格斯内 Gessner
根特 Ghent
根西岛 Guernsey
贡特尔 Gunther
古奥陶人 Ordocices
古斯塔夫·瓦萨 Gustavus Vasa
古斯塔夫三世 Gustavus III
古斯塔夫四世·阿道夫 Gustav IV Adolf
关税同盟 Zollverein
归尔甫党 Guelphs
《国事诏书》*Pragmatic Sanction*

H

哈布斯堡的鲁道夫 Rodolph of Hapsburg
哈茨山脉 Hartz Mountains
哈德克努特 Harthacnut
哈得孙河 Hudson River
哈尔王子 Prince Hal
哈弗尔河 Havel River
哈康 Haakon
哈康一世 Haakon I
哈康三世 Haakon III
哈康五世 Haakon V
哈康六世 Haakon VI
哈克 Haake
哈拉尔一世 Harald I
哈拉尔三世 Harald III
哈勒 Haller
哈勒姆 Hallam
哈伦·拉希德 Haroun al Raschid
哈罗德一世 Harold I
哈罗德二世 Harold II
哈吕斯河 Halys River
哈默菲斯特 Hammerfest
哈内曼 Hahnemann
海伯尼亚 Hibernia
海德堡 Heidelberg
海德公园 Hyde Park
海尔德 Helder
海内蒂人 Heneti
海丝特·斯坦霍普 Hester Stanhope
海牙 Hague
汉堡 Hamburg
汉诺威 Hannover
汉诺威同盟 Hanover Alliance
汉诺威王朝 Hanoverian Dynasty
汉普登 Hampden
汉普顿公园 Hampton Park
汉普顿宫 Hampton Court
汉萨 Hanse
汉萨城镇 Hanse Towns
汉萨同盟 Hanseatic League
《航海法案》*The Navigation Act*
好望角 Cape of Good Hope
荷尔斯泰因 Holstein
荷兰 Holland

荷兰共和国 Dutch Republic
荷兰王国 Kingdom of Holland
荷里路德宫 Holyrood House
赫布里底群岛 Hebrides
赫顿 Hutton
赫尔德 Herder
赫尔曼 Herman
赫尔尼基人 Hernici
赫尔维蒂人 Helvetii
赫尔维蒂亚 Helvetia
赫尔维人 Helvii
赫尔辛弗斯 Helsingfors
赫尔辛基 Helsinki
赫克瑟姆战役 Battle of Hexham
赫拉克勒斯族 Heraclide
赫里奥特 Heriot
赫里福德公爵 Duke of Hereford
赫里福德郡 Hereford
赫里戈兰 Heligoland
赫鲁利人 Heruli
赫伦 Heeren
赫伦人 Hellene
赫蒙杜利人 Hermunduri
赫塔 Hertha
黑海哥萨克 Cossacks of the Black Sea
黑麦屋阴谋 Rye House Plot
《黑皮书》 *The Black Book*
黑森 Hesse
黑森-达姆施塔特 Hesse-Darmstadt
黑森-霍姆堡 Hesse-Homburg
黑森-卡塞尔 Hesse-Cassel
黑森人 Hessian
黑斯廷斯 Hastings
黑太子 Black Prince
黑希尼亚森林 Hercynian Forest
亨伯河 Humber River
亨德尔 Haendel
亨吉斯特 Hengist
亨丽埃塔 Henrietta
亨利·阿丁顿 Henry Addington
亨利·布鲁厄姆 Henry Brougham
亨利·都铎 Henry Tudor
亨利一世 Henry I
亨利二世 Henry II
亨利三世 Henry III
亨利五世 Henry V
亨利六世 Henry VI
亨利七世 Henry VII
亨纳斯多夫 Hennasdorf
洪都拉斯 Honduras
胡贝尔 Huber
胡斯派 Hussites
胡斯战争 Hussite Wars
《湖上夫人》 *The Lady of the Lake*
胡特派教徒 Hutterites
护国公 Lord Protector
华伦斯坦 Wallenstein
华沙 Warsaw
华兹华斯 Wordsworth
滑铁卢 Waterloo
怀特岛 White Island
《黄金诏书》 *Golden Bull*
《灰雁法典》 *Grey Goose*
辉格党 Whigs

火药阴谋 Gunpowder Plot
霍贝玛 Hobbema
霍恩伯爵 Count of Horn
霍恩斯陶芬家族 House of Hohenstaufen
霍赫基尔希 Hochkirch
霍亨弗里德堡 Hohenfriedberg
霍亨兰茨堡 Hohenlandsburg
霍亨索伦-黑兴根 Hohenzollern-Hechingen
霍亨索伦-锡格马林根 Hohenzollern-Sigmaringen
霍华德 Howard
霍克 Hock
霍雷肖・纳尔逊 Horatio Nelson
霍伦 Holum
霍萨 Horsa

J

基尔 Kiel
《基尔肯尼法令》*The Statute of Kilkenny*
基辅 Kiev
基尼 guinea
吉伯林党 Ghibellines
吉尔吉斯人 Kyreyz
吉斯公爵 Duc de Guise
几内亚 Guinea
《济贫法》*Poor Laws*
蓟花骑士团 Order of the Thistle
加德纳 Gardner
加尔文宗 Calvinism
加拉提亚 Galatia
加利人 Galli
加利西亚 Galicia
加利西亚及洛多梅里亚王国 Kingdom of Galicia and Lodomeria
加拿大 Canada
加斯科涅 Cascony
佳姻庄 La Belle Alliance
嘉德骑士团 Order of the Garter
间歇泉 geyser
简・格雷夫人 Lady Jane Grey
简・西摩 Jane Seymour
剑桥 Cambridge
奥古斯塔・卡洛琳公主 Princess Augusta Caroline
剑桥公爵 Duke of Cambridge
杰出者埃伯哈德 Eberhard the Illustrious
杰式卡 Zizka
捷列克河 Terek River
金克尔 Kinkel
金缕地 Field of the Cloth of Gold
金姆里人 Cymri
金雀花王朝 House of Plantagenets
金塞尔 Kinsale
金帐汗国 Golden Horde
金泰尔半岛 Kintyre Peninsula
《九十五条论纲》*Ninety-five Theses*

K

喀尔巴阡山 Carpathian Mountains
喀里多尼亚 Caledonia
喀林人 Carini
喀山 Kazan
凯尔-卡拉多克战役 Battle of Caer

Caradoc
卡波 Carbo
卡德瓦拉 Ceadwalla
卡蒂人 Chatti
卡尔马 Kalmar
卡尔马联盟 Union of Kalmar
卡尔马战争 Kalmar War
卡尔曼 Colomann
卡尔尼奥拉 Carniola
卡尔尼特人 Carnutes
卡尔斯巴德 Carlsbad
卡尔斯克鲁纳 Carlscrona
卡尔斯鲁厄 Carlsruhe
卡尔斯塔特 Carlstadt
卡拉·穆斯塔法 Kara Mustafa
卡拉姆津 Karamzin
卡莱西人 Callaici
卡累利阿 Carelia
卡利恩 Caerleon
卡利斯克 Kalisc
卡林西亚 Carinthia
卡林西亚山脉 Carinthian Mountains
卡罗琳·玛蒂尔达 Caroline Matilda
卡洛登 Culloden
卡洛斯二世 Carlos II
《卡洛维茨条约》*The Peace of Carlowitz*
卡马河 Kama River
卡那封郡 Caernarvonshire
卡齐米日一世 Casimir I
卡齐米日三世 Casimir III
卡齐米日四世 Casimir IV
卡塞尔 Cassel
卡斯蒂利亚的阿方索 Alfonso of Castilla
卡特加特海峡 Cattegat Strait
卡特琳湖 Loch Katrine
卡乌基人 Chauci
开姆尼茨 Chemnitz
开普勒 Kepler
凯尔蒂奇人 Celtici
凯尔特伊比利亚人 Celtiberians
凯尔特人 Celt
凯里郡 Kerry
凯姆斯 Kames
凯瑟尔斯多夫 Kesselsdorf
凯瑟琳·霍华德 Catherine Howard
凯瑟琳·帕尔 Catherine Parr
凯于图凯努 Kautokeino
坎伯兰 Cumberland
坎伯兰公爵 Duke of Cumberland
坎布雷会议 Congress of Cambray
坎布里亚 Cumbria
坎塔布里人 Cantabri
坎特伯雷 Canterbury
坎特伯雷大主教 Archbishop of Canterbury
康布雷 Cambray
康德 Kant
康坎尼人 Concani
康拉德三世 Conrad III
康拉德四世 Conrad IV
康拉丁 Conradin
康涅狄格州 Connecticut
康诺利 Connoly
康诺特 Connaught
康士坦茨湖 Lake Constance

康斯坦茨 Constance
康沃尔 Cornwall
康沃尔的理查 Richard of Cornwall
考文垂 Coventry
柯林高地 Heights of Kollin
柯珀 Cowper
科尔基斯 Colchis
科尔纳 Koerner
科尔切斯特 Colchester
科克 Cork
科拉利人 Coralli
科隆 Cologne
科隆大主教 Archbishop of Cologne
科罗曼德海岸 Coromandel Coast
科莫恩 Comorn
科斯琴 Kustrin
克拉弗豪斯 Claverhouse
克拉根福特 Klagenfurt
克拉科夫 Krakow
克莱德河 Clyde River
克莱德湾 Firth of Clyde
克莱兹代尔 Clydesdale
克赖顿 Crichton
克兰默 Cranmer
克劳斯・斯托希 Klaus Storch
克勒米 Clerme
克雷西 Crecy
克里达 Cridda
克里米亚 Crimea
克里斯蒂安堡 Christianborg
克里斯蒂安二世 Christian II
克里斯蒂安四世 Christian IV
克里斯蒂安五世 Christian V
克里斯蒂安六世 Christian VI
克里斯蒂安七世 Christian VII
克里斯蒂安八世 Christian VIII
克里斯蒂安尼亚 Christiania
克里斯蒂娜 Christina
克里斯托弗 Christopher
克里斯托弗・雷恩 Christopher Wren
克里特人 Cretan
克利夫斯 Cleves
克利夫斯的安妮 Anne of Cleves
克隆塔夫 Clontarf
克伦堡 Kronborg
克罗地亚 Croatia
克罗地亚人 Croatian
克洛赫 Clogher
克洛普斯托克 Klopstock
克洛斯特赛文 Closterseven
克洛因 Cloyne
克尼佩尔多林 Knipperdolling
克尼普豪森 Kniphausen
克努特 Canute
克努特大帝 Canute the Great
克努特一世 Canute I
克努特五世 Canute V
克努特六世 Canute VI
克伊普 Cuyp
可萨人 Khazar
肯尼斯 Kenneth
肯特 Kent
肯特王国 Kingdom of Kent
肯辛顿宫 Kensington Palace

恐怖的伊凡 Ivan the Terrible
库尔迪教派 Culdces
库尔兰 Courland
库尔斯湾 Kuris Haft
库克罗普斯人 Cyclopes
库克斯港 Cuxhaven
库什纳奇 Kusnach
夸地人 Quadi
奎里特斯人 Quirites
昆丁·马西斯 Quentin Matsys

L

拉庇泰人 Lapithe
拉布 Raab
拉迪斯劳斯 Ladislas
拉丁·阿兹希 Radien Atzhie
拉丁人 Latin
拉多加湖 Lake Ladoga
拉法耶特 Lafayette
拉福 Raphoe
拉格瓦尔德 Ragwald
拉科尼亚 Laconia
拉米伊战役 Battle of Ramillies
拉姆塞 Ramsay
拉普兰 Lapland
拉普兰人 Laplander
拉普人 Lapp
拉塞达埃蒙人 Lacedemonii
拉塞尔勋爵 Lord Russell
拉斯林岛 Rathlin Island
拉斯洛一世 Ladislas I
拉斯洛二世 Ladislas II
拉斯洛三世 Ladislas III
拉斯洛四世 Ladislas IV
拉斯洛五世 Ladislas V
拉斯洛六世 Ladislas VI
拉瓦特 Lavater
拉约什 Lajos
拉约什·科苏特 Lajos Kossuth
拉约什一世 Lajos I
拉约什二世 Lajos II
莱巴赫 Laibach
莱比锡战役 Battle of Leipzig
莱布尼茨 Leibnitz
莱顿 Leyden
莱顿大学 University of Leyden
莱顿的约翰 John of Leyden
莱赫一世 Lech I
莱赫二世 Lech II
莱勒格斯人 Leleges
莱摩维斯人 Lemovices
莱森伯格 Reichenberg
莱斯利 Leslie
莱斯特伯爵 Earl of Leicester
莱谢克一世 Leszek I
莱谢克二世 Leszek II
莱谢克三世 Leszek III
莱谢克四世 Leszek IV
莱辛 Lessing
莱因斯堡 Rheinsburg
莱因斯特 Leinster
莱茵联邦 Confederation of the Rhine
兰伯特·西姆内尔 Lambert Simnel
兰茨胡特战役 Battle of Landshut

兰达夫主教 Bishop of Llandaff
兰道 Landau
兰登伯格 Landenberg
兰开斯特的亨利 Henry of Lancaster
兰开斯特王朝 House of Lancaster
兰尼米德 Runnymede
兰斯 Reims
朗厄兰岛 Langeland
朗塞德 Langside
劳迪西亚 Laodicea
劳恩堡 Lauenburg
劳恩堡公国 Duchy of Lauenburg
劳默 Raumer
老王高姆 Gorm the Old
老威廉·皮特 William Pitt the Elder
勒萨日 Le Sage
雷德利 Ridley
雷蒂人 Rheti
雷蒂亚 Rhaetia
雷东内斯人 Redones
雷恩 Rennes
雷米人 Remi
雷斯达尔 Ruysdael
雷维尔 Revel
黎巴嫩 Lebanon
黎凡特 Levant
黎明伙伴 Peep-of-Day Boys
里昂 Lyon
里德 Reid
里格尼茨战役 Battle of Liegnitz
里加 Riga
里加湾 Gulf of Riga
里珀达会议 Convention of Ripperda
里奇奥 Rizzio
里士满伯爵 Earl of Richmond
理查·德·克莱尔 Richard de Clare
理查德·克伦威尔 Richard Cromwell
理查德森 Richardson
理查一世 Richard I
理查二世 Richard II
理查三世 Richard III
立陶宛 Lithuania
立陶宛人 Lithuanian
利奥波德 Leopold
利奥波德一世 Leopold I
利奥波德二世 Leopold II
利奥波德三世 Leopold III
利奥波德五世 Leopold V
利奥波德七世 Leopold VII
利奥波德亲王 Prince Leopold
利奥弗里克 Leofric
利布尔尼亚人 Liburni
利古里亚人 Ligures
利摩日 Limoges
利默里克 Limerick
利珀 Lippe
利珀河 Lippe River
利珀-代特莫尔德 Lippe- Detmold
利奇菲尔德主教 Bishop of Lichheld
利斯莫尔 Lismore
利沃尼亚 Livonia
利沃尼亚人 Livonian
利沃尼亚湾 Gulf of Livonia
利物浦 Liverpool

利兹 Leeds
《联合法案》*Act of Union*
列日 Liege
列文湖城堡 Loch-leven Castle
勒瓦尔德 Lewald
列支敦士登 Licchtenstein
林茨 Lintz
林贡斯人 Lingones
林肯郡 Lincolnshire
林利斯戈 Linlithgow
林利斯戈宫 Linlithgow Palace
林奈 Linnaeus
琉森湖 Lake Lucerne
龙塞斯瓦耶斯 Roncesvalles
卢埃林 Llewellyn
卢布林 Lublin
卢萨蒂亚 Lusatia
卢森堡 Luxemburg
卢西塔尼亚人 Lusitani
鲁本斯 Rubens
鲁滨孙 Robinson
鲁道夫二世 Rodolph II
鲁道夫三世 Rodolph III
鲁道夫四世 Rodolph IV
鲁道夫五世 Rodolph V
鲁弗斯 Rufus
鲁根岛 Rugen Island
鲁珀特 Rupert
鲁珀特亲王 Prince Rupert
鲁斯凡勋爵 Lord Ruthven
鲁汶 Louvain
鹿特丹 Rotterdam
路德宗 Lutheran
路德维希一世 Ludwig I
路易・菲利普 Louis Philippe
路易一世 Louis I
路易十四 Louis XIV
伦巴第人 Lombard
伦巴第-威尼西亚王国 Kingdom of Lombardy-Venetia
伦贝格 Lemberg
伦勃朗 Rembrandt
伦敦 London
伦敦德里 Londonderry
伦敦塔 Tower of London
伦诺克斯伯爵 Earl of Lennox
罗宾汉 Robin Hood
罗伯特 Robert
罗伯特・埃米特 Robert Emmet
罗伯特・布鲁斯 Robert Bruce
罗伯特・菲茨・斯蒂芬 Robert Fitz Stephen
罗伯特・克莱武 Robert Clive
罗伯特・沃波尔 Robert Walpole
罗伯特・詹金森 Robert Jenkinson
罗伯特二世 Robert II
罗伯逊 Robertson
罗布西茨 Lowositz
罗茨贝格城堡 Castle of Rotzberg
罗德岛 Rhodes
罗德里克 Roderick
罗德里克・奥康纳 Roderic O'Connor
罗弗敦群岛 Lofoden Isles
罗吉尔・培根 Roger Bacon

罗杰·奥摩尔 Roger O'Moore
罗金厄姆侯爵 Marquis of Rockingham
罗克斯堡 Roxburgh
罗兰 Roland
罗蒙诺索夫 Lomenosoff
罗讷河 Rhone River
罗内岛 Ronay Island
罗切斯特 Rochester
罗刹人 Rhoxalani
罗撒西公爵 Duke of Rothsay
罗斯 Rus
罗斯巴克 Rosbac
罗斯大公 Grand Duke of Rus
罗维雷多 Roveredo
罗维尼 Rovigno
罗伊斯 Reuss
罗伊斯-格赖茨 Reuss-Greiz
罗伊斯-罗本施泰因 Reuss-Lobcnstein
萝拉·蒙蒂斯 Lola Montes
洛达尔德 Rodoald
洛克 Locke
洛克里人 Locris
洛兰岛 Lolland
洛林 Lorraine
洛林的查理 Charles of Lorraine
洛林的弗朗茨 Franz of Lorraine
洛蒙德湖 Loch Lemond
洛桑 Lausanne
洛泰尔 Lothaire
洛伊滕会战 Battle of Leuthen
吕贝克 Lubcc
吕岑战役 Battle of Lutzen
吕根岛 Island of Rugen
《吕内维尔条约》*The Peace of Luneville*
吕特利 Rutli
绿宝石岛 Emerald Island

M

马蒂亚斯 Matthias
马丁·路德 Martin Luther
马丁·斯特辛格 Martin Sterzinger
马丁五世 Martin V
马顿·特龙普 Maarten Tromp
马尔堡 Marburg
马尔伯爵 Earl of Mar
马尔伯勒公爵 Duke of Marlborough
马尔科姆 Malcolm
马尔科姆二世 Malcolm II
马尔莫城堡 Castle of Malmo
马耳他 Malta
马格德堡 Magdeburg
马格努斯 Magnus
马格努斯·斯梅克 Magnus Smeck
马格努斯一世 Magnus I
马格努斯二世 Magnus II
马格努斯三世 Magnus III
马格努斯四世 Magnus IV
马格努斯五世 Magnus V
马格努斯六世 Magnus VI
马格努斯七世 Magnus VII
马胡纳 Mahoonagh
马加什一世 Matthias I
马加什二世 Matthias II
马焦雷湖 Lake Maggiore

马科曼尼联盟 Marcomannic Confederacy
马科曼尼人 Marcomanni
马克西米利安·约瑟夫 Maximilian Joseph
马克西米利安一世 Maximilian I
马克西米利安二世 Maximilian II
梅拉伦湖 Lake Malaren
马龙派教徒 Maronite
马罗斯河 Maros River
马略 Marius
马其顿 Macedonia
马其顿人 Macedonian
《马赛曲》*La Marseillaise*
马赛 Marseilles
马斯顿荒原 Marston Moor
马泽帕 Mazeppa
马扎尔人 Magyar
马扎尔王国 Kingdom of the Magyars
玛尔迪人 Mardi
玛格丽特 Margaret
玛格丽特一世 Margaret I
玛杰里·布鲁斯 Margery Bruce
玛丽·路易丝 Maria Louise
玛丽·斯图亚特 Mary Stuart
玛丽女王 Mary Queen
玛丽亚·特莱西恩施塔特 Maria Theresienstadt
玛丽娅·特蕾莎 Maria Theresa
玛丽亚采尔 Mariazell
迈森 Meissen
麦尔格温 Maelgwyn
麦考莱 Macaulay
麦克白 Macbeth
麦西亚王国 Kingdom of Mercia
曼彻斯特 Manchester
曼海姆 Manheim
曼托瓦 Mantua
芒斯特 Munster
毛里求斯 Mauritius
玫瑰战争 Wars of the Red and White Roses
梅狄奥马特里契人 Mediomatrici
梅尔希塔尔 Melchthal
梅赫伦 Mechelen
梅克伦堡 Mecklenburg
梅克伦堡的路易丝 Louise of Mecklenburg
梅克伦堡-什未林 Mecklenburg-Schwerin
梅克伦堡-斯特雷利茨 Mecklenburg-Strelitz
梅兰希通 Melanchthon
梅努斯 Mainous
梅什科一世 Mieszko I
梅什科二世 Mieszko II
梅什科三世 Mieszko III
梅斯 Metz
梅特涅 Metternich
美兰克拉伊诺伊人 Melanchlaeni
美泉宫 Schonbrunn
美因茨 Mainz
美因河 Main River
门奈比人 Menapii
门诺派教徒 Mennonite
蒙蒂格尔勋爵 Lord Monteagle
蒙古人 Mongol

蒙克将军 General Monk
蒙茅斯公爵 Duke of Monmouth
蒙茅斯郡 Monmouth
盟约派 Covenanter
孟斐斯 Memphis
米德尔塞克斯 Middlesex
米哈乌 Michael
米哈伊尔·罗曼诺夫 Michael Romanoff
米兰人 Milanese
米利都 Miletus
米利西安人 Milesian
米诺卡岛 Minorca
米斯 Meath
米塔乌 Mitau
密尔弥多涅人 Myrmidones
密西西比计划 Mississippi Scheme
缅什科夫 Menshikov
闵采尔 Munzer
明登 Minden
明斯特 Munster
摩德纳 Modena
摩尔 Moore
摩拉维亚 Moravia
摩拉维亚教徒 Moravian
摩拉维亚弟兄会 Morarian Brethren
摩里亚 Morea
《末日审判书》*Doomsday Book*
莫顿伯爵 Earl of Morton
莫尔道河 Moldau River
莫尔加藤战役 Battle of Morgarten
莫哈奇 Mohacs
莫哈奇战役 Battle of Mohacs
摩拉瓦河 Morava River
莫里伯爵 Earl of Murray
莫里斯·菲茨·杰拉德 Maurice Fitz Gerald
莫洛西人 Molosii
莫纳岛 Mona Island
莫斯 Mohs
莫斯科大公国 Muscovy
莫斯科河 Moscow River
默西亚 Moesia
默兹河 Meuse River
慕尼黑 Munich
穆尔德河 Mulde River
穆拉德二世 Murad II

N

拿骚 Nassau
拿骚伯爵 Count of Nassau
纳尔瓦 Narva
纳尔西斯 Narses
纳尔逊 Admiral Nelson
纳沙泰尔湖 Lake Neuchatel
纳瓦拉 Navarre
《奈梅亨条约》*Treaty of Nimeguen*
南安普顿 Southampton
南巴伐利亚 South Bavaria
南蒂罗尔 South Tyrol
南海泡沫 South Sea Bubble
南美洲 South America
南特敕令 the Edict of Nantes
南威尔士 South Wales
内策河 Netze River

内尔维人 Nervii
内克尔 Necker
内穆尔公爵 Duke of Nemours
内维尔十字战役 Battle of Nevil's Cross
尼布尔 Niebuhr
尼德兰 Netherland
尼德兰王国 Kingdom of the Netherlands
尼尔斯 Nils
尼古拉斯·布雷克斯皮尔 Nicholas Breakspear
尼古拉一世 Nicholas I
尼古拉五世 Nicholas V
尼曼河 Niemen River
尼斯平原 Plain of Nice
涅夫斯基 Nevski
涅瓦河 Neva River
涅乌里人 Neuri
牛顿 Newton
牛津 Oxford
纽芬兰 Newfoundland
努曼提亚 Numantia
努维翁将军 General Nouvion
诺伊施塔特 Neustadt
挪威 Norway
挪威语 Norwegian
诺丁汉 Nottingham
诺尔雪平 Norrkoping
诺夫哥罗德 Novgorod
诺里库姆 Noricum
诺里奇 Norwich
诺曼王朝 House of Normandy
诺森伯兰 Northumberland
诺斯勋爵 Lord North
诺瓦利斯 Novalis
挪亚 Noah
诺伊齐德勒湖 Lake Neusiedle

O

欧登塞 Odense
欧根亲王 Prince Eugene
欧拉 Euler
欧内斯特·奥古斯都 Ernest Augustus
欧文·格伦道尔 Owen Glendower
欧伊诺特里亚人 Oenotria

P

帕德博恩 Paderborn
帕尔马 Parma
帕克 Parker
帕拉斯 Pallas
《帕萨洛维茨条约》*Treaty of Passarowitz*
帕绍 Passau
帕斯克维奇 Paskiewitch
帕斯卡尔二世 Pascal II
帕特里修斯 Patricius
潘德拉贡 Pendragon
潘多尔人 Pandour
潘诺尼亚 Pannonia
潘普洛纳 Pampeluna
庞蒂弗拉克特城堡 Pontefract Castle
胖子查理 Charles the Fat
培奥尼亚人 Paeonian
培根 Bacon
裴斯泰洛齐 Pestalozzi

佩夫金人 Peucini
佩斯 Pesth
佩斯利 Paisley
彭布罗克伯爵 Earl of Pembroke
彭斯 Burns
皮埃蒙特 Piedmont
皮尔蒙特 Pyrmont
皮尔纳 Pirna
皮卡第 Picardy
皮克特兰 Pictland
皮克特人 Pict
皮拉斯基人 Pelasgian
皮姆利科 Pimlico
皮舍格吕 Pichegru
皮亚琴察 Placenza
皮亚斯特王朝 Piast Dynasty
皮亚斯特一世 Piast I
平等派 Levellers
珀金·沃贝克 Perkin Warbeck
珀斯 Perth
蒲柏 Pope
普拉加 Praga
普莱费尔 Playfair
普劳恩运河 Plauen Canal
普雷格尔河 Pregel
普雷斯堡 Pressburg
《普雷斯堡和约》*Peace of Pressburg*
普雷斯堡会议 Diet of Pressburg
普里比斯拉斯 Pribislas
普里佩特河 Pripet
普里斯顿潘斯战役 Battle of Preston Pans
普鲁士 Prussia
普鲁士大公国 Duchy of Prussia
普鲁士人 Prussian
普鲁特河 Prut River
普伦湖 Lake Ploen
普罗旺斯 Provence
普热梅斯瓦夫二世 Prezemislas II
普斯科夫 Pskov
普瓦捷 Poitiers

Q

七国时代 Saxon Heptarchty
七年战争 Seven Years War
七省联盟 Seven United Provinces
七月革命 July Revolution
齐尔克尼茨湖 Lake Zirknitz
齐格蒙特·奥古斯特 Sigismund Augustus
齐格蒙特一世 Sigismund I
齐格蒙特二世·奥古斯特 Sigismund II Augustus
齐格蒙特三世 Sigismund III
奇萨尔皮尼共和国 Cisalpine Republic
骑士党 Cavaliers
虔诚的埃里克 Eric the Pious
虔诚者路易 Louis the Pious
强力王奥古斯特 Augustus the Strong
乔治·戈登 George Gordon
乔治·怀特菲尔德 George Whitefield
乔治·坎宁 George Canning
乔治一世 George I
乔治二世 George II
乔治三世 George III

乔治四世 George IV
切尔卡斯克 Tcherkask
切尔克西亚 Circassia
切鲁西人 Cherusci
切斯特 Chester
亲岑多夫伯爵 Count Zinzendorf
琴陶里人 Centauri
邱宫 Kew Palace
圈地运动 Enclosure of the Commons
《权利法案》*Bill of Rights*
《权利请愿书》*Petition of Right*

R

让·德·维埃纳 Jean de Vienne
让·雅克·卢梭 Jean Jacques Rousseau
热马普战役 Battle of Jemappes
热罗姆· 波拿巴 Jerome Bonaparte
《人身保护法》*Habeas Corpus*
日不落帝国 The Sun Never Set
日德兰半岛 Jutland
日耳曼海 Germanic Ocean
日耳曼尼库斯 Germanicus
日耳曼人 Germani
日耳曼人路易 Louis the German
日内瓦 Geneva
日内瓦湖 Lake Geneva
瑞德 Wred
瑞典人 Swedish

S

撒丁人 Sardinian
撒克逊人 Saxon
萨拉森人 Saracen
撒拉西人 Salassi
撒乌洛玛泰伊人 Sauromatae
萨宾人 Sabine
萨尔茨堡 Salzburg
萨尔马提亚人 Sarmatia
萨尔嫩 Sarnen
萨伏依 Savoy
萨福克 Suffolk
《萨迦》 Saga
萨克森 Saxony
萨克森人 Saxon
萨克森王国 Kingdom of Saxony
萨克森的亨利 Henry of Saxony
萨克森的洛泰尔 Lothaire of Saxony
萨克森公爵 Duke of Saxony
萨克森-阿尔滕堡 Saxe-Altenburg
萨克森-科堡 Saxe-Coburg
萨克森-科堡-哥达 Saxe-Coburg and Gotha
萨克森-科堡-萨尔费尔德 Saxe-Coburg-Saalfeld
萨克森-迈宁根-希尔德布尔格豪森 Saxe-Meiningen-Hildburghausen
萨克森-魏玛 Saxe-Weimar
萨克森-魏玛-艾森纳赫 Saxe- Weimar-Eisenach
萨克森选帝侯 Elector of Saxony
萨克索·格拉玛蒂克斯 Saxo Grammaticus
萨拉丁 Saladin
萨勒河 Saale River
萨里伯爵 Earl of Surrey

萨莫奈人 Samnite
萨摩耶德人 Samoyed
萨默塞特宫 Somerset House
萨尼特岛 Thanet Island
萨瓦河 Sava River
塞伯特 Seibert
塞德利兹 Seidlitz
塞尔维亚 Servia
塞尔维亚语 Servian
塞吉摩尔 Sedgmoor
塞拉利昂 Sierra Leone
塞拉萨格塔伊人Thyrsagetae
塞姆诺内斯人 Semnones
塞农人 Senones
塞萨利 Thessaly
《塞维利亚条约》 *Treaty of Seville*
塞文河 Severn River
三十年战争 Thirty Years' War
骚塞 Southey
色雷斯人 Thraces
瑟蒂克 Cerdic
沙夫茨伯里 Shaftesbury
沙特尔 Chartres
上奥地利 Upper Austria
上巴伐利亚 Upper Bavaria
上萨克森 Upper Saxony
上帝之鞭 Scourge of God
绍恩堡-利珀 Schauenburg-Lippe
绍尔兰 Sauerland
舍伍德森林 Sherwood Forest
设得兰群岛 Shetland Isles
摄政公园 Regent's Park
什鲁斯伯里 Shrewsbury
什鲁斯伯里战役 Battle of Shrewsbury
什切青 Stettin
什切青湾 Stettin Haft
什未林 Schwerin
神圣同盟 Holy Alliance
圣・亚历山大・涅夫斯基公爵 St. Alexander Nevski
圣阿德尔伯特 St. Adelbert
圣埃里克 Eric the Holy
圣奥尔本斯修道院 Monastery of St. Albans
圣奥古斯丁 St. Augustine
圣奥拉夫 Saint Olaf
圣保罗教堂 St. Paul's Cathedral
圣彼得堡 St. Petersburg
圣彼得大教堂 St. Peter's Cathedral
圣伯纳德 St. Bernard
圣餐礼 Eucharist
圣邓斯坦 St. Dunstan
圣殿骑士团 Knights Templar
圣哥伦巴 St. Columba
圣公会 Episcopal Church
圣赫勒拿岛 St. Helena Island
圣加尔 St. Gall
圣克罗伊岛 St. Croix
圣克努特 Canute the Saint
圣拉斯洛一世 St. Ladislaus I
圣利奥波德四世 St. Leopold IV
圣卢西亚 Saint Lucia
圣帕特里克 St. Patrick
圣帕特里克骑士团 Order of St. Patrick

圣乔治海峡 St. George's Channel
圣斯蒂芬教堂 St. Stephen's Cathedral
圣斯坦尼斯瓦夫 St. Stanislas
圣托马斯岛 St. Thomas Island
圣文森特 St. Vincent
圣约翰岛 St. John's Island
圣约翰骑士团 Knights of St. John
圣詹姆斯公园 St. James's Park
圣詹姆斯宫 St. James's Palace
狮心王理查 Richard the Lion-hearted
狮子亨利 Henry the Lion
狮子威廉 William the Lion
施蒂里亚 Styria
施蒂里亚的腓特烈三世 Frederic III of Styria
施莱格尔 Schlegel
施马尔卡尔登联盟 Smalkaldic League
施拜尔 Speyer
施普尔茨海姆 Spurzheim
施普雷河 Spree
施陶法赫尔 Stauffacher
施瓦茨堡-鲁多尔斯塔特 Schwarzburg-Rudolstadt
施瓦茨堡-松德尔斯豪森 Schwarzburg-Sondershausen
施瓦瑙 Schwanan
施韦德尼茨 Schweidnitz
施韦尼茨 Schweidnitz
施维茨州 Schweitz
施维林元帅 Marshal Schwerin
石勒苏益格 Sleswig
史密斯 Smith
史密斯・奥布莱恩 Smith O'Brien
使徒保罗 Apostle Paul
士瓦本 Swabia
士瓦本公国 Duchy of Swabia
赎罪券 indulgence
术赤 Jochi
司格提人 Scoti
司各脱 Scotus
斯巴达人 Spartan
斯宾塞 Spencer
斯宾塞・珀西瓦尔 Spencer Perceval
斯达尔夫人 Madame de Stael
斯德哥尔摩 Stockholm
斯蒂芬 Stephen
斯蒂芬二世 Stephen II
斯蒂芬三世 Stephen III
斯蒂芬四世 Stephen IV
斯高德 Skiold
斯海尔德河 Scheldt
斯赫维宁根 Scheveling
斯基泰人 Scythian
斯卡姆布里人 Sicambri
斯堪的纳维亚 Scandinavia
斯堪尼亚 Scania
斯考尔赫尔特 Skaholt
斯科迪斯奇人 Scordisci
斯科舍 Scotia
斯科特 Scott
斯昆石 Stone of Scone
斯拉夫人 Slav
斯拉沃尼亚 Slavonia
斯拉沃尼亚人 Slavonian

斯洛伐克人 Slovakian
斯摩棱斯克 Smolensk
斯诺登山 Mount Snowdon
斯诺里・斯图鲁松 Snorri Sturluson
斯帕 Spa
斯潘道 Spandau
斯皮尔博城堡 Spielberg
斯匹茨卑尔根岛 Spitsbergen
斯塔法岛 Staffa Island
斯泰尔 Steyr
斯坦尼斯瓦夫 Stanislas
斯特拉斯堡 Strasbourg
斯特拉斯克莱德王国 Kingdom of Strathclyde
斯特里蒙河 Strymon
斯特灵 Stirling
斯滕克尔 Stenkil
斯提里科 Stilicho
斯图尔特 Stewart
斯图加特 Stuttgard
斯图亚特王朝 House of Stuart
斯威登堡 Swedenborg
斯威夫特 Swift
斯韦恩 Sweyn
斯韦恩・马格努斯・埃斯特里特森 Sweyn Magnus Estritson
斯韦恩一世 Sweyn I
斯韦恩二世 Sweyn II
斯韦恩三世 Sweyn III
斯渥克尔 Sverker
斯渥克尔二世 Sverker II
斯渥克尔三世 Sverker III
斯希丹 Schiedam
松博尔 Sombor
苏埃西翁人 Suessiones
苏奥门纳 Suomemna
苏格兰 Scotland
苏格兰群岛 Scottish Isles
苏黎世 Zurich
苏黎世湖 Lake Zurich
苏马罗科夫 Sumorokoff
苏塞克斯 Sussex
苏台德山脉 Sudety Mountains
苏瓦尼 Soignies
苏瓦松 Soissons
苏维汇人 Suevi
苏维托尼乌斯・保利努斯 Suetonius Paulinus
绥约内斯人 Suiones
所罗门 Solomon
索恩河 Saone River
索尔 Soor
索尔韦河 Solway River
索尔兹伯里 Salibury
索菲娅 Sophia
索姆河 Somme River
索齐尼派 Soeinian

T

塔德乌什・柯斯丘什科 Thaddeus Kosciusko
塔拉 Tara
塔里奥妮 Taglioni
塔斯马尼亚岛 Tasmania

塔西洛 Tassilo
台彻尔 Tetzel
泰恩河 Tyne River
泰晤士河 Thames River
坦格里人 Tangri
汤姆森 Thomson
唐纳德 Donald
唐帕特里克 Downpatrick
陶顿 Towton
陶顿战役 Battle of Towton
陶里尼人 Taurini
陶里人 Tauri
特克托萨季人 Tectosages
特克伊 Tekeli
特拉法尔加海战 Battle of Trafalgar
特拉华州 Delaware
特兰奎巴 Tranquebar
特兰西瓦尼亚 Transylvania
特里波齐人 Tribocci
特里布里人 Tribulli
特里尔 Treves
特里尔大主教 Archbishop of Treves
特里诺文特人 Trinobantes
特立尼达 Trinidad
特隆赫姆 Drontheim
特伦特 Trent
特洛德 Troad
特维尔 Tver
滕宁根 Tonning
《提尔西特和约》 *Treaty of Tilsit*
提古林尼 Tigurini
提契诺河 Ticino River
提图斯·奥茨 Titus Oates
《天佑国王》*God Save The King*
《天主教解放法案》 *Catholic Emancipation Bill*
天主教联盟 Catholic League
条顿部落 Teutonic tribes
条顿骑士团 Teutonic Knights
条顿人 Teutone
帖木儿 Tamerlane
廷特恩修道院 Tintern Abbey
童子路易 Louis the Child
秃头查理 Charles the Bald
突厥斯坦 Turkestan
突尼斯 Tunis
图宾根 Tubingen
图尔德泰尼人 Turdetani
图尔盖斯 Turges
图尔奈 Tournay
图拉 Tula
图林根 Thuringia
图林根人 Thuringian
退尔 Tell
托钵会士 friar
托尔 Thor
托尔高战役 Battle of Torgau
托尔尼奥 Tornea
托尔斯港 Thorshavn
托卡伊 Tokay
托利党 Tory
托伦 Tholen
托马斯·贝克特 Thomas Becket
托马斯·登曼 Thomas Denman

托马斯·莫尔 Thomas More
托马斯·温特沃斯 Thomas Wentworth
托普利茨 Toeplitz
托斯卡纳 Tuscany
托斯卡纳大公国 Duchy of Tuscany
托斯其人 Tusci

W

瓦茨拉夫二世 Wenceslaus II
瓦茨拉夫三世 Wenceslaus III
瓦迪斯瓦夫一世 Wadysaw I
瓦迪斯瓦夫二世 Wadysaw II
瓦迪斯瓦夫三世 Wadysaw III
瓦迪斯瓦夫七世 Wadysaw VII
瓦尔德克 Waldeck
瓦尔德马的玛格丽特 Margaret of Waldemar
瓦尔德马一世 Waldemar I
瓦尔德马二世 Waldemar II
瓦尔德马三世 Waldemar III
瓦尔哈拉 Valhalla
瓦尔纳战役 Battle of Varna
瓦尔塔河 Warta River
瓦克斯穆特 Wachsmuth
瓦拉几亚 Wallachia
瓦拉几亚人 Wallachian
瓦莱州 Valais
瓦兰吉人 Varangian
瓦累尼人 Varini
瓦隆人 Walloon
瓦卢斯 Varus
瓦伦西亚 Valencia
瓦讷 Vannes
瓦萨王朝 Vasa Dynasty
瓦特·泰勒 Wat Tyler
汪达尔人 Vandal
王位觊觎者 the pretender
旺多姆 Vendome
威布灵格 Waiblingers
威尔士 Wales
威尔士亲王 Prince of Wales
威尔士人 Welsh
威克里夫 Wiclif
威廉·华莱士 William Wallace
威廉·劳德 William Laud
威廉·鲁弗斯 William Rufus
威廉·退尔 William Tell
威廉·威尔伯福斯 William Wilberforce
威廉一世 William I
威廉二世 William II
威廉三世 William III
威廉四世 William IV
威灵顿公爵 Duke of Wellington
威尼斯共和国 Republic of Venice
威塞克斯王国 Kingdom of Wessex
威士忌 Whisky
威斯敏斯特大教堂 Westminster Abbey
《威斯敏斯特和约》*Peace of Westminster*
威斯特伐利亚 Westphalia
威斯特伐利亚公爵 Duke of Westphalia
《威斯特伐利亚和约》*The Peace of Westphalia*
威斯特伐利亚王国 Kingdom of Westphalia
威悉河 Weser River

威辛斯 Withings
韦尔夫 Guelf
韦尔夫公爵 Duke of Guelf
韦尔切利平原 Plain of Vercelli
维爱人 Veiientes
维杜金德 Wittekind
维多利亚女王 Queen Victoria
维尔茨堡 Wurzburg
维尔纳 Verner
维京人 Vikings
维兰德 Wieland
维纳布尔斯 Venables
维内德人 Venede
维内蒂人 Venedi
维斯瓦河 Vistula River
维滕贝格 Wittenberg
维也纳 Vienna
《维也纳和约》 *The Peace of Vienna*
伟大的弗拉基米尔 Vladimir the Great
卫理公会派 Methodists
魏恩斯贝格 Weinsberg
温彻斯特 Winchester
温泉关 Thermopylae
温底尔人 Vindili
温莎城堡 Windsor Castle
温特菲尔德 Winterfield
文策尔一世 Wenzel I
文德利基人 Vindelici
文德利基亚 Vindelicia
文德人 Wends
翁布里亚 Umbria
翁特瓦尔登州 Unterwalden
沃登 Woden
沃蒂根 Vortigern
沃蒂默 Vortimer
沃尔卡人 Volcae
沃尔姆斯 Worms
沃尔姆斯宗教会议 Diet of Worms
沃尔斯奇人 Volsci
沃尔特·雷利 Walter Raleigh
沃尔特·司各特 Walter Scott
沃尔沃斯 Walworth
沃尔西 Wolsey
沃拉平原 Plain of Vola
沃勒·福斯特 Waller Furst
沃特福德 Waterford
沃州 Vaud
乌比人 Ubii
乌德勒支 Utrecht
《乌德勒支和约》 *Treaty of Utrecht*
乌德勒支同盟 Union of Utrecht
乌尔班二世 Urban II
乌尔班五世 Urban V
乌尔里希一世 Ulrich I
乌尔丽卡·埃利诺拉 Ulrika Eleonora
乌尔姆 Ulm
乌克兰 Ukraine
乌克兰哥萨克 Cossacks of Ukraine
乌拉尔人 Uralian
乌里 Uri
伍斯特 Worcester
伍斯特战役 Battle of Worcester

X

西班牙王位继承战争 War of the Spanish Succession
西伯利亚 Siberia
西顿 Sidon
西顿尼斯人 Sitones
西格图纳 Sigtuna
西吉斯蒙德 Sigismund
西加利西亚 Western Galicia
西居尔一世 Sigurd I
西坎人 Sican
西兰岛 Zealand
西里西亚 Silesia
西卢尔 Silures
西曼乃斯 Ximenes
西姆森 Simson
西属尼德兰 Spanish Netherlands
西斯蒙第 Sismondi
西特里克 Sitric
西印度群岛 West Indies
希波波第斯人 Hippopodes
希伯来人 Hebrew
希尔德布兰德 Hildebrand
希勒尔隆斯人 Hillerlones
希洛人 Helot
希特鲁利亚人 Hetrurian
希瓦 Khiva
锡兰 Ceylon
锡沃斯豪森战役 Battle of Sievershausen
席勒 Schiller
洗礼 baptism
下奥地利 Lower Austria
下洛林 Lower Lorraine
下萨克森 Lower Saxony
夏洛特王后 Queen Charlotte
贤人会议 Witenagemot
宪章派 Chartists
香农河 Shannon River
橡树骑士团 Oak Knights
小威廉・皮特 William Pitt the Younger
谢菲尔德 Sheffield
谢里丹 Sheridan
谢林 Schelling
谢莫梅斯乌 Siemomysł
谢莫维特 Siemowit
谢佩岛 Sheppey Island
辛布里半岛 Cimbrian Peninsula
辛布里人 Cimbri
辛格那拉 Shingralla
辛梅里安人 Cimmerian
辛内特斯人 Cynetes
新不伦瑞克 New Brunswick
新地岛 Novaya Zemlya
新加坡 Singapore
新教徒 Protestant
新斯科舍 Nova Scotia
新西兰 New Zealand
星室法庭 Star Chamber
匈人 Huns
匈牙利 Hungary
匈牙利人 Hungarian
休谟 Hume
须德海 Zuyder Zee

叙利亚 Syria
穴居人 troglodyte
血腥法庭 Tribunal of Blood
血腥委员会 Council of Blood

Y

牙买加 Jamaica
雅德维加 Hedwiga
雅恩 Jahn
雅弗 Japhet
雅盖隆王朝 Jagellon dynasty
雅罗斯拉夫 Yaroslav
雅罗斯拉夫尔 Yaroslavl
亚诺什·匈雅提 John Huniades
亚庇德斯人 Japydes
亚庇格斯人 Japyges
亚琛 Aix-la-Chapelle
亚该亚人 Achaean
亚历山大一世 Alexander I
亚历山大二世 Alexander II
亚历山大三世 Alexander III
亚眠 Amiens
亚尼纳 Yanina
亚瑟 Arthur
亚瑟王 King Arthur
亚瑟王座山 Arthur's Seat
亚速海 Azov sea
亚细亚部落 Asiatic tribes
亚兹格斯人 Jazyge
扬·卡齐米日 Jan Casimir
扬·索别斯基 Jan Sobieski
耶策尔河 Jeetzel River
耶格尔斯多夫 Jagaerndorf
耶拉契奇 Jellachich
耶路撒冷王国 Kingdom of Jerusalem
耶拿-奥尔施泰特战役 Battles of Jena-Auerstadt
耶稣升天节 Ascension Day
叶卡捷琳娜一世 Catharine I
叶卡捷琳娜二世 Catharine II
伊奥利亚人 Aeolian
伊比利亚人 Iberian
伊庇鲁斯 Eprius
伊德里亚 Idria
伊尔门湖 Lake Ilmen
伊凡 Ivan
伊凡·瓦西里耶维奇 Ivan Basilowitz
伊凡一世 Ivan I
伊凡三世 Ivan III
伊凡四世 Ivan IV
伊戈尔 Igor
伊拉斯谟 Erasmus
伊丽莎白 Elisabeth
伊利里库姆 Illyricum
伊利里亚人 Illyrian
伊利里亚王国 Kingdom of Illyria
伊姆雷 Imre
伊纳 Ina
伊欧里斯人 Aeolic
伊莎贝尔 Isabel
伊莎贝拉 Isabella
伊斯莱夫 Isleif
伊斯特沃内人 Istaevones
伊斯特利亚 Istria

伊特鲁里亚人 Etruscan
伊娃 Eva
医院骑士团 Knights Hospitallers
以哥念 Iconium
因河 Inn River
因斯布鲁克 Innsbruck
因苏布雷人 Insubres
印盖窝内斯人 Ingaevones
印格伏南人 Ingoevonians
英格二世 Inge II
英格尔海姆 Ingelheim
英格兰 England
英格兰共和国 Commonwealth of England
英格里亚 Ingria
英格一世 Inge I
英诺森三世 Innocent III
英属圭亚那 British Guiana
勇敢的恩斯特 Ernest the Valiant
《勇士哈罗德》 *Harold the Valiant*
尤加内人 Euganei
尤利乌斯·阿格里科拉 Julius Agricola
尤里一世 Juri I
犹太人 Jew
圆颅党 Roundheads
约阿希姆·腓特烈 Joachim Frederick
约阿希姆斯塔尔 Joachimsthal
约翰 John
约翰·巴利奥尔 John Baliol
约翰·拜恩 John Byng
约翰·布朗特 John Blunt
约翰·格雷厄姆 John Graham
约翰·汉普登 John Hampden
约翰·胡斯 John Huss
约翰·科普 John Cope
约翰·兰曹 Johan Rantzau
约翰·劳 John Law
约翰·罗杰斯 John Rogers
约翰·诺克斯 John Knox
约翰·威克里夫 John Wycliffe
约翰·卫斯理 John Wesley
约翰·西吉斯蒙德 John Sigismund
约翰大公 Archduke John
约翰一世 John I
约翰三世 John III
约翰逊博士 Dr. Johnson
约克 York
约克家族 House of York
约瑟夫大公 Archduke Joseph
约瑟夫一世 Joseph I
约瑟夫二世 Joseph II
约书亚·雷诺兹爵士 Sir Joshua Reynolds

Z

再洗礼派 Anabaptists
赞丹 Zaandam
赞特 Zent
泽西岛 Jersey Island
詹姆斯·道格拉斯 James Douglas
詹姆斯·沃尔夫 James Wolfe
詹姆斯一世 James I
詹姆斯四世 James IV
詹姆斯五世 James V
詹姆斯六世 James VI
战神之剑 Sword of Mars

战士腓特烈 Frederick the Warrior
长老会 Presbyterian Church
长腿爱德华 Edward the Longshanks
长者爱德华 Edward the Elder
珍妮·琳德 Jenny Lind
正义王卡齐米日二世 Casimir II the Just
直布罗陀 Gibraltar
智者腓特烈 Frederick the Wise
朱迪丝公主 Princess Judith
朱利安阿尔卑斯山 Julian Alps
朱特人 Jute
诸侯联盟 Princes' Union
《庄严同盟与圣约》 *Solemn League and Covenant*

全球通史

非洲、美洲、大洋洲

A HISTORY OF

All Nations

6

AFRICA
AMERICA OCEANIA

SAMUEL GOODRICH

[美] 塞缪尔·古德里奇 著

李江艳 译

天地出版社 | TIANDI PRESS

目录

努比亚与埃塞俄比亚

阿比西尼亚

巴巴里诸国：迦太基，努米底亚，毛里塔尼亚，利比亚

东非

非洲诸岛

美洲

北美洲

英属美洲

美国

墨西哥

危地马拉

西印度群岛

南美洲

新格拉纳达、委内瑞拉、厄瓜多尔

秘鲁和玻利维亚

智利

拉普拉塔联合省

巴拉圭和乌拉圭

巴西和圭亚那

非洲

第437章

非洲是个什么样的地方？[1]

非洲，在地理和历史上，存在着极为明显的差异。其中的一些地区是人类祖先最先探索并驻足的土地，而另一些长久以来都是人迹罕至，至今仍是地图上标示的未知地带。在历史的早期，当非洲的大部分居民们还在蒙昧和黑暗之中摸索的时候，而它的某些地方就已经成了人类智识和科学的摇篮及中心。它存在着最肥沃和最贫瘠的鲜明对比，肥沃的是尼罗河谷，贫瘠的是撒哈拉沙漠。

在这里生活的动物，不仅有亚洲常见的鸵鸟、狮子、老虎、大象、犀牛等，更有非洲所特有的长颈鹿、河马等奇珍异兽。在考察它的国民和社会状况时，我们可以看到软弱无害的黑人部族成为阿拉伯人和欧美人的猎物。

① 本书的统计均为成书时的数据。——编者注

非洲是一个巨大的半岛，经由苏伊士地峡[①]和东方大陆联结。位于北纬37° 30′ 与南纬34° 之间，南北长4 320英里[②]，东西最宽处4 140英里。整个大陆总体上呈三角形，有点像不规整的金字塔，以巴巴里诸国为塔基，好望角为塔顶。土地面积约1 100万平方英里[③]，有大约6 000万人。

人们对非洲的普遍印象是原始、阴暗以及贫瘠。从各方面看，它或许被认为是全世界最不受欢迎的地区。沙漠在其他地方，只是局部或偶然出现，但在非洲大陆上却纵横广布。漫无边际的平原，暴露在热带太阳的直射下，夺走了植物生长所必需的水分。移动的沙子被风吹起，旋转着，包围着过路的旅人，似乎要把他吞没在广袤孤寂的沙漠之中。最有名、最肥沃的就是北部与地中海接壤的地区。

我们对这片土地不了解，无法精确描绘出矗立其上的高山。非洲似乎既没有亚洲、美洲那样高耸入云的山脉，也没有那样雄浑壮丽的河流。总体而言，非洲的山往往因其宽度而非高度闻名。北部的阿特拉斯山脉，在某些地方的高度达1.2万英尺[④]；孔山延绵于塞内冈比亚[⑤]西境边陲和几内亚的北部边境，尽管某些山峰高达1.2万~1.3万英尺，但整体并不高。阿比西尼亚山脉在某些地方，海拔高度与之相当，至于这几座山以“月亮山”之名在非洲大陆延伸

① 当时还未开通苏伊士运河。——译者注

② 1英里≈1.61千米。——编者注

③ 1平方英里≈2.59平方千米。——编者注

④ 1英尺≈0.30米。——编者注

⑤ 现为塞内加尔和冈比亚两个独立的国家。——译者注

的说法，大抵只是一种杜撰。沿着非洲东海岸，一条继续延伸的山脉从阿比西尼亚山脉一直绵延至桌山，但并没有太高的山峰。大陆中部是一片巨大的高原，这并非不可能，这些沿海的山脉可能只是高原向大海下降的陡峭边缘。下表简单地介绍了非洲主要山脉的海拔高度：

山脉名称	海拔高度（英尺）
阿特拉斯山脉①（摩洛哥）	13 704
无名山脉（阿尔及尔②）	9 541
阿比西尼亚山脉	14 700
波旁岛山脉③	10 069
好望角山脉④	11 424
特内里费岛山脉⑤	12 200
佛得角山脉⑥	9 280
马达加斯加岛⑦	9 468
毛里求斯岛山脉	3 764

我们不了解非洲一些大河的完整流向。尼罗河主要支流的源

① 摩洛哥境内最高峰为图卜卡勒峰。——译者注
② 现在的阿尔及利亚塔哈特山。——译者注
③ 现在的留尼汪岛最高峰内日峰。——译者注
④ 当为好望角附近的德拉肯斯山脉最高峰塔巴纳恩特莱尼亚纳山。——译者注
⑤ 岛内最高峰泰德峰。——译者注
⑥ 岛上最高峰福古火山。——译者注
⑦ 岛上最高峰察腊塔纳山。——译者注

头，现在也没有弄清楚。阔拉河[①]（尼日尔河），仅了解它的上游和下游部分。刚果河（扎伊尔河），很明显是一条大河，但人类只踏足它的一小部分。至于东海岸的赞比西河，可能流经内陆广大的未知区域。排在这些大河后面的，是奥兰治河和塞内加尔河。下表简单地介绍了非洲主要河流的长度：

河流名称	长度（英里）
尼罗河	4 200
尼日尔河	2 600
塞内加尔河	890
刚果河（扎伊尔河）	2 830
奥兰治河	1 150
赞比西河	1 600

除了南部和北部海岸两片相对狭长的平原，整个非洲大陆都位于热带地区，它也是地球表面热带气候覆盖面积最广的大陆。非洲也因此成为世界上最热的地区。由于地表和土壤的特点，其处于热带地区的地理位置所带来的影响被进一步加强：一望无际的沙漠，烈日暴射在裸露的沙子上，使干燥的空气变得更加灼热，成为一个巨大的热空气之源，让气候相对温和的巴巴里地区和开普殖民地都受其影响；横扫巴巴里和埃及的喀新风[②]、席卷几内亚的哈马丹

① 其实是尼日尔河下游。——译者注

② 从3月底到5月初从撒哈拉沙漠上吹来的席卷埃及的热南风。——译者注

风[1]，都是来自沙漠深处最暴烈的产物。炎热的非洲大陆上，那些位于海岸和遍布于热带地区的河谷低地国家，对欧洲人来说是致命的：炎热的气候，湿软沼泽里散发的气体被莫名茂盛的植被所笼罩，无法扩散，致其成为一个孕育致命疾病的温床……

我们对非洲的矿产几乎一无所知。除了尼格里西亚，非洲的盐矿极为丰富；许多河流，尤其是西部海岸地区的河流发现了金沙。

非洲北部的植被与欧洲南部的植被相同，盛产温带谷物和水果；沙漠和绿洲的边缘生长的枣椰树，成了当地居民的主要食物来源；非洲北部沙漠和南部干旱平原上生长着依靠露水而非土壤水分的多刺草本植物、盐碱植物和多肉植物；热带地区覆盖着能够出产优质木材的森林，其中的很多树木异常粗大。

棉花树、猴面包树的果实可制作一种可口的饮料，吊灯树、油椰、西谷椰树、棕榈树等都是这一地区的代表性热带植物；木薯、山芋、花生等则是这一地区提供的温带谷物类植物。当地最广泛种植的谷物“多乌尔哈”，可以酿制一种名叫“布扎”的酒精饮料。番木瓜、罗望子、奶油树、水藤等都是可以出产食物的有用树木。金合欢树、香松树能出产具有商业价值的珍贵树胶。

黑猩猩

非洲还盛产各种奇特的动物。这里有种类繁多的类人猿、狒狒和猴子。这里的黑猩

① 几内亚湾沿岸大约每年的10—11月份到下一年的3—4月份期间，刮起的一种像火一样干热的风。——译者注

非洲狮

花豹

猩比大洋洲岛屿上的大猩猩更像人类，它们站立、直立行走以及使用双手的能力更为发达。

非洲狮是狮子种群中最高贵的种类。非洲狮会像其他猫科动物一样悄悄地接近猎物，绝不公开出击；一旦距离够近，它便会一跃而起，猛扑过去。花豹是一种凶猛、有力、敏捷的动物，但在体形和力量上都比亚洲虎稍逊一筹。黑豹分布于非洲的大部分地区，与花豹没有太大的区别。虎猫是一种个头较小的猫科动物。

鬣狗几乎是非洲所独有的动物：北部有条纹鬣狗，南部有斑点鬣狗，还有一种叫作非洲三色犬的在南部也有分布。这些动物贪婪而凶猛，往往在夜间出没，以腐肉和动物内脏为食。

鬣狗

大象的数量众多。非洲象是一个独特的物种，据我们所知，它们的体形比亚洲象小一些。非洲人至今未能驯化这些庞大的动物，他们会为了象牙而猎杀这些大象。非洲象以水果和树的根、

河马

两角犀

叶和枝为食。在受到攻击的时候，它们会变得很危险。

从尼罗河到奥兰治河，非洲的大部分河流和湖泊中都有河马。河马大部分时间都泡在水里，从来不会离开水面太远，但它们的食物似乎主要来自陆地，它们往往在最近的灌木丛附近晃悠，以沼泽地里的芦苇为食。黑人和霍屯督人会用陷阱捕猎它们，用它们的牙齿代替象牙，用它们的皮制成鞭子和盾牌。

非洲犀牛有两只角，它们的皮肤不像亚洲犀牛那样满是褶皱。犀牛角被当地人认为具有药用价值。它们的主要食物是芦苇和灌木。

非洲斑马、野马、伯切尔氏斑马是当地特有的品种。它们因从鼻子到尾巴末端均匀分布的漂亮条纹而广为人知。它们生性胆小，但速度极快，如果从小就开始驯养，也有被驯化的可能。

斑马

非洲的羚羊数量众多，至少有60种是非洲所特有的，角马最为著名。它可以说是马、牛、雄鹿、羚羊的混合体，肩、身和鬃像马，头像牛，尾和蹄像雄鹿。它具有很强的力量和速度以及灵敏的嗅觉和视觉。

羚羊

长颈鹿也是非洲所特有的动物，它因极长的前腿和脖子而引人注目，而这样的身体结构让它成为世界上最高的动物。它的后腿比前腿短得多，跑起来步伐虽快，却很笨拙。长颈鹿天性极为胆小温顺。以树叶为食。

鸵鸟是这片炎热大地的原生鸟类，也被认为是世界上最大的鸟类，然而庞大的身躯和短小的翅膀让它丧失了飞行能力。鸵鸟大多数生活于干旱荒凉、植被极少、降水极为罕见的沙漠里。据说鸵鸟从不喝水，却是所有动物中最贪吃的，它能够吞食皮革、玻璃、铁块、石头，以及所有它能吞下的东西。非洲土著猎杀它们，不仅为了它的毛，还为了它的肉，他们认为鸵鸟肉是一种非常可口的美食。

蛇鹫被霍屯督人称为“食蛇鸟”，因为它们贪婪地捕捉和吞食那些有毒的蛇。这种鸟很容易被驯服，它们群居，体形巨大，在非洲内陆数量极多。蛇鹫的体形与大秃鹰相当。与其他的秃鹫相似，它们也是一种山鸟。山间的洞穴和岩石间的缝隙形成的隐蔽处，是它们最好的巢穴。蛇鹫

埃及秃鹫

就在巢穴里过夜，白天吃饱后也在其中休憩。日出时分，人们可以看见大量的蛇鹫栖息在它们巢穴入口处的岩石上；有时，连绵不断的山脉中适宜的生存环境让它们分散在更大的范围内。埃及秃鹫是一种常见的鹫类。

鳄鱼生活在热带地区的大河里，还有潜伏在沼泽里长到30英尺长的巨蟒，致渴蛇、小毒蛇、角蝰等剧毒的蛇类。至于昆虫，蝗虫自古以来就是这片大陆的祸害。这里还生活着大量像毒蛇一样令人谈之色变的蝎子。苍蝇，据说是神用来惩罚古埃及人的工具之一，至今仍然是低地和耕作区的祸患。

现在分散在非洲北部的阿拉伯人和摩尔人，都源自亚洲，但至少有四大民族具有明显的非洲土著的身体特征，分别是北部的柏柏尔人、中部的尼格罗人，以及南部、东部的霍屯督人和卡非人。

虽然非洲东北部或尼罗河谷地区曾居住着文明的民族，而且他们将艺术和科学发展到更高的水平，北部海岸也在后面的时代被腓尼基人、希腊人和罗马人殖民，后来还成为文明化的阿拉伯诸国的

摩尔人

非洲的阿拉伯人

所在地，但整体上来说，非洲的大部分地区仍比较落后。非洲土著没有书面文字，没有字母表，也没有任何迹象表明他们拥有一些最简单的实用艺术之上的文明成果。

尼格罗人（黑人）

尼格罗人的身体特征为：毛茸鬈发、黑色的皮肤、突出的嘴唇、扁平的鼻子、低平的前额和外形奇特的双腿。从道德上讲，他们懒散、无害、安逸、友好，但即便在更高的文明状态下，在他们中间仍然盛行许多比较落后的风俗习惯。

长久以来，黑人被世界其他地方当作奴隶而受到猎捕，甚至在他们家乡，大部分黑人也是少数有权有钱人的个人财产。许多黑人部落以一种最原始的方式生活着，无政府，无信仰，但极度迷信，更无优雅的礼仪可言。他们赤身裸体，居无定所。其他也有一些游牧的黑人部族，还有一些组建了正规的政府，建立起了城镇，发展了一定程度的科学艺术，尽管没有达到多么高的文明程度。

下表即为当今非洲主要聚居地及其居民情况概览：

名称	领土面积（平方英里）	人口数量
北非		
埃及	20万	200万
努比亚	37.5万	——

（续表）

名称	领土面积（平方英里）	人口数量
北非		
阿比西尼亚	35万	400万
的黎波里和巴卡	27万	60万
突尼斯	5.2万	180万
阿尔及尔	50万	200万
摩洛哥	17.5万	600万
大沙漠	250万	——
西非		
塞内冈比亚	——	——
塞拉利昂	——	4.2万
利比里亚	——	2.5万
几内亚	——	——
辛贝巴西亚	——	——
中非		
苏丹	——	——
埃塞俄比亚	——	——
南非		
霍屯督人的土地	——	——
茨瓦纳人的土地	——	——
开普殖民地	——	——
卡弗拉里亚	——	——

（续表）

名称	领土面积（平方英里）	人口数量
东非		
莫桑比克	——	——
桑给巴尔	——	——
索马里地区	——	——
大西洋诸岛		
亚速尔群岛	——	25万
马德拉群岛	0.02万	10万
加那利群岛	0.325万	23.4万
佛得角	0.17万	5万
圣赫勒拿岛	0.005万	0.3525万
阿森松岛	0.0048万	——
印度洋诸岛		
马达加斯加岛	20万	30万
索科特拉群岛	0.1万	0.5万
毛里求斯岛	0.015万	10万
塞舌尔群岛	——	——
波旁岛	0.005万	10万

我们计划按照上面的顺序讲述非洲几个主要国家的历史。

下表为非洲的主要城市及城市人口状况：

城市名称	人口数量
开罗（埃及）	33万
亚历山大城（埃及）	3万
达米埃塔（埃及）	3万
摩洛哥（摩洛哥）	8万
阿尔及尔（阿尔及利亚）	7万
菲斯（摩洛哥）	10万
突尼斯（突尼斯）	12万
通布图（马里）	1.2万
贡德尔（埃塞俄比亚）	4万
开普敦（开普殖民地）	2万

第438章

非洲简史

下面我们要介绍非洲现在的状况。从古人所知的地理知识来看，我们发现，他们对非洲的认识是非常不充分的，甚至是错误的。他们只了解非洲的东海岸和北海岸，还认为非洲的面积没有欧洲大。“阿非利加”（“非洲”的英语名称）这个名称，最初来自罗马人，他们用这个名字表示被迦太基人占领的非洲地区；最终，这个词被用来称呼整个非洲大陆。

阿特拉斯山脉是古代所知的非洲最主要的山脉，也是众多神话故事的发生地。人们想象，阿特拉斯山顶像柱子一样支撑着整个天空，阿特拉斯山也被想象为一位泰坦巨人，被神王宙斯惩罚用肩膀支撑天穹。尼罗河被认为是世界上最大的河流。

非洲在古代主要被划分为如下地区：

古代地名	现代地名
埃及	埃及
埃塞俄比亚	努比亚和阿比西尼亚
内埃塞俄比亚	埃塞俄比亚
利比亚（并不是今天的利比亚）	巴卡
阿非利加	突尼斯
努米底亚	阿尔及尔（部分地区）
迦太基城	迦太基废墟（突尼斯附近）
毛里塔尼亚	菲斯、毛里塔尼亚、阿尔及尔（部分地区）
盖图利亚	布莱德·埃尔杰里德
费赞尼亚	费赞

非洲的沙漠广袤无垠，而且缺乏深入非洲内陆的海湾、河流，因此，对非洲历史的考察总是缓慢而艰难的。埃及是亚洲的探险家发现的，他们无视最清晰的地理轮廓，把它当作亚洲的一部分。即使到了斯特拉波时代，尼罗河也普遍被认为是亚非两个大陆的分界线。直到托勒密时代，人们才发现亚洲和非洲的自然地理分界线其实是红海和苏伊士地峡。

随着对非洲西部的不断发现，那些极大影响了古人崇高诗意想象力的东西逐渐呈现在人们面前；尤其是在沙漠中傲然矗立的绿洲以及苍翠的岛屿，给人们留下了极为深刻的印象。因此，也许就画出了那些辉煌的图画，这些图画描绘了西方花园、好运岛、极乐岛，它们被涂上了如此绚丽的色彩，构成了古代神话中最有趣的部分。

人们会不自觉地从内心向往比眼前世界更美好的事物——那些他们耗费毕生精力都未能在所处的世界中找到的光辉景象。想象力很容易在分隔已知世界和未知世界的模糊边界中将它们创造出来。在任何地区的第一批发现者中，新奇往往会产生一种高度的想象力和激情，在这种状态下，每一个物体都被涂上比大自然绚丽的色彩。当一个更全面的考察证明，在他们所指的区域不存在这样的生物或物体时，这种幻觉仍然不会停止。人类的心灵顽强地依附于它喜爱的幻想，它迅速地把它们转移到遥远而未知的地方，当后来人追到那里时，想象力又发现了另一个更遥远的地方，它们仍可以在那里避难。因此，我们发现，这些世外桃源在发现的进程面前不断地退却，但在远古代知识最遥远的边界，仍然发现了它们可以飞到的更遥远的尽头。

“西方花园”最开始被认为位于利比亚的西端，那是古代地理学知识所知最远的边界。那一圈位于沙漠深处的繁荣绿洲所呈现出的奇观，给古希腊人的幻想留下了强烈的印象，并使人联想到人间的天堂。随着第一片绿洲被频繁造访，它很快就失去了传说中的美丽；人们又为它找到了一个新的地方；每一位旅行者，当他发现了那片肥沃美丽的海岸的一部分时，都深情地想象着自己终于到达寻找已久的梦想之地——极乐岛。最后，当对大陆的探索徒劳无功时，极乐岛便被转移到了大洋彼岸，最初的岛屿概念使这一步骤变得异常简单。

当时的人所未到达、更未被探索过的加那利群岛，继续被认为是“好运岛”，这并不是因为岛上肥沃的土壤和宜人的气候，而是因为距离和不完善的知识给诗性的幻想留下了充分的空间。因此，我们发现贺拉斯用最耀眼的色彩描绘了岛上的幸福，他把它们看作是上天留在人间的一个庇护所，它使他们注定要从在世界其他地方经历的烦恼和不完美的享受中解脱出来。

非洲大陆未知地域的广阔，地区人文和自然风貌的独特，以及整个大陆形状和终点的不确定性，在某种程度上吸引了古代世界的注意。在记载的发现探险中，除了尼阿库斯和皮西厄斯等人，几乎所有的探险队都把非洲作为他们的目标。他们带着急切的愿望，首先探索地中海和红海两个未知海岸地带的范围，然后深入到这个神秘世界的深处——这个世界被最可怕的自然屏障所守护，像一堵墙把美丽肥沃的北非地区围起来。在很早以前，人们就为实现绕非洲航行而作出了非凡的努力。希罗多德就曾记录下了埃及法老尼科二世第一次探索非洲的过程。

这次远航还可能引发了另一场探索之旅。根据希罗多德的记载，波斯贵族萨塔斯佩斯因自己的暴行而被判有罪，波斯国王薛西斯下令把他钉死在十字架上。萨塔斯佩斯的朋友则劝说国王免他一死，改为惩罚他环绕非洲航行一周——那被当时的人们认为是比死更严厉的惩罚。于是，萨塔斯佩斯在埃及的港口雇了几名水手和一条船，踏上了这场艰难的旅行。他穿过海格力斯之柱，沿海岸航行了几日，到达了沙漠。萨塔斯佩斯看到了海岸可怕荒凉的景象，看到波涛汹涌的大海猛烈地撞击海岸，这对于一个在波斯宫廷的奢华中长大的波斯贵族而言，真是太可怕了。他惊慌失措，转身逃回波斯。薛西斯下令将他处死，而他又逃到了萨摩斯岛上。

另一次由私人主导的航海尝试是由基齐库斯人欧多克索斯进行的，他曾在托勒密八世的资助下完成了第一次探险之旅。他对非洲东海岸的部分地区进行过考察，还与当地人进行了一些贸易往来。他萌生了环游非洲大陆的愿望，这成为他心中占统治地位的激情。

他曾在这片海岸发现了一艘沉船的残骸，据说船是从西方来的，只不过只剩下一个船首的尖端，上面刻着一匹马。欧多克索斯把这片残骸带回了亚历山大城，请来自加的斯的人过目。那些人说，这些残骸很像毛里塔尼亚附近的渔船；他们还补充说，那里的渔船确实向西方远航过，但还从没有返回的。

对实现自己目标可能性的怀疑似乎都已经解除了，欧多克索斯只想把这项伟大的事业付诸实施。他认为自己被新任法老克利奥帕特拉三世所冷落，便决心不再依靠宫廷资助，自己前往加的斯。那时的加的斯是一个繁荣的商业大都会，开辟一条新的通往印度畅通无阻的航线，在那里一定会激起人们最大的兴趣。

在驶离亚历山大城的路上，欧多克索斯经停马西利亚和诸多港口，沿途公布了他环绕非洲航行的美好前景，并邀请有志之士加入他的队伍。通过这种宣传，他组织起了一支颇具规模的探险队。

现在的欧多克索斯有3艘船，船上除了充足的补给和货物，还载着医生和精通各种技艺的人们，其中甚至有一支大的乐队。他的船员大多由志愿者组成，虽然他们充满了奢望，但似乎不能服从严格的纪律，似乎也不能愉快地忍受航行的艰辛。他们很快厌倦了在远海中航行，坚持离海岸近一点儿。

欧多克索斯不得不服从众人的意愿，但是过了没多久，就发生了一件他作为一名有经验的水手所预见到的事情：船队在近海搁浅，走不动了。货物以及从船上拆下的木材被运到了岸上，他们用这些材料造了一只小船，欧多克索斯便乘坐这艘小船继续他的航行。他快速驶往自己想象的与非洲东海岸所看到的那些人语言相通的国家，但却发现自己的船实在太小了，难以前行。他不得不折回，随后组建起一支新的探险队，结果如何，古代的历史学家并没有任何记载。

迦太基人也组织过探险队，他们一方面是想在非洲海岸建立殖民地，另一方面是想进行新的发现。汉诺率领一支由60艘大船组成的舰队，船上载着3万名男女。故事从直布罗陀海峡或海格力斯之柱开始。在沿着非洲海岸航行了两天之后，他们到达了塞米亚特里乌姆，那是一座位于广阔平原中心的城市。又过了两天，他们到达了名为索罗希斯的海角（利比亚海角），那里树木茂盛，他们在岸上建立了海神波塞冬的神庙。船队绕着一个海湾航行，那里芦苇密布，很多大象及其他野生动物在觅食。除了这些，他们还先后发现了四座城市。接着，船队沿着发源于利比亚和内陆高山的利索斯河行驶，河的两岸生活着很多野兽，还有一群居住在山洞里不友善的埃塞俄比亚人——他们行动敏捷，有时甚至超过了野兽。

船队沿着荒漠海岸行驶了3天，到达了一座位于深海湾的小岛，他们在上面建立了殖民地，命名为瑟尼。随后，船队又驶入另一个海湾，沿着一大片海岸行驶，发现了很多岛屿以及里面有数不清的鳄鱼和河马的河流。再往南，一个奇怪的现象引起了人们的注意：白天，海岸边一片寂静，只有茂密的森林；但当夜幕降临，那里却燃起了熊熊烈火，并伴随着呼喊声、号声和其他乐器的声音。

迦太基人受到惊吓，不敢上岸，只是沿着海岸继续航行，来到了另一片地区。但是那里的恐怖情形与前面比毫不逊色。整个大陆都处于一片火海之中，一股股火苗似乎要蹿进海里；当他们试着登陆时，却发现土地太热而无法踏足。有一件事，尤其让他们感到惊讶，夜间似乎有一团大火要与天上的星星融合在一起；但是到了白天，却发现那是一座高耸入云的山峰，他们给它取名为“神的战车”。

继续航行3天之后，他们已经看不到那座火焰山了，船队进入了另一个海湾，在一座小岛上发现了一种动物，它们全身覆盖着蓬松的毛发，很像萨蒂尔[①]。他们称这些奇怪的动物为“大猩猩”。雄性大猩猩爬上悬崖，并向追赶它们的人扔石头，从而逃避被捕的命运，但有3只雌性大猩猩被捉住，皮被剥掉后带回了迦太基。这次航行到此也就结束了，进一步的探险因为缺乏补给而被迫中止。

没有一次探索之旅能够为博学的地理学家们提供比这次航行更多的想象空间了。前面提及的许多场景乍看似乎带有很强的神秘色彩，但后来却发现与现代旅行者的观察相符。前面提到的夜间的熊熊大火与音乐，其实是所有黑人国家普遍存在的一种习俗——在白天的炎热中休息，在音乐和舞蹈中狂欢整夜。至于整个大陆似乎都处于一片火海之中，这种感觉则可能来自当地人每年在特定的季节放火焚烧灌木和草地的习俗。大猩猩就是我们称为“黑猩猩”的类人猿中的一种。关于他们航行经过的海岸区域，人们的意见并不统一，一些人认为，这次航行向南最远只到了摩洛哥边境，其他人则认为越过了塞拉利昂。

希腊人和罗马人沿着非洲西海岸航行得并不多。这个地区的贸易主要由腓尼基人掌控。那里的象牙极为丰富，当地人用它制成杯子，装饰自己和马匹。腓尼基人把雅典的布料、埃及的药膏和各种

---

① 萨蒂尔，希腊神话中半人半兽的羊人。——译者注

家用器具带到那里。

人们普遍认为，非洲海岸从迦太基人发现的边界外的某一点向东转向，直达埃及，进而形成一个半岛，其中最长的部分从东到西。好奇心及商业也吸引了古代人对非洲东海岸的注意。早在所罗门时代，就有人沿着红海航行到更远的南方地区；但是《圣经》中的俄斐到底是在非洲、阿拉伯还是印度，仍无法确定。所有关于这些航行的记载都已佚失。在亚历山大时代，航行最远也不过是到了瓜达富伊角。

环绕非洲的航行直到近代才兴起——前面提到的特例除外。葡萄牙人在15世纪率先进行海洋的发现与探索活动，在来到好望角之前，他们在非洲西海岸航行了60年。1488年，巴尔托洛梅乌·迪亚士驶抵好望角。他在这里遇到了剧烈的风暴，便给它取名“风暴角”。但葡萄牙国王若昂二世为通过这里就能前往印度的希望所鼓舞，正如他有充分根据认为的那样，这一发现让他的国家得到了上天的庇护，“好望角”因此而得名。若昂二世还没来得及实现他的计划就去世了。他的继任者曼努埃尔一世继承了他的遗志。

1497年7月8日，瓦斯科·达·伽马从里斯本出发，前往印度。葡萄牙历史学家对这次远航的准备工作进行了详细的描述，显示了这一任务在全葡萄牙的重要性。在出发的前一天，达·伽马和他的船员前往距离里斯本约4英里的一座海边小教堂，整晚都在那里进行虔诚的祈祷。当他们来到即将登船的海岸，发现那里挤满了里斯本的居民，神父们穿着长袍，唱着圣歌，为这次航行的成功祈祷着；人们燃起虔诚的火焰，一起大声地祈祷。水手的亲人和朋友们眼含热泪，连达·伽马都在出发时流下了眼泪。他匆匆告别了那激动人心的场面，急忙登上船，扬起帆，3艘船组成的船队便离开了。岸上的人们仍留在那里，直到船队完全消失才离去。这幅壮观的景象体现了这次航行是如何的危险而勇敢。我们只能在这里补充一点，船队于7月28日离开佛得角，经历诸多艰险后，这位航海家于11月20日发现了好望角，然后两次绕过海角，向东进入了印度洋。

非洲大陆的大致轮廓逐渐被探索出来，但是人们对非洲内陆的广大地区仍然一无所知。尼罗河的源头、尼日尔河的源头和干流、内陆地区的大都会廷巴克图的位置，都一直处于神秘的境地，直到近代布鲁斯、帕克、莱恩、亚当斯、德纳姆、克拉珀顿、兰德斯和凯里等富有冒险精神的探险家们深入这些地区之后，人们才对其中的情况有所了解。即使到了今天，就如我们前面已经提到的，在地图上，非洲仍有相当大的一部分被标记为“未知区域”。

埃及

第439章

埃及是个什么样的地方？

埃及是一个位于非洲东北部的国家，北边是地中海，东边是亚洲和红海，南边是努比亚，西边则是撒哈拉沙漠。国土约600英里长，300英里宽，面积约18.6万平方英里，人口约250万人。

从非洲地图上看，埃及处于撒哈拉沙漠和红海中间。尼罗河发源于阿比西尼亚的大山中，丰富的水源，让它维持了一条纵贯埃及、奔流入海、绵延2 400英里的航道。尼罗河每年都会泛滥，在河流两岸沉积了大量肥沃的泥土，因为尼罗河，尼罗河河谷才没有成为撒哈拉沙漠的延伸带，而成为世界上最肥沃的地区之一。尼罗河是如此的重要，以至于一位古代的作家这样写道：“埃及是尼罗河的赠礼。”

与非洲的其他国家相比，埃及的地理位置可以说相当优越。它位于地中海沿岸，可以方便地到达地中海沿岸的国家；穿过苏伊士地峡，它的商队可以抵达阿拉伯和东方国家；经由红海和阿拉伯

埃及金字塔及附近遗迹

海，可以与印度互通有无；通过商队，也可以与非洲内陆、巴巴里诸国相互沟通。

埃及通常被分为3个地区：

1.下埃及：由尼罗河入海口附近的地区构成。在那里，尼罗河分成7条水道入海。这片地区被称为尼罗河三角洲（德尔塔），形状就像希腊字母Δ一样，是埃及最肥沃的地区。这里有埃及的几大重要港口：亚历山大、罗塞塔和达米埃塔。

2.中埃及：由一条狭长而肥沃的河谷构成，尼罗河作为仅有的一条河流从此地流过。在这片地区，有埃及的首都开罗、金字塔以及法尤姆。

3.上埃及：就是古代的底比斯地区，从中埃及向南，一直到尼罗河大瀑布。在这里，尼罗河被群山环绕，从一条狭窄的山谷中流过。这里并没有什么大城镇，只有最著名的古代遗迹和纪念碑。

法尤姆地区摩里斯湖畔的金字塔

虽然埃及领土的平均宽度有300英里，却只有一小部分是肥沃的土地。农耕地带，在下埃及比较宽，在距离入海口90英里的开罗开始变细，再往南，农耕地带只有3~4英里宽。再往南进入努比亚，那是一片荒凉孤寂的土地；西边是广阔无垠的撒哈拉沙漠，偶尔点缀着几片肥沃的绿洲；东部地区濒临红海，是一片荒凉的沙地，被石质的山脊横穿。尼罗河两岸有几条山脉绵延相随，几乎与整条河相始终。这些山脉的东西两侧又是荒凉的沙漠。

埃及有大量的湖泊，很多都被改造用于灌溉。纳特龙湖位于埃及的西北部，由一连串的水潭构成，出产盐和苏打。马留提斯湖因为海水的灌入逐渐变成了潟湖。虽然没有充足的证据，但很多人认为摩里斯湖就是一个天然的水潭。著名的希腊历史学家希罗多德则认为摩里斯湖是一个人工湖，它的名字就来自建造它的工程师。湖中曾建立两座巨大的金字塔，每座塔尖上都有一尊巨大的雕像。这些遗迹最后都消失了，湖泊也几近干涸。无论是自然形成的还是人工开凿的，现在的摩里斯湖也和埃及的其他湖泊一样被用于灌溉。

在埃及，灌溉一直是辅助农业发展的重要方法。古代的君主们为此而修建了大量的运河和堤坝；据说，现在6 000多条运河把尼罗河河水送往埃及的各个角落。它们对这个国家的繁荣和发展是如此的重要，以至于即使是无能的统治者也一直支持兴修水利。

开罗的尼罗河水位测量标尺

埃及的气候具有显著的特点：

如果一位旅行者在旱季——大约在5月和6月——来到这个国家，他只能看到一片广袤的平原四周被光秃秃以及发白的群山所环绕，只有少量的树木和枯草点缀其间。但等到6月中旬，尼罗河水开始泛滥；等到了9月，河谷地区就会被淹没，看似一个巨大的湖泊，湖畔能看到枣树、金合欢树、无花果、垂柳和柽柳等树木。到12月份，洪水逐渐退去，地面变干，植被便在上面接连生长。在潮湿泥泞的土地上，只需要把种子撒到上面，植物就能茂盛地生长。2月到3月是种植季，谷物在4月成熟。5月旱季再次到来，河谷里的青翠葱茏会迅速退去。随后是持续5个月的高温天气，喀新风，也就是沙漠热风，猛烈袭来，它时常迫使当地居民把自己关在屋里，以躲避它致命的影响。天空中几乎一直晴朗无云。下埃及有时会下少量的雨，而上埃及几乎不下一滴雨。哈塞尔奎斯特说曾经在埃及看到过600年树龄的古木，但恐怕那里连6盎司[①]的雨水都没下过！

尼罗河是埃及生命和快乐的源泉，它因此受到人们极大的关注。在古代，它是人们崇拜的对象。每当尼罗河水上涨到一定高度时——

① 一种容积单位，1美制液体盎司≈29.57毫升。——编者注

通过一种叫作尼罗河水位测量标尺的仪器测定，人们就会举行盛大的庆祝仪式。埃及的帕夏和国家的显要会出席仪式，由帕夏挖开蓄积河水的堤坝和河岸；仪式结束后，河水被引入大运河中。这条大运河贯穿开罗，在那里，水被分到各个出口，供应田地和花园。

仪式结束之后，河水逐渐退去。因为土壤是如此肥沃，农民几乎不需要投入什么劳动，只需在5月和10月把大麦和小麦的种子扔到地里即可。11月，他把牛赶出去吃草……虽然旱季的埃及看上去像是一片不毛之地，但这也让人们对青葱季节回归的渴望更加强烈。等雨季来临，温带和热带地区的植被则随处可见。谷物、蔬菜等丰富多产，橘子、柠檬满园飘香，枣、葡萄、无花果硕果累累，用来酿酒的酒棕榈也同样盛开绽放。豆子、甜瓜、甘蔗和其他需要水分栽培的作物，通过从水库中引出小小的细流辅助生长。

3月和4月是收获的月份，此时的产出为三种作物：一种是莴苣和黄瓜，而黄瓜是当地居民的日常食物；一种是玉米，另外一种是甜瓜。洋葱被广泛种植，而且味道可口，一位曾经访问这个国家的博物学家说道："难怪以色列人在离开埃及后悔恨地说，'我们仍

蜥蜴

鳄鱼

记得在埃及吃过的水果，黄瓜、甜瓜、洋葱以及大蒜……’”古埃及人对洋葱实际上达到了崇拜的地步，以至于“为洋葱的神圣味道而落泪”。①

洋葱

埃及人饲养的动物都很多产，大多数家畜一次能生产两只幼崽，羊一年甚至能生四只羊羔。在埃及的植物性出产中，需要特别提及莎草，古埃及人就用它来造纸，然而制造工艺已经失传；据说莎草茎去皮后是一种富有营养的食物。莲花，被古埃及人视为神圣的象征，每年的汛期到来后，在尼罗河里盛开。树木有梧桐、金合欢和柳树等。

埃及人在温箱里孵化小鸡的方法颇为奇特，而这一方法已被欧洲成功地验证过。他们养蜂的方法也同样奇特巧妙。每年当埃及的某个地区花草凋零的时候，养蜂人就会把他们的蜂箱安放到一些大船的甲板上，把每艘船上的蜂箱都做上标记。船夫带着养蜂人和蜂房慢慢向上游驶去，每逢鲜花盛开的草地就停下来。白天，蜜蜂们拥出蜂房采蜜，载着它们的收获往返多次，夜晚再进入蜂巢休息，从不会找不到“家”。棉花也被大量种植，4月播种，用河水灌溉以

① 洋葱好像有一段值得注意的历史：希腊人在骨子里讨厌洋葱，但罗马士兵和农民们却以它为生。在过去，欧洲南部对洋葱的喜欢，不仅洋溢于底层民众之中，甚至延伸到宫廷。但并不是所有人都喜爱它，卡斯蒂利亚国王阿方索十一世就非常厌恶这种可口蔬菜，他曾颁布了一条骑士法令，规定任何吃过大蒜或者洋葱的骑士，一个月之内不能出现在宫廷以及与其他骑士交流。而在法国的阿尔比地区，洋葱被大量种植，光是对这一项征收的什一税，每年就能为大主教带来1 000克朗的收入。——原注

莎草

促进棉花的生长。因此棉田往往选择在沿河地带。犁是常用的耕作工具。

埃及著名的动物有鳄鱼、獴，包括带有剧毒的小毒蛇在内的各种蛇类，以及多种蜥蜴。秃鹫和鹳比较常见，作为食腐鸟，它们因清除腐肉、净化空气受到人类的尊重；可以在沙漠里看到鹧鸪、鹌鹑、大鸨；在古代受到崇拜的鹮，仍然可以在沼泽中看到。在沙漠里能看到狮子、鬣狗和羚羊，在尼罗河里还能看到河马。

家畜不多。各种牛被驯服，用来犁地；富人还养有少量的马。和叙利亚一样，驴在埃及是最常用的牲畜，据说仅开罗就有4万头。骆驼被商队用于驮运货物。

复原的金字塔、狮身人面像

第440章

埃及的城市

古埃及是人类历史上最杰出的王国之一，没有哪个国家的名字比古埃及更让人感到敬畏和庄严了。古埃及遥远编年史中的模糊记载展示了人类社会统一的起源，也展示了那些改善人类生活的艺术的起源。然而早期的古埃及王朝在历史的烟尘里已变得朦胧难辨，若不是那些令人惊讶的资料可以证明它们的真实性，我们恐怕会把它们视为诗人和预言家虚构的故事。对古埃及神奇遗迹的描述也是对古埃及历史很好的介绍，这些遗迹不可能和它们所在的地点分开，所以我们将采取古代地理与现代地理相结合的形式，在简要介绍埃及主要的现代城市的同时对它们进行描述。

在这里，我们有必要指出，埃及的历史包括三个非常不同的时期。第一个时期是5 000年前美尼斯建立君主政体直到公元前332年亚历山大大帝征服埃及，包括埃及疆域最广、最辉煌的鼎盛时期以及古埃及走向衰落的时期。在这期间，埃及人建造了宏伟的城市底

古埃及第一个历史时期的建筑风格

比斯、卢克索神庙、卡纳克神庙、金字塔、摩里斯湖和一些巨大的纪念碑，这些遗迹至今仍然让人惊叹不已。也是在这一时期，亚伯拉罕来到了埃及这个人口众多的富裕国家；约瑟、雅各、摩西也来到埃及居住；后来希伯来人无法忍受埃及人对他们的压迫，便逃到荒野地带。埃及人在这个时期建造了很多陵墓和地下墓穴，今天的人们对这些庄严而神秘的埋骨之地产生了极大的兴趣，这些坟墓里的雕塑和壁画为我们揭示了四五千年前古埃及人的风俗习惯。

在埃及历史的第一个时期里，这个国家的宗教、建筑、政府、法律和生活方式都非常独特。现在我们知道，古埃及的艺术与亚述帝国和印度的艺术有些相似之处，但是很明显，埃及人是一个特殊的民族，他们在人类历史的初期就发展出了一种高雅的原生文明。

亚历山大城——古埃及第二个历史时期的建筑风格

公元前332年，亚历山大大帝的征服使埃及发生了剧变。埃及的首都被迁往新的城市亚历山大城，这是一座按照希腊风格建造的城市。公元前321年，希腊人托勒密在这个国家确立了自己的统治；之后近700年间埃及一直都被希腊人和罗马人所统治，直到萨拉森人在642年征服埃及。从亚历山大大帝征服埃及到萨拉森人征服埃及这段时期是埃及历史的第二个时期。埃及人的古老文明在这段历史中消亡了，他们原本的生活方式被征服者的风俗习惯取而代之。

埃及历史的第三个时期从萨拉森人统治时期一直延续至今。在这期间，埃及深受伊斯兰政府的影响，埃及人的宗教、法律、政府和风俗习惯也逐渐被同化，变得和其他伊斯兰国家并无二致。我们现在还能在埃及看到这三个历史时期留下的明显痕迹：令人心生感慨的尼罗河沿岸的遗迹是对古埃及历史第一个时期的庄严纪念；亚历山大城的遗迹是第二个时期的见证者；萨拉森人建筑风格的开罗、埃及各地的清真寺以及随处可见的穆斯林头巾是第三个时期的象征。

古埃及国土的总体划分与今天基本一致。古埃及北部被称为下埃及，中部称为海普塔诺米斯（中埃及），南部或上埃及，称为底比斯。古埃及共由53个省组成，总人口约700万或800万人，远超今天的250万人。假如我们不知道尼罗河谷地是世界上最肥沃的土地，我们便不

开罗苏丹·哈桑清真寺——古埃及第三个历史时期的建筑风格

能理解，耕地面积还不如美国纽约州的埃及如何能养活当时庞大的人口。在过去，罗马人把埃及视为帝国的粮仓。

我们从尼罗河三角洲开始说起。现代的亚历山大城位于马留提斯湖附近，是埃及主要的港口城市，也是与欧洲进行贸易的最主要场所。亚历山大城商业发达，在这里几乎可以看到世界各国的商人，但是街道又脏又暗。城市人口约3万人。亚历山大大帝建造的古城遗址就在附近，它曾经是托勒密王朝的首都，也是当时世界上最宏伟壮丽的城市之一。根据记载，当时亚历山大城的人口多达50万人，贸易极为发达，没什么能够比得上各种希腊风格的宏伟大厦。这座城市的遗迹至今诉说着它曾经的辉煌。站在这片猫头鹰、蝙蝠和野狼出没的棕榈树林里，我们依然能看到大片残垣断壁和数不清的陵墓与墓穴。在这片废墟中，有两样东西最引人注目，一个是高达95英尺的庞贝柱，另一个是高达58英尺的克利奥帕特拉方尖碑。这座方尖碑是由一整块花岗岩制作而成，上面刻满了象形文字。亚历山大城附近曾经矗立着一座500英尺高的古代灯塔，现在已经不存在了。在亚历山大城东北约50英里处是埃及古都塞易斯，它是“地心说”的集大成者托勒密出生和埋葬之地。

克利奥帕特拉方尖碑

从亚历山大城可以看到阿布基尔湾，这个海湾因为1798年英法两国的海战而闻名于世，法国在这场海战中被彻底击败。东边是现代城市罗塞塔，再往东是达米埃塔，这两座城市都是重要的贸易中心。这个地区以前还有一个叫作培琉喜阿姆的城市，曾被认为是埃及的战略要冲。毗邻阿拉伯半岛的地方是以色列人居住的“歌珊地”。从前的赫里奥波里斯也在这个地区，是喜克索斯王朝，也就是牧羊王朝的所在地。向北一点儿是红海边的现代城市苏伊士，对外进行一些贸易，这里有一座天然良港。在古代，这里曾通过一条运河与尼罗河东部的支流相连，但是运河现在已经被完全阻塞了。

略去不太引人注意的地方，我们再来看看埃及中部。位于尼罗河东岸的开罗是最让人感兴趣的城市，也是现在埃及的首都。开罗的历史非常悠久，它建立在一个叫作巴比伦城的废墟之上，被埃及法老、征服者拉美西斯二世掳来的巴比伦俘虏曾住在这里，巴比伦也因此得名。现在的开罗是法蒂玛王朝的哈里发在973年建立的。后来阿尤布王朝的建立者萨拉丁又为这座城市修建了坚固的城墙和华丽的大门。开罗被设为首都后，很快就超过亚历山大城——它从这个时期开始逐渐衰落。在整个非洲乃至东方，开罗都可以说是一座一流的城市，很多诗歌都赞美过它的辉煌。但对一个欧洲人来说，开罗就有点沉闷和阴暗了。它的街道上没有铺砖，曲折而阴暗，街道旁的房子上没有窗口可以看到街上。城里的房子都是两层。这里有大片的草坪，葱翠碧绿，雨季一来就变成湖泊，雨季一过就又恢复明亮的绿色。开罗最宏伟的建筑是苏丹·哈桑清真寺。这座城市堪称世界上最大的交通枢纽，来自各地的商队汇集于此，上埃及、地中海和阿拉伯之间的贸易活动十分频繁。街上常常挤满了骆驼、

开罗和尼罗河谷风景（从东往西看），远处是吉萨金字塔和利比亚山脉

驴子和狗，让通行变得困难。大量的奴隶被运到这里，像牲口一样在露天市场上公开出售。整座城市约7英里宽，占地面积和巴黎差不多大，人口约30万人，是非洲最大的城市。

开罗附近有一些最引人入胜的埃及古迹。往东北几英里就是赫里奥波里斯，也就是《圣经》中伯示麦的遗迹，那里的太阳神庙十分著名。开罗往北一点儿，尼罗河东岸附近，是孟斐斯遗址，那是摩西时代埃及的首都。那时，底比斯的荣耀已经消逝，孟斐斯后来居上。孟斐斯繁荣了多年。公元前529年，波斯国王冈比西斯占领并洗劫了这座城市，此后，孟斐斯逐渐衰落，直至消失，只留下一片废墟。

开罗的对面是一个名为吉萨的村庄。在这里，沿着尼罗河西岸散布着金字塔——堪比大自然鬼斧神工的宏伟建筑。这里共有60座金字塔，从一个斜坡绵伸60英里，直到尼罗河边。其中最大的是基奥普斯金字塔（胡夫金字塔）和切普斯金字塔。基奥普斯金字塔的塔基为693平方英尺，高500英尺，大约建于4 500年前，而机械技术

旅行家、古文物研究者贝尔佐尼在埃及

还几乎不为当时的人所知。据说10万劳工花费了20年的时间才建成这座金字塔。有人进入过这座金字塔，发现里面有几条长走廊，通往两个房间，其中的一间有一座石棺，现在是空的。切普斯金字塔高400英尺。这座金字塔被贝尔佐尼打开，他在一间46英尺长、16英尺宽的房间里发现了一座石棺，但里面只有一头公牛的骨头。尽管金字塔的建造与某些宗教思想有关，这一点毫无疑问，但人们认为金字塔是古埃及人为国王建造的坟墓。一些学者认为它们只是一座巨大庙宇的中心部分，两侧还有巨大的柱子。

尽管这些巨大的古迹让人感到非常震撼，把我们的思绪带回到4 000多年前，然而它们仍然应该被视为建造者虚荣和自私傲慢的证据，他们把帝国的收入浪费在了旨在让他们名垂青史的工程上。作为艺术作品，它们并不应该受到如此高度的赞扬，我们不过是对它们的宏伟巨大感到惊讶而已。从建造所需的劳动力来看，金字塔也比不上很多现代建筑。例如，铺设伦敦街道所用的石头比建造基奥普斯金字塔的要多，人们却不会对此感到兴奋和惊奇。

距离基奥普斯金字塔大约600英尺的地方是巨大的斯芬克斯雕

狮身人面像

像，其具体形态为狮身人面。这座雕像现在大部分被黄沙掩埋，只有头部和脖子还暴露在外。整座雕像约60英尺高，125英尺长。

在开罗西南约50英里、距离尼罗河25英里的地方，是不容错过的法尤姆地区。通过开凿出一条穿过利比亚山脉的渠道，古埃及人把尼罗河引入这片土地，将这片曾经的荒漠变成了埃及最肥沃的地区之一。无数的运河在灌溉和为土地施肥之后，汇聚在一起，形成了现在的法尤姆湖。湖长约30英里，宽4~5英里。法尤姆湖就是我们前面提到的摩里斯湖。据说法尤姆湖只是摩里斯湖的湖底，古人说摩里斯湖像大海一样，面积约有160平方英里。当尼罗河的洪水泛滥时，它起到泄洪闸的作用；当河水不足时，它又可以为它供水。湖上有两座金字塔，附近还有一个迷宫，里面有大约3 000个房间，一半的房间在地上，一半的房间在地下。如今这些古迹早已不复存在，只剩下一些难以辨认的废墟。

法尤姆城是这个地区的首府，这是一座美丽的城镇，约有4 000名居民，有一部分是基督徒。它坐落在“约瑟运河”上，主要在古代阿尔西诺伊城的遗址上建成。法尤姆城有很多精美昂贵的柱子和各种雕塑的遗迹，现在这些文物都用碎石块粗糙地黏合在一起了。

从开罗沿着尼罗河往上游走，可以看到沿岸有许多城镇和村庄。刚才谈到的古埃及文物都是以其雄伟的规模让人们感到震惊，现在我们来到明亚，将见识到把宏伟庄严和艺术完美结合在一起的古埃及杰作。在尼罗河东面，布满岩石的山丘上有数不清的坟墓。考古人员发掘了这些尘封千年的坟墓，发现坟墓里的壁画仍然保留着鲜艳的色彩，这些壁画向我们揭示了古埃及人的风俗习惯和生活追求。这些壁画和其他类似的遗迹是古埃及文物中最吸引人的部分，我们之后描述古埃及人的宗教和文明时将详细介绍这些壁画。

在明亚上游两英里的地方，是安底诺伊的遗址，这是一个由古罗马皇帝哈德良建立的城市，我们可以看到很多希腊风格的剧院、柱廊、拱门和圆柱的遗迹，和这个地区古埃及人建造的方尖碑、陵墓和雄伟神庙形成了鲜明的对比。

我们再来看看埃及中部。苏特城是尼罗河东侧的一个大城镇，有20余万居民。尼罗河上下游的河谷都很窄，但这里有12英里宽，而河流本身的宽度只有750英尺。前往努比亚和达尔富尔的商队就是从这里出发的。考古人员在苏特附近的石山上发掘了大量的坟墓，里面有许多精美的雕塑和绘画；其中一些坟墓是基督徒的，他们在这里开始了隐居生活，并导致了隐修制度的产生。

当我们沿着苏特往尼罗河上游走，最壮观的景色便会不断地映入我们的眼帘。在一个整洁的小镇艾赫米姆，生活着1万居民，其中一半是基督徒，这里有两座巨大的神庙遗址。在艾赫米姆北边是坐落在尼罗河西岸的丹德拉遗迹，这是埃及保存最完好的遗迹之一。这里神庙的门廊美丽绝伦，大到令人难以置信——宽265英尺，高60英尺。建筑的表面刻满了各种神秘而奇特的雕塑、象形文字、神祇、神圣的动物以及士兵行进的列队，可以说是埃及风俗和神话的具体体现。这些艺术品展现出古埃及人高超的技术和精美的工艺。

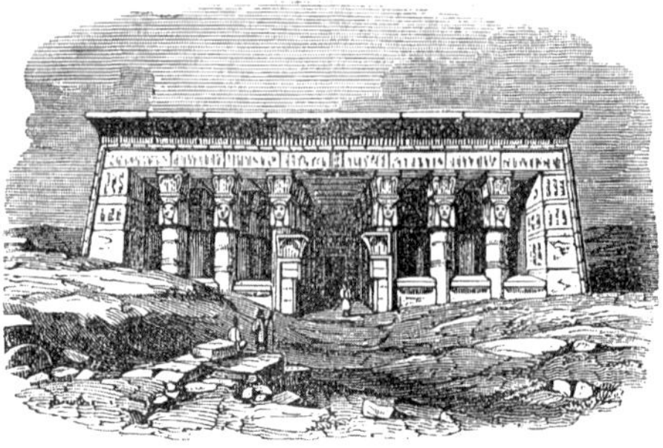
丹德拉神庙

神庙里面也同样漂亮，屋顶上有一处表现黄道十二宫的雕塑，它有12英尺长，8英尺宽，3英尺高。这处雕塑被拆下，现在保存于巴黎的博物馆。

这是一个神奇的地方，人们甚至不能叫出这里所有奇观的名字。在丹德拉以北几英里的地方，有一处视野开阔、世界上绝无仅有的景观——最令人惊叹的遗迹占据了一整片广阔的平原。这里是底比斯的遗址，谁在什么时候建立了这座号称百门之城的雄伟首都不得而知，只知道那时候还是模糊不清的传说时代，若不是眼前这些宏伟的遗迹证明这座城市配得上古老诗歌中的赞颂，我们肯定会以为古人对底比斯的描述根本就是虚幻的神话。从底比斯的宏伟庄严来看，这座人类历史上最早的都市之一，几乎使后世所有的艺术珍品都黯然失色。人们刚开始看到的只是一片杂乱的大门、方尖碑和圆柱，这些建筑都很巨大，矗立在棕榈树林里。渐渐地，人们能分辨出废墟的东边，靠阿拉伯方向那一侧的卡纳克神庙和卢克索神庙；在废墟的西边，靠利比亚方向那一侧的门农宫殿和山后的陵墓。

卡纳克神庙①的宏伟程度超过了底比斯所有其他建筑，甚至

① 底比斯的遗址分布在附近的四座村庄周围：卡纳克村、卢克索村、格内村和阿布城。——原注

全世界都找不到可以和它媲美的建筑。一位法国的工程师骑在马上绕着卡纳克神庙走了一圈，竟然花了一个半小时，因此他确信神庙的周长至少在3英里以上。在卡纳克神庙的东北入口处，古埃及人将它们的富丽堂皇展现无遗。这里有一条全埃及最长的狮身人面像大道，通向一排巨大的神庙大门，门口是一些巨大的雕像。神庙的大部分已经破败，很难辨别这里曾经是一组整齐有序的建筑群。在这片广阔的废墟上，只能看到一些建筑的碎片、断掉的石柱、残缺不全的巨型雕像和方尖塔，有的已经完全倒下，有的依然矗立在那里。在巨大的大厅里，无数圆柱、大门和走廊支撑着屋顶，从没有哪个建筑有这样的规模。在神庙遗址的西侧，杂乱中却呈现出一种井然有序的景象，数不清的大门和大厅错落有致，互相之间非常协

卡纳克神庙遗址

调，显得浑然一体。当我们完全了解这座神庙的整体规划之后就会发现，这座巨大建筑各部分的布局和对称性令人叹为观止。

卡纳克神庙不仅拥有罕见的巨大面积，而且这种非凡结构的所有独特特征也是世界上独一无二的。神庙里有两座埃及最高的方尖碑，一座高69英尺，另一座高91英尺，上面装饰着完美的雕刻。正厅长318英尺，宽159英尺，有134根石柱支撑着屋顶。这些石柱高约70英尺，直径约11英尺。一条很长的大道两侧原本也有很多石柱，但现在只有一根还竖立着，其余的石柱都已经倒塌，按照原来的顺序倒在地上。几乎所有的雕塑都是彩色的，尽管经过数千年岁月的洗礼，它仍然闪耀着明亮的光泽。巨大的狮身人面像群现在只剩下50个，但从地面上的痕迹可以看出，这里曾经耸立着多达600座这样的塑像。进入神庙内部非常困难，而且里面阴暗无光，遍布断壁残垣，没有什么值得注意的东西。然而一旦登上屋顶，就能欣赏到周围独特而壮观的景色。

所有看到过这个场景的人都认为，卡纳克神庙给人的印象几乎是世界上任何事物都无法比拟的。根据德农的说法，整个法国军队一看到它，人人都像被电击了一样站在那里一动不动。根据若卢瓦和德维利耶的说法，环绕在周围的壮观景象仿佛是想象中的幻觉，而不是真实的存在。贝尔佐尼特别强调过，关于我们现在最宏伟壮观建筑的最理想的概念，也不足以描述卡纳克神庙遗址所呈现出的景象。在他看来，他似乎是误入了一座由已经离开的巨人留下的城市，身处这个世界上最庄严的地方，他感觉自己就像一个孤独的弃儿。巨大的圆柱林立，四周都是美丽的雕像和各种装饰品，装饰着美丽的人物塑像。朝这片迷宫一样的建筑群一眼望去，可以看到那些高高的大门，以及神庙里的一堆堆废墟——这些加在一起给贝尔佐尼的心灵带来了如此巨大的震撼，他仿佛神游天外。一时间，他似乎不知道自己是在尘世间，还是在其他的世界。

如果说卡纳克神庙遗址的宏伟和广阔举世无双，那么卢克索神庙更像是一个简约而美丽的艺术品，这种简约之美在整个埃及无与伦比。从尼罗河畔望去，这里的风景特别优美，青翠的岛屿点缀在河面上，对岸是一片白茫茫的平原，平原上是茂密的棕榈树林，目光的尽头是雄伟的阿拉伯山脉。前往卢克索神庙要经过一个现代村庄，这个小村庄就叫卢克索村，村子里拥挤而简陋的小屋与这些辉煌的古代遗迹形成了奇特而又鲜明的对比。穿过村落，就到达了卢克索神庙的门廊。在门廊两侧可以看到世界上最美丽的两座方尖碑。宫殿的内部同样富丽堂皇，200根大小不一的圆石柱支撑着屋顶，其中许多石柱的直径达到了10英尺，而且大部分非常完好。

不过这座神庙里最值得注意的是那些丰富的雕塑，方尖碑、墙壁和房间里都能找到的大量雕塑。雕塑在埃及所有建筑物上都很常见，但是卢克索神庙雕塑的数量超过了其他任何地方，而且制作十分精美，似乎都出自最熟练的雕刻艺术家之手。这里的雕塑似乎描述的是一位古埃及君主的历史和胜利，卢克索神庙的建造者很可能就是这位君主。其中一间房间里的雕塑特别展现了一场激烈的战斗，埃及人拿着弓箭彻底击败了来自亚洲的拿着长矛和标枪的敌人。追击和撤退，胜利者的姿态，受伤和死亡，这些丰富多彩的雕塑给人留下了极为深刻的印象，甚至有人推测，伟大的古希腊诗人荷马就是从卢克索神庙里的艺术品中为他的故事汲取了许多素材。另一个房间里的雕塑描绘了征服者端坐在他的宝座上，被俘虏的君主则

卢克索神庙遗址

被捆在一辆车上，战败的首领们正遭受着刻意的残酷折磨，古代战争法则赋予了胜利者残忍地处置失败者的权力。

在尼罗河西岸、利比亚方向那一侧是底比斯的纪念碑，虽然这些纪念碑的规模没那么惊人，但同样让人兴趣盎然。其中有两座雕像依然矗立在那里，不过已经破败不堪，无法判断它们的价值。根据雕像上的铭文，其中一座雕像似乎就是一个可以发出声音的门农雕像，古埃及人会在日出时或者特定的节日击打雕像奏乐来表示庆祝，这种声音就像演奏弦乐器一样。然而现在没有人会用这个雕像演奏，只能发出击打岩石的普通声音，毫无疑问，这些音乐的音调是由古埃及的祭司们巧妙地创造出来的。

底比斯附近的陵墓同样值得关注。考古人员在陵墓里发掘出的

门农宫殿遗址

门农雕像

石碑虽然没有我们刚才提到的那些遗迹那么巨大，但从某种程度上来说却更引人注目，而且更独特。在所有的东方国家，人们都会给予死者特殊的尊敬，但是在墓葬方面，似乎没有哪个国家比得上埃及。在埃及，凡是被考察过的城市遗迹，都能在后山找到陵墓和墓穴。底比斯的陵墓在数量、面积和精美程度上都超过了其他地方。利比亚山脉绵延6英里，平均海拔约300~400英尺，山体大多是石灰岩，特别适合建造这种豪华的陵墓。古埃及人修建的墓穴几乎可以和他们在地面上建造的纪念碑和雕像相媲美。

陵墓入口处的走廊通向一间宽阔的大厅，大厅里摆放着石棺，石棺和墙壁上都装饰着五颜六色的雕像。死者石棺周围的雕塑表现的是他生前的荣耀和功绩。整个画面完整地展示了古埃及人的家庭生活，我们可以看到一些风俗习惯至今仍在流传，并没有发生什么改变，仍然是这个国家独有的特征。节日庆典、农业生产、商业贸易、狩猎、斗牛、捕鱼、捕鸟、葡萄园、地面装饰等生活场景构成了这些艺术表现的各种主题。大厅旁边的房间和走廊里有许多木乃伊，这是古埃及人永久保存死者遗体的神奇技术，这些遗体至今都保存完好。木乃伊是用亚麻或棉布层层包裹着的尸体，尸体已被沥青浸透，处理手法如此的巧妙娴熟，哪怕经过了数千年，这些遗体的面容和最细微的身体特征都被完美地保存下来。许多木乃伊的裹尸布布层之间还包裹着写有象形文字的莎草纸——这也是欧洲古物学家们最感兴趣的研究对象。

贝尔佐尼曾非常生动地描述过发掘这些陵墓时的种种困难：“墓穴里全是细细的灰尘，不停地往我的鼻孔和喉咙里钻，我不得不拼命呼气，才勉强把灰尘和木乃伊发出的强烈恶臭赶出我的肺部。你必须爬行穿过十分狭窄的墓穴通道，有时甚至不超过一英尺宽，好不容易才爬到一个稍微宽敞的地方，或许可以坐下来，却发现这里是一个到处都是死人的地方！周围都是尸体，都是成堆的木乃伊。我费了好大劲才进入那里，又往前走了50码①，100码，300码，有可能是600码，才找到一个可以坐下来歇脚的地方。当我不小心坐在了一具古埃及人的尸体上，它顿时像硬纸盒一样塌了下去。我慌乱地挥舞手臂，想要抓住什么支撑身体，什么也没抓到。这样，我与一堆骨头、破布和木箱一起掉入破碎的木乃伊堆中，扬起的灰尘让我一刻钟内难以动弹，直到它们再次落下。”

国王陵墓的规格自然非民间墓葬所能比。埃尔埃贝克神庙是一座规模较小但十分精致的神庙，坐落在利比亚山脉的中心地带。沿着狭窄山谷里的一条蜿蜒小路往前走大约两英里，可以看到山岩之间有一条狭窄的裂口通向“帝王谷”。谷中寂静无声，阴森寂寥，呈现出一片干旱和荒凉的可怕面貌。高耸的石山在四面矗立，将峡谷严密包围，只露出一部分天空。这些石山反射的热量是这样大，1799年，德萨克斯将军的两名护卫就死于这里的致命炎热。如果没有墓穴提供的荫蔽，人类几乎不可能在这里停留。

古埃及人试图用可怕的自然环境来隐藏底比斯国王的陵墓，已经为陵墓入口的安全采取了所有可能的措施，但人类的贪婪和好奇还是突破了一切预防措施。穿过挡在陵墓入口处的巨石，是一条狭窄而曲折的通道，通道上建有一扇又一扇坚固的大门。尽头是一个宽敞的大厅，正中央是石棺，通常都是空的。墙壁上装饰着华丽的

① 1码≈0.91米。——编者注

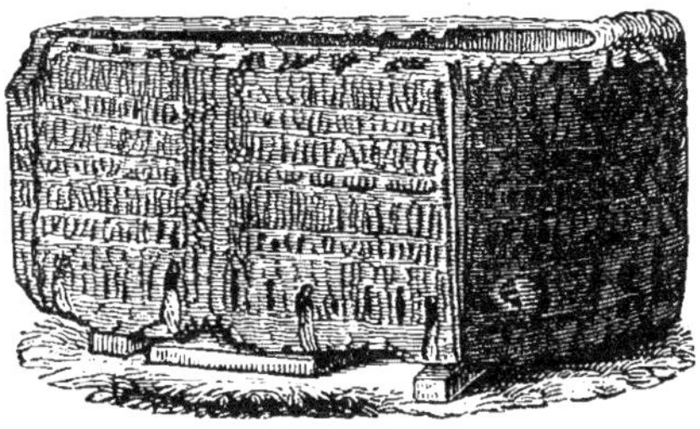
亚历山大石棺

彩绘雕塑，呈现出古埃及人最华丽的风格。这些艺术品的主题和神庙墙壁上的装饰有所不同，通常包括葬礼游行、宗教的神秘、神圣的动物、象征永恒的圆球以及审判死者的奥西里斯。还有一些刚被斩首的受害者鲜血喷涌，这些血腥的场景给人带来十分强烈的视觉震撼。这似乎表明古埃及人在皇家葬礼上会用大量战俘当作牺牲。更值得注意的是，这些雕塑和壁画都保存完好，因为它们通常都不是在坚硬的岩石上雕刻而成的，而是用柔软的石膏或者灰泥，这些材料几千年来依然保持着原貌。

贝尔佐尼开始探索这片陵墓时，有10个墓穴已经被打开，可以进入。贝尔佐尼自己又成功打开了其余几座墓穴，只有一座墓穴因为入口太过隐蔽，他花了很长时间都没有找到。最后他发现了一块石头，看起来和金字塔入口处的石头差不多。从这里进入之后，他穿过重重障碍，来到一间阴森的墓室，这里的装饰和其他的墓室差不多，但华丽程度远超其他所有的墓室。墓室中央有一口9.5英尺长、3.5英尺宽的石棺，看起来由雪花石膏制作，但后来确认这种材料是霰石。这个不同寻常的精美石棺被误认为是亚历山大大帝的石棺，在贝尔佐尼的努力下，这口石棺被运往英国，现存于伦敦博物馆。

这一地区的古迹不可胜数，限于篇幅，我们只能再介绍其中的几处。底比斯遗址往北几英里处是著名的埃德夫遗址，也非常壮观。这个山谷的远处更加狭窄，陡峭的岩石悬崖都伸到了尼罗河的河面上。这里是砂岩采石场，古埃及人的大部分建筑主要是从这里开采石料。阿斯旺，古代著名的赛伊尼城就位于这条荒凉峡谷的最北端。美丽而肥沃的鲜花岛坐落在尼罗河的怀抱中，岛上植物种类繁多，呈现出一片郁郁葱葱的景象。鲜花岛上有两座面积较小的神庙。再往上游走3英里就是著名的尼罗河大瀑布，不过现在早已没有了从前那种壮观的景象，只是从岩石间奔流而下的一股激流而已。在尼罗河水最丰沛的年代，大瀑布轰鸣的水声在3英里外都能听见。这里也是上埃及与埃及中部的边界，往北几英里就是菲莱岛，这座岛是进入埃塞俄比亚的门户。菲莱岛上也有大量古迹，不亚于尼罗河两岸的那些宏伟遗迹，这里有至少8座不同时期的神庙。再远处就是努比亚，我们很快就会介绍那里的建筑奇观。

第441章

古代的埃及

很长一段时期以来，这个神奇国度的早期历史都处于模糊与晦暗之中，古文物研究者找不到埃及早期历史的完整记录。公元前250年，埃及祭司曼涅托遵照当时的法老托勒密二世的旨意，编写了一部埃及历史。这部史书用希腊语写成，是由埃及祭司保存在神庙里的圣书翻译而来的。如果曼涅托的这部史书能够保存到现在，人们就能更清楚地了解古埃及的早期历史，然而只有一小部分内容流传下来，但这一小部分残留和其他一些零星档案就足以为历史学家的研究提供相当大的帮助了。这些资料显示，第一个可以确定年代和名称的古埃及王朝是美尼斯王朝，存在于公元前2700年到公元前2000年之间，而在此之前所谓的王朝和国家都暂无史料可查，难以辨别真伪。根据古埃及的神话传说，神和英雄建立的国家在这片土地上延续了1.8万年，研究人员也确实在埃及找到了一些关于巨人般的神话生物和他们超人天赋的记录，这些记录让人困惑不已。如果以美尼斯王朝作为埃及历史的起点，再加上古埃及祭司曼涅托编撰的王朝列表，以及后来商博良在埃及学上的研究成果，我们似乎就能得出一个关于古埃及编年史的时间线。

后人对古埃及法老美尼斯总是充满怀念和敬仰。作为一名战士，他引导臣民崇尚武力，多次成功抵御外敌。他建立了一个公民政府，取代了之前盛行的神权政体。为了方便建立新的城市，他改变了尼罗河的河道，建立了孟斐斯城。他还建造了一座神庙，在后来的埃及历史中，人们都在这里祭祀。在他的促进下，从前仅限于神庙和敬神的那种奢侈和高雅开始走进民众的生活，并产生了一种令人愉快的影响，使人们开始讲究礼节，也更注重日常生活的质量。

美尼斯的继任者没有什么值得注意的重要事件①，直到埃及第四王朝，这个王朝的法老们建造了巨大的金字塔，包括许多历史学家和编年史作家都提到过的胡夫大金字塔，它的建造者应该就是希罗多德所说的埃及法老基奥普斯。

第六王朝的重要事件是尼托克丽丝成了埃及历史上第一位女王，当她的兄弟和丈夫、法老奈姆蒂姆萨夫二世②被暗杀后，这位肤色红润、有着浅黄色头发的王室女性便继承了埃及王位。为了给自己的兄弟和丈夫报仇，她邀请所有她认为参与谋杀的人来参加一场宴会，宴会地点在一个黑暗的地下大厅。正在众人欢宴的时候，她下令打开一条秘密的运河，放水淹死了所有前来参加宴会的人。

① 我们认为没有必要列出曼涅托记载的古埃及王朝和君主的列表，而且在很多情况下，曼涅托只是简单地给出了君主的名字，并没有记录各个统治时期所发生的事件。——原注

② 古埃及王室有父女兄妹通婚的习俗。——译者注

然后她把自己关进一个满是灰尘的小屋里，至死都没有再出来。在此之后，一个又一个王朝陆续建立，一个又一个君主陆续登场，但都没有留下任何有价值的记载。据说其中有一位君主被鳄鱼吃掉了，也有说法是被河马吃掉了。

第十六王朝的某位君主，有人认为是法老奥斯尔特辛统治时期，亚伯拉罕因为饥荒来到了埃及，根据《圣经》的描述，当时的埃及粮食产量极大，十分富饶。

根据曼涅托的记载，第十五王朝的君主是来自北方牧羊王国的喜克索斯人，他们统治了埃及大约150年。喜克索斯人推翻了第十四王朝的最后一位法老提玛奥斯，他们占领这个国家的时候几乎没有遭遇抵抗。他们烧毁城市，毁坏庙宇，许多埃及妇女和儿童沦为奴隶。最后，他们从自己人中间选出了一位埃及国王，他就是萨利提斯。他建立了自己的政府，命令全国向他进贡，修建防御工事，并在未设防的边境地区部署驻军。

关于这些入侵者，现代的史学家们有许多不同的看法。有些人认为他们是犹太人，也有人认为他们是亚述人，而商博良根据记载中这些人的身体特征推断出他们属于白种人，认为他们是斯基泰人。第十四王朝的末代法老提玛奥斯为了反抗入侵者牺牲了自己的生命，老王朝继任者逃往上埃及勉强维持政权，而喜克索斯王朝则统治着孟斐斯、埃及中部和下埃及。

大约是在喜克索斯王朝法老阿波菲斯统治时期，约瑟来到了埃及。他从国王家一名地位卑贱的奴隶被擢升为宰相，赈济许多国家，使它们免于饥荒。他曾在这里为国王的管家和面包师解梦，有时甚至替国王本人解梦。后来雅各也来到了埃及，他和家人定居在下埃及，并在这里开枝散叶。①在牧羊人王朝的末期，南方的正统法老们和北方的篡位者们不断交战。在这种情况下，上埃及人民的作战艺术取得了巨大进步，加上他们被约瑟聚敛到喜克索斯人金库中的巨大财富所刺激，便团结一致，把喜克索斯人赶出了这个国家，夺回了失去已久的主权。

埃及第十八王朝就这样建立了。根据希腊作家的记载，以及从他们留下的遗迹外观来看，第十八王朝是古埃及历代王朝中最强盛的王朝。

第十八王朝的第一位法老是雅赫摩斯一世。他即位后最重要的事情之一就是与在埃及边境定居下来的喜克索斯人签订条约。根据条约，喜克索斯人男女老少一共25万人必须迁往叙利亚。然后雅赫摩斯一世恢复了古代的法律和宗教，并革除了牧羊人王朝留下的恶政。他似乎把自己的影响力扩展到了埃塞俄比亚、努比亚以及亚洲。他有3位妻子，其中一位被称为“月亮之女”，另一个被称为“月亮之祭”。第十八王朝的第五位法老是图特摩斯三世，在他统治期间，埃及进入了一个辉煌的时期，积累了惊人的财富，全国各地建造了许多奇迹般的建筑，甚至努比亚境内都有不少。著名的门农巨像也是在第十八王朝建成的，这种雕像可以发声，据说古埃及人在日出和日落的时候会用这些雕像演奏出悦耳的音乐，现在这些雕像已经被毁坏，但仍然可以在基座敲击出有韵律的声音。

① 《圣经》关于这事情的描述中，包括其他一些地方，“法老”一词并不像某些人认为的那样是个别君主的专有称谓，而是一个前缀，一个头衔，意思就是国王。——原注

随后是第十九王朝的法老拉美西斯二世，也就是拉美西斯大帝统治时期，通过曼涅托的王表与各种纪念碑的对比，确定了他的统治时期在公元前1280—公元前1213年。他的目标是统治整个世界，而且他也几乎成功地征服了当时的已知世界。他征服了埃塞俄比亚诸国，让它们缴纳乌木、象牙和黄金等贡品。他在红海建立了一支由300艘舰船组成的庞大舰队，并占领了埃及东海岸的所有岛屿，还通过巴布-埃尔-曼德海峡（简称曼德海峡）到达印度。他的军队曾穿过亚洲到达恒河，随后又进入欧洲，深入色雷斯。他一路高奏凯歌，所到之处都留下了记录他征服的雕塑，每次获得胜利之后，他都会在附近竖立纪念碑来庆祝。返回埃及之后，他在底比斯和孟斐斯建造了雄伟的神庙和宫殿，它们都远超过去所有法老修建的建筑。根据一些编年史作家的说法，正是在这位法老统治埃及的第43年，希伯来人，也就是雅各的子孙，在摩西的带领下逃离埃及。摩西把当时红海的海水分开了一条道路，让希伯来人安全通过，又将法老派来的追兵淹没在海水里。关于埃及历史上的这段插曲，在犹太人的历史中有完整的叙述。

在此之后，直到第二十六王朝才发生了值得记录的重大历史事件。似乎有证据表明，第二十六王朝的第三位法老去世之后，埃及竟然出现了12位君主，他们各自为政，将埃及分成了不同的地区。当时曾有神谕向他们宣告，谁要是在火神赫菲斯托斯神庙里用黄铜器皿向神献上美酒，谁就会成为埃及唯一的君主。有一次，这12位君主前往神庙祭祀，大祭司拿出11个金杯让他们向神献上美酒。十二王中最后一王普萨美提克没有拿到杯子，便脱下自己的黄铜头盔，向神献上了美酒。结果他立刻被剥夺了王位，并被监禁在一个沼泽里。在监禁期间，他派人询问勒托的神谕，神谕说，会有来自海上的铜人为他报仇。不久之后，一支由爱奥尼亚人和卡里亚人组成的探险队在海上遭遇风暴，被刮到了埃及海岸，他们都身披铜甲。公元前663年，在这支探险队以及他自己的追随者的帮助下，普萨美提克向另外11位君主发起了反攻，并成为整个埃及的统治者。从这时起，埃及的政策发生了改变，普萨美提克大力发展与遥远国家的贸易和交流，促进外国人在埃及定居，鼓励年轻人学习外语，他非常珍视从前那种和各国建立亲善关系的友好精神。希罗多德这样说道："正是从这一时期开始，我们（希腊人）才得以在翻译的帮助下，准确地了解到普萨美提克及其继任者统治时期的埃及历史，希腊人是在埃及自由定居的第一批不会说埃及语的外国人。"

普萨美提克建立的第二十六王朝大约持续了150年，这期间也是埃及文明最为辉煌的时期之一。在他之前，古埃及人完全不懂航海，他们的船只粗糙笨重，只能勉强在内河航行。祭司们总是向法老灌输与世隔绝的教义，把埃及和世界隔离开来，当时的埃及是一个封闭的王国，人们出于偏见和迷信也反对海上探险。那个时候在埃及从事海运的是腓尼基人。但是在普萨美提克的改革之后，由于和外国人的交往，埃及人的观念发生了变化，僵化思想变得宽松起来。据说第二十六王朝的一位法老，普萨美提克的曾孙阿普里伊曾指挥一支埃及舰队和地中海北岸的提尔人作战。普萨美提克的儿子尼科，也就是《圣经》记载中的法老尼科在红海和地中海上都组建了舰队，并派遣他们和来自腓尼基的领航员一起进行海上探险。据说，这支舰队完成了环绕非洲的航行，从而发现了非洲的形状是一个巨大的半岛。直到2 000年后，也就是1488年，巴尔托洛梅乌·迪亚士才发现了好望角。尼科还开凿了连接尼罗河东部支流与红海的运河。他的孙子阿普里伊，据说就是《圣经》中的法老霍普拉，也同样取得了卓越的成就。

公元前529年，在阿普里伊的继承者、法老阿玛西斯统治期间，波斯国王居鲁士大帝的儿子冈比西斯决定征服埃及。据说冈比西斯非常反感阿普里伊，具体原因并没有明确的记载。然而，冈比西斯的军队还没到达埃及，阿普里伊就已经死了，他的儿子普萨美提克二世继位。普萨美提克二世为抵御敌人做了大量准备，双方随后展开了一场漫长而激烈的战斗，很久都没分出胜负，但埃及人最后还是被击败了。冈比西斯占领了埃及首都孟斐斯，屠杀了那里的很多居民。普萨美提克二世和他的儿子，连同2 000多名埃及青年，被迫参加征服者凯旋式上的游行。后来，普萨美提克二世被赦免，最后还是因为参与反对冈比西斯的阴谋而被杀死。

埃及的波斯诸王——冈比西斯和随后的七位君主——形成了埃及的第二十七王朝。这个王朝始于公元前529年，终于公元前404年，共维持了120年左右。在这段时期，埃及成了波斯的一个行省。冈比西斯对埃及的艺术没有丝毫的兴趣，对这个国家的宗教也极其蔑视。他亲自用匕首杀死了象征埃及神祇的神牛阿匹斯，还下令鞭打祭司。他砸烂了可以发出动听音符的门农巨像的头颅，宣称那只是祭司们骗人的伎俩而已。埃及最好的神庙和纪念碑都被他变成了废墟。埃及人自然不甘被波斯人统治。埃及的贵族们曾多次试图光复自己的国家，这也使得整个国家一直处于动荡之中。正是在这一时期，希罗多德访问了埃及，虽然当时的埃及人正处于被奴役和屈辱之中，他还是被这个民族的先进社会状态所震撼。

公元前404年，波斯国王大流士二世的死讯传到了埃及，埃及人发动了一场大规模起义。双方都召集了庞大的军队，这次埃及人赢得了最后的胜利，使这个国家摆脱了异族的枷锁，并将入侵者全部赶出了国境。起义的领导者阿米尔塔尼乌斯成为埃及君主，曼涅托所记载的第二十八王朝只有这一位君主。

在他之后就是第二十九王朝，这个王朝的法老们在斯巴达传奇国王阿格西劳斯二世率领的希腊军队的帮助下，抵御了波斯人的反复进攻，保卫了国家。

公元前340年，波斯国王阿尔塔薛西斯三世再次率领大军入侵埃及，打败了当时第三十王朝的法老内克塔内布二世，并将他赶到了埃塞俄比亚。阿尔塔薛西斯三世占领了整个埃及，这个国家第二次落入波斯人的统治之下。阿尔塔薛西斯三世似乎有意超过冈比西斯犯下的暴行。冈比西斯亲手杀死埃及人的神牛，阿尔塔薛西斯三世则把神牛整个烤熟，供他前来参加宴会的朋友们享用。滥杀无辜、背信弃义、亵渎宗教、大搞迫害，整个埃及都在他的杖下呻吟。他征服埃及仅两年，就被自己的将军巴高斯毒死。阿尔塔薛西斯三世和他的两位继任者就是曼涅托记载的第三十一王朝的君主。公元前332年，随着马其顿的亚历山大大帝的到来，严格意义上的所谓古埃及历史就此终结。

限于篇幅，我们以上的概述无疑是简短的介绍，而且在有些方面甚至有些模糊，但我们必须谈一谈埃及民族和他们文明的起源，因为这确实是人们最感兴趣的话题。

基督教早期的神父认为，挪亚根据神的旨意把世界划分给了他的儿子们。亚美尼亚人的传说也证实了这种说法，挪亚的3个儿子分别得到了一些地方。含得到了黑人的地区——以土买、尼格里西亚、埃及、努比亚、埃塞俄比亚、辛迪亚和印度；闪得到了黄种人的地区——巴勒斯坦、叙利亚、亚述、撒玛利亚、示拿、巴比伦、波斯和阿拉伯；雅弗得到了白种人的地区——希腊、西班牙、法国，以及斯拉夫人、保加利亚人、土耳其人和亚美尼亚人的国家。这些传说中的概念可以看作是古人观察人类早期分布情况的体现，而现代的研究人员在这方面也得到了几乎相同的结果。主要区别在于后来的权威人士普遍认为印度人是闪的后裔，而不是含的后裔。

暂且搁置这个令人困惑的问题，我们可以接受这样一个普遍的观念，建立埃及这个国家的民族是含的直系后裔。现在生活在埃及的科普特人被认为是古埃及人种的代表，这是很有可能的事情，而且他们和古代的先祖也很相似。但这个国家如此动荡，多次被异族入侵，又在如此长的时期里接受来自欧洲、亚洲和非洲各地的移民，以至于失去了自己的语言、历史和文明，这使我们对确定古埃及最初种族的具体类型感到希望渺茫。古埃及人肯定不是黑人，也不是黑人和其他种族的混血，这一点已经得到了确切的证明。他们似乎和今天的阿比西尼亚人、努比亚人是同一个人种，或者说几乎是同一个人种。

关于埃及文明的起源，众说纷纭。一些人认为埃及人最初是师从印度人，也有人认为埃塞俄比亚人是他们最早的老师。还有一些人认为，埃及人的宗教、艺术和政治制度都是本土原生的。这个问题深深地隐藏在岁月的迷雾之中，想要找到一个确切的权威答案恐怕是徒劳的。然而，找到一种人们相对可以接受的答案应该不是太难。我们至少可以确定，挪亚把自己的知识传给了他的后代，这些人聚集在幼发拉底河流域，他们在艺术和科学方面发展迅速。他们分散开之后，各自带着在示拿平原学会的知识前往世界各地。随着时间的推移，由于气候的力量和各个民族的独特天赋，他们各自发展出不同的样子。因此我们可以看到，印度、亚述和埃及的文明发展形式各不相同，存在很大的差异。但是基于他们曾经聚集在一起的情况，我们应该可以预料到，这种差异中肯定也能找到一些相似之处。事实的确如此，虽然埃及、亚述和印度的古代遗迹明显都具有各自的特征，但也能发现一些惊人的相似之处。我们还必须承认一个毋庸置疑的事实，那就是这些国家在最早的时代就有了频繁的交流，和商品交换一样，必然也存在思想上的交流和碰撞。这样一来，我们就能得出结论，埃及文明的起源一部分是本土原生，一部分是借鉴外来，模仿了一些最早的示拿文明，后来又经过埃及人独特天赋的改进，偶尔也接受来自外国的因素。随着时间的推移，埃及的文明超越了其他所有国家，并最终成为全世界艺术、科学和宗教的导师。

第442章

古埃及人的阶级、祭司、军队、战争

结束了对埃及古代历史的简要概述之后，我们现在简单介绍一下埃及在这个历史时期的社会状况。通过对现存的遗迹、雕塑和绘画的仔细研究，我们已经对当时的社会状况有了相当程度的了解。法国人远征埃及时所做的研究，以及贝尔佐尼、商博良、罗塞利尼等人的研究为我们提供了一些概述，这些概述明显就是古埃及人艺术、职业和生活习惯的写照。毫无疑问，当整个西方世界还处于未开化状态，这个非凡民族的高雅和奢侈已经达到了很高的水平，欧洲历史，包括希腊历史还未开始，迦太基、雅典和罗马很久以后才登上历史舞台。

这种高度的物质文明是在一种在某些方面类似于印度人的政策体系下获得的。当时的埃及是一个建立在世袭等级制度基础上的君主政体。埃及人一出生就世袭上一辈的等级，第一阶层是祭司，他们负责管理国家政务，掌管并解释国家的法律和宗教。祭司垄断了主要的学术领域，他们是法官、医生和建筑师。他们的圣书就像他们的神庙一样，是不向平民开放的。他们还有自己独有的一种语言，或者至少有自己独特的文字。即便是法老本人，假如他的种姓并不在祭司阶层，就必须获得祭司阶层的接纳，了解他们的神秘知识，并受制于祭司阶层的规则。祭司不用缴纳任何赋税，而且拥有大量土地。《创世记》中有这样的情节，有一年埃及发生了饥荒，法老听从约瑟的建议，买下了埃及人的所有土地，用自己的国库储备粮来供应他们，“唯独没有买下祭司们的土地，因为国库本来就要向他们提供粮食，不需要法老额外供应，所以他们不卖自己的土地”。饥荒结束之后，约瑟制定了一项永久性法律，规定拥有土地的人每年必须将土地产出的1/5上交给法老，余下的自己保留，而这次也一样，约瑟唯独将祭司们的土地排除在外，因为“祭司们的土地不归法老所有”。关于这一点，《圣经》中的记载与希罗多德和其他历史学家的记载一致。祭司们都必须严格遵守教条，他们不能食用某些特定的肉食，有的也禁止饮酒。他们需要定期斋戒沐浴，只能娶一个妻子（其他种姓则实行一夫多妻制）。此外，他们还有对应祭司等级的专属长袍。

第二阶层是士兵。埃及很早就建立了隶属于国家的常备军队，军队再分为团或营，各自拥有带有独特徽章的军旗，每逢演习和开战，一名军官就会用长矛把军旗高高举起。士兵阶层享有很高的声誉和很大的特权。每个士兵都可以拥有一块属于自己的土地，在和平时期自己耕种，或是将土地出租。此外，担任皇家卫队职务的士兵还可以领取额外的补贴。他们训练有素，坚持进行例如摔跤、棍法、赛马等体育活动，现在我们还能在一些纪念碑上看到这样的场景。

第三阶层是农民。由于埃及人非常重视农业，因此农民的地位也比较高。他们使用犁和其他工具从事农业生产，也蓄养各种牲畜，如各种牛、绵羊、山羊和猪，也饲养大量家禽。他们会把禽蛋放在温箱里孵化，埃及人直到今天还保留着这种习惯。埃及农民似乎被分成了几百人一组的小集体，各自有独特的旗帜。每逢地方官前来进行统计调查的时候，农民们就必须在规定时间内在各自所属的旗帜下集合，如有违反，就会受到杖责。

第四阶层是住在城里的工匠和商人。古埃及人在机械技术方面颇有造诣，当时的纪念碑、绘画、雕塑和各种手工艺品都表明了他们的高超水平。在非常遥远的年代，早期的埃及法老就开始在尼罗河和红海之间的山区里采矿，包括金、铜、铁、铅等矿藏。埃及人熟悉镀金的技术，而且很早就掌握了制造玻璃的工艺。许多木乃伊身上都能找到玻璃珠，通常是蓝色的，以及一些较粗糙的玻璃饰品。考古人员还在埃及发现了大量古代瓷器，有些瓷器表面还有珐琅和清漆。他们的陶器往往展现出最优美的造型。从几件古埃及家具可以看出，当时埃及人在这方面的品位不亚于现在最优秀的家具设计师。法国人对埃及文物的大发掘以及罗塞利尼最近的考古活动都找到了许多精美的古埃及家具，尤其是椅子和卧榻的造型格外漂亮。埃及出产的普通亚麻布和刺绣亚麻布在国外都享有很高的声誉，无论是白色还是染色的都让人爱不释手。古埃及人制作皮革的技艺也很成熟。

第五个也是最后一个阶层是牧人、鸟贩、渔民和仆人。牧人们的地位似乎特别受轻视。除了仆人，埃及人还有许多奴隶，黑人白人都有。鱼在当时是常见的食物，但祭司们不吃鱼。富人们可以享用本地酿造的葡萄酒，穷人们喝一种啤酒。根据不同的职业和行业，我们将埃及人的5个种姓划分为5个等级、阶层，但也存在不同的说法。例如，希罗多德认为埃及人有7种姓，柏拉图认为有6个，有人认为备受鄙视的牧人不是种姓，还有人认为军人和农民属于同一个种姓，因为军人都是从农民中招募来的。像印度人一样，每个埃及人都必须子承父业，天生注定的种姓不可更改。

这种制度与我们现代独立和自由的观念不相容，这是显而易见的。但是，“自由”这个词，在不同的时代和国家也有着不同的理解。埃及人从小接受的教育使他们认为法律是不可更改的，他们对规则充满敬畏，因此，他们或许不像我们所想象的那么痛苦。但是，从低种姓卑微的社会地位，以及那些浪费大量人力和生命的采矿活动、建造金字塔和各种巨大建筑，再加上施加在人民身上的严刑峻法来看，埃及民众，尤其是下层阶级还是饱受着祭司阶层压迫的，可以说生活在水深火热之中。

尽管没有足够的证据，但埃及人在精密科学方面的进步是毋庸置疑的。关于他们的天文学，我们知之甚少，似乎和神话及占星术混淆在一起，而且屈从于宗教政体。埃及人的一年也是365天。狄奥多罗斯说他们预言了彗星的出现，但他也说古埃及人预言了未来的事情，这不禁让我们怀疑他们是否成功预言过彗星。他们的神话最初似乎是象征性的，但后来在下层民众中成了偶像崇拜。古埃及人掌握了一些实用的几何学知识，而且这些知识显然是他们建造建筑物所必需的。然而，他们似乎直到相对较晚的时期才了解到，红海的海平面高度比地中海和尼罗河要高得多。柏拉图所著的《对话录·克里提阿斯》中记载了一个奇怪的故事，讲的是埃及祭司松契斯告诉梭伦大西岛的事情，他说这片土地比亚洲和非洲加起来还要大，这似乎说明他知道西方大陆的存在。

当时埃及人的货币是用金、银制成的圆环，和示拿地区至今仍然在流通的货币差不多。货币越重，价值越大，而货币的纯度是用火烧的办法来确定的。古埃及人除了从自己国家的矿山中开采黄金，还会从埃塞俄比亚和亚洲的不同属国收取黄金作为贡品。即使是在托勒密十二世疏于政务的那段统治时期，埃及的财政收入仅税收一项就达到了1.25万塔兰同——约相当于现在的1 200万至1 500万美元，也有人认为是2 000万美元。

在早期，埃及政府实际上是由祭司们掌控的。我们之前提到过，普萨美提克的改革使法老获得了至高无上的权力，从那以后，种姓等级制度的政府变成了君主制政府，不过法老在许多方面仍然会受到祭司阶层的限制。整个王国被划分为若干个行政区，每个省和县都有专门的官员来管理行政、民事、宗教、军事等方面的政务。税收体系得到了很好的控制。每逢重要场合，法老就会召集各地官员参与集会，每个省都要派人前来参加。集会通常在著名的迷宫中举行，由法老或者法老的儿子主持。法老是宗教和国家的最高首脑，管理着祭祀、庆典和节日等事务。埃及法老是世袭制，他的继承人必须学会祭司阶层的神秘技艺和秘密。女性也可以成为法老，也可以担任祭司职位，但不能出任地位最高的大祭司。其他种姓的人只能学习自己从事普通职业所必需的少量知识，其他的知识全部被把持在祭司阶层手中。

法老给士兵们分配了一些土地，作为他们保卫国家的报酬。埃及还有许多外国雇佣兵，他们在军中服役并获得可观的报酬。埃及

古埃及战车

军队的中坚力量是弓箭手。重装步兵被分成若干个团，每个团都有自己独特的兵器，他们在战场上组成中军，弓箭手分列两翼。步兵由骑兵、长矛兵、剑士、锤兵、弓箭手和投石手组成，他们都受过良好训练，在战场上行动迅速而准确。每个营都有自己的军旗，上面展示的是国王的名字、某种动物或者某种象征性图案，由一位骁勇善战的军官执掌，所有士兵都对军旗无比崇敬，都会出于军人的职责誓死捍卫军旗。在军纪和训练方面，埃及人有非常完善的制度。士兵们被征召入伍，在号角声中操练，军官会指导他们在规定时间内完成行军。军乐队有号手和鼓手。士兵们的武器包括弓箭、长矛、标枪、投石器、剑、匕首、大刀、斧头、铁锤和狼牙棒；防具包括金属头盔、金属胸甲和护手，盾牌是用藤条或者木头制成，上面覆盖一层牛皮，边缘用金属加固。只有高级军官和一些杰出的战士，例如非利士人中的魁梧勇士，才有资格身穿保护全身的金属甲胄。两轮战车通常用两匹身披华丽装饰的战马拉着，上面有两个士兵，一个负责驾驶，另一个负责作战。战车制作非常精细，没有座位，通常都离地很低，后面是敞开着的，方便士兵上下。不同民族的战车的样式各不相同。战车的主要功能是冲散敌人的阵型。埃及人在攻城战中会使用云梯和攻城锤。据说他们还有可以移动的箭塔以及类似希腊火的火焰攻击器。

第443章

古埃及人的文化、宗教、墓葬

埃及人的文字有三种：第一种是象形文字，用图画来表达事物的概念。第二种是符号文字，用符号来表达事物的概念，例如一个正在焚香的香炉的符号代表崇拜的意思。第三种是音标文字，音标文字的符号代表的是发音而不是事物。在破译埃及纪念碑上的象形文字铭文方面，托马斯·杨、商博良等学者已经取得了很大进展。如果我们有幸能完全破解这些文字，那么埃及历史上大部分悬而未决的谜题就能迎刃而解了。

我们没有必要再讨论埃及、亚述和印度到底哪一个才是古代艺术和文明的发源地。这些国家很可能互相之间都有过借鉴，因为它们很早的时候就开始频繁交往，这一点毋庸置疑。但埃及最终遥遥领先，在公元前的许多个世纪里，在政治、哲学、文明等方面都堪称全世界的最高学府。当时的人们清楚地意识到埃及在学术上的优越性，因此其他国家的杰出人物几乎都访问过埃及，他们要么是为了将埃及的政治制度与自己国家的做比较，要么是为了获得一些新的知识。

据说大约生活在公元前1000年的荷马就到过埃及收集创作诗歌的素材，并用自己杰出的才华将埃及传说加以提炼和润色，写出了不朽的诗篇。梭伦和来库古著名的法典也是在这里找到了原型，这些法律的主要优点都是从埃及的政治制度中借鉴而来。毕达哥拉斯从埃及哲学中汲取了自己哲学的主要原则。坦白来讲，世界上关于灵魂轮回转世的信条和学说也都是源于埃及人关于来世的思想。柏拉图在埃及吸收了宗教神秘主义思想，他著作中那些美妙的幻想、雄辩的口才和奇特的理论很好地证明了这一点；从他在《斐多篇》和《亚西比德篇》这两篇作品中关于神的内容来看，他很可能从孟斐斯和底比斯的埃及祭司那里获得了一些神学知识，尽管有些晦涩难懂，但毫无疑问比他那个时代的庸俗观念要高明太多。希腊的宗教神秘主义无疑源自埃及，或许字母表也是从埃及借鉴而来的。

埃及人在政治方面，跟他们在艺术和科学上同样先进。埃及的君主并不是专制君主，他们受到国家现有法律法规的限制。埃及的政府是有限政府，君主是人民的父母，而不是暴君和专制统治者。在考虑这种政府形式的时候，必须同时考虑到那是在一个如此久远的年代，所以我们不得不认为埃及人的政府形式属于一种宗法制度，而家长制的宗法制度正是所有合法政府的起源。

然而，一个政治上如此睿智、科学上如此发达、各方面知识如此丰富的民族，却如此的迷信，对神怀有最卑微、最低层次的观念，甚至因此被一些在智力上远远落后的民族所嘲笑，这实在令人感到可悲。他们敬拜伊西斯、奥西里斯、阿匹斯等神灵的象征和符号，这些象征和符号，例如代表神的图案和神牛，至少还没有完全失去最初的哲学痕迹，可他们还把猫、狗、鹳等动物当作崇拜的对象，把花园里的花花草草都当成神灵。迷信从来就是狭隘和残忍的，它蒙蔽人们理智的同时也会使人们变成铁石心肠。有人认为自己在洋葱身上发现了某种神性，其他人却都无法理解，更不可能和他一样感知到这种所谓的神性。

埃及人的宗教变幻莫测，这一点确实让人惊诧不已。每个祭司都信仰一个特定的神，并且十分专一。每座神庙中都供奉着一些特殊的神祇，如猫、埃及獴、鳄鱼、鹰、蛇、朱鹭、鱼、昆虫乃至药草。神牛阿匹斯是信仰人数最多的神之一。有些神庙的废墟，其规模之宏伟壮丽至今仍令人肃然起敬，但这些神庙不过是为了崇拜野兽、鸟甚至植物而建造的！埃及人崇拜这些事物也是有原因的，在他们的想象中，这些事物都和天上的天体有些相似。所有的神话都出自祭司之手，他们利用宗教作为行使权力和影响人民的手段。祭司是埃及社会最富有的阶层，在神的眷顾下享有一系列特权。有一点不容忽视，那就是在埃及宗教展现出的奇怪的偶像崇拜背后，毫无疑问是埃及人对来世的因果报应怀有深刻的信念，这和所有其他宗教一样，这种信念会影响人们的行为，并建立起一个以真理和正义为基础的道德体系。

埃及人有一种奇特的喜好，会以极尽奢华的方式来装饰他们的坟墓，而在其他国家，只有活人使用的宫殿和神庙才会被精心装饰，这也是人类历史上最奇怪、最令人费解的现象之一。坟墓的入口处都被极其谨慎地封闭起来，似乎散发着一种虔诚圣洁的气息。通常都要穿过一系列狭窄复杂的甬道才能到达装饰华丽的墓室。每个城市或地区都有一个墓园。在孟斐斯和底比斯那些在山岩上开凿而成的寂静陵墓里的雕塑和壁画上，记录着法老活着的时候的场景。埃及到处都有巨大的陵墓，这些陵墓的墙壁和神庙一样，都装饰着埃及人几千年前创作的最精美的壁画。这些壁画上描绘了整个埃及的风貌、所有特产、动物、鸟、鱼、蔬菜瓜果，以及人们的职业和私人生活，即使这些艺术品还不能代表最高水平，也是不可多得的珍品，因为这些壁画明显带有埃及人对轮廓的忠实，色彩也极为丰富。

宗教掌管着埃及人对死者的关怀，尽管最开始的时候并非如此。对死者尸体进行防腐处理的整个过程包括准备、包裹、涂油等步骤，简而言之，就是制作木乃伊，这些都是祭司的职责。要确定这种引人注目的仪式性活动的起源，以及这种活动与宗教教义和民众情感之间的联系无疑非常困难。别的国家也有各种不同的处理尸体的仪式，但从未像古埃及这样形成了一种如此普遍的全国及全民族性的做法。

制作木乃伊的起源无疑和埃及当时的环境密切相关。从某种程度上来说，火葬是除了土葬的唯一盛行的殡葬方式，然而这种方式在埃及完全行不通。埃及出产的木材很少，在为数不多的树木中，大部分是枣椰树、棕榈树和其他果树，用来当成木柴烧太浪费了。简单地把尸体掩埋在地下也不行，且不说农耕用地在这个人口稠密国家的重要价值，一年一度的尼罗河洪水也会把埋在土里的尸体冲出地面，进而引发瘟疫。因此，我们看到的埃及人的墓葬方式是他们的唯一选择。尼罗河两岸的岩石山脉似乎就是大自然为埃及人准备的修建陵墓的地方。即使是在这些岩洞墓穴的最深处，也不能把大量的尸体堆积在一起，否则腐烂的尸体就会产生引发瘟疫的可怕瘴气。现在的埃及经常出现这种可怕的瘟疫，但据说在古埃及时期，这种情况极为少见。这毫无疑问是由于当时的埃及人对死者尸体进行防腐处理的普遍做法，切断了导致瘟疫的主要来源。我们可以推测，制作木乃伊最初是一项十分明智的卫生举措，后来被制定法律的祭司阶层采纳，并最终成了国家法律和宗教教义的一部分。古埃及的立法者很快意识到这种做法对公共卫生的必要性，并将其与宗教教义结合起来，以确保对尸体进行防腐处理成为普遍而且永久的做法。这个教义深深扎根于人们的内心，而且对每个人的切身利益都至关重要。

祭司向人们宣扬灵魂不朽，并声称这是宗教核心教义的一部分，在此基础上，他们又加上了灵魂轮回转世。根据这种信仰，每一个灵魂在离开身体时，都必须经过一个漫长的预定周期，依次进入各种动物的身体，直到它平静地回到它原来的住所，也就是死者身上。当尸体开始腐烂的时候，灵魂的这种历程就会停止，结束轮回并重返人间的渴望就会被延误。因此，人们会竭尽全力保护死者的尸体，不仅是人，还包括一些动物，以确保永远不会腐烂。

木乃伊的制作是在严格而神圣的法律条例下强制进行的，埃及人极为重视这项工作。担任特定职务的祭司会得到明确的命令并被授权执行这项工作。制作木乃伊的活动会伴随着庄严的宗教仪式和游行，每个人都会非常虔诚地参加仪式。希罗多德这样说道，每当发现被鳄鱼咬死的死者，或者淹死在尼罗河里的尸体时，当地政府就必须带走尸体，进行严格的防腐处理并放进坟墓。根据埃及人的教义，灵魂经过3 000年的轮回之后，就会再次回到人的体内。

墓穴壁画中的古埃及法老

在古埃及的地下墓穴里，可以看到其中的壁画对生活中的每一个场景都有着非常仔细的描绘，艺术和构图上的不完美并没有降低我们对这些绘画的兴趣，反而使我们更加关注，因为这些艺术品有瑕疵，是因为创作者完全忠于自然的真实，对生活的还原不加任何修饰。

富人的坟墓里通常有不止一个墓室，每个墓室都装饰着绘画和雕塑，墓室的位置和大小取决于死者家属的花费和死者生前购买坟墓时的意愿。祭司阶层是墓地的最大开发商和所有者，他们总是会准备好许多坟墓，随时出售，甚至连墓室里的雕塑和铭文都准备好了，包括表现农业场景和商业场景以及各种职业的主题，只需要在上面写上死者的名字以及一些对他的家庭和事业表示敬意的话就可以了。所有的坟墓都有这些雕塑和绘画，只是在细节和完成方式上略有区别，表达了一个人短暂一生的缩影，基本上适合任何一位打算购买坟墓的人。有时候，坟墓里的绘画全部都画好了，甚至连代表坟墓未来的购买者的小雕像都做好了，只有一些尺寸较大以及表现他五官外貌的雕像没有完成，甚至有些坟墓在出售前连这些雕像也预先做好了，未完成的只是购买者夫妻的名字和生平的铭文。事实上，祭司们还会出售用过的石棺和属于别人的坟墓，这说明古埃及人并不会特别在意坟墓里的雕塑是不是和自己完全一致，只要把铭文改成他自己的名字就行了，至少在买主出于经济原因愿意购买二手坟墓的时候是这样的。

埃及人的坟墓通常都是夫妻合葬的，先去世的一方会先下葬，或者做完防腐处理之后等待另一方去世时再一起下葬。死去的丈夫和妻子会被摆成互相搂住对方的腰或脖子的样子，这也是埃及人温柔重情的写照。在葬礼仪式上，亲戚们都会深情怀念死者，这表达了埃及人对家庭的依恋。墓穴靠上的墓室里都有壁画和雕塑装饰，墓穴底部还有一些墓坑，这些像小房间一样的墓坑深20英尺到70英尺不等，底下和侧面都有用来安放石棺的凹槽。葬礼结束后，墓坑会被砖石封闭起来，其他家庭成员下葬的时候会再次被打开。那些装饰着精美壁画和雕塑的墓室，与其说是死者的坟墓，倒不如说是为他树碑立传的纪念，朋友们经常会到这里来缅怀死者，祭司们也在这里为他举行祭祀仪式。坟墓是用砖石建造而成的，或者根据墓地的位置直接在山岩上开凿而成。只要墓地的位置合适，通常都会选择在山岩上开凿，这些开凿而成的坟墓里的雕塑最多，而且设计也最优美。穷人一般没有带装饰的墓室，他们的石棺被安放在平原上的墓坑里，或者岩石旁边的凹坑里。下层阶级死后制成的木乃伊会被一起埋在一个公共墓穴中，而那些更加贫穷、亲属无力支付丧葬费用的死者连公共墓穴都没有资格进入，他们的尸体会被清洗干净，在碱性溶液里浸泡70天，然后用粗布、席子或棕榈枝草草包裹起来埋进土里。

底比斯有一位信仰太阳神阿蒙的祭司名叫诺弗里-奥斯福，关于他的葬礼和坟墓里的壁画留下了详细的描述。壁画上的场景一部分在湖上，一部分在从湖上前往坟墓的路上。首先是一艘大船，上面放着鲜花、蛋糕等各种祭品，还有桌子、椅子和全套家具，诺弗里-奥斯福的朋友们也在船上，他们都是一些重要人物，他们华丽的穿着和手里拿的长手杖是当时埃及上流社会的典型标志。大船后面跟着一艘小船，上面放着装满蛋糕和水果的篮子，还有一些绿色的棕榈树枝。在前往坟墓的路上一路撒下绿色棕榈树枝是一种惯例，因为光滑的茎叶特别适合让装着尸体的滑车在上面滑过去。

我们从一部分壁画中观察到，埃及人普遍都很喜欢幽默滑稽，甚至是在葬礼这样严肃的场合也是如此。夸张的漫画式表现手法描绘了这样的场景：一艘大船搁浅了，船舵撞到了一艘小船，打翻了一张大桌子，上面摆的蛋糕和其他东西掉到了下面坐着的桨手的头上，船头上有个人竭力试图让船保持平衡，惊慌失措的舵手正在大声叫嚷。在另一艘船上，人们肩膀上扛着木架，上面放着一束束鲜花和很多盒子。后面是一男一女两位送葬者，他们站在船顶上捶胸顿足，放声大哭，表现出悲痛欲绝的样子。

最后是载着灵车的圣船，主要的哀悼者和死者的女性亲属围在石棺周围，脸上满是悲痛。葬礼队伍来到湖的对岸，开始向坟墓走去。在路上，附近的几个妇女背着自己的孩子也加入了哀悼的队伍。进入坟墓之后，木乃伊被竖立在墓室里，死者的姐妹，或者说他的至亲拥抱着木乃伊开始唱一首葬礼挽歌，带着各种温柔的表情向到场的亲朋好友赞美死者的美德，哀叹自己的悲伤。大祭司焚香献祭，把蛋糕和各种传统祭品献给死者。哀悼者继续哀号，把尘土撒在自己头上，还有各种悲痛不已的行为表现。

另一幅壁画描绘了一个邪恶的灵魂在接受审判的场景。在奥西里斯①面前，这个灵魂的心脏在天平上称重，被发现有罪，于是遭到惩罚，被判以猪的形态返回人间。它被放在一艘船上，旁边有两只猴子，船后有个人用斧头砍斫地面，象征着斩断和前世的所有联系，然后这艘船就消失不见了。

---

① 奥西里斯被古埃及人以公牛的形式来崇拜，他的符号是太阳。伊西斯是奥西里斯的妻子，她的符号是月亮。他们是埃及神话中的两位主神。——原注

第444章

古埃及人的家庭生活、艺术、风俗习惯

古埃及富有的地主拥有大片的肥沃土地，他们会雇人来监管那些照看牛群和羊群的牧民。耕种土地的农民用自己的辛勤劳动谋取生计，地主给他们的口粮都是有确切数量的，仅仅能维持温饱。生病的动物会放在农场的院子里圈养起来，并雇佣专人来照料它们。监管牧民的主管会定期向地主的管家报告，管家也是地主雇佣的，负责管理庄园的财产。我们从古埃及坟墓壁画上可以看到，牧羊人的主管正在报账的场景，身后是他负责管理的羊群，包括绵羊、山羊和一些野生动物。其中一幅画上的牧羊人主管用手托着下巴，面露思索的表情，可以想象，这是在向管家表达自己正在努力回忆牲口数量的意思。还有一幅壁画非常有意思，上面的牲口身上都写着数字。关于古埃及人的农场，我们看不到任何糟糕的景象。

在牲口身上都写着数字的壁画上，首先是公牛，它的身上写着834这个数字，代表这个牛群有834头公牛，然后是220头母牛、3 234

只山羊、974只绵羊和760头驴，后面跟着一个人用扁担挑着装有小羊羔的筐子。管家拄着手杖站在旁边，身边是他的狗，还有一个记账的人正在记录牧羊人主管所报的数字。还有一幅壁画画的是人们带着很多篮子，里面装的是蛋和小鹅，旁边是一群大鹅。一个养鹅人正毕恭毕敬地向他的主人行礼。专门照料生病的牲口和家禽的人也能在壁画上找到。从古代权威作家的作品和古埃及壁画来看，古埃及人在治疗各种动物疾病方面已经具备了很高的水平，而法国科学家乔治·居维叶的发现更是强有力地证明了这一点。居维叶发现了一只朱鹭的木乃伊，这具鸟类木乃伊的左肩有断裂的痕迹，是用某种特殊的方式重新接在一起的，这显然是古埃及人高超医术的证明。

古埃及各个阶层的人都喜欢野外运动。过去的农民们饱受鬣狗和其他一些野生动物的侵扰，所以他们把猎杀这些野兽当成工作，也是一种娱乐方式。许多绘画上都有狩猎的场景，他们捕捉鸟类和野兽的手段似乎也和现代一样五花八门。他们通常用陷阱来捕捉鬣狗。

古埃及人用套索捕捉野牛，和南美人用套索套野马和野牛一样，但埃及人没有骑马使用套索的习惯。有一幅画展示了埃及人使用套索的场景，一个人正在扔出套索，他身后紧挨着一片灌木丛，我们猜想画家的意思是猎人使

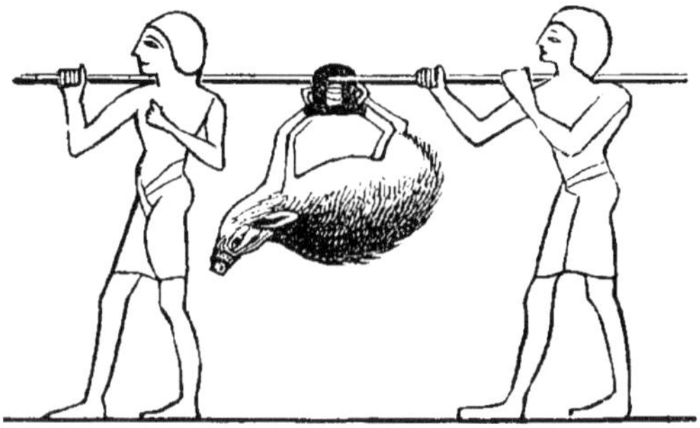

抬着猎物回家

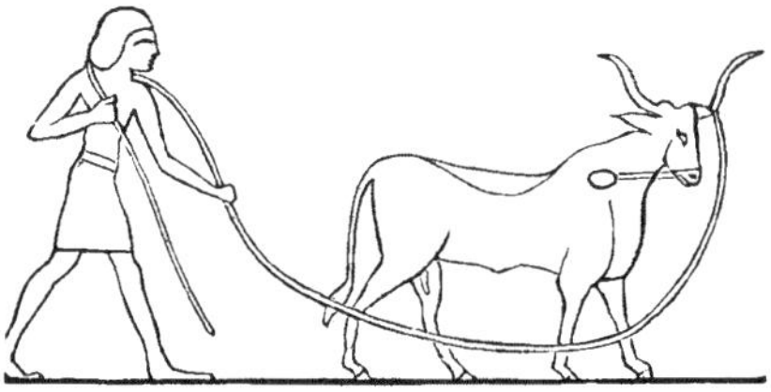

古埃及人用套索捕捉野牛

猎人和他的猎犬一起带着猎物回家

用套索之前会藏在灌木丛里。在接下来的画面里，猎人和他的猎犬一起带着猎物回家，这说明古埃及人会用猎犬追赶猎物。

在这些图画中，所有的农业生产活动，例如种田、养牛等，都被描绘得极为细致和逼真。在一幅素描中可以看到，一头牛躺在地上，腿被捆住，一个牧人正在用烙铁给它烙上记号，另一个人坐在旁边，正在用火炉将烙铁烧热。这些图画向我们展示了法老的牛群，这些牛都是最肥的。从其中一幅画来看，埃及法老自己就有广袤的牧场，法老的一头牛的身上标记着数字86。另一幅画描绘了古埃及人定期举行的家畜展览会，还有展示各种兽医技术的图画，兽医们正在给生病的牛、鹿、山羊甚至鹅进行各种治疗和手术。还有一个令人忍俊不禁的事实，在古埃及人的象形文字中，代表医生的符号

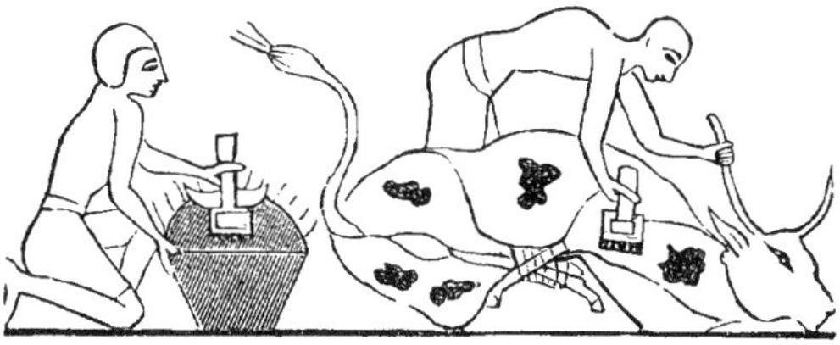

给牛烙上记号

是一只鸭子，而鸭叫声“quack”在英语里和“庸医”是一个词。

古埃及壁画还记载了玻璃吹制工艺。我们可以清晰地看到玻璃瓶的形状和吹管的使用，画面上吹管的一端从火里取出的时候，前面融化的那一部分材料呈现出绿色的色调，这必然是画家对真实场景的还原。就在几年前，人们还普遍认为古人并不了解玻璃制造，但是现在找到的考古证据无可争议地表明，古埃及人在公元前2000年前就会制作玻璃饰品和玻璃花瓶。

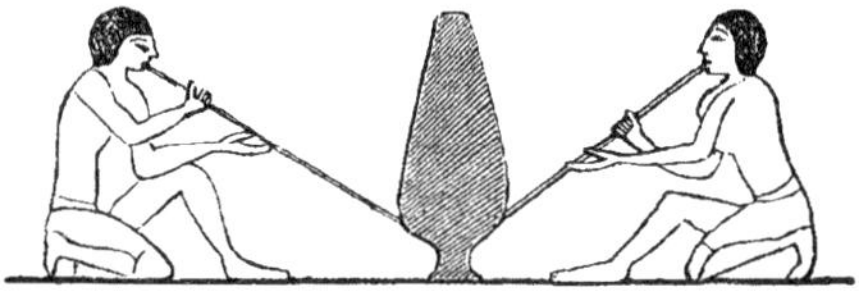

古埃及人在吹制玻璃

古埃及人正在梳理亚麻

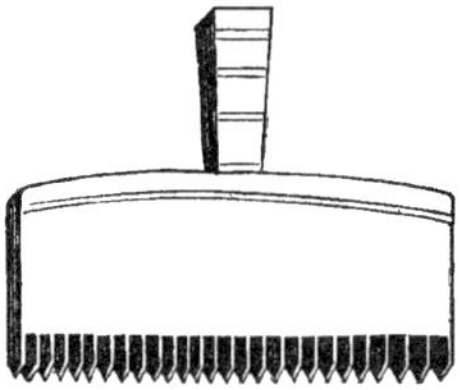

古埃及人的亚麻梳

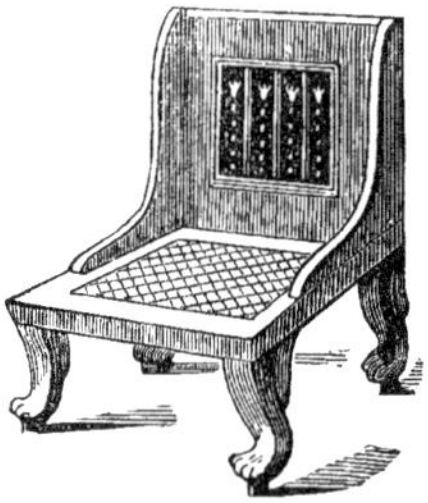

古埃及人的椅子

许多绘画都表现了关于纺锤、织布机、缝纫和编织的主题，种植、加工和梳理亚麻的情景也有不少。上图就有古埃及人使用的亚麻梳。古埃及壁画里还展示了鞣制皮革和制作皮鞋的过程。制作椅子的各种细节也非常令人好奇。埃及人椅子的样式和种类非常繁多，其优雅程度不亚于我们今天的家具。

古埃及人正在椅座上钻孔

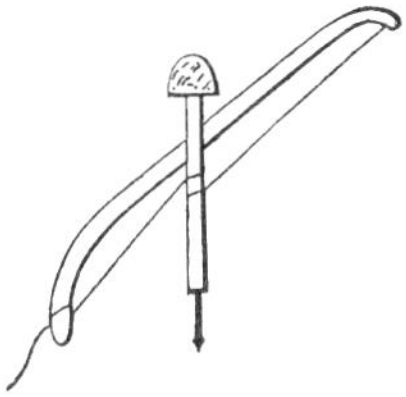
用于给椅子钻孔的弓和钻头

在上图中，我们可以看到制作椅子的场景，图中的木工正在椅座上钻孔。另外一幅图画的就是他钻孔所使用的钻头和钻弓。

下图是一幅著名的绘画，表现的是一位埃塞俄比亚公主在旅行中穿越上埃及前往底比斯。这幅画还有一部分表现了这位公主从自己的国家带来的大量贡品，似乎说明她前往埃及是为了献上贡品。公主乘坐的车辆是用牛来拉的，这种牛车在非洲南部直到今天还是一种普遍的交通工具。

埃及人对音乐十分重视，从使用的乐器来看，他们对音乐艺术有着非常准确的认识。从绘画上可以看到各种乐器，例如贝尼琴、三弦琴、手鼓、长笛以及其他一些难以形容的乐器。节日庆典和娱乐活动上通常可以看到乐队奏乐，街上也会有音乐家演奏，歌手献唱，舞者跳舞。这些乐器在埃及已知最早的历史时期已经被普遍使用了。

牛车

演奏贝尼琴

乐队演奏

演奏三弦琴

下面几幅图展示了古埃及人其他的娱乐活动。古埃及人非常喜欢玩一种棋类游戏，这种国际象棋的雏形似乎也出现在古埃及最早的历史时期。埃及女性的一些体育游戏看起来很淘气，例如一种球类游戏，谁要是输了就要让胜利者骑在自己的背上。底比斯的坟墓里就找到了一些这样的球。孩子们玩的木偶上也穿着各种时装，其中一些与现在孩子的玩偶很相似，而另外一些有着不同的形状。

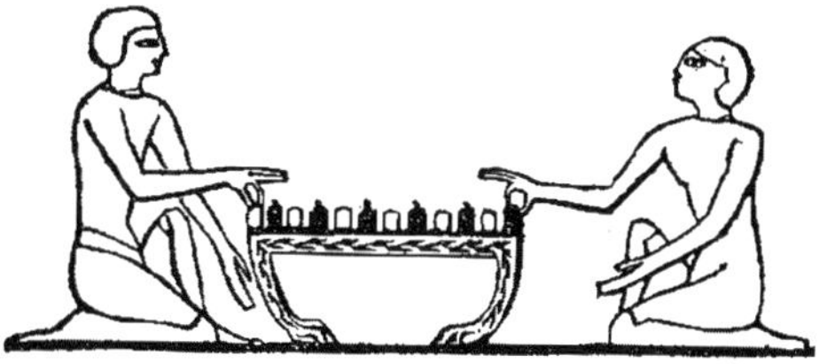
古埃及人的棋类游戏

古埃及女孩的一种球类游戏（一）

古埃及女孩的一种球类游戏（二）

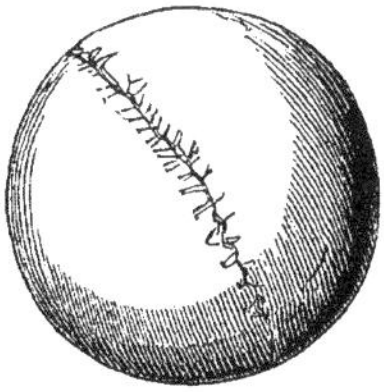

底比斯坟墓里出土的球

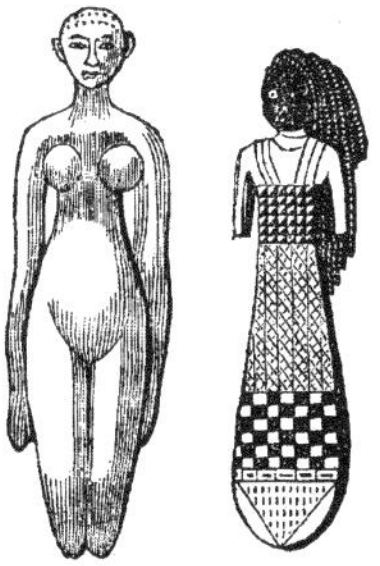

孩子玩的木偶

壁画上经常可以看到埃及人的店铺展现出的许多奇特的景象，家禽贩子把鹅和其他家禽悬挂在店铺前面的一根杆子上，同时在上面撑起一个遮阳棚，以免它们被太阳晒到。许多店铺和我们现在的商店很像，前面敞开，商品陈列在货架上或者挂在店里的墙上，直到今天，东方国家的店铺还延续着这种传统。厨房里的情景也非常有趣，下图中可以看到一个厨师正在烤鹅，他一只手拿着烤肉叉，另一只手拿着扇子扇火。第二个人正在切肉，再把切好的肉放进手边沸腾的锅里，旁边的桌子上还摆着很多肉。古埃及人似乎还训练猴子来帮忙采集水果；我们从一些雕塑上可以看出猴子在无花果树上摘下果实递给树下的园丁，正如我们预料的一样，这些动物们因为付出劳动而获得了丰厚的回报，也能看出雕塑家着重强调了这些

古埃及人制作烧鹅（一）

古埃及人制作烧鹅（二）

猴子摘无花果

动物更多地考虑自己的意愿，而不是主人的命令。下图也展示了酿造葡萄酒的场面，架子上是一个榨汁机，中间的袋子里装着被压榨的葡萄。有趣的是庞贝古城的一幅壁画上也有压榨葡萄汁的情景，不过庞贝壁画上的酿酒工是用脚踩来榨汁。

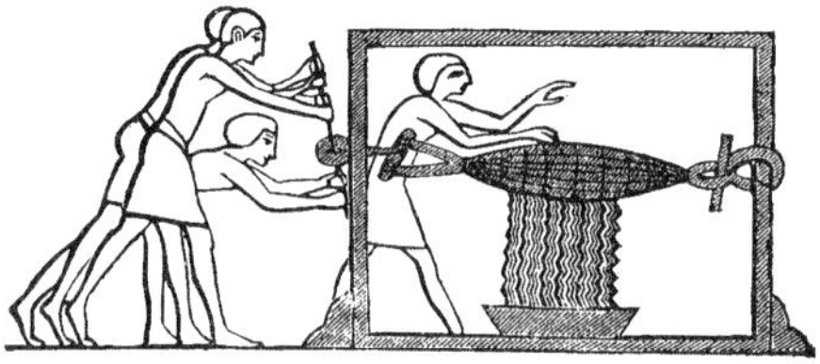
古埃及人酿造葡萄酒

庞贝古城壁画上描绘的脚踏榨汁法

古埃及人似乎沉迷于饮酒，甚至连女性喝起酒来都没什么节制，壁画上展示的酗酒场面清晰地说明了这一点，读过埃及学家罗塞利尼和威尔金森作品的人肯定都对埃及人喜爱饮酒的习惯印象深刻。古埃及画家对此有颇多讽刺，“盛宴的最后一场”伴随着最后“一滴酒”的饮入而结束，往往是不会错的。

酒醉后被抬走的古埃及人

在各种特别的家具中，有一种双人椅非常引人注目，希腊人也有这种椅子，通常是在家里使用，是男主人和女主人的座椅，有时候也会让客人坐在上

双人椅

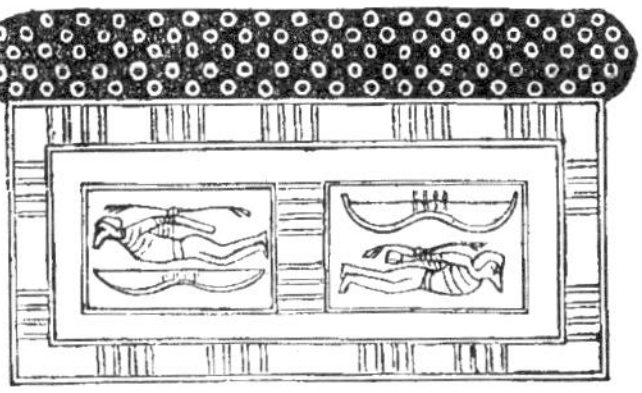

软凳

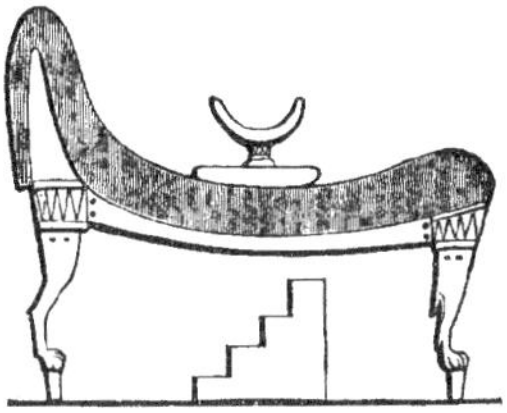

软榻

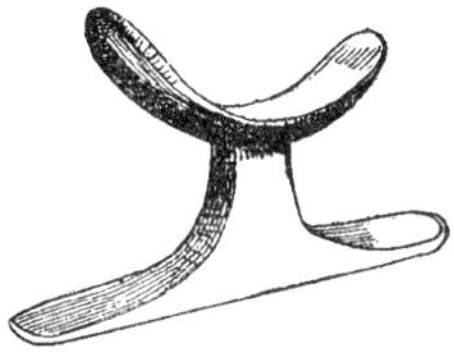

枕头

面，作为一种特殊的尊重。上图中的软凳来自拉美西斯三世的陵墓，是一种软垫沙发。埃及人的软榻非常有品位。上图展示了一种木制软榻，一端抬高，以优雅的曲线向后退去，和古埃及很多家具一样，软榻的腿也被做成了动物的样子。枕头大多是木制的，也有用雪花石膏制成的。

在右图中，我们可以看到两艘用绳索拴在岸边木桩上的船。一个人正在船舱里用木棍责打船夫，他似乎是一个庄园管家，后面跟着他的狗。另

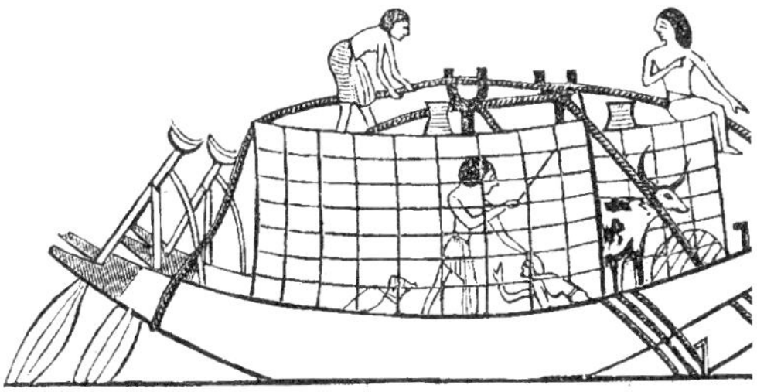

拴在岸边木桩上的船

一艘船上有一头牛和一张网，网里面装着切碎的干草。古埃及人的船和印度人的船有些地方惊人地相似。恒河上那些船的船尾和船舱的形状、方形的船帆、船两头的铜环、两侧像窗户一样的线条以及船桨的样式，不禁让人联想到底比斯坟墓壁画上那些行驶在尼罗河上的船只。

下面几幅图中的第一幅展示了古埃及人使用的针。很多壁画还展示了他们用芦苇当笔写字，写字的人身边还有石板和墨水瓶。职业相似的人们，习惯也往往差不多，即使在相隔很远的国家，也是如此。我们可以清楚地看到古埃及的艺术家或者抄写员把芦苇笔夹在耳朵后面，现在很多人写字的时候也有这种习惯。图中这个人把石板放在膝盖上，面前的桌子上放着文具盒和墨水瓶。泥瓦匠、石匠和雕刻工这些职业者也经常出现在壁画上，很多场景都非常清晰，工人们为各种人像、狮身人面像和小雕像抛光和上色。在另一个场景里，工人们站在脚手架上为巨大的花岗岩雕像进行加工和抛光，画家也站在脚手架上为刻在雕像背面的象形文字铭文上色。

针

用芦苇笔写字

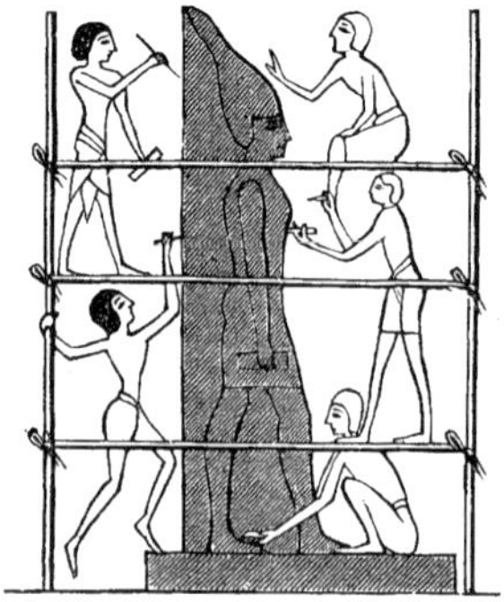

加工雕像

风箱鼓风用的皮袋子

风箱和虹吸管是那个遥远年代杰出的发明。早在拉美西斯二世统治时期，埃及人就开始使用风箱了；和摩西同时代的这位法老陵墓中的壁画清楚地展示了这个场景。从上图中看，风箱的主要部分是一个安在框架上的皮袋子，皮袋子连着一根长管，用来把风吹到火里。这种风箱是用脚来操作，操作者站在两个风箱上，双脚交替踩着皮袋，同时用手拉着一根绳子来拽起瘪了的皮袋，使它再次充满空气。还有一幅壁画展示了另外一个场景，当操作者离开风箱时，皮袋是鼓起来的，似乎充满了空气，这说明古埃及人已经掌握了风箱阀门的技术。

关于古埃及人宗教和风俗习惯方面，我们没有从壁画上获得像这些发明一样多的信息，原因显而易见，绘画只能传达出宗教的可见形式和神话形象。不过埃及宗教的形式，例如各种称谓、属性以及埃及各地对各种神祇的崇拜，我们从雕塑和希腊作家的著作中已经有所认识。毫无疑问，埃及宗教是一种深刻的自然崇拜，但是我们仍然不太了解埃及宗教仪式所象征的深奥意义和秘密。“埃及人的智慧”在对民众的道德和政治影响方面肯定是一种崇高而有益的准则，希腊作家对这种智慧的推崇可以证明这一点。希罗多德对埃及人的智慧充满敬畏之心，唯恐泄露了其中的秘密，然而他很可能对这种智慧并没有深刻的理解；柏拉图、狄奥多罗斯和普鲁塔克也是如此。还有一点也毋庸置疑，埃及宗教的基础是万物皆来自原初的神，这是东方的伟大教义。埃及人对太阳的崇拜以奥西里斯的形象存在，代表神最初的形象和化身，几乎所有的古埃及铭文都证实了这种寓意。这种崇高的形而上学的教义，为什么会和对四足野兽、爬行动物和植物的崇拜这类迷信联系在一起，直到今天仍然是未解之谜。

尽管我们从文物中获得的关于古埃及人宗教的知识还不够全面，但是人们对此格外感兴趣，因为《圣经》中有一部分内容和埃及密切相关。对希伯来人来说，他们不仅有一部分历史发生在埃及，而且他们的家乡巴勒斯坦离埃及也只有250英里。希伯来人和埃及人这两个民族之间交往频繁，两个国家的历史自然也会有交集，《圣经》中对这段历史有许多记载。

有这样一个例子，在《圣经》提到的动物中，有一种动物被希伯来人称为利姆，希伯来语的字面意思是“长得很高的动物”。《圣经·约伯记》第39章中这样写道：“野牛岂肯服事你？岂肯住在你的槽旁？ 你岂能用套绳将野牛笼在犁沟之间？它岂肯随你耙山谷之地？岂可因它的力大就倚靠它？岂可把你的工交给它做吗？岂可信靠它把你的粮食运到家，又收聚你禾场上的谷吗？”圣经译者将利姆翻译成了野牛，这似乎很荒唐。一些评论家断言，利姆不是犀牛就是水牛，因为阿拉伯语的同源词有时候代表一种瞪羚，而阿拉伯人常常把牛和雄鹿说成同一个物种。但是无论是犀牛还是野牛，都不能被称为长得很高的动物，根据《圣经》对利姆的描述，这种动物和任何一种瞪羚都没有什么相似之处。而我们在古埃及人留下的古迹中发现了一种动物，它完全符合对利姆的描述，就是长颈鹿，许多壁画都展示了非洲内陆进贡给法老的贡品，其中长颈鹿出现了好几次。右图清楚地告诉我们，这就是长颈鹿。古埃及艺术家在他们留下的作品中，非常细致地描绘了这个民族所有的风俗习惯和人们从生到死的各种仪式，以及当时的宫殿和农舍的面貌。法老的一切都极尽奢华，而农民在田间从事着最卑微、最辛苦的劳动，这些描述是对《圣经》中关于埃及部分真实性的绝佳证明，因为《圣经》也对古埃及人的生活有着准确写实的记述。我们发现，许多古埃及的雕塑和壁画都描绘了《圣经》中关于埃及的那些故事。

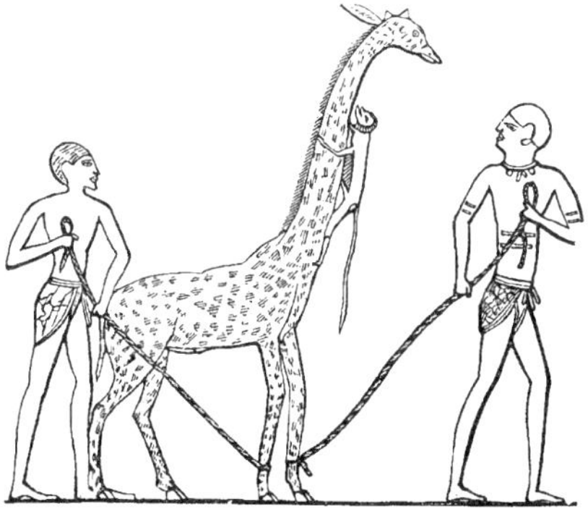
古埃及壁画中的长颈鹿

《圣经·创世记》第12章曾记述：后来亚伯兰又渐渐迁往南地去。那地遭遇饥荒。因饥荒甚大，亚伯兰就下埃及去，要在那里暂居。将近埃及，就对他妻子撒莱说:“我知道你是容貌俊美的妇人。埃及人看见你必说:‘这是他的妻子’，他们就要杀我，却叫你存活。求你说，你是我的妹子，使我因你得平安，我的命也因你存活。”及至亚伯兰到了埃及，埃及人看见那妇人极其美貌。法老的臣宰看见了她，就在法老面前夸奖她。那妇人就被带进法老的宫去。

我们知道，现在的埃及妇女和其他东方国家的妇女一样，都会用面纱遮脸。亚伯拉罕害怕埃及人看见撒莱的容貌，而按照埃及现在的风俗，埃及人怎么能隔着面纱看到撒莱的美貌呢？这个问题在古埃及壁画上找到了答案。下图中的第二幅展现了古埃及妇女的形

戴面纱的现代埃及妇女

不戴面纱的古代埃及妇女

象，她们都是露着脸的，由此可以证明《圣经》中的这个故事符合当时埃及的风俗习惯。尽管有些出乎意料，但是古埃及的遗迹确实与《圣经》中关于古埃及的记载相辅相成。

公元前500多年，妇女蒙面的习俗传入埃及，当时埃及的统治者是来自波斯的冈比西斯。被征服的国家接受征服国家的风俗习惯是很自然的事情，特别在当时，波斯是一个拥有巨大财富和权力的帝国，统治者很可能在政务和习俗方面都制定了新的法律。不仅在政策方面，在礼仪方面可能也会制定相关的法律。因此，即使我们没有其他的证据，根据《圣经》中关于这个故事的记载，我们可以推断出亚伯拉罕和撒莱前往埃及这一事件发生在冈比西斯征服埃及之前，因为从那以后，埃及妇女就有了蒙面的习俗。

第445章

从亚历山大的征服到土耳其人的征服

公元前332年，马其顿的亚历山大大帝出现在埃及的大门外。提尔和加沙已经俯首称臣，他还兵不血刃地占领了耶路撒冷。没有谁能阻止他进军埃及，经过7天的行军之后，大军从加沙抵达了埃及东部边境要冲培琉喜阿姆。波斯守军放弃了抵抗，不战而降，埃及很快成为亚历山大大帝的囊中之物。

事实上，当时在埃及，只有波斯人会起来反抗亚历山大大帝，因为埃及人一直对波斯人的统治心怀愤怒，这个国家饱受冈比西斯及其继任者的残酷蹂躏，所以希腊人被他们视为拯救者，这个国家的人民张开双臂欢迎世界的征服者亚历山大大帝的到来。自普萨美提克时代以来，大量希腊人来到埃及定居，他们适应了埃及的政治和宗教，埃及人逐渐将他们视为盟友而不是外来者。

亚历山大从培琉喜阿姆行至以神庙和方尖碑闻名的圣城赫里奥波里斯，接着从那里前往埃及的首都孟斐斯，然后一路向北，建立了亚历山大城。这座新建的城市后来成了古代世界最著名的城市之一。为了巩固自己的权力，他恢复了以前被波斯人刻意压制的埃及风俗和宗教仪式，从而赢得了所有埃及人的支持。他还建立了一个开明自由的政府，然后继续行军，进入美索不达米亚，大流士正在那里等着和他一决雌雄。

公元前323年，亚历山大大帝病逝，他手下的将军们瓜分了整个帝国，一位名叫托勒密·拉吉德斯的将军得到了埃及，他就是埃及托勒密王朝的奠基者托勒密一世，这个王朝统治埃及达290年。托勒密一世为建设亚历山大城作出了巨大贡献，在他的努力下，亚历山大城变得熠熠生辉，他建立了这个城市著名的图书馆、博物馆和大学，后来这里成为文明世界的学术中心。托勒密王朝的前三位君主都非常鼓励学术，当时的世界处于动荡之中，许多国家的哲学家和学识渊博的人都来到这个和平宁静的国家寻求庇护。托勒密一世死后，其子托勒密二世继位，在他的主持下，为了照顾在埃及定居的犹太人的利益，希伯来语的旧约《圣经》被翻译成希腊语。

下面是托勒密王朝的君主年表，从公元前323年托勒密一世建立王朝到公元前30年被罗马人征服：

埃及托勒密王朝国王列表

国王	即位时间（公元年）
托勒密一世	前323
托勒密二世	前285
托勒密三世	前246
托勒密四世	前221

（续表）

国王	即位时间（公元年）
托勒密五世	前204
托勒密六世	前180
托勒密八世	前145
托勒密九世	前116
托勒密十世	前110
托勒密十二世	前80
克利奥帕特拉七世	前51
罗马人征服埃及	前30

克利奥帕特拉就是我们熟悉的埃及艳后，她是托勒密十二世的长女，也是她最年长的弟弟的妻子。这对夫妇及姐弟一度共治埃及，但克利奥帕特拉在遭受了一连串的阴谋诡计之后被剥夺了权力，她的丈夫掌控了所有的权力。这时，尤利乌斯·恺撒打败庞培后来到了亚历山大城。恺撒很快就被她的魅力迷住，并支持她登上了王位。在这场王位争夺战中，她的丈夫托勒密十三世被杀。恺撒宣布克利奥帕特拉为埃及女王，于是她不得不和自己年仅11岁的弟弟结婚并共治埃及。几年之后，在她的弟弟14岁时，克利奥帕特拉将弟弟毒死，使自己成为埃及唯一的君主。

恺撒被谋杀后，主谋之一卡西乌斯曾威胁克利奥帕特拉，要求她对杀死恺撒表示支持，否则就要处死她，但是她拒绝站在行刺者那边，以此表达她对恺撒的缅怀。她甚至还派遣一支舰队前去帮助恺撒的支持者，但遭遇了暴风雨，舰队不得不返回埃及。腓力比之战后，马克·安东尼在西里西亚的塔苏斯以克利奥帕特拉曾为卡西乌斯提供物资为借口，命令她前来觐见。克利奥帕特拉出发之前做了很多准备，她将以最美丽的东方女王的形象出现在这位罗马征服者面前。她率领满载着最珍贵的贡品和各种礼物的船队驶向西德奴斯河河口。历史似乎在这一刻停留，诗人的生花妙笔代替历史学家的史笔描绘了这个壮观的场景。克利奥帕特拉的船队沿着西德奴斯河航行为各个时代的浪漫主义作家提供了一个最绚丽多姿的主题，在莎士比亚的渲染中，这个场景更像是一个东方的梦幻景象，而不是现实中发生的一幕。

> 她乘坐的宝船驶在河面上仿佛是一个闪亮的王座，
> 黄金镶嵌的艉楼金光闪闪，
> 提尔紫染就的船帆香气四溢，连风都眷恋不已，
> 银色的船桨跟随长笛的曲调在河里划着。
> 至于女王本尊，她的美丽简直无法形容，
> 她坐在挂着金帐和薄纱的艉楼里，
> 她就像美神维纳斯，似乎不是这人间的存在。
> 漂亮的男孩子站在她的两边，带着酒窝的笑脸好像微小的丘比特，
> 他们手里拿着五颜六色的扇子，送来阵阵凉风。
> 掌舵的女舵手像美丽的人鱼，
> 她那花瓣一样娇嫩的小手灵巧地掌着舵。
> 华丽的宝船散发出看不见的异香，
> 飘到了附近的码头上。

克利奥帕特拉乘她的宝船溯西德奴斯河而上

市民们纷纷前来观看河上的盛景，

而获得最高统治权的安东尼独自一人枯坐在广场上。

正如克利奥帕特拉所预料的那样，安东尼一看到她就被迷住了。安东尼跟着她来到了亚历山大城，并和她一起度过了一个冬天。然后安东尼回到罗马，出于政治上的原因，他娶了屋大维的妹妹屋大维娅。后来，当安东尼和屋大维之间爆发内战时，克利奥帕特拉带着一支由60艘船组成的舰队加入了安东尼的队伍。在之后的亚克兴海战中，克利奥帕特拉没有足够的勇气面对战斗，当危险来临时，她带着舰队逃走了，而一心牵挂着她的安东尼鬼迷心窍一般，不顾战斗的输赢和自己的荣誉，竟然跟着她一起离开战场。屋大维派人告诉克利奥帕特拉，只要她把安东尼处死或者将他逐出埃及，屋大维就会全力扶持她。克利奥帕特拉拒绝了，于是屋大维进军亚历山大城，遭遇了轻微抵抗之后，屋大维攻占了这座城市。安

克利奥帕特拉

东尼的舰队、骑兵和步兵相继弃他而去，投奔了屋大维。安东尼无奈自杀，克利奥帕特拉不愿臣服于屋大维，让毒蛇咬了自己的手臂，中毒身亡。克利奥帕特拉是托勒密王朝的最后一位君主，她的死标志着这个王朝的终结。埃及成为罗马帝国的一个行省，埃及王宫里数不清的珍宝全部落入了已经是罗马皇帝的屋大维手中。

在此后670年的时间里，埃及一直处于罗马人的统治之下。在7个世纪里，埃及一直是“罗马帝国的粮仓”，每年收获的粮食都有一部分越过地中海运往各地，养活了罗马这个庞大帝国成千上万的人口。亚历山大城继续维持着重要商业中心的地位，在很长一段时间内，仍然是世界上最富裕、最繁忙的城市之一。八个军团的帝国常备军用以维持罗马在亚洲和非洲领土上的秩序。

在这一时期，基督教逐渐在埃及站稳了脚跟，和埃及早期历史上的异教徒神秘主义一样，基督教在这个国家也伴随着宗教狂热、宗派主义和精神上的沉郁。这里是隐士和修道士的发源地。在当时的东方，几乎每个地方的宗教都弥漫着一种阴沉而严厉的气息，这给人们的生活蒙上了一层忧郁的阴影。在基督教建立的时期，人们经常在孤独的黑暗中施加肉体痛苦来逃避这个喧嚣世界，而这种做法比以往任何时候都更被视为一种宗教行为。1世纪初，内战几乎每天都会在陆地和海洋上上演，对于那些喜欢沉思的人们来说，只有隐居和宗教冥想才能让他们感到舒适。这种直到今天依然在东方盛行的精神，连同许多其他东方的思想和学说，都被早期的基督徒所吸收，在罗马帝国统治时期，这样的人在埃及是最多的。不久之后，罗马皇帝德基乌斯开始了残酷的宗教迫害，隐士们纷纷躲藏起来，每一个洞穴和树洞都是他们的藏身之处，他们在荒野里偷偷祈祷。

后来，叙利亚成立了一个隐修会的教派，他们的教义传播到了埃及。柱头修士西门是这个教派的创始人，也是这个教派教义最忠实的践行者。他在一根柱子上生活了30年，从没有下来过，最后死在柱子上。或许带有一些嘲讽的意味，人们将西门的追随者称为高柱圣徒、圣鸟或者空中殉道者。对于这些宗教狂热分子来说，光是与世隔绝似乎还不够，他们还创造了各种自我折磨的方式，例如永远不说话、戴沉重的铁链、自我鞭笞、高声吟唱赞美诗等，甚至在最寒冷的冬夜也坚持不辍。这就是修道生活的起源，至今仍然存在，不过随着科学的复兴以及随之而来的更自由的思想的传播，那些最严苛的隐修会教派已经逐渐消失了。在今天，很少有人能坚持以前那种修道院里的隐居生活。

在狄奥多西时代，罗马帝国分裂为西罗马帝国和东罗马帝国，埃及成为东罗马帝国的一个省，并且在野蛮和积弱中越陷越深。对于萨拉森帝国的扩张，埃及无力抵挡，只有亚历山大城进行了顽强的守城战，但也无济于事。642年，阿拉伯人攻占了这个国家。

在关于萨拉森人的历史中，我们曾详细叙述了阿拉伯征服者阿姆鲁的一系列胜利，这位将军率领阿拉伯军队赢得了埃及战役。在接下来的6个世纪里，埃及都被阿拉伯人统治，由当地的埃及人出任各地行政长官，管理政府事务，但是他们常常反抗最高统治者的权威，因此阿拉伯人不得不经常派遣军队镇压埃及反叛的省份。970年，法蒂玛王朝建立，这个王朝的统治者独立于他的对手巴格达阿拔斯王朝的最高统治者。在十字军东征的早期，法蒂玛王朝扮演了重要的角色。在法蒂玛王朝第八位统治者穆斯塔西尔时期，埃及发生了有史以来最可怕的饥荒。1171年，法蒂玛王朝宣告结束，另一个阿拉伯王朝继续统治埃及。最终在1254年，马穆鲁克发动起义，将阿拉伯人赶出了埃及，并建立了自己的王朝——马穆鲁克王朝。

“马穆鲁克”在阿拉伯语中意为“奴隶”，最初是指在成吉思汗发动的战争中在亚洲各地被贩卖的战俘。埃及一个阿拔斯王朝最高统治者的远亲，名叫马利克·萨勒奇，他购买了大量的战俘奴隶，并把他们训练成了一支特殊的军队。这支军队一共有1.2万人，严格的训练和严明的军纪使他们成为一支精锐之师。他们强大的战斗力甚至令他们的主人都感到害怕。1250年，这支军队发动叛乱，杀死了最高统治者家族的最后一位成员图兰沙赫。他们发现，将一个自己人推上埃及王位也不是什么难事，于是艾贝伊克成了埃及国王，马穆鲁克王朝从此拉开了序幕。马穆鲁克统治埃及长达267年之久，他们只承认他们当中最勇敢的人拥有最高权力——选举这个人为国王。他们既残忍又贪婪，道德败坏，生活放荡。一个个武士国王接连登场，他们不断开疆拓土，但始终不能守住征服而来的土地，常常在占领一片地方二三十年之后又将其失去。

1517年，奥斯曼帝国苏丹塞利姆一世率军攻打马穆鲁克。他的军队和马穆鲁克统帅图曼贝伊的军队展开了一场激烈的战斗。在开罗城下，图曼贝伊战败被杀，自此马穆鲁克王朝宣告终结，而埃及则落入了土耳其人之手。然而，马穆鲁克贵族作为埃及的大军阀，塞利姆一世也不得不有所忌惮，因此不得不保留他们一定的特权。24位贝伊虽然受制于一位由奥斯曼最高统治者任命、常驻开罗的帕夏，但他们仍然统治着埃及的诸多省份，继续保有自己的权力。

塞利姆一世甚至与马穆鲁克贵族签订了一项正式条约，承认埃及是一个共和国，名义上的元首是由24位贝伊推选的酋长。在战争期间，这个共和国有义务派遣一支1.2万人的军队加入奥斯曼帝国的军队。如果帕夏武断行事，贝伊们可以暂停他的职务，直到奥斯曼帝国愿意恢复他的职位为止。这些贝伊是由马穆鲁克贵族自己推选出来的，实际上几乎独立于苏丹，不受苏丹和帕夏的控制。这种情况一直维持到18世纪中叶，在阿里贝伊统治期间（1766—1773），马穆鲁克在人数和财力上超过了在埃及的土耳其人，苏丹不得不任由他们按照自己的意愿行事。这种贵族政体一直持续到18世纪末拿破仑入侵，这次入侵彻底改变了埃及的命运。在金字塔大战中，马穆鲁克的骑兵在法国方阵面前不堪一击，他们被欧洲大炮的炮火彻底消灭。我们将在下一章详细介绍法国人在埃及的故事。

第446章

近代埃及

1798年，法国督政府计划入侵埃及，具体原因：一是为进攻在印度的英国人开辟道路，二是让拿破仑离开法国（哪怕只是暂时离开）。当然，他们不会承认这些理由，表面上的借口是要把埃及从马穆鲁克长期以来的暴虐统治中拯救出来。

这支法国远征军声势浩大，装备精良，拿破仑认为这支军队将震惊全世界。舰队由数百艘舰船组成，其中有13艘战列舰，还有许多小型战舰和运输船。拿破仑的军队有2.8万人，还有一个由100名科学家组成的科研团队，他们带着书籍和各种科学仪器，准备前往埃及研究古迹和文物。1798年5月19日，远征军从法国土伦港起航。6周后，舰队到达了亚历山大城。第二天（7月2日），亚历山大城装备简陋而且疲惫不堪的3 000名埃及守军向法国军队投降了。五天以后，罗塞塔和达曼胡尔先后被拿破仑占领。就这样，拿破仑在埃及站稳了脚跟。7月19日，法军抵达金字塔附近。从这时开始，他

金字塔大战中的拿破仑

们的进展不再像之前那样顺利，物资匮乏，烈日炎炎，法国人几乎遭受了和坦塔罗斯[1]一样的痛苦。军队常常在广阔的麦田里扎营，而周围却找不到磨麦子的磨坊，也没有烤面包的烤炉。尽管有这些不利因素，他们还是坚持了下来，在7月21日的金字塔大战中，将埃及人和马穆鲁克的军队彻底击败，让埃及人损失了上万人和无数的大炮辎重。开罗很快落入法国人之手，埃及实际上由他们掌控。

在埃及期间，拿破仑施行了真正公平正义的措施。他积极促进商业，允许所有往返于麦加的朝圣者自由通行。他赋予一个家庭的所有子女平等的继承权，并改善了妇女的生活状况，规定丈夫死后应该分给妻子一部分财产。他鼓励士兵和埃及本地人结婚，并大力限制一夫多妻制。1799年7月，拿破仑在阿布基尔击败了土耳其军队。8月，由于法国国内的形势日益严峻，拿破仑不得不离开埃及，结束了在这个国家的远征。他命令克莱贝尔将军留在埃及主持

① 希腊神话中被神责罚的国王，他是宙斯的儿子，因为侮辱众神而饱受饥渴和恐惧的折磨。——译者注

大局，但是克莱贝尔很快被埃及人刺杀身亡，这个国家的权力落在了梅努将军手中。1801年，3年前在阿布基尔海战中摧毁法国舰队的英国人派遣了一支远征军前往埃及，试图将埃及交还到土耳其人手中。英国人实现了他们的目标，土耳其苏丹任命的帕夏再次回到了埃及。埃及的马穆鲁克根本不接受土耳其苏丹任命的总督，叛乱和血腥的杀戮不断发生。

在这场权力的纷争中，一位名叫穆罕默德·阿里的阿尔巴尼亚年轻人逐渐崭露头角。他出身贫寒，在军队中以勇敢和忠诚著称，赢得了帕夏士兵们的爱戴，但是也招致了帕夏本人的嫉妒和忌惮。帕夏想把他打发走，便向君士坦丁堡推荐他为塞萨洛尼基总督。但是，阿里的影响力实在太大，开罗的人们都坚定地拥护他，甚至连君士坦丁堡宫廷里的宗教学者都认为只有这个人才能使埃及恢复稳定。而与此同时，人们对帕夏的大肆掠夺和残暴压迫早已心怀怨恨。在接受君士坦丁堡的任命之前，人们就把彻底击败马穆鲁克的任务交给了阿里，而他在不接受任何荣誉和报酬的情况下完成了这项任务。

1806年，土耳其苏丹正式任命阿里为埃及的统治者，并晋升他为三尾帕夏。他很快恢复了国家的秩序，军队再次恢复了严明的军纪。马穆鲁克被迫向他俯首称臣，但是阿里很快发现他们生性奸诈、难以驯服，还经常内讧，从来不会因为共同利益而达成联盟，只会为了自私的目的聚在一起。于是他制订了一个计划，准备一举消灭他们。他邀请马穆鲁克到城里赴宴，而这些人差不多都来了，结果有470人被枪杀，其余的都被斩首。我们找到了关于这场屠杀的描述：

按照惯例，马穆鲁克身着盛装，骑着高头大马大摇大摆地进城赴宴。身为埃及帕夏的穆罕默德·阿里一声令下，致命的攻击从四面八方向马穆鲁克袭来，人和马在密集的弹雨中血肉模糊。许多人为了逃命从高高的城墙上跳了下去，摔得粉身碎骨。有两个马穆鲁克经过最初的慌乱之后镇定了下来，接着像闪电一样飞快地逃跑了，他们通过了最近的一扇城门，幸好这扇门没有关闭，两个人就这样逃出了开罗。一个人朝北边的阿里什逃去，另一个人则往附近的山上逃去。阿里派出两队追兵分头追赶他们。 这是一场可怕的生死追逐！战马在陡峭的山上飞奔，在山岩间跳跃，时而越过激流，时而沿着悬崖边缘疾驰。这个马穆鲁克的战马有三次因为喘不过气而放缓了脚步，每一次他都听见了后面追兵的马蹄声，他立刻催动战马继续逃跑。最后，战马终于倒下了，再也没有站起来，而它的主人最

马穆鲁克被屠杀

后的决定则展示了人和马彼此之间的忠诚。这个马穆鲁克既没有躲到峭壁的石缝里，也没有躲到骑兵无法到达的尖尖的山峰上，而是平静地坐在自己的战马旁边，把缰绳挽在手臂上，等待着死亡的到来。追兵到了，十几把军刀砍向这个马穆鲁克，但是他一声不吭，既没有反抗也没有求饶。另一个马穆鲁克则幸运得多，他穿过阿里什逃到了沙漠里，毫发无伤地躲过了这一劫，最后还成了耶路撒冷的统治者。少数马穆鲁克没有前往开罗城赴宴，他们躲过了大屠杀，后来逃往栋古拉，还有一些人逃到了德尔。但是阿里派遣军队最终彻底消灭了他们，马穆鲁克这一阶层现在已经灭绝了。

从这时起，埃及重归宁静。马穆鲁克的灭绝对这个国家来说确实是一件好事，但是阿里对付他们的手段却使自己的声誉大为受损。阿里如此殚精竭虑地为人民谋福祉，这一点谁也不能否认，而且在他自己看来，他作出了最好的选择，他认为根据埃及当时的实际情况，设计屠杀马穆鲁克就是最佳方案，甚至是一种必要的自卫措施。

他建立了一支军队来巩固自己的权力，维护国家的权威，这支军队不是那种难以驾驭而且对主人构成威胁的散兵游勇般的土耳其军队，而是一支军纪严明的正规军。接着，他又大力发展海军，建立了学校和医院。在他的改革下，之前拥有特殊地位的宗教学者变成了由政府发薪水的普通官员；农业得到了良好的发展，羊和马的品种都被改良；商业和制造业变得越来越繁荣，在埃及的欧洲人受到良好的保护和支持，政府还鼓励各国学者到埃及来交流。1818

年，埃及政府派遣伊斯梅尔·吉布拉尔塔等人前往欧洲与各国结盟。连接开罗和亚历山大城的运河也在这一年建成。在阿里的支持下，埃及引进了一些新的植物，例如橄榄树和桑树，还建立了制糖厂、硝石厂和火炮铸造厂。检疫制度和疫苗接种制度也在这期间被引进埃及。

这时候，英国、法国等欧洲国家也希望和埃及建交。穆罕默德·阿里逐渐扩大的势力和影响力开始令土耳其苏丹感到担心。1821年，希腊开始了一场延续多年的独立战争，埃及军队数次站在土耳其一方参与镇压。阿里的儿子易卜拉欣·阿里是陆军统帅，伊斯梅尔·吉布拉尔塔是海军统帅。1827年，土耳其和埃及的联合舰队在纳瓦里诺海战中被摧毁。从那以后，埃及在世界历史上就再也没有扮演过重要角色。

阿里一直是埃及的统治者，直到1848年自己退位。他对土耳其苏丹只是名义上的臣属关系，他是埃及实际上的主人，拥有对这个国家土地和一切财产的绝对权力。他垄断着埃及的商业，经由埃及中转的东印度公司商品都被他控制，只有少数几个家族被允许参与商业活动。他设立了专用款项资助土耳其学生前往巴黎求学。在他统治时期，基督徒得到了前所未有的信任，他甚至将一些基督徒提拔到贝伊的职位，而这样的事情在之前简直闻所未闻。

阿里是一个独裁者，他的政府是专制政府，但他有一套成体系的方式和规则来治理国家。他成立了一个由心腹大臣、省长、地方长官和一些阿拉伯酋长组成的委员会，他偶尔会向他们征求意见。各种酷刑和野蛮的惩罚都被废除，他还消除了埃及人对欧洲艺术和语言的偏见。他非常看重声誉和将来在历史上留下的评价，对来自

穆罕默德·阿里

国外的污蔑和诽谤十分敏感。毫无疑问，他给埃及人民带来了一种精神上的推动，这种影响永远都不会完全消失，而且随着时间的推移，这些散布在埃及各地的追求改良的种子，一定会传播到阿拉伯世界的其他地方。

1848年，年事已高的穆罕默德·阿里不再执政。他的儿子易卜拉欣·阿里帕夏继承大位，并遵循父亲的制度统治着这个国家。但易卜拉欣在位仅仅70天，就于1848年11月10日早于自己的父亲病死。易卜拉欣的侄子阿巴斯帕夏继承大位，就是现在的埃及苏丹。穆罕默德·阿里于1849年8月病死。

第447章

现代埃及人的风俗习惯

埃及已经被伊斯兰统治者统治了大约1 200年，正如人们所预料的那样，这个国家的人民已经被同化，变得和其他伊斯兰国家并无二致。这个国家的地理特征和过去差不多，不过有些方面已经发生了改变。尼罗河仍然沿着漫长的河道奔流，每年仍然会洪水泛滥，但是由于埃及人对环境的忽视，沙漠已经侵蚀了大片肥沃的土地，到目前为止，在埃及20万平方英里的领土中，可耕地只有1.6万平方英里。埃及今天的人口包括很多不同的民族，昭示着这个国家所经历的种种变迁。这片土地上古老的土著其实已经完全消失了，底比斯、孟斐斯和金字塔的建造者在历史的长河里销声匿迹，没有留下自己的后裔。

现在的埃及居民大致可以分为这样几类：科普特人，他们数量不多，可能是古埃及人后裔，不过更有可能是当初大量在埃及的基督徒的后代；法拉欣，他们主要是阿拉伯人和叙利亚人融合而成的民族，构成了埃及劳动阶层的主体；贝都因阿拉伯人，他们生活在埃及的沙漠和平原上，与其他地方的阿拉伯人一样；阿拉伯希腊人，他们是希腊殖民者的后代，已经忘记了本民族的语言，现在都说阿拉伯语。此外，埃及还有犹太人、马龙派教徒、叙利亚人、亚美尼亚人、土耳其人、莫格雷林人（西阿拉伯人）、埃塞俄比亚人和欧洲人。主要民族的人口大致如下：

埃及各民族人口数量

科普特人	16万	犹太人	2万
法拉欣	225万	叙利亚人	2万
贝都因阿拉伯人	13万	亚美尼亚人	1万
阿拉伯希腊人	2.5万	其他民族	0.4万

科普特人几乎和黑白混血人种有着相同的肤色。他们长着黑色的小眼睛，高颧骨，鼻子较短，但鼻梁很高，嘴巴宽大，嘴唇很厚，胡子比较稀疏，头发半卷。城镇里的科普特人主要是商人，也有许多人是办事员和会计。有人认为科普特人生性狡猾，贪婪又谄媚，趣味低级，沉迷于声色犬马。但他们其实是一个爱好和平的民族，据说他们对家庭的温情无与伦比。虽然埃及各地都能见到科普特人，但是他们主要的聚居地在上埃及，那里许多城镇的居民全都是科普特人。

埃及肥沃的土地吸引了大量来自沙漠周边地区的阿拉伯人，他们被称为法拉欣，这些人组成了埃及人口中的绝大多数，几乎全部从事农业。法拉欣保留了他们原始部落的外貌和性格。他们长着椭圆形的脸，深色皮肤，宽大的额头和炯炯有神的小眼睛。在性格方面，他们也始终保持着自己的传统，生性高傲，对家族和祖先怀有深深的依恋，以及沙漠中独立部落所特有的复仇精神。但总体来说，他们现在的行事方式比从前安定平和得多，事实上，生活在尼罗河三角洲大城市里的法拉欣，已经染上了当地放荡无度、不遵守规则的恶习，这种不良风气似乎从古代就盛行于尼罗河三角洲。

虽然马穆鲁克是埃及国民的一部分，但可以说他们已经无足轻重了，穆罕默德·阿里用残忍的计谋将他们彻底赶出埃及之后，还制定了一系列追杀政策要将他们赶尽杀绝，因此马穆鲁克在非洲大陆的最深处几乎都无法找到一个容身之所。马穆鲁克是一个不同寻常的民族，他们没有亲人，没有后代，他们都是来自遥远国家的战俘和奴隶，后来他们推翻了统治埃及的阿拉伯统治者，自己登上了王位，一度成为这个国家最高贵的阶层。他们的勇敢，他们创造的辉煌，他们彼此之间的争斗以及与土耳其人之间不断的战争，在埃及历史上留下了一幅幅激动人心的画面，而这样的风貌在奥斯曼帝国的其他地方是看不到的。

在埃及，不同阶层的人们着装也各不相同，大城市里更是如此。土耳其风格的服饰非常流行，代表服饰是飘逸的长袍和大头巾。妇女外出骑马和步行时都要戴面纱，就像叙利亚和土耳其其他地区一样。埃及女性一般都很漂亮，而且举止优雅。她们深居闺中，不会随意出门，但与大多数伊斯兰国家相比，她们还是拥有更多的自由。较低阶层的妇女外出时通常不戴面纱。

大城市里的商人开始接受欧洲服饰，他们用长礼服取代了长袍，戴着缀有流苏的圆柱形帽子而不是头巾。和波斯人一样，埃及

骑着驴子的埃及妇女

埃及人的晚宴

妇女也喜欢用一种叫作“科尔”的黑色粉末描画眼影。这似乎是一种古老的习俗，因为考古人员在古埃及的坟墓里发现了装着这种粉末的容器。她们会用一种指甲花树的汁液来装饰手脚，这种树是女贞树的一种，可以用来提取橙色的颜料。下层社会的妇女喜欢用蓝色的染料涂在身上作为装饰，就像水手在手腕和胳膊上文身一样。女性的美丽，在某种程度上是以体重来衡量的，这跟其他伊斯兰国家一样。

埃及人普遍的出行方式是骑乘骆驼、马、驴和骡子，或者乘坐尼罗河上的渡船。现在，尽管出行不是那么舒适，但旅行者们前往各种有趣的古迹游览是比较安全的。埃及民族众多，他们的风俗也非常多样，其中土耳其人的风俗最为盛行。阿拉伯人性格开朗，喜欢安定，有许多优良品质。犹太人被描述为一种贪婪、缺乏整洁的民族，

埃及妇女外出时的装扮和居家装扮

他们和科普特人一样，有很多都是商人和海关办事员。贝都因阿拉伯人从前是游牧人，他们热爱自由，性情凶猛，以半耕种半掠夺的方式为生。住在城里的居民沉迷于享乐，他们几乎不怎么工作。

现代的埃及人和东方人有许多共同之处。正如在其他伊斯兰国家一样，欧洲人和美国人来到这个国家之后，就会发现各种琐碎的习俗和他们自己的习惯格格不入。他们会看到埃及男人大多蓄着胡子，修剪头发，穿衬裙和裤子；女人们穿着长裤。他们吃饭不用叉子，而用手指；用垫子代替椅子，把盘子放在地上。在埃及，问候一个家庭里女性的健康是对主人的极大侮辱，而称赞他的孩子则会被认为是心有邪念或者不怀好意的诅咒。女性把脸藏在面纱后面。

不仅风俗迥异，埃及人在道德和宗教方面与西方世界也存在巨大差异。马登这样说道：“一个英国人会把东方人的勇气视为凶狠，把宗教视为狂热，把智慧视为投机取巧，把策略视为背信弃义，把哲理视为缄默，把尊严视为傲慢，把情感视为享乐。而另一方面，一个穆斯林会认为欧洲人道德沦丧，把他们的科学视为巫术，把警惕视为不敬，把爱好和平视为无能。”

在开罗等大城市中，摔跤、走钢丝等表演是居民们喜闻乐见的节目。游泳也是埃及人一种普遍的娱乐方式，常常可以看到一群年轻人沿着尼罗河游泳前往某个遥远的村庄，他们有时候还会一边仰泳一边抽着烟斗。耍蛇人的表演是最惊悚、最有趣的节目。他们非常熟悉蛇，很少会被咬到，他们经常会拔掉毒蛇的毒牙，这样它就不会伤人了。

埃及的妇女非常喜爱跳舞，她们会在公共场合表演，也会在闺房里跳舞。她们的表演并不违背埃及人的道德，然而毫无疑问，这

埃及房屋内部

样的事情在欧洲是不可能被接受的。埃及的通用语言是阿拉伯语，商人最常用的语言也是阿拉伯语。科普特语是已知最古老的语言之一，但现在已经没有人说这种语言了，它通常在科普特人的祭祀仪式中使用，当地还保存着科普特语的《圣经》。科普特语应该是古埃及人的语言，不过也混杂了一些希腊语和阿拉伯语的成分。

埃及城镇里的房屋通常都是方形的，屋顶是平的，建造的时候不怎么考虑外观的优美。开罗有一些精致的土耳其式住宅。还有许多阿拉伯人住在帐篷和简陋的小屋里。一些阿拉伯人甚至住在古墓的通道里，他们用黏土把古墓里面分隔成一个个房间来居住。

埃及的土地非常富饶，很多地方每年都能种植三季农作物。食物很便宜，但也有许多贫困的人买不起，忍饥挨饿。埃及人常见的食物是煮米饭、发酵黄油、用小米和枣做成的面包；他们也喜欢食用羊肉和禽肉，喝水牛奶。饮用水和生活用水来自尼罗河。人们把水储存在蓄水池里。埃及人大量饮用拉克酒，许多人常常喝得酩酊大醉。就像在土耳其一样，吸烟在埃及也非常普遍。在上埃及，1美元可以买到1 000个鸡蛋或者14只鸡，也可以买到一大群埃及人饲养的鸽子，不过在埃及几乎看不到美元。

埃及最常见的疾病是鞘膜积液和眼炎，最致命的疾病是瘟疫、痢疾和发烧。尽管埃及的理发师通常为首席外科医生，但欧洲医生的需求量很大。很多人在生病后会求助于符咒和护身符。

现在的埃及和古代一样，无数运河纵横交错，甚至尼罗河三角洲也有许多运河，这些运河将尼罗河每年泛滥的洪水积蓄起来，为整个国家提供了充足的水源。为了方便人工灌溉，上埃及的土地被挖成小方块状，用沟渠连接起来。用机械或人工从小河抽上来的水流入田垄之中，从一个田块流到另一个田块。引水灌溉是法拉欣最辛苦的工作，在那些没有使用波斯水车的地方更是如此。我们注意到，相比土地而言，埃及人更依恋河流。从古代开始，埃及人就认为尼罗河具有神性。他们谈到尼罗河的时候会带着强烈的个人情感，这条河每天都给他们带来恩赐，他们的财富，从土地到衣食住行，无一不是拜尼罗河所赐。尼罗河出产他们吃的蔬菜和鱼类，赋予饮用水；让棉树茁壮生长——这样埃及人才有了棉花来做衣服；他们的牲畜也因为尼罗河而生生不息。没有一个尼罗河岸的女人自她第一次从这条神圣而庄严的河流中取水后，不每天头顶或是手持陶罐在那里取水的。在埃及人的日常谈话中，对尼罗河的赞美都成了谚语。鲍林这样写道：

> 我记得，在前往特雷索夫河时，我下了马，把马交给一个可怜的法拉欣女人照看。等我回来再次上马的时候，给了她一枚硬币，她说："愿上主保佑你，就像他保佑尼罗河一样！"我在埃及的时候，很多人对我说："你还会回来的，只要是喝过尼罗河水的人，都会情不自禁地想再喝一次。"尼罗河水虽

然不太清澈，但是味道很好，也很健康。埃及的黎凡特人有句谚语：“尼罗河水和其他地方的水比起来，就像香槟远胜别的葡萄酒一样。”阿拉伯人也有一句谚语：“先知要是喝了尼罗河的水，就会留在人间，不想去天堂。”人们对尼罗河怀有独一无二的依恋。

在尼罗河的两条主要支流上，每天都有五六千艘船从两条河的汇合点阿斯旺往返于罗塞塔、达米埃塔之间。在尼罗河上游，有一道埃及人自称的“第一瀑布”，实际上那并不是一道瀑布，而是一段湍急的河水从花岗岩巨石上奔流而过，不过水道很宽，一年中有几个特定的月份可供船只通行。通过“第一瀑布”之后，就进入了“第二瀑布”，也就是海法干谷。尼罗河上的船只大小不一，有小的平底小船，也有载重达200吨的大货船。这些船只都比较粗糙，装着巨大的三角船帆，经常被尼罗河上的阵风掀翻。

在埃及，父母很少会在孩子的教育上花费太多时间和精力，他们大多只是向孩子们幼小的心灵灌输宗教思想。如果经济条件允许，人们也会把孩子送去学校。孩子们从很小的时候，就被教导宗教的最基本信条。

埃及的学校非常多，不仅在大都市，每个较大的城镇都有多所学校，每个大的村庄至少会有一所学校。在大都市里，几乎每座清真寺、公共喷泉和供牲口饮水的地方都有一所附属学校。这些学校的学费非常低廉，家长不需要花太多的钱就能让孩子受教育，校长每周四会向每个学生的父母收取约3美分的学费。在开罗，这些建在公共建筑旁边的学校的校长每年都会收到一块白棉布头巾、一块亚麻布和一双鞋；学校里的男孩每人都能领到一顶亚麻便帽、一块棉布、半块亚麻布和一双鞋，有时候还会得到价值几美分的零钱。这些都来自民众的捐赠，每逢斋月发放。孩子们只在固定的时间上课，下课就会回家。

学校教授的课程会写在漆成白色的木板上，一个课程结束之后，木板会被清洗干净，然后写上下一个课程的内容。孩子们也会在木板上练习写字。老师和学生上课时席地而坐，每个人手中都拿着木板，棕榈木做的小桌上放着一本宗教经典。学习阅读的学生们都会大声朗读课文，一边朗读一边摇头晃脑，所有阅读这本宗教经典的穆斯林都会这么做，据说这样阅读会有助于记忆。可以想象这样的教室里有多嘈杂。

埃及的教师大多没什么学问，他们只知道宗教经典和一些祷文，这些都是他们在特殊场合背诵的内容。据说有一个不识字的人在一个小村子的学校里当上了老师，因为他会背诵全本的宗教经典，能听懂学生们是不是朗读正确，同时他假装眼睛看不清楚，雇了一个学习最好的孩子来帮他完成需要写字的工作。当上老师还没几天，一个穷苦的妇人收到了去朝圣的儿子写来的信，于是她拿着这封信请老师来读。这个滥竽充数的老师装模作样地看了看信，但什么也没说，可怜的妇人看他沉默不语，十分担心信里是不是捎来了坏消息，于是问他："我应该大声尖叫吗？"他说："是的。"妇人又问道："我应该撕破自己的衣服吗？"他说："是的。"可怜的妇人以为自己的儿子死了，悲痛万分地回到家里，和亲朋好友一起举行哀悼死者的仪式。没过几天，儿子回来了，又惊又喜的妇人问他为什么要写信回来说自己死了。儿子向母亲解释了一番，于是妇人去找老师问他为什么当时让她尖叫，让她撕破衣服，而信上写的是儿子一切都好，很快就要回家了。

这个不识字的人一点儿都不窘迫，他泰然自若地说道："谁能预知未来呢？我怎么知道你的儿子会安全回家呢？你以为他死了，现在他回来了，虚惊一场总比你满怀期望等他回来却彻底失望好得多啊！"在场的一些人竟然称赞他的智慧，大声赞叹道："我们的新老师真是个有见识的精明人物！"结果这个骗人的诡计却使他提高了自己的声誉。

从这件事可以看出，埃及的教育处于一种低下的状态，而即使是这样失败的教育，也只有一部分埃及人能享受到。当然，埃及政府也有一些试图提高国民素质的为政举措，穆罕默德·阿里曾在开罗附近的布拉克建立了一所大学，已经有数百名学生从那里毕业。这所大学翻译了各种书籍，并用法语和意大利语授课。然而，绝大多数埃及民众仍缺乏教育，埃及的艺术也同样沉沦。

科普特人虽然实行割礼，有私下忏悔的习惯，但他们却自称是基督徒。在宗教方面，埃及人和土耳其人差不多。他们会雇请哭丧者在葬礼上大声恸哭，但倘若死者是德高望重的人，人们就会认为他的死是从人间前往天堂，葬礼上的痛苦就会变成欢呼。埃及人信仰妖怪，也就是在《天方夜谭》里扮演重要角色的各种鬼神，不仅普通民众，有学问的埃及人也是如此。这些超自然的精灵被认为是介于天使和人类之间的一种存在，他们由火而生，可以变成任何样子，而且会隐身。据说河流、毁坏的房子、水井、浴室甚至烤炉里都住着这些妖怪。

埃及人的婚姻一般都是由朋友介绍的，夫妻二人通常在婚礼上才会见面。婚礼是埃及人聚会欢庆的事情。埃及女性通常15岁就结婚了，有的甚至更早，人们认为女性过了20岁就错过了结婚的最佳年龄。

埃及是一个独立的专制国家，土耳其苏丹并不能实际控制这个国家。在穆罕默德·阿里统治时期，埃及通过了许多有益的法律，尽管如此，这个国家还是处于非常落后的状态。国家各方面的损失迫使统治者通过向勤勉的劳动阶层提高税收来增加收入，法拉欣辛苦耕作得来的收成必须按照政府规定的价格卖给国家，只能换来微薄的口粮，要不是国家强迫他们种地，他们甚至不愿意继续在田地里劳作。棉花出口是埃及贸易的重要组成部分。在以前，埃及出产的棉花质量都比较差，直到1822年，埃及引进了更优良的棉花品种，改善了产品质量，甚至和最优质的棉花差不了多少。埃及现在每年的棉花产量大约是2 000万磅①。

埃及和红海的一些港口有贸易往来，还有许多往来美索不达米亚、达尔富尔、山拿、巴巴里和叙利亚的贸易商队。穆罕默德·阿里为促进埃及制造业的发展曾付出了非常艰苦的努力。塞易斯、布拉克等地现在是棉织品和羊毛制品的重要产地，苏特是亚麻制品的生产中心。埃及还有一些生产丝绸和陶器的工厂。

有人认为，穆罕默德·阿里在设立这些工业机构的时候错误地估计了国家资源和埃及国民的实际情况，农业才是埃及真正的财富，而制造业可能妨碍了农业的发展。从目前来看或许是这个情

① 1磅≈0.45千克。——编者注

况，但最终的结果应该可以证明穆罕默德·阿里的政策对国家是有好处的。

埃及的军队大约有7.5万人，都是按照欧洲模式训练和装备的，此外还有一些在特殊情况下使用的非正规部队。士兵们主要是阿拉伯人和叙利亚人。埃及海军在1827年的纳瓦里诺战役中几乎被彻底摧毁，现在的海军包括12艘战列舰、15艘护卫舰和40艘较小的舰艇。埃及政府每年的财政收入大约是2 000万美元。

努比亚与埃塞俄比亚

第448章

努比亚与埃塞俄比亚[①]

努比亚指沿着尼罗河上游延伸的大片地区，范围大致在北回归线到北纬10°之间。努比亚是古埃塞俄比亚的一部分。从严格意义上来说，古埃塞俄比亚包括埃及以南的埃塞俄比亚，也就是努比亚和阿比西尼亚，以及内陆的埃塞俄比亚，也就是科尔多凡、达尔富尔、贝尔古和其他一些鲜为人知的中非国家。从埃及继续往南，是努比亚地区的栋古拉和山拿。最早的时候，这个地区适合耕种的土地和埃及一样，局限于尼罗河两岸的狭长地带，在大瀑布之间的地区更是如此。第二瀑布以南，适合耕种的土地延伸到广阔的平原，现在这些平原上是大片遗迹，显示出这里曾经居住着密集的人口。

① 本章的努比亚和埃塞俄比亚都是作为地理名词而存在的，而非政治名词。努比亚现在是位于埃及南部与苏丹北部之间尼罗河沿岸的地区。埃塞俄比亚不是现在的埃塞俄比亚国家，它包括的地理范围要大得多，正文中118—119页、121—122页有详细介绍。——编者注

事实上，在大瀑布形成之前，尼罗河上游地区应该早就在河水的灌溉和冲积下变成了肥沃的平原。努比亚沙漠西界尼罗河，东临红海，在尼罗河和红海之间一直延伸到北纬20°。这是一片可怕的沙漠地带，对往来其间的商队和旅客来说简直就是灾难。努比亚有3/4的土地是荒漠。

阿斯旺是埃及的边境城镇，名字的意思是“开口”，来自这个城镇的地理位置，两边的山脉在这里形成了一个通往埃塞俄比亚的大门。这里从前也被称为菲莱和赛伊尼，这两个名称也是“开口”的意思。托勒密王朝曾在这里建造了著名的城市象城，象城留下的废墟至今仍然让人惊叹不已。

德尔是商队向北穿越努比亚沙漠前往尼罗河的中转站。坐落在尼罗河岸边的栋古拉是一个重要的奴隶市场，位于北纬20°，马穆鲁克被逐出埃及之后就是在这里安身。尼罗河的第一个支流特克泽河在北纬18°的位置由西向东汇入尼罗河，青尼罗河也由西向东汇入尼罗河。申蒂位于尼罗河岸边，在特克泽河和青尼罗河汇入尼罗河的河口之间。早期文明的中心麦罗埃就在这一地区。山拿城位于青尼罗河上游180英里处，大约有1万居民。萨瓦金是努比亚在红海的主要港口。

沿着努比亚的尼罗河两岸，散布着一些不知名的古代金字塔，它们的来历和年代都不清楚。在无人居住的荒野里，可以看到一些庙宇的遗迹和各种纪念碑，这些古迹具有埃及古迹的常见特征，因此一些人认为这是古埃及人留下的作品。在麦罗埃附近有七八座神庙，都装饰着雕塑和象形文字铭文，其中一座神庙占地面积很大，有450英尺长，159英尺宽。申蒂附近也有大约40座金字塔。

阿布辛贝神殿内部

但努比亚最引人注目的古迹还是位于德尔附近的阿布辛贝神庙。这座石头神庙十分壮观，直接在一座石山上开凿而成，里面装饰着巨大的雕像和彩绘雕塑，描绘了城堡、战斗、凯旋游行和宗教盛会等场景。神庙外面有四个巨像，除了狮身人面像，这是埃及最大的雕像，其中一个高达65英尺。神庙有170英尺深，里面有14个房间，有一个房间很大，长57英尺，宽52英尺，支撑着房间的双臂交叉的人形塑像有30英尺高。建造这座神庙的山岩高达600英尺。据说阿布辛贝神庙和印度孟买湾象岛上壮观的建筑惊人地相似。这些建筑的总体规划可以说是一样的——厚重的石柱、巨大的雕像、象征性的图案和神秘的装饰。有证据表明，埃及、埃塞俄比亚和印度的宗教遗迹经常很相似，由此可以推断，埃塞俄比亚的宗教应该起源于埃及。一个偶然事件也从侧面证明了尼罗河流域的古老神庙确实和印度的神庙有着千丝万缕的联系。英法战争期间，英军中有一些印度兵来到埃及和法军作战，他们在丹德拉的废墟中发现了一些神庙，坚信这都是印度的神庙，还因为人们如

阿布辛贝的巨像

此轻视那些他们认为是神的雕像而感到十分愤怒。

我们不可能留意这一地区所有引人注目的古迹，但博尔戈尔的古迹是不容忽视的。博尔戈尔城曾是坎迪丝女王的都城纳帕塔，是栋古拉地区的一座古城，位于麦罗埃村附近，距离尼罗河1英里左右。这里有一块高达400英尺的巨大山岩垂直地矗立在尼罗河边，山岩脚下有五六座开凿而成的神庙，气势宏伟。神庙的墙上刻着象形文字铭文，精美的浮雕上展示着国王和神祇的形象，隐约可以辨认出埃及的神祇伊西丝、阿蒙、阿匹斯和荷鲁斯。

这个地区还有其他一些令人惊叹的遗迹。在山拿地区的野蛮王国西边是科尔多凡，这里有一片绿洲，居住着一些黑人部落，他们使用铁质的武器和盔甲。这些部落有时候臣服于山拿，有时候臣服于达尔富尔，但是自从1820年埃及远征此地以来，他们就一直作为埃及的附属国每年进贡。科尔多凡往西是达尔富尔，再往西是贝尔古。这两个地方位于撒哈拉沙漠的东南角，也有绿洲，这里居住着一些以前不为人知的凶猛的部落，直到穆罕默德·阿里远征努比亚的时候才发现了他们。达尔富尔约20万居民，为阿拉伯人和黑人，都城科比约有6 000至8 000人口。贝尔古人口更多，都城是瓦拉。和其他沙漠部落一样，这些部落一部分是游牧部落，一部分以务农为生，几个国家之间总是争斗不休，君臣关系经常变换。达尔富尔一度统治着西边的贝尔古和东边的科尔多凡。这些部落之间没有记载的争斗并没有什么历史价值，不过是一些血腥的杀戮。

阿比西尼亚是唯一一个至今还保留着古埃塞俄比亚早期文明痕迹的地区，那里现在还生活着古埃塞俄比亚土著，因此具有特别重要的意义，我们将在单独的章节里介绍它的历史，当前章节主要介绍的是作为古埃塞俄比亚人口最多的重要地区努比亚的现状和简史。

关于埃塞俄比亚的历史，目前的考古成果非常尴尬，无法令人满意。古代留下的雄伟纪念碑虽然现在变成了沙漠中的废墟，但仍然毫无疑问地证明，在最遥远的年代，这片土地上曾经居住着大量的人口，强大的王国曾经在这里崛起。从东方的历史和传说中也可见一斑。然而，即使经过各种调查研究，我们仍然找不到任何关于这片土地上曾经存在的古代王国的规模和兴衰的记载。除了一些文明程度较低的国家，这里似乎曾经有两个著名的王国，它们当时控制着非洲的商队，并通过商业活动对塑造东非乃至埃及的宗教仪式产生了广泛的影响。这两个王国是麦罗埃和它的旁系阿克苏姆。其中阿克苏姆的港口城市阿杜利斯以象牙贸易而闻名。阿克苏姆王国的都城阿克苏姆城仍然存在，里面有许多令人瞩目的古迹。城里有一个巨大的广场，矗立着一根80英尺高的方尖碑，周围还有40根较小的方尖碑。当地人相信，这里一部分古迹的年代和亚伯拉罕时代一样古老。有一块8英尺长、3.54英尺宽的石板，上面刻着古老的希腊语铭文，开头是这样写的：

> 我，埃萨穆斯，
>
> 为阿克苏姆、荷莫里特、拉丹拉希丹、埃塞俄比亚、塞巴赛伯伊、提亚摩、伯亚、塔根众邦之王；
>
> 万王之王，上帝之子。

这段文字似乎说明在罗马的君士坦丁大帝时代，埃萨穆斯是阿克苏姆的国王。君士坦丁曾写信给埃萨穆斯，这是他的回信。然而，无论是君士坦丁时代之前还是以后，埃塞俄比亚这一地区的历史都是一团迷雾。

麦罗埃王国的都城麦罗埃城位于阿斯塔普斯河和阿斯塔博拉斯河——现在称为青尼罗河和特克泽河之间的半岛地区。每逢雨季，这个地方就会变成岛屿。麦罗埃曾经是古埃塞俄比亚帝国的中心，这里现存的金字塔在建筑美感上超过了古埃及金字塔。麦罗埃王国现存的神庙遗迹里记载着公元前几个世纪统治这里的国王们的名字。据说，很久以前，亚述女王塞米勒米斯曾入侵麦罗埃王国，但茫茫沙漠阻挡了她，而且这里的人们对太阳神庄严的祭祀仪式深深震撼了她的心灵，于是这位女王放弃了入侵，回到自己的国家去了。古埃及法老塞索斯特里斯三世曾经征服了埃塞俄比亚，但这一事件发生的日期不详。公元前957年，埃塞俄比亚人跟随古埃及法老舍顺克一世——《圣经》中记载的法老示撒——远征犹大王国，16年后，埃塞俄比亚国王谢拉又率大军入侵犹大王国，但遭到了惨败。

公元前8世纪，埃塞俄比亚人在国王沙巴卡的率领下征服了埃及。他的一位继承人曾经帮助以色列人与亚述国王辛那赫里布作战。在法老普萨美提克统治时期，24万埃及士兵叛逃，他们投靠了埃塞俄比亚国王，并成为他的雇佣兵四处征战。这一事件发生后不久，冈比西斯远征埃及并成为埃及的统治者。这一时期之后，阿克苏姆王国似乎迅速崛起，成为埃塞俄比亚的权力中心。

古埃塞俄比亚人在宗教方面与古埃及人非常相似。事实上，人们一直认为是埃塞俄比亚将自己的宗教传给了埃及。阿蒙是其宗教的主神，人们为他建造了一些神庙。祭司是一个神圣的阶层，他们掌握着政治权力。祭司们从他们自己中选举国王，也能以神的名义废黜甚至杀死国王。因为非洲部落都非常迷信，所以祭司阶层对他们拥有巨大的权力和影响力。商队里只要有一名祭司，就足以保证大量财富在这些部落间安全流通，没有人会去袭击祭司。同样，神庙也是商人存放货物最安全的场所，在神圣不可侵犯的神的庇护之下，来自上百个敌对部落的商人们可以在这里自由交易，神庙为他们提供了一个完全和平安全的环境。任何一个贸易中心或者贸易中转地都会建有这样的神庙来保护商业活动。

在古埃塞俄比亚的原始部落中，有一些以蝗虫为食，因此被称为食蝗族；有的以大象为食，有的仍以鸵鸟为食，他们因此也被称为食象族和食鸵鸟族。一些原始的牧羊人部落住在洞穴里，因此被称为穴居人。还有传说中眼睛和嘴巴长在胸部的奇特部落，他们被称为无头人，这种荒诞的传说应该来自他们在战斗中奇特的装扮，就像印第安人的勇士在战场上身穿奇装异服，把自己装扮成奇形怪状的样子一样。

俾格米人也生活在埃塞俄比亚，这是一个矮人部族，现在可能已经灭绝了，不过也有一些不确定的记载说他们仍然生活在神秘非洲的某个角落。欧洲也有关于类似的矮人部族的传说，他们似乎是从中欧被赶到了遥远的北欧，现在被称为拉普兰人，这个民族确实都是身材矮小的侏儒。在诗人们笔下，埃塞俄比亚的俾格米人与鹤交战，他们像真正的骑士一样，骑在山羊的背上冲上战场。麦罗埃以南居住着马克罗比人，意思是长寿的民族，他们因长寿而得名。这个民族的人身材高大，容貌俊美，精力充沛。马克罗比人拥有无数黄金，甚至连囚犯的手铐脚镣都是用这种十分贵重的金属做成的。波斯征服者冈比西斯曾试图征服马克罗比人，但没有成功。

关于埃塞俄比亚人现状的问题也很有趣。在古代因为品格而备受赞扬的埃塞俄比亚人现在怎么样了呢？在最古老的希腊诗人笔下，埃塞俄比亚人竟然拥有这种连众神都尊敬的极高地位，众神甚至会屈尊枉驾出席埃塞俄比亚人的盛宴，这个“无可非议”的民族难道没有留下后裔吗？旅行家们向我们描述了一个现在还生活在这片土地上的优秀民族，他们应该就是古埃塞俄比亚人的后裔。他们又高又瘦，与阿拉伯人完全不同，有人认为阿拉伯人是古埃塞俄比亚民族的一部分。他们的肤色因环境而异，从乌黑、黝黑、黄色到白色都有，五官容貌没有任何黑人种族的特征。人们对这个民族的道德品质评价很高，接触过他们的人普遍认为，如果他们的才能得到合适的培养，那么他们很可能会成为世界上最优秀的民族之一。这个民族主要生活在撒哈拉沙漠以东的图阿里克斯，从红海到大西洋之间都有分布。

1世纪左右，在麦罗埃古老神权帝国的废墟上，一个新的国家崛起了，都城在纳帕塔。《新约全书》中记载了这个王国著名的坎迪丝女王。她曾率军入侵埃及，当时埃及的统治者是罗马人。坎迪丝女王被罗马将军彼得罗尼乌斯打败，罗马人顺势南下并洗劫了纳帕塔。

从坎迪丝女王被打败后，努比亚的历史进入了长达1 000年的黑暗时期，文明之光似乎已经在这片土地上彻底熄灭。努比亚现代史上的主要事件是埃及帕夏穆罕默德·阿里的入侵，他派自己的儿子伊斯梅尔率军前往尼罗河上游地区，试图征服那里的原始部落。穆罕默德·阿里的目的是确保埃及和中非地区之间黄金、象牙、鸵鸟羽毛、奴隶以及其他商品贸易的安全。1820年夏天，伊斯梅尔从开罗出发，这支1万人的军队是由土耳其人、阿拉伯人、贝都因人和摩尔人组成的联军。埃及军队先是占领了新栋古拉，这里的马穆鲁克几个月前就逃往申蒂去了。接着他们进入了舍吉安人的领地，这是一个热爱自由的凶猛部落。然而埃及军队很快让舍吉安人明白了热兵器的威力，他们惊恐不已，要么四散奔逃，要么匍匐在地上举起盾牌乞求宽恕。舍吉安人在战斗中常常面带愉快的微笑，向他们的敌人敬礼表示善意，就在敌人麻痹的时候，却举起武器给敌人致命一击。他们视武器为玩具，视战争为游戏，在战场上用盾牌敏捷地抵挡敌人军刀和长矛的攻击。舍吉安人面对埃及军队的火枪火炮不知所措，他们认为自己是超自然力量的受害者。怀着深深的恐惧，酋长肖斯带着族人逃往申蒂。这片美丽富饶的土地落入征服者手中，随之而来的是残忍的掠夺和暴行。

舍吉安人的酋长之一梅莱克·兹巴拿的女儿也被伊斯梅尔俘虏，不过这位年轻漂亮的女子得到了很好的待遇，没有像亚洲征服者的传统那样变成后宫的奴隶，伊斯梅尔安排她身着埃及盛装、骑着骆驼回到了父亲身边。当父亲看到女儿身上的埃及服饰时，不禁悲痛地扭过头去，但是发现女儿平安无事之后，他欣喜若狂地拥抱着女儿，并决定不再反抗伊斯梅尔。舍吉安人酋长肖斯向伊斯梅尔求和并得到了同意，条件是舍吉安人必须交出战马和武器并返回自己的领地。但舍吉安人拒绝了这些要求，于是伊斯梅尔继续进军，来到了山拿，这里的部落很快就投降了，不过仍然有些部落酋长反对入侵者。伊斯梅尔自离开开罗，经历了多次战斗，军队减员严重。1821年，穆罕默德·阿里派另一个儿子易卜拉欣率军支援伊斯梅尔，他们在山拿会师。随后两人兵分两路，继续向尼罗河上游地区进军。埃及军队遭遇到不信神的山地人的激烈反抗，但还是击败了他们，并抓到了几百名俘虏，把他们变成奴隶。他们还到达了盛产黄金的地方，弄到了一些黄金，但被当地人不断地骚扰。事实上，这场远征并没有获得太大的利益，却有着不同寻常的意义，那就是埃及帕夏对努比亚人建立了一种虽然不稳定但确实存在的统治。

阿比西尼亚

第449章

阿比西尼亚[1]

阿比西尼亚王国远离欧洲的基督教世界，被周围的伊斯兰国家和崇拜偶像的国家紧紧包围，但这个王国作为一个基督教国家仍然延续了许多个世纪，这也引起了人们对它的高度关注。现在，就连欧洲本身都没有避免穆斯林在整个欧洲范围的渗透，这个小小的王国却顽强地挡住了在其他地方无往不利的穆斯林军队，而且对周围那些强大的偶像崇拜者进行着持续不断的掠夺战争。

阿比西尼亚人

① 阿比西尼亚，现在称埃塞俄比亚。阿比西尼亚这个名称现在很少使用。——译者注

有人认为现在的阿比西尼亚王国就是古代的埃塞俄比亚，但是在上一章中，我们已经说明了埃塞俄比亚这个术语更广泛的意义。阿比西尼亚人称自己为埃塞俄比亚人，称自己的国家为埃塞俄比亚，但他们更喜欢阿加兹人和吉兹人这两个称呼。在阿拉伯语中，阿比西尼亚叫作哈贝希，意思是“混种人的王国”，而当地人轻蔑地否定了这个称呼。希腊人称阿比西尼亚为埃塞俄普斯，希伯来语则称为库施，这两个名称的意思都是“有色人种”。

阿比西尼亚地区是一片高原，东边是陡峭的悬崖，一直延伸到海边，南边紧邻着嗜血的盖拉人部落。西北部山势逐渐平缓，与其他中非国家接壤。阿比西尼亚主要的水源是塔纳湖，这个湖泊是尼罗河的支流特克泽河的源头。阿比西尼亚地势较高，靠近赤道，这样的地势和气候让它拥有丰富多样的物产，囊括了各种温带和热带植被，也拥有同样多的动物物种丰富性和多样性。这里的牛体形巨大，长着大到难以置信的牛角。驴和骡子取代骆驼成为人们的交通工具。马健壮活泼，但体形较小。这里还可以看到双角犀牛，它们成群结队地游荡。还有野牛。据说这里还有罕见的独角兽，偶尔会被看见，就像在南非和中国西藏那样。人们大多认为独角兽是一种传说中的动物。它们长得和马差不多，身上有漂亮的鬃毛，脑门上长着

骡子

一个细长的尖角。狮子、猎豹和长颈鹿也生活在这里，鬣狗的数量多得惊人，这些凶猛大胆的动物甚至会在夜晚跑到城里的街道上游荡。除此之外，阿比西尼亚还有许多其他动物，例如野猪、瞪羚、猴子、斑马、猞猁、鳄鱼和河马，还有鹰、鸵鸟、天堂鸟和其他一些珍稀鸟类。蛇类也很多。这里有一种可怕的毒蝇，有时候会引发瘟疫，导致很多人死亡。为了躲避它们，人和牲畜纷纷从低洼的盆地逃往山区和沙漠。数不清的蝎子和蝗虫也是这个国家的灾害。

蝎子

蝗虫

阿比西尼亚分为四个主要的地区：西部的阿姆哈拉，下辖8个行政区；北部的提格雷，下辖12个行政区；东部的海王省，下辖10个行政区；南部是12个相对独立的邦国，或多或少拥有一些自治权，肖阿是其中的邦国之一，其他一些邦国需向肖阿的君主进贡。

阿比西尼亚的首都贡德尔位于阿姆哈拉省的登贝亚区，约有5万居民。现代阿比西尼亚人的习俗和生活方式源于阿姆哈拉地区，他们的语言也叫阿姆哈拉语，这是一种埃塞俄比亚语和非洲当地方言的混合语言。戈贾姆区物产丰富，主要财富是牲畜。往东是贝根德尔区，有大群的良种绵羊。这里的人们极为凶猛，他们强大的骑兵部队令人生畏。再往南是阿姆哈拉区，是阿姆哈拉省的主要行政区，生活着一个人数众多、勇猛善战的民族，著名的阿穆巴·格森山监狱就在这里，不过现在被贝根德尔区新修建的监狱所取代。阿穆巴·格森山监狱被险峻的群山环绕，囚犯是从一个山洞用绳子吊着放进监狱的。国王把所有他认为对自己有威胁的王室成员都关在这样一个监狱里，因为在东方人的思想中，王位继承原则并不确定，经常会发生变化，国王总是担心会“祸起萧墙”。阿比西尼亚的大贵族们曾多次来到这所监狱，挑选他们拥护的王室成员为王。达默特是阿姆哈拉省的另一个行政区，有金矿和长着巨大牛角的牛，人们认为这是世界上最有益于健康、最令人愉快、气候最温和的地区之一，就像一个赏心悦目的大花园，气候十分宜人，而且一年四季都可以播种和收获。

近来，提格雷已经成了阿比西尼亚王国最重要的地区。提格雷面积广阔、人口众多，古往今来的名城如阿克苏姆、迪克桑、切里卡特和安塔罗都坐落在这一区域。阿杜瓦是这里的重要城市，曾经是提格雷的首府。阿比西尼亚的国王在即位时仍然前往阿克苏姆加冕。安塔罗位于提格雷东部边境，曾是总督驻地，这里有上千间用泥土和稻草搭建的茅屋，总督府虽然谈不上华丽，但是规模很大。弗雷蒙那耶稣会修道院也坐落在这里。那是一座1英里见方的修道院，周围有高墙和箭塔，可以说是整个阿比西尼亚王国防御最牢固的地方。提格雷的拉斯塔区盛产钢铁；萨门区包括阿姆巴·盖迪翁山脉中最险峻、最难以到达的高原。这片高原面积较大，土壤肥沃，可以供养成千上万人。在以前，这里是阿比西尼亚犹太人的堡垒，他们曾经控制着整个提格雷。

在阿比西尼亚南部的独立邦国中，肖阿是最引人注目的一个。塞缪尔·约翰逊创作的令人爱不释手的小说《阿比西尼亚王子拉塞勒斯传》中就描绘过肖阿美丽的景色。肖阿位于一片很大的山谷地带，易守难攻，难以进入。再往南边更偏远的地区居住着许多原始部落和凶猛的盖拉人部落，他们在那里各自为王。关于这些地区我们知之甚少，事实上，关于整个阿比西尼亚，或者至少是阿比西尼亚的大部分地区，我们都知之甚少。

在阿比西尼亚东部，紧邻海岸的高地上生活着一个困窘不堪的民族，他们就是《圣经》中提到的苏基人，意思是“穴居人”。这里长久以来糟糕的土壤和气候环境使他们一直处于一种悲惨的原始状态。这些穴居人通常就住在天然的岩洞里，靠牧羊和捕鱼勉强维持生计。他们在世袭酋长的领导下，分部落生活。马苏亚港是一个安全的港口，这里是从东部进入阿比西尼亚的主要入口之一，不过现在大部分贸易都要经过努比亚的萨瓦金港，这个港口由埃及总督控制。从马苏亚港到巴布-埃尔-曼德海峡之间的地区就是“海王之地”，也就是海王省的辖区。在这片荒凉的海岸地带，托勒密王朝为军队购置了大象。一位英国海军上将发现了一个很大的港口并将其命名为莫宁顿港。离海岸不远的地方是达赫拉克群岛，这座方圆60英里的岛屿是红海最大的岛屿。岛上出产丝毛山羊和虫胶，以前还以出产优质珍珠而闻名，但现在的珍珠品相一落千丈。

除了穴居人，阿比西尼亚还有几个仍然处于原始状态的黑人部落。尚盖拉人生活在特克泽河以东树木繁茂的高地上。这些黑人的脸像类人猿，和普通的人类差异很大。他们有半年的时间在树荫下度过，另一半时间则待在在松软砂岩中挖掘而成的洞穴里。在这些原始的黑人部落中，有的以大象为食，有的以犀牛、狮子和野猪为食，还有一个部落则主要以蝗虫为食。他们居住的地方土壤条件恶劣，要么干旱，要么洪涝，无法耕种。他们大多赤身裸体，以涂有剧毒的长矛为武器。

阿比西尼亚人像捕猎野兽一样捕猎他们。阿高族、加菲特族和古拉格族都是比较原始的部落，他们中间有一些优秀的骑兵，更多的是胆大妄为的强盗。法拉沙人生活在萨门地区已经有30年，相对比较独立，从事织工、铁匠和木匠等职业，他们在历史上是一种奇特的存在。法拉沙人说一种走样的希伯来方言，有时候也说其他语言。盖拉人比较残忍，肆意屠杀他们的邻居，不分男女老幼。1843年，英国派遣使者前往肖阿的宫廷，发现信奉基督教的阿比西尼亚国王每年都要派遣军队前往周围那些异教徒地区烧杀抢掠，通过掠夺、杀戮和奴役那些黑人部落来展示他麾下骑士们的勇猛，这几乎成了阿比西尼亚国王的惯例。

阿比西尼亚文明的起源和埃塞俄比亚其他地方一样，至今仍扑朔迷离。阿比西尼亚人可能是来自阿拉伯的探险者和非洲本地的柏柏尔人的混血后裔，就像鞑靼人和塔吉克人的关系一样。关于阿比西尼亚人的历史，我们最好的选择只能是采纳他们自己宣称的说法，事实上，阿比西尼亚本地历史的记载总是将他们的宗教、政治和王室血统与著名的示巴女王联系在一起。他们宣称示巴女王和所罗门王生过一个儿子，名叫门尼勒克，也被称为埃布纳·哈基姆，意思是“智慧之子”。

阿比西尼亚人声称，大约在公元前1000年的时候，他们跟随所罗门王和示巴女王的儿子来到了这片土地。他带来的12位法学博士组成了庭审中的右手侧审判席，还有一位御马官和一位拿着《十诫》及圣水的宫廷总管。尽管这个故事似乎荒诞不经，就像一个出自修道士口中的可笑寓言，但是假如这个故事毫无任何事实基础，那也不可能让这个国家的所有人都深信不疑，并成为阿比西尼亚人的共同信仰。而且从表面上来看，这个故事也不是那么离奇，毕竟阿比西尼亚曾经是示巴王国的一部分。我们还要强调一点，西巴人和“高大的”赛伯伊人都可能就是麦罗埃人，在阿扎布港发现的一些考古线索似乎可以证明这一点。阿拉伯半岛的也门人也认为示巴女王曾经是他们的君主，因此示巴王国的领土应该横跨亚洲和非洲两个大陆，包括巴布-埃尔-曼德海峡两岸的地区。

阿比西尼亚人，或者说古代的阿克苏姆人的编年史中清楚地记载着从门尼勒克时代一直到1世纪的17位国王，但是这个编年史中没有记载任何事件。基督教很早就在这片土地上生根发芽，亚历山大城的宗主教亚他那修曾任命弗鲁门齐乌斯为阿比西尼亚王国大主教。356年，罗马皇帝君士坦提乌斯二世曾写信给阿比西尼亚国王，希望他们皈依基督教。当时阿比西尼亚王国的领土从尼罗河流域的特克泽河口一直延伸到阿拉伯半岛的一部分。200年后，也就是6世纪的时候，阿比西尼亚人的影响力进一步扩大。由于控制了红海的贸易，他们开始在东非占据主导地位。在付出了巨大的伤亡和财力消耗之后，阿比西尼亚人以非常微弱的优势征服了也门，但是他们在592年又被波斯人逐出了阿拉伯半岛。不到一个世纪以后，波斯人又被阿拉伯人逐出了阿拉伯半岛。

距离麦加不到500英里的阿比西尼亚始终没有被穆斯林征服，阿比西尼亚人仍然虔诚地信仰着基督教，对追随先知信条的穆斯林来说，这简直就是一种奇耻大辱。因此，穆斯林不断地进攻阿比西尼亚王国，在麦加统治者的眼里，阿比西尼亚的基督徒都是异教徒，从未停止对征服这个国家的渴望，并为东部边境的本地贵族提供大量的金钱和武器让他们入侵非洲。阿比西尼亚的贸易活动遭受重创，眼看商业就要完全被摧毁，资本也受到严重威胁，各省最富裕的地区几乎被夷为平地，但是人们在强烈的爱国主义精神的支撑下依然进行着长期的斗争。然而，若不是葡萄牙人全力帮助他们抵抗穆斯林的军队，阿比西尼亚很可能在巨大的压力下最终崩溃。

10世纪前后，朱迪丝在阿比西尼亚发动了一场重要的革命，推翻了这个国家古老王室的统治，恢复了犹太教信仰。这个美丽而极具才干的女人出生于一个犹太人家庭，当初阿比西尼亚人皈依基督教时，她的祖先就隐居在萨门山区的坚固堡垒里。她对祖先的宗教怀有坚定的信仰，决心用犹太教取代在阿比西尼亚已经根深蒂固的基督教，并铲除所有叛教的犹太人。她开始屠杀被囚禁在阿穆巴·格森山监狱中的阿比西尼亚王室的年轻成员，只有一个小婴儿幸免于难，被带到了忠于王室的肖阿。随后，朱迪丝登上了王位，定都拉斯塔，统治这个国家长达40年之久。之后的一个世纪里，阿比西尼亚绝大部分地区都在朱迪丝后裔的统治之下。

古老王室的血脉在肖阿得以延续，并于1255年重新夺回了整个王国，同时也恢复了基督教信仰。这次改朝换代和宗教更迭并没有发生流血冲突，应该归功于一位名叫特克拉·海曼瑙特的修道士。他很有智慧，才干过人，成功说服朱迪丝王朝在位的君主将自己的王位让给了阿比西尼亚原来王室的成员耶库诺·阿姆拉克。作为对这一行动的回报，朱迪丝王朝退位的君主获得了一部分领土。1/3的土地被划出用于维持基督教会；阿布那，即阿比西尼亚基督教会的首领必须由埃及的亚历山大宗主教直接任命，而他绝不能是阿比西尼亚人。

从1255年到1753年，这个王朝先后经历了34个君主统治。其中一些君主统治期非常特别，例如其中的3个君主统治期，每一个君主统治期国家都由3位国王共治，还有3个统治期由两位国王共治，因此，在这段历史时期，阿比西尼亚王国一共出现了43位国王。最后一位国王是安托·约阿斯，死于谋杀。这一时期最值得注意的事情就是，我们刚才提到的欧洲基督徒来到阿比西尼亚帮助他们抵抗穆斯林。当初欧洲流传着关于祭司王约翰的传说，这位身兼基督教宗主教的国王，统治着东方一个庞大的帝国，拥有数不清的财富。葡萄牙人深受这个传说的影响，派出船队沿着非洲西海岸一直航行，试图找到这位传说中的祭司王约翰。当他们航行到非洲东海岸时，听说阿比西尼亚有一位基督徒国王，立刻想到这位国王就是祭司王约翰。

1487年，葡萄牙派遣的佩罗·达·科维良环绕印度洋后，拜访了阿比西尼亚国王亚历山大。国王在肖阿的王宫里以最高礼遇热情地接待了葡萄牙人，科维良要么是被说服留了下来，要么是被强迫留下，总之再也没有回到欧洲。1510年，当时的阿比西尼亚女王海伦娜派使者前往里斯本宫廷，请求葡萄牙帮助他们抵御土耳其人的进攻。1513年，阿比西尼亚使者经由印度到达里斯本；1515年，他陪同阿尔布克尔克的继任者率领的葡萄牙舰队和使团返回阿比西尼亚。历经重重险阻之后，舰队终于抵达了非洲海岸，并受到阿比西尼亚一个附属国国王“海王”的热情接待。因为连年的战争，阿比西尼亚国王的王宫就设在一片广阔的平原上，到处都是帐篷。葡萄牙使团在排成两排的4万人的队伍中来到了国王面前，国王坐在华盖下的一张大床上，葡萄牙人只能隔着华丽的丝绸帘子和他交谈。几天之后，国王安排了一次正式会见，丝绸帘子被拉开了，葡萄牙人见到了他们想象中的祭司王约翰。这位年轻的国王看起来二十出头的年纪，身材矮小，穿着一件华丽的金丝衣服，手里拿着一个银十字架。

这位教士使者试图说服国王将阿比西尼亚教会的管辖权交给罗马教皇，从而融入唯一的正教。但是国王直接拒绝了葡萄牙教士的建议，还质问他，如果罗马教皇下达的命令违反了《圣经》，信徒们是否一定会服从？葡萄牙教士无法回答这个问题。但是，在与葡萄牙交往了多年之后，国王这种拒绝承认罗马教皇地位的态度转变了。1535年，当时在阿比西尼亚的一位名叫贝穆德斯的罗马天主教教士成了阿比西尼亚大主教。当时阿拉伯人的进攻给这个国家造成了巨大压力，葡萄牙人帮助阿比西尼亚人抵抗并战胜了阿拉伯人。

当阿拉伯人被抵制住之后，国王对罗马天主教的热情似乎减弱了许多，甚至和盟友之间产生了敌对情绪。1620年，在罗马教廷的使者帕兹施行政策的影响下，阿比西尼亚政府再次承认了罗马教皇的地位，然而，大多数阿比西尼亚民众都讨厌甚至憎恨罗马天主教。他们最终把这个国家的罗马天主教教士都抓起来交给了土耳其人。1638年，这个国家所有幸存下来的罗马天主教修道士都被处死，从此，罗马天主教信仰在阿比西尼亚被连根拔除。

这个国家的近现代史中充斥着酋长与酋长、酋长与中央政府之间小规模的战争。当时的旅行家布鲁斯曾记载，提格雷地区的总督拉斯·迈克尔，也即这个国家的大酋长，掌握了国家大权，他名义上臣属于国王，但他是这个国家的实际统治者。由于篇幅所限，我们不再详细介绍他的故事。1771年，拉斯·迈克尔离开了阿比西尼亚，整个王国变成了无政府混乱的牺牲品，盖拉人的酋长们几乎占领了整个国家，甚至攻占了首都贡德尔。从那时起，这个国家就一直处于极度混乱的状态。提格雷地区被一个暴虐的酋长统治，阿姆哈拉被盖拉人的酋长们瓜分。自1820年以来，这个国家一直处于四分五裂的状态，甚至连一个名义上的国王都没有。

在1842年至1843年间，英国政府派遣一个使团前往阿比西尼亚，他们发现萨赫拉·塞拉西统治着这个国家，首都在肖阿，他的臣民包括100万基督徒、150万穆斯林和异教徒。国家每年的开支约为1万美元，除了贡品，每年的收入大约是9 000美元。关于萨赫拉·塞拉西的政府，英国人这样说道："专制的本质已经渗入了这个国家的每一寸土地。"英国使团还在阿比西尼亚宫廷时，就曾目睹国王针对异教徒一年一度的残忍袭击，"4 500名异教徒被基督教士兵屠杀"，许多人都是在爬上树避难的时候被杀死的，甚至国王也亲手射杀了3人。抢来的4 300头牛被送到皇家牧场，变成了国王的个人财产。根据英国人的说法，尽管这位国王身上有许多可怕的缺点，但他在人民心中是一位温和、公正、仁慈的君主，领导着一个家长式的政府。他天生就拥有一种超凡的理解力和潜藏的美德，仅凭这些，他在道德和智力方面就远胜于其他非洲君主。

巴巴里诸国：迦太基，努米底亚，毛里塔尼亚，利比亚

第450章

巴巴里诸国

非洲北部地区在古代和现代的历史中都占有重要地位。古代的昔兰尼加、迦太基、努米底亚和毛里塔尼亚就在北非，北非的历史

阿尔及尔的风景

都和这些曾经辉煌的古老国家有关。但是这里的4个现代国家的黎波里、突尼斯、阿尔及利亚和摩洛哥的声誉都不怎么光彩。

这个地区被统称为巴巴里（意为“柏柏尔人的土地”），柏柏尔人是这里的土著。巴巴里地区包括埃及到大西洋之间的肥沃土地，北边是地中海，南边毗邻撒哈拉沙漠。阿特拉斯山脉几乎横贯整个巴巴里，最高峰海拔1.2万英尺。从高山上流淌下来的河水经过一段较短的流程就汇入大海，但仍然为整个流域带来了肥沃的土壤。巴巴里大部分地区多山，东部是大片沙漠，但仍然有相当一部分土地肥沃富饶。巴巴里位于北纬20°至北纬30°之间，大致与美洲的古巴和墨西哥处于同一纬度。这里气候炎热，海岸地区因为海风的吹拂还算凉爽。来自沙漠炽热的烈风有时候会席卷整个巴巴里。

在古代，毛里塔尼亚、努米底亚和阿非利加组成了人们所称的“巴巴里”地区。毛里塔尼亚包括今天摩洛哥的部分地区和阿尔及利亚的大部分地区；努米底亚包括阿尔及利亚、突尼斯的部分地区；阿非利加包括的黎波里①和突尼斯的大部分地区。

巴巴里地区目前的政治分区为：的黎波里位于东部，包括古城巴卡和古利比亚，那里是一片广袤的沙漠地带，有几个肥沃的绿洲。著名的古城昔兰尼就坐落在其中一座绿洲上，我们今天还可以看到那里雄伟的遗迹。巴卡基本上已经被阿拉伯人占据，他们除了自己的族长，不承认任何首领。巴卡可以理解为的黎波里的一个附属国。费赞也可以说是的黎波里的一个附属国，面积很大，广阔的沙漠里有许多绿洲。费赞的首府是迈尔祖格，那里有庞大的商队和

① 现在的利比亚，以的黎波里为首都。——译者注

非洲内陆进行贸易。的黎波里的首都是的黎波里城，那里有很多欧洲风格的建筑，其中几座尤为宏伟。的黎波里城周围有坚固的城墙和完善的防御工事，人口2.5万人。人们普遍认为的黎波里人是巴巴里地区文明程度最高的居民。

突尼斯是巴巴里诸国中面积最小，但人口最多、农业最发达的国家。突尼斯的首都突尼斯城建设得很好，但城内的房子大多低矮简陋。罗马曾经的对手迦太基的遗址就在突尼斯城附近，残留的墙体、沟渠至今清晰可见。

阿尔及尔，就是现在的阿尔及利亚，占据着一片富饶的土地，地理位置非常重要。首都阿尔及尔是一座美丽的城市，人口大约5万人。这个国家在1830年被法国人征服，成为法国的一处殖民地，现在的名字阿尔及利亚就是法国人给取的。很多法国人在这里定居。

摩洛哥位于巴巴里诸国的最西部，气候、土壤和地理位置都非常优越。首都摩洛哥城有7万人。菲斯省的首府菲斯城有200座清真寺和两所大学，这里曾经是闻名世界的学术中心，也是阿拉伯世界的西部中心城市，居民多达8万人。梅基内兹、莫加多尔、萨利和丹吉尔也是值得注意的著名城市。

布莱德·埃尔杰里德①位于北部阿特拉斯山脉和南部撒哈拉沙漠之间的狭长地带。成片的枣椰树，是这片土地的重要特征，布莱德·埃尔杰里德这个名称在当地语言中意为“枣椰树之乡”。布莱德·埃尔杰里德大多是贫瘠的沙地，唯独枣椰树林在这里茂盛地生

① 布莱德·埃尔杰里德现在为一个地理名词，主要为突尼斯西南部地区，以及阿尔及利亚和利比亚的部分毗邻地区。——译者注

长。居民为黑人和阿拉伯人的混血后裔。

巴巴里诸国均为专制政体。突尼斯和的黎波里的统治者被称为帕夏，摩洛哥的统治者则自称皇帝。阿尔及利亚是法国殖民地，由法国政府派遣的总督进行管理。所有的巴巴里国家，尤其是阿尔及利亚，都热衷于海盗活动。直到最近，在基督教国家的强迫下，他们才放弃了劫掠行为，猖獗的海盗逐渐减少。巴巴里诸国的人民大多是摩尔人、阿拉伯人和黑人的混血后裔，基本上都是穆斯林。

枣椰树

在介绍巴巴里历史时，我们应该从迦太基开始，因为无论是时间顺序还是历史地位，迦太基都应该排在第一位。然后我们会陆续介绍努米底亚、毛里塔尼亚和利比亚。介绍完这些属于古代历史的主题之后，我们再对现代巴巴里国家的历史做个概述。

第451章

迦太基（一）：迦太基人是怎么来的？

迦太基王国或迦太基共和国，鼎盛时期的疆域北接地中海，东邻昔兰尼加，南接特里托尼斯湖，西邻努米底亚。因为西部居住着游牧部落，所以迦太基的西边界线非常模糊和不稳定。南部是平坦的沙地，干燥炎热。地中海沿岸的土地更肥沃，盛产橄榄，现在分布着许多城镇和人口稠密的村庄。西部都是山脉和丘陵，许多小河蜿蜒而过，沿岸的土地非常肥沃，盛产优质的作物。迦太基领土包括现在突尼斯和的黎波里的大部分地区，最鼎盛时期可能还扩展到了阿尔及利亚和摩洛哥的部分地区。迦太基城就坐落在离现在的突尼斯城不远的地方。

这个国家的历史比同时代希腊和罗马的历史要模糊得多。迦太基本土作家的作品都已经遗失了，关于迦太基早期的历史，除了与希腊和罗马有关的部分，希腊和罗马的历史学家也没有提到过。在波利比乌斯、狄奥多罗斯、李维和阿庇安的著作中，确实可以找到关于迦太基与锡拉库扎以及罗马之间发生过战争的记载，但是这几位作家都没有把迦太基的历史作为主题。我们所知道的关于迦太基早期历史的唯一记载，是罗马作家查士丁从希腊历史学家塞奥彭普斯那里获得的一些信息。亚里士多德在《政治学》中描述过迦太基的宪法。希腊人称迦太基人为腓尼基人，罗马人则称他们为布匿人，罗马人与迦太基人之间的战争也被称为布匿战争。

非洲北部海岸似乎在建立迦太基的冒险家到来之前就有人居住了。普罗柯比告诉我们，从埃及到大西洋之间的所有的非洲北部地区，都居住着约书亚带领以色列人征服迦南的时候赶走的那些部落。然而，普罗柯比的说法是一个孤证，没有任何其他记载可以作为佐证。可以肯定的是，腓尼基人在他们早期的航海探险中来到了这里，并在乌提卡建立了定居点，不过这一事件发生的时间不能确定。腓尼基人建立了迦太基，这是毫无疑问的。据说迦太基的建立者是提尔的公主狄多，也叫艾丽莎，大多数古代作家都认同这个古老的传说故事。狄多很可能是提尔国王伊索巴尔的曾孙女，《圣经》中提到过的以色列王后耶洗别的父亲就是伊索巴尔。狄多的丈夫是一位十分富有的提尔贵族，当时的提尔国王是狄多的哥哥皮格马利翁，他为了夺取财富，残忍地谋杀了自己的妹夫。狄多则带着一群随从逃走了。她在地中海上漂泊了很长时间，最后在乌提卡湾的非洲海岸登陆。

流浪者受到了乌提卡当地居民的友好接待，这些善良的人将狄多一行人视为自己的亲人。狄多想在附近建立一座城市，便和当地居民商议，希望购买一块土地。乌提卡人拒绝出售超过一张牛皮大小之外的地盘，狄多答应了，然后提尔人把一整张牛皮剪成细条，

狄多在为她的殖民地选址

连成了一根很长的牛皮绳，宣称牛皮绳圈住的土地为他们所有，他们就这样用欺诈的手段从乌提卡人手中得到了这块土地。所有关于迦太基的历史中都记载了这个故事，我们无法辨其真伪，不过世界上很多其他国家的历史记载中都有类似的故事。人们一般认为，迦太基建立于公元前846年，但也有一些历史学家和编年史作家持有不同看法。事实上，这座城市由三个不同的部分组成，这些部分可能是在不同的时期建成的。

迦太基地势险要，居高临下，无论是在商业还是军事方面都可以说是得天独厚。迦太基城坐落在一个宽阔海湾最里面的一个半岛上，周围被海岬所环绕，这种地形可以为庞大的海军提供庇护。半岛海岸线长约45英里，由一条3英里宽的狭长陆地与大陆相连。在这条狭长的要冲中间，一块巨大的山岩上耸立着一座堡垒，这就是迦太基的卫城毕尔萨，意思是“一张牛皮”。港口位于半岛的东侧，由两个部分组成，一个是内港，一个是外港，地理位置都非常优越，易守难攻。内港叫作科松，意思是杯子。

那些讲述迦太基早期历史的作家们在介绍狄多女王的时候很可能进行了一些艺术加工。查士丁在他的作品中写道，毛里塔尼亚国王伊阿尔巴斯想娶迦太基女王，便召见了10位最有名望的迦太基人，把自己的求婚意图告诉他们，并威胁说一旦被拒绝，他就要向迦太基宣战。这10个人在返回迦太基之后不敢直接把毛里塔尼亚国王的要求告诉女王，于是设下计谋来欺骗她。他们告诉狄多，伊阿尔巴斯希望迦太基派一些有才干的人去毛里塔尼亚教化和引导他与他的臣民，但是迦太基人谁也不愿意背井离乡去和他们眼中的野蛮人生活在一起，他们认为毛里塔尼亚人和森林里的野兽没有区别。狄多女王愤怒地质问他们为什么不自己接受这个提议，不为自己该为之付出生命的国家而献身。随后，这10个人才把伊阿尔巴斯的想法告诉女王，并恳求女王为迦太基人民作出榜样，希望她能为了这个国家牺牲自己。女王发现自己中了圈套，她不愿意蒙受成为一个野蛮人国王的王后的耻辱，也不愿违背自己当初向丈夫许下的忠贞誓言，于是决意自杀。她堆起了一个火葬堆，毅然葬身火海，临死之前，她用尽力气大声呼喊着她要去见自己的丈夫了。

在古代，这样的故事通常都不会被当作真实的历史来对待，而我们在维吉尔的《埃涅阿斯纪》中发现了一个关于狄多女王死亡的迥然不同的故事。在《埃涅阿斯纪》中，埃涅阿斯从特洛伊城的毁灭中逃离，在地中海漂泊的过程中，来到了迦太基。狄多热情地招待他，并对他的经历产生了很大的兴趣，在不知不觉中深深爱上了这位王子。然而埃涅阿斯却因为上天的警告而离开了她。伤心欲绝的女王看着他的舰队在海面上消失后，在一个坟堆上自尽而死。这

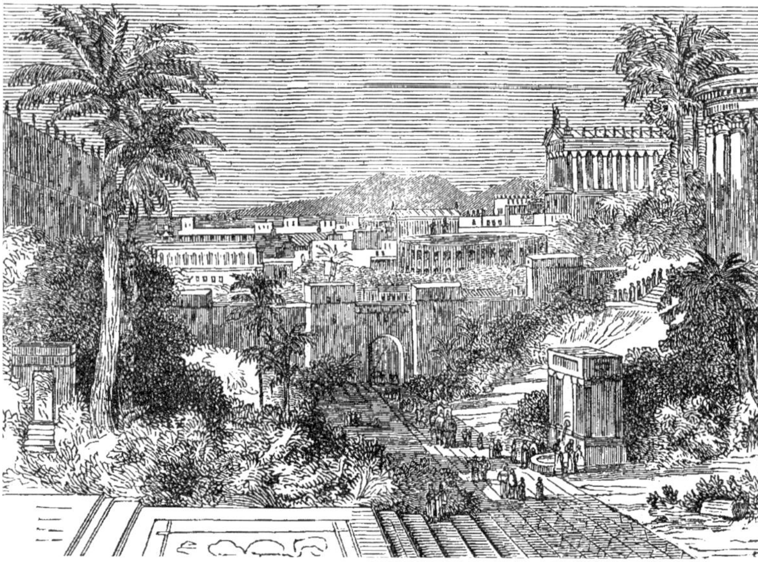

古迦太基风景

个浪漫的故事非常令人伤感，无论是维吉尔自己的艺术创作，还是从传说故事改编而来，都可以说明罗马人和迦太基人之间世代相传的仇恨和敌意。

第452章

迦太基（二）：从斐莱尼兄弟到与波斯人结盟

迦太基人的第一次战争似乎是和非洲土著之间发生的，原因是他们拒绝继续向非洲人进贡。之后，他们又拿起武器征讨更远的努米底亚和毛里塔尼亚的原始部落。通过不断征服，他们把领土一直扩展到了在它东边的昔兰尼加的边界。昔兰尼加是希腊人的殖民地，当年斯巴达人的首领巴图斯一世在迦太基和埃及的地中海沿岸建立了这个国家。很快，昔兰尼加因为边界问题与迦太基发生了争执，最后他们在这个问题上达成一致：每个国家各派出两名年轻人，同时向着对方所在的地方行进，他们相遇的地方定为两国的边界。两名迦太基的年轻人跑得比他们的对手快很多，相遇的时候已经在昔兰尼加的领土上跑了很远。昔兰尼加人则宣称他们的对手在规定时间之前就出发了，所以他们拒绝遵守协议，除非迦太基同意把那两名年轻人活埋在相遇的地方以示清白。来自腓尼基的两名年轻人是一对兄弟，他们姓斐莱尼，知道这个消息之后，他们为了国家慨然赴死。迦太基国王为了纪念他们，在兄弟俩为国捐躯的地方树立起一座纪念碑，又设立了两座祭坛来祭祀他们。从此，这个地方就成了迦太基帝国的东部边界。

在这之后的300年里，我们几乎找不到任何关于迦太基人的历史记录。在此期间，迦太基的政体似乎从君主专制变成了共和制或者寡头制。但是这种转变是在什么时候、什么情况下发生的，我们不得而知。然而，可以肯定的是，在这段被历史遗忘的时间里，迦太基人在财富、权力和文明方面一定取得了迅速的进步。这个时期之后，希罗多德首次提到了他们，根据他的说法，迦太基人在公元前539年拥有一支120艘船的庞大海军，并与托斯卡纳人结成了联盟。当时迦太基和托斯卡纳这两个强国正在与福西亚人作战，福西亚人在向现在的法国南部海岸扩张的同时在科西嘉岛上建立了殖民地，他们在地中海与迦太基人和托斯卡纳人发生了冲突。

根据历史学家查士丁的记载，大约在同一时期，迦太基人正在和周边的非洲邻居交战，他们的将军马尔库斯以自己的英勇善战打败了非洲人，率领迦太基人第一次在西西里岛登陆，并占领了岛上大部分地方。在西西里岛上的成功鼓舞了迦太基人继续入侵撒丁岛，但是这次他们遭遇了惨败。马尔库斯损失了一半的兵力。迦太基元老院对马尔库斯和幸存的士兵们判处流放，人们普遍反对这一不公正的判决，但元老院一意孤行。马尔库斯率领士兵杀回北非，包围了迦太基，他向众神发誓，表明自己这样做确实是迫不得已。

这时候元老院后悔了，所有人都对目前的处境十分担忧。就在这个关键时刻，带着一些从西西里岛得到的战利品前往提尔向赫拉克勒斯神庙献祭的库尔塔洛正好从提尔返回了迦太基，他是马尔库斯的儿子。于是，迦太基人让库尔塔洛作为调停人，试图和兵临城下的军队和解。库尔塔洛听从了同胞的建议，他穿上长袍，以赫拉克勒斯神庙祭司的身份劝说自己的父亲。然而，马尔库斯根本不听他的调停，还命令士兵把库尔塔洛钉在十字架上。迦太基人看到马尔库斯竟然如此残忍地对待自己的儿子，又惊又怕，于是立刻投降了。违背人伦杀死自己儿子的马尔库斯对待迦太基的态度比人们想象中的要温和，他并没有大开杀戒，只是处死了十位主导流放判决的元老院成员。迦太基军队和人民之间的矛盾似乎宣告解决。过了一段时间，马尔库斯被怀疑意欲篡权，最终被处死。

在波斯国王冈比西斯统治期间，迦太基的势力已经扩展到了惊人的程度，甚至引起了冈比西斯的妒忌。他有意远征迦太基，还有意拉拢腓尼基人加入他的计划。但是腓尼基人以迦太基人是自己的亲族为由拒绝了。冈比西斯因为自己并没有远征北非的战舰，被迫放弃了这个计划。

根据历史记载，迦太基人和罗马人之间的第一次交往发生在公元前507年，也就是罗马人驱逐塔克文王之后的一年，当时迦太基派遣使团前往罗马建交，双方签订了一个纯商业性的条约。根据条约规定，罗马人可以进入迦太基的首都和一些殖民地，但不包括迦太基人在非洲最富饶的领土。马尔库斯死后，马戈成为迦太基的领袖，他开启了新的时代，举世闻名的将军汉尼拔就来自这个家族。在马戈的治理下，迦太基本土和殖民地都得到了蓬勃发展，而且迦太基军队也第一次成了一支军纪严明而且非常忠诚的精锐之师。后来，马戈的儿子哈斯德鲁巴和哈米尔卡相继接掌了父亲的权力。

波斯国王大流士一世决定向希腊人开战，他希望得到迦太基人的帮助，但是被拒绝了。据说这位波斯国王派遣了一个使团前往迦太基，试图劝说迦太基人放弃人祭和食用狗肉的习俗，迦太基人的态度我们不得而知。后来，在薛西斯统治时期，迦太基人和波斯人结成了联盟。大约在公元前500年，希腊人在西西里岛上的殖民地不断遭到迦太基人的袭扰，他们无力抵挡，便向斯巴达人求援。虽然斯巴达人没有来西西里岛帮助自己的同胞，但迦太基人担心他们会向别的国家求援，于是决定和波斯国王薛西斯结盟。这样一来，迦太基人就可以无后顾之忧地全力入侵西西里岛，而薛西斯同样也能安心地举全国之力进攻希腊。

第453章

迦太基（三）：从西西里岛迦太基人的惨败到雷古卢斯

迦太基人为这场战争做了充分的准备，薛西斯则为他们提供了大量的金钱。这支军队的规模如此之大，以至于用了3年时间才将海军和陆军全部装备好。军队共有30万名士兵，主要是雇佣兵，还有一支由2 000艘战舰和300艘运输船组成的庞大舰队。然而，迦太基人这支浩浩荡荡的远征军却遭遇了与无敌舰队同样的不幸命运。舰队刚出海不久，就被风暴吹散，连指挥官的辎重都在风暴中丢失了。在迦太基人看来，这简直就是一场可怕的灾难，根据他们的观念，这样的事情就是接下来遭遇不幸的恶兆。

公元前480年，军队在巴勒莫附近的帕诺姆斯登陆，向内陆进军。在希梅拉，迦太基军队与希腊军队之间爆发了一场大战，迦太基人一败涂地，15万名士兵阵亡，其余的也尽数投降。据说，迦太基将军在战斗中用活人祭祀，希望求得众神的保佑，当他发现无法扭转败局时，自己也跳进了祭台的烈火中。迦太基舰队几乎全部被胜利者俘虏，只有20余艘船从西西里岛逃脱。然而祸不单行，逃亡的船只在一场暴风雨中被摧毁，最后只有一只小船幸免于难，历尽艰险回到了迦太基。这就是迦太基庞大的远征军在西西里岛所遭遇的灭顶之灾的故事。不过，这支军队的规模可能被希腊作家们夸大了，由于人们的轻信以及对神乎其神的夸张叙述的喜好，早期希腊作家通常都会用非常夸张的手法来写作。

迦太基人的骄傲和尊严在这场巨大的灾难中被打落在地，元老院只得派遣使节去向锡拉库扎的僭主革隆低头求和。革隆同意了，但要求迦太基人必须支付2 000塔兰同的赔款，建造两座庙宇专门供奉这次签署的条约，并废除活人祭祀。这项条约很值得注意，因为它是历史上记载的第一个包含规定人类普遍利益条款的条约。接下来是70年的平静时期，在这期间，迦太基似乎达到了其政治繁荣的顶峰。大约在这段和平时期，迦太基人派出了两支舰队到非洲和欧洲西海岸探险。第一支舰队由汉诺指挥，他率领3万名殖民者，在直布罗陀海峡和塞内加尔河之间的非洲西海岸建立了6个殖民地。不过，他往南最远走到了哪里，我们还不得而知。

希米尔科率领另一支探险队绕过了西班牙海岸，一直航行到菲尼斯特雷角。据说迦太基人大约就在这个时候发现了加那利群岛，也就是传说中的“幸运岛”，但是关于这一事件的记载非常模糊。根据古代地理学家的说法，那里有一个很大的岛屿，上面遍布河流和森林，它的位置是迦太基王国的国家机密。有人认为迦太基人把那里当作避难所，如果发生重大灾难，他们会到岛上避难。一些学者猜测，他们当时已经探索了西非，但是我们似乎找不到证据可以证明，他们的船只曾向西航行到比加那利群岛和马德拉群岛更远的地方。

在迦太基称霸海上的时候，一个敌对国家正在意大利发展壮大，在这个国家强大的军事征服之下，迦太基注定要灭亡。一开始，罗马看起来根本不是迦太基强大海军的对手；但是，迦太基人十分忌惮这个新兴共和国的野心，以至于在两国之间的第一个条约中，迦太基规定罗马人不得进入西西里岛的港口。大约在公元前410年，迦太基人第二次远征西西里岛。这次远征比第一次成功得多，迦太基人终于在西西里岛站稳了脚跟，并在那里维持了150多年的统治。但是占领西西里岛也使迦太基人深陷战争的泥潭，并最终导致他们与罗马人之间爆发了一系列战争。

公元前264年，两个国家之间爆发了第一次战争，这次战争也被称为第一次布匿战争。罗马派遣雷古卢斯率领军队进入非洲，深入迦太基领土。罗马军队来到了巴达格拉河岸边，这是一条在迦太基附近汇入地中海的小河。罗马人在这里被一条巨大的毒蛇挡住了，这条可怕的巨蛇污染了河水和空气，呼出的毒气杀死了周围的动物。当士兵们靠近河边取水时，这个巨大的怪物突然向他们发起攻击，士兵们要么被巨蛇缠死，要么被它吞下去。弓箭和长矛都无法刺穿巨蛇的鳞甲，最后不得不动用投石机投掷巨大的石块才将巨蛇杀死。但是巨蛇的尸体很快将周围很大一片地方的河水和空气都污染了，罗马人不得不选择撤离。雷古卢斯剥下巨蛇的皮并送回罗马，蛇皮足足有120英尺长。蛇皮被悬挂在罗马的一座神庙里，保存了130年。这就是李维、普林尼等罗马作家所记载的故事。毫无疑问，各种情节都被夸大了，或者根本就是虚构的。

在接下来的战争中，雷古卢斯的罗马军队一开始节节胜利，却在一次大战中战败，雷古卢斯本人也成了迦太基人的俘虏。迦太基人对他在最初的胜利中傲慢的行为非常愤怒，便残忍地虐待他。如果我们相信罗马人的记载的话，他被关进了地牢，只给很少的食物。迦太基人知道他非常害怕大象，就把一头大象一直放在他附近，使他一刻也不得休息。后来，随着战争的继续，罗马人取得了更大的胜利，迦太基人便对雷古卢斯稍微好一点儿。后来，迦太基人让雷古卢斯和迦太基使团一起到罗马去求和，雷古卢斯发誓，如果和谈失败，他将返回迦太基。当雷古卢斯回到罗马时，他说自己是迦太基人的奴隶，拒绝进城。他的妻子和孩子们出城来看他，但是他低着头，眼睛死死地盯着地面都不看他们一眼，拒绝家人的抚摸。

雷古卢斯本可以劝罗马讲和，从而使自己获得自由，但是他认为国家的利益远高于个人的福祉，建议罗马人把战争继续进行下去。就这样，迦太基人求和失败了。雷古卢斯信守誓言，回到了迦太基。据说，迦太基人对他的行为愤怒到极点，用最野蛮的酷刑来折磨他，以发泄自己的愤怒。他们长时间把他关在一间阴暗的地牢里，然后割掉他的眼皮，把他置于正午的阳光下暴晒。后来，他们把他扔进一个装满了尖刺的木箱里。在遭受一连串非人的折磨后，雷古卢斯被钉死在十字架上。

这个故事虽然被大多数研究布匿战争的历史学家反复提及，但它的真实性依然存疑。有充分的理由让我们相信，雷古卢斯在迦太基是自然死亡的，而那些他遭受迦太基人折磨的故事是罗马人编造出来的，目的是使罗马人后来战胜对手后的一系列残酷行径看起来不那么残忍。西塞罗和塞涅卡确实暗示过雷古卢斯殉国是历史事实，但我们也必须考虑到，这个故事的通俗版本非常适合文学艺术加工和改编成诗歌，而这些罗马作家最喜欢的就是这种类型的故事。通过夸张、修饰甚至虚构这些方式，几乎所有国家的历史都有相当一部分在他们的笔下被篡改了。

第454章

迦太基（四）：从第二次布匿战争到迦太基灭亡

经过24年艰苦、血腥的争斗之后，两个国家都开始对战争感到厌倦。已经占上风的罗马人决定了和平的条款：迦太基人必须离开西西里岛和利帕里群岛，并在20年之内支付2 200塔兰同的银子——约250万美元。公元前242年，第一次布匿战争结束。

然而，另一场战争很快爆发，这场战争对迦太基人来说几乎具有同样的灾难性。之前在西西里岛服役的迦太基雇佣军在非洲被解散后，没有拿到全额的报酬，在两位雇佣军首领的领导下，他们发动了叛乱，蹂躏这个国家，让城市变得岌岌可危。战争持续了好几年。在迦太基王国处于危难中时，罗马人趁火打劫，占领了撒丁岛上迦太基的殖民地。

当时的迦太基疲惫不堪，对罗马人背信弃义的行为无能为力，只能忍气吞声，但他们派遣了一支由哈米尔卡·巴卡率领的军队去征服西班牙。哈米尔卡·巴卡占领了伊比利亚半岛的南部和东部，建立起了巴塞罗那城。巴卡死后，他的女婿哈斯德鲁巴接替他统率在西班牙的军队。哈斯德鲁巴提拔了哈米尔卡·巴卡的儿子汉尼拔·巴卡，并将他带在身边。这时候，萨贡托的人们还在顽强地抵抗着迦太基人的进攻，他们派出信使请求与罗马结盟。罗马元老院欣然接受了这一提议，迦太基只得同他们谈判，经过一番讨价还价之后，双方签订了一个条约。条约规定，迦太基人必须放弃埃布罗河以东的所有土地。但是罗马和迦太基之间的和平并没有维持多久，两国之间无法克制的仇恨很快就爆发为公开的敌对行动。

哈斯德鲁巴死后，迦太基军队的指挥权被交给了当时年仅24岁的汉尼拔。这个家族始终信仰民族主义精神，根据记载，汉尼拔还是个孩子的时候，父亲把他带到圣坛前，强迫他发誓，终身与罗马势不两立。汉尼拔经过精心准备，加强了自己在西班牙的军队。公元前219年，他率领大军包围萨贡托，开始了对罗马人的敌对行动。这就是第二次布匿战争的开始——在这场战争中，这位杰出的军事天才帮助迦太基取得了一系列辉煌的胜利，并赢得了他那个时代最伟大的军事统帅的美名。

在第一次布匿战争中，迦太基失去了自己最富饶的殖民地——西西里岛和利帕里群岛。迦太基这时已经从上次的战争中恢复过来，汉尼拔一心想要为自己的国家复仇。萨贡托位于今天的瓦伦西亚附近，萨贡托人民忠于自己的盟友罗马，顽强守卫自己的城市，等待盟友的援助。在守了8个月之后，他们吃光了所有的食物，最后不得不杀死自己的孩子，吃他们的血和肉。在可怕的绝望中，萨贡托人竖起了一个巨大的木头堆，并点起熊熊大火。男人们先是把他们的女人、奴隶和财宝扔进火里，然后他们自己也跳进火里。终于，汉尼拔攻破了城门，但是并没有找到什么战利品，城里空无一人，呈现在他眼前的只是一堆灰烬，一片死寂的景象几乎震撼了每一个迦太基士兵。古城萨贡托的遗址在现在的穆尔维多镇，那里还保存着大量的古罗马建筑遗迹，它们都是当年那场惨剧的见证者。

自此，罗马历史上最惨烈的战争拉开了帷幕。汉尼拔决心入侵意大利，他花了一个冬天来做准备。在非洲和西班牙留下大量的守军巩固自己的后方之后，公元前218年春天，汉尼拔率领8万步兵、1.2万骑兵出发了。

汉尼拔沿着地中海海岸行进，按照他的计算，他要行进大约1 000英里。穿过西班牙之后，他来到了比利牛斯山，那是西班牙和高卢（今天的法国）的分界线。在这里，他遭遇了凶猛的野蛮部落的袭击，但他轻松地击退了他们。他翻越了比利牛斯山，穿过了高卢，最后来到了阿尔卑斯山。大山展开它像褶皱的城垛一样的山脊，在汉尼拔和他的远征目标之间形成了一道可怕的障碍。在那个年代，从没有哪一位将军能率领军队翻越阿尔卑斯那些险峻的雪峰，只有内心无比坚定、最坚韧不拔的人，才敢冒这个险。直到2 000多年后，拿破仑才完成了类似的壮举，不过他的军事装备要比汉尼拔优越得多。

经过5个月的行军，汉尼拔率领军队从阿尔卑斯山的南坡下山，拥入意大利温暖明媚的平原。意大利北部地区被称为山南高卢，居住着一些北方部落，他们在这片土地上定居了很长时间。他们很希望摆脱罗马的枷锁，因此有不少人都跃跃欲试想要追随迦太基人进攻罗马。汉尼拔的军队在行军中，特别是在翻越阿尔卑斯山的时

汉尼拔俯瞰意大利平原

候，损失了不少人马，于是他在这些部落中停留了一段时间，招募新兵，然后继续向南朝罗马进发。

在提契诺河畔，他遭遇一支罗马军队的阻击，经过一场血战，他赢得了胜利。几周之后，他再次遭遇罗马军队，并再次获胜。整个山南高卢都落入汉尼拔手中，这里的人民从罗马军队的统治下解放出来，免费为他提供各种物资。

这时候的罗马正处于最繁荣、最具活力的时期，罗马人还没有因为奢侈腐化而变得软弱，也没有因为纵情享乐而变得堕落，所以他们没有像后来那样面对从阿尔卑斯山上蜂拥而至的北方蛮族时屈服于恐惧，而是紧张有序地应对眼前的战争。当时的形势确实令罗马人感到惊慌，但他们很快镇静下来，勇敢而坚定地备战。城里的每个工匠都忙碌地准备着，元老院正在制订一系列深谋远虑的计划，将军们召开军事会议，新招募的士兵们也在加紧训练，人们在街上奔走相告，传递着城外最新的消息，讲述着关于迦太基人和他们可怕的领袖汉尼拔的传奇故事。一切都处在忙碌和紧张有序之中。

公元前217年春天，罗马执政官弗拉米尼乌斯和塞维利乌斯分别率领一支罗马军队迎战迦太基人。汉尼拔首先向弗拉米尼乌斯的方向进军，但在穿越亚诺河畔的沼泽时，他的军队遭受了重大损失，他自己也失去了一只眼睛。没过多久，鲁莽轻率且刚愎自用的弗拉米尼乌斯率军前来迎战，双方在特拉西梅诺湖展开激战。在这里，天才的汉尼拔再次获胜。这是一场可怕的战斗，附近的湖水都被鲜血染红，罗马军队全军覆没。

这场战役之后，著名的将军昆图斯·费边·马克西姆斯被任命为罗马独裁官。在他的指挥下，罗马军队采取了一种全新的策略。他们避免与汉尼拔的军队正面交战，而是全力采取防御战略。这种谨慎的拖延迂回战术后来被称为“费边战术”。有人认为，华盛顿在美国独立战争期间就模仿过这位罗马将军的战术。但是汉尼拔的胜利和罗马的灾难还远没有结束。公元前216年，爆发了另一场战役，汉尼拔在离现在那不勒斯不远的坎尼与罗马军队展开了一场遭遇战。罗马人再次被汉尼拔屠杀，至少有4万人阵亡。这场战斗发生的地点被称为“血田”，直到今天，人们偶尔还能从地里挖出当时战斗的遗物、遗骸。就算红色的血污早已从土壤中消失，时间也无法从人类的记忆中抹去这份血腥的记录。

除了在战场上阵亡的4万人，还有1万多名罗马士兵被俘。相比之下，迦太基军队损失很小。我们只能通过这样一种假设来解释这样的事件：虽然汉尼拔的兵力只有罗马人的一半，但他杰出的军事天才远胜他遇到的那些久经沙场的罗马将军。在近现代史上，除了拿破仑，没有任何一个人能像汉尼拔一样在同一个国家以寡击众，屡次战胜那些纪律严明、训练有素的军队，战胜那些能征善战的将军。汉尼拔已经控制了意大利半岛很大一部分，他是从北方入侵罗马的，这时候他绕过罗马城，占领了意大利半岛的南部。汉尼拔的愿望似乎就要实现了，罗马城的陷落似乎不可避免。然而事情的发展并非如此。罗马人的防御体系仍然存在，而且罗马城固若金汤，要想攻下并不容易。汉尼拔四处寻找盟友及援助。他向马其顿国王腓力五世和锡拉库扎求助，但罗马派出使者威逼利诱，使他们最后都没有向汉尼拔伸出援手。

哈斯德鲁巴，汉尼拔的弟弟，当时统率在西班牙的迦太基军队，卓有成效地与罗马人作战。在一场大战中，他打败了罗马人，两名姓西庇阿的将军阵亡。不久之后，另一个姓西庇阿的将军被派往西班牙，成功收复罗马人在西班牙失去的东西。哈斯德鲁巴离开西班牙，前往意大利与哥哥会合。他顺利地翻越了阿尔卑斯山，来到了意大利。然而，他还没有与汉尼拔会师，就遭到了罗马军队的进攻，他的军队全军覆没，他自己也被杀死。汉尼拔被迫转攻为守。在没有向迦太基请求援助的情况下，他在意大利维持自己的军队多年。

西庇阿此时已经结束了在西班牙的战争，把罗马军队运过地中海，将战火烧到了非洲，并制造了一种仍在流行的有效报复方式。在努米底亚（现在的阿尔及利亚）一位强大的王子马西尼萨的帮助下，西庇阿两次打败迦太基人。迦太基人不得不紧急把他们最伟大的指挥官从意大利召回。汉尼拔在莱普提斯登陆，然后向扎马进军，那是一处位于迦太基城西边、距离它五天路程的地方。在这里，汉尼拔遭遇了罗马军队，第一次遭遇彻底的失败。迦太基人遭受巨大的损失，被迫求和。在接受了西庇阿——在这次胜利后，他得到了“阿非利加努斯”（意为“非洲的征服者”）的荣耀称号——屈辱的条款后，和平终于实现了。汉尼拔想要继续抵抗，但是他的同胞决意投降，他不得不放弃抵抗。公元前201年，持续了18

年的第二次布匿战争就此结束。

就这样，迦太基的海军被彻底摧毁，迦太基也从一个独立的国家沦为罗马的附庸。根据和约条款，所有在西班牙的迦太基人必须放弃他们的个人财产，迦太基也要放弃除非洲以外的所有殖民地；罗马人还夺取了迦太基所有的战船和战象，并强迫迦太基人支付巨额的战争赔款；还明确规定，没有罗马元老院的同意，它不能发动任何战争。

迦太基之后的历史展现了一个骄傲而强大的国家屈辱和衰落这样令人悲伤的画面。半个世纪以来，迦太基人一直忠实地履行与罗马人的和平条约，耐心地忍受着罗马人的羞辱及其盟友努米底亚国王马西尼萨的傲慢。最终，马西尼萨对迦太基的侵略让迦太基人向罗马元老院提起了申诉，罗马元老院便派遣一个代表团前去调查此事，其中包括元老院成员、监察官加图。这位苛刻而执着的罗马老人仔细审视了这个伟大的商业城市的每一个角落，他发现迦太基在罗马的苛刻压制下依旧富庶繁华，感到非常震惊。加图坚信迦太基必须被毁灭，罗马才能保证自己的安全和霸权。这种信念在他的脑海里是如此强烈而持久，以至于后来他在元老院每一次发表演说时，总以“迦太基必须被消灭”作为结语——后来它成为一句谚语。加图在这个问题上的坚持和执着，最终产生了影响，罗马人以迦太基人违反条约和努米底亚人开战为借口，对迦太基人大加责难，但实际上迦太基人只不过是在抵抗马西尼萨的侵略。公元前149年，罗马终于对迦太基宣战。

惊慌失措的迦太基人试图用最卑微的妥协来安抚他们傲慢的敌人。他们驱逐了所有引起罗马不满的公民，交出了所有的武器和军用物资，包括20万套完整的盔甲、2 000架弩炮以及大量的长矛、剑和弓箭。罗马人因此解除了顺从的对手的武装，命令他们放弃即将被夷为平地的城市；此外，迦太基人不得居住在离海岸线10英里以内的地区，也不得建造任何带防御设施的住所。

当这些残酷、可怕的命令公布之后，不幸的迦太基人感到无比震惊，每个人都义愤填膺，对之前自己解除武装的愚蠢行为感到耻辱和后悔。迦太基人心中的沮丧和胆怯很快变成了热血沸腾的狂怒，他们决定背水一战。为了保卫这座城市，为了尽快恢复武装，迦太基人用尽了所有能想到的办法。他们拆毁了房屋，为建造战船提供木材，宫殿和神庙被改造成兵工厂，金银花瓶和雕像被熔化成铜和铁，妇女们献出了她们的金银饰品，甚至剪掉头发来做绳索。

罗马人认为，一座被解除武装的城市自然没有任何抵抗能力，于是向迦太基人发起进攻，希望能轻易、迅速征服他们。然而，罗马远征军被众志成城的迦太基人击退了，舰队也被迦太基人的火船烧毁。要不是小西庇阿率领一支骑兵部队及时赶到并掩护大军撤退，这支罗马军队可能已经被哈斯德鲁巴率领的愤怒的迦太基士兵全歼。在接下来的两年里，罗马人都没有办法战胜迦太基人。

最后，元老院任命小西庇阿指挥军队攻打迦太基。罗马人将迦太基围困了3年之久，城内的居民拼死抵抗，展现出了伟大的英雄气概。然而，这些可怜的迦太基人最终不得不再次屈服。迦太基人表示，只要不摧毁他们的城市，他们愿意答应罗马人的任何要求。但罗马元老院冷酷的决定不容丝毫动摇，小西庇阿也没有权力选择人性而非复仇，他不得不拒绝迦太基人的请求。他通过计谋攻陷了迦太基的一个城门，罗马士兵拥入迦太基城。在6天的时间里，迦

烈焰中的迦太基城

太基的居民在绝望中奋力反击，阻止敌人前进的步伐，每当有建筑物将被攻陷时，他们就放火将其焚毁。整座城市因此化为灰烬。70万居民只有5万人幸存下来，其余的都被饿死、烧死或者死在剑下。哈斯德鲁巴，一位英勇善战的指挥官，在看到城市不可避免地将要失陷的时候，竟向征服者祈求活命。他的妻子见他懦弱求饶，大声地斥责他，并亲手杀死了他们的孩子，然后跳入火海自焚身亡。

迦太基城的大火烧了17天，罗马士兵遵照元老院的命令把那些不能被焚毁的建筑拆除，并将整座城市夷为平地。这场灾难发生在公元前146年。在被毁灭的时候，迦太基是当时世界上最富有、最华丽的城市之一，这一暴行也成了罗马历史上无法抹去的污点。一个伟大的民族消失了，它的文学和艺术作品也被摧毁，北非的文明因此倒退了几百年。迦太基人在大西洋海岸的殖民地被遗忘，这个民族开启航海发现和国际贸易的风气也随之消失。这就是罗马残酷无情的对外政策——就算犯下最野蛮的暴行，也不能忍受竞争对手变得越来越强大。

在迦太基被毁灭时幸存下来的遗民分散在非洲各处，迦太基民族可以说消失了。在之后的30年里，迦太基城所在的地方一直是一片荒漠。后来，格拉古兄弟在罗马掌权，开始了在迦太基城旧址殖民的计划。关于殖民迦太基的事情我们知之甚少，直到尤利乌斯·恺撒时代才有了明确记载，恺撒曾派遣军队前往这个殖民地增援。奥古斯都也对这项工作作出了贡献，他主持建造起一座新城，名叫科洛尼亚·迦太基，意思是迦太基殖民地。它占据了迦太基城旧址的一部分，随着时间的推移，它作为罗马在非洲的领土的首府，变得愈发重要。在基督教历史上，这座城市以其基督教会与奥古斯丁的哲学和神学巨著而闻名。439年，这座城市被盖萨里克率领的汪达尔人占领；533年，又被东罗马帝国将军贝利撒留从汪达尔人手中夺回。698年，萨拉森人占领并摧毁了这座城市。就这样，7个世纪之后，迦太基城再一次被毁灭了。

直到今天，人们还能看到科洛尼亚·迦太基的一些遗迹坐落在海岸上，但是它的前身、古老的迦太基城连废墟都找不到了，只能隐约看到一些蓄水池和水渠的痕迹。

第455章

迦太基（五）：政府、军事体系、宗教、个性、风俗

迦太基帝国的疆域在不同时期差异很大。据说迦太基王国鼎盛时期在非洲拥有360座城市，在其他地区，其势力范围延伸到西班牙的大部分地区、撒丁岛、科西嘉岛、西西里岛、马耳他岛和巴利阿里群岛。关于迦太基领土上的人口，我们找不到确切的记载。可以肯定的是，迦太基帝国的财富、辉煌、人口和商业活动在当时的世界上都是无与伦比的。

迦太基的政体最初是君主政体，但是君主制的迦太基几乎找不到历史记载。这个民族的所有伟大事迹都是其转变为共和国之后才出现的。迦太基的共和政府由三部分组成：苏菲特（首席行政官）、元老院、第三等级。苏菲特这个称谓和希伯来语中的士师（审判官）似乎是一样的，这个官职类似于罗马的执政官，他们行使民事和军事权力，主持元老院，并在战争中指挥军队。元老院由

迦太基各地最显赫的人物组成，无论和平时期还是战时，元老院对各项事务都拥有最高管辖权，有权制定法律以及任免所有文武官员。当元老院的投票能达成一致时，决议将被绝对执行，当无法达成一致时，就由人民参与公投。

第三等级由平民组成，在共和制度确立之初，他们并没有积极参与政府管理，但是，随着人民财富的积累，这个机构逐渐开始在政府中获得影响力，最后几乎掌握了国家的全部权力。第三等级设立了一个由104人组成的委员会，它们因此也被称为“百人法庭”，旨在制衡贵族和元老院的权力。这个委员会的成员是终身制的，其中5人作为主席负责掌控整个委员会。

迦太基的宪法在许多古代作家心中被视为政治智慧的典范。亚里士多德在他的《政治学》中将迦太基宪法作为榜样推荐给其他国家，他说，从迦太基共和国的成立到他自己所生活的时代，在这500多年的时间里，从未有哪个暴君破坏过这个国家的自由，也没有一个煽动家煽动人民走向无政府状态。凭借着充满智慧的法律，迦太基成功地避开了贵族政治中邪恶的一面和民主政治中的极端主义。迦太基贵族不像斯巴达、科林斯和罗马的贵族那样占有全部权力，而且迦太基人民也没有雅典民众的派系斗争精神和罗马下层民众的残暴。然而，在迦太基共和国末期，大权在握的百人法庭也变得反复无常，做了不少专横、压迫的事情。

迦太基的军事力量不仅来自他们自己的商业和手工业资源，还来自向迦太基共和国进贡的附属国，它们为迦太基的军队提供人力和财力支持。迦太基军队基本上由雇佣军组成，他们来自不同的国家，被组建为最具声誉的军队。骑兵则来自努米底亚，他们构成了陆军的中坚力量。世界上最熟练的投石手来自巴利阿里群岛。西班牙则为迦太基军队提供了重装步兵。通过雇佣军，迦太基人不用自己上战场流血牺牲。然而这种做法也有很大的缺陷，因为雇佣军的忠诚程度取决于他们所获得的报酬，所以只要稍有不满，或是能从别的雇主那里拿到更高的报酬，他们就会立刻对自己从前的伙伴兵戈相向。因此，迦太基的辉煌只是建立在这些外部支持的基础上，一旦这些外部支持发生变化，便会动摇国家的根本。如果他们的贸易同时被中断，或者海军被打败，那么迦太基人就会觉得自己到了毁灭的边缘，从而陷入深深的绝望之中，就像第一次布匿战争时那样。

在雇佣军之外，迦太基人也会在自己的公民中招募一小部分军队。这是一种学校，贵族中的精英以及那些有雄心、有才干的人可以在这里学习关于战争艺术的基本知识。迦太基军队的所有将军都来自这支部队。他们对雇佣军怀有很深的戒备之心，通常不会把军队的高级指挥权交给外国人，不过在一些特殊情况下还是会把指挥权交出去的。

我们对迦太基人宗教的了解不如对希腊人和罗马人的宗教那么熟悉。他们崇拜许多神灵，其中两个最为突出。一个是女神凯莱斯蒂斯，也叫乌拉尼亚，历史学家德尔图良称她为“雨神”，《圣经》中的先知耶利米则称其为“天后”。这位女神很可能就是提尔神话中掌管爱情和生育的女神阿施塔特。每逢有大灾难，尤其是非洲北部经常出现旱灾时，人们就会祈求这位女神的庇佑。

另一个是克洛诺斯，可能是《圣经》中的摩洛。迦太基人对这位神的血腥崇拜可能源于提尔。在提尔和迦太基都有用活人向克洛诺斯献祭的传统，祭品通常是孩童，这一习俗可能缘于克洛诺斯吞噬自己后代的传说。那些想要避灾却没有孩子的人会购买穷人的孩子用于祭祀，这样他们就不会失去如此重大的祭祀的效力。起初，这些孩子要么被关在火炉里，要么被放在燃烧的克洛诺斯雕像里，被不人道地烧死。孩子的哭声淹没在欢庆的锣鼓声和喇叭声中，母亲们面对如此可怕的场景时似乎也不感到悲伤，他们认为，如果克洛诺斯看到有人叹息或落泪，就不会接受祭品，也就失去了献祭的效果。后来，迦太基人让自己的孩子穿过火焰，大多数孩子都会葬身火海。

迦太基的将军们在任职、退休时都必须举行敬神的仪式，并把它看作一个不可或缺的职责。迦太基人签订的条约中总是包括非常严肃的宗教誓约。波利比乌斯记载的迦太基人和马其顿人签订的一项条约中有这样一段话："在宙斯、赫拉和阿波罗的见证下，在迦太基人的守护神的见证下，在赫拉克勒斯和伊俄拉俄斯的见证下，在阿瑞斯、特里同和波塞冬的见证下，在所有掌管和保护迦太基的神的见证下，在日月星辰、大地山川的见证下，迦太基人和马其顿人缔结这份神圣的和约。"

根据德尔图良的记载，在迦太基城被摧毁后很长的一段时间里，迦太基土地上仍然盛行用活人献祭的行为。这种习俗最终被当时担任总督的提比略废除了，但具体的日期尚不清楚。

人们普遍认为，迦太基人都奸诈和贪婪，这种说法主要来自他们的死对头罗马人。罗马有一句俗语"布匿人的诺言"，意思是背信弃义，但是从一个国家的敌人的证词来评判这个国家未免有失公允，说不定迦太基人也会说罗马人总是背信弃义。然而，贪得无厌肯定是迦太基人性格中的一个显著特征。根据圣奥古斯丁的说法，甚至后来来自罗马建立的迦太基新城的人仍然背负着这种不好的名声。有一次，一个江湖骗子告诉迦太基的市民们，他知道这里的人们心中最隐秘的愿望，假如他们在指定的日子来听他演讲，他就会说出这个愿望。人们不信，但还是因为好奇心在约定的日子聚集在一起。这个江湖骗子说："你们每个人都希望做生意的时候低买高卖！"大家都哈哈大笑，彼此心照不宣地承认了这句话，那个骗子也在掌声和笑声中被打发走了。

迦太基人在美术方面似乎没有什么值得注意的成就。迦太基甚至没有任何一件雕塑或绘画作品流传下来，尽管这有可能是罗马人彻底摧毁了迦太基的一切所导致的后果。迦太基的建筑风格，我们也无从得知。根据记载，在迦太基的鼎盛时期，他们的首都周长为23英里，为宏伟的建筑所环绕。周围的乡村像花园一样，到处都是别墅。近郊的人口很多。

第456章

迦太基（六）：商业贸易、殖民地、货币体系、名人

迦太基人汲汲于垄断西方的贸易，他们只向外国船只开放首都迦太基城的港口，尽可能阻止外国船只停靠在他们殖民地的港口，避免产生贸易竞争。联盟促进了迦太基和外国的交流。迦太基人的航海活动几乎延伸到了地中海的所有海岸和岛屿。在海格力斯之柱以外的区域，他们和腓尼基人一起分享加的斯群岛、锡岛和琥珀岛（这些岛屿被认为是不列颠群岛）的贸易。在非洲西海岸，他们不仅和自己的殖民地进行贸易，还与几内亚海岸和非洲更南边进行交流。迦太基人在地中海地区主要的贸易伙伴是西西里岛和意大利南部的希腊殖民地，他们用来自非洲的奴隶、宝石和黄金，以及迦太基和马耳他岛生产的棉布换取希腊人的葡萄酒和油。他们从科西嘉岛购买蜂蜡、蜂蜜和奴隶，从撒丁岛购买谷物，从巴利阿里群岛购买良种骡子，从利帕里群岛购买硫黄和浮石，从厄尔巴岛购

买铁。

瑟尼岛是迦太基在非洲西海岸的主要贸易中心，货物从这里装船驶向非洲内陆，与非洲土著交易。迦太基出口的商品包括棉布、武器、陶器、马鞍和各类饰品，他们用这些来换取黄金、兽皮和象牙。商队也从这里出发，前往他们在南部的殖民地和非洲内陆进行贸易。他们在沙漠边缘地区获得了椰枣和盐，越过沙漠获得了黑奴和金沙。迦太基人也有往东行进的商队，一路将贸易范围扩展到埃及。与非洲原始部落的贸易主要是以物易物。非洲人用他们贵重的商品和迦太基人交换华而不实的小玩意，假如迦太基人允许外国竞争者参与这些贸易，那他们的利润无疑会受到重创。

迦太基人在西班牙发现的金矿和银矿，成为他们巨额财富的来源，这支持他们与罗马人进行旷日持久的战争。对这些埋藏在地下深处的矿藏，西班牙土著似乎知之甚少，或者至少对它们的价值一无所知。腓尼基人是最早利用他们这种无知的商人，他们用不值钱的商品换取这些贵金属，从中获取巨额的利润。当迦太基人成为西班牙的统治者时，他们兴起了类似于美国加利福尼亚的“淘金热”。他们向地底挖得更深，获得了惊人的财富，其数额之巨大超乎人们的想象。罗马人征服西班牙之后，他们继续开采这些矿藏。在那个时代，采矿是非常困难和艰苦的工作，要先用水泵（阿基米德在埃及发明的一种抽水机）把矿井里的地下水抽干，再派人用工具手工挖掘。根据波利比乌斯的记载，在他那个时代，新迦太基的矿山雇佣的矿工多达4万人，每天挖出的矿石价值4 000美元。

迦太基人还有一项先进的发明——国家银行。这一概念在同时期乃至很多年以后的其他国家都没有出现。在这个银行中，装有一些金属合金的密封袋子代替了纸币，这些金属合金的加工过程由国家保密，以防伪造。袋子上有政府的盖章封印以及对应的面值。这种货币形式只在迦太基人中间流通，但由于其信用由政府背书和担保，这种货币也获得了普遍承认。这种货币的诞生可以说是一件奇特的事情，不仅因为货币本身，更因为这是有史以来人类第一次尝试建立一种信用货币。

尽管迦太基人也精通农业和园艺，但他们最关注、最投入的还是商业，商业也是这个国家的支柱产业，总而言之，迦太基人的权力、征服和荣耀都基于他们的商业，这是毫无疑问的。迦太基位于地中海中心地带，迦太基人从这个有利位置将他们的商业向西、向东扩张，辐射到他们能够直达的所有海洋国家。他们从埃及进口上等的亚麻、纸张、谷物、帆布和绳索，从红海地区进口香料、乳香、精油、黄金、珍珠和宝石，从腓尼基和提尔进口紫色和猩红色染料、挂毯、贵重家具和各种艺术品。

迦太基名人中，最引人注目的当数汉尼拔，我们已经介绍过他伟大的军事成就。第二次布匿战争后，他依然孜孜不倦地致力于本国政府的改革。虽然他得到了人民的支持，却引起了某些高层的反感。这些人嫉贤妒能，对汉尼拔的伟大贡献不以为然，反而在嫉妒心的驱使下把汉尼拔的所作所为悄悄地告诉罗马，想通过这种手段除掉汉尼拔。于是，罗马派来使者，要求惩处汉尼拔，但他预见到了危险，提前逃到提尔。大约在公元前196年，他又从提尔前往以弗所，劝说安条克三世对罗马宣战。在这场战争中，汉尼拔发现自己只是一个下级指挥官，当安条克三世的军队被罗马人击败之后，他被迫前往小亚细亚去投靠比提尼亚的君主普鲁西阿斯。罗马人很快得到了消息，派人要求普鲁西阿斯交出汉尼拔，因为罗马人只要知道这个强大的敌人还活着就寝食难安。汉尼拔被逼入绝境，也厌倦了流亡的生活，遂于公元前183年服毒自杀，终年65岁。

关于汉尼拔这个传奇人物，除了贯穿他一生的与罗马人的抗争史，我们没有找到任何其他的记载。尽管关于汉尼拔已知的史料大多出自罗马人之手，难免带有偏见，但仍然可以证明汉尼拔是有史以来最非凡的人物之一。他身上发生的许多事情都会让我们想起拿破仑的传奇生涯。这两个人的精彩人生何其相似，例如，汉尼拔和拿破仑都曾率大军翻越阿尔卑斯山，都多次在意大利击败训练有素的强大敌军，而且两个人最后都在一场大决战中败下阵来；他们既是伟大的将军，又是杰出的政治家，都是军队的偶像，他们人生的结局都是被迫离开自己的祖国，最后客死他乡。

考虑到年代不同以及当时的实际情况，同样是翻越阿尔卑斯山，汉尼拔完成这一壮举的难度显然比拿破仑大得多，加上汉尼拔在意大利面对罗马的虎狼之师，在没有向自己的国家寻求帮助和补给的情况下将远征军维持了16年之久，从这几点来看，汉尼拔的将才可以说无人能及。在这16年里，他从未解散过他的军队。虽然士兵们来自不同的国家，他们中有非洲人、西班牙人、高卢人、迦太基人和希腊人，但从未出现过军心涣散的情况，更不用说叛乱的事情了。每个士兵的信仰、语言和习惯都各不相同，但汉尼拔仍然能将他们团结在一起组成一支纪律严明的精锐之师，使他们坚定不移地追随着自己，只这一点就足以说明汉尼拔无与伦比的天才。毫无疑问，汉尼拔除了天才般的头脑，还拥有无与伦比的个人魅力。在这一点上，他又和拿破仑是如此相似。

汉尼拔对罗马不可动摇的敌意，在今天我们看来可能会不赞同，却不能不钦佩。他从小就被教导必须与罗马为敌，这是他人生的第一课，而且是他父亲的亲自教导，父亲曾命令他对着圣坛发誓毕生为罗马之敌。迦太基最大的敌人就是罗马，既然汉尼拔深爱迦太基，那他必定仇恨罗马。这是他的职责，更是他的命运，推动着他一次又一次地挑战罗马，决不妥协，他为此而生，为此而死。我们应当相信，他对罗马的敌意与爱国情怀是分不开的，事实上爱国主义正是汉尼拔一切行为的根源所在。罗马人在迦太基人头顶上蒙上了一层死亡阴影，罗马的存在预示着迦太基的毁灭，正是出于这种信念，汉尼拔坚定不移地进攻罗马，并在和罗马人的战争中走完了自己戎马倥偬的一生。

汉尼拔试图在迦太基政府中推行改革，这些政策都是为了维护全体迦太基人的利益，这也可以证明他是一位伟大的爱国者。他的改革让他赢得了人民的信任，但也招致了少数同胞的敌意。我们并不能确定他的悲剧是否缘于这种敌意和嫉妒，但是真正的爱国者往往会遭遇这样的命运。

迦太基还有其他几位著名的人物。马戈将军可以说是文武双全，除了多次率领军队取得胜利，他还写下了28部关于农业和畜牧业的书籍。罗马元老院非常重视这些著作，所以在征服迦太基之后下令把这些书译成拉丁文。

海军将领汉诺曾率领探险队探索非洲西海岸，他记录了那次探险的历程，并被翻译成希腊语流传至今。

哈斯德鲁巴是迦太基最杰出的哲学家，他继承了自己的希腊导师卡涅阿德斯的学说，并将这个学派发扬光大，他还有好几部著作，其中一部是为了哀悼自己的国家遭遇覆灭和同胞们沦为奴隶而作。西塞罗认为哈斯德鲁巴比其他迦太基人都要睿智和博学。泰伦提乌斯是一位值得钦佩的作家，他沦为罗马人的奴隶之后坚持写作，后来在文学上获得了很高的声誉。

第457章

努米底亚与毛里塔尼亚

努米底亚[1]北边以地中海为界，东边是迦太基的领土，南边是撒哈拉沙漠，西边是毛里塔尼亚。其领土范围包括今天的突尼斯、阿尔及利亚和布莱德·埃尔杰里德的部分地区。在被罗马征服之前，努米底亚由两个不同的民族占据：东边的马西里和西边的马赛西利，两国之间以安普萨加斯河为界。努米底亚土著是一个勇敢、活跃的民族，他们吃苦耐劳，骑术高超，甚至不需要马鞍和缰绳，经常在夜间袭击敌人。希腊人将这片土地称为努米底亚或诺玛底亚，因为这里的人们过着游牧的生活。

似乎有证据表明，迦太基人在建国初期曾向努米底亚人和毛里塔尼亚人进贡。但在公元前400年左右，迦太基变得越来越强大，足

① 努米底亚王国现在为一个历史名词，领土范围大致包括现在的阿尔及利亚东北部地区及突尼斯毗邻地区。——译者注

以击败这些国家，于是摆脱了这种朝贡关系。我们找不到任何连贯的关于努米底亚的历史记录。他们似乎在很早的历史时期就有了自己的国王。在第一次布匿战争结束后，他们与迦太基人发生了血腥的冲突，迦太基人派遣哈米尔卡率领一支军队发动反攻。这个计划以最严格的方式施行了。哈米尔卡每到一处，便将当地劫掠一空，还将所有落在他手里的努米底亚人钉死在十字架上。这在努米底亚人中引起了巨大的愤慨和怨恨，以至于他们和他们的子孙后代一直对迦太基人怀有不可磨灭的仇恨。

第二次布匿战争期间，努米底亚人参与到罗马和迦太基之间的战争中来。当西庇阿在非洲登陆进攻迦太基时，努米底亚国王马西尼萨带着大批骑兵站在了他这一边。马西尼萨最开始是迦太基人的盟友，还在西班牙站在迦太基一方对罗马人作战。由于一连串不同寻常的事件，马西尼萨反复失去和收复了自己的领土，但迦太基人却将他的一部分领土赐给了马塞西利人的酋长西法克斯，原因是这位酋长娶了迦太基政要哈斯德鲁巴的女儿索福尼斯巴。不公正的待遇使马西尼萨疏远了迦太基，转而支持罗马人。

后来在迦太基人遭遇不幸的时候，西法克斯始终没有背叛迦太基人，在每一场战役中都英勇作战，却被自己的手下出卖，成为俘虏，落到了他的死敌马西尼萨手中。不久之后，马西尼萨又俘虏了索福尼斯巴，并强行娶她为妻。罗马统帅西庇阿对此很不满，他担心索福尼斯巴作为迦太基贵族会影响马西尼萨和罗马的同盟关系，强烈反对这桩婚姻，并宣布索福尼斯巴是罗马人的囚犯，要带回罗马处置。最后，索福尼斯巴为了避免成为罗马人的奴隶，被迫服毒自尽。

迦太基灭亡之后，马西尼萨在努米底亚的统治得到进一步巩固，他的后代世袭努米底亚王位。大约在公元前120年，这个国家的宁静被朱古达战争打破。朱古达是努米底亚王室的一个私生子，是当时的国王米西普萨的侄子。米西普萨在临终前将国家分给了他的两个儿子希耶姆普萨尔和阿德巴尔以及侄子朱古达。在这三人中，朱古达是最大胆、最有野心，也最没有原则的一个。他不满足于自己分得的领土，决心成为努米底亚唯一的统治者。于是他谋杀了希耶姆普萨尔（一世），驱逐了阿德巴尔，夺取了整个王国。

阿德巴尔逃到罗马，寻求庇护，罗马元老院最初决定帮助阿德巴尔。但是朱古达设法贿赂元老院的元老，元老院颁布了一项法令，宣布由阿德巴尔和朱古达两人平分努米底亚王国。有罪不罚使杀死堂兄弟、篡夺王位的朱古达更加有恃无恐，他继续犯下新的罪行，他向阿德巴尔宣战，阿德巴尔当然不是他的对手。在得到保证安全的承诺之后，阿德巴尔向朱古达投降，然而朱古达立刻违背诺言将阿德巴尔处死。即使是这样可耻的暴行，也未能唤起罗马元老院的正义感，要不是保民官麦米乌斯在公民大会上公开揭露罗马贵族腐败受贿、贪赃枉法的行径，并说服他们派遣裁判官卡西乌斯前往非洲将朱古达带回罗马受审，朱古达差点又彻底逃脱了惩罚。

朱古达被迫来到罗马，但是通过贿赂和各种手段，他在元老院里结交了很多朋友，如果他的小心谨慎和阴谋诡计同样出色，那他这一次肯定又会在元老院的包庇下全身而退。但是他在罗马城里谋杀自己表弟马西瓦的残忍暴行暴露了，罗马公民们十分愤怒，朱古达不得不逃离罗马。然后罗马人派遣执政官梅特卢斯率领一支军队进军非洲，准备占领努米底亚。朱古达为了保住自己的王国多次和罗马人交战，他狡猾的战术一度使入侵者一筹莫展，远征军失利的消息传到罗马，引起了一片惊慌。但梅特卢斯最终把朱古达赶出了他自己的王国，朱古达不得不向毛里塔尼亚国王波库斯寻求庇护。公元前106年，盖乌斯·马略接手罗马非洲军队的指挥权，将朱古达和波库斯的联军打得大败。波库斯，这位摩尔人国王被失败吓到了，被罗马人说服出卖了朱古达。恣意妄为的篡位者朱古达，在被马略带回罗马参加凯旋式的游行后，被投入地牢，最后饿死。

之后，希耶姆普萨尔（二世）得到了努米底亚的王位，后来又传位给了儿子朱巴。在朱巴统治期间，罗马发生了庞培和恺撒之间的内战。这场冲突蔓延到了非洲沿岸。当初罗马元老院主张由朱巴继任努米底亚王位时曾遭到恺撒的反对，于是朱巴在罗马的内战中站在了庞培一边。然而，庞培一派在非洲被恺撒打得大败。恺撒在努米底亚击败了庞培的岳父西庇阿·梅特卢斯，朱巴为了不被恺撒俘虏，迫不得已请求他的朋友彼得利乌斯将自己刺死。从此，努米底亚王国完全落入罗马人的统治之下。

恺撒太熟悉努米底亚人的生活方式了，所以他不打算建立一个常规的行省来管理他们。他保留了当地人承袭已久的君主制，让朱巴的一个儿子继承了王位。这个儿子也叫朱巴，被称为朱巴二世，当时还很年轻，曾在罗马接受过良好的教育，学习过与他地位相称的各种学问和技能。历史学家认为朱巴二世是一个非常杰出的人物。普林尼经常引用朱巴二世的作品，根据他的说法，朱巴二世热衷于收集各类历史文献。他涉猎广泛，从希腊人、拉丁人和迦太基人以及非洲人的编年史中摘录了所有与自己的国家相关的有价值的材料，并将这些材料以一种有规律的、完整的叙事方式结合在一起编撰成书。但不幸的是，朱巴二世所编撰的这部历史文献已经彻底失传了。

奥古斯都也对朱巴二世青睐有加，每次远征都会让他陪同。在内战结束时，埃及女王克利奥帕特拉的家族被置于罗马的保护之下，奥古斯都把克利奥帕特拉的一个女儿嫁给了朱巴二世，还将毛里塔尼亚王国作为嫁妆。后来，朱巴二世和她生了一个儿子托勒密，继承了努米底亚和毛里塔尼亚联合王国的王位。但是托勒密的人生十分不幸，在他统治时期，国内发生了一场叛乱，最终以巨大的流血牺牲为代价才得以平息。后来他又收到罗马皇帝卡利古拉的邀请，到了罗马却被这个暴君残忍地谋杀了，据说卡利古拉因为觊觎托勒密的财富而谋财害命。

毛里塔尼亚北临地中海，东接努米底亚，南边是马塞西利人的领土，西边是大西洋。其古代的领土范围没有十分确切的记载，大概包括今天的摩洛哥北部和阿尔及利亚西部。

当地的土著毛里人是这个国家最早的居民，毛里塔尼亚的古代神话中一直都有对他们的歌颂和赞美。人们传说毛里塔尼亚的第一位统治者是海神波塞冬。之后继位的是阿特拉斯和安泰俄斯，这两位巨人都以他们和赫拉克勒斯之间的战争而闻名。根据毛里塔尼亚的传说，安泰俄斯击败了赫拉克勒斯的许多军队，但是赫拉克勒斯截击了一支前来支援安泰俄斯的强大的利比亚军队，利比亚人被消灭对安泰俄斯来说是一个致命的打击，而最终安泰俄斯和大部分追随者都被赫拉克勒斯杀死。从此，整个利比亚和毛里塔尼亚都臣服于赫拉克勒斯的统治之下。

在当地人的传说中，安泰俄斯是一个身体如高山般的巨人。赫拉克勒斯和安泰俄斯曾经有一场单独的决斗，赫拉克勒斯好几次将对手摔倒在地，然而只要安泰俄斯落在地上就能重新获得力量。因为他的母亲是大地之神盖亚，只要身体不离开大地母亲的怀抱，安泰俄斯就能源源不断地获得力量。最后，赫拉克勒斯将安泰俄斯举在空中，不让他接触大地，用力扼杀了他。还有一些关于赫拉克勒斯的传说，例如赫拉克勒斯帮阿特拉斯擎天，战胜守卫金苹果园的巨龙并得到金苹果的故事。

关于毛里塔尼亚的早期历史，我们能找到的只有这些神话故事。在朱古达战争之前，罗马人对这个国家几乎一无所知。我们刚提到过，朱巴二世的儿子托勒密曾统治着努米底亚和毛里塔尼亚联合王国。在他被杀后，毛里塔尼亚分裂成两部分，很多年来都没有恢复平静。托勒密解放的一名奴隶埃德蒙起兵反抗罗马，想要为托勒密复仇。这场战争一直持续到1世纪中叶，然后毛里塔尼亚被并入罗马帝国，这个国家的命运和北非其他国家差不多。

第458章

汪达尔人的兴起与衰落

在罗马帝国衰落的过程中，毛里塔尼亚和罗马在非洲的其他领土一样，都遭受了巨大的苦难。周围蛮族的骚扰和帝国政府派来的行政官的贪婪，使这里的人民生活在水深火热之中。大约在4世纪中叶，罗马帝国皇帝瓦伦提尼安将这里的军事指挥权委任给了一个唯利是图的酋长，这个酋长在任时根本没有保护各个行省的安全，他的所作所为更像是那些烧杀抢掠的蛮族的盟友。毛里塔尼亚的许多城市为了避免蛮族的入侵，不得不紧闭城门，但城市周边的村庄却遭了殃。村民们被屠杀，村庄变成了一片火海，葡萄园和果园都被毁坏。

在这段灾难时期，摩尔人的国王纳巴尔的儿子费尔穆斯趁乱谋杀了自己的兄弟，夺取了毛里塔尼亚的统治权。随后，费尔穆斯模仿朱古达，一边向罗马元老院行贿，一边组建军队。当发现贿赂行不通的时候，他立即率领大军进攻驻扎在非洲的罗马军队。这个篡位的摩尔人很快就在努米底亚和毛里塔尼亚树立起自己的权威。当时驻守在非洲的罗马努斯无力抵抗，若不是罗马派遣更具才干的将军狄奥多西迎战费尔穆斯，罗马帝国恐怕已经失去了非洲的领土。一场大战之后，费尔穆斯被狄奥多西击败，被迫放弃努米底亚，撤退到了毛里塔尼亚内陆地区。狄奥多西将他包围在阿特拉斯山的堡垒里，并最终将他俘虏。罗马人准备将费尔穆斯押回罗马，他明白难逃一死，因为朱古达就是自己的榜样。386年，费尔穆斯在非洲自杀身亡。

费尔穆斯之死并没有给非洲带来平静。罗马人将之前没收的费尔穆斯的大量财产还给了其弟吉尔多，为了确保吉尔多对罗马帝国的忠诚，元老院将他封为伯爵，还授予他军事指挥权。后来，吉尔多的野心随着他的实力逐渐膨胀。在狄奥多西成为罗马帝国皇帝之前的纷争中，他宣布自己为非洲的君主。在12年的时间里，他在努米底亚和毛里塔尼亚施行暴政。最后，在狄奥多西的儿子霍诺里乌斯统治时期，一支大军被派往非洲讨伐吉尔多。早有准备的吉尔多对迎战罗马人胸有成竹。他在盖图利亚沙漠和阿特拉斯山谷中招募了大批土著，因为他们将吉尔多视为世袭的君主。凭借一支7万人的大军，吉尔多夸口说罗马军队肯定会被自己的骑兵踩在脚下，赶进海里。然而，罗马人在第一次战斗中就大获全胜，让吉尔多备感绝望。他被自己的军队抛弃，只得登上一艘战船逃往希腊，但是风向相反，水手们被迫返回了非洲。吉尔多成为罗马人的俘虏，被关进地牢，他追随费尔穆斯的榜样，于413年自杀身亡。

在这场叛乱发生几年之后，盖萨里克率领入侵西班牙的汪达尔人越过直布罗陀海峡，在毛里塔尼亚建立了自己的根据地。汪达尔军队人数最初不超过5万，但他们从摩尔人中招募了大量的士兵。那里的摩尔人对罗马的统治不满已久，想抓住这个机会摆脱罗马人的束缚，并跟随汪达尔人向罗马人复仇。撒哈拉沙漠和北部山区成千上万的蛮族加入了盖萨里克的军队。他们还接受了刚刚被驱逐出天主教会、饱受压迫的多纳图派加入自己的队伍。整个非洲被汪达尔人和他们的土著盟友组成的联军蹂躏得惨不忍睹，抵抗者全部被杀死。汪达尔人攻陷一座城市之后就会血腥地屠城，无论男女老少，只要被怀疑藏匿财物，就会遭到严刑拷打。

蛮族将果树和葡萄藤连根拔起，将房屋和教堂变成一堆瓦砾，甚至肆意屠杀当地居民，所到之处尸横遍野，常常因为尸体得不到掩埋而引发瘟疫。439年，汪达尔人占领了迦太基新城，将城里洗劫一空。由于他们残忍的杀戮，整个北非都弥漫着血腥和凄凉的气息。盖萨里克在迦太基称王，准备入侵意大利，继续进攻罗马人。为了实现征服意大利的计划，同时也为了保证自己的安全，盖萨里克决定先组建一支海军。阿特拉斯山的峡谷里有大量的木材，附近沿海城市的居民也都熟悉造船技术，于是汪达尔人很快就组建好了一支强大的舰队。蛮族在意大利成功登陆，于455年占领了罗马，并将这座伟大的城市洗劫一空。

汪达尔人在罗马城中的掠夺持续了14个日夜，把所有能找到的财物全部装船准备运走。在这些战利品中，两种宗教的华丽圣物的命运为展示凡间事物的不确定性提供了一个有益的例子。装饰罗马朱庇特神殿的镀金青铜屋顶被拆掉，要被汪达尔人运往非洲。汪达尔人还从和平神殿里抢走了犹太人的神器——黄金祭桌和7枝烛台，据说这是按照耶和华的亲自指示设计的，当初提图斯征服朱迪亚时，曾将这些神器作为战利品带回罗马向自己的同胞们炫耀。盖萨里克夺取了罗马城所有的财富，他准备用这些战利品来装饰自己的都城迦太基。然而，装着这些珍宝的船在进入非洲港口时沉没，或许有一天，人们会在巴巴里海岸的沙滩里找到这些珍宝，就像人们最近将沉睡在地下数千年的古城尼尼微的壮观遗迹发掘出来一样。

盖萨里克轻而易举地占领了西罗马帝国的都城，但他并不打算永久性地征服意大利。他把成千上万的俘虏带回了非洲并分给了自己的追随者，这些俘虏中包括一些罗马名人。瓦伦提尼安皇帝的遗孀尤多克西亚也沦为汪达尔人的阶下囚，她的大女儿成了盖萨里克继承人胡内里克的妻子。汪达尔人与罗马王室的联姻使他们有了夺取罗马的权力，在那个时代的人看来，这种姻亲关系似乎可以证明后来这个民族对罗马帝国及欧洲频繁入侵从某种程度上来说是合理的。从此，盖萨里克成为地中海的统治者，凭借强大的海军，他使所有地中海沿岸的国家始终处于深深的恐惧之中。

最后，东罗马帝国皇帝利奥一世决心把罗马从汪达尔人带来的严重祸患中解救出来。他从君士坦丁堡派出一支由1 100艘战船和41万名士兵组成的庞大远征军征讨盖萨里克。一开始，利奥一世的军队略占优势，但汪达尔人更加精良的装备扭转了战局。汪达尔人把火船开到利奥一世的舰队中间，让整个舰队毁于一旦。盖萨里克再次成为地中海无可争议的主人，直到汪达尔王国于533年终结时都没有再受到东罗马帝国的攻击。

汪达尔人在非洲的半个世纪里，陆地和海洋上都没有遇到敌手。但是查士丁尼成为东罗马皇帝之后，再次试图收复非洲。盖萨里克的权杖已经传给儿子胡内里克、孙子希尔德里克。性情温和的希尔德里克不适合统治这种以军事立国的国家，于是他在遭遇失败之后被盖利默废黜。自立为王的盖利默在汪达尔人中间享有很高威望，还统领着一支15万人的军队，自认为完全可以应付东罗马帝国派来的任何军队。

查士丁尼军队的统帅是贝利撒留，是那个时代最杰出的军事统帅。贝利撒留在非洲登陆时就遭到了盖利默率领的汪达尔人的袭击，但是罗马人只用一场短暂的战斗就轻松击溃了他们，盖利默不得不逃进沙漠。贝利撒留赢得这场重要的胜利之后，迦太基就投降了，市民们迅速打开城门，欢迎东罗马帝国派来的救星，为了迎接贝利撒留，他们还举行了一场壮观的庆典仪式。

盖利默虽然被打败了，但并没有完全屈服。他的军队虽然溃散，但并没有被消灭，而他的追随者除了战斗无事可做，所以他们也很愿意支持盖利默继续和罗马人作战并夺回王位。摩尔人对盖利默的不幸表示同情，也很想跟着他大肆劫掠，于是盖利默的军队补充了一些善战的摩尔人士兵。此外，汪达尔人再一次得到了基督徒的帮助——非洲的阿里乌斯派信徒认为，查士丁尼的胜利会使他们的教义被新的统治者排斥，纷纷加入了盖利默的军队。就这样，盖利默再次集结一支新的军队，人数甚至超过了贝利撒留的军队。

但最终，贝利撒留的军队再次赢得了胜利。战败的盖利默逃离了战场，摆脱了追捕他的轻骑兵。贝利撒留明白，盖利默已经逃进了毛里塔尼亚的山区，再继续追捕也是徒劳，便放弃追索，在迦太基城建造营地准备过冬。地中海沿海地区的居民都臣服于贝利撒留，现在的的黎波里、突尼斯和阿尔及利亚，向西一直延伸到塞布特姆镇，也就是现在直布罗陀海峡附近的休达市，都属于查士丁尼的统治范围。

盖利默逃到阿特拉斯山脉中的帕布亚山，他在那里被罗马军队围困了很长一段时间，最后粮草断绝不得不投降，这也宣告罗马人完成了对巴巴里的征服。他被押回君士坦丁堡，走在贝利撒留凯旋式游行队伍的前面。当他作为俘虏在征服者的战车旁边走过街道时，还失魂落魄地不断重复着一句话："一些都是泡影！一切都是虚幻！"然而，举行完凯旋式之后，查士丁尼慷慨地赦免了盖利默，并在小亚细亚一个气候宜人的地方为他准备了一个大庄园，让他在那里安度余生。

从那之后，这些跟随盖萨里克从西班牙进入非洲的蛮族的后代，在历史上作为一个单独的民族就不复存在了。汪达尔士兵加入查士丁尼的军队，汪达尔人和其他的民族不知不觉融合在一起了。除了沙漠边缘的旅行者偶尔能看到皮肤白皙、头发金黄的人，我们已经找不到这支日耳曼部落征服过巴巴里国家的明显证据了。

很快，查士丁尼在非洲的领土再次被摩尔人不安分的精神扰得稀乱。摩尔人自认为有资格获得汪达尔人被迫放弃的统治地位，他们从阿特拉斯山一路杀到海岸，占领了从现在的阿尔及尔到大西洋东岸之间的所有土地。所罗门，拜占庭帝国的非洲总督随即率军向摩尔人发动进攻。他将6万摩尔军队彻底击溃，追奔逐北，直至深山。然而，这场胜利也带来了巨大的负面影响，连年的战争使非洲各行省变得人烟稀少，到处都是一片荒凉，在这片土地上的旅行者甚至一整天都见不到一个人。

汪达尔王国的人口曾经多达60万人，现在已基本消失，死于战争的摩尔人更多；另一方面，罗马人和他们的盟友死于蛮族的刀下和非洲恶劣天气的人数相当于汪达尔人和摩尔人死亡人数的总和。普罗柯比是记载这一系列毁灭性战争的拜占庭历史学家，当他第一次随贝利撒留登陆非洲的时候，这片土地上稠密的人口和他们的勤劳令他感到震惊。然而，还不到20年，这片生机勃勃的地方几乎变成了杳无人烟的荒野。500万人死于战争、饥荒和疾病。长期的虚弱和分裂接踵而至，当萨拉森部落从埃及入侵这片土地时，北非混血的人们终于被唤醒了，就像从长时间的沉睡中醒来一样，而这也揭开了巴巴里诸国现代历史的序幕。

第459章

利比亚

利比亚的名字最初来自希腊人，他们将除了埃及的整个非洲称为利比亚。后来，利比亚专指现在由巴卡、奥吉拉绿洲、阿蒙和迈尔迈里卡的沙漠地带组成的国家。这个地区最重要的部分是昔兰尼加。昔兰尼加地区北面是地中海，东与埃及相邻，南面是撒哈拉沙漠，西面是锡德拉湾。这个国家的大部分地区被沙漠覆盖，但沿海地带是一片肥沃的土地，盛产棕榈树、橘子和柠檬。国家的边界都没有严格界定，因为在很大程度上这里没有政府进行统治。

昔兰尼加这个名字来源于斯巴达殖民者在这里建立的城市昔兰尼。后来，又有四座城市在这里建立起来，因此，这里又被称为“五城”。这些希腊殖民地中年代最久远者昔兰尼的历史，是希罗多德以他惯常的方式把真实的历史事件和迷信时代的传说结合在一起来叙述的。根据他的记载，当时有一群斯巴达流浪者，从一个地方流浪到另一个地方，最后请示神谕，询问他们应该在什么地方安

昔兰尼的陵墓和纪念碑遗迹

顿下来。神谕指示他们前往利比亚——这是非洲在当时的名字——定居。他们遵照神谕，来到了这片荒凉之地，在海边一块满是岩石的高地上建立了昔兰尼城。人们通常认为，公元前650年，斯巴达殖民者在领袖巴图斯的带领下完成了这项事业。

之后，阿克西劳斯接替巴图斯成为这个殖民地的领袖。在他死后，又有一批希腊人来这里定居。这个殖民地的力量不断壮大，这让附近的非洲部落感到恐惧，他们向埃及法老阿普里伊求助，希望他派兵抵抗希腊入侵者。于是，一支埃及军队被派往昔兰尼，希腊军队在特斯达泉与这支军队相遇，把他们赶回了埃及。昔兰尼人保卫了自己的安全，但很快又发生了内讧，很多人离开了昔兰尼，在西边不远处建立了新的城市巴卡。后来，巴卡和昔兰尼之间发生了战争，埃及被邀请前来干涉。埃及当时正处于波斯人的统治之下，波斯总督阿甘德斯派遣了一支陆军和舰队攻占巴卡，那里的居民全部成了昔兰尼人的俘虏，并惨遭自己同胞们残忍的屠杀，巴卡就这样覆灭了。后来，巴卡遗址附近又出现了一个同名的小海港。

昔兰尼加之后的历史出现了空白，几乎找不到任何相关的记载，直到亚历山大时代，根据亚里士多德的记载，当时的昔兰尼加政府是共和政体。亚历山大大帝死后，埃及国王托勒密一世在这里建立了自己的权威，他的继子马加斯统治昔兰尼加达半个世纪之久。托勒密王朝一直是昔兰尼加的统治者，直到罗马人占领埃及，昔兰尼加也成了罗马的领土。然而，昔兰尼加的五座城市各自拥有自治权和统治者，罗马的权威只是名义上的。

因此，整个昔兰尼加成了内乱的牺牲品，许多野心勃勃的城邦统治者都渴望成为这个地区唯一的君主。在第一次米特拉达梯战争期间，罗马将军卢库卢斯来到昔兰尼加，他在一定程度上恢复了这里的宁静。然而公元前70年罗马将五城正式设置为自己的一个行省，这片土地才真正安定下来。后来，昔兰尼加又归克里特政府管辖，从这时起，昔兰尼加逐渐在历史舞台上消失无踪。那些城市似乎被遗弃了，已经变成了一片废墟，但是人们为什么会遗弃这里，不得而知。波斯国王库思老二世彻底消灭了这片土地上的希腊居民。他在616年占领了叙利亚和埃及，接着挥军西进，一直征服到突尼斯边界。如果说波斯军队还留下了一些希腊移民的残余，那他们肯定也被后来征服这里的萨拉森人彻底消灭了，总之，昔兰尼加再也没有了希腊人。

迈尔迈里卡指的是埃及西部边境一片贫瘠多沙的地区，居住着一些与现在的贝都因人相似的民族。这个民族被称为迈尔迈里卡人，他们以行动敏捷和擅长治疗蛇咬而闻名，关于他们的历史，我们一无所知。

在昔兰尼加和迈尔迈里卡南边，是被沙漠包围的奥吉拉绿洲和阿蒙。奥吉拉绿洲从古至今都以富饶闻名。著名的朱庇特神庙坐落在阿蒙的绿洲里，我们之前提到过，亚历山大大帝征服埃及之后曾来到这里的神谕所寻求指示。希腊历史学家将阿蒙的古代君主称为国王，但是在亚历山大时代，阿蒙的最高权力掌握在朱庇特神庙的大祭司手中。这个地区的具体位置没有十分确定的说法，应该是沙漠里的一片平原地带，长约14英里，宽约8英里，有泉水和一座古塔的遗迹。这里人迹罕至，因为不在商路上，所以几乎没人来过。唯一的居民是一群阿拉伯人，他们几乎与世隔绝。

第460章

巴卡和的黎波里

前面已经提及，巴巴里诸国指的是位于非洲北部的几个国家，包括的黎波里、突尼斯、阿尔及尔和摩洛哥。我们现在简单介绍一下这几个国家的近现代史。

巴卡位于这一地区的最东部，与古代的昔兰尼加几乎重合。一些地理学家把这里直接称为沙漠，而另一些地理学家则认为这里是一个王国。关于这一地区，几乎没有历史记载，大部分地方至今仍然被游牧部落占据着，和希罗多德时代几乎没什么差别。当萨拉森人占领北非时，他们将巴卡设为首府，这片土地便处于穆斯林的统治之下了。当时埃及总督残酷地压迫巴卡人，大部分巴卡人便抛弃自己的故乡逃亡而去。巴卡的人口锐减，它的历史也湮没了数百年。直到14世纪，似乎有一些地中海的商人经常往返于巴卡，我们发现一个自称“非洲之王”的穆斯林酋长布萨切里诺和当时的热那亚共和国签订过一个商业条约，允许热那亚人在的黎波里和巴卡地区经商。大约在16世纪中叶，的黎波里和巴卡被土耳其人征服，土耳其苏丹苏莱曼委任了一名帕夏来管理这两个地区。

在1805年美国与的黎波里的战争中，巴卡被美国的伊顿将军率军征服。这位将军具有旧时骑士的那种勇气和冒险精神，他率领一支由9名美国水手、20名希腊人、500名阿拉伯人和土耳其人组成的军队从埃及向巴卡进发。经过两个月的行军，他们穿过炽热的沙漠，到达了的黎波里摄政统治区的第二大城市德尔纳。一座古堡保卫着这座城市，但伊顿将军果断地发起了袭击。经过两个小时的激战，美军占领了德尔纳。就这样，美国国旗有史以来第一次在非洲大地上升起。德尔纳的陷落让的黎波里的土耳其帕夏感到非常恐惧，他立刻同意了伊顿提出的和平条件。这是巴卡在历史上留下的最后记录，由于几乎没有旅行者到过这里，所以我们对巴卡的现状一无所知。

德尔纳和班加西是巴卡仅有的两座城镇。德尔纳是一个海港，地理位置优越，大约有5 000名居民，周围有很多橘树和柠檬树，土地非常肥沃，可以养活很多人口。城市经过仔细的规划，但多数房屋都比较矮小，基本上都是用鹅卵石和黏土建造的。这里政局不稳，因此很难发展成一个繁荣的贸易中心。班加西就是希腊作家笔下的赫斯珀里斯，也就是托勒密王朝时期的贝雷尼塞。班加西曾经是一座辉煌的城市，但现在变成了一个小村庄，周围是一片废墟，散落的古代建筑和雕塑的遗迹诉说着这里曾经的繁华。

的黎波里西边与巴卡毗邻，北边是地中海，东边和南边都是沙漠地带。这里虽然是沙地，但是和巴卡相比却要肥沃得多。的黎波里夏天不下雨，冬天的时候植被最茂盛。的黎波里的历史与其他巴巴里国家的历史紧密相关。当萨拉森征服者巩固了自己在北非的权力，摆脱了埃及的统治者之后，的黎波里就一直处于西方的阿拉伯王朝的统治之下。12世纪时，这个国家曾被西西里国王罗杰二世短暂地占领了一段时间。随后，的黎波里被并入突尼斯。在萨拉森人征服之后的蒙昧中，的黎波里不再吸引欧洲的注意，也很少被历史学家提及，直到16世纪初，巴巴里海盗的猖獗才使人们再次关注北非地区。

1510年，西班牙袭击了的黎波里，并成为这座城市的主人。20年后，神圣罗马帝国皇帝查理斯五世把的黎波里连同马耳他岛一起送给了被土耳其人赶出罗德岛的耶路撒冷圣约翰骑士团。此后，这些骑士统治着的黎波里，直到1551年土耳其帕夏希南和著名的海盗德拉古特·雷斯指挥一支土耳其军队把他们驱逐出去。德拉古特·雷斯的海盗军团由奥斯曼帝国政府投资，服从土耳其苏丹苏莱曼的统治。随后，的黎波里成为海盗头子统治的国家。在海盗头子的领导下，的黎波里人恢复了海盗的传统，开始大肆劫掠地中海基督教国家的商船。1675年，约翰·纳伯勒爵士率领一支英国舰队袭击了巴巴里海盗；1683年，法国舰队再次袭击了这些海盗，他们炮击的黎波里，并迫使帕夏派出一个使团前往法国向路易十四道歉。

尽管受到了这些惩罚，也签订了一些约束性的条约，但是只要海盗们不受惩罚，还能得到的黎波里的奖赏，他们就不会让海上的任何一艘船只逃脱他们的魔爪。的黎波里人把俘虏当作奴隶，和其他巴巴里国家一样，他们也向基督教商业国家勒索贡金。

1801年，的黎波里和美国之间爆发了一场战争。前面已经提及，美国将军伊顿率领一支远征军从的黎波里人手中夺取了德尔纳。1804年，美国海军准将普雷布尔指挥一支舰队炮击的黎波里，并于次年签下和约。然而，和平没有维持太久，1812年，美英再次爆发战争，美国和的黎波里再次发生了冲突。美国的舰队轻松地打败了巴巴里诸国，他们放弃了所有向过往商船征收贡金的要求，我们会在阿尔及尔的历史中加以介绍。

土耳其人在的黎波里的统治一直持续到1714年，帕夏由土耳其苏丹任命，常备军也由土耳其负责维持。1714年，的黎波里人发动了一场国内革命，由本地的王公建立了一个正规的王朝，极大地削弱了土耳其苏丹在这个国家的影响力。尽管的黎波里继续承认土耳其苏丹是他们名义上的统治者，但实际的统治者一直是摩尔人。然而此后的的黎波里一直内乱不断。

的黎波里的人口约有60万人。它的首都的黎波里城是当时与非洲内陆最富饶的两个国家博尔努和豪萨进行国际商业交流的中心。这座城市有一座华丽的宫殿和一些漂亮的清真寺，不过规模和数量都比不上巴巴里西部各国的大城市。的黎波里约有2.5万居民，主要从事商业和制造业，农业人口很少。城市附近有一些值得关注的古代遗迹，其中包括一座凯旋门。①

① 巴卡和的黎波里都已成为历史地理名词，都是现在利比亚的一部分，的黎波里的首都的黎波里城为现在利比亚的首都。——编者注

第461章

突尼斯和阿尔及利亚

突尼斯位于的黎波里西面，北面和东面是地中海，西面是土耳其统治下的阿尔及利亚，南边是布莱德·埃尔杰里德地区。突尼斯虽然是巴巴里诸国中面积最小的国家，但其重要性不容忽视。突尼斯南部地区多沙而贫瘠，北部地区则肥沃富饶。卢多湖就位于这个国家，也就是古代地理学家所说的特里托尼斯湖。罗马人将突尼斯称为非洲本土，是迦太基共和国和迦太基城的所在。

萨拉森征服者在脱离埃及的最高统治者后，在巴巴里建立了他们的帝国，定都突尼斯的开尔万。统治这片领土的是一位被称为埃米尔的总督，他被赋予这个国家最高的权力。突尼斯一直处于持续不断的战争和内乱当中，直到1206年，摩洛哥出现了一个新的王朝。由于这一变化，突尼斯的总督宣布独立，自称为苏丹，于是他成了突尼斯拉西斯家族的始祖，这个家族的成员被认为是突尼斯最早的国王。突尼斯很快就把领土扩张到了邻近的领土君士坦提纳、

君士坦提纳城

巴卡和的黎波里。突尼斯宫廷极其辉煌，而这个国家的海盗遍布整个地中海，在海上拦截支援圣地十字军的物资。1270年，被称为圣路易的法国国王路易九世远征的黎波里，他希望这个国家的穆斯林君主皈依基督教，或者征服这个国家，但是这个计划遭遇惨败，路易九世本人也死在了迦太基的废墟中。

突尼斯最后一位拉西斯家族的国王是莫利·哈西姆。1513年，著名的海盗巴巴罗萨·海雷丁在土耳其苏丹的支持下占领了阿尔及尔，成为巴巴罗萨二世，随后他剥夺了莫利·哈西姆的王位。被驱逐的突尼斯国王逃往欧洲向神圣罗马帝国皇帝查理五世求助，查理五世派遣一支远征军击败了臭名昭著的海盗头子，并于1535年恢复了莫利·哈西姆的王位。1574年，土耳其苏丹塞利姆二世派遣了一支4万人的军队征服了突尼斯，从那以后，突尼斯就成为奥斯曼帝国的附庸国。到了17世纪末，土耳其人实际上已经丧失了对突尼斯的统治权，突尼斯贝伊掌握了这个国家的权力。阿尔及尔的总督紧接着也篡位成功，这一行动又引发了一系列革命，1782年，革命者获得成功，这个国家终于迎来了和平安定，并一直维持到现在。这个国家现在的统治家族是一个希腊改变信仰者的后裔。

突尼斯的人口约有200万人，首都突尼斯城位于迦太基旧址，拥有得天独厚的地理条件，是巴巴里诸国中最大的城市。就像大多数气候温暖的城市一样，突尼斯的街道非常狭窄。城里的大清真寺非常雄伟，耗费巨资新建的宫殿完全按照摩尔人的建筑风格建造，是巴巴里最精美的建筑之一。突尼斯人已经完全放弃了他们的海盗行径，现在都从事制造业。他们有许多工厂，主要生产天鹅绒和丝绸制品，黎凡特地区流行的一种红帽子也产自这里。他们还与非洲内陆进行大量的贸易，以获取黄金、象牙和鸵鸟毛。这个城市的人口大约是13万人。萨拉森人建立的城市开尔万也是突尼斯的大城市之一，很长时间以来都是他们在北非的首都。城里有一座雄伟的清真寺，由500根巨大的花岗岩石柱支撑着，据说是非洲最优雅、最受崇敬的清真寺。

阿尔及利亚，是法国人于1830年征服这片土地之后为它起的名字。这个国家位于突尼斯和摩洛哥之间，北面是地中海，南面是撒哈拉沙漠。与突尼斯相比，这里的沙漠更少，土壤更肥沃，气候也更温和。这里山峦更高，雨水更丰富，有更多的泉水和溪流，植被也更茂盛、更多样化。阿尔及利亚西部是世界上水源最丰富的地区之一。

当摩尔人被从西班牙赶走之后，西班牙国王斐迪南派遣红衣主教西曼乃斯和唐·佩德罗·纳瓦罗率领一支远征军渡海进攻巴巴里海岸上的城市奥兰。远征军很快占领了奥兰和周边的城镇。第二年，西班牙人占领了阿尔及利亚对面的一座小岛，并在岛上建了一座堡垒。摩尔人向土耳其海盗乌鲁兹·雷斯求助，乌鲁兹·雷斯在地中海横行无忌，让整个基督教世界恐惧。他帮助摩尔人进攻西班牙军队，获得了一些胜利，并成为阿尔及利亚的君主。但是他的暴政激怒了阿尔及利亚人，最后他被愤怒的起义军处死。他的兄弟，另一个海盗头子巴巴罗萨·海雷丁继承了王位，并得到了土耳其苏丹的承认。

1541年，神圣罗马帝国皇帝查理五世装备了一支强大的远征军，意图征服阿尔及利亚。这支远征军包括2.5万名士兵和一支庞大的舰队。查理五世亲自率军出征，在阿尔及尔附近安全登陆。这座城市由一支不到5 000人的军队守卫，军队指挥官哈桑拒绝投降。正当西班牙人准备发起进攻时，一场猛烈的暴风雨席卷而来，将整支西班牙舰队摧毁，远征军的物资和弹药也损失殆尽。阿尔及尔躲过一劫，西班牙人被迫撤退，并因为这项伟大事业的失败而深感屈辱。然而，西班牙人占领了奥兰，直到1712年才被夺走。

此后，阿尔及利亚人不再畏惧西班牙人，他们转而成了世界上最著名的海盗，让地中海沿岸的基督教国家长期都对他们怀有审慎的恐惧。无人能够惩治和劫掠的成功，让他们愈发地骄傲自大，并认为自己不可战胜。16世纪，他们进入大西洋，洗劫那些不向他们缴纳贡金国家的商船。克伦威尔统治时期，他曾派遣海军上将布莱克率领一支英国海军中队前去讨伐这些海盗。英国舰队的威力迫使阿尔及利亚海盗们不得不对英国的国旗表示敬意。在路易十四统治时期，法国也派遣一支海军中队炮击阿尔及尔。1775年，一支西班牙军队在奥雷利将军的率领下进攻阿尔及尔，但是没有成功。荷兰、丹麦和瑞典不得不向阿尔及利亚海盗缴纳贡金来换取商船在地中海的安全。奥地利和俄罗斯则因为与土耳其苏丹签订了受到特殊保护的条约而幸免于海盗的掠夺。

意大利半岛的沿海国家是这些海盗的最大受害者。阿尔及利亚和其他巴巴里国家的海盗们不仅掠夺意大利的船只和货物，而且把他们的船员变成奴隶，要么在市场上出售，要么用铁链把他们锁着去服苦役。这些奴隶被残忍地奴役，没有任何逃脱的希望，除非向海盗支付巨额赎金。因此，海盗活动成了巴巴里诸国政府和个人投机者的一棵摇钱树。但是，随着英国和法国海军力量的增强，在18世纪，巴巴里海盗的活动已不那么频繁了。

后来，阿尔及利亚海盗袭击了美国的商船，美国人使他们遭遇了灭顶之灾，而整个地中海的海盗活动也被彻底摧毁。在美国成立之初，其商船没有军舰护航，吃了阿尔及利亚海盗不少苦头。和很多欧洲国家一样，美国政府也曾向巴巴里诸国缴纳贡金，但到了1815年，美国人决定不再忍受这种耻辱。美国政府派遣海军准将迪凯特率领一支海军中队远赴地中海。美国海军很快俘虏了两艘阿尔及利亚军舰，然后迅速来到阿尔及尔海岸边展开进攻。两艘军舰被美军俘虏的消息令阿尔及利亚总督备感震惊，加上美国海军在英美战争中赢得的声誉，他立刻同意了迪凯特提出的所有条件，赔偿美国人被海盗抢走的全部财产，永久取消缴纳贡金的要求，并释放所有的基督徒俘虏。迪凯特迫使其他巴巴里国家的统治者和阿尔及利亚总督一样，放弃了缴纳贡金的要求。就这样，美国第一个摆脱了这种令人憎恶的耻辱掠夺，也为其他国家树立了一个榜样。

美国人的做法引起了欧洲的注意。在维也纳会议上，欧洲各国商讨了关于巴巴里诸国的事宜，决定效仿美国人的做法。会议通过了一项决议，决定以武力结束阿尔及利亚对基督徒的压迫。于是1816年，埃克斯茅斯勋爵率领一支英国舰队前往地中海，阿尔及尔遭到他们猛烈的炮击，阿尔及利亚总督被迫接受和美军准将迪凯特提出的差不多的条件。

但是即便如此，阿尔及利亚海盗的活动还是没有彻底停息。他们无法无天、狂妄自大的精神还没有被完全摧毁。阿尔及利亚人修复了都城的城防，并使这座城市变得比以前更加坚固。这些海盗们不久之后就发现自己又足够强大了，足以向基督教势力再次发起挑战。他们首先袭击了法国人的商船，而法国大使提出了严正抗议，在他和阿尔及利亚总督的激烈争执中，愤怒的总督用扇子敲打了他的头。法国政府对这种侮辱极为不满，于是向阿尔及利亚宣战，派出了一支强大的军队进攻阿尔及利亚。1830年5月，布尔蒙将军率领3万名士兵从马赛出发，在阿尔及尔附近的西迪·菲鲁奇湾登陆。阿尔及尔无法抵抗法国人的进攻，很快就投降了。法国人占领了这座城市，阿尔及利亚总督被迫退位，他被允许前往意大利。

法国人在总督的国库里发现了巨额财富，这正好补偿了他们的军费。但是后来他们的运气就没这么好了，法国人不仅要占据阿尔及尔，还要将整个国家都开拓成殖民地。但是他们的这一尝试遭遇了灾难般的后果，所有试图安抚周边阿拉伯人的努力都是徒劳的，而他们与阿拉伯人之间长期敌对所造成的损失，远远超过了占领这

阿卜杜·卡迪尔

些土地所带来的军事利益和商业利益。事实上，法国人征服阿尔及尔已经变成了这个时代同类事业中最无益的反面典型，而且毫无疑问，法国政府一直不愿意正式放弃阿尔及利亚殖民地没有任何其他原因，仅仅是为了所谓的民族自豪感而已。

在殖民阿尔及利亚时与当地人的战争中，法国人遇到了一个可怕的敌人，阿拉伯酋长阿卜杜·卡迪尔。这位酋长骁勇善战，在抵抗侵略者的进攻中表现出了惊人的勇气和毅力。他拥有杰出的军事指挥才能，行动迅速，加上他熟悉地形，所以法国人很长时间都无法将他击败。即使他在战斗中失利，也能很快重整旗鼓，再次集结和之前一样多的追随者继续和法军作战。他通过不断袭扰使法国人疲惫不堪，伏击他们的补给线，切断他们的联系，法国人在持续的战斗中精疲力尽，加上补给不畅和非洲的天气，他们不得不逃回营地。

最后，法军在1845年对他们的非洲敌人进行了一次可怕的报复行动，这种残忍的屠杀可以说是泯灭人性的。那是在盛夏时分，佩利西耶上校率领一支军队追击一支卡拜尔人部落。这个部落是北非的柏柏尔民族之一，他们居住在巨大的山洞里，这些山洞错综复杂，里面都是像迷宫一样的通道，法国人对这种复杂的地形无能为力，因此他们从未臣服于侵略者。遭遇佩利西耶之后，他们逃进了山洞避难。法军包围了一个巨大的山洞，在洞口堆了一大堆柴火，佩利西耶让人告诉洞里的卡拜尔人，如果不出来投降并交出武器和马匹，就点火把他们全部熏死。一开始，卡拜尔人拒绝了，但后来又说，如果法国人愿意后退一段距离，他们就答应投降。佩利西耶自然不同意这个请求，于是就点燃了柴火。

法国人很快听到洞穴里传来了可怕的喊叫声，后来才知道那是卡拜尔人的争吵声，他们在争论要不要投降，一些人同意，而另一些人则坚决反对。争吵过后，反对投降的占了上风，不过也有几个人跑出来投降。佩利西耶继续劝他们投降，但被坚定地拒绝了。一些妇女试图逃出山洞，但被自己的丈夫杀死了，看来他们都下定决心一起赴死。佩利西耶下令将火熄灭，将一面白旗扔进山洞表示休战，但卡拜尔人的回应是一阵射击。于是，火堆被再次点燃，山洞里不断回荡着卡拜尔人的惨叫声。一段时间之后，惨叫声停止了，只听见火堆里的树枝传来噼里啪啦的燃烧声。

把火扑灭之后，法国人进入了山洞。山洞里还冒着令人窒息的浓烟，约有1 000人困在洞里，几乎全部窒息而死。有的尸体的头部还卡在岩石的缝隙里，显然是生前挣扎着想要呼吸，有的掉到了深渊一样的石缝里，有的被滚烫的碎石砸死，还有的被和他们一起逃进洞穴的牛踩死了。1 000多名男女老幼只有37人幸存下来。这个部落就这样被彻底消灭了。

阿卜杜·卡迪尔在很长一段时间里都是法国人的眼中钉，他给法国人造成了惨重的人员和财力损失。最后法国人抓住了他，将他押回法国囚禁。从这以后，当地人很少再进犯法国人在阿尔及利亚的殖民地。

阿尔及利亚的总人口约为200万人。首都阿尔及尔建在一个面向地中海的倾斜高地上。从海上看，城里的街道层层叠叠，群山环绕，呈现出壮观的景象。然而，走进城里之后就会发现这些美景都消失无踪了，整个城市变成了一个由脏乱小巷组成的迷宫。不过城里还是有几座宏伟的建筑，尤其是富丽堂皇的宫殿和宽敞的大清真寺。法国人在这里建造的兵营也非常精美，有喷泉和大理石柱子装饰。自从阿尔及尔被法国人占领以来，人口大大减少了，现在估计有2.5万居民。阿尔及利亚西部的城市特莱姆森非常美丽，这个地区水源充足，有2万人。海岸上的城市奥兰已经破败不堪，但最近被法国人修复，大约有4 000名居民。位于东部的君士坦提纳就是曾经作为努米底亚首都的古城锡尔塔，那里风景如画，河岸两边的悬崖峭壁尤其壮观。这座城市周围是一片废墟，散落着一些令人惊叹的古迹，人口大约1.5万人。法国人经过漫长而血腥的围攻，最后占领了这座城市。

第462章

摩洛哥

摩洛哥帝国包括摩洛哥和菲斯两个王国，它位于巴巴里诸国的最西边，是几个国家中面积最大，也是最重要的国家。摩洛哥帝国北面是地中海，西临大西洋，东边与阿尔及利亚和布莱德·埃尔杰里德接壤，南边是撒哈拉沙漠。

这片土地大多是山地，平原地带土地肥沃，雨水丰沛。阿特拉斯山脉南部是干旱地区，不能种植粮食，但出产世界上最好的椰枣；还有一种山羊，这种山羊的皮制品被称为“摩洛哥革”。

摩洛哥皇帝

当萨拉森人在北非建立起统治时，菲斯是他们的都城之一。1054年，来自大沙漠的穆斯林阿尔摩拉维德人建立了摩洛哥城。他们入侵西班牙，于1186年在萨拉卡战役中打败了卡斯蒂利亚国王阿方索六世。穆斯林将他们的统治范围扩大到了阿尔及利亚、撒哈拉沙漠、廷巴克图和苏丹。绰号为“曼苏尔”（意为“胜利者”）的阿布·雅各布于1181年即位为摩洛哥国王，他是一位勇敢的统帅，具有高超的军事指挥才能。在他统治期间，各自独立的菲斯王国和摩洛哥王国再度统一，他征服的功绩一度向东延伸至突尼斯。他在西班牙的战争也取得了胜利。

阿布·雅各布的晚年比较悲惨，因为违背自己的诺言处死了一个原本答应赦免的摩尔隐士，他非常内疚和痛苦，最后变得精神失常，直至失踪。据说他成了一个流浪者。在这一时期，西班牙的一部分领土处于摩洛哥帝国的统治之下，但是到了13世纪，摩洛哥帝国失去了在西班牙的领土，并因为内战和动荡陷入了长时间的分裂。大约在1 500年前后，一个名叫穆罕默德·本·艾哈迈德的摩尔人自称是先知的后人，并计划让自己的一个儿子登上摩洛哥王位。他先是让3个儿子前往麦加朝圣，在那里获得名望。等他们一回到摩洛哥，就对摩洛哥人产生了巨大的影响。由于穆斯林所有的政治权力都或多或少地与宗教有关，所以穆罕默德·本·艾哈迈德的计划成功了。他的长子成为摩洛哥的统治者，他的后代至今统治着这个国家。

自从摩尔人在西班牙的统治被推翻以来，他们与欧洲国家之间几乎没有联系。穆雷·西迪·穆罕默德于1757年继位后，便投入到与法国、西班牙和葡萄牙的战争中。他于1790年去世，而王位则成了他儿子们争夺的目标。最终，穆雷·索里曼赢得了王位，并于1795年与美国签订条约。与此同时，他还派遣了一支军队前去支援埃及的土耳其人，帮助他们抵御拿破仑率领的法国军队的入侵。他于1822年去世，他的侄子穆雷·阿卜杜勒·拉赫曼继位。在他统治期间，摩洛哥曾试图进攻阿尔及利亚，与那里的法国殖民者发生了多次战争，不过最后还是无功而返。除了战争，穆雷·阿卜杜勒·拉赫曼还平定了摩洛哥境内野蛮部落的叛乱，改善了国内的环境。

摩洛哥帝国大约有600万人。从巍峨的阿特拉斯山脉俯瞰，摩洛哥城坐落在一片广阔而肥沃的平原中央。城里有许多清真寺，其中有几座堪称阿拉伯建筑的杰作，宏伟的宫殿绵延1英里，十分壮观。美丽的花园环绕着这座城市，宽阔的引水渠从20英里外的山上引来水源。摩洛哥城大约有8万居民。菲斯虽然已经失去了昔日的辉煌，但仍是一个宜人之地。这座城市坐落在一个山谷里，一条河流蜿蜒而过。人口大约和摩洛哥城一样多。梅基内兹因为最近成为君主的驻地而变得越来越重要。莫加多尔是大西洋海岸上的一个海港，现在是与欧洲进行贸易的中心城市。城市由白色的石头精心建造而成，非常漂亮，但周围都是沙漠，有1万人。萨勒斯，一度是海盗和流浪者的乐园，现在基本上被遗弃了。丹吉尔位于直布罗陀海峡附近，这个海港城市是基督教国家领事在摩洛哥的主要驻地。

第463章

风俗习惯

巴巴里诸国的居民由三个不同的阶层组成——摩尔人、阿拉伯人和柏柏尔人。摩尔人居住在城市以及邻近的乡村里，他们的城市总体上展现出一种极为统一的景象。摩尔人的生活清静、幽暗而乏味，他们对聚会、公共娱乐、高雅艺术以及几乎所有美化或活跃生活的事物都是陌生的。女性被严格地排除在社交活动之外，除了自己的丈夫，她们见不到其他的男人。然而，摩尔人给人第一眼的那种冷漠和严肃的印象，在很大程度上是一种误解。由于航海和当海盗的习惯，沿海城市的摩尔人看起来比较凶狠，这些地方也比其他地方更难以管理。

在巴巴里更偏远的地区居住着一个被称为阿拉伯人的民族，之所以有这个名称，要么是因为他们是萨拉森征服者的后代，要么是因为他们所处的环境使他们养成了类似阿拉伯人的习惯。非洲的阿拉伯人住在一种可移动的帐篷营地里。帐篷又宽又矮，形状像倒过来的船底，帐篷用粗糙的骆驼毛布或棕榈树纤维制成，通常排成3个同心圆，牛群在夜间拴在最里面。每个帐篷营地都由一个酋长管理，他也是这个小部落的族长。他们的生活方式完全是家长制的，沿袭着古代的待客礼仪，令人想起《圣经》中记载的亚伯拉罕款待3位天使的礼仪。当陌生人走进大酋长的帐篷时，大酋长会亲自拿水帮客人洗脚，然后去羊群里牵走一只牛犊或者羊羔，交给自己的妻子烹饪，以此款待客人。这个民族和所有阿拉伯民族一样，他们以好客和热衷抢劫而闻名。部落之间常常会发生争执，并引起血腥的战争。

这些游牧部落居住在平原上，柏柏尔人则占据着阿特拉斯山区。柏柏尔人应该是巴巴里地区最古老的土著，由于受到摩尔人和阿拉伯人的排挤，他们不得不躲在偏僻的山区。在阿特拉斯山广阔山坡上的小山谷里，他们建立了自己的村庄，周围是漂亮的花园和田地，也有一些柏柏尔人住在山岩上凿出的山洞里。柏柏尔人其貌不扬，体格健壮，吃苦耐劳，大多以畜牧、农业和狩猎为生。他们擅长使用火器，不甘于被摩洛哥和其他国家所统治，时常会发动叛乱，从山上进攻到平原，甚至兵临摩洛哥城下。柏柏尔人不像阿拉伯人一样经常迁徙，相反他们不愿意离开自己的家园。他们的酋长是选举产生的，可以说是一种共和政体，这在非洲是很不寻常的事情。柏柏尔人的语言与摩尔人以及阿拉伯人完全不同。

除了阿尔及利亚，所有巴巴里国家的政府都是专制的，因为阿尔及利亚现在被认为是法兰西共和国的一部分，每逢巴黎举行立法会议时，阿尔及利亚都要派代表参加。

巴巴里地区的居民绝大多数是穆斯林，这里的人们普遍迷信，

阿尔及尔的店主

例如在未开化国家盛行的邪恶之眼的迷信。在以前，巴巴里诸国的各大城市，尤其是摩洛哥和菲斯，都以数学和天文学的学术水平而闻名，但是后来崇尚科学和学术的精神几乎绝迹了。人们的娱乐活动非常单调，常常在咖啡馆和理发店里懒散地消磨一整天，这里是各种花边新闻的集散地。

摩尔人对鸦片不感兴趣，他们用一种大麻制品替代鸦片。他们最喜欢的运动是马术，而且水平非常高超。摩尔人和阿拉伯人的传统服饰是罩袍，这是一种宽大的长方形羊毛织物，几乎有20英尺长，宽松地穿在身上，中间用腰带系紧。在罩袍里面通常还穿着长袍或者外套，贴身打底的是衬衫。在寒冷或多雨的天气里，他们还会在罩袍外面套上斗篷。他们都习惯戴帽子和头巾。在食物方面，从君主到农民，所有人的餐桌上只有一道菜。有一种叫作库斯科苏的食物，是一种由面包屑做成的糊状物，再往里面加入肉类、蔬菜和调味品。富人们可以有多道菜，但基本上都是汤羹。摩尔人既不用刀叉，也不用勺子，而是用手抓东西吃。

巴巴里可能是世界上被时间摧残得最可悲的地方，历史的长河无情地抹去了文明的一切痕迹，也摧毁了一切艺术品。这片土地上的人们似乎不知道他们的祖先曾经如此博学和开明，也不知道荒凉的海岸和平原上那些历史遗迹代表着多么辉煌的历史。

撒哈拉沙漠

第464章

撒哈拉沙漠

非洲大陆上这片荒凉的沙漠从北方的巴巴里一直向南延伸到尼日利亚，从东边的埃及和努比亚向西延伸至大西洋，东西长约3 000英里，南北长约800英里。它的总面积与美国相当[①]，大约是欧洲的一半。北回归线从撒哈拉沙漠中心穿过。通常来说，回归线附近应该是最肥沃的地带，然而这里却是世界上最可怕、最荒凉的地区。撒哈拉沙漠是一块巨大的台地，比海平面稍高，覆盖着移动的沙子。沙漠里也有一些岩石高地和山谷，那里的水分能够聚集和滋养一些多刺的灌木、蕨类植物和草。沿着大西洋海岸有一些山峰，这些山峰东面很陡峭，紧挨着沙漠里满是光滑的白色鹅卵石的平原。

由于没有树木遮阴，也很少有雨水滋润，这里的地面就像一个巨大的火炉，反射和辐射着太阳的灼热。它一年的大部分时间是旱

① 当时的美国国土面积。——译者注

撒哈拉沙漠里的沙暴

季，干燥、灼热的空气呈现出一种模糊的红色，地平线看起来就像一连串火山喷发的火焰。有些地区在夏季末会偶尔下雨。沙漠里有一种类似百里香的芳香植物，还有洋槐、带刺灌木、荨麻和荆棘，偶尔也能看见一些枣椰树和棕榈树。在沙漠的南部边界是绿色的森林。一些猴子、瞪羚靠着稀疏的植被生活，也能在这里看到成群的鸵鸟。狮子、黑豹和毒蛇是这里最恐怖的捕食者。

一些地方可以找到面积相当大的绿洲，小池塘和小湖泊在绿洲里随处可见。在沙漠里旅行的方式是乘坐大篷车，旅行者必须结伴而行并携带武器，以免遭到沙漠游牧部落的袭击和劫掠。骆驼既能驮货，也能载人，这种动物性情温顺，非常吃苦耐劳，能长时间忍受饥饿和干渴，特别适合沙漠这种干旱贫瘠的地区。沙漠里有时候会刮起可怕的沙尘暴，这种可怕的风暴和被风吹得移动的沙丘是商队最可怕的噩梦。沙漠里干燥的大风还会把泉水吹干，这样会让商队渴死。这里的土壤含有大量的盐。

大沙漠东部主要被蒂博斯人占据着，这是一个柏柏尔民族，他们拥有大群骆驼，经常在沙漠里抢劫旅行者和商队。他们的土地上有无数盐湖，出产大量有价值的矿产，很多蒂博斯人拿着这些矿产和尼日利亚人做生意。

图阿里克人居住在大沙漠中部，也是一个柏柏尔民族。图阿里克人在他们的一些绿洲里建立了比较大的城镇。图阿里克人经常被雇佣为商队的向导，为外国的商人引路，以及作为外国商人的代理人，也有一些人自己经商。

大沙漠最西侧也就是非洲西海岸，居住着许多摩尔人部落，他们极为凶猛，大多数是强盗。

在大沙漠的东部有几个绿洲，有的绿洲面积相当大。古罗马人曾深入到这里，他们将这片点缀着绿洲的沙漠描绘为豹皮上的斑点。费赞，即古代的费赞尼亚，是一片相当肥沃的土地，面积约200平方英里。罗马人曾从这里向苏丹推进，8世纪的时候，阿拉伯人也第一次从这里进入苏丹。从巴巴里到苏丹有大批商队往返其间，他们都要经过迈尔祖格、提贝斯蒂和比尔马这三片相距不远的绿洲；然而，就算有这条路线，还是相当危险，很多人在此丧命。

1805年，一支由2 000人和无数骆驼组成的商队从苏丹前往摩洛哥，他们全部在这条路线上失踪了。1811年和1813年，各有一支往返奥吉拉和瓦兑的商队在难以形容的痛苦中消失，只有少数几人幸存下来。西迪·哈米德曾坐在商队马车中旅行，他描述了当时发生的灾难，当他们到达哈赫拉的泉源旁时，发现它们全部干涸。同期，来自的黎波里和突尼斯的商队也全部遇难。德纳姆和欧德尼给了我们商队在沙漠里所遭受苦难的精彩记录，在那里，有如此多的人死于饥渴。从欧玛泉源到埃尔哈玛尔泉源，是140英里的路程，到处都是人类的尸骨，骆驼和马每行走一步，都会把脚下的尸骨踩得破碎，不少尸骨还没有完全腐烂，有的甚至能辨认出死者的性别、相貌甚至年龄。尤其是在埃尔哈玛尔泉源附近，无数的干枯骨架倒在那里。

德纳姆说：“日落时分，我们在离梅斯罗半英里处的一口泉源附近停了下来。这个泉源附近躺着100多具骨架，其中一些的皮肤还附着在骨头上，甚至一粒沙子都没粘在上面。阿拉伯人看着我恐惧的表情哈哈大笑：‘这些都是黑人而已——他们就该死！’然后他们一边用火枪一头拨弄着尸体的四肢，一边冷酷无情地说着：‘这个是女的！这个是小孩！’一年前，这些可怜的黑人大多数沦为费赞苏丹的奴隶，这里的死者只是其中很少一部分。阿拉伯人言之凿凿地告诉我，当时他们从自己的家园博尔努被掳走的时候，脖子和脚上都戴着铁链，每个人只能获得极少的食物和水，大多数人死于饥渴而不是劳累。其中最强壮的人到达费赞的时候也变得骨瘦如柴，奄奄一息，然后在那里被养肥送到的黎波里的奴隶市场出售。”

法国旅行家卡耶曾经从尼日利亚出发，途经廷巴克图前往摩洛哥，他生动地描述了撒哈拉沙漠的恐怖：“在这个可怕的时期，最让我们痛苦的是旋风卷起的沙柱，它似乎要把我们埋起来……最大的一根沙柱穿过了我们的营地，所有的帐篷都被掀翻，我们就像稻草一样被卷到空中。我们不知身在何处，一英尺以内的东西都看不见。沙子像浓雾一样把我们笼罩在黑暗中，连天地似乎都难以分辨。在这种恐怖的自然力量面前，所有人都惊慌失措，周围除了一片哀号什么都听不见。几乎所有人都被吹到天上，大家声嘶力竭地呼喊。在这些喊叫声、祈祷声和飓风的呼啸声中，我隐约能分辨周围时不时传来一阵阵骆驼低声的哀鸣，这些牲口和它们的主人一样惶恐不安，而且可怜的骆驼已经4天滴水未进了。恐怖的风暴持续了很久，最后终于停息，我们躺在地上一动不动，差不多要渴死了，而灼热的沙子就像烤炉一样快把我们烤熟了。”

从这些描述来看，沙漠似乎也有它的编年史，主要隐藏在沙漠深处，就像海洋的历史隐藏在大海深处一样。骆驼被称为“沙漠之舟”，然而这些沙漠之舟遭遇的不幸比船只在海上遭遇海难更加频繁，也更加致命。沙漠和大海一样，历经无数个时代，似乎依然故我，看不出什么变化。正如诗人们笔下的海洋：

> 岁月不曾把皱纹刻在你碧蓝的额头上，
> 自从创世之初，你那翻滚的海浪至今一如既往。
> 用这样的诗句来形容沙漠同样恰如其分。

西非

第465章

西非

西非是指非洲大陆西海岸一片广袤的狭长地带，南北长度超过4 000英里，几乎从北回归线直到南回归线，但东西宽度平均只有300英里，面积约为120万平方英里。这里有大约2 000万到3 000万人。从大西洋海岸向非洲内陆100英里的地方一般都是平原，海拔和海平面持平，风景如画。放眼望去，到处都是翠绿的热带丛林，最美味的水果在这里自然生长，各种植物随处可见。这里应该是世界上人类生存手段最多样化、最富足、最容易获得的地方。不过这里的气候炎热潮湿，大多数欧洲人很难适应，有些地方的气候甚至是致命的。

在西非丰富的物产中，猴面包树堪称植物世界之王，它的果实是黑人的主要食物，吃起来有一种酸姜饼的味道。其他特产还有可可、菠萝、棕榈果、芒果、香蕉、罗望子、木瓜、柑橘、橙子、石榴和一种草莓桃；经济作物和庄稼还有棉花、靛蓝、树胶、乌木、染料木、大米、烟草、木耳、玉米、土豆、山药和其他各种热带水果。除了植物，这里还有各种各样的动物，灵长类动物多达12种，其中有三四种是狒狒，还有大象、野猪、河马、各种羚羊、蝙蝠等；

猴面包树

爬行动物有鳄鱼、蟒蛇和其他的蛇类。昆虫种类多样，千姿百态，很多体内含有奇特的毒液。蜥蜴到处都是，其中就有变色龙和壁虎。还有白蚁，它们以极高的组织化和社会化结构以及蚁穴的庞大和坚固而闻名。鸟类和鱼类，无论在数量上还是在种类上，都毫不逊色于其他物种。

除了尼日尔河入海口周围的200英里，广袤的山脉沿着大西洋海岸绵延将近500英里，其中一些山顶还有积雪覆盖。西非主要的河流包括尼日尔河，蜿蜒两三千英里之后形成几个河口和一个常常被洪水淹没的巨大三角洲，最后汇入大西洋。塞内加尔河，长900英里，水流湍急的冈比亚河较短一些，还有发源于未知地区的刚果河，宽阔的河水展现出一系列美不胜收的景象。老卡拉巴尔河一度被认为是尼日尔河的一个出口，但最近发现它

壁虎

猴子

羚羊

是一条更大的河，独自从东北方奔流而下。宽度超过3/4英里、深度超过8英寻①的部分超过180英里，雨季时有一部分流入尼日尔河。与尼日尔河相比，老卡拉巴尔河更适合中非地区的商船行驶。

西非的主要政治区划为塞内冈比亚、塞拉利昂、马里兰殖民地、利比里亚共和国、几内亚、下几内亚和辛贝巴斯。

塞内冈比亚——这一地区就像它的名字所体现的，由塞内加尔河和冈比亚河两条河流流过。这里有许多小王国，它们的疆域和势力一直在变化，纷争不断，但并没有什么值得注意的价值。不过其中一些主要部落，尤其是弗拉人，展现出了十分有趣的特质，这种特质可以说很有前途。弗拉人、雅罗夫人、曼丁哥人和费洛普人值得一提，因为他们是西非最勤劳、最爱好和平的黑人部落。

弗拉人似乎不是纯粹的黑人，而是摩尔人和黑人的混血。他们分布广泛，主要在塞内加尔河沿岸、南边富塔贾隆王国的大部分地区以及冈比亚河沿岸的诸多区域。有人认为他们和中非的富拉尼人

① 英寻，美制度量衡单位，1英寻=6英尺，约合1.83米。——编者注

是同一民族。他们个头很高，橄榄色的皮肤，有一种令人愉悦的表情。他们的举止温文尔雅，为人极为好客且心地善良。他们是穆斯林，但并不偏执。尽管是游牧民族，但他们拥有自己选举的共和制首领。他们的行为是如此的美好，以至于伤害他们被认为是一种恶行，而且据说他们村庄所在的土地会得到上天的庇佑。

曼丁哥人分布广泛，尤其在冈比亚一带，他们的故乡是曼丁高地。曼丁哥人是纯正的黑人，他们快乐而充满好奇心。他们不像弗拉人那样普遍拥有固定的职业，一些人从事农业和捕鱼业，但是他们最热衷的是贸易，组织商队往返非洲内陆，并成为各个部落的商业代理人。他们也是穆斯林，喜欢音乐和舞蹈，还喜欢即兴创作诗歌和朗诵诗歌。

费洛普人生活在冈比亚南部的海岸地区，他们是比较原始的部落。

雅罗夫人占据着塞内加尔和冈比亚之间的大部分领土。曾经有一位雅罗夫人的君主夸口说自己的王朝从前是西非唯一的统治者。在所有黑人当中，雅罗夫人长得最漂亮，他们自称是最古老的民族，他们的语言是黑人语言中听起来最柔和、最令人愉快的语言。雅罗夫人生产最优质的棉花，而且会使用染色技术。他们的性格勇敢无畏，精通狩猎，娴熟的马术和摩尔人不相上下。

班布克王国位于塞内加尔河的源头附近。它是一个多山的国家，无数的溪流裹挟着金沙从山上奔流而下，在地表以下4英尺的土壤里积满了大量的金粒，人们用葫芦盛水来淘金；如果能挖得再深一些，还可以找到片状的黄金。要是能挖到20英尺深，甚至能见到零星的金块；挖得越深，金块越大。

毒蛇

法国人曾多次花费大量人力财力试图在塞内加尔建立殖民地，他们希望控制塞内加尔河流域的贸易，就像控制尼日尔河一样。塞内加尔的首都圣路易堡①坐落在塞内加尔河的一个岛上，大约有居民6 000人。这里几乎垄断了来自大沙漠的树胶和来自班布克的黄金贸易。塞内加尔河沿岸地区生活着大量的蛇，为了捕食老鼠和昆虫，它们甚至经常会进入人们居住的茅屋里。

在过去的两百年里，只有英国人试图在冈比亚建立殖民地。他们在冈比亚河的一个小岛上修建了詹姆斯堡，控制着这条河的航运，还在距离詹姆斯堡40英里以外的地方建立了一个小型制造中心皮萨尼亚。

提姆布为富塔贾隆王国的首都。这个王国拥有一支1.6万人的军队。为了贩卖奴隶，这个国家的国王经常发动战争，以获得战俘。

塞拉利昂是英国的殖民地，建立的目的是为那些获得自由的奴隶提供庇护所。这是一个非常具有理想主义色彩的过时计划。第一批殖民者是一到英国就被英国法律释放的黑人，以及在美国独立战争期间在英国陆军和海军服役的自由黑人。他们于1787年在这里定居下来。这个殖民地经历了许多政治和商业上的灾难，花费了英国1 500万美元。塞拉利昂的人口约有5万人，大部分是被解放的非洲

① 塞内加尔现在的首都为达喀尔。——译者注

人，首都弗里敦约有6 000名居民，其余人居住在附近的十来个小城镇里。在塞拉利昂，大约有2 000名儿童在基督教会学校上学。

马里兰殖民地位于帕尔马斯角，它很快将要并入北边的利比里亚共和国。它沿着大西洋海岸向南延伸150英里到帕尔马斯角的东南部。这片殖民地由美国马里兰州殖民协会建立。美国马里兰州答应每年给它1万美元，让它作为美国自由黑人的殖民地，目前这一事实妨碍它加入利比里亚。和利比里亚共和国一样，马里兰殖民地的政治制度都是仿效美国，这种殖民制度似乎是迄今为止有效消灭奴隶贸易的最佳手段。

利比里亚共和国的面积约为新英格兰的两倍。它由美国殖民协会于1821年建立。美国人建立这个殖民地有两个目的：一是让美国的自由黑人来这里殖民，二是通过殖民在非洲传播基督教信仰和公民自由的思想，来有效地结束非洲黑人遭受的苦难和他们自己的错误。1843年，美国殖民协会派出了1 736名黑人前往非洲，而当年美国出生人口总数才2 390人。利比里亚共和国现在的总人口是10万人。1845年，通过购买非洲土著的土地，这片殖民地的范围从西北的迪格比一直延伸到东南方的大巴萨角，沿着300英里长的海岸线向内陆延伸了20英里到60英里。1848年1月1日，这片殖民地在美国殖民协会的建议下，通过了一部宪法，宣布脱离美国并取得了独立国家的地位。1849年，英国、法国和普鲁士先后承认了利比里亚的独立，英法两国还与利比里亚签订了友好通商条约。英国还向这个新成立的共和国赠送了一艘装备有重机枪的巡逻艇。在新宪法的保障之下，利比里亚的影响力日益增长，前景似乎一片光明。利比里亚目前有11个移民点，政府所在地蒙罗维亚约有1 000人。利比里亚主要的出口商品是棕榈油，每年的出口量极大，价值达7.5万美元。目前来看，当初建立这个殖民地时立下的两个目标已经完全实现。被解放的奴隶们感受到了进取和自由的影响，他们的状况和性格都得到了改善。附近的非洲土著被分散成了一个个小部落，力量有限，不能干扰移民的发展，而且从移民那里获得了很多文明的指导。

根据每个地区出产的商品，几内亚曾经被划分为谷物海岸、黄金海岸、象牙海岸和奴隶海岸。1 100英里的海岸线就是一个巨大的奴隶市场。

现在几内亚的土著王国都匍匐在阿散蒂人的统治之下。阿散蒂人是一个居住在内陆的残忍、嗜血的纯黑人民族，比沿海地区的土著更优越：他们更有秩序，举止优雅。但是他们因为大量使用活人献祭而背负恶名。国王占卜和祭祀先祖的时候会举行人祭仪式，而当国王或者王室成员举行葬礼时，他们甚至会屠杀上千人献祭，每年还有两次例行的盛大祭祀活动，也会上演这种血腥场面。更令人难以理解的是，阿散蒂人的酋长之间还会攀比人祭的人数，因此走在街上的民众都没有生命安全保障。一夫多妻制在这里发展到了最荒谬、最令人厌恶的地步，国王有3 000名嫔妃，占有整个国家最漂亮的少女是他的权力。君主的傲慢和臣民的奴性都达到了无以复加的程度。西非中南部国家达荷美现在臣服于阿散蒂国王，人祭的恶习在那里变本加厉，城墙上挂着无数慢慢腐烂的受害者的尸体，国王的宫室里铺满了白森森的头盖骨。

几内亚的黑人

阿散蒂人国王

阿散蒂王国拥有47个附属国，它们的总人口加起来约为500万。早在17世纪前期，阿散蒂王国就是一个强大的君主制国家，它的国王及其盟友可以召集一支6万人的军队。大约在18世纪初，阿散蒂王国征服了邻近的丁基拉王国，据说在两场战役中死亡了10万人。通过不断的征服，阿散蒂王国的领土不断扩大。1807年，一支阿散蒂的军队进攻到了大西洋海岸，那里有欧洲人的贸易站。1816年，海岸角城堡的英国人为了保护芳蒂人而干预进来。芳蒂人是生活在海岸地区一个聪明而活跃的土著民族，他们处于阿散蒂人的统治之下。事情暂时和平地解决了，但是到了1821年，英国人和阿散蒂人之间爆发了战争。1824年，阿散蒂人击败了2 000多人的英国军队，指挥官麦卡锡爵士和几乎所有的军官全部成了非洲人的俘虏。战争持续到1826年，阿散蒂同意与英国签订一项和平条约，宣布放弃对海岸地区的统治权。

阿散蒂王国的贵族也掌握着一部分政府权力。军队大约有20万人。首都是库马西，方圆4英里左右，人口约有10万人。几内亚其他比较著名的城镇还有埃尔米纳，这座城市自1637年以来一直是荷兰殖民地的首府。埃尔米纳附近有一个约有1.5万人的土著部落城镇，还有英国人建造的海岸角城堡，那是一座建在岩石上的坚固堡垒，配备有90门大炮，位于一座有8 000名居民的小镇附近。荷兰人在海岸地区有很多据点，丹麦人也有两个据点。费尔南多波，一座宜人高耸的小岛，最近被一群无法无天的逃亡者占据。1827年，英国人在这座岛上建立了一个殖民地，但是后来事实证明这一决定是无益的。

下几内亚由下面几个部分组成：刚果、卡宾达、马兰巴、安哥拉、本格拉和加蓬。刚果人口很少，也缺乏活力，但那里的人们都很快乐，而且很幽默。风景秀丽的卡宾达素有“天堂海岸”之称。马兰巴是下几内亚最大的奴隶市场。安哥拉和本格拉位于刚果的南边，加蓬位于刚果的北边。美国传教士在加蓬获得了肯定，他们把西非地区的语言整理成文字，通过比较各地的方言，他们发现了一个惊人的事实：非洲东海岸、西海岸和非洲中部，整个月亮山脉以南所有民族的语言都源于同一种母语，在这片广阔地区使用的各种语言都是同一种语言的方言！其中一些语言的差别非常小，东海岸的非洲人甚至能听懂西海岸的语言。葡萄牙人声称对本格拉拥有一定的管辖权，他们控制着当地的贸易，主要是奴隶贸易。再往南是辛贝巴斯，这个地方鲜为人知，甚至连辛贝巴斯这个国家到底存不存在都尚无定论。这里是世界上最干旱的荒漠之一。

关于西非的历史记载少之又少。直到1432年，葡萄牙人完成了穿越博哈多尔角的航行，这是一个伟大的创举，因为博哈多尔角是当时西方人所知道的最南的地点。[①]在那以后，葡萄牙航海家继

① 据说在此之前大约一个世纪，也就是1346年，诺曼人就开始在这里进行贸易活动，并于1383年在埃尔米纳修建了一座堡垒，4年后又建造了一座小教堂，但是他们在1413年左右放弃了西非的贸易，只保留了塞内加尔。根据确切记载，埃及法老尼科（公元前610—公元前604年在位）曾派遣腓尼基人远航探索，他们从红海出发，绕过好望角，后来通过直布罗陀海峡返回了埃及，他们肯定经过了西非。迦太基人很可能也航行到了塞内加尔，并沿着海岸向北建立了殖民地。——原注

续探索非洲西海岸，并于1484年向南航行到达了刚果。葡萄牙人以“发现权”这一奇怪的法律原则主张他们对非洲西海岸的权利。他们在主要的地方建立了殖民地，并付出了很大努力让土著皈依基督教。但是葡萄牙人后来失去了所有这些领地，只保留了下几内亚。1643年，荷兰人把葡萄牙人从黄金海岸赶走，并宣称拥有这片地区。但是，在1661年，英国人占领了海岸角城堡，又在几内亚海岸修建堡垒，夺走了荷兰人在这里的一部分领土。大约在同一时间，英国人在冈比亚建立了殖民地，法国人在塞内加尔建立了殖民地。美国人建立利比里亚共和国，对非洲来说是一件大事，就像普利茅斯对美国的意义一样。勇敢的旅行者最近探索了尼日尔河的源头和河道，英国政府也派出探险队探索尼日尔河，试图利用这条大河打开与中非地区的贸易大门，但是他们失败了。不过人们相信，在不久的将来，一定会通过尼日尔河和卡拉巴尔河实现这个目标，到那个时候，科学和文明之光将一如既往地通过贸易为它们开辟道路，并照亮整个西非。

但是，这里依旧是世界上最落后的地区之一，没有哪个民族会像这里的土著民族那样保留着旧风陋俗。西非盛行百牲祭、活人祭乃至食人，盛行偶像崇拜和放纵享乐。这片土地每天上演着压迫、掠夺和杀戮，是海盗的乐土，同时也是作为“万恶之恶”的非洲奴隶贸易的中心。

在4个世纪中，那些被基督教世界驱逐的奴隶贩子、罪犯和海盗在西非犯下了滔天大罪，而本身还保留着陋俗的西非黑人也被他们进一步影响和毒害，传染了他们的罪恶，变得和他们一样无法无天。下面这些活生生的故事可以让我们对西非地区这些“来自文明世界”的老师和野蛮的学生有所了解。

第一个故事是利比里亚殖民地总统阿什莫在1823年讲述的。他说：“我之所以对这件事印象深刻，并非因为其残忍，而是因为这样的事每个月都会发生……”他还根据自己的观察更加深刻地了解了这类事情。根据他的描述，当时有一个在英国海军担任过水手长的黑人凭借自己过人的智力和性格魅力在族人中逐渐变得很有威望，后来当上了部落酋长。有一次，他从一个法国奴隶贩子那里得到了一些货物，按规矩一定时间之后要用年轻奴隶来支付货款。快到期限的时候，他发现手里的奴隶不够，而且他向来将按时交付视为关乎名誉的大事，于是他环顾周围温顺的土著部落，打算从他们下手。他选中了奎阿人，这是一个从事农业和商业的小民族，人口不多，性情温和，对谁都从无恶意。他让部落的战士们埋伏在奎阿人的几个村庄附近，趁晚上向熟睡的居民举起了屠刀，奎阿人来不及抵抗，就被全部杀死，成年男女无一幸免，婴儿也被残忍地杀死，只留下男孩和女孩交给了法国的奴隶贩子。

1724年，位于我们现在称为利比里亚地区的一个村庄的酋长在痛饮了一顿白兰地之后死了。他的妻子们得知以后十分悲痛，聚在丈夫的尸体旁边哀号，他最宠爱的妻子哭得最伤心，不仅是因为悲伤，而且因为她接下来要面对的残酷命运。其他的女人都监视着她，防止她逃跑。马拉布特[1]检查了他的尸体，宣布这是自然死亡，不是中了巫术。然后清洗尸体，抬着尸体穿过村庄，人们都很悲伤，痛哭流涕，还撕扯着自己的头发。与此同时，马拉布特挖好

① 北非及部分非洲地区的穆斯林中地位相当于天主教神父的特殊阶层。——原注

了一个又大又深的墓穴，足以容纳两个人。他还剥了一张山羊皮，他和助手用山羊的内脏做成羹汤吃下。马拉布特让死去的酋长最喜欢的妻子也来吃一些羹汤，但是她一点儿都吃不下，因为她知道这是最后一餐，不过后来还是吃了一点儿。晚餐的时候，山羊被分成小块的肉烤熟，让大家分食。哀歌再次开始了。当马拉布特认为仪式应该结束时，他就抓着酋长最受宠的妻子的胳膊，交给两个健壮的黑人。这两个人粗暴地将她抓住，把她的双手反绑在背后，捆住她的双脚，让她仰面躺下，在她胸前放上一块木板。然后，两个人一起在木板上踩来踩去，直到这个可怜的女人胸骨都被踩碎。最后，他们把这个还在哀号的女人和剩下的山羊肉扔进坟墓，再把她丈夫的尸体放在她身上，用泥土和石头填好坟墓。她的哭喊声一停止，大家立刻安静地回家去了，仿佛什么事情都没发生一样。

在和这些非洲人一起生活了5年之后，阿什莫这样评论道："我熟识的5个非洲人身上，不存在任何实际的道德原则。他们自私自利，根本不考虑他人的利益，习惯性地欺诈，毫无节制地放纵，这就是我知道的非洲人的性格，恐怕也是他们的共同特征。"

当然，这种评价只是针对非洲西海岸的黑人，他们在智力和道德上本就匮乏，加上与那些邪恶的白人接触，于是变得更加堕落。但即便如此，他们的人性里还是有光明的一面。他们天生乐观，永远保持着快乐，他们的热情好客展现出最亲切、最无私的一面。虽然他们总是被各种欲望和冲动而不是道德原则支配，但也常常忠于友谊，诚实而虔诚。许多人认为黑人身上有所谓的劣根性，不可改善，但这并不是事实，黑人完全可以达到和其他种族一样高的文明程度，甚至更高。尽管对文学、精致的奢侈品和装饰艺术都不熟悉，然而，只要有足够的物质支持，非洲人就会展示出他们在这些方面的活力，显示出他们完全有能力实现文明。不幸的是，容易生存和缺乏刺激的自然环境，往往会使大多数人陷入懒散的自我享乐之中——这才是改善生活状况的根本障碍。

中非

第466章

中非

就自然条件而言，中非是世界上最优越的地方之一。我们所说的中非并没有确切的边界划分，一般认为这片地区向南延伸到被认为在南纬60°穿过非洲大陆的月亮山脉。它的北边是撒哈拉沙漠，东边是阿比西尼亚和盖拉，西边是塞内冈比亚和几内亚。几条不那么大的河流流经这里，其中包括尼罗河的西部支流、尼日尔河和谢贝利河。乍得湖位于这片地区的中心地带，湖的面积会在雨季大大增加。

中非地区风景秀丽，交通便利，这里的居民像亚洲的鞑靼人一样，许多是游牧民族。因此我们会发现中非和中亚在政治历史上有些相似之处，在这片广阔的土地上，各个部落就像鞑靼人一样，每位酋长都野心勃勃，他们之间纷争不断，势力和领土也不断地发生变化。[①]中非的历史基本上就是这些频繁的争斗，非常简单。在摩西时代，埃及失去了在中非地区的影响力，人们一直希望有一个伟大而持久的帝国能给予非洲历史足够的尊严，就像中国使鞑靼人的历史备受尊重一样，这样，人们的心灵会感到满足，而且当人们看到人类的智慧通过这种伟大而持久的帝国为所有人谋得福祉的时候，也会感到自己也变得高尚了。我们现在可以看到，非洲已经迎来了新的历史，文明的光芒正在照亮这片大陆。

中非地区的国家有时候被统称为苏丹或尼格里西亚，这两个名字的意思都是“黑人国家”，不包括被认为属于撒哈拉沙漠和努比亚的达尔富尔、贝尔古和科尔多凡地区，也不包括位于南部、被认为属于尼罗河谷的费尔提特和多戈加，人们对费尔提特和多戈加地区知之甚少，只知道多戈加生活着许多黑人，费尔提特出产铜。月亮山脉、南非、东非和下几内亚之间的中非地区属于未知区域，有时候被认为属于埃塞俄比亚，也不在我们所说的中非这个范围之内。

苏丹，也被称为中非，这片地区长约2 000英里，宽约600~800英里，包括北部沿着撒哈拉沙漠边界的卡阿尔塔、廷巴克图、豪萨和加涅姆；沿着孔山和月亮山脉的雅里巴和曼达拉；中部有班巴拉、萨卡托、博尔努和巴吉尔米。主要城镇包括位于最北部、距离摩洛哥最近的廷巴克图、西部的塞戈、中部的萨卡托以及东北部乍得湖畔的比尔尼亚。由于被沙漠和野蛮部落与世界的其他地区隔

① 弥尔顿对英国撒克逊七国时代的历史有过这样的评论，他们的争斗和变化就像“雁过无声”一样不值得一提。对于非洲部落的历史记载中那些无尽的暴力场景来说，历史学家们可能也持有类似的观点。——原注

绝，他们对它知之甚少。

尼日尔河及其支流流经苏丹2/3的土地。尼日尔河发源于塞内冈比亚和孔山，向东北奔流约1 000英里后，在撒哈拉沙漠边缘南纬14°地区的廷巴克图流向东南1 200英里。然后，西边的一条河流汇入，转而流向西南400英里，流经一块宽阔、瘟疫肆虐的三角洲，通过多个河口汇入几内亚湾。

中非的动物与邻近地区的相似。大象、河马、鳄鱼等非洲其他地区常见的动物，在这里的数量极为丰富。狮子大量出没于乡村，经常捕食当地的居民。还有一些本地区独有的动物。埃塞俄比亚野猪被描述成一种长着巨大獠牙的丑陋动物。一些旅行者提到这里有大角羚羊、飞马、一种吼声像狮子一样的野牛，以及长颈鹿。长颈鹿是大自然最神奇的产物之一。几年前，人们还怀疑这种动物是否真的存在，但现在，我们通过商队和博物馆里的标本熟悉了它。鸵鸟在这里很常见，据说年轻的黑人会像骑马一样骑鸵鸟。蒙戈·帕克在这一地区的池塘里发现了数不清的青蛙，他不得不把青蛙赶开，才能让自己的马喝到水。

黑人们正在捕杀鳄鱼

蒙戈·帕克和青蛙

从中非土著的文明和社会状况来看，他们还处于野蛮阶段，多少比未开化要好一些。虽然缺乏系统性和科学技术，但他们仍然坚持不懈地耕作。大米、棉花以及一种当地特产的小米，是他们主要的农产品。他们还生产一种细棉布，并用当地出产的靛青染色。中非的黑人在制造武器方面能力较强，但是和平的技艺却相当落后。这里没有一条马路、运河或桥梁，商业活动却相当活跃。骆驼是主要的交通工具。城市不过是一个巨大的泥屋集合体，尽管一些城市的街道表现出值得称赞的干净整洁；宫殿有时相当巨大，并装饰得富丽堂皇。战争似乎是这里的常态，而掠夺则是最普遍的职业之一。事实上，军队要靠掠夺来发军饷，而战争也不过是为了远征而进行的远征而已。当杀戮的欲望得到满足以后，他们会将敌人的财产洗劫一空，并将幸存者拉到各地卖为奴隶。

长颈鹿

8世纪，阿拉伯帝国的两个王朝——阿拔斯王朝和倭马亚王朝爆发了内战，战败的一方不得不逃往非洲最偏远的地区避难。这些逃亡者沿着沙漠的南部边界前进，然后凭借高超的军事技术，轻而易举地征服了中非地区那些头脑简单的黑人部落。就这样，这些阿拉伯殖民者沿着“黑人尼罗河”（意为“黑人居住的尼罗河支流流域”）建立了强大的国家，其中就包括卡诺和萨卡托。根据阿拉伯地理学家的说法，卡诺的宫廷用来自南非和西非的黄金装饰得金碧辉煌。博尔努当时是一个强大的黑人国家，但也被流亡的阿拉伯人征服了。

班巴拉王国是苏丹西部一个“辽阔而强大”的国家。但这个帝国在晚期分裂成两部分，上班巴拉和下班巴拉。上班巴拉位于塞内冈比亚地区。蒙戈·帕克曾访问过它的首都塞戈，有3万居民，整座城市都被土墙包围着。街道很宽，有许多用黏土和石灰建成的房屋。

下班巴拉是由一个名叫塞戈·阿玛多的弗拉人酋长不久前建立的。这位酋长率众反抗上班巴拉国王的统治，击败他的军队，还成功地抵御了来自沙漠向中部苏丹索取贡品的图阿里克人的进攻。塞戈·阿玛多把一个叫作马西纳的小王国分封给了他的兄弟，并在尼日尔河的杰内岛上建立了自己的首都。首都的房屋大小和欧洲村庄的房屋差不多，大多数是一层楼，没有窗户，里面有一个庭院。街道虽然不直，但很宽阔，每天都有人清扫，保持得非常干净。每天都有无数商队来来往往，许多外乡人为了经商住在这个城市，主要是曼丁哥人、弗拉人、班巴拉人和摩尔人。

在14世纪廷巴克图是一个拥有7个附属王国的庞大帝国的核心。1672年到1727年间，它一直臣属于摩洛哥，直到1795年还受到摩洛哥帝国一定程度的影响。1795年以后，它先后成为班巴拉和豪萨的附属国。现在，这个国家似乎独立了，不过每年都要向那些在边境上游荡的图阿里克人缴纳很多贡金，以防止他们骚扰从非洲各地前来他们首都——这是巴巴里地区的一个贸易中心——的商队。它现在的势力范围只局限在当地的贸易中心附近。

在过去，廷巴克图这座神秘城市的文明程度和人口的稠密度都被夸大了。它位于河岸边8英里的一片广阔的白色流沙平原上，除了一些稀疏枯萎的灌木，没有任何植被。这座城市方圆约3英里，没有围墙。街道不宽，只能同时容纳3个骑马的人并排通过。这里房子是用砖砌成的，都是一层楼，面积很大。还有用许多稻草搭成的圆形茅屋，里面住着穷人和替主人售卖一些商品的奴隶。这里有十座清真寺，其中有两座是带有砖塔的大清真寺。

富拉尼帝国是由一位叫作奥斯曼的酋长建立的，他也被称为丹·福迪奥。他是部落酋长，也是先知，深受富拉尼人的信任。在他建立这个国家前，富拉尼人一直分散在整个苏丹的森林里，以放牛为生。丹·福迪奥利用他对自己同胞思维的支配，把他们召集起来，占领了富饶的卡诺省，后来又占领了苟博尔，并杀死了那里的苏丹。随后，他又征服了豪萨、库比、尤利和涅菲的部分地区。整个苏丹内陆都在他面前战栗。东部的博尔努和西部的雅里巴也被他攻克，尽管雅里巴人也进行了顽强的抵抗，但他们还是失败了。丹·福迪奥一直打到塞内冈比亚海岸，塞内冈比亚人的首都加丹加也被攻占，并几乎被摧毁。这些胜利吸引了一大批塞内冈比亚的弗拉人集聚于丹·福迪奥的军旗之下，于是丹·福迪奥把他占领的几个黑人省份，尤其是泽格泽格省的房屋和土地分给这些人。

1802年，这位征服者变得精神失常。丹·福迪奥死于1816年，他的儿子贝洛继承了王位。之后，被丹·福迪奥征服的国家组成了一个联盟，试图恢复独立，其中有七八个国家摆脱了富拉尼人的统治，并将他们能找到的富拉尼人全部杀死。但是贝洛凭借自己的勇气和能力又恢复了对这些国家的统治，他的帝国继续在中非称霸，他所能召集的军队比任何其他非洲君主的军队都要强大。富拉尼帝国的臣民中还有一个叫作雅各巴的食人族部落。

后来，贝洛在次于开罗的非洲第二大城市萨卡托定居下来。那里有8万居民，位于尼日尔河一条小支流附近的一个平缓的高地上，距离尼日尔河4天的路程。1805年，丹·福迪奥建造了这座城市，之后贝洛又建造了24英尺高的城墙和一条深沟作为防御设施。没有这些城墙，城市里的大部分便是花园；还有一个宽敞的市场，两座清真寺，王宫前还有一个大广场。实际上，王宫本身就可以说是一座小城市。炎热的时候，贝洛常常在一个40英尺高、顶上有一个圆屋顶的高塔里消暑。富拉尼帝国的大城市还包括有5万居民的扎里亚和有4万居民的卡诺。卡诺城的外观为椭圆形，周长15英里，被30英尺高的城墙和两条护城河所围绕。城墙上有15扇铁板覆盖的木门。城里有许多田地、花园和池塘，房屋一般都是两层。卡诺的市场是整个中非最大、管理最好的市场。

博尔努帝国现在只是一个很小的国家，但它曾经的疆域非常辽阔，包括中非南部和东部的所有地区。在富拉尼人征服博尔努后不久，酋长埃尔·卡内米就带领英勇善战的加涅姆人把侵略者逐出了他的国家。从这时起，这位勇敢的酋长就成了真正的君主，而富拉尼帝国的苏丹只是名义上的君主。在这一点上，博尔努帝国的情形与法国在“懒王”统治下的状况很相似。尽管被大大削弱，博尔努仍然是中非东部的强国，它最大的两个敌人是富拉尼人和巴吉尔米人。

博尔努的酋长

1827年，埃尔·卡内米侵入富拉

尼帝国皇帝贝洛的领土，但被贝洛击败。根据最新的资料，博尔努帝国的领土包括耶欧河和乍得湖西边的博尔努本土、乍得湖北边和西边的加涅姆、乍得湖南边的洛贡的一部分、洛贡以南的曼达拉的一部分以及耶欧河西侧的小片土地。

博尔努的士兵

新比尔尼亚，一个建在湖畔、被城墙围起来的城市，是博尔努的首都。居民大约有1万。附近的安戈尔努是博尔努最繁华的商业城市，那里有约3万居民。迪戈亚也有3万人。老比尔尼亚现在是一片废墟。它曾经居住着20万人，三四英尺厚的红砖城墙残骸诉说着它曾经的辉煌。冈巴努曾经是皇帝的驻地，据说那里的建筑是整个中非地区最宏伟、最精致的建筑，但现在只剩下一片残垣断壁。曼达拉是博尔努帝国的盟友和附属国，都城在莫拉。

巴吉尔米的领土一直延伸到乍得湖的东岸，东部具体的边界尚不清楚，这个国家和博尔努是邻国，两国之间一直战争不断。巴吉尔米人天生勇敢勤劳，这使他们在非洲黑人民族中显得与众不同。他们之前曾摆脱了贝尔古苏丹萨博恩的压迫。巴吉尔米有一支由骑兵组成的军队，他们手执长矛，骑士和战马都身披铁甲。博尔努也有一支类似的骑兵部队，但不像巴吉尔米人那样人和马都全身披甲。

前面已经说过，非洲本土的历史就是一段血腥的关于战争的记载，以掠夺、屠杀和奴役为结局。他们发动战争的理由和借口与文明国家其实是一样的，只是不像文明国家那样用各种外交伎俩来掩饰。关于富拉尼帝国的统治者贝洛的故事可以说是整个非洲历史的缩影，赤裸裸地展示了非洲君主之间发动战争的惯常动机，而这种对战争的狂热在亚洲、欧洲和美洲同样也造成了无数人的死亡。根据一位旅行者的叙述，富拉尼帝国的苏丹贝洛在晚年的时候曾集结所有兵力，亲自率领大军向方达进发，在距离方达半英里的地方，他派人给方达国王送了一封信，信中这样写道："方达的统治者啊，立即把你的国家、财富、人民和奴隶交给所有穆斯林之王穆罕默德·贝洛。你如果不能平静地接受我得到你的国家，并在你的国家里传扬唯一真正的宗教，我必定将你全家处死，用铁链锁住你的子民，让他们世代为奴！"从贝洛的这封檄文可以看出，他的想法和行为应该和尼布甲尼撒、帖木儿、皮萨罗、十字军这些侵略者别无二致。

方达国王的答复也是针锋相对："富拉尼的苏丹！方达的国王既不了解你，也不了解你的先知。我嘲笑你的大言炎炎，藐视你的虚声恫吓。回到你的国家吧，与你的人民一起安宁地生活。如果你仍然坚持侵入我国领土的愚蠢想法，你必将成为我的阶下囚；到时不是我的臣民成为你的奴仆，而是你的奴隶成为我的奴隶，你的人民成为我的人民。你的将军和士兵必将被毫不留情地杀死，他们的鲜血会变成城墙上的装饰。你身边的人都会被长矛刺穿，尸体曝于荒野，成为狮子和秃鹫的食物。"大约在6到8个世纪以前，大多数真正的黑人还没有被穆斯林征服，也没有皈依他们的宗教，他们被赶到苏丹西部和西南部的边境地区以及几内亚。在这里，高山和密林为他们提供了庇护，使他们远离摩尔人以及黑人穆斯林。他们现在的栖身之地离大西洋只有250英里，能够从欧洲人那里获得武器和弹药，比他们的敌人穿过撒哈拉沙漠获得这些军火多得多，容易得多。于是他们摆脱了穆斯林的控制，不过在伊斯兰教盛行的地区，非洲黑人基本上结束了大规模的暴行和卑躬屈膝的迷信，而正是这些暴行和迷信让从前的非洲大地上血流成河。

早在阿拉伯人入侵尼日尔河口地区以前，据说古埃及人的影响力就已经渗透到了中非的中心地带，阿比西尼亚在古代就有一条经由尼罗河和沙达河到达大西洋海岸的贝宁的贸易路线。据说在苏丹中部的冈巴努曾经有一个科普特人的基督教帝国。弗拉人和富拉尼人被认为是非洲土著民族柏柏尔人的后裔。当腓尼基人第一次在北非建立殖民地时，他们发现整个北非都居住着柏柏尔人。柏柏尔人先后与埃及人、腓尼基人、希腊人、罗马人和阿拉伯人都有过接触。

从1798年至今，帕克、鲍迪奇、亚当斯、卡耶、兰德、德纳姆、克拉珀顿等人，以及尼日尔探险队的探索发现，向欧洲揭示了一个位于非洲中部的新世界。然而，迄今为止与这个内陆地区开启商业往来的努力都以失败告终。对非洲来说，幸运的是，英国的商业霸权和繁荣要求它必须为自己的工业产品开辟新的市场。因此，英国在过去30年间为了打开非洲市场和摧毁奴隶贸易付出了巨大的努力，耗费了1亿多美元，牺牲了诸多宝贵的生命。否认英国人这种坚持不懈的努力是不公正的。但是到目前为止，他们的尝试被证明是失败的。乍得湖畔和尼日尔河流域的非洲人都不穿英国人的棉布，奴隶贸易每年从非洲西海岸带走30万黑奴，而30年前这个数字却只有3万。与此同时，非洲北部和东北部国家国内的奴隶贸易每年使20万黑人沦为奴隶。不过英国人并不打算放弃这项伟大的事业，吸取了过往的经验教训之后，英国政府现在的目标是唤醒懒散的非洲人，从根本上把他们从被奴役的命运中解放出来，让种植糖料、棉花和其他商品作物比贩卖奴隶更有利可图。因此，英国政府现在的政策是沿着非洲西海岸，甚至沿着尼日尔河在非洲内陆让黑人建立基督教的工农业殖民地，通过文明的例子让非洲黑人建立起新的希望，让他们效仿这些从事劳动的同胞，发展非洲本地的工农业，改善贸易，提高生活水平，让这片土地上的黑人获得和其他种族平等的地位。

虽然中非地区的社会状况仍然处于比较落后的状态，但已经比其他非洲国家更接近文明了，只有地中海沿岸的那些非洲国家比这里的状况更好。尽管中非地区有许多不同民族的移民，甚至移民构成了人口中的很大一部分，但这并不是这个地区更接近文明的唯一原因。中非也有一些完全是纯种黑人的地区，没有吸收任何阿拉伯人的宗教和文学，但是在艺术和进步方面也取得了几乎同等的进步。然而，由于没有表音文字，甚至没有书面或图画的记载，这使他们仍然处于比较落后的状态。

在道德方面，中非人存在许多非常落后的特征。战争以最野蛮的方式进行着，最近有一些旅行者看到许多从前很繁荣的土地，现在因为战乱变得一片荒凉。另一个深刻的污点是抢劫行为的普遍流行。在这里，抢劫不仅是那些亡命之徒谋生的勾当，而是几乎所有的社会组织——无论其大小——都在实施的国家性行为。在世界上的其他地方，都是穷人抢劫富人，但在中非，更多的是富人抢劫穷人。因为在那里，一无所有的人，至少拥有自己，他变成了奴隶，成了最富有的战利品，可以诱惑掠夺者。大批被运送到沙漠以外地区的俘虏都遭受了残酷无情的对待。

中非的公园

但是我们也不能就此下结论说非洲糟糕的道德状况不可改善，而且在非洲流行的社会情感和习惯当中，似乎也有一种特别亲切和积极的成分。蒙戈·帕克和其他一些近期在非洲旅行的人遇到了许多友善的黑人，这些黑人热情的友谊和好客的性格都是值得称赞的美德。

当蒙戈·帕克到达班巴拉的首都塞戈时，他发现黑人国王对他起了疑心，禁止他前进和过河。在这种令人沮丧的情况下，他不得不前往一个遥远的村子。但在那里，黑人对一个白人到来的目的同样不信任，没有人允许他留宿。

他说："他们把我当成异类，都很怕我，而我没有吃的，只能坐在树荫下。刮起了大风，大雨滂沱，附近的野兽如此之多，我不得不爬到树上休息。到了日落时分，我准备在树上过夜，放开马让它吃草，这时候一个从田里劳作回来的黑人女子停下来端详我。她感觉到我的沮丧，于是询问我的情况，我向她简单解释了一下。她非常同情我，牵着我的马让我跟她走。她把我领进了她的小屋，点了一盏灯，在地上铺了一块垫子，告诉我可以在那里过夜。她发现我饿了，就出去了，不一会儿就拿了一条很好的鱼回来，是用火烤的，作为我的晚餐。她开始纺线，一边纺线一边唱起了歌谣，歌词一定是即兴创作的，因为我自己就是这个歌谣的主角。甜美又忧伤的歌声这样唱道：

风在咆哮，雨似瓢泼，
可怜的白人，虚弱又疲惫，
他坐在我们的树下。
没有母亲为他端来牛奶，
没有妻子为他做好玉米饼，
让我们可怜可怜这个白人吧。
没有母亲为他端来牛奶，
没有妻子为他做好玉米饼。

我们完全能体会到这位头脑聪明、充满自由思想的旅行家当时的感受，蒙戈·帕克说："虽然这段歌谣或许微不足道，但是对于我当时的处境来说，实在是令人感到愉快。这种出人意料的好意让我心意难平，久久难以入睡。第二天早上，我把背心上剩下的两颗铜扣子交给了这位善良的黑人女子——那是我唯一能给她的酬谢。"

他们甚至还受到了一些穆斯林的款待，尽管一些顽固偏执的穆斯林仍然怀有敌对情绪。当德纳姆少校一丝不挂、狼狈不堪地逃离战场时，一位年轻的非洲王子甚至脱下了自己的裤子让他穿上。克拉珀顿和兰德在他们的游记中都用最动人的语言描绘了富拉尼人的牧羊女，她们衣着讲究，辫子编得特别整齐，举止朴实无华，谈吐谦和又亲切。

整个中非的学术状况似乎都处于一种极为萧条的状态，就连穆斯林的宗教经典也只有极少数巫医能看懂。人们通常是把这部经典里的句子当成自己战胜敌人或祈求好运的护身符。它的内容还会被人们用一种黑色的颜料写在木板上，然后用水冲洗并盛起来，再把它喝掉。

几乎所有非洲王国的宫廷里都会传唱那些作家和诗人即兴创作的诗歌。男女歌手都是酋长的座上宾，虽然他们演唱的歌曲可能都是些最粗俗的奉承话，但似乎也包含了许多历史故事。阿拉伯商队的车夫还会通过吟唱诗歌来为自己的长途旅行提供精神激励，在漫长的旅途中，他们表现出的艺术才能往往令人惊讶，这种才能应该不是来自后天的文学修养，而是野外的生活和刺激的冒险所激发出的一种激情。在最进步的中非黑人国家中，人们似乎对雕塑有着相当大的兴趣，在他们的建筑物中，大门和其他装饰性部分都用柱子装饰，上面雕刻着他们的勇士的英勇事迹，以及他们喜爱的各种动物。

这些民族的娱乐谈不上有多么高雅。摔跤和赌博是博尔努人最喜爱的娱乐活动。摔跤表演是由从巴吉尔米和穆斯戈韦的邻国和敌国掳来的奴隶进行的。奴隶主以这些奴隶所取得的胜利为荣，在战斗中为他们欢呼，当他的奴隶占据上风时，他会把贵重的长袍和其他礼物投给他们。一个强大的摔跤奴隶可以卖100美元，但是只要他输掉一次，就会永远成为耻辱，身价也会立刻跌到四五美元。女人们，包括地位很高的女人，也很喜欢参与到一种奇怪的运动当中。在这种运动中，她们使劲击打对方身体的某些特定部位，使对方摔倒在地。还有一种重要的游戏，是一种原始的国际象棋，用豆子作为棋子，在沙上打洞作为棋盘。在豪萨最繁荣的城市卡诺，拳击颇为流行，它的训练虽有一定的科学性，但正式比赛的时候却又非常狂暴，以至于一场彻底的拳击比赛常常以一名拳击手的死亡而告终。

演员为了报酬而表演。有一次，克拉珀顿船长雇用了一个表演团队进行演出，当地人，无论男女都放下手头的工作，聚在一起观看他们喜爱的演出。在埃约，有一种戏剧表演，但是，仅仅是一种模仿、变戏法和滑稽表演。人们把自己装进麻袋里以惊人的灵敏度互相追逐；还有演员模仿大蟒蛇，他对那只动物动作的模仿简直惟妙惟肖。他们还向克拉珀顿船长表演了“白魔鬼”，这是一个对欧洲人的滑稽描述：一个瘦削的、全身涂成白色的、冻得瑟瑟发抖的形象，非常自然地表演各种在非洲人看来极为奇怪的动作。

在整个非洲，舞蹈都是最具历史、最普遍的娱乐活动。人们常常通宵达旦地跳舞，舞蹈形式多种多样，从像庄严的小步舞曲那样的缓慢舞步，到轻快狂野的舞蹈，应有尽有。成为一名优秀舞者几乎和成为一名杰出的战士一样令人羡慕。就连国王也会因为自己娴熟的舞姿而备感自豪，那些年事已高的君主们，自然无法在这种需要消耗巨大体力的表演中真正地脱颖而出，但他们还是使出浑身解数，强取臣民们的奉承。

南非

第467章

南非

南非是指非洲大陆南回归线以南的部分，这是一片三角形的土地，面积与美国已定居的部分差不多。北面是一片广阔的沙漠和无人涉足的地区，西面是大西洋，南面是南大洋，东面是印度洋。南部有三条连绵的山脉，它们都与海岸平行，而且相互平行。第一条山脉在距离海岸20~60英里的范围内拔地而起。第二条山脉（黑山）距离第一条山脉数十英里，比第一条山脉更高也更崎岖，通常有两三层高山。从黑山再往内陆80~100英里的地方，耸立着“新世界山脉”，东部的山峰高达1万英尺，有很大一部分被积雪覆盖，因此也被称为雪山。山脉以北是一片广阔的乡村平原，越向北，土壤越肥沃。

靠近大海的平原比较肥沃，灌溉良好，草木丰茂。气候温和宜人。连续山脉之间的平原地势颇高，大部分是旱地和沙漠。南部的平原有300英里长，100英里宽，土质坚硬，渗水性极差，几乎不适合植物生长。东海岸地区主要由优良的乡村平原组成，山脉矗立其间。

马普托河是南非的主要河流，向东注入德拉瓜湾。在南部，有数百条溪流从山间流出，奔向大海；北面有一条美丽的大河奥兰治河，它由瓦尔河和克拉多克河以及它们长而众多的支流汇合而成。

这片地区盛开着种类丰富的花卉，其中石南就有300多种。这里的气候十分适合各种温带蔬菜、水果和优质木材的生长。大量的野生动物也生活在这里，种类超过80种。其中豺、鬣狗、野猫、姬蜂、犀牛、牛羚、斑马、野兔和松鼠都有两三个种类，还有26种羚羊，此外还有水牛、大象和黑鬃狮。南非是一片充满危险的土地，甚至有许多探险家都命丧于黑鬃狮之口。水牛的速度仅次于马，多用于负重拉车，也用于战争。这种动物生性凶猛，甚至会攻击其他野生动物，它们一看到敌人就会变得十分暴怒，非常危险。

南非可分为三个地区：茨瓦纳人的土地；卡弗拉里亚，又称为卡非人的土地；以及好望角殖民地（开普殖民地或开普）。这片广阔的土地上有六个不同的民族，分别是英国人，包括殖民政府的官

开普野猫

牛羚

和狮子搏斗

员、开普的驻军和数千名农业移民；荷兰人，耕种着这里的大部分土地，开普敦的居民大部分是荷兰人；霍屯督人，是非洲土著民族，被荷兰人当成奴隶驱使，北部也有一些独立的霍屯督人部落；布希曼人，为霍屯督人中的一个比较原始、凶猛的部落，他们居住在山区，对附近的定居者发动持续的掠夺性战争；卡非人，是一个凶猛的游牧民族，居住在殖民地东部边界以外、沿着印度洋延伸的海岸地区；最后是茨瓦纳人，一个半游牧半农耕的民族，占据着殖民地以北的土地。土著部落的政府形式是一种原始的君主制，不定期被质朴和具有独立精神的游牧民族所控制。开普殖民地政府是英国在其他殖民地所采用的政府形式。

茨瓦纳人的土地

这个地区位于南非的东北部，和殖民地之间隔着雪山、奥兰治河南段以及科拉纳和格里夸霍屯督人的游牧区，东边是卡弗拉里亚，西边是广阔的沙漠，西南边是纳马人，他们是一个人数众多的强大部落，据说势力范围从大西洋海岸一直延伸到莫桑比克。两个英国人在1801年第一次发现了茨瓦纳人，当时他们为了寻找牧场，穿越了一片很大的草地，来到了茨瓦纳人的聚居地拉塔库，他们惊讶地发现这片美丽而肥沃的土地上到处都是牛群，还有许多耕种的田地。传教士坎贝尔渴望向这个优秀的民族传教，一路深入到拉塔库以北200英里的地方，到达了茨瓦纳人的土地中最北也是面积最大的聚居地库雷切纳。拉塔库的人口为1.2万人，而库雷切纳的人口则达到了1.6万人。

茨瓦纳人身材高大，容貌俊美，他们生活在大城镇里，通常住在木屋里，屋子外面抹着灰泥，周围筑有石墙，装饰着绘画和雕塑。养牛和挤牛奶是男人的工作，建造房屋、耕地以及种植谷物、豆子、葫芦和瓜是女人的工作。每个城镇的周围都有专门的文化用地，在这些土地之外，人们白天放牛，晚上则把牛群驱赶到城墙以内。和其他非洲部落一样，茨瓦纳人也会仇视不同的部落，但除此之外，他们是诚实和友好的民族。国王和酋长们最受宠爱的妻子会佩戴各种夺目的装饰，如大披风、动物毛皮、羽毛、珊瑚、珠子和黄铜戒指。普遍存在的掠夺战争迫使他们居住在有城墙保护的城镇里，而开阔的乡村则变得荒芜。茨瓦纳人的风俗习惯非常质朴，尽管存在巨大的贫富差距，但国王们大多平易近人。这个国家最重要的事务由酋长们组成的会议来处理，他们常常在会议上发表理智而率真流畅的演讲。茨瓦纳人还掌握了制陶、皮革加工、铜铁冶炼等技术。

卡弗拉里亚的树屋

卡弗拉里亚

卡弗拉里亚位于印度洋海岸，从德拉瓜湾

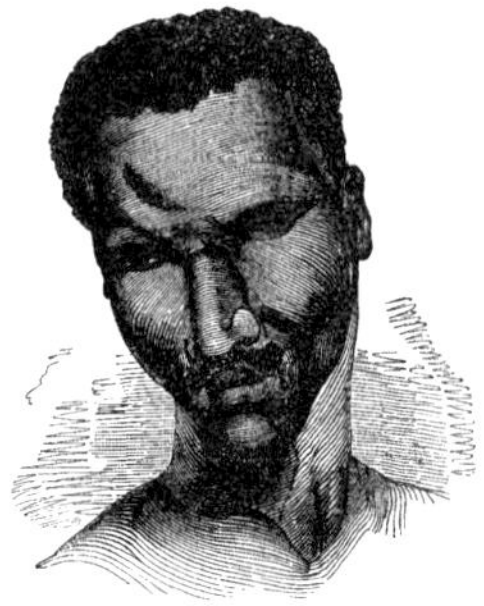
卡非人

到开普殖民地的边界。内陆二三百英里的地区都由卡非人占据着。据说，他们是所有民族中最彻底的牧民。他们过着游动的生活，不耕种，不打猎，也不捕鱼，但他们对牛的管理极为精通。男人们照管牛群，挤奶，训练牛群理解和服从他们的叫声，并通过这些特殊的叫声让牛群白天出去吃草，晚上回到牛圈。他们以牛奶为食，除了重大节日或其他重要的场合，很少杀死动物。卡非人是一个凶猛顽强的民族，他们持续不断地与殖民地进行战争。

据说卡非人的外貌比其他黑人更英俊潇洒。男人高大、健壮、肌肉发达而且身材匀称。在一些地区，他们质朴，坦率大方，勇敢无畏。女人们似乎没那么漂亮，她们的身材有些矮小，皮肤呈带有光泽的深褐色，她们的面容跟欧洲人差不多，黑眼睛里闪烁着活力和智慧。卡非人的房屋非常多样，有的是用泥土砌成的圆锥形的小房子，有的是树干和树叶搭成的简陋房子。据说，他们还会在大树上建造房屋，以躲避凶猛的狮子。

在众多卡非人部落中，塔姆波克人最为勤劳，具有娴熟的制作银器和铁器的技艺。祖拉人，也称祖鲁人，是最强大、人数最多的部落，他们的常备军有1.5万人，战时可以动员的士兵多达10万人。他们的国王是十足的征服者，像亚洲的鞑靼人一样，驱赶附近的几个部落，导致他们成为流浪者，四处寻找新的住地，茨瓦纳人的土地和卡弗拉里亚很大一部分地区因此变成了人烟稀少的荒地，甚至开普殖民地都感受到了压力。

霍屯督人基本上被殖民地政府统治着，他们是世界上比较落后的民族之一。他们的皮肤呈黄褐色，在自己身上涂抹厚厚的一层颜料、烟灰和油脂作为装饰。身体不具观赏性的地方，脂肪极为突出。他们的头看似有些畸形，上面长着一簇又粗又硬的头发。据说他们能贪婪地吃下在炭火上加热后的动物内脏。他们的村庄就是由低矮的圆锥形小屋组成的肮脏迷宫，小屋用树枝和泥土做成，人进屋时就像野兽爬进洞穴一样。

——这就是欧洲殖民者对霍屯督人的描述，我们显然不会相信这是真实和公正的描述。不过这就是所谓文明国家的习惯，在掠夺和占领这些落后的国家之后，把他们所掠夺的人说成是邪恶和卑劣的种族，用谎言为自己辩护，以显得自己不那么卑鄙和残忍。同时，落后国家的人民常常轻易地丢掉自己的美德，感染文明民族的恶习，从而沦为他们的牺牲品。从目前来看，通过与霍屯督人的接触，以及欧洲人对他们过分贬低的评价，我们可以毫无疑问地说，他们遭受了欧洲人残忍的压迫。

殖民地的霍屯督人被荷兰人雇用为牧民和农场工人，尽管他们是固定在土地上的佃农，但至少不再被卖来卖去。还有一些生活在野外的自由的霍屯督人，他们四处征战，他们有一种类似共和制的政府，在酋长的率领下一边吹奏笛子一边奔赴战场。

霍屯督人

在世界所有的民族中，据说

霍屯督人的分支布希曼人的境况是最悲惨的。他们居无定所，生活在气候恶劣的大山里，只能靠附近找到的稀少猎物为生，经常不得不以蚂蚁和蝗虫的幼虫为生。布希曼人在山岩上十分敏捷，没人能追到他们。这些流浪的强盗部落平时的生活确实很欢乐，有时候会在月光下整夜唱歌跳舞。

好望角殖民地

这块殖民地位于非洲的最南端。它的南岸几乎呈东西走向，西岸则呈南北走向。它有588英里长，最宽处315英里，平均宽度为200英里，面积12万平方英里，与西班牙的大小相当，比新英格兰加上纽约州稍大。人口约为16万人。每年的进出口总值大约150万美元。出口葡萄酒、兽皮、芦荟、粗酒石、羊毛等。

除了一些葡萄园和一小部分用于种植谷物的耕地，好望角殖民地的其他地方都是牧场。布尔人，也称荷兰农民，拥有方圆几英里的牧场，是这块殖民地的主要居民。他们生活懒散，把自己广阔土地上的牛群和羊群交给农场工人或奴隶照管，而这些人通常是霍屯督人。布尔人不需要农场里的牛奶、黄油、水果、葡萄酒和蔬菜，只要能有充足的烟草和白兰地，一日三餐都吃大尾羊肥腻的羊肉，他们就很满足。女主人总是一动不动地坐在那里，面前放着一杯咖啡，孩子们双手攥在一块，仿佛异教徒神庙里的神像一样，也一动不动。但是布尔人懒散的家庭非常好客，“哪怕是一个陌生人，只要推开门，和主人握握手，亲吻一下女主人，然后坐下，就能像在自己家一样。”

开普敦位于一个地峡颈部附近，两边各有一个海湾，北边耸立着一座三四千英尺的高山，山顶呈方形，因此被称为桌山。桌山两旁还各有一座高度几乎相等的山峰。当从海上靠近开普敦时，三座峰顶形成了一个极为引人注目的物体。这座城市坐落在桌湾畔，拥有优质的锚地和淡水资源，因此，这个地方也无可置疑地成为东西方的交通要道。这里约有2.5万居民。政府官员住地的建筑风格使这里颇具英国城镇的气派。

追赶鸵鸟

开普敦周围大多是农庄，重要的村庄则作为地方政府的所在地。康斯坦提亚是一个出产名为“开普葡萄酒”的村庄，这种葡萄酒产量非常少。西蒙斯敦是一个海运码头。格纳登塔尔是传教士们聚集的整洁小村庄。格雷厄姆斯敦是一个简陋散乱的边境小镇，居住着三四千人口，它坐落于山谷深处，四周被峡谷环绕。许多从远方而来的商队都要经过格雷厄姆斯敦，他们不仅带来了各类生活物资和必需品，也带来了狮子皮、豹皮、水牛角、鸵鸟蛋、鸵鸟毛、象牙、犀牛角、毛皮斗篷等商品。

南非的历史没有太大的起伏。这片土地的历史是地理大发现、殖民、统治者的暴力更迭，以及殖民者与受压迫和虐待的土著部落之间大大小小不为人知的战争。1488年，葡萄牙航海家迪亚士抵达好望角，但是这里可怕的风暴和惊涛骇浪，以及变化不定的水流使他胆战心惊，因此将这个海角命名为“风暴角”，没再敢绕海岸东行便返航了。瓦斯科·达·伽马是一位十分勇敢的航海家，他轻松

好望角

而安全地绕过了这条令人畏惧的已知世界的边界。后来，执着于航海探险的葡萄牙国王若昂二世把这条边界重新命名为好望角，因为它代表着满怀希望的海上冒险。

葡萄牙人仅仅把这个地方当成为他们的船只提供食物和淡水的补给地，他们急于前往更有吸引力的地方和富饶的亚洲。因此，他们在好望角仅有的几个殖民点，除了作为粮食和淡水的补给地，便没有其他任何影响。然而，谨慎而富有经济头脑的荷兰人预见了这个交通要冲在商业和政治上的巨大优势，并于1650年建立了开普敦殖民地。他们逐渐把这片殖民地的领土扩大到现在的疆界，并成功镇压了霍屯督人无组织的抵抗。霍屯督人大部分沦为奴隶，不愿屈服的则被驱赶到山区。因此，躲在野外无家可归的霍屯督人对压迫者怀有无法化解的仇恨，只要有机会就会向荷兰殖民者发起攻击。这场战争对双方来说都是非常残酷的，霍屯督人残忍地折磨被俘的荷兰人，最后将他们全部杀害，而荷兰人则像追捕猛兽一样猎杀在野外的霍屯督人。

在18世纪末19世纪初的法国大革命战争中，由于荷兰与法国结盟，它因此卷入了与英国的大战之中，结果是它的大部分殖民地都落入英国人手中。这些殖民地也进一步增强了当时作为海上霸主的英国的势力。1795年，开普敦被一支英国海军袭击并占领。《亚眠条约》之后的短暂和平让荷兰人恢复了对开普敦的殖民统治，但是，随着法国和英国再次陷入敌对状态，由于荷兰仍是法国的盟友，英国人于1806年再次占领了开普殖民地。1815年的《维也纳条约》让英国正式获得了开普敦。因此，自1806年以来，英国人一直平静地占据着好望角，鉴于英国在亚洲和澳大利亚的巨大利益，好望角具有不可估量的价值。

精力充沛、勇猛好斗的卡非人曾抵制了一切加于他们身上的奴役，而“文明”的欧洲人的习惯是将那些无法征服的“野蛮人”赶尽杀绝。贪婪专横的白人和被误解的土著经常在边境地带发生冲突，并常常升级为战争。在这些战争中，卡非人并不总是失败者。根据记载，在1848年至1849年间，双方爆发了一次非常激烈的战争，在双方都付出惨重代价之后，这场战争终于平息了，然而双方互相敌视的程度却变得更深了。总的来说，英国对这个地区的殖民统治似乎促进了它的繁荣发展，贫穷的土著民族的利益也没有被弃置不顾。英国采取了很多措施改善非洲人的现状，并鼓励传教士在当地传教，南非的前途颇被看好，它的地位和作用正在变得日益重要。

东非

第468章

东非

东非包括沿着东部海岸的阿德尔、柏培拉、阿让、桑给巴尔和莫桑比克，以及一些鲜为人知的内陆国家。东非实际上是指从曼德海峡一直延伸到德拉瓜湾约2 700英里的非洲大陆，相当于从纽约到旧金山的直线距离。

除了把东非和阿比西尼亚隔开的月亮山脉，这一地区的主要山脉还有被称为“世界之脊”的卢帕塔山脉。山脉从南非的雪山开始，沿着海岸绵延300~500英里，直到奎洛阿西部地区，随海岸转弯后，沿着海岸继续延伸了100~150英里。还有一条低矮的山脉在距离莫桑比克海峡100~150英里的范围内延伸，在南纬10°的德尔加杜角终止。

有几条发源于卢帕塔山脉的河流注入了德拉瓜湾。有两条大河穿过这两条山脉，它们分别是赞比西河和鲁伏马河，前者长600余英里，在克利马内流入大海；后者长400多英里，在南纬10°的地方流入大海。这两条大河都发源于尼亚萨湖（大湖）——被错误地称为马拉维湖——南边和北边的几个水源。该湖长约600英里，宽100多英里，呈西北—东南走向，南纬10°线正好从湖心穿过。这是一个活水湖，有很多鱼，可以通过能够承载20人的独木舟在湖面航行。鲁菲吉河，发源于湖的东北岸附近，长约500英里，流经卢帕塔山，几乎一路向东，在马菲亚岛对面汇入大海。东非的大河还有泽比河、雷克斯河和韦比河。这几条河似乎也发源于阿比西尼亚南部的月亮山脉，沿着东南方向奔流600~800 英里之后汇入大海。

几乎没有人探索过东非地区，因此我们对那里的动物和植物的具体情况知之甚少。当地人会把象牙和犀牛角拿到市场上售卖，说明那里的大象和犀牛应该不少。沿着海岸可以看到大片的森林，在某些地区，土壤极其肥沃，几乎不用耗费多少劳力，水稻、小米和木薯就能生长。那里有一种特产是可作药用的哥伦布根，还有一种匍匐植物牡蛎瓜藤，这种植物繁殖力惊人，所结的果实有3英尺长，可食用，里面有两三百颗类似杏仁的种子，口感很好，可榨出一种品质很高的油。此外，黄金和奴隶也是这里重要的贸易产品。

这里的土著被划分为许多部落，他们的肤色都是棕色或黑色的，但并不是纯正的黑种人。在过去很长的时间里，阿拉伯人一直占据着东非海域，葡萄牙人在这里殖民的历史有近三个世纪。

穆卡兰加部落的居住地从德拉瓜湾向北延伸到尼亚萨湖以北300英里的地方。与邻近部落相比，他们更文明，也更有教养。穆卡兰加部落中文明程度最高的一支是默诺默兹人。他们居住在尼亚萨湖北方的那片500英里长、200英里宽的平原地带。他们高个头，具有棕色皮肤，英俊，非常诚实，对陌生人彬彬有礼，以从事工商业为生，没有宗教信仰。默诺默兹人的统治者是四个互相独立的君主或一个大苏丹。他们驯养了许多驴和少量的大象，住在盖有茅草屋顶的木屋里，平时几乎不穿衣服，当他们前往沿海地区时，则会穿着相当体面的棉布衣服。他们要花9到10个月的时间往返桑给巴尔，用驴驮运行李和商品。他们还拥有18英尺长的无帆的窄船。与湖的对岸有着象牙、红油和奴隶（如努比亚人）的人进行大宗贸易。在它的西边，是自称为穆斯林的约阿部落。默诺默兹人的东北，约南纬3°、东经35°的地区居住着文明程度更高的默雷蒙高人。他们拥有最优质的铁，是东非最好的铁匠和刀匠，他们制造大马士革刀和类似于圣殿骑士使用的剑。

瓜达富伊角到德尔加杜角的海岸地区，也就是古典时期地理学家所知道的世界最南端，多年来被一个来自阿拉伯半岛东南角马斯喀特的穆斯林伊玛目声称拥有统治权，但他既没有征服此地，也没有实际控制它，这是因为欧洲列强都不希望这片地区落入任何一个欧洲强国之手。1827年，英国人把蒙巴萨交还给他；他还征服了海岸上的其他几个地方，或者是这些地方只要自愿服从他的统治，他便允许它们自治。

在这里进行的贸易，利润颇为丰厚。柯巴脂（一种介于树脂和琥珀之间的脂类）、昂贵的皮毛和每年6 000多根象牙、丁香，都是受欧洲人欢迎的出口商品。土著的贸易范围远至马达加斯加、阿拉伯和印度。前面提及的伊玛目就是这一地区占据垄断地位的商人，他有20艘船从事商业活动。虽然与英国签订了禁止奴隶贸易的条约，但他还是允许这片海岸进行奴隶贸易，因为利润极为丰厚。在这片海岸上花两三美元就能买到一个奴隶，转手就可以获得40~50

美元的利润。

从南纬4°一直到莫桑比克地区是一片狭长的海岸，这里的居民被称为索维利人，意为“海岸民族”。他们的语言有自己的独创性，这种语言与内陆和西海岸的语言同源。他们都是穆斯林。过去，他们独自或者与葡萄牙人一起到非洲内陆探险，猎捕奴隶并掠夺财物。后来内陆的异教徒部落发动反攻，侵入海岸地区，摧毁了许多海岸场所，索维利人损失惨重。因为害怕居住在阿比西尼亚和这片海岸之间的盖拉人，索维利人甚至放弃了梅林达。

这些盖拉人是异教徒游牧民族，是赤道到南纬4°沿海地区的主人，人口多达800万~1 000万人。阿比西尼亚的盖拉人已经很凶猛了，但这里的盖拉人更凶猛，他们甚至直接割开山羊的血管，喝它们的温血——而从事农业耕作的阿比西尼亚盖拉人对此习俗闻所未闻。这两个地方的盖拉人无论是在语言、政治制度还是其他方面都大相径庭。阿比西尼亚的盖拉人依赖于内地更强大的那些盖拉人，并在前面帮他们抵抗穆斯林的进攻。他们的商队有时要花三四十天的时间才能进入内地，目的地可能是金吉罗和咖法。这里被河流环绕，阿比西尼亚人也在这里进行贸易。我们已经注意到这些凶猛的盖拉人的一些习俗。据旅行者描述，他们是棕色人种，身材虽然矮小，但精力极为充沛。他们发动袭击时，不论男女老幼，皆挥刀上阵。在100多年的时间里，他们把自己恐怖的名声传遍四方，他们因此赢得了“非洲鞑靼人”的称号。

在盖拉人南边，索维利部落后面还居住着瓦尼卡、乌卡非和瓦坎巴等几个部落，他们是居住在盖拉人附近的索维利人的分支，其语言、风俗习惯和政权都与盖拉人迥然不同。乌卡非部落是其中最原始的。他们不埋葬死者，而任野兽把尸体吃掉。瓦坎巴人没有穿衣服的习俗。瓦尼卡人生活在森林里，约有20万人。他们有自己的宗教，但不像其他非洲宗教那么迷信。他们用椰子酿造烈酒，沉溺于酗酒等恶习；此外，他们喜欢一种一定会有人丧命的娱乐游戏。在更远的南方居住着穆桑巴拉部落，桑给巴尔岛对面居住着穆瑟瓜部落，商队的路线穿过他们的领地通往非洲内陆。

虽然在所有这些部落中几乎没有文明秩序的痕迹，但每个地方的首领都像国王一样拥有绝对权威，但就这片土地本身来说，至少赤道以南部分地区的居民适于追求更高的文明。因为这里并不像赤道以北的地方一样是一片荒漠，这里到处布满森林和山脉，而且雨水充沛，完全是可以孕育文明的自然条件。

索马里人居住在马加多克萨、阿让和内陆地区，他们沉迷于商业和航海。他们在红海海岸和阿拉伯地区设立了好几个贸易站。这个以畜牧业为主，热衷经营贸易的民族也因其漂亮的容貌而著称。他们能与野蛮的邻居甚至凶猛的盖拉人和睦相处。他们有一个古怪的习惯，喜欢把头发蜷曲得像羊毛一样，然后用赭石染成黄色。柏培拉是他们主要的港口和集市，从上一年12月到下一年4月都有大规模的交易会。经常有许多来自德尔加杜角的商队到这里出售树胶、药材和熏香；距内陆20英里的哈尼姆王国的国王会派出带着黄金和象牙的商队，其他国家也会运来融化的黄油、大量的奴隶、骆驼、马、骡子和驴，索马里人再用他们自己的船只把这些东西运到阿拉伯和其他地方，而不允许阿拉伯船只在柏培拉港口出现。附近的泽拉城的贸易规模与这里差不多，但它在旱季时，几乎变得荒无人烟，因为苍蝇太多了。

阿让的海岸和内陆是一片沙漠。乌尔鲁尔城是曾经兴盛一时的阿德尔王国的中心城市。这个穆斯林王国是阿比西尼亚的死敌，它的领土因此经常遭到残酷的破坏。16世纪初，阿德尔王国把自己的统治扩展到首都为泽拉的阿代尔；到了17世纪，这个国家在商业和军事上都有着举足轻重的地位。奎洛阿、莫巴扎、梅林达和马加多克萨等是桑给巴尔境内的其他较小王国，现在这些王国已经无足轻重。

卢帕塔山区仍被一些部落占据。其中，米遥人（玛库亚人）在桑给巴尔的奴隶市场上最受青睐。这个部落每年都会向奴隶市场输送七八千名奴隶，其中一些人是自愿为奴外出谋生的。鲁伏马河的北部支流有一个白人部落马邦哥人，这个部落的女人在奴隶市场上的售价和最漂亮的阿比西尼亚人一样高，有时高达3 000美元；男人则非常勇猛，不可能沦为奴隶。

莫桑比克是一个风景优美的国家，现在居住着一些寂寂无闻的部落，它曾经因为葡萄牙人的殖民统治而获得恶名。葡萄牙至今仍在这里保留着一部分权力，他们的势力沿着赞比西河蔓延。有人认为，索法拉的一部分土地就是《圣经》中的黄金国俄斐。莫桑比克人口稀少，下设7个都督辖区。首府莫桑比克岛①经过精心构建，有一个港口和城堡，非洲这片地区的葡萄牙总督和主教的驻地也在这里。这里是沿海地区最大的奴隶市场。莫桑比克岛有1万居民。

瓦斯科·达·伽马于1498年第一次来到莫桑比克。最开始，当地人对他非常友好，后来知道他是基督徒时，他立即成为所有人仇

① 1907年迁都洛伦索-马贵斯（现在的马普托）。——译者注

恨的对象。他只有依靠武力去获取补给，并抓了一个当地人做领航员。1506年，葡萄牙殖民者特里斯坦·达库尼亚和阿尔布克尔克占领了莫桑比克岛，那个海岸的大部分商业区都经历了同样的命运。莫桑比克成了葡萄牙在这片海域的中心，也是葡萄牙总督的治所，所有在非洲的葡萄牙统治者都由他节制。在葡萄牙人占领印度大片领土的时期，莫桑比克和其他沿海的殖民地都处于繁荣状态。但17世纪以后，这些殖民地逐渐衰落，并一蹶不振。即便如此，莫桑比克的葡萄牙总督依然统治着从北部的德尔加杜角一直到南部的德拉瓜湾之间的所有葡萄牙殖民地。总督任期只有3年，卸任之后会去担任政府的其他要职。

在葡萄牙人的叙述中，莫诺莫塔帕帝国是一个富饶的国家，不过他们应该在许多方面都夸大了这个国家的财富和辉煌。莫诺莫塔帕帝国气候温和，水源充足，土地肥沃，盛产优质牧草。人们养了许多黑牛，他们把这些牛看得比金子还值钱。当地有许多金矿以及流淌着金粉的河流。这里有许多大象，为贸易提供了大量象牙。莫诺莫塔帕人是一个凶猛顽强的民族。除了战争，他们最喜欢的职业是经商。他们统治着许多附属部落，帝国被划分为7个省或者小王国，包括莫诺莫塔帕本土、奎特拉、马米卡、伊哈巴那、伊赫米尔、萨比亚和索法拉，当地的统治者都是皇帝的封臣。后来，这个强大的帝国遭遇了与阿比西尼亚一样的命运，分裂成许多个寂寂无闻的独立小国。莫诺莫塔帕帝国的古都津巴奥，直到19世纪初，仍是势力最大的酋长的所在地。

东非内陆到下几内亚地区之间的地区人口稀少，但商业相当活跃。尼亚萨湖西边居住着卡泽贝人，东南居住着莫维萨人。卡泽贝人是富有活力的黑人民族，他们肤色最深，拥有漂亮的胡子和红棕色的眼睛。1814年，他们国王的穿着是丝绸和天鹅绒的衣服，胳膊和腿上戴着各式各样的珠子。他们的首都卢森达位于一条流入尼亚萨湖的河流旁，附近出产很多水果和谷物。贸易的商品有奴隶、象牙、宝石和铜等。卡泽贝王国以前要向在西北方姆瓦塔·雅姆沃的君主纳贡并宣誓效忠。再往西，扎伊尔河的一条支流旁边是莫罗普亚王国；在这个王国与葡萄牙殖民地之间还有一个卡桑杰王国。这两个王国都很有实力。

东非北部地区在古代被称为阿扎尼亚、金吉斯和香料产区，对应的地区分别为阿让、桑给巴尔和索马里。葡萄牙人发现绕过好望角的航线后，便占领了这一带海岸上所有最优越的地方，并驱逐了所有其他民族。葡萄牙人首先征服了莫桑比克，随后是莫巴扎；但是在这之后，他们逐渐放松了对东非地区的征服，不过到了16世纪末，葡萄牙人在海岸地带已经建立起了数不清的殖民地。然而，他们卷入了与阿拉伯人的战争，逐渐失去了这些领地。到19世纪末，他们几乎失去了东非所有的领土，但具体过程并没有清晰的记载。

很久以前，阿拉伯人就在东非沿海地区传播他们的宗教。他们现在的目的是保护在这个地区的贸易，事实上，他们已经在东非沿岸建立了许多殖民点，但只有桑给巴尔及其周边地区才是他们的永久殖民地。我们还注意到，马斯喀特的伊玛目目前在东非海岸地区享有很大的权力，他每年都会在桑给巴尔驻留几个月。

非洲诸岛

第469章

非洲诸岛

非洲大陆周围有很多岛屿，而且基本上都是群岛。这些岛屿一般多山，有几个还是火山岛。岛上的土地都非常肥沃，岛上的风貌也优美宜人。由于这些岛屿之间没有什么政治或地理联系，因此也没有什么共同的历史，因此，我们按照位置分布依次介绍较大的岛屿和几个不同的群岛。亚速尔群岛（也被称为西部群岛）、加那利群岛（也被称为幸运群岛）、马德拉群岛、佛得角群岛、阿森松岛、圣赫勒拿岛和特里斯坦·达库尼亚岛，位于大西洋；马达加斯加岛、波旁岛、毛里求斯（也叫法兰西岛）、塞舌尔群岛和阿米兰特群岛、科摩罗群岛和索科特拉群岛，位于印度洋。

亚速尔群岛位于北纬37°到北纬40°、西经25°到西经32°之间，由9个岛屿组成，分别是圣玛丽亚岛、圣米格尔岛，这两座岛屿离得非常近；特塞拉岛、法亚尔岛、皮库岛、格拉西奥萨岛、圣乔治岛，这五座岛屿形成一个小群岛；西边稍远的地方有科尔沃岛、弗洛勒斯岛。这些岛屿明显都是火山岛，因为在水下它们都有明显的火山喷发的痕迹，不过海面以上没有真正的火山活动。人们在1720年观察到附近的海域一夜之间长出了一座新的岛屿，同时还伴随着如同开炮一样震耳欲聋的巨响。这个地区在不同时期曾发生过毁灭性的地震，其中最可怕的一次是1591年，地震持续了整整12天，繁华的维拉弗兰卡遭遇了灭顶之灾。1811年，人们看到火焰像火箭一样从海里喷出来，但岩石并没有被推到海平面以上。圣米格尔岛上有许多天然温泉，水温滚烫，其他的岛屿上也有温度很高的温泉，甚至还有很多喷发着硫黄蒸汽的泉眼，这也证明海底的火山活动实际上一直都未曾停息。

群岛上的总人口约20万~30万人。岛上居民主要种植谷物和葡萄，这些作物在岛屿上肥沃的土壤中结出累累硕果，连火山岩的石缝中都生长出了美味的橘子。

橘子树

香蕉树

亚速尔群岛隶属于葡萄牙。首府是位于特塞拉岛的安格拉[①]，因为天然良港而被选中成为首府。法亚尔葡萄酒是这里的主要出口产品，年出口量有时能达到1万桶。

亚速尔群岛位于大西洋，地处四大洲之间，在航海上具有非常重要的地位。

亚速尔群岛的历史相当模糊，岛屿被发现的确切日期也难以确定。它似乎是在15世纪中叶被发现的，根据航海家贝乌坎的说法，是1431年。当时，布鲁日的约书亚·沃德贝在向里斯本航行途中，由于天气恶劣而不得不向西航行，意外地发现了亚速尔群岛。他一到米尔顿后就夸耀自己的发现，葡萄牙政府得知后立即组织了一支探险队，占领了这些岛屿，并将其命名为亚速尔群岛。亚速尔在葡萄牙语里意为“鹰”，因为他们在岛屿上发现了许多鹰和隼。当时这些岛上除了数量和种类繁多的鸟类，既没有人类，也没有其他动物。

占领这些岛屿的意义十分重大，伟大的亨利王子亲自前往那里，正式宣布对这些岛屿的主权。1466年，这些岛屿被阿方索五世送给了他的妹妹勃艮第女公爵。然后佛拉芒人到这些岛上殖民，他们似乎一直承认葡萄牙国王的权威。1580年，腓力一世（也是西班牙国王腓力二世）夺取了葡萄牙空置的王位，于是这些岛屿成了西班牙的领土，1640年，葡萄牙布拉干萨王朝复辟，又夺回了这些岛屿。此后，它们一直平静地被葡萄牙所统治。

马德拉群岛是一些美丽的岛屿，比亚速尔群岛更靠近非洲海

---

① 亚速尔群岛的首府现为圣米格尔岛上的蓬塔德尔加达。——译者注

岸，由从海里陡然凸起的几座山峰组成。因为出产世界上最好的葡萄酒而为自己的商业增光添彩。首府丰沙尔，居民主要是英国的商人。岛上覆盖着丰富的植被；对于一个来到山谷深处的旅行者而言，没有什么比形态各异的岩石、点缀在岩石之上的青翠植物、清澈闪亮的溪流，以及处于不同寻常位置的村落、教堂和修道院更加优美的景致了。马德拉岛出产小麦、水稻、玉米和各种水果，如葡萄、橘子、柠檬、无花果、石榴、甜瓜、香蕉、番石榴和奶油苹果等，只要不是岩地，几乎每一寸土壤都是最肥沃的优质耕地。

马德拉岛附近有几个被纳入本岛政府管辖下的不起眼的小岛屿。其中，西北方向35英里的圣港岛是唯一一个有人居住的岛屿。岛上干旱贫瘠，只有一处凉水泉。它出产劣质酒、优质大麦、西瓜和其他水果；但岛上几乎没有树木。还有一些被称为“荒漠”的小岛，偶尔会有一些渔民和走私者光顾；剩下都是只有光秃秃岩石的岛屿。

发现马德拉岛的历史与一个浪漫的传说有关，不过许多作家对其真实性提出了怀疑。根据葡萄牙亨利王子的史官阿尔卡弗拉多的说法，亨利王子非常在意首次发现马德拉岛的荣誉，如果他不相信这个传说是真的，那他一定会坚持认为自己才是第一个发现这个岛屿的人。此外，马德拉岛土著一直相信并传唱着这个传说，任何一位公正的历史学家都不应该随意忽略。

这是一个浪漫的故事：在爱德华三世统治时期的英国，有一个名叫罗伯特·马查姆的年轻人爱上了一位漂亮的贵族小姐，他向她大献殷勤，赢得了女孩的芳心。但女孩的父母不屑和一个地位低下的家庭联姻，便采取了最迅速、最有效的手段棒打鸳鸯：他们向国王求得逮捕令，把马查姆关进监狱，一直把他关到他们的女儿嫁给了一个贵族，而这个贵族马上把新娘带到了自己在布里斯托尔的府邸。木已成舟，马查姆才得以获释。然而，侮辱和委屈激发了马查姆心中的勇气，他决心用计夺回属于自己的新娘。他和几个朋友一起谋划，要把自己心爱的女人带走。他的一个朋友扮成马夫混入贵族的家里，接近女孩并向她介绍了他们的计划。女孩愉快地同意了他们的计划。很快，一切都安排好了，只待计划实施。

约定的日子终于到来，女孩带着马夫假装出去走走。他们径直走向海边，随后女孩上了一艘小船，这艘船把她送到另一艘预先准备好的大船上。在那里，她见到了自己的情郎。他们立即出发，向法国海岸驶去。但是，他们并不熟悉航海，又遭遇了风暴，便错过了法国的港口。第二天早上，他们发现自己已经看不见陆地了，也不知道将要驶向何方。在孤寂凄凉中，他们继续行驶，最终在风浪里漂泊了13天，意外地看到了陆地。他们朝陆地驶去，发现那是一座高耸的岛屿，完全被树木所覆盖。当他们靠近海岸时，从岛上飞来了几只不知名的鸟停落在桅杆和缆绳上，一点儿也不怕人。

几个船员换乘小船到岛上探查，回来的时候说岛上似乎完全无人居住，但却是个非常适合生活的地方。于是，马查姆带着心爱的女孩登岸了。在踏上这片土地时，这里便向他们展现了一种多样的美丽，山丘沟壑纵横，林木茂盛，还有波光粼粼的溪水。许多野兽来到他们的身边，既不攻击他们，也不害怕他们。他们被这种和谐的场面所鼓舞，向岛屿的更深处走去，不久就来到茂密森林中一片宽阔的空地上。周围是成荫的月桂树，淙淙的溪水从山上流下，流到一片白色的沙滩上。在那里，他们发现了一个非常吸引人的地方，他们决定在那里住一段时间，就在一棵高树美丽的树荫下，用绿色的树枝搭起了一个凉棚。他们过得很愉快，还探索了附近的林地和山丘。

然而，幸福总是短暂的。几天后的一个晚上，海上刮起了一阵巨大的风暴，而大多数船员在船上。船被狂风吹到了海上，经过一段时间的颠簸，在非洲海岸沉没，船上的人都被摩尔人俘虏了。而马查姆和他的女孩，以及一小部分船员，还留在岛上。第二天早上，他们发现船已经不在岸边，便推断出它已经沉没了。他们意识到自己被困在这个荒岛上了，几乎没有获救的希望。这场不期而至的灾难让他们无比沮丧，并对那个女孩产生了致命的影响。第一段航程的不成功使她意志消沉，她不时地因悲伤的预兆哀叹，她预感到他们的逃亡将以某种悲剧而告终。现在的灾难使她震惊，几天后她就死了。

这一打击对马查姆来说实在是太大了，他也在她去世几天后死了，尽管他的同伴都不遗余力地安慰他。在弥留之际，他请求同伴把他和女孩合葬在他们居所附近的祭坛下。做完这一切后，幸存者们在坟地上树立了一个大十字架，上面有马查姆自己写的铭文，他简要地叙述了整个冒险经历，最后向所有的基督徒祈祷：如果有人来定居，就在那个地点建立一座教堂。剩下的人在岛上逗留相当一段时间之后，建造了一艘小船出海了，但是，他们的命运和之前的船员们一样——被风吹到摩洛哥海岸，成了摩尔人的俘虏。

这个浪漫的传说，据说发生在1344年。到15世纪初葡萄牙的亨利王子开始非洲西海岸的探险时，外界对这座岛屿仍是一无所知。1418年，亨利王子派手下的若昂·贡萨尔维斯·扎尔科爵士前往博哈多尔角。航行途中，他们遭遇了一场猛烈的风暴，被吹离航线。船员们认为他们随时要遭遇灭顶之灾的时候，风暴又把他们吹到一个未知的岛屿上。他们登岸得救，为了纪念他们这次意外的幸存，他们把这座岛屿命名为“圣港”。后来，葡萄牙人在这里建立了一个殖民地。几年后，贡萨尔维斯率领一支从里斯本前往摩洛哥海岸的船队，途中在圣港停靠。

他发现当地的殖民者中间流传着一个奇怪的故事，这激起了他强烈的好奇心。殖民者们告诉他，在岛的西北方，地平线的尽头，海面上一直笼罩着一层密不透风的黑云，一直向上延伸到天空，从不消失。它附近时常传出一种奇怪的、无法解释的声音。岛上的居民不敢驶离海岸，他们认为如果一旦离开到看不见这座岛的距离，就很难返回了。他们认为那是一个无底的深渊；葡萄牙的神父们则宣称这里是地狱的入口；那个时期的历史学家同样的轻信和迷信，把这个地方描述成一个被上帝隐藏在神秘面纱下的齐潘戈岛；并相信西班牙和葡萄牙的主教们已经从摩尔人和萨拉森人的奴役和压迫中隐退到这个安全的庇护所。他们断言，企图窥探这个秘密将是一种极大的罪恶，因为上天还不愿意用在这个地方被发现之前的迹象来揭示这个秘密，而这些迹象是古代先知们曾提到的，他们认为，先知们曾说过这一奇迹。

贡萨尔维斯抵达圣港时也看见了那团可怕的黑云。他决定留在那里，等月相变化时再观察以确定月球是否会对这种现象有什么影响；当发现月亮对它没有任何影响时，他的船员们都感到恐慌，他们害怕前往那里。不过，碰巧他们舰队的首席领航员是一个名叫莫拉莱斯的西班牙人。他也被摩尔人俘虏过，与马查姆的几个被俘船员关在一块。莫拉莱斯想起了他听那几个船员讲的冒险故事。他坚信那座岛屿就隐藏在那片神秘的黑云之下。他向贡萨尔维斯解释了这一现象，认为岛上被茂密的树林覆盖，这些树林一直以来都遮住了太阳的光，同时又不断地产生水分，这些水分又不断地上升，形成水蒸气，最后凝结成云，覆盖了整个岛屿，所以看起来像一片黑云。

认真考虑了莫拉莱斯的话之后，贡萨尔维斯同意了他的说法。一天早晨，贡萨尔维斯带着船员们出海，向那个地方驶去，他并没有告诉船员们自己的计划。船员们发现自己正全速向着他们所害怕的那团巨大的黑云前进时，都感到十分惶恐。他们越靠近，黑云看似就越高越厚，他们心中也越发恐惧。大约中午时分，他们听到海中出现了巨大的吼声，而他们心中的恐惧更达到了顶点。他们围拢在船长身边，以上帝的名义恳求他改变航向，使他们免于眼前的毁灭。贡萨尔维斯便向船员们解释了黑云形成的原因，船员们安静了下来。风很快就停了，他命令船继续向前行驶，直指那团黑云。渐渐地，黑云消失了，但大海的咆哮声似乎比以前更可怕了。不久，他们在黑暗中发现了一些巨大的黑色物体。船员们纷纷惊呼：看哪！是巨人！随着他们继续前进，海面逐渐平静下来，他们看到了陆地，而那些所谓的巨人，不过是海岸边矗立着的嶙峋岩石罢了。

登陆后，他们发现整座岛屿都覆盖着茂密的森林。唯一可以歇脚的地方是一个巨大的洞穴，上面是一块伸出悬崖的巨大岩石，下面的洞穴里到处是海狼活动的痕迹，说明那里有大量海狼。于是，贡萨尔维斯给这个地方起名为“狼窝”。从那以后，贡萨尔维斯的族徽上就加上了两只海狼。这座岛屿因为茂密的森林而被取名为马德拉岛，“马德拉”在葡萄牙语中意为“树林”。当发现这座岛屿的消息传回葡萄牙时，政府立刻着手在那里建立一个殖民地。第一批殖民者为了清理土地，放火焚烧树林，这个轻率的举动引发了一场大灾难。火势向四面八方蔓延，难以控制，乃至整整烧了7年，岛上的树也全部化为灰烬。后来，葡萄牙人在岛上引进了糖料和酒料作物，马德拉因出产的糖和酒在世界上享有盛名。

在法国大革命战争中，马德拉岛被英国占领；但1814年，它又重新被给予葡萄牙，这座岛屿至今属于葡萄牙。

加那利群岛比马德拉群岛更靠近非洲海岸，它位于北纬28°左右的位置，距离撒哈拉沙漠海岸80~300英里的距离。它们在15世纪时被西班牙人所发现。

加那利群岛由7座岛屿组成，总面积比美国的康涅狄格州还小，人口有20万人。这群岛屿属于西班牙，它们的名字分别是特内里费岛、大加那利岛、帕尔马岛、兰萨罗特岛、富埃特文图拉岛、戈梅拉岛和费罗岛。加那利群岛是世界上最美丽、最著名的小群岛之一。

特内里费岛上高达1.2万英尺的山峰，从腓尼基时代到18世纪，一直是航海者们辨认方向的地标。特内里费岛海岸长满了橘子树、桃金娘和柏树，海拔更高的山坡上长满了葡萄树和谷类作物，再往高处是月桂、栗树和橡树，靠近山顶上是松树和冷杉。因为特内里费山是一座火山，山顶是松散的火山岩碎片构成的小平原，这里有一个火山口，但是已经不再喷发，最后一次火山喷发是在18世纪早期。位于特内里费岛的圣克鲁斯是航海家们的集结地，也是加那利群岛肥沃土地上出产的葡萄酒和其他商品的出口地。自从有地理学的历史以来，费罗岛所在的位置一直以来都被视为本初子午线所在的经度。加那利群岛被一些人认为是古代传说中的幸运岛，但也有人认为幸运岛指的是马德拉群岛。如果按照普林尼的说法，幸运岛是加那利群岛的可能性更大一些，他在《自然史》中对此做了描述，而这个描述源于他引用博学的毛里塔尼亚王子朱巴的说法。朱巴把一座岛命名为特利瓦利亚岛，意思是“雪岛”，这座岛很可能就是今天的特内里费岛；他还将一座岛命名为加那利亚岛，是指岛上生活着的一种体形巨大的犬类，朱巴王子就有两只这样的大狗。入侵至毛里塔尼亚海岸的哥特人和汪达尔人或许知道相关的信息，但是这些岛屿的最早记载出现在1330年，当时有一艘法国船因为恶劣的天气而被吹到加那利群岛中间。

这些岛屿被发现之后，西班牙贵族克拉尔蒙特伯爵唐·路易斯从教皇克雷芒六世那里以国王的头衔被授予了这些岛屿的所有权。这个岛上一直没有被殖民，直到1385年，一支由费尔南多·佩雷拉率领的从加的斯出发的舰队，来到兰萨罗特岛，但被土著赶走。1393年，塞维利亚人发起了对加那利群岛的第二次远征，也是一无所获。1400年，另一支舰队在让·德贝当古的指挥下从拉罗谢尔出发，在兰萨罗特岛泊锚，又在卢比孔角建造了一座堡垒。随后，这些冒险家向富埃特文图拉岛进发，但遭到土著的反抗，被迫回到船上。之后，德贝当古回到西班牙，从恩里克三世那里得到以国王的头衔获得这些岛屿统治权的授权，运载着大量的武器再次驶向加那利群岛。1405年6月，德贝当古再次来到富埃特文图拉岛，将其占领。然后，他又乘船去了大加那利岛和帕尔马岛，又被这两座岛上的土著驱赶；他又去了戈梅拉岛，这次他幸运得多，而且令他吃惊的是，那里竟然有几个会说西班牙语的土著。大约在30年前，有几艘西班牙船只停靠在这座岛上，还留下了一个天主教神父在让那里的人皈依天主教。但是没有关于这座小岛的书面记载。

德贝当古后来又去了费罗岛，土著对他非常友好。他在岛上留下了驻军，又回到富埃特文图拉岛。1406年11月，他召集了所有的军队，再一次前往大加那利岛，但还是失败了。他再次回到西班牙寻求帮助，还没有等到再次远征，就于1408年病死。1418年，德贝当古的侄子把这些岛屿的所有权卖给了另一个西班牙贵族恩里克·德·古兹曼。古兹曼花费了大量的金钱试图征服其他几座岛屿，但是他也遭遇了彻底的失败。1461年，西班牙人占领了大加那利岛和特内里费岛。

然而，西班牙和葡萄牙就这些岛屿的所有权产生了分歧，因为德贝当古的侄子在把岛屿卖给古兹曼之后，又再一次卖给了葡萄牙人。随后葡萄牙人的舰队开到了兰萨罗特岛，想要武力占领这里，两国因此发生冲突。双方通过条约解决了问题，条约规定将这些岛屿让与西班牙。在多次企图征服大加那利岛均告失败以后，西班牙人最终于1476年与岛上的土著酋长签订了商业条约。同年，卡斯蒂利亚王国购买了大加那利岛、特内里费岛与帕尔马岛这三座未被征服岛屿的所有权，并于第二年派出一支舰队前去征服大加那利岛。直到1483年4月，也就是让·德贝当古第一次登上加那利群岛77年之后，西班牙人才算彻底征服了大加那利岛。

1490年，西班牙又派出了一支舰队前去征服帕尔马岛和特内里费岛，并于9月抵达了帕尔马岛。次年5月份左右，帕尔马被占领。舰队又于1493年5月驶向特内里费岛，在没有遭到激烈抵抗的情况下成功地将其占领。此后，加那利群岛就一直是西班牙王室的领土。尽管后来遭遇了几次外来势力的入侵，但是西班牙人还是保住了自己的统治权。距离非洲海岸最近的岛屿曾经遭到巴巴里海盗的蹂躏。

佛得角群岛距离佛得角约300英里，位于北纬16°到北纬17°之间。这个群岛由10座岛屿组成，其中最大的三个分别是圣地亚哥岛、圣安唐岛和圣尼古拉岛。还有一座叫作福古岛的活火山岛。佛得角群岛距离撒哈拉沙漠很近，因此，它比加那利群岛更容易受到沙漠热风的影响，岛上因此经常发生旱灾。1831年，岛上的8.8万人有1/4死于一场由旱灾引发的饥荒。佛得角群岛的岛屿海拔普遍很高，岛上很多岩石，气候也很干旱。自从1119年首先发现了佛得角群岛之后，葡萄牙人就在岛上建立了殖民地，并维持了对这些岛屿的统治权。殖民地总督的治所在普拉亚港。

阿森松岛位于南纬8°8′，东经14°28′，是一个贫瘠的岩岛，许多往来的商船经常会看到这个岛屿，岛上有一支英国驻军。

圣赫勒拿岛周长约28英里，岛屿沿岸都是高达600~1 200英尺的悬崖峭壁，只有四个地方有开口。詹姆斯敦就建于其中的一个开口上，那里的港口是印度商船的聚集点。岛屿的最高处是一片肥沃的平原，适于放牧的山谷坐落在圆锥形的山丘之间。其中的一个山谷，拿破仑·波拿巴自1815年被囚禁其中，他的雄心壮志在这里被消磨殆尽，最后于1821年死在了岛上。1838年，法国国王路易·菲利普一世派人把他的遗体运回法国，人们为他举行了庄严的葬礼，把他葬在了一座华丽的陵墓里。1833年，圣赫勒拿岛成为英国国王的封地，总督由英国女王任命。1502年，葡萄牙人最先发现了这个岛屿，后来荷兰人在岛屿上建立了殖民地，1651年，圣赫勒拿岛落入英国人手中。

马达加斯加岛位于印度洋，距离非洲大陆东南边的莫桑比克海岸300英里，中间隔着莫桑比克海峡。它是世界上最大的岛屿之一，长840英里，宽220英里，人口有几百万人。一系列雄伟壮丽、巍峨高耸的山脉纵贯全岛，调节着岛上的热带气候。高山边缘是巨大的山崖，河流从峭壁上飞泻而下，落入下面的平原。幽静的山谷被宜人的小山隔开，广阔的草原上牛群点点，与山峦的壮阔形成了鲜明的对比，构成了一派令人愉悦的田园风光。多种美丽的树木点缀着森林，它们有棕榈树、乌木、染料木、竹子、柑橘以及柠檬。这里盛产大米、糖和丝绸，几乎每一种热带植物都在这里生长。马达加斯加和莫桑比克的海岸上都能捡到美丽的贝壳，它们在海里像森林一般生长，经常长到水面以上，形成珊瑚礁。虽然这是一种美丽的景观，但对于航海者来说却非常危险。

海贝

珊瑚

马达加斯加的居民是快乐、纵情肉欲、不爱思考的民族，他们的文明程度远远超过了野蛮状态。岛上的部落之间经常爆发战争，据说一共有22位国王统治这里。安塔瓦茨位于东海岸，安通吉尔是这个地区的良港。岛上最肥沃的土地在贝塔尼米斯，大型的商贸港口塔马塔夫就位于这个地区。经常被过往船只光顾的富尔波因特港，就位于贝提姆萨拉斯。穆克兹位于马达加斯加西海岸，圣奥古斯丁港也位于这个地区。莫赞盖是一个有3万人的城镇，本贝塔克是一个忙碌的港口，这两个地方都是塞克拉维人的领土，他们一直由一个女王统治。法国人在马达加斯加东海岸的不同地区建立了四个贸易站。

马达加斯加岛上最有趣的部落是奥瓦人。他们占据了岛上地势较高的广阔平原，他们的国王拉达马一世借助欧洲的武器和战术，已经征服了马达加斯加最大和最好的地区。拉达马一世有一队炮兵和一支配备步枪的军队，他和英国结成了联盟，从英国人手里获得了这些现代化武器和军队教官。他派遣一些年轻人前往法国和英国接受西方教育，在英国传教士的帮助下，他建立了一家印刷厂，许多经过培训的男女教师被他派到各地任教。不幸的是，1828年7月，拉达马一世死了，他主导的发展和改革也戛然而止，这给马达加斯加光明的前景蒙上了一层阴影。

有人说拉达马一世是被人毒死的，但实际上是他长期大量饮用烈酒，导致身体严重受损，在31岁就死于心脏疾病。据说他尚在襁褓的幼子被人谋杀，他大姐的长子拉克图贝成为王位继承人，同时他的两位亲信大臣将他的死讯隐瞒了几天，以免发生波折。但是一位年轻的侍卫将国王的死讯告诉了国王的一个妻子娜拉瓦鲁那。娜拉瓦鲁那的父亲曾救过拉达马一世的命，当时拉达马的叔叔阴谋杀害拉达马，被娜拉瓦鲁那的父亲救下。拉达马的父亲登上王位之后就收养了娜拉瓦鲁那，将她许配给拉达马为妻，并宣布拉达马和她的儿子将继承王位，但是拉达马和她唯一的儿子被谋杀了。娜拉瓦鲁那认定拉达马一世死后应该由她继承王位，并声称这是拉达马一世父亲的旨意。

这个野心勃勃、不择手段的女人得知国王的死讯后，立即贿赂了两个同乡的上校，承诺他们事成之后能得到荣华富贵以及免死的特权。他们很心动，就把娜拉瓦鲁那和她的一个女性密友（也是拉达马一世的12个妻子之一）藏在一处私密的所在，然后去找法官和偶像守护者寻求支持；让他们与王妃的利益绑定后，两名军官立刻集结了他们的部队。就这样，娜拉瓦鲁那和她的支持者成了拥护偶像崇拜并反对基督教的党派。紧接着，娜拉瓦鲁那和她的同党占领了王宫，当时王宫里还有一些军官、法官和偶像守护者，以及两支军队。娜拉瓦鲁那向他们宣布，神明已经指定她为拉达马一世的继承人，并要求他们效忠。

有4名军官对此表示怀疑，他们说拉达马一世已经任命拉克图贝为继承人，话音未落，他们就被娜拉瓦鲁那的士兵当场用长矛刺死，剩下的人都噤若寒蝉，再没有谁敢质疑和反对。娜拉瓦鲁那马上举行了登基典礼，在礼炮声中成为新的女王。被一位基督徒教育长大的拉克图贝，在都城附近的一个村庄里被自己的卫兵抓住并用长矛刺死，他的父亲也被杀死，母亲被饿死。他的外祖母被关进一个恶劣的地方，因惊恐、发烧以及疏于照顾死去。拉达马一世的一个兄弟也被饿死。

马达加斯加岛上的居民似乎是马来人及其与黑人的混血后裔。虽然阿拉伯人很可能在穆罕默德时代之前就到过这里，但是关于这座美丽岛屿的第一次记载是在13世纪通过马可·波罗传入欧洲的。

葡萄牙人于1506年发现了这里，并试图建立殖民地；后来，法国人也来到这里，试图建立殖民地，但是他们都没有成功。

波旁岛是由两座高山组成的岛屿，位于马达加斯加东方400英里处。长40英里，宽36英里。两座山峰中靠南的是一座活火山，时不时会喷发，岩浆、烟雾、火山灰伴随着巨响从火山口喷出，因此，这座岛屿的很多地方都像是烧焦了一样，完全是一片由坚硬的黑土、坑洞和裂缝组成的荒漠。不过在火山爆发的影响范围之外，却是土壤肥沃，灌溉良好。

1718年，波旁岛从摩卡引进了咖啡作物，那里的气候、土壤非常适合咖啡生长。波旁咖啡被认为是仅次于阿拉伯咖啡的优质咖啡。那里的丁香也可以与安波那岛相媲美。但是，现在糖料作物的种植已取代其他所有的作物，成为利润最丰厚的产业。1831年，这里有10万居民，其中7/10是奴隶。虽然岛上没有优良的港口，但它每年的进出口总额高达350万美元。

1542年，葡萄牙航海家马什卡雷尼亚什首次发现了一座岛屿，当时岛上还没有人居住，这座岛因此而得名为马什卡雷尼亚什岛。1642年，法国把马达加斯加岛上的一些罪犯安置在这里，并于1649年建立了一个殖民地。他们为这个殖民地取名为“波旁”，到法国大革命时期，它又被改名为留尼汪岛，后来又先后改名为波拿巴岛和拿破仑岛。1815年，波旁王朝复辟后，这个岛又恢复了它原来的名字——波旁岛①。

毛里求斯也被称为法兰西岛，周长约150英里，位于波旁岛以东

① 现为法国的留尼汪大区。——译者注

120英里。岛上崎岖的山峦，让这里的环境相对贫瘠，不能给居民提供足够的粮食；但咖啡、靛蓝、棉花和优质的糖料作物却在这里长势良好。糖一直是那里的主要作物，每年的产量大约是6 000万磅。截至1827年，这里约有10万名居民，其中有8 000名白人，1.5万名自由黑人，以及7万名奴隶。路易港是毛里求斯的天然良港。

1505年，毛里求斯及邻近的波旁岛被马什卡雷尼亚什率领的葡萄牙人发现，这整片岛屿因而被称为马什卡雷尼亚什群岛。虽然葡萄牙人在1545年就占领了毛里求斯，但他们似乎一直没有在那里建立殖民地。1598年，荷兰人到这座岛屿进行勘察，并将其命名为毛里求斯，以纪念荷兰共和国执政莫里斯。但直到1640年荷兰在好望角建立了定居点之后，他们才再次来这座岛上殖民，在东南港的沿岸建立了定居点。1708年，不知道出于什么原因，荷兰人撤离毛里求斯。从那之后直到1715年，岛上只居住着很少的黑人，他们之前是这里荷兰殖民者的奴隶，他们脱离自己的主人并逃到山林里躲藏起来。1715年，法国人占领了这座岛屿，在西北港建立了殖民地，并为它取名为法兰西岛。1810年，英国人夺得此岛。自英法两国于1814年签订和平条约以后，这座岛屿一直归英国所有。英国人解放了那里的奴隶，这座岛变得繁荣起来。

马达加斯加北方的塞舌尔群岛和阿米兰特群岛不是很重要。这些岛屿属于英国，岛上有8 000~1万名居民。1743年，拉扎尔·皮考尔特奉毛里求斯岛总督马埃·德·拉布尔多内的命令，考察了其中的部分岛屿。1768年，法国人在马埃岛上建立了一个殖民地。1794年，塞舌尔群岛上的君民向英国投降；1810年，岛屿被占领；在1815年的《巴黎条约》中，这片群岛正式被割让给英国。

科摩罗群岛位于马达加斯加岛和非洲大陆之间，由四个岛屿组成。岛上多山，盛产绵羊、野牛以及所有的热带谷物和水果。那里温顺而勤劳的居民一直遭受马达加斯加海盗的骚扰与屠杀。这些海盗直到现在仍然习惯于每年去科摩罗岛劫掠一次，他们包围城镇，蹂躏开阔的土地。科摩罗岛是这四座岛中最大的一座，昂儒昂岛则是最繁荣的。

索科特拉岛在遥远的北方，位于非洲最东端的瓜达富伊角以东的120英里处。这座岛屿长80多英里，宽20多英里。岛上干旱而且都是岩石，但这里出产世界上最好的沉香和大量优质的枣。它有陡峭的海岸，拥有多个优良港口，许多商船都来这里采购牛、羊、鱼、枣等商品。索科特拉岛的地理位置和两个良港使其在古代成为一个商业中心，据说亚历山大大帝曾派人到这里建立殖民地。岛上的内陆居民有一些是詹姆斯二世党人，还有一个生活在森林里的野蛮部落。几年前，英国人曾就这个岛的归属问题和马斯喀特的伊玛目进行过谈判，但是没有成功。

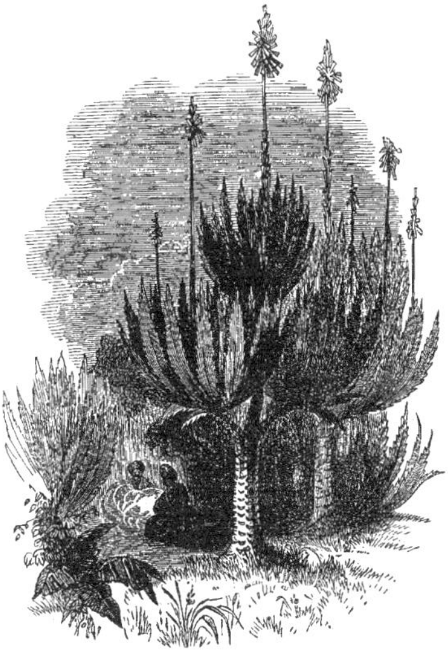
索科特拉岛上的沉香木

古希腊地理学家托勒密似乎知道索科特拉岛，它以迪奥斯科里德斯岛的名字被他所注意。根据另外两名历史学家因苏拉和阿利安的说法，这个岛上的居民受“熏香王国”国王的统治。葡萄牙人帕谢科·杜阿尔特·佩雷拉于1504年发现了这座岛屿，阿尔布克尔克于1507年占领了它。葡萄牙人撤离该岛的具体时间不详，应该是在16世纪的某个时候。后来，阿拉伯半岛南岸的马赫里苏丹占领了这座岛屿。1801年，瓦哈比教派在岛的北岸登陆，摧毁了塔麦伊达城和一部分土地。现在这个岛屿上的统治者是一个依附于马斯喀特伊玛目的酋长。但是，这位酋长从这种占有中得到的所有好处不过是几百美元，这些钱每年由他派往岛上的人收取。另一方面，他也没有维持正常的管理，这里没有固定的法律或法庭，也很少有犯罪行为发生。

特里斯坦·达库尼亚岛位于南纬37°、西经11°附近的海域。整座岛屿是一块从海上以陡峭的截锥状上升到3 000英尺高的坚固岩石。英国人占领了该岛，并建了殖民地。这里是许多往返于新尼德兰的商船的重要停泊港口。1506年，特里斯坦·达库尼亚首次发现了这座岛屿。1816年，英国政府派遣了一支炮兵部队驻扎在这个岛上。1829年，岛上有居民27人：7男6女和14名儿童。

第470章

这样的非洲

从我们对非洲的概述中可以很明显地看出，非洲的文明遵循着一种独特的进程，这是由于这片土地的位置、气候和众多土著民族的特点所决定的。黑人、卡非人和穴居人生活的地方与世界其他地方被海洋和沙漠完全隔开，他们的家园周围自然生长着丰富美味的食物，气候宜人，几乎不需要遮蔽雨水的住所和御寒的衣物，良好的自然环境不需要他们养成勤勉和思索的习惯。他们享受着大自然的恩赐，各种生理需求很容易得到满足，对知识几乎没有任何概念。但是，他们仍然会感到一种至高无上的、看不见的力量的存在，这种力量存在于为他们提供食物的树上，存在于庇护他们的岩洞上，存在于他们所畏惧的毒蛇上，甚至存在于他们周围嬉戏的猴子和鹦鹉身上，这种力量就是他们心中的神明。

在非洲的其他地方，就有自称是神明代表的人——王室的祭司。他们在麦罗埃、底比斯和孟斐斯建造了许多神殿，而这些地方就成了和平的避难所、艺术和贸易的中心。非洲土著被好奇心所吸引，又因为迷信而感到敬畏，他们纷纷在长着狗头和鸟嘴的神像面前俯身敬拜。在代表神明的祭司的命令之下，这些衣不蔽体、食不果腹的人们不辞辛劳地把大块的花岗岩凿成圆柱，在斑岩上刻下象形文字铭文，这些劳动结晶直到今天依然清晰可见，他们自己却连一间栖身的小屋都没有。在另外一个地方，一个非洲民族成了商业先驱，他们的商船最远到达了布兰科角沿岸地区，往非洲内陆，他们的贸易范围包括尼日尔河沿岸地区。后来，萨拉森人来到北非，并向非洲内陆渗透，他们继承了这些商业资源。这就是对非洲历史进程的一个简要概述，了解到这样的历史脉络，我们就很容易理解非洲今天所呈现的面貌。

葡萄牙人的航海开启了奴隶贸易，哥伦布发现美洲以及白人在美洲殖民又再次刺激了奴隶贸易。臭名昭著的奴隶贸易不仅严重阻碍了非洲文明发展的进程，将非洲贸易几乎完全限制在奴隶贸易上，而且使非洲人民卷入了血腥残酷的战争，使他们接触到最卑鄙无耻的坏人和人性中最恶劣的部分。从这个角度说，在非洲殖民的几个基督教国家不仅是强盗，还是教唆非洲人走向邪恶和犯罪的导师。无论在哪个时代，奴隶制的存在都是一种怪异而令人沮丧的现象，这主要是奴隶主的自私所导致的。

然而我们并不能期待一个美好时代很快就会到来，在这个理想的时代里，拥有更强大天赋的人类不会因为自己的利益而随意摧毁某个弱小的民族；相反，还会迫切地感受到自身的责任，要利用自己的优越天赋像帮助自己的亲兄弟一样帮助那些弱小的民族，这在理想时代里是毋庸置疑的理念和思想。《圣经》中的约伯曾说道：

“我为盲人的眼，我为跛子的腿。”他给予愚者智慧，让懒惰者觉醒，他是值得所有人学习的榜样。

古代的非洲，大多数人是奴隶，他们是少数人的财产，并且始终被少数的统治阶级所奴役。在古代，奴隶制度是解决饥饿问题的良方，而现代文明则提供了一种贫民救济体系。就在最近，我们看到一个最文明的现代国家未能阻止国内成千万的自由穷人饿死，倘若这些自由身的穷人是奴隶，他们可能还有一条活路，甚至还能活得不错。如何让人类文明在避免贫富差距越来越大的情况下继续发展，仍然是一个亟待解决的问题。

非洲从远古时代起就盛行奴隶制，这一历史事实是由大部分非洲人的性格所决定的。我们发现非洲黑人身上有一种可爱或者说讨人喜欢的性格，这种性格使他们很容易迎合别人的意愿；他们有着不遗余力地想取悦别人的欲望，取悦别人可以满足他们奇怪的虚荣心，这种令他们忘乎所以的虚荣心是他们骄傲的象征；他们身上的自我放纵很快就堕落成卑躬屈膝，用以换取感官享受，换取眼前的满足，而不考虑将来；好逸恶劳的短浅目光使他们缺乏进取之心，他们总是用唱歌跳舞来消磨本应用来工作的时间。这种性格让他们在遇到另一个更强大的民族时，很容易被奴役。在奴役者眼中，抓住一个非洲人把他卖掉比让他从事有价值的工作更容易。①

宜人的气候和丰富的物产使他们变得懒散，食物就像从天而降一样掉到了人们口里。简而言之，我们在非洲人身上看到了一种人

① 此类认为非洲人因为自身性格而被奴役的观点，是西方中心论者的一种偏见。我们需要用批判的眼光审视这些观点和内容。——编者注

格的退化，他们身上或许也曾闪耀着最高尚的美德的光辉，但如今却展现出完全相反的一面，就像谚语说的："最好的东西一旦变质，就会变成最坏的东西。"

关于亚述人和埃及人以及其他一些原始的奴隶制度，我们只知道极其残忍和野蛮。3 000多年前，在斯基泰和其他一些地方，奴隶要为自己的主人殉葬，现在的阿散蒂仍然延续着这种陋习。一种普遍的人性已经被人遗忘，作为人的奴隶不过是一个可以随意使用和被扔掉的工具，在一些人的眼里，奴隶跟一块石头或木头没什么两样。在古典时代，奴隶们的境况也好不到哪里去，即使在那些口口声声宣扬人类自由的崇高思想的国家里也是如此，他们关于自由的著作汗牛充栋，他们却是不折不扣的奴隶主。

在古希腊人和腓尼基人眼中，为了获取奴隶而进行绑架的行为，与海上打劫和商业行为一样司空见惯。荷马就曾在他的史诗里记载了公元前1200年一座被占领的城邦所遭遇的命运："城市被大火化为灰烬，男人们都被杀死，妇女和儿童被掳为奴。"在希腊最早的法律中，奴隶制被视为理所当然的合法存在。古人无法想象一个不存在奴隶制度的社会，他们认为奴隶制度无论是过去、现在还是将来都会一直存在。在面积仅有42平方英里的埃伊纳岛，奴隶竟然多达47万人；科林斯的奴隶也多达46万人；斯巴达

骑鸵鸟的黑人

的奴隶比较少，但那是因为许多奴隶被暗杀了，当时一些最强壮的年轻自由民经常躲在暗处，暗杀他们遇到的每一个奴隶和贱民。在整个希腊，奴隶的数量是自由民数量的4倍。

在雅典，奴隶制度表现出了它最恶劣的一面。那里的奴隶制起源于贫穷，穷人不得不被卖掉以偿还债务；战争也促使了奴隶制的发展，当时所有的国家都认为战败者理所当然就是胜利者的财产，就像现在的非洲一样；另外，绑架也是重要的获取奴隶的手段。奴隶的状况从当时的法律中可见一斑。奴隶不能出任官职，不能变成城市中的自由民，不能在体育场锻炼，不能学习医学，不能照料自由民的婴儿。只有奴隶主才能打骂奴隶，其他人没有这种权利，如果奴隶被解放，可以选择除了解放者的任何人作为自己的保护人，也可以接受通识教育。当时人们的风俗习惯是在有目的、有系统地在各方面鄙视着奴隶，衣着、习惯、姓名以及其他所有方面都是如此。但是奴隶也可以通过支付金钱来为自己赎身。如果奴隶老得或累得干不动活了，奴隶主就会想方设法把他卖掉。像划船、开矿等重体力劳动都是由奴隶来完成的。

希腊最终被罗马吞并，而罗马人奴隶的状况也没有太大的不同。罗马最大的奴隶市场在提洛岛，每天都有上万名奴隶被买卖。根据《圣经》的记载，使徒保罗暗示过奴隶制度是理所当然的事情，包括对奴隶的虐待和犯罪，以及残暴的奴隶主绑架奴隶的行径。在罗马皇帝安敦尼·庇护继位之前，罗马帝国的奴隶在受法律和公众情感的保护方面不如雅典的奴隶。成千上万的黑人从非洲被卖到这里，在公共工程中辛勤劳作，许多人被累死。除了非洲的奴隶，罗马帝国还有来自东欧的斯基泰、小亚细亚的弗里吉亚、不列颠等地的奴隶。就像在希腊一样，罗马人奴隶的生命和身体都是奴隶主的私人财产，奴隶主为了口腹之欲将奴隶的肉拿来喂养七鳃鳗的事情司空见惯。但是在罗马，被解放的奴隶可以成为自由公民。据估计，在罗马帝国，奴隶的数量与自由民的数量相当。基督教的传播改善了奴隶的境况，尽管这种改善很缓慢。后来，信奉基督教的皇帝逐渐提高了奴隶的地位，赋予了他们一定的尊严，在法律上把他们也当作人来对待。罗马皇帝查士丁尼对废除奴隶制的贡献最为突出。

自由是“人类不可剥夺的权利”，而自古有之的奴隶制度正是反对这种权利的典型。我们在追溯奴隶制度时发现，在所有摧毁罗马帝国的蛮族中都存在奴隶制，他们关于奴隶制的法律和习俗似乎和罗马帝国没有什么实质性区别。很少有奴隶被解放，而且即使被解放，所获得的权利也非常有限。奴隶的生命和身体都是奴隶主的私人财产，奴隶之间的婚姻是无效的，而自由民和奴隶之间禁止通婚。随着基督教越来越频繁的传播以及封建制度的土崩瓦解，奴隶制也被废除了。英格兰在征服者威廉统治末期的人口是28.3万人，其中21.6万人是奴隶，不过他们的生命和身体都是受到法律保护的。1772年，英国最终废除了奴隶制，并宣布英国土地上将不会再有奴隶。尽管英国人以废除奴隶制而自豪，但他们却有计划地继续在殖民地实行奴隶制。在意大利，奴隶在11世纪和12世纪开始减少。13世纪末，德意志部分地区的大多数农民已经获得自由。1315年，法国国王路易十世在无数次解放奴隶之后，终于在王室领地彻底废除了奴隶制。大约在15世纪中叶，任何来到法国的人只要高喊一声“法兰西万岁！”就等于宣告自己的自由身。随着城镇制造业和商业对自由劳动力的鼓励、尊重和给予薪水报酬，奴隶买卖不再有利可图，奴隶制在更先进体制的竞争面前消失了。

正如我们之前所说，非洲的奴隶制和奴隶贸易一直以最恶劣的形式和最广泛的规模存在着。甚至在目前，据说每年都有50多万受害者被送到非洲海岸各地的奴隶市场，奴隶贸易既有海路的，也有陆路的，既有非洲内部的，也有非洲大陆以外的，从未如此活跃过。在阿尔及尔、突尼斯和的黎波里，奴隶贸易现已废除，但是在埃及和摩洛哥，以及阿比西尼亚和非洲东海岸，奴隶贸易仍然如火如荼。这些地区人口众多，被带到市场上的奴隶数量也很大。在中非王国中，奴隶贸易依然如常。几内亚海岸仍然是奴隶贸易的中心点。

1440年，葡萄牙的亨利王子命令安东尼奥·冈萨雷斯前往非洲执行“征服异教徒并使他们皈依基督教”的计划。他的远征队越过了博哈多尔角，抓住了10个摩尔人，并把他们当作俘虏带走了。其中几个摩尔人提出用来自不同国家的黑人和金粉作为赎金为自己赎身。就这样，对外奴隶贸易开始了。1413年，14个黑人被抓走，每艘船都或多或少地带走几个奴隶。这些运载奴隶的船员发现，奴隶制度、窃取奴隶和奴隶买卖已经在“所有有国王和领主的黑人国家”完全确立。在亨利王子死后，葡萄牙奴隶贸易的垄断权被移交给葡萄牙国王。随后，国王以500枚金币的价格和承包人要额外探索500里格①长的海岸线的义务将这项权利承包出去。

1481年，一些英国人开始前往几内亚探险，但是他们遭到了葡萄牙人的阻止。同年，葡萄牙人还派出了10艘船和500名士兵去建造

① 在海洋上，1里格≈5.56千米；在陆地上，1里格≈4.83千米。——编者注

埃尔米拉城。葡萄牙人1月份在几内亚登陆，在那里举行了第一次天主教弥撒，为当地人的皈依祈祷。1484年，葡萄牙国王若昂二世邀请欧洲各国加入他对非洲的探索，和他一起“征服异教徒”，同时教皇也确认约翰二世发现的土地都归他所有。于是若昂二世作为葡萄牙国王又获得了“几内亚主人”的头衔。同年，刚果国王皈依天主教。在16世纪，葡萄牙语成了非洲沿海地区的通用商业语言，而且非洲当地商人基本上都会葡萄牙语。非洲海岸也变成了葡萄牙人流放罪犯的地方。

1515年，一个被认为是盖拉人的食人族征服了阿比西尼亚，当地居民要么被他们杀死吃掉，要么被他们当作奴隶卖给了葡萄牙人。西印度群岛对奴隶的需求大约始于这个时期。1554年，英国人第一次从非洲带走了奴隶，此后，他们不顾葡萄牙人的反对，定期开着全副武装的船前往非洲运走奴隶。1588年，英国王室特许的非洲冒险商人公司成立，它主要从事奴隶贸易。

接着，葡萄牙人赶走了在非洲的法国人和荷兰人，但是荷兰人联合英国人在1604年将葡萄牙人从现在的利比里亚驱逐出去。几年之后，他们又把葡萄牙人从几内亚海岸赶走。但是很多葡萄牙人去了非洲内陆，与当地人通婚，和黑人融合了。到19世纪末，大约有半个世纪的时间，几内亚海岸成了海盗，特别是英国海盗出没的地方。到这时，非洲的黑人已经与代表欧洲人渣的这些奴隶贩子和海盗相处了近300年，就算他们天性里有美好和善良的一面，肯定也被磨灭殆尽了。1807年，英国议会通过了废除奴隶贸易的法案。此后，英国花费了上亿美元来制止奴隶贸易，却劳而无功。利比里亚、塞拉利昂和马里兰殖民地等地区已经限制了300~500英里海岸地带的奴隶贸易，但是非洲数千英里海岸线上的奴隶贸易仍然很普遍。

非洲语言有很多值得研究的地方。一直以来，非洲语言研究都是一个很模糊也很混乱的课题，但现代传教士的研究获得了许多有价值的发现，这些发现往往有助于揭示这一问题。关于非洲的语言，我们注意到，由于非洲大陆的地理隔绝，这片土地上流行的所有语言，除了阿拉伯语，其他的显然都是非洲的原生语言。

我们先来简单介绍一下外国的方言。所谓的通用语是来自法兰克人——亚洲人所称的欧洲人——各种方言词汇的多样化组合，包括西班牙语、法语、意大利语、葡萄牙语等欧洲语言，其中也夹杂着一些希腊语、阿拉伯语和土耳其语的词汇。通用语在非洲北部海岸和地中海沿岸都有使用。目前来看，这种语言中的意大利语成分似乎比其他任何语言都要多，毫无疑问，这是由于热那亚人和威尼斯人的商业在过去盛行于地中海的每一个角落所导致的。

沿着西非海岸，许多西班牙语、葡萄牙语、法语和英语的词汇融入了黑人的语言中，但这些词汇的变化常常使它们的最初来源变得很难辨认。西海岸地区没有类似非洲北部海岸那种普遍流行、人人都懂的通用语。非洲东海岸的人们似乎和马来人有过一些交流，至少在马达加斯加，那里的一些语言和马来语的区别不大。同时，由于阿拉伯人在东海岸地区的贸易和统治，东非语言中也有不少阿拉伯语的词汇。莫桑比克因为一直是葡萄牙人的领地，因此那里的语言受到了葡萄牙语很大的影响。

在南非，尤其是好望角，许多霍屯督人的母语已经变成了变异的荷兰语。阿尔及尔的官方语言现在是法语，利比里亚、好望角和塞拉利昂的官方语言则是英语。

据说，阿拉伯语广泛流行于月亮山脉以北的地区。至少，由阿拉伯人传播的宗教已经成为埃及、努比亚、利比亚、巴巴里、摩洛哥、撒哈拉沙漠中的部落和苏丹大部分地区的主要宗教，所以这些国家的官方语言大多是阿拉伯语。实际上，穆斯林的宗教以及阿拉伯语都越过月亮山脉，传播到了撒哈拉沙漠以南乃至马达加斯加的大片地区。阿拉伯语是一种优美、有力、准确、灵活和丰富的语言。在巴巴里、摩洛哥、苏丹、努比亚和撒哈拉沙漠的绿洲中，流行着一种古老的语言，这种语言混杂着阿拉伯语，现在被称为柏柏尔方言。在远古时期，阿特拉斯山脉的山地人和努比亚地区的土著都说这种语言。罗马人则将这种语言称为努米底亚语或毛里塔尼亚语，同时认为这种语言夹杂着布匿语，也就是迦太基语。

布匿语是腓尼基人的语言，是一种和希伯来语同源的方言。在以前，迦太基人一直掌控着北非的贸易路线，他们的商人穿越撒哈拉沙漠，从一个绿洲走到另一个绿洲，同时也把他们所说的布匿语传播到沿途各地。北非各个蛮族部落的士兵们也经常在迦太基军队中充当雇佣军，他们也帮助传播了布匿语。但是布匿语最终消失了，只留下了一些存有争议的碎片语言，可能还保留在柏柏尔人的方言里。

科普特语在尼罗河流域非常流行，在埃及土著中，科普特人是一个博学的优秀民族，他们被认为是古埃及辉煌时期曾经统治这个国家多年的土著民族的后裔。科普特人是一个优雅而圆滑的民族，他们为人处世八面玲珑，在许多方面很像中国人，如热爱秩序、服从权威、精打细算、在金钱方面的精明以及对当权者的无限忠诚。人们认为他们的语言就是古埃及象形文字铭文中的语言，其区别与拉丁语和意大利语、古希腊语和现代希腊语之间的区别差不多。毫无疑问，纯正的科普特语得以保存至今，应该归功于《圣经》在很早的时候就被翻译成了科普特语，然后由埃及土著基督教派科普特教会有学识的神父一直保留了下来。通过这种神奇的语言，我们正在了解拥有数千年历史的古埃及象形文字。科普特语与希伯来语和其他一些闪米特语之间存在一定的联系，但总体来说和其他语言都是孤立隔绝的。现在生活于埃及的8万多科普特人已经不再说科普特语，而说阿拉伯语。

关于古埃塞俄比亚语，我们一无所知。古代的埃塞俄比亚，或者说库施王国，指的是印度、波斯、阿拉伯和非洲的黑人居住的地区。在远古时期，这些人从遥远的印度迁徙到几内亚，分布在大沙漠以南的所有国家。但是现在的学者所知道的埃塞俄比亚语是一种流行于尼罗河上游的惯用语。《新约》中记载过埃塞俄比亚基督教会的成立，当时有人把《圣经》翻译成了埃塞俄比亚语，于是这种语言被保存至今。直到今天，阿比西尼亚人还在使用这些翻译的《圣经》。查士丁尼的法典也被翻译成埃塞俄比亚语，仍然被作为当地的法律，但这些法律不能违背当地国王的意愿。埃塞俄比亚语的残存是现在的阿姆哈拉语。其他一些方言和阿拉伯语在埃塞俄比亚及其周边地区很流行，例如在南部的盖拉语、与阿姆哈拉语很相似的吉兹语、与柏柏尔方言类似的努比亚语。除了这些语言，中非西部地区还有一些几乎不为人知的语言。

黑人的方言种类繁多。根据观察，非洲北方的方言，相互之间以及与月亮山以南的方言，似乎都没有什么相似之处。有人专门研究过几内亚和塞内冈比亚的语言，例如曼丁哥语、格雷博语、阿维克乌姆语（又称科瓦克瓦语）、芳蒂语、埃菲语和耶布语。所有这些语言都与非洲内陆的部落密切相关。部落之间的距离很远和各自产业的不同导致了方言的多样性，没有文字和缺乏部落之间的交流，加上受到不同国家的影响，使他们的方言产生了很大的差异。

外来词的使用也有很多变化，例如盘子*plate*这个词，在不同的非洲方言中出现了*pele*、*plede*、*pretye*、*pretch*等变体。外来词产生变体还有一个原因，那就是用拟声词来表示外来事物发出的声音，然后这个拟声词就指代这种事物。例如，手锯在各种非洲方言中分别被表达为*sero*、*grika*、*egwasa*等拟声词，这些词原本是指使用手锯时发出的声音。还有铃铛，分别是*likri talango*、*woyowoyo*、*diololi*、*walwal*、*agogo igalinge*等拟声词。

黑人的语言没有定冠词或不定冠词，但是偶尔会加上形容词或者代词，比如在人名前后加上“男”或“女”来表示性别。在表达重复的动作或过程时，他们会让词语重复，例如用“*pombiavombia*”来表达“前后移动”，用“*timbiarimbia*”来表达“两边晃动”。他们的表达方式都很生动，画面感很强，例如“天上打枪”就是“打雷”，“迷恋朗姆酒”就是“醉汉”，“天空眨眼睛”就是“天亮了”，“一天的小时候”就是“早晨”。每个人的名字也是有象征含义的。不同语言中的数字进制也不同，有五进制，也有十进制。

月亮山脉以南的非洲方言似乎都是同一种母语的分支，只是由于偶然的原因而有所不同，因此非洲东西两岸的部落可以比较好地理解彼此的语言。发音带有滴答声和喉音的霍屯督语是一个例外。一些几内亚语言已经延伸到了下几内亚地区。这些语言的母语就是非洲学者所说的金吉斯语，金吉斯即桑给巴尔的旧称，桑给巴尔主要的方言是苏威里语。西北部加蓬河流域的姆蓬圭语、东北部的苏威里语和东南部卡非利亚地区的祖鲁语已经被传教士整理成文字。北纬3°到南纬3°之间的非洲内陆，距离西海岸200英里的地区内流行其他一些分支的方言，包括潘威语、刚果语和恩博马语、与祖鲁语很相似的贝专纳语和卡非语、莫桑比克语等。

在分布广泛的以金吉斯语为母语的语言分支中，姆蓬圭语是最灵活、语法最有条理的语言，几乎可以无限扩展。例如，姆蓬圭语中的基础动词“*kanbu*”（意思是“说”）有4个简单的派生词和6个复合动词变形，每一个都有其独特而明确的意义，贯穿于所有的语气和时态中。助词和否定语气可以无限变化，而每一个规则动词都有好几百种变形。

祖鲁语也是值得一提的语言。祖鲁语的对话中经常出现强烈而大胆的比喻或形容，例如，人们在请求帮助时会说：“您富有，您伟大，您是首领，而我只是一条狗。”骗子经常会说：“他把我吃进肚子里了。”对别人最高的赞美，包括对白人的赞美是：“您长得真黑。”祖鲁语中也不乏高雅的诗意之美，例如，祖鲁语中“暮光”一词的字面意思是“太阳的睫毛”，“晨曦”是“巨大的火球正准备对这个世界睁开眼睛”。优美的希伯来语中也有类似的表达，“黎明的睫毛”，《圣经》中也有“清晨的眼睑”。为了保持悦耳的谐音，押头韵也是这类语言的特点，例如，“上帝赐予我们一些美好的事物”和“我的羊群听见我的呼唤”这样的句子中的每个单词首字母发音都是同样的几个音节。

美洲

第471章

哥伦布之前对美洲的发现

美洲也被称为西方大陆，东临大西洋，西临太平洋，南起南纬56°，北至北极地区。巴拿马地峡（又称达连地峡）把北美洲和南美洲连在一起，最窄的地方只有40英里宽。美洲大陆海岸线总长约为9 000英里，面积约为1 500万平方英里。美洲的气候复杂多样，包括寒、温、热三个气候带，总体而言，东海岸地区的气温要比世界上其他同纬度地区低一些。

在美洲，自然界的鬼斧神工比地球上任何其他地方都要壮观。山脉、河流、湖泊、山谷和森林都以其奇瑰的气象令人叹为观止。密西西比河、圣劳伦斯河、奥里诺科河、亚马孙河和拉普拉塔河的雄浑气势可能胜过东部大陆的河流一筹。美洲大陆的湖泊都很大，有的看起来与大海一样；安第斯山脉和落基山脉是世界上最长的山脉。

值得注意的是，虽然新大陆的动植物与旧大陆的在诸多方面很相似，但是在生物物种上仍然存在着普遍的差异。虽然美洲大陆的橡树、榆树、冷杉等树木和欧洲同类树木的总体特征差不多，但其实并不是相同的物种。鹿、狐狸和松鼠等动物与东部大陆的动物也不一样。有几种鸟类与欧洲和亚洲的鸟类相同，但它们可能是从欧洲大陆或亚洲大陆迁徙过来的。

为了进一步了解北美洲和南美洲的地理特征，我们将分别介绍美洲大陆的土著、北欧人发现美洲大陆、哥伦布及其追随者们发现美洲大陆等几个方面。然后，我们将按下面的顺序介绍南北美洲的历史以及各自的政治分区：

1.北美洲概况；2.极地地区；3.英属美洲；4.美国；5.墨西哥；6.危地马拉；7.西印度群岛；8.南美洲；9.委内瑞拉、哥伦比亚和厄瓜多尔；10.秘鲁；11.玻利维亚；12.智利；13.巴塔哥尼亚；14.布宜诺斯艾利斯；15.乌拉圭；16.巴拉圭；17.巴西；18.圭亚那。

当西班牙人来到美洲大陆时，除了墨西哥和秘鲁两个大国，美洲其他地区的土著普遍处于比较原始的状态，而且各个部落的总体情况非常相似。欧洲人来到这片土地以后，这些部落的生存状态仍处于原始落后的水平，并没有太大的提高。如果我们将美洲的土著与欧洲或亚洲的土著进行比较就会发现，后者在农业生产方面存在一定的优越性，因为亚洲和欧洲的居民在农业生产中会使用驯化的动物和铁器等坚硬的金属工具。但是美洲的土著既没有驯化动物，也不会使用金属器具。在欧洲人发现美洲大陆之前，美洲土著除了略微知道银和铜，唯一知道的金属就是黄金，而且主要用于装饰。石斧是美洲土著当时拥有的唯一工具，效率非常低，砍倒一棵树凿成独木舟几乎需要一年的时间。

美洲的农业发展同样非常缓慢。这里的森林十分茂密，而且许多是最坚硬的树木，茂盛的灌木也都密集地交织在一起，所以即使整个部落的人一起开荒，也很难开垦出一小片适合耕种的土地。然而，美洲土著不需要太辛苦地耕种就能维持生计，因为肥沃的土地可以满足他们不断增长的需求，而且打猎和捕鱼是大多数部落获取食物的主要方式。大部分美洲原始部落之间的政治联系极其微弱，一般来说，人们聚居在某个地区并不是因为长久的目的，而是临时聚集在一起。他们毫无法律和司法行政方面的概念。他们的首领通常是军事统帅，而不是政治领袖。在这方面，美洲土著与恺撒和塔西佗所描述的古日耳曼人似乎很相似。

我们应该关注欧洲人发现、征服和殖民美洲的历史，正是这段历史向我们揭示了种植业与商业是如何在这片蛮荒之地逐渐发展起来的。我们今天在美洲看到的荒芜地貌几乎就是旧大陆每个国家曾经的面貌；欧亚大陆就是从一片荒芜逐渐发展成拥有高度发达的文明、工业和高雅艺术的文明世界，但是关于这个发展过程的远古历史完全无迹可寻。发现新大陆不仅激发了欧洲人的进取精神和冒险精神，并且带来了各种新的机遇，还为那些积极勤奋的人们开启了无限可能。新大陆的发现不仅使欧洲国家的领土变得更加辽阔，而且促进了航海学、地理学、天文学、医学、博物学及其附属分支学科的发展。欧洲人发现和殖民美洲是十分重要的历史事件，为整个人类带来了非同寻常且持久的变化，这种变化已经在全世界的政治和商业体系中产生了重大影响。

发现美洲当然应该归功于哥伦布，因为他是从欧洲出发航行至美洲，并返回欧洲的人。不过关于西半球的历史还有一种说法，斯堪的纳维亚的冒险家们发现美洲的时间更早，这一说法也不应该被忽视。

据说古老的北欧史诗《萨迦》记载了冰岛的古代历史，其中包括许多关于北欧人在冰岛西部和西南部航海与探索的故事，这些故事表明，早在10世纪或11世纪，那些富有冒险精神的航海家们很有可能就发现了美洲大陆。关于这件事的讨论一直未曾停歇。冰岛人的叙述是这样的：冰岛人大约在10世纪末就开始在格陵兰岛海岸建立殖民点。在一个夏天，一位名叫比约恩的年轻航海家外出远航，夏天结束时他回到了家，打算和父亲一起过冬，但父亲已经去了格陵兰岛。尽管比约恩从未去过格陵兰岛，但是热衷于冒险的比约恩决定穿过充满风暴的陌生海洋去找父亲。前3天的时候，他的航行颇为顺利，但之后天气骤然变坏，天空乌云密布，北风大作，比约恩和船员们在海上颠簸了好几天，不知自己身在何处。后来，天气终于转好，大风渐息，乌云开散，经过一天的航行，他们发现了一片覆盖着山峦和密林的未知土地。沿着海岸航行几天之后，又刮起了南风，他们便顺着风安全返回了格陵兰岛。

比约恩这次冒险经历引起了格陵兰岛的发现者红发埃里克的儿子莱夫的注意。莱夫是一位勇敢且富有进取精神的年轻酋长，他决定前往这个新发现的地区进行一次探险。他率领35名船员扬帆起航，沿着比约恩指示的方向，最终到达那片未知的地方。这是一片荒无人烟的土地，山峦起伏，一些高山被积雪覆盖。莱夫为这里取名为赫卢兰，意为“岩石之地”。接着，他又到了一片树木繁茂的平原，并将其命名为马克兰，意为“平坦之地”。然后他们顺着北风继续航行，在海岸附近发现了一座美丽的小岛。岛上的土壤很肥沃，地上长满了结着甜美浆果的灌木，还有一条河流和一个湖泊，里面有许多鲑鱼和其他鱼类。从草叶上滴下的露水甜如蜂蜜。这些北欧人便在这个舒适的地方停留下来过冬。一天，队伍中的一个日耳曼人到森林里去了，回来的时候高兴得手舞足蹈，大家都围上来，问他为什么这么高兴，他拿出了一些水果，告诉大家这是葡萄，他去过南方的国家，所以认识这种水果。因此这里被称为文兰，意思是“葡萄酒之地”。

莱夫回到冰岛之后，他的兄弟托瓦尔德接替了他的探险事业。托瓦尔德多次前往文兰岛，最后发现了一个海角，他非常喜欢那里，并发誓要在这个海角定居。当托瓦尔德和他的同伴们在那里建造房屋的时候，他们发现了3艘覆盖着兽皮的独木舟靠过来，每艘独木舟上有3个人，冰岛历史学家称他们为“斯克雷林人”（意为“小矮人”）。北欧人向这些小矮人发动进攻，最后除了一人逃走，其他的小矮人都被杀死。几天之后，北欧人在夜里被叫喊声惊醒，向外望去，只见整个海湾都是小矮人的独木舟，无数利箭射向他们。他们躲在木板和树丛后面自卫，最后凭借着高超的战斗技能击退了攻击者。但是，托瓦尔德在战斗中受了重伤，他知道自己活不了多久，便嘱咐随从把他葬在这个海角上，这样在某种意义上也实现了他当初的誓言。

索尔斯坦，他是莱夫和托瓦尔德的另一个兄弟，并没有因为亲人的死而过度悲伤。索尔斯坦再次从冰岛出发，率领一支由25人组成的探险队来到文兰岛。他们在那里陷入了困境，而索尔斯坦在回到家乡后不久就死于坏血病。

一位名叫索尔芬·卡尔斯尼芬的探险家娶了索尔斯坦的遗孀，

又组织了一次探险，这次的规模是历次探险中最大的。他装备了3艘舰艇，载着100多名殖民者，带着牛、家具以及各种工具前往文兰岛。他们的航行极为顺利，刚到文兰岛，就在岸上发现了一头搁浅的鲸，于是得到了充足的食物。他们在岛上砍伐树木，建造房屋。后来，一群斯克雷林人拜访了他们，这些人似乎与之前袭击托瓦尔德的那些人不是一起的。这群小矮人很单纯，他们都没见过北欧人带来的那些东西，甚至听见牛的叫声都会吓得惊慌失措。北欧人送给他们一些礼物，他们非常高兴。他们似乎对刀具一无所知，有一个斯克雷林人曾用北欧人的斧子砍了同伴一下，因为他们经常用他们那种粗糙钝口的战斧互相击打来开玩笑，但是这次却不一样，同伴被利斧一下砍死了。

索尔芬曾多次前往文兰岛，并因此而致富。他晚年在冰岛过着一种非常奢侈的生活。后来，还有一些探险队到过文兰岛，但都卷入了血腥的争斗之中。据说埃里克主教在1321年也到访过那里。但是从那之后，不知道什么原因，北欧人与文兰岛的联系就完全中断了，这个地方也被人们所遗忘。

北欧人登陆美洲

这些叙述的真实性不应该被怀疑，但关于文兰岛的地理位置，学者们意见不一。一些学者非常认真地研究了整个历史，并将文兰岛的地理特征与北美沿岸的地理特征进行了比较，认为文兰岛的地理特征与美国马萨诸塞州和罗得岛相同；而且北欧人主要的殖民地位于纳拉甘西特湾，位于波士顿港入口处的埃尔德顿角就是埋葬托瓦尔德的海角。我们可以看到，这些假设被历史上许多相关的事实以独特的方式证实了。不过总体来说，这件事疑点太多，我们无法将由北欧人最早发现了美洲海岸作为真实历史来看待。一些学者认为文兰岛就是纽芬兰岛，而另一些则认为北欧人从未到过拉布拉多以南的地方。

我们再来看看一个历史名人的故事，据说这个故事也涉及发现美洲的早期记录。在14和15世纪，威尼斯是欧洲最重要的商业和海运中心。在威尼斯的贵族家族中，芝诺家族地位最高，芝诺家族的成员曾担任过威尼斯共和国的最高职务，并在对抗土耳其人的战争中有过突出的表现。1380年，尼科洛·芝诺率领一支船队前往欧洲北部，目的是访问英格兰和佛兰德斯。尼科洛·芝诺在航行途中遭遇暴风雨，被吹到某个海岸上，他将这个岸上的国家称为弗里斯兰。他在这个国家待了几年，当地的君主对他非常好。

在此期间，有四艘弗里斯兰的渔船在海上遭遇了暴风雨，它们在海上颠簸了一段时间之后，天空终于变得晴朗。这些人发现了一个很大的岛屿，并将其称为埃斯托蒂兰，他们估计这座岛到弗里斯兰的距离有1 000英里。上岸之后，他们来到了一个人口众多的小镇，在那里被引荐给当地的酋长。双方都听不懂对方的语言，但他们发现了一个会说拉丁语的人，这个人也是在海上遭遇暴风雨后漂泊到这里的。这些弗里斯兰人在埃斯托蒂兰待了一段时间，他们发现这个岛几乎跟冰岛一样大，但比冰岛富饶得多。当地居民会种植谷物和酿造啤酒。他们也会造船航海。酋长有一个图书馆，里面储藏的都是当地人读不懂的拉丁文图书。这个国家有许多城镇和城堡。

埃斯托蒂兰岛的南部有一个更辽阔、更富饶的国家——德罗基奥。后来这些弗里斯兰人在前往德罗基奥的途中又遭遇了暴风雨，落入了土著手中，大部分被杀害了。埃斯托蒂兰岛西南部生活着比较文明的民族，他们有城市、庙宇、神像和金银制品，还会用活人献祭。最终只有一个弗里斯兰人安全返回了家乡。

此人的所见所闻激起了弗里斯兰国王兹克米的冒险精神，他装备了一支舰队，由芝诺指挥，前往埃斯托蒂兰岛探险。芝诺率领舰队向西航行了一段距离，发现了一片陆地，后来证实这是伊卡利亚岛，岛上的统治者是代达罗斯的儿子伊卡洛斯的后代。当地人对他们在伊卡利亚岛上登陆怀有很大敌意，登岛的过程中，双方发生了战斗，互有人员伤亡。芝诺只得离开伊卡利亚岛继续向西航行，但连续不断的逆风迫使他向北驶往格陵兰岛，最后从那里经由法罗群岛返回弗里斯兰。

不少地理学家认为，这个故事中的一些要点是真实可信的。马尔特·布伦、福斯特等人认为，毋庸置疑，埃斯托蒂兰岛就是纽芬兰岛，故事中描述的国家、文明及其与欧洲非常相似的地方，可以肯定是源于两个世纪前在那里定居的冰岛殖民者。而且这个故事中“埃斯托蒂兰”的意思就是“向东突出的陆地”，这是对纽芬兰岛相对于美洲大陆地理情况的生动描述。诚然，故事中“伊卡利亚”和“代达罗斯”这样的希腊古典名字很容易让人对这个故事的真实性产生怀疑，但是在那个时代，人们把未知国家以及当地土著的名字和古希腊、古罗马的名字混为一谈也是十分常见的事情。

芝诺的故事所发生的时间，毫无疑问，比哥伦布发现新大陆更早；无论我们是否相信这个故事的真实性，都必须承认芝诺和发现美洲有着非常独特的关系。也有人认为，威尔士人在很早的时候就发现了美洲大陆。根据这个说法，一名威尔士酋长马多克被迫离开自己的国家，于1170年率领一支小舰队向西航行。经过几周的航行，他们踏上了一片陆地，那里的居民与欧洲人差别很大。马多克停留了很长一段时间后返回了威尔士，临走前留下了120人。后来，他又带着一支由10艘船组成的舰队再次从威尔士出发，但此后便杳无音信，没有人再见过他。这就是威尔士人“发现”美洲大陆的传说，不过大多数历史学家认为这个故事不是历史事实。

第472章

哥伦布发现美洲

哥伦布发现美洲大陆是罗马帝国灭亡至今最重要的历史事件之一。我们应该注意到，旧世界的人首次发现新世界的时代是在人类历史上重大事件集中爆发的时代。在这个时期发生了众多意义十分重大的历史事件，包括航海技术的提高、文艺复兴以及新教改革等。同时，欧洲主要的君主国开始巩固自己的权力，获得了我们今天所看到的形式和力量。在这些事件的共同作用下，欧洲的面貌发生了本质的改变。

哥伦布驶近美洲大陆

在这之前，欧洲国家的社会面貌可以说就

比野蛮状态好那么一点点。即使是在文艺的萌芽已经使人们的思想变得更温和的意大利，也一直上演着一连串叛国、篡位和屠杀的野蛮历史。整个欧洲都不存在稳定而理性的政策，也没有哪个国家会从全面长远的角度着眼未来，人们只关心局部和暂时的利益。西欧和北欧的人们崇尚那种狂野浪漫的勇气，而意大利则充斥着奸诈狡猾而又肆无忌惮的野心，这就是那个时代的特征。

就连原本应该彰显高贵的宫廷礼仪，也看不到什么文明和优雅的地方。学术方面裹足不前，整个欧洲在有用的知识上几乎没有任何进步。当时存在于基督教世界的那点学问无外乎都是些老生常谈的经院哲学，其他方面的学术还处于婴儿期，几乎就是闲聊的水平。数学几乎没有人研究，也得不到重视。人们不知道地球是圆的，思想也被局限在自己的眼界之内。

中世纪欧洲的人们在地理学方面的知识非常匮乏，16世纪的希腊学者科斯马斯就是典型的代表。他曾经广泛游历，甚至航行到过印度，他写了一本名为《基督教诸国风土记》的书，主要目的是反驳地球是圆的这种异端观点，他不仅不相信地球是圆的，而且坚持认为热带再往南还有温带也是异端邪说。他在书中信誓旦旦地告诉读者，按照基督教正统的地理学体系，地球是一个四边形的平面，从东到西要走400天，从南到北要走200天。这个四边形平面被高山包围着，上面是天空，也就是穹窿。地球北边有一座大山，遮住了阳光，所以形成了昼夜交替的景象。这个平面从北向南倾斜，因此幼发拉底河、底格里斯河等向南流动的河流水流湍急；而尼罗河由于水流向北，水流必然缓慢。这些荒谬的说法就是科斯马斯所说的地理系统。

一些古代的哲学家认为地球上还存在着一个比已知世界更大的地理区域。这种说法在基督教早期流传得非常广泛，但是因它与《圣经》的教义相悖，所以遭到了两位杰出神父圣奥古斯丁和拉克坦提乌斯的全力驳斥。随着十四五世纪希腊文学的发展，这个古老的信仰开始在一些冒险家心中苏醒。与此同时，航海探险精神的迅速发展促使欧洲人尤其是葡萄牙人扬帆出海，去寻找新的未知的土地。

中世纪欧洲的航海状况可以通过北欧人来了解，因为他们是那个时代最好的水手。从格陵兰到冰岛和挪威的往返通常需要5年时间；有一次，格陵兰主教去世，而挪威政府6年之后才得知这一消息。加那利群岛，也就是幸运岛，是欧洲人开始使用航海罗盘之后发现的第一处陆地。西班牙人早在14世纪初就知道了这些岛屿。15世纪早期，葡萄牙人沿着非洲东海岸开始了一系列探索之旅。到了15世纪末，他们终于绕过好望角，开辟了通往印度的新航道。

在这一时期，出现了一位名叫克里斯托弗·哥伦布的航海家，他注定要把伟大的航海探索事业推进到前所未有的高度。哥伦布出生于热那亚共和国的一个小镇——科戈莱托。意大利各城邦在哥伦布时代之前就已经培养了许多人才，包括杰出的天文学家、技术高超的领航员和勇敢坚韧的航海家，但他们的注意力几乎全部集中在陆地运输和欧洲内陆海洋的航行上，他们没有开始任何探索海洋的事业。

哥伦布出生于1452年，从小在海边长大。他曾多次在大西洋上航行，从几内亚海岸到北方海域都留下了他的足迹。有些学者认为哥伦布曾访问过冰岛，并在那里得知北欧人发现西部大陆的消息，不过这一说法并没有确凿的证据。哥伦布对地球形状的设想，似乎比他那个时代的人们普遍认为的要准确得多。他具有一定的数学水平，对当时欧洲人所了解的所有地理学知识都了如指掌。他相信地球是球形，这也为他形成自己的一种理论奠定了基础。

哥伦布的理论是关于大西洋西边的国家的，简而言之，他相信中国和印度就位于后来被发现的美洲大陆的那个方位。哥伦布认为，从大西洋向西一直航行，就能到达亚洲的海岸。当时没有人知道地球的真实面积，而且那个时代的世界地图对于哥伦布的猜想来说简直错得离谱，这也使得哥伦布错误地将中国和印度设为了直接目标。

当欧洲人普遍对这些事情处在无知状态时，也有人写过一些文章来提出这些问题，哥伦布似乎仔细研究过这些文章。这些观点就像灯塔的微光一样，穿透重重黑暗，出乎意料地照射到了这位苦苦思索的伟大航海家面前。古人的权威说法和现代的资料报告，虚构的传说和确凿的事实，正确的猜想和错误的理论，这些东西全部交织在一起，组成了一幅光怪陆离、不可思议的画面，热情无比而又保持理性的哥伦布试图从这些错综复杂的信息中提炼出自己可以接受的结论，如果有可能的话，他希望得出一个其他人也能接受的结论。

哥伦布经过认真思索后，坚信从大西洋一直往西就能找到陆地，认为自己的航海探险计划完全可行。于是他首先向热那亚政府提出了自己的计划，但他被当成了一个不切实际的空想家而遭到拒绝。接着，哥伦布先后向葡萄牙国王和英国国王提出申请，也遭到了拒绝，而葡萄牙人却私下派出一艘船前往哥伦布所指的那片区域探索，不过他们一无所获。然后，哥伦布再求助于西班牙国王斐迪南和女王伊莎贝拉，拖延了8年之后，他的努力终于获得了成功，伊

斐迪南国王和伊莎贝拉女王接见哥伦布

莎贝拉女王同意资助他的航海探险计划。哥伦布被任命为西班牙海军上将，指挥3艘由小型舰艇组成的舰队，于1492年8月3日从西班牙的帕洛斯港起航。他先驶向加那利群岛，然后继续向西行驶。

哥伦布没有大西洋的海图，只有中世纪地理学家凭想象画出的草图，他们在这片未知的空间里不是画满了沉没的岛屿和大陆，就是画成一片漆黑。哥伦布既没有前辈航海家给他留下的指引，也不了解这片海域特有的风向和海流。他唯一的向导就是他自己的天才，以及他从偶然出现的陆鸟和漂浮的海草中发现的蛛丝马迹，但是这些移动的海草对航海来说哪有什么帮助。就是在这次航行中，哥伦布第一次发现了航海罗盘的奇怪变化，这令船员们感到非常恐惧，而且这种现象迄今为止也没有找到任何科学的解释。然而，这位勇敢无畏的指挥官冷静而睿智地迅速安抚了船员，他假装找到了罗盘出现奇怪现象的原因，消除了大家的疑惑和恐惧。

在这次漫长的航海过程中，哥伦布每天必须想方设法缓解船员们的焦虑情绪，他的智慧一直使船队保持着比较正常的状态。哥伦布从加那利群岛一直向西航行了33天，最终发现了西边的陆地。1492年10月12日，哥伦布率领的西班牙船队在巴哈马群岛的瓜纳哈尼岛登陆，他把这座岛命名为圣萨尔瓦多岛。船队继续航行，很快又发现了古巴岛和伊斯帕尼奥拉岛①，哥伦布在伊斯帕尼奥拉岛建立一个殖民地后，便返回了西班牙。

斐迪南国王和伊莎贝拉女王以最高荣誉接待了他。为了巩固这次航海探险的成果并进一步扩大探索范围，哥伦布准备进行第二次探险。在那个时代，教皇拥有至高无上的权力，所以人们都认为凡是未被发现的土地都应该属于教皇，而教皇可以将这些土地赐给他

① 今天的海地岛。——编者注

喜欢的人。因此，西班牙国王在哥伦布第二次航行启程之前，曾向当时的教皇亚历山大六世提出申请，希望教皇批准他拥有那些新发现的土地的所有权。教皇发布了一项敕令，把地球上所有异教徒居住的未知区域划分给西班牙和葡萄牙，为了更精确地划分这些地区，他将分界线定在亚速尔群岛以西100里格的子午线，在这条线以西发现的领土属于西班牙，以东的属于葡萄牙。

哥伦布先后进行了四次向西的航行，发现了今天西印度群岛的所有主要岛屿。1497年，哥伦布航行到奥里诺科河口附近，发现了南美大陆。后来许多航海家和探险家都沿着哥伦布的航线探索过美洲大陆，而这个大陆的名字亚美利加就来自其中一位名叫亚美利哥·维斯普奇的探险家。在不到半个世纪的时间里，西班牙人探索了美洲大陆东海岸从北部的佛罗里达到南部的亚马孙河口的地区。他们还穿过达连地峡到达美洲西海岸，也就是太平洋沿岸，发现了人口众多、富饶无比的秘鲁帝国。后来，埃尔南·科尔特斯带领西班牙人征服了墨西哥；皮萨罗和阿尔马格罗占领了秘鲁，使其沦为西班牙的殖民地。与此同时，阿尔瓦雷斯·卡布拉尔率领葡萄牙船队前往印度，他在1501年意外地发现了巴西海岸；1534年，西班牙人的探险范围扩大到巴西南部，进入了拉普拉塔河以南的地区。

发现美洲大陆后，西班牙人立即开始建立他们的殖民地。伊斯帕尼奥拉岛是他们在美洲大陆的第一个殖民地。刚开始的时候，当地人对他们比较友好，并没有什么敌意。但是，西班牙人不断地掠夺当地的黄金并强迫当地人为他们工作的残暴行径，很快就引发了当地人的仇视。印第安人召集了一支庞大的军队，还没出击，就被哥伦布率领的一小支部队趁夜间偷袭，以致完全崩溃。失败的土著成了西班牙人绝望的奴隶。印第安人遭受的苦难让他们的人口数量锐减，伊斯帕尼奥拉岛上的土著很快灭绝了。

伊斯帕尼奥拉岛的黄金被攫取殆尽之后，来自西班牙的新一批冒险家又开始寻找新的殖民地。邻近的波多黎各岛成为他们的新目标，当地居民遭遇了与伊斯帕尼奥拉岛居民同样不幸的命运。古巴也沦为西班牙的殖民地，虽然当时的古巴人口众多，但是他们天性温顺，300名西班牙人很快就征服了古巴。后来，牙买加也被西班牙人侵占。伊斯帕尼奥拉岛现在已经摆脱了殖民统治，成了一个独立的国家，但牙买加依然被英国人统治着。

当西印度群岛无法填满西班牙人的欲壑时，殖民者们便把侵略的矛头指向美洲大陆。1519年，埃尔南·科尔特斯在古巴总督贝拉斯克斯的资助下，率领一支探险队在墨西哥登陆。阿兹特克皇帝蒙特祖马二世将很多珍贵的礼物赠给西班牙人，要求他们离开。这些礼物非但没有让西班牙人离开，反而激起了他们更加贪婪的欲望，科尔特斯决定入侵阿兹特克帝国的首都。为了表明破釜沉舟的决心，科尔特斯烧毁了所有的船只，然后从陆路向内陆进军。科尔特斯在行军途中与一些土著部落结盟，最终到达阿兹特克帝国首都特诺奇蒂特兰。他们俘虏了阿兹特克皇帝蒙特祖马二世。随后，西班牙人与阿兹特克人爆发了战争，但西班牙人惨败，被逐出特诺奇蒂特兰。过了一段时间，科尔特斯重整旗鼓，再次包围了特诺奇蒂特兰。阿兹特克人顽强抵抗，经过一场血腥的围攻战后，这座城市几乎被夷为平地，西班牙人进行了血腥的大屠杀。最终，西班牙人控制了特诺奇蒂特兰，当地居民放弃了抵抗。就这样，阿兹特克帝国被彻底征服，沦为西班牙的殖民地。直到19世纪初，西班牙人都维持着对墨西哥的殖民统治，但墨西哥人不断地发动起义。西班牙对墨西哥的统治最终被推翻，1821年，墨西哥正式独立。

在征服墨西哥不久，科尔特斯手下的一名军官阿尔瓦拉多率领一支远征军进攻邻近的危地马拉王国，很快征服了这个国家。危地马拉也沦为西班牙的殖民地，并且一直作为西班牙王国的附庸而存在，对墨西哥也有一定程度的依赖，最后于1821年宣布独立。

1531年，皮萨罗和阿尔马格罗率领西班牙军队入侵秘鲁。他们采用了科尔特斯征服墨西哥的手段，大胆深入秘鲁腹地，俘虏了帝国的统治者印加。土著顽强抵抗西班牙人，血腥的战争爆发了，但秘鲁最终被征服。另一支西班牙远征军从秘鲁出发征服南边的智利，得偿所愿，不过西班牙人一直没能征服位于该国南部凶猛的阿劳坎部落。直到19世纪初，秘鲁和智利一直处于西班牙的殖民统治之下。1818年，智利宣布独立；1821年，秘鲁宣布独立。

1535年，唐·佩德罗·德·门多萨率领西班牙人建立了布宜诺斯艾利斯城，随后又在周边地区建立了殖民地。这个殖民地和巴拉圭都隶属秘鲁总督管辖。1816年，布宜诺斯艾利斯和巴拉圭摆脱了西班牙人的统治，宣布独立。

16世纪，西班牙人在委内瑞拉、新格拉纳达和圭亚那都建立了殖民地，在其他殖民地发动独立战争之前，西班牙人一直统治着这几个国家。16世纪初，庞塞·德·莱昂和埃尔南多·德·索托探索了佛罗里达。西班牙人随后在这里建立了一些殖民地。在佛罗里达于1820年割让给美国之前，西班牙人一直统治着这一地区。西班牙人还在16世纪探索了加利福尼亚一部分地区，并在那里建立了殖民地，不过加利福尼亚大部分地区仍然不为人知，只知道那里居住着一些野蛮部落。在西班牙统治期间以及墨西哥共和国成立之后，加利福尼亚一直是墨西哥的一部分。1848年，墨西哥将加利福尼亚北部地区割让给了美国。

西班牙人在美洲的庞大殖民帝国已经瓦解，除了古巴和波多黎各，其他地区都已摆脱殖民统治，获得独立。

1501年，当葡萄牙人卡布拉尔发现巴西时，他并不确定这是一个岛屿还是大陆，而这一点长期存在争议。在近半个世纪的时间里，葡萄牙人都没有试图在巴西建立殖民地，但这种明显的忽视是因为葡萄牙国王不愿与西班牙国王交恶，按照当时教皇敕令的字面解释，西班牙人认为教皇宣布了他们对整个西方大陆的所有权。最后，西班牙人从殖民地那里获得的大量财富使葡萄牙国王嫉妒不已，他派出一小批殖民者前往美洲。1549年，这些人建立了圣萨尔瓦多殖民地。葡萄牙殖民者发现巴西土著分成了一些小部落，而且部落之间争斗不断，因此，葡萄牙侵略者的人数虽然不多，但他们成功地煽动土著部落相互间的敌意，并在斗争各方中保持中立，就这样，轻而易举地逐个征服了巴西土著部落。这些巴西印第安人虽然缺乏纪律的约束，也不团结一心，但他们在战斗中所表现出的勇气却是非凡的，因此葡萄牙侵略者必须采取这些策略才能取胜。巴西印第安人使用起弓箭、飞镖、木棍和盾牌来都非常娴熟，而且常常在一些小规模战斗中击败葡萄牙人。但是在欧洲人的阴谋诡计面前，这些印第安人不堪一击，最终被征服，并且似乎很快就变得情愿屈从于征服者了。

葡萄牙人毫不费力就占领了这片富饶的土地，这也引起了其他欧洲列强的嫉妒，因此他们相继受到西班牙人、法国人和荷兰人的攻击。最后到来的荷兰人是最危险的敌人。当时荷兰刚刚摆脱了西班牙的专制统治，而葡萄牙人也因为西班牙人的进攻而陷入窘境，因此荷兰人入侵巴西的时候没有遭遇过太大的抵抗。巴西大部分地区被荷兰人征服了，如果不是因为他们试图建立令人憎恶的商业垄断而失去了土著的支持，他们很可能会永久占有这个国家。最后荷兰人被驱逐出巴西，葡萄牙重新夺回了巴西的统治权，并且禁止它与其他国家交往。在此之后，巴西一直都是葡萄牙的殖民地，直到1821年才成为一个依附于葡萄牙国王的独立王国。1822年，巴西宣布独立，彻底摆脱了葡萄牙人的统治，建立了巴西帝国，并延续到现在。

17世纪初，法国人来到马提尼克、瓜德罗普以及西印度群岛的几个小岛，并在岛上建立了殖民地。他们还在南美大陆的圭亚那建立了殖民地，而且直到现在，卡宴岛及其周围地区仍然处于法国人的统治之下。在北美洲，他们在阿卡迪亚、加拿大和路易斯安那建立了殖民地。直到18世纪初，法国人一直维持着对阿卡迪亚的殖民统治，之后英国人夺走了阿卡迪亚。几年后，加拿大也被英国人夺走。几经变动之后，路易斯安那变成了美国的领土。

英国人是北美的发现者。1497年，英格兰国王亨利七世派遣威尼斯人约翰·卡伯特率领一支船队向西航行探险。在这一年，他发现了纽芬兰岛，并对该岛南岸和北岸都进行了相当大范围的考察。但是直到伊丽莎白统治时期，英国人才开始进行殖民活动。16世纪末，一些英国探险家前往弗吉尼亚探险。1607年，英国人在弗吉尼亚的詹姆斯敦建立了永久定居点。同年，普利茅斯公司尝试在肯纳贝克河口建立殖民地，但是失败了。1620年，一群清教徒在马萨诸塞湾的普利茅斯登陆，这便是后来建立新英格兰诸州的肇始。17世纪，越来越多的英国殖民地出现在北美海岸地区。1664年，原本被荷兰人占领的纽约被英国人夺取。18世纪初，英国人征服了从缅因州到佐治亚州的整个北美西海岸。此后，英国一直统治着这片地区，直到1776年北美的13个英属殖民地发布了《独立宣言》，宣布独立，这奠定了现在美利坚合众国的基础。

1637年，英国人首先在西印度群岛的圣卢西亚建立了定居点。后来，他们通过殖民和征服的方式占据了牙买加、巴哈马、特立尼达、圣文森特、多巴哥、巴巴多斯、安提瓜和一些较小的岛屿，以及百慕大群岛。在南美大陆，英国人还占领了德梅拉拉和圭亚那的周边地区；在中美洲，他们占领了洪都拉斯。

1609年，英国人亨利·哈得孙率领一支荷兰探险队发现了一条河，后来这条河被命名为哈得孙河①。荷兰人在曼哈顿岛上建立了一个定居点。几年后，他们在奥尔巴尼又建立了一个定居点。这片殖民地被称为新尼德兰，一个当时叫新阿姆斯特丹的小镇，后来成为纽约市。1664年，英国征服了这片土地，并将其命名为纽约。在西印度群岛，荷兰人占领了库拉索、博奈尔和其他一些较小的岛屿。在南美大陆，荷兰人在圭亚那的一部分土地上建立了苏里南殖民地，他们至今仍然保留那块土地的所有权。

1627年，瑞典人在特拉华建立了定居点，但荷兰人很快夺走了这块殖民地。瑞典人还占领了西印度群岛的圣巴托洛缪岛。丹麦人占领了圣托马斯岛和圣克罗伊岛。这就是新世界被欧洲国家瓜分的状况。

---

① 又称哈德逊河。——编者注

北美洲

第473章

北美洲

北美洲北临北极圈（北冰洋），东临大西洋，西临太平洋，南面以墨西哥湾和巴拿马地峡为界，而巴拿马地峡将北美洲和南美洲连在一起。西北部边界是白令海峡，海峡对面就是亚洲大陆。北美洲总面积大约800万平方英里，总人口大约3 500万人。

无数山脉组成了位于北美大陆西部的庞大山系，这些山脉与海岸线平行，在偶有中断的情况下，从西北海岸延伸至巴拿马地峡，并在那里与安第斯山脉连接。这个庞大的山系分为几个部分，它们分别是危地马拉的科迪勒拉山脉、墨西哥的科迪勒拉山脉和落基山脉。最高的山峰是西北海岸的圣伊莱亚斯山和墨西哥的波波卡特佩特火山，海拔分别是1.7万和1.79万英尺。[①]另一条重要的山脉是几

① 经过现代的测量，美洲最高的山峰为阿根廷门多萨省西北端的阿空加瓜山，海拔高度约为22 841英尺。——译者注

乎与东海岸平行的阿勒格尼山脉（阿巴拉契亚山脉），是东部最大的山系。

北美大陆的主要河流都发源于大陆中部，它们的流向各不相同，最后分别汇入北冰洋、大西洋和太平洋。主要的河流包括马更些河、萨斯喀彻温河、圣劳伦斯河、密苏里河、密西西比河和哥伦比亚河。其中密西西比河流程最长，圣劳伦斯河水量最大。

巴芬湾是位于格陵兰岛西部的大海湾，南面通过戴维斯海峡与大西洋相连。没有人探索过巴芬湾的北海岸，不过据推测，北海岸很可能与格陵兰岛北部的海洋相连，并成为格陵兰岛与北美大陆的分界线。巴罗海峡是北美洲西部的一个出口，已被勘探至西经110°的地区，还没有发现这个海峡的终点。哈得孙湾南北长约1 000英里，东西宽约800英里。[①]这个海湾到处是沙洲、礁石和岛屿，由于气候寒冷，全年大部分时间处于冰封状态，难以通航。圣劳伦斯湾是一片巨大的内海，通过北部的贝尔岛海峡与大西洋相连，南边是纽芬兰的雷角和布雷顿角的北端，坎索海峡将布雷顿角岛和新斯科舍分开。圣劳伦斯湾南北长约300英里，东西宽约240英里。墨西哥湾从东边的古巴延伸至墨西哥海岸，长约700英里；从北边的佛罗里达向南延伸至尤卡坦半岛，宽约600英里。

北美洲拥有世界上最丰富的淡水资源，湖泊的数量和规模都非常惊人。大奴湖、阿萨巴斯卡湖和大熊湖水域宽阔，它们都经由马更些河汇入大西洋。温尼伯湖长250英里，宽60英里，经由纳尔逊河注入哈得孙湾。美国和加拿大之间有一系列大湖，它们通过一些狭

---

① 经过现在的测量，南北长约854英里，东西宽约596英里。——译者注

窄的航道或河流连接在一起，最终经由圣劳伦斯河汇入大西洋。其中面积最大的是苏必利尔湖，它也是世界上最大的淡水湖，东西长420英里，南北宽170英里。

墨西哥高原海拔为4 000~8 000英尺，墨西哥的主要城市和大多数人口都在这个高原上。阿勒格尼高原位于北纬34°到北纬42°之间，范围从纽约一直延伸到亚拉巴马和佐治亚，海拔为1 200~3 000英尺。北美洲的中央高原海拔为2 300~3 500英尺，是许多河流的发源地，马更些河、萨斯喀彻温河、哥伦比亚河、密苏里河、密西西比河、西科罗拉多河以及格兰德河都发源于这个高原。

辽阔的北美大平原位于落基山脉和阿巴拉契亚山脉之间，从马更些河口一直延伸到密西西比河三角洲，横跨整个北美大陆，北至永冻区，南至墨西哥湾的热带地区，是世界上最大的平原，面积达350万平方英里。马更些河、萨斯喀彻温河、密苏里河、圣劳伦斯河和密西西比河都从大平原流过。从平原上放眼望去，只能看见一片广阔无垠的草原，地平线就像海面一样和天空连在一起，人们只能借助指南针或者在晚上观察星空才能辨别方向。

北美洲的气候复杂多样，一般来说，北美东海岸的气温要比大西洋对岸欧洲西海岸同纬度地区的气温低8℃左右，北美西海岸的气温则与同纬度欧洲国家的气温差不多。

我们之前介绍过，虽然美洲大陆四足动物的名称和亚欧大陆的四足动物相同，但实际上它们并不是相同的物种。北美野牛是北美洲特有的一种牛，最明显的特征是肩部像驼峰一样隆起，牛毛又细又长，可以制成帽子和粗布。成千上万头北美野牛生活在西部大草原上，通常由一头最强壮、最凶猛的公牛领导。麝牛栖息在北纬

60°的荒原地带，体形和家养的小公牛差不多，长着很长的棕色毛发，有些部位的牛毛像羊毛一样又细又软。

驼鹿身高超过6英尺，是一种大型的鹿科动物，身上长满了又长又粗的毛，鹿角巨大。驯鹿只生活在北美洲北部。弗吉尼亚鹿是北美洲体形最小、数量最多的鹿。美洲赤鹿也叫马鹿，与驼鹿非常相似，所以人们经常分不清这两种鹿。长尾鹿一般生活在落基山脉西部。

目前在美洲只发现了一种叫作尖角羚的羚羊。落基绵羊因栖息在落基山上而得名。落基山羊与绵羊生活在同一区域。

美洲狮，也就是美洲豹，是北美洲最大的猫科动物。好几种猞猁也生活在北美洲，它们也被称为短尾猫，体形跟家猫差不多。

银狐

浣熊

响尾蛇

负鼠

北美洲有四种熊，分别是棕熊、黑熊、灰熊和白熊。其中灰熊是北美洲最可怕的动物。

除了上述这些四足动物，北美洲还有狐狸、浣熊、负鼠、黄鼠狼、河狸、臭鼬以及许多其他动物。爬行动物有短吻鳄和响尾蛇。其他纲目的动植物种类也非常丰富。

第474章

格陵兰岛与俄属北美

格陵兰岛

尽管北美洲极地地区寒冷的气候不适合人类居住，但这片土地所展现出的奇异景象仍然令人心驰神往。在人类可以到达的极地地区，一年中有10个月都是严冬，更北的地方，海洋都是永冻的冰岩。很少有人敢冒险进入北纬80°以北的地区，只有人们的想象力才能踏足那片与世隔绝的荒寂之地。人们认为格陵兰是一座岛屿，但是始终没有人能确定它的北部边界。格陵兰岛西海岸可以看到著名的冰映光奇观，隆起的冰原把太阳光反射到天空，就像点燃了天空一样，因此叫“冰映光”。在极地地区，还可以看到最绚丽多姿的北极光。这里还有长达6个月的极昼和极夜现象。

似乎任何生物都不会生活在这个令人敬而远之的地方，但还是有少数植物、动物和人类适应了这里的气候，并在这里定居下来。在极地地区，海洋中有鲸鱼、海象和海豹，陆地上有白熊和驯鹿，还有一个身材矮小的原始民族——爱斯基摩人[①]。不过他们绝不是孱弱而忧郁的民族，爱斯基摩人的身体一般都很肥胖，性格非常乐观。值得注意的一点是，在很早的时候，欧洲人就发现并定居在这片冰天雪地之中，这比他们定居在欧洲大陆富饶土地的时间还要早500年。几百年来，这个地区一直是冒险和发现的舞台，因此具有独特的历史意义。

发现新大陆之后不久，欧洲人就试图探索北美洲的北部海岸。一开始，他们认为北美洲和南美洲一样被海洋包围着，而北冰洋和太平洋是相连的。为了证明这一点，许多探险队曾前往北美洲探索。第一批探险队最远航行到巴芬湾，他们没能进入巴芬湾以西的海域。亨利·哈得孙改变了航线，并于1610年发现一个以他的名字命名的大海湾。不幸的是，这里也是哈得孙探险生涯的终结之地，他的船员叛变了，把他置于一艘小船上任其漂泊，此后再也没有听到他的任何消息。

1612年，托马斯·巴顿爵士追随亨利·哈得孙的脚步，来到了开阔的哈得孙湾。他误以为自己到了太平洋，便全速向西航行。他十分惊讶地发现自己面前出现了一条长长的、没有中断的海岸线，无法前进，便将这条海岸线命名为“希望受阻”。后来，威廉·巴芬从戴维斯海峡向南航行，沿着一个大海湾的海岸线航行了一周，这个海湾后来以他的名字被命名为巴芬湾。人们曾经认为巴芬湾四周都是陆地，而正是这一错误的猜测阻止了后来的航海家们对这个

---

① 即因纽特人。“爱斯基摩人”是旧称，现渐趋弃用。考虑成书时间，保留原貌。——编者注

地区进一步的探索。

库克船长的发现开启了人们对北美洲北端的范围和轮廓的新认识。库克船长带领船队穿过白令海峡，他看到海岸向北一直延伸，看不到尽头。因为他的发现，人们普遍认为北美洲是一块巨大的完整大陆，接近北极，甚至有可能延伸到北极之外。然而，赫恩的发现推翻了这一观点。赫恩沿着科珀曼河航行，发现科珀曼河入海口的纬度并不比哈得孙湾北部的纬度更高。不久之后，马更些在科珀曼河以西20个经度的地方发现了汇入北冰洋的另一条河流。这些证据明确表明整个北美洲北部是一片连绵不断的海洋，而且确实有一条西北方向的通道通往太平洋。

法国大革命战争结束后，英国政府决定开始探索北极地区，并决心竭尽所能来解决北美洲北部地形地貌这一重大地理课题。英国政府装备了几艘舰船，准备了充足的补给，充分考虑到了在航行途中遇到的危险以及在冰海中滞留数年的风险，由此英国人开始了一系列探险航行。1818年，罗斯船长沿着巴芬湾航行了一周之后返回英国，他认为北美洲西海岸没有出海口。但罗斯船长的大副帕里中尉却认为北美洲西海岸有出海口，并说服英国海军部支持他的想法。1821年，英国海军部下令让帕里中尉带领一支新的探险队前往北美洲。这次航行令人难忘，帕里船长穿过了兰开斯特海峡，并发现海峡逐渐变宽，最终与北极海连在一起。帕里船长没有在美洲海岸登陆，他发现与美洲海岸平行的是一串很大的岛屿，他对这些岛屿的进一步探索被满是冰块的海峡和水道所阻止。

后来，帕里船长还两次进行过北美洲北部的航行，但都没有新的发现。与此同时，富兰克林船长沿着赫恩的脚步进行了一次陆上探险，最终到达了北极海，他在那里探索了一大片未知的海岸地区。罗斯船长的另一次航行以及富兰克林船长和贝克船长的陆上探险，在一定程度上完善了有关极地地区海洋和岛屿的地理知识；但是，始终没有探险家完成过从大西洋经由北美洲北端航行至太平洋的壮举。

在这几次探险中所发现的岛屿，星罗棋布地分布在北极海中，但它们并不值得详加描述。梅尔维尔岛属于乔治亚群岛，是帕里发现的位于最西边的一座岛屿。这座岛屿的长和宽大约都是100英里，位于北纬75°附近。当时帕里冒着北极地区冬季可怕的严寒，在这里探索了两年。在这个地区，每年11月4日以后就开始进入极夜，直到次年2月3日才能再次见到阳光。在极夜时期，陆地和海洋都被积雪覆盖，平均气温低至零下28℃左右。帕里船长和他的船员们在做好保暖防护措施，并且没有暴风雪的情况下，每天可以在户外徒步探索两三个小时。由于采取了有效的预防措施，全体船员的健康都得到了很好的保护。到了5月，积雪开始融化；6月，地面上出现了一个个水洼；直到8月，海面上的冰才开始大面积融化，可供航行；10月份之前，漫长的冬季再次到来。只有狼生活在这些岛上，看不到人或者其他任何动物。

罗斯船长在格陵兰岛的丹麦人定居点以北发现了一片土地，他把这里命名为北极高地。他在北极高地十分意外地发现了一些土著。这些土著完全不知道文明世界的事物，甚至看到船都会非常惊慌，他们以为船是长着翅膀的巨鸟。他们没有船，这一点与其他爱斯基摩人都不同，虽然他们的大部分食物也来自海洋，但基本上是通过在冰面上捕猎获取的。他们也有自己的优势，他们会使用铁制工具，锋利程度远远胜过其他爱斯基摩人的骨制工具。这里的居民还有一点与其他爱斯基摩人不同，他们有一个酋长或国王，并且非常依附他，会向他进献海豹、鲸油和鱼。神奇的“红雪”现象就出现在这个海岸地区的悬崖上，十分引人注目，欧洲学者对这种现象的性质和成因说法不一。

爱斯基摩人

一直以来，英国人努力尝试在西北方向探索出一条可以绕行北美大陆的航线。1845年，约翰·富兰克林爵士奉命沿着帕里船长开辟的航线继续探险，他曾在北极海的北美洲海岸进行探索，并因此而闻名。这支探险队由两艘船组成，分别是“幽冥”号和“恐怖”号。约翰·富兰克林爵士率领138人，带着可用4年的给养前行。1845年5月，探险队从英格兰出发，驶向巴芬湾，但从此杳无音信。1847年秋，英国海军部派出了三支探险队寻找失踪的约翰·富兰克林爵士；第一支探险队经过了巴芬湾，第二支探险队穿过了白令海峡，第三支从哈得孙湾定居点出发在陆地上探险。然而，这三支探险队都没有找到任何线索。1849年夏，一些英国捕鲸船从巴芬湾返回，他们提及这一地区的爱斯基摩人通过手势向他们传达信息，说有两艘英国船只被冻结在摄政王湾。但是这些说法很值得怀疑。

爱斯基摩人的主要居住地似乎是拉布拉多海岸和北冰洋南岸地区，但他们人口很少，即使在这些主要居住地，爱斯基摩人的分布仍然非常稀疏。我们已经提到过，爱斯基摩人和其他的美洲土著民族并不一样，博物学家通常将他们归类为旧大陆的拉普人、芬兰人和萨摩耶德人。虽然他们的身材不如欧洲人高大，但体格健壮，吃苦耐劳。爱斯基摩人的皮肤呈黝黑色，据说这是由于饮食习惯造成的，他们原本的肤色并不是这样。他们的脸型又大又圆，黑色的眼睛比较小，鼻子也比较小，但并不扁平，头发跟美洲土著一样，又黑又直。

爱斯基摩人建造房屋的方式多种多样。他们会用在海岸上收集到的浮木建造木屋，还会在夏天用兽皮做帐篷，在冬天用冰块建造神奇的冰屋。这种冰屋都是圆形的，就像现代建筑的圆顶，建筑风格十分独特。爱斯基摩人将冰块或硬雪块切割成合适的尺寸和形状，摆成圆圈，直径一般是10英尺或15英尺，然后在这个圆圈上叠加另一层冰块，并稍稍向里倾斜。每叠加一圈，就向内收缩一点儿，圆圈变得越来越小，最后形成一个封闭的、半球形的圆顶。然后往冰块的接缝处倒水，通过结冰填满缝隙。用刀把冰屋内部的墙壁磨平，在南面的冰墙上凿出一个门，门口会砌一条带顶的狭窄通道，一般长二三十英尺。冰屋通常10英尺高，里面很宽敞，也很暖和。窗户是用晶莹透明的冰块做成的。爱斯基摩人的村庄就是由许多这样的冰屋聚集而成的。他们在冰屋里生起火堆，点起油灯，睡在兽皮床上。在极寒天气，冰屋冻结，不会滴水，但到了春天，气温逐渐升高，冰屋便开始融化并滴水，这时爱斯基摩人就不得不搬出去。

爱斯基摩人的衣服是用兽皮制成的，没有特别的款式，都是肥大宽松的样子，穿在身上看不出胖瘦，所以爱斯基摩人看起来比实际要矮。

爱斯基摩人的食物都是肉类，因为他们生活的地方找不到其他可供食用的东西。爱斯基摩人的食量很大，据那些在北方探险的航行者讲述，他们吃东西时的狼吞虎咽简直令人难以置信。他们喜欢吃各种鱼类，而且越油腻他们越喜欢。由于食物供应常常因为季节变换以及其他一些意外情况而中断，所以爱斯基摩人的生活就是暴饮暴食和忍饥挨饿的变换。

利希滕费尔斯

虽然这样的生活看起来令人难以忍受，但爱斯基摩人是世界上最快乐的民族；他们热爱舞蹈，甚至连走路的样子都像是在跳舞。他们养狗，并训练狗拉雪橇，坐着雪橇旅行。当爱斯基摩人与美洲大陆的印第安人相遇时，即使受到印第安人激烈的驱逐，爱斯基摩人也从不与他们争斗。爱斯基摩人似乎没有征服行为，他们实行的是家长式的管理。对于超自然世界，他们有一些混乱的概念，但没有任何宗教名义的高级观念。因此，爱斯基摩人不相信至高主宰的存在。

格陵兰岛是一座巨大的岛屿，也是世界上最靠北的地区。从最南端位于北纬59° 30′ 的费尔韦尔角向北极点延伸未知距离。在西海岸，探险家们已经探索到北纬78° 的地方。在东部，冰层覆盖着大部分海岸，无法通行，所以还没有人涉足那里。整个格陵兰岛是一片巨大的岩石群，所有海岸都高耸着崎岖险峻的悬崖，四周被时常出现暴风雨的北极海包围着。严格来说，格陵兰岛上几乎没有土壤。在海湾两侧崎岖的悬崖上以及海岸边许多岩石小岛上，可以看到些许呈块状或带状的小块土壤，都只有薄薄一层，这些就是格陵兰岛唯一的土壤。只有在这些薄薄的土壤上才能看到少许植物，而且都是野草、低矮的灌木丛、苔藓和地衣而已。在山谷里可以找到一些长势较好的桦树和大灌木，它们有时会长到一人多高；这里也是格陵兰岛上唯一可以找到树木的地方。

在格陵兰岛最南端，人们成功种植了马铃薯，也尝试过种植谷物，但都没有成功。这里的冬季酷寒难耐，即使在生火的房间里，烈酒也会被冻成冰。到了2月、3月，酷寒气候甚至可以冻裂岩石。不过漫长的冬季也会随着解冻期的到来而结束，解冻期有时候会持续好几周。格陵兰岛只有7月到10月不会下雪。到了6月，地面上的冰雪开始融化，但是中等深度的冰雪常年处于永冻状态。格陵兰岛夏季的白昼时间很长，太阳的光照带来了巨大的热量，随着潮汐涨落，岩石缝中的水分被蒸发，留下一些细盐，看起来非常漂亮。格陵兰岛的雨水非常少，在北部地区更是罕见。时常可以看见闪电，但是从来听不到打雷的声音。格陵兰岛的北极光十分美丽，尤其是在冬季，通常会出现在东部或东南部地区。

在关于冰岛历史的那一部分，我们曾提及冰岛学者斯诺里·斯图鲁松，他在自己的编年史中记载了发现格陵兰岛的历史，时间是830年到835年之间。另一位作家则认为发现格陵兰岛的时间在770年。那个时候，一个被称为红发埃里克的冰岛人因为杀死了当地一位有权势的酋长，被迫离开冰岛；由于航海探险是当时的时代潮流，因此埃里克也出发前往未知的区域航海探险。他航行到了一个地方，并将其命名为赫约尔夫斯尼斯，就是在这个地方，他看见了格陵兰岛。埃里克沿着海岸继续向西南航行，绕过费尔韦尔角，在附近的一个岛上登陆，并在那里度过了夏天，随后他返回了冰岛。他告诉人们他的探险发现，称赞他发现的那片土地多么富饶美丽，并称其为格陵兰，意思是“绿色的土地”，希望别的冒险家能陪同他一起探险并在格陵兰岛定居。不久之后，便有很多冰岛人和挪威人前往格陵兰岛，他们在岛上建立了许多城镇。没过多久，北欧人的定居点越来越多，据说在15世纪早期，这里的城镇和村庄已经有190个之多。

格陵兰岛和冰岛当时都处于丹麦的统治之下，丹麦政府曾指派主教到格陵兰岛。最后一个主教是1408年从丹麦出发的，在那之后，很长一段时间都没有关于格陵兰岛的历史记载。似乎可以肯定的是，这个殖民地突然消失了，但原因不得而知，或许因为瘟疫、严冬或者海盗入侵。当冰岛人第一次来到格陵兰岛的时候，岛上并没有居民；但是到了14世纪，现代格陵兰人的祖先爱斯基摩人开始出现在格陵兰岛西海岸，有可能是爱斯基摩人的攻击毁灭了格陵兰岛上的殖民地。然而，我们也应该注意到，在1402—1404年，整个欧洲北部都遭遇了巨大的灾难，当时暴发了一种叫作黑死病的可怕瘟疫，无数人死于这场瘟疫，因此格陵兰岛殖民地也许是因为这场瘟疫而消亡的。

就这样，格陵兰岛完全被人们遗忘了。直到1576年，英国人马丁·弗罗比舍再次登上了格陵兰岛，然而，在两年后的第二次航行中，他却未能找到这座岛屿。1585年，约翰·戴维斯沿着弗罗比舍指示的路线航行到了格陵兰岛。戴维斯看到一个海峡将格陵兰岛与西面的岛屿隔开，他以自己的名字将这个海峡命名为戴维斯海峡。

1616年，威廉·巴芬在格陵兰岛发现了一个海湾，并将其命名为巴芬湾，然后继续向北航行，到达了北纬77° 30′ 的地方。丹麦政府被这些探险家的发现所鼓舞，开始想到丢失的格陵兰岛。在七位国王统治期间，丹麦政府投入巨资组织探险，他们错误地认为古代建立的定居点就在格陵兰岛东海岸，并试图探索那个地区；但是他们所有向陆地接近的尝试都被东海岸坚固的冰层所阻挡。直到18世纪早期，弗雷德里克四世统治期间，挪威牧师汉斯·埃格德在宗教热情的鼓舞下，决定带着妻子和孩子前往格陵兰岛，意欲向那里的土著传播福音。丹麦政府用船把他们送往格陵兰岛，1721年，埃格德在西海岸的巴尔河登陆。他在那里盖了一座房子住下，并开始了与土著的交往。刚开始的时候，土著显得非常害羞，甚至对外来者有些反感，但埃格德友好真诚地与他们交往，还送给他们不少礼物，最后他们都被埃格德感化了。埃格德将他的定居点命名为戈特霍普，意思是“美好的希望”。1733年，三位来自摩拉维亚弟兄会的传教士也加入了埃格德的事业，他们在新黑恩胡特建立了另一个殖民点。在那里，他们与土著建立了正常的贸易关系，来自哥本哈根的一家公司最开始经营着这里的贸易，后来由丹麦政府接管。

丹麦在这个殖民地的统治一直没有受到干扰。丹麦总督只对定居点行使权力，土著不受丹麦法律管辖。这里的贸易商品有海豹皮、毛皮、羽绒、鲸油、鲸须和鱼肉。丹麦殖民者饲养了少许绵羊，但那里几乎没有足够的草料来喂养它们。格陵兰岛上唯一的家养动物是狗，殖民者用狗来拉雪橇。这里的野生动物非常少，只有白熊、驯鹿、野兔和狐狸。丹麦人在格陵兰岛上建立了14个殖民点，其中最北边的是乌佩纳维克，位于北纬72° 48′ 。能与丹麦人正常交流的土著大约有7 000人，据说已有1 100人是基督徒。

格陵兰岛的居民包括土著和丹麦移民，其中丹麦移民有200~300人。土著和遍布整个北美洲北部海岸的爱斯基摩人是同一个民族。土著与欧洲人之间有联系和交往的约6 000~7 000人。格陵兰人和爱斯基摩人很相像，他们在体形、衣着、房屋、船只、武器、习俗、语言等方面都有许多相似之处。格陵兰人儿童的肤色几乎是浅黑色的。成年格陵兰人的身高很少超过五英尺，他们大多长着五官扁平的脸，颧骨很高，面颊饱满。他们的眼睛又小又黑，没什么光泽，细细的头发又黑又长。格陵兰人中的男性长着小胡须，但他们通常会很仔细地把胡须刮干净。由于极为恶劣的气候条件，以及暴食和挨饿交替，这样的生活显然对人的寿命有着非常不利的影响，因此格陵兰人的男性很少能活到50岁以上，但女性的生活相对没有那么艰苦，有的女性能活到80岁。

在服饰方面，格陵兰人的服装不需要整洁漂亮，更不存在炫耀，御寒是唯一的目的。做衣服的材料一般为海豹皮、驯鹿皮、欧洲出产的粗麻布以及羽毛朝内的鸟皮。

他们常常坐在蒙着兽皮的小船上，在大海的狂风暴雨中追逐海豹，展现出高超的狩猎技艺和过人的勇气。

他们的房子一般是用石头建造的，用泥土和草皮填满石块之间的缝隙。这些房子没有烟囱，他们不会在屋里生火，灯火是屋里唯一的火源。当地居民的主要食物是格陵兰鲑鱼、海豹肉和驯鹿肉。一直食用高脂肪食物的生活方式使格陵兰人的身体变得非常肥胖，并导致他们患有多血症，常常会流鼻血。他们对来世有些模糊的观念，会佩戴护身符来驱赶疾病和不幸。他们没有法律，也没有法官，所有事情都会遵循习俗，任何人都无权干涉自己家庭以外的事务。格陵兰岛的首府是利希滕费尔斯[1]，位于巴芬湾的乌佩纳维克是地球上位置最靠北的人类居住地。

俄属美洲[2]

俄属美洲包括北美西北部的广阔地区，其中人们只对西海岸地区有所了解，对其余地区知之甚少。位于西经150°到西经155°之间的美洲北部海岸还从没有人涉足过。东部与英属北美洲地区交界。虽然俄美公司在海岸地区和岛屿上建立了几座工厂和堡垒，但这个地区几乎全部被土著部落占据着，他们主要是爱斯基摩人。位于一座岛上的新阿尔汉格尔是俄属美洲的总督治所，大约有居民1 000人。这座岛被当地人称为锡特卡岛，英国人称之乔治王岛，而俄罗斯人称之为巴拉诺夫岛。这个寒冷贫瘠的地区唯一有价值的贸易就是皮毛商品贸易，现在，能够提供优质皮毛的海獭的数量已经变得越来越少了。

新阿尔汉格尔

1728年，为俄罗斯服务的德意志人白令首次探索了美洲西北部。大约在18世纪中叶，俄罗斯皮毛商人访问了阿拉斯加。1799年，俄罗斯人率先在锡特卡岛上定居。

① 现为努克，1979年以前称戈特霍普。——编者注

② 1867年卖给美国，1959年成为美国第49个州，即阿拉斯加州。——编者注

英属美洲

第475章

加拿大

英属美洲面积十分广阔，但具体范围并不明确。一般来说，英属美洲几乎包括北美大陆东北部所有地区，不过这些地区的大部分领土被英国人宣称拥有，而不是实际占领的。

英属美洲地区北临北冰洋，东临大西洋，南临美国，西临太平洋和俄属美洲地区，面积几乎与整个美国的面积相当。北部地区几乎是无人区，土地十分贫瘠。其他地区人口也很稀少，到处都是辽阔的森林。南部和东部的大部分地区是原始的荒野和繁茂的森林，那里的地形地貌和两三个世纪之前相比，没有太大变化，当时这片广袤土地上只居住着一些土著部落。

英属美洲的政治区划不是很明显。各地区的面积和人口基本情况如下：

英属美洲政治区划

政治区划	面积（平方英里）	人口数量
新不列颠	186.1万	不详
加拿大西部	15万	55万
加拿大东部	19.4万	70万
新不伦瑞克	2.8万	16万
新斯科舍和布雷顿角岛	1.7万	20万
爱德华王子岛	0.2万	3.7万
纽芬兰岛	5万	9万

除了零零星星的印第安部落，几乎整个加拿大北部地区都是无人居住的荒野之地。英国人在哈得孙湾周围建立了几个贸易站，这就是英属美洲仅有的类似政府的机构。

英属美洲的东北部地区被称为新不列颠，包括拉布拉多和哈得孙湾周围的地区。这个地区的东部有时被称为伊斯特梅恩，哈得孙湾以西的地区被称为新北威尔士和新南威尔士，但现在几乎已经没有人使用这些称呼了。我们前面已经提及，亨利·哈得孙在1610年发现了哈得孙湾。后来，英俄公司由于急需找到一条绕行北美洲大陆西北方向的航道，雇用一些航海家对那里进行了更全面的探索。1668年，应鲁珀特亲王的请求，英王查理二世派遣扎卡赖亚·吉勒姆前往这个地区。与他同行的还有两位来自格罗塞利埃家族的法国商人，这两位商人此前曾从魁北克出发到哈得孙湾考察。吉勒姆在鲁珀特河附近过冬，并在那里建造了英属美洲的第一座石堡，并将

魁北克风光

它命名为查尔斯堡。

英王查理二世在吉勒姆出航归来之前，就将一张特许状授予鲁珀特亲王以及一批贵族、骑士和商人，日期为1669年5月2日。在这张特许状上，他们被封为“进入哈得孙湾贸易之英格兰探险总督同公司”。国王把哈得孙海峡入口以及沿岸所有地区的海上贸易都交给他们专营。从1669年至今，哈得孙湾公司一直享有这些特权，1697年到1714年的17年除外——当时这块殖民地被法国人占领。但是，人们认为这个特许状并没有对探索与发现起到积极的推进作用，相反还导致了消极的结果。哈得孙湾公司遭到指控，人们认为他们试图用一切办法来隐瞒与其特权地区相关的海岸和海洋的情况。

在整个哈得孙湾范围内，哈得孙湾公司的殖民点只有4个，分别是位于丘吉尔河口的威尔士王子古堡，也叫丘吉尔堡，这个堡垒位于最北端；位于纳尔逊河畔的约克堡，法国人曾称之为波旁堡；位于奥尔巴尼河畔的奥尔巴尼堡，法国人称之为圣安妮堡；还有位于詹姆斯湾南岸的驼鹿堡，也叫圣路易斯堡。这些殖民点都有一些面积不大的属地。每个堡垒的指挥官都被称为总督，总督和下属军官一起组成一个政府委员会。总督的任期为3年或5年。哈得孙湾公司用枪支、火药、子弹、刀具、毯子等货物向土著换取毛皮、兽皮、鲸须、鲸油、羽绒等物品，据说他们从中获得了巨额利润。但是哈得孙湾公司被控告在最大程度上对他们的所有业务秘而不宣，并且总是极不情愿向公众披露公司事务的细节。

英国人声称对太平洋沿岸俄勒冈河流域的大部分领土拥有主权。这一说法并非没有根据，弗朗西斯·德雷克爵士最先发现这片领土确实是事实。直到最近，美国人在落基山脉西部建立的定居点才把英国政府的注意力吸引到这个地区，他们对这片领土的要求也成了与美国政府谈判的议题。这个问题最终通过签署条约得到了解决，美国放弃了对位于北纬49° 以北的那部分俄勒冈河流域领土的所有主权要求，英国人在这个地区有一些贸易机构，现在正在温哥华规划一个规模更大的定居点。

加拿大的北部边界是英国人宣称拥有主权的印第安人领地，东部和南部与美国接壤，西部则靠近无人居住的地区。南部边界大部分由圣劳伦斯河、苏必利尔湖、休伦湖、伊利湖和安大略湖构成。这里气候寒冷，一年中有半年都被冰雪覆盖。相当大一部分土地覆盖着茂密的森林，土壤大多很肥沃。

据说西班牙人最先发现了加拿大，他们在这里找不到黄金白银，便放弃了对这片似乎只能靠耕种土地来维持生活的土地的所有权。过了一段时间，也就是1534年，法国人雅克·卡蒂埃沿着圣劳伦斯河逆流而上，开始了对这个地区的探索。回到法国后，他的探险报告大获赞许，于是第二年，他被派遣带着3艘船进行第二次航行。他在加拿大过冬，试图在那里建立定居点，但是他的努力没有成功。最后，在萨缪尔·德·尚普兰的领导下，法国人于1608年在魁北克建立了殖民地。尚普兰考察了这片土地的大部分地区，著名的尚普兰湖就是以他的名字命名。法国人把这片殖民地称为“新法兰西”，但是“加拿大”这个来源不明的词却成了更流行的称呼，并最终变成了这个国家的名字。

蒙特利尔建立于1640年，法国人在这里和印第安人进行着繁荣的毛皮贸易。两位名叫尤利克特和马凯特的法国传教士，经由五大湖进入西部，发现了密西西比河。1679年，安大略湖畔弗隆特纳克堡的法国指挥官拉萨尔，在方济会神父亨内平的陪同下前往西部探险，他们探索了密西西比河上游的乡村。1684年，拉萨尔开始了从法国至墨西哥湾的航行，目的是找到密西西比河的入海口。但是他没有成功，他在密西西比河以南附近的一个地方遭遇叛变，被自己人杀死。在法国政府的支持下，加拿大很快成了一个非常重要的殖民地。大量殖民点一直扩张到西部内陆，并开始包围大西洋沿岸的英国殖民地。最后，法国人在五大湖和密西西比河的各大支流都修建了堡垒和军事据点，表明了他们阻止英国人在北美殖民的决心。他们在英国人领地上的这些行动很快导致了两国之间的冲突，1756年，英法两国爆发了战争，美国人将这场战争称为“旧法国战争”。

战争刚开始的时候，英国殖民地大受威胁，但最终的结果却是

沃尔夫将军阵亡

法国人在北美洲的统治被彻底推翻。1759年，英国派遣沃尔夫将军率领一支远征军攻打魁北克。沃尔夫将军向这座城市发起了猛烈进攻，但他在胜利来临的时候阵亡。魁北克被攻陷。不久后，整个加拿大都被英国人占领。1763年，英法两国签署了《巴黎和约》，整个加拿大完全落入英国之手。

从那时起，加拿大就成为大英帝国的一个省。在美国独立战争时期，加拿大人并没有加入美国人的阵营。值得注意的是，在这种情况下，美国各州作为英国殖民者后裔的英国人居住地奋起反抗英国的统治，而被作为英国世袭敌人的法国殖民地（加拿大）却仍然牢牢地依附于英国政府。这种奇特现象或许可以这样解释，作为宗主国，英国始终认为加拿大是一个被征服的殖民地，一直采取着宽容和调解的政策，但对都是英国殖民者后裔的美国各州来说，英国政府则认为没有必要采取这种温和的态度。

在1812年英国与美国的战争中，加拿大边境发生了一些军事行动，具体我们在加拿大历史中讲述。此后，加拿大一直保持平静，直到1837年爆发了一场叛乱。这场叛乱主要是在加拿大的法国人中间进行的，他们的行动得到了一些“同情者”的支持，美国人也为他们提供了帮助。然而，叛乱很快就被镇压了。1841年，上加拿大和下加拿大两个省，也就是西加拿大和东加拿大，被合并为一个行政区。

几年之后，加拿大人对政府表现出了很大的不满。与美国人相比，他们在财富、人口和普遍繁荣方面的进步都非常缓慢，这种落差巨大的对比导致了一种强烈的不安情绪，而且这种不安与日俱增。人们普遍认为英国的商业政策一直都有损于殖民地的利益。与此同时，英国人和法国人在加拿大的党争和敌意也为这种不安、不和的气氛火上浇油。1849年，加拿大各地发生了大规模的动乱。蒙特利尔民众袭击了国会大厦，放火焚烧了大楼，并对总督进行了极大的侮辱。这座城市几年来一直是加拿大首府，但由于这些骚乱，首府被迫迁往多伦多。目前，加拿大人对英国政府的不满情绪似乎已经广泛蔓延并根深蒂固，他们正在考虑各种方案。一些人提议成立一个独立的共和国，另一些人则提议加入美国。

在大多数英属美洲殖民地，政治体系和宪法都是仿照英国设立的。加拿大的立法机构由加拿大人民选举产生，总督由英国国王任命。总督任命必须通过法令，在某些情况下，还需要英国议会的批准。加拿大的人口是170万人。

魁北克是加拿大最古老的城市，位于圣劳伦斯河北岸，地理位置优越。这座城市有一半建在陡峭的岩石上，另一半则位于下面平坦的平原上。岩石悬崖上的上城建造得最漂亮，房屋都是石头建成的。人口约2.5万人。

蒙特利尔是加拿大最大的城市①，位于圣劳伦斯河的上游，前

① 加拿大最大的城市，现在为多伦多。——译者注

几年成为加拿大首府。作为加拿大最重要的商业中心，蒙特利尔也是加拿大最重要的航运中心。城市的房屋都是用石头建成的，颜色看起来比较暗。这里的大教堂是北美洲最漂亮的建筑之一。人口约3万人。

加拿大人口主要由英法两个民族组成，他们之间存在着非常明显的差异。上加拿大的居民几乎都是英国人的后裔。下加拿大的居民几乎都是法国殖民者的后裔，这些人在任何方面都保持着他们的民族特征，一直没有改变，他们一般被称为法裔农民。和美国相比，加拿大这一地区人们的外貌很不相同，法裔农民长着又瘦又长的脸，突出的鹰钩鼻，尖尖的下巴，小而黑的眼睛很有光泽，黝黑的肤色通常比印第安人的肤色深得多。尽管加拿大是英国殖民地，但这些法裔农民的风俗习惯更像法国人。他们没有美国人那种进取心，过着一成不变、单调乏味的生活，从来不会离开他们的出生地。他们几乎都是天主教徒。他们的房子很脏，并认为清洗住宅对健康有害。

加拿大的英国人后裔基本上保持着他们祖国的风俗习惯，只是在某些方面由于他们居住地区的特殊气候以及受到邻近美国的影响而略有不同。他们的农业技术比较落后，基本上不存在制造业。木材贸易是资本家的主要财富来源，也是劳动者的主要职业。毛皮贸易发展很快，现在已经繁荣起来。内陆交通主要是通过圣劳伦斯河和五大湖的航运，五大湖为西部地区开辟了广阔的航线。

加拿大人有各种各样的雪橇和其他一些在雪地上通行的交通工具。其中有一种结构非常简单的小雪橇，用很窄的薄木板制成，有8英尺长，可以在雪地上任意翻滚、颠簸，而不会损坏。这种小雪橇前端向上弯曲，以便更容易地通过障碍物，主要用来运送物资。小雪橇有时用人拉，有时用狗拉。在深雪中，人们必须穿雪地鞋。雪地鞋由一个椭圆形的木框组成，木框很轻，大约40英寸长，18英寸宽。木框上覆盖着网状皮革，这使得雪地鞋看起来就像网球拍。这种雪地鞋穿的时候并不会将整个脚都固定在鞋上，只有脚趾部分被皮革套住，确切地说，穿着雪地鞋走路是拖着前进的。对那些不习惯穿这种雪地鞋的人来说，这样走路会给脚部带来很大的伤害，会导致一种严重的脚背和脚踝的炎症，还伴有肿胀、剧痛和跛行。

加拿大的道路通常崎岖不平，旅行者对马车在加拿大行驶有过极为奇特的描述。马车夫不会根据实际情况用皮鞭抽打马匹，而是按照规定的时间和次数无情地抽打，这使得马车夫和马之间难以达成默契。马的精力一般都很充沛，但它们似乎都是跛脚的，这是由于钉马掌的方式以及道路崎岖所导致的。

加拿大人在河流和湖泊上的载人交通工具是一种大独木舟。有些大独木舟需要14名桨手。每个人都挥动着又短又轻的桨，每秒钟击一次水，同时配合着一个船夫的歌声号子。船夫通常都是法裔加拿大人，嗓音很好。14支桨一起划动，动作整齐划一，每划一下，独木舟就会猛然颠簸着前冲一下，要想在上面安坐绝非易事。大独木舟的速度是每小时6英里。

在一次从金斯顿到蒙特利尔的航行之后，摩尔写下了他那著名的《加拿大船歌》：

黄昏的钟声隐约响起，
我们的声音整齐划一，我们的桨整齐划一。

当岸边的树林暗淡下来，
我们将在圣安妮堡唱响我们的告别赞美诗。
划，兄弟们，划！
河水流得很快，
急流已近，白昼已过。
为什么还不能扬帆？
一点儿都没有，河面平静无波。
但我们期待微风拂岸，
好让疲倦的桨手休息休息。
吹，微风，吹！
河水流得很快，
急流已近，白昼已过。
潮水来了！水中月影摇动，
很快我们就要在浪潮的尖上漂浮。
这绿色小岛上的圣徒，请听我们的祈祷，
啊！请赐给我们清凉和煦的微风吧！
吹，微风，吹！
河水流得很快，
急流已近，白昼已过。

在加拿大可以看到许多不同的建筑，从树林里的小木屋到魁北克和蒙特利尔的欧式建筑，各种各样，应有尽有。魁北克几乎没有那种作为新大陆城市标志的建筑特征。城市的很大一部分就像爱丁堡的老城区。屋顶非常陡峭，以防止冬天积雪过多，到处都是窗户、长廊、平台、圆顶和各种各样的突出部分。许多房顶都用铁皮覆盖，有时房子的墙壁上也包着铁皮。

新不伦瑞克是加拿大东南部的省份，位于加拿大和新斯科舍之间。这里大部分地区是荒野，但土壤肥沃，水源充足，地理位置十分优越，很适合商业和渔业的发展。直到1785年，新不伦瑞克还是新斯科舍的一部分。1762年，英国人第一次试图在这里定居，当时一些来自新英格兰的家庭在圣约翰河附近定居下来。在美国独立战争期间，又有几户人家从新英格兰搬到这里，在森伯里镇定居下来。1783年，英美签订《巴黎条约》，当时这个地区的居民不超过800人；但是在接下来的一年里，来自美国各州的4 200多名保皇派移民来到这里；1785年，英国国王特许将这个殖民地设为一个省，名为新不伦瑞克。从这一时期开始，这里没有发生什么值得记载的重大历史事件。

新不伦瑞克和缅因州之间的边界问题长期以来一直是英美两国政府争论的话题，但两国于1842年签订的《华盛顿条约》最终解决了这一争端。1849年，新不伦瑞克的人们有一段时间对他们的状况感到不满，并且和加拿大人一样，期待着彻底改变他们的政治制度。新不伦瑞克的政府机构由一个议会、一个委员会和一个总督组成。人口大约17万人，首府圣约翰有1万居民。

新斯科舍是一个半岛，与新不伦瑞克之间被一个非常狭窄的地峡和芬迪湾隔开。新斯科舍的大西洋海岸地区是无数个小海湾、港口和河口。总体来看，这个地区的面貌和新不伦瑞克很相似。19世纪后半叶，法国人来到这个地区，并将这个半岛命名为阿卡迪亚。这个名字被保留了很长一段时间。他们在这里与印第安人进行皮毛贸易，获利颇丰。1604年，法国新教徒德蒙斯在芬迪湾的皇家港建立了一个定居点，但几年之后，这个定居点被英国船长阿高尔破坏。1621年，英国国王詹姆斯一世把这片土地授予威廉·亚历山大爵士，从此，这个地区就被称为新斯科舍。后来，大量法国和荷兰移民来到这里定居。1632年，整个新斯科舍被割让给法国。1654年，奥利弗·克伦威尔派遣一支远征军征服了这里所有的法国和荷兰殖民者。

但是根据1667年签订的《布雷达和约》，新斯科舍再次被割让给法国。在1690年英法战争期间，一支来自波士顿的英国军队在威廉·菲普斯爵士的指挥下占领了皇家港，并控制了整个新斯科舍。通过一项新的特许状，新斯科舍被纳入马萨诸塞政府的管理之下。但是根据1697年签订的《里斯维克和约》，新斯科舍再次归于法国人。1704年，皇家港再次遭到来自波士顿的一支远征军的入侵。1710年，英国军队占领了皇家港。最后，根据1713年签订的《乌德勒支和约》，法国最终将新斯科舍割让给了英国。

获得新斯科舍之后，英国政府长期忽视那里的殖民者。除了少数冒险家商人，很少有人去新斯科舍，而且那里经常受到印第安人的骚扰。有一次，印第安人俘虏了十几艘停泊在坎索港的船只。1745年，来自新英格兰的军队征服了布雷顿角岛，为新斯科舍的居民提供了更多的安全保障。1749年，英国人建立了哈利法克斯城。

印第安人一直让殖民者头疼不已，而且英国政府认为新斯科舍的法国人有帮助那些印第安人进行敌对行动的嫌疑，便决定把法国人从新斯科舍赶出去。法国人自然不愿意服从这一安排，然而英国人在执行驱逐命令的时候几乎没有考虑到人道主义。法国人的村庄和农场都被夷为平地。这些可怜的居民失去了栖身之所，他们要么被迫逃到森林或者邻近的省份，要么投降当俘虏，被赶出这片土地。这就是新斯科舍近2万法国人的悲惨命运。

哈利法克斯拥有天然良港，因此成为驻美洲英军总部和海军基地，正因为这种特殊地位，这座城市获得了前所未有的重要性。在1812年美英战争期间，由于英国海军集结地哈利法克斯近在咫尺，美国的贸易受到很大的困扰。包括布雷顿角岛在内的新斯科舍省现在的人口是16.5万人。

新斯科舍政府是按照通常的殖民地模式设立的。首府哈利法克斯拥有世界上最宽敞的天然良港之一，英属美洲最大的造船厂也在哈利法克斯。这里的居民主要是军官和商人。近几年来，哈利法克斯的贸易量和繁荣程度一直在下降，人口也从1.2万人减少到9 000人。但哈利法克斯仍然非常重要，它是英国邮船往来于利物浦和美国之间的中转港口。

布雷顿角岛位于新斯科舍省和纽芬兰之间，法国人在1714年占领了这座岛屿。最开始的时候，法国人把这里当作渔场；但在1720年左右，他们在路易斯堡建立了坚固的防御工事，很快成为重要的军事据点和海军基地，并被称为“美洲的直布罗陀”。1745年，来自新英格兰的军队攻占了这个强固的要塞，但是根据1748年签订的《亚琛条约》，英国人将布雷顿角岛归还给了法国人。1758年，这个岛再次被英军占领，至今仍是英国的属地。布雷顿角岛最初由新斯科舍政府管辖，后来单独设立了政府。1820年，布雷顿角岛最终被并入新斯科舍省。

纽芬兰岛是位于圣劳伦斯湾的一座岛屿。它是美洲距离欧洲最近的地方。纽芬兰岛呈三角状，每边的长度约300英里。岛的周围分布着宽阔的深水湾和深水港。岛上的地貌可谓荒凉崎岖，从海上看的时候，尤其如此。北美洲很多地方都生长着茂密的大树，但纽芬兰不同，这里只有茂密的矮小树木及灌木丛，不过岛上有些地方很适合放牧。这个岛几乎没有历史，它是欧洲人发现的第一块北美领土，却是最后被探索的。我们已经介绍过，约翰·卡伯特于1497年发现了纽芬兰岛，但在1825年前，从未有人深入这座岛屿的腹地。除了港口和一些离海岸不远的几个地方，人们对这座岛一无所知。岛上崎岖不平的地貌让人望而却步，对殖民者而言，这里没有任何吸引他们前来定居的东西。

来到纽芬兰的人都是被附近的鳕鱼所吸引的，这里的渔业资源比世界上任何其他地方都要丰富。法国人认为自己首先发现这座岛屿，便声称对纽芬兰拥有主权，还认为在哥伦布时代之前，法国比斯开湾的渔民就常到纽芬兰岛岸附近捕鱼。虽然如此，法国人在卡伯特发现这座岛屿后很长一段时间里，都没尝试在岛上定居。然而，这里的渔业价值很早就被人发现了。在卡伯特发现纽芬兰不到20年的时间里，有超过50艘来自不同国家的渔船来这里捕鱼。英国渔民的数量很快就超过了其他国家，他们在岛上建立了定居点。《乌德勒支和约》承认了英国人对纽芬兰岛的主权，不过该条约保留了法国人在纽芬兰岛沿岸捕鱼的权利。1763年签订的《巴黎和约》再次明确了法国人的捕鱼权利，并说明法国人可以在圣皮埃尔岛及密克隆群岛等小岛上腌制和晾晒鱼干。

美国独立战争爆发时，英国议会通过了一项禁止新英格兰地区的人们在纽芬兰岛捕鱼的法令；但是在1783年的《巴黎条约》中，英国同意美国公民享有在纽芬兰岛和圣劳伦斯湾及其周边海域捕鱼且不受干涉的权利。美国人的捕鱼权延伸至离海岸3英里以内的地方；他们也可以在英国殖民者未占领的任何临近海岸晾鱼。

纽芬兰岛现在约有9万居民，几乎都是渔民，散布在南部和东部海岸的六七十个渔场里。首府圣约翰，是其中的一个渔场。这里的房屋都是木制的，经常发生火灾。这里的人口也随着季节而变化，固定人口约为1.1万人。纽芬兰有自己的立法机构，政府与大多数英属美洲的其他殖民地政府没有什么区别。

爱德华王子岛，以前叫作圣约翰岛，位于圣劳伦斯湾，离新斯科舍很近。最早在这里定居的是法国人。1758年，英国人占领了这座岛屿。在英国的统治下，它最初隶属于新斯科舍省，但在1773年，这里设立了一个单独的殖民地政府，政府形式和英国其他省份没有什么区别。爱德华王子岛的人口大约是3.5万人，首府夏洛特敦大约有3 500名居民。岛上的人们主要从事农业、渔业、造船和木材贸易。这里有许多天然良港和富饶的渔场。

美国

第476章

美国是个什么样的地方？

美国北接英属美洲，东面毗邻英属新不伦瑞克省和大西洋，南邻墨西哥湾和墨西哥诸邦，西濒太平洋。地处北纬25°到北纬49°，西经67°到西经125°之间，跨越24个纬度和58个经度，面积近250万平方英里，边界线长9 500英里，其中3 600英里为海岸线。

美国领土幅员辽阔，可居住面积占全球的1/20，两大山脉将这片国土分为三大自然区：大西洋斜坡、密西西比河谷和太平洋斜坡。

阿勒格尼山脉的长度比高度更引人注目。也许世界上没有哪片土地能在这么大的地域、这么低的海拔上保持着山地特征。阿勒格尼山脉的平均高度只有2 000~3 000英尺，其中一半的山地刚刚高过山基，另一半位于邻国的山地不过高于海平面。从距离海洋二三百英里的一侧，和从距离密西西比河谷二三百英里的另一侧，美国的海拔以难以察觉的坡度，缓缓上升。这种海拔的逐渐升高，以每隔200或300英里，水平面就上升1 000或1 200英尺的比例进行。美国的内河航运颇具优势，其中很大一部分原因就是这种土地的平缓抬高对航行很有利。在密西西比河、俄亥俄河和阿勒格尼河的航道上，船只在不借助运河或船闸的情况下，可以每隔2 400英里上升1 400英尺。

落基山脉是横贯美国的第二大山脉。这条山脉比阿勒格尼山脉更高，距离西侧的太平洋和东侧的密西西比河更远。在北纬40°的位置，密西西比河距离太平洋大约1 500英里；在9 000左右英尺的海拔高度以下，落基山脉一直处于平缓上升的状态。落基山脉的总体海拔高度约是阿勒格尼山脉的3倍；值得注意的是，密西西比河作为发源于这两条山脉溪流的共同汇入地，它到较高山脉的距离是到较低山脉的距离的3倍，因此，包含在这些山脉之间的巨大盆地两侧的坡度几乎相同。发源于落基山脉的河流和发源于阿勒格尼山脉的河流同样易于通航。

密西西比河流域的地势总体上向南倾斜，从大陆中部的高原缓慢向墨西哥湾的海面下降。在这片海拔高度不超过1 500英尺的高原上，我们可以看到几条大河——北部的马更些河、西部的圣劳伦斯河、南部的密西西比河。

太平洋斜坡在落基山脉西侧，与其他斜坡相比，它更为陡峭。人们很少涉足这一地区，直到最近，才有猎人和商船来到那里。

因为土壤的性质不同，美国落基山脉以东的土地可分为五大类：

第一类，哈得孙河以东的新英格兰各州，因阿勒格尼山脉的延伸而形成了一片起起伏伏的丘陵地带。这里的土地为岩土，土壤层薄，大多数地区贫瘠荒芜，不适合农耕而更适合放牧。

第二类，从长岛开始沿着大西洋海岸和墨西哥湾延伸到密西西比河河口，宽度在30~100英里的沙质土壤。这片土地从波托马克河向南，延伸到一片海拔跟海平面差不多的平原。大河入海处的潮水可以倒灌全境。这片地区的地表由海沙构成，难以耕种，除了河流两岸和小块的沼泽地能种植水稻，剩下的地方只能栽种松树。

第三类，从这片沙土带的上缘至阿勒格尼山脉的山脚，有一片宽度为10~200英里的土地。它的土壤由山脉的沉积物和地表下原始岩石分解的物质构成。这是一片肥沃之地，适于耕作。

第四类，阿勒格尼山脉之间的山谷，土壤的种类多样，比前面提到的那片肥沃之地还要肥沃得多。

第五类，阿勒格尼山脉西侧的广大地区。这片土地以石灰岩为基底，水分充足，土地肥沃到无穷尽，最优质的土壤的比例极高，不逊色于世界上的任何一个国家。密西西比河谷的北部和西部沿着落基山脉绵延数百英里，宽也有几百英里，是一片荒芜的沙漠地带。

在自然状态下，整个大西洋斜坡都被茂密的森林所覆盖。这片森林还覆盖了圣劳伦斯盆地至北纬55°的大部分地区，以及密西西比河以东的几乎整个河谷，还延伸到密西西比河以外50~100英里的地方。这是地球上最大的森林之一，在这片广袤的森林里，人们竭尽全力，也不过取得部分的进展。穿过它的西部边界往西，是一个面积大得多但性质截然不同的地区。严格来说，这片地区要被称为北美的草原地带，据我们所知，它从森林地带向西无限延伸，从墨西哥湾一直延伸到最远的北极圈。一般来说，草原地带比森林地带少了很多丘陵、山地和岩石。

位于落基山脉与太平洋之间的地区，土壤类型多样，可以得到众多河流的灌溉。这些河流中，最大的就是哥伦比亚河。人们极少涉足这片地区，然而这里却有很多肥沃的土地，据信这里有一大片未开垦的土地。

密西西比河、密苏里河及其众多支流流经密西西比河流域。这片地区北临英属美洲五大湖，东临阿巴拉契亚山脉，南临墨西哥湾，西临落基山脉。密西西比河流域是一个广阔的平原地带，河流纵横。这些被两条相距3 000英里的山脉所环绕的河流，找到了一个共同的中心，并通过一条单一水道将河水注入大海。这片地区从北纬29°延伸到北纬49°，从加拿大的气候到路易斯安那的气候，展示了温度的每一种变化。

美国的主要河流流入大西洋、墨西哥湾、密西西比河和太平洋。密西西比河发源于北纬47°附近，那里是许多河流的源头，然后它向南流入北纬29° 6′的墨西哥湾。它的河道蜿蜒曲折，总长度超过3 000英里。尽管这片地区看似是一个巨大的沼泽带，但密西西比河的源头却位于一个高耸的台地上。

若考虑其长度，密苏里河可以被视为密西西比河的干流。从位于落基山脉的密苏里河源头到墨西哥湾，极限长度为4 420英里。它可以从大瀑布一直通航到大海，里程有4 000英里；从密西西比河溯流而上，则需要乘汽船航行2 200英里。密苏里河有三个源头，分别被取名为杰斐逊河、加勒廷河和麦迪逊河，它们在落基山脉的底部汇合。其中一条源头距离山脉另一边的俄勒冈的河流源头很近，一个人不用走出1英里，便能够在任一条河流中饮水。

墨西哥湾与美国南部接壤，美国中部地区所有的河流都汇入墨西哥湾。大西洋沿岸有许多深水湾，主要包括切萨皮克湾、特拉华湾和马萨诸塞湾，这些海湾都适于通航。

在美国北部，大西洋海岸一派多岩、高峻、峥嵘的景象，并被分成很多岬角。向南，地势下降为一马平川的广袤平原，一直延伸到很远很远的地方。最著名的岬角有：马萨诸塞州的科德角、北卡罗来纳州的哈特拉斯角、佛罗里达角，以及美国最南端的塞布尔角。

从佛罗里达和路易斯安那恒久的夏天到加拿大边境沉闷的冬天，美国拥有多种多样的气候。气候的总体特征是从极热到极寒的突然转变。一般来说，美国由三个不同的气候带组成。一是寒冷气候区，包括新英格兰各州、纽约北部、密歇根州和西部地区。二是中间气候区，包括俄亥俄州、肯塔基州、田纳西州、印第安纳州、伊利诺伊州和密苏里州等中部各州。三是炎热气候区，包括阿肯色州和南部各州。在全国范围内，除太平洋沿岸，相同纬度的区域比东部大陆要冷得多。

美国的矿产品丰富多样。铁、煤、石灰石和盐等是美国最重要的矿产，储量巨大。在密苏里州和伊利诺伊州，铅矿似乎取之不尽，用之不竭。盐矿取自阿勒格尼山脉东侧的海水和西侧的盐泉。盐泉遍布西部各州，不但数量众多，而且产量丰富。煤炭的供应同样非常充足：在山脉的西侧，巨大的烟煤层贯穿密西西比河流域，绵延数百英里；在东部，无烟煤分布在不同的地点。在南部一些州发现了大量的黄金，加利福尼亚州现在似乎是世界上最大的黄金产区。密歇根州发现了大量的铜矿资源。

美国的农作物产品，种类极其多样，其中一些品种，是联邦各地都能出产的。玉米，或称印第安玉米，是一种美洲本土植物，从缅因到路易斯安那普遍种植，它比小麦的适应性更强，在各种土壤和环境都能种植，产量通常是小麦的两倍：众所周知，一亩优质的土地能出产100蒲式耳[①]玉米。从南到北，从东到西，美国各地都能种植小麦，但中西部各州的小麦品质最为优良。烟草和棉花也是美国的主要农产品。大麻在西部各州都能自然生长，啤酒花也生长于西部和中部各州。葡萄树在美国各个地区都得到了成功的栽培。桑树自发生长，近年来得到广泛的种植。各种温带和热带水果以及从欧洲引进的烹饪蔬菜都在这里茁壮成长。

美国是世界第二大商业强国，海运能力仅次于英国，还拥有世界上最长的内河航运网络，包括天然河流和人工河道。美国的制造业虽然起步较晚，但门类已经比较齐全和广泛，而且一直不断增长。美国的渔业产值也很高。

美国的收入来源于海关、土地销售、邮局、铅矿等，其中海关收入是最大项。在过去几年里，海关收入在2 500万美元到3 500万美元之间。

1849年，美国军队总人数为8 866人。

美国的海军规模虽小，但纪律严明，为海外贸易保驾护航，对于维护和平具有重要意义。海军舰队由12艘一级舰艇、12艘一级和2艘二级护卫舰、22艘单桅战舰、4艘横帆双桅船、10艘纵帆船、5艘炮船、14艘蒸汽船和6艘军需船组成。

没有哪个国家可以像美国这样如此迅速、如此大规模地修建了运河和铁路。已建成并投入运营的铁路总长度为5 703英里。

美国是一个联邦民主制共和国，政府根据宪法的书面文件行使

① 1蒲式耳≈36.37升。——编者注

其权力。国会由参议院和众议院两院组成。参议员的任期为6年，每个州由立法机构任命两名参议员。众议员的任期为两年，各州人民有权派遣的众议员人数，每10年进行一次分配或规定。上一次分配（1840）规定每70 680名居民选举1人，共选出227名众议员。总统由各州议会或人民推举的总统选举人投票选出，每届任期4年。每个州选出的总统选举人数目，与其参议员和众议员总数对等。然后总统选举人在各自的州开会，投票选举总统和副总统。如果没有选出总统，国会两院将从得票最多的3位候选人中选出一位。如果没有选出副总统，空缺职位则由参议院提供人选。政府所在地在华盛顿。

美国行政区划

州名	面积（平方英里）	人口	加入联邦的时间（公元年）
新英格兰诸州			
缅因州	33 000	502 000	1820
新罕布什尔州[①]	9 500	284 574	
佛蒙特州	9 700	292 000	1791
马萨诸塞州	7 800	737 700	
康涅狄格州	4 800	310 000	
罗得岛州	1 251	108 830	
中部诸州			
纽约州	45 220	2 429 000	

① 那些用另外一种字体标出的州是在独立战争中最初联合起来的13个州。——原注

（续表）

州名	面积（平方英里）	人口	加入联邦的时间（公元年）
新泽西州	7 948	373 306	
宾夕法尼亚州	46 215	1 724 023	
特拉华州	2 068	78 065	
马里兰州	10 755	470 000	
哥伦比亚特区			
西部诸州			
密歇根州	60 537	212 267	1836
俄亥俄州	40 500	1 519 464	1802
印第安纳州	35 626	685 866	1816
肯塔基州	40 023	779 828	1792
田纳西州	41 752	829 210	1796
阿肯色州	54 617	97 574	1836
伊利诺伊州	56 506	476 183	1818
密苏里州	70 050	339 702	1821
艾奥瓦州	173 786	43 112	1846
威斯康星州	92 930	30 945	1845
南部诸州			
弗吉尼亚州	65 700	1 239 797	
北卡罗来纳州	51 632	753 419	
南卡罗来纳州	31 565	594 398	

（续表）

州名	面积（平方英里）	人口	加入联邦的时间（公元年）
佐治亚州	61 683	691 392	
佛罗里达州	56 336	54 477	1845
亚拉巴马州	54 084	590 756	1819
密西西比州	49 356	375 651	1817
路易斯安那州	47 413	352 411	1812
得克萨斯州	——	——	1845
美国边疆区			
密苏里领地	——	——	1821
明尼苏达准州	——	——	
内布拉斯加准州	——	——	
印第安保留地	——	70 000	
俄勒冈准州	480 000	20 000	
加利福尼亚州	——	——	
新墨西哥准州	——	——	

上表展现的是1840年的人口：从那时起，一些州的居民数量大幅增长。据推测，1850年的人口普查登记，美国的总人口将会接近2 400万人。

第477章

美国的发现与殖民

（1600—1643）

如今的美利坚合众国是以英国殖民地为基础建立起来的，其中第一个殖民地是英国于1607年建立的弗吉尼亚。

我们已经知道美洲被发现以及它被欧洲列强瓜分的过程。早在1498年，英国人就发现了北美洲海岸地带，但直到近一个世纪过去后他们才试图占领这片土地。英国第一次在这片土地上殖民被证明是失败的，在此后相当长一段时间内，英国的殖民精神受到打击，但它在下个世纪初又重新振作起来。1602年，巴塞洛缪·戈斯诺德带领32人乘坐一艘小船从法尔茅斯起航，驶往弗吉尼亚北部，计划在那里建立一座种植园。他没有经过加那利群岛和西印度群岛，而是朝着正西方向航行，成为第一个直接到达美洲的英国海军军官。经过7个星期的航行，他们在美洲海岸发现了陆地，并沿着海岸航行，第二天便在北纬42°的地方发现了一个岬角，在那里下锚。他们在这里捕获了大量的鳕鱼，便称之为“鳕鱼角”。

随后，戈斯诺德继续他的航行，发现并命名了马萨葡萄园岛，又进入了巴泽兹湾，发现了一座肥沃的岛屿。戈斯诺德为这座岛屿命名为“伊丽莎白”，以纪念英国女王。当地人的敌意阻止了他手下的人在这里定居，于是他们启程返航。

虽然从英国人发现北美洲到那时已经过去了109年，自沃尔特·雷利爵士第一次尝试在弗吉尼亚建立殖民地也过去了20年，但是当时在整个美洲找不到一个英国人。然而，英国的殖民时代终于到来。在理查德·哈克卢伊特先生等多位绅士的请求下，英国国王詹姆斯一世授予殖民者特许状，用于在美洲的主要海岸建立两个种植园。这位哈克卢伊特先生当时是威斯敏斯特的受俸牧师，是英国在新大陆殖民最活跃、最有能力的推动者。在他看来，英国对美洲属地的亏欠比同时代的任何人都要多。

因此，国王于1609年4月10日授予一份特许状，将位于北纬31°和北纬45°之间的北美地区分成两个几乎相等的区域，位于北纬34°和38°之间的南部地区或弗吉尼亚的第一块殖民地授予一家名为伦敦公司的商业公司；而位于北纬41°到45°之间的北部地区或弗吉尼亚的第二块殖民地授予另一家名为普利茅斯的公司。位于北纬38°到41°的中间地区同时向这两家公司开放，它们都有权在超过距离彼此100英里的范围内殖民，并享有沿岸50英里的管辖权。

伦敦公司和普利茅斯公司做好了接管分配给它们的领土的准备。1607年，普利茅斯公司向一块殖民地派遣了100名种植园主。他们在肯尼贝克河口登陆。普利茅斯公司在殖民地仅维持了很短的一段时间，就因受不了苦而返回英国。这是1620年以前英国人最早，也是唯一一次在北方殖民地定居的尝试。

从1584年沃尔特·雷利爵士的冒险经历中吸取经验教训后，英国人在南部殖民地的努力更为成功。在接下来的一个世纪里，著名的约翰·史密斯船长是这块殖民地的奠基者。他热爱冒险以及追求荣耀，像骑士一样勇敢、绅士，是同时代的人所无法比拟的。1607年，他在克里斯托弗·纽波特船长指挥下，带3艘船，船上载着105人，来到这里。他们为了躲避暴风雨而偶然发现了壮丽的切萨皮克湾。他们沿着波瓦坦河航行，给这条河取名为詹姆斯河。他们在距离河口50英里的地方安了家，在那里搭建了几间茅屋。这个地方被命名为詹姆斯敦，它是英国在新大陆建立的第一个殖民点，然而现在除了传统记忆，这里已经没有什么特别之处了。

新生殖民地的政府形式非常简陋。它还有其他一些令人厌恶的特征，其中一点就是没有财产分割；5年来，所有的劳动都是为了使公司受益。宗教是根据英国国内教会的形式依法建立起来的。议会由国王提名；在国王的委托下，议会在他们到达美洲后不久就成立了。史密斯船长最终被任命为殖民地统治者，尽管最初的候选人是公司最糟糕的爱德华·温菲尔德。

虽然史密斯精力充沛，忠心耿耿，但这里还是经历了殖民地通常要经历的悲惨命运，疾病和死亡很快就在移民中造成了可怕的混乱。此外，印第安人的敌意也加剧了这一混乱。为了探索这片土地，史密斯进行过多次的冒险行动，最后落入当地人手中。波瓦坦，这个地区的酋长或皇帝，判处他死刑。要不是波瓦坦的小女儿波卡·洪塔斯出手解救，他就真的要被处死了。波卡·洪塔斯用自己的头挡住了史密斯的头，使之不受印第安人举起的棍棒的伤害。史

波卡·洪塔斯营救史密斯船长

密斯被免除死刑，保住了性命。史密斯对印第安人性格的了解以及他完美的沟通技巧，对这个萎靡不振的殖民地的发展起了很大的促进作用。在头两年，虽然他们遭受了损失，经历了灾害和困难，但依靠母国的补给坚持了下去。

在多位领导者的治理下，加上诸多的运气，殖民地把它的见习期一直延续到1620年。大约同一年，他们在总督耶德利领导下的第一届代表大会的号召，迎来了公民自由的曙光。在此之前，殖民者只不过是公司的仆人。与此同时，冒着生命危险为殖民地作出了最重要贡献，曾被英国人背信弃义地抓获的波卡·洪塔斯，与一个名叫约翰·罗尔夫的英国人结婚。她在丈夫的陪同下去了英国，接受了基督教的洗礼，生了一个儿子，在22岁时生病早逝。她的儿子延续了她的血脉。

1609年，发生了美国历史上的一件大事——哈得孙河被发现。英国与荷兰都声称对这片水域及毗邻的领土拥有主权。后来，这导致了两个大国之间的严重冲突。哈得孙河的发现者是亨利·哈得孙，他出生于英国，但为荷兰的东印度公司服务。尽管英国王室反对，荷兰人还是幸运地在奥尔巴尼和纽约附近建立了堡垒。事实证明，哈得孙河在通航方面比美国其他河流都更为重要。联邦最大的州和城市都与哈得孙河的水域相连，全国一半的商业中心位于哈得孙河所构成的壮丽海湾中。荷兰商人在曼哈顿岛（也就是现在纽约市的所在）上定居。后来，他们发现自己处于弗吉尼亚北部殖民地的统治范围内，当英国以其君主的名义要求获得这片地区的统治权时，他们欣然承认了英国国王查理二世至高无上的地位。

新英格兰的第一个殖民点建立于1620年，在时间上仅次于纽约。1614年，史密斯船长仔细地探索了佩诺布斯科特河和科德角之间的海岸。他向威尔士亲王查理奉上了一张海图，并做了详细的描述，查理因此了解了这片地区的特点，愉快地称它为“新英格兰”，后来人们用这个名字称呼哈得孙河以东的地区。

英国的清教徒移民到那里。清教徒们渴望以一种比传统教会更简单的方式来崇拜上帝，但是他们在英国向其他成员传教时却被禁止，于是清教徒们从国教会中分离出来；并为了和平和更多的宗教自由，迁到了对宗教最宽容的荷兰。

清教徒们迁往，或者确切地说逃到阿姆斯特丹，时间是1607年。他们的牧师罗宾逊先生也随着他们迁徙。在荷兰待了十来年后，他们准备起航前往美洲，希望在那里不再遭遇在荷兰经历的那些罪恶，并建立一个以圣经原则为基础的国家。他们当时住在莱顿，1620年7月前往英国， 9月6日乘坐“五月花”号从普利茅斯起航。经过一段颠簸的旅程后，他们于11月9日发现了科德角的陆地。第二天，他们进入了现在被称为普罗温斯敦的港口。他们发现自己的活动超出了公司管辖的范围，实际上，在登陆之前，他们就自己组成了一个“为制定公正、平等的法律、法令、法案、宪法和职务而组成的英国国王治下的公民团体”，并一致遵守和服从这些法律。“这一简单但庄严的契约，是一系列打破庞大的政治压迫体系枷锁的契约中的第一个。这是人类历史上首次确认了一个伟大的原则，即由独立的人士自愿结成联盟，建立一个为普罗大众而不是统治者服务的政府”。这项契约由41人签署，经一致同意，约翰·卡弗当选第一任总督。

经过一个多月在邻近水域和陆地的探索，清教徒们终于在1620年12月21日，星期一，在普利茅斯岩登陆。这是新英格兰编年史上最值得纪念的一天。几天之后，“五月花”号被引导泊入港口。25日，他们开始建造房舍。然而严酷的气候，加上劳作的辛苦，在第二年春天到来之前，就使一半人失去了生命，总督和他的妻子也不幸去世。幸存的人们虔诚地接受了他们的不幸，尽管双手仍然虚弱，但他们仍怀着坚强的心，投身于在来年建立一个由自由人和基督教徒组成的国家的伟大事业中来。

清教徒在普利茅斯岩登陆

在他们到达海岸之前，普利茅斯及其周围的印第安人即将被一种消耗性的疾病毁灭殆尽，清教徒们把这当成了上天的恩赐。正是因为当地印第安人数量变少，当地的殖民者受到印第安人的骚扰要比弗吉尼亚的殖民者少了很多。事实上，他们还在土著当中找到了几个忠实的朋友，特别是在波卡诺基特部落的萨莫塞特和马萨索伊特，后者还是这个部落的酋长。这个部落和英国人之间签订了一份同盟条约， 双方半个多世纪一直相安无事。英国人在与其他部落相处时，偶尔会遇到一些麻烦，特别是纳拉甘西特部落。有一次，这个部落的老世袭酋长卡诺尼库斯企图对英国人发起战争。他通过向布拉德福德总督送去一捆带有响尾蛇皮的箭来表达这一意图，而总督则在蛇皮里塞满了弹药送给卡诺尼库斯后，再也没有听到战争的消息。

与马萨索伊特签订条约

还有一次，马萨索伊特揭露了一个印第安人的偷袭计划，殖民者立即对参与计划者聚集的房屋发动了袭击，迅速地瓦解了印第安人的谋划。执行这项计划的是迈尔斯·斯坦迪什，他只带着8个人，进入了印第安人的领地，找到了聚集在一起的计划参与者，将他们全部杀死。在首次殖民后的10年中，普利茅斯的居民上升到300人，他们在莱顿教会的教友纷纷加入。然而这时，罗宾逊在莱顿去世，他再也不能前往梦寐以求的美洲家园了。清教徒们非常悲痛。威廉·布鲁斯特便为这里的清教徒教堂服务，此后几年一直如此。这个殖民点并没有发生什么显著的变化，直到和其他在各个方向涌现的殖民点一样，印第安人对英国人的敌意在全国范围内被唤醒。而这些独立的机构也被审查。

1628年，在普利茅斯以北不远的地方，一位重要的清教徒约翰·恩迪科特，带领殖民者们建立了一个殖民地。他自己的家人以及其他移民，总共有100多人，在一个当时名叫瑙姆科吉（现在叫塞勒姆）的地方定居下来。这是马萨诸塞湾殖民地的肇始。这些殖民者就像他们的母殖民地中不奉国教的清教徒一样，渴望更多的宗教自由。与恩迪科特有密切关系的怀特先生，是英国多尔切斯特的一位虔诚的牧师，他公开支持恩迪科特。约翰·温斯罗普、艾萨克·约翰逊、马修·克拉多克、托马斯·戈夫和理查德·萨尔顿斯托尔爵士都是伦敦的宗教人士，他们与最初的特许状受让人有密切联系，这些人转让了领土权。最后，他们买下了特许状。据说恩迪科特是“开始这项艰难工作的合适人选；他勇敢，善于交际，外向开朗，既慈爱又严厉”。

第二年，英国国王查理一世确认了马萨诸塞公司的土地所有权，并赋予它民事管辖权，如此，“新英格兰马萨诸塞湾总督及公司”便注册成立了。不久，殖民地的政府形式得以确定，恩迪科特先生当选为总督。随后，在同一年，英国公司决定将种植园的治理和专属种植权从伦敦转移到马萨诸塞湾。与此同时，殖民地官员又举行了新的选举：约翰·温斯罗普当选为总督，托马斯·达德利当选为副总督。上任不久，他们就随大批殖民者出海，其中一些人定居在米莎湾，就是后来的查尔斯顿；另一些人定居在肖穆特，就是后来的波士顿。一支300人的殖民队伍，不久前也刚刚起航。

在温斯罗普总督到来之前，由于环境的变化、供应不足以及恶劣气候带来的疾病，殖民地遭受了严重的损失，有80人死亡，包括几个重要的人物。好在老天帮忙，粮食短缺的问题得到缓解。通过公司以及将其他地方的人们迁移到新殖民点而建立起来的城镇，除了波士顿和查尔斯顿，还有沃特敦、多尔切斯特、罗克斯伯里和林恩。1630年10月19日，波士顿召开了殖民地第一届议会。为了纪念当时英国著名的波士顿大臣科尔顿先生，肖穆特被改为波士顿。毫无疑问，他们对科尔顿先生来美抱有希望。

与温斯罗普总督同来的840人中，至少有200人在4月至12月间去世。大约有100人完全灰心丧气，又坐同一艘船返回英国。在那些被死神带走的人当中，有一位阿拉贝拉夫人，她“出身于一个高贵的伯爵家庭，却渴望来到荒野”。然而，她没有承受住如此巨大的环境转变，到达塞勒姆后不久就病倒了，并在那里去世。她的丈夫伊萨克·约翰逊，“一位拥有最好庄园的优秀男士”，悲痛万分，很快随她而去，“他用一种极为虔诚的方式结束生命，心甘情愿地赴死”。

在随后的几年里，马萨诸塞的殖民地一直致力于整顿自己的内政，扩大殖民点，后来他们又前往更远的地方开拓其他殖民地，康涅狄格和纽黑文就这样开始有人定居了。罗得岛的移民有一部分是这样来的，但后面来的却是因为宗教的迫害或不宽容。英国的现状依然是把对国家最有价值的一些人往外赶。1633年，300多名贵族乘船来到美国，其中包括康涅狄格州的建立者胡克和海恩斯。1635

年，到达美国的人数超过3 000人，其中包括休·彼得斯和年轻的亨利·范恩——他后来成为英国历史上引人注目的人物。

罗杰·威廉姆斯，塞勒姆的一名牧师，因为自己的宗教观念而遭驱逐，尽管这些观念体现了宗教自由的真正原则。他于1636年第一次明确地宣称自己是罗得岛的创建者，然后和他的几个追随者在一个地方定居下来，结束了漂泊的生活，并以虔诚的感恩之情将它命名为普罗维登斯。1638年，罗杰·威廉姆斯的领地开始接受那些被驱逐的哈钦森夫人追随者中最受尊敬的人，成为自己的居民。威廉·科丁顿和约翰·克拉克是这些人的领导者，其中约翰·克拉克是浸礼会信徒。在威廉姆斯先生的影响下，他们从纳拉甘西特人的酋长米安托诺莫那里赢得了阿奎德内克岛这个珍贵的礼物，这座岛屿后来被称为罗得岛。在这里，人们在政治平等和宗教宽容原则的基础上建立了一个政府；科丁顿被任命为首席行政官。在其创始人的影响下，罗得岛有幸成为新世界第一个树立公民和宗教自由榜样的殖民地。

罗杰·威廉姆斯的迁出

在康涅狄格的殖民进程中，关于谁是新英格兰这一地区的第一批发现者，产生了争议。荷兰人和英国人都宣称自己获得了这一荣誉，但荷兰人可能更加名副其实。双方几乎同时购买了康涅狄格河附近的土地并建立殖民地。荷兰人的土地所有权最终被夺走，或者更确切地说，荷兰人向英国人屈服了。1633年，康涅狄格的第一座房屋在温莎建立。建造房屋的目的只是将它用作一个贸易栈，而建造房屋的材料则是从普利茅斯用船载着沿着康涅狄格河运来的。然而，荷兰人先前在现在的哈特福德所处的河畔建立了一个小型贸易堡垒。这些干涉企图几乎引发了一场冲突，但被幸运地避免了。

普利茅斯和马萨诸塞湾的许多殖民者，一段时间以来，一直在康涅狄格富饶的土地上寻找一个更靠西部的新家。走在前面的是托马斯·胡克和他的教派。1635年8月，几位来自多尔切斯特的拓荒者在温莎的普利茅斯贸易栈附近选择了一个地点；另一拨来自沃特敦的人选择了位于韦瑟斯菲尔德的皮夸格。同年10月，60名男人、女人和孩子开始了他们穿越康涅狄格河荒野的旅程。他们到达后，便在温莎、哈特福德和韦瑟斯菲尔德定居下来。恶劣的天气和物资的匮乏对他们而言是一个相当大的考验，以至于他们中的大多数人利用获得的机会乘船返回马萨诸塞。有少数人留了下来，依靠仅有的麦芽和橡子熬过了冬天。这是比胡克来得更早的一群人。同年，马萨诸塞总督的儿子约翰·温斯罗普从英国来到康涅狄

1636年，殖民者来到康涅狄格

格，受萨伊-赛奥勋爵和布鲁克勋爵的委托，担任总督，普利茅斯议会已经向他出售了这片地区的专有权。

次年，也就是1636年6月，牧师胡克和斯通以及他们的同伴一起来到康涅狄格。这是一段长达两周的乏味旅程，在这期间，他们靠牛奶维持生存。他们主要定居在哈特福德。胡克和斯通则成了当地教会的牧师。关于胡克，据说，“他在讲坛上的布道极具吸引力，因为他吐露了自己神圣灵魂的热情，他的举止、语调和表达中丰富的意象都具有很大的灵活性，这使他能够适应各种主题和场合。在英国时，他的演讲吸引了众多听众，他们很多是远道而来，里面既有平民，也有贵族。”胡克的一部分会众先于他来到新英格兰。在新家园里的艰难困苦中，他们找到了宗教的慰藉，正如清教徒们无论在哪里都习惯于找到宗教的安慰一样。谦恭而优秀的海恩斯被选为首席行政官。

在康涅狄格早期的历史上，它遭受的印第安人的侵扰，相比它的姊妹殖民地普利茅斯和马萨诸塞要严重得多。这里的殖民者刚刚定居下来，印第安人就形成了一个彻底消灭英国人，尤其是这块殖民地上的英国人的计划。在所有的印第安部落中，最凶猛的佩科特人占据了康涅狄格的土地。佩科特人通过不同的方式杀害了30名殖民者，毫无疑问，他们有杀死全体殖民者的意图。①

1637年5月，殖民地议会从哈特福德、温莎和韦瑟斯菲尔德三个城镇招募了150名士兵，向佩科特人宣战。殖民地议会派遣英勇的约翰·梅森上尉和77名白人，连同二三百名友好的印第安人，一同前

① 这里体现了殖民者的意识形态，阅读时需要注意。——编者注

往米斯提克的佩科特人堡垒。一场可怕而血腥的战斗随之展开，佩科特人的堡垒以及其中的印第安人被尽数摧毁。获胜之后，英国人追击逃离的佩科特人，他们正从住地集结。在费尔菲尔德，英国人再次取胜。这场胜利彻底摧毁了佩科特人部落。这个部落的名字从此不复存在。

对佩科特人的远征使英国人了解了昆尼皮亚克（后来的纽黑文）。第二年（1638），英国人就在这里建立了城镇。这里连同邻近的城镇，在殖民后不久，就被英国人命名为纽黑文殖民地。纽黑文殖民地的领导者是西奥菲勒斯·伊顿和约翰·达文波特，他们都是英国非常著名的清教徒。伊顿拥有一大片地产，深得公众信任。达文波特是伦敦著名的牧师。这一拨人于1637年7月26日抵达波士顿，但由于渴望在另一个地方定居，他们离开了马萨诸塞，考察了它的海岸地带，并选定昆尼皮亚克作为他们独立团体的所在地。经过一些临时的安排，他们在昆尼皮亚克建立了一个政治团体，并于1639年采用了政府形式。伊顿被选为总督。

1627年，瑞典人和芬兰人开始在特拉华定居，其中一些人是由古斯塔夫·阿道夫派遣而来。他们占领了特拉华河的东侧，称这块土地为“新瑞典”。1639年，荷兰人在亨洛彭角附近的特拉华河西侧购买了一块土地。瑞典人和荷兰人的对立主张后来在这些殖民者中引起了争执。

在美国南部，除了前述的弗吉尼亚和马里兰，这里殖民点建立的时间相对稍晚。巴尔的摩勋爵是马里兰州的创建者。在巴尔的摩勋爵的特许状颁布之前，马里兰是弗吉尼亚领土的一部分。这项法律文件宣布马里兰脱离弗吉尼亚，只受英国王室管辖。巴尔的摩勋爵被赋予对此地拥有绝对的所有权，在一定程度上，他有权为这一地区立法并进行管理。巴尔的摩勋爵任命他的兄弟伦纳德·卡尔弗特为总督，并同意为他提供船只运送大批移民。这些移民主要是天主教徒，其中很多是拥有地位和财富的人。

移民的船队于1634年初到达波托马克，在一座名叫圣克莱门特的岛附近下锚。他们在岛上竖立了一个十字架，并以“世界救世主和英格兰国王的名义”占有了这块土地。卡尔弗特对所占土地上的印第安人给予了满意的安排。这个殖民地在很多有利的条件开始其进程，它拥有自由的特许状和宗教自由。在巴尔的摩勋爵的领导下，这里繁荣了很多年。

1639年，费迪南多·戈吉斯爵士从王室获得了一份明确的特许状，确认了1623年首次被授予的从皮斯卡塔霍格河至萨加达霍克河被称为缅因省的所有土地。费迪南多·戈吉斯爵士被任命为缅因省巴拉丁勋爵，与达勒姆郡的达勒姆主教有同等的权力。由于这些权力，他在省内建立了一个政府，并建立了一个不起眼的小村庄，但殖民的事业并不繁荣。

1609年哈得孙的发现和一些荷兰商人在曼哈顿岛的定居，我们前面已经说过。纽约直到1614年才建立。就在那时，经殖民地议会的许可，一队商人来到纽约。第二年，冒险者们乘船沿着哈得孙河航行，在奥尔巴尼附近的一个小岛上建了一座小的堡垒。在分裂荷兰的派系斗争时期，大约在1620年和1621年，荷兰殖民者来到这里，曼哈顿堡垒周围聚集了许多农舍，后来它被称为“新阿姆斯特丹”。彼得·米努伊特担任首任总督。第二年，新阿姆斯特丹与普利茅斯的清教徒签订了和平与商业条约。到1630年时，哈得孙河沿岸出现了许多庄园主体制的殖民点。根据这一制度，不管谁把50个家庭带到新尼德兰，都应该在河两岸八英里的范围内以及可能需要的内部空间获得被殖民土地上的绝对财产权。1635年，由于清教徒在康涅狄格河畔定居，以及瑞典人在特拉华河畔定居，荷兰人在康涅狄格河流域的领土进一步缩小。

大约在1643年，凯夫特总督因为与曼哈顿印第安人有过一些微不足道的争吵，便屠杀多达800名印第安人，其中包括男人、女人、小孩，这一野蛮行径激起了印第安各部落血腥复仇的呼声。于是荷兰人的村庄被印第安人点起了熊熊大火，殖民者纷纷逃回荷兰。在与荷兰人友好的莫霍克族人的调解下，连绵不断的谋杀和牺牲被画上了句号。

弗吉尼亚的殖民事业在1620年到1641年间，虽然取得很大的进步，但他们仍然经历了诸多波折。1620年8月，一艘荷兰船只将20名黑人运到詹姆斯河，将他们作为奴隶出售。这是北美奴隶制这一巨大罪恶的开始。1622年，印第安人在波瓦坦的弟弟及其继承人欧佩坎诺的领导下，对英国人发动了突袭。300余名英国人被杀死。死者数量几乎占整个殖民地人数的1/4。幸运的是，詹姆斯敦及邻近居民区的殖民者都逃了出来，否则没有一个白人能存活下来。是一位皈依基督教的印第安人及时地揭露了这一计划，拯救了相当一部分英国人。这场悲剧引发了一场血腥的战争。英国人对印第安人实施了更血腥的报复，以至于殖民者在很长的一段时间内都没有受到印第安人的骚扰。

第478章

殖民时代

（1643—1671）

大西洋斜坡主体地带的大部分地区被发现，或多或少地建立了殖民地。殖民者的足迹踏过弗吉尼亚、新英格兰、纽约、特拉华以及马里兰，在很多重要的地方，小镇和村庄不断地被建立。这些当初选中和定居的地方，有些从那时起就成了贸易、财富和权力的中心。殖民依赖的生涯就此开始，对大多数殖民地来说，这段时间是漫长的，它时而欣欣向荣，时而灾难不断，时而和平，时而战争。宾夕法尼亚和弗吉尼亚南部的殖民地，也就是“十三个老殖民地”中的殖民地，则是在稍晚时候形成的。这些殖民地形成的时期，并不包含在我们认定的殖民时期开始的范围内。但现在我们将其纳入，因为正是在这段时间，绝大多数殖民地被发现和定居。在本章将详细介绍与新殖民地的兴起相关的事件。

1643年左右，弗吉尼亚在威廉·伯克利爵士的治理下，政治自由，经济繁荣。但由于和周边印第安部落关系紧张，这样的好景也只维持到1644年。上了年纪的欧佩坎诺再次图谋把隔绝分散的白人一举消灭。但在他有机会给对方重击之前，这场行动就被300个印第安人和他们的首领摧毁了。

针对《航海法案》的起义是弗吉尼亚历史上的又一起重要事件。英国想通过法案垄断殖民地贸易，这对殖民地将是一个很大的伤害。因为殖民地人民只能将货物运到英国，按照英国给定的价格出售。这激起了弗吉尼亚人的强烈愤恨，他们开始公然反抗政府当局。他们推举纳撒尼尔·培根为领袖，这位年轻律师受过良好的教育，勇敢，雄心勃勃。由于当时弗吉尼亚人也正在和印第安人交战，他们也希望进行有组织的自卫，推选培根作为他们的指挥官。然而总督伯克利爵士拒绝了培根成立自卫队的请求，因此，事实上，培根并没有得到授权。在弗吉尼亚有两个阶级，贵族们是站在政府一边的，他们鼓动总督宣称培根和追随他的人为反叛者。

对自由的憧憬高涨，燃起了内战之火。保皇党被培根追击到拉帕汉诺克河，此前那里的居民都还是伯克利一派的支持者，此时他们抛弃了伯克利，纷纷加入起义者的队伍。培根镇压印第安人，让他们匍匐在自己的脚下；然而就在走向胜利的途中，培根却突然去世了。由于他的死，追随者们丧失了希望。队伍四散分离，轻易地被逐个俘虏。就这样，弗吉尼亚20位优秀的公民被处以死刑，蒙羞而亡。

同一时期在新英格兰，殖民地的扩张稳步推进，但也危机四伏。面对内忧外患，各处殖民地有必要建立一个同盟。同盟于1643年5月在波士顿成立，普利茅斯、马萨诸塞、康涅狄格和纽黑文四个殖民地各派两名代表出席，草拟同盟条例，并最终一致签订。“新英格兰同盟”成立。罗得岛不同意普利茅斯提出的成为它的附属地的要求，没有成为同盟的一员。代表们就自卫和公共福利等事宜展开讨论，还涉及道德和宗教方面，尽管他们并没有权力制定独立殖民地的相关法律。这一切都是他们自发决定的。建立同盟的有利影响在达成眼前的目标后很久才进一步显现出来。名义上，同盟40年期满后不再具有效力。同盟的建立使英国殖民地在荷兰人和印第安人面前变得可怕起来。

在英国长期议会统治期间，美洲北方殖民地的清教徒势力极为强盛，母国的干涉对它们几乎没有什么影响。那是一个和平而又繁荣的年代。1641年3月，罗杰·威廉姆斯作为罗得岛与普罗维登斯庄园的代表被派往英国，带回一份1644年到期的殖民地自由特许状。之后，罗杰·威廉姆斯同约翰·克拉克联合争取到了包含罗得岛在内的长期特许状。威廉姆斯作为殖民地的创立者，继续担任殖民地的恩主，并尽享高寿。他在自己管辖的小块领地上树立了宗教良心信仰自由的榜样，现在美国的广大地方都获得了这样的自由。

英国的《航海法案》不单激起了弗吉尼亚的反叛，新英格兰人也认为法案极其不公平，不予遵循。他们尽可能自己租船，按照自己的意愿在港口进行贸易。

查理二世于1660年复辟，尽管他没给殖民地带来多少好处，新英格兰还是承认他的统治权威。通过温斯罗普的演说和说服艺术，康涅狄格也得到了殖民地特许状。相较于之前任何一份英国政府授权的殖民地特许状来说，这份特许状赋予了康涅狄格更多的权利。特许状包含了将纽黑文省纳入康涅狄格的条款，并未征求纽黑文人的意见。因此，当被要求放弃自己的独立存在权时，它自然感觉受到了委屈和被蔑视。这项举措，即使不能说非常必要，但也是一条权宜之计，考虑到殖民地的人民，纽黑文人还是同意与康涅狄格合并。温斯罗普被选任为总督，且成功地连任多年。英国国内很快就试图通过国王任命的专员来控制殖民地。这些尝试在当时都失败了，尤其是马萨诸塞坚持抵制每一次控制。

在此期间，在梅休爵士和虔诚的艾略特的大力引导下，大量印第安人开始信奉基督教。在新英格兰同盟的支持下，这些人不懈地为印第安人的福祉而奋斗。因此，到1660年时，在马萨诸塞已经有10个皈依基督教的印第安人的城镇。艾略特以自己的勤奋和孜孜不倦将《圣经》翻译成印第安语。

大约在1654年，许多来自其他殖民地和欧洲国家的受压迫者、不幸者和进取者移民新尼德兰。因此，随着移民数量的增多，他们也越来越要求享有政治权利，并试图通过殖民地议会来掌控政治权力。这样的意图立即受到排斥。议会成员被总督施托伊弗桑特以自由的名义遣散回家（他说自己决不会被“几个无知的人民”左右）。尽管自由在这里受到限制，却在相邻的地区得到发展，促成了更迅速的进步，这集中体现在荷兰人身上。

1664年，查理二世将纽约、新泽西和特拉华在内的几个殖民地授予他的弟弟约克和奥尔巴尼公爵。同年，公爵派遣了一支探险队，在理查德·尼科尔斯上校的率领下前往曼哈顿的殖民地。曼哈顿多年来从未承认过英国的统治权。这一年，远征军到达曼哈顿，他们要求把这片领土交给英国国王陛下。荷兰人总督起初拒绝，但他发现自己毫无抵抗之力，而且发现许多人希望被纳入英国的统治之下，他便答应了。整个曼哈顿被交到英国人手里。为了讨好公爵，荷兰的两大殖民地现在改名为纽约和奥尔巴尼。尼科尔斯在这里进行了3年睿智而良性的管理，接替他的是洛夫莱斯上校，他的管理也是如此优秀。

1624—1626年，新泽西的小部分地区被丹麦人、荷兰人和挪威人造访并占据；1655—1664年，荷兰人打败了所有的对手，把这里纳入了他们的统治。再后来，新泽西的统治权又转到英国人的手里。约克公爵把它交给伯克利勋爵和乔治·卡特里特爵士管理。1655年，伯克利和卡特里特为这块殖民地设立宪法，并任命菲利普·卡特里特为殖民地总督，伊丽莎白敦成为政府的所在地。

特拉华，正如我们已经了解的那样，1627年，挪威人和芬兰人首先定居在这里。但如前面所说，它随后被授予约克公爵。当时，特拉华由荷兰人统治。但罗伯特·卡尔爵士率领一支远征军向荷兰人发起进攻，荷兰人战败，并于1664年10月1日投降。事过不久，特拉华便成为纽约省的一部分，由英国政府管辖。

1663年，大西洋斜坡最南端的部分被设立为卡罗来纳省，包括北纬36°和圣马修河之间的地区。卡罗来纳这个名字是为了纪念法国国王查理九世。1563年，正是在他的资助下，这片海岸被发现。英国国王查理二世颁布特许状，任命克拉伦登勋爵和另外7个人管理这里。他们成为这片领域的绝对主宰，在移民和管理上被赋予充分的权力。两年后，这份特许状的内容得到了修订和扩充。特许状规定：整片区域分为两个卡罗来纳和佐治亚，佛罗里达也被囊括在内。

早先，也就是在1650年，来自弗吉尼亚的种植园主和其他地方的移民在阿尔伯马尔县建立家园。这片殖民地是在弗吉尼亚总督的监管之下建立的。另一片殖民地在它的南边，在开普菲尔河，又称克拉伦登河的附近，它建在一个叫克拉伦登的县里。1665年，巴巴多斯岛移民在这里定居。当时这里几乎已经被当初定居的新英格兰冒险家们遗弃了。来自这座岛屿的移民约翰·伊曼斯爵士被任命为总督，获得建立独立政府的特许状，与阿尔伯马尔类似。到1666年，这片殖民地的定居者有800人。最早的政治制度是由著名哲学家沙夫茨伯里和洛克为卡罗来纳制定的，但它的特点是高度贵族化，将贵族划分为三个等级，与定居者的情况不符。接下来几年里，管理者一直试图将这种制度强加在他们身上，但都徒劳无功，“这些散居在森林小木屋里的人不是贵族，也不是奴仆。”

卡罗来纳第一位专有的总督威廉·塞尔，建立了一个殖民地，同时也建立了旧查尔斯顿。威廉·塞尔于1671年去世后，这片殖民地被并入伊曼斯总督的殖民地。此后，这座城市迁移到查尔斯顿的现址，很长一段时间内都是南卡罗来纳的首府。

第479章

从菲利普王战争到北方殖民地特许状的撤销

（1671—1688）

菲利普王

菲利普王战争是新英格兰编年史中最血腥的篇章。菲利普是一个广为人知的名字，实际上，他的印第安名字是梅塔卡姆，是马萨索伊特两个儿子中的次子。他继承了波卡诺基特酋长之位，给他的臣民们带来了更多快乐，因而备受尊崇，成为白人强大的敌手。他认为白人对他的所作所为是错误的，公开表示要复仇。他不遗余力地经营多年，团结其他的土著部落，企图联合所有的力量把英国人赶出美洲。这是一项艰巨的任务，他只完成了一部分。好几个部落拒绝与他联合，有些甚至与他为敌，很多一开始随他出战的部落，最后也都退出了。

1675年6月24日，利用处决一些站在普利茅斯政府一边的朋友的机会，菲利普率士兵攻打普利茅斯的斯旺西。普利茅斯进行了有效的防御，印第安人被迫撤退，还被殖民者追击，但没有被追上。他们在被烧毁的建筑废墟上留下了自己的路线标记，把俘虏的英国人的头和手挂在路边的桩子上。因为菲利普手下的年轻士兵们急于行动，才有攻打斯旺西的行动，实际上，菲利普本人并没有做好充足的准备。但事已至此，没有退路了，他和英国人都铁了心决一死战。

1675年6月5日，英国人的军队行进至纳拉甘西特人的村落，逼迫他们签订了和平条约，并尾随印第安国王来到希望山附近的波卡塞特沼泽地，对他发动攻击，但收效甚微。当时率领这支英国军队的是富勒上尉和著名的本杰明·丘奇——他后来成为丘奇中尉。菲利普在被进一步追击之后，他和他勇敢的战士们以及尼普穆克人一起点燃了马萨诸塞西部种植园的战火。事实上，在这一时期，他的复仇之心几乎激荡了所有印第安人的胸膛。菲利普到达尼普穆克人的营地之前，曾在布鲁克菲尔德附近伏击了哈钦森上尉手下的一支队伍，杀死了其中几个人，并且烧毁了镇子。

同年9月18日，发生了灾难性的“血溪”事件。这是菲利普王战争中发生在白人身上最悲惨的事件。从波士顿附近挑选出的一群青年白人男性在迪尔菲尔德的一条小溪边上遭到了伏击，除了七八人，其他的全部被杀。自此，这条小溪便有了“血溪”之称。这支队伍共有80人，连同几名赶畜人，负责保护从迪尔菲尔德到哈德利的物资转运。印第安人人数众多，此前曾多次袭击康涅狄格河附近的白人及其殖民点。随后，在10月，他们放火烧毁了斯普林菲尔德，并袭击了哈德利。在哈德利，他们被康涅狄格和马萨诸塞的军队击退。

这一时期，殖民者的处境非常痛苦和危险。每一个可以发动攻击的地方都有印第安人的身影，不管是小的殖民点还是偏僻的住所——无论是在公共道路还是在寂寥无人的小路。印第安人对每一个出没的地方都很熟悉。枪和战斧，刀和柴木，无论白天还是黑夜，只要白人缺乏足够的保护，它们都会成为带来死亡和毁灭的利器。男人、女人、孩童都被不加区分地杀死。哀恸悲伤的声音在马萨诸塞广阔的原野上回荡，午夜时常被熊熊燃烧的定居者住宅所照亮。这就是野蛮的战争带来的影响！

12月19日，白人殖民者偷袭了罗得岛南金斯顿湿地中纳拉甘西特人的一处要塞，双方随即爆发了一场艰苦而血腥的战争。本杰明·丘奇将军是这场战事的白人指挥官之一。从险阻重重的大门到堡垒，许多英国人尤其是军官都战死了。在攻入堡垒内部后，英军对敌人展开了屠杀。1 000名印第安人被杀，大约600所棚屋被烧毁。当时正值隆冬，在战争中躲过一劫的人努力维持生存，他们把树枝盖在身上，或是在地上挖洞，用橡树子和坚果维持生命，但很多人还是死于饥寒交迫。纳拉甘西特人的领导者科南切特，曾鼓动他的人民打破与白人签订的条约，被抓捕囚禁后，英国人承诺只要他缔结和平条约，就饶他一死并给予他自由，但他选择英勇赴死。

自此，菲利普王的气数渐尽。多个殖民地的英国人结成联盟，精神振奋地继续跟他打仗。菲利普王被四处追击，丘奇将军不留余力地去擒获或杀死他，最终达到目的。在被从一片沼泽赶到另一片沼泽后，1676年8月12日，菲利普王被一名印第安人枪杀，这个印第安人的哥哥被菲利普王以投敌为由亲手杀死。至此，战争结束了，但其结果却具有决定性的影响。波卡诺基特人几乎灭绝，纳拉甘西特人数量锐减。康涅狄格河附近的所有印第安人，以及大多数的尼普穆克人都逃往加拿大；还有数百余人到纽约避难。那些到加拿大的人，后来做了与英国敌对的法国和印第安人的向导，他们不时地对殖民地进行残酷的骚扰。战争，对征服者和被征服者都有很大的影响。战争期间，新英格兰丧失了13座城镇，它们完全被敌军摧毁，600所住宅被烧成灰烬，大约600名居民被屠杀，以及不计其数的恶果。

马萨诸塞殖民地政府和费迪南多·戈吉斯爵士的继承者们之间，关于缅因省属于哪一方的争论一直在持续。1677年，这个问题终于在英国得到解决，缅因省被裁定给戈吉斯爵士的继承者们。然而，马萨诸塞即刻买下了这片土地的所有权，从那时起到1820年，这片土地一直是马萨诸塞的一部分。

1679年，通过英国国王的指示做出了一个委任，新罕布什尔脱离马萨诸塞的管辖，成为英国的皇家属地。早在1629年，被称为新罕布什尔的这片土地，就由普利茅斯公司授予了约翰·梅森。因为殖民点越来越多，1640年，专有权人签字同意将权利转让给马萨诸塞。从此，新罕布什尔一直由马萨诸塞管辖，直到在国王的授意下独立出来。国王决定了政府的组织形式，由一位总督和一个委员会管理这个省，议会由人民选择。总督和委员会直接由国王指派。第一任总督是爱德华·克兰菲尔德，一个贪婪的投机者，很不受当地政府欢迎，对他的不满言论传到国王耳中后，他就被召回了。他只不过是梅森的工具，沉浸在自己的疯狂幻想中。

1685年，梅森去世，死前把新罕布什尔的统治权交给了自己的两个儿子。人们恳求再次与马萨诸塞合并，但他们的愿望没能实现。塞缪尔·艾伦从梅森的两个儿子手里买下新罕布什尔的所有权，担任这片殖民地的总督，在1692年开始了他的管理。

对宾夕法尼亚的殖民开始于1681年10月。它的名字来源于这片殖民地的著名创始人威廉·佩恩。关于这片土地的特许专有权，包括了马里兰南部和康涅狄格北部的各一部分。康涅狄格和宾夕法尼亚的边界争端持续了不下一个世纪，直到最终又重新把边界确定下来。这份特许状的获得是以承认国王至高无上的统治，遵循英国的贸易法案为前提的。特许状赋予业主召集自由人或他们的代表的权力，如果业主认为合适，就可以征收税款，并颁布不违反英国法律的法律。

威廉·佩恩

威廉·佩恩是宾夕法尼亚的特许权专有者，是海军上将佩恩的儿子。早年，他以不同寻常的方式皈依基督教。最终，他接受了贵格派的信条。他的父亲对他感到既伤心又气恼，不遗余力地想让佩恩放弃那些古怪的信条，践行他自己的宗教所推崇的行为。但无论是短暂的大学生活，还是出国游历，抑或是父亲偶尔的驱逐都没能让他改变。他坚持自己的信仰，却最终触犯法律，一次又一次被投入监狱。父亲并没有一直保持对他的指责，并为他的才能自豪，对他也不缺乏爱，很多时候对他也很和善。他和一个极有名望的家族联姻，而公众都明确表达了对他的信任。

他把目光转向美洲，打算在那里殖民，因为他一心想要纾解自己的痛苦，使那些受到迫害的同胞，那些贵格派信徒都不再受煎熬。他把对特许权的期望，建立在他已故的父亲对皇室提出的巨额债务的偿还要求上，他达到了预期目的，并立即将他的计划付诸实施。1682年11月，他带领一批移民抵达纽卡斯尔。同年12月4日，召开第一届议会。议会制定的第一部法律规定，所有的居民不论出身，都已成为这片土地的公民。但当宗教自由在人民中确立时，所有的官员和选举人都必须是基督的信徒。不久，他和印第安人举行了一场盛大会议，给予他们适当的要求，并向上帝起誓，他诚心诚意与他们交好。双方执行和平友好条约，当地的酋长们代表自己和他们的部落许诺“太阳和月亮不陨，和佩恩还有他的子嗣友爱长存”。以前根据要求购买的土地已经得到确认，同时又额外购买了其他土地。

同年，佩恩规划好创建首都费城的计划，并很快开工实施。1684年，当他离开宾夕法尼亚前往英国的时候，这里已经有住宅300所，居民2 000人。在领土边界问题上，佩恩和巴尔的摩勋爵之间缺乏协议。后者以移民拒绝上交免役税为由驱逐他们，试图借此来占领某些土地，但是佩恩抗议这种做法，并保留了管辖权。

马萨诸塞违反《航海法案》，这引起不满，大法官法庭判决，收回它的特许状。此后，马萨诸塞由英国国王直接管理，但查理二世还未来得及处理殖民地的事务便去世了。

詹姆斯二世即位后不久，同样的事情也发生在康涅狄格和罗得岛。这几个殖民地，提出了一种恭顺和忠心的请求，国王便选择相信这些殖民地要交出它们的特许状。因此，1656年，先行派遣约瑟夫·达德利爵士，不久后又派埃德蒙·安德罗斯爵士继任总督。后者和他的委员会被赋予了所有的政府权力。

因此，殖民者在荒野上历经种种艰难险阻之后，他们的特许状和高价购买的权利都消失了，除此之外没有其他前途，而只能任由一个反复无常的暴君施以怜悯，还要把他们应得的自由、保护和自己的劳动成果分给他。埃德蒙爵士的治理，虽以自由的声明开始，却以彻头彻尾的压迫和强权告终。新闻自由和婚姻契约自由遭到限制，全体政府官员的开支高得令人窒息。对新英格兰殖民地来说，这是一个黑暗的时代。随着短暂的间歇而来的，是印第安人战争的恐怖。而到1688年，威廉和玛丽继承英国王位，却为他们纾解苦难做好了准备。殖民地因为这件事欣喜不已。因为不管是威廉的品行还是能力，都让他们如此希冀着新的王朝。

第480章

从威廉国王的战争到南方的事务

（1688—1713）

威廉和玛丽继位后的革命[1]恢复了殖民者的自由，但这使他们卷入了与法国及印第安人的战争，从1690年至1697年，这场战争大约持续了7年，直至《里斯维克和约》签订。这在美国历史上以“威廉国王的战争”而为人所知。这场战争缘于法国国王对被驱逐的詹姆斯二世的同情，对英国和法国的殖民地都有影响。

这场战争以法国的魁北克总督弗隆特纳克决定攻打英国北方的殖民地拉开序幕。

他在隆冬时节发动三场远征，第一场攻打纽约，第二场攻打新罕布什尔，第三场攻打缅因省。第一场远征发生在1690年2月，远征军大约300人，首先对斯克内克塔迪发起进攻。当时天气极寒，积

① 指光荣革命。——编者注

雪很深，按照常理来说，军队很难到达目的地。因为这个原因，纽约的居民也比平时放松了警惕。然而，法军化整为零，分头袭击这里的每一处住所，而睡梦中的居民还没来得及睁开眼睛，就被敌人控制。事先约定的信号一经发出，立即战火四起，劫掠和流血开始了。有60人被杀死，27人被俘虏，剩下的人几乎是光裸着从燃烧着的房子里逃出，很多人被冻残，有一些甚至被冻死。

第二场远征，法国人和印第安人行进至新罕布什尔的鲑鱼瀑布，烧毁了那个宜人的英国移民点，杀死了50名居民。

第三场远征，从魁北克出发，也以同样的方式摧毁了缅因省卡斯科湾的移民点，杀死并俘虏了上百人。

这一系列事件传播了恐慌，也让各处的英国人都愤慨不已。1691年5月1日，英国人的殖民地大会在纽约举行。大会决议采取重要措施，其中一项便是派遣康涅狄格的温斯罗普将军向尚普兰湖行军，进攻蒙特利尔，但由于纽约提供的补给不足导致行动失败。另一项措施是从马萨诸塞偷袭加拿大。这次行动虽然取得成效，但只取得了部分成功。威廉·菲普斯爵士率领34艘船从波士顿起航，攻占了皇家港，围困阿卡迪亚，溯圣劳伦斯河而上，前去攻占魁北克。然而，尽管这个地方已被勒令投降，但威廉爵士得知温斯罗普失利后，便意识到进攻魁北克是不明智的。舰队在返航马萨诸塞的途中，因为一场风暴严重受损，只有部分船只成功返回。

远征魁北克失败是新英格兰的耻辱，其他各方面的后果也是灾难性的。定居在萨斯奎哈纳河河岸及其毗邻地区被称为五族联盟的印第安人，长期以来一直与英国结盟，是英国殖民者抵御法国人的屏障，但因为对英国人的无所作为感到不满，便表现出了与法国人交好的意向。菲利普·斯凯勒少校便率军对北方的法国殖民地发动了一次远征，试图安抚五族联盟的不满情绪，这次行动取得了一定的成功。尽管纽约因此获得了一些安全保障，但东部的殖民地，尤其是新罕布什尔受到了严重的打击。

一支强大的法国舰队配合弗隆特纳克的军队蹂躏了整个海岸线及内陆。经过缜密的谋划，他打算狠狠打击英国北部的殖民地。但不幸的是，舰队到达时已近冬末，没能达到目的。因为法国的攻势没有那么凌厉，这些英国的殖民地得以喘息，然而殖民地本身也几乎被摧毁了。1697年12月10日，英法双方签订《里斯维克和约》，达成基本的协议：双方在这场战争中侵占对方的所有领土、要塞以及殖民点都需归还给对方。

这一和平只维持了短短的5年。1702年5月，安妮女王统治下的英国向法国和西班牙宣战。母国之间的争斗，涉及它们在美洲的殖民地。之前的那一场战争已经给殖民地带来了数不清的痛苦。敌人一旦发现了他们的猎物，对俘虏和受难者没有丝毫的怜悯之心，砍杀、焚烧、炙烤、勒死都是极为常见的死法。现在描述的这场冲突，通常被称为“安妮女王的战争”，其灾难性几乎没有减少。迪尔菲尔德的悲剧将为这一惨痛时期的事件提供一个例证。这场悲剧在1704年2月28日的夜里上演。

这里将简单介绍一下这些事件的梗概，就像霍姆斯在《美洲编年史》中记载的那样。从奥尔巴尼的斯凯勒上校那里得到了敌军针对迪尔菲尔德行动的情报，政府应威廉斯牧师的申请，组织了由20名士兵组成的护卫队。2月28日晚一直到次日凌晨前两个小时，护卫的士兵一直在街上警戒，之后却不小心睡着了。敌军一直在城外徘徊，在意识到城里放松戒备之后，首先袭击了驻军所在的房屋。另一伙人则闯进了威廉斯牧师的房子。威廉斯先生从床上坐起，发现有近20名闯入者，便立刻从床上拿出手枪，打向第一个走近他的印第安人的胸膛，但枪没有响。3个印第安人抓住他，将他绑了起来，他的身上还穿着睡觉时的那件衬衣。他们把他看押了一个小时，才让他穿上了衣服。其中一些人把他的两个孩子带到门口，杀死了，一个黑人妇女也一同被杀。他几周前生产过的妻子、幸存的孩子，连同他一起被带到了加拿大。第二天，威廉斯夫人在渡过一条小河时，因体力不支摔倒了，没多久，她被杀死在一座山脚下。另有20多名俘虏也因体力不支在途中被杀掉。这支军队依靠支援带着他们的俘虏在迪尔菲尔德和尚布利堡之间徘徊了25天。抵达加拿大的大部分人，都在不同的时期被赎回。1706年，威廉斯先生和其他57人被赎回。

1713年，安妮女王的战争以《乌德勒支和约》的签订而告终。根据这项条约，英国获得了阿卡迪亚。在这场旷日持久的战争中，边境不断受到敌人的攻击，整个东部地区都经历了兵役的繁重和持续不断的戒备，以免居民被杀或被俘，当地进步和改良的进程被极大地遏制。英国对加拿大发动了四次报复性远征，其中三次明显失败了，在损失和痛苦之上又加上了一层屈辱。第三次远征，在尼科尔森上校的领导下，经历了几天的抵抗之后，于1710年10月24日攻占新斯科舍的皇家港。为了纪念安妮女王，这里被改名为安纳波利斯。

南方的部分地区也遭受了安妮女王战争的痛苦。卡罗来纳是美洲南方殖民地的边远地带，安妮女王战争爆发后，它于1702年参与对西班牙殖民地圣奥古斯丁的军事远征。然而行动失败了，这导致它欠下了沉重的债务，殖民地议会采取了权宜之计，用发行纸币来偿还债务。这使殖民地充满了骚动和纷争。这次远征是由南卡罗来纳的总督穆尔负责的。1703年，他再次领导一场远征，这次较为幸运，他击败了阿巴拉契亚地区的印第安人，这些印第安人被西班牙人煽动起对英国人的敌意。他深入印第安人居住点之中，将阿尔塔马哈和萨凡纳之间的城镇烧为灰烬。印第安人俘虏受到自私的总督不公正且残忍的对待，他将这些俘虏的劳动成果据为己有或将出售的收益收入自己囊中。

现在轮到法国和西班牙对这个英属殖民地制造威胁了，他们想把这块殖民地并入佛罗里达。1707年，法国的勒费布尔带领四艘海岸炮舰以及约800名士兵试图入侵查尔斯顿。由于新总督约翰逊采取了果断的行动，敌人被击退了，同时威胁性的灾难也得以避免。据说，约翰逊被要求投降，并允许他在4个小时之内给予答复，但他丝毫没有犹豫，立即告诉信使不会投降。

1712年，北卡罗来纳的图斯卡罗拉人和其他印第安人制订了一项计划，试图消灭当地所有的白人。他们的计划可以说成功了，刚到这里的107名德国巴拉丁人一夜之间几乎全被杀死。几个死里逃生的人警告继续前往查尔斯顿的移民停止行动。巴恩韦尔上尉率领600名民兵和350名友好的印第安人，穿过荒野的道路，解救了他们。他们对敌对的印第安人发动进攻，杀死300人，俘虏100人。接下来，白人继续进攻，直到图斯卡罗拉人求和，他们在这场战争中已经损失了1 000人。

1713年英法之间的和平解除了殖民地北部的忧虑，代价高昂、令人疲惫的战争终于停止。东部的印第安人听说这一条约，送来一面旗帜，祈求和平。马萨诸塞和新罕布什尔殖民地政府在朴次茅斯接见了他们，印第安人宣布投降，达成了和平条款。

1699年，威廉·佩恩再次回到他心爱的宾夕法尼亚。他发现殖民地政府有许多令人不满的地方，因此，1701年，他授予这片土地一个新的、自由的特许状。虽然这并没有消除人们的不满，但特许状还是被议会采用了。佩恩用前所未有的远见和智慧建立了一个政府，最终却舍弃了属于他的辛劳和荣耀，回到英国度过余生。

1698年，贝尔蒙特伯爵理查被任命为纽约的首席行政官，他被特别指示要终结当时极为猖獗的海盗行为。由于殖民地政府并没有为此拨款，他只好自己展开打击海盗的活动。有人向他举荐威廉·基德，这个人聪明勇敢，很了解海盗团伙，知道他们据点的位置。

基德从纽约起航，开始了他的远征，但出人意料的是，他很快就变成了海盗。过了一段时间，他烧掉自己的船，回到了殖民地。现在仍然有一个模糊的传说：他带回大量的钱，埋在了地下。后来他在波士顿被捕，并被送往英国受审，被定罪后处决。

1695—1698年，由于殖民者间的争端和业主们自己干扰性的主张，西泽西基本没有正规的政府。在这种情况下，在上面提到时期的后半段，殖民地业主将政府权力移交给王室，安妮女王将它与东部省份合并。合并后的殖民地现在被称为新泽西，被并入纽约，受同一名皇家总督的管辖。随后的几年，直到1727年，被委任的总督中的两位，康伯里勋爵和伯内特先生，因为统治极差，不为人们所接受，被母国政府召回。

17世纪后半叶，对巫术的推崇达到了令人瞠目结舌的荒唐境地。殖民者把巫术从英国带来，这不是他们的错，而是时代的错。

一个像清教徒那样开明的社会，竟然在当时受到如此幼稚、如此邪恶的狂热势力的支配，这确实是一个奇迹和耻辱。但事实就是如此，直到大约20人因巫术被处死，还有数百人遭到监禁和指控——它造成了普遍的恐怖和痛苦，并威胁颠覆所有的社会秩序——它的邪恶才暴露出来，整个过程被定性为一种欺骗和错觉。当狂热得不到当权者的支持时，它就消失了，几乎和出现的时候一样突然。这给未来的时代一个可怕的警告，要警惕大众的这种疯狂。这场严重混乱的发源地是马萨诸塞的塞勒姆，它很快就扩展到了该省的其他地区。

第481章

从边境战争到佐治亚的殖民

（1713—1736）

1713年的和平只是暂时的。印第安人对英国人侵占他们的土地以及没有建立商行来购买他们的商品非常不满；同时，他们受到法国人的鼓动，便挑起了战争。战争于1722年7月蔓延到整个东部殖民地，到1725年6月前的这段时间，殖民地饱受摧残。在战争后期，诺里奇沃克、佩诺布斯科特以及其他部落与英国殖民者签订了条约，随后马萨诸塞、新罕布什尔和新斯科舍的行政长官批准了条约。这被证明是一份持久的和平条约。随着与印第安人的条约得到更严格的履行，英国的商行也逐渐兴旺发达，新英格兰东部的边界再也没有受到侵扰。

在卡罗来纳，与图斯卡罗拉人的战争刚结束，这个省就面临着更大范围、更严重冲突的威胁。雅马西是一个强大的印第安部落，他们与从佛罗里达来到开普菲尔河的土著部落策划了一个大阴谋，想彻底消灭南部地区的白人。1715年4月15日被确定为全面进攻的日期。由于总督采取了及时谨慎的预防措施，以及上天的眷顾，殖民地在某种程度上避免了这场灾难。尽管战争期间有近400名居民牺牲，但殖民地最终得到了拯救。

1719年，卡罗来纳业主殖民地的性质发生了改变。国王的枢密院宣布没收业主们的特许状，自此，这片殖民地被置于国王的保护之下，直到美国独立战争爆发。在1729年又发生了变化，几乎和上次的变化同样重要。殖民地的业主们和王室之间签订了契约，业主们向王室政府移交他们的权益，并向政府和国家缴纳17 500英镑。这项协议落实后，卡罗来纳分为南北两个部分，由各自的总督管理。

在马萨诸塞，关于总督的薪俸问题，殖民地和母国之间发生了持久的冲突。母国希望将薪俸固定下来，不再依赖殖民地议会的自愿拨款。英国在很早就开始警惕殖民地的独立倾向，它力图让行政官的举措对王室有利，而不是对殖民省有利。事实上，这种制度旨在影响所有的殖民地，并希望在除了马萨诸塞的所有殖民地推行。在马萨诸塞，抗争起始于18世纪初，一直持续到1730年，贝尔彻总督遵循王室的意志，罔顾前人的奋力抗争，同意实行这一制度，以换来一大笔供他及时行乐的钱财，而罔顾殖民地的前途。

法国人在密西西比河流域进行探索和移民，宣布占有路易斯安那的大片领土。1718年，三艘法国船只沿河驶来，带来了800名移民。他们建立了一座城市，为纪念当时的法国摄政王奥尔良公爵，将这座城市命名为新奥尔良。有些人定居在纳奇兹印第安人中间，现在的纳奇兹城就在那里。法国随后占领了从圣劳伦斯到密西西比河的各条西方路线；在18世纪初期，芝加哥、文森斯和卡斯卡斯基亚都成为不断增长的移民点之一。法国政府打算用一系列的军事哨所把这片广阔的领土连起来，这最终引起了英国人的警觉，而在后来的一段时间里，这些干预性的主张被诉诸武力。

1729年，起初友好接受移民的纳奇兹印第安人制订了一个杀死所有路易斯安那法国殖民者的计划。在纳奇兹印第安人中任职的法国指挥官确实与土著有着某种程度上的纠葛，但是现在，这些印第安人都在想方设法让人相信，法国没有比他们更忠诚的盟友了。他们很快采取行动，在11月18日成群地出现在法国人的居所周围，假装他们要进行一场大的狩猎。后来，他们抽烟庆祝法国指挥官和他的军队所带来的荣光。他们各就各位，等信号发出，纳奇兹印第安人立即开始行动，杀死了近200名法国殖民者。纳奇兹的移民中，只有不到20名法国人和五六个黑人逃过一劫。150名儿童，80名妇女，还有几乎同等数量的黑人被俘虏。第二年，法国人对纳奇兹印第安人进行了复仇，路易斯安那最著名的纳奇兹印第安人被灭族。他们中的大部分被运往圣多明戈，沦为奴隶。

1732年，一些英国人出于爱国和人道的双重动机，计划在卡罗来纳特许边界南部的空地上移民，想通过这一举措获得广阔的领土，同时加强对卡罗来纳省的力量，缓解英格兰和爱尔兰人的贫困。此外，为欧洲不同地区受迫害或压迫的新教成员提供庇护，尝试让印第安土著皈依基督教。出于这些考虑，詹姆斯·奥格尔索普和其他人向国王乔治二世申请殖民特许状。1732年6月9日，国王发布御令，授予他们从萨凡纳河最北端沿海岸到最南端的阿尔塔马哈河7/8的土地，连同从这些河流的上游向西直通南边大海的这片领土，建成一个独立的政府。为了纪念这位君主，殖民者将这片土地命名为佐治亚。

1733年，奥格尔索普率领116人在这片土地上定居，开始了对这片土地的殖民。自此，参与美国独立战争的13个老殖民地全部成型，这些殖民地的标志性星条旗仍然装饰着美国独立的旗帜。

给每个实际定居者50英亩①土地的提议，加快了佐治亚的殖民进程。为此，在萨凡纳河、阿尔塔马哈河和桑蒂河周围规划了11个城镇，每个占地2万英亩。然而移民们不想利用如此有利的安排。一个苏格兰高地人团体定居在阿尔塔马哈河畔，一个德国人团体定居在萨凡纳河畔。1739年，英国对西班牙宣战后不久，奥格尔索普被任命为南卡罗来纳和佐治亚的总司令。可能不久前，他就计划了一场针对圣奥古斯丁的远征。在弗吉尼亚和卡罗来纳的帮助下，他率领2 000多人的军队向佛罗里达进军。在攻占两个小的西班牙要塞迭戈和穆萨之后，在圣奥古斯丁前驻扎。尽管有20多艘炮舰从旁协助，他最终还是被迫停止围攻，撤回时损失惨重。这场不幸的远征严重加重了公共债务，一段时间内，人们不再信任他们的司令官。

1742年，西班牙人还没有放弃对佛罗里达的主权，转而入侵佐治亚。唐·米格尔·德·蒙塔诺率领一支2 000人的西班牙军队，配备了22艘舰船，从圣奥古斯丁出发，驶抵阿尔塔马哈河。尽管付出了巨大的代价，这次远征还是失败了。

奥格尔索普对殖民地的管理，以尊崇人道主义著称，那时，奴隶是不允许被带入佐治亚的。但这项禁令被证明损害了该省的经济利益，因为邻近殖民地的种植园都是靠奴隶的劳动来维持的。即使

① 1英亩≈4046.86平方米。——编者注

是虔诚的摩拉维亚弟兄会教徒和雄辩的怀特菲尔德以及尽责的卫斯理领导下的卫理公会教徒，也主张遵循邻近殖民地的做法。这一邪恶的制度，便在一个以它独特的人道主义为特点的殖民地里生根发芽了。

前面已经提及，路易斯安那的纳奇兹部落因为被征服、人口沦为奴隶而灭绝。现在，奇克索人成了路易斯安那殖民者新的威胁。这个部落占据着密西西比河东侧和汤比格比河上游一片优质的土地。1736年，法国人向他们发动战争，但没有取得什么战果。尽管法国人花费了很大的力气，奇克索人还是保住了这片领地。他们保护它免于被法国人占领，然而事实证明，这片土地是为英国人保留的。

第482章

从旧法国战争到法国-印第安人战争

（1736—1763）

1744年，英法两国宣战，法国的布雷顿角岛总督迪凯讷令杜维耶率领一支大约900人的军队，在波士顿交战前出其不意地占领了坎索。然后他们把这里烧毁，把俘虏送往路易斯堡，俘虏在那里被关押一年后，再送到波士顿或安纳波利斯。为了防止法国人和印度人的入侵，英国人增加了500人的守卫部队，其中300人驻守东部边境，200人在西部；还加强日常驻守，大量囤积弹药物资。

因为多方需要，英国迫切地想要占领布雷顿角岛的首府路易斯堡，因为他们已经在这里投入了大量的金钱和精力。马萨诸塞总督雪利率军对这座岛屿发起进攻。

他没有等待英国的海军援助，而是将自己的计划传达给了殖民地的常设法院，得到了他们的保密承诺。在常设法院看来，他的提议过于危险，行动起来耗费巨大，一开始否决了它。但总督家族的一位成员在教堂祷告时，意外地发现人们的意愿与这个计划非常契合，法庭最终依多数人的呼声通过了这一举措。

向南远至宾夕法尼亚的所有英国殖民地都收到共同行动的邀请，但只有马萨诸塞、康涅狄格、新罕布什尔和罗得岛参加了行动。这看似是一次堂吉诃德式的尝试：这样一个清除精心建造的堡垒的计划，“由一个律师制订，而由一个商人带着一群农夫和技工去执行”。然而，几项有利的条件让这项计划得以成功实施。威廉·佩珀雷尔先生是基特里的一位商人，担任这次行动的指挥官。地面部队的人数超过4 000，其中包括沃伦准将率领的从英格兰赶来的军队。他们在城镇前面竖起了炮台，用一次猛烈的进攻解决了问题。法国指挥官因一些负面事件和这些威胁性的表象而气馁，最终屈服，接受了投降文书，并于1745年6月16日签署相应的投降条款。路易斯堡投降后，法国国旗一直悬挂在城墙上，英军因此获取了丰厚的战利品。

法国人因为这次失败而异常恼怒，便派遣了一支强大的军队，在迪阿维尔的率领下受令摧毁所有北美海岸的英国殖民地。除了运输船，这支军队还配有40艘战船，以及3 000~4 000名正规军。然而经过暴风雨、疾病和其他灾难的摧残，这支军队基本上废了。英国殖民者认为这是来自天堂的仁慈干涉，他们得以逃脱被外国军队入侵和蹂躏的恐惧。1748年10月，英法在亚琛签订和约，根据该条约，交战双方归还相互侵占的领土，布雷顿角和其他地方也一并归还。

这对新英格兰居民而言是极大的屈辱，他们称那些是“自己应得的”，却要拱手让与法国。这场战争使美洲的英国殖民地遭受重创。商业上的损失以及船只在海岸附近被海盗劫持，给他们带来了贫困和痛苦。通过信用券提供的货币，原本是为消除战争期间产生的债务的，却在流通的时候带来了最严重的弊端。这种纸币大幅度贬值，真实价值仅为票面价值的5%。

和平带来了补偿和幸运。商业再次繁荣，人口增加，殖民地进一步扩大，公共信贷复苏。然而这样的景象只持续了8年。1756年，英国国王乔治二世向法国宣战，法国国王路易十五也对英国发表了类似的战争声明。这场战争通常被称为法国-印第安人战争，大致的原因是法国人侵犯英属美洲殖民地的边界。但事实证明，这场战争的爆发有更为特别的原因，即俄亥俄公司被指控入侵了法国的美洲领地。这家公司于1750年通过英国议会成立法案，在俄亥俄河附近获得了60万英亩的土地，用于与印第安人进行贸易和定居。他们逐渐实现了自己的目标，却招致法国人的嫉妒，被禁止进一步扩大领土。法国人通过军事行动加大对英国殖民者的封锁，并将军队部署在离北部中央政府较近的地方，还修筑临时防御工事加以保护。

法国的行动，让俄亥俄公司的贸易受到极大的威胁，于是俄亥俄公司命弗吉尼亚总督遣派一名信使到俄亥俄的法国指挥官那里，要求对这次敌对行动给予解释，并要求法国撤离该地区的要塞。这位信使就是22岁的乔治·华盛顿。他年纪轻轻，就被征召为国家服务，还表现出了许多优秀的品质，而这些使他最终攀上人类名望的顶峰。他以卓越的能力完成了任务，带领一支只有8个人的小队伍，穿过500英里的荒野，在危难险阻间周旋，着实令人惊叹。

不用说，法国人拒绝遵从弗吉尼亚总督的要求。英国人下定决心使用武力，不需要正式的宣战，弗吉尼亚人明白他们要通过武力来实现自己的诉求。

华盛顿继续前往迪凯纳堡

因此，这个省成立了一个团，南卡罗来纳贡献了小部分兵力，华盛顿以上校军衔领导这支军队。这支军队于1751年4月向争议领土内的大草原进军，目的是驱逐法国人。在离此地不远的地方，他包围了法国人的一处营地，击溃了他们。很快他的部队得到了增援，他便率军向法国人的迪凯纳堡，也就是现在的匹兹堡进军，想一举击败法国人。在行进一小段距离后，他得知敌人得到加拿大的援助，便不情愿地放弃了这次行动。他带领的400名士兵遭到M.德维利耶率领的1 500名法国人的攻击。尽管他英勇地战斗了几个小时，却因为众寡悬殊不得不投降，投降的条款最大程度避免了被折辱。

法国的敌对行动引发了英国殖民地的危机，母国提议殖民地之间建立联盟。本杰明·富兰克林起草了一份联合的计划，但未能生效。此刻，英国外交部却通过了一个巧妙的计划，欲使殖民地同意征税，但没有成功。由于别无选择，英国国王决定继续让英军会同殖民地的辅助部队与法国交战，美洲人对此表示衷心的赞同。

1755年，布拉多克将军和1 500名士兵被英国派遣到美洲。他受命率领四支远征军中的一支，在到达这里后，就与殖民地总督达成一致。这次远征也以迪凯纳堡为目标。事实证明，这是一场不折不扣的灾难，其严重程度要远远超过美洲历史上的任何军事行动。布拉多克将军虽然勇敢，但对印第安战争知之甚少；虽然灵活，却对华盛顿的智慧建议不予理睬，没做好充分的准备就冲进了旷野。当掉进印第安人的伏击圈时，他战斗着，或试图战斗，就像与一支正规的欧洲军队作战时那样。他毫不畏惧，抵挡住敌人的进攻，但没有办法接近他们，敌人正从茂密的树林中向他开火。他不断尝试维护正常的战斗秩序，但麾下的士兵还是沦为印第安人手中枪和箭的活靶子，成批倒下。士兵和军官，尤其是军官，被敌人刻意击毙。在骑兵军官中，只有华盛顿一个人毫发无损地逃脱了。

布拉多克受到致命一击，伤势严重，他的军队四下逃窜，一片混乱。华盛顿掩护他们混在村民中间撤离。这是一次彻底的失败，3/4的军官和近半数的士兵非死即伤。这场战争之后，弗吉尼亚的整个边界线落入法国人和印第安人手中。

第二次远征是为了攻打位于尚普兰湖西岸的法国要塞克朗波因特。这次远征得到了北方殖民地的重视，1755年6月下旬，他们在奥尔巴尼集结4 000多人的兵力。这支军队由威廉·约翰逊将军和莱曼将军率领 。在奥尔巴尼，一群莫霍克人在他们的酋长亨德里克的率领下，加入英国远征军的队伍。

8月下旬，这支军队抵达乔治湖的南端。在此期间，他们得到的情报说，一支2 000人的敌军在迪斯考男爵的指挥下已经抵达怀特霍尔的南湾地区，正向爱德华堡进发，目的是破坏那里的军用物资。由马萨诸塞迪尔菲尔德的伊弗雷姆·威廉姆斯上校指挥的一支1 200人的队伍被派去拦截法国人，驰援爱德华堡。然而，迪斯考成功地伏击了这支队伍。

如果不是两个印第安人的偶然会面促成了这一行动，它可能就被阻断了。莫霍克族的酋长亨德里克受到一个充满敌意的印第安人的假意欢迎。“你从哪里来？”“莫霍克，”亨德里克答道，并问，“你呢？”对方回答：“我从蒙特利尔来的。”就这样，战争提前爆发了。迪斯考命令它的侧翼方保留火力，直到从中心突围。美洲人损失惨重，威廉斯上校和亨德里克也双双战死。残余的军队撤离，加入主力部队之中。

在这里，英国人等待敌人的接近。之前的成功使这些敌人士气愈发高涨。约翰逊已经做好准备，迎战这位自信又得意的法国指挥官。他勇猛地击退了迪斯考的进攻，敌人为了自保纷纷逃命，莱曼将军则指挥美洲人追击撤退的敌人——因为约翰逊在行动初期受伤了。尽管胜利的荣誉归于约翰逊，但莱曼为当天的成功发挥了重要作用。迪斯考也受了致命伤，不久便去世了。

乔治湖一战对英国意义重大。它所激发的感情似乎是对布拉多克

阿伯克龙比将军的舰队横渡乔治湖

耻辱的一种补偿。然而，征服者的军队并没有在克朗波因特附近。

第三次远征的目标是新斯科舍，由蒙克顿将军和温斯洛将军指挥一支3 000人的军队实施本次计划。他们于1755年5月20日从波士顿乘船出发，几天后抵达芬迪湾。在这里，300名英军和一小队炮兵加入了他们的行列。他们向博塞茹尔堡发起进攻，经过四五天的轰炸，攻占了这里。蒙克顿将军向新斯科舍省进军，占领了法国人的其他要塞，解除了当地居民的武装。这次行动非常成功，英国只折损了3人，就夺取了整个新斯科舍的土地。

第四次远征的目标是尼亚加拉，由雪利总督亲自指挥。然而直到1755年夏末，雪利才到达奥斯威戈；由于不得不等待补给，他发现在这个季节穿越安大略湖为时过早。他留下700人，由默瑟上校统领，守备要塞，然后返回奥尔巴尼。直到第二年，即1756年，英法两国才正式宣战，此后两年，殖民地一直处于战争状态。

1756年春，阿伯克龙比将军继雪利担任马萨诸塞总督，之后，劳登勋爵担任英国驻美洲全体士兵的总司令 。他制订了行动计划，准备进攻仍被法国军队占领的尼亚加拉和克朗波因特。阿伯克龙比犹豫不决、目光短浅，导致进攻计划没有很好地被执行，甚至可以说连攻击行动都没展开。

接替迪斯考的是蒙特卡姆侯爵，他是一位精力充沛的法国指挥官。1756年8月，蒙特卡姆率领8 000名正规军，会同加拿大人和印第安人，一起进攻奥斯威戈要塞——那是在美洲的英国军队掌控的重要据点，他们在几天内就攻占这里。收到这一情报后，劳登勋爵命令温斯洛将军停止向克朗波因特行进。1757年的战役令英国人感到十分羞耻；第二年，尽管英国议会已经做好充分的准备以发动这场战争，但也失败了。劳登勋爵下令为远征泰孔德罗加和克朗波因特招募的军队，改为向路易斯堡发动进攻，但他还是晚了一步，法国已经增添兵力，加强防御，英军已无攻克的希望，只好放弃此次行动。

同时，法国也更急迫地想要取得胜利。蒙特卡姆发现英国军队从哈利法克斯撤军，转而进攻路易斯堡，便趁机偷袭乔治湖北岸的威廉·亨利堡。经过6天的激烈战斗，威廉·亨利堡驻军不支，最终于1757年8月2日投降，蒙特卡姆获得了湖泊和西部边境的统领权。他违反约定，肆无忌惮地抢劫印第安人，杀害俘虏。新罕布什尔的200名士兵，近一半在这场战斗后不知所终。

幸运的是，1758年，著名的查塔姆勋爵[①]被任命为英国在美洲的最高行政长官，在他的指挥下，英国军队恢复了他们以往的辉煌。在美洲与法国交战的英军接连取得胜利。英国在新英格兰招募了大批部队，想要在1758年年初取得决定性的胜利。他们总共发起三次远征，第一次针对路易斯堡，第二次目标是泰孔德罗加，第三次则是迪凯纳堡。在阿默斯特准将和沃尔夫将军的指挥下，一支由20艘战舰、18艘护卫舰和1.4万人组成的军队对路易斯堡发动了进攻。英国人取得了完全的胜利。7月26日，这处要塞投降，法国军队有近600人被俘虏，被缴获炮弹120枚。与此同时，皇家岛、圣约翰岛与布雷顿角岛同时落入英国人之手。英国人现在是从圣劳伦斯到新斯科舍海岸的主人，能够阻断加拿大与法国的交通往来。

7月，在阿伯克龙比将军的率领下，英军对尚普兰湖西岸的泰孔

① 老威廉·皮特。——译者注

德罗加发动远征，然而行动失败。在英国一连串的胜利中，这次失败显得格外尴尬。在进攻泰孔德罗加时，有近2 000人的伤亡，军队被迫撤离。为弥补这次失败，阿伯克龙比派布拉德斯特里特上校率领3 000名士兵攻占了安大略湖出口西岸的弗隆特纳克堡。这对未来远征迪凯纳堡的成功作出了重要贡献。

第三次远征由福布斯将军负责，他为此召集了8 000名英勇善战的士兵。然而，要塞在英军抵达前已经被法国驻军遗弃了。为了纪念皮特先生，这个被悄悄占领的地方被命名为匹兹堡。这一年的战果为第二年更大的成功铺平了道路。英国在1759年的战争目标是征服加拿大。三支强大的军队通过不同的路线进入加拿大，几乎同时进攻法国的所有据点。泰孔德罗加、克朗波因特、尼亚加拉和魁北克是主要的攻击目标。

阿默斯特接任阿伯克龙比，率领一个师的兵力进攻泰孔德罗加。他于7月22日到达那里，那里的敌人很快就投降了。克朗波因特也是不战而得，因为敌人在英军到达之前就逃走了。普里多将军率领进攻尼亚加拉堡的主力部队中的第二师，于7月6日抵达进攻地点，途中没有受到敌军干扰。他们立即包围了那里，同月21日，对尼亚加拉发动总攻。最终，这里被纳入英国的统治。

同时，沃尔夫将军投入到这场战役中最关键的战斗，攻占魁北克。他率领8 000人于6月登陆城市东北的奥尔良岛，他尝试着发起几次进攻，都没有成功。

之后，他想出了一个几乎绝望的计划，他率领军队攀登到一处150~200英尺高的悬崖。通过这处悬崖，可以占据位于城市南面和西面的亚伯拉罕平原，从而削弱进攻敌人堡垒的难度。还有一个小

沃尔夫将军和他的军队攀登亚伯拉罕高地

时左右天就亮了，他们立即开始行动。当部队乘船抵达目的地，沃尔夫第一个下船上岸。在意识到周边地形的险要之后，他同身边一个人讲："要攀上这里着实不易，但我们要全力以赴。"他的部下紧跟其后，用计逃过法国哨兵的注意，克服危险，终于到达了高地。

12月13日早晨，沃尔夫在高地上与蒙特卡姆的军队接战。直到此时，法军才意识到敌人已经占据绝对有利的地形。经过激烈的战斗，沃尔夫与蒙特卡姆这两位英勇的指挥官都倒下了，但英国获得最后的胜利。法国一方有1 000人战死，另有1 000人被俘；英军伤亡约600人。战斗结束后的5天内，在汤森将军的引导下，这座城市签订了投降书。法国驻军获得了颇为有利的投降条件，因为汤森知道，法国人的资源仍然非常庞大。

次年年初，法国军队在M.德莱维的率领下，以及印第安人的增援下，在加拿大与英国人展开了一场血战，还是没能收复魁北克。沃德勒伊总督发现自己完全处于英国的威胁之中后，于1760年12月8日向英军交出法国在加拿大的所有属地。英国的美洲殖民地因此欢欣鼓舞，民众也向各国统治者表达了感恩之情。然而，在此期间，英国的南部殖民地遭受了切罗基人的侵害。但在1761年，切罗基人被击败，被迫求和。1763年，《巴黎和约》签订，战争结束，加拿大的新斯科舍、布雷顿角岛，还有圣劳伦斯河及其海湾的所有其他岛屿都被割让给英国。

第483章

从印花税法案到第一届大陆会议前的准备

（1763—1774）

现在，我们要介绍美国独立战争了。一开始，美洲人民似乎无意脱离母国。至少，在1763年《巴黎和约》——确保了大英帝国在美洲殖民扩张的辉煌业绩——签订之前，殖民地没有脱离母国的理由。如果确实有人有这样的愿望或意图，那他们也确实有正当的理由或借口。在很多情况下，他们与帝国的联系是具有压迫和剥削因素的：战争和战后的负担，对殖民地施加的，尤其是商业活动方面的严苛限制；皇家总督的治理不善、贪污与专制。不过，人们对这些其实并没有那么在意，直到后来财政收入和税收问题变得非常严重，而且作为一项制度，这些款项还被母国的政府占有和支配，美洲人民才起而抵抗，想要摆脱母国的统治。随后，脱离母国而独立成为殖民地人民最关心的一个问题。

美洲人民并不赞成母国政府为增加收入征收对外关税，然而只要不是太过分，就像糖税法案那样，他们也还是愿意承担的。1764年通过的糖税法案中，以“漂白蔗糖、靛青颜料、咖啡等，都是殖民地的出产，不归陛下统治”这样的缘由而征收关税。在这一法案中，美洲人民看到了一项会对他们的权利造成毁灭性伤害的不公正法案，但是，单凭这一点，还不至于引发他们长期不满或反抗。他们最抵制的是国内税，而这正是英国议会要做的。既然要人民纳税，人民便要在议会中拥有自己的代表，这是英国自己制定的原则。然而，这一原则第一次被故意违反了。殖民地要承担纳税的责任，却没能在议会中占有一席之地。然而，议会通过法案，意欲使殖民地所有的财产权利变得无效。

现在提到的特殊法案，就是1765年3月23日英国议会通过的“印花税法案”。法案规定，在殖民地只要使用“印花”纸张，如契约、债券、票据等文件，法案即生效——他们需要向王室交钱。这仅仅是一种税收制度的开端。这项法案在下议院遭到强烈反对，尤其是巴雷上校，他在这个场合再次展现了他雄辩的口才。

得知印花税法案获得通过，愤慨的情绪在整个美洲蔓延开来。大多数殖民地议会通过了反对该法案的决议。鉴于情况紧急，弗吉尼亚议会在会上迅速采取行动，通过决议，强烈表示反对英国议会的做法。关于采取这一行动，一方面是他们被自身过失的意识所驱使，同时也受到当时年轻的律师、伯吉斯家族的议员帕特里克·亨利雄辩而慷慨激昂的呼吁所驱使。

马萨诸塞的常设法院的反对行动几乎与弗吉尼亚的同时进行，而且马萨诸塞在弗吉尼亚知道它的行动之前，已经采取了联合反对议会压迫性法案的措施。各殖民地议会收到信函，信中建议各地方

举行革命会议的波士顿法尼尔厅

代表共同召开大会，商讨有关公共福祉的事宜。尽管起初有反对的声音，但大多数殖民地对该提案感兴趣。1765年10月的第一个周二，这些殖民地的代表在纽约召开了大会。

他们实施的第一项措施就是起草了权利法案，其中最重要的是征税的专有权以及陪审团的审判权，这两项权力现在都受到威胁。另一项举措是准备向国王致函，并向议会两院递交请愿书。未派代表出席纽约会议的殖民地也同样打算向英国政府递交请愿书。弗吉尼亚、北卡罗来纳和佐治亚受总督的阻挠，未能派代表参加会议。

在11月1日《印花税法》开始实施以前，波士顿曾发生过几起动荡不安的集会。在集会中，某些不受欢迎的人的居所和财物，都或多或少地受到了暴力侵害。这些人中有副总督、印花纸的发行者等。《印花税法》实施的当天，反抗的人群声势浩大：钟声响起，许多商家店铺关门，可憎的法案制定者、支持者的肖像都被民众拿到大街上展示，随后被民众撕成碎片。在纽波特、普罗维登斯、朴次茅斯、纽约、费城和其他地方，人们也用类似的方式表达愤慨和关切。纽约、费城和波士顿的商人签订非进口协议，以期废除这项法律。到11月1日为止，大多数殖民地再没有一张印花纸。

虽然印花税官员的辞职让殖民地人民不能按照议会的法律开展商业活动，但他们还是照旧行事，决心勇敢地承担后果。船只照常从港口起航，大多数殖民地的法院的职能暂停了一段时间后，同意这些船只不使用印花也可以继续航行。大约在这一时期，英国政府部门有所变化，这对美洲来说是一个好兆头。次年年初，下议院回复了富兰克林博士的质询，也在对美征税问题方面给了英国内阁以启示。因此，一个关于废除《印花税法》的法案被提交到英国议会。这一法案受到当时一些最有影响力的议员的拥护，尤其是皮特先生和卡姆登勋爵。最终，在强烈的反对声中，该法案获得通过。然而，该法案的有利结果被附带的宣言性决议破坏了，这个决议坚持“议会有权在任何情况下约束殖民地”。

《印花税法》被废除带给美洲的喜悦，虽然被“宣言性法案”所扼杀，但这种喜悦是真诚而深刻的；如果议会不再干涉他们的内部关切，那么以前发生的一切引起恶感的因素都会过去并被遗忘。1767年，英国组建了一个新的内阁，由现任的查塔姆伯爵皮特先生担任首相，但第二个对美洲征税的计划被提交给议会，这个新的议案就是要对美洲出产的玻璃、纸张、纸板、绘画颜料和茶征税。新内阁的构成是不幸的，其中几位成员对美洲怀有敌意。关于这项法案的讨论是皮特先生不在众议院的时候进行的，那时他因病回到乡下。由于没有他的强烈反对，该法案获得上下两院的一致通过，并于6月29日获得国王的御准。在同一届会议期间，还通过了另外两项法案：一项是在美国设立一个新的海关机构，另一项是限制纽约省的立法机构在向国王的军队提供一些必要的物品之前，不得“通过任何法案”。

这些行动被美洲人民获知后，立即引起了极大的恐慌。它们成了美洲最优秀的头脑中深入讨论的问题，很多杰出的人物拿起笔来捍卫美洲人的权利，约翰·迪金森所撰写的《宾夕法尼亚农人来信》尤是如此。

新关税被美洲人认为只是一种变相勒索钱财的新方式，曾经被印花税法案激发的情绪再次被唤醒。另外，由于这些关税是用来维持王室官员和驻美部队的，它只会增加已经存在的严重忧虑。前面提到过，长期以来，英国内阁想要在殖民地建立金库，通过金库解决总督、法官以及其他王室官员的薪金问题，而不受殖民地立法机构每年拨款的影响。

在这个问题上，马萨诸塞众议院像上次一样维持了他们的坚定态度。他们还谴责海关专员的任命行为，认为这是一项危险变动，只会增添官僚冗员。他们努力争取作为英国人的权利，但同时又否认所有的从母国独立的主张。此外，在这届议会上，马萨诸塞的众议院致函殖民地，说明英国议会近期的法案一旦推行可能会给殖民地带来的困难，要求他们联合起来加以纠正。

其他殖民地认可马萨诸塞的抗议，他们联合起来向国王申请收回成命。这封通函引起了英国内阁的恐慌。他们认为殖民地企图召开另一届代表大会，以协调反对议会权威的措施。政府部门尤其害怕殖民地之间任何的联合与合作，并尽一切努力来阻止它，试图消除通函的影响，但徒劳无功。他们无视通函建议的行为立即遭到一些殖民地的蔑视。与此同时，新的海关机构履行他们在波士顿的职责。1768年5月，一艘装满葡萄酒的船只抵达波士顿，引起了当地人民与政府当局之间的冲突。这艘船随后被查出逃避了大部分的关税，因伪造入境被扣押，被移至一艘军舰附近看守。这立即引起了波士顿人民的暴动，他们对海关官员实施人身攻击，破坏他们的住所，这一行为遭到了市议会的反对。

英国试图通过武力来协助当地政府官员履行职责，并维护公众安定。然而这只会加剧已经广泛传播的惊慌、不满和反对情绪，为即将来临的危机埋下了伏笔。人们强烈认为，母国的所有行动都是不合宪法的，违反了英国的自由原则，是对殖民地的压迫，是为了使他们顺服。大约在9月下旬，英国两个团的士兵被运抵波士顿港，城市的行政官和民众不提供给他们食宿，然而总督有义务确保他们的安全，尽力为他们寻找安身之所。正如预期的那样，波士顿已经陷入混乱。市民和士兵不断地发生冲突，不过并没有很快演变成血腥战争。

殖民地的这种状况促使议会采取了完全违背自由和宪法的措施。比如，授权马萨诸塞总督注意那些犯有叛国罪或隐匿叛国罪犯的人，让他们被送往英国受审——这样授权也适用于其他的殖民地。这让美洲殖民地的人民忍无可忍。议会的这种做法没有发挥预期中的威慑力，反而使殖民地团结起来，决心捍卫自己的权利。

值得一提的是，在英国1769年的议会开会期间，有人试图废除这项新关税的法案，因为即便是在英国国内，这项法案也不那么受欢迎。诺斯勋爵被任命为新首相之后，他希望先看到美洲的屈服，再废除法案，让事情变得对英国更有利。

接下来，在1770年的议会会议上，废除了1767年颁布的令人生厌的法案，但保留了茶税方面的条款。当时美洲仍在联合抵抗，没有作出丝毫让步。然而，军队仍然驻扎在波士顿，也有新的海关官员继续执行其他税收和贸易法令。马萨诸塞一直处于极度激愤的状态，波士顿时时上演着冲突和争执。

这样的争执一直持续，直到某一次，一名警卫在普雷斯顿上尉指挥下向波士顿人开枪，造成11人伤亡。这场悲剧发生在1770年3月5日，激发了人们浓烈的复仇情绪。然而，在审判中，除了两人被判处过失杀人罪，其他人都被判无罪。这桩被称为“波士顿大屠杀”事件的纪念日，在此后很长一段时间内都得到了隆重的纪念。马萨诸塞的怒火再一次被点燃，具体的事由已超出本书的叙述范围，但仍可以在一位历史学家的文字中了解一二：“印花税法案废除，而（英国）政府后续半途而废的措施，没有也不能使美洲人满意。事实上，任何半途而废的措施都不可能奏效。它们或许能减轻邪恶，但做不到消除邪恶。只有放弃征税和管理殖民地内部事务的权力和做法，才能让他们满意。在这些方面，没有让步的余地。”

马萨诸塞总督和高级法官们的薪酬，独立于该省行政拨款之外，这引起强烈不满；加之长久以来，哈钦森总督和地方议会之间在议会权力的问题上争端不断，更加剧了紧张的局面。在这种情况下，美洲的爱国先驱们开始认真考虑这场似乎是强加于他们的斗争。英国政府并不打算松口，同样，殖民地也没想妥协，他们不可能让自己一直处于这种境地。

毫无疑问，考虑到无力反抗的可能性，各殖民地提议成立一个通讯委员会，以便确保行动的统一性。时值1773年，马萨诸塞省总督和副总督早几年间寄往英国汇报美洲事务的信件被发现，内容被披露后，当地人民对他们的敌对情绪愈发高涨。这些夸大其词的信件和采取强制措施的建议，极大地疏远了母国与殖民地的关系。马萨诸塞议会向国王请愿，要求撤换总督哈钦森和副总督奥利弗，但没有得到王室的许可。

关于美洲的贸易，尽管殖民者之间签订了非进口协定，但英国内阁正在制订一项将茶叶引入美洲的计划。只要能将茶叶上岸卸

波士顿倾茶事件

载，这项计划基本上就算成功了。东印度公司运载了大量的茶叶到美洲，但它还是比较警惕的，知道费城和纽约都不是向民众兜售茶叶的理想之地。在波士顿，人们担心，由于装载茶叶的船只停泊在港口，会有少量的茶叶上岸卸载。为了防止这样的事情发生，一些波士顿人假扮成印第安人，趁夜上船把货物扔进了水里，销毁茶叶342箱。

这些事情一传到英国，立即激起了内阁的强烈怨恨。议会两院通过法案，禁止一切与波士顿的贸易往来，货物不得在其港口卸载和运输，并于1774年6月21日得到国王御准。殖民地的特许状成了政府眼中的下一个攻击目标，政府要对它进行一些根本性的修改。除此，他们还从根本上改变，或者说是彻底废除与镇民大会和选举陪审员相关的法律。至此，殖民地人民感到自己被剥夺了最宝贵的权利。从建成美洲第一个殖民地起，英格兰居民一直很重视镇民大会。他们参加这个会议，不仅仅因为生而为人，也不仅仅因为他们是公民，更因为他们是基督徒。他们不仅为社区①内部的治安制定规章制度，还为孩子们提供教育，安置和维护神职人员。

英国政府还通过了其他几项不公正的强制性措施，这里不做赘述。而这样做的结果，就是让殖民地人民产生了强烈的受伤感和屈辱感，增强他们反抗的决心。为了实施政府的计划，盖奇将军被任命为马萨诸塞总督，受到波士顿居民的礼遇。然而，他发现他们对政府压迫和暴政目的下通过的法案极为愤慨，尤其是《波士顿港口

---

① 在本书中，社区指在一定地域形成的社会生活共同体，与我国城镇按地理位置划分的居民区有着较大的不同，请读者稍加留意。——编者注

法案》。

其他殖民地毫不犹豫地和马萨诸塞联合起来，通过各种方式表达对波士顿居民所受苦难的同情。6月1日，波士顿港被关闭的那天，被指定为“绝食、自省和祈祷日”。

现在，所有的英国殖民地都认为有必要再次召开全体代表大会，让殖民地之间的联合更为紧密。1774年夏，除了佐治亚，所有殖民地都通过定期会议或民众大会选出代表，准备参加9月份在费城举行的大会。除了马萨诸塞，其他殖民地虽然都坚决反抗母国最近的举措，但也希望达成和解，保障自身的权利；马萨诸塞人民积怨已久，和母国愈发疏远，除了诉诸武力，再找不到其他可行的办法。但是，为了其他殖民地的期望， 他们可以让步，尝试其他的解决方案。据说约翰·亚当斯被选为代表后，曾和他的同事说过：“我们必须前往费城，签订非进口、非消费和非出口协议，但这些终归无济于事，我们必须靠武力反抗。”

第484章

从第一届大陆会议到美洲殖民地进入防御状态

（1774—1776）

自1763年达成和平以来，第二届全体代表大会，也就是第一届大陆会议，于1774年9月5日在费城召开。他们选举弗吉尼亚代表佩顿·伦道夫担任会议主席，选举费城公民查理·汤普森为大会干事。这次大会开得极有成效，制定的措施极为重要，马萨诸塞人民的行为首先得到了批准，这使这块殖民地上的人民非常高兴。他们还建议继续捐款，援助波士顿的受难者。这次大会召开期间，波士顿和费城通过快邮进行着持续的沟通。随后，他们成立了一个委员会，阐明殖民地的应有权利和这些权利被侵犯的状况，以及补救措施。

委员会起草了宣言，内容干练坦率，商定采取以下和平措施：1.加入非进口联盟；2.准备致函英国人民，为英属美洲的居民竖立纪念碑；3.致函英国国王，表达忠诚之意。

全体代表大会

这些信函一经发表，就受到读者们的广泛称赞，不仅称赞了他们维护这片土地上人民权益的决心，也称赞他们无可比拟的崇高尊严和情怀，以及铿锵优雅的措辞。这些卓越的国家性文书的起草，证实了这次庄严大会的议员，作为学者以及政治家的杰出能力和崇高地位。查塔姆勋爵称，尽管他研究和推崇过古代自由国家和世界的主人翁精神，“但是，论及推理的扎实性、判断的精准性和结论的明智性，没人能比得上这次大会的代表”。给国王的函件流露出他们最崇高的忠诚和顺从之情。在处理完各项事务后，大会于10月26日解散，并提议如果他们的苦难得不到解决，将于1775年5月10日举行另一次全体代表大会，也就是第二届大陆会议。

大会的议程得到了殖民地的批准。毫无疑问，很大一部分人同意大多数代表的意见，即和平的建议将会被采纳。但其他一些人并不同意这种看法，即使是在大会内部，帕特里克·亨利和亚当斯先生就不同意理查德·亨利·李、乔治·华盛顿和更多成员的意见。这两位先生坚信，这场斗争最终要以武力解决。

1775年2月20日，查塔姆勋爵在英国下议院提议，要求召回波士顿驻军。他最大程度地展示了自己的雄辩口才，尽管得到数位具有重大影响力议员的支持，但还是遭到绝大多数人的反对。他明确知道内阁的部长们已下定决心迫使殖民地屈服，仍坚持向众议院提交了一份和解法案。然而，法案被断然否决。由于议会决心要在刺刀尖上获得强制的服从，应国王的要求扩充了陆军和海军；同时，为了更有效地遏制新英格兰，迫使它屈服，限制了新英格兰与帝国其他地区的贸易，禁止当地居民在纽芬兰海岸附近捕鱼。不久，其他大多数殖民地也遭受了同样的限制。这项措施既残酷又不明智，它反而鼓励美洲人民进行更加坚决的反抗。

在这一时期，那些对美洲友好以及追求和平的人们在英国作出了真诚的努力，设法促成母国和殖民地的和解。这些尝试是由当时身在英国的富兰克林博士间接谈判进行的，双方都作出了让步，但这些让步也不足以使双方满意。根据富兰克林博士的陈述："马萨诸塞必须承受战争的种种危险和不幸，而不是承认议会修改了它的特许状和法律。那些可以放弃自由以获得暂时安全的人，既不应该得到自由，也不应该得到安全。"修改殖民地的法律和特许状，以及其他涉及直接要求主权的行为是不会被接受的。在这个问题上，英国不愿意退让，美洲也不会屈服。纽约明显的叛离，燃起了英国政府打破殖民地同盟关系的希望，但由于该省和其他省份一样，要求免除国内税收，它呈送英国议会的请愿书被拒绝在议会举行听证会。纽约没有更好的选择，也加入美洲的殖民地联盟，共同反抗。就在此时，英国的国务大臣发来通函，禁止美洲为第二年5月的全体大会选举代表，然而美洲人民已经对这个通函不以为意了。最后，13个殖民地还是选出了各自的代表。

随着危险的增加，美洲人也加强了军事防备，鼓励人们制造各种火药、武器和炮弹。尤其在马萨诸塞，所有活动都在谨慎而又活跃地进行着。每个能拿起武器的人，在接到警报时都做好了准备，武器和给养都被收集起来，储存在伍斯特镇和康科德镇。绝望的冲突似乎不可避免，但马萨诸塞和其他殖民地的人民都决心不先发动攻击，如果英国指挥官率先发动进攻，他们将坚决用武力把对方击退。很快，一个考验他们决心和勇气的机会到来了。1775年4月18日，一支英国分遣队从波士顿出发，摧毁了殖民地人民存放在康科德镇的战争物资和其他物资；第二天，爆发了列克星敦战役和康科德之战，英国人首先开始了实际的敌对行动，向聚集在那里的美洲民兵开火。

马萨诸塞人民兑现了他们作出的用生命捍卫自己权利的承诺。英国人被击退了，被迫返回波士顿，且损失不小。交战的消息很快传遍了各殖民地。新英格兰全境武装起来，数千人迅速奔赴战场。马萨诸塞省议会立即决定组建一支1.3万人的军队，新英格兰其他殖民地也被要求招募更多的军队，保卫自己的家园。省财务官奉命借来10万英镑以供本省开支，而省议会宣布公民再无服从总督盖奇的义务。即使在这件事之后，殖民地人们也都真诚地宣称自己是国王忠诚和尽职的臣民，他们能够证明这一点，在英国的代表富兰克林博士陈述这件事时也的确证实了列克星敦战役中英军才是侵略者。然而，

列克星敦战役

英国军队在到达波士顿之前损失了近300人，美洲损失近100人，这是很大的损失，双方一时都不能取得优势地位。

就在这种情况下，1775年5月10日召开的第二届大陆会议是非常及时的，因为这次会议的讨论结果至关重要。会议一致决定“殖民地进入防御状态”，同时也表达了要与母国恢复以前和睦关系的愿望。为此，会议向国王递交了请愿书。6月15日，乔治·华盛顿作为大会的成员，被任命为陆军总司令，统率美洲的武装力量，保卫这个国家。他以特有的谦逊、羞怯和无私接受了任命。他在会议上发表了简练又铿锵有力的讲话，在讲话的末尾，他说道：“至于报酬，先生，请允许我向大会保证，任何金钱上的考虑都不能够诱惑我以牺牲家庭的安逸和幸福为代价接受这份艰巨的工作，因此，我不想从中获得任何利益。我会精确记录下开支明细。毫无疑问，我尽心地履行职责，而那也是我的愿望。”大会向他郑重保证，他们将以自己的生命和财富支持他为国家事业服务。

美洲人民现在所处的新形势，促使他们向世界宣布，他们拿起武器的理由是极为正当的。他们的代表于7月6日发表了声明，全面且有理有据地阐述了英国议会侵犯美洲人民权利的各种行为，以及政府为迫使他们屈服而采取的各种敌对措施。他们发表声明，向万国之神祈求：“我们怀着对至高无上和公正的审判者、宇宙统治者之仁慈的谦卑信心，虔诚地恳求他赐予神圣之善，在这场巨大的冲突中幸运地护佑我们，使我们与对手在合理的条件下和解，从而使帝国免于内战的灾难。”

华盛顿将军于7月2日抵达剑桥，在那里指挥美洲的军队。为捍卫自己的国家，他们做好一切准备。常规的征兵工作开始了，大会

华盛顿在剑桥市的司令部旧址

呼吁每个殖民地中年龄在16~50岁之间有战斗力的人，组成装备精良、纪律严明的正规民兵。选拔其中1/4的人，随时准备在最短的时间内投入战斗。还建议各殖民地设立安全委员会，负责殖民地的安全和防卫工作。这些建议具有法律效力。这一时期，有人提出了几项和解计划，但都没有被大陆会议采纳。

在第二届大陆会议召开期间，富兰克林博士提交了殖民地组成邦联及联邦条款的议案，供大会审议。虽然没有确定要执行这些条款，但还是做了先行公布，其中包含了会议随后通过并提交给各殖民地批准的联邦计划。在马萨诸塞的敌对行动开始后，王室总督与殖民地人民之间的争端变得更加激烈。在大多数情况下，人民控制着公共武器和弹药，甚至钱库，并掌握政府权力。尽管采取了这些自卫措施，但不到万不得已，他们不会想脱离英国。

为了确保进一步的抵抗，武器弹药必不可少，1775年5月初，康涅狄格成立一家企业，供应部分武器，以及建立一个重要的军事据点。伊桑·艾伦上校和本尼迪克特·阿诺德上校攻占了泰孔德罗加要塞。要塞约有40名英国驻军，5月10日一大早，他们就受到突袭。当被勒令交出堡垒时，驻军指挥官询问他们是代表哪一方，艾伦上校的回答大胆新颖："以伟大的耶和华和大陆大会的名义。"这一战，他们缴获了大量的武器弹药。不久，沃纳上校和平地占领克朗波因特。

大约在5月下旬，英国派遣豪、克林顿和伯戈因三位将军率领增援部队抵达波士顿，并带来迫使殖民者屈服的新命令——他们原以为镇压殖民地人民的反抗不是什么难事儿。然而很快，邦克山战役（6月17日）便让他们明白，他们面对的是勇敢坚定的人们，斗争的场景不是他们自以为是的捕鱼和猎禽，而是与殖民地人民的艰苦战斗。在这场战役中，英国投入了3 000精锐兵力，却伤亡过千，而美军的损失不到它的一半。美洲人民两次击退英军，但因弹药不足，他们不得已撤退。虽然失去了土地，但他们认为这是一场胜利。

这场战争之后，每一个美洲人都激动不已。敌人被华盛顿指挥的军队严密封锁在波士顿，以至于在接下来的战役中，英军也只能靠在波士顿湾和马萨诸塞沿海的岛屿进行掠夺性的短途行动获得些满足感了。查尔斯顿和法尔茅斯被肆无忌惮地焚烧，就是这种战争进行的方式。

围困波士顿

9月5日，全体代表大会再次召开，各位代表面临着艰巨的任务。大会意识到英国议会会通过加拿大来进攻殖民地，为了防止这种情况发生，他们决定尽一切可能在英国援军到达前占领那里的要塞。尽管已经是秋末，各殖民地还是出兵加拿大。蒙哥马利将军指挥一支军队渡过尚普兰湖进入加拿大，在圣约翰进行了激烈的战斗，占领了蒙特利尔，并于12月初抵达魁北克城下。另一支军队在本尼迪克特·阿诺德的指挥下，通过肯纳贝克河，穿过荒野，终于进入加拿大，因途中遭受饥饿与疲累的侵袭，到达魁北克时，只剩下部分军队与蒙哥马利会合。蒙哥马利，这位勇猛的将军不顾一切对这座城市发动进攻，但还是失败了。

进军加拿大期间，由于缺乏弹药，波士顿的殖民地军队无法对占领该地的敌人发动任何攻击。华盛顿将军在给国会的一封信中指出，“在敌人的枪林弹雨下维持住战局，在没有火药的情况下奋战六个月；甚至，在英军的20多个团的压制下，解散一支军队，招募了另一支军队”，这并非微不足道的成就。参照马萨诸塞的成例，多个殖民地省份开始建立常规政府，但全体代表大会的部分议员担心这必然会引导他们走向独立。对此，他们尚未做好准备。殖民者第二次向国王请愿，这是他们寻求和解的最后机会，但没有得到任何答复。国王在10月份英国议会的开幕式上发表讲话，指责殖民者反抗、敌视和叛乱，称“他们进行反叛战争是为了建立独立帝国”。

英国决意要对殖民者发动战争，派出了一支强大的军队，期望以绝对优势迫使殖民者屈服。因此，英国议会采取了非常手段镇压美洲民众；而这些手段，在这已开化的时代，没有丁点儿文明精神。殖民地的一切商贸活动都被禁止了，这相当于公开宣战。他们的船只和人员遭到扣押。英军将被俘获船只上发现的殖民地居民分配到其他武装船只上，役使他们为国王效力，这些俘虏被迫对抗自己的同胞和亲人。同时，有权赦免个人和殖民地臣民的钦差大臣被派往美洲，希望借此在殖民地之间造成分裂。现在，大陆会议下令进行报复，除了英国，向全世界开放美洲的港口。此外，还建议所有殖民地组建地方政府，美洲这些先驱者也开始认真考虑独立一事。

1776年初春，华盛顿将军采纳了占领并加强多尔切斯特高地的计划，因为那里控遏着当地的港口和英国航运。计划于3月4日夜开始，没有引起敌人的怀疑。第二天清晨，英军才发现美洲人民的行动，十分惊恐，决定立即撤离波士顿并付诸行动。豪勋爵接管了盖奇总督控制的英国在美洲的军队。17日，他率领英军起航驶向哈利法克斯。华盛顿立即攻入波士顿城，城内的人们都异常欣喜。这便是北部的战况。与此同时，6月和7月，克林顿将军和彼得·帕克爵士试图摧毁南卡罗来纳查尔斯顿附近沙利文岛上的要塞。经过10多个小时的战斗，英军被击退，船身受到重创，伤亡200人。

6月7日，弗吉尼亚代表理查德·亨利·李在大陆会议上以决议的形式提出独立要求："联合殖民地现在是而且应该是自由和独立的国家；它们被免除对英王室的一切效忠；而且它们与大不列颠王国之间的一切政治联系也应彻底废止。"8日，全体委员会对决议进行了讨论。决议得到李、亚当斯诸先生和其他人的大力支持，但约翰·迪金森先生提出了反对。

10日，委员会以绝对多数通过这项决议。为了有时间获得更多的一致意见，众议院将决议推迟到7月1日。同时，任命了杰斐逊先生、富兰克林博士、谢尔曼先生和罗伯特·利文斯顿先生组成委员会，起草《独立宣言》。7月1日，在同意任命后，大陆会议恢复李先生的决议，并提交给全体委员会，得到除了宾夕法尼亚和特拉华各殖民地的同意。特别委员会于6月28日公布了《独立宣言》，并于7月4日提交大陆会议做最后决议。它得到了所有殖民地的投票，而几位成员签署了宣言。在人类历史中，也许再没有任何像这样，重大且直接牵涉人类福祉的问题是由一场审议大会商讨和决定的了。这场大会催生了一个新的国家和一种政治世界中的新秩序。

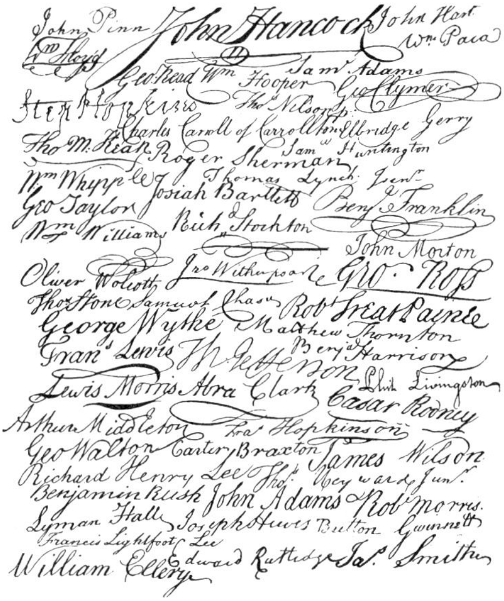

《独立宣言》署名复件

与此同时，钦差大臣们试图达成和解，由于美洲人民并不接受他们提出的条件，和解失败。在殖民地宣布独立后，他们又进行了类似的尝试，但为时已晚。每一种方案中所提出的条款，不过是在再次服从和再次效忠前提下的赦免，并没有对未来不再实施压迫作出保证，因此很快被拒绝。《独立宣言》让美洲产生了一个新的国家。现在，美洲人对英王的效忠被转移到美利坚合众国上来，而殖民地的美洲人若再效忠英国国王和合众国的，便被认为犯了叛国罪。

和解的提议很快就被钦差大臣们的指控和命令所取代，因为美国的事务变得更加悲观。所有武装起来反抗国王陛下政府的人，都被命令解散，返回各自的住所和平地、宁静地生活。任何全体或省级的大会、会议、委员会等都被严格禁止，因为这些会议有权征收资金、征集军队、装备武装船只、监禁或侵扰陛下的臣民，赦免那些在指定时间内恢复效忠的人。实际上，英军驻地附近的一些人为自保也确实这样做了。为尽可能抵消英国这一公告的影响，华盛顿将军认为有必要尽快发布一项反对公告。

总体上说，1776年的战役对于美国来说是不幸的。这一年，战场已从马萨诸塞转移到纽约。在英军撤离波士顿后不久，华盛顿将军预料到敌人的计划，率领主力部队转移到纽约市。豪将军和他的军队紧随而至，于7月2日占领了斯塔滕岛。不久，他的兄弟豪勋爵率领一支援军和一支舰队与他会合。英国军队约有3万人，比美国军队人数更多，也更训练有素。美军是由民兵或者服役仅一年的士兵组成，他们并不适应军队的生活和纪律，有1.7万多人。

8月27日，双方在布鲁克林附近的长岛交战，英军偷袭了华盛顿驻扎在那里的一部分军队，结局对美国人来说是灾难性的。不久，华盛顿放弃纽约市。而纽约市附近的要塞，或被敌人占领，或投降。这样一来，美国头一年在加拿大取得的所有战果都化为乌有。

从纽约撤退的途中，华盛顿带着他的军队短时占据了哈勒姆高地，并在邻近地区占据了多个驻地。他与出现在双方营地之间平原的大量敌人发生了小规模的冲突，给对方造成100多人的伤亡。这次行动的最卓越成效是重振了全军的士气。这位美国统帅带领部分军队从哈勒姆撤退，占领了怀特普莱恩斯。10月28日，经过一场无足轻重的交战之后，因民兵的遣返、疾病和战争的伤亡，美军的兵力大为削弱。他们渡过北河，进入新泽西。11月22日，华盛顿将军指挥的整支军队的人数已不足3 500人。不得已，面对康沃利斯勋爵占有绝对优势的兵力，这员美国名将只能率领这一小众士兵逃走。然而在向特拉华行军时，这支本就残缺的部队，更是因为新泽西和马里兰大部队的征兵期限届满而支离破碎。大约12月10日，在渡过特拉华河的时候，华盛顿手下只剩1 700人。英军的目标就是当冰结得够厚，可以渡过特拉华河的时候，一举攻占费城。那座城市的沦陷似乎不可避免。12月12日，为了安全起见，大陆会议从费城转移到巴尔的摩。在这种令人沮丧及近乎绝望的状态下，广大美国人对独立事业依然坚定和坚持。

第485章

从俘虏黑森人到伯戈因将军投降

（1776—1779）

根据大陆会议的一项法案，美国启动了在战争期间招募88个营的计划，并向所有的未授衔的军官和士兵发放了20美元的赏金；此外，还向那些应继续在战争中服役的官兵许诺发放土地。为了更有效地保卫国家，华盛顿被赋予6个月的无限制军事权力，除非国会提前终止。他向来坚毅、聪慧，堪当此任。在这一时期，他认为特别有必要作出努力，唤醒民族精神，促使士兵入伍参加随后的战事。他试图通过突袭驻扎在特伦顿英军中的黑森雇佣兵来实现这一努力。突袭获得成功，他卓越的军事才能展露无遗。华盛顿于1776年12月26日清晨发动这次偷袭。就在前一夜，经过艰苦的行军之后，他率军在寒气逼人、暴风雪陡降的恶劣天气中渡过特拉华河。许多黑森雇佣兵被杀，900余人被俘虏。

这一行动取得了华盛顿预期的效果，提升了美军的士气及美国

普林斯顿战役

人的期望，同时也使英国人惊异万分。这场胜利之后是普林斯顿战役，美国人再次取得大捷。那场战争是这位名将大胆谋划与周密构思的结果。华盛顿没有和康沃利斯勋爵正面交锋，因为他曾与对方手下一支强大的军队遭遇过，但也没有试图在对手面前撤退，因为这两种做法几乎一样的危险。华盛顿把敌人留在了他们的营地，自己包抄迂回抵达普林斯顿，在那里对英军发动突袭。他于1777年1月1日晚秘密发动攻击，康沃利斯对此毫无察觉，没能及时增援。

当时，尽管大陆会议作出种种努力，但美国军队人数还是不足7万。近5月末，华盛顿撤回到从冬季开始驻扎的莫里斯敦营地；约同一时间，英军撤离不伦瑞克，他们之前在冬天攻占这里。双方军队都有许多行动，但又似乎没有明确的目标。最后，英国的豪将军离开新泽西，率1.6万名士兵从桑迪胡克出发，乘船前往切萨皮克。8月11

日，英国军队抵达马里兰。一切变得明了，豪将军准备占领费城。

为阻止他的行动，华盛顿立即率兵前往那座城市。两军于9月11日在特拉华的布兰迪万河交战，苦战一天，美军被迫撤退。在这一战中，有几名外国军官加入美军，其中最著名的是拉法耶特，他英勇无畏，又大气慷慨，投入到美国人的伟大事业中来。他在试着把逃兵聚集起来时受了伤。

英军攻入费城不可避免。9月26日，他们入了城。豪将军在攻占这座城市后，感到有必要夺取特拉华的部分要塞，否则英军无法安稳地渡过特拉华河。英军派遣了一部分兵力去执行这个任务，但华盛顿袭击了距费城6英里的日耳曼敦的英军营地。这次袭击发生于10月4日，英军牢牢守住了营地，美军被击退，且损失远多于英军。面对这样的结果，华盛顿痛心疾首，懊恼不已，好在国会适时赞扬了他的进攻计划和军队的英勇表现。

美国这一时期的对外关系史是美国历史的一个有趣的部分，尤其是它在艰苦斗争中争取法国的支持和援助时所作的努力。美国与法国政府的秘密信件；法国的捐赠、为美国提供贷款；美法之间结成同盟、签订条约，甚至那些将这一切付诸现实的巧妙手段，伟大的富兰克林到底在其中扮演怎样举足轻重的角色——统统引发了政客的浓厚兴趣。但这方面的内容，在我们这样的篇幅里是难以阐释清楚的，只能简要概述。

也正是在这一时期，诸邦建立邦联的议题被提交到大陆会议，并制定了条款，旨在形成几个邦之间长久的稳固同盟。这种措施是必要的，需清楚划分各邦与大陆会议之间的权力界限，实现并维持同盟的和平、和谐。条款得到批准，并最终由所有殖民地签署，尽管初始时有几个邦对此表示反对。

美军在中部各邦的军事行动遭到了质疑，但在北部地区的战场上他们实在打得漂亮。1777年8月16日，英美双方于本宁顿交战；随后又于9月14日、10月7日在斯蒂尔沃特接连交战。尤其是10月7日的战争，美军将英国在美洲的一支最精锐的部队摧毁。这场战斗中的英军由伯戈因将军指挥，他试图完成英国制订的计划，建立加拿大和纽约之间的联系，切断新英格兰与美国其他地区的往来，希望一举终结殖民地的联盟以及战争。但是这位功勋卓著的指挥官很快就发现，自己遇到了意料之外的困难，还接连不断战败，最后被战意汹涌的敌人从四面围困。因粮草不支，他于10月17日投降，将所属部队6 000人交到了美军手上。这一事件，正如人们所料，使美国重获平等的运输权，并造成了英国的惊慌；更重要的是，国内的政治形势促使法国承认了美国的独立，签订了两国之间的联盟和商业条约。

1777年的战役结束后，英军撤退到费城的冬季驻扎据点，享受着这座富足城市的舒适；美国军队前往离费城只有15英里的福吉谷，他们饥寒交迫，衣不蔽体。由于美国与法国结盟，英国的计划有所变动。英国军队决定撤离费城，在纽约集合。他们计划于6月18日开始撤离，但华盛顿识破他们的企图，经过缜密的筹划，布下了天罗地网。6月28日，两军在距离费城64英里的蒙茅斯交战。这一战异常激烈，最终美军占据优势。因为天气酷热，双方都有士兵被热死。英国有350人伤亡、失踪，美军伤亡人数较少。英军有100人被俘虏，行军过程中，又有1 000人掉队，损失惨重。英国将军在战斗结束后的第二天晚上就回到了纽约。

罗得岛自1776年12月始就被英国人占据。1778年夏天，华盛顿协同远征军收复那里，结果很失败，也很悲哀。驻扎在纽波特的英军有6 000人，为了对付他们，美国派出一支1万人的部队，由沙利文将军指挥。此前不久，为了配合沙利文的行动，法国的德·埃斯坦伯爵带着12艘战舰和6艘护卫舰抵达那里，然而德·埃斯坦伯爵的失败，迫使沙利文不得不撤兵。事实上，他的这支由民兵组成的军队中有一半人拒绝留下来作战，他们正遭遇来自纽约的英军攻击，处境很是危险。豪勋爵带着一支舰队刚刚抵达那里，他狡猾地引诱埃斯坦去追他，调虎离山，导致沙利文举步维艰。这使得美国士兵对这次事件的进展愤愤不平，需要华盛顿发表演讲来抚平他们的怨恨。法国舰队在追击豪勋爵的时候，被暴风雨摧毁，停在波士顿休整。之后，法国舰队航行到西印度群岛，从英国手里夺得多米尼克。

尽管英国人期盼在1778年的战役中能在南方取得胜利，但直到下半年，亨利·克林顿爵士才做好准备，侵入那片地区的各邦。11月，他派遣了一支2 000人的部队，由坎贝尔上校率领，进攻佐治亚首府萨凡纳。因为防守薄弱，萨凡纳落入英军手中，450名美国人被俘。通过这次胜利，英国基本上算是征服了佐治亚。

第486章

从英国人的掠夺性入侵到卡姆登战役

（1779—1783）

在1779年的战役中，英国人的目标不过在于围困、掠夺、消耗和摧毁——这是年初确定的主要策略，“尽可能削弱殖民地对其新同盟的作用”。正是本着这样的精神，英国人派遣了一支从纽约出发前往弗吉尼亚的远征军。在这次掠夺性的入侵中，美军大量的海军物资、粮食贮备以及大量的烟草都被掠走。除此之外，还有几个城镇被肆意烧毁。不久之后，英军又计划对康涅狄格的近海地区发起类似的远征，由臭名昭著的特莱昂总督负责行动。在这次掠夺性的进攻中，英军劫掠了纽黑文，焚烧了东黑文、费尔菲尔德、诺沃克和格林农场。

在这场战役中，美国因法国舰队的失败而灰心丧气，又因信用券日渐贬值而陷入窘迫，对敌人的打击却没有什么成效。他们唯一重要的进展是，攻占纽约以北40英里处哈得孙河的斯托尼角，以及

美军进攻斯托尼角

分别解除奥奈达人以外的六族联盟的势力，这些人受英国的挑唆拿起武器与美国为敌。美军于7月15日攻占斯托尼角，这是美国独立战争史上最具魄力的谋划之一。在英军的掌控下，这个地方是一座真正的堡垒，具有极强的防御能力。但是，在韦恩将军的领导下，美军穿过深深的沼泽，用他们尖锐的刺刀攻破双重防线，攻占要塞，英军超过600人被杀被俘。

到年底时，亨利·克林顿爵士率领七八千士兵从纽约出发，进攻查尔斯顿。林肯将军指挥美军竭尽全力防守，然而敌人占有有利的条件，攻破查尔斯顿。林肯将军意识到在这种情势下只能投降，于是提出投降条款，英军予以接受。5 000名美军，连同当地居民，以及400门大炮，都向英军投降。不久，亨利·克林顿爵士留下4 000名士兵在康沃利斯勋爵的率领下驻防南部，他本人返回纽约。英军散布在南卡罗来纳的不同地区，震慑居民，好叫他们心生畏惧，屈从于国王的政府。他们的目的并未实现，英勇的森普特将军多次对英军发动进攻，屡战屡胜，曾一度歼灭英军一个团。与此同时，为了解救南部地区，一支庞大的美国军队正从中部各邦向南推进。

美国方面，任命斯蒂尔沃特的英雄盖茨将军为南方军队司令，取代林肯将军。但这支军队只有4 000人，不足以守卫这片土地。

军队行至南卡罗来纳时，康沃利斯勋爵麾下的边境指挥官罗登勋爵将英国军队集中在距查尔斯顿西北120英里的卡姆登。康沃利斯得知美军的行动后，也率军加入了罗登勋爵的行列。英美两军于1780年8月16日上午正式开战。因为民兵的失败，随后的战争对美国人来说是灾难性的。英国步兵端着刺刀长枪逼近时，一大群弗吉尼亚民兵逃跑了，北卡罗来纳很大一部分民兵也这样临阵逃脱了，幸而还有大陆军英勇作战。他们被自己的战友抛弃，兵力不济，最后不得不屈服。这就是卡姆登战役的经过，在美国独立战争中，几乎没有比这更血腥的战斗了。可以确定，有六七百名美国士兵被杀，一千三四百名士兵受伤并被俘虏。

这一可悲的结果给美国人民带来了暂时的阴霾，但不久之后，事情的发展开始变得明朗和欢欣起来。敌人在经历短暂胜利后表现出来的傲慢和贪婪，更激励那些真正追求独立的人更加艰苦和不懈地努力。1780年的战役对南方来说是灾难性的，在北方也不是一件好事。这一年，没有发生大的、毁灭性的战役，但战争一直处于持续状态。尤其是在北方，敌人持续地掠夺入侵经常会给当地居民造成损失、失望、痛苦。当然，也有例外，7月10日，德特奈先生从法国来到罗得岛。随他一起来的是一个海军中队。这支军队由七艘战舰组成，并配备五艘护卫舰、五艘小型军舰，还有几辆运输车，以及6 000士兵，全部由罗尚博中将指挥。这一事件激发出的喜悦和期待是难以想象的。然而由于英国舰队占据优势，法军在相当长的一段时间里都无法和美军联合作战。

1780年下半年的标志性事件是阿诺德将军的叛变。阿诺德原本以自己的英勇善战受到美国人民的爱戴，但因为受伤而被迫退出现役，被任命为费城司令。在这里，本该投入战争中的精力，被用于赌博、奢侈的生活以及各种昂贵的娱乐。为了维持这样的生活，他采取各种权宜之计，其中一些是不值得被信赖的。最终，作为一名公职人员，他因为勒索钱财被送上军事法庭受审，并因此受到华盛顿的谴责。

在这种情况下，阿诺德的品格和经济都破产了，他随时准备铤而走险，尤其是会从事那些能给他带来黄金的事情。除了英国，他还能到哪里谋取钱财呢？这种想法，连同报复国会和自己国家的渴望，使他采取了从此让他臭名昭著的行动。他间接地向亨利·克林顿爵士表明了自己的意图，后者指示他夺取西点要塞的指挥权。这样一来，他就能很容易把它送给英国，而英军则不用花费太大力气就能得到最重要的据点。为实现这个目标，他在得到指挥权后便采取了措施。好在美国及时识破这个阴谋，避免了无可挽回的恶果。安德烈少校，一位风度翩翩、足智多谋的年轻人，作为克林顿将军的副官，被委派与阿诺德进行谈判。安德烈却被美国人擒获，在经过一场公正的审判后，于10月2日以间谍的身份被处决。

有必要在这里阐述一下关于这次事件的许多有趣细节。押送安德烈的是3个身份低微的民兵——约翰·波尔丁、大卫·威廉斯和艾萨克·范沃特。安德烈认为这种身份的人容易被说服和收买，他费尽口舌以及贿赂他们，却被坚定地拒绝了。他们因这一崇高的爱国主义行为而受到国家的充分奖励。补充一下，按照英国人所树立的榜样，把安德烈放在绞刑架上绞是很有必要的，但大西洋两岸都深感遗憾；英国发现自己很难忘记，甚至难以原谅这一行为，但美国在一个公正的世界面前是站得住脚的。阿诺德逃脱了，从英国人那里得到了他恶行和背叛的报偿，这是一件让人非常懊恼和失望的事。他从英国那里获得的奖励是1万英镑和准将军衔。美国人愿意用安德烈来交换阿诺德，但克林顿不愿意放弃这个叛徒。军士长钱普曾想冒险将他带走，但失败了。

卡姆登战役后，英国的弗格森上校被北卡罗来纳“山里人”击败，康沃利斯的霉运便开始了。这位被派遣至北卡罗来纳的军官，因大肆毁灭和破坏而臭名昭著，以至于居民们决定不再屈服于他的暴行。在坎贝尔和其他人的领导下，康沃利斯和他的部队被彻底打败。这一事件迫使康沃利斯撤退到南卡罗来纳。在这里，英军受到了森普特上校的四面侵袭。在此期间，盖茨将军努力征集新的部队，大大改善了美军在该地区的状况。然而他没能在南方战争中获胜，应南方的要求，由格林将军取代他的职务。正是在这一时期，叛徒阿诺德在弗吉尼亚登陆，帮助英国推进在南卡罗来纳和北卡罗来纳的战事。眼下，他最喜欢的事就是破坏自己的国家。

美国目前处于精疲力竭的状态，大陆会议陷入困境，无法满足军队的供给。他们的兵力所剩无几，国库里一英镑都没有。信用券已不再具有任何价值，他们不得不用自己的行为宣布事实：它们不再作为法定的货币，人们也不能再用它们抵充税款。没有钱，就没有办法建立和维持军队。但是，情形越是紧迫，这群坚定的爱国者就越发努力。他们的驻外代理接到指示，尽可能在欧洲大陆筹借钱财。为了筹集资金，尽管不是出于自愿，他们还是采取措施直接征收税款，即使这样做不受人们的欢迎。国家的财政问题亟待解决，滥用和侵吞公款等现象日益严重，不得不加以警惕，大陆会议任命罗伯特·莫里斯担任财务官。这位绅士是费城人，品格高尚，财务管理能力出众。他超群的能力很快使这个国家摆脱了金钱方面的尴尬境地。在他的管理下，美国建立国家银行，发行了对社会具有价值的流通货币。在国外，路易十六馈赠富兰克林600万英镑，富兰克林还从荷兰筹措到1 000万英镑的贷款。

还没等这些措施产生效果，宾夕法尼亚前线便发生了叛乱，这场灾难严重威胁着美国。因为物资匮乏，驻防的士兵才生出这样可怕的念头。好在大陆会议及早注意到了他们的需求，采取和平手段予以解决。这些士兵得到安抚，担负起自己的职责，重新开始防守阵地。几天后，与此类似的新泽西驻军的动乱也得到解决，只不过方式不同。华盛顿认为有必要当即扼杀这次叛乱。他兵力强大，迫使这些人立即投降，随后对叛乱的领导者加以适当的惩罚。自那以后，再没听说过军中发生叛乱。宾夕法尼亚的叛乱发生于1781年的第一天。

同时，南部的战争正紧锣密鼓地推进。1月17日，摩根上校在考彭斯的战役中击败了康沃利斯派来的塔尔顿。塔尔顿是一个鲁莽的人，手下有1 100名士兵，配有两门野战炮。英国有300人伤亡，而美国人只有12人死亡，60人受伤。听到败报后，康沃利斯立即追赶摩根上校所部，摩根上校渡过卡托巴河之后，河水暴涨，康沃利斯追到河边时，已经无法渡河，摩根上校因此侥幸脱险。

2月9日，格林和胡格领导下的美军两个师在吉尔福德会合。3月15日，格林和康沃利斯交战。虽然美国在这场战争中损失了大约1 300人，不得不撤退，但实质上他们是胜利的一方。由于己方损失更重，康沃利斯无法乘小胜追击美军。他不得不撤离战场，而格林则反过来追击康沃利斯，侵扰他的后方。不过，格林很快调整了行军路线，朝南卡罗来纳进军，康沃利斯则进军至弗吉尼亚的彼得斯堡。

在南卡罗来纳，罗登勋爵被留下来指挥战事，他手下的英国人对森普特和莫里森感到万分恼火。尽管美国人在霍布柯克山被突袭战败，但他们很快就恢复了战斗力。5月10日，罗登勋爵撤离卡姆登。不久，英国的几个据点也被占领，或主动投降，他们发现96号要塞根本无法抵御常规围攻，也把它放弃了。夏季天气炎热异常，疾病多发，交战双方不得不暂停行动。9月8日，双方在尤托斯普林斯交战。这是自战争开始以来，所有战役中最为激烈血腥的战役之一，也是南方的最后一次战役。这次袭击由格林将军发起，他以高超的计谋集结了军队。英军溃败，还被包围。不过，他们在逃离时寻找到一座大房子和其他一些物体用来藏身，虽说损失惨重，但还是合力击退了美军。格林无力把英军完全驱逐，便带着500名俘虏从这里撤退。除去那些被俘虏的，英军还有500人伤亡。美军则伤亡600人。格林将军的行动获得了国会的赞许，被授予奖赏和奖章。佐治亚和南卡罗来纳被美国人收复，但两地的首府还在英军手中。

1781年初，阿诺德蹂躏弗吉尼亚沿岸时，华盛顿试图夺取叛国者及其军队的个人财产。为此，拉法耶特率领1 200名轻步兵前往弗吉尼亚。当时在罗得岛的法国舰队指挥官则派遣一支由8艘战船组成的中队，阻截阿诺德从切萨皮克撤退。但是英军的克林顿也派出了一支力量相当的海军中队，两支舰队遭遇即交战，不分胜负。法国人不得不中止他们的行动。

5月下旬，英军在彼得斯堡会合，康沃利斯进军弗吉尼亚腹地。在他看来，美国现在战力疲弱分散，无法对抗强力的攻击。不过，担任合众国独立部队指挥官的拉法耶特，不时地扰乱英国军队的后方，却又不与它进行主力决战，这令康沃利斯十分苦恼。这种做法让英军在数量上的优势被化解掉。康沃利斯没在弗吉尼亚腹地长时间地停留。亨利·克林顿爵士下令，将其召回到海岸地区。克林顿担心美国和法国正在谋划对纽约发起进攻，于是命令康沃利斯部下的3 000名士兵增援纽约。不过他很快便收回这一命令，因为他从德意志获得了援助的军队。

康沃利斯当时驻扎在弗吉尼亚海岸附近，他将位于约克河右岸的约克敦作为据点。他于8月23日进驻这里。华盛顿的确策划了对纽约的进攻，但是，由于对将要增派的常规部队人数感到失望，再加上一些其他因素，他突然改变了计划。他投入所有的精力把康沃利斯带进自己的圈套中。华盛顿假装继续谋划进攻纽约，完美地欺骗了克林顿。7月初，罗尚博从罗得岛带领5 000人与华盛顿会合。正当英国人期待德·格拉斯伯爵率领法国的舰队来纽约接受英军炮火时，华盛顿却渡过哈得孙河。为了进一步诱骗克林顿，他很快就作出了决定，前往南边，以便切断英军的跟踪。他于8月25日抵达埃尔克河源头，在德·格拉斯率领25艘舰船进入切萨皮克河口后一个小时，他封锁约克河以及詹姆斯河河口，切断英军在约克敦和纽约之间的一切联络。

现在，与拉法耶特的联系开始了，圣西蒙侯爵率领3 000名轻装步兵与拉法耶特会合。9月14日，华盛顿和罗尚博在威廉斯堡与拉法耶特会合。康沃利斯也加紧行动，但没有克林顿的增援，他基本没有逃脱的希望。他可以通过某些方式联系上克林顿；尽管克林顿试图转移自己的目标，计划在阿诺德的领导下，对康涅狄格的新伦敦进行远征，但华盛顿却并没有因此放松南方的防守。为了得到克林顿的援助，康沃利斯召集了前哨部队，从他的防区撤退，从而犯下了许多军官认为的重大错误。他们曾建议他渡过河去，夺回开阔的地带，以便前往纽约，然而，他迟迟没有采取行动，因而一败涂地。

美法联军现在向他发起进攻，约克敦也遭到围困。联军于10月6日晚开始行动，于14日攻占英军的两座堡垒，联军，尤其是法军，遭受了一些损失。16日晚，英国人在阿伯克龙比将军的率领下，进行了一次轰轰烈烈的突围，从联军手中夺取了2座炮台、11门加农炮。然而，英军还是被法军的猛烈冲锋打退了。形势不利，康沃利斯试图逃离，至于方法，便是渡河。早在他被围困之初，他的部下就建议他这样做。假如他当初采纳了这一建议，说不定已经成功突围。

他一步步转移，一支小分队先渡河，第二支队伍紧随其后。但是，在这样的紧要关头，天公不作美，原本宁静的夜晚，霎时风起云涌。天色昏沉，河水激荡，渡河的船被大水冲到下游。就这样，他们被发现了。围攻者火力全开，扫射乱作一团又精疲力竭的英军，他们只得匆匆忙忙返回要塞。

没有逃脱的希望，康沃利斯决定投降。他提出了投降的条件，并没有得到应允。他竭力争取，唯一得到的宽慰就是允许带走一艘单桅帆船，载着他挑选的人自由地驶往纽约，他要对它作为战俘船运送的人数负责。剩下的全部英国部队要向联军投降。这项工作于10月19日完成。连同水手，共有7 000人投降，62门大炮也全部成为美国人的战利品。2艘护卫舰、20艘运输船，连同船上的船员，由法国人接管。投降那天，克林顿从海上出发，前去援助康沃利斯。刚到达弗吉尼亚海角，他就听说了康沃利斯投降的消息，于是立刻返回纽约。

这件事在美国人心中激荡起无边的喜悦。华盛顿、罗尚博、德·格拉斯和拉法耶特，这些名字为千万人传颂；被压迫民族伟大的救世主的名字也没有被遗忘在他的神庙里，感恩的祈祷和赞美诗在那里倾泻而出。可以说，在康沃利斯投降以后，这场战争基本已经画上句号。虽然纽约、查尔斯顿和萨凡纳这样的要地仍然被英军占据，但是原本被敌人占领的其他地区都已经被收复，由邦联国会管理。随后双方又有几次交战，但都无足轻重。不久后，一部分法国人登船离开，德·格拉斯伯爵则乘船前往西印度群岛。1782年冬，罗尚博的军队被派往弗吉尼亚，美军大部队也重返在哈得孙的驻地。1781年年末，慷慨仗义的拉法耶特启程返回故土，美国人发自肺腑地钦佩他的种种美德。

英国已经厌倦了战争，开始寻求和平，最终，他们找到了实现和平的方法。美国邦联国会任命的委员负责与英国人进行和平谈判。他们在巴黎举行了会谈，双方于1782年11月30日签署了临时和约；1783年9月3日签署了最终条约。1783年11月3日，美国解散军队。华盛顿发布告别令，向那些与他和他的同僚一起实现了国家独立的士兵们亲切告别。不久后，他与自己同僚的离别更加温柔和痛苦。这一幕将被永久铭记。

第487章

从美国独立战争后的叛乱到杰斐逊当选为总统

（1783—1801）

从结束与英国的战争到组建新政府，美国经历了一场可怕程度不亚于独立战争的危机。很长时间以来，人们都有疑虑：能否保住这场伟大而成功的战争得到的预期成果，又或者这份成果是否就这样消失在这个独立国家无政府的分裂状态下，消失在各邦之间的争斗中，也消失在那压在人们肩上的沉重债务之下？最初恢复和平时人们有多么欣喜若狂，眼下就有多么忧惧痛苦，尤其是那些深谋远虑、对国家的未来最为关切的人们最为忧虑。乌云和黑暗笼罩着这个新生的国家。已经有迹象表明，军队中的许多人，特别是一些雄心勃勃的军官可能会带来恶果。

从这一刻开始，就有人提出一个包藏祸心的提议，怂恿华盛顿登上王位。这位高尚而伟大的爱国者没有被诱惑，他于1783年12月

22日便向邦联国会请辞，卸任美国军队总司令一职。在上个月3日，也就是11月3日，解散美国军队一度成为一件困难的事情，他们空前的贫困和痛苦加重了这一困难。军队希望得到保证，国家要为他们主持公道，他们的功劳应该得到应有的奖赏。为此，华盛顿保证，他会尽全力发挥自己在国家立法机构中的影响力，满足这些战争英雄的诉求。

邦联国会也做了它所能做的一切，奈何权力有限，资源不足，一些重大问题都难以解决。政府穷困，拿不出钱来，而各邦分据，利益不同，观念不同，互相争执。因此，尽管华盛顿以崇高的爱国之情发表演讲，平和地化解了一支痛苦和不满的军队可能造成的危机，然而国家处于这种状态，有些因素说不定哪天就会引发极其严重的灾难。沉重的债务负担压得政府喘不过气，每个政府部门几乎都是如此。战争期间，农业、贸易和制造业衰落，甚至许多居民几乎没有衣服和生活必需品。在宣布和平之后，英国人立刻运来大量布料，质量低劣，却价格高昂；几乎所有的钱都流向了国外。国家负债累累，却没办法还上，这样一来，势必要征收重税。原本就普遍存在于人们中间的不满情绪就积累到了惊人的程度。

这种状况最终引发了叛乱。

在马萨诸塞，为了维持贷款并满足债权人的需要，政府征收了重税。在那里，人们曾多次组织混乱的集会阻挠法院开庭。最后，他们拿起武器反对本邦的法律。1786年冬天，总督鲍登连同邦议会采取谨慎的措施，命林肯将军带领4 000名士兵镇压了人们的反抗，逐渐恢复了法律的权威。马萨诸塞人的抗争，通常被称为“谢司起义”，源自独立战争中一位中尉的名字——丹尼尔·谢司，他领导了这场起义。只有少数人在发生的小冲突中丧生。大约有14名暴徒被判处死刑，但最终都获得赦免。新罕布什尔和康涅狄格部分地区也发生了起义，政府进行了强硬的干预，镇压了叛乱。

显然，进入和平时期，需要增强政府的力量。当时在欧洲的约翰·亚当斯建议邦联国会采取这个权宜之计。1786年，来自美国中部5邦的代表在安纳波利斯会晤。大会得出结论：只要对现在的政府进行彻底的改革，就足以确保公众的和平与繁荣。共同危机所带来的压力这时已经消除，联结邦联各邦之间的纽带已经不那么强韧有力。邦联政府与各邦政府已经开始相互猜忌，邦联的利益占据主导地位。一些邦的情况有利于发展商业，他们利用这一优势向邻邦征税，而邦联国会却无权强制其遵守制定的贸易协定，也无权强制征税以偿还债务。在这种情况下，没有什么比安纳波利斯大会所表达的信念更及时的了。邦联国会批准了他们的提议，决议在费城举行全体代表大会。

1787年5月，美国各邦在费城举行了全体代表大会。乔治·华盛顿，作为弗吉尼亚的代表之一，被一致推选为大会主席。实际上，大会的目的是为一个庞大的帝国建立一套政府体系。为了这样一个目标，这样的一群人聚集在一起，这在世界历史上是前所未有的新局面。这次会议在美洲被万众瞩目。无需耗费太多力气，人们便得出结论，仅仅修改《邦联条例》是不够的，需要制定一部新的宪法。这项工作需要超乎常人的智慧、审慎和品格，美国还是完成了新宪法的制定。宪法最终定案通过，这是人类才思的极致，再没有比这更完美的治国工具了。宪法的最终敲定历经了漫长而艰苦的辩论，兹事体大，只有相互让步，牺牲部分私人和国家的利益才能实现。这项工作几乎成为一种无法克服的困难，甚至有时要濒危破产。

贯穿美国整个宪政史的政党路线就是从那时勾画出来的。在权力问题上分成两派，始终存在矛盾。一方渴望力量与约束，接近于治理良好的君主制；而另一方则希望维持旧邦联宽松自由的权利制度。在宪法中，由于它实际上是被框定的，而且应该加以解释，人们认为真正的媒介是可以获得的。当时，大会的一部分成员和社会上的一些人认为，这样的宪法会使政府过于强大，最终有可能推翻美国的自由；而其他人则担心这样的政府力量太薄弱，就是一盘散沙，不能长治久安。这样的分歧成为后来美国的两大政党民主党和联邦党产生的基础。

参与制定宪法的55名成员中，39人签署了宪法。剩下的16人中，一部分也持赞成态度，但迫于私人事务，在宪法签署之前就离开了。之后，新宪法被转交国会批准，华盛顿附信说明制定宪法面临着各种各样的困难，目前这份公约已经是最佳方案。这里没有足够的篇幅详细地解释宪法，甚至它的大纲。只有通过比较与《邦联条例》的不同，才能体会到它是一个覆盖社会每一个人并使所有人服从的普遍法则体系。根据以前的《邦联条例》，各邦“为了共同防御、捍卫自由，以及共同和普遍的福祉，彼此间建立牢固的友谊联盟”，等等。根据新宪法，就像它的序言所述，“人民联合起来，建立政府，确保国家安定，提供共同的福祉，保障人民及其后代的自由”。大会建议，宪法应提交给各邦大会，一旦宪法获得规定的9个邦的多数通过，国会就要确定总统的选举程序和他开始执政的时间。这项要求立即得到了满足。

新宪法于1787—1788年陆续被提交到各邦代表大会的会场上。它在佐治亚、新泽西和特拉华得到一致通过，在宾夕法尼亚、康涅狄格、马里兰和南卡罗来纳邦也得到绝大多数人的赞成。罗得岛并没有为此召开大会，它在观望，看看在没有进行事先的修正案的情况下，其他邦是否会同意这部宪法。然而，这件事是如此紧迫，以至于少数邦被诱导同意这部宪法，并相信未来的修正案。

根据宪法，国家立法机构于1789年3月4日在纽约召开会议，来自11个州的参议员和众议员出席会议。乔治·华盛顿几乎全票当选总统，约翰·亚当斯当选副总统。通过一位特使，华盛顿得知自己当选的消息，结束自己的退休生活，离开了心爱的弗农山庄前往政府所在地。一路上，他收到不计其数的、人们表达感激和崇敬的赠礼。4月30日，宣誓就职仪式于纽约举行，成千上万的民众聚集在一起，纽约州议长主持了宣誓仪式。这是一个欢乐而壮观的场面，随着政治新秩序的开始，这一幕将永远难忘。总统的就职演说充满了至高无上的智慧、纯洁和强烈的爱国主义。演讲结束后，华盛顿和参众两院的议员一同前往圣保罗教堂参加神圣的仪式。就这样政府依据宪法来治理国家。

在第一届会议期间，国会主要讨论财政收入问题，建立司法机构，详细组建行政部门以及根据总统的建议拟定宪法修正案。议会成员立即在新制度下行使权力。他们对进口的货物征收吨位税和关税。国家航海利益也得到国会的注意。设立战争、外交以及财政3个行政部门，各部设部长一名。杰斐逊任战争部部长，汉密尔顿和诺克斯先生分别任外交部和财政部部长。约翰·杰伊被任命为联邦最高法院的首席大法官，约翰·拉特利奇、詹姆斯·威尔逊、威廉·库欣、罗伯特·H. 哈里森和约翰·布莱尔担任陪审法官。埃德蒙·伦道夫被任命为司法部长。

在和平的政治制度建立之际，整个美国都在庆祝感恩节。北卡罗来纳州在下一次国会召开前接受了宪法。第一届国会的议程得到了广泛的肯定，对此这里不再赘述，新政府建立带来的益处日渐为人们所感受到。

1790年1月1日，第二届国会举行，内容涉及几项重大法案，尽管在若干提案上意见分歧较大，关于支持公共信贷，特别是承担国家债务的问题，引发了一场漫长而焦虑的辩论。弗吉尼亚州通过其立法机关谴责了政府的议程。除其他事项，国会下达指示，于1790年8月的第一个星期清点居民的数量，建立统一的入籍制度，并成立基金以减轻国债。1790年5月，罗得岛州通过了宪法，这是13个州中最晚的。这次会议一直持续到1790年8月12日才结束。

新一届会议于次年12月的第一个星期一召开。根据会议通过的第一批法案，批准两个新的州加入联邦。它们分别是佛蒙特州和肯塔基州，前者于1791年3月4日加入，后者则于1792年加入。本届会议最重要的决议是建立国家银行，另外对美国境内蒸馏的烈酒征税，无论原料产自国内还是国外。即便反对意见不多，这些提案还是没有被通过。

新政府的政务会议陷入困境之际，与印第安人的战争在国家的西北边界拉开了帷幕。总统曾试图与敌对部落达成和平协议，但没有成功，于是决定使用武力。哈马尔将军率领一支1 400人的军队前往边境讨伐敌人。他成功地摧毁了印第安人的村庄和农田，但在奇利科西附近的一次战斗失败了，损失惨重。阿瑟·圣克莱尔少将接替他，结果更不幸。1792年11月4日，他在俄亥俄州迈阿密附近与印第安人的战斗中被彻底击败。

得知这个灾难性的消息后，第二届国会在会议期间通过了一项法案，要求增派3个步兵团和一个骑兵中队，如果不在短期内退役，则服役3年。这项法案遭到来自政府反对派的反对，比以往任何一个时候都强烈和深刻。政党精神连同它的苛刻，已经在国家立法机关，并通过它的全体成员在全国变得非常明显。那些对华盛顿及其内阁通过的政府计划持不同意见的人，都明确表示了反对。在下届国会会议上，这些反对者曾多次尝试贬低总统的提案，特别是弗吉尼亚州的吉尔斯先生抨击了外交部长汉密尔顿，但是这些抨击都被成功抵制。

1793年，华盛顿再次以全票当选总统，尽管他本不愿参选连任。同时，亚当斯再次当选副总统。有华盛顿在国家危难之际领导政府，对美国而言是大幸。首席行政官这个位置，需要他杰出的才能和坚定的意志，以及他应有的声望和品格。法国大革命已经进行了一段时间，英法之间爆发了一场战争。法国人在他们对自由的热情中，想象着注定是自己把自由的火炬带到所有的土地上。很显然，他们想拉拢美国一起对抗英国。但是，华盛顿预见到如果走这一步，将会损害美国的利益，便于4月22日发布了一份中立声明。尽管一开始就遭

乔治·华盛顿

到反对党的猛烈抨击，然而这项措施的明智之处很快就显现出来。

事实上，美国人民祝愿法国人能够成功夺取自由；法国大革命刚爆发时，他们欢欣鼓舞。但很快，革命者血腥的行为便粉碎了人们的希望，至少大多数明智的人都不齿于这种行为。法国国王被处决后不久，热内作为公使被派往美国 。他是一个冲动多于判断力、自私多过公正的人。在他眼中，到这里来是为了完成拉拢美国与法国的敌人英国开战的使命。

热内在查尔斯顿登陆，故意没有和华盛顿晤面，这样至少在一段时间内，他可以毫无顾忌地推进他的计划。他立即采取行动，委托查尔斯顿的武装船巡航侦查英军，这违反了国际惯例。政府得知他的种种做法后，华盛顿决定对他的权力进行干涉。热内仍旧肆无忌惮，他印发各种出版物，试图借此唤醒群众不管不顾的情绪，引导人们反对政府的立场。确实有很多人被他鼓动起来，这使得他愈发张狂，最终华盛顿要求法国政府将热内召回。

热内被召回后，福歇和阿代先后接替他，虽然他们的行为温和些，但目的是一样的，最后他们在美国的使命以闹剧结束。

1794年国会通过决议，派海军巡守，保护国家商业免受阿尔及利亚海盗的骚扰；还通过法令，禁止在美国港口进行奴隶贸易；因为预期与英国开战，他们也采取了一些措施，以摆脱英国的商业限制，那些限制对美国是不公平的。由于人们非常渴望改善困境，于是任命杰伊先生为驻圣詹姆斯宫廷大使（也就是驻英大使）。次年，这位绅士不辱使命，谈判成功，签订了一项条约。参议院在适当的时间讨论了条约中对美国有利的方面，以20人赞成、10人反对的结果批准了条约。对此，尽管国内反对声颇高，但经多方斟酌权衡后，总统签字予以批准。这份条约阻止了一场无谓的战争，它带来的影响也是极为有益的。1795年秋，分别与阿尔及利亚总督和西部的部分印第安人签订条约。不久后与西班牙签订条约，除去其他内容，该条约全面承认了美国在密西西比河通航的权利。1796年6月1日，通过国会的法案，田纳西作为一州加入联邦。

在这一时期，当新一届总统选举临近之际，华盛顿表示他打算从公共生活中退休。在宣布这一消息的同时，他还向美国人民发表了告别演说——这部作品以其重要的政治格言而引人注目，因为它表达了他对祖国和人民的无限热爱。他对国人的忠告再怎么被遵循都不为过。

因为在选举人团中得票最多，约翰·亚当斯继任美国总统。杰斐逊当选副总统。1797年3月4日，亚当斯正式就任总统。在亚当斯担任总统期间，美国在贸易、财富、制度上的稳固性以及在世界各国中的地位取得明显的进步。华盛顿的智慧、坚定和温和一直是美国上升和繁荣的重要因素。亚当斯基本上奉行与华盛顿相同的政策，作为独立战争的领导人之一，他颇能胜任领导国家的重要职责。

约翰·亚当斯

由于美国大使平克尼受到法兰西共和国的不当对待，美法两国的矛盾日益加重。亚当斯就任总统不久，就派遣3位特使前往巴黎，进行第二次谈判。督政府设法拖延了公众对他们官方身份的承认，不那么直接地要求美国提供一大笔钱作为谈判的准备。这样的要求立刻被拒绝，3位特使中的两位，平克尼和马歇尔被勒令离开法国；另一位特使格里被允许留下。法国人试图单独与他谈判，但这个企图失败了，格里很快被美国政府召回。

在这些事件之后，法国人便有意打击美国的商业，这激起了举世愤慨。美国人牢记着“用于国防，百万美元不嫌多；用于纳贡，一美分都没有”。国会建立了一支正规的临时军队，增加了税收，并征收了额外的国内税。在国会的召唤下，华盛顿将军再一次离开宁静的庄园，为国家奔赴前线。汉密尔顿被任命为副总司令。海军也增加了，为的是在海上进行报复。装配有40门大炮的法国护卫舰“起义”号，在一次孤注一掷的行动后，被装配有38门大炮的“星座”号护卫舰俘虏。美国的特拉克斯顿海军准将指挥了这场战斗，这次胜利让国内的两个党派都相当满意。

法国露出讲和的迹象，亚当斯总统立即派特使到巴黎，以争取对双方都有利的结果。当时，拿破仑推翻了督政府，建立了执政府，成了第一执政。1800年9月30日，双方很轻松地在巴黎签订了和约，解决了双方存在的所有争端。美国随即解散了临时军队。

就在此时，一个大不幸降临到美国人民的头上。美利坚合众国的缔造者华盛顿被一场短暂而痛苦的疾病夺去了生命。1799年12月14日，华盛顿在弗吉尼亚州弗农山庄的椅子上溘然长逝。举国沉浸于悲恸之中，人们极尽一切荣耀之词来赞美他，纪念他：“战争第一伟人，治国第一伟人，同胞心中第一伟人。”

1800年，位于哥伦比亚特区的华盛顿市被设为政府的所在地，这是根据1790年国会通过的一项法律确定下来的。为了建都，弗吉尼亚州和马里兰州各让出10平方英里面积的土地。这里提一下，

1846年，弗吉尼亚让出的土地又被归还。

不久，美国总统大选的时间再次临近，民意的进步让亚当斯的连任变得几乎不可能。所有人都承认他的能力、他的爱国主义精神，以及他为国家作出的贡献。但一开始民主党就不喜欢他，到后来更是讨厌他。亚当斯担任总统期间通过了几项法律，其中包括《外籍法》和《惩治煽动叛乱法》，而这些措施最能激起民主党的反对，而民主党的反对成功地阻止了亚当斯的连任。

从当时的投票来看，在几天的时间里，谁当总统或是否在宪法规定的范围内作出任何选择都难以确定，因为选举人团中碰巧出现了两个最高的相等票数，而后来众议院的票数也出现了对等的情况，最后是杰斐逊当选为总统，阿伦·伯尔当选为副总统。

第488章

从杰斐逊总统到麦迪逊总统时期的美国

（1801—1817）

杰斐逊于1801年3月4日正式就任总统。他没有像前两任总统那样，亲自向国会两院发表演讲，而是给他们发了一份书面函，随后由他陆续宣读——这一做法后来成为总统就职的一个惯例。这封公函包含了他的政治观点，以及他作为首席行政官所要追求的目标，在当时被广泛阅读和评论。在杰斐逊执政初期，政府的主要职位都被交给民主党成员，麦迪逊担任国务卿。

在12月8日的国会开幕式上，杰斐逊总统在致辞中建议废除国内税，废除前总统亚当斯执政最后几天通过的法案，重组美国法院，增加16名新法官，并扩大入籍权。这些议题在很大程度上唤醒了党派的强烈情绪，但行政部门的建议最终占了上风，法案也相应地获得了通过。1802年，俄亥俄作为一个独立的州加入联邦，这成为当年的标志性事件。第二年，法国将路易斯安那的大片土地卖给了美国，

托马斯·杰斐逊

这使它的领土大为扩张，也因此成为历史上的一个重要时代。买下这片土地，美国花了1 500万美元。路易斯安那是一片从密西西比河延伸到太平洋的广大区域。当然，密西西比河的自由和专属航行权也被法国放弃。

杰斐逊获得连任，并于1805年3月4日按照宪法的规定进行了宣誓。来自纽约的乔治·克林顿被提拔为副总统。由于海盗掠夺美国的商船，美国于1801年向地中海南岸的的黎波里发动战争。在这场战争中，一艘美国护卫舰不慎落入的黎波里人手中。在斯蒂芬·迪凯特上尉的指挥下，美军在的黎波里港进行了一次大胆的行动，但这艘护卫舰因为敌人的炮火而被夺取。护卫舰搁浅了，不能被带走，便被的黎波里人一把火烧掉了。舰上的军官被囚禁，船员被当作奴隶。舰上的官兵被残酷对待，促使美国人竭尽全力去解救他们，并惩罚的黎波里人。威廉·伊顿上校英勇大胆的举动拯救了这些被俘的美国官兵 。他借助几百人的阿拉伯军队在陆地上袭击的黎波里人，迫使他们达成协议。双方交换俘虏，然而由于帕夏手下被俘的人更多，所以他得到了一笔补偿金。

在法国大革命战争期间，美国的中立政策给自己带来了财富和繁荣——因为它享受着世界大部分地区的贸易往来。但是，交战的双方对中立者都很不满意，便推行了对中立者不利的政策。他们都决心把其他国家拉到自己一边。为此，法国和英国颁布了著名的法令。英国于1806年5月发布公告，宣布封锁从易北河河口到布雷斯特的欧洲海岸。法国政府对英国的这一行为感到愤怒，于11月21日在柏林发布敕令，宣布封锁不列颠群岛加以报复。这实际上是双方的一个声明，即任何中立国都不应与交战的双方进行贸易。1807年11月，英国通过内阁发布了一系列指令——对法国11月的法令进行报复，除非向英国支付贡金，否则任何中立国都不能与法国及其盟国进行贸易。很快，拿破仑在米兰发布敕令，宣布每艘经过法兰西帝国港口的船只，都应该被搜查，一旦发现有向英国缴纳贡金的船只便予以没收。尤其美国和英国之间，还有“搜查权”和脱离国籍这两个最重要的问题。

英国以各种借口，长期以来一直声称拥有搜查其他国家船只的权力，以便从船上抓捕在英国本土出生的人；而它这样做的依据是任何人都不能改变对他出生地的政府的忠诚：在英国出生的人永远只能是英国臣民。在这个问题上，美国则秉持完全不同的立场：不管哪国政府的臣民，无论他何时接受美国政府的庇护，都会被接纳为美国公民。入籍之后，他就成为一个完全的美国公民。如果一个人出生便是英国人，那么，英国政府无论在什么地方发现他，都能把他带走，让他成为英国海军的一员；而且，在很多情况下，被带走的不只是出生在英国的人，还有很多土生土长的美国人。对美国人而言，带走美国公民是一种错误以及难以忍受的侮辱，这更加剧了英美之间的矛盾。

推行强征入伍的措施成为英国人犯下的一种暴行。1807年6月22日，美国的武装船“切萨皮克”号被英国的武装船“豹”号用大炮轰击。这次攻击发生于和平时期，完全出乎美国人的意料，“切萨皮克”号的指挥官一开始并没有反击，但很快他就明白过来了，下令发起反击。这艘护卫舰并没有被“豹”号俘获，但那些被称为是英国臣民的人则从船上被带走。这一事件对美国人造成了巨大的刺激。美国总统立即发布公告，命令美国港口或水域内的所有英国武装船只立即离开，并禁止其他英国船只进入。还采取了其他措施以表达美国民众对所受伤害的不满。

英国和法国颁布的法令，让美国的商业置于被彻底破坏的危险之下。1807年12月22日，美国国会经过内部党派的激烈争论之后，下令对自己国家的船只实施禁运，这一不得已的举措是被外部环境逼迫施行的。在伦敦的美国公使门罗被指示，让英国不但要满足“切萨皮克”号的要求，还要求英国保证美国船只未来的安全。英国外交大臣坎宁反对将两个问题并为一谈，但派了一位特使到美国协调“‘切萨皮克’号事件”。

1809年，来自弗吉尼亚州的詹姆斯·麦迪逊当选为总统，克林顿则再次当选为副总统。因为禁运被证明在所有商业国家都不受欢迎，1809年3月1日，这项禁令被废除。作为替代，国会依法禁止了与法国和英国所有的贸易往来，并于4月12日通过了一项法案增加军事力量。4月23日，英国的全权公使厄斯金保证，英国将在6月10日之前废除反中立的法令；根据当时与英国公使达成的一致，麦迪逊总统宣布将于当天恢复与英国的商业往来，但这种安排没有得到国王的承认。厄斯金于10月被英国召回，杰克逊接替他的职位。没

詹姆斯·麦迪逊

多久，杰克逊就冒犯了美国政府，与他进一步的交涉都被拒绝了，他也被召回。

1810年3月23日，拿破仑于朗布依埃发布敕令 ，据称这是对禁止法国船只进入美国港口的美国国会法案的报复。根据这份敕令，任何抵达法国或被法国占领国家港口的美国船只都要被勒令扣押以及处罚。5月1日，美国国会通过法案，驱逐美国水域内所有英国和法国的武装船只。麦迪逊总统发布公告，两国应于1811年3月3日之前修改侵害中立国家商业利益的法令。公告还申明，当两国中的一国这样做时，另一方也应在3个月内效仿这种做法；否则，美国只与修改法令的国家恢复商业往来，禁止另一方的船只进港。11月2日，麦迪逊总统发布公告，宣布废除针对法国的法令，美国可能会与法国恢复交往。11月10日，总统再次发布公告，断绝与英国的商业往来。

1811年11月12日，英国通过特使奥古斯塔斯·约翰·福斯特对攻击“切萨皮克”号的行为进行了赔偿。11月5日，麦迪逊总统在递交给国会的报告中表明了对英美之间保持敌对的忧心。11月29日，众议院外交关系委员会提交了关于充实军队的决议；增加1万人的军队；授权总统接受5万志愿兵的服役，以及在他认为必要时可以征调民兵；修理美国的战舰；授权武装商船自卫。大部分决议被通过。参议院提出招募2.5万人的军队的议案，也得到众议院的批准。

12月份，麦迪逊总统向国会提交了一份关于11月7日印第安纳州州长哈里森将军率军与大批印第安人进行的蒂普卡努战役的官方报告。战役发生在沃巴什河的一条支流附近。印第安人使用了诡计，以顺服的姿态来欺骗白人，随后发动进攻，美军经历了重重的困难，最终打败了印第安人。由于缺乏反制的手段和充分的准备，美国人遭受了重大的损失。

1812年4月3日，国会通过了一项法律，规定对英国实行为期90天的禁运——这项措施旨在挑起与英国的战争。6月1日，麦迪逊总统向国会提交了战争咨文。在咨文中，他在谈到美国的海员受到的压迫、英国巡洋舰侵犯美国海岸的权利与和平以及其他困难的原因之后，提出了这样一个问题："美国是否将继续在这些渐进的篡夺和累积的错误下处于被动地位，还是以武力捍卫国家的权利，将正义事业交给全能的仲裁者？"6月4日，众议院以79票对49票通过与英国宣战的议案。17日，参议院以19票对13票通过了战争议案。随后总统签署了这个议案，正式宣战。有少数人反对开战，在众议院提出抗议。巧的是宣战4天后，柏林的敕令①被废除，英国议会的法令也被解除，但来自其他方面的困难依然存在。

民主党人和联邦党人②都因宣战激动不已。在巴尔的摩，一群暴徒袭击并摧毁了一家联邦报纸的印刷厂，因为该报纸强烈反对政府的这项措施。在暴怒之中，他们袭击了一座房子，并劫持了几位尊贵的绅士作为人质，用以自卫。最后，这些人在得到保证安全的承诺后投降，却遭到袭击，作为死有余辜之人，被杀后尸体堆成一堆。在美国独立战争中立下汗马功劳的林甘将军被杀死，另外有11人身受重伤。

---

① 拿破仑于1806年在柏林颁布的对英国实施大陆封锁政策的法令。——编者注

② 联邦党为1792—1816年存在于美国的一个政党，由美国开国元勋亚历山大·汉密尔顿所创建。与托马斯·杰斐逊和詹姆斯·麦迪逊创建的民主共和党是对立关系。——编者注

对战争的准备一开始就做得不好。这一代掌握权力的人，大多数没有战争的经验。杰斐逊总统执政时期，陆军和海军的人数已削减至最低，陆军当时只有大约3 000人。最近的危险，在某种程度上引起了美国人民对这种开始觉醒的感觉的反应。国会授权招募2.5万人的军队，然而参军的人非常少。由于独立战争时期的英雄大多不复存在，人们感到严重缺乏优秀的军官。在这一时期，海军是更好的防御力量，在最近与巴巴里诸国的战争中也积累了一些经验，但它的规模太小了。在战争的过程中，有许多不屈的美国人把自己的商船改装成了武装民船；但在战争开始的时候，10艘护卫舰、10艘单桅帆船和165艘炮艇，就是美国与“海上霸主”的千艘战舰对阵的所有海军力量。这就是宣战时美国方面无足轻重的准备!

1812年8月16日，作为镇压印第安人敌对行动的将军、现任的密歇根州州长威廉·赫尔，未经一场战斗，就率领自己的军队向英国的布罗克将军投降，并把底特律堡和属于美国的所有其他堡垒和驻军一并奉送。这是战争开始时，最令美国人感到羞耻的一幕。后来军事法庭对赫尔的行为进行了调查，并判处他死刑，但考虑到他在独立战争中的功劳以及年事已高，麦迪逊总统赦免了他的死刑。这场美国军事史上的重大灾难，很快因为美国“宪法”号护卫舰对英国“战士”号护卫舰的胜利而得以缓解。指挥“宪法”号的舰长为艾萨克·赫尔，指挥“战士”号的舰长为戴克斯。这场胜利发生在8月19日，是一系列辉煌胜利的开始，为美国海军加了冕。

很快，8月13日，美国“埃塞克斯”号、“波特船长”号两艘护卫舰与英国“警戒”号单桅帆船之间发生第二次海战的情报就传来了。“警戒”号在行动仅8分钟之后就向护卫舰发动攻击。

根据国会的一项法案，总统要求各州州长派遣民兵驻扎在海上边境的要塞上，民兵由他任命的军官统领——马萨诸塞、康涅狄格和罗得岛三州的州长拒绝了这一要求。“理由有二：第一，宪法规定的紧急情况都没有出现；第二，除了自己的军官，不能强迫民兵在任何人手下服役，总统本人除外。”

作为共同商定的入侵加拿大计划的一部分，美国军队兵分三路：第一路是哈里森将军率领的西北军，第二路是史蒂芬·范伦斯勒将军率领的中央军，第三路是总司令迪尔伯恩率领的北方军——一支约1 000人组成的中央军分遣队越过尼亚加拉河，在昆斯顿高地进攻英军。范伦斯勒将军虽然一开始很成功，但在长期胶着的交战之后，并没有像预期的那样得到美国民兵的增援，被迫投降。英军指挥官布洛克将军也在这场战役中阵亡。

10月17日，英国单桅战船“嬉戏”号在一次激烈交战后，被琼斯船长指挥的“黄蜂”号战舰俘获。英军在兵力上占有绝对优势。“嬉戏”号死30人，伤50人。这艘“嬉戏”号刚被美国人俘虏，就和“黄蜂”号一起被一艘装配有74门大炮的英国战舰“普瓦捷”号夺走。几天以后，德凯特准将指挥护卫舰“美利坚合众国”号在加那利群岛附近俘获了当时最大级别、装配了49门大炮和300名海军的英国护卫舰“马其顿人”号，让美国海军再次取得辉煌的胜利。在这场战斗中，英美双方的人员损失对比悬殊，“马其顿人”号死36人，伤68人，而“美利坚合众国”号死7人，伤5人。12月29日，班布里奇准将指挥“宪法”号击败了装配有49门大炮、400名海军的英国护卫舰“爪哇”号，为美国海军赢得了又一场胜利。这是“宪法”号再次获胜，而“爪哇”号则被烧毁。

1813年的战场主要在北方，目标在加拿大。美国的温彻斯特将军和近500名官兵在弗伦奇敦被普罗克托上校率领的来自底特律的一个英国师俘虏。在英国的帮助下，印第安人形成了一支武装力量。尽管普罗克托曾承诺过会保证美军俘虏的生命和财产安全，但这些美国俘虏几乎被印第安人残忍地杀光。肯塔基州是这场灾难的最大受害者，因为那些被杀害的俘虏大多数来自这里，他们都是很有前途的年轻人。这场战役发生于1813年1月22日。两天后，在远离弗伦奇敦的南美洲海域，詹姆斯·劳伦斯舰长指挥“大黄蜂”号与英国单桅战船“孔雀”号作战，战斗在15分钟内结束，“孔雀”号被摧毁。

在1813年的大选中，麦迪逊总统击败反对党的候选人德威特·克林顿，获得连任，并于3月4日开始他的第二个任期。副总统乔治·克林顿去世后，埃尔布里奇·格里接替了他的位置。

4月27日，迪尔伯恩将军率领美国军队攻占了上加拿大的首府约克。请求并负责具体实施这次行动的是派克将军。昌西准将率领一支小型舰队从萨基茨港起航，将派克将军和他的1 700名士兵运送到目的地。就在派克和他的军队即将完成任务时，一处事先为了对付美军而储备的英军弹药库发生了爆炸，数十名美军，连同将军本人都在这次爆炸中丧生。在去世之前，派克仍指挥军队继续前进。最后，这座城镇被美军占领，英军损失惨重。此后一个春天都没有发生什么重大事件。一部分美国海岸被封锁，敌人在几个地方进行了掠夺性入侵，数不清的财产被掠夺和毁坏。几艘美国武装舰船被禁止航行，出不了港口。

在接下来的夏天，也就是6月1日，美国护卫舰“切萨皮克”号在波士顿港附近被英国护卫舰“香农”号俘获。在这次的流血事件中，“切萨皮克”号英勇的指挥官劳伦斯舰长倒下了。8月14日，美国另一艘装备有18门大炮的武装船“百眼巨人”号被装备20门大炮的英国战舰“鹈鹕”号俘获。但到秋天，胜利的天平再次向美国倾斜。9月5日，美国的“进取”号经过30多分钟的战斗，制服了英国的“拳击手”号。在这次的战斗中，两艘舰艇的指挥官双双战死。9月是一个令人难以忘怀的月份，因为10日那天，美国舰队在伊利湖上击败英国舰队，取得了决定性胜利。这场战斗绝望而漫长，但民族自豪感和事件的重要性产生的激励，让每一名士兵都拼尽全力去战斗。这是美国舰队第一次与敌人的舰队正面对战。关于这次战斗和所取得的胜利，佩里的表达简洁而又让人印象深刻：“我们遇上了敌人，他们的舰队就是我们的了：两艘多桅帆船，两艘双桅横帆船，一艘纵帆船，还有一艘单桅帆船。”

佩里在伊利湖上的胜利

美国人现在是伊利湖的主人，哈里森将军很快便得到了攻打普罗克托的契机，他一直占据着这里的领土。10月5日，两军展开激烈交战，英军战败。在这一战中，著名的印第安酋长特库姆塞被杀死。早前，美军就占领了底特律，现在他们再次成为密歇根所有土地的主人。大约在此时，有迹象表明，哈迪准将将率领一个中队攻打新伦敦，康涅狄格州的一部分民兵已经被他们的军事指挥官召集起来。康涅狄格州州长史密斯赞同这项举动，在州议会上发表讲话："康涅狄格虽然是最后一个对英军实施敌对行动的，但要第一个赶走侵略者。"在这一时期，美国海岸的其他地区时时处于惊恐和敌人的掠夺之中。试图在下半年通过北部和西北部几支军队的联合行动来削弱加拿大的行动，显然失败了。在刘易斯、汉普顿、威尔金森和哈里森这样被认可的将军们的支持下，人们对这次行动的成功寄予了很高的期望；但阻碍他们协同作战的障碍也是被允许的，公众舆论对失败的责任应该归咎于哪一方，意见分歧很大。

在南部，克里克印第安人一直对美国人抱有深深的敌意，在1813年，直到1814年夏天结束，他们曾多次攻击美国人；而负责与他们作战的杰克逊将军，决定性地击败了印第安人。1814年8月9日，在对美国有利的条件下，克里克印第安人与美国人缔结了一项条约。不久，杰克逊将军接替威尔金森将军指挥新奥尔良的军队。1814年春天，由波特准将指挥的美国"埃塞克斯"号护卫舰的失败，在美国引起了极大的悲痛。3月28日，在瓦尔帕莱索湾，"埃塞克斯"号与占据绝对优势的两艘英国武装舰船相遇。英国这两艘武装船装备了精良的武器和善战的士兵，为的就是攻击"埃塞克斯"号。这是一场众寡悬殊的战斗，美国虽然失败了，但并不丢人。大约同时，又发生了两场海战，结果都对美国有利。第一场发生在4月29日，美国单桅战船“孔雀”号对英国双桅横帆船“食雀鹰”号；另一场发生于6月28日，美国单桅战船“黄蜂”号对英国双桅横帆船“驯鹿”号。

新奥尔良战役

整个春天，英国军队似乎都萎靡不振；然而当英国军队从欧洲的拿破仑战争中抽身出来，便在原来用于对付美国的军队的基础上又增加了1.4万名经验丰富的老兵，同时派出了强大的海军封锁美国海岸，破坏每一个可以接近的地方。北部边境线战事日益频繁。7月3日，经过零星的交火，伊利堡便被美国的布朗将军攻占。7月5日，在布朗将军的指挥下，英美双方进行了一场顽强而血腥的奇帕瓦战役，美国人获得了胜利。这是双方第一次正规的正面交战，他们都以极高的判断力沉着应战。经过短暂的休息之后，7月25日，美军和英军在布里奇沃特进行了一场毁灭性的战役，战斗从下午4点钟一直持续到了午夜。美军取得了战场的控制权，他们在半夜时分从战场上撤到他们的营地。布朗的军队伤亡失踪约六七百人，英国将军里亚尔的军队损失约1 000人。8月15日，盖恩斯将军在伊利堡遭到英国德拉蒙德将军的袭击，但袭击失败，德拉蒙德损失惨重。围困了49天后，德拉蒙德最终放弃了这次行动。

这段时期，沿海地区也成为人们关注和忧心的地方。大约在8月中旬，五六十艘英国舰船驶抵切萨皮克，载着以美国首都为进攻目标的军队。8月23日，罗斯将军指挥6 000名英军攻入华盛顿，烧毁国会大厦、总统官邸和行政部门的办公场所。他们肆意破坏的行为包括毁坏珍贵的图书馆，以及文明战争规则中尊重的其他有品位和重要性的物品。英军很快发现自己身处一个被眼前破坏景象激怒的民众中间，处境不妙，便迅速撤到船上去。在这次征战中，英军损失了近千人。继攻入华盛顿之后，9月12日，英军又进攻了巴尔的摩，美国的军队、民兵和巴尔的摩居民打了一场英勇的防御战。由于英军占据绝对的优势，美国人被迫撤退；但是他们战斗得如此英勇，以至于让英军放弃了夺取这座城市的企图。在星期二晚上，英军登船撤退，但他们的总司令罗斯将军已经阵亡。

当美国的中心地带发生这些大事件时，北部的普拉茨堡和尚普兰湖的美军不断取得重大胜利。9月11日，乔治·普雷沃斯特爵士及手下共1.4万名英军被迫从普拉茨堡撤退；唐尼准将指挥的一支英军中队也被麦克多诺准将在尚普兰湖俘虏。尚普兰湖战役是双方的第二次舰队之战，也是美国海军第二次战胜英国海军的一支中队。一艘护卫舰和双桅横帆船、两艘单桅战船成为美军的战利品。此外，还有几艘英国战舰被击沉，另有几艘逃脱。

尽管美军在最近一段时间不断地取得成功，但公共事务状况却不容乐观。美国在此前曾提出一项和平建议，那些在国外的委员们便与英国人谈判，然而他们的要求太不合理，谈判成功的希望很渺茫：政府信用极低，国家财政混乱，联邦党一直在反对战争和政府的施政措施。新英格兰的大多数州对联邦政府的各项举措表示不满和担忧，来自这些州的代表还在哈特福德召开一次会议，会上虽然没有提出暴力方案，但增加了国家正在经历的困难。从此以后，“哈特福德会议”一直是民主党人厌恶的一个名词。

尽管美国和英国的委员们正在根特进行和平谈判，但很明显，英国正积极地为入侵路易斯安那做准备。英国很快发动了进攻。12月份，爱德华·帕肯汉姆爵士率领1.5万名士兵在密西西比河以东的海岸登陆，并于1815年1月8日进攻了在新奥尔良城下壕沟里防守的6 000名美国民兵。杰克逊将军率领美军为保卫这个地方做了明智的准备。经过一个多小时的激战，英军总司令吉布斯少将阵亡，兵力损失超过2 000人，英军因此斗志瓦解，顾不得战场上死伤的战友，仓皇逃走。美军因为占据了有利的地理位置，只有很小的损失，7人死亡，6人受伤。

胜利的消息很快传遍美国，且被看作是和平的征兆。1814年12月24日，英美双方在根特签订了和平条约。1815年2月17日，和平条约获得总统和参议院批准。需要指出一点，对宣战时公开声称所要达到的目标，美国现在沉默无言，人们却为和平的到来而欢呼雀跃，这个国家已经厌倦了战争，因为它浪费生命、财富和损害人民的幸福。很快，美国与印第安部落再次签订和平条约。

关于这场战争的终结，值得我们略加探讨。不论当初宣战是否明智，站在美国的一方来看，他们完全有理由证明，长期以来英国一直在傲慢地侵略美国。对美国人民和世界人民权利的自尊自爱，要求美国人必须对英国人的行为加以抵抗和谴责。英国人侵犯了美国的领海以作为它的特殊国土，这是一个不可容忍的错误。世界人民的裁决，尤其是美国人民的裁决，在美国政府采取的行动中充分体现出来。战争的结果对美国极为有利，尤其是对它的名声和在其他国家心中的地位，都有重大的益处。最近才把法国军队从西班牙赶出的英国老兵，却在新奥尔良被美军打败，并在英国人自认为不可战胜的海上被美国海军予以重挫，这确实给了那个傲慢的民族一个有益而持久的教训。从那时起，美国在世界上的地位不断上升。

这场战争对美国的政党有着巨大的影响。联邦党[①]从始至终一直在反对战争，尽管它的领导者也很有能力，却在人民中失去了威信；此后，“联邦党人”就成了民主党人责难的对象之一。毫无疑问，他们对政府的举措毫无原则地加以反对，使它在解决问题上举步维艰，这让他们难以被原谅。开始并维持这场战争的民主党在全国赢得了胜利，而且，在很大程度上这种胜利一直持续到现在。

并非战争本身决定了这两大政党的命运。联邦主义一开始是建立在对人类自治能力不信任的基础上的，因此，联邦党人总是与大众对立。这并非质疑他们的判断力或爱国主义精神，而是他们的信仰和行为原本就是这样。而就在那一天，民主党人发现了一个深刻而光荣的真理：人是有自治能力的——人民才是最安全的权力保管者，这也许是幸运的结果，同时也是超凡智慧的结果。可以确信无疑的是，美国的各个机构正越来越民主化，美国人自己和全世界对它的信心不断增强。

现在，几乎整个美国政府都建立在普选的基础上；过去的联邦

---

① “联邦党”一词最早适用于宪法规定的联邦联盟的支持者，之后指保守党，他们畏惧、反对法国大革命和民主思想。时至今日，保守党派已经取得进步，他们采纳了杰斐逊时期的大多数民主主义者的民主学说。——原注

党人认为这既危险又具有破坏性，现在已被证明是真正可靠的保守主义的要素。美国的制度建立在大众的肩膀之上，而每一位公民都在积极地维护它。因此，当欧洲的王权和王朝走向崩溃，沦为废墟的时候，美国却能安然度过风暴，成为那些逃离动荡和不幸的人们的避难所。

当和平情报正式传到大洋彼岸之前，美国采取了几项行动，让双方都成为战争的胜利者。一项以“美国第二银行”为名成立的国家银行的法案在国会经过激烈辩论后获得通过，麦迪逊总统于4月10日在法案上签字。在构成它总资产的3 500万美元中，美国出资700万美元。银行成立的特许状有效期为20年。1816年12月，印第安纳作为一个独立的州加入美国。1817年3月4日，麦迪逊从美国总统任上退休。

第489章

从门罗当选为总统到奴隶制的折中方案

（1817—1841）

詹姆斯·门罗于1817年3月4日就任美国第五任总统，他是弗吉尼亚人。来自纽约的丹尼尔·汤普金斯当选为副总统。门罗执政期间，并没有发生什么搅动人心的大事件。随着战争愉快地结束，与之有关的热烈情绪也逐渐消退。他组建了一个审慎而明智的总统内阁，并追求一种温和的政治路线。约翰·昆西·亚当斯被任命为国务卿。克劳福德在上一届政府就任财政部长，现在继续担任本职。卡尔霍恩担任战争部长，史密斯·汤普森担任海军部长。在这些能干的助

詹姆斯·门罗

手的帮助下，门罗总统采取了一些有益的措施，在很大程度上消除了战争给政治和社会制度带来的罪恶。

1817年的夏天和秋天，门罗总统巡视了美国北部及东部各州，受到人们隆重的礼遇和尊崇。在12月1日的国会会议上，他展示了美国在最重要的利益方面取得的进展，还特别建议国会应当关注两次战争后幸存官兵的生存状况，以及废除国内的关税。这些建议都得到了落实，国会通过了供养在两次战争中服役的贫困官兵和取消国内关税的议案。会议期间还通过了其他重要法案。

12月11日，密西西比州被批准加入联邦。1818年4月，伊利诺伊州通过了州宪法，并在适当的时候被批准加入联邦。1818年5月27日，美国总统和参议院代表美国批准与瑞典的条约。同年7月2日，瑞典也批准这项条约。

1817年，塞米诺尔印第安人和美国政府之间发生了战争，结果塞米诺尔印第安人遭受重挫，然后瓦解。在美国和佛罗里达的边界，克里克印第安人中的亡命之徒和逃亡的黑人奴隶联合在一起，给美国南部边界的居民造成极大的困扰。杀戮变得日益频繁，白人为了自身的安全，不得不逃离家园。一位印第安人预言家，以及因为贸易而进驻到印第安人之间的两位英国使者阿巴斯诺特和阿姆布里斯特，进一步煽动了印第安人对美国的敌对情绪。12月，斯科特中尉率领一支40人的小分队在执行分配给自己的使命时，被一批印第安人伏击，除了6个人逃生，其余均被杀害。杰克逊将军受命率领一大批田纳西人赶往事发地点。他迅速打败并驱散了这些印第安人。他深信西班牙人在印第安人的敌对行动中起了作用，便占领了圣马可和彭萨科拉的堡垒，并有意让那两个英国人和印第安人预言家谈到这两个被美军攻占的地方。阿巴斯诺特和阿姆布里斯特被送到军事法庭接受审判，随后被处决。

1819年1月28日，英国的摄政王乔治批准了英美两国之间的公约；11月2日，美国总统也批准这项公约。其他重要议题，以及渔业和美国北部边界等问题都在公约中达成一致。2月22日，美国国务卿约翰·昆西·亚当斯和西班牙外交大臣路易斯·德·奥尼斯在华盛顿签订条约，规定东佛罗里达、西佛罗里达以及所有毗邻岛屿都由西班牙割让给美国。美国将向被西班牙掠夺或侵害的本国公民支付不超过500万美元的经济补偿，这笔钱来自出售佛罗里达州土地的收益，以股票或货币的形式支付。

1819年夏天，门罗总统又巡视了美国的南部地区，像之前巡视北部地区一样，他视察国家的防卫、公共工程、艺术等方面的状况。12月14日，国会通过决议，承认亚拉巴马作为一个独立州加入联邦。1820年3月3日，缅因州也作为一个独立州加入联邦。

1821年3月5日，门罗再次当选为总统，按照惯例宣誓就职。他几乎以全票获得连任。丹尼尔·汤普金斯再次当选为副总统。

1821年8月10日，门罗总统发布一项声明，承认密苏里作为一个独立州加入联邦。两年以前，密苏里人民就向国会递交申请，为他们制定州宪法。为此，国会提出了一项法案，其中包括禁止奴隶制或非自愿的奴役。这项法案在众议院获得通过，却被参议院否决，因此暂时被搁置。在次年的国会会议上，这项法案重新被提交，并激起起了赞成和反对奴隶制的人们之间激烈而长期的争论。国会中的政党，也许从来没有这样明显地因地域和群体因素而分裂，或表现出对联邦更加危险的感情了。全国各地似乎都被这样一种相似的情绪鼓动着。最后只能妥协，在密苏里允许奴隶制存在；而在被法国割让的路易斯安那地区的其他部分，也就是北纬36° 30′ 以北的地区，禁止奴隶制存在。

1822年6月，法国和美国在互利平等的基础上缔结了一项通航和通商公约。大约同一时间，英国议会通过一项法案，决定向美国开放西印度群岛的港口。有一些海盗长期活跃于西印度群岛海域，因为可以掠夺美国的商船，但在这一时期遭到美国纵帆船“短吻鳄”号的严厉打击。美国夺回了5艘商船，并缴获一艘海盗纵帆船。在这之后，国会拨款组建了一支打击海盗的远征军。当波特准将和他的海军中队出现在加勒比海域后，这些海盗再也不敢露面，转而劫掠西印度群岛的居民。

1823年，国会批准了门罗总统关于承认南美洲共和国独立的提案。政府随即派遣驻墨西哥、布宜诺斯艾利斯、哥伦比亚和智利的大使。1824年，国会通过了两项重要法案，这两项法案在国会引起了很大的争议，也引起了那些可能受其影响的公民阶层的强烈关注，其中一项是废除债务监禁，另一项是对进口到美国的货物征收关税。

就在这一年，晚年的拉法耶特侯爵重访美国，重温早年在美国的艰辛、牺牲和危险的场景。他作为贵宾在美国停留了几个月，访问了美国的各个地区，受到美国人民的热烈欢迎。美国国会投票决定赠予他20万美元，并把佛罗里达州的一座小镇划为他的领地，作为对他在独立战争期间牺牲和服务的补偿，以及对他英勇、博爱行为的感激和纪念。

门罗总统执政期间，美国到处是一片安宁祥和的景象。6 000万美元国家债务被偿还。佛罗里达被和平地纳入版图，西部的疆界抵达太平洋；废除了国内税；将军事机构的活动频率降到最低，同时改善军队组织；承认南美洲国家的独立；在抑制奴隶贸易方面取得进展；印第安人的文明程度也不断地提升。政党的争吵逐渐消失。提起这一时期，人们至今仍称它为“幸福时代”。

门罗总统继任者的选举被移交给众议院，选举人却未能作出选择。人们担心，宪法正在考虑的紧急状况，如果没有一个危险的刺激，便很难获得通过，而这种状况可能会动摇宪法本身。最坏的结果并没有出现，不过许多人还是感到非常地不满，还有人大声抱怨政治勾结和政治交易。来自马萨诸塞的约翰·昆西·亚当斯在选举人团那里并非得票最高的候选人，然而他最终在众议院按州投票的选举中获胜。他于1825年3月4日就任总统。来自南卡罗来纳的约翰·卡德威尔·卡尔霍恩被选举人团选为副总统。新一届总统内阁为：来自肯塔基的亨利·克莱担任国务卿，来自宾夕法尼亚的理查德·拉什担任财政部长；来自弗吉尼亚的詹姆斯·巴伯担任战争部长。

约翰·昆西·亚当斯

1825年，在互相认定为最惠国基础上，美国与哥伦比亚共和国签署了通商和通航条约。就在这一年，联邦政府与佐治亚州的地方政府就克里克印第安人占有特定土地的问题发生了争执，佐治亚州声称这些土地归自己所有。这场争执的性质相当严重，不但影响到了佐治亚州，还影响到了邻近的州，甚至威胁到了国内的安宁。在国会的支持下，总统采取了果断有力的措施，圆满地解决了争执。

这一年，美国和欧洲盛行的投机狂潮使这一年成为难忘的一年，它给国内外的许多人带来了灾难。投机活动主要涉及某些股票和西印度群岛的一些产品。通过这种操作，便产生了一种虚幻的财富，然而虚幻的泡沫势必要崩溃，这会在短时间内产生很多难以预料的不幸结果。

1826年7月4日，美国的国庆日，独立战争的元勋约翰·亚当斯和托马斯·杰斐逊同时去世。1826年的这一天，也是美国成立50周年。然而，这两位举世瞩目的伟大人物却在举国欢腾中去世。历史上或许再也没有比这更令人震惊和影响深远的巧合了。

1828年，关税的修订引起了国会内部的激烈争论，持久而热烈的争论最终以颁布一项法律而告终。根据这项法律，对与美国的某些制成品和农产品构成竞争的进口物品征收保护性关税。关税保护主义倡导者的愿望没有得到充分满足，但他们获得了以制造业为主要产业的诸州普遍认可的优势，而以种植园为主要产业的诸州则认为这项法律对他们的利益极为不利。

新一届的总统大选由选举人团决定最终结果。1829年3月4日，来自田纳西州的安德鲁·杰克逊将军就任美国总统，约翰·卡德威尔·卡尔霍恩继续担任副总统。新一届的总统内阁为：来自纽约的马丁·范布伦担任国务卿，来自宾夕法尼亚的塞缪尔·德卢森纳·英厄姆担任财政部长，来自北卡罗来纳的约翰·亨利·伊顿和约翰·布兰奇分别担任战争部长和海军部长。随后，内阁内部又发生了一些变化。在执政期间，杰克逊总统推行了一项谋划良久的改

安德鲁·杰克逊

革计划，作为必要的代价，很多反对党的人员被迫辞职。他们的位置现在都由民主党人填充。1829年见证了南卡罗来纳州权党或拒绝执行联邦法令党的诞生，这个党派行为草率，基本上没有什么值得称道的纲领，他们的思想却在国会得到了参议员海恩的有力支持；不过，这种思想却遭到同为参议员的丹尼尔·韦伯斯特更有力的反对。他们为此而发表的演讲，被誉为雄辩术的典范。

自1818年与塞米诺尔印第安人的战争结束，印第安诸部落一直维持着和平状态。1829年4月，居住在密西西比河上游的几个印第安人部落，在酋长黑鹰的率领下，再次渡过密西西比河，进入他们已经卖给美国、现在已被伊利诺伊人民居住的那片土地。这些印第安人全副武装，破坏了殖民点，杀死当地居民。阿特金森将军和斯科特将军被授权进攻前来的印第安人。1832年，斯科特将军从抽调的沿海驻军中征集部队，但是，在调动了所有能调动的资源后，仍然没能按时到达目的地。霍乱在军队中暴发，给士兵们造成无数的痛苦和困难。阿特金森将军通过强行军，在艾奥瓦河口附近赶上了黑鹰的军队，并向他们发动复仇的攻击。这些印第安人被击溃，四散奔逃，黑鹰和他的儿子以及几个重要的战士都被俘虏。

1832年11月19日，一场大会在南卡罗来纳州首府哥伦比亚召开，会上还颁布了《联邦法令废止权条例》，目的是废除国会征收保护性关税的法案。条例宣布，如果联邦政府在征收关税时使用武力，南卡罗来纳州人民便将解除与其他州的一切政治联系，并立即着手组建一个独立政府，等等。然而，这个州中对联邦友好的人们于11月24日举行了自己的大会，大会的结果是发表了对该条例的严正抗议。在美国各地举行的会议上，取消派的原则几乎遭到了全体一致的谴责。11月27日，南卡罗来纳州的立法机关在哥伦比亚召开会议，州长对《联邦法令废止权条例》表示赞同，并建议在与联邦政府发生冲突时，做好保护本州利益的准备。

在这种形势下，杰克逊总统发表了一份针对南卡罗来纳州扰乱分子的公告。他首先揭露了他们的错误，然后指出他们带来的危害。这份公告是一份及时有力的国家文件。它被两大政党一致接受。在南卡罗来纳州的联邦支持者一度陷入不利的境地，但这时，他们被总统坚定的话语所鼓舞，在本州各地举行会议，并在会上宣布："无论是怎样的后果，我们都不会被迫拿起武器反对联邦政府。"总统立即做好了对这些捣乱分子采取军事行动的准备，然而他们的态度很快发生了变化，州政府同意在3月1日前不反对国家的关税政策，而在此之前已经采取了一系列恢复安定的措施。1833年2月12日，国会通过一项法案，降低了某些物品的关税，而关税的征收期限到1842年9月30日终止。

新一届总统大选，杰克逊总统获得连任，并于1833年3月4日宣誓就职。马丁·范布伦当选为副总统。

杰克逊总统在第一个任期的早些时候，曾提议将居住在美国南部的印第安诸部落，如乔克托人、切罗基人、克里克人全部迁走，以缓解南部诸州的困境，并让这些部落得以保存。为此他建议在密西西比河以西划出一个广阔的地区，不受任何州或地区的限制，并保证每个部落对该地区的指定部分拥有不同的管辖权，若非为维护边境的和平，美国政府不对这片土地做任何控制。国会批准了这项提议，总统下令对他们进行迁徙。

1831年至1832年间，美国政府与奇克索和乔克托部落签订了条约。通过条约，政府与印第安人互相交换土地；随后，这些印第安部落平静地迁移至选定的地区。这是一片邻近阿肯色的土地。但是切罗基人和克里克人就不那么好对付。佐治亚地方政府在将法律扩展至印第安人祖祖辈辈狩猎的那片土地上时，并非没有采取暴力和不公正的手段，然而，这里现在已经成为一片和平的地区。基督教的老师们在他们的家中讲授知识，但双方都不得不服从严苛的法律，即使法律并不公正。在这个过程中，有一种不体面的急切，把印第安人赶走并掠夺他们的土地。直到1838年，这一目标才得以实现。

在迁徙佛罗里达的塞米诺尔人时，美国不得不卷入与他们的战争。按照总统的命令，要强制塞米诺尔人迁徙，这自然会引起他们的不满。奥西奥拉是其中的一位酋长，曾被美国迁徙行动的实施者汤普森将军侮辱。在掩盖了自己的真实情感一段时间后，他便展开了疯狂的报复。他手里的屠刀首先落在一部分忠于白人的印第安人的头上，马斯拉酋长就是其中之一，她曾与美国人签订了一项令人反感的条约。1835年12月28日，奥西奥拉和手下的战士伏击了达德少校率领的一支117人的小分队，美军除了30人逃脱，其余都被杀死。在伏击了达德少校后，他又以迅雷不及掩耳之势在卡姆金攻击了汤普森将军，开枪射杀了他和共同进餐的人员，而他们进餐的房子就在驻军的视线之内。这些印第安人随后撤退，没有受到驻军的阻拦。

同一天下午，达德所部幸存的30人在用树木构筑防线时遭遇袭击，全部丧生。其中一人因为距离较远，装死骗过敌人，忍着伤痛在去世前把消息传回军中。听到这些消息，美国举国震惊。克林奇将军指挥军队全力打击并追捕奥西奥拉，但并没有成功。印第安人被奥西奥拉的成功鼓舞，几乎同时出现在佛罗里达所有殖民点附近，毁坏庄稼，逐家逐户谋杀白人。圣奥古斯丁以南250英里范围内的所有房子都被烧为灰烬。盖恩斯将军率军支援克林奇将军，与印第安人打了一仗，将他们击退，由于给养不足，他没能达成预期的目标。这场战役发生于1836年2月29日。

在与盖恩斯将军谈判后，奥西奥拉争取到时间，然而他还是被杰瑟普将军捉住，当时他带着70名战士，举着旗帜来与这位将军会谈。杰瑟普将军认为他是个奸诈反复的人，便把他和他的护卫强行扣留。几个月后，这位印第安酋长死于一种痛苦的疾病。奥西奥拉死后，美国人原以为塞米诺尔人会屈服，同意和平的安排；然而他们似乎决心战斗到底，而不是离开家乡和先人的坟墓。因此，司令官命令泰勒上校（后来的泰勒将军以及再后来的美国总统）立即采取果断行动。他们投入最大的力量来实施这次行动。泰勒上校的军队在恶劣的条件下搜寻印第安人的出没之地，在付出不小的损失后，最终击溃并驱散了敌人。随后，大约100名印第安人主动投降，被送到西部。

1836年，亚拉巴马东南部的克里克印第安人与美国为敌，谋杀手无寸铁、毫无戒心的白人居民。他们很快就被佐治亚州长和斯科特将军合力击败。

1831年，里维斯先生通过法国的条约获得了2 500万法郎的补偿金，作为法国损害美国商业的赔偿。法国并不愿意支付这笔钱，为此两国几乎爆发战争，法国不得已才履行条约。

杰克逊总统很早就对美国第二银行不满。1832年在国会以多数票通过的延长这家银行特许状有效期的议案，他认为应该予以否决。总统要求财政部长杜安取出政府存在该银行的资金，财政部长拒绝了，结果被总统免职。随后，总统任命托尼为财政部长，托尼立即满足了总统的意愿。1835年，国会通过法案，规定公共财产必须存放在特定的州立银行中。在这件事情上，总统的做法受到许多人的强烈谴责，认为他越权。美国参议院通过了克莱的两项提议，谴责杰克逊总统一直以来的所作所为。不久，大多数议员改变观点，又取消这两项决议。

1837年，马丁·范布伦继任总统，理查德·门特·约翰逊担任副总统。

由于存放有公共存款的银行为获取资金提供了便利，或许还有其他原因，整个社会受到了土地投机的影响。它已经发展到不可收拾的地步，一场危机必然会到来，而且不久就要到来了。1837年和1838年，美国便感受到了它的全部压力。这场剧变带来了无法言说的痛苦。现在，所有人都在赔钱，而之前似乎都在赚钱。在这场金融危机中，一个由纽约商人组成的代表团向总统申请立即废除

马丁·范布伦

《铸币流通令》中的管制条款，作为一种缓解危机的措施，并召集国家立法机关开会。范布伦总统并没有答应这些请求。《铸币流通令》要求公共税费必须用硬币支付，这让银行金库中的金银流出，贵重金属都被转到西方，土地投机者得到了便利，城市里的商人却无法支付进口关税。政府要求用硬币支付税费，却没有将它支付给债权人。

这种情况在城市里引发了一种危险的愤怒。纽约市的银行被迫停止用硬币支付税费，因为它给予自己朋友用于投机的额度太过庞大。这种做法作为一种必要手段被推广到全国。储蓄银行都面临着共同的命运，政府现在进退两难。形势紧急，总统被迫召集国会，而这与他之前的意愿相悖。因为没有考虑为社会提供救济，总统提交的这个“国库分库”的提案被国会否决了。由于这项措施被认为是将全部公共财产交到行政人员手中，引发了很多对范布伦总统的不利意见，这有可能导致他在第二次总统大选中败北。政府迫切需要从各州预扣一笔原本应在各州之间分配的盈余收入。1838年8月13日，银行恢复了用硬币支付税费，《铸币流通令》实际上已经被废除。

大约在这一时期，由于对一部分加拿大人要求获得独立的同情，美国北部边界出现了一些问题。这导致武装人员非法聚集，随时准备援助加拿大诸省的起义，通过干涉一个与美国和平相处的国家严重关切的问题，进而损害联邦政府的利益。范布伦总统和纽约州州长都发表声明，要求边境居民严格履行中立的义务。“卡罗琳”号事件——一艘载有150名美国人的船“卡罗琳”号被卷入非法集会，被英国人摧毁，船上的1名美国人被杀——事件发生后，双方曾尝试通过法律程序解决这个问题。加拿大独立同情者的领袖范伦斯勒被美国起诉入狱，但获准保释。1841年，英国人麦里奥德因谋杀“卡罗琳”号上的美国人而被逮捕和审判，但被宣告无罪。

第490章

从哈里森当选为总统到美墨战争

（1841—1850）

新一届总统大选的结果由选举人团投票决定，威廉·亨利·哈里森赢得大多数选票。1841年3月4日，哈里森就任美国总统。来自弗吉尼亚的约翰·泰勒担任副总统。然而这位英雄和爱国者的总统任期实在是太短暂了。哈里森总统当选时已年近70，就职仅一个月便去世了。

威廉·亨利·哈里森

根据美国宪法，副总统泰勒接任总统。他立即返回华盛顿，宣誓就职。总统在任上去世，由副总统接任，这是美国历史上的第一例。这一事件虽然突如其来，但没有引起任何波动，也没有影响到政府的运行。泰勒在当时的讲话，以及他因总统去世而指定禁食日，都得到了人们的普遍认可。

根据哈里森总统生前发布的公告，国会于1841年5月31日召开会议，立即着手处理国家立法机关需要注意的涉及国家收入和财政状况的事务，以及其他需要考虑的问题。这次会议通过的第一项重要法案就是在全美国建立统一的破产制度——这是美国基于50多万债务人的状况而推行的一项措施，否则他们不能偿还债权人的债务或养家糊口。他们的不幸状况通常是由国家货币事务的异常而造成的。

国库分库法，在范布伦总统的反复恳求下，在他的任期即将结束时通过，不过现在被废除。此外，还通过了一项法案，规定根据各州在联邦的代表人数，在各州之间分配公共土地的净收益。还通过一项法案，对所有的进口物品征收其价值20%的关税，没有明确的例外。

在这次会议上，有人提议建立美国国家银行，尽管这方面的法案在参众两院都获得通过，是助他登上总统大位的政党最喜欢的措施，但泰勒总统还是否决了它。另一项法案，应该是根据泰勒的意愿制定的，条款与前面有所不同，但也被否决了。这些无法解释的结果导致总统内阁的解散。除了国务卿韦伯斯特，其他的内阁成员全部辞职。这些职位很快由其他人填补，提名得到参议院的确认。

约翰·泰勒

1842年8月20日，参议院批准了一项与英国之间的重要条约。根据条约，美国东北部的边界终于确定下来。多年来，这一直是美国和英国之间的一个麻烦甚至具有威胁性的问题。双方都高度敏感，显然必须以妥协与和解的精神尽快解决这一问题，否则可能引发两国之间的战争。幸运的是，两位谈判代表——代表英国的阿什伯顿勋爵和代表美国的韦伯斯特先生，都不缺乏和解的精神。在美国的所有公民中，韦伯斯特先生无疑是最适合和最有能力处理这件事的人。马萨诸塞州和缅因州与这次谈判利害相关，均派出了专员保护各自的利益。

第二十七届国会第二次会议把大部分精力用在关税的修改问题上。执政的辉格党①认为，管制良好的关税制度是对美国当前正在经历的收入减少、制造业下降和所有主要工业部门衰退的有力补救办法。国会已经通过了相关法案，最后却被总统否决，这让他在令辉格党极度失望的行为中又增加了一个。一些人不再对总统批准任何适当的关税提案抱有希望，于是决定结束会议，把责任交给总统。但是，国家的苦难使他们放弃了这样的念头，他们转而努力地制定与友好国家的明智关税。8月22日，被泰勒总统否决的同一项税收法案在众议院以超过2票的多数获得通过，有关土地基金和对茶、咖啡征收关税的部分被删去。在前一份法案中，有关土地基金的部分是总统否决该法案的主要原因。现在，这个法案的修正案在参议院以超过1票的多数获得通过，但总统很快就签了字。无论为了法案的通过，还是为了阻碍法案的通过，都没有比这一次更认真的了。

---

① 辉格党是美国19世纪前期的一大政党，与民主党对立。该党由国家共和党、部分民主共和成员及联邦党的残存势力融合而成，成立于19世纪30年代，19世纪50年代消亡。——编者注

1842年12月5日开始的第二十七届国会第三次会议，通过了有关废除破产法、促进对中国友好交往、落实与英国签订的条约的若干重要法案。根据前面提及的最后一项法案，将为缅因州和马萨诸塞州平分30万美元。4月22日，泰勒总统向参议院转达了一条电文，宣布现在就得克萨斯并入美国的条约进行谈判。这项秘密谈判的条约引起了很多人的惊讶和担忧，他们认为这次的合并充满邪恶。6月8日，对批准上述条约的问题进行了直接表决，结果是条约被否决。然而，总统在一份电文中向众议院暗示，他准备批准任何其他适当的方式来实现合并，国会应该认为这是合适的。

1845年1月23日，众议院通过了合并得克萨斯的联合决议案，而参议院也以27票对25票批准了它的修正案。这项决议承认了另一种兼并方式。虽然会议快结束时，泰勒总统的继任者将被召去完成国会的愿望，但泰勒总统用了最快的方式使得克萨斯加入联邦。因此，得克萨斯并入美国是在他的任期结束前完成的。

新一届的总统大选，来自田纳西的詹姆斯·诺克斯·波尔克被选举人团选为总统，来自宾夕法尼亚的乔治·米芬·达拉斯被选为副总统，他们于1845年3月4日一起宣誓就职。

詹姆斯·诺克斯·波尔克

在第二十九届国会第一次会议早些时候，关于将得克萨斯作为一个州加入联邦的联合决议被提交到众议院，并以141票对56票的多数获得通过。几天后，参议院也通过这项法案。11月30日，已被任命为解决美国与墨西哥政府间的所有争议性问题的特使约翰·斯利德尔抵达墨西哥的韦拉克鲁斯。然而，墨西哥政府不承认他的外交身份，他不得不带着未完成的目标回国。于是，波尔克总统命泰勒将军指挥得克萨斯的一批美军渡过努埃塞斯河，在德尔诺特河的左岸集结。这些军队在科珀斯克里斯蒂驻扎了一段时间，于1846年3月11日离开那里，并在3月28日抵达马塔莫拉斯对面。

总统的这些举措引起了许多人的不满。他们认为这些做法既无礼又有失正义，势必引发美国与墨西哥之间的战争，当时，墨西哥已经宣称对努埃塞斯河和德尔诺特河之间的地区拥有主权。随后发生的战事凡是在墨西哥境内的，都将在叙述墨西哥国家的历史时加以呈现，这里只叙述与美国有关的事件。1846年5月8日发生的帕洛阿托战役，以及第二天发生在雷萨卡的拉帕尔瓦战役可以看作美墨战争的开始。美墨战争最终在对美国极有利的条件下结束。

俄勒冈的边界问题在1846年冬季引起了国会的极大关注。英国在这一地区的主张与美国的主张相冲突，有一段时间，人们担心战争可能会接踵而至。但幸运的是，英国政府提出了一个以北纬49°为分界线的建议，在参议院的建议下，波尔克总统接受了这个提议。

1846年夏季，斯洛特准将和斯托克顿准将率领一支美国太平洋海军中队，受命征服加利福尼亚。8月19日，他们宣布严密封锁圣地亚哥以南墨西哥西海岸的所有港口、船坞。一支派往墨西哥湾的海军中队也成功占领几座海上城镇，其中最重要的便是塔瓦斯科和坦皮科。8月18日，卡尼将军率领1 600人，和平占领圣菲，并于19日发布公告，宣布当地的墨西哥人不再效忠于墨西哥政府，并支配要塞司令和临时代理州长向美国效忠。

泰勒将军在占领了马塔莫拉斯和附近其他的几个地方后，向新莱昂的首府蒙特雷继续进军。尽管蒙特雷堡垒坚固，泰勒将军还是决心攻下这里。经过一场激烈的战斗后，他于9月24日占领这里。次年的2月23日，著名的布埃纳维斯塔战役爆发，泰勒将军率领约4 000人大败桑塔·安纳率领的2.2万人。

第二十九届国会第二次会议的法案主要讨论与墨西哥的战争，以及为了战争的胜利而采取的投入人力和财力的措施：下令全面增强军事力量；在财力方面，通过国库债券和2 800万美元的贷款保障军需供应。总统在本次会议上建议拨款300万美元，由他以最好的方式来使用，以确保与墨西哥之间的和平。会议就此展开了激烈的辩论，众议院对该决议做出的修正案也没能平息这场争论。该修正案规定美国从墨西哥新获得的领土，无论是通过武力征服还是和平条约，都要把奴隶制排除在外。这一著名的决议被称为《威尔莫特但书》，名字来源于提出决议的众议员威尔莫特先生。经过激烈的辩论，两院通过了这项决议，但没有附带限制性条款。

1847年3月29日，韦拉克鲁斯城市及要塞向斯科特将军和佩里准将指挥的美国陆海联合部队投降。美方伤亡65人。4月18日，塞罗戈多战役爆发。连战连捷的美军在斯科特将军指挥下克服重重困难，以非凡的勇气和作战技巧，步步推进，直逼墨西哥首都。

9月14日，经过多日血腥、顽强的战斗，美军终于攻克墨西哥首都。现在，墨西哥的整个边境以及主要的城市，几乎都落入美国手中。战争到此结束。

经过一番谈判，美墨双方于1848年2月2日在瓜达卢佩-伊达尔戈签订了和约。这份经过在美国参议院修改、墨西哥国会予以通过的条约，于5月30日在克雷塔罗，由美国特派员安布罗斯·H. 塞维尔、内森·克利福德以及墨西哥外交部长唐·路易斯·德拉罗萨共同签署。美国于7月4日公布这项条约。

扎卡里·泰勒

6月7日和8日，辉格党在费城独立厅举行了全国代表大会。在8日的第四轮投票中，来自路易斯安那的扎卡里·泰勒少将被提名为总统候选人，来自纽约的米勒德·菲尔莫尔则在第二轮投票中被提名为副总统候选人。民主党于5月22日至26日在巴尔的摩举行了全国代表大会，在第四轮投票中，来自密歇根的刘易斯·卡斯被提名为总统候选人，来自肯塔基的威廉·奥兰多·巴特勒被提名为副总统候选人。纽约州未在提名中投票。

泰勒将军获得了选举人团的多数选票，当选美国总统，来自纽约的米勒德·菲尔莫尔当选为副总统，两人于1849年3月5日宣誓就职。[①]

① 19世纪50年代，北方诸州和南方诸州为了奴隶制的存废问题发生了激烈的冲突。北方工业资产阶级希望降低关税，废除奴隶制，获得更多的自由劳动力；南方的种植园奴隶主希望提高关税，维持奴隶制度。1861年，主张废奴的林肯就任美国总统，南方的11州宣布脱离联邦，组建美利坚联盟国，美国内战爆发。——编者注

第491章

美国各州简史

为了方便阅读和易于参考，我在这里简单介绍一下美国几个州和准州的历史。篇幅所限，只能简述最主要的历史事件及一些主要的历史人物。

缅因州简史

1607年，普利茅斯公司首次尝试在肯纳贝克河口建立居民点，但没有成功。1623年，终于在萨科建立了第一个永久的居民点。费迪南多·戈吉斯爵士得到这片土地的特许状，并于1639年建立了政府。不久，缅因便被并入马萨诸塞。1652年，缅因脱离马萨诸塞，但于1677年又重归马萨诸塞。

法国人曾试图在沿海岛屿上定居，也曾从加拿大出发，与印第安人一起侵入这片地区，与英国殖民者作战，但最终被驱逐出去。1775年，这片土地因阿诺德率领美国远征军沿着肯纳贝克河穿越荒野，到达魁北克的圣劳伦斯河而闻名，这在讲独立战争的历史时已经提及。在独立战争期间，英国人烧毁了法尔茅斯镇，占领了佩诺布斯科特河口，直到1783年两国签订和约才撤离。在1812年的战争中，英军又占领了卡斯汀和伊斯特波特，直到1815年两国再次签订和约。1820年，缅因脱离马萨诸塞，成为一个独立州。1783年的条约并没有明确划分缅因与加拿大东北部领土之间的界线，这后来成为一个困扰英美两国政府的争议性问题。好在这些问题通过1842年的《华盛顿条约》得以解决。

缅因州的重要历史人物

约翰·沙利文将军，1741年出生于缅因的伯威克。他接受过良好的法律教育，最后成为一名勇敢而精力充沛的辩护律师，在自己的职业领域取得极大的成功。独立战争的爆发让他的军事才干有了用武之地。

1774年，他就率领一批美国人，用计攻占了缅因一处由英国军队驻守的要塞。1775年，他被任命为大陆军准将，在波士顿被围困期间受命驻扎在冬山 。1776年，他参加了对加拿大的远征，在托马斯将军去世后，接任远征部队的总司令。远征失败后，他又返回华盛顿军中。

1776年8月，他在长岛战役中被俘。10月，他与被俘的英国将军普雷斯科特交换，回到自己的军队。

在特伦顿战役中，他指挥美军右翼，参加了布兰迪万河战役。1778年，担任远征罗得岛美军的总司令。1779年，他受华盛顿派遣征讨纽约的印第安六族联盟。他在荒野中行军近100英里，对这些印第安人发动突然袭击，将他们全部驱散。

此后，沙利文卷入了与战争委员会以及几位国会议员的误会之中，辞去了军职。与英国恢复和平后，他回到新罕布什尔州从事法律工作，并成为该州制宪会议的成员之一。1786年，他当选为新罕布什尔州州长，任期为3年。1787年，他被任命为新罕布什尔州的地区法官。他于1795年1月22日去世。

威廉·菲普斯，在新英格兰的早期历史中非常有名。1650年，他出生于缅因的佩马奎德。早年是一名造船工人，但热爱冒险，志向远大，这促使他从事各种引起他注意的职业。他到过英国，曾劝说英国政府派遣两艘护卫舰与他一起去寻找在巴哈马群岛附近沉没的一艘载有珍宝的西班牙船只。第一次搜寻失败了，但第二次成功寻找到价值近150万美元的珍宝。为此，他被英国国王授予爵士头衔，并被任命为新英格兰的大执法官。后来，他还担任马萨诸塞省总督，并指挥了几次对美洲法国人的远征。他于1694年去世。

新罕布什尔州简史

新罕布什尔州的第一个殖民点由戈吉斯和梅森于1623年建立。前一年，普利茅斯公司取得了在这片土地殖民的特许状。这一殖民点在特许状中被称为拉科尼亚，领地包括现在缅因州的一部分。1629年，这里被命名为新罕布什尔。1641年，新罕布什尔的人民将自己置于马萨诸塞政府的管辖之下，直到1680年它成为英国一个独立的皇家属地。同年，首届议会在朴次茅斯召开。

我们在讲述马萨诸塞州的历史时曾提到过，1686年，安德罗斯的权力扩张至新罕布什尔。当安德罗斯被波士顿人民赶下台后，新罕布什尔的人民便把政府权力掌握在自己的手中。1690年，他们再次将自己置于马萨诸塞的保护之下；1692年，又脱离出来；1699年，再次与马萨诸塞合并。1741年，新罕布什尔最后一次与马萨诸塞分离。在独立战争期间，新罕布什尔成立了临时政府。1784年，制定新宪法；1792年，对宪法进行了修订。

新罕布什尔州的重要历史人物

约翰·兰登，是新罕布什尔州的一位杰出公民。1739年，他出生于朴次茅斯。早年经商，一度成为一名船长。独立战争开始时，他毫不犹豫地站在殖民地一边。1774年，他协助组建一支军队，占领朴次茅斯附近的一座要塞，解除英国驻军的武装，并把武器和弹药运到安全的地方。新罕布什尔的英国总督想要逮捕他，但居民们不惜一切来保护他，使总督的意图落空。

1775年，他被任命为新罕布什尔的代表参加大陆会议。1776年，被任命为海军代理人。1777年，他当选为新罕布什尔州众议院议长。当时需要筹集组建一个团兵力的资金，他把自己的钱全部捐了出去，还典当了自己的金银餐具和所有的商品。军队就这样被组建起来，斯塔克将军率领这支军队在本宁顿取得了令人瞩目的胜利。

独立战争结束后，兰登成为新罕布什尔州的州长。1787年，他被任命为联邦制宪会议的代表。联邦政府成立时，他当选为来自新罕布什尔州的参议员。1805年，当选新罕布什尔州的州长，1810年获得连任。

他于1819年9月18日去世。因为对国家的贡献，他受到全国各地人民的尊敬，在自己的家乡影响力巨大。

约翰·斯塔克将军，1728年，他出生于新罕布什尔的伦敦德里。年轻时，曾在一次打猎时被印第安人抓获，被囚禁了几个月。在1775年与法国人的战争中，他在豪勋爵的麾下效力。在得到列克星敦战役的消息后，他立即赶往波士顿，参加了邦克山战役。正如美国史书所载，他还参加了华盛顿的特伦顿和普林斯顿战役；他最光辉的战绩是在1777年指挥本宁顿的美军给了伯戈因军队致命一击。他于1822年去世。

佛蒙特州简史

尚普兰带领的法国人是第一批造访这片土地的欧洲人，但他们没有在这里建立殖民地。1724年，马萨诸塞政府在现在的温德姆县境内的康涅狄格河畔建造了达默堡。1731年，法国人在克朗波因特设立一处要塞，并开始在尚普兰湖对岸建立殖民地。英国人在征服加拿大后，殖民活动发展得非常迅速，新罕布什尔和纽约都声称对佛蒙特拥有统治权。争议最后由乔治三世裁决，他把统治权判给了纽约，然而佛蒙特人民在1777年宣布独立，并于1791年加入联邦。

佛蒙特州的重要历史人物

伊桑·艾伦，佛蒙特州最杰出的历史人物之一。他生于康涅狄格，在很小的时候随父母迁移到佛蒙特。他虽然没怎么受教育，但他很快因为自己主动的性格和充沛的精力脱颖而出。在得到列克星敦战役的消息后，他召集250名以“绿山男孩”为称号的民兵，向泰孔德罗加和克朗波因特进军，随后发动突袭，攻下两地的要塞。1775年，他在进攻蒙特利尔的一次战斗中被俘虏。俘虏他的人给他戴上枷锁，送往英国，声称他一到英国就会被绞死。但在潘丹尼斯城堡囚禁了一个月后，他被转移到了哈利法克斯，又从哈利法克斯转移到纽约，当时的纽约掌控在英国人手里。

1778年5月，他与一名被美军俘虏的英国上校交换，随后回到军队。他的健康因牢狱之苦而受到很大损害，不适合留在军队，他还是被任命为佛蒙特民兵总司令。英国人想贿赂他，让他与加拿大人联合起来对抗起义的殖民地，但他不为所动。

他于1789年2月13日去世。

他一生都保持着大胆进取的性格，但脾气非常古怪。虽然他没受过什么教育，却写作了几部作品，其中最有趣的就是他被囚禁时的记载。他的宗教和哲学观念都极不切实际。

佛蒙特人塞缪尔·威廉姆斯，是《佛蒙特州的自然和民间历史》的作者，这是一部很有价值的作品。佛蒙特州沃波尔的罗亚尔·泰勒是19世纪末一位颇有名气的作家。

马萨诸塞州简史

1620年12月21日，朴次茅斯的清教徒建立了马萨诸塞土地上的第一个殖民地。这个殖民地就是所谓的朴次茅斯殖民地，后来被称为“老殖民地”，方便与马萨诸塞湾拥有截然不同政府形式的英国皇家领地相区别。马萨诸塞湾的皇家领地始建于1628年，在塞勒姆建立了一个殖民地。

1629年，这块殖民地被授予皇家特许状。1630年，波士顿、多尔切斯特、罗克斯伯里、剑桥和沃特敦都建立了殖民点。1634年，建立了代议政府。1637年，与佩科特印第安人的战争爆发，最后以这支印第安人的灭绝而告终。1638年，哈佛学院在剑桥成立。

1643年，由于印第安人、荷兰人和法国人的敌对行动给英国殖民地带来了危险，马萨诸塞殖民地、朴次茅斯殖民地、康涅狄格殖民地和纽黑文殖民地组建了新英格兰同盟，同盟维持了40多年。1652年，缅因脱离马萨诸塞。1665年，与印第安人的战争，即菲利普王战争爆发了。布鲁克菲尔德、迪尔菲尔德、哈特菲尔德和其他城镇遭到印第安人袭击，许多居民被杀害。1676年，战争以印第安人的战败和菲利普王死亡而宣告结束。

1677年，缅因重回马萨诸塞。1680年，新罕布什尔脱离马萨诸塞。1686年，詹姆斯二世废除马萨诸塞省的特许状，埃德蒙·安德罗斯爵士被从英国派遣至北美，担任全新英格兰总督。然而，安德罗斯在新英格兰推行暴政，1689年，波士顿人民起义，俘虏了安德罗斯，将他驱逐回英国，重建了马萨诸塞的旧政府。1690年，马萨诸塞殖民地的人民派遣了一支以威廉·菲普斯爵士为司令官的远征军，对在新斯科舍的法国人发动了进攻，夺取了皇家港。同年，菲普斯再次率军远征魁北克，却没有成功。

1692年，英国国王威廉三世为马萨诸塞颁发新特许状，解散老殖民地政府，将马萨诸塞、朴次茅斯、缅因和新斯科舍省置于一个政府之下。同年，“塞勒姆女巫案”让殖民地陷入极大的恐慌，许多无辜的人因此而死。1697年3月，黑弗里尔被印第安人攻占，40名居民被杀害或被俘虏。1704年，迪尔菲尔德也遭到印第安人袭击，居民被杀害或被掳走。1745年，与法国人的战争爆发后，马萨诸塞政府派了一支远征军进攻位于布雷顿角岛上的路易斯堡，将其攻克。战争结束的时候，路易斯堡被归还给法国。1758年，英法重开战端，马萨诸塞的军队再次占领了路易斯堡。

美国独立战争就是从马萨诸塞开始的。1765年，《印花税法》在波士顿引发了一场骚乱，导致了印花税票被销毁。同年，马萨诸塞议会倡议召开殖民地全体会议。1768年，因为海关当局扣押了一艘船，在波士顿引发另一场骚乱。同年10月，英国向波士顿派遣军队。1770年3月5日，英军和波士顿人民之间爆发了一场大冲突，就是著名的“波士顿大屠杀”。1773年12月18日，为了逃避关税，人们将运往波士顿的茶叶倒入大海。为报复这一行为，英国议会于1774年3月31日颁布了《波士顿港口法案》，让波士顿的商业遭到重大打击。1774年5月20日，英国国王收回了马萨诸塞的特许状。

1775年4月18日，列克星敦战役爆发。马萨诸塞人民立即拿起武器，包围了波士顿的英国人。6月17日，邦克山战役爆发。7月12日，华盛顿将军抵达剑桥，获得了美国军队的指挥权。1776年3月4日，美国人占领多尔切斯特高地；17日，英国人撤离波士顿。马萨诸塞政府继续采用老特许状中规定的治理模式。1779年9月1日，在剑桥举行的制宪大会上制定了新宪法。宪法被提交给人民，得到了人民的批准，并于1780年10月25日生效。同一天，第一届议会在波士顿召开。1786年，丹尼尔·谢司在马萨诸塞州西部领导了一场叛乱，但在第二年就被镇压，并未造成流血冲突。马萨诸塞州宪法自颁布以来，分别在1821年、1831年和1833年做了三次修改。

马萨诸塞州的重要历史人物

约翰·汉考克，是马萨诸塞州的一位杰出的公民。他1737年出生在昆西。曾就读于哈佛学院，在波士顿开始了自己的商业生涯。1760年，他游历英国，出席了乔治三世的加冕仪式。1764年，他的叔叔去世，他因此继承了一大笔财产和庞大的生意，并以敏锐的判断力和过人的宽宏大度将它们管理得井井有条。

独立战争爆发伊始，他正担任马萨诸塞议会的议员。在这个位置上，他以极大的热情和决心抵抗英国的侵略，以至于激起了马萨诸塞的英国总督盖奇的愤怒。在列克星敦战役之后，盖奇发布声明，宣布赦免除了塞缪尔·亚当斯和约翰·汉考克的其他殖民者，而这种行为只会使这两个人更受欢迎。

汉考克于1775—1779年担任大陆会议主席，并有幸成为首位签署《独立宣言》的人。他分别于1780—1785年、1787—1793年担任马萨诸塞州州长。马萨诸塞州采用联邦宪法后，他还担任州代表大会的主席。他于1793年10月8日去世。

他是那个时代马萨诸塞州的主要政治人物，在整个美国都有着巨大的影响力。他不擅长公开的辩论，几乎没做过演讲；但他对商业的了解、处理事务的能力，以及他对人性的敏锐洞察力，使他成为一名极有名的政治家和公职人员。当华盛顿考虑炮轰波士顿时，汉考克建议如有必要，应立即开始，尽管他的房子和商店等大部分财产都在那里。

马萨诸塞州的其他杰出人物还有：新英格兰早期一位学识渊博的天才科顿·马瑟，举世闻名的本杰明·富兰克林，杰出的政治家、后来都担任过美国总统的约翰·亚当斯和约翰·昆西·亚当斯父子。约翰·亚当斯于1826年7月4日去世，约翰·昆西·亚当斯于1848年2月23日去世。此外，还有历史学家托马斯·哈钦森、杰里米·贝尔纳普和乔治·理查兹·米诺特，形而上学者乔纳森·爱德华兹，机械学家雅各布·帕金斯等。

罗得岛州简史

罗得岛州的创建者为罗杰·威廉姆斯。1635年，他因为坚信被人们认为是颠覆公民和宗教权威的教义而被驱逐出马萨诸塞。1636年，他从印第安人那里得到了一块土地，开始在锡康克建立殖民地；但随后发现自己受到普利茅斯特许权的限制，便离开锡康克，在同一年建立了普罗维登斯。这个殖民点最初被称为“普罗维登斯种植园”。附近殖民地的冒险家和逃亡者纷纷来到这里，建立了一个非常受欢迎的政府。

1638年，威廉·科丁顿和其他一些来自马萨诸塞的人在朴次茅斯定居。第二年，人们开始在纽波特定居。普罗维登斯和罗得岛的种植园因为没有特许状，不被允许加入1643年成立的新英格兰同盟。因此，威廉姆斯前往英国，于1644年从议会获得特许状——议会当时正与国王处于战争状态，得以将普罗维登斯和罗得岛的两处种植园置于同一个政府之下。1647年，第一次殖民地议会在朴次茅斯召开。查理二世复辟后，于1663年重新授予他新的特许状。1687年，罗得岛悄然屈服于安德罗斯，但在1689年安德罗斯被推翻后，特许状政府得以恢复。

这里曾是佩科特印第安人的主要居住地，正如我们在前面已经提及，这支印第安人被马萨诸塞的殖民者灭绝。布里斯托尔附近的芒特霍普曾是菲利普王的居住地。

1776年12月，华盛顿的军队渡过特拉华河从新泽西撤退后，彼得·帕克爵士率领一支英军中队占领了纽波特和邻近的岛屿。1777年7月，少量的美国人在巴顿上校的带领下，突袭并俘虏了罗得岛的英军司令普雷斯科特将军。随后，普雷斯科特将军和李将军进行了俘虏交换。1778年，美国人进行了一次远征，将英国人赶出罗得岛。沙利文将军、格林将军和拉法耶特将军指挥陆军，德·埃斯坦伯爵率领的一支法国舰队在海上协同作战。沙利文将军在罗得岛登陆，包围了纽波特；但法国舰队被驱逐到海上，遭遇暴风雨，被迫驶向波士顿休整，美国军队也不得不从罗得岛撤退。在战争结束前，英国人一直占据着罗得岛。

直到1844年，老的特许状在罗得岛一直有效。之前几年，有人试图废除特许状，引发了严重骚乱。1843年，被称为“选举党”的一部分居民在没有得到当局同意的情况下，制定了自己的新宪法。他们选举托马斯·威尔逊·多尔为州长，并建立了议会。特许状政府宣布这些程序是非法的。选举党拿起武器反抗。特许状政府召集民兵，将他们驱散。多尔于1843年逃离罗得岛，但几个月后返回，被逮捕，随后以叛国罪被起诉，判处终身监禁，1845年1月获释。

1844年，罗得岛州采用了一部新宪法。

罗得岛州的重要历史人物

纳撒尼尔·格林，是独立战争时期最出色的将军之一。他于1742年5月22日在沃里克附近出生。他没有受过什么教育，但读过少量的书；他在早年就表现出对精密科学的热爱，对军事艺术的热爱更甚。1770年，他被选为殖民地议会的议员。1774年，他加入一支志愿军，成为一名士兵。列克星敦战役后，罗得岛组建一支军队，任命格林为少将。

在波士顿和纽约，他曾在华盛顿麾下效力。在特伦顿战役中，他指挥美军左翼。在布兰迪万河战役中，他指挥美军的前锋。他还参加了日耳曼敦战役和蒙茅斯战役，因在战斗中不屈不挠，得到了华盛顿的充分信任。1780年，他被任命为美国南方军总司令，随后给予盖茨将军以沉重的打击。他以卓越的能力完成了艰巨的任务，获得了巨大的成功，他在卡罗来纳指挥的战役是独立战争中最辉煌的战绩之一。他通过尤托斯普林斯一役的胜利，彻底推翻了英国在南卡罗来纳的统治。

战争结束后，他定居在佐治亚州，佐治亚州赠予他一块土地。他只在佐治亚州生活了很短的一段时间，1786年6月19日因中暑去世。

从军事才能和军事素质来评价，他是仅次于华盛顿的美国将领。

亨利·惠顿，出生于罗得岛，是著名的政治家、法学家和历史学家。他最有名的作品是《北方人的历史》，此外，他还著有多部有法学价值的著作。他于1848年去世。

康涅狄格州简史

1630年，普利茅斯议会将这片地区授予沃里克伯爵，但他于次年将它转让给赛伊勋爵和西尔勋爵、布鲁克勋爵等人。就在这一年，来自普利茅斯的英国人来到康涅狄格河畔的这片地区。1633年，新阿姆斯特丹的荷兰人在哈特福德建造了一处要塞。几个月后，来自普利茅斯的英国人在温莎成立一家贸易公司。1635年，一群来自马萨诸塞湾的殖民者穿越荒野，在温莎、哈特福德和韦瑟斯菲尔德定居。1638年，以伊顿和达文波特为首的一批波士顿殖民者开始在纽黑文定居，并建立了一个独立的政府。

1639年，过去承认马萨诸塞政府的权威的康涅狄格城镇建立了自己的政府，并制定宪法。1650年，与荷兰签订条约，划定了英国殖民地与新阿姆斯特丹之间的边界。1662年，英国国王授予康涅狄格特许状。1665年，纽黑文与康涅狄格合并。1687年，安德罗斯被任命为新英格兰总督，他前往哈特福德，要求收回康涅狄格的特许状。在他拿到那份文件之前，它就被送走了，藏在一棵橡树里——这棵树后来被称为“特许状橡树”。然而，安德罗斯还是夺走了政府的权力，并一直保持着他的权威，直到在波士顿被赶下台。随后，康涅狄格恢复了特许状政府。1693年，纽约殖民地总督试图获得康涅狄格民兵的指挥权，却遭到康涅狄格人民的坚决反对。1702年，耶鲁学院在赛布鲁克建立，后来迁至纽黑文。

康涅狄格政府形式并未受到独立战争的影响，仍然沿用老的特许状进行管理。1777年4月，特莱昂将军率领英国军队从纽约出发，偷袭了康涅狄格，烧毁了丹伯里。1779年2月，特莱昂率领一支类似的远征军深入康涅狄格腹地，进军至霍斯内克。在那里，帕特南将军策马冲下悬崖，奇迹般地从敌人的围堵中逃脱。这年7月，特莱昂率领2 600人进行第三次远征，烧毁了东黑文、费尔菲尔德、诺沃克，劫掠了纽黑文。

1781年，阿诺德将军率领一支英国军队，烧毁了新伦敦，占领泰晤士河口的特兰伯尔要塞和格里斯沃尔德。格里斯沃尔德的美军指挥官莱迪亚德上校投降后被杀，大部分守军也被杀掉。这是独立战争期间发生在康涅狄格的最后一次军事行动。这个州是联邦的创始成员之一，旧的特许状直到1818年新宪法建立时依然有效。

康涅狄格州的重要历史人物

蒂莫西·德怀特，是一位在康涅狄格成长的杰出作家和牧师。1752年5月14日出生于马萨诸塞州北安普敦，曾就读于纽黑文的耶鲁学院，大部分时间生活在康涅狄格。19岁时，他开始写作一部题目为“征服迦南”的史诗，用了3年时间才完成。但直到20多年后，也就是1795年，这部作品完才得以出版。

1777年，他以随军牧师的身份加入美国军队。除了平时的工作，他还谱写了几首很受欢迎的爱国歌曲，极大地调动了士兵们的积极性。1778年，由于父亲去世，他在北安普敦定居下来，在那里待了5年，一边布道，一边在农场上耕作。战争即将结束时，他两次当选为马萨诸塞州议会议员。1783年，他担任康涅狄格州格林菲尔德的牧师职位。1795年，斯泰尔斯博士去世，德怀特当选为耶鲁大学校长。直到1817年1月11日去世，他一直担任耶鲁大学校长的职位。除了一些小的作品，他还出版了4卷本的《新英格兰和纽约游记》以及一系列神学作品。

康涅狄格州的其他杰出人物还有著名的旅行家约翰·黎亚德；讽刺诗《麦克芬戈尔》的作者约翰·特朗布尔；《哥伦比亚颂》的作者、在美国行政部门享有盛名的乔尔·巴洛；以学识著称的耶鲁大学校长埃兹拉·斯泰尔斯；还有美国词典编纂家诺亚·韦伯斯特。

纽约州简史

亨利·哈得孙，一位为荷兰服务的英国船长，于1609年发现了一条河流并以他的名字命名，即哈得孙河。1610年，荷兰人派遣船只与当地人进行贸易。1613年，一位英国指挥官阿格利占领了荷兰人在曼哈顿岛上建造的几所茅屋，这就是对纽约殖民的开始。1615年，荷兰人建立了奥尔巴尼（称之为奥兰治堡）。不久，荷兰人将哈得孙发现的整个地区命名为新尼德兰，曼哈顿岛上的殖民点被称为新阿姆斯特丹。1625年，在长岛的布鲁克林建立了第一个殖民点。荷兰人占据了从科德角到亨洛彭角的整片地区。但英国人声称这片地区是卡波特先发现的。1643年，荷兰人卷入与印第安人的战争；1651年，又卷入了与在特拉华殖民的瑞典人的战争，瑞典人最终被迫投降。1663年，与印第安人又爆发了新的战争，印第安人占领了伊索珀斯村。

与此同时，英国人从未正式放弃对这片地区的领土要求。1664年，英国国王查理二世将这片土地授予他的弟弟约克公爵。尽管当时的英国与荷兰处于和平状态，英国人还是派遣一支舰队占领了新阿姆斯特丹。

新阿姆斯特丹的荷兰人完全没有做好抵抗的准备，只能默默地屈服于侵略者。1661年10月，英国在荷兰人的这块殖民地上建立政府，并将它改名为纽约。在1673年英国和荷兰的战争中，这块殖民地再次被荷兰人占领；但第二年又被英国人占领。1683年，殖民地议会制定了一部宪法，称之为《自由宪章》。

1689年，民兵队长雅各布·莱斯勒率领殖民者起义，将总督尼科尔森赶下台。这一举动被很多人视为篡权。与此同时，法国人和印第安人袭击了斯克内克塔迪，烧毁了这座城镇，杀死以及俘虏了所有的居民。1691年，英国国王任命斯劳特上校为纽约省总督，莱斯勒被迫交出了权力。莱斯勒和他的女婿米尔本以叛国罪被审判，同年被判处死刑。1741年，因为社会上流传一个以焚烧这座城市为目的的“黑人阴谋”正在酝酿，纽约居民陷入了极大的恐慌。随后，许多黑人被逮捕、审判，被判参与了这个计划的30多人被处死，其中一些被烧死在火刑柱上。但恐慌过后，一切看似都是毫无根据的幻觉。

法国人和印第安人的外在威胁促使1754年的殖民地大会在奥尔巴尼召开，目的就是与印第安六族联盟谈判，确保他们与白人的友谊。在这次大会上，富兰克林博士提出了他的“奥尔巴尼联盟计划”，即一个一般性政府领导下的殖民地联盟。1755年，一支由约翰逊将军率领的远征军向克朗波因特的法国人发动进攻，但被击败。1756年，法国人占领了奥斯威戈；第二年，他们又占领了威廉·亨利堡。1758年，阿伯克龙比将军带领1.5万名英军向泰孔德罗加进军，但没有成功。1759年，阿默斯特将军再次发动进攻，占领了泰孔德罗加和克朗波因特。

1765年10月，第一次殖民大会在纽约召开，会上发布一份权利宣言，否认了英国议会向美国征税的权力。1775年，美国独立战争爆发时，伊桑·艾伦率领少量的美国人占领了泰孔德罗加和克朗波因特。1776年3月，英国人被驱逐出波士顿后，华盛顿率军前往纽约。6月初，英国舰队出现在长岛附近，并在那里登陆。华盛顿试图保卫长岛，但在8月27日被击败，被迫退到纽约。10月15日，英国人占领了长岛。28日，怀特普莱恩斯战役开始，11月16日和18日，华盛顿堡和李堡被英军占领，华盛顿撤退到新泽西。

1777年，纽约州因作为伯戈战役的战场而声名大著，这场战役以10月17日英军在萨拉托加投降而结束。1778年，英国人撤离费城，退至纽约，在此后以及战争结束前的一段时间里，纽约一直是在美英军的司令部。华盛顿的军队驻扎在哈得孙，在那里发生了阿诺德叛国事件，以及1780年的安德烈被处决事件。在战争结束前，英国人一直占据着纽约，他们于1783年11月撤离。

纽约也是1812年战争中许多军事行动的发生地。英国人入侵尼亚加拉边境，占领布法罗和尼亚加拉堡。1814年，乔治·普雷沃斯特爵士率领一支庞大的英军入侵北部边境，但于9月11日在普拉茨堡被击败；与此同时，尚普兰湖上的整支英国舰队都被麦克唐纳准将俘虏。1821年，纽约采用现在的宪法。

纽约州的重要历史人物

约翰·杰伊，于1745年12月1日生于纽约市，是纽约州著名的法学家和政治家。他投身于法律行业，于1774年作为纽约的代表前往费城参加大陆国会。他起草了《告英国人民书》，这是当时最雄辩的国家文件之一。1777年，又担任纽约州制宪会议成员，这部宪法的首个草案就是由他起草的。1778年，被任命为纽约州首席法官。1779年，他被大陆会议任命为驻西班牙全权公使，争取得到西班牙对殖民地独立的承认，以及签订一项联盟条约，但都以失败告终。1782年，杰伊被任命为与英国进行和谈的委员之一。1784年，他回到美国，被任命为外交部部长，直到联邦宪法通过，他被任命为联邦首席大法官。他协助汉密尔顿和麦迪逊写作《联邦党人文集》，这是一系列有关新宪法的文章，解释和捍卫了新宪法的原则。1794年，他作为特使前往英国，与它谈判并达成了一项条约。这在美国引起了极大的轰动，但美国政府最终否决了这项条约。1795年，他当选为纽约州州长，直到1801年退休。他于1829年5月17日去世。杰伊博学多才、意志坚定，其作品体现了他过人的才华。

纽约州的其他杰出人物还有乔治·克林顿，他在独立战争中担任将军，后当选为纽约州州长；爱德华·利文斯顿，一部新的刑法典作者，在国家政治上具有重要的影响力；德威特·克林顿，政治家，纽约运河政策的主要推动者；林德利·默里，《英语语法》的作者；夏洛蒂·莱诺克斯，几部小说和批评作品的作者。

新泽西州简史

这个州最开始是荷兰殖民地新尼德兰的一部分。1623年，荷兰人在特拉华河东岸建立了拿骚堡，但没有在那里建立永久的定居点。那里最早的殖民地似乎是1664年建立的伊丽莎白敦。就在这一年，这片土地被授予伯克利勋爵和乔治·卡特里特爵士；为了恭维后者，被命名新泽西，因为他曾是英吉利海峡中泽西岛的总督。1672年，这里的殖民者举行起义，驱逐了总督。第二年，荷兰人征服了新泽西州。1674年，英国人又把它夺回。安德罗斯的统治把这块殖民地搞得一团糟。1676年，它被分为东泽西和西泽西，各自有独立的政府。然而多年来，这片地区一直处于动荡之中，没有一个稳定的政府。1702年，新泽西成为皇家领地，与纽约合并。它们各自有不同的立法机构，但两个殖民地由同一个总督进行管理，直到1738年新泽西从纽约分离。

新泽西是美国独立战争一些早期战役的发生地。1776年，华盛顿率美国军队从纽约撤退到新泽西，并在年底被迫渡过特拉华河进入宾夕法尼亚。在这一年的12月25日，他再次渡过特拉华河，在特伦顿偷袭了黑森雇佣兵。1777年1月3日，华盛顿参加了普林斯顿战役。在这一年里，他几乎收复了被英国人占领的新泽西的全部领土。1778年，英国人撤离费城，穿过新泽西退到纽约。6月28日，蒙茅斯战役爆发。此战之后，英国人放弃了新泽西。1778年7月2日，新泽西州通过现行宪法。

新泽西州的重要历史人物

塞缪尔·斯坦诺普·史密斯，是新泽西的杰出作家和公众人物。他出生于宾夕法尼亚，在新泽西的普林斯顿学院接受教育。1779年，他被任命为神学院的伦理学教授。他付出了巨大的努力，终于让这所因英国士兵的践踏而破败不堪的机构恢复过来。1783年，他又获得了神学教授的职位；1795年，他被任命为普林斯顿学院的校长。他是为美国长老会制定管理制度的委员之一。1812年，因为身体状况日益恶化，不得不辞去普林斯顿学院校长的职务。他于1819年去世，享年70岁。他是一个博学多才的人。他曾写过一篇名为“论人类种族多样性”的文章，体现了他的博学与智慧，还有《道德哲学》等几部作品及文章。

丹尼尔·摩根，是独立战争时期一位很有才干的将军。出生于新泽西。早年他是一位车夫，曾在布拉多克指挥的不幸战役中服役。在独立战争期间，他在许多战役中表现突出，尤其是考彭斯战役。他于1799年去世。

宾夕法尼亚州简史

1643年，来自特拉华的瑞典人在这里建立了第一批殖民地。1681年，威廉·佩恩从查理二世那里获得这片土地。1683年，他奠定了费城的基础。1692年，最初属于佩恩的管理权被国王剥夺，但两年后又还给了他。管理殖民地的特许状授予佩恩，因为他是这片土地的所有者；他的子孙们一直世袭这种权力，直到美国独立战争爆发，宾夕法尼亚州以58万美元的价格买下了这片土地的所有权，获得独立。

第二届大陆会议于1775年9月在费城召开。1776年7月4日，大陆会议在这里发表了《独立宣言》。1777年8月，英国人通过切萨皮克入侵宾夕法尼亚。9月11日，布兰迪万河战役爆发。9月26日，英国军队占领了费城。大陆会议迁至宾夕法尼亚的兰开斯特。10月4日，日耳曼敦战役爆发。华盛顿的军队在福吉谷度过1777年和1778年的冬天。1778年6月18日，英国人撤离费城。同年夏天，美丽的怀俄明谷遭到英国人和印第安人的破坏。1790年，宾夕法尼亚州通过现行宪法。

宾夕法尼亚州的重要历史人物

著名天文学家大卫·里滕豪斯，1732年4月8日在宾夕法尼亚的日耳曼敦附近出生。他在父亲的农场里长大，对数学天生的兴趣很快使他脱颖而出。年轻时，在没有任何科学的指导，也没有其他人帮助的情况下，他用木头制作了一个时钟。此后，他便潜心于对机械的追求与学习。没有老师的指导，仅靠两三本书，他便掌握了足够的数学知识来理解牛顿原理。通过工作和学习，他设计制作了一个星象仪，这超越了当时所有的发明。1769年，他被美国哲学学会任命为观察金星凌日的委员会成员之一。他在天文工作中所获得的声誉引起了政府的注意，因此参与了许多需要科学知识和技能的市政工程。他曾是英美众多学术团体的成员。1791年，他接替富兰克林成为宾夕法尼亚州哲学学会主席。1792年，他被任命为美国铸币局局长。他于1796年6月26日去世。里滕豪斯和富兰克林一样都是自学成才，他的聪明才智和对科学的热忱在他遗留的作品中表现得淋漓尽致。

宾夕法尼亚州的杰出人物还有托马斯·戈弗雷，他是一名数学家，也是哈德利象限仪的发明者；詹姆斯·拉尔夫，是一部珍贵的关于英国的历史作品以及许多政治及其他著作的作者；本杰明·拉什，著名的医生；罗伯特·富尔顿，蒸汽轮船的发明者；本杰明·韦斯特，是一位著名的画家；还有查尔斯·布罗克登·布朗，是一位著名的小说家。

特拉华州简史

1638年，瑞典人开始在威尔明顿附近的克里斯蒂安娜河建立第一个定居点。他们声称拥有从亨洛彭角到特伦顿对面的特拉华瀑布之间土地的所有权，并将这片土地命名为“新瑞典”。1651年，为了防止瑞典人入侵，荷兰人在现在的纽卡斯尔所在的位置建立了卡西米尔堡，但很快便被瑞典人占领。1655年，荷兰人攻占了这片土地上所有的瑞典殖民地，新瑞典因此成为新尼德兰的一部分。1681

年授予威廉·佩恩的土地中包括特拉华，直到1691年，它一直是宾夕法尼亚的一部分。1691年，特拉华州被允许拥有一位独立的副州长。1692年，它再次与宾夕法尼亚合并。1703年，特拉华再次从宾夕法尼亚独立，建立了自己的议会，这两个殖民地仍由同一位州长治理。古老的政府形式在独立战争中得以保存。1792年制定了现行的宪法，1802年被修订。

特拉华州的重要历史人物

詹姆斯·阿什顿·贝亚德，于1767年生于费城，他是特拉华州的杰出政治家。他接受过法律教育，早年定居在特拉华，很快便获得了职业资格和名气。他曾当选为来自特拉华州的国会成员，在弹劾布朗特参议员一案中表现突出，在这个过程中，他巧妙地论述了宪法方面的问题。他在国会辩论的其他事务上也保持着雄辩的口才。1812年，他极力反对向英国宣战。1813年，他被麦迪逊总统任命为特别委员之一，在俄罗斯沙皇的调解下，与英国进行和平谈判。1813年，贝亚德前往圣彼得堡，但俄罗斯与法国的战争阻止了沙皇实施他的调解计划。与英国的谈判后来转移到根特市。1814年11月，美国的特别委员亚当斯、贝亚德、克莱、罗素和加勒廷在这里与英国缔结了和约。和约被批准后，贝亚德被邀请担任俄罗斯法院的特使，但他拒绝了。他在1815年回到美国，身体每况愈下，不久便于家中去世。他是一名杰出的律师和政治演说家，同时代的人罕能匹敌。他的逻辑能力是一流的。他面容俊美却富有男子气概，丰富而干练的演说技巧，令人信服的推理和全面的见解，都引人瞩目。

马里兰州简史

马里兰最初是弗吉尼亚的一部分。1632年，首次在切萨皮克湾的肯特岛进行了殖民尝试。同年，乔治·卡尔弗特爵士，又名巴尔的摩勋爵，获得了这块被称为马里兰的地方的殖民特许状，以业主的形式来治理这片土地。1634年，在波托马克附近的圣玛丽建立了第一个殖民点。1635年，在这里建立了议会。10年之后，政府被一群起义者占领，但起义在1646年被镇压下去。1650年，立法机构被一分为二——一个是平民代表机构，另一个由业主任命。1655年和1656年，因新教徒和天主教徒之间的分歧所造成的内战，分散了殖民地的注意力。1658年，议会取得了除了总督和委员会的一切政府权力；1660年，旧的秩序又得以恢复。1691年，业主政府被英国国王威廉三世废除，马里兰成为皇家属地。1715年，业主的权利又被恢复，并一直持续到独立战争爆发。1776年，马里兰通过了一部新宪法，之后又进行了几次修订。

马里兰州的重要历史人物

约翰·伊格·霍华德将军，于1752年出生于马里兰，在美国独立战争开始时以上尉的身份进入大陆军服役。1776年12月，他被任命为少校。他是格林将军在南方各州作战时最有才干的军官之一。他在考彭斯战役中的表现引人注目，据说，他曾上刺刀带领士兵冲锋，从而扭转了时局——马里兰线的军队就是因这种战法而出名的。据说，在一次战斗中，他曾手握7名英国军官向他投降交出的剑。大陆会议因他的英勇行为特意向他道谢，并授予他一枚银质奖章。在尤托斯普林斯战役中，他勇气极佳，前赴后继，受了重伤，再也没有痊愈。1788年，他当选为马里兰州州长，任职3年。1796年，他当选为联邦参议员，直到1803年。1798年，与法国的战争爆发，华盛顿被任命为军队总司令，霍华德被他选用，并被任命为准将。霍华德的后半生一直处于退休状态。他于1827年10月去世，是独立战争中最勇敢和最值得尊敬的人之一。

奥索·霍兰德·威廉姆斯，是独立战争中的另一位将军，生于马里兰。他在1775年波士顿被围时参与作战，并多次参加南部的战役。从盖茨将军接替指挥权到战争结束，威廉姆斯一直担任南方军队的副指挥官。他于1794年去世。

威廉·沃特也生于马里兰，是一名杰出的律师和作家。

弗吉尼亚州简史

1606年，英格兰国王詹姆斯一世将包括这片土地在内的大片领土授予两家英国公司，颁发了特许状。1606年5月23日，冒险家们来到这里，在詹姆斯敦建立一个殖民地。约翰·史密斯是冒险家之一，他探索了切萨皮克湾以及汇入此地的河流。1609年，国王授予殖民者公司新的特许状。1612年，第三次授予特许状。1619年6月29日，代议制政府成立，第一次殖民地议会在詹姆斯敦召开。1621年，伦敦的业主们授予殖民者一部成文宪法。

1622年，印第安人袭击了殖民地。一场战争爆发了，印第安人被赶回荒野。1624年，殖民业主的公司被国王解散，殖民地由国王亲自统治，弗吉尼亚因此成为皇家领地。国王任命总督和委员会管理殖民地，同时，殖民地议会继续保留。1644年，发生了另一起印第安人袭击白人的事件，战争再次爆发，一直持续到1646年。英国内战爆发后，弗吉尼亚人仍旧效忠于国王，英国议会派遣一支舰队前往美洲镇压。1652年，弗吉尼亚的殖民者被迫承认英国议会的权威。查理二世复辟后，弗吉尼亚再次成为皇家领地。

英国的《航海条例》阻碍了弗吉尼亚的贸易，同时，殖民地存在着其他苦难，1676年，弗吉尼亚人发动起义，推举纳撒尼尔·培根为他们的首领。他们在伯克利获得一定的优势，皇家总督被迫在一段时间内服从人民的要求。但是就在这一年，培根突然去世，为这场起义画上了句号，参与起义的几个人被处死。

弗吉尼亚多次面临法国人与印第安人的敌意。1753年，法国人开始在自己的领土内建造要塞，丁威迪总督派遣华盛顿给法国人的指挥官送去一封信，对他们的侵占提出抗议。随后，华盛顿带回法国指挥官的回信，他拒绝撤离军队。1755年，战争爆发，布拉多克将军带领一支由英国人与美洲人组成的军队，向法国的迪凯纳堡，也就是现在的匹兹堡进发。7月9日，他们遭遇埋伏大败。边境也遭到法国人和印第安人毁坏，上千居民被杀害或被俘虏。1758年，福布斯将军指挥一支英国人与殖民地居民组成的军队，攻占了迪凯纳堡，并将其改名为匹兹堡。

弗吉尼亚在独立战争爆发前一直处于和平状态。1775年，总督邓莫尔勋爵举起了镇压人民的皇家大旗。1775年12月8日，在诺福克附近发生的一场战斗中，邓莫尔总督被击败。1776年1月1日，邓莫尔逃到一艘战船上，炮轰诺福克，这座城市被烧毁。这时，英国王室在弗吉尼亚的权力被终结，一个独立的政府成立了。1779年5月，英国人入侵弗吉尼亚，劫掠了诺福克、朴次茅斯及附近地区。1781年，另一支由阿诺德将军（他背叛美国，加入英国军队）率领的劫掠成性的远征军摧毁了切萨皮克，洗劫了里士满和朴次茅斯。同年，康沃利斯勋爵率领英国军队从南方入侵弗吉尼亚，爆发多次战役。最后，康沃利斯被迫撤退到约克敦固守，但他已经被华盛顿率领的美军包围，而法国舰队在德·格拉斯伯爵的指挥下封锁了切萨皮克。9月30日，美法联军对约克城发动围攻，10月19日，康沃利斯率领7 000人投降。弗吉尼亚境内的战争结束。弗吉尼亚州接受了联邦宪法，于1788年加入联邦。州宪法于1776年形成，1830年修订。

弗吉尼亚州的重要历史人物

帕特里克·亨利，1736年5月29日生于弗吉尼亚汉诺威县，是独立战争时期最杰出的爱国者和雄辩家之一。他受到的教育很少，在商业和农业的劳作中长大，生存状况难以改善，让他放弃自己的职业，转而学习法律。在准备6个星期后，他拿到了律师执业资格。多年来他生活贫困，被迫去帮助岳父经营一家小酒馆。终于，神职人员和殖民地政府之间的一个法律案件给了他展示口才的机会，并让他立即名声大振。1765年，他当选为弗吉尼亚议会议员，以带头反对印花税闻名。他在这件事中展现出的勇敢与口才引起了整块殖民地的注意，这使他成为当时最受欢迎的人。

1774年，他作为弗吉尼亚的代表参加了第一届大陆会议。在接到列克星敦战役的消息后，他组建了一支志愿军，那是弗吉尼亚的第一次军事行动。他在推行终结弗吉尼亚王权统治的所有措施中都发挥了主导作用，于1775年被弗吉尼亚殖民地大会任命为军队总司令。他很快就辞去了这个职位，并当选为弗吉尼亚独立州的第一任州长。他于1779年卸任，但在战争结束时再次当选为州长。

亨利是被要求依据联邦宪法行事的州长之一。他对联邦宪法怀有敌意，尽一切努力让弗吉尼亚州拒绝接受它；在联邦宪法被接受以后，他并没有忽视宪法的优点，成为它最坚定的支持者之一。

他于1796年6月6日去世。他作为一位公众演说家的盛名几乎全靠传说；但是，无论过去还是现在，可能很少有人能在口才方面与他相提并论。

弗吉尼亚的其他杰出人物还有亚瑟和理查德·亨利·李，他们都是独立战争时期大陆会议的著名成员；还有乔治·华盛顿、托马斯·杰斐逊、詹姆斯·麦迪逊、詹姆斯·门罗四位总统，他们分别于1799年12月16日、1826年7月4日、1836年6月28日、1831年7月4日去世。

北卡罗来纳州简史

1663年，卡罗来纳被以“阿尔伯马尔郡殖民地”的名义授予克拉伦顿勋爵和其他人。1660年左右，新英格兰的一家公司在威尔明顿附近的奥尔敦德湾建立了第一个殖民地。建立了业主政府，特许状却保证了人民的自由。1677年，殖民地因一场起义被搅乱；1678年，人们罢免了总督，将他从他们的土地上赶出去。18世纪初，大批法国新教徒和德意志人因战乱和宗教迫害被迫离开家园，从莱茵河沿岸地区来到这里，当地人口因此大为增加。1711年，罗阿诺克和帕姆利科湾的殖民地受到印第安人的攻击，130人被杀。1729年，之前由同一家业主委员会管理的两个卡罗来纳终于分开了，各自建立了毫不相干的王室政府。在独立战争期间，北卡罗来纳成为主要的战场。1780年10月7日，国王山战役在这里打响。1776年，北卡罗来纳采用现行宪法。

北卡罗来纳州的主要历史人物

休·威廉姆森，是这个州的一位杰出人物。他于1757年5月17日出生于宾夕法尼亚的切斯特县。他开始接受神学教育，因为身体不好，便由神学转向医学。1760年，他被任命为费城学院的数学教授。任职3年之后，他访问了欧洲，先后在伦敦、爱丁堡和乌德勒支求学。回到美国后，他主要从事科学工作，并被美国哲学学会任命为观察金星凌日的委员会成员之一。他的观察被记录在学会的报告中。他还向学会提出了一种关于彗星出现时间的理论。

1773年，他再次访问英国，并接受枢密院关于殖民地民意的调查。通过威廉姆森，富兰克林获得了哈钦森和奥利弗寄往波士顿的信件，这些信件在殖民地引起了极大的轰动。随后他访问荷兰，1777年返回美国。他在北卡罗来纳州的伊登顿稳定了自己的地位，成为州议会和国会的议员。1787年，他被派往费城担任联邦制宪会议的代表，是联邦宪法的坚定支持者。在宪法通过后，他便退休了，之后一直研究文学与科学。

1811年，他发表了一部有关美国气候的作品，书中将新大陆与旧大陆相应地区的气候做了比较。1812年，他发表了两卷本的《北卡罗来纳州的历史》。他于1819年5月22日去世。

威廉·霍珀，也是北卡罗来纳州的一位杰出人物。他于1742年6月17日出生于波士顿，并在波士顿从事法律工作。1767年他移民到北卡罗来纳州，不久便在这里声名鹊起。他是第一次大陆会议的代表，也是《独立宣言》的签署人。他于1790年10月去世。

南卡罗来纳州简史

克拉伦登勋爵的特许状囊括了从弗吉尼亚到佛罗里达间的所有领土。自1670年在北卡罗来纳建立第一个殖民点后，殖民者们开始在阿什利河畔建立第二个殖民地——旧查尔斯顿。这块殖民地曾被命名为卡特里特县殖民地。就在这一年，巴巴多斯的奴隶被引进到这块殖民地。

1680年，现在的查尔斯顿市被建立起来。1684年，一些苏格兰移民在皇家港建立了一个殖民点；但1686年，这个殖民点被来自圣奥古斯丁的西班牙人袭击后荒废了。随后不久，大批法国新教徒移民到南卡罗来纳。自1686年到1693年，殖民地因叛乱而分心，总督被人民罢免并驱逐。1693年，旧政府被废除，以及更为简单和自由的行政管理形式的建立，部分地解决了这些麻烦。1702年，殖民者从南卡罗来纳出发，对在圣奥古斯丁的西班牙人发动了一次远征，结果失败了，殖民地因此负债累累。这导致了纸币的发行。1703年，印第安人的敌对行动让边境荒芜下来，但他们很快就屈服了。1704年，英国国教会在南卡罗来纳建立，所有的异教徒都被排除在议会之外。1706年，一支由法国人和西班牙人组成的海军中队出现在查尔斯顿海岸附近，他们登陆并进攻这座城市，但被击退了。

1715年，一场由雅马西人主导，从开普菲尔河到亚拉巴马河之间的所有印第安人都卷入其中的战争全面爆发了。边境一片荒芜，皇家港被废弃，查尔斯顿岌岌可危，殖民地接近毁灭的边缘；然而，印第安人最终在查克托哈奇河河岸落败，被赶到佛罗里达。1719年，南卡罗来纳的人民发动了反对业主政府的起义，1729年，这里成为皇家领地。

1776年，英国人企图攻占查尔斯顿：他们在查尔斯顿港的入口处沙利文岛附近的长岛登陆，袭击了在6月28日遭遇炮轰的莫尔特里堡。不过，当地驻军击退了敌人。1779年，这个州再次被卷入战争。林肯将军指挥美国军队，企图将英国人从佐治亚州的萨凡纳市驱逐，但是失败了。1780年，一支强大的英国军队在亨利·克林顿爵士的率领下，进攻南卡罗来纳，包围了查尔斯顿。查尔斯顿于5月12日陷落。王权得以在这个州的大部分地区重建。8月16日，卡姆登战役爆发。1781年，格林将军获得南部美国军队的指挥权。1月17日，考彭斯战役爆发；3月15日，吉尔福德战役爆发；9月18日，尤托斯普林斯战役爆发。英国的权力只行于查尔斯顿及其邻近地区，他们的军队一直在这座城市保持安静，直到1783年12月撤离。

1790年，南卡罗来纳通过现行宪法，后经过多次修订。

南卡罗来纳州的重要历史人物

戴维·拉姆齐，是南卡罗来纳一位医术精湛的医生和杰出的历史学家。他于1749年4月2日出生于宾夕法尼亚的兰开斯特县。他学习医学，在马里兰开始了他的医生生涯。在马里兰住了一年之后，他搬到了南卡罗来纳，很快在那里声名鹊起。独立战争开始时，他站在殖民地人民一边，用笔为独立事业而奋斗。曾一度在军队里担任军医。

此后，他成为南卡罗来纳议会的领导者之一，担任这个职位直到战争结束。英国人占领查尔斯顿时，把拉姆齐赶到圣奥古斯丁，他在那里流亡了近一年。1782年，他当选为国会众议院议员，在下议院议长汉考克不在的一年里，他担任临时议长一职。他把后半生的精力都放在医学和文学上。1815年5月6日，他在自己家附近的街上被一个疯子开枪打中，两天后去世。

拉姆齐博士最为著名的是他的历史著作。1785年，他出版了《南卡罗来纳州革命史》一书。1790年，出版了《美国革命史》。1801年，出版了《华盛顿传》。1808年出版了《南卡罗来纳州史》。他留下了一部《美国历史》的手稿，记录了从建立第一个殖民点到1808年的历史事件；还有一部《美国版世界史》。《美国历史》以3卷本出版，《美国版世界史》以12卷本出版。拉姆齐博士是一位细心勤奋的事实收集者，他的所有著作是关于美国历史最权威的著作之一。

南卡罗来纳州的其他杰出人物还有查尔斯·科茨沃思·平克尼，他参加了独立战争，并在几个公共部门任职，特别是在华盛顿执政时期担任驻法全权公使。他于1825年去世。亨利·劳伦斯，出生于南卡罗来纳，在独立战争中表现突出。1776—1778年，他一直担任美国国会主席。之后被任命为驻荷兰全权公使，但在去往欧洲的途中被英国人俘虏，囚禁在伦敦塔，后来获释，成为与英国缔结和约的委员之一。他于1792年去世。

佐治亚州简史

直到1732年，佐治亚还没有建立殖民点。这一年，詹姆斯·奥格尔索普获得了在这里建立殖民地的特许状。第一个殖民点建立在萨凡纳。怀特菲尔德和卫斯理是卫理公会派的牧师，对建立殖民点很感兴趣，就在殖民地建立一个孤儿院。佛罗里达的西班牙人给殖民者制造了很多麻烦，两地之间的敌对状态持续了好几年。佐治亚的第一个殖民点严格禁止奴隶制，宣称这是不道德的，而且违反英国的法律。但是一段时间后，居民们开始从卡罗来纳人那里雇佣奴隶，反对奴隶制的法律也放松了。渐渐地，禁令被废除，奴隶被直接从非洲进口到佐治亚。就这样，佐治亚和卡罗来纳一样都实行奴隶制。1752年，先前业主政府的托管人将他们的特许状交给了国王，佐治亚因此成为一个皇家领地。签署《独立宣言》的13个州中，它是最后一个加入的。1778年12月，英国人占领了萨凡纳，直到战争结束，佐治亚州一直掌握在英国人手里。1779年9月，美国人在德·埃斯坦伯爵率领的法国舰队的协助下，试图收复萨凡纳，但没有成功。最终，1783年7月，英国人撤离了佐治亚州。1798年制定现行宪法，之后多次修订。

佐治亚州的重要历史人物

莱曼·霍尔，是佐治亚州的一位杰出人物。他1731年出生于康涅狄格，接受医学教育。大约在1752年，他和新英格兰的40个移民家庭一起搬到了佐治亚州的梅德韦。独立战争开始前，他一直在佐治亚州的森伯里从事医生职业。佐治亚州人起初普遍不支持独立，倾向于服从英国的权威。但是，霍尔居住的地区强烈地倾向于进行独立战争；1775年3月，他被自己的行政区选为代表前往费城参加大陆会议。这个行政区后来被命名为“自由”，以纪念它成为佐治亚第一个支持独立的行政区。1775年7月，佐治亚州加入邦联。霍尔是《独立宣言》的签署人之一。他担任大陆会议成员直到1780年。当英国人占领佐治亚时，他们将霍尔的财产全部充公，并强迫他的家人离开佐治亚。战争结束后，霍尔当选为佐治亚州州长。他的余生一直处于退休状态。他于1790年去世。

乔治·沃尔顿，也是佐治亚的杰出公民。他于1710年出生于弗吉尼亚。他曾是一位木匠，但搬到佐治亚后便开始从事法律工作。他曾是大陆会议的成员，也是《独立宣言》的签署人之一。他于1804年去世。

亚拉巴马州简史

这个州最初是佐治亚州的一部分。当它被发现时，上面已经居住着大量的印第安人。这些印第安人的居住地还扩展到了佐治亚。当时最强大的部落是克里克人、切罗基人、乔克托人和奇克索人。其中一些部落的文明取得了巨大的进步。1817年，亚拉巴马脱离佐治亚州，成为美国的一个准州；1819年，它作为一个独立州加入联邦。从这个时期开始，印第安人开始迁徙到密西西比河以西的地区。

佛罗里达州简史

1512年，佛罗里达被庞塞·德莱昂带领的西班牙人发现；但直到1565年都没有建立殖民点。就在这一年，西班牙人建立了圣奥古斯丁——现在它是美国最古老的城镇。这片土地上的殖民事业几乎没有取得什么进展，一片荒野般地被遗弃给印第安人。1763年，佛罗里达被割让给英国，但在1783年又被还给西班牙。1820年，美国通过条约得到了佛罗里达。1843年，佛罗里达作为一个独立州加入联邦。佛罗里达州的印第安人数量众多，生性凶猛，从未完全被征服。美国得到这个州以来，这片土地不时因印第安部落的敌对行动而动荡。这里最著名的印第安部落是塞米诺尔，“塞米诺尔”的意思是“逃亡的人”；这个部落由从周围地区逃亡来的人组成，其中一部分人拒绝移民到密西西比河以西地区，因而与美国交战。这场战争从1835年持续到1843年，给当地居民带来很多烦恼。塞米诺尔族人占据了荒野中一处叫大沼泽地的灌木丛，不时从那里对美国军队发起猛烈的攻击。但是他们最终被美国人征服，其中一些人移居到密西西比州西部的乡村。留下来的印第安人仍旧与殖民者不和，这个州现在依然面临着战争的威胁。

密西西比州简史

这个州原本是法属殖民地路易斯安那的一部分。1716年，法国人在现在纳奇兹市所在的地方建立了一个殖民点。这个殖民点后来被附近的印第安人破坏。1763年，在七年战争结束时，这片土地被割让给了英国。西班牙人声称它是佛罗里达的一部分；但在1798年，他们将其声索的权利让给了美国。当时那里白人殖民者很少，居住着大量的印第安人。密西西比州是纳奇兹部落的故乡，他们以自己的部落名为这个州的一个主要城镇命名。法国人第一次到达时，就将纳奇兹作为他们主要的殖民点。密西西比州于1817年加入联邦。

路易斯安那州简史

虽然德·索托探险队中的西班牙人以前可能到过这里，但法国人却是第一个建立殖民点的。法国人在发现密西西比河之后立即宣称拥有这片土地的所有权。18世纪初，他们建立了新奥尔良。为了纪念法国国王路易十四，他们给这块殖民地起名叫路易斯安那。1763年，他们将路易斯安那割让给西班牙；但在1800年，又通过条约让它回归法国。当密西西比河流域挤满了移民，对美国来说，获得路易斯安那就变得非常重要了，因为这可以确保它掌控密西西比河的出口。1803年，美国政府以1 500万美元的价格从法国人手中买下路易斯安那。当时的路易斯安那将一些范围不确定的毗邻领土也囊括在内，它的领土包括现在的路易斯安那州、阿肯色州、密西西比州，以及向西延伸至落基山脉的大片土地。1812年，现在的路易斯安那州加入联邦。1814年下半年，英国人从墨西哥湾入侵路易斯安那，企图占领新奥尔良。1815年1月8日，新奥尔良市附近发生了一场著名的战役，英国人战败，这标志着他们的远征彻底失败。

路易斯安那州的重要历史人物

泰勒将军，1790年生于弗吉尼亚。他年纪很小的时候就参军，1812年以上尉军衔负责守卫哈里森堡。在与英国的战争中，他表现突出，并在多次与印第安人的战斗中声名大著，尤其在与塞米诺尔人的战争中。1845年，他负责指挥得克萨斯科珀斯克里斯蒂的占领军。在之后与墨西哥的战争中，他取得了非凡的胜利。1848年12月7日，他当选美国总统。多年来，泰勒将军一直住在路易斯安那州的巴吞鲁日。

阿肯色州简史

阿肯色州原本属于路易斯安那。1819年，它建立了准州政府；1836年，作为一个独立州加入联邦。

得克萨斯州简史

1620年以前，得克萨斯不过是科尔特斯征服地区的一个偏远、微不足道的部分，那里居住着掠夺成性的印第安人部落。但在1620年，西班牙人赶走了在马塔哥达定居的法国殖民者，在旧金山建立了第一个永久殖民点。墨西哥独立后，得克萨斯成为墨西哥联邦诸州之一，但与邻近的科阿韦拉州的合并却不受得克萨斯人的欢迎，导致了与中央政府的第一次分歧。1821年，美国公民开始在得克萨斯殖民。这些殖民活动的领袖是康涅狄格州达勒姆的斯蒂芬·奥斯汀。他在布拉索斯河和科罗拉多河之间建立了第一块殖民地。1835年，得克萨斯开始脱离墨西哥。1836年，墨西哥总统桑塔·安纳在圣哈辛托战役中被击败并被俘虏，这让得克萨斯的独立得到了保障。[①]这场战争发生于1836年4月21日。1845年，美国国会通过了一项将得克萨斯并入联邦的法案，这项法案很快得到了全国人民的同

① 在这场著名的战斗中，休斯顿将军担任美军的指挥官。墨西哥军队几乎全军覆没。桑塔·安纳获准前往华盛顿，与杰克逊总统会面。随后，美国政府派船将他送回韦拉克鲁斯。他一度失去了权力，但在1841年再次当选总统。1844年，他被驱逐出墨西哥，在古巴居住了几个月。不久，他又重新回到墨西哥，在美墨战争中发挥了主导作用。——原注

意。此后不久，得克萨斯作为独立州便加入了美国联邦。

密苏里州简史

1764年，法国人在建立圣路易斯时首次在这里建立殖民点。然后，这一地区的这片土地被认为是路易斯安那的一部分。法国人的殖民地几乎没有取得什么进展，这片地区的白人居民非常少。美国购买路易斯安那时，这里随之成为美国的一部分。1804年，密苏里被建成准州；1821年，作为一个独立州加入美国联邦。

在密苏里州向国会申请加入联邦后，有人提议以密苏里州禁止实行奴隶制作为条件。一场激烈的辩论随之而来。克莱提出了一项折中的办法，并获得通过：在北纬36° 30′ 以南地区实行奴隶制，但在其以北地区禁止。这就是“密苏里妥协案”。

田纳西州简史

这里原本是北卡罗来纳州的一部分。大约在18世纪中叶，这里建立起了殖民地，但被印第安人破坏。1780年，敌对的印第安部落被驱逐后，新的殖民者在这里定居；1790年，田纳西被北卡罗来纳割让给美国，成为美国的一个准州。1796年，田纳西作为一个独立州加入联邦。

田纳西州的重要历史人物

安德鲁·杰克逊，1767年3月15日出生于南卡罗来纳州，但他长期定居在田纳西州。21岁时，他搬到了北卡罗来纳州以西地区，也就是后来的田纳西州。这本著作的另一章中有提到他作为将军和美国总统的生涯。他于1845年6月8日去世。

肯塔基州简史

这个州的第一个白人定居者是丹尼尔·布恩，他于1770年在阿巴拉契亚山脉以西的荒野定居下来。这一地区当时被认为是弗吉尼亚的一部分。但是，随着越来越多的人定居这里，弗吉尼亚同意肯塔基脱离。1792年，肯塔基被承认作为一个州加入美国联邦。1799年制定了宪法。

肯塔基州的重要历史人物

丹尼尔·布恩，是第一个深入肯塔基荒野的白人。他1738年出生于弗吉尼亚，早年就极其热爱在树林里狩猎这种冒险活动。他第一次离家漫游，到的是北卡罗来纳。1769年5月，他带着5个同伴从北卡罗来纳出发，开始了穿越坎伯兰山的探险。布恩和一名同伴被野人抓走，但最终逃脱。其余4人返回家乡。布恩和这名同伴留在了肯塔基。1773年，他们把家人也接到这里。不久，其他移民也加入他们的行列。

1775年，布恩在肯塔基河畔建立了一座堡垒，就是现在布恩斯伯勒的所在。1777年，这座城堡两次被印第安人围攻，但都被击退。第二年，他在与同伴狩猎时，再次被野人抓获。布恩被奇利科西的一位酋长收留，他很愿意与这些印第安人待在一起，如果不是想念妻子和孩子，他也不会想着逃跑。很快，他找到一个逃跑的机会，在4天只吃了一顿饭的情况下走了160英里回到家。不久，他的堡垒就被450名隶属于英国的印第安人和加拿大人包围；虽然只有50名守军，但他们成功击退了敌人。

布恩与印第安人之间还发生过许多其他冒险的事情，他凭借非凡的勇气与灵敏，每次都能让自己化险为夷。他一生都喜欢独自在森林里漫步，但随着殖民地的发展，他以前常去的地方被邻近地区的人侵占。1798年，他搬到上路易斯安那（当时密苏里河畔这片土地的名称），并在密苏里河畔远离居民区的地方定居下来。他在这里过着普通的捕猎生活，直到1822年9月去世。

俄亥俄州简史

这个州的第一批殖民地是由一群参加独立战争的军官和士兵建立的，大陆会议曾授予他们150万英亩的土地。他们在波士顿成立了俄亥俄公司。他们在1786年进行了第一次移民，当时一个由来自马萨诸塞、罗得岛和康涅狄格州的47人的组织于4月7日在玛丽埃塔成立。第二年，在距离现在的辛辛那提大约6英里的俄亥俄河畔的哥伦布进行了第二次移民。这些移民来自美国中部各州。一些法国移民于1791年在加利波利斯建立殖民点。康涅狄格州依据自己的特许状，宣称拥有宾夕法尼亚和俄亥俄的部分领土；但它后来放弃了宾夕法尼亚的那部分土地，在接受了俄亥俄的一片被称为“西部保留地”的土地后对自己的要求做了调整。

这片西部保留地位于伊利湖南岸。1795年，康涅狄格州将它卖掉，所得款项成为它建立贵族学校的基金。1796年，在克利夫兰建立一个殖民点。在西部保留地定居的人主要来自康涅狄格州。

俄亥俄与邻近地区的绝大部分领土被纳入美国于1781年以“俄亥俄之西北领地”命名的准州政府之下。与印第安人的战争一度阻碍了殖民地的发展，但是印第安人最终还是屈服了。1802年，俄亥俄作为一个州加入联邦。

俄亥俄州的重要历史人物

威廉·亨利·哈里森，美国总统，很长一段时间都是俄亥俄居民。他于1773年2月9日出生在弗吉尼亚。年纪很小的时候就参军了，不久就被任命为一个重要的指挥职务。在划分西北准州时，他被任命为印第安纳州州长。他的公共服务已在美国历史中被提及。他于1841年4月4日去世，只当了30天左右的总统。

印第安纳州简史

这片地区曾是法国人所谓的“上路易斯安那”的一部分，早期的法国探险家从加拿大来到这里，并于1730年在温森斯建立了殖民点。在这里定居的大多是士兵，他们曾在路易十四的军队中服役，三四十年来，一直隐没于荒野深处，远离文明社会，习俗上几乎被他们的邻居同化。1763年，英国人在七年战争胜利后占领了这里，但并没有打扰这里的安宁。在很长一段时间里，这个地区没有其他的殖民活动。在独立战争期间，温森斯的法国人对美国人表现得很友好，因此，在战争结束时，他们被美国授予了特许状，让他们在温森斯附近获得了一块土地。大约在18世纪末，美国人开始在印第安纳建立殖民地。1801年，这里建立了一个准州政府。印第安人给这一地区的定居者带来了很多麻烦，1811年11月，这里发生了蒂珀卡努战役。1816年，印第安纳被允许作为一个州加入联邦。

伊利诺伊州简史

1673年，法国旅行家马凯特来到这里。几年后，法国人在卡斯卡斯基亚和卡霍基亚建立殖民点。然而，这一带的殖民活动并没有取得任何进展，这片土地依然一片荒凉。根据1763年的条约，这片地区被割让给英国。然而，弗吉尼亚声称对它拥有所有权，1787年，这片土地的一部分被割让给美国。同年7月，在国会的领导下建立西北领地；包括俄亥俄、印第安纳、伊利诺伊、密歇根和威斯康星。1809年，伊利诺伊成为一个独立的准州。1818年，作为一个独立州加入联邦。

密歇根州简史

很早的时候，来自加拿大的法国人来到了这里。尚普兰于1615年在休伦湖畔探险；大约在1650年，法国人在麦基诺岛建立了一个殖民点，并在那里建了一座堡垒和传教站。过了一段时间，他们在连接圣克莱尔湖和伊利湖的海峡上筑起了防御工事，称为“庞恰特雷恩堡”，就是现在的底特律。在法国早期殖民史上以及后来的英法战争中，这里都扮演着重要角色。1763年，英国人征服加拿大后，也占领了密歇根；但是这一年，英国在麦基诺岛的驻军被印第安人突袭。1805年，密歇根州成立了一个独立的准州政府。1812年，底特律被英国人占领，英国人的印第安盟友在弗伦奇敦杀死了很多美国人。不过，哈里森将军很快就把敌人赶出了密歇根。1836年，这个州加入联邦。

艾奥瓦州简史

这一地区原为路易斯安那的一部分。1838年成为准州，1846年加入联邦。

威斯康星州简史

它原来也是路易斯安那的一部分。1836年成为独立准州，1847年成为一个独立州。

明尼苏达州简史

这片土地得名于明尼苏达河。绝大部分土地仍被苏族印第安人占据。它一直是密苏里准州的一部分，直到1848年成立了独立的准州政府。首府为圣保罗。

密苏里领地（内布拉斯加准州）简史

密苏里领地原本包括路易斯安那购置地的大部分地区，其中有现在的印第安保留地、密苏里州和艾奥瓦州、明尼苏达准州和密苏里领地的领土。密苏里领地从东经97°延伸到西落基山脉。它的北界是英属美洲，南界是印第安保留地。最近有人提议将这个地区整个或部分领土整合起来以“内布拉斯加”为名建立一个准州。“内布拉斯加”源自普拉特河名字中的一个。密苏里领地有时被称为西部领地。

印第安保留地简史

印第安保留地北临普拉特河，东临密苏里州和阿肯色州，南临红河，西临落基山脉的一片沙漠地区。这里原来也是路易斯安那的一部分，美国政府把它作为从西南诸州迁来的印第安部落的永久居住地。在这里，他们将自己置于自主选择的政府的保护之下，除了维护边境地区和几个部落之间的和平，不受美国政府的其他干预。

这一地区约7万人，包括从密西西比河以东迁移到这里的各个部落。之前分布于佐治亚和亚拉巴马部分地区的乔克托人、克里克人、切罗基人，连同肖尼人一起，都在文明上取得了一定的进步。

印第安巫医

印第安酋长（一）

印第安酋长（二）

他们建造房屋，开垦土地，饲养牛马。有些人是机械师，有些人是商人。在这些印第安人中传教很成功。

还有一些部落保持着较为原始的生活方式，如波尼人、欧塞奇人、堪萨斯人、奥马哈人等等。狩猎是他们的主要职业，为了追逐猎物，他们经常从一个地方迁徙到另一个地方。大草原上不计其数的野牛群是这些印第安人狩猎的主要目标。他们骑马和徒步捕猎这些野牛。冬天，他们穿着雪鞋追赶野牛，常常趁它们渡河时发动攻击。

据推测，目前美国境内的印第安人大约有30万人。在美洲被发现时期，美国的印第安人数量从50万到200万人不等。在极遥远的时期，密西西比河流域被人口稠密的民族占据，他们在文明方面取得了一些进步，大量的遗迹仍有待发现。在欧洲人来到美洲以前很久，这些民族就已经消失了。在新英格兰建立殖民点时，美国领土基本上被现在的印第安部落所占据。在北方，他们只是原始的土著，住在简陋的棚屋里，几乎完全靠捕鱼和打猎获取天然的出产维生。他们内部一直处于战争状态，这使得人数不断减少。在南方，特别是在墨西哥湾沿岸，似乎居住着许多人口众多的部落，他们的技艺较其他地方更为先进。他们的性情也很温和。

现在，在刚才提及的印第安保留地以东，这种较为原始的印第安人中只有少数的幸存者。现在所有的部落，在很大程度上都蜕脱了原始的习性。甚至连最粗野的人也用步枪代替了弓箭，用毛毡代替了熊皮。那些土著正在逐渐消失，而且一定会在势不可挡的移民潮到来之前消失，而这个移民潮是由文明程度更高的移民造成的。

俄勒冈地区简史

这个地区北与英属美洲交界，东接落基山脉，南连上加利福尼亚，西邻太平洋。直到最近，英美都声称对它拥有所有权。1792年，波士顿的格雷船长来到这里。他发现了哥伦比亚河后开船驶入，并用自己的船名为河命名。1804—1805年，受美国政府的派遣，刘易斯和克拉克来到哥伦比亚河探险。1808年，密苏里毛皮公司在刘易斯河上游建立了一个贸易站。1811年，在约翰·雅各布·阿斯特的带领下，太平洋毛皮公司在哥伦比亚河口建立了阿斯托利亚。在最近，英国毛皮公司也在这里建立了分公司。因为领土的争端，英美之间发生了一场严重的争执。美国将边界线延伸至北纬51° 40′，英国则将边界线延伸至北纬12°。争端变得具有威胁性；但令人欣慰的是，英国政府在1846年提出将北纬49° 作为边界，美国接受了这一提议。现在，北纬49° 成为俄勒冈与英国领地的分界线。俄勒冈成立了自己的临时政府，以俄勒冈市为首府。国会很有可能在这里加紧建立一个准州政府。

这个地区主要的印第安部落有弗拉特黑德人、内兹佩尔塞人、沃拉沃拉人和肖尼人。共约有2万人。他们主要从事狩猎和捕鱼，与白人和睦相处。他们之中的传教士做了很多好事。

上加利福尼亚州简史

上加利福尼亚州位于北纬32° 至北纬42°，西经108° 和太平洋之间，面积约40万平方英里。它由东、西、南三部分组成。东部位于东边的落基山脉和西边的内华达山脉之间，占地约20万平方英里，除了北部的大盐湖附近地区，只有沙漠和山地，山地偶尔有植被带环绕，有的山上终年积雪。唯一的白人定居点就是盐湖城附近的摩门教徒聚居地。南部位于希拉河和大盆地之间，在刚才提及的地域之内。这片土地通常没有树木，大部分地区都是不毛之地。有几条发源于山中的小溪流经这片地区，河岸有狭长的、可供耕种的土地。

西部地区从内华达山脉的顶峰一直延伸到太平洋沿岸，面积约为12.5万平方英里。以圣华金和萨克拉门托连在一起的山谷为主要的地貌特征。内华达山脉的西侧蕴藏着丰富的金属矿藏。最近意外发现的金矿引起了文明世界的注意。

1526年，科尔特斯征服了墨西哥，又试图征服加利福尼亚，但是失败了。科尔特斯的军队又进行了几次尝试，都没有成功。1595年，一艘西班牙大帆船被派往加利福尼亚的海岸探险，却失踪了。1686年，新西班牙总督派遣了一支探险队前往加利福尼亚湖（也叫加利福尼亚海湾）探险。冒险家们的报告说，旧加利福尼亚并不像人们以前想象的那样是个岛屿。1697年，耶稣会士请求并获得征服这片土地的许可。1765年，他们在这个国家建有43个村庄，因土壤贫瘠和缺水而彼此隔绝。1813年，加利福尼亚效仿墨西哥，宣布脱离西班牙独立。1836年，加利福尼亚正式脱离墨西哥，但后来又依附于墨西哥。1846年，它被美国武力占领。1818年5月30日，通过《墨西哥条约》的确认，它成为美国领土的一部分。

紧随其后的事件震惊了全世界。1848年初，人们证实萨克拉门托河沿岸存在大量黄金。冒险家们蜂拥而来，实现了淘金梦，其他人也被吸引过来。人们很快就发现这种珍贵的金属似乎取之不尽，除了萨克拉门托河附近，在其他地方也发现了金子。一股巨大的移民潮，不仅从美国，而且从墨西哥、南美洲和欧洲的不同地区涌向加利福尼亚。旧金山很快从一个不起眼的小村庄发展成拥有四五万人口的城镇。其他城镇如雨后春笋般涌现。金矿区挤满了来自世界各地讲不同语言的矿工，他们满怀期望。在大约两年的时间里，价值4 000万美元的黄金被运走；现在，估计每年约有价值5 000万美元的黄金被运走；至少在一段时间内都是如此。

加利福尼亚的社会状况比起这里的矿山更加不同寻常。聚集在这片土地上的人们大多性情狂野，无拘无束，热衷冒险。成千上万的人在这里寻求庇护以逃避其他国家的法律。这里没有法律，猎刀和步枪就是争端的仲裁者。他们绝大部分来自美国，也有一部分来自不同的国家。

很多人对加利福尼亚没有信心，认为当地居民不具备自治能力，但事情的发展却超出了人们的预料。在移民潮和黄金大丰收带来的兴奋中，加利福尼亚的居民发现成立政府的必要性，便立即着手组建。人们召开了制宪大会。宪法很快制定完成，其中的智慧和适应性赢得了整个文明世界的钦佩，甚至连目空一切的英国媒体也对此给予了衷心的赞扬。这部宪法得到了人民的认可，加利福尼亚成为一个拥有正规政府职能的州，距离旧金山约60英里的圣何塞被作为首府。

这些事引发了欧洲政客的思考，美国的政治体系中是否有值得大西洋彼岸效仿的地方。在法国、德意志或意大利，人民因受到压迫诉诸革命时，最强大的大脑似乎也在巨变的恐怖中动摇。政治家、哲学家和政客们提出的计划和理论都只在短时间内实行，一旦发现行不通，就会被抛到一边，转而实行某种形式的君主政体，而这种政体已经被验证了一千次，仍然不能令人满意。美国体制下人们虽然在学识上不如他们，但更注重实际，他们给欧洲树立了好的榜样。这些人摆脱了一切常规政府的束缚，在可能推翻一切既定习惯——宗教、道德和思想的持重——的情况下，我们看到加利福尼亚的同胞们正在着手建立常规政治体系，就像蜜蜂第一次聚集起来按照祖先的精确计算建造蜂房一样。这并非盲目无知及未受引导的本能产物。它是教育的结果；这是美国的政治制度有意在群众中培育和传播的那种朴素的常识的成果。加利福尼亚人这样做，并不因他们是盎格鲁-撒克逊人。一个只有英国人的团体，在类似的情况下不会也不可能制定或采用加州的宪法。正是因为大众实行自治，加利福尼亚人才成功地完成重要任务。他们既熟悉理论又了解细节，最重要的是——在美国的社会中成长——他们习惯性地将理论与实践相结合，持续地践行他们的思想和行动，这正是现实与理想之间的平衡，是在所有重大的人生问题上取得成功的关键。按照常识来说，进行管理并不是什么复杂的事情，但对于先验论者，却是解不开的谜团。①

犹他地区简史

德塞雷特是摩门教徒给加利福尼亚的部分地区取的名字。这些摩门教徒在大盐湖附近定居，并建立了一座城市。这个社区的历史非同寻常。他们自称是末世圣徒，是纽约州帕尔迈拉的约瑟夫·史密斯的信徒。约瑟夫·史密斯假装在地上发现一些金盘子，上面刻着只有他能辨认的文字。他谎称这些文字的译文是《摩门经》，《摩门经》是《圣经》遗失的部分。

他得到了一些追随者，并于1830年在俄亥俄的拉特兰建造了一

① 1850年9月，美国国会通过法案，允许加利福尼亚加入联邦。它原来的大部分领土现在归属犹他准州。目前的领土面积约为10.003万平方英里，人口为15万到20万人。——原注

座圣堂。他们先后被俄亥俄、密歇根和密苏里驱赶。他们在伊利诺伊州的诺伍建立了一座城市，拥有1万名信徒。他们于1846年离开诺伍，而诺伍则被卡贝和一群法国社会主义者买下。

摩门教徒随后迁徙到加利福尼亚，其中一些人到达了黄金之地，是最早发现这里财富的人之一。大多数人选择在风景秀丽的加利福尼亚中部地区，也就是靠近大盐湖的贝尔河流域定居。据说整个社区有近2万人。在这里建立一座城市后，他们又着手建造一座巨大的圣堂。他们声称拥有邻近的领土和南边的一大片土地。为此，他们首先给那里取了德塞雷特的名字——据说这个词来源于他们的《圣经》，意思是蜂蜜。后来有人提议把这个地区称为犹他。①据说整个摩门教共有8万教徒。在英格兰和苏格兰有教团，在法国也有少量信徒。

新墨西哥地区简史

据西班牙当局统计，新墨西哥地区的领土范围从北纬32°延伸至北纬42°，从西经103°至西经108°，面积约20万平方英里。它以前是墨西哥的一部分，但在1846—1847年的战争中被美国占领，并在1848年的条约中被确认下来。位于格兰德河东岸的领土被得克萨斯宣称拥有所有权，但边界一直没有确定下来。首府为圣菲。

目前，这一地区人口比较稀少，但仍有过去时代的西班牙城镇遗迹。这些城镇看起来都很大，人口也很多。西班牙人于1594年征服这里。当时，它被印第安部落占领，一些部落屈服了，但另一些部落顽强抵抗了10年。此后叛乱不断，两个民族之间已形成敌对状态。

① 犹他地区于1850年9月建立准州。——原注

新墨西哥是一个多山地区，有一片由格兰德河形成的巨大河谷。河谷的土地比较肥沃，而其他的土地则几乎无法耕种。人们普遍懂得灌溉。马、牛、骡子、绵羊和山羊是主要的农业出产。据说，这里蕴藏着丰富的黄金，但并没有引起人们的注意。[①]

① 1850年9月，新墨西哥建立准州，同时划定了边界。由于得克萨斯声称拥有所有权的那部分领土被划归新墨西哥，国会向得克萨斯支付了1 000万美元。——原注

第492章

这样的美国

我们已经追溯了美国从1607年詹姆斯敦建立一直到现在的历史进程。虽然古老的印第安民族的起源很模糊，但美利坚合众国的历史从一开始就很清楚。我们甚至知道第一批定居者的名字，因为记载足够翔实，我们仍能感受到他们的欢乐和悲伤、希望和恐惧。不只是作为团体，而是作为个人，我们熟悉他们，能感知他们的同胞之情。从一开始，我们就能够跟踪美国制度发展的每一个步骤，从而为人类历史提供一个国家崛起和进步的最完整和最明确的记录。

现在估计约310万平方英里的美国领土，来源颇为多样。在独立战争中合为一体的13个英国殖民地，所拥有的领土与现在作为13个州拥有的领土是一样的。在此之外，弗吉尼亚州依据它的特许状，声称拥有西部一片未划定界线、包括肯塔基在内、后来被称为西北领地的所有权——西北领地包括俄亥俄、印第安纳、伊利诺伊、密歇根和威斯康星。1787年，这些土地被割让给美国联邦，仅在俄亥俄州保留了一小块土地，用来偿还本州的一些债务。田纳西州最初是南卡罗来纳州的一部分。亚拉巴马州的大部分曾属于佐治亚州。缅因州原本是马萨诸塞州的一部分。因此，除了佛罗里达州和密西西比州的一部分，密西西比河以东的整个美国领土都是最初的英国13个殖民地的属地。

1819年，西班牙将佛罗里达和密西西比南部割让给美国，作为破坏美国商业的补偿。1803年，美国通过购买路易斯安那，得到了密西西比河和落基山脉之间的全部土地，包括路易斯安那州、阿肯色州、密苏里州和艾奥瓦州，以及明尼苏达州的邻近土地、密苏里州和印第安保留地。1845年通过兼并条约获得得克萨斯；发现并占领俄勒冈；在1848年战争后与墨西哥签订的条约获得加利福尼亚和新墨西哥。

美国人口可能一半具有英格兰血统，1/4具有爱尔兰和苏格兰血统。德意志人的后裔也很多，几乎占总人口的1/8。法国人、西班牙人和其他民族的血统构成余下的部分。这一数字还不包括300万非洲裔奴隶和30万独立的印第安人。

美国的通用语言是英语，除了外国人，普遍说英语；最显著的特点是，美国人说的英语比大部分英国人说的要纯正。

虽然美国人的风俗习惯因环境和制度有所改变，但依然以英国为基础。在外貌上，美国人与英国人没有明显的相似之处；气候的力量在美国人更消瘦的体形和更加椭圆的脸上可以更清晰地看出来，即使是在只有纯正英国人的地区也是如此。

迄今为止，人口增长率显示，美国的人口在25年内翻了一番。1790年，美国拥有4 609 724人；1800年，有6 198 966人；1810年，有8 431 178人；1820年，有11 176 169人；1830年，有14 875 063人；1840年，有17 724 000人。1850年的人口普查还没有完成，但这些数字已经充分证明，人口的自然增长与移民人数增长的比例是相同的，促进人口增长的动因也从来没有像现在这样活跃过。以此为统计基础，到19世纪末，美国人口有可能达到1亿人。

那些拥护君主制的欧洲国家，预言美国的政治制度将迅速垮台，美利坚合众国也将不复存在，但是美国存在的时间比这些预言所说的时间更长。当旧世界那些自吹自擂的制度正陷入混乱和毁灭时，我们见证了美国的制度正随着时间的流逝变得越来越稳固；在旧世界的动荡中，数以百万计的人拥向美国，把它作为唯一的避难、和平与安全之地。美国领土的广阔，人口的增长，州的增加，以及所有妨碍我们快速前进的拦路石被摧毁，都在数量和体量上增加了美国政治的稳定性。

我们相信，人民是否有自治能力的问题已经得到解决，美国的稳步发展证明了依靠人类的智慧、合作和责任心所建立的政府是人类设计的稳定、有益的政府。70年前，美国是13块脆弱的殖民地，仅有300万人；现在，美国拥有30个自由、自主和独立的州，它们统一为一个国家，拥有2 000多万居民。70年来，美国人民彼此保持和平，作出了其他国家无法比拟的表率。美国人把文明传播到相当于半个欧洲的地方，在科学、艺术和文学的每一个领域，都为人类的智慧和进步作出了贡献。没有基督教主要国家的同情和支持，而有着来自母国的暴怒和恶毒，在这样艰难的条件下，美国人民依然取得了巨大的成就。美国人不得不与自己的母国进行两场战争，同时还要应对英国媒体的敌意。美国人一直是各种讥讽和嘲笑的对象——他们是无休止的谩骂和谴责的主要对象，是邪恶预言和恶意阐释所要针对的主要目标。如果英国人对美国的态度能有所改变，我们一定会认为，与其说它是出于对自己同胞的慷慨同情，不如说是出于对一个能够维护自己权利的国家的尊重。

美国的城市是其国家繁荣的最醒目的纪念物。纽约坐落在一个将哈得孙河一分为二、长约15英里的岛上。纽约的西南方是纽约湾，几乎被陆地环绕，可以从海上一条叫作纽约湾海峡的通道进入。纽约港是世界上最优良的港口之一。城市被众多的船只环绕，它们的桅杆聚集在一起，看起来像是一片树叶剥落的森林，汽船不断地进进出出，证明了这个大都市中心的贸易和商业活跃的程度。事实上，纽约是美洲大陆的主要城市，也是世界上最大的商业中心之一。1760年，纽约只有1万人左右，现在大约有50万人。

波士顿是新英格兰的大都市，大约有14万居民。它始建于1630年。费城是美国人口第二多的城市，于1684年建成，现在大约有27.5万人。巴尔的摩是马里兰州最大的城市，有17万人。华盛顿是美国联邦政府的所在地，有着优越的地理位置和精美的公共建筑，但人口不到3万人。新奥尔良，人口约15万人，贸易发达，它注定要成为美国最主要的城市之一。圣路易斯、辛辛那提、罗切斯特、洛厄尔、路易维尔和其他一些地方的人口增长速度几乎是史无前例的。旧金山就是一个好的例子，它的人口增长之快，对旧世界的人来说，简直难以置信。在两年的时间里，它的人口从1 500人增长到五六万人。加利福尼亚建有各种街道、旅馆、银行和高速公路通向其他城镇，两年前它还是一片原始森林。

墨西哥

第493章

科尔特斯入侵前墨西哥的历史

（700—1519）

古代的墨西哥人

墨西哥[①]北与美国接壤，东临墨西哥湾，南部和西部紧临太平洋。这个国家大部分地区属高原，包括一部分横跨整个美洲大陆、与太平洋海岸平行的巨大山脉，在墨西哥被称为科迪勒拉山脉。山脉中部是一片6 000~8 000英尺高的

① 现在的墨西哥面积约为32万平方英里，人口有七八百万人。首都是墨西哥城，人口约有15万~20万人。其他重要的城镇还有普埃布拉、瓜纳华托、瓜达拉哈拉、韦拉克鲁斯、阿卡普尔科和坦皮科。——原注

宽阔高原。到处都是孤立的山峰，从这片高海拔之地到终年积雪的地带，其中包括奥里萨巴火山和波波卡特佩特火山。这片广阔高原的肥沃程度随着海拔的变化而变化。地势较高的地方因缺少水分变得贫瘠，因为土壤中富含盐类物质，使得这一地区广阔的干旱平原与中国西藏以及中亚的草原相似。墨西哥的大部分地区一定是地球上最肥沃的地区。除沿海平坦地区，其他地区都气候温和，环境宜人。这里河流又小又少，但湖泊数量众多——它们似乎是其他曾覆盖远超这片高山平原的广阔湖泊的遗存。墨西哥富含金矿和银矿。瓜纳华托和米内拉尔-德尔蒙特是世界上产量最高的银矿区。

在被西班牙人征服以前，墨西哥已经有千百年的历史记载。在这些历史记载中，最早被注意到的居民是托尔特克人，一个美洲土著民族，也可能是亚洲民族，他们大约在7世纪末从北方迁徙到墨西哥。他们在墨西哥定居下来，通过农业、冶金、建筑等开始了文明的事业。当时墨西哥被称为阿纳瓦克。托尔特克人的统治在这里维持了400年左右，然后销声匿迹了。一个世纪后，另一个叫作奇奇梅克的部落从西北入侵阿纳瓦克，之后是文明程度更高的部落，包括阿兹特克人、阿科瓦依克人和特兹库坎人。1325年，阿兹特克人建立了特诺奇蒂特兰城，之后将其改名为墨西哥，这个

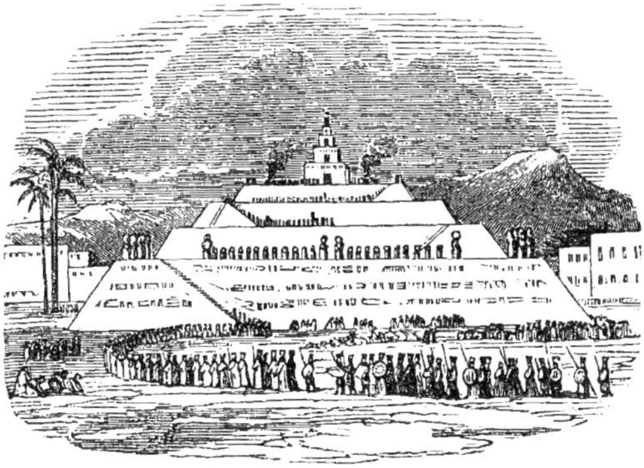

古代的墨西哥大神庙

名字从Mexitli演变而来，在阿兹特克语中是战争之神的意思。事实上，这就是墨西哥大帝国的基础。

当西班牙人到达美洲时，墨西哥已经是新大陆最强大、人口最多的帝国。这个帝国在许多方面已经具备相当程度的文明。墨西哥人建造了诸多大城市以及高大整齐的金字塔。他们通晓冶金和切割石头的技艺。他们的历法比希腊人和罗马人的更精确。他们通过画特殊符号来记录事件，与埃及的象形文字差不多。墨西哥实行君主制。这个帝国具有常规等级制度，贵族们过多的特权和傲慢几乎与被奴役人们的境况形成了强烈的对比。墨西哥的宗教仪式中有大量活人献祭的仪式，场面极为血腥，最令人反感。没有什么比他们的神灵更可怕的了。这些神灵的帷幔由扭曲的蛇组成，两条蟒蛇充当他们的胳膊。装饰品也异于常人：用一根肠子将人头和头盖骨串起来制成项链。墨西哥人打仗的最主要目的就是俘获敌人，然后向他们的神灵大规模献祭。墨西哥的神庙众多，每一个城市都有几百座，规模大小不一。它们由大量坚实的泥土建成，表面铺上砖或石头，形状酷似古埃及的金字塔。这些神庙有四五层，每层的大小有规律地向上递减。庙顶上有祭祀用的塔和神坛。

古代墨西哥人的房子

墨西哥帝国人口众多，但居民的确切数量不得而知。首都墨西哥城建立在离海岸不远的湖边。它与大陆由几条宽阔的石堤连接起来，其中一条长达7英里。

街道井然有序，神庙和宫殿的建造风格与这个伟大帝国的大都市相得益彰。主广场呈现出一派繁忙的景象，各种各样的商品在这里出售，有时会有5万人聚集在这里。预计该城市人口有30万人。这个湖被其他50座城市环绕，10万只独木舟为这些城市通航。

1517年前后，墨西哥帝国首次被西班牙人所知。当时，胡安·德·格里哈尔瓦曾登陆墨西哥海岸，了解到这个国家的财富和人口，并将其命名为新西班牙。这一消息激起了西班牙人的贪欲，古巴总督贝拉斯克斯派埃尔南·科尔特斯率领一支探险队入侵这片新的领土。科尔特斯智勇双全，但和那个时期的大多数西班牙冒险家一样，贪婪而冷酷。1519年2月10日，这支探险队从古巴起航，在墨西哥登陆。他们首先到达科苏梅尔岛，之后到达塔瓦斯科，正式占领这片土地。随后，他们沿着海岸前进，于4月2日抵达现在的韦拉克鲁斯。

墨西哥皇帝蒙特祖马听说这些陌生人来到他的国土，就派人去了解他们的意图。科尔特斯给了一个傲慢的回复，表示除了皇帝他不与任何人商讨。同时，他让所有人马登陆，将所有枪支搬上岸，壮大声势。墨西哥人因为这些非同一般的军队、马匹、船只和大炮而惊惧，试图用丰富的礼物来安抚西班牙人。墨西哥使团中有随团的画家，他们急忙将这些奇妙的东西描摹下来。科尔特斯注意到了这一点，便让他的部队进行军事演习，通过向大树开炮，使他的战争表演发挥更大的作用。墨西哥人对科尔特斯的军事演习感到震惊，吓得趴在地上，使团带着他们所看到的“奇迹”返回，向蒙特祖马报告。

第494章

从科尔特斯向墨西哥首都进军
到得克萨斯宣布独立

（1519—1835）

蒙特祖马

蒙特祖马软弱无能、优柔寡断，他不愿意与这些来访者接触，因为他听到过对他们的一种令人恐怖的描述。他又派了一个新的使团带着丰厚的礼物献给科尔特斯，想取消科尔特斯提出的与国王的会见，这些礼物却激发了西班牙人的贪欲。科尔特斯决定按兵不动，把自己的营地变成一个永久的殖民点，耐心观察事态的发展。他在这里没有待多久，就接见了来自森波亚尔——一个长期对蒙特祖马政府不满的部落——的使团。科尔特斯立即与蒙特祖马这些心怀不满的臣民结盟，并派遣使者回到西班牙，祈求政府让他的权力合法化。随后，他放火烧毁了自己的船只，想让士兵们置之死地而后生。

科尔特斯和他带领的军队看到了墨西哥城

完成这些准备后，科尔特斯带着充满幻想和绝望的军队进入一个未知国家的腹地，企图用仅500人、15匹马和6门大炮征服一个强大的国家。他遭遇的第一批敌人是特拉斯卡拉人，这是墨西哥最凶猛顽强的民族。他们的国家是一个共和国，处于帝国的保护下；他们热爱自由，富有勇气，但没有什么能够阻挡西班牙的炮火。几次失败后，特拉斯卡拉人臣服于西班牙，并承诺协助科尔特斯未来的所有行动。在6 000名新盟友的帮助下，科尔特斯向乔卢拉进军，这是一个与墨西哥城距离仅60英里的城市。在那里，蒙特祖马摆下鸿门宴，想要暗中害他，但被科尔特斯察觉了，他屠杀了6 000名乔卢拉人来报复。

在向墨西哥城进军的过程中，帝国周边国家的反叛给了西班牙人重要的帮助。经多日的行军，他们终于从乔卢拉山上看到了墨西哥城。士兵们看到眼前的景象，心里充满了喜悦。看着这个富饶美丽的城市时，他们认为用自己的辛劳和危险换来的回报唾手可得。到达墨西哥城入口时，蒙特祖马以这个国家最隆重的礼节迎接他们。他以特殊礼节向科尔特斯致敬，并让他的军队在首都安营扎寨。科尔特斯立即以最强大的方式加固了防御。然而，西班牙人的处境危险重重。他们正处在一座四面环水的城市里；桥梁和堤道很容易被摧毁，这样的话，军队与盟友之间的通信会因此被切断。为了防范这种危险，科尔特斯决定实施一个大胆的计划，抓住蒙特祖马，将他扣为人质。计划实施成功，蒙特祖马被抓到西班牙人的营房。

蒙特祖马被囚禁了6个月，在这段时间里，科尔特斯忙于收集关于这个国家的情报，在湖上建造船只，并把他得到的金子分给士兵。然而，意想不到的危险即将到来。古巴总督急于分享西班牙的掠夺品，派纳尔瓦埃斯率领另外一支军队去夺取科尔特斯的胜利果实。科尔特斯立即从墨西哥出发，进攻纳尔瓦埃斯，只留下一小队守军巩固后方。凭借一系列巧妙而谨慎的行动，科尔特斯不仅战胜了纳尔瓦埃斯，而且诱使他手下的人马投靠自己。科尔特斯刚回到墨西哥城，墨西哥人就发动了一场起义，他们极其愤怒地袭击了西班牙人的营地。为了平息起义，科尔特斯把穿着皇袍的蒙特祖马带了出来，说服他在城墙上向他的臣民们讲话。起初，这些臣民恭恭敬敬地倾听，但紧接着就有一阵乱石和乱箭袭来，这位不幸的皇帝受了致命伤。

在墨西哥人持续不断地袭击后，西班牙人最终被迫从这座城市撤离。撤离时遭到猛烈攻击，损失了大量的士兵以及大炮、弹药和辎重，还有大部分金子。科尔特斯成功摆脱了敌人，驻扎在离首都20英里位于湖岸边的特兹库科。这个地方的土著成为他的盟友，帮助他组建舰队，通过水路袭击墨西哥城。就在紧要关头，他在伊斯帕尼奥拉岛的朋友们建造的4艘舰船和一支援军到来，科尔特斯立即对墨西哥城发动了全面进攻。新皇帝瓜特穆斯以极大的勇气和毅力保卫墨西哥。但是，西班牙人的印第安盟友有15万兵力，对墨西哥城进行了25天强力围攻。1521年8月21日，最终在3/4的城市被摧毁后，瓜特穆斯企图逃走，但没走掉，沦为西班牙人的阶下囚。首都墨西哥城随即投降，其他地区也纷纷投降。

很多墨西哥人，包括大多数贵族和祭司，在被征服的战争和屠杀中死去；但有相当数量的土著在这场灾难中幸存，他们的后代至今仍居住在这个国家。入侵者的第一个想法就是攫取被征服帝国的财富，第二个想法是在幸存的居民中传播天主教。西班牙派出传教士，使大量墨西哥人皈依天主教；最终，墨西哥的古代宗教被彻底消除。获得巨额财富的希望吸引着大量的西班牙殖民者，他们逐渐在一个物产丰富的国家繁衍生息，墨西哥成为西班牙殖民地中人口最多、最富有的国家之一。

然而，就西班牙殖民者而言，他们治理不善。印第安人沦为奴隶，西班牙人过着懒惰的生活。含蓄顺从的习惯和随之而来的无知抑制了所有的进取精神，整片地区都在西班牙的专制统治下沉睡；与此同时，公民自由的信念正盛行于英属美洲殖民地，并推动他们在民族独立的事业中勇往直前。不过，不满情绪已在墨西哥人民的心中深深扎根。克里奥尔人，即在美洲出生的西班牙人，渐渐成为人口的大多数；但是西班牙政府目光短浅，把所有的信任和政治权力都交给了从欧洲来的一小部分西班牙人。拿破仑入侵西班牙，打破了克里奥尔人与欧洲的关系，他们积压已久的不满情绪爆发了。1808年，拿破仑占领西班牙的消息一传开，立即在墨西哥引发了巨大的震荡。终于，在1810年，一位名叫伊达尔戈的神父举起了起义的大旗。在取得一些胜利后，他的军队被击败，伊达尔戈被处死。西班牙人的麻烦并未结束，随后又发生了一系列的混乱和起义，但这些细节对读者来说毫无意义，此处不再赘述。墨西哥王室的权力逐渐衰落，直到1821年，自由主义者让自己成为首都的主人，墨西哥最终脱离西班牙独立。

之后，墨西哥人为成立新政府召开了国会。一个曾经领导过起义军的墨西哥人阿古斯汀·德·伊图尔维德凭借一系列狡猾的手段在1821年称帝。他的统治短暂而混乱，在位不到一年，便被墨西哥国会罢免并流放到欧洲。墨西哥国会支付给他一笔可观的年金用于维持生活。1824年，他回到墨西哥，希望夺回皇位，但很快被逮捕并被处死。墨西哥被宣布为共和国，共和政体很快在全国得到采用。但是，接连不断的动乱、阴谋、叛乱和内战使一切问题都得不到解决，破坏了国家的繁荣。所有出生于欧洲的西班牙人被迫离开墨西哥的领土，从而使这个国家失去了大量最富有、最聪明、最勤劳的公民。财政完全陷入混乱，所有稳定的政治权力都终结了，而军队及其首领逐渐掌握并垄断了政府的权力。1835年，得克萨斯人民宣布独立，并成功地挫败了墨西哥政府镇压的企图。在这场战争中，得克萨斯人俘虏了墨西哥总统桑塔·安纳将军。得克萨斯最终脱离墨西哥，加入美国联邦。

第495章

从美墨战争到与美国讲和

（1835—1850）

得克萨斯的独立导致了美墨战争。得克萨斯西部边界存在争议——墨西哥和美国都声称拥有格兰德河和努埃塞斯河之间领土的所有权。泰勒将军率美军占领这片土地，墨西哥人将其视为敌对行动，冲突一触即发。1846年4月10日发生了第一次流血事件，当时美军上校克罗斯在格兰德河东岸营地附近的一次远足中被墨西哥人伏击并杀害。墨西哥驻马塔莫拉斯的指挥官安普迪亚将军发布公告，敦促美军撤出努埃塞斯河。泰勒将军警告他不要采取敌对行动，并宣布决心坚守阵地。此外，为了阻止墨西哥人向马塔莫拉斯增兵，他下令封锁格兰德河口。4月25日，休斯顿上尉率领的美国侦察队遭到墨西哥人的偷袭，造成16人伤亡，几乎所有的幸存者都被俘虏。

当时，泰勒将军把军队驻扎在马塔莫拉斯对面的布朗堡，他顿时意识到墨西哥人的意图是渡过河穿插到他的后方，切断他与海岸附近的伊莎贝拉角的联系，那里有他建成的军火库。为了挫败这一计谋，他向后方进军。接替安普迪亚在马塔莫拉斯指挥权的阿里斯塔，误以为这是撤退行动，便立即渡过离布朗堡不远的格兰德河，向伊莎贝拉角行军。5月3日，阿里斯塔从马塔莫拉斯要塞向布朗堡发起了持续一周的猛烈炮轰。

同时，泰勒已经抵达伊莎贝拉角，在这里建立了牢固的堡垒。5月8日，在向格兰德河进军途中，他在帕洛阿托平原与敌人遭遇。墨军有6 000兵力，其中有800名骑兵和几门野战炮。美军不足2 300人。战役下午两点开始。墨西哥骑兵多次冲锋，却不停地被击退。战斗僵持了5个小时，美国炮兵取得了决定性的优势，他们的作战技巧以及大炮的威力，让墨西哥人被全线击退，并被赶出战场。墨军阵亡200人，伤400人；美军阵亡9人，伤44人。墨西哥人趁夜撤退，美国人驻扎在战场，翌日继续行军。

但墨西哥人没有撤得太远。行军两个小时后，美国人在雷萨卡的拉帕尔瓦的峡谷里遇到了处于有利位置的墨西哥军队。墨军的炮组完全清除了接近他们的道路，美军的大炮通过猛轰把墨军赶出了哨所。随后，梅上尉奉命率领重骑兵发起冲锋，很快完成了任务。墨西哥炮兵从自己大炮的身边被赶走，野战炮被美军俘获，维加将军也沦为阶下囚。美军步兵向墨西哥主力发起进攻，很快结束战斗。墨西哥人溃不成军，逃离战场，美国骑兵乘胜追击，直到墨西哥军队的所有幸存者或被俘虏，或被赶过格兰德河为止。在这场战役中，美军的兵力不超过1 700人。帕洛阿托战役之后，墨军还得到了6 000多人的增援。据估计，在两场战役中，墨军损失了1 000多人。泰勒将军的作战技巧和美军的勇气在这两场胜利中引人注目。

墨西哥军队虽然作战经验丰富，仍被彻底击溃；8门野战炮，大量俘虏，包括14名军官，连同全部辎重物资都落入美国人手中。

墨西哥人发现战火将要烧到自己的国家了，便恐慌起来，阿里斯塔提议停战，直到两国政府解决了争端为止，以此来制止美国人的进军，但泰勒将军无权作出这样的安排。墨西哥人放弃了马塔莫拉斯，美国人在5月18日占领这里。泰勒将军整个夏天都将总部驻扎在这里。米耶拉、卡马尔戈、雷维拉和雷诺萨等城镇也相继投降。美军又得到了一支增援部队，到8月底，一支9 000人的部队可供泰勒将军调遣。他决定向新莱昂的主要城市蒙特雷进军。8月20日，沃思将军率一支军队向蒙特雷进军。9月5日，泰勒将军率军跟进，并在格兰德河留有一支2 000人的守军。19日，泰勒和沃思联军到达离蒙特雷3英里的沃纳特斯普林。一场大战即将爆发。

蒙特雷坐落于塞拉马德雷山脉山脚下，天然的易守难攻，后来又经人工加固。这座城市不仅被装有重型大炮的防御工事包围，而且它本身就是一座巨大的城堡，有笔直的街道，街道两旁排列着石屋，石墙高出平齐的屋顶，足以充当城墙和城垛。人口约1.5万人，守军中有正规军7 000名，非正规军二三千名。尽管敌人人数众多，城防坚固，但泰勒将军仍对自己的士兵充满信心，他毫不犹豫地向这座城市发起了猛攻。沃思将军所部于21日发动袭击，其余的军队则在第二天继续攻击。23日，攻击全面爆发，一场殊死搏斗在城市的街道上演。屋顶上的枪林弹雨向美军倾泻而下，但他们逐个房子逐个广场地步步为营，直到墨军主力被赶出城市的低处，躲在街垒后面。墨军指挥官安普迪亚发现无力防守，于是在24日上午提议撤离蒙特雷。泰勒将军同意了，这座城市被美国人占领。此战美军亡

120人，伤337人，墨西哥从未公布伤亡情况。

泰勒将军在蒙特雷建立了司令部，并派沃思将军攻占萨尔蒂约。与此同时，墨西哥人却在尽最大的努力组建一支将侵略者赶出自己国家的军队。桑塔·安纳从西印度群岛流亡回到墨西哥，被任命为临时总统。在他的积极努力下，一支2万多人的军队于1847年1月在圣路易斯波托西被集结起来。这些军队由墨西哥的民族精英组成，装备精良。桑塔·安纳计划立即袭击泰勒将军的军队，以人数上的优势取胜，然后继续向格兰德河进军，进而攻占美军所有的军事哨所和军火库。

大约1月底的时候，泰勒将军收到了桑塔·安纳准备进攻的消息。他决定立即迎战即将到来的敌人，在蒙特雷留下一支1 500人的守军后，他于31日向萨尔蒂约进军。2月2日，他经过萨尔蒂约，来到圣路易斯以南20英里的阿瓜纽瓦。他在那里扎营至21日，才知道整支墨西哥军队都在向他逼近。敌人的兵力是他的五倍，他必须占据有利地形，以便在某种程度上消解敌人数量上的优势。因此，泰勒把军队撤回到布埃纳维斯塔山口，那里的高地被雨水侵蚀出深深的沟壑，对于骑兵和炮兵来说是巨大的障碍。

2月22日早晨，墨西哥军队出现，他们对胜利满怀信心。桑塔·安纳送来一面免战旗，要求美国指挥官无条件投降。泰勒将军直接拒绝了。一场持续了一整夜的小规模战斗开始了；第二天一早，大战役开始了。战斗异常激烈。墨西哥人相信他们人数上的巨大优势，认为敌人一定会被击溃。他们的进攻屡次被打退，然后会再一次发动进攻。美国人以不屈不挠的勇气守卫阵地，墨西哥人发现他们的进攻全面失败后，便趁夜间撤退了。墨军伤亡1 500多人，美军伤亡700人左右。在撤退途中，墨西哥军队几乎全军覆没。无论从哪方面来看，这场战争都非常重要，必须把它看作美国后来在美墨战争中迅速取胜的主要原因之一。

在这一地区的军事行动以美军在布埃纳维斯塔战役中获胜结束。格兰德河的整个边界都未遭到袭击，墨西哥人因自己屡战屡败而惊慌失措，对收复他们在那块领土上失去的东西不抱任何希望。现在，战事转移到另一个地区。一项从南部入侵墨西哥，直取墨西哥首都的计划被采纳。为了实现这个计划，一支美国海军中队被派去封锁韦拉克鲁斯。1846年11月12日，康纳准将率领的一小支海军占领了坦皮科，为进攻韦拉克鲁斯集结1.1万人的部队，包括泰勒将军的一部分军队。整支部队都由斯科特将军指挥。1847年3月9日，美军在韦拉克鲁斯附近登陆，开始对这座城市发动进攻。在遭受猛烈炮轰之后，韦拉克鲁斯于3月26日投降，一同投降的还有乌罗阿的

炮轰韦拉克鲁斯

圣胡安城堡，它构成了这座城市主要的海上防御阵地。

4月初，斯科特将军率领1万人的军队开始向墨西哥腹地进军。到达塞罗戈多山口时，他发现敌人集结了大量兵力来阻挡他的进军。这些军队都由桑塔·安纳指挥。在布埃纳维斯塔战败后，桑塔·安纳成功地组建了另一支军队。他在塞罗戈多的阵地非常坚固，牢牢地控制着这条要道。斯科特将军巧妙地运用迂回战术，向墨西哥阵地挺进。4月18日，他向塞罗戈多高地发起了猛攻。美国士兵的机敏和无畏，很快让自己赢得了胜利。墨西哥人一败涂地，只得逃跑；3 000名俘虏缴械投降，其中包括5名将军和许多其他级别的军官。大量的大炮、轻武器、军用物资和辎重落在了美国人手中，他们几乎被胜利的战果弄得手忙脚乱。

哈拉帕在塞罗戈多战役的第二天投降。4月22日，美国人占领了墨西哥最坚固的堡垒之一佩罗特城堡，缴获了54门大炮以及大量武器和军需品。5月15日，美国人进入普埃布拉城，这是墨西哥当时最大的城市之一，有8万人。墨西哥人发现与美国人正面作战没有获胜的希望，便组织游击队，用小规模的袭击来骚扰入侵者，阻截敌人押送战犯的队伍和侦察队，有时能取得一些胜利。在其中一场战斗中，1 400名墨西哥人在国家大桥被击败。

斯科特将军在普埃布拉一直驻扎到8月。8月7日，他提议向墨西哥进军；第四天，到达首都所在的大山谷。墨西哥军队已经占据了所有的道路，并尽最大努力巩固了阵地。桑塔·安纳发布一份声明，说美国人永远不可能到达墨西哥城，除非从他的尸体上踏过去。斯科特将军没有对敌人发动正面进攻，而是下令围绕泽尔高湖和赫霍奇米尔科湖的南岸开凿出一条道路，绕过敌人的右翼，使墨西哥的防御工事变得毫无用处。8月19日，美国人偷袭了孔特雷拉斯，随后的战役以墨西哥人的失败告终。第二天，在丘鲁布斯科发生另一场战役，墨西哥人战败。

据估计，参加战斗的墨西哥军队约有3万人，美国军队约有8 000人。墨西哥人已经被驱散；大量的大炮、军用物资和战俘落入胜利者的手中，通往首都的道路已被打开。墨西哥提议立即休战谈判，斯科特将军同意了。墨西哥人用的是缓兵之计，他们想通过拖延时间重新集结军队。然而，谈判失败了，停战协议9月6日到期。

9月7日，美国人袭击了莫利诺德尔雷，那里有墨西哥的一家大炮铸造厂。一场激烈的战斗之后，美国人占领这里。12日，他们发起猛攻，占领了查普尔特佩克城堡。墨西哥城的几个前哨基地也相继被攻占，最后，在1847年9月13日，美军取得决定性胜利，进入墨西哥城。墨西哥人提前打开他们的监狱，放出罪犯。这些被故意放出的罪犯在墨西哥城落入美国人手里的几天内，对美军进行多次暗杀，但斯科特将军建立了严格的治安条例，将骚乱平息下去。这座城市在被美军占领期间享有一定程度的安宁，这在墨西哥政府的治理下是从未有过的现象。

与此同时，新墨西哥和加利福尼亚已经被美军占领。墨西哥政府事务混乱到极点，和平谈判进展缓慢。最终，美国与墨西哥的代表于1848年1月在瓜达卢佩-伊达尔戈达成了协议；3月10日，美国参议院批准这项条约。根据条约，新墨西哥的一部分和上加利福尼亚被割让给美国，美国向墨西哥支付1 500万美元；美国归还墨西哥其他的被占领地。

自美墨战争结束以来，墨西哥已恢复到战前的状态，偶尔因叛乱、阴谋和混乱场面造成社会动荡。墨西哥宪法以美国宪法为蓝本，国内的几个地区享有地方自治的权利，并组成一个联盟。然而，墨西哥的所有政治问题都未解决，我们对他们政府的实际行动了解得不多。①

① 美墨战争的失败，让墨西哥丧失了近一半的国土，然而墨西哥也得以形成自己的民族精神。1854年，墨西哥爆发了反对桑塔·安纳独裁统治的起义。1855年，起义成功，桑塔·安纳逃亡国外。起义的领导者阿尔瓦雷斯当选为新政府的总统，开始了墨西哥历史上的“革新运动”。——编者注

第496章

尤卡坦、墨西哥城及墨西哥人的风俗习惯

尤卡坦在1839年墨西哥共和国内战时期，起来反抗墨西哥政府。墨西哥军队入侵这一地区，但被击退，损失惨重，尤卡坦确认了自己的独立地位。此后，它又根据自己的条件，重新加入墨西哥联

墨西哥古迹（一）

墨西哥古迹（二）

邦；但尤卡坦与墨西哥也不过是名义上的统一。现在，很难确定这片地区是否属于墨西哥。在一两年前，印第安人一直处于叛乱的状态，由于政府力量太弱，无法树立自己的权威，他们依然处于未被征服的状态。

尤卡坦因其遍布该地的历史古迹而极富吸引力，那是历史学家研究的一个重要领域。已经发现的古代城市遗址达40多个，其中有大量的雕塑和建筑珍品。最重要的城市有乌斯马尔、卡巴、加布纳、科维克、拉巴克、齐臣、奥科辛哥和盖丘亚的圣塔克鲁斯。

尤卡坦州境附近的帕伦克村是一座大城市的遗迹，它可能是某个古代帝国的首都，但它的历史已经无从考证。这座大都市仍然处于隐蔽状态，与古罗马的赫库兰尼姆城很相似，但它没有被埋入地下，只是被广阔的荒漠中的一片茂密的森林覆盖。大约在18世纪中叶，一些西班牙人深入这片荒凉之地，发现了一座周长18英里的壮丽城市的遗迹。这里依然可以看到坚固的大厦、庄严的宫殿和宏伟的公共纪念碑，令观者惊叹不已。在帕伦克神庙中发现的各种象形文字、符号、标识和雕塑，与埃及人的十分相似。在米特拉看到的遗迹与帕伦克的很相似。

墨西哥城是墨西哥共和国的首都，建立在蒙特祖马帝国古城遗址上；但由于湖泊面积缩小，现在的首都离湖岸只有3英里。这个城市规整美丽，四周风景如画。城市道路笔直，大部分建筑物都很端正。国家宫殿、大教堂都是极为突出的雄伟建筑，城里的人口约14万人。普埃布拉市是一座美丽的城市，城内有一座大教堂，它内部的装饰在新大陆无与伦比。主要海港韦拉克鲁兹，是一座建设精良的城市，虽说贸易可观，但发展并不良好，人口约有1万人。

墨西哥人口由多民族组成。一半是印第安人，他们是古墨西哥人的后代；150万是白人；其余的是西班牙人、印第安人和黑人的混血。白人是土生白人，旧西班牙人全部被驱逐。与来自西班牙的白人不同的是，他们之前被称为“克里奥尔人”，但是现在已经不用这个名字了。他们中许多人是第一批征服者的后裔，拥有巨额的财富，可以享受奢华的生活。印第安人具有其他美洲土著的一般特征。他们有相同的黑色或铜色皮肤、平整顺滑的头发、小胡须和突出的颧骨。他们的举止带有一种特殊的冷漠。他们严肃、阴郁、沉默，在最细微的行动上散发出神秘的气息。他们喜欢花，这是他们在科尔特斯时代就有的特点。他们在绘画和雕刻方面极具天赋，可以轻而易举地成功模仿任何一种呈现给他们的模型。

墨西哥上层阶级的服饰要华丽得多。从下面对一个墨西哥人的描述中，可以得出关于他们的印象：他骑着马，穿着适于在阿拉米达或首都进行公众游行的服装。上身是一件绣有金线或装饰有浓密皮毛的夹克。马裤在膝盖处有敞开，在膝盖下端相当长的两个点处终止，这两点的颜色比较特别，为浅绿色或亮蓝色；头上戴着一顶金边或银边的帽子。腿的下半部分由卷在脚上的一双踩踏型皮靴保护，并用刺绣吊袜带绑在膝盖上。这些靴子在脚踝的地方，有一对形状比较奇特的蹄铁，在马鞍侧有一个突出的延伸物，靴子的末端有一些巨大的马刺，这些马刺通常有1.5磅重。骑马穿的斗篷有时会披到马鞍的前面，并在骑手身后穿过，就像一块蓝色或绿色的天鹅绒，绣得非常漂亮。马匹也以相应的序列排好，并装有镀金皮革的标志和金银饰品。这些装备，加上一套骑装，通常要花费上千美元。

说来奇怪，女性的服装不像男性那么华丽。除了假日，她们通常穿着黑色的衣服，头部不盖东西，或者只戴轻薄的面纱。她们会花很大的力气梳理头发，脚部尤其整洁，穿着细丝做的长袜。在假日和其他公共场合，她们的穿着会比较艳丽，但也不昂贵，只装饰有大量的人造花和少量的鸵鸟毛。穷人和印第安人的穿着与上层阶级形成强烈的反差。墨西哥的城市街道上到处可见没穿鞋子、袜子和衬衫，肩上只搭着一条脏毯子的人。大众都信奉天主教，天主教也是法定的宗教。

墨西哥的烹饪技术并不高明，那里最好的饭馆也被形容为糟糕透顶。由于屠宰技艺落后，牛羊肉口感也很一般。至于蔬菜，很少有国家有那么多的蔬菜，而且蔬菜的消费量惊人。大众食物是玉米饼，在新英格兰我们叫它“印第安约翰尼饼”。还有丰富的野味。墨西哥没有种植葡萄树，葡萄酒稀有且昂贵。常见的饮品是普逵酒，那是一种由龙舌兰酿制的烈性酒。中下层阶级以及印第安人饮用了大量的龙舌兰酒。

墨西哥道路崎岖不平，出行主要靠骡子。墨西哥旅馆也设施简陋。如果旅客非常疲倦，只能伸开四肢躺在地板上，或者得到增设一张桌子的优待。除此之外，他不可以奢望，也不可以指望在城里除了薄饼还能找到什么吃的东西。

墨西哥人都很活泼，喜欢娱乐活动。他们喜欢宗教节日和烟花以及舞会，尽管与旧西班牙的舞会相比，这些舞会非常不优雅，但总是很受欢迎。喜欢这种娱乐活动的一般是农民，他们经常整夜跳舞，可贵的是他们讲究秩序和体面。他们的乐器有自己制作的小吉他、小提琴和竖琴。唱歌时通常伴随方丹戈舞曲。孩子们的娱乐活动和我们中间流行的一样；但随着他们的成长，因受父母的影响，他们也会喜欢上赌博，很快赌博就占据了他们的大部分生活。赌博、抽烟和骑马是这些人的主要消遣活动。抽烟不限于男人，人们也可以看到女人在剧院里一手拿着扇子，一手夹着烟，烟雾缭绕的样子。

墨西哥建筑在主要特征上与古旧的西班牙建筑相似。这些房子很宽敞，但很少超过两层。屋顶是平的，有时从很远的距离看，它们是相互连通的，从高处看，它们就像巨大的梯田，在远处看是看不到中间分隔的护墙的。地震频发导致高层建筑不安全。墨西哥有很多教堂和修道院，内部装饰非常华丽。首都大教堂便因宏伟华丽而出名。

危地马拉

第497章

危地马拉

（1523—1850）

危地马拉[1]，是一个中美洲的共和国。北邻墨西哥和洪都拉斯湾，东邻加勒比海，南部和西部都邻近太平洋。这是一个多山的国家，但是并不像墨西哥那样拥有大片的高原。科迪勒拉山脉的北部升至最高之后，高度便迅速下降，接近巴拿马地峡时，就成了连接南北美洲两大洲的岩石堤。危地马拉西海岸经常发生可怕的地震，这些地震有时能够摧毁整座城市以及成千上万的人。

危地马拉的历史，以及这个国家本身，直到最近发生的事件才引起世人的注意。不过，这个国家的历史记载在许多方面都值得研

① 危地马拉领地狭长，约1 000英里。其气候、人口和产品与墨西哥相似。它以地震、火山和银矿闻名。政府是一个联邦共和国。这个国家有时被称为中美洲联邦共和国，法律只承认天主教。——原注

究。古危地马拉人的文明程度与墨西哥人不相上下。森林深处发现了古代城市的遗迹，里面有与墨西哥宏伟建筑相似的纪念碑和装饰。在这些建筑物的墙壁上，发现了雕刻精美的雕塑，其特征与墨西哥象形文字有着共同的起源。托尔特克人，是阿兹特克人之前墨西哥文明的统治者，似乎被驱逐到南方，定居在危地马拉。

危地马拉的地震

征服墨西哥后，科尔特斯派克里斯托瓦尔·德·奥利德深入墨西哥帝国南部的邻近地区。奥利德在洪都拉斯海岸登陆，建立了一个城镇，并以自己的名字命名。西班牙征服墨西哥的消息迅速传至这片地区，危地马拉人便派遣使者求见科尔特斯，让自己成为西班牙国王的封臣。科尔特斯接受了提议，派遣在征服墨西哥时最积极的军官佩德罗·德·阿尔瓦拉多占领了危地马拉，接受当地人的投降。

当时，这一地区被分成许多彼此独立的王国。1523年11月13日，阿尔瓦拉多率领300名西班牙人和一支主要由特拉斯卡拉人和乔卢拉人组成的本地增援部队从墨西哥出发了。他首先征服了索科努斯科和托纳拉。他继续进军，到达基切，被当地人阻挡，难以通行。1524年5月14日，他们展开了一场激战，基切人战败。之后，阿尔瓦拉多进入卡克奇克尔王国，他们在这里受到了友好的接待。在这里短暂停留之后，他们进入祖图吉利斯的领土。到达一个叫阿尔莫隆加——意思为一股泉水——的地方后，他被两座高耸山峰之间的美景吸引，其中一座山的水流向四面八方流淌，而另外一座山峰则冒出滚滚浓烟和火焰。他们决心在这里建立自己的定居点，并奠定了一座城市的基础，他们将这个定居点命名为危地马拉的圣地亚哥-德洛斯卡瓦耶罗斯。这就是著名的危地马拉旧城。

阿尔瓦拉多在这里停留期间，几个匹普印第安人部落的酋长派遣使者前来归附。他们还带来一条信息，凶猛的埃斯昆特拉的印第安人决心反抗西班牙人。阿尔瓦拉多立即袭击埃斯昆特拉的印第安人。他的部队中有大量的卡克奇克尔人援军。但是，这片地区没有路，他们只好在通过森林时自己开辟出一条路来，有时一天只能走两里格。最后，在一个漆黑的雨夜，他们趁印第安人都睡着了，悄悄地到达了埃斯昆特拉镇附近。西班牙人突袭了这些印第安人，许多人一听到警报就逃往森林，但是大部分人占据最大的房屋进行抵抗，顽强地战斗。经过5个小时的战斗，印第安人没有丝毫屈服的迹象，西班牙人便向这个城镇放了一把火。与此同时，阿尔瓦拉多给这里的印第安人酋长送了一封信，通知他立即向西班牙国王投降，否则他将砍伐所有的玉米，毁掉所有的可可田。威胁奏效了，埃斯昆特拉印第安人与附近的其他部落纷纷投降，承认自己是西班牙国王的附庸。阿尔瓦拉多继续进军，在1 000多英里的征途中不断遇到反抗的印第安人，在多次的顽强战斗中战胜他们，直到整个国家都臣服于他。

阿尔瓦拉多在这里停留了两年。1526年，他离开危地马拉，回到科尔特斯那里，让兄弟冈萨罗接任他的职位。冈萨罗贪得无厌，性格残忍，他决定利用这个机会敛财。他命令800名印第安人每天带给他一根小手指大小、里面装满纯金的芦苇，否则便将他们变为奴隶。这些不幸的受害者尽了最大的努力，也拿不出足够的黄金。冈萨罗残酷地惩罚他们，并威胁要把他们处死。当地人在绝望中奋起反抗。一支3万人的军队被召集起来，突袭危地马拉。西班牙人多有死伤，被赶出了这个地方。西班牙人还被迫放弃附近地区。阿尔瓦拉多回来后，再次与印第安人开战。一场激烈的战斗过后，印第安人再次屈服。危地马拉以西班牙领地的形式成为一个省，稍微受墨西哥总督的节制。在将近3个世纪里，西属美洲的其他任何地方都没有像危地马拉这样完全地与世隔绝。这个国家与欧洲之间的所有交流都由墨西哥的维拉克鲁斯港进行。

危地马拉旧城以历史上的灾难著称。它可能被视为有史以来最不幸的城市。1532年，旧城附近地区遭到破坏，整个城市因一只罕见的、体形巨大、凶猛无比的野兽陷入恐慌，这只野兽从所谓的“水火山”下来，吞噬居民饲养的家畜。阿尔瓦拉多不得不向这个强大的敌人发起进攻。经过全城长达5个月的围捕，怪物才被杀死。1536年，这里发生火灾，大部分建筑物被烧毁。1541年9月，一场更可怕的灾难发生了。连续3天降雨不断；第四天，雷电交加，大雨倾盆而下。11日上午，在这场可怕的暴风雨中，附近的火山爆发；强烈的地震晃动着大地，人们以为世界末日来临了。接着，一股巨大的水流裹挟着大块的岩石和树木从山上冲刷而下。这场毁灭性的灾难席卷了这座城市，几乎淹没了所有的房屋，许多居民被埋在废墟之下。

之后，这座城市在离原址大约一里格的地方重新建立，但是居民们似乎无法逃脱注定要发生的灾难。1558年，一种致命的传染病，伴随着鼻子血流不止的症状，横扫这座城市，很多人因此丧命。1565年、1575年、1576年和1577年的地震造成公共建筑物坍塌，以及其他严重的损害。1581年12月27日，火山喷发出大量浓烟和灰烬，太阳完全被遮蔽，人们在中午便点起了灯。1585年，地震终年不断，每隔8天左右就会发生一次地震。山火烧了几个月。1586年12月21日，一场可怕的地震将这里的大部分地区摧毁，人们被埋在废墟之下。1601年，一种罕见的瘟疫夺去了许多居民的生命，它的严重程度和致命性不亚于霍乱。

1651年2月18日，大地震动，发出恐怖的嘶吼。许多房屋坍塌，屋顶上的瓦片飞向四面八方，就像稻草被风吹起。教堂的钟被尖塔的晃动敲响，大量的岩石从山上滚落下来，连野兽都被吓得离开森林里的藏身之处，逃往人类的住所避难。其中有一只美洲狮，体形巨大，凶猛无比，它冲进市中心，撕毁了贴在一座公共建筑物上的一张纸，然后逃进了森林。1679年、1683年、1684年、1687年和1689年，这座城市再次受到地震的震动和破坏。1686年，另一场毁灭性的传染病在居民中肆虐，尸体太多了，只能埋在一处公共墓地里。1705年和1710年的火山爆发，导致整座城市在正午时分处于黑暗中。1717年，一半以上的地方被地震摧毁。

1733年，天花夺走了1 500名危地马拉居民的生命。1736年，飓风摧毁了城市的一部分，居民们被埋在废墟下面。相继发生的地震和火山喷发带来了致命的影响。1773年，危地马拉的灾难达到高潮。5月和6月地震频发。7月，发生了强烈的、无法用言语表达的震动。城市遭受了严重的破坏，地震一直持续到12月，造成致命的后果，危地马拉变成一堆废墟。灾难过后，居民们倾向于在同一地点重建危地马拉城，但西班牙政府命令他们搬到25英里外的地方，建立了新危地马拉城。多年来，旧城址一直处于荒凉状态，最近才开始重建。

危地马拉的居民在西班牙政府统治下保持和平的时间比他们的邻国要长一些，但最终在1821年，他们宣布独立。起初，墨西哥人试图将危地马拉作为自己的附属国，但是遭到危地马拉人民的强烈反对，墨西哥便同意危地马拉独立。1823年，以中美洲联邦共和国的名义成立了一个联邦国家。联邦由5个邦组成，分别是危地马拉、圣萨尔瓦多、洪都拉斯、哥斯达黎加和尼加拉瓜。中美洲联邦与美国的政府形式相似，但是事实上政府形同虚设。自从建立共和国以来，分裂和内战使这个国家一直处于无政府状态。国家的最高权力通常由军事首领掌握，人民被军队统治。①

危地马拉人口约180万人。一半是印第安人，1/5是白人，其余的是混血人口。这里没有黑人。首都新危地马拉是一座建筑精美、规则、美丽的城市，地理位置优良，尽管它的美丽和富饶程度不及老城附近地区。为了避免地震造成的危险，这里的房屋建得普遍较低。新城居民约3.5万人。旧城有约1.8万人。

尼加拉瓜的莱昂市有2万人。圣萨尔瓦多有1.2万人。这个国家有很多古代城市的遗迹，体现了以前的人口兴盛与土著的文明和产业。在科潘，你可以在其中任何一座城市见到厚重的石墙、巨大的雕像和其他石雕。这些废墟通常被茂密的森林覆盖，毫无疑问，很

① 1838年，中美洲联邦开始解体，1839年，危地马拉再次独立。——编者注

多古迹至今仍未被发现。

洪都拉斯和尼加拉瓜东部的海区是一片荒野，被称为“蚊子海滨”，居住着一个叫作“蚊子印第安人”的部落。这些土著从未被征服过。他们的酋长被称为“蚊子国王”。英国声称拥有这片地区的所有权，让“蚊子国王”处于英国国王的保护之下。美国最近计划横跨巴拿马地峡、穿越在英国宣称拥有主权的尼加拉瓜湖修建一条运河。这个问题在两国政府之间引起了争议，但是1850年它们签订一项条约，解决了这一难题。计划修建的运河将对所有国家开放。

西印度群岛[1]

① 西印度群岛自被发现起，就以富饶珍贵的特产出名。这里出口大量的咖啡、糖、朗姆酒、棉花、可可豆、甜椒、桃花心木、洋苏木等，作为回报，当地人获得了木材、鱼、牛肉、猪肉等。这些岛屿与欧美各地区之间有着活跃的贸易。

西印度群岛总人口约300万人，白人有50万人，其余的是黑人或黑白混血儿。在海地和英国管辖的岛屿，黑人是自由的；但在其他的岛屿上，大多数黑人是奴隶。——原注

第498章

西印度群岛

西印度群岛是位于南北美洲之间的一个群岛。从佛罗里达州的最南端开始，呈一条曲线状，首先向东南方向延伸，然后向南延伸至奥里诺科河口。北面和东面是大西洋，南面是加勒比海，西面是墨西哥湾。东半部分的群岛有时被称为安的列斯群岛、加勒比群岛或向风群岛。之所以被称为向风群岛，是因为这里受信风直接影响，信风总是从东向西吹到这里。

下表展示了这些岛屿的概况：

岛屿名	所属	面积（平方英里）	人口	首府
古巴	西班牙	54 000	80万	哈瓦那
波多黎各	西班牙	4 140	37.5万	圣胡安
海地	独立	28 000	80万	太子港
牙买加	英国	6 400	37.5万	金斯顿

（续表）

岛屿名	所属	面积（平方英里）	人口	首府
巴巴多斯	英国	166	10.2万	布里奇顿
特立尼达	英国	1 600	4.5万	西班牙港
安提瓜	英国	93	3.6万	圣约翰
格林纳达	英国	109	2.9万	圣乔治
圣文森特	英国	131	2.6万	金斯顿
圣基茨	英国	70	2.4万	巴斯特尔
多米尼克	英国	29	2万	罗索
圣卢西亚	英国	225	1.8万	卡斯特里
多巴哥	英国	140	1.4万	斯卡伯勒
尼维斯	英国	20	1.2万	查尔斯顿
蒙特塞拉特	英国	47	0.8万	普利茅斯
托尔托拉	英国	——	0.7万	罗德港
安圭拉	英国	——	0.3万	——
巴哈马	英国	5 500	1.8万	拿骚
百慕大群岛	英国	——	1万	圣乔治镇
瓜达鲁普	法国	675	12.4万	巴斯特尔
马提尼克	法国	370	11.9万	圣皮埃尔
玛丽-加朗特	法国	——	1.15万	巴斯特尔
拉代西拉德	法国	——	0.15万	——
圣克鲁兹	丹麦	100	3.4万	克里斯蒂安城

（续表）

岛屿名	所属	面积（平方英里）	人口	首府
圣托马斯	丹麦	40	1.5万	圣托马斯
圣约翰	丹麦	——	0.3万	——
圣尤斯塔西亚	荷兰	——	2万	港湾
库拉索	荷兰	——	1.2万	威廉斯塔德
圣马丁	荷兰	——	1.1万	——
圣巴托洛缪	瑞典	——	0.8万	古斯塔维亚
玛格丽塔	委内瑞拉	——	1.6万	潘帕塔尔

群岛中最大的岛屿古巴岛、伊斯帕尼奥拉岛和牙买加岛，都是多山地带。群岛中的大多数岛屿土壤肥沃，几乎出产所有的优质热

西印度群岛的甘蔗种植园

带水果和植物。地球上没有任何地方比这些岛屿更适合种植甘蔗，虽然它不是这里的原生作物，而是由哥伦布在第二次航行中从旧大陆带来的。虽然处于热带，但大多数岛屿气候宜人。飓风时有发生，摧毁城镇，毁坏种植园。

西班牙人第一次到达这些岛屿时，他们发现岛上居住着两个截然不同的民族。所有大岛和附近大多数小一点儿的岛屿上生活的人，性情温和友善，他们的习俗简单自然，生活似乎只注重安逸和享受。他们几乎没有发明出什么实用的技艺——聪明才智只局限于建造棚屋、独木舟、睡觉用的吊床，以及其他一些家具。

另一个民族定居在安的列斯群岛，与邻居们不同，他们极为凶猛。他们被称为加勒比人。他们自己内部安宁和睦，对敌人却极为凶狠。他们都是技艺高超的水手，能够适应剧烈的劳动。他们不屈服于欧洲侵略者，而是英勇顽强地抵抗，在被打败后，宁死也不做奴隶。

这两个土著民族，前一个已经完全灭绝，后一个现在只有少量的幸存者。在地理大发现期间，西印度群岛约有300万~400万土著，后来他们被欧洲人和非洲人取代。除了独立的伊斯帕尼奥拉岛，这些岛屿都是欧洲列强的殖民地。

古巴

这个岛是西班牙在美洲最大、最富饶和最重要的殖民地。长700英里，宽约90英里。内陆多山，但土地肥沃。气候温和，地势较高的地方气候宜人。这里的土壤非常适宜种植甘蔗和咖啡这两种主要的农作物。

古巴是哥伦布1492年第一次向西航行时发现的。这座岛屿的外观使他十分着迷。他这样描述古巴："一切都在邀请我来这里定居。美丽的溪流，清澈见底；种类繁多的棕榈树，都是我所见过最高、最好的；还有无数其他高大茂盛的树木、鸟儿和碧绿的平原，一切都美得出奇，这个地方比其他任何地方都要美丽，就像白天的光辉超过黑夜。"哥伦布派一队人到内陆探查，他以为自己已经到达了印度或中国的海岸。在这里，他们第一次见到印第安人抽烟。

19年来，他没有想过占领这座岛或在这里殖民。最终，在1511年，迭戈·贝拉斯克斯率领包括埃尔南·科尔特斯和巴托洛梅·德·拉斯·卡萨斯在内的370名西班牙人从伊斯帕尼奥拉岛出发，驶往古巴。他们在帕尔马斯港登陆。这座岛的一部分由一位名叫哈土伊的印第安酋长统治。哈土伊出生在伊斯帕尼奥拉岛，为了躲避西班牙侵略者的暴政，他逃离了自己的出生地。

当看见西班牙舰队靠近古巴海岸时，哈土伊便把附近的酋长召集起来，使他们确信，除非让敌人的上帝保佑自己，不然就会被征服，并沦为奴隶。他说："黄金就是西班牙人的上帝。只要它和我们在一起，我们就别指望兴旺起来。它和崇拜它的人一样，同样是我们的敌人。西班牙人到处寻找它，在哪里找到它，他们就在哪里定居。即使它藏在地下，也会被发现。即使我们把它一口吞下，他们也必定把手伸进我们的肠子，把它拉出来。除了海底，没有别的地方可以躲避他们的搜索。我们不如把它丢在海里，以免敌人打扰我们。"他用这些规劝让人们把所有的金子都拿出来，扔到海里去。这个故事被西印度群岛所有早期的历史学家所讲述，体现了这里的印第安人具有的过人心计。

然而，这一计策并没有产生预期的效果。西班牙人登陆后，当地人集结起来反抗他们。入侵者们的火器与战马很容易就驱散了大批手无寸铁的印第安人，他们在全国各地遭到追击，哈土伊也被捉住。残忍的贝拉斯克斯为了震慑当地人，下令把哈土伊活活烧死。哈土伊被烧死后，其他的酋长纷纷降服。西班牙人没有损失一兵一卒，就征服了古巴。这座岛人口众多，约有100万人。

对黄金的渴望诱使西班牙人侵入古巴，但结果却让他们很失望。这里的居民虽然拥有一些黄金，但似乎是从伊斯帕尼奥拉岛得到的。西班牙人认为古巴有金矿，为了获得相关的信息，他们残忍地拷问当地人。这些不幸的印第安人所遭受的苦难令人震惊。他们受不了了，在绝望已极的情况下，一致决定自杀。但是这个计划被一个叫瓦斯科·波塞勒斯的西班牙暴君给挫败了：他威胁要和他们一起上吊自杀，这样的话，他将在另一个世界里更加残酷地折磨他们。当地人对西班牙人产生强烈的恐惧之感，认为西班牙人是恶魔的化身，这种威胁彻底阻止了他们实施这个绝望的计划。但是没过多久，西班牙人的压迫和天花的肆虐，使当地人灭绝了，岛上变得一片孤寂。此后，古巴逐渐被西班牙人殖民了。

哈瓦那城在古巴被征服后不久建立起来。它处于西班牙船只在墨西哥和西班牙之间航行时停靠的便捷地点。1536年，哈瓦那城被一名法国海盗占领，他强迫居民支付700杜卡特金币，否则就烧毁这里。在他离开的第二天，3艘从墨西哥驶来的船只在卸掉货物后前去追赶海盗。但是西班牙人如此懦弱，竟让海盗劫持了这三艘船。海盗们押着船返回哈瓦那，强迫当地居民多支付700杜卡特金币来赎回船只。在这以后，当地居民不断地加固城防，城区随着移民的增多而逐渐扩大。

1669年，哈瓦那城被摩根手下的海盗占领。在1762年西班牙和英国的战争中，它被英国人占领，但第二年又被归还给西班牙。1796年，哥伦布的遗体从圣多明戈市运抵哈瓦那，至今仍保存在那里。古巴大约有8万人，白人不到一半。

海地

这个岛在不同的历史时期有不同的名字。“海地”是当地人给它取的名字。哥伦布给它取的名字为“埃斯帕诺拉”或“小西班牙”。英国人将它改名为“伊斯帕尼奥拉岛”。法国人叫它“圣多明戈”，因为这曾是它首都的名字。自从黑人在这里建立统治后，又恢复了它最初的名字“海地”。

海地岛长约360英里，但宽窄不一。它的土壤、气候和地理特征与古巴没有太大的区别。它也是哥伦布在第一次航行中发现的，西班牙人在这里建立了他们在新大陆的第一批殖民点。伊莎贝拉镇是哥伦布第一次到达这里时建立的，但是这个地方没有发展起来，随后又在圣多明戈建立了一个新的殖民地。这个岛在刚被发现时人口稠密，但是西班牙人很快就强迫土著在金矿里劳动，这种不人道的压迫使岛上的印第安人灭绝。在岛上人口减少和金矿枯竭之后，西班牙人对伊斯帕尼奥拉岛就比较忽视了，北部和西部的所有地区都变成了荒野。

树林里到处都是牛，它们由最早的殖民者引进来，现在无拘无束地狂奔。海盗们通过在岛上猎牛，把牛皮卖给荷兰或法国的商人——这些商人为了这笔生意来到岛上的港口——开始他们的职业生涯。接下来，他们在靠近伊斯帕尼奥拉岛北海岸的小岛托尔图加上建立了海盗据点。在这里，因西班牙人敌对行动的威胁，海盗们更愿意屈服于法国人，并受到路易十四的保护，他为他们派来一位总督。[①]1697年，西班牙将伊斯帕尼奥拉岛西部割让给法国，法国殖民者辛勤耕耘并取得巨大成功。弗朗索瓦角和太子港成为富有而繁荣的城市，都有极具生气的商业。法国大革命爆发时，据估计，法国圣多明戈殖民地的农产品总价值高达4 000万美元。

然而，革命见证了殖民地的毁灭。1794年，国民公会通过一项解放奴隶的法案。这导致岛上的黑人和混血儿发动大规模的起义，白人居民被全部杀死或驱逐。

经过数年的无政府状态和流血冲突，在岛上所有的制糖厂被摧毁后，黑人在杜桑·卢维杜尔的领导下建立了自己的政府。在享受短暂的安宁之后，杜桑被法国人诱骗到法国，死在监狱里。法国派出一支军队，准备收复这块殖民地，但是黑人很快在德萨林的领导

---

① 16世纪，圣多明戈岛的海盗第一次受到关注。他们自称为“海岸弟兄”，法国人赋予他们专有的称呼“海贼”。他们以捕猎野牛为业，把牛皮卖给荷兰人。他们把人诱拐到西印度群岛，再把他们变成自己的奴隶。西班牙人屡次试图消灭他们，都没有成功。最后，西班牙人决定釜底抽薪，消灭了圣多明戈岛上所有的野牛。通过这个策略，他们达到了预期的效果。海盗们放弃了圣多明戈岛，到托尔图加这个小岛避难。他们成为真正的海上大盗，袭击各国的船只，不过西班牙人是他们的主要目标。随着人数和力量迅速增长，他们改用更大的船只，以更大的勇气从事他们的劫掠事业。他们一度袭击并放火焚烧了直布罗陀和南美洲的马拉开波。

1668年，他们还攻占了波托韦洛，抢掠而来的赃物和赎金达到25万美元。第二年，他们又洗劫了巴拿马，并将这座城市付之一炬。1683年，1 200名海盗袭击了韦拉克鲁斯，并在一夜之间完全占领这里。他们连续抢掠三天，将这座城市洗劫一空。之后他们又要求用200万美元赎回居民。韦拉克鲁斯付了一半的赎金，1 500名奴隶便被作为人质扣押，等待支付另一半的赎金。这些海盗在历史上最后一件值得关注的事件是1697年占领卡塔赫纳。英法之间的战争对他们来说是重大的打击，因为他们主要由这两个强国的臣民组成。此后，他们相互敌对，再也没有联合在一起。存在了近200年后，他们彻底消失，没留下一点儿痕迹。——原注

糖厂

下奋起反抗。1803年，法国人被驱逐出海地。次年，德萨林宣布自己为海地皇帝。1806年，他的统治被刺客的匕首终结。

海地岛的独立部分现在成了两个国家。在北方成立了一个由克利斯托夫领导的黑人共和国；在南方成立了一个由佩蒂翁领导的黑白混血共和国。这两个敌对国家一直处于战争状态。克利斯托夫于1811年称帝，到1820年结束统治，当时人民发动起义，他绝望地自杀了。继承佩蒂翁的混血总统博耶立即向北进军，两个国家在他的领导下统一起来。在这一时期，西班牙政府于1795年将自己在岛上的部分领土割让给法国；后来当法国人无法管理的时候，西班牙人又于1808年占领了以前的土地。1809年，原属西班牙土地的岛上居民宣布独立，并于1822年服从于整个岛屿的统治者博耶的权威。法国人在1825年与海地政府签订一项条约，承认海地独立，但条件是海地每年须分5次向法国支付1.5亿法郎。此后的几年里，海地岛一直保持平静，但很快就再次发生了动乱和内战。最终，1849年，军事冒险家福斯坦·苏鲁克推翻了共和国，在海地皇帝“福斯坦一世”的名号下获得了绝对权力。他还建立常规的君主制度以及宫廷和贵族体系。当时的居民似乎认可了他的篡权行为，不知道这情况能维持多久。

现在，岛上的农业和商业活动锐减。居民们的生产仅能供自己消费。

首都为太子港，也是主要的贸易港口，大约有1.5万居民。海地角，也就是以前的弗朗索瓦角，曾经是西印度群岛最繁荣富饶的地方，革命后便陷入了衰败。1842年5月7日，一场大地震震动了整个伊斯帕尼奥拉岛，完全摧毁了海地角这座城市，上万名居民幸存下来的不到1/3。

海地现在的人口约为80万人。

牙买加

牙买加岛是英国人在西印度群岛中占据的最大领地，约140英里长，50英里宽。山脉沿着岛连绵不绝，高耸的山地上点缀着美丽的草地。山坡上覆盖着桃花心木、愈疮木、墨水树和其他类树木组成的森林。岛上平坦的地区土壤肥沃，被认为是西印度群岛上最适合种植含糖作物的地方。岛上气候温和宜人。

牙买加岛是哥伦布在1494年第二次航行至美洲期间发现的。西班牙人没有尝试过在这里建立居民点。1503年，哥伦布开始了他的第四次美洲航行，在探索美洲大陆海岸的过程中，因为天气恶劣，失去了两艘船，他带着另外两艘船前往牙买加避难。他克服重重困难，终于到达牙买加岛北面的一个港口，然后将船搁浅，防止它们沉没。他在这里待了一年多，经历了各种艰辛，伊斯帕尼奥拉岛总督拒绝援助他。印第安人起初对他们很不友好，但是哥伦布通过预测一次月食而获得了他们的信任。印第安人非常恐惧月食，见哥伦布如此神奇，便立即向西班牙人表示服从，并在西班牙人留在岛上的日子里为他们提供食物。

因为牙买加岛不出产什么贵重金属，西班牙人便认为它无足轻重。大约在16世纪初，西班牙人在胡安·德·埃斯基维尔的带领下开始在岛上殖民。胡安·德·埃斯基维尔对待土著极其温和，并雇用他们种植棉花，从事其他农业劳动。他的继任者们就没那么仁慈了，对待这些不幸的人也和对待伊斯帕尼奥拉岛的人一样残酷。在当时，人们经常会在山间发现一些山洞，山洞里面有人类的骨头，那是可怜的印第安人的遗骸，他们为了躲避西班牙人的刀剑才逃到这些偏僻的地方，活活饿死在这里。牙买加岛被发现时，人口约有6万人，三四十年后，他们被全部消灭，无复孑遗。

圣哈戈·德拉维加城，现被称为西班牙小镇，是伟大的航海家哥伦布之子迭戈·哥伦布于1530年左右建立的。当葡萄牙被西班牙国王统治时，牙买加成了布拉干萨王朝的领地，许多葡萄牙殖民者来到岛上定居。1596年，安东尼·雪利爵士带领一支英军登陆牙买加，洗劫了它的首都。大约40年后，又发生了一次类似的入侵。1640年，葡萄牙人起义，建立了一个独立的王国，牙买加便为西班牙所保有。

1655年，奥利弗·克伦威尔派遣远征军，在海军上将佩恩和维纳布尔斯将军的带领下，对伊斯帕尼奥拉岛发动了进攻。这次远征虽然失败了，但是英国军队占领了牙买加岛。虽然当时的人认为这座岛没什么价值，但克伦威尔还是决定在这里殖民。第一批英国殖民者由3 000名被解散的士兵组成。在查理二世复辟之前，牙买加一直处于军事政府的统治之下。

当英国人征服牙买加岛时，西班牙人的黑人奴隶便逃到山里，以“马隆人”的称号过着自由自在的生活。他们曾在很长一段时间里骚扰英国的种植园主，一直处于敌对状态，直到1738年签订一份条约，让这些奴隶正式获得自由，并拥有岛上1 500英亩的土地。在这份条约下，他们一直保持和平，直到1775年，一场新的马隆人战争爆发了。一开始，黑人获得了成功，但最后英国人采用了西班牙人消灭土著的方法。他们从古巴带来了大警犬，在它们的帮助下，马隆人被赶到山里，最终被迫投降。他们中的许多人被运往北美的新斯科舍省。此后，岛上保持平静，成为一个活跃的、能够带来丰厚利润的商业中心。1831年，议会的一个法案解放了英属西印度群岛上所有的奴隶。这一措施的后果之一，就是使牙买加的农业和贸易日益衰落。

波多黎各

波多黎各于1493年被哥伦布发现，但西班牙人直到1509年才尝试在这里建立定居点，当时他们在庞塞·德莱昂的率领下入侵岛上寻找黄金。当地人并没有抵抗，因为他们已经充分了解伊斯帕尼奥拉岛上邻居们的悲惨命运。起初，他们臣服于西班牙人，奉他们为神明；但短暂接触之后，他们认为这些高高在上的侵略者也不过是些普通人，于是发动起义，杀死了100人。庞塞·德莱昂立即对印第安人发起猛烈反击，杀死大量的印第安人后，将他们击败。战斗的过程中，庞塞·德莱昂的军队从伊斯帕尼奥拉岛招募新兵，保持兵力不衰，这使印第安人相信被他们杀害的西班牙人又复活了。这种假象让迷信的印第安人大为震惊，他们再次向入侵者屈服，随后又遭遇了与其他岛屿的土著相同的命运，被迫寻找黄金，最后灭绝。岛上的印第安人灭绝后，波多黎各曾长期无人问津，直到19世纪初才迎来新的时代。一个繁荣的时代开始了，之后，这里成为繁荣的贸易中心。岛上的年出口额超过400万美元。岛上2/3的商业活动都由美国人控制。首都圣胡安是一座被精心建造的城市，拥有一个优良且防御坚固的港口。

巴巴多斯岛

巴巴多斯岛是西印度群岛最东部的岛屿，那里似乎没有土著。这里是英国人最早定居的岛屿。一些家庭于1627年在这里定居下来，但没有得到政府的授权。两年后，卡莱尔伯爵在这里建立了正式的英国殖民地，因为查理一世时期的政治动乱，岛上的英国移民数量大增。

安提瓜

安提瓜也曾无人居住，直到1628年，一些从圣克里斯托弗岛的西班牙人那里逃走的法国人来到这里居住。直到1666年，他们才正式开始殖民，当时，查理二世将该岛授予威洛比勋爵，他在这里建立了一个殖民地。英国于1628年占领了内维斯，1832年占领了蒙特塞拉特。

圣克里斯托弗岛

圣克里斯托弗岛最先被英国人和法国人殖民，他们于1625年的同一天到达这里。起初他们共同占有此岛，但是1702年，英国人驱逐了他们的邻居，而根据《乌德勒支和约》，这个岛被划归给英国。

维尔京群岛

维尔京群岛约有60座岛屿，但都是小岛。最开始，西班牙人、荷兰人和英国人先后来到岛上，只为了抓捕海龟。英国人最终长期占领这里，并建立甘蔗种植园。

格林纳达岛

格林纳达岛，法国人于1651年开始在上面定居，但是一个世纪之后，英国人占领这里，并在1763年的《巴黎和约》中被确认下来。

多巴哥岛

多巴哥岛，荷兰人于1632年开始在上面定居。随后法国人和英国人与他们争夺这座小岛的所有权，1763年英国得到了多巴哥岛。

圣卢西亚岛

圣卢西亚岛，英国人于1639年在岛上建立了一个殖民地，但殖民者都被当地人杀死。法国人后来也想在这里建立殖民地，也没有成功。最后，还是英国人在岛上成功地殖民。

特立尼达

特立尼达，西班牙人于1535年开始在岛上建立定居点。在1797年割让给英国之前，西班牙一直占领保有这片土地。

圣文森特和多米尼克

圣文森特和多米尼克最开始是法国人的殖民地，但后来被英国人占领。

卢卡约斯

卢卡约斯，也就是巴哈马群岛，前面已经提到过，是西班牙人探索西方世界到达的第一个地方。征服者把当地居民带到其他地方的金矿劳作，致使岛上人口锐减，随后它们没落到无人问津。1629年，英国人占领新普罗维登斯岛，但1641年被西班牙人驱逐。1666年英国人再次到这里建立居民点，1703年再一次被驱逐。之后巴哈马群岛便成了海盗的聚集地，海盗们最终被伍兹·罗杰斯船长率领的英国军队镇压。之后英国人在这些岛屿上殖民，它们在1776年前，即被霍普金斯准将率领的美洲舰队攻击前一直保持宁静。霍普金斯准将占领了新普罗维登斯。1781年，西班牙人再次成为这些岛屿的主人，但很快他们再次被英国人取代，并在1783年签订的《巴黎条约》中确认下来。

马提尼克岛和瓜德罗普岛

马提尼克岛和瓜德罗普岛，法国人于1635年在岛上建立定居点。随后，法国人相继占领了拉代西拉德岛、玛丽-加朗特岛、圣马丁岛和桑特岛。这些岛屿现在全部属于法国。

库拉索岛

库拉索岛，西班牙人于1527年在上面建立殖民点，荷兰人1634年夺取了这座岛屿，保有至今。同时，荷兰人又占领了圣尤斯塔西亚和萨巴岛。

丹麦人占领了圣托马斯、圣约翰和圣克罗伊岛（或圣克鲁兹岛）。

瑞典人占领的唯一岛屿是圣巴托洛缪岛。

百慕大群岛

百慕大群岛，严格来说，它并不是西印度群岛的一部分；但不好把它归于其他章节，因此在这里加以简述。百慕大群岛位于大西洋中部，距离附近最近的陆地北卡罗来纳州海岸约600英里。岛屿数量多达400座，但是大多数只是岩礁，有8座是重要的岛屿。1522

年，西班牙人胡安·贝穆德斯发现了这片荒无人烟的地方。1609年，英国的乔治·萨默斯爵士的船只在这里沉没，因此，人们有时以他的名字来称呼这些岛屿。但他幸存下来，在这里用雪松造了一艘小船驶向弗吉尼亚，除了龙骨上的一颗螺钉，船上再无任何铁制品。1612年，英国人开始在百慕大群岛定居，在查理一世统治的内战期间，这里成了许多重要人物的避难所，其中包括诗人沃勒，沃勒在他的诗歌中赞美这里风景优美、气候宜人，称其周围弥漫着一种诗意。然而，百慕大群岛从来都不是作为商业中心存在，英国主要将它作为海军基地。

南美洲

第499章

这样的南美洲

南美洲是一个巨大的半岛，经由狭窄的达连地峡与北美相连。就地理结构而言，它拥有绵长巍峨的山脉、无数的火山、广阔的平原以及巨大的河流。

根据地貌特征，南美洲可分为三个部分：西部、中部和东部。西部是一片广阔的平原，或称高原，海拔近1.2万英尺，高原顶部是一排巨大的山峰，被称为安第斯山脉，其中有几座活火山，活动频繁。中部地区位于山脉东侧，要比西部宽广几倍。中部土地广袤，有沼泽和沙质平原，3条大河流及其众多支流在这片地区形成众多的沟壑。东部囊括巴西的海洋部分，海拔逐渐增高。

南美洲的气候极为独特。赤道附近的低平地区，常年都是夏天。树木长青，花儿常开，果实常熟。高原上气候凉爽宜人，四季如春。山上温度更低，在海拔1.5万或1.6万英尺以上的地方，终年白雪皑皑。因此，在同一纬度，方圆几百英里内，有3个不同气候带，每个气候带都有各自的温度，分布着不同种类的乔木、灌木和动物。

南美洲最著名的动物是与猪相似的貘，它有长长的、灵活的鼻子，使用起来就像大象的鼻子；还有以蚂蚁为食的食蚁兽；与骆驼相似的美洲驼；与非洲豹相似的美洲虎；以及秃鹫，秃鹰的一种，是最大的飞鸟。除了这些，还有数目众多的猴子、鹦鹉、巨嘴鸟、短吻鳄和种类各异的蛇。还有因艳丽的羽毛而出名的鸟。

南美洲大部分居民是印第安土著的后裔，其中一些文明程度较高，但是大多数部落仍处于野蛮状态。火地岛族人，体形矮小，文明程度极低。还有许多黑人和印白混血儿，圭亚那和巴西尤其多。这里的统治者是欧洲白人的后裔，主要是西班牙人，他们还保有母国的习俗。天主教在各地盛行。大多数人很穷，但也有一些人很富有。这里没有道路和桥梁，出行通常靠马匹或骡子。而在自由的国家，上述情况有所改善。

南美洲的蔬菜种类丰富，数量繁多。在当地所有产品中，有印度橡胶树、各种棕榈树以及用作木器和染色的250种木料。大量种植咖啡、糖、棉花、槐蓝属植物以及各种谷物。南美洲的矿产300年来一直很出名，已经开采出大量的金银宝石。尽管这些矿山的生产能力普遍不如以前，而且其中一些已经消耗殆尽，但是仍然有矿可采，年产值达数百万美元。

亚马孙河虽然不是世界上最长的河流，却是流域面积最大的河流。它的支流遍布在几乎和整个欧洲一样广阔的领域里，对海洋的输水量相当于世界所有河流的1/4。其他的大型河流还有奥里诺科河和拉普拉塔河。

下面是南美洲当前的政治区划：

国家	面积（平方英里）	人口	首都	首都人口
圭亚那	16万	25万	帕拉马里博	2万
委内瑞拉	42万	100万	加拉加斯	2万
新格拉纳达	45万	180万	波哥大	4万
厄瓜多尔	29万	70万	基多	7万
秘鲁	49万	160万	利马	5万
玻利维亚	25万	150万	拉巴斯	3万
智利	17.2万	120万	圣地亚哥	5万
巴塔哥尼亚	——	——	——	——
布宜诺斯艾利斯	90万	180万	布宜诺斯艾利斯	8万
乌拉圭	7.5万	9万	蒙得维的亚	1.2万
巴拉圭	8万	25万	亚松森	1万
巴西	334万	500万	里约热内卢	15万

在哥伦布的前两次美洲之行中，他并没有发现西印度群岛以外的地区。1498年，他在奥里诺科河入海口附近发现了南美大陆。不久之后，维斯普奇和奥赫达几乎探索了整个墨西哥湾。1500年，葡萄牙人阿尔瓦雷斯·卡布拉尔在前往东印度群岛的航行中，意外地发现了巴西海岸。9月29日，巴尔沃亚发现了太平洋。1519年，麦哲伦首次环绕南美大陆最南端，经由合恩角进入太平洋。

除了被葡萄牙占领的巴西和落入荷兰、英国和法国手中的小部分圭亚那地区，整个南美洲都落入西班牙人手中。南美洲的古代部落与北美的部落具有相同的血统，它们以相似的方式被划分成许多部落或民族，而这些部落和民族展现了从野蛮到文明的所有的社会状况。西班牙人一路征服他们所发现的国家，抢劫、奴役或消灭当地人，毫无顾忌，毫不自责。秘鲁是一个人口众多的帝国，在艺术上远超其他印第安部落，1535年被皮萨罗以人类历史上最惨绝人寰的行径征服。之后，这个国家的几个地区一直以皇家属地的名义处于西班牙和葡萄牙的统治之下，直到19世纪全部独立。总的来说，南美洲的共和国发展得并不成功，这无疑是由于反对进步和普及教育的天主教在所有这些国家中盛行导致的，而且天主教的地位还被国家立法确认。

新格拉纳达、委内瑞拉、厄瓜多尔

第500章

新格拉纳达、委内瑞拉、厄瓜多尔①

新格拉纳达、委内瑞拉和厄瓜多尔3个共和国都是西班牙统治下的新格拉纳达王国的一部分；因此，直到最近，它们的历史都是紧密联系在一起的。

---

① 委内瑞拉的领土有一部分是广阔的平原，平原上生活着数百万只马和牛。2/3的人口是黑人和混血人种；剩下人口有一半是白人；另一半是印第安人，其中的一部分人已经比较文明开化。首都加拉加斯位于海拔3 000英尺的平原上。1812年，一场大地震袭击了加拉加斯，将1万人埋葬于废墟之下。玻利瓦尔于1783年出生于加拉加斯，1830年于圣佩德罗·亚历杭德罗附近去世，去世时他已经失去了他的声望。

新格拉纳达包括达连地峡，它由高耸的山脉和隆起的平原组成。人口主要由黑人和印第安人构成，白人占总人口的比例很小。首都波哥大位于海拔8 000英尺的高原上。卡塔赫纳是主要的海港。

厄瓜多尔得名于横穿首都基多的赤道。这里有世界上最可怕的火山之一科多帕希火山。基多坐落于海拔9 000英尺的死火山的残存部分。瓜亚基尔坐落于同名的海湾内，是一个繁荣的海港。土地的产出和居民的性格特征与大哥伦比亚联邦差不太多。——原注在西班牙人到来之前，这片地区被分为多个地方政府，这些政府的臣民在习俗、政策和文明程度上都有着质的区别。所有土著部落中最著名的是穆伊斯卡人，他们不仅人口最多，而且文明程度最高。他们的传说可追溯至非常遥远的古代。他们传说历史的转折点是伟大的立法者奇布查的神秘出现，据说他是太阳的后代。根据传说，印第安人正在为选谁做国王产生分歧时，奇布查突然出现在他们之间。他被描述为一位白人，身着长袍，长着令人肃然起敬的胡须。在耐心听取各方的意见之后，他建议选择波奇卡为国王，印第安人照做了。据说这位首领征服了从圣胡安平原到奥蓬山的地区。

穆伊斯卡人有着常规的组织团体：他们主要从事农业，穿棉制衣服。他们有各自独立的财产，从中征税来维持政府的运转。他们有固定的法律，法官被任命来执行法律。酋长极为受人尊敬，乘坐轿子出行，有士兵和大臣陪同左右。他所经之地都撒满鲜花。人们都不靠近他，几乎把他视作神明，不敢看他的脸。

这个地区是哥伦布1498年第三次美洲之行发现的。他沿着帕里亚海岸航行，驶入奥里诺科河口，但没有在那里建立定居点。奥赫达、维斯普奇，以及诸多的航海家，都跟随哥伦布的脚步探索过这片海岸。维斯普奇第一次对这片地区以及居住在沿岸地区的人民给予正式的描述。据说他伪造了自己的航行日期，让人觉得他才是新大陆的发现者，但这是一个有争议的问题。他发表的对这片土地的描述使得新大陆以他的名字亚美利哥命名，即美洲。

1508年，奥赫达和迭戈·德·尼库萨从西班牙国王那里获得了大片土地的特许状。他们把北部地区命名为“金卡斯蒂利亚”，后来又被命名为“永恒大陆”，英国人称之为西班牙大陆。1510年，这两位冒险家从伊斯帕尼奥拉岛起航，占领这片土地。奥赫达在卡拉马里登陆，随后建立了卡塔赫纳城。他鲁莽地攻击了当地的印第安人，印第安人勇敢地自卫，几乎杀死了所有的西班牙人，幸存下来的西班牙人也陷入绝境。就在西班牙人认为自己即将全军覆没的时候，尼库萨的到来让他们绝地逢生。他们放弃了卡拉马里的殖民地，在达连湾建立另一个名为圣塞瓦斯蒂安的殖民地。殖民者很快就处于饥饿的危险之中，奥赫达乘船前往伊斯帕尼奥拉岛去获取物资，却在航行途中失事，失去了所有物资，不久就被饿死。

新殖民地陷入巨大的危险之中，大多数殖民者回到卡拉马里。在伊斯帕尼奥拉岛的援助下，他们又回到圣塞瓦斯蒂安，却发现这里因印第安人的袭击成了一片废墟。更为雪上加霜的是，他们的船还被冲上岸搁浅。他们竭尽全力让船再次回到海上，在努涅斯·德·巴尔沃亚的建议下，他们驾船驶向达连河。他们攻击并征服一个印第安部落，在那里建立殖民地，将其命名为圣玛丽亚-德尔安提瓜-德尔达连。与此同时，尼库萨试图在农布雷-德迪奥斯建立一个殖民地，却遭遇巨大的灾难。他被邀请到圣玛丽亚管理政府事务。当他抵达那里时，却发现殖民者们卷入了巨大的纷争；尼库萨不但没有成为他们的总督，反而被一艘破船送到海上，从此杳无音信。

巴尔沃亚带领一小队西班牙人进入内陆探险。印第安人告诉他爬上一座山，就有可能看到广阔的南海。1513年9月25日，巴尔沃亚爬上山，第一次看到太平洋的海水。他继续向海岸前进，是第一个把船开进太平洋的欧洲人。他乘独木舟探索了地峡西部海岸的部分地区，在归途中告诉了其他西班牙人，在西边还有另一片海洋。1514年，另一份特许状将包括授予尼库萨和奥赫达的领土在内的永恒大陆授予佩德罗·阿里亚斯·德·阿维拉。在他统治期间，巴尔沃亚因为参与叛乱被斩首。1518年，阿维拉命人探索巴拿马西海岸、贝拉瓜和达连，建立了巴拿马城。1536年，贝纳尔卡萨尔率领一支西班牙人从基多入侵新格拉纳达南部地区，冈萨罗·希梅内斯·德·克萨达从圣玛丽亚出发占领了新格拉纳达北部地区。尽管印第安人顽强抵抗，但西班牙人最终征服整个地区。1547年，这片地区被命名为新格拉纳达王国。

新格拉纳达王国最初由都督统治，1718年改由总督统治，1724年又恢复为都督，1740年又改为总督。

新格拉纳达从未像墨西哥和秘鲁那样名扬四海，但凭借其优良的河流上游地区和高原，这里成为重要的农业中心，大量勤劳的人们逐渐在这里定居。独立精神在整个西班牙美洲地区秘密形成很久以后，正是在这个总督区最先爆发。早在1781年，由于采用一种压迫性税收，引发了一场起义，那是一个时期内潜藏着的危机。这次起义被镇压下去。后来法国大革命在这里引起骚动，但政府竭力遏制独立精神的高涨。然而，人们的不满情绪并没有平息。米兰达将军是加拉加斯的土生白人，他在美国培养了一批冒险家，并于1806年和他们一起在总督区的北部海岸登陆，目的是发动一场起义。因为邻近地区的人们迟迟不肯加入起义，他不得不放弃自己的计划。

最终，革命于1810年爆发。西班牙官员都被罢免，当地民众召开大会组织新政府。最开始的时候，新格拉纳达和委内瑞拉各自成为独立的共和国。与此同时，西班牙政府也在竭尽全力收复这个起义的属地。西班牙人派遣最具才干的将军之一莫里洛发动了一连串的远征。很多大城市被占领，起义者被迫躲藏在安第斯山脉的岩石和奥里诺科河的沼泽中。革命的领导权很快就集于一人之手，他就是西蒙·玻利瓦尔，一位加拉加斯的土生白人，此后许多年，他一直是南美洲最耀眼、最具权势的人物，他以杰出的军事天赋和指挥才能而声名显赫。几经波折，在遭受巨大的流血和苦难之后，独立事业终于获得了胜利。1823年11月，西班牙人撤离这个地区。在此之前，委内瑞拉和新格拉纳达已于1819年统一为大哥伦比亚共和国。

1821年5月，大哥伦比亚第一次全体代表大会在库库塔的罗萨里奥镇召开。玻利瓦尔当选为总统。但是，新生的共和国很快就因内部的纷争陷入混乱，很显然，一个中央集权的政府不适合如此辽阔的国土。委内瑞拉人民拒绝遵守大哥伦比亚宪法，政治上的疏离也蔓延到了其他地区。这导致了大哥伦比亚共和国的最终解体。1831年，在原大哥伦比亚共和国的领土上形成了3个独立的国家，即新格拉纳达①、委内瑞拉②和厄瓜多尔。

① 新格拉纳达领土包括现在的哥伦比亚共和国和巴拿马共和国，主要指哥伦比亚。——译者注

② 独立后的委内瑞拉，政局相对稳定。它是世界上的主要产油国之一。——编者注

秘鲁和玻利维亚

第501章

秘鲁和玻利维亚

秘鲁，是一个拥有约1 000万居民的大帝国，却被皮萨罗、阿尔马格罗以及卢克带领的一小队西班牙冒险家入侵和征服。西班牙人的主要领导者是皮萨罗，他穿过达连地峡来到太平洋，沿着海岸航行，于1531年在秘鲁登陆。此时的秘鲁，因已故印加儿子们之间的内战而四分五裂。最年长的儿子瓦斯卡尔被他的弟弟阿塔瓦尔帕废黜囚禁，而瓦斯卡尔的支持者们却在秘密地完善让他复位的计划。皮萨罗自称是作为一名调解者来到秘鲁的，但他的真实目的却是要成为阿塔瓦尔帕的主人。就像科尔特斯对待不幸的蒙特祖马一样，他也以同样的缜密来执行他的计划，内心没有丝毫愧疚，似乎他做的是最光荣的事业。西班牙人接近秘鲁首都时，轻易说服印加阿塔瓦尔帕与他们会面。阿塔瓦尔帕在会见这些侵略者时动用了过分华丽的仪仗，这激起了西班牙人不可遏制的贪欲。①

阿塔瓦尔帕到达西班牙人的营地时，探险队的神父瓦尔韦德为他布道，详细讲述了创造天地和赎罪的奥义以及教皇的至高无上。他告诉这位印加，教皇亚历山大六世已将秘鲁的统治权授予西班牙国王，印加必须立即皈依基督教，并承认自己是西班牙国王的封臣。我们可以想象得到，面对这场如此荒谬的布道，印加该有多么惊讶，他询问神父在哪里听到这么神奇的东西。

---

① 在西班牙人到来之前，古代的秘鲁人已经在文明方面取得了巨大的进步。根据当地的传说，13世纪时，两个来历不明的人曼科·卡帕克和他的妻子玛玛·奥克略出现在他们中间，开始教他们农业、建筑、纺纱、编织等实用的生活技术。这些人在秘鲁建立了一个王朝，君主被称为印加。人们被认为是太阳的后裔，这成为秘鲁人的最大荣耀，皇族不允许与普通人通婚。印加建立的帝国人口众多，实力强大且治理良好。它的文明与墨西哥形成鲜明对比。在墨西哥人中间盛行的是一种比较原始的信仰、血腥的战争和残忍的宗教仪式，而秘鲁人的政治制度中洋溢着一种温和仁慈的精神。在2 000多英里的范围内建立了统一完善的秩序和管理机制。土地被精心耕种，改河道以用于灌溉，山区被修成阶地用来接收雨水，并建造防止水流失的墙体。一条长达1 500英里的帝国公路横贯这个国家的山区，连接着两个主要城市库斯科和基多，沿着海岸也建有另一条平行的同样长度的公路。秘鲁的建筑彰显出秘鲁人的心灵手巧与丰富的劳动力。可能由于地震频繁，古代的建筑建造得并不高；但是，墙体非常结实，由一块块巨大的石头精确连接砌成。其中一些占地面积巨大的封闭空间，被分割成无数的小房间。其中一处建筑仍然矗立，可以容纳5 000人。秘鲁盛产黄金。库斯科和基多两个大城市随处可见富丽堂皇的建筑，其中许多以金银装饰。秘鲁人既没有字母，也没有象形文字，而是利用结绳来记事。现代秘鲁的土地主要由高原组成，安第斯山脉贯穿其中。这里气候温和，土壤肥沃。秘鲁的矿山虽然被欧洲人贪婪地攫取了3个世纪，但仍然富含金银矿。

首都利马由皮萨罗建立，距太平洋9英里。这里有大量金碧辉煌的教堂，内部装有金银饰品。这里常年处于夏季。

库斯科位于利马东南550英里处，拥有雄伟的古代建筑遗址，尤其是古代秘鲁人举行宗教活动的主要场所太阳神庙。1534年被皮萨罗占领时，这座城市储藏着数量惊人的白银、黄金和宝石。——原注

“就在这本书中。”瓦尔韦德一边回答，一边将《日课经》递给印加。印加拿过书，翻阅几页，放到耳边。“它什么也没说。”他一边大呼大叫，一边把书扔到地上。不知是真愤怒还是佯装愤怒，神父立即大喊：“亵渎！亵渎！基督徒们，拿起武器！拿起武器！向亵渎上帝话语的人复仇吧！”这出庄严的闹剧似乎是事先安排好的，一切都已准备就绪，喇叭立即吹出了冲锋号，大炮和滑膛枪齐开火。骑兵冲向不带武器的人群，他们无力自卫，阿塔瓦尔帕就这样被俘虏了。他被送到西班牙人的营地，而劫持他的西班牙人，则在屠杀了成千上万毫无还手之力的印第安人之后开始掠夺丰厚的战利品。

这位不幸的印加试图用巨额赎金来换回自由，但皮萨罗收到黄金后，却断然将他处死。在印加被谋杀后，西班牙人因争夺战利品而起了争执，秘鲁人趁他们内讧发动了一场可怕的起义，但经过血腥的战斗，起义被镇压下去。

征服的领导者们下场也很惨烈。阿尔马格罗后来被他的伙伴皮萨罗以叛国罪处死，而皮萨罗在不久后被阿尔马格罗的儿子暗杀。

秘鲁被接踵而至的内讧困扰，西班牙王室直到征服后25年才在这个国家完全建立自己的权威。秘鲁的大多数大城市是皮萨罗建立的，首都利马就是其中之一，它很快就变得繁荣富庶起来。

西班牙对秘鲁的统治比在南美其他任何地方都更加牢固，对被征服民族的统治更加不公，更具压迫性。从征服的第一刻起，矿山几乎就是西班牙人关心的唯一目标。印第安人被迫在矿山中进行异常残酷的劳动，每年有4/5的工人因这种残酷的劳动丧生。一直到18世纪下半叶，他们都被迫屈服于这种残酷的压迫。1780年，他们在古印加们的后裔图帕克·阿马鲁的领导下发动起义，直到这个国家被杀戮和破坏充斥，所有的资源被消耗殆尽才平静下来。

1805年，秘鲁试图发动另一场革命。革命的主要领导者是著名的法学家乌瓦尔德。很多人参与了他的计划，但在计划成熟之前，政府已经察觉。乌瓦尔德和他的8名追随者被逮捕处死，另有100多人被流放。这次密谋的细节从未被完全披露，但是很显然，它的目的是独立。这次革命的企图被镇压之后，秘鲁仍然保持平静，尽管人民的不满并未被消除。

邻近的地区更早进行了独立战争。最终，智利人在1818年的迈普战役中打败了西班牙人。智利人还计划驱逐秘鲁境内的西班牙人，从而确保自己的独立。1819年，智利的海军装备完善，通过封锁秘鲁港口并俘获它的船只开始了敌对行动。指挥智利海军的是英国冒险家科克伦勋爵，海军很大一部分船员是英国人和美国人。

1820年8月，圣马丁将军领导的一支由5 000人组成的名为“自由军”的陆上远征军，在瓦尔帕莱索登船，准备进攻秘鲁。他们于9月11日在利马以南约100英里处的皮斯科登陆。经过一场双方伤亡都不大的战役后，圣马丁于1821年7月12日进入利马，并于当月28日正式宣布秘鲁独立。

利马港口卡亚俄于第二年投降。但是这场革命几经波折：后来保王党人获得一些优势，秘鲁人向哥伦比亚人求助，玻利瓦尔便率领大军向秘鲁挺进。西班牙人接连败北，最终于1824年12月在阿亚库乔被彻底击败。这是西班牙为了恢复它在南美洲的统治所作的最后一次努力，尽管卡亚俄堡坚持到了1826年1月才向秘鲁人投降。

在玻利瓦尔的努力下，上秘鲁地区成为一个独立的国家，并被

波托西风光

命名为玻利维亚[1]。在玻利瓦尔的主持下，玻利维亚制定了宪法，并任命玻利瓦尔为终身总统。1826年，玻利瓦尔又设法让秘鲁通过了这部宪法，宪法大大增强了他的权力，因为它不但确定了他在秘

① 在玻利维亚境内，安第斯山脉上升到最高值。伊伊马尼山是最高峰，约22 579英尺高。这个国家的地势崎岖，多山地。山谷广阔，土地肥沃。高处气候寒冷多变，平原气候温和宜人。阿塔卡马沙漠位于安第斯山脉和太平洋之间，长约300英里，一直延伸到智利。的的喀喀湖是南美唯一一个大湖，部分位于玻利维亚。古代秘鲁帝国的奠基人曼科·卡帕克首次出现在居民面前时的岛屿位于其中，因此该湖声名大著，曼科·卡帕克在这里向人们传授文明的技术，扩大太阳崇拜。波托西位于波托西省的南部，海拔13 265英尺，是世界上海拔最高的城市。这里有全世界最著名的银矿，据说最先被一名奴隶发现，当时他正在山上追赶野兽。——原注

鲁政府的终身地位，而且还允许他任命自己的继承人，不需要对自己的行为负任何责任。秘鲁人对这个专制政府非常反感，趁玻利瓦尔不在哥伦比亚时发动起义。1827年1月，一场彻底的革命在秘鲁爆发。玻利维亚宪法被废止，成立了一个集联邦制和中央集权制特点的新政府，以及拥有一位由选举产生、任期为4年的总统，一个全国代表大会以及独立的地方政府。从那时起，秘鲁便与玻利维亚政府截然不同，但这个国家却一直被党派势力对权力的争夺以及由此产生的内战和革命所困扰。国家名义上是共和国，但大权往往掌握在野心勃勃的党派领袖手中，他们一心维护自己的权力。①

① 1836年，秘鲁和玻利维亚建立了秘鲁–玻利维亚邦联。邦联被邻国视为威胁，1839年，引发了智利入侵，邦联彻底瓦解。——编者注

智利

第502章

智利

西班牙征服者在征服秘鲁之后，立即远征智利①。1535年，阿尔马格罗召集了一支由570名西班牙人和1.5万名秘鲁的印第安人组成的联合部队，正式动身。当时只有两条路线通往智利，但都被认为难以通行。第一条路沿海岸延伸，穿过炙热的阿塔卡马沙漠，那里既没有水，也没有任何可供旅行者维持生存的物资。另一条路穿过陡峭、山顶常年积雪的山峰。这些困难并没有吓倒阿尔马格罗，他决心走第二条路，因为这条路线最短。在进军途中，入侵者遇到最可怕的困难，150名西班牙人和1万名印第安人被冻死。阿尔马格罗最终到达智利，但秘鲁的事态迫使他返回，从而没能完成对这个

① 现代智利是太平洋沿岸一段狭长的地带，有1 000英里长，气候宜人。安第斯山脉顶部常年积雪。这里有众多的平原及茂盛的牧场。有铜矿、金矿和银矿。瓦尔帕莱索是智利的主要商业城市。康塞普中坐落于南美最优良的港湾之中。瓦尔迪维亚、奇廉、科金博、科皮亚波也是相当重要的城市。——原注

他已入侵的国家的征服。

1541年，佩德罗·德·瓦尔迪维亚率领另一支西班牙军队入侵智利。这个国家的印第安人与柔弱怯懦的秘鲁人截然不同，其中最突出的阿劳坎人是南美洲诸民族中最勇猛尚武的部落。瓦尔迪维亚发现，敌人的活跃与勇气让他在这个国家的推进遭遇重重阻碍。征服战争持续了10年，一些地区被西班牙人占领，当地的印第安人因屡遭损失被迫屈服，但是大多数印第安人坚持抵抗，捍卫自己的自由。阿劳坎人抵制西班牙人征服他们的一切企图。他们的伟大领袖是考波利坎，他的事迹受到西班牙诗人埃尔西利亚和洛佩·德·维加的赞颂。他在与文明程度更高的民族战斗中提升了自己的战斗技巧。他组建13支千人队，并按照自己发明的战术体系排列阵型。这种新颖的战斗方式让西班牙人颇为困惑，在其中的一场战役中，瓦尔迪维亚与考波利坎的军队进行了激烈的战斗，但并没有占上风。西班牙人因长期作战而师老兵疲，便向一处峡谷撤退，因为他们认为那里易守难攻。但阿劳坎人穷追不舍。考波利坎率先派出一支精兵，抄近路占领了峡谷，而他继续紧随撤退的西班牙人，保持高度警惕，最终包围并击溃

考波利坎

整个西班牙军队。瓦尔迪维亚被俘虏，被带到考波利坎面前。考波利坎有意饶他性命，但另一位酋长用棍棒给了他致命一击。据说印第安人往他的喉咙里倒了熔化的黄金，边倒边说："你不是喜欢黄金吗？那就让你吃个饱！"

瓦尔迪维亚建立了一个以他的名字命名的城市，并建立了康塞普申和基约塔。这次胜利之后，阿劳坎人四处破坏西班牙的殖民点，烧毁城镇，迫使西班牙人向北逃跑。如果没有秘鲁大军的及时援助，西班牙人会被彻底赶出智利。援军让智利的西班牙人守住了剩下的港口，并夺回一些失去的港口。在西班牙人试图扩大征服的时候，智利人再次爆发致命的敌对行动。双方经过多场血腥厮杀，战斗持续不休，只有很短暂的休战。考波利坎最后被西班牙人俘虏，并被残忍地处死，但是阿劳坎人从来没有屈服过，直到今天，仍在智利南部维持自己的独立。

在智利被西班牙殖民的漫长时期内，荷兰人和英国人也曾试图在这里建立殖民地，但都没有成功。最初，秘鲁殖民当局将统治权扩展到这个国家，但在1567年，智利从秘鲁分离出去，由只对西班牙国王负责的都督统治。

早在1810年，在听到拿破仑剥夺了西班牙王室王位的消息后，智利就爆发了革命。都督被迫辞职，随之召开全国代表大会，大会颁布一项法令，允许所有对政府变动不满的人在6个月之内带着他们的财产离开这个国家。然而，新政府很快就遭遇重重困难。一支从秘鲁派来的保王派军队前来镇压革命运动。起义者内部存在着诸多不和，这让秘鲁军队能够击败起义军，把他们赶过安第斯山，赶到门多萨。门多萨总督圣马丁接待并给他们提供支持，不久圣马丁就成为南美洲那部分地区革命军队的领袖。他集结一支大军，于1817年1月越过安第斯山脉进入智利。2月12日，圣马丁的大军在查卡布科与保王党军队相遇，取得决定性的胜利。他们继续向智利首都圣地亚哥进军，在那里受到了欢迎。西班牙军队被迫躲到康塞普申港避难。

但是，秘鲁总督竭尽全力恢复智利的殖民统治。他集结了所有可以调动的军队，派遣他们增援在康塞普申港的西班牙残军。得到增援的西班牙军队在一开始取得了一些胜利，但在1818年4月5日的迈普战斗中，西班牙军队被彻底打败，智利赢得独立。起初，圣马丁军队的一名军官奥希金斯被授予最高执政官的头衔，掌握国家大权，但很快他试图通过自选的参议院进行统治，结果却不得人心，不得不在1823年把权力移交给拉蒙·弗莱雷将军。1826年1月，一直由西班牙控制的奇洛埃岛被移交给智利政府。1827年，对宪法做了一些修改，在一段时间的纷争之后，智利安定下来，此后一直很繁荣。①

在数年的时间里，一个名叫贝纳维德斯的西班牙逃犯烧杀抢掠扰乱了智利边境。他让自己成为一众阿坎劳印第安人的首领，用炮火和刀剑蹂躏这个国家，犯下了野蛮战争史上从未有过的暴行。他持续的成功以及他在印第安人那里获得的权威，让他自认为是一个强大的君主，并试图建立海军。他俘获了几艘靠岸进行补给的英美船只，获得大量财富、武器和军用物资。西班牙人鼓励他的海上

① 独立后的智利发展比较良好，是南美洲诸国中与阿根廷和巴西并列的强国。——编者注

劫掠和谋杀行为，为他提供军队和大炮。智利人在1821年10月派出一支远征军讨伐他，他的血腥生涯就此终结。他的据点阿劳科被占领，军队被击败，他自己试图逃跑，但不久被捕。经过审讯，贝纳维德斯于1822年2月被处决。

在距南美洲西海岸400英里的地方有胡安·费尔南德斯群岛，群岛以发现这些岛屿的西班牙航海家的名字命名。在17世纪，海盗将这里作为度假胜地。1705年，一位名叫亚历山大·塞尔柯克的苏格兰水手被抛弃到岛上，孤独地在岛上生活了4年。《鲁滨孙漂流记》的故事就源自他的经历。

巴塔哥尼亚[①]构成了南美洲南部地区，是一片荒凉之地，几乎不能说有历史。1518年，麦哲伦发现了它。这位航海家描述这里的居民身材有如巨人，引起了人们对这片地区的极大关注。随后，前往巴塔哥尼亚的许多其他旅行者证实了这些描述。拜伦船长大约在18世纪中叶见过巴塔哥尼亚人，他说他们中许多人高达八九英尺。他的说法与其他人的说法矛盾，因此有理由认为最初的描述有很多夸张之处。长期以来，人们对这些人知之甚少。但在19世纪，巴塔哥尼亚已被不同的航海家和旅行者更准确地探索过了。大约20年前，英国“探险”号和“小猎犬”号探险船的船长菲茨罗伊到过这里，为我们提供了最准确的人口信息。根据他的描述，巴塔哥尼亚人虽然不完全是他们所描述的那种巨人部族，但确实身材高大。相反地，火地岛人却是一个虚弱的矮小民族。

---

① 巴塔哥尼亚地区主要位于阿根廷境内，小部分地区位于智利。——编者注

拉普拉塔联合省

第503章

拉普拉塔联合省

1515年，胡安·德·索利斯率领的西班牙人发现了这条“白银之河”——拉普拉塔河。1530年，纽芬兰的发现者塞巴斯蒂安·卡波特在为西班牙国王服务时，航行到这里，溯河而上。他将这条河命名为拉普拉塔河，因为在被西班牙人杀死的几个印第安人身上搜到的战利品中发现了一些银饰。他在这里建了一处要塞，然后回到西班牙，只留下一支守军，后来这些守军都被印第安人杀死。

1535年，门多萨率领的另一支探险队为建立布宜诺斯艾利斯①

① 布宜诺斯艾利斯的大部分领土都是草原，它从大西洋一直延绵到安第斯山脉。这里牧草茂密，牛马众多。这些牛马多为野生，当地居民喜欢用一种叫作套索的绳子捕捉它们。高乔人是居住在这片草原上的民族，以野牛肉为主要的食物来源。高乔人是优秀的骑手，可以说生活在马背上，很少步行。虽然这里土壤肥沃，但当地人很少从事农业。布宜诺斯艾利斯位于拉普拉塔河畔距离大海200英里的地方，是这个国家的首都，也是南美洲这一地区的贸易中心，有着庞大的对外贸易。科尔多瓦和门多萨是两个重要的城市。——原注

城奠定了基础。印第安人包围了这里，为了不被饿死，西班牙人于次年被迫放弃这里，溯河而上，在巴拉圭建立了亚松森。当地印第安人继续保持敌意，西班牙人为了获得他们的友谊，便从印第安人中娶妻。通婚产生了新的民族梅斯蒂索混血儿，随着时间的流逝，这类混血儿在南美变得很普遍。即使西班牙人已经与印第安人建立了联系，但对黄金的渴求让他们持续其残忍之性。然而，他们一无所获。亚松森所处的位置不利于他们从西班牙获得物资。多艘运输军队和弹药的船只在河中失踪，殖民者最终被西班牙宫廷命令返回布宜诺斯艾利斯。这座城市因此于1580年重建。附近地区的一些印第安部落臣服于西班牙人，随着西班牙人殖民点的扩展，那些更崇尚自由的印第安人被驱逐到很远的地方。布宜诺斯艾利斯的最初价值源于邻近地区几头误入这片广阔平原的牛，它们在肥沃的牧场上以惊人的速度繁殖，而这些动物的皮毛很快就成为主要商品，直到今天。

拉普拉塔人用套索捕捉野牛

在建立第一块殖民地时，布宜诺斯艾利斯归于秘鲁政府的管辖之下。17世纪，耶稣会士开始在这里传教，他们在使印第安人皈依基督教以及将他们带离原始的生活方面取得了巨大的成功。在一个世纪内，10万多名不同部落的印第安人被聚集在村庄和社区之中，被他们的精神导师严格管理。在18世纪，耶稣会教士团被压制，这些印第安社区便陷入瓦解和衰落。1778年，布宜诺斯艾利斯脱离秘鲁的管辖，成立总督区，安第斯山脉以东的所有西班牙省份都被划入其中，领土包括上秘鲁和波托西的矿山。布宜诺斯艾利斯总督区成为南美洲中仅次于墨西哥的重要地区。

布宜诺斯艾利斯人民是第一批想要摆脱母国统治的西班牙裔美洲人。1806年，西班牙与英国开战，英国便向布宜诺斯艾利斯派遣一支远征军，通过奇袭占领了这座城市。但是15天之后，英国占领者被迫放弃。1808年，英国人企图再次夺取它，但被当地居民成功击退。不久之后，拿破仑夺取了西班牙王位，他派遣特使劝说西班牙裔美洲人向拿破仑效忠，但被布宜诺斯艾利斯人拒绝了。1810年，布宜诺斯艾利斯人建立了新政府，承认斐迪南七世为他们的君主，但实际上获得了独立。随后是一连串的动荡和变迁。蒙得维的亚拒绝承认布宜诺斯艾利斯的权威，被阿蒂加斯将军征服，他随后获得了蒙得维的亚的政治权力，成为独立的领袖。

巴西的葡萄牙人趁邻国内部纷争之机，侵入蒙得维的亚以及整个拉普拉塔河东岸区。布宜诺斯艾利斯人坚决并成功地抵制了葡萄牙的侵略，侵略者被迫撤离他们占领的领土。拉普拉塔河东岸地区成为一个独立的共和国，巴拉圭在弗朗西亚博士的独裁统治下脱离布宜诺斯艾利斯。

除了上秘鲁，总督区的其他省份于1816年3月在图库曼举行了全体代表大会，并于次年成立独立共和国，名为拉普拉塔联合省。最初制定的宪法与美国宪法相似；后来政体发生了诸多变化，国家几乎从未摆脱内战和公众骚乱的困扰。长期以来，最高权力一直掌握在罗萨斯将军手中，虽然他常常做出一副要交权的姿态，但实际上他掌握了独裁者所有的权力。[①]

拉普拉塔联合省的人口大约有180万人。首都布宜诺斯艾利斯位于拉普拉塔河南岸。它是一座由砖砌成、结构整齐美观的城市，有8万人，是该国的主要商业中心。

① 1826年，拉普拉塔联合省改组为阿根廷联邦。1853年建立了联邦共和国，1860年改为共和国。——编者注

巴拉圭和乌拉圭

第504章

巴拉圭和乌拉圭

巴拉圭

巴拉圭共和国[①]的北部和东部与巴西接壤，南部与乌拉圭和拉普拉塔接壤，西部与拉普拉塔和玻利维亚接壤。北部为山区；其余地区由稀树草原和树木繁茂的平原组成，丘陵地带点缀其中。它是南美最美丽、最肥沃的地区之一。

我们提到过，早在1536年已经在这个国家建立了亚松森城。但是，这一块殖民地发展得非常缓慢；在西班牙人首次到来之后，很难说巴拉圭拥有自己的长期历史。巴拉圭隶属于布宜诺斯艾利斯，它在18世纪获得关注主要是因为耶稣会士在这里建立的印第安人社区。在西班牙人到来之前，巴拉圭有许多本地的印第安人部落，他

① 巴拉圭土壤肥沃，气候宜人。马黛茶，也称为巴拉圭茶，被大量种植，很大一部分被当地人饮用。首都是亚松森。——原注

们以打猎和捕鱼为生，并依靠采集森林中大量出产的野生水果和蜂蜜为食。一个多世纪以来，西班牙人与当地人的战争摧毁了整个国家，因为受到残酷对待，当地人一直怀恨在心，而当时的耶稣会士设想通过调解和友好的机制与这些印第安人建立友谊。耶稣会士最终制订了一个计划，他们把为了躲避西班牙人的冷酷刀剑而分散到森林里的印第安人引出来，聚集到离西班牙殖民地有一定安全距离的村庄里。这个计划获得巨大的成功。耶稣会士深入森林，寻找印第安人，说服许多人抛弃过去的习俗，皈依基督教。由此形成的社区成为同类社区的典范：印第安人绝对服从他们的精神指引，而他们在印第安人中间建立了政府的最高秩序与规范。

耶稣会士并没有一开始就直接让印第安人成为基督徒，而是让他们感觉自己在某种程度上和白人差不多。一旦成功地将印第安人聚集到社区，这些传教士就会尽其所能维持他们的温饱和舒适。通过让印第安人感到满足以及变得容易驾驭，耶稣会士发现再说服他们皈依基督教要容易得多。耶稣会士仿效在秘鲁印加人中的做法，将土地分为三部分：宗教用地、公共用地和私人用地。他们鼓励救助孤儿和穷人；他们让善行获得回报；他们考察人民的品行；他们推动工业发展，教育儿童。在耶稣会创建的社区中，人们不知道钱怎么使用，那些从事机械行业的人将他们的产品存放在公共仓库里，农民的产出为他们提供了必要的生活用品。参照对印加人的做法，耶稣会士建立了带有天主教特征的神权政府，在巴拉圭，罪犯会被带到地方法官面前认罪忏悔。每个人都是自己的控告者，并自愿接受惩罚。神父们付出巨大的努力学习印第安语，但禁止印第安人学习西班牙语。他们通过这种方式在皈依的印第安人中树立长久的权威并获得影响力。

18世纪，教皇废除了耶稣会士团体，导致了他们在美洲所建立社区被破坏。1768年，西班牙王室下令将巴拉圭传教的权利从他们手中夺走，并赋予其他教派的传教士。这次巨变，连同试图把许多印第安人社区转移到巴拉圭各地的做法，导致耶稣会士建立的印第安社区迅速衰落并最终解散，而这些社区在让美洲土著皈依基督教方面取得了很大成功。

18世纪初，巴拉圭发生了革命，阿尔坎塔拉的骑士唐·约瑟夫·德·安特克拉被行政委员会任命为巴拉圭省的总督。当时采取的这种方式在某种程度上是非法的，是当地居民对上一任总督不满的结果，因此，秘鲁和布宜诺斯艾利斯当局派遣军队想把他赶下台。安特克拉不得不以武力来维护自己的权力。他成功地打败敌人，取得辉煌的胜利，这让他摆出一副至高无上的统治者姿态，以至于人们认为他打算自立为巴拉圭国王。如果再及时果断一点儿，他可能就实现了这个目标；但他犹豫不决，直到人们不再支持他，而他被一支秘鲁的军队赶出巴拉圭。后来他被俘虏，并于1731年被处死。随后发生了多场叛乱，直到1735年西班牙才恢复自己的权威。

前面已经提到，在布宜诺斯艾利斯1810年脱离母国起义后不久，巴拉圭脱离布宜诺斯艾利斯政府。巴拉圭人民像其他起义的西班牙殖民地一样，通过在政府中建立各种共和的形式和头衔的幼稚尝试，开始其独立事业。他们建立了执政官和立法机构；然而三四年之后，整个国家的权力都落入土生白人加斯帕尔·罗德里格斯·弗朗西亚博士之手。弗朗西亚通过亚松森的修士接受教育，之后在阿根廷图库曼的科尔多瓦大学学习，并获得神学博士学位。他从来没有离开过南美。革命开始时，他在亚松森从事法律工作。

加斯帕尔·罗德里格斯·弗朗西亚博士

弗朗西亚被选举担任一个亲民的职位，他保持自己的独立，不偏向于任何党派，称自己唯一的政治目的是将巴拉圭从西班牙的统治下完全独立出来，建立一个共和国。他最终成为这个国家的统治者，并施行绝对的独裁统治。他试图切断与其他国家的一切往来，禁止前往巴拉圭的陌生人离开这个国家。

他通过维持一支5 000人的军队来巩固自己的权力，尽管他在军中执行最严格的纪律，但允许这些军人在人民中享有巨大的特权，以收买人心，维护自己的利益。不过，他一直生活在被暗杀的恐惧中，连饭都要亲自做，以防被下毒。他的行为举止极为怪异，有时甚至表现出神志不清的症状。总体而言，他的行为举止与瑞典的查理十二颇为相似。弗朗西亚一生都致力于维持自己的专制统治，他于1843年去世，活了80岁左右。弗朗西亚去世后，巴拉圭政府由5个执政官组成的内阁管理，国家一直保持独有的安宁，世界上很少人知道巴拉圭。

乌拉圭

乌拉圭共和国[1]过去一直以“拉普拉塔河东岸区”闻名。最初由来自布宜诺斯艾利斯的西班牙人在此地殖民，因此它被认为隶属于布宜诺斯艾利斯。但是葡萄牙政府将其视为巴西的一部分，因此这片土地的主权问题长期成为两国之间的争端。布宜诺斯艾利斯发动脱离西班牙的起义时，拉普拉塔河东岸区的人民便加入了他们的行列。我们已经提到过，阿蒂加斯将军获得这片地区的最高权力，打败了布宜诺斯艾利斯的军队，让这个国家获得独立。9年来，他一直独掌大权；然而在1816年，巴西政府担心革命的信条会从这里输入自己的国家，就派出1万名士兵，于1817年1月占领了蒙得维的亚。整片地区都向征服者屈服，土地被并入巴西。这种状态一直持续到1825年，拉普拉塔河东岸区人民发动起义，宣布独立。巴西人被驱逐，两年的战争结束后，巴西皇帝承认拉普拉塔河东岸区的独立，而这个国家则以乌拉圭的名字建立了共和国。1830年，通过一部与美国宪法相似的宪法。但是，布宜诺斯艾利斯从未宣布放弃这片领土，自那以来，两个共和国之间一直是敌对状态，这对双方都造成极大的影响，并给跟它们有商业往来的国家带来重大的损失。

---

① 乌拉圭是南美共和国中最小的。虽然土壤肥沃，但耕种极差。首都蒙得维的亚位于拉普拉塔河北岸，拥有优良的港口。——原注

巴西和圭亚那

第505章

巴西和圭亚那

巴西[①]

前面已经提及，1501年，葡萄牙海军中队指挥官阿尔瓦雷斯·卡布拉尔在向印度航行途中发现了巴西。然而，卡布拉尔并没有弄清它究竟是一个岛屿还是一块陆地，这在很长时间内都是一个疑问。在近50年的时间里，葡萄牙政府没有在这片美丽的土地上建立殖民地的想法。事实上，按照当时对国际法原则的理解，这片土地的统治权并不清晰。教皇曾授予西班牙国王在西部新发现的所有领土，授予葡萄牙在东部新发现的所有领土。根据这一授权，人们认为西

① 巴西占据了亚马孙河大盆地，这里是世界上最肥沃的地区之一。巴西囊括了半个南美洲，几乎等同于整个欧洲。这里气候温和，物产丰富，但农业极少被关注。养牛业因为其庞大的产出数量，成为这里的主要产业。这里蕴藏着大量的黄金，但是钻石矿更为重要。这些钻石矿都由政府提炼加工，世界上的大部分钻石由这里提供。首都是里约热内卢。——原注

班牙国王有权占领整个西部大陆的领土。但是，当西班牙人企图征服美洲并让自己成为墨西哥和秘鲁这两个富有帝国的主人时，他们的成功彻底激起了葡萄牙人的嫉妒。里斯本王室决定占领巴西。因此，在1549年，葡萄牙派出了一批殖民者，他们建立了圣萨尔瓦多。卡布拉尔曾经按照葡萄牙人和西班牙人的习惯，在他们发现的领土上加上宗教名称，给整片地区起名为“圣克鲁兹”。但是这个名字并没有使用很长时间。人们发现这片地区大量出产红色的染料木，它们被称为“巴西”，来源于葡萄牙语braza，意思是火炭。这种木材是第一种从这片地区出口的商品，因此它很快获得了“巴西之国”的名称。之后，巴西最终取代了旧有的名称，成为这片地区最终的名称。

巴西的印第安人与墨西哥和秘鲁的印第安人差异很大。他们在文明方面几乎没有取得什么进展，又分为许多小国或部落，长期战争不休。葡萄牙人在这里的数量微不足道，但他们发现，通过激起敌对部落之间的仇恨，让各部落朝秦暮楚，又看到战争即将来临，就能很容易地征服这些人。如果不是通过这样的策略，葡萄牙人是否能在巴西立足尚存疑问，因为当地人是出了名的勇敢，他们在使用弓、箭、飞镖和棍棒等原始的武器方面技艺高超。

最初的殖民者主要是来自葡萄牙监狱中的罪犯。这对刚刚起步的殖民地来说是不幸的，因为这些人经常无法无天，给社会造成极大的混乱，阻碍殖民地的发展。西班牙政府也试图根据教皇曾经的授权宣称拥有巴西的统治权，这场争端最终得到解决，西班牙国王声明放弃对位于亚马孙河和普拉特河之间领土的声索，转而支持葡萄牙人。此后，这片殖民地迅速发展。许多具有可贵品质的冒险家被授予土地专有权，众多葡萄牙贵族也开始对这块殖民地很感兴趣，因为这里已经预示着殖民者的丰厚回报。他们重组政府，引入甘蔗的种植方法，并从非洲输入黑人来扩充劳动力。巴西很快成为一个繁荣富饶的殖民地。

欧洲的其他海上强国则对葡萄牙人拥有如此广阔的殖民地心怀不满。法国人为了在巴西建立殖民地做了一系列尝试。1555年，德维盖尼翁带领一批法国胡格诺教徒前往里约热内卢，并将这个地区命名为“南极法国”。英国人也在帕拉伊巴努力建立自己的殖民地。然而，当时葡萄牙人表现出了远比其现在的同胞大得多的勇气和进取精神，他们坚决而坚持不懈的攻击很快就把侵略者赶出了巴西的各个地区。

1580年，当巴西与葡萄牙一起被移交给西班牙王室时，葡萄牙人的勇气和民族精神已经明显衰落了。随后，与西班牙人交战的荷兰人派出了强大的远征军，征服了巴西北部的所有地区。他们保有征服所得的土地达半个世纪之久，如果施行审慎的管理政策，或许会永久占有。但是，一系列的管理不善使当地的葡萄牙居民与荷兰人离心离德，大约在17世纪中期，巴西的葡萄牙人发动了一系列进攻，很快将荷兰人全部驱逐出巴西。后来，荷兰人通过多次武力和谈判行动，也未能恢复他们在巴西的势力，不得已，荷兰人最终于1661年将在巴西的领土割让给葡萄牙。

这块殖民地的大繁荣时期可追溯至1699年，当时人们首次在这里发现黄金。关于发现黄金的具体情形，众说纷纭。据说里约热内卢的一支探险队于1695年深入内陆，发现印第安人拥有一些金粉。几年后，一队士兵穿越其中的一片内陆地区，看见印第安人使用金子做的鱼钩。基于这些信息，他们对那里的贵重金属进行了严密的搜索。结果发现，这里的情况与加利福尼亚极为相似，几乎没有发现可以开采的金矿，但是沟壑和山洪河床却产出丰富的金块和颗粒，真是难以置信。收集黄金的工作主要由黑人劳工负担。黄金年产值预计超过1 500万美元。

几年后，钻石的发现为巴西带来了另一个丰厚的收入来源。除印度，之前在世界任何地方都没有发现钻石，直到18世纪初期，才在巴西的塞罗·德·弗里奥有所发现。在这一带，雇来淘金的奴隶们常常发现闪闪发光的小石子，但他们把这些石子连同砂砾一起扔掉了。也有一些被收集起来，成为孩子们的玩具。曾在东印度群岛担任矿山总督的佩德罗·德·阿尔梅达偶然看到这些小石子，他怀疑是钻石，但是人们很难相信这种宝石来自东方以外的任何地方。里斯本宫廷无法确认这些是否是钻石，直到他们把其中一些送到荷兰，经能工巧匠切割，确认确实是钻石。他们随即在巴西对其进行了仔细的搜索，收获巨大，1732年，里约热内卢舰队运回葡萄牙的钻石价值千百万美元。这导致钻石的价格大幅下跌，但政府采取了措施，让价格很快恢复至原来的水平，此后一直保持这样的价格。政府授予一家公司开采销售钻石的专有权，所有大于特定尺寸的钻石都留给国王使用。

这两次黄金和钻石的发现活动使巴西与最富有的西班牙美洲领地分庭抗礼。与此同时，土壤的肥力也得到了充分确认，这使它在出产最丰富的热带农产品方面取得了相当大的进展。

18世纪，巴西南部一度处于圣保罗人的统治之下，他们是一群强盗，名字取自这片地区的圣保罗镇。他们原本是从葡萄牙送往巴西的罪犯，刚抵达巴西时，他们被允许自由地生活。但是，当需要受到法律的约束时，他们便逃到了树林里，娶印第安女子为妻，断绝了与殖民者的一切往来。这些绝望的人大量聚集在圣保罗镇，将这里作为安身之地。这座城镇易守难攻，少数人就可以抵御前来镇压的最强大军队。这激发了他们独立的决心，而他们也最终如愿以偿。因此，来自四面八方的绝望的和无家可归的人们都求助于圣保罗。除了在此定居的人，其他任何人都不得到这里来，而获准进入的人必须经过严格的审讯。那些无法通过审讯的人，以及疑似背叛的人，都会像那些想要离开这里的人一样，遭到残忍杀害。在很长的一段时间里，圣保罗人都公然反抗葡萄牙政府的权力。他们的主要活动就是在印第安人中猎获奴隶。他们肆意蹂躏这个国家，犯下了最可怕的暴行。据说他们曾杀死高达100多万的印第安人。这些危险的活动导致圣保罗镇人数量减少，他们因此变得虚弱而无法维持独立，最终被消灭。

里斯本王室对巴西实行的政策，就像西班牙对自己的殖民地实行的政策一样，狭隘而偏执。工业生产几乎得不到鼓励，商业也被限制和垄断所束缚，政府的注意力全部集中在寻找黄金和钻石上。任何外国的船只不得在巴西港口停靠，陌生人严禁进入这个国家，或在进入后受到严密监视。贸易几乎只限于设防的港口。这种情况一直持续到19世纪初，当时欧洲发生的事情让巴西的政治状况发生了巨大的变化。把葡萄牙王室迁往巴西，作为摆脱强大邻国压迫的避难所的计划，在葡萄牙王室心里酝酿已经不是一朝一夕的事情了。1761年，当西班牙人威胁要进军里斯本时，葡萄牙首相庞巴尔侯爵决心采取这样的措施，做好了将王室运送到大西洋彼岸的准备，但是随着入侵危险的减弱，这个计划也被放弃了。

后来，拿破仑有意占领葡萄牙王国，这导致巴西脱离葡萄牙。1807年，朱诺率领法国军队占领里斯本。1808年1月25日，摄政王带着王室所有人员逃离葡萄牙，乘船驶往巴西。他们在里约热内卢建立宫廷，当地居民们很快意识到这种改变大有裨益。摄政王颁布皇家特许状，废除旧的排他性贸易制度，并允许巴西人与其他国家进行自由贸易。另一项法令允许所有阶层的人自由地从事工业活动。被禁止达三个世纪之久的出版机构在巴西建立起来，1808年，巴西的第一本书被印刷出来。

拿破仑的垮台让摄政王也就是后来的国王恢复了对葡萄牙的统治。但他继续逗留在巴西，似乎将那里视为帝国最有价值和最重要的部分。1815年颁布的一项皇室法令将其升格为一个王国，巴西因此成为一个独立的国家。在这种新的安排下，整个葡萄牙君主政体被命名为葡萄牙-巴西-阿尔加维联合王国。

但是，这种政治制度注定不能维持长久。1817年，伯南布哥爆发了起义，起义虽然被镇压下去，却使整个巴西动荡不安。1821年，国王将王室迁回葡萄牙。巴西人强烈希望完全脱离葡萄牙，这个愿望很快就变成了一种公开的诉求，巴西也因此召集全国各地的代表开会商议这一问题。1822年10月12日，国王的儿子唐·佩德罗成为巴西的君主立宪制皇帝，在民众的呼吁下，巴西断绝与葡萄牙的一切联系，成为独立的大国。葡萄牙国王在获得巴西人向他支付的1 000万美元的赔偿金后，承认巴西独立。葡萄牙国王也被承认为巴西皇帝，他的儿子唐·佩德罗作为他的继承人，以摄政王的身份统治巴西。1826年3月，葡萄牙国王去世，唐·佩德罗继位。

南美洲的印第安人

然而，巴西依然处于动荡之中，发展极为缓慢，1831年4月，民众迫使唐·佩德罗退位。他尚在幼年的儿子唐·佩德罗二世继任，政府由一个以他的名义组成的摄政团进行管理。此后，除了巴拉圭，巴西比其他南美洲国家都更为安宁。除了黑人奴隶制度持续存在造成的困难，这个国家在社会繁荣和政治重要性方面迅速发展，似乎拥有一切美好前景。

圭亚那[①]

1498年，哥伦布发现了奥里诺科河口；第二年，平松又沿着海岸作了进一步的发现；但是这片地区多年来并未被西班牙人重视。他们似乎在1535年对其进行过一些探索，但由于寻找矿藏无望，便认为这里没什么价值。此后，这里却成为一个产生奇异错觉的场地，对黄金的渴望诱使西班牙人在这里加入一场比冒险小说还刺激的冒险。

神秘的黄金国被认为就存在于这片地区。沿海地区一直流传着

① 圭亚那是南美洲唯一仍然处于殖民依附状态的地区。它被分为三个部分：东部属于法国，中部属于荷兰，西部属于英国。内陆仍被凶猛的土著印第安部落和被称为马隆人的逃亡黑人占据。沿岸地区完全被白人所占据。这片地区地势低平，气候恶劣，于人不利，然而土壤却异常肥沃。——原注

某个盛产黄金的内陆国家的谣言。据说秘鲁印加阿塔瓦尔帕的一个兄弟在西班牙入侵后带着大量的财宝逃跑，在圭亚那一个偏远的地区建立了帝国。这个帝国的首都是马诺阿，根据传说，这里拥有如此多的金银，以至于一条街上不少于3 000名银匠。

国王或皇帝的宫殿坐落于湖中的一个小岛上，宫殿用白色的石头建成，门口有两座塔，两塔之间有一根装饰着巨大银月亮的柱子，柱子底部用金链子拴着两只狮子或美洲豹。宫殿里面有一座四边形的庭院，院子里种满了树，树由银喷泉浇灌，水则从四根金管里喷出。宫殿的柱子是由斑岩和雪花石膏制成的，还有用乌木和雪松木建造的长廊，用象牙制作的宝座，以及用黄金造的台阶。宫殿前面伫立着一座银制的祭坛，坛顶有黄金制作的太阳，四盏灯昼夜不停地点亮在它的前方。

这个帝国的君主被称为埃尔多拉多或“涂金粉者”，传说他每天都用芳香的树胶将金粉涂在皮肤上，晚上将金粉洗净，第二天早上又涂抹。

在那个时代，再荒谬的传说都会让在西方世界探险的冒险家们深信不疑。西班牙人为找到这个神秘的国度作出了无数的努力。他们在人迹罕至的森林中跋涉数千英里，遭受了无法想象的疲劳和痛苦，最后徒劳无功。尽管在前行的时候黄金国那闪闪发光的幻影在他们面前破碎，他们还是忍不住去追逐。因为相信黄金国的存在，西班牙人付出了比美洲其他地区更多的征服者的生命和财富的代价。直到16世纪末，这样的信念都没有消失。虽然不能确定沃尔特·雷利爵士自己是否相信黄金国的神奇传说，但他利用这个传说引诱英国人加入征服圭亚那的计划。1600年，他率领一支探险队从英国出发，在圭亚那登陆。他们试图深入内陆，但没有成功。计划失败，他被迫狼狈返回英国。这件事最终将他们送上了断头台。

1590年左右，荷兰人开始在圭亚那的德梅拉拉河畔和其他地方殖民。一段时间之后，这些地区落入法国人和英国人的手里，但后来它们又被荷兰人收复，直到1781年，德梅拉拉河和埃塞奎博河畔的殖民地让自己置于英国的保护之下。1787年，法国人再次占领这些地区；1796年，英国人又将其征服；1802年，它们又回到荷兰手中；1803年，又被英国人夺取，至今仍掌握在英国人手里。

1635年，法国人在卡宴建立了殖民地。但是，在历经重重灾难之后，这块殖民地被抛弃给荷兰人。1663年，法国人想收回这块殖民地，便将荷兰人赶出了卡宴。1667年，英国人成为这里的主人。1676年，荷兰人再次占领了这里。然而，法国人随后重新占领卡宴，保有至今。

圭亚那过去由五部分组成：西班牙属地、法国属地、荷兰属地、英国属地和葡萄牙属地。西属圭亚那现在是委内瑞拉共和国的一部分，葡属圭亚那与巴西帝国合并。其余的分属法国、英国和荷兰。总人口约25万人。

大洋洲

第506章

大洋洲是什么样的地方？

太平洋上的岛屿群星罗棋布，其中一些岛屿幅员辽阔，人口众多，被地理学家称为大洋洲。陆地表面约450万平方英里，人口约2 000万人。太平洋上的岛屿多为火山岛，一旦喷发，会喷出数量惊人的岩浆、浓烟及火山灰。还有很多岛屿是由众多的珊瑚构成的。珊瑚是一种海洋动物，小到肉眼几乎看不见。大多数岛屿地处或靠近热带地区，气候温暖。

有些岛屿物产丰富。出产的奇特的植物中，有各种丰富的香料、檀香木、面包树、大蕉、山药及其他的水果。大洋洲最引人注目的动物是大猩猩，它是类人猿中最大的物种；还有一种体形巨大的蟒蛇，以及形似鸵鸟的鹤鸵。这些动物只有在亚洲的岛屿上才能看到。新荷兰[1]还有一些非常奇特的动物。

① 现在的澳大利亚。——译者注

大洋洲的土著主要有两个种族——矮黑人和马来人。矮黑人木讷迟钝，分布在新荷兰、新几内亚和范迪门斯地[①]。马来人活跃聪明，散居于太平洋其他的岛屿上。当时的大部分大岛由欧洲人控制，大部分的土著仍处于比较原始的状态。

大洋洲被分成三部分：亚洲岛屿（马来群岛）、澳大拉西亚[②]和波利尼西亚。马来群岛包括几个重要且物产丰富的岛屿，而其中的大多数处于外国的统治之下。

太平洋是世界上最大的海洋，占地球表面积的1/3还多。太平洋在赤道上的宽度从南美洲的厄瓜多尔延伸到马六甲半岛，几乎跨越180°或地球周长的一半——约1.2万英里。向北，美洲和亚洲彼此靠近，直到最北边仅40英里宽的白令海峡将两个大洲分开，同时连接太平洋和北冰洋。太平洋的名称来源于早期的航海者，他们认为太平洋比其他海洋更为平静。太平洋虽然总体上风平浪静，但也会因暴风雨而波涛汹涌，尤其在亚洲海岸。赤道附近的太平洋有一股洋流，从东到西，从美洲海岸向亚洲海岸流动。还有其他各种洋流，尤其是在亚洲的岛屿和断裂的海岸之间。另外，信风会在一段时间内持续吹向某一方向，半年吹向这个方向，半年吹向与它相反的方向。

下表展示的是亚洲的主要岛屿：

① 范迪门斯地，为塔斯马尼亚旧称，现为澳大利亚的一部分。——译者注

② 澳大拉西亚指澳大利亚、新西兰和邻近的太平洋岛屿。——编者注

	名字	属地	面积（平方英里）	人口	主要城镇
巽他群岛	苏门答腊岛	土著	18万	450万	明古鲁
	爪哇岛	荷兰	5.2万	428万	巴达维亚[①]
	邦加岛	荷兰	0.56万	8万	——
	帝汶岛	荷兰及其港口	0.88万	10万	古邦
摩鹿加群岛	安波那岛	荷兰	0.045万	4.5万	安波那
	塞兰岛	荷兰	0.4万	12万	——
	济罗罗岛	荷兰	1.2万	——	桑塔纳哥
	班达群岛	荷兰	——	——	——
	婆罗洲岛	土著	30万	350万	婆罗洲
菲律宾群岛	西里伯斯岛	荷兰	7.5万	250万	马卡萨
	吕宋岛	西班牙	7万	120万	马尼拉
	棉兰老岛	西班牙	3万	90万	棉兰老岛
	萨马岛	西班牙	0.08万	8.4万	——
	内格罗斯岛	西班牙	0.05万	7.5万	——

苏门答腊岛盛产胡椒和樟脑。这里的奥斐山高达1.3万英尺。爪哇岛是巽他群岛中最适于耕作的岛屿，出产咖啡、糖、大米等。摩鹿加群岛或香料群岛，以出产丁香和肉豆蔻闻名，这是世界其他地方都没有的植物。婆罗洲岛是马六甲最大的岛屿，蕴藏着丰富的金矿和钻石矿。西里伯斯岛的南部居住着一个活跃的商业民族。菲律宾群岛盛产糖、大米等。

① 巴达维亚是印度尼西亚现在的首都与最大城市。——译者注

下表展示的是澳大拉西亚诸岛的面积和人口：

名称	面积（平方英里）	白人	土著	总人口
新荷兰	3 000 000	32万	6万	38万
范迪门斯地	22 209	5万	0.3万	5.3万
新喀里多尼亚	6 108	——	4万	4万
新赫布里底群岛	2 291	——	15万	15万
夏洛特皇后群岛	1 537	——	3万	3万
所罗门群岛	17 610	——	10万	10万
路易西亚德群岛	764	——	1万	1万
新不列颠岛	24 433	——	6.5万	6.5万
新几内亚岛	305 540	——	50万	50万
新西兰岛	——	——	25万	25万
合计		37万	120.8万	157.8万

新荷兰，就是现在的澳大利亚，为世界上最大的岛屿，面积与欧洲相当，由英国控制。这似乎是一个全新的世界，岛上的植物和动物与世界其他国家的颇为不同。有一种动物叫袋鼠，大小与绵羊差不多，用后腿站立，把幼崽装在身上的口袋（育儿袋）里，一跃远至50英尺。这里还有极乐鸟、黑天鹅和琴鸟。琴鸟长有高高竖起的羽毛，样子像古代的竖琴。土著是一种比较原始的矮黑人种。

英国人在这里有几处殖民地：一处在新南威尔士，主要城镇是悉尼；一处在天鹅河；一处在乔治王湾。悉尼附近的植物学湾于1788年建立了一个用于在英国境内犯罪的罪犯的流放地。从那时起，新南威尔士就成了罪犯的流放地。最近在澳大利亚发现了黄金，这极大提升了这个国家的重要性。[①]

英国人也在范迪门斯地和新西兰殖民，而澳大拉西亚的其余岛屿则全部由土著占据。前面已经提及，矮黑人主要分布于新荷兰和新几内亚地区。新西兰的土著则是马来血统，那是一个精力充沛、极为有趣的民族。

波利尼西亚由马来西亚和大洋洲东部的众多岛屿群组成，主要有莱德隆群岛[②]、加罗林群岛、马尔格雷夫群岛[③]、友爱群岛[④]、社会群岛和马克萨斯群岛。大多数岛屿物产丰富，出产面包果、大蕉、香蕉、椰子、香橼、橘子、菠萝等热带水果。土著都是马来人种，温和的气候造就了他们温和的性情，但在兴奋的时候，他们仍然会表现出野性。他们普遍沉迷于偶像崇拜，但也有一些已经被传教士改变。三明治群岛的土著已经被美国传教士转变信仰，皈依基督教，步入文明社会。瓦胡岛上的火奴鲁鲁是波利尼西亚首府，这座城镇有7 000名居民，其中一部分是白人。这些岛上有教堂、图书、报纸、杂志，还有繁荣的商业。皮特凯恩岛作为一批英国水手后裔的栖息地而闻名，1790年，这些水手哗变，然后和一些大溪地妇女定居在这里。1856年，岛上幸存的199人被转移到了诺福克岛。

① 19世纪50年代，在新南威尔士和维多利亚两个殖民地发现了金矿，大批来自欧洲、美洲和中国的淘金者蜂拥而至，澳大利亚人口因此激增。——编者注

② 现在的马里亚纳群岛。——译者注

③ 现在的巴杜群岛。——译者注

④ 现在的汤加群岛。——译者注

第507章

太平洋诸岛和南极大陆

古代人对他们称为印度支那地区以外的岛屿，只有一些模糊的概念。在9世纪中叶阿拉伯航海家与中国交流途中到达印度群岛的一些岛屿之前，西方人对这一地区的航行状况一无所知。关于阿拉伯人的航海经历，我们也没有什么特别的记载。这些岛屿似乎在远古时期就有土著居住，马来冒险家在不同时期移民到他们中间。13世纪末，威尼斯人马可·波罗穿过欧亚大陆到达中国，再经中国海和印度洋返回欧洲。他记录下被他称为大爪哇和小爪哇的两个岛屿，那似乎是婆罗洲岛和苏门答腊岛。这一时期，人们对印度支那以外地区的了解，与罗马时期相比，并没有什么进步。

我们已经知道，葡萄牙人是最早在东方进行航海发现活动的欧洲人。15世纪末，他们经由好望角到达印度。1510年，他们的足迹遍布马来群岛上的岛屿，最远到达摩鹿加群岛。与此同时，西班牙人在哥伦布及其继任者的带领下，推进他们在西方的探索与征服之旅。由于这两条路线必定会在地球的另一端会合，两国之间便就各自发现的领土范围产生了争端。尽管存在争议，为西班牙服务的葡萄牙航海家麦哲伦还是于1519年通过以他名字命名的海峡（麦哲伦海峡），驶入“南海”。他又向西北方向航行了3个月零20天，途中看不见任何陆地，偶然发现了两个小岛，他给它们取名失望群岛，当时他的船员急切地想要得到食物和水，然而这里什么都没有。在这次长途航行中，大海风平浪静，让他给这片大海取名为“太平洋”，虽然有些地理学家和历史学家建议称它为“麦哲伦海”，但“太平洋”这个名字似乎会长久地保留下来。

麦哲伦穿过太平洋，于1520年3月到莱德隆群岛。他又向西航行，发现了很多岛屿，将它们命名为圣拉撒路群岛。之后，他们接受了“菲律宾群岛”这个名字，名字来源于西班牙国王腓力二世。航海者们首先在宿务岛登陆，而岛上的居民正和他们的邻居进行战争，麦哲伦极不明智地卷入其中，结果被杀。他的船队继续向西航行，发现了婆罗洲岛、摩鹿加群岛和帝汶岛。历经许多灾难后，他们出发时的五艘船只剩下一艘绕过好望角回到西班牙。船员们惊奇地发现，他们在环球航行中弄丢了一天，不过其中的原因，现在小学生都能解释清楚。

麦哲伦之后，许多国家的航海家相继航行至太平洋和印度洋。1527年，新几内亚被认为由一名葡萄牙人发现，然而西班牙人声称是他们的同胞萨韦拉德在1530年首次来到这个岛上，并将其命名为巴布亚岛。当然，也有充分的理由认为葡萄牙人是发现新荷兰的第一批欧洲人，事情似乎发生在1535年左右。在16世纪的西班牙航海家中，最具进取精神的当数阿尔瓦拉·门达尼亚。他在1568—1595

年间完成了自己的发现。他首先从秘鲁出发，横渡太平洋，发现了一处群岛，将它命名为“所罗门群岛”。

在第二次前往这些岛屿的航行中，门达尼亚有了进一步的发现。第三次航行中，他载着一些神父和士兵同行，神父用来改变土著的信仰，士兵用来把土著变为奴隶。在西班牙的殖民体系中，神父和士兵一直是同时并进的。然而这套体系却在门达尼亚的这次航行中失效了。门达尼亚死于他曾经发现的圣克鲁兹岛上，这让他在这一地区的所有殖民计划都化为泡影。随后的航海者并没有在门达尼亚指示的位置上找到所罗门群岛；这些岛屿相继被地理学家放置在相距甚远的太平洋某个部分，直至在航海图中被完全忽略。后来，所罗门群岛被最终确定位于巴布亚群岛的最东端，卡特里特、布干维尔和其他航海者都看到过它。门达尼亚在最后一次航行中，发现了现在所称的马克萨斯群岛。

门达尼亚的同伴基罗斯被同样的进取精神激励，于1606年从利马起航，开始了自己的探索之旅。他发现了一座小岛，将其命名为萨基塔利亚岛，也就是现在的塔希提岛；另一座被他命名的小岛是圣埃斯皮里图岛，似乎是库克船长访问的新赫布里底群岛的主要岛屿。

1615年，荷兰指挥官勒梅尔和斯豪滕到南海进行探索。荷兰政府把东印度的贸易专有权授予了一家公司，并禁止其他的臣民通过好望角或麦哲伦海峡进入印度洋。勒梅尔和斯豪滕这次航行就是要找到一条通道，使私人冒险者能够在不违反法律的情况下参与对印度的贸易。美洲大陆向南一直延伸到麦哲伦海峡，后来又被认为一直延伸到南极。勒梅尔和斯豪滕从麦哲伦海峡向南行驶，发现了一条后来被命名为勒梅尔海峡的通道，以及位于东部的一座岛屿，他们将其命名为“州地”。1615年1月31日，他们继续向南航行，两次绕过火地岛的南端，后来他们用自己的一艘船的名字将这个地点命名为合恩角。他们从这里向西北方向驶去，穿过太平洋，从周围的暗礁和浅滩中发现了几座岛屿，将它们命名为“淘气岛”。在这里，他们放弃了寻找南方大陆的计划，驶向巴布亚群岛的东部。就这样，他们向西航行，发现了随后被称为新爱尔兰岛的东海岸。他们认为它是新几内亚岛的一部分，沿着它的海岸航行，最终到达摩鹿加群岛。

1616—1640年间，一些荷兰探险家来到新荷兰的北海岸和西海岸。1642年，荷兰航海家阿贝尔·塔斯曼从巴达维亚出发，沿着新荷兰的南部海岸航行，将发现的一座岛屿命名为范迪门斯地，当时这座岛被认为是新荷兰的一部分。他从这里出航，发现了新西兰岛，这座岛屿被认为是南方大陆的一部分。塔斯曼继续向北航行，发现了许多岛屿，其中包括他称为威廉王子群岛的岛屿群，显然就是现在的斐济群岛。

英国航海家威廉·丹皮尔于1683年发现了将新几内亚和新不列颠分开的海峡。1721年，一名为荷兰东印度公司服务的海军指挥官雅可布·罗赫芬绕过合恩角寻找南方大陆。他首次发现了复活节岛，这是一座位于大海深处的孤岛，与其他的陆地都有很远的距离。他从这里向西北方向航行，发现了几座小岛，其中一个岛屿群明显就是库克船长所称的帕利瑟群岛。值得注意的是，在罗赫芬的这次航行中，我们第一次发现了关于海洋发光现象的记载。

1764年，英国海军指挥官约翰·拜伦在太平洋发现了一些岛屿。1766年，拜伦的同伴沃利斯船长在卡特里特船长的陪伴下进行了第二次航海。他们在麦哲伦海峡分开航行。沃利斯发现了一些岛屿，其中最特别的是奥大赫地岛，他将其命名为乔治王岛。卡特雷特发现了一个岛屿群，他将其命名为夏洛特皇后群岛，不过其中的一部分岛屿曾被门达尼亚发现过。法国海军指挥官布干维尔在沃利斯发现奥大赫地岛后不久也到达这里，他将这座岛屿命名为新基西拉岛。他还见到了许多他自认为是新发现的岛屿，但其中大多数曾被上述航海家造访过。在返航途中，他发现了新几内亚东边的陆地，他将其命名为路易西亚德群岛。1769年，另一个法国人索维尔发现了新几内亚北边的陆地，因为受到土著的攻击，他将这片陆地称为“暴徒之地”。

1768年，库克船长开始了他首次在太平洋的航行。他在奥大赫地岛登陆，在那里，英国天文学家观测金星凌日现象。随后，他向新荷兰航行，探索这块大陆的东部海岸，还将这片地区命名为新南威尔士。他还造访过新西兰，发现了将这片土地分成两个岛屿的海峡。航行途中，还为社会群岛命了名。1772年，法国人凯尔盖朗发现了以他的名字命名的岛屿群。

1773年，库克开始了他的第二次航行，任务是在南半球的高纬度地区完成环球航行，从而有效探索这些地区，并解决是否存在一个可通航的南部大陆的问题。在这次航行中，他发现了三明治岛，并确定了新赫布里底群岛的范围。他还发现了新喀里多尼亚和友爱群岛。

1776年，库克又开始了他的第三次航行。他在南太平洋发现了包括皮特凯恩岛在内的几个岛屿，在北太平洋发现三明治群岛，在其中一个名叫夏威夷的岛上，库克船长被土著杀害。1770年，温哥华受英国政府派遣在太平洋进行航海发现，他沿着被称为“狮子地”的新荷兰西南侧海岸航行300多英里，并以英国国王的名义占领了这块土地。

19世纪，英、法、美三国的航海家几乎探索了太平洋的每个地方，这使人们确信，除了南极附近地区，几乎所有大一点儿的陆地都已被发现。最近的一次探索发生在南极地区。1840年，美国探险队的威尔克斯船长发现一大片海岸之地，他称其为南极大陆。1841年，英国探险队的博斯船长发现另一片海岸——维多利亚地。

重要词汇英汉对照表

A

阿巴拉契亚山脉 Appalachian Mountains
阿贝尔·塔斯曼 Abel Tasman
阿比西尼亚 Abyssinia
阿比西尼亚人 Abyssinian
阿比西尼亚王国 Kingdom of Abyssinia
阿庇安 Appian
阿波菲斯 Apophis
阿伯克龙比将军 General Abercrombie
阿卜杜·卡迪尔 Abd el Kader
阿布·雅各布 Abu Jacob
阿布基尔 Aboukir
阿布基尔湾 Aboukir Bay
阿布那 Abuna
阿布辛贝神庙 Abu Simbel temples
阿代 Adet
阿代尔 Adaiel
阿德巴尔 Adherbal
阿德尔 Adel
阿德尔王国 Kingdom of Adel
阿蒂加斯将军 General Artigas
阿杜利斯 Adulis
阿杜瓦 Adowa
阿尔布克尔克 Alboquerque
阿尔伯马尔 Albermarle
阿尔及尔 Algiers
阿尔及利亚 Algeria
阿尔马格罗 Almagro
阿尔摩拉维德人 Almoravide
阿尔莫隆加 Almolonga
阿尔塔马哈河 Altamaha River
阿尔塔薛西斯三世 Artaxerxes III
阿尔瓦拉·门达尼亚 Alvarez Mendana
阿尔瓦拉多 Alvarado
阿尔瓦雷斯·卡布拉尔 Alvarez Cabral
阿方索六世 Alfonso VI
阿方索十一世 Alfonso XI
阿非利加 Africa
阿非利加努斯 Africanus
阿高族 Agaw
阿格西劳斯二世 Agesilaus II
阿古斯汀· 德· 伊图尔维德 Augustín de Iturbide

阿基米德 Archimedes
阿加兹人 Agazian
阿卡迪亚 Acadia
阿科瓦依克人 Acolhuaics
阿克苏姆 Axum
阿克西劳斯 Arcesilaus
阿肯色州 Arkansas
阿奎德内克岛 Aquidneck Island
阿拉伯 Arab
阿拉米达 Alameda
阿拉斯加 Alaska
阿劳坎人 Araucanian
阿劳科 Arauco
阿勒格尼山脉 Allegheny Mountains
阿里贝伊 Ali Bey
阿里斯塔 Arista
阿里乌斯派信徒 Arian
阿利安 Arrian
阿玛西斯 Amasis
阿蒙 Amun
阿米尔塔尼乌斯 Amyrtaeus
阿米兰特群岛 Amirante Isles
阿默斯特 Amherst
阿姆鲁 Amrou
阿穆巴・格森山 Amba Geshen
阿纳瓦克 Anahuac
阿诺德 Arnold
阿匹斯 Apis
阿普里伊 Apries
阿让 Ajan
阿瑞斯 Ares
阿萨巴斯卡湖 Lake Athabasca
阿散蒂人 Ashanti
阿瑟・圣克莱尔 Arthur St. Clair
阿森松岛 Ascension Island
阿施塔特 Astarte
阿什伯顿勋爵 Lord Ashburton
阿什利河 Ashley River
阿斯塔博拉斯河 Astaboras River
阿斯塔普斯河 Astapus River
阿斯托利亚 Astoria
阿斯旺 Aswan
阿塔卡马沙漠 Atacama Desert
阿塔瓦尔帕 Atahualpa
阿特金森将军 General Atkinson
阿特拉斯山脉 Atlas Mountains
阿亚库乔 Ayacucho
阿尤布王朝 Ayyubid dynasty
阿扎布港 Azab Port
阿兹特克人 Aztec
埃布纳・哈基姆 Ibn Hakim
埃德蒙 Edmund
埃德蒙・安德罗斯爵士 Sir Edmund Andros
埃德蒙・伦道夫 Edmund Randolph
埃尔布里奇・格里 Elbridge Gerry
埃尔德顿角 Point Alderton
埃尔克河 Elk River
埃尔南・科尔特斯 Hernando Cortez
埃尔南多・德・索托 Hernando de Soto
埃尔西利亚 Ercilla
埃及 Egypt
埃克斯茅斯勋爵 Lord Exmouth
埃里克 Eric

埃米尔 Emir
埃涅阿斯 Aeneas
《埃涅阿斯纪》 *The Aeneid*
埃塞俄比亚 Ethiopia
埃塞奎博河 Essequibo River
艾奥瓦河 Iowa River
艾奥瓦州 Iowa
艾萨克· 范沃特 Isaac Van Wert
艾萨克·赫尔 Isaac Hull
艾萨克·约翰逊 Isaac Johnson
爱德华·克兰菲尔德 Edward Cranfield
爱德华·利文斯顿 Edward Livingston
爱德华·帕肯汉姆爵士 Sir Edward Packenham
爱德华·温菲尔德 Edward Wingfield
爱德华堡 Fort Edward
爱德华王子岛 Prince Edward Island
爱丁堡 Edinburgh
爱尔兰人 Irish
爱斯基摩人 Esquimaux
安波那岛 Amboina Island
安大略湖 Lake Ontario
安德鲁·杰克逊 Andrew Jackson
安德罗斯 Andros
安的列斯群岛 Antilles
安第斯山脉 Andes Mountains
安东尼 Anthony
安东尼·雪利爵士 Sir Anthony Shirley
安东尼奥·冈萨雷斯 Antonio Gonzales
安戈尔努 Angornou
安哥拉 Angola
安格拉 Angra
安纳波利斯 Annapolis
安妮女王的战争 Queen Anne's War
安普迪亚将军 General Ampudia
安普萨加斯河 Ampsagas River
安塔罗 Antalo
安泰俄斯 Antaeus
安提瓜 Antigua
安条克三世 Antiochus III
安托·约阿斯 Ayto Yoas
昂儒昂岛 Anjouan Island
奥大赫地岛 Otaheite Island
奥尔巴尼 Albany
奥尔巴尼河 Albany River
奥尔敦德湾 Oldtown Creek
奥尔良公爵 Duke of Orleans
奥古斯塔斯·约翰·福斯特 Augustus J. Foster
奥吉拉 Augila
奥吉拉绿洲 Oasis of Augila
奥兰 Oran
奥兰治堡 Fort Orange
奥兰治河 Orange River
奥雷利将军 General O'Reilly
奥里诺科河 Orinoco River
奥里萨巴火山 Pico de Orizaba
奥利弗·克伦威尔 Oliver Cromwell
奥马哈人 Omaha
奥奈达人 Oneida
奥蓬山 Mount Opon
奥索·霍兰德·威廉姆斯 Otho Holland Williams
奥瓦人 Ovas

奥西里斯 Osiris
澳大拉西亚 Australasia

B

巴巴多斯岛 Barbados Island
巴巴里 Barbary
巴巴里诸国 Barbary States
巴巴罗萨二世 Barbarossa II
巴巴罗萨·海雷丁 Barbarossa Hayreddin
巴比伦 Babylon
巴布亚岛 Papua
巴达格拉河 Badagra River
巴达维亚 Batavia
巴尔的摩 Baltimore
巴尔的摩勋爵 Lord Baltimore
巴尔河 Baal River
巴芬湾 Baffin Bay
巴哈马群岛 Bahamas
巴卡 Barca
巴克船长 Captain Back
巴拉丁 Palatine
巴拉圭 Paraguay
巴拉诺夫岛 Baranof Island
巴勒莫 Palermo
巴雷上校 Colonel Barre
《巴黎和约》 *Peace of Paris*
巴利阿里群岛 Balearic Isles
巴罗海峡 Barrow Strait
巴拿马 Panama
巴拿马城 Panama City
巴拿马地峡 Isthmus of Panama
巴塞罗那 Barcelona
巴塔哥尼亚 Patagonia
巴图斯 Battus
巴图斯一世 Battus I
巴吞鲁日 Baton Rouge
巴托洛梅·德·拉斯·卡萨斯 Bartholomew de Las Casas
巴西 Brazil
巴泽兹湾 Buzzard Bay
白令 Bering
白令海峡 Bering Strait
百慕大群岛 Bermuda
百人法庭 Tribunal of the Hundred
柏柏尔人 Berber
拜伦船长 Captain Byron
班巴拉 Bambarra
班巴拉人 Bambarra
班巴拉王国 Kingdom of Bambarra
班布克 Bambouk
班布克王国 Kingdom of Bambouk
班布里奇准将 Commodore Bainbridge
班达群岛 Banda Isles
班加西 Benghazi
邦加岛 Banka Island
邦克山战役 Battle of Bunker Hill
邦联国会 Confederate Congress
《邦联条例》*The Articles of Confederation*
保加利亚人 Bulgarian
北安普敦 Northampton
《北方人的历史》 *History of the Northmen*
北卡罗来纳州 North Carolina
贝都因阿拉伯人 Bedouin Arab

贝尔彻总督 Governor Belcher
贝尔岛海峡 Strait of Belle Island
贝尔古 Bergoo
贝尔河 Bear River
贝尔佐尼 Belzoni
贝拉斯克斯 Velasquez
贝利撒留 Belisarius
贝雷尼塞 Berenice
贝洛 Bello
贝穆德斯 Bermudez
贝宁 Benin
贝乌坎 Behucan
贝伊 Bey
本格拉 Benguela
本杰明・富兰克林 Benjamin Franklin
本杰明・拉什 Benjamin Rush
本杰明・丘奇 Benjamin Church
本杰明・韦斯特 Benjamin West
本尼迪克特・阿诺德 Benedict Arnold
本宁顿 Bennington
比尔马 Bilma
比尔尼亚 Birnia
比利牛斯山 Pyrenees Mountains
比斯开湾 Bay of Biscay
比提尼亚 Bithynia
比约恩 Bjorn
彼得・米努伊特 Peter Minuit
彼得・帕克爵士 Sir Peter Parker
彼得罗尼乌斯 Petronius
彼得斯堡 Petersburg
毕尔萨 Byrsa
俾格米人 Pygmies
宾夕法尼亚州 Pennsylvania
冰岛 Iceland
波波卡特佩特火山 Popocatapetl Volcano
波多黎各岛 Puerto Rico
波哥大 Bogota
波卡诺基特人 Pokanoket
波卡塞特 Pocasset
波库斯 Bocchus
波利比乌斯 Polybius
波利尼西亚 Polynesia
波尼人 Pawnee
波旁堡 Bourbon
波旁岛 Bourbon Island
波塞冬 Poseidon
波士顿 Boston
波士顿大屠杀 Boston Massacre
《波士顿港口法案》 *Boston Port Bill*
波斯 Persia
波特准将 Commodore Porter
波托马克 Potomac
波托韦洛 Portobelo
波托西 Potosi
波瓦坦 Powhatan
波瓦坦河 Powhatan River
玻利瓦尔 Bolivar
玻利维亚 Bolivia
伯戈因 Burgoyne
伯吉斯 Burgesses
伯克利勋爵 Lord Berkeley
伯南布哥 Pernambuco
伯内特 Burnet
伯威克 Berwick

博尔努 Bornu
博尔戈尔 Barkal
博哈多尔角 Cape Bojador
博塞茹尔堡 Fort Beausejour
不列颠群岛 British Isles
不伦瑞克 Brunswick
布埃纳维斯塔战役 Battle of Buena Vista
布恩斯伯勒 Boonesborough
布尔蒙将军 General Bourmont
布尔人 Boer
布法罗 Buffalo
布拉德福德总督 Governor Bradford
布拉德斯特里特上校 Colonel Bradstreet
布拉多克将军 General Braddock
布拉干萨王朝 House of Braganza
布拉克 Boulak
布拉索斯河 Brazos River
布莱德·埃尔杰里德 Bled el Jerid
布莱克 Blake
布兰迪万河 Brandywine River
布兰迪万河战役 Battle of Brandywine River
布兰科角 Cape Blanco
布朗堡 Fort Brown
布朗将军 General Brown
《布雷达和约》 *Treaty of Breda*
布雷顿角 Cape Breton
布雷顿角岛 Cape Breton Island
布雷斯特 Brest
布里奇顿 Bridgetown
布里奇沃特 Bridgewater
布里斯托尔 Bristol
布鲁克菲尔德 Brookfield
布鲁克林 Brooklyn
布鲁克勋爵 Lord Brooke
布鲁斯 Bruce
布洛克将军 General Brock
布匿人 Punic
布匿战争 Punic Wars
布萨切里诺 Bussaccherino
布希曼人 Bushmen
布宜诺斯艾利斯 Buenos Aires
布扎 Booza

C

查尔斯·布罗克登·布朗 Charles Brockden Brown
查尔斯·科茨沃思·平克尼 Charles Cotesworth Pinckney
查尔斯堡 Fort Charles
查尔斯顿 Charleston
查卡布科 Chacabuco
查克托哈奇河 Chattahoochee River
查理·汤普森 Charles Thompson
查理五世 Charles V
查普尔特佩克 Chapultepec
查士丁 Justin
查塔姆伯爵 Earl of Chatham
昌西准将 Commodore Chauncey
常设法院 General Court
长岛 Long Island
《惩治煽动叛乱法》 *Sedition Law*
茨瓦纳人 Tswana

D

达尔富尔 Darfur
达荷美 Dahomey
达赫拉克群岛 Dahlak Archipelago
达勒姆 Durham
达连 Darien
达连地峡 Isthmus of Darien
达默堡 Fort Dummer
达文波特 Davenport
大巴萨角 Grand Bassa Point
大哥伦比亚共和国 Gran Colombia
大加那利岛 Grand Canary
大流士一世 Darius I
大奴湖 Great Slave Lake
大盆地 Great Basin
大卫·威廉姆斯 David Williams
大西岛 Atlantic Island
大熊湖 Great Bear Lake
大盐湖 Great Salt Lake
大爪哇 Great Java
代达罗斯 Daedalus
戴维·拉姆齐 David Ramsay
戴克斯 Dacres
戴维斯海峡 Davis Strait
丹伯里 Danbury
丹吉尔 Tangier
丹尼尔·布恩 Daniel Boone
丹尼尔·摩根 Daniel Morgan
丹尼尔·韦伯斯特 Daniel Webster
丹尼尔·谢司 Daniel Shays
《道德哲学》*Moral Philosophy*
得克萨斯州 Texas
德·埃斯坦伯爵 Count de Estaing
德·格拉斯伯爵 Count de Grasse
德维盖尼翁 De Villegagnon
德尔加杜角 Cape Delgado
德尔诺特河 Rio del Norte
德尔塔 Delta
德基乌斯 Decius
德凯特准将 Commodore Decatur
德拉古特·雷斯 Dragut Rais
德拉瓜湾 Delagoa Bay
德拉蒙德将军 General Drummond
德梅拉拉河 Demerara River
德纳姆 Denham
德纳姆少校 Major Denham
德萨克斯 Dessaix
德萨林 Dessalines
德威特·克林顿 Dewitt Clinton
德维利耶 Devilliers
的的喀喀湖 Lake Titicaca
的黎波里 Tripoli
登贝亚 Dembea
邓莫尔勋爵 Lord Dunmore
狄奥多罗斯 Diodorus
狄奥多西 Theodosius
狄多 Dido
迪阿维尔 D'Arville
迪奥斯科里德斯岛 Dioscorides Island
迪尔伯恩将军 General Dearborn
迪尔菲尔德 Deerfield
迪凯纳 Du Quesne
迪凯纳堡 Fort Du Quesne

迪克桑 Dixan
迪斯考男爵 Baron Dieskau
底比斯 Thebes
底特律 Detroit
底特律堡 Fort Detroit
帝王谷 Valley of Kings
帝汶岛 Timor Island
第一届大陆会议 First Continental Congress
第二届大陆会议 Second Continental Congress
第一次米特拉达梯战争 First Mithridatic War
第一瀑布 First Cataract
第二瀑布 Second Cataract
蒂博斯人 Tibboos
蒂莫西・德怀特 Timothy Dwight
蒂珀卡努战役 Battle of Tippecanoe
迭戈 Diego
迭戈・贝拉斯克斯 Diego Velasquez
迭戈・哥伦布 Diego Columbus
迭戈・德・尼库萨 Diego de Nicuesa
丁基拉王国 Kingdom of Dinkira
东佛罗里达 East Florida
东黑文 East Haven
东加拿大 Eastern Canada
栋古拉 Dunqulah
《独立宣言》*Declaration of Independence*
杜桑・卢维杜尔 Toussaint Louverture
杜维耶 Duvier
多巴哥 Tobago
多尔切斯特高地 Dorchester Heights
多伦多 Toronto
多米尼加 Dominica
多纳图派 Donatists

E

俄亥俄公司 Ohio Company
俄勒冈河 Oregon River
俄勒冈州 Oregon
厄尔巴岛 Elba Island
厄瓜多尔 Ecuador
恩里克・德・古兹曼 Henry de Guzman
恩里克三世 Henry III

F

法尔茅斯 Falmouth
法国大革命战争 French Revolutionary Wars
法国-印第安人战争 French and Indian War
法拉沙人 Falasha
法拉欣 Fellah
法兰西岛 France Island
法兰西共和国 French Republic
法亚尔岛 Faial Island
法尤姆 Fayoum
法尤姆湖 Lake Fayoum
范迪门斯地 Van Diemen's Land
方达 Fundah
芳蒂人 Fante
非利士人 Philistine
非洲 Africa
菲莱岛 Philae Island
菲利普・卡特里特 Philip Carteret

菲利普・斯凯勒 Philip Schuyler
菲利普王战争 King Philip's War
菲律宾 Philippines
菲尼斯特雷角 Cape Finisterre
菲斯 Fez
腓力一世 Philip I
斐迪南 Ferdinand
《斐多篇》*Phaedo*
斐济群岛 Fiji Isles
斐莱尼兄弟 Philaeni Brothers
费边战术 Fabian Tactics
费城 Philadelphia
费迪南多・戈吉斯爵士 Sir Ferdinando Gorges
费尔南多・佩雷拉 Ferdinando Pereira
费尔南多波 Fernando Po
费尔韦尔角 Cape Farewell
费罗岛 Ferro Island
费洛普人 Feloop
费赞 Fezzan
费赞尼亚 Phazania
芬迪湾 Bay of Fundy
芬兰人 Finn
丰沙尔 Funchal
弗格森 Ferguson
弗吉尼亚 Virginia
弗拉米尼乌斯 Flaminius
弗拉人 Foulah
弗拉特黑德人 Flathead
弗朗索瓦角 Cape Francois
弗朗西斯・德雷克爵士 Sir Francis Drake
弗朗西亚博士 Dr. Francia
弗雷德里克四世 Frederick IV
弗里敦 Freetown
弗里斯兰 Friesland
弗隆特纳克 Frontenac
弗隆特纳克堡 Fort Frontenac
弗洛勒斯岛 Flores Island
弗农山庄 Mount Vernon
佛得角 Cape Verde
佛拉芒人 Fleming
佛兰德斯 Flanders
佛罗里达 Florida
佛罗里达角 Cape Florida
佛蒙特州 Vermont
福布斯将军 General Forbes
福古岛 Fogo
福吉谷 Valley Forge
福斯坦・苏鲁克 Faustin Soulouque
福斯坦一世 Faustin I
福斯特 Forster
福西亚人 Phocaean
福歇 Fauchet
复活节岛 Easter Island
富埃特文图拉岛 Fuerteventura
富尔波因特港 Foul Point Harbor
富拉尼帝国 Fulani Empire
富拉尼人 Fulani
富兰克林博士 Dr. Franklin
富兰克林船长 Captain Franklin
富勒上尉 Captain Fuller
富塔贾隆王国 Kingdom of Fouta Djallon

G

盖茨将军 General Gates
盖恩斯将军 General Gaines
盖拉人 Galla
盖利默 Gelimer
盖奇 Gage
盖丘亚 Quechua
盖萨里克 Genseric
盖图利亚 Gaetulia
盖乌斯·马略 Gaius Marius
冈巴努 Gambarou
冈比亚河 Gambia River
冈萨罗 Gonzalo
冈萨罗·希梅内斯·德·克萨达 Gonzalo Ximenes de Quesada
刚果 Congo
刚果河 Congo River
高乔人 Gaucho
《告英国人民书》 *To the People of Great Britain*
格里夸霍屯督人 Griqua Hottentots
戈梅拉岛 Gomera Island
哥本哈根 Copenhagen
哥伦比亚 Columbia
哥伦比亚河 Columbia River
《哥伦比亚颂》 *Columbiad*
哥伦比亚特区 District of Columbia
哥斯达黎加 Costa Rica
歌珊地 Goshen
革隆 Gelon
格拉古兄弟 Gracchus
格拉西奥萨岛 Graciosa
格兰德河 Grande River
格雷厄姆斯敦 Grahamstown
格林将军 General Greene
格林纳达 Grenada
格陵兰岛 Greenland
格纳登塔尔 Gnadenthal
根特 Ghent
贡德尔 Gondar
苟博尔 Gouber
古巴 Cuba
古邦 Goubon
古拉格族 Gurage
古斯塔夫·阿道夫 Gustavus Adolf
古斯塔维亚 Gustavia
谷物海岸 Grain Coast
瓜达富伊角 Cape Guardafui
瓜达拉哈拉 Guadalajara
瓜达卢佩-伊达尔戈 Guadalupe-Hidalgo
瓜德罗普 Guadeloupe
瓜纳哈尼岛 Guanahani Island
瓜纳华托 Guanajuato
瓜特穆斯 Guatimozin
瓜亚基尔 Guayaquil
光荣革命 Glorious Revolution
圭亚那 Guiana
鲑鱼瀑布 Salmon Falls
贵格派 Quaker
国会大厦 Capitol
国王山战役 Battle of King's Mountain

H

哈贝希 Habesh
哈德利 Hadley
哈德利象限仪 Hadley's Quadrant
哈得孙河 Hudson River
哈得孙湾公司 Hudson's Bay Company
哈迪准将 Commodore Hardy
哈佛学院 Harvard College
哈拉帕 Xalapa
哈勒姆 Hallam
哈里森堡 Fort Harrison
哈里森将军 General Harrison
哈利法克斯 Halifax
哈马丹风 Harmattan
哈马尔将军 General Harmar
哈米尔卡 Hamilcar
哈米尔卡·巴卡 Hamilcar Barca
哈尼姆王国 Kingdom of Hanim
哈钦森夫人 Mrs. Hutchinson
哈钦森上尉 Captain Hutchinson
哈钦森总督 Governor Hutchinson
哈斯德鲁巴 Hasdrubal
哈特菲尔德 Hatfield
哈特福德会议 Hartford Convention
哈特拉斯角 Cape Hatteras
哈瓦那 Havana
海岸角城堡 Cape Coast Castle
海地 Haiti
海恩斯 Haynes
海格力斯之柱 Pillars of Hercules
海军上将佩恩 Admiral Penn
海伦娜 Helena
汉考克 Hancock
汉密尔顿 Hamilton
汉尼拔 Hannibal
汉尼拔·巴卡 Hannibal Barca
汉诺 Hanno
汉诺威县 Hanover County
汉普顿 Hampton
汉斯·埃格德 Hans Egede
《航海法案》 *The Navigation Act*
豪萨 Haussa
豪勋爵 Lord Howe
好望角 Cape of Good Hope
好运岛 Fortunate Isles
合恩角 Cape Horn
荷鲁斯 Horus
贺拉斯 Horace
荷兰东印度公司 Dutch East India Company
赫恩 Hearne
赫霍奇米尔科湖 Lake Xochimilco
赫库兰尼姆 Herculaneum
赫拉克勒斯 Hercules
赫里奥波里斯 Heliopolis
赫卢兰 Helluland
赫斯珀里斯 Hesperis
赫约尔夫斯尼斯 Heriolfsness
黑弗里尔 Haverhill
黑山 Black Mountain
亨德里克 Hendrick
亨利·范恩 Henry Vane
亨利·哈得孙 Henry Hudson

亨利・惠顿 Henry Wheaton
亨利・克莱 Henry Clay
亨利・克林顿爵士 Sir Henry Clinton
亨利・劳伦斯 Henry Laurens
亨利王子 Prince Henry
亨洛彭角 Cape Henlopen
亨内平 Hennepin
红发埃里克 Eric Redhead
红河 Red River
洪都拉斯 Honduras
洪都拉斯湾 Gulf of Honduras
胡安・贝穆德斯 Juan Bermudez
胡安・德・埃斯基维尔 Juan de Esquivel
胡安・德・格里哈尔瓦 Juan de Grijalva
胡安・德・索利斯 Juan de Solis
胡安・费尔南德斯群岛 Juan Fernandez Isles
胡克 Hooker
胡内里克 Huneric
琥珀岛 Amber Island
《华盛顿条约》*The Treaty of Washington*
怀俄明谷 Valley of Wyoming
怀特菲尔德 Whitefield
怀特霍尔 Whitehall
怀特普莱恩斯 White Plains
怀特普莱恩斯战役 Battlc of White Plains
皇家岛 Royal Island
皇家港 Port Royal
黄金海岸 Gold Coast
火地岛 Tierra del Fuego
火奴鲁鲁 Honolulu
霍布柯克山 Hobkirk's Hill
霍姆斯 Holmes
霍诺里乌斯 Honorius
霍普金斯准将 Commodore Hopkins
霍屯督人 Hottentot

J

基奥普斯 Cheops
《基督教诸国风土记》 *Christian Topography*
基多 Quito
基齐库斯人 Gyzican
基切 Quiche
基特里 Kittery
吉兹人 Geez
吉尔多 Gildo
吉尔福德战役 Battle of Guilford
吉尔斯 Giles
吉萨 Giza
极乐岛 Blest Isles
几内亚 Guinea
济罗罗岛 Gilolo
加布纳 Gabna
加丹加 Katunga
加的斯 Cadiz
加菲特族 Gafate
加拉加斯 Caracas
加勒比海 Caribbean Sea
加勒比群岛 Caribbean Isles
加勒比人 Caribbee
加勒廷 Gallatin
加勒廷河 Gallatin River
加利福尼亚 California

加利福尼亚海湾 Gulf of California
加利福尼亚湖 Lake California
加罗林群岛 Caroline Isles
《加拿大船歌》*Canadian Boat Song*
加那利群岛 Canary Isles
加那利亚岛 Canaria Island
加涅姆 Kanem
加蓬 Gabon
加蓬河 Gaboon River
加沙 Gaza
加斯帕尔·罗德里格斯·弗朗西亚 Gaspar Rodrigos Francia
加图 Cato
迦太基 Carthage
迦太基共和国 Republic of Carthage
剑桥 Cambridge
杰斐逊 Jefferson
杰斐逊河 Jefferson River
杰克逊 Jackson
杰克逊将军 General Jackson
杰里米·贝尔纳普 Jeremy Belknap
杰内岛 Jenne Island
杰瑟普将军 General Jessup
杰伊 Jay
金吉罗 Jinjiro
金吉斯 Zingis
金卡斯蒂利亚 Golden Castilla
金斯顿 Kingston
金字塔 pyramid
津巴奥 Zimbao
旧查尔斯顿 Old Charleston
旧法国战争 Old French War
旧金山 San Francisco
君士坦提纳 Constantina
君士坦提乌斯二世 Constantius II

K

咖法 Kaffa
喀新风 khamseen
卡阿尔塔 Kaarta
卡巴 Kabah
卡拜尔人 Kabyle
卡贝 Cabet
卡宾达 Cabinda
卡波特 Cabot
卡尔霍恩 Calhoun
卡非人 Caffre
卡弗拉里亚 Kaffraria
卡霍基亚 Cahokia
卡拉巴尔河 Calabar River
卡拉马里 Caramari
卡莱尔伯爵 Earl of Carlisle
卡利古拉 Caligula
卡罗来纳 Carolina
卡马尔戈 Camargo
卡姆登 Camden
卡姆登勋爵 Lord Camden
卡姆登战役 Battle of Camden
卡姆金 Camp King
卡纳克 Karnak
卡纳克神庙 Karnak Temple
卡尼将军 General Kearney
卡涅阿德斯 Carneades
卡诺 Kano

卡诺尼库斯 Canonicus
卡克奇克尔人 Kachiquel
卡克奇克尔王国 Kingdom of Kachiquel
卡桑杰王国 Kingdom of Cassanje
卡斯蒂利亚 Castilla
卡斯卡斯基亚 Kaskaskia
卡斯科湾 Casco Bay
卡斯特里 Castries
卡斯汀 Castine
卡塔赫纳 Cartagena
卡特里特 Carteret
卡托巴河 Catawba River
卡西米尔堡 Fort Casimir
卡西乌斯 Cassius
卡亚俄 Callao
卡宴 Cayenne
卡宴岛 Cayenne Island
卡耶 Caillie
卡泽贝人 Cazembe
开尔万 Kairwan
开罗 Cairo
开普敦 Cape Town
开普菲尔河 Cape Fear River
开普殖民地 Cape Colony
凯尔盖朗 Kenguelen
凯夫特总督 Governor Keift
凯莱斯蒂斯 Caelestis
凯里 Cailliée
堪萨斯人 Eanzas
坎贝尔 Campbell
坎贝尔上校 Colonel Campbell
坎伯兰山 Cumberland Mountains
坎迪丝女王 Queen Candace
坎尼 Cannae
坎宁 Canning
坎索 Canso
坎索海峡 Canso Strait
康伯里勋爵 Lord Cornbury
康科德 Concord
康科德之战 Battle of Concord
康纳准将 Commodore Connor
康涅狄格 Connecticut
康涅狄格州 Connecticut
康塞普申 Conception
康斯坦提亚 Constantia
康沃利斯勋爵 Lord Cornwallis
考波利坎 Caupolican
考彭斯战役 Battle of Cowpens
科阿韦拉 Coahuila
科比 Cobbi
科德角 Cape Cod
科迪勒拉山脉 Cordillera Mountains
科顿・马瑟 Cotton Mather
科多帕希火山 Cotopaxi Volcano
科尔顿 Colton
科尔多凡 Kordofan
科尔多瓦 Cordoba
科尔沃岛 Corvo Island
科戈莱托 Cogoleto
科金博 Coquimbo
科克伦勋爵 Lord Cochrane
科拉纳 Corana
科罗拉多河 Colorado River
科洛尼亚・迦太基 Colonia Carthago

科摩罗群岛 Comoro Isles
科南切特 Conanchet
科潘 Copan
科皮亚波 Copiapo
科珀曼河 Coppermine River
科珀斯克里斯蒂 Corpus Christi
科普特人 Copt
科斯马斯 Cosmas
科松 Cothon
科苏梅尔岛 Cozumel Island
科维克 Kewik
科西嘉岛 Corsica
《克里提阿斯篇》*Critias*
克拉多克河 Cradock River
克拉伦登 Clarendon
克拉伦登河 Clarendon River
克拉伦登勋爵 Lord Clarendon
克拉珀顿船长 Captain Clapperton
克莱 Clay
克莱贝尔将军 General Kleber
克朗波因特 Crown Point
克劳福德 Crawford
克雷芒六世 Clement VI
克雷塔罗 Queretaro
克里奥尔人 Creole
克里克印第安人 Creek Indians
克里斯蒂安城 Christianstad
克里斯蒂安娜河 Christiana Creek
克里斯托弗・哥伦布 Christopher Columbus
克里斯托弗・纽波特 Christopher Newport
克里斯托瓦尔・德・奥利德 Christoval de Olid
克利奥帕特拉方尖碑 Cleopatra's Needle
克利奥帕特拉三世 Cleopatra III
克利奥帕特拉七世 Cleopatra VII
克利夫兰 Cleveland
克利马内 Quilimane
克利斯托夫 Christophe
克林顿将军 General Clinton
克林奇将军 General Clinch
克洛诺斯 Cronus
肯尼贝克河 Kennebec River
肯塔基河 Kentucky River
肯塔基州 Kentucky
肯特岛 Kent Island
孔山 Kong Mountains
孔特雷拉斯 Contreras
库比 Kubbi
库尔塔洛 Curtalo
库克船长 Captain Cook
库库塔 Cucuta
库拉索岛 Curacao
库雷切纳 Kurrechane
库马西 Coomassie
库施 Cush
库思老二世 Khosrau II
库斯科 Cusco
奎阿人 Queah
奎洛阿 Quiloa
奎特拉 Quitera
魁北克 Quebec
昆尼皮亚克 Quinnipiac

昆斯顿高地 Queenstown Heights
昆图斯·费边·马克西姆斯 Quintius Fabius Maximus
昆西 Quincy
阔拉河 Quorra

L

拉巴克 Labpak
拉巴斯 La Paz
拉布拉多 Labrador
拉达马一世 Radama I
拉代西拉德岛 La Desirade
拉法耶特 Lafayette
拉科尼亚 Laconia
拉克坦提乌斯 Lactantius
拉克图贝 Rakotobe
拉罗谢尔 La Rochelle
拉美西斯二世 Ramesses II
拉美西斯三世 Ramesses III
拉蒙·弗莱雷将军 General Ramon Freyre
拉姆齐博士 Dr. Ramsay
拉帕尔瓦 La Palma
拉帕尔瓦战役 Battle of La Palma
拉帕汉诺克河 Rappahannock River
拉普拉塔河 Río de la Plata
拉普拉塔联合省 United Provinces of the Rio de La Plata
拉普兰人 Laplander
拉普人 Lapp
拉萨尔 La Salle
拉斯·迈克尔 Ras Michael
拉斯塔 Rasta
拉塔库 Lattakoo
拉特兰 Rutland
拉扎尔·皮考尔特 Lazarus Picault
莱德隆群岛 Ladrone
莱迪亚德上校 Colonel Ledyard
莱顿 Leyden
莱恩 Laing
莱夫 Leif
莱曼·霍尔 Lyman Hall
莱曼将军 General Lyman
莱普提斯 Leptis
兰德 Lander
兰德斯 Landers
兰开斯特海峡 Lancaster Sound
兰萨罗特岛 Lanzarote
朗布依埃 Rambouillet
劳登勋爵 Lord Loudon
老比尔尼亚 Old Birnia
老卡拉巴尔河 Old Calabar River
勒费布尔 Le Feboure
勒梅尔 Lemaire
勒托 Leto
勒梅尔海峡 Lemaire Strait
雷古卢斯 Regulus
雷角 Cape Ray
雷克斯河 Reques River
雷诺萨 Reynosa
雷萨卡 Resaca
雷维拉 Revilla
黎凡特人 Levant
李维 Livy
里士满 Richmond

里斯本 Lisbon
《里斯维克和约》*The Peace of Ryswick*
里维斯 Rives
里约热内卢 Rio de Janeiro
理查德·哈克卢伊特 Richard Hakluyt
理查德·亨利·李 Richard Henry Lee
理查德·拉什 Richard Rush
理查德·门特·约翰逊 Richard M. Johnson
理查德·尼科尔斯上校 Colonel Richard Nicolls
理查德·萨尔顿斯托尔爵士 Sir Richard Saltonstall
利奥一世 Leo I
利比里亚 Liberia
利比亚 Libya
利马 Lima
利姆 Reem
利帕里群岛 Lipair Isles
利索斯河 Lixus River
利希滕费尔斯 Lichtenfels
联邦党 Federalist Party
《联邦党人文集》*The Federalist Papers*
《联邦法令废止权条例》*Ordinance of Nullification*
联邦最高法院 The Supreme Court
列克星敦战役 Battle of Lexington
林德利·默里 Lindley Murray
林恩 Lynn
林甘将军 General Lingan
林肯将军 General Lincoln
刘易斯 Lewis
刘易斯·卡斯 Lewis Cass
刘易斯河 Lewis River
留尼汪岛 Reunion Island
六族联盟 Six Nations
卢比孔角 Point Rubicon
卢多湖 Lake Loodeah
卢卡约斯 Lucayos
卢克 Luque
卢克索 Luxor
卢克索神庙 Luxor Temple
卢库卢斯 Lucullus
卢帕塔山脉 Lupata Mountains
卢森达 Lucenda
鲁珀特河 Rupert River
鲁菲吉河 Rufiji River
鲁伏马河 Rovuma River
路易·菲利普一世 Louis Philippe I
路易港 Port Louis
路易九世 Louis IX
路易十五 Louis XV
路易斯·德·奥尼斯 Luis de Onis
路易斯安那 Louisiana
路易斯堡 Louisburg
路易维尔 Louisville
路易西亚德群岛 Louisiade Archipelago
伦敦德里 Londonderry
伦敦公司 London Company
伦纳德·卡尔弗特 Leonard Calvert
罗阿诺克 Roanoke
罗宾逊 Robinson
罗伯特·H. 哈里森 Robert H. Harrison
罗伯特·富尔顿 Robert Fulton

罗伯特·卡尔爵士 Sir Robert Carr
罗伯特·利文斯顿 Robert Livingston
罗伯特·马查姆 Robert Macham
罗伯特·莫里斯 Robert Morris
罗得岛州 Rhode Island
罗德岛 Rhodes
罗德港 Road Harbor
罗登勋爵 Lord Rawdon
罗杰·威廉姆斯 Roger Williams
罗克斯伯里 Roxbury
罗马 Rome
罗马努斯 Romanus
罗切斯特 Rochester
罗萨里奥 Rosario
罗萨斯将军 General Rosas
罗塞利尼 Rosellini
罗塞塔 Rosetta
罗尚博中将 Lieutenant-General de Rochambeau
罗斯船长 Captain Ross
罗索 Roseau
罗亚尔·泰勒 Royal Tyler
洛厄尔 Lowell
洛夫莱斯上校 Colonel Lovelace
洛贡 Loggun
洛克 Locke
洛佩·德·维加 Lope de Vega
落基山脉 Rocky Mountains
吕宋岛 Luzon Island

M

马埃·德·拉布尔多内 Mahe de la Bourdounais
马邦哥人 Mabungo
马达加斯加岛 Madagascar Island
马黛茶 Mate tea
马德拉群岛 Madeira Isles
马登 Madden
马丁·范布伦 Martin Van Buren
马丁·弗罗比舍 Martin Frobisher
马多克 Madoc
马尔格雷夫群岛 Mulgrave Isles
马尔库斯 Malcus
马尔特·布伦 Malte Brun
马耳他岛 Malta Island
马菲亚岛 Mafia Island
马戈 Mago
马更些河 Mackenzie River
马加多克萨 Magadoxa
马加斯 Magas
马卡萨 Makasa
马凯特 Marquette
马可·波罗 Marco Polo
马克兰 Markland
马克罗比人 Macrobii
马克萨斯群岛 Marquesas Isles
马拉布特 marabout
马拉开波 Maracaibo
马拉维湖 Lake Malawi
马来群岛 Malay Archipelago
马来人 Malay
马兰巴 Maramba
马里兰 Maryland
马里兰殖民地 Maryland Colony

马里兰州 Maryland
马里亚纳群岛 Mariana Isles
马利克·萨勒奇 Malek Salech
马留提斯湖 Lake Mareotis
马龙派教徒 Maronites
马隆人 Maroon
马米卡 Mamica
马穆鲁克 Mameluk
马穆鲁克王朝 Mamluk Sultanate
马尼拉 Manila
马诺阿 Manoa
马普托河 Maputo River
马其顿 Macedonia
马萨索伊特 Massasoit
马萨诸塞湾 Massachusetts Bay
马萨诸塞州 Massachusetts
马赛 Marseilles
马赛西利 Massaesyli
马什卡雷尼亚什 Mascarenhas
马什卡雷尼亚什群岛 Mascarenhas Isles
马斯喀特 Muscat
马苏亚港 Port Masuah
马塔哥达 Matagorda
马塔莫拉斯 Matamoras
马提尼克岛 Martinique
马西里 Massyli
马西利亚 Massilia
马西纳 Massina
马西尼萨 Masinissa
马西瓦 Massiva
马歇尔 Marshall
马修·克拉多克 Matthew Cradock
玛格丽塔岛 Margarita Island
玛库亚人 Makooa
玛丽 Mary
玛丽埃塔 Marietta
玛丽-加朗特岛 Marie-Galante
玛玛·奥克略 Mama Ocllo
迈尔迈里卡 Marmarica
迈尔斯·斯坦迪什 Miles Standish
迈尔祖格 Mourzouk
迈普战役 Battle of Maypu
麦迪逊 Madison
麦迪逊河 Madison River
麦基诺岛 Mackinac Island
麦卡锡 McCarthy
麦克多诺准将 Commodore Macdonough
《麦克芬戈尔》*McFingal*
麦克唐纳准将 Commodore Macdonough
麦里奥德 M' Leod
麦罗埃 Meroe
麦米乌斯 Memmius
麦哲伦海 Magellanic Ocean
麦哲伦海峡 Strait of Magellan
曼达拉山 Mandara Mountains
曼德海峡 Bab el Mandeb Strait
曼丁哥人 Mandingos
曼哈顿岛 Manhattan Island
曼科·卡帕克 Manco Capac
曼涅托 Manetho
曼努埃尔一世 Manuel I
曼苏尔 Al Mansur
芒特霍普 Mount Hope
毛里求斯岛 Mauritius Island

毛里塔尼亚 Mauritania
梅德韦 Medway
梅尔维尔岛 Melville Island
梅基内兹 Mequinez
梅莱克·兹巴拿 Melek Zibana
梅林达 Melinda
梅努将军 General Menou
梅森 Mason
梅上尉 Captain May
梅斯罗 Meslroo
梅斯蒂索混血儿 Mestizoes
梅塔卡姆 Metacom
梅特卢斯 Metellus
梅休 Mayhew
美国 United States
美国第二银行 Second Bank of the United States
《美国革命史》*History of the American Revolution*
《美国历史》*History of the United States*
美利坚合众国 United States of America
美墨战争 Mexican American War
美尼斯 Menes
美尼斯王朝 Menes dynasty
《美洲编年史》*American Annals*
门多萨 Mendoza
门罗 Monroe
门农宫殿 Memnonium
蒙巴萨 Mombasa
蒙得维的亚 Montevideo
蒙戈·帕克 Mungo Park
蒙哥马利将军 General Montgomery
蒙克顿将军 General Monckton
蒙罗维亚 Monrovia
蒙茅斯 Monmouth
蒙茅斯战役 Battle of Monmouth
蒙特塞拉特 Montserrat
蒙特卡姆侯爵 Marquis de Montcalm
蒙特雷 Monterey
蒙特利尔 Montreal
蒙特祖马 Montezuma
蒙特祖马二世 Montezuma II
孟斐斯 Memphis
孟尼利克 Menelik
米安托诺莫 Miantonomoh
米尔本 Milborne
米尔顿 Milton
米兰 Milan
米兰达将军 General Miranda
米内拉尔-德尔蒙特 Mineral del Monte
米勒德·菲尔莫尔 Millard Fillmore
米斯提克 Mystic
米西普萨 Micipsa
米遥人 Miyao
秘鲁 Peru
密克隆群岛 Miquelon
密苏里河 Missouri River
密苏里毛皮公司 Missouri Fur Company
密苏里妥协案 The Missouri Compromise
密苏里州 Missouri
密西西比河 Mississippi River
密西西比州 Mississippi
米特拉 Mitla
密歇根州 Michigan

棉兰老岛 Mindanao Island
缅因 Maine
明古鲁 Bengkulu
明尼苏达河 Minnesota River
明尼苏达州 Minnesota
明亚 Minya
摩尔 Moore
摩尔人 Moor
摩根 Morgan
摩卡 Mocha
摩拉维亚弟兄会 Moravian Brethren
摩里斯湖 Lake Moeris
摩鹿加群岛 Moluccas
摩洛 Moloch
摩洛哥 Morocco
摩门教徒 Mormon
《摩门经》*Book of Mormon*
莫巴扎 Mombaza
莫尔特里堡 Fort Moultrie
莫格雷林人 Moggrellin
莫霍克人 Mohawk
莫加多尔 Mogador
莫拉 Mora
莫拉莱斯 Morales
莫里斯 Maurice
莫里斯敦 Morristown
莫利·哈西姆 Muley Hassem
莫利诺德尔雷 Molino del Rey
莫罗普亚王国 Kingdom of Moropua
莫宁顿港 Port Mornington
莫诺莫塔帕 Monomotapa
莫诺莫塔帕人 Monomotapan
莫桑比克 Mozambique
莫桑比克海峡 Mozambique Channel
莫维萨人 Movisa
莫赞盖 Mouzangay
墨西哥 Mexico
《墨西哥条约》*Mexican Treaty*
默雷蒙高人 Meremongao
默诺默兹人 Monomoezi
默瑟上校 Colonel Mercer
姆瓦塔·雅姆沃 Mwata Yamvo
穆尔维多 Murviedo
穆罕默德·阿里 Mohammed Ali
穆罕默德·贝洛 Mohammed Bello
穆罕默德·本·艾哈迈德 Mohammed ben Ahmed
穆卡兰加 Mucaranga
穆克兹 Muquez
穆雷·阿卜杜勒·拉赫曼 Muley Abder-Rahman
穆雷·索里曼 Muley Soliman
穆雷·西迪·穆罕默德 Muley Sidi Mohammed
穆萨 Moosa
穆桑巴拉 Musambara
穆瑟瓜 Msegua
穆斯戈韦 Musgowy
穆斯塔西尔 Mustansir
穆伊斯卡人 Muisca

N

拿破仑 Napoleon
拿骚 Nassau

拿骚堡 Fort Nassau
那不勒斯 Naples
纳巴尔 Nabal
纳尔瓦埃斯 Narvaez
纳尔逊河 Nelson's River
纳拉甘西特人 Narraganset
纳拉甘西特湾 Bay of Narraganset
纳马人 Nama
纳帕塔 Napata
纳奇兹 Natchez
纳奇兹印第安人 Natchez Indians
纳撒尼尔·格林 Nathaniel Greene
纳撒尼尔·培根 Nathaniel Bacon
纳特龙湖 Lake Natron
纳瓦里诺海战 Battle of Navarino
娜拉瓦鲁那 Ranavalona
奈姆蒂姆萨夫二世 Nemtyemsaf II
南非 South Africa
南海 South Sea
南金斯顿 South Kingston
南卡罗来纳州 South Carolina
《南卡罗来纳州革命史》 *History of the Revolution in South Carolina*
《南卡罗来纳州史》 *History of South Carolina*
南美洲 South America
瑙姆科吉 Naumkeag
内埃塞俄比亚 Ethiopia Interior
内布拉斯加 Nebraska
内格罗斯岛 Negros Island
内华达山脉 Sierra Nevada
内克塔内布二世 Nectanebo II
内日峰 Piton des Neiges
内森·克利福德 Nathan Clifford
内兹佩尔塞人 Nez-perce
尼阿库斯 Nearchus
尼格里西亚 Nigritia
尼格罗人 Negro
尼加拉瓜 Nicaragua
尼科 Necho
尼科尔森 Nicholson
尼科尔森上校 Colonel Nicholson
尼科洛·芝诺 Nicolo Zeno
尼罗河 Nile River
尼普穆克人 Nipmuck
尼日尔河 Niger River
尼托克丽丝 Nitocris
尼维斯 Nevis
尼亚加拉 Niagara
尼亚加拉堡 Fort Niagara
尼亚加拉河 Niagara River
尼亚萨湖 Lake Nyasa
涅菲 Nyffe
纽波特 Newport
纽芬兰岛 Newfoundland Island
纽黑文 New Haven
纽卡斯尔 New Castle
纽约 New York
纽约湾 New York Bay
农布雷-德迪奥斯 Nombre de Dios
奴隶海岸 Slave Coast
努埃塞斯河 Nueces River
努比亚 Nubia
努比亚人 Nubian

努米底亚 Numidia
努涅斯・德・巴尔沃亚 Nunez de Balboa
诺弗里–奥斯福 Nophri-othph
诺福克 Norfolk
诺福克岛 Norfolk Island
诺克斯 Knox
诺里奇沃克 Norridgewock
诺玛底亚 Nomadia
诺斯勋爵 Lord North
诺沃克 Norwalk
诺伍 Nauvoo
诺亚・韦伯斯特 Noah Webster

O

欧德尼 Oudney
欧多克索斯 Eudoxus
欧佩坎诺 Opechancanough
欧塞奇人 Osage

P

帕布亚山 Mount Papua
帕尔马岛 Palma Island
帕尔马斯港 Port Palmas
帕尔马斯角 Cape Palmas
帕尔迈拉 Palmyra
帕拉马里博 Paramaribo
帕拉伊巴 Paraiba
帕里亚 Paria
帕里中尉 Lieutenant Parry
帕利瑟群岛 Palliser Isles
帕伦克 Palenque
帕洛阿托平原 Plain of Palo Alto
帕洛阿托战役 Battle of Palo Alto
帕洛斯港 Port Palos
帕姆利科湾 Pamlico Sound
帕诺姆斯 Panormus
帕特里克・亨利 Patrick Henry
帕特南将军 General Putnam
帕谢科・杜阿尔特・佩雷拉 Duarte Pacheco Pereira
派克将军 General Pike
潘丹尼斯城堡 Pendennis Castle
潘帕塔尔 Pampatar
庞巴尔侯爵 Marquis de Pombal
庞恰特雷恩堡 Fort Pontchartrain
庞塞・德・莱昂 Ponce de Leon
培琉喜阿姆 Pelusium
佩德罗・阿里亚斯・德・阿维拉 Pedro Arias de Avila
佩德罗・德・阿尔梅达 Pedro de Almeyda
佩德罗・德・阿尔瓦拉多 Pedro de Alvarado
佩德罗・德・瓦尔迪维亚 Pedro de Valdivia
佩蒂翁 Petion
佩顿・伦道夫 Peyton Randolph
佩科特人 Pequods
佩里准将 Commodore Perry
佩利西耶 Pelissier
佩罗・达・科维良 Pero da Covilha
佩罗特 Perote
佩马奎德 Pemaquid
佩诺布斯科特 Penobscot
佩诺布斯科特河 Penobscot River

彭萨科拉 Pensacola
皮格马利翁 Pygmalion
皮库岛 Pico Island
皮夸格 Pyquag
皮萨罗 Pizarro
皮萨尼亚 Pisania
皮斯卡塔霍格河 Piscataquog River
皮特凯恩岛 Pitcairn Island
皮特 Pitt
皮西厄斯 Pythias
匹兹堡 Pittsburg
平克尼 Pinckney
婆罗洲 Borneo
朴次茅斯 Portsmouth
普埃布拉 Puebla
普拉茨堡 Plattsburgh
普拉特河 Platte River
普拉亚港 Port Praia
普雷斯顿上尉 Captain Preston
普雷斯科特将军 General Prescot
普里多将军 General Prideaux
普利茅斯 Plymouth
普利茅斯公司 Plymouth Company
普林尼 Pliny
普林斯顿学院 Princeton College
普林斯顿战役 Battle of Princeton
普罗柯比 Procopius
普罗克托上校 Colonel Proctor
普罗维登斯 Providence
普罗温斯敦 Provincetown
普鲁西阿斯 Prusias
普萨美提克 Psamtik
普萨美提克二世 Psamtik II

Q

齐潘戈岛 Cipango Island
奇克索人 Chickasaw
奇利科西 Chillicothe
奇廉 Chillan
奇洛埃岛 Chiloe Island
奇帕瓦战役 Battle of Chippawa
奇奇梅克 Chichimec
乔尔·巴洛 Joel Barlow
乔克托人 Choctaw
乔卢拉 Cholula
乔卢拉人 Cholulan
乔纳森·爱德华兹 Jonathan Edwards
乔治·华盛顿 George Washington
乔治·居维叶 Georges Cuvier
乔治·卡尔弗特爵士 Sir George Calvert
乔治·卡特里特爵士 Sir George Carteret
乔治·克林顿 George Clinton
乔治·理查兹·米诺特 George Richards Minot
乔治·米芬·达拉斯 George M. Dallas
乔治·普雷沃斯特爵士 Sir George Prevost
乔治·萨默斯爵士 Sir George Summers
乔治·沃尔顿 George Walton
乔治二世 George II
乔治湖 Lake George
乔治王岛 King George Island
乔治王湾 King George Sound
乔治亚群岛 Georgian Group

切里卡特 Chelicut
切罗基人 Cherokee
切普斯金字塔 Cephrenes Pyramid
切萨皮克 Chesapeake
切萨皮克湾 Chesapeake Bay
切斯特 Chester
青尼罗河 Blue Nile
琼斯船长 Captain Jones
丘吉尔堡 Fort Churchill
丘吉尔河 Churchill River
丘鲁布斯科 Churubusco
丘奇中尉 Lieutenant Church

R

让·德贝当古 Jean de Bethencourt
热那亚 Genoa
热内 Genet
日耳曼敦 Germantown
日耳曼敦战役 Battle of Germantown
若昂·贡萨尔维斯·扎尔科爵士 Joao Gonzalez Zarco
若昂二世 Joao II
若卢瓦 Jollois

S

撒哈拉沙漠 Sahara Desert
撒玛利亚 Samaria
萨巴岛 Saba Island
萨比亚 Sabia
萨博恩 Saboon
萨尔蒂约 Saltillo
萨凡纳 Savannah
萨凡纳河 Savannah River
萨贡托 Sagunto
萨赫拉·塞拉西 Sahela Selasse
萨基茨港 Sackets Harbor
萨基塔利亚岛 Sagittaria
萨加达霍克河 Sagadahoc River
《萨迦》*Saga*
萨卡托 Saccatoo
萨科 Saco
萨克拉门托 Sacramento
萨拉丁 Saladin
萨拉卡战役 Battle of Sagrajas
萨拉托加 Saratoga
萨勒斯 Sallce
萨利 Sallee
萨利提斯 Salitis
萨马岛 Samar Island
萨门 Samen
萨摩耶德人 Samoyed
萨莫塞特 Samoset
萨缪尔·德·尚普兰 Samuel de Champlain
萨斯喀彻温河 Saskashawan River
萨斯奎哈纳河 Susquehanna River
萨塔斯佩斯 Sataspes
萨蒂尔 Satyr
萨韦拉德 Saavedra
萨伊-赛奥勋爵 Lord Say and Seal
萨瓦金 Suakin
塞奥彭普斯 Theopompus
塞巴斯蒂安·卡波特 Sebastia Cabot
塞布尔角 Cape Sable

塞戈 Sego
塞戈・阿玛多 Sego Ahmadoo
塞克拉维人 Seclave
塞拉利昂 Sierra Leone
塞拉马德雷山脉 Sierra Madre Mountains
塞兰岛 Seram
塞勒姆 Salem
塞利姆一世 Selim I
塞罗・德・弗里奥 Serro de Firo
塞罗戈多 Cerro Gordo
塞米勒米斯 Semiramis
塞米诺尔人 Seminole
塞米亚特里乌姆 Thymiaterium
塞缪尔・艾伦 Samuel Allen
塞缪尔・德卢森纳・英厄姆 Samuel D. Ingham
塞缪尔・斯坦诺普・史密斯 Samuel Stanhope Smith
塞缪尔・威廉姆斯 Samuel Williams
塞缪尔・亚当斯 Samuel Adams
塞缪尔・约翰逊 Samuel Johnson
塞内冈比亚 Senegambia
塞内加尔河 Senegal River
塞涅卡 Seneca
塞舌尔群岛 Seychelles Isles
塞萨洛尼基 Thessaloniki
塞索斯特里斯三世 Sesostris III
塞维利乌斯 Servilius
塞维利亚人 Seville
塞易斯 Sais
赛伯伊人 Sabaean
赛布鲁克 Saybrook
赛伊尼 Syene
三明治群岛 Sandwich Isles
桑迪胡克 Sandy Hook
桑蒂河 Santee River
桑给巴尔 Zanzibar
桑塔・安纳 Santa Anna
桑特岛 Zante
瑟尼岛 Cerne Island
森伯里 Sunbury
森普特将军 General Sumpter
沙巴卡 Shabaka
沙达河 Shadda River
沙夫茨伯里 Shaftesbury
沙利文岛 Sullivan Island
沙利文将军 General Sullivan
山拿 Sennaar
山南高卢 Cisalpine Gaul
商博良 Jean-Francois Champollion
上埃及 Upper Egypt
上班巴拉 High Bambarra
上加拿大 Upper Canada
上路易斯安那 Upper Louisiana
上秘鲁 Upper Peru
尚布利堡 Fort Chambly
尚盖拉人 Shangalla
尚普兰湖 Lake Champlain
尚普兰湖战役 Battle of Lake Champlain
舍吉安人 Sheygyan
舍顺克一世 Sheshonk I
社会群岛 Society Isles
摄政王湾 Prince Regent Inlet
申蒂 Shendy

圣埃斯皮里图岛 Terra del Espiritu Santo
圣安妮堡 Fort St. Anne
圣安唐岛 Santo Antao
圣奥古斯丁 St. Augustine
圣巴托洛缪 St. Bartholomew
圣巴托洛缪岛 St. Barthelemy
圣保罗 St. Paul
圣保罗教堂 St. Paul's Cathedral
圣彼得堡 St. Petersburg
圣地亚哥 Santiago
圣地亚哥岛 Santiago Island
圣地亚哥-德洛斯卡瓦耶罗斯 Santiago de Los Caballeros
圣多明戈 St. Domingo
圣菲 Santa Fe
圣港岛 Porto Santo
圣哈戈・德拉维加 St. Jago de la Vega
圣哈辛托 San Jacinto
圣何塞 San Jose
圣赫勒拿岛 St. Helena Island
圣胡安 San Juan
圣基茨岛 St. Kitts
圣克莱尔湖 Lake St. Clair
圣克里斯托弗岛 St. Christopher Island
圣克鲁斯 Santa Cruz
圣克鲁兹岛 Santa Cruz Island
圣克罗伊岛 St. Croix
圣拉撒路群岛 St. Lazarus Archipelago
圣劳伦斯河 St. Lawrence River
圣劳伦斯盆地 St. Lawrence Basin
圣劳伦斯湾 Gulf of St. Lawrence
圣卢西亚 St. Lucia
圣路易堡（塞） Fort St. Louis
圣路易斯 Saint Louis
圣路易斯堡（加） Fort St. Louis
圣路易斯波托西 San Luis Potosi
圣马丁 St. Martin
圣马丁岛 Saint Martin
圣马丁将军 General San Martin
圣马可 St. Mark
圣马修河 St. Matheo River
圣玛丽 St. Mary
圣玛丽亚岛 Santa Maria Island
圣米格尔岛 St. Michael Island
圣尼古拉岛 St. Nicholas Island
圣皮埃尔 Saint-Pierre
圣皮埃尔岛 St. Pierre Island
圣乔治 St. George
圣乔治岛 St. George Island
圣乔治镇 St. George Town
圣萨尔瓦多 San Salvador
圣萨尔瓦多岛 San Salvador Island
圣塞瓦斯蒂安 San Sebastian
圣塔克鲁斯 Santa Cruz
圣托马斯 St. Thomas
圣托马斯岛 St. Thomas Island
圣文森特 St. Vincent
圣西蒙侯爵 Marquis de St. Simon
圣伊莱亚斯山 Mount St. Elias
圣尤斯塔西亚 St. Eustacia
圣约翰 St. John
圣约翰岛 St. John's Island
圣约翰河 St. John River
失望群岛 Disappointment Isles

狮子地 Lion's Land
《十诫》 *Ten Commandments*
史密斯·汤普森 Smith Thompson
示拿 Shinar
示撒 Shishak
森波亚尔 Cempoala
斯蒂尔沃特 Stillwater
斯蒂芬·奥斯汀 Stephen Austin
斯芬克斯 Sphinx
斯豪滕 Schouten
斯卡伯勒 Scarborough
斯凯勒上校 Colonel Schuyler
斯堪的纳维亚 Scandinavia
斯科特将军 General Scott
斯科特中尉 Lieutenant Scott
斯克雷林人 Skraelling
斯克内克塔迪 Schenectady
斯拉夫人 Slav
斯劳特上校 Colonel Sloughter
斯洛特准将 Commodore Sloat
斯诺里·斯图鲁松 Snorri Sturluson
斯普林菲尔德 Springfield
斯塔滕岛 Staten Island
斯托克顿准将 Commodore Stockton
斯托尼角 Stony Point
斯旺西 Swansey
松契斯 Sonchis
苏必利尔湖 Lake Superior
苏丹 Sudan
苏菲特 suffete
苏基人 Sukkiim
苏门答腊岛 Sumatra
苏特 Siout
苏伊士地峡 Isthmus of Suez
苏族印第安人 Sioux Indians
宿务岛 Cebu Island
梭伦 Solon
所罗门群岛 Solomon Isles
索尔芬·卡尔斯尼芬 Thorfinn Karlsnefn
索尔斯坦 Thorstein
索法拉 Sofala
索福尼斯巴 Sophonisba
索科努斯科 Soconusco
索科特拉岛 Socotra Island
索科特拉群岛 Socotra Archipelago
索罗希斯 Solocis
索马里 Somalia
索马里人 Somali
索维尔 Surville
索维利人 Sowhylee

T

塔巴纳恩特莱尼亚纳山
Thabana Ntlenyana
塔尔顿 Tarleton
塔根 Taguie
塔兰同 Talent
塔马塔夫 Tamatave
塔麦伊达 Tamaieda
塔姆波克人 Tambookie
塔瓦斯科 Tabasco
塔西佗 Tacitus
塔希提岛 Tahiti Island
太平洋 Pacific Ocean

太平洋毛皮公司 Pacific Fur Company
太子港 Port-au-Prince
泰孔德罗加 Ticonderoga
泰勒将军 General Taylor
泰伦提乌斯 Terentius
坦皮科 Tampico
坦塔罗斯 Tantalus
汤比格比河 Tombigbee River
汤森将军 General Townsend
唐・路易斯 Don Louis
唐・路易斯・德拉罗萨 Don Luis de la Rosa
唐・米格尔・德・蒙塔诺 Don Miguel de Montano
唐・佩德罗 Don Pedro
唐・佩德罗・德・门多萨 Don Pedro de Mendoza
唐・佩德罗・纳瓦罗 Don Pedro Navarro
唐・佩德罗二世 Don Pedro II
唐・约瑟夫・德・安特克拉 Don Joseph de Antequera
唐尼准将 Commodore Downie
《糖税法案》 *Sugar Act*
淘气岛 Mischievous Island
特克拉・海曼瑙特 Tecla Haimanout
特克泽河 Takaze River
特库姆塞 Tecumseh
特拉华湾 Delaware Bay
特拉华州 Delaware
特拉克斯顿海军准将 Commodore Truxton
特拉斯卡拉人 Tlascalan
特拉西梅诺湖 Lake Trasimeno
特莱昂 Tryon
特莱姆森 Tremecen
特兰伯尔要塞 Fort Trumbull
特雷索夫河 Bahr el Teressouff
特里斯坦・达库尼亚 Tristao da Cunha
特里同 Triton
特里托尼斯湖 Lake Tritonis
特立尼达 Trinidad
特利瓦利亚岛 Trivaria Island
特伦顿 Trenton
特伦顿战役 Battle of Trenton
特内里费岛 Teneriffe Island
特诺奇蒂特兰 Tenochtitlan
特塞拉岛 Terceira Island
特斯达泉 Fountain of Thesta
特兹库坎人 Tezcucan
特兹库科 Tezcuco
提贝斯蒂 Tibesty
提比略 Tiberius
提尔 Tyre
提格雷 Tigre
提洛岛 Delos Island
提玛奥斯 Timaos
提姆布 Timboo
提契诺河 Ticino River
提亚摩 Tiamo
天鹅河 Swan River
《天方夜谭》 *Arabian Nights*
天后 Queen of Heaven
田纳西州 Tennessee
廷巴克图 Timbuktu

通布图 Tombouctou
突尼斯 Tunis
图阿里克人 Tuarick
图库曼 Tucuman
图兰沙赫 Turanshah
图曼贝伊 Tuman Bey
图帕克・阿马鲁 Tupac Amaru
图斯卡罗拉人 Tuscarora
图特摩斯三世 Thutmose III
土耳其人 Turk
土伦 Toulon
托尔特克人 Toltec
托尔图加 Tortuga
托尔托拉岛 Tortola
托勒密 Ptolemy
托勒密一世 Ptolemy I
托勒密二世 Ptolemy II
托勒密三世 Ptolemy III
托勒密四世 Ptolemy IV
托勒密五世 Ptolemy V
托勒密六世 Ptolemy VI
托勒密八世 Ptolemy VIII
托勒密九世 Ptolemy IX
托勒密十世 Ptolemy X
托勒密十二世 Ptolemy XII
托勒密十三世 Ptolemy XIII
托马斯・巴顿爵士 Sir Thomas Button
托马斯・达德利 Thomas Dudley
托马斯・戈夫 Thomas Goff
托马斯・戈弗雷 Thomas Godfrey
托马斯・哈钦森 Thomas Hutchinson
托马斯・胡克 Thomas Hooker
托马斯・杰斐逊 Thomas Jefferson
托马斯・威尔逊・多尔 Thomas W. Dorr
托马斯・杨 Thomas Young
托纳拉 Tonala
托斯卡纳人 Tuscan
托瓦尔德 Thorwald
驼鹿堡 Moose Fort

W

瓦兑 Waday
瓦尔迪维亚 Valdivia
瓦尔河 Vaal River
瓦尔帕莱索 Valparaiso
瓦尔帕莱索湾 Bay of Valparaiso
瓦尔韦德 Valverde
瓦胡岛 Oahu Island
瓦坎巴 Wakamba
瓦拉 Wara
瓦伦提尼安 Valentinian
瓦伦西亚 Valencia
瓦尼卡 Wanika
瓦斯卡尔 Huascar
瓦斯科・波塞勒斯 Vasco Porcelles
《外籍法》 *The Alien Law*
温森斯 Vincennes
汪达尔人 Vandal
危地马拉 Guatemala
威尔金森 Wilkinson
威尔克斯船长 Captain Wilkes
威尔明顿 Wilmington
威尔莫特 Wilmot
《威尔莫特但书》 *Wilmot Proviso*

威尔士人 Welsh
威尔士王子古堡 Prince of Wales Fort
威廉 William
威廉·奥兰多·巴特勒 William Orlando Butler
威廉·巴芬 William Baffin
威廉·伯克利爵士 Sir William Berkeley
威廉·布鲁斯特 William Brewster
威廉·丹皮尔 William Dampier
威廉·菲普斯爵士 Sir William Phipps
威廉·赫尔 William Hull
威廉·亨利·哈里森 William Henry Harrison
威廉·亨利堡 Fort William Henry
威廉·霍珀 William Hooper
威廉·基德 William Kidd
威廉·科丁顿 William Coddington
威廉·佩恩 William Penn
威廉·佩珀雷尔先生 Sir William Pepperell
威廉·塞尔 William Sayle
威廉·沃特 William Wirt
威廉·亚历山大爵士 Sir William Alexander
威廉·伊顿上校 Captain William Eaton
威廉·约翰逊 William Johnson
威廉国王的战争 King William's War
威廉斯堡 Williamsburg
威廉斯塔德 Willemstad
威廉王子群岛 Prince William's Group
威洛比勋爵 Lord Willoughby
威尼斯 Venice
威斯康星州 Wisconsin
威斯敏斯特 Westminster
韦比河 Webbe River
韦伯斯特 Webster
韦恩将军 General Wayne
韦拉克鲁斯 Vera Cruz
韦瑟斯菲尔德 Wethersfield
维多利亚地 Victoria Land
维尔京群岛 Virgin Isles
维加将军 General Vega
维拉弗兰卡 Villa Franca
维纳布尔斯将军 General Venables
委内瑞拉 Venezuela
卫理公会教徒 Methodist
卫斯理 Wesley
温彻斯特将军 General Winchester
温德姆 Windham
温哥华 Vancouver
温尼伯湖 Lake Winnipeg
温莎 Windsor
温斯罗普将军 General Winthrop
温斯洛将军 General Winslow
文兰 Vinland
文森斯 Vincennes
沃巴什河 Wabash River
沃波尔 Walpole
沃德勒伊 Vaudreuil
沃尔夫将军 General Wolfe
沃尔特·雷利 Walter Raleigh
沃拉沃拉人 Wallawallas
沃勒 Waller
沃里克伯爵 Earl of Warwick
沃利斯船长 Captain Wallis

沃伦准将 Commodore Warren
沃纳特斯普林 Walnut Springs
沃思将军 General Worth
沃特敦 Watertown
乌德勒支 Utrecht
《乌德勒支和约》*The Treaty of Utrecht*
乌尔鲁尔 Hurrur
乌卡非 Ukuafi
乌拉圭 Uruguay
乌拉尼亚 Urania
乌罗阿 Ulloa
乌佩纳维克 Upernavik
乌斯马尔 Uxmal
乌提卡湾 Gulf of Utica
乌瓦尔德 Ubalde
屋大维 Octavius
屋大维娅 Octavia
"五月花"号 The Mayflower
伍斯特 Worcester
伍兹·罗杰斯船长 Captain Woodes Rogers

X

西奥菲勒斯·伊顿 Theophilus Eaton
西巴人 Seba
西班牙 Spain
西庇阿 Scipio
西庇阿·梅特卢斯 Scipio Metellus
西部群岛 Western Isles
西藏 Tibet
西德奴斯河 Cydnus River
西迪·菲鲁奇湾 Bay of Sidi Ferruch
西迪·哈米德 Sidi Hamed
西尔勋爵 Lord Seal
西法克斯 Syphax
西方大陆 Western Continent
西方花园 Hesperian Gardens
西非 West Africa
西佛罗里达 West Florida
西加拿大 Western Canada
西科罗拉多河 Western Colorado River
西里伯斯岛 Celebes Island
西曼乃斯 Ximenes
西蒙·玻利瓦尔 Simon Bolivar
西蒙斯敦 Simonstown
西塞罗 Cicero
西西里岛 Sicily
西印度群岛 West India Isles
希尔德里克 Childeric
希拉河 Gila River
希梅拉 Himera
希米尔科 Himilco
希南 Sinan
希望山 Mount Hope
希耶姆普萨尔 Hiempsal
昔兰尼加 Cyrenaica
悉尼 Sydney
锡岛 Tin Island
锡德拉湾 Gulf of Sidra
锡尔塔 Cirta
锡康克 Seekonk
锡拉库扎 Syracuse
锡特卡岛 Sitka Island
喜克索斯王朝 Hyksos

下埃及 Lower Egypt
下班巴拉 Low Bambarra
下几内亚 Lower Guinea
下加拿大 Lower Canada
下议院 House of Commons
夏洛蒂·莱诺克斯 Charlotte Lenox
夏洛特敦 Charlottetown
夏洛特皇后群岛 Queen Charlotte Isles
夏威夷 Hawaii
向风群岛 Windward Isles
象牙海岸 Ivory Coast
小西班牙 Little Spain
小西庇阿 Scipio Aemilianus
小爪哇 Little Java
肖阿 Shoa
肖穆特 Shawmut
肖尼人 Shawnee
肖斯 Shoous
谢贝利河 Shebelle River
谢尔曼 Sherman
谢拉 Zerah
谢司起义 Shays's Insurrection
辛贝巴斯 Cimbebas
辛迪亚 Scindia
辛那赫里布 Sennacherib
辛辛那提 Cincinnati
新阿尔汉格尔 New Archangel
新阿姆斯特丹 New Amsterdam
新奥尔良 New Orleans
新北威尔士 New North Wale
新比尔尼亚 New Birnia
新不列颠 New Britain
新不伦瑞克 New Brunswick
新栋古拉 New Dongola
新法兰西 New France
新格拉纳达 New Granada
新罕布什尔州 New Hampshire
新荷兰 New Holland
新赫布里底群岛 New Hebrides
新赫仁护特 New Herrnhut
新基西拉岛 New Kithira
新几内亚 New Guinea
新喀里多尼亚 New Caledonia
新莱昂 New Leon
新伦敦 New London
新墨西哥 New Mexico
新南威尔士 New South Wales
新尼德兰 New Netherland
新普罗维登斯岛 New Providence Island
新瑞典 New Sweden
新世界山脉 New World Mountains
新斯科舍 Nova Scotia
新西班牙 New Spain
新西兰岛 New Zealand
新英格兰 New England
新英格兰同盟 New England Confederation
《新英格兰和纽约游记》 *Travels in New England and New York*
新英格兰马萨诸塞湾总督及公司 Governor and Company of Massachusetts Bay in New England
新泽西州 New Jersey
休·彼得斯 Hugh Peters
休·威廉姆森 Hugh Williamson

休达 Ceuta
休斯顿将军 General Houston
休斯顿上尉 Captain Houston
雪岛 Snow Island
雪利 Shirley
鳕鱼角 Cape Cod
血溪 Bloody Brook
巽他群岛 Sunda Isles

Y

牙买加 Jamaica
牙买加岛 Jamaica Island
雅各巴 Jacoba
雅各布·莱斯勒 Jacob Leisler
雅各布·帕金斯 Jacob Perkins
雅赫摩斯一世 Ahmose I
雅可布·罗赫芬 Jacob Roggeveen
雅克·卡蒂埃 Jacques Cartier
雅里巴 Yarriba
雅罗夫人 Jalof
雅马西人 Yamasee
亚伯拉罕平原 Plain of Abraham
亚琛 Aix-la-Chapelle
《亚琛条约》*Treaty of Aix-la-Chapelle*
亚当斯 Adams
亚克兴海战 Battle of Actium
亚拉巴马州 Alabama
亚历山大·塞尔柯克 Alexander Selkirk
亚历山大城 Alexandria
亚历山大大帝 Alexander the Great
亚历山大六世 Alexander VI
亚马孙河 Amazon River
亚美利哥·维斯普奇 Amerigo Vespucci
亚美利加 America
亚美尼亚人 Armenian
亚诺河 Arno River
亚瑟 Arthur
亚松森 Asuncion
亚速尔群岛 Azores
亚他那修 Athanasius
《亚西比德篇》*Alcibiades*
耶德利 Yeardley
耶库诺·阿姆拉克 Icon Amlac
耶利米 Jeremiah
耶鲁学院 Yale College
耶路撒冷 Jerusalem
耶欧河 Yeou River
耶洗别 Jezebel
伊阿尔巴斯 Iarbas
伊比利亚半岛 Iberia Peninsula
伊达尔戈 Hidalgo
伊登顿 Edenton
伊顿将军 General Eaton
伊俄拉俄斯 Iolaus
伊弗雷姆·威廉姆斯上校 Colonel Ephraim Williams
伊哈巴那 Inhambana
伊赫米尔 Inhemior
伊卡利亚岛 Icaria Island
伊卡洛斯 Icarus
伊丽莎白 Elizabeth
伊丽莎白敦 Elizabethtown
伊利堡 Fort Erie
伊利湖 Lake Erie

伊利诺伊州 Illinois
伊桑・艾伦 Ethan Allen
伊莎贝拉角 Point Isabel
伊斯梅尔・吉布拉尔塔 Ismael Gibraltar
伊斯帕尼奥拉岛 Hispaniola
伊斯特波特 Eastport
伊斯特梅恩 East Main
伊索巴尔 Ithobal
伊索珀斯 Esopus
伊西斯 Isis
伊伊马尼山 Illimani
以弗所 Ephesus
易北河 Elbe River
易卜拉欣・阿里 Ibrahim Ali
因苏拉 Insula
印第安保留地 Indian Reservation
印第安纳州 Indiana
印度支那 Indo-China
《印花税法案》 *The Stamp Act*
印加 Inca
永恒大陆 Tierra Firme
尤多克西亚 Eudoxia
尤卡坦 Yucatan
尤卡坦半岛 Yucatan Peninsula
尤利 Youri
尤利克特 Joliet
尤托斯普林斯 Eutaw Springs
犹他 Utah
友爱群岛 Friendly Isles
约翰・伊格・霍华德 John E. Howard
约翰・拜伦 John Byron
约翰・波尔丁 John Paulding
约翰・布莱尔 John Blair
约翰・布兰奇 John Branch
约翰・达文波特 John Davenport
约翰・迪金森 John Dickinson
约翰・恩迪科特 John Endicott
约翰・富兰克林 John Franklin
约翰・汉考克 John Hancock
约翰・亨利・伊顿 John H. Eaton
约翰・杰伊 John Jay
约翰・卡伯特 John Cabot
约翰・卡德威尔・卡尔霍恩 John Caldwell Calhoun
约翰・卡弗 John Carver
约翰・克拉克 John Clarke
约翰・昆西・亚当斯 John Quincy Adams
约翰・拉特利奇 John Rutledge
约翰・兰登 John Langdon
约翰・黎亚德 John Ledyard
约翰・罗尔夫 John Rolfe
约翰・梅森 John Mason
约翰・纳伯勒爵士 Sir John Narborough
约翰・沙利文将军 General John Sullivan
约翰・史密斯 John Smith
约翰・斯利德尔 John Slidell
约翰・斯塔克将军 General John Stark
约翰・泰勒 John Tyler
约翰・特朗布尔 John Trumbull
约翰・温斯罗普 John Winthrop
约翰・雅各布・阿斯特 John Jacob Astor
约翰・亚当斯 John Adams
约翰・伊曼斯爵士 Sir John Yeamans
约翰逊将军 General Johnson

约克堡 Fort York
约克敦 Yorktown
约克公爵 Duke of York
约克河 York River
约瑟夫·达德利爵士 Sir Joseph Dudley
约瑟夫·史密斯 Joseph Smith
约瑟运河 Joseph Canal
约书亚·沃德贝 Joshua Vauderbey
月亮山 Moon Mountains

Z

赞比西河 Zambezi River
泽比河 Zebbe River
泽尔高湖 Lake Chalco
泽格泽格 Zegzeg
泽拉 Zeila
泽西岛 Jersey Island
扎卡赖亚·吉勒姆 Zacharias Gillam
扎卡里·泰勒少将 Major-General Zachary Taylor
扎马 Zama
扎伊尔河 Zaire River
乍得湖 Lake Chad
詹姆斯·阿什顿·贝亚德 James A. Bayard
詹姆斯·奥格尔索普 James Oglethorpe
詹姆斯·巴伯 James Barbour
詹姆斯·拉尔夫 James Ralph
詹姆斯·劳伦斯 James Lawrence
詹姆斯·麦迪逊 James Madison
詹姆斯·门罗 James Monroe
詹姆斯·诺克斯·波尔克 James K. Polk
詹姆斯·威尔逊 James Wilson
詹姆斯堡 Fort James
詹姆斯敦 Jamestown
詹姆斯二世 James II
詹姆斯湾 James Bay
爪哇岛 Java Island
镇民大会 Town meeting
《政治学》*Politics*
芝加哥 Chicago
芝诺 Zeno
直布罗陀海峡 Strait of Gibraltar
植物学湾 Botany Bay
智利 Chile
中埃及 Middle Egypt
中非 Central Africa
众议院 House of Representatives
朱巴 Juba
朱巴二世 Juba II
朱庇特 Jupiter
朱古达 Jugurtha
朱古达战争 Jugurthine War
朱诺 Junot
柱头修士西门 Simeon Stylites
《铸币流通令》*Specie Circular*
桌山 Table Mountain
兹克米 Zichmi
《自由宪章》*Charter of Liberties*
祖拉人 Zoola
祖鲁人 Zulu
祖图吉利斯 Zutugiles
佐治亚州 Georgia

图书在版编目（CIP）数据

全球通史 /（美）塞缪尔·古德里奇著；冷惠玲等译. —成都：天地出版社，2024.2
ISBN 978-7-5455-7676-4

Ⅰ. ①全… Ⅱ. ①塞… ②冷… Ⅲ. ①世界史 Ⅳ. ①K10

中国国家版本馆CIP数据核字（2023）第073871号

QUANQIU TONGSHI

全球通史

出品人 杨 政
作　者 ［美］塞缪尔·古德里奇
译　者 冷惠玲　冯佳娜　王小忠　孙丽霞　李江艳
责任编辑 杨永龙　曹志杰
装帧设计 人马艺术设计·储平
责任印制 王学锋

出版发行 天地出版社
（成都市锦江区三色路238号 邮政编码：610023）
（北京市方庄芳群园3区3号 邮政编码：100078）
网　址 http://www.tiandiph.com
电子邮箱 tianditg@163.com
经　销 新华文轩出版传媒股份有限公司

印　刷 嘉业印刷（天津）有限公司
版　次 2024年2月第1版
印　次 2024年2月第1次印刷
开　本 880mm×1230mm 1/32
印　张 123.75（全六册）
字　数 3003千字（全六册）
定　价 698.00元（全六册）
书　号 ISBN 978-7-5455-7676-4

咨询电话：（028）86361282（总编室）
购书热线：（010）67693207（营销中心）